元代人名大辞典

余大钧　编著

内蒙古出版集团
内蒙古人民出版社

图书在版编目(CIP)数据

元代人名大辞典 / 余大钧编著.—呼和浩特:内蒙古人民出版社,2014.12
(蒙元史研究丛书 / 赵一兵主编)
ISBN 978-7-204-13274-4

Ⅰ. ①元… Ⅱ. ①余… Ⅲ. ①姓名-中国-元代-词典
Ⅳ. ①K810.2-61

中国版本图书馆 CIP 数据核字(2014)第 296736 号

元代人名大辞典

作　　者	余大钧
责任编辑	王世喜　蔺小英
责任校对	李向东
封面设计	何塞纳
出版发行	内蒙古人民出版社
地　　址	呼和浩特市新城区中山东路 8 号波士名人国际 B 座
印　　刷	赤峰彩世印刷有限责任公司
开　　本	880×1230　1/16
印　　张	66
字　　数	3000 千
版　　次	2016 年 6 月第一版
印　　次	2016 年 6 月第 1 次印刷
书　　号	ISBN 978-7-204-13274-4/K·673
定　　价	280.00 元

如出现印装质量问题，请与我社联系。
联系电话:(0471)(0471)3946230　3946120
网址:http://www.nmgrmcbs.com

总 目

前 言

元代是中国历史发展中的重要时期，它结束了“安史之乱”以来五百余年长期分裂、混战的局面，完成了中国历史上空前的大统一，形成了有利于社会经济文化恢复发展的大好局面。元世祖时期中央政府采取多种措施，使北方农业生产得到较大的恢复和发展。在平宋过程中，南方遭受的战争破坏也远较北方为轻，全国统一后南方经济迅速恢复发展起来。在农业发展的基础上，手工业、商业也日渐繁盛。元朝在全国各地建立驿站、驿道，疏浚了杭州直达大都的大运河，开辟了从南方到大都的海运，促进了南北经济交流和边疆与内地的经济交流。

在元代城市经济繁荣的基础上，中国通俗文学艺术也成熟发展起来。中国戏剧兴盛于元代，众多杰出戏剧作家如“关”(汉卿)“王”(实甫)“马”(致远)“白”(朴)等早于莎士比亚三百年。元曲(杂剧、散曲)与唐诗宋词并称为中国文学艺术史上的“三大瑰宝”。元代创作了许多通俗小说，《三国演义》《水浒传》均创作于元末。此外，元代的书画、诗词、瓷器等均有其时代特色，值得深入研究。

元朝统治者颇重视教育，他们尊孔崇儒、兴学重教，大力提倡程朱理学，确立了理学在文化教育领域的统治地位。元朝中央官学有国子学、蒙古国子学、回回国子学；地方官学有各级儒学、蒙古字学、医学及社学等。元代私人办学也很兴盛，元代私办、官办书院总数超过两宋。元代教育的发展，有利于各阶层、各民族文化素质的提高，有利于各民族交往的加强和相互融合。

宋元时期为中国古代科技发展的鼎盛时期。元代科技在两宋科技发达的基础上继续发展。元代在天文历法、数学、地理学、农学、医药学、水利学和水利技术、印刷术、制火炮技术、造船术和航海术等方面均有新的成就。元代的许多科技新成就遥遥领先于欧洲数百年。

元代是中国多民族国家空前发展的历史阶段。西藏、云南、东北、蒙古高原等边疆地区均归元朝中央政府直接管辖。中亚、西亚的大批伊斯兰教徒入居中国，逐渐形成了中国的回族。由于全国交通发达，边疆地区与内地进行广泛的经济、文化、科技交流。元朝政府多次派遣军民到边疆屯田，派遣位高权重的官员治理云南、蒙古等边疆地区，这就大大推进了边疆地区经济、文化、科技的发展。许多少数民族人士进入内地学习，受系统教育，参加科举考试，在中央和地方各级政府担任官职。各民族间互通婚姻，相互融合。元代各少数民族中产生了许多政治家、军事家、文学艺术家、科技专家、史学家、学者、教育家。

元代是中国古代对外空前开放的时代。蒙古军数次西征，扫除了无数封建壁垒，使东西方交通得以畅通，东西方经济、文化、科技得以广泛交流。以印刷术、火药武器等为代表的中国先进文明成果传播到欧洲及世界许多地区，对欧洲和世界许多地区的文明进步产生了多方面积极作用，而欧洲特别是阿拉伯文化也深刻地影响了中国传统文化。

历史是人的活动,因此中国历代正史(二十五史)均采取以人物为中心的纪传体,记载了许多历史人物的具体历史活动。全面、深入、具体地了解元代各民族、各阶层、各方面历史人物的历史活动、生平事迹,对认识和研究元朝的政治、军事、经济、文化、民族、社会生活、对外关系等各方面的历史都是十分重要的,因此需要有一部较全面收录元代人物基本情况的辞典。但过去各种辞典收录的元代人物都较少,例如:《辞海》《中国大百科全书》所收元代人物仅一二百人,《中国历史大辞典》(郑天挺等主编,上海辞书出版社2000年版)所收元代人物为一千余人,臧励龢等编纂的《中国人名大辞典》(商务印书馆1921年版)共收历代人物四万余人,而所收元代人物两千余人,新近出版的张㧑之等主编的《中国历代人名大辞典》(上海古籍出版社1999年版)共收历代人物五万四千余人,所收元代人物词条两千数百条。

本辞典共收录元代(1206~1368年)各民族、各阶层、各方面历史人物两万两千余人,为《中国历史大辞典》的二十余倍,《中国人名大辞典》的十倍有余,《中国历史人名大辞典》的八倍多,是迄今为止收录元代历史人物最多的一部辞典。本辞典所收词条视人物重要程度及文献资料所能提供的事迹多少,字数不等,分为特级条(六百字左右)、甲级条(四百字左右)、乙级条(二百五十字左右)、丙级条(一百至二百字)、丁级条(数十字)。

本辞典所收历史人物主要包括:(一)主要事迹在蒙古国时期(1206~1259)蒙古国统治地区内的中国各族人物。而主要事迹在1227年西夏覆亡以前,1234年金亡以前的西夏、金朝统治境内的历史人物不收;(二)主要事迹在元朝时期境内的各族人物。而主要事迹在1279年宋亡以前、1368年元亡以后的南宋、明朝历史人物不收;(三)十至十二世纪蒙古逐渐兴起时的蒙古地区的重要人物酌收百余条,十三、十四世纪蒙元时代中国境外如伊利汗国、钦察汗国的蒙古族重要人物及中外关系史上的重要外国人如马可波罗等酌收百余条。

元朝时期中国各少数民族,尤其是蒙古族及西、北各族,在政治、军事、经济、文学艺术、史学、科技、教育、中外经济文化科技交流和外交等方面,与汉族同样地作出过许多贡献。本辞典所收少数民族人物约占三分之一,其中蒙古族及西、北各族(色目、契丹、女真等)各方面人物约收六千余人。元代蒙古族及西、北各族人物,同名而实不同人者往往多达数十、百,译名不同而实为同一人者也很多,这就造成读史者的许多困惑、误解,并造成一些研究者的失误。本辞典编撰者努力作了较多辨析工作,以利读者和研究者参考利用。

赵一兵

2014年11月15日据余大钧先生遗稿增删改定

凡　例

一、条目

1. 条目的收录

(1)主要收录元代(1206～1368)各民族人物之载于典籍及各类文献资料者。而主要事迹在1279年宋亡以前,1368年元亡以后的南宋、明朝历史人物不收。

(2)主要事迹在蒙古国时期(1206～1259)蒙古国统治地区内的中国各族人物。而主要事迹在1227年西夏覆亡以前,1234年金亡以前的西夏、金朝统治境内的历史人物不收。

(3)十至十二世纪蒙古逐渐兴起时的蒙古地区的重要人物酌收百余条。

(4)十三、十四世纪蒙元时代中国境外如伊利汗国、钦察汗国的蒙古族重要人物及中外关系史上的重要外国人如马可波罗等酌收百余条。

2. 条目的定名

(1)人物以本名或通用名立目,如"商挺""耶律楚材""七十六""阿合马"等。

(2)帝王一般按庙号立目,如"元太祖""元世祖"等;后妃一般按名字立目,如"脱列哥那""卜鲁罕"等。

(3)僧尼一般以法名立目,或依当时习惯用名立目;道士则以本名立目,或以当时通行别称立目。

(4)外国人名,先列译名,再列外文,如:马可波罗(Marco Polo)、马黎诺里(Giovanni dei Marignoli ,1290～1357)。

二、释文

1. 释文内容

(1)本辞典条目释文大致包括生卒年、姓名异文、字号别名、族属籍贯、亲疏关系、主要事迹、封赠谥号、主要著作等内容。本辞典所收词条视人物重要程度及文献资料所能提供的事迹多少,字数不等,分为特级条(六百字左右)、甲级条(四百字左右)、乙级条(二百五十字左右)、丙级条(一百至二百字)、丁级条(数十字)。

(2)生卒年括注公元纪年于姓名之后,在圆括号中用阿拉伯数码表示,省去"年"字。生卒年不详者,用问号表示,如:"(？～1268)""(1312～?)";生卒年仅知大致年份而不能确定者,加"约"字表示,如"(？～约1356)""(约1268～约1326)";生卒年不详而无考者,则付诸阙如,一律不出"生卒年不详"字样。

(3)凡人物仕历、事迹中所遇古地名,能考出今地名者,均括注出相应的今地名。

2. 释文纪年

(1)释文纪年一般采用年号纪年。

(2)释文中某一帝王年号首次出现时,冠以该帝王庙号或谥号,其后改元之年号,则省去庙号或谥号。

三、资料来源

1. 本辞典的全部词条根据一千多种有关文献资料撰写,其中正史、别史、史补、史表类二十种,传记、笔记类一百一十余种,元人诗文集二百种,金宋明清诗文集一百二十余种,总集类四十余种,石刻史料类五十七种,元明清地方志三百八十余种。

2. 各种资料用4位数字代号,见正文后"引用书目表",书目表中每种文献均详记编撰者、书名、卷数、版本及出版时间。

3. 每一词条之末在圆括号内注明所据主要资料一至四种及卷、页,以便读者进一步查找原文献资料。

四、字体的使用

1. 本书字体以使用规范的简化体字为原则,一般遵循现行《简化字总表》中的简化字和《第一批异体字整理表》中的选用字。

2. 人名、地名、书篇名及古代专有名词,一般用简化字或选用字,但在繁体字简化后存有歧义或字形相差极大者及有关异体字,为避免混淆和引起误解,保留原来的繁体字和异体字。

五、编排与检索

1. 本书的编排

(1)全书条目按姓氏(或首字)笔画多少的顺序编排;姓氏(或首字)笔画相同者,按起笔的笔形横(一)、竖(丨)、撇(丿)、点(丶)、折(乛)顺序编排;再相同则按第二笔、第三笔等上述笔形顺序编排。

(2)同一姓氏(或首字)者,按条目数字多少顺序编排;条目数字相同者,按第二字的笔画多少顺序编排;第二字笔画相同者,按第三字的笔画多少顺序编排;依此类推。

(3)条目全同之人(即同姓名者),按时代先后顺序编排;同姓名又同时代者,按其生年或活动时段先后顺序编排。

2. 本书的检索

本书正文之前,有全部条目按正文笔画顺序编排的目录;正文之后,有全部条目按音序编排的索引,以便检索 。

笔画检索表

笔画目录

三画

笔画目录

笔画目录

四画

笔画目录

六画

七画

笔画目录

八画

笔画目录

九画

十一画

十五画

十六画

十七画

一画

一元　元僧人。倡导净土，劝人念佛。有《西方咏》若干首，其一如："西方不远莫他求，一句弥陀作话头，但得尽生别念，莲花佛国任君游"。(1144 卷 1)

一舟　名海，世称海师。元僧人。长芦(今河北沧州)人。工画人物。(0074 卷 54)

一初　元僧人。住分宜(今属江西)福胜寺。能诗，虞集极称之。有诗作传世。(0033 卷 34)

一庵①　名如，世称如公。元僧人。永嘉(治今浙江温州)袁氏子。年十五出家为僧，师事僧方山。后依僧竺元，得其要领。住保福寺。后居西涧庵十年，道望益隆。能谙诵《楞严经》，奉为日课，至终弗替。(0036 卷 22,1144 卷 3)

一庵②　元道士。工画人像。(1143 卷 1)

一清　字无梦。元成宗大德年间日本来华僧人。顺帝至正十年(1350)返归日本。(0252 卷 9)

一嵩　元僧人。居嘉兴法喜寺。(1144 卷 4)

一源　名灵，世称灵禅师。元僧人。宁海(今属浙江)人。幼年出家为僧。后居湖州资福寺。天历间住杭州凤山。为人慈忍，提诲后学不倦，禅林高之。(1144 卷 4)

一禅师　号默翁。元僧人。得法于袁州仰山祖钦。属临济法系，为大鉴下第二十二世。(1144 卷 6)

一德普化　元顺帝至元四年(1338)任衢州(今属浙江)路治中。(0878 卷 2)

乙剌徒满　元英宗至治元年(1321)为侍仪使。(0001 卷 78)

二画

丁广　元将。元世祖至元十四年(1277)九月，与招讨使百家奴同奉行征南都元帅唆都之命，攻取建宁之崇安等县及南剑州。(0001 卷 9)

丁卫　宋元之际天台(今属浙江)人。宋度宗咸淳七年(1271)进士，历任校书郎，以贾似道当国，致仕归。宋亡，缟素终身，累召不起。(0063 卷 8)

丁巨　元顺帝时数学家。著有《丁巨算法》一卷。(0079 四编卷 6)

丁氏①　元新建(治今江西南昌)郑伯文妻。成宗大德年间，年二十七而伯文病死。后其父母屡议改嫁之，坚不从。翁婆病，夙夜护视，衣不解带。后翁婆相继死，丧葬尽礼。事闻于朝，旌表其门。(0001 卷 200)

丁氏②　元枣阳(今属湖北)朱某妻。早寡，不忍独生，以死从夫。事闻，朝命褒表。(0001 卷 200)

丁用　元怀庆(治今河南沁阳)人。世祖至元二十四年(1287)，任开化县尉。以孝友闻。父母死，居丧庐墓，事闻，朝命旌表其门。(0001 卷 197,0878 卷 3)

丁让　元郾城(今属河南)人。五世同居，乡里称其义，为立丁氏义门。(0506 卷 3528)

丁存　字性初。元义乌(今属浙江)人。屡征明经，皆不就。晚年居盘谷，四方学者登门者甚众。有诗作传世。(0896 卷 176,0062 卷 2,0504 戊上)

丁成　字成甫。元镇江(今属江苏)人。初授诸物库副使。后历任材木库大使、华州打捕提领。(0631 卷 19)

丁里(1220～1286)　字守廉，自号殖礼。宋元之际新喻(治今江西新余)人。贫而耿直、清高。(0373 卷 7)

丁宏　元仁宗延祐四年(1317)任江南行台都事。(0632 卷 6)

丁珉　字汝琳，号沧州。元明之际靖江(今属江苏)人。善品评人物，经其品藻，皆以为荣。有诗作传世。(0048 卷 5,0075 学行典卷 240,0504 戊上)

丁带　元吴山(治今陕西宝鸡西北)县尹。有诗作传世。(0504 丁)

丁贵　元许州郾城(今属河南)人。晚年病重，医不能疗，其长子文忠造车一辆，与其次子文孝共御之，载之祷于嵩山、五台、泰安、河渎诸祠，途遇异僧遗药而愈。(0001 卷 197)

丁复　字仲容。元天台(今属浙江)人。仁宗延祐初年，游京师，与杨载、范椁同被荐入馆阁，辞不就。后放情诗酒，浪迹江淮间。晚年寓居金陵。其诗作不事雕琢，自然俊逸。有《桧亭集》九卷。(0503 二集己,0033 卷 14,0006 卷 89)

丁俨　字主敬。元新建(今属江西)人。从吴澄学。授龙兴酒务大使，未就任而死。有《小溪集》。(0071 卷 92)

丁垕　元泰州(今属江苏)人。英宗至治二年(1322)任象山县(今属浙江)主簿。泰定四年(1327)迁任镇江录事司录事。(0631 卷 16,0634 卷 2)

丁济　字既之。元高邮(今属江苏)人。世祖至元二十六年(1289)任奉化(今属浙江)县尹，兴学校，恤民情，颇有政声。(0372 卷 49,0622 卷 46,0896 卷 152)

丁敏　字巽学。元时隐居吴山(今苏州西南)之麓，博学好古，颇有时名。(0954 卷 26)

丁煦　元汴梁(治今河南开封)人，八世同居。州县请于朝，朝命旌美之。(0001 卷 197)

丁之翰　字季蕃。元明之际新建(今属江西)人，丁俨之子。通五经。明初任新

建教谕。(0072 卷 92)

丁子仪　元湖州(今属浙江)人。顺帝时领乡荐,因道阻未能赴礼部试,后由行省授平江路甫里书院山长。(0157 卷 13)

丁元谅　元世祖至元二十三年(1286)为谷城(今属湖北)主簿,建庙学,大兴教化。(0144 卷 42)

丁从礼　元泰定三年(1326)任浙东宣慰司经历。(0634 卷 1)

丁月娥(? ~1360)　元回回人,丁鹤年姐,嫁芜湖葛通甫。顺帝至正二十年(1360)避兵太平,陈友谅陷城,惧被辱,抱女赴水死。(0456 卷 7,0020 卷 301)

丁文孝　元许州郾城(今属河南)人。与兄文忠皆孝事父母,有卓行。(0001 卷 197)

丁文忠　元许州郾城(今属河南)人。铁匠。与弟文孝皆孝事父母,孝行卓异,仁宗延祐七年(1320)旌表之。(0001 卷 197)

丁方钟　元桂林(今属广西)人,善画人物。所作孔子像,顺帝至正五年(1345)刻于独秀峰下之读书岩。(1143 卷 2)

丁世贞　元末夏明玉珍部将。玉珍死,事其子明昇,为文州守将。明洪武初,傅友德攻文州,世贞据险力战,城破遁去。后率兵复取文州,未几为傅友德击走。夏亡,复集余众围攻秦州五十日。兵败,为其部下所杀。(0020 卷 123)

丁世杰　元世祖至元二十二年(1285)为开化县(今属浙江)主簿。(0878 卷 3)

丁廷玉　元末义乌(今属浙江)人。顺帝至正年间,散家赀,组织地主武装队伍,镇压当地反元起事者。事闻,被官府授以武义县(今属浙江)医学教谕。(0881 卷 21,0896 卷 189)

丁仲伦　元人,历任县尹。有诗作传世。(0504 丁)

丁好礼(1294 ~ 1368)　字敬可。元真定蠡州(治今河北蠡县)人。精律算。初试吏于户部,辟中书掾,授户部主事。历江南行台监察御史、户部员外郎、监察御史、户部郎中,升户部侍郎。任京畿漕运使,建议置司于通州,重讲究漕运利病,著为成法,人皆便之。升户部尚书,时国用空乏,赖其撙节浮费以给国用。历参议中书省事、治书侍御史、枢密副史。顺帝至正二十年(1360),任中书参政。时大都大饥,建言宴会宜减常度,不听,乃以集贤大学士致仕。二十七年,复起为中书平章,未几以论议不合,谢政去。次年,明军入大都。明大将召之,不肯行,被抬至齐化门,抗辞不屈而死。(0001 卷 196)

丁克绍　元时来华安南人。元世祖至元二十年(1283),为安南中亮大夫,与安南中大夫阮道学等持方物,从元使臣赵翥入觐元朝。(0001 卷 209)

丁时懋　元人。有诗作传世。(0504 癸上)

丁希贤　元人。有诗作传世。(0504 癸下)

丁应桂(1251 ~ 1317)　字叔才,宋元之际临川(今属江西)人。元世祖时为乡邑学谕。后任教于临汝书院。(0212 卷 76,0072 卷 83)

丁国宾　元人,大德十一年(1307)为丹阳(今属江苏)县尉。(0631 卷 16)

丁易东　家汉臣,宋元之际武陵人。宋度宗咸淳四年(1268)进士,历任太府寺簿兼枢密院编修。入元,教授乡里,建石坛精舍,事闻,赐额沅阳书院,授山长。著有《周易象义》十六卷、《大衍索隐》三卷。(0622 卷 64,0002 卷 235,0072 卷 37)

丁居实(1203 ~ 1277)　字仲华,金元之际锦州(今属辽宁)人。金哀宗正大四年(1227)补吏部令史。后擢权尚书省令史。金亡后,仕元,官至吏部员外郎。以礼部郎中致仕。(0144 卷 52、59、63)

丁将仕　元英宗时湖州路知事。至治三年(1323),受江浙省臣委派,与嘉兴路治中高朝列等官,体究吴松江旧曾疏浚通海故道及新生沙涨碍水处。同年,与诸官按视讲究,提出开浚河道五十五处之方案呈报。(0001 卷 65)

丁顽顽　元中叶人。幼时天资颖悟,超出儿辈。仁宗延祐六年(1319),被学士完者不花按童子举,荐入国子学受教育。(0001 卷 81)

丁逢辰　字适之。元安阳(今属河南)人。世祖至元二十三年(1286)以荐为彰德路儒学教授。历两考,迁任益都路儒学教授。后家居种菊自给。(0210 卷 8,0167 卷 24)

丁祥一　元诸暨(今属浙江)人。孝于父母。仁宗皇庆年间,亲丧明,以舌舐之,复能视。后受朝廷褒表。(0001 卷 197)

丁梦松　字仁仲。元顺帝时天台(今属浙江)人。乐善济贫,有善人之称。后方国珍强官之,遂服毒自杀,年六十五。(0896 卷 188)

丁野夫　元回回人。早年为回回国子监生。羡杭州山水秀美,遂定居杭州。善画山水,皆取诗意,笔法颇类马远、夏珪。所作套数、小令极多,为元曲名家。(0030 卷 5,0029 续编,1107)

丁野鹤　元江浙人。弃家为全真道士,居吴山(今苏州西南)紫阳庵。后召其妻王守素入山,付所书诗四句而坐逝,年六十三,其妻遂亦为女冠。(0101 卷 22,0896 卷 68)

丁清溪　元道士。钱塘(治今浙江杭州)人。善画道释人物,师法李嵩、马麟等,尤善写貌。(0030 卷 5)

丁维章　元名医。楚人。以擅长外科闻名。曾与名医陆宣子同诊粟米疮，有病案传世。（1145 卷上册 9）

丁普郎（？～1363）　元末黄陂人。初为陈友谅部将，后降朱元璋，授行枢密院同知。顺帝至正二十三年（1363）鄱阳湖之战，随朱元璋击友谅，力战死。（1151 卷 6）

丁德孙　字惟一。元鄞县（治今浙江宁波）人。顺帝至正六年（1346）任兴化路推官。后任罗州尹。（0902 卷 51、52，0905 卷 2）

丁鹤年（1335～1424）　元明之际回回人。名不详，鹤年为其字，以字行，又字永康。曾祖阿老丁为巨商，成吉思汗征西域时降蒙古。父职马禄丁为武昌县达鲁花赤，遂定居武昌。至正十二年（1352），红巾军攻占武昌，鹤年逃至镇江，又徙四明（今浙江宁波）。方国珍据浙东，深忌色目人，鹤年转徙逃匿，或为童子师，教书度日，或寄居僧舍，卖药自给。明初回武昌，家居赋诗。晚年学佛法，庐居父墓。精诗律，有《丁鹤年集》四卷。（0020 卷 285，0503 初集辛）

丁哈八石（1284～1330）　字文苑。父勘马剌丁，仕至广州盐课提举。取父名末字而姓丁。元于阗（今新疆和田）人，居大都（今北京）。仁宗延祐二年（1315）登进士第，任固安州同知。历任中书左司掾、礼部主事、秘书监著作郎、监察御史、户部员外郎、浙西廉访司佥事。文宗至顺元年（1330），改任山北廉访司佥事，病死于途中。（0501 卷 48，0011 卷 83）

七十　元顺帝至正十八年（1358），为监察御史，劾罢中书右丞相太不花。二十年，擢中书参政。次年，奉旨谕解孛罗帖木儿与察罕帖木儿交战，孛罗帖木儿罢兵还镇。二十二年，升左丞。二十六年，升右丞。次年，升平章政事。（0001 卷 45、46、47 等）

七十六　元顺帝至正十六年（1356），为尚舍卿。时前丞相脱脱已被鸩杀于云南，讣闻中书省。奉遣至云南，为脱脱易棺衣以殓。（0001 卷 138）

卜儿　元世祖时云南蛮酋。至元三十年（1293）正月，遥授知州，赐玺书。（0001 卷 17）

卜元　元世祖时衢州常山县（今属浙江）主簿。（0878 卷 3）

卜木　元成宗时云南少数民族首领。元贞元年（1295）二月，来京朝觐。（0001 卷 18）

卜花①　元蒙古逊都思氏。阿塔海之父，塔海拔都儿之子。袭父职为蒙古千户。死于宪宗初年。（0001 卷 129）

卜花②　姓耶律，元契丹人，耶律阿海四世孙。右卫亲军都指挥使驴马第四子。早卒。（0001 卷 150）

卜伯　元文宗天历元年（1328）九月为河南省都镇抚，奉河南平章阿礼海牙之命，率军吏巡行南阳、高门、武关、荆子诸隘，南至襄、川二江之口，督以严备，防御陕西反文宗军进攻。（0001 卷 137）

卜国　金元之际汪古部首领阿剌兀思剔吉忽里之远祖。自卜国起，其后裔世代为汪古部首领。（0001 卷 118）

卜彬　元回回人，家于大名（今属河北）。仁宗延祐年间任东流县（治今安徽东流镇）达鲁花赤。（0986 卷 4）

卜鉴　字明卿。元湖州（今属浙江）人。文宗至顺二年（1331）为镇江路广平翼下千户所吏目。（0631 卷 17）

卜颜①　元英宗至治二年（1322）为江南行台监察御史。顺帝至元三年（1337）任南台侍御史，至正三年（1343）升南台御史中丞。（0632 卷 6）

卜颜②　元文宗时行枢密院官。天历元年（1328）十月，率军援救紫荆关一带，抵御上都诸王忽剌台等军。（0001 卷 32）

卜颜③　元文宗时廉访使。天历元年（1328）十月，在虎牢关，遣军听河南平章阿礼海牙调用，以抵御陕西军进攻。（0001 卷 137）

卜颜④　元顺帝至元三年（1337）任昌国州（治今浙江舟山）达鲁花赤。（0634 卷 2）

卜颜⑤　元顺帝至正二年（1342）至三年，任云南行省平章。（0014）

卜颜⑥　元蒙古珊竹氏，吾也而孙拔不忽之孙。（0011）

卜天璋（1250～1331）　字君璋。元洛阳人。早年读书史，识成败大体。世祖至元中，为南京（治今河南开封）府史。历宪史、中台掾、中书掾。成宗大德四年（1300），任工部主事。蔚州有刘帅豪夺民产，奉省檄往讯之，帅服，田竟归民。武宗时任刑部郎中。仁宗即位，闻其廉慎，亲召见嘉奖。后奉旨治反狱，狱得不冤。皇庆初，出任归德（治今河南商丘）知府，劝农兴学，复河渠。后历任饶州路（治今江西波阳）总管、广东廉访使、山南廉访使，皆有治绩。文宗天历二年（1329），上《中兴济治策》，切中时病。卒，谥正献。（0001 卷 191）

卜元吉　元唐兀人。寓居天台（今属浙江）。乡试副榜。历任庆元路翁洲书院山长、庆元路录事司录事。（0633 卷 2，0896 卷 195）

卜元英　字彦才。元益都（治今山东青州）人。成宗元贞二年（1296）至大德三年（1299）为镇江路判官。（0631 卷 15）

卜友曾　元进士。有诗作传世。（0504 丁）

卜可寿　元嵊县（今属浙江）人。泰定三年（1326）贡士。（0880 卷 32，0896 卷 129）

卜世昌 金元之际洛阳(今属河南)人,天璋之父。仕金为河南孔目官。蒙哥(元宪宗)率蒙古军南征时,率众降于蒙古,被授为镇抚,统民兵二千户。后升为真定路管民万户。元宪宗六年(1256),籍河北民徙河南者三千余人,俾专领之。遂迁家于汴(今河南开封)。(0001 卷 191)

卜只儿 元泰定三年(1326)为江南行台治书侍御史,文宗至顺元年(1330)升南台侍御史,顺帝至元元年(1335)升南台御史中丞。(0632 卷 6)

卜兰奚① 元文宗天历元年(1328)十二月,任龙翊侍卫亲军都指挥使司指挥使,掌管钦察军士。(0001 卷 32)

卜兰奚② 元文宗至顺三年(1332)任秘书少监。(0027 卷 9)

卜兰奚③ 元顺帝至正十五年(1355)六月,为湖广行省左丞,奉旨攻讨河南红巾军。数月后,改任河南左丞。十六年四月,由河南左丞升为湖广行省平章政事。(0001 卷 44)

卜光辅 元成宗大德二年(1298)为陕西徽州(治今甘肃徽县)管军千户,镇压反元起事立功。(0801 卷 22,0811 卷 5)

卜花术 元顺帝至元间江浙平章别不花父,追谥忠节。(0011)

卜阿里 元世祖至元末年出使马八儿(在今印度半岛东南岸)的使臣。至元三十一年(1294)十二月完成使命返回大都(今北京)。(0001 卷 18)

卜思巴 元世祖时西北叛王都哇之同党。至元十二年(1275),随从都哇,同率兵十二万围攻火州(今新疆吐鲁番东)。(0001 卷 122)

卜咱儿 又译卜咱耳。元文宗时任闽海廉访使,被监察御史秦起宗劾其窃父妾以逃,其父愤死,渎乱天常。诏流之岭南。未几,遇赦,复任燕南廉访使。至顺二年(1331)二月,御史台臣又劾其为闽海廉访使时受赃钜万。诏籍没其家产,流放边远,仍暴其罪示天下。(0001 卷 35、176)

卜胜荣 元高邮(今属江苏)人。母痢,不能药,日尝痢以求愈。兄病,礼北辰,乞减己年延兄寿。母、兄皆痊愈。(0001 卷 197)

卜朝瑛 元成宗大德年间为陕西徽州(治今甘肃徽县)管军千户。(0811 卷 5)

卜鲁罕(? ~1307) 元成宗皇后。蒙古伯岳吾氏。驸马脱里思之女。成宗大德三年(1299),册立为皇后。成宗多病,卜鲁罕居中用事,信任相臣哈剌哈孙。大德之政尚称平稳。皆因其处决。九年,主谋贬成宗嫂答己及侄爱育黎拔力八达(仁宗)于怀州(今河南沁阳)。十一年,成宗死,与左丞相阿忽台等谋立安西王阿难答为帝。右丞相哈剌哈孙迎爱育黎拔力八达至大都(今北京),杀阿忽台等。遂被安置于东安州(今河北安次西),未几被赐死。(0001 卷 114、20、24 等,0003 卷 19)

卜颜氏 元蒙古人。顺帝时江西平章朵里不花之妻。朵里被反元起事者执杀,卜颜氏在侧,大骂,亦被杀。(0001 卷 195)

卜礼亚徒 元文宗天历元年(1328)任浙东宣慰副使。(0634 卷 1)

卜邻吉台 元成宗大德八年(1304)任湖广行省平章政事。(0001 卷 162)

卜邻吉带① 又译卜邻吉斛、不怜吉歹等。元蒙古人。蒙古开国功臣唆海之子。太宗时,从蒙哥(宪宗)征钦察诸部,以功擢任万户。宪宗元年(1251),拥戴蒙哥登位,率军出镇杭海山(今杭爱山)及横相乙儿(今新疆青河)等地,防御抗命西北宗王。三年,率军从忽必烈征大理。后奉旨率军攻淮南,攻至扬州西城。七年,奉旨自邓州(今河南邓县)攻宋,渡汉江而返。死后追封归德王,谥忠武。(0001 卷 3、173)

卜邻吉带② 元蒙古珊竹氏,吾也而孙拔不忽之孙。(0011)

卜怜吉歹① 元蒙古人,仁宗丞相铁木迭儿祖。追谥忠武。(0011,0025 卷 3)

卜怜吉歹② 元蒙古亦乞列思氏。驸马,尚普颜可里美思公主。封宁昌郡王。(0001 卷 108、109,0011)

卜怜吉带 又译不邻吉歹、不邻吉带等。元蒙古兀良合氏,阿术之子。世祖至元二十年(1283),奉旨与史弼等率军二万余镇压建宁路(治今福建建瓯)黄华起义。二十六年,任江淮省平章政事,率军镇压婺州(今浙江金华)叶万五反元起事。后改任同知江淮行枢密院事。成宗时,历任湖广平章、河南平章。大德十一年(1307)成宗死,支持仁宗自怀州(今河南沁阳)入大都发动宫廷政变,升为河南行省左丞相。延祐元年(1314),受封为河南王。(0001 卷 12、15、25 等处,0003 卷 91)

卜理牙敦 元北庭(今新疆吉木萨尔北)畏兀儿人。累官至山南廉访使,治中兴(今湖北江陵)。顺帝至正十二年(1352),反元队伍进攻中兴,率兵力战,被执,不屈,被杀。(0001 卷 195)

卜答失里① 又译不答失里。元文宗皇后。蒙古弘吉剌氏。父驸马鲁王琱阿不剌,母鲁国公主桑哥剌吉。尝从文宗居金陵(今江苏南京)。天历元年(1328),文宗即位,立为皇后。至顺元年(1330)四月,与宦者拜住谋杀明宗皇后八不沙(宁宗母)。三年,文宗死,遵其遗愿,立明宗次子懿璘质班(宁宗),被尊为皇太后。次年,迎立明宗长子妥欢贴睦尔,被尊为太皇太后,称制临朝。后至元六年(1340),查究明宗被害事,诏削其尊号,安置东安州(治今河北安次西)。不久死。(0001 卷 114、118 等)

卜答失里② 元顺帝至正十三年(1353)

陕西行省平章政事。(0001 卷 43)

卜答失利　又译宝塔实怜、普达实怜等。元世祖孙晋王甘麻剌之女。成宗初年嫁高丽王世子王謜。武宗至大三年(1310)七月,封韩国长公主。后封为蓟国大长公主。(0001 卷 23、109、208)

卜鲁忽解　金章宗时蒙古克烈部主王汗之部将。与乃蛮部骁将曲薛吾撒八剌战,大败,被擒。(0001 卷 1)

卜颜不花　又译伯颜不花、伯颜普化。元顺帝时湖广省臣。至正十二年(1352)为湖广参政,以镇压徭族反元起事,收复湖南潭、岳等处有功,升散阶从一品。十三年十二月,为湖广左丞,与江浙平章卜颜铁木儿、南台中丞蛮子海牙等军,攻陷天完红巾军都城蕲水(今湖北蕲春南)。十四年二月,为湖广右丞,与卜颜铁木儿、蛮子海牙等军讨伐沿江反元队伍。(0001 卷 42、43、144 等)

卜颜达失　元文宗天历二年(1329)任秘书郎。(0027 卷 10)

卜颜同瓦　元英宗至治三年(1323)为昌国州(治今浙江舟山)达鲁花赤。(0634 卷 2)

卜颜那怀　元仁宗延祐三年(1316)任江南行台监察御史。(0632 卷 6)

卜颜的斤①　元世祖第八子宁王阔阔出孙女。至顺元年(1330),文宗以篾儿乞氏伯颜(元顺帝时权相)功大,特命嫁之。(0001 卷 138)

卜颜的斤②(? ~1368)　元末蒙古妇女。宗王黑闾之女,观音奴之妻。顺帝至正二十八年(1368),明军入大都(今北京),卜颜的斤谓其夫曰:"我乃国族,且年少,必不容于人,岂惜一死以辱家国!"遂自缢死。(0001 卷 201)

卜里牙秃思　元蒙古捏古台氏,文宗至顺元年(1330)状元笃列图之父。历任靖州路总管。(0011)

卜颜帖木儿①　元世祖至元年间为陕西河东盐运使。(0691 卷 8)

卜颜帖木儿②　元世祖至元年间为莱州(今属山东)达鲁花赤。(0727 卷 2)

卜颜帖木儿③(1291 ~?)　元武宗至大四年(1311)至仁宗延祐元年(1314)任邹平县(今属山东)达鲁花赤。(0240 卷 14)

卜颜帖木儿④　元仁宗延祐六年(1319)为江南行台经历。(0632 卷 6)

卜颜帖木儿⑤　元文宗时诸王。至顺元年(1330)闰七月,请给鞍马,愿从诸军镇压云南叛乱,文宗嘉其意,从之。(0001 卷 34)

卜颜帖木儿⑥　元文宗至顺元年(1330)正月反文宗起事之首领万户伯忽之同党。十一月,与伯忽等十余人皆被元军擒获处死。(0001 卷 35)

卜颜帖木儿⑦　元顺帝至正十七年(1357)十一月由陕西行台中丞迁中书参政。十八年,诏拜太不花为中书右丞相,统率河北、山东诸军讨伐山东。时卜颜与张晋分省山东,二人尝劾太不花之子同知枢密院事寿童率军讨山东久无功。太不花衔之,乃借口其餽运不前,断遣之。(0001 卷 45、141 等)

卜颜帖木儿⑧　字仲贤。元顺帝至正二十年(1360)为江南行台通事。(0594 卷 12)

卜颜帖木儿⑨　元顺帝至正末由工部郎中迁任秘书太监。(0027 卷 9)

卜颜帖木儿⑩　元顺帝至正二十八年(1368)为知枢密院事。是年闰七月,明军至通州(今北京通县),力战,被擒杀。(0001 卷 47)

卜颜帖木儿⑪　元时封永宁王。(0001 卷 108)

卜颜帖木儿⑫　见卜颜铁木儿②。

卜颜岳石术　元顺帝至正四年(1344)江浙行省右丞。(0561 卷 1)

卜颜铁木儿①　又译伯颜帖木儿。元宗王。拖雷第九子末哥曾孙。被封为永宁王。英宗至治三年(1323)七月,所为不法,帝命宗正府及近侍同治其傅之罪。(0001 卷 28、107 等)

卜颜铁木儿②(? ~1356)　又译不颜帖木儿、普颜帖木尔等。字珍卿。因常骑花马,时称花马平章。元唐兀吾密氏。早年为宿卫士,历事武宗、仁宗、英宗。文宗天历初,由太常署丞授监察御史,升殿中侍御史。历任大都路达鲁花赤、都转运盐使、廉访使。后由行省参政升左、右丞,擢行台中丞,遂拜江浙省平章。顺帝至正十二年(1352),率军镇压天完红巾军。十三年冬,与诸路元军会合,攻陷天完红巾军都城蕲水(治今湖北浠水)。十六年,驻守池州,病死。(0001 卷 144、42、43、44)

卜迭捏拔都儿　元初蒙古勋臣。太宗时分拨怀孟五户丝户,宪宗壬子年(1252)经查有八十八户。(0001 卷 95)

卜颜怯里迷失　元泰定帝诸皇后之一。(0001 卷 106)

八十①　元阿鲁温氏。顺帝至正元年(1341)为江南行台监察御史。(0632 卷 6)

八十②　元顺帝至正九年(1349)为刑部郎中。是年,奉旨与兵马指挥沙不丁率军讨平冀宁平遥(今属山西)等县曹七七反元队伍。(0001 卷 42)

八八①　元世祖时宗王。阔列坚之孙忽鲁歹之孙。至元二十五年(1288)十二月,应甘肃行省官约请,与诸王拜答罕、驸马昌吉,合兵讨伐也速不花等叛众。叛众皆自缚请罪。(0001 卷 15、107 等)

八八②　元世祖至元十九年(1282)为陕西佥省。(0001 卷 12)

八八③　元哈剌乞氏。文宗至顺元年(1330)为江南行台监察御史。(0632 卷 6)

八八④　元后叶宗室女，嫁阿尔思兰之孙忽纳答儿驸马。(0001 卷 39、109)

八扎　元畏兀儿人。铁哥术之子。历任同知宣政院事。(0001 卷 135)

八丹　元畏兀儿人。小云石脱忽怜之子。初事忽必烈为宝儿赤(司膳)。从征大理有功。世祖中统初，从征阿里不哥。后为鹰房万户，从太子真金北征，归守真定。未几，出任隆兴府达鲁花赤。居三年，奉旨从皇孙甘麻剌征讨海都，有功。(0001 卷 134)

八巴　又译八把。元宗王。世祖至元二十年(1283)叛元，降于西北叛王海都。奉海都遣，率军三万进攻斡端(今新疆和田)一带。元都元帅刘恩所率元军万人以众寡不敌，退走。(0001 卷 133、166)

八札①　元太祖时燕京行尚书省官员。太祖八年(1213)，蒙古军攻破紫荆关，汉人地主武装首领赵柔率众降，八札奏闻，以柔为涿、易二州长官，佩金符。(0001 卷 152)

八札②　元英宗至治二年(1322)任江南行台监察御史。(0632 卷 6)

八合　元哈剌鲁人，哈剌斛之父。从拖雷假道攻金，大战三峰山，射中金将武仙，拖雷奇之，赐号斡栾拔都儿。后从破汝州。卒赠怀远大将军、沿海翼管军万户、汝南郡侯。(0003 卷 96)

八那　元云南老告土官。顺帝至元四年(1338)八月，遣其侄那赛带象、马朝觐，元廷为立老告军民总管府(治今老挝琅勃拉邦)。(0001 卷 39)

八辰　元英宗至治三年(1323)任江南行台治书侍御史。顺帝元统二年(1334)，累迁为南台御史中丞。(0632 卷 6)

八秃(？～1353)　元宗王。顺帝至正十三年(1353)六月，与红巾军作战，阵亡于亳州(今属安徽)。(0001 卷 43)

八邻①　元世祖时安童麾下将领。至元十二年(1275)右丞相安童率大军，辅助北平王那木罕出镇阿力麻里(今新疆霍城西)，防御叛王海都进攻。次年，安童为叛王昔里吉所执，一军皆没，八邻也被俘。至二十五年，始率三百九十人回归元朝。(0001 卷 15)

八邻②　字伯亮。元蒙古人。善画龙。(0260 卷 11、13)

八忽　又译拜忽。元公主。嫁弘吉剌氏赤窟孙怀都驸马。封郓国公主。(0001 卷 5、109)

八庙　元木邦路(治今缅甸腊戍东北新维)土官。泰定二年(1325)五月反元，率僰人(今白族先民)一万攻占倒八汉寨。七月，既降复反元。(0001 卷 29)

八怜　元西北叛王海都之部将。曾与元将玉哇失战于亦必儿失必儿(吉尔吉思以北西伯利亚广大地区)之地。又曾与元将床兀儿军交战。(0001 卷 132、135)

八郎①　元蒙古察哈札剌亦儿氏。伯答沙第三子。顺帝时为大宗正府札鲁忽赤。(0001 卷 124)

八郎②　元宗室。顺帝诸弟、近幸。与顺帝其他十余近幸，皆在帝前，相与亵狎，甚至男女裸处，君臣宣淫，丑声秽行，著闻于外。(0001 卷 205)

八郎③　元蒙古斡罗台氏。顺帝元统元年(1333)进士买闾曾祖。任千户。(0028)

八春　元蒙古人。世祖中统元年(1260)四月，与廉希宪同为陕西四川宣抚使。六月，奉诏节制陕西四川诸军。九月，与汪良臣、宗王合丹大败阿里不哥大将阿蓝答儿、浑都海军于删丹(治今甘肃山丹县)，杀二将。(0001 卷 1、126、159 等)

八剌①　元太祖麾下将领。太祖十六年(1221)夏，太祖大败花剌子模算端札阑丁于印度河畔，札阑丁逃入印度。奉旨率军追之，不获。次年，率军返回八鲁弯川(在今阿富汗喀布尔东北)，与蒙古诸军会合。(0001 卷 1,0008 卷 1)

八剌②　元定宗皇后海迷失所遣使者。定宗去世第二年(1248)，奉遣参加蒙古诸王、大将于阿剌脱忽剌兀(在今伊塞克湖和伊犁河之间的阿拉套山中)地方召开的大会，以太宗遗命立皇孙失烈门为嗣的理由，抗议拔都推戴蒙哥为大汗。(0001 卷 3)

八剌③(？～1271)　又译博拉克、八剌合。元宗王。察合台曾孙。察合台汗国第六代汗，元世祖至元三年(1266)至八年在位。至元三年，奉世祖命赴汗国继汗位，废除自立为第五代汗之堂弟木八剌沙。未几，背叛元朝，夺取斡端(今新疆和田)地区。又与海都及金帐汗忙哥帖木儿争战。六年，与海都举行大会于答剌速河畔(今哈萨克斯坦江布尔附近)，划分各自在中亚之势力范围。后率军渡阿母河攻入伊利汗国东北部呼罗珊境，被伊利汗阿八哈击败，退归不花剌(今乌兹别克斯坦布哈拉)，未几死。(0008 卷 3,0003 卷 32)

八剌④(？～1277)　元蒙古晃合丹氏。伯八长子。世祖至元十三年(1276)，宗王脱铁木儿叛。与其弟不兰奚，皆为所虏。次年，率家族南奔，被追及擒回，不屈，与弟同被害。(0001 卷 193)

八剌⑤　元蒙古珊竹氏。纽璘次子，也速答儿之弟。袭职为蒙古军万户。(0001 卷 129)

八剌⑥　元蒙古鱼儿泊(今达里诺尔)千户。成宗大德元年(1297)受赐五户丝户真定等处一千户。(0001 卷 95)

八剌⑦　元成宗时将领。大德五年(1301)十一月，奉旨与阿塔赤率军五千人，征讨云南宋隆济领导的少数民族反元队伍。(0001 卷 20)

八剌⑧　元人。仁宗皇庆二年(1313)，任江南行台监察御史。(0632 卷 6)

八剌⑨　元泰定元年(1324)蒙古色目右榜进士一甲第一名(状元)。(0001 卷 29、81 等)

八剌⑩　字国宝。元顺帝至元六年(1340)任秘书监知印。(0631 卷 11)

八剌⑪　元顺帝至正十二年(1352)为翰林学士承旨，奉旨与诸王孛兰奚领军守大名。(0001 卷 42)

八剌⑫　元畏兀儿人。累官廉访司佥事、湖南湖北道广教总管府同知。(0631 卷 19)

八剌⑬　元钦察人，完者都子。(0011)

八都①　又译拜都。元世祖时武卫军长官之一。至元十一年(1274)六月，奉旨率武卫军南征。十二年正月，奉旨卫送元使唐永坚持诏招谕郢州。(0001 卷 8)

八都②　元辽王脱脱之子。文宗天历元年(1328)十一月，聚党出剽掠，敕宣德府官捕之。(0001 卷 32)

八十八　元蒙古怯烈氏，镇海之孙。任河东廉访佥事。(0011)

八十奴　元顺帝至正十五年(1355)为利用监丞。是年，奉旨与将作院判官乌马儿招谕濠州(治今安徽凤阳东北)、泗州(治今江苏盱眙西北)红巾军。(0001 卷 44)

八卜叉　元太宗孙女，嫁畏兀儿亦都护(国王)纽林的斤，生二子：帖木儿补化、钱吉。(0001 卷 109、122)

八八剌　元宗王。阔列坚之孙忽鲁歹之子也灭干之子。仁宗延祐元年(1314)，受赐驼纽金印。(0001 卷 20、107 等)

八儿秃　元世祖至元九年(1272)任元帅，是年参与镇压建都(今四川西昌一带)少数民族反元起事。(0001 卷 131)

八乞出　元宗王。铁木哥斡赤斤之孙帖木迭儿之子。(0001 卷 107)

八不沙①　元宗王。移相哥孙势都儿长子。大德十一年(1307)武宗即位后，受封为齐王。至大三年(1310)，楚王牙忽秃征旧民于其部中，邻境诸王欲奉之攻楚王，遂曜奔楚王处，该王竟诬告其反。后经查实获释，该王被徙于岭南。四年，仁宗即位，又受诸王不里牙屯等诬告。未几，查实，诏窜不里牙屯等诸王于河南、湖广、江西、云南等地。(0001 卷 24、107、138 等)

八不沙②　元回回人。仁宗延祐三年(1316)任平江路(治今江苏苏州)总管；六年，得代离任。(0927 卷 20)

八不沙③(？～1330)　元明宗皇后·乃蛮氏。甘麻剌之女寿宁公主之女。生懿璘质班(宁宗)。文宗至顺元年(1330)，被文宗皇后卜答失里与宦者拜住杀死。(0001 卷 114、106、38)

八不沙④(？～1360)　元末人。察罕帖木儿部将。顺帝至正十九年(1359)，奉察罕帖木儿遣，与枢密院判官陈秉直同率军二万守冀宁(治今山西太原)。二十年，违抗察罕帖木儿遣其进攻孛罗帖木儿军之军令，被杀。(0001 卷 45)

八八罕　元世祖之妃。其所居斡耳朵(帐殿)不详。(0001 卷 106)

八不罕(？～1329)　元泰定帝皇后。蒙古弘吉剌氏。按陈孙斡留察儿之女。泰定元年(1324)，册立为皇后。生阿速吉八(天顺帝)。天顺元年(1328)十月，上都(今内蒙古正蓝旗东北)被大都军攻破后，被文宗安置于东安州(治今河北安次西)。未几，遇害。(0001 卷 114、29、106)

八不忽　元世祖至元二十四年(1287)任江南行台监察御史，次年任南台都事。(0632 卷 6)

八札赤　元畏兀儿人。道同曾祖。(0011 卷 53)

八立托　又译不儿脱阿。蒙古斡亦剌部贵族。其名见于《释迦院碑》。汉文碑铭称为"奉佛驸马八立托"，蒙文碑铭作 Bars toge(八儿思·脱格)。据《史集》载，其祖父为忽都合别乞，其父为脱劣勒赤，母为成吉思汗女扯扯干公主。自幼性格孱弱，但因是成吉思汗外孙，斡亦剌部世袭贵族，得娶蒙元皇族一悉基公主为妻。蒙哥汗七年(1257)夏，为庆贺蒙哥汗五十大寿及即将御驾亲征南宋，在其夏营地德勒格尔木伦河畔，建佛寺立碑，所立碑即《释迦院碑》。(1146 卷 5)

八礼台　元人。有诗作传世。(0504 戊下)

八吉由(？～1291)　元世祖时人。尚书右丞相桑哥之妻弟。桑哥专政时，为燕南宣慰使。至元二十八年(1291)三月，以受赂积赃被处死。(0001 卷 16)

八亦忽　元诸王。武宗至大元年(1308)三月，受帝赐金、银。(0001 卷 22)

八里牙　元宗王。铁木哥斡赤斤之孙帖木迭儿之孙。(0001 卷 107)

八里术　元畏兀儿人，孟速思祖。(0011)

八里赤　元宪宗时蒙古阿儿剌部人。宪宗九年(1259)正月，帝以出师攻四川近一年，夏暑且至，问诸王、百官等尚可居留否？脱欢曰："南土瘴疠，帝宜北还。"八里赤曰："脱欢怯，臣愿居焉！"帝善之。(0001 卷 3)

八里吽　又译八里丹、把儿坛。元太祖之祖父。葛不律汗之子。(0001 卷 1、

107)

八里带① 元世祖时诸王。至元二十九年(1292)二月,因曾从东北叛王哈丹叛乱,被流放。(0001 卷 17)

八里带② 又译八里台。元仁宗至泰定帝时诸王。(0001 卷 26、29)

八里颜 字政卿。元顺帝至正十一年(1351)任崇明州达鲁花赤。(0949 卷 5)

八即剌 元文宗时御史中丞。天历二年(1329)三月,随从燕铁木儿奉皇帝宝至明宗行在所。(0001 卷 31、33)

八的儿 元顺帝至元二年(1336)任兴化路(治今福建莆田)达鲁花赤。(0905 卷 2)

八忽带① 元世祖时征日本军官。至元二十年(1283)受赐银、钞。(0001 卷 12)

八忽带② 元世祖至元二十一年(1284)任蒙古侍卫亲军都指挥使,是年闰五月征黄华回,进献所俘一百七十一人于朝。(0001 卷 13)

八剌马 元诸王。其所部居于岚、管、临三州一带。致和元年(1328)九月两都之战时,以所部入管州,杀掠吏民。文宗天历二年(1329),元廷遣省、台、宗正府官往督有司捕治其乘乱为寇之部曲。(0001 卷 33)

八剌术 元畏兀儿人。脱烈海牙祖父。祖先世居别失八里(今新疆吉木萨尔北)。至八剌术始迁居真定。官至帅府镇抚。富而乐施。(0001 卷 137)

八剌合 元世祖时诸王。至元五年(1268),与宗王禾忽受帝赐布匹共六万匹。(0001 卷 6)

八思巴(1235 ~ 1280) 本名罗古思监藏,款氏。八思巴为其尊号,意为圣者。元乌思藏萨斯迦(今西藏萨迦)人。幼聪慧,七岁诵经数十万言,通大义。元宪宗元年(1251),任萨斯迦教派法主。三年,谒见忽必烈于六盘山,留侍其左右。世祖中统元年(1260),受封为国师,统领全国释教。至元元年(1264),领总制院(后改称宣政院),统领全国释教及吐蕃地区。六年,制成蒙古新字(以藏文字母拼写蒙古语之八思巴体蒙古字),颁行全国,升号帝师、大宝法王。十一年,返回萨斯迦。(0001 卷 202)

八思台 元中叶人。大德十一年(1307),成宗死,奉仁宗遣,与囊加歹同诣宗王秃剌处议事,定计发动宫廷政变。(0001 卷 131)

八哈秃 元太宗时宗王拔都麾下将领。从拔都西征,阵亡于匈牙利。(0001 卷 121)

八拜降 元成宗大德二年(1298)庆元路(治今浙江宁波)总管。(0633 卷 2)

八都儿① 元世祖至元二十一年(1284)为江南行台中丞。(0632 卷 6)

八都儿② 元中叶牧马官,掌管哈剌木连(元河流名,蒙古语意为黑河,蒙古人对黄河的称呼)等处御位下阿失温忽都(今内蒙古苏尼特右旗西北塔本呼都格东)地方的马群。(0001 卷 100)

八都儿③ 元文宗天历元年(1328)两都之战时燕铁木儿部将。(0001 卷 138)

八都儿④ 元文宗至顺元年(1330)为集庆路(治今南京)判官。(0632 卷 6)

八都儿⑤ 元顺帝至正二十五年(1365)中书参知政事。(0001 卷 113)

八都儿⑥ 元宗王。牙都忽之子脱列帖木儿之子,袭封楚王。(0001 卷 107、108 等)

八都哥 元顺帝至正二十四年(1364)中书参知政事。(0001 卷 113)

八资剌 字思齐。元畏兀儿人。顺帝至元二年(1336)任昆山州(治今江苏太仓)达鲁花赤。至正三年(1343),授江南行台监察御史。(0632 卷 6,0635 卷 2)

八蓝沙 元泰定三年(1326)任青阳县(今属安徽)达鲁花赤。(0986 卷 4)

八撒儿 元蒙古许兀慎氏,居于闻喜县(今属山西),昔里伯吉之子。任河南淮北蒙古军万户。(0551 卷 34、37)

八撒而 又译八撒、巴撒而。元成宗时地位显要之诸王。元贞元年(1295)九月,以其治私第,元廷赐给盐万引。十月,与诸王火而忽答孙、秃剌所部,受元廷赐钞共四万八千余锭。大德六年(1302),与其他诸王所部,受元廷赐钞共八万六千余锭。(0001 卷 18、19、20)

八儿麻思 元怯鲁连(今蒙古克鲁伦河)地区八剌哈赤(城防官)。(0001 卷 100)

八三海涯 元畏兀儿人。贯云石之次子。(0001 卷 143)

八不别及 元太祖之妃,所居斡耳朵(帐殿)不详。世祖至元二十五年(1288),分拨五户丝户河间清州五百一十户于其位下。(0001 卷 95、106)

八札不花① 元畏兀儿人。忙兀的斤之子。历任安丰路(治今安徽寿县)达鲁花赤。(0011 卷 51)

八札不花② 元顺帝至正年间青阳县(今属安徽)达鲁花赤。(0986 卷 4)

八札海牙 元畏兀儿人。文宗天历初为河中府达鲁花赤,陕西反文宗军至,御之不敌,被执,不屈而死。(0691 卷 8,0700 卷 6、9)

八只吉儿 元答兰速鲁皇家牧马场之哈剌赤(牧养皇家母马,搅制马奶酒进奉

者)长官。该牧马场隶属于元十四道牧马地之一阿察脱不罕等处。(0001 卷 100)

八失忽都　元顺帝至正十二年(1352),为四川行省平章政事,是年奉诏便宜行事,以镇压农民起义。(0001 卷 42)

八合鲁思　元世祖至元二十一年(1284)福建行省所遣招降南巫里(在今苏门答腊岛西北角)、别里剌(在今印度尼西亚棉兰东南丹戎不来及其附近地区)、理伦(今泰国拉廊及其附近地区)、大力(今泰国董里府及其附近地区)四国之使者。是年十一月,四国遂各遣其相奉表以方物来贡。(0001 卷 13)

八里牙儿　元泰定间宁晋县(今属河北)主簿。(0645 卷 4)

八里吉思(？～1323)　又译八剌吉思、八思吉思等。元仁宗时右丞相铁木迭儿之子。自延祐年间起,任宣政院使。英宗至治二年(1322)十二月,因受贿,与司徒刘夔勾结,冒献田地,分赃钜万,论罪处死。(0001 卷 28、136 等)

八忽台儿　元蒙古斡罗纳儿氏。怀都之子。官至浙东道宣慰使都元帅,曾多次镇压浙东、建宁等地反元起事队伍。(0001 卷 131)

八忽带儿　元世祖时探马赤军万户长官。世祖至元二十八年(1291)十二月,籍探马赤八忽带儿等六万户成丁者为兵。(0001 卷 16)

八忽答儿　元世祖时蒙古军万户长官。世祖至元二十八年(1291)九月,以八忽答儿等四翼蒙古军复隶蒙古都万户府。(0001 卷 16)

八剌失里①　元蒙古亦乞列思氏。昌王阿失驸马之子,娶昌国大长公主烟合牙。袭封昌王。(0001 卷 108、109、118 等)

八剌失里②　元宗王。泰定帝弟湘宁王迭里哥儿不花之子。至治三年(1323)袭封为湘宁王。泰定元年(1324)三月,奉诏出镇察罕脑儿(治今内蒙古乌审旗南)。三年正月,奉诏镇兀鲁思部。文宗天历元年(1328)十月,引兵入冀宁(治今山西太原),杀掠吏民。(0001 卷 107、108、29 等)

八剌合赤　元顺帝至正十九年(1359)为同知枢密院事。是年六月,奉诏与平章月鲁不花同督兵围捕占据蔚州之反元起事首领杨诚。七月,围蔚州城。俄有旨,命回兵。(0001 卷 207)

八剌哈赤①　元文宗天历二年(1329)为礼部尚书,是年三月,随从燕铁木儿奉皇帝宝赴明宗行在所。(0001 卷 33)

八剌哈赤②　元文宗天历二年(1329)为吏部尚书。是年十月,监察御史劾其前授陕西行台侍御史,避难不赴任。遂被罢官。(0001 卷 33)

八剌哈赤③　元顺帝至元三年(1337)为江南行台御史大夫。(0632 卷 6)

八剌脱因　元仁宗时大臣。皇庆元年(1312)任中书左丞。二年五月,升为右丞。(0001 卷 24、112)

八剌释里　元蒙古篾儿乞氏,顺帝丞相伯颜之子。任阿速卫指挥使。(0011)

八思不花①　元蒙古按赤歹氏。阔里吉思曾祖。太祖时从攻乃蛮等部,常为先锋破敌,受太祖嘉奖,赐以虎符。后谕降丰州、云州,擢为宣抚使。(0001 卷 134)

八思不花②　元武宗至大三年(1310)任崇明州达鲁花赤。(0949 卷 5)

八思吉斯　元英宗时礼仪院使。(0001 卷 78)

八思忽都　即八思忽都探花爱忽赤。

八都儿丁　元顺帝至正七年(1347)为中书省断事官。(0594 卷 12)

八都马辛　元成宗时大臣。元贞二年(1296),为湖广行省左丞,镇压广西陈飞、雷通等反元起事队伍。转任江西省左丞。大德元年(1297),任中书左丞。二年,复出任湖广左丞。五月,升中书右丞。七年三月,因受朱清、张瑄贿赂罪,罢职。八年九月,复任中书右丞。九年七月,升中书平章。十一年正月,成宗死,与左丞相阿忽台等拥戴成宗皇后伯要真称制。未几,仁宗发动政变成功,其政治生涯遂告结束。(0001 卷 19、21、22 等)

八都鲁丁　元回回人。仁宗皇庆年间任于潜县(治今浙江临安西南)达鲁花赤,有治绩。(0872 卷 64)

八黑铁儿　元世祖时和林宣慰副使。至元二十六年(1289),西北叛王海都进攻蒙古地区。与和林宣慰使怯伯、同知乃满带皆叛变,响应海都进攻。(0001 卷 15)

八撒普华　元畏兀儿人。岳璘帖穆尔之子。(0011)

八撒察里　元世祖至元十五年(1278),掌别失八里(治今新疆吉木萨尔北)军站事。(0001 卷 63)

八儿术答儿　元人。世祖至元二十七年(1290)正月,以与伸思、移剌四十、石抹蛮忒谋反,皆被处死。(0001 卷 16)

八儿思不花①　字元凯。元仁宗延祐五年(1318)进士,授秘书郎。文宗至顺二年(1331),累迁为浦江县(今属浙江)达鲁花赤,有治绩。(0027 卷 10,0881 卷 13,0506 卷 3528)

八儿思不花②　元仁宗时翰林学士承旨,延祐六年(1319)三月,特授开府仪同三司、大司徒。(0001 卷 26)

八儿思的斤　元武宗至大二年(1309)松潘叠宕威茂州宣抚司达鲁花赤。(0001 卷 23)

八札帖木儿　元顺帝至正年间为瑞州路(治今江西高安)达鲁花赤。(1016 卷 14)

八尔思普化　元蒙古珊竹氏,铁木迭儿之子。顺帝至正十年(1350),袭职为徽州路万户。升浙东都元帅,转任江浙行枢密院判官。(0972 卷 4)

八忒麻失里　元高昌畏兀儿人,居于河西。顺帝至正十二年(1352)为江浙宣使,募兵收复休宁,授休宁县(今属安徽)达鲁花赤,当权者嫉之,未几罢任去。后战死于宜兴(今属江苏)。(0310 卷 4、5)

八的麻的加　又作八剌麻力。元世祖第七子西平王奥鲁赤次子,袭封西平王。(0001 卷 107、108 等)

八都麻失里　元顺帝时宰执。至正十七年(1357),由中书参政升右丞。次年,升平章政事。二十年正月,为知贡举平章政事,主持会试举人。(0001 卷 45、113)

八散忽都鲁　元文宗至顺三年(1332)武义县(今属浙江)达鲁花赤。(0881 卷 13)

八鲁朵而只　元宗王。元世祖第十子忽都鲁帖木儿之孙。(0001 卷 107)

八察脱忽邻　元畏兀儿人,洁实弥尔祖父。追谥庄靖。(0011 卷 40)

八撒忽都鲁　元文安县(今属河北)人。仁宗延祐四年(1317)为国子博士。(0673 卷 5)

八撒剌不花(? ~1362)　元顺帝时广东廉访使。任廉访使久居广东,专恣自用。至正二十一年(1361)二月,帝乃下诏以完者笃为广东廉访使,李思诚为副使,改任之为江南行台侍御史。八撒剌不花拒不受命,怒完者笃等代己,即诬以罪,杀完者笃、李思诚等,领兵占据广州。次年十月,江西平章朵列不花移檄讨之。适邵宗愚攻陷广州,遂被杀。(0001 卷 46)

八儿哈八儿思　元叛王阿里不哥部将。世祖中统二年(1261),与万户纳陈所率元军战,战败北走。(0001 卷 118)

八鲁浑拔都儿　元世祖时人,至元十三年(1276),叛元,投奔西北叛王海都。宗王牙忽都率元军追及,被擒,送至元廷。(0001 卷 117)

八的麻亦儿间卜(? ~1328)　元泰定帝第二子,泰定元年(1324)封为晋王。文宗天历元年(1328),死于上都(今内蒙古正蓝旗东北)。(0001 卷 107、108 等)

八林昔黑剌秃合必畜　元太祖之九世祖。孛端叉儿之子。(0001 卷 1、107)

八思忽都探花爱忽赤　元畏兀儿人。脱力世官之祖父。元初率领畏兀儿、阿剌温、灭乞里、八思四部,从蒙古军攻四川,死于军中。(0001 卷 133)

九十　元顺帝至正元年(1341)任浙东宣慰副使。(0634 卷 1)

九住①　元太祖至世祖时人,早年以梳栉侍奉太祖。世祖至元八年(1271),为宫内奉御,奉太祖昔所落须发束上。诏椟之,藏于太庙夹室。(0001 卷 7)

九住②　元将。世祖中统三年(1262)九月,为中翼千户,率部破宋兵于虎脑山。(0001 卷 5)

九圣奴①　元武宗至大元年(1308)为衢州(今属浙江)路治中。(0878 卷 2)

九圣奴②　元畏兀儿人。顺帝至元元年(1335)任江南行台监察御史。(0632 卷 6)

九住马　元畏兀儿人。泰定四年(1327)任江南行台监察御史。(0632 卷 6)

九住哥　元唐兀人。顺帝至正元年(1341)任江南行台监察御史。(0632 卷 6)

九十不花　元畏兀儿人。成宗元贞二年(1296)十二月,就任金坛县(今属江苏)主簿。(0631 卷 16)

九峯道人　元道士。善画马。故宫博物院藏有其顺帝至正二年(1342)所作《三骏图》,技法之高不在任仁发、赵孟頫之下。卷前董其昌题有"前无曹、韩"等语。(1143 卷 9)

乃蛮　元拓跋(蒙古克烈土别燕)氏。木华黎部将按札儿长子忙汉之子。至大四年(1311)仁宗即位后,袭父职为千户,(0001 卷 122)

乃燕　元蒙古札剌亦儿氏。木华黎曾孙,速浑察第二子。性谦和,好学,以贤能称。父死,宪宗命其袭爵为国王,力辞,让于其兄忽林池。后辅佐忽林池,参与谋议,剖决精当。忽必烈为藩王时,常与其论事,乃燕敷陈大义,又明习典故,深得忽必烈赞赏。(0001 卷 119)

乃颜(? ~1287)　元宗王。太祖幼弟铁木哥斡赤斤四世孙。继承铁木哥分地,并据有辽东之大部。自铁木哥至乃颜凡五世,雄据辽东数十年,早有轻朝廷之心,乃颜年少嗣为封镇地之主,尤狂妄。世祖至元二十一年(1284),北京宣慰使亦力撒合察其有异志,密请备之。二十三年,廷议立东京行省以镇摄诸王,控制东北。东北诸王多不自安。乃颜遣使与东北诸王胜纳哈儿(太祖弟哈赤温曾孙)等相结,并约西北叛王海都为犄角,海都允之。二十四年四月,乃颜与胜纳哈儿、哈丹(哈赤温孙)、势都儿(哈撒儿曾孙)等东北诸王结盟,起兵叛乱。五月,世祖以玉昔帖木儿领蒙古军,李庭领汉军,自上都北进,亲征乃颜。六月,乃颜率十万军与世祖大军战,大败,被擒获处死。(0001 卷 14、119、120、132、162 等,0003 卷 75)

乃马歹①　元宗王。顺帝至元四年(1338),为知行枢密院事。(0001 卷 39)

乃马歹②　元顺帝至正十二年(1352)任福建廉访司佥事。(0594 卷 12)

乃马台①　元仁宗时礼部尚书,至大四年(1311)三月,仁宗即位。十二月,奉旨出使安南,持诏往谕安南国世子陈日㷆。(0001 卷 24)

乃马台②　又译乃蛮台、乃蛮解等。元至治三年(1323)九月,泰定帝即位,擢中书右丞。泰定元年(1324)正月,升中书平章政事。二年十二月,镇南王脱不花死,奉旨镇摄其地。三年二月,任知枢密院事。八月,奉旨简阅边兵。致和元年(1328)八月,泰定帝死后,为上都政权平章政事,率军与大都军战于宜兴州(治今河北滦平县北),兵败,被擒送大都处死。(0001 卷 29、30、32、112)

乃马台③　元人。致和元年(1328)八月,燕铁木儿发动政变于大都(今北京)后,奉燕铁木儿命,矫为明宗使者自北来,称明宗整兵南行,以安定人心。(0001 卷 32、138)

乃剌忽　元延祐七年(1320)五月,英宗即位后,擢任中书平章政事。七月,罢任。(0001 卷 27、112)

乃咬真　元世祖时人。阿速国王杭忽思长子阿塔赤之妻。至元二十六年(1289),元军征杭海山(今蒙古杭爱山)乏食,输己帑及畜牧等给军食。世祖闻而嘉之,赏赐甚厚。(0001 卷 132)

乃蛮歹①　元世祖至元二十六年(1289)为江南行台监察御史。(0632 卷 6)

乃蛮歹②　元仁宗延祐四年(1317)任江南行台监察御史。(0632 卷 6)

乃蛮歹③　元文宗天历二年(1329)建康路(治今南京)治中。(0632 卷 6)

乃蛮歹④　元唐兀人。黄头之子。(0011 卷 61)

乃蛮台①　元乃蛮人。元末大将察罕帖木儿之祖父。父阔阔台随蒙古军入河南。后其家定居河南,为颍州沈丘(今安徽临泉西北)人。(0001 卷 141)

乃蛮台②　元西域板勒纥城(今阿富汗北部巴尔赫)人,居解州(治今山西运城西南)。伯德那之子,察罕之弟。曾任邵阳县(治今湖南邵阳)达鲁花赤。(0001 卷 91)

乃蛮台③(?~1348)　元蒙古札剌亦儿氏。木华黎曾孙忽速忽尔之子。成宗大德五年(1301),从征海都、笃哇,以功授宣徽院使。延祐七年(1320),英宗即位,出为岭北行省右丞。至治二年(1322),改任甘肃行省平章。文宗天历二年(1329),迁陕西省平章。又迁陕西行台御史大夫。奉命送太宗旧铸皇兄之宝于察合台后王燕只吉台。至顺元年(1330),迁任上都留守、虎贲亲军都指挥使。升知岭北行枢密院事,封宣宁郡王,出镇北边。顺帝至元三年(1337),袭国王。六年,拜岭北行省左丞相。至正二年(1342),迁辽阳左丞相,以年逾六十,上疏辞职归。卒。追封鲁王,谥忠穆。(0001 卷 139)

乃蛮带①　又译乃蛮歹、乃蛮台、乃马带等。元宗室。铁木哥斡赤斤孙塔察儿之子。世祖至元二十四年(1287)至二十八年,多次率部征讨东北叛王哈丹。至大元年(1308)仁宗即位后,授封为寿王。(0001 卷 107、108 等)

乃蛮带②　元世祖时人。宝泉提举张简之子。至元三十年(1293)与父同诬告御史中丞崔彧。有旨就辩于中书省。所告无验,坐杖罪除名。(0001 卷 173)

乃蛮带③　元仁宗时人。延祐五年(1318),任监察御史,其奏言为仁宗采纳,诏追夺建康(治今南京)富民王训等白身滥受宣敕,仍禁冒籍贯宿卫及巧受远方职官、不赴任求别调者。(0001 卷 26)

乃满带　元世祖时人。至元二十六年(1289),为和林同知宣慰司事。时海都犯边,与和林宣慰使怯伯、副使八黑铁儿同叛,响应海都。(0001 卷 15)

乃马真皇后　即脱列哥那。

乃剌忽不花　元宗王。阿里不哥之子。(0001 卷 107)

刁用　元宁远州(治今越南西北部莱州)洞蛮首领。泰定三年(1326)反元,元廷命云南行省备御之。(0001 卷 30)

刁代　元元江路(治今云南元江县)安抚使。成宗大德五年(1301),从征八百媳妇(今泰国北部等地),以攻擢总管。时洞蛟为患,民苦之。挟利剑入洞,顷之水赤,与蛟同死。民岁祀之。(0002 卷 230)

刁旿　元武宗至大二年(1309)瑞州路经历。(1016 卷 14)

刁通　字叔达。元山阳(治今江苏淮安)人。世祖时从伯颜征战,授征东招讨使,镇扬州。后裔世袭其职。(0075 氏族典卷 195)

刁零　元云南车里(治今云南景洪县东南曼景兰)蛮酋长搆木之子。泰定元年(1324)十月,受元廷所遣使臣斡耳朵奉诏招谕,出降。(0001 卷 29)

刁赛　元文宗时云南彻里路(治今云南景洪县东南曼景兰)土官。天历元年(1328)十月,来大都向文宗贡献方物。(0001 卷 32)

刁士敬　元山阳(治今江苏淮安)人。刁通之孙。文宗至顺年间平番有功。(0075 氏族典卷 195)

刁国器(?~1275)　元平阳(治今山西临汾)人。世祖中统年间为平阳路汉军统将。中统四年(1263)十二月,其所统平阳路汉军受益都元帅钦察统辖,戍虎啸寨。后因病去职,隐居田间。(0001 卷 5、98,0144 卷 37)

刁震亨　元平阳(治今山西临汾)推官。有诗作传世。(0504 丁)

力金(1327～1373)　字西白,号白庵,元明之际僧人,吴郡(治今江苏苏州)姚氏子。元顺帝至正十七年(1357)住吴郡瑞光寺。后迁居嘉兴(今属浙江)天宁寺。明洪武初为南京大天界寺住持。(0411 卷15,0075 神异典卷189)

力德义　元仁宗皇庆二年(1313)陕西徽州(治今甘肃徽县)知州。(0801 卷22,0811 卷5)

力浑迷失　元畏兀儿人。塔塔统阿次子。善角力。帝召见,选力士与之角斗,无与敌者。帝壮之,赐金,令备宿卫。(0001 卷124)

了一①　字空庵。元僧人。住隆兴府黄龙山。得法于赣州彻庵见。(1144 卷11)

了一②　字片云,号半间。元僧人。(0212 卷30)

了万(1241～1312)　字一山。宋元间僧人。临川(今属江西)金氏子。幼业儒。后从金溪常乐思仁祝发,得旨于东叟仲颖。开法天台寒岩。历迁仙仙居紫箨、抚州疏山、温州江心诸刹。性耿直。(1144 卷15)

了义(1263～1334)　字断崖,号从一。元僧人。德清(今属浙江)杨(一作汤)氏子。年十七谒僧高峰(玄妙)于天目山,给侍左右。后参"万法归一,一归何处"语有悟,为高峰印可,遂为落发。泰定三年(1326)住天目山正宗寺。卒,敕谥佛慧圆明正觉普度大师。(1144 卷16,1148 卷8)

了性(1271～1321)　号大林。元僧人。俗姓武氏。依安和尚薙发、登具。历诸讲肆,精究三藏。后见僧真觉于垅坻,得其心印。大都万寿寺成,成宗诏居之,声振内外。武宗至大中,皇太后创大普宁寺于五台山,又敕主之。性刚毅正直。卒,谥弘毅大师。(1144 卷13)

了空　元僧人。忻州(今属山西)王氏子。年二十余,辞家不知所之。后十余年归,住华盖寺。事能前知,颇自满。遇异僧曰:"前知小乘法耳,岂足了生死!修行当学最上乘。"后遂苦志励行,终得彻悟。有《语录》行世。(0636 卷14,0714 卷161)

了询　元僧人。住大都传教寺。世祖至元十八年(1281),帝召僧、道辩论。了询与帝师八思巴、大都圆福寺从超等十余僧人,抗声高论,义理坚卓,机辩警敏。(0037 卷33)

了通　元僧人。住常熟(今属江苏)智林寺。(1144 卷15)

了慧　字岳重。宋元之际杭州人。元世祖至元年间居宝觉寺。能诗,有诗作传世。(0504 壬上,0033 卷34)

三画

三山　元顺帝至正十二年(1352)沔阳(今属湖北)府同知。是年正月,率军对抗农民起义军。(0001 卷195)

三岛　元世祖中统年间官员。中统三年(1262)三月,奉旨与郑鼎、赡思丁、答里带行宣慰司事于平阳、太原。(0001 卷5)

三宝①　元蒙古珊竹氏。吾也而曾孙拔辰之子。泰定四年(1327)任秘书监著作郎。(0011 卷8,0027 卷10)

三宝②　元蒙古人。文宗至顺元年(1330)任江南行台监察御史。(0632 卷6)

三宝③　元文宗至顺三年(1332)为浙西廉访副使。是年五月,浙西廉访司劾其凶恶阴险、紊乱纪纲,诏罢之。(0001 卷36)

三宝④　元顺帝至正五年(1345)为武义县(今属浙江)主簿。(0881 卷13)

三宝⑤　元宗王。铁木哥斡赤斤四世孙。帖木迭儿之孙。(0001 卷107)

三保　元顺帝至正二年(1342)任翰林学士。是年正月,奉旨代祀五岳四渎。(0001 卷40)

三不都　元泰定二年(1325)为庆元路(治今浙江宁波)达鲁花赤。(0634 卷1)

三旦八　号山堂。元唐兀人。累官为云南行省右丞。顺帝至正十二年(1352)至十八年任江浙行省平章政事。十二年,率军与湖广平章也先帖木儿军相会,镇压江东反元队伍。十六年六月,与江浙参政杨完者同率军守嘉兴路,抵御张士诚。十七年,率军讨饶州反元队伍,贪财玩忽,久而无功。十八年,妄称迁职福建行省,逃往福建。至福建,为廉访佥事般若帖木儿所劾,拘之于兴化路。(0001 卷44、45、142)

三圣奴　元顺帝时宫女。至正十四年(1354),与其他宫女共十六人,演天魔舞。(0001 卷43)

三没合　元世祖时出征日本将领。至元十一年(1274)十一月,与其他出征日本将领忽敦、忽察、刘复亨等同奉召赴阙。(0001 卷8)

三宝奴①(?～1311)　元武宗时大臣。大德十一年(1307),武宗即位,任翰林学士承旨。至大二年(1309),立尚书省,任平章政事。三年,升为尚书左丞相。奏言不拘先例,用宿卫士、品秩未至及未历任者为尚书省官,以便革新庶政。受赐答剌罕封号及清州(治今河北清县)食邑。受封楚国公,以常州路为分地。谋立武宗子和世㻋为皇太子,未遂。四年,武宗死,被仁宗以变乱旧章、流毒百姓罪处死。文宗至顺元年(1330),追封为郢城王,谥荣敏。(0001 卷22、23、24、138等)

三宝奴②　元顺帝至正十五年(1355)为

太府监右藏库使。(0590 卷 2)

三宝奴③　元蒙古蔑儿乞氏。顺帝时右丞相脱脱次子。至正十五年(1355)因父脱脱被诬陷,受株连,被流放于兰州。二十二年,父脱脱之冤昭雪,被召还朝,任知枢密院事。(0001 卷 138)

三宝奴④　元顺帝皇后高丽奇氏之族子。至正中,奇氏之族在高丽者,怙势骄横,高丽王怒,尽杀之。二十三年(1363),元廷遂立高丽王族人留大都者为王,以三宝奴为元子,遣兵万人送之高丽。过鸭绿江,为高丽军所败,仅余十七骑还京师。(0001 卷 46、114)

三宝住　元顺帝时湖东佥事。性廉介,所至搏贪猾无所贷。江南行御史台某监察御史有以自私请,拒不纳,则诬以事劾之。章至江南行台,南台御史大夫星吉素知其廉介,即奏杖该御史而白其诬。(0001 卷 144)

三宝柱①　字廷珪。元畏兀儿人。英宗至治元年(1321)进士。历任江浙行省郎中、瑞安(今属浙江)知州、浙东道宣慰使都元帅。率兵攻方国珍,被执,释归。后历任江西廉访使、湖北廉访使。有诗作传世。(0882 卷 9,0075 氏族典卷 369,0504 丙)

三宝柱②　元进士。顺帝至元六年(1340)任庆元(治今浙江宁波)市舶提举。(0634 卷 2)

三摸合　又译三木合、萨木哈等。元蒙古珊竹氏。太祖九年(1214)六月,奉旨与契丹将石抹明安、紏师斫答等围攻金中都(今北京)。次年,占领中都。十一年秋,率蒙古万骑借道西夏掠京兆(今陕西西安)。出潼关,破嵩、汝等州,攻至汴京(今河南开封)附近,大掠而还。(0001 卷 1、150 等)

干文传　字寿道。元平江(治今江苏苏州)人。宋末乡贡进士干雷龙之子。自幼嗜学,十岁能为文。稍长,被荐为吴县、金坛县县学教谕,饶州慈湖书院山长。元仁宗延祐二年(1315)登进士第,授昌国州同知。累迁长洲、乌程县尹。升婺源知州,迁任吴江知州。长于治剧,所至有治绩。决狱严明。其治行往往为诸州县最。论者谓其有古循吏之风。顺帝至正三年(1343),召赴阙,承诏参与修《宋史》。书成,擢集贤待制。未几,以礼部尚书致仕。卒年七十八。(0001 卷 185)

于及(1307～?)　元益都(治今山东青州)人。于钦止长子。顺帝元统元年(1333)进士。(0028 卷 212)

于广(1283～1348)　字致大。元抚州金溪(今属江西)人。于应雷之子。应举不中,家居著书。(0415 卷 6)

于元　元人。太宗八年(1236)向太宗进奏行交钞。(0001 卷 146)

于氏①　元蓟丘(今北京西南郊)人,于九思长女。女真人粘合泰安之妻。(0152 卷 23)

于氏②　元蓟丘人,于九思次女。沿海上副万户契丹人石抹宜孙之妻。(0152 卷 23)

于尹　元莱阳(今属山东)人。于谅之子。以父荫授福山县(今属山东)。世祖至元中任宁海州(治今山东牟平)知州。(0075 氏族典卷 92)

于石　字介翁,自号紫岩。宋元之际兰溪(今属浙江)人。宋亡,隐居不仕。所作诗豪放苍劲,新拔多奇句,其门人吴师道选刊为《紫岩诗选》三卷。(0503 二集丙,0033 卷 5,0881 卷 16,等)

于立　字彦成,号虚白子。元南康(治今江西星子)人。学道会稽山中。后寓居吴中,与顾瑛友善。善作诗,有《会稽外史集》。(0503 三集壬,0033 卷 33,0517 卷 11)

于庆(1252～1329)　号西溪,俗姓许,元僧,鹿泉县(治今河北获鹿)人。元氏县(今属河北)三圣院住持。(0552 卷 20)

于玠　字君玉。金元之际莱阳(今属山东)人。于谅之祖。曾任莱阳长史。后以子贵赠河南郡伯。(0622 卷 25,0075 氏族典卷 92)

于岩　元人。有诗作传世。(0504 癸下)

于凯　元台州临海(今属浙江)人。文宗至顺元年(1330)进士。顺帝元统中,任嵊县丞。(0880 卷 28)

于岳(1279～1346)　字孟高。元饶州安仁(治今江西余江东北)人。(0261 卷 24)

于诚　元莱阳(今属山东)人。以父荫授登州判官,后升为武陟县尹。(0075 氏族典卷 92)

于钦(1284～1333)　字思容。元文登(今属山东)人,家居平江(今苏州)。由淮西廉访司书吏入为国子助教,擢山东廉访司照磨。历翰林国史院编修官、御史台照磨。授监察御史。泰定初,预铁失杀英宗谋者未尽伏法,钦上书数百言,请亟正其罪。天历初,上言严赏罚、明功罪以振纲纪。迁任中书左司都事、员外郎,御史台都事。历福寿总管府同知、兵部侍郎。出为益都般阳田赋府总管。撰有《齐乘》六卷。(0154 卷 11,0002 卷 196)

于孟　元云南车里(治今云南景洪县东南曼景兰)反元起事首领。至治三年(1323)反元起事。是年十二月,泰定帝下诏招谕之。(0001 卷 29)

于说　元顺帝至元三年(1337)抚州路推官。(1014 卷 35)

于谅　元莱阳(今属山东)人。于玠之孙。历任陈州学正、盐运司丰民场司令、遂州判官、谷城主簿。官至真定路中山知府。(0075 氏族典卷 92,1041 卷 66)

于阊 元世祖至元十八年(1281)出征日本士卒。是年六月入海,七月至平壶岛,移五龙山。八月一日,暴风破舟。五日,范文虎等诸将各自择坚好船乘之,弃出征日本士卒十余万于山下。众推张百户为主帅,号张总管,听其约束,方伐作舟欲还,七日,日本人来战,元兵大部战死,余二、三万为其掳去。后乘机逃归,自述其经历。(0001 卷 208)

于渊① 元东平(今属山东)人。世祖至元十八年(1281)任金坛县尹,二十二年迁任镇江路录事司录事。(0631 卷 16)

于渊② 字彦澄,号定庵。元集庆(治今南京)人。顺帝至元六年(1340)以荐为郡庠训导。(0416 卷 7)

于深 元莱阳(今属山东)人。历任宗正府从事、济阴丞、棣州知州。(0075 氏族典卷 92)

于湊 元蓟丘人。九思之长子。元顺帝时为平江路吴江州同知。(0152 卷 23)

于瑄 元成宗大德元年(1297)为江山(今属浙江)知县。(0878 卷 2、8)

于演 字佩远。元台州临海(今属浙江)人。善作诗。其《题金鳌山》诗脍炙人口。(0504 戊上,0033 卷 32,0101 卷 7)

于璋 元世祖至元二十七年(1290)为南台侍御史。成宗大德元年(1297)任参议中书省事。闰十二月,淮东饥,奉旨发廪赈之。十一年五月,武宗即位,九月,擢为中书参知政事,至大元年(1308)十月罢任。四年,为南台御史中丞。卒于官。谥文简。(0001 卷 19、22、112,0146 卷 37,0632 卷 6)

于潜 元文登(今属山东)人。于钦之子。顺帝至正十一年(1351)任两浙盐运副使。(0075 氏族典卷 92)

于躍 宋元之际人。宋末为宋黄州官长史胜部将,随史胜降元。元世祖至元十四年(1277)二月,史胜入觐,以其战功奏闻,帝命官之。后累升为管军总管。二十二年十一月,由管军总管转任惠州总管。(0001 卷 9、13)

于九思(1268～1341) 字有卿,蒙古名伯颜。元蓟丘(今北京西南郊)人。早年善为译语,入尚书、中书两省为必阇赤。至元三十一年(1294)成宗即位,授尚舍监丞。成宗大德元年(1297)任诸暨知州。七年,迁任奉化知州。后历任两浙都转盐副使、江浙省理问官、杭州路总管、海道都漕运万户、广东宣慰使。文宗天历二年(1329)迁任湖南宣慰使,以疾未就任,致仕,居杭州。(0152 卷 23,0142 卷 20)

于大本 字德中。元密州(治今山东诸城)人。初为儒学教谕。顺帝至正中,累官为信州总管。天完红巾军进攻信州,以地方兵抵御。红巾军统将项甲破城入,被执至蕲水。徐寿辉释其缚,授以天完政权官印。投印于地,痛斥徐寿辉,遂被杀。(0001 卷 195)

于子椿 元东平(今属山东)人。居镇江。以余姚州同知致仕。(0631 卷 19)

于元帅 元顺帝时广西土官,恃势鱼肉百姓。后至元初年,王思诚为广西廉访司佥事,巡行郡县。于恐事觉,阴遣其子迎思诚于道,思诚缚之,悉发其阴私,痛惩其罪,广西道震肃。(0001 卷 185)

于元鼎 一作元鼒,又作元鼐。元嘉兴(今属浙江)人。善画山水。(0074 卷 54,1143 卷 13)

于仁良 元成宗大德年间任秘书监。(0027 卷 9)

于从刚 元世祖时淘金官员。至元五年(1268),奉命与高兴宗领漏籍民户四千于登州栖霞县淘金。(0001 卷 94)

于同祖 元顺帝时茶陵儒生,曹德夫门生。娶德夫女曹氏。(0001 卷 201)

于仲元 元人。有诗作传世。(0504 癸上)

于志可(1185～1255) 字显道,金元之际宁海(治今山东牟平)人。全真教道士,道号冲虚大师。丘处机门徒。处机死,提点长春宫事。(0040 卷 5)

于克明 字世彬。元邹平(今属山东)人。英宗至治二年(1322)任观城尹。(0075 氏族典卷 92,0721 卷 26)

于伯仪 金元之际人。元世祖时为亡金遗老中知金朝礼仪者。至元六年(1269),征儒生周铎、尚文等,从其及乌古伦居贞等亡金遗老肄习朝仪。八年二月,立侍仪司,授侍仪司尚衣局大使。(0001 卷 67)

于伯颜 元成宗大德四年(1300)为象山县(今属浙江)主簿。(0633 卷 3)

于希明(1273～1332) 字友谅,号晓窗。元饶州安仁(治今江西余江东北)人。(0261 卷 25)

于宏毅 字浩卿。元成宗大德五年(1301)为海盐(今属浙江)知州。时飓风起,海水暴溢。服朝服拜祷,欲自沉于水,竟反风,一州获免。(0002 卷 229,0296 卷 5)

于国安 元文宗时广西徭族反元首领。至顺元年(1330)闰七月,率一千五百人进攻修仁、荔浦等县,广西元帅府发兵捕之,其所部溃走,遂被生擒。(0001 卷 34)

于昌文 元南康(治今江西星子)人。成宗大德年间为郴州儒学教授。有诗作传世。(0504 甲)

于钦止 元益都(治今山东青州)人。于及之父。曾任岳州教授。有诗作传世。(0504 癸下,0028 卷 213)

于思缉 号一山。元人。有诗作传世。

(0504 已下)

于炳文　元曹州(治今山东菏泽)人。顺帝至元四年(1338)任江南行台照磨。(0632 卷 6)

于泰来　字履道。元徽州路祁门(今属安徽)人。历任瓯宁县学教谕、镇江路淮海书院山长。(0631 卷 17,0991 卷 3)

于清渊(1260～1335)　元益都(治今山东青州)人。真大教道士,道号葆光明真普应大师。历任益都路都道录、教主、五方都举正。(0603 卷 4)

于景隆　元徽州路祁门(今属安徽)人。历任太平路学教谕。(0972 卷 6)

于嗣宗　字德元。元钱塘(治今浙江杭州)人。历任上虞知县。(0880 卷 28、37)

于德文(？～1367)　字焕卿。元顺帝至正二十七年(1367)为山东宣慰副使,守益都。明军破城,自缢死。能诗,有诗作传世。(0002 卷 232,0004 卷 40,0504 辛上)

于德潜　元顺帝至正二十二年(1362)常熟州教授。(0947 卷 5)

于也孙脱　元世祖至元五年(1268)为北京路总管兼大定府尹。是年正月,奉旨与礼部郎中孟甲持诏往谕高丽国王王禃。三月,至高丽国。四月,与禃所遣门下侍郎李藏用奉表同来入朝。(0001 卷 6、208)

于兀鲁忽歹　元顺帝至元三年(1337)任庆元(今浙江宁波)市舶提举。次年致仕。(0634 卷 2,0896 卷 116)

士尧　元僧人。住遁山,僧柏庭(月)法嗣。(0090 卷 19)

士偲(1301～1370)　姓藤,字友山;初名士思,字友云。元时日本来华僧人。日本山城州山崎人。泰定帝致和元年(1328),与其师兄正堂同来华。周历两浙。顺帝至正五年(1345)夏回国。(1144 卷 21)

士璋(1323～1368)　字原璞,元僧人,海宁(今属浙江)王氏子。顺帝至正十三年(1353)为海宁州棲真教寺主。二十年移住旌德县(今属安徽)教寺。二十八年迁住杭州显慈集庆教寺,卒。(0411 卷 28,0036 卷 4,0096 卷 3)

土虎　元世祖至元元年(1264)为管军千户。是年正月,筑冷水河城,命其率所部戍之。(0001 卷 5)

土鲁①　元世祖时所遣使臣。至元十二年(1275),奉旨至云南,召阿鲁帖木儿入觐。(0001 卷 8)

土鲁②(？～1290)　元世祖至元二十七年(1290)为全州长官。是年八月,永州反元队伍首领李末子千七进攻全州;官军战败,土鲁被杀。(0001 卷 162)

土薛　又译秃薛。元蒙古土别燕克烈氏。完泽之祖父。从元太祖平漠北诸部。太宗时,从拖雷攻金,大破金军于三峰山(今河南禹县南)。金亡,从攻宋兴元(今陕西汉中)及阆、利等州,授都元帅。太宗十三年(1241),攻占成都,斩宋制置使陈隆之。后受赐食邑六百户于兴元等处。(0001 卷 130、95)

土土哈(1237～1297)　又译秃秃哈、秃秃合、吐土哈等。元钦察人。世祖中统元年(1260),与父班都察从世祖征阿里不哥,有功。父死,袭父职备宿卫。至元十四年(1277),从伯颜北征叛王脱脱木儿等。十五年,奉诏率钦察骁骑千人从大军北征叛王昔里吉,追之逾金山(今阿尔泰山)。十九年,授同知太仆院事。二十二年,授枢密副使。次年,兼钦察亲军卫都指挥使。二十四年,击溃东北叛王也不干部,击退叛王也铁哥,擒获叛王哈儿鲁。次年,击败叛王火鲁哈孙,又大败叛王哈丹,尽得辽左诸部。二十六年,从皇孙甘麻剌抵御海都。三十年,进取吉利吉思,屯兵驻守。成宗元贞二年(1296),送归降之叛王玉木忽儿等入朝。次年,升同知枢密院事,病死于返归北边途中。(0001 卷 128)

土鲁花　又译秃儿花。元诸王。宪宗三年(1253),奉旨与塔塔儿氏撒里出征印度、怯失迷儿(今克什米尔)等国。(0001 卷 3)

土坚海牙　元初畏兀儿人。叶仙鼎之父。从太祖、太宗平西夏及金,皆有战功。(0001 卷 133)

土虎登哥　元世祖至元二十九年(1292)为水军副元帅,从史弼、亦黑迷失、高兴等远征爪哇。次年,至爪哇。二月,奉遣与万户李忠等乘鑽锋船,由戎牙路,于麻喏巴歇浮梁前进,赴八節涧期会。三月,与诸军会于八節涧。奉命领所部水军与诸军同伐葛郎国,大败葛郎军,其国主降。(0001 卷 210)

下济　元世祖时四川建都(今西昌地区)蛮(今彝族先民)酋长。至元十年(1273),西蜀都元帅也速答儿与皇子奥鲁赤合兵攻建都蛮时,被擒,建都乃降。(0001 卷 8)

大夫　元畏兀儿人,阿塔海牙之子。宿卫出身。历任南台御史。(0250 卷 49)

大云　元僧人。早年中进士,梦大士告曰:"子与空门有缘。"遂弃官,拜见僧大觉祝发。后游天台习止观,继入滇,居三泊大云山,创华严寺,因号大云。顺帝元统间还大都(今北京),后不知所终。(1144 卷 28)

大节(1246～1335)　号筠岩,宋元之际僧人,会稽县(治今浙江绍兴)赵氏子。宋末,年二十六,削发为僧于上虞县(治今浙江上虞东南)法果寺,为天台性具之学。出世绍兴罗汉院,迁主松江府(治今上海松江)延恩报德寺。(0152 卷 42)

大圭　字恒白,元僧人,晋江县(治今福建泉州)廖氏子。顺帝至正年间居于泉州紫云寺。工诗,有《梦观集》五卷。

(0037 卷 61,0902 卷 137,0503 二集壬)

大托　元世祖至元七年(1270)七月,驻高丽西京(今朝鲜平壤)行中书省事头辇哥奏告元廷所遣使者。(0001 卷 208)

大同(1290～1370)　字一云,号别峰。元明之际僧人,上虞(今属浙江)王氏子。历住萧山县(今属浙江)净土寺、会稽县(治今浙江绍兴)景德寺、宝林寺等处。(0411 卷 28,0036 卷 4,0096 卷 3)

大休(？～1317)　元僧人。得法于雪岩。世祖至元中住云南圆照山兴祖寺。梁王也先崇佛,赐《藏经》及大休禅师号。法化大行。重建圆通、普照等寺。(1144 卷 23)

大訢(1284～1344)　字笑隐,元僧,南昌(今属江西)陈氏子。早年从释元熙学。后初为湖州(治今浙江吴兴)乌回寺主,历迁杭州报国寺、中天竺。文宗天历元年(1328)诏以金陵(今江苏南京)潜邸为大龙翔集庆寺,特选其主之。善画墨竹。工诗文,有《蒲室集》十五卷。(0152 卷 42,0503 初集壬,0077 卷 64,等)

大亨　元僧,龙兴路南昌县(今属江西)人。能诗,有诗作传世。(0504 壬上)

大证(1297～1361)　字无印,元僧,鄱阳县(治今江西波阳)史氏子。住四明(今浙江宁波)雪窦寺。(0062 卷 62)

大纳　元初大将兀良合台之部将。宪宗九年(1259),兀良合台率蒙古军自云南北上,至潭州城(今湖南长沙)。潭州出宋兵二十万,欲断蒙古军归路。奉遣与兀良合台其余诸军,夹击大破宋军。(0001 卷 121)

大都①　元武宗至大二年(1309)十月,由尚服院使擢知枢密院事。(0001 卷 23)

大都②　元文宗天历元年(1328)任吴江(今属江苏)州达鲁花赤。(0954 卷 17)

大都③　元文宗天历元年(1328)十月,为刑部郎中,奉旨追理前中书平章政事乌伯都剌家赀。(0001 卷 32)

大都④　字子贞。元高昌畏兀儿人。顺帝至正二十年(1360)由户部尚书迁任秘书卿。(0027 卷 9)

大都⑤　元蒙古逊都思氏。历任东平上千户所达鲁花赤。(0001 卷 21)

大轮(？～1275)　元僧人,僧鸠巢弟子。世祖至元七年(1270),丞相安童迎请住持赤峰灵峰院。(1144 卷 31)

大智　字南溟。元僧,天台县(今属浙江)人。工正书。(0031 卷 7)

大刀敖　元末大宋红巾军将领。顺帝至正十七年(1357)六月,奉刘福通遣,与白不信、李喜喜率红巾军趋关中,增援李武、崔德所率攻入陕西之红巾军。十月,攻克兴元(今陕西汉中)等城,进攻凤翔。后屡败于元将察罕帖木儿等,余部退入四川。(0001 卷 45)

大巴南　元世祖至元二十一年(1284)占城国王向元廷所遣使臣。是年,占城国王请求元廷撤回元将唆都所率进入占城之元军,愿岁贡土产。十一月,与亚罗日加翳等共十一人奉表谒阙,献三象。(0001 卷 13)

大圣奴　元宗室。镇南王孛罗不花之子。顺帝至正十九年(1359),与枢密院判官席闰等屯兵信州(治今江西上饶)城。是年六月,陈友谅部将王奉国攻破城,被杀。(0001 卷 195)

大吉心　字有仁。元哈剌鲁人。山东军户,居真定路(治今河北正定)。顺帝元统元年(1333)进士。(0028 卷 174)

大达里(？～1280)　元蒙古珊竹氏。纯只海第六子。世祖中统初,随母入觐,授怀孟军奥鲁总管。三年(1262),从破李璮。至元六年(1269),从攻襄樊。九年,从追斩宋将张贵。十年春,入襄阳城说降吕文焕。十一年,从伯颜大举南征。鄂、汉、黄、蕲既下,与万户郑鼎留戍蕲州。十三年,移军守建德,与唆都军大破反元队伍。十七年,迁任福建道宣慰使,兼万户,卒,谥恭惠。(0003 卷 41,0240 卷 15)

大阿哀　元英宗时至泰定帝即位之初云南开南州(治今云南景县东)少数民族反元队伍首领。至治三年(1323),与阿三木等六千余人攻打哀卜白盐井(在今云南大姚县西北)。十一月,元廷下诏招降:凡有罪自首者,不追究其罪。(0001 卷 29)

大思都　元仁宗延祐四年(1317)为江南行台监察御史。(0632 卷 6)

大都闾①　元仁宗延祐年间任在平县(今属山东)达鲁花赤。(0730 卷 6)

大都闾②　元北庭(今新疆吉木萨尔北)畏兀儿人。顺帝至正年间任宁晋县(今属河北)达鲁花赤。有诗作传世。(0645 卷 4、24,0504 己上)

大都闾③　元顺帝至正中浙东都元帅伯颜不花的斤部将。至正十九年(1359)正月,伯颜不花的斤率军援救信州(治今江西上饶);奉遣率领阿速诸军,与伯颜不花的斤所部其他诸军,同击败陈友谅部将王奉国。(0001 卷 195)

大乘都(1228～1299)　元别失八里(今新疆吉木萨尔北)畏兀儿人,世为贵族。元世祖中统初年,入觐,应对称旨,帝即命入侍禁中。未几,奉帝命为皇孙阿难答师。皇子安西王忙哥剌死,阿难答嗣为安西王,出镇平凉;奉旨从行。至平凉,皇孙按滩不花、阿都直皆师之。久之,阿难答出征吐蕃,以其老,留于平凉。遂自平凉返京师。成宗即位,拜翰林学士。卒。皇庆初,追封秦国公,谥文敏。(0002 卷 192,0225 卷 8)

大息都　元文宗至顺年间任徽州路(治今安徽歙县)达鲁花赤。(0972 卷 4)

大家奴　金元之际契丹人，世居太原。石抹按只之父。尝率汉军五百人归附太祖。宪宗八年(1258)，由按只代领其军。(0001卷154)

大理都　元畏兀儿人，大乘都之子。世祖时侍皇太子真金。后为枢密院参议。(0002卷192)

大悲奴　元顺帝至正十年(1350)为尉氏县(今属河南)主簿。(0776卷2)

大悲都　元畏兀儿人，大乘都弟。历任宣政院提点所达鲁花赤。(0011卷48)

大黑奴　字彬卿，元高昌(治今新疆吐鲁番东)畏兀儿人。顺帝至元三年(1337)任宿州达鲁花赤。(0985A卷下)

大慈都　元武宗至大元年(1308)六月，以行詹事丞加封平章军国重事。十二月，由太子少詹事升太子詹事。(0001卷22)

大忒木儿　元初功臣。太宗时受赐真定人户若干为五户丝户，宪宗二年(1252)经查尚有二十二户。(0001卷95)

大纳耶耶　元宗室。太祖叔父答里真之子。(0001卷107)

大忽都鲁　元中叶虎贲亲军都指挥使司千户。(0001卷86)

大都不花　元蒙古弘吉剌氏。按陈之子唆儿火都之孙。(0001卷118)

大乘居士　元医学者。曾校刊元吴恕伤寒名著《活人指掌》。(1145卷上册16)

万氏　元龙泉县(今属浙江)季君问之妻。夫死，守节不改嫁。有《咏枕上绣梅》诗传世。(0103卷4，0033卷36)

万石　字德躬。元豫章(治今江西南昌)人。世祖至元二十九年(1292)任江南行台监察御史。有诗作传世。(0632卷6，0504庚下)

万白　字孟素。元豫章(治今江西南昌)人。工诗，与襄阳杨士弘，河南辛敬，江南周贞、郑大同齐名。(0002卷238)

万奴①　元世祖至元二十五年(1288)，授兵部郎中、充国信副使，从李思衍出使安南，谕其国王陈日烜亲自来朝，以加兵相威胁。(0001卷15、209)

万奴②　元契丹人，姓耶律，老哥子。仕至人匠副总管。(0001卷150)

万奴③　元康里人。福建浙东道宣慰使塔里赤之子。历任广西宣慰使都元帅。(0011卷66，0001卷135)

万奴④　元唐兀昔里氏。昔里钤部之孙。任侍从官。(0011卷56)

万权(1187～1268)　字仲衡。金元之际潍州北海(治今山东潍坊)人。元初历任莒、密等处盐酒课提举。有诗作传世。(0562卷43，0504辛下)

万松　即行秀。

万胜(？～1366)　元黄陂(今属湖北)人。从明玉珍起兵，骁勇有智，玉珍宠爱之，使从己姓，众呼为明二。顺帝至正十九年(1359)，率兵攻克成都，俘四川平章朗革歹。二十二年，明玉珍建夏国，任司马，复姓名万胜。次年，率兵攻云南，深入大理，不久引兵还。二十四年，率兵攻兴元(今陕西汉中)，不克而还。次年，任右丞相。二十六年，玉珍死后，被玉珍义子明昭矫旨缢杀。(0020卷123)

万逊　元成宗大德四年(1300)为秘书监校书郎。(0027卷10)

万清　字仕廉。元建昌南城(今属江西)人。登进士第。累官为枢密院使。顺帝至正二十一年(1361)还守建昌路。元亡，逃至福建，明太祖屡征不至，使人求得之，贬为和州知州，不就任，密旨赐死。(0075氏族典卷478，官常典卷735)

万僧　元成宗时，任治书侍御史。元贞二年(1297)，因受贿罢免。仁宗初即位，中书省奏用其为江浙行省参政，因监察御史反对而罢。(0001卷19、24)

万邦宁　字细英。元宝坻(今属天津)人。顺帝至正十六年(1356)任乐清(今属浙江)知县。(0871卷33，0075氏族典卷478)

万应雷　字震父。元平江人。历任江浙医学提举。著有《医学会同》二十卷，已佚。(1081)

万完泽　元仁宗延祐初任昌国(治今浙江舟山)知州。(0633卷3)

万思诚　元明之际汝阳(治今河南汝南)人。顺帝至正年间中乡举。历任河阴县儒学教谕、广平路总管。明洪武初以贤良举，任按察司佥事。(0762卷5)

万俊可　元进贤(今属江西)人。顺帝至正间进贤县为反元队伍攻陷，俊可组织地主武装收复之。辟宜黄县尉，不受。(1018卷6)

万家奴①　元世祖中统二年(1261)，授安抚高丽军民达鲁花赤，赐虎符。(7－0001卷4)

万家奴②　元仁宗延祐三年(1316)任兴化路(治今福建莆田)达鲁花赤。(0905卷2)

万家奴③(1278～1342)　又译万嘉闾、万家驴，字国卿。元蒙古人，家于广平(今属河北)，寓居镇江。仁宗延祐六年(1319)为江南行御史台照磨。历任西台御史，云南、河南廉访司佥事。文宗天历元年(1328)权河南行省郎中，守潼关，升河南廉访副使。后历任江浙行省郎中、河间路总管。顺帝至正二年(1342)迁任江西榷茶都转运使，未上任而死。(0250卷14、57，0002卷205)

万家奴④　元乃蛮人。英宗至治三年(1323)任丹徒县(治今江苏镇江)达鲁花赤。(0631 卷 16)

万家奴⑤　元文宗时,任茶陵(今属湖南)州同知。至顺元年(1330),茶陵民饥,与同僚江存礼以所受敕质粮三千石赈之。(0001 卷 34)

万家闾　元文宗即位初,任河南廉访副使。后入为监察御史,因所荐大臣犯赃罪,受牵连免职。顺帝时,任江西湖广茶运司同知。(0001 卷 32、35、97)

万僧奴　元畏兀儿人。中尚院使忙兀的斤之孙。(0011 卷 52)

万俟蕙柔　宋元之际江南士人妻,南宋末年被元军所虏北行,行至寿沙驿,题诗驿中壁上。(0504 壬下,0033 卷 36)

兀卢　元世祖至元中西北叛王。至元十九年(1282),元诸王合班、元帅忙古带率元军至斡端(今新疆和田),与其战,胜之。(0001 卷 133)

兀奴　字国器。元高昌畏兀儿人。顺帝至正二十年(1360)任福建廉访副使。(0594 卷 11)

兀孙　又译许孙,蒙古八邻氏。萨满教徒、巫师。十二世纪八十年代,离开札木合投附元太祖。多年为太祖忠诚效力。太祖称帝后,对兀孙等四个亲信说:“你们四人,凡有所见、所闻,从不隐匿地告诉朕,并常把所知、所想及之事对朕说。”遂受封为第二十位功臣千户长。后太祖因巫师帖卜腾格理跋扈嚣张,危及皇权,遂杀之,立兀孙为萨满教首领别乞,让他穿白衣、骑白马、坐在高座上主持祭祀,选算年月吉凶。(0009 卷 3、8、10)

兀都　元蒙古克烈氏。世领河南砲手军。砲手军千户昔里吉思之子。袭父职为砲手军千户。(0011 卷 25)

兀真　元宪宗之丞相。宪宗九年(1259)汪德臣任先锋攻四川钓鱼城受重伤,帝遣丞相兀真赐汤剂。(0001 卷 155)

兀爱　元时入华高丽人。高丽国王王瞰族子王綧第三子。初,袭兄职为高丽军民总管、东征左副都元帅。世祖至元二十四年(1287),东北叛王乃颜反,与其军力战屡捷。二十五年,隶平章阔里帖木儿麾下,征讨东北叛王哈丹军,论功居多。二十六年,加授辽阳等处行中书省事。二十七年,哈丹等入侵高丽国境,奉遣镇守,哈丹等潜遁。是年九月,哈丹进攻纏春;引兵击却之。二十九年,升为镇国上将军,总管高丽女真汉军万户府,兼沈阳安抚使、高丽军民总管。(0001 卷 166)

兀难　元世祖至元二十八年(1291)六月,由云南行省参知政事任梁王傅。(0001 卷 16)

兀儿秃　元世祖至元年间军官。至元十三年(1276)前率所部军镇戍建都(治今四川西昌)。是年正月,奉命率所部军返回原部队。(0001 卷 9)

兀马儿①　元西域人。世祖至元二十五年(1288)五月,来献璞玉于元廷。(0001 卷 15)

兀马儿②　元回族人。顺帝至元三年(1337)任江南行台监察御史。(0632 卷 6)

兀马儿③　元顺帝至正四年(1344)为西蜀四川道廉访司佥事,被西蜀奉使诬陷,陕西行台治书侍御史李好文力辨其枉。(0001 卷 183)

兀奴忽　元宪宗时至世祖中统初为蒙古军奥鲁官。中统元年(1260),阿里不哥大将浑都海多与其金帛,使其尽起新军,支援浑都海反元。(0001 卷 126)

兀里卜　金末为兴中府同知。宣宗贞祐三年(1215),元将木华黎征辽西,遣高德玉、刘蒲速窝儿招谕兴中府。兀里卜不从,杀蒲速窝儿,德玉走免。未几,为吏民所杀,众推石天应为帅,举城降于蒙古。(0001 卷 119)

兀秃蛮　元顺帝至正末年任元帅,明军攻陷静江(今广西桂林),自杀死。(0075 官常典卷 735)

兀者台　元世祖至元二十七年(1290)漠北反元起事者。是年七月,与布四麻、出春伯驸马等掠四怯薛(禁卫军)牛马羊,劫灭烈太子昔博赤(鹰夫)及斡脱、布伯各投下民殆尽。后被元将明安率军追击,败走,所掠之民及牛马羊被元军夺回。(0001 卷 135)

兀忽失　元顺帝至正十二年(1352)为大都留守。是年闰三月,出任江浙行省添设右丞,讨伐饶、信反元队伍。同月,改任为江西行省右丞,奉命与江浙左丞老老及星吉、不颜帖木儿、蛮子海牙,同讨饶、信等处反元队伍。(0001 卷 42)

兀忽纳　元世祖至元中军官。至元十三年(1276),降元之宋徽州招抚使李铨之子李汉英复反元于徽州,旌德、太平两县附之。兀忽纳与元将楚鼎率军讨之,后用徽人郑安之策,按兵不动而入城招抚,兵不血刃而平定之。(0001 卷 166)

兀胡乃　元初大将木华黎部将。太祖十七年(1222),木华黎率师径趋长安,金将完颜合达拥兵二十万固守,不下,乃分兵六千命兀胡乃等屯守之,自率大军西击凤翔。(0001 卷 119)

兀剌带　元世祖至元中高丽国贡使。至元十九年(1282)正月,奉高丽国王王賰之遣,向元廷进贡氎布线紬等四百段。(0001 卷 12)

兀剌真　元世祖孙安西王阿难答之女,封高昌公主,嫁高昌王纽林的斤。(0001 卷 109、122)

兀浑察(? ~1293)　元蒙古札剌亦儿氏,拜延八都鲁之孙。世祖至元六年(1269),祖告老,代领其军,从行省也速答儿出征有功。十六年,从大军征斡端(今新疆和田)有功。二十一年,奉宗王出伯命,往乞失哈里(今新疆喀什一带)为游击军,率勇士五十与敌军二千余战,擒敌将以献。王以其功闻,授蒙古军万户。(0001 卷 123)

兀突蛮　元顺帝至元年间任刑部尚书,为权相伯颜之党。至正初,被监察御史逯鲁曾劾罢。(0001 卷 187)

兀都带(1272 ~ 1302)　元蒙古札剌亦儿氏,安童之子,拜住之父。世祖时袭职为怯薛(禁卫军)长。成宗即位,封为大司徒,领太常寺事。为请谥南郊,摄太尉,奉册上尊号、庙号、皇后尊号。常侍宫内,赞画大政,帝及中宫皆以家人礼待之。卒,武宗时追封为东平王,谥忠简。(0001 卷 126)

兀都蛮①　元将。世祖至元八年(1271)正月,奉旨率蒙古军镇西方当当。(0001 卷 7)

兀都蛮②　元世祖至元后叶为元军万户,从云南左丞爱鲁征讨亦奚不薛(今贵州鸭池河以西毕节地区)彝族。(0001 卷 133)

兀都蛮③　元成宗大德元年(1297)为江南行台监察御史。(0632 卷 6)

兀都蛮④　元成宗大德六年(1302)为金坛县(今属江苏)达鲁花赤。(0631 卷 16)

兀都蛮⑤　元回回人。武宗至大元年(1308)为镇江路录事司达鲁花赤。(0631 卷 16)

兀都蛮⑥　元英宗至治年间为御史台御史。至治三年(1323)九月,泰定帝即位,十二月,坐党铁失免官。(0001 卷 29)

兀都蛮⑦　元泰定三年(1326)为指挥使。是年六月,奉旨镌西番文(藏文)咒语于居庸关崖石。(0001 卷 30)

兀都蛮⑧　元中叶玉你伯牙(在元上都西北)皇家牧马场哈剌赤(牧养皇家母马,搅制马奶酒进奉者)百户。(0001 卷 100)

兀都蛮⑨　元中叶阿剌沙阿兰山(今阿拉善左旗贺兰山)皇家牧马场官员。(0001 卷 100)

兀都蛮⑩　元顺帝至正八年(1348)至十一年为无锡州判官。(0558 卷 24)

兀都蛮⑪(? ~1358)　元顺帝至正中为安庆奏差。至正十八年(1358)正月,安庆城为陈友谅军攻破,自焚而死。(0001 卷 143)

兀塔海　元诸王。世祖至元二十四年(1287)从东北叛王乃颜叛。被元将土土哈追击至哈剌(今海拉尔河流域)斩杀,其部众尽降。(0001 卷 128)

兀鲁台(? ~1275)　元蒙古土别燕克烈氏。肖乃台之子。世祖中统三年(1262),从石高山奉旨拘集探马赤军,授本军千户。至元十年(1273),攻樊城有功。十一年,渡江攻宋有功。十二年四月,军至建康(今南京),死于军中。(0001 卷 120)

兀鲁赤　元太祖第五子,早死无嗣。(0001 卷 95、107)

兀鲁带①　又译忽鲁歹、斡鲁忽台、兀鲁兀台等。元宗王,太祖庶子阔列坚之子河间王忽察之子。世祖至元二年(1265)嗣封河间王。十四年,宗王昔里吉劫北平王那木罕于阿力麻里(今新疆霍城西),诱胁兀鲁带等诸王叛。诏伯颜率军往御之,兀鲁带率其属来归,与伯颜军合,共讨昔里吉,昔里吉败走。(0001 卷 6、9、107、108 等)

兀鲁带②　元世祖至元二十七年(1290)任翰林学士承旨。是年六月,与大司徒撒里蛮同进呈《定宗实录》;十一月,同进呈《太宗实录》。(0001 卷 16)

兀鲁带③　元世祖至元中朝臣。至元十六年(1279)六月,彻里帖木儿言其所部军多为盗劫掠资财,有司不即理断,乞遣官诘治;帝命其往治之。(0001 卷 10)

兀鲁剌　元太宗五年(1233)任使宋副使,与正使王楫同持国书使宋。至宋,宋人甚礼重之,即遣使以金、币入贡。(0001 卷 153)

兀鲁思　元钦察人。袭伯父别鲁古职为钦察卫佥事。文宗天历元年(1328)九月,从讨倒剌沙有功,赐名拔都儿(勇士)。二年,从燕铁木儿护送国玺迎明宗于漠北,擢大都督府副使。未几死。(0002 卷 205)

兀颜纲　字仲常。元上海女真人。顺帝至正元年(1341)任庐江县尹。(0580 卷 6,0971 卷 8)

兀颜珪　元女真人。世祖至元十八年(1281)任东阳县丞。(0881 卷 12)

兀颜瑛　元女真人。成宗大德年间任庆元路(治今浙江宁波)推官,仁宗延祐三年(1316)任江南行台都事。(0633 卷 2,0632 卷 6)

兀儿答儿　元世祖至元二十七年(1290)漠北反元起事者。是年七月,与布四麻、出春伯驸马等掠四怯薛(禁卫军)牛马羊,劫灭烈太子昔博赤(鹰夫)及斡脱、布伯各投下民殆尽。元将明安率军追击至汪吉昔博赤城(在今蒙古国翁金河上游阿尔赫拜雷附近),反元队伍败走,其所掠之民及牛马羊被夺回。(0001 卷 135)

兀乃忽里　元蒙古忙兀氏。畏答儿之子郡王忙哥曾孙。袭封郡王。(0001 卷 121)

兀斤末台　元世祖至元十三年(1276)叛王昔里吉、脱脱木儿之党羽。是年,被元将李庭击走。(7 – 0001 卷 162)

兀奴忽带　元世祖至元二十年(1283)三月,奉旨辅佐阔阔你敦治理江淮行省。(0001 卷 12)

兀伯都剌①(? ~1328) 又译乌伯都剌。元回回人。大德十一年(1307),武宗即位,由治书侍御史擢为中书参政。至大元年(1308)闰十一月,升中书左丞。三年,出任陕西左丞。四年,仁宗即位,召入为中书右丞。皇庆二年(1313),升中书平章。延祐七年(1320),英宗即位,出任甘肃平章。后改任江浙平章。至治三年(1323)十月,泰定帝即位后,召入为中书平章。致和元年(1328)七月,泰定帝死于上都,八月,燕铁木儿发动政变于大都,兀伯都剌被缚下狱,九月,被处死。(0001 卷 22、24、26、27、29、30、32、112 等)

兀伯都剌② 字唐臣。元顺帝至正四年(1344)任秘书监知印。(0027 卷 11)

兀良吉带 元世祖中统初为开平府(治今内蒙古正蓝旗东北)达鲁花赤。中统四年(1263)至至元年间为上都路达鲁花赤。(0001 卷 5、7)

兀良合台(1200 ~1271) 元蒙古兀良合氏。速不台长子。早年为元太祖护卫士,曾护育皇孙蒙哥(宪宗)。太宗五年(1233),领兵从贵由(定宗)破蒲鲜万奴于辽东。七年至十三年,从拔都西征钦察、斡罗思、孛烈儿(今波兰)、捏迷思(今德国)。定宗死后,拥戴蒙哥即大汗位。宪宗三年(1253),辅佐忽必烈(世祖)远征大理。是年十二月,占领大理城。忽必烈北归。四年,兀良合台分兵取善阐(今云南昆明)等城,擒获大理国王段兴智。至五年,征战二年间凡平大理五城八府四郡及乌蛮、白蛮等三十七部。七年,以云南平,遣使献捷于朝,且请依汉故事,以西南夷悉为郡县;从之。是年冬,入侵安南。九年,奉旨率师北还,与忽必烈军会合。(0001 卷 121、3、4 等)

兀良合带 元世祖至元十三年(1276)正月,领通政院事。十八年闰八月,奉旨运沙城等处粮六千石入和林。十月,奏言上都南四站人畜困乏,帝命赐钞给之。(0001 卷 9、11)

兀良哈耳 元世祖至元十五年(1278)为元军总管,随福建宣慰使唆都攻潮州。宋潮州知府马发城守严密,唆都塞堑填濠,造云梯、鹅车,日夜急攻,发潜遣人焚之,二十余日不能下。唆都令于众曰:“有能先登者拜爵、升秩。”兀良哈耳乃奋勇先登,诸将继之,战至夕,宋兵溃,潮州被攻克。(0001 卷 129)

兀林答僖(1218 ~1263) 元益都路潍州(治今山东潍坊)女真人。阿鲁兀剌之子。袭父职为潍州防御使。(0603 卷 4,0553 卷 22)

兀林答徽 元益都路潍州(治今山东潍坊)女真人。阿鲁兀剌之孙,兀林答僖之子。袭父职为潍州防御使。后改任滕州知州。世祖至元十四年(1277)随刘国杰北征,授管军千户。次年,随伯颜北征。十八年,以功超升为管军总管。二十年,至福建剿捕黄华。二十四年,随大军征安南国。师还,任管军上千户,驻守杭州。(0603 卷 4,0553 卷 22)

兀忽儿妻 元世祖时东北叛王哈丹部将兀忽儿之妻。至元二十五年(1288)为元军俘获,帝命赐与征讨哈丹、屡有战功之元将伯帖木儿。(0001 卷 131)

兀都马沙 元回回人。历两浙盐运司同知。顺帝元统元年(1333)迁任镇江路总管。(0631 卷 15)

兀都歹儿 元蒙古人。成宗大德八年(1304)任丹阳县(今属江苏)达鲁花赤。(0631 卷 16)

兀都迷失 元世祖至元二十三年(1286)二月为缅中行中书省佥事。(0001 卷 14)

兀鲁兀台 蒙古兀鲁兀氏始祖。(0001 卷 120)

兀鲁不花(? ~1288) 元蒙古乃蛮氏。海速长子,和尚之伯父。世祖初年,充蒙古军五十夫长。至元七年(1270),从昔烈木千户南征宋,以功授权百户。八年,从河南行省同佥阿里海牙攻樊城。十一年,从攻新城。又从攻鄂州(今武汉武昌)东门,攻处州。屡立战功。二十五年,授后卫亲军百户。是秋死。(0001 卷 135)

兀鲁忽乃 又译倭耳干纳。元察合台汗国第二代汗合剌旭烈之妻,生子木八剌沙。宪宗二年(1252)夫死,奉宪宗命杀汗国第三代汗也速蒙哥,自任监国。世祖中统元年(1260),逊位于阿里不哥遣来夺权之第四代汗阿鲁忽。三年,嫁阿鲁忽。至元二年(1265)阿鲁忽死,立子木八剌沙为第五代汗。(0001 卷 4,0002 卷 107,0008 卷 2)

兀颜牙兀 元世祖至元二十六年(1289)为开元路治中。是年三月,东北叛王哈丹军进攻胡鲁口(在今吉林农安西北);兀颜牙兀与之格战连日,破之。(0001 卷 15)

兀颜思忠 字子中。元女真人。顺帝至正元年(1341)任江南行御史台御史。历湖南宪佥。十二年,任总管,七月,与湖南元帅副使小云失海牙率军收复宝庆路。后历任浙西廉访使等官。有诗作传世。(0165 卷 1、3,0296 卷 3、4,0632 卷 6,7 -0001 卷 42,等)

兀颜思敬 字子敬,自号齐东野老。元东平(今属山东)女真人。善书法。有诗作传世。(0074 卷 39,0504 辛上)

兀奴忽鲁带 元世祖至元二十年(1283)三月奉旨往扬州录囚,遣江北重囚谪征日本。(0001 卷 12)

兀讷忽帖只 元世祖至元二十年(1283)为王傅。是年三月,受王傅印。(0001 卷 12)

兀里羊哈歹 元初蒙古军千户。宪宗八年(1258)受赐东平等处五户丝户一千户。(0001 卷 95)

兀作儿不罕 元阿速人,拔都儿之兄。

太宗时蒙哥(宪宗)西征,与其诸弟率众归附。后随蒙古军东来,其家族世居上都宜兴。(0001 卷 132)

兀剌儿吉歹　元宗王。太祖幼弟铁木哥斡赤斤孙塔察儿之子。(0001 卷 107)

兀剌儿驸马　又译斡剌儿,蒙古斡勒忽讷惕氏,月伦太后弟泰出驸马之父,娶宗室女。蒙古建国后,受封为功臣千户长。其子泰出驸马,娶元太祖幼女阿勒塔伦。(0008 卷 1,0009 卷 8)

兀都思不花(? ~1320)　元宗王。仁宗第二子,英宗之弟。仁宗延祐二年(1315)封为安王。四年十二月,置王傅。五年二月,以湖州路为其分地,户数视魏王阿木哥。七年七月,降封为顺阳王。未几,被杀。十一月,以早死,无后裔,其府邸财务收入章佩监、中政院。(0001 卷 26、27、107、108 等)

兀鲁世不花　元江宁县(治今南京)主簿。(0632 卷 6)

兀鲁失不花①　元世祖至元十一年(1274)为山北辽东道提刑按察使。是年七月,奉敕与参知政事廉希宪行省北京。(0001 卷 8)

兀鲁失不花②　元畏兀儿人。仁宗延祐三年(1316)五月,就任镇江路录事司达鲁花赤。(0631 卷 16)

兀鲁失海牙　元畏兀儿人。英宗至治二年(1322)至泰定二年(1325)任镇江路达鲁花赤。(0631 卷 15,0001 卷 65)

兀鲁忽奴带　元世祖至元中朝臣。至元十年(1273)七月,以修太庙,将迁神主别殿,奉遣与张文谦祭告。(0001 卷 8)

兀鲁思不花①　又译兀鲁速不花。元宗王。宪宗第四子河平王昔里吉之子。世祖至元十三年(1276)随父叛元。昔里吉被撒里蛮执送元廷后,往投术赤后裔火你赤。成宗元贞二年(1296)随玉木忽尔降元。入朝途中,掠取仓廪,被拘捕入狱。后经海山(武宗)说情,获释。英宗至治三年(1323)八月,与铁失等杀害英宗。同年十二月,被泰定帝流放于南方海岛。后病死。(0001 卷 28、29、107 等)

兀鲁思不花②　元致和元年(1328)为集贤侍读学士。是年七月,泰定帝死于上都,八月燕铁木儿起事于大都;兀鲁思不花遂于上都与诸王秃满、阿马剌台,宗正札鲁忽赤阔阔出等同谋援大都,事觉,为左丞相倒剌沙所杀。(0001 卷 32)

兀颜拔鲁欢　元辽阳(今属辽宁)人。顺帝至正八年(1348),自称大金皇族,受玉帝符文,反元起事。三月,元军讨斩之。(0001 卷 41)

兀朗孙火石颜　元世祖至元中(约至元十三年前后)反元起事于今陕甘宁一带,被安西王忙哥剌、陇右河西道提刑按察使月举连赤海牙率军镇压。(0001 卷 135)

兀鲁兀敦庆童　元蒙古兀鲁氏。成宗大德三年(1299)六月,擅杀所部军逃亡者,帝命枢密院戒之。(0001 卷 20)

兀林答阿鲁兀剌(1177 ~1246)　金元之际女真人。金哀宗天兴元年(1232)守邳州,以城降蒙古。随蒙古军攻河南,被任为潍州(治今山东潍坊)防御使,遂定居潍州。(0603 卷 4,0553 卷 22)

兀里羊哈台阔阔出　元蒙古兀良合氏。世祖中统三年(1262),李璮反元,奉旨与宗王哈必赤率军往讨之。(0001 卷 120)

与权　见答禄与权。

与恭　字行己,号濑禅。元僧,上虞(今属浙江)人。工诗,其诗作受赵孟頫称赞。卒于吴郡定惠寺。(0504 壬上,0033 卷 34,0880 卷 48)

上都①　元武宗尚书左丞相三宝奴之子。文宗天历元年(1328)九月,为文宗近侍,帝命以仁宗时所籍三宝奴家赀及制命还之其家。(0001 卷 32)

上都②(? ~1352)　元哈剌鲁人。顺帝至元五年(1339)任南台御史。至正十二年(1352)任中兴路(治今湖北江陵)判官。九月,安陆天完红巾军将领俞君正攻破中兴城,被杀。(0001 卷 42、195,0632 卷 6)

上官昺　字伯升。元上饶(今属江苏)人。李存弟子。(0071 卷 93)

上官瑜　元人。有诗作传世。(0504 丁)

上官粹　元人,能画。(1143 卷 12)

上官璪(1253 ~1330)　字伯润。宋元之际饶州安仁(治今江西余江东北)人。(0261 卷 25)

上官藻　字圣发。元饶州安仁(治今江西余江东北)人。以文学赴召。曾任江淮营田提举。(0075 氏族典卷 603)

上都马　元顺帝至正二十五年(1365)刺杀孛罗帖木儿之勇士。是年,被封为中书平章政事。(0001 卷 113、117、207)

上官伯圭　字敬和。元饶州安仁(治今江西余江东北)人。上官藻之子。由太子说书出任昆山知县。有诗作传世。(0075 氏族典卷 603,0504 己上)

上官叔权　元书法家,善篆、隶。(1143 卷 12)

口儿吉(? ~1311)　元阿速人。宪宗时,与父福得来赐皆任宿卫士,领阿速军二十户。世祖时,以百户从阿术攻宋,有功。宋平,任大宗正府也可扎鲁花赤,领阿速军从征海都,以功受上赏。师还,成宗命宣抚湖广等处。武宗至大元年(1308),授左卫阿速亲军都指挥使。四年,病死。(0001 卷 135)

口温不花　元太祖异母弟别里古台第三子。太宗二年(1230),从太宗攻金潞州

(今山西长治)、凤翔(今属陕西)。四年春,由白坡(今河南孟县西)渡黄河,率万骑与拖雷会师三峰山(今河南禹县南),大败金军。七年,率察罕等军攻宋,攻占枣阳(今属湖北)及光化军(今湖北光化西北)。九年,围攻光州(今河南潢川),下之,略地至黄州(治今湖北黄冈)而还。(0001 卷 2、119 等)

山山　元蒙古人。顺帝至正七年(1347)为崇明(今属上海东)州达鲁花赤。(0949 卷 5)

山马　元唐兀人。曾任澧州路(治今湖南澧县)同知,有治绩。(1053 卷 13)

山寿①　元顺帝至元四年(1338)至至正元年(1341)任无锡州同知。(0558 卷 24)

山寿②　元平章政事帖往长子,长寿、忙古海牙之兄。早卒。(0001 卷 197)

山住①　元世祖至元末,任江浙行省官。(0001 卷 65)

山住②　元唐兀人。琏赤之孙。(0011 卷 61)

山振　元末明初疡医。(0296 卷 5)

山斌　元成宗大德八年(1304)任象山县(今属浙江)尹。(0633 卷 3,0877 卷 2)

山童　元泰定年间任永福县(治今福建永泰)达鲁花赤。(0918 卷 2)

山僧①　元畏兀儿人。中政院使忙兀的斤曾孙。(0011 卷 52)

山僧②　元康里人,秃忽鲁之子。官至晋宁路(治今山西临汾)总管。(0001 卷 134)

山僧③　元顺帝至正二十四年(1364)任中书平章政事。次年,出任岭北行省左丞相。十月,奉旨与知枢密院事魏赛因不花同讨出逃之中书平章秃坚帖木儿。十二月,秃坚被擒获伏诛。(0001 卷 46、113)

山术斛　元太祖十八年(1223)为出使高丽宣差。是年八月奉皇太弟铁木哥斡赤斤、国王木华黎书促高丽国王入贡。(0001 卷 208)

山伯英　元末明初隐士,以医为业。(0308 卷 3)

千奴①　元世祖至元二十五年(1288)任秘书少监。(0027 卷 9)

千奴②(1254～1324)　元钦察玉耳别里伯牙吾氏。和尚之子。世祖至元中,袭父职为浙西按察使。时江浙行省、江南行台皆治杭,上疏建议行台迁地为宜,后数年行台遂移于江东。二十六年(1289),迁任淮西按察使。入朝见帝,极陈桑哥罪状。未几,桑哥伏诛,又上言其党犹布内外,宜早处分。成宗大德中,任廉访使。时中书平章伯颜等固位日久,党与众盛,所任之人,徇情弄法。上疏宪台以闻,伯颜等皆被黜。历大都路总管、同金枢密院事。迁参议中书省事,赞决机务,精练明敏。成宗死,迎仁宗,奉武宗即位,危疑之际,弥纶补益之功为多。拜平章政事、商议枢密院事。仁宗延祐间致仕。退居濮上,建历山书院,聚书万卷,延名师教乡里子弟。卒,谥景宪。(0001 卷 134)

千家奴(？～1287)　元将。昔儿吉思子塔出长子。世祖至元二十四年(1287),从征东北叛王乃颜,力战而死。帝命籍乃颜人口、财物以赐其家。(0001 卷 122)

乞八　元宗王。元世祖第七子西平王奥鲁赤曾孙,云南王老的罕第二子,豫王阿纳忒纳失里之弟。(0001 卷 35、107)

乞奴(？～1216)　金末元初契丹人。元太祖十年(1215),随耶律留哥至蒙古觐见太祖。未几,返回辽东。十一年,与金山等推耶厮不僭帝号于澄州,国号辽,改元天威,被封为丞相。方阅月,耶厮不被杀,乞奴遂被推为监国,以鸦儿为行元帅。金盖州守将众家奴引兵攻败之,留哥引蒙古军数千适至,鸦儿引败军东走,留哥追击之。乞奴走高丽,为金山所杀。(0001 卷 149)

乞台①(？～1296)　元钦察人。世祖至元二十四年(1287)为钦察卫百户,从土土哈征叛王昔里吉及乃颜有功,升千户。后从征忽剌出,战于阿里台之地。(0001 卷 135)

乞台②　元仁宗延祐七年(1320)为江南行台御史中丞(0632 卷 6)

乞台③　元文宗至顺三年(1332)为衢州(今属浙江)路总管。(0878 卷 2)

乞赤　元人,曾招收猎户七千,世祖至元十八年(1281)六月,被元廷下令全部释放为民。(0001 卷 11)

乞住①　元仁宗延祐二年(1315)为元军元帅。是年,江西宁都反元起事,杀地方官;乞住率兵镇压之。(0001 卷 135)

乞住②　元泰定年间为湖广行省左丞,多次镇压徭族反抗。文宗天历元年(1328)十月为湖广行省平章政事,奉旨调兵守归、峡,抵御四川反文宗军。二年,改任河南行省平章政事。至顺元年(1330)三月,迁任云南行省平章政事,从豫王阿剌忒纳失里由八番道进讨云南。十月,元廷遣使促四川、云南行省兵进讨云南禄余等反元队伍,四川行省兵击溃禄余之众,而乞住等失期不至。二年二月,乞住妻、子、孳畜为云南反元队伍所掠。(0001 卷 29、30、32、34、35)

乞带　元官员。世祖中统二年(1261)十月,奉诏与霍木海等自得胜口至中都(今北京)预备粮饷刍粟。(0001 卷 4)

乞塔　元仁宗时大臣。延祐三年(1316)八月,由兵部尚书擢任中书参知政事。四年五月,擢中书右丞。五年五月,罢任。(0001 卷 25、26、112)

乞僧 元世祖至元二十四年(1287)为江南行台监察御史。(0632 卷6)

乞觧 又译乞歹。元宪宗时驸马剌真之子。宪宗七年(1257),授达鲁花赤,镇守斡罗思、阿速。(0001 卷3、63)

乞牙带 元世祖至元二十五年(1288)正月,以桑哥奏:甘肃行尚书省参政铁木哥无心任事,又不与桑哥协力,当以乞牙带代之;遂代铁木哥为甘肃行尚书省参政。(0001 卷205)

乞失剌 元武宗至大三年(1310)十二月,受封为遥授左丞,领行工部事,营建大崇恩福元寺。(0001 卷23)

乞失监 元仁宗延祐七年(1320)为参议中书省事,以鬻官受杖刑。(0001 卷27)

乞合都 又名亦邻真朵儿只,伊利汗国第五代汗,第二代汗阿八哈次子,第四代汗阿鲁浑之弟。1291 年阿鲁浑死,嗣位。在位时荒于酒色,挥霍无度,国库空虚。遂仿效元朝钞法,在孛罗丞相指导下印造发行交钞,但行用不久即废止。1295 年,被权臣谋杀。(0008 卷3)

乞赤伯 元将。文宗至顺二年(1331)四月,云南反文宗起事者被讨平后,奉命由豫王阿剌忒纳失里所部,分兵三百,留驻云南一年,以安反侧。(0001 卷35)

乞里吉 元成宗大德五年(1301)任江南行台监察御史。(0632 卷6)

乞剌班 元顺帝至正中为湖广行省平章政事。十五年正月,诏以其慢功,削其官爵,令从军自效。(0001 卷44)

乞思监 元泰定三年(1326)为溧水(今属江苏)州达鲁花赤。(0632 卷6)

乞塔歹 元诸王。顺帝至正十二年(1352)从宣让王帖木儿不花镇压庐州(治今安徽合肥)反元队伍有功。(0001 卷42、117)

乞答台 元将。世祖至元十六年(1279)为沅州路蒙古军总管。是年八月,奉敕征取桐木笼、犵狫、伯洞诸蛮未附者。(0001 卷10)

乞答真 元世祖至元二十五年(1288)从东北叛王哈丹叛乱者。其所部一千户居于纳兀河(今嫩江)以东,是年九月,被元将伯帖木儿奉命招降。(0001 卷131)

乞答海 元康里人。明安次子孛兰奚次子。袭职为中卫亲军都指挥使。(0001 卷135)

乞答觧 元蒙古忙兀氏。畏答儿之子郡王忙哥之孙,袭封郡王。(0001 卷121)

乞歹于思 元世祖至元二十一年(1284)由湖北按察使迁任永州路达鲁花赤。政尚简要,民得安生。死于官任。(1052 卷10)

乞台不花① 元世祖至元二十九年(1292)二月奉旨出使缅国,诏令遥授为左丞。廷议以尚书行使事,制可。(0001 卷17)

乞台不花② 元仁宗延祐三年(1316)为江山县(今属浙江)达鲁花赤。(0878 卷2)

乞台萨理 元畏兀儿人。阿台萨理之子,阿鲁浑萨理之父。精佛学,通经、律、论。业成,师名之曰万全。世祖至元十二年(1275)入朝,授释教都总统、同知总制院事。死时年七十。(0001 卷130)

乞台普济(? ~1318) 元唐兀人。姓史氏。算智儿威次子。世祖至元三年(1266),选充太子真金宿卫士,以敬慎闻。后奉旨保育皇曾孙海山(武宗)。成宗大德三年(1299),扈从海山出镇北边。十一年,武宗即位,授中书平章政事。至大元年(1308)二月,升中书左丞相;十一月,升右丞相。二年八月,改任尚书右丞相。见尚书左丞相脱虎脱、平章乐实等汲汲更张,为国敛怨,心不善之,十二月以病辞政。仁宗皇庆二年(1313),封为安吉王。(0001 卷22 ~24、26、112,0145 卷26)

乞带不花① 又译乞台不花。元蒙古军将领。宪宗时奉命驻守东川青居山。世祖中统元年(1260),阿里不哥大将浑都海遣使密约其反;乞带不花遂发兵为应。五月,被同驻守青居山之元将汪惟正命力士缚杀。(0001 卷4、126、155 等)

乞带不花② 元畏兀儿人。孟速思之子。(0011 卷40)

乞带脱因 又译乞觧脱因。元世祖至元八年(1271),奉大理、鄯阐等路宣慰司都元帅府之命出使缅国,诏谕其王内附。四月,导缅国使臣价博至京师。十年二月,授礼部郎中、国信使,奉旨与正使勘马剌失里等出使缅国,往谕缅国王遣子弟、近臣来朝。(0001 卷8、210)

乞咬契氏 元中叶蒙古大臣伯答沙之妻,其幼子八郎之母。文宗至顺三年(1332)伯答沙死,年二十守寡不嫁,抚养孤子八郎成人。八郎后为大宗正府札鲁忽赤,能继其先,盖因其教育有方。(0001 卷124)

乞答撒里 元顺帝元统元年(1333)由绮源库提举迁任秘书监丞。(0027 卷9)

乞寔力台 元宪宗九年(1259)为荆湖经略使。是年五月,忽必烈统率东路蒙古军南征,驻兵小濮;遂向忽必烈推荐申屠致远为经略司知事,协助谋划军中机务。(0001 卷170)

乞失烈札鲁 金元之际女真人。金末降于蒙古。元太宗五年(1233),与蒲察寒奴同奉元将曷思麦里之命,招谕金总帅范真率其麾下军民万余人来降。(0001 卷120)

乞赤宋忽儿 元畏兀儿人,月朵失野讷之子。太宗时袭父职为独山城达鲁花赤,受赐答剌罕封号。(0001 卷124)

乞儿乞带亦难 元中叶吉利吉思首领。

大德十一年(1307)七月,武宗即位后,随同武宗所遣使臣完泽往征吉利吉思部秃鲁花、騬马、鹰鹞。(0001 卷 22)

乞里吉忽帖尼①　又称乞里吉忽帖尼之皇后。元太宗皇后。宪宗二年(1252)夏,与太宗第二子阔端之子蒙哥都同被迁于阔端所居地之西。((0001 卷 3、106)

乞里吉忽帖尼②　元成宗皇后。(0001 卷 106)

乞剌斯八斡节儿(1246～1303)　又译吃剌思八斡节儿、合剌思八斡节儿。又作扎巴俄色。元乌思藏萨斯迦(今西藏萨迦)人。世祖至元二十八年(1291)立为帝师。成宗元贞元年(1295),更赐双龙盘纽白玉印,文曰"大元帝师统领诸国僧尼中兴释教之印"。(0001 卷 202、16)

乞剌失思八班藏卜　元藏族人。泰定二年(1325)正月,授土蕃等路宣慰使都元帅,兼管长河西、奔不儿亦思刚、察沙加儿、朵甘思、朵思麻等管军达鲁花赤,奉命与其属往镇抚参卜郎(今四川雅江县以北雅砻江流域)(0001 卷 29)

义让(？～1340)　字息庵,元僧,真定李氏子。早年落发。参僧古岩得法。英宗至治三年(1323),出住西京天庆寺,迁熊耳山空相寺、泰山灵岩寺等。后书偈而逝。(1144 卷 893)

义坚西礼　元畏兀儿人,铁哥术之子。幼侍裕宗真金,世祖至元十五年(1278),为中书省宣使,后迁直省舍人。出为湖州路达鲁花赤,卒于官。(0001 卷 135)

久住①　元河西人。至大四年(1311)任镇江路判官。(0631 卷 15)

久住②　元仁宗延祐五年(1318)为秘书监校书郎。(0027 卷 10)

久住③　元畏兀儿人。湖广平章昔里哈剌之孙,和尚之子。历任临江路、赣州路治中。(0011 卷 51)

久住④　号敬斋。元顺帝至正十七年(1357)为灌阳县达鲁花赤。(1102 卷 26)

久著　元畏兀儿人,阿鲁浑萨里第二子。官至翰林侍读学士。(0001 卷 130)

久善　元僧人。住太原府太子寺。得法于少室山僧福裕,属曹洞法系。(1144 卷 40)

久丹日堀　元代吐蕃纳塘寺高僧,山南人。曾与弟子格西嘉木样巴克什等搜集诸版大藏经,精心校勘,编辑成西藏第一部抄本藏文大藏经,世称纳塘古版大藏经,成为藏地大藏经编辑之开端。后又编成《大藏经目录论典广说》、摘要本《甘珠尔目录日光》。(1146 卷 21)

门无关　元画家,工画道释、人物。日本有其画蹟。(1144 卷 565)

门从善　元武宗至大年间为庆元路(治今浙江宁波)知事。(0633 卷 2)

门答占①　元大臣。元世祖至元十五年(1278),任江南行御史台御史大夫。权臣桑哥当政时,被罢免。二十八年,复任南台御史大夫。(0001 卷 16、173)

门答占②　元仁宗延祐七年(1320)为瑞州路(治今江西高安)判官。(1016 卷 14)

门答瞻　元仁宗延祐二年(1315)为溧水(今属江苏)州同知。(0632 卷 6)

广裕(1236～1307)　元僧,稷山(今属山西)郝氏子。九岁从僧显祝发,得法于僧云素。住持翼城金仙寺。世祖设资戒大会,广裕说法大内,受赐袈裟。后圆寂于金仙寺,赵孟頫为撰碑记。(0551 卷 32,0691 卷 10)

弓叔正　元医官。顺帝至元五年(1339)为成安郎、同佥太医院事。(1145 卷上册 18)

卫升　元萧山(今属浙江)知县。(0880 卷 28)

卫佑　元大都(今北京)人。成宗大德二年(1298)任丹徒(治今江苏镇江)知县。(0631 卷 16)

卫良　元成宗大德九年(1305)为江山县(今属浙江)尉。(0878 卷 3)

卫恒　元人。有诗作传世。(0504 丁)

卫祐　元真定(治今河北正定)人。历任义乌(今属浙江)知县。(0881 卷 12)

卫培　字宁深,号月山。元昆山州(治今江苏太仓)人。仁宗延祐年间贡试被黜。后被昆山知州王安贞聘为州学训导。有诗作传世。(0202 卷 17,0042 卷 7,0504 丙)

卫琼(1245～1303)　字唐卿。元章丘(今属山东)人。祖先七世为医,代代相传。琼自幼熟读医经、儒籍,与刘敏中、国子助教智仲敬等为友。兄瑨以医术侍奉济南王也只里于章丘王邸,颇受宠幸。至元十三年(1276),随兄入见,被也只里留为侍医。因医术精专,奉上恭慎,日益受器重。后因母老,辞职返乡侍奉老母。其为医,切脉详审,处方谨慎,以培养元气为本。子克敬、克直、克简,皆习儒而继医业。(0542 卷 404)

卫谦　字有山,号山斋。宋元之际华亭(治今上海松江)人。宋进士。元初,授温州路治中,不就。(0622 卷 9)

卫弼　字良佐。元平阳(治今山西临汾)人。仁宗延祐初年仕至陕西行台监察御史。(0254 卷 6)

卫德　元画工。孤峰人。工画道释人物,尤擅长壁画,为名画工朱好古门人王椿弟子。顺帝至正十八年(1358),与诸画工同画山西永济县永乐宫混成殿壁画。(1143 卷 1419)

卫九鼎　字明铉。元天台县（今属浙江）人。元末画家。画山水师法巨然，界画师法王振鹏。（0030 卷 5，0004 卷 36）

卫元凯　元阳城县（今属山西）人。登进士第。元末战乱，隐居不仕。（0694 卷 6、14，0075 文学典卷 90）

卫仁近　字叔刚，又字子刚。元华亭县（治今上海松江）人。从杨维祯学。工诗，有诗作传世。（0158 卷 7、19，0503 三集庚）

卫成大　元世祖至元十九年（1282）任溧水（今属江苏）知县。（0632 卷 6）

卫仲器　字君用。元世祖至元年间任镇江路行大司农司令史。（0631 卷 17）

卫良弼　元大都（今北京）人。仁宗延祐四年（1317）任丹徒（治今江苏镇江）知县。（0631 卷 16）

卫富益　宋元之际崇德（治今浙江桐乡西南）人。早年从金履祥、许谦学。宋亡，隐居讲授，创建白社书院。元武宗至大年间官府欲荐授官职，不受。后书院被毁，遂隐居于湖州金盖山。英宗至治年间归故里。卒年九十六。门人私谥曰正节。有诗作传世。（0504 戊上，0002 卷 234）

卫德辰　字立中。元华亭县（治今上海松江）人。卫近仁叔父。善书法。工散曲，今存其所作小令二首。（0031 卷 7，1107）

也古①　又译也苦、野苦、耶虎。元宗王。太祖弟哈撒儿长子。嗣父位。太宗八年（1236），受赐般阳路二万四千余户为五户丝户。宪宗元年（1251），拥戴宪宗即位。二年十月，受命为征东元帅。三年，与高丽降将洪福源率军渡鸭绿江，攻拔高丽禾山、东州、春州、三角山、杨根、天龙等城。未几，以私怨袭宗王塔剌儿营，事闻，宪宗夺其兵权，命札剌儿带火儿赤往代之。后病死于中统年间。（0001 卷 2、3、95、107，0003 卷 22）

也古②　元宪宗三年（1253）为忽必烈征大理军将领。十二月，蒙古军逼近大理城，大理国权臣高泰祥于夜间率众遁去，也古奉命率军追之。七日后，追获高泰祥，斩于姚州。（0001 卷 4）

也只　元宗王。铁木哥斡赤斤五世孙，西宁王搠鲁蛮之子。（0001 卷 107）

也奴　元官员。仁宗延祐年间为广宗县（今属河北）达鲁花赤。（0665 卷 5）

也先①　元世祖至元元年（1264）为云南都元帅。是年，舍利畏反元起事；其秋，舍利畏以众十万谋攻大理。奉旨与信苴日讨之，大败舍利畏于安宁，遂收复善阐（治今云南昆明）等地，攻克石城等城，平定此次反元起事。（0001 卷 166）

也先②　元世祖至元中为阑遗官（管理无主流散的人口、牲畜，招主认领的官员）。（0001 卷 10）

也先③　元世祖至元二十年（1283）任衢州路达鲁花赤。（0878 卷 2）

也先④　元世祖至元二十三年（1286）任江南行台监察御史。（0632 卷 6）

也先⑤　元世祖至元年间皇孙按摊不花所设之断事官。至元二十六年（1289）四月，被元廷罢免，收回其官印。（0001 卷 15）

也先⑥　元世祖至元年间为蒙古千户长。至元二十六年（1289）十二月，元廷命甘肃行省赈其所部人户之饥者。次年四月，其所部民饥，敕河东诸郡赈之。（0001 卷 15、16）

也先⑦　元成宗时断事官。（0001 卷 118）

也先⑧　元代中叶折连怯呆儿（今西辽河下游北）皇家牧马场哈剌赤（牧养皇家母马，搅制马奶酒进奉皇室之人户）千户长。（0001 卷 100）

也先⑨　元代中叶阿察脱不罕等处御位下成海后皇家牧马场之官员。（0001 卷 100）

也先⑩　元驸马，察忽驸马之子，娶伯要真公主。（0001 卷 109）

也先⑪　元蒙古察哈札剌亦儿氏。宪宗大断事官忙哥撒儿四世孙。咬住之子。历任延徽寺卿。（0001 卷 124）

也先⑫　元顺帝至正元年（1341）任庆元路（治今浙江宁波）达鲁花赤。（0634 卷 1）

也先⑬　元末大臣。顺帝至正中为河南行省参知政事。时红巾军攻克庐江，也先总兵于滁州（今属安徽），不理军事，唯纵欲。至暮，城门不鑰，红巾军入城纵火。也先犹张烛挥杯，急踰城逃走。（0001 卷 194）

也先⑭　元顺帝至正二十六年（1366）为监察御史。是年，与其他监察御史圣奴等奏请封顺帝前丞相脱脱以一字王爵，并定谥号，加功臣之号。（0001 卷 138）

也先⑮　元蒙古札剌亦儿氏。顺帝元统元年（1333）进士博颜达父。（0028）

也孙　元诸王。成宗大德五年（1301）三月，受元廷所赐钞。（0001 卷 20）

也里①　元宪宗时大将兀良合台之裨将。宪宗四年（1254），受命参加围攻大理国依阻山谷不降之余众。（0001 卷 121）

也里②　元畏兀儿人。顺帝至元元年（1335）任江南行台监察御史。（0632 卷 6）

也苦　元宪宗时蒙古军千户。宪宗七年（1257），受赐东平等处五户丝户一千一百户。（0001 卷 95）

也舍　元仁宗时诸王。诸王不里牙敦叛

乱时,也舍作持两端,不助官军进讨。延祐五年(1318)七月,被流放江西。(0001卷26)

也真①　元太祖妃,住第二斡耳朵(帐殿)。(0001卷106)

也真②　元世祖至元后叶至成宗时之诸王。(0001卷15、19、131)

也速①　又译也遂,元塔塔儿氏,太祖皇后,主持第三斡耳朵(帐殿)。(0001卷106,0009卷5)

也速②　元太宗时清河县达鲁花赤,曾分拨大名路人户若干为其五户丝户,宪宗二年(1252)经查,尚有二十户。(0001卷95)

也速③　元宪宗元年(1251)太宗窝阔台、察合台后裔谋反之从叛者。二年六月,被流放于没脱赤之地。(0001卷3)

也速④　元武宗至大元年(1308)十月,由河南行省右丞入朝为知枢密院事。四年三月,仁宗即位,仍为知枢密院事。(0001卷22~24)

也速⑤　元延祐七年(1320),英宗即位,为将作院使。是年十月,坐董制珠衣怠工,杖之,籍其家。(0001卷27)

也速⑥　元泰定帝皇后。(0001卷106)

也速⑦　元诸王。文宗天历二年(1329),从文宗发京师,北上迎接明宗。(0001卷31)

也速⑧　元中叶怯鲁连(今蒙古克鲁伦河)地区皇家牧马场哈剌赤(牧养皇家母马,搅制马奶酒进奉者)一百户。(0001卷100)

也速⑨　元蒙古人。月阔察儿之子。初为元顺帝宿卫士。至正十二年(1352),从丞相脱脱镇压徐州芝麻李,献计攻破徐州。以功授同知中政院事。后领军从父征淮西,升将作院使。又从父征淮东,取盱眙。迁淮南行枢密院副使,升同知枢密院事。领军击山东红巾军,收复滕、兖、泰安诸州。升知枢密院事。后率军转战河北、辽西、辽东,授辽阳左丞相。二十四年,任中书左丞相,领兵抵御孛罗帖木儿于昌平,溃败,孛罗帖木儿遂入大都。次年,受孛罗帖木儿遣,领兵南御扩廓帖木儿部将,至良乡倒戈,袭擒孛罗帖木儿骁将姚伯颜不花。二十七年,升右丞相,分省山东。次年,明军攻山东,战败北遁。(0001卷142)

也卜伦　元文宗时为知枢密院事。至顺三年(1332)六月,加授开府仪同三司。(0001卷36)

也了干　元仁宗时围宿军统领者。延祐三年(1316)十月,以诸侯王来朝会,帝命围宿军士由六千人增至一万人,并命也了干、秃鲁分左右部统领之。(0001卷99)

也不干①　元宗王。太宗第六子合丹之子。(0001卷107)

也不干②　又译也不坚。元宗王。太祖庶子阔列坚之孙河间王忽鲁歹之子。世祖至元中,从北安王那木罕镇漠北。二十四年(1287),东北叛王乃颜遣使约其同反,使者为元将土土哈所执,谋泄,乃率本部军东趋,响应乃颜,被土土哈追及于秃兀剌河(今土拉河),大败,仅以身免。其河间分地达鲁花赤被罢免。二十五年,收集部众攻元军,战败被擒。(0001卷14、107、128、135等)

也不干③　元宗王。铁木哥斡赤斤曾孙,塔察儿之子。(0001卷107)

也不干④　元世祖至元二十七年(1290)为蒙古千户。是年四月,其所部乏食,敕发粟赈之。(0001卷16)

也不干⑤　元成宗大德五年(1301)为陕西屯田万户。(0001卷20)

也不干⑥　元驸马,娶延安公主,受封为延安王。(0001卷108、109)

也不干⑦　元中叶驸马。欢忒哈赤之父。(0001卷37)

也不干⑧　元仁宗延祐七年(1320)任江南行台监察御史。(0632卷6)

也不干⑨　元宗王。受封为镇远王。英宗至治三年(1323)二月,元廷为其置王傅官属。(0001卷28)

也不干⑩　元官员。顺帝至元元年(1335)为衢州路治中。(0878卷2)

也灭干(?~1301)　元宗王。太祖庶子阔列坚之孙忽鲁歹之子。成宗大德四年(1300)四月,受赐鋈金印。五年,死,以其子八八剌嗣。(0001卷20、107)

也灭坚　元世祖皇孙甘麻剌之近侍。至元中,甘麻剌奉旨镇北边,抚循部曲之暇,命其以蒙古语讲说《资治通鉴》。(0001卷115)

也只里①　元世祖至元十一年(1274)为蒙古军万户。是年十一月,与东川元帅杨文安等会兵达州,直趋云安军,至马湖江与宋军遇,大破之,遂拔云安、罗拱、高阳城堡。(0001卷8)

也只里②(?~1307)　元宗王。太祖弟哈赤温曾孙,济南王按只带之孙。世祖至元二十四年(1287)封为济南王。从讨东北叛王。二十五年,为叛王火鲁哈孙所败,遣使告急;元将土土哈援之,击败叛王军于兀鲁灰。成宗大德元年(1297),部属忽剌带于济南商河县侵扰居民,蹂践禾稼,帝命其罪之。六年,被诸王真童诬告,真童谪置刘国杰军中自效。十一年,成宗死,因拥护成宗皇后称制、阿难答辅政,参与其谋,被武宗处死。(0001卷22、107、108等)

也只烈①　元诸王。宪宗三年(1253)从忽必烈征大理。(0001卷4)

也只烈②　元诸王。世祖至元二十五年(1288),西北叛王海都进攻北边;也只烈

奉旨率军从宗王出伯北征。(0001 卷 15)

也列失　元回回人。乌马儿之子。历任孟州达鲁花赤。(0011 卷 80)

也列虔　元蒙古克烈氏。历任昔宝赤(鹰房执役者)。(0011 卷 25)

也先乃　元世祖至元八年(1271)立侍仪司,受命为左侍仪。(0001 卷 67、203)

也先伯　元成宗大德九年(1305)七月,由参议中书省事升为中书参知政事,任期至十一年八月为止。(0001 卷 21、112)

也先捏(? ~1329)　元官员。泰定二年(1325)为殊祥院使,奉旨掌出居建康(今江苏南京)之怀王图帖睦尔(文宗)之卫士。文宗天历元年(1328)九月,任宣徽使。十月,率军至保定,杀张珪子景武兄弟五人,取其家赀。又率军与上都军战于良乡南。十一月,率军至武安,上都也先铁木儿以军降。十二月,御史台臣劾其率军所至,俘掠子女货财。诏刑部鞫之,籍其家,杖一百七,流放南宁。二年六月,诏命中书省逮系之以还。九月,以不忠不敬论罪处死。(0001 卷 32、33、137)

也孙台　元诸王。文宗至顺元年(1330)三月,其所部七百余人入天山县,掠民财产。元廷遣枢密院、宗正府官往捕之。(0001 卷 34)

也孙真　元太宗时亲王安赤台之女。嫁亦乞列思部人孛秃孙札忽儿臣。后追封为昌国大长公主。(0001 卷 109、118)

也孙脱①　元宗王,察合台之孙。宪宗元年(1251),参预窝阔台、察合台后裔谋反夺位。二年夏,被宪宗下令禁锢于军营。(0001 卷 3,1158)

也孙脱②　又译也孙秃阿。元宗王。太宗第六子合丹之子。党附叛王海都。成宗大德十年(1306)海山(武宗)率军,越过按台山(今阿尔泰山),袭执之。(0001 卷 107、22)

也孙脱③　元世祖时蒙古勇士。至元二十五年(1288)十二月,西北叛王海都犯边,也孙脱迎击,战死。(0001 卷 15)

也连沙　元哈剌鲁人,也罕的斤次子。世祖末年袭父职为蒙古军万户。(0001 卷 133)

也连的　元阿速人。阿速军将领拔都儿之子别吉连之子。文宗时袭父职。(0001 卷 132)

也里干①　元宗王。太祖之叔答里真之曾孙,宁海王阔阔出之子。世祖至元二十年(1283),受赐金五十两、金衣袄一。成宗大德元年(1297),遣使乘驿祀五岳、四渎,帝命追其驿券,并切责之。(0001 卷 12、19、107)

也里干②　元武宗在位初期中书右丞相塔剌海之妻。至大三年(1310)二月,受赐金七百五十两、银一千五百两、钞四百锭。时塔剌海已故近二年。(0001 卷 23)

也里牙①(? ~1330)　又译野理牙、野里牙。元时入华拂林(叙利亚)人后裔。爱薛之子。仁宗皇庆元年(1312)正月,为崇福使,受封秦国公。后以赃罪罢官除名。文宗天历元年(1328),授太医院使。二年,参与毒杀明宗。至顺元年(1330)正月,复封秦国公。七月,因怨望,与其妻舅、已故权相铁木迭儿之子将作使锁住等,造符录,祭北斗,咒咀。事觉,诏中省鞫之,被处死。(0001 卷 24、32、34、40 等)

也里牙②　元也里可温(基督教徒)。安马思忽思之子。以荫授大庾县(治今江西大余县)达鲁花赤。文宗至顺年间任浏阳州同知。(0631 卷 19)

也里可　又译也儿怯。元将。世祖中统元年(1260),率军与阿蓝答儿、浑都海军战于宁夏。(0001 卷 132、135)

也里完　元秦王按檀不花之妻。成宗大德十年(1306)八月,开成路地震,秦王宫及官民庐舍皆震坏,也里完等五千余人皆被压死。(0001 卷 21)

也里侃　元公主,嫁察忽驸马之子也先驸马之子迭木迭儿驸马。((0001 卷 109)

也里悭　元成宗时诸王。元贞二年(1296),奉旨驻夏于晋王镇守之怯绿连(今克鲁伦河)地区。(0001 卷 19)

也里脱　元世祖至元中任广西宣慰使,强夺民财,被广西按察使张礎按问治罪。(0001 卷 167)

也秃古　元世祖时蒙古军将士,与西北叛王军战,有战功。至元二十年(1283)十一月,帝从与西北叛王战于斡端(今新疆和田)、可失哈儿(今新疆喀什)一带之宗王出伯等请,赏以银钞,以旌其战功。(0001 卷 12)

也识哥　元时迦叶弥儿(今克什米尔)人,姓伽乃氏。铁哥第三子。曾任同知山东宣慰司事。(0001 卷 125)

也迭儿　元宗王。太宗第六子合丹之子。(0001 卷 107)

也迭列　元别失八里(今新疆吉木萨尔北)畏兀儿人。断事官孟速思之子。任平凉府达鲁花赤。(0011 卷 39)

也的沙　元宪宗元年(1251)六月起,为别失八里等处行尚书省辅佐官。(0001 卷 3)

也的哥　元世祖至元十一年(1274)任管军万户。是年十二月,宋知鄂州张晏然、知汉阳军王仪、知德安府来兴国,皆以城降于元军;也的哥奉大将伯颜遣,入朝奏渡江之捷。(0001 卷 127)

也柳干(? ~1258)　又译叶了干。元蒙古札剌亦儿氏。拔彻子,阿剌罕之父。

初为太宗子岳里吉卫士长。太宗七年(1235)，从皇子阔出、忽睹都攻宋。累功授万户，迁任马步军都元帅。宪宗元年(1251)，为大将察罕之副，统领两淮等处诸翼蒙古汉军。宪宗五年，察罕死，继之为诸翼军马都元帅，统大军攻淮东、西诸郡。八年，战死于扬州。(0001 卷 129、3)

也速儿①　元宪宗时驸马。宪宗六年(1256)六月，与宗王移相哥等请伐宋。帝遂召集会议，议决大举攻宋。(0001 卷 3)

也速儿②　元宪宗皇后。蒙古弘吉剌氏，按陈从孙忙哥陈次女，宪宗贞節皇后忽都台之妹。(0001 卷 106、114、118)

也速干　元蒙古塔塔儿氏，也速妹，太祖皇后，主持第四斡耳朵(帐殿)。(0001 卷 106)

也速歹　元蒙古人。顺帝元统元年(1333)进士阿虎歹之曾祖。(0011 卷 36)

也速古　元大兴(今属北京)人，本姓贾，贾昔剌四世孙，秃坚不花第三子。元后叶累官至显官。(0001 卷 169)

也速该(？～1170)　十二世纪中叶蒙古乞颜部首领。合不勒之孙。始以孛儿只斤为姓氏。英勇善战，有“拔都儿”(勇士)之称。屡与塔塔儿部争战，曾擒获塔塔儿部首领铁木真斡怯、忽鲁不花。后被塔塔儿人毒杀。妻月伦生四子：铁木真(元太祖)、哈撒儿、哈赤温、铁木哥斡赤斤。妾生子别里古台。元世祖至元三年(1266)，追谥神元皇帝，庙号烈祖。(0001 卷 1、2，0008 卷 1 第 2 分册，0009)

也速鲁　元宪宗时蒙古军千户。宪宗二年(1252)分得真定路五户丝户一百六十九户。(0001 卷 95)

也铁哥　元宗王。世祖至元二十四年(1287)，从东北叛王乃颜叛，率所部万骑与元将土土哈遇，与战，败走。(0001 卷 128)

也儿吉尼①(1279～？)　又译也儿吉你。元唐兀人，乞台普济之子。成宗大德三年(1299)，随海山(武宗)出征西北叛王海都、笃哇，有战功。十一年五月，武宗即位，任同知枢密院事，兼唐兀卫亲军都指挥使，遥授左丞相。七月，升知枢密院事。至大元年(1308)，遥授右丞相，兼仁虞院使。十一月，又兼御史大夫。仁宗时，仍任知枢密院事。延祐七年(1320)，英宗即位，出为江西行省平章政事。泰定元年(1324)正月，被召入朝。复任知枢密院事。三月，又出为云南行省左丞相。文宗天历二年(1329)三月，云南诸王答失不花、秃坚不花等起兵，列举其专擅十罪，将杀之；也儿吉尼乃逃往八番(今贵州贵阳以南地区)。未几，入朝，授翰林承旨，改知枢密院事。至顺二年(1331)，加太尉。(0001 卷 22、27、29、33 等)

也儿吉尼②(？～1368)　字尚文。元唐兀人。累迁陕西行台御史。顺帝至元六年(1340)改任南台御史。至正五年(1345)，入为内台监察御史。力劾丞相别儿怯不花不可为相者五，出为浙西廉访司佥事，既拜命，复劾之，帝感悟，罢别儿怯不花，谪居渤海。丁父忧，夺情起任中政院判官。十一年，出任广西廉访副使。镇压反元队伍，平定广西。擢任湖广平章兼广西廉访使。二十三年，改任广西平章。二十八年，明将杨璟攻破静江(今广西桂林)，被执。押送至金陵，不屈而死。(0002 卷 219，0506 卷 2343)

也儿的思　元中叶折连怯呆儿(今西辽河下游北)皇家牧马场哈剌赤(牧养皇家马畜，搅制马奶酒进奉者)千户。(0001 卷 100)

也干不花　元仁宗即位初为侍卫军指挥使。(0001 卷 99)

也不坚歹　金末蒙古亦乞列思部人。尝奉孛秃家之遣，至铁木真(元太祖)处为孛秃议娶铁木真之妹帖木伦。(0001 卷 118)

也灭怯歹　元顺帝至正二年(1342)三月，由知枢密院事任中书省第四平章政事。(0001 卷 113)

也立安敦　元太祖之女，嫁畏兀儿亦都护(国王)巴而术阿而忒的斤。(0001 卷 109、122)

也列干住　元成宗时驸马。大德八年(1304)正月，其所部民饥，元廷以粮二千石赈之。(0001 卷 21)

也先不花①(1236～1301)　元乃蛮人。世祖至元中为百户，从大军平宋，升为千户。至元二十五年(1288)，任临江万户府上千户所达鲁花赤。(0212 卷 67)

也先不花②(？～1309)　又译野先不花。元蒙古克烈氏，孛鲁欢长子。世祖时，袭父职为必阇赤(书记官)长，又任燕王皇子真金王傅。至元二十三年(1286)，出任云南行省平章政事。在任十余年间，镇压僰人、金齿、乞蓝、八百媳妇等部反抗，立登云等路、府、州、县六十余所，得户二十余万，官其酋长，定其贡税。成宗大德二年(1298)，迁任湖广行省平章政事。八年，迁任河南行省平章。九年，升为湖广行省左丞相。卒。文宗天历二年(1329)，追封恒阳王，谥文贞。顺帝至正十八年(1358)，又追封为瀛王。(0001 卷 134、18、19、205)

也先不花③　元世祖至元三十年(1293)任江南行台监察御史。(0632 卷 6)

也先不花④　元成宗大德元年(1297)为江山县(今属浙江)达鲁花赤。(0878 卷 2)

也先不花⑤(？～约 1320)　元宗王，察合台四世孙笃哇之子。察合台汗国第十二代汗，为弟怯别所拥立，1310 至约 1320 年在位。仁宗皇庆元年(1312)二月、三月，二年二月，数次遣使向元朝进贡珠宝、马驼、皮子等物，元廷回赐巨额钞币。延祐元年(1314)，率军进攻元朝，被元军击败于也儿的石河(今额尔齐斯河）。后又派兵侵入伊利汗国呼罗珊州，因元军乘机攻入察合台汗国境内，被迫从呼罗珊退兵。（0001卷24、128，1140卷15、17）

也先不花⑥　元英宗至治元年（1321）为衢州路治中。（0878卷2）

也先不花⑦　元畏兀儿人。泰定三年（1326）任江南行台监察御史。（0632卷6）

也先不花⑧　元文宗至顺三年（1332）为高平县（今属山西）达鲁花赤。（0694卷5）

也先不花⑨　元顺帝元统二年（1334）至至元三年（1337）任无锡（今属江苏）州同知。（0558卷24）

也先不花⑩　元顺帝至正元年（1341）为奉化（今属浙江）州达鲁花赤。（0634卷2）

也先不花⑪　元顺帝至正元年（1341）任鄞县（治今浙江宁波）丞。（0634卷2）

也先不花⑫　元高昌畏兀儿人。顺帝至正十年（1350）任寿武库副使。（0438卷1）

也先不花⑬　元顺帝至正十二年（1352）为平原（今属山东）知县。（0742卷下）

也先不花⑭　元顺帝至正十一年（1351）为襄阳路同知。时红巾军反元起义，襄阳路达鲁花赤孛罗帖木儿率军救谷城，遣其求粮于襄阳，襄阳路总管柴顺礼等遂命其与万户也先帖木耳率数千人，会孛罗帖木儿镇压反元队伍。次年正月，襄阳为红巾军攻克，其所率军闻之惊溃。（0001卷195）

也先不花⑮　元大臣。顺帝至正十四年（1354）为御史大夫。（0001卷43）

也先不花⑯　又译埜仙普化、野仙溥化。元蒙古札剌亦儿氏，木华黎五世孙乃蛮台之长子。早年入宿卫，掌管速古儿赤（掌内府尚供衣服者），特授朝列大夫、给事中。历任监察御史、河西廉访副使。顺帝至正十三年（1353），任淮西添设宣慰副使，率军讨伐泰州反元队伍。累迁为中书参知政事。转任御史中丞。十七年，任中书右丞，与御史中丞成遵奉使宣抚彰德、大名、广平、东平、东昌、曹、濮等地，奖励将帅。十八年，升为中书平章政事。至正末年，袭国王位，为辽阳行省左丞相。（0001卷45、47、113、139等）

也先不花⑰　元畏兀儿王裔，伯颜不花的斤之子。顺帝至正十八年（1358），其父守信州孤城，对抗陈友谅军，力战不胜而死前，命其奉母间道入福建，遂得免于难。（0001卷195）

也先不花⑱　元顺帝至正二十年（1360），为中书参知政事，奉诏往谕孛罗帖木儿、察罕帖木儿，令讲和。次年，升为中书左丞。二十二年正月，升为中书右丞。（0001卷45、46、113等）

也先不花⑲　元驸马。哈剌鲁王阿儿思兰汗之子。娶脱烈公主。（0001卷109）

也先不花⑳　元镇江路织染局副使。（0631卷17）

也先不花㉑　元宁夏人。来阿八赤之孙。（0001卷129）

也先不花㉒　元唐兀氏，居庐州，王翰父。袭千户。（0011卷62）

也先吉思　元成宗大德六年（1302）为吴江（今属江苏）州同知。（0954卷17）

也先秃满　元中叶玉你伯牙（在元上都西北）皇家牧马场哈剌赤（牧养皇家母马，搅制马奶酒进奉者）百户长。（0001卷100）

也先帖你　元文宗时权相燕铁木儿之母，元将钦察氏床兀儿之妻。天历二年（1329）十二月，以其子有大勋劳于皇室，受封为扬王夫人。（0001卷138）

也先的斤　元仁宗延祐年间任潜江县主簿。（1044卷17）

也先忽都①　元世祖至元十三年（1276）为元军千户，阿术部将。是年五月，奉命率千骑邀击宋运粮军于通高邮之陆路上，杀负米宋兵数千，获米三千石。（0001卷9）

也先忽都②　元世祖至元末为平阳郡监，贪赃钜万，被监察御史赵世延奉旨按问论罪。（0001卷180）

也先忽都③（？～1358）　元钦察氏，大宁路（治今内蒙古宁城）达鲁花赤铁木儿不花之妻，封云中郡君。夫坐事免官，居大宁。顺帝至正十八年（1358），红巾军至，避尼庵中，为红巾军所获，令与众妇缝衣，拒不肯为。红巾军吓以刃，怒骂曰：“我达鲁花赤妻，尔等贼也！”遂被杀。（0001卷201）

也先忽都④　元宗王女，高安人伍先辅之妻。（0154卷10）

也先忽都⑤　即贺均。

也先海牙①　元成宗时任奉化（今属浙江）州达鲁花赤，大德十年（1306）离任。（0633卷3）

也先海牙②　又译野先海涯。元畏兀儿人。阿里海牙之孙。初为宿卫士，出任益阳州达鲁花赤。顺帝至正八年（1348）任永州路同知。（1052卷10，0254卷6）

也先海牙③　元顺帝至正十五年（1355）为瑞州路（治今江西高安）判官。（1016卷14）

也先海牙④　元高昌畏兀儿人。顺帝时为慈利州达鲁花赤。（1053卷13）

也先脱因①　字仲礼。元畏兀儿人，居于汴梁。曾任休宁县（今属安徽）达鲁花赤。顺帝至元二年（1336）离任。（0283卷6）

也先脱因②　元畏兀儿人。顺帝至元六年(1340)任江南行台监察御史。(0632 卷6)

也先脱因③　元慈溪(今属浙江)县达鲁花赤。(0634 卷2)

也先博怯　元成宗时诸王,脱铁木而之子。大德七年(1303)八月,其所部受元廷所赐钞。(0001 卷21)

也先普化　元武宗至大二年(1309)任建康路(治今南京)治中。(0632 卷6)

也先溥化　字西英。元蒙古弘吉剌氏,居于绛州太平县(治今山西襄汾西南)。顺帝元统元年(1333)进士。(0028 卷上)

也孙秃阿　见也孙脱②。

也忒迷失　元顺帝至正中为浙东元帅。至正十二年(1352)八月,方国珍攻台州城;也忒迷失与福建元帅黑的儿同击退之。十四年九月,与黄岩州达鲁花赤宋伯颜不花、知州赵宜浩,皆被方国珍拘执。(0001 卷42、43)

也里不花①　元蒙古兀鲁兀氏,术赤台曾孙郡王庆童之子。成宗元贞二年(1296)三月,郡王庆童有疾,也里不花受帝命代之,袭为郡王。(0001 卷19,0003 卷152)

也里不花②　元蒙古人。历任彰德路达鲁花赤。(0003 卷153)

也里不花③　元蒙古克烈氏。镇海曾孙。历任百户。(0003 卷153)

也里不花④　元人。顺帝至正元年(1341)由淮东宣慰司同知入为秘书卿。(0027 卷9)

也里不花⑤　字仲实。元畏兀儿人。由枣强县达鲁花赤擢生料库使。顺帝至正四年(1344)出为涿州达鲁花赤。(0677 卷11)

也里不花⑥　元顺帝至正初,任慈溪县(今属浙江)达鲁花赤。(0634 卷2)

也里古带　元世祖至元二十九年(1292)十二月,由北安王府尉改任晋王甘麻剌王府中尉。(0001 卷17)

也里里白　元康里人,塔里赤之父。太祖时以武功授帐前总校,奉旨南征至洛阳,得唐白乐天故址,遂居之为家。(0001 卷135)

也里伯秃　元世祖至元中叛王脱脱木儿之近侍。(0001 卷193)

也里忽秃　元太祖妃,住第二斡耳朵(帐殿)。(0001 卷106)

也里忽都　元顺帝至正十五年(1355)任监察御史。是年五月,劾奏河南行省左丞相太不花慢功虐民;诏削太不花官职。(0001 卷44、141)

也里迷失　元中叶怯鲁连(今克鲁伦河)地区皇家牧马场哈剌赤(牧养皇家马畜,搅制马奶酒进奉者)百户。(0001 卷100)

也里蒙古　元宪宗时忽必烈部将。宪宗九年(1259),兀良合台率军北上,欲与忽必烈所率大军会合。时忽必烈已渡江驻鄂州(治今武汉武昌),遣也里蒙古领兵二千接应兀良合台北上军,且加慰劳。兀良合台军遂自鄂州之浒黄洲北渡,与忽必烈大军合。(0001 卷121)

也里嵬里　元世祖至元后叶签军官。至元二十九年(1292)七月,以其尝签发僧、道、儒、也里可温(基督教徒)、答失蛮(伊斯兰教士)为军,诏令以上被签发者,停止隶军籍。(0001 卷17)

也罕的斤①(?~1291)　元哈剌鲁人。密立火者之子。世祖中统二年(1261),为千户,数有战功。至元七年(1270),宋兵进攻成都,率兵四百人与之相拒四日,宋兵退,追击至眉州,大破之,授蒙古哈剌鲁河西汉军万户,戍眉州。从围嘉定,屡败出战之宋兵。十二年,入觐,升上万户。与诸军围攻重庆。十四年,从围泸州,先登拔之。从攻重庆,宋将赵安开门降。升四川宣慰使、都元帅。十七年,从征斡端(今新疆和田)。迁任云南参政。二十一年,率军侵缅。二十八年,改任四川行枢密副使,卒。(0001 卷133)

也罕的斤②　元大臣。武宗至大元年(1308)由中书右丞升为平章政事,议陕西行省事。(0001 卷22)

也的迷失①　元世祖至元十四年(1277)七月,由招讨使擢为江西行省参知政事。十五年七月,仍为招讨使。十七年二月,以广中民不聊生,命其与贾居贞行宣慰司往抚之。十八年三月,由江西宣慰使兼招讨使复任江西行省参知政事。二十一年十一月,擒获海上反元首领黎德,招降余党百余人。(0001 卷9~11、13)

也的迷失②　又译也的迷沙。元代贪官。至元三十一年(1294)四月,成宗即位。七月,以其为东昌路达鲁花赤,中书省臣言其尝官是郡,犯法五百余款,今不宜复官。成宗曰:"姑试之"。十月,成宗谕右丞阿里、参政梁德珪曰:"朕在上都,令还也的迷失财产,至今尚未行。"(0001 卷18)

也的迷失③　元文宗至顺元年(1330)向权相燕铁木儿告密者。是年六月,知枢密院事阔彻伯、脱脱木儿等十人恶燕铁木儿权势之重,欲谋害之。也的迷失与脱迷以其谋告燕铁木儿。燕铁木儿即率钦察军掩捕按问,尽诛之。(0001 卷138)

也的迷失④　元畏兀儿人。顺帝元统二年(1334)任江南行台监察御史。(0632 卷6)

也怜帖木　字文卿。元唐兀人。镇压反元队伍有功,擢浙西廉访司经历。(0158 卷12)

也客扯连①　又译也可察合阑。葛不律汗第五子忽阑之子，元太祖族叔。1202年，随其堂兄阿勒坛投附王汗。次年春，参与王汗子桑昆捉拿元太祖之密谋，回家告知其妻。此密谋被其家中牧马人把带、启昔礼闻悉，连夜赶至太祖处告密。(0009卷5)

也客扯连②　塔塔儿部贵族。元太祖妃也速干、也遂之父。1202年，太祖击灭塔塔儿诸部后，与宗亲议定杀光被俘之塔塔儿男子。扯连从太祖庶弟别里古台处探知此议，告知被俘之塔塔儿人。塔塔儿人遂逃出，筑寨抵抗。太祖遣军攻寨，付出极大伤亡代价，才将塔塔儿男子全部杀光。(0009卷5)

也真不花　元慈溪(今属浙江)县达鲁花赤，有清廉声。(0634卷2)

也速兀儿　元太宗时蒙古军千户。太宗八年(1236)，与另二蒙古军千户，共分得河间路宁津县五户丝户一千七百七十五户。(0001卷95)

也速不干　元宗王。太宗第三子阔出四世孙。武宗至大二年(1309)封为襄宁王。(0001卷23、107)

也速兀阑　元阿儿浑氏。领天下诸匠弓夫砲手。(0011卷90)

也速不花①　元太宗时蒙古军千户。太宗八年(1236)，与另三蒙古军千户共分得河间路陵州五户丝户一千三百余户。(0001卷95)

也速不花②　元定宗至宪宗时为蒙古东方大将。定宗三年(1248)，定宗死。次年，曾参加阿剌脱忽剌兀(在今伊塞克湖和伊犁河之间的阿拉套山中)之地商议推选蒙古大汗之会议。宪宗元年(1250)，参加阔帖兀阿阑(今蒙古温都尔汗西南克鲁伦河与臣赫尔河会流处西)之地大会，推戴蒙哥(宪宗)为大汗。(0001卷3)

也速不花③　元宗王。太宗第二子阔端之孙。世祖至元元年(1264)七月，受元廷赐印。二年，以所部戍西蕃(藏族地区)军屡有战功，受元廷赐银。(0001卷5、6、107)

也速不花④　元世祖至元十四年(1277)五月，领围宿事，率领蒙古、汉军围宿军，备都城内外及万寿山围宿。(0001卷99)

也速不花⑤　元蒙古谋叛者。世祖至元二十五年(1288)正月，以谋叛，被逮捕至京师处死。十二月，其所部依昔列门等叛。甘肃行省官约诸王八八、拜答罕，驸马昌吉，合兵讨之，皆自缚请罪。(0001卷15)

也速不花⑥　元文宗至顺二年(1331)为兵部尚书。是年十二月，奉旨与同佥通政院事忽纳不花迎接帝师。(0001卷35)

也速不花⑦　元顺帝至正二十二年(1362)为孛罗帖木儿裨将。是年三月，奉孛罗命招兵五万，戍大同。(0001卷207)

也速不花⑧　元宗王。别里古台之子。广宁王爪都之父。(0001卷117、107)

也速不花⑨　元公主。拖雷女。嫁弘吉剌氏斡陈驸马。后封为鲁国大长公主。(0001卷109、118)

也速不坚　元宗王。世祖第十子岁哥都后裔。泰定元年(1324)九月，受封为荆王，受赐金印。(0001卷29、107、108)

也速歹儿①　元阿速人，阿速军千户也烈拔都儿长子，玉哇失之兄。世祖至元中，也烈拔都儿死；代领其军，从攻扬州，中流矢死。(0001卷132)

也速歹儿②　元蒙古塔塔儿氏。太宗时东平路达鲁花赤塔思之子。宿卫士。(0011卷27)

也速歹儿③　字谦用。元世祖至元二十九年(1292)任镇江路通政院必阇赤(文书官)。(0631卷17)

也速台儿①(？～1288)　元康里人。艾貌之子。世祖中统年间，从讨阿蓝答儿、浑都海，从征李璮，至元年间从征宋，皆有战功，累功授管军总把。至元十四年(1277)，从攻福建兴化，招古田等处民五千余户，以功升千户。又招手号新军二千五百余人，升总管。应旨愿出征日本，升万户。二十年，授泰州万户府达鲁花赤。二十三年，迁任钦察亲军都指挥使。二十四年，从征东北叛王乃颜有功。(0001卷123)

也速台儿②　元世祖至元十五年(1278)任庆元县(今属浙江)达鲁花赤。时龙泉县(今属浙江)张三八反元起事，合众二万，攻破庆元县城，杀之，且屠其家。(0001卷151)

也速台儿③　元文宗天历元年(1328)为隆镇卫指挥使。是年八月，奉燕铁木儿遣，率所部守碑楼口。九月，上都诸王忽剌台等军攻入紫荆关，大都政权防守紫荆关将士皆溃；也速台儿与行枢密院官卜颜、斡都蛮同率军援救紫荆关。(0001卷32)

也速台儿④　又译也速迭儿。蒙古札剌亦儿氏，阿剌罕次子。元文宗天历元年(1328)八月，由河南万户擢同知枢密院事。九月，升知枢密院事，知汴梁行枢密院事，率军行视太行诸关，西击河中、潼关军。十月，与知行枢密院事也先捏、行枢密院副使章吉等率军西击潼关军。二年三月，兼山东河北蒙古军都万户，知山东河北等处行枢密院事，奉旨与湖广、河南等省官率军进攻四川，以病不往。(0001卷32、33、129)

也速达儿　元蒙古弘吉剌氏。按陈子唆儿火都之子阿哈之孙。世袭弘吉剌氏领地蒙古军站千户。(0001卷118)

也速迭儿①　元蒙古篾儿乞氏。顺帝时权相伯颜之兄。任平章政事、留守。(0011卷28)

也速迭儿② 元顺帝至正十三年(1353)为宦官留守同知。是年,造清宁殿前山子、月宫诸殿宇,奉旨与宦官留守也先帖木儿、都水少监陈阿木哥等董其役。(0001卷43)

也速带儿① 元世祖至元三年(1262)十二月,诏改四川行枢密院为行省,授佥行省事。七年,为陕蜀佥省,五月,同东西川统军司率军与宋兵战于嘉定、重庆、钓鱼山(今四川合川东)、马湖江,皆败之,拔三寨,擒都统宋宣,俘获人口、牛马、战舰无数。九年正月,率所部从西平王奥鲁赤征建都(治今四川西昌)。十年,为西蜀都元帅,十月,与奥鲁赤合兵攻降建都,擒酋长下济等四人。十一年,为四川行枢密院长官,奉旨取嘉定府。(0001卷6~8)

也速带儿② 又译野速答儿。元世祖至元中为山东蒙古军元帅。至元十一年(1274)四月,奉命率千人,同山东经略使撒吉思所部五州丁壮,戍益都。时其所部据民田为牧地,撒吉思上奏于朝,诏令还其田。十二年正月,敕枢密院以其所统戍军听山东经略司节度。六月,罢山东经略司,其所部军奉命赴涟水。(0001卷8、134)

也速带儿③ 元世祖至元七年(1270)为蒙古军都元帅。是年七月,率军略地光州,败宋兵于金刚台。(0001卷7)

也速速儿 元泰定帝时诸王。泰定元年(1324)十一月,受赐钞一千五百锭。(0001卷29)

也速海牙 元世祖至元中主兵重臣。至元十五年(1278)五月,行省官奏曰:张世杰据硇州,攻旁郡,未易平,拟遣宣慰使史格进讨。诏以也速海牙总制之。(0001卷10)

也速答儿① 又译也速带儿、也速迭儿。元蒙古珊竹氏。纽璘之子。世祖至元十一年(1274),入见世祖,以属西川行枢密院,使习兵事。从攻嘉定建功,授六翼达鲁花赤。从围重庆,攻降之,追擒宋制置使张珏,以功授西川蒙古军马六翼新附军招讨使。迁四川西道宣慰使、都元帅。十九年,讨平亦奚不薛(今贵州毕节地区),以功升西川行省右丞。改任四川行枢密院副使,会合云南兵讨平乌蒙蛮。进同知四川行枢密院事。成宗即位(1294),授四川行省平章。武宗时,由四川迁往云南,加左丞相。南征反抗之少数民族,感染瘴毒,还至成都死。(0001卷129)

也速答儿② 元成宗大德三年(1299)任慈溪(今属浙江)县达鲁花赤。(0633卷3)

也速答儿③ 元大臣。成宗大德五年(1301)至七年,任陕西行省平章政事。(0014卷21下、22上)

也速答儿④ 元文宗天历元年(1328)为蒙古军元帅。十月,执上都诸王湘宁王八剌失里于马邑,押送至大都。(0001卷32)

也速答儿⑤ 元大臣。顺帝至正二十四年(1364)任岭北行省平章政事。(0014卷3上)

也速答儿⑥ 元大臣。顺帝至正二十四年(1364)任甘肃行省平章政事。(0001卷196)

也速答儿⑦ 元蒙古珊竹氏。吾也而四世孙。江东宣慰使拔不忽之孙。(0011卷8)

也速答儿⑧ 元秘书大监。尝载书归成都。(0245卷3)

也速蒙哥(? ~1252) 元察合台汗国第三代汗。元定宗元年(1246)至宪宗二年(1252)在位。察合台第五子。定宗元年(1246),因定宗与其友好,借口汗位不当舍子传孙,废其侄第二代汗合剌旭烈,立之为第三代汗。定宗死后,拒不参加选立宪宗蒙哥之大会。宪宗二年(1252),被合剌旭烈妻兀鲁忽乃奉宪宗命杀死。(0002卷107,0003卷32,0008卷2)

也速䚟儿①(1254~1298) 本名帖木儿。元蒙古兀良合氏。大宗正府也可札鲁忽赤(大断事官)哈丹之子。幼事忽必烈(世祖)。后随从兄阿术攻下襄樊。至元十一年(1274),从阿术渡江,大败宋军于丁家洲。次年,从阿术战扬州,击败宋张世杰水师于焦山。宋亡,历任行省断事官、淮东宣慰使。二十二年,由参议中书省事擢任中书参政。后升左丞、平章政事。二十四年,从征东北叛王乃颜。二十八年,劾奏右丞相桑哥。成宗即位,任江浙行省平章政事。卒。追封安庆王,谥武襄。(0152卷24,0003卷91)

也速䚟儿②(? ~1299) 元康里伯牙兀氏。爱伯之子。世祖至元年间,从元军攻襄樊。又从攻破复州,杀其将,以功升百户,未几加升为千户。至元十六年(1279),升为管军总管。江南平,录功,又升管军万户。领江淮战舰数百艘,东征日本,败还。二十二年,移镇泰州,授钦察亲军指挥使。(0001卷133)

也黑迭儿 元回回人。居燕京,家豪富。宪宗九年(1259),忽必烈(世祖)过其家,以金斓铺地迎接。世祖中统元年(1260),受命领茶迭儿(庐帐)局。至元三年(1266)八月,授茶迭儿局诸色人匠总管府达鲁花赤,兼领监建大都(今北京)宫殿。十二月,奉旨与大兴府尹张柔、工部尚书段天祐同行工部事,监筑大都宫城。(0153卷9)

也敦不花 元官员。文宗至顺元年(1330)任奉化州达鲁花赤。(0634卷2)

也蒲甘卜 西夏末元初唐兀人。姓也蒲氏。昂吉儿之父。世为西夏将官。太祖十六年(1221),率众降蒙古,隶蒙古军籍。授千户。奉旨同所管河西人,从木华黎出征。(0001卷123、132)

也鲜不花 元蒙古塔塔儿氏。太宗时东平路达鲁花赤塔思之子。袭父职,授监战万户。(0011卷27)

也力可哈剌　金时蒙古克烈部长王汗之弟。怨王汗多杀戮昆弟，叛王汗归乃蛮部，乃蛮部长亦难赤为发兵伐王汗，尽夺其部众与之。(0001 卷 1)

也乞里不花　元顺帝至元二年(1336)任浙东宣慰使。(0634 卷 1)

也只儿不花(？～1364)　元蒙古珊竹氏。孛罗帖木儿叔父。顺帝至正二十三年(1363)为左丞。次年正月，被孛罗帖木儿阴使人杀死。(0001 卷 207)

也只里不花　元诸王。至元三十一年(1294)四月，成宗即位，参加大朝会。六月，受赐金四百两、银四千两、钞一千六百锭、币帛一百六十匹。(0001 卷 18)

也奴铁木而　元成宗时阵亡蒙古军人。大德七年(1303)阵亡，其家属受赐钞若干。(0001 卷 21)

也列门合散　元武宗时察合台汗国万户长。至大元年(1308)九月，来自薛迷思干(今撒马尔罕)等城，向元廷进呈太祖时所造户口青册。(0001 卷 22)

也列里术兀　元哈剌鲁人。哈剌鲁国主阿儿思兰汗后裔。元顺帝生母哈剌鲁氏迈来迪之祖父。顺帝时追封云安王。(0152 卷 7，0011 卷 87)

也曲门答儿　元定宗时宿卫士长官。定宗二年(1247)九月，取太宗宿卫士之半，命其领之。(0001 卷 2)

也先帖木儿①　元大臣。世祖至元十九年(1282)为御史中丞。是年三月，权相阿合马为益都千户王著刺杀于大都。与高觽等，驰驿往上都，以其事奏告于世祖。二十年三月，出任福建行中书省左丞。(0001 卷 12、169、205)

也先帖木儿②　元世祖至元二十四年(1287)任江南行台监察御史。(0632 卷 6)

也先帖木儿③　元世祖至元二十六年(1289)、二十七年两任江南行台监察御史。(0632 卷 6)

也先帖木儿④　元世祖至元三十年(1293)任衢州(今属浙江)路治中。(0878 卷 2)

也先帖木儿⑤　又译也先帖木而、也先铁木儿等。元宗王。世祖第五子云南王忽哥赤之子。世祖至元十七年(1280)，袭封云南王。二十五年，讨平云南僰人诸部反抗，立元江路。武宗至大元年(1308)正月，封为营王。仁宗皇庆元年(1312)，受赐福州路福安县人户，岁得江南户钞。(0001 卷 22、107、108 等)

也先帖木儿⑥　元钦察氏，昔都儿之子。成宗大德二年(1298)，父死，袭职为炮手军匠万户府达鲁花赤。(0001 卷 133)

也先帖木儿⑦　又译也先铁木儿。元武宗时宰执。大德十一年(1307)五月，武宗即位，由福建宣慰使擢为中书参知政事。九月，升为中书左丞。(0001 卷 22)

也先帖木儿⑧　元泰定四年(1327)任建康路(治今江苏南京)治中。(0632 卷 6)

也先帖木儿⑨　元诸王。致和元年(1328)七月，泰定帝死后，忠于上都政权。九月，率军自辽东进攻大都燕铁木儿等。(0001 卷 32)

也先帖木儿⑩　元诸王。致和元年(1328)七月，泰定帝死后，拥护上都政权。九月，率所部兵攻入管州(治今山西静乐)。(0001 卷 32)

也先帖木儿⑪　元泰定帝时诸王。致和元年(1328)七月，泰定帝死后，率军进攻大都燕铁木儿等。九月，攻占通州，将进袭大都，迫使燕铁木儿自古北口以南急引军还。十月，与燕铁木儿军战于通州，败退。又与之战于檀子山之枣林，大败，溃退。(0001 卷 138)

也先帖木儿⑫　又译也先铁木儿。元泰定帝时陕西行台御史大夫。致和元年(1328)七月，泰定帝死后，率军东进，攻向大都，反对燕铁木儿等拥立之文宗。(0001 卷 32)

也先帖木儿⑬　元蒙古人。文宗天历元年(1328)任于潜县(今属浙江)达鲁花赤。(0872 卷 17)

也先帖木儿⑭　元蒙古人。文宗天历二年(1329)至至顺三年(1332)任镇江路同知。(0631 卷 15)

也先帖木儿⑮　元文宗时诸王。至顺元年(1330)二月，以兵兴，诏命前所收其王印给还之。(0001)

也先帖木儿⑯　元文宗至顺年间为四川行省左丞。至顺二年(1331)九月，率军与参加反文宗起事之云南乌撒土官宣慰使禄余所率军战，受伤，禄余军遂侵入四川境内。三年正月，四川行省官奏请调重庆、叙州兵二千五百人往救之。(0001 卷 36)

也先帖木儿⑰　元时波斯伊利汗不赛因之使者，文宗至顺三年(1332)四月来朝贡方物。(0001 卷 36)

也先帖木儿⑱　元唐兀人。顺帝至元二年(1336)任江南行台监察御史。(0632 卷 6)

也先帖木儿⑲　元顺帝至元二年(1336)任余杭县(治今浙江杭州西北)达鲁花赤。(0872 卷 16)

也先帖木儿⑳　字有开。元乃蛮人。顺帝至元三年(1337)，用父荫任秘书监辨验书画直长。(0027 卷 10)

也先帖木儿㉑　元顺帝至元三年(1337)为行宣政院院使。是年五月，西番(元藏族地区)反元起事，杀镇西王之子党兀班。元廷立行宣政院，受命为院使往讨伐之。(0001 卷 39)

也先帖木儿㉒(? ~1355)　元蒙古篾儿乞氏。马札儿台之次子,脱脱之弟。顺帝至元六年(1340)二月,由岭北行省平章政事迁任御史大夫。至正八年(1348)正月,任知枢密院事。九年七月,复为任御史大夫。十一年九月,任知枢密院事,与卫王宽彻哥总率大军出征河南红巾军。十二月,攻占上蔡县,擒获红巾军首领韩咬儿等,押送至京师处死。十二年三月,驻军沙河,军中夜惊,军溃,退屯朱仙镇。还京师,仍任御史大夫。十五年,因朝中政敌哈麻等劾奏,与兄脱脱皆被贬逐以死。(0001 卷 40 ~44,205 等)

也先帖木儿㉓　元顺帝至正元年(1341)至三年为中书平章政事。(0001 卷 77、113)

也先帖木儿㉔　元顺帝至正三年(1343)为宣徽院使。(0001 卷 77)

也先帖木儿㉕　元顺帝至正十二年(1352)为参知政事。是年闰三月,奉旨与诸王亦怜真班、爱因班及陕西平章月鲁帖木儿讨伐南阳、襄阳红巾军。(0001 卷 42)

也先帖木儿㉖　元顺帝至正十二年(1352)为湖广行省平章。是年闰三月,因各地反元队伍势盛,奉诏便宜行事。四月,与诸王秃坚帖木儿讨和州有功。十四年二月,奉旨与江南行台御史中丞蛮子海牙、江浙平章卜颜帖木儿等所率军,同讨伐沿江反元队伍。(0001 卷 42、43 等)

也先帖木儿㉗　又译埜先帖木儿。元顺帝至正十三年(1353)为宦官留守,奉旨与宦官同知留守也速迭儿及都水少监陈阿木哥同督造清宁殿前山子、月宫诸殿宇。十五年,为宦官同知留守,奉旨疏浚皇宫内河道,进言:自十一年以来,天下多事,不宜兴作。帝怒,命往使高丽,改命宦官答失蛮董其役。(0001 卷 43、44)

也先帖木儿㉘　元顺帝至正中为太尉。至正十六年(1356)十月,诏罢其任。二十年闰五月,奉旨知经筵事。(0001 卷 44、45)

也先帖木儿㉙　元顺帝至正十六年(1356)为湖广行省参知政事。是年十二月,与左江"义兵"万户邓祖胜合兵讨伐反元队伍,收复衡州。(0001 卷 44)

也先帖木儿㉚　元顺帝至正十七年(1357)为陕西知行枢密院事。是年六月,被御史大夫帖里帖木儿纠劾,诏命罢陕西行枢密院,并令其居于草地。(0001 卷 45)

也先帖木儿㉛　元顺帝至正二十二年(1362)任吴江(今属江苏)州达鲁花赤。(0954 卷 17)

也先帖木儿㉜　元拓跋氏,按札儿孙阔阔术之子。(0011 卷 31)

也先帖木儿㉝　元畏兀儿人,大宗正府也可札鲁花赤月鲁哥孙。(0011 卷 50)

也先帖木儿㉞　元唐兀昔里氏,昔里钤部子爱鲁之子。(0011 卷 56)

也先帖木儿㉟　元康里人,回回子济宁路总管祐童之孙。(0011 卷 64)

也先帖木尔　又译也先帖木儿。元蒙古察哈札剌亦儿氏。宪宗大断事官忙哥撒儿第三子。(0001 卷 124)

也先帖木耳　元顺帝至正十一年(1351)为元军万户。时红巾军反元起义。是年冬,奉襄阳路总管柴顺礼等之命,与襄阳路同知也先不花率军数千,欲会合襄阳路达鲁花赤孛罗帖木儿所率军,同镇压湖北红巾军。十二年正月,襄阳为红巾军攻破。其所率数千军闻之惊溃。(0001 卷 195)

也先忽都鲁　元成宗大德五年(1301)为侍卫军指挥使。时贵州蛇节、云南宋隆济反元起事。奉旨与湖广平章刘国杰率军,偕播州宣抚使杨赛因不花讨之。六年十二月,遣使献捷于朝。(0001 卷 20、165)

也先铁木儿①　元蒙古人。世祖时奉帝命与不忽木等从许衡学。(0001 卷 134)

也先铁木儿②　元诸王。世祖至元二十八年(1291)封镇东王。(0001 卷 108)

也先铁木儿③　元世祖至元二十三年(1286)十月,以征缅功,授征缅招讨司达鲁花赤,与征缅都元帅秃满带、副都元帅张万等率军六千人以征缅。(0001 卷 14、210)

也先铁木儿④　又译埜仙帖穆儿、埜先帖木儿等。元蒙古忙兀氏,博罗欢第三子。武宗时为知枢密院事兼山东河北蒙古军都万户。至大四年(1311)三月,仁宗即位,仍任命为知枢密院事。延祐中,出为河南行省左丞相。延祐七年(1320)四月,英宗即位,降为河南行省平章政事。六月,被召至京师。后官至翰林学士承旨。(0001 卷 24、27、121)

也先铁木儿⑤(? ~1323)　又译也先帖木儿。元蒙古许兀慎氏,月赤察儿第五子。年少时为宿卫士。仁宗即位,任知枢密院事兼山东河北蒙古军都万户。后袭爵淇阳王。英宗至治三年(1323)八月,乘英宗自上都(今内蒙古正蓝旗东北)南返,夜驻南坡,与御史大夫铁失等杀死英宗于行帐。随即与诸王按梯不花等奉皇帝玺绶北迎晋王也孙铁木儿(泰定帝)。九月,泰定帝即位于龙居河(今克鲁伦河),也先铁木儿任中书右丞相。十月,以弑君罪被诛于行在所。(0001 卷 28、29、207 等)

也先铁木儿⑥　元勋旧之子。英宗至治三年(1323)五月,受元廷赐钞一万五千贯。(0001 卷 28)

也先铁木儿⑦　元宗王。泰定四年(1327)出镇北边。(0001 卷 30)

也先铁木而①　又译也先帖木儿。元成宗大德元年(1297)三月,由陕西行省平章政事迁任中书平章政事。次年正月去

职。(0001 卷 19、112)

也先铁木而②　元成宗大德三年(1299)为工部尚书。是年正月,奉旨与翰林待制贾汝舟同持诏往谕:复以王昛为高丽王。(0001 卷 20)

也先海迷失　元汪古人,爱不花之子,阔里吉思弟。(0011 卷 18)

也孙帖木儿①　元宗王。察合台汗国第十九代汗,顺帝至元四年(1338)至五年时在位。后至元二年十二月,在尚未登上汗位时,曾遣使向元廷进献西马三匹。其在位时,察合台汗国东西部保持统一。后来,其汗位为窝阔台后裔阿里算端所篡夺。(0001 卷 39,1140 卷 15)

也孙帖木儿②　元顺帝至正十二年(1352)为黄梅县(今属湖北)主簿。是年正月,率军助江州路总管李黼大败天完红巾军。(0001 卷 194)

也孙铁木儿　即元泰定帝。

也忒古不花　元诸王。泰定三年(1326)二月,帝赴上都(今内蒙古正蓝旗东北);奉旨与中书省臣兀伯都剌、察乃等留守大都(今北京)。(0001 卷 30)

也坚黄兀儿　元宗王。铁木哥斡赤斤四世孙,脱帖木儿次子。(0001 卷 107)

也帖谷不花　字文彬。元畏兀儿人。顺帝元统元年(1333)为江南行台监察御史。(0632 卷 6)

也的古不花　元宗王。世祖第六子爱牙赤长子阿木干之子。(0001 卷 107)

也的脱孛鲁　金章宗时乃蛮部长不欲鲁汗部将。不欲鲁汗与元太祖、王汗战于黑辛八石(今新疆吉力库勒和布伦托海)之野,也的脱孛鲁任前锋,领百骑来战,见太祖、王汗军势渐逼,走据高山,其马鞍转坠,遂被擒。(0001 卷 1)

也班胡火者　元世祖时西北叛王(海都、笃哇等)军之将校。至元二十一年(1284),被元将兀浑察所率游击军战败擒获于乞失哈里之地(今新疆喀什一带)。(0001 卷 123)

也真也不干　元蒙古人。文宗至顺元年(1330)四月,受封为桓国公。顺帝元统二年(1334)二月,受封为昌宁王,赐金印。(0001 卷 34、38)

也速也不干　又译也速也不坚。元宗王。太宗第二子阔端曾孙。汾阳王别帖木儿之子。泰定年间封为荆王,顺帝至正末年犹在世。泰定四年(1327)七月,岐王锁南管卜诉荆王也速也不干侵其分地,命甘肃行省阅籍归之。至正二十四年(1364),脱吉儿以孛罗帖木儿命屯兵盖里泊(在今内蒙古太仆寺旗南),托腹心于宗王也速也不干,授以金印,俾驻上都之东郊。(0001 卷 30、107、145 等)

也烈拔都儿(? ~1276)　元阿速人。玉哇失之父。元太宗时,从阿速国主归附东来,太宗命充宿卫。宪宗八年(1258),从宪宗征四川。为游兵,前行至重庆,战数有功。尝出猎遇虎,刺杀之。宪宗壮其勇,使领阿速军。世祖中统年间,从世祖征阿里不哥,又从亲王哈必赤征李璮,皆有功,授阿速军千户。至元十年(1273),从下襄阳。后又从下沿江诸城,戍淮西镇巢。阿速军横暴,民不堪命。十三年二月,宋降将洪福遂复反元,诱其入城宴,乘醉杀之。(0001 卷 132)

也不干八秃儿　元将。英宗至治二年(1322)闰五月,以戍边有功,元廷赐以金、钞。(0001 卷 28)

也都古帖木儿　元畏兀儿人。成宗大德元年(1297)任义乌县达鲁花赤。(0870 卷 5)

也立亦黑迷失别吉　元世祖时畏兀儿亦都护(国王)之女。至元十二年(1275),西北叛王都哇围攻亦都护于高昌(今新疆吐鲁番东)六月不解,声言:"尔能以女与我,则休兵。"亦都护乃以此女与之,都哇遂退军。(0001 卷 122)

也怜八合失甲自罗二思八　元世祖至元后叶帝师。至元二十二年(1285),奉旨作佛事于万安、兴教、庆寿等寺,凡十九会。(0001 卷 13)

小丑　元唐兀人,朵罗台之祖父。太祖既定西夏,括诸色人匠。小丑以业弓进,赐名怯延兀兰。后受命为怯怜口行营弓匠百户,徙居和林。死后,其子塔儿忽台袭职。(0001 卷 134)

小哥①　元宗王。太祖叔父答里真之子大纳耶耶之子。(0001 卷 107)

小哥②　元别失八里(今新疆吉木萨尔北)畏兀儿人。正议大夫。顺帝元统元年(1333)进士道同之祖父。(0011 卷 53)

小章　元顺帝至正二十七年(1367)为知枢密院事。时明军北伐至山东。是年十二月,奉旨会诸军同守御山东。(0001 卷 47)

小厮①　元世祖至元十六年(1279)为两淮招讨使。七月,其所部蒙古军奉命调往杭州镇戍。(0001 卷 99)

小厮②　元世祖时诸王。(0001 卷 13)

小薛①　元宗王。太宗第六子合丹之孙。其驻地在平阳(今山西临汾)一带。(0001 卷 107,0003 卷 37)

小薛②(? ~1290)　元人。世祖至元二十六年(1289)十二月,以其与东北叛王哈丹通谋叛,伏诛。(0001 卷 15)

小薛③　元泰定帝第三子。早死,无后裔。善画鹿,邓文原《巴西集》有题小薛王画鹿诗。(0001 卷 107,1143 卷 18)

小薛④　元文宗时为枢密院佥事。至顺三年(1332)八月,文宗死,中书省臣奉文宗皇后旨,预备大朝会赏赐金银币帛等物。是月,小薛与驸马、公主等,皆受赐金银币帛。(0001 卷 37)

小云失①　元畏兀儿人。文宗至顺元年(1330)为中尚卿。二月,奉旨率军讨云南。二年十月,奉召还朝。(0001 卷 34、35)

小云失②　元畏兀儿人。世祖至元十年(1273)二月,以工部郎中任国信副使,奉旨与勘马剌失里及礼部郎中、国信使乞䚟脱因等出使缅国(今伊朗曼德勒西南蒲甘及其附近区域),谕其国王遣子弟及贵近臣僚一名来朝。(0001 卷 210)

小云者　元别失八里(今新疆吉木萨尔北)畏兀儿人。断事官孟速思之子。曾任安西路(治今陕西西安)同知总管府事。(0011 卷 39)

小住持　元时西域人。居湖广为僧,服三品命,恃宠横甚,数以事凌轹官府。湖广平章星吉命掩捕之,得妻妾女乐妇女十八人,狱具,罪而籍之。(0001 卷 144)

小钤部(？～1276)　元唐兀人。昔里钤部第三子。世祖至元间袭大名路达鲁花赤。冬狩猎,民不堪命。监察御史姚天福按之。赂侍御史安兀失纳,天福搜获其赂,奏闻。至元十三年(1276)正月处死,籍没其家。(0002 卷 131)

小乘都　元畏兀儿人。翰林学士安藏之祖父。死后以孙贵,追封秦国公。(0011 卷 48)

小阔阔　元蒙古人。世祖至元二十七年(1290)为蒙古千户。(0001 卷 16)

小薛干①　元成宗大德十年(1306)为辽阳千户。(0001 卷 21)

小薛干②　元怯鲁连(今蒙古克鲁伦河)地区皇家牧马场哈剌赤(牧养皇家母马群,搅制马奶酒进奉者)百户。(0001 卷 100)

小云失别　元畏兀儿人。世祖至元九年(1272)五月,立和林转运司,受命为转运司使,兼提举交钞使。(0001 卷 7)

小云石不花　元畏兀儿人。武宗时献河南荒田于官府。至大四年(1311)正月,武宗死,二月,仁宗遣使检核其所献河南荒田。(0001 卷 24)

小云石海牙　元顺帝至正十一年(1351)任武义县(今属浙江)达鲁花赤。(0881 卷 13)

小云石海涯　即贯云石。

小云失不花①　元顺帝至正三年(1343)为吴江(今属江苏)州判官。(0954 卷 17)

小云失不花②　元钦察伯牙吾氏。床兀儿之子。曾任钦察亲军千户。(0011 卷 73)

小云失海牙　元畏兀儿人。顺帝至正十二年(1352)任湖南元帅副使。是年七月,率军收复宝庆路(治今湖南邵阳)。(0001 卷 42)

小云石脱忽怜　元初畏兀儿人。初为畏兀儿国大臣。太祖时,与其父归附蒙古。从太祖征花剌子模国。后东归,事拖雷于潜邸,任拖雷分地真定路断事官。(0001 卷 134)

小云失帖木儿　元畏兀儿人。顺帝时为义乌县(今属浙江)丞。(0881 卷 13)

小月儿秃鲁迷失　元延祐七年(1320)为江南行台监察御史。(0632 卷 6)

习剌　元蒙古札只剌氏。历任密州(治今山东诸城)达鲁花赤。(0011 卷 34)

习是　元临江(治今江西清江)人。六七岁时已善书,运笔如飞,似不经意而劲健遒美,时人视为神童。朝廷闻之。召充国子学弟子员。越三年以病归家。次年死,年仅十五。(0212 卷 58)

习璿　元世祖至元年间任上元(治今江苏南京)知县。(0632 卷 6)

马儿①　元成宗大德七年(1303)任江南行台监察御史。(0632 卷 6)

马儿②　元官员。武宗时,任刑部尚书。仁宗时,改任户部尚书,经理河南屯田。(0001 卷 23、24)

马儿③(？～1330)　元官员。文宗时,任上都留守,至顺元年(1330),因卷入锁住、野理牙等怨望咒咀一案,被杀。(0001 卷 34)

马才　元世祖至元五年(1268)为阆州夔东路安抚使军民元帅杨文安麾下千户。是冬,奉文安遣与千户张琪略达州,擒宋将范伸、王德、解明等。(0001 卷 161)

马山　元人。有诗作传世。(0504 辛下)

马马①　元哈剌鲁人。宣徽使答失蛮曾祖。赠集贤学士,追封中山郡公。(0011 卷 87)

马马②(？～1321)　元哈儿柳温台氏,居于许州长葛(今属河南)。累迁为池饶枣阳万户府千户所达鲁花赤。(0262 卷 21)

马开　元静州(治今内蒙古四子王旗西北)汪古人。马月合乃之孙。监在京仓。(0011 卷 72)

马氏①(？～1303)　元钱塘县(治今浙江杭州)人。世祖至元后叶中书参政杨居宽继室。至元二十四年(1287),权相桑哥诬居宽死,没入妻孥,以马氏赐卫士。马氏託狂疾呼号,遗粪溺,不可近,遂得免受辱。后杨氏阴赎之归,遂削发庐墓,誓不改嫁。桑哥败,事得昭雪。马氏无子,日纺绩为生,凡十余年。成宗大德七年(1303),乳生疡,或劝医之,马氏曰:“吾寡妇,岂可令男子见。”竟死。(0501 卷 70,0002 卷 244)

马氏②　元光州(治今河南潢川)汪古人。马祖常孙女。云南儒学提举冯文举

之妻。顺帝至正年间，明玉珍军攻人云南，与夫相对缢死与学宫。（0002 卷 232，0842 卷 27）

马节　元静州（治今内蒙古四子王旗西北）汪古人。马月合乃之孙。入王屋山为道士。（0501 卷 71）

马礼　元静州（治今内蒙古四子王旗西北）汪古人。马月合乃之孙。马润之弟。历任下砂监司丞。仕至宣政院都事。（0011 卷 72）

马圭　字君璋，元兖州（今属山东）人。世祖至元中任沛县知县。（0933 卷 11，0622 卷 18）

马有　元英宗至治三年（1323）为定海（治今浙江宁波镇海）县尉。（0634 卷 2）

马列　元世祖时云南少数民族土官。至元二十九年（1292）置木来军民府于云南行省，授知府事。（0001 卷 61）

马庆　元顺帝至正七年（1347）为吴江（今属江苏）知州。（0954 卷 17）

马兴①　元世祖中统三年（1262）为镇抚，从万户韩世安大破李璮兵于高苑，擒获其权府傅珪，以功受赐金符。（0001 卷 5）

马兴②（1249～1316）　元广平（今属河北）人。世祖至元中从伯颜攻宋，以军功授百夫长。后仕至公安县尉。（0205 卷下）

马兴③　元世祖至元十年（1273）为章丘（今属山东）知县。（0735 卷 10）

马驯　元文宗至顺三年（1332）任溧水（今属江苏）州判。顺帝至元六年（1340）至至正三年（（1343）任无锡州判官。（0632 卷 6，0558 卷 24）

马纪　元荆门（今属湖北）知州。有诗作传世。（1042 卷 6，0504 丁）

马均　字平甫。元安庆（今属安徽）人。世祖至元二十三年（1286）至二十五年任镇江路提控案牍。（0631 卷 15）

马芮　元世祖至元十六年（1279）为江南行台都事。（0632 卷 6）

马甫（1236～1275）　字才卿。元相州（治今河南安阳）人。世祖至元初为御史台都事。十二年，授孟州同知，南还至邢州，病死。（0144 卷 16、87）

马来①　元文宗至顺元年（1330）任江南行台治书侍御史。（0632 卷 6）

马来②　元顺帝至正中为饶州路（治今江西波阳）达鲁花赤。反元队伍攻至，率兵出战，怯而不能发一矢，反元队伍威势益盛，遂逼近城。（0001 卷 195）

马伯　元西南邛部州（今四川越西东）土官。文宗时，率蛮兵从征云南叛将，向导有功，授征进招讨、知本州事。（0001 卷 34）

马亨（1207～1277）　字大用。金元之际邢州南和（今属河北）人。金末习为吏。元太宗时由课税所掾累升为转运司副使。后为刘秉忠荐于忽必烈。宪宗三年（1253）任京兆（治今陕西西安）榷课所长官，以宽简治之，凡五年，民安而课裕。世祖中统年间，历任陕西宣抚司议事、陕西四川规措军储转运使、陕西行省左右司郎中、工部侍郎。至元三年（1266），升左三部尚书，寻改户部尚书，建言立常平仓、义仓。七年，受阿合马诬陷，罢官。元军围襄樊，任河南行省佥事，调发军饷。（0001 卷 163）

马良①（1254～1306）　字良甫。元高唐（今属山东）人。历任賓州路知事、邕州路经历、广西两江道元帅府经历。（0224 卷 5）

马良②　元仁宗延祐五年（1318）为鄞县（治今浙江宁波）尉。（0634 卷 2）

马良③　元顺帝至正二十三年（1363），拜中书参知政事。不久去职。（0001 卷 46、113）

马英①　元世祖至元年间任浙东宣慰副使。（0633 卷 2）

马英②　元河内（治今河南沁阳）人，女。父死，二兄继殁，独事母甚谨，又奉二寡嫂与居，使得保全嫠节。及母死，卜地葬父母、二兄，亲负土为四坟，手植松柏，庐墓侧终身。（0001 卷 200）

马旺　元世祖至元十六年（1279）为琼州宣慰使，招降海外四州，擒获当地反元起事者黄威远等四人。（0001 卷 10）

马昉　元磁州滏阳（治今河北磁县）人。马煦之弟。历任国子助教。（0002 卷 203）

马忠　元仁宗延祐三年（1316）任丹阳县（今属江苏）尉。（0631 卷 16）

马和　元磁州滏阳（治今河北磁县）人。马煦之父。元初任磁州提领劝农官。（0002 卷 203）

马怡　元人。有诗作传世。（0504 辛下）

马泽①　元世祖至元二十五年（1288）任秘书郎。成宗元贞元年（1295）由户部司计迁任秘书监著作郎。（0027 卷 10）

马泽②　元仁宗延祐六年（1319）任庆元路（治今浙江宁波）总管。（0634 卷 1）

马泽③　元任丘（今属河北）人。历任和州知州，有政绩。（0622 卷 17）

马治（1322～?）　字孝常。元明间义兴（治今江苏宜兴）人。初为僧，能诗。元末，周履道避地义兴，治与之同游诸山，极山水之胜，以诗唱和，成《荆南倡和集》。洪武初，知内丘县，终建昌府同知。为诗文典雅冲澹，善真、行书，小字法晋、唐。（1112 甲前集，1143 卷 769）

马诚 元泰定四年(1327)任建康路(治今江苏南京)知事。(0632 卷 6)

马肃① 字叔敬,号敬斋。元婺源(今属江西)人。早年以儒医入大都(今北京),与虞集、揭傒斯游。后历任福州路医学教授、江西医学提举。(0972 卷 10)

马肃② 字彦敬。元西域人,居吴郡(治今江苏苏州)。有诗作传世。(0504 庚上)

马贯 字本道。元明之际绍兴(今属浙江)人。元顺帝时辟府从事,不就。明洪武年间历任汉中卫经历、郢州府知事。有诗作传世。(0523,0033 卷 24)

马驹 元英宗至治二年(1322)任秘书监丞。(0027 卷 9)

马绍(1239～1300) 字子卿。元济州金乡(今属山东)人。初为儒士。世祖初年,由平章张易荐授左右司都事,出知单州。至元十年(1273),任山东按察司佥事,发粟赈饥。十三年,迁任和州路同知,抚治有方。十九年,入为刑部尚书。历中书参议、兵部尚书。二十四年,擢尚书参政。升左丞。与桑哥屡有异议。尚书省罢,改中书左丞。成宗时历任江浙右丞、河南右丞。(0001 卷 173)

马荣 元人。父忠被真定民郝兴仇杀,受兴银,令兴代其军役。中书省以其纳赂忘仇,无人之道,杖之,没其银。事闻,诏论如法。(0001 卷 5)

马剌① 元蒙古许兀慎氏,月赤察儿之子。武宗时,任大宗正府也可札鲁忽赤(大断事官)(0001 卷 22,0011 卷 20,0003 卷 28)

马剌② 元英宗至治二年(1322),由宗仁侍卫亲军都指挥使拜中书参知政事。泰定帝泰定元年(1324),罢为太史院使。(0001 卷 28、29、175)

马昞 元世祖至元二十八年(1291)任江南行台监察御史。(0632 卷 6)

马显(1198～1276) 元辽山县(治今山西左权)人。世祖至元六年(1269)任榆次县主簿。后迁任保德州判官、元氏县主簿。(0250 卷 55)

马钦 元世祖时,任平阴县尹。至元元年(1264),因发私粟六百石赈饥民,又给民粟种四百余石,受朝廷褒奖,赐西锦一袭。(0001 卷 5)

马钧 元文宗至顺二年(1331)至顺帝元统二年(1334)任庆元路(治今浙江宁波)治中。(0634 卷 1)

马复 元广平(今属河北)人。顺帝至正年间任黎城(今属山西)知县。(0691 卷 8,0698 卷 11)

马晋① 元顺帝元统元年(1333)任泾县(今属安徽)知县。(0580 卷 3)

马晋② 字孟昭。元扶风(今属陕西)人。有诗作传世。(0504 庚上)

马莹(1280～1334) 字仲珍。元建德(今属浙江)人。少颖悟,精研经史,旁及诸子百家,无不淹贯。应试不利,独居山林,吟咏以终。有《岁迁集》四十卷,文集十二卷。(0154 卷 11,0411 卷 44,0002 卷 237)

马哥 元顺帝至正元年(1341)任定海县(治今浙江宁波镇海)达鲁花赤。(0634 卷 2)

马桢 字干臣。元燕山(今北京)人。顺帝至元二年(1336)任徽州路(治今安徽歙县)判官。(0283 卷 4,0972 卷 4)

马臯 元人。有诗作传世。(0504 癸下)

马润(1255～1313) 元汪古人。居于光州(治今河南潢川)。马月合乃次子马世昌之子,马祖常之父。以文学入仕。世祖时累迁为两淮转运司经历。历任当涂知县、武进知县。成宗大德中擢光州知州。后迁任漳州路同知。所至皆有惠政。(0146 卷 26,0147 卷 15,0001 卷 143)

马祥 元文宗至顺初任庆元路(治今浙江宁波)判官。(0634 卷 1)

马谅 元世祖至元二十年(1283)任秘书监经历。(0027 卷 9)

马恕 元世祖时,从伯颜伐宋,任行省都事。至元十二年(1275),授常州路达鲁花赤。十六年,以夺民田等不法事,为高源所劾。(0001 卷 10、127、170)

马逵 元仁宗延祐年间任蓨县(治今河北景县)知县。(0648 卷 4)

马辅 元成宗大德八年(1304)任荆门(今属湖北)知州。(1044 卷 17)

马常 字仲良。元成宗元贞年间任镇江路通政院提控令史。(0631 卷 17)

马敏 元仁宗皇庆二年(1313)任江南行台监察御史。(0632 卷 6)

马谋① 元世祖时,任建宁路总管。在任捕盗延及平民,旁掠致死多人,又俘掠人财,迫通处女。至元二十八年(1291),受行御史台弹劾,免职下狱。(0001 卷 173)

马谋② 原为岭北晋王部民。元泰定帝时,以女妻宰相倒剌沙,因入都水监为官,升岭北行省左丞。明宗即位,免职。(0001 卷 31)

马琬 字文璧。元明之际秦溪人。早年从杨维桢学《春秋》。工诗,有诗作传世。能画,有《云林隐居图》、《春山清霁图》等。明洪武三年(1370)任抚州知府。(0523,0418 卷 7、13)

马鼎 元世祖至元中任莱州(今属山东)同知。(0727 卷 2)

马铸　元河内(治今河南沁阳)人。马充实之子。大德十一年(1307)任吴江(今属江苏)知州。武宗至大年间任礼部郎中。英宗至治三年(1323),累迁为浙东宣慰使。(0634 卷 1,0954 卷 17)

马庸①　字坦道。元安仁县(治今江西余江东北)人。好学笃行,以明经举。累官为四川廉访使,有政绩。(1041 卷 36)

马庸②　元扶风(今属陕西)人。有诗作传世。(0504 庚上)

马翔　元成宗大德五年(1301)任衢州(今属浙江)路知事。(0878 卷 3)

马谦　字受益。元世祖至元年间任镇江路行大司农司提控令史。仁宗延祐六年(1319)累迁为江南行台监察御史。(0631 卷 17,0632 卷 6)

马瑞　元世祖至元二十一年(1284)任安丘(今属山东)知县。(0743 卷 14)

马鉴　字逊之。元宜兴(今属江苏)人。马治弟,能诗,有诗作传至今。(0504 己下)

马煦(1244～1316)　字德昌,自号观复道人。元磁州滏阳(治今河北磁县)人。幼从杨震亨学。世祖至元初辟御史台掾。十六年,任江南行台监察御史。行省官私籍民为奴至万余家,煦按籍还之。历任江西按察司佥事、庐州路同知、江西省郎中。成宗时历任山南廉访副使、户部侍郎、中书左司郎中、济宁路总管。武宗时历任湖州路总管、刑部尚书。仁宗延祐三年(1316),以户部尚书致仕。有诗作传世。(0147 卷 15,0002 卷 203,0504 甲)

马愚　元泰定帝时云南沙木寨土官。泰定四年(1327)十月来朝。(0001 卷 30)

马源　元世祖至元十九年(1282)任江南行台都事。(0632 卷 6)

马福　元世祖时,为管军千户,从伐宋。至汉口,遇宋军守御,不得进。乃献计由汉口开坝,引船会沦河口,径趋沙芜,入长江。(0001 卷 8、127、162)

马熙　字明初。元衡州安仁(今属湖南)人。历任右卫率府教授。与许有壬兄弟、父子友好,尝作诗词补和许氏《圭塘欸乃集》。(0250 卷 14、34,0503 初集丙)

马僧　元乃蛮人。济南冠州新军万户府千户达鲁花赤末赤之子。(0011 卷 69)

马鎔①　元河内(治今河南沁阳)人。马铸之弟。仁宗延祐六年(1319),任江南行台监察御史。后迁任广西廉访副使。(0632 卷 6)

马鎔②　元文宗时,任四川行省参知政事。至顺二年(1331),因发粮饷军中道辄还,预借俸钞娶妾,辱骂行省平章汪寿昌,被免职。(0001 卷 35)

马稷　字民立。元吴郡(治今江苏苏州)人。能诗,有诗作传世。(0523,0033 卷 24)

马德①(？～1330)　元真定(治今河北正定)人。武宗至大元年(1308)任镇江路真定翼下百户。(0631 卷 17)

马德②　本名骥,字万甫。元顺帝至正中任乐清县(今属浙江)主簿。后以老病辞任,寓居乐清至死。(0896 卷 195)

马毅　元泰定二年(1325)任溧水(今属江苏)州同知。(0632 卷 6)

马璘　字文玉。元新城(今属河北)人。世祖中统元年(1260)为燕京行省掾。至元九年(1272),受命与郎中不花出使高丽。后参知扬州行省事。十九年,因与阿合马子忽辛同党,免职。(0144 卷 80,0001 卷 12、208)

马臻(1254～?)　字志道,号虚中。元钱塘(治今浙江杭州)人。少时学道,为褚伯秀门徒。以诗画闻名。成宗大德五年(1301)从天师张与材至大都(今北京)行内醮,授之道秩,不受,辞归。武宗至大年间,天师命为佑圣观虚白斋高士,亦不就。有《霞外诗集》十卷。(0503 初集壬,0030 卷 5,0065 卷 2,等)

马镛　字廸坚。元兴国路(治今湖北阳新)人。顺帝至正九年(1349)以茂异授沅州路儒学正,后升为儒学教授。(1046 卷 6)

马曙　元磁州滏阳(治今河北磁县)人。马煦之兄。历任河南儒学提举。(0002 卷 203,0072 卷 1)

马翼　元顺帝至正十一年(1351)进士。(0560 人集卷 35 下)

马麐　字公振。元太仓(今属江苏)人。能诗,善画竹。元末避战乱于松江,所居曰南江草堂,有园池亭榭,悠闲自娱。(0517 卷 12、13、14,0503 三集辛)

马藻　元世祖至元十四年(1277)任江南行台监察御史。(0632 卷 6)

马骥①　元河间(今属河北)人。武宗至大元年(1308)任镇江路录事。(0631 卷 16)

马骥②　元钜野(治今山东巨野)人。顺帝至元年间任余姚州吏目,后迁任嵊县尉。(0880 卷 28)

马骧　元镇江路在城都税使司副使。(0631 卷 17)

马麟①　元成宗大德五年(1301)任丹阳(今属江苏)知县。(0631 卷 16)

马麟②　元顺帝至正二十六年(1366)任临州(治今山西临县)知州。(0693 卷 7)

马一实　元乃蛮人。拖雷之妾,拔绰之母。(0001 卷 117)

马九霄　元河北人。顺帝至正年间任河

源县(今属广东)达鲁花赤,尽忠于元朝而死。(0075 官常典卷 735)

马大英 元怀庆路(治今河南沁阳)人。仁宗延祐四年(1317)任衢州路推官。(0878 卷 2)

马之贞 元汶上(今属山东)人。世祖时任兵部员外郎。至元十七年(1280),升为漕运副使,自须城安山西南、寿张西北,开渠行经东昌,又西北至临清,达于御河。(0001 卷 15、64,0746 卷 6)

马子安 元人。有诗作传世。(0504 癸下)

马子英 元回回人,进士。善画梅花、竹石,其族弟丁鹤年曾为其画题诗。(1143 卷 765,1146 卷 28)

马子昭(? ~1352) 元邹平县(今属山东)人。顺帝至正十二年(1352)二月,反元起事,被官府捕斩。(0001 卷 42)

马马沙 元钦察伯牙岳氏,唐其势从子。顺帝时,为钦察亲军指挥使。恣横不法,为御史所劾。(0001 卷 139)

马天合 元静州(治今内蒙古四子王旗西北)汪古人。马月合乃曾孙。监杭州盐仓。(0011 卷 71)

马天昭 元世祖至元四年(1267),改经籍所为弘文院,以天昭知院事。(0001 卷 6)

马天祐 元世祖至元二十四年(1287)任江南行台监察御史。(0632 卷 6)

马天瑞① 元祥符(治今河南开封)人。武宗至大中任中山府推官,有清廉公正声。(0645 卷 4)

马天瑞② 元延祐七年(1320)英宗即位初,任丹阳(今属江苏)知县。(0631 卷 16)

马天骝 字良卿。元晋宁(治今山西临汾)人。英宗至治二年(1322)至泰定二年(1325)任镇江路经历。(0631 卷 15)

马天骥① 字彦良。元磁州滏阳(治今河北磁县)人。马煦之叔父。世祖至元初任御史台都事,后升为治书侍御史。工散曲。(0029 卷上,1107,0762 卷 10)

马天骥② 元顺帝至正年间任武强(今属河北)知县。(0645 卷 4)

马天麟 元彰德(治今河南安阳)人。文宗至顺二年(1331)任镇江路彰德翼下百户。(0631 卷 17)

马元中 元武宗至大二年(1309)任丹阳(今属江苏)县主簿。(0631 卷 16)

马扎蛮 元延祐七年(1320)九月,奉旨出使占城、占腊、龙牙门,索求驯象。(0001 卷 27)

马公望 元仁宗延祐五年(1318)任秘书监辨验书画直长。(0027 卷 10)

马公毅 元人。历任通州(治今江苏南通)知州。有爱民声。(0925 卷 30)

马文子 元光州(治今河南潢川)汪古人。马祖常次子。历任秘书监著作郎。(0011 卷 71)

马文质 元顺帝至正十八年(1358)任瑞州路(治今江西高安)治中。(1016 卷 14)

马文渊 元顺帝至正年间任莱州(今属山东)知州。(0727 卷 2)

马玉麟 字国瑞,号东皋道人。元海陵县(治今江苏泰州)人。张士诚据吴地,辟为府掾,升长洲县知县。后历任江浙分省员外郎、郎中,平江路总管,江浙参政。明兵破吴,服毒自杀。有《东皋诗集》五卷。(0319 卷首、附录,0296 卷 4 下)

马札儿 元中叶河西务(今天津武清县西北)皇家牧马场玉提赤百户。(0001 卷 100)

马札罕 元汪古人。尚大长公主速哥八剌。泰定帝泰定元年(1324),封赵王。(0001 卷 108、109)

马世吉 元静州(治今内蒙古四子王旗西北)汪古人。马月合乃第七子。承荫授绛州判官。(0501 卷 67)

马世昌 元静州(治今内蒙古四子王旗西北)汪古人。马月合乃次子。马祖常之祖父。历任行尚书省左右司郎中。后以孙贵,追赠吏部尚书、追封梁郡侯。(0501 卷 67)

马世忠 元静州(治今内蒙古四子王旗西北)汪古人。马月合乃长子。历任常平仓都转运使。(0011 卷 71、0501 卷 67)

马世荣 元成宗大德中任寿昌(今属浙江)知县。(0622 卷 41)

马世显 元静州(治今内蒙古四子王旗西北)汪古人。马月合乃第三子。历任通州知州。(0501 卷 67)

马世禄 元静州(治今内蒙古四子王旗西北)汪古人。马月合乃第六子。历任中山府织染提举。(0501 卷 67)

马世德 字元臣。元光州(治今河南潢川)汪古人。马祖常从弟。顺帝至正二年(1342)登进士第,授应奉翰林文字。历任枢密院都事、淮西廉访司佥事、刑部尚书。能诗,有诗作传世。(0517 卷 14、0166 卷 3,0504 丁、癸上)

马可道 元顺帝至正中任休宁(今属安徽)知县。至正十七年(1357)明兵至,被执,不屈而死。(0972 卷 4)

马可慕① 元人。历任易州(治今河北易县)知州,有政绩。(0622 卷 2)

马可慕② 字仲善。元西域人。国子生

出身。顺帝至正十七年(1357)任易州(治今河北易县)达鲁花赤。(0649卷30)

马成龙(1227~1292)　宋元之际成都广都(治今四川双流东南)人。宋末为濠州团练使。宋恭宗德祐二年(1276),以常德府降元,授昭州安抚使。徇湖南、江西、广东西诸路,皆下之,迁任招讨使。未几迁为海北宣慰使。后致仕归。(0003卷111,0225卷20)

马成旺　元世祖时,为广南西道宣慰使。曾上言请征占城(今越南中、南部)。(0001卷210)

马夷中　元人。有诗作传世。(0504辛下)

马至道　元淇上人。顺帝至正年间任堂邑知县。(0730卷6)

马竹所　元官吏。历任照磨。善画。虞集《道园学古录》有题其捕鱼图诗。(1143卷767)

马仲皋　元泰定四年(1327)进士。(0437卷2)

马合马①　元世祖至元二十一年(1284)任江山县(今属浙江)达鲁花赤。(0878卷2)

马合马②　元世祖至元二十四年(1287)任江南行台御史中丞。(0632卷6)

马合马③　元成宗大德五年(1301),为礼部尚书,持诏出使安南。(0001卷209)

马合马④　元成宗大德八年(1304),任秘书少监。(0027卷9)

马合木　元回回人,淮东宣慰使纳速剌丁父。从征襄阳,以劳擢授浚州达鲁花赤。遂家于大名(今属河北)。(0001卷194)

马合末　元隆兴路(治今江西南昌)人。登进士第,授应奉翰林文字。顺帝至正十年(1350)任新乐县(今属河北)达鲁花赤。后改任新建县(治今江西南昌)达鲁花赤。(0645卷4、24,1012卷15)

马合沙　元仁宗皇庆二年(1313)任吴江(今属江苏)知州。(0954卷17)

马合某①　元仁宗延祐元年(1314)任秘书监怯里马赤(通事)。(0027卷11)

马合某②　元泰定帝时,为湖广行省参知政事,充两浙江东道奉使宣抚。后升湖广行省左丞。文宗即位,被执送京师。随后释放。(0001卷29、30、32)

马合麻①　元世祖至元十五年(1278)任开化县(今属浙江)达鲁花赤。(0878卷2)

马合麻②　元世祖至元二十三年(1286)任衢州(今属浙江)路判官。(0878卷2)

马合麻③　元世祖至元二十四年(1287)任秘书监奏差。(0027卷11)

马合麻④　元世祖至元二十六年(1289)任衢州路达鲁花赤。(0878卷2)

马合麻⑤　元世祖至元二十八年(1291)任常山县(今属浙江)达鲁花赤。(0878卷2)

马合麻⑥　元至元三十一年(1294)任西安县(治今浙江衢州)达鲁花赤。(0878卷2)

马合麻⑦　元至元三十一年(1294)任江山县(今属浙江)达鲁花赤。(0878卷2)

马合麻⑧　元回回人。成宗大德二年(1298)任镇江路录事司达鲁花赤。(0631卷16)

马合麻⑨　元仁宗延祐元年(1314)任武义县(今属浙江)达鲁花赤。(0881卷13)

马合麻⑩　元西域人。仁宗延祐初为古田县(今属福建)达鲁花赤。(0915卷6)

马合麻⑪　元顺帝至元四年(1338)由回回国子助教迁任秘书监管勾。(0027卷9)

马合麻⑫　字致远。元西域人,居于杭州。顺帝至正年间以荫授庐陵县(治今江西吉安)井冈巡检。镇压反元队伍有功,授庐陵县达鲁花赤,权乌登万户府事。(0294卷7)

马合麻⑬　元于阗(今新疆和田)人。历任洪城屯卫百户。(0011卷83)

马合谋①(?~1287)　元世祖时,为西京等处管课官。自言岁以西京、平阳、太原课程额外羡钱市马驼一千输官,实则盗官钱市之。事泄,被处死。(0001卷14)

马合谋②　元世祖时,任江西行省平章。请于商税外多加征取,被御史弹劾。(0001卷170)

马合谋③　元成宗大德五年(1301)任武义县(今属浙江)达鲁花赤。(0881卷13)

马合谋④　元仁宗皇庆二年(1313)任江山县(今属浙江)达鲁花赤。(0878卷2)

马合谋⑤　元英宗至治元年(1321)任衢州(今属浙江)路达鲁花赤。(0878卷2)

马合谋⑥　元宛平县(治今北京西南郊)人。泰定年间任彰德路(治今河南安阳)总管。(0762卷10)

马合谋⑦　元顺帝至元五年(1339)任江浙行省平章。(0014卷11中)

马合谋⑧　元回回人。顺帝元统元年(1333)进士剌马丹之祖父。历任亦思八撒剌儿监榷官。(0028,0011 卷 84)

马合谋⑨　元人。国子生出身。登进士第,授进贤县(今属江西)达鲁花赤。(1018 卷 5)

马合谋⑩　元阿鲁浑氏。历任福州路同知。(0011 卷 90)

马合谟　元泰定帝时,为山东盐运司判官。泰定元年(1324),授吏部尚书、佩虎符,奉即位诏出使安南。(0001 卷 29)

马合睦　元顺帝元统二年(1334)任江西行省平章。(0014 卷 15 下)

马充实(1233～1292)　字士辉。元河内(治今河南沁阳)人。早年从许衡学,通蒙古语。入见世祖,以蒙古语答,帝大悦,授怀孟路蒙古学教授,再授襄阳路均州判官。死后以子铸贵,追赠翰林学士。(0146 卷 27)

马兴祖　元广都(治今四川双流东南)人。马成龙之子。任镇巢万户,战死。(0002 卷 177)

马如弼　元成宗元贞年间任平原县(今属山东)主簿。(0742 卷下)

马好古　元富平县(今属陕西)人。中乡试。任富平县儒学教谕。(0823 卷 7)

马孙儿　元世祖至元三十一年(1294)为百户。是年九月,从湖广等处行枢密院副使刘国杰进攻明溪反元队伍首领鲁万丑,战死。(0001 卷 162)

马寿祖　元成都广都(治今四川双流东南)人。马成龙之子。历任临川(今属江西)知县。(0002 卷 177)

马克明①　元保定(今属河北)人。成宗大德五年(1301)任秘书监典书,七年升为奏差。(0027 卷 11)

马克明②　元顺帝至正年间任莱州(今属山东)知州。(0727 卷 2)

马克恭　元葭州(治今陕西佳县)人。初为陕西行省掾,后任富平(今属陕西)县尉。顺帝至正元年(1341)擢为昌邑(今属山东)知县,未上任死。(0801 卷 30)

马志仁　字子尚。元人。有诗作传世。(0504 癸下、戊下)

马志希　本名天麟,字君瑞。金元之际德兴(治今河北涿鹿)人。金末居于许昌。金亡,入燕京,为全真教道士。后行医于昌州,又建玉清观于燕京。死年七十余。(0040 卷 9)

马卤合　元静州(治今内蒙古四子王旗西北)汪古人。马月合乃曾孙。历任行唐县知县。(0011 卷 72)

马时中　元人。有诗作传世。(0504 癸下)

马时宪　元西域人。以国子生登进士第。授翰林国史院编修,不就。(0190 前集卷 4,1104)

马彻里　元唐兀人。成宗大德年间任萧县(今属安徽)达鲁花赤,处事果断。(0933 卷 11)

马希先　元怀远(今属安徽)人。中乡试,授陈留县儒学教谕,不就任。(0622 卷 7,0075 文学典卷 90)

马应龙　元彰德(治今河南安阳)人。历任镇江路淮海书院山长。(0631 卷 17)

马怀义　元成宗元贞元年(1295)任衢州(今属浙江)路知事。(0878 卷 3)

马沈欢　元成宗大德七年(1303)任瑞州路(治今江西高安)总管。(1016 卷 14)

马良佐　元延祐七年(1320)任江南行台监察御史。文宗天历元年(1328)迁任南台都事。(0632 卷 6)

马良弼　元世祖至元九年(1272)为都水监丞。是年七月,卫辉路新乡县广盈仓南黄河北岸决五十余步,八月,又崩一百八十三步,其势未已,去仓止三十步。奉遣与卫辉路官同谒视察,差丁夫修完之。(0001 卷 65)

马君祥　元画工,洛阳回回人。善壁画。泰定二年(1325)与其子马七、马十一、马十二、马十三同画山西永济县永乐宫三清殿诸壁之帝君、天尊、仙真、星宿神、金童、玉女、力士等,凡二百九十一位。壁画技法熟练,章法谨严,造型生动,色彩鲜明。(1143 卷 764,1146 卷 31)

马纳忽　元回回人。历任丹徒县(治今江苏镇江)尉。(0631 卷 16)

马武子　元光州(治今河南潢川)汪古人。马祖常长子。历任太常太祝、中书省掾、奎章阁典籤。顺帝至元年间任湖广行省检校。(0011 卷 71)

马押忽　元也里可温(基督教徒)。素贫,事继母张氏、庶母吕氏,克尽子职。事闻,诏褒表之。(0001 卷 197)

马叔献　元人。有诗作传世。(0504 癸下)

马贤佐　元人。历任泗水县(今属山东)主簿,有治绩。(0744 卷 4、8)

马国瑞(？～1338)　元彰德(治今河南安阳)人。仁宗延祐四年(1317)任镇江路顺德翼下百户。(0631 卷 17)

马易朔　元静州(治今内蒙古四子王旗西北)汪古人。马月合乃曾孙。任江南行台察院书吏。(0011 卷 72)

马忠信(1260～1309)　字顺卿。元真定晋州(治今河北晋县)人。通经史,熟唐律。性刚直。累官至潭州路推官。

(0231 卷 11)

马岳难　元静州(治今内蒙古四子王旗西北)汪古人。马月合乃之孙。历任兰溪州达鲁花赤。(0011 卷 72)

马忽思(1245～1317)　又译麻古思。元东胜州(治今内蒙古托克托)人。基督教聂思脱里教派教士。世祖至元十二年(1275),与师大都人列班扫马同赴耶路撒冷朝圣,至伊利汗国。十六年,被聂思脱里教长马儿腆合召至报达(今伊拉克巴格达),任命为大都与汪古教区主教,改名雅卜阿剌哈,东还就职。时伊利汗国与察合台汗国交战,道路不通,中途返回。十八年,马儿腆合死后,被众主教、教士选为新教长,称雅卜阿剌合三世。在位期间,受诸伊利汗支持,兴建教堂多处。曾与阿鲁浑汗同遣列班扫马出使欧洲各国,并与罗马教廷建立联系。(1140 卷 55、56)

马宗素　元医学家。撰《伤寒医鉴》一卷。(1103 卷 184)

马审温　元静州(治今内蒙古四子王旗西北)汪古人。马月合乃第八子。历任台州路、淮安路、瑞州路总管。(0501 卷 67)

马郎中　名不详。元官员。历任郎中。善画鹤。刘永之题其画曰:"郎中画鹤称第一,江海十年多见之。"(1143 卷 771)

马孟昭　元后叶人。与顾德辉为友。工楷书。(1143 卷 768)

马绍庭　元邢州南和(今属河北)人,马亨子。仕为云南诸路肃政廉访司副使。(0001 卷 163)

马某沙①(？～1328)　元回回人,泰定帝宰相倒剌沙之兄。泰定帝即位,任知枢密院事,后加开府仪同三司。泰定帝死,与倒剌沙等拥立天顺帝与文宗对抗,兵败,被执送大都处死。(0001 卷 29、32)

马某沙②　元蒙古弘吉剌部首领。顺帝至正年间袭封鲁王,诏罢应昌、全宁二路,拨属其王傅府;至正十四年(1354),有司以为不便,复立应昌、全宁二路。(0001 卷 43)

马荣祖　元顺德(治今河北邢台)人。英宗至治三年(1323)任丹徒县(治今江苏镇江)主簿。(0631 卷 16)

马剌丹　元回回人,居于新昌县(今属浙江)。文宗至顺元年(1330)登进士第。(0880 卷 33)

马显祖　元世祖至元十四年(1277)任溧水县(今属江苏)主簿。(0632 卷 6)

马思忽①　元世祖至元中任上虞(今属浙江)县达鲁花赤。(0880 卷 37)

马思忽②　元西域人。世祖至元二十二年(1285)任宿州达鲁花赤。(0985 卷 11)

马思忽③　元仁宗延祐年间任大兴府(治今北京市区西南)尹。延祐四年(1317)重修大都路学殿门堂庑,建东西两斋。(0001 卷 81)

马思恭　元官吏。后任瑞州路(治今江西高安)判官。(1016 卷 14)

马思温　元晋阳(治今山西太原)人。历任参议中书省事。有诗作传世。(0504 丁)

马哈马　元武宗至大二年(1309)任高平(今属山西)知县。(0694 卷 5)

马哈沙①　元顺帝至正三年(1343)任兴化路(治今福建莆田)判官。(0905 卷 2)

马哈沙②　元西域木发里人,阿老瓦丁孙。袭砲手军副万户。(0011 卷 82)

马哈某　元文宗天历二年(1329)为翰林直学士。是年三月,从燕铁木儿奉皇帝宝赴明宗行在所。(0001 卷 33)

马哈麻①　元回回人。顺帝至元三年(1337)任江南行台监察御史。(0632 卷 6)

马哈麻②　元回回人。顺帝至正年间任政和县(今属福建)尉。抵御反元队伍,战败被擒,大骂,被杀。(0002 卷 232,0904 卷 14)

马复祖　元成都广都(治今四川双流东南)人。马成龙之子。马兴祖之弟。袭万户。(0002 卷 177)

马复初　元末绍兴(今属浙江)人。精医术,诊治用药,能根除宿疾。至正十二年(1352)至十三年,以医术从江浙行省左丞帖理帖木尔招讨方国珍。刘基曾撰《医说》赠马复初,宣扬其医术。(0412 卷 7)

马彦会　元西域人,居于豫章(治今江西南昌)人。未及二十中乡试,以亲老,不赴会试,居乡教书。(0295)

马彦恂　字伯诚。元吴兴(治今浙江湖州)人。文宗时,以缮写《经世大典》成书,授左卫儒学教授。(0254 卷 7)

马彦温　元人,善碑刻。仁宗皇庆元年(1312),与白某同刻《澄城县重修县学讲堂记》。(1143 卷 769)

马彦翚　元西域人。寓居金陵。尝入国子学。顺帝至正二年(1342)登进士第,授江西行省管勾。官至翰林学士承旨。(0189 卷 4,0247 卷 8,1104)

马祖义　元光州(治今河南潢川)汪古人。马润次子,马祖常之弟。中乡试。历任郊祀法物库使。(0011 卷 71,0002 卷 149)

马祖元　元静州(治今内蒙古四子王旗西北)汪古人。马月合乃曾孙。历任信州路儒学教授。(0011 卷 72)

马祖孝　元光州(治今河南潢川)汪古人。马润第四子。仁宗延祐二年(1315)进士,授陈州判官。(0011 卷 71,0002 卷 149)

马祖宪　字元章。元汪古人。马祖常从弟。国子生出身。历任陈州同知。顺帝至正七年(1347)任长洲(治今江苏苏州)县达鲁花赤。(0534 卷 4)

马祖烈　元光州(治今河南潢川)汪古人。马润第三子。历任江浙行省宣使。(0011 卷 71,0002 卷 149)

马祖常(1279～1338)　字伯庸。元光州(治今河南潢川)汪古人。马月合乃曾孙,马润之子。少时好学,师事蜀儒张翌。仁宗延祐二年(1315)登进士第,授应奉翰林文字。未几,任监察御史,率同列劾罢权相铁木迭儿。英宗时任翰林待制。泰定间任太子赞善、礼部尚书。文宗时两知贡举,升参议中书省事,参定亲郊礼仪,后迁任江南行台中丞。顺帝初年,历任御史中丞、枢密副使。谥文贞。工文章,宏赡精核,其诗作圆密清丽;有《石田集》。尝参与修《英宗实录》。又通蒙古语,尝译润《皇图大训》、《承华事略》。(0001 卷 143)

马祖谦(1295～1336)　字元德。元光州(治今河南潢川)汪古人。马祖常弟,马润第六子。由国子生中试,授保德州同知。迁任束鹿县达鲁花赤,有惠政。召为昭功万户府知事。(0262 卷 19,0002 卷 149,0244 卷 1)

马祝饶　元静州(治今内蒙古四子王旗西北)汪古人。马月合乃之孙。监富池茶场。(0011 卷 72)

马素卿　人称般般丑。元词曲作家。善词翰,达音律,驰名江湘间。与同时词曲作家刘廷信往来甚密,所赋乐章极多,为元时人传诵。(0032)

马桂逊　字茂卿。元新会(今属广东)人。历任辽阳儒学教授。元末战乱,归隐。有诗作传世。(0504 庚上)

马速忽①　元回回人。世祖至元二十二年(1285)六月,奉旨与阿里持钞千锭往马八儿国(在今印度半岛东南海岸)求奇宝。(0001 卷 13)

马速忽②　元世祖至元二十九年(1292)为中书右丞。是年二月,奏请修治金水河。(0001 卷 64)

马速忽③　元回回人。赛典赤赡思丁子。元仁宗时,为和林行省右丞,提调称海(今蒙古科布多东)屯田。泰定帝即位,授同知枢密院事。泰定四年(1327),出任云南行省平章政事。(0001 卷 24、29、30、125)

马速忽④　元文宗天历二年(1329)任衢州路判官。(0878 卷 2)

马速忽⑤　字子英。元西域人,居于晋江县(治今福建泉州)。登进士第。历任福建行省员外郎。晚年寓居漳州(今属福建)至死。(0920 卷 64)

马速忽⑥　元西域人。历任政和县(今属福建)达鲁花赤,有政声。(0917 卷 6)

马致远①　字千里,号东篱。元大都(今北京)人。曾任江浙省务提举。撰杂剧十六种,今存《汉宫秋》、《青衫泪》、《荐福碑》、《岳阳楼》、《任风子》、《陈抟高卧》、《黄粱梦》七种。工散曲,今存小令一百零四首,套曲十七首。《太和正音谱》谓其所作曲词典雅清丽,如朝阳鸣凤。与关汉卿、白朴、郑光祖合称元曲四大家。(0029 卷上)

马致远②　元秦溪人。马琬之父。历任广西宪掾。能画,有《清溪晓渡图》。(0437 卷 1)

马称德　字致远。元广平(今属河北)人。仁宗延祐六年(1319)任奉化(今属浙江)知州。(0633 卷 3)

马惟良　元成宗大德中(1297～1307)任安平(今属河北)知县。(0645 卷 4)

马谋沙　元武宗时,为拱卫直都指挥使。因角觝屡胜,遥授平章政事。(0001 卷 22)

马绳武　元壶关县(今属山西)人。历任刑部郎中、监察御史、浙西廉访副使、上都留守司同知。顺帝至正元年(1341)任江南行台侍御史。(0632 卷 6,0698 卷 10)

马惠子　元光州(治今河南潢川)汪古人。马润之孙。马祖烈之子,过继为马祖谦之子。顺帝至元年间任钟离县尉。(0011 卷 71)

马雅古　元静州(治今内蒙古四子王旗西北)汪古人。马月合乃孙。以孝闻。(0011 卷 72)

马景文　元定州(治今河北定县)人。世祖至元中任芮城知县。(0645 卷 5)

马道贯　字德珍,号一得叟。元东阳(今属浙江)人。许谦门徒。谦死,制服尽礼如亲丧,学者称之。性恬退,非公事不入城市。著《尚书疏义》六卷。(0002 卷 234)

马道逸　元文宗时亳州太清宫道士。至顺二年(1331)应召率其徒赴阙,修普天大醮。(0001 卷 35)

马瑞香　元汤阴(今属河南)人,女。幼读《孝经》、《列女传》。父母爱之,择婿得薛瑴,赘之,生一女。瑴拙于家事,岳父责之,遂离去。三年后,父母令瑞香再嫁,不从,投井死。(0002 卷 244)

马献子　元光州(治今河南潢川)汪古人。马润之弟。国子生。(0011 卷 71)

马端复　宋元之际乐平(今属江西)人。马端临之兄。与端临同受学于曹泾。(0072 卷 89)

马端临(1254～1323)　字贵与。宋元之际饶州乐平（今属江西）人。宋度宗朝宰相马廷鸾之子。度宗咸淳九年（1273），漕试第一，以荫补承事郎。元世祖至元年间，任慈湖书院山长。仁宗延祐五年（1318），任柯山书院山长。英宗至治三年（1323）迁任台州路儒学教授。未几辞归。尝以二十余年精力撰成《文献通考》三百八十四卷，刊行于至治二年（1322）。此书贯穿古今，会通历代典章制度，加以考察，所载宋制最为详备。其他著作有《多识录》一百五十三卷、《义根墨守》三卷，及《大学集注》等书，今皆失传。（0501 卷 32，0002 卷 234）

马德方 元顺帝至正元年（1341）任鄞县（治今浙江宁波）丞。（0634 卷 2）

马德秀 元武宗至大年间任永康县（今属浙江）主簿。（0881 卷 13）

马德固 元武宗至大元年（1308）任慈溪（今属浙江）县尉。（0633 卷 3）

马德润 元世祖至元年间任镇江路行大司农司宣使。（0631 卷 17）

马德谦 元仁宗延祐四年（1317）任秘书监令史。（0027 卷 11）

马德璋 元东阳（今属浙江）人。马道贯之弟。从许谦学。（0072 卷 82）

马颜超 元泌阳县（治今河南唐河）人。顺帝至正年间登进士第。历任翰林学士、中书左丞。（0084 卷 10）

马马的斤 元蒙古察哈札剌亦儿氏。仁宗时右丞相伯答沙长子。（0001 卷 124）

马月合乃（1216～1263） 字正卿。元净州天山（治今内蒙古四子王旗西）汪古人。曾祖仕金，任马步军指挥使，子孙遂以马为姓。信奉景教，月合乃为其教名。父马庆祥，教名昔里吉思。元宪宗元年（1251），月合乃任燕京行尚书省属吏。二年，括中原民丁，儒户免丁。尝建言立常平仓。举杨春卿等为郡县官吏，荐引马文玉等为行省参佐。九年，从忽必烈南征，留汴梁主馈军饷。世祖中统三年（1262），任礼部尚书。四年，建言光化、颍州等处立榷场与宋互市及兴铁冶、铸农器等事。（0001 卷 134）

马札儿台（1285～1347） 元蒙古篾儿乞氏。丞相伯颜弟。丞相脱脱之父。早年扈从海山（武宗），后侍仁宗于潜邸。仁宗立为皇太子，以为典用太监。后历任吏部侍郎、兵部尚书、典瑞院使、大都路达鲁花赤。泰定四年（1327），出任陕西行台治书侍御史。关陕大饥，尽出私财以周贫民。入任太府卿。历宣政使、御史大夫、知枢密院事。顺帝至元三年（1337），领分枢密院，出镇北边，蠲除边民徭役，后为定例。六年，伯颜罢相，召拜中书右丞相，未几辞位。至正元年（1341），封忠王。七年，受右丞相别儿怯不花诬告，流放甘肃，病死。（0001 卷 138）

马可·波罗（Marco Polo，1254～1324） 元代来华意大利威尼斯人。其父、叔经商至中国，奉元世祖命出使罗马教廷。世祖至元八年（1271），随其父、叔来元廷复命，沿古丝绸之路东行，十二年抵达上都（今内蒙古正蓝旗东北）。从此侨居中国十七年。曾多次奉使各地，到过陕西、四川、云南、江浙等行省数十城。后获准回国，至元二十八年（1291）随伊利汗请婚使者护送伯岳吾氏女阔阔真赴波斯，自泉州由海道西行。第五年（1295）返回威尼斯。次年，参加威尼斯对热那亚海战，被俘。于热那亚狱中讲述其游历东方诸国见闻，被同狱庇隆人鲁斯梯切诺笔录成书，即《马可波罗行记》。二年后获释回家，后成巨富。（0025）

马必吉男 元静州（治今内蒙古四子王旗西北）汪古人。马月合乃之孙。历任兴国路同知。（0011 卷 72）

马合马沙① 元大食人。也黑迭儿之子。袭父职，为领茶迭儿（庐帐）局、诸色人匠总管府达鲁花赤。死后追谥忠靖。（0153 卷 9，0002 卷 151）

马合马沙② 元回回人。文宗至顺三年（1332）任秘书监令史。（0027 卷 11）

马合沙剌 元世祖至元二十九年（1292）任定海县（治今浙江宁波镇海）达鲁花赤。（0633 卷 3）

马合某沙 元顺帝至正十八年（1358）为赣州（今属江西）义兵万户。是年，陈友谅遣部将幸文才率兵围赣州，从达鲁花赤全普庵彻里御战凡四月，兵少食尽，遂举城降，全普庵彻里自杀。（0001 卷 195）

马合谟沙（1305～？） 字文显。元西域人，居于常州（今属江苏）。顺帝元统元年（1333）登进士第。（0028 卷上）

马里范章 元世祖至元十三年（1276），为两淮都转运盐使司提举，依宋旧例，专掌盐课。（0001 卷 91、94）

马罗罗藏 元顺帝至正十一年（1351）任吴江（今属江苏苏州）州达鲁花赤。（0954 卷 17）

马的室理 元唐兀人，亦怜真班子。仕为佥书枢密院事。（0001 卷 145）

马某火者 元顺帝时，任兵部侍郎，升山东宣慰使。至正十八年（1358），拜中书参知政事，不久改任崇福司使。（0001 卷 42、44、113）

马剌室理 元唐兀人，亦怜真班子。仕为内八府宰相。（0001 卷 145）

马哈马沙 元回回人，富谋只之子。元仁宗时，袭父职为回回炮兵手军匠上万户府副万户。（0001 卷 203）

马哈失力（？～1352） 元高昌畏兀儿人。顺帝时襄阳路达鲁花赤孛罗帖木儿侄。至正十二年（1352），孛罗帖木儿与反元队伍战，被重创，麾之使去，泣曰：死生从叔父。既而孛罗帖木儿被擒杀，率家奴求其尸，复与反元队伍战，阵亡。（0001 卷 195）

马哈谋沙　字端甫。元阿鲁温氏。顺帝至正十五年(1355)任同安县(今属福建)达鲁花赤,抵御反元队伍有功。(0902 卷 53)

马保六赐　元静州(治今内蒙古四子王旗西北)汪古人。马月合乃之孙。提举都城所。(0011 卷 72)

马唐古德　字立夫,号九霄。元回回人,居豫章(今江西南昌)。马薛超吾之弟。历任淮东廉访司经历。能画鹤,善篆书。(0212 卷 28,0250 卷 29)

马塔儿沙(? ~1259)　元阿速人。拔都儿之兄。太宗时蒙哥(宪宗)西征,与兄兀作儿不罕、弟拔都儿率众归附。后从蒙哥攻麦各思城(阿速国京城),为前锋将,身中二矢,奋战拔其城。宪宗九年(1259),从征蜀,至钓鱼山,死于军中。(0001 卷 132)

马蒙古歹　元庆阳(今属甘肃)人。顺帝至正年间任西充县主簿,抵御反元队伍有功。(0622 卷 68,0841 卷 10)

马奥剌憨　元也里可温(基督教徒)。成宗元贞二年(1296)任丹徒县(治今江苏镇江)达鲁花赤。(0631 卷 16)

马黎诺里(Giovanni dei Marignoli,1290 ~1357)　元代来华意大利佛罗伦萨人。基督教方济各会教士。元顺帝至元四年(1338)奉罗马教皇命率教团来元朝。经钦察汗国都城别儿哥萨莱(今俄罗斯伏尔加格勒附近)、察合台汗国都城阿力麻里(今新疆霍城西)等地,于至正二年(1342)抵达上都(今内蒙古正蓝旗东北),向顺帝进呈教皇信件,并献骏马一匹,被称为"拂朗天马",元廷文人多应制写诗作序赞颂。至正七年自泉州由海道西归,六年后抵达阿维尼翁向教皇复命。后在其修订之波希米亚编年史中,插叙其奉使元朝见闻。(1140 卷 64)

马薛超吾　字昂夫,号九皋。元回回人,居豫章(治今江西南昌)。历任佥典瑞院事。文宗至顺初任太平路达鲁花赤。后迁任衢州路(治今浙江衢县)总管。善篆书。工诗词,与萨都剌唱和。又为散曲作家,今存其所作小令六十五首、套数三首。(0173 卷 10、24,1104 卷 4、5,0029 卷上,等)

马木剌的斤　元畏兀儿人,巴而术阿而忒的斤子玉古伦赤的斤之子。嗣为亦都护,将探马军万人,从宪宗征四川。后还火州。(0001 卷 122)

马不剌罕丁　元世祖至元二十八年(1291)咀喃国(今印度奎隆地区)所遣来华使臣。是年八月,进献金书、宝塔及黑狮子、番布、药物于元廷。(0001 卷 16)

马合马丹的　元回回人,居泉州,经商致富。武宗至大三年(1310),为遥授右丞、海外诸蕃宣慰使、都元帅,领海道运粮都漕运万户府事。(0001 卷 22、23)

马合麻德卿　元顺帝至正七年(1347)任福建闽海道廉访副使。(0594 卷 12)

马伯颜不花　元顺帝至元三年(1337)任慈溪(今属浙江)县尉。(0634 卷 2)

马某撒儿答　元中叶乐亭县(今属河北)皇家牧地亦儿哥赤(掌管牧养羯羊之官员)。(0001 卷 100)

马塔剌海温　元定陶(今属山东)人。成宗大德九年(1305)任固安州达鲁花赤。(0671 卷 4)

马薛里吉思　元时西域撒麻耳干(今乌兹别克斯坦撒马尔罕)人,也里可温(基督教徒),撒必之外孙。世代精通调制舍儿别(果子露)之法。祖父可里吉思、父灭里皆为蒙元太医。元世祖至元五年(1268),世祖召薛里吉思驰驿进献舍儿别,留任舍儿别赤(调制舍儿别之近侍)。九年,随平章赛典赤去云南,十二年又赴闽、浙,皆为制作舍儿别。实为传舍儿别入内地之第一人。十四年,受封怀远大将军、镇江路副达鲁花赤。十五年正月,升为该路达鲁花赤,八月,复为该路副达鲁花赤。(0631 卷 9、15、19)

马也里牙祖元　元英宗至治三年(1323)中乡试。顺帝至元五年(1339)任庆元路(治今浙江宁波)知事。(0634 卷 1)

子广(1207 ~1273)　元僧,保定(今属河北)李氏子。住持大圣山孝思禅院三十余年。(0210 卷 18)

子文(1269 ~1351)　字宗周,元僧,象山县(今属浙江)赵氏子。住庆元路(治今浙江宁波)宝云寺。(0634 卷 10,0037 卷 4)

子仪(1269 ~1326)　号水月,元僧人,上虞(今属浙江)陈氏子。十岁落发于会稽大善寺。历主余姚积庆寺。武宗至大初诏住天台山,奉旨撰《胆巴上师传》。后住杭州天竺灵山。英宗至治初,迁下天竺。(1144 卷 46)

子安　号西云。元僧人。领临济宗事。成宗大德年间为大都(今北京)大庆寿寺住持。(0225 卷 18)

子成　字彦美,元僧,霸陵县(治今陕西西安东北)人。住渭南县(今属陕西)洪福寺。撰有《析疑论》五卷。(0037 卷 61)

子芳　一名元遇,字春谷。宋元间僧人。会稽(今浙江绍兴)范氏子。年十一出家吴郡法昌寺。宋末元初住绍兴景德、宝林诸寺。元成宗大德五年(1301)筑寿塔于查湖山之阴,曰茧室。后其弟子拓为崇福寺。(1144 卷 42)

子贤　字一愚。元僧,天台县(今属浙江)人。善为诗,得杨维桢称赏。(0503 三集壬,0517 卷 14)

子昙(1249 ~1306)　号西涧。宋元间僧人。台州(治今浙江临海)黄氏子。幼年落发于紫箨广度寺。宋度宗咸淳元年(1265),参僧石帆于净慈寺,执侍六年。后随石帆住天童寺,又随石帆受日本礼聘东渡。至日本,遇华僧圣一、兰溪二师,相与阐化八年。归国寓天童寺。历住台州紫岩寺、潭州天柱寺、苏州万寿寺等。后受日本遣使来聘,再东渡居圆觉寺。日本建治年间,上皇降旨问法,奏对称旨。(1144 卷 46)

子昌　元顺元(治今贵州贵阳)等处宣抚司辖境少数民族首领黑冲之子。仁宗延祐五年(1318)五月,奉宣抚使阿昔之遣,奉方物朝觐。(0001 卷 26)

子思(? ~1361)　字齐贤,别号四窻。元僧人。奉化(今属浙江)陈氏子。依僧宝山落发。登具后习天台教。历住台州保寿寺、湖州慈感寺、杭州上竺寺。顺帝至正初寺僧困于民役,会中台御史至杭州,遂上书获免。(1144 卷 43)

子庭　元画家,工画古木、菖蒲。(1143 卷 18)

子晏　元僧人。壶关(今属山西)关天庆之子。幼师从僧慧冲,精禅理。后于凤凰山建道场寺。诏赐袈裟。(0714 卷 161)

子清　字业海。元僧人。依僧晦机受法。住越州天衣寺。(1144 卷 44)

子童　元云南施州(治今云南北胜县程海东南)少数民族反元队伍首领。世祖至元二十年(1283)起兵反元,立寨于纳土原山。十二月,敕云南参政阿合八失率军,与罗罗斯副都元帅脱力世官同讨之。子童穷蹙,遂降。(0001 卷 12、133)

子温　字仲言,号日观,又号知非子、知归子。宋元之际僧人,华亭县(治今上海松江)人。元初寓居杭州西湖畔玛瑙寺。工草书,善画水墨葡萄。能诗,有诗作传世。(0030 卷 4,0033 卷 34,0062 卷 43)

子楩　字用堂,元僧人,奉化(今属浙江)陈氏子。住鄞县(治今浙江宁波)护圣寺、奉化清泰寺。(0075 神异典卷 188,0411 卷 2)

子舆　元淮南人。善画。尝为赵衷(字原初)写小景,款署"隐望淮南子舆为原初写"。(1143 卷 18)

子颜　字仲复,别号虚舟。元僧人。宁津(今属山东)杨氏子。师从天宁寺僧虚照。元世祖欲官之,坚执不从,赐书开堂本寺。(1144 卷 46)

四画

比涉儿　金元间契丹人。金宣宗贞祐二年(1214)叛金投附蒙古之契丹乣军统帅之一。详见"斫答"条。

扎里　元蒙古塔塔儿氏。忒木勒哥之子,扎剌带之弟。袭职为蒙古军军官,从都元帅大答征四川,以所统军二百人破宋军于巴州,斩首三百级,生擒五十余人。(0001 卷 135)

扎忽歹　元将,太宗时与元将孛罕等攻秦、巩及仁和诸堡。(0001 卷 135)

扎忽台　元叛王昔里吉部将。世祖至元十五年(1278),元大军北征,追击昔里吉叛军踰金山(今阿尔泰山)。扎忽台等被元将土土哈所率钦察骁骑追及于金山西北,擒获献于朝。(0001 卷 128)

扎忽带　元蒙古兀鲁氏,忽都之子。初为世祖宿卫士。至元中袭职为千户,从行枢密院围重庆。宋守将张珏遣劲兵数千出挑战,力战大破之。回军围泸州,未下,奉行枢密院遣入朝计事,授管军总管。还攻泸,登城,搏战而死。(0001 卷 135)

扎忽真　又译札忽而真。元诸王念不列妃。成宗大德二年(1298)五月,诈增所部贫户,冒支钞一万六百余锭,元廷遣扎鲁忽赤(断事官)同王府官追之。五年六月,其所部受赐钞二十万锭。(0001 卷 19、20)

扎胡打　元将。宪宗九年(1259),奉命与元将李忽兰吉、怯里马哥等领蒙古、汉军二千五百略重庆。(0001 卷 162)

扎剌儿①　元太宗时伐金汉军三万户之一。与刘黑马、史天泽皆受耶律秃花统领伐金。(0001 卷 149)

扎剌儿②　元将。世祖至元五年(1268),奉阿术命,与苫彻拔都儿引军南略宋地。(0001 卷 123)

扎剌奴　元武宗时占八(今越南中、南部)国王之弟。至大二年(1309)九月,奉遣出使来华,献白面象、伽蓝木于元廷。(0001 卷 23)

扎剌带　元蒙古塔塔儿氏。忒木勒哥之子,塔海帖木儿祖父。袭父职为蒙古军军官。(0001 卷 135)

扎马剌丁　元世祖时回回人。中统四年(1263)三月,奉元廷遣和糴粮,敕军民官毋沮。至元十二年(1275),阿合马奏立诸路转运司,授转运司使。(0001 卷 5、96、205)

扎牙八剌　元英宗时公主。至治元年(1321)二月,其从者受帝赐钞七十五万贯。(0001 卷 27)

扎牙失里　元宗王。顺帝至正十五年(1355)正月,奉命守御兴元(治今陕西汉中)。(0001 卷 44)

扎巴僧格(1283 ~1349)　元后藏贡塘地方人。藏传佛教噶举派噶玛噶举红帽系始祖。初学噶举派密法,修"拙火定"。先后于粗朴寺、桑浦寺修学显密教法。文宗至顺四年(1333)建乃囊寺。因得元帝室所赠红色僧帽,故成红帽系。(1144 卷 83)

扎忽儿觧　元武宗至大元年(1308)闰十一月至二年,任中书右丞。(0001 卷 112)

扎剌而带　元成宗元贞元年(1295)闰四月,以河南行省亏两淮岁办盐十万引、钞五千锭,奉元廷遣往鞫实,奉命随其罪之轻重治之。(0001 卷 18)

扎撒兀孙　元顺帝至正十五年(1355)任

御史中丞。(0001 卷 44)

扎撒温孙　元顺帝至正十二年(1352)八月,授河南行省右丞。(0001 卷 42)

扎八忽娘子　元初勋贵之妻。岁赐常课段四百七十匹。(0001 卷 95)

扎术呵押失寒　元世祖所遣使臣。至元十年(1273)正月,奉诏与崔杓持金十万两送交伊利汗国阿八哈汗,命其市药于狮子国(今斯里兰卡)。(0001 卷 8)

扎剌温火儿赤　元将。太宗七年(1235),率军渡淮河,攻随州,至襄阳夹河寨,战退宋兵。(0001 卷 152)

支玮　元陕州(治今河南三门峡市西)人。成宗大德七年(1303)任秘书监辨验书画直长。(0027 卷 10)

支箕　元进贤(今属江西)人。曾任公安县油河司巡检。(1018 卷 6)

支文玉　字文翁。元进贤(今属江西)人。成宗元贞元年(1295)任吉州路龙豁书院山长。(1018 卷 5)

支以德　字天麟。元进贤(今属江西)人。曾任富州会昌司巡检。(1018 卷 6)

支叔芳　世称幽斋先生。元嘉兴(今属浙江)人。文藻高洁,善绘画。(0077 卷 4,0078 卷 2)

支渭兴　字文举,号龙溪。元郃阳(治今陕西合阳)人。文宗至顺元年(1330)进士,授汉州同知。历任四川儒学提举、嘉定路判官、长宁州知州、权中庆路总管。至正末年累官至云南廉访副使。以四川参政致仕。有《龙溪诗集》已佚,有诗作传世。(0622 卷 69,0075 氏族典卷 41,0504 丙)

支鉴夫　字明道。元进贤(今属江西)人。历任汝州尹、解州尹。(1018 卷 6)

云住　元中叶抚州路金溪县豪僧。发人冢墓取财物,事觉,官吏受贿,缓其狱。抚州路推官杨景行急按之,僧以贿动之,不听,乃赂当权者以危语撼之,不顾,卒治之如法。(0001 卷 192)

云岫(1242～1324)　字云外,世称云禅师,元僧,四明昌国李氏子。依僧直翁得曹洞宗旨。历住慈溪石门寺、象山智门寺、明州天宁寺、天童寺。说法巧譬旁引,曲成后学。三韩、日本学子渡海来参。有《云外云岫禅师语录》一卷。(1144 卷 727)

云威(？～1348)　元僧,太谷(今属山西)侯氏子。初攻儒业,博学能文,早有令誉。壮岁弃儒为僧。后住持磐山北少林寺。(0037 卷 50)

云童　元英宗至治二年(1322)任金坛县(今属江苏)达鲁花赤。(0631 卷 16)

云谦　字伯让。元时累官为大宗正府官员,以母老便于奉养,迁任杭州路知事。(0255 卷 15)

云从龙　元文昌(今属海南)人。世祖至元三十年(1293)从征安南。后举进士。累官行省参政,有治绩。(0622 卷 82,0075 氏族典卷 139)

云都思帖木儿　元诸王。文宗至顺元年(1330)四月,奉诏统率江浙、河南、江西三省兵二万,与湖广省平章脱欢会兵讨云南。后数月,奉命镇压广西徭族反抗。二年七月,讨平广西徭族反抗,被召还。(0001 卷 34、35)

元某　字宗海。元僧人。有诗作传世。(0504 壬上)

元一　元僧人。蜀川(今四川成都平原)一带人。游西天回朝,献所得佛像、经卷及如来铁钵。元初,奉诏辩释道高下,帝嘉其慧解。(0035 卷 22,0037 卷 33)

元长(1284～1357)　字无明,号千岩,元僧,萧山县(今属浙江)董氏子。泰定四年(1327)住义乌县(今属浙江)伏龙山圣寿寺。能诗,有诗作传世。(0411 卷 42,0504 壬上,0037 卷 50)

元本①　字立中。元僧,丹丘人。能诗,有诗作传世。(0163 卷 18,0504 壬上)

元本②　元进士,历任郊州判官。(0831 卷 54)

元奴　元顺帝至正十年(1350)任兴化路(治今福建莆田)达鲁花赤。(0905 卷 2)

元吉　字文中。元太原(今属山西)人。有大侠之称。世祖至元元年(1264),从成开平(今内蒙古正蓝旗东北),死于途中。(0513 卷上)

元贞　元余姚(今属浙江)州尹。(0880 卷 28)

元达　原名守灵。宋元间鸡泽(今属河北)人。知医善药。尤善制犀粉,法与众异。(1126 卷 82)

元旭　字原明。元四明(今浙江宁波)延寿寺僧人。游方至松江(今属上海)。能诗,有诗作传世。(0504 壬上)

元贡(1243～1289)　字器之。元大名清河(今属河北)人。元明善之父。世祖至元中任提举杭州酒使司知事,改任芦沥盐场同管勾。死后,以子贵,追谥孝靖。(0212 卷 64)

元亨(1270～1332)　字利甫。元高平(今属山西)人。历任彰德路判官、江西榷茶司判官、铅山州尹。(0250 卷 54)

元怀　号觮然子。元仁宗延祐元年(1314),记述可笑之事,著成《拊掌录》一卷。(0507 卷 32)

元良　字原明,号左庵。元明间僧人。宁海(今属浙江)周氏子。嗣僧法源。初住台州瑞岩。元顺帝至正间敕住天童寺。重建朝元阁,铸铜佛万尊于其中。

敕纪其绩,赐号善觉普光禅师。(1144 卷64)

元昉 元僧。能诗,有诗作传世。(0504 壬上)

元忠 元时高丽来华使臣。文宗至顺三年(1332)正月元日,奉高丽国王王祯遣,奉表称贺,贡方物。(0001 卷36)

元凯 元高平(今属山西)人。顺帝至正年间贡士。有诗作传世,《元诗选癸集》收有其诗。(0694 卷6、14,0504 已上)

元参 元成宗元贞二年(1296),任瑞州路(治今江西高安)判官。(1016 卷14)

元选(1323~1390) 字无文。元时来华日本僧人。顺帝至正七年(1347),至福州大觉寺参见古梅友,伏膺久之,遂得密契。梅友授法并大戒。至正十年东归。归国后数载,住参州广泽,僧人云集,达三千余。后住浓之椿洞,开了义寺,感化甚众。(1144 卷72)

元逊 元僧,湖州(今属浙江)人。能诗,有诗作传世。(0504 壬上)

元珪 字元白。元僧。能诗,有诗作传世。(0504 壬上)

元浩 元僧。受法于释明本。工书法,与赵孟頫游。尝金书《妙法莲花经》一部七卷。(1084 卷11)

元虚 元僧。能诗,有诗作传世。(0504 壬上)

元晦 元大名清河(今属河北)人。元明善之子。英宗至治元年(1321)任秘书监著作郎。后以荫授峡州路同知。泰定年间死。(0001 卷181,0027 卷10)

元庵 名会,号则约。元僧人。临安(治今浙江杭州)人。参见僧元熙(晦机)于净慈寺,受记别居蒙堂。(1144 卷68)

元淮 字国泉,号水镜。元崇仁(今属江西)人,迁家于邵武(今属福建)。世祖时以军功显,官至溧阳路总管。好吟诗。有诗集《金困集》一卷。(0503 初集乙,0002 卷237)

元鼎 字虚中,号莲花乐,元僧,吴郡(治今江苏苏州)人。能诗,有诗作传世。(0504 壬上)

元童① 元雅乐威氏。文宗至顺三年(1332)任江南行台监察御史。(0632 卷6)

元童② 元唐兀人。黄头之子。历任长洲县(治今江苏苏州)达鲁花赤。(0011 卷61)

元童③ 元顺帝至正年间任上高县(今属江西)达鲁花赤。(1016 卷14)

元童④ 元高昌畏兀儿人,顺帝至元元年(1335)任长洲县(治今江苏苏州)达鲁花赤。(0279 卷11)

元善 元大名(今属河北)人。父有昆弟五人,因贫流散江淮,久之,皆客死。武宗至大四年(1311),善往寻其骸骨,并迎弟侄等十五人丧而归,改葬祖父母,以诸丧序列袝于茔次。州县奏闻于朝,旌其家。(0001 卷197)

元湛 号秋白。元僧。仁宗延祐年间住黄岩州(治今浙江黄岩)法轮院,建常寂净土塔院。(0575 卷12)

元模(1255~1300) 字慧空。元僧人。古田(今属福建)苏氏子。成宗大德四年(1300)游金陵蒋山,有老人迎谒,遂住蒋山卓庵。未几圆寂。(1144 卷70)

元粹 元僧人。苕溪(在今浙江湖州)人。有《圆觉经集注》行世。(1144 卷71)

元熙(1238~1319) 字晦机,元僧,豫章(治今江西南昌)唐氏子。历任百丈寺、淨慈寺、仰山寺等处寺主。(0147 卷49,0062 卷62)

元镇 元泰定二年(1325)任灵石县(今属山西)主簿。(0709 卷2)

元瀞(1312~1378) 字天镜,号樸隐。元明之际僧人,会稽县(治今浙江绍兴)倪氏子。元顺帝至正十六年(1356)住会稽县长庆寺。后迁住天衣万寿寺。退隐于山阴县(治今浙江绍兴)和塔。明洪武九年(1376)起为灵隐寺住持。(0411 卷28,0036 卷14)

元颢 元僧。能诗,有诗作传世。(0504 壬上)

元大明 元世祖至元年间任嵊县(今属浙江)主簿。(0880 卷28)

元子英 元武陟(今属河南)人。曾任河阳县尹。(0762 卷8,0765 卷9)

元天福 元邵武(今属福建)人。曾任丹徒(治今江苏镇江)县尉。(0631 卷16)

元太宗(1186~1241) 名窝阔台,又译兀窟解、斡歌歹等。元太祖(成吉思汗)第三子。早年随父征漠北克烈、乃蛮等部及攻金。太祖十四年(1219),随父西征花剌子模国。与兄察合台攻克讹答剌城。又受命统一指挥兄术赤、察合台所率蒙古军,攻克花剌子模旧都玉龙杰赤。元太宗元年(1229),依成吉思汗遗命,被诸王、勋贵、大将推选为大汗。始立朝仪,制定宗王等跪拜大汗之礼。颁札撒(法令),定牧民税额,始置仓廪,立驿站制。任用耶律楚材掌管汉地赋税,牙老瓦赤掌管西域赋税。二年,从楚材议,设十路征收课税所于汉地,行丁税、地税法。三年,始立中书省,以楚材为长官,粘合重山等副之。五年,籍中原户口。敕修孔庙。六年春,灭金。秋,以忽都虎为中州断事官。七年,建和林城(今蒙古哈尔和林)为国都。分遣诸军出征钦察、斡罗思及南宋、高丽。八年,复籍中原户口。以民户分赐宗王、贵戚、功臣等,旋从楚材议,立五户丝制。路府州县皆置达鲁花赤。以探马赤军分镇中原。十年,从楚材建议,考试汉地儒生。十二年,用回回商人奥都剌合蛮掌管汉地赋税。十三年十一月,饮酒过度暴死,年五十六,在位十三年。世祖至元三年(1266),追上庙号太宗,追谥英文皇帝。(0001卷2,0009卷11~12,0008卷2)

元太祖(1162~1227)　名铁木真,又译帖木真、忒没真,尊号成吉思汗。蒙古乞颜(又译奇渥温)部孛儿只斤氏贵族后裔。幼年丧父,部众离散,随寡母月伦艰难度日。早年屡遭邻部泰赤乌部追袭,又遭强敌篾儿乞部袭击,历尽艰险。后靠其父义兄弟克烈部主王汗之助,渐聚亡父旧部。金世宗大定末,被乞颜部贵族推戴为汗。章宗承安元年(1196),随王汗出兵助金击破塔塔儿部。泰和元年(1201),与王汗击败札木合为首之十一部联军。二年春,灭塔塔儿部。秋,与王汗击溃乃蛮、篾儿乞、斡亦剌等部。数年间,渐据蒙古东部,实力大增,与王汗矛盾日深。三年,被王汗击败。不久,乘王汗宴饮无备,奇袭其牙帐,灭克烈部。四年,灭乃蛮部。元太祖元年(1206),大会于斡难河(今鄂嫩河)源,建蒙古国。颁札撒(法令),扩建万人怯薛(禁卫军),分封九十五千户于八十八功臣,设札鲁忽赤(断事官)掌行政、司法。四年,畏兀儿归附。大举攻西夏,西夏国王纳女请和。六年起,大举攻金。十年,攻占金中都(今北京)。十三年,灭西辽。十四年,亲率大军十五万西征花剌子模国。十七年,征服该国,设达鲁花赤(监治镇守官)监治被征服区及各城。十九年,东归。二十一年,亲征西夏。二十二年,灭西夏。七月,病死于秦州清水县(今属甘肃)一带,年六十六。灵柩运回蒙古,葬于起辇谷(今肯特山麓鄂嫩河源附近)。世祖至元二年(1265)追上庙号太祖。三年,追谥圣武皇帝。武宗至大二年(1309),加谥为法天启运圣武皇帝。(0001卷1,0007,0008卷1,0009卷2~11)

元仁宗(1285~1320)　名爱育黎拔力八达。蒙古语尊称普颜笃皇帝。元成宗次兄答剌麻八剌次子。母答己。武宗同母弟。早年师事李孟,习儒学。大德九年(1305),奉诏与母出居怀州。十一年成宗死,被右丞相哈剌哈孙迎至大都,秘密定议,率卫士入宫,执杀图谋拥立安西王阿难答为帝之左丞相阿忽台等,迎立兄海山(武宗)为帝。武宗即位后,被封为皇太子。至大四年(1311)正月武宗死,由东宫入总大政,罢尚书省,处死武宗宠臣脱虎脱、三宝奴等,三月即帝位。即位后力矫武宗弊政。召用世祖朝谙知政务老臣程鹏飞、董士选、陈天祥、尚文等,任李孟为中书平章,整顿朝政、吏治。提倡儒学,创行科举。然在江浙、江西、河南经理田赋,以失败告终。后期因母后答己干政,权相铁木迭儿受母后宠信,贪赃枉法,致朝纲不振。谥圣文钦孝皇帝。(0001卷24~26)

元文本　元山西人。任天台县尉,遂迁家于天台。能诗,有诗作传世。(0504己上)

元文庶　元文宗天历二年(1329)任金坛县尉。(0631卷16)

元文宗(1304~1332)　名图贴睦尔。蒙古语尊称札牙笃皇帝。武宗第二子。英宗时,出居琼州(今海南琼山)。泰定帝即位,召还京师,后出居建康(今南京),又迁居江陵(今属湖北)。致和元年(1328)七月,泰定帝病死上都。八月,被燕铁木儿迎至大都。九月,即帝位,改元天历。十月,击败上都军,夺取上都。佯遣使迎接兄和世㻋(明宗)回朝即位,伺机命燕铁木儿毒死和世㻋于途中。天历二年(1329)八月,复即位于上都。次年改元天顺。在位凡五年。在位期间,朝政为燕铁木儿把持,政治腐败,财政枯竭。于大都建奎章阁学士院,延揽蒙汉儒臣名士,讲授儒学,纂修《经世大典》,以文治掩饰政治困境。谥圣明元孝皇帝。(0001卷32~36)

元世祖(1215~1294)　名忽必烈。蒙古语尊称薛禅皇帝。太祖幼子拖雷正妻唆鲁禾帖尼次子,宪宗同母弟。太宗乃马真皇后称制至定宗皇后称制时为藩王,倾慕汉学,先后召请刘秉忠、王鹗、元好问、张文谦等至漠北,询问儒学治道。宪宗元年(1251),受命总管漠南汉地军民。任用儒士整治邢州。二年,立经略司于汴梁,整顿河南军、政。三年,任用儒臣治理京兆(治今陕西西安)封地。奉旨与兀良合台远征,灭大理国。六年,命儒臣治理怀孟。建开平城(今内蒙古正蓝旗东北)。八年,受命率东路军攻宋。九年,围攻鄂州。中统元年(1260)三月,即位于开平,建元中统。立中书省。亲征称大汗于漠北之弟阿里不哥,败之。二年,再征阿里不哥。三年,平定李璮叛乱。罢汉人世侯。至元元年(1264),阿里不哥来降。八年,建国号大元。九年,定大都为首都。十一年,命伯颜亲率大军攻宋。十三年春,宋恭帝降。十六年,灭宋,统一全国。十八年,侵日本,大败。二十年,侵缅国。二十一年,侵占城、安南。二十三年,再侵安南、缅国。二十四年,亲征东北叛王乃颜,擒之。二十六年,亲征西北叛王海都,收复和林。二十九年,侵爪哇。次年败绩。在位凡三十五年。在位初期,变蒙古旧制,采行汉法,奠定元朝一代政制。然自平定李璮后,对汉臣有疑虑,重用色目人。前期重视生产恢复发展,立司农司,劝农垦荒,兴修水利。然统一全国后,连年对外用兵,搜刮民财,致民变迭起。谥圣德神功文武皇帝。(0001卷4~17,0008卷2)

元宁宗(1326~1332)　名懿璘质班。明宗次子,母八不沙皇后。父母相继遇害后留居京师。天历三年(1330)二月,封鄜王。至顺三年(1332)八月文宗死后,遗命立明宗子。十月,即帝位。十一月,病死。谥冲圣嗣孝皇帝。(0001卷37)

元永贞　元泰定二年(1325)为礼部员外郎。是年九月奏言:铁失弑逆,皆由铁木迭儿始祸,请明其罪,仍录付史馆,以为人臣之戒。(0001卷29)

元成宗(1265~1307)　名铁穆耳。蒙古语尊称完泽笃皇帝。世祖第二子真金第三子。至元二十四年(1287),从世祖征讨东北叛王乃颜。次年,受命率军征讨东北叛王哈丹。三十年,受皇太子宝,抚军北边。三十一年四月,即位。在位凡十四年。其前期，罢征安南，停止海外用兵，减免江南部分赋税，限制诸王投下，下令编辑律令，战胜西北叛王笃哇、察八儿，使之请和称藩，保持守成局面。然滥行赏赐，国库耗费殆尽，屡次动用钞本，奢侈腐败、贪污因循之风日盛。后期出兵八百媳妇（在今泰国北部等地），大扰西南，激起蛇节、宋隆济等率云贵各族人民起义。谥钦明广孝皇帝。（0001 卷 18 ~21）

元光祖　字起崇，号南山，元河南人。迁居桃源（今属湖南）。英宗至治元年（1321）第二甲进士，授常宁州同知。顺帝至正五年（1345），任静江路总管。（1061 卷 12，0506 卷 2342）

元好问（1190 ~ 1257）　字裕之，号遗山。金元间秀容（治今山西忻州）人。元明德之子。七岁能诗。早年游太行山、渡黄河，诗名震京师。金宣宗兴定五年（1221）进士。历任内乡令、南阳令、行尚书省左司员外郎。金亡，不仕，以著作为己任，收集金朝君臣言行，凡百余万言，为元人修《金史》所取资。金亡前数月，曾上书元中书令耶律楚材，请求楚材援助流亡困境中的金朝儒生、士大夫。元宪宗二年（1252），与张德辉北上拜见忽必烈，请忽必烈为儒教大宗师，忽必烈悦而受之，遂请忽必烈下令有司遵行元太宗以来累朝蠲儒户兵赋之旨，忽必烈从之。工诗文，为文质朴沉郁，诗尤奇崛，多兴亡之感。为一代宗师。有《壬辰杂编》、《中州集》、《遗山集》。（0001 卷 163，0018 卷 126，0501 卷 37）

元师中　元人。有诗作传世。《元诗选癸集》收有其诗。（0504 癸下）

元武宗（1281 ~ 1311）　名海山。蒙古语尊称曲律皇帝。成宗次兄答剌麻八剌长子。母答己。仁宗同母兄。成宗大德三年（1299），奉旨取代宁远王阔阔出（世祖第八子）统率漠北西部边境大军。五年，大败西北叛王海都。八年，受封为怀宁王。十年，受叛王明里铁木儿等降，逐走海都之子察八儿。十一年正月成宗死，五月，即帝位于上都（今内蒙古正蓝旗东北）。即位后，滥赏泛赐，国库空竭；滥封官爵，冗员充斥，朝政紊乱。至大二年（1309），为解决财政严重困难，立尚书省，改行至大银钞，并定税课法，鼓励官吏多方征税、搜刮，以弥补财政不足。四年正月，病死。在位五年。谥仁惠宣孝皇帝。（0001 卷 22、23）

元英宗（1303 ~ 1323）　名硕德八剌。蒙古语尊称格坚皇帝。元仁宗长子。幼习儒学。延祐三年（1316），被立为皇太子。七年正月仁宗死；三月，即帝位。即位后，任用拜住为相，竭力抑制祖母答己干政，以谋废立罪杀答己宠臣黑驴、失烈门、亦烈失八等，排斥权臣铁木迭儿一党势力。至治二年（1322），铁木迭儿、答己相继病死，遂锐意改革：擢用汉人官员、儒士张珪、吴元珪、王约、吴澄、王结等人，颁布《振举台纲制》，罢徽政院及冗官冗职，节制财用，减轻徭役，颁布《大元通制》以加强法制，查处铁木迭儿党羽贪赃枉法，处死铁木迭之子八思吉思等人。三年八月，在上都西南之南坡（今内蒙古正蓝旗东北），被铁木迭儿余党铁失等人杀死，年二十一，在位凡四年。谥睿圣文孝皇帝。（0001 卷 27、28）

元国瑞（？ ~ 1329）　元仁宗皇庆元年（1312）起任镇江路卫辉翼百户。文宗天历二年（1329）死于任职时。（0631 卷 17）

元明宗（1300 ~ 1329）　名和世㻋。元武宗长子。仁宗延祐三年（1316），因仁宗欲立己子硕德八剌为皇太子，被封为周王，出镇云南。行至延安，与附从诸臣及武宗旧臣发关中兵反。兵败，西行至金山（今阿尔泰山）以西，西北诸王附之。致和元年（1328），弟图帖睦尔（文宗）于泰定帝死后入据大都，遣使来迎。天历二年（1329）正月，即帝位于和林（今蒙古哈尔和林）北，四月，立图帖睦尔为皇太子。八月，行至旺忽察都（今河北张北），被燕铁木儿毒死，年三十。谥翼献景孝皇帝。蒙古语尊号忽都笃皇帝。（0001 卷 31）

元明善（1269 ~ 1322）　字复初。元大名清河（今属河北）人。自幼好学，通诸经，尤深于《春秋》。弱冠游吴中，已名能文章。后由吏入仕。历行枢密院掾、江西省掾、江南行台掾、中书左曹掾。仁宗居东宫，首擢为太子文学；及即位，改翰林待制。参与修成宗、顺宗《实录》，升翰林直学士。奉诏节选《尚书》有关政要者译为蒙文进呈。参与修《武宗实录》，升翰林侍讲学士。预议科举。延祐二年（1315）会试进士，充考试官，又为廷试读卷官。历礼部尚书、参议中书省事、湖广参政。英宗时，升翰林学士，参与修《仁宗实录》。谥文敏。著有《清河集》，今存辑本。（7 – 0001 卷 181）

元定宗（1206 ~ 1248）　名贵由，又译古余克。元太宗长子，乃马真皇后所生。太宗五年（1233），奉旨率左翼攻辽东，擒获蒲鲜万奴。七年，与拔都等西征，攻略阿速、斡罗思等地。西征中与拔都失和。十三年，东归。定宗元年（1246）秋，即大汗位。杀大臣奥都剌合蛮及乃马真皇后宠信之波斯女巫法廸马等，以镇海为必阇赤（掌文书官）之长，命牙老瓦赤主管汉地。命察罕进攻江淮。二年，命野里知吉带率军进驻波斯，以夹攻拔都。三年春，亲率大军西征拔都，行至横相乙儿（今新疆青河县东南）病死，年四十三。葬于起辇谷。后追谥简平皇帝，庙号定宗。（0001 卷 2，0008 卷 2）

元显宗　即甘麻剌。

元显祖　元定陶（今属山东）人。居丧庐墓，以孝行称。（0001 卷 197）

元昭宗　即爱猷识里达腊。

元思明　字显卿。元赵州隆平（治今河北隆尧）人。顺帝至正年间任深泽县判。（0649 卷 30）

元顺宗　即答剌麻八剌。

元顺帝（1320 ~ 1370）　元朝末代皇帝。名妥懽帖睦尔。蒙古语尊称乌哈笃皇帝。元明宗长子，妃哈剌鲁氏迈来廸所生。文宗时，出居高丽大青岛，后徙居静江(治今广西桂林)。至顺三年(1332)文宗、宁宗相继去世,由文宗皇后立为帝,然为权相燕铁木儿拖延。燕铁木儿死,四年六月,始即位于上都,十月,改元元统。元统三年(1335),依靠右丞相伯颜清除燕铁木儿势力。然伯颜恃功擅权,执政六年间排斥汉官、废止科举,政治腐败。后至元六年(1340),依靠脱脱逐走伯颜。脱脱任相执政,改变排汉政策,恢复科举,修辽宋金三史,减盐额,免旧欠赋税,号称"更化"。然社会弊病积重难返。至正四年(1344)起,黄河泛滥,沿河州县连年灾荒。十年,变更钞法,致物价猛涨。十一年春,调集大批丁壮修治黄河,民不堪负担。五月起,各地民人纷纷起事。二十八年,明军逼近大都(今北京),离大都北奔应昌(今内蒙古克什克腾旗西北),元亡。后二年,病死,庙号惠宗。明太祖因其"知顺天命,退避而去",加号顺帝。(0001 卷 38~47)

元宪宗(1209~1259)　名蒙哥,又译蒙格。元太祖幼子拖雷正妻唆鲁禾帖尼所生长子,世祖忽必烈同母兄。自幼由太宗抚养。太宗七年(1235),奉旨与拔都、贵由等西征。九年,破钦察部,擒杀其部长八赤蛮。进攻斡罗思。十一年,降服阿速国。宪宗元年(1251)秋,被拔都等宗王、大将推选为大汗。镇压太宗后裔、察合台后裔谋反。拘捕太宗孙失烈门等,处死从叛者按只鯓、畅吉等。更改庶政。以亲信忙哥撒儿为大断事官,命弟忽必烈主管漠南、汉地军民事,以牙老瓦赤等任燕京等处行尚书省事,麻速忽等任别失八里等处行尚书省事,阿儿浑任阿母河等处行尚书省事。改革弊政:没收前朝及诸王滥发之诏旨、宣命、牌符,定诸王乘驿制,禁擅招民户,禁官吏非法赋敛民财。二年,处死定宗皇后海迷失,流放从叛宗王。命忽必烈征大理,弟旭烈兀征波斯。籍汉地民户。三年,籍斡罗思户口。命撒里等出征印度、怯失迷儿(今克什米尔)。六年,议决大举攻宋。命宗王塔察儿率东路军攻荆襄。八年,亲率主力入四川。改命忽必烈率东路军攻宋。九年,围攻合州钓鱼城(今四川合川东),屡攻不克。七月,病死于城下,年五十一。后追谥桓肃皇帝,庙号宪宗。(0001 卷 3,0008 卷 2)

元烈祖　即也速该。

元掀儿　元世祖时山东盐场役夫。至元末,役于盐场,不胜艰苦,因逃去。其父求得他人尸,遂诬告同役者杀之,既诬服。济南路同知赵孟頫疑其冤,留弗决。逾月,掀儿自归。郡中称孟頫神明。(0001 卷 172)

元敬祖　元顺帝至正十四年(1354)为益都县(治今山东青州)司吏。(0603 卷 4)

元惠宗　即元顺帝。

元遗山　即元好问。

元道隆　元汤阴(今属河南)人。曾任汤阴县儒学训导。(0762 卷 10)

元裕宗　即真金。

元睿宗　即拖雷。

元德善　字克一。元顺帝元统元年(1333)任奉元路(治今陕西西安)知事。(0554 卷 28)

元天顺帝(1320~?)　名阿剌吉八。元泰定帝之子。泰定元年(1324)三月,立为皇太子。致和元年(1328)七月,泰定帝病死上都(今内蒙古正蓝旗东北);九月,被丞相倒剌沙等拥立为帝,改元天顺。遣军与即帝位于大都(今北京)之文宗争战。十月,兵败,上都被围,倒剌沙等出降,帝不知所终。(0001 卷 29、30、32)

元泰定帝(1293~1328)　名也孙铁木儿。元成宗长兄甘麻剌长子。大德六年(1302),袭父位为晋王,镇守漠北。至治三年(1323)八月,英宗遇害。九月,即帝位于漠北。十二月,惩治杀英宗之铁失及其党羽。在位六年,赏赐泛滥,宠用回回人倒剌沙为相;吏治腐败,然尚能维持暂时稳定之政局。致和元年(1328)七月病死于上都(今内蒙古正蓝旗东北),年三十六。葬起辇谷。无庙号、谥号。(0001 卷 29、30)

天元　元僧人。能诗,有诗作传世。(0504 壬上)

天心　字莹。元僧人。居杭州集庆寺。励行甚峻,亢不服人,世称义虎,博览群经,好学不倦,与僧士璋共灯火,相互切磋诘难,众称双璧。(0096 卷 2,0037 卷 5)

天伦　字仲方,元僧人,象山县(今属浙江)张氏子。住定海县(治今浙江镇海)佛岩寺。死时年六十六。(0037 卷 17,0075 神异典卷 188)

天祐　元唐兀氏。泰定元年(1324)进士。顺帝至元六年(1340)任新城县达鲁花赤。(0152 卷 10)

天郎　元铁旗城后番官官折兰之子。世祖至元四年(1267)十月,奉父遣持其父前所受宪宗玺书、金符,乞改授新命,帝从之。(0001 卷 6)

天下奴　元顺帝至正二十六年(1366)顺帝所遣诏使。时扩廓帖木儿与张良弼、李思齐等互相争战不解,天下奴奉帝遣持诏往和解之,为扩廓帖木儿所杀。(0001 卷 141)

天宝奴　元蒙古珊竹氏,孛罗帖木儿之子。顺帝至正二十五年(1365)七月,父死后,被老的沙拥之北遁。(0001 卷 207)

天竺僧　元中叶自印度来华之僧人。慕赵孟頫书法,数万里来求其书而归,印度国中宝之。(0001 卷 172)

天都虫　元平伐、都云、定云诸酋长之一。顺帝至元元年(1335)三月,与酋长宝郎等降元,元廷即其地复立宣抚司,参用其土酋为官。(0001 卷 38)

天然秀　姓高(一作乔),人称小二姐。

元女艺人。丰神静雅，有林下风致。才艺超群。演闺怨杂剧，为当时第一手。花旦驾头，亦臻其妙。初嫁行院王元俏，王死，再嫁焦太素治中，焦死，复落乐部。人咸以国香深惜。性高洁凝重，尤受白仁甫、李溉赞赏。(0032)

天降大王　元世祖至元后叶反元队伍首领。至元二十三年(1286)，反元起兵于浙东，铸印玺，称天降大王；未几为浙东宣慰使斡罗思密率军讨平。(0001 卷 134)

天德于思　元蒙古克烈氏，速哥第四子忽兰之子。侍奉母完颜氏以孝闻。世祖时，袭父职为山西达鲁花赤，自中山北来，适有边衅，乃督造兵甲，抚循其民，尽心竭力。帝闻而嘉之。死年三十九。追封云国公，谥显毅。(0001 卷 124)

无心　元僧。居剑川石宝山，不饮不食，偃卧岩穴，旬日不寤，寤则登峰长啸，声振林谷。樵夫牧童偶或遇之。曾题诗山中石壁像，书法类王僧虔。(1144 卷 736)

无念　名端，元僧，云南人。时称《唯时》巨魁。与镇江普照寺僧普喜善，每与论辩，理趣或有失误，普喜辄正言纠之，无念亦诚服。后不知所终。(0037 卷 4)

无诘　元僧人，善画兰竹。(0301)

开琨　元山阴(治今浙江绍兴)知县。(0880 卷 28)

井居仁　元成宗大德十年(1306)任瑞州路(治今江西高安)推官。(1016 卷 14)

井朝散　元文宗至顺二年(1331)为兵部郎中。是年，奉中书省遣，与陕西行省官同议，以泾州白家河为界，听陕西民食用韦、红之盐。(0001 卷 97)

井德用(1281～1348)　字容辅，号鉴峰。元雍(今甘肃、陕西一带)人。全真教道士，苗道一之弟子。文宗天历二年(1329)授洞阳显道忠贞大师、领诸路道教都提点，住嵩山。后归隐五台山。顺帝至正元年(1341)改授真人，住持奉元(今陕西西安)万寿宫。四年，复归五台山。(0554 卷 26)

井德常　元东平(今属山东)人。成宗大德三年(1299)至六年，任镇江路同知。(0631 卷 15)

不老　元云南平章乞住之子。顺帝至元元年(1335)任秘书卿，至正二年(1342)累迁为云南行省参知政事。是年十二月，奉旨率军征讨少数民族反元首领死可伐。(0001 卷 40，0001，0027)

不合　又译不花。蒙古札剌亦儿氏。木华黎之弟。1196 年主儿勤部被元太祖征服后，与兄木华黎均被其父孔温窟哇送与太祖做门内奴婢，多年为太祖及其家属忠勤效劳。蒙古建国后，受命管领一千名侍卫。后奉命随术赤出征森林狩猎部落，有功。1219 年，随太祖西征花剌子模国。(0009 卷 4、9、10，0008 卷 1，0007)

不花①(？～1261)　元蒙古斡罗纳儿氏。元将阿术鲁之子。父告老，奉宗王塔察儿命，袭父职，代领父所部军。(0001 卷 123、131)

不花②　元蒙古兀良合氏，者勒篾之孙，太宗箭筒士长也孙脱额之子。以勋臣后裔任宪宗怯薛长。世祖中统二年(1261)六月，任中书省首任右丞相。四年六月，罢任。(0001 卷 4、112，0003 卷 29)

不花③　元诸王。世祖至元八年(1271)前后，镇守云南。(0001 卷 209)

不花④　元世祖至元中任郎中。至元九年(1272)正月，奉旨与郎中马璘同出使高丽，谕以供战船、输军粮事。(0001 卷 208)

不花⑤　又译卜花。元世祖至元十四年(1277)为西川行枢密院副使。二月，率军数万至重庆，造梯衝将攻之，宋都统赵安以城降。次年四月，奉命留镇西川。十六年六月，为行西川枢密院事，奉命总兵入川，平宋诸城之未下者。十七年十月，任陕西四川等处行中书省右丞。(0001 卷 9、10、11 等)

不花⑥　元兀速儿吉氏，曷剌之子。宿卫仁宗潜邸。仁宗即位后，历任中书直省舍人、典瑞太监、左司员外郎、参议中书省事。仁宗延祐三年(1316)五月，升为中书参知政事，任至同年十二月为止。后历任宣徽副使、典瑞院使兼监军，翰林学士。英宗至治元年(1321)，仍任翰林学士、监军，领东蕃诸部奏事。三年八月英宗被弑后，被铁失等囚禁致死。泰定二年(1325)，赠功臣号及阶勋爵谥。(0001 卷 25、29、112、135、175)

不花⑦(？～1328)　元世祖时为鹰师，武宗时为遥授左丞相，至大四年(1311)进封为太尉，英宗至治三年(1323)二月，封赵国公。泰定元年(1324)四月，坐矫制以寡妇古哈强配撒梯，被鞫，诏以其为世祖旧臣，不追究其罪。致和元年(1328)八月，与梁王王禅等率军进攻大都。十月，有盗入其家杀之。(0001 卷 24、28、29、32 等)

不花⑧　元大德十一年(1307)任江南行台监察御史。(0632 卷 6)

不花⑨　元泰定四年(1327)为中书省参知政事。(0001 卷 30)

不花⑩　元河西宁夏(治今宁夏银川)人。杨朵儿只之子。自幼好读书，善书法。后遭家难，益自励节为学。以荫补武备司提点，转任河东廉访司佥事。河东民饥，先捐己资产以赈，请未得命，即发公廪继之。文宗即位，授通政院判。时陕西诸军反文宗，郡邑守吏率民逃，不花独率众出御，战死。至顺二年(1331)赠礼部尚书，以褒其忠。(0001 卷 179)

不花⑪　元畏兀儿人。文宗至顺三年(1332)任江南行台监察御史。(0632 卷 6)

不花⑫　元中叶为虎贲亲军都指挥使司

千户。(0001 卷 86)

不花⑬　元中叶开成路(治今宁夏固原南)黑水河皇家牧马场官员。(0001 卷 100)

不花⑭　又译普化。元顺帝至元元年(1335)四月,由江南行台中丞入为中书参知政事。同年去职。(0001 卷 38、113)

不花⑮　元顺帝至正四年(1344)任衢州(今属浙江)路同知。(0878 卷 2)

不花⑯　元顺帝至正五年(1345)为兵部尚书。是年十月,为奉使宣抚,巡行河东陕西道。(0001 卷 41)

不花⑰　元顺帝至正十二年(1352)为江浙驻军镇抚。是年春,从江浙平章卜颜铁木儿驻池口,以防遏上流天完红巾军。(0001 卷 144)

不花⑱　元顺帝至正十五年(1355)为河南行省右丞。是年十一月,红巾军攻占怀庆(今河南沁阳),奉旨率军讨之。(0001 卷 44)

不花⑲　元顺帝至正十八年(1358)为刑部郎中。是年七月,反元队伍进攻京城,不花守西门,夜,开门击退之。(0001 卷 45)

不花⑳　元顺帝至正十九年(1359)任中书右丞。二十年出任太原分省右丞。(0001 卷 113)

不花㉑　元蒙古札剌亦儿氏。万户脱端之长子。脱欢之兄。袭父职为千户,镇守蔡州。未几死,由诸弟依次袭职。(0001 卷 133)

不花㉒　元乃蛮人。别的因长子。历任岭南广西道肃政廉访司佥事。(0001 卷 121)

不花㉓　元蒙古克烈氏,速哥之子。(0001 卷 124)

不花㉔　又译孛花。元世祖时驸马,蒙古亦乞列思氏,帖木干之子,昌王忽怜从弟。娶世祖女兀鲁真公主。(0001 卷 108、109、118 等)

不花㉕(?～1289)　伊利汗国大臣。元蒙古札剌亦儿氏。父为箭筒士(火儿赤),从旭烈兀出镇波斯。1282 年,第二代伊利汗阿八哈死,弟帖古迭儿(阿合马汗)继立。不花起兵拥戴阿八哈长子阿鲁浑争位,杀帖古迭儿。1286 年,元世祖遣使册立阿鲁浑,并授不花为丞相,封答剌罕,命辅阿鲁浑治理伊利汗国。后擅权跋扈,为阿鲁浑所忌,遂暗结诸王谋废立,谋泄,被杀。(0008 卷 3)

不花㉖　元畏兀儿人。云南都元帅火你赤之子。(0011)

不花㉗　元蒙古弘吉剌氏,唆儿火都之孙。(0011)

不花㉘　元钦察人,完者都之子。(0011)

不里　元宗室。察合台长子木阿秃坚之子。元太宗时,参加西征。与拔都、蒙哥不和,曾于酒醉时辱骂拔都,并反对蒙哥为大汗。宪宗蒙哥即位后,将他执送拔都处,遂被拔都处死。(0009 卷 12,0008 卷 2)

不别①　元回回八瓦耳氏,阿剌瓦而思孙赡思丁次子,任隆镇卫都指挥使。(0001 卷 123)

不别②　元康里人,牙牙之子,阿沙不花兄。武宗时遥授甘肃行省右丞。(0011)

不伯　元世祖至元十三年(1276)二月,奉丞相伯颜遣,与周青同至泉州招降蒲寿庚、寿晟兄弟。(0001 卷 9)

不剌　元官员。世祖至元二十八年(1291)九月,授礼部侍郎,与礼部尚书铁里等,同出使俱蓝(今印度西南海岸奎隆)。(0001 卷 16)

不速　元蒙古人,元统元年(1333)进士阿虎歹祖。(0028)

不鲁　元应吉列古皇家牧马场哈剌赤(牧养皇家母马群,搅制马奶酒进呈者)。(0001 卷 100)

不敦　元世祖至元末年将领。至元二十九年(1292)九月,奉诏与忙兀秃鲁迷失同率军征八百媳妇国(今伊洛瓦底江以东,老挝以西,泰国北部及缅甸东北地区)。(0001 卷 17)

不颜①　元英宗时为也可札鲁忽赤(宗正府大断事官)。至治三年(1323)正月,与枢密副使完颜纳丹、侍御史曹伯启、集贤学士钦察、翰林直学士曹元用,同听读仁宗时纂集之累朝格例。(0001 卷 28)

不颜②　元顺帝至正二十一年(1361)任中书参知政事。(0001 卷 113)

不八沙　元泰定三年(1326)任浙东宣慰使。(0634 卷 1)

不儿国　元顺帝至正六年(1346)为阿速卫指挥。是年十二月,奉旨率所部阿速军镇压山东、河南反元队伍。(0001 卷 41)

不儿都　元折连怯呆儿(在今西辽河下游北)皇家牧马场哈剌赤(牧养皇家母马群,搅制马奶酒进奉者)千户。(0001 卷 100)

不兀剌　元太祖二年(1207),与按弹同奉旨出使招降吉利吉思诸部。(0001 卷 1)

不只儿①　元蒙古弘吉剌氏,特薛禅后裔,答儿罕之子。世祖至元二十四年(1287),从征东北叛王乃颜,擒获其党金家奴,帝赏以金带。(0001 卷 118)

不只儿②　元蒙古弘吉剌氏,火忽之孙,娶斡可真公主。(0001 卷 109、118)

不只儿③　元宗王。太祖弟铁木哥斡赤斤五世孙，西宁王搠鲁蛮之子。（0001 卷 107）

不只海　元蒙古人。至大四年（1311）任丹阳县（今属江苏）达鲁花赤。英宗至治二年（1322）累转为鄞县（治今浙江宁波）达鲁花赤。死于官任。（0631 卷 16，0634 卷 2）

不兰伯　金时乃蛮部人。囊加歹曾祖。仕乃蛮部主，位群臣之上。（0001 卷 131）

不兰奚①　元蒙古晃合丹氏。伯八第二子。世祖至元十二年（1275），宗王脱脱木儿叛奔海都。与兄八剌俱为所虏，后与兄南奔，被脱脱木儿遣骑追擒，兄弟同被害。（0001 卷 193）

不兰奚②　又译卜兰奚。元成宗大德四年（1300）四月，由中书省断事官擢平章政事。七年四月，与岳铉等进呈所纂修《大一统志》。（0001 卷 20、21）

不兰奚③　元成宗大德五年（1301）为云南参知政事。是年六月，宋隆济攻贵州，知州张怀德战死；奉梁王遣，与云南平章幢兀儿同率军御之，杀宋隆济部将撒月，斩首五百级。（0001 卷 20）

不兰奚④　又译孛兰奚。元成宗大德五年（1301）任江南行台御史中丞。（0632 卷 6，7 - 144 卷 23）

不兰奚⑤　元中叶阿剌忽马乞地方（约在今内蒙古阿巴哈纳尔旗、西乌珠穆沁旗之间）皇家牧马场哈剌赤（牧养皇家母马群，挤奶搅取马奶酒进奉者）百户。（0001 卷 100）

不兰奚⑥　元文宗至顺元年（1330）封为大司徒。（0001 卷 34）

不兰奚⑦　元顺帝至元年间为宣政院使。至元四年（1338）正月，年七十致仕，授大司徒，给全俸终身。（0001 卷 39）

不兰奚⑧　元宗王。顺帝至元二年（1336）十一月，被安置于梧州。（0001 卷 39）

不兰奚⑨　元顺帝至正二十四年（1364）前后为詹事。二十四年四月，孛罗帖木儿令秃坚帖木儿率军进向大都；不兰奚迎战，败走。七月，孛罗帖木儿复率军进向大都；迎战于昌平，败走。（0001 卷 46、207）

不兰奚⑩　又译卜兰奚。元宪宗孙女，嫁亦乞列思部人忽怜为继室。后追封为昌国大长公主。（0001 卷 109、118）

不兰奚⑪　元蒙古塔塔儿氏，布智儿第四子。袭父职，为水军翼万户招讨使，镇守江阴，移镇通州。（0001 卷 123）

不兰奚⑫　元钦察玉耳别里伯牙吾氏。千奴第三子。历任江南行台监察御史。（0001 卷 134）

不兰奚⑬　元哈剌鲁氏，河南参政买奴之子。（0011）

不吉歹　又译不乞歹，蒙古札剌亦儿氏，木华黎堂兄弟秃格之子。元太祖、太宗时，均为箭筒士长。（0009 卷 9、12）

不吉带　元将。世祖至元十三年（1276）正月，奉命率所部军六百人移戍建都（治今四川西昌）。（0001 卷 9）

不老丁　元武宗时平伐（治今贵州龙里县东南）少数民族首领。至大三年（1310）九月，遣其侄与甥十人来降。（0001 卷 23）

不老赤　元蒙古札剌亦儿氏，带孙后裔，秃不申长子。袭父祖职为东平路达鲁花赤。（0001 卷 119）

不列秃　即不里牙敦。

不早麻　元世祖时西北叛王海都、都哇方面之将领。至元二十二年（1285），与元将阿速氏将领伯答儿战于别失八里（今新疆吉木萨尔北）附近亦里浑察罕儿之地。（0001 卷 132）

不伦秃　元文宗天历元年（1328）九月，为河中府同知。是月，反对大都政权、支持上都政权之陕西兵攻入河中府，被杀。（0001 卷 32）

不华出　元世祖中统四年（1263）所遣使者。是年四月，奉帝遣至宗王阿鲁忽及定宗幼子大名王处，因以玺书召耶律希亮驰驿赴上都（今内蒙古正蓝旗东北）。（0001 卷 180）

不花出　元世祖至元年间任奉化县（今属浙江）达鲁花赤。（0633 卷 3）

不花台　元蒙古珊竹氏，四川平章囊加台之弟。文宗即位，囊加台起兵反文宗，时不花台为陕西蒙古军都元帅，天历二年（1329）正月，囊加台遣使招之，不从，斩其使。（0001 卷 33）

不里剌　元将。世祖中统三年（1262）十月，奉命将所统固安、平滦质子军自益都徙还故地。（0001 卷 5）

不阿里①（1251～1299）　本名撒亦的。元回回人。世为商人。世祖至元年间入觐。成宗即位后，授中书右丞，商议福建行省事。（0240 卷 16）

不阿里②　西域拂林（今叙利亚）人，爱薛祖。（0011）

不忽木（1255～1300）　又译不灰木、卜忽木。又名时用，字用臣。元康里人。康里部落首领后裔。忽必烈（世祖）侍臣燕真第二子。早年侍奉太子真金，受学于王恂、许衡。世祖至元十四年（1277），授利用少监。十五年，出任燕南河北道按察副使。土蕃僧过真定，箠驿吏儿死，诉之按察使，不敢问。不忽木受其状，捕僧下狱。十九年，升按察使。二十一年，召为参议中书省事。反对重用卢世荣。次年，擢吏部尚书。迁工部，又迁刑部尚书。反对桑哥诬杀参政杨居宽、郭佑。二十七年，授翰林学士承旨。二十八年，支持彻里等劾奏桑哥，帝乃决意诛桑哥，罢尚书省。同年，荐完泽为中书右丞相，受任中书平章。建言罢征安南。三十一年，与伯颜等受遗诏立成宗即位。成宗元贞二年(1296)，以与同列多异议，罢任中书平章，拜昭文阁大学士、平章军国事。大德二年(1298)，特命行御史中丞事。三年，兼领侍仪司事。卒，谥文贞。(0001 卷 130)

不剌罕 元回回人。成宗元贞二年(1296)正月，献狮、豹、药物于元廷，元廷赐钞千三百余锭。(0001 卷 19)

不咱兀 元顺帝至正四年(1344)任抚州路(治今江西临川)治中。(1014 卷 8)

不都儿 元固安州官营牧场官员按赤。(0001 卷 100)

不都蛮 元世祖至元二十年(1283)为元军万户。是年三月，奉命率所部镇守金齿(今云南德宏傣族景颇族自治州等地区)。(0001 卷 12)

不鲁罕① 元回回人。成宗大德二年(1298)任镇江路录事司达鲁花赤。(0631 卷 16)

不鲁罕② 元武宗至大元年(1308)任江南行台监察御史。(0632 卷 6)

不鲁罕③ 元公主。嫁弘吉剌氏特薛禅之孙脱罗禾。(0001 卷 109、118)

不鲁罕④ 元公主，太宗孙女。嫁高昌王纽林的斤。(0001 卷 109、122)

不鲁纳 元汪古人，汪古部首领后裔。文宗时袭封为赵王。(0001 卷 35)

不鲁真 元宗王之女。世祖时奉旨嫁中书右丞畏兀儿人昔班。(0001 卷 134)

不赛因(1305～1335) 伊利汗国第九代汗。元仁宗延祐四年(1317)至顺帝至元元年(1335)在位。第八代汗合儿班答之子。即位后，迁还旧都大不士里，因年幼，权臣出班专政。杀宰相拉施特，财政陷于紊乱。英宗至治三年(1323)，与埃及媾和。次年，遣使贺泰定帝即位，为出班请封；出班为泰定帝封为翊国公，赐银印、金符。此后屡遣使元朝，进贡方物。出班专权跋扈，诸子皆居要职。不赛因年渐长，遂与出班发生矛盾。因杀出班第三子，出班举兵叛。后出班兵败被杀。国乱。钦察汗月思别及察合台后王皆乘机入侵。顺帝至元元年(1335)死。死后，权臣、大将各自拥立傀儡汗，互相攻杀，汗国陷于分裂。(0015，0002 卷 109)

不六温乃 元时俱蓝国(今印度西南海岸奎隆)所遣来华使者。世祖至元二十四年(1287)正月受元廷接见。(0001 卷 14)

不达失里 元顺帝至正十二年(1352)为淮东廉访副使。从褚不华征讨反元队伍，战死。(0001 卷 194)

不达达思 元武宗时官员，至大元年(1308)二月，奉旨送爪哇使者归国。(0001 卷 22)

不合驸马 又译不花、普化、驸马，蒙古伯岳吾氏，娶宗室女，为元成宗皇后卜鲁罕之祖父。蒙古建国，受封为功臣千户长。(0009 卷 8、0008 卷 1，0001 卷 106)

不花即列 又译即烈、即里。元仁宗时为鹰坊官。皇庆元年(1312)，请往河南、湖广括取孔雀、珍禽，敕以扰民，不允。泰定元年(1324)为平章政事，四月，坐矫制以寡妇古哈强配撒梯，被鞫；诏以其为世祖旧臣，不追究其罪。(0001 卷 24、29、175)

不里牙屯 又译不里牙敦。元诸王。至大四年(1311)十一月，以诬八不沙以不法，被流放于河南。延祐年间举叛，被镇压。(0001 卷 24、26)

不里牙敦 又译不列秃。元蒙古克烈氏。答失蛮次子。自幼充怯薛。成宗时，任泉府少卿。武宗时，任内八府宰相、太府院使兼翰林承旨。至大二年(1309)，任御史大夫，兼领皇太子卫率府事。(0001 卷 23，等)

不怜吉歹 又译不邻吉歹。元驸马，蒙古亦乞列思氏，宁昌郡王唆都哥驸马之子，袭封宁昌郡王，娶普颜可里美思公主。(0001 卷 108、109)

不怜吉艄 又译卜怜吉艄。元宪宗时蒙古国军将领。宪宗元年(1251)六月，宪宗即位，察合台后裔也速蒙哥、不里等宗王后期不至，奉旨率军备之。七年九月，为蒙古军元帅，奉旨率军自邓州略地，渡汉江攻宋。(0001 卷 3)

不思塔八 元折连怯呆儿(今西辽河下游北)皇家牧马场哈剌赤(牧养皇家母马群，挤奶，搅制马奶酒进奉者)千户。(0001 卷 100)

不思塔伯 元成宗大德(1297～1307)初为蒙古千户。(0001 卷 19)

不都马失 元世祖时将领。至元二十五年(1288)十月，也不干进犯；引兵奋击之。(0001 卷 15)

不塔剌吉 元将。泰定四年(1327)管领四万户蒙古军，其中三万户在黄河之南、河南省之西，一万户在河南省之南。(0001 卷 99)

不答失里① 元宗王。世祖第九子镇南王脱欢之子。仁宗皇庆元年(1312)二月，受封福州路宁德县一万三千六百有四户，食其岁赋。二年十月，封为安德王。(0001 卷 24、107、108)

不答失里② 元英宗至治二年(1322)为刑部尚书。时道士蔡道泰杀人，受其贿金，是年十月，因受贿罪发，受杖责罢官。(0001 卷 28)

不答失里③ 元文宗朝以前为翰林学士承旨。天历二年(1329)正月，被文宗遣还明宗行在所。(0001 卷 31、33)

不答失里④ 元顺帝至正五年(1345)为监察御史。是年十月,奏请罢造作不急之务。(0001 卷 41)

不答失里⑤ 元畏兀儿王族,帖木儿补化之子。嗣亦都护、高昌王。历任中书平章。(0011)

不答昔你 元明宗之女。顺帝至正元年(1341)加封明惠贞懿大长公主。九年,受赐平江(治今江苏苏州)田五十顷。(0001 卷 109、40、42)

不鲁古歹 字守道。元顺帝至正年间任万泉(治今山西万荣西南)知县。(0700 卷 6,0691 卷 8)

不鲁合散 元世祖至元中阿合马当权时任河间转运使。至元二十二年(1285)二月,以卢世荣推举,任河间、山东等路都转运盐使。(0001 卷 205)

不鲁合答 元世祖至元中官员。至元十七年(1280)六月,奉旨检核江淮行省阿里伯、燕帖木儿钱谷。(0001 卷 11)

不鲁罕丁 元世祖至元年间任夏邑县(今属河南)达鲁花赤,有政声。(0777 卷 5)

不鲁哈思 元涿州官营牧马场哈剌赤(牧养母马群,搅制马奶酒进奉者)。(0001 卷 100)

不鲁麻失 西域拂林(今叙利亚)人,爱薛父。(0011)

不颜于思 元世祖至元二十八年(1291)五月,由湖广行省左右司郎中擢任同知海北海南道宣慰司事副元帅,与湖广右丞廉希恕、宣慰司都元帅陈仲达等率二千二百人镇压黎族反抗。(0001 卷 16)

不颜不花① 元顺帝元统二年(1334)至至元三年(1337)任无锡(今属江苏)州达鲁花赤。(0558 卷 24)

不颜不花② 元顺帝至正年间任同知枢密院事。至正十年(1350)十二月,奉旨率军镇压广西徭族反抗。(0001 卷 42)

不颜昔班 元汪古部人。汪古部主阿剌兀思剔吉忽里长子。太祖时,与父同为汪古部中异议者所杀。(0001 卷 118)

不颜帖你 元时入华高丽人。文宗宫女。至顺二年(1331)四月,被赐与权相燕铁木儿,高丽国王请割国中田为资送,诏遣使往受之。(0001 卷 35)

不颜忽都 元文宗至顺二年(1331)为燕南廉访司佥事,是年十二月被御史台臣劾奏其宪纲不振,免官。(0001 卷 35)

不颜浑秃 元太祖皇后,居大斡耳朵(帐殿)。(0001 卷 106)

不颜塔失 元蒙古札剌亦儿氏。顺帝至元四年(1338)任江南行台监察御史。(0632 卷 6)

不儿罕忽里 元畏兀儿人,忙兀的斤孙。(0011)

不只爱不干 元世祖中统三年(1262)二月,李璮反元,奉旨与赵璧行省事于山东,许便宜从事。(0001 卷 5)

不只答鲁带 元世祖至元二十九年(1292)十二月,任皇孙晋王甘麻剌王府司马。(0001 卷 17)

不花帖木儿① 元蒙古克烈氏。孛鲁合第四子。曾任四川行省平章政事。(0001 卷 134)

不花帖木儿② 元世祖至元后叶为元帅,奉命率所部征于阗(今新疆和田)。(0001 卷 133)

不花帖木儿③ 元文宗天历元年(1328)十月为东路蒙古元帅。是月,与齐王月鲁帖木儿以兵围上都(今内蒙古正蓝旗东北),倒剌沙等奉皇帝宝出降。不花帖木儿遂与齐王等奉献皇帝宝于文宗。十一月,任知枢密院事。十二月,加封太尉。至顺元年(1330)三月,封武平郡王。同年,进封为武平王。(0001 卷 32、34、108 等)

不花帖木儿④ 元诸王。顺帝至正十三年(1353)八月,袭封文济王。(0001 卷 43)

不花帖木儿⑤ 元顺帝至正二十四年(1364)至二十五年十月,任中书右丞。二十五年十月至二十六年,任中书平章政事。(0001 卷 113)

不花帖木儿⑥ 字德新。元蒙古人。善为诗,有诗作传世。(0504 己下,0523)

不花帖木儿⑦ 蒙古斡亦剌部贵族。斡亦剌部主忽都合别乞之子脱劣勒赤与成吉思汗第二女扯扯干公主所生长子。元宪宗三年(1253),率所部斡亦剌兵随旭烈兀西征波斯。其两位姊妹古余克、完泽均为旭烈兀妃。子札乞儿、孙塔儿海相继为斡亦剌千户长。塔儿海娶旭烈兀之女忙古鲁坚公主为妻。(0008 卷 1 第 1 分册、卷 3)

不眼里海牙 元世祖中统年间真定路官员。中统三年(1262)五月,擅杀造伪钞者三人,诏诘其违制之罪。(0001 卷 5)

不鲁合答儿 元官员。世祖至元十七年(1280),奉阿合马遣理算江淮行省钱谷,查得行省平章阿里伯、右丞燕帖木儿(即崔斌)擅易命官八百员,自分左右司官,及铸造铜印,擅支粮四十七石,征钞万二千余锭等事。阿里伯、燕帖木儿遂被处死。(0001 卷 205)

不鲁罕罕劄 元蒙古八鲁剌思氏,忽林失曾祖。太祖时,从平诸国,充八鲁剌思千户。尝以其军与太赤温等战,重伤坠马,太祖亲勒兵救之。以功升为万户,受赐金银,值宿卫。(0001 卷 135,0009 卷 8)

不颜里海牙 元世祖至元二十四年(1287)任中书参知政事。(0001 卷 14、112)

不颜秃古思　元文宗之内侍，天历元年(1328)十二月，奉文宗遣，与治书侍御史撒迪同奉迎明宗于漠北。(0001 卷 32)

不颜帖木儿①　元文宗时驸马，至顺二年(1331)二月，自北边从武宁王彻彻秃来朝。(0001 卷 35)

不颜帖木儿②　元文宗天历初上都拥护文宗死事者十一人之一，至顺二年(1331)三月，死事者十一家受赐钞各百锭。(0001 卷 35)

不颜帖木儿③　又译卜颜帖木儿。元诸王。文宗至顺二年(1331)，封为郯王。(0001 卷 108、35)

不颜帖木儿④　元诸王。文宗时封为豳王。至顺三年(1332)正月，诏命甘肃行省为其建豳王居第。二月，诏给豳王及其王傅禄。(0001 卷 36)

不颜帖木儿⑤　元顺帝时宗王。至正二十四年(1364)三月，诏削夺孛罗帖木儿官爵；不颜与秃坚帖木儿等皆称兵与孛罗帖木儿合，上表言其无罪。(0001 卷 204、205)

不颜帖木儿⑥　元顺帝至正二十七年(1367)，任中书平章政事。二十八年正月，改任御史大夫。(0001 卷 113、47)

不颜忽鲁都　元明宗皇后。(0001 卷 34、106)

不颜铁木儿　元仁宗延延祐年间(1314～1320)诸王。(0001 卷 26)

不颜铁木而　元成宗时诸王，伯真孛罗之兄。(0001 卷 18、19)

不鲁迷失海牙　元大臣。世祖至元二十一年(1284)十一月，以卢世荣荐，擢中书参知政事。二十二年二月，奏世荣姻党牛某，前为提举，今浙西运司课程颇多，拟升转运副使；帝从之。后出任江淮省官。二十六年正月，奉诏与江淮省臣忙兀台等合兵进讨闽、越反元队伍。(0001 卷 13、15、205 等)

不鲁迷实海牙　元泰定二年(1325)任六合县(今属江苏)达鲁花赤。(0962 卷 4)

不鲁迷失帖木儿　元顺帝至正二年(1342)任衢州路达鲁花赤。(0878 卷 2)

木敦　元世祖至元二十五年(1288)任江南行台监察御史。(0632 卷 6)

木撒　元回回人。武宗至大元年(1308)任秘书监令史。(0027 卷 11)

木八剌①　元蒙古克烈氏，孛鲁合第二子。世祖至元五年(1268)，初立御史台，拜御史中丞。(0001 卷 134)

木八剌②　元世祖至元二十二年(1285)为蔚州(治今河北蔚县)知州。(0001 卷 13)

木八剌③　元回回人。世祖至元二十四年(1287)任祁门县(今属安徽)达鲁花赤。(0972 卷 4)

木八剌④(？～1297)　元蒙古克烈氏，哈散纳曾孙，撒的迷失之子。袭父职，充贵赤(善跑者)千户。迁任西域亲军副都指挥使。(0001 卷 122)

木八剌⑤　元成宗大德六年(1302)任黄岩(今属浙江)州达鲁花赤。(0893 卷 4)

木八剌⑥　元官员。成宗大德七年(1303)三月，与陈英同奉使宣抚江西、福建。延祐七年(1320)二月，由江西行省右丞擢为中书右丞；十二月，复出为江西行省右丞。(0001 卷 21、27、112)

木八剌⑦　元阿儿浑氏，居冀宁(治今山西太原)。仁宗皇庆元年(1312)任奉化(今属浙江)州达鲁花赤。(0633 卷 3)

木八剌⑧　元大都(今北京)人。仁宗皇庆二年(1313)任衢州路判官。(0878 卷 2)

木八剌⑨　元回回人，赛亦氏。顺帝至正三年(1343)任江南行台监察御史。(0632 卷 6)

木八剌⑩　元别失八里回回人。顺帝元统间进士别罗沙曾祖。管领纳失失户计。(0011 卷 86)

木八剌⑪　元畏兀儿人。居镇江。历任江东、浙东廉访副使。后以平江路(治今江苏苏州)达鲁花赤致仕。(0631 卷 19)

木八剌⑫　元哈剌鲁人。中书参政、宣徽使答失蛮之孙，怯来之子。(0011 卷 87)

木八剌⑬　元蒙古、色目人中居丧庐墓者，元廷旌表其门闾。(0001 卷 197)

木华黎(1170～1223)　元蒙古札剌亦儿氏。自幼为铁木真(元太祖)家奴，后为心腹亲兵。从铁木真征漠北诸部，屡立战功。与博尔术、博尔忽、赤老温号称四杰。为太祖四怯薛(禁卫军)长之一。太祖元年(1206)，封为左翼万户长。六年，从征金。九年冬，奉旨率军征辽西。十二年夏，平定辽西。秋，受封为国王，统率蒙古、汪古军二万三千骑及契丹、汉军，专主对金战事。十二至十八年，连年攻打河北、山东、山西，并依靠降附之汉人地主武装巩固被占领汉地之统治，致金朝黄河以北土地丧失殆尽。其子孙世袭国王及怯薛长。(0001 卷 119、1 等，0003 卷 27)

木花里　元唐兀乌密氏。察罕长子。初为元宪宗宿卫士，从攻钓鱼山(今四川合川东)，以功授四斡耳朵(帐殿)怯怜口(私属人口)千户。世祖至元四年(1267)，率兵从攻宋，自江陵(今属湖北)略地还，至安阳滩，遇宋兵阻击，奋战胜之。都元帅阿术坠马，宋兵追及，木花里挟之上马，力战退敌。以功升蒙古军万户。后从攻襄樊有功。死于军中。

(0001 卷 120)

木把剌 元英宗至治三年(1323)任吴江(今属江苏)州同知。(0954 卷 17)

木忽必 元回回人。泰定四年(1327)任丹徒县(治今江苏镇江)达鲁花赤。(0631 卷 16)

木忽难 元诸王。成宗大德四年(1300)正月,元廷赐其所部钞一万二千余锭。(0001 卷 20)

木南子 又译木南即、木楠子、木喃子。元宗王,太祖弟哈赤温曾孙,忽列虎儿之子。文宗天历三年(1330)三月,由济阳王徙封为吴王。(0001 卷 34、107、108)

木剌忽 元蒙古阿鲁剌氏,玉昔帖木儿长子。袭职为蒙古军右手万户。至大四年(1311)十月,元廷特授为荣禄大夫、知枢密院事。仁宗皇庆元年(1312)四月,封广平王。文宗天历二年(1329)十一月,毁其广平王印,命哈班代之为广平王,更铸广平王印以赐哈班。(0001 卷 24、33、108、119)

木斜飞 元回回人。世祖至元二十五年(1288)任丹阳县(今属江苏)达鲁花赤。(0631 卷 16)

木答里 元公主。(0001 卷 109)

木撒飞 字仁甫。元西域人。历任崇仁县(今属江西)达鲁花赤。文宗至顺三年(1332)升为宿州达鲁花赤。(0212 卷 9,0985 卷 11)

木薛飞① 元成宗元贞二年(1296)任溧阳(今属江苏)州达鲁花赤。后累迁为太平路(治今安徽当涂)达鲁花赤,死于官任。0632 卷 6,0948 卷 4)

木薛飞②(? ~1349) 元顺帝至正九年(1349)为石龙县主簿。是年,从化州(今属广东)路通判游宏道抵御海盗,战死。(0002 卷 233)

木薛非 元世祖至元二十六年(1289)至二十九年,任庆元路(治今浙江宁波)治中。(0633 卷 2)

木薛肥 元中叶折连怯呆儿地方(今西辽河下游北)皇家牧马场哈剌赤(牧养皇家母马群,挤奶,搅制马奶酒进奉者)千户。(0001 卷 100)

木儿火赤 元蒙古人。宪宗万户长卜怜吉带之子,仁宗时权相铁木迭儿之父。死后以子贵,至大四年(1311)冬,追封归德王,谥忠贞。(0001 卷 205)

木八儿沙 元阿力麻里(治今新疆霍城西)回回人。顺帝元统进士乌马儿之祖。(0028)

木八剌乞 元武宗至大元年(1308)任江南行台监察御史。(0632 卷 6)

木八剌吉 元回回人。顺帝至元六年(1340)任秘书卿。(0027 卷 9)

木八剌沙① 元宗王。察合台孙合剌旭烈兀之子。母兀鲁忽乃。察合台汗国第五代汗(1265 年在位)。元世祖至元二年(1265),未得世祖允许,由兀鲁忽乃立为汗,未几,世祖遣其堂兄弟八剌持诏回察合台汗国继承汗位,废之为驯养猎豹人。(0003 卷 32,0008 卷 2)

木八剌沙② 元世祖至元年间为鄞县(治今浙江宁波)达鲁花赤。(0633 卷 3)

木八剌沙③ 元世祖至元二十六年(1289)冬皇孙甘麻剌封梁王后,为梁王傅。二十九年甘麻剌改封晋王,改任晋王内史。(0001 卷 115)

木八剌沙④ 元世祖至元二十八年(1291)为上都留守。成宗大德七年(1303)三月至十二月任中书平章政事。(0001 卷 16、21、112 等)

木八剌沙⑤ 元成宗大德二年(1298)任慈溪(今属浙江)县尉。(0633 卷 3)

木八剌沙⑥ 元至大四年(1311)为都水监卿。九月,传仁宗旨,给驿往取杭州所造龙舟,中书省臣谏之,乃止。(0001 卷 24)

木八剌沙⑦ 元回回人。泰定帝时权相倒剌沙之子。文宗天历元年(1328)十一月,中书省奉旨追理其家赀。(0001 卷 32)

木八剌沙⑧ 元文宗时西域回回人。至顺元年(1330)三月,来贡葡萄酒,元廷赐以钞、币。(0001 卷 34)

木八剌沙⑨ 元乃蛮人,顺帝至正二年(1342)为江南行台监察御史,虚构浮辞,诬蔑中书左丞许有壬,有壬称病辞任归。(0001 卷 182)

木八剌沙⑩ 元顺帝至正十二年(1352)任两浙盐运司同知。(0872 卷 9)

木八剌沙⑪ 元蒙古兀良合氏。忽鲁浑曾孙。也速解儿之子。曾任南阳府达鲁花赤。(0011 卷 25)

木八剌沙⑫ 元回回人。曾任耀州(治今陕西耀县)达鲁花赤。(0804 卷 5)

木八剌沙⑬ 元回回人。也黑迭儿之孙。任工部尚书,领茶迭儿(庐帐)局。(0011 卷 84)

木纳失里(? ~1347) 元顺帝三皇后。蒙古弘吉剌氏。居隆福宫。(0001 卷 41)

木速塔八 元世祖所遣使臣。至元十一年(1274)正月,奉遣持诏出使高丽签军五千六百人助征日本。(0001 卷 208)

木速答班 元世祖至元二十八年(1291)任衢州(今属浙江)路治中。(0878 卷 2)

木沙剌福丁 元回回人。元中叶宰执兀伯都剌曾祖。死后以曾孙贵,追封吉国

公，谥忠懿。(0225卷2)

木忽儿·好兰　好兰，又译忽兰、合兀阑。蒙古阿答儿斤氏。十二世纪八十年代，率阿答儿斤部离开札木合投附元太祖。约1191年，十三翼之战中，率阿答儿斤部随太祖对札木合作战。蒙古建国后，受封为功臣千户长。(0009卷8，0007,0008卷1)

木勒合勒忽　蒙古札答阑氏人。十二世纪八十年代脱离开札木合投附元太祖。1189年太祖首次称汗后，为太祖小侍卫队成员，与忽图、抹里赤同掌管牧放马群。蒙古建国后，受命与古出古儿同管领一个千户。(0009卷3、9)

歹歹　元顺帝至元元年(1335)为庆元路(治今浙江宁波)治中。(0634卷1)

歹驴　元顺帝至正后叶为扩廓帖木儿部将。至正二十三年(1363)六月，驻兵蓝田、七盘。时孛罗帖木儿奉诏进讨襄汉，而歹驴阻道于前，孛罗帖木儿乃请元廷催督扩廓帖木儿军所部东出潼关，道路既通，即便南讨。(0001卷46)

歹不花　元顺帝至正后叶江西平章朵里不花部将，为徭族刘荣反元队伍所杀。(0001卷195)

瓦吉剌　元末任黟县(今属安徽)主簿。(0973卷6)

瓦咱剌失里　元康里人。元末江浙左丞相达识帖睦迩之子。(0011卷63)

瓦只剌孙答里氏　元顺帝长子、皇太子爱猷识理达腊正妻。顺帝至正二十六年(1366)四月，诏立为皇太子妃。(0001卷47)

王与①　字与之，号正庵，元东瓯(今浙江永嘉)人。少年时勤学不辍，尤留意刑律。后被荐，选为郡功曹，历任丽水、开化、黟三县史，临海、括苍郡佐，以乐清县令致仕。元武宗至大元年(1308)编成《无冤录》。此外，著有《钦恤集》、《刑名通义》。(1149卷157)

王与②　元顺帝至元二年(1336)任获鹿县尹。(0645卷4)

王才　字大用。元太原(今属山西)人。塑造泥像精妙无比。(0260卷13)

王义①(1181～1249)，字宜之。金元之际真定宁晋(今属河北)人。金末，被县人推为长，摄宁晋县事，号称都统。降木华黎蒙古军，授宁晋令，兼赵州以南招抚使。元太祖十年(1215)，奉木华黎遣攻占赵州，授赵州太守、赵冀二州招抚使。十三年，拔束鹿，降深州，顺天都元帅张柔上其功，升深州节度使、深冀赵三州招抚使。率精锐三千夜袭，破金将武仙四万兵。十五年，拔冀州，授安武军节度使、行深冀二州元帅府事。太宗六年(1234)，以病解职。(0001卷151)

王义②(1197～1274)，金元之际太康(今属河南)人。金末，汴京破，凿地为窟室收容逃难者。元世祖中统元年(1260)任太康县尹，未几弃职去。(0154卷12)

王义③　元平阳洪洞(今属山西)人。世祖至元年间任鲁山县尹，以清廉耿直见称。(0622卷30，0761卷26)

王义④　字宜之。元仁宗皇庆二年(1313)任秘书监丞。(0027卷9)

王义⑤　元顺帝至正四年(1344)任上高(今属江西)县尹。(1016卷14)

王马(?～1337)　元后叶黎族起义领袖。海南岛琼山县黎族人。文宗至顺二年(1331)，因不堪繁重征调，在琼山县竖旗聚众起义。与同时期起义的王官福、王六昊、王周等相呼应，相继攻占会同、文昌、乐会、万州、南道州等州县，攻破南宁军、万安军、吉阳军等军事重镇，进攻海南岛统治中心——乾宁军民安抚司。元廷命湖广行省左丞移剌四奴统率湖广、江西、江浙诸行省军赴海南镇压。王马指挥起义军凭险奋战，痛击官军。朝廷一再换将督师，均相继失利。起义延续七年。顺帝至元三年(1337)，被捕牺牲，起义失败。(1146卷51)

王开　字启元，宋元之际兰溪(今属浙江)人。家贫，好读书，因不得志，弃儒学医。客居元大都(今北京)，出入窦默门下二十余年，学九针补泻法，尽得其术。南归后，以针灸术为人治病，无不见效。元世祖至元十四年(1277)，领扬州路医学教授，后因母老辞归。与子国瑞增注窦默所注《铜人针经密语》，称《医镜密语》，又称《补注密语》。又撰有《重注标幽赋》。子国瑞、孙廷玉、曾孙宗泽，能世其业。(1149卷139，1126卷28)

王元①　字长卿。元官员。历任黟县(今属安徽)尉。(0236卷16)

王元②(1278～1356)，字元之。元长洲(治今江苏苏州)人。自适于酒，扁其室曰醉乡。(0279卷12)

王元③　字文元。元明之际桂林(今属广西)人。有诗作传世，《元诗选癸集》收有其诗。(0504戊下)

王云　字从龙。元东原(今山东东平、汶上、宁阳等县一带)人。顺帝至正元年(1341)为东平尹，以治最迁任易州尹。(0649卷30)

王中①　字敬中。元人。有诗作传世，《元诗选癸集》收有其诗。(0504戊下)

王中②　字贤卿。元济南人。顺帝至正十五年(1355)由邹平县主簿迁任秘书监辨验书画直长。(0027卷10)

王升①　元济南人。仁宗延祐六年(1319)任江南行台监察御史。顺帝至正元年(1341)累迁江南行台御史中丞。(0632卷6)

王升②　字彦高。元云南昆明人，王惠之子。英宗至治年间累迁仁德路儒学教授。后官至曲靖宣慰副使。中原文士任官于云南者多与之交游。(0851卷10、

11)

王仁①　元太原(今属山西)人。宪宗时袭父职为保宁招讨使,谕降宋将杨大渊。世祖时授潼川路总管,遂迁家于潼川。死于任总管时。(0147 卷 8)

王仁②(1241~1311),字仲安。元中山(治今河北定县)人。世祖至元十二年(1275)授归州安抚副使。十四年任江东宪佥。历任淮西、山东、燕南宪佥。成宗大德九年(1305)任治书侍御史,未几以疾辞归,又授河东廉访使,复以疾辞。卒,谥正肃。(0262 卷 10)

王仁③　元世祖至元二十四年(1287)任江南行台御史。成宗大德十年(1306)累迁江南行台侍御史。(0632 卷 6)

王仁④　元文宗天历二年(1329)为奉化州(治今浙江奉化)同知。(0634 卷 2)

王介①　元世祖至元十七年(1280)四川南道宣慰使杨文安所遣辩士。是年奉文安遣,谕降散毛(在今湖北来凤县)诸洞少数民族。(0001 卷 161)

王介②(1294~1371),字万石,号豫斋。元上虞(今属浙江)人。顺帝至元三年(1337)以荐为临海县学教谕。至正中调任天台县学教谕,后升为庆元路学正。十六年(1356)借调为浦城县高泉巡检。后以世乱迁家居于浦城。(0424 壬)

王氏①(?~1280),名丑丑。元建康(治今江苏南京)人,漳州万户府知事阚文兴之妻。世祖至元十七年(1280),陈吊眼攻漳州,文兴率兵与战,死之。王被掠,给吊眼所部兵曰:“俟吾葬夫,即从汝。”得负夫尸还,积薪焚之。火炽,即自投火中死。文宗至顺三年(1332),事闻于朝,赠文兴侯爵,谥英烈,王氏为贞烈夫人。有司为立庙祀之,号“双节”。(0001 卷 200,0150 卷 12)

王氏②　元乌程县(治今浙江吴兴)富民张甲之妻。无子,张纳一妾于外,生子,未及周岁。王诱妾以儿来,逐妾,杀儿焚之。知县干文传闻而发其事,得死儿余骨。王厚贿妾之父母,买邻家儿谓即妾所生。文传令妾抱儿乳之,儿啼不就乳,妾父母吐实。王遂伏辜。(0001 卷 185)

王氏③　元燕人张买奴妻。年十六,买奴官钱塘病殁,葬城西十里外。王每旦被发步往奠之,伏墓大恸欲绝,久而致疾。服阕,公婆劝其改嫁,王固不从。茕居三十年,贞白无少玷。元廷旌表其门。(0001 卷 200)

王氏④　元大都(今北京)人费岩之妻。岩死,王早寡不忍独生,以死从夫。事闻,元廷命褒表之。(0001 卷 200)

王氏⑤　元唐州(治今河南唐河县)人赵选妻。赵毓之嫂。选死,选母以王年少,许归改嫁。王曰:“妇无改嫁之义,愿终事姑。”成宗元贞初,旌之。(0001 卷 197)

王氏⑥　元辽阳(今属辽宁)人,李君进妻。成宗大德八年(1304),君进病死,将出葬,王氏抚棺大哭,呕血而死。遂与夫连柩出葬。(0001 卷 200)

王氏⑦　元建德(今属浙江)人,女。武宗至大年间,其父出耘舍旁,为豹所噬,曳之上山。父大呼,王氏急趋救,以锄击豹脑杀之,父乃得生。(0001 卷 200)

王氏⑧(1250~?),元唐县(今属河北)王瑄之女。年十五嫁同里董坚。世祖至元年间(1264~1294),坚从征安南,死于琼州海上。王氏守节抚育二子成人,后二子皆为文吏。仁宗延祐元年(1314)旌表之。(0244 卷 15)

王氏⑨　元内黄(今属河南)人,赵美妻。英宗至治元年(1321),美溺死。公婆欲以族侄与之继婚,拒不从。公婆逼之,自经死。(0001 卷 200)

王氏⑩　元内黄(今属河南)节妇。英宗至治三年(1323)四月,元廷旌表之。(0001 卷 28)

王氏⑪　元大都(今北京)人刘德仁妻。文宗至顺二年(1331),元廷旌其贞节。(0001 卷 35)

王氏⑫　元萧山(今属浙江)人,杨伯远妻。顺帝至正年间江水为患,伯远为里正,筑堰不成,日受责,王氏痛之,割股投于水,沙涨堰成。(0880 卷 47)

王氏⑬　元良乡(今属北京)费隐妻。隐病危,嘱其善抚妾所生一子、一女。隐死,善抚妾子女。既而子又死,乃曰:“今无望矣!”服除,以家产付女,自缢死。(0001 卷 201)

王氏⑭　元大都(今北京)人,惠士玄妻。顺帝至正十四年(1354),士玄病危,嘱其善视前妾所生子。士玄死,抚妾子如己出。岁余,妾子死,哭曰:“今无望矣!”自杀死。(0001 卷 201)

王氏⑮　元博兴(今属山东)人。焦士廉妻。养姑至孝。顺帝至正十七年(1357),毛贵攻入山东,官军竞出掳掠。王被执,给曰:“我家墓田有藏金,可往取之。”官军信之,随其至墓所。王哭曰:“我已得死所,实无藏金。”遂被杀。(0001 卷 200)

王氏⑯(?~1368)　元末人,状元张栋之妻。顺帝至正二十八年(1368),明军入大都(今北京)。王氏语家人曰:“吾为状元妻,义不可辱。”赴井死。(0001 卷 201)

王氏⑰　元太谷(今属山西)人,武祺妻。有姿色。元末,反元队伍入其家,欲污之。厉马不从。遂被害。(0692 卷 20)

王氏⑱　元成都李世安妻。年十九,世安死,弟世显欲收继之,不从,断发割耳。事闻于朝,旌之。(0001 卷 200)

王氏⑲　元夏津(今属山东)人,马英妻。年二十余,英死,誓不再嫁,冻饿而死。诏旌其门。(0002 卷 244)

王文　字彬卿。元官员。曾任浚州知州，以才干称。(0643 卷 5)

王为　元顺帝至正二十六年(1366)，任兴化路(治今福建莆田)总管。(0905 卷 2)

王玉(1191～1260)　金元之际赵州宁晋(今属河北)人。金末为万户，镇赵州。元太祖时，木华黎军至河北，玉率众降，从攻邢、洺、磁三州，济南诸郡。又从攻泽、潞、平阳、太原、汾、代等州郡。师还，署元帅府监军。太祖二十年(1225)，从肖乃台、史天泽等大败金将武仙。收复真定，以功任权真定五路万户。(0001 卷 151)

王正　元永年(今属河北)人。英宗至治年间为谯县尹。(0979 卷 3)

王平　字东野。元庐陵(治今江西吉安)人。自幼好学。及长，精研医学，潜心方脉，遂以医术鸣世。成宗大德初，授吉安路永新州医官提领。七年(1303)，升为吉安路医学副提领。武宗至大四年(1311)入京师，任太医院御医。虞集、揭傒斯、程钜夫咸重之，与赵孟𫖯交尤厚。曾请立广惠局以济民病，获准，任该局提举官。后局废，遂辞归，时年六十三。有《王氏集验方》五卷，今日本尚存。又著有《本草经疏》，已佚。门人旷处良得其传，为良医。旷氏后裔世传家学至今。(1126 卷 34，1145 上册卷 23)

王节①　金元之际人。金末为金廷掌礼者。元太宗十一年(1239)，衍圣公孔元措奉旨至燕京收录亡金知礼乐旧人。节与金掌乐许政及乐工翟刚等九十二人皆被元措收录。(0001 卷 68)

王节②　字直卿。元藤州(治今广西藤县东北)人。初为吏，成宗大德八年(1304)累迁为江南行台监察御史。(0632 卷 6)

王东①　字起善。元平江路(治今江苏苏州)人。喜抄异书，尝得北方元好问《续夷坚志》四卷，抄以传世，深得友人宋无、石岩赞赏。(0129 卷末)

王东②　字尚志。元庐陵(治今江西吉安)人，一说临川(今属江西)人。有诗作传世。《元诗选癸集》收有其诗。(0504 己下)

王由(1254～1288)　字在之。宋元之际永嘉(治今浙江温州)人，王振鹏之父。死后以振鹏贵，封赠瑞安州知州。(0501 卷 54)

王甲　元中叶南安路总管府吏，殴伤属县长官，该官诉府。时镇守万户朵儿赤，持总管府短长，同僚畏之，托故不视事，府推官汪泽民独捕甲，系之狱。朵儿赤赂巡按御史，受甲家人诉，欲出之，泽民正色与辨，御史沮怍而去。甲遂被判罪。(0001 卷 185)

王仪①　字仪之。元林虑(治今河南林县)人。世祖中统二年(1261)为太医院判兼教授。(0144 卷 82)

王仪②　元世祖至元二十九年(1292)为江山(今属浙江)知县。(0878 卷 2、8)

王仪③　字子礼。元邓州(治今河南邓县)人。官至陕西行台中丞。(0622 卷 30，0075 文学典卷 90)

王仪④　字仲履，一字仲仪，号菀庵。元婺源(今属江西)人。应举不利。曾任池阳儒学教授。善为诗，其诗直追古人。(0972 卷 8，0283 卷 3)

王仔　元世祖至元八年(1271)为河南府陕县尹。是年十月，大司农臣言其怠于劝课农桑，宜加黜陟；帝从之。(0001 卷 7、93)

王用　元彰德(治今河南安阳)人。仁宗延祐中任衢州路经历。(0878 卷 3)

王宁①　元保定路(治今河北保定)人。王昔剌次子。世祖至元中，代兄宏之职为左卫千户。从元将阿剌台、憨合孙北征，追击叛王脱脱木儿之军于阿纳秃阿之地。师还，又从元将别急里迷失等击外剌(斡亦剌)部叛军，斩首百余级。复从忽鲁忽孙北征有功。以功升为右卫亲军总管。后改任前卫都指挥使司佥事。(0001 卷 166)

王宁②　元世祖至元二十九年(1292)任秘书监丞。(0027 卷 9)

王让　字让甫。元东平(今属山东)人。世祖至元十五(1278)至十八年任镇江路同知。(0631 卷 15)

王礼①　字礼仲，元江都(今江苏扬州)人。嗜古学，究心铁笔。篆书宗张谦仲、吴承嘉。八分、行楷、草书、无不精妙。一时陇墓碑版金石之文，多出其手。(1143 卷 141)

王礼②　字元礼，号玉笥老人。元人。有诗作传世。《元诗选癸集》收有其诗。(0504 辛下)

王礼③(1314～1386)　字子让，又字子尚。元明之际庐陵(治今江西吉安)人。顺帝至正十年(1350)江西乡试中魁，次年授安远县教官。十六年授兴国主簿，以亲老辞归。未几，应江西行省参政征召参谋幕府。迁任广东帅府照磨，未几复归。家居讲授，学者称为麟原先生。有《麟原文集》二十四卷。(0002 卷 238，0190 后集附录)

王训　元仁宗时建康(治今南京)富民。延祐五年(1318)十一月，元廷用监察御史乃蛮带等言，追夺其白身滥受宣敕。(0001 卷 26)

王永(1308～1358)　字子长。元龙溪(治今福建漳州)人。顺帝至元四年(1338)畲民反元起事，从元军征讨，以功授武平县(今属福建)象洞岩巡检，到任数月辞归。(0417 卷 20)

王发　字景回。元会稽(治今浙江绍兴)人。与时不合，隐居以终，扁其斋曰友樵。死年四十。(0438 卷 1)

王弁 字君冕。元长安县(治今陕西西安)人。早年从孛术鲁翀学。后任鲁斋书院山长。仁宗延祐二年(1315)登进士第。任三原县尹,被诬罢任。有诗作传世。《元诗选癸集》收有其诗。(0181 卷2、12、15,0504 丙)

王芝 字子庆,号井西。元钱塘(治今浙江杭州)人。曾奉行省委派往浙东收集郡县图书。武宗至大初年死。(0143 卷4、5,0142 卷13)

王圭 字敬仲。元宛陵(今安徽宣城)人。与弟王璋并以诗名。尝与四明戴表元、吴郡郭麟孙唱和。尤工五言,其佳句为时人传诵。有《敬仲集》。(0503 三集甲,0033 卷23)

王权 号布王三。元顺帝至正十一年(1351)冬,举兵反元,十二月,攻占邓州(今河南邓县)、南阳,其所部称北琐红军。后又攻占唐、嵩、汝、河南府(今河南洛阳)等城。次年夏,在襄阳被元将答失八都鲁围攻。五月初,城破,率千骑西走,遇伏兵被擒。(0001 卷42、142)

王达① 元世祖中统三年(1262)为宿州千户。是年十月,敕命其以所擒宋王用、夏珍等八人赴京师。(0001 卷5)

王达② 元义州开义(治今辽宁义县南)契丹人,本姓耶律。王珣之孙,王荣祖之子。元世祖时任东京五处征行万户。(0001 卷149)

王成①(1234~1285) 元益都(治今山东青州)人,刀王王英之父。世祖至元六年(1269)授百户。从攻襄樊、灭宋,多立战功。十七年,升为管军千户。二十年,移镇江西。(0415 卷2)

王成② 元重庆人。世祖至元十三年(1276)任丹徒(今属江苏)知县。(0631 卷16)

王成③ 元成宗大德二年(1298),田滋为浙西廉访使。有县尹张彧,被诬以赃,狱成,滋审之,有疑。明日谒城隍祠祷曰:"张彧有冤,愿神助滋,明其诬。"守庙道士进曰:"昔有王成等五人,同持誓状到祠焚祷,火未尽而去之,烬中得其遗稿,今藏壁间,岂其人耶?"次日,拘审成等,不服,因出誓状遗稿示之,皆惊愕伏辜,彧得释。(0001 卷191)

王成④(? ~1331) 元宁海(治今山东牟平)人。仁宗延祐四年(1317)任镇江路广平翼下百户。(0631 卷17)

王成⑤ 元顺帝至正元年(1341)任吴江州判官。(0954 卷17)

王成⑥ 元雷州海康(今属广东)人。素骁勇。为平河门军校。常戴一皮帽冲锋陷阵,号帽儿王。顺帝至正年间,徭族反元起事,攻至雷州城下。元军还救,成先驱,连斩数敌,大破之。恃胜不设备,被徭人发毒矢射中而死。(0002 卷233)

王医① 元内科医师,与罗谦甫为同时人。千户高国用之父腹痛肠鸣,泄止复添呕吐。王医用丁香、人参、藿香、橘红、甘草,同为细末,生姜煎,数服呕吐止,而饮食进。(1145 上册卷52)

王医② 元幼科医师。出售黑神丸,治小儿急、慢惊风,以效致富。(1145 上册卷52)

王贞① 金元之际人。元太宗二年(1230),任西京路(治今山西大同)征收课税副使。(0001 卷2)

王贞② 元世祖至元十二年(1275)为莱州酒税官。是年六月上奏言:招讨司所收乾讨虏人,可悉罢之,籍为正军,命各万户管领征进,一则得其实用,二则正王师吊伐之名。元廷从之。(0001 卷98)

王贞③ 元世祖至元二十七年(1290)任金坛(今属江苏)县尉。(0631 卷16)

王贞④ 字吉卿。元卫州(治今河南淇县)人。成宗大德初年由御史台掾转任含山知县。(0989 卷下)

王贞⑤ 字吉甫。元保定唐县(今属河北)人。至治三年(1323)为枢密院掾吏,英宗被弑,以平逆定乱之策告知枢密副使完颜及枢府大臣。闻者皆震栗,是其言而不敢发。事定,被召为中书省掾。(0501 卷39,0003 卷122)

王贞⑥ 字善政。元顺帝至正年间任秘书监丞。(0027 卷9)

王贞⑦ 字履道。元江都县(治今扬州)人。顺帝至正十五年(1355)避战乱至吴。次年,张士诚据吴,召之为德清学谕,不赴。有诗作传世,《元诗选癸集》收有其诗。(0042 卷10,0504 辛上)

王廷① 元义州开义(治今辽宁义县南)契丹人,本姓耶律。王珣之孙。王荣祖之子。任中卫亲军都指挥使。(0001 卷149)

王廷② 字美宗。元南陵(今属安徽)人。成宗元贞二年(1296)任益州教授。(0072 别附卷3)

王伟① 元大都(今北京)人。世祖至元二十九年(1292)任镇江路通政院判官。(0631 卷17)

王伟② 字士徽。元长沙人。寓居静江(治今广西桂林)。工五言诗。(1036 卷26)

王仲 元世祖初年东川都元帅杨大渊部将。至元元年(1264)四月,大渊以仲得宋将昝万寿书而杀之。诏以其事未经鞫问,或堕宋人行间之计,岂宜辄施刑戮,诘责大渊,仍存恤仲家。(0001 卷5、161)

王任 字遵尹。元河内(治今河南沁阳)人。曾任温县知县。(0762 卷8)

王舟①(1248~1313) 字六彝。元奉元同州(治今陕西大荔)人。成宗元贞二年(1296)任汉州同知。后历任云阳州同知、成都路判官。(0181 卷7)

王舟②　元仁宗延祐五年(1318)任瑞州路儒学教授。(1016 卷 14)

王全①　元怀庆(治今河南沁阳)人。世祖至元二十三年(1286)任镇江怀庆翼下百户。(0631 卷 17)

王全②　字孟周。元大宁路(治今内蒙古宁城西)女真人,迁居镇江。官至饶州路安仁县尉。(0631 卷 19)

王企(1304～1350)　字仲善。元金溪(今属江西)人。早年从李存、祝蕃学。(0415 卷 6)

王旭①　金元之际渤海(治今山东滨州)人。有文名,与东鲁王博文、汲县王恽齐名。(0001 卷 167)

王旭②　字景初。元东平(今属山东)人。早年家贫力学,后教授各地。善为文,与同郡王构、永平王磐俱以文章名世,号称三王。著有《兰轩集》十六卷。(0075 文学典卷 87,0006 卷 58)

王兆　金元之际坚州(治今山西繁峙东南)人。元太祖十二年(1217)蒙古军至坚州,知州弃城遁,城人推其与刘会同管州事。度不能守,乃与会等降蒙古军前,授左监军。后迁任坚州左副元帅。招集流民,劝课农桑,在任二十年,威惠大行。宪宗元年(1251)致仕。卒年八十。(0002 卷 145)

王庄　元卫辉(治今河南汲县)人。居丧庐墓,元廷旌表其门。(0001 卷 197)

王汗(?～1203)　又译王罕、汪罕。本名脱里。金末克烈部首领。嗣其父忽儿扎胡思为汗,因残害兄弟,被逐走。后得铁木真(元太祖)之父也速该之助复汗位。驻牧地在土拉河之黑林。铁木真早年势弱,曾依附之,多次得其出兵相助。金章宗承安元年(1196),出兵助金丞相完颜襄征塔塔儿部,有功,受封为王,故称王汗。后被乃蛮部击溃,西逃至西辽。后复归。得铁木真相助,收复部众。后因铁木真部日益强大,渐失和有隙。泰和三年(1203)春,发兵击溃铁木真部。秋,遭铁木真袭击,西逃,为乃蛮人所杀。(0009 卷 2～7,0001 卷 1、119、120、121 等,0002 卷 118)

王兴　元义州开义(治今辽宁义县南)契丹人,本姓耶律。王荣祖之子。元宪宗时任征东千户。(0001 卷 149)

王安　元顺帝至元五年(1339)任浙东宣慰司副使。(0634 卷 1)

王祁　字京甫。元藁城(今属河北)人。尝从吴澄学。后教授乡里。(0645 卷 28,0071 卷 92)

王讷　元顺帝至元元年(1335)任绍兴路推官。(0880 卷 27)

王艮(1278～1348)　元绍兴诸暨(今属浙江)人。读书务明理以致用,不苟事言说。由吏入仕。元中后期历任淮东廉访司书吏、庐州录事判官、峡州总管府知事、江浙省掾史、建德知县、两浙都转运盐使司经历、海道漕运都万户府经历、江浙省检校官、江西省左右司员外郎。在任时对改进市舶、海运及减轻百姓赋税负担,颇多建树。后以淮东宣慰副使致仕。(0001 卷 192)

王羽　元钱塘县(治今浙江杭州)人。有诗作传世,《元诗选癸集》收有其诗。(0504 己下)

王约①(1252～1333)　字彦博。元真定(治今河北正定)人。早年从魏初学,博览经史,工文辞。由吏入仕。世祖至元二十四年(1287)任监察御史。时丞相桑哥诬陷参政郭佑,约上章直佑冤。按治成都盐运使王鼎不法,罢其官。后转任御史台都事,奏请立陕西行台,诏从之。三十一年初,迁任中书右司员外郎,四月,成宗即位,上奏蠲捕负、停冗役、振风宪、励学校、核税户、择守令、汰官属、定律令等二十二事。迁任礼部郎中,奏请付时政记于史馆以备纂录、立供需府以专供亿,帝从而行之。武宗时任礼部尚书,请定丁忧之制。至大二年(1309),任太子詹事丞。次年,升太子副詹事。仁宗时历任河南右丞、集贤大学士、枢密副使。曾建议兴科举。英宗时商议中书省事,参与至治新政,奉诏与中书省臣及诸旧臣制定律令,颁行《大元通制》。著有《史论》三十卷,《高丽志》四卷、《潜丘稿》三十卷,行于当世,今均佚。(0001 卷 178)

王约②　号行素翁。元湖南人。尝出仕西南徼外,又曾任润州(治今江苏镇江)同知。后终老于家。(0212 卷 23)

王约③　字子复,号相山。元慈溪(今属浙江)人。与赵偕同研究慈湖之学。以布衣终。(0071 卷 93)

王寿(1251～1310)　字仁卿。元涿郡新城(今属河北)人。初,因通蒙古文而为中书省掾。后以朝臣荐入侍太子真金。元世祖至元后叶,仕兵部员外郎,升吏部郎中。成宗时,历任燕南廉访副使、侍御史、参议中书省事、吏部尚书。武宗时任御史中丞、集贤大学士。(0001 卷 176、22 等)

王玙(1281～1346)　字君玉。元桐庐(今属浙江)人。家居不仕,自号晦岩居士。(0411 卷 6)

王远　元顺帝时任参知政事。至正年间兵乱,避于孟州五花寨,处治有方,寨人赖之以安。(0692 卷 20)

王均(1227～1290)　字润夫。元襄阳(今属湖北)人。世祖中统元年(1260)任归德府从事。至元六年(1269),擢河南行省掾,以策干刘整,整奇之,奏为元帅府经历。十年,襄阳为元军占领,擢襄阳府判官。十三年,奉诏转粟饷阿里海牙军,迁潭州行省左右司员外郎。十五年,升行省左右司郎中。时阿里海牙进军,督饵无乏,升永州路总管。二十四年,迁静江路总管。镇南王征安南,奉行省檄至海北督饵。(0145 卷 21,0003 卷 92)

王芳　元黄岩(今属浙江)人。曾任上虞知县。(0880 卷 28)

王贡　元仁宗延祐年间为任县尹。(0647 卷 10)

王严(1258～1342)　字敬之。宋元之际处州丽水(今属浙江)人。宋末试进士不第。入元,福建宣慰使李珏荐为建宁路松溪县丞,不赴。(0152 卷 38)

王励　字茂德。元婺源(今属江西)人。从学者甚众。(0972 卷 9)

王连　元世祖至元二十七年(1290)为武平路(治今内蒙古宁城西)总管府官。是年八月,武平大地震,与官民七千二百余人皆被压死。(0001 卷 16)

王坚①　元成宗大德元年(1297)任江南行台御史。(0632 卷 6)

王坚②　字学周,号坦坦道人。元松江府(治今上海松江)人。书法学赵孟頫。(0074 卷 39)

王时①　字景南。元昆山(治今江苏太仓)人。书法家,精于篆隶章草。(0046 卷 8)

王时②　字本中,元大宁(治今内蒙古宁城西)人。江浙参政王克敏之子。初以文学显。泰定元年(1324)进士,累官礼部尚书。顺帝至正十九年(1359)二月,由详定使擢中书参知政事。二十年正月,与右丞不花同分省冀宁(治今山西太原)。二十五年,升中书左丞。二十七至二十八年,为翰林学士承旨。(0001 卷 113、184、186)

王岑　元世祖至元八年(1271)为侍卫亲军千户。时高丽裴仲孙等立高丽王禃亲属承化侯为王,元将洪茶丘破其军,杀承化侯,其党金通精率余众走躭罗。岑奉帝遣,与茶丘议征取之策。(0001 卷 154)

王佐①　元成宗大德十年(1306)任兰溪(今属浙江)知州。(0881 卷 12)

王佐②　元武宗至大元年(1308)为山东宣慰使。时山东益都、济南、东平等路大饥。是年二月,奉遣同廉访司核实赈济。(0001 卷 22)

王佐③　元武宗至大四年(1311)任清平(治今山东高唐西南)知县。(0730 卷 6)

王佐④　元登封(今属河南)人。居丧庐墓,元廷旌表其门。(0001 卷 197)

王佐⑤　元晋宁(治今山西临汾)人。从父居于上都(今内蒙古正蓝旗东北),教授里巷,不与时俯仰。顺帝至正中,反元队伍至,仓猝不能避,被执。不降,骂不止,遂被杀。(0001 卷 194)

王佑　元成宗大德元年(1297)任泽州知州。(0694 卷 5)

王孚①(1249～1327)　字公信。元永平(治今河北卢龙)人。早年善骑射,有勇力。后游学洙泗之间,所至人师礼之。(0147 卷 19)

王孚②　字宗孚。元山阴(治今浙江绍兴)人。敦孝友,尊礼教。隐居以终。(0062 卷 44)

王忱①　字仲略。元汲县(今属河南)人,王恽之弟。历任竹监使。(0144 卷 4、23)

王忱②(1237～1315)　字允中。元赵州宁晋(今属河北)人。王玉之子。幼读书,明敏有才识。元世祖时,由平章赵璧引见太子真金,遂留充太子宿卫士,掌钱谷计簿。后出任辽东按察副使。驸马伯忽里,数弛猎蹂民田,忱绳之以法。改河北河南道按察副使。劾罢镇南帅唐兀台。后历任燕南廉访副使,广西、山西廉访使,江陵、汴梁路总管。仁宗延祐元年(1314),为昭文馆大学士。次年死。(0001 卷 151)

王忱③　元武宗至大二年(1309)任江山县(今属浙江)尉。(0878 卷 3、8)

王闰①　元东平须城(治今山东东平)人。父素多资产,既老,资产尽废,不甘淡薄,每食需鱼肉,闰朝夕勤苦入市,营奉无缺。父性乖戾,闰左右承顺,得其欢心。父卧疾,夜燃长明灯室中,火起。闰突入火中,抱父出,肌体灼烂,而父无少伤。一女不能救,被焚死。世祖中统二年(1261),免其徭役。(0001 卷 197)

王闰②　元大名(今属河北南)人。世祖至元十七年(1280)为清江知县,有政绩。(0231 卷 7)

王闰③　元世祖至元二十二年(1285)任西安县(治今浙江衢州)主簿。(0878 卷 3、7)

王沂①　字振文。金元之际顺天(治今河北保定)人。元初随张柔降蒙古,柔承制辟之为录事判官兼规措大使。后历任顺天路判官、鄜州知州、顺天路总管府权府事。死年七十三。(0210 卷 16)

王沂②　字师鲁。元真定(治今河北正定)人。仁宗延祐二年(1315)进士。历任翰林编修、国子博士、翰林待制。顺帝至正三年(1343),以翰林直学士参与修《辽史》。五年,任礼部尚书。至正中卒。著有《伊滨集》二十四卷。(0645 卷 5、27,0006 卷 89)

王完　元顺帝至正年间任新河县尹。(0645 卷 4)

王宏①　元保定(今属河北)人,王昔剌之长子。先佩金符,为左卫亲军千户。后枢密院拟其弟宁袭武职,宁让于宏,于是授宏中卫都指挥使,佩父虎符。(0001 卷 166)

王宏②　元成宗大德十年(1306)任江南行台侍御史。(0632 卷 6)

王良①(1190～1281)　金元之际中山唐县(今属河北)人,王恂之父。金末为中

山府掾，时民遭乱后，多以诖误系狱，良前后所活数百人。后弃去吏业，潜心周程理学及天文律历，无不精究。（0001卷164）

王良②　金元之际冀宁平晋（治今山西太原南）人。元初为隆德府（治今山西长治）知府。（0692卷20）

王良③　元顺帝至正二十六年（1366）任兴化路总管。（0905卷2）

王评　元人。有诗作传世，《元诗选癸集》收有其诗。（0504癸下）

王纬　元英宗至治二年（1322）为太常礼仪院使。是年九月，奉旨与中书平章买闾、礼部尚书张埜、学士袁桷等议南郊祀事。（0001卷72）

王纲①（1234～1287）　字政之。元晋州安平（今属河北）人。初为县吏。世祖至元初年，累擢工部主事。参预大都（今北京）营缮之役，以功最擢兵部员外郎，转刑部。未几，迁任工部郎中，忤权臣阿合马，出为益都淘金总管府经历。至元十九年（1282）擢山东按察副使。未几，改任湖南按察副使。二十四年，迁任海北广东按察使，以疾归，至潭州病死。（0002卷174）

王纲②　元保定新安（今属河北）人。从刘因学。居母丧哀毁而死。（0160卷17）

王纲③　元潞州长子（今属山西）人。不求仕进。筑楼藏书，教授子弟。（0698卷6）

王纶①　元长垣（今属河南）人。文宗天历元年（1328）任新昌（今属浙江）知县。（0880卷28）

王纶②　字昌言。元嘉禾（治今福建建阳）人。顺帝至正年间为学正。有诗作传世，《元诗选癸集》收有其诗。（0504庚上）

王玮（1274～1337）　字君璋。元蒲城（今属陕西）人。初为甘肃理问所令史。历任巩昌帅府掾、四川省掾、行宣政院知事、资善库提举、行宣政院经历。（0415卷5）

王玠　元太原人。任寿光知县。岁凶反元队伍起，乃建亭习射，练兵数月，艺精器备，反元队伍不敢进攻。（0721卷27，0726卷12）

王武①　字□仲。元蓝田（今属陕西）人。由岁贡入仕。历任陕西、江南行台监察御史，大宗正府员外郎，中台监察御史，四川、浙东廉访司佥事。（0152卷29）

王武②　元顺帝至正五年（1345）任西蜀四川道廉访司佥事，为西蜀奉使宣抚所诬陷，以轻侮抵罪。陕西行台治书侍御史李好文率诸御史力辨其枉。（0001卷183）

王武③　元豫章（治今江西南昌）人，顺帝至正十五年（1355）任翰林编修。有诗作传世，《元诗选癸集》收有其诗。（0504己上，0554卷26）

王茂①　元世祖至元二十五年（1288）为西安（治今浙江衢州）知县。（0878卷2、7）

王茂②　元世祖至元二十六年（1289）任江南行台御史。（0632卷6）

王茂③　字茂卿。元崇明（今属上海）人。曾任沔阳府提控案牍。（0949卷7）

王茂④　字伯昌。元明之际曹州（治今山东荷泽）人。顺帝至正年间进士。累官至户部尚书，出任福建行省左丞。至正二十七年（1367）十二月，明军攻克福州，被徙至金陵。明太祖授以刑部尚书，力辞，被谪于安庆。后放还。有《东村野叟诗稿》，已佚，有诗作传世。（0721卷30，0504辛上）

王英①（？～1262）　元霸州大城（今属河北）人，王守信父。任水军千户。世祖中统三年（1262），从讨李璮，战死。（0002卷165）

王英②　元弘州（治今河北阳原）人。世祖至元年间为胙城知县。（0762卷9）

王英③　元成宗大德六年（1302）为吴江州判官。（0954卷17）

王英④　字世杰。元燕山（今北京）人。仁宗皇庆元年（1312）由大同路推官迁任常熟知州。（0928卷4、41，0947卷5）

王英⑤　元泰定三年（1326）为吴江州提控案牍。（0954卷17）

王英⑥（1262～1357）　字邦杰。元益都（治今山东青州）人。膂力绝人，善骑射。袭父职，为莒州翼千户。善用双刀，号称刀王。世祖至元二十九年（1292），奉江西行枢密院命，率军镇压丘老大反元队伍，激战，杀其渠帅刘把东。成宗元贞元年（1295），从左丞董士选镇压反元队伍首领刘贵，擒获之。仁宗延祐二年（1315），奉行省命，率各万户军镇压宁都蔡五九起义，擒获五九。文宗至顺二年（1331），奉行省命招降桂阳州反元队伍张思进等两千人。顺帝至元三年（1337），镇压万安军吴汝期等三千人反元起事。不久，又从江西右丞燕帖木儿镇压漳州李志甫、潮州刘虎仔反元起事。（0001卷188）

王构①　字嗣能。元平定（今属山西）人。早年从李治、杨恕学，举孝廉。累迁为宁夏路教授。历任翰林编修、吏部主事、宁晋尹、监察御史、国子监丞、司业、衢州路同知。（0692卷20，0878卷2）

王构②（1245～1310）　字肯堂。元东平（今属山东）人。弱冠以词赋中选，为东平行台掌书记。世祖至元十一年（1274），授翰林国史院编修官。时伯颜伐宋，奉旨起草讨宋诏书以进，帝大悦。十三年春，宋恭帝降，奉旨与李槃至杭州取三馆图籍、礼器仪仗运送大都（今北京）。迁应奉翰林文字，升修撰。丞相和礼霍孙执政,参与谋划。历吏部、礼部郎中。改太常少卿,定亲享太庙仪注。成宗时任翰林学士,参与修实录,书成,参议中书省事,反对搜刮田赋。以疾归,后起为济南路总管。武宗即位,应召至京修《成宗实录》,任翰林学士承旨。(0001 卷 164,0146 卷 17、32、43)

王构③　元太原(今属山西)人。居丧庐墓,元廷旌表其门。(0001 卷 197)

王述(1274～1331)　字继先。元燕人。初为隆福宫宿卫士,后授利用监资用库提点。累官至同知京畿都漕运司事。(0250 卷 50)

王雨　字伯时。元人。有诗作传世,《元诗选癸集》收有其诗。(0504 己下)

王郁　元邢州(治今河北邢台)人。王显祖之子。武宗时袭父职为邢州同知。(0002 卷 173)

王奇　字文显。元潞州(治今山西长治)人。其所作草书,间有可取者。(0031 补遗)

王贤　元大名元城(治今河北大名东北)人。顺帝至正五年(1345)进士。历任福建盐运同知。累迁为浙江廉访使,以年老致仕。卒年一百一十。(0622 卷 4,0871 卷 33)

王迪　元人。有诗作传世,《元诗选癸集》收有其诗。(0504 癸下)

王果　元儒。从刘因学。(0072 卷 91)

王昛(1236～1308)　初名谌,更名赌,复更名昛。高丽忠烈王。尚元世祖女忽都鲁坚迷失。至元十二年(1275)即位。至大元年(1308)卒,其子璋继位。(0001 卷 208,0017)

王昌　字荣之,又字子荣。元益都(治今山东青州)人。世祖至元三十年(1293)为镇江路提控案牍。历任镇江路通政院令史、余杭知县、徽州路推官。英宗至治二年(1322)迁任东阳尹。死于官任。(0631 卷 15、17、19,0871 卷 33)

王昕　字明之。元睢阳(治今河南商丘南)人。初试任浙东宣慰司令史。世祖至元二十六年(1289)授丹阳主簿。历任江浙省掾、检校,晋陵知县。至大四年(1311)迁任杭州路推官。(0205 卷上,0631 卷 16,0072 别附卷 2,等)

王明①　金元之际邢州(治今河北邢台)人。其祖先为高平(今属山西)人,后迁居邢州。金宣宗贞祐二年(1214)金主南渡后,河北隔绝,被州民推为本州节度判官。木华黎军攻掠至邢州,以城降,授本州节度副使,佩金符。(0002 卷 173)

王明②　元世祖至元初为济南益都转运使,至元三年(1266)三月,以隐匿盐课被处死。(0001 卷 6)

王旻　元延安(今属陕西)人,居丧庐墓,元廷旌表其门。(0001 卷 197)

王忠①(1275～1304)　字孝卿。元沁州武乡(今属山西)县人。被征召为本乡教谕。(0250 卷 55)

王忠②　元耀州三原(今属陕西)女真完颜氏。有孝行,被征召为学官。(0801 卷 26)

王侃　字彦和。元大名(今属河北)人。文宗至顺年间由江浙行省掾吏擢任常熟知州。(0928 卷 4,0643 卷 6)

王佺　元太宗时高丽国王王暾所遣出使元廷使臣,高丽国新安公。太宗十一年(1239)十二月,奉遣与其国将军金宝鼎、御史宋彦琦等一百四十八人奉表入贡。(0001 卷 208)

王周　元文宗时海南反元队伍首领。至顺二年(1331),纠率十九洞黎族两万余人反元起事,九月,元廷命调广东、福建兵,隶湖广行省左丞移剌四奴统领讨捕之。(0001 卷 35)

王迩　元临汾(今属山西)人。隐居于安邑县(治今山西运城东北安邑镇),御史台累次征召,皆不赴。死年七十四。(0075 文学典卷 90)

王度①　字宪仲。元处州(治今浙江丽水)人。世祖至元二十五年(1288)为丽水县学教谕。(0576 卷 10)

王度②　元文宗天历二年(1329)任固安(今属河北)州同知。(0671 卷 4)

王官　元文宗天历二年(1329)十月,由南建洞主授南建(治今广东定安)知州,佩金符,领军民。(0001 卷 33)

王治　元兖州(今属山东)人。居丧庐墓,元廷旌表其门。(0001 卷 197)

王泳　字季深,号静习。元上海人。有诗作传世,《元诗选癸集》收有其诗。(0504 己下,0296 卷 4 下)

王泽　元河间(今属河北)人。成宗大德六年(1302)任开化(今属浙江)县尉。仁宗延祐元年(1314)升衢州路知事。(0878 卷 3、7)

王宗(1268～1328)　字伯川,元河间(今属河北)人。父璧,世祖至元间(1264～1294)任河间路官医都管勾。兄诚,历任沧州官医提领。金末战乱,刘完素子孙皆亡,王氏与刘同乡,得见刘氏遗书,王氏数代以刘氏学术治医,成为河间学派重要支脉。宗历任保定路医学正、衢州路医学教授、河间路医学教授,曾在刘完素故居重建祠堂,每月初一、十五率医者礼拜后,讲习刘完素论著。其为医,有求必往。远近求医、求药者络绎不绝。有子三人,皆继承医术,长子彦泽历任中山医学正、晋州医学教授。(0262 卷 19)

王实①　字彦谦。元绍兴(今属浙江)人。曾任镇江茅山书院山长。(0631 卷 17)

王实②　字应夫。元镇江(今属江苏)

人。历任通州、蕲州教授，全椒县主簿。(0631 卷 17)

王诚　字仲实。元邓州(治今河南邓县)人。泰定四年(1327)任镇江盐军翼上百户。(0631 卷 17)

王绎　字思善，自号痴绝，元人。祖先睦(今河南睦县)人。居杭州。王晔之子。年十二三，已能丹青。尝从吴中顾逵学。善写真，于小像特妙，不徒得其形似，兼得其神气。顺帝至正二十三年(1363)，与倪瓒合写杨竹西像卷。撰有《彩绘法》、《写像秘诀》。(0030 卷 5，0101 卷 11)

王绅①　元中山府(治今河北定县)人，祖籍易州定兴(今属河北)，王结从弟。仁宗时为江东廉访司佥事。(0001 卷 178)

王绅②　元顺帝至正五年(1345)为陕西行省左丞。是年十月，奉旨为甘肃永昌道奉使宣抚。(0001 卷 92、41)

王纲　元渭南(今属陕西)人。顺帝至正十年(1350)任渭南县主簿。(0819 卷 12)

王经①　元世祖至元十九年(1282)任东阳县丞。(0881 卷 12)

王经②　元成宗大德三年(1299)任开化(今属浙江)县主簿。(0878 卷 3)

王经③　元金溪(今属江西)人。顺帝至正十四年(1354)进士。官至刑部员外郎。(1014 卷 10)

王经④　字孟远。元明之际金溪(今属江西)人，王善之子。早年从余贞学。元顺帝至正年间领乡荐，隐居读书。入明，征召为刑部司门员外郎。(0072 别附卷 3)

王珍①　字国宝。金元之际大名南乐(今属河南)人。金末降蒙古，从蒙古军击走宋将彭义斌，授大名路治中、军前行元帅府事。未几，以取宁海、胙城功，授统摄开、曹、滑、濬等处行元帅府事，兼大名路安抚使。从速不台攻河南，破金将武仙于郑州。从蒙古将太赤、阿术鲁攻拔徐、邳。从攻宋，破光州、枣阳、庐、寿、滁州。宋筑城五河口，珍率死士二十人夺之，乘胜破濠、泗、涡口。元太宗十二年(1240)，入觐，授总帅大名路军马管民次官。后奉命戍睢州。海迷失皇后称制元年(1249)，入朝，升为征行万户。卒年六十五。(0001 卷 152)

王珍②　元宿州(今属安徽)人。累世同居，元廷旌表其门。(0001 卷 197)

王垚　字乐天。元丹徒(治今江苏镇江)人。武宗至大年间陪伴渖王归高丽。还朝，授资国院判官，以疾不仕。(0631 卷 19)

王政①(？～1297)　元彰德(治今河南安阳)人。世祖至元二十九年(1292)任镇江路彰德翼副千户。(0631 卷 17)

王政②　元成宗大德六年(1302)任常山(今属浙江)县主簿。(0878 卷 3)

王政③　元睢阳(治今河南商丘南)人。顺帝至正初年任含山县(今属安徽)教谕。(0989 卷下)

王珽(1301～1339)　字景达。元饶州安仁(治今江西余江东北)人。师事李仁。顺帝元统年间为道州路永明税务大使。(0261 卷 25，0071 卷 93)

王某①　元时反元队伍首领黄圣许部属。成宗元贞二年(1296)，被湖广行省擒获，献于京师。(0001 卷 19)

王某②　元苏州漆匠。顺帝至正间，以牛皮制一舟，内外饰以漆，解卸作数节，载至上都，游漾滦河中，可容二十人。又尝奉旨造浑天仪，可以折叠，便于收藏。其巧出于意表，遂命为管将提举官。(1143 卷 90)

王革　元人。有诗作传世，《元诗选癸集》收有其诗。(0504 癸上)

王荐　字希贤，元福宁州(治今福建霞浦)人。父病重，荐夜祷于天，愿减己年益父寿。父绝而复甦，疾遂愈。后延年十二年而死。母沈氏病渴，思食瓜。时冬月，求于乡不得，行至深奥岭，值大雪，思母病，仰天而哭。忽见岩石间有二瓜，摘归奉母，母渴顿止。上司上闻其孝，元顺帝作诗称之。州禁民死不葬者，时民贫未葬者众，畏禁令，悉焚柩，弃骨野中，荐以地为义阡收瘗之。至大四年(1311)，乡旱，民艰食；尽出储粟赈之。(0001 卷 197，0033 卷 1)

王荛　元益都(治今山东青州)人，王文统之子。李璮图谋反蒙古，尝奉文统遗与璮同音耗。世祖中统三年(1262)李璮起兵反蒙古，事泄，与父文统皆被处死。(0001 卷 206)

王荣①　元成宗大德年间任庆元路(治今浙江宁波)推官。(0633 卷 2)

王荣②　元句容(今属江苏)人。累世同居，元廷旌表其门。(0001 卷 197)

王相①(1296～1361)　字吾素，号玉宇。元吉水(今属江西)人。王充耘从兄。英宗至治元年(1321)进士，授桂阳平阳丞，迁上犹知县。历任泾县知县、国子助教。官至翰林修撰、国子博士。(0476 卷 11)

王相②(？～1352)　元滨州霑化人(治今山东沾化县西)人，王伯颜之子。顺帝至正十二年(1352)伯颜为福宁知州。时反元队伍自邵武间道逼福宁，随父驰破之。后反元队伍帅王善拥众至，战败，父子皆被擒。父不屈被杀，反元队伍欲释相官之，怒骂，亦被杀。(0001 卷 195)

王杰　元泽州(治今山西晋城)人。初以荫授潞城主簿。仁宗延祐年间为闻喜县知县。顺帝元统元年(1333)任镇江路判官。官至冀宁路(治今山西太原)治中。(0631 卷 15，0694 卷 6、14)

王柽(1298～1344) 字德润。元济宁金乡(今属山东)人。少时与宋濂同学于闻人梦吉。试进士不中,改攻法家书。为衢、处二路总管府吏。累迁浙西廉访司照磨兼承发架阁。顺帝至正四年(1344)受诬自杀。(0411 卷 48,0072 卷 82)

王奎① 字景文。元东阳(今属浙江)人。英宗至治三年(1323)领乡荐,次年会试不第,恩授蒙山书院山长。有诗作传世,《元诗选癸集》收有其诗。(0152 卷 5,0506 卷 3528,0504 戊上)

王奎②(1253～1334) 字宿之。元鄞县(治今浙江宁波)人。初为吏,累官延平路经历,以庆元路判官致仕。(0152 卷 37)

王临(1271～1334) 字子智。元丽水(今属浙江)人。初,以荐授象山教谕。历任温州、台州、庆元诸路吏。终龙游县典史。(0420 卷 9)

王昕 字季境。元福宁(治今福建霞浦)人,王都中第五子。顺帝至元五年(1339)任淮东宣慰司奏差,至正初升为都府宣差,遭诬陷下狱,为泰州知州赵俨平反,获释。(0279 卷 9)

王显① 金末人。金将武仙部将。金哀宗正大二年(1225),武仙杀蒙古真定守将史天倪,被其弟史天泽引蒙古军击走。显等保仙真定故垒,数攻掠太行。元太宗时杨惟中荐焦德裕出使真定招降,显不降,逃走,被德裕追射杀。(0001 卷 153)

王显② 元世祖至元六年(1269)为阆州夔东路安抚使军民元帅杨文安部下总把。是秋,奉文安遣,攻略达州之泥坝,擒宋总管张威。(0001 卷 161)

王显③ 元渭南(今属陕西)人。世祖至元中任渭南知县。(0819 卷 12)

王显④ 字彦达。元顺帝至正年间任安仁(今属湖南)知县。(1041 卷 66)

王思 元耀州(治今陕西耀县)人。居丧庐墓,元廷旌表其门。(0001 卷 197)

王勋(1259～1335) 字仲昭。元衢州开化(今属浙江)人。世祖至元年间为江山县教谕。迁任慈湖书院山长。后为肇庆路(治今广东肇庆)学教授,调任化州路(治今广东化州)学教授。(0152 卷 32)

王钝 元明之际太康(今属河南)人。元顺帝至正二十六年(1366)进士,授猗氏县尹。元亡,隐居教授河津。明洪武六年(1373),以荐人京,授秦府纪善。历任监察御史、翰林修撰。十一年,以翰林应奉致仕。有《野庄集》六卷,已佚。(1151 卷 28)

王钦① 元巩昌(治今甘肃陇西)人。事亲笃孝,元廷旌表其门。(0001 卷 197)

王钦② 元蓟州(治今天津蓟县)人。居丧庐墓,元廷旌表其门。(0001 卷 197)

王钦③ 元顺帝至正十二年(1352)任福建廉访司经历。(0594 卷 12)

王复①(1226～1289) 初名趾,字麟伯,又字子初。元沧州(今属河北)人,王昌龄之子。宪宗九年(1259),袭父职,领卫州州务。世祖中统元年(1260),授卫、辉二州同知。次年,升卫辉路同知。至元元年(1264),改任彰德路同知。未几,人为中书左右司郎中。八年,以中书舍人出任归德知府,丁母忧。起为河南宣慰副使,转漕济军有功,超擢陕西按察使。未几,擢江南行御史台中丞。迁河东按察使,以事免归。(0144 卷 49)

王复② 元武宗至大三年(1310)任秘书监校书郎。(0027 卷 10)

王复③ 字克明。元顺帝至正初年任沛县(今属江苏)教谕。(0933 卷 11)

王复④ 字子阳。元平阳(今属浙江)人。顺帝至正年间累迁为福州路录判。(0190 后集卷 12)

王复⑤ 字中行。元庐陵(治今江西吉安)人。有诗作传世,《元诗选癸集》收有其诗。(0504 甲)

王俨① 元世祖至元十二年(1275)为山东路经略使。是年三月奉遣戍岳州。(0001 卷 8)

王俨② 字思敬。元明之际山阴(治今浙江绍兴)人。明初为绍兴府教授。有诗作传世,《元诗选癸集》收有其诗。(0622 卷 45,0504 庚下)

王顺 字祖孝。元兰溪(今属浙江)人,王余庆之子。善正书。(1143 卷 112)

王俣 字朋益。元东平(今属山东)人。世祖至元二十年(1283)任燕南按察司佥事。二十九年,累迁浙西廉访副使。官至大名路总管。谥宪肃。(0178 卷 7、13、14,0154 卷 8)

王信① 元世祖至元二十八年(1291)五月,由别失八里副元帅改任海北海南道同知宣慰司事副元帅,与湖广右丞廉希恕、海北海南道宣慰使都元帅陈仲达等率兵二千二百人征讨黎族。(0001 卷 16)

王信② 元扬州兴化(今属江苏)人。王宣之子。顺帝至正十八年(1358)为山东"义兵"万户,八月,以滕州叛元,降于红巾军将领毛贵。二十一年,降于察罕帖木儿。二十二年,察罕帖木儿死后,渐成割据山东之军阀。二十七年十月,得皇太子奏请,由淮南行省平章任山东行省平章兼知行枢密院事。时宣降明而持两端,密令信往莒、密等州募兵。十一月,明军取沂州,信遁,奔山西,宣被执杀。(0001 卷 45、47、141,0002 卷 227)

王俊① 元世祖至元年间任衢州路达鲁花赤。(0878 卷 2)

王俊② 元湖州长兴(今属浙江)人。泰定三年(1326)九月,其家牛生一兽,鳞身牛尾,口目皆赤,堕地即大鸣,母不乳之。具图以上,或曰:此瑞也,宜俾史臣记录。(0001 卷 50)

王钧①(? ~1267) 小字戚七。金元之际凤翔岐山(今属陕西)人。金末聚万人建立地主武装,被授为都提控,迁任凤翔安抚使,收复凤翔,缮城垦荒为农战计,升为凤陇元帅。金亡,降蒙古,从攻四川。元太宗十一年(1239),迁任平凉长官兼征行元帅。次年,再从蒙古军攻四川,破成都,俘敌将。宪宗八年(1258),蒙哥汗亲征四川,钧供应军需,世祖中统初请老,以子赟袭职。(0145 卷 21,0003 卷 64)

王钧② 元真定(治今河北正定)人。早年从钱重鼎学。登进士第。有诗作传世,《元诗选癸集》收有其诗。(0504 丁)

王钧③ 字子衡。元泰定四年(1327)任固安知州。(0671 卷 4)

王勉① 元池州贵池县(今属安徽)人,世祖至元二十六年(1289)四月,向元廷献进紫芝十二本。(0001 卷 15)

王勉② 字起宗,号东岩。元泰安(今属山东)人。世祖至元年间任镇江路行大司农司令史。历任建平知县、浙西廉访司佥事、行御史台御史。善画山水树石,有《江山烟霭图》、《松岩图》。有诗作传世,《元诗选癸集》收有其诗。(0222 卷 3、5,0631 卷 17,0030 卷 5,等)

王勉③ 号韩州居士。元人。有文名。曾任东流(治今安徽东至县西北)知县。(0995 卷 9)

王奂① 元汶上(今属山东)人。世祖至元末年任古田(今属福建)知县,多善政,得吏民心。(0902 卷 51)

王奂② 元成宗大德年间任瑞州路推官。(1016 卷 14)

王奕 字伯敬,号斗山,自号玉斗山人。宋元之际玉山(今属江西)人。元世祖至元年间任本县教谕。有《玉斗山人集》三卷、《东行斐稿》。(0072 卷 84,0070 卷 79)

王庭 元云南南部人。曾为梁王长史。有诗作传世,《元诗选癸集》收有其诗。(0504 丁)

王恒 字士能。元河东人。曾任侍御史。有诗作传世,《元诗选癸集》收有其诗。(0504 丙)

王恺 元安阳(今属河南)人,王安贞次子。顺帝元统元年(1333)任秘书监译史。(0027 卷 11)

王恂①(1235 ~1281) 字敬甫。元中山唐县(今属河北)人。少时从刘秉忠学,精通算术。宪宗三年(1253),秉忠荐于忽必烈,受命辅导真金,世祖中统二年(1261)擢太子赞善。后奉诏教蒙古勋贵子弟。许衡告老去后,恂领国子祭酒。至元十三年(1276),受命与许衡、郭守敬、杨恭懿等创制新历。十六年,任太史令。十七年,所创制新历成,赐名《授时历》,颁行天下。次年居父丧,哀毁,不久病死,谥文肃。(0001 卷 164)

王恂② 元世祖时高丽国使臣,高丽国广平公,国王王禃之弟。至元二年(1265)正月,奉禃遣奉表来元廷进贡。(0001 卷 6)

王恽(1227 ~1304) 字仲谋。元卫州汲县(今属河南)人。世祖中统元年(1260),左丞姚枢宣抚东平,辟为详议官。不久被选至京师,擢为中书省详定官。二年春,转翰林修撰兼国史院编修官。不久,兼中书省左右司都事,治钱谷,擢人才,议典礼,考制度,咸究所长,同僚服之。至元五年(1268),任监察御史,知无不言,论列一百五十余章。九年,出任平阳路判官。十四年,任燕南按察副使,罢黜赃吏甚多。十八年,进呈所撰《承华事略》于东宫。十九年,任山东按察副使。二十二年,任左司郎中。二十六年,出任福建按察使,罢黜贪官污吏数十。二十九年,任翰林学士。成宗即位,进献所撰《守成事鉴》十五篇。参与修《世祖实录》。大德五年(1301)致仕。死后谥文定。著有《秋涧集》一百卷。(0001 卷 167)

王恪① 初名安童。元霸州文安(今属河北)人。王伯胜长子。历任兵部尚书、江南行台治书侍御史、宣徽院佥事。(0001 卷 169)

王恪② 字景伯。元无为(今属安徽)人。仁宗延祐元年(1314)任镇江路推官,三年致仕。(0631 卷 15)

王恪③ 元顺帝至正十七年(1357)为国子生。由陵州(治今山东德州)分省参政崔敬以便宜授以官,至郓城招降反元队伍首领李秉彝、田丰等,谕以逆顺祸福之理,秉彝、丰皆降顺。(0001 卷 184)

王洪① 字彦弘。元大都宛平(治今北京西南郊)人。历任大宗正府左右司郎中、大都兵马都指挥使。顺帝至元六年(1340)出任江浙财赋都总管。(0152 卷 29)

王洪② 元刻碑工。仁宗皇庆元年(1312)与王珙刻崇国寺崇教大师演公碑。(1143 第 90 页)

王举 元闽中人。有诗作传世,《元诗选癸集》收有其诗。(0504 辛下)

王浊 元大同(今属山西)人。泰定帝、文宗、顺帝初期造伪钞,十余年事不泄。顺帝后至元年间,有司误以训童子为业之李秀为造伪钞者,捶楚之下诬服下狱,事连数十人。后至元六年(1340),崔敬任山北廉访司佥事,始勘破此案,浊被逮捕服法。(0001 卷 184)

王浍 字贤佐、玄佐。金元之际咸平(治今辽宁开原北)人。金宣宗授右谏议大夫,充辽东宣抚司参谋。蒲鲜万奴建东夏国,用以为宰相。世谓其有知来之术。死年九十余。(0022,0002 卷 134,0003

卷31）

王济　元官员。元世祖至元二十四年(1287)再次立尚书省，桑哥专权理财。奉桑哥遣，与忻都等理算天下钱粮，已征入数百万，未征入者尚有数千万，民不聊生，自杀者相属，逃山林者，则发兵捕之，朝内外官员皆莫敢沮其事。其后，任江浙行省宰执。二十八年，桑哥被处死后不久，也被逮捕处死。（0001 卷 130、172）

王宣①　字仲宣。元长山（治今山东邹平东）人。初为世袭百户，从元世祖渡江攻宋，以军功升管军都把总。（0075 氏族典卷273）

王宣②　元扬州兴化（今属江苏）人。初为司农掾。顺帝至正年间，黄河决，宣应行省募召集民夫，授淮南北都元帅府都事，召募得民夫三万余，就令宣统之。数月河工竣。芝麻李据徐州，受命为招讨使，率民夫从知枢密院也速复徐州。未几，擢淮南北义兵都元帅。移镇山东益都，田丰进攻益都，宣子信从察罕帖木儿援之，还镇沂州，宣父子俱被授为行省平章。至正末，降明，受明封为江淮行省平章，阴持两端，令信密往莒、密等州募兵，并以兵劫明使者。明大将徐达以其反复，执而杀之。（0002 卷 227）

王宥①　元东平（今属山东）人。世祖至元年间任中书省郎中。有诗作传世。（0504 乙，0101 卷 17）

王宥②　字敬助，自号卧龙山民。元山阴（治今浙江绍兴）人。受经于黄叔英。隐居不仕。有诗作传世，《元诗选癸集》收有其诗。（0504 辛上）

王祐①　元官员。世祖中统二年(1261)，奉帝遣于西川等路采访医、儒、僧、道。（0001 卷 4）

王祐②　元世祖至元十三年(1276)为中书省掾。是年正月，宋恭帝降，祐奉遣与千户囊加带自临安（今杭州）赍宋传国玉玺赴大都（今北京）元廷。（0001 卷 9）

王祐③　元成宗大德中任徽州（治今甘肃徽县）同知。（0801 卷 22，0811 卷 5）

王祚　字寿之。元官员。曾任长垣知县，有政声。（0643 卷 6）

王袆(1322～1373)　字子允，元明之际义乌（今属浙江）人，王炎泽孙。师事黄溍。元末上书宰执论政，不报，隐居青岩山。明太祖取婺州，召用之，历任漳州通判。洪武二年(1369)召修《元史》，为总裁官，书成，擢翰林待制。五年，奉使云南招谕元梁王。次年遇害。谥忠文。有《王忠文公集》二十四卷、《大事纪续编》七十七卷。（0020 卷 289，0530 卷 62）

王垒　元成宗大德中任华阴（今属陕西）知县。（0827 卷 5）

王柔　字不刚。元大都（今北京）人。初试任安西王相府令史。世祖至元二十九年(1292)，擢吴江县尹。三十一年，迁江南行台监察御史。仁宗延祐元年(1314)，升南台治书侍御史。有诗作传世，《元诗选癸集》收有其诗。（0632 卷 6，0954 卷 17、18，0504 乙）

王结(1275～1336)　字仪伯。元中山府（治今河北定县）人。早年从太史董朴受经。成宗时充爱育黎拔力八达（仁宗）王府宿卫士。武宗即位后，任东宫监牧太监。仁宗即位，迁任集贤直学士。出任顺德路总管，劝农兴学。后迁任东昌路总管，兴修水利。英宗至治二年(1322)，参议中书省事。未几，任吏部尚书，荐名士宋本、韩镛等十余人。泰定元年(1324)，充廷试读卷官。迁集贤侍读学士。三年，出任辽阳参政。文宗天历二年(1329)，任中书参政。顺帝元统元年(1333)，任翰林学士，参与修泰定帝、文宗实录。是年，拜中书左丞。谥文忠。有《文忠集》。（0001 卷 178）

王泰①　元义州开义（治今辽宁义县南）契丹人，本姓耶律。王荣祖之子。元世祖时任权知义、锦、川等州总管。（0001 卷 149）

王泰②　号竹趣。元海盐（今属浙江）人，王鼎之子。善画竹，能绍父业。（0030 卷 5）

王珪①　金元之际闻喜（今属山西）人。金末以父死节，授招抚使。金亡，降蒙古，授征行元帅、孟津令，敦尚儒雅，士论称之。（0002 卷 145）

王珪②　金元之际凤翔岐山（今属陕西）人，王钧之弟。金末，被兄擢为招讨使。金亡，随兄降蒙古，代兄为平凉征行元帅，后又兼鄜州知州。（0002 卷 144）

王珪③　元世祖至元七年(1270)任高陵知县。（0816 卷 4）

王珪④　元成宗大德二年(1298)至六年任奉化知州。（0633 卷 3）

王珪⑤　元武宗至大年间任上海县丞。（0944 卷 7）

王珪⑥　字均章、君璋，号洞虚子、中阳老人。元常熟（今属江苏）人。被征召为辰州同知，以养亲辞。中年时筑室虞山修道，撰《泰定养生主论》十六卷。工画山水，布置繁密，意趣幽远。死年九十余。（0947 卷 9，0077 卷 28）

王珪⑦　小字买奴。元文宗至顺二年(1331)由大都路治中迁秘书太监。（0027 卷 9）

王珪⑧　元颍州（治今安徽阜阳）人。顺帝元统二年(1334)任江南行台御史。（0632 卷 6）

王珪⑨　元汾州（治今山西汾阳）人。顺帝至正年间镇压反元队伍有功，升步兵元帅。又以镇压曹、濮反元队伍有大功，升都督大元帅。（0693 卷 11）

王珪⑩　元归德府（治今河南商丘）人，居丧庐墓，元廷旌表其门。（0001 卷 197）

王珪⑪　元文宗至顺二年(1331)为秘书太监。是年十月,奉旨代祀岳镇、海渎、后土。(0001 卷 35)

王珙　一作王珪。元刻碑工。仁宗皇庆元年(1312)同王洪刻崇国寺崇教大师演公碑。(1143 卷 98)

王勣　字茂功。元婺源(今属江西)人。王励之弟。有文名。(0972 卷 9)

王珹(1247～1324)　字玉成,号成斋。宋元间金华(今属浙江)人。幼颖悟,笃志学问。宋末铨选中首选,未及仕而宋亡,与戴表元、胡长孺等以节操相激励,隐居而终。(0063 卷 12,0071 卷 82)

王珣(1177～1224)　字君宝。本姓耶律氏。金元之际契丹人。金海陵王正隆末,契丹窝斡反金。祖父成,从母避难辽西,更姓王氏,遂为义州开义(治今辽宁义县南)人。珣武力绝人,善骑射。金末,蒙古攻金,珣聚众十余万据地自守。元太祖十年(1215),木华黎攻辽西,珣率众迎降,受封为元帅,兼领义、川二州事。十一年春,张致僭号锦州,遣开义杨伯杰来攻义州,珣击退之。后致乘虚夜袭,珣家人皆遇害。珣引木华黎军复开义,擒杀伯杰。从围锦州,获致杀之。十二年,入觐,授兵马都元帅,兼义、川等州节度使。后从木华黎南征,至满城,奉命还镇义州。(0001 卷 149)

王素　元世祖至元中为南北日官之一,与南北诸日官测候日月星辰消息运行之变,为修撰《授时历》提供基本数据。(0001 卷 52)

王起　元人。有诗作传世,《元诗选癸集》收有其诗。(0504 辛下)

王恭　元世祖至元中任会稽(治今浙江绍兴)县尉。(0880 卷 28)

王晋(？～1266)　金元之际人。元太宗二年(1230),授河北东西路征收课税使。世祖至元二年(1265)二月,由山东廉访使擢任中书参知政事,六月罢任。三年三月,以隐匿盐课被处死。(0001 卷 2、6、112、163)

王载　元建安(治今福建建瓯)人。曾任国子博士。有诗作传世,《元诗选癸集》收有其诗。(0504 乙)

王桂①(1252～1339)　字仲芳,号月溪。宋元之际东阳(今属浙江)人,其长女为黄溍妻。生长宦家,自幼好学。入元,行省承制署为丽水县主簿,受而不赴。(0152 卷 40)

王桂②　字之芳。元世祖至元二十九年(1292)为镇江路通政院提控令史。(0631 卷 17)

王桂③　元济南章丘(今属山东)人。初为中书省掾。历任监察御史、吏部员外郎。武宗至大三年(1310)选授上都副留守。次年,升为上都留守司同知。仁宗皇庆二年(1313),任大都路总管兼大兴府尹。(0240 卷 17)

王桂④　元仁宗延祐四年(1317)六月,由工部尚书擢任中书参知政事,任至五年四月。四年十月,奉旨与御史大夫伯忽同往祭陕西岳镇、名山、赈恤秦州被灾之民。(0001 卷 26、112)

王桂⑤　字志学。元括苍(今浙江丽水)人。早年读书仙都山中。后游钱塘,江浙行省平章政事巙巙书"仙都生"三大字以赠之。(0444 卷 14)

王桓①　字巨川。元东平(今属山东)人,王构之兄。世祖至元十四年(1277)任旭州尹。后官至户部侍郎。(0144 卷 18)

王桓②　元真定藁城(今属河北)人,王庆端之子。成宗大德年间任徽政院同佥。武宗即位,升为徽政副使。官至徽政院同知。(0651 卷 5)

王桓③　元泰定帝致和元年(1328)为太子詹事丞。是年七月,泰定帝死于上都(今内蒙古正蓝旗东北),八月,燕铁木儿在大都(今北京)发动兵变;桓与在大都之中书平章乌伯都剌等文臣皆被捕下狱。九月,被流放远州。(0001 卷 32)

王桧　元文宗天历元年(1328)任嵊县(今属浙江)知县。(0880 卷 28)

王梓　元儒。许衡门徒。世祖至元八年(1271)许衡请征其十二弟子为国子学伴读,梓为其中之一。诏驿召之来京师,以为国子学诸斋长之一。(0001 卷 158)

王彧(1312～1356)　字与京。元庐陵(治今江西吉安)人。顺帝时参加科举考试,屡试不利。至正十六年(1356)欲以镇压当地反元队伍博取功名,战死。(0190 前集卷 3)

王振①　元大名(今属河北)人。成宗大德年间任萧山(今属浙江)县尉。(0880 卷 28)

王振②　元平滦(治今河北卢龙)人。居丧庐墓,元廷旌表其门。(0001 卷 197)

王晟　字彦熙。元末人,张士诚弟士信部属。顺帝至正二十四年(1364),奉士信遣,面数江浙行省左丞相达识帖睦迩过失,勒其移咨省院自陈老病愿退,让位于士信。后擢任行省左丞。(0001 卷 14,0296 卷 4 下)

王晔　字日华,号南斋。元钱塘(治今浙江杭州)人。王绎之父。体丰肥而善滑稽,能词章乐府,所制工巧。所作杂剧有《桃花女》、《卧龙冈》、《双卖华》等,今仅存《桃花女》一种。所作散曲今存小令九首,套数一。著有《优戏录》,杨维桢为作序。(0158 卷 11,0029 卷下,1107)

王畛　字季野。元福宁(治今福建霞浦)人,王都中长子。早年入宫备宿卫,后恩授为成都路总管府判官,清峻有高誉。工书法,真、行、草书师二王,字圆劲,成就非凡。(0031 卷 7)

王恩　金元之际河中(治今山西永济西南)人。勇力过人。金末降蒙古,受命率领降众,积功授都元帅。卒年九十三。(0691 卷 9)

王峪　元人。有诗作传世,《元诗选癸集》收有其诗。(0504 癸下)

王铉　元绍兴(今属浙江)人。有诗作传世,《元诗选癸集》收有其诗。(0504 庚下)

王铎①　元晋州鼓城(治今河北晋县)人。成宗大德七年(1303)任秘书监著作佐郎。(0027 卷 10)

王铎②　字振之。元燕山(今北京一带)人。嗜石成癖,慕米芾为人,以赂求为襄阳令,号王襄阳。(0114 卷下)

王造　字依中。元江宁(治今江苏南京)人。顺帝至正年间任吴县主簿,避战乱迁家于光福。有诗作传世,《元诗选癸集》收有其诗。(0504 庚上)

王射　字有志。元太原阳曲(治今山西太原)人,王守诚之子。顺帝至正十七年(1357)任秘书监丞。(0027 卷 9)

王倚(1240～1292)　字辅臣。元宛平(治今北京西南郊)人。世祖时选充太子真金侍从,服勤守恪,遂见信任,凡时政所急,民瘼所系,无不言于太子。授工部尚书,行太子位下随路民匠都总管。至元二十一年(1284),任太子家丞,兼领储用司,掌货币出纳。二十八年,辅皇孙答剌麻八剌出镇怀孟。次年,病死。谥忠肃。(0001 卷 176、115)

王偶①　元成宗大德间为庆元路(治今浙江宁波)推官。(0633 卷 2)

王偶②　字伯武,号绝壑居士、六善居士。元婺源(今属江西)人。名儒胡炳文之高足。(0071 卷 89)

王健　字志刚。元官吏。历任江西行省照磨。(0313 卷 5)

王逸①　元池州贵池县(今属安徽)人。世祖至元二十六年(1289),向元廷进献紫芝十二本。(0001 卷 50)

王逸②　元人。有诗作传世,《元诗选癸集》收有其诗。(0504 癸下)

王逢(1319～1388)　字原吉。元明间江阴(今属江苏)人。元顺帝至正中,作《河清颂》,台臣荐之,称病辞。隐居上海乌泥泾,自号最闲园丁。辞张士诚征辟,但为之划策,使降元以拒明。明洪武十五年(1382)以文学辟用,坚卧不起。有《梧溪集》七卷。(0002 卷 238,0503 初集辛,0020 卷 285)

王玺　字德符。元沂州(治今山东临沂)人。成宗大德十一年(1307)任镇江录事判官。后被召为江南行台宣使。仁宗延祐五年(1318)升南台御史。英宗至治元年(1321)任南台都事。官至浙东廉访司佥事。(0631 卷 16、19,0632 卷 6)

王高　元成宗时海北海南道海岛生黎首领,敬服宣慰使按摊威望,大德末年愿输贡税。(0001 卷 134)

王兼　字孟瞻。元婺源(今属江西)人。好诸子百家言,以策游公卿间。晚年被聘为集庆路(治今南京)经师。(0972 卷 9)

王浃　元世祖至元间任庆元路(治今浙江宁波)判官。(0633 卷 2)

王浩　元同官县(治今陕西铜川北)知县,后迁任耀州知州。(0804 卷 5,0826 卷 5)

王宽　元中山唐县(今属河北)人,王恂长子。少时得星历之传于家学,并从许衡学。初任太史院保章正,后历任兵部郎中、蠡州知州。(0001 卷 164)

王宾(1269～1320)　字子立。元中山唐县(今属河北)人,王恂次子。早年从许衡学。恂死,被选为太史院保章副。武宗至大元年(1308)累迁秘书少监。(0262 卷 10)

王祯①　字伯善。元东平(今属山东)人。成宗元贞初为旌德县尹。大德四年(1300)调任永丰县尹。撰《农书》二十二卷。有诗作传世。(0142 卷 7,0503 二集己)

王祯②　元滨州霑化(治今山东沾化西)人,王伯颜长子。袭父爵,授绍兴路总管。元末,绍兴城为张士诚攻陷,不屈而死。(0880 卷 26、37)

王祥(1225～1303)　字兴国。元滦州(治今河北滦县)人。初以荫补侍卫亲军,后升为千户。(0595 卷 6)

王谅①　元世祖至元十六年(1279)任衢州路同知。(0878 卷 2)

王谅②　元成宗大德十年(1306)任吴江州判官。(0954 卷 17)

王通①　元义州开义(治今辽宁义县南)契丹人,本姓耶律。王荣祖之子。元世祖时任兴中府尹。(0001 卷 149)

王通②　元胶州高密(今属山东)人。王国昌子。世祖至元间,袭父职为左卫亲军千户,从攻宋,破潭州(今湖南长沙)、下静江(今广西桂林),皆有功。十五年(1278),自请率所部屯田于和林(今蒙古哈尔和林)。从破西北叛王军于金山(今阿尔泰山)。二十四年,从讨东北叛王乃颜。累迁左卫亲军副都指挥使。二十五年,率所部屯田瓜、沙诸州。武宗即位,命总京城卫兵,枢密院复奏其领诸卫屯田兵。未几,迁任屯储卫亲军都指挥使,镇海口,病死。(0001 卷 14、167)

王理①(1242～1328)　本名鲤,字伦卿。元越(今绍兴一带)人。家居不仕。(0279 卷 12)

王理②　字伯循。元兴元南郑(治今陕西汉中)人,王得舆曾孙。泰定元年

(1324)登进士第。文宗天历二年(1330)任深州同知，至顺二年(1331)任翰林编修。次年迁任江南行台御史。顺帝至元初升为广东廉访司佥事。后改任江东廉访司佥事。至正四年(1344)任翰林待制。有诗作传世，《元诗选癸集》收有其诗。(0632 卷 6,0504 癸上)

王著①(1254～1282)　字子明。元益都(治今山东青州)人。初为吏不乐，去而从军，累升为千户。至元十九年(1282)三月，世祖与太子真金在上都(今内蒙古正蓝旗东北)，权相阿合马留守大都(今北京)，著与高和尚聚众入大都。十八日，托言真金回大都作佛事，召阿合马击杀之。天下人心大快。事后，著被处死。(0144 卷 9、66,0025,0001 卷 205)

王著②(1253～1319)　字善章。元东平(今属山东)人。成宗大德间累迁为湖南宣慰司经历。历任信州推官、杭州税务提举。仁宗延祐三年(1316)，擢为南丰知州。(0204 卷 8)

王彬①(1282～1353)　字文甫，号佛子。元常州武进(今属江苏)人。乡之长者。(0162 卷 19)

王彬②　元真定(治今河北正定)人。顺帝至正元年(1341)任江南行台御史。(0632 卷 6)

王辅①(1223～1276)　字君辅。宋元之际德安(治今湖北安陆)人。以战乱迁家于乾州(治今陕西乾县)，隐居教书。(0181 卷 7)

王辅②　字子翼。元范县(治今河南濮阳东北)人。武宗至大年间以荫授鄱阳县主簿。历任东流县尹、吉水州判、德化县尹、鄱阳县尹。有诗作传世，《元诗选癸集》收有其诗。(0504 丙)

王辅③　字正卿。元冀宁(治今山西太原)人。顺帝至正十六年(1356)任海宁知州。(0896 卷 149)

王冕①　元大都通州(治今北京通县)人。顺帝至元四年(1338)为秘书监典吏。(0027 卷 11)

王冕②(1287～1359)　字元章，号老村、竹堂、煮石山农、梅花屋主。元诸暨(今属浙江)人。幼贫，牧牛，窃入学舍听诸生读书，亡其牛。会稽韩性闻而异之，录为弟子，后遂为通儒。屡应举不第，弃去。北游大都，秘书卿泰不花荐以馆职，辞不就。南归，隐于九里山。朱元璋取婺州，物色得冕，授以咨议参军，未几病卒。善画竹石，尤工墨梅。有《竹斋诗集》。(0020 卷 285,1112 甲前集,0030 卷 5)

王畦　字季耕。元福宁(治今福建霞浦)人，王都中第三子。由国子生为江浙行省宣使。(0289)

王铨　字伯衡。元安仁(治今江西余江东北)人。顺帝至正二年(1342)由国子生登进士第。擢太常郊祀署丞。累官温州路总管。城陷不降，怒骂反元起事者，被杀。(1027 卷 2、4,0002 卷 232)

王笴(1275～?)　小名鞬郎，字君贡。元卫州汲县(今属河南)人，王恽孙，王公孺长子。成宗大德五年(1301)授秘书郎。仁宗延祐六年(1319)累迁刑部郎官。(0001 卷 16,0144 卷 46,0027 卷 10)

王敏　字善甫。元蔚州灵仙(治今河北蔚县)人。历任陕西行御史台御史、珍用监丞、上都留守同知、宣德府知府。官至工部尚书。(0182 卷 22)

王偲　元益都(治今山东青州)人。顺帝至元三年(1337)任江南行台监察御史。次年，改任都事。(0632 卷 6)

王章①　元世祖至元十二年(1275)为淮西行枢密院令史。是年四月，与中书议事官张羽奉伯颜遣，同宋来使马驭，赴宋议和，至平江府驿亭，为宋所杀。(0001 卷 8)

王章②　字伯达，元明之际吉安(今属江西)人。元顺帝至正二十年(1360)进士。历任国子助教、博士，翰林编修。明洪武初，被遣送至金陵。未几，放归乡里。(0414 卷 3)

王翊①　元成宗大德六年(1302)任瑞州路推官。(1016 卷 14)

王翊②　字伯良。元抚州路乐安县(今属江西)人。顺帝至正十三年(1353)贡士。有诗作传世，《元诗选癸集》收有其诗。(0504 辛上,1025 卷 41、42)

王悦　元人。有诗作传世，《元诗选癸集》收有其诗。(0504 辛下)

王悰　元世祖时高丽国使臣，高丽国顺安公。至元十年(1273)，奉高丽国王王禃遣，与其国同知枢密院事宋宗礼来元廷，贺皇后、皇太子受册礼成。(0001 卷 150)

王渐　字元翰。元临江(治今山西清江)人。博闻强记，自视甚高，视天下如无人，志不得伸而死。(0088)

王淑①　元世祖时高丽国齐安侯。至元九年(1272)二月，奉其国王王禃遣，来贺蒙古国改国号为大元。十一年七月，王禃死，八月，世子王愖自元朝归国袭王位。九月，淑奉王愖遣，来元廷奉表谢恩。(0001 卷 7、208)

王淑②　元顺帝时台州人陶宗媛之弟妻。至正后叶，台州被兵；与宗媛等为游军所执，受迫胁，遂赴水死。(0001 卷 201)

王淐　元世祖时高丽国安庆公，高丽国王王禃之弟。至元五年(1268)正月，奉禃之遣至元廷，元廷以禃饰辞见欺，面数其事于淐，切责之。(0001 卷 6、208)

王渊①　元泰定三年(1326)任奉化(今属浙江)州同知。(0634 卷 2)

王渊②　字若水，号澹轩。元钱塘(治今浙江杭州)人。幼习丹青，亲承赵孟頫指授,故多得古法,无一笔院体。花鸟师黄筌,山水师郭熙,人物师唐人,皆精妙。尤精水墨竹石,当代称绝。(0030 卷 5,1072 卷 49、53)

王渊③　元顺帝至正十六年(1356)为奉元路(治今陕西西安)判官。是年八月,以"义兵"收复商州,升为同知关商襄邓等处宣慰司事。(0001 卷 44)

王梁　字良甫,号西斋。元乐安(今属江西)人,王科之子。师事吴澄。(0071 卷 92,1014 卷 12)

王寄　字百里。元处州路(治今浙江丽水)人。武宗至大二年(1309)任丽水县学教谕。(0576 卷 10)

王谌　字之常。元江宁(治今江苏南京)人,王造之子。教授乡里。有诗作传世,《元诗选癸集》收有其诗。(0504 庚上)

王谏(? ~1341)　元汴梁(治今河南开封)人。顺帝至元六年(1340)为吉安永丰县尹。(0231 卷 7)

王隅(1332 ~1366)　字仲廉。元汴梁(治今河南开封)人,寓居吴(今苏州一带)中。有诗作传世,《元诗选癸集》收有其诗。(0504 辛上,0453 卷 9)

王绰(1232 ~1283)　元时高丽国人,高丽国王王瞰族子。善骑射,读书通大义。以质子入元朝。元宪宗三年(1253),宪宗命也古大为王征高丽,绰奉宪宗旨为使讲和,并镇守其地,时高丽人户新附元者,奉命统之。世祖中统元年(1260),授总管,兼领军民。三年,率兵从征李璮。至元七年(1270),以病辞归家。(0001 卷 166)

王琪　字君美。元镇江路通政院提控令史。(0631 卷 17)

王琳　金元之际凤翔岐山(今属陕西)人,王钧之弟。金末,被兄擢为都镇抚。金亡,随兄降蒙古,被兄擢为平凉征行副元帅。(0002 卷 144)

王琦　元邓州(治今河南邓县)人。官至广西廉访使。(0622 卷 30,0767 卷 17)

王琰(1295 ~1353)　字汝圭,号屏山。元剡(今山东剡城北)人。仁宗延祐年间科举法行,应试不合于有司,遂绝意仕进,隐居读书,聘名师教子。(0152 卷 37)

王琡　一作棣,字公玉。元嵊县(今属浙江)人。能诗文,工篆、楷。有诗作传世,《元诗选癸集》收有其诗。(0504 庚下,0074 卷 38)

王琚　元成宗大德八年(1304)为泾阳县尹,奉陕西行省命疏导丰利渠。武宗至大元年(1308)为陕西行御史台御史。是年,建言于丰利渠上更开石渠五十一丈。后石渠自仁宗延祐元年(1314)兴工,至五年完成。(0001 卷 66)

王殼　金元之际人。金末为忻州(治今山西忻县)清泉寨首领。元太祖二十年(1225)二月,降蒙古。(0001 卷 193)

王惠①　字惠之。元江阴(今属江苏)人,王逢之父。曾任库使。(0296 卷 2)

王惠②(1261 ~1322)　字泽民。元昆明(今属云南)人。世祖至元二十五年(1288),被行省选为定远县主簿。仁宗延祐六年(1319),累迁为美县知县。(0501 卷 54)

王惠③　元高邮(今属江苏)人,韦寅之妻。元末,城将破,里中乘乱恣掠。惠匿薪中,被发现,遂绐恣掠者以薪下有金,得脱,乃赴井死,年二十四。(0925 卷 30)

王梅　字鼎臣。元潞州(治今山西长治)人,王守忠从孙。初为端本堂说书,出任宁绍宣抚司照磨。累迁监察御史。历任中书郎中、礼部侍郎。后任河东宣府同知,守太行山隘口,入为枢密副使。(0698 卷 3)

王棟　元顺帝至元元年(1335)任象山(今属浙江)县尉。(0634 卷 2)

王森(1276 ~1342)　字道山,号林叟。元分水县(治今浙江桐庐西北)人。精通易学,善推命。(0296 卷 2)

王椅　元世祖至元二十年(1283),由甘州行省参知政事入任中书参知政事。(0001 卷 12)

王朝　字德晖,号最乐翁。元莆田(今属福建)人。再试乡闱不利,遂教授乡里。死年六十二。(0411 卷 16,0902 卷 129)

王喜①　字悦道。宋元之际宿州符离(治今安徽宿县)人。宋恭帝德祐元年(1275)为历阳守,以城降元。入觐,死于途中。赐谥勇遂侯。(0225 卷 18)

王喜②　元世祖至元二十八年(1291)任嵊县(今属浙江)知县。(0880 卷 28)

王喜③　元水利学者。撰有《治河图略》一卷。(1127 卷首)

王鼎①(1242 ~1320)　字和卿。元蔚州(治今河北蔚县)人。王鸿钧之父。历任高唐、乐寿县尉,深泽县主簿、曹州知事。后弃官事亲,家居二十余年。起为汴梁路通许县尹。(0415 卷 4)

王鼎②　元世祖至元二十四年(1287)为成都盐运使,有不法事,被监察御史王约按治,罢官除名。(0001 卷 178)

王鼎③　字大鼐。元林州(治今河南林县)人。善为文,有诗名。有诗作传世,《元诗选癸集》收有其诗。(0075 文学典卷 90,0504 甲)

王鼎④　字德新。元海盐(今属浙江)人。善画竹,学宋人丁权,深悟笔法。(0030 卷 5)

王晦　元东平(今属山东)人。官至广

平路总管。谥文靖。(0154 卷 8)

王遇①　元义州开义(治今辽宁义县南)契丹人,本姓耶律。王荣祖之子。元世祖时任襄阳路管军万户。(0001 卷 149)

王遇②　元世祖至元二十三年(1286)为中书省佥事。时土土哈求钦察族之为人奴者增益其军,而多取编民;遇验其籍而改正之。土土哈遂奏遇有不臣语,帝怒欲斩之,不忽木谏止之。(0001 卷 130)

王遇③　元成宗大德初为浙西廉访使,犯赃罪,讬权幸之臣规免。大德三年(1299)正月,诏命御史台鞠治之。(0001 卷 20)

王赋　元英宗至治三年(1323)任高陵知县。(0816 卷 4)

王锐①　字威卿,金元之际人。元太祖时,丘处机至燕京,常与之以诗唱和。太宗二年(1230)十一月,授东平路征收课税副使。(0001 卷 2)

王锐②　字进卿。元世祖至元年间为临海县(今属浙江)尹,保全良民,民立生祠以祀。(0896 卷 15)

王锐③　元东原(今山东东平、汶上、宁阳等县一带)人。世祖至元年间任博平(治今山东茌平西)县尹。(0721 卷 26)

元偕　字叔与,自号获溪翁。元明之际琅琊山(在今安徽滁县西南)人。元时曾任昆山州学教授。元亡不仕,寓居获溪之西。有《获溪集》二卷。善绘画。(0481 卷首)

王翕(? ~1355)　元顺帝时为宣城管军百户。至正十五年(1355),长枪军琐南班反元起兵,攻郡城将陷,翕杀妻、子,焚所居,自刎死。(0002 卷 232,0075 官常典卷 734)

王斌①　元濮州(治今山东鄄城北)人。英宗至治三年(1322)任镇江路濮州翼下百户。(0631 卷 17)

王斌②　元顺帝至正初年任蒲圻(今属湖北)知县。(1041 卷 66)

王庸①　元成宗大德五年(1301)任秘书监著作郎。(0027 卷 10)

王庸②　字仲德。元河东人。文宗至顺年间任奉元路(治今陕西西安)经历。(0554 卷 28)

王庸③　元顺帝至正十二年(1352)任平原县主簿。(0742 卷下)

王庸④　字守中。元时曾任芦花坊司令。其所作曲清雅不俗,妙趣难以形容,知音者深服其才。(0029 卷下)

王庸⑤　字彦中。元杭州人。通音律,善诗词,为元曲作家。有《百梅稿》三百篇行世,士林公推为诗禅宗主。(0029 续编)

王庸⑥　字伯常。元雄州归信(治今河北雄县)人。事母李氏以孝闻。母有病,庸夜祷北辰,至叩头出血。母死,哀毁几绝,露处墓前,旦夕悲号。(0001 卷 198)

王善①(1183 ~1243)　字子善。金元之际真定藁城(今属河北)人。金末战乱,被众推为长,擢本县主簿。数年后,权中山府(治今河北定县)治中,受武仙迫害。元太祖十四年(1219)率众降蒙古,授同知中山府事。率兵战败武仙,攻占获鹿,军势大振,自中山以南,降州郡四十二。十五年,升为中山真定等路招讨使、右副元帅,屯藁城。太宗四年(1232),从征河南,至郑州,州将马伯坚素闻其名,以城降。八年,兼河北西路兵马副都总管。十三年,授知中山府事。(0001 卷 151)

王善②(1306 ~1368)　字复善。元金溪(今属江西)人。初授南丰医正,不赴,又荐为静江大墟税使,亦不赴。怡然自得于山水间以终。(0411 卷 6)

王孳　元人。有诗作传世,《元诗选癸集》收有其诗。(0504 癸下)

王道①(1227 ~1296)　字之问。元益都乐安(治今山东广饶)人。世祖至元六年(1269)以荐充东宫讲书。十三年,宋亡,出任福建行省左右司郎中。宋宗室六十三家,有诬之与反元队伍通者,行省欲尽杀之,道抗言,遂获免。二十四年,授泉州路总管。镇压近三十年来为害地方之土匪张大老等二万余人队伍。在任四年,得代归乡。成宗元贞二年(1296)起为徽州路总管,未赴任病死。(0002 卷 194,0144 卷 55)

王道②　字道一。元蠡州(治今河北蠡县)人。初为直省舍人。顺帝至正元年(1341)由大宗正府员外郎迁任秘书监丞。二年,转任兵部员外郎。(0027 卷 9)

王谚　即王璋④。

王禅①(? ~1328)　元宗王。泰定帝弟松山之子。延祐七年(1320)英宗即位,封云南王,继其父镇守云南。至治三年(1323)泰定帝即位后,召入朝。泰定元年(1324),进封梁王。三年,奉旨镇抚北边。致和元年(1328)八月,泰定帝死,与倒剌沙等拥立皇太子阿剌吉八为帝(天顺帝)于上都(今内蒙古正蓝旗东北),率军攻打在大都(今北京)称帝之图帖睦尔(文宗),战败逃还。十月,上都被围,出逃。不久,被擒获处死。(0001 卷 29、30、32 等)

王禅②　元文宗天历元年(1328)任江浙行省平章政事(0872 卷 9)

王裕①　元成宗大德间任庆元路(治今浙江宁波)推官。(0633 卷 2)

王裕②　元泰安(今属山东)人。武宗至大三年(1310)任衢州路推官。(0878 卷 2)

王裕③　字好问。元山阴(治今浙江绍兴)人。顺帝至正元年(1341)中乡试。

后教授乡里，从学者常百余人。（0880 卷32、43）

王诜　字伯恂。元婺源（今属江西）人。顺帝至正八年（1348）春试，考官拟其卷为第一，同列谓为南人，当置第二，争论未决。及发榜，竟不第。公论大为不平。后循常调授温州瑞安学正，丁忧家居。反元队伍攻陷婺源，不屈而死。（0972 卷7、9）

王谦①　元东平（今属山东）人。成宗大德十一年（1307）任镇江路总管。（0631 卷15）

王谦②　字一初。元华亭县（治今上海松江）人。王泰来之子。武宗至大元年（1308）为江浙行省都目。顺帝至正二年（1342）由掌医太监迁秘书少监。累官镇江路总管，改宝庆路总管致仕。有诗作传世，《元诗选癸集》收有其诗。（0027 卷9，0931 卷28，0504 甲）

王谦③（1314～1370）　字习古。元明之际濠州定远（今属安徽）人。元末以荐授万户，累迁工部尚书。后挈家南渡归降明太祖，累迁提刑按察司佥事。（0411 卷19）

王巽　元人。有诗作传世，《元诗选癸集》收有其诗。（0504 辛下）

王弼①　字顺甫。元世祖至元十八年（1281）任曲阳知县。（0645 卷4）

王弼②　元霸州大城（今属河北）人，王守信之子。历任新州同知。（0002 卷165）

王练　字子纯。元医学者。会稽（今浙江绍兴）人。元末（约1367年），校《秘传痘疹玉髓》二卷。（1145 卷上册48）

王瑞①　元泰定三年（1326）任庆元路（治今浙江宁波）判官。（0634 卷1）

王瑞②　元泰定三年（1326）为广西宣慰副使。是年七月，请益成兵及以土民屯田备御少数民族反元队伍；诏仍置南宁安抚司。（0001 卷30）

王瑞③　元文宗至顺元年（1330）任永州路总管。（1052 卷10）

王瑞④　元顺帝至正间登进士第。任房州知州，为红巾军所杀。（0963 卷13）

王瑄①　元耀州美原（治今陕西富平东北）人。元初为千户，从征四川。（0823 卷6）

王瑄②（1236～1294）　字君用。元蓝田人。世祖至元十五年（1278），累迁为四川行省郎中。历任山东按察司佥事、陕西行省郎中。后改任山南廉访副使，以疾未赴任。（0243 卷2）

王献①　元世祖至元三十年（1293）任广南东道儒学提举。（0590 卷5）

王献②　元泰定帝致和元年（1328）为内台监察御史。是年正月，帝将畋柳林（今北京市西南郊），献等以岁饥谏，帝曰：其禁卫士毋扰民家，命御史二人巡察之。（0001 卷30）

王蒙①　元保定（今属河北）人。历任江宁县尹。成宗大德八年（1304）迁任江南行台监察御史。（0632 卷6）

王蒙②（？～1385）　字叔明，号黄鹤山樵。元明间湖州（今属浙江）人。赵孟頫外孙。敏于文，工画山水、人物，与黄公望、倪瓒、吴镇为元后叶四大画家。元末官理问，避兵乱隐居仁和黄鹤山，居山中二十余年，作画以“万壑在胸”为基础。明洪武间知泰安州，常谒胡惟庸于私第，后坐胡党被逮，死于狱中。（0020 卷285，1112 甲前集）

王椿　元孤峰人。工画道释、人物，尤长壁画，为名画工朱好古门人。顺帝至正十八年（1358），与诸画工同画山西永济永乐宫混成殿壁画。自署“待诏王椿”。（1143 卷114）

王楠　元世祖至元中为上海市舶司提控。时客船自泉州、福州贩土产之物者，其所征亦与蕃货等，楠以为言，于是定蕃货双抽、土货单抽之制。（0001 卷94）

王楫①（？～1272）　字济川。元初人。官至西蜀四川都转运使。（0321 卷6）

王楫②　字济川。元同州朝邑（治今陕西大荔东）人。初为陕西理问所令史，累迁为秦州知州，有政绩。以奉元路（治今陕西西安）同知致仕。（0806 卷15）

王楫③　元云南昆明人。英宗至治元年（1321）进士，授晋宁州判官。（0851 卷8）

王槐　元顺帝至元六年（1340）为鄞县（治今浙江宁波）尉。（0634 卷2）

王鉴①　元宪宗三年（1253）十一月，奉忽必烈遣，与玉律术、王君侯同出使大理招谕之。至大理城，遇害。世祖至元元年（1264）十二月，以其子天赦不能自存，优恤之。（0001 卷4、5）

王鉴②　元武宗至大元年（1308）任秘书监典吏。仁宗延祐元年（1314）升为令史。（0027 卷11）

王鉴③（1294～1366）　字明卿。元晋州安平（今属河北）人。父官于江南为吴县尹，侍父至吴中。早年受学于虞集。后隐居于吴，不出户者二十年，家贫，无担石之储。张士诚据吴，甚敬礼之。善唐人近体诗，有《明卿集》。（0002 卷241，0503 三集庚）

王煦①　元延祐七年（1320）四月，英宗即位后，受封为鸡林郡公。（0001 卷27）

王煦②　元顺帝元统二年（1334）任定海县尹。（0634 卷2）

王暄　字君宝。元官吏。初为江西省掾，仁宗延祐初年任新城知县，有廉声。（0212 卷57）

王筠 字廷秀，号竹君。元镇阳人。曾任庐陵(治今江西吉安)知县。(0173 卷12)

王简① 字行简。元益都(治今山东青州)人。成宗大德元年(1297)任镇江路经历。(0631 卷15)

王简② 元成宗大德七年(1303)任瑞州路经历。(1016 卷14)

王鹏① 元大都宛平(治今北京西南郊)人，王倚长子。曾任异样总管府总管。官至大司徒。死后追封太原郡侯，谥忠懿。(0001 卷176，0002 卷188)

王鹏② 字九万，号缑山。元吴(今苏州一带)人。博通经史。隐居洞庭东山(在今苏州)。顺帝至正年间屡征不起。有诗作传世。(0504 庚上)

王廓 字元举。元徐州(今属江苏)人。顺帝至正二年(1342)进士，授湖州路经历。有诗作传世。(0876 卷6，0504 己上)

王雍 字原肃。元顺帝至正二十年(1360)任崇德(治今浙江余杭东北)知州。(0896 卷150)

元煜 元人。有诗作传世。(0504 癸下)

王猷① 元世祖中统二年(1261)为太医院使。是年五月进言：医学久废，后进无所师授。元廷乃遣太医院副使王安仁，授以金牌，往诸路设立医学。(0001 卷81)

王猷② 元顺帝元统元年(1333)任浙东宣慰副使。(0634 卷1)

王溥(1277～1349) 字亨道。元安阳(今属河南)人。王安贞之侄。初为山南廉访司书吏，累升为大都警巡院使。历经蓟州知州、京畿都漕运判官、长兴知州。以通政院同佥致仕。(0250 卷62)

王福① 元泉州(今属福建)人。居丧庐墓，元廷旌表其门。(0001 卷197)

王福② 元世祖至元三年(1266)任征行千户，为夔东路征行元帅杨文安部将。是年冬，奉文安遣引兵助汪惟正部将李木波袭攻开州。先登，破其城，宋将庞彦海投崖死，擒获副将刘安仁，留兵戍其地。(0001 卷161)

王禋 元福宁(治今福建霞浦)人，王都中之孙。有诗作传世。(0504 庚下)

王彙 字並君。元邵阳(今属湖南)人。顺帝至正初年进士。累迁为贵州行省参政，以直谏内廷之非，谪居泉州。明初朝野交荐，固辞不起。(0920 卷64，0902 卷133)

王缙 元太祖二十年(1225)为河北西路都元帅史天倪帅府经历。是年，副帅武仙杀天倪，以真定叛。缙追及天倪弟天泽于燕，请摄主帅。(0001 卷120、155)

王璪 字仁仲。元吴县(治今江苏苏州)人。隐居不仕，自号城南逸民。学有渊源，工诗章书翰，尤善鼓琴。(1143 卷121)

王瑾① 元成宗大德二年(1298)任开化(今属浙江)县尉。(0878 卷3)

王瑾② 元顺帝至正十三年(1353)任兴化路(治今福建莆田)经历。(0905 卷2)

王聚 元顺帝至正后叶大宁(今内蒙古宁城西)守将。时辽阳行省金、复、海、盖等地反元队伍起，进攻大宁。为聚所败，斩其首领。反元队伍众溃，皆西走。(0001 卷142)

王翥① 字元凤。元东平(今属山东)人。曾任镇江濂溪书院山长。(0631 卷17)

王翥② 元平阳(治今山西临汾)人。有诗作传世。(0504 戊上)

王瑕 字伯纯。元河东人。元末由乡贡擢为松江府学训导，寓居华亭(治今上海松江)。张士诚征召为常熟教授，辞不赴。(0042 卷10)

王蔚 元顺帝至正中任赵州知州。(0645 卷4)

王楷 字叔正。元太原人。有诗作传世。(0504 庚下)

王霆 金元之际凤翔虢县(治今陕西宝鸡)人，王檝之父。金时曾任麟游县主簿。(0001 卷153)

王熙 字谦和。元金溪(今属江西)人。王安石十世孙。读书好古，有长者风。有诗作传世。(0418 卷26，0504 戊下)

王鹗(1190～1273) 字百一。金元之际曹州东明(今属山东)人。金哀宗正大元年(1224)状元，授应奉翰林文字。历任归德府判官，尚书省右司都事、左右司郎中。天兴三年(1234)春，蔡州陷，将被杀，被元万户张柔救出，馆于保州。元太宗乃马真皇后称制三年(1244)，应聘入忽必烈王府，进讲经书。世祖中统元年(1260)，首授翰林学士承旨，制造典章，多所裁定。奏立翰林国史院，修纂实录、辽金史，荐李冶、李昶、王磐、徐世隆等为学士。又奏立十道提举学校官。至元五年(1268)致仕，朝廷有大事仍遣使询问。至元十年(1273)病死。谥文康。著有诗文集《应物集》四十卷(今佚)、《汝南遗事》四卷。(0001 卷160)

王僖 元世祖时高丽国王所遣来华使臣，高丽国永安公，国王王倎之子。中统元年(1260)六月，奉遣与高丽判司宰事韩即来贺世祖即位，世祖以国王封册、王印及虎符赐其国王。(0001 卷4、208)

王彰① 字彦达。元奉圣州(治今河北涿鹿)人。官至江西隆兴路提举。(0622 卷5)

王彰② 元官吏。曾任镇江路行大司农

司宣使。(0631 卷 17)

王彰③　字伯远。元金溪(今属江西)人。少时从吴澄学。顺帝至正二十年(1360)中进士,任国子助教,升博士。元亡,隐居不仕。(1014 卷 12,0071 卷 92)

王粹(? ~1243)　初名元亮,又名元粹,字子正,号恕斋。金元之际平州(治今河北卢龙)人。金哀宗正大末为南阳酒官,战乱寓居襄阳。襄阳破,独自北归,为道士于燕,主持太极道院。卒年四十余。(0006 卷 99,0033 卷 33)

王演①(? ~1262)　元初人。世祖中统三年(1262)二月以"妖言"被捕处死。(0001 卷 5)

王演②　字仲沔。元临清(今属山东)人。历任监察御史,迁安庆府判。有诗作传世。(0504 庚上,0278 卷 2、3)

王璋①　元世祖中统三年(1262)为渠州(治今四川渠县)达鲁花赤。是年十月,以战功受赏金银。(0001 卷 5)

王璋②　元成宗大德六年(1302)任瑞州路知事。(1016 卷 14)

王璋③　字敬叔。元宛陵(今安徽宣城)人。与兄王圭并以诗名。(0503 三集甲)

王璋④(1275 ~1325)　字仲昂,初名谌,蒙古名益智礼普化。为高丽王氏王朝第二十六代国王忠宣王。高丽忠烈王王眶与元世祖女忽都鲁揭里迷失所生。元世祖至元二十九年(1292),入朝,留宿卫。成宗元贞二年(1296),娶晋王甘麻剌女宝塔实怜。大德二年(1298)初,受父禅位为高丽国王。八月,以专擅罪为元廷所废,召入朝宿卫,王眶复位。十一年,成宗死,拥立武宗即位有功,封沈阳王,武宗至大元年(1308),王眶死,归国嗣为高丽国王。不久,委国事于大臣,返居大都。三年,进封沈王。仁宗皇庆二年(1313),让位于次子王焘,寓居大都。筑万卷堂于邸中,时召大儒讲论书史。延祐七年(1320)英宗即位后,因参与宫廷斗争得罪,被流放吐蕃。至治三年(1323),泰定帝即位,赦还大都。(0001 卷 19、22、23、27、29、208 等,0017 卷 33、34)

王增　金末元初真定藁城(今属河北)人,王善之父。死后以子孙贵,由元廷赠荣禄大夫、平章政事,追封冀国公,谥武康。(0225 卷 4)

王蕃　字世昌。元中后叶人。历任太史院同佥。顺帝至元初,迁秘书少监。(0027 卷 9)

王聂　元山阴(治今浙江绍兴)人。世祖至元中,任萧山县教谕。(0880 卷 29)

王颙①　元真定平山(今属河北)人,王守道之子。成宗元贞元年(1295),累官集贤大学士。(0645 卷 5)

王颙②(1325 ~1387)　字守敬,号冰雪。元明之际高邮(今属江苏)人。元末仕于吴中,节俸以给士大夫之避难者。(0292 卷 7,0937 卷 8)

王翱　元彰德(治今河南安阳)人。成宗大德间任巩县尹。(0622 卷 29)

王磐(1202 ~1293)　字文炳。金元之际广平永年(今属河北)人。金末,迁居河南。金哀宗正大四年(1227)经义进士,授归德府录事判官,不赴。蒙古军攻河南,避难淮、襄间,任宋荆州制置司议事官。元太宗八年(1236),北归。被东平严实聘为师,受业者常数百人,后多为名士。世祖中统元年(1260),任益都、济南等路宣抚副使。后召入为翰林直学士,同修国史。出任真定、顺德等路宣慰使,打击贪暴,郡人称快。至元间,任太常少卿,制定朝仪。数次劝谏罢征日本。卒,谥文忠。有《王文忠集》,已佚。(0001 卷 160)

王毅①　字栗夫。元东平汶上(今属山东)人。以大臣荐,累官翰林学士承旨、太子詹事。仁宗即位,劾权相铁木迭儿营私蠹政,伏阙极论之,不报。延祐三年(1316)任中书右丞。四年,出任江浙行省右丞。迁任中书平章政事。六年,以亲老致仕。仁宗死,铁木迭儿复相,诬以征理钱谷不实,欲奏杀之,英宗不从,始获免。后死于家中。有诗作传世。(0001 卷 26、112、205 等,0002 卷 201,0146 卷 27)

王毅②　元卫州胙城(治今河南延津北)人,王兴祖之子。早年从柳贯学。后为国子典籍。(0002 卷 195,0072 卷 82)

王毅③　元武宗至大二年(1309)为瑞州路经历。(1016 卷 14)

王毅④　字刚叔,号讷斋。元龙泉(今属浙江)人。早年从许谦学,后教授乡里。顺帝至正十四年(1354)青田反元队伍来攻,监县宝忽丁遁。毅率乡民逐走反元队伍。后宝忽丁畏罪反,杀毅,时年五十二。著有《木讷斋文集》五卷。(0411 卷 48、44,0414 卷 5)

王遵(1225 ~1288)　字成之。元平州迁安(今属河北)人。袭父职为兴平路(治今河北卢龙)左副元帅。宪宗元年(1251),授兴平路总管兼万户。世祖立,任平滦路总管。迁任彰德、顺德、太原诸路总管。至元十四年(1277)改任北京路总管,以疾不赴。二十一年致仕。(0144 卷 57)

王瀓　元世祖时高丽国带方侯。至元十二年(1275)十一月,奉其国王王愖遣,率衣冠子弟二十人入侍元廷。(0001 卷 208)

王澄(1269 ~1341)　字德辉。元浦江(今属浙江)人。居乡为善,岁歉,贷人粟,不取息,有鬻产者,必增值以足之。(0020 卷 296,0411 卷 31)

王履　字安道,号奇翁,又作畸叟,别号抱独老人。元明之际昆山(今属江苏)人。学医于朱震亨,尽得其术,医名传扬当时。明初任秦王府良医正。撰有《医经溯洄集》一卷,内收其医学论文 21 篇。

又撰有《标题原病式》一卷、《百病钩玄》二十卷、《医韵统》一百卷,均佚。擅长诗文,尤工绘画,师法夏圭,行笔秀劲,布置茂密。游华山,作图四十余幅,为后人所珍藏。(1149 卷 386,0042 卷 13)

王遹 元人。有诗作传世。(0504 癸下)

王璠 字淑舆。元晋宁(治今山西临汾)人,迁家于交河(今属河北)。王泰亨之子。顺帝至元年间任定陶(今属山东)知县。(0721 卷 26)

王璘 字景文。元临沂(今属山东)人。世祖至元末为上虞(今属浙江)知县。(0880 卷 28、37,0896 卷 153)

王璲 元义州开义(治今辽宁义县南)契丹人,本姓耶律。王珣之孙,王荣祖之子。元世祖时任江西按察使。(0001 卷 149)

王翰(1333~1378) 字用文,自号友石山人。蒙古名那木罕。元明之际人。先世灵州(治今宁夏灵武西南)人,后迁居卢州(治今合肥)。初,袭世职为千户,有能名。台、省荐之,改任卢州路治中,又改福州路治中,迁任同知,又迁理问,综理永福、罗源二县。擢福建行省郎中,陈有定敬重之,表授潮州路总管。元亡,隐居永福山中。明洪武十一年(1378),辟书至,有司迫其赴程,自刎死。著有《友石山人遗稿》一卷。(0002 卷 233,0503 初集庚)

王霖 字叔雨。元括苍(治今浙江丽水)人。曾任江浙行省枢密院都事。元末迁居上虞(今属浙江)。有诗作传世。(0504 庚上,0033 卷 28)

王操 元仁宗延祐年间任秘书郎。(0027 卷 10)

王默 字伯静,一字子章,元松江(今属上海)人。善谈论,喜读书。工书法,学赵孟𫖯,行笔甚健。征至京师,书金字佛经,拟官翰林,力辞归。求书者填户。友人称其豪宕不羁,有姜白石之风。撰有《雪斋明鉴录》(0031,1143 卷 136)

王赟 元仁宗延祐年间任醴泉县(治今陕西礼泉东)教谕。(0817 卷 3)

王壁 字全卿。元宜兴(今属江苏)人。曾任镇江濂溪书院山长。(0631 卷 17)

王㦂 字仲肃。元婺源(今属江西)人。历任大同路经历、嘉兴盐场检校。后调任台州路推官,升判官。元末明兵入城,死之。(0972 卷 9)

王檝(1184~约 1243) 字巨川。金元之际凤翔虢县(治今宝鸡)人。金卫绍王时授副统军,守涿鹿隘。元太祖八年(1213),兵败被执,降蒙古。从蒙古军攻河北。次年,授宣抚使,兼行尚书六部事。后兼判三司副使,又掌诸色工匠事。拖雷监国元年(1228),领省中都。太宗元年(1229),创立燕京庙学。二年,从征关中。四年,从攻汴京。五年,奉遣持国书出使南宋。此后多次使宋,前后五次。病死于宋。(0001 卷 153、203,0003 卷 61)

王镛 元世祖中统二年(1261)为东平府详议官。是年九月,大司农奏请以镛兼充礼乐提举,诏以镛特兼太常少卿。敕镛领东平乐工,常加督视肄习,以备朝廷之用。十二月,镛奉旨教习大乐。时镛尝奉帝命作《大成乐》。(0001 卷 4)

王巘 元河中府(治今山西永济西南)教授。有诗作传世。(0504 丁)

王翼① 字元徽,号华阳生。元金坛(今属江苏)人。工篆字。(0031 卷 7)

王翼② 元顺帝至正二十八年(1368)为中政院判官。明军至大都(今北京),元公卿争出降,翼来劝告其友王逊志出降,遭逊志痛斥。(0001 卷 186)

王懋① 元利津(今属山东)人。任长山知县,省刑罚,均力役,民得安居乐业。(0622 卷 22)

王懋② 字昭甫。元潞州(治今山西长治)人。登进士第。任晋宁路稷山(今属山西)知县。(0698 卷 3)

王璧① 元太宗时为太医。太宗九年,始于燕京等十路置惠民药局。璧与奉御田阔阔、齐楫等为局官,以银五百锭为规运之本,月营子钱,以备药物,择良医主之,以疗贫民。(0001 卷 96)

王璧② 元邳州(治今江苏睢宁西北)人。保障乡闾有功,即任邳州知州兼管武军节度使。(0936 卷 4)

王彝 元顺帝至正十八年(1358)为内台监察御史。是年十月,劾中书右丞相搠思监,请正非罪,帝不听。(0001 卷 45、205)

王瓒 字在中。元长安县(治今陕西西安)人。泰定元年(1324)进士。授翰林编修,奉旨代祀秦蜀山川。后历任河东廉访司佥事、御史中丞。有诗作传世。(0501 卷 7、36,0504 丙,1151 卷 97)

王蘅 元金华(今属浙江)人。曾任上虞县(今属浙江)教谕。(0880 卷 29)

王罴 元武宗至大二年(1309)八月,立尚书省,任尚书参知政事。四年正月,武宗死,罢尚书省,以变乱旧章、流毒百姓之罪名,与脱虎脱、三宝奴、乐实等同被处死。(0001 卷 23、24)

王麒 字麟辅。元太原人。顺帝至正二年(1342)任枣阳知县。(1041 卷 66)

王缵 元人。有诗作传世。(0504 癸下)

王瓒 元文宗至顺三年(1332)为太常博士。是年五月奏言:各处请加封神庙,滥及淫祠;其非祀典之神,今后不许加封。制可。(0001 卷 36)

王耀 字世明。元曹州(治今山东菏泽)人。文宗至顺元年(1330)任镇江怀

庆翼上千户所提领案牍。(0631 卷 17)

王麟①　字文明,元山阴(今浙江绍兴)人。王振鹏为麟母之姨父。麟尝从振鹏学,故工于绘画。(1143 卷 48)

王麟②　字仁昭。元北方人。自北方来南,从学于名儒许谦,数年间往返三次。(0252 卷 14)

王麟③　字兆祥。元东平(今属山东)人。文宗至顺初年,从名儒许谦学。后为昌平县(治今北京昌平西)教谕。(0034 卷 3,0071 卷 82)

王麟④　元大都(今北京)人,居丧庐墓,元廷旌表其门。(0001 卷 197)

王一山　元杭州人,世业儒,居湖山第一楼。属邑有一巨室与之友。巨室怙财挟势,虐害良善,众走诉廉访司,巨室逃匿于一山处期月。邻家察知,告于官,并逮繫。廉访使诘之,一山曰:朋友颠连来奔,不忍乘危以售,愿受连坐。廉访使义而释之。(0101 卷 24)

王一清①　宋元之际饶州(治今江西波阳)人。为正一教道士,居鄂州(今武汉武昌)紫阳宫。元宪宗元年(1251),至彰德(今河南安阳),建崇真观以居。九年,从忽必烈南伐宋。未几死。(0762 卷 10)

王一清②　元宪宗九年(1259)忽必烈元世祖所遣使者。是年,忽必烈南征至鄂州(治今武汉武昌),遣一清往访龙虎山张天师(张宗演之父),天师使一清报忽必烈曰:后二十年天下当混一。(0001 卷 202)

王一鹏　字九万,号西园。元明之际华亭(治今上海松江)人。入明,官至学博。有诗作传世。(0504 庚上)

王二万　元成宗大德间八番(分布于今贵阳南惠水、长顺等县境的各自独立诸小部落)起义首领。桑柘(在今贵州)布依族人。大德二年(1298)四月,与马虫等领导八番起义,杀巡检。仫佬族人分起响应,持竹契长刀抗击元军。遭湖广行省平章刘国杰镇压及播州(治今贵州遵义)宣慰使杨汉英招抚。四年(1300),起义失败。(1146 卷 53)

王十四　元兰溪(今属浙江)人。有美田宅,两浙盐运司同知范某欲夺之,不可,因诬以事,系狱十年不决。成宗元贞年间,事闻于行省,行省下理问所推鞫之,冤遂得直,得释出狱。(0001 卷 131)

王九连　元居士。虔修净业,依经作观。遇寂禅师开示,进修益笃。(1144 卷 52)

王九思　元人。有诗作传世。(0504 己上)

王九畴　元医师。曾同彭医官治骨鲠云:绵裹之法故妙,仍当兼用醋煎啜法为胜。(1145 卷上册 57)

王士元①(1253～1308)　字长卿。元汾州西河(治今山西汾阳)人。成宗大德元年(1297)授茫施路(治今云南潞西县)军民总管经历,谕平少数民族反抗有功,调任梧州幕府。(0262 卷 19)

王士元②　字善甫,号拙庵,又号具川道人。元临汾(今属山西)人。仁宗延祐二年(1315)进士。知吉州,历官风宪,迁任国子司业。以崇文少监致仕。有诗集《拙庵集》。(0250 卷 41,0503 三集丙)

王士元③　元泰定元年(1324)为监察御史。是年十月,奏请早谕教太子,帝嘉纳之。文宗至顺二年(1332)为燕南廉访司佥事;是年十二月被御史台臣劾奏其宪纲不振,遂免官。(0001 卷 29、35)

王士元④(?～1357)　字尧佐。元恩州(治今山东武城东北)人。泰定四年(1327)进士。由棣州判官累迁为磁州知州。改任浚州(治今河南浚县)知州。顺帝至正十七年(1357),反元队伍攻入浚州城;被杀。(0001 卷 194)

王士云　字虚白。元上饶(今属山西)人。曾任镇江淮海书院山长。有诗作传世。(0631 卷 17,0504 丁)

王士宁　元榆县人。事亲笃孝,元廷旌表其门。(0001 卷 197)

王士弘①　字可毅,本名宗训,字士训,元文宗为易名及字,蒙古名僧家奴。元晋宁(治今山西临汾)人,王泰亨侄。幼事文宗于潜邸,侍奉十余年,多所启沃。授管诸路纳绵总管经历、翊正司丞,稍迁为中政院司议。文宗迁南海,被召还,及出居建康,士弘皆从之。文宗即位,授工部尚书。次年,改建康潜邸为佛寺,董其工役。改任吏部尚书。至顺三年(1332)迁秘书卿。出为湖广参政。顺帝至正中,奉使宣抚江西、福建诸道,以广招贿赂,为帝所知,终身不加迁擢。未几,病死。(0002 卷 207,0233 卷 7、10)

王士弘②　元延安路中部县(治今陕西黄陵南)人。父搏有病,士弘倾家资求医,见医即拜,遍祷诸神,叩额成疮。父死,哀毁尽礼,庐墓三年,足未尝至家。终丧,复建祠于茔前,朔望必往祭奠,虽风雨不废。元廷旌表之。(0001 卷 198)

王士诚(?～1362)　元末大宋红巾军将领。顺帝至正十七年(1357)六月,与关先生、破头潘等率军北上,进攻晋、冀。十八年二月,由益都攻怀庆路(治今河南沁阳),战败。三月,攻占晋宁路(治今山西临汾)。十九年,自称扫地王。二十年七月,被元将孛罗帖木儿击败于台州(今山西五台)。后退据东平一带。二十一年八月,降元。二十二年六月,与田丰同刺杀元将察罕帖木儿,进入益都。十一月,益都被察罕帖木儿义子扩廓帖木儿攻破,遂被杀。(0001 卷 45、46、141 等)

王士点(?～1358)　字继志。元东平(今属山东)人,王构次子。文宗至顺元年(1330)为通事舍人,预修《经世大典》,历翰林修撰。顺帝至正二年(1342)任秘书监管勾。七年,为监察御史,劾集贤大学士吴直方躐进官阶,夺其宣命。后历任淮西廉访司佥事、四川行省郎中，改任四川廉访副使。十八年，与大宋红巾军李喜喜部战，被擒，绝食死。编有《禁扁》五卷，与商企翁合撰《秘书监志》。善篆书，有诗作传世。（0001 卷 41、164、181，0002 卷 191，0004 卷 22、40）

王士显　字伯仁，号安湖老人。元人。有诗作传世。（0504 辛下）

王士彦　元龙门（今属河南）人。工画道释、人物，尤长壁画。为名画工朱好古门人李弘宜弟子。顺帝至正十八年（1358）与诸画工同画山西永济永乐宫混成殿壁画。（1143 卷 57）

王士恭　字彦清。元人。曾任镇江路行大司农司令史。（0631 卷 17）

王士敬　元顺帝至正十一年（1351）由都水庸田使升为兵部尚书。（0165 卷 5）

王士熙　字继学。元东平（今属山东）人，王构长子。尝师事邓文原。英宗至治三年（1323）为中书右司员外郎。泰定四年（1327）由治书侍御史擢中书参政。泰定帝死，被燕铁木儿逮捕下狱，流放远州。次年，放还乡里。顺帝即位，起为江东廉访使。后至元二年（1336）迁江南行御史台侍御史。至正二年（1342）升南台御史中丞。不久，病死。善为诗。长于乐府歌行。与袁桷、虞集、揭傒斯等唱和馆阁，雕章丽句，脍炙人口，有《江亭集》。善书法，清润完整。（0001 卷 28、30、32、33，0503 二集戊，0004 卷 22）

王士毅（1285～1356）　字子英。元余姚（今属浙江）人。早年从黄叔英学。后隐居乡之上林，好诵陶潜诗，爱其风致绝人，自号东皋处士。（0157 卷 23，0033 卷 22）

王士熥　字继元。元东平（今属山东）人。成宗大德六年（1302）任秘书监知事。（0027 卷 9）

王大中　元顺帝至元二年（1336）为江州路（治今江西九江）总管。是年十二月，江州路诸县饥，大中贷富人粟以赈贫民，免富人杂徭以为息，约年丰还之，民不病饥。（0001 卷 39）

王大本　字中夫，号弘毅。元宁海（今属浙江）人。初由国子伴读为安庆路学教授，后迁任国子博士。顺帝至正中出任江浙儒学提举，以秘书监丞致仕。（0872 卷 61）

王大用①　元成宗元贞二年（1296）任高陵（今属陕西）知县。（0816 卷 4）

王大用②　元仁宗延祐年间任宁晋（今属河北）知县。（0645 卷 4）

王大用③　元顺帝至正十二年（1352）台州路达鲁花赤泰不华所遣招降方国珍之使者。是年，元廷征徐州，命江浙省臣募舟师守大江，国珍怀疑，复入海叛元。泰不华发兵扼黄岩之澄江大用奉泰不华遣抵国珍，示约信，使之归降，国珍益疑，大用遂被拘留不遣。国珍以小舸二百入州港，与泰不华遇，杀死泰不华。（0001 卷 143）

王大有　字廷佑。元濮阳（治今山东鄄城北）女真完颜氏，父王思孝。迁家于宣城。历任湖北廉访司知事、平江路推官。顺帝至正元年（1341）授六安州知州。（0971 卷 8）

王大成　元人。有诗作传世。（0504 癸下）

王大年　元金坛人。曾任镇江茅山书院山长，后以镇江路学教授致仕。（0631 卷 17、19）

王万庆　金元之际人。名儒。金翰林修撰王庭筠继子。金末以荫补官，历任行尚书省左右司郎中。元太宗时奉召与名儒梁陟、赵著等直释九经，进讲东宫。又奉命与梁陟、赵著等主持燕京编修所、平阳经籍所，编集经史。世祖中统二年（1261），以博学老儒被任命为某路提举学校官。（0001 卷 2、4、146，0351 卷 16）

王与敬①　号秋崖。元福州人。武夷山道士。尝游云州，求雨大应。官府荐于朝，授号至道玄应通妙法师。武宗至大年间，乞还山；奉旨还武夷山护冲祐观。（0902 卷 136）

王与敬②　字可权。元淮西安丰（治今安徽寿县）人。由江浙行省典吏充宣使。后于董抟霄部下立功，擢松江府判官。未任，转行省都镇抚，升元帅。顺帝至正十六年（1356）张士诚破平江（今苏州），与敬兵败，退至嘉兴，与苗军杨完者不协，乃投松江，与镇将帖古列思又不和，遂叛降士诚。（0101 卷 30）

王才卿　元仁宗延祐年间（1314～1320）任金溪（今属江西）知县。（1014 卷 8）

王义山（1214～1287）　字元高，号稼村。宋元之际丰城（今属江西）人。宋理宗景定三年（1262）进士，历任永州司户。元初提举江西学事。有《稼村类稿》三十卷。（0171 卷 29、卷首，0503 二集甲，0072 卷 88）

王广谋　字景猷。元人。著有《孔子家语句解》三卷，甚浅陋。明嘉靖年间有删改本，改名《圣贤语论》，凡二卷。（1083 卷 36）

王之才　名不详，以字行。元翰林国史院编修官。（0160 卷 18）

王之纲　元成宗时为翰林院官。大德二年（1298）正月，帝以其为耆德旧臣，清贫守职，特赐以钞。（0001 卷 19）

王马儿　元霸州文安（今属河北）人。王伯胜次子。泰定末年，袭父职为武卫亲军都指挥使。（0001 卷 169）

王子中　字居正，元武康（治今浙江德清西）人。居丧庐墓，元廷旌表其门。不屑仕进，工诗，与虞集、柯九思唱酬。（0001 卷 197，0062 卷 44）

王子玉　元严州（治今浙江建德东北）人。世祖至元中为寿昌（治今浙江建德西南）知县。时江南新附，徭役繁剧。子

玉抱告身亲诣府泣诉,卒减差科。(0622 卷 41,0871 卷 33)

王子东 元上饶(今属江西)人。有诗作传世。(0504 戊下)

王子初 号约斋。元末人,与杨维祯同时。善画双钩墨竹。杨维祯《赠王子初双钩墨竹歌》有云:"他人笔弱徒费墨,君独墨少由笔精。……或如铁钩锁,或如金错刀;或如蚕头之攒,或如燕尾之交;或如琼瑶之剪刻,或如木叶之虫雕。君子性冲澹,竹亦无繁缛。君子性萧爽,竹亦无尘俗。"(1143 卷 59)

王子清(1269~1313) 字寅叔。元金陵(今南京)人。尝问学于名儒吴澄。(0212 卷 76)

王天与 字立大,号梅浦。元吉安(今属江西)人。初为赣州路先贤书院山长。研精覃思,著《尚书纂传》四十六卷,经十五年而后成书,虽心薄蔡沈,然亦间择其说。成宗大德三年(1299),廉访使臧梦解上其书于朝廷,授临江路儒学教授。(0002 卷 235)

王天助 字致和,号顺庵。元昌国(治今浙江舟山)人,道士。泰定年间入侍内祠,赐号玄门真士,主持庆元路(治今浙江宁波)太清宫。后元廷数遣其代祠大山名岳,制授太虚玄静明妙真人,住持庆元路玄妙观。(0152 卷 14)

王天佑(?~1326) 元彰德(治今河南安阳)人。王政之子。成宗大德二年(1298)袭父职为镇江路彰德翼副千户。(0631 卷 17)

王天觉 字师尹,号觉轩。元宜兴(今属江西)人。以荐为镇江路淮海书院山长。仁宗延祐二年(1315)升为镇江路学教授。后迁任兰溪州判官,辞归不复仕。(0631 卷 17,0925 卷 22)

王天祐 字国卿。元上党(治今山西长治)人。累迁为太常博士,转任国子博士,出任隰州同知,复入为太常博士。后出任陕西儒学提举,仁宗皇庆二年(1313)以潞州知州致仕。(0698 卷 4)

王天铎(1202~1257) 字振之,号思渊子。金元之际卫州汲县(今属河南)人,王恽之父。金末以律学中首选,仕至户部主事。(0144 卷 49)

王天祥① 元世祖至元十八年(1281)由天文科管勾迁任秘书郎。(0027 卷 10)

王天祥② 元世祖至元三十年(1293)为征行万户,从史弼、亦黑迷失等征爪哇。(0001 卷 210)

王天赦 元人。父王鉴出使大理死于王事。世祖至元元年(1264)十二月,以其生活困难,诏优恤之。(0001 卷 5)

王天祺 号秋岩。元汾阳(今属山西)人。授教职、举茂异,皆以病辞。教授乡里,泰定元年(1324)状元张益出其门下。(0075 文学典卷 90)

王天锡 字良卿。元崞州武延(治今山西原平东南)人。善骑射。游延安,谒荆王自荐,授荆王位下鹰房总管府副总管。(0411 卷 34)

王天爵 字仁杰。元夏县(今属山西)人。饶于财而多善行。以粟贷人,不图重息。年丰,仅取利十之二三。稍饥,但收其本。大凶,本利皆免之。乡里咸称为义士。(0101 卷 24)

王元父(1257~1323) 元真定(治今河北正定)人。王沂之父。初为江东宣慰司令史。历任宣城主簿、江浙省掾、监黄池务税。(0501 卷 55)

王元礼 元世祖至元初年任襄陵县(治今山西临汾西南)知县,有古循良之风。(0700 卷 6)

王元庆 元仁宗延祐四年(1317)任金坛县(今属江苏)主簿。(0631 卷 16)

王元杰 字子英。元吴江(今属江苏)人。顺帝至正间领乡荐,以兵兴不仕,教授乡里而终。有《春秋谳义》。(1117 卷 28)

王元承 元顺帝元统初,任会稽(治今浙江绍兴)县丞。(0880 卷 28)

王元亮 字长卿。元汴梁(治今河南开封)人。泰定年间为江西行省检校官,出家藏《唐律疏义》与己所撰释文、纂例上于行省,官为刊行,柳贯为作序。(1128 卷首)

王元恭 字居敬,号宁轩。元真定蠡州(治今河北蠡县)人。元初万户王兴秀之孙。累官为潮州路总管。顺帝至元六年(1340)迁任庆元路(治今浙江宁波)总管,兴文教,延请王厚孙续袁桷《延祐四明志》,编成《至正四明续志》十二卷。(0559 卷 17,0634 卷 1,0493 外编卷 35)

王元卿 元世祖至元年间任鄞县(今属浙江)知县。(0633 卷 3)

王元宾 元世祖至元间任当阳(今属湖北)知县。(1044 卷 17)

王元理 元人。有诗作传世。(0504 辛下)

王元皞 元嵊县(今属浙江)人。顺帝至正二十二年(1362)贡士。曾任余杭县教谕。(0880 卷 32)

王无妄 字元亨。元兴元南郑(治今陕西汉中)人,王得舆次子。世祖至元末年任云南行台御史。后历任四川、江东廉访司佥事。(0248 卷 4、23)

王无咎(1189~1254) 字安卿。金元之际磁州武安(今属河北)人,金亡迁家于平定,王构之父。金末以荐授昭义军节度副使,以疾去职。后病死,李治私谥曰文静先生。(0178 卷 19)

王无疾 字复亨。元兴元南郑(治今陕西汉中)人,王得舆长子。以荐授兴元路儒学教授。成宗大德中死,年五十八。

(0248 卷 24)

王云龙① 字云卿。元义乌(今属浙江)人。曾任建德路学教授。(0154 卷 17)

王云龙② 元义乌(今属浙江)人。仁宗延祐三年(1316)任江山(今属浙江)知县。(0878 卷 2、8)

王云起 字霖仲,号友山。元金陵(今南京)人。任澧州路儒学教授。后改任旌德县主簿,不赴。(0212 卷 23)

王不花 元顺帝至正中为达剌罕军(临时招募之军,允许以军前所掠人口、财物归其自有)帅。(0001 卷 139)

王太亨 元武宗至大元年(1308)为中书平章政事、商议中书省事、太子宾客。是年十二月,行太子詹事。(0001 卷 22)

王友文(1249～1312) 字元善。元檀州(治今北京密云)人,家于钱塘(治今浙江杭州)。历官至新建知县,以疾归,后起为南城知县,不赴。(0205 卷上)

王友直① 字季温。元婺源(今属江西)人。初师事程文,文令其为郑玉助教,出则讲授诸生,入则执弟子礼,玉爱之如骨肉。(0071 卷 94,0072 卷 94)

王友直②(1314～1370) 字仲和。元明之际建康(治今江苏南京)人。善炼汞。明初任杂造局副使。(0411 卷 10)

王巨济(? ～1292) 元世祖至元二十四年(1287)为参议中书省事。是年二月,复置尚书省,桑哥为尚书平章。三月,更定钞法。桑哥奉旨检核中书省事,巨济尝言新钞不便忤旨,即款伏。二十五年,为户部尚书,奉遣与忻都、何荣祖等共十二人,理算江淮、江西、福建、四川等六省。二十六年四月,奉旨专理算江淮省。二十七年为江淮参政,六月,以钩考钱谷有能,受赏钞五百锭。二十九年三月,以党比桑哥,与忻都同恶,征理逋负迫杀数百人,被处死。(0001 卷 15～17、205 等)

王少卿 元医学者。通医道。著有《难经重玄》,已佚。(1126 卷 34)

王日晋 字子明。元宜兴(今属江苏)人,王天觉第三子。家饶于财,所藏三代彝鼎、六朝以来法书名画,实冠浙西。家人以商贾至汴,尝自夹谷郎中家以重金购得一商彝,绝精妙。元末红巾军起义,子明罄其所藏,凿深窖以埋之。其窖后遭发掘,唯此商彝获存。(0101 卷 10)

王中立 字定民,号足菴。元天台(今属浙江)人。桐柏观道士,后住持杭州西太一宫。世祖赐号仁靖纯素道人。有诗作传世。《元诗选癸集》收有其诗。(0968 卷 9,0504 壬上)

王内敬 元人。有诗作传世。(0504 癸下)

王仁辅 字文友。元梁溪(今江苏无锡)人。刻苦勤读,同里倪昭奎延以教其弟瓒。年六十一死,瓒葬之于芙蓉峰旁。有诗作传世。(0112,0504 戊上)

王仁溥 号澹渊。元道士,受赐号明道洞文纯素法师。主持扬州玄妙观。(0182 卷 20)

王仁整 号镜泽。元兰溪(今属浙江)人。早年学医术于窦默。元初征为扬州医学教授,以母老辞。(0881 卷 22,0896 卷 197)

王介夫 元人。有诗作传世。(0504 甲)

王从仁 元广平(治今河北永年东南)人。仁宗延祐六年(1319)任衢州路知事。(0878 卷 3、7)

王从政① 元高唐(今属山东)人。泰定三年(1326)任镇江路高唐翼下百户。(0631 卷 17)

王从政② 元遵化(今属河北)人。顺帝至正年间任安平县(今属河北)知县,有治绩。(0645 卷 4)

王从善 元世祖至元二十一年(1284)任常山(今属浙江)知县。(0878 卷 3)

王升善 号纯斋。元泾阳(今属陕西)人。文宗天历二年(1329)为江南行台治书侍御史。后官至甘肃行省参知政事。卒年八十一。(0632 卷 6,0815 卷 10)

王公进 字师善。元嘉兴(今属浙江)人。成宗大德九年(1305)任镇江路儒学教授。(0631 卷 17)

王公居 元官员。历任单州(治今山东单县南)知州。有诗作传世。(0504 丁)

王公俨 元人。历任御史。(0250 卷 14)

王公显 字达卿。元新昌人。从父言学医。久而精于医。元末战乱,邑中大疫,与其子宗兴沿门疗治,所活甚众。(1145 卷上册 68)

王公亮 元世祖至元年间任金坛县(今属江苏)主簿。(0631 卷 16)

王公辅 字正卿。元冀宁(治今山西太原)人。顺帝至正十六年(1356)任海宁(今属浙江)知州。(0872 卷 64)

王公渊(1198～1281) 字润甫、明甫,号凤山逸叟。元东平(今属山东)人。王构之父。严实承制授忠武校尉,从事戎幕十余年。后归隐家居,教子读书。(0210 卷 16)

王公毅(1316～1375) 字德良。元明之际莆田(今属福建)人。王朝弟。以养母不求仕进。(0411 卷 19)

王公孺 字绍卿。元卫州汲县(今属河南)人,王恽长子。世祖至元三十一年(1294)任秘书监著作佐郎。成宗大德二年(1298),升为著作郎。转任翰林应奉。仁宗延祐年间出任颍州知州。英宗至治

元年(1321),入为翰林待制。(0027 卷10,0977 卷6)

王文义　元文宗天历元年(1328)为河东县尹。是年冬,奉河中知府刘天孚命守风陵等渡口,抵御陕西丞相阿思罕反文宗军进攻。(0001 卷193)

王文礼　元大名南乐(今属河南)人,王珍之子,王文幹之弟。世祖时任行军千户。(0001 卷152)

王文合　元嵊县(今属浙江)人。顺帝至正二十二年(1362)中乡试,授本县教谕。(0880 卷32)

王文羽　字伯仪。元成宗大德年间任益都路经历。武宗至大二年(1309)迁任平江路推官。(0240 卷9)

王文何　元成宗时琼州临高县那蓬洞主,大德十年(1306)反元起事,十二月,被擒获处死。(0001 卷21)

王文若(1283～1335)　字景星。元真定安平(今属河北)。由儒入仕。历任兵部主事、中书检校、监察御史、户部员外郎、礼部员外郎。(0262 卷13)

王文郁　元仁宗皇庆元年(1312)任秘书郎。(0027 卷10)

王文质　元世祖至元三十年(1293)任会稽(治今浙江绍兴)知县。(0880 卷28)

王文政　元世祖至元间为鲁山(今属河南)知县,有治绩。(0622 卷30)

王文显　元世祖至元末为邦崖(治今缅甸北部蒲甘)少数民族首领。至元三十年(1293)来京朝觐,四月,元廷授以土官,赐玺书遣归。(0001 卷17)

王文炳①　元仁宗延祐元年(1314)为吴江州提控案牍。(0954 卷17)

王文炳②　元泰定帝致和元年(1328)任真定临城(今属河北)知县。(0645 卷4)

王文统(约1190～1262)　字以道。金元之际大定府(治今内蒙古宁城西)人。金末经义进士。早年喜读权谋之书。后以权谋之学游说诸侯,无所遇,乃往见李璮。璮与语,大喜,留于幕府,命其子彦简师事之,文统亦以女妻璮。竭力为璮出谋划策。璮向蒙古岁上边功,虚张敌势,取宋涟、海二州,以固其位,又用官物树私恩,皆文统之谋。元宪宗九年(1259),由刘秉忠、张易荐于忽必烈(世祖)。世祖中统元年(1260),擢中书平章政事,主持中原政务。设十路宣抚司,颁布条格,制订、推行钞法,选用人才,分立中书左、右三部,健全机构,革除赋税、吏治积弊,建树甚多。世谓元之立国,其规模法度,出于文统之功为多。然与儒臣许衡、姚枢、窦默、张文谦等不协,矛盾甚深。文统讽世祖授枢为太子太师,默为太子太傅,衡为太子太保,外佯尊之,实不欲使朝夕备顾问于世祖左右。默尝于世祖前,面诋文统曰:此人学术不正,必祸天下,不可处以相位。时世祖于文统倚重甚深,颇欲升之为丞相。三年,李璮反,文统与璮通谋事泄,遂被论罪处死。(0001 卷206,0144 卷80、81)

王文烨　字章甫。元邹平(今属山东)人。文宗至顺元年(1330)汉南人左榜进士一甲第一名,授翰林修撰。累官枢密院判。(0001 卷34、81,0721 卷29)

王文祥　元济南人。文宗天历二年(1329)任丹徒县(治今江苏镇江)主簿。(0631 卷16)

王文彪(1278～1353)　字君采。元严州建德(今属浙江)人。初为吏。泰定四年(1327)授瑞安州判官。辟行省掾史。历任处州路经历、赣州路推官。顺帝至正六年(1346)任湘乡州知州,代归。后起摄建德路治中,以庸田司佥事致仕。(0414 卷18)

王文渊(1255～1314)　字巨卿。元中山府安喜县(治今河北定县)人。由府尹推择为吏,持法颇平,后辞归,家居侍母。(0262 卷23)

王文焖　元顺帝至正六年(1346)任尉氏县(今属河南)主簿。(0776 卷2)

王文琰(1314～1363)　号鲁山人。元温州平阳(今属浙江)人。行孝友仁义于乡里。(0419 卷13)

王文幹　元大名南乐(今属河南)人,王珍之子。袭父职为行军万户。宪宗九年(1259),从忽必烈攻鄂州(今湖北武汉武昌)。世祖中统三年(1262),从宗王哈必赤平李璮之乱。改任大名路同知。后历任河东按察副使、东川行枢院佥事,全州、卫辉、东平诸路总管,江东按察使。卒年五十八。(0001 卷152)

王文蔚　元河东(治今山西永济西南)知县。有诗作传世。(0504 丁)

王文锷(1270～1346)　字胜达。元临川(今属江西)人。初为高安县学教谕,迁任吉安龙溪书院山长。后借授南海县黄鼎寨巡检,运军粮有功。归来,调任攸州(治今湖南攸县)儒学教授。后授文昌县尹,在任年余,令行禁止,有政绩,辞归。(0152 卷37)

王文慰　字仲玉。元东平(今属山东)人。世祖中统元年(1260)为燕京行省掾。后为济南经历官。(0144 卷80)

王方贵　字显初。元乐安(今属江西)人。武宗至大元年(1308)任东湖书院山长。迁任江阳县尹。后调任韶州路经历,绳治豪族有政声。未几,以母老辞归。(0622 卷79,1014 卷13)

王以道　自号三槐隐士。元养生家,太和(今江西泰和)人。一日独游洞庭湖君山,遇异人,长髯碧瞳,如古仙人,授以《龙虎金丹碧注》,受而行之,气志益充沛,因著《丹经新注》行世。(1145 卷上册72)

王允中　元世祖中统二年(1261)初,为淮孟广济渠河渠司提举,与大使杨端仁奉诏开河渠，凡募夫一千六百五十一人，一百三十余日工毕。六月，修凿沁河广济渠成。渠四道，共长六百七十里，流经济源、河内、河阳、温、武陟五县，溉田四百六十余处。三年八月，奏请开邢、洺等处漳、滏、沣河、达泉以溉民田，元廷从之。（0001 卷 4、5、65）

王允恭　元顺帝至正中任石康（治今广西合浦东北）知县。大力兴修学校，颇有治绩。（0622 卷 82）

王玉汝（？～1255）　字君璋。金元之际郓城（今属山东）人。少习吏事。被东平严实用为郓城掾史，迁任东平行台令史。后被耶律楚材授为东平路奏差官。迁任东平行台知事。元太宗十三年（1241），严实子忠济袭职，授左右司郎中，总理行台政务。后累官至泰定军节度使兼兖州管内观察使，充行台参议。宪宗二年（1252），以病辞职。（0001 卷 153）

王玉阳　元养生家。著有《灵光集》，收入《七真要训》中。（1145 卷上册 72）

王巧儿　元大都（今北京）名妓。陈柏与其相爱，携至杭州。陈死，奉正室铁氏，谨慎勤俭终其身。（0101 卷 15）

王正己　元永平昌黎（今属河北）人。泰定年间任秘书监主簿。（0027 卷 9）

王正贞　或作正真，初名瓒（一作缵），字承之，号竹斋，又号筠溪。宋元间杭州人。以宋内侍奉谢后北觐。受元廷命佩虎符。一旦辞入道山。水墨竹学毛勿斋，善画山水。（1143 卷 68，0030 卷 5，0872 卷 91）

王正奉　元顺帝至元六年（1340）为行户部尚书运使。（0001 卷 97）

王去疾　字吉甫。宋元之际金坛（今属江苏）人。宋末乡贡进士。入元任镇江路茅山书院山长。历任台州路、杭州路学教授，以镇江录事致仕。（0631 卷 17、19）

王本中　元长洲（治今江苏苏州）人。善画。萨都剌有《题吴闲闲京馆王本中醉作竹石壁上》诗。（1143 卷 67）

王丙应　字南卿。元铅山县（今属江西）人。成宗元贞初，为延平路儒学教授，一心致力教育。（0902 卷 57）

王龙泽　元成宗时人。工书法。余村玉皇观壁间"松庵"二隶字，为其所书，极奇伟。（1143 卷 136）

王可与　字晋卿，号濯缨。元汤阴（今属河南）人。元世祖时历任江南行台御史、江东按察司佥事。后辞归。（0250 卷 32，0210 卷 2）

王可荣　元枣强（今属河北）人。文宗时为灵寿知县，捐俸助学，士林重之。（0645 卷 4、5）

王可举　元明之际洛阳人。元末官至弘文馆学士。明初谪居和州。（0622 卷 17）

王世安　元泰定三年（1326）任鄞县（今属浙江）丞。（0634 卷 2）

王世亨　元顺帝至正十三年（1353）任高安县（今属江西）主簿。（1016 卷 14）

王世英①　元世祖至元九年（1272）为四川行省同佥。是年十二月，宋将昝万寿来攻成都，佥省严忠范出战失利，退保子城，世英等八人弃城遁。诏以边城失守，罪在主将，免世英等罪，惟遣使缚忠范至京师。十二年，为兵部郎中，四月，与刑部郎中萧郁同持诏召嗣汉四十代天师张宗演赴阙。十三年正月，奉伯颜遣，与萧郁等招谕衢、信等州。（0001 卷 7、8、127）

王世英②　元世祖至元十七年（1280）任东阳（今属浙江）知县。（0881 卷 12）

王世贤　元真定（治今河北正定）人。居丧庐墓，元廷旌表其门。（0001 卷 197）

王世忠　元泰定二年（1325）任吴江（今属江苏）州提控案牍。（0954 卷 17）

王世杰　元东平（今属山东）人。英宗至治三年（1323）任昆山（治今江苏太仓）知州。（0561 卷 1）

王世周　元刻碑工，阳丘（今山东章丘）人。成宗大德七年（1303），与郝文昌、郝文初等刻张斯立先茔碑。（1143 卷 65）

王世淳（1321～1368）　字子厚。元昆山（治今江苏太仓）人。以亲老需赡养费用，试吏为州书佐。遭时多故，念吏不堪为，后自沉娄江而死。（0561 卷 4）

王世强　元世祖至元十二年（1275）为招讨使，奉阿术命造白鹞海船百艘，与哈剌䚟同统率汉军、新附军共五千，攻宋江阴、上海、崇明等地，皆下之，获海船三百余艘。是年冬，奉参知政事董文炳命，与董士选往招降张瑄，瑄降，得海舶五百。（0001 卷 132、156）

王东野　元吉安路永新（今属江西）人。承家学业医。成宗大德初，任永新州官医提领。大德七年（1303），迁吉安路官医副提领。仁宗即位初，授兴圣宫掌医监太医。请立广惠局以济民病，擢提举。年六十三退归。撰《本草单方》。刊行家藏《集验方》五卷，此书后被朝鲜人金礼蒙辑入《医方类聚》。（0225 卷 15、12，0212 卷 17）

王由义　字仲方，号慎斋。元朝邑（治今陕西大荔东南）人。初为吏，累迁徽政院都事。历任监察御史、中书右司都事、刑部郎中。顺帝至元六年（1340）任大都副留守。次年，迁彰德路总管。后入为兵部侍郎。（0554 卷 26，0250 卷 34）

王申子　字巽卿，号秋山。元邛州（治今四川邛崃）人。仁宗皇庆二年（1313）行省征为武昌路南阳书院山长。晚年寓居慈利州天门山近三十年，撰成《大易缉说》十卷。（0002 卷 235，0492 卷 42）

王伏之　元末台州黄岩(今属浙江)人,方国珍之仇敌。顺帝至正八年(1348),方国珍为其及蔡乱头所逼,遂率众入海,劫掠漕运粮。(0001 卷 143)

王令显　字光大,号彝斋。元宜兴(今属江苏)人,王日晋之子。与倪瓒友好。有诗作传世。(0504 辛下,0303 卷 3、5、10)

王务道　字弘本。元山阴(治今浙江绍兴)人。书法家,善古隶。(0031 卷 7)

王处约　元成宗大德三年(1299)任衢州路判官。(0878 卷 2、7)

王处恭　元保定(今属河北)人,王昔剌次子王宁之子。初,袭伯父王宏职为侍卫亲军军官。后官至侍御史。(0001 卷 166)

王处道　字子弘。元顺帝至正十六年(1356)任秘书监典簿。(0027 卷 9)

王主敬①　元永平(治今河北卢龙)人。泰定四年(1327)任江南行台御史。(0632 卷 6)

王主敬②　元顺帝至元二年(1336)任衢州路总管。(0878 卷 2、7)

王立中(1309～1385)　字彦强。元明之际吴人。荫授开化县尉。历任慈溪县尉、嘉定知州、松江知府,所至以廉静称。元亡,归老于家。(0567 卷 3,0004 卷 36)

王立本　元鄞县(治今浙江宁波)人。善画花鸟、人物。(1143 卷 70)

王兰思　元人。有诗作传世。(0504 丁)

王宁孙(1307～1364)　字叔远。元鄞县(治今浙江宁波)人。厚孙弟。终身不仕。治《诗》、《春秋》,订正各传异同,尤注意典章制度。(0431 卷 42)

王汉卿　元牙医。传遗山牢牙散。汉卿八十九岁时食肉能齿决之,可知此方之神效。(1145 卷上册 123)

王汉章　元会稽(治今浙江绍兴)人,宋尚书王应麟裔孙。扁其斋曰"拙守",以示拙守先业,不求仕达。(0157 卷 18)

王永福　金元之际人,祖籍东莱(今山东莱州)人,金末避地徙燕。王倚之父。为宛平(治今北京市区西南)著姓,富雄闾里。(0001 卷 176)

王弘远　元顺帝至正二十七年(1367)八月,由枢密参议授大抚军院经历。(0001 卷 47)

王弘钧　字彦举。元蔚州(治今河北蔚县)人。初为天文生,后累升为司天监提点。(0415 卷 3、8)

王弘毅　字子远。元泾阳(今属陕西)人。任太医院管勾。年四十退隐家居,以诗书自娱。死年七十五。(0815 卷 3)

王台判　元人。世祖时为权相阿合马妄引图谶,言涉不轨。至元十九年(1282)阿合马死后,事闻,敕剥皮示众。(0001 卷 205)

王奴罗　元万安军(治今广东万宁县)黎族人。文宗至顺三年(1332),聚众五万人反元,进攻陵水县(今属广东)。(0001 卷 36)

王圣孙　元仁宗延祐六年(1319)为秘书监知印。(0027 卷 11)

王幼孙(1223～1298)　字季稚,号自观,宋元之际庐陵人。宋理宗宝祐四年(1256)赴阙上书言国事,不报,归乡教授。元世祖至元中,文天祥被执过庐陵,幼孙谒之,为文祭之,期以必死。(0225 卷 20)

王幼学　字行卿。元望江(今属安徽)人。泰定年间撰《资治通鉴纲目集览》五十九卷。死年九十三。(0075 氏族典卷 273、文学典卷 89)

王邦杰　宋元之际人。宋末守平江(今苏州)。元世祖至元十三年(1276)降元,授平江路总管。十五年,得代去任。(0927 卷 20)

王圭卿　号春温。元女画家、书法家。曹伯启《题王夫人书画卷后》云:"画传当代功尤妙,字学前贤体更多"。(1143 卷 71)

王吉才(1284～1353)　字伯谦,号益斋。元龙溪(治今福建漳州)人。历任宁德、安溪二县教谕,庐峰山长,泉州路学正。(0034 卷 4,0417 卷 20)

王协一　元英宗至治元年(1321)为秘书监令史。(0027 卷 11)

王在德　元英宗至治二年(1322)由利用监丞迁任秘书少监。(0027 卷 9)

王有恒　元处州(治今浙江丽水)人。泰定间为金华县教谕。顺帝元统间为开化县教授。累迁岳州路儒学教授。(0878 卷 3,1053 卷 13)

王至和　元乐安(治今山东广饶)人。顺帝至正年间任松江(治今属上海)知府,重农事,兴学校,有政绩。(0925 卷 18)

王执中　元成宗大德中任临城县(今属河北)教谕。(0645 卷 4)

王执谦(1266～1313)　字伯益。元大名(今属河北)人。世祖至元末年游京师,中书平章不忽木等以为奇才,荐为符宝典书。历任徽政院照磨、真定录事、陵州判官、将作院照磨。仕至翰林应奉文字兼国史院编修官。与张养浩、杨载等为友。所作诗简澹萧远,如在山林不与人接者。(0501 卷 56,0504 乙)

王师文　元广平鸡泽(今属河北)人。英宗至治二年(1322)由太子通事舍人迁

秘书监著作佐郎。(0027 卷 10)

王师心　元武宗至大三年(1310)为秘书少监。(0027 卷 9)

王师能　元世祖至元十一年(1274)为东川征南招讨使杨文安麾下元帅。是年，奉文安遣持檄往达州招降宋将鲜汝忠，汝忠降。十四年，奉文安遣，率舟师进向夔州，守将张起岩以城降。(0001 卷 161)

王光国　字国宾。元集庆(治今南京)人。文宗至顺元年(1330)任秘书监主簿。(0027 卷 9)

王光祖①　元祁州(治今河北安国)人。成宗大德元年(1297)任新昌(今属浙江)知县。(0880 卷 28)

王光祖②　元胶州(今属山东)人。顺帝至正中任嵊县(今属浙江)丞。(0880 卷 28)

王光益　元燕京(今北京)人。世祖中统元年(1260)六月，被召乘驿传至开平(今内蒙古正蓝旗东北)赴阙。至元元年(1264)三月，授漕运司使。(0001 卷 4、5)

王光辅　元吉水(今属江西)人。王相从之子。国子生。(0252 卷 15，0072 卷 82)

王光朝　元顺帝至正间任兴化路学训导。(0905 卷 3)

王刚中①　号中斋。元福宁(治今福建霞浦)人。王积翁之弟。世祖至元十五年(1278)任庆元路(治今浙江宁波)总管。(0633 卷 2)

王刚中②　宋元之际福建人。元世祖至元十八年(1281)为福建宣慰使，为当地富有资财者，颇擅作威福。是年，福建行省右丞忙兀台虑其有变，奏移之他道。(0001 卷 131)

王刚父　元吴(今苏州一带)人，迁居庆元(治今浙江宁波)。元末任桐川学正，方国珍来攻，自请守东门，累杀敌。(0493 外编卷 33)

王刚克　元真定(治今河北正定)人。英宗至治二年(1322)为衢州路推官。(0878 卷 2)

王则之(1252～1324)　宋元之际丽水(今属浙江)人。元世祖至元三十年(1293)，起为缙云县(今属浙江)教谕。迁任处州路(治今浙江丽水)学录，升为兰溪州学正。以处州路儒学教授致仕。(0152 卷 34)

王廷玉　元兰溪(今属浙江)人。针灸名医王开之孙。绍承家学，精针灸术。(1126 卷 40)

王廷秀　元益都(治今山东青州)人。曾任淘金千户。撰有杂剧《周亚夫屯细柳营》、《秦始皇坑儒焚典》、《石头和尚草庵歌》、《盐客三告状》，共四种，今皆不存。所作散曲有中吕粉蝶儿《怨别》套数一套，流传至今。《录鬼簿》称其"淘金千户甚风流，宝马金鞍称俊游"，谓其所作杂剧"驰花阵，夺锦筹，百世芳留"。《太和正音谱》以其所作曲词入上品，谓"如月印寒潭"。(0029 卷上，1107)

王廷珍(1278～1335)　字子真。元祁门(今属安徽)人。隐居不仕。好读书，以为圣贤著经，意在言外，须认真体察其本旨，见诸日常行动。死后，郑玉为撰墓志，称其读书能见大意。(0071 卷 94)

王廷显　元仁宗延祐年间为宣徽院官长。(0001 卷 169)

王廷俊　元武宗至大元年(1308)为吴江州提控案牍。(0954 卷 17)

王延寿　元世祖至元二十年(1283)为衢州路判官。(0878 卷 2、7)

王仲元①　元画家。专画花鸟，尤善作小景，得用墨之法，温润可喜。(0030 卷 5)

王仲元②　元杭州人，与钟嗣成友好，约大德、至正间人。撰杂剧《于公高门》等三种，今皆不传。所作散曲今存有小令二十余首，套数《云幕重封》、《双雁儿声悲》等四套。(0029 卷下，1107)

王仲仁(？～1274)　元顺天(治今河北保定)人。王沂子。初隶张柔帐下，后为史天泽部曲，宪宗时从平西南夷。世祖时历任武卫军千户、山东路统军副使、眉州管军万户、东川副统军使。至元十年(1273)授东川行枢密院同佥。次年攻重庆，死于军中。(0210 卷 17)

王仲文①　元介休(今属山西)人。世祖至元十八年(1281)授光州判官。二十年，升为汝宁府判官。(0075 氏族典卷 273)

王仲文②　元大都(今北京)人。杂剧家。其所作杂剧今存《救孝子贤母不认尸》一种，词甚俊，可见其为杂剧创作高手。贾仲明称其"才思相兼关郑马"。《太和正音谱》以其杂剧中词入上品，谓"如剑气腾空"。(0029 卷上，1107)

王仲文③　元祥符(治今河南开封)人。进士。任夏县尹，为政宽简，济恤孤贫。廉洁奉公，其妻亲纺织以助其廉。后年老致仕，遂家于夏县。(0700 卷 6，0715 卷 2)

王仲礼　元固始(今属河南)人。有诗作传世。(0504 庚上)

王仲明　元世祖时扬州名医。至元十四年(1277)五月，诏征其为廉希宪视疾，既至，希宪服其药，能杖而起。(0001 卷 126)

王仲信(1236～1315)　字诚之。元蔚州灵仙(治今河北蔚县)人，王敏之父。元世祖至元十四年(1277)为遂州吏目。(0147 卷 19)

王仲祥　元坚州(治今山西繁峙县东南)人。王兆弟斌之孙。初为户部令史。历任代州、泽州判官、平晋知县。至大四年(1311)转任芮城知县。(0694 卷 5)

王仲淮(1314～1341)　字季楚。元诸暨人,王艮之子。以荐授大宁路学正。(0258 卷 11)

王仲谋　元书法家,淇上(今河南淇县)人。与赵孟頫、宋彦齐同时。世皆称善书者。(1143 卷 70)

王仲敬　元人。有诗作传世。(0504 癸下)

王仲温　元成宗元贞年间任江南行台御史。大德九年(1305)累迁为江西行省郎中。次年,迁任湖广行省郎中。(0212 卷 93)

王仲谦　元顺帝至正七年(1347)任衢州路经历。(0878 卷 3)

王仲筠　元冀州(治今河北冀县)人。世祖至元二十九年(1292)任兰溪(今属浙江)知州,有治绩。(0622 卷 42)

王仲嘉　元绛县(今属山西)人。好学善谈论,藏书至万卷。仕至海滨盐使。(0691 卷 9)

王华祖　字元实。元会稽(治今浙江绍兴)人。从黄叔英学。(0222 卷 6)

王亦诜　元铅山(今属江西)县人。早年从戴表元学。(0142 卷 14)

王庆之　元世祖至元后叶为淮东按察副使,按行至海宁州,见知州臧梦解刚直廉慎,门无私谒,差役贫富适当,民户增,田亩辟,政平讼简,为诸州县最,乃举梦解才德兼备,宜擢清要。(0001 卷 177)

王庆安　字用中。元广平(治今河北永年东南)人。成宗大德四年(1300)为镇江路顺德翼下百户。(0631 卷 17)

王庆泽　元真定藁城(今属河北)人,王善第九子。曾任晋州酒税提领。(0651 卷 6)

王庆洋　元真定藁城(今属河北)人,王善第七子。藁城诸军长官。(0651 卷 5)

王庆祥　元真定藁城(今属河北)人,王善第五子。藁城县丞。(0651 卷 6)

王庆渊　元真定藁城(今属河北)人,王善长子。元初为行军千户,征淮南死。(0001 卷 151)

王庆隆　元吉安路永新州人。名医王平(东野)之父。永新王氏世执医业。至王平始以医术鸣于世。(1145 卷上册 126)

王庆溥　元真定藁城(今属河北)人,王善第三子。明州同知。(0651 卷 6)

王庆源　元真定藁城(今属河北)人,王善第二子。任征行千户,镇邓州。(0651 卷 5)

王庆端(1225～1304)　字正甫。元真定藁城(今属河北)人,王善次子。初为水军提领。世祖中统三年(1262),从征李璮,以功升为千户。率所部监筑大都城(今北京)。移戍清口,击退宋军进攻。累功升为管军总管,领左右中卫兵。从诸军北征还,迁任右卫亲军副都指挥使,进侍卫军都指挥使。至元十九年(1282),任詹事丞。二十四年,扈从世祖亲征东北叛王乃颜。成宗即位,任中书右丞,行徽政副使,兼隆福宫左都威卫使。大德二年(1298),升中书平章、佥书枢密院事,兼使如故。(0001 卷 151)

王充耘(1304～?)　字与耕。元吉水(今属江西)人。顺帝元统元年(1333)进士,授永新州同知,弃官养母。后授徒著书以终。著有《读书管见》二卷、《书义矜式》六卷、《四书经疑贯通》八卷。(0028 卷上,0034 卷 3,0002 卷 235)

王冲道　元宪宗九年(1259)为忽必烈(世祖)部属。是年九月,忽必烈统率大军至鄂州城(今湖北武汉武昌)附近。奉遣招谕鄂州城,至东门,矢下如雨。坠马,为宋军擒获。(0001 卷 4)

王兴秀(?～1269)　金元之际真定蠡州(治今河北蠡县)人。王元恭之祖。金末,率壮士降于蒙古。以战功累升为万户,授怀远大将军招抚使。世祖至元六年(1269)死,年近九十。(0145 卷 21)

王兴宗(1249～1295)　字友开。元恩州(治今山东武城东北)人。为人坦直,嗜酒。尝以荐授濮州儒学正,怀檄饮于市,醉归檄失落,遂不能赴任。后暴病死。(0196 卷 13)

王兴祖(1273～1324)　字景先。元卫州胙城(治今河南延津北)人。初以文学荐为汝宁府学正。辟枢密院掾。仁宗时议行科举,其条例多兴祖所定。延祐六年(1319),任监察御史。河南参政你咱马丁酗酒虐民,劾罢之。后出任燕南廉访司佥事,建言敦本成化在尊崇儒术,集汉唐谏臣遗事,题为《宪览》,上于帝,帝称其知要。入为礼部郎中。(0244 卷 13,0154 卷 10,0002 卷 195)

王汝明(1209～1268)　字宜之。元燕人。太宗六年(1234),从张柔南征,参与谋议军机及屯戍之策,累擢为新军总管。(0172 卷 5)

王汝砺　字荩臣。元潞城(今属山西)人。初为陇右廉访司掾吏,后迁任江西廉访司知事。(0698 卷 9)

王汝弼　元成宗大德十一年(1307)任衢州路同知。(0897 卷 2、7)

王宇文　元抚州(治今江西临州)人。顺帝至正十六年(1356)中乡试。历任枢密院经历。(1014 卷 42)

王安上　元晋州节度使王安仁弟。元世祖至元中为晋州节度同知兼提举学校,有治绩。(0622 卷 3,0552 卷 15)

王安义　元世祖至元三十一年(1294)任秘书监秘书郎。(0027 卷 10)

王安仁①　元世祖中统(1260～1264)间为太医院副使,奉旨与太医院提点王子俊、许国祯,太医院大使王猷,管领诸路医人、诸路惠民药局。中统二年(1261)夏五月,安仁与猷上奏曰:"医学久废,后进无所师受,设或朝廷取要医人,切恐学不经师,深为利害。依旧来体例,就随路名医充教授职事,设立医学,训诲后进医生"。次年九月,世祖准奏,派遣安仁悬带金牌,前往各路设立医学。(1150 卷 32,0001 卷 4、81)

王安仁②　元世祖中统年间为晋州(治今河北晋县)节度使,有治绩。(0622 卷 3)

王安仁③　元成宗大德九年(1305)任秘书监校书郎。(0027 卷 10)

王安仁④　元顺帝至正八年(1348)任瑞州路儒学教授。(1016 卷 14)

王安贞(1259～1320)　字吉卿。元安阳(今属河南)人。初由江淮宣使掾授江浙理问知事。累擢为永嘉知县,严条禁,禁止连通外国贩私盐活动,平反冤案。历任工部主事、宣徽院都事。仁宗延祐初,出任昆山知州。时核田,行省官暴急,抑民虚承,安贞上不便数十事。迁任饶州路治中。(0250 卷 57,0002 卷 229)

王安国①　元宪宗时元将张柔之裨将。宪宗四年(1254),奉柔遣,率四千户渡汉水南,深入而还。九年,奉柔命,率所部从宗王塔察儿攻荆山。(0001 卷 3、147)

王安国②　字靖翁。元东阳(今属浙江)人。世祖至元十三年(1276)以策干元将高兴,授东阳县尉。多次镇压反元起事者。(0414 卷 17)

王安哥　元偃师(今属河南)人,女。文宗天历初,陕西反文宗兵掠河南,安哥从父避兵印山丁家洞。兵入,搜得之,见其色美,驱使出,欲奸污之。不从,投涧死。事闻于元廷,旌表之。(0001 卷 200)

王安童　元顺帝至正十五年(1355)为工部尚书。是年十月,奉旨与兵部尚书撒八儿以金银牌一百六十五面,给淮东宣慰使司等处义兵官员。(0001 卷 44)

王安德　元顺帝至正八年(1348)任衢州路提控案牍。(0878 卷 3、7)

王守宁　元成宗大德五年(1301)任丹阳(今属江苏)知县。(0631 卷 16)

王守忠　字信卿。元潞州(治今山西长治)人。武宗至大年间授隰州判官。仁宗延祐初,调任岳阳知县。历任阌乡知县、江州路判官、绛州知州。(0698 卷 3、4)

王守诚(1296～1349)　字君实。元太原阳曲(治今山西太原)人。早年从邓文原、虞集学,文辞日进。泰定元年(1324)登进士第,授秘书郎。迁太常博士,续编《太常集礼》若干卷以进。文宗时,任艺林库使,参与修《经世大典》。后历任陕西行台监察御史、奎章阁鉴书博士、监察御史、山东廉访司佥事、中书右司郎中、礼部尚书。顺帝至正初,参与修辽宋金三史。书成,擢参议中书省事。五年(1345),奉使宣抚四川。罢黜四川廉访使、副使等贪官污吏,平反冤狱多起。进河南左丞,未上。卒谥文昭。著有《王守诚文集》、《续太常集礼》三十一卷,均佚。(0001 卷 183)

王守信(1238～1293)　元霸州大城(今属河北)人。袭父英职为千户,戍胶州。世祖至元初年,从围襄阳,有功。从攻樊城,登其外郛。樊城拔,擒获宋将徐麟。从伯颜渡江,败宋军于柳林,擢都镇抚。从攻新城、沙洋,拒夏贵于阳逻,皆有功。又从都元帅定江西。授管军总管。转战广东,拔韶州。从击文天祥,获其妻、子,从败张世杰于广州。后镇戍广东十余年,镇压反元队伍,斩获反元首领二百七十一人。授广东宣慰司同知。(0501 卷 63,0002 卷 165)

王守素　元江浙人,道士丁野鹤妻。野鹤死,守素为女道士,奉其遗尸,二十年不下山。(0101 卷 22)

王守道(？～1270)　字仲履。金元之际真定平山(今属河北)人。金末,宣抚司署为县尉,后转摄县令,改真定主簿。后附于蒙古河北西路兵马都元帅史天倪,任真定府经历。武仙杀天倪反蒙古,为史天泽等击败,走保西山诸寨,执守道家人,以重币诱之。守道不顾,为史氏部曲征发调度以复仇,卒逐走武仙。后擢庆源军节度使。天泽为五路万户,署为行军参谋。拖雷妻唆鲁禾帖尼以真定为汤沐邑,守道在镇,以幕僚频岁致觐。世祖中统间,天泽入拜右丞相,授以真定等路万户府参谋。(0001 卷 153)

王守谦　元凤翔虢县(治今陕西宝鸡)人。王檝之子。拖雷监国元年(1228),反元队伍起于信安(治今河北霸县东),结北山反元队伍首领李密,转掠近县。守谦奉父命率军讨平之。(0001 卷 153)

王那海　元顺帝至正十二年(1352)为吴江州判官。(0954 卷 17)

王如珪　元宪宗三年(1253)奉命出使大理遇害之主将王君侯之子。世祖至元十二年(1275),以其父殉难,授正八品官。(0001 卷 8)

王好古　字进之,号海藏,金元之际赵州人。早年中进士,任本州教授,兼提举管内医学。先后从张元素及李杲学医,尽得二人所传。金末,与友人率弟子至河南、河东等地为难民诊治疾病。其医学著作甚丰,现存《阴症略例》一卷、《医垒元戎》十二卷、《汤液本草》六卷、《此事难知》二卷、《斑论萃英》一卷等。其学术取张元素、李杲二家之长,并多有发挥。(1149 卷 53～55)

王好礼①　元世祖至元二十二年(1285)三月,由权臣卢世荣奏荐为浙西道宣慰使。(0001 卷 205)

王好礼②　元真定(治今河北正定)人。

世祖至元二十二年(1285)任平江路(治今江苏苏州)总管。二十五年,迁河南按察使。(0928 卷 3)

王好谦　元仁宗延祐元年(1314)任秘书少监。(0027 卷 9)

王寿朋　元庆元路(治今浙江宁波)学录。(0634 卷 2)

王寿衍(1273～1353)　字眉叟,号玄览,又号溪月。元杭州人。道士陈义高之弟子。世祖至元二十五年(1288)任杭州开元宫提举。成宗元贞元年(1295)为杭州佑圣观提点、住持。大德五年(1301)嗣师义高职,为玉隆万寿宫提点、住持。武宗至大二年(1309)归居开元宫。仁宗延祐元年(1314),授弘文辅道粹德真人、领杭州路道教事。有诗作传世。(0414 卷 13,0504 壬上)

王进之　宋元之际建德(今属浙江)人。工诗。其诗作二首被元初月泉吟社选评为第四十七名及第四十九名。(0033 卷 6)

王李本　元画家。工画人物、花鸟。日本有其画蹟。(1143 卷 78)

王孝礼　元同州郃阳(治今陕西合阳)人。顺帝至正九年(1349)任宜川知县,后迁任醴泉知县。(0806 卷 15)

王孝忠①　元人。世祖至元中,以罪奉命往八答山采宝玉自效,道经沙州,值火忽叛,自拔来归。元廷令其于瓜、沙等处屯田。(0001 卷 9)

王孝忠②　元初严实部将行军千户齐荣显部属。从荣显攻濠州,宋兵背城为阵。随荣显进攻,力战,中钩戟,被荣显断戟救出。(0001 卷 152)

王志坦(1200～1272)　字公平,封号崇真光教淳和真人。金元之际汤阴(今属河南)人。全真教道士。继张志敬掌全真道教事。(0040 卷 7)

王志道　字仲弘。元建安(治今福建建瓯)人。曾从贡师泰学。(0275 卷 6)

王志谨(1178～1263)　金元之际东明(今属山东)人。全真道士,道号棲云真人。从丘处机学。晚年居于汴梁朝元宫。(0040 卷 4)

王克己　元延安路中部县(治今陕西黄陵南)人。元末,父伯通死,负土筑坟,庐于墓侧。貊高纵兵暴掠,县民皆逃散;克己独守墓不去。俄而兵至,见其身衣衰绖,形容憔悴,曰:此真孝子! 遂不忍害。竟终丧而归。(0001 卷 198)

王克义　元崞县(治今山西原平北)人。顺帝至正初年由国子生授平准官,转任定襄知县。(0691 卷 9,0692 卷 20)

王克正　元文宗至顺元年(1330)任衢州路推官。(0878 卷 2、7)

王克诚①　元泰定三年(1326)任金坛(今属江苏)县尉。(0631 卷 16)

王克诚②　元人。早年从萧𣂏学。后由礼部郎官出任陕西行省郎中。(0196 卷 3,0072 卷 95)

王克修　字进之。元高唐(今属山东)人。文宗至顺元年(1330)任秘书监校书郎。顺帝至元元年(1335)升著作佐郎。(0027 卷 10)

王克恭　元福宁(治今福建霞浦)人。文宗天历年间召为连江县主簿,擢福清州判官。有诗作传世。(0909 卷 10,0504 己上)

王克宽　元文宗至顺年间(1330～1333)任临城县(今属河北)教谕。(0645 卷 4)

王克继　元保定(今属河北)人。累官江东廉访副使。(0205 卷下)

王克敬①(1275～1335)　字叔能。元大宁(治今内蒙古宁城西)人。由吏入仕。元仁宗时任江浙省左右司都事,延祐四年(1317),往四明监倭人互市。延祐末,拜监察御史,监吏部选。英宗时,迁中书左司都事,建言罢江南包银、免两浙煎盐户杂役。泰定中,任两浙盐运使,减绍兴民盐引负担。文宗时召为参议中书省事,后出任辽阳参政、南台治书侍御史、淮东廉访使。顺帝元统初,任江浙参政,请罢富民承佃江淮田,减免民田租赋。历官所至,皆有政绩。有诗文奏议传世。(0001 卷 184、192)

王克敬②　元文宗至顺二年(1331)为无锡知州。(0558 卷 24)

王丽珠　元末明初万州(治今海南万宁)黎族首领。世为峒首。元顺帝至正间,率黎兵协助地方官府镇压陈子瑚,授万守县主簿。后又率黎兵讨平符奴达等人起事。受命助县尹统民保境。明洪武初,又因剿平王廷金,受厚赏。(1146 卷 54)

王肖翁(1272～1336)　字傅朋。元金华(今属浙江)人。初为衢州、婺州路学录。成宗大德中,为婺州路(治今浙江金华)学正,考满授静江路(治今广西桂林)教授,以疾归。仁宗延祐末,起为南康路(治今江西星子)教授,摄白鹿洞书院山长。英宗至治初,征召为江西行省令史。后历任海漕万户府知事、嘉兴路录事。以松江府判官致仕。有诗作传世。(7－0414 卷 19,7－0002 卷 229,7－0504 丙)

王时中①　元文宗天历元年(1328)任庆元路(治今浙江宁波)录事司判官。(0634 卷 2)

王时中②　字伯庸。元宣城(今属安徽)人。工诗,有诗作传世。(0524 卷 6)

王时可　元河间(今属河北)人。顺帝至正元年(1341)任江南行台架阁库管勾。累迁归信知县。(0632 卷 6,0649 卷 30)

王利用①(约 1233～约 1309)　字国宾,

号山木。元通州潞县(治今北京通县)人。弱冠与魏初同学,遂齐名。初事忽必烈于藩王府。元世祖时,历任太府内藏官、山东经略司详议官、北京奥鲁同知及安肃、汝、蠡、赵四州知州。入为监察御史。蓟州有禁地,民不得射猎,逻者诬州民犯禁,籍其家,利用纠之。擢翰林待制,兼兴文署,奉旨程试上都、隆兴等路儒士。升直学士,参与修实录。出为河东、陕西、燕南按察副使。迁升四川按察使。都元帅塔海抑巫山县民数百口为奴,利用核问,尽出为民。成宗时任兴元路总管,减职田租额,悉除站户之役于他郡者。武宗即位后,召为太子宾客,上疏取法祖宗、抚爱百姓、财宜节用、酒宜节饮、清心听政、官职量材而授等十七事,帝及皇太子嘉纳之。至大年间死,年七十七。谥文贞。(7－001 卷 170,7－248 卷 1、4、5 等)

王利用② 元英宗至治二年(1322)为江山(今属浙江)知县。(0878 卷 2)

王利贞 元通州潞县(治今北京通县)人,王利用之弟。(0001 卷 170)

王利亨 元通州潞县(治今北京通县)人,王利用之弟。元世祖至元二十八年(1291),任秘书监校书郎。三十一年,升秘书郎。成宗大德八年(1304)任秘书监丞。(0027 卷 9、10)

王秀鸿 元人。有诗作传世。(0504 癸上)

王住儿① 元顺天路(治今河北保定)民。世祖中统年间,因斗误杀人,其母年七十,言于朝廷曰:妾寡且老,恃此儿以为生,儿死则妾亦死矣。中书右司掾袁裕言于执政乞宽宥之,执政言于帝,帝赦免其死。(0001 卷 170)

王住儿② 元汶上(今属山东)人。母病,祷于天,卧冰上半月。(0001 卷 197)

王伯大 元涿州房山(今属北京)人。登进士第。顺帝至正十年(1350)任威州知州。(0669 卷 5)

王伯成 元涿州人。杂剧家。有《天宝遗事》诸宫调行于元代。又写有《李太白贬夜郎》、《张骞泛浮槎》二种杂剧。今仅存《贬夜郎》。与马致远为忘年交,与张仁卿为莫逆交。(0029 卷上)

王伯时 元顺帝至正时(1341～1368)吴郡(今苏州)人。善画竹。早年从学于张逊。(1143 卷 75)

王伯杰 元金溪(今属江西)人。仁宗延祐四年(1317)乡举,任金溪县学教谕。(1014 卷 10)

王伯顺 元霸州文安(今属河北)人,王伯胜之兄。初为世祖宿卫士,为世祖所亲幸。成宗大德九年(1305)出为梁王傅。后官至大司徒。(0001 卷 169)

王伯胜(？～1326) 元霸州文安(今属河北)人。年十一,充世祖宿卫士。至元二十四年(1288),从征东北叛王乃颜,以功授拱卫直都指挥使。成宗大德九年(1305),以侍成宗病,忤安西王阿难答,出为大宁路总管。武宗即位,召为也可扎鲁花赤(大断事官)、刑部尚书。至大三年(1310),任大都(今北京)留守,兼少府监。仁宗即位,出任辽阳行省平章,兴学、置驿馆。延祐二年(1315),仍召为大都留守。英宗至治二年(1322),授武卫亲军都指挥使,兼大都屯田事,仍为大都留守。奉诏监修文武楼,创咸宁殿,建太庙。(0001 卷 169)

王伯恭 元文宗至顺元年(1330)为衡州路总管。是年正月,本路饥,以所受制命质官粮万石赈之。(0001 卷 34)

王伯康 元安福(今属江西)人。任常德路知事,奉檄出讨反元队伍,战死于沅州。(0075 官常典卷 735)

王伯颜① 元泰定帝宠信之内侍。文宗天历元年(1328)十月,籍没其所居在大都(今北京)之大宅赐予大功臣燕铁木儿之子唐其势。(0001 卷 32)

王伯颜②(？～1352) 名简,字伯敬。元滨州霑化(治今山东沾化西)人。由湖广省宣使历任永州祁阳、湖州乌程县尹,信州推官。顺帝至正九年(1349),迁升福宁知州。任三年,升福建盐运副使,将行,宪府以时局动乱,留之仍领州事。未几,反元队伍自邵武间道偪福宁,乃与监州阿撒都剌募壮兵五万,分扼险阻。反元队伍至杨梅岭,伯颜驰破之。反元队伍帅王善,俄拥众直压州西门,胥吏皆解散,伯颜麾下唯白梃市人数百。遂被擒,不降,被杀。(0001 卷 195)

王伯颜③ 元顺帝至正九年(1349)任高平(今属山西)知县。(0694 卷 5)

王伯颜④ 元顺帝至正二十四年(1364)任灵石县(今属山西)主簿。(0709 卷 2)

王伯颜⑤ 元人。曾任澧州路(治今湖南澧县)治中,奉命镇压少数民族反抗。(0278 卷 1、3)

王伯翼 元人。有诗作传世。(0504 丁)

王佛生 字子善。元建阳(今属福建)人。两次应试不第,遂不复应试,隐居山溪之源,布衣蔬食,吟咏山川间,自适以终。(0901 卷 65)

王余庆 字叔善。元婺州兰溪(今属浙江)人。曾任江南行台监察御史。以儒学名重当世。(0001 卷 190)

王希旦 号葵初。宋元之际德兴县(今属江西)人。隐居读书,不仕而终。(0224 卷 1,0071 卷 89)

王希白 元吴郡(治今江苏苏州)人。有诗作传世。(0504 辛上)

王希贤①(1246～1288) 字伯潜。元彰德(治今河南安阳)人,王博文长子。初,以荐为翰林编修。转任大司农司令史,改任翰林应奉。世祖至元十七年(1280),授太常博士。次年,出任陕西行

省员外郎。二十年,迁泗州知州。(0210 卷18)

王希贤②　元余姚(今属浙江)人。曾任会稽县(治今浙江绍兴)教谕。(0880 卷29、30)

王希逸　元医官。成宗大德二年(1298)为医愈郎、御药院副使,奉旨参与重校《圣济总录》。(1145 卷上册85)

王孚远　字允德。元乐安(今属江西)人。顺帝至正年间以荐授大同路学正。至正十二年(1352),反元队伍起。集丁壮保乡邑,条陈镇压反元队伍机宜十事,元官员火你赤忌而杀之。(0075 氏族典卷273、学行典卷240)

王应及　元台州(治今浙江临海)人。曾任新昌县(今属浙江)教谕。(0880 卷29)

王应中　元诸暨(今属浙江)人。曾任萧山县(今属浙江)教谕。(0880 卷29)

王应祚　字舜卿。元晋江(治今福建泉州)人。泰定年间为邵武(今属福建)知县,迁任旌德(今属安徽)知县,皆有治绩。(0902 卷82)

王应瑾　字景丹,号真士。元钱塘县(治今浙江杭州)人。年十八为道士,入杭州佑圣观延真馆。后由四十二代天师授号教门高士、洞微真隐纯一法师,住持杭州元妙观。(0065 卷2)

王闰孙　字伯永,号懒云。元青田(今属浙江)人。有诗作传世。(0504 戊上)

王宏道　元世祖至元年间为金坛县(今属江苏)主簿。(0631 卷16)

王宏毅　元名医。陕西鄠县人,唐王珪后裔。少时习经史,入元改习医学,任职于元太医院,治效极高。(1145 卷上册85)

王良玉(1290～1364)　字怀璞,号初斋。元义乌(今属浙江)人。王炎泽长子,王祎父。以荐为衢州常山县教谕。(0432 卷21)

王良臣　元大德十一年(1307)为丹阳县(今属江苏)主簿。(0631 卷16)

王良弼①(?～1287)　元世祖至元二十四年(1287)为御史台吏。是年五月,以诽讪尚书省政事,被处死。(0001 卷14、205)

王良弼②　元新郑(今属河南)人。任延津(今属河南)知县,有治绩。(0762 卷4)

王初应　元漳州长泰县(今属福建)人。至大四年(1311)二月,随父义士樵于刘岭山,有虎出丛棘中,搏义士,伤右肩。急赴救,抽镰刀刺虎杀之,义士得救。元廷旌表其孝行。(0001 卷197、24)

王君玉　字国宝。元武清(今属河北)人。世祖至元九年(1272)为遂州知州。(0649 卷30)

王君用(?～1319)　元卫辉(治今河南汲县)人。世祖至元二十六年(1289)为镇江卫辉翼下百户。(0631 卷17)

王君佐　字辅臣。元海漕万户。沂州学旧有忠贤堂,刻乡贤名字于石,毁于兵火。君佐创意蒐讨,续之,增旧之数,起自周太公望至唐末,得二百九十六人,又增补宋金元初乡贤若干,重刻沂州先贤数百名字于石。(0142 卷19)

王君迪　字居中。宋元间江南人,迁居仪真县。以医术知名。著有《古方论》,此书详述古代名方,分别二十四脉之象,参之以外候、偏邪,所论如烛照,已佚。吴澄(草庐)尝作《可山斋记》赠之。(1126 卷48～49)

王君候　元宪宗三年(1253)十一月,奉忽必烈之遣,与玉律术、王鉴同至大理招谕,被杀害。世祖至元十二年(1275)八月,元廷授其子王如珪为正八品官。(0001 卷4、8)

王阿龙　大理国会川城(今四川会理西北)故主王氏之孙。元宪宗九年(1259),率众归附蒙古。(0001 卷61)

王阿禾　元云南人。大理国会川城故主王氏曾孙,王阿龙之子。世祖至元八年(1271),元廷命其领会川城。(0001 卷61)

王阿济　元世祖至元十七年(1280)为吕告蛮部安抚使,是年六月,奉遣同万户昝坤招谕罗氏鬼国。(0001 卷11)

王妙明　元居士。官居总帅。尝会见僧福裕,言下悟机,遂行归依。(1144 卷55)

王妙璘　元海康县(今属广东)人,王谷荣之女。世祖至元年间南方少数民族攻掠雷州,被执,将受辱,投水死。官府旌之。(0002 卷244)

王驴儿　元英宗至治二年(1322)奉符(今属山东)、临邑(今属山东)二县反元起事首领。是年五月,被处死。(0001 卷28)

王奉国　元末人,陈友谅部将。顺帝至正十八年(1358)二月,率众号二十万,进攻信州(治今江西上饶西北)。四月,分兵攻破瑞州路。次年六月,攻破信州城,镇南王之子大圣奴、江南廉访副使伯颜不花的斤死之,枢密院判官席闰出降。(0001 卷195、45)

王昔剌(?～1279)　元保定(今属河北)人。初事忽必烈(世祖),以有勇略赐名昔剌拔都。从攻钓鱼山(今四川合川东)及阿里不哥有功,授武卫亲军千户。世祖中统三年(1262),从征李璮。四年,奉遣率蒙古、汉军复立宿州。至元六年(1269),升为海州万户。十年,授东川行枢密院同佥。十五年,征夔府(今四川奉节)有功。十六年,徙镇万州(治今四川万县),死于军中。(0001 卷166)

王若拙① 元金坛（今属江苏）人。王去疾之侄。曾任浔州桂平县大宣复化乡巡检。（0631 卷 19）

王若拙② 元成宗大德中任会稽县（治今浙江绍兴）教谕。（0880 卷 29）

王若毅 字仲宏。元金坛（今属江苏）人，王若拙弟。曾任东安县卢洪寨巡检。（0631 卷 19）

王英孙 字才翁，号修竹。宋元间绍兴（今属浙江）人。宋末为将作监簿。入元隐居不仕。画墨竹、兰、蕙，雅洁不凡。富而好礼。唐珏、林景熙筑冬青穴，英孙实为谋主。（1143 卷 92）

王松年（1230～1302） 字坚甫。元真定（治今河北正定）人，王约之父。后以子约贵，追谥文惠。（0240 卷 16）

王叔玙 元顺帝至正二十五年（1365）为户部侍郎。（0594 卷 12）

王叔毅 元暨阳（今浙江诸暨）人。曾任上虞县（今属浙江）教谕。（0880 卷 29）

王虎臣① 字介石。元温州平阳（今属浙江）人。世祖至元十五年（1278）至二十年任平江路（治今江苏苏州）总管。后历任镇江路行大司农司司农卿。（0631 卷 17，0927 卷 20）

王虎臣② 字子山。元宣城（今属安徽）人，王璋之子。曾任於潜县教谕。有诗作传世。（0503 三集甲）

王虎翼 元符离（治今安徽宿县）人。世祖至元年间任南安路（治今江西大余）总管，迁任抚州路总管。（0204 卷 3）

王奇峰 元世祖、成宗时人。善画山水。张伯淳曾题其所画《明秀图》。（1143 卷 80）

王国用① 元世祖至元十九年（1282）任瑞州路治中。（1016 卷 14）

王国用② 元泰定中为华阴（今属陕西）知县。（0827 卷 5）

王国佑 元人。曾任庆元路（治今浙江宁波）学录。（0634 卷 2）

王国佐 元世祖至元十八年（1281）为招讨使，从征日本。八月，元军至日本，暴风破舟，犹欲议战。国佐等不听节制，逃去。（0001 卷 208）

王国英 字俊卿。元成都人。顺帝至正十四年（1354）任无锡州儒学教授。（0558 卷 23）

王国昌（？～1271） 元胶州高密（今属山东）人。初为胶州千户。世祖中统元年（1260）入觐，帝留为左武卫亲军千户。至元五年（1268），任统领，奉旨探视经高丽黑山海道攻宋途径。九月，率兵护送经高丽赴日使臣。六年七月，奉旨与都统领脱朵儿等探视躭罗通日本、南宋海道。七年十二月，奉旨率兵护送经高丽赴日使臣。八年四月，奉旨与经略使忻都等讨高丽国臣裴仲孙等所据珍岛，五月，拔攻之。十月，死于军中。（0001 卷 167、208、7）

王国杰（1253～1300） 字俊甫，又字俊卿，号北山。宋元之际建康（治今江苏南京）人。元初历任建康路学正、溧水县教谕、徽州紫阳书院山长。成宗大德三年（1299）调任柳州教授。次年死。（0167 卷 17、31、33）

王国宾 字嘉甫。元怀孟路（治今河南沁阳）人，陵川郝思温门徒。元初尝为山东幕职官，与王恽相识。为散曲作家，撰有仙吕八声甘州《莺花伴侣》（套数）等。（1107）

王国祥 号信斋。元高邮（今属江苏）人。曾任扬州路府史，有廉幹声。（0935 卷 19）

王国瑞① 元顺德（治今河北邢台）人。成宗大德五年（1301）为镇江路顺德翼下千户所弹压。（0631 卷 17）

王国瑞② 字瑞庵，元兰溪（今属浙江）人，针灸名医王开之子。继承家学，技艺益精，行医于江浙，执弟子礼求学者甚多。除与父增注窦默注《铜人针经密语》外，撰有《扁鹊神应针灸玉龙经》一卷，专论针灸之法。其子廷玉、孙宗泽继承家学，门人周仲良等也传承其术。（1149 卷 176）

王国器①（1284～？） 字德琏，号云庵、筠庵。元湖州（今属浙江）人。赵孟頫婿，王蒙之父。工诗词，善书法。顺帝至正二十六年（1366）犹在世。（1072 卷 18，1080 书录卷 10）

王国器② 元太原文水（今属山西）人。顺帝至正初为晋宁路（治今山西临汾）总管。（0262 卷 4）

王昌世（1267～1327） 字昭甫，自号静学居士。元鄞县（今属浙江）人。宋礼部尚书王应麟之子。甫十岁，能传家学。凡应麟著述，皆为之校订。行省、行御史台屡荐之，力辞不仕。著有《静学稿》二十卷。（0152 卷 31，0002 卷 241）

王昌龄（1197～1259） 字显之。金元之际沧州（今属河北）人。金哀宗正大末，任汴京北面元帅府经历官，迁任陈州防御判官。金亡，以荐任元真定五路万户府参议。从元军攻宋有功。宪宗元年（1251）领卫州事。均徭平赋，治官汰吏，筑堤防，修沟渠，通商惠工，劝课农桑，礼贤俊，赡贫乏。八年之间，治化大行。（0144 卷 47）

王迪吉 元泰定二年（1325）为丹阳（今属江苏）知县。（0631 卷 16）

王迪简 字庭吉，号蕺隐。元越（今浙江绍兴一带）人。善画水仙。（0030 卷 5）

王明嗣（1304～？） 字伯昌。元舞阳（今属河南）人。顺帝元统元年（1333）进士，授翰林编修，迁任国子司业。有诗

作传世。(0028 卷上,0504 己上)

王岩叟 元人。工画梅,风格秀逸,不下王冕。(1143 卷 148)

王和卿 元大名(今属河北)人。工散曲。其所作散曲词意跌宕。为人滑稽佻达,传播四方。与关汉卿为友,常讥谑关,关不能胜之。一日忽坐逝,鼻垂双涕尺余。关来吊,乃以六畜嗓病嘲之。人因戏关曰:"你被王和卿轻侮半世,死后方才还得一筹。"(0101 卷 23,1107)

王金莲 元女道士,昭应宫提点、住持。元廷封赠为渊静玄素真人。(0146 卷 37)

王受益 字子谦。元明之际山阴(治今浙江绍兴)人。顺帝至正二十二年(1362)中乡试,授仁和县(治今浙江杭州)儒学教谕。明洪武八年(1375)任山阴县学教谕。历任冀、滁、陕三州学正。仕至国子助教。有诗作传世。(0072 卷 87,0504 庚下)

王性存 元人。有诗作传世。(0504 癸上)

王炎午(1252~1324) 初名应梅,字鼎翁,号梅边。宋元之际安福人。宋太学生。恭帝德祐间(1275~1276)留文天祥幕府,以母老辞归。入元不仕。有《吾汶稿》十卷。(0058 卷 1,0002 卷 241)

王炎泽(1253~1332) 字威仲,号南稜。宋元之际义乌(今属浙江)人,王祎祖。元世祖至元年间,家居授徒,绝口不言仕进。久之,以荐为东阳、常山两县教谕,迁任石峡书院山长。所至以善教得士誉。在石峡岁余,即辞归。家居逾十年,病死。(0152 卷 33,0414 卷 18)

王宗一 元世祖至元中寿昌府反元起事者。与同起事者十二人为权知寿昌府事陈天祥擒获,以冬至日放还家,约三日来归狱,皆如期而至,天祥遂白宣慰司尽纵之,由是寿昌府境无复反元起事者。(0001 卷 168)

王宗让 元晋宁(治今山西临汾)人。王士宏次兄。文宗天历元年(1328),以士宏荐,为大司农经历。至顺元年(1330)出任江南行台御史。(0632 卷 6,0002 卷 207)

王宗礼 元顺帝至正二十年(1360)为户部尚书。是年秋,奉遣至江浙征海运粮。次年五月,海运粮赴京,如二十年之数,为石十有一万。(0001 卷 97)

王宗岳 字良佐。元临淮(治今江苏盱眙西北)人。埋头研究性理之学,不求仕进。(0977 卷 5)

王宗泽 元兰溪(今属浙江)人。针灸名医王开曾孙。绍承家学,亦精针灸。(1126 卷 54)

王宗信 元世祖至元年间为奉化(今属浙江)知县。(0633 卷 3)

王宗举 元顺帝至正年间为丰县(今属江苏)尉。战乱,据守丰县,后遁去。(0933 卷 11)

王宗哲 字元举。元无极(今属河北)人。顺帝至正八年(1348)汉南人左榜进士一甲第一名,授翰林修撰。历任湖广廉访司佥事。(0001 卷 41、92,0645 卷 5)

王宗道 元河南府路(治今河南洛阳)人。居丧庐墓,元廷旌表其门。(0001 卷 197)

王宗嗣 元顺帝至正十七年(1357)汉南人左榜进士一甲第一名。(0001 卷 92)

王实甫 一说名德信。元大都(今北京)人。杂剧作家。所作杂剧十余种,其中《双蕖怨》、《进梅谏》、《明达卖子》、《贩茶船》、《于公高门》、《七步成章》、《多月亭》、《陆绩怀橘》、《芙蓉亭》、《娇红记》、《丽春园》十一种今不传。今仅存《西厢记》、《丽春堂》、《破窑记》三种。《西厢记》取材唐传奇《莺莺传》,演为五本二十一折长剧,情节动人,曲词优美,被誉为众多杂剧中"天下夺魁"之作。《太和正音谱》称实甫之曲词"如花间美人"。(0029 卷上,1107)

王肩吾 字肩善。元婺源(今属江西)人。以豪侠自任,名重淮甸。(0972 卷 9)

王建中 元顺帝至正十二年(1352)为万户。是年,天完红巾军进攻江东、西。建中奉江浙平章卜颜铁木儿遣,屯白面渡,防遏上流天完红巾军进攻。(0001 卷 144)

王居义 字仁卿。元顺帝至元年间任枢密院都事。至元六年(1340)迁秘书少监。至正二年(1342)任枢密院断事官。(0027 卷 9)

王居中 元镇江(今属江苏)人。名医,滑寿从其学,授《素问》、《难经》。(0020 卷 299)

王居仁① 元仁宗延祐二年(1315)为吏部尚书。是年九月,以江浙平章张驴括田逼死九人,奉旨鞫之。后出任江浙行省参政。英宗至治二年(1322)二月,由江浙参政入任中书参政。泰定元年(1324)三月,改任太子副詹事。(0001 卷 25、28、29 等)

王居仁② 元河间(今属河北)人。仁宗延祐中为陟县尹。(0644 卷 22)

王居仁③ 元英宗至治二年(1322)为无锡州判官。(0558 卷 24)

王居礼① 字子敬。元曹南人。泰定年间任应州(治今山西应县)知州。(0699 卷 4)

王居礼② 元人。初以荫补南乐县主簿。历任两淮运司丞、海宁州判官、锦州知州。(0622 卷 25,0861 卷 4)

王居安 元人。有诗作传世。(0504 癸下)

王居信　字仲义。元棣州商河(今属山东)人。顺帝至正二十一年(1361)任秘书监典史。(0027 卷 11)

王居敬①　元大都(今北京)人。泰定四年(1327)任镇江路卫辉翼下百户。(0631 卷 17)

王居敬②　元台州(治今浙江临海)人。文宗至顺三年(1332)任台州路总管。(0622 卷 47)

王居敬③　元益都(治今山东青州)人。顺帝至元六年(1340)为江南行台御史。(0632 卷 6)

王居敬④　元长山县(治今山东邹平东)人。官至礼部尚书。(0622 卷 22)

王承德　元武宗至大三年(1310)为陕西行台御史,建言泾阳洪口展修石渠为万世之利。后遂于延祐元年(1314)二月兴工,展修洪口石渠四百二十五尺。(0001 卷 65)

王荣忠　字君直。元岳州(治今湖南岳阳)人。顺帝至正年间为赣州路判官。至正十二年(1352),屡破反元队伍,收复宁都。十三年,收复会昌,防守雩都,反元队伍不能攻下。十八年,赣州为陈友谅攻破;率所部入援,战死。(0190 前集卷 1,0002 卷 231)

王荣祖(1196～1260)　字敬先。元义州开义(治今辽宁义县南)契丹人,本姓耶律氏。王珣长子。初在木华黎处充质子。太祖十九年(1224),父死,袭职为义州管内观察使。从孛鲁入朝,奉旨副撒礼塔进讨金辽东行省平章葛不哥,拔盖州、宣城等十余城,葛不哥走死。太宗元年(1229),授北京等路征行万户。三年,从撒礼塔攻高丽,围其王京,高丽王遣其兄淮安公奉表纳贡。五年,从征蒲鲜万奴,擒之。又从诸王按只台讨平兴州赵祁。十三年,再从征高丽,破十余城,高丽王遣族子綧入质。宪宗三年(1253),从宗王也古攻高丽,破城、堡、寨多处。移镇平壤,募民屯戍,辟地千里,高丽王遣世子倎出降。世祖中统元年(1260),应诏入朝,升沿边招讨使。还镇,病死。(0001 卷 149)

王厚孙(1300～1376)　字叔载,晚年号遂初老人。元鄞县(今属浙江)人,王应麟之孙,王昌世长子。历任郡学训导、直学,迁任象山县教谕。刊行祖应麟遗书。应庆元路总管王元恭延请,编纂成《至正四明续志》。后调任浦江县教谕,辞归养母。福建省授儒学副提举,不赴。(0418 卷 30)

王奎文　字昌甫,号慎独。元江陵(今属湖北)人。从宋本学。明性命义理之学。元中叶,宋本往质所得,造诣日深。(0001 卷 182,0072 卷 95)

王显忠(？～1357)　元顺帝至正年间,从韩山童宣传组织群众,与刘福通、杜遵道等在群众中宣称:山童实宋徽宗八世孙,当为中国主。至正十五年(1355)红巾军大宋政权建立后,任宰相。十六年十二月,太康(今属河南)被元将答失八都鲁攻破,显忠被杀。(0001 卷 42、142)

王显政　元奉元蒲城县(今属陕西)民。五世同居。文宗天历二年(1329),元廷旌表其门。(0001 卷 33、197)

王显祖①(1239～1307)　字继先。元邢州(治今河北邢台)人。王明之子。袭父职为本州节度判官。世祖中统三年(1262),从元军讨李璮,先登陷阵,数有功。累迁为钧州尹,丁母忧归。至元二十八年(1291)授湖广行省副理问,穷治前平章要束木党余,追赃以钜万计。成宗即位,奉檄整理湖南等七路钱粮,凡无名之赋有不纳之额,悉蠲之,著为令。元贞元年(1295)改滨州尹,民苦盐贵,为民申请,得先散盐而后支价。时山东盐法坏,调任山东东路同知都盐运使事,六年间增盐引十四万余。大德九年(1305)迁任袁州路总管,以年老辞。(0002 卷 173,0202 卷 14)

王显祖②　元杭州人。顺帝至正中为太府监器备库使。至正十三年(1353)春,江浙平章定卜奉旨调诸路军讨天完红巾军,都镇抚谭汝楫荐以自代。显祖率军追击至鄱阳城,斩红巾军元帅二人、将二十五人。次年,与红巾军战于东流县境,三十余战,屡建奇功,收降以万计。(0158 卷 22)

王昭大　字茂卿,号玉岩。元华亭(治今上海松江)人。晚年任潮州路儒学教授,以华亭县丞致仕。(0931 卷 30)

王贵甫　元建宁(今属福建)人。累世同居,元廷旌表其门。(0001 卷 197)

王贵翁　字君传。元温州瑞安(今属浙江)人。家贫,授徒养母。顺帝至正十六年(1356)背负其母避战乱于北湖山,为盗所执,索资材不得,被杀。(0075 氏族典卷 273)

王思义　元成宗大德年间为鄞县(今属浙江)知县。(0633 卷 3)

王思宁　字致远。元沇(黄河以南济水下游)人。顺帝至正二年(1342)为宁阳县教谕。(0553 卷 4)

王思齐①　元文宗至顺元年(1330)为镇江路金坛县(今属江苏)税使司大使。(0631 卷 17)

王思齐②　元东平(今属山东)人。顺帝元统二年(1334)任江南行台监察御史。(0632 卷 6)

王思孝　字奉先。元真定(治今河北正定)人。顺帝至正二十二年(1362)任秘书监典吏。(0027 卷 11)

王思忠①　元世祖至元年间任瑞州路(治今江西高安)提控案牍兼照磨承发架阁。(1016 卷 14)

王思忠②　元晋州安平(今属河北)人,王纲次子。曾任淮东屯田副总管。(0002 卷 174)

王思忠③　元泽州（治今山西晋城）人，王杰之父。曾任警巡院副使，超授桓州知州，改任云州知州。（0694 卷 6）

王思宗　元高阳（今属河北）人。世业儒，以经术授高阳知县。抚育百姓，兴学养士，课农营田，政绩显著。（0649 卷 34）

王思诚①（1291～1357）　字致道。元兖州嵫阳（治今山东兖州）人。早年从曹元用学。英宗至治元年（1321）登进士第，授管州判官。召为国子助教。历翰林编修、应奉文字、待制、国子司业。顺帝至正二年（1342），任监察御史。罢黜松州贪官污吏二十三人。平反冤狱。应召参与修辽宋金三史。复任国子司业，超升兵部侍郎。出任河间路总管，治理磁河水。十二年，奉旨至河间及山东诸路巡行劝课。召还，迁国子祭酒。任礼部尚书，知贡举。升集贤侍讲学士，应诏言置行省丞相以专方面、宽内郡征输以固根本，汰冗兵以省粮运，改禄秩以养官廉等七事。出任陕西行台治书侍御史。十七年，请察罕帖木儿自河南出兵援救陕西，击退红巾军；后又请朝廷命察罕专守关陕。是年十月病死。谥献肃。（0001 卷 183）

王思诚②　字克修。元真定（治今河北正定）人，王约之子。文宗至顺二年（1331）由郊祀署令迁任秘书监著作郎。（0027 卷 10）

王思顺　元散曲作家。有《题包巾》及《镜儿缕带》等套数，出人意表。（0029 卷下）

王思恭①　字士温。元人。初为国子生，出仕为江南行台掾。（0212 卷 31）

王思恭②　元河内怀州（治今河南沁阳）人。顺帝至正初为华容（今属湖南）知县。（1053 卷 13）

王思恭③（1242～1316）　字敬甫，号槐庭居士。元吉水（今属江西）人。（0212 卷 79）

王思敏　元顺帝元统元年（1333）为衢州路治中。（0878 卷 2、7）

王思敬①（1224～1307）　元藁城（今属河北）人，王庆瑞从兄。曾任百户。（0225 卷 18）

王思敬②　元晋州安平（今属河北）人，王纲长子。曾任弋阳（今属江西）知县。（0002 卷 174）

王思勤　元人。有诗作传世。（0504 癸下）

王思道（1275～1334）　字国宾。元庐陵（治今江西吉安）人。家居事亲。文宗天历年间以荐授东平两军照磨，丁忧不赴。（（0190 前集卷 2）

王思廉（1238～1320）　字仲常。元真定获鹿（今属河北）人。幼师事元好问。世祖至元十年（1273），由董文忠荐为符宝局掌书。十三年，姚枢举为昭文馆待制，迁符宝局直长。十四年，任翰林待制，为帝、后、大臣进讲《资治通鉴》。后历任典瑞少监、太监，同知大都留守兼少府监事，枢密院判官。成宗时，历任翰林学士、工部尚书、征东行省参政、大名路总管、集贤学士。武宗即位，授太子宾客。仁宗即位，以翰林学士承旨致仕。谥文恭。（0001 卷 160）

王思聪①　元延安安塞（今属陕西）人。素力田，农隙教诸生。母丧，尽哀。父继娶杨氏，事之如生母。父病剧，思聪忧甚，拜祈于天，额膝皆成疮。后得神泉，父饮之病愈。父失明，思聪舐之，遂能视。事闻，元廷表异之。（0001 卷 197）

王思聪②　字德明。元晋州安平（今属河北）人，王纲弟经之子。由书掾累迁为庐陵（治今江西吉安）知县。以才干选授广州路推官。属县豪右有诬民以罪者，狱成；疑而诘之，竟得其实。擢海漕千户。后以衢州路治中致仕。（0002 卷 174）

王钦礼　字子敬。元任丘（今属河北）人。累迁南皮县尉，升盐山尹。顺帝至正十年（1350），授保定路治中，未几致仕。（0644 卷 17、22）

王复亨　元仁宗延祐元年（1314），任高平（今属山西）知县。（0694 卷 5）

王复原　元庐陵（治今江西吉安）人。有诗作传世。（0504 庚下）

王复道　字伯初。元婺源（今属江西）人。英宗至治三年（1323）中乡试，授泉州路儒学教授。文宗天历二年（1329）调任衡山（今属湖南）知县。（0972 卷 8）

王秋江　元人。有诗作传世。（0504 戊下）

王顺荣　字静安。女。元台州黄岩（今属浙江）人。年十七嫁同县杨伯瑞。伯瑞累官为行枢密院断事官。顺帝至正年间抵御苗军，被杀。顺荣时年二十七，守节抚孤。后有权贵欲聘娶之，以死力拒，乃得免。（0411 卷 3）

王保和　元济南人。世祖至元五年（1268），在民众中宣传鼓动，图谋反元起事，被捕。敕诛首恶五人，余勿论。（0001 卷 6）

王保保　见扩廓帖木儿。

王剑川　元人。有诗作传世。（0504 甲）

王庭玉（1224～1298）　字国宝。元保定清苑（治今河北保定）人，本女真完颜氏，金安州刺史完颜安住之子。元太祖十三年（1218），父安住降蒙古。后庭玉隶张柔部下。宪宗九年（1259），从攻鄂，擢亳州万户府首领官。迁河南路统军司知事。又迁招讨司经历。世祖至元十一年（1274），从大军渡江。次年，败宋师于丁家洲。建康下，授江东宣抚司佥事。十四年，授建康路治中。次年，升临淮路达鲁花赤，有廉能声。改涟海等处屯田总管，后弃官归。（0002 卷 173，0211 卷

3)

王庭佐　元冀宁(治今山西太原)人。文宗至顺二年(1331)为江南行台监察御史。(0632 卷 6)

王庭钰　字良仲。元广信(治今江西上饶西北)人。与揭傒斯为友。能画龙。年四十九死。(0150 卷 1)

王庭弼　字邦直,号野塘。元胶东(今山东胶莱河以东地区)人。世祖至元二十八年(1291)任江南行台监察御史。(0632 卷 6)

王庭璧　元世祖至元十一年(1274)檀州(治今北京密云)奉先等洞采银者。(0001 卷 94)

王彦宝　元太医。与罗天益为同时人。(1145 卷上册 102)

王彦恭①　原名钦若。元至元三十一年(1294)任秘书监奏差。(0027 卷 11)

王彦恭②　元泰定年间(1324～1329)任武强(今属河北)知县。(0645 卷 4)

王彦深　元世祖至元二十三年(1286)任丹徒(治今江苏镇江)知县。(0631 卷 16)

王彦弼①(1220～1308)　元真定蠡州(治今河北蠡县)人,万户王兴秀之子,王元恭之父。累官为南康路总管。后改任江州路总管,任满不复仕。(0212 卷 66)

王彦弼②　元世祖中统年间为潼关守将。(0001 卷 162)

王彦漳　元涞水县(今属河北)人。官至余姚(今属浙江)知州。(0649 卷 34)

王柔克　元武宗至大初年为卢溪(今属湖南)知县。(1041 卷 66)

王逊志(?～1368)　字文敏。元卫州汲县(今属河南)人。王恽之曾孙。以荫授侍仪司通事舍人。历陕西行台监察御史、廉访司佥事、工部员外郎、礼部郎中。任监察御史,劾詹事不兰奚、平章宜童皆逆臣子孙,当放逐边远。后历任太府少监、江西廉访副使、太常礼仪院佥事。顺帝至正二十八年(1368),明军入大都(今北京),元公卿争出降。独家居,衣冠而坐。其友中政院判官来劝其出降,逊志面斥其不忠不义,即自投井中死。(0001 卷 186)

王泰之　号竹趣。元平湖(今属浙江)人,王鼎之子。善画竹,能绍父业。(1143 卷 97)

王泰来(1236～1308)　字复元,号月友处士。宋元间松江华亭人。宋末浪迹江湖。元世祖至元二十三年(1286)被征入朝,馆于集贤院,未授官即辞归,还居钱塘(治今浙江杭州)。(0143 卷 8)

王泰亨　元成宗大德四年(1300)为刑部尚书,奉旨与山东宣慰使塔察儿同出使高丽,持诏往谕高丽国王,使釐正其设官过多、苛征于民及大会礼仪僭拟过甚之失。后官至中书平章政事。顺帝元统二年(1334),以其在中书时,安南请佛书,乞以《九经》赐之,出使高丽不受礼遗,为尚书贫不能自给,特赐谥清宪。(0001 卷 38、208)

王素英　元高邮(今属江苏)人。诸暨知州栾凤妻。方国珍来攻袭,守将内应,入杀凤。以身蔽凤,且怒骂,遂与凤俱被杀。(0937 卷 9)

王起宗　元人。善画山水树石。(0030 卷 5)

王都中(1278～1341)　字元俞,号本斋。元福宁州(治今福建霞浦)人,王积翁之子。年十七,世祖念其父功,特授平江路(治今江苏苏州)总管府治中,有治绩。秩满,升浙东道宣慰副使,穷究杀人案,惩治不法豪民。迁任荆湖北道宣慰副使,拯救饥民,全活者数十万。武宗时任江淮泉货监,所铸钱号天下最精。历郴州、饶州路总管,皆有政绩。后任海北海南道廉访使,遍历三十四盐场,使役平课足。泰定帝、文宗时历任福建、浙东、广东宣慰使都元帅。顺帝元统初,任两淮都转运盐使,整饬盐法。有《小山堂稿》三卷,已佚。(0001 卷 184)

王晋卿①　元仁宗延祐年间任高平(今属山西)知县。(0694 卷 5)

王晋卿②　元武昌(治今武汉)人。顺帝至正七年(1347)中乡试。后累官为池州建德知县。(0622 卷 16,0986 卷 4)

王晋卿③　元进士。历任东流县尹。(1005 卷 6)

王贾僧　元富平(今属陕西)人。居丧庐墓,元廷旌表其门。(0001 卷 197)

王原杰　字子英。元吴江(今属江苏)人。顺帝至正四年(1344)以《春秋》中乡试。后战乱,隐居教书。著有《春秋谳义》九卷。有诗作传世。(0954 卷 21、25,0504 己上)

王振鹏　字朋梅。元永嘉(今浙江温州)人。初,侍仁宗于东宫,赐号孤云处士。延祐元年(1314)任秘书监典簿。累迁为漕运千户。工界画,为元代第一,有《金明池夺标图》、《大明宫图》、《大安阁图》、《大都池馆图》等,世称绝品。善诗,有诗作传世。(0030 卷 5,0002 卷 242,0504 丙)

王钜翁　字万古。元婺源(今属江西)人,王浩翁之弟。工诗。(0972 卷 9)

王铉翁(1284～1346)　字中实。元遂昌(今属浙江)人。弱冠至京师,以荐授会福院宣使,考满授吴县主簿。历任东台场盐司丞、黄岩州判官、余东场盐司令。以中山府判官致仕。(0414 卷 19)

王积翁(1229～1284)　字良臣。宋元之际福宁州(治今福建霞浦)人。王都中之父。南宋末为福建制置使。元世祖至元十三年(1276),以全闽八郡图籍入觐世祖于上都,授福州安抚使。后改授福建宣慰使。十七年,擢户部尚书。十九年,授江西参政,未行。是年,奏请征亡宋雅乐器至京师,置于八作司。二十年,从其建议,开新河以通漕运。二十一年,自请招谕日本,遂授国信使自庆元(今浙江宁波)出使日本,舟行海上,为舟夫所害。(0001 卷 184、10 ~ 13、68、93 等)

王脩甫(约 1219 ~ 约 1273)　元东平(今属山东)人。散曲作家,撰有仙吕八声甘州《春闺梦好》、越调斗鹌鹑《阙盖荷枯》等套数。与王恽为友。客死于燕。(1107)

王爱山　字敬甫。元长安县(治今陕西西安)人。散曲作家。(0505)

王逖勤　元易州定兴(今属河北)人,王结之祖父。以质子军从元太祖西征,娶阿鲁浑氏,自西域徙戍秦陇,又徙于中山府安家久居。(0001 卷 178)

王逢吉　号谦斋。元陈州(治今河南淮阳)人。有诗作传世。(0504 丁)

王养素　字寿之,道号纯素子。金元之际姑射山(在今山西)一带人。全真教道士,居洛阳栖霞观,与杨奂、杨果等游。朝廷赐号冲虚真人。后隐居华山。死年八十二。(0321 卷 4)

王益之　字朋寿。元处州(治今浙江丽水)人。世祖至元十六年(1279)为丽水县教谕。(0576 卷 10)

王益字　元成宗元贞年间为南平县(今属福建)主簿。(0902 卷 58)

王浩翁　字太古。元婺源(今属江西)人。善为文,文辞苍古。(0972 卷 9)

王润之　字德玉。元山阴县(治今浙江绍兴)人。善作词。(0142 卷 9)

王宽夫　元人。有诗作传世。(0504 癸上)

王家奴①　元世祖时反元队伍首领。至元二十五年(1288)五月,与火鲁忽带、察罕复举兵反。(0001 卷 15)

王家奴②　元泰定四年(1327)任光州(治今河南潢川)达鲁花赤。(0762 卷 5、16)

王家驴①　元武宗至大元年(1308)任建康路(治今江苏南京)同知。(0632 卷 6)

王家驴②　元哈剌鲁人。同知宣徽院事怯来之子。(0011 卷 87)

王继远　元安福(今属江西)人。英宗至治年间以荐授广州路推官。抵御反元队伍,战死。谥忠愍。(0075 氏族典卷 273、官常典卷 732)

王继周　字伯可。元处州(治今浙江丽水)人。世祖至元三十年(1293)为丽水县儒学教谕。(0576 卷 10)

王继祖　元成宗元贞年间为全椒县(今属安徽)主簿。(1001 卷 12)

王继善　元顺帝至正五年(1345)十月,由翰林应奉出任河东陕西道奉使宣抚首领官。(0001 卷 92)

王埜翁(1240 ~ 1300)　字太古。宋元之际婺源(今属江西)人。元世祖至元中,江浙行省征召为镇江路学正,不就。潜心周易学,著《见易篇》、《周易分注》,吴澄见而悦之,所撰《易纂言》多采其说。(0532 卷 71,0002 卷 235)

王梦声　字应甫,号古川,祖籍严州。宋度宗咸淳(1265 ~ 1274)进士。元初任昆山州学正。(0046 卷 9,0042 卷 10)

王梦麟　元画家。成廷珪《居竹轩集》有《题画史王梦麟卷》诗。(1143 卷 119)

王辅元(? ~1368)　元顺帝至正二十八年(1368),与申荣为东昌路守将,二月,明军取东昌路,皆死之。(0001 卷 47)

王野仙　元咸宁(今属湖北)人。世祖时为平章政事,尝荐萧㪺为官。(0001 卷 81)

王崇祖　字茂先。元长芦(治今河北沧州)人。文宗天历初任遂州(治今河北徐水县西北)知州。(0649 卷 30)

王得山　元成宗大德六年(1302)任西安县(治今浙江衢州)知县。(0878 卷 2、7)

王得贞　字义方。元霍州(治今山西霍县)人。工诗,善草书。登进士第。顺帝至正年间任安福州知州,升怀庆路(治今河南沁阳)总管,为反元队伍所执,不降,被杀。(0700 卷 8 上,0504 己上,0074 卷 38)

王得舆(1219 ~ 1292)　字载之,号西轩。金元之际高平(今属山西)人。九岁中经童,金亡后,仍嗜学不倦。元宪宗时,迁居兴元南郑(治今陕西汉中),研究程朱理学。宪宗三年(1253),被李德辉起用为儒释道三教提领。在任时,请兴修庙学,并努力把被俘到兴元的南宋儒士编入儒籍。世祖中统元年(1260)任兴元学校提举。至元十三年(1276),以目疾辞职。(0248 卷 14、26,0001 卷 163)

王脱欢　元全宁(治今内蒙古翁牛特旗)人。文宗至顺二年(1331)四月献银矿于元廷,诏设银场提举司,隶中政院。(0001 卷 35)

王翊龙　元宛陵(今安徽宣城)人。有诗作传世。(0504 戊上)

王惟一①(? ~1326)　元华亭县(治今上海松江)人。初,由儒为吏。后弃吏职去,为道士,自号景阳子。晚年寓居樊泾嶽祠。(0635 卷 5)

王惟一②　元镇江路医学教授。(0631 卷 17)

王惟一③ 字仲吉。元益都峄州(治今山东枣庄南)人。顺帝至正十八年(1358)由典瑞院书写迁任秘书监令史。(0027 卷 11)

王惟正① 字时中。元武宗至大四年(1311)为秘书监典吏。仁宗延祐五年(1318)转任奏差。(0027 卷 11)

王惟正② 元真定(治今河北正定)人。仁宗延祐年间任祁门(今属安徽)知县。(0972 卷 4)

王惟正③ 元文宗至顺三年(1332)任余姚(今属浙江)知州。(0880 卷 28)

王惟贤①(1270～1340) 字国宝。元中山(治今河北定县)人。累迁户部侍郎。文宗至顺三年(1332)出任两浙盐运使。顺帝元统元年(1333)任户部尚书。后至元元年(1335)出任大名路总管。(0262 卷 17)

王惟贤② 字思齐。元鄞县(今属浙江)人。与弟惟义皆为知名儒士。(0877 卷 31,0072 卷 85)

王惟恭 元顺帝至正十二年(1352)为江西平章星吉部将。是年,星吉率兵收复铜陵、池州、石埭诸县,红巾军来攻,惟恭奉星吉命列阵当之,锋始交,出小舰从旁横击,大破走之,进据清水湾。星吉军进复湖口、江州,留兵守之,命惟恭栅小孤山,而星吉自据番阳口,缀江湖要冲以图恢复。(0001 卷 144)

王惟善 元汉上人。历任四川行省左右司都事、国史院典籍。顺帝至正二十三年(1363)擢为崇福司经历,出使广东。(0292 卷 4)

王维方 字周矩。元顺帝至正二十三年(1363),由中书省掾迁任秘书监典簿。(0027 卷 9)

王琚仁 字玉甫。元河间(今属河北)人。仁宗延祐中为涉县尹,筑堤御水,民得宁居。文宗天历元年(1328)迁任江南行台监察御史。(0632 卷 6,0002 卷 229)

王博文①(1223～1288) 字子冕、子勉,号西溪。元东鲁人,迁家于彰德(治今河南安阳)。世祖至元十八年(1281),累官为燕南按察使。历任礼部尚书、大名路总管。二十三年,迁任江南行台中丞。谥文定。有诗作传世。(0006 卷 58,0504 丙,0761 卷 31)

王博文② 元泾阳(今属陕西)人。顺帝至正年间,陕西乡试第一。曾任宁州(治今甘肃宁县)判官。(0815 卷 3)

王敬义 字可道。元顺帝至正十五年(1355)为秘书监主簿。(0027 卷 9)

王敬方① 元顺帝至正十一年(1351)任大司农少卿。(0590 卷 2)

王敬方② 元顺帝时任甘肃行省参政。善属文,工书法。至正七年(1347)尝撰述并书写《褒封水记》(1143 卷 113)

王敬礼 字可诚。元洛阳人。顺帝至正二十年(1360)由太常奉礼迁任秘书郎。二十六年,升为秘书监主簿。(0027 卷 9、10)

王敬先(1296～1345) 字图南,号筠斋。元高唐(今属山东)人。以父荫授广平路武安务提领,仕至嘉兴路经历。((0601 卷 49 下)

王鼎臣① 元无为(今属安徽)州人。文宗天历二年(1329)中乡试。后授无为州儒学教授。(1000 卷 6、7、8)

王鼎臣② 元真定(治今河北正定)人。曾任栖霞(今属山东)知县,有治绩。(0622 卷 25,0721 卷 27)

王遗直 字叔向。元真定(治今河北正定)人。文宗至顺四年(1333)为秘书监典书。顺帝至元四年(1338)升为令史。(0027 卷 11)

王遇采 元剡州(今浙江嵊县)人。曾任新昌县(今属浙江)教谕。(0880 卷 29)

王景升 元杭州人。开元宫道士。善画道释人物,画法学王辉、李嵩。(0030 卷 5)

王景仁 元人。有诗作传世。(0504 癸下)

王景贤 字希贤,号愚谷。元海康(今属广东)人。中乡试。历任邕州路教授、天河县知县,以靖江路推官致仕。善为诗,有诗作传世。文宗居海南时,得其诗爱之,世书愚谷二大字赐之;及即位,又赐以六花宫袍。(0002 卷 237,0504 丙,0075 文学典卷 88)

王景勉 元英宗至治三年(1323)任江南行台监察御史。(0632 卷 6)

王景哲 元仁宗延祐年间任濮阳(今属河南)知县。(0646 卷 5)

王景榆 元明之际女真完颜氏。元末为镇江路貳牧,遂家于镇江。为人厚重,工诗嗜学,时人多不及。善作散曲。明初被征至京师。(0029 续编)

王景颜 元人。曾任潞州判官。有诗作传世。(0504 己上)

王道贞 元世祖近臣。中统二年(1261)七月,奉帝遣持诏往谕将士举兵攻宋。(0001 卷 4)

王道妇 元世祖时铼师。中统二年(1261)七月,奉旨于真定筑道观,赐名玉华观。(0001 卷 4)

王道远 字仁仲。元镇江路医学正。(0631 卷 17)

王道明① 元全真道士,号知常盛德大师。世祖至元二十三年(1286),任诸路玄学提举兼终南山甘河重阳遇仙宫提点。(0554 卷 27)

王道明②　元英宗时凤翔（今属陕西）道士。至治二年（1322）三月，以“妖言”被处死。三年三月，元廷下令：以圆明、王道明之乱，禁僧道度牒、符录。（0001 卷 28）

王道孟（1242～1314）　字牧斋。元句容（今属江苏）人。正一道教茅山宗四十四代宗师，号养素通真明教真人。至大四年（1311）命弟子刘大彬袭掌教门。（0039 卷 12、27）

王道晖　元人。有诗作传世。（0504 癸上）

王道清（1192～1276）　字正之。金元之际河中临晋（治今山西临猗西南）人。受赐号希真纯素大师。（0145 卷 12）

王善果　元霸州文安（今属河北）人。王伯胜之孙。元后期袭职为武卫亲军官。（0001 卷 169）

王裕之　元人。初为江浙行省掾。元廷访求古籍，裕之于福州得郑樵《通志》书板上呈，授兴文署丞。（0181 卷 13）

王瑞之　元大同（今属山西）人，累世同居，元廷旌表其门。（0001 卷 197）

王楚鼇　字元载。元泰安（今属山东）人。王勉之子。早年从程端礼学。顺帝至元二年（1336）任江南行台御史。后为浙东廉访司佥事。（0632 卷 6，0506 卷 3528，0071 卷 87）

王嗣宗①　元合州（治今四川合川）人。顺帝至正中任隆州同知。（0842 卷 11）

王嗣宗②　元顺帝至正二十八年（1368）为太庙署令。（0001 卷 47）

王鹏南　元泰定三年（1326）为山东廉访副使。是年，上奏言：孔子裔孙袭封衍圣公，而阶止四品，于格弗称，且失尊崇意。次年，衍圣公由中议大夫升嘉议大夫；至顺二年（1331），改赐三品印。（0001 卷 180）

王新德　元世祖至元十一、二年为行军千户。十一年（1274）三月，奉东川路征南招讨使杨文安之遣，率兵散掠宋境。十二年正月，奉杨文安遣，与元帅李吉等率军，同降将鲜汝忠往招降由山等处八城，皆望风迎降，凯还。（0001 卷 161）

王福缘　字子由，号磐隐。元钱塘县（治今浙江杭州）人。从褚伯秀为道士。世祖至元中授杭州路道录。成宗大德五年（1301），偕天师赴京师内醮。留岁余辞归。（0065 卷 2、3）

王静照　元世祖至元二十七年（1290）建平县（治今安徽郎溪）反元起事者，七月，被擒处死。（0001 卷 16）

王嘉间　字景善，晚年号竹梅翁。元余姚（今属浙江）人。顺帝至元六年（1340），以荐授松江财赋提举，除奸蠹有威名，得代归。至正二十年（1360）擢绍兴路同知，不赴。方国珍欲官之，亦辞不就。有诗作传世。（0157 卷 27、28，0504 庚上）

王端臣　元世祖中统元年（1260）七月，为水军万户张荣实麾下水军千户。（0001 卷 98）

王赛哥　元世祖至元二十四年（1287）东北叛王乃颜在辽西之叛党。是年被辽东宣慰使塔出遣将讨擒。（0001 卷 133）

王翠岩　元海盐（今属浙江）人。善画墨竹，为僧道隐之师。（1143 卷 123）

王蕴文　元人。有诗作传世。（0504 癸下）

王德元①（1195～1274）　字仲元。金元之际邢台（今属河北）人。金卫绍王大安年间，中举经童第二名。哀宗天兴元年（1232）避战乱至许州，许州人多以其为师，出其门下者前后数百人。（0147 卷 7，0762 卷 4）

王德元②　字子仁。元彰德（治今河南安阳）人，王天佑之子。文宗至顺元年（1330），袭父职为镇江路彰德翼副千户。（0631 卷 17）

王德元③（1265～1364）　字仲德。元东平（今属山东）女真抹撚氏。学全真道，自号东门子。顺帝至元六年（1340）主持峄阳碧云宫。后游历四方。（0088）

王德玉　元镇江路医学教授。（0631 卷 17）

王德用　元世祖至元十五年（1278）为管军千户。是年三月，奉广南西道宣慰司遣，与管军总管崔永、千户刘潭同往招降雷、化、高三州。（0001 卷 10）

王德观　元仁宗皇庆二年（1313）为绍兴路推官。（0880 卷 27）

王德甫　字体仁。元句容（今属江苏）人。顺帝时为真州判官。擢知州。后归隐不仕。入明，累召不起。（0955 卷 5）

王德亨　金元之际人。元太宗二年（1230）十一月，授北京路（治今内蒙古宁城西）征收课税使。（0001 卷 2）

王德良　字秉彝。元和州（治今安徽和县）人。乐善好施，不求仕进。（0411 卷 48、44）

王德明①　元文宗天历二年（1329）为中书左司员外郎。是年三月，奉旨从燕铁木儿奉皇帝宝前往明宗行在所。（0001 卷 33）

王德明②　元顺帝至正八年（1348）为藁城县（今属河北）典史。（0645 卷 4）

王德昭　元临城（今属河北）人。顺帝至正年间贡士，授真定路判官。（0645 卷 5）

王德修①　字进之。元高唐（今属山东）人。英宗至治三年（1323）为秘书监校书郎。泰定二年（1325）升为秘书郎，

三年，升为著作郎。（0027 卷 10）

王德修② 元顺帝至正四年（1344）为衢州路判官。（0878 卷 2）

王德修③ 元人。曾任济宁路总管。有诗作传世。（0504 丁）

王德亮（1252～1312） 字仲明。元范阳县（治今河北涿州）人。初为中书省令史。后历任北京宣慰司都事，江西、辽阳左右司员外郎，常德路判官。迁任大都税课同提举，期年课羡四千余锭。擢辽阳左右司郎中，秩满迁任万亿宝源库提举。出任宜兴州知州，岁大饥，募官私粟一万六千余石赈之，仁宗皇庆元年（1312）以劳致疾死。（0002 卷 229，0225 卷 21）

王德素 元世祖中统四年（1263）二月，奉旨任国信使，与副使刘公谅同出使南宋，致书宋帝，诘其稽留郝经之故。（0001 卷 5）

王德真（1202～1272） 字济準。元隆兴丰利人。初为太祖奉御，兼掌二皇后宫政。从平西夏，太祖欲屠城，谏止之。太宗即位，授德兴人匠达鲁花赤。四年（1232），从速不台入汴京。后授德兴、燕京、太原人匠达鲁花赤。（0210 卷 16，0002 卷 133）

王德容 字仲宽。元河间将陵（治今山东德州）人。世祖中统元年（1260）任燕京行省左右司员外郎。（0144 卷 80）

王德辅 字良臣。金元之际陈州商水县（今属河南）人。金经童出身。元世祖中统元年（1260）任燕京行省左右司都事。（0144 卷 80）

王德渊① 元成宗时为翰林院官。大德二年（1298）正月，以其为耆德旧臣，清贫守职，特赐以钞。（0001 卷 19）

王德渊② 元广平（治今河北永年东南）人。曾任翰林直学士。有诗作传世。（0504 乙）

王德禄（1193～1224） 金元之际兴中府（治今辽宁朝阳）人。以骑兵从王守玉屯东平。严实下东平，从守玉降附严实。以功累迁同知兖州军事。元太祖十九年（1224），与宋将彭义斌战，受重伤死，年三十二。（0351 卷 30，0002 卷 137）

王德新① 字君实。元莘县（今属山东）女真完颜氏。初为霍丘县教谕。历任河南行省都事、御史台监察御史。文宗天历二年（1329）迁任江南行御史台御史。至顺元年（1330）任南台都事。官至淮东廉访司佥事。所至有廉能声。（0196 卷 12，0632 卷 6，0721 卷 31）

王德新② 元安丰（治今安徽寿县南）人。居丧庐墓，元廷旌表其门。（0001 卷 197）

王德誉 元泰定四年（1327）为镇江路高资巡检司巡检。（0631 卷 17）

王德衡 号天均。元全真教道士，为长春全真教第八代掌教者，受赐号通玄文德虚逸真人。（0251 卷 7）

王遵礼 初名梓，字安卿。元初汴梁（治今河南开封）人。迁居漠北。尝从许衡学。（0218 卷 8）

王遵道 元绛州垣曲（今属山西）人。顺帝至正十六年（1356）贡士，授高平县教谕。后为翰林编修。（0695 卷 5）

王履谦 元平定（今属山西）人。历任吏部主事、监察御史、吏部员外郎、河东廉访副使。（0691 卷 9）

王儒珍 元人。有诗作传世。（0504 戊上）

王儒珪 元人。有诗作传世。（0504 戊上）

王禧翁 字马山。元人。从韩信同学，后为其婿。（0071 卷 64）

王濡之 字德辅。元山阴县（治今浙江绍兴）人。有诗作传世。（0504 庚，0518 卷 1）

王豁子 元河南路（治今河南洛阳）人。世祖中统三年（1262）四月，与张无僧、杜信等图谋反元，被捕处死。（0001 卷 5）

王翼甫 元平阳（治今山西临汾）人。成宗大德六年（1302）任平遥（今属山西）知县。（0693 卷 7、11）

王懋德① 字仁父。元高唐（今属山东）人。初由中书掾授户部主事。英宗至治元年（1321）任江南行台监察御史。历任内台御史，河南、燕南廉访副使。文宗天历初，召为中政院佥事。历参议中书省事、治书侍御史。出任淮南廉访使，转江浙参政。召为御史中丞。顺帝至元二年（1336）擢中书左丞。未几，病死。工诗，有《仁父集》。（0212 卷 43，0244 卷 8，0503 三集丙）

王懋德② 字天辅。元太原人。曾任吉州司狱。（0173 卷 16）

王天下奴 元成宗时河间（今属河北）人。大德十年（1306）三月，以弑父，磔裂于市。（0001 卷 21）

王太不花 元文宗天历年间为尉氏知县。（0776 卷 2）

王朵列秃 元顺帝至正二十四年（1364）为监察御史，三月，与监察御史崔卜颜帖木儿等谏皇太子勿亲征孛罗帖木儿。（0001 卷 46）

王朵罗歹① 元大同（今属山西）人。顺帝至正二年（1342）任江南行台监察御史。（0632 卷 6）

王朵罗歹② 元顺帝至正二十六年（1366）为中书参知政事。（0001 卷 113）

王忙古歹（1200～1276） 元定襄县（今属山西）人。太祖时以军功授西京、太

原、真定、延安四路屯田达鲁花赤。太宗时治沂州，课农有法。世祖至元五年(1268)告老归。(0172 卷5)

王论亦撒　元世祖时西北叛王海都部将。至元十八年(1281)，都元帅刘恩率蒙古、汉军万人进兵斡端(今和田)；率兵万人迎战，游骑先至，恩设伏以待，遂为恩所大败。(0001 卷166)

王秃林察　元世祖至元中为伯颜麾下千户。至元十三年(1276)正月，伯颜出嘉兴府，留其与万户忽都虎戍之。(0001 卷9)

王阿都赤　元世祖时为御位下打捕鹰房官，世袭祖父职，掌十投下、中都、顺天、真定、宣德等路诸色人匠打捕等户，元额一百四十七户。(0001 卷101)

王蒙古歹　元世祖至元十七年(1280)为西安县(治今浙江衢州)尉。(0878 卷3)

王也先迭儿　元顺帝至正十五年(1355)为淮东廉访使。是年五月，奉旨与淮南行省平章政事咬住同往抚谕高邮张士诚。(0001 卷44)

王也速迭儿　元顺帝至正五年(1345)为宣徽院佥事，是年十月奉旨为山北辽东道奉使宣抚。十二年，为河南行省参知政事，六月，以失误军需，左迁添设淮西宣慰使，随军供给。(0001 卷41、42)

王不怜吉台　又译王卜怜吉台。元泰定二年(1325)，任枢密副使。后出任陕西参政。致和元年(1328)八月，被大都政权任命为枢密副使。文宗天历二年(1329)四月，元廷命其代也速台儿讨四川，以母老辞。(0001 卷32、33、182)

王伯颜不花　字彦芳(彦方)。元南阳(今属河南)人。顺帝至正二十年(1360)任江南行台都事。二十五年，调任江西廉访司佥事。(0265 卷4，0593 卷13)

王伯颜察儿①　元成宗大德四年(1300)任秘书监怯里马赤(口译员)。(0027 卷11)

王伯颜察儿②　元泰定二年(1325)为奉化州同知。(0634 卷2)

王伯颜察儿③　元人。尝以檀、景州等处产金地土献于元廷。顺帝至正元年(1341)十二月，诏革其所献檀、景州等处产金地土。(0001 卷40)

王伯颜察儿④　元顺帝至正中，任徽州路(治今安徽歙县)判官。(0973 卷5)

王按摊不花　字耀卿。元广平(治今河北永年东南)人。泰定二年(1325)为镇江路判官。致和元年(1328)得代离任。(0631 卷15)

王唆郎吉歹　元辽阳人。仁宗延祐二年(1315)任镇江路镇抚。文宗天历二年(1329)致仕。(0631 卷17)

王蒙古不花　元仁宗延祐元年(1314)为灵石(今属山西)县丞。(0709 卷2)

王燕出不花　元胶州高密(今属山东)人，王国昌孙，王通之子。元中叶，袭父职为左卫亲军副都指挥使。(0001 卷167)

王塔失帖木尔　元将。顺帝至正十五年(1355)七月，奉命与湖广行省参知政事哈林秃守御沔阳，如红巾军不降，即进兵讨之。(0001 卷44)

五十①　元顺帝至元三年(1337)任秘书太监。(0027 卷9)

五十②　元别失八里(今新疆吉木萨尔北)畏兀儿人。断事官孟速思之孙。任唐州(治今河南唐河)达鲁花赤。(0011 卷39)

五儿　字达道。元蒙古人。国子生。顺帝至正十年(1350)贡试正榜第一。(0560 人集卷87)

五台奴　元契丹人。耶律阿海四世孙，右卫亲军都指挥使驴马长子，袭父职。(0001 卷150)

五十八　元顺帝时封賓国公。至正二十五年(1365)闰十月，任命为知枢密院事。(0001 卷46)

五十九　元顺帝至正十七年(1357)为监察御史。是年三月奏言：宜选骁勇精锐镇守京师，命总兵官于河南克复州郡且耕且战，于军官内选委能抚字军民者兼路府州县之职。帝嘉纳之。(0001 卷45)

五十六　字正卿。元唐兀人。顺帝至正二十五年(1365)由将作院佥事迁任秘书太监。(0027 卷9)

五十四①　元畏兀儿人。居南昌。江西行省平章政事买住之孙。有诗作传世。(0027 卷50，0504 戊下)

五十四②　元畏兀儿人。湖广平章政事昔里哈剌之曾孙，久住之子。(0011 卷51)

五十四③　元顺帝至元三年(1337)，为资善大夫、太医院使，与太医院使哈剌等奏准为大都三皇庙立碑。五年，与哈剌等审阅危亦林《世医得效方》，皆称善，准予刊行。(0250 卷44，1132 卷首)

五鲁思不花　字仲斌。元顺帝至正二十四年(1364)由宣徽院同知迁秘书卿。(0027 卷9)

牙牙　元康里人，为康里王族，阿沙不花、康里脱脱之父。初为太宗宿卫士，后从宪宗征四川。后封为康国王，又封为云中王。(0001 卷136、138)

牙西　元八东乞儿部使者。世祖至元二年(1265)正月来朝贡银鼠皮二千，元廷赐以金、素币各九，帛十八。(0001 卷6)

牙忽①　元世祖至元十七年(1280)任定

海县(治今浙江镇海)达鲁花赤。(0633 卷3)

牙忽②　元世祖至元二十五年(1288)任江南行台监察御史。迁任奉化县(今属浙江)达鲁花赤。(0633 卷3,0632 卷6)

牙八古　元别失八里(今新疆吉木萨尔北)畏兀儿人。断事官孟速思之孙,四川宣慰使都元帅唐兀带之子。(0011 卷40)

牙八胡　元顺帝至正四年(1344)为屯田同知,与泾阳县尹李克忠同发丁夫整治丰利渠。(0001 卷66)

牙不花　元顺帝元统元年(1333)、二年,任江浙行省平章。(0014 卷11)

牙安沙　又译牙罕沙。元诸王。顺帝时受封为西宁王。至正十二年(1352)二月,奉旨镇四川。十三年十二月,与江浙平章卜颜帖木儿、南台中丞蛮子海牙、四川参政哈临秃等合军讨伐徐寿辉于蕲水,攻破蕲水城,擒获天完红巾军政权官员四百余人。(0001 卷42、43、144)

牙那木　元成宗元贞元年(1295)为同知乌撒乌蒙等处宣慰使司事。是年四月,奉旨假兵部尚书,佩虎符,出使马答儿的阴(东非之马达加斯加岛)。(0001 卷18)

牙纳木　一作牙纳术。元世祖至元十六年(1279)七月,奉诏与崔彧至江南,访求艺术之人。(0001 卷10、173)

牙忽都(? ~1311)　元宗王。拖雷庶子拨绰之孙。世祖时,年十三袭祖父统军。至元十二年(1275),从北安王那木罕北征。十三年,随同那木罕为叛王昔里吉劫持,被拘。十四年,伯颜讨昔里吉,乘机逃归。二十一年,与土土哈同讨海都。二十四年,与叛王乃颜之党战。二十七年,抵御海都进攻,军溃,妻帑辎重悉为叛王玉木忽儿等所掠,独与十三骑奔还。世祖抚慰之,封为镇远王。成宗立,命其常侍左右。成宗死,反对安西王阿难答入继帝位。武宗即位,以拥戴功进封楚王。(0001 卷117)

牙八的里　元吐蕃僧人。延祐七年(1320)四月,英宗即位初,封为元永延教三藏法师。(0001 卷27)

牙儿马兀　元世祖时东北叛王乃颜部属。至元二十八年(1291)三月,与女真兵五百人追杀东北内附少数民族千余人,元廷遣塔海率千人讨平之。(0001 卷16)

牙牙住僧　元世祖至元二十六年(1289)七月,奉诏至江南搜访术艺之士。(0001 卷15)

牙老瓦赤　又译牙鲁瓦赤、牙剌洼赤。又作麻合没的·滑剌西迷。元初花剌子模回回人。元太祖西征,灭花剌子模,牙老瓦赤降蒙古,受命掌管中亚各城行政财赋。太宗元年(1229),奏定西域人以丁出税赋之法。后与察合台不和,被召至蒙古。十三年,受命至燕京主管中原汉民。乃马真皇后称制时,夺职。定宗即位,复职。宪宗时,仍领旧职。任燕京等处行尚书省事。(0001 卷2~4、153,0003 卷46)

牙亦迷失　元武宗至大元年(1308)任建康路(治今江苏南京)达鲁花赤。(0632 卷6)

牙安的斤　元延祐七年(1320)任浙东宣慰使。(0634 卷1)

牙纳失里　元宗王。铁木哥斡赤斤孙塔察儿后裔。文宗天历二年(1329)八月,封辽王,以故辽王脱脱印赐之。(0001 卷108、33,0003 卷150)

牙八忽都鲁　元英宗皇后之一。(0001 卷106)

牙儿八海牙　金时高昌回鹘人,元畏兀儿人布鲁海牙之祖父。以功为其国世臣。(0001 卷125)

牙林海剌孙　元将。世祖至元二十五年(1288)十一月,与也速带儿擒获捏坤、忽都答儿两叛王以归。(0001 卷15)

车甲　宋元之际礶州蕃官庄寮之子。元世祖至元十二年(1275)三月,与侧布蕃官税昔等率四十三族、户五千余诣四川行枢密院归附元朝。(0001 卷8)

车里　又译彻理。元蒙古弘吉剌氏。按竺迩之子。宪宗时袭父职为元帅。从都元帅纽璘攻成都。宋将刘整以重兵守云顶山,击败之,进围其城,攻拔之。进攻重庆,率兵千人为先锋,渡马湖江,败宋兵于马老山。世祖即位,任奥鲁元帅,又改任征行元帅。至元二年(1265),病废,由其子步鲁合答代领其军。后病死。(0001 卷132、121)

车柬　元人。有诗作传世。(0504 癸下)

丰自孙　号霞隐。元人。有诗作传世。(0504 己下)

韦升　字景暘(景阳)。宋元之际金坛(今属江苏)人。宋度宗咸淳七年(1271)进士,授历阳县主簿。入元为镇江路濂溪书院山长。(0631 卷17、19)

韦氏　元扬州路吕天麟之妻。文宗至顺二年(1331),诏旌表其贞节。(0001 卷35)

韦辰　字共之。元金坛(今属江苏)人。韦召锡之弟。历任湖州路、温州路儒学教授。(0631 卷19)

韦供　元祁门(今属安徽)人。顺帝元统年间由近侍出任零陵知县。(0991 卷3)

韦珪　字德圭。元山阴(治今浙江绍兴)人。工诗,有诗集《梅花百咏》一卷,杨维桢为作序。(0523,0033 卷24,0075 氏族典卷53)

韦大虫　元文宗时广西龙州岭北朗龙洞

反元队伍首领。至顺三年(1332)正月,率兵万人与广西罗伟里反元首领马武冲等合,攻陷那马违、那马安等寨。元廷命广西宣慰司严军御之。(0101 卷 36)

韦光正　元泰定帝时八番(在今贵州惠水、长顺等县境)生蛮首领。泰定元年(1324)正月,与杨、黄五种人以户二万七千归附元朝,自请岁输布二千五百匹,元廷置长官司抚之。(0001 卷 29)

韦召锡　元金坛(今属江苏)人。韦升之侄。历任庆元路(治今浙江宁波)儒学教授。(0631 卷 19)

韦昌盛　元广西少数民族首领。世祖至元十六年(1279)归降,授方番河中府安抚使。(0001 卷 10、63)

韦星凤　字文甫。元金坛(今属江苏)人。元初为镇江路茅山书院山长,迁任镇江路儒学正(0631 卷 17、19)

韦哈剌哈孙　元世祖至元末任山东廉访司佥事。性素苛虐。时赵孟頫出任济南路总管府同知,总管缺,孟頫独署总管府,以不能承顺韦意,韦以事中伤之。(0001 卷 172)

太卜　元大臣。世祖至元十九年(1282)二月,任命为右丞,奉旨与宗王相吾答儿、参政也罕的斤率军征缅国。二十年九月,大军发中庆(今云南昆明)。十月,诸军分道征进。十一月,诸军会师。诸将分地攻取,拔其江头城(今缅甸北部伊洛瓦底江西岸沙杰)。后又水陆并进,攻占太公城。次年,缅王遂遣使至太公城求和。(0001 卷 12、13、133、210)

太丑　元将。世祖中统元年(1260)七月,宋兵攻边城,奉诏与怯列、忙古带各率所部,合兵击之。(0001 卷 4)

太平①　元也里可温(基督教徒)。仁宗皇庆元年(1312)至延祐三年(1316)任镇江路达鲁花赤。(0631 卷 15)

太平②(? ~1328)　元宗王,太宗第七子灭里四世孙,爱牙赤之子。泰定元年(1324)正月,袭封阳翟王,赐金印。文宗天历元年(1328)十月,率军进攻大都,与燕铁木儿军战于檀子山之枣林,战死。(0001 卷 29、32、107、108 等)

太平③　元文宗至顺二年(1331)任浙东宣慰使。(0634 卷 1)

太平④　元畏兀儿人。忙兀的斤之子。(0011 卷 52)

太平⑤　即贺惟一。

太出　元世祖至元十六年(1279)为太常卿。(0001 卷 74)

太那　元人。武宗至大四年(1311)十一月,因与诸王不里牙屯等诬八不沙以不法,被流放于江西。(0001 卷 24)

太赤　元蒙古燕只斤氏,彻里曾祖。初为太宗怯薛百夫长,从太宗灭金。后任马步军都元帅,与阿术鲁率蒙古、汉军攻破徐州、邳州,擒金帅国用安。太宗分赐诸王、勋贵民户时,以功受赐徐、邳二州为其分地。(0001 卷 130、151、152 等)

太纳　元蒙古薛亦氏。哈八儿秃之子左翼屯田万户府副万户察罕之子。成宗大德年间袭父职。(0001 卷 123)

太虚　名圆。元僧人。属南岳下第三十世,默堂照法嗣。(1144 卷 79)

太答①　元世祖至元中为国子生,受学于国子祭酒许衡,与不忽木、秃鲁、坚童为同舍生。至元十三年(1276),与不忽木等上疏言国子学学制,帝览之喜。(0001 卷 130)

太答②　元成宗大德七年(1303)任江南行台侍御史。(0632 卷 6)

太不花①　元太祖时木华黎部将。太祖十七年(1222)十月,木华黎率蒙古军渡黄河,拔同州,下蒲城,径趋长安,金将完颜合达拥兵二十万固守,不下。太不花与兀胡乃奉命率军六千屯守长安附近,木华黎遂率大军西击凤翔。(0001 卷 119)

太不花②　元世祖至元中为太原府达鲁花赤。至元十五年(1278)正月,以按察司发其奸赃,遣人诣省自首,反以罪诬按察司。御史台臣奏:按察司设果有罪,不应因事而告,宜待太不花事决,方听其诉。帝从之。(0001 卷 10)

太不花③　元世祖至元中为皇孙甘麻剌近侍。(0001 卷 115)

太不花④　元世祖时军人。至元二十年(1283)十一月,以战功,元廷赏以银、币。(0001 卷 12)

太不花⑤　元世祖至元三十年(1293)任慈溪县(今属浙江)达鲁花赤。(0633 卷 3)

太不花⑥　元武宗至大元年(1308)任江南行台监察御史。(0632 卷 6)

太不花⑦　元文宗天历元年(1328)为阿速卫同知。是年九月,文宗即位。后数日,与阿速卫指挥使忽都不花等同谋构变反文宗。事觉,被械送京师处斩。(0001 卷 138)

太不花⑧　元文宗天历二年(1329)为漕运使。是年四月,奉旨与都水监丞阿里等督工修浚旧运粮河。(0001 卷 64)

太不花⑨　元宁夏唐兀人,来阿八赤之孙。(0001 卷 129)

太不花⑩(? ~1358)　元蒙古弘吉剌氏。以贵戚入官,累迁为云南右丞。历通政使、上都留守、辽阳平章。顺帝至正八年(1348),以丞相贺惟一力荐,召入为中书平章。十二年,出任河南平章,率军镇压红巾军,收复南阳、汝宁、安陆、德安等地。十四年,升河南左丞相,节制山东、河北诸军。十五年,以慢功虐民罪罢职。未几,任湖广左丞相,镇压湖广等处起义军。后拥兵自重,纵兵剽掠。十八年，升中书右丞相，奉诏镇压山东起义军，顿兵不前，被劾罢职，未几被其旧部将刘哈剌不花杀死。（0001 卷 142、42～45、188 等）

太不花⑪　字仲德。元蒙古弘吉剌氏。顺帝至正二十四年（1364）由资政院佥事迁任秘书卿。（0027 卷 9）

太不花⑫　元钦察伯牙吾氏。土土哈之子。任博儿赤（司膳）。（0011 卷 73）

太丑台　元将。世祖中统初，从帝征阿里不哥，与宗王塔察儿率左翼军，配合右翼及中军，战于石木温都（今蒙古西乌尔特东南达里甘嘎西北）之地，战败阿里不哥军。（0001 卷 120）

太平奴　元畏兀儿亦都护（国王）裔孙。篯吉之弟。文宗至顺三年（1332）五月，袭篯吉位为亦都护、高昌王。（0001 卷 36、108）

太平讷　本名宝宁，元文宗子，早卒，无后裔。（0001 卷 107）

太阳汗（？～1204）　"太阳"又译塔阳、大歇等，为汉语称号"大王"之音变。太阳汗为已故乃蛮王亦难察必勒格之子乃蛮王脱儿鲁黑之称号。金泰和三年（1203），铁木真（元太祖）灭克烈部，声威日盛。太阳汗以为"天无二日"，恃其地广势强，于次年率军东进，渡斡耳寒河（今鄂尔浑河），与蒙古军大战于纳忽昆山（今塔米尔河入鄂尔浑河处以东）东麓，大败被擒，未几死。（0001 卷 1、0009 卷 7）

太塔你　元将土土哈之妻，燕铁木儿之祖母。文宗天历二年（1329）十二月，以孙燕铁木儿有大勋劳于王室，追封昇王夫人。（0001 卷 138）

太答儿（？～1255）　又译太答。元蒙古珊竹氏。纽璘之父。初，佐蒙哥（宪宗）征阿速、钦察等国有功，授都元帅。宪宗二年（1252），率军攻宋，入四川。三年，与总帅汪德臣建立利州城。四年，攻碉门、黎州、雅州等城。五年，入重庆，擒获宋都统制张实，同年死，追谥武定。（0001 卷 129）

太禧奴　元康里人。居大都（今北京），回回之孙。顺帝至正十四年（1354）进士。任太常礼仪院太祝。（0411 卷 41）

太帖木儿　元文宗天历元年（1328）任榆次县主簿，为上都政权辽东军杀害，至顺元年（1330）五月，诏加褒赠。（0001 卷 34）

太胜忽儿　元中叶火里秃麻官营牧马场首长。（0001 卷 100）

太铁木儿①　元中叶折连怯呆儿（今西辽河下游北）皇家牧马场哈剌赤（牧养皇家母马群，挤奶，搅制马奶酒进奉者）千户长。（0001 卷 100）

太铁木儿②　元中叶阔阔思（今青海天峻东南）地方皇家牧马场官员。（0001 卷 100）

尤山　字终慕。元常州人。持节高尚。有劝其仕者，常以酒饮之，使醉不能言。（0075 氏族典卷 326）

尤氏　元溧水县（今属江苏）人曹子英妻。子英死，啮齿滴血，誓不改嫁。有司为请于朝，旌之。（0001 卷 200）

尤存　字以仁。元吴郡（今苏州）人。有诗作传世，《元诗选癸集》收有其诗。（0504 庚上）

尤玘　字君玉，号知非子。元无锡（今属江苏）人。世祖时任中书省掾。后累官至大司徒。致仕归隐，著《万柳溪边旧话》一卷。（0075 氏族典卷 326、文学典卷 86，0006 卷 58）

尤焘　字伯大。元无锡（今属江苏）人。曾任镇江路学录。（0631 卷 17）

尤永贤　元世祖至元十九年（1282）为宣慰使，奉旨出使马八儿国（在今印度半岛东南海岸），舟经占城国（今越南中、南部），被该国所执。（0001 卷 210）

尤宗祖　元世祖时象山县（今属浙江）海盗首领。至元二十年（1283）九月，宗祖等九千五百九十二人为元将合剌带等招降，海道遂得安宁。（0001 卷 12）

弌咸　元僧人。住庐山东林寺。有《禅林备用清规》行世。（1144 卷 75）

戈兰（1336～1356）　元顺帝时丹徒（治今江苏镇江）人，吴充之妻。后镇江城被朱元璋部将徐达攻破，惧辱投井而死。（0945 卷 3，0925 卷 26）

戈直　字以敬，又字伯敬。元临川（今属江西）人。著有《贞观政要集论》，考订注释《贞观政要》，并汇集诸家有关论说。（0212 卷 8、20）

戈宜　字叔义。元临川（今属江西）人。戈直之弟。善画墨竹。（0212 卷 8，0030 卷 5）

戈毅　字唐祚。元梁县（治今安徽肥东东北）人。登进士第。任太康路提举。（0622 卷 30，0761 卷 30）

戈叔义　元画家，善画墨竹。（0030 卷 5）

区适　字正叔。宋元之际南海（今广州）人。宋亡，不仕。或问之，曰：吾南人操南音，安能与达鲁花赤相俯仰。（0056 卷 10，0063 卷 15，0072 别附卷 3）

止严　元僧人。住当阳玉泉山寺。善文，工诗。有好事者欲毁唐贤题碣，寺主广铸请于有司，移之寺旁，以便守护。仁宗皇庆元年（1312），有敕护题碣归京师。诸僧思议功德，止严首倡赋诗颂德，硕德名儒，依韻赓和，紥轴盈篇。（0037 卷 33）

少昙　名瑞。元僧人。闽（福建）人。刚介自持。萧然禅诵自怡，登其门者皆老練僧人。（1144 卷 84）

日益　元僧人。师事僧大同。通达贤首教典。大同寂，继方丈席，率众勤修，恪守清规，四众钦服。（1144 卷 85）

日禅师　元僧人。住高峰。得法于僧元（无学）。为杭州径山寺僧元准（师范）再传弟子。属南岳下第二十一世。（1144 卷 86）

中观　名沼。元僧人。僧海云（印简）之受业师。元初，同海云避兵至朔方。世祖赐号慈云正觉大师。寂年七十三。（1144 卷 87）

中都（？～1295）　元蒙古人。历任管军总把、杨罗渡提举、龙兴路脱脱禾孙（驿站查验官）、十三路站赤提调。后以荐受南剑路判官。（0225 卷 16）

中空山　元画家。工画道释、人物。（1143 卷 19）

中禅师①　字空山。元僧人。住风幡。得法于明州（治今浙江宁波）雪峰寺僧大梦（德因），为四明天童寺僧智颖（痴钝）再传弟子。（1144 卷 87）

中禅师②　字隐适。元僧人。得法于余杭灵隐寺僧用真（辅良），为龙翔寺僧笑隐（大䜣）再传弟子。属临济法系。（1144 卷 87）

中都海牙①　元世祖至元十一年（1274）为礼部尚书。是年，奉旨出使南宋，责问其执留元使臣郝经之罪；宋惧，遣总管段佑以礼送郝经归。（0001 卷 157）

中都海牙②　元世祖至元二十七年（1290）任庆元路（治今浙江宁波）达鲁花赤。（0633 卷 2）

中都海牙③　元文宗天历二年（1329）任衢州路达鲁花赤。（0878 卷 2）

贝瓒　字彦中。元上虞县（今属浙江）人。以医术闻名。（0880 卷 49）

贝守一（1199～1280）　号月溪。元余杭（治今浙江杭州西北）人。洞霄宫道士。世祖至元十五年（1278）授凝真抱素大师，住持洞霄宫，十七年死，年八十二。（0038 卷 5，0062 卷 56）

贝良友　元末上虞（今属浙江）北城人。精医术。曾任医学教谕。其子贝元瓒为明初名医。（1126 卷 85）

仁仲　元末明初医师，与倪瓒友好。倪瓒为之画《容膝斋图》，并题诗寄送。容膝斋为仁仲寓所。（1145 上册卷 151）

仁寿　元畏兀儿人，阿鲁浑萨理之孙，岳柱长子。任长秋寺卿。（0001 卷 130）

仁淑（？～1380）　字象原。元明之际僧人，临海（今属浙江）陈氏子。住杭州径山万寿寺。能诗，有诗作传世。（0504 壬上）

仁通（？～1329）　元宁州唐兀人，朵儿赤之子。任云南省理问。文宗天历二年（1329）三月，云南诸王与万户伯忽等叛；率官军抗之，战死。（0001 卷 134）

仁禅师　字性中。元僧人。住临安府（今杭州）灵隐寺。得法于余杭径山僧祖铭（古鼎）。（1144 卷 91）

仁同海涯　元别失八里（今新疆吉木萨尔北）畏兀儿人。居绍兴（今属浙江）。中乡试。（0011 卷 53）

仆散长德（1194～1278）　元祥符（治今河南开封）女真人。从攻宋，授南京兵马使。历任中牟、原武、太康知县，南京警巡使。复任南京兵马使。世祖至元九年（1272）致仕。（0145 卷 17）

仆散秃哥　元女真人。世祖至元十八年（1281）为松州知州。以其前后射虎万计，是年七月，元廷赐号万虎将军。（0001 卷 11）

仆散祖英　元女真人。世祖至元年间累官为陇右按察使。（0554 卷 27）

仆散翰文　元祥符县（治今河南开封）女真人。仆散长德之子。世祖至元二十九年累迁为松江知府。历任汉阳知府、中书左司郎中、淮东宣慰司同知、平阳路总管、荆湖北道宣慰使。（0073 卷 137，0075 卷 614）

仇远（1247～？）　字仁近、仁父，号山村民。元钱塘（治今浙江杭州）人。元成宗大德年间任镇江路学正。大德八年（1304），迁任溧阳（今属江苏）州学教授。后以杭州路知事致仕。善楷书、行书。诗格高雅，有《山村遗集》一卷、《金渊集》六卷。（0002 卷 237、0503 二集甲，0631 卷 17）

仇治　字公望。元京兆（治今陕西西安）人。仇锷长子。仁宗延祐六年（1319）任兴化县尉。后历任德清县尹、嵊县尹。（0622 卷 40，0871 卷 33）

仇济　字公度，号如愚。元京兆（治今陕西西安）人，迁居大都（今北京）。仇锷次子。仁宗延祐六年（1319）任太常太祝。后历任黄陂县尹，怀孟路、晋宁路总管。（0622 卷 28，0761 卷 25）

仇浚（1281～1332）　字公哲。元京兆（治今陕西西安）人。仇锷第三子。英宗时任太庙署令，改任礼部主事。泰定元年（1324）任监察御史。官至陕西行台治书侍御史。（0254 卷 14，0002 卷 208）

仇敏　字好古。元三原（今属陕西）人。初为甘肃行省照磨。历任江西行省理问、奉元路总管。（0801 卷 26，0803 卷 5）

仇锷（1250～1300）　字彦中。元京兆（治今陕西西安）人。初为武备院库使。世祖至元十五年（1278），擢威州尹。后历任巩昌路治中、闽海廉访副使。（0501 卷 66，0002 卷 208）

仇圣耦　元中书省右司郎中。有诗作传世。（0504 丁）

仇有道　元顺帝至正二十五年(1365)钱塘(治今浙江杭州)县尹。(0573 卷 10)

仇自坚　元歙县(今属安徽)人,祖先居北庭(今新疆吉木萨尔北)。曾任扬州路儒学录。(0972 卷 6)

仇知院　元末为大宋红巾军政权知枢密院事。顺帝至正十八年(1358)孛罗帖木儿攻破曹州,被擒杀。(0001 卷 207)

仇德秀　字信卿。元三原(今属陕西)人。仇敏之父。(0803 卷 6)

化饭道人　元人,有蝉花散,专治夏月犬伤及诸般损伤,蛆虫极盛,臭恶不可近者。(1145 上册卷 152)

从伦　字林泉,元僧。依僧万松受法,住燕京报恩寺,迁万寿寺。世祖至元间,有道士奏毁佛法,伦与帝师八思巴等奉诏辩于殿廷。有《空谷传声》、《虚堂习听》。(0036 卷 18,0037 卷 33)

从序　字子伦。元画家。善画山水、花草,师法郭熙。用揭笔,豪爽而有奇致。(0517 卷 11,0077 卷 3)

从吉祥　元僧。仁宗延祐六年(1319)二月,特授荣禄大夫、大司空。(0001 卷 26)

介胜　元僧人。南安(今属福建)人。修造圭峰报亲寺,并造金鸡桥,所费巨万,悉出己资。凡百经营,一手操劳,时贤称之。(1144 据乾隆《泉州府志》卷 65)

介清(1239～1301)　号龙源。宋元之际僧人,福州长溪(治今福建霞浦)王氏子。住道坊山。(0380 卷 24)

仓赤　即石抹仓赤。

仓振　元真定(治今河北正定)人。仁宗延祐中任新州(治今广东新兴)知州,徭族纷起反元。振深入徭族地区,谕以祸福,群徭皆归附。暇日谒学宫与诸生讲说经义。又于驿路夹植榕松,以便行者。人歌曰:高松苍榕,一道清风。(0002 卷 229,0622 卷 81)

公大有(?～1364)　字显道。元归德府宁陵(今属河南)人。顺帝至正元年(1341)中河南乡试,授庐州儒学正。十四年,任淮西宪史。后客居吴中,张士诚两次聘之,不应。(0296 卷 4 下)

公子敬　元开封(今属河南)人。文宗天历二年(1329)任新郑令,首建学校,有德政。(0075 氏族典卷 22)

公孙让　元成宗大德九年(1305)任武义(今属浙江)县尹。(0881 卷 13)

公孙桂　元人。由乡荐仕至豫州知州。(0736 卷 29)

公孙辅　字翼之。元人。历任中兴路(治今湖北江陵)总管。有诗作传世。(0504 庚上)

公哥班　元藏族人。泰定三年(1326)五月,河西加木笼四部来降,元廷命其领四部之一古笼罗乌公远宗兰宗孛儿间沙加坚部。(0001 卷 30)

公孙昂云　元秦台人。有诗作传世。(0504 己上)

公孙重喜　元世祖至元年间任清河(今属河北)县丞。(0657 卷 2)

公哥朵儿只(1309～1365)　元乌思藏人,噶氏。英宗至治三年(1323),袭搽里八万户长。泰定二年(1325),至大都入觐。后为伯木古鲁万户长赏竺监藏所败,顺帝至正十二年(1352),让位于弟,出家为僧,法名杰八罗古罗思,受元封为司徒。撰有《搽里八甘珠尔白册》、《贡塘喇嘛让吉传》、《王统记花册》等,并编辑藏文《甘珠尔》。所著《红册》为传世最早的藏文史书。(1140 卷 43、44)

公哥亦思监　元乌思藏萨斯迦(今西藏萨迦)人,欸氏。帝师八思巴侄孙,帝师公哥罗古罗思监藏班藏卜之弟。泰定年间曾至京师,诏中书省臣持羊酒郊劳。(0001 卷 202)

公哥儿监藏班藏卜(1310～1358)　又译贡噶坚赞贝桑波。元乌思藏萨斯迦(今西藏萨迦)人,款氏。帝师八思巴侄孙,仁宗、英宗、泰定帝帝师公哥罗古罗思监藏班藏卜异母弟,泰定帝帝师公哥列思八冲纳思监藏班藏卜同母弟。泰定帝时封镇国公、国师。文宗至顺二年(1332)至大都,次年被元顺帝立为帝师。卒于大都。(1146 卷 201)

公哥罗古罗思监藏班藏卜(1299～1327)　又译贡噶罗追坚赞贝桑波。元乌思藏萨斯迦(今西藏萨迦)人,欸氏。帝师八思巴侄孙。仁宗延祐二年(1315)二月,封为帝师,赐玉印,诏告天下。英宗至治元年(1321)十二月,奉旨诣乌思藏受具足戒。后死于大都。(0001 卷 25、27、202,1146 卷 201)

公哥列思八冲纳思监藏班藏卜(?～1330)　又译贡噶雷必迥乃坚赞贝桑波。元乌思藏萨斯迦(今西藏萨迦)人,欸氏。帝师八思巴侄孙。泰定四年(1327)四月,封为帝师。致和元年(1328)三月,为帝作无量寿佛戒于兴圣殿。(0001 卷 30、202,1146 卷 201)

毛翔　元大同(今属山西)人。居丧庐墓,元廷旌表其门。(0001 卷 197)

毛氏(1327～1355)　元末松阳(治今浙江遂昌东南)妇女。周某之妻。美姿色。后随其夫避兵乱山中,为反元起事者所得。胁之曰:从我多与汝金,否则杀汝。不从,被杀,年二十九。(0001 卷 201)

毛伦　字仲庠。元诸暨(今属浙江)人。喜画木石,喜绘墨牛。居贫自乐,或劝之仕,不答。(0880 卷 49,0077 卷 20)

毛庄①　元世祖至元二十九年(1292)为太常寺大乐令。是年四月,采得泗州磬石五十八,新制磬九十。庄等审听之,得应律磬五十八。(0001 卷 68)

毛庄② 字敬甫。元大都(今北京)人。成宗大德八年(1304)任秘书郎。英宗至治二年(1322)累官镇江路总管。三年,改任都水监。(0631 卷 15,0027 卷 10)

毛玹 元人。有诗作传世。(0504 癸下)

毛贵(? ~1359) 元末大宋红巾军将领。原为赵君用部将。顺帝至正十六年(1356)末,奉刘福通遣,率红巾军攻海宁州(治今江苏连云港西南),夺取海船,入海进攻山东。二月,攻克胶州。三月,攻克莱州、益都、滨州。至是年末,占领山东大部分郡邑。十八年二月,攻克清州、沧州、济南。杀元宣慰使董抟霄于南皮。引兵北上。三月,克蓟州(治今天津蓟县),攻柳林(今北京市西南郊),进逼大都,被元同知枢密院事刘哈剌不花击败,退归济南。立宾兴院,选用元朝故官,以姬宗周等分守诸路,立三百六十处屯田于莱州,官民田租止收二分。十九年四月,被自淮安来投奔之赵君用杀害。(0001 卷 45、140,等)

毛宪(1227 ~1289) 又名顺,字吉父,号聪山。元广平肥乡(今属河北)人。元初曾任鄢陵县主簿。晚年从次子万户渊居于松滋。(0145 卷 27)

毛铎 字仲声。元南昌县(治今江西南昌)人,任富州(治今江西丰城)学正,当地反元起事者季明道占据州治,欲胁迫其参加反元,不从,遂被杀。(0002 卷 230)

毛渊 字巨源。元广平肥乡(今属河北)人,毛宪之次子。世祖至元年间任江陵副万户,升万户。(0144 卷 23,0212 卷 45、53)

毛琬 元永嘉(治今浙江温州)人。有诗作传世。(0504 庚下)

毛辉 字彦明,时称潜斋先生。元松阳(治今浙江遂昌东南)人。官府屡次征辟,皆不赴。(0062 卷 43)

毛璋 元将。原为李璮部将。世祖至元元年(1264)九月,于益都欲率诸部谋执山东行省官撒吉思以归宋,其党告密于官府,遂被袭捕,与其二子及其党崔成皆被处死,其家赀被籍没,赐与撒吉思。(0001 卷 5、134)

毛璲 字君玉。元人。有诗作传世。(0504 辛下)

毛翰 字仪仲。元天台(今属浙江)人。有诗作传世。(0504 庚下)

毛翼(1233 ~1298) 字飞卿。元长安县(治今陕西西安)人。初以资产、才行被选为安西路(治今陕西西安)税使。世祖至元十年(1273),任安西、平阳、河南等路打捕鹰房民匠总管。后致仕归家。(0181 卷 6)

毛中议 元英宗至治三年(1323)为镇江路总管。(0001 卷 65)

毛文杰 元顺帝至元元年(1335)为鄞县(治今浙江宁波)丞。(0634 卷 2)

毛文豹 元世祖至元二十七年(1290)为庆元路(治今浙江宁波)总管。是年七月,奉诏搜刮宋时民间金银诸物,未几,诏命停止。(0001 卷 16)

毛玉囦 元人。有诗作传世。(0504 癸下)

毛汉卿 元镇阳人。世祖至元十九年(1282),任福建行省郎中。(0594 卷 11)

毛永贞 字善卿。元顺帝时广信(治今江西上饶西北)人。道士,朱思本弟子。元末隐居余姚山中。(0415 卷 1、3)

毛好义 元成宗大德年间为公安(今属湖北)知县。(1041 卷 66)

毛克己 字仁甫。元东平(今属山东)人,居镇江。初为儒吏,任饶州路照磨,后迁任集庆路(治今南京)知事。(0631 卷 19)

毛应龙 字介石。元豫章(治今江西南昌)人。成宗大德年间任澧州教授。著有《周礼集传》二十四卷、《周官或问》五卷,汇集诸儒训释,而断以己意。(0002 卷 235,0072 卷 70)

毛直方 字静可。宋元之际建安(治今福建建瓯)人。勤著述,工诗文。宋度宗咸淳九年(1273),以《周礼》领乡荐。宋亡,元官府有荐其才者,不应,隐居乡里,授徒讲学。元仁宗时起科举制兴,当地以明经擢进士者多出其门。省府上其名,得教授致仕,半俸终其身。所编有《诗学大成》、《诗宗群玉府》三十卷行于世。所著有《冶灵稿》四卷、《聊复轩斐稿》二十卷藏于家。(0503 三集甲,0075 文学典卷 86)

毛明德 元庆元路(治今浙江宁波)学录。(0634 卷 2)

毛忠吾 元新昌(治今江西宜丰)人。元末红巾军起,忠吾退守古阳寨,七年间与之大小百余战,保全当地地主势力。(1011 卷 31,0075 氏族典卷 211)

毛南翰 字彝仲。元黄岩(今属浙江)人。元末为郧山书院山长。有诗作传世。(0504 己下)

毛养素(1178 ~1259) 字寿之,号纯素子。金元之际平水(今山西临汾)人,侨居许昌。全真教道士。元太宗十三年(1241)为洛阳棲霞宫提点。(0040 卷 7)

毛惟谦(1276 ~1337) 字仲益。元贵溪(今属江西)人。龙虎山道士。泰定初,制授冲真通妙玄素法师,主持永嘉广福灵真宫事。后复归龙虎山。(0258 卷 10)

毛景谦 元文宗至顺年间由翰林编修出任深泽县(今属河北)尹,兴学校,摧豪锄奸,有政声。(0649 卷 30)

毛遇顺　元世祖至元中寿昌府(治今湖北鄂城)反元队伍首领,为权知寿昌府事陈天祥遣兵生擒,送斩于鄂州(今武昌)。(0001 卷 168)

毛鹏翼　元世祖至元中为日官,参与修《授时历》。(0001 卷 52)

毛楚哲　元画家。善画葡萄。(1143 卷 53)

毛颖达　元龙虎山道士。封真人,任崇真宫提点,文宗天历二年(1329)八月,奉旨祭遁甲神于上都南屏山、大都西山。(0001 卷 33,0150 卷 3,0146 卷 37)

毛伯帖木儿　元仁宗延祐六年(1319)任永州路(治今湖南零陵)总管。(1052 卷 10)

牛儿　元蒙古珊竹氏,江东宣慰使拔不忽孙。(0011 卷 8)

牛中　元顺帝至正八年(1348),任永州路总管。(1052 卷 10)

牛牛　元世祖至元二十八年(1291)任安丘县达鲁花赤。(0743 卷 14)

牛老　元大名(今属河北)人。自少居市廛间作丝绢牙郎,号窝丝牛。能画墨竹,得于巧性,不师古人。(0030 卷 5)

牛伦　元成宗大德九年(1305)为常山县(今属浙江)主簿。(0878 卷 3)

牛全　元世祖时石工,善于识辨磬石质量。至元二十二年(1285),奉命与大乐正赵荣祖谒泗州采磬石,得磬璞九十,制编磬二百三十。(0001 卷 68)

牛诜(1264～1334)　字晋卿。元长安县(治今陕西西安)人。英宗至治二年(1322)累官甘肃行省郎中。后迁任延安路总管,以奉元路总管致仕。(0254 卷 14)

牛某　元官员。卢世荣姻党。世祖至元二十二年(1285)二月以前为提举。是年二月,以中书参政不鲁迷失海牙奏荐,升为浙西转运副使。(0001 卷 13)

牛彬　元文宗天历年间任余姚州判官。(0880 卷 28)

牛溢　字润之。元济南章丘人。官至濠州(治今安徽凤阳县临淮关西)知州。(0240 卷 17)

牛麟　字伯祥。元太原人。善画墨竹。又善写大字。(0030 卷 5,0031 卷 7)

牛也先　元大都(今北京)人。泰定元年(1324)任镇江路总管。次年丁母忧离任。(0631 卷 15)

牛天祥(1195～1251)　字国瑞。金元之际泽州陵川(今属山西)人。金末为武仙幕僚。金亡,降元,任元军前中书省详议。(0144 卷 44、59)

牛天瑞　元武陟(今属河南)人。世祖至元年间任吉水县丞。成宗大德十年(1306),累迁瑞州路经历。武宗至大三年(1310)擢任推官。(0762 卷 8,0101 卷 14)

牛云鹏　元人。任历阳城(今属山西)知县。(0694 卷 5)

牛世雄　元成都人。仁宗皇庆年间任江安(今属四川)县尹。(0841 卷 16)

牛东野　元人。有诗作传世。(0504 癸上)

牛师厚　元书法家。仁宗时为翰林编修官。延祐五年(1318)书固安县(今属河北)关侯庙匾。(1143 卷 55)

牛仲明　元顺帝至正六年(1346)任兴平县(今属陕西)主簿。(0554 卷 26)

牛仲实　元武宗至大三年(1310)任秘书监奏差,仁宗延祐二年(1315)迁任知印。(0027 卷 11)

牛光祖　元襄陵(治今山西襄汾西北)人。初为甘肃省掾,后入为中书省掾。至大四年(1311)选为刑部主事,后改为工部主事。泰定元年(1324)累升为大都兵马指挥使。文宗至顺年间,官至云南行省参知政事。(0691 卷 9,0075 氏族典卷 350)

牛好礼　元婺州路(治今金华)达鲁花赤。(0881 卷 11)

牛安甫　字仲仁。元中叶定襄(今属山西)人。领乡荐,年二十病逝。妻贾氏守节抚养子英以至成立,卒年八十。(0604 卷 4)

牛伯荣　字仲和。元巩昌通渭(今属甘肃)人。顺帝至元二年(1336)以镇压反元起事者有功,授潞县尉。后以捕盗有声望,超擢寿春县主簿。(0250 卷 34)

牛应之　元宪宗时被燕京行尚书省官员月合乃荐引为参佐。(0001 卷 134)

牛拾住　元世祖至元年间为镇江路行大司农司宣使。(0631 卷 17)

牛耕礼　元顺帝元统元年(1333)任吴江(今属江苏)州判官。(0954 卷 17)

牛继志　元武强(今属河北)人。顺帝至正十四年(1354)汉南人左榜进士一甲第一名,授翰林修撰。(0001 卷 43、92,0645 卷 5)

长吉①　元蒙古弘吉剌氏,驸马赤古曾孙。尚郓国大长公主忙哥台,封西宁州为分地,世祖至元二十四年(1287),加封宁濮郡王。二十五年,率兵讨叛王也速不花于漠北。(0001 卷 8、60 等)

长吉②　元顺帝至正七年(1347)四月,授皇太子宫傅官。(0001 卷 41)

长吉③　元顺帝时,任四川行省右丞。至正十二年(1352),受命讨兴元、金州等

处红巾军。(0001 卷 42)

长寿①　元蒙古札剌儿台氏,脱瑞子、阿蓝答儿弟。元初袭兄职为千户,守蔡州(今河南上蔡)。(0001 卷 133)

长寿②　元成宗时,积官至宣徽使、大都护。大德八年(1304)十月,拜中书右丞。九年八月,去职。(0001 卷 21、112)

长寿③　元蒙古土别燕氏。中书右丞相完泽之子。成宗大德九年(1305)任中书右丞。(0011 卷 30)

长寿④　元仁宗延祐三年(1316)任江南行台侍御史。(0632 卷 6)

长寿⑤　元英宗至治元年(1321)任溧水(今属江苏)州达鲁花赤。(0632 卷 6)

长寿⑥　元平章政事帖住次子。顺帝初,父卒,长兄亦早逝。长寿当荫叙,让职于季弟永寿,兄弟争相转让,终由幼弟忙古海牙承荫,为时人所称颂。(0001 卷 197)

长寿⑦　元乃蛮氏。顺帝至元六年(1340)任江南行台监察御史。(0632 卷 6)

长寿⑧　元顺帝至正二十六年(1366)为江浙行省平章。是年十一月,杭州降于朱元璋,与平章丑的等同被执送应天(今南京)。(0014 卷 13 中)

长寿⑨　元蒙古札剌亦儿氏,脱端之子。袭千户。(0011 卷 6)

长寿⑩　元畏兀儿人。孟速思之孙,翰林学士承旨帖木儿不花之子。(0011 卷 39)

长罕　元蒙古克烈氏。速哥长子。元初从兀鲁赤太子出征,以战功显。(0001 卷 124)

长安迭不花　元顺帝至正中宦官,管领宫女为十六天魔舞,遇宫中赞佛,则按舞奏乐,宫女受秘密戒者得入,其余不得参预。(0001 卷 43)

爪都　元宗王。别里古台之子也速不花大王之子。世祖中统元年(1260),拥戴世祖即位。三年(1262),封为广宁王。(0001 卷 4、5、107、108)

爪难①　元宪宗元年(1251),宪宗即位后,太宗孙失烈门等谋反宪宗之党羽。是年秋,被处死。(0001 卷 3)

爪难②　元世祖至元十九年(1282)为泸州管军万户。是年五月,被反元起事者所杀。(0001 卷 12)

爪忽儿　元世祖时驸马。至元二十六年(1289)七月,其部曲饥,元廷赈之。(0001 卷 15)

欠昔思　元中叶察罕脑儿(今内蒙古乌审旗南)皇家牧马场官员。(0001 卷 100)

欠帖木　元初功臣。太宗时分赐曹州五户丝户若干,宪宗二年(1251)经查尚有三十四户,延祐六年(1319)实有三十四户。(0001 卷 95)

欠帖温　元世祖时功臣。岁赐绢一百匹,弓絃一千条。至元十九年(1282),受赐江南梅州、安仁县四千户,岁得江南户钞共钞一百六十锭。(0001 卷 95)

乌则　宋元之际云南乌蛮屈部首领。祖阿屈,元世祖至元九年(1272)归附元朝。十二年,以其部落驻地为昌州(治今四川德昌)。(0001 卷 61)

乌冲(1264～1315)　字叔备。元大宁川州(治今辽东北票东北)人,寓居汴梁通许(今属河南)。乌禔之子。早年从刘因学。后家居授徒。(0262 卷 14,0501 卷 37,0002 卷 235)

乌枢　元顺帝至正年间任余干(今属江西)知州。州城为反元队伍攻破,枢诣江浙行省请兵克复之。后授饶州路总管。(0073 卷 13,0075 氏族典卷 90)

乌禔　元大宁川州(治今辽东北票东北)人。乌塔塔儿台之子。袭父职为北京路总管。世祖至元八年(1271)改任真定路总管。历任彰德路、济南路总管。官至河北河南道提刑按察使,至元后叶死于官任。(0002 卷 235,0075 氏族典卷 90)

乌马儿①　元世祖至元十年(1273)奉命开采和林(治今蒙古哈尔和林)碧甸子。(0001 卷 94)

乌马儿②　元回回人。世祖至元十四年(1277)任丹阳县(今属江苏)达鲁花赤。后累迁为镇江路行大司农司少卿。成宗大德四年(1300)至七年任镇江路达鲁花赤。(0631 卷 15、16、17)

乌马儿③　元世祖时任万户,从伐宋,升总管。至元二十一年(1284),率扬州省军以唆都伐占城,遇风船散,军溃,被追夺诰命、虎符。后复拜都元帅,安南行省参知政事,从镇南王脱欢征安南。(0001 卷 9、14、209 等)

乌马儿④　元世祖时,依附权臣桑哥,任江淮行省参知政事,领泉府、市舶两司。桑哥败,免职。(0001 卷 15、16、205)

乌马儿⑤　元世祖至元二十九年(1292)任瑞州路(治今江西高安)治中。(1016 卷 14)

乌马儿⑥　元武宗至大三年(1310)为江浙行省平章。是年十月,御史台臣奏劾其遣人驰驿取赃吏于绍兴狱中释之。敕台臣遣官往鞫。次年二月,内台监察御史奏劾其受重赃,遂罢任。(0001 卷 23、24)

乌马儿⑦　元回回人。赛典赤赡思丁长子纳速剌丁次子。累官为福建行省平章,建泉州、兴化两路庙学,置学田,又筑兴化、莆田等县海塘为田,以赡贫民,闽人颂之。英宗至治元年(1321)改任江浙行省平章。领江淮等处财赋都总管府事。岁饥，出财赋府米十万石贱粜之。是冬京师缺粮，诏春海运五十余万石米至京。奉诏即时开运。四月运米五十五万石赴都仓。后死于官任。(0211 卷 1、2,0001 卷 125,0003 卷 80)

乌马儿⑧　元英宗至治二年(1322)任无锡州同知。(0558 卷 24)

乌马儿⑨(？～1330)　元英宗时任刑部尚书。至治三年(1323)，坐赃杖免。文宗时，因卷入锁住、野理牙等怨望诅咒一案，被处死。(0001 卷 28、34)

乌马儿⑩　元回回八瓦耳氏。元中叶由杭州司税长迁任陈州(治今河南淮阳)达鲁花赤。英宗至治三年(1323)至泰定四年(1327)任光州(治今河南潢川)达鲁花赤，有政绩。官至湖州路总管。(0244 卷 10,0762 卷 5、16,0001 卷 123)

乌马儿⑪　元泰定帝时，任广东副元帅，率兵镇压广州新令县民汜长弟之乱。(0001 卷 29)

乌马儿⑫(1307～？)　字希说。元回回人。居于大名，迁居襄阳。顺帝元统元年(1333)进士，授翰林国史院编修官。(0182 卷 8,0028 卷上)

乌马儿⑬　元顺帝时，任翰林待制。至正十五年(1355)，奉命持宣命、印信、牌面等招安高邮张士诚，被士诚拘禁。(0001 卷 44、194)

乌马儿⑭　元顺帝时，任将作院判官。至正十五年(1355)，奉命与利用监丞八十奴招谕濠、泗。(0001 卷 44)

乌马儿⑮　元畏兀儿人，阿剌瓦丁孙。历任陈州达鲁花赤。(0001 卷 123)

乌马儿⑯　元大食人。历任扬州织染局同提举。(0011 卷 84)

乌马儿⑰　元于阗(治今新疆和田)人。(0011 卷 83)

乌本良(？～1372)　字性善。元明之际慈溪(今属浙江)人。早年从赵偕研究理学。后授徒钱塘(治今浙江杭州)，人称春风先生。有诗作传世。(0456 卷 10,0504 已下,0071 卷 93)

乌进礼　字行义。元杭州人。善书法，师法赵孟頫。(0031 卷 7,0573 卷 5)

乌克岱　元钦察人。坤都岱长子。嗣百夫长。从攻襄阳，斩宋将白都统。从大军攻宋，由蒙古军总把赐金符监真定、河南、曹州、大名翼各千户。后解职。(0145 卷 17,0002 卷 152)

乌马儿沙　元仁宗皇庆元年(1312)任江南行台监察御史。文宗至顺元年(1330)累迁为集庆路(治今南京)治中。(0632 卷 6)

乌古论贞　字正卿。小字四和马。金元之际辽东女真人。沉毅果敢。金末用蒯为内侍官，历任近侍局大使，得帝幸。元世祖中统间任大名宣抚司参议，区处事机，甚有决断。(0144 卷 59、96)

乌古孙泽(1250～1315)　字润甫。元临潢(治今内蒙古巴林左旗)女真人，居于大名(今属河北)。乌古孙璧之孙。世祖至元十四年(1277)入元帅唆都幕，从定闽广有功。十五年，任福建行省都事。历任行兴化路总管府事、永州路判官。二十九年，从攻海南黎族，以功任广西宣慰副使。成宗时任海北海南廉访使，教雷州民兴修水利。武宗至大元年(1308)改任福建廉访使。卒谥正宪。(0001 卷 163,0202 卷 12)

乌古孙璧　金元之际临潢女真乌古部人。仕金为明威将军、资用库使，从金主迁汴京。汴京城陷，转迁居大名。元初，任税课所详议官。(0001 卷 163,0202 卷 12)

乌马儿火者　元顺帝至正十五年(1355)，任吴江(今属江苏)州同知。(0954 卷 17)

乌古伦居贞　金元之际女真人。元世祖至元六年(1269)，与亡金故老完颜复昭、葛从亮、于伯义等及许衡、太常卿徐世隆，稽诸古典，参以时宜，沿情定朝仪制。八年二月，立侍仪司，授承奉班都知。(0001 卷 67)

乌古论居真　金元之际女真人。元世祖至元初任博州路总管，年近八十，老病不胜任，监察御史王恽弹劾之。(0144 卷 89)

乌古孙良桢　字干卿，号约斋。元大名(今属河北)女真人。乌古孙泽之子。好读书。元英宗至治二年(1322)，以荫补江荫州判官。后任婺州武义县尹，有惠政。改漳州路推官。狱有疑者，悉平反之。任陕西行台监察御史，劾江阳左丞相达识帖睦迩卖国不忠，又劾御史中丞胡居祐奸邪，皆罢之。内外震慑。顺帝至正十三年(1353)，任中书左丞，兼大司农卿。时军饷不给，请与右丞悟良哈台主屯田，岁入二十万石。次年，迁任淮南左丞，从脱脱征张士诚。十七年，任大司农。次年，升右丞。后病死。尝论《至正格》轻重不伦，吏得并缘为奸，举明律者数人，参酌古今，重定律书，有诗文奏议若干卷，不传。(0001 卷 187)

乌塔塔儿台　金元之际大宁川州(治今辽东北票东北)人。乌禔之父。元太祖征金，率军民谒河北迎降，赐名侈稔虎。从木华黎南征。累官为易州崇宁军节度使、行川州元帅府事。(0002 卷 235)

勾龙纬　元太常博士。有诗作传世。(0504 丁)

勾答什王　元师壁散毛洞(今湖北来凤一带)少数民族首领，世祖至元三十年(1293)四月，被元廷封为土官，赐玺书遣归。(0001 卷 17)

丹八八合赤　元世祖近侍。至元十八年(1281)三月，奉帝遣诣东海及济源庙修佛事。(0001 卷 11)

月列　元世祖至元三十一年(1294)至成

宗大德元年(1297)为庆元路(治今浙江宁波)达鲁花赤。(0633 卷 2)

月伦 又译诃额仑。蒙古斡勒忽讷兀惕氏。元太祖之母。也速该正妻。生四子:太祖、搠只哈撒儿、哈赤温、铁木哥斡赤斤;一女:帖木伦。也速该死后,于困境中抚养诸子成人。太祖即帝位后,尊为太后,分部众一万户与之,太后意不足。后巫者阔阔出(帖卜腾格理)谮哈撒儿于太祖。太祖惑其言,执哈撒儿将杀之。太后闻之,驾白驼车驰至,盛怒责太祖,太祖惶恐谢罪,然卒夺哈撒儿部众之大部。太后因太祖兄弟失和,郁郁不乐,未几死。世祖至元三年(1266)追上尊谥宣懿皇后。(0009 卷 2、10,0002 卷 104,0001 卷 1、106)

月良 元太宗之子。后以其不材,太宗不立其为嗣。(0001 卷 107)

月林 元僧人,澄迈县(今属广东)人。住持琼山县(今属广东)普明寺。文宗赐金、纸币甚多,未尝私用,悉留寺帑。死年五十。(0622 卷 82)

月烈 元公主。世祖季女。嫁汪古部首领赵武襄王爱不花。后封为赵国大长公主。(0001 卷 109、118)

月鲁① 元成宗大德三年(1299)为广西廉访司官。有诗作传世。(0504 乙)

月鲁② 元武宗所遣使臣。至大元年(1308)七月,奉旨出使钦察汗国脱脱汗处。(0001 卷 22)

月鲁③ 元人,铁失党羽。英宗至治三年(1323)秋,参与谋害英宗。是年十二月,泰定帝即位后,以监察御史脱脱等告发,被处死。(0001 卷 29)

月鲁④ 元文宗时为乌撒(治今贵州威宁)宣慰使,至顺二年(1331)被云南东川路总管普折之兄那具,会合反文宗之禄余军所杀。(0001 卷 35)

月鲁⑤ 元公主,嫁文宗权相燕铁木儿为妻。(0001 卷 36)

月鲁⑥ 元中叶斡斤川(在今蒙古阿尔拜赫雷东南翁金河西岸)皇家牧马场哈剌赤(牧养皇家母马群,挤奶,搅制马奶酒进奉者)千户。(0001 卷 100)

月鲁⑦ 元公主。嫁亦乞列思部人昌王沙蓝朵儿只。顺帝至元五年(1339)七月,封昌国大长公主。(0001 卷 40、109)

月鲁⑧ 元顺帝至元五年(1339)任衢州路同知。(0878 卷 2)

月鲁⑨ 元汪古人,赵世延次子。历任江浙行省理问官。(0001 卷 180)

月儿鲁 元大德十一年(1307)五月武宗即位后为御史大夫。是年七月,奏言:旧制,中书省、枢密院、御史台、宣政院许得自选其人,他司悉从中书省铨择,近臣不得辄奏;如此则纲纪不乱。武宗嘉纳之。(0001 卷 22)

月列台 元蒙古亦乞列思氏。驸马昌王札忽儿臣之长子。娶皇子赛因主卜之女哈答罕公主。世祖至元二十四年(1287),从讨东北叛王乃颜,有战功。(0001 卷 118)

月吕鲁 又译月儿鲁、月儿吕、月鲁、月吕禄、玉吕鲁等,即玉昔帖木儿。

月伦赤 字彦明。元顺帝至正年间为河内县达鲁花赤。(0308 卷 1、3)

月合乃 见马月合乃。

月连术 元高昌畏兀儿人,铁哥术之子。任同知安陆府事。(0001 卷 135)

月里赤 元武宗至大元年(1308)为宗正府也可扎鲁忽赤(大断事官)。是年二月,元廷立鹰坊为仁虞院,以其兼任仁虞院使。(0001 卷 22)

月别吉 元太宗第四子哈剌察儿之子脱脱大王长子。(0001 卷 107)

月即别(? ~1341) 又译月思别。元宗王,拔都后裔。钦察汗国第九代汗。第五代汗忙哥帖木儿幼子脱黑里勒察之子,第八代汗脱脱之侄。元仁宗皇庆二年(1313)至顺帝至正元年(1341)在位。即汗位后,元仁宗曾遣使册封。英宗、泰定帝、文宗时,曾多次遣使来元朝。其在位时钦察汗国达到极盛时期,有军队三十万人。迁都别儿哥萨莱(今俄罗斯伏尔加格勒附近),与伊利汗国、埃及等国通好,对外贸易兴隆。奉伊斯兰教为国教,此后诸钦察汗皆信奉伊斯兰教。扶植莫斯科公国,镇压反抗蒙古之特维尔公国。(0001 卷 28 ~30,34,36,1141)

月林伯 元世祖时官员。至元二十九年(1292)初,察得江西廉访司官术儿赤带、河东廉访司官忽儿赤,擅纵盗贼,抑夺民田,贪污不法。三月,以事至京。御史中丞奏告世祖,宜就令诘问;世祖从之。(0001 卷 173)

月忽乃 元燕京人。世祖至元二十五年(1288)由柳州路(治今广西柳城西)达鲁花赤改任肇庆(今属广东)路达鲁花赤。(0591 卷 4)

月忽难① 元成宗大德五年(1301)为云南右丞。时刘深率军由顺元入云南往征八百媳妇国(今泰国北部等地),月忽难调民供馈;宋隆济因给苗、仡佬等族众曰:官军征发汝等,将尽剪发黥面为兵,身死行阵,妻子为虏。众遂反元起事。(0001 卷 20)

月忽难② 元武宗至大元年(1308)、仁宗皇庆二年(1313)两任江南行台监察御史。延祐三年(1316)任江南行台经历。(0632 卷 6)

月忽难③ 元文宗至顺年间任徽州路(治今安徽歙县)总管。(0972 卷 4)

月忽难④ 元顺帝至元六年(1340)任庆元(治今浙江宁波)市舶同提举。(0634 卷 2)

月忽难⑤　元顺帝至正五年(1345)为大都留守司都事。是年十月,出任江南湖广道奉使宣抚首领官。(0001 卷 92)

月忽难⑥　字明德。元人。由江浙行省掾史选为临江路(治今江西清江)经历,入为工部主事。顺帝至正九年(1349)累迁为江浙财赋总管府副总管,十一年谢病去官。有诗作传世。(0412 卷 5,0872 卷 9,0504 己上)

月思哥　元玉你伯牙地方(在元上都西北)皇家牧马场哈剌赤(牧养皇家母马群,挤奶,搅制马奶酒进奉者)百户。(0001 卷 100)

月鲁沙　元明宗妃。(0001 卷 34、106)

月鲁哥(1260～1304)　元高昌畏兀儿人。历任大都兵马都指挥使、大宗正府也可扎鲁忽赤(大断事官)。谥忠靖,改谥庄肃。(0147 卷 16)

月儿思蛮　元畏兀儿人,月朵失野讷之子乞赤宋忽儿第四子。事宪宗,袭父职为独山城都督,兼领僧人。后因军帅札忽儿台据别失八里(今新疆吉木萨尔北),独山近别失八里,遂尽室徙居平凉。入觐世祖,世祖命入宿卫为必阇赤,未几命从安西王忙哥剌出镇六盘山。忙哥剌死后,又事其子阿难达,服勤二十余年。成宗即位初,犹在世。(0001 卷 124)

月古不花　元别失八里畏兀儿人,孟速思之子,生母为蒙古翁吉剌氏。成宗大德三年(1299)四月,由礼部尚书擢中书左丞。七年三月,以受朱清、张瑄贿赂,罢任。十年二月,复任中书左丞。(0001 卷 20、21、112,0225 卷 6)

月古轮失　元顺帝至正十二年(1352)正月,为山南宣慰司同知,是月,中兴路(治今湖北江陵)为红巾军攻破,领兵出战,军溃。(0001 卷 42)

月赤察儿(1249～1311)　又译月赤彻儿等。元蒙古许兀慎氏。博尔忽曾孙。仁厚勤俭,事母孝。世祖至元元年(1264),召入宫为怯薛(禁卫军)官。十七年,任怯薛长。次年,任宣徽使。二十八年,奏劾丞相桑哥奸恶;未几,桑哥罢相入狱。三十年,兼知枢密院事。大德五年(1301),辅晋王甘麻剌督军漠北,与海山(武宗)军大败西北叛王海都、笃哇。十年,率军随海山越金山(今阿尔泰山),击降叛王明里铁木儿(阿里不哥之子)部,袭获海都之子察八儿部众,共得十余万人。武宗即位(1307)后,授和林行省右丞相,特封淇阳王。移军屯驻于金山北。安置降众山南,西北边境遂宁。至大四年(1311)入朝,病死于大都府第。谥忠武。(0001 卷 119、17～20、22～24 等)

月里不花　元将。成宗大德七年(1303)率弘吉剌部军赴云南,死于途中,元廷命其子普而耶代之。(0001 卷 21)

月里海牙　元蒙古人。仁宗皇庆年间任崇明(今属上海)州达鲁花赤。有爱民声。(0949 卷 5)

月里麻思(？～1276)　元乃蛮人。太宗九年(1237),奉旨与断事官忽都虎同署。次年,充达鲁花赤,同元将阿术鲁攻破宋南宿州。十三年,率从行者七十余人,出使宋议和,驰抵淮上。宋将以兵胁之,迫降。言辞慷慨,不少屈。被囚于长沙肥虎寨三十六年而死。世祖深悼之,诏复其家,以其子忽都哈思为答剌罕(享有多种特权之封号)。(0001 卷 123)

月的迷失　又译月底迷失。元世祖至元二十二年(1285)为广东宣慰使,二月,率军讨平潮、惠二州反元队伍首领郭逢贵等四十五寨。二十三年,升为江西行枢密院副使。二十五年,升为江西行院同知。二十六年六月,招降钟明亮,闰十月,钟明亮复反元,奉诏与福建、江西省合兵讨之。三十一年四月,成宗即位,八月,以江西行院官加封平章政事。(0001 卷 13～18、62 等)

月禄海牙　元畏兀儿人。江南行台御史大夫阿思兰海牙之子。(0011 卷 42)

月禄普化　元蒙古塔塔儿氏。顺帝元统元年(1333)进士察伋之祖父。(0011 卷 28)

月鲁不花①　字彦明。元蒙古逊都思氏。少时从父至越,受业于韩性。江浙乡试,居右榜第一。顺帝元统元年(1333)登进士第,授台州路录事司达鲁花赤。至正中,任吏部员外郎,奉命至江浙籴米以充军饷。后从脱脱镇压反元队伍,督馈饷。升吏部郎中,拜监察御史。又升吏部侍郎,铨选于江浙。迁任保定路达鲁花赤。改任大都路达鲁花赤。转吏部尚书,招降永平反元队伍首领程思忠。后授浙西廉访使,因张士诚据浙西,脱走至庆元。俄改山南廉访使,浮海赴任,为倭盗所杀。能诗,有诗作传世。(0001 卷 145,0503 三集庚)

月鲁不花②　元顺帝时驸马。后至元二年(1336)七月,奉旨与宗王不兰奚等出镇薛灵哥(今色楞格河)、怯鲁连(今克鲁伦河)两河地区。(0001 卷 39)

月鲁不花③　元顺帝至正九年(1349)八月,由河南平章入仕宣政院使。十二年正月,由宣政院使改任中书平章,任止于此年。(0001 卷 42、113)

月鲁不花④　元顺帝至正十年(1350)任秘书卿。(0590 卷 2)

月鲁不花⑤　元顺帝至正十九年(1359)为平章政事。时有杨诚据蔚州反元。六月,奉诏与枢密同知八剌火者督兵捕之。七月,围其城。俄有旨,命回兵。十一月,再奉旨剿捕。(0001 卷 207)

月鲁不花⑥　元顺帝至正二十七年(1367)二月,授御史大夫。(0001 卷 47)

月鲁达某　元阿速人。失剌拔都儿之父。宪宗时领阿速十人入觐,充阿塔赤(管骟马者)。后从忽必烈至云南,屡有战功,兀良合台以其功闻,赐所俘人一口赏之。后金疮发而死。(0001 卷 135)

月阔察儿　又译月可察儿。元顺帝至元六年(1340)为宿卫士。六月,奉顺帝命监送文宗次子燕帖古思流放至高丽,七月,于途中杀之。至正十二年(1352)为知枢密院事,率军讨徐州。十四年八月,由知枢密院事改任中书平章政事。十二月,加封太尉,与河南左丞相、知枢密院事雪雪俱为总兵官,代统率脱脱所率诸王、诸省各路军。十六年正月,为太尉、大宗正府扎鲁忽赤,出军中受伤请求辞职,元廷不允。(0001 卷 36、42 ~ 44、138 等)

月阙察儿　元文宗时人。至顺三年(1332)正月,以冒请卫士刍束,当坐罪,权相燕铁木儿为请于文宗释之。(0001 卷 36)

月仙帖木儿　金时高昌畏兀儿亦都护(国王),巴而术阿而忒的斤之父。(0001 卷 124)

月列帖木儿　元顺帝至元二年(1336)任庆元路(治今浙江宁波)录事司达鲁花赤。(0634 卷 2)

月伦失不花　元顺帝至正十五年(1355)任中书参知政事。十二月,奉旨分省彰德。(0001 卷 44、113)

月朵失野讷　元畏兀儿唆里迷(今新疆焉耆)人,哈剌亦哈赤北鲁之子。随父归附元太祖,以质子入宿卫。太祖十四年(1219),从帝西征至别失八里(今新疆吉木萨尔北)东独山城,城空无人,父子皆留居,移民耕种。二十年,太祖西征归,见田野垦辟,民物繁庶,大悦。父已死,乃赐以都督印章,兼独山城达鲁花赤。(0001 卷 124)

月禄帖木儿(? ~1345)　又译月鲁帖木儿。元顺帝至正五年(1345)任河南平章政事。是年十一月,被开封杞县人伪传帝旨杀死。(0001 卷 40、186)

月鲁帖木儿①　元仁宗皇庆元年(1312)任衢州路总管。(0878 卷 2)

月鲁帖木儿②　元诸王。仁宗延祐六年(1319),封无国邑王爵。(0001 卷 108)

月鲁帖木儿③(? ~1329)　又译月鲁铁木儿。元宗王,移相哥曾孙,齐王玉龙帖木儿之子。仁宗延祐六年(1319)三月,封恩王,给印,置王傅官。泰定三年(1326)七月,嗣齐王,给金印。文宗天历元年(1328)十月,与元帅不花帖木儿以兵围上都,倒剌沙奉皇帝宝出降。杀辽王脱脱,收上都诸王符印。调兵护送皇帝宝至大都,献于文宗。二年正月,死。(0001 卷 26、30、32、33、107、138 等)

月鲁帖木儿④(? ~1332)　又译月鲁铁木而等。元宗王,安西王阿难答之子。英宗至治三年(1323)八月,参与谋杀英宗。九月,泰定帝即位,袭封安西王。十二月,因参与谋杀英宗,被流放于云南。文宗天历二年(1329)正月,统蒙古、汉军及民丁五万五千至乌江,参与击败四川囊加台反文宗军。二月,至播州,诏谕土官之从囊加台者,杨延里不花及其弟等皆降。至顺三年(1332)四月,因与畏兀儿僧王你达八的剌板的、国师必剌忒纳失里沙津爱护持谋不轨,被处死。(0001 卷 28、29、33、36、107 等)

月鲁帖木儿⑤　元文宗天历元年(1328)十一月为都护,奉文宗遣,与十余从者奉诏放散陕西反文宗军之在虎牢关者。陕西军杀其从者之半,械送于荆王处。(0001 卷 137)

月鲁帖木儿⑥　又译月鲁铁木儿。文宗至顺元年(1330)闰七月,封为大司徒。二年正月,兼侍正。(0001 卷 34、35)

月鲁帖木儿⑦　元文宗至顺元年(1330)任陕西行省平章。次年,改甘肃行省平章。是年十二月,御史台臣言其非蒙古族姓,不宜使总兵柄。诏枢密院勿令其提调兵马。(0001 卷 35,0014 卷 22、25)

月鲁帖木儿⑧(? ~1352)　元蒙古卜领勤朵鲁班氏。普兰奚之子。幼读书强记,年十二入国学。仁宗时入宿卫。授监察御史,劾右丞相铁木迭儿。仁宗死,铁木迭儿复相,遭其诬陷,出为山东盐运司副使。历任山南江北道廉访副使、汴梁路总管。致和元年(1328),得罪权贵,遭流放。顺帝时被召还。历任同知将作院事、大宗正府也可札鲁忽赤(大断事官)、太医院使、翰林学士承旨。至正十二年(1352),出任江浙平章,率军镇压反元队伍,收复淳安等县。七月,病死军中。(0001 卷 144,0415 卷 7)

月鲁帖木儿⑨(? ~1353)　元顺帝时畏兀儿亦都护高昌王,亦都护高昌王桑哥之父。至正十二年(1352)四月,奉命领畏兀儿军马,同豫王阿剌忒纳失里、知枢密院事老章讨伐襄阳、南阳、邓州反元队伍。十三年六月,死于南阳军中。(0001 卷 42、43)

月鲁帖木儿⑩　元顺帝至正十二年(1352)正月为四川平章,奉命为总兵官,与四川右丞长吉讨伐兴元、金州等处反元队伍。三月,改任陕西平章,奉命与诸王亦怜真班等讨伐南阳、襄阳反元队伍。(0001 卷 42)

月鲁帖木儿⑪　元顺帝至正年间为宗正府扎鲁忽赤(断事官)。至正二十四年(1364)奉上都留守达礼麻识理密遣,潜通音问于罕哈哈剌海行枢密知院益老答儿,请亟调兵南行至上都。(0001 卷 145)

月鲁帖木儿⑫　元顺帝至正二十六年(1366)任中书右丞。二十七至二十八年为中书平章政事。(0001 卷 113)

月鲁帖木儿⑬　元顺帝至正二十七年(1367)二月,由詹事擢御史大夫。(0001 卷 47)

月鲁帖木儿⑭　元顺帝至正二十七年(1367)十一月,以平章政事知抚军院事。(0001 卷 47)

月鲁帖木儿⑮　元宗王,拖雷第十一子雪别台之孙。(0001 卷 107)

月鲁帖木儿⑯　元顺帝至元三年(1337)

任河南行省平章。五年,范孟作乱,遇害。(0001 卷 40、186)

月鲁铁木儿①　元至大四年(1311)三月,仁宗即位,由太子詹事擢知枢密院事。(0001 卷 24)

月鲁铁木儿②　元诸王。仁宗延祐二年(1315)二月,受赐钞万锭。(0001 卷 25)

月儿鲁铁木儿　元诸王。延祐七年(1320)英宗即位后,七月,被斡鲁思告其谋变,英宗赏斡鲁思钞万五千贯。(0001 卷 27)

月伦失帖木儿　元畏兀儿人。仁宗延祐年间任太谷知县,泰定年间任万泉知县。(0691 卷 8,0700 卷 6)

月朵识脱忽邻　元畏兀儿人。大慈都之祖父。追谥安惠。(0011 卷 47)

月举连赤海牙(? ~1304)　元畏兀儿人。从宪宗征钓鱼山,奉命修麴药以疗军疫。继从宗王蒙哥都征云南,战数胜。世祖中统三年(1262),领兵讨平火都、答离之叛。至元十二年(1275)为河西按察使,从安西王镇压兀朗孙火石谋乱。十五年,与伯速带讨平土鲁之乱。二十年,升为四川行省参政。未几,以病归秦州。(0001 卷 135)

计初(1272 ~1322)　字遂初。元饶州浮梁(今属江西)人。由太保府掾史授宁都州同知。(0212 卷 80)

计烨　元文宗至顺元年(1330)任吴江(今属江苏)州都目。(0954 卷 17)

计禹畴　元顺帝至正十五年(1355)任杭州路学吏。(0573 卷 2)

卞珏　字仲宝。元溧阳(今属江苏)人。工画著色花木。(0074 卷 37,0077 卷 54)

卞焘　元世祖至元二十六年(1289)任庆元路(治今浙江宁波)同知。(0633 卷 2)

卞瑛　字仲玉。元溧阳(今属江苏)人,卞珏之兄。善书法。(0074 卷 37)

卞琛(? ~1352)　元大名(今属河北)人。世为农夫。早年游学京师,得补国子生,丁母忧,归家务农。顺帝至正十二年(1352),邻郡反元队伍起,来攻掠。与府史李仲亨等协谋,统丁壮数百人抗击反元队伍。战败,被擒。反元队伍谕其降,骂不止,被杀。(0001 卷 194)

卞瑄　字子玉。元淮东人。历任宁州判官、崇仁征官。(0212 卷 29)

卞小十(? ~1352)　元大名(今属河北)人,卞琛从子。顺帝至正十二年(1352),邻郡反元队伍起,来攻掠。从琛率众抗击反元队伍,战死。(0001 卷 194)

卞子珍　元人。有诗作传世。(0504 辛上)

卞元亨　元明之际人。元末为张士诚僚属,屡谏不听,归隐海滨。明太祖平吴,征召不出,遣戍辽阳十年,赦还。能诗,有诗作传世。(0033 卷 28)

卞仲子　元溧阳(今属江苏)人,卞珏之父。善画花木。(1125 卷 13)

卞仲祥　元书法家。能诗词,善书法。结交名流,与周驰、刘致友好。(1143 卷 24)

卞南仲　字应午,号月溪。元溧阳(今属江苏)人,卞珏之祖。世祖至元中以荐授溧阳州判官。(0948 卷 4)

卞思义　字宜之。元山阳(治今江苏淮安)人。历任浙西宪掾、都水庸田司吏。喜作诗,居官不废吟咏。(0279 卷 8,0189 卷 8,0033 卷 27)

六十①　元世祖时女真人。至元十九年(1282)十月,自请造船运粮赴鬼国赡军,元廷从之。(0001 卷 12)

六十②　元世祖时人,塔海之弟。至元二十二年(1285)十月,奏言:今百姓及诸投下民,俱令造船于女真地区,女真人则征发为军,独乃颜、胜纳合儿两投下鹰坊、采金等户不被征发。帝遂遣使征发之。(0001 卷 13)

六十③　元诸王。成宗大德三年(1299)十二月,受元廷赐钞。(0001 卷 20)

六十④　元中叶永平皇家牧马场哈剌赤(牧养皇家母马群,挤奶,搅制马奶酒进奉者)千户。(0001 卷 100)

六十⑤　字子约。元唐兀人。由国子生授濠州同知。历南平、浦城二县达鲁花赤,转南阳府同知。累迁为归德知府。后任监察御史,擢江西廉访副使。顺帝至正九年(1349),授平江路(治今江苏苏州)达鲁花赤。(0163 卷 12)

六十⑥　元合鲁温氏。迭里弥实之子。任速古儿赤(掌内府尚供衣服者)。(0011 卷 90)

六十⑦　元畏兀儿人。翰林承旨阿邻帖木儿之子,顺帝中书平章沙剌班弟。(0001 卷 124,0011 卷 42)

六哥　金末元初契丹人。元太祖十一年(1216),与契丹人金山等率众九万侵入高丽国。十二年九月,攻占高丽江东城。十三年,太祖命哈真、札剌率师讨之;遂为蒙古军及高丽王所遣军共讨灭。(0001 卷 1、208)

六十八(? ~1289)　元冀州(治今河北冀县)人。贾塔剌浑之孙,抄儿赤次子。袭职率领砲手军。世祖至元九年(1272),率所部攻破樊城。十二年,发砲摧毁常州城壁,诸军遂攻入城。十三年,从诸军追宋二王至海,下三十余城。十五年,领南军精锐者入卫。十八年,授管领砲手军都元帅。二十年,改授砲手军匠万户。(0001 卷 151)

文才(1241～1302) 字仲华,元僧人,清水县(今属甘肃)杨氏子。住五台山祐国寺。撰有《肇论新疏》三卷。(0035 卷 35,0037 卷 4,0075 神异典卷 186)

文升(1268～1313) 字逊志,号学山。元庐陵(今江西吉安)人。文璧次子。过继为文天祥子。仁宗皇庆元年(1312)任集贤直学士。二年,奉旨代祀淮、济二渎,中、南二岳及南海,中途至赣病死,谥文庄。(0501 卷 65)

文氏 元静江(治今广西桂林)人。唐斗辅之妻。成宗大德中,斗辅任宾州幕官死。年二十余,执义自誓,孝养公婆。其子明文早死,媳蒋氏慕其节行,亦不改嫁。英宗至治中诏旌其门曰"贞节"。(0002 卷 244)

文节(1257～1342) 字通叟,号操庵。宋元间僧人。慈溪(今属浙江)夏氏子。出家于本县永明寺。侍僧月(柏庭),留十三载,精通教观。出世定海观音寺,迁象山玉泉寺,移杭州集庆寺,晚移四明南湖寺。有《指要会宗集英》。(0090 卷 19)

文圭 元乃蛮人,别的因第二子。有隐德,赠秘书监著作郎。(0001 卷 121)

文若 元人。有诗作传世。(0504 庚下)

文明 字月涧。元僧人。住饶州荐福院。得法于明州(治今浙江宁波)天童寺僧了慧(西岩)。(1144 卷 102)

文述(1296～1373) 字无作,元明之际僧人,慈溪县(今属浙江)孙氏子人。年十八出家为僧,游学于诸大名寺,皆受称赏。元行宣政院授大梅山护圣二寺住持,名益闻。诏赐号觉智圆明。(0157 卷 19)

文侃(1203～1260) 元僧,泽州晋城县(今属山西)傅氏子。安阳(今属河南)三泉福胜院住持。(0597 卷 8)

文质 字学古,号海屋,晚号雁门叟。元甬东(今浙江舟山岛)人。隐居吴之娄江。善吟诗,词章奇放,好为长吉体,酒酣长歌,声若金石。年九十六病逝。有《学古集》。(0503 三集庚,0517 卷 12)

文矩(?～1323) 字子方。元长沙(今属湖南)人。初为湖南廉访司书吏,廉访使卢挚敬其才辩,遇之殊常人。大德十一年(1307),授荆湖北道宣慰司照磨。历任刑部、宗正府曹属,秘书监校书郎、著作郎。仁宗延祐六年(1319),任翰林修撰兼国史院编修官。英宗至治元年(1321),以礼部郎中出使安南。还朝升太常礼仪院判官。著有《安南行记》、《子方集》。(0212 卷 80,0503 二集丙)

文信① 元僧,华原县(治今陕西耀县)雷氏子。住耀州(治今陕西耀县)延昌寺。死年七十九。(0554 卷 27)

文信② 字道元。元僧,永嘉县(治今浙江温州)人。住石湖宝华禅寺。工诗,所作诗清峭。有诗作传世。(0033 卷 34,0517 卷 14)

文珦(1210～1289) 元僧人。于潜(今属浙江)人。出家于杭州。通学天台教观,明儒道百家之说。工诗,善画。曾遭谗下狱,案情得白获释后,遁迹山林。(0095 卷 96)

文泰(?～1289) 字灵隐。元僧人。阳城(治今河南登封)魏氏子。少聪慧,颇涉教乘。潜心禅修,参嵩山少林寺僧福裕,未几即悟心要。与同学智泰、净肃,并称二泰一肃。后继少林法席。(1144 卷 103)

文振 元人。有诗作传世。(0504 癸下)

文盛 元僧人。住广化。得法于僧正传(景隆)。为僧智安(白莲)再传弟子。(1144 卷 104)

文焕(1275～1315) 号懒牛,元僧,临川(今属江西)过氏子。住临川海云精舍。(0212 卷 49)

文富 元庐陵(今江西吉安)人。文升长子。历任温州路、延平路总管。(0896 卷 116,0902 卷 57)

文谦(1316～1372) 号牧隐。元明之际僧人,长乐县(今属福建)方氏子。住台州(治今浙江临海)鸿福寺。(0622 卷 47,0871 卷 68)

文鉴(?～1330) 字古心。元尼僧。桐乡(今属浙江)濮氏女。十四岁茹素。嗣法广福庵。复礼天目僧明本。后于濮镇建寺,元廷敕赐福寿禅寺。仍住持广福。后归福寿寺坐化。(1144 卷 110)

文煜 元僧人。住嘉兴本觉寺。得法于杭州径山僧正源(竺远)。(1144 卷 107)

文福 元僧人。住西安(治今浙江衢州)。得印记于南阳僧智安。(1144 卷 107)

文静 字默堂。元僧,闽中人。住山阴县(治今浙江绍兴)天章寺。能诗,有诗作传世。(0504 壬上,0278 卷 2)

文魁 字华甫。元衡阳(今属湖南)人。太学生出身。官至藤州知州。(0506 卷 2342,0622 卷 84)

文粹 元世祖时安南来华使臣。至元十三年(1276)二月,奉安南国王陈光昺遣,与黎克复同出使至元廷进贡,以前所奏就鄯阐(今云南昆明)输纳贡物,事属不敬,上表谢罪,并请求免除君长亲朝、子弟入质、编民数、出军役、输纳税赋、置达鲁花赤等六事。(0001 卷 209)

文慧 元僧人。住嘉禾青龙寺。初颇耽吟咏,后专志淨业,老而弥勤。(0037 卷 42)

文璋 元宜都(今属湖北)人。顺帝至正年间贡士。历任吉州书院山长。

(1042 卷 8,1041 卷 36)

文璧(1237～1298)　字季万,号文溪。宋元之际庐陵(今江西吉安)人。宋丞相文天祥之弟。宋理宗开庆元年(1259)进士,累官知惠州。宋亡入觐,授惠州路总管,改临江路总管。历任广东宣慰司同知、广西宣慰使。(0231 卷 10)

文藻　字南洲。元僧,温州(今属浙江)人。住湖州何山禅寺。能诗,有诗作传世。(0504 壬上)

文才喻　宋末雷州人。宋末,二王称制海中,才喻起兵应之。未几为元将阿里海牙讨平。(0001 卷 128)

文允中　元成都(今属四川)人。初为嘉定路学正。顺帝至正十一年(1351)汉南人榜进士及第第一名,授翰林修撰。出任四川儒学提举。死于战乱。(0001 卷 42、92,0842 卷 19)

文书奴　元畏兀儿人。世祖至元初,为翰林应奉文字,助八思巴改用蒙古新字于制敕,超拜翰林直学士。后出任提举湖广学校官。召归京师卒。(0262 卷 15)

文本仁　字性之,号勿斋。元湖州(今属浙江)人。宋参政文及翁之子。工诗。(0382 卷 5)

文礼恺　字梦得。元遂宁(今属四川)人。仁宗皇庆年间为奉元路学正。延祐二年(1315)登进士第,授洋州同知。(0843 卷 32,0554 卷 28)

文吉祥　元僧人。仁宗时为荣禄大夫、大司徒,延祐六年(1319)二月,加封开府仪同三司。(0001 卷 26)

文如玉(1267～1342)　字璋甫。元南充(今属四川)人。历任云南幕长、四川省幕僚。累官顺庆路总管,以奉元路总管致仕。有诗作传世。(0254 卷 14,0504 丁)

文均范　元东安(今属湖南)人。少聪颖,善作文。所作诗有唐诗格调。顺帝至正间被召不起。(0075 文学典卷 90,0504 戊下)

文应祥　元江西人。顺帝元统元年(1333)为监利(今属湖北)县学教谕。(1041 卷 66,1042 卷 6)

文应麟　宋元之际庐陵(今江西吉安)人。文天祥从孙。宋末,文璧守惠州,劝之严守备,不听。元兵至,璧降;耻其所为,遁居东莞。(0622 卷 20,0589 卷 42)

文孟端(1269～1303)　字月卿。元庐陵(今江西吉安)人。文璧之女。嫁循州路同知胡植。(0231 卷 8)

文柳干　元蒙古燕只斤氏,居建德路(治今浙江建德东北)录事司。封昭勇大将军。顺帝元统元年(1333)进士兼善之曾祖。(0028 卷 192)

文殊奴①　元顺帝至正三年(1343)为宝庆路判官。是年二月,本路饥,以所受敕牒贷官粮万石赈之。(0001 卷 41)

文殊奴②　元顺帝至正中宫女。时帝怠于政事,慌于游宴,以文殊奴等十六宫女按舞,名为十六天魔舞。(0001 卷 43)

文殊奴③　元唐兀人,世居宁夏(治今宁夏银川)。杨朵儿只之子。任监察御史。(0011 卷 58)

文殊讷　元顺帝至正九年(1349)为江西廉访使。是年,上奏言:岁祀三皇以太医官主祭,揆礼未称;请如祭孔子礼。帝可其奏言,敕命工部具祭器,江浙省造雅乐器,太常定仪式,翰林撰乐章。次年九月,祭三皇,如祭孔子礼。(0001 卷 42、77)

文益谦　元庐陵(治今江西吉安)人。历任宜黄县尹、温州路同知。(1014 卷 35)

文隆子　字尚志。元庐陵(今江西吉安)人。文璧长子。成宗大德间任宁州判。(0203 诗集卷 3、4,0173 卷 16)

文彭仲　元顺帝至正八年(1348)为嵊县(今属浙江)知县。(0880 卷 28)

文景阳　元人。有诗作传世。(0504 癸下)

文禅师　元僧人。住华国寺。得法于明州(治今浙江宁波)天童寺僧坦。(1144 卷 111)

文书海涯　字贯道。元南昌人。曾任尤溪县(今属福建)达鲁花赤。(0902 卷 58)

文伯要觪　元河西(今宁夏、甘肃一带)人。仁宗延祐三年(1316)任镇江路总管。五年,改任宣政院副使。(0631 卷 15)

文朵儿八歹　元顺帝元统元年(1333)为昌国州(治今浙江舟山)知州。(0634 卷 2)

方二　元宾州(治今广西宾阳北)人。泰定元年(1324)反元起事,不久被官府捕擒。(0001 卷 29)

方义　号敬斋。元鄱阳(治今江西波阳)人。文宗至顺二年(1331)为秘书监辨验书画直长。(0027 卷 10)

方凤(1240～1321)　一名景山,字韶卿,号岩南。宋元之际浦阳(今浙江浦江)人。宋度宗咸淳中,进士不第,丞相陈宜中奇其才,欲荐之,未果。后以恩授容州文学。入元,不仕。善为古今体诗,不事雕琢而体裁纯密,自成一家。为谢翱挚友。翱客死,走数百里赴其丧,葬翱于钓台南。与当时名士方回、龚开、戴表元、仇远、牟巘等皆为文字交。著有《存雅堂遗稿》五卷。(0002 卷 241,0154 卷 10)

方平　元儒。历任鄂州路儒学教授。成宗大德七年(1303),奉诏作彩画地图。(0027)

方文 元世祖至元十八年(1281)为招讨使。是年八月,上奏言择守令、崇祀典、戢奸吏、禁盗贼、治军旅、奖忠义六事,诏廷臣及诸老议举行之。(0001 卷 11)

方仪 元人。有诗作传世。(0504 辛下)

方用 字希才。元儒,望江(今属安徽)人。名儒许谦之弟子。(0071 卷 82)

方回①(1227~1307) 字万里,号虚谷,别号紫阳居士。宋元之际歙县(今属安徽)人。宋理宗景定三年(1262)进士。任池阳茶盐提领。恭帝德祐元年(1275),贾似道丧师,上十可斩之疏,时人壮之。未几,任建德府知府。次年,元军至,以城降元,任元建德路总管。元世祖至元十八年(1281)罢任,不复仕。晚年居歙、杭间。后病死,年八十一。尝选唐、宋以来近体诗评论之,成《瀛奎律髓》四十九卷。又著有《桐江集》四卷、《桐江续集》三十七卷、《文选颜鲍谢诗评》四卷、《续古今考》三十七卷。(0532 卷 95 上,0503 初集甲,0972 卷 7)

方回② 字希颜。元时任广德路(治今安徽广德)总管。(0983 卷 7)

方行 字明敏。元台州黄岩(今属浙江)人,方国璋次子。顺帝至正二十四年(1364)为江浙行枢密院判官。后升为江浙行省参知政事。二十七年,随叔国珍降明。明洪武七年(1374)国珍死后,被徙于濠州。后又谪居云南。工诗,有《东轩集》。(0411 卷 22,0503 三集庚)

方冲 字澹然。宋元之际镇江(今属江苏)人。宋末贡士。入元为学官,仕至吴江州学教授,以金坛县主簿致仕。(0954 卷 17,0631 卷 19)

方观 元儒赵偕弟子。(0071 卷 93)

方求 号可竹。元人。有诗作传世。(0504 戊下)

方坦 元浦阳(治今浙江浦江)人。有诗作传世。(0504 己下)

方厓 元僧人。善画墨竹。其所画墨竹淅沥,默坐对之如有声。(1143 卷 43)

方炯 字用晦,号杏翁,又号杏林布衣。元明之际莆田(今属福建)人。有文名,尝与方时举等为"壶山文会"。精医术,生平活人甚多,不受贫者酬金,富者就医则受之以济贫困者。著有《杏村肘后方》、《伤寒书》、《脉理精微》等,均已佚。有诗作传世。(0504 己下,1126 卷 94)

方原 字景渊。元儒,慈溪(今属浙江)人。赵偕弟子。(0071 卷 93)

方泽(1290~1328) 字玉泉。元诸暨(今属浙江)人。曾大治讲舍,私淑诸生。(0152 卷 40)

方珪 元祁门(今属安徽)人。方贡孙次子。以荫授常山县主簿,后升为集庆路同知。(0991 卷 3)

方玲 字仲和,号晓山。元祁门(今属安徽)人。方贡孙长子。成宗大德九年(1305)任信州学正。后迁任江阴州学教授。(0167 卷 28)

方积 字叔高。元湖口(今属江西)人。文宗至顺年间为艺文监修书,出任进贤县邬子寨巡检。历任闽海帅司掾、将乐县主簿。调任南安县尉,率兵镇压反元队伍,战死。有诗作传世。(0415 卷 3,0504 丙)

方浚① 元淳安(今属浙江)人。元世祖至元年间为铜陵县知县,抚恤百姓,作兴学校,重建太白祠于五松山,有治绩。(0986 卷 4)

方浚②(1307~1366) 字德明。元台州临海(今属浙江)人。顺帝时以荐授江浙儒学副提举,不赴。(0411 卷 34)

方宷 字德载,号东湖先生。元暨阳(今浙江诸暨)人。顺帝至正间死,年九十余。(0411 卷 40)

方梓 字子发。元儒,浦阳(今浙江浦江)人。方凤次子。(0072 卷 56)

方椿(1317~1362) 字大年。元暨阳(今浙江诸暨)人。慷慨有大志,善谋议,然守正不欲苟出,征聘者继于门,终不出。(0157 卷 14)

方樗(?~1352) 字寿甫,又字子践,号北村。元浦阳(今浙江浦江)人。方凤长子,与吴师道友好。(0006 卷 91 上,0252 卷 1、5、14)

方镒(?~1328) 字子兼。元诸暨(今属浙江)人。经营良田十二顷,贮其岁入为义庄、义塾。(0411 卷 42)

方澜(1263~1339) 字叔渊。元浦阳(今浙江浦江)人。迁居于吴,闭门读书,授徒以糊口。平生喜吟咏,然不苟作,其佳句皆从苦吟得之。有《方叔渊遗稿》一卷。(0503 初集己)

方夔 又名一夔,字时佐,自号知非子,学者称富山先生。宋元之际淳安(治今浙江淳安西北)人。方逢辰孙。早年从何潜斋学,究心义理之学。后屡举不第,退隐富山之麓;授徒讲学以终。著有《富山嬾稿》(0503 初集甲)

方麟 元太末县(治今浙江衢州东北)人。名儒许谦弟子。(0071 卷 82)

方子京 元分水县(治今浙江桐庐西北)人。顺帝至正年间乡试名列前茅,授嘉兴路教授,致仕归。有诗作传世。(0896 卷 182,0504 己上)

方子静 字尚老。元桐庐(今属浙江)人。善作诗。其所作诗尝评为元初月泉吟社第二十八名。(0504 甲,0033 卷 6)

方天端(1298~1376) 字景云。元明之际义乌(今属浙江)人。(0411 卷 24)

方从义 字无隅,号方壶子,又号金门羽客。元明之际贵溪(今属江西)人。上清宫道士。晚年居于金门之小洞天。工画山水,无尘俗气,大有逸趣。又工古隶、草书。明洪武十一年(1378)尚存,享年逾九十。(0030 卷 5,0031 卷 7,0033 卷 33)

方文豹　元成宗大德四年(1300),为慈溪县(今属浙江)主簿。(0633 卷 3)

方仝翁　字希玄,自号遯庵。元鄞县(今属浙江)人。顺帝至正年间,方国珍据庆元(今浙江宁波),招之,不赴,隐居以终。(0062 卷 35,0902 卷 134)

方幼学　字行父。宋元之际东莞县(今属广东)人。尝为文天祥勤王师捐资助饷。入元,隐居不出。(0067 卷下)

方永龄　字无尽。元金华(今属浙江)人。尝煮粥以食饥民,储药以惠病者。元顺帝时,屡被荐举,皆不赴。(0890 卷 5)

方有临　字简夫。元连江(今属福建)人。顺帝至正十二年(1352),年七十余,为反元队伍所执,不肯随从反元,大骂,被杀。(0417 卷 21)

方存心(1260～?)　字中全。元歙县(今属安徽)人。方回长子。以荫授义乌(今属浙江)知县。泰定元年(1324)任盐官知州。(0142 卷 13,0881 卷 12)

方回孙　号豹斋,元弋阳县(今属江西)人。治《春秋》。泰定四年(1327)进士,授贵溪(今属江西)县丞。有诗作传世。(0072 卷 84,0504 丙)

方廷杰　元歙县(今属安徽)人。方回之曾孙。元末任临川(今属江西)主簿。(0260 卷 9)

方廷瑾　字德玉。元临安(今属浙江)人。世业医,累迁江浙医学提举。(0296 卷 5)

方仲达　元余姚(今属浙江)人。曾任上虞县(今属浙江)教谕。(0880 卷 29)

方安国　元武宗至大二年(1309)任慈溪(今属浙江)知县。(0633 卷 3)

方贡孙(1231～1295)　字去言,号竹溪。宋元之际祁门(今属安徽)人。宋理宗景定三年(1262)进士。历监镇江酒库,辞归。度宗咸淳末年,祁门县令遁,以荐领县事。元世祖至元十三年(1276),降元,仍为祁门县尹。后迁任抚州路总管府判官、又改任兴国路、建德路判官。(0972 卷 8,0075 氏族典卷 294)

方克常　元人。有诗作传世。(0504 辛下)

方杌山　元鄞县(治今浙江宁波)人。画花果海错,称佳品。(1143 卷 43)

方时发　元青阳(今属安徽)人。多世同居,元廷以孝义旌之。后起任潮州路、徽州路教授。(0622 卷 16,0925 卷 52)

方伯载　宋元之际闽县(治今福建福州)人。幼登陈文龙之门,轻视科举程文而喜作诗。入元,隐居不仕以终。(0902 卷 126)

方伯鉴　字德新,号鉴泉逸叟。元婺源(今属江西)人。顺帝至正年间屡辟不起,吟咏林下,隐居以终。(0972 卷 9)

方应元(1295～1363)　字长卿。元莆田(今属福建)人。初为泉州刑曹吏,后迁任南安县芦溪巡徼吏,弃职归家教子。(0411 卷 14,0902 卷 125)

方君政(?～1346)　元青阳(今属安徽)。历任永丰县、于潜县学教谕。顺帝至正初年升为太平路学正。仕至无锡州学教授。(0413 卷 1)

方君瑞　元毗陵(今江苏常州)人。画草虫,宗僧居宁,兼工花鸟。(1143 卷 43)

方国珉　元台州黄岩(今属浙江)人,方国珍之弟。从国珍反元起事。后与国珍同受元廷招降。顺帝至正二十六年(1366),授江浙行省平章政事。(0004 卷 41,0014 卷 13 中)

方国珍(1319～1374)　名珍,字国珍。元明间黄岩(今属浙江)人。世以贩盐航海为业。元顺帝至正八年(1348),与兄弟入海,聚众数千,夺取海运官粮、运船,攻打浙东沿海。同年受元招降。后屡降屡叛,以求高官。累升为元海道运粮万户,江浙行省参政、左丞、平章、左丞相。据有温、台、庆元三路六州十一县达十余年。多次为元廷海运漕粮。二十七年,降朱元璋。明初授广西行省左丞衔。后病死于应天(今南京)。(0020 卷 123)

方国瑛　元台州黄岩(今属浙江)人,方国珍之弟。顺帝时从国珍反元起事,降元后又反,屡降屡反。至正二十六年(1366),元廷授为江浙平章政事。(0001 卷 43、47)

方国璋(?～1362)　元台州黄岩(今属浙江)人,方国珍之兄。从国珍反元起事。后随国珍受元招降,以护漕、镇压反元队伍有功,顺帝至正十九年(1359)累升为江浙行省右丞。二十二年,婺州苗军暴动,亲往谕之,遭袭击,被苗军将领王保杀死。谥荣愍。(0575 卷 13,0004 卷 41)

方明善　元台州黄岩(今属浙江)人,方国珍之侄。从国珍反元起事。后随国珍受元招降。顺帝至正十八年(1358),任镇抚,守温州。后历任江浙行枢密院判官、福建行省参知政事,仍守温州。岁督海船运粮至大都。二十三年,攻取平阳,不久被朱元璋部击败,被迫纳岁贡钱二万两以充朱军军费。二十四年,升为江浙行省右丞。二十六年,升为江浙行省平章政事。次年,温州被朱军攻占,随方国珍降明。(0004 卷 41,0579 卷 10,0014 卷 13 中,等)

方南一　元贵溪(今属江西)人。早年从谢枋得学。仁宗延祐年间为余干州学

教授。官至赣州路判官。(0071 卷 84,1011 卷 8)

方祖文　元绩溪(今属安徽)人。曾任婺源州吏目。(0973 卷 6)

方晋明　字德昭。元人。有诗作传世。(0504 戊下)

方逢振　字君玉,号可斋,宋元之际淳安人,宋尚书逢辰弟。宋理宗景定三年(1262)进士,历任太府寺簿。宋亡,归乡里,征召为淮西宪佥,不赴。聚徒讲学于石峡书院,学者称山房先生。有《山房遗文》一卷、《山房先生外集》一卷,皆附逢辰《蛟峰文集》后。(0063 卷 13,0072 卷 82)

方家奴　元顺帝至正十六年(1356),为"义兵"元帅,以其所部军屯杭州城北关,勾结同党,相煽为恶,劫掠财货,白昼杀人。江浙丞相达识帖睦尔与平章庆童入其军,数其罪,斩首以徇,民大悦。(0001 卷 142)

方梦开　元福建人。曾任新昌县(今属浙江)教谕。(0880 卷 29)

方敏中　字仕文。元巴陵(今湖南岳阳)人。潜心理学,从其学者常教以克己为要。(1041 卷 51,0034 卷 4)

方脱脱(? ~1365)　元顺帝至正十七年(1357)为万户。是年八月,刘福通军攻占卫辉路;与孛罗帖木儿各率军击之。十八年,为元帅。是年四月,红巾军田丰部攻占广平路;奉诏率军收复广平。十九年十二月,其所部守辽州,归知枢密院事兀良哈台统率,与察罕帖木儿部将八不沙等交兵。未几,兀良哈台独引蒙古军还京师;乃附从孛罗帖木儿为其部将。二十年六月,诏命其与察罕帖木儿不得互相越境仇杀。二十三年六月,奉孛罗帖木儿遣,迎匡福于彰德,扩廓帖木儿遣兵追来,击败之。二十五年七月,孛罗帖木儿被杀后,亦被杀。(0001 卷 45、46)

方清之　元顺帝至正中淳安县(今属浙江)反元队伍首领,被建德路同知伯颜不花的斤擒获。(0001 卷 195)

方景章　元莆田(今属福建)人。顺帝至正二十六年(1366)进士,授兴化知县。(0901 卷 54)

方道夫　字德弘。元绩溪(今属安徽)人。顺帝至元年间为本县吏。至正中,农民反元大起义,退隐乡里,与同县文士舒頔等游。(0992 卷 10)

方道叡　字以愚。元淳安(今属浙江)人,宋尚书逢辰曾孙。早年从吴暾学。文宗至顺元年(1330)中进士。历任翰林编修、嘉兴路推官、杭州路判官、江西行省员外郎。元亡,不复仕,隐居以终。有诗作传世。(0075 氏族典卷 294,0004 卷 36,0504 辛上)

方寒岩　元人。有诗作传世。(0504 癸上)

方槐生(1329 ~1373)　字时举。元明间莆田(今属福建)人。元末累荐不起。明初为郡学师。(0411 卷 34)

方震卿　元人。以军功荐授兴化路同知。(0905 卷 6)

方德至　字遂初。元莆田(今属福建)人。顺帝至正十一年(1351)进士,授永嘉(治今浙江温州)县丞。妻廖氏双目盲,父母欲去之,婉辞留之。里人义之。(0902 卷 108,0901 卷 54、72)

方德麟　字藏六。元桐庐(今属浙江)人,徙居新城(治今桐庐北)。善吟咏,其诗作于元初月泉吟社评为第十一名。(0504 甲,0033 卷 6)

方伯帖木儿　元顺帝时将领。元军元帅方脱脱之弟。至正十九年(1359)十二月,与兄同驻守辽州,归知枢密院事兀良哈台统率,与察罕帖木儿部将八不沙等交兵。(0001 卷 45)

亢子春　元人。初为上都(今内蒙古正蓝旗东北)令史。后历官至湖广行省参知政事。(0101 卷 23)

亢吉祥　元僧人。世祖至元十四年(1277),奉诏命与怜真加加瓦皆为江南总摄,掌释教。(0001 卷 9)

火歹　元世祖至元年间任阳城县(今属山西)达鲁花赤。(0694 卷 5)

火你　元宗王。太宗第六子合丹大王之子。(0001 卷 107)

火沙①　元泰定二年(1325)为知枢密院事,六月,封为郡王。文宗天历二年(1329)仍为知枢密院事,正月,封为昭武王。十月,知行枢密院事。(0001 卷 29、33)

火沙②　元诸王。泰定四年(1327)正月,奉旨与阿荣、答里出镇北边。致和元年(1328)六月,在北边,因风雪毙牛羊,其所部士卒饥,帝命以粮钞赈之。文宗天历元年(1328)十月,文宗以其府第赐燕铁木儿继母察吉儿公主。(0001 卷 30、32)

火者①　元罗北甸土官,世祖至元二十四年(1287)内附。(0001 卷 14)

火者②　元武宗时火者等得佩国公、司徒印。仁宗皇庆元年(1312),帝命拘其所佩国公、司徒印。(0001 卷 24)

火者③　元蒙古捏古思氏。仁宗延祐五年(1318)蒙古色目右榜状元忽都达儿祖父。任泰兴县(今属江苏)达鲁花赤。(0011 卷 32)

火者④　元成宗大德九年(1305)任金坛县(今属江苏)达鲁花赤。(0631 卷 10)

火者⑤　元泰定二年(1325)任建康路(治今江苏南京)治中。(0632 卷 6)

火忽　元蒙古弘吉剌氏。按陈之弟,不只儿之祖。元太祖九年(1214),受赐分地在哈老温迤东,塗河、潢河之间,火儿

赤纳(在今蒙古巴林左旗东南)庆州之地,与亦乞列思部为邻。(0001 卷 109、118)

火都 又译忽都。元蒙古人。初为阿蓝答儿部将。世祖中统二年(1261),举兵于临洮反元,据点西岭。汪惟正率兵袭之,火都以五百人遁入吐蕃。诏宗王只必铁木儿统率蒙古、汉军追袭火都于吐蕃。十月,被擒获。(0001 卷 162、166、121、133 等)

火斜 又译和斜温。元初功臣。太宗八年(1236),其所属两投下一千二百户受赐曹州五户丝户一万户。世祖至元十八年(1281),受赐贵州一万五百户,岁得江南户钞四百二十锭。(0001 卷 2、95)

火雷 又译豁雷罕。元公主。元太祖长子术赤之女。嫁斡亦剌部长忽都花之子脱劣勒赤。太宗八年(1236),受赐延安府五户丝户九千七百九十六户。(0001 卷 95,0009 卷 10)

火儿赤 元将。世祖中统二年(1261)十月,奉旨与奴怀率所部略地淮西。(0001 卷 4)

火儿忽 元宗王。宪宗第四子昔里吉子并王晃火帖木儿之子。封嘉王。(0001 卷 107、108)

火尼赤① 元宪宗时元将速哥之部将。宪宗九年(1259),宋兵攻涪州浮桥,火尼赤战陷,速哥破围出之。(0001 卷 131)

火尼赤② 元将。世祖至元七年(1270)十二月,奉命与西川王安抚、杨总帅军相合,与丑汉、黄兀剌同镇守合答之城。(0001 卷 99)

火尼赤③ 元世祖至元中官员。至元十八年(1281)六月,奉敕与赛典赤分管乌木(今属贵州)、拔都怯儿(在今四川布拖东北)等八处民户。(0001 卷 11)

火尼赤④ 元仁宗皇庆元年(1312)为御史大夫。(0001 卷 24)

火夺都 元唐兀人,拜延之父。初以质子从太祖征河西,授秃鲁花军(质子军)百户。太宗时,都元帅纽璘承制以为千户,从征西川。忽都叛于临洮,奉世祖命领蒙古、汉军从大军往讨之。(0001 卷 133)

火里台 元世祖近侍。中统年间,见史弼所挽强弓,以其名闻于世祖,世祖遂召试史弼而用之。(0001 卷 162)

火里赤① 元顺帝至正中为右丞相脱脱之长史。(0001 卷 44)

火里赤② 元顺帝至正二十七年(1367)十月,授中书平章政事。(0001 卷 47)

火里差 元蒙古火鲁剌思氏。宪宗皇后。宪宗年轻时太宗为其所娶。(0001 卷 3、106)

火你赤① 元世祖至元七年(1270),揭发云南都元帅宝合丁等毒杀云南王忽哥赤。次年二月,宝合丁等被处死后,受赏金银。(0001 卷 7)

火你赤② 元世祖至元十一年(1274)为建都(治今四川西昌)都元帅。是年长河西千户必剌冲掠夺甲仗聚众暴动,奉旨率军讨之。(0001 卷 8)

火你赤③ 元世祖至元十九年(1282)任江南行台监察御史,二十四年进都事。(0632 卷 6)

火你赤④ 元蒙古人。世祖至元二十八年(1291)任镇江路录事司达鲁花赤。(0631 卷 16)

火你赤⑤ 元世祖至元年间任潍州(治今山东潍坊)达鲁花赤。有治绩。(0727 卷 2)

火你赤⑥ 元世祖至元年间任镇江路行大司农司知印,后任管勾。(0631 卷 17)

火你赤⑦ 元世祖至元后叶诸王。(0001 卷 15)

火你赤⑧ 元顺帝元统二年(1334)任秘书少监。(0027 卷 9)

火你赤⑨ 元顺帝至正十二年(1352)为江西行省左丞,闰三月,奉旨与参政朵䚟率军镇压江西红巾军。十三年十一月,以兵平富州、临江,引兵收复瑞州。十五年,升江西平章,与刑部尚书董铨等专任征讨,便宜从事。十七年四月,封营国公。十八年四月,龙兴路为陈友谅攻破,与江西平章道童弃城遁。(0001 卷 42～45、187 等)

火你赤⑩ 元顺帝至正二十五年(1365)为太尉,六月,拜御史大夫。(0001 卷 46)

火你赤⑪ 元中叶玉你伯牙地方(在元上都西北)奴秃赤(掌管牧地官员)。(0001 卷 100)

火你赤⑫ 元蒙古土别燕克烈氏,抹兀答儿之子。武宗至大元年(1308)任江南行台御史大夫。(0001 卷 120,0632 卷 6)

火你赤⑬ 元契丹人。耶律秃花子朱哥子宝童子忙古带之子,袭职为万户。(0001 卷 149)

火你赤⑭ 元别失八里(今新疆吉木萨尔北)畏兀儿人。孟速思之子。任云南都元帅。(0011 卷 40)

火者赤① 元回回人。世祖至元十八年(1281)任丹阳县(今属江苏)达鲁花赤。(0631 卷 16)

火者赤② 元世祖至元中为扬州盐运使,有过失免职。至元二十一年(1284)四月,元廷复任之为扬州盐运使,命其岁市盐八十万石以赎过。(0001 卷 13)

火罗思 元中叶军脑儿(今内蒙古察哈尔右翼前旗东北黄旗海)皇家牧马场哈剌赤(牧养皇家母马群,挤奶,搅制马奶

酒进奉者)千户。(0001 卷 100)

火郎撒　又译忽剌出,元太祖弟哈赤温曾孙。武宗至大元年(1308)封陇王。(0001 卷 107、108)

火思丹　元汪古人。拙里不花之子。尚宗王卜罗出女竹忽真公主。(0003 卷 36)

火鲁灰　又译火儿灰。元英宗、泰定帝时诸王。(0001 卷 28、30)

火鲁赤　元将。宪宗时率军攻四川。(0001 卷 132)

火儿忽达　元蒙古塔塔儿氏。顺帝至正二年(1342)任江南行台监察御史。(0632 卷 6)

火儿忽答①　元文宗天历元年九至十月,从湘宁王八剌失里率兵反文宗。十二月,被处死,诏命籍其家产。(0001 卷 32)

火儿忽答②　元将。顺帝至正六年(1346)五月,奉遣率兵征讨吾者野人(元东北边部族)。(0001 卷 41)

火儿思蛮　元畏兀儿人,月朵失野讷之子乞赤宋忽儿第三子。奉世祖命从雪雪的斤镇云南。(0001 卷 124)

火失不花①　元河西人。世祖至元二十九年(1292)任镇江路通政院同知。(0631 卷 17)

火失不花②　元顺帝至正七年(1347)任衢州路同知。(0878 卷 2)

火失不花③　元顺帝至正十七年(1357)为安庆路千户。是年十月陈友谅军破安庆城,死之。(0001 卷 143)

火失不花④　元镇江(今属江苏)人。哈失不花弟。任华亭县(治今上海松江)达鲁花赤。(0631 卷 19)

火失哈儿　元钦察人。英宗至治二年(1322)至泰定三年(1326),任常熟州达鲁花赤。(0947 卷 5)

火失海牙①　元成宗大德八年(1304)十一月,任中书左丞。(0001 卷 112)

火失海牙②　元成宗大德十一年(1307)七月,武宗即位后,由仪凤司大使升为玉宸乐院使。(0001 卷 22)

火失答儿　元蒙古捏古思氏。天历三年(1330)蒙古色目右榜状元笃列图之祖父。曾任永丰县达鲁花赤。(0011 卷 32)

火臣别吉　又译豁真别乞、火阿真伯姬、果真。元太祖长女。初议婚于王汗之孙秃撒合,未成。后嫁亦乞列思部人孛秃为继室。元太宗八年(1236)受赐东平府内五户丝户一万二千六百余户。后追封为昌国大长公主。(0001 卷 1、2、109、118)

火里忽答　元顺帝至正二十八年(1368)任中书右丞。(0001 卷 113)

火你忽都　又译火儿忽达。元顺帝时勇士。至正二十五年(1365),参与刺杀孛罗帖木儿。(0001 卷 117、207)

火罗思迷　元仁宗时诸王。皇庆二年(1313)七月,受赐金、银、钞、币帛。(0001 卷 24)

火鲁火孙①　元宗王。世祖至元二十五年(1288)叛于东北,诏皇孙铁穆耳(成宗)率诸军讨平之。(0001 卷 15、128)

火鲁火孙②　元唐兀人。顺帝至正八年(1348)为水达达路脱脱禾孙(掌管重要驿站盘查来往使臣、防止诈伪之官员)。是年春,辽东锁火奴反,诈称大金子孙;讨擒之。(0001 卷 41)

火鲁和孙　又译豁儿合孙,元蒙古人。蒙古建国后,受封为功臣千户长,受命辅佐月仑太后及太祖弟铁木哥。铁木哥死后,长子只不干早死,嫡孙塔察儿幼,庶兄脱迭狂恣,欲废嫡自立。火鲁和孙与撒吉思驰告定宗皇后,乃授塔察儿以皇太弟宝,袭爵为王。以功与撒吉思分治塔察儿分地:黑山以北归其理之,其南撒吉思理之。(0001 卷 134,0009 卷 8、10,0008 卷 1、2)

火鲁忽台　元蒙古召烈氏。世祖时也可扎鲁花赤那真之孙。袭父祖职为扎鲁花赤。致和元年(1328)八月,执倒剌沙起军之使察罕不花及其金字圆牌献于文宗。天历元年(1328)十一月,文宗赐予金带,仍复其职。(0001 卷 123)

火鲁忽达　字得之。元康里人。以荫授晋宁路(治今山西临汾)治中。历任长兴州(治今浙江长兴)达鲁花赤、漕运万户、浙东元帅。(0931 卷 31,0876 卷 7)

火鲁思迷　元将。世祖至元十九年(1282)三月,乌蒙(治今云南昭通)少数民族反元起事,奉旨与那怀率蒙古、汉人新附军讨之。(0001 卷 12)

火鲁思密　元畏兀儿人。世祖至元二十四年(1287)任新昌县(今属浙江)达鲁花赤。(0880 卷 37)

火里忽达孙　元文宗天历二年(1329)正月,明宗遣至大都文宗处之使者。(0001 卷 33)

火石铁木儿　元阿剌忽马乞地方(约在今内蒙古阿巴哈纳尔、西乌珠穆沁二旗间)皇家牧马场哈剌赤(牧养皇家母马群,挤奶,搅制马奶酒进奉者)百户。(0001 卷 100)

火而忽答孙　元成宗时诸王。(0001 卷 18、19)

火赤合儿赤　元世祖至元二十二年(1285)任庆元路(治今浙江宁波)达鲁花赤。(0633 卷 2)

火里兀察儿　又译斡留察儿。元蒙古弘吉剌氏。按陈之孙,泰定帝八不罕皇后

之父。泰定二年(1325)四月封为威靖王。(0001卷29、108、114等)

火你赤的斤　元哈剌鲁人。也罕的斤之子,任云南都元帅。(0001卷133)

火义罕塔儿罕　元中叶成海后皇家牧马场官员。(0001卷100)

火赤哈儿的斤　元畏兀儿亦都护(国王),巴而术阿而忒的斤曾孙,马木剌的斤之子。世祖至元三年(1265)嗣为亦都护,奉旨收集畏兀儿民人在宗王近戚之境者。十二年,被叛王都哇等率军十二万围于火州(今新疆吐鲁番东),以女也立亦黑迷失别吉与之,都哇解围去。后入朝,帝以定宗女巴巴哈儿公主妻之。还镇火州,屯于哈密力(今新疆哈密),西北叛王军忽至,大战力尽而死。(0001卷122、109)

心月　元僧人。文宗天历二年(1329),无锡妙光塔毁于火,心月重新建之。(1144卷114)

心禅师　元僧人。住晋宁(治今山西临汾)。得印记于僧普就。(1144卷117)

邓石(1311~1352)　字汝贞。元金溪县(今属江西)人。邓希颜孙。泰定间从危素学。后博究医书,游京师,被荐于太医院使,不就而还。顺帝至正年间,反元队伍起,组织地主武装,多次击败反元队伍。(0415卷6)

邓邦　元耒阳(今属湖南)人。顺帝至正年间,组织地主武装,抵御反元队伍有功,授管军元帅。(1041卷51)

邓观　元巴陵县(治今湖南岳阳)人。历任公安县(今属湖北)主簿。(1053卷5)

邓启　字元迪。元崇仁县(今属江西)人。有气节,工诗。涂几为其诗集作序,十分推崇。(1014卷13,0072卷39)

邓青　元安阳(今属河南)人。世祖至元六年(1269)以百户从征宋,屡建战功。宋亡,授管军千户,屡平江南反元队伍。(0176卷16)

邓林　字世英。元吉水(今属江西)人。顺帝至元三年(1337)任秘书监典吏,次年转典书。至正五年(1345)任秘书监令史。(0027卷11)

邓忠　元顺帝至正中江西临川(今属江西)反元队伍首领。至正十二年(1352)四月,率众攻破建昌路(治今江西南城)。(0001卷42)

邓牧(1247~1306)　字牧心。宋元之际钱塘县(治今浙江杭州)人。家世贫寒,轻视名利。宋亡,遍游名山大川,自称三教外人。成宗大德三年(1299)后,隐居余杭县(治今浙江杭州西)洞霄宫。十年死,年六十。著《伯牙琴》一卷,其中《君道》、《吏道》等篇抨击封建专制统治。又著有《洞霄图志》六卷。(0038卷5,0062卷44,0872卷76)

邓泽(1247~1285)　字润甫。元蠡州(治今河北蠡县)人。世祖至元十一年(1274)为枢密院掾。宋亡,任黄州路录事。十七年,任江淮行省都事,镇压濠州反元队伍有功,改任浙西道宣慰司都事。(0250卷61)

邓荣　元泰宁县(今属福建)人。泰定三年(1326)中乡试。历任汀州路(治今福建长汀)儒学教授。(0907卷33)

邓顺　元鲁山县(今属河南)人。登进士第。官至礼部侍郎。(0622卷30,0762卷11)

邓衍　元绵州(治今四川绵阳)人。邓文原之子。以荫授江浙等处儒学副提举,未上任死。(0001卷172)

邓恺(1305~1345)　字克顺。元吉水(今属江西)人。辟三公府掾。后客死上都(今内蒙古正蓝旗东北)。(0231卷11)

邓烈　字季谟。元金溪县(今属江西)人。顺帝至正十二年(1352)率领地主武装抵御反元队伍,力战死。(0002卷233)

邓益　元顺帝至正末,任枢密院判官,守福州。至正二十七年(1367),明兵入城,战死。(0004卷40)

邓谅　字彦诚。元金溪县(今属江西)人。顺帝至正十二年(1352)组织地主武装抵御反元队伍有功,元官府欲授以官职,不受。(0411卷16)

邓梓　字文若。元江西人。顺帝元统元年(1333)进士,授南丰州判官。有诗作传世。(0028卷上,0504己下)

邓赉　字德良。元南昌(今属江西)人。有诗作传世。(0504戊下)

邓渊　元曹州(治今山东菏泽)人。居丧庐墓,元廷旌表其门闾。(0001卷197)

邓雅　字伯言。元明之际新淦(治今江西新干)人。元末与梁寅游。明初被征召入京,不受官而归。工诗,有《玉笥集》九卷。(0292卷4、8,0033卷27)

邓焱　字景文(一作京文)。元蜀人(一作临川人)。性纯厚,笃于学,贯通儒书,精专医技。著有《运气新书》,今已佚,吴澄曾为此书作序。(1126卷102)

邓椿①　元吉水(今属江西)人。顺帝至正年间为临江路(治今江西清江)吏。城为反元队伍攻破,投江自尽。(0002卷232,0075官常典卷735)

邓椿②　号觉非叟。元人。历任余干(今属江西)州儒学教授。善画兰。工诗,有诗作传世。(0077卷57,0033卷10)

邓榆　字木之。元人。有诗作传世。(0033卷10)

邓熙　字学可。元庐陵(治今江西吉安)人,寓居扬州。散曲作家,其所作套数正宫端正好《乐道》,曲词俊伟。工书法,有声于时。(0031 卷 7,1107)

邓衡　元文宗天历二年(1329)为兵部员外郎。是年四月,奉旨与都水监丞阿里等督工修治白河。(0001 卷 64)

邓澍　元上元(治今南京)知县。(0632 卷 6)

邓子初　元顺帝时宝坻县尹邓守礼之弟。至正十九年(1359),受朝臣唆使,诬告中书左丞成遵、参政赵中、参议萧庸等六人皆受赃,遵等竟皆杖死。(0001 卷 186)

邓子实　元同安县(今属福建)尉。有诗作传世。(0504 己上)

邓元麟　元人。世祖至元中为日官,与许衡、王恂、郭守敬及其他南北日官参考累代历法,测候日月星辰消息运行之变,参别同异,酌取中数,以为历本,修撰《授时历》。(0001 卷 52)

邓太獠　元世祖时广东反元起事首领。至元二十四年(1287)与刘太獠等率众反元,进攻肇庆(今属广东)。元将刘国杰率兵攻破其所居根据地,擒斩之。(0001 卷 162)

邓巨川　字伯川。元真定(治今河北正定)人。英宗至治初为上海县丞,有政绩。官至礼部尚书致仕。(0622 卷 9,0944 卷 7)

邓文原(1259～1328)　字善之,又字匪石。宋元之际绵州(治今四川绵阳)人,流寓钱塘(治今浙江杭州)。年十五,通《春秋》。宋末,试浙西转运司,为四川士魁首。元世祖至元二十七年(1290),行省辟为杭州路儒学正。成宗时任崇德州教授、翰林应奉、修撰。武宗至大元年(1308),参与修《成宗实录》。历江浙儒学提举、国子司业、翰林待制。仁宗延祐五年(1318),出任浙西廉访司佥事,六年,移任江东廉访司佥事;反平冤狱多起。后官至集贤直学士兼国子祭酒。谥文肃。有《巴西文集》。(0001 卷 172)

邓文彪　字谦伯,号无为子。元金溪(今属江西)人,道士。修道之余遍考医经,分门别类汇成三十余卷,编成《医书集成》。此书按人体从头到脚各部位分列条目,阐述各部位病症,然后讲解受病之经络,致病原因。其门人费无隐于其去世后多年刊行此书,今佚。(0147 卷 34)

邓世延　元文宗至顺三年(1332)安南国来华使臣。是年四月,奉其国世子陈日焯遣率领使团二十四人来元朝进贡方物。(0001 卷 36、209)

邓世纶(1307～?)　字君理。元武城县(今属山东)人。顺帝元统元年(1333)进士,授东昌路录事。(0028 卷上)

邓可贤　元乳源(今属广东)人。元末反元队伍起,率众立寨自保。后反元队伍大至攻寨,守两月,粮尽,与子弟七人皆被杀。(0002 卷 232,0075 官常典卷 733,0622 卷 79)

邓立忠　字仲义。元黄陂(今属湖北)人。顺帝至元二年(1336)任秘书监管勾。(0027 卷 9)

邓汝霖　元成宗大德间安南来华使臣。大德五年(1301)二月,太傅完泽等奏其窃画宫苑图本,私买舆地图、禁书,及私记北边军情及山陵等事。元廷遣使持诏至安南谕告其王陈日燇,责以大义。(0001 卷 209)

邓守礼　元顺帝至正年间任宝坻(今属天津)知县。邓子初之兄。(0001 卷 186)

邓孝祖　元汴梁(治今河南开封)人。居丧庐墓,元廷表其门闾。(0001 卷 197)

邓志明(?～约 1364)　元新淦洲(治今江西新干)人。邓克明弟。顺帝至正中,与兄聚众而起,攻占乐安、崇仁等县。后随兄降于陈友谅,与兄同守抚州。至正二十一年(1361),明兵至,与兄出降。未几,奉明将邓愈遣,还新淦收其部曲,遂据麻岭沙阬牛陂为寨叛明。明兵攻破之,被执。后与兄皆被处死。(0002 卷 227)

邓志愿　元世祖至元二十九年(1292)为黎兵百户。是年七月谋叛,被捕处死。(0001 卷 17)

邓克仪　元顺帝至正年间任清河(今属河北)县丞。(0657 卷 2)

邓克明(?～1364)　元新淦洲(治今江西新干)人。顺帝至正中,天完红巾军攻克临江路(今江西清江西南),与弟志明聚众而起,攻占乐安、崇仁等县,自称元帅。后降于陈友谅,任其右丞,守抚州。至正二十一年(1361),明兵逼抚州,出降。未几,逃归新淦。次年潜赴龙兴(今江西南昌),被执,囚送建康(今江苏南京)。二十四年,被处死。(0002 卷 227)

邓希颜(1254～1327)　字广渊。元金溪(今属江西)人。历任通山县主簿、岱山盐场司令。以吉水州同知致仕。(0212 卷 79)

邓茂生　字秀实。元南城县(今属江西)人。博通经史,学者宗之。(0075 文学典卷 87)

邓茂林　元乳源(今属广东)人。历任肇庆(今属广东)路知事。(1031 卷 8)

邓昌寿　字士德。元郓城(今属山东)人。顺帝至元六年(1340)任秘书监辨验书画直长。(0027 卷 10)

邓南二　元末江西反元队伍首领。顺帝至正十一年(1351)十一月,率众反元起事,进攻瑞州路(治今江西高安),被瑞州路总管禹苏福擒斩。(0001 卷 42)

邓祖胜①　元顺帝至正十六年(1356)为左江义兵万户。是年十二月,与湖广行

省参政也先帖木儿合兵收复衡州路(治今湖南衡阳)。(0001卷44)

邓祖胜②(?~1368)　元南宁(今属广西)人。元末任湖广右丞,守永州(治今湖南零陵)。明兵围其城,屡出战屡败。城中食尽。顺帝至正二十八年(1368),城破,自杀。(0002卷232)

邓恭俭　元延祐七年(1320)安南来华使臣。是年十月,奉遣来元朝进贡方物。(0001卷27)

邓彧之　元人。有诗作传世。(0504癸上)

邓桂贤　字国望。元零陵(今属湖南)人。成宗大德年间任永州路(治今湖南零陵)儒学录。升潭州路(治今湖南长沙)儒学正。后归教于家。死年八十。(1041卷51,0075文学典卷87)

邓绍先　元人。有诗作传世。(0504辛上)

邓朝阳　元青江县(今属江西)人。文宗天历年间至京师。以善书写与修《经世大典》。书成,授分宁州杉市巡检。顺帝至正十一年(1351)迁任龙溪县(治今福建漳州)知县。(0259诗集卷3,0902卷64)

邓金可(1247~1307)　字季谋,号乌山。元光泽县(今属福建)人。世祖至元间任樵溪书院山长。历任靖安县儒学教谕、建宁路(治今福建建瓯)考亭书院山长。(0173卷31)

邓资深　号文江。元末人。有诗作传世。(0504辛下,0033卷21)

邓荪璧　元人。有诗作传世。(0504癸上)

邓德明(1265~1358)　字正甫,号梓林。元南昌(今属江西)人。顺帝至正中,以子孔哲贵,封临清御河运粮万户府经历。(0275卷10)

邓德基　元巴西县(治今四川绵阳)人。有诗作传世。(0504辛上)

邓观国　字德光。元金溪(今属江西)人。历任宜黄、星子、庐陵、南城四县儒学教谕。死年三十八。(0225卷18)

以假(1268~1336)　字空中,元僧人,丽水县(今属浙江)叶氏子。住持白云山福林院。(0576卷11,0062卷62)

孔元(?~1282)　字彦亨。元真定(治今河北正定)人。太宗九年(1237)从军,隶史天泽麾下。后从攻宋寿春、安丰、泗州。宪宗八年(1258),从攻樊城。世祖中统元年(1260)。从征阿里不哥。次年,授管军总把。至元十一年(1274),从征宋,充前锋。十四年,升为管军千户。次年,从北征,任侍卫亲军千户。十六年,从征叛王失里木等,升右卫亲军总管。(0001卷165)

孔午　金元间萧县(今属安徽)人。金末聚众捍御一境。元初授徐州观察副使。(0075氏族典卷378)

孔旸(?~1366)　字天璧,又字秀夫。元温州平阳(今属浙江)人,孔子后裔。以荐授永新州学正,改龙溪书院山长,升江州路学教授。后历任湖口主簿,庆元县尹,会稽县尹。年六十以松江府判致仕。卒年九十余。(0073卷68,0882卷11,0889卷7、8)

孔权　字执中。元叶县(今属河南)人。顺帝至正二十二年(1362)由广西帅府令史转任藤州判官。(0506卷2342)

孔达　元成宗大德年间任庆元路(治今浙江宁波)推官。(0633卷2)

孔全　元亳州鹿邑(今属河南)人。父孔成病,割股肉食之,病愈。后父死,居丧庐墓三年尽哀。负土为坟,日六十肩,三年,起坟广一亩,高三丈余。(0001卷197)

孔旸(1304~1382)　字子升,号洁庵。元温州平阳(今属浙江)人,旸之子。顺帝至正二年(1342)进士,授衢州路录事。后历任庆元县尹、平阳州同知。元亡后不复仕。有《洁庵集》,已佚。(0419卷13、5)

孔汭　字世川。元金陵(治今江苏南京)人,孔子五十五世孙。顺帝时历任福建宪司经历、江南行台御史。(0106卷1,0594卷12)

孔治(1236~1307)　字正己,又字世安。元曲阜人,孔子五十三世孙。世祖至元年间任曲阜尹,权主祀事。后任密州知州。成宗元贞元年(1295)袭封衍圣公。(0210卷11,0721卷27,0075氏族典卷378、官常典卷121、122)

孔昞　元温州平阳(今属浙江)人,孔子五十六世孙。顺帝至元三年(1337)任增城乌石寨巡检,为朱光卿反元队伍所杀。(0896卷166,0002卷232)

孔洙　字思鲁,又字景清,号存斋。宋元之际衢州(今属浙江)人。孔子五十三世孙。南宋末,袭封衍圣公。元世祖至元十九年(1282),至大都(今北京)朝觐,自请让封爵于曲阜孔氏,世祖嘉之,授国子祭酒、提举浙东道学校事,并赐给俸禄与护持林庙玺书。(0001卷12,0878卷9)

孔涛(1286~1342)　字世平。元衢州西安(治今浙江衢州)人。孔子五十三世孙,孔洙之弟。仁宗延祐初年任溧阳州学教授。泰定元年(1324)中进士,授平江昆山州判官,丁内忧,服除,改吴江州判官,治绩为诸州最。后历任桂阳州判官、潮州路知事。著有《阙里谱系》一卷。(0152卷34,0002卷229)

孔浩(1294~1355)　字世广。元衢州西安(治今浙江衢州)人。孔子五十三世孙,孔淮弟。历任宁国路学正、政和县苦竹寨巡检、西安县主簿、江山县尹,终遂安县主簿。(0188卷3)

孔浣 字日新。元曲阜人,孔子五十三世孙,孔思晦之父。(0075 氏族典卷378)

孔晥 字子充。元温州路平阳(今属浙江)人,孔旸之兄。顺帝至正年间历任宗文书院山长、照磨。(0896 卷 129、193)

孔康 元成宗大德十年(1306)任衢州路开化县(今属浙江)主簿。(0897 卷 3)

孔淑 元成宗大德二年(1298)任秘书监著作佐郎。六年,任秘书郎。(0027 卷10)

孔淮 字世扬。元衢州路西安县(治今浙江衢州)人。孔灏之兄。历任湖州路知事、江山县尹。(0622 卷 43,0878 卷2、8)

孔渊 字世升,号莘野。元昆山州(治今江苏太仓)人。孔子五十三世孙。仁宗延祐初年摄本州学事。(0042 卷 10,0046 卷 3)

孔淳 字世良。元曲阜人,孔子五十三世孙。(0235 卷 6)

孔森(1310~1373) 字英夫。元明之际钱塘县(治今浙江杭州)人。元顺帝至正初任庆元路(治今浙江宁波)翁洲书院山长。后升为松江府儒学教授。张士诚据吴,家居授徒。明兵定两浙,起摄西湖书院。(0444 卷 13)

孔铸 元世祖至元二十九年(1292)四月,奉帝遣驰驿往泗州,采得制磬石五十八,制磬九十。(0001 卷 68)

孔廉 元成宗大德十年(1306)任衢州路开化县(今属浙江)主簿。(0878 卷 3)

孔彙 元顺帝至正八年(1348)任藁城(今属河北)县学教谕。(0645 卷 4,0651 卷 4)

孔楷 字鲁林。元衢州(今属浙江)人。孔子五十四世孙,孔洙之子。仕至崇安尹。死于杭州。(0902 卷 56)

孔演 字德永。元武宗至大二年(1309)任临海县主簿。(0110 卷下)

孔遵 元世祖至元中为元将李恒所部镇抚。至元十三年(1276)冬,宋丞相文天祥走汀州;奉李恒遣,率兵追之。破宋赵孟濳军,取汀州。(0001 卷 129)

孔璠 字诚甫,号野耘。元唐山(治今河北隆尧西)人。世祖至元中任陕西河渠副使,迁徽州路判官。(0972 卷 4)

孔瀛(1300~1362) 字世表。元衢州人。孔昭孙第五子。仁宗延祐六年(1319),年二十任昌国州学正。后历任岳州教授、江浙儒学副提举、海阳尹、浣江尹、湖广省检校。晚年避兵祸迁居金陵。(0411 卷 42)

孔灏(1294~1355) 字世广。元衢州西安(治今浙江衢州)人。孔子五十三世孙,淮之弟。历任宁国路学正、政和县苦竹寨巡检、西安县主簿、江山县尹、遂安县主簿。(0188 卷 3)

孔士璘 字玉卿。元温州平阳(今属浙江)人,孔旡之父。仁宗延祐年间任永嘉县学教谕。(0889 卷 7)

孔元敬 字忠卿。元金陵(治今南京)人。孔子五十三世孙,孔汭之祖。元世祖至元十三年(1276)任青阳县尹。(0986 卷 4)

孔从善 元顺帝时永嘉(今浙江温州)人。有诗作传世。(0503 庚,0033 卷26)

孔从道 元世祖至元二十五年(1288),以御史中丞董文用荐举,授提刑按察使。(0001 卷 148)

孔公俊 字师道。元衢州(今属浙江)人。孔子五十五世孙,孔楷长子。顺帝至正年间任同安尹。(0902 卷 55、63,0073 卷 68)

孔公溥 字彦明。元衢州人。孔子五十五世孙,孔楷次子。顺帝时任建昌路学教授。(0258 卷 6)

孔文升 字退之。元人。孔子五十四世孙,祖籍温州平阳(今属浙江)。赘于溧阳沈氏,遂家溧阳。早年从戴表元学。世祖至元三十一年(1294)任建康路书吏。后为浙西宪书掾。死年八十七。(0106 卷 1、2、3、4,0948 卷 4)

孔文杓 字瑞卿。元温州平阳(今属浙江)人。世祖至元十八年(1281)从军征日本。(0167 卷 32、36)

孔文贞 字从善。元东平(今属山东)人,孔子五十四世孙。世祖至元二十四年(1287)任常熟县尹,有治绩。(0570,0073 卷 68)

孔文声 元太平路(治今安徽当涂)儒学教授。(0889 卷 7)

孔文定 元温州平阳(今属浙江)人。孔子五十四世孙。世祖至元中任南康路教授,迁任温州路教授。(0212 卷 25)

孔文栩(1276~1323) 字周卿。元温州平阳(今属浙江)人。孔子五十四世孙。历任义乌县学教谕、池州路学正、吴江州教谕。(0419 卷 12)

孔文卿 元温州平阳(今属浙江)人。撰杂剧《东窗事犯》。(0029 卷上)

孔文植 元永嘉(今浙江温州)人。仁宗延祐元年(1314)任庆元路(治今浙江宁波)儒学教授。(0633 卷 2)

孔文隽 元温州平阳(今属浙江)人。仁宗延祐元年(1314)贡士。历任儒学教授。(0896 卷 129)

孔世英 字伯祥。元东平(今属山东)人,孔子五十五世孙。文宗至顺元年(1330)任镇江路推官。(0631 卷 15)

孔成祖(？～1315) 元真定(治今河北正定)人。孔鹰扬之子。武宗至大元年(1308)父死,袭父职为侍卫亲军军官。(0001 卷 165)

孔会心 元新淦(治今江西新干)人。顺帝时任安庆路学教授。反元队伍攻占安庆城时,赴水自杀。(0002 卷 232,0004 卷 40)

孔汝楫 字济川。元溧阳(今属江苏)人。孔学诗次子。(0106 卷 2)

孔安普 元天台(今属浙江)人。泰定元年(1324)进士,授嘉兴路录事。(0896 卷 129)

孔汝霖 元世祖至元年间般阳府路(治今山东淄博淄川)推官。(0727 卷 2)

孔汝器(1274～1335) 字世琏。元曲阜(今属山东)人,孔子五十三世孙。(0644 卷 13、22、24)

孔那海 元真定(治今河北正定)人,孔成祖之子。仁宗延祐二年(1315)父死,袭父职为侍卫亲军军官。(0001 卷 165)

孔寿仁 元大德十一年(1307)为瑞州路知事。(1016 卷 14)

孔克己 元临江(治今江西樟树西南)人。孔子五十五世孙。(0150 卷 8)

孔克让 元曲阜(今属山东)人,孔子五十五世孙。有诗作传世。(0504 辛上)

孔克任 字伯弘。元顺帝至正二十五年(1365)为河南郡守。(0554 卷 26)

孔克齐 字肃夫,号行素,又号静斋。元溧阳(今属江苏)人。孔文升之子。以荐授黄岡书院山长。后被召为国史编修。元末避战乱居鄞县东湖,忆见闻诸事,著成《至正直记》四卷。(0075 氏族典卷 378,0948 卷 4)

孔克坚 元曲阜(今属山东)人,孔子五十五世孙,衍圣公孔思晦之子。顺帝至元六年(1340),袭封衍圣公。至正十五年(1355),召为同知太常礼仪院事。历任陕西行台侍御史、国子祭酒。擢山东廉访使,不赴。(0001 卷 40、44、180)

孔克纶 元顺帝至正十四年(1354)任益都县(治今山东青州)主簿。(0603 卷 4)

孔克表 字正夫。元明之际温州平阳(今属浙江)人。孔子五十五世孙。元顺帝至正八年(1348)登进士第,授建德(今属浙江北)路录事。历任永嘉(治今浙江温州)知县。致仕居昆山(治今江苏太仓)。明初起为翰林修撰,官至礼部尚书。(0418 卷 1,0889 卷 7、8)

孔克忠 字信夫。元衢州(今属浙江)人。顺帝时任福清州儒学正。(0878 卷 9)

孔克明 元曲阜(今属山东)人,孔子五十五世孙。顺帝至正二十八年(1368)任冀宁路(治今山西太原)儒学教授。(0691 卷 8)

孔克学 孔子五十五世孙。元末为荆州学正。(0075 氏族典卷 378)

孔克绍 字勉之。元曲阜(今属山东)人,孔子五十五世孙。文宗时任沂水主簿。官至翰林待制。(0721 卷 27)

孔克烈(1321～？) 字显夫。元明之际温州平阳(今属浙江)人。孔子五十五世孙。孔文栩之次子。仕至江陵路学正。明洪武十六年(1383)仍在世。(0419 卷 5)

孔克浚 元世祖至元年间任瑞州路(治今江西高安)学正。(1016 卷 14)

孔克敬 元曲阜(今属山东)人,孔子五十五世孙。(0411 卷 44)

孔克愚 字钝夫。元仁和(治今浙江杭州)人,迁家于建德。孔子五十五世孙。隐居不仕。(0075 氏族典卷 378)

孔克焕 元歙县(今属安徽)人。孔子五十五世孙。以才行被荐举为儒学教官。(0291 卷 7)

孔克樵 元鄞县(今属浙江)人。曾任嵊县(今属浙江)教谕。(0880 卷 29)

孔希学 元曲阜(今属山东)人,孔子五十六世孙,衍圣公孔克坚之子。顺帝至正十五年(1355),袭封衍圣公。(0001 卷 44、180)

孔希祯 字仕祥。孔子五十六世孙。元明之际人。元末任晋宁路(治今山西临汾)教授。明初授涉县教谕,擢工部屯田主事。(0073 卷 68)

孔叔平 元画家。尝为史官。能古隶。善画古木竹石。(1143 卷 26)

孔学诗(1260～1341) 字文卿,号性斋。宋元之际溧阳(今属江苏)人。宋恭帝德祐元年(1275),元军至金陵(今江苏南京),赵淮起兵溧阳,被执不屈死。学诗自念:彼大臣死固其所,小民安知天命所归,徒死无益。乃赞其父率众诣元军门降,乡井赖以完。元将欲官之,恳辞得归。家居乐善好施。(0152 卷 39)

孔治兼 元曲阜(今属山东)人,孔子五十三世孙。世祖至元十三年(1276)为曲阜县尹、权主祀事。(0001 卷 9)

孔昭孙(1263～1324) 字明远。元衢州(今属浙江)人。孔子五十二世孙。成宗大德元年(1297)任庆元路学正。迁任蕲阳教授。仁宗皇庆元年(1312)授慈溪主簿。后任江浙省掾。延祐年间任袁州路知事。(0146 卷 30)

孔思立 字用道。元曲阜人,孔子五十四世孙。国子贡士。顺帝元统二年(1334)任秘书郎。至元二年(1336)出任江南行御史台御史。历任山东廉访副使等官。至正七年(1347)累官至中书参知政事。次年,遭诬罢官。有诗作传世。

(0001 卷 113、140、185、190,0504 丁,0632 卷 6)

孔思吉　元曲阜(今属山东)人,孔子五十四世孙。有诗作传世。(0504 庚上)

孔思则　字得之。元人。孔子五十四世孙。累官宁阳县尹。(0212 卷 8)

孔思廸　元文宗天历二年(1329)为陕西行台监察御史。是年六月,上疏言:今后有罪之臣,籍没奴婢财产,不必罪其妻子;当典刑者戮之,不必断付他人,庶使妇人得守节。(0001 卷 33)

孔思逮　孔子五十四世孙。元武宗时任中书省左三部照磨,建议中书省移咨江浙行省制造登歌乐器,以供曲阜孔庙祭祀用,朝廷从之。(0001 卷 68)

孔思晦(1267～1333)　字明道。元曲阜(今属山东)人,孔子五十四世孙。武宗至大中任范阳儒学教谕。仁宗延祐初为宁阳儒学教谕。延祐二年(1315),袭封衍圣公,赐四品印。文宗至顺二年(1331),改赐三品印。初,孔庙毁于战乱。后虽苟完,而角楼围墙未备,遂竭力营度以复其旧。金丝堂坏,又一新之,祭器礼服,悉加整饬。谥文肃。(0001 卷 180)

孔思深　字学在。元临江(治今江西樟树西南)人。孔子五十四世孙。能诗。(0259 文集卷 5)

孔庭植　元人。有诗作传世。(0504 癸下)

孔涓孙　字宗平。宋元之际温州平阳(今属浙江)人。孔子五十三世孙,文杓之父。历任池州教谕、西湖书院山长。(0889 卷 7)

孔绵山　字晋望。元正平(治今山西新绛)人。元初袭父职为千户,以军功累升为硐门镇守万户。(0691 卷 9,0695 卷 5)

孔潼孙(？～1291)　号约斋。宋元之际人。原籍温州平阳(今属浙江)人。孔子五十三世孙,孔文升之父。家于杭州,宋末职教建康,又迁居建康。元世祖至元二十八年(1291)以官事赴大都(今北京),死于途中。(0106 卷 1、2)

孔鹰扬(？～1308)　元真定(治今河北正定)人。孔元之子。世祖至元十九年(1281)父死,袭父职,授右卫亲军弩军千户。(0001 卷 165)

孔温窟哇　元蒙古札剌亦儿氏,木华黎之父。从太祖平篾儿乞部,征乃蛮部,多次立功。后乃蛮又叛,太祖与六骑走,敌骑将追及,太祖马毙;以所乘马济太祖,身当追骑,死之。英宗至治元年(1321),追封推忠效节保大佐运功臣、鲁国王,谥忠宣。(0001 卷 119)

允　字中岩。元僧,钱塘县(治今浙江杭州)人。书法学赵孟頫。(0031 卷 7)

允才　字雪岑。元僧人。受业嘉兴(今属浙江)石佛寺。善画墨梅竹。(0030 卷 5)

允若(1280～1359)　字季蘅,号浮休,元僧,绍兴李氏子。历任绍兴圆通寺、天竺灵山教寺等处寺主。后退居云门山(今浙江绍兴南三十余里)。顺帝至正十九年(1359)遇盗被杀。(0411 卷 6,0037 卷 4)

允泽(1232～1298)　字立翁,自号云梦。宋元间僧人。越(今浙江绍兴)之剡溪裘氏子。年十四出家于报恩寺,依僧妙悟得度,次年禀具。通《法华》、《楞严》、《楞伽》诸经。二十九岁出住崇寿寺,迁广福寺,升延庆寺讲席。后于余山建报恩寺,于龙井创安养寺。元世祖召见称旨,赐红金襕大衣,赐号佛慧玄辨。玺书屡降,光被诸方。翰林张伯淳誉为"权实之教魁,圆顿之宗硕"。得法弟子有志安、元净等。(1144 卷 120)

允清　字有源,元僧,金华(今属浙江)王氏子。顺帝至正中出家衢州(今属浙江)子湖安国禅寺,迁信州玉山(今属江西)兴教禅寺。至正二十七年(1367)住持兰溪龙岩,建法海精舍。(0411 卷 29)

允丹藏卜　元泰定帝第四子。泰定四年(1327)正月,受佛戒于智泉寺。三月,出镇北边。早死,无后裔。(0001 卷 30、107)

允秃思帖木儿　元宗王。太祖庶子阔列坚裔孙,八八大王之子。(0001 卷 107)

尹氏　元郑州人霍耀卿妻。世祖至元年间,耀卿死,姑命其改嫁,守节不从,姑不能强之。(0001 卷 200)

尹正　元成宗大德七年(1303)任金坛县(今属江苏)主簿。(0631 卷 16)

尹性　字本忠,元明之际会稽(治今浙江绍兴)人。元末任萧山县尹。明初,累官刑部尚书。(0880 卷 28、37)

尹泰　元柏乡(今属河北)人。顺帝至正末年任顺德路总管。(0645 卷 5)

尹莘　元汴梁洧川(治今河南长葛东北)人。英宗至治初,游学于京师,忽梦母疾,驰归,母已亡。居庐蔬食,哀毁骨立,每晨起,手治祭馔,哭奠于墓前,风雪不废。父辅臣病疫,侍奉汤药,衣不解带,尝其粪以验差剧,夜祷于天曰:愿死以代父命;数日父病愈。文宗至顺元年(1330),旌其门。(0001 卷 34、197)

尹章　元顺帝至正三年(1343)为兴国路永兴县粮房帖书,是年秋为雷击死于县治。时方大旱,有朱书在其背云:有旱却言无旱,无灾却道有灾。未庸歼厥渠魁,且击庭前小吏。(0001 卷 51)

尹琼(？～1319)　元高唐(今属山东)人。仁宗皇庆二年(1313)任镇江路高唐翼百户。延祐六年(1319)卒于任。(0631 卷 17)

尹程　元人。有诗作传世。(0504 己上)

尹文质 元浙东宣慰司照磨。(0633 卷 2)

尹文恒 元顺帝至元四年(1338)为吴江州都目。(0954 卷 17)

尹世才 元仁宗时为安南国来华使臣。延祐五年(1318)正月,奉遣至元廷献方物。(0001 卷 26)

尹邦宝 元世祖至元十年(1273)六月,受躭罗(今韩国济州岛)国招讨副使。(0001 卷 8)

尹安之 元时高丽国人。高丽忠穆王元年(1345)应元至正五年乙酉科会试,未第。四年,登元至正八年(1348)戊子科进士第,元廷授大宁路锦州判官。(0017 卷 74)

尹廷高 字仲明,号六峯。宋元之际遂昌(今属浙江)人。遭乱转徙,宋亡二十年始归故乡。曾任温州路儒学教授,秩满至京,谢病归。撰有《玉井樵唱》三卷。(0503 初集甲,0896 卷 129、182)

尹志平(1169 ~1251) 字太和,道号清和。金元之际莱州(今属山东)人。全真教掌教丘处机之门徒。金章宗至宣宗时为潍阳玉清观主二十年。元太祖十五年(1220)随师处机应太祖召赴西域。二十二年,处机死后,袭掌全真教事。著有《葆光集》三卷。(0144 卷 56,0040 卷 3)

尹克仁 元末为福建参政。明兵入福州,赴水死。(0004 卷 40)

尹利用 元世祖至元年间为高唐(今属山东)知州,奏请桑田百亩养士。(0721 卷 26)

尹希善 元东平(今属山东)人。由余杭主簿转任江浙省掾。后历任遂昌县尹、宣城县尹、温台海道千户、海宁知州。(0075 氏族典卷 421,0412 卷 5)

尹周佐 元渭南县(今属陕西)人。仁宗延祐年间为本县主簿。(0819 卷 12)

尹炳文 元顺帝至正二十七年(1367)任中书参知政事。(0001 卷 113)

尹梦龙 元中兴(治今湖北江陵)人。母丧,负土为坟,结庐居其侧。手书《孝经》千余卷,散于乡人读之。(0001 卷 197)

尹德瑄 字彦明。元泰定帝致和元年(1328)任秘书监奏差。(0027 卷 11)

丑丑 元国师必剌忒纳失里沙津爱护特之妻。文宗至顺三年(1332)四月,国师因与安西王阿难答子月鲁帖木儿谋不轨,伏诛,籍没其家。丑丑被赐与通政副使伯蓝。(0001 卷 36)

丑汉① 元蒙古弘吉剌氏。按陈次子必哥之裔孙。尚台忽鲁都公主。仁宗皇庆元年(1312)为知枢密院事,正月,封永丰郡王,旋改封安远王,出总北军。延祐五年(1318),特授开府仪同三司、录军国重事。有济宁路七县、汀州路三县为其分地。(0001 卷 24、26、108、118 等)

丑汉② 元武宗时宗王,镇守边境。边将请元廷以新军万人益之,廷议俾康里脱脱往给其资装。脱脱谓时方宁谧,不宜挑变生事,辞不行。元廷遣丞相秃忽鲁等二人往给之,几以激变。(0001 卷 138)

丑奴 金元之际契丹石抹氏。萧拜住曾祖。善骑射。金末为金古北口屯戍千户。卫绍王大安三年(1211),蒙古军南下,领兵三千力战,战败,降于蒙古。奉元太祖遣,袭金将招灯必舍,追及于平、滦,降之,从而攻取平、滦、檀、顺、深、冀等州。授檀州军民元帅。太祖西征时,驿送竹箭弓弩弦各一万,擢檀顺昌平万户,并管领打捕鹰房人匠。死于官任。(0001 卷 179)

丑驴① 元成宗大德五年(1301)任吴江(今属江苏)州同知。(0954 卷 17)

丑驴②(? ~1327) 元人。拥有答剌罕封号。仁宗延祐年间为同知徽政院事。五年(1318),受赐平江路(治今江苏苏州)田一百顷。六年,特授金紫光禄大夫、太尉。英宗至治三年(1323)为徽政使,六月,奉旨督师镇压西番参卜郎反元队伍。泰定元年(1324)罢徽政院,立詹事院,改任太子詹事。(0001 卷 26、28、29、30)

丑驴③ 元乃蛮氏,济南冠州新军万户府千户达鲁花赤末赤之子。(0011 卷 69)

丑的① 字子元,号春野。元哈剌乞氏。初为宿卫士。顺帝至元元年(1335)出任江南行台监察御史,累迁为翰林侍讲学士。至正十六年(1356),由江浙左丞迁任浙西廉访使。议增筑昱岭、独松、千秋三关堡垒,严兵为守御计。后反元队伍由宣歙来攻,辄败去。张士诚乞降,行省议未决;力赞其事。次年,擢江浙右丞,未几升为江浙平章。十八年,率军援安庆,台臣劾其逗挠,罢职,安置陕西。道梗,为张士诚所留。死于明初。(0002 卷 214,0275 卷 9、7)

丑的② 元顺帝至元三年(1337)为监察御史。是年正月进谏,帝嘉纳之,赐金、币。(0001 卷 39)

丑的③ 元顺帝至正七年(1347)至十一年任崇明(今属上海)州达鲁花赤。(0928 卷 4)

丑思 元蒙古人,顺帝元统元年(1333)进士柏延乌台父。(0028,0011 卷 96)

丑闾① 元中后叶任太府太监。(0147 卷 10)

丑闾② 元顺帝元统元年(1333)任柏乡(今属河北)知县。(0645 卷 4、24)

丑闾③(? ~1352) 字时中。元唐兀氏。顺帝元统元年(1333)登进士第。累官京畿漕运副使。迁安陆知府。至正十二年(1352),天完红巾军将曾法兴进攻

安陆。城破,被执。不降,怒骂,遂被杀。(0001 卷 195)

丑闾④　字益谦。元哈剌鲁人,居河南。顺帝元统元年(1333)进士,授遂州(治今河北徐水西北)判官。(0028 卷上)

丑闾⑤　元唐兀人。顺帝至元五年(1339)任江南行台监察御史。(0632 卷 6)

丑闾⑥　元回回古速鲁氏,达里麻吉而的之子。历任泗州达鲁花赤。(0011 卷 85)

丑厮①(?~1352)　字静如。元蒙古人。以世勋受封昭勇大将军,镇江阴。顺帝至正十一年(1351),出镇安庆,屡破反元队伍。次年十一月中流矢死。(0296 卷 2,0953 卷 12 上)

丑厮②　元蒙古人,顺帝元统元年(1333)进士囊加歹祖。(0028,0011 卷 34)

巴八　元世祖至元二十一年(1284)为四川行省佥事。是年,奉旨与四川左丞汪惟正、参政曲里吉思、川南宣慰使李忽兰吉分兵进取,镇压施、黔、鼎、澧、辰、沅之界五溪洞少数民族反抗。(0001 卷 162)

巴歹　又译把带、八答、拔台。元蒙古斡罗纳儿氏,启昔礼(乞失里黑)之弟。初与兄同为克烈部王汗部下也客扯连牧马人。尝以王汗谋害太祖之密谋告知太祖。太祖元年(1206),受封为千户功臣。并受封为答剌罕。太宗八年(1232),与兄启昔礼共分得邢州(治今河北邢台)五户丝户一万四千八十七户。(0003 卷 40)

巴巴　元渭南(今属陕西)人。世祖至元十八年(1281),授蒙古征行千户。(0819 卷 16)

巴命　金土波思乌思藏掇氏,世居临洮(今属甘肃),富甲诸羌。元将赵阿哥潘祖父。(0001 卷 123)

巴剌　蒙古札剌亦儿氏,阿儿孩合撒儿之弟。十二世纪八十年代,随其父、兄离开札木合投附元太祖。多年忠勤效力,曾任太祖近侍官(扯儿必)。蒙古建国后。受封为功臣千户长。太祖十四年(1219),随征花剌子模国。十七年春,奉旨率军渡印度河追击札兰丁。后因不耐暑热返回。(0009 卷 3、8,0008 卷 1)

巴翠　元世祖至元后叶昌州(治今四川德昌南)少数民族反元队伍首领。与苏你等率众反元起事,被元罗罗斯宣慰使脱力世官奉云南王命讨降,其众被徙于昌州平川。(0001 卷 133)

巴巴哈儿　元公主,定宗女,嫁畏兀儿亦都护(国王)火赤哈儿的斤。(0001 卷 109、122)

巴都帖木儿　元英宗至治三年(1323)封威远王。(0001 卷 108)

巴剌·斡罗纳儿台　蒙古斡罗纳儿氏,即元顺帝元统元年(1333)进士买闾曾祖斡罗台氏八郎千户。蒙古建国后。受封为功臣千户长。(0009 卷 8,0028)

巴而术阿而忒的斤　又译八儿出阿儿忒。畏兀儿亦都护(国王),臣属于西辽。元太祖四年(1209),闻蒙古强盛,杀西辽所置监国等官,遣使归附蒙古。篾儿乞残部忽都等人逃入畏兀儿境,亦都护发兵至襘河(今新疆昌吉河),逐走忽都等,并遣其国相将此事奏告元太祖以示忠诚。六年,携带方物珍宝至蒙古觐见太祖。太祖许嫁公主也立安敦,序为第五子。十五年,率畏兀儿军万人从太祖西征花剌子模国有功。二十一年,率军从太祖攻西夏。太宗时卒。(0001 卷 122、109、124)

予禅师　元僧人。居四明开寿商隐。依明州(治今浙江宁波)天童寺僧如珙得悟玄旨,嗣其法。(1144 卷 120)

水盛(1275~1347)　字竺源,号无住翁,元僧人,饶州乐平(今属江西)范氏子。文宗天历二年(1329)住持西湖妙果寺。未几返南巢故隐。(0411 卷 42,0037 卷 17)

水庵　名讷。元僧人。嗣法于天童寺西岩。住洪州翠岩。(1144 卷 121)

水东山人　字奕父。元画家,工画山水。(1143 卷 55)

毋珌　元南安路(治今江西大余)总管。饰新庙学,克修其政,有贤名。(0622 卷 58,0075 氏族典卷 98)

毋诲　元武宗至大三年(1310)为吴江州判官。(0954 卷 17)

毋丘氏　元四川人,女。父季为新喻县丞。嫁新喻县萧玭。年二十三而玭死,誓节教子逌成才,后逌授嘉兴路学正。事闻于朝,诏旌其门闾。(1015 卷 8)

毋逢辰　字希说,号梅庵。元剑南人。世祖至元年间任建宁路(治今福建建瓯)判官,建紫阳书院。成宗大德年间任福清(今属福建)知州。(0594 卷 11,0593 卷 13)

五画

打奔　元世祖时云南金齿酋长。至元二十四年(1287),请求内附,并请求入觐。(0001 卷 14)

札忽　元武宗至大年间任香山县(治今广东中山)达鲁花赤。刻《大学》、《孝经》以教民子弟。仁宗皇庆二年(1313)升南恩州(治今广东阳江)达鲁花赤。(0072 别附卷 3)

札哇　元世祖至元二十七年(1290),为云南普定府土官。(0001 卷 61)

札散　又译扎珊。元世祖至元十九年(1282)任中书右丞,十二月,升为中书平章政事。二十年十月,改任枢密副使。二十八年正月,奉命与土土哈总兵于甕古之地。三十年三月,由同知枢密院事升为知枢密院事。成宗元贞元年(1295)

冬,奉旨为晋王甘麻剌内史。(0001 卷 12、16～18、115)

札剌 又译剳剌、扎腊。元太祖十三年(1218)冬,奉旨为蒙古副元帅,与蒙古元帅哈真领兵进攻占据高丽江东城(今朝鲜平安南道江东之西)之契丹兵。高丽国王奉牛酒出迎,并遣其枢密院使赵冲与蒙古军共讨灭契丹兵。由此高丽向蒙古岁纳贡赋。(0001 卷 1、154、208)

札木儿 元成宗元贞年间为平原县(今属山东)达鲁花赤。(0742 卷下)

札木合(约 1162～约 1205) 蒙古札只剌部首领。早年与铁木真(元太祖)结为义兄弟,曾助铁木真聚集部众,并率部助铁木真联合王汗大败篾儿乞部。后与铁木真失和,乃纠集诸部,与铁木真战于答兰版朱思(今克鲁伦河上游支流臣赫尔河附近),击败铁木真。金章宗泰和元年(1201),与弘吉剌等十一部会盟于刊河(今额尔古纳河支流根河),被推为联盟首领。次年,率联盟诸部进击铁木真,大败,溃散。三年,逃至乃蛮部。四年,乃蛮部被铁木真攻灭。遂与随从五人逃出,途中被随从者缚送铁木真。未几,被处死。(0009 卷 1～8,0002 卷 117)

札牙进 元哈迷里(今新疆哈密)人,顺帝至正十二年(1352)任吴江州达鲁花赤。(0954 卷 17)

札你别 第九代钦察汗月即别之子,1342 年其兄第十代钦察汗迪你别死,嗣位为第十一代钦察汗,1357 年被杀。其后钦察汗国内讧不断,1357～1380 年钦察汗更替二十余人。(1140 卷 81)

札的失 元世祖至元十二年(1275)为侍卫亲军指挥使。是年正月,奉敕率蒙古军二千赴蔡州。(0001 卷 8)

札忽儿① 元诸王。世祖至元十八年(1281)十一月,元廷以其所占文安县地给付屯田。(0001 卷 11)

札忽儿② 元顺帝至正七年(1347)任平原县(今属山东)达鲁花赤。(0742 卷下)

札忽歹 元武宗至大年间为平江路(治今江苏苏州)总管。(0927 卷 20)

札忽带 元世祖至元末为管军万户。至元二十七年(1290)十一月,奉命率所部戍绍兴、婺州,以镇压浙东人民反抗。(0001 卷 16、99)

札忽䚟 元成宗大德年间为沛县(今属江苏)达鲁花赤。(0933 卷 11)

札剌台 又译剳剌䚟。元蒙古札剌亦儿氏。历事元太祖、宪宗,为火儿赤(箭筒士)。宪宗四年(1254),奉旨为征东元帅,总兵征高丽,诸王桑吉、忽剌出等皆听其节制。此后连四年,攻拔其光州、安城、忠州、玄风、珍原、甲向、玉果等城。高丽人多逃入海岛。九年,高丽无力抵抗,遂降于蒙古。(0001 卷 3、133、154 等)

札剌忽 元诸王。世祖至元七年(1270)秋,随从燕王真金巡抚漠北称海(在今蒙古国科布多之东)。至元中,从北平王那木罕出镇阿里麻里(今新疆霍城西),以御西北叛王海都。(0001 卷 12、115)

札马里丁 元世祖至元中,马八儿(在今印度东南海岸)国宰相所遣赴元廷之使者。(0001 卷 210)

札马剌丁① 又译札马鲁丁。元回回人。忽必烈为藩王时征召回回星学者,应召,事于王府。世祖至元四年(1267),造西域观测仪器七种,即浑天仪、测验周天星曜器、春秋分晷影堂、冬夏至晷影堂、浑天图、地球仪、昼夜时刻器,并撰进《万年历》。八年,任回回司天台提点。十年,回回司天台隶属秘书监,授知秘书监事,仍兼提点。二十二年,奏请由秘书监主持编修地理图志,奉命主其事,荐陈俨、虞应龙、萧㪺等参加编修。三十一年修成,名《至元大一统志》。后授集贤大学士,仍知秘书监事。(0001 卷 7、52、90,0027 卷 9)

札马剌丁② 元回回人。织造专家。世祖至元二十四年(1287),奉旨率人匠织造撒答剌欺(原产于西域的一种织物)。(0001 卷 85)

札马剌丁③ 元回回人。武宗至大元年(1308)任丹徒县(治今江苏镇江)达鲁花赤,遂家于丹徒。后以平江路(治今江苏苏州)同知致仕。(0631 卷 16、19)

札马剌丁④ 元人。曾任大名路达鲁花赤。死后追封魏国公。(0143 卷 10,0011 卷 94)

札马鲁丁 字慎之。元回回人。(0250 卷 65)

札牙八剌 元公主。嫁驸马。(0001 卷 109)

札阿绀孛 又译札合敢不。蒙古克烈部主王汗之弟。与王汗不和,遂背王汗投奔乃蛮部主太阳汗。太阳汗为元太祖所灭后,献二女降。长女亦巴合被太祖纳为妃,后赐与术赤台。次女唆鲁禾帖尼嫁拖雷。后复叛,被术赤台以计诱擒。(0003 卷 20)

札忽儿歹 元唐兀人。世祖至元二十年(1283)为宁都县(今属江西)达鲁花赤。有治绩。(1021 卷 4)

札忽儿台① 元宪宗时蒙古军帅,驻别失八里(今新疆吉木萨尔北)。(0001 卷 124)

札忽儿台② 元中叶蒙古军万户,隶河南淮北蒙古军都万户府。(0001 卷 86)

札忽儿台③ 元人。官至四川行省平章政事。谥忠肃。(0154 卷 8)

札忽儿臣 又译札忽儿陈。元蒙古亦乞列思氏。孛秃子锁儿哈之子。太宗五年(1233),从贵由(定宗)讨蒲鲜万奴有功,太宗命亲王按赤带以女也孙真公主妻之。死后追封昌王,谥忠靖。(0001

卷118、109)

札忽而带　元成宗近臣。大德六年(1302)正月,奉旨整治江南影占税民地土者。(0001卷20)

札剌儿丁　元回回人。世祖至元二十年(1283)至二十二年任镇江路达鲁花赤。(0631卷15)

札剌儿氏　元蒙古札剌亦儿氏。安童之妹。世祖左丞相伯颜之妻。(0001卷127)

札剌儿台①　元蒙古塔塔儿氏。历任真州达鲁花赤、福建都转运使。(0011卷27)

札剌儿台②　元顺帝至正二十三年(1363)任中书参知政事。二十六年,任中书右丞。同年,升为中书平章政事,任至二十七年。(0001卷113)

札剌不花　元将。世祖至元八年(1271)五月,奉命自泸州出兵,牵制宋军,以利元东道兵围攻襄阳。(0001卷7)

札剌里丁　字彦才。元回回人。居嘉兴崇德(治今浙江桐乡西南)。顺帝元统元年(1333)登进士第,授嘉兴县丞。(0028卷上)

札剌鲁丁　元回回人。兀伯都剌祖。曾任北京路(治今内蒙古宁城西)木忽里兀察儿必。后追封吉国公,谥明襄。(0225卷2,0011卷81)

札撒兀孙　元蒙古塔塔儿氏。文宗至顺二年(1331)任南台御史。(0632卷6)

札八儿火者　元回回人。初随铁木真(元太祖)与克烈部王汗战。铁木真战败,退至班朱尼河(在今内蒙古呼伦湖西南),从行者仅十九人,札八儿即其中之一。后奉命出使金朝,察知金关隘形势。太祖八年(1213),导蒙古军由小道至南口,攻破居庸关。十年,蒙古军攻占中都(今北京),受命与诸将留守,受封为黄河以北、铁门(居庸关)以南天下都达鲁花赤,监治汉地。后病死,年一百一十八。追封凉国公,谥武定。(0001卷120)

札剌而忽都虎　元蒙古札剌亦儿氏。成宗元贞二年(1296)二月,诏命其所部户居于奉圣州(治今河北涿鹿)、云州者,与民均供徭役。(0001卷19)

艾易　字仲和。元余干(今属江西)人。顺帝至正初父坐事流远,请代之,父得还。(1011卷9)

艾斐　字季成。元临川(今属江西)人。博学多才,善隶书。(0031补遗)

艾埜　字仲修。元丹徒(治今江苏镇江)人。艾去病之子。以父荫入仕,任丹阳县(今属江苏)儒学教谕。(0631卷17)

艾元老　字长卿。元末任淳化(今属陕西)知县。(0830卷6)

艾元英　元东平(今属山东)人。精通医药。著有《如宜方》二卷。(1134卷首)

艾云中(1308～?)　字冀口。元龙兴(治今江西南昌)人。顺帝元统元年(1333)进士,授赣州路录事。(0028卷上、中)

艾去病　字安叟。元丹徒(治今江苏镇江)人。世祖至元十四年(1277)任金坛县(今属江苏)尉。三十年,升金坛县主簿。后历任溧阳县主簿、武康县主簿、龙游县丞。(0631卷16、19,0632卷6)

艾本固　元临川(今属江西)人。尝撰太平十策,进呈朝廷,宰相得书大喜,下之部,而吏议沮之,不报。(0438卷2)

艾季诚　元人。有诗作传世。(0504戊下)

艾性夫　字天谓,号弧山。宋元之际临川(今属江西)人。宋度宗咸淳年间中乡试。入元为江浙提举。工诗,有《剩语(弧山晚稿)》二卷。(0033卷9)

艾思明(?～1306)　字君哲。元临川(今属江西)人。元初协助元军镇压反元队伍。或宗大德十年(1306)死。(0225卷22、15)

艾貌拔都　元康里人。初从速不台征钦察,攻河西,破河南。后又从南伐。授怯怜口阿答赤字可孙(督察者,掌马驼草料供应分配)。后从攻鄂州(今湖北武汉武昌),病死于军中。(0001卷123)

节吉　元成宗大德二年(1298)任秘书少监。后出任庆元路(治今浙江宁波)治中。(0027卷9,0633卷2)

节思　元僧。为云南梁王师。成宗大德间,尝颁法旨,命僧玄坚主持玉案山。(1144卷876)

节歇儿的　元木速蛮(伊斯兰教徒)。成宗大德十一年(1307)任秘书少监。(0027卷9)

平懿　元泰定二年(1325)为六合(今属江苏)知县。(0962卷4)

平安奴　元时入华迦叶弥儿(今克什米尔)人后裔。铁哥之子。曾任太平路达鲁花赤。(0001卷125)

灭里①　又译蔑里、明里、灭烈。元宗王。太宗第七子,业里讫纳妃子所生。宪宗二年(1252)夏,奉旨迁居于也儿的石河(今额尔齐斯河)畔。七年,受封汴梁在城户为五户丝户。世祖至元二年(1265)闰五月,以钧州(治今河南禹县)为其食邑。三年,受封钧州一千五百八十四户为五户丝户。(0001卷3、6、95、106、107等)

灭里②　元顺帝时汪古部主赵王位下部落人。至正十八年(1358)聚众叛,欲杀赵王。赵王位下同知怯怜口总管府事昔班帖木儿与妻谋,以其子观音奴服王平

日衣冠居王宫,夜半,夫妻卫赵王微服遁去。灭里率众至,杀观音奴,赵王得免。(0001 卷 45)

灭怯　元人。世祖至元十一年(1274)奉元廷命与安山等于宋阿江(今吉林松花江)、阿爷苦江(今图们江)、忽吕古江(今牡丹江)采珠。(0001 卷 94)

灭怜　元英宗时为驸马。至治元年(1321)三月,受赐钞二万五千贯。(0001 卷 27)

灭古赤　元初勋臣。太宗六年(1234)受赐凤翔府五户丝户一百三十户。世祖至元二十二年(1285)受赐永州路祁阳县五千户,岁得江南户钞共二百锭。(0001 卷 95)

灭里干　元女真人,高元长子。初直宿卫,袭父职为万户,领兵镇广东,戍惠州。后移戍袁州(治今江西宜春),所在捕盗有功。卒赠季阳万户府万户、渤海郡侯。(0001 卷 51)

灭里沙　元成宗元贞二年(1296)任衢州(今属浙江)路同知。(0897 卷 7)

灭怯秃　元宗室。成宗大德七年(1303),奉命出使西北藩王察八儿。九年,授内八府宰相。(0001 卷 21、87)

灭贵里　元世祖至元二十四年(1287)至二十八年桑哥当权理财时,为桑哥党羽,福建受其祸害。(0001 卷 173)

灭里吉歹①　元宗王。口温不花长子,定王薛彻干之祖。(0001 卷 107、117)

灭里吉歹②　元宗王。太宗次子阔端之子,也速不花大王之父。(0001 卷 107)

灭里吉歹③　元武宗至大年间为河东廉访使,受副使郭贯之教,有善政。(0001 卷 174)

灭里铁木儿　元宗室。泰定帝致和元年(1328)以诸王扈驾上都。值帝崩,文宗于大都自立,乃率军由上都讨之。与文宗军队战,兵败被擒。(0001 卷 32、123)

灭里铁木而　元宗室,阿里不哥子。世祖时戍守漠北。至元十三年(1276)参与诸王昔里吉之乱,后与叛王海都、笃哇合兵,与元廷连年作战。成宗大德七年(1303),海都已死,乃与笃哇等与元廷议和。(0001 卷 21、117、127 等)

正元　元僧人。能诗,有诗作传世。(0504 壬上)

正印①　元僧人。成宗大德年间住溉山寺。英宗至治二年(1322)赴湖州(治今浙江吴兴)何山。能诗,有诗作传世。(0504 壬上)

正印②　字月江,自号松月翁,元僧,连江(今属福建)刘氏子。年十三礼僧月溪受业。参杭州径山寺僧净伏得法。住湖州道场,迁明州育王寺。顺帝至正间奉旨于镇江金山寺建水陆法会,升座说法。有《月江正印禅师语录》。(1144 卷 125)

正因(1213～1297)　宋元之际僧人,仁和县(治今浙江杭州)俞氏子。住持杭州殊胜寺。(0201 卷 4)

正则　宋元之际僧人,鄱阳县(治今江西波阳)曹氏子。宋末从谢枋得游。入元,寄迹方外以自晦。(0438 卷 3)

正寿(1290～1342)　号松壑,元僧,钱塘县(治今浙江杭州)徐氏子。建钱塘真如观堂。(0152 卷 42,0130 卷 9)

正际　字见原。元僧,天台县(今属浙江)人。工书法,师事张雨。(0031 补遗)

正念(1215～1289)　号大休,宋元之际僧人,永嘉(今浙江温州)人。受诀于石溪僧心月。宋度宗咸淳五年(1269),东渡日本至相阳,副元帅时宗平以礼迎主禅兴寺,次移建长、寿福、圆觉诸寺。寂谥佛源禅师。(1144 卷 126)

正宗　元畏兀儿人。合剌普华曾孙。善著之子。登进士第。(0001 卷 193)

正顺　元僧,蔚州(治今河北蔚县)高氏子。住华严院。成宗大德年间去世。(0691 卷 10)

正珪　字玉冈。元僧,鄱阳县(治今江西波阳)人。初住宛陵(治今安徽宣城)章教寺。仁宗延祐六年(1319)迁住池州路(治今安徽贵池)报恩光孝禅寺。(0233 卷 11)

正源(1290～1361)　字竺远,元僧,南康(今属江西)欧阳氏子。历任观音寺、兴圣寺、道场寺、灵隐寺、径山寺住持。(0411 卷 31,0037 卷 17)

正璋　字大圭,元僧,福清(今属福建)人。居建宁府斗峰,嗣灵隐寺僧德海。(1144 卷 129)

正澄(1274～1339)　号清拙,元僧,连江(今属福建)刘氏子。幼于城南报恩寺落发。初参鼓山僧清耸,危坐六年,勤苦备至。尝历谒净慈寺佛心、灵隐寺虎岩、育王寺东岩、蒋山月庭诸老。出世鸡足,迁松江青净寺。泰定三年(1326)受请东渡至日本,寓博多。翌年入京,承旨居建长寺,移净智寺,升圆觉寺。后被诏住建仁寺,继迁南禅、开善、东山等寺。有《语录》、《大鉴清规》。(1144 卷 129)

正公法师(1305～1366)　号在庵,元僧,南京(今属江苏)陈氏子。幼失怙恃,弱冠依大都万寿寺僧雪庭祝发。依持既久,遂蒙印可。顺帝至正二十一年(1361),开法嵩山少林寺,主持缑山永庆寺。二十四年退席南游,至襄阳随州,客居报恩寺。(1144 卷 130)

玉典　元将。世祖至元二十一年(1284)奉命率所部军进讨骨嵬(指今库页岛及其居民)。(0001 卷 13)

玉律　金后叶蒙古照烈部首领,受泰赤乌部人虐待,不能堪,领所部归附铁木真

(元太祖),将杀泰赤乌部人以自效。后不能践其言,复叛去,其部落为泰赤乌部所灭。(0001 卷 1)

玉都　元诸王。世祖至元二十五年(1288)正月,受帝赐银千两、珠一索、锦衣一袭。(0001 卷 15)

玉峰　元僧。能诗,有诗作传世。(0504 壬上)

玉元鼎　名阿鲁丁。以字玉鼎行。元西域人。先祖玉速阿剌,从元太祖征战,同饮黑河(即班朱尼河,在今内蒙古呼伦湖西南)之水,为元初勋臣,子孙遂以"玉"为氏,或误为"王"。居金陵(今江苏南京)。至大、皇庆间入国子学,从吴澄受业。后官至翰林学士。善作散曲,今存其所作小令七首、套数二。著有《古今历代启蒙》。(1107 卷 5,1108 卷 266)

玉古伦　元世祖至元中为饶州路达鲁花赤。至元十六年(1279)二月,以擅用羡余粮四千四百石,受杖刑,籍没其家。(0001 卷 10)

玉龙彻　元将班都察之妻,土土哈之母,燕铁木儿之曾祖母。文宗天历二年(1329)十二月,以曾孙燕铁木儿有大勋劳于皇室,追封为溧阳王夫人。(0001 卷 138)

玉伦普　元顺帝至正末为监察御史。至正二十六年(1366)三月,建言八事:一,用贤;二,申严宿卫;三,保全臣子;四,八卫屯田;五,禁止奏请;六,培养人才;七,罪人不孥;八,重惜名爵。帝嘉纳之。(0001 卷 47)

玉哇失(? ~1306)　元阿速人。也烈拔都儿次子。世祖至元中,袭父职为阿速军千户。从伯颜平宋有功,受赐巢县二千余户。弘吉剌部只儿瓦台叛,率所部兵击之,擒斩其将失剌察儿,其众悉平。又从讨昔里吉等叛王。累功升为前卫亲军都指挥使。至元二十四年(1287),从世祖征东北叛王乃颜,担任前锋,追至不里古都伯塔哈,力战,败之,又追至失列门林,擒获乃颜。继而,从大军讨平乃颜余党塔不歹、金家奴。后又从皇孙铁穆耳(成宗)出镇金山(今阿尔泰山),屡与海都、笃哇军战。成宗时,佐海山(武宗)镇北边,击败海都军进攻。(0001 卷 132)

玉笃实　元别失八里(今新疆吉木萨尔北)畏兀儿人。洁实弥尔之兄。初为世祖近侍。后官至同知宣政院事。(0003 卷 118,0011 卷 40)

玉律术(? ~1253)　元宪宗三年(1253)十一月,奉忽必烈(世祖)遣,出使招降大理。至大理城中,遇害。(0001 卷 4)

玉律徒　元高唐(今属山东)人。世祖至元二十五年(1288)任管州(治今山西静乐)知州。(0551 卷 27)

玉速福　元宗王阿只吉部属。至元三十一年(1294)六月,以屡叛,被处死。(0001 卷 18)

玉木忽儿　即药木忽儿。

玉龙答失(? ~约 1268)　又译玉龙塔失、玉龙塔思。元宗王。宪宗第三子。世祖中统元年(1260)四月,拥立阿里不哥为大汗于漠北。至元元年(1264)七月,随阿里不哥至上都归降世祖,世祖赐以驼纽金印,并以先朝猎户赐之。三年三月,元廷分卫辉路为其分地。四年六月,元廷赐以银五千两、币三百匹,岁以为常。未几,死。(0001 卷 5、6、107、108)

玉龙鲇彻　元中叶军脑儿(今内蒙古察哈尔右翼前旗东北黄旗海)皇家牧马场哈剌赤(牧养皇家母马群,挤奶,搅制马奶酒进奉者)。(0001 卷 100)

玉吕忽都　元蒙古克烈氏。速哥次子。从兀鲁赤太子出征,以战功显。(0001 卷 124)

玉里不花　元宗王。顺帝至元三年(1337)三月,授知枢密院事。(0001 卷 39)

玉阿鲁丁　即玉元鼎。

玉速歹儿　元蒙古人。顺帝元统元年(1333)蒙古色目右榜状元同同之祖父。(0011 卷 34)

玉速阿剌　元西域人。武宗至大年间国子生玉阿鲁丁之始祖。从太祖出征,同饮黑河之水,为勋旧世臣,名载国史。(0212 卷 9)

玉笏迷失(? ~1260)　元畏兀儿人。塔塔统阿长子。少时即有勇略。世祖中统元年(1260),浑都海反于六盘山时,守护皇孙脱脱营垒,率众与浑都海战,败之。追至只必勒(今甘肃永昌西北红山窑东北),阿蓝答儿与浑都海合兵。复与战,阵亡。(0001 卷 124)

玉也速迭儿　元顺帝至正二十二年(1362)为中书左丞。(0001 卷 113)

玉龙失不花　元成宗大德十年(1306)为宣慰使。是年四月,奉命总管太和岭屯田事,视军民所收多少以为赏罚。(0001 卷 21)

玉龙帖木儿①　元宪宗末年大将兀良合台部将,从兀良合台自云南转战数千里北上,至鄂州与忽必烈大军会合。(0001 卷 121)

玉龙帖木儿②　元世祖至元三十年(1293)为万户。是年以其与塔失海牙两万户新附军一千三百六十户,并入金复州万户府屯田。(0001 卷 100)

玉龙帖木儿③　又译月鲁帖木儿。元宗王。移相哥四世孙,齐王八不沙之子。成宗大德七年(1303)十一月,奉旨出使察八儿处。仁宗延祐三年(1316)七月,受封为保恩王。六年三月,进封恩王。泰定三年(1326)改封为齐王。(0001 卷 21、25、107、108,0003 卷 148、150)

玉龙帖木儿④ 元仁宗延祐年间为内台监察御史，在御史中丞杨朵儿只支持下，与徐元素等诸御史劾奏丞相铁木迭儿，逮治其左右，得其贪暴不法、受赂事实以闻。仁宗震怒，遂夺铁木迭儿印绶，罢其相位。（0001卷179）

玉龙帖木儿⑤ 元蒙古人。居丧庐墓，元廷旌表其门。（0001卷197）

玉龙铁木儿 元中叶玉你伯牙（在元上都西北）皇家牧马场哈剌赤（牧养皇家母马群，挤奶，搅制马奶酒进奉者）百户。（0001卷100）

玉吕忽都撒 元蒙古克烈氏，太宗时山西大达鲁花赤速哥之子。（0001卷124）

玉伦赤海牙 元畏兀儿人。成宗大德元年（1297）任丹阳县（今属江苏）达鲁花赤。（0631卷16）

玉连赤不花 元仁宗皇庆元年（1312）为翰林学士承旨。是年十月，进呈顺宗、成宗、武宗《实录》。（0001卷24）

玉昔帖木儿（1242～1295） 又译玉速帖木儿等。元蒙古阿鲁剌氏。博尔术之孙。弱冠袭职为蒙古本土右翼万户。元世祖时驿召入宫为怯薛长（禁卫军长官），特命领宫内膳事。深受宠信，帝赐号月吕鲁那演（有才能之官）。至元十二年（1275），任御史大夫，在任十余年，务振宏纲，竭力维护御史台监察权。遇事廷辩，吐辞鲠直。二十四年，从世祖征东北叛王乃颜。率军三战三捷，擒获乃颜。世祖还朝，又追剿乃颜余党，擒其酋金家奴以献。二十五年，率军击败东北叛王哈丹。二十九年，任知枢密院事，奉旨取代伯颜镇守漠北。三十一年，奉遗诏拥戴成宗即位。还镇漠北。成宗元贞元年冬，还朝议边事，病死。后追封广平王，谥贞宪。（0001卷119）

玉速帖木儿① 元畏兀儿人。泰定三年（1326）任江南行台监察御史。（0632卷6）

玉速帖木儿② 元蒙古人。顺帝元统元年（1333）蒙古色目右榜状元同同之父。（0028，0011卷34）

玉古伦赤的斤 元畏兀儿人。畏兀儿亦都护（国王）巴而术阿而忒的斤之次子，嗣为亦都护。（0001卷122）

玉古伦赤海牙 元文宗至顺二年（1331）任无锡州达鲁花赤。（0558卷24）

玉枢虎儿吐华 元顺帝至正九年（1349）闰七月，由同知枢密院事改任中书参知政事。十年正月，升为中书右丞。十一年四月，诏开黄河故道，发民丁十五万、军二万；奉旨与同知枢密院事黑厮以兵镇之。十三年，为四川平章，六月，奉旨便宜行事，八月，奉命镇守中兴路。十四年五月，奉诏募兵万人下蜀江，代答失八都鲁守中兴、荆门。十五年六月，奉旨助章佩监丞普颜帖木儿等招谕沔阳。二十一年九月，与宗王囊加等擒叛王阿鲁辉帖木儿送阙下。（0001卷42～44、46、206）

玉龙帖木儿千户 元蒙古人。蒙古军千户。世祖时勋臣。至元二十年（1283），受赐浔州三千户，岁得江南户钞一百二十锭。（0001卷95）

玉龙阿思兰都大 畏兀儿人。元太祖宿卫士哈剌阿思兰都大之父。（0011卷42）

玉连赤都鲁弥实 元英宗至治元年（1321）任无锡州达鲁花赤。（0558卷24）

玉你达八的剌板的（？～1332） 元畏兀儿僧。文宗至顺三年（1332）四月，以与安西王阿难答之子月鲁帖木儿、国师必兰纳识理谋不轨，被处死。（0001卷36）

古乃（1234～1269） 元契丹人。耶律留哥曾孙，收国奴长子。宪宗九年（1259），袭父职为行广宁府路总管军民万户府事。世祖中统元年（1260），从征河西；三年，从征李璮，破峄山，以功皆受赏。至元六年（1269），广宁併于东京，去职。是年死。（0001卷149）

古文 元顺帝至正十四年（1354）为莒州（治今山东莒县）知州。（0075氏族典卷414）

古田（？～1292） 名扂，世称扂禅师，元僧。嗣法杭州净慈寺僧妙伦。初住扬州雍熙寺，迁广德灵山寺，安吉凤山寺，吉州东山寺，吴中虎丘寺，台州慧因寺、天宁寺，杭州中竺寺。晚年主净慈寺。传法于僧珦。（1144卷132）

古出 又译曲出，蒙古篾儿乞氏。为约1180年秋元太祖利用王汗、札木合兵力击溃三姓篾儿乞人后，在兀都亦惕·篾儿乞营地上拾得的五岁男孩。自幼由月仑太后抚养长大，多年为太祖及其家属忠勤效力，充当太祖之耳目。蒙古建国后，受封为第十七位功臣千户长，并受命辅佐月仑太后、铁木哥·斡赤斤。（0009卷3、4、8、10）

古愚 元僧人。能诗，有诗作传世。（0504壬上）

古溪 元僧。顺帝至正间住华山寺。清修定慧，自出家至涅槃，足迹未履世俗。（1144卷135）

古谯 元韶州曲江（治今广东韶关）人。曾任肇庆路总管。事母至孝。（0589卷40）

古潭 元明之际僧人。元末寓居慧日寺。明初住能仁寺。能诗，有诗作传世。（0504壬上）

古乙独 元世祖中统五年（1264）为必阇赤（宫廷文书官）。是年四月，奉遣征高丽国王王禃入朝。五月，禃遣其借国子祭酒张镒从其入朝，六月，禃乃亲朝。（0001卷208）

古从善 字遵道，元襄城（今属河南）人。登进士第，官至翰林学士。（0792卷4）

古文龙 元梅州程乡(治今广东梅县)人。以荐授肇庆路儒学教授。(0075 氏族典卷 414)

古再思 元梅州程乡(治今广东梅县)人。以荐授梅州学录。(0075 氏族典卷 414)

古纳剌 元蒙古兀良合氏,也速觧儿之孙。文宗天历二年(1329)任秘书卿。顺帝至元四年(1338)迁任江南行台治书侍御史。后历任江浙平章、江南行台御史中丞、上都留守。(0632 卷 6,0027 卷 9,0011 卷 26 等)

古奉宁 字敬先,元襄城(今属河南)人。登进士第,官至兵部尚书。(0792 卷 4)

古述祖 元顺帝至元三年(1337)为吴江(今属江苏)州同知。(0954 卷 17)

古儿别速 又译菊儿八速。乃蛮王塔阳汗之父老乃蛮王亦难察·必勒格汗之年轻宠妃。亦难察汗死后,被塔阳汗收娶为宠妃。1204 年乃蛮部被元太祖征服后,被太祖收娶为妃。(0009 卷 7)

古出古儿 蒙古别速氏。十二世纪八十年代,随兄迭该离开札木合投附元太祖。太祖首次称汗后,任小侍卫队中之木匠兼修车匠。多年为太祖忠勤效劳。蒙古建国后,受封为功臣千户长,奉旨收集各处百姓组成一个千户,与其友札答兰氏木勒合勒忽同管领。(0009 卷 3、9)

古出鲁克 即屈出律。

古笃鲁丁 字志道。元回回人。历任赣州路、建德路达鲁花赤。(0101 卷 15)

古鲁不花 元泰定三年(1326)任兰溪(今属浙江)州同知。(0881 卷 12)

古不来拔都 又译忽不来、忽必来、忽不剌、忽别列八都、乎不烈拔都。元将。世祖至元十年(1273),领兵,行荆南等处招讨司事。十一年六月,率兵万人,掠荆南鸦山,以缀宋之西兵。十六年九月,授都元帅,与都元帅别速台同率蒙古军二千人、河西军一千人,戍斡端城(今新疆和田)。十七年六月,以力战有功,受赐银、钞。(0001 卷 8、10、11、165)

末吉 元文宗天历二年(1329)十二月,封为大司徒。顺帝至元元年(1335)为宣政院使,奉诏命以司徒就第。(0001 卷 33、38)

末赤①(1233~1310) 元乃蛮人。昔不察之子。世祖至元年间从攻襄樊。至元十一年(1274),从南征宋,从都万户奥鲁赤破沙洋新城。次年,从参政阿剌罕破独松关。十四年,从定福建,以功授总把。二十四年,从湖广省军征交趾,署副都镇抚。次年,粮尽师还。未几,迁任济南路冠州新军万户府千户所达鲁花赤,以军戍湖南桂阳。成宗元贞二年(1296)告老。(0324 卷 2,0003 卷 98)

末赤② 元中叶阿剌忽马乞(约在今内蒙古阿巴哈纳尔旗、西乌珠穆沁旗之间)皇家牧马场哈剌赤(牧养皇家母马群,挤奶,搅制马奶酒进奉者)百户。(0001 卷 100)

末者 元斡难河(今鄂嫩河)地区皇家牧马场官员。(0001 卷 100)

末哥(1215~1260) 又译穆哥、莫哥、木哥等。元宗王。拖雷第九子。母乃蛮氏撒鲁黑。太宗八年(1236),奉命与皇子阔端分兵攻宋四川。定宗死后,与拔都等定议立宪宗。宪宗七年(1257),受赐河南府(治今河南洛阳)五户丝户五千五百余。八年,从宪宗征四川,分兵由洋州入米仓关,速哥、李庭诸将咸受节制。九年,宪宗死,代领其军,遣使以死讯告世祖。世祖中统元年(1260),世祖与阿里不哥争帝位,以六盘山及东西川军事委付之。未几,死于军中。(0001 卷 3、4、95、107 等,0002 卷 110)

末儿哥 元中叶黄兀儿不剌皇家牧场按赤(一种官职)。(0001 卷 100)

末察合而 元诸王。世祖至元三十一年(1294)六月,其所部贫乏者受元廷赐钞三千锭。(0001 卷 18)

术乃 元太宗元年(1229)为拖雷部将,蒙古军元帅。(0001 卷 153)

术安 又译注安、汝安。元汪古部主裔孙。阔里吉思驸马之子。武宗至大二年(1309),封赵王,娶晋王女阿剌的纳八剌公主。(0001 卷 23、118)

术赤(约 1282~约 1227) 又译拙赤。元太祖长子。太宗同母长兄。太祖六年(1211),随父攻金,与察合台、窝阔台(太宗)攻掠云内、东胜、武、朔等州。八年,与察合台、窝阔台率右手军攻掠太行山东西两侧州郡。十三年,奉旨征服吉利吉思等森林部落。十四年,随父西征花剌子模国,受命率右手军进攻锡尔河下游毡的等城。十六年,与察合台、窝阔台同攻克花剌子模国旧京玉龙杰赤(在今土库曼斯坦乌尔根奇)。其后,返回封地。其封地东起鄂尔齐斯河,西至乌拉尔河。(0001 卷 1、117,0009 卷 10,0008 卷 1、2)

术邻 元泰定元年(1324)为宣政院判官,以取赂于富僧,被福建廉访使答里麻举劾。(0001 卷 144)

术思 元初功臣,太宗八年(1236)七月,受赐东平府人户为五户丝户。(0001 卷 2)

朮鲁 元太宗九年(1237)为元将按竺迩部将,奉命西戍阶州之两水,谨斥堠,严巡逻,西南诸州不敢犯之。(0001 卷 121)

术薛 元山西廉访副使。有诗作传世。(0504 丁)

术儿赤 元世祖至元十二年(1275)为安西王忙哥剌王府僚属。(0001 卷 166)

术赤术 元辽东吾者野人(元东北边部

族名)。顺帝至正十三年(1353)六月,与掤羊哈、乾帖困等五十六名吾者野人携带皮货来降。元廷给术赤术等三人银牌一面,管领吾者野人。(0001 卷 43)

术赤台　又译主儿扯歹、拙赤䚟、术儿彻丹等。元蒙古兀鲁兀部首领。初依附札木合。后率部归附铁木真(元太祖)。铁木真与王汗战于哈阑真沙陀(今内蒙古东乌珠穆沁旗北境)时,率部担任先锋,射伤王汗之子鲜昆。太祖元年(1206),受封为左翼四千户之长。八年,从攻金,与哈撒儿等率左翼军攻略平、滦及辽西。(0001 卷 1、120,0009 卷 6、8,0008 卷 1)

术忽难　元汪古人,高唐王阔里吉思弟,嗣高唐王,武宗至大元年(1308)封鄃王。(0001 卷 108、118、0011 卷 18)

术忽䚟　又译术虎乃。元太宗九年(1237)为断事官。是年八月,奉诏命与山西东路课税所长官刘中,历诸路考试儒士,中选者免除赋役,授本贯议事官,得四千三十人。(0001 卷 2、81)

术真伯　元驸马。蒙古斡勒忽纳惕氏。塔出驸马之子。娶宪宗女失邻公主。(0001 卷 109,0008 卷 1)

术温台　又译竹温台。元英宗至治元年(1321)为枢密院副使。泰定元年(1324)十一月,升为知枢密院事。致和元年(1328)九月,率上都兵入古北口,攻向大都(今北京)。(0001 卷 29、32、99)

术儿赤带　元世祖至元末年为江西廉访司官。擅纵盗贼,抑夺民田,贪污不法。至元二十九年(1292)初,为元官员月林伯察知。三月,御史中丞崔彧奏告世祖,并曰:今月林伯以事至京,宜就令诘问;帝从之。(0001 卷 173)

术甲德寿　元成宗时为河间路转运使,以贪赃罢官。后有迷里迭失妄奏其被诬,复授福宁州知州。大德七年(1303)七月,被御史台臣劾罢。(0001 卷 21)

术速忽里　元唐兀人。来阿八赤之父。太祖时归附,选居宿卫,后受命掌膳事。宪宗九年(1259),从宪宗攻钓鱼山合州城,建言曰:蜀地岩险,合州依险为固,今顿兵坚城之下,未见其利;我军不如水陆东下,出荆楚,与鄂州渡江军合势,如此则东南之事一举可定;其上流重庆、合州孤危无援,不降即走矣。诸将以为攻合州城则功在顷刻,反以其言为迂。卒不用其言。(0001 卷 129)

本无(1241~1302)　字极光,号我庵,元僧,黄岩(今属浙江)人。幼从僧宝于瑞岩寺落发。依僧寂照于中竺寺,侍笺翰。从僧湛堂于演福寺,精研教部。出世四明延庆寺,杭州上竺寺等。(1144 卷 142,0634 卷 10,0037)

本中　元僧,丹阳大同寺住持。有禅机,工诗文,不混流俗。有《梅花百韻诗》行世。(1144 卷 136)

本立　号雪庭,元僧,上虞县(今属浙江)赵氏子。武宗至大四年(1311)建绍兴路报恩寺。(0578 卷 8)

本伯　元宗王。铁木哥斡赤斤五世孙。西宁王掤鲁蛮之子。(0001 卷 107)

本初　元僧。能诗,有诗作传世。(0504 壬上)

本畅　号文溪。元僧,住杭州净慈寺。(0142 卷 4,0167 卷 28)

本金　字赤水,又号赤泽,元僧。随兄幻堂出家。嗣法僧真觉。真觉住持白马、万寿二寺,本金辅佐之。真觉寂,诏补其席。(1144 卷 139)

本诚　名文诚,又名道元,字觉隐,自称辅成山人,元僧,崇德(治今浙江桐乡西南)人(一作嘉兴人)。尝从胡长孺学。嗣法于僧希陵。与僧天隐、笑隐为善,世称三隐。顺帝至正间,住嘉兴兴圣、本觉二寺。后寓吴下,以诗自豪,所作诗清丽峻拔,尤工书画。有《凝始子集》、《性学指要》。(1144 卷 143,1052 卷 54,0503 三集壬)

本复　字中行,元顺帝时僧人,苏州人。初住南禅寺,后住本郡虎丘寺。嗣僧海。(1144 卷 142)

本觉　元僧,龙泉(今属浙江)人。博学,能诗文,士大夫多与酬唱。撰有《释氏通鉴》,纂辑名僧诸书编年,由释迦至达摩迄宋。(1144 卷 146)

本答里　元公主。至顺三年(1332)八月,文宗死;公主来京师参加大朝会,受赐金、银、币、钞。(0001 卷 37)

本牙失里①　元畏兀儿人,脱因之子。历任澧州路同知。(0011 卷 39)

本牙失里②　元高昌畏兀儿人,顺帝至元四年(1338)任宝庆路总管。(1065 卷 4)

本雅实理　元文宗天历二年(1329)任翰林直学士。(0147 卷 6)

世式　元唐兀人。顺帝至元三年(1337)任江南行台监察御史。(0632 卷 6)

世诚(1260~1332)　字绝学,元僧人,吉水(今属江西)刘氏子。年十七从兴国大冶三泉山僧无相修习禅定,依僧灵云受法。武宗时住南昌般若寺,学者云集,道声远被。(1144 卷 132,0233 卷 12)

世愚(1301~1370)　字杰峰,元僧,衢州西安余氏子。幼依兰溪显教寺僧孤岳松,历参僧纯、僧义、僧本、皆不契。后得僧成印可,嗣其法。文宗至顺二年(1331),归西安,隐乌石山,乡人钦其道,为起福慧寺。居山十六年,缁素云集,声光大振,大宝法王闻之,赐号弘辩。顺帝至正六年(1346),迁主广德(今属安徽)石溪兴龙寺。三年后,西安县新建古望、龙眠、宝盖、普润四寺成,皆延其开山为始祖。寂后宋濂铭其塔。有《二会语录》(1144 卷 131,0411 卷 28,0036 卷 15)

世图尔①　元蒙古兀鲁氏。顺帝至元四年(1338)任江南行台监察御史。(0632卷6)

世图尔②　元顺帝至元六年(1340)为监察御史。是年十一月,奏言:宜禁答失蛮、回回、主吾人等叔伯为婚姻。(0001卷40)

世杰班　字彦时。元畏兀儿人。沙剌班之子。事元顺帝为尚辇奉御,受顺帝宠信。为人细心谨慎,严守禁中机密,有问以内廷之事,则答以他语。后至元年间(1335～1340),右丞相伯颜专擅恣肆。世杰班与顺帝密谋定计,罢黜伯颜。累官至翰林学士承旨。(0002卷136,0001卷138)

甘立　字允从。元河西(西夏故地)人,迁居陈留(治今河南开封东南)。文宗时,征召为奎章阁照磨,参与修纂《经世大典》。仕至中书省检校。工书法。善为诗,有《允从集》。(0503二集己,0031卷7,0258卷4)

甘杲(1269～1335)　字景行。元丰城(今属江西)人。少时以郡学诸生受业熊朋来之门。及长,好为诗,不求仕进。(0150卷13)

甘复　字克敬。明元之际余干(今属江西)人。顺帝至正中,从张翥游。工诗,其诗俊逸清奇,有《山窗余稿》一卷,明成化中由其孙琥刊行。(0503二集辛,0004卷36)

甘勉　字思学。元人。有诗作传世。(0504戊下)

甘恪　元人。有诗作传世。(0504己下)

甘渊　字伯清。元人。有诗作传世。(0504甲)

甘棠　元进士。顺帝至正十二年(1352)被靖安县达鲁花赤潮海起用,参与谋画,以抵御天完红巾军进攻。(0001卷195)

甘铸　元人。有诗作传世。(0504癸上)

甘瑾　字彦初。元明之际余干(今属江西)人。元末从张翥游。善为诗,与翥唱和,翥评其诗如美女簪花。明洪武年间为翰林待制、严州府同知。(0004卷36)

甘慤　字天民。元豫章(治今江西南昌)人。曾任夷陵(治今湖北宜昌)学正。善为诗。(0212卷26,0147卷31)

甘大亨　元镇江路打捕鹰房总管府同知。(0631卷17)

甘天付　元英宗至治三年(1323)以明经荐,授横州路儒学提举,(0075氏族典卷368)

甘文卿　元进士。著有《容筦普宁郡志序》。(0506卷2343)

甘茂实　元人。有诗作传世。(0504癸上)

甘桂芳　号秋岩。元丹徒(今属江苏)人。元初为镇江路学录。(0631卷17、18、19)

甘梅轩　元人。有诗作传世。(0504戊上)

甘虚庭　元人。有诗作传世。(0504癸上)

甘麻剌(1263～1302)　元宗王。世祖孙。真金长子,成宗兄,泰定帝之父。世祖至元中,奉旨镇北边。抚循部曲之暇,命侍臣也灭坚以蒙古语讲《资治通鉴》。二十七年,封梁王,出镇云南。二十九年,改封晋王,移镇北边,统领太祖四大斡耳朵(行宫)及漠北军民。三十一年正月,世祖死,入朝谋继立,不成,复归藩邸。成宗大德六年(1302)死,年四十泰定帝即位,追上庙号显宗,祔享太室。文宗即位,毁其庙室。(0001卷115)

甘朝举(1279～1333)　字士廉。元丰城(今属江西)人。泰定初为湖广行省掾。迁任广西帅府经历。文宗至顺二年(1331)以病辞归。顺帝元统元年(1333),授嘉定州知州,任命状未下而死。(0150卷13)

甘楚材　号梅坡。元江州(治今江西九江)人。通五经,名重于时。元中后叶科举兴,累任江西、江浙、湖广、河南试官。后以武冈尹致仕。(0075氏族典卷368)

甘德胜　元世祖至元中,为徽州路(治今安徽歙县)总管。(0972卷4)

甘州不花(?～1293)　元世祖至元末为征行万户。至元二十九年(1292),从征爪哇。三十年,至爪哇,奉统帅史弼遣,以兵二百人护送爪哇国驸马土罕必阇耶归国,途中被土罕必阇耶杀害。(0001卷162、210)

东云　名佛海,元僧。住四明天童寺。工书法,兼长于诗。年八十五,犹能作蝇头小楷。(1144卷349)

东谷　名光,元僧,无锡人。住嘉禾本觉寺,迁苏州灵岩寺、常州华藏寺。居吴之万寿寺最久,僧众盈五百,法道为之一振。(1144卷349)

东必曾　字孝先。元杭州人。工诗。其诗作被元初月泉吟社取为第二十七名。(0504甲,0033卷6)

东良会　元巩昌(治今甘肃陇西)人。顺帝至正中任巩昌路总管,驻商州。红巾军李喜喜部攻至,良会令二子携家人分居华州、朝邑,己独率部拒守,战死。(0002卷232,0801卷20,0075氏族典卷21)

东哥马　元蒙古按摊塔塔儿氏,阔阔不花孙,黄头子。袭父职为探马赤军元帅,累迁右都威卫千户。(0001卷123)

东野潜　字刚克。元山东人。成宗大德六年(1302)任亳州同知。泰定四年

(1327)任沂州知州。顺帝元统二年(1334),升为广西宣慰副使。至元三年(1337)致仕。(0632卷6,0075氏族典卷551)

东野德中　字惟执。元山东人,东野潜之孙。以祖荫补洪泽知县。(0075氏族典卷551)

东野德钦　字惟敬。元山东人,东野德中弟。顺帝至正十年(1350)任文水知县。(0075氏族典卷551)

历和甫　元天台(今属浙江)人。任上虞县(今属浙江)儒学教谕。(0880卷29)

历德润　元人,任庆元路(治今浙江宁波)儒学录。(0634卷2)

布八①　元人,已故麓川路军民总管达鲁花赤之子。世祖至元二十九年(1292)十二月,招木忽鲁甸金齿土官忽鲁马之子阿鲁入见,贡方物。阿鲁言其地东南临境未归附者约二十万民,慕化愿附,请颁诏旨,命布八等谕之;元廷从之。(0001卷17)

布八②　元回回人,赡思丁之子。顺帝元统二年(1334),代父为秘书卿。(0027卷9)

布伯①　元回回人。亦思马因之子。世祖至元十一年(1274)父死,袭父职为回回砲手总管。从元军渡江,宋兵阵于南岸,拥舟师迎战,布伯于北岸竖砲以击之,舟悉沉没。后每战用之,皆有功。十八年,升为回回砲手都元帅。次年,改任军民万户府万户。迁任刑部尚书。后授浙东道宣慰使,赐钞二万五千贯,俾养老。(0001卷203)

布伯②　元世祖至元二十二年(1285)任衢州(今属浙江)路达鲁花赤。(0878卷4、12)

布伯③　元世祖至元二十九年(1292)为云南木来军民府达鲁花赤。(0001卷61)

布库(?~1272)　元世祖时建都(治今四川西昌)酋长。至元九年(1272)反元起事,诏诸王奥鲁赤及四川行省官也速带儿讨之。元将速哥率千人为先锋,破黎州水尾寨,攻连云关,克之,军至建都,战于东山,布库战败被斩。(0001卷131)

布顿(1290~1364)　原名犛真竺,全名布顿·仁钦朱,又作布顿宝成,元人译为卜思端、布思端。乌思藏迦举派僧人,元代藏传佛教夏鲁派创始人,后藏夏卜墨人。幼年从母学佛经,十八岁出家,学绰浦噶举教法,并学噶当、萨迦等派多种显密教授。中年后出任夏鲁寺(今日喀则之夏鲁)寺主。学问渊博。毕生致力于佛教典籍的整理、校勘、注释和研究。其《全集》有26函、230种著作。所著《布顿佛教史》(又译《善逝教法源流》)为佛教史名著,该书成书于英宗至治二年(1322),叙述印度、尼泊尔及藏区佛教弘传历史,书后附纳唐甘珠尔、丹珠尔总目录。首次编订西藏大藏经丹珠尔部。除著书立说外,并收徒传法,其嗣法弟子后被称为夏鲁派或布顿派。(1146卷101,1161卷98)

布答　元甘木鲁氏。仁宗延祐六年(1319)任祁门县(今属安徽)达鲁花赤。(0972卷4)

布兀剌　元江西右丞塔出之父。(0011卷93)

布只儿　元世祖至元十年(1273)十一月,奉旨修《起居注》。(0001卷8)

布四麻　元人。世祖至元二十七年(1290)七月,与当先别乞失、出春伯驸马等于漠北掠四怯薛(禁卫军)牛马畜群,劫灭烈太子昔博赤(鹰夫)及斡脱、布伯各投下民殆尽。元将明安率军追击至汪吉昔博赤城(在今蒙古国翁金河上游),夺回所掠之民及牛马畜群;遂败走。(0001卷135)

布吉鯓　元将。世祖至元十七年(1280),奉旨镇守河西之地,不得迁易。(0001卷99)

布伯廉　元成宗大德中,任徽州路(治今安徽歙县)总管。(0972卷4)

布思端(1290~1364)　原名犛真竺,元乌思藏迦举派僧人。幼年从母学佛经,十八岁出家,学问渊博。中年后住持沙鲁寺,其嗣法弟子后衍为沙鲁派。泽著甚丰,共二百余种。首次编校藏文大藏经论部《丹珠尔》目录。所著《善逝教法史》为佛教史名著。(1161卷9)

布景范　又作布景龙。元新都(今属四川)人。泰定元年(1324)进士,授芒部路益良州(治今云南益良县境)同知。李颇驴来攻,城中军力单弱,招募壮勇拒之,救援外绝,射矢且尽,知城不能守,乃冒刃衝敌而死。(0002卷230,0075氏族典卷465、官常典卷734,0624卷61)

布智儿　又译不只儿。元蒙古塔塔儿氏。与父纽儿杰从太祖征西有功。后拥戴宪宗即位(1251),出任燕京行尚书省大断事官,与牙老瓦赤等主管汉地行政、司法、财赋。受赐蔚州、安定为食邑。甚专横。宪宗二年(1252),视事一日,杀二十八人,其一人为盗马者,已杖而释之,偶有献环刀者,遂追还所杖者,手试刀斩之。(0001卷123、3、4)

布拉忽儿　元蒙古人。太祖时,代别速氏古出古儿掌管御膳。后擢为行军万户。(0002卷128)

布答思监　元文宗天历初为反文宗之四川平章囊加台所遣守隘硐门安抚使。天历二年(1329)三月,降于云南行省。(0001卷33)

布鲁海牙(1197~1265)　元畏兀儿人。祖、父为畏兀儿国世臣。元太祖九年(1214),充太祖宿卫士。扈从太祖西征。太宗即位,奉遣至燕京总理财币。既还,拖雷妻闻其廉谨,指名求于太宗,凡中宫军名匠户之在燕京、中山者,悉命统之,授真定路达鲁花赤。太宗三年(1231),授燕南诸路廉访使。未几,又授断事官。时断事官得专生杀,多倚势作威,而布鲁海牙小心谨密,慎于用刑,执法平允。世祖即位,任真定路宣抚使。真定富民行高利贷,不踰时倍取其息,布鲁海牙正其罪,使所偿息如其本而止,后遂定为令。迁任顺德等路宣慰使。(0001 卷 125)

布八火儿赤　元初勋臣。太宗八年(1236),受赐燕京五户丝户,宪宗二年(1252)经查尚有八十四户。(0001 卷 95)

石永　元绍兴新昌(今属浙江)人。性淳厚,事亲至孝。乱兵掠乡里,永负年八十老父匿山谷中。乱兵执其父欲杀之,永急前抱父请以身代,兵遂杀永而释其父。(0001 卷 198)

石宇　字宙亭。元人。有诗作传世。(0504 辛下,0033 卷 21)

石买　元世祖时云南大理总管信苴日部属。至元十一年(1274),奉信苴日遣,诡为商旅,执贽往见云南少数民族反元起义首领舍利畏,刺杀之。(0001 卷 166、8)

石抝　元仁宗延祐年间任慈溪(今属浙江)知县。(0634 卷 2)

石谷　元南阳(今属河南)人。世祖至元二十年(1283)任遂昌(今属浙江)知县。(0896 卷 157)

石郁　字文卿,号肃斋。元真定(治今河北正定)人。初为湖北宣慰司幕僚。历任盐官、富阳二县知县,有政声。后迁任武冈(今属湖南)知县。(0167 卷 36)

石岷　元顺帝至元年间任泾县(今属安徽)知县。(0580 卷 3)

石岩(1260～?)　字民瞻,号汾亭。元镇江(今属江苏)人。工诗词,有诗作传世。善隶书。又善绘画,有《鹤溪图》、《梅竹图》。与赵孟頫、萨都剌、仇远等友好。曾任彭泽(今属江西)知县。年八十九犹在世。(0631 卷 18,0031 卷 7,0143 卷 5,等)

石珪①(?～1223)　金元之际泰安新泰(今属山东)人,金末随刘二祖等领导红袄军起义于泰安。宋宁宗嘉定十年(1217),与李全等降宋。元太祖十五年(1220),另一起义军首领季先被宋置使贾涉诱杀,其部众迎珪为帅,珪率众降蒙古大将木华黎。次年,木华黎承制授珪为济、兖、单三州兵马都总管。后金弃东平,珪与严实分据之。十八年,授东平兵马都总管、山东诸路都元帅。七月,领兵破曹州,与金兵战,兵败,被擒,押送至汴京,不屈,被杀。(0001 卷 193)

石珪②　元顺州(治今北京顺义)人,石天麟之子。成宗大德七年(1303)三月,奉诏遣为燕南、山东奉使宣抚。累官为治书侍御史,迁枢密副使。仁宗时为河南行省右丞。后迁任江南行台御史中丞。(0001 卷 21、153、65)

石础　元成宗大德七年(1303)任慈溪(今属浙江)知县。(0633 卷 3)

石得　元畏兀儿人。小云石脱忽怜之孙。八丹之子。曾任安西王相府官。(0001 卷 134)

石琼　字伯玉。元灵璧(今属安徽)人。顺帝至正中为松江万户,分戍大信镇(在今安徽当涂西南大信河口)。战乱中归隐佘山(今属上海)。(0296 卷 5)

石普(?～1354)　字元周。元徐州(今属江苏)人。顺帝至正五年(1345)进士,授国史院编修官,改经正监经历。十二年,从丞相脱脱讨伐徐州芝麻李红巾军。徐州平,以功迁兵部主事。未几,升枢密院都事,权山东义兵万户府事,从枢密院官守淮安。十四年,张士诚据高邮,普率兵攻克宝应,进攻高邮,战死。(0001 卷 194)

石渥　元河南人。顺帝至正十四年(1354)至十七年任嘉定州(治今上海嘉定)儒学教授。(0558 卷 24)

石鹏　字云卿,号义斋。元唐县(今属河北)人。儒学者。闭户读书,尤致力于《四书》、小学。(0144 卷 43)

石徽　元顺帝至正元年(1341)任浙东宣慰司都事。(0634 卷 1)

石麟　元顺帝至元年间任慈溪知县。(0634 卷 2)

石与义　字仲迁。元郑州人。初为县吏。后从李谦学。终南京(治今河南开封)教官。(0144 卷 19)

石子章　元大都(今北京)人,家于郑州。为元杂剧作家,撰有杂剧《竹窗雨》、《竹坞听琴》。《太和正音谱》谓其所作曲词"如蓬莱瑶草"。(0029 卷上,1107)

石天应(?～1222)　字瑞之。金元之际兴中永德(治今辽宁朝阳南)人。元太祖十年(1215),蒙古军攻降金北京(今内蒙古宁城西),兴中府吏杀同知兀里卜,推天应为帅,天应率众降蒙古,受封兴中府尹、兵马都提控。从木华黎南征,以军功授元帅右监军,戍燕。后屡从木华黎,大小二百余战,累功升右副元帅。十六年,从攻陕西,升陕西河东路行台兵马都元帅。十七年,移军驻河中府(今山西永济西蒲州镇),被金军袭破,败死,年近六十。(0001 卷 149、119 等)

石天禄(1183～1236)　元泰安新泰(今属山东)人,石珪之子。元太祖十八年(1223),父死,袭职,授东平路元帅。与蒙古将孛里海率兵击败宋将彭义斌,擒获之。又率兵击败金将武仙。二十一年,以功升都元帅。太宗四年(1232),从蒙古军攻金。夜至归德城(今河南商丘南)下,袭金营,杀三百余人。率兵掠亳、徐。五年,破考城。复从诸军围归德,攻降归德。六年,入觐,改授征行千户,济、兖、单三州管民总管。七年,从蒙古军渡淮,攻宋随州。又从攻宋蕲、黄州。奉诏括户东平,依所括籍册征收赋税,严实不

得科收。(0001 卷 152)

石天麟①(1218～1309) 字天瑞。元顺州(治今北京顺义)人。年十四,充太宗宿卫士,于诸国语文无不习。被选为耶律楚材参佐,赐名蒙古台。宪宗三年(1253),从旭烈兀西征,任断事官,六年,受命出使海都,被拘留。世祖至元二十一年(1284),与北安王那木罕同被释归。成宗即位,封为司徒。武宗即位,进平章政事。(0001 卷 153)

石天麟② 元世祖至元十二年(1275)为中书左右司员外郎,三月,奉伯颜遣诣阙奏事。十三年二月,宋恭帝降,天麟奉伯颜命,与张惠、董文炳、阿剌罕等入宋临安城(今浙江杭州),取军民钱谷之数,阅实仓库,收宋百官诰命符印,悉罢宋官府,散免宋侍卫禁军。(0001 卷 9、127)

石元容 元仁宗皇庆元年(1312)任广灵县(今属山西)主簿。(0553 卷 22)

石从愿 元成宗大德年间,自翰林院出任松江知府,有治绩。(0931 卷 23)

石长不 元世祖中统元年(1260)六月,授大理国总管,佩虎符。(0001 卷 4)

石正卿 元河内(治今河南沁阳)人。泰定四年(1327)由蒙城县主簿升万泉(治今山西万荣西南)知县。(0691 卷 8,0700 卷 6)

石执中 元兴中永德(治今辽宁朝阳南)人。石天应次子。任行军千户。(0001 卷 149)

石光著 字仲明。元海陵县(治今江苏泰州)人。顺帝至正二十二年(1362)由长洲(治今江苏苏州)知县调任嘉兴(今属浙江)知县,有治绩。秩满迁任昆山州(治今江苏太仓)知州。(0871 卷 33,0418 卷 8)

石延异 元世祖至元年间西南少数民族首领。至元十六年(1279),潭州行省遣两淮招讨司经历刘继昌招降之,授石番太平军安抚使。(0001 卷 63)

石仲杰 元泰定年间任胙城(治今河南延津北)知县。(0761 卷 25)

石仲璋 元成宗大德四年(1300)十月,由内台侍御史出任河南廉访使。(0240 卷 3)

石兴祖(? ～1282) 元泰安新泰(今属山东)人。石天禄之子。元太宗七年(1235),袭父职为千户。宪宗九年(1259),从忽必烈攻宋鄂州(今湖北武汉市武昌)。世祖至元四年(1267),由宿州率兵抄沿淮诸郡,获宋觇伺者十余辈。十二年,从攻常州,为先锋。十三年,宋恭帝降,升管军总管,戍温州。镇压林大年等反元队伍,招辑南溪山寨归农者三万余户。后死于军中。(0001 卷 152)

石安琬 元兴中永德(治今辽宁朝阳南)人。石佐中之子。袭父职为千户。宪宗三年(1253),从征大理;世祖中统三年(1262),从征李璮;皆有功。至元十三年(1276),隆兴之分宁(治今江西修水县)反元,奉行省檄率军讨之,生擒反元队伍首领。累功升为右卫亲军副都指挥使。后授大同等处万户,领江东新附军万人,屯田红城。成宗大德三年(1299),代李万户戍和宁(治今蒙古哈尔和林)。及还,病死。(0001 卷 149)

石佐中 元兴中永德(治今辽宁朝阳南)人。石天应弟天禹之子。元太祖十七年(1222),天应率军驻河中府,遭金军偷袭,战死。时佐中在军中,伺敌少懈,杀敌,突城而出,趋木华黎行营,求得蒙古军数千,回与敌战,败之。木华黎嘉其勇,奏授行元帅;后诏授兴中府千户。(0001 卷 149)

石伯元 元京兆(治今陕西西安)人。乡试第一。后隐居不仕,研究《周易》。(0414 卷 4,0071 卷 95)

石亨祖① 字元卿。元真定(治今河北正定)人。世祖至元年间任全州路(治今广西全州)总管,筑城郭、招集丁壮,抵御反元队伍。(0075 氏族典卷 537,1052 卷 10)

石亨祖② 元顺帝至正十年(1350)为同州(治今陕西大荔)知州。是年七月,同州虫食稼,祷于玄妙观,寒雨三日,虫尽死。(0001 卷 51)

石怀都 元顺州(治今北京顺义)人。石天麟次子。初袭父职为断事官,累迁为刑部尚书,后出任荆湖北道宣慰使。(0001 卷 153)

石君宝 见“石盏德玉”。

石抹氏① 元契丹妇女。西辽居里可汗女。元世祖中统年间真定路宣抚使畏兀儿人布鲁海牙之妻。(0001 卷 125)

石抹氏② 元契丹妇女。元成宗乳母。大德四年(1300)七月,受封冀国夫人。(0001 卷 20)

石抹氏③ 元契丹妇女。辰州(治今湖南沅陵)万户图格里不花之母。文宗至顺元年(1330)九月,元廷旌表其志节。(0001 卷 34)

石抹进 元契丹人。仁宗延祐六年(1319)任溧水(今属江苏)知州。(0632 卷 6)

石抹侃 元契丹人。木华黎部将石抹也先第四子。(0001 卷 150)

石抹恒 元契丹人,石抹世昌长子。袭父职为千户,从镇南王征安南,以疾归。未几死。赠武略将军,追封临漳县男。(0002 卷 135)

石抹珪 元契丹人,石抹海住之子。历任征南千户。(0002 卷 135)

石抹谦 元契丹人。石抹世昌次子。历任仁和县尹。(0002 卷 135)

石国英① 元世祖至元十九年(1282)为

沿海左副都元帅。是年五月，奏请以税户赡军，军逃、死者，令其补足；站户苗税，贫富不均者，宜均其役；又请行盐法，汰官吏；罢捕户。诏中书集议行之。(0001卷12)

石国英②　号月涧。元宿州灵璧县(今属安徽)人。元初任招讨使、台州安抚使，官至福建宣慰使。工诗，有诗作传世。(0296卷4下，0033卷4，0075氏族典卷537)

石明三　元人。与母居余姚山中。一日，自外归，觅母不见，见壁穿而卧内有三虎子，知母为虎所杀。乃尽杀虎子，砺巨斧立壁侧，伺母虎至，斫杀之。复往倚岩傍，执斧伺候，斫杀公虎。明三亦立死不仆，张目如生，所执斧牢不可拔。(0001卷198)

石受中　元兴中永德(治今辽宁朝阳南)人。石天应第三子。曾任兴中府相副官。(0001卷149)

石建中　元人。有诗作传世。(0504癸下)

石居敬　元毗陵(今江苏常州)人。顺帝至正年间为溧阳(今属江苏)州儒学教授。(0948卷4)

石居谦　元兴中永德(治今辽宁朝阳南)人。石安琬之子。袭父职为千户，后改为忠翊侍卫亲军都指挥使。(0001卷149)

石承庆　元洛阳人。成宗大德年间为嘉兴(今属浙江)路总管。(0896卷116)

石昆山　元顺帝至元三年(1337)正月，率众从广州增城县民朱光卿反元起事。元廷命指挥狗札里、江西行省左丞沙的讨之。七月，朱光卿被狗札里、沙的所擒后，不久，昆山被追捕擒获。(0001卷39)

石思让①　元济宁(治今山东巨野)人。顺帝至正三年(1343)任江南行台监察御史。(0632卷6)

石思让②　元安丰路(治今安徽寿县)人。居丧庐墓，元廷旌表其门闾。(0001卷197)

石祖进　元江南僧人。成宗大德六年(1302)正月，告朱清、张瑄不法十事，帝命御史台诘问之。(0001卷20)

石祖忠　宋元之际光州固始(今属河南)人。宋末权知镇江府事。元世祖至元十二年(1275)，以城降元，授江阴、镇江安抚使。十三年至十七年任镇江路总管。(0631卷15)

石高山(1228～1303)　元德兴府(治今河北涿鹿)人。太祖侍卫忽鲁虎之子。世祖中统三年(1262)，入宫见世祖，建言招集金亡后散居各地五部探马赤军士。帝即命与诸路同招集之。既籍其数，奉命领之。四年，授管军总管，镇息州。至元八年(1271)，从大军取光州，克枣阳，围攻襄樊。十年，从阿术略地淮上。十一年，从大军下江南。十二年冬，招降宁国。又至焦山，与宋将孙虎臣、张世杰转战百余里，杀获甚多。十六年，与忽都鲁领三卫军戍和林(今蒙古哈尔和林)，屯田以给军储。二十四年，从征东北叛王乃颜，督战有功，升为蒙古侍卫亲军都指挥使，守卫东宫。成宗时退职。(0001卷166)

石梦亨　元文宗天历二年(1329)任秘书监著作佐郎。(0027卷10)

石敏若　元人。有诗作传世。(0504癸下)

石焕中　又名斡可。元兴中永德(治今辽宁朝阳南)人。石天应长子。元太祖十七年(1222)，天应战死，奉木华黎命袭领父所部众。后任知兴中府事。(0001卷149、119)

石辉祖(1315～1364)　字光远。元新昌县(今属浙江)人。家居不仕。(0075氏族典卷537，0073卷121)

石端甫　元渭南县(今属陕西)人。历任四川宪佥，有能名。(0801卷26，0075氏族典卷537)

石不花歹　元英宗至治年间为开州(治今河南濮阳)达鲁花赤，政绩颇著，同僚忌之，嗾民诬其与民妻俞氏饮。燕南道廉访副使察知实情，复其职，抵诬告者罪。(0001卷144)

石抹也先①(1177～1217)　又译石抹阿辛、萧也先。金元之际契丹人。自幼痛辽亡于金，欲复国仇。闻元太祖兴起，单骑投奔蒙古。元太祖十年(1215)，从木华黎征辽西，攻降北京(今内蒙古宁城西)，任北京达鲁花赤。遣军至兴中府(今辽宁朝阳)，收降据城之土豪石天应。十一年，执杀降蒙古而怀二心之土豪张鲸。十二年，从木华黎攻蠡州(今河北蠡县)，先登，中石死。(0001卷150、152)

石抹也先②　元契丹人。元世祖时为管领大都等处打捕鹰房民户达鲁花赤，世袭祖、父职。(0001卷101)

石抹乞儿(?～1267)　元契丹人。石抹常山之子。元宪宗四年(1254)，袭父职为万户。领本万户诸翼军民，从都元帅纽璘攻重庆、泸、叙诸城，多次立功。忽都叛于临洮，率蒙古、汉军从诸军讨之。世祖至元二年(1265)，从都元帅按敦移镇潼川。四年，从攻蓬溪寨，战死。(0001卷166)

石抹天衢　元契丹人。世祖至元十二年(1275)十一月，奉旨充驻高丽副达鲁花赤。后升为达鲁花赤。十五年一月，高丽国王王賰以其任达鲁花赤秩满未代，请复留三年；元廷从之。(0001卷208)

石抹不老　元契丹人。石抹按只之子。世祖至元十年(1273)，父死，代领其军。从攻嘉定。十二年，从行院汪惟正攻取泸州、叙州等城。后又从诸军围攻重庆。屡立战功。十六年，受命袭父职为船桥军马总管，兼夔路镇守副万户。十八年，大小盘诸峒部族反元,奉命领诸翼蒙古、汉军三千余人戍施州,既而部族首领向贵、晋用等降,诸峒部族悉平,以功升为保宁等处万户。(0001 卷 154)

石抹仓赤　元契丹人,辽阳左丞亦剌马丹子。历任湖广行省平章。(0001 卷 150)

石抹世昌　元契丹人,石抹珪之子。年十三袭父职为千户,已雄伟如成人。从讨李璮及收复宿、蕲等州,皆有功。世祖至元六年(1269),攻宋五河口,手斩四十余人,搏战舟中,血流没踝,夺得战舰二。后死于军中,年二十五。(0002 卷 135)

石抹仲安　元契丹人。世祖至元二十六年(1289)任江南行台监察御史。(0632 卷 6)

石抹安童　元契丹人,夔州路万户石抹狗狗之子。袭父职。(0001 卷 166)

石抹那海　元契丹人。泰定二年(1325)任镇江路濮州翼下百户。(0631 卷 17)

石抹良辅　元契丹人。石抹库禄满之子。袭父职为黑军总管。世祖至元十七年(1280),以功累升为沿海副都元帅。二十一年,改沿海上副万户。大德十一年(1307)告老。(0001 卷 150)

石抹昌龄　元兴中(治今辽宁朝阳)契丹人。居丧庐墓,元廷旌表其门闾。(0001 卷 197)

石抹明安(1164～1216)　金元之际桓州(治今内蒙古正蓝旗西北)契丹人。元太祖六年(1211),蒙古军大败金将纥石烈执中于野狐岭(今河北张家口西北),明安降蒙古。九年,奉命与蒙古将三摸合等进围金中都(今北京)。十年春,取通州,大败援救中都之金御史中丞李英等所率金军。又击败金将完颜合住等援军。五月,入据中都,受封为太保,兼管蒙古汉军兵马都元帅。次年,病死于燕京。(0001 卷 150、1 等)

石抹明里(1242～1310)　元契丹人。世典内膳。石抹曷鲁之孙。世祖中统初,入宫见世祖,世祖令侍臣送之于太子真金,典膳事。后从世祖亲征北方。至元二十八年(1291),任典膳令。成宗即位,授礼部尚书,令食尚书禄以老。武宗即位,封荣禄大夫、司徒,其妻梅仙封顺国夫人。诸子皆显贵。(0001 卷 169)

石抹狗狗(?～1289)　元契丹人。石抹乞儿之子。少年从军,以壮勇称。世祖至元八年(1271),以行省佥事严忠范围重庆,攻朝阳寨,先登。九年,宋将昝万寿袭成都,率蒙古军二千击败之。十六年,累功授管军总管,戍遂宁。十七年,迁管军副万户。从招讨使药剌海镇压亦奚不薛反抗,从行省官也速带儿镇压都掌、乌蒙等西南部族反抗。二十一年,率蒙古军八百从征散猫部族,屡败之,散猫、大盘诸部族皆降。二十四年,升夔州路万户,移戍重庆。(0001 卷 166)

石抹度剌　元契丹人。木华黎部将石抹也先次子咸锡之子。从攻襄樊,战死。(0001 卷 150、152)

石抹宜孙(?～1359)　字申之。元契丹人。石抹也先五世孙,石抹继祖之子。嗜学问,博览群书,长于诗歌。袭父职为沿海上副万户,守处州(治今浙江丽水)。后让职于弟厚孙,退居台州。顺帝至正十一年(1351),奉江浙行省檄守温州以抵御方国珍,又奉省檄讨平自福建进攻处州之反元队伍,以功升浙东宣慰副使。十七年,升江浙行枢密院判官,总制处州,用刘基、胡深、叶琛、章溢等参谋军事,镇压处州反元队伍。进升同佥行枢密院事。十八年,升为江浙参政。十九年,处州为朱元璋军攻破,出奔,为乱兵所杀。追封越国公,谥忠愍。(0001 卷 188)

石抹绍祖　元世祖至元中为毗阳万户,渡江攻宋,以轻进致败,受处分。(0001 卷 8)

石抹查剌(1200～1243)　元契丹人。木华黎部将石抹也先长子。元太祖十二年(1217),父战死,袭父职,领黑军。十三年,从木华黎攻下平阳、太原、隰、吉、岢岚诸郡。次年,奉命以黑军分屯真定、固安、平阳、太原、隰、吉、岢岚诸郡。二十二年,从孛鲁攻降李全于益都。太宗四年(1232),率黑军为前锋,败金将白撒、官奴于黄河岸。五年,从国王塔思攻蒲鲜万奴于辽东。十三年,授真定、北京两路达鲁花赤。(0001 卷 150、152)

石抹曷鲁　元契丹人。事元太祖,掌宫廷内膳。遇太祖稍有病时,其烹庖之精,百倍平日。拖雷求之于太祖,太祖听以其僚十人同往事拖雷,命其以事太祖之恭事拖雷。拖雷从太宗西征,在道绝汲,曷鲁晨起,聚草上霜,煮羹以进;师还,赐金帛甚厚。拖雷死后,事拖雷妻唆鲁禾帖尼及蒙哥、忽必烈甚恭。年八十病死。(0001 卷 169)

石抹厚孙　元契丹人。石抹也先五世孙,石抹继祖嫡子,石抹宜孙嫡弟。袭父职为沿海上副万户。初年幼,兄宜孙借其荫袭职为沿海上副万户,及其长大,宜孙即让职还之。(0001 卷 188)

石抹咸锡　元契丹人。木华黎部将石抹也先次子。(0001 卷 150)

石抹按只(?～1273)　元契丹人。世居太原。石抹大家奴之子。宪宗八年(1258),代领父军,从都元帅纽璘攻成都,率所部兵大败宋兵于灵泉。又从都元帅按敦攻泸州,率舟师击败宋舟师于马湖江。时宋兵于沿江撤桥据守,按只善造浮桥,师至通行无阻。世祖中统三年(1262),授河中府船桥水手军总管。至元四年(1267)至六年,从行省也速带儿攻泸州。九年,从征建都(治今四川西昌)少数民族。攻建都城岁余不下。按只先登其城,力战,遂降之。军还,病死途中。(0001 卷 154)

石抹真童　元契丹人。石抹囊加歹之子。仁宗延祐五年(1318)袭父职为镇江路顺德翼下千户所达鲁花赤。(0631 卷 17)

石抹高奴　金元之际契丹人。元太祖六年(1211),太祖进军至威宁(治今内蒙古兴和县西北),与刘伯林、夹谷常哥等以城降。授千户。太宗二年(1230),从太宗征金,为征行千户。死于军中。(0001 卷 166)

石抹海住　名德亨,字仲通,以小字海住行。元契丹人。木华黎承制授馆陶县尹。从克磁州,未尝杀一人。太宗时,从平河南,得鹿邑、太康生口五千余,悉纵之。从攻彰德有功,升彰德路总管兼行军总元帅府事。(0003 卷 49)

石抹继祖(1281～1347)　字伯善。蒙古名明理帖木儿。元契丹人。石抹也先四世孙,石抹良辅之子。早年从史蒙卿学。大德十一年(1307),袭父职为沿海上副万户。初以沿海军分镇台州。仁宗皇庆元年(1312),移镇婺、处两州。延祐二年(1315),参与镇压江西宁都蔡五九起义。明达政事,讲究盐策,多合时宜。为学本于经术,而兼通名法、纵横、术数、方技、释老之说。(0001 卷 188、150,0152 卷 27)

石抹常山(?～约 1254)　元契丹人。石抹高奴之子。袭父职为千户,宪宗三年(1253),升为总管,领兴元诸军奥鲁(军队辎重家属营)屯田,并领宝鸡驿军,权都总管万户。岁余死。(0001 卷 166)

石抹博罗　元契丹人。木华黎部将石抹也先第三子。(0001 卷 150)

石抹蛮忒　元契丹人。世祖至元二十七年(1290)正月,与伯思、八儿术答儿、移剌四十,以谋不轨被处死。(0001 卷 16)

石哈蓝赤　元顺州(治今北京顺义)人。石天麟之孙。袭职为断事官。(0001 卷 153)

石盏德玉(1192～1276)　字君宝(一作君实)。晚年号共嵒老人。金元之际辽东盖州(治今辽宁盖县)女真人(一说山西平阳人)。金宣宗贞祐初从军,积劳至武德将军。金亡,北渡寓居湘、卫间,后居燕。从刘自然学画竹。所画竹颇有意趣。编有杂剧多种,今存《秋胡戏妻》、《金钱记》、《曲江池》、《紫云亭》等。《太和正音谱》谓其曲词"如罗浮梅雪"。(0144 卷 60,0030 卷 5,0029 卷上,1107)

石抹大家奴　金元之际契丹人,世居太原。元太祖时,率汉军五百人降蒙古。宪宗八年(1258)告老,由其子按只代领其军。(0001 卷 154)

石抹五十六　元契丹人。仁宗延祐元年(1314)任金坛县(今属江苏)尉。(0631 卷 16)

石抹紏札剌　元霸州契丹人,石抹孛迭儿长子。袭父职,为汉军万户。世祖至元元年(1264)六月,宋置制使夏贵率兵欲攻虎啸山,奉敕率所部助钦察戍守。八月,奉命发所部千人赴商州屯田。(0001 卷 5、151)

石抹刚纥答　元契丹人。世祖中统二年(1261)七月,授中书省右三部尚书。(0144 卷 82)

石抹朵儿只　元契丹人。顺帝至元元年(1335)任奉化州同知。(0634 卷 2)

石抹孛迭儿　又作萧勃迭。金元之际霸州(治今河北霸县)契丹人。仕金为霸州平曲水寨管民官。元太祖八年(1213),木华黎率师至霸州;率众迎降,被擢为千户。九年,授汉军都统。十年,从征河北。十二年,从平益都、沂、密、莱、淄。十三年,从定太原、忻、代、平阳、吉、隰、汾、石、河中等郡。十六年,升为霸州等路元帅,以黑军镇守固安水寨,令兵士屯田。太宗三年(1231),从塔思征河南。五年,从蒙古军征蒲鲜万奴于辽东。后病死于官任,年七十。(0001 卷 151、1、119)

石抹库禄满(?～1262)　元契丹人。木华黎部将石抹也先长子查剌之子。袭父职,领黑军。世祖中统三年(1262),从征李璮,先登,飞矢中额而死。(0001 卷 150、152)

石抹忽笃华　元桓州(治今内蒙古正蓝旗西北)契丹人。石抹明安次子。元太宗时,为燕京等处行尚书省事,兼蒙古汉军兵马都元帅。(0001 卷 150)

石抹查茶剌　元霸州契丹人,石抹孛迭儿次子。(0001 卷 151)

石抹咸得不　又译石抹咸得卜、憨塔卜。元桓州(治今内蒙古正蓝旗西北)契丹人。石抹明安长子。袭父职为燕蓟留后长官,称"燕京等处行尚书省事"。甚贪暴,杀人盈市;耶律楚材闻之泣下,即入奏:禁州郡擅征发,囚当大辟者必待报。(0001 卷 146、150)

石抹桃叶儿　金契丹人,迁居于霸州(治今河北霸县)。石抹孛迭儿之父。(0001 卷 151)

石抹赡德纳　金末元初契丹人。石抹也先之兄。金末,金廷征也先为奚部长,也先让与赡德纳为之。后弃金官,降附蒙古,任别失八里(今新疆吉木萨尔北)达鲁花赤。成宗大德,八年(1304)死。(0001 卷 150)

石抹囊加歹(?～1304)　元契丹人。世祖至元三十年(1293)任镇江路顺德翼下千户所达鲁花赤。(0631 卷 17)

石哈剌不花　元东平(今属山东)人。武宗至大元年(1308)至三年,任镇江路总管。(0631 卷 15)

石抹亦剌马丹　见亦剌马丹⑦。

石抹哈剌不花①　元契丹人。顺帝元统二年(1334)任江南行台架阁库管勾(0632 卷 6)。

石抹哈剌不花②　元契丹人。石抹谦之子。历任内丘县尹。(0002 卷 135)

石抹褭吉剌歹　元契丹人。成宗大德四年(1300)任江南行台架阁库管勾(0632

卷6)。

左吉　元世祖至元二十八年(1291)十一月,奉旨出使新合剌的音(今斯里兰卡)。文宗天历元年(1328)为侍御史。二年正月至五月,任中书参知政事。顺帝至元年间为江浙平章,以贪墨,浙西廉访司佥事吕思诚奏疏其罪,被流放海南。(0001 卷 185)

左兴　元大德十一年(1307)任江山(今属浙江)知县。(0878 卷 2)

左李　元顺帝至正二十二年(1362)为大宋红巾军政权平章政事。是年二月,遣杨荣祖至大同降于元将孛罗帖木儿。(0001 卷 207)

左昺　元顺帝至元年间任宿州(今属安徽)知州。(0985 卷 11)

左祥　字祥卿。元建昌新城(治今江西黎川)人。任职于翰林院十五年。泰定二年(1325)出任香山知县。致和元年(1328)调任潮州路经历。改任增城知县。仕至万州知州。所至皆有治绩。(0075 氏族典卷 435)

左焕　元真定(治今河北正定)人,左居实之子。泰定元年(1324)任户部主事,改任中尚监丞。(0072 卷 95)

左黎　元僧,滇西王氏子。业行精苦,善咒术。尝随段氏朝觐元廷,适成宗手疽,医药无效,黎乃以咒术洗之而愈。帝深敬服,封为国师。后归大理。(1144 卷 151)

左克明　字德昭。元南昌县(治今江西南昌)铁柱观道士。顺帝至正初,编《古乐府》十卷。(0470 续集卷 19)

左居实(1237~1309)　字彦实。元真定(治今河北正定)人。宪宗八年(1258)补真定府吏。世祖中统四年(1263)调任河间盐运司管勾,辞归养亲。(0262 卷 21)

左宗海　字百会。元莱州(今属山东)人。顺帝至正年间任衢州西安县(今浙江衢州)教谕,任满,其门人挽留,遂留居该县。(0896 卷 195)

左继樗　字芳远,学者称隐斋先生。元泾县(今属安徽)人。曾任安庆路儒学教授。(0075 学行典卷 171)

左塔不台　元泰定二年(1325)为中书参知政事。是年六月奏言:大臣兼领军务,前古所无;铁失以御史大夫,也先帖木儿以知枢密院事,皆领卫兵,故成逆谋;今军卫之职乞勿以大臣领之。帝从之,并赐币帛以旌其直。(0001 卷 29)

左阔阔出　元河间东光(今属河北)人。成宗大德中任垣曲(今属山西)知县。(0700 卷 6)

左答纳失里(?~1356)　字廷献,元高昌畏兀儿人。顺帝至正五年(1345)为平江路达鲁花赤,十月,奉使宣抚海北海南广东道。十年,为温州路总管。击退方国珍进攻。十二年,升为江浙左丞;三月,方国珍不受招安之命,奉旨讨之。五月,奉命守芜湖险隘。未几,迁任江南行台治书侍御史,奉命守集庆城(今南京)。十三年,升江南行台侍御史;三月,奉命招谕方国珍。十一月,元廷从其奏请,授方国珍徽州路治中,督遣至任,国珍疑惧,不受命。十四年四月,因前招谕方国珍,报称国珍已降,而国珍不受命,仍据海道阻绝粮运,御史台臣纠劾其罪。十六年,为江浙平章政事;七月,张士诚遣兵攻陷杭州,战死。(0001 卷 41~44、142,0896 卷 116、156)

龙二　元顺帝至正末,任河南行省平章。至正二十八年(1368),明兵至卫辉,弃城走彰德,明兵至彰德,复遁走。(0014)

龙革　字取新。元广安州(治今宁夏固原东)人。世祖至元十八年(1281)任滑州(治今河南滑县)儒学教授。后授魏县主簿。(0144 卷 9、19,0643 卷 5)

龙宝①　元钦察玉耳别里伯牙吾氏,千奴之子。历任监察御史。(0001 卷 134)

龙宝②　元泰定三年(1326)任江南行台监察御史。(0632 卷 6)

龙宜　元八番(今贵州惠水、长顺一带少数民族)人。顺帝至正六年(1346)三月来京进贡马匹。(0001 卷 41)

龙镭　元云南澂江路新兴州研和县(治今云南玉溪南)些麽徒蛮首领,步雄之孙。宪宗时归附蒙古,蒙古在其地立百户,世祖至元十三年(1276)改其地为研和县。(0001 卷 61)

龙霖　元顺帝至正四年(1344)任余姚(今属浙江)知州。(0880 卷 28)

龙骧　字叔昂,元人。有诗作传世。(0504 己下)

龙卜花　字巨川。元封丘县(今属河南)人。顺帝至正中为黄州副千户,镇压反元队伍有功,升副万户。至正十四年(1354)升广西都元帅。十六年,守兴国路(治今湖北阳新),倪文俊来袭,出战被擒。(1046 卷 5)

龙士俊　元顺帝至元二年(1336)任衢州(今属浙江)路总管。(0878 卷 2)

龙广寒(约 1214~约 1321)　宋元之际江西人,迁居钱塘县(治今浙江杭州)。挟预知之术,游江湖间,咸推为异人。元英宗至治初死,年一百有八。(0102,0101 卷 11)

龙云从　又作从云。字子高。元永新(今属江西)人。元末佐苗帅杨完者,任都事。历任福建儒学副提举。完者死,隐居慈溪(今属浙江)。有诗作传世。(0504 庚上,0001 卷 117、0075 氏族典卷 36)

龙仁夫　字观复。元吉安(今属江西)人。工文学,与刘诜、刘岳申齐名。被荐为江浙行省儒学副提举,不就。撰有文集行世,今不传。(0001 卷 190)

龙文求　宋元之际八番(今贵州惠水、长顺一带)少数民族土官。元世祖至元十六年(1279)接受元潭州行省所遣两淮招讨司经历刘继昌招降,被任命为卧龙番南宁州安抚使,元朝于其地派驻元军。(0001 卷 63)

龙文貌　宋元之际八番罗甸(今贵州西部)少数民族土官。元世祖至元中降于元将阿里海牙,任总管,随阿里海牙入朝觐见世祖。元廷于其地置宣慰司。(0001 卷 128)

龙仁贵　元英宗至治二年(1322)为葛蛮安抚司(治今贵州开阳西北)副使。是年十二月,反元起事,湖广行省督兵捕之。(0001 卷 28)

龙方零　宋元之际八番(今贵州惠水、长顺一带)土官。元世祖至元十六年(1279)三月,接受元潭州行省所遣两淮招讨司经历刘继昌招谕,归顺元朝,被任命为小龙蕃静蛮军安抚使,元廷于其地派驻元军。(0001 卷 10、63)

龙延三　宋元之际八番(今贵州惠水、长顺一带)少数民族土官。元世祖至元十六年(1279),接受元潭州行省所遣两淮招讨司经历刘继昌招降,被任命为大龙番应天府安抚使,元廷于其地派遣元军。(0001 卷 63)

龙延万　宋元之际西南少数民族土官。元世祖至元二十一年(1284)十二月,接受荆湖占城行省所遣八番罗甸宣慰司官员刘继昌谕降,赴京朝觐,奉羊马、白毡进贡;授本处安抚使。(0001 卷 13)

龙昌宁　宋元之际西南少数民族土官。元世祖至元二十一年(1284)十二月,接受荆湖占城行省所遣八番罗甸宣慰司官员刘继昌谕降,赴京朝觐,奉羊马、白毡进贡;授本处安抚使。(0001 卷 13)

龙郎庚　元广东南恩州(治今广东阳江)、新州(治今广东新兴)一带徭族首领。仁宗延祐六年(1319)正月,率众反元起事,元廷命江西行省发兵捕之。(0001 卷 26)

龙显祖　元顺帝至正十二年(1352)任平原(今属山东)县尉。(0742 卷下)

龙健能　元哈尼族人,云南阿僰万户府总管,宋云南开化府哈尼族土司龙海基九世孙。13 世纪中叶,蒙元于安南(马关)老寨立阿僰万户府,任命健能为总管,辖礼社江以东至滇东南黔桂边境。其时,龙氏所属哈尼各部分化,王弄部分化为大小二部,强现部分化为阿雅(又名八寨)、枯木、教化三部,合称强现三部,又称教化三部。(1146 卷 109)

龙瑞娇　元顺帝宫人,得帝宠爱,封淑妃。受帝赐缯绮珍异,动以万计,令宦者货于左掖门内,京师巨室富商辐辏争购,名其地曰绣市。(0002 卷 104,0003 卷 19,0092)

龙岩上人　元僧人。善草书,师法高闲、怀素,蒲道源有诗赠之。(0248)

可中　字南山。元僧,天台县(今属浙江)人。工真、草书。(0031 卷 7)

可传　本名孛罗帖木儿,字无授,号雪庵。元明之际高昌(治今新疆吐鲁番东)僧人,元平章宝宝之子。年十五落发为僧,从帝师法子朵儿班学,从之南游闽浙各地。后栖居绍兴范蠡岩。明洪武七年(1374)建圆应庵于杭州仁和县。(0411 卷 16)

可观　字大千。元僧,天台县(今属浙江)人。元末住持杭州褒忠衍福寺。尝辑宋元人吊咏岳飞之诗,编成《岳忠武王庙名贤诗》刊行。(0101 卷 3)

可继　号断云。元僧。能诗,有诗作传世。(0278 卷 2,0504 壬上)

可授(1307 ~ 1375)　字无旨,号休庵,元明之际僧人,台州临海(今属浙江)李氏子。顺帝至元六年(1340)出家大雄山安圣寺,五年后迁住隆恩寺,又二年后住持真如寺,移住龙华寺,皆不出台州境。明洪武六年(1373)住持杭州净慈寺。(0411 卷 28)

可湘(1206 ~ 1290)　字绝岸,宋元之际僧人,台州宁海葛氏子。参径山僧无准得旨,出世福州雪峰寺。弟子妙恩等辑其法要为《绝岸可湘禅师语录》。(1144 卷 150)

可特哥　元太祖七年(1212),奉太祖命,副耶律留哥屯驻其地。十年,留哥破东京,蒲鲜万奴败走,可特哥娶万奴之妻李仙娥,留哥不直之,有隙。留哥往漠北觐见太祖,太祖责可特哥娶万奴妻悖法尤甚,命将其拘縶来。可特哥惧,与留哥所封郡王耶厮不给契丹众曰:留哥已死,遂以契丹众叛,杀太祖所遣三百人。(0001 卷 149)

可马剌丁　元镇江路回回人。世祖至元二十七年(1290)任秘书监。后以两浙盐运使致仕。(0631 卷 19,0027 卷 9)

可里马丁　元回回人,历算家。仁宗皇庆二年(1313)上所编《万年历》于元廷。(0001 卷 24)

可思不花　元太宗近侍。太宗初年,奏采金银役夫及种田西域与栽葡萄户,帝令于西京宣德徙万余户充之,为耶律楚材所奏止。(0001 卷 146)

匝纳禄　元顺帝至正十二年(1352)为河南行省左丞。是年六月,以失误军需,左迁添设淮西宣慰使,随军供给。(0001 卷 42)

归旸(1305 ~ 1367)　字彦温。元汴梁(治今河南开封)。文宗至顺元年(1330)进士,授颍州(治今安徽阜阳)同知。顺帝至元五年(1339),河南杞县人范孟诈为诏使,杀行省平章、左丞等官,命旸北守黄河口,力拒不从,被系于狱。孟事败,遂名声大振。至正五年(1345),任河南廉访司佥事,以法绳赵王府官属之贪暴者。后历任右司都事、左司员外郎、礼部尚书、翰林直学士。(0001 卷

186)

叶仁 元顺帝元统中任嵊县(今属浙江)尉。至元五年(1339)迁任庆元路(治今浙江宁波)录事司判官。(0634 卷2,0880 卷 28)

叶仪 字景翰。元明之际金华(今属浙江)人。受学于许谦。明初,起为五经师,学者称南阳先生。卒年八十二。(0075 学行典卷 172)

叶龙 字仲翔。元休宁(今属安徽)人。早年从陈栎学。历任青阳县儒学教谕。(0972 卷 8,0059 卷 16)

叶兰 字楚庭,号寓庵,又号醉渔。元鄱阳(治今江西波阳)人。元末历任太常奉礼。明初,以诗讽刺周伯琦应召入金陵,伯琦乃以其名荐之。明廷召之,不赴,投水自尽。有《寓庵诗集》二卷。(0002 卷 233,0075 官常典卷 735、文学典卷 90)

叶李(1242~1292) 字太白,又字舜玉。宋元之际杭州人。从宋太学博士施南学,补京学生。宋理宗景定五年(1264),与同学八十三人上书劾贾似道。似道大怒,嗾临安尹诬陷之,被流放漳州。元世祖至元十四年(1277),世祖久闻其名,亲授浙西道儒学提举。二十三年,应召至大都。上奏请复立儒学提举司,并献策以汉军击叛王乃颜。二十四年,授尚书左丞,请立太学、定至元钞法,谏止徙宋宗室、江南大姓于北方。升尚书右丞。二十八年尚书省罢,告病南归。桑哥被论罪处死,李淦劾其荐桑哥为相之罪,因世祖庇护,得免罪。卒,谥文简。(0001 卷 173)

叶岘① 号见山。宋元之际余姚(今属浙江)人。未及仕而宋亡。于重山密林间穷居独游四十余年,所作诗多黍离之音,有《见山集》。(0152 卷 16,0504 己上)

叶岘② 字见山。元青田县(今属浙江)人。顺帝元统元年(1333)进士。历任南安知县。(0896 卷 129、186)

叶现 字景龙。元丽水(今属浙江)人。官至临安知县致仕。(0576 卷 10)

叶林(1248~1306) 字儒藻,又字去文,号本山。元钱塘(治今浙江杭州)人。元初隐居大滁山冲天观,时称高行先生。有诗作传世。(0038 卷 5,0033 卷 6)

叶政 又名公政,字克明。元淮阴(今属江苏)人。初为江浙行省幕史,善建白。顺帝至正十一年(1351)随左丞孛罗帖木儿讨海盗,次年随平章伯颜帖木儿征湖广。(0158 卷 28,0101 卷 23,0075 学行典卷 240)

叶荣 元成宗大德二年(1298)任吴江州提控案牍。(0954 卷 17)

叶亮 字明大。元乐清县(今属浙江)人。有诗作传世。(0504 戊上)。

叶恒 字敬常。元鄞县(治今浙江宁波)人。顺帝时以国子生释褐授余姚州判官,至元四年(1338)重修海堤,造福民众。后历任翰林国史院编修官、国子助教、盐城县知县。有诗作传世。(0880 卷 28、37,0504 丙,0062 卷 27)

叶起 字振卿。元永嘉(治今浙江温州)人。撰有《丧礼会纪》,今佚。(0147 卷 11)

叶留 字景良,号友竹。元处州(治今浙江丽水)人。撰《为政善报事类》十卷。有诗作传世。(0143 外集,0514 前集 2)

叶益 字德谦。元温州平阳(今属浙江)人。顺帝至正年间以文学举为处州路录事司判官。(0889 卷 8,0075 学行典卷 240)

叶祯(1286~1339) 字仲贞。元杭州人。文宗天历年间泥金书《大藏经》,祯以善书应募。后授儒学官,不就。(0411 卷 42)

叶闾 字昌父。宋元之际金华(今属浙江)人。宋末知南康军,恭帝德祐元年(1275)降元。工书法,受鲜于枢赞赏。(0154 卷 19,0411 卷 39)

叶瑛(1327~?) 字元英。元寿昌(治今浙江建德西南)人。顺帝至正十三年(1353)乡试备榜。次年任归安县儒学教谕。(0559 卷 18)

叶琛 又名伯颜,字景渊。元丽水(今属浙江)人。顺帝至正四年(1344)任歙县丞。历任青田县尹、摄婺源州事、摄处州路同知,升浙东宣慰副使。十八年,改处州路治中,明兵至,避居建宁。二十年,应征至建康(今南京),授营田司佥事。二十二年,迁洪都知府,降人复叛,被执不屈死。(0020 卷 128)

叶森① 字茂叔。元高邮(今属江苏)人。成宗大德六年(1302)任淮安路儒学正。(0142 卷 13,0558 卷 19)

叶森②(1265~1322) 字仲实。元江阴(今属江苏)人。历任盐官州、新喻州判官,上高县知县,所至有政绩。英宗至治二年(1322),调任兴国知县,命未下死。(0002 卷 229)

叶森③ 字景修,号芸斋。元钱塘(治今浙江杭州)人。早年从吾丘衍游,后登赵孟頫之门。工诗,有诗作传世。(0106 卷 1,0075 文学典卷 90,0033 卷 14)

叶森④ 元泉州(今属福建)人。事亲笃孝,诏表其门闾。(0001 卷 197)

叶雋 字良弼。元松溪(今属福建)人。叶景仁之子。顺帝至正十五年(1355),景仁率兵征讨闽中反元队伍死,雋倾家赀募壮士从间道入反元队伍驻境,杀其帅,载父尸归还。事闻,授以南丰州同知,力辞不就。庐父墓侧,自号湛庐樵者。(0902 卷 128,0002 卷 232)

叶庸 字子中。元杭州人。叶李之孙。顺帝时以荐入国子学为生员。(0438 卷 3,0414 卷 3)

叶瑞(1347～1331)　字宗瑞。元金溪(今属江西)人。以荐授辽阳路儒学教授。后历任大宁路儒学教授、湖口县主簿、抚州乐安务提领。以江西儒学副提举致仕。(0250 卷 50)

叶颙①(1300～?)　字景南。元金华(今属浙江)人。隐居不仕。居于艾蓉峯顶,自号云鶊天民,寄情吟啸,有诗集《樵云独唱》六卷。(0503 初集辛,0298 卷首、卷末)

叶颙②　又名永,字伯昂。元吴县(治今江苏苏州)人。元末中乡试,授和靖书院山长。后挟策赴大都(今北京),道梗阻,流落濠、亳之间。入明不复求仕,客死于长兴(今属浙江)。有诗作传世。(0534 卷 45,0075 氏族典卷 549,0504 庚上、辛上)

叶衡　字仲舆。元德兴(今属江西)人。顺帝至元三年(1337)任兴化(治今福建莆田北)知县,有政声。(0905 卷 3、4,0254 卷 4、7、9)

叶懋　字德新。元鄱阳县(治今江西波阳)人。叶兰之父。历任嘉兴路总管。能诗,有诗一卷附叶兰《寓庵诗集》刊行。(0896 卷 116)

叶瓒　字賛玉。元上饶(今属江西)人。乡贡进士。曾任月泉书院山长。(0506 卷 3528)

叶瓖　元婺源(今属江西)人。制龙尾砚精巧,素擅名。自元兵乱后,砚工久废,琢者日拙,识砚材者尤鲜。瓖制作精妙,数得异材于古残石堆中,后世诸工皆师其琢。(1143 卷 1223)

叶广居　字居仲,号自得。元嘉兴(今属浙江)人,寓居杭州。长于《春秋》。仕至江浙行省儒学提举。工诗,有诗作传世。(0896 卷 116、178,0504 庚上,0033 卷 22)

叶大立(?～1290)　元太平(今属安徽)人。世祖末年,集众百余人围攻宁国(今属安徽),被元军擒杀。(0001 卷 16)

叶大中　元仁宗延祐元年(1314)任江南行台管勾。(0632 卷 6)

叶大有　字谦甫。元休宁(今属安徽)人。陈栎甥。从栎学。(0059 卷 16,0071 卷 70)

叶大忠　元顺帝至元年间任宿州达鲁花赤。(0985 卷 11)

叶万五　元婺州(治今浙江金华)人。世祖后期,起兵反元。至元二十六年(1289),以众万人进攻武义县(今属浙江),杀元军千户一人。(0001 卷 15)

叶千林　元人。有诗作传世。(0504 癸上)

叶天祺　元处州(治今浙江丽水)人。历任义乌县(今属浙江)儒学教谕、镇江路儒学正。(0631 卷 17,0881 卷 12)

叶天瑞　元中叶人。善刻碑,至大五年(1312)同司□、刘□刻《济渎灵应记》。(1143 卷 1214)

叶天趣　元人。有诗作传世。(0504 癸上)

叶元善　元温州(今属浙江)人。历任嵊县(今属浙江)儒学教谕。(0880 卷 29)

叶文胜　元冠州(治今山东冠县)人。仁宗延祐三年(1316)任衢州路(治今浙江衢州)推官。(0878 卷 2)

叶水村　元人。有诗作传世。(0504 甲)

叶可权　字国衡,号平斋。元遂昌县(今属浙江)人。任遂昌县教官。有诗作传世。(0504 丁)

叶可观　元天台(今属浙江)人。善写真,尝写御容,授梵像监提举。(0158 卷 11)

叶仙鼐(?～1306)　元畏兀儿人。幼事忽必烈于藩府,从征大理。宪宗九年(1259),从攻鄂州(今武汉武昌),先登,夺其外城。世祖中统元年(1260),从征阿里不哥。三年,从征李璮。累功授西道都元帅、土蕃宣慰使。为土蕃宣慰使历二十四年,迁任云南平章。未几改任江西平章,镇压钟明亮起义。成宗即位,改任陕西平章,辞归陇右。谥敏忠。(0001 卷 133)

叶永茂　元常熟(今属江苏)人。以荐授海漕万户。(0947 卷 3)

叶尧龙　字友夔。元嘉定(今属上海)人。历任镇江路儒学正。(0631 卷 17)

叶如庵　元黄冈(今属湖北)人,儒医,诊治有方。撰有《伤寒大成易览》,此书受时人推崇,今佚。(1149 卷 263)

叶式捏(?～1273)　元世祖至元九年(1272),授安南达鲁花赤。次年卒。(0001 卷 209)

叶同孙　元仁宗延祐六年(1319)任庆元路(治今浙江宁波)判官。(0634 卷 1)

叶企颜　元上蔡县(今属河南)人。顺帝至正年间以统军元帅任翼城县(今属山西)知县。后升为泽州(治今山西晋城)知州。(0694 卷 5、13,0700 卷 6)

叶齐贤　元松陵(今江苏吴江)人。有诗作传世。(0504 戊上,0033 卷 10)

叶孙脱(?～1251)　又译也孙帖额,蒙古兀良哈氏,元太祖大将者勒篾之子,历仕太祖、太宗、定宗三朝。以勇猛著称,被太祖誉为“诸将之勇,无过也孙帖额,终日战而不疲”。蒙古建国(1206)后,以功任箭筒士千人长。定宗三年(1248),定宗卒,力主以太宗孙失烈门嗣位。宪宗元年(1251),以“诱诸王为乱”

罪被诛。(0009,0008 卷一第二分册、卷二,0001 卷 3)

叶孝塈　元天台(今属浙江)人。雅志好学,,善楷书。炼金石草木为丹剂,称精妙。(0163)

叶克斋　元人。有诗作传世。(0504 辛下)

叶应礼　元顺帝至正年间任兴化路(治今福建莆田)儒学教授。(0905 卷 3)

叶应槐(1317～1381)　字文举。元明之际临海(今属浙江)人。顺帝至正年间累官为平江路(治今江苏苏州)水军副万户。张士诚据吴,失官。明初与元故官俱被迁往开封。(0444 卷 14)

叶征翁(1272～1346)　字审言,号赘翁,又号曲全道人。元金华(今属浙江)人。历任吉水州儒学教授、晋江县主簿、婺州路司狱。有诗作传世。(0152 卷 33、3,0504 丙)

叶宋英　元临川(今属江西)人。有自度曲谱。今失传。(0006 卷 88,0075 文学典卷 86)

叶审思　号天根子。元金华(今属浙江)人。道士。文宗至顺二年(1331)尝游医无闾山。(0147 卷 4)

叶贯道　字公一。元瑞安(治今江西高安)人。元初战乱,乡野到处暴露尸骨;贯道拾聚埋之。(0062 卷 9,0075 学行典卷 191)

叶孟传　字拙修。元定海(治今浙江宁波镇海)人。隐居读书,邑诸生敬慕其学行,争相登门受业。(0877 卷 38,0062 卷 44)

叶宗仁　元星子县(今属江西)人。叶清叟之子。任白鹿洞书院山长。(1011 卷 13,0075 学行典卷 270)

叶宗海　元成宗大德二年(1298)任瑞州路(治今江西高安)儒学教授。(1016 卷 14)

叶荆材　元尤溪(今属福建)人。幼小时风采动人,丞相伯颜遇于道中,命从者载之于后车归。既长,登进士第,后官至总管。(0901 卷 69,0075 氏族典卷 549)

叶保翁　字宗茂。元休宁(今属安徽)人。顺帝至正十七年(1357),明兵下徽州,授以婺源州知州。二十四年,升为饶州知府,未几以诬罢任。卒年四十四。(0532 卷 20、83,0973 卷 6)

叶彦中　字大中。元松阳(治今浙江遂昌东南)人。历任江南行台架阁管勾。顺帝至正六年(1346)任海盐知州。(0115)

叶载采　元台州(治今浙江临海)人。英宗至治中任新昌县(今属浙江)儒学教谕。(0880 卷 29)

叶栖麓　元人。有诗作传世。(0504 癸上)

叶原杰　元祁门(今属安徽)人。任黟县儒学教谕。(1004 卷 5)

叶留耕　元福州(今属福建)人。泰定四年(1327),福州路举其天资颖悟,能通《四书》大义,以应童子举。诏命入国子学读书。(0001 卷 81)

叶清支　元天台(今属浙江)人,叶可观之子。善写真,绍其家传。杨维桢极称之,以为非徒得形骨而又得神明,不在顾恺之之下。(0158)

叶清友　元天台(今属浙江)人,叶可观之子。工写真,得可观家传。(0158 卷 11)

叶清叟　字澄心。元星子(今属江西)人。博学工诗。历任隆兴路、南康路儒学录。(1011 卷 13,0075 文学典卷 87)

叶维岳　元开化(今属浙江)人。文宗至顺元年(1330)任慈溪县(今属浙江)主簿。累迁为绍兴路判官。(0634 卷 2,0878 卷 11)

叶景仁　字天德。元松溪县(今属福建)人。顺帝至正十三年(1353)任浦城(今属福建)知县。闽中反元队伍起事,奉檄讨政和县(今属福建)西里寨,攻克之。后深入,以后援不继。为反元队伍所执,被杀。(0902 卷 100,0002 卷 232)

叶嗣孙　字本心。元黄岩(今属浙江)人。家居不求仕进。工诗。(0896 卷 181)

叶福孙　字君爱,自号兰坡居士。宋元之际三山(今福建福州)人,寓居杭州。宋末贡浙漕,入上庠。元初,以善琴被征召入朝,不仕而归。(0167 卷 33)

叶德之　元处州路(治今浙江丽水)人。任新昌县(今属浙江)儒学教谕。(0880 卷 29)

叶潜夫　字时升。元处州路(治今浙江丽水)人。世祖至元二十六年(1289)任丽水县儒学教谕。(0576 卷 10)

叶里迷失　元定宗长女,嫁赵忠襄王君不花。封赵国大长公主。(0001 卷 109、118)

叶谛弥实(1218～1287)　元朵鲁班氏。初为忽必烈藩府宿卫士,从征宋有功,授光州等处招讨使。后又从伯颜攻宋,下江西诸郡。宋亡,历任广西宣慰使、江西参政、江西宣慰使、福建参政、佥江西行院事。谥成毅。(0250 卷 51,0003 卷 96,0002 卷 161)

卢元(1210～1291)　元临颍(今属河南)人。太宗末年任郑州宣课长官,事办而民安。后辞归。(0144 卷 52)

卢升①　元世祖中统三年(1262)十二月,立河南统军司,统领东起亳州、西至均州诸万户;授河南统军副使。(0001 卷 5)

卢升②　字廷举。元高唐(今属山东)人。尝从杨维桢学。有诗作传世。(0158卷7,0504庚下)

卢氏①　元河南府路(治今河南洛阳)杨某妻。早寡不忍独生,以死从夫。事闻,元廷命褒表之。(0001卷200)

卢氏②　元冯翊(治今陕西大荔)人王义之妻。夫死,守志有节,元廷命旌其门。(0001卷200)

卢礼　字仲敬。元太平(今属安徽)人。文宗至顺元年(1330)任崇德(治今浙江桐乡南)知州,有政绩。(0871卷33)

卢亘(?~1314)　字彦威。元开州(治今河南濮阳)人。卢克柔长子。博学,善属文。以荐授翰林国史院编修官。历任应奉翰林文字、翰林修撰、待制。有诗作传世。(0503二集丙,0643卷6)

卢坚　元石匠作头,善刻碑,至元三十一年(1294)刻《密州重修庙学碑》。(1143卷1405)

卢佐　元仁宗延祐元年(1314)任高陵(今属陕西)知县。(0816卷4)

卢亨　元顺帝至正十年(1350)为御药院大使。以素习音律,是年受命教乐工四十二人,于三皇庙祭祀时各执其技。(0001卷77)

卢经　元陵川(今属山西)人。登进士第。历任四川行省儒学提举。(0694卷6)

卢信　元顺帝至正中任商州(治今陕西商县)知州,有政绩。(0801卷20)

卢昭　字伯融,元明之际闽人,侨居昆山(治今江苏太仓)。明初起为扬州儒学教授。(0042卷10)

卢垕　字公载。元黄岩(今属浙江)人。有诗作传世。(0504戊上)

卢柔　元昆山(治今江苏太仓)知州。(0928卷4)

卢挚　字处道,又字莘老,号疏斋。元涿州(今属河北)人。世祖至元年间历任陕西按察使、江东按察使(未几改为廉访使)、河南府路(治今河南洛阳)总管。成宗时入为集贤学士。未几出任湖南廉访使。后召为翰林学士。官至翰林学士承旨。善属文,与姚燧齐名。工古今体诗,与刘因并称。有《疏斋集》。又工散曲,贯云石称其曲词媚妩,如仙女寻春,自然笑傲。今存其所作小令一百二十首。(0002卷237,0503三集乙,0505)

卢贽　元世祖至元十三年(1276)为太府监令史,言于监官:各路所贡布长三丈,唯平阳加一丈,以是诸宿卫士争取平阳布;若截其长者,与他路等,则无所争,而以所截为髹漆宫殿器皿之用,甚便。监官从之。帝左右以其事闻,帝以诘监官,监官仓皇莫知所以对,归罪于贽,帝命斩之。符宝郎耶律希亮遇诸途,乃以冤告。希亮命少缓,具以实入奏。有旨命董文用谳之,竟获释。(0001卷180)

卢朔　字寒皋。元人。有诗作传世。(0504甲)

卢浩　字养元。元钱塘(治今浙江杭州)人。工诗,有诗作传世。(0872卷75,0033卷24)

卢祥　元人。有诗作传世。(0504辛下)

卢焕　元松江府(治今上海松江)人。有诗作传世。(0504辛上)

卢琦(?~1362)　字希韩。元惠安(今属福建)人。顺帝至正二年(1342)进士。十二年,任永春县(今属福建)知县,赈饥谨,止横敛,均赋役。既而讼息民安,乃新学宫,延师教子弟。文风大盛。是年,谕降邻县仙游反元队伍。次年,泉州大饥,就食永春者甚众;命分诸寺院及大家使食之,存活不可胜计。十四年,击退邻县安溪反元队伍进攻。十六年,调任宁德县(今属福建)知县。擢任福建盐课同提举。二十二年,迁任平阳(今属浙江)知州,未上任死。工诗文,有《圭峯集》。(0001卷192,0267附录,0902卷89)

卢琮　字廷玉。元真定(治今河北正定)人。国子生出身。历任安乡(今属湖南)知县、澧州路(治今湖南澧县)同知。(1053卷13)

卢景(1283~1343)　字彦远。元开州(治今河南濮阳)人。卢克柔次子。英宗至治二年(1322)任江阴(今属江苏)知州。历任衢州路、处州路总管。(0152卷23,0154卷15)

卢源　字子玉。元世祖至元年间任瑞州路(治今江西高安)总管。(1016卷18)

卢瑞　元世祖至元二十七年(1290)任户部主事。(0603卷4)

卢演　元太宗十一年(1239)高丽来蒙古汗廷使臣。高丽国礼宾卿。是年六月,奉高丽国王王瞮遣,充进奉使,奉表来蒙古汗廷。(0001卷208)

卢颙　字仲杰。元高唐(今属山东)人。卢升之祖父。历任榷茶都转运使。谥庄惠。(0275卷6)

卢镇　字子安。元淮南人。顺帝至正二十三年(1363)为领兵副元帅兼常熟(今属江苏)知州,重修《琴川志》十五卷行世。(0947卷5,0928卷4、41)

卢镕　元成宗时益都路(治今山东青州)石匠提领。大德十年(1306)刻《乐安县重修庙学碑》。(1143卷1408)

卢大用　元大都(今北京)人。泰定二年(1325)为镇江路真定翼下百户。(0631卷17)

卢大雅　元龙虎山道士。有诗作传世。(0504壬上)

卢天祥　元临颍(今属河南)人。卢元之子。世祖至元二十六年(1289)任福建按察使。后迁任信州路(治今江西上饶西北)总管。(1011 卷 11)

卢中仲　元淳安(今属浙江)人。有诗作传世。(0504 戊上)

卢从道　元江宁(治今南京)知县。(0632 卷 6)

卢公璿　元叙州长宁(今属四川)人。泰定中进士。(0846 卷 31)

卢允恭　元时历任金华(今属浙江)知县。(0881 卷 12)

卢文璧　字伯玉。元顺帝至正初任荆山(治今安徽怀远北)知县。(0101 卷 15)

卢世荣(? ~1285)　元大名(今属河北)人。世祖至元中,任江西榷茶运使。二十一年(1284),总制院使桑哥,荐其能理财裕国,帝召见,奏对称旨。十一月,与中书省臣廷辩,获胜,被擢为中书右丞,奉旨整治钞法,听民间买卖金银,江湖渔利听民采用。次年正月,奏言:天下岁课钞九十三万余锭外,不取于民,裁抑权势所侵,可增三百万锭。并建议:立市舶司于泉、杭,造船给本,令商人海外贸易,官收利七成;禁权势占产铁所,铸器官卖,获利买粟积于常平仓;各路立平准周急库,低息以贷贫民;免民间包银三年,逃移复业者免差税,减江南田主收佃客租一分。所采取措施,侵犯蒙汉权贵、地主、商人利益,官吏推行时利民之事难于落实,扰民之事不免滋生。为右丞未及半年,屡受弹劾。四月,被捕下狱。十一月,被处死。(0001 卷 205)

卢世權　元人。历任江宁(治今江苏南京)知县。(0632 卷 6)

卢可继　元人。历任庆元路(治今浙江宁波)儒学正。(0633 卷 2)

卢永年　字祥卿。元顺帝至正九年(1349)任福建海口盐场司丞。(0594 卷 12)

卢廷玉(? ~1358)　元顺帝至正中任千户,从余阙守安庆。十八年(1358)正月,安庆为陈友谅攻破,城中火起,被焚死。(0001 卷 143)

卢廷陵　宋元之际八番(今贵州惠水、长顺一带)土官。元世祖至元十六年(1279)接受潭州行省所遣两淮招讨司经历刘继昌招降,被任命为卢番静海军安抚使。(0001 卷 63)

卢行益　元道士。赐号冲靖灵妙凝真法师,任玄元万寿宫提点。(0146 卷 37)

卢汝霖　元顺帝至正二年(1342)任余姚(今属浙江)知州。(0880 卷 28)

卢师道　元钱塘(治今浙江杭州)人。善画山水,师法郭熙,其画秀劲有致。(0077 卷 9)

卢廷信　元时历任鄞县(治今浙江宁波)丞。(0633 卷 3)

卢廷瑞　字钧祥。元吴县(治今江苏苏州)人。历任浮梁州(治今江西浮梁)判官。年七十以临安(今属浙江)知县致仕。卒年八十七。(0313 卷 1)

卢克治(1250 ~1323)　字仲敬,号敬斋。元开州(治今河南濮阳)人。世祖至元十三年(1276)从军。宋平,授汉阳府判官。历任江西行省左右司都事、江浙都转运盐副使、常熟知州、江浙等处财赋都总管、溧水知州。以汉阳知府致仕。(0152 卷 31,0002 卷 229)

卢克柔　字仲立。元开州(治今河南濮阳)人。卢克治兄。历任佥枢密院事、河南行省参政。谥文昭。(0643 卷 6,0002 卷 229)

卢希古　元襄陵(治今山西襄汾西北)人。登进士第,授太常太祝。历任乡宁县尹、蒲县尹、国子助教。(0691 卷 9,0700 卷 7)

卢明理　元磁州(治今河北磁县)人。登进士第,授冀州录事。历任成安知县。升保定路推官致仕。(0762 卷 10)

卢宗文　字子敏。元增城(今属广东)人。文宗至顺年间任始兴(今属广东)知县。后升为广州路推官。(0589 卷 40)

卢宗贵　元时历任镇江路杂造局副使。(0631 卷 17)

卢益修　元天台(今属浙江)人。道士。善画水仙。(0030 卷 5)

卢铸颜　元泰定四年(1327)任金坛(今属江苏)知县。(0631 卷 16)

卢梦臣　元顺帝至正七年(1347)任余姚(今属浙江)知州。(0880 卷 28)

卢嗣宗　字起先,元时历任监察御史。(0296 卷 1)

卢僧孺(1302 ~1369)　字希文,号定斋。元开州(治今河南濮阳)人。卢景之子。顺帝至正六年(1346)任泉州路判官。十年,迁任宜兴(今属江苏)知州。(0458 卷 4,0296 卷 5)

卢端智　字可及。元常州(今属江苏)人。泰定四年(1327)进士。文宗至顺二年(1331)任兴化路(治今福建莆田)知事。(0235 卷 1,0905 卷 2、5)

卢震龙　元世祖至元中任奉化县(今属浙江)主簿。(0633 卷 3)

卢震则　元人。有诗作传世。(0504 辛下)

卢德元(1205 ~1260)　元易州(治今河北易县)人。太宗七年(1235)袭父职为易州太守。在任九年致仕。(0172 卷 5)

卢布鲁克(Gui llaume de Rubruquis,约

1215～1270） 又译鲁不鲁乞、鲁布鲁克、卢卜鲁克等。法国人。天主教方济各会教士。1253年，奉法王路易九世之命，往蒙古国境内传教，从阿克拉（在今巴勒斯坦境，时法王驻该地）出发，至伏尔加河畔谒见拔都。年底，抵达大汗蒙哥冬季驻地汪吉河（今蒙古翁金河）畔。次年春，随蒙哥至和林，秋，携蒙哥致法王国书西归复命。后用拉丁文写成出使报告，详述所经各地之地理、民族情况，及蒙古人衣食住行、宗教、习俗等情况，以及蒙古国都城、皇室、大臣等情况，为研究早期蒙古史、十三世纪中西交通史的重要原始资料。（1040卷61）

只必（1251～1301） 元蒙古札剌亦儿氏。木华黎弟不花之曾孙。幼嗜读书，习翰墨。世祖至元十四年（1277），袭父职为东平路总管府达鲁花赤，多善政，以廉洁称。尝出家藏书二千余卷，置东平庙学，使学徒研读之。后授江南湖北道按察使，改浙西道按察使。（0001卷119）

只列 元诸王。成宗元贞二年（1296）五月，土蕃反，杀掠阶州军民。奉命与脱脱、诸王铁木而不花等合兵讨之。（0001卷19）

只儿哈① 元仁宗延祐三年（1316）任江南行台照磨。（0632卷6）

只儿哈② 元文宗天历元年（1328）九月为陕西反文宗军统帅。是月二十五日，率小汪总帅、脱帖木儿万户等之兵，突出潼关，东掠阌乡，披灵宝，逼陕州、新安诸郡邑，放兵四掠，迤俪前进。（0001卷137）

只儿海 元仁宗近侍。延祐五年（1318）六月，奉旨分汰净州（治今内蒙古四子王旗西北）北地流民，其隶四宿卫及诸王、驸马者，给资粮遣还各部。（0001卷26）

只不干 元宗王。铁木哥斡赤斤之子，塔察儿之父。（0001卷107、134）

只必哥 元世祖近臣。至元二十二年（1285）十二月，奉旨考核云南行省。（0001卷13）

只里吉 蒙古克烈部人。王汗部将。曾与元太祖部将畏答儿对抗。太祖灭王汗，只里吉及其属民均被俘，太祖以只里吉属民一百户分与畏答儿之子，世代受其家族奴役。（0001卷121）

只里赤 元仁宗延祐元年（1314）为陕西屯田府达鲁花赤。是年二月，奉中书省批准委任，督工展修奉元路泾阳县（今属陕西）洪口石渠。（0001卷65）

只儿瓦歹① 元顺帝至元四年（1338）四月至六年初为中书平章政事。后罢任为翰林学士承旨。六年二月，奉诏往柳林，黜中书大丞相伯颜为河南左丞相。（0001卷39、113、138）

只儿瓦歹② 元顺帝至正年间任莱州（今属山东）达鲁花赤。（0727卷2）

只儿瓦台① 又译只儿火台、只鲁瓦歹、只里斡台等。元弘吉剌部首领，驻牧于应昌（今内蒙古克什克腾旗西北达里诺尔西）附近。元世祖至元十四年（1277）四月，响应昔里吉、脱脱木儿等宗王叛乱，起兵围攻应昌城，时皇女鲁国公主囊家真在围中。世祖急调诸王彻彻都、中书右丞博罗欢等率军讨之。叛王脱脱木儿等引兵东来，接应叛军，被元将土土哈等击退。叛军与元军战于牙里伴朵、怀剌合都（在今内蒙古苏尼特右旗东北阿其吐乌拉东北额尔敦宝力格）等地，大败，叛将失剌察儿被阿速军千户玉哇失擒斩。只儿瓦台败走，被中卫亲军总管移剌元臣追至鱼儿泊（今达里诺尔）擒获。此次叛乱遂被平定。（0001卷121、128、132、149等）

只儿瓦台② 元泰定二年（1325）任江南行台管勾。（0632卷6）

只儿瓦台③ 元解州色目人，祖先西域板勒纥城（今阿富汗北部巴尔赫）人。伯德那之子，察罕之弟。元中叶任宝庆路（治今湖南邵阳）达鲁花赤。（0011卷91）

只儿瓦斛 元顺帝至正十六年（1356）任高平县达鲁花赤。（0694卷5）

只儿合郎 元大德十一年（1307）七月，武宗即位后，由御史中丞升为御史大夫。至大二年（1309）十月，改任知枢密院事。三年三月，出任陕西平章政事。（0001卷22、23）

只儿哈忽① 元中叶马塔哈儿哈地方皇家牧马场大斡耳朵（帐殿）位下所属人员。（0001卷100）

只儿哈忽②（？～1353） 元顺帝时亲王。至正十三年（1353）七月，死于军中，元廷以其子宝童继袭王爵。（0001卷43）

只儿哈郎①（？～1300） 元蒙古篾儿乞氏。世祖至元二十四年（1287）授太仆卿。成宗元贞元年（1295）擢御史大夫，兼太仆卿、西域亲军都指挥使司达鲁花赤。（0002卷152）

只儿哈郎② 元成宗大德十年（1306）任公安县（今属湖北）达鲁花赤。（1042卷6）

只儿哈郎③ 元成宗大德末年为通政院使。（0001卷136）

只儿哈郎④ 元延祐七年（1320）五月，英宗即位后，授中书参知政事。十二月，升为右丞，任至至治三年（1323）十月。（0001卷27、112）

只儿哈郎⑤ 元英宗至治元年（1321）六月，由上都留守改任中书平章政事。二年五月，又改任御史大夫。十二月，转任知枢密院事。（0001卷27、28、112）

只儿哈郎⑥ 元诸王。天历元年（1328）九月文宗即位后，自恩州来朝。（0001卷32）

只儿哈郎⑦ 元天历二年（1329）四月，

由元明宗授为甘肃行省平章政事。(0001 卷 31)

只儿哈郎⑧(？～1330)　元人。文宗至顺元年(1330)为通政院使。是年六月,以与知枢密院事阔彻伯、脱脱木儿等谋废文宗立明宗太子,被处死。(0001 卷 34、38)

只儿哈郎⑨(？～1353)　元顺帝时亲王。至正十三年(1353)八月,率军讨捕金山反元队伍,死于军中,帝命其子秃鲁帖木儿入备宿卫。((0001 卷 43)

只儿哈朗　元答答叉氏。脱因纳之子。初授钦察亲军千户所达鲁花赤。后改授通政院副使,历同知,升通政院使。(0001 卷 135)

只儿斡带　元宪宗二年(1252)十二月,奉旨掌传驿所需。(0001 卷 3)

只儿瞰伯　元顺帝时郡王。至正十五年(1355)六月,奉命与湖广行省右丞卜兰奚同攻讨河南红巾军。(0001 卷 44)

只干不花　元泰定三年(1326)为湖广屯戍千户。是年十二月,招降扶灵洞蛮刘季等。(0001 卷 30)

只而瓦台　元顺帝至正二年(1342)五月,由江浙行省平章迁任河南行省平章。(0001 卷 40)

只而合忽　元成宗大德七年(1303)十月起,任知枢密院事。武宗即位,以其昔尝有不逊语于武宗,将置于法。康里脱脱谏曰:陛下新正位,大信未立而辄行诛戮,恐人人自危;况只而合忽习于先朝典故,今固不可少。乃宥之。继而,诏大宴察八儿及所率西北内附诸王,脱脱荐只而合忽敷宣王度,予诸王以告戒;称旨。(0001 卷 21、138)

只而合郎　元成宗元贞元年(1295)正月,由太仆卿擢任御史大夫。(0001 卷 18)

只里瓦斛　元蒙古忙兀氏。忙哥之孙。袭封为郡王。(0001 卷 121)

只纳失里　元仁宗延祐五年(1318)任鄞县(治今浙江宁波)达鲁花赤。(0634 卷 2)

只鲁花真　元蒙古族妇女。年二十六,夫忽都病死,誓不再嫁,孝养翁婆逾二十五年。其翁婆死,尘衣垢面,庐于墓终身。世祖至元年间旌之。(0001 卷 200)

只儿哈答儿　唐其势之母舅。元文宗至顺二年(1331)七月,坐罪当流远,以唐其势舅氏故,释之。(0001 卷 35)

只儿海迷失　元世祖时为蒙古右千户。至元二十二年(1285)二月,徙于其分地泉州。(0001 卷 13)

只必帖木儿　又译制必帖木儿等。元宗王。太宗子阔端之子。中统元年(1260),归心世祖。阿里不哥党阿蓝答儿、浑都海叛于甘、凉,王辎重被掠一空,率所部就食秦、雍。二年,火都叛于土蕃点西岭,奉诏与巩昌元帅李忽兰吉追击擒之。时王袭统父军,专制河西,其下颇横暴,行省郎中董文用辄以法裁之。有言王用管民官太滥者,至元二年(1265)二月,有诏省并之。九年,诏命王设断事官于中兴行省。是年,王筑新城成,赐名永昌府(今甘肃永昌县),后升为路,降西凉府为州隶之。自此人呼为永昌王。十二年三月,奉旨遣所部从西平王奥鲁赤征土蕃。十七年四月,王请于其各投下设官,帝不从。二十年,王请括阅常德分地民户,帝不许;十一月,又请于其永昌分地二十四城自设管课官,亦不从。又请立拘榷课税所,其长从都省所定,次则王府差役,元廷从之。元廷尝收其西凉州田租隶官,武宗至大三年(1310)八月,以王老且贫,仍以田租赐之。未几,病死,年逾七十。(0001 卷 4～12、107、126、148、162 等,0003 卷 37)

出伯　又译术伯、术白。元宗王。察合台孙阿鲁忽之子。世祖至元中降元。至元二十年(1283)起,率军与西北叛王海都、笃哇等军战于斡端(今新疆和田)、可失哈儿(今新疆喀什)等地。至元末叶至成宗大德初年,驻军于曲先塔林(今库车及塔里木河流域)、火州(今吐鲁番东)一带。后火州为笃哇攻占,退守哈密力(今哈密)及瓜、沙洲一带。大德八年(1304),封威武西宁王。十一年,武宗即位,进封豳王。(0001 卷 15～23、108)

出卑(？～1259)　元宪宗第三皇后。宪宗九年(1259),从宪宗南征四川。九月,死于六盘山。(0001 卷 106)

出春伯　元驸马。世祖至元二十七年(1290)七月,与布四麻、当先别乞失等叛于漠北,掠四怯薛(禁卫军)牛马畜群,劫灭烈太子昔博赤(鹰夫)及斡脱、布伯各投下民殆尽。被元将明安率兵追击于汪吉昔博赤城(在今蒙古国翁金河上游),败走。(0001 卷 135)

业母　元唐兀人。顺帝元统元年(1333)进士买住曾祖父。历任县达鲁花赤。(0011 卷 60)

业里讫纳　元太宗之妃,太宗第七子灭里之生母。(0001 卷 106)

旦只儿(？～1289)　元蒙古塔塔儿氏。世祖至元七年(1270),从元军攻四川,败宋军于马湖江。九年,从征建都(今四川西昌一带)蛮。十一年,从攻嘉定,败宋军于夹江。又从攻下泸、叙诸州,进围重庆。泸州复反元。十四年,从诸军攻拔泸州,累功授管军千户。十八年,从征斡端(今新疆和田),至甘州,升为总管。次年,至斡端,击败叛王兀卢等。二十年,击败叛王八巴,升为副万户,还戍长宁军。二十六年,授平阳等路万户府达鲁花赤,卒。(0001 卷 133)

田二　元世祖至元后叶军官,从征占城(今越南中、南部),自占城逃归。至元二十二年(1285)十二月,有旨复其旧职,从征日本。(0001 卷 13)

田丰(？～1362)　元顺帝至正中,为元镇守黄河"义兵"万户。至正十七年

(1357)七月,叛元,归附大宋红巾军,攻破济宁路,旋败走。九月,占据济、濮,进攻东昌,被击走。十八年正月,攻占东平路。二月,攻占济宁、东昌。四月,攻破广平,大掠,退保东昌。十一月,攻占顺德路。二十年三月,攻占保定路。四月,杀死来招降之元使乐元臣。二十一年八月,降元,从元军东讨。二十二年六月,与王士诚合谋,刺杀元将察罕帖木儿。十一月,被察罕帖木儿养子扩廓帖木儿俘杀于益都。(0001 卷 45、46、141)

田仁　元中叶思州(治今贵州务川县)土官。泰定四年(1327)十一月,授思州宣慰使。(0001 卷 30)

田氏①　元播州(治今贵州遵义)安抚使杨邦宪之妻。世祖至元十三年(1276)邦宪降元,未几死,子汉英方五岁。二十二年,田氏携汉英至上都(今内蒙古正蓝旗东北)觐见世祖,世祖命汉英袭父职为播州安抚使,赐名赛因不花。以汉英年少,次年,诏命田氏领播州安抚司事,封永安郡夫人。(0001 卷 14、165)

田氏②(1236～1320)　元济宁肥城(今属山东)人,女。嫁同村孙某,未几被弃,遂修道于古祠。后居任城极真观,有司上其道行,元廷易其观名为极真万寿宫,封悟玄参化妙靖真人。(0196 卷 9)

田氏③　元乾州(治今陕西乾县)妇女。少寡,誓不改嫁,戮力蚕桑以养公婆。事闻,元廷命褒表之。(0001 卷 200)

田允　元成宗大德元年(1297)为定海(治今浙江宁波镇海)知县。(0633 卷 3)

田甲　元顺帝至正十七年(1357)为行枢密院掾史。是年受赂事觉,匿奉元(今陕西西安)豫王邸,监察御史捕之急,逮系其母。陕西行台治书侍御史王思诚过市中,见之,曰:罪人不孥,况其母乎!令释其母,不从,思诚乃自劾不出。(0001 卷 183)

田贞(1307～1372)　字子贞。元永康(今属浙江)人。顺帝至正十七年(1357),反元队伍起于永康,贞组织地主武装抵御反元队伍。(0411 卷 14)

田安①　元世祖至元二十年(1283)为金坛(今属江苏)知县。(0631 卷 16)

田安②　元武宗至大元年(1308)为象山县(今属浙江)主簿。(0633 卷 3)

田寿　元燕人。世祖至元年间任临邑县(今属山东)知县。驻军以牧马供军为名,占据县内大量膏腴地。奉诏检核,得二十余万亩,悉归于民。(0600 卷 4,0075 氏族典卷 178)

田甫　字良辅。元冀宁(治今山西太原)人。世祖至元十七年(1280)任镇江路经历。二十年,得代离任。(0631 卷 15)

田闰(1223～1309)　字闰之。元中山(治今河北定县)人,田嗣叔长子子实之子。精易理及六壬之数。世祖伐宋,召问宋平之期,对曰丙子,后果然,欲官之,固辞。以子忠良贵,武宗至大二年(1309)授光禄大夫、司徒,封赵国公,命下而死。(0002 卷 242,0225 卷 19、2)

田郁①　元成宗大德七年(1303)任衢州(今属浙江)路推官。(0878 卷 2)

田郁②　元保定(今属河北)人。仁宗延祐中,任威州(治今河北威县)知州。(0669 卷 5)

田贤　元上元(治今南京)知县。留心民事,勤政弗怠,有治绩。(0632 卷 6)

田季　字策卿。元京兆(治今陕西西安)人。世祖至元初,任金(治今陕西安康)、洋(治今陕西洋县)二州观察副使。(0075 氏族典卷 178)

田泽①　元世祖至元二十三年(1286),授两淮万户府副万户。(1052 卷 10)

田泽②　元成宗大德六年(1302)任江南行台监察御史。十年,任南台都事。(0632 卷 6)

田泽③　元居延海(在今内蒙古额济纳旗北境)一带人。仁宗延祐中,为常德路(治今湖南常德)推官。著《洪范洛书辨》一卷,今佚。(1071 卷 1)

田泽④(1247～?)　字济民。元清苑(治今河北保定)人。仕至德州(治今山东陵县)知州,仁宗延祐四年(1317)以中山知府致仕,泰定二年(1325)犹在世。(0154 卷 10)

田泽⑤　元顺帝至正十一年(1351),任介休(今属山西)知县。(0693 卷 7)

田宝　元开州(治今河南濮阳)人。曾任新昌(今属浙江)知县。(0880 卷 28)

田复　元顺帝时大臣贺惟一(太平)故吏。至正九年(1349),惟一受诸御史诬劾,罢相为翰林学士承旨。既而,诸御史复诬劾惟一过失,惟一卧病不起,田复乃劝惟一自杀。惟一曰:“吾无罪,若自杀则诚有慊矣”,遂还奉元(治今陕西西安)故乡。(0001 卷 140)

田禹　元世祖至元五年(1268)三月,以“妖言”惑众,敕减死流放远方。(0001 卷 6)

田衎(1258～1313)　字师孟。元彰德(治今河南安阳)人,一作蒙城(今属安徽)人。初为中书省掾。累迁为刑部员外郎。后出任河间盐运副使。官至河中府知府。仁宗皇庆二年(1313)死,年五十六。善书画,多藏古法书名画,间画墨竹,学王澹游,颇得雅趣。有诗作传世。(0143 卷 9,0030 卷 5,0504 乙,等)

田胜　元顺帝至正二十八年(1368)为中书右丞相、分省山东也速之部将。是年,明军取山东,田胜从也速率军御于莫州(今河北任丘北),战败,军溃。(0001 卷 142)

田恂　元顺帝至元三年(1337)为庆元路

(治今浙江宁波)推官。(0634 卷 1)

田恪　字敬甫。元广平威州(治今河北威县)人。成宗大德十年(1306)为中牟知县。(0669 卷 6)

田耕　字仲耘。元吴郡(治今江苏苏州)人。有诗作传世。(0504 辛上)

田都　元泰定间为武强(今属河北)知县。(0645 卷 4)

田恭　元兖州(今属山东)人。成宗大德年间由宁海州(治今山东牟平)判官迁任安丘(今属山东)知县。(0726 卷 12)

田晋　元仁宗延祐初,任韩城(今属陕西)知县。(0806 卷 7)

田章　元成宗大德二年(1298),任吴江(今属江苏)州判官。(0954 卷 17)

田喜　金元之际保定清苑(治今河北保定)人。金宣宗贞祐元年(1213),蒙古军攻破城,屠居民。喜以身覆父,中两刀未死,被选为工匠得免。行次安肃,闻父死,遂归求父尸,发母冢合葬。(0075 氏族典卷 178,0002 卷 239)

田雄(约 1190 ~ 约 1247)　字毅英。金元之际北京(治今内蒙古宁城西)人。以骁勇善骑射知名,金末署军都统。元太祖十年(1215),降蒙古。从木华黎攻辽西,从平锦州张致之乱。又从攻河北、陕西、山西。十六年,累功授隰、吉州刺史。次年,授河中帅,听石天应节制。太宗初年,从征金,授行军千户。奉旨招纳河南降户十三万七千余。五年,授镇抚陕西总管京兆等路事。雄披荆棘,立官府,招徕降附,教民力田,京兆等路大治。后从攻宋四川夔、万等州。定宗即位(1246),入觐和林(今蒙古哈尔和林)。未几,病死,年五十八。后追封西秦王。(0001 卷 151)

田偕　元英宗至治初,任丹徒(今属江苏)知县。(0631 卷 16)

田温　元文宗至顺二年(1331)任荆门(今属湖北)知州。(1042 卷 6)

田滋①　字荣甫,元开封(今属河南)人。世祖至元二年(1265),由汴梁路知事人为御史台掾。十二年,任监察御史。次年,宋恭帝降,滋建言:江南新附,民情未安,加以官吏侵渔,宜立行御史台镇之。诏从其言。超拜江南行御史台侍御史。历两淮盐运使、河南路总管。成宗大德二年(1298),迁任浙西廉访使。平反县尹张彧被诬贪赃冤狱。十年,任陕西行省参政。时陕西不雨三年,民困苦。滋到任时大雨,即开仓以麦五千余石给小民之无种者,俾来岁收成偿还官。未几,病死于任。追封开封郡公,谥庄肃。(0001 卷 191)

田滋②　元世祖至元十四年(1277)任定海县(治今浙江宁波镇海)主簿。(0633 卷 3)

田谦　元濮州(治今山东鄄城北)人,田仲貌之子。英宗至治二年(1322)袭父职为镇江路顺德翼副千户。(0631 卷 17)

田愿　元真定(治今河北正定)人。世祖至元十五年(1278)任镇江路录事司达鲁花赤。成宗元贞元年(1295),迁任丹阳(今属江苏)知县。(0631 卷 16)

田墨　又作田墨施什用。元四川绍庆路(治今四川彭水县)所隶容未洞土官。武宗至大三年(1310)四月,纠合少数民族各部酋长,杀千户及戍卒八十余人,俘掠良民。后又攻掠麻寮等寨。元官府调兵讨捕,后遣千户招降之。十一月,墨降,元廷立黄沙寨,授墨为千户。(0001 卷 23)

田毅　元武宗至大年间任瑞州路(治今江西高安)提控案牍兼照磨承发架阁。(1016 卷 14)

田赟　元济宁(治今山东巨野)人。泰定二年(1325)任江南行台监察御史。(0632 卷 6)

田大成(? ~约 1265)　元世祖至元中为南京路(治今河南开封)总管。至元十二年(1265)二月,御史台臣劾其以弟妇赵氏为妻,废绝人伦,敕杖八十,三年不齿,时大成已死,乃惟杖赵氏八十。(0001 卷 8)

田大明　元北京(治今内蒙古宁城西)人。田雄之子。定宗时袭父职,知京兆(治今陕西西安)等路都总管府事。(0001 卷 151)

田万顷(? ~1295)　宋元之际土家族人。湖广辰、澧二州间泊厓洞首领。元世祖至元末降附于元,元廷以其地为施溶州,授知州。未几,反元。至元三十一年(1294),成宗即位,遣湖广平章刘国杰率军进讨。是年十二月,擒斩之。(0001 卷 162,0002 卷 248)

田也先(? ~1352)　元顺帝至正中江浙参政樊执敬从仆。至正十二年(1352),执敬与红巾军战,中枪堕地,也先驰救之,亦中枪死。(0001 卷 195)

田子中　元高阳(今属河北)人。元末隐居不仕,精通《毛诗》,时人称为毛经先生。(0649 卷 36)

田子贞　元四明(今浙江宁波)人。有诗作传世。(0504 辛下)

田子成　字成之。元中山(治今河北定县)人,田嗣叔第二子。勇悍多智略。元初从父攻城略地,身先士卒。言于元帅田镇海,留俘众有工艺者,镇海奏闻,从之。未几,粮饷不继,将屠俘众之老弱及不习工艺者。复进言:可散于河北,使自食其力,足以结人心。又从之。活二千余家,号种田户。太宗命其兄田子实为总管领之。子成佩父金符为弘州人匠总管。后致仕归。卒年七十。追谥武康。(0002 卷 153,0225 卷 2)

田天泽　元中山府(治今河北定县)人。田忠良之子。仁宗时为翰林侍讲学士、知制诰兼修国史。英宗时为太常礼仪院使。至治二年(1322)九月,奉旨与中书平章买闾、礼部尚书张埜、学士袁桷等会于都堂,议南郊祀事。(0001 卷 72、203)

田云童(? ~1307) 元磁州(治今河北磁县)民。成宗大德十年(1306)十二月,以弑母,被磔裂于市。(0001 卷 21)

田木西 金元之际人。元太宗二年(1230)十一月,授济南路征收课税使。(0001 卷 2)

田文进 田泽之子。元成宗大德年间袭父职为两淮万户府副万户。(1052 卷 10)

田文鼎(1211 ~1273) 字仲德,号蒙轩。元彰德(治今河南安阳)人。田衍之父。宪宗二年(1251),授彰德路课税所经历。世祖中统初,征召为河东行台幕官,未几罢任归。(0144 卷 49)

田永祚(1252 ~1305) 字吉卿。元藁城(今属河北)人。初为侍卫军掾。升詹事院掾。迁提举备用库使。累升徽政院中议。(0225 卷 17)

田仲珪 字瑞卿。元燕人。成宗元贞元年(1295)任济南少尹。(0240 卷 13)

田仲貌 元濮州(治今山东鄄城北)人。世祖至元二十九年(1292)任镇江路顺德翼副千户。英宗至治二年(1322)致仕。(0631 卷 17)

田守璋 元成宗大德二年(1298)任徽州路(治今安徽歙县)管军元帅副使。骁勇善战。(0075 氏族典卷 178)

田时佐 元成宗大德十一年(1307)任秘书少监。(0027 卷 9)

田秀实 元歙县(今属安徽)人。顺帝至正年间,任徽州路(治今安徽歙县)知事。(0972 卷 4)

田伯荣 元将。宪宗九年(1259),奉命率所部从宗王塔察儿攻荆山。(0001 卷 147)

田希吕 字志舒。元慈利(治今属湖南)人。隐居天门山。成宗大德中,创办书院讲学,授书院山长。(0075 氏族典卷 178,0072 别附卷 2)

田良辅 字君佐。元武陟(今属河南)人。成宗大德年间为中牟(今属河南)知县。(0596 卷 1)

田改住 元汶上县(今属山东)人。父病不能愈,祈祷于天,去衣卧冰上一月,以求父病愈。(0001 卷 197)

田若思 元曹州(治今山东荷泽)人。许衡私淑弟子。历任崇仁知县。(0072 卷 90)

田茂忠 元至大四年(1311)为恩州宣慰使。时播州南庐崩蛮攻掠内地,奉诏与播州宣抚使杨赛因不花率兵讨之。(0001 卷 165)

田忠良(1243 ~1317) 字正卿。祖先为平阳赵城(治今山西洪洞北赵城镇)人,金亡,迁于中山(治今河北定县)。好学,通儒家、杂家言,精占卜术,以术数言事辄验。世祖至元初,被刘秉忠荐于世祖,诏命其官于司天台。帝曰:朕用兵江南,困于襄樊,累年不决,奈何?忠良对曰:在酉年(癸酉,至元十一年)矣。至元十一年(1274)十月,有旨问忠良:南征将士能渡江否?劳师费财,朕甚忧之。忠良曰:明年正月当奏捷。十八年,特命为太常丞,未几升太常少卿。二十九年,升太常卿。成宗大德元年(1297),迁昭文馆大学士,兼太常太卿。武宗即位,封大司徒。仁宗即位,封光禄大夫,领太常礼仪院事。(0001 卷 203)

田居敬 元世祖至元二十年(1283)任秘书监典书。(0027 卷 11)

田居锡 元世祖至元年间任瑞州路新昌县(今属江西)丞。(1016 卷 14)

田荣祖① 元世祖至元三十一年(1294)为湖广行枢密院副使刘国杰部将。是年,湖广施溶州知州田万顷反。十月,国杰率军讨之,进攻施溶州,荣祖曰:“施溶,万顷之腹心,石农次、三羊峰,其左右臂,宜先断其臂,而后腹心乃可攻。”国杰从之,麾诸军攻拔石农次(治今湖南永顺东南),遂进拔施溶,擒斩万顷。(0001 卷 162)

田荣祖② 字继先,元中牟(今属河南)人。由吏入仕。历任四川行枢密院都事、陕西屯田经历、陕西行省都事、安西路判官,所至有政声。成宗元贞元年(1295)升为云南行省郎中。死于任期,年五十六。(0075 氏族典卷 178)

田荣祖③ 元文宗至顺二年(1331)任庆元路(治今浙江宁波)录事司判官。(0634 卷 2)

田济顺 元泰定初为临洮府(治今甘肃临洮)同知。(0801 卷 23)

田都帅 元初李璮部将。世祖中统三年(1262),李璮反,元诸军围攻璮于济南。元将董文炳至城下呼田曰:反者璮耳,其余来即吾人,毋自取死。田遂縋城降。田为璮爱将,既降,众乱,城遂被攻破。(0001 卷 156)

田惟贞 元仁宗延祐二年(1315)任秘书监著作佐郎。(0027 卷 10)

田惟贤 元思州(治今贵州务川县)安抚使。世祖至元中卒。(0201 卷 1)

田谋远 元酉阳(今属四川)州耸侬洞蛮首领。延祐七年(1320)反元起事,十月,元廷命地方官府招捕之。(0001 卷 27)

田景延 元清苑(治今河北保定)人。工篆、隶。善画山水、人物、花鸟,尤善写真。(0160 卷 19,0077 卷 18)

田景贤 宋元之际思州(治今贵州务川县)溪峒少数民族领主。宋恭帝德祐元年(1275)四月,授知思州、州团练使。元世祖至元十二年(1275)十二月,被元廷封为思州安抚使,许世绍封爵。十五年十二月,与播州(今贵州遵义)安抚使杨邦宪同请归还其宋旧借镇远、黄平二城,并撤戍卒,元廷不允。又请降诏禁戍卒毋扰思、播之民,元廷从之。(0001 卷 8、10)

田蛮儿(? ~1331)　元大都(今北京)人,泰定二年(1325)为镇江路彰德翼下百户。(0631 卷 17)

田阔阔　蒙古国时燕山(今北京)人。其父以医术侍奉成吉思汗,掌管太医,后持节行安抚事,征西域时战死。阔阔少年时受成吉思汗喜爱,赐名阔阔,任近侍,从征西域有功。不久,授金虎符,以提刑转运使镇朔方,调运军粮。元太宗经略河南、关右时,任护军,遇儒、释、道及方技人才,皆招集保护之。战后掌太医事,统领天下诸医,奏请诸路立惠民药局。太宗九年(1237),在燕京等十路设置惠民药局,与太医王璧、齐楫等出任局官。(0542 卷 395,0001 卷 96)

田嗣叔　字起宗。金元之际中山(治今河北定县)人。金末,河北战乱,聚众自保,后降于拖雷,授行军千户,率所部为先锋,号敢死军。与金兵遇于马黄陂,率部捣其中军,金兵大乱。伏发,为流矢所中,重伤死。后以曾孙忠良贵,追谥忠毅。(0002 卷 153,0225 卷 2)

田端子　元均州郧县(今属湖北)人。顺帝至正十一年(1351),响应徐寿辉等起义,亦聚众反元起义,杀官吏,被襄阳路达鲁花赤孛罗帖木儿率领地主武装捕斩。(0001 卷 195)

田德刚　元东平(今属山东)路人。曾任镇江路淮海书院山长。(0631 卷 17)

田德实　元世祖时军官。中统三年(1262)十月,奉诏以所管固安质子军九百十六户还元管地面屯驻。(0001 卷 99)

田德新　元河东(今山西)人。工画道释人物,尤长壁画。为名画工朱好古门人张遵礼之弟子。顺帝至正十八年(1358),与遵礼同画河中府(治今山西永济西南)永乐宫混成殿壁画。(1143 卷 171)

田先什用　元四川夔州路(治今四川奉节)容米洞少数民族首领。泰定元年(1324)十二月,联合九洞反抗元朝起事,四川行省遣使招降五洞,对其余四洞则发兵剿捕。三年四月,联合十二洞进攻长阳县(今属湖北)。湖广行省遣九姓长官彭忽都不花招降,率五洞降,湖广行省遂对其余七洞发兵讨伐。文宗至顺二年(1331)七月,与二十一洞少数民族首领同以方物朝贡,元廷遣还自各洞所虏生口八百余人。(0001 卷 29、30、35)

田驴什用　元顺帝至正中为师壁安抚司土官。率众反元。至正十一年(1351)四月降,元廷于其地立长官司、巡检司多所。(0001 卷 42)

田帖篾赤　元泰定四年(1327)任镇江路延陵巡检司巡检。(0631 卷 17)

田也速歹儿　元顺帝至正二年(1342)任奉化(今属浙江)州判官。(0634 卷 2)

田按摊不花　元文宗天历二年(1329)为定海(治今浙江宁波镇海)县尉。(0634 卷 2)

田曷剌不花　元思州(治今贵州务川县)少数民族首领。成宗元贞元年(1295)二月,至大都(今北京)朝觐。(0001 卷 18)

田晃忽而不花　元思州(治今贵州务川县)军民宣抚使。(0501 卷 12)

申元　元世祖至元末年为征行万户。至元三十年(1293)二月,随史弼、高兴等进至爪哇之杜並足(在今印度尼西亚苏腊巴亚西北班图),分军下岸,水陆并进。元充任陆行军前锋。(0001 卷 210)

申仁　元顺帝至正十四年(1354)为阳城县(今属山西)主簿。(0694 卷 5)

申氏　元冀宁(治今山西太原)人。李弘益妻。顺帝至正二十年(1360),红巾军攻破冀宁,申语弘益曰:君当速去,若红巾军入吾室,必以妾故害及君矣。言讫,投井死。弘益得免于难。(0001 卷 201)

申甫　元初为泽州(治今山西晋城)提举学校官。(0607 卷三集 31 册《元令旨五道石刻》)

申佑(1286 ~ 1360)　字君佐。元金华(今属浙江)人。文宗天历初,任余干州儒学教授。历任平江路(治今江苏苏州)录事司判官、德兴县主簿、湖广行省掾史,以永康知县致仕。(0414 卷 20)

申杲　字良辅。元真定(治今河北正定)人。顺帝至正中为松江(今属上海)知府。有爱民声。(0632 卷 9,0931 卷 23)

申荣　元顺帝至正二十八年(1368)为山东行省平章,守东昌。见列郡皆降于明军,告其父曰:"儿不能全忠孝矣,城中兵少不敌,战则万人之命由儿而废,但有一死报国耳!"遂自经。(0001 卷 47、196)

申杰　元世祖至元十年(1273),任秘书监令史,十六年,升为经历。(0027 卷 9、11)

申淑　元时高丽人。官至参知政事。有诗作传世。(0504 壬下)

申恕　字仲宽。元镇江路行大司农司令史。(0631 卷 17)

申敬　字敬先,河南南阳人,金元之际名医申仲康之子,继承家学,敏悟医理,切脉详审,用药精当。元世祖至元六年(1269)选为太医。常侍从世祖巡幸两都,北狩东征。曾治愈皇妃之病。出入内廷,世祖每有询问,皆直言不讳。帝赞曰:"汝身虽小,口甚辩博。"后受任御药院使,典司药石,修制御用汤剂。二十七年,任秘书监丞。成宗大德五年(1301),升秘书少监,仁宗皇庆元年(1312),任太常卿。其弟敏,大德(1297~1307)间任江陵(今属湖北)路医籍提举。(0144 卷 56,0225 卷 19,0027 卷 9)

申楫 元巢陵(今山东聊城西南)人。泰定三年(1326)由登州判官选授莱芜县知县。(0196 卷 4)

申大中 元高平(今属山西)人。成宗大德元年(1297)任陵川县(今属山西)主簿。(0694 卷 5)

申天泽 元世祖至元中任奉化县(今属浙江)主簿。后迁任崇仁(今属江西)知县。(0633 卷 3,1014 卷 8)

申从敬 元成宗大德年间任清河(今属河北)知县。武宗至大元年(1308),迁任江南行台监察御史。(0632 卷 6,0657 卷 3)

申世荣 元东平(今属山东)人。成宗大德五年(1301)任镇江路提控案牍。七年,得代离任。(0631 卷 15)

申仲和 善奏琴,任太常协律郎。元成宗元贞二年(1296),出任阳丘(治今山东章丘北)知县。(0240 卷 9)

申如鲁 元陵川(今属山西)人。登进士第。任卢州路(治今安徽合肥)推官。(0694 卷 6)

申志贞(1210~1284) 字正之。元太原人。全真道士,李志常弟子。居燕京长春宫,任道教提点。后道士与僧辩论失败,为落发为僧十七道士之一。(0040 卷 8)

申良佐① 字辅之。元益都(治今山东青州)人。世祖至元二十九年(1292)任镇江路提控案牍。成宗元贞元年(1295)离任。(0631 卷 15)

申良佐② 元武宗至大元年(1308)任衢州(今属浙江)路照磨。(0878 卷 3)

申良弼 元仁宗皇庆年间任瑞州路(治今江西高安)推官。(1016 卷 14)

申秉礼 元真定(治今河北正定)人。申杲之侄。顺帝至正后叶,继杲为松江府知府,遇水旱灾,能恤民情。民为立碑颂其德。(0931 卷 23,0925 卷 18)

申居仁 元成宗元贞元年(1295)任秘书监知印。(0027 卷 11)

申思佺 元世祖时高丽国王王禃所遣使臣,高丽国知门下省事。至元五年(1268)十二月,奉禃遣从元国信使黑的等赴日本。六年三月,奉禃遣奉表从黑的来元廷。(0001 卷 208)

申屠駉 字子迥。元寿张(治今山东梁山县西北)人。申屠致远第四子。寓居高邮。登进士第。擢监察御史。官至福建廉访司佥事。有诗作传世。(0212 卷 22、29、42,0072 卷 2,0504 乙)

申屠性 字彦德。元明之际诸暨(今属浙江)人。从黄溍学,致力《春秋》学。顺帝至正四年(1344)领乡荐,会试不利,授歙县教谕。历任郡县学官十余年。元亡不复仕。有诗集。(0419 卷 5,0075 氏族典卷 570,0072 卷 70)

申屠骐 元寿张(治今山东梁山县西北)人,申屠致远长子。曾任岭北湖南道肃政廉访司知事。(0001 卷 170)

申屠骊 元寿张(治今山东梁山县西北)人,申屠致远之子。曾任学官。(0001 卷 170)

申屠震 元诸暨(今属浙江)稽山书院山长。(0075 氏族典卷 570)

申屠澂 字仲敬。元诸暨(今属浙江)人,申屠性之子。元末征召为绍兴路教授,不赴。有诗作传世。(0075 氏族典卷 570、文学典卷 89,0504 戊上,0072 卷 70)

申屠衡 字仲权。元明之际人,原籍汴梁(治今河南开封),迁居长洲(治今江苏苏州)。元末客居潘原明处。明洪武三年(1370)征至京,授翰林修撰,以疾辞,明廷疑其不肯仕,流放于濠州而死。有诗作传世。(0622 卷 8,0033 卷 24,0072 卷 52)

申屠骥 元寿张(治今山东梁山县西北)人,申屠致远次子。世祖至元年间任真州(治今江苏仪征)学录。(0955 卷 5)

申屠致远(? ~1298) 字大用。元东平寿张人,祖籍汴梁。初,肄业东平府学,与李谦、孟祺等齐名。宪宗九年(1259),忽必烈南征宋,被荐为经略司知事,军中机务,多所谋划。世祖至元七年(1270),任东平学官。十年,任太常太祝,兼奉礼郎。后任杭州总管府推事,平反冤狱数起。二十年起,任江南行台监察御史。江淮行省宣使郄显、李兼被平章忙兀台诬陷入狱,致远察知冤状,释之。又平反桑哥诬陷陈天祥冤狱。劾江西平章马合谋于商税外横征、忽辛籍乡民为匠户、卢世荣榷茶牟利。建言罢征占城、日本,铨选限以南北,优苦不均,宜考其殿最,量地远近,立为定制。著有《忍斋行稿》四十卷、《释奠通礼》三卷,已佚。(0001 卷 170)

申月忽帖木儿 元仁宗皇庆元年(1312)任衢州(今属浙江)路总管。(0897 卷 7)

史千 金元之际河津(今属山西)人。金末,木华黎军南下,率众迎降,授镇西元帅。元太宗时,从太宗围凤翔,又从蒙古军略汉中,取河南,俱有功。奉诏领平阳、太原两路兵戍关中,为田雄之副。后告老归,卒年七十二。(0551 卷 33,0002 卷 147)

史广 元世祖中统元年(1260)为华州尹。是年六月,奉京兆(治今陕西西安)四川宣抚使廉希宪道,与万户刘黑马等掩捕阿里不哥党刘太平、霍鲁海等于京兆,获之,悉置于狱。(0001 卷 126)

史午 元世祖至元二十九年(1292)任青阳(今属安徽)知县。成宗大德八年(1304)迁任慈溪(今属浙江)知县。(0633卷3,0622卷16)

史氏 元真定(治今河北正定)人,故相家女。连江县宁善乡巡检刘濬之妻。顺帝至正十三年(1353),江西反元队伍帅王善进攻福建,至罗源县,罗源与连江接壤,势将迫,史氏有才识,谓濬曰:事急矣,可聚兵以捍一方。于是尽出奁中物,募壮士百余,命仲子健率之。浃旬间,众至数万。(0001卷195)

史文 元仁宗延祐元年(1314)任灵石(今属山西)知县。(0693卷7)

史吉 元大都(今北京)人。世祖至元二十五年(1288)十一月,请立桑哥德政碑,帝从之。于是翰林制文,题曰《王公辅政之碑》。(0001卷15、205)

史权 字伯衡。元永清(今属河北)人。史天倪次子。初为权万户,随叔天泽南征宋。宪宗二年(1252),代天泽为万户。四年,屯军邓州,败宋将高达于樊城。九年,从忽必烈攻宋。中统二年(1261),授江汉大都督。至元六年(1269),献征南策,建议先取樊城,襄阳可不战而降。七年,败宋军于荆子口。又败宋夏贵水师。未几,解军职,改任真定路总管。后迁任东平路总管。又迁任河间路总管。死后谥武穆。(0001卷147、4,0144卷64)

史异 元世祖至元二十一年(1284)任开化县(今属浙江)教谕。(0878卷3)

史杠 字柔明,号橘斋。元永清(今属河北)人。史天泽第四子。世祖至元十年(1273)任秘书少监。后出任提刑按察使。二十九年,任湖广行省左丞。(0145卷7,0027卷9,0001卷155)

史杞 元永清(今属河北)人。史天泽第五子。历任卫辉路总管、淮东廉访使。(0004卷11,0001卷155)

史灿 元真定(治今河北正定)人。成宗大德八年(1304)任镇江路总管,十一年,得代离任。(0631卷15)

史炀 元永清(今属河北)人。史天倪孙,史楫之子。曾任广西按察司佥事。(0001卷147)

史枢(1221~1287) 字子明。元永清(今属河北)人。史天安之子。初以勋臣子授中山府知府,有治绩。宪宗四年(1254),任征行万户,戍唐、邓。八年,与叔天泽从宪宗攻四川,攻降宋剑州。九年,从天泽击败吕文德于嘉陵江,追至重庆而还。世祖中统二年(1261),与天泽从世祖北征阿里不哥。三年,从天泽征李璮。至元七年(1270),率军镇压高丽人金通精等珍岛起事。十二年,从伯颜攻宋。十三年,任安吉州安抚使。二十三年,任山东宣慰使。次年死。(0001卷147)

史郁 字文卿。元景州东光(今属河北)人。历任雄州归信(治今河北雄县)知县、河间宁津(今属河北)知县,有政绩。((0196卷9)

史忠 字良臣。金元之际蠡州博野(治今河北蠡县)人,史弼之祖父。元初以荐为蠡州管匠提领。卒年八十五。(0144卷47)

史经 元保定(今属河北)人。顺帝至元二年(1336)任江南行台监察御史。(0632卷6)

史荣 元永清(今属河北)人。史格之子。世祖至元二十八年(1291)格死,荣袭父职为邓州旧军万户。(0001卷155,0002卷138)

史贵 元晋宁(治今山西临汾)人。居丧庐墓。元廷旌表其门。(0001卷197)

史恪 元汴梁(治今河南开封)人。居丧庐墓。元廷旌表其门。(0001卷197)

史炫 元永清(今属河北)人。史天倪孙,史楫之子。曾任常德管军总管。(0001卷147)

史埙① 元永清(今属河北)人,史燿之子。成宗大德九年(1305)任枢密院断事官。武宗至大三年(1310)迁任瑞州路总管。仁宗延祐元年(1314)改任常州路总管。泰定年间任江西行省左丞(0205卷下,0622卷10,1016卷14)

史埙② 元真定(治今河北正定)人。至大四年(1311),仁宗即位,任镇江路录事。(0631卷16)

史埙③ 元文宗时为后卫亲军指挥使。至顺二年(1331)正月,奉命往四川行省调军官选。(0001卷35)

史桓 元真定(治今河北正定)人。世祖至元十六年(1279)任镇江路达鲁花赤。(0631卷15)

史格(1234~1291) 字晋明。元永清(今属河北)人,史天泽长子。元世祖时,初为邓州旧军万户,后代张弘范为亳州万户。从攻襄阳。又从阿术渡江,败宋将程鹏飞。从阿里海牙攻克潭州(今湖南长沙),又攻占广西十八州、广东三州。升广西宣抚使,改广南西道宣慰使。追降反元队伍首领苏仲。宋将曾渊子据雷州,格进兵攻走之。张世杰悉众来围攻雷州,城中绝粮,格漕钦、廉等州粮给之,世杰解围去。拜参知政事,后升为湖广右丞,又升平章政事。(0001卷155,0501卷62)

史铎(?~1310) 字振之。元燕(今北京一带)人。曾任江西榷茶提领。(0212卷73)

史烜 字正明。元永清(今属河北)人,史天泽孙。仁宗延祐年间任广德(今属安徽)路总管。(0580卷10,0622卷17)

史烰① 元永清(今属河北)人,史枢之子。世祖至元二十八年(1291)任秘书少监。(0027卷9)

史烨②　元永清(今属河北)人,史天倪孙,史楫之子。曾任孟州知州。(0001 卷 147)

史祥　字君瑞。元丹阳(今属江苏)人。由小吏入仕。仕至杭州路提控案牍。(0631 卷 19)

史彬　元永清(今属河北)人,史天泽第八子。历任御史中丞、中书左丞。(0004 卷 11,0001 卷 155)

史梓　元永清(今属河北)人,史天泽第六子。曾任澧州路同知。(0004 卷 11,0001 卷 155)

史焕　元永清(今属河北)人,史枢之子。曾任后卫亲军都指挥使。(0001 卷 147)

史琬　元西华(今属河南)人。曾任新昌(今属浙江)知县。(0880 卷 28)

史琳　元人。有诗作传世。《元诗选癸集》收有其诗。(0504 丁)

史博　字约之。元乌程(治今浙江吴兴)人。好学,博极群书。世祖时远近交辟,皆不就。(0896 卷 192)

史棣　字子华,号潜斋。元永清(今属河北)人,史天泽第三子。历任中山知府、卫辉路总管。(0001 卷 155,0144 卷 8、28)

史鲁　字伯诚。元中州(今河南一带)人。从吴澄学。(0212 卷 7)

史弼(1233～1318)　字君佐,蒙古名塔剌浑。元蠡州博野(治今河北蠡县)人。通蒙古语,膂力绝人。应元世祖召,入侍左右。中统末年,授管军总管。从攻宋襄樊。至元十年(1273),破樊城有功,升副万户。十三年,取扬州,升扬州路达鲁花赤兼万户。十五年,升江淮行省参政。十七年,率兵镇压南康杜万一起义。二十六年,镇压台州杨镇龙反元队伍,行淮东宣慰使。二十七年,行浙东宣慰使,讨平处州反元队伍。二十九年,授福建平章,出征爪哇。次年,至爪哇,后元军遭爪哇军袭击,士卒死三千余人,退归。弼以丧师获罪,免职。武宗至大三年(1310),起为同知枢密院事,改任江西右丞。仁宗延祐五年(1318)升为平章政事,病死。(0001 卷 162、8～12、15～17、23、26、210 等)

史楫(1214～1272)　字大济。元永清(今属河北)人,史天倪长子。太宗十一年(1239),知中山府事。未几,迁任征南行军万户翼经略,从叔天泽攻宋蕲、黄州。十三年,随天泽觐见太宗,授真定兵马都总管。宪宗元年(1251),始征包银,楫请以银与物折,并减其额;又请立银钞相权法;诏从之。世祖中统元年(1260),授真定路总管、同判本道宣抚司事。谨身率先,明政化,汰贪墨,任贤良。所举州县佐史有文学者三十余人,后皆知名。李璮之乱平后,解职归。(0001 卷 147,0144 卷 54)

史端　元顺帝至元元年(1335)任奉化(今属浙江)知州。(0634 卷 2)

史煊　元永清(今属河北)人,史天倪孙,史楫之子。曾任潼关提举。(0001 卷 147)

史楷　元永清(今属河北)人,史天泽第七子。官至南阳府同知。(0001 卷 155,0004 卷 11)

史槐　元永清(今属河北)人,史天祥之子。袭父职为霸州御衣局人匠都达鲁花赤。(0001 卷 147)

史樟　元永清(今属河北)人,史天泽第二子。任新军万户,镇武昌。喜庄、列学,自号散仙。撰有杂剧《蝴蝶庄周梦》。(0029 卷上,0144 卷 9、19、66)

史熹　元成宗大德三年(1299)任江南行台监察御史。(0632 卷 6)

史燎　元真定(治今河北正定)人。至大四年(1311)任秘书监著作佐郎。(0027 卷 10)

史燉　元仁宗延祐六年(1319)任江南行台监察御史。(0632 卷 6)

史燧　元永清(今属河北)人,史天倪孙,史楫之子。曾任同知东昌府事。(0001 卷 147)

史燮　元真定(治今河北正定)人。以世勋为岳州路总管。(1053 卷 13)

史燿(1256～1305)　字焕卿。元永清(今属河北)人,史权之子,过继为史格之子。初由行省授千户,从参政崔斌破赵宣机反元队伍。后从格平定广东西州县,以功授潭州路同知。讨平肇庆赵都,历广东宣慰副使。至元后叶,改浙东宣慰副使,镇压柳世英、杨镇龙、娄蒙才等反元队伍。至元二十九年(1292),授福建平章。成宗时,历任江浙、湖广、江西左丞。后召入为大司农。(0145 卷 16,0154 卷 10,0002 卷 138)

史天安(1199～1255)　字全甫。元永清(今属河北)人,史秉直第二子。元太祖八年(1213),随父降于木华黎,为质子于蒙古军中。十二年,从蒙古军讨锦州张致,平之。十六年,从攻陕西,生擒鄜州骁将张资禄。二十年,兄天倪被武仙杀于真定,率众与弟天泽会师,攻走仙。以功授行北京元帅府事,抚治真定。太宗四年(1232),从攻金。六年,授权真定等路万户。(0001 卷 147)

史天泽(1202～1275)　字润甫。元永清(今属河北)人,史秉直第三子。元太祖八年(1213),随父降于蒙古军。二十年,兄天倪为武仙所杀,孛鲁承制命袭兄职为都元帅。乃与蒙古军逐走武仙。太宗元年(1229)入觐,受封为真定、河间、大名、东平、济南五路万户。四年,奉旨攻略汴京以东诸城。五年,率所部追围金哀宗于归德(今河南商丘南)、蔡州(今河南汝南)。金亡后,七年,率所部随皇子阔出攻宋枣阳、襄阳等城。九年,从宗王口温不花围攻光州,破其外城、子城,降复州,进攻寿春。宪宗二年(1252),任河南经略使，兴利除害，诛郡邑长贰尤贪横者二人，境内大治。八年，从宪宗攻四川。世祖中统二年（1261），拜中书右丞相，从征阿里不哥。三年，率汉军从蒙古军围攻李璮于济南，擒斩李璮。自请解史氏兵权，于是其子侄解兵符者十七人。至元三年（1266），任枢密副使。四年，改任中书左丞相。十年，与阿术攻破樊城。招降襄阳。十一年，与伯颜统率大军征宋，至郢州病，归真定。次年春，病逝，年七十四。谥忠武。年四十始读书，尤熟于《通鉴》，立论多出人意表。有知人之明，用人不疑。平居未尝自矜其能，拜相之日，门庭悄然。出入将相五十年，上不疑而下无怨，人比于郭子仪、曹彬。（0001 卷 155）

史天倪（1187～1225）　字和甫。元永清（今属河北）人，史秉直长子。太祖八年（1213），随父秉直降于蒙古军。统降卒从木华黎略地三关以南，至于东海。又选壮勇万人号清乐军，分兵略三河、蓟州，降诸寨。九年，从木华黎攻辽西高州、北京。十年，授右副都元帅，率部攻克平州（今河北卢龙）、大名。十二年，攻略太行山东诸郡。十四年，从木华黎攻河东，破绛州。十五年，收降真定武仙。受封为河北西路兵马都元帅，行真定府事；武仙为副职。十八年，攻略山西，克三关，率军至河卫。严实以兵来会，请自攻河卫，兵败，为金将完颜合达所擒；天倪遣冯存等率壮士一千三百伏击，救严实出。二十年，归真定，为武仙所杀，年三十九。（0001 卷 147）

史天祥（1191～1258）　元永清（今属河北）人，史怀德之子。元太祖八年（1213），随父与从伯父秉直降于木华黎。领丁壮万余，从蒙古军取霸州、文安等二十余城，东下淄、沂、密三州。九年，从攻辽西，拔惠和、金源、利、建等十五城。十年，与吾也尔攻降北京（今内蒙古宁城西）。讨平兴州赵守玉叛。进克中兴府。又从木华黎讨平锦州张致。十一年，拔盖、金、苏、复等州。十四年，权兵马都元帅，从攻河东，下平阳、岢岚、绛、石、隰、吉等八十余城。后招降真定武仙。从木华黎攻东平。十六年，从木华黎取绥德、鄜、坊等五十余城。十八年，授蒙古汉军兵马都元帅，镇河中。冬，从攻西夏，被射伤额。次年，归北京。太宗三年（1231），转漕河上，给饷诸军。四年，领汴京百工数千屯霸州。（0001 卷 147）

史元亨（1264～1317）　字太初。元永清（今属河北）人，史权之孙。世祖至元二十九年（1292），以大臣荐为东宫宿卫士。成宗元贞元年（1295）出任龙兴路同知。迁任黄州、婺州。有吏能，豪民诈乘驿，肆为奸利，绳之以法。婺州不产铜，言于行省，罢铸钱。仁宗延祐四年（1317）迁任饶州路同知，未赴任而死。（0205 卷下，0002 卷 138）

史韦卿（1276～1323）　字景贤。元鄞县（治今浙江宁波）人，宋宰相史弥远孙。家居不仕。（0146 卷 30）

史公珽（1302～1348）　字搢叟。元鄞县（治今浙江宁波）人。精易学，家居授徒数十年。程端学荐主甬东书院，不就。自号蓬庐处士。著有《蓬庐稿》、《易演义》、《象数发挥》。（0431 卷 43，0002 卷 238）

史公颐　元鄞县（治今浙江宁波）人。曾任上虞县（今属浙江）教谕。（0880 卷 29）

史文卿　字景贤，自号石窗山樵。元人。无意仕宦，善书法，翰墨清洒。（0146）

史文彬　字元章。元丹阳（今属江苏）人，史祥之子。文宗至顺年间为福建帅府令史。顺帝至正九年（1349）任昆山州（治今江苏太仓）知州。（0561 卷 2，0939 卷 12）

史光祖　元武宗至大三年（1310）为上高（今属江西）知县。（1016 卷 14）

史廷瑞　元溧阳（今属江苏）人。曾任国子学录。（0948 卷 4）

史廷珪（1247～?）　字贵质。仇远之友。（0213 卷 1）

史守礼　元世祖至元二十四年（1287）任江南行台监察御史。（0632 卷 6）

史进道（1179～1243）　字道远。金元之际永清（今属河北）人。元太祖八年（1213），与兄秉直降于木华黎。九年，从木华黎围北京（今内蒙古宁城西）。十年三月，北京城降。奉遣与吾也尔等攻兴州，守将赵玉降。以功进义州节度使。十一年，从木华黎讨平锦州张致反叛。招降广宁，奉命守广宁，不久改留守北京，任北京管民长官、都元帅。治北京十余年，轻徭薄赋，阖境安之。太宗六年（1234）致仕归。（0002 卷 138）

史志经（1202～1275）　字天纬。元绛州冀城（今属山西）人。全真道士，道号洞玄子。（0040 卷 8）

史孝德　元仁宗延祐五年（1318）任丹阳（今属江苏）知县。（0631 卷 16）

史克恭（1245～1279）　字子敬。元云中（治今山西大同）人。年十八袭父职任华州知州。后历任同州、乾州、葭州、秦州知州。（0145 卷 25）

史伯甫　元海州（治今江苏连云港西南）人。世祖至元二十一年（1284）任镇江路同知。二十六年得代离任。（0631 卷 15）

史伯颜　元河间（今属河北）人。英宗至治二年（1322）任镇江路卫辉翼下百户。（0631 卷 17）

史伯璿　字文玑。元温州平阳（今属浙江）人。精究《四书》，深得朱子本意。家居不仕，卒年五十四。著有《四书管窥》。（0002 卷 236）

史怀德（？～1215）　金元之际永清（今属河北）人。史天祥之父。元太祖八年（1213），随从兄秉直迎降木华黎于涿州。招徕丁壮万余，从攻河北、山东。九年，从攻辽西，拔惠和、金源、利、建、富庶等十五城。十年，进攻北京（今内蒙古宁城

西)，中流矢死。(0001 卷 147)

史范卿　元鄞县(治今浙江宁波)人。曾任上虞县(今属浙江)教谕。(0880 卷 29)

史和尚　元顺帝至正年间任抚州路(治今江西临川)同知。(1014 卷 8)

史秉直(1175～1245)　字正道。金元之际永清(今属河北)人。史天倪、史天泽之父。世为土豪。元太祖八年(1213)，率数千人赴涿州木华黎军前降，奉命管领降人家属，屯霸州，远近来附者十余万家。不久皆随木华黎军迁居漠北。九年，从木华黎攻北京(今内蒙古宁城西)。十年春，北京降，任北京路行尚书六部事，主馈饷。太宗二年(1230)，告老还乡。(0001 卷 147、155)

史秉彝　元顺帝至正年间任衡州路推官。(0622 卷 64)

史佾孙(1278～1375)　字列父。元鄞县(治今浙江宁波)人，宋宰相史弥远曾孙。元时，宋宰臣子孙多因门第补官，有劝其投牒自进者，不从。晚年甚贫，著书忘忧。(0411 卷 23)

史质夫　元顺帝至正二年(1342)为荆门(今属湖北)州学正。(1044 卷 17)

史性良　字显甫。元郓城(今属山东)人。官至中书平章政事。书法有晋人风度，亦能大字。(0031)

史诚道　元人。从许谦学。历任宝婺军千户。善草书，工画。(0317 卷 3)

史驹孙　字东父。元鄞县(治今浙江宁波)人。泰定元年(1324)进士，授国子助教。(0634 卷 2)

史春谷　元溧阳(今属江苏)人。善推算休咎。成宗大德年间客死当涂县(今属安徽)旅店。(0075 氏族典卷 400)

史显夫　元文宗末年、顺帝初年为御史中丞。素持重，不能与人周旋，监察御史劾其简傲，御史台掾逯鲁曾为之辩白于御史大夫。文宗死，皇后听政，受命与别不花、塔失海牙、阿儿思兰、孛术鲁翀共商论国政。(0001 卷 183、187)

史俊杰　元世祖至元十九年(1282)任衢州(今属浙江)路同知。成宗大德初年任永州路总管。(1052 卷 10，0878 卷 2)

史彦斌　元邳州(治今江西睢宁西北)人。嗜学，有孝行。顺帝至正十四年(1354)，黄河溢，坟墓多坏。母死，虑有后患，乃为厚棺然后葬。次年，墓果为水所漂，乃缚草人置水中，乘舟随草人所至，经十余日，行三百余里，草人止桑林中，视之，母棺在，载归复葬之。(0001 卷 198)

史晋伯　字昭父。元庆元奉化(今属浙江)人。世铅椠之业。(0142 卷 11)

史润祖　元京兆(治今陕西西安)人。曾任上虞县(今属浙江)主簿。(0880 卷 28)

史宾之　元顺帝至正年间任婺源(今属江西)知州。(0973 卷 6)

史继民　元招远(今属山东)知县，兴学化民，有治绩。(0622 卷 25)

史彬然　元高唐(今属山东)人。明宗潜邸谋士，尝劝明宗即位虎林，诏告天下，然后至京。明宗遇鸩，文宗搜逻谋者，乃变姓名客于云中张林处。顺帝即位后，授翰林应奉，宰相拘泥之，遂辞归。(0296 卷 6)

史惟良(1273～1347)　字显夫。元郓城(今属山东)人。甫逾弱冠，游京师，以荐为吏，历任大宗正府架阁库管勾、刑部员外郎、监察御史、中书右司员外郎等职。英宗时为南台都事、刑部郎中。泰定帝时任参议枢密院事、治书侍御史、吏部尚书、中书参政。文宗天历元年(1328)任中书左丞，深得文宗倚重，事必询之而后行。顺帝至正初，拜集贤大学士。(0152 卷 26)

史绳武　字正翁。祖籍眉山(今属四川)，家居长沙。元时尝为兴国县主簿，后为嘉兴路经历。(0147 卷 5，0244 卷 2)

史敬武　字彦刚。元溧阳(今属江苏)人。元末僻处隐居，教子读书。(0075 氏族典卷 400)

史景仁　字元甫，号玄圃。元余杭(今属浙江)人。道士。顺帝元统元年(1333)起，主持杭州龙翔宫。暮年举太乙宫黄崇大以自代。(0158 卷 23)

史景让(1271～?)　元真定(治今河北正定)人。历任崇仁、临川知县，有治绩。(0438 卷 2，1014 卷 8)

史檠卿　元四明(今浙江宁波)人。成宗元贞二年(1296)任武义(今属浙江)知县。(0881 卷 13)

史骡儿　元燕人，善弹琵琶，英宗宠爱之。英宗饮酒纵威福，无敢谏者。一日，英宗饮酒于紫檀殿，命骡儿弹而歌。骡儿歌殿前欢曲，有酒神仙之句，英宗怒，命左右杀之，其后悔曰：骡儿以酒讽我耳。(0296 卷 4 上)

史德归　字处厚。元世祖至元二十六年(1289)任秘书少监。成宗元贞元年(1295)迁任章佩太监、泉府司卿，仍兼秘书少监。大德十一年(1307)，升为秘书监。(0027 卷 9)

史忙古歹　元成宗大德二年(1298)任奉化州判官。五年，得代离任。(0633 卷 3)

史阔阔徒　元泾州(治今甘肃镇原东南)人。成宗大德年间任泾、邠二州都达鲁花赤。(0810 卷 5)

史也先不花　元成宗大德四年(1300)任秘书少监。(0027 卷 9)

冉氏　元世祖时人华迦叶弥儿(今克什米尔)人铁哥所娶汉人之女。铁哥为世祖宿卫士,年十七时,诏择贵家女妻之,辞曰:臣母汉人,每欲求汉人女为儿媳,臣不敢伤母心。帝乃为娶冉氏。(0001卷125)

冉琇(?~1262)　字温季。元琅琊山(在今山东诸城东南)人。好谈纵横术,为李璮幕客。世祖中统三年(1262),璮欲叛元,止之不听,乃南走渡江。后闻璮亡,东向三哭自刎死。(0513卷上)

冉瑛(1249~1316)　字晦卿。元奉元(治今陕西西安)人。以资产德行被选为奉元路千斯仓使。(0181卷7)

冉朝　元中叶酉阳(今属四川)土官冉世昌之子。延祐七年(1320)十月,奉世昌遣,率大、小石隄洞蛮入贡。(0001卷27)

冉大年　元广平(治今河北永年东南)人。文宗至顺三年(1332)任灵石(今属山西)知县。(0693卷7、11)

冉世昌　元中叶酉阳(今属四川)州土官。延祐七年(1320)十月,遣其子冉朝率大、小石隄洞蛮入贡。泰定元年(1324)七月,与思州平茶杨大车攻略小石耶、凯江等寨,元官府调兵捕之。三年七月,继续攻掠各地。(0001卷27、29、30)

冉守真　元太宗时大名路行尚书省事梁仲之妻。仲死,受命权行省事。(0001卷152)

冉德明　元世祖至元年间为夔府路(治今四川奉节)都道录院提点。(0554卷26)

同　号竹庵。元僧人。有诗作传世。(0504壬上,0033卷34)

仙童　元蒙古弘吉剌氏,按陈孙。女南必,为世祖继立皇后。(0001卷114、118)

仪肃　金元之际解州(治今山西运城西南)人。金末守虢州,以城降蒙古,授解州节度使。后致仕。卒年七十四。(0551卷30,0691卷9)

仪叔安　元解州(治今山西运城西南)人。仪肃之子。荫授解州同知。历任曲沃、隰州、修武、济阴等县知县。成宗元贞二年(1296)任溧水(今属江苏)知州。武宗至大(1308~1311)间累迁为台州路同知,后转任高邮知府。(0632卷6,0691卷9)

他令不罕　元将。世祖至元十七年(1280)正月,奉诏守建都(治今四川西昌),不得迁易。(0001卷99)

外剌带　元世祖至元二十七年(1290),为江西行省左丞。(0001卷13)

外家奴　元西域板勒纥城(今阿富汗北部巴尔赫)人,居解州(治今山西运城县西南)。察罕长子。曾任武冈路总管。(0011卷90)

外貌台　元蒙古札剌亦儿氏。拜延八都鲁之子,兀浑察之父。(0001卷123)

卯罕①　元宗王。太祖幼弟铁木哥斡赤斤五世孙。西宁王搠鲁蛮之子。(0001卷107)

卯罕②　元中叶阿剌忽马乞(约在今内蒙古阿巴哈纳尔、西乌珠穆沁二旗间)皇家牧马场哈剌赤(牧养皇家母马群,挤奶,搅制马奶酒进奉者)百户。(0001卷100)

卯罕③　元文宗近侍,天历元年(1328)十二月,授龙翊侍卫亲军都指挥使,分掌钦察军士。(0001卷32)

卯泽　元诸王。娶完者台公主。文宗至顺元年(1330)闰七月,封为永宁王,授金印,以所隶封邑岁赋赐之。(0001卷34、108、109)

卯真　元太祖妃子,居第四斡耳朵(帐殿)。(0001卷106)

印宝　元僧人,榆次(今属山西)康氏子。住持法典院。(0691卷10)

印简　即海云①。

印原(1295~1374)　字古先,元时来华日本僧人,日本相州藤氏子。为国中贵族,不慕世荣。年十三落发为僧,遍参诸师,咸无所证,乃奋然渡海来华。初谒僧无见于天台华顶,继参僧本明于天目山,久之忽有省悟。会僧清拙(澄)赴日本建法幢,邀之同行,遂返日本。返国后,专以流通大法、建佛寺为事,所建有丹州愿胜寺、津州保寿寺、江州普门寺、信州盛典寺、房州天宁寺等。复于建长寺之西创广德庵,命其徒守之。年剃度僧千余人,受法称弟子者不可胜计。临众端严,若未易亲,及闻其诲者,莫不悦服。(1144卷164)

令真巴　元松潘叠宕威茂州等处安抚司管内部落酋长,武宗至大二年(1309)受官府招降。(0001卷23)

仝士毅　元成宗大德元年(1297)任江南行台监察御史。(0632卷6)

仝文瑞　元睢宁(今属江苏)人。任兵部尚书,镇守潼关。以功晋秩元帅。(0075氏族典卷31)

仝承庆　字彦庆。元睢阳(治今河南商丘南)人。文宗至顺三年(1332)为秘书监知印。(0027卷11)

仝忽都答儿　元大都(今北京)人。仁宗延祐元年(1314)任镇江路录事。(0631卷16)

禾上　元畏兀儿人,中尚院使忙兀的斤曾孙。(0011卷52)

禾忽　又译火忽、霍虎、霍忽、火和。元宗王。定宗幼子。分地在大名路。元人称之为大名王。南平王秃鲁之父。母乃蛮氏，太宗乃马真皇后之妹。禾忽奉母游牧于叶密立河(今新疆额敏河)上，世祖中统元年(1260)，阿里不哥称大汗于漠北，胁其相从，遣将唆罗海镇守其地。禾忽心不平，欲与母东觐世祖。三年春，察合台后王阿鲁忽背阿里不哥，率军杀唆罗海，与禾忽同心归附世祖，合军退屯叶密立。六月，阿里不哥之将哈剌不花率军来攻，禾忽、阿鲁忽与战于不剌(今新疆博乐)，大败之，尽歼其众，函哈剌不花首，遣使奏捷于世祖。至元五年(1268)，受元廷赐予币帛数万匹。十二年，举反叛，掠河西诸城。十三年，被丞相安童率军击败，辎重尽失。(0001 卷 6、9、107、134、180，0003 卷 37)

禾颜帖穆儿　元顺帝至正十二年(1352)任福建廉访司照磨。(0594 卷 12)

失里　元世祖至元十四年(1277)为宣慰使，贪暴不法，掠良民为奴，被浙西按察副使张础劾黜。(0001 卷 167)

失邻　元公主。嫁蒙古斡勒忽讷惕氏术真伯驸马。(0001 卷 109，0008 卷 1)

失林　元甘州路人岳忽南妻。文宗至顺三年(1332)二月，元廷旌表其志节。(0001 卷 36)

失剌①　元诸王。泰定元年(1324)四月，泰定帝赴上都，奉旨与诸王宽彻不花等留守大都。三年三月，奉旨出镇北边。致和元年(1328)八月，率上都军进攻大都，与大都军战于宜兴(治今河北滦平北)，败走。文宗天历元年(1328)十一月，诏杖一百七，流放远地，籍没家资。(0001 卷 29、30、32)

失剌②　元唐兀人，世居宁夏。杨朵儿只之祖父。死后以孙贵，追封夏国公，追谥忠定。(0011 卷 58)

失班　元成宗时西北叛王之党。大德十年(1306)，与斡罗思等逃奔察八儿之地，武宗命篾儿乞氏伯颜追降之。(0001 卷 138)

失力吉　元宪宗妃，蒙古伯岳吾氏。(0003 卷 19)

失了歹　元世祖至元二十四年(1287)任江南行台监察御史。(0632 卷 6)

失列及　元将。世祖至元中，宗王脱脱木儿叛，奉帝命与亦乞列思氏忽怜讨之，大战终日，脱脱木儿败走。(0001 卷 118)

失列吉　元诸王。仁宗延祐五年(1318)，诸王不里牙敦叛，失列吉与诸王也舍等坐持两端，不助官军进讨。是年七月，被流放于湖广。(0001 卷 26)

失列门①　元也里可温(基督教徒)。大德十一年(1307)任秘书少监。(0027 卷 9)

失列门②(？～1320)　又译识烈门、失里门等。元仁宗皇庆、延祐间为徽政院使，为答己皇太后幸臣。延祐七年(1320)二月，仁宗已死，以太后命请更朝臣，为英宗制止。五月，英宗即位后，与岭北省平章阿散、中书平章黑驴、御史大夫脱忒哈、黑驴母亦列失八(答己宠幸)谋废英宗另立帝。拜住请鞫状，英宗恐答己太后有词，即命卫士悉擒斩之。(0001 卷 27、106、175、205 等)

失列门③　元阿速人。彻里之子。初为宿卫士。文宗天历元年(1328)，从击上都军，屡立战功。以功授阿速左卫亲军都指挥使司佥事。(0001 卷 135)

失列门④　元顺帝至正十二年(1352)闰三月，由湖广平章调任淮南行省平章。时杭州为红巾军攻破，失列门引兵往援，至采石，江南行台御史大夫纳麟遣使止之，告以宜先救宣城，并调典瑞院使脱火赤率蒙古军应之，遂大破红巾军，保全宣城。(0001 卷 42、142)

失列门⑤　又译失里门。元宗王。受封为齐王。顺帝至正十二年(1352)八月，献马一万五千匹于京师。十五年七月，奉命率军守曹州。(0001 卷 42、44)

失里门　元蒙古许兀慎氏。博尔忽之孙，月赤察儿之父。从世祖征云南，阵亡。(0001 卷 119，0002 卷 121)

失里牙　元泰定四年(1327)任衢州(今属浙江)路治中。(0878 卷 2)

失里伯(？～1281)　元蒙古人。莫剌合之子。初为枢密院断事官。后出任河南行省断事官。世祖至元七年(1270)，引水军四万攻襄阳。八年，击败宋范文虎援军。战于鹿门，与诸军擒宋将张贵。十年，迁任耽罗国招讨使。未几，奉旨入觐，改任管军万户，领襄阳诸路新军。十二年，从丞相伯颜渡江，破独松关，下长兴，取湖州，行安抚司事。十四年，授湖州总管，升淮西道宣慰使。十五年，以纵兵肆掠，俘及平民，被江南行台御史大夫相威奏告世祖执还扬州治罪。(0001 卷 133、8、10、128)

失里答　元将。世祖中统二年(1261)十月，宋兵攻泸州，失里答守御有功，受元廷赏赐五百两。(0001 卷 4)

失秃儿(？～1323)　元英宗至治三年(1323)为大司农。是年八月，参与杀害英宗。十月，泰定帝即位后，被泰定帝遣中书右丞相旭迈杰等处死于大都，其子孙被杀戮，家产被籍没。(0001 卷 28、29)

失都儿①　元诸王。世祖至元二十四年(1287)，从乃颜叛。是年六月，其所部铁哥率其党进向咸平府(治今辽宁开原北)，渡辽河，欲劫取豪、懿州(治今辽宁阜新东北塔营子村)，当地守臣以乏军向元廷求援。七月，其所部进攻咸平。宣慰使塔出从皇子爱牙赤出沈州(今沈阳)讨之，宣慰使亦儿撒合分兵进向懿州，其党悉被讨平。(0001 卷 14)

失都儿②　元英宗至治三年(1323)为怯薛官。是年八月，南坡之变，拜住遇害。铁失等并欲杀拜住从弟朵儿只，其从子朵儿直班走诣失都儿求免，以故朵儿只得免于难。(0001 卷 139)

失烈门　又译失列门。元太宗第三子阔出长子。自幼为太宗喜爱。太宗死，遗诏立失烈门嗣位。乃马真皇后称制，另立定宗贵由。定宗死，海迷失皇后称制，欲立失烈门继位，遭拔都等术赤后王及拖雷后王反对。拔都等定议立宪宗蒙哥。宪宗即位，失烈门图谋废宪宗。事败，被谪付忽必烈军前自效。后被宪宗杀害。(0002 卷 111,0008 卷 2)

失督儿　元世祖至元二十四年(1287)任江南行台监察御史。(0632 卷 6)

失里别吉　元世祖至元二十四年(1287)任江南行台监察御史。(0632 卷 6)

失你不花　元顺帝至正十八年(1358)任中书左丞。(0001 卷 113)

失怜答里①(？～1322)　元公主。英宗至治二年(1322)四月死，元廷赐与其家钞五万贯。(0001 卷 28、109)

失怜答里②　元成宗皇后。蒙古弘吉剌氏，斡罗陈之女。成宗即位前为元妃时早死。生皇子德寿。大德十一年(1307)六月武宗即位后，追谥贞慈静懿皇后，袝成宗庙室。(0001 卷 114、22、106)

失剌木丁　元顺帝至正十四年(1354)任威州(治今河北威县)达鲁花赤。(0669 卷 5)

失剌不花①　元辽阳(今属辽宁)人。世祖至元年间为隆平(治今河北隆尧)县主簿。(0670 卷 6)

失剌不花②　元至顺年间为知枢密院事。至顺末年，文宗、宁宗相继死，而燕铁木儿迟迟不立顺帝，失剌不花与知枢密院事撒儿的哥等谋诛燕铁木儿，为所诬贬。顺帝元统三年(1335)十一月，为其平反，召还京师。(0001 卷 38)

失剌不花③　元顺帝至元四年(1338)任上高县(今属江西)达鲁花赤。(1016 卷 14)

失剌不花④　元顺帝至正中任临城县(今属河北)主簿。(0645 卷 4)

失剌失里　元成宗大德二年(1298)任西安县(治今浙江衢州)达鲁花赤。(0878 卷 2)

失剌把都　元顺帝至正十三年(1353)为知枢密院事。是年六月，统率河南军，与统率四川军之平章答失八都鲁，自襄阳分道而下，同攻克安陆府。(0001 卷 43)

失剌浑台　元蒙古亦乞列思氏。阿失之子。尚宗王木南子之女亦勤真公主。(0011 卷 16)

失剌察儿　元世祖至元十四年(1277)为弘吉剌部首领只儿瓦台部将。是年四月，从只儿瓦台叛。与元将玉哇失战于怀鲁哈都(今内蒙古苏尼特右旗东北额尔敦宝力格)，战败，被擒斩。(0001 卷 132)

失烈兀歹　元世祖至元二十八年(1291)任江南行台监察御史。(0632 卷 6)

失剌拔都儿(？～1302)　元阿速人。月鲁达某之子。世祖至元十一年(1274)，从丞相伯颜南征宋，有功。还，充阿塔赤(管皇家骟马群者)。后授尚乘寺少卿、阿速千户。二十四年，从征叛王乃颜，力战有功。后从征叛王哈丹等，败之。又率军讨叛王脱脱，擒之。(0001 卷 135)

失吉忽秃忽　即忽都虎。

失剌唐吾台　元唐兀人，世居宁夏。杨朵儿只之父。元世祖时曾侍奉太子真金。死后以子贵，追封夏国公，追谥康靖。(0011 卷 58)

失剌帖木儿　元中后期任湖广行省参知政事。(0250 卷 16)

失烈帖木儿　元泰定帝皇后之一。(0001 卷 106)

失剌班直木达　元成宗时爪哇国来华使臣。大德元年(1297)十月，奉表至元廷。(0001 卷 19)

丘元　元世祖后期建昌路(治今江西南城)反元队伍首领。至元二十七年(1290)三月，称大老，集众千余人攻掠南丰州(治今江西南丰)诸郡，被建昌路副万户擒斩。(0001 卷 16)

丘译　元世祖至元二十一年(1284)为瑞州路经历。(1016 卷 14)

丘迪　字彦启。元吴(今苏州一带)人。幼从舅孟潼读书庐山白鹿洞。后应举不第。(0042 卷 6,0925 卷 14)

丘岳　字中人。元钱塘(治今浙江杭州)人。文宗天历年间任于潜县(治今浙江临安西)主簿。(0872 卷 65)

丘昚(？～1357)　元顺帝至正十七年(1357)为安庆(今属安徽)路千户。是年十月，陈友谅军攻破安庆城，昚被火焚死。(0001 卷 143)

丘省　字公省。元余干(今属江西)人。顺帝至正年间，淮兵入境，父被擒去，省追之，击死数人，父得脱，省战死。(1011 卷 9)

丘桂　元崇宁(治今四川郫县西北)人。仁宗延祐元年(1314)，中乡举，授重庆府教授，不赴。元末死于战乱。(0842 卷 23)

丘葵(1244～1333)　字吉甫，元泉州同安人。居海岛中，潜心朱子学，自号钓矶翁。仁宗延祐四年(1317)，御史马祖常以币来征，不出。有《钓矶诗集》、《周礼补亡》。(0002 卷 235,0063 卷 15)

丘堂　元武昌(治今湖北武汉)人。仁宗延祐二年(1315)进士。英宗至治年间为石门县丞。后官至平江州判官。(1041 卷 36、51)

丘楠　字彦材，元明之际温州平阳(今属浙江)人。元顺帝时累官庆元路(治今浙江宁波)总管。明初,谪居庐州。后召为工部员外郎,出知韶州府,坐事戍西凉。(0877 卷 2、25)

丘楫　元堂邑(治今山东聊城西北)人。初为府掾。历任崇明州判官。后官至高唐州知州。(0730 卷 19)

丘膚　字臣甫。以明经荐,授元邵武路儒学教授。(0905 卷 6)

丘大老①　元世祖时福建畲民,反元队伍首领。至元二十六年(1289)正月,集众千人攻掠长泰县(今属福建),被福州路达鲁花赤脱欢同漳州路总管高杰讨平。十一月,率其余众降,福建行省官请斩之以警众。事下枢密院议,范文虎曰:既降而杀,无以示信,宜遣赴阙;帝从之。(0001 卷 15)

丘大老②　元世祖后期江西行省南雄路(治今广东南雄)反元队伍首领。至元二十九年(1292),江西行枢密院命千户王英率军往南雄讨之。丘部六百余人突出。英与战,杀其渠帅刘把东,获九十余人。(0001 卷 188)

丘子成　元顺帝至正末,以枢密院判官镇守深州。(0645 卷 4)

丘元镇　字士安。元江阴(今属江苏)人。有诗作传世。(0504 戊上)

丘公佐　字以敬、持敬。元濮州(治今山东鄄城北)人。曾任镇江路淮海书院山长。(0631 卷 17,0256 卷 4)

丘以道　元濮州鄄城(今属山东)人。从邓文原学。(0205 卷上)

丘世良(1269～1337)　字子正。元钱塘(治今浙江杭州)人。成宗大德六年(1302)授海盐州路儒学教授。迁任杭州路儒学教授。历任庆元路(治今浙江宁波)知事、于潜县(治今浙江临安西)主簿、江宁县知县,以松江府同知致仕。(0258 卷 12)

丘世杰　元泰定帝致和元年(1328)为侍御史。是年七月,泰定帝死于上都(今内蒙古正蓝旗东北)。八月,燕铁木儿发动政变于大都;时世杰在大都,被捕下狱。九月,被流放远州。(0001 卷 32)

丘处机(1148～1227)　字通密,号长春子。金元之际登州栖霞(今属山东)人。幼丧父母,年十九至昆嵛山(在今山东牟平)从全真教祖王重阳学道。金大定九年(1169),随重阳至陕西。后隐居磻溪(今陕西宝鸡东南)、龙门山(在今陕西陇县西北),结交士人。二十八年,应金世宗召至中都(今北京),颇受优遇。后归隐栖霞。金、宋遣使来聘请,皆不赴。元太祖十四年(1219),太祖自乃蛮国境命侍臣刘仲禄持诏来请。次年春,与弟子十八人应诏远行。十七年,至大雪山(今阿富汗兴都库什山)晋见太祖。进言止杀及为治以敬天爱民为本,告以养生之道以清心寡欲为要。十八年东归。后受命掌管天下道门。后病死。著有《磻溪集》、《鸣道集》。(0001 卷 202,0024)

丘机山　宋元之际松江(今属上海)人。以滑稽闻于时,商谜无出其右。遨游湖海间,尝至福州,讥众秀才不识字。众秀才怒,构思一对以难之,随口答对,众无以难之。(0101 卷 28)

丘邻察　又译乔邻察,元汪古人,君不花之子。尚宗王阿只吉女回纥公主。卒谥康僖。(0001 卷 109,0011 卷 18,0003 卷 36)

丘应祥　元世祖后期反元队伍首领。至元二十六年(1289)降。六月,江西行枢密院官月的迷失请授为县尹,帝不允,令应祥赴京师。闰十月,月的迷失以应祥归于京师。(0001 卷 15)

丘陀罗　元时梵僧,住天竺寺。工画人物、道释。(1143 卷 542)

丘和仲(1289～?)　元邵武(今属福建)人。年十七从陈普学,致力理学。(0076 卷 10)

丘定夫(1258～1329)　字景游。元江阴(今属江苏)人。至元三十一年(1294),授田州路经历,再考而归,不复仕。(0202 卷 12)

丘细春　元南剑州(治今福建南平)人。世祖至元十八年(1281),聚众反元,自称"行镇国、开国大王",改元昌泰。后被镇压。(0501 卷 41)

丘辅仁　字友文。元明之际归安(治今浙江吴兴)人。家居不仕。元末江浙平章潘原明征召之,乃迁家逃匿。至明洪武初始还。(0896 卷 192)

丘惟寅　元洪洞(今属山西)人。隐居不仕。善为诗赋。(0700 卷 8 下)

白氏①　元利州(治今辽宁喀喇沁左翼蒙古自治县)人高塔必也之妻。以早寡不忍独生,以死从夫。事闻,元廷命褒表之。(0001 卷 200)

白氏②　元太原(今属山西)妇女。夫弃家为僧,时白氏年二十,留养其婆母不去,服勤绩纴以供租赋。夫一日还,迫其改嫁,白断发誓不从。婆母至年九十死,竭力营葬,画其像祀之终身。(0001 卷 200)

白氏③　元妇女。陈辉之妻。夫死,不忍独生,自缢而死。事闻,元廷旌异之。(0001 卷 201)

白玉　元世祖至元二十三(1286)至二十六年任庆元路(治今浙江宁波)治中。(0633 卷 2)

白龙　元世祖至元中任奉化县丞,迁任诸暨州判官。(0633 卷 3,0880 卷 28)

白用　字器之。元永寿(今属陕西)人。武宗至大二年(1309)自城北导泉水流入城内,方便居民。(0075 氏族典卷 539)

白冲　元益都(治今山东青州)人。世

祖至元二十八年(1291)任镇江路广平翼副千户。(0631 卷17)

白佐 元世祖至元中为宣慰都元帅。至元二十年(1283),广东欧南喜聚众起兵反元,白佐与都元帅课儿伯海牙、万户王守信、广东都转运盐使合剌普华等分兵搤之。(0001 卷193)

白茂 元武宗至大元年(1308)任常山县(今属浙江)主簿。(0878 卷3)

白虎 元宗王。太祖幼弟铁木哥·斡赤斤幼子,无后裔。世祖中统元年(1260)七月,诏以其所属民户、人匠、岁赋给予宗王塔察儿。(0001 卷4、107)

白凯 元泰定三年(1326)任黄岩知州。(0896 卷154)

白贲 字无咎,号素轩。元钱塘(治今浙江杭州)人,白珽之子。仁宗延祐中任忻州知州,忤监郡,去职。英宗至治年间为温州路平阳州教授。历任常州路知事、南安路经历。与吴澄、袁桷、范梈等有诗文往来。为散曲作家,《太和正音谱》以其曲词入最上品,谓"如太华孤峯",今存其小令《鹦鹉曲》等二首、套数三套。工绘画,尤善画马。(1107,0558 卷22)

白恪(1247~1309) 字敬甫。元真定(治今河北正定)人。白朴之弟。世祖至元十四年(1277),南台御史大夫相威辟为掾,条二十事以呈,相威见世祖力陈之,允其十八,如大辟谳上刑部听报可,贾似道公田租岁减十分之二等。历任福建宣慰司经历,湖广省都事、员外郎。成宗大德四年(1300)任江西省理问官,阎复荐为翰林待制。后为同佥太常礼仪院事。(0002 卷188,0146 卷27)

白珪①(1226~1303) 字君宝。元长安县(治今陕西西安)人。善医术。(0181 卷6)

白珪② 元文宗天历二年(1329)任慈溪(今属浙江)县尉。(0634 卷2)

白珽(1248~1328) 字廷玉,号湛渊,晚号栖霞山人。宋元之际钱塘县(治今浙江杭州)人。伯颜平宋,以安丰县丞征召之,不赴。元成宗初年,以荐为太平路儒学正,修建天门、采石二书院。大德四年(1300),转常州路儒学教授。后升为江浙儒学副提举,迁淮东盐仓大使。以兰溪州判官致仕。工书法,有魏晋风。著有《湛渊静语》、《湛渊遗稿》等。(0411 卷19,0031 卷7,0002 卷237)

白桂 字子芳。元真定(治今河北正定)人,白湛之子。顺帝至正年间任慈溪县主簿。(0877 卷25)

白铎 元真定(治今河北正定)人。武宗至大三年(1310)任秘书监著作佐郎。(0027 卷10)

白玺 元益都(治今山东青州)人。白冲之子,白察罕不花之侄。文宗天历二年(1329)袭职为镇江路广平翼副千户。(0631 卷17)

白渎 字子通。元太原人。历任御史台掾、建康路录事司判官。遇知文宗于潜邸,后擢为青塔、庆寿、集庆三寺营缮司官。(0632 卷6)

白琚 元世祖时高丽国王王禃所遣来华使臣。至元九年(1272)正月,偕张铎等十二人奉表至元廷。(0001 卷208)

白栋(1244~1289) 字彦隆。元冀宁阳曲(治今山西太原)人。世祖至元八年(1271),国子祭酒许衡召之为伴读。衡引疾归,荐之为国子助教。擢监察御史,劾权臣阿合马不法,又劾西京宣慰使倒剌沙以私憾杀幕僚,时论伟之。出为陕西按察司佥事,迁任河南、燕南按察司佥事,丁父忧,起为河南劝农副使,又丁母忧。(0501 卷55,0002 卷174)

白赓 元世祖至元五年(1268)为运使,建言榷成都茶,于京兆、巩昌置局发卖,私自采卖者,其罪与私盐法同;元廷用其言而实行之。(0001 卷94)

白湛 字季清。元真定(治今河北正定)人,白恪之子。英宗至治二年(1322)任浙东宣慰司都事,泰定四年(1327)升经历。顺帝至元元年(1335),任荆门知州。(0634 卷1,1042 卷6)

白榆 元顺帝至正九年(1349)为南安(今属福建)知县。(0594 卷12)

白德 元辽阳(今属辽宁)人。顺帝至元元年(1335)任江南行台监察御史。(0632 卷6)

白朴(1226~?) 字仁甫,又字太素,号兰谷。元人。原籍隩州(治今山西河曲县南),少时迁居真定(治今河北正定),金枢密院判官白华之子。世祖至元十七年(1280),迁居建康(今南京)。年八十一犹在世。撰杂剧六十种,今存《梧桐雨》、《墙头马上》、《东墙记》三种。所撰散曲,今存小令三十六首,套数四。与关汉卿、马致远、郑光祖合称元曲四大家。《太和正音谱》谓其曲词"如鹏抟九霄"。有词集《天籁集》,收词作二百余首,后附其所作小令、套数。(0029 卷上,0505)

白不信 元末大宋红巾军将领。顺帝至正十七年(1357)六月,与大刀敖、李喜喜率红巾军趋关中,增援李武、崔德入陕红巾军。十月,攻占兴元(今陕西汉中)、秦(今甘肃天水)、陇(今陕西陇县)、巩昌(今甘肃陇西),进攻凤翔(今属陕西)。元将察罕帖木罕往援,白不信等所率红巾军战败,损失严重,其余部退走四川。(0001 卷45、141)

白友直 字子端。元绍兴路知事。(0506 卷3528)

白仁寿 元上饶(今属江西)人。有诗作传世。(0504 戊下)

白处善 元泽州(治今山西晋城)人。家居不仕,世祖赐号义安处士。后于英宗至治三年(1323)中乡试。(0694 卷6、14)

白有邻　元泰定三年(1326)任象山(今属浙江)知县。(0634卷2)

白汝明　字横舟。元人。善画山水,有《秋江晚渡卷》。(1143卷174)

白思问　字仲裕。元太原人。顺帝至正十四年(1354),由河南省掾迁任秘书监典簿。(0027卷9)

白帖木　元仁宗皇庆元年(1312)任象山县(今属浙江)达鲁花赤。(0633卷3)

白笃学　字志仁,号复菴。元人。以荐为教官。卒年八十二。(0250卷66)

白絜矩　元世祖至元二十六年(1289)为绍兴路总管府判官。是年十二月,上奏言:宋赵氏族人散居江南,百姓敬之不衰,久而非便,宜悉徙京师。尚书右丞相桑哥将其奏言奏告于帝,并请擢之为尚书省舍人;帝从之。次年春,奉元廷遣至江淮行省,与行省臣沙不丁议,令发兼并户及宋宗族赴京。江淮行省以为不便,奏言江南之民今方患增课、料民、括马之苦,若发兼并户及宋宗族赴京,人心必致动摇,宜俟他日行之,帝从之。(0001卷15、16)

白景亮　字明甫。元南阳(今属河南)人。明法律,善书算。初为征东行省译史,超迁南恩州尹,升沔阳府尹,以治最奏闻于朝,特授衢州路总管。至任,核验田亩以均徭役,役之轻重,一视田之多少,由是民不劳而事易集,他郡县皆取以为法。路学之政久弛,从祀诸贤无塑像,祭服乐器有缺,诸生无廪饩,景亮皆为备之,儒风大振。廉介勤苦,自奉甚薄。部使者上其事,特诏褒美。后改授台州路总管,死于官任。(0001卷192)

白锁住　元顺帝至正末年为扩廓帖木儿部将。至正二十四年(1364)五月,从扩廓帖木儿讨孛罗帖木儿,奉命领兵三万守御大都(今北京)。六月,率兵至大都,请皇太子西行。七月,与进犯大都之孛罗帖木儿军战不利,遂奉皇太子奔太原。孛罗帖木儿入朝据相位,白锁住率二万骑屯渔阳,为朝廷声援。二十五年七月,孛罗帖木儿死,奉诏率军守大都,扩廓帖木儿遂扈从皇太子入朝。(0001卷46、141)

白撒都　元仁宗延祐年间为江西行省平章政事。延祐七年(1320)十二月以贪赃免官。(0001卷27)

白德明　字显道。元美原(治今陕西富平东北)人。道士。住持三原龙阳宫,赐号天光真人。(0075氏族典卷539)

白察罕不花　元益都(治今山东青州)人,镇江路广平翼副千户白冲之弟。英宗至治元年(1321)袭兄职。(0631卷17)

白秃剌帖木儿　元世祖至元二十二年(1285)为内台侍御史。是年四月,与御史中丞阿剌帖木儿、郭佑,参知政事撒的迷失等,以卢世荣所招认罪状奏告世祖。(0001卷13、205)

包泾(1261～1348)　字东伯。元丽水(今属浙江)人,包容德之父。历任绩溪县、龙泉县典史。调任庆元路(治今浙江宁波)行用钞库副使,辞归。(0419卷12)

包淮　字仲邳。元盱江(今江西南城)人。有诗作传世。(0212卷17,0504戊下)

包聚　元蒙阴(今属山东)人。任都元帅,征爪哇有功。(0075氏族典卷200)

包檉　字德文。元江阴(今属江苏)人。仁宗延祐元年(1314)中乡试。后为镇江路学正。顺帝元统二年(1334)为庆元路(治今浙江宁波)儒学教授。(0631卷17,0634卷2)

包廷藻(1265～1336)　字文叔,号南涧。元义乌(今属浙江)人。居乡授教,宋濂尝师事之。(0411卷23,0072卷82)

包希元　元临海(今属浙江)人。世祖至元年间岁饥,以谷六百石救荒,全活者甚众。(0896卷188)

包希鲁　字鲁伯。元进贤(今属江西)人。早年从吴澄学。后教人先德行、后文艺。死后,门人私谥曰忠文。著有《说文解字补义》十二卷。(0071卷92,0072卷92,0075氏族典卷200)

包国华　元江阴(今属江苏)人。曾任镇江路淮海书院山长。(0631卷17)

包容德(1295～1369)　字子成。元丽水(今属浙江)人。以荐授海北廉访司照磨。历任秘书监典簿、著作郎。官至太医院佥事。(0419卷13)

册　元蒙古弘吉剌氏。特薛禅之子,按陈之弟。太祖时授本藩蒙古军站千户,受封阿剌忽马乞(治今内蒙古锡林浩特东北朝克乌拉西南)迤东,蒜吉纳秃山、木儿速拓(锡林浩特东北毛登)、哈海斡连直(内蒙古西乌珠穆沁旗西南吉仁敦勒西北)至阿只儿哈温都(西乌珠穆沁旗东北白印花东南)、哈老哥鲁(内蒙古阿鲁科尔沁旗西北白音温都东南)等地为领地。(0001卷118)

乐孙　元顺江州(治今云南腾冲南)少数民族酋长。顺帝至正七年(1347)求内附,请立宣抚司及置郡县十三处。元廷授以宣抚使,不责其贡赋,不立郡县。(0001卷186)

乐良　字仲本。元明之际定海(治今浙江宁波镇海)人。乐大原孙。早年从程端礼学。元末隐居读书。明初辟定海县儒学教谕。(0071卷87,0072卷87)

乐实(?～1311)　元高丽人。居莱州(今属山东)。初为世祖宿卫士。至元二十三年(1286)出任山东宣慰使,开胶莱海道,置运粮万户府。二十九年,以盗库钞、受屯田钞等不法事解职。武宗至大二年(1309)七月,奏言钞法大坏,请更钞法,图新钞式以进,又议立尚书省。八月,任尚书省平章政事。十月,奏言江南富室岁收粮五万石以上者,令每石输二升于官，帝从之。三年，加尚书左丞相，行平章政事，封齐国公、驸马都尉。四年，被仁宗以变乱旧章罪处死。(0001卷15、17、23、24、131、168)

乐善　字为之。元汤阴(今属河南)人，寓居嘉兴(今属浙江)。其先为岳飞后裔，避忌改姓。元末尝为江浙行省架阁库管勾。有诗作传世。(0895卷14，0504庚上)

乐大原　字君道。元定海(治今浙江宁波镇海)人。成宗大德十一年(1307)浙东饥，发巨艘贩泉南、广东之米，平价发售，活民甚众。(0877卷35，0062卷9)

乐元臣(？～1360)　元顺帝时，任大司农司都事。至正二十年(1360)，奉命招谕红巾军田丰部，为丰所杀。(0001卷45)

乐元章　元东平(今属山东)人。武宗至大二年(1309)任衢州(今属浙江)路推官。(0897卷2、7)

乐思齐　字齐贤。元燕(今北京一带)人。世祖中统元年(1360)任燕京行省掾。(0144卷80)

乐善老人　元人，善画墨竹，为顾正之、范庭玉、韩绍晔之师。(1143卷1341)

主卜罕(？～1231)　又译速不罕、搠不罕、苏巴尔罕，汪古部人。通汉语，文化教养颇高。宋嘉定十三年(1220)，宋人赵珙等出使至燕京木华黎处，受其接待，尝以好语相陪奉慰劳，且曰："辛苦，无管待，千万勿怪。"次年，充任出使宋之使臣葛合赤孙之副使。元太宗三年(1231)，奉拖雷命出使宋假道，为宋沔州统制张宣所杀。(0009卷11，0023，《续宋中兴资治通鉴》卷15)

主儿扯歹　即术赤台。

冯三　元顺帝至正中湖广行省公使。湖广为反元队伍攻陷，皂隶辈悉起反元，拉之以从，辞不从。众强之，终弗从，怒将杀之，遂唾骂，乃被缚杀死。(0001卷195)

冯义　元世祖至元十八年(1281)任西安(治今浙江衢州)知县。(0897卷2、7)

冯玄　字如晦。元遂宁(今属四川)人。顺帝至正年间进士。后多次主持四川贡举。(0843卷32)

冯兰　元人。有诗作传世。(0504癸下)

冯庆　元仁宗延祐元年(1314)任秘书少监。三年，升为秘书太监。(0027卷9)

冯安　元柏乡县(今属河北)人。冯仲德之父。太宗时从灭金有功，授临城县主簿。未几，迁任高邑县丞。太宗九年(1237)升为柏乡县知县。(0645卷5)

冯亨　一名冯不花。元泰定帝时，任中政使。泰定二年(1325)拜中书参知政事。文宗时去职。(0001卷29、112)

冯纯　元阳曲县(治今山西太原)人。冯思温之父。登进士第。历任河南行省平章政事。(0622卷19，0691卷9)

冯坦　字伯田、然明，号秀石。宋元之际普州安岳人。宋末两魁浙漕，恩授江津夹漕务，改杭州察推，未赴任。入元不仕，尝与方回唱和。(0198卷1，0070卷76)

冯岵(1233～1291)　本名崧，字寿卿，号雪崖。元真定(治今河北正定)人。冯渭之子。世祖初年被征辟为中书省掾。至元初，累迁为无极县尹，考最；迁任曲周县尹。宋平，历任湖北、湖南、河北按察司佥事。劾罢贪吏三百余人。升江西按察副使。未几辞归。二十八年(1291)，授山南廉访副使，未上任死。(0002卷174，0501卷64)

冯泾　字宽夫。元青社人。历任浙东按察副使。(0201卷3)

冯诚　元世祖至元二十四年(1287)任秘书监典书。(0027卷11)

冯贲　元许州(治今河南许昌)人。历任泰兴(今属江苏)知县。(0925卷30)

冯相　元仁宗延祐六年(1319)任荆门(今属湖北)知州，有政声，并有文名。(1041卷66，1042卷6)

冯昱　元世祖至元二十一年(1284)任慈溪(今属浙江)知县。成宗大德年间迁任瑞州路(治今江西高安)推官。(0633卷3，1016卷14)

冯复　字振文。元信都(治今河北冀县)人。世祖至元年间被举为茂才异等，授广平路儒学正，辞归养母亲。(0072别附卷3)

冯勉　字彦思。元池州建德(治今安徽东至北)人。文宗至顺元年(1330)进士，授常州路录事。累迁为韶州路推官。(0222卷4，0986卷5)

冯祜　元咸宁(今属湖北)人。世祖至元二十三年(1286)任江西省掾。历任中书省掾、川陕行省都司。成宗大德年间任嵩州知州。(0562卷43)

冯珪　初依附权相阿合马得用。元世祖至元二十二年(1285)，卢世荣当政，引为江浙行省参政，专领课程等事。世荣败，去职。(0001卷13、205)

冯唐　元世祖至元年间任藁城县(今属河北)典史。(0645卷4)

冯浩　元世祖至元十七年(1280)任象山县(今属浙江)主簿。二十八年迁任金坛县(今属江苏)主簿。(0633卷3，0631卷16)

冯浚①　字渊如。元华亭县(治今上海松江)人。有诗作传世。(0518卷1)

冯浚②　字以默，号弹铗生。元人。有诗作传世。(0504庚下)

冯祥(？～1292)　元世祖至元末为福建省掾。至元二十九年(1292)从福建行省平章史弼等出征爪哇。次年二月至爪哇,爪哇国主婿土罕必阇耶降。四月,土罕必阇耶背叛逃去,留军拒战,祥战死。(0001 卷 210)

冯恕　元嵇山(今湖南宁乡东南)人。有诗作传世。(0504 庚下)

冯理　字允庄。元泾阳(今属陕西)人。以贡生入国子学。(0075 氏族典卷 24,0073 卷 1)

冯彬　元成宗大德三年(1299)至六年任奉化(今属浙江)州判官。(0633 卷 3)

冯裕　元初为泽州(治今山西晋城)提举兴修学校官。(0607 三辑 31 册《元令旨五道石刻》)

冯智　元内丘(今属河北)人。博极群书。历任翰林待制。(0647 卷 9,0672 卷 3)

冯渭(1189～1270)　字清父。元真定(治今河北正定)人。冯岵之父。世祖时仕至中书省右三部郎中。有诗作传世。(0145 卷 20,0504 戊上)

冯椿　字庭幹。元金陵(治今南京)人。有诗作传世。(0504 庚上)

冯禋　字明卿。元泰定三年(1326)任秘书监典簿。(0027 卷 9)

冯澄　字澄翁,号来清。宋元之际义乌(今属浙江)人,工诗,其诗作被元初月泉吟社取中为第二名。(0504 甲,0033 卷 6)

冯德　元顺帝至正末为山东行省平章,守东平,明兵至,弃城遁。(0014)

冯翼　字君辅。元曹州济阴(治今山东荷泽)人。成宗元贞元年(1295)任诸暨(今属浙江)知州,有政绩。后历任嘉兴路总管、陕西行御史台侍御史。能诗,有诗作传世。(0501 卷 18,0075 氏族典卷 24,0504 丙)

冯骥　字致远。元辽西人。顺帝至正中由户部侍郎出任抚州路(治今江西临川)总管。(1014 卷 9)

冯三奇　元怀宁(治今安徽安庆)人。文宗至顺元年(1330)进士,授光山知县。顺帝至正初年,以翰林国史院编修官参与修纂辽宋金三史。后迁任国子学助教。(0622 卷 14,0075 氏族典卷 24)

冯士义　元真定(治今河北正定)人。历任南漳(今属湖北)知县。(1041 卷 66)

冯士颐　字正卿。元富阳(今属浙江)人。冯士升弟。工诗,其诗风骨清峻。(0872 卷 75,0033 卷 24)

冯子振(1257～？)　号海粟,又号怪怪道人。元攸州(治今湖南攸县)人。博通经史,工诗。世祖至元后叶,尝为诗谀权相桑哥。及桑哥败,又告发翰林词臣撰颂桑哥功德碑引喻失当;被陈孚发其奸状,帝不问。成宗大德年间任集贤院待制。有《梅花百咏》一卷。(0001 卷 17、190,0002 卷 237,0503 三集丙)

冯天麟　元顺帝至正元年(1341)任庆元路(治今浙江宁波)录事。(0634 卷 2)

冯元吉①　元成宗元贞二年(1296)任庆元路(治今浙江宁波)推官。(0633 卷 2)

冯元吉②　元顺帝至正元年(1341)任象山(今属浙江)县尉。(0634 卷 2)

冯仁举　元世祖至元三年(1266)任昌邑(今属山东)知县。(0727 卷 2)

冯长舅　元末红巾军首领。顺帝至正十七年(1357),与关先生、破头潘等率军北伐晋、冀。(0001 卷 45)

冯文举　元汉州什邡县(今属四川)人。初中乡试,授汉州(治今四川广汉)儒学正。后中进士。任云南行省儒学提举。元末明玉珍攻入云南,与妻马氏相对缢死于学宫。(0002 卷 232,0075 氏族典卷 24、官常典卷 732)

冯世安　杨瑀外祖父。元时历任英德路治中。(0102)

冯执中　元顺帝至正九年(1349)任绍兴路推官。(0578 卷 10)

冯仲德　元赵州柏乡(今属河北)人。冯安之子。世祖中统四年(1263)袭父职为柏乡知县。历任涉县、井陉、真定知县,池州路、安庆路判官,胶州知州。武宗至大四年(1311)致仕。(0244 卷 13,0645 卷 5)

冯扬善　金元之际儒士。与耶律楚材友好,常以诗唱和。元太宗时,受命提领关中三教。(0141 卷 10、11,0351 卷 7)

冯庆祥　字寿之。元冀宁路(治今山西太原)人。任镇江路通政院都事。(0631 卷 17)

冯汝弼　元大名(今属河北)人。历任湖州(今属浙江)路录事。(0876 卷 6)

冯守节　元武宗至大元年(1308)任秘书监知印。(0027 卷 11)

冯守道　元蠡州(治今河北蠡县)人。任陕西行台监察御史,有直声。(0649 卷 10、34)

冯好谦　元临城(今属河北)人。顺帝至正中中乡试。历任蔚州(治今河北蔚县)儒学正。(0645 卷 5)

冯志亨(1180～1254)　字伯通,号寂照。金元之际同州冯翊(治今陕西大荔)人。全真教道士,丘处机弟子。处机死后,辅尹志平、李志常袭掌全真教,任教门都道录。元太宗时,任宣授蒙古必阇赤四牌子总教,主持燕京国子学,教授蒙古、汉

人子弟。(0040 卷 6,0153 卷 9)

冯志常　元太宗六年(1234)为国子学总教,帝命侍臣子弟十八人入学受教。(0001 卷 81)

冯克敏　字彦达。元濮州(治今山东鄄城北)人。历任宜春、高安、彭泽、庐陵县丞,有政声。(0150 卷 11)

冯时贲　元世祖至元十五年(1278)任盩厔县(治今陕西周至)主簿。(0554 卷 27)

冯良佐　元顺帝至元五年(1339)任奉化(今属浙江)州判官。(0634 卷 2)

冯君道　元钱塘(治今浙江杭州)人。善画花鸟竹石。(0030 卷 5)

冯昌大　元集庆路(治今南京)人。文宗天历二年(1329)任丹阳(今属江苏)主簿。(0631 卷 16)

冯怙哥　元仁宗延祐三年(1316)江浙行省所举聪颖幼童,其天资颖悟,超出儿辈,被保送入国子学受教育。(0001 卷 81)

冯荣祖　元仁宗延祐四年(1317)任溧水(今属江苏)州判官。(0632 卷 6)

冯顺德　元建宁(今属福建)人。早孤,事母至孝。母多病,乃励志学医,调药亲奉,母病得愈。(0902 卷 132)

冯思齐　字仲贤。元真定栾城(今属河北)人。初为湖广省掾。累官至藤州知州。(0506 卷 2343、2342,0622 卷 84)

冯思忠　元泰定帝时,任监察御史。尝请求命太常修纂累朝礼仪。(0001 卷 30)

冯思温　字公励,号东麓。元阳曲县(治今山西太原)人。历任监察御史、刑部侍郎、中书参议、江浙参政。顺帝至正三年(1343)任江南行台侍御史。五年,入朝为御史中丞,加集贤大学士,封晋国公。(0632 卷 6,0506 卷 5205,0072 卷 82)

冯信可　元人。有诗作传世。(0504 癸上)

冯真卿　元建宁县(今属福建)人。元末组织地主武装抵御反元队伍。卒年八十一。(0902 卷 132,0075 氏族典卷 24)

冯梦龟　字仲钖,又字仲畴,号抱甕。宋元之际普州安岳县(今属四川)人。宋末为浙西帅文书吏。入元历任建德、平江、徽州路儒学教授。(0236 卷 10,0181 卷 14)

冯梦周　字士可。元许州(治今河南许昌)人。冯梦弼弟。被征辟为湖广省掾。撰有《续积善缘》(见于《说郛》卷 64)。(0250 卷 38)

冯梦弼　字士启。元许州(治今河南许昌)人。冯梦周兄。历任八番顺元宣慰司经历、湖南宣慰副使。官至礼部尚书。(0101 卷 10,0112,0853 卷 5)

冯惟吉　元文宗天历元年(1328)任梅州(治今广东梅县)知州,有政绩。(0622 卷 80)

冯惟志　元人。有诗作传世。(0504 癸下)

冯淑安　元大名(今属河北)人,嫁为山阴县尹李如忠继室。如忠卒,家产尽为其前妻蒙古氏之族取去,冯淑安为女师以自给,抚养遗腹子李伏,誓不改嫁,为时人所称。(0001 卷 200)

冯寅宾　元永新(今属江西)人。为文苍古峭拔,书法清劲逼钟、王。(1143 卷 1129)

冯善主(1246～1307)　字君协。元石城县(治今河北唐山东北)人。早年从许衡学。世祖至元二十五年(1288)任平滦路儒学教学。后历任兴州宜兴县主簿。(0225 卷 18,0072 卷 90)

冯瑞景(1290～1340)　字绍先。元贵溪(今属江西)人。少年学道龙虎山中。及长,侍吴全节于朝。后为饶州路崇文宫提举。(0261 卷 25)

冯福可　字景仲。元醴陵(今属湖南)人。仁宗延祐五年(1318)进士,授国子学助教。累迁为江西行省儒学提举。有《存拙稿》,已佚。有诗作传世。(0250 卷 21,0504 丙)

冯福京　元潼川府(治今四川三台)人。历任庆元路(治今浙江宁波)儒学副教授。累迁为昌国州(治今浙江舟山)判官。成宗大德二年(1298)撰成《昌国州图志》七卷。(0633 卷 2、3)

冯冀翁(1292～1354)　字子羽,又字敬修。元永新(今属江西)人。泰定元年(1324)进士,授汉阳县丞。历任湖广行省照磨、上犹知县、高州路同知。著有《春秋集解大义》、《性理群书通鉴小录》、《正统五德类编》、《五子旨要》等书。(0075 文学典卷 88,0002 卷 236)

汉爪　元世祖至元二十四年(1287)为佥枢密院事,与辽东宣慰使塔出等率军追东北叛王乃颜余党,北至金山(今阿尔泰山),战捷。(0001 卷 133)

汉都虎　元太祖近侍,从太祖西征回回国、西夏。太宗时,从征金。太宗六年(1234)金亡,任砲手诸色军民人匠都元帅,守真定。(0001 卷 151)

汉都鲁迷失　元世祖至元年间将领。至元二十年(1283)三月,奉命率甘州新附军往斡端(今新疆和田)。(0001 卷 12)

汉察火儿赤　元太宗侍卫箭筒士。太宗十三年,牙鲁瓦赤自西域回,与刘敏同任燕京行尚书省事,耻不得自专,诬敏以流言。帝闻之,遣其与粘合重山等诘问得实,罢黜牙鲁瓦赤。(0001 卷 153)

氾长弟　元广州路新会县(今属广东)人。至治三年(1323)十一月,反元起事,

广东副元帅乌马儿率兵捕之。（0001 卷29）

立智理威（1254～1310）　元唐兀人。亦力撒合之弟。元世祖至元年间为太子真金必阇赤（书记）。至元十八年（1281），出任四川嘉定路达鲁花赤，以辟田、均赋、安抚地方为己任，有治绩。后召为泉府卿。迁任刑部尚书，忤丞相桑哥意，出为江东宣慰使，兴学拔用人才，为政严明，豪民猾吏敛手。成宗时历任四川参政，湖南、荆湖宣慰使，四川左丞，湖广右丞，所至皆有治绩。谥忠惠。（0001 卷120）

玄坚（1255～1319）　字雪庵，世称雪一宗主，元僧人，龟城（今四川成都）王氏子。善属文。从僧雄辩为师。雄辩尝以僰语译经论，玄坚以理解释法旨，依韵为歌，传诸远近。成宗大德间，云南平章蒙古督鲁弥实创建大德寺，以坚为寺主，弘宣法音，徒侣日繁。（1144 卷170）

玄童　元大都（今北京）人。顺帝至正十年（1350）贡士。后历任涪州判官。（0265 卷6）

玄鉴（1276～1312）　字无照，元僧，曲靖（今属云南）高氏子。成宗大德末住持云南佛严寺。（0037 卷50）

玄禅师　元僧。游方至天目山，谒僧中峰（明本），言下得悟，遂嗣其法，出世妙峰寺。（1144 卷174）

兰楚芳　元西域人。历任江西元帅，功绩多著。才思敏捷。工散曲，与散曲作家刘廷信齐名，人多以元、白拟之。（0029 续编）

宁玉（1236～1302）　元孟州河阳（治今河南孟县）人。宪宗九年（1259），从忽必烈渡江攻宋，以功授百户。世祖即位，召充河道官，疏浚玉泉河渠。至元初年，大军攻襄樊，奉檄导邓州七里河由新野而南以通粮运。襄阳围合，摄万户府事，教习水军。十一年（1274），从伯颜渡江攻宋，以功授管军千户。后累升为浙西道吴江长桥都元帅兼沿海上万户。二十三年以病乞归。未几，从镇南王征安南。师至安南，病甚，归国。谥武宣。（0002 卷165，0322 卷5）

宁秀　元河间（今属河北）人。历任般阳路（治今山东淄博西南）同知。（0721 卷34，0644 卷22）

宁良　元人。有诗作传世。（0504 辛上）

宁炳　元世祖至元二十五年（1288）任宁德县（今属福建）知县。（0914 卷4）

宁源　元世祖至元四年（1267），任大理等处行六部侍郎，兼云南王府司马。（0001 卷6）

宁德　元成宗大德年间任瑞州路（治今江西高安）推官。（1016 卷14）

宁澣　字清甫。元平阳洪洞县（今属山西）人。世祖中统元年（1260）为燕京行省宣使。（0144 卷80）

宁一山（1247～1317）　元僧，原籍台州（治今浙江临海）。幼年出家，习禅宗临济宗，学识渊博，精研佛典。成宗大德三年（1299），授江浙释教总统，赐号妙慈弘济大师，奉命出使日本。居日本十九年，传授佛学及中国文化，影响极大。（0001 卷20、208 等）

宁从周　字子文。元阶州（治今甘肃武都西北）人。文宗至顺三年（1332）任宁晋县（今属河北）达鲁花赤，有政绩。（0645 卷4、24）

宁诚斋　元人。有诗作传世。（0504 丁）

宁居仁　元孟州河阳（治今河南孟县）人，迁居吴江（今属江苏）。宁玉长子。世祖至元末，袭父职为沿海上万户。从讨爪哇，擢昭勇大将军、左军上万户。武宗至大元年（1308），任广东宣慰使。（0954 卷23，0002 卷165，0003 卷90）

宁居正　元孟州河阳（治今河南孟县）人，迁居吴江（今属江苏）。宁玉次子。世祖至元末，从讨安南，以功擢杭州路管领海船万户。后入备宿卫，授枢密院断事官。大德十一年（1307），佥行宣政院事。（0003 卷90，0002 卷165）

宁猪狗　元山丹（今属甘肃）人。事母至孝，曾割股肉位母疗疾。母卒，居丧有礼，受乡里称颂。（0001 卷197）

宁端甫　元世祖初年宣慰东平。至元二年（1265）以侍郎出使安南。（0144 卷17，0041 卷3）

永宁（1292～1369）　字一源。元僧，淮东通州（治今江苏南通）朱氏子。住宜兴（今属江苏）龙池寺。（0411 卷20，0036 卷14）

永达　号月嵓，元僧，汾州（治今山西汾阳）刘氏子。早失怙恃，祝发本州天宁寺，依主持僧圆明。世祖至元十五年（1278），依山东灵岩寺僧足庵，随侍至大都万寿寺，得印可。二十二年，居山东，迁住少林寺，居四载退居林泉。成宗大德四年（1300），为众迎回少林寺。（1144 卷176）

永芳　字草庭。元僧人。善草书。（0031 补遗）

永珍（？～1300）　字李潜，元僧，临川（今属江西）人。年十三祝发，憩苏州虎丘，后住常熟能仁寺。世祖至元间，奉旨移住平江（治今江苏苏州）万寿寺。后筑室葑门外，曰天隐庵。（0042）

永祚　元僧人，能诗，有诗作传世。（0504 壬上）

永真（1216～1278）　字无相。宋元之际僧人。常熟（今属江苏）姚氏子。住持吴江（今属江苏）崇福永乐寺。（0154 卷15）

永彝　字古鼎。元僧，松江府（治今上海

松江)人。能诗,有诗作传世。(0504 壬上)

必才(1292～1359)　字大用,元僧人,台州临海(今属浙江)屈氏子。泰定元年(1324)出家海盐(今属浙江)德胜寺。顺帝至正二年(1342)迁住杭州兴福寺,三年,住演福寺。能诗,有诗作传世。(0411 卷 28,0037 卷 4,0504 壬上)

必罕　元泰定帝妃子。蒙古弘吉剌氏。兖王买住罕之女。文宗天历初,被安置于东安州。(0001 卷 114、106、118)

必招　元哈尼族人,云南元江府(罗甸)土官。世祖至元十二年(1275)冬,罗甸哈尼族据险恃强反抗元军,为元军所破,城寨被攻克,元江以西哈尼诸部皆归降。次年正月,必招亦降元。同年十二月,改罗甸为元江府路。(1146 卷 126)

必思　元世祖至元中云南禾泥路(治今云南红河县西南思陀)哈尼族大首领。至元十七年(1280),煽动诸族反。云南临安广西道宣抚使张立道立即发兵讨之,拔其城邑,鼓行而前,徇金齿甸七十城,越麻甸,抵可蒲,皆下之。(0001 卷 167)

必哥　元蒙古弘吉剌氏。按陈次子。安远王丑汉之祖先。(0001 卷 118)

必也姑　元文宗时云南九十九寨土官。天历元年(1328)十一月,来大都向元廷进贡方物。(0001 卷 32)

必礼图　字善道。元乃蛮人。顺帝至正十年(1350)国子学贡试正榜。(0560 人集卷 87)

必里公　元世祖至元后叶乌思藏反元起事者。至元二十九年(1292)九月,乌思藏宣慰司奏言:由必里公反后,站驿遂绝,民贫无可供亿。(0001 卷 17)

必里察　元世祖至元末年西北叛王海都部将,与元将玉哇失战于亦必儿失必儿(吉尔吉思以北西伯利亚广大地区)之地,战败。(0001 卷 132)

必剌冲　又译必剌充。元世祖至元年间为长河西千户。至元十一年(1274)十月,剽掠甲仗,集众为乱。世祖命益兵三千付长河西元帅火你赤讨之。次年春,讨平之。(0001 卷 8)

必剌蛮　元世祖所遣使臣。至元二十三年(1286)七月,奉旨出使爪哇。(0001 卷 14)

必烈虎　元宗王。移相哥后裔。势都儿之子。(0001 卷 107)

必宰牙　元世祖至元中江西行省右丞塔出之子。仕至征东行省左丞。(0001 卷 135)

必申达儿　号樵隐。元唐兀人,居济南。文宗时任艺林库提点,顺帝至元六年(1340),累迁为江南行台监察御史。能诗,有诗作传世。(0632 卷 6,0150 卷 9,0504 壬下)

必里阿秃　元中叶反叛者,被左阿速卫千户教化奉旨讨平。(0001 卷 123)

必蓝纳识理(？～1332)　又译必剌忒纳失里、毗奈耶室利。元感木鲁(今新疆哈密)畏兀儿人。初名只剌瓦弥的理。初学畏兀儿文、梵文,后通多族语。成宗大德六年(1302),奉旨从帝师受戒,代成宗出家,赐今名。仁宗时奉诏译梵文佛经,译来朝各国表文进呈。封开府仪同三司兼功德使。英宗至治三年(1323),特授沙律爱护特(意为总统),兼诸国引进师。文宗至顺二年(1331),加号普觉圆明广照弘辩三藏国师。三年,与安西王之子月鲁帖木儿等谋反,被处死。曾译汉文《楞严经》,梵文《大乘庄严宝度经》、《乾陀般若经》、《大涅槃经》、《称赞大乘功德经》,藏文《不思议禅观经》为蒙古文。(0001 卷 202)

必实温沙班　元泰定二年(1325)任建康路(治今南京)总管。(0632 卷 6)

必剌都迷失(？～1331)　又作必剌都古象失。元文宗至顺年间反叛之云南诸王秃坚之弟。至顺二年(1331)二月,伪降于豫王阿剌忒纳失里而反围之。十月,元军攻入其所据瀓江路海中山,举家赴海死。(0001 卷 35)

头辇哥　元蒙古札剌亦儿氏。木华黎裔孙。世祖初年袭国王位。至元六年(1269)高丽权臣林衍废其国王王禃,奉旨率兵压高丽境。七年正月,王禃复位后来朝世祖。二月,奉旨率兵入驻高丽王京,并遣兵护送王禃入王京。八年,行尚书省事于北京(治今内蒙古宁城西)、东京(治今辽宁辽阳)等路。十一年,被告扰民不便;敕命其毋署事,而以廉希宪等行省北京。(0001 卷 6～8、13、126、208 等)

加剌麻　元土蕃(藏族)僧人。顺帝至元三年(1337)被征至京师,受封为灌顶国师,受赐玉印。(0001 卷 39)

加儿麻哇　元土蕃(藏族)僧人。至顺三年(1332)十月,为文宗之子燕帖古思受戒。(0001 卷 37)

加瓦藏卜　元土蕃(藏族)僧人。文宗至顺元年(1330)二月,授乌思藏土蕃等处宣慰使都元帅。(0001 卷 34)

弘济(1271～1356)　字同舟,一字天岸,元僧,余姚(今属浙江)姚氏子。投同里宝积寺僧舜田出家。后往鄞依僧全学台教,悉通其说。泰定元年(1324)开法万寿圆觉寺。后主持会稽圆通寺,迁住杭州普福寺。能诗,有诗作传世。撰有《四教仪纪正》、《天岸外集》。(1144 卷 184,0037 卷 2,0504 壬上)

弘家奴　元唐兀人。顺帝至元四年(1338)任江南行台监察御史。(0632 卷 6)

弘吉剌氏①　木华黎曾孙霸突鲁妻,安童之母,元世祖昭睿皇后察必之姊,通籍宫禁中。一日,世祖见之,问及安童,对

曰：彼虽幼，公辅器也，每退朝必与老成人语，未尝狎一年少。世祖甚悦，后遂器重任用之。（0001 卷 126）

弘吉剌氏②　元仁宗时江浙平章伯都妻。英宗即位，伯都病，帝命以平章之禄归养于家，伯都以所给平章禄归有司。泰定元年（1324），伯都病死，元廷知其贫，赙钞三万五千贯，仍还所辞禄，弘吉剌氏勿受，曰：始伯都仕于朝，不敢虚受廪禄；今死，苟受是禄，非其意也。卒辞之。（0001 卷 121）

弘吉列带　元成宗时驸马。大德六年（1302）十一月，诏禁和林军酿酒，惟其与诸王阿难答、忽剌出等，驸马蛮子台等准许酿酒。（0001 卷 20）

弘吉烈带阿鲁灰　元蒙古弘吉剌氏。世祖至元后叶为浙西道按察使，以受赂罢官治罪。至元三十一年（1294）四月成宗即位后，遇赦免，六月，复以为河西陇北道肃政廉访使。（0001 卷 18）

奴丁　字德新。元哈剌鲁人。顺帝至正十三年（1353）任获嘉县（今属河南）达鲁花赤。（0786 卷 5）

奴奴　元顺帝至正二十一年（1361）为治书侍御史。是年，山南道廉访司佥事张桢劾其弄权误国之罪，不报。（0001 卷 186）

奴伦①　元太祖妃子，居第四斡耳朵（帐殿）。（0001 卷 106）

奴伦②　元诸王。成宗大德七年（1303）七月，受赐巨额钞。（0001 卷 21）

奴伦③　元公主。顺帝至元二年（1336）七月，诏以其陪嫁人户地五千顷赐中书右丞相伯颜。（0001 卷 39）

奴怀　元将。世祖中统二年（1261）十月，奉敕率所部略地淮西。（0001 卷 4）

奴罕　元世祖诸皇后之一，居第三斡耳朵（帐殿）。（0001 卷 106）

奴兀伦　元公主。安西王忙哥剌之女。嫁蒙古亦乞列思氏忽怜弟锁郎哈。生女为明宗生母武宗仁献章圣皇后亦乞列思氏。（0001 卷 109、114、118）

奴木赤　元诸王。世祖至元二十年（1283）正月，受赐金五十两、金衣袄一。（0001 卷 12）

奴丹氏　元蒙古克烈土别燕氏、国王木华黎前锋按扎儿之妻。太宗二年（1230），嗣国王塔思战失利，辎重人口皆陷没。奴丹氏被金军俘获，拘于汴梁，金主闻按扎儿威名，召见之，谓曰：今纵尔归，若能偕尔夫来，当有厚赏。佯诺之，遂得还。太宗闻而义之，召见，褒赉甚厚，诏命其参预其夫前锋事。（0001 卷 122）

奴剌丁　元蒙古许兀慎氏。月赤察儿之子。任内供奉。（0011 卷 20）

奴列你他　元顺帝元统元年（1333）十二月，奉命代父塔剌赤为耽罗（今韩国济州岛）国军民安抚使司达鲁花赤。（0001 卷 38）

奴忽儿丁　元仁宗延祐元年（1314）任郿县（治今陕西眉县）达鲁花赤。（0554 卷 28）

召烈台抄兀儿　又译抄吾儿。金元之际蒙古照烈氏。早年投附铁木真（元太祖）。金泰和元年（1201），哈答斤、散只兀、朵鲁班、塔塔儿、亦乞列思、火鲁剌思、弘吉剌等部会于坚河（今内蒙古呼伦贝尔盟根河），共举札木合为古儿汗（大汗），谋袭铁木真。抄兀儿得知其谋，驰告铁木真。铁木真遂发兵击败札木合统率之诸部联军。弘吉剌部归降。后抄兀儿以此大功受封为答剌罕。（0001 卷 1、123）

台龙买　元中叶云南开南州（治今云南景东县东）少数民族反元起事首领。至治三年（1323）十一月，与大阿哀、阿三木率领六千余人进攻哀卜白盐井（在今云南大姚县西北）。（0001 卷 29）

台忽鲁都　又译台忽普都。元鲁国公主。嫁弘吉剌部按陈裔孙按远王丑汉。（0001 卷 109、118）

圣奴　元顺帝至正二十六年（1366）为监察御史。是年，与诸御史为前丞相脱脱鸣不平，请封脱脱一字王爵，定谥及加功臣之号。朝廷皆是其言，然未及报而元亡。（0001 卷 138）

民安图（？～1354）　元蒙古札剌亦儿氏。潮海之子。元顺帝至正十二年（1352），父被天完红巾军擒杀，袭父职为靖安县达鲁花赤。次年，率众击走红巾军，收复县城。十四年，红巾军复至；战败被擒杀。（0001 卷 195）

皮元　字次翁。元新淦州（治今江西新干）人。举神童。仁宗延祐年间，由翰林修撰出任临武（今属湖南）知县。历任南恩知州，以赣州路同知致仕。（1041 卷 66，1015 卷 7）

皮野　字季贤。元清江（治今湖北恩施）人。皮溍族兄弟。曾任高安县教谕。（0212 卷 15）

皮桀（1297～1336）　字维桢，元清江（治今湖北恩施）人，皮溍子。有文学，家居不仕。（0147 卷 43）

皮溍　字昭德。元清江（治今湖北恩施）人，皮一荐之子。初以父泽为邵阳县丞。秩满归。仁宗延祐五年（1318），授岳州路平江州判官。（0212 卷 25、32、34）

皮一荐　宋元之际清江人。宋末贡士。元初为南雄路总管。（0212 卷 32、93）

皮南举　字仲尹。宋元之际清江人。皮溍叔。世祖至元年间授管军总把，任贺州富川县尹。后隐退不仕。卒年八十六。（0212 卷 82）

尼伦　元太祖时土蕃帅。太祖二十年

(1225)反蒙古,被元将郭德海破斩。(0001 卷 149)

尼面雁　元云南车里(治今云南景洪县东南曼景兰)蛮酋长寒赛之子。泰定元年(1324),车里蛮反元起事,帝遣斡耳朵奉诏招谕之,尼面雁出降。(0001 卷 29)

尼摩星吉　元蒙古忙兀氏。博罗欢孙,埜先帖木儿之子。袭郡王。(0001 卷 121)

司仁　元东原(今山东东平、汶上、宁阳等县一带)人。世祖至元年间任辉州知州。(0761 卷 25)

司庠　字公序,号立斋。元恩州(治今山东武城东北)人。延祐二年(1315)登进士第。历任陕西行台监察御史、侍御史,有梗直声。(0622 卷 24,0624 卷 72,0075 氏族典卷 44)

司敬　元成宗大德年间任博平(治今山东茌平西)县尉。(0075 氏族典卷 44)

司楫　字济民。元平原(今属山东)人。曾任蓬莱(今属山东)知县,后迁任山南宪司知事。(0254 卷 13)

司廙　字彦恭。元恩州(治今山东武城东北)人,司庠之弟。至治元年(1321)登进士第。官至礼部尚书。(0075 氏族典卷 44,0252 卷 18)

司文广　元彰德(治今河南安阳)人。仁宗皇庆元年(1314)为镇江路广平翼下百户。(0631 卷 17)

司允德　字执中。元东阿(治今山东东阿南)人。早年游京师。为国子监生。补兵部留守司长史。后为翰林修撰。卒年四十九。(0075 氏族典卷 44)

司良辅　元代州(治今山西代县)人。顺帝至正年间贡士,授儒学正,不就。家居授徒。(0075 氏族典卷 44)

司居敬　字仲可。元恩州(治今山东武城东北)人。世祖至元末年任邹县(今属山东)知县,后迁任临淄(治今山东淄博东临淄)知县,皆有治绩。(0075 氏族典卷 44)

司猪儿　元濮州(治今山东鄄城北)人。仁宗延祐三年(1316)为镇江路濮州翼下百户。(0631 卷 17)

边完　元世祖至元二十二年(1285)任西安县(治今浙江衢州)典史。(0878 卷 3)

边武　字伯京。元陇西县(今属甘肃)人。工书法,行草学鲜于枢,可以乱真。又工画花鸟竹木。(0517 卷 6、11,0030 卷 5,0031 卷 7)

边昌　字伯盛。元长洲(治今江苏苏州)人。边景元之子。元末,张士诚据吴地,以礼招致为官,不就。(0042 卷 6,0075 氏族典卷 179)

边鲁　字至愚,号鲁生。元北庭(治今新疆吉木萨尔北)畏兀儿人,居于宣城(今属安徽)。顺帝时任江南行御史台宣使,奉命招谕反元队伍,不屈而死。善画墨竹、翎毛。能诗,有诗作传世。(0030 卷 5,0033 卷 24,1104 卷 5)

边源　元世祖至元后叶为太史院令史,建言开河置牐,引汶水达舟于御河,以便公私漕贩。后元廷遂于至元二十六年(1289)征集丁夫三万开河,起自东昌路须城县安山西南,止于临清之御河,河成,赐名会通河。(0001 卷 64)

边公佐　字邦臣。元尉氏(今属河南)人。历任燕南宪司佥事、户部侍郎、海道都漕运副万户、中书左司郎中。官至吏部尚书。(0152 卷 30,0762 卷 4)

边汝翼　字舜卿。元世祖至元年间任镇江路行大司农司令史。(0631 卷 17)

边守礼　元固安(今属河北)人。顺帝至正元年(1341)任昆山州(治今江苏太仓)判官,有治绩。(0316)

边思诚　字明善。元虞城(今属河南)人。顺帝至正八年(1348)任上都宜兴(治今河北滦平东北)知州。(0438 卷 2)

边景元　字长卿。元长洲(治今江苏苏州)人。历任青阳县(今属安徽)儒学教谕、处州路(治今浙江丽水)儒学录。以荐授国子学伴读,后病归。(0042 卷 6,0075 氏族典卷 179、学行典卷 270)

六画

邢氏　元顺帝至正中南阳县达鲁花赤周喜同之妻。反元队伍攻破南阳,喜同力战受伤,被擒杀。邢氏闻夫死,帅家僮数人出,遇反元兵,夺其刀斫之,且骂且前,亦被杀。(0001 卷 194)

邢果　字毅夫。元镇江(今属江苏)人。历任建康路(治今南京)儒学教授。(0631 卷 19)

邢泽　元世祖中统(1260～1264)间为真定宣抚使布鲁海牙幕僚。(0001 卷 125)

邢政①　字直卿。元涞水县(今属河北)人。历任刑部侍郎。以礼部尚书致仕。(0649 卷 34,0075 氏族典卷 318)

邢政②　元保定(今属河北)人。事亲笃孝。诏表其门闾。(0001 卷 197)

邢杰　字俊甫。元真定(治今河北正定)人。世祖至元二十一年(1284)至二十三年任镇江路知事。(0631 卷 15)

邢浩(1280～1349)　字润甫,号唐溪。元当涂(今属安徽)人。邢国杰之子。泰定二年(1325)任镇江路照磨。天历年间升为婺州路知事,后迁任嘉兴、武昌二路知事,皆以廉能称。(0631 卷 15,0981 卷 20)

邢著　元曹州禹城(今属山东)人。英宗至治二年(1322)秋,霖雨害稼。著出粟以赈饥民。三年正月,诏命有司旌其门。(0001 卷 28)

邢敏　字公达。元京兆(治今陕西西安)人。明法令,廉洁正直。世祖中统元年(1260)授燕京行省左右司员外郎。仕至大名府判官。(0144 卷 59、80)

邢温(1271～1345)　字孟直。元安阳(今属河南)人。邢秉仁之子。历任大名路总管、河间盐运使、冀宁路总管、都漕运使。以东昌路总管致仕。谥康肃。(0250 卷 59,0622 卷 28)

邢聚(1229～1291)　元莱州(今属山东)人。世祖至元十四年(1277)授管军千户。二十四年,累升为处州副万户。(0212 卷 66)

邢霆　元世祖至元二十五年(1288)任高陵(今属陕西)知县。0816 卷 4)

邢赟　元彰德(治今河南安阳)人。仁宗延祐元年(1314)任镇江路彰德翼上百户。(0631 卷 17)

邢飞翰　元霍州(治今山西霍县)人。性刚正耿直。顺帝时以荐为内台监察御史。伯颜专政,飞翰面斥其非。参议佛家驴奸邪,飞翰奏劾之。后不容于宰相,出为两淮盐运同知致仕。至正末兵乱,被执,不屈而死。谥忠义。(0622 卷 20,0002 卷 232)

邢元章　元成宗元贞年间任开化(今属浙江)县尉。(0878 卷 3)

邢仲元　金元之际人。元初为平遥县(今属山西)教授。(0551 卷 24)

邢良弼　元济南人。世祖至元二十年(1283)任丹阳(今属江苏)县尉。(0631 卷 16)

邢国杰(1248～1330)　字俊卿,号静斋。元当涂(今属安徽)人。举茂才,世祖至元十三年(1276)授繁昌县儒学教谕。不久以亲老辞归。(0981 卷 20)

邢秉仁(1250～1325)　字守仁、仁父。元安阳(今属河南)人。初为河南廉访司掾史。历任广平彰德铁冶都提举,抚州路、广平路总管。以礼部尚书致仕。(0501 卷 67,0002 卷 229)

邢德立　元世祖至元六年(1269)为水军千户。是年七月,生擒宋荆鄂都统唐永坚,受赏银、币。(0001 卷 6)

邢德裕(1226～1292)　字裕卿。元彰德安阳(今属河南)人。世祖至元四年(1267)授博州路录事。历任潞州判官,阳翟、藁城知县,以善决疑狱闻名。(0146 卷 27,0002 卷 229)

式剌①　元仁宗延祐元年(1314)任秘书卿。(0027 卷 9)

式剌②　元延祐七年(1320)英宗立,任秘书太监。(0027 卷 9)

式列门　元英宗至治二年(1322)任瑞州路(治今江西高安)治中。(1016 卷 14)

式列乌台　元蒙古逊都思氏,赤老温孙随州军民达鲁花赤察剌之孙。(0011 卷 21)

迂埙　字太章。元僧人。有诗作传世。(0504 壬上)

戎益①　元世祖至元二十五年(1288)为监察御史。是年十月,奉遣与尚书参政忻都、户部尚书王巨济等共十二人,理算江淮、江西等六省。成宗大德七年(1303),奉诏遣与铁里脱欢往两浙、江东奉使宣抚。(0001 卷 21、205)

戎益②　元顺德内丘(今属河北)人。成宗大德元年(1297)任平江路(治今江苏苏州)总管。官至行省参政。(0927 卷 20、26,0075 氏族典卷 29)

巩　字石林。元僧人。世祖至元间住杭州净慈寺。有诗作传世。(0504 壬上)

巩信　元易州(治今河北易县)人。巩彦晖长子。宪宗九年(1259),袭父银符,任易州等处管军总把。世祖中统三年(1262),从征李璮。至元四年(1267),从阿术攻宋襄樊。十一年,从伯颜攻宋。屡立战功。江南平,升管军千户。镇太平州(治今安徽当涂)。十六年,因病退职,由其子思温袭职。(0001 卷 166)

巩卜班　元顺帝至元元年(1335),拜中书右丞。五年,出为甘肃行省平章,不久调任湖广行省平章。至正三年(1343),拜宣徽院使。五年,拜中书平章政事。(0001 卷 40、41、113)

巩显祖　元河阴(治今河南荥阳东北)人。历任延津县尹,有能声。(0762 卷 4)

巩思恭　元易州(治今河北易县)人,巩信子。袭职为怀孟万户府管军下千户,佩金符。(0001 卷 166)

巩彦荣　元易州(治今河北易县)人。早年从军,隶千户何伯祥麾下为百户,屡立战功。后告老,以弟彦晖袭职。(0001 卷 166)

巩彦晖(1204～1259)　元易州(治今河北易县)人。巩彦荣之弟。太宗时,代兄为百夫长,从蒙古军攻破宋枣阳,斩首甚多。后又参加攻宋光、滁、黄、寿、泗诸州等地之战。以功受赐银符牌,兼镇抚事。宪宗九年(1259),渡江攻武昌,受伤被俘杀。(0001 卷 166)

巩德新　元英宗至治(1321～1323)间任江山(今属浙江)县尹。(0878 卷 2)

巩乃马歹　字仲谦。元河间(今属河北)人。仁宗延祐四年(1317)任镇江路真定翼下百户。(0631 卷 17)

朴义　元世祖时高丽国来元朝使臣。高丽国将军。至元十七年(1280)六月,奉高丽国王王睶遣,来朝贡方物。(0001 卷 11)

朴伦　元世祖时高丽国来元朝使臣。高丽国左谏议大夫。至元三年(1266)四月，奉高丽国王王禃遣，与高丽国郎将辛洪成等奉表来元朝。八月，归高丽国，元世祖赐予西锦三段、间金熟绫六段。(0001 卷 208)

朴恒　元世祖时高丽国来元朝使臣。为高丽国秘书监。至元八年(1271)正月朔，奉高丽国王王禃遣，与高丽国郎将崔有渰来元朝贺新年，兼奉岁贡。(0001 卷 7)

朴烋　元世祖时高丽国来元朝使臣。高丽国尚书礼部侍郎。至元六年(1269)十一月，奉高丽国王王愖遣，随从元朝遣至高丽国使臣、兵部侍郎黑的来元朝。上表称王禃受元世祖诏已复王位，不久当来面觐元世祖。(0001 卷 6、208)

朴琪　元世祖时高丽国来元朝使臣。为高丽国大将军。至元三年(1266)八月，奉高丽国王王禃遣，来贺圣诞节。(0001 卷 6)

朴璆　元世祖时高丽国来元朝使臣。为高丽国枢密使。至元十一年(1274)八月，奉高丽国王王愖遣，来贺圣诞节。(0001 卷 8)

朴不花(? ~1364)　又作王不花。元高丽人。顺帝皇后奇氏之同乡。以宦官入侍奇皇后多年，受宠幸，累官至资正院使，掌管奇皇后财赋。至正十八年(1358)，京师(今北京)大饥疫，时河南北、山东战乱，各地民众逃难聚京师，以故死者相枕籍。朴请于帝，市地收瘗之，要誉一时。二十年，贺惟一罢相后，朴与丞相搠思监、宣政院使脱欢等结党，内外百官趋附者十之九。四方警报、将臣功状，皆抑而不闻，内外解体。二十三年，众御史劾奏其奸邪，奇皇后庇之甚固，众御史皆坐左迁。以皇后之力，任集贤大学士、崇政院使。是年，倚扩廓帖木儿为外援，与搠思监诬孛罗帖木儿谋反。二十四年，孛罗帖木儿发兵进逼京师，被缚送军前处死。(0001 卷 204)

朴赛因不花(? ~1368)　字德中。元高丽人。有膂力，善骑射。由速古儿赤(掌内府尚供衣服者)授利器库提点。累迁为同知枢密院事。历翰林承旨兼巡军合浦全罗等处军民万户都元帅，大司农，岭北行省右丞、平章。顺帝至正二十四年(1364)皇太子爱猷识理达腊抚军冀宁(今山西太原)，承制授以翰林承旨。迁任宣政院使。拜中书平章。二十八年，明军进逼大都(今北京)，奉诏率军守顺承门，所领军仅数百羸卒。城陷被执，不降明，被杀。(0001 卷 196)

权衡　字以制，号葛溪。元明之际吉水(今属江西)人。元末避战乱居彰德(治今河南安阳)黄华山中，撰《庚申外史》二卷，记述元顺帝在位三十六年史事，明初史馆修顺帝朝纪传，颇多取材于此书。入明，归江西，寓居临川以终。(1081)

权秉忠(1250 ~1315)　字伯庸。元潞州黎城(今属山西)人。世祖至元三十年(1293)任封丘县尹。历均州同知、海陵县尹。迁陕西行台监察御史。入为翰林待制。(0225 卷 22,0181 卷 2,0002 卷 195)

权彦良　元世祖至元二十七年(1290)任秘书监典书。(0027 卷 11)

芝磵　元僧人。有诗作传世。(0504 壬上)

芝麻李　即李二。

吉丁　元世祖至元二十五年(1288)为奉御，奉遣与尚书参政忻都、户部尚书王巨济等共十二人，理算江淮、江西等六省。(0001 卷 205)

吉省　元汾西(今属山西)人。吉祥之孙。仁宗延祐三年(1316)，由翰林院掾迁任秘书监校书郎。英宗至治初，出任宝坻知县。(0027 卷 10)

吉祥(1229 ~1297)　字瑞之。元汾西(今属山西)人。历任平定州同知，滨州盐使、大使。(0551 卷 32)

吉植　元胶西(治今山东胶州)人。任新昌(今属浙江)知县。(0880 卷 28)

吉儿鹖　元希徹秃(今内蒙古镶黄旗东南翁格其高勒南黑沙图)地方皇家牧马地官员。(0001 卷 100)

吉士安　字仁甫。元东阳(今属浙江)人。成宗大德年间任高唐(今属山东)知州。(0723 卷 5)

吉天祐　元世祖至元年间任溧阳(今属江苏)判官。(0632 卷 6)

吉当普①　元文宗天历元年(1328)任江南行台管勾。(0632 卷 6)

吉当普②　元顺帝元统二年(1334)为四川廉访司佥事。是年，治理都江堰有功。诏揭傒斯撰文立碑以旌之，并召入朝为监察御史。至元四年(1338)为治书侍御史。十一月任绍熙府(治今四川荣县)军民宣抚都总使司副都总使，世袭其职。(0001 卷 66、39)

吉当普③　元顺帝至元末为监察御史。至元六年(1340)伯颜罢相后，监察御史逯鲁曾劾其党附伯颜，被罢黜。(0001 卷 187)

吉剌班　元顺帝至正六年(1346)封太尉，开府，置僚属。(0001 卷 41)

吉列思　元顺帝元统初为广西同知元帅。元统二年(1334)三月，广西徭族反元起事，被杀，元廷追赠官爵，并令其子孙袭职。(0001 卷 38)

吉登哥　元太宗时皇子阔出僚属。从阔出伐金。及下河南诸郡，奉阔出遣与李桢往唐、邓二州数民实。(0001 卷 124)

吉尼哥児　元顺帝至正十五年(1355)为江浙行省参政。是年，奉行省遣率兵救援宁国路(今安徽宣城)，及至兵疲，城为长枪军反元队伍琐南班等攻陷。(0001 卷 195)

吉台海牙　金后叶高昌回鹘国世臣。元

初畏兀儿人布鲁海牙之父。(0001 卷125)

吉雅谟丁　汉姓马,字元德。元回回人,居大都。丁鹤年堂兄。顺帝至正十七年(1357)进士,授定海县尹。二十二年,摄奉化州事。后调任昌国州(治今浙江舟山)知州,升浙东佥都元帅,死国事。工诗,有诗作传世。(0503 初集辛,1104 卷4,0290 卷1、2)

老瓦　金元之际契丹石抹氏。仁宗时中书平章萧拜住曾祖丑奴之弟。金末,与兄丑奴皆降蒙古。充质子,多立战功。兄死,袭檀州节度使。金信安(治今河北霸县东)阴诱汤河川人叛去;老瓦追之不克,战死。(0001 卷179)

老汉　元畏兀儿人,中书平章察乃之子。(0011 卷41)

老老　元顺帝至元三年(1337)任浙东廉访佥事。至正十二年(1352)为江浙行省左丞,三月,奉命与江西右丞兀忽失等率军同讨饶、信州等处反元队伍。十三年五月,与江西左丞相亦怜真班引兵取道自信州,元帅韩邦彦、哈密取道由徽州、浮梁,同攻克饶州,蕲、黄等地反元队伍闻风奔溃。(0001 卷42、43)

老安　元蒙古逊都思氏。顺帝至正间廉访使月鲁不花次子。至正中为枢密院判官,随父浮海赴任,海道中遇倭盗,与父皆遇害。(0001 卷145)

老寿　元世祖时大臣。至元二十八年(1291)十一月封为大司徒,领太常寺。(0001 卷16)

老张　元文宗天历元年(1328)任秘书卿。(0027 卷9)

老的①　元世祖时东北叛王哈丹之子。至元后叶,从父叛,被元将博罗欢斩于阵。(0001 卷121)

老的②　又译老的罕。元宗王。世祖第七子西平王奥鲁赤子镇西武靖王铁木儿不花长子。武宗至大二年(1309)三月,因梁王松山在云南有风疾,奉旨代梁王镇云南,受封为云南王,受赐金印。四年,奉命与云南右丞阿忽台率军征讨攻掠边境之八百媳妇蛮(今云南西双版纳以南至泰国北部之傣族部落)及大、小彻里蛮。(0001 卷23、24、107、108 等)

老的③　元文宗时辽阳诸王。天历元年(1328)十二月,受赐田宅。至顺元年(1330)九月,以其部属扰民,敕枢密院、宗正府及行省,每岁遣官偕往巡问,以治其狱讼。(0001 卷32、34)

老章①　元宗王。世祖第九子镇南王脱欢之子。成宗大德五年(1301)父死,袭封镇南王。武宗至大三年(1310)十二月,以其出入导卫,僭拟帝仪,究问有验,被召赴阙。(0001 卷23、107、108)

老章②　元畏兀儿人,中书平章察乃之子。元顺帝至正十一年(1351)为知枢密院事,十月,奉旨率军同脱脱弟也先帖木儿讨伐河南红巾军。十二年四月,奉命率军同亦都护月鲁帖木儿畏兀儿军、豫王阿剌忒纳失里军讨伐襄阳、南阳、邓州红巾军。十三年正月,攻克南阳唐州,受赐金银钞帛。二十一年九月,奉诏讨举叛之阳翟王阿鲁辉帖木儿,败之,擒献阙下。以功封太傅、和宁王,以岭北行省丞相知行枢密院事,镇守漠北。(0001 卷42、43、46、134、206 等)

老彭　又称彭大、彭二。元顺帝至正十一年(1351)八月,与赵君用等从芝麻李反元起事,攻占徐州。十二年九月,丞相脱脱率大军攻破徐州,与赵君用等遁走。(0001 卷42、45,0016 卷上)

老的沙(? ~1365)　元哈剌鲁人。顺帝母舅。至正十六年(1356)十一月,授詹事。十七年六月,拜御史大夫,九月,改任中书平章。十八年八月,复为御史大夫。二十三年,诸御史劾奏奇皇后宠幸朴不花奸邪,老的沙以其事闻,执其事甚力,得罪于奇皇后及皇太子,皇太子欲诛之。帝封其为雍王遣出,且传旨密令孛罗帖木儿隐匿其迹。遂出奔大同,留孛罗帖木儿军中。二十四年,朴不花、搠思监诬其与孛罗帖木儿谋为不轨,皇太子亦怒不止。三月,诏削孛罗帖木儿官职。七月,从孛罗帖木儿等以兵犯阙,遂入朝,诏以其为平章,孛罗帖木儿为左丞相。二十五年七月,孛罗帖木儿被刺杀,遂拥孛罗帖木儿母、妻、子北遁,十月,被擒获处死。(0001 卷44 ~46,141、204、207 等)

西达　字善卿。元濮州(治今山东鄄城北)人。文宗天历年间任邵武路总管。(0902 卷62)

西山驴(? ~1353)　元回回人。顺帝至正中淮东宣慰司掾纳速剌丁之子。至正十三年(1353),父纳速剌丁以舟师会诸军讨张士诚,兵败,顾必死,命其逃走,不肯去,遂与父同被杀。(0001 卷194)

西汉杰　元叶县(今属河南)人。官至礼部尚书,封南阳郡侯。(0622 卷30,0075 氏族典卷101)

西金居士　佚姓名。元人。工画罗汉。(1143 卷245)

西京撒里　元畏兀儿人。历任庆元路(治今浙江宁波)治中。仁宗延祐三年(1316)迁任镇江路同知,六年离任。(0633 卷2,0631 卷15)

亚古　元回回人。军匠万户府万户亦不剌金之子。文宗天历二年(1329)父死,袭父职。(0001 卷203)

亚阑(? ~1283)　元世祖至元十九年(1282)为宣慰使,与宣慰使尤永贤等奉旨出使马八儿(在今印度东南海岸),舟经占城,被执。二十年正月,遇害。(0001 卷210)

亚达吉　元顺帝至正十四年(1354)任清丰(今属河南)县尉。(0654 卷4)

亚思弼　元畏兀儿人,仳理伽帖穆尔之父。(0011)

亚礼达石　元康里人，秃忽鲁父。(0011)

亚罗日加翳　元世祖时占城国(今越南中、南部)来元朝之使臣。至元二十一年(1284)，占城国王请求元朝撤回元将唆都所率之元军，愿岁贡方物。是年八月，奉其国王遣，奉表诣阙，献三象。十一月，奉表来贺圣诞节，献礼币及象二。(0001 卷 13)

耳眉　元哈剌班忽都(在今内蒙古阿拉善古旗西北吉兰泰西北)皇家牧地拙里牙赤(官职名)(0001 卷 100)

列班·扫马(约 1230～1294)　元大都畏兀儿人。基督教聂思脱里派教士。父昔班，为大都教会观察员。世祖至元十二年(1275)前后，与东胜州汪古人麻古思赴耶路撒冷朝圣，随商队由陆路西行，抵达伊利汗国。十七年，任教会总监。二十四年，奉伊利汗阿鲁浑遣，出使欧洲，以联合欧洲基督教国家攻取耶路撒冷和叙利亚。经君士坦丁堡至罗马，西行至巴黎，受到法国国王腓力四世隆重接待。居月余，又至加斯科尼会见英王爱德华一世。次年，复至罗马，呈交阿鲁浑国书与新教皇尼古拉四世。返回伊利汗国后，受阿鲁浑汗嘉奖。后死于巴格达。(1142 下册卷 442，1140 卷 55)

夺罗歹　元世祖至元二十八年(1291)任江山县(今属浙江)达鲁花赤。(0897 卷 2、8)

有在　元僧人。有诗作传世。(0033 卷 34)

有庆　元成宗时来华日本商人。大德十年(1306)四月，抵达庆元(今浙江宁波)贸易，以金铠甲献于元朝，元廷命江浙行省平章阿老瓦丁等备之。(0001 卷 21)

灰里　元宗王。顺帝至元二年(1336)四月，受赐金、钞。(0001 卷 39)

达己　元蒙古人。顺帝至正初镇守松江(治今上海松江)。后征讨浙东海盗，战死。(0925 卷 18)

达的　元末云南行省左丞，明军入云南，自缢死。(0075 官常典卷 735)

达实　元蒙古人。泰定间任宁都(今属江西)知州，有政绩。后累迁为赣州路(治今江西赣州)达鲁花赤。(1021 卷 4)

达释　金末元初高昌畏兀儿人。铁哥术之祖父。有谋略，为国人信服。劝畏兀儿国王执贽称臣于元太祖，以安其国。(0001 卷 135)

达不花　元顺帝至正间任大司农。能诗，有诗作传世。(0103 卷 4，0033 卷 20)

达即拏　元畏兀儿人，大宗正府也可札鲁花赤月鲁哥祖，追谥康武。(0011 卷 50)

达里麻　元畏兀儿人。顺帝至元四年(1338)任江南行台监察御史。(0632 卷 6)

达国珍(？～1358)　元顺帝时，任枢密副使。至正十八年(1358)，红巾军毛贵部北伐逼近大都时，出战败死。(0001 卷 45、188)

达益巴(1246～1318)　元僧。八思巴弟子。事师十三年，显密经籍，皆得其真传。及八思巴西还，达留于临洮，从绰思吉，研习十九年。亦尽得其传。后居古佛寺，名誉四表，道重三朝。武宗召问称旨，复召还京。赐金印，封号弘法普济三藏大师。后寂于京师。谥祐圣国师。(0036 卷 1，0037 卷 4，0096 卷 2)

达理麻　元唐兀乌密氏，立智理威孙。仕为内八府宰相。(0001 卷 120)

达兰不花①　字元善。元顺帝至正二十年(1360)任江南行台幕史。(0594 卷 12)

达兰不花②　元蒙古人。顺帝至正中随父江西平章朵里不花抵御广东反元队伍。力战而死。(0001 卷 195)

达尼达思(？～1356)　字思明。元顺帝时，为集庆路达鲁花赤。至正十六年(1356)，红巾军朱元璋部攻陷集庆，被杀。(0001 卷 44)

达里牙赤　字子通。元蒙古人。用荫历任钟离、桐城、盐城诸县达鲁花赤。顺帝至正三年(1343)迁任江宁县(治今南京)达鲁花赤，以请罢修河忤上司意，弃官归。(0203 文集卷 2)

达海绀卜　又译塔海绀卜，答海绀卜。元太宗七年(1235)蒙古军分三路攻宋时，授太师、都元帅，与皇子阔端总领西路军马。次年攻入四川，攻占成都、利州等路州。后回师驻于关中。(0001 卷 121、123、150 等)

达理于实　字寿之。元西域阿鲁浑氏。世祖至元二年(1265)任秘书监怯里马赤(通事)。(0027 卷 11)

达理悦实　元顺帝至元三年(1337)至六年任无锡州达鲁花赤。(0558 卷 24)

达鲁花迟　元人。有诗作传世。(0504 戊下)

达德越士　字仲达。元人。有诗作传世。(0504 戊下)

达石帖木儿　元宁夏(治今宁夏银川)人。文宗天历间任南乐县(今属河南)达鲁花赤，有政绩。(0643 卷 5)

达世帖睦尔　元康里人。顺帝元统二年(1334)任江南行台监察御史。(0632 卷 6)

达尔麻识理　改名吉昌，元明间唐兀人，星吉之子。仕明为山东按察副使。(0011 卷 57)

达礼麻识里(？～约 1367)　字遵道，元蒙古克烈氏，居上都。幼从师学经史。顺帝至正五年(1345)，选充经筵译史。后历任监察御史、詹事院长史、太子家令、吏部侍郎等职。十九年，任刑部尚书，提调南北兵马司巡绰事。二十一年，升中书参政。二十三年冬，迁上都(今内蒙古正蓝旗东北)留守。次年，与孛罗帖木儿部将周旋，用计吓退其军。增修武备，城守益严。二十五年，任上都分省右丞，击败孛罗帖木儿部将进犯。二十七年，任知枢密院事、大抚军院事。寻病死。(0001 卷 145)

达识帖木儿　元顺帝至正二十五年(1365)，拜中书参知政事。(0001 卷 46)

达识帖睦迩(? ~1364)　字九成。元康里氏。康里脱脱之子。国子生出身。初为太府监提点。后历任侍御史、枢密院同知、中书右丞、大司农。顺帝至正九年(1349)，任湖广平章。十一年，任河南平章。十五年，任江浙行省左丞相。兼知行枢密院事。次年，张士诚军进攻杭州，弃城逃，及士诚兵败，乃还。十七年，受张士诚降，未几，士诚兵入据杭州。二十四年，被士诚拘禁于嘉兴，服毒自杀。(0001 卷 140)

达实帖木儿　元刑部侍郎。能诗，有诗作传世。(0504 丁)

达海的斤氏　元武宗中书右丞相阿沙不花之妻。追封顺宁王夫人。(0001 卷 136)

达理麻识理　字正道，元畏兀儿人，居宜兴。荫授宁国路判官。顺帝至元元年(1335)任太和州达鲁花赤，至正间守城有功。(0002 卷 215)

达里麻吉而的(1268 ~1329)　元回回古速鲁氏。世祖至元二十九年(1292)任功德副使。成宗大德八年(1304)改任秘书少监。后出为江阴州达鲁花赤，历常州路、饶州路达鲁花赤，迁山东宣慰使，移任福建宣慰使。(0415 卷 5,0027 卷 9)

迈来迪　元人。罕禄鲁(哈剌鲁)氏。哈剌鲁部主阿儿思兰汗后裔。元明宗和世琜为周王时出奔西北，过哈剌鲁部，纳为妃。仁宗延祐七年(1320)，生顺帝妥欢贴睦尔而死。顺帝至元二年(1336)，追谥贞裕徽圣皇后。(0001 卷 114、38)

迈里古思　汉姓吴，字善卿。元宁夏(治今宁夏银川)人。顺帝至正十四年(1354)进士，授绍兴路录事司达鲁花赤。江南行御史台移治绍兴，授行台镇抚，大募民兵。率兵与石抹宜孙同镇压处州反元武装。江浙省臣承制授为行枢密院判官，分院治绍兴。方国珍遣兵侵据绍兴属县，迈里古思欲率兵问罪，先遣部将黄中取上虞。时朝廷方倚重国珍，借其舟运粮。御史大夫拜住哥与国珍素通贿赂，愤迈里古思擅举兵，恐且生事，乃命左右杀之。黄中率其众复仇，尽杀拜住哥家人及台府官吏，告张士诚遣兵据绍兴。拜住哥寻迁行宣政院使，被监察御史劾罢，迈里古思之冤始白。(0001 卷 188,0158 卷 24)

迈赫磨德　元进士。文宗至顺元年(1330)任庆元路录事司达鲁花赤。(0634 卷 2)

成氏　元妇女。程二妻。夫死，不忍独生，自缢而死。事闻于朝，诏旌异之。(0001 卷 201)

成玉　元世祖中统初以行府提控都管从郝经出使南宋。经被拘真州越七年时，从者有异谋，欲劫经，玉劝经谨备之，不听。及变起，宋人来救，经得脱而玉死之。(0075 氏族典卷 313)

成昉　字耀卿。元济源(今属河南)人。历任温县知县，有政绩。世祖至元十六年(1279)任江南行台监察御史。(0144 卷 13,0632 卷 6)

成泒　元世祖至元十六年(1279)任瑞州路(治今江西高安)知事。(1016 卷 14)

成奎　元世祖至元二十五年(1288)任定海(治今浙江宁波镇海)县尉。(0633 卷 3)

成宣　字文炜。元仁宗皇庆年间任嘉鱼(今属湖北)知县，修筑长堤有功。(1041 卷 66)

成珪①　元英宗时为监察御史。至治二年(1322)二月，与监察御史锁咬儿哈的迷失等上章极谏造京西寿安山佛寺，以为东作方始，而兴大役，以耗财病民，非所以祈福也。丞相铁木迭儿之子琐南为治书侍御史，密奏曰：彼等颇多宿卫旧臣，闻事有不便，弗即入白，今讪上以扬己之直，大不敬。英宗震怒，杀锁咬儿哈的迷失等，杖珪等，黥之，流放于奴儿干。三年十二月，泰定帝即位后，诏昭雪平反。(0001 卷 27、29、124 等)

成珪②　元保定路(治今河北保定)人。累世同居。诏表其门闾。(0001 卷 197)

成鼎　元泰定元年(1324)进士。文宗天历三年(1330)任太常太祝。(0254 卷 12)

成德　元世祖至元二十四年(1287)任武义县(今属浙江)知县。成宗大德九年(1305)，累迁为定海(治今浙江镇海)知县。(0633 卷 3,0881 卷 13)

成遵(? ~1360)　字谊叔。元南阳穰县(治今河南邓县东南)人。文宗至顺二年(1331)至京师为国子生。顺帝元统元年(1333)登进士第，授翰林国史院编修官。次年，参与修泰定、明宗、文宗实录。至元四年(1338)，升翰林应奉。至正元年(1341)，擢太常博士。次年，任监察御史，言事、举劾凡七十余事，指摘时弊，执政者恶之。三年，出为陕西行省员外郎，以母病辞归。八年，授礼部郎中，奉使山东、淮北察守令贤否。十年，任工部尚书，奉命行视黄河。十一年春，自济宁至曹、濮、汴梁、大名，行数千里，测量地形、水势，以为黄河故道不可得复。与脱脱、贾鲁议不合，出为大都、河间等处都转运盐使。后历任武昌路总管、参议中书省事、中书参政、御史中丞、中书左丞。十九年十二月，被诬下狱，杖死。二十四

年，获昭雪。（0001 卷 186、44、45、92、113 等）

成翼　元英宗至治元年（1321）任衢州路（治今浙江衢州）经历。（0878 卷 3）

成永达　元顺帝至正六年（1346）任长林县（治今湖北荆门）知县。（1042 卷 6）

成廷珪　字原章，又字礼执。元扬州人。以吟咏自娱，不求仕进。元末避战乱居吴中，死于华亭（治今上海松江），年七十余。有《居竹轩诗集》四卷。（0503 二集戊，0278 卷首）

成仲宽　元世祖中统二年（1261）八月，初立劝农司，授济南劝农使。（0001 卷 4）

成克孝　元世祖至元二十三年（1286）任秘书监令史，三十一年升为校书郎。（0027 卷 10、11）

成克敬①　字子钦。元济阳（今属山东）人。成宗大德年间任祈州知州。（0649 卷 30）

成克敬②　字简卿。元砀山（今属安徽）人。历任归德府判官、国子监典簿。（0622 卷 18，0075 氏族典卷 313）

成克敬③　元顺帝至元三年（1337）任庆元路（治今浙江宁波）推官。（0634 卷 1）

成修堂　元人。有诗作传世。（0504 癸下）

成德庸　元仁宗延祐年间任广宗（今属河北）县尉。（0665 卷 5）

成吉思汗　即元太祖。

成帖木儿　又译真帖木儿，契丹人。元太祖自波斯东归后，忒赤命其留镇花剌子模。太宗即位，命绰儿马罕（即搠里蛮）讨札阑丁，他受命率花剌子模军从征。绰儿马罕追逐札阑丁时，留其平呼罗珊。1233 年，太宗以其为呼罗珊等地长官。他开始任用波斯文官助理民政，如以薛里甫丁为书记长，以别哈丁（《世界征服者史》作者志费尼之父）管理财赋。1235 年死。（0008 卷 2，0015 卷 4）

成都不花　元顺帝至正中为乌撒乌蒙元帅。至正十二年（1352），奉诏率所部军听四川参政答失八都鲁调发，以镇压反元队伍。（0001 卷 142）

百寿　元成宗大德五年（1301）任建康路（治今南京）判官。（0632 卷 6）

百家奴①　元契丹人。耶律秃花之孙。世祖中统元年（1260）为成都元帅。至元二年（1265），为都元帅，败宋将夏贵于怀安。五年五月，攻破宋嘉定五花、石城、白马三寨。（0001 卷 149、159、126、135、6）

百家奴②　元将。世祖中统三年（1262）十月，奉旨率所部质子军入侍。至元十一年（1274）六月，奉遣率武卫军南征。十二年正月，为侍卫亲军指挥使。奉敕率汉军万人赴蔡州。（0001 卷 5、8）

百家奴③（？～1311）　元蒙古札剌亦儿氏。唆都之子。世祖至元五年（1268），从阿术攻襄阳。屡立战功，授管军总把。后隶伯颜麾下，从攻鄂州（今湖北武汉武昌）。又从围汉阳，击溃宋将夏贵军。十二年，攻降江州（今江西九江），大败宋军于丁家洲。后攻丹阳，破常州、降苏州、湖州，直趋临安（今浙江杭州）。十三年，从攻泰州，从阿术攻下扬州等诸郡，升管军总管。率军攻福建，谕降福州，破兴化。追逐张士杰于惠州。谕降濒海县镇。进兵至广州。次年，攻破潮州，遂平广东。升为海外诸蕃宣慰使兼福建市舶提举，领本翼军守福建。二十一年，从父唆都征安南。次年，父战死，与镇南王脱欢引军还。后历任建康路、镇江路总管。后病死。（0001 卷 129）

百家奴④　字九德。元蒙古人。顺帝至正元年（1341）任大都路达鲁花赤。（0438 卷 1）

百家奴⑤　元蒙古逊都思氏。月鲁不花之任。顺帝至正中，随月鲁不花浮海赴任，在海道中同为倭盗所杀。（0001 卷 145）

百嘉纳①（1306～？）　字若思。元蒙古人，居洛阳。顺帝元统元年（1333）进士，授襄阳路录事司达鲁花赤。（0028 卷上）

百嘉纳②　元顺帝至正十三年（1353）任同州达鲁花赤。（0806 卷 7）

死可伐（1285～1370）　又译思可法，傣语意为"获白虎王"。元顺帝时云南傣族麓川王国首领。至正二年（1342）反元起事，十二月，元廷命云南参政不老率军讨之。六年，元廷命元帅述律遵道往招谕之。六月，命云南平章亦秃浑率军讨之。事久无功。十五年八月，降顺朝廷，令其子莽三入贡方物。元廷置麓川平缅宣慰司（治今云南瑞丽）以羁縻之，受封宣慰使。麓川在其统治下，政治、经济、文化有较大发展。（0001 卷 40、41、44、186，1146 卷 400）

夹谷　元女真人。名不详。世祖至元二十五年（1288）至二十七年十一月任中书参知政事。（0001 卷 112）

夹谷立　字可与。元颍川（治今河南许昌）女真人。顺帝至正年间任抚州路（治今江西临川）知事。（1014 卷 8，0221 卷 3）

夹谷永　金元之际女真人。元太宗二年（1230）十一月，授平州（治今河北卢龙）征收课税使。（0001 卷 2）

夹谷山寿　元女真人。仁宗延祐四年（1317）任崇安（今属福建）知县。（0902 卷 56，0075 氏族典卷 633）

夹谷之奇（？～1289）　字士常。元滕州（治今山东滕县）人。少时受业于康晔。后为济宁教授，辟中书省掾。元军南下攻宋，任行省左右司都事。世祖至元中，任江南浙西道按察司佥事,移任江北淮东按察司佥事。十九年(1282),召入为吏部郎中,立陟降澄汰之法,著为令式。二十一年,迁任左赞善大夫,与谕德李谦奏时政十事呈皇太子真金。后历任翰林直学士、吏部侍郎、侍御史。二十五年,授吏部尚书。次年死。(0001 卷 174)

夹谷天祐　元河南府路(治今河南洛阳)女真人。居丧庐墓。诏表其门闾。(0001 卷 197)

夹谷安仁(1272～1316)　元女真人。夹谷坚贤第三子。官至甘肃行省理问。(0181 卷 7)

夹谷坚贤(?～1299)　元女真人。夹谷龙古带之子。世祖中统四年(1263),袭父职为军民万户。官至河南行省右丞。谥宣惠。(0501 卷 62,0003 卷 51)

夹谷希颜　元女真人。居于江右(今江西)。工书法,小篆清劲有法。(0031 补遗)

夹谷秉直(1229～1292)　字叔刚。元滑州白马县(治今河南滑县东)女真人。伤金亡,闲居彰德,不求仕进。(0210 卷 18)

夹谷显祖　元女真人。定宗时为张柔帐下吏,得罪亡走,上变诬柔。柔被执北上。后卒辨其诬,显祖伏诛。(0001 卷 147)

夹谷常哥(?～1216)　常哥,又作长哥,金元之际女真人。金末守威宁(治今内蒙古兴和北)。元太祖七年(1212),与刘伯林同降蒙古,仍守威宁。金人许以大官诱其反正,常哥缚金使者以献,元太祖嘉之,擢为万户兼招讨使。谥忠敏。(0001 卷 1、166,0003 卷 51)

夹谷景渊　元女真人。世祖至元二十五年(1288)任江南行台监察御史。(0632 卷 6)

夹谷龙古带(1203～1272)　元女真人。夹谷常哥之子。太祖十一年(1216)袭父职为万户。从木华黎平山东、河北。后又从拖雷拔凤翔,从破宋兵于大散关。太宗七年(1235),从塔海绀卜征蜀。九年,授兴元(治今陕西汉中)军民安抚使,领屯田事。定宗即位(1246),置行省于兴元,受命领之。宪宗元年(1251),宋将余玠进围兴元,誓死拒守。后玠退走,宪宗嘉其功授军民万户。世祖中统四年(1263)致仕。谥忠靖。(0501 卷 62,0002 卷 146)

夹谷唐兀歹(1216～1262)　字奠住。元西京(治今山西大同)女真人。以荫袭护卫士兼奉御。宪宗即位,授陕西等路打捕户达鲁花赤。(0321 卷 6)

夹谷明安答而(1286～1344)　又名思齐,字齐卿。元郏县(今属河南)女真人。袭祖父职为上都新军管军千户。(0152 卷 35)

夹谷雪儿哈秃　元女真人。英宗至治元年(1321)为兰溪(今属浙江)知州。(0881 卷 12)

夹谷八儿思不花　元女真人,居于镇江。历经东流县主簿、武冈县税务提领。(0631 卷 19)

夹谷伯颜帖木儿　元女真人。成宗大德八年(1304)为陕西屯田府总管。是年,奉陕西行省命与泾阳尹王琚疏导丰利渠(泾水渠)。(0001 卷 66)

托本(1303～?)　字公翼。元哈剌鲁人,居于濮阳(今属河南)。顺帝元统元年(1333)进士,授将作院照磨。(0028 卷上,0011 卷 88)

托托　元蒙古札剌亦儿氏。朵罗帖木儿之子。仁宗延祐五年(1318)袭镇江路高唐翼中千户所达鲁花赤。(0631 卷 17)

托和直　元康里人。阿沙不花之孙。(0011 卷 62)

托普化①　元蒙古人。成宗大德九年(1305)任镇江路录事司达鲁花赤。(0631 卷 16)

托普化②　元至大四年(1311)仁宗立,任江南行台监察御史。(0632 卷 6)

托忽速哥　元末军阀孛罗帖木儿部将。顺帝至正二十四年(1364)孛罗帖木儿拥兵大都(今北京),遣其与帖木儿率兵进驻上都(今内蒙古正蓝旗东北)。上都留守达礼麻识理与之周旋,暗中急调兵至上都,布列铁旛竿山下,扬言四方勤王之师皆至。与帖木儿大骇,一夕东走,所率兵尽溃。(0001 卷 145)

执礼化台　元蒙古克烈氏,顺帝元统元年(1333)进士燕质杰父。(0028)

执礼和台　又译只力瓦歹等。元乃蛮人。囊加歹之子。历任殊祥院使。顺帝至元五年(1339)任江浙行省平章。至正二年(1342),迁任河南行省平章。(0143 卷 10,0011 卷 68,0014 卷 6 上、11 中下)

执礼哈琅　元顺帝至正七年(1347),以隐逸被荐,召至京师,授翰林待制。(0001 卷 41、190)

扩廓帖木儿(?～1375)　元蒙古伯岳吾氏。汉姓名王保保。世居颍州沈丘(治今安徽临泉西北)。察罕帖木儿之甥,自幼被其养如己子。元顺帝至正二十二年(1362),察罕帖木儿死,代为统帅,袭职为中书平章、知枢密院事。领兵攻破益都,杀田丰、王士诚等,复母舅仇。二十三年,进驻太原,累与孛罗帖木儿争夺晋、冀。次年,孛罗帖木儿进驻大都(今北京),太子逃至太原。二十五年,拥太子讨孛罗,顺帝密计杀孛罗。乃入大都,受封为左丞相。次年,率军与李思齐等攻战。二十八年,明军入大都。自山西败走甘肃,骚扰西北。明洪武三年(1370),败退漠北。次年,大败明军于漠北。五年,南下攻雁门。七年,拒绝明招降。次年死。(0001 卷 141,0002 卷 220)

扫闾　又译搔驴、骚驴。元世祖后叶金竹寨主。至元二十四年(1287),以所部百二十五寨内附。元廷为立金竹府(治今贵州贵阳西南),以扫闾为金竹府知府。二十七年九月,进贡马及雨毡,且言:"金竹府虽内附,蛮民多未服。近与赵坚招降三十余寨,乞立县,设长官、总把,参用土人。"元廷从之。二十九年二月,进贡马、毡;从其请减所部贡马,降诏招谕所部。(0001 卷 14、16、17)

扬珠布哈(1243～1314)　字延真,元畏兀儿人。历任沅州路总管府达鲁花赤。成宗大德十年(1306),迁南安路达鲁花赤。后迁任广东道宣慰使都元帅。(0202 卷 12)

毕礼　元英宗至治元年(1321)任江南行台监察御史。(0632 卷 6)

毕泉(?～1298)　元济南章丘(今属山东)人。从平宋有功,累升左卫亲军总把。世祖至元十八年(1281)升为管军千户,次年迁任左卫亲军副千户。(0506 卷 20205)

毕逊　元远安(今属湖北)知县,清廉爱民,多有美政。(0622 卷 62,1042 卷 6)

毕浩　元末,聚乡兵屯葭州(治今陕西佳县)通秦寨,遂兼知葭州事,恤孤赈贫,州人为立政绩碑。(0622 卷 36,0829 卷 7,0801 卷 23)

毕琏　字器之。元邹平(今属山东)人。顺帝至正元年(1341)任江南行台监察御史。后历任吏部侍郎、东平路总管。(0632 卷 6,0506 卷 20205)

毕偁　元世祖至元二十一年(1284)任江南行御史台都事。(0632 卷 6)

毕天祐　元人。有诗作传世。(0504 癸下)

毕民寿　字舜民。元人。有诗作传世。(0504 戊下)

毕光祖　字宗远,元汴梁人,侨居九江。尝摄德化县儒学事。(0212 卷 33)

毕安仁　元仁宗延祐(1314～1320)年间任庆元路(治今浙江宁波)治中。(0633 卷 2)

毕君谅　元文宗至顺三年(1332)任庆元路(治今浙江宁波)推官。顺帝元统二年(1334)致仕。(0634 卷 1)

毕叔贤(1200～1254)　元永清(今属河北)人,迁居章丘(今属山东)。太宗时入严实幕府,历任东平课税所长官。(0351 卷 30,0002 卷 137)

毕也速答立　元秦州(治今甘肃天水西)人。父丧,哀毁过度,时人称其孝。(0001 卷 197)

尧仁寿　元赣州路(治今江西赣州)同知。(0977 卷 5)

尧允恭　字克逊。宋元之际海陵(治今江苏泰州)人,迁居丹徒(治今江苏镇江)。宋末为乡贡士。入元,家居治经。行省檄充濂溪、东川书院山长。俱不赴。四方学者多从其学。卒年八十二。(0631 卷 17、19,0072 卷 78,0938 卷 6)

过奎　字文叔。元无锡(今属江苏)人。历任镇江路儒学录。(0631 卷 17)

匡才(1176～1240)　金元之际下邳(治今江苏睢宁西北)人。金末为邳徐兵马都巡使。元太宗五年(1233),率所部降于蒙古都元帅太赤。建言:徐、邳逼宋北边铜陵、盂山、宿迁、桃源、睢口,皆要地,今不乘胜取之,则徐、邳不可守。太赤遂命其与百家奴攻拔五城,以功授沂邳东河监军。八年,邳人袁万阴结宋将袭邳州,大败之,以功加诸路兵马使。十年,徐州守将张彦反,合宋将来攻,复败之,以功升为沂邳东河元帅。十二年,宋师大入境,与战不利,阵亡。(0002 卷 144,0225 卷 5)

匡福　元顺帝至正后叶军阀孛罗帖木儿部将。至正十八年(1358)为河南参政,九月,随孛罗帖木儿率军进攻反元队伍据守之曹州。十月,统苗军自曹州西门攻入,遂破曹州。二十四年,随孛罗帖木儿攻入大都。二十五年,与孛罗帖木儿部将方脱脱皆任中书平章政事。(0001 卷 46、113、207)

匡国政(1235～?)　元下邳(治今江苏睢宁西北)人。匡才之子。世祖中统三年(1262),宋人援李璮,攻占邳州,与母高氏皆被俘,徙淮安。宋亡,率父旧部三百余人北归,从行枢密院别乞里迷失入觐,授扬子县(治今江苏仪征)丞。历任睢州判官、虞城知县。所至以廉惠称。(0003 卷 62)

至仁(1309～1382)　字行中,自号澹居子,又号熙怡叟。元明之际僧人,鄱阳(治今江西波阳)吴氏子。元末住苏州万寿寺。博综经传,黄溍等皆服其说。虞集称其文醇正雄简有史笔。工诗,有《澹居稿》。(0042 卷 12,0503 初集壬,0075《神异典》卷 189)

至刚　元僧,闽县(治今福建福州)人。居圣罗山,人称石门和尚。有诗作传世。(0504 壬上,0033 卷 34)

至讷　字无言。元昆山(治今江苏太仓)福严寺僧。善词翰,所交一代名人。有诗作传世。(0042 卷 12,0504 壬上)

至奂　元僧人。住天台山寺。有诗作传世。(0504 壬上)

至明(1230～1315)　字铁镜。宋元之际僧人,福唐(治今福建福清)黄氏子。元世祖至元十八年(1281)住四明大梅寺。成宗大德四年(1300)移何山。(0075《神异典》卷 187)

至悟　元僧,住当阳玉泉寺。偕同寺僧至福、宗元、至荣等,力扶寺主广铸,弘扬佛法,一时宗门独盛,海内称誉。(1144 卷 198)

至谌　元僧人。有诗作传世。(0504 壬上)

至皎　字玉皎,号东竺山人。元僧人。有诗作传世。(0504 壬上)

至温(1217～1267)　字其玉,号全一。元僧人,邢州(治今河北邢台)郝氏子。善草书。住持上都(今内蒙古正蓝旗东北)华严寺。(0147 卷 48,0035 卷 35,0031 卷 7)

夷简　字易道。元明之际僧人。宜兴(今属江苏)人。善书法,学张雨。明洪武十一年(1378)住杭州净慈寺。次年,移住南京天界寺,授僧录左善世。(0031 补遗)

旨观主　字别宗,元僧,杭州人。戒德甚严。创观室于龙山之阳,行念佛三昧,虽避战乱,亦不暂废。(1144 卷 242)

邪尔脱忽璘　元回回古速鲁氏,福建宣慰使达里麻吉而的祖。(0011 卷 85)

贞石　元僧人。有诗作传世。(0504 壬上)

师文　元僧,崇明(今属上海)人。有诗作传世。(0504 壬上)

师尹　元人。有诗作传世。(0504 癸下)

师余　字学翁。元吴县(治今江苏苏州)人。家居讲授,从学者甚众。(0042 卷 9)

师珍　元顺帝至正三年(1343)任集庆路(治今南京)判官。(0632 卷 6)

师晋　元濮阳(今属河南)人。由国子生授泗州同知。(0072 卷 82)

师曾　元彰德(治今河南安阳)人。仁宗延祐六年(1319)任镇江路济南翼上百户。(0631 卷 17)

师颐　字彦贞。元聊城(今属山东)人。世祖至元二十七年(1290)任监察御史。(0144 卷 20、72)

师箸　元成宗大德八年(1304)任秘书监。(0027 卷 9)

师澍　元世祖至元二十一年(1284)任江南行台监察御史,二十六年升为都事。(0632 卷 6)

师赟　元高唐(今属山东)人。武宗至大二年(1309)任秘书监译史。(0027 卷 11)

师子善　元英宗至治元年(1321)任江山县(今属浙江)主簿。(0897 卷 3、8)

师天麟　字胜瑞。元宁州(治今江西修水)人。历任吉水(今属江西)州同知。(0147 卷 7,0072 别附卷 3)

师克恭　蒙古名朵列秃,字敬之。元宁夏人,居濮阳(今属河南)。历任兵部侍郎。仁宗延祐七年(1320),任平江路(治今江苏苏州)总管。泰定二年(1325),由工部尚书出任江西廉访使。(0154 卷 10,0534 卷 3,0928 卷 3、40)

师孛罗　元宁夏人,居濮阳(今属河南),师克恭侄。泰定元年(1324)进士,授浚州同知。(0072 卷 82)

师晦文　元宣城(今属安徽)人。有诗作传世。(0504 戊上,0033 卷 23)

当住　元文宗至顺元年(1330)任江南行台管勾。顺帝至正十年(1350)任海宁(今属浙江西南)州达鲁花赤。(0632 卷 6,0872 卷 15)

当闾　字存善。元西域人。顺帝至正十年(1350)国子学贡试正榜。(0560)

当先别乞失　元世祖至元二十七年(1290)秋漠北反元起事者。是年七月,联合布四麻、兀者台、出春伯驸马、朵罗台、兀儿答儿、塔里雅赤等,先后攻掠四怯薛牛马牲畜、窝阔台汗之子灭里之昔博赤(打捕鹰房执役者)以及斡脱、布伯诸投下(封地),并与贵赤卫亲军都指挥使司达鲁花赤明安所率政府军作战。后兵败汪吉昔博赤(故址在今蒙古国翁金河上游)。(0001 卷 135)

光菩萨　元僧,鄞县(治今浙江宁波)张氏子。家世习雕塑,至光益精。壮年出家,依华顶(在浙江天台)僧无见落发。一生雕饰两浙诸山佛像甚多,事毕即去,从不受报。暮年归隐华顶,于石桥庵塑五百佛像,穷极巧妙。终年七十三。(1144 卷 202)

吐鲁　又译秃鲁、土鲁。元宗王。定宗第三子禾忽之子。世祖至元十三年(1276)四月,以征建都(治今四川西昌)功封南平王。是年,其父禾忽举兵叛于沙州,失败后奔海都。十四年,闻其父附海都,冬,遂举兵叛于六盘山。安西王相府檄巩昌总帅汪惟正、延安路招讨使李忽兰吉会都元帅别速台等率军追讨。十五年,被元军击败于武川,就擒。(0001 卷 155、162,0002 卷 112)

刚僧(?～1360)　元康里人,庆童子。顺帝时为内侍。因被告发私通宫女,被杀。(0001 卷 142)

刚答里　元高丽人,入宫为宦者。泰定帝即位,授中政院使。文宗天历元年(1328),被放归乡里。(0001 卷 29、32)

岁哥都　元宗室,睿宗拖雷第十子。后裔受封为荆王。(0001 卷 107)

岂台蒙古　元世祖至元十六年(1279)任武义县(今属浙江)达鲁花赤。(0881 卷 13)

吕义　元世祖中统年间为东平权万户。中统四年(1263)七月,以其死于王事,诏赐谥贞节。(0001 卷 5)

吕元　金元之际辽东咸平(治今辽宁开原北)人,后迁居燕京(今北京)。吕合剌之祖。金末任监军。元太祖八年(1213)率所部降蒙古。(0002 卷 175)

吕氏　元陵州(治今山东德州)妇女。早寡。寓居弟彦能家。顺帝至正十八年(1358)反元队伍进攻陵州,城将陷,彦能与家人谋所往。吕氏曰:"我丧夫二十年,又无后,不死何为?苟辱身则辱吾弟矣!"赴井死。(0001 卷 201,0002 卷 246)

吕文　元末大将察罕帖木儿部将。顺帝至正十九年(1359)八月,与察罕帖木儿部诸将同攻破大宋红巾军京城汴梁城,刘福通奉韩林儿逃出,退据安丰(今安徽寿县)。(0001 卷 45、141)

吕允①　元武宗至大二年(1309)任江南行台监察御史。(0632 卷 6)

吕允②　元平定州(治今山西平定)人。吕思诚之父。官至平定州致仕。(0001 卷 185)

吕机(1293～1342)　字审言,元婺州永康人,吕权弟。从许谦学。通《左传》,尤精《通鉴》。有笃行。(0071 卷 82,0152 卷 40)

吕权(1292～1329)　字子义。元永康(今属浙江)人。许谦讲学入华山中,权往从之学,勤学不懈。有诗作传世。(0152 卷 39,0033 卷 14)

吕仲　元人,善墨竹,学李衎。(1143 卷 268)

吕安　元世祖至元十七年(1280)至二十一年任庆元路(治今浙江宁波)经历。(0633 卷 2)

吕江　字叔济。元金坛(今属江苏)人。尝请乡举。有诗名。隐居四平山。(0631 卷 16)

吕振　元太宗二年(1230)起,任太原路征收课税使。七年,以赃抵罪。(0001 卷 2、146)

吕钊　元平定州(治今山西平定)人。顺帝时中书左丞吕思诚曾祖父。元初为千夫长,战死。(0001 卷 185)

吕告　宋元之际西南少数民族首领。元世祖至元中归附元朝。(0001 卷 8)

吕枋　字汝芳。元旌德(今属安徽)人。世祖至元年间寓居徽州(治今安徽歙县),辟紫阳书院山长,又辟摄录事,皆不就。后以文学德行被举为采石书院山长。(0072 别附卷 3)

吕郁(1243～1309)　字伯文。元安阳(今属河南)人。世祖时累迁为真州路总管府经历,有治绩。权相桑哥执政时,辞归。(0145 卷 23)

吕诚①　字实夫。元仁宗皇庆年间任会稽(治今浙江绍兴)知县,有治绩。(0880 卷 37,0896 卷 153)

吕诚②　字诚孚。元婺源(今属江西)人。顺帝至正十一年(1351)进士,授诸暨州判官。后迁任兴化尹,改任延平路推官,积劳染病而死。(0972 卷 8,0880 卷 28,0560 人集卷 36)

吕诚③　字敬夫。元明之际吴(治今江苏苏州)人。喜读书,事文雅,名士多与之交往。邑令屡聘不起,终老于乡。明洪武二十六年(1393)犹在世。有《来鹤亭集》九卷。(0503 三集辛,0305 卷首)

吕诜　字宗道。元范阳(今北京)人。初从郭贯学。后入国子学,由国子生升为伴读。后出任江西省掾。(0212 卷 25)

吕珍　字国宝。元安丰(治今安徽寿县)人。张士诚部将。官至左丞。顺帝至正十九年(1359),守绍兴,与朱元璋军交战。二十三年春,率军围攻安丰,逼走韩林儿、刘福通等。(0101 卷 23)

吕政　元曹州(治今山东菏泽)人。居丧庐墓,诏表其门闾。(0001 卷 197)

吕荣　元易州(治今河北易县)知州。政尚宽简,讼至立决。(0622 卷 2)

吕复①(?～1367)　元顺帝时江西行省左右司都事。后闲居,寓福州。以行省命,摄长乐县(今属福建)尹。至正二十七年(1367)十二月,明军占领福州,自缢死。(0001 卷 196)

吕复②　字元膺,别号松风,晚号沧洲翁,元明之际鄞县(今属浙江宁波)人,名儒吕祖谦后裔。师从衢州名医郑礼之。医术精湛,享有盛誉。撰有《群经古方论》,对《素问》、《灵枢》、《本草》、《难经》、《伤寒论》、《脉经》、《诸病源候论》、《圣济经》等重要医书的作者、内容、特点进行评述。所撰《论诸医》,对扁鹊、仓公、华佗、张机、孙思邈、刘完素、张从正、李杲等名医作出中肯评价。所撰《脉绪》、《切脉枢要》、《运气图说》、《四时燮理方》、《运气常变释》等,今佚。(1149 卷 374～378)

吕恂　字德厚。元华亭(治今上海松江)人。吕恒之弟。早年从杨维桢受《春秋》学。后被征召为海盐州判官。有诗作传世。(0504 庚下,0158 卷 16、19、22,0518 卷 3)

吕洙　元武宗至大元年(1308)为皇太子(仁宗)东宫正字。是年,东宫开宫师府,奉遣如汉征四皓故事,征召年已七十之姚燧为太子宾客。(0001 卷 174)

吕流　字蒙甫。元汾州西河(治今山西汾阳)人。文宗天历元年(1328)任江南行御史台监察御史。历襄阳、大名两路总管。擢海南廉访使。谥简肃。(0632 卷 6,0622 卷 21、60)

吕祐(?～1366)　字伯通。元晋江(治今福建泉州)人。顺帝至正二十六年(1366),郡城破,有士卒入其室,拔刀胁其母林氏索财宝不得,挥刀欲斫母。急以身蔽母夺刀,手指尽裂,被伤仆地。良久甦醒,视母曰:"母幸无恙,我死无憾矣。"遂瞑目死。(0001 卷 198)

吕逊(1209～1273)　字子谦。元东平(今属山东)人。仕至江淮都转运司幕

官。(0144 卷 15)

吕桂　字文桂。元武夷山(今福建)人,世祖至元年间以荐为剑浦县(治今福建南平)儒学教谕。后改任考亭书院山长,迁任安溪(今属福建)知县。(0902 卷 54,0920 卷 29)

吕栗　字士宽。元中山无极(今属河北)人。顺帝至元中任饶阳县主簿。(0182 卷 23)

吕秩　字仲平。元东平(今属山东)人。仁宗延祐五年(1318)至英宗至治元年(1321)任镇江路经历。(0631 卷 15)

吕祯　元仁宗延祐五年(1318)任青阳(今属安徽)知县。(0986 卷 4)

吕恕　元世祖至元间任广东宣慰使,有政绩。有诗作传世。(0622 卷 79,0504 癸下)

吕彬　元人。善碑刻。世祖至元二十三年(1286)同孙泽刻《长清县重修庙学碑》。(1143 卷 271)

吕堥(1237～1315)　字伯充。元河内(治今河南沁阳)人。早年从许衡学。后衡为国子祭酒,举其为伴读,辅成教养,其功为多。世祖至元十四年(1277),授四川行枢密院都事。助李德辉谕降宋合州安抚使王立。以平四川功升为四川行省左右司郎中。三十年,任华州知州,劝农兴学,有治绩。成宗大德中,河东、关陇地震,与集贤学士萧𣂏探究其理,陈救灾之道。仁宗即位,拜翰林侍读学士。未几致仕。谥文穆。(0001 卷 167)

吕敬　字仲礼。元燕(今北京一带)人。顺帝至正二十二年(1362)任秘书监知印。(0027 卷 11)

吕鲁　元河内(治今河南沁阳)人。吕堥孙。元中叶任济宁路总管。(0001 卷 167)

吕谦①　字和之。元亳州(今属安徽)人。以怀远大将军戍上海。(0622 卷 9,0944 卷 7)

吕谦②　字伯益。元东平(今属山东)人。任广东廉访使。有诗作传世。(0265 卷 6,0504 庚上)

吕瑞　元平凉(今属甘肃)人。顺帝至正元年(1341)任江南行台监察御史。(0632 卷 6)

吕椿　字之寿。元晋江(治今福建泉州)人。早年从丘葵学,后家居授徒。(0076 卷 33,0004 卷 34)

吕简　元濮州(治今山东鄄城)人。成宗大德五年(1301)任镇江路录事司判官。(0631 卷 16)

吕溥　字公甫,号竹溪。元永康(今属浙江)人。从许谦学。著《大学疑问》。又有《竹溪稿》二卷。(0002 卷 234,0330 卷下)

吕震(？～1359)　元顺帝至正中为懿州路(治今辽宁阜新东北塔营子村)总管。至正十九年(1359)正月,红巾军攻入辽阳行省,震被杀。(0001 卷 45)

吕德①(1235～1298)　字伯亨。元东平汶上(今属山东)人。世祖至元初,应募从军。后从攻安庆,败宋兵于丁家洲。十二年(1275),任江阴、镇江军民都镇抚。十四年,从宣慰使李庭屯处、婺等州。镇压张炎、季文龙等反元队伍。以功摄招讨司事。十五年,从宣慰使史格镇压龙泉反元队伍,擒获其首领张三八等。余众悉降。后又率兵镇压陈吊眼起义,以功擢为管军上千户。二十年,参与镇压黄华起义。二十六年,参与镇压杨震龙等反元队伍。二十八年,授东平等路中千户,因病以子世英自代。(0002 卷 165,0202 卷 12)

吕德②　元宁陵(今属河南)人。事亲笃孝。诏表其门闾。(0001 卷 197)

吕翰　元世祖至元十七年(1280)任衢州路(治今浙江衢州)治中。(0878 卷 2)

吕默　字审言。元东阳(今属浙江)人。隐居不仕,喜吟咏,其诗作受陈樵赞赏。(0051 卷 10)

吕鲲　号龙山。元初雁门(治今山西代县)人。与耶律铸友好。有诗作传世。(0033 卷 3,0220 卷 3)

吕彝　元汴梁(治今河南开封)人。顺帝元统元年(1333)任江南行台监察御史。(0632 卷 6)

吕士荣　字茂叔。元东原(今山东东平、汶上等县一带)人。历任汤阴(今属河南)知县,有政绩。(0622 卷 28,0761 卷 25)

吕及民　元任丘(今属河北)人。顺帝至正十四年(1354)进士,授嘉兴路儒学教授。(0644 卷 22、26)

吕之屏　字惟范。元冀宁(治今山西太原)人。顺帝至正十六年(1356)任秘书郎。(0027 卷 10)

吕子开　原名伟,更名文蔚,字子开,以字行。金元之际河内(治今河南沁阳)人。吕堥从叔父。金末战乱入宋,任宋襄阳制置司参谋官,熟悉宋事。元世祖至元十三年(1276),退居鄂州(今武汉武昌),元廷遣堥征召之。既入觐,陈安抚襄、汉便宜策,诏授以翰林直学士,辞不就。(0001 卷 167)

吕元臣　蒙古名忙哥不花。元顺帝至元三年(1337)由将作院使迁任秘书卿。至正元年(1341)出任广西廉访使。(0027 卷 9)

吕元恺(1260～？)　字才甫。元安丰(治今安徽寿县)人。吕师夔第三子。世祖至元二十一年(1284)任合肥县尹。成宗大德初累迁为抚州路总管。(0167 卷 4、24)

吕元卿　元人。有诗作传世。(0504 癸

上）

吕元新　元武宗至大三年(1310)任吴江(今属江苏)州判官。(0954 卷 17)

吕天泽　元人。有诗作传世。(0504 癸下)

吕天倪(？~1331)　元文宗至顺二年(1331)任昌国(治今浙江舟山)知州。(0634 卷 2)

吕天祺(1268~1337)　字吉卿。元大都(今北京)人。吕合剌第四子。世祖时任同知异样局总管府事。成宗即位初,迁任秘书监。后历任将作监使、集贤侍读学士、大都留守。仁宗延祐四年(1317),拜集贤大学士,与闻国政,宰相忌其切直,遂称病辞归。文宗即位,起为陕西行省平章。关陕连年大旱,发钞百万缗、米万石赈饥。至顺三年(1332)辞归。(0150 卷 13,0002 卷 175)

吕天麟　元成宗元贞元年(1295)二月,由工部尚书兼诸路金玉人匠总管府达鲁花赤擢任中书参知政事。大德四年(1300),升为中书左丞,任至六年八月。武宗至大元年(1308)为中书右丞、领将作院,八月,加封大司徒。仁宗延祐三年(1316)为将作院使,三月,加授大司徒。(0001 卷 18、22、25、112)

吕文老　字澹翁。元东阳(今属浙江)人。工诗,其诗作被元初月泉吟社取为第十名。(0504 甲,0033 卷 6)

吕文焕　号常山。宋元之际安丰(治今安徽寿县)人。宋荆湖制置使吕文德之弟。宋末知襄阳府兼京西安抚使。度宗咸淳三年(1267),元将阿术进兵襄阳,为所败。次年,阿术用刘整议,筑白河口、鹿门山、新城等堡围困襄阳。五年,元将史天泽增兵筑一字城,形成对襄阳之包围圈。文焕坚守襄樊五年,城内日益困难。九年正月,襄樊失陷,元世祖下诏谕降,文焕乃降。是年四月,朝见元世祖,献攻鄂策,受封元襄汉大都督。元世祖至元十一年(1274),任荆湖行省参政,率部为先锋,招降沿江州郡。十三年正月,宋恭帝降,奉伯颜遣,进入临安(今浙江杭州)。十四年,升中书左丞。二十三年,以江淮行省右丞致仕。成宗大德初年卒。(0002 卷 177,0003 卷 111)

吕文福①　宋元之际安丰(治今安徽寿县)人。吕文焕从弟。宋末任湖南五郡镇抚使。恭帝德祐元年(1275)正月,恭帝遣使促其领兵入卫。时文焕已引元军至江州(今江西九江),文福至饶州,杀恭帝使者,赴江州降元。(0002 卷 177,0004 卷 18)

吕文福②(1299~1370)　字寿卿。元黄冈(今属湖北)人。精法家之学。历任诸郡吏,所至抑刚茹柔、洗冤泽物。(0411 卷 19)

吕世英　元中叶为真州(治今江苏仪征)知州,以刚直获罪,曹伯启白其枉,进擢风宪官。(0001 卷 176)

吕玄英　元人。有诗作传世。(0033 卷 27)

吕师召　号一山。元安丰(治今安徽寿县)人。吕文焕从子。世祖至元年间任温州路同知。(0882 卷 9,0167 卷 22)

吕师圣　元安丰(治今安徽寿县)人。成宗元贞初为常州路总管。时郡学久毁,经营重建之。(0930 卷 11)

吕师张　字留卿。元安丰(治今安徽寿县)人。吕文福之子。世祖至元二十八年(1291)任衢州路(治今浙江衢州)同知。(0167 卷 21,0878 卷 2)

吕师说(1268~?)　字肖卿。元安丰(治今安徽寿县)人。吕师夔弟。历任江淮财赋副总管。官至广德路总管。(0167 卷 20,0506 卷 6701)

吕师夔(1230~1301)　字虞卿,号道山。宋元之际安丰(治今安徽寿县西南)人。宋荆湖制置使吕文德之子。宋末为提举江州兴国军沿江制置使。元世祖至元十二年(1275),宋沿江制置使兼知黄州陈奕降元,率兵攻蕲州。师夔与知江州钱真孙遣人至蕲州请降,伯颜遂受降入江州。其友谢枋得守信州,师夔率兵攻之。枋得走建阳,师夔镂榜捕之,执其妻、子下狱。宋主昰在广州;与阿里海牙、塔出等率兵逾梅岭袭攻之,遂以参知政事留镇广州。元世祖至元十五年(1278),宋制置使张镇孙起兵复广州,为师夔所执,及其妻、子械送大都(今北京)。十七年,以广州民不聊生,被召赴阙,受诘责,廷辩无证验,仍还任。后以中书左丞行省事于赣州。(0002 卷 177,0003 卷 111)

吕同老　字和甫,号紫云。元济南人。有诗作传世。(0504 戊上)

吕廷玉　元文宗天历二年(1329)为太医院使。是年三月,随从燕铁木儿奉皇帝宝赴明宗行在所。(0001 卷 33)

吕合剌　元大都(今北京)人,祖籍辽东咸平(治今辽宁开原北)。元世祖时任金玉局使。累迁为工部侍郎、将作监使。桑哥当国,诬奏丞相安童,合剌为之力辩,事始释。成宗即位,拜中书参知政事。迁大司徒。谥忠惠。(0002 卷 175)

吕冲霄　元平定(今属山西)州人。任许州(治今河南许昌)知州,有政绩。(0762 卷 4)

吕安坦　元顺帝时人。有诗作传世。(0504 辛上,0537 卷 6)

吕好问　元顺帝至正年间任吴江(今属江苏)知州。(0954 卷 17)

吕克勤　字勉夫。元东莱(治今山东莱州)人。以医闻名。游松江,与邵桂子为文字交。(0931 卷 31)

吕佛生　字子善、善父。元建阳(今属福建)人。应举试不第。有诗作传世。(0504 戊下)

吕良佐　元人。历任泾县(今属安徽)

知县、建康路(治今南京)推官。武宗至大元年(1308)任江南行台监察御史。累官为廉访使。(0632 卷 6,0622 卷 15)

吕良弼(？～1340)　字辅之。元歙县(今属安徽)人。由吏入仕,累升为贵池县(今属安徽)知县,未上任,得病,以松江府判官致仕。(0260 卷 12)

吕君政　元成宗大德二年(1298)为兴化路(治今福建莆田)总管。(0905 卷 2)

吕叔茂　元永康(今属浙江)人。以军功任武义县(今属浙江)尉。(0885 卷 5)

吕宗杰　字志刚。元东原(今山东东平、汶上等县一带)人。顺帝至正初年贡士,历任晋州学官。爱好书法,辑成《书经》五卷。(1136 卷首、卷末)

吕宗振　元婺源(今属江西)人。泰定中任婺源州判。(0973 卷 6)

吕宗海　元世祖至元十七年(1280)为镇守南剑路(治今福建南平)万户。是年八月,窃兵亡去,诏追捕之。(0001 卷 11)

吕绍迟　号诚斋。元永康(今属浙江)人。历任饶州路(治今江西波阳)石洞书院山长。(0885 卷 5)

吕荣祖　字景初。元献州(治今河北献县)人。顺帝至正年间任献州知州。(0644 卷 22)

吕贵实　字若虚,号石室。宋元之际休宁(今属安徽)人。道士。宋度宗召为开元宫书记。家铉翁知镇江,檄领紫府观。元世祖至元十四年(1277),领天庆观,授明一凝虚冲妙大师,兼本路道录。卒年五十二。(0038 卷 5)

吕思诚(1293～1357)　字仲实。元平定(今属山西)人。早年从萧𣂏治经,后入国子学为陪堂生,中选为伴读。泰定元年(1324)登进士第。初任景州蓨县尹,均徭役,奖励务农勤敏者,治绩显著。文宗时任翰林编修。后历任国子司业、监察御史、廉访司佥事、侍御史、国子祭酒、中书左丞等职。顺帝至正间参与修辽宋金三史、后妃功臣传,编纂《六条政类》。至正十年(1350)因反对脱脱等变更钞法,出为湖广左丞。谥忠肃。著有《仲实集》,今存辑本一卷。(0001 卷 185)

吕哈剌　元仁宗皇庆二年(1313)任江南行台监察御史。(0632 卷 6)

吕重二　元处州缙云(今属浙江)人。世祖至元二十七年(1290)五月,与杨元六等反元起事,被浙东宣慰使史弼擒斩。(0001 卷 16)

吕起猷　字徽之,号六松。宋元之际仙居(今属浙江)人。博学能诗文,安贫乐道,渔耕以自给。有诗作传世。(0101 卷 8,0075 文学典卷 89,0033 卷 5)

吕浩叟(？～1301)　宋元之际人。宋恭帝德祐元年(1275)奉使元军,见伯颜抗辞不屈。次年,宋恭帝降元,浩叟赴大都元廷,授淮东宣慰使,以病辞,归隐吴中二十六年而死。(0042 卷 10,0165 卷 1)

吕海运　元人。有诗作传世。(0504 癸下)

吕虚夷(？～1344)　字与之,号啬斋。元奉化(今属浙江)人。道士。居象山大瀛海道院。(0212 卷 48,0438 卷 1)

吕敬甫　字信夫。元建昌(治今江西永修西北)人。以明经授儒学提举。(1023 卷 5)

吕惠贤　元大都(今北京)人。吕元之子。吕合剌之父。事世祖顺圣皇后察必。与妻董氏为皇子北安王保傅。(0002 卷 175)

吕景文　元即墨(今属山东)人。顺帝至正中任徽州路(治今安徽歙县)判官。(0973 卷 5)

吕嗣庆(1218～1260)　字昌龄。元遂城(治今河北徐水西北)人。太宗时任尚食局提点。宪宗九年(1259)大举攻宋,授关西兴利军储大使,转运有方,供应无缺。以劳致病。次年正月病死。(0144 卷 57)

吕德良　元成宗大德中任临城(今属河北)知县。(0645 卷 4)

吕德隆(？～1352)　元顺帝至正年间为江州管军万户。至正十二年(1352),天完红巾军攻破江州(治今江西九江),被杀。(0506 卷 6701)

吕德裕　字文饶。元单父(治今山东单县南)人。顺帝至元三年(1337)为海盐(今属浙江)州儒学教授。(0258 卷 8)

吕伯颜帖木儿　元成宗大德年间任庆元路(治今浙江宁波)治中。(0633 卷 2)

同同①(1302～?)　字同初。元蒙古人。居真定(治今河北正定)。顺帝元统元年(1333)蒙古色目右榜进士第一。授集贤修撰,迁翰林待制,未几卒。有诗作传世。(0028 卷上,0033 卷 24,0165 卷 1,等)

同同②(？～1358)　元蒙古人。任江西廉访司经历。顺帝至正十八年(1358)反元武装攻破南昌城,被杀。(1012 卷 15)

同恕(1254～1331)　字宽甫。元奉元(治今陕西西安)人。家世业儒。世祖至元间选名士为吏,辞不赴。仁宗即位,聘为国子司业,不就。后奉元置鲁斋书院,领教事,来学者殆千数。延祐行科举,主乡试,人服其公。延祐六年(1319)应召为太子左赞善。次年病归。家无担石之储,而聚书数万卷,扁所居曰榘庵。谥文贞。著有《榘庵集》。(0001 卷 189)

同新　字仲益,号月泉,元僧,房山(今属北京)郭氏子。从鞍山僧坚祝发。以苦行事众,日执役,夜读经。欲参法,同行笑,愤甚,题诗于壁而去。历谒僧清安、

大明，尽剖疑情，耆宿拥之住鞍山。帝师八思巴复请主济南灵岩寺。年六十六寂。（1144 卷 204，0036 卷 13）

同鹗　元仁宗皇庆年间任渭南（今属陕西）知县。（0819 卷 12）

吃肉和尚　元僧。游乞吴中，将十年，能食肉。夜宿北寺塔门下，巡按御史亲临视之，亦坐不起，唯摸其带而笑。临寂，谢绝诸施食者，但饮水曰：洗肠胃。（1144 卷 205）

因陀罗　元僧人。工画佛像人物，尤喜画寒山拾得，笔墨简易飘逸，富有禅意。（1143 卷 189）

因只吉台　元蒙古燕只斤氏。太宗二年（1230）为万户。十月，帝亲征金，奉遣与国王塔思复取金将武仙攻占之潞州（今山西长治），仙夜遁，邀击之，斩首七千余级。（0001 卷 119）

因牙纳硕理　元蒙古札剌亦儿氏。拜住之子。文宗赐名笃麟铁穆尔。历任知枢密院事。顺帝至正八年（1348）迁任大司农。（0286 卷 1，0011 卷 2，0001 卷 136）

回回①　元人。世祖至元十四年（1277）任庆元路（治今浙江宁波）达鲁花赤。（0633 卷 2）

回回②　元世祖至元二十三年（1286）为邹平县（今属山东）达鲁花赤。是年十月，以能捕盗理财，升官秩。（0001 卷 14）

回回③（1267～1325）　元哈剌乞台人，居信都。仁宗时历任淮东宣慰使、宣徽副使、辽阳行省参政。英宗立，拜江浙参政，丁忧归，起为大都路总管。（0231 卷 8）

回回④　字子渊。元康里人。不忽木之子。巎巎之兄。成宗时为宿卫士，擢太常寺少卿，进太常院使。武宗即位，以藩邸旧臣出使称旨。至大间，调任大司农卿。后历任山南廉访使、南台治书侍御史、淮西廉访使、河南廉访使，皆有政声。英宗时任参议中书省事，议定刑书如法。泰定初，廷议漕运事，奏减粮数以纾东南民力。后历任翰林侍讲学士、江浙行省右丞。文宗即位（1328），任宣政院使，上言汰僧道，其田宜同民间征输。闻明宗死，杜门不出数年。（0001 卷 143）

回纥　元公主。嫁汪古贵族君不花次子赵康僖王乔邻察。封赵国大长公主。（0001 卷 109）

曲木　元顺帝至正二十五年（1365）任中书右丞。（0001 卷 113）

曲术　元文宗至顺元年（1330）为仁德府（治今云南寻甸东）权达鲁花赤。十一月，纠集兵众讨伐云南反文宗队伍，首败伯忽军于马龙州（治今云南马云）。是月十一日，杀伯忽弟拜延，献馘于豫王阿纳忒剌失里。十三日，战于马金山，擒获伯忽及其弟伯颜察儿、其党拜不花等十余人，诛之。余兵皆溃。（0001 卷 35）

曲出①　元世祖至元二十三年（1286）为蒙古千户。是年十一月，奉遣领新附军四百人，屯田别失八里（今新疆吉木萨尔北）。（0001 卷 14）

曲出②　元人。顺帝至正元年（1341）任兴化路（治今福建莆田）总管。（0905 卷 2，0902 卷 62）

曲出③　元哈剌鲁氏。顺帝至正初年翰林待制伯颜之兄。父死后，买经传等书助伯颜读书成才。（0001 卷 190）

曲出④　元顺帝至正二十七年（1367）为福建行省平章政事。是年五月，与平章陈友定受元廷付给之空名宣敕，受命验有功者给之。十二月，明军由海道取福州，曲出遁走。（0001 卷 47）

曲出⑤　元畏兀儿人，广东廉访使燕只不花兄。世祖时累迁中书省断事官。（0003 卷 118）

曲出⑥　元泰定元年（1324）进士。历沂州同知。文宗至顺六年（1330）迁定海县达鲁花赤。（0254 卷 12）

曲列①　元世祖至元二十八年（1291）为郴州路达鲁花赤。是年十一月，有罪论诛。（0001 卷 16）

曲列②　元武宗至大三年（1310）十二月，以建大崇恩福元寺，奉旨为遥授参知政事、领行工部事。（0001 卷 23）

曲列③　元回回人。赛典赤赡思丁第三子忽辛次子。历任湖南道宣慰使。（0001 卷 125）

曲列④　元畏兀儿人，顺帝元统元年（1333）进士铎护伦祖。历任按察使。（0011 卷 53）

曲曲　元顺帝至正七年（1347）为监察御史。是年十一月，以宦者陇普凭借宠幸，骤升荣禄大夫，追封三代，田宅逾制，上疏劾之。（0001 卷 41）

曲枢（？～1322）　又译曲出。元哈剌鲁人。世祖时为真金太子妃阔阔真侍臣，后为皇曾孙爱育黎拔力八达（仁宗）保傅。成宗时，随侍仁宗及其母答己于怀孟（今河南沁阳）、云中（今山西大同）。成宗死（1307），劝答己母子入朝，迎武宗即位。武宗时任平章政事，行大司农，领太子詹事院事，封应国公；又进太子太保，兼领典医院事。仁宗即位，授太保、集贤大学士，兼大司农，领崇祥院、司天台事。顺帝至元四年（1338）追封广阳王，谥忠惠。（0001 卷 137、22、24、39、110）

曲怜（？～1251）　元宪宗元年（1251），宪宗即位后，参与失烈门、脑忽等太宗、察合台后裔诸王谋反，被处死。（0001 卷 3）

曲春　元宗王。太宗第七子灭里大王四世孙。阳翟王秃满之子。袭封阳翟王。（0001 卷 107、108、206）

曲律　元康里王族。阿沙不花父牙牙之兀。元太祖征服康里后,其母驱骆驼驰载西域重宝及曲律兀弟越数国至蒙古京城哈剌和林。时元太宗在位,母尽献其所有。曲律兀弟被太宗召入宿卫,宪宗末年从宪宗征四川。宪宗死后,返回哈剌和林。(0001 卷 136)

曲烈①　元世祖至元二十二年(1285)为荆湖占城行省理问官。是年二月,奉遣同安南国使阮道学等,持行省公文,责安南国王陈日烜运粮送至占城助军。后与安南国臣持日烜书至,言其国至占城水陆非便,原随力奉献军粮。(0001 卷 209)

曲烈②　元世祖至元二十八年(1291)任溧水县(今属江苏)达鲁花赤。(0632 卷 6)

曲烈③(? ~1328)　元致和元年(1328)为河南行省平章。是年八月,燕铁木儿发动政变于大都(今北京),遣前河南参政明里董阿等驰驿迎文宗于江陵,密以意谕河南平章伯颜,请其协助。明里董阿至汴梁,曲烈等河南行省臣皆被执下狱,数日后被杀。(0001 卷 32)

曲惠　字顺卿。元真定(治今河北正定)人。顺帝至正年间为尤溪县(今属福建)尉,摄县事,曾击退红巾军。(0902 卷 58,0075 氏族典卷 509,官常典卷 659)

曲列失　元仁宗近侍。至大四年(1311)八月,擢任户部尚书。(0001 卷 24)

曲列尔　元蒙古篾儿乞氏。历任济南路达鲁花赤。(0011 卷 30)

曲列鲁　元宗王。太宗次子阔端之子。汾阳王别帖木儿之父。(0001 卷 107)

曲迭儿　元东北宗王。世祖至元二十四年(1287),附从东北宗王乃颜举兵叛,起所部军被元将塔出击破。(0001 卷 133)

曲帖儿　元蒙古札剌亦儿氏,顺帝元统元年(1333)进士博颜达曾祖。历任大名路达鲁花赤。(0011 卷 6)

曲也怯律　西夏唐兀乌密氏。元将察罕之父。西夏末主宝义元年(1226),为甘州守将。时察罕从元太祖攻甘州,射书招之,且遣使谕城中使早降。甘州副将阿绰等三十六人遂合谋杀死曲也怯律及蒙古使者。(0001 卷 120)

曲也怯祖　元唐兀乌密氏。亦力撒合祖父。元太祖时,被帝召见,受命属皇子察合台为断事官。(0001 卷 120)

曲出海牙　元世祖至元二十九年(1292)为福建行省幕官,随福建平章史弼、亦黑迷失等出征爪哇。次年二月,为招谕爪哇宣抚司官,随亦黑迷失等乘船先往招谕爪哇国。(0001 卷 210)

曲立吉思　又译曲里吉思等。元世祖至元八年(1271),元军围攻襄阳,奉命率军出汝州以牵制宋军。二十年,为四川行省参政,讨平九溪十八洞,以其酋长赴阙,定其地立州县,听顺元路(治今贵州贵阳)宣慰司节制。(0001 卷 7、12、135、162)

曲列失伯　元成宗时诸王。元贞元年(1295)闰四月,平阳民诉其部曲恣横,元廷遣官鞫之。(0001 卷 18)

曲吕不花①　又译曲律不花。元诸王。英宗至治三年(1323)八月,参与铁失等谋杀英宗。是年十二月,被泰定帝流放于奴儿干(在今黑龙江下游俄罗斯特林)。(0001 卷 28、29、175 等)

曲吕不花②　元顺帝至元二年(1336)任秘书监丞。(0027 卷 9)

曲林不花　元畏兀儿人,中尚院使忙兀的斤之子。(0011 卷 52)

曲出帖木儿①　字有诚。元顺帝至正二十七年(1367)由东安州(治今河北安次西)达鲁花赤入为秘书少监。(0027 卷 9)

曲出帖木儿②　元畏兀儿人。顺帝至正末,由大司农司丞迁任秘书卿。(0027 卷 9)

曲怜帖木儿　元顺帝时诸王。至正十二年(1352)六月,以镇压反元队伍有功,受赐金系腰、银、钞。(0001 卷 42)

曲春铁木儿　元诸王。仁宗延祐五年(1318)七月来朝,帝赐以金、银、钞、币帛,并给其所部钞、米。(0001 卷 26)

曳剌马丹①　元契丹人。世祖至元后叶为九江郡守,收取盗首乔大使贿赂而蔽之。后湖广右丞秃忽鲁遣人擒乔大使,狱成,杀而令诸市。(0001 卷 134)

曳剌马丹②　元契丹人。世祖至元中,任宁晋(今属河北)知县。(0645 卷 4)

曳剌福山　元契丹人。成宗大德五年(1301)为征缅万户。是年八月,进贡驯象六头。(0001 卷 20)

曳剌秃鲁雄　元将,契丹人。元宪宗九年(1259)正月,率军攻宋巴州(治今四川巴中县)平梁山。(0001 卷 3)

竹贞　元顺帝至正十八年(1358)为汴梁守将。五月,刘福通攻汴梁,弃城遁,福通等遂入城。二十三年六月,奉孛罗帖木儿遣,入陕西,据其省治,劫西台御史大夫完者帖木儿印,拘留之。扩廓帖木儿遣部将貊高与李思齐合兵攻之,出降,遂附从扩廓帖木儿。二十四年五月,率所部从扩廓帖木儿讨孛罗帖木儿。二十五年八月,孛罗帖木儿被刺杀于京师后,与貊高率军至京城外,命军士缘城而上,碎平则门键,悉以军入,占民居,夺民财。二十六年七月,与扩廓帖木儿所遣部将关保等渡河军相会,攻张良弼,战不利。二十七年五月,与关保等引兵拔李思齐所遣张良弼部将郭谦据守之黄连寨。(0001 卷 45 ~47、142、201)

竹温台(1282 ~1323)　元蒙古人,居全宁(治今内蒙古翁牛特旗)。事鲁王琱阿不剌为诸色人匠府达鲁花赤。(0556

卷4,0011卷16)

先哥(? ~1340)　元顺帝至正三年(1337),任庆元路(治今浙江宁波)达鲁花赤。(0634卷1)

先覩(1265~1334)　字无见。元僧,台州仙居(今属浙江)叶氏子。(0075《神异典》卷188,0968卷13、24)

廷俊(1299~1368)　字用章,号懒庵。元僧人,饶州乐平(今属江西)董氏子。元末住持杭州净慈寺。明初卒于金陵。(0075《神异典》卷188,0579卷10)

朱元　字子初。元义乌(今属浙江)人。朱震亨之父。世祖至元末,反元队伍起,欲劫其父环为谋帅。元请父避之,父不以为虑。元乃杀反元队伍侦骑,负父出逃,卒免于难。(0411卷40,0006卷93)

朱升①(1288~1354)　字自立。元丰城(今属江西)人。文宗至顺初应诏入粟赈饥,授南康县尉。累迁监宜兴税。(0309卷6)

朱升②(1299~1370)　字允升,元明间徽洲休宁人。元顺帝至正四年(1344)中乡试。八年,任池州路儒学正,秩满归隐歙县石门。朱元璋下徽州,召问时务,献策:"高筑墙,广积粮,缓称王。"授侍讲学士。明洪武元年(1368),升翰林学士,次年告老归。著有《周易旁注图说》、《尚书旁注》、《枫林集》。(0020卷136,0475卷9)

朱氏①　元高邮宝应(今属江苏)民孙奕妻。成宗大德四年(1300)一产三男,蠲复三年。(0001卷20、50)

朱氏②　元杭州人。黄仲起妻。顺帝至正十六年(1356),张士诚占领杭州,其女临安奴仓皇言曰:贼至,我别母求一死!俄而张士诚兵驱诸妇至其家,指其母女曰:为我看守,日暮我当至。惧受辱,与女皆缢死。(0001卷201)

朱玉①　元世祖至元十四年(1277)至十七年任庆元路(治今浙江宁波)经历。(0633卷2)

朱玉②(1293~1365)　字君璧,一作均璧,元昆山(今属江苏)人。喜绘画,闻佳山水每翛然独往。从王振鹏学,遂精界画。尝奉命画《藏经》佛像,方不盈矩,曲尽其妙,而意度横生,不拘于绳墨,人谓振鹏不能过之。尝作《紫雾龙宫》、《翠蓬神阙》二图,十年始成,人谓其妙入神品。内行修洁,淡于名利,年老犹壮。(1143卷199,0561卷4)

朱玉③　字仲华。元画家。善绘画,有《百牛图》。(0167卷12)

朱本　字致贞,元明间丰城人。元顺帝至正间为福州儒学提举。明初以贤良官送京师,固辞,安置和州,未几放归。年九十卒。(1071卷1)

朱右(1314~1376)　字伯贤(一作序贤),号邹阳子,元明间台州临海人。元末诣阙献《河清颂》,不遇而归。明初召修《元史》,授翰林编修。累官晋王府右长史。著有《白云稿》、《元史补遗》、《春秋类编》、《三史钩玄》、《书传发挥》等。(0020卷285,0492卷62,1078卷5)

朱申(1260~1318)　字南伯。元江阴(今属江苏)人。历任鄞县(治今浙江宁波)主簿、庆元路(治今浙江宁波)司狱、江浦主簿。(0202卷12、14,0633卷3)

朱礼①　字节文。元大都(今北京)人。历任留守司掾、司狱司官。有能声。(0677卷11)

朱礼②　字德嘉。元建昌新城(治今江西黎川)人。朱彬之父。顺帝至元元年(1335)中乡试。历任崇仁县教谕、庐陵县教谕。著有《汉唐事笺》十二卷、后集八卷。(0147卷34)

朱圭　号肃斋。元海宁(今属浙江)人。贡师泰寓居海宁时,曾延聘其教子。元末以荐授庆元路(治今浙江宁波)学录。(0896卷129)

朱成　元崇明(今属上海)州判官,捕盗死,子朱琼袭职。(0949卷5)

朱贞　字以宁。元吴郡(治今江苏苏州)人。历任奏差。有诗作传世。(0517卷10,0504庚上)

朱光　元成宗元贞二年(1296)任金坛(今属江苏)县尉。(0631卷16)

朱华　元义乌(今属浙江)人。辟石首(今属湖北)知县。(0896卷129)

朱旭(1278~1341)　字子阳,号次山,又号希古道人。元崇明(今属上海)人。朱清第三子。世祖至元三十年(1293)授海运千户,秩满不复仕。(0561卷3,0002卷182)

朱芾　字孟辨,号沧洲生。元明间华亭(治今上海松江)人。工真草篆隶。明初征为编修,改中书舍人。(0020卷285,0031卷7)

朱执　字好谦。元医。精医术。著有《心印绀珠经》二卷。(1071卷14)

朱邱　一作邸,元蜀人,善画竹木。(1143卷207)

朱佐　元德平(治今山东临邑北)人。袭千户职,扈从西征。累功升迁为袁州路(治今江西宜春)总管。(0075氏族典卷68)

朱佑　字辅之。元镇江(今属江苏)人。朱士宁之子。历任铅山州(治今江西铅山东南永平镇北)、乐平州(治今江西乐平)提控案牍。(0631卷19)

朱沂　字詠道。元建阳(今属福建)人。朱熹曾孙。元初以荐授考亭书院山长。(0902卷96,0076卷15、38)

朱良　元汲县(今属河南)民。世祖至元二十六年(1289)六月,向朝廷进献紫芝。(0001卷15、50)

朱改(1221～1293) 字国用。元鄢陵(今属河南)人。朱端之父。(0212 卷 68)

朱武 字仲桓。元山阴(治今浙江绍兴)人。有诗作传世。(0504 辛上)

朱坦 元鄱阳(治今江西波阳)人。顺帝至元元年(1335)中乡试。(0072 卷 83)

朱直 字大方。元东明(今属山东)人。文宗天历元年(1328)任秘书监典书。顺帝至元二年(1336)升秘书监令史。(0027 卷 11)

朱虎(? ～1303) 字尧臣,号中山。元崇明(今属上海)人。朱清次子。曾从征安南。累官至都水监。与父同被捕入狱。父自杀后,被处死。(0635 卷 5,0002 卷 182)

朱昊 元人。有诗作传世。(0504 癸下)

朱明 元文宗至顺年间任武邑(今属河北)知县。(0645 卷 4)

朱凯 字士凯。元世祖至元年间为江浙省掾。杂剧作家,今存其所作杂剧《孟良盗骨》一种。(0029 卷下)

朱和 字信之。元武遂(治今河北武强西北)人。(0144 卷 28)

朱炜 字君美。朱熹五世孙。以宸旨入国子学,后以书考之法出仕。(0146 卷 24)

朱泽① 字齐卿。元泾阳(今属陕西)人。曾任光化(今属湖北)知县。(1041 卷 66)

朱泽② 元山西人。历任钟离知县。(0977 卷 6)

朱诚 字信伯。元福建行省都事。(0905 卷 6)

朱肃 字敬之。元钱塘(治今浙江杭州)人。善画枯木竹石。(0077 卷 8)

朱绂① 字汉章。元镇江(今属江苏)人。世业医。世祖至元二十年(1283),权本路医学教授。后被召被御诊太医,授诸路医学副提举。(0631 卷 19)

朱绂② 元泰定四年(1327)任溧水(今属江苏)知州。(0632 卷 6)

朱珍① 元顺帝至正二十六年(1366)为扩廓帖木儿部将。是年七月,奉遣与卢旺屯兵河中(今山西永济西南)。(0001 卷 47)

朱珍② 元绍兴(今属浙江)人。历任丹徒(治今江苏镇江)典史。(0631 卷 16)

朱春 元末为三原县尹。明兵克奉元(今陕西西安),与妻同自经。(0622 卷 33,0020 卷 124)

朱垚(1269～1318) 字子厚。元下蔡(治今安徽凤台)人。家居讲授。(0411 卷 24)

朱荣 元义乌(今属浙江)人。辟海阳(治今广东潮安)知县。(0896 卷 129)

朱柯(1297～1343) 字拱之。元华亭(治今上海松江)人。朱熹四世孙。(0275 卷 10)

朱屋 字仲端。朱熹六世孙。元顺帝至正中诏求天下直言极谏,屋在国子学,撰治政万言书上呈。(0414 卷 2)

朱显 元真定(治今河北正定)人。自世祖至元间,其祖父已为子孙分产析居。至显,念诸侄彦昉等年幼无恃,谓弟耀曰:本出同根,岂可异居。乃会拜祖墓下,取分产券焚之,复同居。(0001 卷 197)

朱彤 元顺帝至正二十四年(1364)任绍兴路总管。(0880 卷 26)

朱勋 字文德。朱熹五世孙。元英宗至治三年(1323)归省祖先墓。(0224 卷 4)

朱钧 字可元。元太仓(今属江苏)人。朱文德之子。任连州(治今广东连县)判官。(0635 卷 5)

朱泉(1195～1245) 金元之际馆陶(治今山东冠县北)人。金末率众降附木华黎。元太宗四年(1232)累功为彰德(治今河南安阳)录事。(0210 卷 18)

朱炯 字景纯。元人。有诗作传世。(0504 己下)

朱宦 字良卿。元休宁(今属安徽)人。不求仕进。顺帝至正二年(1342),年七十余,集贤院闻其行义,赐号澄节处士。(0972 卷 9)

朱祚 元人。有诗作传世。(0504 癸下)

朱珪 字伯盛。元昆山(治今江苏太仓)人。从吴睿受书法,凡三代金石刻辞,无不极意规仿之。久有悟于石鼓、绎碑之法。尝集宋王顺伯、元吾丘衍、赵孟頫等诸家印为一书,以吴睿等所书印并自制私印附入。工古篆、籀,精于六书之义。读书十年不下楼,五十不娶妻。杨铁崖为撰方寸铁志。(1143 卷 212,0042 卷 13,0928 卷 56)

朱哥 元契丹人。耶律秃花长子。袭父职,仍统领刘黑马、史天泽等七万户,与都元帅塔海绀卜同征四川,死于军中。(0001 卷 149)

朱桓 字仲威。元常熟(今属江苏)人。顺帝至正中,张士诚据吴中;航海至京师上书于元廷,授编修官。复朝服极言上储宫,不报,竟愤而病死。(0296 卷 5)

朱夏(? ～1352) 字元会,一字好谦。

元金溪(今属江西)人。早年从吴澄学。仁宗延祐四年(1317),以《春秋》中乡试。会试不利,遂穷研理学,不复求仕。顺帝至正十二年(1352),反元队伍起,被杀。(0075 氏族典卷 68、文学典卷 90)

朱振　字良玉。元鄱阳(治今江西波阳)人。工草书。(0031 卷 7)

朱铎　元人。有诗作传世。(0504 癸下)

朱倬(?~1352)　字孟章。元建昌新城(治今江西黎川)人。顺帝至正二年(1342)进士。任遂安县(治今浙江淳安县西南)知县。十二年,反元队伍至,吏卒逃散;赴水死。著有《诗疑问》七卷。有诗作传世。(0004 卷 36,0504 丁)

朱悦　元世祖时高丽国来元朝使臣。为高丽国判秘书寺事。世祖至元十三年(1276)十一月,奉高丽国王王愖遣,奉表来元朝。奏告王愖更名王賰。(0001 卷 9、208)

朱浚　元临川(今属江西)人。工诗,其诗作流丽稳熟。(0033 卷 9)

朱祯　字廷瑞。元崇明(今属上海)人。任扬子县儒学教谕。(0949 卷 8)

朱彬(1308~?)　字仲文。元建昌新城(治今江西黎川)人。朱礼之子。顺帝元统元年(1333)进士。授翰林院典籍。有诗作传世。(0028 卷上,0504 丁)

朱堂①　字子升。元无锡(今属江苏)。顺帝至正年间以荐授绍兴路知事。(0941 卷 14)

朱堂②　字肯堂,号愚子。元华亭(治今上海松江)人。有诗作传世。(0504 庚下)

朱焕　宋元之际泰安新泰(今属山东)人。宋末与李庭芝守扬州。元世祖至元十三年(1276)七月,庭芝奔泰州,焕以城降元,授淮东大都督。官至福建宣慰使。(0003 卷 111,0002 卷 177)

朱清①(1237~1303)　宋元之际崇明(今属上海)人。少年时佣于富室杨氏。后杀杨氏,聚众贩私盐。与张瑄结为兄弟,聚众至数千人,有海船五百艘,摽掠为海盗。元世祖至元十二年(1275),受元军招降,任行军千户。十三年春,宋恭帝降,奉伯颜命,由海道运送宋帑藏图籍至大都(今北京)。十六年,从张弘范攻克厓山,灭宋。十七年,奉命招降海盗,参与镇压陈吊眼起义,以功升沿海招讨使。十九年,与张瑄等浮海运粮四万余石至大都。二十年,任中万户,掌管海道运粮。二十八年,领海道都漕运万户府事。成宗元贞二年(1296),任河南参政。大德四年(1300),升左丞。七年,被捕入狱,自杀。(0002 卷 182,0501 卷 69,0104 卷 30)

朱清②　字元之,宋元间富阳人。宋末与叶李同师门。入元,李任中书左丞,数遣人迎之,终不往。(0871 卷 33,0063 卷 14)

朱淮　朱熹玄孙。元世祖时为泉州路(治今福建泉州)推官。(0144 卷 70)

朱渊　元顺帝至正二年(1342)任庆元路(治今浙江宁波)知事。(0634 卷 1)

朱喜　宋元之际颍州(治今安徽阜阳)人。尝俘于兵,既自赎,主家利其赀,复欲以为奴。狱久不决。元世祖至元后叶,河北河南道按察副使王忱正之;得释为民。(0001 卷 151)

朱蕡　元泰定帝二年(1325)为工部尚书。是年九月,奉诏遣,为河南江北道奉使宣抚。(0001 卷 29)

朱葵　元上饶(今属江西)人。世祖至元二十八年(1291)任太平路学教授。成宗大德四年(1300)迁任婺州路学教授。有诗作传世。(0881 卷 11,0504 癸下)

朱嵘　字山甫。元乌程(治今浙江湖州)人。仁宗延祐二年(1315)进士,授长洲(治今江苏苏州)县丞。(0876 卷 12)

朱锐　字仲敏。元曹州楚丘(治今山东曹县东南)人。建朋乐堂,延请儒士讲学,曹州文学遂得兴盛。(0085 卷 15)

朱斌①　元宝坻(今属天津)人。朱国宝长子。袭父职,累官为海北海南道宣慰使都元帅。(0001 卷 165)

朱斌②　字文质。元吴江(今属江苏)人。顺帝至正十三年(1353)中乡试。有诗作传世。(0954 卷 21,0504 己上)

朱庸　字伯常,号拗斋。元四明(今浙江宁波)人。有诗作传世。(0504 己下,0523,0033 卷 24)

朱富　元通州(治今江苏南通)人。世祖至元十三年(1276)任丹徒县(治今江苏镇江)主簿。(0631 卷 16)

朱裕　字敏道。元延陵(今江苏镇江)人。画山水师法李成。(0030 卷 5)

朱键　字国材。元莆田(今属福建)人。初为宪吏,以荐授南靖县儒学教谕,迁任光泽县主簿,升龙岩县知县。(0902 卷 125,0905 卷 6)

朱榘①　字方大。元顺帝至正二十三年(1363)任秘书郎。(0027 卷 10)

朱榘②　元慈溪(今属浙江)人。曾任上虞县(今属浙江)教谕。(0880 卷 29)

朱霁(1259~1320)　字景周、景春。元泰安新泰(今属山东)人。朱焕之子。袭父职为淮东大都督。世祖至元十四年(1277)改扬州路总管,历任吉州、平江、台州、信州、衢州诸路总管。仁宗延祐三年(1316)迁任徽州路总管。(0262 卷 17,0002 卷 177)

朱辕　字仲侔,元中后叶明阳(今河南唐河西南)人。药学家。自少年至老,专攻本草,以毕生精力增补《本草》,编撰成

《大元本草》进献朝廷。(0250 卷 31)

朱端 元鄢陵(今属河南)人。由吏入仕。历任太平路照磨、江宁主簿、江西省掾。泰定元年(1324)任抚州路(治今江西临川)经历。(0632 卷 6,1014 卷 8)

朱漳 字茂清。元义乌(今属浙江)人。居乡行善。卒年四十。(0157 卷 3、7)

朱璟①(1297 或 1298~1330) 字景玉,号爱梅,别署玉峰,元绩溪(今属安徽)人,一作歙县(今属安徽)人,或说新安(今属河南)人。以家贫出为绩溪西坑寨吏。任职三月即弃去。善画山水,合米芾、高克恭之画法,自成一家,得意时即画之以自娱。(1143 卷 226,0283 卷 7)

朱璟② 元平江(治今江苏苏州)人。善刻碑。仁宗延祐二年(1315)刻昆山州重建海宁禅寺碑。(1143 卷 226)

朱融 元管城(治今河南郑州)人。成宗大德年间授国子伴读。曾任上蔡县主簿。(0762 卷 4)

朱瓒 元宝坻(今属天津)人。朱国宝次子。历任上副万户,镇福州。(0001 卷 165)

朱鐩 鐩一作燧,字子新。元常熟(今属江苏)人(一作吴郡人)。家富而励志勤读,手录奇书异传,至老不倦。工诗词,尤善行草。肆情山水,遇酒辄醉。晚年寓居笠泽之滨。(0947 卷 9,0042)

朱士宁 字安卿。元镇江(今属江苏)人。世祖至元十二年(1275)任江阴镇江招讨司知事。(0631 卷 15、19)

朱士英 号松岩。元崇明(今属上海)人。朱明达次子。任济宁路同知。中年时辞官归隐。(0939 卷 6)

朱士俊 字时英。元蕲州(治今湖北蕲春西南)人。世祖至元二十九年(1292)由上舍生授枢密院经历。转户部郎中,进侍郎。后出守赣州,改潮州,调判延平。迁建宁同知,致仕归。(0075 氏族典卷 68)

朱万初 元豫章(治今江西南昌)人。世业儒。善制墨。文宗命为艺文监直长。后历任广东照磨、东阳县丞、建宁幕长。(0147 卷 2、29,0902 卷 63)

朱万龄 字寿之。元云梦(今属湖北)人。生平以道学自负,长于星历占筮。(0144 卷 59)

朱与诚 一作米与诚。元人。有诗作传世。(0504 癸下)

朱子昌(?~1302) 字可大。元温州平阳(今属浙江)人。晚年,家于吴。任江阴州教授。游京师,以荐授浙西儒学副提举。(0042 卷 10)

朱天珍 字良贵。元四川人。仁宗延祐六年(1319)任镇江路儒学教授。(0631 卷 17)

朱天贵 元顺帝至正二十四年(1364)任吴江(今属江苏)州判官。(0954 卷 17)

朱天祥 元浑源(今属山西)民。母病,刲股肉以疗之。诏旌其家。(0001 卷 197)

朱云龙 元世祖至元二十年(1283),以漕运功,授七品总押,并受赐币帛。(0001 卷 12)

朱友正 元休宁(今属安徽)人。顺帝至正中,任婺源(今属江西)州判官。(0973 卷 6)

朱友谅 元河南府路(治今河南洛阳)人。事亲笃孝。诏表其门闾。(0001 卷 197)

朱日新 号中斋,本姓杨。元崇明(今属上海)人,朱清养子。世祖至元年间任海运千户。成宗元贞元年(1295)授婺州路总管。迁任江州路总管。未几,因朱清案解职,寓居嘉定以终。(0635 卷 5,0896 卷 116,0002 卷 182)

朱仁卿① 元盱江(今江西南城)人。在国子学十余年,贡于吏部,授安庆路教授。(0147 卷 5)

朱仁卿② 元顺帝至正十三年(1353)任高安县(今属江西)主簿。(1016 卷 14)

朱仁翁 字安夫。元人。有诗作传世。(0504 癸下)

朱公迁 字克升,学者称明所先生。元乐平(今属江西)人。顺帝至正元年(1341)中乡试。七年,以遗逸征至京师,授翰林直学士,劝帝亲贤远佞、恤德民。执政恶其切直,出之为处州路学正。未几,以病归。著有《诗经疏议》、《四书通旨》。有诗作传世。(0002 卷 236,0504 己上,1011 卷 9)

朱公选(?~1368) 字克用。元乐平(今属江西)人。顺帝至正末为监察御史。明兵进逼大都(今北京),帝集三宫议避兵北行。公选以疏留弗获,送帝出国门,归而自尽。有诗作传世。(0002 卷 233,0504 癸上)

朱文礼 元世祖中统四年(1263)为晋州(治今河北晋县)学录。(0552 卷 15)

朱文刚 字明德。元天台(今属浙江)人。顺帝至正二年(1342)任庆元路(治今浙江宁波)儒学教授。(0634 卷 2)

朱文明 元顺帝至正二十三年(1363)任泽州(治今山西晋城)知州。(0694 卷 5)

朱文选 字克用。元鄱阳(治今江西波阳)人。初,事顺帝于静江(今广西桂林)潜邸。顺帝立,授泰州万户府千户,戍徽州绩溪,升管军总管,又升为万户。至正中迁任浙东宣慰副使。(0973 卷 4)

朱文炳 号讷山。元人。有诗作传世。(0504 戊下)

朱文高 又名密。元永康(今属浙江)人。元初,被元将史弼署为防御镇抚,令搜捕反元者。利赏之徒多缚平民献,文高悉纵遣之。(0530 卷 92)

朱文瑛 字子中。元丹徒(治今江苏镇江)人。累迁为镇江路知事。后以余姚知州致仕。(0880 卷 28,0945 卷 3)

朱文霆(1295~1363) 字原道。元莆田(今属福建)人。顺帝元统元年(1333)进士,授瑞安州同知,改汀州路推官。历瓯宁尹、福建宣慰司都事。累迁为泉州路同知,升为总管致仕。博学能文,有《葵山集》。(0411 卷 34,0002 卷 237)

朱文魁 字晦叔。元世祖至元年间任泾县(今属安徽)知县,有惠政。后迁任上虞(今属浙江)知县。(0880 卷 28,0974 卷 14)

朱文德 号菊岩。元崇明(今属上海)人。朱明达长子。任太尉府长史。丁父忧,不复仕。(0635 卷 5)

朱以礼 字敬舆。元休宁(今属安徽)人。讲授经学于乡里。(0972 卷 9)

朱孔昭 元赣州(今属江西)路人。顺帝至正十一年(1351)至十四年任嘉定(今属上海)州儒学教授。(0558 卷 24)

朱世杰 字汉卿,号松庭。元代杰出数学家。寓居大都。成宗大德三年(1299)撰成《算学启蒙》三卷,为体系完整之优秀数学启蒙著作。七年,撰成《四元玉鉴》三卷,主要讲述多元高次方程组解法及高阶等差级数问题,为中世纪最杰出数学著作之一。(0079 卷 47,0002 卷 171)

朱东卿 元人,善画。世祖至元二十八年(1291)尝作《鱼乐图》卷,今在国外。(1143 卷 206)

朱可与 字与贤。元舒城(今属安徽)人。以《尚书》领乡荐。后不求仕进,家居教授。有诗作传世。(0971 卷 9,0504 丙)

朱永福(?~1295) 元成宗元贞元年(1295)七月,以“妖言”伏诛。(0001 卷 18)

朱有德 字政甫。元太平(治今安徽当涂)人。成宗大德十年(1306)至武宗至大元年(1308)任镇江路提控案牍。(0631 卷 15)

朱存器 金元之际徐州人,迁居于宝坻(今属天津)。元将朱国宝之父。历官至修内司使。尝夜行卢沟桥,获金一囊,坐而待其主以付之,其人请中分,笑而遣之。(0001 卷 165)

朱成章 元人。有诗作传世。(0504 丁)

朱光卿(?~1338) 元广州增城(今属广东)人。顺帝至元三年(1337)正月,反元起事,其党石昆山、钟大明率众从之,称大金国,改元赤符。元廷命指挥狗札里、江西行省左丞沙的率军讨之。四月,惠州归善县民聂秀卿等造军器,拜戴甲为定光佛。反元起事,与朱光卿相结合。光卿等率众进攻惠州博罗县,县达鲁花赤罗里敬甫御却之。七月,光卿被狗札里、沙的擒获。未几,石昆山、钟大明亦被擒。四年正月,光卿被处死。六年,光卿余部复起,攻增城,射死参与镇压光卿起事之广东廉访使颜浩。(0001 卷 39,1037 卷 241)

朱同善(1297~1365) 字性与,学者称裕轩先生。元义乌(今属浙江)人。早年从许谦学。应试不利,出游大都,授经于越王府。后被征召为两淮屯田府幕属,未几辞去,还隐丹溪之滨。(0411 卷 49)

朱廷珪 元顺帝至正十二年(1352)任吴江(今属江苏)州教授。(0954 卷 17)

朱仲明① 号北轩。元休宁(今属安徽)人。善为诗。泰定年间陈栎主持小桃源诗盟,仲明诗取中第一。(0033 卷 17,0504 戊上)

朱仲明② 元即墨(今属山东)人。中乡试第一。任即墨县儒学教谕。(0727 卷 4)

朱自期(1242~1300) 字君望。宋元之际龙游(治今浙江衢州东北)人。宋恭帝德祐元年(1275)入太学。元初不仕,晚年为龟山书院山长,转任安定书院山长。(0380 卷 24)

朱华玉 字碧山。元吴县(治今江苏苏州)人,家嘉兴魏(一作武)塘。与吴镇、盛懋为同时人,居同里,不欲以画艺与二人争胜,乃独制银器,隐于姑苏皋桥,为一时绝技。文宗天历(1328~1330)间,始见赏于柯九思、虞集、揭傒斯,各令制槎杯为寿。所制酒器极精妙,如蟹杯、虾杯之类。所制昭君像,琵琶、乘骑、眉发、衣袖花绣及鬃鬣,种种精细。(1143 卷 218)

朱汝谐 元濮州(治今山东鄄城北)人。父子明尝命其与兄汝弼别产。父死,汝弼家尽废;泣请共居。又迎贫病之叔父子昭、子玉至家,奉汤药甘旨甚谨,后病死,丧葬尽礼,乡人贤之。事闻,诏表其门闾。(0001 卷 197)

朱守谅 元顺帝至正八年(1348)任湖广行省员外郎。有诗作传世。(0033 卷 18)

朱守谦 元汝宁(治今河南汝南)人。顺帝至正年间以都镇抚司经历署汾州孝义县事。(0693 卷 7、11)

朱好古 元禽昌(今山西襄陵)人。善画山水、人物,人皆宝之。为河东画工首领,门徒甚多,如画永乐宫混成殿壁画之画工张遵礼、田德新、曹德敏、李弘宜、王椿等均其门人。(1143 卷 200)

朱寿祖 字永德:元歙县(今属安徽)人。以郡吏承檄前往湖广督办杉木,事毕告病归。(0972 卷 6)

朱志同(1288～1353) 字与可。元进贤(今属江西)人。性亮直,见义勇为,好赴人之难,县尹待以宾礼,民间利病必询之。不求仕进,家居教子。(0411 卷23)

朱志高 元镇江路茅山书院山长。(0631 卷17)

朱志道 元崇德(治今浙江桐乡南)人。历任传贻书院山长、吴江州儒学教授。有诗作传世。(0504 己上)

朱克正 字平仲。元休宁(今属安徽)人。师事陈栎。顺帝至正十一年(1351)登进士第,授婺源州判官。(0972 卷6)

朱时中 字时可,元清都观道士,号持正崇玄通妙法师。(0212 卷40)

朱伯清(1236～1307) 字源之。宋元之际杭州富阳(今属浙江)人。宋太学生。与叶李友善,叶攻击贾似道被贬漳州,独往饯之。元世祖至元后叶,叶任中书右丞,数遣使迎致之;谢弗往。(0152 卷34)

朱希哲 元顺帝至正二十二年(1362)为河南行省参知政事,率军守御宜川(今属陕西)。(0554 卷26)

朱希晦① 字明宇。元龙虎山道士。曾任杭州元妙观提点。与张雨交情深厚。(0065 卷2)

朱希晦② 元明之际乐清(今属浙江)人。元末有诗名,与四明吴志淳、萧台赵彦铭游咏雁山中。明初召至京师(今南京),授朝列大夫,不受而归。有《云松巢集》三卷。(0503 二集辛,0006 卷91下)

朱良实 字子诚,号百拙老人。元吴江(今属江苏)人。隐居不仕,以诗文自娱。卒年八十余。有诗作传世。(0954 卷26,0504 辛上)

朱英发 元吉水(今属江西)人。元末于乡里组织地主武装抵御反元队伍,被反元队伍擒获,涉江赴水而死。(0075 官常典卷735)

朱英亮 元世祖时高丽国使臣。中统四年(1263)三月,奉高丽国王王禃遣,来元朝入贡,上表谢恩。(0001 卷5)

朱叔重 一作叔中,元吴(今苏州)人,一云娄东(今江苏太仓)人。工画,每赋一诗,得摹写之妙,辄肆笔绘之。顺帝至正二十五年(1365),尝作《秋山叠翠图》,今藏故宫博物院。(1143 卷204,1072 卷8)

朱叔麒(1243～1313) 字廷祥,号遯山。宋元之际义乌(今属浙江)人。宋度宗咸淳四年(1268)进士,累迁为国子监书库官。元世祖至元二十二年(1285)以荐授定海县知县。后历任黄岩州同知、仙居县知县、浮梁州同知。以婺州路总管府治中致仕。(0221 卷1,0633 卷3)

朱国宝(1230～1288) 元宝坻(今属天津)人。宪宗时从军,隶水军万户解诚麾下。九年(1259),从忽必烈(世祖)攻鄂州(今湖北武汉武昌)。世祖中统二年(1261),授千户。三年,从平李璮,镇戍东海。后从攻宋襄阳,摄四翼镇抚,督造战舰,筑万字堡。后参加灭宋战争,屡立战功。至元十四年(1277),升管军万户,镇守梧州。十六年,迁任海北海南道宣慰使。二十三年,迁广南西道宣慰使。二十五年,升为行尚书省参政。以军事至赣州,病死于驿舍。(0001 卷165)

朱明达 字显之。元崇明(今属上海)人,迁居太仓。任海运上千户。(0635 卷5,0002 卷182)

朱宗文 又名伯颜,字颜章。元信安(治今河北霸县东)人。著有《蒙古字韻》二卷。(1133 卷首)

朱宗周 元徽州(治今安徽歙县)人。世祖至元二十四年(1287)任秘书监校书郎。(0027 卷10)

朱宗道 元徽州(治今安徽歙县)人。世祖至元三十一年(1294)任丹阳(今属江苏)县尉。(0631 卷16)

朱孟翁 元东阳(今属浙江)人。善为诗。所作诗元初月泉吟社取为第二十九名。(0033 卷6,0504 甲)

朱显文 字子仪。元睢阳(治今河南商丘南)人。泰定四年(1327)进士。曾任公安(今属湖北)知县。(1041 卷66)

朱显忠 字彦良。元如皋(今属江苏)人。张士诚部将。(0296 卷4)

朱显祖 号东山。元崇明(今属上海)人。朱清长子。任海运千户。(0635 卷5,0002 卷182)

朱思本(1273～1333) 字本初,号贞一。元临川(今属江西)人。龙虎山道士。从吴全节至大都(今北京),奉诏代祀名山大川,得以周游各地,考察地理。历时十年,绘成《舆地图》二卷,已佚,但明罗洪先《广舆图》二卷乃据其图增补而成,今存。英宗至治元年(1321),主持玉隆万寿宫。工诗文,有《贞一斋诗文稿》二卷。(0250 卷15、32,0320 卷首,0504 壬上,等)

朱复亨 元金溪(今属江西)人。朱夏之子。顺帝至正十八年(1358)中乡试。(1014 卷10)

朱勉之 字元祐,号松岩。元华亭(治今上海松江)人。英宗至治元年(1321)武进士,授嘉兴(今属浙江)路千户。(0896 卷129)

朱彦材 元金溪(今属江西)人。任高唐知州。(1025 卷46)

朱彦亨 元冀宁(治今山西太原)人。泰定三年(1326)任江南行台监察御史。顺帝至正八年(1348)由河南行省理问擢彰德路总管。(0632 卷6,0250 卷43)

朱祖义 字子由。元庐陵(治今江西吉

安)人。撰诸经句解,今存《尚书句解》十三卷、《周易句解》十卷。(1071 卷 1)

朱桂英 元钱塘(治今浙江杭州)人,女。世为衣冠旧族。熟悉稗官小说。善于讲说三国五代等历史故事。顺帝至正二十六年(1366),被杨维桢延请至舟中,讲说宋徽宗艮狱及秦桧事,座客倾耳。(0158 卷 6)

朱淑信 元山阴(治今浙江绍兴)妇女。年轻时丧夫寡居,誓不改嫁。其女妙净,幼哭父双目失明,及长,择偶者不至。家贫岁凶,母女相依为命,以苦节自励。儒士王士贵重其孝,乃求娶妙净。(0001 卷 200)

朱谊立 字仁昭。元清江(治今湖北恩施)人。由译史入仕。累迁为南雄路(治今广东南雄)推官。官至南宁路总管。(1024 卷 7)

朱梦炎 元明之际进贤(今属江西)人。元顺帝至正十一年(1351)进士,历任元金溪县丞。二十六年,被朱元璋召至金陵,授国子博士。明洪武十一年(1378),累官礼部尚书。(1152 卷 39)

朱梦泽 元成宗大德五年(1301)任溧水(今属江苏)州判官。(0632 卷 6)

朱梦桂 宋元之际温州平阳(今属浙江)人。宋度宗咸淳年间进士。入元授松滋(今属湖北)知县。(0896 卷 129)

朱梅间 元人,善画花竹。(1143 卷 215)

朱晞颜 字景渊。元长兴(今属浙江)人。曾任瑞州路在城务税课提领。有《瓢泉吟稿》五卷。(0183 卷首)

朱得先 元宛陵(治今安徽宣城)人。有诗作传世。(0504 戊上,0033 卷 23)

朱翊龙 元杭州人。任镇江淮海书院山长。(0631 卷 17)

朱惟忠 元高唐(今属山东)人。任新昌(今属浙江)知县。(0880 卷 28)

朱淳甫 元济阴(治今山东荷泽)人,居曹州(今山东荷泽),世业丹青。(0030 卷 5)

朱隐老(1284～1357) 字子方。元丰城(今属江西)人。精研《易经》、《礼经》,讲授荷山下,从学者甚众,尊称为灐峯先生。著有《皇极经世书说》、《正蒙书说》、《礼说》、《易说》。(0411 卷 24,0002 卷 236)

朱维嘉 元缙云(今属浙江)人。早年从朱公迁学。后任卢龙(今属河北)县丞,有治绩。迁任国子助教。(0072 卷 83)

朱继善 元泰定三年(1326)任溧水(今属江苏)州判官。(0632 卷 6)

朱景仁(1310～1361) 元海宁(今属浙江)人。元末,周济避战乱至海宁之士人。(0444 卷 9)

朱黑狗 元宣宁(治今河北宣化)人。任怀仁(今属山西)知县,有治绩。(0691 卷 8)

朱释老 号龟潭。元金华(今属浙江)人。工诗。其诗作被元初月泉吟社取为第三十八名。(0504 甲,0033 卷 6)

朱鲁卿 字希曾。元嘉兴崇德(治今浙江桐乡西南)人。顺帝至正四年(1344)至七年任无锡州儒学教授。(0558 卷 23)

朱富春 元镇江茅山书院山长。(0631 卷 17)

朱虞龙 元福建人。居丧庐墓,诏表其门闾。(0001 卷 197)

朱嗣荣(1319～1374) 字文昌。元金溪(今属江西)人。工诗。(0411 卷 25)

朱锦哥(?～1328) 元洛阳人。赵彬之妻。文宗天历初,陕西兵掠河南。遇兵五人,被执,逼与乱。拒之,兵怒,提曳箠楚之。度不能脱,给之曰:舍后井旁有瘗金,当发以遗汝等。兵信之,随其行。得近井,抱三岁女踴身赴井死。(0001 卷 200)

朱锦绣 元歌妓、杂剧女演员。侯要俏妻。善演杂剧旦末,艺超流辈。又善演院本。时称负绝艺者。(0032)

朱颖达 元世祖至元中任休宁(今属安徽)知县,转徽州路(治今安徽歙县)同知。(0973 卷 5、6)

朱碧山 一名玉华。元嘉兴渭塘(今浙江嘉善)人。文宗、顺帝时以雕刻金银器著名。所雕人物、动物,形象生动,技艺精湛,为时人所重。有昭君出塞、达摩银像等名作。(1161 卷 156)

朱端义 元世祖至元二十一年(1284)任衢州路(今属浙江)治中。(0878 卷 2)

朱震亨(1281～1358) 字彦修,号丹溪。元婺州路义乌(今属浙江)人。初从名儒许谦学。后因母病延医,深感精通医道之重要,乃转而学医,拜名医罗知悌为师,尽得其传,并兼学刘完素、张从正、李杲之医书。提倡泻火养阴之说,多用滋阴降火之剂。创制大补阴丸、越鞠丸等养阴丸药。著有《格致余论》、《局方发挥》、《伤寒辨疑》、《金匮钩元》等医书。(0144 卷 5、13、35,0157 卷 10,0002 卷 242)

朱震雷 元休宁(今属安徽)人。累世同居,诏表其门闾。(0001 卷 197)

朱德明 字子玉。元颍川(治今河南许昌)人。全真教道士。世祖至元元年(1264)为渭南崇灵观主。(0554 卷 27)

朱德润(1294～1365) 字泽民。元昆山(治今江苏太仓)人。工诗文,善书,长于绘画,画山水师法郭熙。仁宗延祐六年(1319),以荐授应奉翰林文字。英宗嗣位，出任征东行省儒学提举。次年，以献《雪猎赋》见知于帝，命主金书佛经事。英宗遇害，弃官南归。顺帝至正十二年(1352)，江浙平章三旦八辟为行省照磨，参议军事。被选为长兴尹，流民复集。著有《存复斋文集》。(0165 附录，0002 卷 237，0030 卷 5)

朱德辉 元末嘉兴(今属浙江)人。其书室曰存道斋。有诗作传世。(0504 辛上，0537 卷 6)

朱禩孙(1214～1280) 字杞才、千载，号南山，宋元间阆中人。宋理宗淳祐四年(1244)进士。度宗咸淳十年(1274)，累官京湖四川宣抚使、知江陵府。次年，元将阿里海牙来攻，高达出降，禩孙仰药不死，羁留大都。后数年死。(0006 卷 51，0167 卷 11、32)

朱三十五 元世祖至元二十七年(1290)兴化路仙游县(今属福建)反元队伍首领。是年，集众进攻青山，十二月，被万户李纲讨平。(0001 卷 16)

朱伯不花 字长元。元顺帝至正年间任胶州(今属山东)同知。(0517 卷 11)

朱完者都 元崇明(今属上海)人，朱清第四子。武宗至大年间，父案平反，授枢密院判官。(0635 卷 5，0002 卷 182)

朱也先不花 字彦文。元保定武遂(治今河北武强西北)人。顺帝至元二年(1336)累官为庆元、绍兴等处海运千户，兴利除弊，运户德之。(0222 卷 5)

乔吉(1280～1345) 又名吉甫，字梦符，号笙鹤翁，又号惺惺道人。元太原(今属山西)人。居杭州太乙宫前。撰杂剧《杜牧之诗酒扬州梦》、《玉箫女两世姻缘》、《荆公遣妾》、《燕乐毅黄金台》、《认玉钗》、《金钱记》等十余种，今仅存前两种。(0029 卷下，0101 卷 8)

乔在 自号长安客。元关中人。有诗作传世。(0504 甲)

乔达 字达之，号仲山，元燕(今北京一带)人。官至翰林直学士。善画，画山水学李成，画墨竹学王庭筠、文同。(1143 卷 1061)

乔坚 元顺庆路判官。有诗作传世。(0853 卷 10，0504 丁)

乔林 元临城人，举进士。顺帝至元四年(1338)五月，授考功员外郎，奉命考较天下郡县官属功过。(0001 卷 39，0645 卷 5)

乔岳 元上元县(治今南京)主簿。(0632 卷 6)

乔逊 元顺帝时，任沁源县(今属山西)尹。至正五年(1345)，充甘肃永昌道奉使宣抚首领官。(0001 卷 92)

乔瑜(?～1309) 居大都(今北京)为书状人。元武宗至大二年(1309)，武昌妇人刘氏诉尚书左丞相三宝奴夺其所进亡宋宝物，由乔瑜代为书状。狱成，以刘氏为妄，乔瑜受牵连被斩首。(0001 卷 23)

乔彝(?～1358) 字仲常，元晋宁(治今山西临汾)人。元末红巾军陷晋宁时，率全家投井自尽。元廷追赠临汾县尹，谥纯洁。(0001 卷 194)

乔大有 元保定(今属河北)人。世祖至元二十五年(1288)任平阳(今属浙江)县丞。(0882 卷 9，0889 卷 5)

乔大使 元世祖时，为湖广盗首。后居九江，为元廷擒至湖广杀害。(0001 卷 134)

乔升元 元成宗大德七年(1303)任青阳(今属安徽)县尹。(0986 卷 4，0996 卷 5)

乔世纲 元灵石(今属山西)人。顺帝至正二十三年(1363)登进士第，告病归，绝意仕进。(0693 卷 9、11，0709 卷 3)

乔光庭 元东阳(今属浙江)人。世代业医。(0151 卷 6)

乔邻察 元汪古人。孛要合子，君不花弟。尚赵国大长公主回纥。袭赵王位，卒，谥康禧。(0001 卷 109)

乔君章 元人。有诗作传世。(0504 癸下)

乔受之 元霍州(治今山西霍县)人。历任汾西县尹、和宁路推官。(0075 氏族典卷 197)

乔松年 字伯坚。元奉元(治今陕西西安)人。历任兴元(治今陕西汉中)文学掾。(0248 卷 14)

乔宗亮 元成宗时，任礼部侍郎。大德五年(1301)奉命与礼部尚书马合马持诏出使安南(今越南北部)。(0001 卷 209)

乔威里 元人。善画梅竹石，建安白鹤山少岳祠东庑中壁有其画。(1143 卷 1061)

乔惟忠(1192～1246) 字孝先。金元之际涿州定兴(今属河北)人。金末，从张柔起兵，保西山东流埚，金行台授以恒州刺史。张柔降于蒙古，招之，不从。及克东流埚，柔嘉其忠，释之，仍置于麾下。从柔击败武仙。又从攻彰德(今河南安阳)，转战至滕州，大败金兵。从攻益都，败援军于城下。元太宗四年(1232)春，从蒙古军破金兵于钧州，遂进围汴京。又从围蔡州，灭金。积功授行军千户。后从破宋枣阳，从攻光、黄等州，皆有功。(0195 卷 36，0351 卷 29，0002 卷 145)

乔篑成 字达之，号仲山。元大都(今北京)人。世祖至元十八年(1281)任秘书郎。二十七年，累迁为两浙运司副使。后历任江浙省员外郎、吏部郎中、翰林直学士、东平路总管。仁宗皇庆二年(1313)迁任瑞州路总管。仕至饶州路总管。善绘画，山水学李成，墨竹学王庭筠、文湖州。(0027 卷 10，0101 卷 24，

0030 卷5)

传教 字别传,元僧。赐号佛性圆融无碍大师。仁宗延祐间(1314～1320),被旨住苏州贤首教寺,大弘华严,道声大振。寺于成宗大德中遭飓风掀毁,师力为振兴,构钟楼高十三丈。又葺演法堂、方丈室。文宗至顺三年(1332),翰林黄溍勒碑记之。(1144 卷880)

伍子安 元明之际江山(今属浙江)人。精于医术,求治者极多,不计报酬。郡守张实荐为御医。著有《活人宝鉴》十卷。其孙敬仲继承医业,治疗奇症甚多。(1149 卷347)

伍元如 元延平(治今福建南平)人。工山水,爱作烟云出没、竹木变怪之势。(1143 卷179)

伍先辅(1266～1325) 字兴甫,号乐泉。元高安(今属江西)人。仁宗延祐三年(1316)用东朝宿卫恩授管领拔都儿民户总管。在任三年,以病归。(0154 卷10)

伍良臣 字云从。元高安(今属江西)人。伍先辅之子。曾任临江路(治今江西清江)经历。(1016 卷21,0075 氏族典卷414、文学典卷90)

伍完尧 元清流(今属福建)人。顺帝至正中,招集地主武装、设方略抵御反元队伍。至正二十年(1360),江西反元队伍首领邓克明来攻,御之不胜,与五子俱死。(0902 卷132,0075 氏族典卷414、官常典卷734)

伍真父 元南昌县(治今江西南昌)富民,资产甲一方,娶诸王之女为妻,充任该王位下路总管。死后,其子请丰城儒士甘懋求虞集为其撰墓志铭文,奉中统钞为礼物,被虞集拒绝。(0001 卷181)

仳理伽普华 金元之际高昌畏兀儿人。年十六,袭高昌畏兀儿国国相、答剌罕。时西辽强,命太师僧少监来监治高昌畏兀儿国,骄恣用权,奢淫自奉。畏兀儿王患之,与仳理伽普华谋。普华率众围少监斩之,以功加号仳理杰忽底,进授明别吉。左右有疾其功者,谮于王。乃亡附元太祖,受太祖赐金虎符、狮纽银印,食邑二十三郡。(0001 卷124)

仲山 元顺帝时僧人。善画鱼,有群鱼图,刘基尝为题诗。(1143 卷181)

仲保 字斯道。元畏兀儿人。顺帝至正十年(1350)国子学贡试正榜。(0560)

仵渊 元顺帝至正六年(1346)为兴平县(今属陕西)典史。(0554 卷26)

仵正臣 字真卿。元乐安(治今山东广饶)人。任管军千户。后辞职事亲。(0721 卷32,0075 氏族典卷417)

任元(1328～1362) 字本初。元休宁(今属安徽)人。从汪克宽学《春秋》。顺帝至正中纠集地主武装捍卫乡里。(0307 卷2、5,0072 卷83)

任氏 元邠州(治今陕西彬县)妇女。少寡,誓不改嫁。戮力蚕桑,以养公婆。事闻,诏命褒表之。(0001 卷200)

任凤 元大都(今北京)人。世祖至元十六年(1279)任镇江路录事司判官。(0631 卷16)

任立① 元潞州(治今山西长治)人。任存之子。元初为潞州长官。后历任泽州尹、陈州尹。(0001 卷193)

任立② 字周卿。元仁宗延祐三年(1316)任嘉定(今属上海)知州。(0928 卷41,0075 官常典卷637)

任存 元潞州(治今山西长治)人。任志之子。金末,志降蒙古军,充元帅,后为金所杀。存袭父职为潞州元帅。元太宗二年(1230),金将武仙攻潞州;战死。(0001 卷193)

任成 元潞州(治今山西长治)人。潞州元帅任存之侄。元太宗二年(1230),存战死。次年,袭存职为潞州长官。(0001 卷193)

任兴 元顺帝至正年间任仙游(今属福建)知县。(0905 卷3)

任进 元鄜州(治今陕西富县)人。顺帝至正年间为鄜坊康定军节度使。(0801 卷30,0075 氏族典卷363)

任志 金元之际潞州(治今山西长治)人。金宣宗兴定二年(1218),木华黎率蒙古军略地至潞州;志首迎降,被授予虎符,俾充元帅,收辑山寨。数与金兵战,多有战功。后道经武安县(今属河北),其县已反蒙古归金,被擒杀。(0001 卷193)

任庠 字本立。元休宁(今属安徽)人。任元之弟。从汪克宽学,善画墨竹。(0307 卷6,0072 卷83,0433 卷21)

任昂 元河阴(治今河南武陟南)人。元进士,授宁晋县尹,弃官不仕。明洪武初,以荐授襄垣儒学训导。十一年(1378),擢监察御史。十五年,累官吏部尚书。(0020 卷136,1152 卷23)

任昱 字则明。元四明(今浙江宁波)人。长于七言诗。工散曲,现存其所作小令五十八首、套数一。(0505,0033 卷24)

任贵 元鄜州(治今陕西富县)人。任进之子。顺帝至正后叶充征南统军大元帅。(0801 卷30,0075 氏族典卷363)

任亮 元顺帝至正二十三年(1363)为佥枢密院事。是年十月,奉扩廓帖木儿遣收复安陆府(治今湖北钟祥),遂驻守之。二十五年五月,明军进攻安陆府;率军迎战,被执,城破。(0001 卷46)

任栻 元太常博士,撰《太常沿革》二卷。(1131 卷首)

任格(1281～1338) 字大正。元洛阳人。文宗至顺三年(1332)累迁为江南行台监察御史。官至礼部员外郎。(0262

卷13,0632卷6)

任晖 元松江青龙镇(今上海青浦境)人。任仁发之孙。工诗,与杨维桢唱和。(0931卷30)

任祥 字瑞卿。元汴梁(治今河南开封)人。世祖至元二十年(1283)任镇江路经历。(0631卷15)

任耜(1288~1358) 字子良。元奉化(今属浙江)人,任士林之子。仕至两浙都转运盐使司照磨。顺帝至正十七年(1357)告老,居华亭(治今上海松江)。(0418卷8)

任著 字飞卿。元燕云(河北、山西北部)人。三世同居。(0144卷30)

任梓 元莱州(今属山东)人。居丧庐墓,诏表其门闾。(0001卷197)

任惠 字安之。元冀州武邑(今属河北)人。世袭左都威卫百户。(0182卷17)

任普 元泰定二年(1325)任高平县(今属山西)达鲁花赤。(0694卷5)

任登 字子升。元济南人。顺帝元统元年(1333)进士,授盱眙(今属江苏)县丞。(0028卷上)

任蓑 元泰定二年(1325)任吴江(今属江苏)州同知。(0954卷17)

任毅 元世祖中统四年(1263)为晋州(治今河北晋县)州学教授。是年,撰《晋州五岳观碑》。(0552卷15)

任灌 元合水县(今属甘肃)尹。有诗作传世。(0504丁)

任士林(1253~1309) 字叔实。元庆元路奉化县(今属浙江)人。成宗大德年间任上虞县(今属浙江)教谕。后讲道会稽,授徒钱塘。武宗至大元年(1308),以荐授湖州安定书院山长。著有《松乡集》十卷。(0143卷8,0002卷235)

任乞僧 元世祖至元二十一年(1284)为江南行台监察御史。后为河北河南道廉访副使。(0632卷6,0502卷24)

任子良 元松江(今属上海)人。任仁发之子。画人马,笔法几与仁发相等,而精力稍逊。故宫绘画馆藏有其人马图。(1143卷182)

任子昭 元松江(今属上海)人。任仁发之子。画人马,能绍父业,但精神不逮。(1143卷182)

任天祐 元武安(治今江苏徐州东南)人。四世同居。躬履忠信。泰定三年(1326)旌表其门。(0761卷32,0075氏族典卷363)

任元善(1239~1305) 字东卿,号讷庵。元襄陵(治今山西襄汾西北)人。不求仕进,隐居以终。(0248卷26)

任仁发(1254~1327) 字子明,号月山。元松江青龙镇(今上海青浦境)人。世祖至元中,为宣慰司掾。至元二十五年(1288),任海道副千户,升正千户。从征安南,改海船上千户。成宗大德七年(1303),疏吴淞江,授都水监丞。武宗至大年间,修治通惠河、会通河,升都水少监。后又主持治理黄河,修筑盐官州海岸,疏浚镇江练湖、吴淞江旧河及大盈、乌泥二河。泰定年间,特授都水庸田副使。后以浙东宣慰副使致仕。未几死,年七十三。著有《浙西水利议答录》十卷。善绘画,鞍马画与赵孟頫齐名,人物画、花鸟画也有较高水平,传世作品有《二骏图》、《张果见明皇图》、《春水凫鹭图》等。(0002卷194,1072卷48,0296卷1、6)

任从政 字子政。元徐州(今属江苏)人。仁宗延祐四年(1317)任镇江路知事。六年,征召为江浙省掾。(0631卷15)

任永全 字玄静。元金陵(今南京)人。道士。(0212卷19)

任处恭 元世祖至元五年(1268)任沁水县(今属山西)主簿。(0694卷5)

任庆祖 元世祖至元中任莱州(今属山东)同知。(0727卷2)

任如山 金元之际潞州(治今山西长治)人。任志长子。金末,志降蒙古军,充元帅,数与金兵战,多有战功。金军擒获如山,招志曰:降则尔子得生。志曰:我为大朝之帅,岂爱一子!亲射如山殪之。(0001卷193)

任志道 元仁宗延祐三年(1316)任江南行台监察御史。(0632卷6)

任择善 元顺帝至元元年(1335)任江南行台治书侍御史。(0632卷6)

任贤才① 元仁宗延祐三年(1316)任秘书郎。(0027卷10)

任贤才② 元松江青龙镇(今上海青浦境)人。任仁发之子。泰定二年(1325)任秘书监辨验书画直长。(0027卷10)

任贤佐 字子良。元松江青龙镇(今上海青浦境)人。任仁发之子。仕至台州路(治今浙江临海)判官。(0002卷194,0296卷5、6)

任居敬① 元英宗至治二年(1322)任建康路(治今南京)总管。(0632卷6)

任居敬② 元临潼(今属陕西)人。事亲笃孝。诏表其门闾。(0001卷197)

任速哥 元渤海(治今山东滨县)人。初袭父职为右卫千户。英宗时,出入禁中,帝待以心腹。英宗被杀,不出仕。泰定帝死,从燕铁木儿拥立文宗,以功擢为礼部尚书。后历任长宁寺卿、安丰路总管、寿福府总管、都水使者。(0001卷184)

任康民 元画家。尝游日本,于君台观

画山水、人物两壁。(1143 卷 184)

任道明　元武宗至大四年(1311)任秘书少监。(0027 卷 9)

任德中　元武宗至大三年(1310)任榆次(今属山西)知县。(0705 卷 4)

任德用　元许州(治今河南许昌)人。世祖至元十四年(1277)从元将唆都入闽,留镇崇安(今属福建),尽心安抚,民呼为任佛。(0902 卷 56)

任忙忽台　元泰定三年(1326)任江南行台监察御史。(0632 卷 6)

伊本·拔图塔(1304～1377)　元代来华摩洛哥人。生于摩洛哥丹吉尔城法官世家。1325 年赴麦加朝圣。后游历阿拉伯、东非、伊利汗国、钦察汗国、察合台汗国、印度等地。约 1345 年从孟加拉乘船东来,抵达泉州,游历广州、杭州等城。后自泉州返回故乡。1354 年奉摩洛哥算端(国王)之命,口述其世界旅行见闻,由算端派书记官伊本·术札伊笔录。次年,成书,即《伊本·拔图塔行记》。(1142 下册卷 432,1140 卷 129)

华氏　元大同(今属山西)人张思孝之妻。元末为大将貊高军卒所执,拒不受辱,被杀。(0001 卷 201)

华玠　字宜珍。元永安人。历任平江路(治今江苏苏州)儒学正。(0202 卷 8)

华凯　字元凯。元会稽(治今浙江绍兴)人。顺帝至正中,任萧山县尹。(0880 卷 28、37)

华岳　元人。工画山水,能诗。(0030 卷 5)

华廉　字仲清,号云井。又号翠微子。元长兴(今属浙江)人。举贤良,不就。工诗,其诗有唐人风。善真、草书。(0073 卷 105,0504 己下)

华翥　字伯翔。元湖州(今属浙江)人。居于吴江(今属江苏)。好古力学,名闻士林。有诗作传世。(0504 庚下,0518 卷 1,0954 卷 24)

华大老　元世祖至元末年在江西为盗,攻掠乐昌等地,被行枢密院讨平。(0001 卷 16)

华幼武(1307～1375)　字彦清,号栖碧。元无锡(今属江苏)人。家富,不求仕进。工诗,有《黄楊集》。(0503 初集辛,0073 卷 105)

华仲庸　元长兴(今属浙江)人。有诗作传世。(0504 庚下)

华居敬　元慈溪(今属浙江)县尹。(0634 卷 2)

华野仙(1287～1312)　一名铉,字子举。元无锡(今属江苏)人。华幼武父。以布衣游京师,得备宿卫。武宗至大(1308～1311)间,授都功德使司都事,不久病归。(0152 卷 37)

华焕文　字尧章。元丹徒(治今江苏镇江)人。初为丹徒县儒学教谕,历任衢州路柯山书院山长,文宗至顺(1330～1333)间授龙泉西宁巡检。(0631 卷 17、19)

延寿①　元乃蛮人。别的因之子。任汤阴县达鲁花赤。(0001 卷 121)

延寿②　元康里伯牙兀氏。钦察亲军指挥使也速斛儿第四子,袭兄黑厮职为钦察亲军指挥使。(0001 卷 133)

延璋　元泰定年间任慈溪(今属浙江)知县。(0634 卷 2)

延仲诚　元顺帝至元三年(1337)至六年任无锡州判官。(0558 卷 24)

自当　元蒙古人。英宗时,由速古儿赤(掌内府尚供衣服者)擢监察御史。录囚大兴县,明察冤狱。泰定间,以赃罪劾罢参政杨庭玉。改工部员外郎。三皇后死,有旨命工部撤行殿车帐,皆新作之;以劳民费财,入见帝谏止之。迁吏部员外郎。帝欲加号太后曰太皇太后,众皆无异议。独曰:太皇太后之号孙可以称之,子不可称之;以不合典礼止之。文宗时,升参议中书省事。燕铁木儿议封太保伯颜王爵,众论附之。独以正论排众议,止之。顺帝时,任浙西廉访使。时有驸马为江浙丞相,其宦竖持公主位,坐杭州达鲁花赤位,令有司强买民间物,不从辄殴之。逮之械以令众。后任治书侍御史。宁夏人有告买卖等谋害太师伯颜者。伯颜委其与中书、枢密等官鞫问,无其情,乃以诬罔坐告者罪。伯颜怒,左迁同知徽政院事。(0001 卷 143)

自庆　元僧。著有《增修教苑清规》。(1144 卷 218)

自如　元福建人。养于杭州胡氏。出家为僧。初住浙江万寿寺,文宗天历初奉诏住中天竺寺。久之,卒。(0075 神异典卷 197)

自闲(1231～1312)　号云屋。元松阳(治今浙江遂昌东南)人。佛教僧人。俗姓叶。成宗大德间住持金华(今属浙江)智者寺。(0233 卷 12,0075 神异典卷 189)

自厚　字子原。元僧,吴县(治今江苏苏州)人。历住穹窿、秀峰诸名山。有诗作传世。(0042 卷 12,0075 神异典卷 188,0504 壬上)

自恢　字复元。元明之际僧,南昌人。元末住海盐(今属浙江)法喜寺。明初住庐山。有诗作传世。(0517 卷 14)

自悦　号白云。元僧,天台(今属浙江)人。住余姚(今属浙江)龙泉寺。有诗作传世。(0578 卷 10,0033 卷 34)

自缘(1310～1368)　号会堂。元僧,台州临海(今属浙江)陈氏子。(0411 卷 25)

自然老人　即刘自然。

向天佑　元世祖至元中为莱州(今属山东)判官。(0727 卷 2)

向午凤　元施州(治今湖北恩施)人。世祖至元二十一年(1284),充哨马把总,征洞蛮。事平,引蛮酋入觐,授开州(治今四川开县)将领。(1041 卷 51)

向世雄　元世祖时亦奚不薛(今贵州毕节地区)之北洞寨少数民族首领。至元十九年(1282)反元起事,元廷命四川行省遣亦奚不薛军前往招抚之。次年,接受招抚,被授官为又巴诸洞安抚大使。(0001 卷 12)

向存义　元峡州路(治今湖北宜昌)人。八世同居。州县请于朝,诏加旌美。(0001 卷 197)

向绍荣　元施州(治今湖北恩施)人。元末招集乡民守御本州。明玉珍据重庆,招谕其降,不应,遣将来攻,城陷,遁入蛮中。(0004 卷 40,0002 卷 232)

向思胜　元顺帝时四川行省少数民族首领。至正十五年(1355)降顺朝廷。(0001 卷 44)

向思聪　元世祖时西南洞寨少数民族首领。至正二十九年(1292),被四川行省遣送入朝。(0001 卷 17)

向庭芳　元施州(治今湖北恩施)人。向绍荣之子,向景仁弟。元末授夔州路(治今四川奉节)总管,战死于新建县(治今江西南昌)。(0004 卷 40,0002 卷 232)

向景仁　元施州(治今湖北恩施)人。向绍荣之子。元末与弟庭芳收父部余众从元军征战有功。弟死后,併领其众守铁筑城,明玉珍遣戴寿来攻,城陷,不屈死。(0004 卷 40,0002 卷 232)

行己　名与恭,或名允恭,号嬾禅,一作濑禅。元僧,上虞(今属浙江)人。住杭州灵隐寺,嗣法僧中庭。孤贫好洁,精通内典。工诗,其诗作受赵孟頫称赏。游苏州定惠寺,端然而逝。(1144 卷 220,0504 壬上,0033 卷 34,0880 卷 48)

行方　字行纪。元僧,嘉定(今属上海)人。有诗作传世。(0504 壬上)

行全　元僧,清河(今属河北)房氏子。住兖州布金山大云寺。(0037 卷 17)

行兴①(1254～1345)　号祖庭。宋元之际僧人。宋度宗咸淳(1265～1274)间,自天目山驻锡爵林,结云居庵以居。(0162 卷 15)

行兴②(1274～1333)　号鲁云。元僧,郓城(今属山东)李氏子。文宗时住持大都(今北京)庆寿寺。有诗作传世。(0152 卷 41,0504 壬上)

行秀(1166～1246)　金元间僧,河中府解县(治今山西运城西南)蔡氏子。十五岁出家于邢州净土寺。受具足戒,出外参禅。师事磁州(治今河北磁县)大明寺雪岩满禅师。不久归邢州,建万松轩,因称万松老人。后住净土寺。金章宗明昌四年(1193),入宫说法。承安二年(1197),迁燕京报恩寺。元太宗二年(1230),奉诏住持万寿寺。应耶律楚材请,著《从容录》,传曹洞宗禅风。有《万松老人评唱天童觉和尚拈请益录》。(1161 卷 158)

行者　元世祖至元中为山丹县(今属甘肃)达鲁花赤。(0001 卷 9)

行英(？～1315)　号白云,元僧。俗姓周。成宗元贞元年(1295)住持处州崇福寺。(0559 卷 15)

行修　元僧。俗姓董。文宗至顺二年(1331)为杭州慈修护圣禅院院主。(0182 卷 18)

行满　号万山。元僧,太和(治今江西泰和)曾氏子。成宗大德七年(1303)住持仰山栖隐寺。(0143 外集,1019 卷 10 下)

行魁(1268～?)　字天纪,号一山。元僧,吴郡(今苏州)朱氏子。初居长洲(治今江苏苏州)陈湖碛沙寺,后隐天目山东峰。工诗。与释圆至友善。(0198 卷 3、1,0142 卷 9)

行端(1255～1341)　字元叟。元僧人。临海(今属浙江)何氏子。成宗大德四年(1300)住持湖州资福寺。后历任杭州中天竺、灵隐寺主。泰定元年(1324)移住径山寺。工诗,有《寒拾里人稿》。(0152 卷 41,0503 二集壬,0037 卷 17)

行丑儿　元初勋臣。太宗八年(1236),受赐大名五户丝户一百户。(0001 卷 95)

创兀儿　元回回人。元初任丰城县(今属江西)达鲁花赤,有治绩。(1012 卷 15)

全快(1309～1384)　字纯夫,元代来华日本僧人。来华后,师事灵岩寺僧昭。后遍谒诸老,久依育王寺僧月江,月江证其所悟。后东归日本,开创善应寺,为第一代寺主。后禀府帖,住相州圆觉寺、建长寺。晚年创华光庵。(1144 卷 241)

全普庵撒里(？～1358)　字子仁。元高昌(今新疆吐鲁番东)畏兀儿人。初为中书省检校。顺帝时任监察御史,因首劾太师汪家奴十罪,被黜,出为广东廉访使,寻除兵部尚书。未几,授赣州路达鲁花赤。至正十六年(1356),因镇压反元队伍有功,升为江西行省参政,分省于赣州路。十八年,陈友谅军围攻赣州路;力战四月,兵少食尽,部将欲降。自刭死,事闻,元廷赠谥儆哀。(0001 卷 195、45)

合丹①　又译哈丹。又称也可合丹。元宗王。太宗第六子。太宗时从拔都、蒙哥等西征。世祖中统元年(1260)三月,率西道诸王拥戴世祖即位。九月,与宗王合必赤、总帅汪良臣等率师至河西,斩阿蓝答儿、浑都海。二年十一月,从世祖亲征,与阿里不哥战于昔木土脑儿(今蒙古札尔加兰图东),斩其将合丹火儿赤及其兵三千。至元二年(1265),受赐郑州为封邑。(0001 卷 4、6、107 等,0003 卷 37,0008 卷 2)

合丹②　元将。世祖至元十三年(1276),奉诏与阔里吉思领四川东行枢密院,督兵进攻钓鱼山。(0001 卷 169)

合丹③　元世祖至元中为宿卫士。十一年(1274),奉遣核蒙古军每十人月食粮食数,多籍二千六百七十人。敕命杖之,斥无入宿卫,谪往西川效死军中。(0001 卷 8)

合丹④　元世祖至元中为太常卿。至元十年(1273)二月,以皇后、皇太子受册宝,奉遣告于太庙。(0001 卷 8)

合丹⑤　元世祖至元二十五年(1288)为千户。是年正月,奉敕命发本部兵从宗王出伯北征。(0001 卷 15)

合丑　元宗王。太宗时率所部从大军平河南。(0001 卷 165)

合只　元成宗大德六年(1302)为江浙运使,十月,奏言浙西廉访使张珪沮挠盐法。(0001 卷 20)

合失　元宗王。太宗第五子。西北叛王海都之父。酷酒,早死。(0001 卷 107,0008 卷 2)

合产　元太祖四世祖敦必乃之子。蒙古小八鲁剌斯氏之始祖。(0001 卷 107)

合伯　又译哈伯、曷伯。元世祖至元十年(1273)九月至十七年,任中书平章政事。成宗元贞元年(1295)正月,任北庭都元帅府都元帅。二月,奉命率探马赤军万人出征,听宗王出伯节度。(0001 卷 8、18、112)

合麦　元世祖至元后叶从诸王阿秃作乱者。至元二十九年(1292)二月,诏以其付福建行省平章亦黑迷失,使从征爪哇自效。(0001 卷 17)

合住　元太宗时为通事(口译员)。太宗从郭德海请,诏命大臣忽都虎选取天下工匠,有能工艺者,即命合住领之。(0001 卷 149)

合带①　元世祖至元二十一年(1284)为都元帅。是年,奉云南参政也罕的斤之命,率兵五千镇戍降附元军之缅国诸城。(0001 卷 133)

合带②　又译哈歹。元宗王。太宗第三子阔出孙孛罗赤大王之子。世祖至元二十七年(1290)封为靖远王。(0001 卷 107、108、16)

合剌①(? ~1253)　元诸王。(0001 卷 3)

合剌②　元世祖至元九年(1272)为东川统军使,九月,率兵掠合州及渠江口,获战船五十艘。十年四月,行东川枢密院事。宋平后,奉命率其所部军赴西北,驻于和州(今新疆吐鲁番东)等城。(0001 卷 7、8、11)

合剌③　元蒙古卜领勤朵鲁班氏。贵裕之子。月鲁帖木儿祖父。袭父职为管领怯怜口怯薛官。事世祖。(0001 卷 144)

合迷　元世祖至元二十八年(1291)九月,与杨祥、张文虎皆由海船副万户擢任都元帅,奉命率军征瑠求(今台湾)。(0001 卷 16)

合班　元诸王。世祖至元十九年(1282)率所部军与元帅忙古带军至斡端(今新疆和田),与叛王兀卢等战,胜之。(0001 卷 133)

合散①　元世祖至元二十八年(1291)为昔宝赤(打捕鹰房养鹰人)。是年十一月,元廷赐以甘肃旷土,俾耕之。(0001 卷 16)

合散②　又译哈散、阿散。元回回人。世祖至元二十九年(1292)为辽阳省臣。是年,以大宁路惠州(至今河北平泉南察罕城)连年旱涝,加以役繁,民饿死者五百人;元廷遣使责之。成宗元贞元年(1295)为辽阳左丞,令肇州屯田万户府事。大德九年(1305)为河南平章,领洪泽、芍陂屯田事。十年正月,入任中书平章。十一年五月,出任辽阳平章。武宗至大二年(1309)十月,复入任中书平章。仁宗皇庆元年(1312)升中书左丞相。延祐元年(1314)正月升中书右丞相。九月,复为左丞相,铁木迭儿为右丞相。四年六月,因铁木迭儿罢相,复升为右丞相。九月,恳辞,复为左丞相。七年五月,罢左丞相,出为岭北省平章。未几,以与中书平章黑驴、徽政使失列门等谋废立,被英宗处死。(0001 卷 17、18、21 ~27、205)

合散③　又译哈散。元世祖至元三十年(1293)为真定路(治今河北正定)达鲁花赤。(0001 卷 17、64)

合散④　元成宗大德七年(1303)为甘肃行省平章。是年闰五月,以其侵盗官钱十六万余锭、盐引五千余道,有旨命省、台官征之。(0001 卷 21)

合答①　又译合丹、合达、哈答等。元蒙古兀鲁氏。术赤台之子怯台次子。袭兄端真爵为郡王。世祖中统二年(1261),从世祖亲征阿里不哥,有战功。三年,从宗王合必赤等平李璮之乱。至元初年为枢密副使。七年(1270)五月,由同知枢密院事改任河南行省平章政事。率所部从攻襄阳。九月,宋将范文虎以兵船二千艘来援襄阳;与阿术、刘整率兵与战,文虎败退。八年六月,文虎又率舟师十万援襄阳,被阿术击退,合答遣万户解汝楫等邀击,大破之。升为左丞相。十年四月,与参政刘整,山东都元帅塔出、董文炳行淮西等路枢密院事,守正阳。十一年,仍为左丞相,与左丞刘整,参政塔出、董文炳行中书省于淮西。十四年,迁任北京(今内蒙古宁城西)行省平章。二十五年,为枢密副使,奉诏与李庭讨东北叛王合丹秃鲁干,大小数十战,弗克而还。成宗大德六年(1302)由同知枢密院事升为知枢密院事。(0001 卷 7、8、9、20、120、129、162 等)

合答②　元世祖至元十年(1273)为东川行枢密院事,率军攻钓鱼山。十一年,率军与行枢密院副使忽敦二万军会合,围攻重庆。岁余不下,帝命行枢密副使不花代将。(0001 卷 129、165)

合赞(1271～1304)　蒙元时伊利汗国第七代汗。旭烈兀曾孙。第二代汗阿八哈长子第四代汗阿鲁浑之长子。元成宗元贞元年(1295)至大德八年(1304)在位。元贞元年,权臣杀第五代汗乞合都,立宗王拜都为第六代汗。合赞起兵攻杀拜都,夺得汗位。在位时先后三次攻打埃及马木鲁克王朝统治下之叙利亚。在汗国内进行改革,整顿财政,制定土地、赋税、货币等新制度,整治驿站,限制蒙古贵族及官吏对人民横征暴敛,改革各种弊政。经济发展,税收增加。定伊斯兰教为国教,在首都大不里士兴建清真寺、伊斯兰教经学院。大德二年(1298),遣使向元朝进贡,元成宗赐以旭烈兀位下岁赐。博学多才,通晓蒙、汉、波斯、阿拉伯等多种语文,对天文、医学、炼金术、各种工艺均有造诣,尤精通历史。尝命宰相拉施特编纂蒙古史。(0008 卷 3,0001 卷 21、107)

合八失　元武宗时江浙左丞沙不丁弟。至大三年(1310)十月,江浙省臣言:合八失、马合谋但的、澉浦杨家等皆有舟,且深知漕事,乞以为海道运粮都漕万户府官,各以己力输运官粮。尚书省以闻,制可。(0001 卷 23)

合儿鲁　又译哈儿鲁、哈鲁。元诸王。世祖至元二十四年(1287),从东北叛王乃颜举兵叛,被元将土土哈部军生擒,献俘行在所,伏诛。(0001 卷 13、128、133)

合必赤　元宗王。世祖中统元年(1260)九月,阿里不哥大将阿蓝答儿率兵至西凉府(治今甘肃武威),与浑都海军合;奉诏与宗王合丹、总帅汪良臣等率师讨之,大败其军于删丹(治今甘肃山丹),斩阿蓝答儿、浑都海,西土悉平。二年十一月,从世祖亲征阿里不哥,与其军遇于昔木土脑儿(今蒙古札尔加兰图东),遂率兵与宗王塔察儿等奋击,大破之,追北五十余里。三年二月,奉旨总督蒙古、汉诸军讨李璮,七月,讨平李璮之乱。(0001 卷 4、5、121、155、206 等)

合赤温　又译合饬温。蒙古兀良合部人。速不台之祖父。(0001 卷 121、122)

合折儿　金后期乃蛮部人。元人囊加歹之祖父。管乃蛮国帐前军,兼统国政,官至太师。元代追谥庄襄。(0001 卷 131)

合里都　元蒙古克烈氏,太宗时山西大达鲁花赤速哥之子。(0001 卷 124)

合纳臣　元蒙古塔塔儿氏,顺帝元统元年(1333)进士察伋曾祖。武略将军。(0011 卷 28)

合剌江　元蒙古弘吉剌氏。历任晋、潞、吉三州达鲁花赤。世祖中统间,从平李璮乱有功。(0003 卷 102)

合答带　元世祖至元十年(1273)十月,拜御史大夫。(0001 卷 8)

合儿班答(1281～1316)　蒙元时伊利汗国第八代汗。元成宗大德八年(1304)至仁宗延祐三年(1316)在位。第四代汗阿鲁浑第三子,第七代汗合赞之弟。即位后,号完者都算端,迁都于新建之孙丹尼牙(今伊朗阿塞拜疆省苏丹尼耶)。在位时遵循其兄合赞汗治国成法,仍用拉施特为宰相主管财赋行政,继续发展经济、文化。多次遣使向元朝进贡方物,武宗、仁宗也遣使至伊利汗国。武宗至大三年(1310),其宰相拉施特修纂完成蒙古史及世界史之巨著《史集》。(0001 卷 22、107、205,0002 卷 109,0015)

合歹驸马　又译哈答,又名亦纳勒赤,蒙古斡亦剌氏,斡亦剌部长忽都合别乞之子,娶尤赤女火雷公主。蒙古建国后,受封为功臣千户长。太祖八年(1213)秋,奉旨与兀鲁氏怯台率军包围金中都城(今北京)。(0009 卷 8,0008 卷 1,0007)

合丹大息　元初蒙古勋臣。蒙古千户长。太宗八年(1236)受赐河间路齐东县五户丝户一千二十三户。世祖至元十八年(1281),其后裔受赐藤州、苍梧县一千二百四十四户,岁得江南户钞四十九锭。(0001 卷 95)

合讨不花　元世祖至元二十八年(1291)任江南行台御史中丞。(0632 卷 6)

合台护尉　元宪宗四年(1254)为兀良合台裨将,从兀良合台攻击大理国未降诸山寨。(0001 卷 121)

合罕皇帝　即元太宗。

合剌不花　元蒙古杰烈宜氏。早年从许谦学。后历任台州路达鲁花赤。顺帝至正四年(1344)改任徽州路达鲁花赤。有政绩。(0283 卷 6,0071 卷 82,0002 卷 229)

合剌合孙①　元世祖至元十一年(1274)为中书左丞、行河南道宣慰司事。十三年为中书右丞、河南等路宣慰使。(0001 卷 9)

合剌合孙②　元世祖时为千户,死于浑都海之战。(0001 卷 9)

合剌合孙③　元武宗至大年间为佥枢密院事。(0001 卷 23)

合剌旭烈(?～1252)　元察合台汗国第二代汗。察合台次子木秃坚之子。乃马真皇后称制元年(1242),即汗位。元定宗元年(1246),被定宗废黜,改立其叔也速蒙哥为汗。宪宗即位后,奉命归汗国复位,未至其国而死。其妻兀鲁忽乃杀也速蒙哥,自任监国。(0008 卷 2,0002 卷 107,0001 卷 107)

合剌蛮子　又译哈剌蛮子。元成宗大德四年(1300)至七年正月任中书参政。后复任参政。九年七月由中书参政升为右丞,任至十一年二月。(0001 卷 21、112)

合剌普华　元畏兀儿人。岳璘帖穆尔之子。自幼好学,习畏兀儿字及经史。世祖中统三年(1262),从叔父撒吉思讨平李璮之乱。应召为宿卫士。尝以事至益都，于四脚山下置广兴、商山二治，以劳授商山铁冶提举。元军南攻宋，运输繁重，被选为行都漕运使，率诸翼兵万五千人从事飞輓。江南平，上疏言礼大臣、兴学校、严考课、通帛币、江南新附宜薄征收等事，多被采纳。后忤阿合马意，出为宁海路达鲁花赤。后迁任广东都转运盐使。奉江西行省命，与招讨使答失蛮镇压陈良臣等东莞、香山、惠州盐徒万人反元武装。与诸军分兵围攻欧南喜反元武装。后为唆都侵占城、安南护饷道，至东莞、博罗二界中，为反元武装执杀。谥忠愍。（0001 卷 193）

合剌察儿　蒙古八鲁剌思氏。十二世纪八十年代，离开札木合投附元太祖。蒙古建国后，受封为功臣千户长，并受命辅佐察合台。（0009 卷 3、10）

合丹火儿赤（？～1261）　元世祖弟阿里不哥部将。中统二年（1261）十一月，率兵与元军战于昔木土脑儿（今蒙古札尔加兰图东），为宗王合丹军斩杀。（0001 卷 4）

合丹拔都儿　元太祖叔祖。合不勒汗之子。（0001 卷 107）

合只铁即剌　元武宗时泉州大商人。至大元年（1308）九月，进贡异木沉檀可构宫室者，敕江浙行省驿致之。（0001 卷 22）

合答安太师　又译合丹。俺巴孩汗之子。英勇善战。俺巴孩汗死前，曾提名其与忽都剌为汗位候选人。忽都剌继汗位后，同其多次出征塔塔儿部，为俺巴孩汗复仇。（0009 卷 1，0008 卷 1）

合撒儿海牙　元世祖至元十年（1273）为安南副达鲁花赤。十二年，为安南达鲁花赤。十七年十月，授俱蓝国（今印度西南海岸奎隆）宣慰使，与广东招讨司达鲁花赤杨庭璧同往招谕俱蓝国。次年五月，阻风未能至俱蓝，遂还。二十二年十月，奉遣出使安南。二十四年，为佥征缅行省事。（0001 卷 13、14、209、210）

合答安·答勒都儿罕　蒙古塔儿忽惕氏。十二世纪八十年代，离开札木合投附元太祖。太祖首次称汗后，为其小侍卫队成员，任司膳。1203 年，太祖军被王汗击溃后，他从王汗处抛弃自己妻、子逃回，追随太祖。蒙古建国后，受封为功臣千户长。元太宗时，掌管全部宿卫士。（0009 卷 3、6、8、12）

众嘉　元仁宗时，任知枢密院事。延祐六年（1319），奉命领围宿军。（0001 卷 99）

众家奴①　元世祖至元二十年（1283）任金坛县（今属江苏）达鲁花赤。（0631 卷 16）

众家奴②　元武宗至大二年（1309）任西安县（治今浙江衢州）尉。（0897 卷 3、7）

众家奴③　元泰定帝时，任陕西盐运使，充云南省奉使宣抚。明宗即位，授陕西行台御史中丞。顺帝时，累迁至知枢密院事，加太傅。（0001 卷 20，31，44 等）

邬世荣　元罗田县（今属湖北）典史。（1049 卷 3）

邬述翁　元泰定三年（1326）任象山县（今属浙江）主簿。（0634 卷 2）

邬济民　宋元之际台州宁海（今属浙江）人。宋度宗咸淳十年（1274）进士。入元，授杭州路儒学教授。历诸暨县丞。元世祖至元三十一年（1294）任嵊县尹。后历任于潜、鄞县、义乌县尹。（0633 卷 3，0881 卷 12，0880 卷 28）

邬坚巴·仁钦贝（1230～1309）　又称朱妥·邬坚巴，元藏传佛教噶举派主巴系僧。幼时习宁玛派。十六岁至博东艾从仁钦孜摩学显教论著。后为郭仓巴弟子，受五戒，学噶举派全部密法。二十二岁受沙弥、比丘二戒。后又学时轮金刚及历算等。因到过邬仗那（今巴基斯坦斯瓦特河谷），遂被称邬坚巴。曾去印度朝礼。回藏后应元世祖之召到大都，为授灌顶，未几返藏。（1144 卷 774）

朵歹①　又译多歹。蒙古人。元太祖首次称汗后，为其小侍卫队成员，掌管太祖家内奴婢、仆役。1204 年春，出征乃蛮前，受命为六名扯儿必（近侍官）之一。同年夏，进军至萨里川（在今克鲁伦河上游以西）时，向太祖建议多燃火堆使乃蛮人惊疑，然后紧追乃蛮哨兵，乘乃蛮人慌乱，一直冲杀进去，击溃乃蛮军。其建议被太祖采纳，遂击溃乃蛮军。蒙古建国后，仍任扯儿必，后又兼任侍卫长、怯薛长之一。（0009 卷 3、7、9、10）

朵歹②　元唐兀人。顺帝至元元年（1335）任江南行台监察御史。（0632 卷 6）

朵歹③　又译朵解。元顺帝至正中为江西行省参政，总兵抚州、建昌两路镇压反元队伍，积年无功，忌江西廉访使吴当、兵部尚书黄昭功在己上，诬当、昭与反元队伍连通，有旨解当、昭兵柄。至正十八年（1358），升为福建行省右丞，分省建宁。（0001 卷 42、92、187）

朵只　元蒙古人。任江山县（今属浙江）达鲁花赤。能诗，有诗作传世。（0897 卷 2、8，0504 丁）

朵耳①　元大德十一年（1307）为答己太后近侍。是年，成宗死，仁宗奉答己太后自怀孟入京师，既定内难，而太后以武宗、仁宗星命付阴阳家推算，问所宜立者。阴阳家谓武宗祚短、仁宗祚长。太后颇惑其言。朵耳奉太后遣，谕旨武宗：汝兄弟俩皆我所出，岂有亲疏？阴阳家所言运祚长短，不容不思。武宗闻之默然。（0001 卷 116、138）

朵耳②（？～1368）　元顺帝至正末为行宣政院使。二十七年（1367）十二月，明军自海道攻占福州，朵耳死之。（0001 卷 47）

朵吉　元唐兀人。星吉曾祖。事元太祖为怯里马赤（通事）。（0001 卷 144）

朵列(？~约1359) 元顺帝至正中，丞相搠思监所任用私人，与搠思监妾弟完者帖木儿印造伪钞。至正十八年(1358)东，监察御史劾奏其事。事将败，搠思监遂令朵列自杀以灭口。(0001 卷205)

朵年 元成宗时皇太后所遣使者。元贞元年(1295)，奉皇太后遣，以云南所贡金器赐予晋王甘麻剌。(0001 卷115)

朵朵 元泰定元年(1324)四月，由江南行台中丞入任中书参政。三年十一月，升为中书左丞。致和元年(1328)三月，泰定帝赴上都(今内蒙古正蓝旗东北)；留守大都(今北京)。七月，泰定帝死于上都。八月，为燕铁木儿所执，下狱。九月，被流放远州，籍没家赀。文宗天历二年(1329)十月，自贬所放还乡里。至顺三年(1332)六月，被录用为官。顺帝至正二年(1342)，为陕西行省平章。七年，任中书平章。十一年，为陕西平章，奉旨便宜镇压反元队伍。十七年，为陕西行省左丞相，与豫王阿剌忒纳失里、陕西行台中丞伯嘉讷分道攻讨关陕反元队伍。(0001 卷29、32、33、36、40、44、45、112、113、139等)

朵那 元杭州畏兀儿人家女奴。顺帝至正十二年(1352)城陷，殉主难死。(0101 卷11)

朵欢 元东北宗王。宪宗三年(1253)，从忽必烈征大理。宪宗末年，自大理经四川北返。世祖至元二十四年(1287)，从乃颜叛，被玉昔帖木儿军击败。(0001 卷123、166)

朵来① 元将。武宗至大二年(1309)二月，其所部军奉调赴和林(今蒙古哈尔和林)。(0001 卷23)

朵来② 元蒙古兀鲁兀氏。怯台曾孙，其子哈答长子脱欢之次子。袭封郡王。泰定四年(1327)三月，其所部畜牧灾，受元廷赈钞。(0001 卷30、120)

朵来③ 元文宗时蒙古学士。至顺三年(1332)五月，撒迪请备录文宗即位以来固让大凡、往复奏答，其余训敕、辞命及燕铁木儿等宣力效忠之蹟，命朵来续修蒙古《脱卜赤颜》，置之奎章阁；文宗从之。(0001 卷36)

朵来④ 元顺帝至正十二年(1352)为工部尚书。是年闰三月，奉旨与兵部侍郎马某火者分谒上都、察罕脑儿、集宁等处，给散出征河南蒙古军口粮。(0001 卷42)

朵来⑤ 元顺帝至正十五年(1355)为通政院使。是年正月，奉命守御山东。(0001 卷44)

朵的 元文宗至顺元年(1330)任衢州(今属浙江)路治中。(0878 卷2)

朵忽 元驸马。忒不歹驸马五世孙。哈丹驸马之子。(0001 卷109)

朵带① 元仁宗时卫士。诸王不里牙敦叛乱时，坐持两端，不助官军进讨。延祐五年(1318)七月，敕流放于衡州。(0001 卷26)

朵带② 又译朵台、朵斛。元成宗大德七年(1303)二月，由侍御史改任中书参政。仁宗延祐年间为徽政院使。延祐六年(1319)九月，受封为太傅。英宗至治二年(1322)以太傅任太常礼仪院使。十二月，奉帝遣以太皇太后谥议告于太庙。泰定元年(1324)三月，仍为太傅，兼任太子詹事。二年七月，奉敕每日至禁中集议国事。致和元年(1328)，封为太师。八月，上都诸王、将帅率军进攻大都；与丞相倒剌沙等居守上都(今内蒙古正蓝旗东北)。文宗天历元年(1328)十一月，其田宅被籍没，赐予驸马朵必儿。(0001 卷21、26、28、29、30、32、110、112)

朵难 字敬先。元顺帝至正五年(1345)任秘书监译史。(0027 卷11)

朵滦 元蒙古人。任涿州(今属河北)达鲁花赤，有政绩。(0677 卷11)

朵端 元世祖至元三年(1266)正月，奉帝遣与赵璧持诏抚谕四川将吏军民。(0001 卷6)

朵斛① 元武宗时历任詹事院官、御史中丞。(0001 卷178)

朵斛② 元顺帝至正三年(1343)由河南廉访副使迁任大名路达鲁花赤。(0250 卷42)

朵儿只① 元宗王。世祖长子。早卒无后。(0001 卷107、95)

朵儿只② 元世祖至元二十二年(1285)，奉敕招集甘、沙、肃等州流徙饥民。(0001 卷13)

朵儿只③ 元武宗至大元年(1308)七月，奉旨为兵部侍郎出使缅国。(0001 卷22)

朵儿只④ 元仁宗延祐元年(1314)为都水监卿。是年，奉命与河南行省石右丞等沿黄河视察，上自河阴，下至陈州，然后诸官公议治河方案。(0001 卷65)

朵儿只⑤ 元畏兀儿人。仁宗延祐六年(1319)至英宗至治二年(1322)，任镇江路达鲁花赤。(0631 卷15)

朵儿只⑥(1304~1355) 元蒙古札剌亦儿氏。木华黎六世孙。速浑察第四子撒蛮之子江浙平章脱脱之子。少时喜读书。英宗至治二年(1322)，由宿卫士授集贤学士。文宗天历二年(1329)，袭国王位。顺帝至元三年(1337)，从叔乃蛮台以赂太师伯颜妻得为国王；改任辽阳行省左丞相。后迁任河南、江浙左丞相。至正七年(1347)，召拜御史大夫。秋，拜中书左丞相，冬，升右丞相。八年，乃蛮台死，九年，罢相，复为国王。十四年，领兵出淮南，从丞相脱脱讨伐反元队伍，攻占六合。次年，病死军中。(0001 卷139)

朵儿只⑦ 元英宗时呪师。至治元年(1321)三月，奉旨往牙济(在今印度尼

西亚班达亚奇及其附近地区)、班卜(在今印度西南海岸)二国取佛经。(0001 卷27)

朵儿只⑧　元英宗时云南行省平章。至治二年(1322)五月,因贪赃罪受仗刑罢免。(0001 卷28)

朵儿只⑨　元文宗天历元年(1328)为河中府(治今山西永济西南)达鲁花赤。是冬,陕西行省丞相阿思罕反文宗起兵至河中,事起不虞;乃急趋晋宁(今山西临汾)告变。(0001 卷193)

朵儿只⑩　元文宗天历元年(1328)九月,由江南行台御史大夫擢任江浙行省左丞相。(0001 卷32)

朵儿只⑪　号慎斋。元山西人。文宗天历二年(1329)八月,由甘肃行省平章入为中书右丞。十一月,升中书平章。至顺元年(1330)二月,因紊乱铨选纲纪、贪污罪,被罢黜。(0001 卷33、34、112)

朵儿只⑫　元文宗至顺二年(1331)初,授江西行省平章,五月,因病辞任。(0001 卷35)

朵儿只⑬　元诸王。顺帝至正十二年(1352)五月,奉旨与留守帖木哥守口北龙庆州(治今北京延庆)。(0001 卷42)

朵儿只⑭　元顺帝至正十七年(1357)为监察御史。是年闰九月,劾奏知枢密院使哈剌八秃儿失陷所守郡县,诏正其罪。(0001 卷45)

朵儿只⑮　元顺帝至正十九年(1359)为枢密副使。是年二月,反元队伍进攻顺宁(治今河北宣化);命张立率精锐由紫荆关出讨,命鸦鹘由北口出迎敌。(0001 卷45)

朵儿只⑯　元顺帝至正二十七年(1367)任中书参知政事。(0001 卷113)

朵儿只⑰　元蒙古燕只斤氏。彻里之子。历任江浙行省左丞。(0001 卷130)

朵儿只⑱　元畏兀儿人。四川宣慰使唐兀带之子。(0011 卷40)

朵儿赤①　字道明。元唐兀人。斡扎箦之子。年十五,通古注《论语》、《尚书》。世祖召见,授中兴路(治今宁夏银川)新民总管。至任,录南军子弟壮者垦田,塞黄河九口,开其三流。凡三载,赋额增倍。升潼川府尹,以官旷地给民,薄其税,视秩分亩以给官禄。后任云南廉访使,行省丞相铁木迭儿贪暴擅诛杀,罗织安抚使法花鲁丁罪,将置于极刑;谏止之。僰人与蛮仇杀,省臣受贿,助其报仇,诈称蛮叛,起兵杀良民;奏劾罢其官。年六十二,卒于任。(0001 卷134)

朵儿赤②　元成宗大德五年(1301)任衢州路总管。(0878 卷2)

朵儿赤③　元仁宗皇庆元年(1312)任江南行台监察御史。(0632 卷6)

朵儿赤④　元中叶为南安路(治今江西大庾)镇守万户,持官府短长。郡吏王甲,殴伤属县长官,路总管府推官汪泽民捕甲,系之狱。朵儿赤赂巡按御史,受甲家人诉,欲出之,泽民正色与辩,御史沮怍,夜竟去,乃卒罪甲。(0001 卷185)

朵儿带　元成宗即位初年,言太师、知枢密院事月儿鲁(玉昔帖木儿)有异图。诏枢密院鞫之,无验。元贞二年(1296)三月,被谪从军自效。(0001 卷19)

朵尔赤　元诸王。顺帝时封吴王。至正十四年(1354),诏丞相脱脱总兵南讨,中书参议龚伯遂建言:宜分遣诸宗王及异姓王俱出军;朵尔赤厚赂伯遂得免出军。(0001 卷139)

朵必儿　元文宗时驸马。天历元年(1328)十一月,受赐前太师朵带之田宅。(0001 卷32)

朵耳麻　元顺帝至正末为宣政使,明兵陷福州,不屈死。(0020 卷124)

朵列秃①　元诸王。世祖至元后叶从东北叛王哈丹叛乱。至元二十九年(1292)二月,被谪置阿里所部军驻地。(0001 卷17)

朵列秃②　字仁卿。元蒙古人。成宗元贞间任进贤县(今属江西)达鲁花赤。(1012 卷15,1018 卷5)

朵列秃③　元泰定二年(1325)为江东廉访使。是年九月,奉诏遣为江西福建道奉使宣抚官。(0001 卷29)

朵列纳　又译朵列捏。元宗王。太祖弟哈赤温孙。大德十一年(1307)七月,武宗即位后,封济王。仁宗皇庆元年(1312)正月,改封为吴王。延祐四年(1317)四月,答合孙进犯边境;率军败之于和怀,以功受赐金玉束带、黄金、币帛。(0001 卷22、24~26、107 等)

朵列图①　元文宗天历元年(1328)九月,为河南行省参政、河南淮北蒙古军都万户。是月,奉河南平章阿礼海牙命,与廉访副使万家闾犒军河南以抵御反文宗之陕西军。(0001 卷137)

朵列图②(1307~?)　字希贤。元乞失里台氏,居济阴(治今山东荷泽)。顺帝元统元年(1333)进士,授太常礼仪院太祝。(0028 卷上,0011 卷34)

朵列图③　又译朵烈图。字仲容,蒙古人,居济宁。其父历任黄岩州达鲁花赤、御史。元顺帝至正十一年(1351)登蒙古色目右榜进士一甲第一名(状元),授集贤修撰。十七年,自翰林待制擢兵部郎中,宣慰江南。还朝擢某部尚书,卒于二十年前后。(0001 卷42、92,0222 卷4,0275 卷8)

朵列捏　元泰定三年(1326)正月,受封为国公。(0001 卷30)

朵罗歹①　元顺帝至正十五年(1355)为杭州路同知。(0872 卷14,0573 卷2)

朵罗歹②　元唐兀人,黄头从弟。历任

京畿广卫仓使。(0011 卷 61)

朵罗术 元畏兀儿人,中尚院使忙兀的斤父。(0011 卷 51)

朵罗台① 元世祖中统元年(1260),京兆(治今陕西西安)等路宣抚使廉希宪所遣安谕六盘山使者,为拥护阿里不哥之蒙古将领浑都海所杀。(0001 卷 126)

朵罗台② 元唐兀人。塔儿忽台长子。世祖时从万户也速斛儿、玉哇赤等累战有功,授前卫亲军百户。累升为芍陂屯田千户所达鲁花赤。后因病退职。(0001 卷 134)

朵罗台③ 元世祖至元二十七年(1290)七月,从布四麻、出春伯驸马等起叛乱于漠北,掠四怯薛牛马畜群,劫灭烈太子昔博赤(饲鹰人)及斡脱、布伯各投下民殆尽。被元将明安率军追击至汪吉昔博赤城(在今蒙古国翁金河上游),败走,所掠之民及牛马畜群被明安军夺回。(0001 卷 135)

朵罗台④(? ~1328) 元蒙古札剌亦儿氏。木华黎五世孙。孛鲁幼子阿礼吉失之子忽速忽尔长子。乃蛮台之兄。嗣国王位。文宗天历元年(1328)十月,自上都领兵至古北口,与大都兵战,战败被擒杀。(0001 卷 32、138、139,0003 卷 153)

朵罗台⑤ 元西域板勒纥(今阿富汗巴尔赫)人,居解州,察罕弟。以孝行旌门。(0011 卷 91)

朵罗台⑥ 元文宗至顺元年(1330),为监察御史。是年九月,奏言岭北行省平章鄙俚无能,于钱谷甲兵之事懵然无知,理宜黜罢。帝从之。(0001 卷 34)

朵罗带 元世祖至元后叶随诸王阿秃从宗王哈丹叛乱。至元二十九年(1292)二月,被交付元将阔里吉思,使从军自效。(0001 卷 17)

朵忽鲁 蒙古将领。元太宗二年(1230)夏,率军与金兵战,败绩,帝命速不台援之。(0001 卷 2)

朵剌带 元将。世祖至元二十一年(1284),其所部军奉命赴东北讨骨嵬(今库页岛及其居民),后期。(0001 卷 13)

朵真普 元蒙古八邻氏,平宋统帅伯颜之子。(0011 卷 7)

朵栗赤 吐蕃萨斯迦(今西藏萨迦)人,元世祖帝师八思巴祖。(0011 卷 79)

朵烈秃 元成宗大德七年(1303)任江南行台监察御史。(0632 卷 6)

朵烈捏 元文宗天历元年(1328)冬,为明宗之金山(今阿尔泰山)以西沿边元帅,率军扈从明宗自金山以西返回京师(即大都)。(0001 卷 31)

朵鲁伯 又作朵儿伯朵黑申。元蒙古多鲁班氏。元太祖十二年(1217),奉旨率蒙古军讨平秃麻部起义,擒获该部女首领孛脱灰塔儿浑。(0001 卷 1,0009 卷 10)

朵鲁知 元世祖至元十五年(1278),授金符,掌彰八里(今新疆昌吉)军站事。(0001 卷 63)

朵儿只八 元武宗时为释教都总管。至大元年(1308)十月,帝从帝师请,以其兼领囊八地产钱物,为都总管府达鲁花赤,总其财赋。(0001 卷 22)

朵儿只班① 元武宗至大三年(1310)任秘书少监。(0027 卷 9)

朵儿只班② 元泰定元年(1324)为江浙行省左丞。是年十月,奉旨专任疏浚吴淞江董役之事。(0001 卷 65)

朵儿只班③ 元泰定帝时任宣抚使。泰定三年(1326)五月,监察御史劾其庸鄙不胜任。中书省议:以其为勋旧子孙,罪无实状,乞复其职;帝从之。(0001 卷 30)

朵儿只班④ 元文宗至顺二年(1331)二月,由陕西行台中丞拜中书参知政事。(0001 卷 35)

朵儿只班⑤ 元文宗至顺三年(1332)任江南行台监察御史。(0632 卷 6)

朵儿只班⑥ 元文宗至顺三年(1332)任象山县(今属浙江)主簿。(0634 卷 2)

朵儿只班⑦ 元公主。嫁弘吉剌部贵族琱阿不剌之子鲁王阿里嘉失利。文宗至顺间,受封号肃雍贤宁公主。(0001 卷 109、118)

朵儿只班⑧ 元唐兀人。顺帝至正元年(1341)任江南行台监察御史。(0632 卷 6)

朵儿只班⑨ 元顺帝至正八年(1348)为江浙行省参政。是年,奉诏率舟师追捕方国珍,追至福州五虎门,国珍知事危,焚舟将遁,官军自相惊溃,遂被执。国珍迫其上招降之状,朝廷从之,国珍兄弟皆授以官,国珍不肯赴,势益暴横。(0001 卷 41、143)

朵儿只班⑩ 字善卿。元顺帝至正十年(1350)任闽海廉访副使。(0594 卷 11)

朵儿只班⑪ 元顺帝至正十二年(1352)为荆湖北道宣慰使。正月,与宣政院同知桑哥守襄阳。十五年,守中兴路(今湖北江陵)。五月,城为倪文俊攻破,被杀。(0001 卷 42、44)

朵儿只班⑫ 元顺帝至正十九年(1359)正月,拜中书平章政事。(0001 卷 45)

朵儿只班⑬ 元顺帝至正二十五年(1365)为甘肃行省平章。二月,奉皇太子命率岐王阿剌乞巴军马,会平章臧卜、李思齐守宁夏。(0001 卷 46)

朵儿只班⑭ 元宗王。太祖庶子阔列坚六世孙。也灭干之子八八剌之子安定王脱欢之子。袭封安定王。(0001 卷 29、

107、108,0003 卷 148)

朵儿只班⑮　元畏兀儿人,孟速思子翰林承旨买奴之子。历任翰林侍读学士。(0011 卷 39)

朵儿朵合　元知枢密院事。死后赠封効诚正义安远功臣。(0225 卷 3)

朵儿别台　字仲明。元北庭(今新疆吉木萨尔北)畏兀儿人。世祖至元间任舞阳县(今属河南)达鲁花赤,有政绩。(0762 卷 6,0767 卷 15,0596 卷 8)

朵儿直班(1315～1354)　又译朵儿只班。字惟中。元蒙古札剌亦儿氏。木华黎七世孙。硕德之子别理哥帖木尔之子。自幼好读书。文宗命为尚衣奉御,未几授工部郎中。顺帝元统元年(1333)任监察御史,上疏言罢不急之工役、止无名之赏赐、停佛事、省冗员、蠲河南自实田粮等事。后至元年间,任奎章阁学士,兼经筵官。独以经术侍帝左右。至正初,任大宗正府也可札鲁忽赤,出为淮东廉访使。五年,任中书参政,升右丞。后历任御史中丞、辽阳平章。十一年,任中书平章,因反对屠杀农民军,忤丞相脱脱旨,出为陕西行台御史大夫。奉旨督诸军收复商州。又募民为兵,奏请褒奖金、商州地主武装毛葫芦军之功。迁任湖广平章,被责专供军食。留心经术,常读伊洛诸儒书。喜为五言诗,于字画尤精。编集前贤遗言四卷,顺帝览而善之,赐名《治原通训》。后病卒。(0001 卷 139、41、42)

朵尔的斤　元畏兀儿王族。驸马都尉、中书丞相、高昌王雪雪的斤之子。受封驸马都尉、江浙行省丞相、荆南王。(0001 卷 195)

朵而只班　元英宗诸皇后之一。(0001 卷 106)

朵列不花　元蒙古许慎氏,马剌子左都卫使铁木儿也不干之子。(0011 卷 20)

朵列普化　元顺帝至正十八年(1358)任吴江(今属江苏)州判官。(0954 卷 17)

朵里不花①　字端甫。元蒙古人。初为宿卫官,累历显要,擢辽阳行省右丞,升平章政事。顺帝至正十八年(1358),陈友谅攻占江西各地。诏拜江西平章,与平章阿儿浑沙等分道进讨陈友谅军。遂泛海至广东,驻军揭阳,图复江西。招降当地反元队伍金元祐,又招降循、梅、惠州反元队伍,英、肇、钦、连诸郡皆归附,乃治兵由梅岭以图江西。未几,金元祐复反元;力战,创甚,被擒杀。(0001 卷 195)

朵里不花②　元畏兀儿人,中尚院使忙兀的斤孙。(0011 卷 52)

朵罗不花　元宗王。拖雷第八子拨绰孙楚王牙忽都孙楚王八都儿第三子。(0001 卷 107、117)

朵罗阿歹　又作都剌带宝儿赤,蒙古札剌亦儿氏,第六位功臣千户长亦鲁该之弟,曾任元太祖司膳。蒙古建国,受封为功臣千户长。太祖死后,为拖雷部属。拖雷死后,元太宗降旨,将他及一千户雪你惕人、二千户逊都思人拨归阔端管领。(0009 卷 8,0008 卷 1)

朵郎吉儿　元顺帝至正七年(1347)四月,由通政院使出任辽阳行省参知政事,奉旨讨伐吾者野人。(0001 卷 41)

朵鲁不䚟　元世祖至元十三年(1276),奉命捞採胜州、延州、乃延(在今黑龙江拜泉县南)等城之珠。(0001 卷 94)

朵鲁朵海　又译朵儿朵海、朵儿朵哈、朵儿朵怀、朵儿答哈等。元将。蒙古札剌亦儿氏。世祖至元二十一年(1284)六月,其所部军受赐马、羊各万余。二十三年,海都进犯金山(今阿尔泰山),奉诏与土土哈共御之。二十四年八月,擒获叛王阿赤思。此后,屡与海都军战。大德十一年(1307),为知枢密院事,五月,武宗即位后,加封太傅。(0001 卷 13、14、22、128 等)

朵豁勒忽　又译多豁勒忽。蒙古忙兀氏,者台弟。十二世纪八十年代,离札木合投附元太祖。1189 年元太祖首次称汗后,任其小侍卫队之箭筒士。1204 年出征乃蛮前,受任为六扯儿必(近侍官)之一。蒙古建国后,仍为扯儿必,掌管宫内侍卫。太祖晚年时,为左翼千户长。太宗时,率军攻金,围蔡州城,迫使金帝自杀,遂灭金。后被太宗处死。太宗晚年时对此深为后悔,自认为是其即位以来所做四件错事之一。(0009 卷 3、7、9、12,0008 卷 1、2)

朵儿只本剌　元泰定三年(1326)五月,河西加木笼四部归附朝廷。元廷以朵儿只本剌领加木笼四部之一笼答吃列八里阿卜鲁答思阿答藏部。(0001 卷 30)

朵儿只的斤　元仁宗延祐间为湖广行省丞相。延祐七年(1320)四月,英宗即位后,罢各行省丞相,降为本省平章政事。(0001 卷 27)

朵四的性吉　元世祖时呪师。至元二十八年(1291)五月,建白塔二,各高一丈一尺,以居呪师朵四的性吉等七人。(0001 卷 16)

朵而只思蛮　元公主。太宗次子阔端之孙女,嫁高昌王帖木儿补化。(0001 卷 109、122)

朵列帖木儿①　元顺帝至正十六年(1356)正月,由翰林学士承旨任同知詹事院事。(0001 卷 44)

朵列帖木儿②　元顺帝至正末年为秘书少监。(0027 卷 9)

朵罗帖木儿(?～1312)　元蒙古札剌歹氏。秃灭歹之子。成宗大德元年(1297)袭镇江路高唐翼中千户所达鲁花赤。仁宗皇庆元年(1312)卒。(0631 卷 17)

朵蛮帖木儿　又作朵栾帖睦。字惟时。元蒙古札剌亦儿氏。木华黎七世孙。朵儿只之子。任翰林学士。顺帝至正二十年(1360),讨平进攻云州(治今河北赤

城北)之反元队伍。(0681 卷 34,0001 卷 139)

朵歹忽都鲁别 号谦斋。元文宗至顺二年(1331)任陕西行台监察御史。(0605 卷 8)

朵耳只亦都护 元文宗时畏兀儿国王。天历二年(1329)十一月,拜河南行省丞相。(0001 卷 33)

朵忽里牙老瓦赤 元畏兀儿人,顺帝元统元年(1333)进士铎护伦曾祖,历任参政。(0028)

多礼智 元泰定二年(1325)任江南行台御史大夫。(0632 卷 6)

多和思 金末高昌回鹘国人,任其国阿大都督。撒吉思之父。(0001 卷 134)

危於 字於幨,元明之际金溪(今属江西)人。危素长子。元顺帝至正二十年(1360)进士,历任蓟州同知。明洪武三年(1370),任安庆府学教授。(0411 卷 27,0418 卷 20)

危素(1303～1372) 字太朴,号云林,元明之际金溪(今属江西)人。师从吴澄、范梈。元顺帝至正二年(1342),以荐授经筵检讨,与修宋辽金三史。五年,改国子助教。七年,授翰林应奉。二十年,累迁中书参政。二十四年,拜翰林学士承旨,出为岭北行省左丞,弃官居房山。明洪武二年(1369),授翰林侍讲学士,与修《元史》。后谪居和州,守余阙庙,忧郁死。博学善文辞,工书法。有《说学斋稿》四卷,《云林集》二卷,《危太朴文续集》十卷,《草庐年谱》二卷。(0020 卷 285,0411 卷 27)

危瓛 字朝献。元金溪(今属江西)人。危素之弟。博通经史。工书法。(0031 补遗)

危山臞 元人。有诗作传世。(0504 己下)

危亦林(1277～1347) 字达斋,元南丰(今属江西)人。危氏世代业医,高祖云仙长于大方脉,伯祖子美精于妇科及正骨、创疡等科,祖碧崖精小儿科,伯父熙载精眼科,又善于治瘵疾。亦林自幼好学,博览医经,深得家传,对内、外、妇、儿、眼、骨伤等科均有研究,尤精于骨科。曾任南丰州医学教授。自文宗天历初年(1328)起,"依按古方,参以家传",历时十年,于顺帝至元三年(1337),撰成《世医得效方》十九卷,内容包括各科医方。经江西医学提举司送太医院审阅,下诸路提举司重校,于五年(1339)刊行。书中对骨科论述精妙,主张治骨折、脱臼应先于术前用乌头、曼陀罗进行麻醉,并首创悬吊复位法。(1132 卷首)

危希尹 元盱江(今江西南城)人。有诗作传世。(0504 戊下)

危复之 字见心。宋元之际抚州(治今江西临川)人。宋末为太学生。师事汤汉。博览群书,好读《易经》。尤工于诗。元世祖至元年间,元帅郭昂屡荐为儒学官,不就,元廷累遣奉御察罕、翰林应奉詹玉等征召之,皆不起。隐居紫霞山中。士友私谥曰贞白先生。(0001 卷 199)

危琴乐 元人。有诗作传世。(0504 癸上)

危震炎 元抚州路(治今江西临川)知事。(1014 卷 8)

危德华 元光泽(今属福建)人。工诗文。(0902 卷 130,0075 氏族典卷 46,文学典卷 90)

旭灭该 元顺帝时宗王,封宁王。(0001 卷 43)

旭迈杰(?～1326) 又译旭灭杰。元泰定帝时大臣。初事泰定帝于潜邸。泰定帝即位(1323),擢任宣政院使,不久改任中书右丞相。奉旨至大都(今北京)执铁失等杀害英宗之逆党诛之。未几,兼阿速卫答鲁花赤。泰定元年(1324),奏言:东宫卫士先朝止三千,今增至万七千人,请命詹事院汰去;帝从之。二年,奏言江南民贫僧富,诸寺观之田非宋旧制及累朝所赐者,请与民均役;又言国用不足,宜罢不急之费,因请罢皇后营缮;帝皆从之。是年十二月病死。(0001 卷 29、112、182,0002 卷 204)

旭烈兀(1217～1265) 又译旭烈、吁里。蒙元时伊利汗国创建者。拖雷之子。元宪宗、世祖之同母弟。元宪宗二年(1252),奉旨西征波斯。六年,攻灭木剌夷国。八年,攻占巴格达,灭阿拔斯王朝。九年,攻入叙利亚。元世祖即位后,受封阿姆河以西波斯地,建立伊利汗国,分置各州长官,以大不里士为都城。中统四年(1263),与钦察汗别儿哥为争夺外高加索阿塞拜疆地区发生大战。战败,从此与钦察汗国失和。后两汗国间多次发生战争。(0001 卷 3、107、149 等,0008 卷 3)

旭烈普华 元畏兀儿人,岳璘帖穆尔之子。(0011 卷 43)

旭你迭八答剌班的 元吐蕃僧人。文宗至顺二年(1331)三月,封三藏国师,赐金印。(0001 卷 35)

刘于(1318～1372) 字允恭。元明之际永丰(今属江西)人。元顺帝至正初,两次取中乡试高第,会试不利,以下第恩例授泰和州儒学正,秩满归隐。明洪武四年(1371)应诏至南京,太祖欲授以官,辞以年老,遂被放还。次年卒。(0411 卷 14)

刘士 字尚志。元保定(今属河北)人。顺帝至正十一年(1351)任丰县(今属江苏)知县。(0933 卷 11,0956 卷上,0649 卷 34)

刘才 元柏乡(今属河北)人。泰定帝致和元年(1328)为赵州(治今河北赵县)奥鲁千户。(0645 卷 5)

刘义①(1221～1279) 元辽州(治今山西左权)人。宪宗六年(1256)袭父职为

辽州军民长官。世祖至元元年(1264)迁任绛州同知。后历任孟州、临州知州。(0551卷29,0002卷229)

刘义②　元世祖至元间任新昌(治今江西宜丰)知县。(1016卷14)

刘义③　更名伟。元世祖至元二十九年(1292)任秘书监辨验书画直长。(0027卷10)

刘开　字立子,号复真先生,宋元间星子(今属江西)人。习佛道之学。相传游庐山遇异人,授以太素脉诀。又师事崔嘉彦,得养生济世术及脉学之传,人称"刘三点"。有《刘三点脉诀》、《脉诀理玄秘要》、《太素脉诀》、《医林阐微》、《方脉举要》等。(1030卷6)

刘元①　字秉元。元蓟州宝坻(今属天津)人。早年为道士,善塑像。元世祖至元七年(1270),被召入京。尝从阿尼哥学塑佛像。元大都、上都著名寺观之佛神像多出其手。尤以上都之三皇像,大都南城东岳庙之仁圣帝及侍臣像,受人赞赏称绝。后官至昭文馆大学士、秘书监卿。(0001卷203)

刘元②　字仲元。宋元之际吉水(今属江西)人。从刘辰翁学。元世祖至元间摄吉水知县,县大治。(0072卷88)

刘元③　元大都(今北京)人。顺帝元统(1333~1355)初,任武义(今属浙江)知县。(0622卷42,0871卷33,0881卷13、14)

刘艺　元泰定元年(1324)任南台监察御史,二年任南台都事。(0632卷6)

刘中①　金元之际人。元太祖时,丘处机至燕京,曾与之唱和。又与耶律楚材友善。太宗二年(1230),授宣德路征收课税使。九年,奉命与术忽乃考试诸路儒士。(0001卷2、146)

刘中②　字庸道,元钱塘(治今浙江杭州)人,刘天祐孙。从贡师泰学。(0072卷92)

刘冈　元顺帝至元五年(1339)任庆元(治今浙江宁波)市舶副提举。(0634卷2)

刘升　元开化(今属浙江)人。刘文瑞之子。顺帝至元四年(1338)历任南安县尹。(0878卷11)

刘仁①　元世祖至元二十八年(1291)任江南行台监察御史。(0632卷6)

刘仁②　元浦江(今属浙江)知县。(0881卷13)

刘氏①　元泰州(今属江苏)人,张士诚部将曹某妻。曹阵亡,刘氏求得其尸归葬,削发为尼,誓不再嫁。(0101卷24)

刘氏②　元末人。张士诚嫔妃。士诚败,自焚死。(0296卷4下)

刘氏③　元顺州(治今北京顺义)人。进士安士道之妻。弟刘明理亦为进士。元末,刘氏避兵匿岩洞中,兵至,欲污之。曰:"我弟与夫皆进士,我岂受汝辱乎!"兵以军器磨其体,刘大骂不止,兵怒,钩断其舌,含糊而死。(0001卷201)

刘氏④　号尚温居士,元妇女,孟运判妻。性巧慧,能临古人字逼真。喜吟小诗,写墨竹效金显宗,亦粗可观。(0030,0031卷7)

刘氏⑤　元叶正甫妻。能诗,有诗作传世。(0101卷29,0504壬下,0033卷36)

刘氏⑥　艺名梁园秀。元京师歌伎,材艺精妙,喜文墨,能作散曲,时吟小诗亦佳,作楷书妩媚。(0031补遗,0032)

刘氏⑦　艺名解语花。元京师歌伎,长于慢词。(0032,0101卷9)

刘凤　元世祖至元二十六年(1289)任江南行台监察御史。(0632卷6)

刘文①　元世祖至元十四年(1277)任庆元路(治今浙江宁波)治中。(0633卷2)

刘文②　元泰定帝时,任冀宁路总管。泰定二年(1325),充甘肃省奉使宣抚。顺帝至元二年(1336)累迁南台中丞。(0001卷29,0632卷6)

刘方　字元卿。元陵川(今属山西)人。仕至卫辉路儒学提举。(0144卷59)

刘玉　元成宗大德三年(1299)任瑞州路(治今江西高安)判官。(1016卷14)

刘正(?~1319)　字清卿。元清州(治今河北青县)人。少时习吏事。世祖至元初,为制国用司、尚书省户部令史。后历任左司员外郎、户部尚书,迁江南行台御史中丞。成宗时任云南左丞,反对征缅国。革除云南岁输金银弊端。迁江西左丞、江浙左丞。武宗即位,召入为中书左丞,升右丞。仁宗即位,召诸老臣入议国事,正诣阙言守成宪、开言路、慎赏罚、节财用等八事。升中书平章,反对经理河南、江浙、江西民田。谥忠宣。(0001卷176)

刘本　元顺帝至元二年(1336)为广州路儒学教授。(0590卷2)

刘东　元淮安人。世祖至元十三年(1276)至十五年任镇江路判官。(0631卷15)

刘仪　元初徽州路(治今安徽歙县)总管。(0972卷5)

刘用　元淄川(治今山东淄博西南)人。从元将李恒平宋,积功授龙兴(治今江西南昌)千户。(0154卷12)

刘让①　元河南人。六世同居,阖门四十余口欢悦无间。成宗大德元年(1297)旌表其门。(0761卷32,0075《氏族典》卷340)

刘让②　字敬修、敬先。元桐城(今属安

徽)人。文宗至顺元年(1330)进士。历任翰林国史院典籍、顺州知州。(0987卷2)

刘边 字近道。元建安(治今福建建瓯)人。工诗文。著有《自家意思集》四卷及《读史摭言》。(0503三集甲,0902卷128,0075文学典卷90)

刘发(?~1284) 元世祖时,任秦州总管。因有罪,欲投归福建义军首领黄华,事泄被杀。(0001卷13)

刘吉 元仁宗皇庆二年(1313)任秘书少监,延祐元年(1314)升为秘书太监。(0027卷9)

刘朴 元英宗至治元年(1321)任昌国州(治今浙江舟山)判官。(0634卷2)

刘成(1233~1316) 字立甫。元真定(治今河北正定)人。其女嫁苏志道。世祖至元间,从征襄阳,授征行百户。宋亡,退隐田野。(0501卷55)

刘贞① 元保定(今属河北)人。顺帝至元三年(1337)任南台照磨,六年,任南台御史。(0632卷6)

刘贞②(1289~1361) 字廷榦,号晦叟。元益都(治今青州)人。顺帝至正初任南台御史。后历任监察御史、宣徽院判官、嘉兴路总管、海道都漕运万户、浙东廉访使、江浙参政、南台治书侍御史。至正十八年(1358)致仕居闽中。(0275卷10,0622卷39,0872卷9)

刘光①(1228~?) 字光辉,号晓窗,旧名寅,字子敬。宋元之际歙县(今属安徽)人。元初为歙县儒学教谕,后授宁国路儒学正,不赴。卒年八十余。工诗,方回为其诗集作序,有诗作传世。(0167卷32,0972卷9,0070卷77)

刘光②(1275~1326) 字自谦。元上饶(今属江西)人。仕至翰林编修。(0212卷77)

刘廸 字吉甫。元安庆(今属安徽)人。世祖至元十二年(1275)至十四年任镇江路经历。(0631卷15)

刘因(1249~1293) 字梦吉,号静修。元保定容城(今属河北)人。少时从名儒砚弥坚学。后得周、程、张、邵、朱、吕之书,自学理学。毕生传授弟子,从事著作,不愿仕元。著有《静修集》及《四书精华》、《小学四书语录》等。其学以朱学为宗,兼取陆学。主张返求六经,认为"古无经史之分,《诗》、《书》、《礼》、《春秋》皆史"。(0001卷171,0002卷170)

刘岊 字季瞻。元吴郡(今苏州)人。有诗作传世。(0504庚上)

刘伟 元世祖至元十八年(1281)任秘书监典书。(0027卷11)

刘全① 元洺水(治今河北威县)人。元初从世祖征蜀有功,封元帅。(0669卷7)

刘全② 元初任鄞县(治今浙江宁波)尉。(0633卷3)

刘会(1169~1243) 金元之际坚州(治今山西繁峙东南)人。金末,率乡人降附蒙古,授坚州判官,后升为都元帅兼节度使。(0551卷27,0002卷145)

刘庆 元成宗大德十年(1306)任天台(今属浙江)知县。(0896卷154)

刘冲 元邹平(今属山东)人。世祖中统元年(1260)任章丘(今属山东)知县。(0735卷10)

刘兴① 金元之际人。元初,为泽州提举兴修学校官。(0607三辑31册《元令旨五道石刻》)

刘兴② 元世祖至元间任新昌(治今江西宜丰)县丞。(1016卷14)

刘祁(1203~1250) 字京叔,号神川遯士。金元间浑源(今属山西)人。元太宗十年(1238)以儒士应试,魁西京(治今山西大同),选充山西东路考试官。后入征南行台幕。著有《归潜志》十四卷。元顺帝至正初,修《金史》,采用此书颇多。(0144卷58、59,0018卷126)

刘孙(1342~1358) 元龙兴(治今江西南昌)人。女。顺帝至正十八年(1358),年十七,与其姊刘贞皆未许嫁。陈友谅攻破城,与其姊登楼,相继自缢。(0001卷201)

刘运 字尊元。元永丰(今属江西)人。刘鹗之子。任元帅府经历,随父镇压反元队伍,战死。(0006卷92下)

刘均 元邓州穰城(治今河南邓县)人,刘整子。仕为榷茶提举。(0001卷161)

刘芳① 元世祖时,任兵部郎中。中统二年(1261),奉命出使大理等国。途经吐蕃,遇害。诏恤其家。(0001卷4、5)

刘芳② 字琴梅。元永丰(今属江西)人。顺帝至正二十三年(1363)任秘书郎。(0027卷10)

刘杞 元顺帝至元六年(1340)任衢州路照磨。(0878卷3)

刘甫(?~1352) 元初为监河桥万户。太宗时,授河南道总管。为政贪鄙残酷。宪宗时,为河南道经略使杨惟中所杀。(0001卷119、146)

刘钊 元安平(今属河北)人。历任县丞。有诗作传世。(0504己上)

刘佐 元隰川(治今山西隰县)人。世祖至元十六年(1279)为隰州(治今山西隰县)知州。(0551卷26)

刘邻 元浑源(今属山西)人。刘郁弟。由中书省掾授工部主事。后历任顺德路判官、内台监察御史。(0144卷58)

刘亨 元世祖至元二十五年(1288)任常山(今属浙江)知县。(0878卷2)

刘沅　元世祖至元间为瑞州路(治今江西高安)提控案牍。(1016 卷 14)

刘沂①　元世祖至元二十七年(1290)任瑞州路(治今江西高安)经历。(1016 卷 14)

刘沂②　字彦潜。元河间(今属河北)人。泰定四年(1327)进士。顺帝至元(1335～1340)间历任襄垣县尹。至正十一年(1351)由国子助教迁任秘书监典簿。(0027 卷 9,0698 卷 8,0644 卷 22)

刘汾　元世祖中统间(1260～1264)为安西王府说书。有诗作传世。(0504 乙)

刘汶　字师鲁。元钱塘(治今浙江杭州)人,祖籍鄜州(治今陕西富县)人。宋鄜王刘琦六世孙。浏阳州儒学教授刘月心之子。由国子学以文艺擢高科,登进士第,授端本堂司经。后出为陕西行台监察御史,纠劾不避,忤时贵,左迁。累官为户部尚书。顺帝至正二十三年(1363),命以东南漕事,浮海而出。以诗鸣,豪迈激昂,极为任士林所赏识,有《师鲁集》。(0503 三集庚,0062 卷 54,0872 卷 66)

刘沆　元句容县(今属江苏)主簿。(0632 卷 6)

刘宏(?～1327)　元高唐(今属山东)人。刘景严之子。武宗至大三年(1310)袭镇江路高唐翼千户。(0631 卷 17)

刘良①　元初为浙东宣慰副使。(0633 卷 2)

刘良②　元顺帝至元六年(1340)任集庆路(治今南京)推官。(0632 卷 6)

刘良③　元金华(今属浙江)人。顺帝至正间任常州万户府知事,张士诚攻破城,阖门赴水死。(0881 卷 16,0075《官常典》卷 733,0002 卷 232)

刘初　元顺帝至正间为池州路(治今安徽贵池)经历。(0986 卷 4,0580 卷 4)

刘纬　元济南人。刘元振之子。数从父征战。世祖至元十二年(1275),父死,袭职为副万户。守潼川(治今四川三台),创立遂宁诸处山寨。从行枢密院围攻合州(今四川合川东),授潼川路副招讨,迁副都元帅。又迁任西川宣慰司同知。后入朝,升西川宣慰使,拜陕西行省参政。(0001 卷 149)

刘纯　元人。有诗作传世。(0504 癸下)

刘纲　元鄞县(治今浙江宁波)丞。(0633 卷 3)

刘英①　元益都(治今山东青州)人。世祖至元十三年(1276),任镇江路提控案牍。累迁为义乌(今属浙江)县尹。(0631 卷 15,0881 卷 12)

刘英②　元人。文宗至顺二年(1331)任临城县(今属河北)主簿。(0645 卷 4)

刘枢　元世祖至元间任瑞州路(治今江西高安)万户。(1016 卷 14)

刘述　元保定容城(今属河北)人。刻意问学,深通性理之说。世祖时,辟署武邑县令,以疾辞归。(0001 卷 171)

刘杰①　字汉卿,号莱山。元文登(今属山东)人。世祖中统元年(1260)授中书掾。累迁为潞州知州。仕至杭州路总管。(0144 卷 80,0622 卷 25,0698 卷 3)

刘杰②　元世祖至元五年(1268)为副统领。七月,奉旨与都统领脱朵儿、统领王国昌等出使高丽。六年七月,复奉帝遣与脱朵儿、王国昌赴高丽,相视耽罗(今韩国济州岛)等处道路,诏高丽国王选官引达,以人言耽罗海道往南宋、日本甚易故也。(0001 卷 208)

刘杰③　元英宗至治二年(1322)任秘书监著作佐郎。(0027 卷 10)

刘杰④　元归德(治今河南商丘南)人。泰定二年(1325)任江南行台监察御史。(0632 卷 6)

刘杰⑤　字良辅。元金溪(今属江西)人。顺帝至正二年(1342)进士,授新建县丞,升宜阳县尹,累迁为延安路总管。二十五年,入为秘书卿。历工部尚书,以集贤学士致仕。明初卒于家。有《刘学士文集》,今佚。(0027 卷 9,0622 卷 29、54,1028 卷 10、19)

刘郁①　字文季,号归愚。金元之际浑源(今属山西)人,刘祁弟。元世祖中统元年(1260)辟充中书省都事。后出为新河县尹,召授监察御史。卒年六十一。撰《西使记》,记宪宗九年(1259)常德奉使波斯旭烈兀军中,往返途中见闻。(0144 卷 58、59、80,0172 卷 3,0006 卷 89)

刘郁②　历任元徽州路(治今安徽歙县)推官。(0972 卷 4)

刘郁③　元人。有诗作传世。(0504 丁)

刘杲　元成宗大德八年(1304)任吴江(今属江苏)州提控案牍。(0954 卷 17)

刘明(1304～1354)　字衮明。元鄱阳(治今江西波阳)人。顺帝至正间镇压反元队伍有功,授浮梁(今属江西)州判官。(0449 卷 9)

刘岩　元顺帝元统二年(1334)任衢州路判官。(0878 卷 2)

刘图　元顺帝至正中任曲阳(今属河北)知县。(0645 卷 4)

刘岳(1239～?)　字公泰,号东崖,宋元之际星子(今属江西)人。祖父刘开,为南宋名医。岳少年时读书于白鹿洞书院,未及三十岁入仕,宋末迁居吴(今江苏苏州)。元世祖下诏求南士,至元二十四年(1287)岳应征,授太医院判。未几,改任翰林学士、知制诰同修国史,参与廷议。三十一年(1294),出任建昌路总管。岳继承家学,精通脉诊,三指按下即知受病之源,人称"刘三点"。撰有《东崖小稿》。(0144 卷 22,0201 卷 2,0928 卷 51)

刘侃　元英宗至治三年(1323)任庆元路(治今浙江宁波)判官。(0634 卷 1)

刘质　元人。有诗作传世。(0504 丁)

刘性(? ~1344)　字粹衷。元安福(今属江西)人。文宗至顺元年(1330)进士。历任旌德县尹,廉明有威,政化大行。入为翰林应奉,参与修《宋史》。(0153 卷 11,0925 卷 46,0072 卷 92)

刘炜①　又名忙古斛。元河西(西夏故地)人。世祖至元二十三年(1286)任镇江路总管,二十八年改任湖州路总管。(0631 卷 15,0896 卷 116)

刘炜②　字明子,号愚山。元人。有诗作传世。(0504 己上)

刘泽①　元坚州(治今山西繁峙东南)人。刘会之子。任坚州管民长官。世祖中统(1260 ~ 1264)间卒,年五十七。(0002 卷 152)

刘泽②　元英宗至治元年(1321)任江山(今属浙江)县尉。(0878 卷 3)

刘泽③　元东平齐河(今属山东)人,刘复亨之子。由近侍出为荆湖北道宣慰使。(0001 卷 152)

刘诜(1268 ~ 1350)　字桂翁,号桂隐。元吉安庐陵(治今江西吉安)人。既冠,以教学为业,终生不仕。精研六经,博通诸子百家。为文融会今古。四方求文者,日至其门。有诗文集《桂隐集》。(0001 卷 190)

刘肃①(1188 ~ 1263)　字才卿。金元之际威州洺水(治今河北威县)人。金宣宗兴定二年(1218)进士。历任尚书省令史、新蔡令、户部主事。金将亡,受东平严实聘为行尚书省左司员外郎,旋改任行军万户府经历。在东平近二十年,为严实父子出谋划策,赞助甚多。元宪宗元年(1251),被忽必烈(世祖)任命为邢州(治今河北邢台)商榷使,兴铁冶,推行纸币,恢复发展邢州经济。世祖中统元年(1260),任真定路宣抚使,建议以中统新钞如数更换真定行用之旧银钞,得以稳定民心。二年,任左三部尚书。官曹典宪,多所议定。未几,兼商议中书省事。三年,致仕。次年卒。追封邢国公,谥文献。(0001 卷 160、4)

刘肃②　元顺帝元统二年(1334)任庆元路(治今浙江宁波)判官。(0634 卷 1)

刘肃③　字子威。元河南开封人。读书习律,试郡从事,后弃去。能诗,有诗作传世。(0523,0504 己上,0033 卷 24)

刘弡　元高唐(今属山东)人。刘宏弟。袭职为镇江路高唐翼千户。(0631 卷 17)

刘经(1308 ~ 1376)　字子纶。元明之际永新(今属江西)人。元顺帝至正间集乡兵从官军镇压反元队伍有功,不受官职。(0456 卷 10)

刘珍　字愈珍。元人。有诗作传世。(0504 戊下)

刘政　元仁宗延祐(1314 ~ 1320)间任开州判官。(0646 卷 5)

刘垓　元邓州穰城(治今河南邓县)人,刘整子。仕为都元帅。(0001 卷 161)

刘荣　元顺帝至正间任莱州(今属山东)判官。(0727 卷 2)

刘威　元穰县(治今河南邓县)人。刘垓之子。荫授常熟州同知。英宗至治二年(1322)迁无锡州同知。(0558 卷 24)

刘显　元镇江路吕城税使司提领。(0631 卷 17)

刘昭(1304 ~ 1365)　又名永武,字明道。元吉水(今属江西)人。元末募乡兵,屡败反元队伍,累升至吉安路总路。(0466 卷 14)

刘钟　元顺帝至正三年(1343)任集庆路(治今南京)推官。(0632 卷 6)

刘钦　字仲贤。元醴泉(治今陕西礼泉东)人。元末避兵,负母携子姪而逃,度不能两全,即投子于泾水,遂与母、姪得脱兵患。(0801 卷 26,0817 卷 26,0075 氏族典卷 340、学行典卷 192)

刘复　元世祖至元二十一年(1284)任秘书少监。(0027 卷 9)

刘顺　元佛教僧人。文宗天历间为西天目山师于正宗禅师。(1080 法书题跋卷 12,1072 卷 19)

刘信　元成宗大德八年(1304)任瑞州路(治今江西高安)推官。(1016 卷 14)

刘衎　元德州(治今山东陵县)人。文宗至顺元年(1330)任镇江路卫辉翼上千户所提领案牍。(0631 卷 17)

刘勉　字仲勉,元明之际吴郡(今江苏苏州)人。世代为疡医。勉继承家学,医术精湛。元顺帝至元年间(1335 ~ 1340),以大臣荐,被召入京,任尚医。侍顺帝出行,待遇优渥。因母病辞职归乡,不久被起用为江浙官医提举。明初选取名医,被召入京,因年迈而放归。(0927 卷 41,0042 卷 3)

刘胤(? ~1316)　字嗣宗。元良乡(治今北京西南郊)人。历任山北廉访司。仁宗皇庆二年(1313)任平江路(治今江苏苏州)总管,有惠政。(0928 卷 3、40,0927 卷 20、26,0075《官常典》卷 602)

刘庭　元世祖至元间任胙城(治今河南延津北)县尹。(0790 卷 5)

刘恒　元英宗时,任监察御史。顺帝时,任江州路总管。至正八年(1348),因在

任有政绩，升授山东宣慰使。(0001 卷 27、41)

刘恢　字志道。元常宁(今属湖南)人。元末避居静江(治今广西桂林)，任宣成书院山长。(1036 卷 26)

刘闻　元至顺元年(1330)进士。顺帝至正末，任沔阳知府。有《容窗集》十卷、《春秋通旨》，今均佚。有诗作传世。(0503 三集庚，0153 卷 10)

刘炳①　元东平(今属山东)人。成宗大德十一年(1307)为祁门(今属安徽)知县。(0972 卷 4)

刘炳②　字焕章。元顺帝至正间任崇信(今属甘肃)知县，有善政。(0810 卷 12)

刘炳③　字彦昺，元明间鄱阳人。元顺帝至正中从军于浙，后归附朱元璋，授中书典籤。明初任知县，病归。有《刘彦昺集》九卷。(0449 卷首、9，0020 卷 285)

刘洪　字希声。元四川人。历任镇江路茅山书院山长。(0631 卷 17)

刘济①(1216～1279)　字巨川。元行唐(今属河北)人。世祖至元七年(1270)任太原路判官。后历任献州知州。仕至燕南按察司佥事。(0144 卷 55、66、80，0002 卷 229)

刘济②(1240～1291)　字济川。元大名(今属河北)人。世祖至元十三年(1276)袭父职为千户。镇压安庆、黄州反元队伍。二十年，镇守饶州。(0147 卷 13)

刘济③(1260～1314)　字仲源。元河间肃宁(今属河北)人。历任湖州路经历、江浙行省左右司都事。(0152 卷 31，0644 卷 22，0876 卷 6)

刘济④　字巨川。元新淦(治今江西新干)人。工诗，吴澄尝为其诗稿作序。(0212 卷 18)

刘济⑤　字润民。元冀宁(治今山西太原)人。顺帝至正十年(1350)任秘书监令史。(0027 卷 11)

刘济⑥　元邯郸(今属河北)人。顺帝至正中任高邑(今属河北)县尹。(0645 卷 4)

刘津　元仁宗皇庆元年(1312)任定海(治今浙江宁波镇海)县尉。(0633 卷 3)

刘宣(1233～1288)　字伯宣。元潞州(治今山西长治)人。世祖初年，由张德辉荐为中书省掾。后历任劝农副使、户部郎中。江南平，奉命沙汰江淮冗官。至元二十三年(1286)，任吏部尚书，上疏谏侵交趾(今越南北部)、日本，又主张节用，反对更钞、铸钱。二十五年，任江南行台御史中丞，因江浙丞相忙兀台诬陷，自刭死。谥忠宪。(0001 卷 168)

刘宪　元威州洺水(治今河北威县)人，刘肃子。仕为礼部侍郎。(0001 卷 160)

刘泰　元武宗至大元年(1308)任江南行台监察御史。(0632 卷 6)

刘珪①　元人。武宗至大元年(1308)任溧水(今属江苏)州判官。(0632 卷 6)

刘珪②　元末红巾军将领。顺帝至正二十一年(1361)，据守济南。八月，察罕帖木儿遣军进攻。以城降。十月，奉察罕帖木儿调，与参知政事陈秉直守御河南。(0001 卷 46)

刘珣　元英宗至治元年(1321)任瑞州路(治今江西高安)总管。(1016 卷 14)

刘埏　元邓州穰城(治今河南邓县)人，刘整子。仕为管军万户。(0001 卷 161)

刘恭　元世祖至元间任新城(今属河北)知县。(0649 卷 30，0668 卷 5)

刘桂　元富平(今属陕西)人。历任白水(今属陕西)县尉。(0806 卷 7)

刘桓　金元之际人。元太宗二年(1230)十一月，授宣德征收课税副使。(0001 卷 2)

刘桢①(？～1368)　字维周。元昌州(治今四川德昌)人。文宗至顺元年(1330)进士。历任大名路经历。顺帝至正中，退隐泸州(今属四川)。十八年(1358)，明玉珍驻军泸州，宣使刘泽民荐桢，玉珍往见之，与论国事，拜理问。二十一年，任玉珍参谋，朝夕侍讲书史，裁决政事。次年，力劝玉珍称帝，建国号夏。仕夏为大宗伯，后官至右丞相。桢精于易数，辅玉珍立国，诏令多其代制，人比之为孔明。(0147 卷 6，1153)

刘桢②　元顺帝至元六年(1340)任衢州路总管。(0878 卷 2)

刘原①　元初为武义(今属浙江)知县。(0881 卷 13)

刘原②　元泰定元年(1324)任临城县(今属河北)主簿。(0645 卷 4)

刘致　字时中，号逋斋，元石州宁乡人。历任永新州判、江浙行省都事、翰林待制。工诗文散曲。所作散曲，今存小令七十四首、套数四。所作套数《端正好·上高监司》，揭露钞法弊政。(0029 续编，0503 三集戊，0301 卷 3)

刘晏　字仲安。元英宗至治(1321～1323)初任秘书少监。(0027 卷 9)

刘晖　字景融。元修武(今属河南)人。历任滑州(治今河南滑县)知州。(0144 卷 18，0643 卷 8)

刘恩(？～1285)　字仁甫。元威州(治今河北威县)人。幼知读书，勇而有谋。以材武隶军籍，累功为百户，升管军总管。从攻蜀，屡建战功。元世祖至元三年(1266)，升为成都路管军副万户。九年，从西平王奥鲁赤征建都(今四川西昌一带)，攻降之。升为管军万户。十五年,从攻东川。次年,升都元帅,率蒙古、汉军万人屯田甘州。十八年,进兵斡端(今新疆和田),击败海都军。二十年,为海都军所败,领兵退还四川。(0001卷166)

刘铉　字仲鼎、元鼎,号悦心。元青田(今属浙江)人。世祖至元二十九年(1292)任徽州紫阳书院山长。成宗大德六年(1302)任浏阳儒学教授。(0387卷12,0167卷12、27,0198卷3)

刘铎　元历城(治今山东济南)人。世祖至元十九年(1282)任吉州路宣课提举。二十年,任广东盐司提举。二十五年,授黔阳县尹。历永平尹、中书省掾。成宗大德二年(1298)任嘉兴路推官。(0201卷4)

刘俣　元成宗元贞元年(1295)任绍兴路总管。(0880卷26)

刘健①　元仁宗延祐间进士。博学能文,通五经,尤长于《易》,从学者云集,一时名进士多出其门。(0674卷7)

刘健②　元河南(治今河南洛阳)人,刘濬子。顺帝时,父为红巾军所杀,乃散家资,结死士,擒杀其父者报仇。事闻,授古田县尹。(0001卷195)

刘悌　元上虞(今属浙江)人。历任嵊县儒学教谕、庆元路(治今浙江宁波)儒学正。(0633卷2,0880卷29)

刘益①　元仁宗延祐七年(1320)任金坛县(今属江苏)主簿。(0631卷16)

刘益②　字有谅。元晋江(治今福建泉州)人。顺帝至正间,以帅府讨伐山中反元队伍有功。二十一年(1361)授晋江县尉。后升为南昌县主簿,致仕归。卒年八十四。(0901卷67,0902卷124)

刘益③　元明间人。元顺帝至正二十七年(1367)累官中书左丞。次年出任辽阳行省平章。明洪武四年(1371),降明。(0001卷113,0014,0862卷7)

刘浩①(?～1271)　元东平齐河(今属山东)人,刘复亨子。世祖中统四年(1263),袭职为千户。后战死。(0001卷152)

刘浩②　字巨源。元世祖至元间任镇江路行大司农司都事。(0631卷17)

刘浩③　元世祖至元二十八年(1291)任江南行台监察御史。(0632卷6)

刘浩④　元泰定(1324～1328)中为华阴(今属陕西)县尉。(0827卷5)

刘海①　字琛甫。元安肃(治今河北徐水)人。仁宗延祐(1314～1320)间为真定鹰房司提举。仕至随路民匠鹰房总管府同知。(0649卷34)

刘海②(1300～1365)　字宗海。元庐陵(治今江西吉安)人。顺帝至正间率乡兵保乡里有功,而不求仕进。(0190前集卷3)

刘涣　字彦亨,号石田。元明之际山阴(治今浙江绍兴)人,刘惇之子。元顺帝至正间,以荐授三茅书院山长,道梗未赴任。明洪武中卒。有诗作传世。(0073卷63,0033卷22)

刘润①　元邢州(治今河北邢台)人。太祖时,任邢州都元帅府都统,改署州录事。后历任钜鹿、内丘两县提领,所至有善政。(0001卷157)

刘润②　元成宗大德元年(1297)任吴江(今属江苏)州同知。(0954卷17)

刘润③　元保定(今属河北)人。泰定四年(1327)任镇江路真定翼下百户。(0631卷17)

刘浚(?～1253)　字济川,元河南府路(治今河南洛阳)人。由廉访司书吏调连江县宁善乡巡检。顺帝至正十三年(1353),江西红巾军入闽,拒战失败,被擒杀。((0001卷195)

刘宽　元文宗天历二年(1329)任象山县(今属浙江)主簿。(0634卷2)

刘容①　字仲宽。元云京(今山西大同)人。其祖先西宁(今属青海)人,高祖阿华为西夏国主尚食。刘容少时喜读书,亦善骑射。元世祖中统初,入侍太子真金于东宫,专掌库藏。至元十五年(1278),奉使江西,抚慰新附之民。使还,唯载书数车,献于太子。未几,授太子司议,改秘书监。后出任广平路总管,断狱清明。(0001卷134)

刘容②　元成宗大德八年(1304)任东阳(今属浙江)县尹。(0881卷12)

刘宷(1273～1343)　字君畴。元鄱阳(治今江西波阳)人。世祖至元末为宜黄县丞。后迁任新建县尹。仕至临江罗坊征官。(0334卷47,1012卷15)

刘祯　元初为上元(治今南京)知县。(0632卷6)

刘祥①　字孝先。元桐城(今属安徽)人。刘让弟。顺帝至正二年(1342)进士。历任江西廉访司知事。(0987卷2)

刘祥②　字仲祥,号蠢斋。元安肃(治今河北徐水)人。明敏博物,专治礼学。(0160卷19、20,0072卷91)

刘谅　元成宗大德四年(1300)任尉氏县尹。(0776卷2)

刘陶　字仲冶。元开州(治今河南濮阳)人。顺帝至正间任平江路(治今江苏苏州)同知。(0643卷6,0646卷6)

刘恕　元广平(今属河北)人。文宗至顺二年(1331)任江南行台架阁库管勾。顺帝至元二年(1336)任南台御史。(0632卷6)

刘通①(?～1256)　字仲达。金元之际东平齐河(今属山东)人。元太祖时,从严实降蒙古,授齐河总管。累升为上千

户，镇守齐河，击败宋将彭义斌进攻。太宗九年（1237），迁任德州等处二万户军民总管。（0001 卷 152）

刘通②　元东平（今属山东）人。文宗至顺二年（1331）任镇江路濮州翼上千户所弹压。（0631 卷 17）

刘通③　元亳州谯县（今属安徽亳州）人。家贫业农。母卜氏，好声乐，每眩技者以箫鼓至门，必令娱侍，或自歌舞，以悦母心。母失明，通誓断酒肉，祷之三十年不懈，母年八十五时，忽复明。（0001 卷 197）

刘愻　元洺水（治今河北威县）人，刘肃次子。历任大名路总管。能诗，有诗作传世。（0001 卷 160，0504 乙）

刘琇　字君玉。元彰德（治今河南安阳）人。历任襄邑县尹。（0144 卷 4）

刘理　元南宫（今属河北）人。世祖至元二十六年（1289）任新乡（今属河南）知县，有惠政。（0144 卷 61，0762 卷 9）

刘基（1311～1375）　字伯温。元明之际青田（今属浙江）人。元顺帝元统元年（1333）进士。历任高安县丞、江浙儒学副提举。辟浙东帅府都事，力主镇压方国珍。至正二十年（1360），受朱元璋聘，陈时务十八策，献计先灭陈友谅，次取张士诚，然后北伐。授太史令，累迁御史中丞。明洪武三年（1370），封诚意伯。与李善长、宋濂定明典制。次年，致仕归。后为胡惟庸所谮，忧愤死，一说为惟庸毒死。谥文成。通经史，精象纬，工诗文。有《诚意伯文集》、《郁离子》等。（0020 卷 128，0412 卷首）

刘硕（？～1355）　元茶陵（今属湖南）人，刘耕孙子。顺帝时，任武昌江夏县鲁湖大使。长枪军围茶陵，起“义兵”进援，战死。（0001 卷 195）

刘埜　元上饶（今属江西）人，泰定元年（1324）进士。官至江浙行省郎中。（1007 卷 14）

刘辅　元顺帝至正三年（1343）任堂邑（治今山东聊城西北）知县。（0730 卷 6）

刘敏①（1201～1259）　字有功。元宣德（治今河北宣化）人。太祖七年（1212），年十二，为蒙古军俘获。后为太祖宿卫士，习蒙古语。十四年，从太祖西征。十八年，任燕京路达鲁花赤，掌征税、漕运、僧道等事。太宗七年（1235），参与建和林城（今蒙古哈尔和林）、万安宫，立驿传等事。定宗元年（1246），与奥都剌合蛮同任燕京行尚书省事。宪宗元年（1251），与牙老瓦赤同任前职。四年，告老，以子世亨袭职。（0001 卷 153）

刘敏②　元顺帝至正十一年（1351）任渭南（今属陕西）县尉。（0819 卷 12）

刘偘　元上高（今属江西）人。顺帝至元（1335～1340）间任瑞州路（治今江西高安）儒学正。（1016 卷 14）

刘章　元仁宗延祐六年（1319）任兰溪（今属浙江）州同知。（0881 卷 12）

刘惇　元洛阳人。历任封丘县尹，有惠政。累迁为浙东廉访使，遂家于山阴（治今浙江绍兴）。（0762 卷 7）

刘焕　元世祖至元二十七年（1290）为丘县（今属河北）知县。（0676 卷上，0730 卷 6）

刘清①　元成宗大德（1297～1307）中任临城（今属河北）县尉。（0645 卷 4）

刘清②　元泰定四年（1327）任象山（今属浙江）县尉。（0634 卷 2）

刘清③　字惟寅。元永嘉（治今浙江温州）人。有诗作传世。（0504 戊上）

刘渐　元世祖至元二十二年（1285）任秘书监译史。（0027 卷 11）

刘渊①（1258～1307）　元东平齐河（今属山东）人，刘复亨之子。元世祖至元十一年（1274），授千户。次年，从攻淮安。十六年，从张弘范攻崖山灭宋。二十一年，累升为颍州副万户。二十四年，领水步军二万从镇南王脱欢袭安南。二十八年，镇压浙东反元武装。三十一年，领军驻杭州。（0001 卷 152）

刘渊②　元世祖至元间任庆元路（治今浙江宁波）知事。（0633 卷 2）

刘渊③　元成宗大德（1297～1307）中任庆元路（治今浙江宁波）知事。（0633 卷 2）

刘渊④　元英宗至治二年（1322）任绍兴路推官。（0880 卷 27）

刘渊⑤　元顺帝至正七年（1347）任沁水县（今属山西）主簿。（0694 卷 5）

刘渊⑥　字学海，号象环。元眉山县（今属四川）人，寓居衡山县（今属湖南）。刘彭寿父。卓行笃学，以荐为永州路儒学正。有诗作传世。（0002 卷 236，0072 卷 50，0033 卷 32）

刘淙　元永新（今属江西）人。世祖至元间任星子（今属江西）知县，为政廉明宽容。（1011 卷 13）

刘深①（？～1303）　元世祖时，从军伐宋，任千户。以功授沿海经略司行左副都元帅，改湖北道宣慰使，又任占城行省左丞。成宗时，任云南行省左丞。大德四年（1300），建言征八百媳妇（今泰国北部等地），升行省右丞。统兵前往。途中激起民变，数省骚动，远征计划破产。后以丧师罪被杀。（0001 卷 10、20、21 等）

刘深②　字子长。元人。有诗作传世。（0504 甲）

刘深③　元人。有诗作传世。（0504 癸上）

刘寅①　元世祖至元十四年（1277）任江

南行台监察御史。(0632 卷 6)

刘寅②　元顺帝元统二年(1334)任下邳(治今江苏邳县西南)县尹。(0936 卷 4)

刘谌　元江西人,任仁寿县(今属四川)教官。明玉珍入蜀,弃官隐泸州。玉珍授以官,不就。(0020 卷 124)

刘谓　元成宗元贞(1295~1297)中,任黟县(今属安徽)主簿。(0973 卷 6)

刘隆　元永康(今属浙江)知县。(0881 卷 13)

刘琪　字德卿。元泗水县(今属山东)人。世祖至元二十三年(1286)任滁州(今属安徽)知州。(1001 卷 12)

刘琰　元顺帝至正七年(1347)任荆门(今属湖北)州儒学正。(1044 卷 17)

刘琮　元世祖至元十四年(1277)任江南行台侍御史。二十四年升为江南行台御史中丞。(0632 卷 6)

刘琚　元初任江宁县(治今南京)主簿。(0632 卷 6)

刘堪　字子舆。元嘉兴(今属浙江)人。元末隐居授徒。有诗作传世。(0871 卷 69,0504 庚下,0537 卷 4)

刘堧　字公坦,号小斋。元江阴(今属江苏)女真人。刘若水之子。顺帝至正间辟帅府照磨,未几辞职归。能篆书。(0031 卷 7,0048 卷 5)

刘敬①　元人。世祖至元间任丹徒(治今江苏镇江)知县。(0631 卷 16)

刘敬②　元曹州(治今山东荷泽)人。仁宗延祐(1314~1320)间为丹徒(治今江苏镇江)县尉。(0631 卷 16)

刘敬③　字元礼。元武城(今属山东)人。仁宗延祐五年(1318)任秘书监典书。泰定二年(1325)转令史。(0027 卷 11)

刘敬④　元江浙财赋府总管。(0872 卷 9)

刘敬⑤　字伯敷。元清江(今属江西)人。有诗作传世。(0504 戊下)

刘植　元徽州路(治今安徽歙县)经历。(0972 卷 4)

刘楫①　元武宗至大元年(1308)拜中书左丞。二年八月,立尚书省,授尚书左丞、商议尚书省事。三年二月,奉旨整治钞法。(0001 卷 23、112)

刘楫②　元泰定(1324~1328)间任慈溪县主簿。(0634 卷 2)

刘惠　元仁宗延祐四年(1317)任秘书少监。(0027 卷 9)

刘雄　字仲威。元奉圣州(治今河北涿鹿)人。晚年任滦潮二河运粮万户。卒年七十五。(0681 卷 38,0075《学行典》卷 191)

刘雯(?~1342)　字汉章。元安福(今属江西)人。顺帝至正十二年(1352)三月起兵讨伐反元队伍,收复州城。是冬,以行军镇抚出兵援分宜,战死。(0075 氏族典卷 340、官常典卷 733)

刘辉(1292~1352)　字文大。元汴梁(治今河南开封)人。顺帝至正二年(1342)任余姚州同知。迁上海知县。升余姚知州,以病致仕。(0275 卷 10,0558 卷 23,0002 卷 229)

刘鼎①(1182~1232)　字汉宝。金元之际章丘(今属山东)人。刘敏中祖。金末任历城县令,降蒙古,任益都总判。谥献穆。(0225 卷 19,0003 卷 52,0002 卷 140)

刘鼎②　字子铉。元庐陵(治今江西吉安)人。以善书写,参与修辽宋金三史,书成,授吉安路龙泉县儒学教谕。(0438 卷 3)

刘鼎③　元人。有诗作传世。(0504 癸下)

刘嵓　字彦瞻。元顺帝至正二十四年(1364)为礼部掾。(0594 卷 12)

刘铸　字禹鼎。元南陵(今属安徽)人。刘有庆之子。英宗至治元年(1321)进士。历任安庆路推官、南丰州知州,多惠政。有诗作传世。(0974 卷 17,0524 卷 4,9,0504 丙)

刘智①(1227~1294)　元通州(治今北京通县)人。仕至蓟州甲局提举。(0501 卷 52)

刘智②　元仁宗延祐(1314~1320)初,任建康路(治今南京)总管。(0632 卷 6)

刘斌(1198~1259)　金末元初济南历城(治今山东济南)人。元太祖二十一年(1226),从张荣降蒙古,升管军千户。太宗四年(1232),从攻金河南。后从攻宋。宪宗元年(1251),授左副元帅。五年,升济南新旧军万户,移镇邳州。谥武庄。(0001 卷 152)

刘庸　字垚夫。元文宗至顺三年(1332)任秘书监校书郎。(0027 卷 10)

刘赓(1248~1328)　字熙载。元洺水(治今河北威县)人。刘肃之孙。幼有文名,师事翰林学士王磐。世祖至元十三年(1276),被荐授国史院编修官。十六年,迁翰林应奉。历德州同知、太庙署丞、太常博士。拜监察御史,被御史中丞崔彧待为上客。成宗大德二年(1298),升翰林直学士。七年,奉使宣抚陕西。后历任翰林承旨、国子祭酒、集贤大学士。久典文翰,当时大制作多出其手。(0001 卷 174)

刘湛　元宿州(今属安徽)人。历任广平路总管,有贤明声。(0977 卷 5,0985

卷16、17)

刘温①　字子和。元保定(今属河北)人。武宗至大二年(1309)任镇江路真定翼上千户所弹压。(0631 卷17)

刘温②　字温甫。元女真人。文宗至顺元年(1330)任镇江万户府经历,二年丁忧离任。(0631 卷17)

刘滋　元世祖至元间任鄞县(治今浙江宁波)知县。(0633 卷3)

刘谨　字公谨。元安福(今属江西)人。著有《诗传通释》二十卷、《律吕成书》二卷。(0470 续集卷16,0622 卷56,0002 卷235)

刘祺　元世祖至元间任金坛县(今属江苏)主簿。(0631 卷16)

刘谦①　元大名(今属河北)人。仁宗延祐三年(1316)至文宗天历元年(1328),任镇江路怀庆翼千户。(0631 卷17)

刘谦②　字自牧。元棣州(治今山东惠民)人。登进士第,授翰林编修。历任监察御史、礼部侍郎、集贤学士、刑部尚书。谥文肃。(0721 卷29,0725 卷11)

刘谦③　元婺州路(治今浙江金华)总管。(0881 卷11)

刘谧　号静斋。元人。历任学士。著有《三教平心论》二卷。(1071 卷16)

刘巽　元荆门(今属湖北)人。历任南漳文学掾。有诗作传世。(1041 卷36,1042 卷8,0504 丁)

刘瑞　元成宗大德元年(1297)任慈溪(今属浙江)知县。(0633 卷3)

刘瑄①　元和州(治今安徽和县)人。世祖至元十五年(1278)任章丘(今属山东)知县。(0735 卷10)

刘瑄②　元世祖至元二十七年(1290)任秘书监提控案牍。(0027 卷9)

刘献　元顺帝至正间任宁晋县(今属河北)儒学教谕。(0645 卷4)

刘搢　元顺帝至正间任清平(治今山东高唐西南)知县,有清廉声。(0721 卷26,0730 卷6)

刘鉴　字士明。元关中人。著有《经史正音切韻指南》一卷。(1071 卷3)

刘晸①(? ~1271)　元世祖时,任都水监。结交权势,陷没官粮四十余万石。后太庙梁柱朽坏,监察御史王恽劾其监造不敬,忧惧而卒。(0001 卷7、167)

刘晸②　元汴梁祥符(治今河南开封西)人,刘好礼子。仕为河西陇右道肃政廉访使。(0001 卷167)

刘嗣　元儒。世祖至元六年(1269)为平阳路同提举学校官。(0551 卷25)

刘嗛　字光远。元浏阳(今属湖南)人。中乡试,会试不利,授汉阳府儒学教授,辟江西省掾。(0250 卷31、32、38)

刘锡　字禹畴。元南陵(今属安徽)人。刘铸弟。用荫授江夏县尉。后历任弋阳县主簿、宁国路推官。(0524 卷9)

刘简　元庆元路(治今浙江宁波)儒学录。(0633 卷2)

刘愈　元初任新昌州(治今江西宜丰)同知。(1016 卷14)

刘源①　元世祖至元十年(1273)二月,奉旨与勘马剌丁、乞带脱因出使缅国,谕其国王遣子弟、近臣来朝。(0001 卷8)

刘源②　元成宗时,任参议中书省事。大德十年(1306),拜中书参知政事。(0001 卷8、21)

刘源③　元泰定元年(1324)任吴江(今属江苏)州提控案牍。(0954 卷17)

刘源④　元博野(治今河北蠡县)人。由保定路录事司判官调任定陶县(治今山东定陶西北)主簿,升山东盐场司令。后任博野县知县。(0649 卷34)

刘源⑤　元中牟(今属河南)人。母吴氏年七十余,病甚不能行。适兵火起,延至其家,邻里俱逃。源趋入抱母,为火焚死。(0001 卷198)

刘溶　元顺帝至正间为武进(治今江苏常州)知县,城被反元队伍攻破,战死。(0622 卷10,0075 官常典卷733,0002 卷232)

刘福①　元吉水(今属江西)人。历任松江府同知。顺帝至正间家居,反元队伍至,领兵出讨,战死。(0075 氏族典卷340、官常典卷732,0002 卷233)

刘福②　元时为平定(今属山西)州元帅府监军,众服其恩信。(0622 卷19,0691 卷9)

刘福③　元鄞县(治今浙江宁波)主簿。(0633 卷3)

刘福④　元济南人,居于镇江。历任庆元路(治今浙江宁波)在城税务提领,以余姚州判官致仕。(0631 卷19)

刘瑾　元句容县(今属江苏)知县。(0632 卷6)

刘鹗(1290 ~1364)　字楚奇。元永丰(今属江西)人。顺帝至正元年(1341)任秘书郎。升翰林修撰。十二年,任江州路总管。十七年,迁任广东廉访副使。擢广东宣慰使,升江西行省参政。二十四年,反元队伍攻破城,被执不食而死。著有《惟实集》。(0242 附录,0027 卷10,0002 卷217)

刘微　元集庆路(治今南京)录事。(0632 卷6)

刘銮 元初雕塑匠，尝塑造燕之四贤祠塑像。（1143卷1336）

刘赓 元世祖至元二十九年（1292）任秘书监著作郎。成宗大德十年（1306）累迁为秘书少监。（0027卷9、10）

刘鄘（1240～1294） 字君美。元浑源（今属山西）人。刘从恺之子。仕至平江路（治今江苏苏州）人匠提举。（0144卷58）

刘演（1300～1353） 字浩卿。元丽水（今属浙江）人。以孝廉举，授义乌县儒学教谕，迁龙泉县儒学教谕。后升为明善书院山长，以母老辞。（0414卷19，0411卷19）

刘璋 字君宝。元般阳（治今山东淄博西南）人。世祖至元十八年（1281）至二十一年，任镇江路提控案牍。（0631卷15）

刘慤 元洺水（治今河北威县）人。刘赓父。仕至长葛县主簿。谥孝靖。（0154卷8，0669卷7，0003卷109）

刘蕃 字君卿。元乐安（治今山东广饶）人。历任陕西行台监察御史。后累迁为辽阳行省参政。（0721卷32，0726卷13）

刘震 元吉安（今属江西）人，登进士第。以赵州知州致仕。有《苍筤骈骊》、《书经草佚》，今皆佚。（0624卷85）

刘德① 元成宗元贞（1295～1297）间任黟县（今属安徽）知县。（1004卷5，0973卷6）

刘德② 元江宁县（治今南京）主簿。（0632卷6）

刘德③ 元奉元（今陕西西安）人。性至孝，事继母何氏如生母，抚爱何氏所生诸弟尤笃。年五十未娶，借贷得钱为弟娶妇。一门和睦，乡人称为刘佛子。事闻，有诏旌表。（0001卷197）

刘衡① 元成宗大德五年（1301）任江南行台治书侍御史。（0632卷6）

刘衡② 元人。有诗作传世。（0504丁）

刘毅 元官员，历任元句容县（今属江苏）尉。顺帝至元六年（1340）任集庆路（治今南京）提控案牍。（0632卷6）

刘潜① 元泰定元年（1324）为监察御史。（0001卷29）

刘潜② 字孔昭。元吉安（今属江西）人。顺帝至正十四年（1354）任永州路录事，有能声，迁摄祁阳县尹。（1052卷10，0622卷65，0075氏族典卷340）

刘遵 元初为金华（今属浙江）县尹。（0881卷12，0890卷3）

刘澍① 元漳德（治今河南安阳）人。世祖至元十四年（1277）任镇江路治中，次年任饶州路治中。（0631卷15）

刘澍②（1264～1321） 字润甫。元沧州盐山（今属河北）人。官至山东都转运盐使。（0196卷10，0002卷203）

刘潭 元祁州蒲阴（治今河北安国）人。世祖至元十一年（1274）以世袭上百户摄行千户从征宋，积战功累升为万户，镇守怀孟。（0160卷16）

刘澄 元仁宗延祐四年（1317）任金坛（今属江苏）知县。（0631卷16）

刘履① 字坦然，元人。善画人物，其作品流传至日本。（1143卷1329）

刘履②（1317～1379） 字坦之。元明之际上虞（今属浙江）人。元末避兵山中，自号草泽间民，编选古诗，成《风雅翼》三集十四卷。明洪武十二年（1379）地方官强起之，至京师，将授以官，以年老辞归，未行而卒。有诗作传世。（0424壬卷，0622卷45，0504辛下）

刘璟 元世祖至元二十八年（1291）任定海（治今浙江宁波镇海）县尉。（0633卷3）

刘整①（1213～1275） 字武仲。金末元初邓州穰城（治今河南邓县）人。精骑射。金末投奔南宋。从孟珙攻金信阳，率勇士十二名，夜登城袭擒守将，珙誉之为赛存孝。累迁为潼川十五军州安抚使、知泸州军州事。元世祖中统二年（1261），以泸州等十五郡降元，受封为夔府行省，兼安抚使。至元四年（1267），入朝，建议进攻襄樊。五年，与阿术督诸军包围襄樊。十年正月，攻破樊城，襄阳降。十一年，击败宋夏贵水师。次年，病死军中。谥武敏。（0001卷161）

刘整② 元鲁人。世祖至元十七年（1280）任桃园县尹。（0934卷12，0925卷34）

刘融 字伯熙。元蓟丘（今北京）人。善画山水，师法郭熙、李成。顺帝至元三年（1337）任秘书太监，至正十七年（1357）任秘书卿。（0027卷9，0030卷5，0002卷242）

刘霖 字雨苍、云章。元安福（今属江西）人。少时从虞集学，博通五经。顺帝至正十六年（1356）中乡试。后避兵迁于泰和（今属江西），学者师尊之。（0622卷56，0075氏族典卷340，0002卷236）

刘锷（1295～1352） 字宗荣，号快轩。元太和（治今江西泰和）人。尝作省身八箴以授从学者，曰：明善恶、审去取、不苟笑、不妄语、谨若思、遵汝止、克己私、复天理，出其门者皆有所成就。（0301卷8，0411卷10）

刘濩 字声之，元莆田（今属福建）人，寓钱塘县（治今浙江杭州）。与刘汶並以德行文章称于时。有诗作传世。（0503三集丙，0902卷134）

刘澧 元东平齐河（今属山东）人，刘复亨子。仕为长宁知州。（0001卷152）

刘禧　字致福。元高陵(今属陕西)人。历任蓝田(今属陕西)县尹。(0821 卷上)

刘瓛　元顺帝至正间任宿州判官。(0985 卷 11)

刘壎(1240～1319)　字起潜,号水云村。元南丰(今属江西)人。年五十五始署建昌路儒学正,年七十迁任延平路儒学教授。著有《隐居通议》三十一卷、《水云村稿》十五卷。(0212 卷 71,503 二集甲,0075《文学典》卷 87)

刘镛①　字克权。元顺帝至正六年(1346)任秘书监典吏。(0027 卷 11)

刘镛②　字尧辅。元忻州(治今山西忻县)人。顺帝至正间任榆次县尹。(0692 卷 20,0705 卷 4、5)

刘濠　字浚登。宋元之际青田县(今属浙江)人,刘基曾祖。宋末为翰林掌书。元初家居。县人林容反元起事,诏遣使簿录其党,多所株连。濠乃醉使者,焚其居,簿毁,株连者皆得免。(0062 卷 9,0896 卷 189)

刘爆　字彦正。元鄱阳(治今江西波阳)人。历任建德县尹。(0411 卷 43)

刘璧①　元邹平(今属山东)人。刘事义父。历任京畿都漕运司经历,以廉敏闻。累迁为建德路推官。(0002 卷 203)

刘璧②　元忻州定襄(今属山西)人。历任忻州兵马都总管。(0692 卷 20,0691 卷 9)

刘藻　元淮东廉访使,受诬告下狱,许有壬为之辩护。(0250 卷 76)

刘黼　元扶沟(今属河南)人。仁宗延祐(1314～1320)中,任阳武县尹,以廉洁自持。(0762 卷 4)

刘瓒　字文瑞。元临沂(今属山东)人。历任中书省掾。文宗至顺三年(1332)任礼部主事。后改任集贤院都事。有诗作传世。(0506 卷 7235,0504 丁)

刘耀　字耀卿。元画家。善画山水。(0030 卷 5)

刘夔(?～1323)　元武宗时,授司徒。至大三年(1310),因回江南省亲扰民,被罢免。后复职。英宗时,因妄受民间投献田土,冒取官钱,事发被杀。(0001 卷 23、28、136)

刘一飞　字景翔,号溪山。元人。有诗作传世。(0504 甲)

刘一清　元临安(今属浙江)人。撰《钱塘遗事》十卷,记南宋一代之事颇详。(1103 卷 163)

刘人杰　元世祖中统元年(1260),授礼部郎中,随从国信使郝经出使南宋。至宋,被扣留十五年。至元十二年(1275),始北归。(0001 卷 4、8、157)

刘九诚　元朝邑(治今陕西大荔东南)人。顺帝至正间任湖广行省参政,战乱,寓居安乡县。(1053 卷 14,1041 卷 71)

刘三保　元广平(今属河北)人。成宗大德三年(1299)任镇江路广平翼下百户。(0631 卷 17)

刘士英　元仁宗皇庆二年(1313)任江南行台监察御史。(0632 卷 6)

刘士昌　元明之际宛平(今北京西南郊)人。元末历任中书省掾、府库院经历。工散曲。(0029 续编)

刘士昂　元任丘(今属河北)人。中乡试。仕至集贤院待制。以文学名世。((0644 卷 22,0661 卷 6)

刘士泾　元真定(治今河北正定)人。顺帝至正十二年(1352)任宜川(今属陕西)知县。(0554 卷 26)

刘士冕　元成宗大德十年(1306)任秘书监著作郎。(0027 卷 10)

刘大彬　号玉虚子。元钱塘(治今浙江杭州)人。正一道教茅山宗第四十五代宗师,赐号洞观行妙玄应真人。编有《茅山志》三十三卷。(0965 卷首、12,0062 卷 56,0517 卷 3、5)

刘大顺　元世祖至元间任镇平县尹。(0767 卷 6)

刘万奴　元世祖时,任管军万户。元军下江南,招募死士愿从军者,号答刺罕军,奉命统领之。又称干讨虏军、无籍军。后升任招讨使。(0001 卷 10、98、99)

刘万铎　元延安(今属陕西)人。顺帝至正间任兵部尚书。(0801 卷 30)

刘与孙　元茶陵(今属湖南)人。刘焘孙弟。顺帝至正间任南丰(今属江西)州同知,与反元队伍战,被杀。(1041 卷 51,0002 卷 231,0004 卷 37)

刘广之　元燕(今北京一带)人,善写墨竹。(0030)

刘广渊　元大都(今北京)人。历任龙游、义乌知县。(0878 卷 2,0881 卷 12)

刘之纪　字纲甫。元永清(今属河北)人。成宗大德六年(1302)任固安州同知。(0671 卷 4)

刘子青(?～1352)　字显仁。元奉化(今属浙江)人。刘景元之子。顺帝至正九年(1349)任杭州儒学教导,未几辞归。次年中乡试。(0412 卷 8)

刘子郁　元仁宗延祐五年(1318)任武乡县尹。有诗作传世。(0504 丙,0033 卷 14)

刘子振　元太宗二年(1230),授太原路征收课税副使。九年,因赃抵罪。(0001 卷 2、146)

刘子房 元人。有诗作传世。(0504 癸下)

刘子建 元人。有诗作传世。(0504 癸上)

刘子殷 元魏县(今属河北)人。顺帝至正间任朝城县尹。(0730 卷 6)

刘天迪 号云闲。元西昌(今江西泰和西)人。有词作传世。(0512 卷下)

刘天佐 元世祖至元二十八年(1291)任溧阳(今属江苏)县尹。(0632 卷 6)

刘天孚(? ~1316) 字裕民。元大名(治今河北大名南)人。由中书译史出任东平路判官,改都漕运司判官。后历任冠州、许州知州。所至有治绩。仁宗延祐间,任河中知府。三年(1316)冬,陕西行省丞相阿思罕附于和世琜(明宗),举兵至河中。天孚日夜治战守具,选丁壮,分守风陵渡等要害。阿思罕入城,欲胁使附己。不从,投河自尽。追封彭城郡侯,谥忠毅。(0001 卷 193)

刘天易 元人。有诗作传世。(0504 辛下)

刘天泽① 元成宗大德十年(1306)任开化(今属浙江)知县。(0878 卷 2)

刘天泽② 元顺帝至元五年(1339)任衢州路知事。(0878 卷 3)

刘天挺 元初为衢州路经历。(0878 卷 3)

刘天祐① 元清江(今属江西)人。顺帝至正间率乡兵讨伐反元队伍,被执不屈而死。(1024 卷 7,0075 氏族典卷 1340、官常典卷 734,0002 卷 232)

刘天祐②(1295 ~1363) 字祐之。元钱塘(治今浙江杭州)人。侍母尽孝,遇乡人有恩。以子文德任福建行省都事,得封江浙行枢密院都事。(0157 卷 23)

刘天秩 字克让。元汴梁(治今河南开封)人。登进士第,授济宁路(治今山东巨野)录事。(0254 卷 8)

刘天瑞 元成宗元贞元年(1295)任嘉定(今属上海)知州。(0928 卷 4)

刘天锡① 字受之。元汴梁(治今河南开封)人。文宗天历二年(1329)至至顺二年(1331)任和林兵马。(0557)

刘天锡② 字禹元。元淮南人。有诗作传世。(0504 庚下)

刘天藻 元世祖至元十五年(1278)任秘书监著作郎。(0027 卷 10)

刘天麟 字君瑞。元丹徒(治今江苏镇江)人。任镇江路阴阳学正。(0631 卷 17)

刘元礼(? ~约 1272) 元济南人。刘黑马第五子。宪宗四年(1254)授京兆路(治今陕西西安)奥鲁万户。世祖至元元年(1264),任潼川路汉军都元帅,以所领数千兵大败宋将夏贵所率五万军进攻。四年,修复眉州城,镇守五年。八年,解职养母。(0001 卷 149)

刘元亨 元成宗大德六年(1302)任江南行台架阁库管勾。(0632 卷 6)

刘元芳 元新昌州(治今江西宜丰)儒学正。(1016 卷 14)

刘元振(1225 ~1275) 字仲举。元济南人。刘黑马长子。元宪宗时随父入四川守成都。后从宪宗攻四川,任先锋。世祖中统元年(1260),任成都经略使、总管、万户。二年,受宋泸州守将刘整降。与刘整坚守泸州五月,击败宋军围攻。三年,父死,继任成都军民经略使。至元七年(1270),降为成都副万户。十一年,兼潼川路副招讨使。次年卒。(0001 卷 149)

刘元谟(? ~1361) 元吉水(今属江西)人。顺帝至正间任弋阳(今属江西)知州。至正二十一年(1361),城被反元队伍攻破,被执,大骂,遂被杀。(0075 氏族典卷 340、官常典卷 732,0002 卷 232)

刘元德 元顺帝至正六年(1346)为兴平县尉。(0554 卷 26)

刘无晦 元东平齐河(今属山东)人。刘渊之子。武宗至大元年(1308)袭父职,授颍州副万户。仁宗延祐五年(1318),以病免。次年,改授河南行省都镇抚。泰定四年(1327),加封宣武将军。(0001 卷 152)

刘云山 元人。有诗作传世。(0504 癸上)

刘云祖 仁宗延祐六年(1319)任江山(今属浙江)县尹。(0878 卷 2)

刘不花① 元大名(今属河北)人。仁宗延祐元年(1314)任镇江路卫辉翼下百户。(631 卷 17)

刘不花② 元文宗至顺二年(1331)任鄞县(治今浙江宁波)主簿。(0634 卷 2)

刘太平(? ~1260) 元宪宗时为近侍。宪宗七年(1257),奉命与阿兰答儿行尚书省事于陕西,钩考财赋。世祖即位,在陕西图谋响应阿里不哥,被捕杀。(0001 卷 3、4、159 等)

刘太初 元顺帝元统元年(1333)任吴江(今属江苏)知州。(0928 卷 4,0954 卷 17)

刘友益(1248 ~1332) 字益友,号水窗。宋元之际永新(今属江西)人。隐居读书,撰《通鉴纲目书法》(今佚),历三十年而成,为时人推重。(0150 卷 13、8,0002 卷 236,0622 卷 56)

刘友谅 字贞一。元洺水(治今河北威县)人。刘赓姪。英宗至治元年(1321)至泰定二年(1325)任浚州知州,有德政。

(0596 卷 4,0622 卷 4,0643 卷 5、8)

刘巨川(1214～1291) 元延安(今属陕西)人,迁居莘县(今属山东)。以公论举充莘县儒学教谕。(0122 卷 74)

刘中山 元顺帝至正二十二年(1362)任瑞州路(治今江西高安)万户。(1016 卷 14)

刘中孚 字志行。元吉水(今属江西)人。举茂异,授德庆路经历。顺帝至正间迁任南雄路推官,擢英德州知州。后升为肇庆路总管,辞不就。能诗,有诗作传世。(0504 庚上)

刘仁本(? ～1367) 字德玄。元天台(今属浙江)人。顺帝至正十九年(1359)任江浙行省郎中,方国珍海运粮输大都,仁本实司其事。二十七年,国珍降明,仁本鞭背死。有《羽庭集》六卷。(0276 卷首,0872 卷 9,0075 文学典卷 90)

刘仁寿(1304～1365) 字寿可,号后溪。元太和(治今江西泰和)人。尝率乡兵击退反元队伍。(0456 卷 10)

刘仁智 元上都(治今内蒙古正蓝旗东北)人。历任长山(治今山东邹平东)知县,政尚简易。(0721 卷 25)

刘从龙 字子雨。元庐陵(治今江西吉安)人。历任镇江路儒学正。(0631 卷 17)

刘从礼 元章丘(今属山东)人。刘敏中之子。泰定二年(1325)为山东廉访司佥事。(0600 卷 3)

刘从恺(1209～1263) 字舜卿。金元之际浑源(今属山西)人。刘祁从叔。金末荫授登封县主簿。元初授宜阳县尹,转河南府路(治今河南洛阳)经历。(0144 卷 58)

刘从稷 字贤卿。元浑源(今属山西)人。刘从恺弟。仕至济南路儒学教授。(0144 卷 58)

刘公正 元句容县(今属江苏)主簿。(0632 卷 6)

刘公达 元镇江(今属江苏)人。世祖至元十三年(1276)任镇江路录事司判官。(0631 卷 16、19)

刘公孙 元人。有诗作传世。(0504 癸下)

刘公宽 元温州(今属浙江)人。顺帝至正间,行枢密院判官周诚德为方明善执杀,公宽聚集乡兵,为诚德复仇,明善从间道脱走。(0002 卷 232,0004 卷 40)

刘公弼 元世祖至元二十四年(1287)任新城县尹。成宗大德九年(1305),累迁为江南行台监察御史。(0632 卷 6,0872 卷 17)

刘文义 字义卿。元河间(今属河北)人。泰定四年(1327)任秘书监典吏,次年改典书,文宗至顺元年(1330)转令史。(0027 卷 11)

刘文礼 元武宗至大(1308～1311)间为任县(今属河北)知县。(0647 卷 10,0658 卷 5)

刘文伟 元世祖至元二十七年(1290)任秘书监典书。(027 卷 11)

刘文质① 字彬卿。元豫章(今江西南昌)人。顺帝时仕至都水少监。入明,归隐山中。(411 卷 3)

刘文质② 元人。历任嘉定(今属上海)知州。(0928 卷 4)

刘文度 元太和(治今江西泰和)人。刘锷父。受知于元明善,被荐为兴国县学师。(0072 卷 92)

刘文规 元开州(治今河南濮阳)人。成宗大德九年(1305)至武宗至大四年(1311)任镇江路判官。(0631 卷 15)

刘文贵 元泌阳(治今河南唐河)人。仕至集贤学士。(0084 卷 10)

刘文博 字才卿。元世祖至元间为镇江路行大司农司令史。(0631 卷 17)

刘六十(? ～1296) 名季。元赣州兴国(今属江西)人。成宗元贞二年(1296)七月,与张大老等聚众起兵反元。张榜文,树"刘季天旗",自称刘王,刻"皇汉高祖广新之帝"等印。设朝殿,开行省,置丞相、左右丞、将军、军头等官。宣言只杀官中人。聚众至万众。八月,进攻吉州永丰(今属江西)。朝廷遣兵讨伐,主将观望退缩不肯战。反元队伍势益盛。后江西左丞董士选亲往镇压。十月,刘六十被擒获,自杀不死,被处死。(0001 卷 156,0501 卷 41)

刘斗凤(1307～1338) 字友梧。元鄱阳(治今江西波阳)人。刘炳父。以荐授句容县(今属江苏)儒学教谕。顺帝至元四年(1338)擢翰林应奉,未上任卒。(0166 卷 6)

刘以忠(? ～1358) 字恕夫。元汤阴(今属河南)人。顺帝至正十八年(1358)避战乱于林州鹿岭山,为反元队伍所执,逼其为首领,不从,被杀。(0762 卷 10,0075 氏族典卷 340,0002 卷 232)

刘允功 元世祖至元二十年(1283)至二十三年任庆元路(治今浙江宁波)判官。(0633 卷 2)

刘玉汝 字成之。元庐陵(治今江西吉安)人。顺帝至正元年(1341)中乡试。著有《诗缵绪》十八卷。(0504 己上,0006 卷 88)

刘平叟 元温州平阳(今属浙江)人。官至监税。有诗作传世。(0504 己上)

刘本仁 字起元。元河间(今属河北)人。早年求仕不利,浪游名山。至庐山遇高士授以医书,后遂行医于吴中。(0158 卷 27)

刘本原　字仲原。元人。有诗作传世。(0504 辛下)

刘世亨　元宣德(今河北宣化)人,刘敏子。宪宗四年(1254),奉命代父行燕京等处尚书省事,佩金虎符,赐名塔塔儿台。(0001 卷 153)

刘世英①　金元之际辽东川州(治今辽宁阜新西)人。元太祖时,率宗族乡人投降木华黎。从蒙古军攻河北、河东,以功升行军副总管。十五年(1220),授绛州节度使,兼行帅府事。后死于军中。(0001 卷 150)

刘世英②　元世祖至元二十二年(1285)为万户,率军从镇南王脱欢侵安南。(0001 卷 209)

刘世英③　元世祖至元间任柏乡(今属河北)县尹。(0645 卷 4)

刘世贤(? ~1353)　字希孟。元景州东光(今属河北)人,迁居湖州(今属浙江)。善奏琴。(0296 卷 4 上,0644 卷 22、24,0931 卷 31)

刘世忠　元东胜(治今内蒙古托克托县)人。历任浑源(今属山西)州同知。(0713 卷 1)

刘世荣　元广平(今属河北)人。武宗至大二年(1309)任镇江路怀庆翼下百户。(0631 卷 17)

刘世杰　元仁宗延祐四年(1317)任江南行台监察御史。(0632 卷 6)

刘世济　元宣德(治今河北宣化)人,刘敏子。宪宗时,入宿卫为必阇赤(文书官),赐名散祝台。(0001 卷 153)

刘世恩　元淄州(治今山东淄博西南)人。刘用世之子。袭千户,后以病让职于弟世英。(0003 卷 95,0002 卷 165)

刘世澄　元初为新昌州(治今江西宜丰)吏目。(1016 卷 14)

刘可任　元宣德(今河北宣化)人。刘伯杰孙。顺帝元统(1333 ~1335)初,任郑州知州,有政声。(0572 卷下,0762 卷 4)

刘仕毅　元顺帝元统二年(1334)为绩溪(今属安徽)县尹。(0972 卷 12)

刘用世　元淄州(治今山东淄博西南)人。世祖至元中以千户从平宋,移镇龙兴(治今江西南昌)。(0003 卷 95,0002 卷 165)

刘汉臣①　元世祖时为满城(今属河北)县令,创修学校,士风始振。(0649 卷 30)

刘汉臣②　元泾阳(今属陕西)人。进士。有诗作传世。(0815 卷 3,0504 戊上)

刘汉英　元成宗元贞元年(1295)任吴江(今属江苏)知州。(0928 卷 4,0954 卷 17)

刘汉杰　元人。有诗作传世。(0504 癸下)

刘必宏　字崇道,元明间华容人。元末率众捍乡里。明初征至金陵,系狱月余,放归。有《东行稿》一卷。(1075 卷 5)

刘必显(? ~1305)　号玉溪。元崇明(今属上海)人,迁居昆山(治今江苏太仓)。历任海漕副万户(0635 卷 5,0003 卷 113,0002 卷 182)

刘永之　字仲修,号山阴道士。元明之际清江(今属江西)人。父应奇,归州知州。永之少时随父宦游,治《春秋》学,能文词,家富于资。顺帝至正间四方兵起,日以书籍翰墨自娱,与郡士杨伯谦等讲论风雅。明洪武初,征至金陵,以重听辞归。后其子奉获罪死,永之亦徙莱州,途中病死。笃好书法,篆楷行草皆有法。所著诗文曰《山阴集》,其诗清丽古雅。(0503 二集辛,0492 卷 64,0470 卷 10、续集卷 18)

刘永忠　元京兆(治今陕西西安)人。世祖至元中任阆州(治今四川阆中)知州。(0841 卷 11)

刘永祚　元滏阳(今属河北)人。成宗大德(1297 ~1307)间任郑州知州,有德政。(0762 卷 10,0572 卷下)

刘永昶　元陕西延安人。历任广平路同知。(0801 卷 30)

刘永锡　元湘潭(今属湖南)人。顺帝至正间为广西行省都事。明兵攻破城,率妻子投池死。(1036 卷 24,0075 官常典卷 735,0004 卷 40)

刘弘裕　元仁宗延祐七年(1320)任溧水(今属江苏)州判官。(0632 卷 6)

刘西村　元人。有诗作传世。(0504 辛下)

刘百熙　元人。有诗作传世。(0504 癸下)

刘有庆　字志善,号损斋。宋元之际眉山(今属四川)人,寓居南陵(今属安徽)。历任平江书院山长。有诗作传世。(0504 丁,0095 卷 83)

刘有定　字能静,号原范。元莆田(今属福建)人。尝注郑杓《衍极》。善书法,知六书之旨。(0902 卷 129,0075 文学典卷 90,0031 补遗)

刘执中(1242 ~1296)　字仲和。元大名(今属河北)人。窦默之婿,尽得默所传医术及针灸术。世祖至元十年(1273),由王恂推荐,入东宫以医术侍奉真金。世祖制定朝仪,执中与刘秉忠进《礼乐图》称旨,授左侍仪使、太庙署令。后历任滨州尹、淮西宣慰副使、侍仪司引进使、江阴总管、吉州路总管。(0212 卷 73,0542 卷 515)

刘至临　字茂之。元满城(今属河北)人。全真教道士。精医术。(0195卷3)

刘师稷　字之佐。元汴梁(治今河南开封)人。历任浦江县(今属浙江)主簿。(0157卷4、5)

刘光大　字宏甫,号适庵。元西安(治今浙江衢州)人。精通理学,兼通医术。元世祖至元二十三年(1286),任衢州路医学提领。后升本路医学教授,创建衢州三皇庙及惠民药局。撰有《方脉全书》、《药性病机赋》二卷、《适庵文集》。(0878卷11,1149卷139、140)

刘光远　元德十一年(1307)任广州路儒学正。(0590卷2)

刘光祖　元沧州盐山(今属河北)人。刘澍之子。顺帝元统元年(1333)、至元二年(1336)两任江南行台都事。(0632卷6)

刘光烈　元人。有诗作传世。(0504癸上)

刘曲吕　元成宗大德(1297~1307)间为镇江路行通政院判官。(0631卷17)

刘则礼　字景渊。元京山(今属湖北)人。顺帝至正十一年(1351)募集地主武装镇压反元队伍,授沔阳府判官。后从答失八都鲁镇压河南反元队伍,十八年升安陆府同知。累迁为河南行枢密院副使。二十五年,授湖广左丞,二十八年,明兵入大都,则礼兵溃,率麾下百余人驻易州龙居山,间道谒扩廓帖木儿于大同。未几,扩廓败于太原,则礼知事不可为,欲拥众赴行在,未遂。明兵至,欲授以官,辞不受,寓居蓟州以终。(0292卷6、8,0002卷220)

刘廷玉　元太宗时富人。与富人刘忽笃马、涉猎发丁等以银一百四十万两扑买天下课税。耶律楚材奏罢其事。(0001卷146)

刘廷让　元大宁武平(今内蒙古敖汉旗东)人。文宗时,避兵乱于山中,遇追兵,不得已弃己子,保护母及幼弟逃难得免。事闻,诏加旌表。(0001卷197)

刘延佐　元英宗至治(1321~1323)间任上高(今属江西)县尹。(1016卷14)

刘廷实①　元世祖至元三十年(1293)任江南行台监察御史。(0632卷6)

刘廷实②　元武宗至大四年(1311)任高平(今属山西)县尹。(0694卷5)

刘廷信　原名廷玉,行五,身长而黑,人称黑刘五舍。元散曲家。风流蕴籍,工于作散曲。死于武昌。(0029续编)

刘廷桓　元浙西廉访使。(0872卷9)

刘廷琇　字廷玉。元汝宁(治今河南汝南)人。仁宗皇庆元年(1312)任镇江路知事。后任江浙省掾。(0631卷15)

刘竹泉　元人。有诗作传世。(0504已上)

刘仲元　元成宗元贞二年(1296)任泽州(治今山西晋城)知州。(0694卷5)

刘仲仁　元文宗至顺元年(1330)任庆元(治今浙江宁波)市舶提举。(0634卷2)

刘仲文　元顺帝至正间任宁晋(今属河北)县尹。(0645卷4)

刘仲达　元成宗元贞(1295~1297)中任嵊县(今属浙江)主簿。后迁任庆元路(治今浙江宁波)经历。(0633卷2,0880卷28)

刘仲奎　元人。有诗作传世。(0504癸下)

刘仲济　元顺帝至正元年(1341)任灵石(今属山西)县尹。(0709卷2,0693卷7)

刘仲海　元世祖至元十五年(1278)为雷州守将。宋将张世杰率兵数万来攻,仲海击走之。后世杰悉众来围攻,城中绝粮,士兵以草为食,元广南西道宣慰使史格漕运钦、廉、高、化诸州粮以给之,世杰解围去。(0001卷155)

刘仲谦　元饶阳(今属河北)人。从何澄学画。后以善画闻名京师。(0002卷242)

刘自然　元祁州(治今河北安国)人,避乱居燕。时称自然老人。工画竹及禽鸟,为刘德渊、高古甫、赤盏君实之师。(0030)

刘企祖　元仁宗延祐(1314~1320)间任永福(治今福建永泰)县尹。(0918卷2)

刘向荣　元镇江(今属江苏)人。历任淮海书院山长。(0631卷17)

刘庄孙(1234~1302)　字正仲,号樗园。宋元之际台州宁海(今属浙江)人。宋末为太学生。入元家居,与舒岳祥唱和。著书甚多,皆不传。(0146卷28、23,0376卷6、7、10,0002卷236)

刘庆祥　元镇江路打捕鹰房总管府知事。(0631卷17)

刘汝贤　元林州(治今河南林县)人。大德十一年(1307)任晋城(今属山西)县尹。(0694卷5)

刘守正　元成宗大德八年(1304)至十一年,任奉化(今属浙江)州判官。武宗至大四年(1311)任象山(今属浙江)县尹。(0633卷3)

刘守让(1257~1331)　字谦甫。元冀州南宫(今属河北)人。世祖至元二十年(1283)任秘书监奏差。后历任婺州路知事、南台令史、庆元路平准行用库提领。以深州知州致仕。(0152卷31,0027卷11,0881卷11)

刘守恭　字克敬。元山西人。顺帝至正间任堂邑(治今山东聊城西北)县尹,廉明刚毅。(0721 卷 26,0730 卷 6、18)

刘安中　元陕西人,许衡弟子,世祖至元中召为国子学斋长。(0001 卷 158)

刘安仁　元泰定帝时,任海北廉访副使。泰定四年(1327),因卷入潮州路判官钱珍贿赂杀人案,被除名。(0001 卷 30)

刘安叔　元庐陵(治今江西吉安)人。武宗至大(1308～1311)间任澧州路总管,秩满后寓居安乡县。(1041 卷 71,1053 卷 14)

刘安定　元世祖至元间任新城(今属河北)县尹。(0649 卷 30,0668 卷 5、7)

刘那海①　元成宗大德五年(1301)任秘书监奏差。(0027 卷 11)

刘那海②　元济南人。成宗大德(1297～1307)间,任镇江路行通政院经历。(0631 卷 17)

刘好礼①(1227～1288)　字敬之。元汴梁祥符(治今河南开封)人。通晓蒙古语。元宪宗时,历任廉访府参议、永兴府达鲁花赤。世祖至元七年(1270),出任益兰州(在今俄罗斯叶尼塞河上游)等五部断事官。在当地建驿站、筑仓库,请朝廷派去工匠教当地人民制作陶器、舟船及冶炼铁。十三年,被北方叛王拘留。十七年,获释归朝。十八年,授澧州路总管。次年,入为刑部尚书。改礼部,又改吏部。二十一年,出为北京路总管。再入为户部尚书。(0001 卷 167,0003 卷 103)

刘好礼②　元恩州(治今山东武城东北)人。顺帝时任莒州知州,有政绩。(0622 卷 24,0721 卷 27,0745 卷 4)

刘丞直　字宗弼,号空同雪樵,元明间赣县人。元顺帝至正间进士。二十六年,朱元璋下集庆(今南京),授国子博士,擢司业。明洪武初迁浙江按察佥事。工诗,有《雪樵诗集》。今佚。(1151 卷 84)

刘志行　号梅南。元江西人。登进士第。历任藤州镡津县尹。有《梅南集》,今佚。有诗作传世。(0506 卷 2342,0622 卷 84,0504 癸下)

刘志真　字子常,号纯熙子。元陕西人。全真教道士。世祖为藩王时召见,加号普济大师。至元初卒,年六十六。(0144 卷 53)

刘志源(1170～1243)　号清冷子。金元之际固县人。全真教道士。元太祖十八年(1223),提举大名路教门事。太宗八年(1236),领终南山太平宫兴复事。(0040 卷 8,0643 卷 8)

刘克仁　元邓州穰城(治今河南邓县)人,刘整孙。仕为房州知州。(0001 卷 161)

刘克兴　元世祖时,任河南路总管。中统四年(1263),因矫制括户,被免职,籍没家资之半。(0001 卷 5、170)

刘克昌　元衢州路、绍兴路、徽州路总管。(0878 卷 2,0880 卷 25、26,0972 卷 4)

刘克复　字仁叔。元燕山(今北京)人。顺帝至正间任松江府(治今上海松江)推官。(0622 卷 9,0931 卷 23)

刘克晖(1293～1352)　号晖堂。元丰城(今属江西)人。不求仕进,聚徒讲学。顺帝至正十二年(1352)往来避兵,忧愤成疾而死,年六十。(0417 卷 21)

刘克宽　字仲栗。元人。初为吏,后游学京师,归补郡文学掾。(0182 卷 14)

刘克隆　元江宁县(治今南京)主簿。(0632 卷 6)

刘克敬　元楚丘(治今山东曹县东南)人。历任莘县(今属山东)知县。(0622 卷 24,0721 卷 26,0730 卷 6)

刘时习　字说道。元建昌南城(今属江西)人。任施容州知州,致仕归乡卒。有诗作传世。(0504 丁)

刘时中①　元宪宗三年(1253),从忽必烈(世祖)征大理。十二月,忽必烈攻入大理城。留时中为宣抚使,与段氏同安辑大理,班师北归。(0001 卷 4)

刘时中②　见刘致。

刘时可　宋元之际双溪人。工诗。元世祖至元二十四年(1287),其诗作被月泉吟社选评为第三十二名。(0504 甲,0033 卷 6,0070 卷 81)

刘时美　元洺水县(治今河北威县)人。顺帝至正间任南宫(今属河北)县尹。(0645 卷 4,0653 卷 3)

刘时敏　元顺帝至正间为濮阳(今属河南)县尹,有德政。(0643 卷 5,0730 卷 20)

刘时豫　元卫辉人。自幼慧悟,以秀异授大都路儒学录,未上任卒,年二十七。(0196 卷 13)

刘伯丞　元英宗至治二年(1322)任庆元路(治今浙江宁波)照磨。(0634 卷 1)

刘伯贞　元顺帝至正二年(1342)任集庆路(治今南京)知事。(0632 卷 6)

刘伯时　元世祖至元十七年(1280)任秘书监提控案牍。(0027 卷 9)

刘伯迪　元人。有诗作传世。(0504 辛上)

刘伯希　元人。善画,尤长画松,学李成,时称独步。有《古木图》,傅若金为之题。(1143 卷 1310)

刘伯林(1150～1221)　金元之际济南人。精骑射。金末为咸宁(治今内蒙古兴和北）防城千户。元太祖六年（1211），蒙古军攻金，围威宁，伯林以城降。从蒙古军征战，招降山后诸州，攻占西京（今山西大同），以功授西京留守，兼兵马副元帅。十年，从木华黎攻下燕京。十二年，从蒙古军攻下山东诸州。十三年，从征，攻下太原、平阳（今山西临汾）。十四年，攻破潞、绛、闻喜等州县。卒。后追封秦国公，谥忠顺。（0001 卷149）

刘伯杰(1222～1286)　字巨卿。元宣德（治今河北宣化）人。宪宗二年（1252）授警巡院判官。后升为副使、院使。官至昌平等处屯田总管。（0146 卷28）

刘伯俊　元安福（今属江西）人。有诗作传世。（0504 庚下）

刘伯益　元初任江浙漕运官。（1076 卷上）

刘伯焕　元顺帝至正初为萧山县（今属浙江）主簿。（0880 卷28）

刘伯熙(1183～1256)　字善甫，号房山。金元之际燕人。金末游公卿间。金宣宗贞祐（1213～1217）初，从驾入汴。金亡，复归燕。（0195 卷35，0072 卷100）

刘伯颜①　字伯敬。元真定（治今河北正定）人。顺帝至元元年（1335）任沛县（今属江苏）知县。（0933 卷11）

刘伯颜②　字明叟。元吉安（今属江西）人。有诗作传世。（0504 戊下，0146 卷12、50）

刘希龙　字浩可。元南丰（今属江西）人。历任南丰州行用库副使。（0204 卷8）

刘希贤　字仲愚，号木石。元鄞县（治今浙江宁波）人。文宗至顺三年（1332）中乡试，授太平路天门书院山长。后改任会稽县儒学教谕，升江浙行省儒学副提举。（0634 卷2，0081 卷5，0072 别附卷3）

刘希曾　元顺帝时，任陕西行台监察御史。至正十二年（1352），与同僚十人劾奏御史大夫也先帖木儿丧师失律之罪被诬以越分干誉，降职为郡判官。（0001 卷187）

刘亨安(？～1244)　元辽东川州（治今辽宁阜新西）人。刘世安之弟。元太祖二十一年（1226），袭兄职为绛州节度使、行帅府事。太宗二年（1230），从攻金。三年，从克凤翔，沿汉水抵邓州。四年，参与三峰山（今河南禹县南）之战。六年，从破蔡州（今河南汝南）灭金。大败宋军于龙门。八年，从都元帅塔海攻四川，进围成都，生擒宋将陈侍郎。（0001 卷150）

刘亨泰　元洛阳人。世祖至元间任永福（治今福建永泰）县尹。（0918 卷2）

刘亨晋　元仁宗延祐五年（1318）任绩溪（今属安徽）县尹。（1004 卷5，0580 卷2）

刘应凤　字尧举，号书台，宋元间安福人。宋末入仕。元兵逼江南时，归乡隐居。文天祥被俘送大都，路过江西，应凤疑其降元，作《送文总管朝燕》四首以讽之。（0033 卷31）

刘应李(？～1311)　初名棨，字希泌，号省轩。宋元之际建阳（今属福建）人。宋度宗咸淳十年（1274）进士，授建阳县主簿。入元，与熊禾讲学武夷洪源山中，建化龙书院于莒潭，来学者云集。编有《翰墨大全》一百二十五卷。有诗作传世。（0073 卷59，0076 卷37，0504 甲）

刘应龟(1244～1307)　字元益，号山南。宋元之际义乌（今属浙江）人。宋末为太学生。元世祖至元二十八年（1291）被征辟为义乌县儒学教授。后历任月泉书院山长、杭州路儒学正。有诗作传世。（0152 卷3、2、18，0002 卷237，0504 甲）

刘应枢　元清江（今属江西）人。刘永之叔父。历任金州儒学正，秩满归。顺帝至正中，聚集地主武装对抗反元队伍，被杀。（0075 氏族典卷340、官常典卷735，1024 卷7）

刘怀远　元河东（今山西）人。世祖至元十六年（1279）为平乐府（治今广西平乐）达鲁花赤。有诗作传世。（0504 乙）

刘完泽　字完甫。元甘肃张掖人。仁宗延祐元年（1314）任监察御史。历山北辽东廉访副使，改陕西廉访副使，病归，卒。（0334 卷42）

刘宏远　元初为庆元路（治今浙江宁波）录事司达鲁花赤。（0633 卷2）

刘良玉　元人。有诗作传世。（0504 癸下）

刘良臣　元顺帝至正二十二年（1362）为杭州路经历。（0573 卷2）

刘良佐　元成宗大德（1297～1307）间为庆元路（治今浙江宁波）知事。（0633 卷2）

刘良弼①　元成宗大德五年（1301）任江南行台监察御史。（0632 卷6）

刘良弼②　元成宗大德七年（1303）任吴江（今属江苏）州判官。（0954 卷17）

刘君贤　字文定。元太和（治今江西泰和）人。元末战乱，依母族袁氏于雩都，遂冒姓袁。著有《学问要编》六卷。有诗作传世。（0504 戊下）

刘君举　字季贤，元南丰人。初从王磐学，后师刘因，论学于诚伪之别有定见，为因所重。（0071 卷91）

刘君锡　元燕山（今北京）人。元末任省奏差。善作散曲。撰有杂剧《来生债》、《东门宴》、《三丧不举》。（0029 续编）

刘驴儿(？～1285)　元真定（今河北正定）人。胸有三乳，自以为异。世祖时图

谋起事,事泄,被捕杀。(0001 卷 13)

刘环翁(1303～1345) 元台州宁海(今属浙江)人,寓居杭州。顺帝至正五年(1345)登进士第,授建德路录事,未上任卒。(0152 卷 37,0072 卷 55)

刘若水 号澹斋。元江阴(今属江苏)女真人。历任总管。有诗作传世。(0296 卷 2,0031 卷 7,0504 己下)

刘直内(1297～1307) 元诸城(今属山东)人。成宗大德中,任福州路儒学教授。(0902 卷 50)

刘述祖 元顺帝至元二年(1336)任吴江(今属江苏)州都目。(0954 卷 17)

刘事义(1260～1326) 字伯宜。元济南邹平(今属山东)人。成宗大德间任禹城县尹。后历任辽阳行省都事,吏部、工部主事,监察御史,浙西廉访副使。英宗至治三年(1323)授南台治书侍御史。后升为西台侍御史,拜陕西行省参政。(0196 卷 11,0622 卷 22,0002 卷 203)

刘叔达① 元赵州(治今河北赵县)人。元末为高邑县尹。(0645 卷 5)

刘叔达② 元人。有诗作传世。(0504 癸上)

刘尚质 字仲殷。元曲沃(今属山西)人。泰定四年(1327)进士,授稷山县尹。历任翰林编修、国子助教、监察御史,以潞州知州致仕。顺帝至正十八年(1358),察罕帖木儿命为冀宁路(治今山西太原)总管。有诗作传世。(0700 卷 6、7、8,0702 卷 6、19,0504 丙)

刘国杰(1234～1305) 字国宝,号刘二拔都。元女真乌古伦氏,居益都(治今山东青州)。少时从军。世祖至元六年(1269),为益都新军千户,从征襄樊。十一年,从伯颜攻宋。十二年,升万户,从阿术取淮南,大败张世杰于焦山。十四年,任汉军都元帅。率军北征脱脱木儿等叛王。二十年,率军镇压黄华起义。二十三年起,任湖广左丞。先后镇压湖南、江西、广东各族起义。成宗元贞元年(1295),升为湖广平章。大德六年(1302)至七年,统率蒙古、汉军及思、播州苗军镇压蛇节、宋隆济起义。卒,追封齐国公,谥武宣。(0001 卷 162)

刘明祖 元顺帝至正三年(1343)任余姚(今属浙江)知州。(0880 卷 28)

刘明德(1317～1355) 字作霖。元赣县(治今江西赣州)人。以荐为雷州路儒学教授,有师德,名声日显,超授庆元路(治今浙江宁波)经历,致仕归。(0411 卷 31)

刘图南 字程甫。本萧氏子。元奉化(今属浙江)人。元初为里正,官军以捕民不尽获,欲悉毁其室庐,图南售己田购金币以赂之,乃止,乡人甚德之。卒年六十。(0258 卷 12)

刘季嚞 元新建(治今江西南昌)人。历任湖广行省郎中,以清廉耿直称。(1012 卷 18)

刘秉仁① 元真定(治今河北正定)人。成宗元贞二年(1296)任镇江路怀庆翼下百户。文宗至顺二年(1331)致仕。(0631 卷 17)

刘秉仁② 元清州(今河北青县)人,刘正之子。以荫仕为中书架阁管勾,累官工部尚书。(0001 卷 176)

刘秉文 元汝阳(治今河南汝南)人。历任监察御史、吏部员外郎。(0622 卷 31,0762 卷 5,0761 卷 30)

刘秉忠①(1216～1274) 字仲晦。自号藏春散人。元邢州(治今河北邢台)人。年二十余,出家为僧,法名子聪。乃马真皇后元年(1242),入忽必烈王府,出谋划策,深受倚重。宪宗三年(1253),从忽必烈征大理。六年,选地建开平城(后升上都,在今内蒙古正蓝旗东北)。九年,从征鄂州(今武汉武昌)。世祖中统元年(1260),为忽必烈制定制度,建元中统,立中书省、宣抚司。至元元年(1264),奉旨还俗,拜太保、参领中书省事、同知枢密院事。三年,主持设计大都(今北京)城。六年,立朝仪。八年,奏建国号为大元。卒,追封赵国公,谥文贞。成宗时,改谥文正。仁宗时,进封常山王。著有《藏春集》。(0001 卷 157)

刘秉忠② 元高邮(今属江苏)人。顺帝至正间任江南行台御史。方国珍反元,秉忠怀印欲走大都,被执,不屈而死。(0925 卷 30)

刘秉直 字清臣,元大都武清(今河北安次东)人。顺帝至正八年(1348),任卫辉路总管。平徭役、兴教化,为政廉明,为时人称颂。后以亲老,去官侍养。(0001 卷 192)

刘秉恕 字长卿。元邢州(治今河北邢台)人。刘秉忠之弟。好读书。弱冠,从刘肃学《周易》。应召侍忽必烈于藩府。世祖中统元年(1260),擢礼部侍郎、邢州安抚副使。至元间,历任彰德、怀孟、淄莱、顺天、太原五路总管。尝平反冤狱。所至有惠政。后历任礼部尚书,淮西宣慰使,湖州、平阳二路总管。平阳岁荒,开仓赈饥,全活者众。卒于官。(0001 卷 157)

刘秉德 元清州(今河北青县)人,刘正之子。仕为秘书监丞,历兵、工二部侍郎,出为安庆路总管。(0001 卷 176)

刘岳申(1260～?) 字高仲,号申斋,元吉水人。工古文,简约峻洁,时人重之。荐授辽阳儒学副提举,不就。以太和州判致仕。有《申斋文集》。(0001 卷 190,0002 卷 237)

刘依仁 元淇州(治今河南淇县)人。顺帝至正间历任潞城、屯留县尹,皆有治绩。(0691 卷 8,0698 卷 7、9)

刘的斤 元成宗大德四年(1300)由秘书监通事授秘书郎。(0027 卷 10)

刘卹方 字稷卿。元大名(今属河北)

人。世祖至元二十一年(1284)任金坛(今属江苏)县尉。后任镇江路行大司农司提控令史。成宗大德三年(1299)至八年任镇江路知事。(0631 卷 15、16、17)

刘金莲 元平阴(今属山东)人。女。元成宗初年,假神怪以惑众,所至官为建立神堂,民皆奔走奉事之。山东西道廉访使陈天祥谓同僚曰:"此妇以神怪惑众,声势如此,若复有狡狯之人辅翼之,仿汉张角、晋孙恩之为,必成大害。"遂命捕系而杖于市,自此神怪屏息。(0001 卷 168)

刘受二 元彭泽(今属江西)人。顺帝至正间任池州路推官,城被反元武装攻破,被执不屈而死。(0075 氏族典卷 340,0002 卷 232,0004 卷 40)

刘庚金(1285～1334) 字奇相。元永丰(今属江西)人。英宗至治三年(1323)中乡试。次年春,会试不利,署吉安路儒学正,丁忧归。(0411 卷 19)

刘宗远 元人。有诗作传世。(0504 癸上)

刘宗良 元人。仁宗皇庆二年(1313)任秘书监管勾。(0027 卷 9)

刘宗说(1268～1336) 字傅之。元长沙人。泰定元年(1324)任南台都事。后历任监察御史,山南、浙西廉访副使,淮东、广西、江东廉访使。召拜刑部尚书,辞归。顺帝元统二年(1334),起为南台治书侍御史,未几升侍御史,致仕归。(0153 卷 10,0632 卷 6)

刘承祖 元成宗大德三年(1299)任东阳(今属浙江)县尹。(0881 卷 12)

刘孟初 元顺帝至正间,与张心禹讨伐反元队伍,深入中伏,皆战死。(0075 官常典卷 733)

刘孟昱 元人。有诗作传世。(0504 己下)

刘孟琛 元顺帝至正初为江南行台令史。撰有《南台备要》二卷。(1113 卷首)

刘贯道 字仲贤。元中山(治今河北定州)人。善画人物。世祖至元十六年(1279)画真金太子御容,称旨,补御衣局使。(0030 卷 5,1072 卷 47)

刘绍庆 元初为婺州路(治今浙江金华)总管。(0881 卷 11)

刘绍贤 元顺帝至元元年(1335)任余姚(今属浙江)知州。(0880 卷 28)

刘经善 元赵州(治今河北赵县)人。顺帝至正中为灵寿县尹。(0645 卷 4、5)

刘责亨 元仁宗延祐四年(1317)任衢州路照磨。(0878 卷 3)

刘荣祖① 元世祖至元六年(1269)任安丘(今属山东)县尹。(0743 卷 14)

刘荣祖② 字继善。元赵州(治今河北赵县)人。历任临城、枣强二县主簿,顺帝至正四年(1344)升为隆平县尹,有政绩。(0645 卷 4、24,0670 卷 6、9)

刘荣祖③ 元东阳(今属浙江)县尹。(0881 卷 12)

刘南金 元人。有诗作传世。(0504 甲)

刘耍和 金元间人。编演院本,为后人所宗。元杂剧中有《敷演刘耍和》剧目。南戏中有"学刘耍和行踪步走"曲文。《辍耕录》称之为"教坊色长",长于科诨动作。婿红字李二为元杂剧作家。(1146 卷 182)

刘持中 字遵道。元金乡(今属山东)人。顺帝至元元年(1335)任南台御史。至正间由监察御史出镇湖广省,反元队伍至,战败被执,不屈而死。(0632 卷 6,0721 卷 30,0075 官常典卷 734)

刘将孙(1257～?) 字尚友。元庐陵(治今江西吉安)人。刘辰翁之子。历任临汀书院山长。仁宗皇庆二年(1313)以荐授光泽县主簿。工诗文,有《养吾斋集》三十二卷。(0212 卷 22、93,0503 三集甲,0004 卷 36)

刘显仁 元四明(今浙江宁波)人。顺帝至正十年(1350),领乡荐北上,十一年会试下第南归,授嵩高书院山长。未几病卒。(1078 卷 7)

刘思义 元济南历城(治今山东济南)人,刘思敬弟。仕为宣武将军、昌国州军民达鲁花赤。(0001 卷 152)

刘思礼 字季和。元高唐(今属山东)人。文宗至顺(1330～1333)中为顺昌县尹。(0622 卷 77,0902 卷 59)

刘思齐 号蜕斋。金元之际燕人。金末登进士第。元世祖中统(1260～1264)初为中书省掾。后辞归,为彰德路学官以终。(0144 卷 66)

刘思进 字信卿。元胙城(治今河南汲县东南)人。文宗天历元年(1328)任满城县尹。后授浙西廉访司经历。(0649 卷 30,0872 卷 9)

刘思孝 元滏水(今河北磁县境滏阳河)人。成宗大德(1297～1307)间为郏县主簿,操履清白,吏民畏服,为政以修学明伦为先。(0761 卷 26,0762 卷 11)

刘思明 字伯庸。元台州(治今浙江临海)人。仕至德州同知,致仕后遂寓居德州。(0721 卷 34)

刘思诚① 元镇江(今属江苏)人。任镇江路阴阳学正。(0631 卷 17)

刘思诚② 字子实。元人,初为国子生,欧阳玄弟子。泰定四年(1327)登进士第。(0153 卷 3)

刘思恭 字安道,元济南历城人,刘思敬

弟。累官昭毅大将军、右卫亲军都指挥使。(0001 卷 152)

刘思敬①(1231～1283) 又名哈八儿都。元济南历城人,刘斌之子。袭父职为征行千户。世祖中统二年(1261),授武卫军千户。次年,从平李璮。四年,授济南武卫军总管。至元三年(1266)授侍卫亲军左翼副都指挥使。次年,奉命筑京城。八年,授西川副统军。次年,击败宋将昝万寿进攻成都。十二年,转行枢密院同佥,攻克嘉定。十三年,攻克泸州,攻降重庆,擒守将张珏。十六年,拜四川行省参政,改四川北道宣慰使。次年,迁任江西行省参政,镇压吉、赣反元武装。卒。谥忠肃。(0001 卷 152)

刘思敬②(1211～1291) 号真空子。宋元之际吉州青原人。宋末入龙虎山为道士。未几,主持毓和道院。元世祖至元十八年(1281)征入朝,进献六甲飞雄丹,治愈世祖足疾,帝甚眷之。居八年乞归。(0411 卷 9)

刘思敬③ 元延安宜君(今属陕西)人。事其继母沙氏、杜氏,孝养之至,无异亲母。父年八十,双目失明。会乱兵剽掠其乡,思敬负父避岩洞中。乱兵至,欲杀思敬。泣曰:"父老失明,我死,老父何所依?"兵怜其孝,不忍杀,父子皆免于难。(0001 卷 198)

刘钦祖 元武宗至大元年(1308)任灵石(今属山西)县丞。(0709 卷 2)

刘拜都 元济宁(治今山东巨野)人。顺帝至正四年(1344)至七年任原武县(治今河南原阳西南)知县,有政绩。(0762 卷 4,0784 卷 1)

刘复亨①(?～1283) 元东平齐河(今属山东)人。刘通之子。太宗时,袭父职为行军千户,从严实攻安丰、通、泰、淮、濠、泗、蕲、黄、安庆等州郡。宪宗时,摄万户,从蒙古军攻钓鱼山(今四川合川东)。世祖中统元年(1260),奉旨戍和林(今蒙古哈尔和林),还,升武卫军副都指挥使。至元二年(1265),升左翼侍卫亲军都指挥使。四年,迁右翼。十年,迁征东左副都元帅,统军四万侵日本。后历任黄州宣慰使、淮西宣慰使。(0001 卷 152)

刘复亨② 字遂初,元棣州(治今山东惠民)人。仁宗延祐五年(1318)进士。七年,任泽州(治今山西晋城)同知。累官晋宁路总管。(0694 卷 5,0551 卷 33)

刘复初 元庐陵(治今江西吉安)人。刘惟思之子。武宗至大四年(1311)任秘书监典簿。(0027 卷 9)

刘俨孙 宋元之际永嘉(治今浙江温州)人。元世祖至元十五年(1278)为连江县尹。(0594 卷 11,0593 卷 13)

刘修己 元初任庆元路(治今浙江宁波)同知。(0633 卷 2)

刘信甫 元人。初为江都县(治今江苏扬州)富商曹氏奴,后脱籍自立。曹死,子幼,信甫扶翼之,卒完其家。((0957 卷 18,0004 卷 39,0006 卷 93)

刘彦文(1235～1289) 字子章。元石州宁乡(治今山西中阳)人。刘致父。世祖至元中荐授郴州路录事,迁怀集县尹。(0501 卷 52)

刘彦明 元顺帝时人。历任县尉。工书法。至正二十年(1360)尝书《魏泰咸阳怀古诗石刻》。(1143 卷 1315)

刘彦昭 元夏邑(今属河南)人。世祖至元间任武邑(今属河北)县尹。(0645 卷 4)

刘彦章 宋元之际吉水(今属江西)人。与刘诜、刘岳申讲学。有诗名,其所作绝句《题庐陵义士传》为时传诵。(0033 卷 8,0070 卷 81)

刘彦瞻 元仁宗延祐(1314～1320)间,任郃阳县(治今陕西合阳)知县。(0818 卷下,0806 卷 9)

刘闻大 元人。历任太常博士,工书法。(0153)

刘宣子 字昭叔。元散曲家。善作散曲。年六十始得补淮东宪司书吏。(0029 卷下)

刘祖衍 元温州平阳(今属浙江)人。顺帝至正间建义塾,延师教乡里子弟。后荐授温州路儒学教授。(0075 学行典卷 240,0896 卷 189,0072 别附卷 3)

刘耕孙(1296～1355) 字存吾。元茶陵(今属湖南)人。元文宗至顺元年(1330)进士,授临武县尹。历任建德、徽州、瑞州三路推官。顺帝至正十二年(1352)春,倾家产募兵援茶陵,对抗天完红巾军。十五年,转宁国路推官。宁国城为长枪军攻破,被杀。有《平野先生集》,今佚。(0001 卷 195)

刘恭叔 元人。有诗作传世。(0504 癸上)

刘晋亨 元仁宗延祐四年(1317)任衢州路提控案牍。(0897 卷 7)

刘桂章 元顺帝至正十四年(1354)为益都路(治今山东青州)判官。(0603 卷 4)

刘原仁 元文宗时,任大都路总管,称疾久不视事。至顺二年(1331),授同知储政院事,起就职。监察御史劾其避难就易,遂被免职。(0001 卷 35)

刘原俊 字用章。元浚仪(治今河南开封)人。有诗作传世。(0504 辛上)

刘倩玉 字伯琛。元永丰(今属江西)人。顺帝至正十六年(1356)中乡试。有诗作传世。(0504 己上)

刘逢原 字资深。元会稽(治今浙江绍兴)人。有诗作传世。(0504 辛上)

刘唐卿 元太原人。历任皮货所提举。善作散曲。撰有杂剧《李三娘麻地里傍

郎》。(0029 卷上)

刘养晦　号雪樵。元明之际万安(今属江西)人。元末避战乱于龙头山中。明兴,返故庐,隐居不仕。有诗作传世。(0504 辛下)

刘益谦　字恭甫。元颍州太和(今属安徽)人。历任河南省掾史、枣阳县尹。顺帝元统二年(1334)至至元三年(1337)任镇平县尹。(0324 卷 3,0622 卷 30,0762 卷 6、16)

刘继先　元新乐(治今河北新乐东北)人。顺帝至正元年(1341)为行唐县(今属河北)知县。县大饥,请米、钞赈济,民赖以活。(0645 卷 5、24)

刘继昌　元世祖时,任两淮招讨司经历。至元十六年(1279),奉潭州行省差遣招谕西南诸番。后擢授宣慰使。(0001 卷 10、13)

刘继祖①　元仁宗延祐七年(1320)任秘书监译史。(0027 卷 11)

刘继祖②(? ~1353)　字大秀。元濠州(治今安徽凤阳东北)人。文宗至顺(1330 ~1333)初,历任抚州路(治今江西临川)总管。后家居。0075《学行典》卷 240)

刘继祖③　元文宗至顺元年(1330)任金坛(今属江苏)县尹。(0631 卷 16)

刘继祖④　元江宁(治今南京)县尉。(0632 卷 6)

刘继聪　元顺帝至正六年(1346)任徽州(治今甘肃徽县)同知。(0801 卷 22,0811 卷 5)

刘焘孙　元茶陵(今属湖南)人,刘耕孙弟。以国学生下第,授常宁州儒学正。顺帝时,红巾军入湖南,长官弃城逃走,焘孙为城民推戴主持城防,坚守一年,城破被杀。(0001 卷 195)

刘梦义　元人。有诗作传世。(0504 己下)

刘梓才　元顺帝至元三年(1337)任衢州路照磨。(0878 卷 3)

刘雪窗　元人。有诗作传世。(0504 癸下)

刘敏中(1243 ~1318)　字端甫。元济南章丘(今属山东)人。元世祖至元间,由中书省掾擢兵部主事。拜监察御史,劾权相桑哥,不报,辞职归。后历任燕南廉访副使、翰林直学士兼国子祭酒。成宗大德七年(1303),奉使宣抚辽东、山北诸郡,守令恃贵倖横暴者,绳之以法。九年,召为集贤学士、商议中书省事,上疏陈整朝纲、剔奸蠹、杜私门、实钞法、严武备等十事。武宗即位,召至上都(今内蒙古正蓝旗东北),庶政多所更定。出为淮西廉访使,转山东宣慰使。召为翰林承旨。奉诏议弭灾之道,疏陈七事。卒。谥文简。善为文,理备辞明。著有《平宋录》、《中庵集》。(0001 卷 178)

刘敏叔　元人。善写貌,尝画王潜斋于梅雪之间,其高风胜韵如在。(0147)

刘得之　元宛陵(今安徽宣城)人。有诗作传世。(0504 戊上,0033 卷 23)

刘脱欢　元女真人,刘国杰子,尚宪宗孙女。文宗时,任湖广行省平章政事。天历二年(1329),奉命招捕湖广叛徭。(0001 卷 33、162)

刘惟忠　元崇安(今属福建)人。著有《字学新书摘抄》一卷,摘采前人书评二十四则。(1071 卷 3)

刘惟肃　字庭威。元顺帝至正十八年(1358)任秘书监典簿。(0027 卷 9)

刘婆惜　元末江西歌妓,颇通文墨,滑稽歌舞,迥出其流,时贵多重之。畏兀儿人、江西参政全普庵撒里纳之为妾。顺帝至正十八年(1358),全死后,克守妇道,善终于家。(0032)

刘盪仪　元人。有诗作传世。(0504 癸下)

刘塔海　元仁宗延祐间任徽州路同知。(0972 卷 4)

刘彭寿(1273 ~1336)　字寿翁。元衡山(治今湖南衡阳)人。仁宗延祐二年(1315)进士,授平阳县丞,转岳州路行用库使,升淳安县(今属浙江)知县。有《春秋正经句释》、《春秋泽存》、《四书提要》,今佚。(0153 卷 10,0004 卷 36,0002 卷 236)

刘朝宗　元顺帝至正十八年(1358),任高安(今属江西)知县,抵御反元队伍有功。(1011 卷 31,1016 卷 14、18)

刘朝瑞　元茶陵(今属湖南)人。泰定元年(1324)进士。顺帝至正间授翰林学士。(0072 别附卷 3,嘉庆茶陵州志卷 16)

刘景元　字太初。元奉化(今属浙江)人。刘子青父。通经学。顺帝至正中馆于海宁贾氏义塾。工诗,有诗作传世。(0523,0504 己下)

刘景石(1219 ~1286)　字文瑞。元章丘(今属山东)人。刘敏中父。历任滨州(今属山东)儒学教授。谥文靖。(0225 卷 20,0002 卷 140)

刘景仁　元成宗大德(1297 ~1307)初,任含山县(今属安徽)儒学教谕。(0989 卷下)

刘景严　元高唐(今属山东)人。元初为镇江路高唐翼千户。(0631 卷 17)

刘黑马(1200 ~1262)　名嶷,字孟方,小字黑马。元济南人。少时随父征战。元太祖十七年(1222),袭父职为副都元帅。十八年,从木华黎攻凤翔,又从孛鲁攻西夏。二十年,从蒙古军复取东平、大名、真定。太宗元年(1229),授平阳、宣德等路管军万户。三年,率所部从拖雷征金。

四年,参与三峰山(今河南禹县南)之战。五年,从蒙古军攻降汴京。六年,从诸军攻破蔡州(今河南汝南),灭金。七年,从征四川。十三年,升为都总管万户,统西京、河东、陕西诸军万户。宪宗七年(1257),驻成都,受命管领新旧军民。世祖中统三年(1262),兼成都路军民经略使,病死。后追封秦国公,谥忠惠。(0001 卷 149)

刘锁住　元张掖(今属甘肃)人。刘沙剌班弟。(0011 卷 59,0002 卷 29)

刘善庆　元顺帝至元五年(1339)至至正二年(1342)任无锡州判官。(0558 卷 24)

刘道宁(1172～1246)　号真常子。金元之际云中白登(治今山西阳高南)人。全真教道士。丘处机弟子。(0040 卷 6,0006 卷 95)

刘道权　元庐陵(治今江西吉安)人。善画山水。(0002 卷 242)

刘道明　元道士。撰《武当福地总真集》三卷,附《武当纪胜集》一卷。(1081)

刘道源　元仁宗延祐四年(1317)任秘书监译史。(0027 卷 11)

刘遂初　元平阳路(治今山西临汾)推官。(0504 丁)

刘渥泽　元成宗大德五年(1301)任金坛(今属江苏)县尹。(0631 卷 16)

刘蒙山　宋元之际昆山(治今江苏太仓)人。工诗。元世祖至元二十四年(1287),其诗作被月泉吟社选评为第十七名。(0504 甲,0033 卷 6,0070 卷 81)

刘蒙正(1260～1312)　字圣功。元安福(今属江西)人。刘闻父。博学能文,四方来从学者甚众。(0153 卷 10,0072 别附卷 3)

刘蒙亨　元泰定(1324～1328)间为固安(今属河北)州儒学正。((0671 卷 4)

刘楚兰(1265～1330)　字芳叟,号深林。元太和(治今江西泰和)人。元初以荐授建昌文学,升吉水儒学教谕,后辞归养亲。(0459 卷 8,0072 别附卷 3)

刘嗣祖　元东平(今属山东)人。文宗至顺二年(1331)任江南行台监察御史。(0631 卷 6)

刘源赤　元世祖至元二年(1265)任章丘(今属山东)县尹。(0735 卷 10)

刘源浚　元内丘(今属河北)人。家贫苦学。后擢为监察御史。(0647 卷 9,0672 卷 3)

刘福通(？～1366)　元颍州(治今安徽阜阳)人。顺帝至正十一年(1351),与韩山童等以白莲教组织起义,称山童为宋徽宗后裔,当为中国主。谋泄,山童被捕杀。起兵占颍州,连破汝宁、光、息等州。部众以红巾为号,称红巾军。十五年,迎山童子林儿至亳州(今安徽亳县),立为小明王,国号大宋,年号龙凤。自为平章,未几任丞相,封太保,掌军政大权。十二月,亳州失守,迁至安丰(今安徽寿县)。十六年,遣军攻山东、陕西,次年又遣军趋晋冀,分道北伐。十八年,克汴梁,以为都城。次年,汴梁为元兵攻破,退回安丰。二十三年,张士诚部将吕珍攻安丰,福通、林儿被朱元璋救出,安置滁州。二十六年,与林儿同被元璋部将廖永忠沉溺于瓜州江中。(0088 卷 1)

刘翠哥　元房山(今属北京)人。李仲义之妻。顺帝至正二十年(1360),县大饥,平章刘哈剌不花兵乏食,执仲义欲烹之。刘氏往救,涕泣伏地:“乞贷吾夫生,家有酱一瓮,米斗五升,窖于地中,可掘取以代吾夫。”兵不从,又曰:“吾夫瘦小,不可食,吾闻妇人肥黑者味美,吾肥且黑,愿就烹以代夫死。”兵遂释其夫而烹刘氏。(0001 卷 201)

刘德仁(？～1226)　元辽东川州(今辽宁阜新西)人,刘世英族兄。太祖时,袭世英职为绛州节度使、兼行帅府事。后金军攻陷绛州,被杀。(0001 卷 150)

刘德宁　元女真人,原姓乌古伦,湖广平章刘国杰父。为宗王斡臣之必阇赤(文书官),授管领益都军民公事。(0001 卷 162)

刘德让　元文宗至顺元年(1330)任秘书监译史。(0027 卷 11)

刘德亨　元文宗至顺(1330～1333)间任新城(今属河北)县尹。(0668 卷 5)

刘德邵(1263～1350)　号云心。元丽水(今属浙江)人。学道于妙成观,善鼓琴赋诗。(0062 卷 56,0896 卷 201)

刘德茂　元世祖至元二十八年(1291)任江南行台照磨。后任上元(治今南京)县尹。(0632 卷 6)

刘德润　字华甫。元镇江(今属江苏)人。任镇江路阴阳学正。(0631 卷 17)

刘德宽　元世祖至元十六年(1279)任固安(今属河北)知州,兴学校,大得民心。(0671 卷 4)

刘德泉　元汴梁杞县(今属河南)人。早丧母。父荣再娶王氏,生二子居敬、居元,德泉甚抚爱之。及王氏病死,益相友爱。世祖至元末,岁饥,父欲使析居,德泉泣止不能得,乃各受其业。后,父卒,兄弟相约同炊,和好如初。(0001 卷 197)

刘德渊①(1209～1286)　字道济。元内丘(今属河北)人。世祖中统元年(1260)授翰林待制。后家居讲学,为时人所重。有诗作传世。私谥卓行。(0501 卷 56,0504 乙,0002 卷 234)

刘德渊②　字仲渊。元燕人。仕至蓝山县尹。善画墨竹,师事刘自然。(0030 卷 5)

刘德禄　元洺水(治今河北威县)人,刘恩子。袭职为成都管军万户。世祖至元二十六年(1289),授八番都元帅。(0001 卷 15、17、166)

刘德智(1275～1329)　字彦明。元歙县(今属安徽)人。历任常山县主簿、江西省掾、平江路知事。(0154 卷 11,0972 卷 8)

刘德温(1265～1333)　字纯甫。元大兴(今属北京)人。初为中书省宣使。武宗即位(1307),授内宰司照磨,监建兴圣宫。后历任大都路同知、上都留守司同知。文宗时任永平路总管,为政一年而户口增、仓廪实,遂兴学校以育人才。(0001 卷 176)

刘德裕　元世祖至元中为开州尹,清廉公正。(0646 卷 5)

刘德新　字时敏。元洺水县(治今河北威县)人。历任柘城、定襄知县,皆有政绩。(0572 卷下,0779 卷 5、9)

刘履泰①　元文宗天历二年(1329)任集庆路(治今南京)知事。(0632 卷 6)

刘履泰②　元益阳(今属湖南)人。仕至通道县尹。(1041 卷 36、51)

刘履谦　元巨野(今属山东)人。顺帝至正间由绛州判官迁任绛县尹。(0700 卷 6,0695 卷 4)

刘燕哥　元歌妓,善歌舞。齐参议归山东,燕哥赋《太常引》以饯,辞极凄婉,脍炙人口。(0032)

刘衡山　元顺帝至正二十二年(1362)任瑞州路(治今江西高安)万户。(1016 卷 14)

刘遵鲁　元登州(治今山东蓬莱)人。顺帝至正十年(1350)中乡试。(0600 卷 2)

刘鹤心　元人。有诗作传世。(0504 癸上)

刘霸都(？～230)　元人。元太宗二年(1230)为监军,奉命随征行万户耶律买奴攻高丽花涼城,战死。(0001 卷 149)

刘麟瑞　号如村。元南丰(今属江西)人。刘壎次子。英宗至治(1321～1323)间追思宋末忠义死节之士,作五十首律诗,成《昭忠逸詠》四卷。后被其乡人赵景良采入所编《忠义集》中。(0503 二集甲,0070 卷 81,0033 卷 14)

刘沙剌班　字伯温,号学斋。元张掖(今属甘肃)人。刘完泽之子。国子生出身。历任监察御史、山北廉访副使。顺帝至元六年(1340)授江浙行省郎中。至正初,入为秘书太监,参与修辽宋金三史。书成,出任江西廉访使。后复入为秘书卿,擢陕西行台侍御史。(0334 卷 39,0006 卷 89,0002 卷 29,等)

刘完者都　元永康(今属浙江)县尹。(0881 卷 13)

刘忽里罕　字子毅。元南乐(今属河南)人。由郓城县丞迁任新蔡县尹,百废俱兴。后迁任永康县达鲁花赤。(0881 卷 13,0787 卷 5)

刘忽秃台　元仁宗延祐(1314～1320)间任徽州路(治今安徽歙县)同知。(0972 卷 4)

刘忽笃马　元太宗时富人。与富人涉猎发丁、刘廷玉等以银一百四十万两扑买天下课税。耶律楚材奏罢其事。(0001 卷 146)

刘哈八儿　元顺帝元统(1333～1335)中为黄州路总管,为政以德化为先务。(1041 卷 66)

刘胜和儿　元仁宗延祐(1314～1320)间任昌国州(治今浙江舟山)判官。(0633 卷 3)

刘合拔儿秃　元世祖时,任隆兴行省参知政事。至元十八年(1281),奉命专领金谷造作之事。(0001 卷 11)

刘伯牙兀歹　元河西(西夏故地)人。成宗大德三年(1299)任丹徒县(治今江苏镇江)主簿。英宗至治二年(1322)累迁为武义县(今属浙江)达鲁花赤。(0631 卷 16,0881 卷 13)

刘明安不花　元仁宗延祐三年(1316)任江南行台架阁库管勾。(0632 卷 6)

刘哈剌不花　元江西人,居河北多年,为探马赤军户。元顺帝至正十二年(1352),上书河南平章泰不花,陈攻守方略,被辟为掾史。未几,升左右司都事。领兵为先锋将,与红巾军战于河南,以功升同知枢密院事。十八年,奉诏捍卫大都(今北京),败毛贵所部红巾军于柳林(今北京通县南)。后迁任河南平章,病死。(0001 卷 188)

刘哈剌八都鲁(？～1295)　又名哈剌斡脱赤、察罕斡脱赤。元河东人。家世业医。元世祖至元八年(1271),被召见留侍世祖。十七年,擢太医院管勾。后从宗王别里铁穆而北征叛王昔里吉有功,授和林(治今蒙古哈尔和林)宣慰副使,升宣慰使。二十六年,海都军东犯,奉命撤离和林南还。后历任河东、肇州、咸平宣慰使。(0001 卷 169)

刘答儿麻失里　元顺帝时,任湖南宣慰使同知。至正十五年(1355),奉命与知枢密院事答儿麻监藏等屯兵中兴,诏谕诸处。(0001 卷 44)

刘忽都鲁帖木儿　元浙东宣慰使。(0633 卷 2)

齐义　元大名(今属河北)人。齐履谦之父。善算术。(0001 卷 172)

齐氏①　元大同(今属山西)妇女。李文实妻。夫死,自缢殉葬。文宗至顺元年(1330),诏旌其门。(0001 卷 34)

齐氏②(？～1358)　元太原(今属山

西)妇女。王履谦妻。治家严肃,克守妇道。顺帝至正十八年(1358),反元队伍攻破太原,与二媳萧氏、吕氏及二女避难于赵庄石岩。反元队伍将至,度不能免于受辱,大哭,与二媳、二女及二孙女,俱投岩下死。(0001 卷 201)

齐英　元滨州蒲台(治今山东滨县南)人。枣阳万户府副万户齐秉节之子。世祖至元二十八年(1291),父死,袭职。(0001 卷 165)

齐郁　元博兴(今属山东)人。顺帝至正末为山东宣慰司佥事,守益都。明军至,自经死。(0721 卷 32,0726 卷 14,0002 卷 232)

齐询　元广平(今属河北)人。世祖至元中任中山府(治今河北定州)知府。成宗大德五年(1301)至七年,任镇江路总管。(0645 卷 4,0631 卷 15)

齐泰　元古城人。顺帝至正间任登封县主簿,兴学劝农,平狱均役,民树碑颂之。(0761 卷 26,0782 卷 5)

齐珪　元滨州蒲台(治今山东滨县南)人。元初,从严实攻归德、庐州,有功,授无棣县尹,摄征行千户,后兼总管,镇枣阳(今属湖北)。世祖中统三年(1262),摄枣阳万户府事,与宋襄、郢对垒。守城周密。宋将聂都统等率兵万余来攻,率众力战退之。事闻于朝,赐金符,真授千户。至元三年(1266),告老,举其子秉节自代。(0001 卷 165)

齐唐　元人。有诗作传世。(0504 癸下)

齐琦　字仲圭,号易岩。元德兴(今属江西)人。精术数之学。以荐署初庵书院山长。晚年寓居金陵(今南京)。(0414 卷 17,0072 卷 78,0006 卷 95)

齐谦　元顺帝至元三年(1337)任庆元路(治今浙江宁波)判官。后迁任赵州(治今河北赵县)知州。(0634 卷 1,0645 卷 4、24,0622 卷 3)

齐楫　元太宗时太医。太宗九年(1237),授惠民药局官。(0001 卷 96)

齐福　金末元初人。金将武仙部将。金哀宗正大二年(1225),武仙杀蒙古真定守将史天倪,被其弟史天泽引蒙古军击走。福等保仙真定故垒,数攻掠太行。元太宗时杨惟中荐焦德裕出使真定招降,福遂降。(0001 卷 153)

齐皤　字公望。元高邮(今属江苏)人。顺帝至正三年(1343),以国子生授于潜县尹。历监察御史。迁任许州知州,有善政。(0762 卷 4,0872 卷 64,0572 卷下)

齐璧　元顺德(治今河北邢台)人。顺帝至元二年(1336)任江南行台监察御史。(0632 卷 6)

齐大同　字周卿。元乐平(今属江西)人。仁宗皇庆(1312~1313)初,奉使安南国,国王设宴明霞阁,酒酣索诗,援笔立成。(0075 文学典卷 87)

齐子安　元平原(今属山东)人。顺帝至正初,以人才贡于朝,授平原县尹,政尚宽平。(0742 卷上、下,0075 氏族典卷 101)

齐子昌　元任丘(今属河北)人。登进士第。仕至翰林修撰。(0644 卷 22、26,0661 卷 6)

齐元彝　元栾城(今属河北)人。任兴州知州,流移者复业。(0622 卷 19,0691 卷 8,0706 卷上)

齐云汉　元顺帝至正二十四年(1364)为诸暨(今属浙江)知州。(0573 卷 2)

齐光祖　字起宗。元大兴(今属北京)人。顺帝至正十六年(1356)由绍兴路录事迁任昌化县尹,集结乡兵,保卫该县。(0872 卷 64)

齐克中　元定兴(今属河北)人。世祖至元初为扶沟县主簿,擢延津县尹,有善政。(0622 卷 26,0649 卷 34,0002 卷 229)

齐伯颜　字士元。元任丘(今属河北)人。历任泰州(今属江苏)知州。(0644 卷 22)

齐国用　元徽州路(治今安徽歙县)知事。(0972 卷 4)

齐秉节(1230~1291)　字子度。元滨州蒲台(治今山东滨县南)人。齐珪之子。涉猎书史,稍知兵法。世祖至元三年(1266),袭父职为千户,镇守枣阳(今属湖北)。五年,从攻宋襄樊,略地郢州(今属湖北钟祥)。七年,以功升上千户,权万户。十一年,从丞相伯颜攻宋武矶堡,擒宋将阎都统。十二年,奉命屯建康(治今江苏南京),败宋将赵淮。十二月,从定太平、安庆诸郡,与宋将张咨议战于昆山,杀之。十四年,升为管军万户。黄州复反元,奉命讨平之。二十三年,移驻饶州,镇压安仁蔡福一反元。二十五年,升枣阳万户府副万户。(0001 卷 165)

齐荣显(?~约 1269)　字仁卿。金末元初聊城(今属山东)人。齐旺之子。九岁,代父任为千户。从外舅严实降蒙古,屡立战功。从察罕攻濠州,进拔五河口,升权行军万户,守宿州。后因伤不能从军,改任提领本路课税,又改本路诸军镇抚,兼提控经历司。从严实入朝,授东平路总管府参议,兼领博州防御使。世祖中统元年(1260),辞职归侍亲,闲居十年卒。(0001 卷 152)

齐荣祖　元世祖至元中为万户,奉阿里海牙遣,徇郁林、贵、廉、象等郡,皆下之。(0001 卷 128)

齐思古　元榆次(今属山西)人。文宗至顺二年(1331)任平遥县(今属山西)知县。(0693 卷 7、11)

齐思恭　元大名(今属河北)人。齐履谦弟。由大都(今北京)学官入教国子。

顺帝元统(1333－1335)间任榆次县尹，后改任固始、高阳县尹，皆有能声。至正初以国子监丞致仕。(0705 卷 4、5)

齐祖之　元人。有诗作传世。(0504 癸下)

齐德之　元外科医家，历任医学博士、御药院外科太医。撰有《外科精义》二卷，书中重视脉诊、辨证施治。(1149 卷 204、205，1071 卷 14)

齐履谦(1263～1329)　字伯恒。元大名(今属河北)人。齐义之子。幼从父习算术历法。元世祖时由星历生出身。至元二十九年(1292)，授星历教授。成宗时任保章正，摄司天台官。武宗时升授时郎秋官正。仁宗时，任国子司业，佥太史院事。英宗时，任太史院使。泰定二年(1325)，奉使宣抚江西、福建，罢黜贪官污吏四百余人。所著历法、经史著作甚多，今仅存《春秋诸国统纪》。(0001 卷 172)

亦芦　宋元之际大理国会川府(治今四川会理县西)绛部首领。元宪宗八年(1258)归附蒙古。(0001 卷 61)

亦来　元将。世祖至元十七年(1280)奉敕率万人进入罗氏鬼国(在今贵州鸭池河西)，如其不附，则讨伐之。(0001 卷 11)

亦纳　元康里人，江浙行省右丞秃忽鲁祖。(0011 卷 64)

亦速　元仁宗延祐六年(1319)任江山县(今属浙江)达鲁花赤。(0878 卷 2)

亦不剌　元成宗大德八年(1304)任吴江(今属江苏)州同知。(0954 卷 17)

亦可麻　姓伽乃氏。元入华迦叶弥儿(今克什米尔)人。铁哥第五子。历任同知都护府事。(0001 卷 125)

亦失班　又译亦只班、也失班。元宗王。世祖第七子奥鲁赤曾孙。云南王老的之子。(0001 卷 107、35，0003 卷 149)

亦老温①　元顺帝至正二十六年(1366)任中书参知政事。(0001 卷 113)

亦老温②　元女真人。谒只里之子。袭父职为万户。累迁为江东廉访使。(0001 卷 154)

亦列赤　又译亦烈赤。元至大四年(1311)三月仁宗即位后，四月，为宣徽使。延祐五年(1318)五月，由御史中丞迁任中书右丞，九月，升为中书平章政事。至七年正月罢任。泰定四年(1327)二月，领仁宗神御殿事。致和元年(1328)为翰林学士承旨。八月，燕铁木儿在大都发动政变后，附从燕铁木儿。文宗天历元年(1328)九月，为御史中丞兼太禧院使。十月，升御史大夫。至顺元年(1330)至二年为中书平章政事。(0001 卷 24、26、30、32、34、35 等)

亦讷思　元文宗天历元年(1328)九月为知枢密院事，率军从燕铁木儿抵御王禅所率上都军于大都(今北京)西北。(0001 卷 138)

亦连真　元成宗大德九年(1305)任昌国州(治今浙江舟山)达鲁花赤。(0633 卷 3)

亦秃浑①　元顺帝至正六年(1346)八月，为江西右丞，奉命率军与江浙右丞忽都不花所率军合讨汀州连城县民罗天麟等反元起事队伍。十五年为湖广平章，奉命与湖广平章桑哥等守御襄阳。(0001 卷 41、44)

亦秃浑②　元顺帝至正六年(1346)六月，授云南行省平章，奉诏讨伐云南反元队伍首领死可伐。(0001 卷 41)

亦邻真①　即亦怜真①。

亦邻真②　元畏兀儿人，顺帝至正三年(1343)任义乌县达鲁花赤。(0870 卷 10)

亦怯烈　元世祖至元二十七年(1290)为元军万户。是年冬，奉遣率所部军镇戍温州路、处州路。(0001 卷 16、99)

亦怜真①(1238～1279)　又译亦邻真。全名为亦邻真监藏。元乌思藏萨斯迦(今西藏萨迦)人，款氏。帝师八思巴异母弟。世祖至元十一年(1274)，继八思巴为帝师，在位凡六年。(0001 卷 8、10、202)

亦怜真②(？～1297)　元宗王。太宗子阔端子蒙哥都之子。世祖至元二十七年(1290)正月，章吉攻掠甘木里(今新疆哈密)，率所部军与宗王出伯等共击走之。成宗元贞二年(1296)三月，奉命率所部驻夏于怯绿连河(今蒙古克鲁伦河)晋王甘麻剌驻区。大德元年(1297)正月来朝，死于途中。(0001 卷 16、19、107)

亦怜真③　元蒙古克烈氏。也先不花长子。搠思监之父。世祖时侍太子真金于东宫，为家令。仁宗时官至湖广行省左丞相。文宗天历元年(1328)追封武昌王，谥忠定。顺帝至正十八年(1358)，因其子搠思监为中书右丞相，又追封为冀王。(0001 卷 134、205)

亦怜真④　元至大四年(1311)为总帅。是年闰七月，吐蕃部落攻掠礼店、文州，奉命率军讨伐之。(0001 卷 24)

亦怜真⑤　元仁宗皇庆年间为功德使。皇庆二年(1313)二月，以佛事奏释重囚，帝不允。(0001 卷 24)

亦怜真⑥　元仁宗延祐七年(1320)为脱思马(今青海东部及甘肃西南、四川西北部)宣慰使。是年八月，坐违制不发兵，杖流奴儿干之地。(0001 卷 27)

亦怜真⑦　又译亦怜珍、亦辇真。元仁宗时为监察御史。延祐年间揭发权相铁木迭儿私罪二十余事，与御史答里麻、马祖常等同劾其罪。泰定元年(1324)任侍御史，被权相倒剌沙诬陷下狱。后获释。文宗天历元年(1328)十一月，被中书省

录用为官。(0001 卷 32、144、176、179)

亦怜真⑧ 元泰定三年(1326)任兰溪州(今属浙江)达鲁花赤。(0881 卷 12)

亦怜真⑨ 元顺帝至正九年(1349)为旌德县(今属安徽)达鲁花赤,有廉能声。(0925 卷 49)

亦怜真⑩ 字仲弘,号毅斋。元畏兀儿人。以荫入仕。由泾县达鲁花赤调任新喻州同知。顺帝至正九年(1349)至十四年,任义乌县(今属浙江)达鲁花赤,有治绩。(0266 卷 19,0414 卷 13)

亦怜真⑪ 元公主。嫁汪古贵族君不花之子赵忠烈王囊加台。封赵国大长公主。(0001 卷 109)

亦怜真⑫ 元钦察伯岳吾氏,土土哈子帖木儿不花之子。(0001 卷 74)

亦怜真⑬ 元畏兀儿人,顺帝至正元年(1341)任抚州府同知。(1028 卷 8)

亦剌出 元蒙古塔塔儿氏。忙兀台之子。历任中书参知政事。(0001 卷 131)

亦剌里 元文宗天历元年(1328)任江南行台御史中丞。(0632 卷 6)

亦思丹 元至大四年(1311)仁宗即位后,六月,受封为怀仁郡王,赐银印。后率所部军出征。延祐二年(1315)四月,敕其所部出征军,有后期及逃还者,皆斩以徇。(0001 卷 24、25)

亦思剌 元顺帝至元元年(1335)任吴江(今属江苏)州同知。(0954 卷 17)

亦思哈① 元珠笏氏。顺帝至正元年(1341)任江南行台监察御史。(0632 卷 6)

亦思哈② 元顺帝至正末,任黟县(今属安徽)达鲁花赤。(0973 卷 6)

亦思哈③ 元回回人。元末为义乌县(今属浙江)主簿。(0881 卷 12)

亦思麻 元僧。世祖二十五年(1288)十二月,奉旨与僧人七百余作佛事坐静于玉塔殿、寝殿、万寿山及护国仁王等寺凡五十四会。(0001 卷 15)

亦思蛮 元宗王。元太祖叔父答里真四世孙,宁海王阔阔出之孙。元中叶袭封宁海王。(0001 卷 107、108)

亦都浑 元顺帝至正七年(1347)为云南平章政事。时云南少数民族首领死可伐反元起事,奉诏率军讨之,事久无功。(0001 卷 186)

亦速歹 字鼎安。元蒙古札只剌歹氏,居龙兴(治今江西南昌)。顺帝元统元年(1333)进士,授新昌州(治今江西宜丰)同知。(0028)

亦速夫 元世祖至元八年(1271)二月,以与大理等处宣慰都元帅宝合丁等协谋毒杀云南王忽哥赤,伏诛。(0001 卷 7)

亦速失 元仁宗延祐五年(1318)任定海县(治今浙江宁波镇海)达鲁花赤。(0634 卷 2)

亦速甫 元回回人。仁宗皇庆二年(1313)任丹阳(今属江苏)县尉。(0631 卷 16)

亦铎里 元顺帝至正八年(1348)任瑞州路(治今江西高安)达鲁花赤。(1016 卷 14)

亦辇真① 元畏兀儿人,察乃第三子。少时为英宗必阇赤。泰定初,授内八府宰相。奉旨送高丽国王阿难答失里归国。文宗天历二年(1329),任翰林学士。顺帝即位,擢河东廉访使。入为通政院使,奉命巡视驿传,革驿传弊政。迁任山东西道宣慰使,镇压江淮反元队伍。拜辽阳行省左丞。卒于位。(0152 卷 24,0002 卷 136)

亦辇真② 即亦怜真⑦。

亦鲁该 又译亦鲁格,蒙古札剌亦儿氏。元太祖近侍合丹之子。奉太祖旨,与迭该同辅佐窝阔台。蒙古建国后,受封第五位功臣千户长。(0009 卷 9、10,0008 卷 1)

亦璘真 字仲弘,元畏兀儿人,顺帝至正九年(1349)至十四年,任义乌县达鲁花赤,有治绩。(0870 卷 10,0266 卷 19)

亦儿吉解 元泰定三年(1326)为云南行省丞相。是年八月,与云南廉访副使散只兀台以使酒相诋,状闻,诏两释之。(0001 卷 30)

亦儿监藏 元宗王。定宗长子忽察之子。(0001 卷 107)

亦力撒合(? ~1295) 又译亦儿撒合、亦儿思合等。元唐兀乌密氏。察合台断事官也怯祖之孙。初居察合台汗国。世祖至元十年(1273)被召至阙下备宿卫,任速古儿赤(掌宫廷尚供衣服者),得帝宠信,有大政时以访之。尝奉使河西还,奏宗王只必帖木儿用官太滥,帝嘉之。擢河东按察使,罢黜平阳路达鲁花赤泰不花。升南台中丞,揭发阿合马子江浙平章忽辛贪赃,奏诛之。又劾江淮释教总摄杨琏真伽不法。二十一年,任北京(治今内蒙古宁城西)宣慰使,察辽东宗王乃颜有异志,密请朝廷备之。二十三年,任辽阳行省参政。次年,帝亲征乃颜,掌运粮储,军供无乏。后改任四川左丞。(0001 卷 120、14)

亦乞列思 元公主。嫁蒙古亦乞列思部贵族孛秃之子帖里干驸马。封昌国大长公主。(0001 卷 109)

亦乞里歹① 元世祖至元十二年(1275)十二月任监战,奉征宋统帅伯颜遣,与招讨使唆都等先趋平江(今苏州)。(0001 卷 127)

亦乞里歹② 元阿速人。前卫亲军都指挥使玉哇失之子。成宗大德十年(1306)父死,袭父爵为千户。(0001 卷 132)

亦乞里台　元蒙古塔塔儿氏，行军万户铁里哥之子。历任浙西宣慰使。（0011卷27）

亦乞里带　元世祖时探马赤军将领。至元十一年（1274），强取民租产、桑园、庐舍、坟墓，分为探马赤军牧地，诏还其民。（0001卷8）

亦乞剌台　元泰定年间为江南行台监察御史。时文宗在集庆（今江苏南京）潜邸，欲创天灵寺，令有司起民夫；乃进言曰：王欲创寺，宜出钱募夫，若欲役民，则朝廷闻之非便。及文宗即位，欲罢黜之，治书侍御史自当谏曰：陛下在潜邸时，御史尽心为陛下言，乃忠臣也，今无罪而黜之，非所以示天下。遂被擢为湖南廉访司佥事。（0001卷143）

亦乞剌真　元太祖诸皇后之一，居第二斡耳朵（行宫）。（0001卷108）

亦乞烈氏　名寿童。元武宗妃。明宗生母。父蒙古亦乞列思部人锁郎哈，母安西王忙哥剌女奴兀伦公主。文宗天历二年（1329）二月，明宗即位后，追封为仁献章圣皇后。顺帝至正六年（1346）改徽号为庄献嗣圣皇后。（0001卷31、41、114、118）

亦马都丁　元镇江路生帛局大使。（0631卷17）

亦不列因　元蒙古人。顺帝至正二十八年（1291）任金坛县（今属江苏）达鲁花赤。（0631卷16）

亦不剌金①　元初为江宁县（治今南京）达鲁花赤。（0632卷6）

亦不剌金②　元世祖至元间任奉化县（今属浙江）达鲁花赤。（0633卷3）

亦不剌金③　元世祖至元中宫廷猎人，从帝出征，射兔，误中名驼，驼死，帝怒，命诛之。司农寺达鲁花赤铁哥时从帝猎，曰：杀人偿畜，刑太重。帝亟释之。（0001卷125）

亦不剌金④（？～1329）　元回回人。回回砲手总管亦思马因次子。世祖至元后叶起任军匠万户府万户。泰定帝致和元年（1328）八月，奉枢密院檄率所部军匠至京师造砲。次年病死。（0001卷203）

亦不剌金⑤　元世祖至元二十四年（1287）任江山（今属浙江）县达鲁花赤。（0878卷2）

亦不剌金⑥　元世祖至元三十年（1293）任衢州路判官。（0878卷2）

亦不剌金⑦　元成宗大德间任邳州（治今江苏邳县）达鲁花赤。（0934卷12，0936卷4）

亦不剌金⑧　元武宗至大二年（1309），与察罕等奉旨出使占八国（今越南中、南部）。（0001卷23）

亦不剌金⑨　元中叶甘州等处皇家牧马场官员。（0001卷100）

亦不剌金⑩　又译亦普剌金、易普剌金。字仲达。初为国子生。元顺帝至正二十年（1360）为江南行台监察御史。后历任湖北廉访司佥事。（0275卷6，0413卷5，0594卷12）

亦不剌金⑪　元回回人。任丹徒（治今江苏镇江）县尉。（0631卷16）

亦不剌金⑫　元至大四年（1311）至皇庆元年（1312）任江浙行省平章。二年初卒，追封魏国公。（0143卷10，0014卷9）

亦不剌金⑬　元回回赛夷氏。札八儿次子明里察长子。历任户部尚书。（0001卷120）

亦不烈金　元世祖至元十二年（1275）为转运司使。（0001卷205）

亦吉里台　又译亦吉列台、亦吉里艄等。元诸王。世祖至元三十年（1293），元廷议问罪安南，奉旨为刘国杰征安南军监军。未行，世祖病死，乃中止出征。成宗大德十年（1306）四月，云南罗雄州军火主阿邦龙少反元起事，与诸王昔宝赤、右丞汪惟能、平章也速带而率军讨伐，获阿邦龙少斩之，余众皆溃。（0001卷17、21、162、209）

亦老答而　元哈剌鲁人，宣徽使答失蛮子河南参政买奴之子。历任阑遗少监。（0011卷87）

亦列失八（？～1320）　又译也里失八、也里失班等。女。元仁宗母答己太后嬖幸，用事宫内，浊乱朝政。延祐七年（1320）三月英宗即位后，五月，与其子中书平章黑驴及前左丞相阿散、徽政使失列门、及御史大夫脱忒哈等谋废立，被英宗降旨处死，籍没家产。（0001卷27、106、116、136等）

亦列失金　元世祖至元二十八年（1291）九月，奉旨与别铁木儿皆以礼部侍郎出使马八儿国（在今印度半岛东南海岸）。（0001卷13）

亦多忽歹　又译亦都合歹。蒙古建国后，受封为功臣千户长，并奉旨与合剌察儿、蒙客同辅佐察合台。（0009卷8、10）

亦克列台　元钦察人。泰定三年（1326）任江南行台监察御史。（0632卷6）

亦里不花　元诸王。至元三十一年（1294）五月成宗即位之次月来朝，以瘠马输官，官酬其直，为钞十一万五千锭。（0001卷18）

亦里黑赤　元威武西宁王阿哈伯之子。顺帝元统二年（1334）奉诏袭父封为威武西宁王。（0001卷38）

亦迪不花　元畏兀儿人，中尚院使忙兀的斤之子。（0011卷52）

亦纳脱脱　见康里脱脱。

亦的不花　元畏兀儿人。仁宗延祐五年(1318)十二月就任丹徒县(治今江苏镇江)达鲁花赤。(0631 卷 16)

亦怜只班①　元蒙古兀鲁氏,术赤台孙哈答之子。(0011 卷 10)

亦怜只班②　元世祖孙营王也先帖木儿女,适沈王王焘。(0001 卷 109)

亦怜真八　元诸王。文宗天历二年(1329)五月,封柳城郡王。次年,进封柳城王。(0001 卷 31、108)

亦怜真班①(?～1354)　又译懿怜真班。元唐兀人。暗伯之子。初为仁宗宿卫士。延祐六年(1319)授翰林侍讲学士。英宗时任唐兀亲军都指挥使。泰定初,迁任典瑞院使。文宗时历任同知枢密院事、侍御史、翰林学士承旨。顺帝至元间,论事不阿,得罪丞相伯颜,被谪置海南。伯颜罢相后,被召还朝任御史大夫,尽选廉能官吏为风宪官。至正八年(1348),因劾丞相别儿怯不花,被贬出为江浙平章。十二年,迁任江西左丞相,招降、镇压饶州等地反元队伍。十四年,病死。追封齐王,谥忠献。(0001 卷 145、40～43)

亦怜真班②　元诸王。顺帝至正十二年(1352)闰三月,奉命与陕西行省平章月鲁帖木儿等率军讨伐南阳、襄阳反元队伍。(0001 卷 42)

亦剌马丹①　元回回人。世祖至元二十四年(1287)任镇江路录事司达鲁花赤。(0631 卷 16)

亦剌马丹②(?～1331)　元西域阿剌温氏。世祖至元二十八年(1291)任镇江路广平翼下千户所达鲁花赤。(0631 卷 17)

亦剌马丹③　元回回人。武宗至大二年(1309)任金坛县(今属江苏)主簿。(0631 卷 16)

亦剌马丹④　元回回人。仁宗延祐三年(1316)至六年,任镇江路达鲁花赤。(0631 卷 15)

亦剌马丹⑤　元泰定二年(1325)七月,大理少数民族反元起事,奉旨出使大理,招谕之。(0001 卷 29)

亦剌马丹⑥　元回回人。泰定帝时权相倒剌沙姻亲,任长芦盐运司判官,由倒剌沙贷钞四万锭,买盐营利于京师。文宗天历元年(1328)十月,诏追理之。(0001 卷 32)

亦剌马丹⑦　元契丹人。石抹也先兄赡德纳之孙。官至辽阳行省左丞。(0001 卷 150)

亦思干儿　元宗王。顺帝至元元年(1335)十月,诏以其弟撒昔袭其封。(0001 卷 38)

亦思马因①(?～1274)　元时伊利汗国回回人。善造回回砲(抛石机)。世祖至元八年(1271),与砲将阿老瓦丁应世祖诏至大都(今北京),造回回大砲以攻襄樊等地。十年,置砲于襄阳城东南隅,机发,声震天地,所击无不摧陷;宋将吕文焕惧,以城降。以功授回回砲手总管,佩虎符。次年病死。(0001 卷 203)

亦思马因②　元延祐七年(1320)任鄞县(治今浙江宁波)达鲁花赤,卒于官任。(0634 卷 2)

亦思马因③　元回回人。文宗天历二年(1329)任江南行台监察御史。(0632 卷 6)

亦思马因④　字和卿。元顺帝至元五年(1339)任秘书监知印。(0027 卷 11)

亦思马因⑤　元人。历任慈溪县(治今属浙江)达鲁花赤。(0634 卷 2)

亦思麻殷　元诸王。至元三十一年(1294)十二月,受成宗赐金五十两。(0001 卷 18)

亦都忽立(1249～1315)　号杏林。元畏兀儿人,居燕(今北京一带)。膺选蒙古译史、通诸国字。历完州、许州、真州达鲁花赤,入为万亿库提举,出为江陵路同知。仁宗延祐二年(1315)升延平路达鲁花赤。(0204 卷 8,1104 卷 3)

亦速马因　元回回人。中书参议奕赫抵雅尔丁之父。官至大都(今北京)南北两城兵马都指挥使。(0001 卷 137)

亦麻都丁　又译亦马都丁。元世祖至元初为制国用司官员,与阿合马有隙。至元中被阿合马罗织其罪,以负官银罪下狱,死于狱中。(0001 卷 163、205)

亦黑迷失①　元世祖至元十三年(1276)任金坛县(今属江苏)达鲁花赤。(0631 卷 16)

亦黑迷失②　又译也黑迷失。元畏兀儿人。世祖至元二年(1265),入备宿卫。九年、十二年,两度出使海外八罗孛国。十四年,授兵部侍郎。十八年,任荆湖占城行省参政,招谕占城(今越南中、南部)。二十一年,出使僧迦剌国(今斯里兰卡),归国后从征占城。二十四年,出使马八儿国(在今印度东南海岸),得良医善药还。授行泉府太卿。二十九年,授福建行省平章,副史弼征爪哇。次年,兵败,削职。武宗至大三年(1310),起为平章政事、集贤院使,兼会同馆事。告老家居。仁宗时诏封吴国公。病死。(0001 卷 131)

亦八哈别吉　又译亦巴哈别乞。蒙古克烈氏。王汗弟札阿绀孛长女。元太祖灭克烈部,札阿绀孛献女降,被太祖纳为妃。后被太祖赐与其大将兀鲁氏术赤台。(0001 卷 120,0009 卷 7、8,0008 卷 1 第 1 分册)

亦只儿不花①　元仁宗延祐三年(1316)任江南行台监察御史。(0632 卷 6)

亦只儿不花②　元蒙古珊竹氏,四川平章囊加台之子。历任左丞。(0011 卷 9)

亦怜只答儿　元顺帝前期反元起事首领。至正七年(1347)十月,反元起事,元廷遣兵讨之。(0001卷41)

亦怜真八剌①　元太祖众皇后之一。居大斡耳朵(行宫)。(0001卷106)

亦怜真八剌②　元泰定帝皇后。昌国公主益里海涯之女。泰定二年(1325)十月,受佛戒于帝师。(0001卷29、106)

亦剌合鲜昆　又译亦腊喝翔昆。鲜昆又译桑昆,系沿用辽官称"详稳"为称号。金后叶克烈部主王汗之子。曾随父对乃蛮等部作战。后与父合谋,欲诱杀元太祖,谋泄,随父进攻元太祖。金泰和三年(1203)秋,克烈部被元太祖攻灭,逃奔西夏。后又逃入西辽,被西辽曲先(今新疆库车)地区首领擒杀。(0001卷1,0009卷5、6、7,0008卷1第2分册)

亦速福铁直　元回回人。世祖至元二十一年(1284)任丹徒县(治今江苏镇江)达鲁花赤。(0631卷16)

亦麻剌失里　元畏兀儿人,宣政使洁实弥尔孙。(0011卷41)

亦摄思连真(?~1294)　又译亦摄思怜真。元乌思藏萨斯迦(今西藏萨迦)东寺僧人,师事八思巴。世祖至元二十三年(1286)嗣帝师位。二十八年去位。(0001卷14、202)

亦老温帖木儿　元顺帝至正十七年(1357)为平章政事。是年五月,收复武安(今属江苏)等三十余城。(0001卷45)

亦怯列台卜答　元泰定四年(1327)为监察御史。是年十月,奏言:都水庸田使司扰民,请罢之。(0001卷30)

亦怜真乞烈思　又译亦怜真乞剌思。元僧人。武宗至大三年(1310)十月,封为文国公,赐金印。四年闰七月,封为司徒。泰定帝四年(1327)二月为大司徒,授大承华普庆寺总管府达鲁花赤。(0001卷23、24、30)

亦怜真朵儿只　又译亦连真多儿加。元诸王。泰宁王买奴之子。泰定元年(1324)三月,父死,嗣封为泰宁王。(0001卷29、108)

亦思剌瓦性吉　元蒙古忙兀氏。博罗欢之孙,埜先帖木儿之子。历任中政院使。(0001卷121)

亦思剌蛮展普　元吐蕃(今西藏)喇嘛教僧人。英宗至治二年(1322)二月病,诏为释大辟囚一人、笞罪二十人。(0001卷28)

亦黑迷失不花　元英宗至治二年(1322)任奉化州(今属浙江)达鲁花赤。(0634卷2)

亦福的哈鲁丁　即益福的哈鲁丁。

亦马剌丹忒忽里　元官员。世祖至元二十三年(1286)六月,奉旨出使交趾(今越南北部)。(0001卷14)

衣氏　元汴梁(治今河南开封)儒士孟志刚妻。志刚卒,贫而无子,有司给以棺木。衣氏给匠者曰:可宽大其棺,吾夫遗衣欲尽置其中。匠者然之。是夕,祭其夫,家之所有悉散之邻里及同居王媪,曰:一马不被两鞍,吾夫死,当与之同棺共穴。遂自刭死。(0001卷201)

庄肃　字恭叔(一作幼恭),号蓼塘。宋元之际上海人。宋末为秘书小史。入元不仕。家藏书至七万卷,其子孙不能守,元末散失殆尽。(0102,0931卷30)

庄家①　元顺帝至正二十七年(1367)十二月,拜中书参知政事。(0001卷47、113)

庄家②　元蒙古怯烈氏,镇海孙,任贵赤千户。(0011卷24)

庄敬　字思恭。元陈州(治今河南淮阳)人。顺帝至正二十一年(1361)戍唐县。后累迁为山东行枢密院同佥。(0649卷30)

庄蒙　字子正。元乌程(治今浙江湖州)人。屡次应试不利,遂行医,尽交东南名士。晚年隐居吴中。有诗作传世。(0158卷19,0504已下,0523)

庄溥　元安阳(今属河南)人。年二十入国子监。后由集贤院掾出任怀庆路推官,转太史院都事,复出任顺德路同知。(0250卷58)

庄嘉①　字子敬。元顺帝至元三年(1337)由监察御史迁任秘书监丞。六年,任礼部郎中。(0027卷9)

庄嘉②　元顺帝至正十六年(1356),由福建闽海道廉访使拜福建行中书省右丞。十八年,召入为中书平章政事。(0001卷92、113)

庄韶　元福宁(治今福建霞浦)人。顺帝至正十年(1350)任宁德县典史(一作县尉)。(0909卷10,0914卷4)

庄麟　字文昭。元江东人,居于镇江(今属江苏)。善书画,工诗文,又为散曲作家。(0029续编,0077卷32)

庄马合　元回回人。世祖至元二十四年(1287)任丹阳(今属江苏)县尉。(0631卷16)

庄文昭(1307~?)　字子麟。元安阳(今属河南)人。顺帝元统元年(1333)进士,授晋宁路某州同知。历任南阳知府、保定路总管、刑部尚书。官至陕西行省参政。(0028卷上、0622卷28、30,0075氏族典卷304)

庄元弼　元永春(今属福建)人。以荐授蒙古学教谕。(1143卷928)

庄必正　元淮安(今属江苏)人。世祖至元年间任义乌县丞。(0881卷12)

庄钦祖　元赵城(治今山西洪洞北)知

县,有政绩。(0700 卷 6)

庆孙(? ~1313)　元蒙古东吕纥氏,重喜子。袭父职。世祖至元间,以管军总管戍安乐州,移镇江,又移通州。至元二十四年(1287),领诸翼军镇太湖,教习水战。二十九年,升征行上万户。(0001 卷 123、133)

庆闲　字无逸。元僧,吴郡(今苏州)白氏子。(0042 卷 12)

庆喜　元唐兀人。泰定四年(1327)任江南行台监察御史。(0632 卷 6)

庆童①　元蒙古兀鲁氏。德清郡王怯台次子哈答第三子。世祖至元二十四年(1287),从征东北叛王乃颜,虽病犹力战。后袭封郡王。(0001 卷 120)

庆童②　元郡王。成宗元贞二年(1296),有病,以其子也里不花代之。(0001 卷 19)

庆童③(? ~1368)　字明德。元康里人。益国公斡罗思之子。初为仁宗宿卫长。后历任大宗正府掌判,上都留守,江西、河南、辽阳行省平章。顺帝至正十年(1350)起,多年任江浙行省平章。十八年,改任江南行台御史大夫。二十年,召还朝,拜中书平章。二十五年,出任陕西行省左丞相。二十八年七月,任中书左丞相,辅淮王帖木儿不花监国,留守大都(今北京)。八月,明兵入大都城,与淮王皆被杀。(0001 卷 142)

庆山奴　元世祖时太子真金侍臣,奉帝命与近侍许扆、帖哥同饮金酒,结盟为兄弟。(0001 卷 168)

庆元奴　元英宗至治二年(1322)任庆元(治今浙江宁波)市舶同提举。(0634 卷 2)

庆禅师　元僧,彭氏子。杭州径山寺僧如珏法嗣。历住宜兴保安寺、嘉禾天宁寺、杭州净慈寺。尝著《扶宗显正论》进呈,仁宗赐金襕袈裟。寂于顺帝至元中,年七十九。(1144 卷 1020)

庆都忽思　元太祖十四年(1219)为宣差大使,奉遣以皇太弟铁木哥、国王木华黎等书催促高丽国王入贡。(0001 卷 208)

充鲁迷失　元畏兀儿人,顺帝至正间任南安路达鲁花赤。(1006 卷 3)

忙兀①　元太祖第七世叔祖纳真次子。蒙古忙兀氏之始祖。(0001 卷 120、121, 0009 卷 1)

忙兀②　元云南木邦路(治今缅甸腊戌东北新维)土官给邦之子。延祐七年(1320)九月,至大都(今北京)进贡方物,元廷赐以布匹。(0001 卷 27)

忙汉(? ~1311)　元蒙古土别燕克烈氏。按札儿长子。世祖至元十五年(1278),为管军千户。二十四年,从征东北叛王乃颜。二十六年,从征西北叛王海都。二十七年,宣授蒙古侍卫亲军千户。成宗元贞元年(1295),奉旨领探马赤军偕哈伯元帅从宗王出伯西征,改授右都威卫千户。大德元年(1297),召还。(0001 卷 122)

忙欢　元畏兀儿人,中书平章阿思兰海牙之子。历任都水少监。(0011 卷 42)

忙哥①　元蒙古弘吉剌氏。孛兰奚祖。太祖宿卫士。(0001 卷 133)

忙哥②　又作蒙古寒札。元蒙古忙兀氏。畏答儿之子。太祖元年(1206),受封为千户。太宗时封郡王。太宗八年(1236),受赐泰安州五户丝户二万。(0001 卷 2、121,0009 卷 8)

忙哥③　又作抹哥。元蒙古札剌亦儿氏。木华黎弟不合之子。塔塔儿台之父。太祖时父死,袭父职为怯薛长。后历事拖雷、宪宗。从宪宗征伐,累立战功。(0003 卷 27,0001 卷 119)

忙哥④　元宪宗二年(1252)籍汉地户口,奉遣与八春、马亨等抚谕西京、太原、平阳及陕西五路,俾民弗扰。三年,任河南经略使。(0001 卷 4、163)

忙兀儿　元世祖至元十二年(1275)为侍卫亲军指挥使。是年正月,奉敕与百家奴、唐古率汉军万人赴蔡州(治今河南汝南)。(0001 卷 12)

忙兀歹　元回回人。仁宗皇庆间任福宁州(治今福建霞浦)知州。(0909 卷 8, 0902 卷 66)

忙兀台(? ~1290)　又译忙古带、蒙古带、忙忽、忙古斛等。元蒙古塔塔儿氏部人。太宗时东平路达鲁花赤塔思火儿赤之孙。初事世祖为博州路奥鲁总管。至元七年(1270),为监战万户。八年,改任邓州新军蒙古万户,治水军。攻樊城,屡败宋军。后率部攻入樊城。十一年,从伯颜、阿术南征宋。十四年,任闽广大都督,率诸军攻取漳州等地。十五年,任福建行省参政,升左丞。十八年,升右丞。二十一年,改任江淮行省平章。次年,升江浙行省左丞相。二十六年,率军镇压闽、越反元队伍。次年,以丞相兼枢密院事出镇江西,到任四十天病死。其在江浙专愎自用,尝迫死南台中丞刘宣;又变更伯颜、阿术成法,易置戍兵,帝常戒敕之。(0001 卷 131)

忙兀带①　元世祖中统年间陵州(治今山东德州)达鲁花赤蒙哥之子。中统三年(1262),父战死于济南。四年正月,诏以其袭父职。(0001 卷 5)

忙兀带②　元世祖中统四年(1263)管民官兼统怀孟等军俺撒之子。是年六月,父战死于汴梁,诏命其为万户,佩金符。(0001 卷 5)

忙兀带③　又译蒙古带。元世祖至元间诸王合班之弟。至元二十年(1283)三月,其所部军作战于西北有功,诏赏赐银钞、币帛、衣服;十月,奏请增蒙古、汉军戍边,帝从之;十一月,与宗王出伯等奏请赏也秃古等银钞,以旌战功,帝从之。(0001 卷 12、13)

忙兀带④ 元仁宗时驸马。皇庆二年(1313)七月,与诸王火罗思迷、脱欢、南忽里同受帝赐金、银、钞、币帛。(0001卷24)

忙兀斛① 元世祖初年为衡水县(今属河北)达鲁花赤,贪暴不法。县民赵清发其罪,既具伏,其妻使人夜杀清,清逃获免,乃尽杀其父母妻子。清诉诸官,权要蔽之,不为理,且欲反其具狱。时真定、顺德等路宣慰使到任,奏置诸法,籍其家赀,以半给清。(0001卷160)

忙兀斛② 又译忙古斛。元世祖至元二十一年(1284),督海船自海道运粮悉至京师。于是渐罢济州新开河漕运,立海运万户府二,受命为海运万户府达鲁花赤。(0001卷93、65)

忙兀斛③ 元世祖至元二十五年(1288)任江南行台御史中丞。(0632卷6)

忙兀斛④ 元中叶怯绿连河(今克鲁伦河)地区皇家牧马地哈剌赤(牧养皇家母马群,挤奶,搅制马奶酒进奉者)百户。(0001卷100)

忙兀斛⑤ 元中叶阔阔地方皇家牧马地兀奴忽赤(掌管马驹群者)。(0001卷100)

忙古歹① 元世祖至元十二年(1275)任溧水县(今属江苏)达鲁花赤。(0632卷6)

忙古歹② 元世祖至元间任奉化(今属浙江)县达鲁花赤。(0633卷3)

忙古歹③ 元世祖至元二十六年(1289)任江南行台监察御史。(0632卷6)

忙古歹④ 元成宗大德九年(1305)任衢州路治中。(0878卷2)

忙古歹⑤ 元仁宗延祐五年(1318)任温州路录事司达鲁花赤。(0579卷9)

忙古歹⑥ 元蒙古人,居大名路内黄县,顺帝元统元年(1333)进士阿虎歹父。(0028)

忙古台① 元契丹人。耶律阿海长子。太祖时为监战左副元帅官,管领契丹、汉军,守中都(今北京),招安水泊等处。病死。(0001卷150)

忙古台② 元将。世祖中统初驻守兴元(治今陕西汉中)。(0001卷126)

忙古台③ 姓綦。元益都乐安(治今山东广饶)人。宣慰使都元帅綦公直之子。世祖至元十八年(1281)袭万户,随父镇守别失八里(今新疆吉木萨尔北)。二十三年,西北叛王海都来攻别失八里;随父从伯颜进战于洪水山,败之,追击甚远,与父皆被俘。二十四年,奔还,授中侍卫亲军副都指挥使。改任湖州砲手军匠万户。镇压衢州反元队伍有功。(0001卷165)

忙古台④ 元哈里鲁氏。成宗大德元年(1297)任秘书少监。十一年升秘书监。至大四年(1311)改为秘书卿。仁宗皇庆元年(1312)十二月免署事,食秘书卿俸。(0027卷9)

忙古带① 元将。世祖中统元年(1260)五月,奉诏与燕铁木儿节度黄河以西诸军。(0001卷4)

忙古带② 元世祖中统二年(1261)八月初立劝农司,授涿州劝农使。(0001卷4)

忙古带③(?~约1305) 又译蒙古歹、忙古斛。元契丹人。耶律秃花曾孙。世祖时,袭父宝童职,为随路新军总管,统领山西两路新军。从行省也速带儿征蜀及思州、播州、建都部族,以功升万户。从攻罗必甸,至云南。奉诏率军入缅,迎还云南王,迁任副都元帅。从宗王阿台侵安南。又从云南王攻罗必甸,破之。成宗即位(1294),授乌撒乌蒙等处宣慰使。迁任大理金齿等处宣慰使都元帅。大德六年(1302),率军镇压乌撒、罗罗斯反元部族。九年,率军擒杀普安罗雄州反元部族首领阿填。死于军中。武宗至大四年(1311)追封濮国公,谥威愍。(0001卷149)

忙古斛① 元世祖中统元年(1260)为管军万户。(0001卷99)

忙古斛② 元英宗至治元年(1321)为左卫率府屯田千户。(0001卷100)

忙怯秃 元蒙古燕只斤氏。顺帝时丞相别儿怯不花曾祖。成宗时丞相阿忽台祖父。以千户从宪宗南征宋有功。(0001卷140)

忙哥台① 又译忙古台。元公主。成宗大德十年(1306)五月,封郓国大长公主。仁宗皇庆元年(1312)五月,受赐西宁州田租、税课。延祐四年(1317)五月,加封皇姑大长公主。(0001卷21、24、26)

忙哥台② 元公主。封郓国大长公主。嫁弘吉剌部贵族宁濮郡王昌吉。(0001卷109)

忙哥陈 元蒙古弘吉剌氏。特薛禅孙。宪宗贞节皇后忽都台及宪宗妃也速儿之父。(0001卷114、118)

忙哥剌(?~1278) 元世祖第三子,察必皇后所出。至元九年(1272)封安西王,出镇陕、甘、川等地,以京兆路(治今陕西西安)为其分地。置王相府,以商挺、李德辉为王相。十年,进封秦王。诏京兆府尹赵炳治其宫室。冬驻京兆,夏驻六盘山。元军攻宋,两川置行枢密院,由其节制。(0001卷6~11、108等,0002卷114)

忙哥笃 元镇江(今属江苏)人。忽剌出之子。历任南康路(治今江西星子)总管。(0631卷19)

忙哥都 又译蒙哥都。元世祖至元六年(1269),高丽国权臣林衍擅废国王王禃,立禃弟安庆公淐;奉诏率军赴高丽国。七年正月,奉旨与赵良弼充安抚使,与王禃同入高丽京城。(0001卷6、7、208)

忙兀的斤(1237～1312)　元畏兀儿人。父朵罗术从亦都护降于蒙古,用畏兀儿字教授蒙古人,忽必烈在潜邸亦尝从学。元世祖即位,召忙兀的斤入见,留侍左右。至元十年(1273),授资成库提点。十五年,擢尚用太监。后升中尚监卿。成宗死,仁宗奉答已太后入平内难,召其计事,援引祖训以对,仁宗嘉纳之。武宗即位,拜中尚院使。不久,拜大司徒。死后,追谥忠简。(0002 卷 192)

忙古不花　元汪古人。步鲁合答之子。袭父职为管军千户。(0001 卷 132)

忙古海牙　元平章政事帖住第五子。顺帝元统间,父死,服阕,当荫叙,其诸兄以荫让之,母从之。遂告荫,为太禧宗禋院神御殿侍礼佐郎。(0001 卷 197)

忙可撒儿　元宪宗三年(1253)秋,授万户。(0003 卷 3)

忙哥撒儿①(?～1253)　又译蒙哥撒儿。元蒙古察罕札剌亦儿氏。初从拖雷攻凤翔,立战功。后从蒙哥(宪宗)攻钦察、阿速、斡罗思,身先诸将,深受倚重,使掌管所属分民。宪宗即位(1251),使率军镇压太宗、察合台后裔宗王叛乱,奉旨审讯谋反诸王及党羽,大加诛杀。以拥戴之功任大断事官,执掌国柄,深得宠信。宪宗三年(1253)冬,病酒而死。顺帝元统元年(1333)追封兖国公。(0001 卷 2、3、124)

忙哥撒儿②　元中叶斡川札马皇家牧马地昔宝赤(养鹰人)。(0001 卷 100)

忙兀鲁不花　元泰定二年(1325)任庆元(治今浙江宁波)市舶同提举。(0634 卷 2)

忙兀鲁海牙　元世祖至元十六年(1279)任益都县(治今山东青州)达鲁花赤。(0603 卷 3)

忙哥帖木儿①(?～1282)　又译蒙哥铁木。蒙元时钦察汗国第五代汗。元世祖至元三年(1266)至十九年在位。拔都次子脱欢第二子。受元世祖册封。世祖多次派遣铁连出使,劝其出兵攻打海都。后曾一度出兵攻打海都,但不久又与海都和好,并与海都联兵攻打察合台后王八剌。曾多次派遣蒙古军并征调斡罗思诸侯军远征小亚细亚、立陶宛、高加索等地。(0001 卷 117、134,1141)

忙哥帖木儿②　元顺帝至正十八年(1358)至十九年任中书参政。二十年为右丞,十月,引兵与进攻上都(今内蒙古正蓝旗东北)之反元队伍战,败绩。(0001 卷 45、113)

忙哥帖木儿③　元畏兀儿人,中尚院使忙兀的斤孙。(0011 卷 52)

忙哥铁木儿　又译忙哥帖木儿。元武宗至大二年(1309)八月立尚书省,任尚书左丞。四年正月武宗死,仁宗罢尚书省;以变乱旧章罪杖流海南。(0001 卷 23、24、112)

忙兀秃鲁迷失(?～1301)　又译忙兀秃儿迷失、忙完秃鲁迷失等。元世祖至元二十九年(1290)八月,奉诏与不敦率军出征八百媳妇(在今云南西双版纳以南至泰国北部)。成宗大德间为云南右丞。大德四年(1300)升云南平章,五月,奉旨率师入侵缅国。次年卒。(0001 卷 17、176、210,0014 卷 26、27)

冲卜(?～1329)　元僧人。元中叶任西夏僧总统。被元廷封为封国公。(0001 卷 33)

冲鉴(1276～1340)　号雪峰。元入华高丽人。历任龙泉、禅源、普光诸寺寺主。(0415 卷 3)

江文　字子文。元休宁(今属安徽)人。从汪炎昶学,精通义理。死年六十四。(0972 卷 9)

江汉(1335～?)　字朝宗。元明之际嘉兴(今属浙江)人。顺帝至正二十一年(1361)任归安县儒学教谕。明初以文学召为翰林编修。(0559 卷 18)

江志　字继祖。元崇安(今属福建)人。从熊禾学。仁宗延祐中,毁家赈灾。(0902 卷 128)

江孚　元常山(今属浙江)人。江垕之弟。从许谦学。文宗至顺三年(1332)中乡试。有诗作传世。(0878 卷 10、11)

江郁　元大同(今属山西)人。居丧庐墓。诏表其门闾。(0001 卷 197)

江罗　元世祖至元后叶福建反元队伍首领。至元二十六年(1289)闰十月,率众八千人攻漳州,与是月广东钟明亮再次反元起兵相呼应。元廷命江西行院月的迷失与福建、江西省合兵讨伐闽、广反元队伍。(0001 卷 26)

江垕　字叔载。元常山(今属浙江)人。江孚之兄。隐居讲授,从学者甚众。有诗作传世。(0878 卷 11,0504 戊下)

江渊　元杭州人。文宗至顺二年(1331)为金坛县(今属江苏)主簿。(0631 卷 16)

江楫　元武宗至大二年(1325)为吴江(今属江苏)州都目。(0954 卷 17)

江辐　元三山(今福建福州)人。有诗作传世。(0504 庚下)

江靁　字天泽,号古修,晚年号陶陶翁。宋元之际婺源(今属江西)人。宋度宗咸淳七年(1271)进士。元初任晦庵书院山长。累迁为兰溪州主簿。著有《古修文集》。(0167 卷 33,0972 卷 8,0532 卷 100 下)

江二蛮(?～1353)　元末天完红巾军将领。顺帝至正十二年(1352)秋,与红巾军元帅王善、康寿四攻克福安、宁德(今皆属福建)等县,十二月,攻破福宁州(治今福建霞浦),杀州尹王伯颜。十三年,被福宁州僧人林德诚率兵战败,被斩杀。(0001 卷 42、195)

江日新(？～1352)　字万全。元歙县(今属安徽)人。顺帝至正十二年(1352),天完红巾军攻至,与弟宏宗招募地主武装抵御,授祁门县主簿。相持十余日,红巾军大至,兄弟皆战死。(0002卷232,0004卷40,0972卷9)

江文显　字彦章。元人。有诗作传世。(0504戊下)

江文彬(1298～?)　字质甫。元建宁(治今福建建瓯)人。顺帝元统元年(1333)进士,授泉州路录事。(0028卷上)

江文清　元顺帝至正二十七年(1367)为知枢密院事,十二月,奉命从右丞相也速、太尉知院脱火赤等会诸军同守御山东,抵抗明军北伐。(0001卷47)

江以实　元人。有诗作传世。(0504癸上)

江存礼　字学庭。元南城(今属江西)人,寓居蒲圻(今属湖北)。泰定四年(1327)进士。历任国子助教、国子司业。官至国子祭酒。以文章事业名重当时。有诗作传世。谥文正。(0075氏族典卷38,0504丙)

江光启　字宾阳。元婺源(今属江西)人。工诗,以诗作闻名于时。(0972卷9)

江受益　元人。有诗作传世。(0504癸下)、

江彦璋　元贵溪(今属江西)人。尝中乡试。顺帝至正年间反元队伍将领王溥聘之不得,以兵缚之行,途中厉骂不绝,遂被杀。(0075氏族典卷38、官常典卷735)

江敏求(1283～1331)　元休宁(今属安徽)人。力学明经。死后门人私谥明安先生。(0972卷9)

江脱欢　元歙县(今属安徽)人。任休宁(今属安徽)南五岭巡检。(0973卷6)

汤礼　字思敬。元人。有诗作传世。(0504戊下)

汤京(1299～1348)　字师尹,又字景山。元处州龙泉(今属浙江)人。创建仁济堂,集四方善药于中,来诊疗者悉与之,不责其报偿。(0411卷14)

汤珏　元文宗天历二年(1329)任秘书少监。(0027卷9)

汤荧　号箕山。元浏阳(今属湖南)人。登进士第。能篆书。(0031补遗)

汤垕　字君载,号采真子。元丹阳(今属江苏)人,汤炳龙之子。历任绍兴路兰亭书院山长。文宗至顺(1330～1333)间在京师,与柯九思论画,著《画鉴》一卷。未几,辟都护府令史。卒于官任。(0142卷1,0631卷19,0101卷18,等)

汤闾　元达鲁乃蛮氏,顺帝元统元年(1333)进士寿同曾祖。(0028)

汤通　元顺帝时,为红巾军首领。红巾军北伐攻陷大宁(治今内蒙古宁城),留通守之。元将也速来攻,城破被杀。(0001卷142)

汤盘　字又新。元武宁(今属江西)人。顺帝至正(1341～1368)中为宁州(治今江西修水)判官,死于战乱。(0212卷8,1012卷15)

汤鼎　元人。有诗作传世。(0504癸下)

汤源　元湘乡(今属湖南)人。英宗至治元年(1321)进士。历任信州路总管,陈友谅兵至,不屈,赴井死。(1041卷36、51)

汤楷(1313～1365)　字文则。元处州龙泉(今属浙江)人。汤京侄。以荐授龙泉县儒学教谕,未几辞。(0411卷19)

汤霖　字伯雨,元龙兴新建(今属江西)人。早丧父,事母甚孝。因暑天为母求冰得名。(0001卷198)

汤大有　元溧水人。五世同居,子孙近百口无一自私者。成宗大德间,表其门闾。(0075氏族典卷292)

汤元善　字明善。元温州平阳(今属浙江)人。有诗作传世。(0504戊上)

汤公雨　字润卿,号碧眼。元江阴(今属江苏)人。有诗作传世。(0504戊上)

汤允谟　字仲谋。元逢泽人。著有《云烟过眼录续集》一卷。(1081)

汤有吉　元常熟(今属江苏)人。工写生。(1143卷1085)

汤自愿　字伯恭。元余干(今属江西)人。顺帝至正间反元队伍攻占饶州,起兵抗之,战败被执,不屈而死。(1011卷9,0075管常典卷732,0002卷232)

汤时懋　元吴下人。有诗作传世。(0504庚下)

汤弥昌　字师言。元吴郡(今苏州)人。世祖至元(1264～1294)间为昆山县儒学教谕,历任鄱江书院山长,以瑞安州判官致仕。有诗作传世。(0042卷6,0504甲,0072别附卷3等)

汤炳龙(1241～?)　字子文,号北村。宋元之际丹阳(今属江苏)人,汤垕父。历任庆元市舶提举。工诗,有诗作传世。年八十二犹在世。(0503三集甲,0631卷19,0075文学典卷90等)

汤圆成　号凤鸣道人,元人。善刻碑。仁宗延祐三年(1316)刻《重修清凉院记》,四年刻《特祀西镇碑》。(1143卷1087)

汤逢龙　宋元之际丹阳(今属江苏)人。

汤炳龙兄。历任淮安路税务提领。(0631 卷 19)

汤通玄　元昆山(治今江苏太仓)人。善推阴阳星历地理之学。(0042 卷 13)

汤植翁　字茂叔。元广德(今属安徽)人。历任镇江路濂溪书院山长。(0631 卷 17)

汤福孙　字介叔。元金坛(今属江苏)人。世祖至元间为溧阳路儒学录,爱溧阳山水佳胜,遂家于溧阳。(0948 卷 4)

汤德润　字季玉,号香涧。元道士。制授冲静真常凝妙法师、提点庐山太平兴国宫、录江州路道教。(0145 卷 9、11)

汝作　元世祖至元二十二年(1285)为马湖路(治今四川屏山)总管。九月,以蛮军三百助四川行院也速带儿讨伐乌蒙部族反元起事。(0001 卷 13)

汝霖(1279～1345)　字竺田,元僧,四明王氏子。从慈溪永乐寺僧梅涧出家。参天童寺僧止泓得悟。出世上蓝寺,大振宗风。移住明州雪窦寺、松江殿山寺。晚年主持万寿寺。(1144 卷 247)

汝中柏　元顺帝至正十年(1350)被右丞相脱脱用为僚属,委以腹心之寄,大小之事皆与之谋。十二年,由左司郎中擢参议中书省事,平章政事以下见其议事,皆莫敢异同。唯右丞哈麻性刚决,与之论,数不合。因谮哈麻于脱脱。十三年八月,出哈麻为宣政院使,位居第三,由是哈麻深衔脱脱。十四年,脱脱将出师讨高邮,以中柏为治书侍御史,俾辅脱脱弟御史大夫也先帖木儿居中。乃累言必当屏斥哈麻,以免后患。脱脱犹豫不决,也先帖木儿不从。哈麻知之,脱脱出师高邮后,遂谮脱脱于奇皇后及皇太子,后脱脱、也先帖木儿遂皆被贬逐以死。(0001 卷 138、205、140 等)

宇文公谅　字子贞。元吴兴(今属浙江)人。通经史百家言。顺帝元统元年(1333)登进士第,授徽州路同知婺源州事。丁内艰,改余姚州同知。摄会稽县,申明冤滞。奉省檄察实松江海塗田,以潮汐不常,请一概免科。后历任国子助教、翰林应奉、国子监丞等职。有《折桂集》、《以斋诗稿》等,今不传。门人私谥曰纯节先生。(0001 卷 190)

宅区中　元僧人,东山寺长老。善画梅,张昱(1289～1371)有诗索画梅。(1143 卷 190)

守仁　字一初。元明之际富阳(今属浙江)人。初为四明(今浙江宁波)延庆寺僧。元末住持杭州灵隐寺。能文辞,善草书,亦能篆隶。明洪武十五年(1382)征授僧录司右讲经,升右善世。(0158 卷 10,0031 卷 7,0036 卷 25)

守良　元僧人。元顺帝时住持嘉兴(今属浙江)兴圣寺。(0504 壬上)

守纳　元阿察脱不罕皇家牧马地哈赤(官职名)。(0001 卷 100)

守忠(1275～1348)　号昙芳。元僧,南康(治今江西星子)黄氏子。住金陵(今南京)龙翔寺。(0037 卷 50)

守贵(1290～1361)　字无用,号水庵。元僧人,浦江(今属浙江)甄氏子。从释元长学。顺帝至正十年(1350)住持杭州天龙寺。(0411 卷 31,0037 卷 17,0075 神异典卷 188)

守恭　见答禄守恭。

守慈　元僧,泉州积善寺长老。泉州开元僧伯福尝从之出家。元初合刹,积善寺併入开元寺。(1144 卷 252)

守衡　字中行。元僧,吴郡(今苏州)人。历住灵岩寺、治平寺。有诗作传世。(0504 壬上)

安　号蕉梦生。元上海人。僧人。尝辑元代诗家虞集、马祖常等所作律诗三百余首,编成《蕉窗律选》,今不传。(0158 卷 7)

安山　元世祖至元十一年(1274),奉官府命于宋阿江(今松花江)、阿爺苦江、忽吕古江捞採真珠。(0001 卷 94)

安氏①　元大宁(治今内蒙古宁城西)人赵脽儿之妻。早寡不忍独生。以死从夫,事闻,诏命褒表。(0001 卷 200)

安氏②　元末人。冀宁(治今山西太原)李弘益继室。婚后二年,弘益病死。时安年三十,泣谓诸亲曰:女子从一而终,不幸夫死,独生何益!乃悄然入寝室,膏沐薰裳,自缢于柩侧。(0001 卷 201)

安玉　元真定栾城(今属河北)人。仁宗延祐三年(1316)累迁为修内副使。文宗天历二年(1329)升大使,次年升营缮司司令。至顺二年(1331)升大都留守司判官。顺帝元统二年(1334),升大都副留守。(0552 卷 22)

安乐　元东川路(治今云南会泽)总管普折之子。文宗至顺二年(1331)十月袭父职。(0001 卷 35)

安礼(1280～1346)　字伯宁。元汲县(今属河南)人。历任彰德路经历、会福院都事、户部司计、大名路治中、沔阳府知府。(0250 卷 60)

安奴　姓耶律。金元之际辽东契丹人。耶律留哥之侄。金卫绍王崇庆元年(1212),留哥反金起事于辽东,金遣胡沙率师来攻。元太祖命按陈等引千骑会留哥,与金兵对阵于迪吉脑儿。安奴奉留哥遣为先锋,横衝胡沙军,大败之,以所俘辎重献于太祖。(0001 卷 149)

安圭(1194～1264)　字伯玉。元初济南人。初补行省刑部令史,累官至济南行省左司郎中,辞职家居。(0244 卷 13)

安芝　元藁城(今属河北)人。安熙之伯父。元初被征召为河东转运司佥事。(0645 卷 5)

安住 元唐兀人。泰定元年(1324)进士。泰定间任内黄县(今属河南)达鲁花赤,有政绩。(0643 卷 5、8,0770 卷 5,0596 卷 4)

安宅 字仁甫。元邹平(今属山东)人。不乐仕进,耕读黄山下。(0075 氏族典卷 165)

安安 元唐兀人。高智耀曾孙。顺帝时南台御史大夫纳麟之子。至正十九年(1359),父纳麟由海道趋直沽入朝,山东俞宝率战艦断粮道;奉父命与同舟人拒之,破俞宝部众于海口。是年八月,纳麟遂得抵达京师。(0001 卷 142)

安阳 元泰定三年(1326)任吴江(今属江苏)州同知。(0954 卷 17)

安远 号梅洞。元涂川人。有诗作传世。(0504 甲)

安秃 元公主。太宗第三子阔出之女。嫁蒙古亦乞列思部贵族孛秃之子昌忠定王琐儿哈驸马。封昌国大长公主。(0001 卷 109、118)

安坦 元合鲁氏,哈剌鲜孙。历任沿海万户。(0011)

安松(1228~1322) 字庭幹,号恕斋。元藁城(今属河北)人。安熙之父。世祖至元二十年(1283),以荐授江淮转运司知事。历任潜江县尉、峡州司狱、江东宣慰司照磨。(0262 卷 14)

安杰 元太原(今属山西)人。世祖至元十五年(1278)任镇江路录事。(0631 卷 16)

安轴(1287~1348) 字当之,号谨斋。元时高丽国福州福宁县人。登本国科第,历任金州司录、艺文馆春秋检阅、修撰、司宪纠正等职。元泰定元年(1324),登进士第,元廷授辽阳路盖州判官,未赴任。后历任本国右司议大夫、监察大夫等职。累官佥议赞成事、右文馆大提举、领春秋馆事,封兴宁君。谥文贞。为高丽国重要词臣,朝中表笺词命多出其手。与李齐贤等增修《编年纲目》,纂修忠烈、忠宣、忠肃三朝实录。著有文集《关东瓦注》。(0017 卷 35、109)

安显 元汝宁(治今河南汝南)人。顺帝至元二年(1336)任江南行台监察御史。(0632 卷 6)

安祐① 元世祖至元二十五年(1288)为刑部尚书。是年十月,奉遣与尚书参政忻都、户部尚书王巨济等共十二人,理算江淮、江西等六省。(0001 卷 205)

安祐② 元磁州(治今河北磁县)人。弱冠上书,世祖奇之,留为近侍。成宗大德初,累官江浙行省参知政事。官至集贤大学士。谥文康。(0761 卷 28,0075 氏族典卷 165)

安祐③ 元成宗大德七年(1303)为江浙左丞。是年二月,御史台臣奏劾其与江浙平章阿里等诡名买盐万五千引,增价转市于人;有旨遣省、台臣按问之。(0001 卷 21)

安琫 元泰定帝致和元年(1328)任庆元路(治今浙江宁波)经历。(0634 卷 1)

安辅(1302~1357) 字员之。元时高丽国福州福宁县人,安轴弟。年十九登本国科第,授广州司录。历任春秋修撰、编修官。元顺帝至正五年(1345),登进士第,元廷授辽阳行省照磨兼承发架阁库,任职未久弃官东归。历任本国典法判书、密直提举兼监察大夫。官至东京留守。谥文敬。(0017 卷 109)

安敏 元毗陵(今常州)人。有诗作传世。(0504 庚下)

安网 元人。有诗作传世。(0504 癸下)

安维 元顺帝至正八年(1348)任藁城(今属河北)主簿。(0651 卷 4)

安然(1324~1381) 元明间河南祥符人,迁居颍州。元顺帝至正末,以左丞守莱州,明兵下山东,率众归附。明洪武间历任山东参政、工部尚书、河南参政、江浙布政使。练达庶务,甚得太祖信任。(0020 卷 137)

安童①(1248~1293) 元蒙古札剌亦儿氏。木华黎四世孙,霸突鲁长子。世祖即位(1260),擢任四怯薛总长,统领禁卫军,时年仅十三岁。至元二年(1265),拜中书右丞相。尊礼汉人士大夫,赞助推行汉法。十二年,以行中书省、枢密院事从北平王那木罕出镇阿力麻里(今新疆霍城西),抗御海都等西北叛王。十三年,被叛王昔里吉劫持,送往海都处。二十一年,获释归朝,复任中书右丞相。二十四年,世祖复置尚书省执掌大权,中书省形同虚设。二十五年,屡求退。次年罢相,仍为怯薛总长。后病死。成宗大德七年(1303),赠推忠同德翊运功臣、东平忠宪王。(0001 卷 126,0008 卷 2)

安童② 元泰定帝时为蒙古侍卫军都指挥使。致和元年(1328)十月,从上都诸王忽剌台入紫荆关,进至良乡,进攻大都。被燕铁木儿军击败于卢沟桥,西逃。后被燕铁木儿追至紫荆关,擒杀。(0001 卷 99、123、138)

安童③ 元蒙古札剌亦儿氏。木华黎诸孙。袭万户,镇杭州十年。擢八番顺元宣慰司都元帅,辞官养母。文宗天历间起为淮东宣慰使。(0250 卷 36)

安童④ 元顺帝至元二年(1336)任浙东宣慰使。(0634 卷 1)

安童⑤ 元顺帝至正四年(1344)任瑞州路(治今江西高安)同知。(1016 卷 14)

安童⑥ 元顺帝至正七年(1347)任兴化路(治今福建莆田)总管,拜分省参政。(0905 卷 2,0267 卷上)

安童⑦ 元顺帝至正十八年(1358)任中书参知政事。(0001 卷 45、113)

安童⑧ 元顺帝至正后叶为察罕帖木儿

部将。至正十九年(1359)八月,与察罕帖木儿诸部将同攻破大宋红巾军都城汴梁。(0001 卷 141)

安童⑨ 元官员。官至右丞。(0163 卷 11)

安童⑩ 元潮州路同知,有爱民声。(0622 卷 80)

安谦 字仲益。元顺帝至正八年(1348),由闽海廉访司佥事选为龙兴路(治今江西南昌)总管。(0438 卷 1)

安塈 元藁城(今属河北)人。安熙长子。泰定年间被征召为广宁路学教授。(0645 卷 5)

安煦 字和仲,号素庵。元藁城(今属河北)人。安熙之弟。屡次征召,不起。(0645 卷 28,0071 卷 91)

安筠(1232～1296) 字庭实。元藁城(今属河北)人。安熙之叔父。历任陕西宪司经历、绵州同知。(0223 卷 5)

安靖 元成宗大德五年(1301)任吴江(今属江苏)州都目。(0954 卷 17)

安滔(1199～1276) 字巨源。金元之际藁城(今属河北)人。安熙祖。金末登经童第。元世祖至元三年(1266),举为真定儒学正。(0223 卷 5)

安熙(1270～1311) 字敬仲。元真定藁城(今属河北)人。祖滔、父松皆儒生。自幼承家学。后向慕刘因之学,从刘因门人乌叔问其绪说,知刘因之学得自朱熹之书,乃竭力学习、阐发朱熹学说。终身不仕,家居教授二十余年,四方来学者多有成就。其门人有苏天爵等。著有《默庵集》。(0001 卷 189)

安僧① 元畏兀儿人。阿鲁浑萨理之孙。岳柱之子。后过继为岳柱弟久住之子。任章佩监丞。(0001 卷 130)

安僧② 元蒙古人。任镇江路卫辉翼上千户所达鲁花赤。(0631 卷 17)

安震(?～1360) 元时高丽国人。初仕本国为艺文检阅。元仁宗延祐五年(1318)登进士第。忠穆王二年(1346),封安山君,与李齐贤等增修《编年纲目》,参与修忠烈、忠宣、忠肃三朝实录。四年,任检校佥议参理、艺文馆大提举、知春秋馆事。官至政堂文学。(0017 卷 37、74,1154)

安德 元明间河南汝州人。元顺帝至正间进士,隐居教授。明洪武初郡守举为州学训导。后以明经征,入对称善,擢湖广左参政。(0793)

安藏(?～1293) 全名安藏扎牙答思,字国宝,自号龙宫老人。元畏兀儿人,世居别失八里(治今新疆吉木萨尔北)。幼习佛法,兼通儒学。通多族语文。宪宗闻其名,召之,奏对称旨,赐坐。世祖即位,进《宝藏论元演集》十卷,并劝帝宜亲经史以知古今之治乱,译《尚书·无逸》及《贞观政要》、《申鉴》各一篇以献。奉命往谕阿里不哥,后召返。尝进谏曰:任贤勿贰,去邪勿疑;有言逆于汝志,必求诸道;有言逊于汝志,必求诸非道。至元八年(1271),与许衡共进"知人,用人,德业盛,天下归"之说,帝嘉纳之,特授翰林学士。未几,商议中书省事。奉旨译《尚书》、《资治通鉴》、《难经》、《本草》。进翰林学士承旨,领集贤院、会同馆及道教事。其门人最著者为国师天藏沙律密护赤。集贤大学士陈颢亦尝从其受学。(0225 卷 9,0002 卷 192,0001 卷 160、177)

安麐 元人。有诗作传世。(0504 癸下)

安天合 元太宗时译史。太宗末年,诣事镇海,首引回回人奥都剌合蛮扑买课税,使课税增至二百二十万两,比太宗十年(1238)岁课税银一百一十万两又增一倍。(0001 卷 146)

安公祐 元人。有诗作传世。(0504 乙)

安文质 元真定(治今河北正定)人。成宗元贞元年(1295)任镇江路录事司判官。(0631 卷 16)

安文宪 元仁宗延祐中为泸州守,兴学重农,有治绩。(0622 卷 72)

安正同(?～1360) 元磁州(治今河北磁县)人。平章政事安祐孙女。夫王时。顺帝至正十九年(1359),夫以参知政事分省太原,从夫至太原。次年,反元队伍进攻太原,城陷,与妾李氏同赴井死。事闻,赠梁国夫人。谥庄洁。(0001 卷 201)

安汝明 元宁晋(今属河北)人。任定远知县。(0645 卷 5)

安伯起 字彦举。元镇江路通政院宣使。(0631 卷 17)

安明本 元山阴(今属山西)人。元初以管军千户戍繁峙(今属山西),迁任忠州(治今山西山阴县东南)都统。(0075 氏族典卷 165)

安宗说 元人。有诗作传世。(0504 癸下)

安思承 号竹斋。元磁州(治今河北磁县)人。世祖至元二十三年(1286)任监察御史。后历任四川按察副使、工部侍郎。官至山东廉访使。有诗作传世。(0761 卷 28,0504 癸上)

安举宗 元西南土官。初为霑益知州,后升为曲靖宣慰使。(0075 氏族典卷 165)

安惟洪 元成宗大德元年(1297)任江南行台监察御史。(0632 卷 6)

安鲁丁 元北庭(今新疆吉木萨尔北)人。登进士第。任贵溪县丞。(0439 卷 1、2)

安鲁罕 元棠树儿皇家牧马地官员。

(0001 卷 100)

安震亨　元也里可温(基督教徒)。世祖至元二十年(1283)至二十三年,任镇江路总管。(0631 卷 15)

安德鲁(Andreas de Perusio)　元代来华意大利人。基督教方济各派教士。1307年,奉教皇克利门五世遣,来元协助大主教孟特戈维诺。仁宗皇庆二年(1313)抵达大都,延祐五年(1318),移居泉州,建教堂。英宗至治二年(1322)任泉州主教。泰定二年(1325),致书本会教友,报告在华经历,今存其书信手稿。死后葬泉州,今存墓碑,刻有拉丁文碑铭。(1161 卷 174)

安乃马歹　元益都(治今山东青州)人。顺帝至正年间任襄阳路总管。(1041 卷 66)

安礼护世　字正卿。元汝南(今属河南)人。由陕西行台监察御史迁任福建廉访佥事,按临尤溪(今属福建),去害兴利。(0902 卷 44,0922 卷 5)

安真迷失　元世祖太子真金妃。(0001 卷 106)

安檀不花　元顺帝至正十一年(1351)进士。(0560)

安马里忽里　元也里可温(基督教徒)。居镇江。官至广东宣慰司同知。(0631 卷 19)

安藏扎牙答思　见安藏。

并学　自号无为子。元僧,台州(治今浙江临海)人。杭州净性寺寺主。(0158 卷 10)

关玉(?～1268)　字子玉。元行唐(今属河北)人。世祖至元初历任曲阳、高阳、藁城三县(今皆属河北)知县。(0172 卷 3,0073 卷 26,0075《氏族典》卷 172)

关奴　元乃蛮人,济南冠州新军万户府千户达鲁花赤末赤孙。(0011 卷 69)

关关　字文祖,元温县人。顺帝至正中,为察罕帖木儿部将。十九年(1359)八月,与察罕帖木儿诸将阎思孝、李克彝、虎林赤等攻破大宋红巾军都城汴梁。历任河南行院同佥,河南行省参政、左丞、右丞,官至河南平章。卒年五十二,谥康定。(0001 卷 141,0596 卷 5,0002 卷 220)

关驴　元文宗天历二年(1329)任衢州路同知。(0878 卷 2)

关宝　字国用。元北庭(今新疆吉木萨尔北)人。顺帝至正间登进士第,授海安县丞。(0158 卷 2)

关政　元新乐(今属河北)人。英宗至治间为赵王府提领。(0645 卷 5,0075 氏族典卷 172)

关荣　元溧阳(今属江苏)州判官。(0632 卷 6)

关保(?～1368)　字世杰。元河南人。顺帝至正中,从察罕帖木儿镇压红巾军,为其部将。至正十八年(1358),率兵阻击北进晋、冀之关先生等所率之红巾军。二十一年,从察罕帖木儿诸军攻降山东东平、济南等地。二十二年,察罕帖木儿死,服从扩廓帖木儿统率。九月,奉遣邀击刘福通援田丰之红巾军,大破之。十一月,奉遣收复莒州,山东悉平。二十四年五月,领兵五万攻孛罗帖木儿军于大同。次年四月,入大同。二十六年三月,奉遣与虎林赤率兵西攻张良弼。二十七年八月,扩廓违抗帝命;遂与貊高皆叛扩廓,列其罪状闻于朝,举兵共攻之。授平章、内史,封许国公。二十八年正月,奉太子命守晋宁(治今山西临汾)。二月,晋宁为扩廓所据;乃守泽、潞。七月,与貊高同攻晋宁。闰七月,战败,被扩廓擒杀。(0001 卷 45、46、47、141 等)

关益　元新乐(今属河北)人。关政弟。英宗至治间为赵王府提领。(0645 卷 5)

关世杰　元临汾(今属山西)人。世祖至元间任阳城县(今属山西)知县,有政绩。(0691 卷 9,0694 卷 5、13,0708 卷 7)

关汉卿(约 1218～约 1299)　名不详,以字行,号己斋叟。元大都(今北京)人,隶籍太医院户。长期于大都创作杂剧,与杂剧作家杨显之等、演员珠帘秀等友好。多才艺,能吹弹歌舞,登台演剧。撰杂剧六十余种,今存《窦娥冤》、《救风尘》、《拜月亭》、《谢天香》、《诈妮子》、《鲁斋郎》等十余种,多揭露社会黑暗,抨击贪官污吏,人民性及艺术成就均极高。其所作散曲今存套数十三、小令五十七。与马致远、白朴、郑光祖合称元曲四大家。成宗大德初卒,年八十余。(0029 卷上,0101 卷 23,1108 卷 68,等)

关先生(?～1362)　名铎。元末大宋红巾军将领。顺帝至正十七年(1357)六月,与破头潘、沙刘二、王士诚等率军北进,攻入晋、冀。次年六月,攻破辽州(治今山西左权)、冀宁路(治今山西太原)。九月,攻保定路,不克,攻破完州,转攻大同、兴和及塞外诸郡。十二月,攻破上都(今内蒙古正蓝旗东北),焚宫阙。十九年正月,攻破辽阳。二十一年十月,攻入高丽。次年正月,战死于高丽王京(今韩国开城)。(0001 卷 45、46、207,0017 卷 39、40)

关和钧　字可权。元江南廉访司官。(0212 卷 10)

关居仁　元至大四年(1311)六月,授尚乘卿、弘文馆学士。(0001 卷 24)

关思义　初为儒士。元世祖至元六年(1269),与儒士周铎、尚文等被征召入朝,从亡金故老乌古伦居贞等及许衡、太常卿徐世隆,稽诸古典,参以时宜,沿情定朝仪之制,而肄习之,百日而毕。八年二月,授侍仪副使。十二年二月,奉旨与宿卫士察罕不花、真人李德和,代祀岳渎后土。(0001 卷 67、8)

关德流　元北庭(今新疆吉木萨尔北)畏兀儿人。泰定四年(1327)进士。顺帝至正中,任安庆路同知。(0158卷2)

关德聚(1303~1342)　字敬夫。元真定新乐(今属河北)人。关政之子。历任真定等路诸色人匠府总管。(0262卷20,0645卷5)

羊仁　元庐州庐江(今属安徽)人。世祖至元初年,阿术兵南下,家为所掠,父被杀,母及兄弟皆散去。时年七岁,卖为汴人李子安家奴,力作二十余年,得获释为良。查知母于颍州蒙古军塔海家,兄于睢州蒙古军岳纳家,弟于邯郸连大家,皆为奴。乃徧恳亲故,贷得钞百锭,历诣诸家求赎。经营百计,更六年,乃得遂。大小二十余口,复聚居为良,孝友甚笃,乡里美之。大德十一年(1307),旌其家。(0001卷197)

羊归　元顺帝至元三年(1337)为集贤大学士。是年十二月,奏言:太上皇、唐妃影堂在真定玉华宫,每年宜于正月二十日致祭。帝从之。(0001卷39)

羊桂　元文宗至顺二年(1331)任镇江路谏壁税使司提领。(0631卷17)

兴同　字道远,号石林。元高昌(治今新疆吐鲁番东)人。顺帝至正间任集贤院都事,二十一年(1361)奉诏至福建布宣帝意。(0275卷6)

米楫　元武宗至大元年(1308)四月,奉元廷遣,出使苏鲁国(今菲律宾苏禄群岛)。(0001卷22)

米闓　字英甫。元西域人。居于燕。世祖至元二十七年(1290)任延平路(治今福建南平)同知。(0144卷5)

米德　元泰定四年(1327)招谕八百媳妇蛮(在今云南西双版纳以南至泰国北部之元傣族部落)归顺元朝者。是年闰九月,八百媳妇蛮归顺元朝,请官守。元廷置蒙庆宣慰司都元帅府及木安、孟杰二府于其地。以其招谕有功,授同知蒙庆宣慰司事、副元帅。(0001卷30)

米只儿　元蒙古人。泰定间任安丰路(治今安徽寿县)达鲁花赤。(0976卷5)

米如京　字大有。元奉圣州(治今河北涿鹿)人。累官至宣德府同知,秩满丁忧,不复仕。(0681卷36)

米里哈　元回回人,女。杂剧旦色演员。歌喉清宛,妙入神品。貌虽不扬,而专攻花旦杂剧。(0032)

米薛迷　元高丽人。为元宫廷宦者。仁宗延祐年间任徽政院使。延祐七年(1320)六月,英宗即位后,被流放于金刚山。文宗天历元年(1328)十月,以其奴婢家赀赐予伯颜。十一月,被放归田里。(0001卷27、32)

米儿只海牙　又译迷只儿海。元顺帝时任监察御史。至正十八年(1358),中书左丞相太平(贺唯一)与率军讨山东之右丞相太不花久有隙,以其上疏欲害己,乃讽米儿只海牙劾其缓师拒命之罪;诏削太不花官爵,夺其兵权,安置于盖州。二十三年,因太平得罪皇太子,米只儿海牙劾奏太平罪状;诏安置太平于陕西之西。(0001卷46、141)

讷怀①　元世祖中统二年(1261),从征阿里不哥。后任邓州监战。至元二年(1265),授河南副统军,不久升河南路统军使。(0001卷3、6)

讷怀②　元世祖至元间任婺源(今属江西)县达鲁花赤。(0973卷6,0580卷2)

讷怀③　元遂州(治今河北徐水西北)人。历任河东廉访副使、宣徽院佥事、工部尚书。拜中书省参知政事。(0649卷34)

讷怀④　元宪宗元年(1251)任别失八里等处行尚书省事。(0001卷3)

讷尔丁　元顺帝至正十四年(1354)任益都县(治今山东青州)达鲁花赤。(0603卷4)

讷剌丁　元回回人。宪宗时,隶大将兀良合台麾下,从定云南,并出使安南(今越南),进行招谕。世祖中统二年(1261),奉朝命再次出使安南,寻授安南达鲁花赤。至元五年(1268),去职。(0001卷5、209)

讷都赤　元顺帝时,任司农丞。至正十六年(1356),立福建行中书省,拜行省参政。十八年,分省于泉州。(0001卷92)

许氏(?~1359)　元末妇女。许有壬姪女。辽阳行省儒学提举赵洙妻。顺帝至正十九年(1359),红巾军攻破辽阳,夫妇避匿资善寺。洙叱红巾军先被杀,许氏不知。红巾军甘言诱其指示金银之处,答称不知。以刀胁之,色不变。已而知夫死,恸哭仆地,骂不绝口。遂被杀。(0001卷201)

许贞　元文宗天历二年(1329)任庆元(治今浙江宁波)市舶副提举。(0634卷2)

许庆　元世祖至元十四年(1277)任东阳(今属浙江)县丞。(0881卷12)

许汝　元顺帝至正十一年(1351)进士。(0560)

许观　字澜伯,号南郭氓。元吴郡(今苏州)人。有高行,隐居不仕。有诗作传世。(0504辛上)

许约　许衡弟子。元仁宗皇庆二年(1313),诏以衡从祀于孔庙,约撰文祭之。(0072卷90)

许甫　元世祖至元二十七年(1290)任溧水县(今属江苏)主簿。(0632卷6)

许松(1252~1323)　字世茂。元南康(今属江西)人。武宗至大元年(1308),累迁为潭州榷茶副使。仁宗延祐五年(1318),授婺源州判官。英宗至治二年

(1322),升为乐平州同知。次年卒。(0146 卷 30,0973 卷 6)

许旺 元成宗大德十年(1306)任金坛县(今属江苏)尉。(0631 卷 16)

许泽 元成宗大德五年(1301)任东阳县(今属浙江)尉。(0881 卷 12)

许政 金元之际人。金时,为掌乐。元太宗十一年(1239),因通晓礼乐被荐于朝廷。宪宗时,至漠北朝觐。世祖时,任大乐令。(0001 卷 68)

许荣 字荣卿。元舒城(今属安徽)人。顺帝至正十七年(1357),以同佥分枢密院事保障乡里。二十年,升为同知分枢密院事。卒年八十三。(1002 卷 9)

许珙 元世祖时高丽国来元朝使臣。为高丽国枢密副使。至元十二年(1275)八月,奉其国王王愖遣,来贺圣诞节。(0001 卷 8)

许晋(? ~1352) 字德昭。元江阴(今属江苏)人。顺帝至正十二年(1352)十月,红巾军攻占江阴。晋与仲子如璋潜聚无赖恶少,资以饮食,以抗拒红巾军。十一月,约官军共击红巾军,父子皆战死。(0101 卷 27,0048 卷 5,0002 卷 232)

许桢 字元幹。元汤阴(今属河南)人。许有壬之子。初为太常太祝。顺帝至正(1341 ~1368)年间,任秘书郎。工诗,与有壬、有孚唱和,成《圭塘欸乃集》二卷。(0503 初集丙,0027 卷 10,0004 卷 16)

许或 元顺帝至正十年(1350)为山东廉访司经历。(0600 卷 2)

许原 元福建人。历任定海(治今浙江镇海)县丞,治绩卓然。后摄慈溪(今属浙江)知县,兴利除害,不二月而大治。(0157 卷 19)

许扆 字君黼。蒙古名忽鲁火孙。元绛州曲沃(今属山西)人。许国祯之子。少时为世祖宿卫士,从许衡学。后授礼部尚书、提点太医院事。与丞相安童善,国政多所赞益。桑哥忌之,数谮于帝,帝不之信。成宗即位(1294),迁中书右丞,署太常事。未几,出任陕西行省右丞,大发仓粟赈关中饥民。仁宗时病老,每国有大政,帝遣近侍至其家问之。死后追封赵国公,谥僖简。(0001 卷 168)

许恕(1322 ~1373) 字如心,号北郭生。元江阴(今属江苏)人。元末,以荐授澄江书院山长,未几辞归,隐于医。有《北郭集》六卷、补遗一卷。(0447 补遗,0503 三集辛,0953 卷 12 中)

许辅 字良佐。元临邑(今属山东)人。顺帝至正(1341 ~1368)年间,任益都路总管,战死。(0721 卷 29,0075 氏族典卷 408、官常典卷 732)

许敏 元真定(治今河北正定)人。历任新昌县(今属浙江)儒学教谕。(0880 卷 29)

许庚(1247 ~?) 字伯先,号万松。宋元之际杭州人。工诗,元初与方回唱酬。(0198 卷 2,0070 卷 77)

许寅(1304 ~?) 字可宾。元临汾(今属山西)人。顺帝元统元年(1333)进士,授翰林检阅。累迁为详定司副使。至正二十一年(1361)任秘书少监。(0028 卷上,0027 卷 9,0708 卷 7)

许惪 字仁夫。元人。有诗作传世。(0504 辛下)

许椋 字有常。元江阴(今属江苏)人。有诗作传世。(0504 庚下)

许善 元吴郡(今苏州)人。有诗作传世。(0504 辛上)

许谦(1270 ~1337) 字益之,号白云。元婺州金华(今属浙江)人。世业儒。早年受业金履祥之门。于书无不读,穷探圣微。有不可通,则不敢强,于先儒之说,有所未安,亦不苟同。读《四书章句集注》,有《丛说》二十卷。读《诗集传》,有《名物钞》八卷,正其音释,考其名物度数,存其逸义,旁采远援,而以己意终之。其观史,有《治忽几微》。并贯通天文、地理、典章制度、食货、刑法、音韵、医经、术数之说,旁及释老之言。仁宗延祐初,居东阳之八华山,讲授朱熹理学,受业者来自南北各地甚众。教人至诚,内外殚尽,尝曰:"己有知,使人亦知之,岂不快哉!"讨论讲贯,终日不倦,摄其粗疏,入于密微。然独不以科举之文授人,曰:"此义、利之所由分也。"有《白云集》等。顺帝至元三年(1337)卒,年六十八。谥文懿。(0001 卷 189)

许弼① 字贤辅。元益都(治今山东青州)人。历任汉阳县尹,政教休明,德行显著,民心悦服。(0622 卷 59,1041 卷 66)

许弼② 字廷佐。元黄岩(今属浙江)人。有诗作传世。(0504 庚下)

许楫(1224 ~1293) 字公度。元太原忻州(治今山西忻县)人。幼从元好问学。太宗十年(1238),年十五,以儒生中词赋选。世祖中统初,由河东宣慰司荐举入京,任中书省架阁库管勾。至元七年(1270),为劝农副使,向商挺建言屯田于京兆(今陕西西安)以西,三年屯成,获利。十三年,任荆南行省左右司员外郎。后历任湖南、江西按察副使。二十四年,任徽州总管,抵制桑哥党苛敛,招降饥民起事队伍。后迁任东平总管。辞任后二年卒,年七十。(0001 卷 191)

许震 号墨龙道人。元人。工画写意人物,有《钟离仙像》传世。(1143 卷 944)

许衡(1209 ~1281) 字仲平,号鲁斋。金元之际怀州河内(治今河南沁阳)人。早年从姚枢、窦默研讨程朱理学。元宪宗四年(1254),应忽必烈召,任京兆(治今陕西西安)提学。世祖即位(1260),应召入侍,言治乱休戚,必以义为本。平章王文统患之,奏授为太子太保,不欲其侍帝侧。五辞乃免。改授国子祭酒。未几,谢病归。至元二年(1265),受命议事中书省,上疏言:“北方之有中夏者,必行汉法乃可长久”。六年,与徐世隆定朝仪,与刘秉忠、张文谦定官制。七年,任中书左丞。八年,任国子祭酒,教授蒙古贵族子弟。十三年,领太史院事,与郭守敬等新制仪象圭表,日测晷景,制成《授时历》。十八年病终,年七十三。谥文正。著有《鲁斋遗书》等。主张践履于时,运用天理,而见诸行事,对理学在元代推行普及及维护元朝统治起很大作用。(0001 卷 158、4～12 等)

许麿 元曲阳(今属河北)人。顺帝至正(1341～1368)中,举进士,授汴梁路(治今河南开封)推官。(0645 卷 5)

许璞 字叔瑛。元华亭(治今上海松江)人。有诗作传世。(0504 庚下)

许熏(1275～1335) 字华甫。元东阳(今属浙江)人。历任湖州东湖书院山长、饶州路儒学教授。(0152 卷 37)

许懋 字国器。元海宁(治今浙江海宁西南)人。元末岁饥,发家储赈贷。反元队伍至,率子弟、壮勇力战击退之。(0896 卷 171)

许翼 字鹏飞。元许州(治今河南许昌)人。历任湖广省宣使。顺帝至正二十八年(1368)升为藤州判官。(0506 卷 2342)

许儿台 元蒙古八鲁忽艄氏。不鲁罕罕札子。年十五即以勇略知名,从定宗征钦察,为千户。后从世祖伐宋,战于亳州,有功。(0001 卷 135)

许上之 元永嘉(治今浙江温州)人。有诗作传世。(0504 戊上)

许义夫 元砀山(今属安徽)人。初任夏邑县尹。顺帝时,任封丘县尹。所至教民稼穑,皆有善政。(0001 卷 192)

许广大(1309～?) 字具瞻。元天台(今属浙江)人。许嗣之子。顺帝元统元年(1333)进士。至元三年(1337)任昌国州(治今浙江舟山)判官。后被选为行宣政院掾。至正四年(1344)任武义县尹,有治绩。调任鄞县尹。累迁为江浙行省郎中。为官终身廉洁。有诗作传世。(0028 卷上,0075 氏族典卷 408、学行典卷 239,0504 己上)

许子逊 元大同(今属山西)人。历任集贤学士兼太医院使。(0691 卷 9,0075 文学典卷 90)

许夫人 宋元之际畲族妇女。元至元十四年(1277)七月,统率闽西南各寨畲军,从宋将张世杰围攻降元官员蒲寿庚于泉州。十五年十一月,与黄华联合反元。(0001 卷 10)

许天篪 字时翁。元吉水(今属江西)人。撰有《易象图说》,不传。(0075 氏族典卷 408)

许元发 宋元之际义乌(今属浙江)人。工诗。元世祖至元二十四年(1287),其诗作被月泉吟社选评为第十四名。(0504 甲,0070 卷 81,0033 卷 6)

许元信 元人。有诗作传世。(0504 癸下)

许元琰(?～1358) 元顺帝至正中为千户,随余阙守安庆。至正十八年(1358)正月,安庆城被天完红巾军攻破,城中火起,被焚死。(0001 卷 143)

许元龄 元新宁(今属湖南)人。尊崇理学。世祖至元年间,捐资创立十贤祠,献田百亩,以供祀事。(1041 卷 51,1059 卷 6、8)

许云翰 元唐县(今属河北)人。仁宗延祐三年(1316)任江南行台监察御史。官至淮西廉访副使。(0632 卷 6,0649 卷 10)

许从宗 字希鲁。元河内(治今河南沁阳)人。许师敬第三子。顺帝元统二年(1334)授章佩监异珍库提点。历任监察御史、工部侍郎、集贤学士。至正二十年(1360)迁任礼部尚书。官至河南廉访使。(0218 卷 12,0001 卷 38、45,0006 卷 46)

许从政 元下蔡县(治今安徽凤台)人。居丧庐墓。诏旌表其门闾。(0001 卷 197)

许从宜 字希政。元河内(治今河南沁阳)人。许师敬长子。顺帝至元初,累迁为翰林国史院经历。后授太常院判官。(0218 卷 12)

许从宣 字希文。元河内人。许师敬次子。历任监察御史、都水监都水。顺帝至正十二年(1352)任福建廉访使。入为工部尚书。后历任河南参政、湖广参政,升为陕西左丞。(0218 卷 12,0593 卷 13,0594 卷 12)

许从宪 字希先。元河内(治今河南沁阳)人。许衡第二子师逊之子。用荫累迁为湖广行省理问。后从归德知府致仕。(0218 卷 12)

许从宸 字希元。元河内人。许师可之子。历任监察御史、山南宪佥、河东廉访副使。(0218 卷 12)

许从凯 元成宗大德十年(1306)任西安县(治今浙江衢州)典史。(0878 卷 3)

许氏女 元安丰(治今安徽寿县)人。父病,割股疗之,父病愈。事闻于朝,诏褒表之。(0001 卷 200)

许公正 字仲明。元东平(今属山东)人。仁宗延祐四年(1317)任镇江路照磨,遂安家于镇江。英宗至治二年(1322),任江浙行省宣使。后授无锡州判官。(0631 卷 15、19)

许文荐(1229～1305) 字季文。宋元之际崇仁(今属江西)人。元初居乡讲授。(0212 卷 72,0072 卷 92)

许文杰 元广西全茗州(今广西大新北)土官。泰定帝泰定三年(1326)。率

诸徭起兵反，进攻茗盈州，杀知州事李德卿等。(0001 卷 30)

许文瑞　元仁宗延祐(1314～1320)年间为秘书监典吏。(0027 卷 11)

许文福　字伯椵。元婺源(今属江西)人。文宗至顺(1330～1333)中，以荐授颍州屯田总管，以亲老辞。母死，哀伤泣涕丧明，逾年亦死，年六十四。(0972 卷 9，0925 卷 55)

许仕渊(1269～1319)　字希颜，号存畊居士。元吉州万安(今属江西)人。重义轻财，为乡之善士。(0212 卷 67)

许有壬(1287～1364)　字可用。元汤阴(今属河南)人。仁宗延祐二年(1315)进士，授同知辽州事。仁宗至顺帝朝，历任廉访司经历、监察御史、两淮都转运盐司使、奎章阁侍书学士、中书参政、左丞、御史中丞、河南左丞、集贤大学士等职。历事七朝近五十年，遇朝政大事，无不尽言。当权臣专权恣肆时，不为巧避计，事有不便，仍明辨力诤。谥文忠。善属文，工辞章，欧阳玄谓其文雄浑，涌如层澜。有《至正集》。(0001 卷 182)

许有孚　字可行。元汤阴(今属河南)人，许有壬弟。由国子学上舍登文宗至顺元年(1330)进士第，授湖广省儒学副提举，改湖广省检校。顺帝至元元年(1341)授南台御史。迁太常院同佥。至正年间与有壬父子唱和，成《圭塘欸乃集》二卷。(0147 卷 3，0632 卷 6，0503 初集丙)

许有恒(1285～1329)　字可久。元汤阴(今属河南)人，许有壬兄。以荐授大宁路儒学正。擢大理路知事，不赴。(0250 卷 64)

许存吾　元人。有诗作传世。(0504 癸上)

许存衷　元漳州龙溪(今属福建)人。顺帝至元年(1335～1340)间，募兵击乡里反元起事者。至正十二年(1352)，以荐授南胜定南斋巡检。后擢为漳浦(今属福建)县尹。(0438 卷 4，0275 卷 4、6)

许此翁(1303～1356)　字兹父，号书隐。元温州平阳(今属浙江)人。家居读书，与四方贤士交游。(0419 卷 13)

许师可　字可臣。元河内(治今河南沁阳)人。许衡长子。历任河东按察副使、卫辉、襄阳、广平、怀孟诸路总管。卒谥文简。(0218 卷 12，0071 卷 90，0072 卷 90)

许师敬　字敬臣。元河内(治今河南沁阳)人。许衡第四子。历任监察御史、治书侍御史、吏部尚书。仁宗时任中书参政，兼国子祭酒，参议行贡举法。后出任山东廉访使。泰定帝时奏请颁族葬制，禁用阴阳邪说。授中书左丞。编类帝训书，请于经筵进讲，奉诏译为蒙古文，改名《皇图大训》，授皇太子。升右丞。后历任翰林承旨、御史中丞。(0218 卷 12，0002 卷 170，0147 卷 22)

许则祖　字天则。元乐平(今属江西)人。顺帝至正年间招集乡兵，收复德兴县。一日，追击反元队伍，马陷泞泥中，遂被杀。事闻，谥忠显。(1011 卷 9，0004 卷 40)

许庆祖　元世祖至元十六年(1279)任慈溪(今属浙江)县尹。(0633 卷 3)

许兴祖　字必达。元饶州乐平(今属江西)人。顺帝至正(1341～1368)年间，父为同里吴志仁所害。兴祖时年十三，誓复仇，用心窥伺志仁出入，历七年，终杀之。(0075 学行典卷 192)

许汝翊　号豹山。元泉州晋江(治今福建泉州)人。大德十一年(1307)以荐举授泉州路儒学正。年八十一致仕。(0920 卷 54，0076 卷 36)

许汝霖(1309～?)　字时用。元嵊县(今属浙江)人。顺帝至正十一年(1351)登进士第，授诸暨州判官，改任江南行御史台官。元亡，家居不仕以终。有《东冈集》、《礼庭遗稿》、《嵊志》，今皆佚。(0411 卷 2，0880 卷 28、32、33、46，1071 卷 17)

许好义　字士达。元真定(治今河北正定)人。成宗大德六年(1302)至九年，任镇江路推官。(0631 卷 15)

许寿山　元英宗至治二年(1322)任庆元路(治今浙江宁波)治中。(0634 卷 1)

许克修　字仲德。元济南章丘(今属山东)人。历任合浦县尹、象州路经历、古县尹。广西宣慰司征辟为都事。致仕归。(0196 卷 11)

许时中　元须城县(治今山东东平)人。居丧庐墓。诏旌表其门闾。(0001 卷 197)

许希颜　元人。有诗作传世。(0504 戊上)

许应芝　元世祖至元年(1264～1294)间任奉化(今属浙江)县丞。武宗至大元年(1308)至皇庆二年(1313)任奉化州同知。(0633 卷 3)

许应臣　元世祖至元(1264～1294)年间任金华(今属浙江)县尹。(0881 卷 12，0890 卷 3)

许应祁　字芳所，号松轩。元宜兴(今属江苏)人。历任歙县(今属安徽)主簿。以山阴(治今浙江绍兴)县尹致仕。(0930 卷 22)

许述祖　字克绍。元河内(治今河南沁阳)人。许从宣次子。用荫授资成库大使。(0218 卷 12)

许国祯　字进之。金元之际绛州曲沃(今属山西)人。许日严之子。世业医。博通经史，尤精医术。金乱，避地嵩州永宁县。金亡，归寓太原。被忽必烈征召至漠北，为藩府掌医药。宪宗时，从忽必烈征大理、鄂州(今武汉武昌)。世祖即位(1260)，授提点太医院事。至元十二年(1275),迁任礼部尚书。尝上疏言慎财赋、禁服色、明法律、设谏官、建学校、立朝仪等事,后多施行。凡所荐引,皆知名士。后升翰林集贤大学士。二十一年,奉命集诸路医学教授增修《本草》。卒年七十六。谥忠宪。后追任蓟国公。(0001 卷 168、13)

许迪吉　元仁宗延祐(1314～1320)年间任奉化(今属浙江)州判官。(0633 卷 3)

许昌孙　元祁门(今属安徽)人。历任祁门县儒学教谕。(1004 卷 5,0973 卷 7,0991 卷 3)

许宗吾　元济宁(治今山东巨野)人。世祖至元二十四年(1287)任秘书监译史。成宗元贞元年(1295)升校书郎。(0027 卷 10、11)

许绍祖　字克学。元河内(治今河南沁阳)人。许从宸之子。顺帝元统元年(1333)任秘书监著作佐郎。改中书检校。至元五年(1339),出任南台御史。累升甘肃廉访使。历河南路、济宁路总管。入为户部尚书,迁侍御史,官至礼部尚书。(0218 卷 12,0632 卷 6,0027 卷 10)

许贯道　元进士。历任监察御史。(0823 卷 7)

许思忠　元官员。历任元上虞(今属浙江)县尹。文宗至顺(1330～1333)年间迁东阳(今属浙江)县尹。(0880 卷 28,0881 卷 12)

许思诚　元顺帝至元三年(1337)任秘书监典簿。(0027 卷 9)

许复亨　元顺帝至正(1341～1368)年间任宁晋县(今属河北)儒学教谕。(0645 卷 4)

许信杰　元成宗大德(1297～1307)年间为溧阳(今属江苏)州都目。(0632 卷 6)

许庭芝　元仁宗延祐(1314～1320)年间任鄞县(今属浙江)尹。(0633 卷 3)

许晋孙(1288～1332)　字伯昭。元建昌(治今江西永修西北)人。仁宗延祐二年(1315)进士,授南城(今属江西)县丞,改赣州路录事,迁茶陵州判官,病归。有诗作传世。(0152 卷 33,0504 丙,0033 卷 12)

许崇祖　字克孝。元河内(治今河南沁阳)人。许从宪长子。历任芮城县、平陆县知县。(0218 卷 12)

许脱因(?～1355)　元顺帝至正十四年(1354)为万户。是年十二月,徭族反元队伍自耒阳进攻衡州。战死。(0001 卷 43)

许鲁瞻　元天台(今属浙江)人。许嗣侄。元末,母病不能起,反元队伍逼近城,侍母不去,遂被杀。(0072 别附卷 3)

许道杞(1236～1291)　字祖禹。元句容(今属江苏)人。正一道教茅山宗第四十三代宗师,号凝和宣静真应法师。(0039 卷 12)

许巽师　元祁门(今属安徽)人。历任祁门县儒学教谕。(1004 卷 5,0991 卷 3)

许维祯　字周卿,元遂州(治今河北徐水西)人。世祖至元十五年(1278),任淮安总管府判官,有善政。卒年四十四。(0001 卷 191)

许献臣　元世祖至元(1264～1294)年间任福建按察司佥事。有诗作传世。(0504 癸上,0033 卷 5)

许熙载(1261～1327)　字献臣,元汤阴人,许有壬之父。历任德庆路提控案牍、长沙税使,临江、抚州两路照磨,会福院照磨。著有《女教书》四卷。(0001 卷 182,0560)

许德良　元世祖至元三十年(1293)为大乐。是年六月,初立社稷,奉旨运制曲谱,翰林国史院撰乐章。(0001 卷 68)

许德润　元长兴(今属浙江)人。元末为中书管勾,以战乱归隐。有诗作传世。(0504 庚上)

许德基　元绛州(治今山西新绛)人。顺帝至正元年(1341)任鲁城县尹。(0694 卷 5)

论卜　元河西(西夏故地)人。官至司徒平章。元末守宁夏(治今宁夏银川)。(0828 卷 6,0801 卷 31,0683 卷 3)

祁安　元狄道(治今甘肃临洮)人。袭父、祖职为临洮府尹,岁久以廉勤超授巩昌帅府同知。(0801 卷 23、30)

祁辑　元顺帝至正元年(1341)任庆元路(治今浙江宁波)经历。(0634 卷 1)

祁仲鉴　字彦明。元赵州(治今河北赵县)人。任任丘县尹,勤于政事。(0644 卷 17,0661 卷 5、8)

祁志诚(1219～1293)　元钧州阳翟(今河南禹县东南)人。从全真教道士宋德方学道,号洞明子。世祖至元八年(1271),授诸路道教都提点,次年嗣玄门掌教真人,掌管天下全真道。后举张志仙自代,隐退昌平三元观。著有《西云集》二卷。(0001 卷 11、202 等,0201 卷 1)

祁君璧　字伯温。元兰陵(治今山东枣庄东南峄城)人。顺帝至元六年(1340)由国子助教迁任秘书监管勾,次年任监察御史。(0027 卷 9,0762 卷 4)

祁祖谦　元仁宗延祐五年(1318)任福山县主簿。(0075 氏族典卷 42)

祁望芳　元狄道(治今甘肃临洮)人。以巨室擢守临洮,伟迹著于边陲。(0801 卷 30,0075 氏族典卷 545)

农士贵　宋元之际广西少数民族首领。初任南宋为特磨道将军，元世祖至元十四年(1277)，与宋将李维屏、岑从毅等以所属州县溪洞一百四十七、户二十五万六千归降。(0001 卷8、9)

那台(？～1276)　元世祖时皇子北安王那木罕之亲臣。至元中，从那木罕北征。至元十三年(1276)，宗王昔里吉等叛；与那木罕及宗王牙忽都等皆被拘禁。与牙忽都等谋逃归。事觉，被杀。(0001 卷117)

那怀①　元将。世祖至元十九年(1282)，乌蒙(治今云南昭通)民反，奉敕与火鲁思迷率蒙古、汉人新附军讨伐之。(0001 卷12)

那怀②　元世祖至元三十年(1293)任江南行台治书侍御史。成宗大德三年(1299)升为南台侍御史。(0632 卷6)

那怀③　元驸马。成宗元贞元年(1295)至大德年间，任枢密院事。(0001 卷18、19)

那怀④　元成宗大德二年(1298)为尚书。是年七月，汴梁等处大雨，黄河决坏堤防，漂没归德数县禾稼、庐舍；奉旨与御史刘赓等塞之，自蒲口首事，凡筑九十六所。(0001 卷19)

那怀⑤　元武宗至大元年(1308)任江南行御史台管勾。(0632 卷6)

那怀⑥　元仁宗皇庆元年(1312)为阿速卫指挥。是年四月，以冒增卫军、盗支巨额粮、帛、钞，敕中书省、枢密院按治。(0001 卷24)

那怀⑦　元人。仁宗延祐元年(1314)任江南行台监察御史。(0632 卷6)

那怀⑧　元蒙古弘吉剌氏。英宗至治三年(1323)任江南行台监察御史。(0632 卷6)

那怀⑨　元蒙古弘吉剌氏。泰定初任昆山州(治今江苏太仓)达鲁花赤，秩满，迁任福宁州(治今福建霞浦)达鲁花赤。(0635 卷2，0928 卷41，0932 卷12)

那怀⑩　元泰定四年(1327)任建康路(治今南京)总管。(0632 卷6)

那怀⑪　元泰定四年(1327)任江南行台经历。(0632 卷6)

那怀⑫　元中叶为平章政事、四怯薛八剌哈赤(禁卫军城防长官)及固安州等处系官牧地长官。(0001 卷100)

那怀⑬　元顺帝至元元年(1335)任衢州路达鲁花赤。(0878 卷2)

那怀⑭　即赵世荣。

那真　元蒙古召烈氏。召烈台抄兀儿之子。事元世祖，为也可札鲁忽赤(宗正府大断事官)。(0001 卷123)

那海①　元蒙古察哈札剌亦儿氏。忙哥撒儿之父。事太宗，备历艰险，未尝形于言。太宗八年(1236)，帝嘉其忠，且念其世勋，赐予怀州、洛阳五户丝户一百七十五户。(0001 卷124)

那海②　元将。世祖至元二十五年(1288)奉命率汉军一万人，至上都(今内蒙古正蓝旗东北)立虎贲司，营屯田，修城隍。(0001 卷99)

那海③　元世祖至元二十九年(1292)为水军都元帅。是年十二月至三十年，随福建行省平章史弼等征爪哇。三十年二月，自爪哇之杜並足由戌牙路港口至八节涧。三月，奉命与万户宁居仁等水军镇八节涧海口。(0001 卷210)

那海④　元人。英宗至治元年(1321)任江南行台监察御史。(0632 卷6)

那海⑤　又译那海罕、那怀。元宗王。阿里不哥之子剌甘失甘大王之子。武宗至大三年(1310)，封镇宁王。文宗天历元年(1328)十月，随齐王月鲁帖木儿奉上皇帝宝于文宗。二年二月，受赐金银。至顺二年(1331)四月，其部曲二百，以风雪损孳畜，帝命岭北行省赈粮二月。八月，立镇宁王总管府于抚州。(0001 卷32、33、35、107、108)

那海⑥　元文宗天历元年(1328)为中卫亲军都指挥使司佥事康里氏善住家丁。是年九月，随善住与辽东军战，击退辽东军。(0001 卷135)

那海⑦　元文宗天历二年(1329)四月，授岭北行省平章。(0001 卷31)

那海⑧　元文宗天历二年(1329)为通政使。是年三月，奉旨随燕铁木儿奉皇帝宝于明宗行在所。(0001 卷33)

那海⑨　元文宗至顺二年(1331)为河南行省右丞。是年三月，奉敕提督本省境内屯田。(0001 卷35)

那海⑩(？～1333)　元文宗至顺二年(1331)为云南行省都事。是年九月，奉行省遣与镇抚栾智等奉诏往谕降附伯忽起兵反元之乌撒土官禄余及授以参政制命，至撒家关，禄余拒不受。俄而禄余兵大至，力战退之。及晚，禄余兵入顺元境，云南左丞帖木儿不花御战。那海复就阵宣诏招谕禄余，被杀。(0001 卷35)

那海⑪　元文宗至顺二年(1331)任威州(治今河北威县)达鲁花赤。(0669 卷5)

那海⑫　元顺帝至元二年(1336)十一月，授湖广行省平章政事，奉旨讨伐广西反元起事徭族。三年二月，广西徭族复反，奉旨与江西行省平章秃儿迷失海牙统率诸军剿捕之。(0001 卷39)

那海⑬　元畏吾儿人。顺帝至元三年(1337)任江南行台监察御史。(0632 卷6)

那海⑭　元高昌(治今新疆吐鲁番东)畏吾儿人。顺帝至正五年(1345)任吴江(今属江苏)州达鲁花赤。(0928 卷4、

41,0954 卷 17、18）

那海⑮　元顺帝至正后叶为蒙古逊都思氏月鲁不花家奴。月鲁不花由浙西廉访使改任山南道廉访使。那海随之浮海北往赴任，遇倭贼，力战，刺杀其首贼。后与月鲁不花及同舟八十余人皆遇害。（0001 卷 145）

那海⑯　元宗王。太宗第六子合丹大王子火你赤大王之子。（0001 卷 107，0003 卷 148）

那海⑰　元哈剌鲁人，顺帝元统元年（1333）进士讬本父。忠显校尉。（0028，0011 卷 88）

那海⑱　元乃蛮人。顺帝元统元年（1333）进士彻台父。忠显校尉。（0028）

那赛　元云南老告土官八那之侄。顺帝至元四年（1338）八月，奉老告遣以象马朝贡，元廷为立老告军民总管府。（0001 卷 39）

那摩　元入华迦叶弥儿（今克什米尔）僧人。铁哥叔父。元太宗时，与兄斡脱赤同来蒙古，受太宗礼遇。定宗师事之。宪宗尊之为国师，授玉印，总天下释教。（0001 卷 125）

那木罕①（？～1292）　又译那没罕、南木合。元世祖第四子。母察必皇后。至元三年（1266），封北平王。八年，奉旨出镇西北边，防御海都，建牙阿力麻里（今新疆霍城西北）。十三年，宗王昔里吉等叛，被执送于钦察汗国。二十一年，获释归朝，改封为北安王。后复出镇北边。二十九年死。仁宗延祐七年（1320），追谥昭定。（0001 卷 6、9、13、107、108 等，0003 卷 76）

那木罕②　字从善。元蒙古逊都思氏。登进士第。泰定元年（1324）任秘书郎。（0027 卷 10）

那海产　元阿速人。失剌拔都儿之子。成宗大德六年（1302），父死，袭职为阿速千户。武宗至大二年（1309），升为右卫阿速亲军都指挥使。（0001 卷 135）

那海赤　元泰定四年（1327）三月，封惠国公，商议内史府事。（0001 卷 30）

那海察　元文宗至顺元年（1330）为右阿速卫指挥使。是年六月，与知枢密院事阔彻伯、脱脱木儿，燕王宫相教化的，中政使尚家奴等人谋变，有罪，同被处死。（0001 卷 34）

那木忽里　见南忽里。

那海乃马　元顺帝至正二十二年（1362）任吴江（今属江苏）知州。（0928 卷 4，0954 卷 17）

寻适　元明之际人。元顺帝至正十一年（1351）进士。明洪武元年（1368），授黄州知府。三年，任殿中侍御史。后出任广西按察使。（0560，1036 卷 25）

寻复初　元泰定元年（1324）任江南行台照磨。（0632 卷 6）

聿思敬　元晋宁（治今山西临汾）人。泰定初任清涧（今属陕西）知县，招抚以旱灾逃徙之农民复业，恢复农业生产。（0801 卷 30）

异里不哥　元蒙古札剌亦儿氏。顺帝元统元年（1333）进士博颜达祖。（0011 卷 6）

阮求　元世祖时安南国来元朝使臣。为其国书舍。中统四年（1263）十一月，奉其国王陈光昺遣，与其国员外郎杨安养等奉表谒元廷。世祖赐来使玉带、缯帛、药饵、鞍辔等物。（0001 卷 209）

阮某（1224～1302）　元满城（今属河北）人。阮惟贞之父。历任顺天路（治今河北保定）工匠府经历。致仕居钱塘。（0211 卷 3）

阮珪　元顺帝至正五年（1345）任衢州路（今属浙江）知事。（7－878 卷 7）

阮铉　元保定（今属河北）人。历任新昌（今属浙江）县尉。（0880 卷 28）

阮琛　元世祖时安南国来元朝使臣。为安南国员外郎诸卫寄班。中统二年（1261），奉安南国王陈光昺遣，与安南国通侍大夫陈奉公等诣元廷献书，乞三年一贡。帝从其请，封光昺为安南国王。（0001 卷 209）

阮谦　字受益。元宛陵（今安徽宣城）人。顺帝至元三年（1337）为浙东元帅府照磨。有诗作传世。（0222 卷 3，0634 卷 1，0504 已上）

阮鉴　元世祖至元二十八年（1291）十月，授兵部员外郎，与宣抚使杨祥持诏往使瑠求（今台湾）。次年，未能达瑠求而归。（0001 卷 16、210）

阮演　元世祖时安南国来元朝使臣。为其国员外郎。中统二年（1261），奉其国王陈光昺遣，与其国通侍大夫陈奉公等诣元廷献书，乞三年一贡。世祖从其请，封光昺为安南国王。（0001 卷 209）

阮毅　元末任江山（今属浙江）县尉。（0878 卷 3）

阮霖　字民望。号石峰居士。元庐陵（治今江西吉安）人。历任郡曹、县都曹，尝宽海艘之役、罢坑冶之害，深得民心。（0150 卷 11）

阮日益　号鹤岩。宋元之际杭州于潜（今属浙江）人。早年修道天目山中，静坐修道四十年。后入大滌山。久之，复还天目山。元世祖至元年间死，年八十余。（0038 卷 5，0062 卷 56）

阮凤子　元泉州（今属福建）人。泰定三年（1326）三月，起兵反元，攻破城邑。元地方军民官以失讨坐罪。（0001 卷 30）

阮文彦　元世祖时安南国来元朝使臣。

为安南国中大夫。至元二十四年(1287)九月,奉其国王陈日烜遣,来进贡方物。(0001 卷 14、209)

阮世英　元文宗至顺二年(1331)任吴江(今属江苏)州提控案牍。(0954 卷 17)

阮申之　字周翰,号理斋。元池阳(治今陕西泾阳北)人。历任黄岩州、瑞安州同知。泰定元年(1324)任鄞县(治今浙江宁波)知县,有治绩。(0253 卷 5,0634 卷 2,0871 卷 33)

阮代之　元世祖时安南国来元朝使臣。至元二十九年(1292)六月,奉其国王陈日燇遣,随元使张立道至阙,上表修岁贡之礼如初。(0001 卷 17、167)

阮伯颜　元仁宗延祐四年(1317)任潜江(今属湖北)知县,文风大振。(1042 卷 6,1041 卷 66)

阮忠彦　号介轩。元时安南国人。早有才名。年十二为太学生,十六岁应廷试,年二十四为谏官,二十六奉使元朝。有《介轩集》行世。(0033 卷 40)

阮宗泽　字友仁。历任元来賓县(今属广西)白牛寨巡检。后家居。抵御反元队伍于古田,力战而死。(0075 官常典卷 732)

阮拱辰　元天台(今属浙江)人。有诗作传世。(0504 庚下)

阮惟贞　字子贞。元满城(今属河北)人。成宗大德七年(1303)任上虞知县。(0211 卷 1,0880 卷 28)

阮鲁瞻　元人。有诗作传世。(0504 癸上)

阮道学　元世祖时安南国来元朝使臣。为其国中大夫。至元二十年(1283)十一月,奉其国王陈日烜遣,与其国中亮大夫丁克绍等持方物随元使赵翥入觐。二十一年七月,又奉日烜遣来献方物。(0001 卷 13、209)

阮碧云　元人。有诗作传世。(0504 壬下)

阮德柔　字伯刚。元宁德(今属福建)人。元末任建宁路总管,降明,仍任原官,未几为陈友谅所杀。(0902 卷 123)

阮麟翁　元世祖至元二十九年(1292)任庆元路(治今浙江宁波)同知。(0633 卷 2)

阳立　宋元间人。宋末历任涪州观察、涪州安抚。元世祖至元十四年(1277)六月,与其子嗣荣降,授夔路安抚使,嗣荣授管军总管。(0001 卷 8、9)

阴元圭　字君锡。元嘉兴崇德(治今浙江桐乡西南)人。历任池州路儒学教授,迁余杭县主簿。后以母老归养。(0075 氏族典卷 364)

阴元恺　字君举。元嘉兴崇德(治今浙江桐乡西南)人。阴元圭弟。历任台州路儒学正、崇德传贻书院山长。(0075 氏族典卷 364)

阴仲杰　元德州(治今山东陵县)人。仁宗延祐元年(1314)至文宗天历二年(1329)任镇江路卫辉翼上千户所弹压。(0631 卷 17)

阴时夫　字劲弦。元新吴(治今江西奉新)人。仁宗延祐(1314～1320)年间,与兄阴中夫(字复春)合编《韻府群玉》二十卷。(0411 卷 18,0125 卷 25,0075 氏族典卷 364、文学典卷 86)

阴德隆　元句容(今属江苏)人。历任镇江路濂溪书院山长。(0631 卷 17)

收国奴(1215～1259)　又名石剌。元契丹人。耶律留哥长子薛阇之子。太宗十年(1238)父死,袭父职,行广宁府路(治今辽宁北镇)总管军民万户府事。从征高丽有功。宪宗时,佐宗王也苦及札剌台控制高丽。(0001 卷 149)

如山　字海翁。元僧,福建陈氏子。住鼓山白云峰涌泉寺。(0594 卷 11,0037 卷 50)

如异　字物元。元僧,四明(今浙江宁波)人。住余姚灵源山明真寺。有诗作传世。(0578 卷 10,0033 卷 34)

如芝　字灵石,元僧,嗣法僧智愚。初住嘉禾兴圣寺,迁台州涌泉寺、嘉禾本觉寺,末住杭州净慈寺。(1144 卷 256)

如砥(1268～1350)　字平石,号佛海,世称砥禅师,元僧。成宗大德三年(1299),住庆元(治今浙江宁波)保圣寺。文宗天历二年(1329)住持天童寺。能诗,有诗作传世。有《平石如砥禅师语录》。(1144 卷 258,0504 壬上)

如智　元补陀(今浙江普陀)禅僧。世祖至元二十一年(1284)奉帝遣持玺书出使日本,以中途有阻而返回。(0001 卷 20、208)

如照(1258～1331)　字元明,号寂室。元僧人,晋江(治今福建泉州)蔡氏子。成宗大德十年(1306)为晋江县开元寺主,受锡号佛果宏觉大师。(0075 神异典卷 188,0920 卷 65,0037 卷 17)

好礼　元蒙古塔塔儿人。布智儿长子。初,事世祖为宿卫士。伯颜征宋,奏以其督水军攻襄樊,后从大军渡江入临安,以功授水军翼万户府达鲁花赤。(0001 卷 123)

好里燕纳　元将。世祖中统四年(1263)六月,答机叛于西蕃(藏族地区);奉帝命与汪惟正追之松州(治今四川松潘)。(0001 卷 162)

观奴　字尚宾。元顺帝至正十八年(1358)由监察御史迁任秘书太监。(0027 卷 9)

观驴　字元宾。元北庭(今新疆吉木萨尔北)畏兀儿人。官至杭州路达鲁花赤。(0415 卷 4)

观闾(？～1367)　字元宾。元回回古速鲁氏。顺帝至正六年(1346)任惠州路同知,八年迁任杭州路达鲁花赤。至正末,为张士诚官属。二十七年朱元璋灭张士诚,征召之,自经死。(0438 卷 2,0296 卷 5,0011 卷 85)

观通　字希远。元僧,宜兴(今属江苏)人。有诗作传世。(0504 壬上)

观童　字用宾。元蒙古人。顺帝至正二十年(1360)为江南行台监察御史,劾经略使忤旨,左迁江西行省都事,不赴,隐居海滨。(0296 卷 5,0594 卷 12)

观音奴①(？～1330)　元蒙古人。仁宗时权相铁木迭儿之子。泰定帝即位(1323),其赀产被籍没。泰定元年(1324)七月,发还籍没之赀产。文宗至顺元年(1330)七月,与兄将作院使锁住、姊夫大医使野理牙,坐怨望、造符录、祭北斗、咒咀,事觉,诏中书省鞫之。未几,处死。(0001 卷 29、34)

观音奴②　字志能。元唐兀人。居新州(治今广东新兴)。泰定四年(1327)进士。由户部主事,再转而知归德府。断狱严明。民有衔冤不直者,虽数十年前事,皆千里奔走来诉;立为剖决,旬日悉清。后升为都水监官。(0001 卷 192)

观音奴③(？～1358)　父昔班帖木儿为赵王位下同知怯怜口总管府事,母尝保育赵王。元顺帝至正十八年(1358),部落灭里叛,欲杀赵王。其父母遂以其服赵王平日衣冠居王宫,夜半,夫妻卫赵王微服遁去。灭里等至,遂被杀,赵王得免。事闻,诏赠同知大同路事,并授其父同知河东宣慰司事,仍旌表其门闾。(0001 卷 45)

观音奴④　元蒙古克烈氏。顺帝至正间右丞相搠思监之子。至正间为宣徽使。二十四年(1364),因其父罪恶,被流放于远方。(0001 卷 205)

观音奴⑤　元拓跋氏。按札儿曾孙南台御史燕帖木儿之子。历任广东宣慰司架阁库提点。(0011 卷 31)

观音奴⑥　元蒙古捏古思氏。文宗至顺元年(1330)状元笃列图之弟。(0011 卷 32)

观音奴⑦　元畏兀儿人。淮东宣慰使脱烈海牙之弟。(0011 卷 49)

观音奴⑧　元畏兀儿人。江西平章买住子江西左右司郎中普达实立之孙。(0011 卷 50)

观音奴⑨　元畏兀儿人。中尚院使忙兀的斤曾孙。(0011 卷 52)

观音奴⑩　元顺帝至正二十五年(1365)为枢密院副使,十月,与益王浑都帖木儿擒获帝母舅老的沙,处死之。三十年(1370),为枢密院使。四月,顺帝死于应昌,与太尉完者奉梓宫北葬。(0001 卷 46、47)

观音保①(？～1321)　又译观音宝。元人。英宗初年为监察御史。至治元年(1321)春,与监察御史锁咬儿哈的迷失等上章强谏兴建大寺于京西寿安山。丞相铁木迭儿之子锁南为治书侍御史,进谗言于英宗。遂与锁咬儿哈的迷失皆被处死。泰定帝即位后,因御史奏言,获昭雪。追谥贞愍。(0001 卷 27、29、124,0501 卷 12)

观音保②　元畏兀儿人。顺帝至正元年(1341)任江南行台监察御史。(0632 卷 6)

观音保③　元钦察伯牙吾氏。千奴第四子。袭兄寿童职为洪泽屯万户。(0001 卷 134)

欢赤　元蒙古人。泰定三年(1326)九月,与诸使者奉旨出使察合台汗国怯别汗、钦察汗国月即别汗、伊利汗国不赛因汗处。四年九月,复与诸使者奉旨出使察合台汗国怯别汗等处。(0001 卷 30)

欢差　元钦察伯岳吾氏,土土哈之子。任钦察亲军千户。(0011 卷 74)

牟全　元栖霞(今属山东)人。世祖至元间从征日本,以劳授管军千户。(0075 氏族典卷 353)

牟鲁(？～1370)　字仲望。元明之际乌程(治今浙江吴兴)人。顺帝至正年间为归安县儒学教谕。明洪武初任莒州同知。洪武三年(1370)死于民人暴动。(0559 卷 18)

牟楷　字仲裴,号九溪。元黄岩(今属浙江)人。励志正心诚意之学。论文以性命为先,词华为后。家居授徒。门人尊称为静正先生。著有《理窟》。(0002 卷 236,0072 卷 82)

牟巘(1227～1311)　字献之、献甫,宋元间湖州人。宋进士,历任大理少卿、浙东提刑。入元不复仕。有《陵阳集》。(1155 卷 34,0070 卷 76)

牟克孝　元济南人。居丧庐墓。诏表其门闾。(0001 卷 197)

牟应龙(1247～1324)　字伯成,自号隆山。宋元之际吴兴(今属浙江)人。宋大理少卿牟巘之子。咸淳进士。调光州定城尉。沿海制置司辟为僚属,以病辞不仕。入元,宋故相留梦炎为元世祖吏部尚书,以书招之,曰:“苟至,翰林可得”。不答。后任溧阳州儒学教授。晚年以上元县主簿致仕。宋亡后,与父自为师友,讨论经学,以义理相切磨。于诸经皆有成就,著有《五经音考》。为文长于叙事,登门求其文者甚众,以文章大家称于东南。(0001 卷 190)

牟应奎　字文甫。元湖州(今属浙江)人。牟应龙之弟。任黄岩州判官。(0876 卷 12)

牟应复　字景阳。元湖州(今属浙江)人。牟应龙之弟。泰定年间为漕幕官。文宗天历二年(1329)迁任浙东宣慰司都事。(0634 卷 1,0316)

牟若畯　字子南，号南轩。元黄岩（今属浙江）人。牟楷从弟。有诗作传世。（0072 卷 82，0504 戊上）

买奴①　元成宗时，任中卫亲军都指挥使。武宗即位，任知枢密院事。（0001 卷 22）

买奴②（？～1324）　元宗室。至治三年（1323）英宗遇弑时投奔泰定帝王府，劝除逆党。泰定帝即位，嘉其功，以泰宁县五千户封之为泰宁王。不久卒。（0001 卷 27、29、108）

买奴③　元泰定帝时，任河南廉访使。泰定二年（1325），因多征公田租免官。（0001 卷 29）

买奴④　元宗室，太祖叔答里真后裔。泰定帝泰定三年（1326），封宣靖王，镇益都。后参与拥戴文宗即位，诏为其置王傅等官。顺帝至元二年（1336），进封益王。至正十七年（1357），红巾军攻陷益都时逃走。（0001 卷 30、39、107 等）

买奴⑤　元泰定帝时，任广西宣慰使。招降透江团徭人叛乱。后调任参议中书省事。（0001 卷 30）

买奴⑥　元明宗近臣。天历二年（1329），明宗即位于漠北后，授同知行枢密院事。（0001 卷 31）

买奴⑦　字德卿。元哈剌鲁人。答失蛮之子。顺帝至元间任河南行省平章。（0152 卷 24，0011 卷 87，0014 卷 6）

买奴⑧　元畏兀儿人。孟速思之子。历任章佩卿、翰林学士承旨。（0011 卷 39，0225 卷 6）

买奴⑨　元乃蛮人。临江万户府上千户所达鲁花赤也先不花之子。历任西台御史、江西廉访佥事。（0011 卷 69）

买讷①　元仁宗延祐五年（1318）任江南行台监察御史。（0632 卷 6）

买讷②　元唐兀人。立智理威长子。仕为翰林学士承旨。（0001 卷 120）

买买　字子昭。元蒙古伯要氏。顺帝至正十七年（1357）由中政院同知迁任秘书卿。（0027 卷 9）

买住①　元契丹人，耶律秃花子、朱哥弟。袭父、兄职，为太傅，总领也可那延（大官）。宪宗时，率诸军伐四川，攻嘉定，城未下而卒。（0001 卷 149）

买住②　元世祖至元年间任莱州（今属山东）同知。（0727 卷 2）

买住③　元武宗时，任都护之职。至大元年（1308），加授中书右丞。（0001 卷 22）

买住④　元武宗至大三年（1310）任通政使。后出为湖南廉访使。官至侍仪使。谥文简。（0011 卷 94，0154 卷 8）

买住⑤　元仁宗皇庆元年（1312）任定海县（治今浙江宁波镇海）达鲁花赤。（0633 卷 3）

买住⑥（？～1336）　元仁宗时，任湖广行省平章政事。延祐五年（1318），任大司农，加封鲁国公。顺帝时卒。（0001 卷 26、39）

买住⑦　元河西人。泰定四年（1327）进士，授内黄县达鲁花赤，有政声。（0770 卷 5，0674 卷 6）

买住⑧　字从道。元唐兀人，居成安（今属河北）。顺帝元统元年（1333）进士，授安州（治今河北安新西南）同知，转松阳（今属浙江）达鲁花赤，有政绩。能诗，有诗作传世。（0028 卷上，0896 卷 157，0504 己上）

买住⑨（？～1346）　元顺帝时，为万户。至正六年（1346），率军征讨吾者野人时战死。诏恤其家。（0001 卷 41）

买住⑩　元顺帝至正十九年（1359）为监察御史。是年，承太子旨，与御史桑哥失理劾中书左丞成遵、参政赵中下狱死。（0001 卷 140）

买住⑪　元蒙古人。顺帝至正二十年（1360）蒙古色目右榜进士一甲第一名（状元）。（0001 卷 45、92）

买住⑫　字翰臣。元西域人。登进士第。顺帝至正二十二年（1362）由通事舍人迁秘书监典簿。（0027 卷 9）

买住⑬　字昂霄。历任元江阴副万户、中政院判官、福建廉访佥事。顺帝至正间航海归隐。（0296 卷 5）

买住⑭　号简斋。元高昌（治今新疆吐鲁番东）历任信州路（治今江西上饶）总管。（0228 卷 2）

买住⑮　元畏兀儿人。阿台脱因之子。官至江西行省平章，告老寓居吴郡（今苏州）。（0042 卷 10，0011 卷 50，0279 卷 12）

买住⑯　元蒙古人，任韶州路同知。顺帝至正中讨反元队伍，卒于军。（0075 官常典卷 627）

买驴①　元仁宗时，任江浙行省平章政事。英宗即位，受其母亦列失八卷入脱忒哈、失列门谋废立一案牵连，被捕下狱，籍其家。（0001 卷 27）

买驴②　元泰定帝时，任中书舍人。泰定元年（1324），奉命与湖广行省左丞乞住等率兵讨广西诸徭。（0001 卷 29）

买驴③　元延祐七年（1320），英宗即位后，由知枢密院事出任辽阳行省平章，至治二年（1322）入为中书平章，不久，迁任大司农。（0001 卷 27、28）

买苟　元蒙古土别燕克烈氏，中书左丞相完泽孙。历任中政使。（0011 卷 30）

买的①　元蒙古八邻氏，伯颜子。成宗

元贞元年(1295),授佥书枢密院事。(0001 卷 18、127)

买的②　元成宗大德初,任徽州(治今甘肃徽县)达鲁花赤。(0801 卷 22,0811 卷 5)

买的③　元公主。宪宗曾孙女。嫁蒙古亦乞列思部贵族昌王阿失为继室。泰定元年(1324)四月,受封为皇妹昌国大长公主,给银印。(0001 卷 29)

买闾①　元仁宗时,任枢密同知、知院。英宗即位初,出为辽阳行省平章政事。至治二年(1322),诏拜中书平章政事。不久,罢为大司农。(0001 卷 25、27、28)

买闾②　元仁宗时,任也可札鲁忽赤(大断事官)。泰定帝时,任平章政事。(0001 卷 26、30、138)

买闾③(1308～?)　字世杰。元蒙古斡罗台氏,居濮州(治今山东鄄城北)。顺帝元统元年(1333)进士,授太常礼仪院太祝。(0028 卷上,0011 卷 12)

买闾④　字兼善。元西域人,居上虞(今属浙江)。顺帝至正二十二年(1362)中乡试,航海赴会试而后期,特授嘉兴路儒学教授。及还,见张士诚当政,屏居不出。(0296 卷 4 下、5,1104 卷 4)

买闾⑤　元畏兀儿人,大宗正府也可札鲁花赤月鲁哥之子。历任治书侍御史、大承华普庆寺都总管。(0011 卷 50,0147 卷 16)

买哥①(?～1259)　元契丹人,姓耶律,绵思哥子。通诸国语。袭父职为中都路也可达鲁花赤。宪宗时从军攻四川,卒于军。(0001 卷 150)

买哥②　元成宗大德九年(1305)任江南行台监察御史。(0632 卷 6)

买哥③　元畏兀儿人。从许衡学。历任富州(治今江西丰城)达鲁花赤。(1012 卷 15)

买僧　元仁宗时,任司徒。至大四年(1311),加封赵国公。(0001 卷 24)

买术丁　元顺帝时,任参议中书省事。至正三年(1343),授同知宣徽院事。(0001 卷 41)

买列的　元顺帝至正七年(1347)设分元帅府于沂州,以为元帅,备山东寇盗。(0001 卷 41)

买住丁　元顺帝时,任江浙行省参知政事。至正十三年(1353),升本省右丞,提调海运。(0001 卷 43)

买住罕　元蒙古弘吉剌氏,按陈裔孙、进不剌之子。袭千户,尚拜答沙公主。武宗至大三年(1310),封兖王。女二人,皆为泰定帝妃。(0001 卷 23、109、118)

买述丁　又译买住丁。字永锡。元于阗(今新疆和田)人。泰定四年(1327)任江南行台监察御史。后历任中政院使。顺帝至正七年(1347)授海道万户府达鲁花赤。九年,迁任江西茶运使。(0632 卷 6,0165 卷 1,0316)

买闾也先　元宗室。拖雷第十一子雪别台之孙。(0001 卷 107)

买撒都剌　元顺帝至正十五年(1355)任漳浦县(今属福建),筑城抵御反元队伍。后卒于官任。(0908 卷 19)

买的里八剌　元顺帝孙,洪武三年(1370),明兵袭应昌,被擒获,封崇礼侯。(0001 卷 47)

孙氏①　元庐州(治今安徽合肥)人。王翰继母。嫁翰父王也先不华,三年而寡。育翰如己出。卒年五十余。(0285 卷 3)

孙氏②　名连枝秀。元大都(今北京)教坊官妓。后年四十余时,挟二女童放浪江海间,偶至松江,爱其风物秀丽,遂寓居之。(0101 卷 12)

孙允　元仁宗延祐六年(1319)任兰溪(今属浙江)州判官。(0881 卷 12)

孙玉(?～1291)　元牟平(今属山东)人。袭父职为管军中千户。(0212 卷 71)

孙节　元泰定帝时,为邓州万户。文宗即位,奉命率军戍守武关。(0001 卷 32)

孙让　元世祖至元二十七年(1290),任庆元路(治今浙江宁波)经历。死于官任。(0633 卷 2)

孙贞　元宪宗时,为世祖藩府怯薛必阇赤(文书官)。宪宗九年(1259),奉命至蔡州督军须,杀犯法军士,诸军凛然。(0001 卷 4)

孙华(?～1358)　字元实,元永嘉(今浙江温州)人,侨居华亭(今上海松江)。博雅好岐黄,被荐为医学教授。好修洁,所居小阁,列古彝鼎、法书、名画,焚香静坐。书非佳墨熟纸不作。卒年近八十。(1143 卷 688,0275 卷 10,0101 卷 23)

孙旭　字时升。元嘉平(治今安徽全椒西南)人。历任柘城县尹,有德政。(0762 卷 4,0766 卷 4,0779 卷 5、9)

孙庆　字伯善。金元之际济南人。金末,严实壁青崖崓,庆往从之,后随严实降于蒙古。元太祖时,献计于严实,实遂与蒙古军合势大破彭义斌;以功授济南府军资库使,改行尚书省应办使。太宗四年(1232),升威捷军都指挥使。十一年,迁本路镇抚军民副弹压兼行东平府录事。卒年五十七。(0351 卷 30,0002 卷 137,0003 卷 52)

孙安　元河内(治今河南沁阳)人。许衡弟子。衡为国子祭酒时,召之为国子学斋长。(0071 卷 90,0006 卷 88)

孙㧑　字自谦。元曹州(今山东荷泽)人。顺帝至正二年(1342)进士,授济宁路录事。后借授集贤待制,随乌马儿至

高邮招降张士诚，为士诚所居。密谋联络元军收复高邮，事泄被杀。追赠翰林侍读学士，封曹南郡公，谥忠烈。（0001卷194）

孙抑　字希武，元晋宁洪洞（今属山西）人。中进士，仕至刑部郎中。元末军阀混战，携父母妻子避兵平阳柏村。屡经危难，竭力保护父母，为时所称。（0001卷198）

孙闰　元人。有诗作传世。（0504壬下）

孙宏　元武宗至大二年（1309）任江南行台监察御史。（0632卷6）

孙规　元镇江（今属江苏）人。世祖至元十六年（1279），授庆元路（治今浙江宁波）儒学教授。（0631卷19）

孙松　字士贤。元晋宁（治今山西临汾）人。顺帝至正十三年（1353），任秘书监典吏。（0027卷11）

孙郁　元武宗至大二年（1309）任吴江（今属江苏）州同知。（0954）

孙虎　元成宗大德八年（1304）任衢州（今属浙江）路总管。（0878卷2）

孙固　号古真道人，元临汾（今属山西）人。长于儒学，兼工书、画，百工技艺无所不通，人称百会先生。（1143卷683）

孙庚　字居仁（一作居纯），号雪矶。元慈溪（今属浙江）人。居乡教授。有诗作传世。（0877卷38，0072卷93，0504戊上）

孙泽　元世祖时人，善刻碑。至元二十三年（1286）同吕彬刻《长清县重修庙学碑》。（1143卷693）

孙政（1263～1323）　元德平（治今山东临邑北）人。袭父职为管军下百户。世祖至元年间讨伐闽、浙反元队伍有功。（0152卷35）

孙威（1183～1240）　金元之际浑源（今属山西）人。金贞祐年间应募从军。后随其帅降蒙古，授义军千户，从攻潞州、凤翔有功。善制甲，制蹄筋翎根铠献元太宗。太宗亲射之，矢不贯甲，大悦，赐名“也可兀兰”，授顺天、河南、平阳等路工匠都总管。常从军出战，以收集工匠为言，保全民人。谥忠惠。（0001卷203）

孙拱　元浑源（今属山西）人。孙威之孙。初为监察御史。后袭父公亮职为顺天、河南等路甲匠都总管。善制甲盾，巧思如其父祖。伯颜南征时，先期完成所督顺天、河间甲匠制作之甲胄，称旨。至元十五年（1278），授保定路治中，开仓赈饥民。二十二年，任大都路军器人匠总管，升工部侍郎。成宗时，历任大同路总管、两浙都转运使、益都路总管。卒于官，谥文庄。（0001卷203）

孙显（1240～1300）　字荣甫。元登封（今属河南）人。世祖至元中，从平宋，授江西行省郎中，迁荆湖宣慰司同知。二十三年（1286），任福建行省郎中。成宗大德二年（1298），升怀孟路总管。（0145卷24，0002卷173）

孙矩　字仲方。元镇江（今属江苏）人，孙规之弟。历任桃源知州、澧州路同知。以松江知府致仕。（0631卷19）

孙勉　字伯强。元京兆（治今陕西西安）人。文宗至顺年间任奉元路（治今陕西西安）知事。迁华亭（治今上海松江）知县。（0801卷22，0810卷11，0554卷28）

孙骁　宋元之际宁德（今属福建）人。宋末为太学生，登进士第。元世祖至元三十年（1293）任宁德县儒学教谕。（0914卷4，0902卷123，0076卷40）

孙珪　字子玉。元济宁（治今山东巨野）人。历任镇江路阴阳学教授。（0631卷17）

孙桂　元湖州（今属浙江）人。有诗作传世。（0504戊上）

孙康　元泰定年间任景陵县（治今湖北天门）儒学教谕。（1044卷17）

孙淑（1306～1328）　字蕙兰。元汴梁（治今河南开封）人，女。泰定五年（1328），年二十三嫁新喻傅若金。同年死。能诗，有《绿窗遗稿》一卷。（0101卷13，0503初集壬，0033卷36）

孙恕　元仁宗延祐年间任慈溪（今属浙江）县尉。文宗至顺元年（1330）任奉化州（今属浙江）判官。（0634卷2）

孙章　元掖县（治今山东莱州）主簿。（0727卷2）

孙焕　元人。有诗作传世。（0504癸下）

孙绰　字炯之。元兴化（治今福建莆田）人。历任翰林应奉，福建行省员外郎、郎中。（0905卷6）

孙琪　元临沂（今属山东）人。历任诸暨（今属浙江）州同知。（0880卷28）

孙琳　元晋陵（治今江苏常州）人。历任丹徒（治今江苏镇江）县尉。（0631卷16）

孙揖　元英宗至治二年（1322）任江南行台监察御史。（0632卷6）

孙善（？～1249）　金元之际武强（今属河北）人。金末，率众保栅寨自守。元太祖八年（1213），降于蒙古。金亡，署武强县尉。（0160卷17，0645卷5）

孙谐　字和伯。元浑源（今属山西）人。孙拱之子。成宗大德年间任利器库提点，丁忧归。仁宗皇庆元年（1312），起为宝源库提举。（0225卷13）

孙谦　元末任江山（今属浙江）县尉。（0878卷3）

孙弼　元世祖至元十四年(1277)任江南行台监察御史。(0632 卷 6)

孙瑞①　元大都(今北京)人。英宗至治二年(1322)任金壇(今属江苏)县尹。(0631 卷 16)

孙瑞②　元文宗至顺元年(1330)任镇江路登荣乡巡检。(0631 卷 17)

孙楫①　字济川。元雄州新城(今属河北)人。由吏入仕。历任襄阳路录事、宣德尹、兴和路经历、浙东道廉访司佥事。侍亲以孝闻。(0146 卷 34、50)

孙楫②　元仁宗延祐初,任获鹿(今属河北)县尹。(0645 卷 4)

孙嗣①　金元之际邓州(今属河南)人。善骑射。金末聚集乡兵守武当。后降蒙古。历任蕲黄道宣慰使。追谥武康。(0767 卷 17,0075 氏族典卷 148,0084 卷 10)

孙嗣②　宋元之际人。初为南宋均州总管。元宪宗四年(1354)归降。世祖时,任均、房州总管,与宋兵作战有功。(0001 卷 3、7)

孙煜　字克明。元镇江(今属江苏)人,孙矩之子。以父荫授温州路税务提领。历新喻州判官。文宗至顺年间任泉州路税务提领。(0631 卷 19)

孙福　金元之际邹平(今属山东)人。金末率众保乡。元初,任军民千户。从攻河南有功,当调,乡人爱之,留为邹平县丞。(0600 卷 3,0075 氏族典卷 148)

孙瑾　元镇江丹徒(治今江苏镇江)人。父丧,哀毁过礼。事继母唐氏尤以孝闻。县上其状,诏加旌表。(0001 卷 197)

孙碧　元成宗大德四年(1300)任沁水(今属山西)县尹。(0694 卷 5)

孙翥①　元末为察罕帖木儿部将,从攻汴梁有功。察罕死,复为其养子扩廓帖木儿谋主。(0001 卷 45、141)

孙翥②　元兰阳(治今河南兰考东北)人。顺帝至正二十二年(1362)任刑部侍郎。(0600 卷 2)

孙懋　元成宗大德八年(1304)任瑞州路(治今江西高安)知事。(1016 卷 14)

孙稷　字长庆。元云间(治今上海松江)人。尝为文学官。顺帝至正中战乱,遂不复仕,读书卖药于横云山之支陇。(0296 卷 3,0063 卷 15)

孙毅　元英宗至治二年(1322)任鄞县(治今浙江宁波)主簿。(0634 卷 2)

孙辙(1262～1334)　字履常。元临川(治今江西抚川)人。家居教授,不应有司征聘,乡人称为澹轩先生。善为文章,有诗作传世。(0147 卷 43、44,0415 卷 7、10,0001 卷 199,0504 戊下)

孙激　字叔达。元嘉祥(今属山东)人。世祖至元十八年(1281)任漳州路知事,有能声,丁母忧归。(0075 氏族典卷 148)

孙邃　元英宗至治三年(1323)任溧水(今属江苏)知州。(0632 卷 6)

孙璿　元仁宗延祐中,为任县(今属河北)主簿。(0647 卷 10,0658 卷 5)

孙瓒　元宁晋(今属河北)人。成宗元贞元年(1295),任镇江行通政院同佥。仁宗延祐中,任兵部尚书。(0631 卷 17,0645 卷 5)

孙三宝　元顺帝至正年间任南雄路(治今广东南雄)同知,廉介爱民。(0622 卷 80)

孙士志　字道心。元人。有诗作传世。(0504 己下)

孙士敏　字汝学。元顺帝至正二十年(1360),任江南行台宣使。(0594 卷 12)

孙士廉　元人。有诗作传世。(0504 癸下)

孙万镒　元初由南安路(治今江西大余)推官擢任南丰(今属江西)知州。(0204 卷 3)

孙之杰　元人。有诗作传世。(0504 癸下)

孙子羽　元仪真(治今江苏仪征)人。撰杂剧《杜秋娘月夜紫鸾箫》,今佚。(0029 卷下)

孙天正(1284～1333)　字梦符。元高唐(今属山东)人。泰定元年(1324)任沂州知州。后历任山北廉访司佥事、监察御史、淮东廉访副使。谥惠肃。(0250 卷 51,0196 卷 4,0002 卷 229)

孙天民　字可达。元济南人。世祖至元年间任南康路(治今江西星子)总管,捐俸修学,教化大兴。(0622 卷 52,1011 卷 13)

孙元蒙(1291～1375)　字正甫。元鄞县(治今浙江宁波)人。摄教鄞县学,又为慈湖书院山长。顺帝至正八年(1348),征辟为余杭县儒学教谕,致仕归。(0431 卷 42,0418 卷 30,0072 卷 70)

孙止善　元顺帝至元三年(1337)任鄞县(治今浙江宁波)尉。(0634 卷 2)

孙公亮(1222～1300)　字继明。元浑源(今属山西)人,孙威之子。袭父职为诸路甲匠总管。世祖至元五年(1268),任监察御史。历任山东按察司佥事、山北按察副使。十四年,升彰德路总管。后改任浙西宣慰使。二十二年致仕。谥正宪。(0144 卷 58,0075 氏族典卷 148)

孙公祐　元世祖至元二十三年(1286)任秘书少监。(0027 卷 9)

孙凤洲　元浏阳（今属湖南）人。有诗作传世。（0033 卷 14）

孙文英　字才卿。元古襄人。顺帝至正十年（1350）任泉州路总管。（0594 卷 12）

孙文顺　元朝城（治今山东莘县西南）人。举孝廉，授沂州判官。擢陕西行台监察御史。官至上都（今内蒙古正蓝旗东北）留守。（0732 卷 7，0730 卷 5，0075 氏族典卷 148）

孙文焕　元南阳（今属河南）人。历任上虞（今属浙江）县尹。（0880 卷 28）

孙文清　元大德十一年（1307）任瑞州路（治今江西高安）治中。（1016 卷 14）

孙允贤　元文江（今江西吉水）人。世为儒医。允贤多年积累验方，取其中切要分类编次，编成《医方集成》于英宗至治元年（1321）刊行。后经熊彦明增补，改称《类编（南北）经验医方大成》。（1149 卷 199，1071 卷 14）

孙平斋　元人。有诗作传世。（0504 甲）

孙正辰　元泰兴（今属江苏）人。历任桃园县（治今江苏泗阳西南）儒学教谕。（0935 卷 19）

孙去棘　元鄞县（治今浙江宁波）人。历任上虞（今属浙江）儒学教谕。（0880 卷 29）

孙世贤　元成宗元贞二年（1296）任江南行台监察御史。（0632 卷 6）

孙世显　字彦晖，号云壑。元河间（今属河北）人。历任庐陵（治今江西吉安）县丞，有政声。（0173 卷 21）

孙用复　元人。有诗作传世。（0504 癸上）

孙民献①　元营州人。世祖至元十七年（1280）至二十年，任镇江路总管。（0631 卷 15）

孙民献②　元世祖时，党附权臣桑哥，任上都留守司同知，又受贿克扣诸从臣粮。至元三十年（1293），械送湖广穷治，籍没其家产妻奴。（0001 卷 17）

孙存吾　号如山。元庐陵（治今江西吉安）人。历任儒学正。顺帝至元初选辑元人之诗，编成《皇元风雅》前集六卷、后集六卷，交付杭州勤德书堂刊行。（0514 前集卷首、后集卷首，0504 己上）

孙廷玉　元世祖至元十三年（1276）任崇仁县（今属江西）达鲁花赤。多次镇压反元队伍。死于官任。（1014 卷 9）

孙仲章　或云姓李，元大都（今北京）人。善作杂剧，有《卓文君白头吟》等。（0029 卷上）

孙自强　元会稽（治今浙江绍兴）人。著有《太极辨》三卷。（1103 卷 173）

孙庆衍　字希文。元广信（治今江西上饶西北）人。象山（今属浙江）象元观道士。（0225 卷 25）

孙庆瑜　元丰闰（今属河北）人。元初，任丰闰县尹。（0642 卷 7）

孙兴礼　字庆甫。宋元之际宁都（今属江西）人。元世祖至元间，程钜夫荐之，以病辞。（1021 卷 5、6，0063 卷 16）

孙汝霖　元成宗大德年间任丽水县（今属浙江）儒学教谕。（0576 卷 10）

孙好义　元东平（今属山东）人。世祖至元间任范县（今属山东）知县。（0730 卷 6）

孙好直　元宁海（今属浙江）人。历任新昌（今属浙江）县尹。（0880 卷 28）

孙克义　元顺帝至正末，守真定（今河北正定）。二十八年（1368）十月，明军攻破真定城，遁去。（0014）

孙克敬　元顺帝至正十一年（1351）进士。（0560）

孙时敏　元仁宗延祐年间任郃阳（治今陕西合阳）县尹。（0818 卷下，0806 卷 7）

孙秀秀　元大都歌妓。善演杂剧小旦，名公巨卿多爱重之。大都谚曰："人间孙秀秀，天上鬼婆婆"。（0032）

孙秀实　元大宁（治今内蒙古宁城西）人。性刚毅，喜周人急。代里人王仲和偿所欠富人钞二千锭，又免李怀玉欠己之钞一千五百锭，时论称之。（0001 卷 197）

孙伯恭　元文宗天历元年（1328）任吴江（今属江苏）知州。（0954 卷 17）

孙伯善　元人。有诗作传世。（0504 癸上）

孙伯颜（1284～1347）　字元晋。元宁都（今属江西）人，孙兴礼之孙。顺帝至正三年（1343）任广东市舶都提举。后迁任肇庆路总管，以宣徽院佥事致仕。（0152 卷 37）

孙希武　字立夫。元遂溪（今属广东）人。历任宾州判官、临贺尹，廉洁自守。（0622 卷 82，0075 氏族典卷 148，0589 卷 40）

孙应庆　元成宗元贞中，任嵊县（今属浙江）尉。（0880 卷 28）

孙良臣　元宁都（今属江西）人，孙兴礼之子。历任抚州万户府经历。（1021 卷 6）

孙君泽　元杭州人。工画山水、人物，师法马远、夏珪。（0030）

孙茂德　元文宗至顺二年（1331）任吴江（今属江苏）知州。（0954 卷 17）

孙直庵　元人。有诗作传世。(0504 丁)

孙直淳　元山阴(治今浙江绍兴)人。世祖至元十七年(1280)至十八年,十九年至二十一年,两度任庆元路(治今浙江宁波)治中。成宗大德中,累迁为河北廉访使。(0633 卷 2,0592 卷 14)

孙叔达　元人。有诗作传世。(0504 癸下)

孙具济　元临潼(今属陕西)人。登进士第。历任翰林学士。(0801 卷 26)

孙明道　元官员。历任盩厔(治今陕西周至)知县,有德政。后升为奉元路(治今陕西西安)治中。(0622 卷 33,0801 卷 20,0075 氏族典卷 148)

孙秉直　元顺帝元统元年(1333)任奉化(今属浙江)州判官。(0634 卷 2)

孙知军　元人,工画梅及栗鼠,其画传至日本。(1143 卷 684)

孙周卿　元汴梁(治今河南开封)人,孙淑之父。尝客居湘中,以女淑嫁傅若金。为散曲作家。(1107 卷 10)

孙怡老　元武宗至大二年(1309)任丹阳(今属江苏)县尉。后迁任句容县(今属江苏)主簿。(0631 卷 16,0632 卷 6)

孙居仁　元高唐(今属山东)人。孙天正之父。历任江西行省郎中。官至山西宣慰使。(0144 卷 22,0002 卷 229)

孙思荣　元成宗大德六年(1302)任秘书监管勾。(0027 卷 9)

孙胜夫　元世祖时,为万户。至元十六年(1279),奉命出使占城。十八年,授广州宣慰使,兼领出征调度。后又奉命出使爪哇。(0001 卷 11、12、210)

孙彦卿　元句容(今属江苏)人。历任杭州路总管,死于官任。(0872 卷 63)

孙宪章　元顺帝至正年间为彰德路总管,后升为山东行省右丞。(0762 卷 10)

孙都歹　元成宗元贞二年(1296)任江南行台监察御史。(0632 卷 6)

孙原贞　元人。有诗作传世。(0504 辛上)

孙原彝　元余姚(今属浙江)人。成宗大德中,任山阴县(今属浙江)儒学教谕。(0880 卷 29、30、37)

孙晓宇　元人,善制镜。传世之元代准提咒镜有“孙晓宇造”方印。(1143 卷 693)

孙益谦(1266~?)　元道士。受赐号文素仁德诚明真人。主持延祥、佑圣两观,兼领杭州道教事。年七十时,作安晚轩于佑圣观之东北。(0559 卷 16)

孙继宁(1257~1321)　字德童。元奉圣州(治今河北涿鹿)人。世祖至元二十八年(1291)任上都(今内蒙古正蓝旗东北)大仓使。仁宗延祐五年(1318),任益都般阳等处淘金总管。(0212 卷 80)

孙继庆　元东平(今属山东)人。历任汶上(今属山东)县尹。(0721 卷 26)

孙继宗　元世祖至元中,任奉化(今属浙江)县达鲁花赤。(0633 卷 3)

孙继荣　元南阳(今属河南)人。成宗元贞年间任丹徒(治今江苏镇江)县尹。(0631 卷 16)

孙梦锡　元武邑(今属河北)人。顺帝至正中,任江阴(今属江苏)知州。(0645 卷 5)

孙袭卿　元入华高丽人。历任礼部员外郎。有诗作传世。(0504 壬下)

孙辅臣　元宁都(今属江西)人,孙兴礼之子。历任南康县尹、德庆路总管、湖南宣慰使、广西廉访使,皆有政声。(1021 卷 6)

孙景真(1263~1339)　字久大。宋元之际贵溪(今属江西)人。宋末为道士于龙虎山。元世祖时,主持真元宫。成宗大德七年(1303),制授通真凝妙弘道法师。文宗天历元年(1328),主持龙虎山崇禧院。顺帝至元三年(1337),制加教门高士,复主持真元宫。(0258 卷 10)

孙景益　元济阳(今属山东)人。顺帝至正八年(1348)进士。二十七年(1367),拜中书参知政事。次年升左丞,分省河东。(0001 卷 113、141,0624 卷 70)

孙道明(1297~?)　字明叔。元明之际华亭(治今上海松江)人。家有映雪斋,手抄书数百卷,明后叶尤有存者。明洪武中卒。(0279 卷 7,1078 卷 7,0125 卷 40)

孙登龙(1241~1311)　字寿甫。宋元之际宁都(今属江西)人。元初,行省擢充南安路儒学正,考满授庆远安抚司儒学教授。成宗大德九年(1305),任归仁州同知。后升为东川路同知,未上任卒。(0212 卷 65,1021 卷 5)

孙嗣远　元顺帝至元四年(1338)任吴江(今属江苏)知州。(0954 卷 17)

孙德昌　元泽州阳城人。泰定元年进士。(0551 卷 39)

孙德明　元威州(治今河北威县)知州。(0669 卷 5)

孙德彧(1243~1321)　字用章。元眉山(今属四川)人。全真教道士。仁宗时管领诸路道教所、知集贤院道教事,赐号辅道体仁文粹开玄真人。(0147 卷 50,0554 卷 28)

孙德润　字以诚。元钱塘(治今浙江杭州)人。由江浙省掾迁任松阳(治今浙

江遂昌东南）县尹，力行计亩均役之法，民大悦。（0062 卷 27，0896 卷 167）

孙德裕　元成宗大德十一年（1307）至武宗至大二年（1309），任奉化（今属浙江）州判官。仁宗延祐中，任温州路经历。（0633 卷 3，0579 卷 9）

孙德谦（？～1368）　元睢州（治今河南睢县）人。顺帝至正二十八年（1368）任大同行省平章政事。明军围大同城，誓死固守，城将破，手书自决，作诗数章，词义激烈，饮药自杀。（0764 卷 7，0002 卷 233，0504 庚上）

孙德福　元初，从真大道宗师郦希成学道。世祖至元五年（1268），受命统辖诸路真大道教，赐铜章。（0001 卷 202）

孙履道　字大方。元道士。受元廷赐号神仙玄门演道大宗师、泰定虚白文逸明德真人，掌管诸路道教事。（0212 卷 90，0148 卷 3）

孙彻彻笃　字可臣。元高唐（今属山东）人。顺帝至正八年（1348）由中书直省舍人出为林州同知，在任三年，有政绩。（0251 卷 8，0250 卷 43，0788 卷 4）

孙别帖木儿　本名振。元浑源（今属山西）人，孙拱之弟。成宗大德四年（1300）任定海（治今浙江宁波镇海）县尹。（0633 卷 3）

红字李二　元京兆（治今陕西西安）民间艺人，刘要和婿。演杂剧，并能编写。所编杂剧，多取材于民间传说北宋梁山泊农民起义故事，有《武松打虎》、《病杨雄》、《黑旋风》等，对后来《水浒》小说的形成很有影响。（1146 卷 188）

纥石里　元世祖时，依附权相阿合马，授工部侍郎。至元十二年（1275），去职。（0001 卷 148）

纥石烈仲平　元女真人。世祖至元二十九年（1292）任镇江行通政院判官。（0631 卷 17）

纥石烈延年　字九龄。元女真人。成宗大德年间任平原县（今属山东）知县，县民树碑记其政绩。（0742 卷下，0600 卷 4，0075 氏族典卷 639）

纥石烈希元　元大都（今北京）女真人。笃志穷经，尤精于《周易》、《春秋》。（0154 卷 7，0004 卷 36，0072 卷 82、85）

约著　元畏兀儿人，撒吉思孙，西台中丞答里麻弟。历任隆禧院使。（0011 卷 44）

纪祥　元世祖至元七年（1270）任安丘县典史。后累迁为庆元路（治今浙江宁波）经历。（0633 卷 2，0743 卷 14）

纪敞　元文宗至顺元年（1330），任镇江路开沙巡检。（0631 卷 17）

纪弘道　元成宗大德二年（1298）任秘书监典书。（0027 卷 11）

纪守仁　元末为万户，从余阙守安庆，城陷死难。（0001 卷 143）

纪君祥　元大都（今北京）。杂剧作家，与李寿卿、郑廷玉同时。撰杂剧《赵氏孤儿》、《驴皮记》、《曹伯明错勘赃》、《李元真松阴记》、《韩湘子三度韩退之》、《信安王断复贩茶船》。（0029 卷上）

纪催弟　元宣城（今属安徽）人，纪吉甫女。顺帝至正十五年（1355），宣城为反元队伍攻破，被掳，以首触墙求死，遂被杀。（0622 卷 15，0925 卷 49）

七画

玛斯顿巴（1317～1383）　元僧，唐兀人，生于热甫岗（今康定北木雅区）。十七岁随上师索南坚赞出家为僧。十八岁赴藏，在桑浦寺从上师浦日哇绛秋久受居士戒，从噶玛噶举派大德让迥多吉广听显密教法。继从堪布僧格坚赞受沙弥戒。从大译师等受比丘戒。后礼巡卫藏诸寺，悉心研究萨迦、噶举等各派教法。前后在卫藏学法十五年。后返热甫岗，居桑珠仁钦林寺。曾设法平息热甫岗动乱。一生笃诚于佛教。往返藏地与木雅之间，沟通两地文化，使两地居民在婚姻、宗教信仰、文化、语言、风俗等方面差别日益缩小。（1146 卷 186）

弄景　宋末元初云南些么徒蛮步雄部首领。元宪宗时归附蒙古，为步雄部千户。（0001 卷 61）

麦兀　元通安州（治今云南丽江纳西族自治县）麽些蛮首领。麦良之子。世祖至元九年（1272），袭父职。（0001 卷 61）

麦归　元世祖至元中，任户部尚书。至元十三年（1276）宋平，授浙东西宣慰使，兼知临安府（今杭州）事。（0001 卷 9）

麦吉（？～约 1234）　元蒙古彻兀台氏。太祖千户功臣雪里坚之子。袭职为千户。太宗时，从帝定中原，以疾卒。（0001 卷 132）

麦尚　元世祖中统二年（1261），从征阿里不哥。后任中书省断事官。三年，从平章政事祃祃等出行中书省事于陕西、四川。（0001 卷 4、5）

麦里　元蒙古彻兀台氏。太祖千户功臣雪里坚之孙，麦吉之子。太宗时，袭职为千户。从贵由（定宗）攻略钦察、阿速、斡罗思。宪宗时，从帝攻宋四川。世祖即位，宗王霍忽叛，掠河西诸城。与弟桑忽答儿率所部击之，夺还所掠札剌亦儿、塔塔儿诸部民。桑忽答儿为霍忽所杀，帝闻而怜之，封赐麦里答剌罕之号，寻卒。（0001 卷 132）

麦良　又名阿琮阿良，宋末元初云南丽江摩娑大酋长，麦宗（牟保阿琮）之子。元宪宗三年（1253），忽必烈南征大理，良不战而降，至金沙江边迎接蒙古军，受封茶罕章管民官。率土兵助蒙古军攻破摩娑诸酋寨，升茶罕章宣慰使。继从蒙古军攻克大理，受封副元帅，还镇丽江。借蒙古军威力统一摩娑诸部，成为统辖北胜府、顺州等一府六州一县的丽江路最

大土官。世祖至元十一年(1274),受封金紫光禄大夫统军司使。(1146 卷 186,0001 卷 61)

麦宗　元通安州(治今云南丽江)么些人。麦良父。生七岁,不学而识文字,及长,旁通吐蕃、白蛮之书。(0622 卷 87,0851 卷 11,0075 氏族典卷 543、文学典卷 90)

麦瀓　字元浚。元南雄(今属广东)人。麦文贵侄。史官校勘出身。历任虎贲司儒学教授、静江路知事。顺帝至正二十三年(1363)任藤州同知,二十五年升知州,改知宾州(治今广西宾阳县北新宾)。有诗作传世。(0506 卷 2342,0504 己上)

麦文贵　字敬存。元南雄(今属广东)人。顺帝元统元年(1333)由翰林编修迁任秘书监著作郎。至元元年(1335)授掌医监经历。官至集贤侍讲学士。至正初,与修宋辽金三史。有诗作传世。(0027 卷 10,0075 氏族典卷 543、文学典卷 90,0504 癸上)

麦术丁　元回回人。世祖中统元年(1260),任燕京行中书省回回译史,累迁尚书参知政事,改中书参知政事。又历任江西宣慰使、甘肃行省右丞、中书右丞、中书平章政事等职。至元二十九年(1292),辞官。成宗元贞元年(1295),加授平章军国重事。(0001 卷 7、112、205)

寿山①　元文宗至顺二年(1331)任庆元路(治今浙江宁波)达鲁花赤。(0634 卷 1)

寿山②　元顺帝时,任贵赤卫侍卫亲军副都指挥使。至正八年(1348),奉命监湖广军。(0001 卷 41)

寿宁①(? ~1330)　元公主。甘麻剌长女。泰定帝之姊。泰定二年(1325)四月,加号皇姊大长公主。三年六月,其女撒答八剌被纳于中宫为后妃之一。其另一女八不沙,侍明宗潜邸,生宁宗。(0001 卷 29、30、34、109、114 等)

寿宁②　字无为,号一庵。元僧,永嘉(治今浙江温州)人。住上海静安寺。寺有名迹八处,因作静安八咏,并汇集诸家之作,编为《静安八咏诗集》。(0504 壬上,0033 卷 34)

寿同(1306 ~?)　字仲举。元乃蛮人,居开封(今属河南)。顺帝元统元年(1333)进士,授濠州(治今安徽凤阳东北)判官。(0028 卷上)

寿安　元顺帝至正中任玉山(今属江西)知县,创立书院,推行教化。在任未久,百废俱兴。后率兵镇压反元队伍,被杀。(1011 卷 11,0075 氏族典卷 447,0004 卷 40)

寿智　元僧,天台(今属浙江)人。能诗,有诗作传世。(0504 壬上,0578 卷 10)

寿童①(? ~1358)　元蒙古弘吉剌氏,太不花子。顺帝时,任同知枢密院事。至正十七年(1357),率兵分讨山东,作战无功,且有骄慢之迹。次年为政敌弹劾,与父一同被杀。(0001 卷 45、141)

寿童②　元钦察伯岳吾氏。平章政事千奴之子。历任洪泽屯万户。(0001 卷 134)

寿童③　元乃蛮人,济南冠州新军万户府千户所达鲁花赤末赤孙。(0011 卷 69)

寿童④　元蒙古亦乞列思民,武宗妃,生明宗。(0001 卷 114)

寿僧　元仁宗延祐二年(1315)任江南行台监察御史。(0632 卷 6)

寿不赤　元蒙古人,速哥子。成宗时,袭父职为河东陕西等处万户府达鲁花赤。(0001 卷 131)

寿山海牙　元顺帝至正三年(1343)任衢州(今属浙江)路照磨。(0897 卷 3)

寿同海崖(1306 ~?)　字弘毅。元畏兀儿人,居绍兴(今属浙江)。顺帝元统元年(1333)右榜进士第三,授翰林应奉。迁兴国路(治今湖北阳新)经历。(0028 卷上,0275 卷 4,0254 卷 9)

寿童海牙　元蒙古人。顺帝至正间任岳州路(治今湖南岳阳)总管。(1053 卷 13)

戒行　元僧。住崇庆寺。参嵩山万寿寺僧福裕(雪庭),言下悟旨,遂嗣其法。属曹洞法系,为僧大鉴下第二十五世。(1144 卷 265)

戒度　元僧人。学四分律,操持谨严。晚年居余姚(今属浙江)极乐寺。(0037 卷 27)

坊蒙　字彦晖。元于阗(今新疆和田)人,居于徐州。顺帝至正十年(1350)任休宁县(今属安徽)达鲁花赤。后迁任昆山州(治今江苏太仓)知州。(0310 卷 3、4,0304 卷 2)

杜丰(1190 ~1256)　字唐臣。金元之际汾州西河(治今山西汾阳)人。金末,为平遥义军谋克。蒙古军取太原,率所部降,授兵马都提控。从按札儿攻克平阳及绛、解州诸堡,招集流民三万余家。以功升征行元帅左监军。太祖十五年(1220),金上党公张开以万众攻汾州;率精骑五千败之。从按札儿下怀孟,破温谷、木涧等寨。十七年,升河东南北路兵马都元帅。二十一年,从按陈攻益都。次年,攻略登、莱。太宗即位,领兵取沁州等地。三年,抚定平阳、太原、真定、辽、沁未降山寨。七年,升沁州长官。在沁十余年,宽徭薄赋,劝课农桑。(0001 卷 151)

杜仁　字仲良。元长清县(今属山东)人。博学多才,累征不起。(0721 卷 29)

杜氏①　元初人。滕州女真人夹谷之奇舅父。之奇少孤,杜携之至东平受业于

名儒康晔。(0001 卷 174)

杜氏②　元武宗时福建廉访使、女真人乌古孙泽之妻。泽死,杜氏饮食不入口者十三日,不死,乃复食。(0001 卷 163)

杜氏③　元妇女,张顽住妻。夫死,不忍独生,自缢而死。事闻于朝,诏旌异之。(0001 卷 201)

杜氏④　元大宁(治今内蒙古宁城西)妇女。夫死,年轻守节,割体肉疗姑病。(0001 卷 200)

杜文　元成宗大德二年(1298)任江山(今属浙江)知县。(0878 卷 2)

杜本(1276～1350)　字伯原,号清碧。元临江清江(今属江西)人。武宗、文宗、顺帝时屡被征召,皆不仕。终生隐居,书不释手。天文、地理、律历等无不通究。工篆隶。尝与吴澄、范德机等讲学。著有《四经表义》、《六书通编》、《清江碧障集》等。(0001 卷 199)

杜弁　元广平县(今属河北)人。世祖至元二十二年(1285)任江南行台管勾。后迁任新昌县(今属浙江)主簿。(0632 卷 6,0016 卷 14)

杜圭　元新都县(今属四川)人。勤学不倦,通五经,尤长于《春秋》。隐居不仕。来学者甚众。(0841 卷 8,0075 文学典卷 90)

杜贞①　元文宗至顺二年(1331)为江浙行省参政。是年八月,中书省臣奏请令江浙行省明年海运粮二百四十万石,由贞督领;帝从之。(0001 卷 35)

杜贞②　字唐卿。元大同(今属山西)人。顺帝至正十二年(1352)任吴江(今属江苏)知州。官至江浙行省参政。(0927 卷 20,0691 卷 9,0954 卷 17)

杜安　元盂县人。少时有谋略,从世祖累建战功,授龙虎卫指挥使。奉命征讨南方少数族起事,抚以威信,不战而平。(0714 卷 126)

杜均　元真定(治今河北正定)人。历任滦州知州、岭北行省都事、广平路总管。(0262 卷 16)

杜秀　金元之际人。金末为红罗山寨主。元太祖十年(1215),木华黎军进逼红罗山,乃降,被木华黎奏为锦州节度使。(0001 卷 1、119)

杜佐　元曲沃(今属山西)人。世祖至元二十一年(1284)任晋城(今属山西)知县。(0694 卷 5)

杜佑　元邳州(治今江苏睢宁西北)人。河南行省署为三叉口水、马站提领。父成病于家,佑忽心惊,全身沾汗,即弃职归。父病始三日。遂祷神求代,且尝粪以验疾。父死,庐墓尽哀。(0001 卷 197)

杜亨　元钟离(治今安徽凤阳东北)人。杜昌弟。顺帝至正间为"义兵"万户。(0622 卷 7)

杜闰　元郓城(今属山东)人。世祖至元年间任汶上(今属山东)知县。(0721 卷 26)

杜良①　元濮阳(今属河南)人。杜荣昌之子。历任辉州(治今河南辉县)知州,有政绩。后迁任德安府(治今湖北安陆)同知。(0622 卷 28,0762 卷 9)

杜良②　元真定(治今河北正定)人。累世同居。诏表其门闾。(0001 卷 197)

杜英　元仁宗延祐年间任曲沃(今属山西)知县。(0700 卷 6)

杜昌①　元成宗大德元年(1297)任瑞州路(治今江西高安)经历。(1016 卷 14)

杜昌　元钟离县(治今安徽凤阳东北)人。长身力大。顺帝至正间为"义兵"万户。(0622 卷 7)

杜明　元成宗大德三年(1299)任江南行台监察御史。(0632 卷 6)

杜和①(1238～1304)　字义夫。元平阳襄陵县(治今山西襄汾西北)人。世祖至元十四年(1277)授兴元路(治今陕西汉中)都牙场副使。后历任兴元路山河等堰提领。(0248 卷 24)

杜和②　字彦谦。元历山人。顺帝至正十年(1350)任瑞安州(治今浙江瑞安)知州。为政务实,有治绩。次年,方国珍来攻,和亲率民拒战,击退之。(0871 卷 33,0075 氏族典卷 413)

杜岳　字尧臣。元顺帝至正四年(1344)以祖恩授华亭(治今上海松江)县尉。次年任浙西廉访司掾。有诗作传世。(0165 卷 1,0316 卷 23,0504 辛下)

杜质①　元世祖至元二十三年(1286)任秘书卿。(0027 卷 10)

杜质②　字文美。元榆次县(今属山西)人。累迁为翰林编修。后历任淮东、燕南廉访司经历。英宗至治二年(1322)任江南行台监察御史。(0632 卷 6,0075 文学典卷 87,0692 卷 20)

杜钦(？～1324)　字敬之。元清风县(今属河南)人。武宗至大年间任开州(治今河南濮阳)录事、权开州事。(0654 卷 15,0646 卷 5)

杜俭(1312～1335)　字景裕。元保定路(治今河北保定)人。年十七入国子学,宋本以长女嫁予。(0254 卷 14)

杜信　元河南路(治今河南洛阳)人。世祖中统三年(1262)四月,与王豁子、张无僧等图谋反蒙古,被捕处死。(0001 卷 5)

杜泉(1190～1243)　金元之际广平曲周(今属河北)人。元太祖十五年(1220)降于蒙古,授行军提控。十七年,任曲周县丞。太宗十二年(1240),升为曲周县令。(0210 卷 16)

杜昶 元成宗元贞元年(1295)任溧水(今属江苏)州判官。(0632 卷 6)

杜泰 元仁宗皇庆二年(1313)任秘书监著作佐郎。(0027 卷 10)

杜莹 元青田(今属浙江)人。邑庠生。有诗作传世。(0504 戊上)

杜益 元成宗大德九年(1305)至武宗至大元年(1308)任奉化(今属浙江)州同知。(0633 卷 3)

杜祯 字文昌。元人。有诗作传世。(0504 辛下)

杜著(? ~1325) 元真定(治今河北正定)人。仁宗延祐二年(1315)任镇江路怀庆翼下百户。(0631 卷 17)

杜萧 字彦表。元保定(今属河北)人。早年从刘因学。后家居不求仕进。晚年以荐授国子助教,历任大都、河南儒学提举。(0262 卷 1,0071 卷 91)

杜敏 字时可。元公安县(今属湖北)人。历任儒学提举。文宗至顺三年(1332)任秘书监著作郎。顺帝至元四年(1338)出任云南廉访司佥事。(0244 卷 3,0027 卷 10,0622 卷 62)

杜清 元淅川(今属河南)人。元初官至南阳知府。(0767 卷 18)

杜渊 元长安县(治今陕西西安)人。历任武功(今属陕西)知县。(0801 卷 20)

杜瑛 字文玉。金元之际霸州信安(治今河北霸县东)人。金隐士杜时升之子。金将亡,避居河南缑氏山中,搜访诸书,尽读之,熟知古今得失。间关转徙,教授汾、晋间。中书粘合珪开府于相州,赴其聘。元宪宗九年(1259),忽必烈南征过相州,召见问计;对曰:控襄樊之师,委弋下流,以捣其背,大业可定。世祖中统初,诏征之,辞不就。左丞张文谦宣抚河北,奏为怀孟、彰德、大名等路提举学校官,又辞。遗执政书,建议兴复先王之礼乐教化。杜门著书,以终其身。卒年七十。文宗时追封魏郡公,谥文献。著有《春秋地理原委》、《语孟旁通》、《皇极引用》、《极学》、《律吕律历礼乐杂志》等书及文集十卷。(0001 卷 199)

杜敬(1255 ~1324) 字行简。元汴梁(治今河南开封)人。以礼部令史从柴椿出使安南,归国辟广西帅府掾。后由江淮行省署人匠提举司都目、江阴榷办官,未几辞归,寓居杭州,晚年号夷门老人。工书法、善鼓琴。收藏古名人墨迹、历代金石刻甚富。(0154 卷 11,0031 卷 7,0872 卷 91)

杜辉 字辉卿。元云中(治今山西大同)人。历任平阳路、真定路录事。迁任京畿仓监,未几死,年四十九。(0293 卷 12)

杜裕 字子问。元奉化(今属浙江)人。元初以贫出为学官。(0142 卷 13、29)

杜鉴 字仲明。元真定(治今河北正定)人。历任镇江路盐军翼下千户所吏目,以母忧去职。(0631 卷 17)

杜溥 元魏人。成宗大德年间任济阳(今属山东)知县。后累迁为嘉兴(今属浙江)路总管,劝农兴学,教化大行。(0075 氏族典卷 413,0622 卷 39)

杜毓 元泰定二年(1325)任抚州路(治今江西临川)总管。(1014 卷 8)

杜震 历任元商州(治今陕西商县)儒学正。(0801 卷 20)

杜翱 元大都(今北京)人,一说上都(今内蒙古正蓝旗东北)人。顺帝至正八年(1348)进士。历任长山(治今山东邹平东)知县、应奉翰林文字。官至中书参政。(0721 卷 25,0600 卷 2,0411 卷 27)

杜澍 元仁宗延祐五年(1318)任吴江(今属江苏)州判官。(0954 卷 17)

杜璠 元世祖至元间任信州三务提举。至元二十四年(1287),立尚书省,改印至元钞,璠言至元钞公私非便。尚书平章桑哥怒,欲以其沮行钞法,当以重罪。尚书参政马绍曰:“国家导人使言,言可采,用之;不可采,亦不之罪。今重罪之,与诏书违戾。”遂获免。(0001 卷 173)

杜儒 字席珍。元深泽(今属河北)人。建义学以教子弟及四方之士,元廷闻其贤,征召为雷州儒学教授。(0649 卷 34)

杜禧 元翰林国史院编修官。有诗作传世。(0504 丁)

杜夔 字舜臣。元平原县(今属山东)人。历任纳溪(今属四川)知县。(0841 卷 16)

杜九思 元顺帝至正二十二年(1362)任泽州(治今山西晋城)知县。(0694 卷 5)

杜士元 字元甫。元汴梁(治今河南开封)人。杜敬之子。泰定年间任江南行御史台察院书吏。画山水学郭熙,其画酋劲朗畅而有逸气。(0517 卷 6,0077 卷 45)

杜士朴 元文宗天历元年(1328)任金坛县(今属江苏)主簿。(0631 卷 16)

杜万一(? ~1280) 又名杜可用。元南康路都昌县(今属江西)人。以白莲教聚众,号称杜圣人。世祖至元十七年(1280)春,起兵反元,改元万乘,自称天王,以谭天麟为副天王,都昌西山寺僧为国师,曹某为相,有众万余。然其反元队伍尚未及向周围地区发展,江西行省参政贾居贞急调兵防守鄱阳湖西,另遣江西招讨方文率军,伪装商人、农民往袭。遂被生擒,处死于龙兴(今江西南昌)。其所聚群众骇散。(0001 卷 11、153、159,0501 卷 41、61)

杜与可 字希圣。元至大四年(1311)仁

宗即位初,为兵部郎中,随乃马歹、聂古柏出使安南,宣告仁宗即位诏。有诗作传世。(0504 丙,0260 卷 5)

杜山童　元河间县(今属河北)人。幼时天资颖悟,超出常儿。仁宗延祐七年(1320),由河间县荐举,入国子学受教育。(0001 卷 81)

杜马儿　字文秀。元真定(治今河北正定)人。成宗大德元年(1297)任镇江路真定翼下百户。(0631 卷 17)

杜天麟　元汴梁(治今河南开封)人。居丧庐墓,诏表其门闾。(0001 卷 197)

杜天瑞　元世祖至元十四年(1277)任庆元路(治今浙江宁波)知事。(0633 卷 2)

杜元忠　元泰定三年(1326)任秘书卿。(0027 卷 9)

杜友开　字阳父。元江阴(今属江苏)人。居乡教书。文宗天历年间灾荒,学徒散去,与妻吴氏皆饿死。(0296 卷 2,0101 卷 11,0006 卷 93)

杜仁杰①　字仲梁,号止轩。原名之元,字善夫。金元之际济南长清(今属山东)人。金末隐居内乡县(今属河南)山中,元世祖至元年间屡次征召不起。散曲作家,今存其所作套数三曲、小令一首。有诗作传世。(0503 三集甲,0505,0072 卷 90、别附卷 3)

杜仁杰②(1260～1331)　号东洲。元鄞县(治今浙江宁波)人。世祖至元十八年(1281)征日本,选为管军千户。二十六年,授海运百户。出入京师十余年,受知当权大臣,授杭州路税课提举,未几致仕归。(0253 卷 5)

杜从训　字义方,元郓城(今属山东)人。官至江阴州尹。书法效苏、黄。(0031 卷 7)

杜文冈　字君山。元江阴(今属江苏)人。历任镇江路濂溪书院山长。(0631 卷 17)

杜文秀　元淅川县(今属河南)人。文宗至顺年间累官至襄阳路总管,有治绩。(0769 卷 5,0767 卷 18,0084 卷 10)

杜文和　元武宗至大年间任瑞州路(治今江西高安)提控案牍。(1016 卷 14)

杜文裕　字希文。元黄岩(今属浙江)人。以捕盗功补台州大闾巡检。母病,辞职归养。(0897 卷 13)

杜为善　元世祖至元中任秘书监校书郎。(0027 卷 10)

杜允中　字信甫。元淅川县(今属河南)人。杜文秀之子。累官赣州路总管。(0769 卷 5)

杜世昌(1240～1299)　字舜卿。元葭州(治今陕西佳县)人。世祖至元初历任长清、昌邑、蒲台诸县知县,有政声。十六年任监察御史。十八年升为御史台都事。二十六年累官至刑部尚书。三十一年致仕。谥忠肃。(0415 卷 7)

杜世学　字孟传。元庆元路(治今浙江宁波)人。历任庆元路儒学录、儒学正。延祐七年(1320)任丹阳县(今属江苏)主簿。(0142 卷 13,0633 卷 2,0631 卷 16)

杜世忠(?～1280)　元世祖至元十二年(1275)为礼部侍郎。是年二月,奉旨持国书出使日本国;日本国不予答复。十七年二月,为出使日本国国使,被日本国杀害。元廷遂于次年命师再征日本。(0001 卷 8、11、208)

杜处愿　字荣季。元安阳(今属河南)人。杜瑛第三子。初以荐为按察司书吏。后历任济宁路、大名路经历,吴桥知县,东昌路推官。死年六十八。(0002 卷 229,0597 卷 10)

杜必贵(?～1223)　金末元初人。元太祖十八年(1223),为史天倪部将。是年,严实攻河卫,兵败,为金将完颜合达所擒,被押送汴梁。必贵与冯存奉天倪命率壮士一千三百,伏于延津柳渡。金军押送严实过延津,必贵等与战,败之,严实获救,而必贵战死。(0001 卷 147)

杜百思　元顺帝至正十七年(1357)任遂昌县(今属浙江)知县。岁旱盗起,百思率弓兵御之,被执,怒骂,遂被杀。(0896 卷 157)

杜尧仕　元世祖至元年间任宁晋县(今属河北)县尉。(0645 卷 4)

杜师孟　字企颜。元大都(今北京)人。历任方城县主簿。(0258 卷 9)

杜竹处　元人。有诗作传世。(0504 癸上,0514 前集卷 2)

杜延年　金元之际人。元初为东平(今属山东)乐工。元宪宗二年(1252)八月七日,与东平乐工五十余人被召至日月山行宫,于帝前奏乐曲。是月十一日,又奏登歌乐祭祀昊天上帝于日月山。祭毕,与诸乐工被送还东平。(0001 卷 68)

杜仲仁　元世祖至元十三年(1276)任余姚(今属浙江)知县。(0880 卷 28)

杜夙灵　幼时天资颖悟,超出常儿。元文宗天历二年(1329),被荐入国子学受教育。(0001 卷 81)

杜克温　字知新。元太谷(今属山西)人。历任上都警巡院使,奏许没入男女为配偶。后官至铜铁冶都提举使。(0506 卷 5205,0691 卷 9,0692 卷 20)

杜申之　元温州(今属浙江)人。有诗作传世。(0504 辛下)

杜伯元(1234～1292)　字亨甫。元安阳(今属河南)人。世祖时历任河东按察司经历、监察御史、山东按察司佥事、兖州知州、江西廉访司佥事。(0210 卷 18、8)

杜伯懋 元大都(今北京)人。武宗至大元年(1308)任秘书监典史,三年升为典书。仁宗延祐元年(1314)升令史。英宗至治二年(1322)升为辨验书画直长。(0027 卷 10、11)

杜希允 元锦城(今四川成都)人。世祖至元初任阆中尹,清廉耿直,有惠政。(0844 卷 8,0841 卷 11)

杜应龙 元文宗至顺元年(1330)任荆门(今属湖北)知州。(1042 卷 6)

杜良臣 元东平(今属山东)人。元仁宗延祐五年(1318)任镇江路推官,七年丁忧去职。(0631 卷 15)

杜英发(1269～1350) 字俊卿。元上海县人。早年游京师,以才名得授建宁儒学正。后升为南容儒学教授,未几弃官归。(0158 卷 24,0931 卷 30)

杜抱直 元世祖至元二十年(1283)为安南国朝请郎。是年十一月,奉其国主陈日烜遣,赴元荆湖占城行省计事,且致书于行省平章阿里海牙。(0001 卷 209)

杜肯构 元成宗大德七年(1303)为监察御史。是年二月,奏言右丞相完泽受朱清、张瑄贿赂事;不报。(0001 卷 21)

杜国计 元世祖至元十五年(1278)十二月奉遣来元朝之安南国使。为安南国御史中赞。至元十六年(1279)十一月,元廷遣礼部尚书柴椿持诏偕同其往谕安南国主陈日烜来朝。(0001 卷 10、109)

杜国祥 元成宗大德三年(1299)任吴江(今属江苏)州同知。(0954 卷 17)

杜岩肖 元文宗天历元年(1328)为乌蒙路(治今云南昭通)教授。是年十一月,四川平章囊加台起兵反文宗,岩肖谓"圣明继统,方内大宁,省臣当罢兵入朝,庶免一方之害"。囊加台以其妄言惑众,杖一百七,禁锢之。(0001 卷 32)

杜秉钧(1301～1342) 字德维。元安阳(今属河南)人。杜秉彝之弟。任彰德路司狱。(0250 卷 56)

杜秉彝 元安阳(今属河南)人。杜瑛曾孙。文宗天历二年(1329)以奎章阁典籤参与修《经世大典》。书成,迁任鉴书博士。顺帝元统二年(1334)出任陕西行御史台监察御史。至正初任太常礼仪院佥事,参与修《宋史》。官至中书左丞、集贤大学士。(0622 卷 28,0761 卷 28)

杜居敬 字简卿。元汴梁(治今河南开封)人。泰定初任来安县(今属安徽)尹,有惠政。(0622 卷 18,0925 卷 60)

杜承祖 元顺帝至正十一年(1351)任瑞州路(治今江西高安)治中。(1016 卷 14)

杜荣昌 字明甫。元濮阳(今属河南)人。仕至福建行省员外郎。(0643 卷 6,0646 卷 6)

杜思明 字彦昭。元汾州西河县(治今山西汾阳)人。杜丰长子。袭职为沁州长官。世祖时历任隰、邓、陕三州知州。至元中,从伯颜征宋,攻阳罗堡先登,授吉州路达鲁花赤。死年六十四。(0003 卷 56,0002 卷 148)

杜思忠 字信甫。元汾州西河县(治今山西汾阳)人。杜丰次子。任沁州诸军奥鲁长官。高丽金精通起事,奉诏讨之,前往谕降,高丽人皆降。归国,授固镇铁冶提举,心鄙其职,弃官归。(0003 卷 56,0002 卷 148)

杜思敬(1235～1320) 元汾州西河县(治今山西汾阳)人。杜丰第三子。初侍忽必烈于藩邸。师事许衡。世祖时,历任治书侍御史,安西、汴梁路总管,侍御史,中书参政。成宗大德十年(1306),升中书左丞。谥文定。尝辑医方为《济生拔萃方》十九卷。(0001 卷 151)

杜彦礼(1303～?) 元平阳襄陵县(治今山西襄汾西北)人。杜和之孙。顺帝元统元年(1333)进士,授同州同知。(0028 卷上)

杜黑儿 元顺帝至正中蒲台县(治今山东滨县东南)反元队伍首领,为知枢密院事也速率军擒获,押送至京师处死。(0001 卷 142)

杜善夫 见杜仁杰①。

杜道坚(1237～1318) 字处逸,号南谷子。宋元之际当涂(今属安徽)采石人。宋度宗时赐号辅教大师,居武康升元报德观。元初入觐世祖,奏言求贤养贤用贤之道,帝嘉纳之,命住持杭州宗阳宫。成宗大德七年(1303)授杭州路道录。仁宗时赐号隆道冲真崇正真人。著有《文子缵义》十二卷。(0143 卷 9,0211 卷 1,0443 卷 3)

杜德远① 字弘道。元定兴县(今属河北)人。顺帝至元四年(1338)由中书省左司员外郎出任彰德路总管。后入为吏部侍郎,迁任佥宣徽院事,出任广东廉访使。(0762 卷 10,0649 卷 34)

杜德远② 元顺帝至正五年(1345)为两淮运使。是年十月,奉诏命为云南省奉使宣抚官。(0001 卷 41、92)

杜德常 历任元陕西行台监察御史、廉访司佥事。有诗作传世。(0259 诗集卷 5,0504 丁,0528 卷 11)

杜遵道(?～1355) 初为元枢密院掾史,后弃职居颍州(治今安徽阜阳)。顺帝至正十一年(1351),与韩山童、刘福通等聚众反元起义。十五年二月,与刘福通等于亳州(今安徽亳县)立韩山童之子韩林儿为帝,国号大宋,改元龙凤;受封为丞相。得宠专权,刘福通疾之,命甲士挝杀之。(0001 卷 42、44,等)

杜也速答儿 元世祖至元二十八年(1291)任江南行台监察御史。(0632 卷 6)

杜赛因不花(?～1358) 元顺帝至正十

八年(1358)为晋宁路(治今山西临汾)总管。是年三月,晋宁路为大宋红巾军将领王士诚攻破;死之。(0001卷45)

杜蒙古帖木儿　元顺帝至元元年(1335)任江南行台监察御史。(0632卷6)

杨一　元怀孟(今河南沁阳)人。世祖时,怜其叔杨清家贫,密焚分家契约,与清同居近三十年,无间言。州县以孝义闻,诏旌表其家。(0001卷197)

杨山　元世祖至元十六年(1279)任西安县(治今浙江衢州)达鲁花赤。(0878卷2)

杨中　字伯允,号文川。元吉水(今属江西)人。从范梈学。有诗名。(0470卷10)

杨升①　字士允。元莘县(今属山东)人。杨居简之子。世祖至元间为翰林检阅。历监察御史、礼部郎中。仁宗皇庆二年(1313)由左司都事出为江西行省郎中。(0225卷19、29,0212卷53、57)

杨升②　元太和(治今江西泰和)人,杨宝父。顺帝至正中历任木邦、澂江、鹤庆三路知事。后讨明玉珍有功,升为木邦路同知。(0851卷11,0075氏族典卷230,0622卷86)

杨仁　元世祖至元三十年(1293)任江南行台监察御史。(0632卷6)

杨介　字公望。元太和(治今江西泰和)人,杨景行之子。以荫补清江县主簿,后家居。顺帝至正间,陈友谅兵至,欲录用旧官;避入山中,郁愤而死。(0072卷92)

杨氏①　元云中(今山西大同)张某妻,见知中宫,出入禁掖三十年。死后,世祖思保育之功,赠安翼赵国夫人。(0144卷33)

杨氏②　元修武(今属河南)人,姚天福继室。天福劾阿合马不法,被执,杨氏诉于御史台,台臣上书,天福得出。后天福劾阿里海牙有罪,阿里海牙行贿于杨氏,不受,以所赂赴宪司。(0700卷8下)

杨氏③　元东平须城(治今山东东平)人。夫郭三从军襄阳,死于戍所。杨氏自誓不再嫁,后不食五日,自经死,与夫骨合葬。(0001卷200)

杨文①　元成宗大德十年(1306)任金坛县(今属江苏)主簿。(0631卷16)

杨文②　字献臣。元顺帝至正九年(1349)任秘书监奏差。(0027卷11)

杨允①(1251～?)　元章丘(今属山东)人。历任江浙省掾。成宗大德十一年(1307),改任慈溪县尹。后历任台州路经历、平江路推官。以镇江路同知致仕。(0196卷11,0633卷3)

杨允②　元顺帝至正元年(1341)任监利县尹。后迁任郏县尹。(0622卷30,0761卷36,1042卷6)

杨节　元庐陵(治今江西吉安)人。杨本岩之子。本岩讨伐反元队伍被围,节突入救之,不得脱,战死。(0002卷232,0004卷40)

杨伋　字谦思。元天台(今属浙江)人。顺帝至元元年(1335)为嘉定(今属上海)州儒学教授。有诗作传世。(0523,0504己上)

杨玄　元鄱阳(治今江西波阳)人。尝取五代以前以忠可书者八百余人,撰《忠史》一书,虞集为作序,今不传。(0147卷5)

杨礼　元沧州(今属河北)人。英宗至治(1321～1323)间任沧州知州,有惠政。(0650卷4,0644卷22,0761卷25)

杨发　元世祖时,任福建安抚使。至元十四年(1277),督庆元、上海、澉浦三市舶司。(0001卷94)

杨权　字可立。元晋宁(治今山西临汾)人。顺帝至正十年(1350)为山东廉访司书吏。(0600卷2)

杨观　元上饶(今属江西)人。登进士第,授饶州路录事。历翰林检阅、汉川县尹。文宗天历二年(1329)任清远县尹。(0590卷3,1062卷6)

杨成①　元河间(今属河北)人。文宗至顺二年(1331)任镇江路卫辉翼下百户。(0631卷17)

杨成②　元顺帝时为平章,守河中(治今山西永济西南)。(0696卷2)

杨至　元天台(今属浙江)人。历任嵊县(今属浙江)儒学教谕。(0880卷29)

杨朴　字文素,元河南人。由吏入仕,为滁州全椒县尹。元末红巾军克城,被杀。(0001卷194)

杨贞　元世祖至元二十年(1383)任衢州(今属浙江)路知事。(0878卷3)

杨舟　字梓人。元慈利(今属湖南)人。英宗至治元年(1321)进士,授茶陵州同知。顺帝至正初,累迁为翰林待制。官至保宁路总管。有《鸡肋集》、《诗经发挥》、《水经补注》,今皆佚。(0438卷3,1041卷36、51,1081卷1)

杨名　元顺帝至正十二年(1352)任临城(今属河北)县尉。(0645卷4)

杨讷　见杨景贤。

杨寿　字景羲、景熙。元台州临海(今属浙江)人。博涉经史,徜徉山水,绝意仕进。与陈孚友善。工诗,有诗作传世。(0504戊上,0185卷5)

杨进　元成宗大德二年(1298)任东阳(今属浙江)县尉。武宗至大二年(1309)任金坛(今属江苏)县县尉。(0881卷12,0631卷16)

杨均　字仲平。元汴梁(治今河南开封)人。以父峡州路总管灿荫,叙滨州判官,改邹县尹,调海北盐课同提举。顺帝至正二十六年(1366)迁藤州知州,转融州知州。(0506 卷 2342)

杨志　字希尹。元顺帝至正二十年(1360)任江南行台监察御史。(0594 卷12)

杨佑　元檀州(治今北京密云)人。世祖中统二年(1261)任檀州昌平管军官。后迁任平谷县尉。擢檀州采金都提辖。(0667 卷 3)

杨奂(1186～1255)　名知章,字焕然,号紫阳。金元之际乾州奉天(治今陕西乾县)人。金末应试落第,归乡授徒。金亡,受冠氏赵天锡聘,待以师友之礼。元太宗十年(1238),应试东平中选,由耶律楚材荐为河南路征收课税所长官兼廉访使。为官勤廉,轻税简政。在任十年,告老归。卒,谥文宪。著有《还山集》六十卷(今存《还山遗稿》辑本)及《天兴近鉴》、《正统书》(均已佚)。(0001 卷153)

杨沂　元成宗大德(1297～1307)末为象山县(今属浙江)主簿。(0633 卷 3)

杨纲　字道纪。元永平(治今河北卢龙)人。文宗至顺元年(1330)任襄垣(今属山西)知县。顺帝至元三年(1337)迁任高平(今属山西)知县。(0698 卷 8,0694 卷 5)

杨英①　元世祖至元间为庆元路(治今浙江宁波)录事司判官。(0633 卷 2)

杨英②　元顺帝至正十五年(1355)为杭州路儒学录。(0573 卷 2)

杨茂①　元武宗至大三年(1310)任慈溪(今属浙江)县县尉。(0633 卷 3)

杨茂②　元嘉兴(今属浙江)西塘(一作斜塘)杨汇人。剔红(雕漆)最有名,但硃薄而不坚者多。又工戗金银法,故宫博物院藏有其所制渣斗。(1143 卷1186)

杨枝　元人,工画梅,其作品流传至日本。(1143 卷 1183)

杨枢(1283～1331)　字伯机。元海盐(今属浙江)人。杨梓次子。成宗大德八年(1304)授海运副千户。武宗至大二年(1309)病归。泰定四年(1327)起为常熟江阴海运副千户。文宗至顺二年(1331)升为松江嘉定海运千户,未上任卒。(0152 卷 35,0895 卷 14)

杨明①　字复初。元钱塘(治今浙江杭州)人。有诗作传世。(0504 庚下)

杨明②　元顺帝时人。官西嵛巡检,善刻碑,顺帝至元间刻《永嘉真觉大师证道歌》。(1143 卷 1183)

杨果(1197～1271)　字正卿,号西庵。金元之际蕲州蒲阴(治今河北安国)人。金哀宗正大元年(1224)进士。历任偃师、蒲城、陕县尹,以廉干称。元太宗时,蒙古灭金,杨奂征河南课税,用为经历。宪宗时,史天泽经略河南,辟为参议。世祖中统元年(1260),授北京(治今内蒙古宁城西)宣抚使。次年,拜中书参政。至元六年(1269),出为怀孟路总管,大修学庙。谥文献。工文章,尤长于乐府。有《西庵集》,今佚。(0001 卷 164)

杨忠　元初为婺州路(治今浙江金华)总管。(0881 卷 11)

杨和　字平仲。元浮光人。历任福建银司提举、汀州路同知。(0173 卷 21)

杨泽　历任元黄岩(今属浙江)知县,有德政。(0896 卷 154,0893 卷 4)

杨宝(?～1382)　元太和(治今江西泰和)人。杨升之子。元末,授姚安路判官,升大理路治中。明洪武十五年(1382),明兵入大理,自缢死。(0851 卷10、11,0852 卷 6,0075《氏族典》卷 230、《官常典》卷 735)

杨宜　元翼城(今属山西)人。杨琛堂兄。任翼城县尹三十年,为政廉明。(0700 卷 6)

杨实　元镇江路在城都税使司大使。(0631 卷 17)

杨诚①　元益都(治今山东青州)人。世祖至元二年(1265)召用于中书省。十二年,奉旨与阿合马等议行盐、钞法于江南及贸易药材事。(0001 卷 6、205)

杨诚②　字实之。元临邑(今属山东)人。泰定元年(1324)任蒙城(今属安徽)知县。(0977 卷 6,0976 卷 5,0580 卷8)

杨诚③　元顺帝时,为山东红巾军田丰部将,战败归降。至正二十七年(1367),拜中书平章政事,率军至山东抵御明军北伐。(0001 卷 46、47、113)

杨诩　元世祖至元二十五年(1288)任江南行台监察御史。(0632 卷 6)

杨居(1311～1376)　字温如。元新昌(今属浙江)人。居乡讲授,四方来从学者甚众,造就人才颇多。(0411 卷 24)

杨城　元播州(治今贵州遵义)土官。顺帝至正十二年(1352),授沿边溪洞招讨使、兼征行万户。(0001 卷 42)

杨荣①　元世祖至元十四年(1277)任定海县(治今浙江宁波镇海)知县。(0633 卷3)

杨荣②　字荣甫。元益都(治今山东青州)人。世祖至元二十二年(1285)至二十七年,任镇江路知事。(0631 卷 15)

杨杰①　元仁宗皇庆(1312～1313)间任徽州(治今甘肃徽县)儒学正。(0811 卷5)

杨杰②(1282～1359)　字子俊。元冀宁(治今山西太原)人。历任福建帅府照磨、海北廉访司知事、山南廉访司经历、陕西行台监察御史。仕至海北廉访司佥事。(0275 卷 10,0632 卷 13 下)

杨威 字震亨。元磁州成安(今属河北)人。世祖中统初为中书详定官,言事未见听,辞归,居乡教授,卒年八十。(0144 卷 43、80,0596 卷 4)

杨钥 元成宗大德三年(1299)任衢州路治中。(0878 卷 2)

杨钦 元顺帝时,任陕西行省都事。至正二十年(1360),奉命修治泾渠,溉农田四万五千余顷。(0001 卷 66)

杨钧 字信可。元清江(今属江西)人。安贫乐道,隐居不仕。以能诗见知于卢挚。著有《增广钟鼎篆韻》七卷。(0212 卷 16、97,0501 卷 33,0504 戊下)

杨俊 元世祖至元二十五年(1288)任开化县(今属浙江)主簿。(0878 卷 3)

杨胜 元泾阳(今属陕西)人。历任四川宣慰使。(0815 卷 3)

杨恒① 元仁宗延祐六年(1319)任江南行台监察御史。(0632 卷 6)

杨恒② 元顺帝至正中,任安庆路经历。十八年(1358),安庆城陷,死之。(0001 卷 143)

杨恒③ 字本初,元明间诸暨(今属浙江)人。少颖悟,为文峻洁,有声乡里。元末隐居白鹿山,且耕且读,家无担粮而怡然自乐,自称白鹿先生。朱元璋取浙东,屡辟不起。明洪武中卒。有《白鹿子文集》,佚。有诗作传世。(0020 卷 298,0411 卷 23,0432 卷 12、18、19,0504 戊上)

杨祚 字庆之。元文宗时为云南廉访佥事,所至重教化,以兴学校为先务。(0851 卷 9)

杨统 号洪崖。元洪洞(今属山西)人。值世乱,读书论道自乐,不求闻达。与张云谷友善。以诗文见称于时。(0700 卷 8 下,0075《文学典》卷 90)

杨泰① 字天宠。元益都(治今山东青州)人。世祖至元间为镇江路行大司农司经历。(0631 卷 17)

杨泰② 元世祖至元间为永康县(今属浙江)尉。成宗大德五年(1301)任定海县(治今浙江宁波镇海)主簿。十一年迁任砀山(今属安徽)知县。(0633 卷 3,0881 卷 13,0933 卷 11)

杨珪① 元杞县(今属河南)人。杨彦珍之子。宪宗四年(1254)授邓州副千户,积战功累升为万户,戍襄阳。(0003 卷 51,0002 卷 145)

杨珪② 元平棘(治今河北赵县)人。世祖至元中为阳城(今属山西)知县。(0645 卷 4、5)

杨埙 宋元之际人。宋度宗咸淳七年(1271)任丹阳(今属江苏)知县。恭帝德祐元年(1275)降元,仍为丹阳(今属江苏)知县。(0631 卷 16)

杨载(1271～1323) 字仲弘。元杭州人。仁宗初年,年四十余以布衣召为翰林国史院编修官,参与修《武宗实录》,调管领系官海船万户府照磨,兼提控案牍。延祐二年(1315),登进士第,授同知浮梁州事。迁宁国路总管府推官以卒。工诗文,为元诗四大家之一。其文章一以气为主,博而敏,直而不肆,自成一家言,人多传诵。有《杨仲弘诗集》。(0001 卷 190)

杨恭 字惟肃。元顺帝至正十九年(1359)任秘书少监。(0027 卷 9)

杨桓(1234～1299) 字武子,号辛泉。元兖州(今属山东)人。世祖中统四年(1263),补济州教授。后由济宁路教授,召为太史院校书郎,奉敕撰《仪表铭》、《历日序》。迁秘书监丞。成宗即位,为监察御史,疏上时务二十一事,帝嘉纳之。未几,升秘书少监,参与修《大一统志》。秩满归。卒。博览群书,尤精篆籀之学。著有《六书统》、《六书泝源》、《书学正韻》。(0001 卷 164)

杨烈 字子承。元太原人。历任经筵检讨、福建廉访司经历。有诗作传世。(0233 卷 1,0632 卷 13 下,0504 癸上)

杨乘① 历任元谷城(今属湖北)知县,清宿弊,发奸摘伏如神。(1041 卷 66)

杨乘②(1293～1356) 字文载,元滨州渤海(治今山东利津西)人。顺帝至正初,为介休县尹。民饥散为盗,立法招之,皆弃械还家。累官江浙行省左右司员外郎,因事免职,寓居松江。张士诚起兵,遣使招之,不从,自杀。(0001 卷 194)

杨秩 元中山(治今河北定州)人。顺帝至正二年(1342)任江南行台监察御史。(0632 卷 6)

杨傚 元世祖至元二十七年(1290)任秘书监奏差。(0027 卷 11)

杨倬 元济阳(今属山东)人。杨文郁之子。成宗大德三年(1299)任秘书监令史。泰定帝致和元年(1328)累迁为监察御史。后官至广东廉访使。(0027 卷 11,0001 卷 30)

杨唐 元世祖后叶新昌县(治今江西宜丰)达鲁花赤。(1016 卷 14)

杨益 字友直。元洛阳人。初为江西廉访司掾。历江南行台监察御史、广西廉访司经历,入为刑部主事。迁护圣营缮司大使。改任户部员外郎。后擢任南雄路总管。有诗作传世。(0147 卷 15、33,0622 卷 80,0504 乙)

杨润 元武宗至大二年(1309)任文安(今属河北)知县,重建庙学。(0673 卷 3)

杨浚 字子元。元高安(今属江西)人。

博通经史。世祖至元间辟为掾,吏事干练,活人甚多。壮年即弃职归。(1011 卷 31,1016 卷 21,0075 氏族典卷 230)

杨容 元河南人。有诗作传世。(0504 戊上)

杨祥 元世祖时,为海船副万户。至元二十八年(1291),授宣抚使、佩虎符,赍诏招谕琉求(今台湾)。次年出行,未至而还。(0001 卷 16、210)

杨恕 元世祖至元二十二年(1285)任象山县(今属浙江)主簿。(0633 卷 3)

杨恐 元世祖至元二十七年(1290)任瑞州路(治今江西高安)知事。(1016 卷 14)

杨琏 元世祖至元元年(1264)任檀州(治今北京密云)知州,勤慎有为。(0667 卷 2)

杨奎 字道夫,号康庄子。元江阴(今属江苏)人。有诗作传世。(0504 己下)

杨彬 字文质,元渑池人。文宗至顺元年(1330)任监察御史。迁浙西廉访佥事。(0324 卷 2)

杨梓(? ~1327) 元海盐(今属浙江)人。世祖至元三十年(1293)从征爪哇。仁宗延祐(1314 ~1320)初,累迁为浙东宣慰副使。以杭州路总管致仕。追谥康惠。撰有杂剧《豫让吞碳》、《敬德不服老》等。(0633 卷 2,0001 卷 210,0029 续编)

杨常 字叔伦。元人。有诗作传世。(0504 戊下)

杨焕(1275 ~1349) 字文伯。元祥符(今属河南)人。杨敬直之子。仁宗延祐六年(1319)为江南行台御史。后历任西台御史,江东、湖北、浙东廉访司佥事。官至江西榷茶都转运使,以兵部尚书致仕。(0250 卷 62,0632 卷 6,0002 卷 196)

杨渐 元人。有诗作传世。(0504 戊下)

杨渊 元成宗元贞元年(1295)任瑞州路(治今江西高安)儒学教授。(1016 卷 14)

杨寅 字敬伯。元高陵(今属陕西)人。历任盩厔、韩城县尹,擢陕西行台御史。成宗大德七年(1303)迁任江南行台监察御史,入为内台监察御史。历陕西、山东廉访司佥事,累迁为四川廉访使。泰定二年(1325)拜集贤学士兼国子祭酒。卒年七十三。(0632 卷 6,0816 卷 5,0554 卷 28)

杨谌 元曲阳(今属河北)人。杨琼次子。世祖至元末,任内宰司丞。(0645 卷 5)

杨维 元顺帝至正十五年(1355)为杭州路推官。(0573 卷 2)

杨靓 元世祖至元间任崇安县(今属福建)知县,政平讼理,有政声。(0902 卷 56,0904 卷 14)

杨琼 元曲阳(今属河北)人。世祖中统(1260 ~1264)初,为大都山场右局总管。(0645 卷 5、31,0622 卷 3,0075 氏族典卷 230)

杨琛 元翼城(今属山西)人。杨宜堂弟。元初为征行元帅,从蒙古军灭金,授千户。(0700 卷 8 上,0075 氏族典卷 230)

杨敬 元顺帝至元元年(1335)任吴江(今属江苏)州都目。(0954 卷 17)

杨楧(1283 ~1303) 字国材。元海盐(今属浙江)人。杨梓之子。以荫授宁都州同知。(0258 卷 11)

杨植 元澄城(今属陕西)人。举进士。历任监察御史。官至廉访司佥事。(0801 卷 26)

杨惠(? ~1358) 元汴梁(今河南开封)人。泰定四年(1324)进士。历郓城县尹。顺帝至正十三年,任济宁路总管。迁任浙东廉访使。十八年,朱元璋部克婺州路,被杀。(0001 卷 45、186,0020 卷 124,0560,0624 卷 84)

杨遇 字朝舜。元玉田(今属河北)人。杨时煦之子。世祖至元中为翰林编修。历济南路判官。入为集贤待制。授孟州知州,未至任而卒。(0240 卷 3)

杨铸 字季子。元进贤(今属江西)人。杨镒弟。顺帝至正初游京师,以荐入史馆为校勘,史事毕,调任唐兀卫儒学教授。后历任德庆路知事、广东帅府都事、中书省检校。朝廷遣使经略江南,辟为从事,至福建,病死。(1018 卷 6,0414 卷 2)

杨智 元顺帝至正间任义乌(今属浙江)县尉。(0881 卷 12)

杨庸 元洛阳(今属河南)人。世祖中统元年(1260),授教授,教孔、颜、孟三氏子孙读书。(0001 卷 4、158)

杨湜 字彦清。元真定藁城(今属河北)人。习章程学,工书算。初,以府吏迁检法。世祖中统元年(1260),辟中书省掾。时国用不足,湜论钞法宜以榷货制国用,朝廷从之。因俾掌其条制。四年,任左司提控掾,请严赃吏法。至元三年(1266),任制国用司员外郎,改宣徽院参议。计帑立籍,具其出入之算,每月终上之,遂定为令。加诸路交钞都提举,上钞法便宜事。七年,任户部侍郎。时用宪宗壬子(1252)旧籍定民赋役之高下,湜建言更定。廷议善之,因俾第其轻重,人以为平。湜心计精析,时论经费者,咸推其能。(0001 卷 170)

杨温 元成宗元贞二年(1296)任江南行台照磨。大德(1297 ~1307)间任邳州知州。(0632 卷 6,0936 卷 4,0934 卷 12)

杨谨 元世祖至元二十九年(1292)为江

浙行宣政院使。(0559 卷 14)

杨谦① 元成宗大德(1297～1307)中为嵊县(今属浙江)主簿。(0880 卷 28)

杨谦② 字伯恭。元吉水(今属江西)人。补国子生。特授龙兴路(治今江西南昌)儒学正。顺帝至正间战乱,上书言用兵理财之策,不见听,遂弃官归隐。入明,有荐之者,以病辞。洪武中卒。(0470 卷 18)

杨弼 元顺帝至正十年(1350)为济南路推官。(0600 卷 2)

杨瑀 字元诚。元钱塘(治今浙江杭州)人。宋邛州万户杨昌之子。元文宗天历间,以大臣荐,备宿卫。署广成局副使,擢中瑞司典簿。顺帝至元六年(1340),参与顺帝罢黜丞相伯颜密谋。以功授太史院判官,旋擢为同佥院事。历宣政院判官。出为建德路总管。农民起义军由歙县进向建德,官府疑淳安长乐乡民连通起义卷,狱下狱,株连数百家,民益汹汹。元军主帅欲率兵镇压,瑀止之,亲至淳安抚定之。至正二十年(1360),迁任浙东道宣慰使都元帅。后告老归。著有《山居新话》。(0002 卷 211)

杨椿 字子寿。元平江(今苏州)人,教授里中。顺帝至正十六年(1356),应募守平江城,任参军。城为张士诚所破,挺身力战,刃交于胸,嗔目怒骂死。妻寻其尸数日而得,葬毕,自经死。(0099,0042 卷 2、8,0433 卷 48、53,0491 初学集卷 22)

杨楫 元顺帝至正三年(1343)为郿县(治今陕西眉县)主簿兼县尉。(0554 卷 26)

杨鉴 字明之。元世祖至元间为镇江路行大司农司令史。(0631 卷 17)

杨简 元太宗二年(1230)十一月,受命为平阳(治今山西临汾)征收课税使。(0001 卷 2)

杨鹏 一名云鹏,字飞卿。金元之际韩城(今属陕西)人。(一说为汝海人)。早年从李献能学。金亡后,寓居东平近二十年。工诗,每有所作必寄示元好问,以为知己,有《陶然诗集》,元好问为作序,谓其诗万虑洗然,深入空寂,盪元气于笔端,寄妙理于言外。史称自金贞祐南渡后,诗学为盛,而专力为诗者,当推云鹏。(503 三集甲,0351 卷 37,0109)

杨福 元砲手军万户。战死。追谥武庄。(0145 卷 2)

杨静 元成都(今属四川)人。初为儒士。仁宗延祐元年(1314),集贤大学士王约上疏荐之。泰定帝时,任云南廉访使。文宗天历元年(1328)十一月,四川平章囊加台自称镇西王,起兵反,以静为左丞。二年,囊加台降,被处死;静被夺官爵,杖一百七,籍没家产,流放辽东。(0001 卷 32、33、178)

杨嘉 元顺帝至正间任丰县(今属江苏)儒学教谕。(0956 卷上)

杨蔚 字彦亨,号梅溪。元世祖至元间,由南阳府儒学教授迁任无锡县丞。(0145 卷 3)

杨熙 字子明。元太原人。顺帝元统元年(1333)任江南行台监察御史。至元元年(1335)任南台都事。(0632 卷 6、13 下)

杨粹 元仁宗延祐七年(1320)为郿县(治今陕西眉县)尉。(0554 卷 28)

杨演 元成宗大德七年(1303)任江南行台监察御史。(0632 卷 6)

杨谌 字履祥,号东溪。元昆山(治今江苏太仓)人。顺帝至正初,撰《昆山郡志》六卷。(0635 卷首,0042 卷 10,0932 卷 6)

杨慤 元成宗大德六年(1302)任江南行台监察御史。(0632 卷 6)

杨震 元仁宗延祐(1314～1320)间任庆元路(治今浙江宁波)治中。(0633 卷 2)

杨暹 即杨景贤。

杨颙① 字伯荣。元无极(今属河北)人。世祖中统元年(1260)授燕京行省掾。至元二十四年(1287)历任京兆屯田总管。(0144 卷 80)

杨颙② 元成宗元贞元年(1295)至大德二年(1298)任庆元路(治今浙江宁波)经历。七年任浙东宣慰司都事。(0633 卷 2)

杨镇 字子仁,号中斋。宋元之际严陵(今浙江桐庐西南)人。尚宋理宗女周汉国公主。宋末,官至右领军卫将军驸马都统。工画墨竹。元初为江西行省左丞。有诗作传世。(0030 卷 4,0031 卷 6,0504 戊上)

杨稷 字宗琏。元长泰(今属福建)人。顺帝至正间摄长泰县儒学事。能诗,有诗作传世。(0905 卷 23、24,0076 卷 36,0504 己下)

杨皞 元扶风(今属陕西)人。父杨清,母牛氏。母病剧,叩天求代,遂痊,如是者再。后,母失明,登太白山取神泉洗之,遂愈。母死,哀毁特甚。葬毕,独庐墓上,负土为坟,蔬食水饮,终其丧。父死,亦如之。(0001 卷 197)

杨遵 字宗道。元钱塘县(治今浙江杭州)人。杨载之子。善篆、隶。(0031 卷 7,0559 卷 18)

杨澄 元武宗至大元年(1308)为建康路(治今南京)提控案牍。(0632 卷 6)

杨璲 字元度。元余姚(今属浙江)人。柳贯弟子。中乡试。历任宁海、缙云二县(均属浙江)及余姚州学官。有诗作传世。(0075 文学典卷 89,0504 己下,0002 卷 235)

杨翮 字文举。元上元县(治今江苏南京)人。杨刚中之子。历任休宁县主簿、江浙省宣使、行宣政院掾、江浙省儒学提举、太常博士。工诗。有《佩玉斋类稿》十卷。(0503 二集辛,0075 氏族典卷230,0072 卷82)

杨默 字子渊。元太原人。历任湖州路录事司判官。(0632 卷13下,0876 卷6)

杨赟 元蔚州(治今河北蔚县)人。历任采木提举、铁冶提举,岚州、平定州知州,宣德知府。武宗至大二年(1309)任晋宁路(治今山西临汾)治中。(0143 卷8)

杨徽 元长清(今属山东)人。顺帝元统(1333～1335)间为昌乐(治今山东潍坊西)知县。(0726 卷12)

杨翼 元成宗大德十年(1306)任建康路(治今南京)治中。(0632 卷6)

杨彝① 字彦常,号西亭。元钱塘(治今浙江杭州)人。英宗至治元年(1321)进士。历任翰林编修。善篆、隶、正书。有诗作传世。(0031 卷7,0896 卷129、178,0504 丁)

杨彝② 字好德。元鄱阳(治今江西波阳)人。历任吴县(治今江苏苏州)知县。顺帝至正二十五年(1365)迁任吴江(今属江苏)知州。(0163 补遗,0928 卷4,0954 卷17)

杨灏 元成宗元贞元年(1295)任秘书监提控案牍。(0027 卷9)

杨衢 见杨升云。

杨三杰 字曼卿。元建昌(治今江西永修西北)人。杨宗伯弟。历任淮东宣慰司掾。著有《明伦传》五十卷,不传。(0438 卷4)

杨三登(1252～1327) 字仪之。元清江(今属江西)人。元初授吉水县尉,未满秩而归,不复仕。(0212 卷82)

杨士元 元成宗元贞元年(1295)任江南行台监察御史。(0632 卷6)

杨士龙(1249～?) 字明夫。元清江(今属江西)人。儒士,隐居不仕。年七十九犹在世。著有《易说纲要》,吴澄为作序。(0212 卷20)

杨士弘 字伯谦。元襄城(今属河南)人。寓居清江(今属江西)。历任涟水教官。工诗,有《鉴池春草集》。尝选唐人诗一千三百余首,成《唐音》十四卷,虞集为作序。(0002 卷238,0075 氏族典卷230、文学典卷90,0504 庚下)

杨士杰 元真定(治今河北正定)人。早年从安熙学,历任监察御史。(0252 卷13)

杨士辉 元人。有诗作传世。(0504 癸下)

杨大中 元明之际临海(今属浙江)人。元末为秘书监著作郎,致仕家居。明洪武中征入京师,留数月归。(0622 卷47,0073 卷41)

杨大本 字景和。元人。有诗作传世。(0504 辛下)

杨大亨 元淮人。世祖至元二十九年(1292)任新昌(今属浙江)知县。(0880 卷28)

杨大受 字受之。元仙居(今属浙江)人。历任东阳县儒学教谕。(0881 卷12,0006 卷91上)

杨大渊(?～1265) 宋元之际天水(今属甘肃)人。宋末为阆州(治今四川阆中)守将。元宪宗八年(1258),降蒙古。领兵招降宋蓬、广安诸郡,从攻钓鱼山(今四川合川东)、礼义城。授侍郎、都行省。世祖中统三年(1262)冬,入觐,以战功升东川都元帅。至元初,病死。追封阆中郡公,谥肃翼。(0001 卷161)

杨大楫 宋元之际天水(今属甘肃)人。杨大渊之弟。宋末,随大渊守阆州(治今四川阆中)。元宪宗八年(1258),随大渊降蒙古。从攻宋钓鱼山(今四川合川东),擢管军总管。又从诸王攻宋礼义城。(0001 卷161)

杨与权 元顺帝至正元年(1341)任吴江(今属苏州)州都目。(0954 卷17)

杨子江 元三原(今属陕西)人。从攻襄阳,以砲击破其城取之,授便宜都元帅。(0801 卷26,0803 卷5,0075 氏族典卷230)

杨子寿 元人。有诗作传世。(0504 癸下)

杨子远 元安福(今属江西)人。顺帝至正间,任安福州同知,抵御反元队伍,战死。(0075 官常典卷735)

杨天佐 历任元上虞县主簿、庆元路(治今浙江宁波)录事。(0633 卷2,0880 卷28)

杨天辅 元世祖至元二十八年(1291)任慈溪(今属浙江)县尉。(0633 卷3)

杨天翼 元禹城(今属山东)人。顺帝至正二十二年(1362)中乡试。(0600 卷2)

杨元凤 元仁宗延祐六年(1319)任兰溪州同知。(0881 卷12)

杨元正 元吉水(今属江西)人。历任翰林检讨。有诗作传世。(0504 癸上)

杨元亨① 元仁宗延祐元年(1314)任江南行台监察御史。(0632 卷6)

杨元亨② 字伯进。元内丘(今属河北)人。历任礼部郎中。(0672 卷3)

杨元坦(1303～1357) 字友直。元海盐

(今属浙江)人。杨梓之孙,杨瑛之子。顺帝至元四年(1338),用荫授余干州判官。(0115)

杨元直　元祥符(治今河南开封)人。杨敬直弟。武宗至大(1308~1311)间任太医院使。后官至行省平章。(0225 卷13)

杨元钧　元莘县(今属山东)人。杨居宽孙。仁宗皇庆二年(1313)为冠州同知。后历任宁州(治今江西修水)知州。(1012 卷15)

杨元龄　元人。有诗作传世。(0504 癸下)

杨元震　字东卿。元台州(治今浙江临海)人。元初为归安县(治今浙江湖州)儒学教谕。(0559 卷18)

杨友仁　元仁宗延祐(1314~1320)中,任余姚(今属浙江)州儒学正。(0880 卷29)

杨不花　即不花⑩。

杨少愚　元青阳(今属安徽)人。好学博识。著有《秋浦集》、《九华外史》、《孝经衍义》等,皆不传。有诗作传世。(0622 卷16,0075 氏族典卷230、文学典卷90,0504 戊上)

杨升云　名衢,字云衢。元太和(治今江西泰和)人。英宗至治(1321~1323)初,以荐授瑞州路儒学正。泰定元年(1324)登进士第,授贵溪县丞,改陕西钞库官。调任新喻州判官,以病归。(1011 卷31,1019 卷10,1016 卷18)

杨公远(1228~?)　字叔明,号野趣。宋元之际歙县(今属安徽)人。隐居不仕。工诗,有《野趣有声画》二卷。(0199 卷首、卷末,0033 卷5,0006 卷89)

杨公佐　元世祖至元二十一年(1284)任溧水县(今属江苏)主簿。(0632 卷6)

杨公彝　元世祖至元二十五年(1288)任瑞州路(治今江西高安)总管。(1016 卷14)

杨仁风　元世祖时,从伯颜伐宋,任断事官。后入为同金枢密院事,至元二十三年(1286),任东京行省参知政事。次年,改辽阳行省参知政事。(0001 卷14、127)

杨从恕　元泰定(1324~1328)间任高平(今属山西)知县。(0694 卷5)

杨月涧　元人,善画花鸟龙虎,其作品流传至日本。(0030 卷5,1143 卷1177)

杨文广　元太原人。仁宗皇庆二年(1313)为徽州(治今甘肃徽县)管军副元帅。(0801 卷22,0811 卷5)

杨文仲(?~1269)　元天水(今属甘肃)人。杨大渊侄。宪宗时随叔父降元,授安抚使。(0001 卷161)

杨文安(1241~1282)　字泰叔。宋元之际天水(今属甘肃)人。杨大渊兄子。自幼依叔大渊于阆州。元宪宗八年(1258),随大渊降蒙古,授安抚使。世祖中统元年(1260),授监军,从攻四川。后屡败宋军,攻克开州、万州、咸淳府、绍庆等郡。至元十六年(1279),累升为四川南道宣慰使。十七年,招降散毛诸洞蛮。十九年春,入觐,擢江西行省左丞。未几,病死。(0001 卷161)

杨文英　元商州(治今陕西商县)人。官至奉元路(治今陕西西安)同知。(0801 卷26)

杨文郁　字从周,号损斋。元济阳人。世祖至元间累迁翰林修撰,升翰林学士。官至翰林学士承旨。成宗大德间卒。谥文安。(0144 卷88,0600 卷4,0001 卷19)

杨文虎　元金华(今属浙江)知县。(0881 卷12,0890 卷3)

杨文质　元渑池(今属河南)人。历任工部主事。(0762 卷7)

杨文炜　元泰定(1324~1328)为陇州(治今陕西陇县)同知。(0554 卷28)

杨文杰　元余姚州(今属浙江)判官。(0880 卷28)

杨文选　元郏县(今属河南)人。顺帝至正十五年(1355)任灵石县(今属山西)县尹,善用兵,居民安堵,外侵无扰。有诗作传世。(0691 卷8,0709 卷2,0504 庚上)

杨文昭　元人。善画水墨山水,贡性之为之题诗。(0302)

杨文卿　元泰定三年(1326)任荆门(今属湖北)知州,政事敏捷,有能声。(1041 卷66,1042 卷6,1044 卷17)

杨文璨　元天水(今属甘肃)人,杨大渊子。世祖时,袭父职为阆、蓬、广安、顺庆、夔府等路都元帅,加镇国上将军。后任江西行省参政,升左丞、右丞。(0001 卷16、161)

杨允孚　字和吉。元吉水(今属江西)人。有《滦京杂咏》二卷,凡诗一百八首,记元代上都(今内蒙古正蓝旗东北)山川物产、典章风俗。(0503 初集庚,0033 卷20,0300 卷末)

杨允真　字无识。元金华(今属浙江)人。顺帝至正十八年(1358)于金华县东罗汉山建永宁庵,以修学禅定。(0411 卷21)

杨允敬　元文宗至顺元年(1330)任秘书监典吏,三年改任典书。(0027 卷11)

杨本岩　元庐陵(治今江西吉安)人。元末为庐陵县主簿,追捕反元武装,中伏被杀。(0002 卷232,0075 氏族典卷230、官常典卷735)

杨本然　字舜举,号龙溪。宋元之际金

华人。工诗。元世祖至元二十四年(1287),其诗作被月泉吟社选评为第七名。(0504 甲,0033 卷 6)

杨世宁 元棠邑(治今山东聊城西北)人。顺帝至正八年(1348)至十年,任鱼台(今属山东)县尹,有德政。(0602 卷 8)

杨世兴(1259~1338) 字伯起。元崇明(今属上海)人。元初授海道运粮千户。成宗大德四年(1300),病归。(0949 卷 7)

杨世准 元顺帝至正三年(1343)为郿县(治今陕西眉县)知县。(0554 卷 26)

杨处仁 元仁宗时任湘阴(今属湖南)知州,兴农劝学,讼简狱空。(0622 卷 63,1041 卷 66)

杨立义 元昆明人。任腾冲府同知。事亲至孝,亲殁,负土成坟。(0851 卷 11,0622 卷 86,0075 学行典卷 192)

杨必大(1227~1294) 字伯起。宋元之际临海(今属浙江)人。宋末历任台州知州。恭帝德祐二年(1276)以城降元,授台州安抚使,病归。元世祖至元十九年(1282)起为浙东宣慰副使。二十六年,改任宁国路(治今安徽宣州)同知。(0225 卷 17)

杨汉英 见杨赛因不花。

杨弘道 字叔能,号素庵。金元之际淄川(治今山东淄博西南)人。金哀宗正大元年(1224)监麟游酒税。金亡入宋,任襄阳府学教谕,摄唐州司户。元兵下唐州,北归,居益都。元世祖至元七年(1270),为益都路提举学校官。卒年八十余。追谥文节。工诗,有《小亨集》六卷。(0075 氏族典卷 230、文学典卷 86,0603 卷 3,0033 卷 30)

杨邦宪 宋元之际播州(治今贵州遵义)土官。原任宋播州安抚使,世祖至元十三年(1276)降元,授龙虎卫上将军、绍庆、珍州、南平等处沿边宣慰使、播州安抚使。卒年四十三,追赠平章政事,封播国公,谥惠敏。(0001 卷 165)

杨再成 元湖南城步人,苗族。仁宗皇庆元年(1312),在城步创办儒林书院,城步苗族区儒学文风渐兴。(1146 卷 191)

杨有庆 字自叔。元顺帝至正二十四年(1364)任都水少监。(0594 卷 12)

杨达可 元人。有诗作传世。(0504 癸上)

杨尧元(?~1274) 元世祖时,为新德副元帅,与宋军作战时战死。其子袭职。(0001 卷 8)

杨尧善 元人。有诗作传世。(0504 癸下)

杨光祖 元仁宗时内侍。至大四年(1311)授秘书卿,加弘文馆学士。(0001 卷 24)

杨刚中 字志行,元建康上元(治今南京)人。少从名儒张翌问学。历任江宁县学教谕、建康路学录、学正,徽州路学教授。仁宗延祐元年(1314)聘主江西乡试。泰定中,任江浙儒学提举。仕至翰林待制。卒年七十四。以文章知名于世。著有《霜月集》(0001 卷 189、190,0622 卷 6)

杨廷玉 元人,历任宣政院同知。泰定元年(1324),拜中书参政。次年,以赃罪罢。(0001 卷 29、112、143、182)

杨廷宥 字彦宽。元黎丘(今湖北宜城西北)人。成宗元贞二年(1296)任江南行台监察御史。后升为四川廉访司佥事,累迁为廉访使。大德十年(1306)致仕。(0632 卷 6,0225 卷 14,0240 卷 4)

杨延镇 元顺帝至正八年(1348)任全州路总管,在任三年。后任湖南宣慰副使。(1052 卷 10)

杨仲开 元顺帝时人。有隐者风,能诗,善画。(1143 卷 1178)

杨仲名 字彦才。元顺德(治今河北邢台)人。仁宗延祐间为南乐(今属河北)县尹。(0643 卷 5)

杨仲齐 元东阳(今属浙江)人。早年从许谦学。后以荐为武义县(今属浙江)经师。(0072 卷 82)

杨仲举 元太原人。初为江南行御史台掾。后历任福建、江西廉访司经历。以福清知州致仕。卒年七十七。(0632 卷 13 下,0593 卷 13,0594 卷 11)

杨仲恕 元庆元(治今浙江宁波)人。历任嵊县(今属浙江)儒学教谕。(0880 卷 29)

杨仲愚 元青阳(今属安徽)人。顺帝至正十三年(1353)中乡试,授金坛县儒学教谕。后迁任池州路儒学正。(0986 卷 5,0996 卷 4)

杨企元 字长卿。元世祖至元间为镇江路行大司农司令史。(0631 卷 17)

杨庆源 字宗善。元泗水(今属山东)人。有诗作传世。(0504 已上,0033 卷 24)

杨壮行(1268~1338) 字伯学。元庐陵(治今江西吉安)人。以荫授仁化县尹。累迁为广西庆远南丹安抚司经历,以衡州路判官致仕。(0147 卷 43)

杨兴祖 元顺帝元统二年(1334)任鄞县(治今浙江宁波)主簿。(0634 卷 2)

杨守仁 元世祖至元四年(1267)任沁水县(今属山西)主簿。(0694 卷 5)

杨守则 元翼城(今属山西)人。初授翰林检阅。历任监察御史、户部侍郎,大都、河间两路总管。(0622 卷 20,0075 氏族典卷 230,0644 卷 17)

杨守谅(1240～?)　元宣德(治今河北宣化)人。世祖时任资用库提点,赐名塞因乞答台,升利用少监。成宗大德元年(1297)授建昌路总管。(0225 卷 16)

杨艮之　元天水(今属甘肃)人,杨文安子。世祖时,袭父职为昭勇大将军、管军万户,佩虎符。后历任湖南宣慰副使、岳州路总管。(0001 卷 161)

杨如山　字少游。元阆州(治今四川阆中)人。成宗大德(1297～1307)初,任镇江路淮海书院山长。(0631 卷 17、19,0075 文学典卷 87,0072 别附卷 3)

杨好信　元世祖至元十四年(1277)任慈溪(今属浙江)县尉。(0633 卷 3)

杨买奴　元歌妓,杨驹儿之女。貌美,善歌唱。公卿士大夫爱赏之。性嗜酒。后嫁乐人,憔悴而死。(0032)

杨孝友　元燕京宝坻(今属天津)人。杨杰只哥次子。历任镇江路总管。(0001 卷 152)

杨孝先　元燕京宝坻(今属天津)人。杨杰只哥长子。历任淮东廉访司佥事。(0001 卷 152)

杨志隐　字空静。宋元之际鄂州(治今武汉武昌)人。为道士于元符宫。元初,入事世祖,奏对不避时忌,帝优容之,未几辞归山,录三茅山道教,住持乾元观。(0039 卷 16)

杨克仁　元顺帝至元元年(1335)任象山县(今属浙江)主簿。(0634 卷 2)

杨克忠①　元真定藁城(今属河北)人,杨湜子。仕为安丰路总管。(0001 卷 170)

杨克忠②　元邓州人,世袭襄阳万户。顺帝至正中,农民军破襄阳,自投江死。(0001 卷 32,1041 卷 66)

杨克恭　元景州(治今河北景县)人。顺帝至正间任兴州(治今山西兴县)知州,有惠政。(0622 卷 19,0706 卷上,0691 卷 8)

杨时中　元赵州(治今河北赵县)人。成宗大德间为密县知县。(0762 卷 4)

杨时可　元成宗大德八年(1304)任衢州路知事。(0878 卷 3)

杨时煦　字春卿,号庸斋。元蓟州玉田人。历任兴文署丞。世祖至元八年(1271)卒。(0160 卷 20,0001 卷 134,0240 卷 5)

杨伯友　元世祖至元中为高邑(今属河北)知县。(0645 卷 4)

杨伯晋　元道士。临江路(治今江西清江西南)閤皁山万寿崇真宫住持,四十六代传箓嗣教宗师。(0146 卷 37)

杨伯循(1291～1343)　字循礼。元安阳(今属河南)人。历任城武、金乡二县主簿,擢西华县尹。(0250 卷 58)

杨伯颜(?～1358)　元武冈绥宁(今属湖南)人。苗族。顺帝时苗军帅杨完者之弟。至正十八年(1358),随兄驻营杭州城北,遭张士诚与达识帖睦尔军夹攻,兵败,与兄皆自杀。事闻于朝,追封衡国公,谥忠烈。(0001 卷 140)

杨希古　元顺帝至正九年(1349)为中书省掾。能诗,有诗作传世。(0504 癸下,0551 卷 37)

杨应奎　元初为衢州路同知。(0878 卷 2)

杨应桂(1243～?)　宋元之际弋阳(今属江西)人。杨鎔之子。宋末为太学生。元初任蓝山书院山长。(0147 卷 8,0072 卷 84)

杨炎龙　一名杨吉丁。元成宗时,任云南行省左丞。元贞元年(1295),召拜中书左丞。大德二年(1298),升右丞。六年,去职。(0001 卷 18、19、112)

杨完者(?～1358)　元绥宁(今属湖南)人。苗族首领,世为土官。顺帝至正十三年(1353),应湖广行省招,率苗兵讨伐反元队伍,与行省军合兵,收复武昌,以功授管军千户。后率兵援扬州等地,累迁为都元帅。拥众不受行省节制,所至劫掠。十六年,张士诚攻占杭州,江浙行省左丞相达识帖睦尔逃至富阳。完者率部击败士诚,达识乃还杭州。被擢为江浙参政,升左丞。十七年,守嘉兴,屡败士诚。劝达识受士诚降。专恣横行。强娶江浙平章庆童女。十八年,遭达识与士诚夹攻,兵败自杀。(0101 卷 8,0106 卷 3,0002 卷 221)

杨完泽　字孝先。元南阳(今属河南)人。文宗天历元年(1328),任镇江路判官,二年丁忧去职。(0631 卷 15)

杨君举　元人。有诗作传世。(0504 癸下)

杨茂春　字子东。元崇明(今属上海)人。迁居昆山(治今江苏太仓)。世祖至元十四年(1277)授管船千户,二十八年改海道运粮百户。后任松江嘉定所副千户。英宗至治二年(1322)致仕。卒年八十五。(0635 卷 5,0002 卷 182)

杨述祖　元世祖至元二十九年(1292)任秘书监校书郎,成宗元贞元年(1295)升为著作佐郎。(0027 卷 10)

杨叔谦　元中叶人,善画。仁宗延祐五年(1318)作《农桑图》,赵孟頫题诗以献,称旨。(1143 卷 1181)

杨贤德　元胶东(今山东胶莱河以东地区)人。有诗作传世。(0504 庚上)

杨国用　元余姚(今属浙江)人。仁宗延祐(1314～1320)中,为嵊县(今属浙江)儒学教谕。(0880 卷 29、30)

杨昌子　宋元之际人。宋末为郴州安抚使,恭帝德祐二年(1276)降元,授郴州路

总管。能诗,有诗作传世。(0504 乙)

杨知容 字克容。元汴梁(治今河南开封)人。历任镇江路儒学录(0631 卷 17)

杨秉道 元顺帝至正间为潜江(今属湖北)知县。(1044 卷 17)

杨学文 字必节、节父,号竹涧。元眉山(今属四川)人。仕至昆山州(治今江苏太仓)同知。有诗作传世。(0470 续集卷 20,0504 甲)

杨学李 字希圣,号明斋。元眉山(今属四川)人。有诗作传世。(0504 甲)

杨宗训 字源清。元洛阳人。以荫授宁州(治今江西修水)判官,为政廉明。(1012 卷 15)

杨宗瑞 字廷镇,元醴陵人,仁宗延祐二年(1315)进士。泰定元年(1324)任翰林修撰。七月,授礼部郎中,出使安南。文宗天历间,为国子司业,参与修《经世大典》。顺帝至正五年(1345),以崇文太监任会试考官。八年,为翰林学士,奉命与张起岩等总裁纂修后妃、功臣列传。(0001 卷 29、41、181,0506 卷 3528,0262 卷 3)

杨宜祖 元泰定二年(1325)任鄞县(治今浙江宁波)主簿。(0634 卷 2)

杨建中 元澄城(今属陕西)人。中乡试。历任监察御史。(0801 卷 26,0806 卷 14)

杨居义(1250～1314) 字子宜。元莘县(今属山东)人。杨居简堂弟。武宗至大元年(1308)任定海县(治今浙江镇海)主簿。,后改任浦东场盐司丞,有能声。(0262 卷 20,0633 卷 3,0002 卷 183)

杨居仁(? ～1359) 元人。顺帝至正中任开化县(今属浙江)知县。十九年(1359),明兵攻破城,被执,不屈而死。(0622 卷 43,0878 卷 2、4,0002 卷 232)

杨居宽(1233～1287) 字子裕。元莘县(今属山东)人。世祖初年为中书省掾,累迁为吏部侍郎。至元十三年(1276)出为两浙宣慰司同知。历吏部尚书、中书参议、御史中丞、江西参政。二十三年,入为中书参政,典铨选,屡裁抑桑哥受贿乱选法。次年,桑哥专政,诬之以罪杀之。(0225 卷 19,0003 卷 104,0002 卷 183)

杨居简(1239～1295) 字子敬。元莘县(今属山东)人。杨居宽弟。历任浙西宣慰司经历、上都留守司经历、唐州知州。桑哥伏诛后,诉兄居宽冤,诏还所籍产。谥正惠。(0501 卷 52,0225 卷 19,0002 卷 183)

杨弥坚 元世祖至元三十年(1293)为侍仪司承奉班都知。武宗至大三年(1310)累迁为江南行台监察御史。(0632 卷 6,0590 卷 2)

杨绍祖 字继先。元浚州(治今河南浚县)人。初为中书省掾,后出为湖广行省员外郎。(0643 卷 6)

杨相孙(1299～1368) 字敬在,号艮翁。元晋江(治今福建泉州)人。早年从丘葵学,笃志理学。后历任仙游、长泰二县儒学教谕,兴化路儒学正,漳州路儒学教授。(0417 卷 20,0076 卷 33)

杨显之 元大都(今北京)人。与关汉卿为莫逆交,汉卿所为文辞,多经其修订,号杨补丁。撰杂剧《潇湘夜雨》、《小刘屠》、《酷寒亭》、《黑旋风乔断按》等八种,今存前一种。(0029 卷上)

杨贵亨 号愚谷。元天台(今属浙江)人。历任浙东宣慰副使。(0504 己上)

杨思义 历任元余姚州(今属浙江)同知。(0880 卷 28)

杨思齐 元顺帝至正间为兰溪(今属浙江)知州。(0881 卷 12)

杨思谅 元初为淮安万户府管军万户。(0559 卷 14,0573 卷 8)

杨思粟 元兴元(治今陕西汉中)人。文宗至顺三年(1332)任江南行台管勾。(0632 卷 6)

杨思聪 元大定(治今内蒙古宁城西)人。成宗大德七年(1303)任晋城(今属山西)县尹。后改任万泉(治今山西万荣西南)县尹。(0700 卷 6,0694 卷 5,0691 卷 8)

杨顺卿 字明卿。元瑞金(今属江西)人。顺帝至正间,以荐任会昌州同知。(1022 卷 7)

杨俊民 字士杰。元真定(治今河北正定)人。早年从安熙学。文宗至顺元年(1330)登进士第,授翰林应奉。出为山西廉访司佥事。历礼部郎中、国子司业。顺帝至正十六年(1356)以集贤直学士致祭曲阜孔庙。十七年,任国子祭酒。有《滹川文集》(佚),有诗作传世。(0262 卷 16,0252 卷 13,0504 癸下)

杨衍饬 字弘正,号静隐。元宁夏人。杨教化之子。顺帝至元六年(1340)用荫授江南行台监察御史。(0233 卷 13,0632 卷 6,0011 卷 58)

杨庭玉 元泰定帝泰定元年(1324),由宣政院同知拜中书参知政事。次年因赃罪被御史劾罢。(0001 卷 29、112、143)

杨庭训 元人。累迁河间路同知,升博州路总管,改延安路总管,未上任。(0001 卷 4、8,0144 卷 84)

杨庭璧 元世祖至元十六年(1279),任广东招讨司达鲁花赤。是年十二月,奉诏出使俱蓝国(今印度西南海岸奎隆)。次年三月,至其国。十九年二月,复出使至俱蓝国,国主遣使随庭璧入贡。归途复招那旺、苏木都剌(今苏门达腊北部)等国遣使入贡。二十年,授宣慰使,复出使俱蓝国等国。此后,海外十余国皆遣

使来元朝通好。(0001 卷 12、129、210)

杨彦珍(1196～1265)　金元之际杞县(今属河南)人。金末率乡兵降于蒙古，从张柔征战，授行军千户，戍守邓州。(0501 卷 63，0002 卷 145)

杨彦祥　元仁宗延祐四年(1317)为温州路治中。(0579 卷 9)

杨祖成　字伯振。元长洲(治今江苏苏州)人。顺帝至正间为江浙省掾。仕至山阴(治今浙江绍兴)知县。能诗，有诗作传世。(0504 己上，1080 书录卷 12)

杨祖恕　字仲如，号近斋。元鄞县(治今浙江宁波)人。有诗作传世。(0504 戊上，0271 卷 2)

杨恭懿(1225～1294)　字元甫，号潜斋。元高陵(今属陕西)人。幼读诸经，后得朱熹《四书集注》研读。世祖至元十六年(1279)，应诏修新历。与郭守敬、王恂、许衡等遍考汉以来历书四十余家，依据观测数据，精思推算，创制《授时历》。十七年，新历成，授集贤大学士兼太史院事。次年，辞归。(0001 卷 164)

杨晋孙　元仁宗延祐二年(1315)进士。历任湘乡州判官。(1063 卷 6)

杨原岩　元人。有诗作传世。(0504 癸上)

杨振孙　元顺帝至元元年(1335)任溧水(今属江苏)州判官。(0632 卷 6)

杨致道　元清苑(治今河北保定)人。文宗天历二年(1329)由西河县主簿升为文水县尹。顺帝至元二年(1336)迁任庆元路(治今浙江宁波)经历，四年致仕。(0634 卷 1，0691 卷 8)

杨继可　元天台(今属浙江)人。历任瑞安州儒学正。(0896 卷 129)

杨教化(1277～1309)　元宁夏人。杨朵儿只兄。事武宗于藩邸。武宗即位(1307)，授太府院同知。后改任将作院使。谥襄敏。(0147 卷 42，0002 卷 183，0011 卷 58)

杨梦高　元溧阳(今属江苏)人。成宗大德九年(1305)任丹徒县(治今江苏镇江)主簿。(0631 卷 16)

杨崇禧　元濮阳(今属河南)人。尝为国子生。元末创建庙学养士，割良田为赡，元廷赐名崇义书院。(0643 卷 6，0646 卷 6)

杨得禄　元休宁(今属安徽)人。能诗，有诗作传世。(0033 卷 17，0504 戊上)

杨脱欢　字景仁，号谦斋。元崇明(今属上海)人。杨德泽之子。历任新淦州(治今江西新干)同知。(0949 卷 7)

杨惟一　元河南人。顺帝至元六年(1340)任江南行台管勾。(0632 卷 6)

杨惟中(1205～1259)　字彦诚。元弘州(治今河北阳原)人。少时事窝阔台(太宗)。通蒙古语。年二十，奉使西域。太宗七年(1235)，从皇子阔出攻宋，得名士赵复等数十人送燕京，建太极书院，以赵复等讲授理学。耶律楚材死后，继任必阇赤(掌书记之近侍)长。定宗元年(1246)，奉诏宣慰平阳等地，处死平阳不法断事官斜彻，谕降金将武仙残部数余人。宪宗二年(1252)，任河南经略使，屯田唐、邓、申、蔡、亳、颍等州。处死贪暴害民之河南总管刘福。河南大治。迁陕西四川宣抚使，处死害民之郭千户，关中肃然。九年，从忽必烈攻宋，随军北归时病死于蔡州，谥忠肃。(0001 卷 146)

杨惟肖(1302～1341)　字与似。元澧阳(治今湖南澧县)人。文宗至顺三年(1332)中乡试。以善楷书补翰林国史院书写。(0254 卷 14，0072 卷 95)

杨惟良　元萧县(今属安徽)人。官至甘肃行省参政。(0622 卷 18)

杨清一(1243～1299)　字元洁，号逸峰。宋元之际临安(今属浙江)人。洞霄宫主席郎如山弟子。元成宗元贞二年(1296)入觐，宣授冲真洞玄葆光法师，归领杭州路道录。(0038 卷 5)

杨清孙　元海盐(今属浙江)人。杨枢堂兄。文宗天历二年(1329)任建康路(治今南京)同知。(0632 卷 6)

杨清叟　元禾川(今江西永新)人。撰有《外科集验方》，此书述痈疽阴阳虚实甚详，收集不少民间验方。明洪武十一年(1378)，萧天倪捐资刊行此书，书名改作《仙传外科集验方》。(1149 卷 298)

杨渊海　元末为段功从官。梁王杀段功，爱其才，欲用之，饮药死。有诗作传世。(0851 卷 1，0504 壬下，0033 卷 40)

杨维祯(1296～1370)　字廉夫，号铁崖，晚号东维子。元明间山阴(治今浙江绍兴)人。泰定四年(1327)进士，授天台县尹。历任绍兴钱清场司令、建德路推官。擢江西儒学提举，避兵乱未就任。隐居富春山，迁杭州。张士诚屡召不赴。以忤达识丞相，再迁居松江。明洪武三年(1370)正月，应召至京师(今南京)，旋以疾请归，五月卒。诗名擅一时，号铁崖体。著有《东维子文集》、《铁崖古乐府》、《复古诗集》、《史义拾遗》、《正统辨》、《历代史钺补正》二百卷(今佚)等。(0020 卷 285，0411 卷 10)

杨维翰(1294～1351)　字子固，号方塘。元诸暨(今属浙江)人。杨维祯堂兄。应科举考试不利。历任慈溪、天台二县儒学教谕。后升为饶州双溪书院山长。工书法。画墨兰、竹石极精妙，柯九思自以为弗及。(0158 卷 24，0880 卷 43、49，0077 卷 23)

杨敬直　元祥符(治今河南开封)人。杨焕父。武宗至大(1308～1311)间任两淮转运使。后历任江西省参政、江浙省参政。谥忠肃。(0622 卷 27，0075 氏族典卷 230，0002 卷 196)

杨敬惪　字仲礼。元台州临海(今属浙江)人。历任翰林应奉。泰定三年(1326)出为江浙省儒学提举。工诗,有《仲礼集》。尝修《元统赤城志》。(0503三集己,0501卷36)

杨朝英 号澹斋。元青城(治今山东高青青城)人。编选元人散曲,成《阳春白雪》十一卷、《太平乐府》九卷。(1108)

杨森德 元顺帝至元二年(1336)任嘉兴县尹。(0895卷11)

杨景行 字贤可,元吉安太和州(今江西泰和)人。仁宗延祐二年(1315)中进士,授赣州路会昌州判官。后历任永新州判官、江西行省照磨、抚州路推官、归安县尹等职,所至皆有惠政,民刻石颂其德。以翰林待制致仕,卒年七十四。(0001卷192)

杨景贤 名暹,后改名讷,一字景言,号汝斋。元明之际蒙古人。从姐夫杨镇抚姓杨。善弹琵琶,好戏谑。作杂剧十八种。今存《西游记》、《刘行首》两种,残存《玩江楼》、《天台梦》两种。明永乐初,受明成祖宠遇。后卒于金陵(今江苏南京)。(0029续编)

杨舜民 字子春。元四川人。登进士第,授清湘县丞。(1036卷26)

杨顺赓 字希白。元台州(治今浙江临海)人。成宗大德七年(1303)任丽水县(今属浙江)儒学教谕。(0576卷10)

杨巽申 字刚中,号熟斋。元潼川(治今四川三台)人。成宗元贞二年(1296)任嘉定州儒学教授。后历任梓州、淮安路儒学教授。(0167卷21、29,0387卷6、8,0213卷3)

杨献文 元世祖至元二十三年(1286)任溧水(今属江苏)县丞。后改任溧阳(今属江苏)县丞。(0632卷6)

杨鉴泉 元绩溪(今属安徽)人,善写真,尤工画山水。(1143卷1203)

杨鹏翼 元人。有诗作传世。(0504戊下,0033卷32)

杨嘉贞 又名延礼不花。元播州(治今贵州遵义)苗人。杨汉英侄,嗣为子。袭绍庆、珍州、南平沿边宣慰使。顺帝至正十二年(1352)遥授湖广行省左丞。(0411卷18,0622卷72,0003卷110)

杨镇龙(? ~1289) 元台州宁海(今属浙江)人。世祖至元二十六年(1289)起兵反,称大兴国皇帝,拥兵攻东阳、义乌等地,浙东大震。不久被宗王瓮吉带、大将史弼等擒杀。(0001卷15、162)

杨德中 字顺英。元邹县(今属山东)人。文宗天历(1328 ~1330)间,岁饥,设粥以食流民,赖以全活者甚众。(0602卷3)

杨德朴 元浦江(今属浙江)知县。(0881卷13)

杨德泽 字济忠,号信庵。元崇明(今属上海)人。杨世兴之子。历任松江嘉定海运副千户。(0949卷7)

杨德诚 字和卿。元成宗大德(1297 ~1307)间为镇江路行通政院宣使。(0631卷17)

杨德荣 元仁宗乳母之夫。封寿国公。仁宗即位,改封云国公。(0001卷24)

杨德崇 元世祖时,太子真金闻其名,驿致为东宫臣。谥康懿。(0145卷2)

杨兀鲁带 元世祖至元二十二年(1285),授征骨嵬招讨使,佩二珠虎符。不久又升征东宣慰使都元帅。(0001卷13)

杨也孙台 元武宗至大四年(1311)任秘书监丞。(0027卷9)

杨火你赤 元金华(今属浙江)县尹。(0881卷12)

杨朵儿只(1279 ~1320) 元宁夏(治今宁夏银川)人。初侍仁宗于藩府,甚见倚重。成宗大德十一年(1307),从仁宗迁怀孟。未几,佐仁宗定内难。武宗即位,仁宗居东宫,论功授家令丞。仁宗即位,拜礼部尚书。历任宣徽副使、侍御史、御史中丞。与诸御史劾罢丞相铁木迭儿。仁宗死,铁木迭儿复相。以违太后旨罪,处死。泰定帝时昭雪,追封夏国公,谥襄敏。(0001卷179)

杨杰只哥(1200 ~1239) 金元之际燕京宝坻(今属天津)人。金末,率族降蒙古。从阿术鲁攻西夏、金。元太宗四年(1232),从攻徐州,大败金将国用安,以功授新附军民总管。七年,受帝特赐种田民户租赋。九年,从阿术鲁攻拔归德(治今河南商丘南)。又攻占五州十县四堡二寨。十一年,宋兵来攻归德,率众拒战,战死。(0001卷152)

杨琏真加 又译杨辇真加。元唐兀人。世祖至元十四年(1277),任江南释教都总统。在任十余年,恣肆横行,强取民财,戕杀平民,受人献美女宝物无数,私庇平民不输公赋者二万三千户。重贿丞相桑哥,擅发宋诸陵及大臣墓凡一百零一所,取其珍宝。二十八年桑哥处死后,被逮问罪。省台诸臣乞论罪处死,世祖不允。次年,发还其人口、土地。(0001卷202、13 ~17)

杨也里不花 元播州(治今贵州遵义)土官,杨赛因不花之子,一名嘉贞。袭父职为绍庆(治今四川彭水)等处宣慰使、播州安抚使。顺帝至正十二年(1352),遥授湖广行省左丞。(0001卷29、42、165等)

杨也速答儿 元山西人。历任诸暨(今属浙江)知县。(0880卷28)

杨朵儿只班 元顺帝至正十四年(1354)任御史台知印。(0559卷18)

杨伯颜卜花 元播州(治今贵州遵义)土官。顺帝至正十二年(1352),授绍庆宣慰使。(0001卷42)

杨赛因不花(1281～1320)　原名汉英,字熙载。元苗族。其祖先自唐末五代至宋世领播州(治今贵州遵义)。元世祖至元十三年(1276),父邦宪降元,任绍庆(治今四川彭水)等处沿边宣慰使、播州安抚使。二十二年,父死,年仅五岁,随母田氏朝觐,奉旨袭父职,受赐名赛因不花。二十八年,升为播州军民宣抚使。成宗大德五年(1301)至七年,参与镇压蛇节、宋隆济起义。仁宗延祐四年(1317),奉诏出师招降黄平府卢崩、黎鲁二部反元队伍。六年,卢崩部复反元,奉诏与思州宣慰使田茂忠同出兵征讨。七年,病死于军中。追封播国公,谥忠宣。其子孙世袭播州土官。好儒学,招揽名士,兴建学校,教化大兴。著有《明哲要览》、《桃溪内外集》。(0001 卷 165,0146 卷 26,0411 卷 18)

杨玉速帖木儿　元世祖至元间任溧阳路录事。(0632 卷 6)

杨按扎儿不花　元唐兀人。仁宗延祐(1314～1320)间为行御史台监察御史。后历任户部尚书。顺帝至元(1335～1340)初,授宣政院使。(0250 卷 31,0002 卷 196)

却广　元真定行唐(今属河北)人,却祥之曾祖。成宗时以文臣授元帅府监军,守亳州。(0645 卷 5,0075 氏族典卷 542)

却祥　字天瑞。元真定行唐(今属河北)人。历任博野县助宣课提领。父死,庐居墓侧,以哀毁卒。(0645 卷 5、29,0002 卷 239)

却温　元真定行唐(今属河北)人,却祥之祖父。仁宗延祐中为获鹿县尹。(0645 卷 5,0075 氏族典卷 542)

却吉坚赞(1332～1359)　元时藏传佛教萨迦派拉康剌让开创者。元帝师贡噶坚赞长子。顺帝至正十六年(1356)入京,受封为大元国师。(1144 卷 274)

劫烈(？～1339)　元顺帝至元间为河南行省左丞。至元五年(1339)十一月,为杞县(今属河南)人、河南省掾范孟矫旨杀死。(0001 卷 186)

克新　字仲铭,号雪庐,又号江左外史。元明之际僧,鄱阳(治今江西波阳)余氏子。元末住嘉兴水西寺。明初召至京师。尝奉诏往西域招谕吐番。能诗文。有《雪庐稿》(一名《元释集》一卷。(0158 卷 10,0031 卷 7,0537 卷 30)

克薛杰　元康里人。宪宗之养鹰人。宪宗即位(1251),大举欢庆宴饮,太宗后裔及察合台子孙谋作乱,刳车辕,藏兵器其中赴宴,辕折兵器见,适为克薛杰所见,告变于宪宗。宪宗命忙哥撒儿率军迎之,谋反者悉就擒。(0001 卷 124,0008 卷 2)

孛兰　元宪宗三年(1253)夏起,与杨惟中同任京兆(治今陕西西安)宣抚使。关陇大治。(0001 卷 4)

孛老　元泰定二年(1325)任浙东宣慰副使。(0634 卷 1)

孛来　元将。成宗元贞元年(1295)二月,奉命与曷伯、撒里蛮率领探马赤军万人出征西北,听宗王出伯节度。大德元年(1297)八月,诏曷伯留军五千屯守;奉诏统其余众归。(0001 卷 18、19)

孛折　元世祖时皇子爱牙赤(世祖第六子)之宿卫士。至元二十一年(1284)六月,受元廷赐钞。(0001 卷 13)

孛坚　又译孛罕,蒙古兀鲁氏。元太祖侍卫,多年忠勤效力。蒙古建国后,受封为功臣千户长。(0009 卷 8,0001 卷 135)

孛里　元至大四年(1311)为和林行省右丞。是年六月,奉旨与行省右丞马速忽同经理称海(在今蒙古科布多之东)屯田。(0001 卷 24)

孛秃(？～1227)　又译孛徒、不秃。蒙古亦乞列思部人。居于也儿古纳河(今额尔古纳河)畔。早年与铁木真(元太祖)友善,娶铁木真妹帖木伦。帖木伦死后,继娶铁木真之女火臣别吉。曾遣人告知铁木真,札木合将来袭。又曾奉命率部击败乃蛮。元太祖即位(1206),以功封为左翼二千户之长。后从木华黎攻略辽西,得懿州(治今辽宁阜新东北)为分地。太祖末年,从征西夏,病死。后追封昌王,谥忠武。(0001 卷 118、1、109 等)

孛伯　元西北叛王海都部将。成宗大德元年(1297),元将床兀儿率军越金山,攻八邻部之地。孛伯奉海都遣,率军援救八邻部之地,与床兀儿军遇于阿雷河,战败,仅以身免。(0001 卷 128)

孛罕(？～1235)　元蒙古兀鲁氏。事太祖为宿卫士。太宗时为镇西行省,领蒙古、汉军从攻河中、潼关、河南。又与拜只思等攻秦巩,驻守京兆(治今陕西西安)。七年(1235),授左手万户,从都元帅塔海绀卜出征,死于军中。(0001 卷 135)

孛叔　元至大四年(1311)七月,仁宗即位后,由中散大夫、典内院使超授荣禄大夫。(0001 卷 24)

孛罗①　元初勋臣。木华黎及其后裔嗣国王麾下探马赤军将领。太宗八年(1236)奉帝命镇守真定,受赐广平等处种田五户丝户一百户。(0001 卷 95、98、99、123)

孛罗②　元初蒙古勋贵后裔。定宗三年(1248),忽必烈命张德辉教育之。(0001 卷 163)

孛罗③(约 1246～1313)　又译博罗。元蒙古朵鲁班氏。早年曾任世祖之博尔赤(司御膳之近侍)及怯薛(禁卫军)长。至元七年(1270)以后,历任御史中丞、大司农、御史大夫。十四年,任枢密副使。灭南宋后,与伯颜、阿术等蒙古将帅议定驻扎江淮以南六十五处军马。十七年,兼任中书省丞相,人称孛罗丞相。二十年,奉旨与爱薛等出使伊利汗国,后遂留居其国。三十一年,伊利汗乞合都据其陈述,推行纸币于波斯。伊利汗国宰相拉施特主编之《史集·蒙古史》采取其口述之蒙古史事录入甚多。(0001 卷 7、8、9、11、12、67、205 等,0008 卷 1、2、3)

孛罗④ 元将。世祖至元元年(1264),奉信苴日遣,攻云南舍利畏起义军于统失城(今云南姚安),大破之,遂定统失。(0001 卷 166)

孛罗⑤ 元世祖至元十年(1273)为太常卿。是年,奉帝遣问毛血之荐于太常太祝兼奉礼郎申屠致远,致远对曰:"毛以告纯,血以告新,礼也。"(0001 卷 170)

孛罗⑥ 元世祖至元十二年(1275)为必阇赤(掌书记之近侍)。是年二月,奉帝遣检核西夏故地榷课。(0001 卷 8)

孛罗⑦ 元蒙古人。世祖至元十九年(1282)七月,领湖北辰、沅等州淘金事。九月,元廷遣使括云南所产金;授打金洞达鲁花赤。(0001 卷 12)

孛罗⑧ 元诸王。世祖至元十三年(1276)七月,受赐印。(0001 卷 9)

孛罗⑨ 元诸王。成宗大德六年(1302)二月,被谪于四川八剌军中自效。七年闰五月,以镇压反元队伍有功,被召至京师。九年三月,受帝赐金、银、钞。(0001 卷 20、21)

孛罗⑩ 元宗王。阿里不哥子乃剌忽不花大王之子。成宗大德十年(1306)二月,封镇宁王,赐金印。仁宗延祐四年(1317)闰正月,进封翼王。六月,置翼王王傅二员,中尉、司马各一员,都总管府秩正三品。(0001 卷 21、26、107、108)

孛罗⑪ 元诸王。仁宗皇庆元年(1312)二月,封永丰郡王。(0001 卷 24、108)

孛罗⑫(? ~1330) 元仁宗延祐初年为山北辽阳等路蒙古军万户。三年(1316)春,和世㻋封周王,出镇云南;授周王常侍。是冬,从和世㻋西行,至金山(今阿尔泰山)以西。文宗天历元年(1328)十月,文宗战胜上都政权,遣使迎和世㻋南还京师;奉和世㻋遣先至京师。二年正月,明宗和世㻋即帝位于和林之北;四月,授御史大夫,五月,特授开府仪同三司,以典四番宿卫。八月,明宗死,任护守明宗山陵官。至顺元年(1330)七月,因牵连入铁木迭儿诸子怨望诅咒案,被处死。(0001 卷 31、33、34)

孛罗⑬ 元仁宗时鹰坊官。延祐三年(1316)三月,以其扰民于大同,敕拘还所奉玺书。(0001 卷 25)

孛罗⑭ 元蒙古塔塔儿氏。仁宗延祐六年(1319)任镇江路真定翼上千户所达鲁花赤。泰定元年(1324)离任。(0631 卷 17)

孛罗⑮ 元诸王。英宗至治三年(1323)八月,参与铁失等谋弑英宗。十二月,被泰定帝流放于海岛。(0001 卷 29)

孛罗⑯ 元至治三年(1323)九月,泰定帝即位于龙居河(今蒙古克鲁伦河),授宣徽院使。(0001 卷 29)

孛罗⑰ 元西域藩王。泰定元年(1324)二月,遣使来朝贡。四年十二月,遣使进贡硇砂;元廷赐钞二千锭。(0001 卷 29、30)

孛罗⑱ 元唐兀人。泰定二年(1325)任江南行台监察御史。(0632 卷 6)

孛罗⑲ 元泰定年间任度支监御。四年(1327)八月,请辞职奉母;不允。(0001 卷 30)

孛罗⑳ 又译博罗。元中叶为管军万户。致和元年(1328)八月,奉大都政权控制之河南行省遣,率军守潼关。九月,文宗即帝位于大都,陕西官府结连靖安王阔不花起兵反文宗,东击潼关;孛罗不能军,弃潼关逃走。(0001 卷 32、137)

孛罗㉑ 元文宗天历二年(1329)为湖广行省参政。四月,奉诏书至四川,赦起兵反文宗之四川平章囊加台等罪,囊加台等听诏,蜀地悉定。至顺元年(1330)为四川行省左丞。六月,以蒙古浙丁军五千,往云南,征讨云南反文宗之诸王秃坚、万户伯忽等。十月,引兵由青山、茫部进讨秃坚、伯忽等。二年正月,击败反文宗之乌撒蛮兵,射中伯忽党禄余,降其民,反文宗之乌蒙、东川、易良州蛮兵、部族皆降。(0001 卷 33、34、35)

孛罗㉒ 元中叶怯鲁连(今蒙古克鲁伦河)地区皇家牧马地哈剌赤(牧养皇家母马群,挤乳。搅制马奶酒进奉者)百户。(0001 卷 100)

孛罗㉓ 元顺帝元统元年(1333)至至元元年(1335)六月任中书右丞。至元元年七月至六年,任中书平章政事。至元四年十一月,兼太常礼仪院使。(0001 卷 39、113)

孛罗㉔ 元顺帝至元六年(1340),任浦城县(今属福建)达鲁花赤。(0594 卷 11)

孛罗㉕ 元宗王。顺帝至正间为云南王。世祖第五子云南王忽哥赤之子营王也先帖木儿幼子云南王阿鲁之子。至正七年(1347)三月,献征死可伐之捷于朝廷。(7-001 卷 41,0003 卷 149)

孛罗㉖ 元顺帝至正十三年(1353)为陕西行省平章。是年十二月,与四川右丞答失八都鲁收复均、房等州;诏命其守之。(0001 卷 43)

孛罗㉗ 元顺帝至正二十五年(1365)任中书右丞。(0001 卷 113)

孛罗㉘ 元宗王。铁木哥斡赤斤四世孙。寿王乃蛮台之子。(0001 卷 107)

孛罗㉙ 元宗王。答剌麻八剌长子魏王阿木哥之子。(0001 卷 107)

孛罗㉚ 字天章。元范阳人(治今河北涿州)人。(0594 卷 12)

孛罗㉛ 元康里氏，回回之子。历任献州达鲁花赤。（0011 卷 64）

孛罗㉜ 元蒙古捏古台氏，卜里牙秃思之子。（0011 卷 32）

孛罗㉝ 元乃蛮氏，末赤孙。（0011 卷 69）

孛鲁（1197～1228） 又译孛罗。元蒙古札剌亦儿氏。木华黎之子。元太祖十八年（1223），父死，嗣父国王位，奉旨攻西夏。十九年，攻克银州（今陕西米脂西北），斩首数万，俘西夏监府塔海。二十二年夏，收降李全，平定山东。以蒙古军屯济、兖、潍等地御南宋，又驻军于河北以防金。次年五月，病死。英宗时追封鲁国王，谥忠定。（0001 卷 119）

孛儿速 元蒙古塔塔儿氏。忽必烈（世祖）宿卫士。宪宗时扈从忽必烈征大理还。忽必烈停驻高阜，见河北有驾舟来犯者，孛儿速曰："臣请御之。"即解衣径渡，挥戈刺死舟尾二人，挐其舟就岸，舟中人悉被忽必烈左右擒获。遂以功受赏。（0001 卷 135）

孛兰奚① 元蒙古弘吉剌氏。世居应昌（治今内蒙古克什克腾旗达里诺尔西）。律实之子。自幼日习弓马，夜读书。从军有功，袭父官为齐王司马。世祖至元二十四年（1287），齐王军从世祖亲征东北叛王乃颜。以从战有功，授信州路达鲁花赤，有治绩。未几，病死，年三十三。追封范阳郡侯。（0001 卷 133）

孛兰奚② 元成宗元贞二年（1296）任江南行台监察御史。（0632 卷 6）

孛兰奚③ 元大德十一年（1307）六月，武宗即位后，由尚乘卿特授平章政事，七月，任枢密副使。（0001 卷 22）

孛兰奚④ 元宗王。武宗至大二年（1309），以私怨杀人，当死。是年十一月，大宗正府也可札鲁忽赤（大断事官）议：以其贵为国族，乞杖之，流北鄙从军；帝从之。（0001 卷 23）

孛兰奚⑤ 元武宗至大三年（1310）为江浙行省平章。是年天寿节，为江浙丞相答失蛮所殴。九月，以御史台臣奏闻，诏遣使诘问。（0001 卷 23）

孛兰奚⑥ 元蒙古人。武宗至大三年（1310）至仁宗皇庆二年（1313）任镇江路同知。（0631 卷 15）

孛兰奚⑦ 元至大四年（1311）任江南行台治书侍御史。（0632 卷 6）

孛兰奚⑧ 元束吕糺氏。重喜之子征行上万户庆孙之子。仁宗皇庆二年（1313），父死，袭父职。（0001 卷 123）

孛兰奚⑨ 元康里人。明安之子。仁宗延祐间任中卫亲军都指挥使。四年（1317）七月，特授太尉。英宗至治元年（1321）七月，封为和国公。至顺三年（1332）文宗死后，仍为太尉，受赐金、银、币、钞。（0001 卷 135、26、27、37）

孛兰奚⑩ 元诸王。顺帝至正十二年（1352），奉旨与翰林学士承旨八剌领军守大名。（0001 卷 42）

孛兰奚⑪ 又译不兰奚、卜兰奚。元顺帝至正十七年（1357）为知枢密院事。是年，因天完红巾军将领毛贵攻占益都、般阳等路，奉旨进兵讨伐山东。十八年七月，率军收复般阳路；未几，复失陷。（0001 卷 45、188）

孛兰奚⑫ 元蒙古塔塔儿氏。忙兀台次子。袭万户。（0001 卷 131）

孛兰奚⑬ 元莱州（今属山东）达鲁花赤。能诗，有诗作传世。（0504 戊下）

孛兰奚⑭ 元回回人。任进贤县（今属江西）达鲁花赤十年，吏畏民爱。（1012 卷 15，1018 卷 5）

孛兰奚⑮ 元乃蛮氏，别的因孙。历任宣城（今属安徽）县达鲁花赤。（0011 卷 67）

孛兰奚⑯ 元蒙古束吕纥氏。塔不已儿曾孙庆孙之子。袭父职为万户。（0001 卷 123）

孛兰奚⑰ 元合鲁氏，哈剌觧之子。（0011 卷 89）

孛伦赤 燕铁木儿亲信。元致和元年（1328）七月，泰定帝死于上都。八月，随从燕铁木儿于大都率勇士十余人入兴圣宫，会集百官，执中书平章乌伯都剌、伯颜察儿及左丞朵朵、参政王士熙、侍御史铁木哥等下狱，宣布迎立武宗之子为帝。九月，随从燕铁木儿与上都宗王王禅军大战于白浮之野，击败之。（0001 卷 32、138）

孛合出 元蒙古八剌忽氏。唵木海之父。事太祖，征伐有功。（0001 卷 122）

孛孛实 元畏兀儿人，察乃之子。历任河东宣慰使。（0011 卷 41，0152 卷 24）

孛连迺 元蒙古弘吉剌氏，元统元年（1333）进士虎理翰曾祖。历任潞州达鲁花赤。（0011 卷 16，0028）

孛里叉 元宪宗八年（1258）为万户。是年四月，从宪宗征宋四川，分三道而进；率军取一道由渔关入沔州攻宋。（0001 卷 3）

孛里察 元世祖中统二年（1261）为宿卫将军。是年六月，高丽国王倎改名禃，遣其世子愖奉表闻于元廷；奉帝遣与礼部郎中高逸民护送愖归国，持诏往谕高丽国王。（0001 卷 4、208）

孛别出 元文宗天历二年（1329）为中书右司郎中。三月，随燕铁木儿奉皇帝宝于明宗行在所。（0001 卷 33）

孛罗歹 元宗王。铁木哥斡赤斤曾孙，塔察儿之子。（0001 卷 107）

孛罗口 元初勋臣。（0001 卷 95）

孛罗台① 元世祖至元十二年(1275)为权万户,与管军总管楚鼎护送宋徽州招抚使李铨之子汉英归徽州,谕铨下其城。(0001 卷 166)

孛罗台② 元英宗时宦者。至治元年(1321)四月,授太常署令;太常官言:刑人难与大祭;遂罢之。(0001 卷 27)

孛罗欢① 元世祖至元十九年(1282)为理算官。是年二月,理算未征粮二十七万石;诏征之。(0001 卷 12)

孛罗欢② 元成宗大德元年(1297)十一月,授乌撒乌蒙等处宣慰使。(0001 卷 19)

孛罗赤 元宗王。太宗第三子阔出之子失烈门之子。世祖至元二年(1265),元廷以睢州为其分地。成宗大德元年(1297)七月,受元廷赐钞。(0001 卷 6、19、107)

孛罗沙① 元顺帝至正二十六年(1366)正月,由崇政院使擢御史大夫。(0001 卷 47)

孛罗沙② 元蒙古弘吉剌氏。按陈子唆儿火都之孙。世袭本藩蒙古军站千户。(0001 卷 118)

孛罗罕 元中叶阿剌忽马乞(在今内蒙古阿巴哈纳尔、西乌珠穆沁二旗间)皇家牧马地哈剌赤(牧养皇家母马群,挤奶,搅制马奶酒进奉者)百户长。(0001 卷 100)

孛罗带 元蒙古珊竹氏。纽璘祖。初为太祖宿卫士。后从太宗平金,戍河南。追谥武穆。(0001 卷 129)

孛罗察 元西北叛王海都部将。世祖至元三十年(1293),随从海都至欠河(今叶尼塞河上游)与元军战,兵败,为元将土土哈所擒。(0001 卷 128)

孛罗斛 元河西务(今天津武清西北)皇家牧马地爱牙赤(牧马官职名)。(0001 卷 100)

孛忽都 蒙古兀良合部人。速不台五世祖。雄勇有智略,众目为折里麻(有谋略人)。(0001 卷 121、122)

孛要合 元汪古人。汪古部主阿剌兀思剔吉忽里幼子。阿剌兀思为部内人所杀,妻阿里黑携之逃难,避地云中。太祖定云中,购求得之,赐与甚厚。后从攻西域,还,封北平王,尚太祖女阿剌海别吉公主。死后追封高唐王,谥武毅,后加封赵王。(0001 卷 118、109)

孛都欢 元太祖时蒙古将领。太祖七年(1212),耶律留哥于辽东聚众十余万反金起事,求援于太祖。孛都欢奉太祖命,与按陈等引千骑会留哥,与金军对阵于迪吉脑儿大败金军。(0001 卷 149)

孛栾台① 又译孛罗台。元蒙古阿儿剌氏。博尔术之子。袭封蒙古右翼万户。太宗八年(1236),受赐广平路洺水县五户丝户一万七千三百余户。死后追封广平王,谥忠定。(0001 卷 95、119)

孛栾台② 元诸王。文宗至顺元年(1330),受赐金、银、钞、币。(0001 卷 34)

孛栾台③ 元康里人,回回之子。(0011 卷 64)

孛鲁合(? ~1264) 又译孛鲁欢、不鲁花、孛鲁海等。元克烈部人。自幼侍奉拖雷。稍长,任拖雷王府必阇赤(书记)。后为拖雷妻唆鲁禾帖尼属下千户长。宪宗元年(1251),任必阇赤长,掌宣发号令、朝觐贡献及内外闻奏等事,佐大断事官忙哥撒儿处决政务。三年,忙哥撒儿死,独任国政,被汉人称为中书右丞相。九年,宪宗死,次年,佐阿里不哥称大汗于漠北。世祖至元元年(1264)随阿里不哥至上都投降,被论罪处死。顺帝至正十八年(1358),因其曾孙搠思监为中书右丞相,诏追封为云王。(0001 卷 3、4、134、205,0008 卷 2)

孛兀儿出 元诸王。世祖至元十年(1273)十二月,率所部兵与皇子北平王那木罕合军,讨平叛臣聂古伯。(0001 卷 8)

孛术鲁远 字朋道。元邓州顺德(治今河南邓县西北)女真人。孛术鲁翀之子。以父荫调秘书郎,转襄阳县尹,等待依次补缺居南阳。顺帝至正中,反元队伍起,远倾财募丁壮,得千余人,与反元队伍战,被杀。(0001 卷 183)

孛术鲁翀(1279 ~ 1338) 初名思温,字伯和。后改名翀,字子翚。元邓州顺阳(治今河南邓县西北)女真人。少时勤学,从江西萧克翁学。后复从京兆萧㪺学,其学益宏博,㪺以女妻之。大德十一年(1307),武宗即位后,以荐授襄阳县儒学教谕。升汴梁路儒学正。以姚燧荐,参与修《世祖实录》。仁宗时,历任翰林编修、监察御史。英宗时,参与修《大元通制》。泰定帝时,历任国子司业、河南左右司郎中、燕南廉访司,入佥太常礼仪院事,纂修《太常集礼》。文宗时历任金太禧宗禋院、集贤直学士兼国子祭酒。顺帝即位,任礼部尚书。元统二年(1334),出任江浙参政。次年,归乡。追封南阳郡公,谥文靖。著有《菊潭集》。(0001 卷 183)

孛术鲁敬 元女真人。世祖至元中任管军万户。十六年(1279)三月,奉命领其麾下旧有士卒守湖州。先是,以唐、邓、均三州士卒二百八十八人属其麾下,后迁戍江陵府。至是还之。(0001 卷 99)

孛术鲁德 元女真人。祖籍隆安(治今吉林农安)。从宪宗南征,遂家于邓州顺阳(治今河南邓县西北),以功封南阳郡侯。为孛术鲁翀祖父。(0001 卷 183)

孛罗不花 元宗王。世祖第九子镇南王脱欢次子镇南王脱不花之子。文宗天历二年(1329)四月,袭封镇南王。十月,奉旨还镇扬州。顺帝至正七年(1347)九月,讨平集庆路(治今南京)反元队伍。十一月,奉旨与威顺王宽彻不花及湖广、江西二省以兵讨伐徭族吴天保反元队伍。十六年二月,因数年来率怯薛丹(王府侍卫军)征讨反元队伍,累立战功,元廷赐予钞一万锭。(0001卷33、41、44、117等,0003卷149)

孛罗忽勒 即博尔忽。

孛罗答失① 元大德十一年(1307)七月,武宗即位后,由同知宣徽院事擢任中书左丞。九月,升右丞,任至次年十一月。(0001卷22、112)

孛罗答失② 元北庭(今新疆吉木萨尔北)畏吾儿人。文宗时任内乡县(今属河南)达鲁花赤。(0762卷6,0769卷5)

孛刺合真 元太宗之正宫皇后。(0001卷106)

孛斡儿出 即博尔术。

孛端察儿 又译孛端叉儿。元太祖十世祖,孛儿只斤氏始祖。在兄弟中最幼。母阿兰果火死后,诸兄分家赀不及之。乃独自乘青白马,沿斡难河(今鄂嫩河)行至八里屯阿懒之地居住,臂鹰猎兔禽以为食。居数月,有牧民数十户游牧于统急里小河之野,遂结茅与之居,出入相资。一日,仲兄来访,邀与俱归。途中,谓其兄曰:统急里小河之民无所属附,可收而有之。兄以为然。至家,与诸兄议定,率众掳有统急里小河之民,尽获其畜群。自是,始统有部众。(0001卷1,0009卷1)

孛颜忽都 字元卿,元钦察伯牙吾氏。千奴之子。泰定四年(1327)进士。历任江陵县达鲁花赤、荆门知州。顺帝至正七年(1347)任郑州知州,以治行第一,入为翰林国史院经历。十三年前后,任台州路达鲁花赤。后任军职,总制浙江之三关,以谤失官,未几卒。(0001卷134、0158卷24,0762卷16)

孛儿只吉台 元时察合台汗国诸王。文宗至顺二年(1331)八月,奉察合台汗国第十六代汗答儿麻失里遣,来朝贡。(0001卷35)

孛儿台旭真(1161~?) 又译孛儿帖兀真。元太祖正后。守大斡耳朵(宫帐)。蒙古弘吉剌部首领特薛禅之女。婚后为篾儿乞部人所俘,后复归。为术赤、察合台、窝阔台(元太宗)、拖雷之生母。世祖至元三年(1266),追谥光献皇后。武宗至大二年(1309)加谥光献翼圣皇后。(0001卷114、106,0009卷1、2、3)

孛术鲁九住 金元之际钧州(治今河南禹县)女真人。元太宗八年(1236)二月,奉旨从皇子曲出充先锋征宋。(0001卷2)

孛术鲁居谦 元邓州顺阳(治今河南邓县西北)女真人。孛术鲁翀之父。辟掾江西,以家自随。死后,以子翀贵,追封南阳郡公。(0001卷183)

孛术鲁国祥 元女真人。历任龙游县(治今浙江衢州东北)知县。(0878卷2)

孛而罕忽里 元畏吾儿人,居真定。世祖至元间任宁晋县(今属河北)达鲁花赤,民受其惠。(0645卷4、24)

孛罗帖木儿① 元成宗时为札鲁花赤(断事官),率兵与西北叛王海都战,为海都困于小谷,被元将玉哇失救出。(0001卷132)

孛罗帖木儿② 又译孛罗铁木儿。元大德十一年(1307)为中书左丞。八月,武宗即位后,以蒙古字译《孝经》进呈,诏命中书省刻版模印,诸王而下皆赐之;升为中书右丞。十月,奉旨领诸王、驸马事务。至大四年(1311)二月,武宗死后,出为陕西平章。(0001卷22、24、112)

孛罗帖木儿③ 元蒙古札剌亦儿氏。拜延八都鲁四世孙。四川蒙古副都万户塔海忽都之子。英宗至治二年(1322),父病退,袭父职。(0001卷123)

孛罗帖木儿④ 元泰定二年(1325)任同州(治今陕西大荔)同知。(0806卷7)

孛罗帖木儿⑤ 元驸马。泰定二年(1325)七月,封郡王。致和元年(1328)九月,率上都军入古北口,与燕铁木儿军战,兵败,被擒,押送大都处死。(0001卷29、32、138)

孛罗帖木儿⑥ 又译孛罗铁木儿。元宗王。答剌麻八剌长子魏王阿木哥之子。袭封魏王。泰定三年(1326)三月、四年十二月,受泰定帝赐钞。(0001卷30、107、108)

孛罗帖木儿⑦ 元后叶宦者。顺帝元统二年(1334)五月,传皇后旨,取盐十万引入中政院。(0001卷38)

孛罗帖木儿⑧ 元蒙古弘吉剌氏。按陈后裔。进不剌之子,买住罕之弟。袭千户。尚公主。顺帝皇后伯颜忽都之父。后至元二年(1336),封毓德王。(0001卷39、114、118)

孛罗帖木儿⑨ 元畏吾儿人。顺帝至元二年(1336)任江南行台监察御史。(0632卷6)

孛罗帖木儿⑩(?~1342) 元顺帝至正初为中书参议。二年(1342)正月,建言开新河,放西山金口浑河水东流至通州南,以通漕运。丞相脱脱以其言奏之,廷臣多言不可。脱脱排群议不纳,务于必行。遂以正月兴工,役丁夫数万,至四月功毕,起闸放金口水,流湍势急,沙泥壅塞,船不可行,卒以无功。御史纠劾建言者,遂被处死。(0001卷66、138、182)

孛罗帖木儿⑪(?~1352) 字国宾。元高昌畏兀儿人。由宿卫补官,累迁为江东廉访副使。以选为襄阳路达鲁花赤。顺帝至正十一年(1351),率民兵捕斩郧县反元队伍首领田端子。又率兵与北琐红巾军战。次年,转战盐利、潜江等地,被红巾军擒杀。(0001卷195)

孛罗帖木儿⑫ 元顺帝至正十一年(1351)正月,诏授江浙行省左丞,奉命讨

方国珍。六月，为方国珍所败，被执，反为国珍饰辞上闻。（0001 卷 42、143）

孛罗帖木儿⑬　元顺帝至正十二年（1352）为江西右丞。是年正月，天完红巾军渡江破武昌，舳舻蔽江而下，乘胜破瑞昌。时孛罗帖木儿方军于江，闻之逃走。（0001 卷 194）

孛罗帖木儿⑭　元诸王。顺帝至正十三年（1353）五月，奉旨与知行枢密院事伯家奴同出军镇压反元队伍。（0001 卷 43）

孛罗帖木儿⑮（？～1365）　元蒙古珊竹氏。答失八都鲁之子。顺帝至正中，随父镇压红巾军，屡立战功。至正十七年（1357）十二月，父死，统领父军。次年正月，授河南行省平章。屡败红巾军于北方各地。后驻大同，与察罕帖木儿、扩廓帖木儿争地交战。二十四年，诏罢其兵权。拒命不从，遣军攻大都（今北京），迫顺帝复其职。及撤军大同，皇太子调扩廓帖木儿军攻大同。七月，遂率军复攻大都，入见顺帝，受封中书左丞相。次年，被顺帝遣勇士刺杀。（0001 卷 207、45、46 等）

孛罗帖木儿⑯　元顺帝至正十八年（1358）至十九年任中书参知政事。（0001 卷 113）

孛罗帖木儿⑰　元顺帝至正二十五年（1365）为监察御史。是年正月，与御史贾彬等辩明哈麻、雪雪之罪。（0001 卷 46）

孛罗帖木儿⑱（？～1368）　元顺帝至正末年为宣慰副使。二十七年（1367）十二月战死。（0001 卷 201）

孛罗帖木儿⑲　元武宗至大二年（1309）任江浙行省平章。（0014 卷 9）

孛罗曷答儿　元至元三十一年（1294）十二月，成宗即位后，奉命率选自各卫之精兵千人，戍和林，听太师月儿鲁节度，三年而更。（0001 卷 18）

孛罗哈答儿　又译孛鲁合答儿。元世祖至元二十一年（1284），为河西万户，奉遣率军从征安南，听荆湖占城行省平章阿里海牙节制。二十二年，从右丞宽彻由陆路进攻安南，击败安南王陈日烜兵船。二十四年十一月，与右丞程鹏率汉、券兵万人由西道永平进攻安南，经老鼠、陷沙、茨竹三关，凡十七战，皆捷。（0001 卷 13、209）

孛罗铁木儿　元英宗时宦官。至治元年（1321）三月，因有罪，被流放于奴儿干。（0001 卷 27）

孛罗海拔都　又译不里海拔都儿、不里合拔都儿、孛里海。元将木华黎麾下探马赤军将领。太祖二十年（1225），击溃宋将彭义斌军，擒义斌。太宗八年（1236），受赐德州等处五户丝户。（0001 卷 95、99、148、166 等）

孛哥帖木儿　元初勋臣。太宗八年（1236）受赐真定等处五户丝户五十八户。（0001 卷 95）

孛阑合剌孙　元宪宗二年（1252）十二月，受命掌斡脱。（0001 卷 46）

孛颜帖木儿①　元宗王。世祖第六子爱牙赤大王之子。（0001 卷 107）

孛颜帖木儿②　元宗室。阿里不哥之子乃剌忽不花大王之子。（0001 卷 107）

孛颜帖木儿③　元官员，万户剌真之孙。历任江西廉访副使。（0011 卷 95）

孛颜铁木儿　又译卜颜铁木儿、不颜铁木儿。元世祖至元十八年（1281）十月，由北京路达鲁花赤擢为参知政事、行安南宣慰使都元帅。后为安南国达鲁花赤，被安南国王陈日烜拒纳。（0001 卷 11、209）

孛脱灰塔儿浑　元太祖时秃麻部女首领。其夫歹都忽勒莎豁儿率部降太祖，不久死；继其夫主持部落。八邻万户豁儿赤于其部内选三十名美女为妻妾，激起部民反抗，豁儿赤被拘捕。太祖十二年（1217），斡亦剌部首领忽都合奉遣前往调解，被执。博尔忽率军前往镇压，被擒杀。太祖又命朵儿伯多黑申率军前往镇压，掳获所有秃麻部人。一百秃麻部人被赐与博尔忽家，三十名女子被赐与豁儿赤。孛脱灰被赐与忽都合。（0009 卷 10）

贡松　元人。有诗作传世。（0504 癸下）

贡奎（1269～1329）　字仲章，号云林，元宣城（今属安徽宣州）人，贡师泰父。以文学举为池州齐山书院山长，历任太常奉礼郎、江西儒学提举、翰林待制，终于集贤直学士。卒，谥文靖。有《云林集》传世。（0001 卷 187）

贡士达　元宣城（今属安徽宣州）人。历任韶州检校。有诗作传世。（0504 己上）

贡士林　元宣城（今属安徽）人。历任瓯宁县（治今福建建瓯）儒学教谕。有诗作传世。（0504 丁）

贡万里　元宣城（今属安徽）人。历任嘉兴县儒学教谕。有诗作传世。（0504 丁，0524 卷 9）

贡子仁　字寿卿，号远山。元丹阳（今属江苏）人。历任金坛县（今属江苏）儒学教谕。有诗作传世。（0504 甲）

贡东畾　元人。有诗作传世。（0504 丁）

贡师刚（1303～1373）　字刚父。元宣城（今属安徽）人，贡师道弟。历任婺州丽泽书院山长，徐干州、广德路儒学教授。元末战乱，迁家入浙，历任江浙行省掾、杭州西北录事司录事。后退居嘉兴。明初，被徙于和州，未几放归。（0444 卷 13）

贡师泰（1298～1362）　字泰甫，号玩斋。元宣城（今属安徽）人。贡奎之子。国子生出身。顺帝至正四年(1344),任绍兴路总管府推官,断狱清明。后入翰林国史院为应奉,参与修后妃、功臣列传。历宣文阁授经郎、翰林待制、国子司业、监察御史。十二年,任吏部侍郎,往浙西籴粮百万石以供京师缺粮。迁兵部侍郎,整饬大都至上都驿户徭役不均。十五年,出任平江路(治今江苏苏州)总管。次年,平江为张士诚攻破,逃隐海滨。十九年,任户部尚书,至闽中以闽盐易粮,由海道运粮数十万石至大都。有《玩斋集》。(0001卷187。0275卷首)

贡师道　字道甫。元宣城(今属安徽)人,贡奎侄。累迁为翰林待制,参与修辽宋金三史,谓正统在宋而不在辽金,不谐众议,遂出为嘉兴路治中。未几,卒。有诗作传世。(0974卷17,0075氏族典卷453、文学典卷88,0504丁、己上)

贡师谦　元宣城(今属安徽)人。贡师泰兄。历任集贤院照磨。(0072卷92)

贡仲友　元宣城(今属安徽)人。历任婺源(今属江西)州判官。有诗作传世。(0504己上)

贡仲高　元宣城(今属安徽)人。历任儒学录。有诗作传世。(0504丁)

贡性之　字友初,号南湖先生。元明之际宣城人。贡师泰侄。元末以胄子授县主簿、尉,后补福建省理官。明洪武初,征录师泰后人,大臣荐性之,避居山阴(治今浙江绍兴),改名悦。堂兄弟仕于明朝,欲迎归金陵、宣城,俱不往,躬耕自给以终。门人私谥曰贞晦。工诗,其诗清丽,但纤浓乏骨。有《南湖集》七卷。(0974卷16,0503二集辛,0072卷92)

贡宗舒　字致仲。元丹阳(今属江苏)人。有诗作传世。(0504戊上)

贡哥班　元宗王。世祖第七子奥鲁赤之孙。西平王八的麻的加之子。(0001卷107)

贡清之　字有源。元宣城(今属安徽)人。顺帝至正四年(1344)任溧阳州儒学教授。(0948卷4,0222卷4)

贡嵒之　字友瞻(有瞻)。元宣城(今属安徽)人。历任归安县儒学教谕。(0559卷18,0416卷2)

贡颖之　字友达。元宣城(今属安徽)人,贡奎从孙。元末,以《春秋》中乡试,道梗未能赴会试,便宜授平江路(治今江苏苏州)儒学正。(0444卷2,0424己)

志行　号德慧。元僧,崇德(治今浙江桐乡西南)人。本名陆道祥。成宗大德十年(1306)构建清隐院。(0205卷上)

志诚(1241～1305)　号寂庵。元僧,缙山(治今北京延庆)杨氏子。住大都(今北京)广化寺,为诸路头陀教门都提点。(0225卷21)

志琼　字蕴中。元僧人。有诗作传世。(0504壬上)

志德(1235～1322)　号云岩。元僧,东昌(治今山东聊城)刘氏子。世祖至元二十五年(1288),奉旨住金陵天禧、旌忠二寺。三十一年,赐号佛光大师。(0233卷12,0037卷4,0075神异典卷187)

志费尼(1226～1283)　又译术外尼,波斯史学家。出身波斯贵族。父别哈丁1232年降蒙古,任呼罗珊等地蒙古财政长官。志费尼任蒙古阿母河等处行省(即波斯)长官阿儿浑之书记。1252～1253年随阿儿浑至和林,居留十六月,开始撰写《世界征服者史》,至60年代初搁笔。1256～1257年,随旭烈兀汗攻灭木剌夷国及报达阿拔思王朝。1259～1283年,任伊利汗国报达州长官,对恢复发展该州经济文化作出贡献。(1140卷96)

花士良　元明之际高邮(今属江苏)人。散曲作家。学术过人,读书广博,颇究意孙、吴兵书。善丹青,吹凤箫,弹琴歌唱,皆得佳趣,时人戏呼为"花巧儿"。元顺帝至正末从张士诚住吴下,为省都镇抚。明洪武初,擢凤翔知府,引年归,家于钱塘(治今浙江杭州)。后以事死于非命,士林中深痛惜之。(0029续编)

花李郎　元成宗时杂剧作家。刘要和赘婿。撰有《酷寒亭》、《曹公勘吉平》、《判官懺懆钉一钉》、《莽张飞大闹相府院》等杂剧。(0029卷上)

花忽都　元安丰(治今安徽寿县西南)人。英宗至治元年(1321)任衢州(今属浙江)路总管。(0878卷2)

花桂发　元无为州(治今安徽无为)人。泰定帝致和元年(1328)任庆元路(治今浙江宁波)儒学教授。(0633卷2,0634卷2)

苍博都察　元察剌温氏。世祖至元十二年(1275)任丹徒县(治今江苏镇江)达鲁花赤。(0631卷16)

苏观　元闻喜(今属山西)人。世祖至元二十五年(1288)为西平王府郎中。有诗作传世。(0504乙)

苏志　字明甫。元贵池(今属安徽)人。历任钱塘(治今浙江杭州)县丞。成宗大德间转任昌国州(治今浙江舟山)判官。(0387卷9,0633卷3)

苏枢　元顺帝至元二年(1336)为管领诸路怯怜口总管府经历。(0590卷2)

苏郁　元大名人,许衡门生。世祖至元中,征为国子伴读,升助教。(0001卷158,0071卷90)

苏金　字用之。元吴郡(今苏州)人。尝租船访亲,于船中获一布囊,内有金银器数件。乃止船以俟,失者至,悉还之。(0073卷12,0075氏族典卷96)

苏泽　字济民。元东源人。世祖至元间任新昌县尉,有政绩。(1011卷31,1016卷14、18,0075官常典卷659)

苏宝(1310～1356)　字一之。元龙溪

(治今福建漳州)人。历任福建帅府都事。顺帝至正十六年(1356)为反元队伍所杀。(0417 卷 19)

苏政 元世祖至元二十二年(1285)任秘书少监。二十八年,复任秘书少监。后历任广德(今属安徽)路总管。(0027 卷 9,0983 卷 7)

苏垲 字伯清。元眉山县(今属四川)人。善书法。武宗至大元年(1308)任庆元路(治今浙江宁波)儒学教授。(0633 卷 2,0877 卷 25)

苏显 元顺帝至正中,任宁晋(今属河北)县尉。(0645 卷 4)

苏恒(1232~1318) 字德常。元元氏县(今属河北)人。世祖至元间授建昌路知事,转永丰县主簿,秩满归,调建昌州判官,不赴。(0262 卷 21,0212 卷 56)

苏济 字汝舟。元英宗至治初为泾县(今属安徽)知县。(0580 卷 3,0622 卷 15,0925 卷 49)

苏津 元滕州(今属山东)人。初授沛县(今属江苏)兵马都总领,迁滕州同知。世祖中统三年(1262)擢左副元帅兼睢州知州。(0075 氏族典卷 96,0003 卷 54,0002 卷 165)

苏焱 元世祖至元二十八年(1291)任庆元路(治今浙江宁波)儒学教授。(0633 卷 2)

苏照 字明远。元建安(治今福建建瓯)人。居乡教授。工诗文,善画墨菊,竹石亦佳。顺帝至正间,荐入翰林国史院,参与修纂。后以亲老辞归。卒年八十余。(0901 卷 66,0075 氏族典卷 96、文学典卷 90,0077 卷 9)

苏靖 元顺帝元统间任嘉鱼(今属湖北)知县,有政声。(1047 卷下)

苏璋 元世祖至元三十一年(1294)任金坛(今属江苏)县尉。(0631 卷 16)

苏璘 元世祖至元三十年(1293)任西安县(治今浙江衢州)主簿。(0878 卷 3)

苏霖(1291~?) 字子启,号虚静道人。元镇江(今属江苏)人。顺帝至正十年(1350)历任德平县尹。著有《书法钩玄》四卷、《有官龟鉴》十九卷。(0600 卷 2,0214 附录)

苏二郎 元平江人,工制银器。(1143 卷 1523)

苏大年(约 1297~1365) 字昌龄,号西坡。元真定(治今河北正定)人,寓居扬州。善画竹石古木。顺帝至正十三年(1353),上书于朝廷,授翰林编修。次年,隐居吴中,别号林洞屋主。卒年近七十。(0030 卷 5,0622 卷 3、12,0075 氏族典卷 96、文学典卷 89)

苏小卿 元人。有诗作传世。(0504 壬下)

苏天民 字尧叟。元保定(今属河北)人。历任江南行台监察御史。有诗作传世。(0504 庚上)

苏天爵(1294~1352) 字伯珍。元真定(治今河北正定)人。苏志道之子。由国子生公试,名在第一,授蓟州判官。泰定间,升翰林应奉。文宗至顺元年(1330),参与修《武宗实录》。二年,升修撰,擢南台御史。顺帝元统二年(1334),参与修《文宗实录》,迁翰林待制。后历任淮东廉访使、吏部尚书、京畿奉使宣抚、江浙参政、江浙都转运使。至正十二年(1352),奉诏镇压天完红巾军,病死军中。其为学,博而知要,编有《国朝名臣事略》、《国朝文类》。其为文,长于序事,成一家言,著有《滋溪文稿》。(0001 卷 183)

苏元善 字长卿。元当涂(今属安徽)人。辟海北宪史,忤权贵被劾归。(0413 卷 19)

苏不花 元文宗至顺元年(1330)任镇江路丹阳税使司大使。(0631 卷 17)

苏友龙(1296~1378) 字伯夔,号栗斋。元明之际金华(今属浙江)人。元顺帝至正中,累迁为萧山县(今属浙江)知县,转行枢密院照磨,超授江浙行省都事。入明不仕。((0411 卷 27、33,0414 卷 18、12,0001 卷 188、195,等)

苏幼安 字心德。元江山(今属浙江)人。任衢州路儒学教授,后告老归。反元队伍起,被执,不屈而死。(0878 卷 9,0894 卷 7)

苏仲荣 元顺帝至元三年(1337)任庆元路(治今浙江宁波)照磨。(0634 卷 1)

苏仲蕴 元世祖至元二十七年(1290)任高平(今属山西)知县。(0694 卷 5)

苏志道(1261~1320) 字子宁。元真定(治今河北正定)人。苏天爵之父。由吏入仕。累迁刑部主事。仁宗延祐四年(1317),任岭北行省左右司郎中。时岭北大饥。开仓赈饥民,募商贾运粟至岭北充实粮仓。及代还,以积劳病死大都(今北京)。(0001 卷 183,0002 卷 211)

苏希则 字吉甫。元广平(今属河北)人。仁宗延祐元年(1314)任镇江路提控案牍。后被征召为浙西廉访司书吏。(0631 卷 15)

苏叔华 元陵川(今属山西)人。隐居不仕,有诗名。(0075 文学典卷 90)

苏秉钧 元庆元路(治今浙江宁波)录事司判官。有诗作传世。(0633 卷 2,0504 癸下)

苏宗瑞 元顺帝至正二十三年(1363)任上海县尹,敏练明决,狱无冤滞。(0925 卷 18,0931 卷 23,0944 卷 7)

苏惟中 元武宗至大二年(1309)任江南行台架阁库管勾。(0632 卷 6)

苏景由(1267~?) 宋元之际贵池(今

属安徽)人。宋安抚刘义之子。元世祖至元十六年(1276)春,宋师败于厓山,马旺等杀刘义,推司文杰为长,以刘义妻属马,时景由十岁。文杰领众归安南,景由以父冤白安南王,不得直。二十一年,元师入安南,文杰率众降,景由复以其事诉镇南王,王悯之,斩文杰,景由被遣归故里。(0041 卷 10)

苏德庆　元世祖至元十年(1273)任秘书监奏差。(0027 卷 11)

苏耀素　元顺帝至正间任平谷县尹,廉洁有政声。后擢为监察御史。(0622 卷 1,0642 卷 7,0075《氏族典》卷 96)

苏忙古觧　元泰定二年(1325)任奉化(今属浙江)知州。(0634 卷 2)

劳有吉　元世祖至元十七年(1280)为澄迈(今属海南)县尉。(0592 卷 14)

赤班　元桃花岛皇家牧地昔宝赤(养鹰人)。(0001 卷 100)

赤盏(? ~1352)　元顺帝至正中为千户。至正十二年(1352),从泰不华率舟师讨方国珍,为方国珍军所杀。(0001 卷 143)

赤窟　又译赤苦、赤驹、赤古等。元蒙古弘吉剌氏。按陈之子。尚太祖女秃满伦公主。太祖建国,为千户功臣之一。太祖八年(1213),蒙古军攻德兴府(今河北涿鹿)失利;与拖雷率部猛攻,先登,拔其城。太宗八年(1236),受赐濮州五户丝户三万。后追封宁濮郡王。(0001 卷 1、2、109,0002 卷 115)

赤老温　元蒙古逊都思氏。原为泰赤乌部贵族秃答之属民。曾与其父锁儿罕失剌、妹合答安掩护元太祖逃脱泰赤乌部追捕。后归附太祖,英勇善战,从太祖征战漠北,攻灭诸部,屡建战功。与木华黎、博尔术、博尔忽合称太祖之"四杰"。太祖建怯薛(禁卫军),任四怯薛长之一。太祖建国(1206),其父受封为千户功臣,受赐薛灵哥河(今色楞格河)篾儿乞部旧牧地。后由其嗣为千户。其子孙世袭怯薛长。(0001 卷 1、99、119,0009 卷 2、5、6、8、9,0008 卷 1)

赤思马　元蒙古人。居丧庐墓。诏表其门闾。(0001 卷 197)

赤盏崇　字象贤。元女真人。武宗至大元年(1308)任镇江路茅山书院山长。(0631 卷 17)

赤帖吉氏　元初妇女。耶律铸之妻,耶律希亮之母。乃马真皇后命以其归铸,定宗二年(1247)生希亮于和林南之凉楼。(0001 卷 180)

赤盏希曾　元女真人。喜读书,能诗,善鼓琴。工画墨菊,颇有新意。(1143 卷 464)

赤盏君实　元女真人,居燕城(今河北易县)。画竹学刘自然,颇有意趣。(1143 卷 464)

赤盏显忠　字遂良。元鱼台县(今属山东)女真人。历任济宁路录事判官、江南行御史台令史、闽海宪司经历、松阳县尹。成宗大德元年(1297)任江浙行省都事。武宗至大元年(1308)任延平路同知,后升为两浙盐运司同知。(0902 卷 57,0075 氏族典卷 630)

赤勒古台　又译出勒古台,蒙古逊都思氏。十二世纪八十年代,离开札木合投附元太祖。多年为太祖忠诚效力。蒙古建国后,受封为第十四位功臣千户长。(0009 卷 3、8)

赤老温恺赤　蒙古察哈札剌亦儿氏。忙哥撒儿曾祖。事元太祖父也速该有劳绩。(0001 卷 124)

赤因帖木尔　元武宗至大元年(1308)为管军万户。(0001 卷 98)

赤因铁木儿①　又译赤斤帖木儿。元宗王。察合台后裔。威远王阿只吉之子。世祖至元十四年(1277),率所部军从伯颜讨叛王昔里吉、药木忽儿等。(0001 卷 107、117)

赤因铁木儿②(? ~1323)　又译赤斤铁木儿等。元武宗近臣。至大元年(1308),遥授丞相。五月,授大同侍卫亲军都指挥使。闰十一月,授中书平章。二年春,奉旨与楚王牙忽都等审问越王秃剌。七月,奉诏与右丞相乞台普济等集议立尚书省事。仁宗延祐间为翰林承旨。延祐四年(1317)五月,复任中书平章。七年二月,仁宗死后,改任集贤大学士。英宗至治三年(1323)八月,参与弑英宗。十月,泰定帝即位后,被处死于大都。(0001 卷 22、23、26 ~29、117 等)

李二①　元平阳(治今山西临汾)人。世祖至元十五年(1278)谋反,被绛州达鲁花赤铁连逮捕审问,尽得其反状。(0001 卷 134)

李二②　号芝麻李。元萧县(今属安徽)人。顺帝至正间与其党赵君用等以烧香聚众。至正十一年(1351)八月,起兵反元起事,攻占徐州。十二年九月,徐州被丞相脱脱率大军攻破,出逃。未几,被俘杀。(0001 卷 42、138、142,0016 卷上)

李二③(? ~约 1353)　元泰州(今属江苏)人。顺帝至正中反元起事。河南行省调淮东宣慰司掾纳速剌丁捍高邮得胜湖。李二所部乘船七十余柁,乘风而来。纳速剌丁前击之,焚其二十余船,李二军溃去。李二失援,遂降元,为其党张士诚所杀。(0001 卷 194)

李二④　号红字李二。元京兆(治今陕西西安)人。教坊刘要和婿。杂剧作家。撰杂剧《病杨雄》、《武松打虎》、《黑旋风》、《全火儿张弘》、《窄袖儿武松》。(0029 卷上)

李三　元末反元队伍首领。顺帝至正中反元起事于江西建昌(治今江西南城)。十五年(1355),被江西廉访使吴当擒灭。(0001 卷 187)

李才 字振文。元安阳(今属河南)人。历任抚州路治中,临江路、吉州路达鲁花赤,福建宣慰司同知,建宁路总管。官至江浙行省参知政事。谥通献。(0210 卷 11,0762 卷 10)

李山 元阳信(今属山东)人。以善画著名,落笔如有神助。酒酣纵笔挥洒,烟雾万状。人求之,瞪目不应。(1143 卷 344)

李义① 元世祖中统三年(1262)为蕲县(治今安徽宿县南)权万户。是年五月,宋兵攻破蕲县,义战死。(0001 卷 5)

李义②(? ~1327) 元广平(治今河北永年东南)人。世祖至元二十六年(1289)任镇江路广平翼下百户。(0631 卷 17)

李义③ 元英宗至治年间任秘书监典吏。(0027 卷 11)

李习 字伯羽。元当涂(今属安徽)人。李叙之子。通诸经。年八十余死。(0982 卷 6,0072 卷 95)

李元① 金元之际东阿(今属山东)人。李谦祖父。以行医著名。(0001 卷 160)

李元② 字善长。元滕州(治今山东滕县)人。名医李浩之子,承父业,精针灸,以医术侍奉元世祖。世祖至元七年(1270)署上都断事官。后与北安王那木罕同被叛王昔里吉劫持。二十二年,随北安王南还,世祖嘉之,授顺德路总管。历任益都路、般阳路总管,致仕。死年八十四。谥忠穆。(0002 卷 173,0003 卷 87,0075 艺术典卷 529)

李元③ 元世祖至元九年(1272),授安南国副达鲁花赤。十年正月,升为安南国达鲁花赤。(0001 卷 209)

李元④ 元渭南(今属陕西)人。世祖至元中为沙州路知事。(0801 卷 26)

李元⑤ 元成宗大德十年(1306)为江浙行省宣使。是年六月,江南行台监察御史教化劾其不法。江浙行省则谓教化等不循法度,擅遣军士守卫其门,搒掠李元,诬指行省等官。诏省、台、也可札鲁忽赤同讯之。(0001 卷 21)

李元⑥ 元燕人。顺帝至正年间任饶阳(今属河北)知县。(0645 卷 4)

李中 字从正。元仁宗延祐四年(1317)任郿县(治今陕西眉县)儒学教谕。(0554 卷 28)

李升① 元世祖至元二十七年(1290)任丹徒(治今江苏镇江)知县。(0631 卷 16)

李升② 元成宗大德四年(1300)任金坛(今属江苏)县尉。(0631 卷 16)

李升③ 元顺帝至正元年(1341)任浙东宣慰司照磨。(0634 卷 1)

李升④ 字子云,号紫筼生,元濠梁(今安徽凤阳)人。画墨竹,亦能窠石平远。顺帝至正六年(1346)尝作《送冲真澱湖送别图》。(1143 卷 347,0030 卷 5)

李升⑤ 元饶州路浮梁人。泰定元年(1324)进士,历任县尹。(1027 卷 2)

李仁① 字仲安。元赵州临城县(今属河北)人。世祖至元十五年(1278)任遂州知州。(0649 卷 30)

李仁② 元仁宗延祐七年(1320)任郿县(治今陕西眉县)知县。(0554 卷 28)

李仁③ 字仁卿。元卢龙(今属河北)人。顺帝至正二十一年(1361)任秘书监奏差。(0027 卷 11)

李仁④ 字严宾。元东蒙山(今山东蒙阴西南)人。有诗作传世。(0504 辛上)

李介 字士特。元东平(今属山东)人。成宗大德四年(1300)至六年任镇江路推官。(0631 卷 15)

李从(? ~1282) 元世祖至元十九年(1282)为泸州管军总管,因受军士贿,纵之私还,致万户爪难等为反元队伍所杀,是年五月被处死。(0001 卷 12)

李氏① 金元之际真定藁城(今属河北)人。董俊妻,董文炳母。有贤行,治家严,笃于教子。后文炳长子士元自襁褓丧母,李氏爱之,谓文炳曰:"俟儿能言,即令读书。"故士元方数岁,即从名儒受学。(0001 卷 156)

李氏② 元高州(治今内蒙古赤峰东北)人张丑之妻。世祖至元二十年(1283)二月,一产四子,三男一女。(0001 卷 50)

李氏③ 元仁宗乳母。大德十一年(1307)五月武宗即位,受封为寿国夫人,其夫燕家奴封寿国公。(0001 卷 22)

李氏④ 元岳州路平江州(治今湖南平江)人。男。以赀雄。弟死,弟妇誓不改嫁,李利其财,嗾族人诬以奸事。仁宗延祐五年(1318),狱成,而新任州同知汪泽民至任,察知妇枉,为直之。(0001 卷 185)

李氏⑤ 元泰定帝乳母。泰定元年(1324)四月,帝赐予钞千锭。(0001 卷 29)

李氏⑥ 元真定(治今河北正定)梁子益之妻。文宗至顺元年(1330),诏旌表其贞节。(0001 卷 34)

李氏⑦ 元大都大兴县(今属北京)人郭仲安妻。文宗至顺二年(1331),诏旌表其贞节。(0001 卷 35)

李氏⑧ 元盖州(治今辽宁盖县)女真人完颜帖哥住之妻。文宗至顺三年(1332),诏旌表其志节。(0001 卷 36)

李氏⑨(? ~1355) 元吉水县(今属江西)人。行军镇抚彭九万之妻。顺帝至正十三年(1353),五溪苗突入城内焚掠。

与子友谅皆被执。驱之行,不从,胁以刃,不动。极口大骂,遂被杀。(0294 卷10,0002 卷245)

李氏⑩ 元汴梁(治今河南开封)人。丁尚贤妻。年二十余,有姿容。顺帝至正十五年(1355),反元队伍至,欲虏之;怒不从。于是阖门三百余口俱被杀。(0001 卷201)

李氏⑪(1347~1366) 元河西(西夏故地)人。南台治书侍御史笃鲁迷失之妻侄女,早孤,笃鲁迷失抚为己女。顺帝至正二十五年(1365),归戴良为妾,次年病死。(0157 卷14、9)

李氏⑫ 元妇女。欧阳玄之母。玄幼时,李氏亲授以《孝经》、《论语》、小学诸书。(0001 卷182)

李氏⑬ 元徽州婺源(今属江西)人汪燕山妻。年二十四时,燕山死,无子,乃守志自誓,父母欲夺而嫁之,不听。(0001 卷201)

李氏⑭ 元代妇女。巴长卿妻。家贫而安之。自作《巴家富》诗以解嘲。(0033 卷36)

李氏⑮ 元滨州(治今山东滨州)人惠高儿之妻。夫死,年二十六,父欲夺归嫁之,不从,自缢死。(0001 卷200)

李凤(1254~1317) 字翔卿,又字舜仪,号西林。元大名东明(治今山东东明东南)人。李好文之父。成宗大德十年(1306)累迁为国子助教。后出任临朐县主簿,未几弃去。工诗,有诗作传世。(0147 卷15,0262 卷5,0504 乙)

李文① 字士则。元崇安(今属福建)人。从熊禾学。元仁宗皇庆初被举为平江路(治今江苏苏州)儒学教授。(0902 卷98,0076 卷37)

李文② 元桐庐(今属浙江)人。善诗,与杨维桢、宋濂游。元末江浙行省署为桐庐县主簿,不赴。有诗作传世。(0896 卷182,0504 庚下)

李玉①(1200~1280) 金元之际林虑县(治今河南林县)人。金末率众归附蒙古,充总领。后历任安阳县令兼辅喦县令。世祖中统二年(1261)以病辞归。(0210 卷18)

李玉② 元顺帝至元二年(1336)任奉化(今属浙江)州判官。(0634 卷2)

李玉③ 元屯留县(今属山西)人。历任廉访副使。有诗作传世。(0504 丁)

李玉④ 字德润。元蕲春(今属湖北)人。夏日孜门徒。(0231 卷2)

李平(1192~1256) 字平甫。金元之际邯郸(今属河北)人。金末为磁州刺史,降附蒙古,改磁州安抚使。(0210 卷16)

李末 元世祖至元后叶永州(治今湖南零陵)反元队伍首领。李千七之父。(0001 卷162)

李古 元福建人。登进士第。有诗作传世。(0504 丁)

李节①(1192~1274) 字子忠。金元之际陇西(今属甘肃)人。李忽兰吉之父。金末,仕金。元太宗七年(1235),从汪世显降蒙古。后官至巩昌路(治今甘肃陇西县)同知。(0145 卷21)

李节② 元延安(今属陕西)人。顺帝元统二年(1334)任江南行台监察御史。(0632 卷6)

李节③ 字处约。元颍上县(今属安徽)人。有诗作传世。(0504 己下)

李本 字伯宗。元临川(今属江西)人。李荣之孙。从吴澄学。澄死后,与从弟李栋继讲濂洛之学。(0071 卷92,0072 卷92)

李业 字元吉。元庐陵(治今江西吉安)人。工诗,吴澄尝为其诗作序。(0212 卷22)

李仙 元兴平府(治今河北卢龙)人。太宗六年(1234),与赵小哥等聚众起事,被兴平等处行省都元帅塔出镇压。(0001 卷124)

李仪①(1195~1263) 字君端。金元之际奉先(治今陕西蒲城)人。元初累迁为京兆路提领经历司官,以年老致仕。(0321 卷6)

李仪② 字士观。元霸州(治今河北霸县)人。为人端方,好学不倦。历任刑司经历官。(0144 卷75)

李仝 元豫章(治今江西南昌)人。仁宗延祐五年(1318)任固安州儒学训导。(0671 卷4)

李立 元吴(今苏州)人。其画法多仿唐李昭道,尝为顾阿瑛作《玉山雅集图》。(0042)

李宁 元华阴(今属陕西)人。居丧庐墓。诏旌表其门闾。(0001 卷197)

李让①(1188~1274) 金元之际宁晋(今属河北)人。金宣宗兴定三年(1219)蒙古军南下,与兄直率里人迎降军前,授管军总校。累迁为宁晋县令。元宪宗三年(1253)致仕。(0144 卷60)

李让② 元世祖至元二十五年(1288)任秘书监令史。(0027 卷11)

李让③ 字处恭。元泰定帝时为河东宣慰使。泰定二年(1325)九月,奉旨与湖广参政马合某同为两浙江东道宣抚使。三年十月,与马合某劾浙西廉访使完者不花受赂;完者不花簿对不服,诏遣刑部郎中唆住鞫其侵辱宣抚使,笞之。(0001 卷29、30)

李让④ 字子敬。元奉天县(治今陕西乾县)人。文宗至顺年间任奉元路(治今陕西西安)推官。(0554 卷28)

李让⑤ 字伯温。元襄垣县(今属山西)人。登进士第,授兵部主事。(0698 卷8)

李让⑥ 元德州齐河县(今属山东)知县。以县民訾汝道孝于父母,友爱诸弟,周济乡人,为请旌其家。(0001 卷197)

李永 字可久。元泰定四年(1327)进士,致和元年(1328)任秘书监辨验书画直长。(0027 卷10)

李弘 元武宗至大三年(1310)任汧源(治今陕西陇县)知县。(0801 卷21)

李弁 字宗礼。元临川(今属江西)人。顺帝至正间招集地主武装保卫乡里。后战死。(0075 官常典卷733)

李吉① 元将杨文安之部将。世祖至元三年(1266)为千户,从文安攻略开州(治今四川开县)之大通,与宋将硬弓张大战,擒统制陈德等。六年,奉文安遣,与蔡邦光等攻略达州(治今四川达县),擒宋总管周德新。九年,以功升东川元帅,九月,略地开州,拔石羊寨,擒宋将一人。十年夏,奉文安遣攻略开州,擒宋提举李贵及石笋寨主雍德。宋兵由罗顶山输粮开、达,奉文安遣,与蔡邦光伏袭,擒宋裨将吴金等,覆其粮船。十二年,奉文安遣,招降由山等处八城,凯还。(0001 卷7、161)

李吉② 字思廸。元明之际济南人。顺帝至正十四年(1354)进士,仕元为国子助教。明洪武初,任吏部侍郎,出任晋王傅。后为山西参政,因事降丹徒知县。坐事谪海南。洪武十二年(1379)召还,授国子学官。累官某部尚书。有《海滨集》,今佚。(0411 卷1、19,1038 卷29)

李在 元世祖中统间李璮逆党。至元元年(1264)四月,追治其罪。(0001 卷5)

李有① 本名立义,字仲方。元范阳(治今河北涿州)人。元初历任两浙运司经历。仕至江浙行省都事。工古隶。善画枯木、竹石,笔意高远。(0030 卷5,0031 卷7,0101 卷24)

李有② 字仲方。元平阳人。历任华容、临湘、高安诸县尹。仁宗延祐年间任金溪县(今属江西)知县六年。后擢任陕西行御史台监察御史。(0212 卷26、35,1014 卷8,1041 卷66)

李有③ 字听贤。元庐陵县(治今江西吉安)人。撰《古杭杂记》,残存于《说郛》。(0507 卷4)

李存(1281~1354) 字明远,又字仲公。元饶州安仁(治今江西余江东北)人。博学工古文,应试不利,家居讲授。有《俟庵集》三十卷。(0261 卷首,0002 卷237,0503 初集己)

李扩① 元文宗时为监察御史。行部甘肃,金州民刘海延都之子元元,自称非海延都之子,告海延都掠其财。扩听之,以酷法抑海延都。被西台监察御史劾奏,遂抵扩罪。(0001 卷184)

李扩② 元归德府(治今河南商丘南)人。从吴澄学。由国子学生登第。(0147 卷5,0072 卷92,0071 卷92)

李扩③ 元华亭县(治今上海松江)人。善书法。(0457 卷6)

李光 字彦明。元贵溪县(今属江西)人。历任石门县儒学教谕。元末任官于乐清县(今属浙江),遂家于乐清。(0896 卷195)

李屿 蒙古名薛彻秃。元淄川(治今山东淄博西南)唐兀人。李世安第二子。袭职为万户。(0002 卷180,0011 卷54)

李岊 蒙古名薛彻干,字伯瞻,号熙怡。元淄川(治今山东淄博西南)唐兀人。李世安长子。泰定年间为翰林直学士。顺帝时累迁为兵部侍郎。博通儒学,工晋人法书,善画,今存其所作小令。(0212 卷12、61,1107)

李廷 字瑞卿。元广州人,迁居大都(今北京)。由吏入仕。累迁为泉府司丞,受诏核江南赋,擢河南府同知。入为户部郎中。历江州路总管、两淮屯田总管。召为兵部尚书,改刑部尚书。拜淮东宣慰使,以老致仕。谥忠靖。(0002 卷194)

李伟(1256~1337) 字敬叔。宋元之际祁门(今属安徽)人。从胡方平学。宋度宗咸淳九年(1273)中乡试。元初选充郡学宾师。后调任邵武县(今属福建)儒学教谕,以养亲不赴,家居著书。(0972 卷9,0059 卷16)

李仲① 元无极县(今属河北)人。世祖至元二年(1265)任临城知县,有政绩。(0645 卷4、5、24)

李仲② 元顺帝至正二十七年(1367)任兴化路(治今福建莆田)判官。(0905 卷2)

李全①(? ~1231) 金宋元间潍州北海(治今山东潍坊)人。擅骑射,善用铁枪,号"李铁枪"。金卫绍王至宁元年(1213),蒙古军攻山东,其母、兄等皆为乱兵所杀,遂与仲兄李福聚众反金,攻占金海州、邳州等地。次年,红袄军首领杨安儿兵败被杀,安儿妹妙真率残部来合,结为夫妇同抗金。宋宁宗嘉定十二年(1219),助宋击败金军,受宋封为京东副总管。宋理宗宝庆二年(1226),北上攻占青州,被蒙古军围攻于青州一年。次年,降蒙古,受任山东淮南楚州行省,专制山东,随即率军南下攻宋。元太宗二年(1230),攻占楚州,突袭扬州未克。次年正月,被宋军袭杀。(0019 卷476、477)

李全② 元太祖十五年(1220)为元知中山府事董俊部属,任治中。是春,据中山府叛蒙古,响应金将武仙。(0001 卷148)

李全③ 元太祖十九年(1224)为元冠氏(治今山东冠县)元帅。是年,降于宋将彭义斌。后冠氏为元冠氏令赵天锡收复,全与大名帅苏椿相结,纳金河南从宜

郑倜,进攻冠氏,屡为天锡所败。(0001 卷151)

李众　元世祖时太子真金侍臣。至元中,奉遣驰祀岳渎名山川,太子戒其所至郡邑毋烦吏迎送以重扰民。(0001 卷115)

李亦　元东阳县(今属浙江)人。许谦弟子。(0071 卷82)

李齐(1310～1353)　字公平。元祁州蒲阴(治今河北博野)人。顺帝元统元年(1333)汉、南人榜进士第一名,授翰林修撰。历佥河南淮西廉访司事,移知高邮府,有政声。至正十三年(1353),奉河南行省命往泰州招降张士诚,被拘。久之,获释。五月,张士诚攻占高邮,又奉行省命入高邮城招降,被杀。(0001 卷194)

李问　字好问,号樵翁。元容城县(今属河北)人。以经学教授乡里。(0292 卷6)

李关　字子羽,号北源。元潮州海阳人。性敏好学,通《春秋》。顺帝至正间隐居不仕,教授郡邑。精医术,乡人赖之。(0075 氏族典卷392、395)

李冲　字用之。元画家。善画山水,师法李成、荆浩。(0030 卷5)

李兴　元人。有诗作传世。(0504 癸下)

李安　元顺帝至正中任全椒(今属安徽)知县,政尚仁惠。(1001 卷12)

李祁(1299～?)　字一初,号希蘧。元明之际茶陵(今属湖南)人。顺帝元统元年(1333)汉南人左榜进士第二,授应奉翰林文字,以母老就养江南,改任婺源州同知,迁任江浙儒学副提举。丁母忧,归隐永新山中。入明力辞征召。死年七十余。著有《云阳集》十卷。(0002 卷238,0028 卷上,0503 初集庚)

李讷①　元至大四年(1311)任秘书郎。(0027 卷10)

李讷②　字彦明。元江右人。有诗作传世。(0504 庚下)

李羽(1271～1344)　字翼之。元大都(今北京)人。成宗时起历户部掾、唐州同知、左八作司提举、兵马指挥使、度支监丞、广宁路总管,以礼部尚书致仕。(0262 卷16)

李约(1291～1353)　字审初。元庐陵(治今江西吉安)人。以茂才举,署缙山县儒学教谕。历任龙泉县儒学教谕、太和州儒学正、赣州路知事。后迁任兴化路(治今福建莆田)经历,屡直民冤,民敬爱之如父母。(0411 卷24,0902 卷61)

李玙　元襄陵县(治今山西襄汾西北)人。世祖至元年间以军功为琼州万户府镇抚,后升为副千户。(0710 卷9)

李玘　元成宗大德二年(1298)任吴江(今属江苏)知州。(0954 卷17)

李进①(?～1295)　元保定曲阳(今属河北)人。幼隶军籍。从万户张柔屯杞之三叉口。定宗海迷失皇后称制二年(1250),与宋舟师战,夺一巨舰,以功升百户。宪宗八年(1258),授总把,从史天泽入蜀攻宋。九年,从围合州(今四川合川东)。世祖即位,入为侍卫亲军。中统三年(1262),从征李璮有功。至元八年(1271),领兵赴襄阳。十二年,从攻湖北、湖南。十三年,领军二千屯田河西中兴府(治今宁夏银川)。次年,升千户。十五年,移屯六盘山。十七年,升管军总管。十九年,屯田别失八里(今新疆吉木萨尔北)。二十三年,海都、笃哇等率军至洪水山;力战被擒,未几逃还。二十五年,授蒙古侍卫亲军都指挥使司佥事。次年改任左翼屯田万户。(0001 卷154)

李进②　元历山(今济南东南)人,居于宁津县(今属山东)。泰定初累官为河间路总管。(0644 卷17)

李芳①(1256～1313)　字子英。元溧阳(今属江苏)人。世祖至元中任本郡医学教授。(0205 卷上)

李芳②　元武宗至大二年(1309)任江山(今属浙江)知县。(0878 卷2)

李材　字子构。元京兆(治今陕西西安)人。诗多奇句。早卒。有诗作传世。(0503 二集丙,0033 卷10)

李时　字居中。元大都(今北京)人。早年从名画家刘仲谦学,艺日进。顺帝至正二年(1342),奉诏画清宁宫殿壁,赏赉甚厚。后授为利用监照磨,擢经历,固辞退。(0002 卷242)

李坚　元长清人。居麻衣洞,号麻衣先生。精于风鉴,尝以药济人或预告人休咎。年逾百岁,声若巨钟,健步如飞。(0749 卷30)

李秀①　元濮州(治今山东鄄城北)人。文宗天历元年(1328)任镇江路濮州翼下百户。(0631 卷17)

李秀②　元全宁(治今内蒙古翁牛特旗)人。居村落间,训童子为业。顺帝至元间,有司至其舍,谓其为伪造钞者,捶楚之下,不得不诬服,遂入狱。至元六年(1340),山北廉访司佥事崔敬按部全宁,因见与秀造伪钞案相连之数十人皆与秀不相识,疑而谳之。后询知始谋者,乃大同王浊,造伪钞十余年事不泄,而有司误以秀为造伪钞者。移文至大同,果得王浊为真造伪钞者。秀冤乃得大白。(0001 卷184)

李位　元茶陵(今属湖南)人,祁之子。工书法,字划瘦劲,有家法。(1143 卷359)

李佑①　元世祖至元二十五年(1288)为泉府司卿。是年十月,奉命理算行省钱谷。(0001 卷205)

李佑②　元仁宗皇庆元年(1312)任文安(今属河北)知县。(0673 卷3)

李孚 元浮阳(治今河北沧州东南)人。顺帝至正年间任长葛县(今属河南)县尹,有政绩。(0762 卷 4)

李序 字仲伦。元东阳(今属浙江)人。游京师,许有壬荐于中书省,中书省牒江浙行省俾为学官,未用而行省遇火,牒毁。序遂归隐山中,绝意仕进。有诗作传世。(0071 卷 82,0072 卷 82,0503 三集戊)

李亨① 元鄱阳(治今江西波阳)人。国子学生。以岁荐为东宫伴读三年,得授广州儒学教授。(0212 卷 93,0147 卷 5)

李亨② 元成宗大德中授衡水县(今属河北)儒学教谕。(0645 卷 4)

李辛 元武宗至大元年(1308)任常山(今属浙江)县尉。(0878 卷 3)

李闰 元山丹州(治今甘肃山丹)人郝荣之妻。文宗至顺二年(1331)三月,诏旌表其贞节。(0001 卷 35)

李宏 元仁宗延祐六年(1319)任衢州路同知。(0878 卷 2)

李注(1244~1308) 字才卿。元雄州新城县(治今河北新城东南)人。世祖至元初为东宫宿卫士。后出为万盈署令,数年归。((0262 卷 16)

李纯① 元高平县(今属山西)人。世祖至元初任临漳县主簿。(0691 卷 9,7-694 卷 6)

李纯② 字明德。元开封(今属河南)人。文宗天历初为洛阳县令。陕西兵东犯,纯自请往谕降,被杀。(0762 卷 7、16,0002 卷 230)

李纲①(1221~1289) 字文纪。元真定(治今河北正定)人。世祖中统元年(1260)制授南京路(治今河南开封)医学教授。至元二十一年(1284)改任襄阳路医学教授。(0145 卷 29)

李纲② 元世祖至元二十七年(1290)为万户。是年十二月,兴化路仙游县人朱三十五反元起事,聚众进攻青山;纲率军讨平之。(0001 卷 16)

李武 元顺帝至正中为大宋红巾军将领。至正十六年(1356)九月,与崔德率军攻破潼关。十七年春,攻克商州(今陕西商县)、蓝田,直趋京兆(今陕西西安),分兵攻同(今陕西大荔)、华(今陕西华县)等州。二十一年(1361)五月,兵败,与崔德皆降于元将李思齐。(0001 卷 44、45、46)

李幸 元仙居(今属浙江)人。任新昌县(今属浙江)儒学教谕。(0880 卷 29)

李英①(1226~1294) 字彦臣。元滑州白马县(治今河南滑县东)人。弱冠袭叔父李宥职为滑州知州,在任三十年。世祖至元十二年(1275)改任顺德路判官,兼清丰、南宫两县尹。后迁任裕州知州、房州知州。所至皆有政声。(0146 卷 26,0002 卷 229)

李英② 元英宗时为万户。至治二年(1322)闰五月,因以良民为奴,擅文其面,坐罪。(0001 卷 28)

李英③ 元保定(今属河北)人。顺帝至正元年(1341)任江南行台都事。(0632 卷 6)

李英④ 元嘉鱼县(今属湖北)人。元末镇压反元队伍有功,授黄州路同知,以病辞归。(1041 卷 51)

李英⑤ 字庭秀。元鄱阳(治今江西波阳)人。历任鄱阳县儒学教谕、武昌路儒学正、韶州路儒学教授。(0212 卷 31)

李茂① 元顺帝至正十年(1350)任林州(治今河南林县)知州。(0788 卷 4)

李茂② 字廷实。元德州齐河县(今属山东)人。历任濮州观城县尉、沛县尉。(0147 卷 7)

李茂③ 元大名(今属河北)人。徙家扬州。父死,奉母孟氏甚谨。母病目失明,茂祷于泰安山,三年复明。又每夕祝天,乞损己年益母寿。孟氏竟年八十四而殁。居丧哀恸,闻者伤之。事闻于朝,诏旌表之。(0001 卷 197)

李直① 元太祖时宁晋(今属河北)县令王义之部将。时战乱,民废农耕,所在人相食。宁晋东有薮泽,周回百余里,中有小堡曰沥城有鱼藕菱芡之利。义留直守宁晋,亲率众保沥城,由是全活者众。(0001 卷 151)

李直② 元宁晋县(今属河北)人。太宗时授行宁晋事。金兵来袭,战死。(0645 卷 5,0075 官常典卷 732)

李直③ 元太康(今属河南)人。辟陕西省掾。镇压反元队伍有功,累升为兵部侍郎。(0762 卷 4)

李林 字九皋。元钱塘(治今浙江杭州)人。能古隶。(0031 卷 7)

李郁① 元初任浙东宣慰司经历。(0633 卷 2)

李郁② 元安阳(今属河南)人。善刻碑。成宗大德十年(1306)刻《韩魏公祠渔庄记》。(1143 卷 374)

李郁③ 元昆明人。顺帝至正八年(1348)进士。官至理问所知事。(0851 卷 8)

李奇 元世祖至元中为黎州(治今四川汉源北)同知。至元十八年(1281),充任上罗计长官司(治今四川珙县南上罗场)所领蛮地罗星长官。(0001 卷 60)

李择 元文宗至顺二年(1331)任绍兴路推官。(0880 卷 27)

李贤 元成宗大德四年(1300)任秘书监著作佐郎。(0027 卷 10)

李旺　元至元三十一年(1294)为百户。是年九月,从行枢密院副使刘国杰进攻辰州(治今湖南沅陵)明溪反元队伍首领鲁万奴。十月,进兵桑木溪,与万奴战,旺率死士陷阵,众军齐奋,万奴败,遂攻破其根据地,焚之。(0001 卷 162)

李杲①(约 1180～1251)　字明之,号东垣。金元之际镇州(治今河北正定)人。家富,自幼好医药,后捐千金从名医张元素学,数年间尽得其传。尤长于治疗伤寒、痈疽、眼病。创补中益气、升阳益胃之说。著有《脾胃论》、《内外伤辨论》、《兰室秘藏》等。时人以神医目之。(0001 卷 203)

李杲②　元成宗元贞元年(1295)任江南行台治书侍御史。(0632 卷 6)

李果　元顺帝至正间任浙东宣慰使。(0633 卷 2)

李昌　元泰定四年(1327)为监察御史。是年八月,奏劾河南行省平章昌昌世居河南,大为奸利,请徙他镇,不报。(0001 卷 30)

李迪　字光道。元赵州(治今河北赵县)。历任吏部郎中,有能声。武宗至大二年(1309)迁任秘书少监。(0143 卷 6,0027 卷 9)

李明　元世祖至元末为万户。至元二十九年(1292)至三十年,从福建行省平章亦里迷失等征爪哇。(0001 卷 210)

李昂　元世祖至元二十四年(1287)任江南行台治书侍御史。(0632 卷 6)

李忠①(1190～1270)　字直卿。金元之际泰安长清(今属山东)人。从严实攻战有功。元太宗四年(1230)授齐河县尹。后历茌平、武城两县尹,再任齐河县尹。(0240 卷 20)

李忠②　元世祖时南人。至元八年(1271),进言:运山侍郎张大悦尝与宋交通。以其事无实,诏谕大悦:宋善用间,朕不轻信,毋怀疑惧。(0001 卷 7)

李忠③(1216～?)　字彦德。元唐县(今属河北)人。世祖至元中为鄞县尹,十六年(1279)离任归。(0144 卷 28,0633 卷 3)

李忠④　元世祖至元二十九年(1292)至三十年为征行万户,领水军从征爪哇。(0001 卷 210)

李忠⑤　元晋宁(治今山西临汾)人。幼孤,事母至孝。成宗大德七年(1303),地大震,郇保山移,所过居民庐舍,皆摧压倾圮,而忠家独完好。(0001 卷 197)

李忠⑥　元顺帝至正三年(1343)任安丘县(今属山东)儒学教谕。(0743 卷 14)

李忠⑦　元顺帝至正年间任清河县(今属河北)典史。(0657 卷 2)

李忠⑧　元虞城(今属河南)人。质直刚毅。累官至本邑令。(0762 卷 4)

李岩①　元大同(今属山西)人。授和宁路(治今蒙古哈尔和林)儒学正,弃归不复仕,居家著述以终。(0691 卷 9,0075 文学典卷 90)

李岩②　元淄川(治今山东淄博西南)唐兀人。李世安第三子。历任栖霞县达鲁花赤。(0002 卷 180,0011 卷 54)

李和　宋元之际钱塘(治今浙江杭州)人,元初尚在。卖古书为业。尤精于碑刻。凡博古之家,或有赝本求一印识,毅然弗从。其印"李和鉴定"。(0101 卷 20,0102)

李岳　元河间(今属河北)人。受学于吴澄。仁宗延祐五年(1318)登进士第。(0072 卷 92)

李质①　字子文。元大名(今属河北)人。成宗大德年间任富阳(今属浙江)知县。(0872 卷 64)

李质②(1291～1337)　字仲美,号竹操。元金坛县(今属江苏)人。泰定四年(1327)进士,授诸暨州判官。历任邵武路知事、福州路经历。为官廉慎,人多称之。(0415 卷 5)

李质③　元顺帝至元元年(1335)任庆元(治今浙江宁波)市舶副提举。(0634 卷 2)

李质④(1316～1380)　字文彬,号樵云。元明间广东德庆人。元末以府掾聚降二万人,保守封川、肇庆、新昌、德庆等地凡十余年。明洪武元年(1368),从何真降明,授中书断事。次年,改都督府断事。后历任刑部侍郎、尚书,江浙行省参政。召还,拜靖江王右相。十三年,王罪废,质坐罪死。工诗,有《樵云集》。(0020 卷 138,1151 卷 105)

李周　元人。有诗作传世。(0504 丁)

李京　字景山,号鸠巢。元河间(今属河北)人。成宗大德五年(1301)授乌撒乌蒙宣慰副使。后病归,撰《云南志》四卷。武宗至大元年(1308)以吏部侍郎奉使安南。有诗作传世。(0147 卷 5,0001 卷 22,0503 二集丙)

李庚　字希白。元潞州(治今山西长治)人。历任真定路(治今河北正定)总管。(0698 卷 3)

李恒①(1236～1285)　字德卿。元唐兀人。西夏王族于弥氏后裔。李惟忠之子。世祖中统三年(1262),李璮反;从其父弃家入朝告变,以功授淄莱路奥鲁总管。至元七年(1270),改益都淄莱新军万户,从攻宋。十二年,累功升为左副都元帅。十四年,任江西行省参政。十五年,任蒙古汉军都元帅,攻略广东。十六年,率部与张弘范军攻崖山,灭宋。十七年,任荆湖行省左丞。后奉旨供给侵占城(今越南中南部)元军粮械、海舰。二十二年,从镇南王脱欢侵安南,中毒箭死。谥武愍。追封滕国公。(0001 卷 129)

李恒②　元上元县（治今江苏南京）人。杨刚中甥。由乡举累官为江浙儒学副提举。（0942 卷 10）

李恒③　元中山府（治今河北定县）人。顺帝元统二年（1334）任婺州路（治今浙江金华）儒学教授。（0881 卷 11）

李恒④　字可道。元慈溪县（今属浙江）人。从赵偕学。（0071 卷 93）

李泂　字溉之。元滕州（治今山东滕县）人。善属文，深得姚燧赞赏，力荐于朝，授翰林编修。历集贤院都事、太常博士。英宗时，丞相拜住闻其名，擢为监修国史长史。历秘书监著作郎、太常礼仪院经历。文宗开奎章阁，特授承制学士。著《辅治篇》进呈。参与修《经世大典》，书成归乡。善书法，篆、隶、草、真皆精诣，为世所珍爱。卒年五十九。有文集四十卷，已佚。（0001 卷 183）

李泌　元顺帝至正八年（1348）为监察御史。是年，奏言：世祖誓不与高丽共事，陛下何忍忘世祖之言，而乃以高丽奇氏亦位皇后；今灾异屡起，盗贼滋蔓，皆阴盛阳微之象，乞仍降奇氏为妃。顺帝不听。（0001 卷 41）

李泽　元顺帝至元二年（1336）任浙东宣慰司都事。（0634 卷 1）

李治（1192～1279）　名或作冶，字仁卿，号敬斋，金元间真定栾城人。登金进士第，调高陵主簿，辟知钧州。金亡，流落忻、崞间。元世祖在潜邸，召问治国之道，应对称旨。晚年居元氏县，买田封龙山下，学徒甚众。世祖即位，召为翰林学士，就任期月，以老病辞归。谥文正。有数学著作《测圆海镜》、《益古衍段》。又有《敬斋古今黈》八卷。（0021 卷 13，0003 卷 109，0504 乙）

李实　字伯美。元汴梁（治今河南开封）人。历任武平（今属福建）知县。（0902 卷 60）

李祉　元汴梁（治今河南开封）人。文宗至顺二年（1331）任江南行台照磨。顺帝至元三年（1337）任江南行台监察御史。（0632 卷 6）

李诚①　元世祖至元十九年（1282）任会稽县（治今浙江绍兴）知县。（0880 卷 28）

李诚②　字克诚。元渭南县（今属陕西）人。历任三原（今属陕西）知县。（0801 卷 20，0075 氏族典卷 395）

李孟（1255～1321）　字道复。元潞州上党（治今山西长治）人。通经史，善论古今治乱，开门授徒，远近争从之。成宗即位初，被荐为仁宗师傅，多年尽力辅导。后随仁宗出居怀州四年。成宗死，助仁宗定谋，发动政变，迎立武宗。仁宗即位，任中书平章政事。建言开科举、进用儒士、节制财用、罢僧道官、清吏治，多被采纳。后屡受权相铁木迭儿排斥。卒，顺帝至正间，追封魏国公，谥文忠。有《秋谷集》。（0001 卷 175）

李駉　字子野，号晞范子。宋元之际临川（今属江西）人，医学家。著有《句解八十一难经》八卷，今存。又著有《集解脉诀》、《脉髓》等，已佚。（0127 卷 14）

李絅①　字文晦。元历城（治今济南）人。泰定中由汝宁府判官迁任济州知州。顺帝元统二年（1334）任浙东廉访司佥事。后改任燕南廉访佥事，升闽海廉访副使。有诗作传世。（0154 卷 4，0634 卷 1，0504 丙）

李絅②　元顺帝至正间任尚书。至正六年（1346），奏请帝躬祀郊庙，近正人，远邪佞，以崇阳抑阴；帝不听。（0001 卷 41）

李絅③　字伯尚。元临川（今属江西）人。从李存学。（0071 卷 93）

李绎　字叔成。元杭州人。有诗作传世。（0504 庚上）

李春　字仲阳。元北京（治今内蒙古宁城西）人。成宗大德七年（1303）至十年任镇江路经历。后历任青阳、于潜两县知县，以杭州路判官致仕，寓居镇江。（0631 卷 15、19）

李珏　元入华高丽人。李伯祐第八子。从平宋有功，授吉州路总管，后迁任湖州、江陵两路总管，皆有治绩。（0145 卷 19，0002 卷 145，0003 卷 78）

李珍　元河间（今属河北）人。成宗大德三年（1299）任镇江路彰德翼下千户所弹压。（0631 卷 17）

李垚（1269～1354）　字尧卿，号希闻。元昆山（治今江苏太仓）人。元初为吏，未几弃去，为道士于吴之宁真观。（0453 补遗）

李荣①　字仲华。宋元之际临川（今属江西）人。明律令。元世祖至元中为行军令史，尝止大将擅杀平民。（0147 卷 44，0071 卷 92）

李荣②　元世祖至元年间为宁德县（今属福建）主簿。（0914 卷 4）

李荣③　元成宗大德十年（1306）任阳城（今属山西）知县。（0694 卷 5）

李荣④　元冠州（治今山东冠县）人。李阔阔不花之子。泰定三年（1326）袭父职为镇江路济南翼副千户。（0631 卷 17）

李荣⑤　元泰定四年（1327）任吴江（今属江苏）州提控案牍。（0954 卷 17）

李荣⑥　元武强县（今属河北）人。文宗至顺年间任献州同知。（0645 卷 5）

李荣⑦　元官员。官至湖广行省参知政事。谥成肃。（0154 卷 8）

李杰　字国才。元益都（治今山东青州）人。世祖至元二年（1265）任吏部尚书。谥宣靖。（0726 卷 13）

李奎　字从复。元汉中(今属陕西)人。李信之弟。仕至大都路(今北京)积贮仓大使。(0698 卷 3)

李威①　元河间(今属河北)人。累迁为户部员外郎。世祖至元十三年(1276)出任南阳知府。(0769 卷 6)

李威②　元邓州(治今河南邓县)人。顺帝至正十四年(1354)授义兵千户。升陕西总帅。后与主将不合,弃职归。死年八十。(0761 卷 30)

李昺　元文宗至顺年间任镇江路丁角税使司提领。(0631 卷 17)

李昱①(1228～1275)　字仲明,号中和。元榆次(今属山西)人。李倜之父。世祖至元三年(1266)征辟为四川行省员外郎。九年,改任东川顺庆宣课大使。十一年,任成都防城总管。谥忠敏。(0143 卷 8,0003 卷 53)

李昱②　字明甫。历任元镇平(今属河南)县尉,有能声。(0762 卷 6)

李钧　字伯衡。元浚县(今属河南)人。李铉之兄。顺帝至正年间任副万户,与反元队伍战于清流(今属福建),死之。(0004 卷 1,0073 卷 73)

李复①　元顺帝至正十二年(1352),从答失八都鲁征讨反元队伍,被署为南漳县尹,拊循县民以赋军馈。(0001 卷 142)

李复②　字守道。元真定路(治今河北正定)女真人。历任汉川、绥宁、宜都、宜黄诸县知县,皆有政声。(0212 卷 42,1014 卷 8)

李复③　字道原,号菊庄。元宁海(今属浙江)人。晚年寓居松江(今属上海)。有诗作传世。(0418 卷 6,0504 庚下)

李复④　元人。有诗作传世。(0504 戊上)

李俨①　元成宗大德七年(1303)任溧水(今属江苏)州判官。(0632 卷 6)

李俨②　元泰兴(今属江苏)人。元进士。明洪武初,选充通宝官。洪武十年(1377),累官户部尚书。(1152 卷 31)

李顺①　金元之际滑州(治今河南滑县东)人。金末为彰武军节度使,降元授千户,署元帅,总领乡郡军民。(0780 卷 5)

李顺②　元淄川(治今山东淄博西南)唐兀人。李屿之子。袭职万户。(0002 卷 180,0011 卷 54)

李保　元淄川(治今山东淄博西南)唐兀人。李屺之子。辞让袭万户职于其堂弟李顺。(0002 卷 180,0011 卷 54)

李信①　元太祖十五年(1220)为严实偏将,留镇青崖,尝有罪,惧诛,乘实之出,杀其家属,降于宋。次年,实以兵攻破青崖;被擒杀。(0001 卷 148)

李信②　字可复。元怀州(治今河南沁阳)人。武宗至大三年(1310)任秘书监丞。次年迁任秘书少监。(0027 卷 9)

李信③　元广平(治今河北永年东南)人。仁宗皇庆元年(1312)任镇江路真定翼下百户。(0631 卷 17)

李信④　元仁宗延祐年间任开州(治今河南濮阳)知州。(0646 卷 5)

李信⑤　字可复。元汉中(今属陕西)人。李森之弟。仕至大都路(治今北京)总管。(0698 卷 3)

李衎①(1235～1281)　字衎父。元彰德路(治今河南安阳)人。由吏入仕。累迁为御史台掾。世祖至元十八年(1281)升为河东按察司经历,未上任卒。(0250 卷 59)

李衎②(1245～1320)　字仲宾,号息斋。元大都宛平(治今北京西南郊)人。世祖至元间由太常寺太祝累迁都功德司经历。成宗即位,以礼部侍郎出使安南。后奉诏录囚江南,多所平反。常州学田三分之一为僧侵占,衎白于行省,还之。仁宗时任吏部尚书,超拜集贤大学士。以江浙平章致仕。卒。追封蓟国公。谥文简。善画竹石枯木,为一时之冠。著有《竹谱详录》。(0002 卷 188,0030 卷 5)

李衍　字仲达。元高唐(今属山东)人。元初累迁为中书省掾。历任阑遗副总管、左司都事、吏部郎中。(0723 卷 5)

李叙(1259～1337)　字彦伦。元当涂(今属安徽)人。以荐授江宁县儒学教谕,调任上饶县儒学教谕,迁任建康路明道书院山长,以太平路儒学教授致仕。(0981 卷 19)

李胜　元顺帝至正十五年(1355)为河南省黄州(治今湖北黄冈)军统将。是年六月,奉命率所部军归总兵官、湖广平章咬住统领,守御湖广。(0001 卷 44)

李庭①(1194～1277)　字显卿。金元之际华州奉先县(治今陕西蒲城)人。金末避兵于商邓山中。金亡迁居平阳。后辟为陕右议事官。署陕西讲议。世祖至元七年(1270)授京兆儒学教授。著有《寓庵集》八卷。(0321 卷末,0105 卷 3,0033 卷 4)

李庭②(？～1304)　小字劳山。本姓蒲察。元女真人。金末,其祖先来中原,家于济阴(治今山东荷泽),后徙寿光(今属山东)。世祖至元六年(1269),选隶军籍,权管军千户。从攻襄阳。八年春,以功授益都新军千户,赐号拔都儿(勇士)。十年春,攻破樊城,以功升为管军总管。十一年,从伯颜取郢州,攻沙洋,升为万户。十三年,入临安(今浙江杭州),奉命护送宋恭帝赴大都(今北京),升为汉军都元帅。率军北讨叛王昔里吉、脱脱木儿。十八年,从征日本,遇飓风,战船尽坏,收余众由高丽还京师。二十四年,统诸卫汉军,从征东北叛王乃颜,擒乃颜以献。次年,讨伐叛王哈丹,

哈丹败走高丽。至元末，升为平章政事，商议枢密院事，提调诸卫屯田事。卒，后追封益国公，谥武毅。(0001 卷 162)

李彦 元大同弘州(治今河北阳原县)人。英宗至治二年(1322)任衢州(今属浙江)路同知。(0878 卷 2)

李恂 元溧阳(今属江苏)人。有诗作传世。(0504 戊上)

李恪① 元南阳(今属河南)人。世祖至元二十四年(1287)任丹徒县(治今江苏镇江)主簿。(0631 卷 16)

李恪② 元英宗至治二年(1322)任江南行台架阁库管勾。(0632 卷 6)

李炳① 元成宗元贞二年(1296)至大德二年(1298)任奉化(今属浙江)知州。(0633 卷 3)

李炳②(1305～?) 字炳文。元新建县(治今江西南昌)人。顺帝元统元年(1333)进士，授龙阳州同知。(0028 卷上)

李炽 字昌文。元吉水(今属江西)人。顺帝至正年间组织地主武装镇压反元队伍，战死。(0075 官常典卷 733)

李洧 元成宗大德元年(1297)任秘书监校书郎。(0027 卷 10)

李洙①(1265～1299) 字思宜。元浮梁(今属江西)人。至元三十一年(1294)以荐授饶州路(治今江西波阳)儒学正，四年考满诣吏部，成宗大德三年(1299)病死于大都(今北京)逆旅。(0142 卷 16)

李洙② 字宗泰。元当涂(今属安徽)人。李翼之子。学行端正，受余阙礼重。(0072 卷 95)

李洽 元安肃州(治今河北徐水县)人。成宗大德年间任福山县尹。(0649 卷 34)

李济① 元仁宗延祐元年(1314)任溧水(今属江苏)州判官。(0632 卷 6)

李济② 元安肃州(治今河北徐水县)人。顺帝至正八年(1348)进士。历任翰林修撰。(0649 卷 10)

李济③ 字巨川，号竹所。元汤溪(治今浙江金华西南)人。历任龙游县主簿、永嘉县主簿、抚州录事参军、端溪县尹。有诗作传世。(0878 卷 3，0881 卷 18，0504 癸上)

李济④ 元饶州路(治今江西波阳)人。历任新昌县(今属浙江)主簿。(0880 卷 28)

李宥 元世祖至元二十二年(1285)任宜川(今属陕西)知县。(0554 卷 26)

李祐 元初中都(今北京)人。世祖至元五年(1268)七月，被召赴上都(今内蒙古正蓝旗东北)。(0001 卷 6)

李昶(1203～1289) 字士都。金元之际东平须城(治今山东东平)人。金宣宗兴定二年(1218)进士，授孟州温县丞。后历任漕运提举。金亡，任严实父子幕僚。后辞职杜门教授，李谦、马绍等皆出其门。元宪宗九年(1259)，忽必烈(元世祖)召见，问治国用兵之要。上疏曰：治国以用贤、立法、赏罚、君道、务本、清源为要，用兵以伐罪、救民、不嗜杀为要。世祖至元五年(1268)，起为吏礼部尚书，品格条式、选举礼文之事，多所裁定。八年，任山东按察使，务持大体，不事苛细。未几致仕。著有《春秋左氏遗意》、《孟子权衡遗说》，已佚。(0001 卷 160)

李费 元末人。杨维桢弟子。有诗作传世。(0504 辛下，0033 卷 27)

李泰 元成宗时集贤院官。大德二年(1298)正月，帝以其为耆德旧臣，清贫守职，特赐钞。(0001 卷 19)

李珪① 元成宗元贞二年(1296)任吴江(今属江苏)州判官。(0954 卷 17)

李珪② 元仁宗皇庆元年(1312)任金坛(今属江苏)知县。(0631 卷 16)

李珪③ 元仁宗延祐四年(1317)，承包霍丘县(今属安徽)豹子崖银洞，课银三十锭，其所得矿，大抵以十分之三输官。(0001 卷 94)

李珪④ 元丰县(今属江苏)人。顺帝至正年间任平江路(治今江苏苏州)治中。(0075 氏族典卷 395)

李珩 元安仁(治今江西余江东北)人。以荐授延平路(治今福建南平)儒学录。(1011 卷 9，0902 卷 57)

李班 号澌泉。宋元之际人。宋末乡试第一。官至督府参谋。入元为福建宣慰使。(0119 续集卷下)

李珣 元世祖至元十一年(1274)，为颍州屯田总管。(0001 卷 98)

李载① 字从善。元广州(治今河北景县西南)人。成宗大德年间任临邑知县。(0721 卷 25，0600 卷 4)

李载② 元仁宗延祐年间为任县(今属河北)知县。(0647 卷 10)

李恭① 字敬甫。元关陇人。英宗至治元年(1321)任奉化州同知。累迁为余姚知州。后寓居余姚至死。(0634 卷 2，0880 卷 28、37)

李恭② 元济南人。散财周急。诏旌表其门闾。(0001 卷 197)

李真① 元成宗大德二年(1298)任溧水(今属江苏)州同知。(0632 卷 6)

李真② 元奉元路(治今陕西西安)人。文宗至顺中任合水县主簿。博学儒雅，惠爱及民。(0801 卷 23)

李哥 元末霸州(治今河北霸县)倡家

女。年十三，母教之歌舞，不肯从。母告以倡业不可废。女曰："若此，听母；但母亦当从我好。"自是不粉泽、茹荤，所歌多仙曲道情；人不敢戏狎之。知州闻其行，礼聘为子妇。红巾军起，夫妇皆被杀。(0002 卷 246，0101 卷 27)

李桓　字晋仲。元建康(治今南京)人。翰林待制杨刚中之甥。由乡贡进士，累迁为江浙儒学副提举。以文鸣江东，纡余丰润，学者多传之。(0001 卷 190)

李核　字意山。元临江路(治今江西清江)人。有诗作传世。(0504 戊下)

李彧　元武宗至大元年(1308)任江南行台侍御史。(0632 卷 6)

李颏　元潞县(治今北京通县)人。李德辉之子。世祖至元二十年(1283)任安西路(治今陕西西安)总管。(0072 卷 90)

李哲①(1303～?)　元博野县(治今河北蠡县)人。顺帝元统元年(1333)进士。(0028 卷上)

李哲②　字公毅，号耕云。元进士。历任廉访司佥事。有诗作传世。(0504 丁)

李晔　元广平路(治今河北永年东南)人。仁宗延祐七年(1320)任衢州(今属浙江)路推官。(0878 卷 2)

李恩　元世祖至元年间历任嘉祥(今属山东)县尉、主簿、知县。(0721 卷 26)

李铉　字伯鼎。元浚县(今属河南)人。顺帝至正年间任郢、复二州副万户，分兵守延平(治今福建南平)，与反元队伍战于政和(治今福建松政东南)泗州桥，死之。((0002 卷 232，0004 卷 1，0073 卷 73)

李铎①　元顺帝至正三年(1343)任江陵(今属湖北)知县。(1042 卷 6)

李铎②　元顺帝至正十年(1350)任瑞州路(治今江西高安)提控案牍。(1016 卷 14)

李铎③　元广平县(今属河北)人，迁居汴梁。官至建康路(治今南京)总管。(0762 卷 4)

李铎④　元淄川县(治今山东淄博西南)人。历任胶水县尹。(0721 卷 27)

李秠　元南城县尹。有诗作传世。(0504 丁)

李倜　字士弘，号员峤真逸。元太原榆次(今属山西)人。成宗元贞初任集贤侍读学士。大德中出任临江路总管，被劾罢。后起为延平路总管，改任两浙盐运使，致仕归。谥章肃。工书法，善画墨竹。(0030 卷 5，0622 卷 55)

李唐①　元潞州上党(治今山西长治)人。李孟之父。世祖时历仕秦、蜀，徙居汉中。(0001 卷 175)

李唐②　元武宗至大二年(1309)九月，奉旨与薛彻兀、徐伯颜出使海外八昔国。(0001 卷 23)

李唐③　字仲弘，号静学。元东阳(今属浙江)人。从许谦学。历任婺州路(治今浙江金华)儒学教授。(0071 卷 82，0072 卷 82)

李益①　元世祖至元十一年(1274)为高丽达鲁花赤。是年十二月，元廷以里的为高丽达鲁花赤，益受代还。(0001 卷 208)

李益②　元成宗大德中任商州(治今陕西商县)知州。(0801 卷 20)

李益③　元成宗大德十一年(1307)任金坛(今属江苏)知县。(0631 卷 16)

李益④　历任元集贤学士。有诗作传世。(0504 丁)

李兼　元世祖至元二十年(1283)为江淮行省宣使，诉说江淮平章忙兀台不法，有诏勿问，并以其付忙兀台鞫之，系于狱，必抵以死。江南行台监察御史申屠致远虑囚浙西，知其冤状，不受忙兀台威胁，亲脱其械，使从军自赎。(0001 卷 170)

李涛　金末元初名士。元定宗三年(1248)夏，由张德辉推荐于忽必烈。(0001 卷 163)

李浦　元顺帝至正七年(1347)任衢州(今属浙江)路推官。(0878 卷 2)

李浩①　字巨川。金元之际滕县(今属山东)人。祖父义、父玉，皆以儒显。浩敬慕汉名医仓公，遂究心医学，尤精针灸。元初常往来东平(今属山东)间，为人治病，效验如神。尝传授针术于窦默，后默举荐浩于元世祖，以年老不能就征，诏有司岁给衣米，终其身。撰有《素问钩玄》、《仲景或问》、《诸药论》等。其子元继承医术，精针灸，为元世祖侍医。(0144 卷 73，0001 卷 158，0075 艺术典卷 529)

李浩②　字景安。元金坛(今属江苏)人。世祖至元二十三年(1286)以荐授江东儒学提举。后调任湖广儒学提举，迁任江东宣慰司令史。(0631 卷 19)

李浩③　元大都(今北京)人。成宗大德元年(1297)任丹徒县(治今江苏镇江)主簿。(0631 卷 16)

李润(1239～1305)　字文玉。元静安县(治今河北深县南)人。历任怀州利用库使。(0145 卷 26)

李涧　字国用。元铜陵县(今属安徽)人。历任铅山宗文书院山长。有诗作传世。(0413 卷 5、10，0504 乙)

李桢①(1200～1258)　字幹臣。西夏王族后裔。金末，以经童中选。及长，至蒙古充质子，以文学为元太宗掌书记近侍。从皇子阔出攻金，下河南诸郡。奉命至唐、邓二州，赈恤饥寒，流亡之民归者如市。太宗十年(1238),从大将察罕下淮甸,授军前行中书省左右司郎中,奏请寻访天下儒士,令所在优赡之。十三年,从围寿春,招降守将。定宗海迷失皇后称制二年(1250),授襄阳军马万户。宪宗六年(1256),奉旨率师巡哨襄樊。八年,从宪宗亲征四川。死于合川(今四川合川东)。(0001 卷 124)

李桢②　元世祖至元二十九年(1292)至成宗元贞元年(1295)任庆元路(治今浙江宁波)知事。(0633 卷 2)

李桢③(1245～1326)　字善之。元长安县(治今陕西西安)人。任陕西五路蒙古奥鲁总管府经历,秩满家居教子。后以子贵,封国子监丞。(0181 卷 9)

李桢④　字瑞卿。元燕人。历任白马县(治今河南滑县)丞。(0780 卷 4)

李祥　元仁宗延祐五年(1318)任吴江(今属江苏)州提控案牍。(0954 卷 17)

李恕①　元武宗至大三年(1310)任秘书监管勾。(0027 卷 9)

李恕②　字仁甫。元益都(治今山东青州)人。泰定四年(1327)至文宗至顺元年(1330)任镇江路推官。(0631 卷 15)

李恕③　字尚忠。元吉水(今属江西)人。元末任新州儒学正。顺帝至正十二年(1352)反元队伍起,擢新州判官,守城。反元队伍大举来攻,力战死。(0075 官常典卷 733)

李恕④　字省中。元庐陵(治今江西吉安)人。撰《五经旁训》十八卷。(0072 别附卷 3)

李恕⑤　字如心。元人。有诗作传世。(0504 辛下)

李通①　元世祖至元二十七年(1290)任泽州(治今山西晋城)知州。(0694 卷 5)

李通②(1333～1412)　字文亨。元明之际内乡(今属河南)人。元末组织地主武装镇压反元队伍,授万户。元亡不复仕。(0767 卷 17,0084 卷 10)

李焘①　元靖州会同县(今属湖南)人。仁宗延祐中领乡荐。后任靖州判官。(1041 卷 36、51,0622 卷 66)

李焘②　元浏阳(今属湖南)人。泰定元年(1324)进士。历任翰林学士。(1063 卷 2)

李彬　元文宗至顺二年(1331)任溧水(今属江苏)州同知。(0632 卷 6)

李梓　元仁宗延祐四年(1317)任金坛(今属江苏)县尉。(0631 卷 16)

李辅　元世祖至元十四年(1277)任定海(治今浙江宁波镇海)县丞。(0633 卷 3)

李常　号蒙丘山人。元人。有诗作传世。(0504 辛下)

李勖　元东平平阴(今属山东)人。李之绍之子。荫父职,同知诸暨(今属浙江)州事。(0001 卷 164)

李冕　元颍州(治今安徽阜阳)人。李黼兄。顺帝至正中,居颍州,为反元队伍所杀。(0001 卷 194)

李铨①　字平叔。元朔州(治今山西朔县)人。元初入国子学,从许衡学。成宗元贞元年(1295)任翰林待制。历任广平铁冶提举、工部员外郎、治书侍御史。仁宗延祐初任翰林侍讲。泰定三年(1326)由翰林侍读迁任秘书郎。(0146 卷 32,0027 卷 9,0072 卷 90)

李铨②　元人。仁宗延祐间侍东宫讲读经史。延祐五年(1318)七月,御史中丞赵简奏言:其未谙经史,宜别求硕学分进讲读于东宫。(0001 卷 26)

李敏　元顺帝至正二十二年(1362)以荐授兴化路(治今福建莆田)同知。(0905 卷 2)

李偘①　元文宗天历元年(1328)任秘书卿。(0027 卷 9)

李偘②　元东阿(今属山东)人。李谦之子。官至大名路总管。(0001 卷 160)

李康　字宁之。元桐庐(今属浙江)人。工诗文、书画。事母笃孝。顺帝至正二年(1342)郡守遣使奉币聘请,不起。行省官至桐庐,命县令造请议事,康不得已往,极谈当时得失;欲荐之,以母老辞。著有《杜诗补遗》、《看山清暇集》等。(0002 卷 238,0077 卷 43,0075 文学典卷 90)

李章　字君章。元东平(今属山东)人。工书法。晚年画墨竹,有高雅风致。(0030 卷 5,0031 卷 7)

李阐　元镇江路儒学正。(0631 卷 17)

李渠　元世祖至元二十八年(1291)为监察御史。(0001 卷 205)

李清　元人。有诗作传世。(0504 乙)

李淦　字性学。元建昌南城县(今属江西)人。世祖至元中为明道书院山长,上书御史台,言桑哥误国。至元二十八年(1291)为扬州路儒学正,上书言叶李安举桑哥之罪,以为宜斩叶李以谢天下。有旨驿召淦赴京以辩。淦至京而叶李死,有旨授以江阴路儒学教授,以旌直言。后被征为国子助教,未几死。(0001 卷 16、173,0225 卷 20,0075 氏族典卷 395、官常典卷 691)

李谔①　元世祖遣往高丽国之使臣。至元六年(1269)八月,高丽国世子王愖至元廷,奏其国臣僚擅废国王王禃,立其弟安庆公王淐;奉诏与斡朵思不花等往其国详问之。九月,与高丽刑部尚书金方庆还至元廷,奉权高丽国王王淐表,诉其国王禃遘疾,令弟淐权国事。(0001 卷 6、208)

李谔②　字德贞,号谷山。元东阿县(今属山东)人。李谦之弟。成宗大德三年(1299)由岭北廉访使选为益都路总管。后官至庐州路总管。谥端宪。(0240 卷14,0154 卷8)

李诚　号迂斋。元嘉祥县(今属山东)人。世祖至元年间任莱州知州。有诗作传世。(0727 卷2,0504 丁)

李维　元绩溪(今属安徽)人。仁宗延祐年间任歙县(今属安徽)知县。(0973 卷6)

李琦　元世祖至元二十二年(1285)任西安县(治今浙江衢州)典史。(0878 卷3)

李琚　元世祖至元二十八年(1291)任高陵(今属陕西)知县。(0816 卷4)

李琰　元泰定四年(1327)任衢州路推官。(0878 卷2)

李萼　元桐江人。工诗,其诗作被元初月泉吟社取为第三十九名。(0033 卷6)

李敬①　元高唐(今属山东)人。泰定元年(1324)任镇江路高唐翼下百户。(0631 卷17)

李敬②　元人,善刻碑,仁宗延祐四年(1317),刻《敕修太师忠烈公殷比干庙碑》。

李森　字克复。元汉中(今属陕西)人。李槊之弟。历任赣州路总管。(0698 卷3)

李惠　字公泽。元东阳(今属浙江)人。以荐授归德州同知,不赴。隐居石门。死年七十二。有诗作传世。(0072 卷82,0504 戊上)

李雄　元成宗元贞二年(1296)任吴江(今属江苏)州提控案牍。(0954 卷17)

李雯　元保定曲阳(今属河北)人。李进之子。成宗元贞元年(1295),袭父职为左翼屯田万户。泰定元年(1324),因病辞职。(0001 卷154)

李勤　元陇西县(今属甘肃)人。有诗作传世。(0504 辛上)

李揆　元高陵(今属陕西)人。武宗至大年间任南部县(今属四川)主簿,有能声。(0622 卷68,0841 卷11)

李斐(1252~1321)　字文卿。元武功县(今属陕西)人。世祖至元中奉陕西行省檄领兴元凤翔税司。成宗大德三年(1299)领司竹监。(0181 卷8)

李辉①　元世祖至元三十一年(1294)任定海(治今浙江宁波镇海)知县。(0633 卷3)

李辉②　元顺帝至元六年(1340)任建康路(治今南京)同知。(0632 卷6)

李鼎　字仲铉。元婺源(今属江西)人。历任儒学训导。(0972 卷9)

李嵘　元淄川(治今山东淄博西南)唐兀人。李世安第四子。历任江西行省理问。(0002 卷180,0011 卷54)

李铸　元洛阳人。历任孟州同知。(0761 卷29)

李智　元末荆门(今属湖北)州僧人。顺帝至正十二年(1352)九月,与中兴路(治今湖北江陵)人范忠率地主武装击败红巾军将领俞君正,收复中兴路。(0001 卷42)

李庸①　字仲常,号用中道人。元东阳(今属浙江)人。李序之弟。工诗文。早年游京师,馆阁诸老争辟为属吏。顺帝至正初年授江阴州知事。迁任江浙省掾。有诗作传世。(0504 己上,0158 卷5,0033 卷24)

李庸②　元陇西(今属甘肃)人。顺帝至正年间任济南路同知,后调任关襄宣慰。(0101 卷29)

李庸③　元顺帝至正年间任武强(今属河北)县尉。(0645 卷4)

李焱　字德光。元永嘉县(治今浙江温州)人。文宗天历二年(1329)任丽水县儒学教谕。(0576 卷10)

李善　字元善。元东平(今属山东)人。游慈溪,从赵偕学,遭战乱遂不果归。(0071 卷93,0072 卷93)

李道　元世祖至元二十三年(1286)为枢密院判官。是年五月,荆湖行省阿里海牙上言:"要束木在鄂省钩考,岂无贪贿?臣亦请钩考之。"诏遣道与参政秃鲁罕、治书侍御史陈天祥偕行。(0001 卷14)

李湘　字仲美。元乐平知州。有诗作传世。(0504 丁)

李温　宋涟水忠义军首领石珪部属。元太祖十五年(1220),随石珪归附蒙古大将木华黎。(0001 卷193)

李裕①　元太原管州(治今山西静乐)人。成宗大德七年(1303)任阳城(今属山西)知县。(0694 卷5,0691 卷9)

李裕②(1294~1338)　字公饶。元东阳(今属浙江)人。从许谦学。英宗至治年间游京师,补国子生。文宗至顺元年(1330)中进士,授陈州同知。后改授道州路推官,未上任。有《中行斋稿》,已佚。有诗作传世。(0411 卷5,0503 三集戊)

李谦①(1234~1312)　字受益,号野斋。元东阿(今属山东)人。初为东平府教授,累官为万户府经历,后复教授东平。世祖至元间,被王磐荐为应奉翰林文字,一时制诰,多出其手。十五年(1278),升待制。十八年,升直学士,为太子左谕德,侍太子真金。真金死后,又傅成宗于潜邸。成宗即位,升学士。未几,病归。仁宗即位,被召见,上疏言选贤能、课农桑、兴学校、颁律令等九事,帝嘉纳之。卒,谥文正。著有《野斋集》,已佚。其文章醇厚有古风,不尚浮巧。(0001 卷160)

李谦②　元世祖至元十五年(1278)任西安县(治今浙江衢州)知县。(0878 卷2)

李谦③　元保定束鹿(今属河北)人。世祖至元间任阳谷(今属山东)知县。(0721 卷26)

李谦④(? ~1324)　字谦夫。元益都(今属山东)人。英宗至治元年(1321)任镇江路推官。(0631 卷15)

李谦⑤　字德润。元罗田县(今属湖北)人。泰定四年(1327)进士,受命为使臣。(1041 卷36)

李谦⑥　元广平曲周(今属河北)人。官至无锡知州。(0323 卷6)

李弼　字良弼。元镇江路行大司农司令史。(0631 卷17)

李瑞①(1209 ~1272)　字天祥。元汲县(今属河南)人。世祖至元六年(1269)受潞州判官。九年,迁任襄垣县知县,未上任死。(0144 卷59)

李瑞②(1235 ~1284)　字君祥。元郓城(今属山东)人。初为东平路经历司书记。世祖至元七年(1270)任郓城行用交钞库副使。江南平,任浙西盐司提举。十六年,升为江西榷茶都转运副使。(0210 卷17)

李瑞③　字君祥。元郑州(今属河南)人。仁宗皇庆中累官至河南行省员外郎。(0761 卷27)

李瑀(1192 ~1259)　字国宝。金元之际通州潞县(治今北京通县)人。李秉彝之父。元初以荐授通州三河(今属河北)知县兼镇抚军民。后辞归。(0321 卷6)

李彀(1222 ~1270)　元义州(治今辽宁义县)人。李守贤之子。太宗九年(1237),从塔海绀布征蜀汉,有功。十年,从攻硐门。十一年,从攻万州,会战于瞿塘,获宋战舰千余艘。十三年,入朝,授河东道行军万户兼总管。后率军攻破成都,袭嘉定。宪宗八年(1258),从宪宗南征四川,有功。世祖中统三年(1262),改任河东路总管。后迁任京兆路、洺磁路总管。(0001 卷150)

李榦(1303 ~?)　字维桢。元襄邑(治今河南睢县)人。居于大都(今北京)。顺帝元统元年(1333)进士,授河南府录事。(0028 卷204)

李献　元潞州上党(治今山西长治)人。李孟之子。以父荫擢监察御史、参议中书省事。顺帝至正五年(1345)为兵部尚书。是年十月,奉诏命为燕南山东道奉使宣抚官。九年,为御史中丞,九月,奉帝遣代帝祀河渎。十七年十一月,由御史中丞授中书左丞。次年正月,罢任左丞,授翰林学士。(0001 卷41、42、45、113、175,7 -698 卷3)

李椿①(1227 ~?)　字寿卿。元扬州人。元初迁居真定,以陶为业,中年后买田事农,不二十年为乡里巨族。死年逾八十。(0645 卷25,0223 卷2)

李椿②　元顺帝至正八年(1348)任藁城(今属河北)知县。(0645 卷4)

李椿③　元官员,历任新昌县(今属浙江)、余姚州判官,慈溪(今属浙江)知县。(0634 卷2,0880 卷28)

李楫①　字济川。元鄱阳县(治今江西波阳)人。成宗大德六年(1302)由袁州路经历迁任新淦州判官,在任六年,有能声,授江西行省照磨。(0212 卷50,1011 卷9)

李楫②　字道济。元延祐七年(1320)英宗即位,任秘书监典书,至治三年(1323)迁任令史。(0027 卷11)

李楫③　元韶州路(治今广东韶关)人。顺帝至正年间任宜黄(今属江西)知县。(1014 卷8)

李粲　字粲然、灿然,号䌹斋。元永丰(今属江西)人。仁宗延祐五年(1318)进士,授崇仁县丞。后升为通山知县。有诗作传世。(0228 卷2,0504 己上)

李鉴　字彦昭。元大名清丰(今属河南)人。顺帝至正五年(1345)任秘书监典史,十八年升为令史。(0027 卷11)

李路　字遵道。元上高县(今属江西)人。仁宗延祐二年(1315)进士,授新昌州(治今江西宜丰)判官。(1016 卷16,0072 卷92)

李策　元人。有诗作传世。(0504 癸下)

李简①　元太宗时奉御。太宗末年,奉旨与粘合重山等诘问燕京行尚书省牙鲁瓦赤部属忙哥儿诬刘敏以流言事,得实回奏,帝遂罢牙鲁瓦赤,令刘敏独任燕京行尚书省事。(0001 卷153)

李简②　金元之际人。元宪宗初年,奉忽必烈(元世祖)遣,与刘肃等往治理邢州,洗涤蠹弊,革去贪暴,未几,流亡复归,户增十倍。(0001 卷157)

李简③　号蒙斋。元信都(治今河北冀县)人。仁宗延祐六年(1319)任泰安州同知。著有《学易记》九卷。有诗作传世。(0002 卷234,0006 卷88,0504 甲)

李简④　字士廉。元庐陵(治今江西吉安)人,居于昆山(治今江苏太仓)人。历任浙东帅府史。有诗作传世。(0504 庚下,0293 卷5)

李简⑤　元大都(今北京)人。居丧庐墓。诏表其门闾。(0001 卷197)

李鹏①　字万里。元江西人。有诗作传世。(0504 戊下)

李鹏②　元比阳知县。有诗作传世。(0504 丁)

李廉　字行简。元安福(今属江西)人。顺帝至正二年(1342)进士,授龙兴路(治今江西南昌)录事,历会昌(今属江西)县尹。迁信丰县尹(今属江西),与陈友谅部战,败死。著有《春秋诸传会通》二十四卷。(0622 卷 56,0075 官常典卷 732)

李猷　元顺帝至正十二年(1352)为河南行省参政。是年六月,与河南平章秃鲁奉命供给汝宁(治今河南汝南)军需。(0001 卷 42)

李源　元武宗至大间为尚书省参议,至大四年(1311)废尚书省,罢官。仁宗皇庆间,以集贤大学士王约上疏言,被起复任官。(0001 卷 178)

李福①　元世祖至元四年(1267)为鱼通、嵓州等处达鲁花赤。是年十月,招谕西番(藏族地区)诸族酋长以其民内附。(0001 卷 6)

李福②　元世祖至元中为元浔州(治今广西桂平)官员。宋益王昰余众攻破浔州,被杀。(0001 卷 155)

李福③　元河南府路(治今河南洛阳)人。累世同居。诏旌表其门闾。(0001 卷 197)

李福④　字介甫。元凌云(今属广西)人。历任纳溪(今属四川)知县。(0841 卷 16)

李聚(1206～1278)　金元之际砀山县(今属安徽)人。金末为千户,降蒙古,为军民招抚使,徙皇陵冈降民百家于东明,实黄头原田逾万亩,四方之人多投奔之。(0145 卷 27)

李蔚　金元间孟津(今属河南)人。与元好问同学。为元太宗时元好问向耶律楚材推荐的五十四名士之一。元世祖中统二年(1261),宣授怀孟路提学官。(0040 卷 8,0001 卷 4)

李睿(1295～1365)　字景明。元磁州武安县(今属河北)人。由吏入仕。累迁为江浙省掾。后任上虞知县,秩满家于上虞。(0880 卷 28、37,0902 卷 104,0424 壬)

李鍼　元世祖至元年间任林州(治今河南林县)知州。(0788 卷 4)

李僎　元绛州(治今山西新绛)人。顺帝至正二十年(1360)进士。历任陇北廉访司佥事。(0695 卷 5)

李槃①　金元之际真定(治今河北正定)名士。元定宗三年(1248),由张德辉推荐于忽必烈。宪宗时,奉太后命侍阿里不哥讲读。宪宗九年(1259),宪宗死,阿里不哥遣脱忽思发兵河北,脱忽思怒槃不附己,械之,廉希宪访槃于狱,言于忽必烈而释之。世祖至元元年(1264),任皇子忙哥剌说书官。至元中为翰林学士。十三年,奉旨与翰林编修王构至杭州取宋三馆图籍、太常天章礼器仪仗,归于大都(今北京)。(0001 卷 5、126、163、164 等)

李槃②　字德复。元汉中(今属陕西)人,李孟之弟。历任陕西廉访司佥事。(0698 卷 3)

李遯①　元世祖至元二十七年(1290)任衢州路判官。(0878 卷 2)

李遯②　元睢阳县(治今河南商丘南)人。历任真州(治今江苏仪征)同知。(0955 卷 5)

李端①　元英宗至治二年(1322)为监察御史。(0001 卷 28)

李端②　字彦方,号静斋。元保定(今属河北)人。历任艺文太监,福建、浙东、淮东廉访副使,广东廉访使。(0154 卷 9、15、20、6,0634 卷 1)

李端③　元真定(治今河北正定)人。李元礼之子。仕至礼部尚书。(0001 卷 176)

李端④　元镇江(今属江苏)人。历任监察御史、宁国路榷茶提举。(0075 氏族典卷 395)

李端⑤　字彦章。元人。画山水,学李成、郭熙。(1143 卷 398)

李演　元成宗大德八年(1304)任新蔡(今属河南)知县。(0787 卷 5)

李璋①(1248～1315)　字君用。元滏阳县(今属河北)人。元初任广西宣慰司都事,升化州路判官。历任湖广省掾、常州路钞库提领。成宗元贞元年(1295)任兴国尹。大德四年(1300)任龙泉尹。武宗至大元年(1308)任抚州路推官,后升为治中致仕。(0212 卷 66)

李璋②　元新宁县(今属湖南东)人。顺帝至元年间为平江州吏目。(1041 卷 51)

李璋③　元济宁钜野(治今山东巨野南)人。历任上海知县,颇留意文教。(0931 卷 23)

李璋④　元襄陵(治今山西襄汾西北)人。历任新乡(今属河南)知县,有廉明声。(0622 卷 28)

李榖(1298～1352)　字中父。元时高丽韩州人。顺帝元统元年(1333)进士,授翰林检阅。次年诏天下兴学校,榖捧制书东还。未几复至元朝,任元徽政院管勾,曾代元御史台作疏,谏罢于高丽选取女童事。迁征东行省左右司员外郎。归本国任判典校寺事。至正元年(1341),奉表至元,留居六年。元授中瑞司典簿,其本国拜密直副使,累升知密直司事,进政堂文学,封韩山君。以颁历归本国,后复返元,未几归本国,元授征东行省左右司郎中,本国拜都佥议赞成事。卒,谥文孝。著有《稼亭集》、《关东游山录》。工诗文,与元朝士大夫多有交往、唱和。与

李齐贤等增修《编年纲目》，并参与修忠烈、忠宣、忠肃三朝实录。（0017 卷 109，0258 卷 4，0028 卷上）

李震①　元成宗大德年间任庆元路（治今浙江宁波）推官。（0633 卷 2）

李震②　元仁宗皇庆元年（1312）任绍兴路推官。（0880 卷 27）

李震③　字威卿。元镇江路行大司农司令史。（0631 卷 17）

李震④　元代医官。仁宗延祐三年（1316）任常德路医学正时，见本路迎接宣诏、进贺表笺仪式，儒学教官均穿官服，而医学教官无官服，与常人无异，遂奏请依照儒学教官为医学教官制造官服，获准。元医学教官穿戴官服自此始。（1150《新集·礼部·儒教》）

李颙　元世祖至元十八年（1281）任丹阳（今属江苏）县主簿。后迁任溧阳（今属江苏）州录事。（0631 卷 16，0632 卷 6）

李镇　号存耕。元金坛县（今属江苏）人。世祖时崔彧奉使江南求贤，以镇备选，授儒学副提举。（0631 卷 19）

李镐　元临川（今属江西）人。有诗作传世。（0504 辛下）

李鎔　元山东人。顺帝至正十四年（1354）任沁水县（今属山西）主簿。（0694 卷 5、13）

李稷①　元世祖至元十六年（1279）为肃宁（今属河北）知县。（0644 卷 17）

李稷②　元成宗大德四年（1300）任昌国（治今浙江舟山）知州。（0633 卷 3）

李稷③（1304～1364）　字孟豳。元滕州（治今山东滕县）人。少时师事名进士夏镇、方回孙。泰定四年（1327），登进士第，授淇州判官，有治绩。调任海陵县丞，亦有能声。入为翰林编修，擢御史台照磨。顺帝至正初，任监察御史，劾奏宦官高龙卜侵扰朝政，交通时相，请谒公行；龙卜被流放于高丽。后累迁为户部尚书。十一年，参议中书省事，迁治书侍御史。十二年，从丞相脱脱镇压徐州红巾军。后历任中书参政、御史中丞、大都路总管、山东廉访使。死后追封齐国公，谥文穆。（0001 卷 185）

李慜　元仁宗延祐初为武邑（今属河北）知县。（0645 卷 4）

李德　元曹州（治今山东荷泽）人。历任新昌县（今属浙江）主簿。（0880 卷 28）

李毅（1304～?）　字弘略。元庐陵（治今江西吉安）人。顺帝元统元年（1333）进士，授新昌州（治今江西宜丰县）同知。（0028 卷 201）

李璞　字德秀。元瑞州路（治今江西高安）人。历任梅州推官。有诗作传世。（0504 丁）

李璠　元成宗元贞年间任鄞县（治今浙江宁波）知县。（0633 卷 3）

李璋　元襄陵县（治今山西襄汾西北）人。世祖至元年间任新乡（今属河南）知县，善治疑狱。（0762 卷 9）

李憨　元泰定四年（1327）任奉化知州。顺帝至元四年（1338）任海宁知州。有政绩。（0634 卷 2，0872 卷 64）

李臻　元太祖十八年（1223）为燕京等处安抚使刘敏佐吏，任参谋。太宗乃马真皇后称制时，刘敏独任燕京行尚书省事，辟之为左右司郎中。在刘敏幕府二十年，参赞之力居多。（0001 卷 153）

李蹊（？～1286）　元世祖至元二十二年（1285）十月，从答即古阿散奉旨考核中书省，理算积年钱谷。是月末，因中书省臣反对，停止理算。十二月，被处死。（0001 卷 13）

李穑　字颖叔，元时高丽国韩州人，李穀之子。元国子生。顺帝至正十三年（1353），在其本国科举擢魁，又中征东行省乡试第一名。次年，登元进士第，授元应奉翰林文字兼国史院编修官。其后，往返于元、高丽间。历任元翰林院权经历、征东儒学提举、征东行省左右司郎中，其本国密直提学、同知春秋馆事、金书密直司事。明洪武间，历任其本国三司右使、政堂文学、判三司事、门下侍中、判门下府事，封韩山府院君。入李朝，封朝山伯。卒年六十九，谥文靖。为高丽末年一代文宗，有《牧隐集》五十卷，又与李仁复等合撰《增修金镜录》、《本朝金镜录》。（0017 卷 115）

李衡①　元武宗至大三年（1310）由龙游县尉迁任衢州路知事。（0878 卷 3）

李衡②　元顺帝元统二年（1334）任溧水（今属江苏）知州。（0632 卷 6）

李衡③　元顺帝至正十五年（1355）任灵石县主簿。（0709 卷 2）

李衡④　字元成。元明之际崇仁县（今属江西）人。元末领乡荐，任太和州儒学正。明初授崇仁县儒学训导。（0072 卷 92）

李璮（？～1262）　小字松寿。元潍州（治今山东潍坊）人。李全之子，一说全之养子。元太宗三年（1231），全死，袭职为益都行省，拥军自重，专制山东三十年。宪宗末年，发兵攻拔宋涟水（今属江苏）、海州（今连云港西南）等四城。世祖中统元年（1260），加封江淮大都督。三年二月，起兵叛元，献涟水、海州等三城于宋，杀蒙古戍兵，自海州泛海还攻益都，进据济南。南宋遥封之为齐郡王，然在军事上未予有力配合。曾传檄河北，但应者寥寥。被元宗王合必赤、丞相史天泽统领诸军围困于济南。七月，城破，被擒斩。（0001 卷 206）

李懋①　字逸民。金元之际榆次（今属山西）人。李倜之祖父。元太祖时降于木华黎，授河东宣抚检察使。死年六十一。追谥文惠。（0145 卷 28）

李懋② 字子才。元江宁县(治今南京)人。李桓兄。文宗至顺元年(1330)进士。历任鄱阳县丞。有诗作传世。(0504 丙)

李擢 元顺帝元统中任安平县(今属河北)儒学教谕。(0645 卷 4)

李翼 字仲羽。元当涂(今属安徽)人。李习之弟。仁宗延祐七年(1320)中乡试。历任儒学教授。年六十一死。(0982 卷 6,0075 文学典卷 89)

李璧 元武宗至大元年(1308)为上都(今内蒙古正蓝旗东北)留守。时上都开元寺西僧强市民薪,民诉诸璧。璧方询问其由,僧已率其党持白挺突入公府,捶扑交下,拽之以归,闭诸空室。久乃得脱,奔诉于朝。僧与其党遇赦以免。(0001 卷 202)

李彝① 字宪甫。元安次县(治今河北廊坊西)人。历任浙西廉访司佥事。成宗大德初任南丰州知州。有诗作传世。(0204 卷 2、3,7 – 504 乙)

李彝② 元顺帝元统元年(1333)任阳城(今属山西)知县。(0694 卷 5)

李藻 字子洁。元颍州(治今安徽阜阳)人。国子监生。顺帝至正二年(1342)由馆陶县知县入为秘书监典簿,九年迁任广东廉访司佥事。(0242 卷 3、6,0027 卷 9,0730 卷 6、18)

李黼(1298 ~ 1352) 字子威。元颍州(治今安徽阜阳)人。泰定四年(1327)左榜进士第一,授翰林修撰。历任监察御史、宣文阁监书博士兼经筵官、礼部侍郎。顺帝至正十年(1350),出任江州路(治今江西九江)总管。天完红巾军攻破江州,被杀,谥忠文。(0001 卷 194)

李骥 元仁宗延祐三年(1316)任衢州路知事。(0878 卷 3)

李瓒 字子粲,号弋阳山樵。元平江(治今江苏苏州)人。旁通佛经及庄周之学。有诗作传世。(0517 卷 7,0503 三集庚)

李瓘 字仲泽。元东安人。以父荫入仕。历任星子县主簿、江西省掾、南康路知事。文宗至顺元年(1330)迁任镇江路经历。(0631 卷 15)

李一中 字彦初。元山阴县(治今浙江绍兴)人。有诗作传世。(0504 己下,0033 卷 24)

李卜花 元文宗至顺元年(1330)任浙东宣慰副使。(0634 卷 1)

李九思 元成宗大德二年(1298)任秘书监管勾;六年,迁任知印。(0027 卷 9、11)

李九成 元扶沟县(今属河南)人。顺帝至正年间任宣德府(治今河北宣化)知府。(0762 卷 4)

李三俊 宋末元初人。元世祖至元十四年(1277)八月,与常德府总管鲁希文结搆反元,事觉,诏命行省诛之。(0001 卷 9)

李士龙(1333 ~ 1357) 元亳州(今属安徽)人,迁居江阴(今属江苏)。精武艺。以镇压反元队伍有功授徽州判官,升睦州同知兼民兵总制。后与反元队伍战,败死。(0158 卷 12,0075 官常典卷 734)

李士传 字仲芳。元宛平县(治今北京西南郊)人。历任江浙省掾。善画山水、人物,学李公麟,尤善摹宋徽宗墨戏。(0030 卷 5)

李士华(1266 ~ 1351) 字庭实,号北麓。元崇仁县(今属江西)人。元初更服方笠窄袖衫,士华独深衣幅巾,自称故宋人。善经营,以资财雄乡里,而不吝赈施。(0411 卷 25,0419 卷 13)

李士行(1282 ~ 1328) 字遵道。元宛平县(治今北京西南郊)人。李衎之子。少时从赵孟頫、鲜于枢游,工书画。画竹石得家传,而妙过之。又善画山水。后以所绘《大明宫图》见知于仁宗,延祐年间父衎致仕,诏以士行知泗州倳行。后调任黄岩知州,以病归。有诗作传世。(0262 卷 19,0030 卷 5,0504 丙)

李士兴 元藁城(今属河北)人。从安熙学。隐居不仕,乡人从学者甚众。(0645 卷 28,0071 卷 91)

李士安(1341 ~ 1368) 元顺帝至正间人。善画山水,学董源。(1143 卷 343)

李士良 元进士,授余姚州判官。未几卒。(0632 卷 9,0151 卷 6)

李士英① 元至大四年(1311)三月,仁宗即位,由御史中丞改任中书左丞。次年三月,罢任左丞。(0001 卷 24、112)

李士英② 元钱塘(治今浙江杭州)人,以医术闻名于时。为人仗义赴难,秉性刚烈。为元曲作家,撰有《折征衣》、《群花会》、《金章宗御赛诗禅记》等剧。(0029《续编》)

李士勉 元世祖中统二年(1261)八月,初立劝农司,授邢洺劝农使。(0001 卷 4)

李士晦(? ~ 1331) 元仁宗延祐七年(1320)由供奉翰林出任原武县尹。累官为陕西行御史台监察御史。(0182 卷 13)

李士简 元顺帝至正年间任瑞州路(治今江西高安)知事。(1016 卷 14)

李士瞻(1313 ~ 1367) 字彦闻。元南阳新野(今属河南)人。顺帝至正十一年(1351)进士。任库知事,辟中书右司掾。十八年,以刑部主事出参军事。迁密枢院经历、吏部侍郎。二十一年,以户部尚书出督闽海漕,因功升福建左丞。入为中书参政。二十四年,孛罗帖木儿入京师;出为辽阳行省左丞,传檄讨之。孛罗死,复入为中书参政。后拜翰林承旨,封楚国公。著有《经济文集》。(0002 卷

216)

李大川　元世祖至元中任黟县(今属安徽)知县。(0973 卷 6)

李大方　元人。有诗作传世。(0504 癸下)

李大用(？~1304)　元寿光(今属山东)女真蒲察氏。李庭长子。任同知归德府事。成宗大德八年(1304)二月,父死,以哀毁死。(0001 卷 162)

李大成　元泰定二年(1325)为兵部尚书。是年广西诸徭反元起事,攻掠城邑,奉旨与湖广左丞乞住、中书舍人买驴率军二万二千人讨伐之,由诸王斡耳朵罕监其军。(0001 卷 29)

李大明　元世祖至元年间任衢州(今属浙江)路总管,迁任庆元路(治今浙江宁波)总管,死于官任。(0633 卷 2,0878 卷 2)

李大诚　元寿光(今属山东)女真蒲察氏。李庭之子。袭父职为后卫亲军都指挥使。(0001 卷 162)

李大胜　字任重。元湖广行省儒学提举。(1055 卷 4)

李大椿　元寿光(今属山东)女真蒲察氏。李庭次子。袭父职为益都新军万户,戍建康(治今南京)。(0001 卷 162)

李万二　元世祖时湖南反元队伍首领。至元二十三年(1286),被湖广左丞刘国杰率军镇压。(0001 卷 162)

李千七　元世祖时永州反元队伍首领李末之子。至元二十七年(1290)八月,攻全州(今属广西),败官兵,杀全州长官土鲁。元湖广左丞刘国杰率军进讨,擒斩之。(0001 卷 162)

李义孙　元世祖时高丽国来元朝使臣,为高丽国少卿。至元十一年(1274)正月初一,奉高丽国王王禃遣,来朝贺,兼奉岁贡。(0001 卷 8、208)

李之英(1300~?)　字允达。元女真蒲察氏,居滕州邹县(今属山东)。顺帝元统元年(1333)进士,授锦州同知。(0028 卷上)

李之绍(1254~1326)　字伯宗。号果斋。元东平平阴(今属山东)人。少时从东平李谦学,后教授乡里。成宗即位(1294),以马绍、李谦荐,授翰林国史院编修官。后升翰林应奉,迁太常博士。仁宗时历任国子司业、祭酒,同佥太常礼仪院事。英宗时任翰林直学士、侍讲学士。(0001 卷 164)

李之复(1249~1308)　字希颜。元京兆(治今陕西西安)人。受学于许衡、李庭。历任安西王府掾、陕西省掾、鄜州同知、峡州路判官、甘州路判官。(0243 卷 3)

李子才　元泾州(治今甘肃镇原东南)人。累世同居。诏旌表其门闾。(0001 卷 197)

李子飞　元人。有诗作传世。(0033 卷 23)

李子云　元人。有诗作传世。(0504 辛下)

李子中　元大都(今北京)人。历任知事,有能声,迁任知县。为杂剧作家,撰有杂剧《弑齐君》、《韩寿偷春》。(0029 卷上)

李子忠　元世祖至元十七年(1280)为刑部尚书。时阿合马当国,与江淮行省平章阿里伯、左丞崔斌有隙,诬以盗官粮四十万。奉命与中书左司都事刘正驰驿往按其事,狱弗具。(0001 卷 176)

李子敬①　元定襄(治今山西忻县)人。善骑射。元初从军镇压南方少数民族,官至军民镇抚。(0691 卷 9)

李子敬②　元陕西三原县人。好周人急,多义行。嫁不能嫁者五十余人,葬不能葬者五十余丧。焚逋券四万余贯。有司以名闻于朝,诏旌表之。(0001 卷 197)

李子照　元萧山县(今属浙江)人。历任嵊县(今属浙江)儒学教谕。(0880 卷 29)

李天英　元世祖至元二十六年(1289)为翰林直学士。是年正月,奉遣与参知政事张守智出使高丽,督助征日本粮。(0001 卷 15)

李天泽　元从化县(今属广东)人。世祖至元年间任新州同知。(0075 氏族典卷 395)

李天祐①　元修武县(今属河南)人。元初以百户从大军破蔡州。宪宗时从攻钓鱼山有功,转任均州万户府都镇抚。世祖至元中从破襄阳,转战渡江。积军功累迁为荆湖北道屯田总管。死年七十一。(0003 卷 92,0002 卷 153)

李天祐②　元世祖至元十九年(1282)为都镇抚。是年十一月,奉占城(今越南中、南部)行省遣,与总把贾甫往招谕占城国主孛由补剌者吾,七往,终不服。十二月,又从招真腊国使速鲁蛮往招谕,得其回书云:已修木城,备甲兵,刻期请战。(0001 卷 210)

李天祐③(1253~1303)　字吉甫。元清平县(治今山东高唐西南)人。累迁为湖广省掾。世祖至元二十四年(1287)以湖广行省都事从征安南。兵败,被执。后逃归。成宗大德五年(1301)任象山知县。(0262 卷 18,0633 卷 3,0002 卷 180)

李天祐④　字辅之。元安次县(治今河北廊坊西)人。历任户部尚书。(0144 卷 20)

李天祐⑤　元昆明人。顺帝至正二十年(1360)进士。历任嵩明(今属云南)州判官、云南行省都事。(0851 卷 8)

李天益　元世祖至元年间任奉化(今属浙江)知县。(0633 卷 3)

李天祥　元中叶济南道士。因教人兵艺,英宗至治元年(1321)五月,受杖刑。(0001 卷 27)

李天辅　元初中都(今北京)人。世祖至元五年(1268)七月,被召赴上都(今内蒙古正蓝旗东北)。

李天禄　元将。以元帅守通州(治今江苏南通),御军牧民,恩威并施。(0622 卷 12)

李天篪　元吉水(今属江西)人。儒生。从刘因学。(0071 卷 91)

李天翼　字辅之。金元间固安人。金宣宗贞祐二年(1214)进士,历荥阳、长社、开封县尹,所在有治声。迁右警巡使。元太宗二年(1230)十一月,授济南路征收课税副使。七年,与元好问相会于济南。为人方凿圆枘,不与众合,众口媒蘖,死于非命。(0001 卷 2,0543 辛集第八)

李天麟①　元世祖至元十五年(1278)为太常博士。(0001 卷 74)

李天麟②　元世祖至元二十年(1283)任秘书监校书郎,二十四年升为著作佐郎。(0027 卷 10)

李天麟③　元人。有诗作传世。(0504 癸下)

李元白　元海盐(今属浙江)人。初被举为贤良方正。顺帝至正初任嘉兴管军镇抚副总管,有清廉声。(0895 卷 11)

李元礼　字庭训。元真定(治今河北正定)人。世祖时历任易州、大都路儒学教授。后迁任太常太祝,升博士。成宗即位(1294)后,定撰世祖、察必皇后、裕宗真金尊谥议。请谥圜丘,升祔太室,礼文多其所详定。元贞元年(1295),擢为监察御史,弹劾无所回挠。二年,上疏议五台山建佛寺劳民伤财,劝谏皇太后不可亲临五台山佛寺。御史台臣未敢以闻。大德元年(1297),侍御史万僧诬告中丞崔彧私党元礼,为大言谤佛及不宜建寺。帝大怒,敕丞相完泽、平章不忽木鞫问。不忽木取元礼疏章译而读之。完泽以为其意正与吾同。不忽木曰:其他御史惧不肯言,唯一御史敢言,诚可嘉。完泽等乃以元礼疏章上闻。帝遂罢万僧官,复元礼职。未几,改国子司业,病死。(0001 卷 176)

李元甫　元临城县(今属河北)人。顺帝至正中任临城县儒学教谕。(0645 卷 4、5)

李元纲(？～1299)　道号真常洞微守正大师。元道士,世祖至元二十七年(1290)为同知洞霄宫事。(0038 卷 5)

李元忠　元成宗大德间任庆元路(治今浙江宁波)治中。(0633 卷 2)

李元凯　字舜举。元彰德(治今河南安阳)人。泰定二年(1325)由尚工署令迁任秘书监丞。致和元年(1328)任兵部员外郎。(0027 卷 9)

李元祖　元顺帝元统元年(1333)任庆元路(治今浙江宁波)录事。(0634 卷 2)

李元珪　字廷璧。元河东人。书法如鲜于枢,作行草,劲爽可爱。有诗作传世。(0503 三集庚,0033 卷 24,0523)

李元章　字长卿。元东平(今属山东)人。至大四年(1311)任镇江路提控案牍。(0631 卷 15)

李元德　元文宗天历元年(1328)为河南行省都事。(0001 卷 137)

李木波　元世祖至元初为巩昌总帅汪惟正部将。至元三年(1266)冬,奉惟正遣,由间道袭开州(治今四川开县),元将杨文安遣千户王福引兵助之,遂攻破开州城。(0001 卷 161)

李不作　元大名(今属河北)人。历任西平县(今属河南)知县,以德化民,民兴礼让。(0622 卷 31)

李太素(？～1352)　元末红巾军将领。顺帝至正十二年(1352)四月,四川平章咬住收复归州(治今湖北秭归南),与峡州总管赵余褫进攻峡州(治今湖北宜昌)。太素等率红巾军抵御,战败,被杀。(0001 卷 42)

李友文　元世祖至元年间任高平(今属山西)知县。(0694 卷 5)

李友庆　字义卿。元泰定年间任新繁(治今四川新都西北)知县。(0842 卷 11)

李友谅　字进诚。元儒生,从郑玉学。(0072 卷 94)

李友端　号贞隐。元邓州(治今河南邓县)人。建书院以教乡里子弟,远方来学者亦颇多。(0767 卷 18)

李巨渊　元大都(今北京)人。李时之伯父。工绘仙鬼。尝画《魔母图》,极狞悍之状。仁宗见而喜之,使待诏宫中。累官为诸道人匠府总管。(0002 卷 242)

李日新　元世祖至元十八年(1281),自具工本,于潭州浏阳(今属湖南)永兴礬坊煎烹,每十斤官抽其二。(0001 卷 94)

李中明　元邵武(今属福建)人。工画山水,其乡人黄镇成(1288～1362)甚为推重,尝题其秋山小景图。(1143 卷 344,0907 卷 61)

李仁复(1308～1374)　字克礼,号樵隐。元时高丽国京山府人,政堂文学李兆年孙。忠肃王十三年(1326),登本国科第。忠惠王后二年(1342),登元至正二年壬午科进士第。元授大宁路锦州判官,历征东行省都事,升征东行省左右司郎中。其本国授福州司录、起居郎、左右司议大夫、密直提举、知密直司事。恭愍王初年，助王平定赵日新之乱，拜政堂文学，进监察大夫。后历任尚书左仆射兼御史大夫、参知中书省政事、都佥议赞成事，封兴安君。在恭愍朝，极受倚重，两次奉遣使元。卒，谥文忠。善为文，有《樵隐集》。与李齐贤等增修《编年纲目》，并参与修忠烈、忠宣、忠肃三朝实录，与李穑等合撰《增修金镜录》、《本朝金镜录》，与许珙等合撰《古今录》。（0017 卷 112）

李仁祐 字安卿。元清苑（治今河北保定）人。世祖至元十三年（1276）累升为千户。后迁任后卫亲军总管。（0160 卷 16）

李仁益 元池州建德（治今安徽东至县东北）人。历任东流（治今安徽东至县西北）知县。（0986 卷 4）

李介石 字守道。元杭州人。顺帝至正中，反元队伍攻破杭州，以书见浙江省臣，受命草符檄，授松江府提控案牍，从守镇江。镇江失陷，不屈而死。工书法，有诗作传世。（0033 卷 18，0031 卷 7，0504 庚上，等）

李从善① 元世祖至元十八年（1281）任丹阳（今属江苏）知县。（0631 卷 16）

李从善② 元成宗大德八年（1304）任安丘县（今属山东）儒学教谕。（0743 卷 14）

李从善③ 元范阳（治今涿州）人。仁宗延祐初任绍兴路推官。（0101 卷 24，0880 卷 27）

李从善④ 元元城县（治今河北大名南）人。顺帝至正年间任太常礼仪院判官。（0622 卷 4，0643 卷 6）

李从善⑤ 元汝宁（治今河南汝南）人。事亲笃孝。诏旌表其门闾。（0001 卷 197）

李长翁 元宜黄县（今属江西）人。早年从吴澄学。后历任石城县、金溪县儒学教谕，袁州路儒学正。仕至常山县知县。（0212 卷 18，1014 卷 10）

李公珪 字仲瑛。元顺帝至正二十三年（1363）由中书省掾迁任秘书郎。（0027 卷 10）

李公璧 元人。有诗作传世。（0504 癸下）

李文仲① 字达卿。元金坛县（今属江苏）人。历任镇江路阴阳学正。（0631 卷 17）

李文仲② 元长洲县（治今江苏苏州）人。李世英从子。著有《字鉴》五卷。（0492 卷 34，0072 别附卷 3）

李文庆 字德积。元汀州连城（今属福建）人。世祖至元年间统义兵千人从征爪哇，还，授总管。后连城反元队伍起，受赐金牌，统兵回县镇守。（0902 卷 124）

李文远 元人。有诗作传世。（0504 癸上）

李文俊 元世祖中统元年（1260）十二月，授礼部员外郎，充出使安南副使，与礼部郎中、正使孟甲持诏往谕安南。（0001 卷 4、209）

李文炳 元儒，许衡弟子。文炳死，衡哭恸之，有“丧予”之叹。（0071 卷 90）

李文渊① 元胶东（今山东胶莱河以东地区）人。顺帝至正年间任新宁（今属湖南）知县。（1041 卷 66）

李文渊② 元汴梁（治今河南开封）人。居丧庐墓。诏旌表其门闾。（0001 卷 197）

李文翔 元台州黄岩（今属浙江）人。文宗至顺年间以善书写，参与修《经世大典》。书成，授儒学教授。顺帝至正中历任铜陵县主簿。（0438 卷 4）

李文潜 号沧洲生。元瑞安（今属浙江）人。有诗作传世。（0504 戊上）

李文蔚 元真定（治今河北正定）人。历任江州路瑞昌县知县。撰有杂剧《燕青博鱼》、《圯桥进履》。（0029 卷上）

李心原 元吉水（今属江西）人。儒生。师事吴澄。（0071 卷 92）

李允一（？～1299） 宋元之际吉水（今属江西）人。道士。宋度宗咸淳中为承天宫管辖。元世祖至元二十六年（1289）诏加承天宫为万寿承天宫，给五品印，以允一为本宫住持提点兼本路道录。（0150 卷 12）

李允中① 元泰定三年（1326）任浙东宣慰使。（0634 卷 1）

李允中② 元宦官李邦宁养子。文宗时为江西行省参政。至顺二年（1331），御史台臣奏劾其器质庸下，误叨重选，宜黜罢；帝从之。（0001 卷 35）

李允升 元世祖至元二十八年（1291）任衢州（今属浙江）路经历。（0878 卷 3）

李允直 元仁宗延祐三年（1316），承包河南罗山县银坊，课银三锭。（0001 卷 94）

李孔英 元潭州（治今长沙）人。散财周急。诏旌表其门闾。（0001 卷 197）

李玉山 元世祖至元元年（1264）为均州（治今湖北均县西北）总管。是年，宋军攻均州，玉山败走，世祖命唐、邓等州卢氏保甲丁壮军总管代之。（0001 卷 165）

李平阳 元将。世祖中统四年（1263）正月，奉敕以所部西川出征军士戍青居山。（0001 卷 5）

李古让 元顺帝元统年间任曲阳（今属河北）知县。（0645 卷 4）

李古淡 元人。有诗作传世。（0504 癸

上）

李龙登 字子庄。元建昌县（治今江西永修西北）人。历任福建副使。（1023卷5）

李世长 元成宗大德元年（1297）任秘书郎。六年，迁任秘书监校书郎。（0027卷10）

李世安①（1253～1331） 蒙古名散术䚟，字彦豪，号龙川。元淄川县（治今山东淄博西南）唐兀人。李恒长子。从恒定江南，授广州路达鲁花赤。又从恒破厓山。迁任新军万户，擢同知江西宣慰司事，特旨世袭益都、淄、莱上万户。恒死后，起复为江西行省佥事。至元二十五年（1288），镇压南方少数民族有功，擢尚书省参政。二十八年，改中书参政。成宗元贞初，出任江浙参政。改任河南参政，秩满，升湖广左丞，供平章刘国杰西征馈运。武宗至大初，召入为中书平章、商议枢密院事，提调诸卫屯田。仁宗皇庆二年（1313）出任江西平章。延祐二年（1315），镇压宁都蔡五九起义。文宗至顺元年（1330）致仕。（0212卷85，0204卷2、11，0003卷95）

李世安② 元大都（今北京）人。李廷之子。由监察御史出任淮东廉访司官。顺帝至正初升为镇江路总管。后历任大兴府尹、海漕万户。（0262卷3）

李世安③ 元顺帝至正十二年（1352）为海道万户。是年五月，建言权停夏运，帝从之。（0001卷42）

李世英① 字仲杰。元弘州（治今河北阳原）人，居于镇江。官至淮东人匠提举。（0631卷19）

李世英② 元浚县（今属河南）人。历任户曹掾、礼部侍郎。（0643卷6）

李世英③ 字伯英，元长洲（治今江苏苏州）人。精书学，撰《韻类》，以字为本，音为干，义训为枝叶，自一而二，井井不紊，凡十年而成书。（1143卷351）

李世昌①（1300～1385） 字文衍。元明之际余姚（今属浙江）人。元时由余姚州直学历温州路儒学录、龙游县儒学教谕，升嘉兴路儒学正。顺帝至正中因战乱辞归。（0456卷10）

李世昌② 元太平县（今山西汾城）石匠头目。善刻碑，延祐七年（1320）同兄世英刻《金仙寺裕公和尚道行碑》。（1143卷351）

李世荣 元成宗大德八年（1304）任溧水（今属江苏）州同知。武宗至大元年（1308）升为建康路（治今南京）经历。（0632卷6）

李世显 蒙古名逊都台。元淄川（治今山东淄博西南）唐兀人。李恒之子，李世雄弟。历任湖南宣慰司同知。（0011卷54）

李世和 元上京（治今内蒙古正蓝旗东北）人。元初为宁津县（今属山东）达鲁花赤，有政绩，擢诸路新军总管。（0622卷2，0644卷17）

李世基 元泰定元年（1324）任临城（今属河北）知县。（0645卷4）

李世雄（1272～1302） 蒙古名囊加真，字彦豪。元淄川（治今山东淄博西南）唐兀人。李恒次子，李世安弟。世安以益都、淄、莱万户之职让之，世雄在职十年，复以让世安子屿。（0201卷4，0002卷180）

李世弼 金东平须城（治今山东东平）人。李昶父。从外家受孙明复《春秋》，得其宗旨。金宣宗贞祐间，三赴廷试，不第，推恩授彭城簿，抑郁不乐，遂复求试。一夕，梦在李彦榜下及第，乃更昶名为彦。兴定二年（1218），父子廷试，昶中第二甲第二人，世弼第三甲第三人。遂不复仕，晚乃授东平教授以终。（0001卷160）

李世蕃 元河间（今属河北）人。文宗至顺三年（1332）任江南行台监察御史，顺帝元统二年（1334）升为南台都事。（0632卷6）

李可道 元濮阳（今属河南）人。元初历任左司郎中、荆湖北道按察使。（0643卷6）

李占哥 元女真人。世祖至元十二年（1275）以寿州招讨使行江阴镇江安抚使司达鲁花赤。（0631卷15）

李申伯 元江右（今江西）人，官至集贤待制。古隶专学孙叔敖碑，得方劲古拙之法。（0031卷7）

李仕兴 元翰林学士承旨。有诗作传世。（0504丁）

李仕良 字仲举。元溧阳（今属江苏）人。英宗至治元年（1321）进士，授余姚州判官，未上任而死。有诗作传世。（0504丙，0948卷4）

李仙娥 金元之际人。金宣府蒲鲜万奴之妻。元太祖十年（1215），耶律留哥攻破东京（今辽宁辽阳），万奴遁走，仙娥被俘，为留驻留哥处之蒙古将可特哥所娶。（0001卷149）

李仪伯 元汴梁（治今河南开封）人。历任章丘县（今属山东）知县。顺帝至正八年（1348）以荐为江南行台监察御史。十年，调任陕西行台御史。（0413卷13，0735卷10、21）

李用之 元松江（今属上海）人。元散曲作家，所作戏谑乐章极多。（0029卷下）

李用璋 元元氏县（今属河北）人。文宗至顺元年（1330）任泽州（治今山西晋城）知州。（0694卷5）

李处仁 元文宗至顺元年（1330）任浙东宣慰司照磨。（0634卷1）

李处选 又作李处巽。元世祖至元二十六年(1289)为兵部郎中(一作兵部尚书)。是年,与礼部尚书张孔孙等任河渠官,开魏博之安山渠以通江淮之运。七月,渠成,诏赐名会通河。(0001 卷 15、64)

李处恭　元仁宗延祐六年(1319)为中书省司计。是年,中书省命其巡视守仓库军卒,有旷役者则罪之以惩其后。九月,知枢密院事塔失铁木儿奏告其擅取军数,棰士卒,在法为过,奏请自中书省与枢密院遣人按问。(0001 卷 99)

李处巽　字元让。元东平(今属山东)人。世祖至元二十七年(1290)任江南行御史台治书侍御史。后历任湖南廉访副使。能小篆。有诗作传世。(0632 卷 6,0031 补遗,504 丁)

李冬儿　元甄城(今属山东)人。丁从信之妻。年二十三,夫死。服阕,父母呼归劝其改嫁,不从。诣夫冢哭,欲缢墓树上,家人防之,不果。日暮还夫家,夜二鼓,入室更新衣,自经死。(0001 卷 200)

李主一(1314～1373)　字主敬。元明之际庐陵(治今江西吉安)人。元末尝试为宣城县吏。入明,起为吉州儒学教授。有诗作传世。(0190 前集卷 3,0504 癸上)

李汉用　元新昌县(今属浙江)人。不求闻达,以山水自娱,长于词赋。(0075 文学典卷 8)

李汉杰　元顺帝至正年间任抚州路(治今江西临川)同知。(1014 卷 8)

李汉卿　元世祖至元五年(1268)任林州(治今河南林县)知州。(0788 卷 4)

李弘宜　元古芮(今山西芮城)人。朱好古门人。工画道释人物,尤长于壁画。顺帝至正十八年(1358),参与画河中府(治今山西永济)永乐宫混成殿壁画,并题名"待诏李弘宜"。(1143 卷 352)

李弘毅　元英宗至治中任宁晋县(今属河北)主簿。(0645 卷 4)

李台山　元顺帝至元三年(1337)至六年任无锡知州。(0558 卷 24)

李邦宁　初名保宁,字叔固。宋元之际钱塘县(治今浙江杭州)人。宋末为小黄门。元世祖至元十三年(1276),从宋恭帝北上见世祖,命给事内廷,警敏称世祖意,令学蒙古文及诸族语,即通解,遂受亲任。授御带库提点,升章佩少监,迁礼部尚书,提点太医院事。成宗即位,进昭文馆大学士、太医院使。成宗卧病,不离左右十余月。武宗时加大司徒,遥授左丞相,行大司农,领太医院事,进言帝亲祀太庙,帝从之,且命其为大礼使。又尝进言武宗不可立弟为帝嗣,宜立皇子嗣位,武宗不从。仁宗即位,左右咸请诛之,仁宗宽容之,授集贤院大学士。(0001 卷 204)

李邦杰　元曲作家。(0029 卷下)

李邦彦①　字世英。元曲周县(今属河北)人。仁宗皇庆元年(1312)任荥阳(今属河南)知县。(0762 卷 4)

李邦彦②　元泰定四年(1327)任庆元路(治今浙江宁波)推官。(0634 卷 1)

李邦宪　元世祖至元二十二年(1285)为万户,领军与元诸军入侵安南。(0001 卷 209)

李邦端(? ～1235)　字昌国,以字行。金元之际京兆临潼(今属陕西)人。世农家。幼嗜学,读书通大义。尝被掠,逃至太原,为金将小史,从守阎漫山寨。蒙古大将木华黎攻下诸城堡,金将逃走,邦瑞率众降蒙古。元太宗二年(1230),奉旨使宋,至保应不得入。未几,命复往,并命山东淮南行省李全护送,宋仍拒之。复奉旨以行,道出蕲、黄至宋,乃议如约而还。六年,从皇子阔出经略河南,凡所历河北、陕西州郡四十余城,绘图以进,授宣差军储使。次年死。(0001 卷 153)

李吉夫(1249～?)　元归德府(治今河南商丘南)人。历任通政院判官。至大四年(1311)任河南行省理问。(0212 卷 26)

李尧咨　元世祖至元七年(1270)正月,立尚书省,罢制国用使司;由制国使司佥事改任尚书省参政。九年正月,併尚书省入中书省;由尚书参政改任中书参政,任至十二年。(0001 卷 7、112)

李至刚　元永嘉(治今浙江温州)人,侨居钱塘县(治今浙江杭州)。李孝光从子。顺帝至正二十五年(1365)为枢密院掾,守躭罗(今韩国济州岛)。次年奉诏还,以病留居松江(今属上海)。(0418 卷 5、7,0072 卷 92)

李贞一　元堂邑(治今山东聊城西北)人。顺帝至正三年(1343)任江南行台监察御史。(0632 卷 6)

李师尹　字岩夫。元关中人。李源道之子。通蒙古语文,教授南甸路。历任四川行省译史。(0212 卷 29)

李师圣　字昌道。元济南人。历任上都路(治今内蒙古正蓝旗东北)提学。(0144 卷 92)

李师孟　元人,画山水学僧巨然。(1143 卷 376)

李师鲁　号省岩。元仁宗延祐六年(1319)任秘书监著作郎。英宗至治二年(1322)任秘书监丞。泰定二年(1325)升为秘书少监。文宗天历二年(1329)升为秘书太监。顺帝元统元年(1333)任秘书卿。(0027 卷 9、10)

李师善　字复初。元范阳(今涿州)人。泰定年间任江阴知州。后官至淮安路总管。(0202 补遗,0101 卷 24)

李师德　元顺帝至元五年(1339)任定海(治今浙江宁波镇海)知县。(0634 卷 2)

李光祖　元世祖至元十六年(1279)八

月,授大护国仁王寺总管府总管。(0001卷10)

李廷玉　元人。有诗作传世。(0504辛下)

李廷臣　字仲虞。元台州宁海县(今属浙江)人。少时从丁复学。工诗,杨维祯尝为其诗作序。有诗作传世。(0158卷7,0033卷23、24,0517卷13,等)

李廷佐　字唐卿。元陕西人。顺帝至正七年(1347)任两浙都转运使。后升为户部尚书。(0871卷33,0075官常典卷607)

李廷桂　元世祖至元二十七年(1290)任秘书监著作佐郎。(0027卷10)

李廷瑞　元碣石(今河北昌黎西北)人。世祖至元十年(1273)以明经任涞水县(今属河北)尹,有廉能声。(0649卷30)

李延兴　初名守成,字继本,晚年号一山。元明之际大都(今北京)人。李士瞻长子。顺帝至正十七年(1357)进士,授太常奉礼兼翰林检讨,辞归隐居。入明,被河朔诸郡邑聘为教官。洪武二十七年(1394)犹在世。著有《一山文集》九卷。(0649卷36,0006卷80,0072别附卷3)

李仲义　字士亨。元英宗至治二年(1322)任秘书监令史。(0027卷11)

李仲元　元大都(今北京)人。成宗大德七年(1303)任秘书郎。(0027卷10)

李仲方　一作仲芳。元人,与李衎(1245～1320)同时。善画。尝为衎作墨竹,张伯淳为之题。(0201)

李仲仪　元仁宗延祐五年(1318)任秘书监典吏,七年改任典书。(0027卷11)

李仲亨(?～1352)　元顺帝至正十二年(1352)为大名府史。是年,邻郡反元队伍起,来攻掠。与国子生卞琛等协谋,统丁壮数百人与反元队伍战;被杀。(0001卷194)

李仲良　历任余姚州(今属浙江)判官。顺帝至正元年(1341)任奉化(今属浙江)州同知。(0634卷2,0880卷28)

李仲贤　元历下(今济南)人。仁宗延祐间任朝城(治今山东阳谷西南)知县。(0730卷6)

李仲和①　元河阴县(治今河南荥阳东北)人。从大军平宋有功,累迁为建德路总管。(0622卷27,0761卷27)

李仲和②　元成宗大德十年(1306)任吴江(今属江苏)州都目。(0954卷17)

李仲南　元人。有诗作传世。(0504癸上)

李仲杰　字英甫。元彰德路(治今河南安阳)人。英宗至治元年(1321)任镇江路顺德翼下千户所吏目。(0631卷17)

李仲信　元世祖至元二十三年(1286)任建康路(治今江苏南京)总管。(0632卷6)

李仲美①(1169～1254)　金元之际人。全真教道士。元定宗元年(1246)参与大醮于燕京,加号玄微真人。(0040卷6,0144卷53)

李仲美②　元世祖至元年间任浙东宣慰司经历。(0633卷2)

李仲祥　元慈溪(今属浙江)知县。(0634卷2)

李仲彬①　元世祖至元年间任荆门(今属湖北)州判官。(1044卷17)

李仲彬②　字文卿。元三河县(今属河北)人。历任武安知县。(0622卷28,0761卷25)

李仲章①　元冯翊县(治今陕西大荔)人。历任德安府判官、耀州知州。仁宗皇庆二年(1313)割田建河南书院及长庚书院。(0225卷15,0801卷20)

李仲章②　元大都(今北京)人。撰杂剧《卓文君白头吟》、《金章宗断遗留文书》。(0029卷上)

李仲谋　字敬心。元宜黄县(今属江西)人。历任石城、临川二县儒学教谕,建昌州教官。官至曲江知县。(0212卷28、30,1014卷10)

李仲德　元汀州连城(今属福建)人。元末红巾军攻破城屠杀,仲德聚众抵抗,与五子皆战死。(0902卷132,0075官常典卷732)

李任道　元人。有诗作传世。(0504癸上)

李自明　字伯诚。元燕人。成宗大德年间任登封(今属河南)知县。(0782卷5)

李自强　元余姚(今属浙江)人。仁宗延祐中以荐授萧山县(今属浙江)儒学教谕。(0880卷29、30)

李行道　名一作行甫,元绛州人。杂剧作家,有《包得制智赚灰阑记》等。(0029卷上)

李合义　元世祖中统二年(1261)五月,奉遣为详问官,诣宋淮东制司访问国信使郝经等所在,并以稽留信使、侵扰疆场诘之。(0001卷4,0144卷67)

李全祐　元太一教道士。世祖至元十七年(1280)太一教五祖李居寿死后,嗣为六祖。十八年正月,制以其为六祖,嗣五祖李居寿祭斗。(0001卷11)

李朵儿　元顺帝时为江西行省左丞。(0001卷195)

李朵只　字仲善。元高丽人。顺帝至正十二年(1352)以浙西廉访司佥事分宪吴下,抵御反元队伍有功。(0279卷8,

0163 卷 17)

李庆约 元成宗大德中任原武(治今河南原阳西)知县。(0784 卷 1)

李庆寿 元广平县(今属河北)人。英宗至治元年(1321)任镇江顺德翼下百户。(0631 卷 17)

李齐贤①(1287~1367) 字仲思,号益斋,又号栎翁。元时高丽庆州人。年二十八随高丽忠宣王入元都,与姚燧、阎复、赵孟頫、张养浩等游,学大进。尝奉使四川,所至题咏,脍炙人口。从忠宣王降香江南,楼台风物,遇兴遣怀。历任门下侍中,封鸡林府院君。谥文忠。著有《益斋集》十卷、《栎翁稗说》四卷。(0333 附集誌,0033 卷 40,0505)

李齐贤② 元青州(今属山东)人。有诗作传世。(0504 戊上)

李齐贤③ 元散曲作家。为钟嗣成同窗友。有所作散曲传世。(0029 卷下)

李闻伯 字文谦。元下蔡县(治今安徽凤台)人。官至江浙行省参知政事。(0977 卷 5,0976 卷 7)

李兴隆 元仁宗延祐五年(1318)为太平路(治今广西崇左西北)总管。是年九月,与广西两江龙州万户赵清臣率土官黄法扶、何凯进贡方物。(0001 卷 26)

李汝明 元屯留县(今属山西)人。李玉之子。历任平阳路治中、山西宣慰使、陕西盐运使。有诗作传世。(0504 丁)

李汝斡 元顺帝至元五年(1339)任慈溪(今属浙江)县主簿。(0634 卷 2)

李汝楫 字济川。元汴梁(治今河南开封)人。仁宗延祐五年(1318)至英宗至治三年(1323)任镇江路总管,以丁忧离任。(0631 卷 15)

李汝翼 元太原人。历任沁水(今属山西)知县。(0694 卷 5)

李守中(1270~1342) 字正卿。元颍州(治今安徽阜阳)人。李黼父。以吏入仕。累迁为中书省掾。武宗至大二年(1309)尚书省立,直言其不便,忤权贵,罢归。后起为满城县知县,历任泗州知州、两浙盐运副使、归德府尹,以工部尚书致仕。(0262 卷 11,0173 卷 18)

李守仁 元河内(治今河南沁阳)人。历任江西廉访使。(0254 卷 14)

李守正(?~1220) 金元之际大宁义州(治今辽宁义县)人。元太祖十年(1215),随兄庭植、守贤降于蒙古大将木华黎,留充质子于木华黎处。后任平阳守,活俘虏甚众,以功授河东南路兵马都元帅。十五年,金上党、晋阳合兵攻汾州,将陷;率军赴援,众寡不敌,别遣老弱百人曳薪扬尘,多张旗帜,敌惧,遂解去。又率军往击隰州轩成,中矢伤足,及归,金将完颜合达来攻平阳,战死。(0001 卷 193、150)

李守礼 元英宗至治年间任胙城县(治今河南延津北)主簿,政事勤慎,吏民畏服。(0762 卷 9)

李守贤(1189~1234) 字才叔。金元之际大宁义州(治今辽宁义县)人。元太祖十年(1215),与兄庭植、弟守忠、守仁等降于蒙古大将木华黎,入觐太祖,授锦州临海军节度观察使。二十二年,守忠在平阳为金军擒杀。自锦州迁任河东南路兵马都总管,继守平阳。太宗三年(1231),从太宗攻金,献计攻克河中府(今山西永济西南蒲州镇)。五年,领兵袭破金兵十余万屯聚之少室山太平寨。攻金河南府(今河南洛阳),追获留守兼行总帅府事强伸。又招降据虢之南山之金将王祐之众数万。关东、洛西遂定。次年死。(0001 卷 150)

李守忠(?~1227) 金元之际大宁义州(治今辽宁义县)人。元太祖十年(1215),与兄庭植、守贤,弟守正及从兄惟则、伯温等降于蒙古大将木华黎。十五年,弟守正战死,代弟守平阳。十七年,受金平阳公胡景山以青龙堡降。十八年,任权河东南路帅府事。后升为河东南路兵马都元帅,兼知平阳府事。尝从攻益都,北还,闻彭智孙据义州叛,长驱抵城下,力战复之。二十二年夏,金纥石烈真袭击平阳行营招讨使、权国王按察儿于洪洞;守忠出援之,会于高梁,师溃入平阳城。平阳副帅夹谷常德潜献东门于金兵,城遂陷。被执至汴,金人诱以高爵使降;不降,被杀。(0001 卷 193、150、119)

李守恕 字顺夫。元潞州(治今山西长治)人。泰定二年(1325)任秘书监典书。文宗至顺三年(1332)迁任秘书监令史。(0027 卷 11)

李守通(1183~1272) 字彦诚。金元之际洺水县(治今河北威县北)人。金人南迁,蒙古迁诸州工匠以实燕京,隶邢、洺工匠命守通总之。后辞任归。(0160 卷 17)

李祁贤 元顺帝至正十年(1350)任泽州(治今山西晋城)知州。(0694 卷 5)

李如忠(?~1301) 元山东人。初娶蒙古氏,生子任。成宗时为山阴(治今浙江绍兴)知县。蒙古氏病死,继娶大名宦家女冯淑安。大德五年(1301)病死,有遗腹子伏。(0001 卷 200)

李好义 元保定(今属河北)人。顺帝至正二年(1342)任上虞(今属浙江)知县。(0880 卷 28)

李好文 字惟中。元大名东明(今属山东)人。英宗至治元年(1221)进士,授大名路浚州判官。后入为翰林编修、国子助教。泰定四年(1327),任太常博士。与僚属修《太常集礼》五十一卷,三年而成。顺帝初年,任监察御史,后出任河南、浙东廉访司佥事。至正初,历任河东廉访使、太常礼仪院同知。四年(1344),任礼部尚书,参与修辽金宋三史。出任陕西行台治书侍御史,奏言四川奉使宣抚官不法十余事。九年,授翰林学士兼谕德,教皇太子。摘儒经要略及史传有关治体者为《端本堂经训要义》,又取诸史治乱兴亡事为《大宝录》,取历代帝王事迹所可法、当戒者为《大宝龟鉴》,皆进奉皇太子。后升为翰林学士承旨。著有《河中苦窳集》(佚)、《长安图志》三卷(今存,有四库全书本)等。(0001 卷183,1081)

李好古　元保定人,一作西平人。工杂剧,有《张生煮海》等。(0029 卷上)

李好直　元顺帝至正后叶为监察御史,尝劾罢宣政院使也先忽都(贺均)。(0001 卷 140)

李寿卿　元太原(今属山西)人。历任县丞。撰有杂剧《伍员吹箫》、《临歧柳》(《度柳翠》)、《斩韩信》、《吕无双远波亭》、《船子和尚秋莲梦》、《吕太后夜镇鉴湖亭》、《司马昭复寺受禅台》、《吕太后祭浐水》、《鼓盆歌庄子叹骷髅》,今仅存前二种。(0029 卷上,1107)

李进之　金末元初名士。元定宗三年(1248)夏,由张德辉推荐于忽必烈(元世祖)。(0001 卷 163)

李进文　元人。有诗作传世。(0504 己上)

李孝光　字季和。元温州乐清(今属浙江)人。以文章负名当世,隐居雁荡山五峰下,四方来从学者甚众。泰不华以师事之。顺帝至正七年(1347),召为秘书监著作郎。次年,升为秘书监丞。卒于官,年五十三。其文一取法古人,非先秦、两汉语,弗以措辞。有《五峰集》。(0001 卷 190)

李志方(1185～1260)　本名益,字友之。金元之际安阳(今属河南)人。全真教道士,道号重玄子。(0040 卷 6)

李志宁　字道夫。元潜山县(今属安徽)人。历任桐城县儒学教谕。(0987 卷 2)

李志全①(1191～1261)　字鼎臣。金元之际太原太谷(今属山西)人。年三十起为全真教道士,道号纯成子。李志常掌教时,授燕京玄学提举。(0040 卷 8)

李志全②　元人。有诗作传世。(0504 癸下)

李志甫　又作李智甫。一名李胜。元漳州路南胜县(治今福建平和)畲民。顺帝至元四年(1338)六月,起兵反元,围攻漳州城,败元守将捌思监。元廷命江浙行省平章别不花总浙闽、江西、广东军讨之。六年三月,被漳州人陈君用袭杀。(0001 卷 39、40)

李志明(1200～1266)　字用晦,道号栖真子。金元之际潞州壶关县(今属山西)人。全真教道士。丘处机弟子。居于太原保真观。后为河东道教提点。(0040 卷 6)

李志性(1207～?)　字诚之。元曲沃县(今属山西)人。道士,居于三原县(今属陕西)至隆观。(0803 卷 6)

李志宗　元世祖时道士。工书法,李道谦所撰《元重修说经台碑》,为其所书。(1143 卷 361)

李志柔(1189～1266)　字谦叔。金元之际洺水县(治今河北威县北)人。全真教道士。领终南山楼观宗圣宫事。(0040 卷 7)

李志常(1193～1256)　字浩然,道号真常子。金元之际观城(治今山东范县西北)人。全真教道士。早年从丘处机学道于莱州(治今山东掖县)。元太祖十五年(1220),随师处机西行。十七年,随从谒太祖于西域。十九年,随师同返燕京。二十二年,处机死,任都道录兼领长春宫事。太宗五年(1233),奉旨教蒙古贵族子弟。十年,嗣掌全真教,朝命加号玄门正派嗣法演教真常真人。宪宗元年(1251),奉旨掌道教事,受赐金符宝诰,受命遍诣岳渎行祀事。以势侵占佛教寺庙,刊行贬抑佛教之《老子化胡经》等,引起佛教僧抗争。五年,与佛教僧在御前辩论《化胡经》真伪,理屈辞穷。次年,佛教僧要求再辩,愤恚而死。撰《长春真人西游记》。又著有《又玄集》,今佚。(0040 卷 3)

李志源(1171～1241)　道号圆明真人。金元之际邠州三水县(治今陕西旬邑北)人,道士。元太宗八年(1236)任真定路道门提点。后迁任重阳宫提举。(0040 卷 7)

李劳山　元将。世祖至元二十四年(1287),与董士选等率汉军从世祖亲征东北叛王乃颜。乃颜军飞矢及乘舆前,与士选等出汉军步卒横击之,其众败走。(0001 卷 156)

李克允　元南皮县(今属河北)人。顺帝至正五年(1345)进士,授应奉翰林文字。(0644 卷 22、26)

李克让(1260～1342)　字仲谦。元清州会川县(治今河北青县)人。历任沧州医学正,河间路、真定路、卫辉路、济宁路医学教授。(0250 卷 58)

李克刚　元世祖至元十五年(1278)任阳城县(今属山西)主簿。(0694 卷 5)

李克成　元庆都(治今河北望都)人。赐进士出身。历任保定路录事。(0649 卷 34)

李克忠①(1215～1276)　元京兆(治今陕西西安)人,迁居河中(治今山西永济西南)。世祖中统元年(1260)任渭南(今属陕西)知县。后历任华阴、长安、扶风知县。(0181 卷 7)

李克忠②(1246～1301)　字公谨。元滕州(治今山东滕县)人。李稷之祖父。世祖至元十二年(1275)由吏部掾出任安南达鲁花赤府知事。十四年夏,还至上都,擢工部郎中兼计议官。十五年,随礼部尚书柴椿等再使安南。十七年,偕安南国臣黎仲佗等奉表进贡。授岳州路同知。后历任泰州知州、广东按察副使、吉州路同知。(0250 卷 61,0003 卷 108)

李克忠③ 元世祖至元十五年(1278)为工部郎中。是年八月,奉旨随同礼部尚书柴椿、会同馆使哈剌脱因出使安南国,持诏同安南来使黎克复等往谕安南国主陈日烜入朝受命。(0001 卷 209)

李克忠④ 元顺帝至正四年(1344)为泾阳(今属陕西)知县。是年与屯田同知牙八胡发丁夫修治丰利渠(泾渠)。(0001 卷 66)

李克柔 元仁宗延祐二年(1315)任瑞州路(治今江西高安)总管。(1016 卷 14)

李克家 字肖翁。元南昌富州(治今江西丰城)人。世祖至元末任富州儒学教谕。后迁任辽阳儒学提举。编撰《戌事类占》二十一卷。(0212 卷 59,0150 卷 8)

李克基 元睢州(治今河南睢县)人。仁宗延祐三年(1316)任秘书监校书郎。(0027 卷 10)

李克彝 元顺帝至正十九年(1359)八月,从察罕帖木儿与诸将同攻破汴梁城,刘福通退据安丰。二十七年为中书平章、内史,十月,奉命统领扩廓帖木儿所总诸军中河南诸军。二十八年三月,明军取河南,入潼关;五月,克彝弃河南城,奔陕西,推李思齐为总兵,驻兵岐山。此后遂为李思齐部将。(0001 卷 45、47、141)

李时义 元世祖至元中任象山(今属浙江)知县。(0633 卷 3)

李时中 元曹州(治今山东荷泽)人,家于扬州。吴澄再传弟子。仁宗时任真定路儒学录。后历任行省掾、中书省掾、工部主事。为元曲作家,与马致远、红字李二、花李郎合撰杂剧《黄粱梦》。(0029 卷上,1107)

李时衍 元世祖至元十八年(1281)为太常博士。是年二月,与诸博士议太庙之制曰:历代庙制,俱各不同;欲尊祖宗,当从都宫别殿之制;欲崇俭约,当从同堂异室之制。(0001 卷 74)

李吟山 元人。有诗作传世。(0504 甲)

李秀实① 元顺帝至正十一年(1351)任林州(治今河南林县)知州。(0788 卷 4)

李秀实② 元衡水县(今属河北)人。顺帝至正中累官为云南廉访使。(0645 卷 5)

李伯升(? ~1380) 元明间人。元末从张士诚起事,官至司徒。顺帝至正二十六年(1366),兵败援绝,在湖州降朱元璋,仍故官。明洪武初,任中书平章、同知詹事府事。尝率兵镇压湖广及靖州少数族起事。洪武十三年(1380)坐胡惟庸党被杀。(0020 卷 123)

李伯敬 元雄州新城(今属河北)人。李注之子。官至彰德路总管。(0262 卷 16)

李伯甫 元涞水县(今属河北)人。世祖至元年间任徕水县尹,赋平讼理,流移之民自归。(0649 卷 30)

李伯述 字彦古。元应州(治今山西应县)人。顺帝至元三年(1337)由江西廉访司佥事迁任江南行御史台都事,至正年间官至河南行省左丞,死于战事。追谥忠愍。(0203 文集卷 2,0622 卷 21)

李伯祐 元高丽人。史天倪部将。天倪死,助其弟天泽收集部众,收复真定,任镇抚军民都弹压。从天泽伐宋,以功摄本路兵马都总管。从天泽围攻襄阳,又从拔寿春,授千户。天泽拜河南经略使,以伯祐摄真定万户,从世祖围鄂州。中统二年(1261)擢侍卫亲军都指挥使。李璮反,从大军讨之。璮被讨平,以老致仕。死年八十三。(0145 卷 19,0003 卷 78)

李伯祥(? ~1288) 元大同(今属山西)人。世祖至元二十五年(1288)与苏永福等八人谋反,被处死。(0001 卷 15)

李伯通(? ~1215) 金元之际大宁义州(治今辽宁义县)人。元太祖十年(1215),与兄惟则、弟伯温等降于蒙古大将木华黎。是年,锦州张致反蒙古;奉木华黎命击之,战死。(0001 卷 193、150)

李伯强 元云南行省都事。有诗作传世。(0504 丁)

李伯栋 元人。有诗作传世。(0504 癸上)

李伯善 字长卿。元河南下邑县(治今河南夏邑)人。元初为宁国路(治今安徽宣城)判官。(0603 卷 3)

李伯温(? ~1227) 金元之际义州(治今辽宁义县)人。元太祖十年(1215),与兄惟则、伯通,从兄弟庭植、守贤、守忠等降于蒙古大将木华黎。十七年,行平阳元帅府事,镇守平阳府青龙堡。二十二年,金军攻陷平阳,进攻青龙堡。部属李成开水门导金军入,伯温自杀。(0001 卷 193)

李伯豪 元棣州商河县(今属山东)人。世祖至元年间任寿光知县,有政绩。(0721 卷 27)

李伯彰 元吴郡(治今江苏苏州)人。有诗作传世。(0504 庚上)

李余庆(1253 ~1300) 元奉元路(治今陕西西安)人。世祖至元十九年(1282)任富平县(今属陕西)主簿。后历任郃阳县主簿、录事司判官、兴元路金州判官。(0181 卷 9)

李希尹 元仁宗延祐元年(1314)任江南行台照磨。(0632 卷 6)

李希闽 字克孝。元宛平(今北京西南效)人。李士行之子。顺帝至正初为永嘉县(治今浙江温州)尉。善画山水、竹石。(0030 补遗)

李希贤①　元辽东人。仁宗延祐二年(1315)进士,延祐年间任临武县尹。(1041卷66、71,1061卷12)

李希贤②　元新河县(今属河北)人。仁宗时任辽州知州。(0645卷5)

李希贤③　元潞州(治今山西长治)人。登进士第。累迁为潮州判官。(0698卷3)

李希靖　字唐英。元益都(治今山东青州)人。世袭颍州翼上千户。顺帝至正十一年(1351)授万户。次年率兵镇压江浙反元队伍,疽发背而死。(0896卷33)

李希颜①　元滕州(治今山东滕县)人。李克忠之子,李稷之父。以父荫授南昌县(治今江西南昌)主簿。江西参政郝天挺推重之,辟行省掾。从平章散术台镇压宁都蔡五九起义有功,迁任袁州路知事。仕至太乐署令。(0002卷172)

李希颜②　元顺帝至正十年(1350)任衢州(今属浙江)路经历。(0878卷3)

李希颜③　字宗道。历任元翰林编修、户部主事。(0443卷4)

李应龙①　字玉林,宋元间光泽人。博学多文,有节操。元世祖至元间荐授白鹿洞书院山长及漳州路学教授,皆不赴。有《春秋纂例》、《孝经集注》。(0901卷70,0076卷39,0075文学典卷86)

李应龙②　元世祖至元十四年(1277)任丹阳(今属江苏)知县。(0631卷16)

李应春　元世祖至元年年间任岳州路总管。有诗作传世。(0504乙,0033卷9)

李应期　字均饶,号耻庵,又号菌翁。元明之际瑞安(今属浙江)人。从高明学《春秋》。有诗作传世。(0504辛下)

李怀远　元彬州路总管。有诗作传世。(0504丁)

李沙的　元顺帝至正二年(1342)二月,因伪造御宝圣旨,冒充枢密院都事,被处死。(0001卷40)

李良臣　元集庆路(治今江苏南京)人。文宗天历二年(1329)任镇江路录事司判官。(0631卷16)

李良佐　字汉臣。元相州(治今河南安阳)人。世祖至元年间任乐安县(今属江西)主簿。(1014卷9)

李良杰　元澶渊(今河南濮阳西)人。成宗大德年间任永福县知县,泰定中累迁为建宁路判官。(0593卷13,0594卷11)

李良卿　元新河县(今属河北)人。仁宗皇庆初任甘肃行省参政。(0645卷5)

李良弼①　元宣政院参议。受赃鬻官有罪,以帝师之言而获释。(0001卷202)

李良弼②　字唐臣。元砀山县(今属安徽)人。顺帝至正中任涉县尹。(0761卷25)

李君住　元怀庆路(治今河南沁阳)人。世祖至元二十四年(1287)任镇江路怀庆翼下百户。(0631卷17)

李君深　字致远。元曲作家。撰有杂剧《还牢末》,其所作散曲存世者有小令二十余首、套数四首。世祖至元中客居溧阳时与仇远交甚契。(1107,0505,0213卷2)

李妙元　元南宫县(今属河北)人。女道士。姬志真女弟子。世祖至元二十一年(1284)创建栖云观于汴梁。(0173卷17)

李驴马　元世祖中统间邳、徐二州总管李杲哥之弟。中统三年(1262),宋将夏贵攻邳州,随兄杲哥降宋。后杲哥被元将执杀,驴马与夏贵以兵三万攻扰元边境,被元将郭侃击败。(0001卷149)

李武毅　元兰阳县(治今河南兰考东北)人。仁宗延祐二年(1315)进士。历任监察御史。(0762卷4)

李坦之　字道坦,宋元间钱塘(治今浙江杭州)人。工诗,早岁入洞霄宫,从高士邓牧学文,为牧称许。(0070卷81)

李若讷　元文宗时汴梁(今开封)朝天宫道士。至顺二年(1331)三月,被召率其徒赴阙,修普天大醮。(0001卷35)

李若思　元晋宁路(治今山西临汾)人。文宗天历元年(1328)任江南行台监察御史。(0632卷6)

李直夫　人称蒲察李五。元女真蒲察氏。居于德兴(治今河北怀来)。成宗大德中历任湖南廉访使。撰杂剧《郑庄公》、《水渰蓝桥》、《夕阳楼》等十一种。今仅存其所作杂剧《虎头牌》及《伯道弃子》残篇。(0029卷上,0323卷1,1107)

李直卿　字彦方,号复斋,又号天衢子。元庐陵(治今江西吉安)人。历任应奉翰林文字、监察御史。(0182卷12、22,0146卷15、16)

李述祖　元山西宪司佥事。有诗作传世。(0504丁)

李择善　元泰定元年(1324)任吴江(今属江苏)州判官。(0954卷17)

李叔钧　元人。有诗作传世。(0504甲)

李肯构　字世昌。元顺帝元统二年(1334)由翰林院经历迁任秘书少监。(0027卷9)

李贤翼　号励斋。元真定(治今河北正定)人。武宗至大二年(1309)任徽州路(治今安徽歙县)总管。(0972卷4、12)

李尚宾　元陵川县(今属山西)人。历任怀庆府推官。(0694卷6)

李尚絅　元顺帝至正十六年(1356)为陕西行台监察御史。是年,上疏《关中形胜急论》,凡十二事。(0001 卷 44)

李国凤　字景仪,元济南人。顺帝至正十一年(1351)进士。十八年九月,以治书侍御史奉诏与中书参政普颜不花经略江南。为经略使至浙东,承制拜同佥行枢密院事石抹宜孙为江浙参政据守处州对抗明军;又承制授温州人张庸为福建行省员外郎治兵杉关。二十三年,为侍御史,上书劾资政院使朴不花、宣政院使脱欢奸邪,被左迁。二十四年任中书参政。二十六年八月,升中书左丞。二十七年八月,皇太子用其及完者帖木儿、帖林沙等计,立抚军院总制天下军马,专备扩廓帖木儿;任同知大抚军院事。二十八年闰七月,诏罢抚军院,与帖林沙等皆受黜。(0001 卷 45、47、113、141、145、188、196、204 等)

李国用　元登州(治今蓬莱)人。尝为卒,遇神仙,教以观日之法,能洞见肺腑。善望气占休咎,善相人,世称神相。宋末尝至杭州。又尝奉元世祖命即军中望气,还奏曰:臣见卒伍中往往有台辅器,若襄阳不破、江南不平,置此人于何地?(0101 卷 4)

李国昌　又作李昌国。金元之际人。元初降蒙古。太宗三年(1231)五月,言于拖雷,请出宝鸡自汉中达于唐、邓;拖雷言于帝,帝遂命拖雷出师宝鸡。是月,奉帝遣使宋需粮。(0001 卷 2、115,0002 卷 4)

李国维①　字德之,金元之际淄川人。金宣宗兴定五年(1221)进士,历任符离、叶县尹。元宪宗时居河南府(治今河南洛阳),受河南府总管陈祐礼遇,祐常向其咨访治道,商议古今。世祖中统二年(1261),宣授河南府路提举学校官。(0001 卷 168,0351 卷 10、16,0040 卷 7,0144 卷 93)

李国维②　元淄川(治今山东淄博西南)人。登进士第。历任符离、叶县知县,有清廉声。(0636 卷 6,0072 卷 90)

李杲哥　元世祖中统三年(1262),为元徐、邳二州总管。是年五月,宋将夏贵攻邳州;降于宋。未几,蒙古帅按脱收复徐州,被执杀。(0001 卷 5、148、149)

李昌元　元横浦(今江西大余西南)人。仁宗延祐七年(1320)任韶州路(治今广东韶关)儒学教授。(1031 卷 7)

李昌庆　元世祖至元八年(1271)高丽国来元朝使臣。为高丽国同知枢密院事。是年十一月,奉其国王王禃遣,奉表谢元朝许婚事。(0001 卷 208)

李昌祚　金元之际潞州上党(治今山西长治)人。元仁宗时中书平章李孟之祖父。元初降蒙古,授潞州宣抚使。(0001 卷 175)

李昌龄　元世祖至元十八年(1281)任衢州(今属浙江)路治中。(0878 卷 2)

李明中　元时隐居不仕。善画山水。有诗作传世。(0033 卷 32)

李明秀(? ~1279)　元世祖至元十六年(1279)为常德(今属湖南)路同知。是年,反元起事。常德路副达鲁花赤别的因单骑往招降,谕以朝廷恩德。明秀于别的因素畏服,遂降,别的因闻于朝,被处死。(0001 卷 121)

李明昌　金元之际人。元初为东平(今属山东)乐工。元宪宗二年(1252)八月七日,与东平乐工五十余人被召至日月山行宫,于帝前奏乐曲。是月十一日,又奏登歌乐祭祀昊天上帝于日月山。祭毕,与诸乐工被送还东平。(0001 卷 68)

李明道(? ~1364)　元江西丰城人。富家出身。顺帝至正中,参加天完红巾军,后附陈友谅,为汉将。至正二十一年(1361)率兵攻信州(今江西上饶),被朱元璋军俘送建康,元璋命仍居原官,派往吉安。二十三年,与吉安守将曾万中等不和,暗约陈友谅军攻吉安,开城接纳,杀万中等,复为陈友谅守吉安。未几,陈友谅败亡,明道逃归丰城,被执送武昌。次年,被杀。(1161 卷 213)

李明德(? ~1354)　元瑞州路上高县(今属江西)人。读书有志操,孝行笃志。顺帝至正十四年(1354),反元队伍攻破袁州,抄掠上高,执其父欲杀之。明德泣告曰:勿杀吾父,愿以身代。遂被杀,而其父获免。(0001 卷 198)

李易源　字伯海。元上党县(治今山西长治)人。登进士第,授郦州判官。后升为中政院长史。(0698 卷 3)

李和甫　元卫(今河南北部濮阳、滑县、淇县等地一带)人。成宗元贞二年(1296)任晋城(今属山西)知县。(0694 卷 5)

李秉方　元颍州(治今安徽阜阳)人。江西参政李黼之子。顺帝至正十二年(1352),黼守江州(今九江),城被天完红巾军攻破,被杀。元廷授秉方集贤待制。(0001 卷 194)

李秉易　元顺帝至正六年(1346)任吴江(今属江苏)州判官。(0954 卷 17)

李秉昭(? ~1352)　元颍州(治今安徽阜阳)人。江西参政李黼兄冕之季子。顺帝至正十二年(1352),随叔黼守江州(今九江),城被天完红巾军攻破,与叔同被杀。(0001 卷 194)

李秉彝①(1223 ~1287)　字仲常。元通州潞县(治今北京通县)人。年二十余,谒行省粘合重山,辟为掾,未几升为都事。说重山曰:金亡,人才无所附丽,宜拔其尤者为朝廷用。重山遂首聘王磐授子弟经,于是士大夫相继登重山门。宪宗末年从忽必烈伐宋渡江。世祖中统三年(1262)任中兴等处行省郎中,奉命赈恤。至元二年(1265),迁任四川,民苦竹税,奏罢之。三年,任彰德宣课运使,课最。七年,擢户部侍郎。后出为都提举漕运使。十二年,御史台察其廉能,奏授陕西四川道按察副使。督修都江堰。十

四年，升江州路总管。后历任湖州路、常德路总管，两浙都转运使。工书法。(0002卷174,0210卷18、19)

李秉彝② 元高唐(今属山东)人。成宗大德六年(1302)至九年，任镇江路判官。(0631卷15)

李秉彝③ 元顺帝至正中为济宁反元队伍首领。至正十七年(1357)，接受元廷招降。(0001卷45、184)

李金儿 元章丘县(今属山东)妇女。善医卜。元末寓居盱眙县(今属江苏)，为张士诚军所俘。以占卜有验，军中呼为姑姑。张士诚欲纳之，绝食而死。(0005卷52)

李放军 金大宁义州(治今辽宁义县)人。李守贤祖父。尝从金将攻宋淮南，飞石伤髀，录功，赏生口七十。主将分命将校杀所掠俘，苟有失亡者，罪死；放军当杀五百人，皆纵之去。(0001卷150)

李炎子 字云仲，号竹溪。宋元之际邵武(今属福建)人。工诗，有诗作传世。(0399卷109,0072卷70,0504癸下)

李炎午① 元世祖至元中任奉化(今属浙江)知县。(0633卷3)

李炎午② 元四川人。历任上虞县(今属浙江)儒学教谕。(0880卷29)

李学逊 元邵武(今属福建)人。博学多识，通天文，精《周易》学。(0622卷78,0902卷130,0075文学典卷90)

李宗可(?～1358) 元顺帝至正中为万户，从余阙守安庆。至正十八年(1358)正月，安庆城被陈友谅等攻破，城中火起，被焚死。(0001卷143)

李宗冽 元盱江(今江西南城)人。有诗作传世。(0504戊下,0033卷32)

李宗杰 元宪宗九年(1259)，从忽必烈南征宋，九月，奉遣招谕鄂州城(今武汉武昌)，至东门外，矢下如雨，奔还。世祖至元中初为怀孟路安抚，至元四年(1267)七月，罢任。(0001卷4、6)

李宗祥 元英宗至治元年(1321)任吴江(今属江苏)州都目。(0954卷17)

李诚泉 元人。有诗作传世。(0504癸上)

李居义 元仁宗延祐六年(1319)任金坛(今属江苏)知县。(0631卷16)

李居贞 元济南(今属山东)人。大德十一年(1307)任秘书监典书，至大四年(1311)迁任奏差。(0027卷11)

李居安 元成宗元贞二年(1296)至大德三年(1299)任奉化(今属浙江)州判官。(0633卷3)

李居寿(1221～1280) 字伯行，号淳然子。元卫州汲县(今属河南)人。太一教道士。年十三，拜太一教四祖萧辅道为师。元宪宗时随师至和林见忽必烈于王府。后以师荐，掌太一教事，嗣为五祖。世祖至元十一年(1274)，建太一宫于两京，使居之，领祠事。十三年，受赐太一掌教宗师印。十六年，建言皇太子真金参预国政；后遂诏太子参决朝政。(0001卷202)

李居威 元冀州(治今河北冀县)人。顺帝至元元年(1335)任江南行御史台都事。(0632卷6)

李居敬 元顺帝至元二年(1336)任衢州(今属浙江)路推官。(0878卷2)

李承庆 元世祖至元中为元将李庭部将。(0001卷9)

李承事 元文宗天历二年(1329)为耀州同知。是年，授陕西行省委派，督夫修治奉元路(治今陕西西安)洪口渠。(0001卷65)

李垚夫 元人，工画道释、人物、鬼神。(1143卷385)

李垚民 元人，工画小景。(1143卷385)

李贯道(?～1357) 字师曾。元东阳(今属浙江)人。李裕之子。顺帝至正十四年(1354)进士，辟詹事院掾史。有《敝帚集》，已佚。有诗作传世。(0503三集戊,0881卷18,0072卷82)

李草窗 元人。有诗作传世。(0504甲)

李荣子 元金坛县(今属江苏)人。历任沔阳府儒学教授。(0631卷19)

李荣实 元汶上县(今属山东)人。历任松溪县知县。(0622卷76,0902卷57)

李荣祖① 字继先。元广平肥乡(今属河北)人。文宗至顺元年(1330)任镇江路济南翼下千户所吏目。累迁为遂州知州。顺帝至正初为徽州路(治今安徽歙县)治中。(0260卷10,0631卷17,0649卷30)

李荣祖② 元云中(今山西大同)人。顺帝至正初任绛州(治今山西新绛县)知州。(0700卷6、8)

李显叔 元人。有诗作传世。(0504癸下)

李显祖(?～1281) 元世祖至元十八年(1281)为镇安(治今广西那坡)知州。是年十月，该州溪洞新降附之土官岑从毅纵兵杀掠，显祖被其迫死。(0001卷11)

李显卿 元东平(今属山东)人。父为江浙省掾，因而居杭州。通词章。顺帝至正元年(1341)以父荫为钱谷官。散曲作家。(0029)卷下)

李思让 字仲谦。元滕州邹县(今属山东)人。世祖至元年间由嘉兴路吏贡补

浙西按察司书吏,廉洁耿直而有作为。后仕至宪司官员。(0101 卷 5,0895 卷 14)

李思齐① 元世祖至元十年(1273)任秘书监典书,十三年迁令史。(0027 卷 11)

李思齐② 元东阳县(今属浙江)人。顺帝至正五年(1345)进士。历任河南行省佥事。(0881 卷 18)

李思齐③(1323~1374) 字世贤。元明之际汝宁(治今河南汝南)人。元末组织地主武装镇压反元队伍。收复罗山有功,授汝宁知府。从察罕帖木儿平河南、陕西。至正十七年(1357),升为四川左丞。十八年,与察罕帖木儿、张良弼等大败大宋红巾军李喜喜部于巩昌。二十一年,击败明玉珍部,收降大宋红巾军将领李武、崔德。二十五年,封许国公,升为陕西平章兼知四川行枢密院事。二十七年,与张良弼等合兵拒扩廓帖木儿。次年,明军至河南,与张良弼会兵守潼关,未几败走凤翔。明洪武二年(1369),降明,授江西左丞,次年升中书平章。七年,奉旨招谕扩廓帖木儿,被断一臂还,未几死。(0002 卷 220,0411 卷 15)

李思孝 元丰县(今属江苏)人。李珪之子。顺帝时任徽州路(治今安徽歙县)推官。(0075 氏族典卷 395)

李思明① 字元亮。元睢水人。英宗至治元年(1321)任淳安(今属浙江)知县。(0283 卷 4)

李思明② 元赵州高邑县(今属河北)人。文宗至顺三年(1332)累迁为陕西行台治书侍御史。后历任江西廉访使、工部尚书、大都路总管、江浙行省参政。(0262 卷 16,0645 卷 5)

李思忠 元平定(今属山西)人。刻石匠李泰之子。善刻碑。至顺四年(1333),父子同刻《平定州祈雨嘉山感应记》。顺帝至正八年(1348),同刻《重修寿圣寺记》。(1143 卷 371)

李思诚① 字宗德。元世祖至元中任寿昌县尉。(0896 卷 156)

李思诚②(?~1361) 元顺帝至正二十一年(1361)为广东廉访副使。是年二月,为江南行台侍御史八撒剌不花所杀。(0001 卷 46)

李思衍 字昌翁,又字克昌,号两山。元余干(今属江西)州人。世祖时授袁州路治中,入为国子司业。至元二十五年(1288)以礼部侍郎出使安南。归国后,授浙东宣慰使,考满赴调,病死于京师。工诗,有诗作传世。(0105 卷 3,0503 二集乙,0322 卷 1)

李思恭 元顺帝元统二年(1334)任监利(今属湖北)知县。(1042 卷 6)

李思敬① 元世祖至元十三年(1276)十二月,告运使姜毅所言悖妄,指毅妻、子为证。帝以为妻、子不能为证者,诏勿问。(0001 卷 9)

李思敬② 字君让。元绛州(治今山西新绛)人。世祖至元二十五年(1288)累迁江南行台监察御史。官至辽东廉访使。(0632 卷 6,0695 卷 5)

李思敬③ 元齐东县(治今山东邹平西北)人。泰定年间任新乡县(今属河南)主簿。(0762 卷 9)

李思敬④ 元顺帝至正二年(1342)任定海(治今浙江宁波镇海)知县。(0634 卷 2)

李思温①(1294~1317) 元儒生。少时从吴澄学《尚书》。年二十游京师,补国子生。(0212 卷 59)

李思温② 元陵川县(今属山西)人。历任宁州知州。(0694 卷 6)

李思聪 元成宗大德二年(1298)任常山县(今属浙江)主簿。(0878 卷 3)

李钦夫 字仁敬。元长安道士。大德十一年(1307)撰《子平三命渊源注》一卷。(1138 卷首)

李闻一 元人,工画佛像。(1143 卷 96)

李拜拜 元河东(今山西)人。英宗至治二年(1322)以杀人嫌疑犯被拘捕入狱,而行凶器具不明,凡十四年不决。顺帝至元元年(1335),监察御史李好文录囚河东,叹曰:岂有不决之狱如是其久乎!立即开释出狱。(0001 卷 183)

李顺儿(1338~1355) 元许州(治今河南许昌)人。儒士李让之女。自幼读书,颇涉经传。年十八,未嫁,反元队伍攻破钧州,接近许州。父谓其母:吾家以诗礼相传,此女必累我。女闻之,泣曰:父母可自逃难,勿以我为忧。须臾,于后园自经死。(0001 卷 201)

李保保 又名老保。元阳武县(治今河南原阳)人。元末,察罕帖木儿组织地主武装,保保从之。以收复罗山县功,授泽州路治中。从平方脱脱之乱,擢任枢密院知院,守石州。又从攻山东。察罕帖木儿为田丰刺杀,与扩廓帖木儿共破田丰,擢平章政事,留守益都。明大将徐达破益都城后,被执送建康(今南京),降明。后奉明太祖遣,招谕扩廓帖木儿,被鸩杀。(0002 卷 220,0761 卷 27)

李信孙 元世祖时高丽国来元朝使臣。为高丽国判閤门事。至元十一年(1274)七月,高丽国王王禃死,元世祖令世子王愖归国袭王位。十一月,信孙奉王愖遣来元朝奉表谢恩。十二年正月初一,奉王愖遣来元朝祝贺元旦及奉献岁币。(0001 卷 8、208)

李禹鼎 字德新。元黄岩(今属浙江)人。有诗作传世。(0504 庚下)

李侯谘 字文江。元婺州路(治今浙江金华)人。历任镇江路濂溪书院山长。(0631 卷 17)

李俊民 字用章。金元之际泽州晋城(今属山西)人。金章宗承安间中进士第一,授应奉翰林文字。未几,弃官归,教授乡里,从学者甚盛,有不远千里而来者。金南迁后,隐居嵩州鸣皋山。后迁怀州,隐居西山。得学二程、邵雍理学,通术数。忽必烈(元世祖)在潜藩,以安车召之,延访无虚日。后乞还山,忽必烈遣中贵送归。年八十死。元世祖即位后,赐谥庄静先生。著有《庄静集》。(0001 卷 158)

李庭秀(1199～1255)　字君实。元太原文水县(今属山西)人。太宗四年(1232)任平阳行中书省左右司郎中。九年,兼权平阳路征收课税副官。十二年,授监榷平阳路征收课税官。(0181 卷 5)

李庭詠　元世祖至元二十九年(1292)任江南行台监察御史,次年升都事。(0632 卷 6)

李庭桂　号栖碧山人。元豫章(今江西南昌)人。工近体诗,有《东湖集稿》,吴澄为之作序。(0212 卷 22)

李庭望　元陇西(今属甘肃)人。元将李忽兰吉之弟。世祖至元十四年(1277),忽兰吉以先所受巩昌元帅之职及虎符让之。(0001 卷 162)

李庭植　金元之际大宁义州(治今辽宁义县)人。李守贤之兄。金卫绍王大安初(1209),与弟守贤、守正、守忠等投降蒙古大将木华黎,入朝元太祖于行在所,授右副元帅、崇义军节度使。(0001 卷 150)

李庭瑞　元南阳裕州(治今河南方城)人。居丧有至行,庐墓旁,负土为坟。文宗至顺三年(1332)七月,以有司所请,诏旌表其孝行。(0001 卷 36、197)

李庭遹　字绍宗。元潞州(治今山西长治)人。顺帝至正年间乡试第一。历任孟州儒学正、河间路照磨。(0698 卷 3)

李彦表　元顺帝至正中任章丘(今属山东)知县。(0600 卷 3)

李彦忠　元永平(治今河北卢龙)人。父丧庐墓,八年不回家。(0001 卷 197)

李彦通①　元初燕京(今北京)人。世祖中统元年(1260)六月,被召乘驿马赴开平(今内蒙古正蓝旗东北)元廷。(0001 卷 4)

李彦通②　元文宗至顺二年(1331)十一月,因与萧不兰奚等谋反,被处死,其赀产籍没,被赐予丞相燕铁木儿之子塔剌海。(0001 卷 35)

李彦简　元潍州(治今山东潍坊)人。李璮之子。师事王文统。后为质子于元廷,而璮潜为私驿,自益都至京师质子营。世祖中统三年(1262)正月,用私驿站逃归益都。二月,李璮遂反。(0001 卷 5、206)

李炳奎　元堂邑县(治今山东聊城西北)人。顺帝至正八年(1348)进士,授翰林编修。元末避战乱居于翼城。明初,翼城县丞薛大昉延之教授生徒。(0691 卷 8,0700 卷 6,0716 卷 4)

李洪辰(1268～1324)　字廷弼。元滏阳县(今属河北)人。成宗时以通蒙古语入宫为宿卫士。大德三年(1299)授高邮府判官,有政绩。武宗至大元年(1308)擢湖州归安县知县,有廉能声。仁宗延祐四年(1317)授中书户部司计。六年,擢监察御史。英宗至治二年(1322),有旨特授御史台都事,以丁忧离任。(0152 卷 31,0146 卷 6,0002 卷 194)

李洧孙(1243～1329)　字甫山,号霁峰。宋元之际宁海(今属浙江)人。宋度宗咸淳十年(1274)登进士第。元初家居不仕二十余年。后达官强起之,致之京师,因作《大都赋》以进,馆阁诸公交荐之,授杭州路儒学教授。后迁任临江路儒学教授。英宗至治三年(1323)以黄岩州判官致仕。(0152 卷 32、18,0071 卷 76)

李祖仁　元陇西(今属甘肃)人。顺帝至正十四年(1354)任知县。有诗作传世。(0504 庚上)

李娇儿　号小天然,元歌妓、杂剧演员。姿容姝丽,意度闲雅,花旦杂剧,特妙江浙。(0032)

李泰来　元人。有诗作传世。(0504 癸下)

李起岩①　元顺帝至正十年(1350)任渭南(今属陕西)知县。(0819 卷 12)

李起岩②　元明之际河阴(治今河南荥阳东北)人。顺帝至正年间补西华县主簿。累官工部尚书,迁翰林学士。入明,授靖江府推官。(0762 卷 4)

李起岩③　元滏阳县(今属河北)主簿,劝民兴学,谕以孝弟廉耻。民有兄弟争讼,责以骨肉相争,皆惭谢而退。(0762 卷 10,0622 卷 28)

李起南　元世祖至元二十三年(1286)为榷茶提举,建言:"江南茶每引价三贯六百文,今宜增为每引五贯。"事下中书省议,从其言增为每引五贯,遂擢任江西榷茶转运使,并置达鲁花赤于其上。(0001 卷 14、94)

李真童　元妓女,张奔儿之女。十余岁即名动江浙,色艺无比,有闺阁风致。后许嫁达天山,约以明年相会,遂为女道士,杜门谢客,至期嫁天山。天山死后,复为道士。(0032)

李桂子　元金坛县(今属江苏)人。历任淮海书院山长。(0631 卷 17)

李原祐　元贵池(今属安徽)人。元末组织地主武装保守乡里,授总管。后为其部下夏百户所杀。(0075 氏族典卷 395)

李铁哥　元世祖至元十六年(1279)为寿州等处招讨使。是年十月,奏请招募有罪亡命者充军。(0001 卷 98)

李逢庆　字冲真。元陇西县(今属甘肃)人。道士。历任南丰道正。世祖至

元年间任贞元万寿宫提举。(0204 卷2)

李逢春　元世祖至元二十一年(1284)任常山(今属浙江)知县。(0878 卷2)

李唐宾　号玉壶道人。元明之际广陵(治今江苏扬州)人。历任淮南行省宣使。元戏曲作者。撰杂剧《梧桐叶》、《梨花梦》。(0029 续编,0505)

李唐卿　元世祖至元中为山东按察司佥事。官员帖木剌思,以贪墨为其所劾。时济南有上变告者,唐卿察其妄,取讼谍焚之。帖木剌思乃摭取为辞,告唐卿纵反者,逮系数十人。狱久不决。诏山东按察使何荣祖与左丞郝祯、参政耿仁杰鞫之。荣祖得其情,欲抵上变告者罪。郝、耿议以失口乱言之罪坐之,荣祖不可。未几,荣祖迁河南按察使,郝、耿以失口乱言杖其人,株连者俱得释,唐卿之受诬遂白。(0001 卷168)

李淑常　元陕西华阴县人。顺帝至正中任什邡(今属四川)知县。(0842 卷11)

李海卿　元世祖至元十八年(1281)任丹阳(今属江苏)县尉。(0631 卷16)

李宽甫　元大都(今北京)人。历任刑部令史、合肥县知县。撰杂剧《汉丞相丙吉问牛喘》。(0029 卷上)

李家奴①　金末元初人。金卫绍王崇庆二年(1213),耶律留哥称王、建国号辽时,受留哥封为大臣。(0001 卷149)

李家奴②　元将。世祖至元四年(1267)十一月,奉命与忽察统所部兵戍新蔡县。(0001 卷6)

李家奴③　元泰定二年(1325)为礼部尚书。是年九月,奉使宣抚河南江北道。致和元年(1328)为户部尚书,三月奉旨往盐官祀海神,并集议修海岸;四月,以作石囤捍海议闻。(0001 卷29、30、65)

李家奴④　元西域板勒纥(今阿富汗北部巴尔赫)人,居解州,中书平章察罕之子。(0011 卷91)

李容瑾　字公琰。元画家。画界画山水,师法王振鹏。(0030 卷5)

李继本　即李延兴。

李继昭　元平阳(治今山西临汾)人。成宗大德七年(1303)由监察御史任泽州(治今山西晋城)知州。(0694 卷5)

李继善　元漳州路龙岩县(今属福建)人。顺帝至正十三年(1353)反元队伍袭据龙岩县治,继善聚众剿平之。(0902 卷132,0908 卷22)

李梓发(?~1278)　宋元之际南安(治今江西大庾)人。元世祖至元十五年(1278)率众反元起事。江西参政贾居贞虑将帅出兵扰民,亲往,率兵仅千人,营于城北,遣人招谕。反元起事部众闻居贞至,皆散匿,不复从梓发。梓发闭妻、子一室,自焚死。(0001 卷153)

李梦登(1244~1307)　字仲实。宋末元初余姚(今属浙江)人。元初以荐授奉化州儒学正,秩满归。大德十一年(1307)授浏阳州儒学教授,未上任死。(0142 卷16)

李曹驴(?~1304)　元汝宁(治今河南汝南)人。成宗大德八年(1304)六月,以妄言得天书惑众,被处死。(0001 卷21)

李辅德　元顺帝至正十二年(1352)为临海(今属浙江)县尉。是年春,从台州路达鲁花赤泰不华率舟师击方国珍,与泰不华等皆为国珍部众所杀。(0001 卷143)

李晞颜　元杭州人。历任镇江路行大司农司丞。(0631 卷17)

李崇德　字象贤。元长沙醴陵(今属湖南)人。成宗大德中辟为湖南廉访司史,迁任广东廉访司史,吏畏民爱,清廉而不自矜。(0147 卷20)

李敏中　字好古。元西平县(今属河南)人。(一作保定人)顺帝至正年间任江南行御史台监察御史。后官至陕西行省郎中。撰杂剧《张生煮海》、《赵太祖镇凶宅》、《巨灵神劈华岳》。工大字。(0029 卷上,1107)

李移住(?~1284)　元河间任丘(今属河北)人。世祖至元十九年(1282),鼓动群众反元;刑部尚书马绍前往审问。二十一年五月,移住被处死。(0001 卷13、173)

李惟中　元仁宗延祐年间任潜江县(今属湖北)儒学教谕。(1044 卷17)

李惟则　金元之际义州(治今辽宁义县)人。李伯温长兄。李守贤从兄。元太祖十年(1215),与弟伯通、伯温及从兄弟庭植、守贤、守正、守忠降于蒙古大将木华黎。授平阳征行万户。(0001 卷193)

李惟闰(1289~1348)　字仲舒。元彰德(治今河南安阳)人。李衎之孙。历任通政院都事,中书省管勾,陕西行台监察御史、都事,都水庸田司佥事。顺帝至正八年(1348)授福州路总管,未上任死。(0250 卷62,0002 卷229)

李惟忠(1203~?)　元唐兀人。先世为西夏王族于弥氏。其父西夏国王之宗族,守兀剌海城(在今狼山隘北口附近)。元太祖四年(1209),蒙古军征西夏,攻破兀剌海城,其父不屈而死。时惟忠方七岁,求从父死,蒙古主将异之,执以献宗王哈撒儿,王留养之。及长,从嗣王移相哥攻金,有功,王以其为本位分地淄川达鲁花赤。(0001 卷129)

李惟能　元成宗元贞元年(1295)任金坛(今属江苏)知县。(0631 卷16)

李惟馨　字庭芳。元潞州(治今山西长治)人。顺帝至正年间由兵部郎中累升为兵部尚书致仕。(0698 卷3,0075 文学典卷90)

李焕文 元安化县(今属湖南)人。顺帝至正年间组织地主武装镇压反元队伍,授万户。(1055 卷 4)

李清七 元蕲水县(治今湖北浠水)人。元末,徐寿辉据蕲水为都城,乡人有才识者皆授官爵,清七与弟清八以为耻。寿辉及门征辟,匿不出。及索致之,兄弟陈词斥责,声色俱厉,遂皆被杀。(0002 卷 232)

李谋儿 元中叶华阴县剧盗。累杀商贾于道,为盗十五年,作案百余起。后事觉,狱已具,贿赂有司,谓党徒未尽获,五年不决,人皆以为愤。陕西行台掾董搏霄从侍御史郭贞谳狱华阴县,获知此事,以言于贞,遂处死之。(0001 卷 188)

李禄善 元顺帝至正元年(1341)任沁水县(今属山西)主簿。(0694 卷 5)

李维肃 元真定路(治今河北正定)人。成宗大德年间任章丘(今属山东)知县。仁宗延祐中任安庆路(今属安徽)判官。(0147 卷 7,0721 卷 25)

李维屏 宋末元初人。宋末为广西太平州(治今广西大新西南)土官。元世祖至元年间降元,授太平路(治今广西崇左西北)总管。(0622 卷 85)

李喜孙(? ~1227) 元太祖时蒙古大将孛鲁所遣招谕李全之使者。太祖二十一年(1226)十二月,孛鲁引兵入齐,遣喜孙招谕被围于益都之李全。全欲降,部将田世荣等不从,杀喜孙。(0001 卷 119)

李喜喜 元顺帝至正中大宋红巾军将领。至正十七年(1357)六月,奉遣与白不信、大刀敖进军关中,支援去年攻入关中之崔德、李武所率大宋红巾军。十月,攻破兴元(治今陕西汉中),遂入凤翔,被元将察罕帖木儿、李思齐击败。十八年四月,又被察罕帖木儿、李思齐会合张良弼等各路元军击败于巩昌,退入四川。后部众改称青巾,被明玉珍逐走,改投陈友谅。(0001 卷 45)

李敬仁 元昆明人。文宗至顺元年(1330)进士。官至宣慰司副使。(0851 卷 8)

李敬甫(1235 ~?) 元真定(治今河北正定)人。世祖至元十八年(1281)为礼部侍郎。后迁任靖安路总管。(0144 卷 22,0210 卷 5)

李敬祖 元大德十一年(1307)武宗即位初,任秘书监。(0027 卷 9)

李敬简 元章丘县(今属山东)人。博学善为文。与棣州教授朱持正齐名,人称朱李文章。(0721 卷 29,0075 文学典卷 86)

李朝英 元盂县(今属山西)人。顺帝至正年间任汾州(治今山西汾阳)判官。(0692 卷 18、20,0075 氏族典卷 395)

李朝瑞 元茶陵县(今属湖南)人。仁宗延祐二年(1315)进士。泰定元年(1324)任新宁知县。(0622 卷 63,1041 卷 36、51、56)

李棠卿 元乐平县(今属江西)人。元末为无锡州仓使。张士诚攻无锡,棠卿抱仓印匿草泽间,遣人怀印纳之行省。未几被执,诱以仕,不降,死于狱中。(0002 卷 232,0075 官常典卷 733)

李景明 元河间(今属河北)人。登进士第。历任永清(今属河北)知县。(0644 卷 22、26)

李景祖 元仁宗延祐年间任新河(今属河北)知县。(0656 卷 5)

李景章 元潞城县(今属山西)人。历任泽州(治今山西晋城)知州。(0698 卷 9)

李黑驴 元彰德(治今河南安阳)人。世祖至元十八年(1281)任镇江路卫辉翼下百户。(0631 卷 17)

李黑厮 字廷瑞。元白马县(治今河南滑县东)人。顺帝至元五年(1339)由侍仪通事舍人迁秘书监辨验书画直长。(0027 卷 10)

李智贞 元建宁浦城(今属福建)人,女。七岁能读书。九岁母病,调护甚谨。母死,哀恸欲绝,不茹荤三年,治女工供祭祀。父尝许为郑全妻,未嫁,从父客邵武。邵武豪陈良悦其慧,强纳彩求聘。断发拒之,且数自求死,良不能夺,卒归全。泰定间,全病死;悲泣不食,数日死。(0001 卷 200)

李舜臣(1244 ~?) 字元凯。宋元之间括苍县(治今浙江丽水东南)人。工诗,戴表元为其诗作序。(0142 卷 9)

李舜钦 元世祖近臣。中统元年(1260)四月,奉帝遣与帖木儿等行部,考课各路诸色工匠。(0001 卷 4)

李鲁孙 历任元同州知州、耀州达鲁花赤。(0806 卷 17,0804 卷 5)

李善甫 元沁州(治今山西沁县)人。受学于许衡。武宗至大四年(1311)任江西行省检校。仁宗时任沁州知州。(0225 卷 15,0072 卷 90)

李善卿 元临朐(今属山东)知县,修学校,决疑狱,勤于抚民。(0726 卷 12)

李善继 元商州(治今陕西商县)人。有文名。官至兴元路(治今陕西汉中)同知。(0801 卷 26,0075 氏族典卷 395、文学典卷 90)

李尊长 元世祖至元后叶江西反元队伍首领。至元二十四年(1287)被元将脱落合察儿斩杀。(0001 卷 120)

李道纯 字元素,号清庵,又号莹蟾子。元都梁(治今湖南武冈东北)道士。撰《中和集》三卷、后集三卷,《周易尚占》三卷,《道德会元》三卷。(0075 氏族典卷 395)

李道坦 字坦之。宋元之际钱塘县(治今浙江杭州)人。早年入道洞霄宫,学文于隐者邓牧,日益精进。工诗,其歌行最为流丽。有诗作传世。(0033 卷 33,0112,0152 卷 1)

李道裕 元义州(治今辽宁义县)人。顺帝至正年间任唐山县(治今河北隆尧西)知县,有政绩。(0647 卷 8)

李道谦①(1219～1296) 字和甫。金元之际汴梁(治今河南开封)人。初为儒生。金亡后,为全真教道士。元宪宗八年(1258)选充京兆路(治今陕西西安)道录。世祖至元二年(1265)升为京兆道门提点。十四年,任陕西四川道教提点兼领重阳万寿宫事。三十一年,赐号天乐真人。撰《终南山祖庭仙真内传》三卷,《甘水仙源录》十卷。有诗作传世。(0554 卷 28,0504 壬上)

李道谦② 号云叟。元代齐人。年十六弃家入道。年二十后,游四方洞天,参求玄契。后主持东雍之神霄宫。(0144 卷 23)

李谨修 字则阳。元龙虎山(今江西余江东南)道士。顺帝至元三年(1337)制授明远冲妙崇教法师教门高士,住持提点龙虎山繁禧观。(0258 卷 10)

李谦亨① 元英宗至治元年(1321)为监察御史。是年正月,诏起造佛寺于京西寿安山;二月,与诸监察御史锁咬儿哈的迷失等上章极谏,以为东作方始,而兴大役以耗财病民,非所以祈福。帝怒,被杖、黥,流放于奴儿干。三年十二月,泰定帝即位后,获昭雪平反。授浙东廉访使。谥忠肃。(0001 卷 27、29、124、177,0250 卷 74)

李谦亨②(1295～1345) 字伯让。元东阳(今属浙江)人。家居耕读,不求仕进。有诗作传世。(0152 卷 40,0504 戊上)

李楚仪 元扬州名妓。工小唱,尤善慢词。王士熙甚爱其唱。乔吉亦爱其唱,赠以诗词甚多。(0032)

李虞宾 元陵川县(今属山西)人。顺帝至正年间进士。历任监察御史。(0694 卷 6)

李嗣宗① 元世祖至元末为播州千户,善抚兵。(0622 卷 72,0841 卷 15)

李嗣宗② 元成宗大德四年(1300)任秘书监校书郎,十一年升为秘书郎。(0027 卷 10)

李嗣宗③ 字庆长,又字彦长。元陇西县(今属甘肃)人。阎复之婿。历任高唐州同知、陕西行台监察御史。英宗至治三年(1323)迁任江南行台监察御史。(0146 卷 24,0632 卷 6)

李賨桥 字仲和,号雪村,元昆山(治今江苏太仓)人。工画墨竹。(0077 卷 43)

李鹏飞① 号九华澄心老人。元初撰《三元参赞延寿书》五卷。(1139 卷首)

李鹏飞② 元池州(治今安徽贵池)人。生母姚氏,为嫡母不容,改嫁为朱氏妻;鹏飞幼不知。及长,思母哀痛,誓学医济人,愿早见母。行求三载,得母于蕲州罗田县(今属湖北)。时朱氏家方疫,迎还奉养。久之,复归朱氏,时渡江省觐。母死,岁时携子孙往祭墓。有司闻于朝,诏旌表其门闾。(0001 卷 197)

李鹏举① 元晋宁路(治今山西临汾)人。文宗至顺二年(1331)任江南行台监察御史。(0632 卷 6)

李鹏举② 元常山县(今属浙江)人。顺帝至正二年(1342)为福建盐运使。(0001 卷 97)

李源道 字仲渊,号行斋。元关中人。历任眉州同知、四川行省员外郎、监察御史。仁宗延祐五年(1318)由翰林直学士出任云南廉访使。后入为翰林侍读学士。官至云南行省参政。工诗,虞集、吴澄等皆曾为其诗作序。(0503 三集己,0147 卷 6,0212 卷 22)

李溥光 字玄晖,号雪庵。元大同(今属山西)人。头陀教宗师,赐号玄悟大师,封昭文馆大学士。工诗,有诗作传世。善书法、绘画。喜与士大夫游。有《雪庵字要》一卷。(0101 卷 4,0030 卷 5,0503 三集丙)

李溥圆 字大方,号如庵。元河南芝田县(治今河南巩县西南)人,居于大都(今北京)。头陀教僧。李溥光师弟。能诗,工书法、善绘画。(0205 卷上,0030 卷 5,0031 卷 7)

李嘉宾① 元泰定元年(1324)为监察御史。是年二月,奏劾辽王脱脱;不报。又奏言:"盗窃太庙神主,由太常守卫不谨,请罪之。"不报。是月,劾罢铁失逆党左阿速卫指挥使脱帖木儿。三月,与御史宋本等奏言:"太尉、司徒、司空,三公之职,滥假僧人,及会福、殊祥二院,并辱名爵,请罢之。"不报。致和元年(1328),为工部尚书,奉中书省遣,与户部尚书李家奴等会议修治盐官州海塘方案。(0001 卷 29、65)

李嘉宾② 元卫郡(治今河南汲县)人。顺帝至元元年(1335)由治书侍御史出任江浙行省参政。(0573 卷 2)

李霆镇 元成宗初年为江西行省掾史。(0001 卷 156)

李端荣 元历任新昌县(今属浙江)丞。英宗至治二年(1322)任奉化(今属浙江)知州。(0634 卷 2,1016 卷 14)

李赛儿 元房山县(今属北京)人。王士明妻。顺帝至正二十五年(1365)元将竹贞军至房山,赛儿及其女李家奴皆被执。士明追至军中,军怒逐之。赛儿谓其女曰:与其受污,不若死。女曰:母先杀我。赛儿以军所遗镮刀杀其女,乃自杀。有司上其事,为其树碑。(0001 卷 201)

李察罕　元河西人。文宗至顺二年(1331)任金坛县(今属江苏)达鲁花赤。(0631 卷 16)

李翠娥　又名翠娥秀。元扬州名妓。长通诗书,能诗。自以身隶乐籍,怨恨殊不聊生。后为石九山万户纳置别业。石死,李誓不改嫁,终日闭阁诵经。年及七十余,万户子孙遇岁时咸往拜之。乐籍中相传以为盛事。(0101 卷 15,0033 卷 37,0032)

李镇安　字圭卿,号芝山。元饶州路(治今江西波阳)人。由吏入仕。历任永济仓监纳司、虹县知县、太湖县知县、扬州路推官,后遭诬去官。(0310 卷 7)

李德元　元仁宗延祐五年(1318)任溧水(今属江苏)州判官。(0632 卷 6)

李德中　字安道。元唐县(今属河北)主簿。(0649 卷 30)

李德仁　元世祖至元十年(1273),获官府准可,于辽阳龙山县胡碧峪淘採金,每岁纳课金三两。(0001 卷 94)

李德玉(1251～1315)　字仲德。元奉元路(治今陕西西安)人。历任泰州丰利盐场管勾、解盐司判官、怀安州盐司判官。年三十六归田不复仕。(7－0181 卷 5)

李德芳　元仁宗延祐六年(1319)任秘书监知印。((0027 卷 11)

李德坚　元世祖至元二十年(1283)从征占城(今越南中、南部),任总把。(0001 卷 210)

李德秀　元泰定二年(1325)任浙东宣慰司都事。(0634 卷 1)

李德和　元道士。世祖至元十二年(1275)二月,奉旨与怯薛丹(禁卫军士)察罕不花、侍仪副使关思义,代祀岳渎后土。十四年五月,奉旨代祀济渎。(0001 卷 8、9)

李德诚①　元真定(治今河北正定)人。武宗至大三年(1310)任镇江广平翼下千户所弹压。(0631 卷 17)

李德诚②　元四川罗江县(治今四川德阳东北)人。历任慈利(今属湖南)州判官。元末战乱,侨居于澧州路(治今湖南澧县)。(1053 卷 14)

李德贵　元文宗至顺年间任镇江丹阳(今属江苏)税使司副使。(0631 卷 17)

李德恭　元成宗元贞元年(1295)至大德二年(1298)任庆元路(治今浙江宁波)知事。(0633 卷 2)

李德卿　元泰定三年(1326)为茗盈(治今广西大新北)知州。是年二月,广西全茗州土官许文杰率诸徭反元起事,进攻茗盈州;被杀。(0001 卷 30)

李德章　元哈鲁台人。顺帝至正年间任唐州(治今河南唐河)知州,有治绩。(0767 卷 14)

李德隆　元缙山县(治今北京延庆)人。历任湖北宪司佥事。能诗,戴表元尝为其诗作序。(0142 卷 11,0228 卷 1)

李德辉(1218～1280)　字仲实。元通州潞县(治今北京通县)人。少时贫寒,嗜读书。定宗二年(1247),由刘秉忠荐入忽必烈王府,为王子真金讲读。宪宗三年(1253),任京兆(治今陕西西安)从宜府使,理财赋,储备攻蜀军粮。世祖中统元年(1260),任燕京宣抚使。三年,任山西宣慰使。至元元年(1264),授太原路总管,崇学校,劝农桑。五年,召入为右三部尚书。十一年,出任安西王相。屯田于泾营牧地,凡数千顷。十四年,兼西川行枢密院副使。十五年,招降合州王立,平川蜀。十七年,任安西行省参政。招降西南罗施鬼国(在今贵州境),设立顺元路。(0001 卷 163)

李德新　元高邑县(今属河北)人,有干才。世祖中统中擢为后卫经历。(0645 卷 5)

李德源　元顺帝至正中任安定(治今陕西子长西北)知县,有政绩。(0622 卷 36,0555 卷 5)

李德麟　元单州(治今山东单县南)知州,筑堤浚河,有治绩。(0622 卷 23)

李颜子　元花县(今属广东)人。元末组织地主武装抵御反元队伍,后入何真幕府。真降明,颜子出力颇多。(0075 氏族典卷 395)

李遵宪　字彦彰。元虹县(治今安徽泗县)人。泰定年间任虹县儒学教谕。后升为淮安路儒学教授。(0977 卷 6)

李潜夫　字行甫。一字行道。元绛州(治今山西新绛)人。隐居读书,清贫度日。撰有杂剧《包待制智勘灰栏记》等。(0029 卷上)

李澄叟　元湘中(今湖南)人。自幼观湘中山水,长游三峡,或水或陆,尽得其态,写之水墨,甚有妙悟。撰有《山水诀》一卷。(1143 卷 403)

李通祖　元世祖至元二十九年(1292)任尚书,奉命南下督造战船,以备出征海外。(0228 卷 1)

李藏用(1201～?)　字显甫。元时高丽人。年十八以词赋中高丽国状元。通禅学,善作诗。元世祖中统二年(1261),以参政随高丽国世子王禃来元朝。至元五年(1268),为高丽国门下侍郎,再次奉表来元朝。(0001 卷 6、208,0144 卷 15、82)

李穉宾　元世祖时翰林学士王磐之婿,任著作郎。至元后叶,磐年老致仕,无子,元廷迁任穉宾为东平判官,以便奉养磐。(0001 卷 160)

李朵儿只　汉名希谢,号贺兰。元唐兀人。世祖至元年间任处州路总管。官至江西左丞。(0102)

李朵耳只　元保定曲阳（今属河北）人。左翼屯田万户李雯之子。泰定元年（1324），父因病辞职，袭父职为左翼屯田万户。（0001 卷 154）

李朵罗歹　元色目人。居丧庐墓。诏旌表其门闾。（0001 卷 197）

李忙古歹①　元高唐（今属山东）人。成宗元贞二年（1296）任镇江路高唐翼下百户。（0631 卷 17）

李忙古歹②　元人。任镇江路打捕鹰房总管。（0631 卷 17）

李阿都赤　元仁宗皇庆元年（1312）任江南行台架阁库管勾。（0632 卷 6）

李忽兰吉（？～1296）　又名庭玉。元陇西（今属甘肃）人。李节之子。太宗时，父从汪世显降蒙古，以其隶皇子阔端为质子。从攻西川，以功为管军总领。宪宗时为管军千户、都总领，从攻四川，升为巩昌元帅。世祖时，先后从平浑都海、火都、答机、秃鲁等叛军，从攻四川。至元二十年（1283），累迁为四川南道宣慰使。二十一年，率军镇压西南部族反元。二十三年，入觐，以老病辞归巩昌。成宗元贞二年（1296），入觐，授陕西行省右丞，病死。泰定初，追谥襄敏。（0001 卷 162）

李海剌孙　元世祖至元十五年（1278）为昭信达鲁花赤。是年九月，奏言：愿同张弘略取宋二王；元廷调汉军、水军由其率领。二十四年八月，授征缅行省参政，领新附军五千、探马赤军一千以行。（0001 卷 10、14）

李塔剌海　元泰定间任学士。泰定三年（1326）五月，监察御史劾其庸鄙不胜任，中书省以其为勋旧子孙，罪无实状，乞复其职，帝从之。（0001 卷 30）

李答剌海　元仁宗延祐二年（1315）任江南行台都事。（0632 卷 6）

李毅奴哥（？～1262）　元世祖中统三年（1262）为太原总管。是年，领李璮伪檄，传行旁郡。六月，事觉，被处死。（0001 卷 5）

李薛阇干　元至大四年（1311）仁宗即位初，任秘书少监。（0027 卷 9）

李也先不花　元泰定元年（1324）任庆元路（治今浙江宁波）治中。（0634 卷 1）

李秃坚不花　元泰定二年（1325）任无锡州判官。（0558 卷 24）

李伯颜察儿①　元广平县（今属河北）人。延祐七年（1320）任镇江路高唐翼副千户。（0631 卷 17）

李伯颜察儿②　元镇江路蒙古字学教授。（0631 卷 17）

李彻里拔都　元顺德路（治今河北邢台）人。成宗大德六年（1302）任镇江路怀庆翼下百户。（0631 卷 17）

李忽都达儿　元顺帝至正三年（1343）任崇明（今属上海）知州。（0949 卷 5）

李忽都答儿　元顺帝至元元年（1335）任浙东宣慰司经历。（0634 卷 1）

李阔阔不花（？～1319）　元冠州（治今山东冠县）人。世祖至元二十九年（1292）任镇江路济南翼副千户。（0631 卷 17）

李脱欢帖木儿　元官员。世袭祖父职为管领大都路打捕鹰房等官，所管领户原额为二百二十八户。（0001 卷 101）

李塔失帖木儿　元文宗至顺三年（1332）任奉化（今属浙江）知州。（0634 卷 2）

吾仲　元泰定帝时云南行省孟隆甸土官。泰定三年（1326）九月，奉方物至大都（今北京）进贡。有旨以其地置孟隆路（治今缅甸掸邦景栋东北孟伦）一、甸一，降赐金符、铜印，并赐以币、帛、鞍、勒。（0001 卷 30）

吾也而（1163～1258）　又译乌也儿、吾野儿等。元蒙古珊竹氏。太祖六年（1211），从哲别攻克东京（今辽宁辽阳）。十年，从木华黎攻降北京（今内蒙古宁城西），受封为北京总管都元帅。后从木华黎征山东、陕西各地。从孛鲁征西夏，围攻益都。太宗元年（1229），与撒里答征辽东。三年，与撒里答侵高丽，攻下十余城。七年，又侵高丽，连岁攻掠其城邑。十二年，高丽国王请和。次年，遣族子王綧充质子随其来朝。以功受封北京、东京、开元府等七路征行兵马都元帅。宪宗元年（1251），病归。（0001 卷 120、147 等）

吾丘衍（1268～1311）　字子行，号贞白。元钱塘（治今浙江杭州）人。通经史百家，精音律，工篆、隶书。性高傲，不求仕进，教书为生。年四十余未娶，所爱酒家女，有前夫，讼之。衍遭官府捽辱，不胜忿。武宗至大四年（1311）投西湖死。著有《竹素山房诗集》三卷、《续古篆韻》六卷、《周秦刻石释音》一卷、《学古编》一卷、《閒居录》一卷。（0002 卷 237，0209 附录）

吾都儿　元蒙古篾儿乞氏，世居范阳。顺帝时西台御史大夫、翰林承旨脱脱祖。（0011 卷 30）

吾鲁真　又译兀鲁真。元公主。元世祖之女，嫁亦乞列思部人帖木干之子孛花。（0001 卷 109、118）

吾和利氏　元畏兀儿人塔塔统阿之妻。太宗即位（1229）后，奉旨为皇子哈剌察儿乳母，常受帝赐予。世祖即位（1260），携其幼子笃绵入宫见帝，帝留其幼子统领宿卫。（0001 卷 124）

吾实吉泰　元泰定四年（1327）任江南行台监察御史。文宗至顺元年（1330）升为南台经历。（0632 卷 6）

严文　元仁宗延祐四年（1317）任江南行台监察御史。（0632 卷 6）

严贞　字宗正。元上元县（治今南京）人。有诗作传世。（0504 庚上）

严庆（1246～1330）　字仲祥。元砀山（今属安徽）人。隐于医。后以子贵封滨州同知。（0231 卷 10）

严沂（1226～1283）　字子询。宋元之际建昌南城（今属江西）人。尝任盱江书院掌书，不久弃去，不复仕。（0248 卷 24）

严松（1263～1334）　字茂叔。元溧水（今属江苏）人。文宗天历二年（1229）出米赈饥，有司欲授以官，不受。（0413 卷 19）

严凯　字士元，元鄱阳（治今江西波阳）人。工诗，画人马似任仁发。其作品流传至日本。（1143 卷 1518）

严侣　字君友。宋元之际桐庐（今属浙江）人。宋亡不仕，家居讲授。元文宗至顺二年（1331）卒，年逾六十，门人私谥曰高节。（0158 卷 26，0063 卷 11，0075 学行典卷 270）

严度　元长清（今属山东）人。严忠范之子。官至甘肃行省左丞。谥贞宪。（0006 卷 29，0002 卷 137，0154 卷 8）

严宝　元信都县（治今河北冀县）人。太宗为管军总管兼信都县令。（0645 卷 5）

严实（1182～1240）　字武叔。金元之际泰安长清（今属山东）人。金宣宗兴定二年（1218），权长清县令。后降于南宋，任济南治中，分兵四出，占据山东西北部、河北南部诸州县。元太祖十五年（1220），率所辖彰德、大名、磁、洺、恩、博、滑、浚等州三十万户降蒙古，受封为行尚书省事。率兵进攻曹、濮、单三州及东平，下之。二十年，与蒙古军击溃宋将彭义斌。后又助蒙古军攻占益都等地。太宗六年（1234），入觐和林（今蒙古哈尔和林），受封东平路行军万户、管民长官。此前其所统凡五十余城，至是唯德、兖、济、单数州隶东平。十二年卒。世祖初年追封鲁国公，谥武惠。（0001 卷 148）

严重　元鄞县（治今浙江宁波）人。历任上虞县儒学教谕。（0880 卷 29）

严恭①（1231～1308）　字子安。宋元之际钱塘（治今浙江杭州）人。善制琴。（0205 卷上，0101 卷 29）

严恭②　字景安。元嘉定（今属上海）人。筑室海滨，隐居不仕。有诗作传世。（0163 外集，0042 卷 9，0033 卷 24）

严焕　字子文。元常熟（今属江苏）人。举进士。工诗文。善绘画，不苟作。（0077 卷 40，0078 卷 22）

严敬　字简卿。元江阴（今属江苏）人。仁宗延祐六年（1319）任阳朔（今属广西）知县。（1102 卷 31）

严谨　元武安州（治今江苏徐州东南）人。历任新淦（治今江西新干）知州。（0762 卷 10）

严瑜　字君美。元长清（今属山东）人。严忠济之子。历任归德府尹，有政绩。（0766 卷 4）

严瑄　字国珍。元溧阳（今属江苏）人。顺帝至正十一年（1351）登进士第，授分宜县丞。后历任江浙省掾。有诗作传世。（0948 卷 4，0106 卷 2，0504 己上）

严毅①　字仁卿。元文宗至顺二年（1331）由侍仪舍人授秘书监管勾。顺帝元统二年（1334）改任辨验书画直长。（0027 卷 9、10）

严毅②　字子仁。元建安（治今福建建瓯）人。撰有《增修诗学集成押韻渊海》二十卷。（1119 卷首）

严士贞　字正卿。元崇阳（今属湖北）人。博通子史，善诗文，有《桃溪杂咏》一卷。（1041 卷 51）

严子成　字伯玉。元嘉兴（今属浙江）人。精医术。赵孟頫尝病几死，子成救起之。（0896 卷 196，0891 卷 10）

严丹丘　元人。有诗作传世。（0504 癸下）

严斗辉　元初为庆元路（治今浙江宁波）儒学副教授。（0633 卷 2）

严邦直　元成宗元贞二年（1296）任定海（治今浙江宁波镇海）县尉。（0633 卷 3）

严仲祥　元黄梅（今属湖北）人。九世同居。有子十一人。文宗天历（1328～1330）中，旌表其门闾。（0075 氏族典卷 371）

严仲毅　字伯威。元袁州路（治今江西宜春）经历。（1013 卷 8）

严寿逸（1278～1348）　字仁安。元建昌南城（今属江西）人。严沂之孙。通医书，选为南丰州医学正。游京师，时吴澄得血枯病，投以七剂而愈。历任吉安、临江、天临等路医学教授。（0167 卷 6，0212 卷 23）

严忠范（？～1275）　元泰安长清（今属山东）人。严实第四子。少时入质忽必烈王府。元宪宗五年（1255），为东平路两行军万户之一。世祖中统二年（1261），代其兄忠济为东平路管民长官兼行军万户。三年，从蒙古军平定李璮之乱。至元二年（1265），授兵、刑部尚书，改陕西行省佥事。七年，率军攻四川。十年，作战失利，被逮至京师，受杖责后家居。十二年，授国信副使，与正使廉希宪出使宋临安（今杭州），至独松关（今浙江安吉南），被宋将张濡杀死。（0001 卷 4～8，127 等，0002 卷 137）

严忠杰　元泰安长清（今属山东）人。严实第五子。授管军万户。世祖至元十四年（1277）任镇江路达鲁花赤，次年改

任浙东宣慰使。(0631 卷 15)

严忠信　元东昌(治今山东聊城)人。任濠州知州,政尚严明,兴修学校。(0925 卷 10)

严忠济(? ~1293)　又名忠翰,字紫芝。元泰安长清(今属山东)人。严实第二子。元太宗十三年(1241),入觐和林(今蒙古哈尔和林),受命佩虎符,袭东平路行军万户、管民长官。开府布政,遵行其父之法。奉旨率所部攻略淮、汉。宪宗九年(1259),率部从忽必烈围攻鄂州(今湖北武汉武昌)。世祖中统三年(1261),被召至京师。夺职,以其弟忠范代之。谥庄孝。(0001 卷 148)

严忠祐　元泰安长清(今属山东)人。严实第七子。世祖至元间任温州路总管。(0896 卷 116)

严忠嗣(? ~1273)　元泰安长清(今属山东)人。严实第三子。少时从商挺等学,略知经史大义。宪宗元年(1251),其兄忠济授以东平人匠总管。五年,充东平路管军万户。七年,从忠济攻略扬州,立战功。九年,从忠济度淮,围攻鄂州。世祖中统三年(1261),李璮叛,宋军攻蕲县,元徐州总管李杲哥降宋。忠嗣从蒙古军救蕲县,收复徐州,杀李杲哥。四年,罢官家居。(0001 卷 148)

严居实　元泰定元年(1324)任庆元(治今浙江宁波)市舶提举。(0634 卷 2)

严春山　元人。有诗作传世。(0504 甲)

严思忠　字诚之。元林州(治今河南林县)知州。(0788 卷 4)

严钟孙　字声甫。元泰定帝致和元年(1328)至文宗至顺二年(1331)任无锡州儒学教授。(0558 卷 23)

严景晖　元兰溪(今属浙江)人。历任宣城(今属安徽)县儒学教谕。(0504 己上)

严不颜察儿　元顺帝至正六年(1346)任吴江(今属江苏)州判官。(0954 卷 17)

束从周　元成宗大德七年(1303)任徽州路(治今安徽歙县)儒学教授。(0211 卷 1)

束宗芳　字德馨。宋末元初丹阳(今属江苏)。宋亡,父被俘,宗芳赴元军军门请之,于是释其父而留之,从军掌文檄。久之,大将悯其孝,释之归。(0631 卷 19,0073 卷 113)

束宗庚　字章孟。元吴郡(今苏州)人。善画人物。有诗作传世。(0504 辛上)

束遂庵　元合淝(今安徽合肥)人。历任学正。善画山水,有《君山酹月图》,王逢题之。(0296)

忒哥　元契丹人。耶律留哥四世孙,其长子薛阇之子收国奴长子古乃之子。(0001 卷 149)

忒木台①　又译忒木歹。元初勋臣。驸马。太宗八年(1236),受赐广平路磁州五户丝户九千四百余户。(0001 卷 95、109)

忒木台②　元蒙古札剌亦儿氏。朔鲁罕之子,奥鲁赤之父。太祖时,从征康里部,俘部长以献。又从征西夏,有功,特命行省事,领兀鲁兀、忙兀、亦乞列思、弘吉剌、札剌亦儿五部军。太宗时平河南,以功受赐大同等处五户丝户二千。(0001 卷 95、131)

忒木台儿　元蒙古八剌忽氏。唵木海之子。父死后,以从父征战功,授金符,袭砲手总管。世祖至元十年(1273),修立正阳东西二城,置砲二百余座,与宋军战,击退之。十三年,从丞相伯颜征宋至临安,与忙古歹等率甲士三百入宋宫,取传国宝,宋太后遣人奉宝至军前。以功授行省断事官。十四年,升砲手万户,镇驻常熟,镇压反元起义队伍,斩其首领戴太尉,擒朱太尉。十五年,兼平江路(治今江苏苏州)达鲁花赤。未几,迁任徽州、湖州路。病死。(0001 卷 122)

忒木勒哥　元蒙古塔塔儿氏。塔海帖木儿之曾祖。其父(失名)在太祖时率木华黎麾下蒙古军,镇太原以西八州。破金将王公佐军,斩公佐。后从攻陕西、河西,灭金,皆有功,受赐种田户二百七十。忒木勒哥嗣父军职,从都元帅塔海绀卜征蜀,死于兴元(治今陕西汉中)。(0001 卷 135)

来复(1319 ~1391)　字见心,号蒲庵。元明之际丰城(今属江西)人。佛教僧人。俗姓黄。元末住持慈溪定水院,后为鄞县天宁寺主。入明,征至金陵,奉诏住凤阳圆通院。洪武二十四年(1391)坐胡惟庸党凌迟处死,年七十三。著有《蒲庵集》。(0036 卷 25,0075《神异典》卷 189,0872 卷 90 等)

来逻　自号来老,元僧。以戒行名闻闽、越。晚年托迹朝阳麻田山中,人称山之岩为来老岩。(1144 卷 352)

来志道　元人。有诗作传世。《元诗选癸集》收有其诗。(0504 辛上)

来献臣(1183 ~1263)　字明之,号颐轩。金元之际京兆(治今陕西西安)人。金宣宗兴定五年(1221)进士,历任都省掾。金亡,徙居平阳(治今山西临汾)。元世祖中统元年(1260),被陕西行省征召为讲议官。三年,辞归。次年死。(0321 卷 6)

来阿八赤(? ~1288)　又作阿八赤、阿八失。元唐兀人。初为宪宗宿卫士,奉命监纽璘军攻四川,率兵屡败宋兵。世祖至元七年(1270),元军攻襄樊,奉命督运粮械。十八年,任益都等路宣慰使,发兵万人开运河,迁胶莱海道漕运使。二十一年,授征东招讨使,招降辽东诸部。二十四年,任湖广行省右丞,辅镇南王脱欢侵安南(今越南北部)。次年,还军,中毒箭死。(0001 卷 129)

抄儿　元蒙古别速氏。从太祖收附诸国

有功。后从征金，战死。（0001 卷 123）

抄合①　元诸王。宪宗三年（1253），从忽必烈征大理。九月，至忒剌，分三道进兵。与诸王也只烈率东道兵，经白蛮地区进兵。（0001 卷 4）

抄合②　元蒙古亦乞列思氏，顺帝元统元年（1333）进士敏安达尔曾祖。历任县达鲁花赤。（0028，0011 卷 17）

抄思（1205～1248）　元乃蛮人。乃蛮王子屈出律之孙。父敞温奔西辽死。时年幼，随其母归附元太祖，入侍帐殿。年二十五，从征金，破代、石二州，不避矢石先登。太宗时从拖雷攻金，进至钧州三峰山（今河南禹县南），夜领精骑袭击金营，击溃金军。以功授万户，与内侍胡都虎、留乞签起西京（今山西大同）等处军人征行及镇守随州。九年秋，奉旨调军，得西京及河北诸府州军四千余人统之。后移镇颍州。病归大名。（0001 卷 121）

抄都　元仁宗皇庆元年（1312）任建康路（治今南京）达鲁花赤。（0632 卷 6）

抄海　元蒙古别速氏。抄儿之子。元初从征河南、山东，战死。（0001 卷 123）

抄儿赤①　元世祖至元十二年（1275）为招讨使。是年十二月，奉丞相伯颜遣，以宋使柳岳来使事及宋严奉使所带国书入奏于朝。（0001 卷 127）

抄儿赤②　元世祖时河西军将领。至元十七年（1280）三月，其所部河西军士奉命入备扈从。（0001 卷 99）

抄儿赤③　元东北叛王乃颜党。世祖至元二十四年（1287），从乃颜叛，率军欲袭皇子爱牙赤（世祖第六子），被辽东宣慰使塔出击退。（0001 卷 133）

抄儿赤④　元世祖至元后叶从东王叛王哈丹党诸王阿秃叛乱者。至元二十九年（1292）二月，被谪置月的迷失军中，从军自效。（0001 卷 17）

抄儿赤⑤　元成宗大德五年（1301）任江南行台监察御史。（0632 卷 6）

抄儿赤⑥　元大德十一年（1307）五月，武宗即位后，由延庆使擢任中书右丞，任至此年十二月。（0001 卷 22、112）

抄儿伯姬　金后叶蒙古克烈部主王汗之女。元太祖尝为长子术赤求娶之，未遂。（0001 卷 1）

折兴　元世祖至元后叶云南行省少数民族反元首领。凭险反元。元将脱力世官夜入据其寨，其部众散走。（0001 卷 133）

折里麦（约 1161～约 1207）　又译者勒篾。蒙古兀良合部人。自幼为铁木真（元太祖）家奴婢。后随铁木真与泰赤乌、克烈、乃蛮等部作战，勇敢善战，屡立战功。与哲别、速不台、忽必来齐名，被称为铁木真四猛狗之一。元太祖元年（1206），受封为左翼千户长。（0001 卷 1，0009 卷 2～9，0008 卷 1）

折的迷失　元世祖至元十一年（1274）为征行万户，从伯颜攻宋。是年十二月，奉遣受阿里海牙统率，率所部军攻阳罗堡（在今湖北新洲县西南长江北岸）。（0001 卷 127）

折米思拔都儿　元初勋臣。太宗八年（1236），受赐怀孟等处五户丝户一百户。（0001 卷 95）

护林　元畏兀儿人，翰林直学士文书奴之子。任汉阳府达鲁花赤。（0011 卷 51）

护廉实　元顺帝至正间任河中（治今山西永济西南）知府，在任二年丁忧去。后起为河东转运使。（0691 卷 8，0700 卷 6，0696 卷 2）

护都不花（1308～?）　字茂实。元蒙古人，居衡州（治今湖南衡阳）。顺帝元统元年（1333）进士，授通政院照磨。（0028 卷上，0011 卷 96）

护都答儿　又译护都沓儿。元蒙古人。仁宗延祐二年（1315）蒙古色目右榜进士第一甲第一名（状元）。五年，任翰林待制兼国史院编修官。（0001 卷 25、81，1085 卷 10）

护禄赐不花　元英宗至治三年（1323）中乡试。任庆元路（治今浙江宁波）儒学正。（0634 卷 2）

把把　元高昌畏兀儿人，居溧阳（今属江苏）。元世祖至元后叶或成宗时为江东廉访副使。（0948 卷 4）

把者　元英宗时绍兴路柔远州（治今云南保山西南怒江坝）洞蛮首领。至治二年（1322）十二月，反元起事，元廷遣兵捕之。（0001 卷 28）

把带　又译巴歹、拔台、八答。元蒙古斡罗纳儿氏。与兄启昔礼同为克烈部王汗属下也客扯连之牧马人。二人获悉王汗将发兵偷袭铁木真（元太祖）之密谋，急告铁木真。王汗败亡后，铁木真授予二人答剌罕称号，并由其子孙世袭。元太祖元年（1206），二人皆被封为千户功臣。太宗八年（1236），二人共受赐邢州（治今河北邢台）五户丝户一万四千余户。（0001 卷 1、95、119，0009 卷 5、7、8、9）

把里牙　元高昌畏兀儿人，顺帝至正间任开化县（今属浙江）达鲁花赤，率兵讨伐反元队伍，中伏死。（0878 卷 2、4）

把德伸　字仲直。道号清虚大师。元唐邑（今河北唐县东北）人，迁居襄陵。全真教道士。世祖至元十二年（1275）授提举诸路道教事。（0040 卷 7）

把失忽都　元文宗天历二年（1329）为江西行省平章政事。因贪纵不法，是年为江西廉访使纳麟所劾罢。（0001 卷 142）

把的于思　元文宗天历二年（1329）为监察御史。是年七月，奏言："自去秋命将出师，供给军需，赏赐将士，所费甚巨，已过岁入数倍。况今诸王朝会，旧制一切供亿，俱尚未给，而陕西等处饥荒，民庶流移者众。此正国家节用之时。有功当赏者，宜视其官之崇卑而轻重之。近侍诸臣奏请恩赐，宜悉停罢。"台臣以闻于明宗，明宗嘉纳之，仍敕中书省以其所言示百司。(0001 卷 31)

把匝剌瓦尔密(? ~1382)　元世祖第五子云南王忽哥赤后裔，梁王孛罗之子。顺帝至正间(1341 ~1368)，袭梁王位，镇云南。二十四年，明玉珍遣兵三道来攻，王退保金马山。后以大理兵击退明玉珍兵。二十八年元亡后，继守云南，沿用元年号，遣使赴塞外元帝行在，执臣节如故，屡拒明招谕，杀明使。明洪武十四年(1381)十二月，为明将傅友德所败，丧师十余万，退走普宁州，自杀。(0020 卷 124,0003 卷 105)

把扫马野礼属　金汪古部人。马庆祥之父。马月合乃祖父。自辽东迁居淨州天山县(治今内蒙古四子王旗西北)，以财雄边。(0001 卷 134)

报恩奴(? ~1355)　元宗室，威顺王宽彻普化子。顺帝时天完红巾军起于湖广，报恩奴率军进讨，兵败被杀。(0001 卷 44、117)

连精　元僧，定远(治今云南牟定)人。通瑜伽秘密教。顺帝至正间云南旱，梁王迎之以祈雨，于净瓶中出一小蛇，遂大雨。(0622 卷 86,0851 卷 13)

连肇　字士征。元襄垣(今属山西)人。中乡试。历任潞城、陵川、汾州教官。有诗作传世。(0691 卷 9,0698 卷 8、9,0504 丁)

连絷　元儒士。中河东乡试，授河南儒学提举，不受。(0714 卷 155)

连九鼎　元钟离县(治今安徽凤阳东北)知县，有廉勤声。(0622 卷 7,0977 卷 6,0075 氏族典卷 181)

连文凤　字百正，号应山。宋元之际福州人。宋末为太学生。工诗。元世祖至元二十四年(1287)，其诗作被月泉吟社选评为第一名。有《百正集》三卷。(0373 卷 6,0504 甲,0033 卷 6)

连文质　元泰定元年(1324)为广州路提控案牍。(0590 卷 2)

匣剌　元世祖至元八年(1271)为东川统军，秋八月，与元将杨文安会师攻宋达州(今四川达县)，三战三捷。(0001 卷 161)

匣剌不花　元蒙古兀鲁兀氏。术赤台五世孙。塔失帖木儿之子。袭封郡王。(0001 卷 120)

匣剌达海　元太宗时蒙古军将领。(0001 卷 153)

匣剌撒儿　元世祖至元中为蒙古军千户，从大军攻重庆。(0001 卷 132)

匣答儿密立　金末元初哈剌鲁人。也罕的斤祖父。元初以斡思坚国(一说即讹迹邗，在今锡尔河下游，速格纳和与毡的之间)哈剌鲁军三千归附元太祖，又献羊马牛以万计。以千户从太祖征回回诸国。又从拖雷等谕降河西诸城。后从攻临洮，战死。(0001 卷 133)

步祯　元世祖至元二十二年(1285)任秘书监提控案牍。(0027 卷 9)

步从信　字仲实。元扬州(今属江苏)人。顺帝至正二十一年(1361)任开化(今属浙江)知县。(0188 卷 1)

步宗浩　字进德，号云冈。元姑苏(今江苏苏州)人。早年通儒业，中年入道教，为张善渊弟子。仁宗延祐年间制授贞元微妙弘教法师，住持提点灵慈宫。(0044 卷上,0042 卷 11)

步鲁合答　元汪古人。按竺迩之孙，车里之子。世祖至元二年(1265)，父病废，奉宗王阿只吉命代领父所部军。八年，制授管军千户。宋将昝万寿攻成都。率兵七百人御之，大败其军。十一年，元军围攻嘉定；率部攻九顶山，破之，嘉定降。进攻重庆，宋军突围出走；奉遣率兵追之，斩首二百级。十六年，取重庆，以功升征行元帅。二十一年，率蒙古探马赤军千人从征金齿，平之。从征罗必甸，诸军会城下，进攻，率部先登，拔其城，居之。又从征八百媳妇，至其酋长所居地车厘，攻入其寨，其地悉平。以功授云南万户府达鲁花赤，卒。(0001 卷 132、121)

坚童(1253 ~1291)　字永叔。元蒙古篾儿乞氏。阔阔之子。幼从王鹗学。后入国子学，从许衡学。弱冠入侍禁廷，授侍仪奉御。迁任同修起居注。奉使济南，见杨桓贤，力荐之。世祖至元二十三年(1286)，授礼部尚书，迁吏部，改侍御史。次年，扈从世祖征乃颜，屡战有功。迁燕南按察使。二十八年，升河南行省平章，未上任卒。(0001 卷 134)

坚白子　元人。善画，文宗至顺元年(1330)作草虫卷，今藏故宫博物院，画上有自跋。此画用淡墨勾染，极文静，书法似赵孟頫而潇洒过之。元饶州周伯琦(1298 ~1369)别号坚白老人，不知是否此坚白子。(1143 卷 1062)

肖乃台　又译笑乃觧、笑乃带等。蒙古克烈土别燕氏。元太祖八年(1213)，从木华黎为先锋，攻略至涿州，收降史秉直及其子弟等数千人。二十年，奉孛鲁命，率军与史天泽击败武仙。又败宋将彭义斌，追斩之。进占大名、东平。二十一年，从孛鲁攻益都。太宗四年(1232)，渡黄河，攻略河南，斩金将完颜兀里，擒庆山奴。五年，与诸军围攻蔡州(今河南汝南)。六年正月，攻破蔡州城，灭金。八年，以功受赐东平五户丝户一百户。后病死于东平，归葬漠北。(0001 卷 120、95 等)

肖撒八　元宪宗时行军万户邸顺部属。宪宗四年(1254)，顺举其功以奏，帝赐以金符，仍隶顺麾下。(0001 卷 151)

时习　字定门。元僧，山阴(治今浙江绍兴)叶氏子。仁宗延祐中召至京，说法于

南城寺。(0880 卷 48,0896 卷 200)

时用　元东平(今属山东)人。元初历任义乌县尉、鄞县尉。(0633 卷 3)

时亨　元世祖至元二十五年(1288),任定海县(治今浙江宁波镇海)主簿。(0633 卷 3)

时忠　元广平(今属河北)人。成宗元贞元年(1295),任镇江路广平翼下百户。(0631 卷 17)

时春　元新泰(今属山东)人。历任百户。(0075 氏族典卷 43)

时敏　元世祖至元间任庆元路(治今浙江宁波)儒学正。(0633 卷 2)

时鉴　元上虞县(今属浙江)主簿。(0880 卷 28)

时溥　字君泽,号雨岩。元僧,华亭(治今上海松江)人。居奉贤乡接待寺。通经律。能诗。善画墨竹。(0030 卷 5)

时蔚(1303～1381)　字万峰。元明之际温州乐清(今属浙江)人。佛教僧人。俗姓金。尝结茅于明州达蓬山,独处十年。后入静嵩山,居十二年。元末建圣恩禅院于苏州邓尉山,禅侣四集,室不能容。有诗作传世。(0042 卷 12,0075 神异典卷 188,0504 壬上)

时震　字伯威。元泰安儒学教授。(0144 卷 29)

时太初　字大本。元常熟(今属江苏)人。工诗文,与杨载、干文传为文字交。(0947 卷 9,0504 庚上,0394 附慎独叟遗稿)

时公权　元官员。初以河南右丞守隰州。后以万户守归德府,顺帝至正十七年(1357)以城降于大宋红巾军。(0001 卷 45,0700 卷 6)

时治安　元官员。历任婺州路(治今浙江金华)录事、永康县(今属浙江)知县。(0881 卷 11、13)

旷奎　元安福(今属江西)人。弱冠游学四方,至大都(今北京),有荐其人仕者,以亲老辞归。(0144 卷 23)

旷作成　名不详,以字行,号賔谷。元庐陵(治今江西吉安)人。赈饥民,率乡人击退盗寇,被称为乡之义士。(0301 卷 8)

别乞　元中叶须知忽都(今内蒙古阿拉善左旗西北图克木南)皇家牧马地哈剌赤(牧养皇家母马群,挤乳,搅制马奶酒进奉者)。(0001 卷 100)

别里　元钦察人,完者都之子。历任长兴州(治今浙江长兴)达鲁花赤。(0011 卷 76)

别苦　元初勋臣。任千户。世祖至元二十年(1283)受赐浔州三千户,岁获江南户钞凡一百二十锭。(0001 卷 95)

别帖　元蒙古别速氏。世居汴梁阳武县(治今河南原阳)。抄儿之孙、抄海之子。父战死,宪宗时率父军从攻鄂州(今武昌)。世祖时从皇子忽哥赤西征大理国,战死。(0001 卷 123)

别迭　元太宗近臣。太宗初年奏言:"汉人无补于国,可悉空其人以为牧地。"被耶律楚材阻止。(0001 卷 146)

别阔　元蒙古忙兀部人。成宗元贞元年(1295)五月,被流放于江西,俾从行枢密院官月底迷失征讨反元队伍。(0001 卷 18)

别敦　元仁宗皇庆元年(1312)任秘书监著作佐郎。(0027 卷 10)

别薛　元仁宗皇庆二年(1313),奉皇太后懿旨,由万户擢任行省参政。致和元年(1328)八月,被大都政权任命为湖广行省左丞。九月,奉文宗命守八番,以御四川军。天历二年(1329)二月,奉命与湖广行省官脱欢、孛罗等率军进讨四川囊加台反文宗军。(0001 卷 32、33、175)

别儿哥①　元宪宗时为必阇赤(宫廷书记官)。宪宗三年(1253)正月,奉旨至斡罗斯(今译罗斯)诸公国括户口。(0001 卷 3)

别儿哥②(1209～1266)　又译伯勒克。元宗王。术赤第三子,拔都弟。钦察汗国第四代汗。元宪宗元年(1251)六月,参加大会,推戴宪宗为大帝。二年夏,受封于曲儿只(今格鲁吉亚)之地。七年,即钦察汗位,括斡罗斯(今译罗斯)诸公国户口。在位凡十年。在位时,曾在伏尔加河下游商道建立别儿哥萨莱城(今俄罗斯伏尔加格勒附近)。曾两次出兵,与伊利汗旭烈兀、阿八哈争夺外高加索地区,造成两汗国此后长期不和。信奉伊斯兰教,与埃及马木留克王朝建立联盟,使伊斯兰教文化传入钦察汗国。(0001 卷 3,0002 卷 106,1141 第 1 篇第 4 章)

别乞怜　元世祖至元二十六年(1289)十二月,率众起事,劫取驿站脱脱禾孙(驿站查验官)塔剌海等。被元将明安率军追击,五战五败,所劫者悉被夺还。(0001 卷 135)

别不古　元世祖至元二十四年(1287),从东北宗王乃颜叛,被玉昔帖木儿军击败于札剌马秃河(今海拉尔河支流扎罗木得河)。(0001 卷 131)

别不花①　元诸王。成宗大德九年(1305)正月,其所部受赐巨额钞及币帛。十一年六月,武宗即位后,徽政使佩头等言其以私钱建寺,为国祝釐,其父为诸王斡忽所害,请赐以斡忽所得岁赐;武宗命以斡忽所得五年岁赐与之。(0001 卷 22)

别不花②　元大德十一年(1307)七月,武宗即位后,由集贤院使任中书平章政事,八月,加太尉。九月,出任江浙平章政事。至大三年(1310)为江西行省左丞相。后迁任湖广行省左丞相。因贪赃罢官。致和元年(1328)八月,燕铁木儿发动政变于大都(今北京),任大都政权中书左丞相。九月,文宗即位后,仍任中书左丞相,兼知枢密院事。十月,加太保。十一月,罢相。二年八月,因监察御史劾奏其罪,被安置于集庆(今南京)。(0001 卷 22、23、32、33、112 等)

别不花③　元文宗至顺元年(1330)任定海县(治今浙江宁波镇海)主簿。(0634 卷 2)

别不花④　元文宗时大臣。至顺三年(1332)文宗死后,皇后听政,奉命与塔失海牙、阿儿思兰、马祖常、史显夫、孛术鲁翀共六人商论国政。(0001 卷 183)

别不花⑤　元顺帝至元四年(1338)为江浙行省平章。是年六月,奉诏统率浙闽、江西、广东军讨伐漳州路南胜县民李志甫为首之反元队伍。(0001 卷 39)

别不花⑥　元康里氏,顺帝至正八年(1348)为岭北行省平章。(0011 卷 62,0014 卷 2)

别古思　元世祖至元二十六年(1289)任江南行台监察御史。(0632 卷 6)

别吉八　元阿速人。彻里之父。宪宗时从攻钓鱼山(今四川合川东),以功受赏。(0001 卷 135)

别吉连　元阿速人。世祖时后卫亲军副都指挥使拔都儿之子。袭父职。仁宗即位(1311),河东、陕西、河北、河南、山东、辽阳等地诸翼卫探马赤军争草地讼者二百余起,奉旨审理。致和元年(1328)八月,泰定帝死后,从燕铁木儿发动政变于大都(今北京),擒倒剌沙党乌伯都等,领诸卫军守居庸关及各要害地。是年十月,从燕铁木儿军击退上都王禅军进攻,受文宗赐御衣、三珠虎符、金、帛、弓、甲等物。未几,以病辞军职。(0001 卷 132)

别同瓦　元世祖至元六年(1269)为断事官。是年十一月,奉遣驰驿于王綧、洪茶丘所管实科差户内迁军至东京(今辽宁辽阳),付枢密院,得三千三百人。(0001 卷 208)

别合剌①　元诸王。世祖至元二十年(1285)受赐钞、布、绢。(0001 卷 13)

别合剌②　元蒙古斡勒忽讷惕氏。驸马。塔出驸马之子术真伯驸马之子。塔八驸马之父。(0001 卷 109)

别帖木①　元畏兀儿人,大乘都之子。官至陕西怯连都总管。(0011 卷 48)

别帖木②　元唐兀人,黄头之子。(0011 卷 61)

别帖木③　即别帖木儿⑤。

别罗沙(1308～?)　字彦诚。元回回人,居龙兴(治今江西南昌)。顺帝元统元年(1333)进士。仕至光州达鲁花赤。工诗,有诗作传世。(0028 卷上,0504 丁、戊下,0011 卷 86)

别的斤　元回回人。历任秘书监令史。世祖至元二十八年(1291)改任秘书监怯里马赤(通事)。(0027 卷 11)

别的因(1229～1309)　元乃蛮人。抄思之子。宪宗四年(1254),袭父职为副万户,镇守随、颍等州。世祖中统四年(1263),授寿、颍二州屯田府达鲁花赤,杀虎除害。至元十三年(1276),授信阳府达鲁花赤。十六年,升常德路副达鲁花赤,镇压该路同知李明秀反元起事。三十一年,迁任池州路达鲁花赤。武宗至大二年(1309),迁任台州路达鲁花赤,未几死。(0001 卷 121)

别思葛　元成宗元贞元年(1295)为山东都转运使司官长。是年,以增羡盐钞四千余锭,帝赐衣以旌其能。(0001 卷 18)

别都温　元蒙古朵儿边氏。太祖时为千户。(0002 卷 128)

别速歹　元武宗至大四年(1311)任江南行台监察御史。(0632 卷 6)

别速觧　又译别速台、伯速带、别速带。元将。世祖至元十五年(1278),奉安西王相府命,率军讨平宗王秃鲁叛乱。十六年九月授都元帅,奉命与另一都元帅忽必来率领蒙古军二千人、河西军一千人镇守斡端(今新疆和田)。十九年九月,请于罗卜(治今新疆洛浦)、阇里辉(今新疆且末)立驿;从之。二十二年,其所部军受赏钞、马、牛羊、米、绢帛、甲、弓、衣等物。(0001 卷 10、12、13、155 等)

别娥娥　元陕州(治今河南三门峡市西)陈某妻。早寡,不忍独生,以死从夫。诏褒表之。(0001 卷 200)

别阇里　元文宗时驸马。文宗天历二年(1329)五月,随从文宗自大都前往迎接明宗。(0001 卷 31)

别鲁沙　元回回人,别罗沙祖。管领织匠户计。(0011 卷 86)

别撒里　元成宗大德二年(1298)任衢州路同知。(0878 卷 2)

别燮理　元钦察人。顺帝至正元年(1341)任江南行台监察御史。(0632 卷 6)

别乞烈失　元泰定四年(1327),受封为宁国公,赐印。(0001 卷 30)

别列怯都　元文宗至顺年间为荆湖北道宣慰使。尝贷内府钞,威逼部民代偿,不足则以宣慰司公帑钞偿之。至顺三年(1332)正月,被山南道廉访副使秃坚董阿劾罢。(0001 卷 36)

别克帖儿　元太祖异母弟。幼时与太祖不和,被太祖射杀。(0009 卷 2)

别里不花①　元哈密理(今新疆哈密)人。文宗至顺二年(1331)任江南行台监察御史。(0632 卷 6)

别里不花②　元钦察伯岳吾氏，土土哈之子。任钦察军千户。（0011卷73）

别里古台　又译别勒古台。元太祖异母弟。有勇力。早年为太祖掌从马。后随从太祖征战，冲锋陷阵，不避艰险。太祖即位（1206），任大断事官，受封蒙古百姓一千五百户。其封地在斡难河（今鄂嫩河）及怯绿连河（今克鲁伦河）中游。（0001卷117、1等，0009卷10）

别里虎觮（？～1258）　元蒙古许兀慎氏。塔察儿之子。初为世袭火儿赤（箭筒士）。宪宗二年（1252），袭父职，总管四万户蒙古、汉军，攻宋两淮，悉定边地。八年，会师围宋襄阳，逼樊城，力战而死。（0001卷119）

别里怯都　元钦察人，完者都之子。历任燕南廉访使。（0011卷75）

别里迷失　元驸马。蒙古斡亦剌氏。娶延安公主。（0001卷109）

别帖木儿①　元蒙古塔塔儿氏。布智儿之子。世祖至元间为吏部尚书。至元八年（1271），云南王忽哥赤被大理等处宣慰使宝合丁等毒杀；奉旨辅忙兀部断事官博罗欢往云南审理此案。（0001卷121、123）

别帖木儿②　又译别铁木而等。元宗王。太宗子阔端之孙，曲列鲁之子。世祖至元十九年（1282）四月，诏收其统率诸军之银印。成宗大德三年（1299）正月，诏追收其行军印。仁宗延祐二年（1315）九月，诏赐以永昌路（治今甘肃永昌）及西凉州田租。四年闰正月，封汾阳王。五年三月，置汾阳王王傅四员。（0001卷12、20、25、26、107等）

别帖木儿③　元泰定帝二年（1325）为太子詹事。是年九月，奉旨为河东陕西道奉旨宣抚官。（0001卷29）

别帖木儿④　元宗室。威顺王宽彻普化之子。顺帝至正十一年（1351），从父率军讨伐天完红巾军，至金刚台（在今河南商城县东南），被天完将倪文俊战败，被俘。（0001卷117）

别帖木儿⑤　又译别帖木，元畏兀儿人，阿失帖木儿之子。历任庐州路达鲁花赤。（0011卷39）

别帖木儿⑥　元顺帝至正十七年（1357），任中书右丞。二十五年，任中书平章政事，三月，迁御史大夫。（0001卷46、113）

别怯木儿　元顺帝至正十六年（1356），任中书参知政事。（0001卷113）

别都鲁丁①　又译别鲁丁、别都儿丁。元世祖时中书右丞张惠之侄。世祖至元二年（1265）任工部尚书。十四年，由吏部尚书擢任参知政事。十六年，出任河南等路宣慰使。二十八年，任中书左丞。（0001卷6、9、10、16）

别都鲁丁②　元世祖至元十五年（1278）至十八年，任庆元路（治今浙江宁波）同知。（0633卷2）

别都鲁丁③　元西域人。历任澧州路（治今湖南澧县）总管、广东宣慰使。（1053卷13）

别都鲁丁④　元回回人，阿合马侄。历任河南行省参政。（0011卷81）

别都鲁思　元武宗至大三年（1310）任上都、中都等处银冶提举司达鲁花赤。（0001卷23）

别哥伦氏　元武宗时中书平章政事阿沙不花之继室。阿沙不花死后，守寡三十年，未尝妄言笑，身不服华綵。诏旌其门，封顺宁王夫人。（0001卷136）

别烈迷失　元英宗至治三年（1323）八月初晋王也孙铁木儿所遣使者。是年八月初二，铁失密遣斡罗思来告晋王：将谋杀英宗，事成，当推立晋王为帝；晋王命囚斡罗思。于是，奉晋王遣赴上都，将以铁失等密谋告于英宗。未至，初四夜，英宗遇弑。（0001卷29）

别铁木儿①　元世祖至元二十八年（1291）九月，授礼部侍郎，奉旨出使马八儿国（在今印度半岛东南海岸）。（0001卷16）

别铁木儿②　元武宗时蒙古大宗正府也可札鲁忽赤（大断事官）。至大二年（1309）十二月，奉旨与尚书省臣及御史中丞冀德方、中政使搠只等审理刘氏状告尚书平章政事三宝奴夺其所进宋玉玺、金椅等物案。狱成，以刘氏为妄。有旨，斩书状人乔瑜，杖刘氏，遣归原籍。（0001卷23）

别铁木儿③（？～1328）　元致和元年（1328）为河南右丞。是年八月，被燕铁木儿所遣前河南行省参政明里董阿逮捕下狱，数日后被杀。（0001卷32）

别铁木儿④　元中叶哈里牙儿皇家牧马地苟赤（掌管牝马群者）。（0001卷100）

别儿怯不花（？～1350）　字大用。元蒙古燕只斤氏。成宗时丞相阿忽台之子。幼孤，侍明宗于藩邸。未几，入国子学。仁宗时被召入为宿卫士。英宗时任八番宣抚司达鲁花赤。泰定帝时任同知太常礼仪院事、监察御史、中书右司郎中、参议中书省事。文宗时任吏部尚书、广西两江道宣慰使司都元帅。顺帝初年任江浙参政、宣徽使等职。至元四年（1338），拜御史大夫。未几，迁任中书平章。至正二年（1342）出任江浙左丞相，有治绩。召还，任翰林学士承旨。四年，拜中书左丞相。奉旨周行漠北，洗冤除弊，奏发使谕诸王，使各抚其民，毋逾法制。七年，升右丞相。五月，被劾罢相。未几，谪居渤海县。死后追封翼王，谥忠宣。（0001卷140、39～41、113等）

别儿帖木儿　元宗王。哈撒儿次子移相哥四世孙。（0001卷107，0003卷148）

别乞八儿思　元世祖至元间任溧阳（今属江苏）路同知。（0632卷6）

别乞里迷失(?～约1283)　又译别急列迷失、别吉里迷失等。元世祖至元十二年(1275)为招讨使,九月与伯颜等会师淮安城下,攻克之。十三年,为淮东行枢密院官,七月,授中书右丞。十四年,北征弘吉剌部只儿瓦台叛军。十六年正月,任同知枢密院事。征讨叛王失里木等,追击其众至兀速洋(今叶尼塞河支流乌斯河)而还。后尝诬伯颜以死罪,未几,以它罪伏诛。(0001卷8、9、10、127、135、165等)

别乞帖木儿　元诸王。世祖至元十七年(1280)五月,受赐银印。(0001卷11、108)

别失帖木儿　元诸王。仁宗延祐五年(1318)七月,帝赐以金银,并赈其部米万石、钞万锭。泰定元年(1324)正月,受赐金印。(0001卷26、29、108)

别里铁穆而　又译别里帖木儿。元宗王。太祖幼弟铁木哥曾孙。世祖至元中,宗王昔里吉叛;奉旨率军往征之。至金山(今阿尔泰山),击败昔里吉党叛王脱忽,获昔里吉所遣使,知其不为备,乃乘势进击,大破之。(0001卷169、107)

别思帖木儿　元诸王。文宗天历元年(1328)十月,与齐王月鲁帖木儿、东路蒙古元帅不花帖木儿等以兵围上都(今内蒙古正蓝旗东北),倒剌沙等奉皇帝宝出降;遂与月鲁帖木儿等同奉献皇帝宝于文宗。(0001卷32)

别思铁木儿　元诸王。英宗至治三年(1323)六月,统兵北部;有旨另颁岁赐。(0001卷28)

别速帖木儿　元世祖至元十九年(1282)七月,由巩昌路(治今甘肃陇西)达鲁花赤擢任巩昌平凉等处二十四处军前便宜都总帅府达鲁花赤。(0001卷12)

别铁列不作　元中叶怯鲁连(今克鲁伦河)地区皇家牧马地哈剌赤(牧养皇家母马群、挤乳,搅制马奶酒进奉者)百户。(0001卷100)

别理哥帖木尔(1286～1317)　元蒙古札剌亦儿氏。木华黎五世孙。硕德之子。朵尔直班之父。任通政院佥事。死后追封鲁国公。(0001卷139,0152卷25,0011卷2)

吴中(1312～1351)　字子善。元东阳(今属浙江)人。从陈樵学,通《易经》。屡试不利。(0411卷42,0072卷70)

吴升①　元滕县(今属山东)人。历任邵武路、兴化路推官,有廉明声。英宗至治元年(1321)以泉州路治中致仕。(0075氏族典卷79)

吴升②　字起东。元黄岩(今属浙江)人。顺帝至正年间为虹县知县,有廉能声。(0977卷6)

吴氏①(?～1317)　元温州(今属浙江)女,才色俱丽。其父临终命嫁儒生。仁宗延祐四年(1317),媒妪至城内洪府言:女家久择婿,难其人。洪公子仲明欲为其友郑禧求娶,郑辞曰已娶。媒妪求郑赋词一首,达于女氏。一日,女和前词,附媒妪至。妪曰:吴氏之族,见郑词喜,盛赞郑才,但吴母谓郑已娶不可,女独唱和,意欲居二室亦可。有周氏子挟财媚吴母,母遂纳其定礼。女愤成疾,未几死。郑禧为作《悼亡吟》。(0033卷14、36)

吴氏②(1342～1366)　元末湖州(今属浙江)妇女。杨某妻。有殊色。顺帝至正二十六年(1366),明兵逼城,吴氏惧受辱,携二子投水死。(0002卷245,0296卷6)

吴氏③　元周经妻。以夫死,不忍独生,自缢而死。事闻于朝,诏旌异之。(0001卷201)

吴氏④　元兴和(治今河北张北)人。夫死,自刺其面,誓不改嫁。有司为请于朝,诏旌表之。(0001卷200)

吴氏⑤　元昭武(治今福建邵武)人,吴伯固之女。其夫谒阙上书,称旨,送国子学,三年不归。作诗寄之。未几,帝驾临国子学,其夫受职归。(0504壬下)

吴文(?～1334)　字士一,元抚州崇仁(今属江西)人。吴澄长子。吴当之父。以荫授柳州路同知。(0225卷12)

吴方(1288～1339)　字季仁。元江阴(今属江苏)人。少时受经于陆文圭。仁宗延祐中,以荐授处州路儒学录,不就。(0152卷39)

吴正　字太初。元初人。撰有《皇极大定动数得一论》一卷。(1103卷182)

吴本　字中立。元杭州人。元曲作家。天资明敏,好为舞章、隐语、乐府。撰有《道斋小稿》及《诗谜》。贫病而死。(0029卷下)

吴仪(1307～1371)　字明善。号东吴先生。元金溪(今属江西)人。其学以六经为归,晚尤专心《春秋》,谓圣人之经一,而诸家异传,大道榛塞,职此之由。乃著三书曰《禆传》、《类编》、《五传》,辨辞义严密。绝意仕进,家居教授。(0411卷6,0418卷28,0002卷235)

吴立　元人。有诗作传世。(0504辛上)

吴让①　元铜鞮(治今山西沁县)人。任潞城县(今属山西)知县,有治绩,世祖至元四年(1267)去任。(0210卷15)

吴让②　字谦甫。元东平(今属山东)人。世祖至元二十一年(1284)至二十三年任镇江路提控案牍。(0631卷15)

吴礼(?～1359)　字和叔。元休宁(今属安徽)人。顺帝至元二年(1336)辟江浙行省令史。后历任江西省掾、静江路经历。至正十年(1350),任廉州路推官。保境有功,升为钦州路总管。死于官任。有诗作传世。(0972卷8,0033卷24,0504己上)

吴永　字君远。元宜兴(今属江西)人。成宗大德二年(1298)三月至十月任镇江路提控案牍。(0631 卷 15)

吴迁　字仲迁,号可堂。元浮梁(今属江西)人。早年从饶双峰学。后为汪克宽之师。博学明经,隐居著书。著有《易学启蒙》、《书编大旨》、《左传义例》、《诗经众说》等书。死年九十。(0002 卷 235,0034 卷 2)

吴朴　字纯卿。元平江(治今江苏苏州)人。元曲作家。所作曲皆工巧,人多不及。(0029 卷下)

吴再(1307～1376)　字仲可。元明间丽水(今属浙江)人。家富而常赈济贫者,乡称善人。(0432 卷 22)

吴存(1257～1339)　字仲退。元鄱阳(治今江西波阳)人。仁宗延祐元年(1314)中乡试。次年会试不利,恩授饶州路儒学正。调任宁国路儒学教授。以鄱阳县主簿致仕。著有《乐菴遗稿》二卷。(0415 卷 4,0071 卷 83)

吴扬　字仲修。元仙居(今属浙江)人。顺帝至正年间署黄岩州判官,升同知。抵御反元队伍,死之。(0075 氏族典卷 79,官常典卷 733)

吴当(1297～1361)　字伯尚。元抚州崇仁(今属江西)人。吴澄孙。幼承家学,长通经史百家言,随祖至京师,补国子生。顺帝至正五年(1345),被荐任国子助教。参与修辽宋金三史。书成,授翰林修撰。历任国子监丞、司业、礼部郎中、翰林直学士。十五年,出任江西廉访使。镇压建昌、抚州反元队伍。十八年,陈友谅攻占江西。杜门不出,友谅屡聘不应,被拘江州(今江西九江)一年。后隐居而终。著有《周礼纂言》、《学言稿》。(0001 卷 187、171)

吴成　字山则。历任元新昌州医学正、余干州医学教授。(0212 卷 26)

吴仲　元延祐七年(1320)二月,中书右丞相铁木迭儿怨中书平章政事萧拜住尝在省中牵制其所为,又尝发其奸赃、专制等事,矫命杀之。仲潜守萧拜住尸,三日不去,竟收葬之。(0001 卷 179)

吴华　元松溪(今属福建)人。顺帝至正年间弃家修炼于瑞岩庵四十余年。为人治病,痊瘉者甚众。(0075 氏族典卷 79)

吴舟　元婺源(今属江西)人。任晦菴书院山长。(1004 卷 5,0973 卷 7)

吴会(?～1388)　字庆伯。元明之际金溪(今属江西)人。顺帝至正四年(1344)乡试第一。著有《书山遗集》二十卷。(1103 卷 190)

吴兴　元世祖至元二十一年(1284)为海盗黎德之部属,任伪招讨。是年十一月,与黎德皆被江西行省参政也的迷失获擒,德被就地处死,兴被槛送京师。(0001 卷 13)

吴汝　字国栋。元饶州(治今江西波阳)人。顺帝至正中以行省左丞戍黄冈,与天完红巾军战,死之。(0075 官常典卷 735)

吴讷(1331～1357)　字克敏。元休宁(今属安徽)人。少时习骑射、学兵法。元末,反元队伍起,以荐授建德路(治今浙江建德东北)判官兼"义兵"万户。顺帝至正十七年(1357),明兵至,讷随元帅阿鲁辉退屯浙西。巡逻至白际岭,遇明兵,战败,引刀自刎死。有《吴万户诗集》五卷。(0002 卷 232,0532 卷 97,0503 三集庚)

吴芾　元顺帝至正中为永州路(治今湖南零陵)判官,有治绩。(0622 卷 65)

吴里　字处仁,号逸民。元钱塘(治今浙江杭州)人。仕至江阴州儒学教授。工草书,师法鲜于枢。(0004 卷 36,0031 卷 7)

吴彤(1317～1373)　字文明。元明之际临川(治今江西)人。顺帝至正八年(1348)进士,授赣州路录事。治狱、镇压反元起事有功,超擢治中。十八年,陈友谅攻破城,执彤欲官之,以计脱归。二十五年,朱元璋召至金陵,授国子博士。明洪武三年(1370),累官北平按察副使。工诗文,有《弱龄稿》、《壮游稿》、《南游稿》、《山居稿》、《金兰稿》,皆佚。(0411 卷 14)

吴宏　元明间江西余干人。涉猎经史,工书能诗。元末仕陈友谅为行省参政。朱元璋军攻占江州,宏以饶州降。从下武昌,拜中书左丞。(0073 卷 10)

吴茂　元英宗至治二年(1322)任瑞州路(治今江西高安)提控案牍。(1016 卷 14)

吴直　字德刚。元吴郡(今苏州)人。顺帝至正二十三年(1363)至二十六年任无锡州提控案牍。(0558 卷 24)

吴肯　元乐安县(今属江西)主簿。有佐理才。县不通舟楫,病于飞挽,疏请轻赍,民深德之。(1014 卷 9)

吴旺　元世祖至元三十一年(1294)任开化县(今属浙江)知县。(0878 卷 2)

吴明　元大同(今属山西)人。累官国子助教。(0622 卷 21)

吴京　元抚州崇仁(今属江西)人。吴澄第三子。文宗至顺元年(1330),特授抚州路儒学教授。后仕至翰林国史院典籍官。(0001 卷 171)

吴泽①　又作吴权府。元将石天应之部将。勇而嗜酒。元太祖十七年(1222),天应守河中府(今山西永济西南蒲州镇),金将侯七率兵十余万夜袭河中,天应知之,遣泽率五百兵伏两谷间,俟敌军半过,即翼击之。是夕,泽醉,金兵遂直抵城下,乘隙入城,天应战死。(0001 卷 119、122、149)

吴泽②　元诸暨(今属浙江)人。任新昌县(今属浙江)典史。(0880 卷 28)

吴宗(1246～1309)　字宗正。元建德(治今浙江建德东北)人。世祖至元十三年(1276)任建德路知事。后历任遂安县、弋阳县主簿。仕至徽杭榷茶提举。(0205 卷上)

吴诚①　元世祖至元二十五年(1288)为甘肃等处行尚书省佥事。是年九月,尚书省置征理司,秩正三品;被任命为征理使,专治仓库诸司应追征之财谷。(0001 卷 15)

吴诚②(1229～1314)　元大同(今属山西)人。累迁为西京路治中。历泉府少卿。进河东宣慰副使,致仕归。(0225 卷 21)

吴诚③　字明善。元大都(今北京)人。泰定四年(1327)任秘书监著作佐郎。顺帝至正二年(1342)由利器库提点迁秘书监丞。((0027 卷 9、10)

吴绎　字思可。元冀州信都(治今河北冀县)人。仁宗皇庆元年(1312)累官为汀州路总管。后历任福州、杭州、吉安三路总管,两淮盐运使,甘肃参政。官至江浙平章,封冀国公。(0231 卷 4、7,0622 卷 56)

吴珏　字元珍。元兴化(治今福建莆田)人。顺帝至正二十三年(1363)由兴化路儒学教授擢为秘书郎。二十六年,升为秘书监丞。((0027 卷 9、10)

吴政　元仁宗皇庆二年(1313)任江山县(今属浙江)尉。(0878 卷 3、8)

吴荃　字次修,号隐游。元瑞安(今属浙江)人。有诗作传世。(0504 戊上)

吴荣①　元世祖至元二十九年(1292)十月,奉元廷命与赵德泽领逃奴无主者二百四十户,淘银耕田于广宁(今辽宁北镇)、沈州(今沈阳)。(0001 卷 17)

吴荣②(1227～1302)　字景荣。元德兴(今属江西)人。善经商营利,晚年遂成高门。平居急义好施。(0142 卷 15)

吴厚　字德载。元九江人。泰定年间任兴化(治今福建莆田北)知县,有治绩。(0902 卷 62)

吴昞　元延平(治今福建南平)人。有诗作传世。(0504 辛上)

吴贵①　字和卿。元安丰(治今安徽寿县西南)人。以百户戍昆山(治今江苏太仓),遂家于昆山。好善乐为义。顺帝至正初犹在世。(0635 卷 5)

吴贵②　字良正。元义乌(今属浙江)童师之妻。婆嗜酒,家固贫,必力致之,婆醉乃已。婆死未殡,反元队伍至,家人皆逃,贵独侍棺侧,反元队伍义之而去。(0002 卷 245,0296 卷 5,0004 卷 40)

吴钧　字元播。元冀州信都(治今河北冀县)人。吴绎第五子。侨居于湖州(今属浙江),筑南楼以待宾客。(0158 卷 14)

吴复①(?～1348)　字见心。元富春(治今浙江富阳)人。从杨维祯学古人歌诗。有诗作传世。(0158 卷 25,0033 卷 22,0075 文学典卷 90)

吴复②　字子中。元台州(治今浙江临海)人。以父荫为主簿。后战乱,辞职归,不屑仕进。(0296 卷 5)

吴信(1196～1263)　金元之际荣河县(治今山西万荣西南)人。元太祖十七年(1222)率众降于木华黎,授镇西元帅。为儿,定荣州,守之。在荣州十余年,为政廉平,远近归之。年五十以病致仕。(0551 卷 26,0002 卷 145)

吴垕　字从礼。元杭州人。善于临摹院画,十分逼真。(0030 卷 5)

吴衍　字曼庆。元鄄城(今属山东)人。吴律之父。世祖至元二十五年(1288),任江南行御史台侍御史,三十年,升为中丞。谥文贞。(0632 卷 6)

吴律　字伯义。元鄄城(今属山东)人。吴衍之子。历任曹州判官、峄州知州、翰林待制。泰定帝致和元年(1328)任秘书少监,未几致仕归。死年八十一。(0075 氏族典卷 79,0730 卷 19)

吴亮　字明卿,号蟾心。元钱塘(治今浙江杭州)人。精于经术、吏事。世祖至元后叶任海运幕僚,三十年解任。成宗大德十年(1306),类集经史语句,撰《忍经》一卷。(1130 卷首)

吴炳　元汴梁(治今河南开封)人。儒士。尝以翰林待制征召之,不起。文宗至顺二年(1331)四月,元廷特命为艺文监典簿。顺帝至元五年(1339)十一月,杞县人范孟诈为诏使,杀河南行省平章、左丞及廉访使等,呼炳司卯酉历,不敢辞;而其同乡归旸拒不受孟命,被系于狱,毫无惧色。孟事败后,时人为之语曰:"归旸出角,吴炳无光。"(0001 卷 35、186)

吴举①　元成宗大德六年(1302),任江南行台监察御史。武宗至大四年(1311)累迁为江南行台都事。(0632 卷 6)

吴举②(1317～1360)　字子庸。元温州平阳(今属浙江)人。居家讲授,从学者甚众。在乡里间有威信。(0419 卷 14)

吴觉　字孔昭,号遯翁。宋元之际婺源(今属江西)人。宋理宗淳祐元年(1241)进士,官至宣城令。入元授婺源晦庵书院山长。(0972 卷 8,0167 卷 15)

吴宣　字泰然。元嘉兴(今属浙江)人。吴森之孙。元末苗兵将屠城,独至军门,请以身代,主帅壮之,释而不屠城。(0873 卷 14,0874 卷 15)

吴祐(?～1277)　宋元之际安丰寿春(治今安徽寿县)人。宋末以乡兵保寿春。元世祖至元十二年(1275)降元,为元军向导,由池口趋建康,克建平、长兴

二县，进据独松关。又从元军渡钱塘江，攻越、台、温三州，克莆阳县。以功授怀远大将军、招讨使。(0002 卷 165)

吴贯　元真定无极(今属河北)人。泰定四年(1327)任秘书监管勾。(0027 卷 9)

吴莱(1297～1340)　字立夫。元浦江(今属浙江)人。吴直方之子。七岁能属文，读书过目不忘。仁宗延祐七年(1320)，以《春秋》举上礼部，不利，退居山中，研究经书奥旨，著《尚书标说》、《古职方录》、《孟子弟子列传》等。喜论文，尝云："作文如用兵，兵法有正、有奇。正是法度，要部伍分明。奇是不为法度所缚，举眼之顷，千变万化，坐作进退击刺，一时俱起，及其欲止，什伍各还其队，元不曾乱。"顺帝至元六年(1340)，以御史荐，调长芗书院山长，未上任而死。私谥渊颖先生。有《渊颖集》。(0001 卷 181)

吴晋　元世祖至元二十六年(1289)任会稽(治今浙江绍兴)知县。(0880 卷 28)

吴铎　号南窗。元冀州信都(治今河北冀县)人。吴绎长子。顺帝至正十四年(1354)为江南行台中丞。是年，反元队伍攻政和、松溪；铎督军建宁。十六年五月，置福建行省，由福建元帅改任福建行省左丞。(0001 卷 92、195，0896 卷 116)

吴皋　字舜举。元临川(今属江西)人。早年从吴澄学。历任临江路儒学教授。入明不复仕。著有《吾吾类稿》三卷。(0006 卷 91 下，0297 卷首)

吴益　字敬夫。元延陵(今江苏镇江)人。有诗作传世。(0504 已下)

吴浩　字大成，又字养浩。元吉安龙泉(治今江西遂川)人。泰定三年(1326)中乡试。顺帝至元三年(1337)任新淦州同知。能诗，有诗作传世。(0504 丙)

吴海　字朝宗，号鲁客，元明间闽县人。元末以学行称，因世乱绝意仕进。明洪武初以史局征，力辞。尝著《书祸》，谓诸子百家及稗官野乘、支词艳说，均宜禁绝。有《闻过斋集》八卷。(0020 卷 298，0503 二集辛，0002 卷 238)

吴浚(1301～1327)　字道源。元济南人。尝从张养浩学。(0196 卷 7)

吴祯　元成宗大德元年(1297)任丹阳县(今属江苏)县尉。(0631 卷 16)

吴恕　字如心，号蒙斋，元钱塘(治今浙江杭州)人。青年时贫而博学，出售乌蛇丸治疗风疾为生。后被征至京师，授太医院御医。多年潜心研究《伤寒论》，认为该书旨意深奥，不便初学，顺帝至元年间(1335～1340)，取宋人李知先《活人书括》，融汇《伤寒论》及《南阳活人书》等著作，增入图表，编成《伤寒活人指掌图》三卷。此书后经明人熊宗立增续为十卷，更名《类编伤寒活人书括指掌图》。(1149 卷 253)

吴焘　字承禧。元广平(治今河北永年东南)人。文宗天历二年(1329)任江南行御史台监察御史。历任河南、浙东廉访司佥事。顺帝至元元年(1335)升为广东廉访副使。(0154 卷 15，0632 卷 6)

吴琇　元盂县(今属山西)人。顺帝至正年间保境有功，受封安远大将军。(0075 氏族典卷 79，0692 卷 20)

吴著　元襄陵(治今山西襄汾西北)人。世祖至元初授平阳路规措长官。后迁任河东陕西盐运使。(0700 卷 8)

吴彬　字仲文。元休宁(今属安徽)人。陈栎甥。有诗作传世。(0033 卷 12，0059 卷 11)

吴焕　元仁宗延祐二年(1315)任江山(今属浙江)知县。(0878 卷 2、8)

吴清　元溧阳(今属江苏)人。元末战乱，张三舍破溧阳，与弟江皆战死。(0075 氏族典卷 79)

吴淳①　字世英。元仙居(今属浙江)人。不求仕进，设义塾，延师以教乡子弟。(0072 卷 82)

吴淳②　字伯善。元长洲(治今江苏苏州)人。元末战乱。兄有病，淳负之走，遇乱兵，以身蔽兄，被刺三十余枪，而兄竟死。有诗作传世。(0075 氏族典卷 79，0504 庚上)

吴密①　元顺帝至正五年(1345)为宣政院都事。是年十月，奉遣为两浙江东道奉使宣抚首领官。(0001 卷 92)

吴密②　字安之。元安阳(今属河南)人。顺帝时由御史台掾出为江南行台管勾。至正九年(1349)迁任渤海(治今山东滨县)知县。(0250 卷 35、43)

吴隐　元人。有诗作传世。(0504 癸下)

吴琳　元宁国县(今属安徽)人。宋丞相吴潜次子。元初镇压台州反元队伍首领杨镇龙有功，授江东招讨使，镇金陵。(0524 卷 12)

吴琢　字玉成。元盱江(治今江西南城)人。客游江州(治今江西九江)时，受学于吴澄。(0212 卷 10、20)

吴喜　元泰定四年(1327)任溧水(今属江苏)州判官。(0632 卷 6)

吴敬　元英宗至治三年(1323)任庆元路(治今浙江宁波)经历。(0634 卷 1)

吴森(1250～1313)　字君茂。元嘉兴(今属浙江)人。元初以荐授管军千户。后致仕家居，多行善事。(0143 卷 8，0152 卷 29)

吴雄　字一飞。元诸暨(今属浙江)人。从胡长孺学，以古人自期。尝被征召为本州儒学正，不就。(0880 卷 46，0071 卷 65)

吴斐(1301～1326)　字昌文。元金溪

(今属江西)人。泰定二年(1325)试补国子学生,三年,谒告省亲,病死于途中。(0212 卷 83)

吴辉 金元间人。元初为学谕。(0607 三辑 31 册《元令旨五道石刻》)

吴鼎①(1264~1316) 字鼎臣。元广平(治今河北旧永年)人。世祖至元十七年(1280),被太子真金留为宿卫士。二十五年(1288),授织染杂造局总管府副总管。后累官为礼部尚书、宣徽副使。武宗至大元年(1308),出任保定路总管。三年,被召授同知中政院使。仁宗即位,改任京畿漕运使。皇庆二年(1313),任崇祥院使。死后,追封蓟国公,谥孝敏。(7-001 卷 170)

吴鼎② 元广平永年(今属河北)人。吴元珪之父。历任大司农都事,燕南按察副使。谥宪穆。有《古今农桑录》。(0622 卷 4,0073 卷 10)

吴锐 元武宗至大三年(1310)任定海(治今浙江宁波镇海)知县。(0633 卷 3)

吴雋 字廷彦。元丹丘(今河北曲阳西北)人。有诗作传世。(0504 辛下)

吴善①(? ~1339) 字养浩。元安仁(治今江西余江东北)人。吴全节之侄。从袁桷学。以荐授翰林编修。历任太常博士、集贤待制。后出任江浙儒学提举,秩满归。顺帝至元五年(1339)死于京师。有诗作传世。(0514 后集卷 1,0504 丙)

吴善② 字国良。元吴郡(今苏州)人,居宜兴(今属江苏)。工制墨,善吹箫,好与士大夫游。有诗作传世。(0106 卷 2,1072 卷 50,0504 己下)

吴渭 字清翁,号潜斋,宋元间浦江人。宋末为义乌令。元世祖至元二十三年(1286),结宋遗民为月泉吟社,以社中诸人所作编为《月泉吟社诗》一卷。(0504 甲,0063 卷 14)

吴满(? ~1282) 元世祖至元中福建反元队伍领袖陈吊眼之部将。至元十九年(1282)三月,陈吊眼被元将高兴诱执,处死于漳州。四月,率众继续对抗元军,被杀。(0001 卷 12)

吴谦① 字仲恭,宋元间浦江人。任月泉书院学录。与谢翱、方凤、吴思齐为道义交,宋亡,同居谦家。翱卒,谦为经理丧葬,并辑士大夫哀诔为《哭谢编》。(0063 卷 14)

吴谦② 字尊光,宋元间安仁人。从陈苑受象山之学,与李存、祝蕃、舒衍,号江东四先生。元初,屡征不就。(0063 卷 16,0071 卷 93)

吴裕(? ~1361) 字伯雍。元金溪(今属江西)人。顺帝至正十一年(1351)进士,授永新州同知。十六年归,避战乱居于隆兴。(0560 人集卷 35 下,1025 卷 42、50)

吴巽 元成宗大德四年(1300)任宜都(今属湖北)知县。(1042 卷 6)

吴弼 元冀州新河县(今属河北)人。英宗至治中任新州(治今广东新兴)知州。(0645 卷 5)

吴瑞 字瑞卿,元海宁(今属浙江)人。营养学家。文宗天历年间(1328~1330)任海宁医学教授。撰有《日用本草》八卷,内收日用食物 540 种,分为米、谷、菜、果、禽、兽、鱼、味八门。(1149 卷 248)

吴瑀 字贵叔。元义乌(今属浙江)人。工诗,其诗作被选为元初月泉吟社第二十三名。(0033 卷 6)

吴楚 字方叔。元高安(今属江西)人。世祖至元年间授四会知县。历任上杭、建宁、浦城等县知县。有廉能声。(1011 卷 31,0902 卷 57)

吴鉴 元闽县(治今福建福州)人。工文词,为时推崇。(0902 卷 126)

吴嵩 字维申。元庐陵(治今江西吉安)人。有诗作传世。(0504 戊下)

吴镃 字子彦。元宣城(今属安徽)人。以父荫为福建钞库提举。后历任分宜县丞、辰溪县尹、耒阳知州。有诗作传世。(0524 卷 1、4、6、12,0033 卷 23)

吴简 字仲廉。元明之际吴江(今属江苏)人。以荐授郡学训导。后升为绍兴路儒学录。明初授昆山(治今江苏太仓)主簿。后病归。死年八十三。有诗作传世。(0880 卷 37,0504 辛上)

吴福 元世祖至元二十四年(1287)任金坛(今属江苏)县尉。(0631 卷 16)

吴熙① 字和之。元东昌(治今山东聊城)人。至元三十一年(1294)至大德元年(1297)任镇江路经历。(0631 卷 15)

吴熙② 字仲雍。元宜兴(今属江苏)人。任镇江濂溪书院山长。(0631 卷 17)

吴睿(1298~1355) 字孟思,号云涛散人。元钱塘(治今浙江杭州)人,寓居昆山(治今江苏太仓)。工书法,尤精篆隶,四方来求书者甚众。所交多达官而略无交荐进意。撰有《古印谱》。(0412 卷 8,0561 卷 3,0031 卷 7)

吴漳 字楚望。元人。有诗作传世。(0504 戊下,0033 卷 23)

吴璋 元定海(治今浙江宁波镇海)人。元末累升为海运万户。(0157 卷 23)

吴樟 元成宗大德四年(1300)任慈溪(今属浙江)知县。(0633 卷 3)

吴颙 元明间归德府(治今河南商丘)人。顺帝至正十一年(1351)进士。历任元河南儒学提举。明洪武十四年(1381),征至京师(今南京),授国子祭酒。(1156)

吴镇(1280～1354)　字仲圭,号梅花道人。元嘉兴(今属浙江)人。善画山水、墨竹,笔力遒劲,墨气淋漓。传世真迹极少。为人清高耿直,长期隐居农村不仕。后世称为元末四大画家之一。有《梅花道人墨迹》二卷。(0002 卷 238,0030 卷 5,0503 二集戊,等)

吴德①　元宪宗时乐工。宪宗二年(1252)八月,由学士徐世隆等引见于行宫。(0001 卷 68)

吴德②(？～1287)　元世祖时尝为江宁县达鲁花赤。后求仕不遂,私与人非议时政。至元二十四年(1287),对尚书省检核中书省有所非议,被人告发于尚书平章桑哥,遂被捕按问处死。(0001 卷 205)

吴徽　字文通。元崇仁(今属江西)人。元末为陈友谅用事。尝侦朱元璋军被擒,面目被黥。有诗作传世。(0504 庚上,0033 卷 28)

吴毅　字近仁。元富阳(今属浙江)人。有诗作传世。(0504 己下)

吴澄(1247～1331)　字幼清,晚字伯清,号草庐。宋元之际抚州崇仁(今属江西)人。宋度宗咸淳间举进士不中,还乡筑草屋,讲学著书其中。元世祖至元二十三年(1286),程钜夫奉诏求贤江南,随之入京师。次年,以母老辞归。大德末,授江西儒学副提举,居三月,以病辞去。武宗至大元年(1308),应召为国子监丞。仁宗皇庆元年(1312),升司业。未几,辞归。英宗即位后,超迁翰林学士。泰定帝时,任经筵讲官,主修《英宗实录》,修成,辞归。文宗至顺二年(1331)病死,年八十五,谥文正。著有《吴文正公集》、《草庐精语》等。其理学著述直承朱学,而倾向陆学之本心论,主张学必以德性为本,认为本心之发见,即可获天理之当然。(0001 卷 171,0002 卷 170)

吴履　字德基。元明间兰溪人,吴景奎之子。受《春秋》于闻人梦吉。元顺帝时由天台直学迁衢州路学录。明初荐授南康丞,在任六年,善摘发奸伏,而以宽大为治。迁安化知县,升潍州知州。后致仕归。(0020 卷 281,0411 卷 30)

吴鄹　宋元之际永新(今属江西)人,宋末避仇人,徙居山西,变姓名为张应珍。世祖至元三十年(1293)任秘书监丞。成宗大德八年(1304)任秘书少监。注《周易》宗程朱理学而不苟同,驸马阔里吉思尝从之质疑,刻其所著书于平阳路。(0002 卷 235,0027 卷 9)

吴暾　字朝阳。元淳安(今属浙江)人。泰定元年(1324)进士,授鄱阳县(治今江西波阳)丞。后升为镇平(今属河南)知县。转任峡州路经历,未几辞归,授徒讲学以终。工诗文,有《齐城集》(佚)。有诗作传世。(0071 卷 74,0504 丙)

吴镛　字元声。元真定(治今河北正定)人。由宣文阁经筵宣使调任徽政院照磨,出任广西帅府经历。顺帝至正二十七年(1367)任藤州知州。次年,明兵至苍梧,镛以城降。(0506 卷 2342)

吴瓘　字莹之,号竹庄。元嘉兴(今属浙江)人。以父荫为晋陵县尉,后归隐不复仕。好古博雅,富收藏品,善鉴赏。工绘画,墨梅学杨无咎,有逸趣,画窠石、寒雀亦佳。有诗作传世。(0030 卷 5,0504 己上,0101 卷 26)

吴灏　字巨源。元绍兴(今属浙江)人。英宗至治年间任丽水县(今属浙江)儒学教谕。(0576 卷 10)

吴大中　元弋阳(今属江西)人,迁居于罗田(治今湖北)。侍父母孝顺。仁宗皇庆年间元廷旌其门。(0622 卷 61)

吴大有　字勉道,号松壑,宋元间嵊县(今属浙江)人。宋理宗宝祐间(1253～1258)游太学,率诸生上书极言贾似道奸状,不报。遂退隐林泉,与林昉、仇远、白珽等六人以诗酒相娱,时人以比竹林七贤。元世祖至元中召为国子检阅,不赴。著有《千古功名镜》、《松下偶钞》等。(0063 卷 14,0070 卷 68)

吴大同　元上虞(今属浙江)人。任新昌县(今属浙江)儒学教谕。(0880 卷 29)

吴大亨　字清逸,号閒云。元赤城(今属河北)人。道士。居于华亭县(治今上海松江)玄元道院。顺帝至正四年(1344)被掌教天师选为松江府仙鹤观主。(0184 卷 1)

吴大素　字季章,一作秀章,号松斋,元会稽(今浙江绍兴)人。画山水、梅竹俱佳,尤善画山礬水仙。顺帝至正元年(1341)作《群仙拱寿图》,十一年撰《松斋梅谱》。(1143 卷 276)

吴万五　元军人。世祖至元十八年(1281)从征日本,暴风破舟,逃还。(0001 卷 208)

吴千秋　元婺源(今属江西)知州,有治绩。(0972 卷 4)

吴千道　元辰、沅州洞寨少数民族反元队伍首领。仁宗延祐二年(1315)二月,率众反元起事;敕调兵捕之。(0001 卷 25)

吴乞儿　元高唐(今属山东)人。世祖至元五年(1268),与济南道人胡王反元起事,为高唐令郭侃讨平。(0001 卷 149)

吴子华　元人。有诗作传世。(0504 癸下)

吴子庄　元温州平阳(今属浙江)人。有诗作传世。(0504 戊上)

吴子辉　元顺帝至元六年(1340)任庆元路(治今浙江宁波)照磨。(0634 卷 1)

吴天保　元顺帝时靖州路(治今湖南靖县)猺族反元队伍首领。至正六年(1346)闰十月,率众攻破黔阳。七年二月,攻沅州。七月,复攻沅州,攻破溆浦、辰溪县,所在焚掠无遗。十月,复攻沅州,被州兵击退。十一月,攻占靖州;元廷命威顺王宽彻不花、镇南王孛罗不花及湖南、江西二省以兵讨之。八年三月,复攻沅州。十一月,率众六万掠全州。九年三月,复攻沅州。十二月,攻破辰州。(0001 卷 41、42)

吴天雷 元诸暨(今属浙江)人。曾任新昌县(今属浙江)儒学教谕。(0880 卷 29)

吴元芳 元江浙人。顺帝至正年间任浦城(今属福建)知县,有清廉爱民声。(0902 卷 57)

吴元英 字仲雄。元嘉定(今属上海)人。袭父、祖职为海道千户。工诗能琴,善画墨龙。(0222 卷 3)

吴元复 字山谦。元鄱阳(治今江西波阳)人。宋末举进士。入元不仕。编《续夷坚志》二十卷,不传。(1071 卷 12)

吴元珪(1251~1323) 字君璋。元广平永年(治今河北旧永年镇)人。世祖至元十四年(1277),帝召见,授后卫经历。十七年,擢枢密院都事,升经历。元灭南宋后,枢密院奏裁定官属,京师五卫、行省万户府设官有差,均俸禄,置屯田,多为其所论建。二十六年,参议枢密院事。因其论议,立武卫专事缮修宫城。二十八年,任礼部侍郎。迁左司郎中。成宗即位,参议中书省事。大德元年(1297),任吏部尚书,谢绝请谒者。三年,宣抚燕南,劾贪吏多人。迁工部尚书,因其进言,土木之工稍息。六年,出任江浙参政。武宗时任枢密副使,奉诏议政中书。仁宗时出任江浙、甘肃左丞,复为枢密副使。英宗至治元年(1321),年老致仕。二年,起为商议中书省事。次年死。谥忠简。(0001 卷 177)

吴元鲁 元通许(今属河南)人。任新昌县(今属浙江)主簿。(0880 卷 28)

吴元善 元广信(治今江西上饶西北)人。有诗作传世。(0504 庚下)

吴元瑜 元广平永年(今属河北)人。吴元珪从弟。任集贤直学士,有时名。(0002 卷 202)

吴元德① 字子高。元江夏(今武汉武昌)人。阿荣荐为奎章阁傣属,秩满归。工诗,有诗作传世。(0504 丙,0147 卷 1,0262 卷 29)

吴元德② 字师善。元宣城(今属安徽)人。曾任江浙宣谕使。有诗作传世。(0504 丁)

吴大素 字秀章,号松斋。元会稽(治今浙江绍兴)人。善画梅花,有画梅谱传世。又善画水仙。(0077 卷 7)

吴友文 元铅山(今属江西)州豪民。元中叶至顺帝初年,为铅山州造伪钞者之魁首,所造伪钞远至江淮、燕蓟,莫不行使。因伪造致富,乃分遣恶少四五十人,为吏于官府,伺有欲告之者,先事戕之,前后杀人甚众,夺人妻女十一人为妾,民罹其害,衔冤不敢诉者十余年。顺帝初年,林兴祖任铅山知州,张榜禁伪造钞,立赏募民首告,友文及其党二百余人悉被逮捕论罪。(0001 卷 192)

吴仁叔 元国子生。有诗作传世。(0033 卷 32)

吴仁杰 元人。有诗作传世。(0504 甲,0514 前集卷 6)

吴从正 元人。有诗作传世。(0504 癸下)

吴从龙(1254~1308) 字洪飞。元休宁(今属安徽)人。历任庐陵县丞、铅山州判官,永康、都昌知县。(0415 卷 2)

吴公钺 字元佐。元永嘉(治今浙江温州)人。武宗至大二年(1309)任丽水县(今属浙江)儒学教谕。(0576 卷 10)

吴文玉 字德温。元绩溪(今属安徽)人。吴安朝之子。以荐授庆元路(治今浙江宁波)蒙古字学教授。(0992 卷 9)

吴文让 号逊斋。元将乐(今属福建)人。任龙溪县(治今福建漳州市)知县。顺帝至元四年(1339)漳州李志甫反元,文让招募地主武装击之,战死。谥毅愍。能诗,有诗作传世。(0075 氏族典卷 79、官常典卷 734,0504 庚上)

吴文寿 字景南。元临川(今属江西)人。工诗,吴澄、吴全节等曾为其诗作序。(1078 卷 7)

吴文郁 元顺帝至元五年(1339)任上高(今属江西)知县。(1016 卷 14)

吴文质 元杭州人。初由刑曹入为中书省掾。后出为广平路(治今河北永年东南)经历。仁宗延祐年间任文安县尹。(0673 卷 3)

吴文显 元德兴(今属江西)人。元末红巾军起,父被擒,文显与二弟往救,与父皆死。(0075 氏族典卷 79)

吴文谊 字宜甫。元将乐(今属福建)人。顺帝至正年间累官至延平路(治今福建南平)总管。(0902 卷 101)

吴文德 元成宗大德年间任邳州(治今江苏邳县西南)知州。(0936 卷 4)

吴正卿 字素臣,号太素。元遂溪(今属广东)人。历任化州路儒学录、平湖书院山长、合浦尹、临桂尹。年七十五以知南宁军致仕。有诗作传世。(0622 卷 82,0504 己上,0589 卷 40)

吴正道 元鄱阳(治今江西波阳)人。酷爱篆法。年五十余时撰《六书渊源》、《字旁辨误》、《六书存古辨误韻谱》。(0147 卷 31,0031 卷 7)

吴龙翰(1233~1293) 字式贤,号古梅,宋元间歙县人。宋理宗景定五年(1264)乡贡,以荐授编校国史院实录文字。元世祖至元十三年(1276),乡校诸生礼请

充徽州路教授，十八年弃去。有《古梅吟稿》。（0063 卷 15，0070 卷 77）

吴古松　元杭（今杭州）人。善画山水，学郭熙。（0030）

吴世昌　字伯京，号寓斋。元明之际处州（治今浙江丽水）人。元末历任宁海、西安二县儒学教谕。入明擢为处州儒学教授。（0444 卷 11）

吴世显　字彦章，号水西。元延陵（今江苏镇江）人。有诗作传世。（0504 己下，0523 卷 37 下）

吴世澄（1283～1347）　字茂夫。元萧山县（今属浙江）人。补两浙盐司广盈库大使。后病归。（0444 卷 12）

吴可孙（1247～1301）　字圣可。元金溪（今属江西）人。吴德浦之弟。宋末进士，授瑞州新昌县（治今江西宜丰）尉。入元擢建昌路儒学教授。（0225 卷 16，0075 文学典卷 86）

吴处仁（？～1289）　元世祖至元二十六年（1289）为洞霄宫住持，号养素冲玄通妙法师。同年死。（0038 卷 5）

吴汉仪　元人。有诗作传世。（0504 癸上）

吴汉杰　字景良。元嘉兴（今属浙江）人。吴森之子。泰定年间任温州、台州海运副千户。（0205 卷下）

吴汉卿　元泰定三年（1326）任定海（治今浙江镇海）县尉。（0634 卷 2）

吴弘道　一作宏道，字仁卿，号克斋。元蒲阴（治今河北安国）人。曾任江西省检校掾史，以府判致仕。元曲作家，有《金缕新声》行于世，亦有所编《曲海丛珠》。成宗大德五年（1301）编集中州诸老往复书信，成《中州启劄》四卷。（0029 卷下，1135 卷首）

吴动鳌　元南方洞寨少数民族首领。世祖至元末年归附朝廷。至元三十年（1293）二月，授潭溪等处军民官，佩金符。（0001 卷 17）

吴再荣　元安化州（治今广西环江县东北）少数民族首领。世祖至元三十年（1293）至京师，被元廷授为土官，赐以玺书遣归。（0001 卷 17）

吴存真　字圣传。元钱塘（治今浙江杭州）人。佑圣观提点，受赐号冲静纯素通玄法师。（0205 卷下）

吴成夫　元英宗至治元年（1321）进士。著有《四书图》，今佚。（0899 卷 14）

吴师尹（1303～1366）　字莘乐。元永新（今属江西）人。顺帝至正八年（1348）进士，授永年（治今江西广丰）县丞。十四年摄庐陵县（治今江西吉安）事，辟江西省掾。有诗作传世。（0301 卷 8，0033 卷 19）

吴师道（1283～1344）　字正传。元婺州兰溪（今属浙江）人。英宗至治元年（1321）登进士第，授高邮县丞。调任宁国路录事，大饥，劝富家出粟，又言于部使者转闻于朝，凡得粟近八万石、钞近四万锭以赈饥民。迁任池州建德县尹，归豪民所占学田七百亩于郡学。顺帝至元末，召为国子助教，升博士。后以礼部郎中致仕。著有《战国策校注》、《敬乡录》、《吴礼部文集》、《吴礼部诗话》等。（0001 卷 190，0252 附录）

吴刚中　字景和，号兰埜。元衡阳（今属湖南）人。宋度宗咸淳十年（1274）湖南混试取中第二名。入元家居不仕。为许有壬之师。（0250 卷 71）

吴廷兰（1243～1322）　字伯秀。宋元之际金溪（今属江西）人。工诗。（0212 卷 76）

吴廷辅　元成宗大德三年（1299）任青阳（今属安徽）知县。（0986 卷 4）

吴廷献　元鄱阳（治今江西波阳）人。仁宗延祐六年（1319）任庆元路（治今浙江宁波）儒学教授。（0633 卷 2）

吴延寿　号梅塘。元人。有诗作传世。（0033 卷 10）

吴自福（1281～1355）　字梅涧。元括苍（治今浙江丽水）人。授号崇德清修凝妙法师，又授号教门高士金阑紫衣主、领紫虚观事。（0412 卷 8）

吴全义　字玄初。元饶州安仁（治今江西余江东北）人。吴全节之弟。龙虎山道士，雷思齐弟子。（0501 卷 39，0213 卷 5）

吴全节（1269～1346）　字成季，号闲闲。元饶州安仁（治今江西余江东北）人。正一教道士。年十三入龙虎山学道。世祖至元二十四年（1287）从师张留孙至京师，入见世祖。成宗即位（1294），奉敕每岁侍从行幸。武宗即位（1307），授玄教嗣师。英宗至治二年（1322），授玄教大宗师、崇文弘道玄德真人、总摄江淮荆襄等处道教、知集贤院道教事。雅好结交士大夫，无所不倾其交，长者尤受其亲敬。好振穷周急，当时以为颇有侠气。（0001 卷 202，0147 卷 22、29、46，0250 卷 35、67）

吴兴祖　元真定（治今河北正定）人。世祖至元二十五年（1288）任镇江路录事司判官。（0631 卷 16）

吴汝期　元顺帝至元三年（1337）万安军（治今广东万宁）反元起事首领。是年，聚众三千人反元起事，被同知海北海南道宣慰使司事王英剿捕擒获。（0001 卷 188）

吴汤暖　元世祖时南方吴曲洞少数民族首领。至元二十七年（1290），与梁洞梁宫朝等二十洞寨少数民族二千余户归附朝廷。（0001 卷 16）

吴守中　元世祖至元二十三年（1286）任衢州（今属浙江）路经历。（0878 卷 3）

吴安元 元绩溪(今属安徽)人。世祖至元间任信州路录事,后迁任福州盐使。(0992 卷 9)

吴安民(1244~1300) 字惠卿。元寿春(治今安徽寿县)人。吴祐之子。世祖至元十四年(1277)父死,袭父职为管军总管,镇扬州。十八年,授征东副万户,从征日本。二十年,镇压建宁黄华反元队伍,擒获黄华。二十六年,从讨江西钟朗及吴大仲反元队伍,皆有功。三十年,移镇和州。(0002 卷 165,0146 卷 30)

吴安持 元人。有诗作传世。(0504 丁)

吴安朝 字元镇。宋元之际绩溪(今属安徽)人。宋度宗咸淳七年(1271)进士,参议闽浙招捕司事。入元授池州路判官,迁任贺州知州,弃官归。程钜夫荐入翰林院,不起。(0972 卷 8,0992 卷 10)

吴好直 元华州蒲城(今属陕西)人。父死,事继母孝。兄弟求分财,劝谕不能止,即以己所当得,悉推与之。出从师学,澹泊三十年,无少悔。县令言状,闻于朝,诏表美之。(0001 卷 197)

吴观善 字思贤。元钱塘(治今浙江杭州)人。先世赘于范氏,至观善始复姓吴。不求仕进,以医治儿童有名,自号东皋隐者。(0158 卷 8,0064 卷上)

吴寿仁 元人。有诗作传世。(0504 癸下)

吴寿民 字仲仁,号南山。工诗,有《南山樵吟》,赵孟頫为作序。工书法。(0143 卷 6)

吴孝光 字弘济。元宁海(今属浙江)人。乡试两次皆为第一名。隐居教授。方国珍欲罗致幕下,不赴,逃走。(0896 卷 193)

吴志斗 元世祖时福建书生,熟知海道利病。至元二十八年(1291)十月,授礼部员外郎,奉旨与宣抚使杨祥、兵部员外郎阮鉴出使瑠求(今台湾)。次年三月二十九日,自汀路尾澳发舟行。是日巳时,海洋中正东望见一有山长而低者之岛,祥命二百余人乘小舟登岸,为岸上人杀死三人,遂还。四月二日,至澎湖,祥称已至瑠求,责志斗等书之;不从。次日,失踪,时人疑为祥所害。诏福建行省按问祥,后遇赦,不竟其事。(0001 卷 210、16)

吴志坚 元长子(今属山西)人。全真教道士。世祖至元年间以荐授道正。(0698 卷 6)

吴志淳 字主一,元明间无为州人。元顺帝时以父荫历任靖安、都昌二县主簿。元末避兵迁家豫章,再迁鄞县东湖。入明不仕。工草书篆隶,能诗。(0020 卷 285,0503 二集辛,0031 卷 7)

吴克忠 号松泉。元将乐(今属福建)人。吴文让之子。顺帝至正九年(1349)为汀州路同知。后镇压反元队伍有功,授福建宣慰使,守邵武。(0902 卷 62、124,0075 氏族典卷 79)

吴克恭 字寅夫。元昆陵(今江苏常州)人。作诗体格古淡,为时所称。顺帝至正十二年(1352)反元队伍攻陷常州,未几为元军收复。克恭以降附反元队伍被处死。有诗作传世。(0101 卷 7,0503 三集庚)

吴时森 元杭州人。成宗大德十年(1306)任西安县(治今浙江衢州)主簿。后升为新昌县(今属浙江)知县。(0880 卷 28,0878 卷 3)

吴秀夫 元常州(今属江苏)人。任山阴(治今浙江绍兴)知县。(0880 卷 28)

吴伯庆 元人。有诗作传世。(0033 卷 32)

吴伯昭 元人,善画,有《红莲绿幕图》,黄镇成为之题。(1143 卷 283)

吴伯起 元人。有诗作传世。(0504 癸下)

吴近仁① 号柳原。元画家。善画山水。能诗。(0077 卷 7)

吴近仁② 元人。有诗作传世。(0504 癸下)

吴希曾 元睢宁(今属江苏)人。父死,葬之日大雨,跪柩前,炷艾燃腕,火炽,雨止。既葬,庐于墓左。县上状,诏旌之。(0001 卷 197)

吴希颜 字季渊。元新安人。尝问学于吴澄。任绍兴路和靖书院山长。(0212 卷 30、44)

吴闰孙 字君定。元建昌南城(今属江西)人。长于近体诗,吴全节为刻其诗百余篇以传。(0212 卷 22)

吴宏宇 元人。有诗作传世。(0504 癸上)

吴良贵 元浦江(今属浙江)人。武宗至大二年(1309)任镇江路儒学正。(0517 卷 2)

吴妙宁 元上海县人。女。赘同里张某为夫。后父遭诬得死罪,惧连坐张某,投缳死。(0002 卷 245)

吴直方(1275~1356) 字行可。元浦江(今属浙江)人。吴莱之父。泰定年间,入马札儿台馆,教其子脱脱、也先帖木儿。顺帝至元年间任中政院长史,劝说脱脱大义灭亲,以计逐走权相伯颜。脱脱执政后,建议复科举等事。脱脱有大政咨于直方而后行。擢集贤直学士,累升为学士。后以集贤大学士致仕。(0411 卷 41、35、53,0002 卷 211)

吴林清 元延平(治今福建南平)人。曾任广德路同知。死年八十二。(0902 卷 58,0075 氏族典卷 79)

吴叔坚 元世祖至元三十年(1293)任丹

阳(今属江苏)知县。(0631 卷 16)

吴肯构　元清丰(今属河南)人。曾任鹿邑知县,以厚风俗为先务。(0622 卷 26,0761 卷 25)

吴虎臣　字道威。元歙县(今属安徽)人。郑玉妹夫,从郑玉学。(0071 卷 94,0072 卷 94)

吴尚志　元盱江(今江西南城)人。顺帝至元元年(1335)为乡贡士。(0147 卷 34,0072 卷 92)

吴尚辅　字国材。元宁海(今属浙江)人。仁宗皇庆初游京师,以荐授湖南榷茶提举,时年二十八。未几辞职。延祐六年(1319)授太子说书。后迁任江陵县丞,筑堤有功,升房陵尹。后又左迁公安务提领。以东安州知州致仕。(0415 卷 8)

吴国宝　元雷州(治今广东海康)人。性孝友。父丧庐墓。(0001 卷 197)

吴昌龄　元西京(治今大同)人。杂剧作家,其所作杂剧今存《东坡梦》一种,所作《西天取经》、《狄青撲马》等九种,今佚。(0029 卷上)

吴典仁　元岳州平江(今属湖南)人。元初以荐授本县儒学教谕。(1053 卷 5)

吴秉道　字彦弘。元大都(今北京)人。泰定二年(1325)由中书参议迁任秘书卿。九月,奉诏为京畿道奉使宣抚。致和元年(1328)八月,为参议中书省事,留居大都,被燕铁木儿逮捕下狱。顺帝至元六年(1340)任江南行台侍御史。(0001 卷 29、30、32,0632 卷 6,0027 卷 9)

吴秉彝　字仲常。元燕人。由兴济县(治今河北沧州北)主簿累迁为懿州(治今辽宁阜新东北塔营子村)知州。后历任监察御史、彰德路总管。顺帝至正初年为江西行省参知政事。(0622 卷 28)

吴金叔　元世祖至元二十八年(1291)为八番(今贵州惠水、长顺等县境之苗族诸部)洞官。是年十二月,以所部二百五十寨民二万余归附朝廷,至京师朝贡方物。(0001 卷 16)

吴法受　宋元之际梧州(今属广西)民。元世祖至元十六年(1279)十一月,鼓动藤州(治今广西藤县东北)、德庆府泷水(治今广东罗定)徭族反元起事,其父被元官府捕获处死。(0001 卷 10)

吴学礼　元乐清(今属浙江)人。有诗作传世。(0504 辛下)

吴宝儒　字叔武。元宣城(今属安徽)人。吴锳之父。官至南雄路(治今广东南雄)总管。有诗作传世。(0504 丁)

吴宗元(1282～1369)　字长卿,号筠西。元诸暨(今属浙江)人。家居侍奉母亲,不求仕进。遵浦阳郑氏家范,教子孙毋析居,尝制《家教》一篇。平居多为惠利邻族之事。(0411 卷 23)

吴宗产　元黄岩(今属浙江)人。世祖至元二十五年(1288)任庆元路(治今浙江宁波)儒学教授。(0633 卷 2)

吴宗起　元人,工写照。(1143 卷 286)

吴宗润　元平江(治今江苏苏州)人。善刻碑。武宗至大三年(1310)同吴德言刻《平江路加封至圣文宣王碑》。(1143 卷 286)

吴定翁　字仲谷。元临川(今属江西)人。善为诗,揭傒斯称其诗幽茂疏澹,可比卢挚。御史及江西官府使者辟荐相望,终身不为动。尝曰:"士无求用于世,惟求无愧于世。"(0001 卷 199)

吴居正　字端学。元人。有诗作传世。(0504 己下)

吴居敬　元成宗大德七年(1303)任开化(今属浙江)县尉。(0878 卷 3)

吴孟铭　字仲珍。元长洲(治今江苏苏州)人。以荐授蓝田县丞。(0896 卷 129)

吴南寿(1276～1346)　元金溪(今属江西)人。道士。工诗文,吴澄、虞集等皆称赏之。(0415 卷 2)

吴思义　元文宗至顺元年(1330)任绍兴路推官。(0880 卷 27)

吴思仁　元仁宗延祐年间任潜江县尉。(1044 卷 17)

吴思达　元蔚州(治今河北蔚县)人。兄弟六人,延祐间以父命析居。后为开平县主簿,父死,还家。治葬毕,会宗族,泣告母曰:吾兄弟别处十余年,今多破产,岂忍使兄弟苦乐不均。即以家财代偿诸兄弟逋,更复共居。母死,哀毁甚。宅后柳连理,人以为友义所感。州县以其名闻于朝,诏表其门闾。(0001 卷 197)

吴思齐(1238～1301)　字子善,号全归,宋元间永康人。受学外祖陈亮。宋末以任子入官。调嘉兴丞。忤贾似道,隐居浦阳。入元不仕,与方凤、谢翱等游。有《左氏传阙疑》、《全归集》等。(0411 卷 48,0211 卷 4,0050 卷 9,0063 卷 11)

吴俊甫　元英宗至治间(1321～1323)新安(治今安徽歙县)木版刻工。至治间与黄叔安等同刻《新刊全相平话武王伐纣书》、《乐毅图齐七国春秋后集》、《全相秦併六国平话》、《全相平话前汉书续集》、《全相平话三国志》五种书。(1143 卷 290)

吴俊亨　元杭州人。任新昌(今属浙江)县典史。(0880 卷 28)

吴奕大　元世祖至元二十年(1283)任常山(今属浙江)知县。(0878 卷 2)

吴亮采　字熙载。元鄱阳(治今江西波阳)人。成宗大德九年(1305)至武宗至大元年(1308)任奉化州判官。(0142 卷

19,0633 卷3)

吴庭晖　元吴兴(治今浙江湖州)人。画青绿山水及花鸟,极精妙,然未免工气。(0030)

吴彦博　元人。有诗作传世。(0504 癸下)

吴语溪　元人。有诗作传世。(0504 甲)

吴起孙　字诚甫。元高安(今属江西)人。五世同居。仁宗皇庆初,元廷旌为义门。(1011 卷31)

吴恭祖(1270～1339)　字景庄。元孟州河阳(治今河南孟县)人。初为世祖宿卫士,受赐蒙古名忙古鯓。至元二十九年(1292)初为福建行省理问。成宗大德二年(1298)迁任台州路治中,改衢州路治中。武宗至大二年(1309)擢福宁州知州,以廉洁平允闻。累迁为兴化路总管,丁忧归。泰定二年(1325)起为汀州路总管,有治绩。文宗至顺初,改任福州路总管,有政声。谥正肃。(0002 卷203)

吴桂芳　元文宗至顺二年(1331)任吴江(今属江苏)州提控案牍。(0954 卷17)

吴原可　元人。有诗作传世。(0504 癸上)

吴振祖　元绩溪(今属安徽)人。任绩溪县良安驿提领。(0973 卷6)

吴得诚　元成宗时被诬陷入京师狱。大德间太常少卿王约奉诏同宗正、御史谳狱京师。其冤得以昭雪平反。(0001 卷178)

吴继武(1271～1330)　字震之。元寿春(治今安徽寿县)人。吴安民之子。袭父职为寿春副万户。英宗至治二年(1322),流民渡淮,白昼剽掠,继武擒为首者斩之,境内肃然。岁饥,劝富民出粟以食饥者,全活甚众。(0002 卷165,0202 卷12)

吴继祖　元英宗至治间任上高(今属江西)知县。(1016 卷14)

吴梦炎　字文英,号南窗。元歙县(今属安徽)人。由徽州路紫阳书院山长出任处州路儒学教授,改任建德路儒学教授。后累迁为婺源州同知。(0167 卷16、33,0236 卷11)

吴梅山　元人,工画山水、人物。(1143 卷298)

吴梅溪　元人,工画花鸟及杂画。(0030)

吴匏砺　元人。有诗作传世。(0504 癸下)

吴曼庆　元世祖至元中为江南行台中丞,闻名儒张翌之名,延致为江宁学官,俾子弟受业。(0001 卷189)

吴惟善　元樊川县(治今陕西西安)人。丁鹤年表兄。有诗作传世。(0503 初集辛)

吴益懋(1278～1314)　字仲谦。元龙泉(今属浙江)人。以荐署石门书院山长。(0414 卷20)

吴添琦　元顺帝至正六年(1346)任尉氏县主簿。(0776 卷2)

吴禄应　元世祖至元二十二年(1285)任江山县(今属浙江)儒学教谕。(0878 卷3)

吴敬夫　元明之际钱塘县(治今浙江杭州)人。工诗。明洪武中死。(0033 卷27)

吴敬庭　元人。有诗作传世。(0504 丁,0514 前集卷3)

吴景奎(1292～1355)　字文可。元兰溪(今属浙江)人。吴履之父。工诗,有《药房樵唱》三卷。(0503 二集庚,0272 附录)

吴景辉　元济南人。世祖至元二十九年(1292)任镇江路录事。(0631 卷16)

吴普颜　元顺帝至正中为江西平章朵里不花部将。广东揭阳反元队伍首领金元祐降而复反元,其子金荣率兵突入;与朵里不花等俱战死。(0001 卷195)

吴雷孙　元歙县(今属安徽)人。任歙县尉。(0973 卷6)

吴筠轩　元海宁(今属浙江)人。善画山水及写貌。舒頔(1304～1377)有诗,题其山水窠木画卷。(0291)

吴福孙(1280～1348)　字子善。元钱塘县(治今浙江杭州)人。成宗元贞元年(1295)补嘉兴路儒学录。迁任宁国路儒学正。工书法,得赵孟頫楷书之妙,兼工篆籀。后授潮阳县青山洋巡检,以病归。文宗至顺二年(1331)赴选至京师,大学士阿荣以其所作小楷书进呈。帝召见于奎章阁,将用为馆职,有沮之者而止。顺帝至元元年(1335)任常州路儒学教授。改任澉浦税课大使。至正六年(1346)升为上海县主簿。著有《乐善斋集古印史》。(0002 卷237,0152 卷38,0031 卷7)

吴德邵　元世祖时来元朝之安南国使臣。安南国中亮大夫。至元十四年(1277),奉安南国王陈日烜遣,来元朝。(0001 卷209)

吴德新　字止善。元建昌(治今江西永修西北)人。工医。元末留京师。后往宁夏,为反元队伍所执,胁使降,厉声曰:"我生为皇元人,死作皇元鬼,誓不从尔贼!"遂被杀。(0001 卷194)

吴霞所　元龙虎山(在今江西贵溪)道士,善画龙。(0030 卷5)

吴霞举(1257～1306)　字孟阳,号默室。元歙县(今属安徽)人。精易学。任歙县儒学教谕。著有《周易管见》六十卷,

《筮易》七卷,《太玄潜虚图》十卷,皆盛行于当世。(0002 卷 235,0004 卷 36,0059 卷 13)

吴石里罕　元文宗至顺三年(1332)任金坛(今属江苏)县尉。(0631 卷 16)

吴忽都不花　元顺帝至正元年(1341)至三年任中书参政。四年,升中书左丞。(0001 卷 113)

吴按摊不花　元将乐(今属福建)人。吴克忠之弟。顺帝至正十二年(1352)为邵武路(治今福建邵武)总管。四月,邵武城为江西宜黄反元队伍首领涂佑与邵武建宁反元队伍首领应必达等攻破。率兵与摄佥福建都元帅府事彭庭坚夹攻邵武,反元队伍退走,邵武城遂被其收复。以功升为福建行省参政。(0001 卷 42、195,0902 卷 62、124)

员炎　字善卿。金元之际同州(治今陕西大荔)人。元太宗十一年(1239),以荐署嵩州监酒。不久,弃官去,长游河朔,以诗鸣士大夫间。卒年六十七。(0144 卷 49,0806 卷 13,0504 甲)

员择　元学者。杨奂门人。得奂文学之传,奂文集即起所厘订。(0002 卷 237,0072 卷 90)

岐裕斋　元解州人。隐居不仕。尝于居所西南,建孔、颜、曾燕居堂及学舍,岁时率乡人修祀事,习礼仪,叙乡饮少长之节,乡人化之。(0073 卷 5)

岑雄　元广西少数民族土官。成宗大德年间为来安路(治今广西田阳)总管。与广西少数民族首领黄圣许等,屡相仇杀,为边患。元朝怀柔招谕之。大德十年(1306)六月,反元起事。湖广行省遣宣慰副使忽都鲁铁木而招谕之,雄遣其子世坚降于元。(0001 卷 21、122、176 等)

岑福　元云南不农蛮酋长。仁宗皇庆元年(1312)十一月来朝。(0001 卷 24)

岑士贵　字尚周。元余姚(今属浙江)人。岑翔龙之子。英宗至治元年(1321)进士。任黄岩(今属浙江)州判官,以揭发大姓李某不法事,被毒死。(0880 卷 32、33)

岑从毅　宋元之际广西少数民族土官。宋末为权融、宜、钦三州总管。元世祖至元十二年(1275)十一月,诣云南行省降。十四年四月,以所属州县溪洞民户来附于元朝。十八年十月,纵兵杀掠,迫死镇安州知州李显祖,元廷召其入觐。二十二年,降元,元临安广西道宣抚使张立道籍其所部户归有司。后复反元。二十九年六月,复降元,因其老病,诏以其子斗荣袭职为镇安路(治今广西那坡)军民总管。(0001 卷 8、9、11、17、167)

岑斗荣　元广西少数民族土官。岑从毅之子。世祖至元二十九年(1292)六月,袭父职为镇安路(治今广西那坡)军民总管。(0001 卷 17)

岑世元　元广西少数民族土官岑世兴之弟。至治三年(1323)十二月、泰定元年(1324)九月,二次奉世兴遣至京师朝贡。(0001 卷 29)

岑世兴　元广西少数民族土官。仁宗延祐间为来安路(治今广西田阳)总管。延祐六年(1319)七月,反元起事,据唐兴州,元廷赐玺书招谕之。英宗至治二年(1322)十二月,继续反元,元廷遣兵讨之。三年七月,元廷招谕之。十二月,遣其弟世元入贡。泰定元年(1324)六月,乞遣其子弟朝贡,元廷许之。九月,遣其弟世元朝贡。二年十月,与其子铁木儿率众攻掠上林等州,元廷命抚谕之。十一月,结八番蛮班光金等合兵攻石头等寨,敕调兵御之。三年五月,与镇安路岑修文合山獠、角蛮六万余人攻掠,元廷命湖广、云南行省招谕之。致和元年(1328)三月,与其弟云南安隆寨土官岑世忠相攻,世忠籍其民三万二千户来附,岁输布三千匹,请立宣抚司以总之,元廷不允,但置州一,以世兴知州事,置县二,听世忠举人用之,仍谕其兄弟共处。(0001 卷 26、28～30)

岑世忠　元广西右江安隆寨土官。岑世兴之弟。泰定四年(1327)十二月,朝贡方物。致和元年(1328)三月,与世兴相攻,籍其民三万二千户来附于元朝,岁输布三千匹,请立宣抚司以总之;元廷不允,但置州一,以世兴知州事,置县二,听世忠举人用之,仍谕其兄弟共处。(0001 卷 30)

岑安卿　字静能,号栲栳山人。元余姚(今属浙江)人。与李孝光、危素友善。沦落不偶。有《栲栳山人集》三卷。(0002 卷 238,0503 初集己)

岑伯玉　元余姚(今属浙江)人。世祖至元中任会稽县(治今浙江绍兴)儒学教谕。(0880 卷 29、30)

岑良卿　字易直。元余姚(今属浙江)人。仁宗延祐五年(1318)进士。泰定年间任东平宣抚副使、知府事。累官奎章阁学士。有诗作传世。(0880 卷 32、33,0504 丙)

岑贤孙　元余姚(今属浙江)人。被召为国子学录。(0880 卷 30)

岑修广　元广西少数民族土官。泰定三年(1326)为镇安路(治今广西那坡)总管。是年四月,为其弟岑修仁所攻,来告于元廷,元廷命湖广行省辨治之。(0001 卷 30)

岑修文　元广西镇安路(治今广西那坡)少数民族首领。泰定三年(1326)五月,与广西来安路(治今广西田阳)多年反元起事土官岑世兴合山獠、角蛮六万余人反元起事,元廷命湖广、云南行省招谕之。(0001 卷 30)

岑翔龙(1261～1305)　字云起。元余姚(今属浙江)人。元初为高节书院山长。历任和州(治今安徽和县)、江陵儒学教授。(0146 卷 29)

里纳忽台　元顺帝时阿速部人。至正十二年(1352)闰三月,擒滑州、开州反元队

伍首领韩兀奴罕有功，授资用库大使。(0001 卷 42)

串都　元怯鲁连(今蒙古克鲁伦河)地区皇家牧马地哈剌赤(牧养皇家母马群，挤乳，搅制马奶酒进呈者)百户。(0001 卷 100)

利翥　字彦祥。元西域人。居大同。汉化颇深。(0144 卷 5)

利鸾孙　元泰定四年(1327)进士。著有《春秋握奇图》一卷。(0624 卷 42)

告住　元诸王。延祐七年(1320)七月，英宗即位后，其所部发生火灾，元廷赈粮三月、钞万五千贯。(7－001 卷 27)

秃干①　元太祖妃。居第四斡耳朵(帐殿)。(7－001 卷 106)

秃干②　元世祖至元二十九年(1292)，授定远府(治今贵州惠水东南)达鲁花赤。时八番(今贵州惠水、长顺等县境之苗族诸部)长官斡罗思招附光兰州洞蛮，置定远府，荐举秃干任官。(0001 卷 17)

秃干③　元诸王不里牙屯党。至大四年(1311)十一月，仁宗即位后，因其从不里牙屯诬齐王八不沙以不法，诏窜之于河南。(0001 卷 24)

秃归　元初为北安王那木罕王傅。元世祖至元二十九年(1292)改任晋王甘麻剌内史。(0001 卷 115)

秃孙　元钦察人。隶蒙古军籍。世祖中统三年(1262)，从讨李璮叛乱，以功授百户。至元十年(1273)，告老，以其子昔都儿代之。(0001 卷 133)

秃麦　元成宗时西北叛王。大德四年(1300)秋，率军犯边。被元将床兀儿击败于阔客(在今蒙古科布多东南达尔维西南)之地，遂逃回金山(今阿尔泰山)以西。(0001 卷 128)

秃赤①　又译秃忽赤、秃只。元蒙古阿儿剌氏。玉昔帖木儿之弟。成宗元贞二年(1296)正月，由御史中丞升为御史大夫。大德五年(1301)七月，奉旨整饬御史台事。是年，奉诏遣至赤讷思(即今蒙古乌兰巴托东南之狼山)之地集诸王军将问战胜海都、笃哇功状，咸称床兀儿功第一。八年二月，受赐朱清、张瑄被籍没之田六十顷。(7－0001 卷 19、20、21、128)

秃赤②　元顺帝至正八年(1348)为湖广行省右丞。是年正月，奉旨与湖南宣慰都元帅完者帖木儿统兵讨伐莫磐洞徭族，斩首数百级。(0001 卷 41、195)

秃赤③　元顺帝至正十一年(1351)为同知枢密院事。是年五月，刘福通等反元起义；奉命率军讨之，被授予分枢密院印。十二年八月，以出军河南有功，进阶荣禄大夫。九月，奉旨率军进讨颍、亳州红巾军。(0001 卷 42、138)

秃坚①　元武宗至大二年(1309)九月，奉旨与张也先、伯颜出使海外不怜八孙国(今印度尼西亚苏门答腊岛东南岸巨港一带)。(0001 卷 23)

秃坚②　元云南诸王。文宗至顺元年(1330)正月，与云南万户伯忽、阿禾等起兵反文宗，攻陷中庆路(今云南昆明)，杀云南廉访司官，执云南左丞忻都等，迫令署诸文牍。二月，其军攻陷仁德府(治今云南寻甸彝族自治县东)，至马龙州(治今云南马云)。自立为云南王，以伯忽为丞相，阿禾等为平章等官，立城栅，焚仓库。四月，乌撒(今贵州威宁)土官禄余等杀宣慰司官吏，降附伯忽。罗罗斯(今四川西昌地区和大凉山之彝族)诸部响应伯忽，起兵。元廷调江浙、河南、江西三省兵二万，与湖广会兵讨云南。五月，四川军攻入云南，败罗罗斯军。六月，元廷立行枢密院讨云南。七月，秃坚、伯忽等势愈盛，禄余乘势连结乌蒙(今云南昭通)、东川(今云南会泽)、芒部(今云南镇雄北)反元。十一月，元军败伯忽军，擒杀伯忽。十二月，元大军十余万击败阿禾，直趋中庆，斩阿禾，攻占中庆。二年十月，元军进剿秃坚、阿禾余党于澂江路海中山，擒杀秃坚弟二、子三。(0001 卷 34、35)

秃坚③　元诸王。顺帝至正十二年(1352)二月，奉旨领从官百人，驰驿守扬州。(0001 卷 42)

秃坚④　元人。顺帝至正十三年(1353)任海宁(今属浙江)州达鲁花赤。(0872 卷 15)

秃坚⑤　元乞失里台氏，顺帝元统元年(1333)进士朵列图曾祖。(0011 卷 34)

秃秃　元顺帝至正十三年(1353)为中书右丞。是年正月，奉旨率军讨伐商州反元队伍。十五年，为陕西行省平章，六月，加封答剌罕之号。七月，奉命与湖广平章桑哥等守御襄阳。(0001 卷 43、44、113)

秃剌①　元将。世祖至元二年(1265)六月，奉命率所部军戍正阳(今安徽寿县西南淮河南岸正阳关)。(0001 卷 6)

秃剌②(？～1309)　又译秃列。元宗王。察合台四世孙。有勇力。大德十一年(1307)成宗死，仁宗引其入宫缚丞相阿忽台等杀之，遂得立武宗为帝。武宗即位，以功封越王，受赐绍兴路为其分地。以功大不满所封，常有怨望，对武宗出言不逊。至大二年(1309)，被捕处死。(0001 卷 117)

秃剌③　元诸王。文宗至顺元年(1330)五月，率万户忽都鲁沙、怯列、孛罗等，各领所部兵进讨反文宗之云南诸王秃坚、万户伯忽。(0001 卷 34)

秃哥①　金末元初人。辽王耶律留哥之安抚。元太祖十年(1215)，留哥降附蒙古，秃哥随其入觐太祖。太祖命留哥发辽东三千人为质。秃哥遂与大夫乞奴奉留哥遣，与蒙古人三百同往辽东取三千人为质。(0001 卷 149)

秃哥②　元将。世祖至元九年(1272)正月，奉敕从皇子西平王奥鲁赤出征建都

(治今四川西昌)。(0001 卷 7)

秃格　又译统格。蒙古札剌亦儿氏。木华黎之堂兄弟。1196 年主儿勤部被元太祖征服后,与其弟合失均被其父赤老温恺赤送与太祖做门内奴婢,多年为太祖及其家属忠勤效力。蒙古建国后,受封为第十位功臣千户长。其子不吉列任太祖箭筒士长。(0009 卷 4、8、9)

秃鲁①　又译秃剌。元宗王,定宗第三子禾忽之子。世祖至元九年(1272)封为南平王。是年正月,奉旨从西平王奥鲁赤等,率军征讨建都(治今四川西昌)。十二年六月,元廷赏其所部征讨建都获功者三十五人银、钞有差。(0001 卷 7、107、108 等)

秃鲁②　元世祖至元间受学于国子祭酒许衡,为不忽木同舍生。至元十三年(1276),与不忽木等上疏论学制。(0001 卷 130)

秃鲁③　元世祖至元二十六年(1289)任江南行台监察御史。(0632 卷 6)

秃鲁④　元致和元年(1328)为左卫率使,八月,奉燕铁木儿遣,率兵屯白马甸,防御上都军来攻。(0001 卷 32)

秃鲁⑤　元文宗天历元年(1328)任江南行台经历。顺帝至元二年(1336)擢江南行台治书侍御史。(0632 卷 6)

秃鲁⑥　元也里可温(基督教徒)。顺帝至元二年(1336)任江南行台监察御史,至正元年(1341)升经历。(0632 卷 6)

秃鲁⑦　元顺帝至正六年(1346)为江西行省右丞。是年六月,汀州连城县民罗天麟等起兵反元,攻占长汀县。八月,奉旨与江浙右丞忽都不花统军合讨之。九月,收复长汀。闰十月,讨平之。(0001 卷 41)

秃鲁⑧　元顺帝至正十年(1350)为大司农。十二月,兼领都水监,集河防正官议黄河便益事。未几,奉命与工部尚书成遵行视黄河,议其疏塞之方以闻。(0001 卷 42、186)

秃鲁⑨　元顺帝至正十二年(1352)为河南行省平章。是年六月,奉旨与河南参政李猷供给汝宁(治今河南汝南)军需。(0001 卷 42)

秃鲁⑩　元康里人。顺帝宠臣哈麻、雪雪之父。妻为宁宗乳母,以故封冀国公。至正十四年(1354)十二月,加封太尉,进阶金紫光禄大夫。(0001 卷 43、205)

秃鲁⑪　元亲王。顺帝至正十五年(1355)七月,诏命知枢密院事答儿麻监藏等以兵屯中兴(治今湖北江陵),招谕诸处,有不降者,与秃鲁讨伐之。(0001 卷 44)

秃鲁⑫　元顺帝至正十八年(1358)三月,由治书侍御史擢中书参政。(0001 卷 113)

秃鲁⑬　元顺帝至正二十五年(1365)为中书平章政事。(0001 卷 113)

秃鲁⑭　元顺帝至正二十五年(1365)十月,由资政院使为御史大夫。二十七年八月,受命为陕西行省左丞相,奉旨统率本部军及张良弼、孔兴、脱列伯各枝军马进取襄樊。是月,兼知行枢密院事。十二月,诏命其总统张良弼、脱列伯、孔兴各枝军马,以李思齐为副总统,御关中,安抚军民。二十八年二月,诏命其与李思齐等讨伐扩廓帖木儿。闰七月,诏命其统率关陕诸军,东出潼关,攻取河洛;而其兵未尝出。未几,元亡。(0001 卷 46、47、141)

秃鲁⑮　元康里人,中书平章铁木儿塔识孙。历任仁虞都总管府达鲁花赤。(0011 卷 63)

秃鲁⑯　元钦察伯岳吾氏,土土哈子帖木儿不花之子。(0011 卷 74)

秃满①(?~1264)　元世祖初年为阿里不哥谋臣。至元元年(1264)七月,随阿里不哥至上都(今内蒙古正蓝旗东北)归降,被处死。(0001 卷 5)

秃满②　元世祖至元六年(1269)任安丘(今属山东)达鲁花赤。(0743 卷 14)

秃满③　元顺帝至正二十五年(1288)为湖广行省平章政事。是年五月,诏湖广省管内听其与要束木节制。(0001 卷 15)

秃满④　元宗王。太宗第七子灭里大王孙俺都剌大王第二子。初,从西北叛王海都叛元。成宗大德十年(1306)八月,于也儿的失河(今额尔齐斯河)畔降于海山(武宗)。武宗至大元年(1308)九月,进呈所藏太宗玉玺于武宗,受封为阳翟王,赐金印。受命率其所部镇驻漠北。((0001 卷 22、107、206)

秃满⑤(?~1323)　元英宗卫士。至治三年(1323)八月,参与御史大夫铁失等谋弑英宗。九月,泰定帝即位,授同佥枢密院事。十月,被处死于泰定帝行在所。(0001 卷 28、29、207)

秃满⑥(?~1343)　元顺帝至正二年(1342)十二月,与阿鲁等以谋害宰臣、图为叛逆之罪,被处死。(0001 卷 40)

秃满⑦　元镇江路平准行用库提领。(0631 卷 17)

秃卜伸　元泰定二年(1325)任建康路(治今南京)达鲁花赤。(0632 卷 6)

秃儿赤　元唐兀人。僧吉陀之子。暗伯之父。袭父职为必阇赤(宫内掌书记之近侍)兼怯里马赤(通事),事宪宗。累官至文州礼店元帅府达鲁花赤。(0001 卷 133)

秃儿花　又译土鲁花。元诸王。宪宗初年,奉旨与塔塔儿人撒里出征印度、怯失迷儿(今克什米尔)等国。(0001 卷 3)

秃不申①　元世祖至元二十三年(1286)

为中书省断事官。是年十二月,奉遣钩考湖广行省钱谷。(0001 卷 14)

秃不申②　元蒙古札剌亦儿氏。带孙郡王后裔。塔塔儿台之子。世祖至元中嗣兄只必职为东平达鲁花赤。知民疾苦。岁旱致祷求雨。岁饥,请于朝,发廪以赈之。睦同僚,兴学校。士民刻石,纪其政绩。卒年五十一。(0001 卷 119)

秃乌台(? ~1330)　元文宗至顺元年(1330)为中政使。是年六月,与知枢密院事阔彻伯等谋变,被处死。(0001 卷 34)

秃灭歹(? ~1295)　元蒙古札剌亦儿氏。至元三十一年(1294)成宗立,任镇江路高唐翼中千户所达鲁花赤。(0631 卷 17)

秃卢忽　元世祖时西南八番之一大龙番首领。至元三十年(1293)来朝,四月,元廷授土官,赐以玺书遣归。(0001 卷 17)

秃曲灭　又译秃苦灭、秃苦马。元宗王。叛王海都之子。世祖至元末,奉海都遣领精兵三万直趋撒剌思河(今鄂毕河上游支流撒雷斯河),欲据险以袭元军。元将玉哇失率善射者三百人守隘口,注矢以射,元军得全军而归。成宗大德后叶降元,十年(1306)复叛,海山(武宗)率军与战,败之。武宗至大元年(1308),欲投奔察合台后王宽彻(笃哇之子),不见纳,去留无所,遂率其部众降元。(0001 卷 22、119、132)

秃弄歹　元唐兀人,顺帝元统元年(1333)进士伯颜祖。(0028)

秃孛歹　元仁宗延祐四年(1317)任温州路同知。(0579 卷 9)

秃秃哈(? ~1324)　弑杀元英宗之御史大夫铁失之党羽。至治三年(1323)十二月,泰定帝即位后,监察御史脱脱等奏言其为铁失之党,不宜宽宥;遂被处死。(0001 卷 29)

秃忽赤①(1245 ~1313)　元蒙古人,居滑州白马(治今河南滑县)。世祖至元二十九年(1292)授通山县达鲁花赤。历吉州路、衡州路判官。仁宗皇庆二年(1313)迁任安定州达鲁花赤,未上任卒。(0212 卷 69)

秃忽赤②　元至元三十一年(1294),任常山县(今属浙江)达鲁花赤。(0878 卷 2)

秃忽赤③　元中叶火罗罕皇家牧马地按赤(官职名)。(0001 卷 100)

秃忽赤④　元大都大兴(今属北京)汉人。本姓贾。贾昔剌四世孙。秃坚不花之子,仕至显官。(0001 卷 169)

秃忽赤⑤　元畏兀儿人。忙兀的斤之子。任裕州(治今河南方城)达鲁花赤。(0768 卷 4,0767 卷 7,0011 卷 51)

秃忽鲁①(1256 ~1303)　字亲臣。元康里人。自幼入侍元世祖,从许衡学。至元间,授蒙古学士、客省使,进兵部郎中,迁太史院佥事。尝宴见世祖,屡开说古今治乱政要,多所裨益。二十年(1283),迁中书右司郎中。未几,大宗正薛彻干荐掌其府判,署阅诸狱文案,执法严明。迁吏部尚书。后为湖广平章哈剌哈孙荐任湖广右丞。湖南、北盗劫掠横行,盗首乔大使居九江,郡守取赂蔽之。遣使擒来,杀而令诸市,群盗顿息。时创征夏税,民弗堪,屡请而罢之。成宗即位(1294),迁江浙右丞。未几,入任枢密副使。死后追赠赵国公,谥文肃。(0001 卷 134)

秃忽鲁②　元世祖至元中,与伯延伯答罕叛于西夏故地,为元将綦公直率军讨平。(0001 卷 165)

秃忽鲁③　元世祖、成宗时蒙古大臣玉昔帖木儿妻。成宗元贞元年(1295)冬,随夫参加两宫赐宴,如家人礼,受赐宴服及其他珍宝。(0001 卷 119)

秃忽鲁④(? ~约 1328)　又译秃鲁。元蒙古克烈氏。也先不花第二子。初为大宗正府也可札鲁忽赤(大断事官)。武宗至大元年(1308)十月,由中书右丞为知枢密院事。二年十月,加封遥授左丞相。仁宗皇庆二年(1313)正月,由太府卿擢任中书右丞相。延祐元年(1314)三月,罢任右丞相。十一月,任知枢密院事。三年春,授周王和世琜常侍,随周王出镇。十二月,任陕西行省左丞相。至治三年(1323)十月,泰定帝即位后,召入为御史大夫。泰定二年(1325)二月,加太保,七月,奉敕每日至禁中集议国事。四年三月,加封太傅。未几,卒,谥清献。文宗天历二年(1329),赠太师,追封广阳王。(0001 卷 22、23、24、25、29、30、31、112、134 等)

秃忽鲁⑤　元哈密理(今新疆哈密)人。文宗至顺二年(1331)任江南行台监察御史。(0632 卷 6)

秃忽鲁⑥　元中叶伯颜只鲁干(今辽宁喀喇沁左翼西南)皇家牧马地阿塔赤(掌管骟马官员)。(0001 卷 100)

秃忽鲁⑦　元中叶石头山(今宁夏盐池西南)皇家牧马地官员。(0001 卷 100)

秃忽鲁⑧　元畏兀儿人。沙剌班弟,阿邻帖木儿次子。(0001 卷 124)

秃忽鲁⑨　元蒙古彻兀台氏。麦里之子。(0001 卷 132)

秃速忽　元世祖至元十六年(1279)任尚书。是年十一月,赵炳言陕西运司郭同知、王相府郎中令郭叔云盗用官钱;奉敕与侍御史郭佑检核之。(0001 卷 10)

秃教化　元文宗内侍。天历二年(1329)正月,奉文宗遣前往明宗行在所。(0001 卷 33)

秃塔儿　元文宗天历元年(1328)为河中府判官。是年,为反文宗之辽军杀害。至顺元年(1330)五月,诏加褒赠。(0001 卷 34)

秃鲁古　元世祖至元二十四年(1287)为顺元(治今贵州贵阳)宣慰使。是年十二月,奏言:金竹寨主搔驴等以所部百二十五寨内附。(0001 卷 14)

秃鲁欢　元世祖至元后叶为蒙古军万户。至元二十八年(1291)九月,以其所部蒙古兵复隶蒙古都万户府。(0001 卷 16)

秃鲁赤　元世祖所遣特使。至元十五年(1278)闰十一月,奉旨同潭州行省官一员,察戍还病军所过州县不加顾恤者按之。(0001 卷 10)

秃鲁罕　元武宗至大三年(1310)任西安县(治今浙江衢州)主簿。(0878 卷 3)

秃鲁忽　初为元晋王府卫卒,泰定帝时擢任岭北行省官员。文宗天历二年(1329)四月,监察御史奏于明宗,劾其不谙政务,宜黜退,明宗从之。(0001 卷 31)

秃满伦　元公主。太祖女。嫁蒙古弘吉剌氏赤窟驸马。太宗八年(1236),受赐濮州(治今山东鄄城北)五户丝户三万。死后追封郓国公主。(0001 卷 95、109)

秃满带　又译秃满歹。元世祖至元十一年(1274)为右卫都指挥使。时帝命伯颜伐宋,朝议以宋之兵力多聚两淮,闻元军欲渡江,必移师拒守。遂奉帝命率轻锐二万攻淮安,以牵制之。伯颜渡江后,奉帝命还军。二十三年十月,受命为征缅都元帅,率军以征缅。(0001 卷 8、14、154、210)

秃满答　元蒙古克烈氏。哈散纳之曾孙。西域亲军副都指挥使木八剌之弟。袭兄职。(0001 卷 122)

秃撒合　金末蒙古克烈部主王汗之孙。金章宗泰和二年(1202),欲娶元太祖之女火阿真伯姬,未遂。(0001 卷 1)

秃儿哈剌　元太祖诸皇后之一。居第三斡耳朵(帐殿)。(0001 卷 106)

秃干牙里　元畏兀儿人,居镇江。斡鲁欢牙里之子。以父荫累官湖州、长兴(今属浙江)州达鲁花赤。(0631 卷 19)

秃坚不花①(? ~1320)　元大兴(今北京)汉人。贾昔剌孙虎林赤之子。世祖时,袭世职为尚药、尚食局提点。从征东北叛王乃颜,以功升同佥宣徽院事。成宗即位(1294),升同知宣徽院事。后超拜宣徽使。武宗即位(1307),出任金复州新附军万户府达鲁花赤。至大二年(1309),奉诏犒赏北边诸军。复任宣徽使。英宗即位(1320),因铁失进谗,被杀。泰定帝时,昭雪,追封冀国公,谥忠隐。后进封冀安王。(0001 卷 169)

秃坚不花②　元畏兀儿人。英宗至治二年(1322)任江南行台监察御史。(0632 卷 6)

秃坚不花③　元顺帝至正八年(1348)为翰林学士。是年四月,海宁州沭阳县反元队伍起;奉旨领兵讨之。十二年,为枢密副使,七月,奉旨与通政院使答儿麻失里领兵讨徐州红巾军。(0001 卷 41、42)

秃坚董阿　元文宗至顺三年(1332)为山南道廉访副使。是年正月,奏劾荆湖北道宣慰使别列怯都贷内府钞,威逼部民代偿,不足则以宣慰司公帑钞偿之;又劾副使驴驹,以修治沿江堤岸,纵家奴掊敛民财。顺帝元统二年(1334),迁绍兴路总管。后迁台州路总管。(0001 卷 36, 0575 卷 12,0880 卷 26)

秃坚海牙　元畏兀儿人。英宗至治元年(1321)任镇江路录事司判官。(0631 卷 16)

秃思迷失　元顺帝至正十二年(1352)八月,由知枢密院事出任淮南行省平章政事。(0001 卷 42)

秃烈羊呵　元世祖至元二十五年(1288)为甘肃行省参政。是年九月,尚书省臣奏请调其为尚书省征理使,专治应追财谷;帝从之。二十六年,为尚书省断事官,六月,奉诏遣,理算云南行省。(0001 卷 15)

秃绵答儿　元驸马。世祖至元后叶,与诸王哈鲁等叛,与元将暗伯战于克流速石巴秃之地,被暗伯刺杀。(0001 卷 133)

秃鲁不花　元蒙古人。世祖至元十九年(1282)任祁门县(今属安徽)达鲁花赤。(0972 卷 4)

秃鲁迷失①　元世祖至元二十四年(1287)任澄城县(今属陕西)达鲁花赤。(0806 卷 7,0820 卷 2)

秃鲁迷失②　元顺帝元统二年(1334)为右丞。是年三月,广西傜族起兵反元,杀同知元帅吉烈思,掠库物。奉旨率军讨之。(0001 卷 38)

秃满不花①　元唐兀人。世祖至元后叶湖广右丞来阿八赤之子寄僧次子。(0001 卷 129)

秃满不花②　元成宗大德元年(1297)任江南行台监察御史。(0632 卷 6)

秃满达儿　元宁晋(今属河北)人。顺帝至正末,任瑞安(今属浙江)知州。(0645 卷 5)

秃满迭儿①　又译秃满台儿、秃满答儿。元仁宗延祐四年(1317)十二月,由内宰领延福司事擢任知枢密院事。七年正月至二月,任中书平章。泰定元年(1324)三月,由宣徽使为太子詹事。四月,擢为中书平章政事。五月,诸御史劾其尝依附铁失逆党,乞定其罪,帝不允。是月,与詹事丞回回奏请择名儒辅太子。致和元年(1328),出任辽阳平章。八月,自辽东率兵进攻大都政权。十月,其军入古北口,与燕铁木儿军大战于檀州南,战败,退回辽东。(0001 卷 26、29、32、112 等)

秃满迭儿②　元顺帝元统初为徽政院使,进高丽奇氏(后为顺帝皇后)为宫

女,主供茗饮,以事顺帝。(0001 卷 114)

秃满迭儿③　元顺帝至正九年(1349)为中书右丞,闰七月,出任四川行省右丞。丞相脱脱诬以罪,遣人追至途中杀之。(0001 卷 113、205)

秃满答儿①　元契丹人。耶律秃花子买住之子。初为世祖宿卫士。后授成都管军万户。至元十一年(1274),从忽敦攻嘉定。十二年,从汪良臣攻破九顶山,嘉定降。复从忽敦下泸、叙州城,围重庆。十三年,泸州反元,从汪良臣攻降之。从不花复围重庆,败宋将张珏,重庆降。授夔路招讨使。累官至四川行省右丞。(0001 卷 149)

秃满答儿②　元蒙古斡亦剌氏。驸马。尚世祖孙女脱脱灰公主。(0001 卷 109)

秃满答儿③　字曼卿。元只温台氏。累迁为分水县达鲁花赤。后改任东阳县(今属浙江)达鲁花赤,文宗至顺元年(1330)离任。(0154 卷 9,0881 卷 12)

秃干帖木儿　元畏兀儿人。至元三十一年(1294)成宗立,任丹徒县(治今江苏镇江)达鲁花赤。(0631 卷 16)

秃古铁木而　元至元三十一年(1294)九月,成宗即位后,奉遣出使阇蓝(今印度西南海岸奎隆)。(0001 卷 18)

秃坚帖木儿①　元文宗天历元年(1328)九月,由江西行省平章为太禧院使。二年十月,封梁国公。顺帝元统元年(1333)十二月,致仕,赐太尉印,置僚属。至元三年(1337)五月,诏拜太尉,设僚属幕官。(0001 卷 32、33、38、39)

秃坚帖木儿②(? ~1355)　元亲王。顺帝至正十二年(1352)四月,率军讨伐和州(治今安徽和县)有功,受赐金系腰及钞一千锭。十五年正月,死于军中。(0001 卷 42、44)

秃坚帖木儿③(? ~1366)　元顺帝至正二十年(1360)为知枢密院事。是年,阳翟王阿鲁辉帖木儿拥兵数十万,将犯京畿;奉旨率军击之,不克,军溃,退走上都(今内蒙古正蓝旗东北)。二十二年二月,奉诏谕李思齐讨四川。二十三年,得罪于皇太子,奔大同孛罗帖木儿处。二十四年四月,奉孛罗帖木儿遣,率军向阙,入居庸关,击败詹事不兰奚军;诏命执右丞相搠思监、资正院使朴不花与之。自健德门入见帝,授中书平章。七月,从孛罗帖木儿率军复犯阙,与孛罗帖木儿入见帝,拜御史大夫。二十五年七月,奉孛罗帖木儿遣,率军进攻上都,战败,未几,孛罗帖木儿死,其军奔溃,遂逃走。十二月,被捕获处死。(0001 卷 45、46、145、207 等)

秃坚帖木儿④　元顺帝至正二十五年(1365),封太保。(0001 卷 111)

秃坚帖木儿⑤　元宗王。顺帝至正二十四年(1364)三月,帝下诏削夺孛罗帖木儿官爵,且命扩廓帖木儿以兵讨之。与宗王不颜帖木儿等皆称兵,与孛罗帖木儿合,上表言其无罪。(0001 卷 205)

秃坚铁木儿　元大德十一年(1307)为蒙古万户。是年十二月,武宗即位后,以其有平内难功,加镇国上将军。(0001 卷 22)

秃坚理不花　又译秃坚不花、秃坚里不花。元顺帝至正十一年(1351)为江西行省平章,率兵驻守江州(今江西九江),以抵御红巾军。次年二月,红巾军逼近城;自北门逃归省城南昌。(0001 卷 144、194)

秃剌铁木儿①　元世祖至元十五年(1278)四月,由同知宣徽院事为光禄卿。(0001 卷 10)

秃剌铁木儿②　元武宗至大元年(1308)二月,由遥授左丞相为仁虞院使。(0001 卷 22)

秃剌铁木而　元成宗近臣。大德五年(1301)四月,奉旨犒和林军。八月,自和林犒军还,言:和林屯田宜令军官广其垦辟,量给农具,仓官宜任选人,可革侵盗之蔽。成宗从之。(0001 卷 20)

秃思帖木儿　元泰定二年(1325)为山东宣慰使。是年九月,奉旨为四川行省奉旨宣抚官。(0001 卷 29)

秃哈帖木儿　元泰定三年(1326)六月,授四川行省平章政事;请终母丧,帝从之。(0001 卷 30)

秃鲁帖木儿①　元宗室。亲王只儿哈郎之子。顺帝至正十三年(1353),只儿哈郎讨捕金山反元队伍,死于军中。八月,有旨命其人备宿卫。(0001 卷 43)

秃鲁帖木儿②　又译秃鲁铁木儿。元顺帝宠幸近臣。性奸狡,帝爱之,言听计从。至正中为集贤学士,与妻兄哈麻等阴进西天僧于帝,行房中运气之术,号演揲儿法,又进西番僧伽璘真善秘密法,帝皆习之。十六年(1356)二月,与帝定计除去哈麻兄弟。七月,由翰林学士改任侍御史。二十四年,被右丞相孛罗帖木儿奏请帝处死。(0001 卷 43、44、46、205、207)

秃满铁木儿　又译秃满帖木儿。元诸王。元成宗大德十年(1306)奉元大将月赤察儿遣,率军万人深入金山(今阿尔泰山)以西,收降叛王灭里铁木儿(阿里不哥之子)部人。仁宗延祐四年(1317),和世㻋(明宗)出奔西北。率军追击,与和世㻋所部军战于失剌塔儿马失之地。二年正月,其所部军受赐钞四万锭。二月,受封为武平王,受赐金印。(0001 卷 26、108、119、135)

秃儿哈帖木儿　元文宗天历元年(1328)九月,由同知枢密院事升为知枢密院事。二年三月,奉文宗遣,随燕铁木儿奉皇帝宝往献于明宗。至顺二年(1331),任中书平章政事。三年十月,复为知枢密院事。(0001 卷 32、33、37、112 等)

秃儿迷失海牙　元顺帝至元三年(1337)为江西行省平章。是年二月,奉旨与湖广平章那海统兵镇压广西徭族反元起

事。(0001 卷 39)

秃黑鲁帖木儿(1329～1363)　又译脱黑鲁帖木儿、秃忽鲁帖木儿,东察合台汗国第一代汗,其世系不明。十八岁时被朵豁剌惕氏贵族播鲁只立为汗。从此,察合台汗国正式分裂为东西两部。1353 年接受伊斯兰教,并致力于在汗国内推行伊斯兰教。1360、1361 年两次进兵河中地区。1361 年,越过阿母河,直达兴都库斯山,占领河中地区,暂时实现汗国统一。次年,还师。卒后,河中地区复又独立。(1146 卷 232)

秃鲁花铁木儿　又译秃鲁花帖木儿。元仁宗皇庆二年(1313)五月,由参议中书省事升为中书参政,八月,罢任。(0001 卷 24、112)

秃鲁迷失海牙①　元成宗大德十年(1306)任瑞州路(治今江西高安)治中。(1016 卷 14)

秃鲁迷失海牙②　元仁宗皇庆二年(1313)任奉化州同知。(0633 卷 3)

秃鲁迷失海牙③　元文宗天历二年(1329)任浙东宣慰使。(0634 卷 1)

秃鲁迷失海牙④　元顺帝至正二十五年(1365)为上都(今内蒙古正蓝旗东北)副留守。是年七月,秃坚帖木儿奉孛罗帖木儿命以兵犯上都。奉上都留守达礼麻识理命引兵由小东门出,与之大战于卧龙冈,败之。(0001 卷 145)

秃鲁迷帖木儿　元畏兀儿人。仁宗皇庆二年(1313)十一月,就任丹徒县(治今江苏镇江)达鲁花赤。(0631 卷 16)

何与　元金华(今属浙江)人。有诗作传世。(0504 辛下)

何中　字太虚。元抚州乐安(今属江西)人。以古学自任,家有藏书万卷,手自校雠。其学弘深该博,程钜夫、元明善、姚燧、揭奚斯等皆推服之。文宗至顺二年(1331),江西行省平章全岳柱聘之为龙兴郡学师。次年,病死。著有《知非堂稿》及《易类象》二卷、《书传补遗》十卷、《通鉴纲目测海》三卷。(0001 卷 199)

何升　元会稽(治今浙江绍兴)人。贡师泰门生。(0072 卷 92)

何介　字介逸。元温州(今属浙江)人。任镇江路儒学正。(0631 卷 17)

何氏①　元妇女。完颜伯颜妻。成宗乳母。至元三十一年(1294)四月,成宗即位,六月,以乳保之劳,受封为冀国夫人,其夫封冀国公。(0001 卷 18)

何氏②　元妇女。文宗时浙东廉访使脱脱赤颜之生母,本父之妾,而兄妻之。以子贵,请于朝廷,赠封温国夫人。至顺二年(1331)六月,监察御史陈良劾其子脱脱赤颜欺诳朝廷,请追还赠恩,元廷从之。(0001 卷 35)

何氏③　元龙游(治今浙江衢州东北)大家妇。元末为兵所掠,裂帛题诗一首,自投江死,年仅十九。(0103 卷 4,0033 卷 36)

何氏④　元处州龙泉县(今属浙江)季锐妻。元末,避兵于邑之绳门岩。反元起事者至,被执。欲污之,与子荣儿、女回娘投崖而死。(0001 卷 201)

何氏⑤　元怀孟(治今河南沁阳)妇女。夫死守节,养公婆以寿终,亲负土筑其坟高三丈余。(0001 卷 200)

何凤(1250～1327)　字天仪,号遁山。元兰溪(今属浙江)人。业医。成宗元贞初北游燕赵,以荐授婺州路(治今浙江金华)医学教授。后迁任江西医学提举。(0420 卷 9)

何玉　元仁宗延祐四年(1317)任永嘉(治今浙江温州)知县。(0579 卷 9)

何正　字守中。元分水(治今浙江桐庐西北)人。文宗至顺年间以荐授鳌川书院山长,迁任宁都下河巡检,未几弃官归。有诗作传世。(0075 文学典卷 88,0033 卷 17,0504 丙)

何失　字得之。元昌平(今属北京)人。负才气。能诗文,思致颇不凡。顺帝至正年间,名公交荐,以亲老不就。织帽纱为业,售不二价。死年八十。(0002 卷 238,0033 卷 12,0503 丙)

何华(？～1278)　宋末元初南恩州(治今广东阳江)人。元世祖至元十五年(1278),与新州(治今广东新兴)张翼举兵反元复宋,军势甚盛。未几,被元军管军万户朱国宝率精锐军击杀。(0001 卷 165)

何全　元顺帝至正中任获鹿(今属河北)知县,修学校,兴教化。(0645 卷 4)

何约　字仲博。元河东人。历任监察御史,户部、兵部尚书,行省参政,侍御史。官至陕西行台中丞。(0700 卷 7、8)

何玮(1245～1310)　元易县(今属河北)人。何伯祥之子。父死,袭职为易州知州。兄行军千户死,复袭兄职,镇亳州。世祖至元初,从围襄樊。宋将夏贵率舟师来援。率众击败之。至元十一年(1274),从伯颜征宋。从阿术击败夏贵于阳罗堡。率众击败贾似道舟师于丁家洲,夺舟千余艘。以功授管军总管。宋平,任太平路军民达鲁花赤。未几,升为行户部尚书、两淮都转运使。十八年,擢参议中书省事。后历任江西按察使、大名路总管、湖南宣慰使。成宗即位,任中书参政。大德七年(1303),任御史中丞。武宗时任中书左丞,因反对立尚书省及变更钞法,出为河南平章。至大三年(1310)死,追封梁国公,谥文正。(0001 卷 150、112、127 等)

何英　元人。有诗作传世。(0504 癸下)

何泉　元顺帝至正十五年(1355)任瑞州路(治今江西高安)判官。(1016 卷 14)

何凯 元仁宗时广西少数民族土官。延祐五年(1318)九月,随广西两江龙州万户赵清臣、太平路总管李兴隆入朝,进贡方物,元廷赐以币帛。(0001 卷 26)

何恒 元練川人。有诗作传世。(0504 庚下,0033 卷 21)

何实(? ~1257) 字诚卿。金元之际北京(治今内蒙古宁城西)人。金北京留守何道忠之子。善骑射,通诸族语。元太祖十一年(1216),降蒙古,任木华黎前锋。十二年,从攻燕南、齐西。任兵马都镇抚,从攻山西。以功升元帅左监军。十八年,从孛鲁大败金将武仙。奉命戍邢州。十九年,率军攻河南,俘工匠七百余。复驻邢州,分织匠五百,置局课织。二十二年,任便宜行元帅府事,迁驻博州(治今山东聊城),与严实分治冀南、齐西军民事。太宗九年(1237),入觐,以右臂病废辞军职,改任御用局人匠达鲁花赤,子孙世袭。(0001 卷 150)

何肃 元英宗至治二年(1322)任庆元路(治今浙江宁波)推官。(0634 卷 1)

何信 元人,善刻碑。所刻《帅正堂漫吟》,今藏陕西省博物馆。(1143 卷 251)

何彦 元世祖至元十七年(1280)为播州(治今贵州遵义)安抚使。是年,陕西四川等处行省左丞李德辉死,彦请率播州民立庙祀之。(0001 卷 163)

何泰 元汴梁(治今河南开封)人。居丧庐墓。诏表其门闾。(0001 卷 197)

何真(? ~1388) 字邦佐。元明间东莞(今属广东)人。元顺帝至正中,聚众保乡里。惠州人王仲刚等据惠州,真击走其众,杀仲刚,以功授惠阳路同知、广东都元帅,守惠州。海盗赵宗愚陷广州,真以兵破走之,收复广州,擢广东分省参政,未几升右丞。明洪武元年(1368)明将廖永忠取广东,真遣使诣军门上印章,籍所部郡县户口兵粮,奉表以降。擢江西行省参政。累官湖广布政使,封东莞伯。(0020 卷 131,0411 卷 33)

何淑 元明间乐平(今属江西)人。元顺帝至正十一年(1351)进士。明洪武四年(1371),召为太子宾客,辞不就。六月,特召至京师(今南京),以老疾辞。有《螋閤集》,已佚。(1028 卷 23,1071 卷 17)

何渊(? ~1292) 元无极(今属河北)人。何伯川之子,何体仁之父。元世祖时,太子真金闻其贤,征至京师,授南昌知县,后调任新淦知县。(0552 卷 24)

何维 元蒲圻(今属湖北)人。仁宗延祐元年(1314)中乡试。有文名。(0075 氏族典卷 215、文学典卷 87)

何瑛 金元之际太原(今属山西)人。元世祖时中书右丞何荣祖之父。金宣宗贞祐间试文法入优等补吏,后授明威将军,守钜鹿尹,权军器监主事。金亡,徙家广平。(0001 卷 168)

何惠 元广平(今属河北)人。何荣祖之子。成宗大德间为秘书少监,病死。(0001 卷 168)

何童 元广西徭族酋长。泰定二年(1325)十月,降顺朝廷,请防边自效;从之。(0001 卷 29)

何缉 字子敬。元泰州(今属江苏)人。顺帝至正末任上海知县,劝善惩恶,风俗大变。(0944 卷 7,0296 卷 4 下、5)

何蒙 字叔正。元泰定年间任上海知县。顺帝至元五年(1339)任余姚知州。(0880 卷 28,0944 卷 7)

何稚 元京兆(治今陕西西安)人,善刻碑。所刻《重修宣圣庙碑》,今藏陕西省博物馆。(1143 卷 256)

何溥 元安丰(治今安徽寿县)人。居丧庐墓。诏表其门闾。(0001 卷 197)

何源① 元世祖中统元年(1260)为翰林待制。是年四月,奉旨充国信副使,与国信使郝经等出使南宋。(0001 卷 4)

何源② 字巨川。元归信(治今河北雄县)人。历任句容知县、庐州路经历、保定路判官。(0632 卷 6,0649 卷 34)

何福 元顺帝至正十二年(1352)为建德(今属浙江)反元队伍首领。是年,江浙平章月鲁帖木儿率军至建德;被擒获斩于市。(0001 卷 144)

何瑨 金元之际滦州(治今河北滦县)人。何体仁曾祖。金末为锦州防御使。降于木华黎,署黑军元帅,累功授无极军民长官,遂家于无极。(0552 卷 24)

何暹 字德明。元镇江(今属江苏)人。任镇江路医学录。(0631 卷 17)

何澄(1223 ~?) 元大都(今北京)人。世祖时以画艺征入宫内。武宗至大初兴圣宫成,皇太后命其总绘事。历秘书少卿,以秘书监致仕。仁宗皇庆元年(1312),进界画《姑苏台》、《阿房宫》、《昆明池》三图,超授昭文馆大学士,时年九十。(0001 卷 130,0002 卷 242,0225 卷 9、29)

何镛 字国器。元杭州人。仁宗延祐四年(1317)任秘书监校书郎。英宗至治元年(1321),升为秘书郎。(0027 卷 10)

何九思 字仲诚。元山西人。有诗作传世。(0504 庚上)

何士青 元世祖时军人。至元十六年(1279)七月,告发宁国路新附军百户詹福谋叛,福论死。以告发有功,授总把、银符,授赐钞十锭。(0001 卷 10)

何之祺 元英宗至治元年(1321)为万户。是年七月,因黄平(今属贵州)府少数民族卢砰反元起事,被削官一级。(0001 卷 27)

何子志(? ~1283) 元世祖至元十九年(1282)六月,授管军万户,奉命出使暹国(今泰国)。舟经占城,被执。次年二

月，被占城国主下令杀死。(0001 卷 12、210)

何子荣　字荣甫。元镇江(今属江苏)人。任镇江路医学录。(0631 卷 17)

何天骏　字国正。元蒲圻(今属湖北)人。何槐孙之父。仁宗皇庆中授富州学录。后迁任湘乡州学正。(0075 氏族典卷 215)

何太深　元全真教道士，何道柔弟子。仁宗延祐元年(1314)赐号清真大师。(0075 氏族典卷 215)

何巨川　元大都(今北京)长春宫全真教道士。世祖将伐宋，上疏言宋未有可伐之罪，遂受命副郝经出使宋，死于真州。顺帝至正年间诏追赠二品官。(0101 卷 6)

何巨济　元仁宗延祐中，任襄垣(今属山西)知县。(0698 卷 8)

何仁甫　元顺帝至正元年(1341)十一月，率众反元起事于道州路(治今湖南道县)。(0001 卷 40)

何从义　元延安洛川(今属陕西)人。祖良、祖母李氏偕亡；庐于墓侧，旦夕哀慕，不脱绖食，不食菜果，惟进蔬食。事父世荣、母王氏，孝养尤至。伯祖温、伯祖母郝氏，叔祖恭、叔祖母贺氏，叔祖让、叔祖母姜氏，叔父珍、叔母光氏，皆无子。及其亡，咸为治葬，筑高坟，祭奠以礼。时人义之。(0001 卷 198)

何文著　元世祖至元十二年(1275)为兵部郎中。是年二月，奉遣与礼部侍郎杜世忠等持国书出使日本，使复致书，日本国不答复。(0001 卷 8、208)

何文渊　元河南人。元泰定间撰《四书文字引证》九卷，不传。(1071 卷 3)

何世雄　宋元之际黔中又巴洞部族酋长。元世祖至元中归附元朝。未几，举兵反元，进攻澧州。元廷讨降之。(0001 卷 162)

何主簿　元内丘县(今属河北)主簿。文宗天历二年(1329)廉访司所察劝课农桑勤官。(0001 卷 93)

何芝孙　元分水(治今浙江桐庐西北)人。由分水县儒学教谕升建德路(治今浙江建德东北)儒学录。后迁任衡州路教授。(0198 卷 4，0072 卷 82)

何有诚　元石门县(今属湖南)儒学教谕。善吟咏，有诗作传世。(0033 卷 32，1053 卷 13)

何成禄　元顺元路(治今贵州贵阳)儒学教授。富文学，训迪诚恳，郡中文学勃兴。(0853 卷 5、9)

何执礼①　元成宗大德八年(1304)任荆门(今属湖北)州儒学正。(1044 卷 17)

何执礼②　元顺帝至正初为吏部尚书。至正五年(1345)十月，为两浙江东道奉使宣抚。(0001 卷 41、92)

何贞立　元进士，欧阳玄婿。有诗作传世。(0504 己上，0033 卷 13)

何廷兰　元公安(今属湖北)人。历官省台三十余年。(0622 卷 62，0075 氏族典卷 215)

何仲温　元仁宗皇庆年间任瑞州路(治今江西高安)推官。(1016 卷 14)

何自明　字仲德。元浔阳(治今江西九江)人。为临川(今属江西)郡吏。(0212 卷 24)

何刘发(1247～1323)　字汉卿。宋元之际江阴(今属江苏)人。尝为松江学纠，未几弃任，调会稽学正，不赴。晚年隐居，自号竹隐居士。(0202 卷 13、17)

何守谦①　元成宗大德元年(1297)任秘书监校书郎。十年，升著作佐郎。武宗至大二年(1309)任秘书郎。仁宗延祐五年(1318)任江南行台监察御史。(0027 卷 10，0632 卷 6)

何守谦②　元英宗至治二年(1322)为监察御史。是年三月，因犯赃罪，受杖刑免官。(0001 卷 28)

何安道　元真定(治今河北正定)人。累官深州(治今河北深县南)知州。(0262 卷 21)

何志道　元延祐七年(1320)为权相铁木迭儿党羽。是年正月，仁宗死，铁木迭儿以太后命复为右丞相，锐意报复其政敌赵世延。志道受其嘱，诱赵世延从弟胥益儿哈呼诬告世延罪。世延被逮置对，后遇赦。(0001 卷 180)

何克明　元衡山(今属湖南)人。仁宗延祐四年(1317)乡试第一。顺帝至正初，累迁衡州路(治今湖南衡阳)推官。(1041 卷 36、51)

何吾山　元人。有诗作传世。(0504 癸上，0514 前集卷 3)

何体仁(1273～1351)　字德元。元真定无极(今属河北)人。何瑨曾孙。仁宗延祐初，辟无极县儒学教谕。考满不复仕，家居读书，晚号滱川渔逸。(0552 卷 24)

何伯川　元真定无极(今属河北)人。何瑨之子。袭父职。历任藁城、深泽、临邑、曲阳四县知县。(0552 卷 24)

何伯祥　金元之际易州易县(今属河北)人。初为金将苗道润部下，后随张柔降蒙古。元太宗时，从攻汴梁，拔洛阳，围归德(今河南商丘)，破蔡州(今河南汝南)灭金；以功授易州等处军民总管。太宗九年(1237)，从察罕攻宋，拔三十余栅，获战舰千余艘，又攻破芭蕉、望乡、大洪、张家等寨，俘获甚众。宪宗二年(1252)，大破宋军于司空寨(今安徽英山东)。九年，从忽必烈攻鄂州(今湖北武汉武昌)，参预军事，多所献纳。死于军中。追封易国公，谥忠毅。(0001 卷

150、147、166）

何宏佐　元人。有诗作传世。（0504 丁）

何异孙　元初人。著有《十一经问对》五卷。（0072 卷 88）

何坤章　字朝瑞，号梅隐。元临邛（治今四川邛崃）人。年二十余，随元兵北至兴元（治今陕西汉中），辟为儒学正。死年六十一。（0248 卷 14）

何鸣凤　字逢原。宋元之际分水（治今浙江桐庐西北）人。宋末任教授。工诗，其诗作被元初月泉吟社取为第十四名及四十五名。（0504 甲，0033 卷 31）

何宗诚　元兰溪（今属浙江）人。何凤之子。从许谦学。（0071 卷 82）

何宗映　元兰溪（今属浙江）人。何凤之子。从许谦学。（0071 卷 82）

何宗姚　元人。有诗作传世。（0504 辛上）

何宗寔（1294～1353）　字诚甫。元杭州人。试吏下邑，有能声，升杭州府史，调毘陵，终两浙转运司书吏，退隐玉泉山。（0158 卷 24）

何宗瑞　元兰溪（今属浙江）人。何凤之子。从许谦学。（0071 卷 82）

何荣祖　字继先。元广平（今属河北）人。世业吏。世祖时以吏累迁中书省掾，擢御史台都事。累升侍御史，出为山东按察使，迁河南按察使。拜御史中丞，复出为山东按察使。至元二十六年（1289），召入为尚书省参政。屡与桑哥异议，告病退，特授集贤大学士。未几，起为尚书右丞。二十八年，桑哥败，任中书右丞。奏行所定《至元新格》。请改提刑按察司为肃政廉访司，立监治之法。成宗时，奉旨定《大德律令》，未及颁行而病死，年七十九。追封赵国公，谥文宪。（0001 卷 168）

何南一　字易初。元处州路（治今浙江丽水）人。成宗元贞二年（1296）任丽水县儒学教谕。（0576 卷 10）

何思敬　元顺帝至正年间任秘书监丞。工书法绘画，写山水尤精。（0157 卷 16）

何彦清　元初为播州（治今贵州遵义）安抚使。（0841 卷 15）

何真童　元文宗至顺中为余姚（今属浙江）州同知。（0880 卷 28）

何致中　字鹤龄，号华阳山人。元宣城（今属安徽）人。工诗，有诗作传世。（0524 卷 3、5、12，0504 戊上，0033 卷 23）

何逢原　字文澜，宋元分水人。宋度宗咸淳间累官中书舍人，知时事不可为，引疾辞官。元世祖至元中，程钜夫荐为福建儒学提举，辞不赴。有《易诗书通旨》、《玉华集》等。（0063 卷 13，0072 卷 49）

何能之　元于潜（今属浙江）人。喜绘画。英宗至治间尝请益于赵孟頫。（1078 卷 4）

何淑成　字伯善。元明之际乐安（今属江西）人。顺帝至正十一年（1351）进士，授武冈（今属湖南）县丞，阻兵未能赴任。明洪武四年（1371）召至京师（今南京），以老病辞归。（0560 人集卷 36）

何崇礼　元北京（治今内蒙古宁城西）人。何实之子。任应奉翰林文字兼国史院编修官。（0001 卷 150）

何惟岩　一作维岩。元世祖至元二十七年（1290）（一说为至元二十九年闰六月）安南国来元朝使臣。是年，奉安南国王陈日燇遣，与阮代之（一作阮代乏）等随元朝遣往安南出使后返回之使臣礼部尚书张立道来元朝上表谢罪，表明愿修岁贡之礼如初，且言所以愿来朝之意。（0001 卷 167、17）

何敬德（1252～1308）　元上海人。为海道万户张瑄莞库，瑄父子倚重之。知机先退，瑄案发，祸不及之。后建天泽院于杭州，饥年尝施赈济。（0501 卷 69）

何惠月　元宁夏（治今宁夏银川）人。散财周急。诏表其门闾。（0001 卷 197）

何景福　字介夫，元淳安人。学博行修，累辟不赴，惟以诗酒自娱。有《铁牛翁遗稿》一卷。（0503 三集庚，0033 卷 22）

何道元　字巨渊。元长社（治今河南许昌）人。顺帝至元六年（1340）由光山知县迁任秘书监著作佐郎。（0027 卷 10）

何道忠　金北京（治今内蒙古宁城西）人。元御用局人匠达鲁花赤何实之父。仕金为北京留守。（0001 卷 150）

何道柔（1234～1306）　号全阳子。元景州（治今河北景县）人。全真教道士。（0075 氏族典卷 215）

何颐贞　元人。有诗作传世。（0514 前集卷 6，0504 癸上）

何槐孙　字德孚、龙冈。元蒲圻（今属湖北）人。泰定四年（1327）进士。文宗天历二年（1329）任宜黄县知县。顺帝至正二年（1342）迁任庆元路（治今浙江宁波）推官。著有《善政指南》，今佚。（0622 卷 34、46，1028 卷 17，0075 氏族典卷 215）

何德之　元成都人。晚年居兴元（治今陕西汉中），蒲道源从之学。（0146 卷 14，0072 卷 95）

何儒行　字仲景。元宣城（今属安徽）人。顺帝至元元年（1335），领江浙乡荐。有诗作传世。（0524 卷 2、4、6、9、11，0974 卷 17）

何骥子　元人。有诗作传世。（0504 癸下）

何麟瑞　元人。有诗作传世。（0504 癸

上)

何必阇赤　元益都(治今山东青州)人。成宗大德五年(1301)任丹徒(治今江苏镇江)知县。(0631 卷16)

何抄尔赤　元汝州郏县(今属河南)人。世祖至元十三年(1276)任泰和县达鲁花赤。死于官任。(1019 卷9)

攸忙兀台　元渤海(治今山东滨县)人。元太祖时镇守太原将领攸哈剌拔都长子。太宗时嗣镇太原。世祖至元元年(1264)为太原路总管,因藏甲匿户,八月,罢职为民。(0001 卷193、5)

攸哈剌拔都　姓攸,初名兴哥。金元之际渤海(治今山东滨县)人。金末,避地大宁(今内蒙古宁城西)。元太祖九年(1214),降蒙古大将木华黎。献计攻降通州。以功得太祖赐名哈剌拔都。从木华黎攻略燕南,充先锋。十三年,授河东北路兵马都元帅,镇太原。二十二年,金将武仙攻入太原城,战死。(0001 卷193、119)

伸思　元世祖至元二十七年(1290)正月,以谋不轨伏诛。(0001 卷16)

伯八(? ~1276)　元蒙古晃合丹氏。明里也赤哥孙,脱伦阇里必之子。世袭蒙古千户。宪宗七年(1257),受赐太原五户丝户一千一百户。世祖即位(1260),擢为万户,命领诸部军马屯守谦谦州(今俄罗斯图瓦自治州克穆、克穆齐克两河流域)。至元十三年(1276),宗王昔里吉、脱铁木儿叛,投奔西北叛王海都。伯八奏告元廷,且愿提兵往讨之,未得命,为脱铁木儿等所袭而死。(0001 卷193)

伯户　元顺帝至元四年(1238)任秘书监译史。(0027 卷11)

伯术　元世祖至元十二年(1275)为刑部侍郎。是年正月,奉旨与唐永坚持诏招谕郢州。二月,复奉遣宣谕郢州官吏士庶。四月,郢州安抚使赵孟以城降。六月,奉旨往谕宋降臣朱禩孙,以年老多病,不任朝谒,权留大都,无自疑惧。(0001 卷8)

伯必　元世祖至元二十二年(1285)为中庶子。(0001 卷115)

伯行　元钦察玉吕伯里氏。父忽都从蒙古军定中原,遂家于大名路清丰县。世祖至元中,从行省丞相阿塔海镇扬州。因通蒙古语,阿塔海使专奏对,岁率乘驿六七返。二十二年(1285),授金坛县尹。不久,迁行省理问官。世祖欲再征日本,阿塔海言其不便,使伯行入奏,帝悟,遂罢兵。二十九年,任庆元路(治今浙江宁波)治中。尊礼故宋翰林学士王应麟,俾学者师事之。胥吏侮故宋士大夫,伯行禁之。成宗大德元年(1297),迁浙东廉访副使。哈剌哈孙荐其贤,擢工部侍郎。条江南弊政数百事,哈剌哈孙悉革之。武宗时官至工部尚书。(0002 卷154)

伯秃　元宗王阿只吉之妹。至元三十一年(1294)七月,成宗即位后,受赐银、钞。(0001 卷18)

伯佗　元世祖初年邛部川(治今四川越西东北)六番安抚招讨使都王明亚之子。至元元年(1264)五月,父明亚为邻近建都部族所杀,奉敕袭父职,受赐金符。(0001 卷5)

伯杭①　元济南人。顺帝至正十年(1350)中乡试。(0600 卷2)

伯杭②　元回回人。赛典赤赡思丁第三子忽辛长子。历任中庆路(治今云南昆明)达鲁花赤。(0001 卷125)

伯忽①(? ~1291)　全名秃剌不花,伯忽为不花之异译。蒙元时钦察汗国第七代汗。拔都之子脱欢之孙。元世祖至元二十四年(1287)至二十八年在位。其在位时,领有黑海北岸地区之万户长那海操纵汗国大权,煽动封建内讧、宫廷内乱。二十八年,为其堂兄弟脱脱(第八代汗)所杀。(0001 卷107、117,1141 第1篇第4章)

伯忽②　又译拜忽。元仁宗皇庆二年(1313)正月,由察罕脑儿(在今内蒙古乌审旗南)等处宣慰使擢任御史大夫。四月,加封太傅。延祐三年(1316)七月,受帝命拯治台纲。六年,进封太师。至治三年(1323)十二月,泰定帝在位,奉旨商议军国重事。泰定四年(1327)三月,奉敕与议大事,食俸终身。(0001 卷24~26、29、30 等)

伯忽③(? ~约1329)　元汪古人。赵世延之子。任夔州路总管。文宗天历元年(1328)十一月,四川平章囊加台起兵反文宗;不从,被杀。后特赠推忠秉义孝节功臣,谥忠愍。(0001 卷180)

伯忽④(? ~1330)　又译拜狐。元文宗初年为云南万户。至顺元年(1330)正月,与云南诸王秃坚、万户阿禾等起兵反文宗,攻陷中庆路(今云南昆明),杀廉访司官,执左丞忻都等。二月,率军攻陷仁德府(治今云南寻甸彝族自治县东),攻至马龙州(今云南马云)。四月,乌撒(今贵州威宁)土官禄余杀乌撒宣慰司官吏,降附于伯忽。六月,伯忽等军势盛大,禄余乘势连约乌蒙(今云南昭通)、东川(今云南会泽)、忙部(今云南镇雄北)诸部族,欲令伯忽弟拜延等兵攻顺元。十一月,被文宗军战败于马龙州,弟拜延被杀。又战败于马金山,被擒杀。(0001 卷34~36、38 等)

伯都①　元世祖至元十年(1273)为世祖之近侍、昔博赤(养鹰人)。是年,谓诸路总官府权太重,宜立运司及诸军奥鲁,以分其权。丞相安童等以为:今之民官,循例迁徙,保无邪谋,别立官府,于民未便;帝然之。(0001 卷8)

伯都②(? ~1324)　元蒙古忙兀氏。博罗欢第二子。嗜读书史。成宗大德五年(1301),擢江东道廉访副使。历南台侍御史、枢密院佥事。武宗至大二年(1309),出任南台中丞。迁任西台御史大夫。仁宗延祐元年(1314),拜甘肃行省平章。时陆輓米一石费二百缗,乃为经画计,所省四百余万缗,诸仓充溢。民饥,发粟赈之,春缺种则贷之。于是军饷足而民食不缺。四年，迁任江浙平章。未几，入为太子宾客，上书陈古先圣王正心修身之道，帝嘉纳之。以疾辞任。(0001 卷 121)

伯都③　元哈剌鲁氏。曲枢长子。成宗时与父同侍仁宗及其母答己。武宗即位，特授翰林学士，迁任典宝监卿、治书侍御史。至大元年(1308)，升侍御史。二年，授中书参知政事，进右丞。死年三十二。(0001 卷 137、23、112)

伯都④　元仁宗延祐年间为诸王之卫士。延祐五年(1318)，诸王不里牙敦举兵叛；以其与诸王也舍、失列吉及卫士朵带坐持两端，不助官军进讨，敕流放于潭州(治今湖南长沙)。(0001 卷 26)

伯都⑤　元蒙古许慎氏，月赤察儿之子。(0011 卷 20)

伯都⑥　又译拜都、贝杜，元宗室，伊利汗国第六代汗。1295 年，权臣谋杀第五代汗乞合都，奉其为汗。未几为合赞(第七代汗)所败，被杀。(0008 卷 3，0015，0003 卷 71)

伯奢　元蒙古弘吉剌氏，不只儿之孙。(0001 卷 118，0011 卷 15)

伯蓝①　元文宗至顺三年(1332)为通政副使，四月，帝以国师必剌忒纳失里沙律爱护持妻丑丑赐之。时国师以谋不轨被处死，籍没家产人口。(0001 卷 36)

伯蓝②　元顺帝至正年间任管州(治今山西静乐)达鲁花赤，有政绩。(0691 卷 8)

伯福　字谦叟。元僧，惠安(今属福建)周氏子。住泉州开元寺。(0037 卷 50)

伯颜①(1236～1295)　元蒙古八邻氏。早年随父晓古台从旭烈兀西征波斯。世祖至元元年(1264)，奉旭烈兀之命出使世祖处，深受赏识，留为侍臣。二年，擢为中书左丞相。七年，任同知枢密院事。十一年，复任左丞相，行省荆湖，统率襄阳元军大举攻宋。十二月，攻占鄂州(今湖北武汉武昌)，率领水陆军沿长江东下，大败宋军于丁家洲(今安徽铜陵北)。十二年三月，占领建康(今江苏南京)。十一月，分兵三路进攻临安(今浙江杭州)。十三年正月，宋幼帝赵㬎出降。十四年，奉诏率军北上，讨平弘吉剌部只儿瓦台叛乱，于斡耳寒河(今蒙古鄂尔浑河)击败叛王昔里吉等。十八年，陪同皇太子真金统率大军驻守漠北。二十二年，代替宗王阿只吉统率西北地区元军。二十四年，奉诏自别失八里(今新疆吉木萨尔北)移军驻守哈剌和林(今蒙古杭爱省哈尔和林)，阻遏西北叛王海都与东北叛王乃颜军合势。二十六年，任和林分院知枢密院事。二十九年，击败依附海都之叛王明里帖木儿。三十年，世祖病重，奉诏入侍，与玉昔帖木儿等同受顾命。三十一年正月，世祖死，与玉昔帖木儿等拥戴皇孙铁穆耳(成宗)即帝位。十二月，病终。大德中，追封淮安王，谥忠武。(0001 卷 127，0501 卷 24)

伯颜②(？～1307)　元回回人。赛典赤赡思丁长子纳速剌丁之长子。世祖至元二十年(1283)，佐阔阔你敦治江淮行省。二十二年，为龙兴行省左丞，受命专领课程事。二十九年，为江西行省官。三十年正月，为河南行省平章，十一月，入为中书平章。成宗大德七年(1303)，以受朱清、张瑄贿赂，为御史所劾罢。八年，复为中书平章。十年，复罢任。十一年正月，成宗死后，与左丞相阿忽台等谋立安西王阿难答为帝，为仁宗所杀。(0001 卷 12、13、17、20、22、112、125 等，0003 卷 80)

伯颜③　元世祖至元二十五年(1288)为监察御史。是年十月，因桑哥奏言，奉旨与参政忻都、户部尚书王巨济等共二十二人，理算江淮、江西等六省。(0001 卷 205)

伯颜④　元河西(西夏故地)人。世祖至元二十九年(1292)任镇江路同知，兼管稻田。后病死。(0631 卷 15)

伯颜⑤　元世祖至元间任茌平县(今属山东)达鲁花赤。(0730 卷 6)

伯颜⑥　元驸马。从西北叛王叛。成宗大德十年(1306)七月，被海山(武宗)率军擒获于按台山(今阿尔泰山)以西。(0001 卷 22)

伯颜⑦　元大德十一年(1307)任威州(治今河北威县)同知。(0669 卷 5)

伯颜⑧　元武宗至大二年(1309)，奉旨与秃坚、张也先出使海外不怜八孙国。(0001 卷 23)

伯颜⑨　元仁宗延祐元年(1314)为右卫副都指挥使。是年闰三月，江浙海运粮前来直沽，奉旨率军千名往镇遏之。(0001 卷 99)

伯颜⑩　元仁宗延祐六年(1319)任镇江路录事司达鲁花赤。(0631 卷 16)

伯颜⑪　元泰定帝时宦官。泰定元年(1324)，奉遣至福建催督绣缎，横取民财；遭福建廉访使答里麻弹劾。(0001 卷 144)

伯颜⑫　元泰定四年(1327)任奉化州达鲁花赤。(0634 卷 2)

伯颜⑬　元泰定四年(1327)为直省舍人，奉遣为使臣，令天师祈祀，以退盐官州(治今浙江海宁西南盐官镇)海岸之潮水。(0001 卷 65)

伯颜⑭(约 1282～1340)　元蒙古篾儿乞氏。初侍武宗于藩邸。武宗即位后，历任御史中丞、尚书平章政事等职。泰定帝时任河南行省平章。文宗时以拥立功，历任御史大夫、中书左丞相、知枢密院事，封浚宁王。顺帝即位，又以拥戴功，升为中书右丞相，总领蒙古、钦察、斡罗思诸卫亲军都指挥使。进封太师、秦王。元统三年(1335)，燕铁木儿之子中书左丞相唐其势等阴谋废立；奉诏诛之。余党称兵，又亲率师往上都击破之。受赐答剌罕之号，任大丞相。恃功专权跋扈。打击异己，排斥汉臣，废止科举，加强防范汉人,甚至扬言杀张王刘李赵五姓汉人。后至元六年(1340),被其侄脱脱与顺帝近臣定谋逐走,病死于流放途中。(0001 卷 138、32～36、38～41 等)

伯颜⑮　字鲁卿。元唐兀人,居成都温江(今属四川)。顺帝元统元年(1333)进士,授崇庆州同知。(0028 卷上)

伯颜⑯　元阿鲁温氏。顺帝至元元年(1335)任江南行台监察御史。(0632 卷 6)

伯颜⑰　元乃蛮人。顺帝至元三年(1337)任江南行台监察御史。(0632 卷 6)

伯颜⑱　元顺帝至元四年(1338)任奉化(今属浙江)州达鲁花赤。(0634 卷 2)

伯颜⑲　元顺帝至元五年(1339)任江南行台侍御史。(0632 卷 6)

伯颜⑳　又译柏颜。元迦叶弥儿(今克什米尔)伽乃氏。铁哥之孙。顺帝至正三年(1343)任中书参政。四年二月,升右丞,九月,升为平章政事。六年,罢任。九年至十年,复任中书平章。(0001 卷 113、125)

伯颜㉑　字守仁。元蒙古人。顺帝至正四年(1344)中江浙乡试,授宗晦书院山长。后为二戴书院山长。二十二年,再中乡试。次年,授平江路(治今江苏苏州)儒学教授。善画竹石。(0296 卷 4 上,0078 卷 33)

伯颜㉒(1295～1358)　一名师圣,字宗道。元哈剌鲁氏。隶蒙古万户府军籍,世居开州濮阳(今属河南)。自幼就学,读《孝经》、《论语》。后从前宋进士黄坦受业,读朱子书。学业大进,从学者渐多。顺帝至正四年(1344),召至京师,授翰林待制,参与修《金史》。书成,辞归,从学者至千余人。十八年,避兵北行至磁州(治今河北磁县),为反元队伍所杀。谥文节。尝修辑六经,多所著述,皆毁于兵。(0001 卷 190)

伯颜㉓　字希回。元西域人。顺帝至正十年(1350)国子学贡士正榜。(0560)

伯颜㉔(?～1352)　号谦斋。元唐兀人,居嘉兴崇德(治今浙江桐乡西南)。顺帝至正十二年(1352)为黟县(今属安徽)达鲁花赤,反元队伍起江东,江浙行省调兵守昱岭关,伯颜在遣中,败死。(0102)

伯颜㉕　元顺帝至正十五年(1355)任婺州路(治今浙江金华)判官。(0881 卷 11)

伯颜㉖　元顺帝至正中察罕帖木儿部将。至正十九年(1359)八月,与察罕帖木儿诸将攻陷大宋红巾军都城汴梁(今河南开封),刘福通奉韩林儿遁走。(0001 卷 141)

伯颜㉗　号靖斋。元明之际唐兀人,居大同(今属山西)。元末任崇安(今属福建)知县。明初被征至金陵(今南京),以老乞归,居崇安。(0904 卷 14,0902 卷 56)

伯颜㉘　元末为城父县(治今安徽亳州东南)达鲁花赤。讨伐反元队伍,战败被杀。(0977 卷 6,0925 卷 10,0979 卷 3)

伯颜㉙　字九成。元人。有诗作传世。(0504 丁)

伯颜㉚　元蒙古弘吉剌氏。按陈子唆儿火都孙。任弘吉剌部蒙古军站千户。(0001 卷 118)

伯颜㉛　又称萧伯颜,元朔方人。泰定元年(1324)进士。文宗至顺二年(1331)历任滨州、威州同知。(0676 卷 148)

伯颜㉜　元乃蛮氏,临江万户府上千户所达鲁花赤也先不花之孙。江西廉访佥事买奴之子。袭祖职。(0011 卷 69)

伯颜㉝　元泰定元年(1324)进士。历任大乐署令。(0254 卷 13)

伯篮　元钦察人。英宗至治二年(1322)任镇江路录事司达鲁花赤。(0631 卷 16)

伯木儿　元宗王。世祖中统元年(1260)十二月,受赐银、帛。至元十四年(1277)率所部军追击只儿瓦台、叛王药木忽儿等叛军。(0001 卷 4、133)

伯不花①　元乃蛮人。铁连祖父。元初为宗王拔都王傅。(0001 卷 134)

伯不花②　元回回人。成宗大德十年(1306)任祁门县(今属安徽)达鲁花赤。(0972 卷 4)

伯不花③　又译别不花。元文宗天历二年(1329)为明宗近侍。(0001 卷 31、33)

伯不花④　元文宗至顺二年(1331)任和州(治今安徽和县)达鲁花赤。(0580 卷 9)

伯不花⑤　元顺帝至元元年(1335)任庆元路(治今浙江宁波)同知,四年致仕。(0634 卷 1)

伯不花⑥　元顺帝时宦者。后至元六年(1340)五月,授长宁寺卿。(0001 卷 40)

伯不华(?～1352)　元唐兀人。星吉从子。顺帝至正十二年(1352)从星吉与天完红巾军战于鄱阳口,力战而死。(0001 卷 144)

伯牙台　元仁宗延祐年间女巫。延祐七年(1320)七月,英宗即位后,受赐钞一万五千贯。(0001 卷 27)

伯牙伦①　元世祖时宫人。武宗至大三年(1310)十一月,受帝赐金、银、钞。(0001 卷 23)

伯牙伦②　元成宗时诸王。大德六年(1302)六月,元廷赐予其所部巨额钞。

(0001 卷 20)

伯牙伦③　元蒙古忙兀氏。泰安郡武穆王博罗欢之女。征东行中书省左丞必宰牙之妻。(0001 卷 135)

伯亦难　元蒙古札剌亦儿氏,孛鲁之子。(0011 卷 3)

伯拗歹　元世祖至元间为清河县(今属河北)达鲁花赤。(0657 卷 2)

伯岳鲜　元郓城(今属山东)人。成宗元贞元年(1295)任嘉祥县(今属山东)达鲁花赤。在任九年,有治绩。(0721 卷 26,0602 卷 7,0085 卷 15)

伯忽儿　元诸王。世祖至元七年(1270)十二月,受札鲁忽赤(断事官)之长。(0001 卷 7)

伯忽里　元驸马。世祖至元中,数驰猎蹂民田,被山北辽东道按察副使王忱以法绳之。(0001 卷 151)

伯忽笃　元蒙古怯烈氏,武宗皇后之一。(0003 卷 19)

伯忽都　元顺帝时宫女。至正二十四年(1364)孛罗帖木儿以兵犯阙,皇太子出奔冀宁(今山西太原);九月,伯忽都被宦官思龙宜潜送出大都(今北京)承顺门,以达于皇太子。(0001 卷 46)

伯要歹　元广平(今属河北)人。仁宗延祐元年(1314)任衢州路同知。(0878 卷 2)

伯要台①　元仁宗延祐年间北边诸王。延祐七年(1320)六月,英宗即位后,受赐钞二万五千贯。(0001 卷 27)

伯要台②　元蒙古篾儿乞氏,顺帝丞相伯颜弟。(0011 卷 29)

伯要带　元世祖时探马赤军军官。至元十九年(1282)五月,奉旨领军民九千人,伐木于山及取木材于寺观坟墓,以供平滦州造船。二十年正月,伐得船材于烈涡都山、乾山凡十四万二千,元廷起诸军贴户五千、民夫三千运之。(0001 卷 12)

伯要真　元公主。嫁察忽驸马之子也先驸马。(0001 卷 109)

伯要鲜　元中叶连怯呆儿(今西辽河下游北)皇家牧马地哈剌赤(牧养皇家母马群,挤奶,搅制马奶酒进奉者)千户。(0001 卷 100)

伯都剌　元顺帝至元五年(1339)任象山县(今属浙江)主簿。(0634 卷 2)

伯益赫　元畏兀儿人。大慈都曾祖。追谥康懿。(0011 卷 47)

伯家奴①　元英宗至治二年(1322)任左卫亲军都指挥使。(0573 卷 7)

伯家奴②　元顺帝至正五年(1345)为宣政院同知,十月,奉诏命为山北辽东道奉使宣抚。(0001 卷 41、92)

伯家奴③　元顺帝至正十二年(1352)为南台中丞,奉南台御史纳麟命,戍集庆(今江苏南京)东郊,以抵御红巾军进攻。十五年为御史中丞,四月,奉旨为同知经筵事。(0001 卷 44、142)

伯家奴④　元顺帝至正十三年(1353)为知行枢密院事,五月,封武国公,与诸王孛罗帖木儿同出军讨伐反元队伍。(0001 卷 43)

伯家奴⑤　元顺帝至正十六年(1356)为河南行省平章。是年九月庚辰,大宋红巾军李武、崔德攻破潼关,壬午,豫王阿剌忒纳失里等引兵收复潼关;奉命率军守之。丙申,潼关复为李武等攻破,所部军溃。(0001 卷 44)

伯家奴⑥　元顺帝至正中为怀宁县达鲁花赤。至正十六年(1356),从江淮参政余阙守安庆城,与攻城之天完红巾军将领赵普胜所率军力战而死。(0001 卷 143)

伯家奴⑦　元蒙古弘吉剌氏。虎理翰父。历任宣抚司同知。(0011 卷 16)

伯家间　元朵罗氏。文宗至顺三年(1332)任江南行台监察御史。(0632 卷 6)

伯麻思　元世祖至元十五年(1278)为太常少卿,六月,奉旨告于太室,更易太庙腐朽殿柱。(0001 卷 10)

伯雅伦　又译伯牙鲁罕。元公主。宪宗之女。嫁蒙古亦乞列思部贵族札忽尔陈之子忠宣王忽邻驸马。封昌国大长公主。(0001 卷 109、118)

伯答儿①(?～1300)　元阿速人。阿速国主杭忽思之孙。阿塔赤之子。世祖至元十一年(1274),袭父职为千户。十三年,宗王昔里吉叛。奉诏领阿速军一千往征。与叛臣弘吉剌部只儿瓦台军战于押里。复与叛王药木忽儿军战于秃剌(今土拉河)、斡鲁欢(今鄂尔浑河)。十五年,与诸军攻破叛将塔思不花所筑堡寨。二十年,累功授后卫亲军都指挥使,兼领阿速军。二十二年,征别失八里(今新疆吉木萨尔北),与笃哇军战,有功。二十六年,出征杭海(今蒙古杭爱山)。(0001 卷 132)

伯答儿②　元世祖至元二十六年(1289)二月至二十七年,任中书平章政事。(0001 卷 15、112)

伯答尔　元文宗至顺三年(1332)任温州路总管。(0579 卷 10)

伯答沙(?～1332)　又译伯达沙。元蒙古察哈札剌亦儿氏。忙哥撒儿之孙,其第四子帖木儿不花之幼子。幼入宿卫,为宝儿赤(司膳)。历事成宗、武宗,由光禄少卿擢宣徽院同知,升宣徽院使。武宗死,护葬于起辇谷(今蒙古肯特山麓),守山陵三年。仁宗延祐四年(1317),拜中书右丞相。英宗即位,改授集贤大学士。未几,以大宗正札鲁忽赤出镇北方。泰定间还朝,加太保。文宗即位,上都军溃败,奉玺来献,文宗嘉之,拜太傅,仍为大宗正札鲁忽赤。死后追封威平王。(7-001 卷 124、112 等)

伯答罕 又译拜答寒。元宗王。元太祖庶子阔列坚曾孙。河间王忽鲁歹之子。世祖至元七年(1270)七月,受赐银印及海青金符。八月,其部曲告饥,诏命其有车马者徙居黄兀儿玉良之地,计口给粮,无车马者就食肃、沙、甘州。二十五年正月,掌吉举兵叛;遣将追之,至八立浑,不及而还。十二月,与宗王八八、驸马昌吉及甘肃行省官合兵讨叛王昔列门,西追至朵郎不带之地,邀而获之。二十七年正月,章吉攻掠甘木里(今新疆哈密),与宗王出伯等击走之。(0001 卷 7、15、16、107 等,0003 卷 148)

伯嘉讷① 元顺帝至正十七年(1357)八月,由西台御史中丞擢任陕西行省平章。十一月,与豫王阿剌忒纳失里、陕西右丞相朵朵率军分道攻讨关陕反元队伍。(0001 卷 45)

伯嘉讷② 元康里人。阿沙不花之子。廉直刚敏。尝为京尹,屯储卫诱小民梅冻儿诬首海商一百十六人为盗而掠其赀,狱具,械送刑部,命其审录之,尽得冤状,白丞相释之。后历任翰林侍读学士、西台中丞。顺帝至正十七年(1357)任陕西平章。(0001 卷 136,0003 卷 121,0014 卷 23)

伯撒里 元康里人。初为鹰坊官。文宗天历元年(1328)擢为储庆使。至顺二年(1331),由燕王宫相擢任中书平章政事,兼储政使及宫相都总管府达鲁花赤。三年,兼徽政使、提调忠翊侍卫亲军都指挥使司事。顺帝至元间,出任江西行省平章。至正初为御史大夫。至正五年(1345),加封太保。六年,出任辽阳行省左丞相,镇压吾者野人起事。二十五年,拜太师、中书右丞相。二十七年,封永平王。(0001 卷 32、35、37、41、46、47、77、111~113、188,等)

伯德那 元西域板勒纥(今阿富汗北部巴尔赫)人。察罕之父。元太祖十五年(1220),蒙古军攻占西域;举族降附蒙古。事宗王旭烈兀,授河东民赋副总管,从而居于河中猗氏县。后迁居解州。赠封宣徽使、芮国公。(0001 卷 137)

伯牙兀歹 元河西(西夏故地)人。世祖至元十四年(1277)任丹徒县(治今江苏镇江)达鲁花赤。(0631 卷 16)

伯牙兀带 又译伯要歹、伯遥忽带剌出。元世祖至元年间蒙古千户。元廷岁赐缎二十四匹。(0001 卷 10、18、95)

伯牙乌台 元成宗大德六年(1302)任秘书少监。(0027 卷 9)

伯纳官人 元初勋臣。太宗八年(1236)受赐东平五户丝户。(0001 卷 95)

伯帖木儿① 元世祖至元六年(1269)任高平(今属山西)县尹。(0694 卷 5)

伯帖木儿② 元钦察人。世祖至元中,充哈剌赤(牧养皇家母马群,挤奶,搅制马奶酒进奉者),入备宿卫,以忠谨授左卫亲军都指挥使司佥事。二十四年(1287),从玉昔帖木儿征东北叛王乃颜,败乃颜军,追擒乃颜党金家奴。二十五年,从讨叛王哈丹,屡建战功。二十六年,奉旨率军抵御海都扰边。行至怯绿连河(今蒙古克鲁伦河),值拜要叛,移兵讨之,擒其党伯颜以献。是冬,立东路蒙古军上万户府,受任上万户。二十七年,哈丹入高丽,奉旨进讨。次年,与诸军击败哈丹军。率骑追击哈丹,虏其妻孥。二十九年,率军击败叛王捏怯烈,得其所管女真户以闻,遂定其地。成宗时,仍任原职,车驾幸上都,征其兵千人从,岁以为常。(0001 卷 131)

伯帖木儿③ 元蒙古人。成宗大德十一年(1307)至武宗至大三年(1310)任温州路达鲁花赤。(0225 卷 15,0882 卷 9)

伯帖木儿④ 又译伯铁木儿。元哈剌鲁人。曲枢次子。成宗时从父侍仁宗。大德十一年(1307),与父助仁宗发动宫廷政变。武宗即位,特授怀孟路达鲁花赤,改太子府正。至大二年(1309),出任陕西行省参政。三年,入为太子家令。仁宗即位,授大都留守兼少府监、武卫亲军都指挥使。延祐三年(1316)至四年,任中书平章政事。文宗天历二年(1329)四月,明宗授以知枢密院事。至顺元年(1330)正月,出任辽阳行省左丞相。顺帝至元四年(1338),追封文安王,谥忠宪。(0001 卷 137、25、31、34、39、112、175 等)

伯帖木儿⑤ 元泰定帝时宦者。文宗天历元年(1328)十月,文宗以其妻及奴婢田宅赐予丞相燕铁木儿之弟撒敦。(0001 卷 32)

伯帖木儿⑥ 又译伯铁木儿。元宗王。拖雷第九子末哥之孙。武宗至大二年(1309)参加朝会,三年正月,受赐金、银、钞。(0001 卷 23,0107)

伯帖木儿⑦ 元明宗近侍。天历二年(1329)正月,文宗以其扈从明宗有功,遣使以币帛百匹至明宗行在所赐之。(0001 卷 33)

伯帖木儿⑧ 元畏兀儿人,顺帝元统元年(1333)任江南行台照磨。至元四年(1338),迁任江南行台监察御史。(0632 卷 6)

伯帖木儿⑨ 元蒙古塔塔儿氏。顺帝至元四年(1338)任秘书郎。(0027 卷 10)

伯帖木儿⑩ 元顺帝至元六年(1340)任秘书监校书郎。(0027 卷 10)

伯帖木儿⑪ 元顺帝时宦者。至正六年(1346)二月,封为司徒。(0001 卷 41)

伯帖木儿⑫ 元顺帝至正十年(1350)为左司员外郎,被右丞相脱脱用为僚属,委以心腹之寄,小大之事悉与之谋,遂得擅权用事。(0001 卷 138、139)

伯帖木儿⑬(?~1358) 元顺帝至正十八年(1358)为察罕帖木儿部将。是年七月,河南行省平章周全据怀庆路叛元,附

于刘福通。奉察罕帖木儿遣，率军守盘子城，被来攻之周全所杀。(0001 卷 45)

伯帖木儿⑭　字冲霄。元唐兀人。元末历任安岳县(今属四川)达鲁花赤。(0843 卷 11)

伯帖木儿⑮　元文宗至顺元年(1330)由知枢密院事出任辽阳行省左丞相。(0014 卷 32)

伯要兀真　元世祖诸皇后之一。居世祖第四斡耳朵(帐殿)。(0001 卷 106)

伯笃鲁丁　字至道。元回回人。英宗至治元年(1321)进士。顺帝至元元年(1335)累迁为浙东廉访副使。五年，任岭南廉访副使。至正元年(1341)由礼部侍郎迁任秘书太监。历赣州路、建德路达鲁花赤。十二年，任潭州路(治今湖南长沙)总管。能诗，有诗作传世。(0634 卷 1,0027 卷 9,0504 丁，等)

伯德孝先　元世祖至元三年(1266)为计议官，八月，奉旨从国信使兵部侍郎黑的、礼部侍郎殷弘出使日本，十二月，未至日本而还。(0001 卷 208)

伯德履信　字顺之。元平定(今属山西)人。成宗大德元年(1297)领忻州学事，五年去职归。(0075 氏族典卷 630)

伯颜子中　元西域人，居江西。历任东湖书院山长，迁江西行省都事，守赣州。赣州为红巾军攻克，逃入福建，授行省员外郎。曾率兵一度夺回建昌。累官吏部侍郎。后知事不可为，乃变姓名，隐迹江湖。明太祖遣使征聘，使者至，仰药死。(0002 卷 233)

伯颜不花①　元将。顺帝至正二十七年(1367)十二月，明军北伐至山东；奉命与诸将所部相会，同守御山东。(0001 卷 47)

伯颜不花②　元时入华高丽人。泰定二年(1325)任江南行台监察御史。(0632 卷 6)

伯颜不花③　元蒙古人，塔海之子。(0011 卷 36)

伯颜守仁　元蒙古人。历任平江路(治今江苏苏州)教授。元末张士信柄政，遂放游九峰、三泖间，托写竹石以见志，士林高之。(0296)

伯颜忽都①　元英宗至治元年(1321)任江南行台监察御史。(0632 卷 6)

伯颜忽都②　元官员。官至燕南廉访使。顺帝至正中卒。(0560)

伯颜忽都③(1324～1365)　元顺帝正皇后。蒙古弘吉剌氏。武宗皇后真哥侄钟毓德王孛罗帖木儿之女。后至元三年(1337)册立为皇后。生皇子真金，二岁而夭亡。性节俭，不妬忌，动以礼法自持。二皇后奇氏有宠，居兴圣西宫，帝稀幸东宫内，无怨望意。居坤德殿，终日端坐。至正二十五年病死。后奇皇后见其所遗衣服破旧，大笑曰：“正宫皇后，何至服此等衣耶！”其朴素可知。(0001 卷 114)

伯颜溥花　元顺帝元统二年(1334)四月，承袭父职为顺元等处军民宣抚使、八番等处沿边宣慰使。(0001 卷 38)

伯颜察儿①　元世祖至元十三年(1276)为阿术麾下千户。是年六月，宋扬州守将姜才知高邮米运将至，夜出步骑五千趋扬州西北丁村。伯颜察儿率阿术麾下精兵大破之，追杀宋骑兵四百，宋步卒免者不满百人。(0001 卷 9、128)

伯颜察儿②　元回回人。赛典赤赡思丁长子纳速剌丁之子。至元三十一年(1294)十一月，授参议中书省事。成宗大德九年(1305)，复立云南屯田，受命董其事。泰定三年(1326)十二月，拜中书平章政事。致和元年(1328)，留守大都，八月，被燕铁木儿劫执下狱，九月，被流放于远州，籍没家产。顺帝至元四年(1338)八月，追封奉元王，谥忠宣(一作忠宪)。(0001 卷 18、21、32、39、112、125 等)

伯颜察儿③　元仁宗延祐间为江浙行省平章政事。延祐七年(1320)十二月，以贪墨免官。(0001 卷 27)

伯颜察儿④　元文宗至顺元年(1330)正月与云南诸王秃坚等举兵反文宗之万户伯忽之弟。是年十一月，与伯忽俱被文宗军擒获处死。(0001 卷 35)

伯颜察儿⑤　元蒙古札剌亦儿氏。木华黎四世孙。乃燕次子。硕德之弟。(0001 卷 119)

伯颜察儿⑥　元顺帝时勇士。至正二十五年(1365)七月，受密旨，与上都马等诸勇士同刺杀中书右丞相孛罗帖木儿。(0001 卷 117、207)

伯颜察儿⑦　字彬卿。元顺帝至正间任慈溪县(今属浙江)主簿，有善政。(0877 卷 25)

伯颜察儿⑧　字文卿。元时入华伽叶弥尔(今克什米尔)伽乃氏，中书平章铁哥之孙。文宗天历二年(1329)任秘书监著作郎。(0027 卷 10,0011 卷 78)

伯颜察儿⑨　元畏兀儿人，四川宣慰使唐兀带之子。(0011 卷 40)

伯颜察儿⑩　元唐兀人，元统元年(1333)进士丑闾父。(0011 卷 60,0028)

伯颜察尔　字文卿。元北庭(今新疆吉木萨尔北)畏兀儿人。顺帝至正间任舞阳县(今属河南)达鲁花赤，有治绩，时人服其明敏果断。(0762 卷 6,0767 卷 15,0596 卷 8)

伯延伯答罕　元世祖至元中，与秃忽鲁叛于西夏故地。元将綦公直奉命讨平之。(0001 卷 165)

伯里阁不花(？～1314)　元蒙古许兀慎氏。密里察儿之子。成宗大德六年(1302)授河南淮北副都万户。死后追谥

襄懋。(0324 卷 2,0003 卷 44,0002 卷 121)

伯罕帖木儿　元顺帝至正间任安丘县(今属山东)达鲁花赤。(0743 卷 14)

伯岳吾皇后　见卜鲁罕。

伯蓝也怯赤(? ~1300)　又名阔阔真。元蒙古弘吉剌氏。世祖太子真金元妃。生子三:甘麻剌、答剌麻八剌、成宗铁穆耳。谥徽仁裕圣皇后。(0001 卷 116)

伯颜也不干①　元蒙古诸王。文宗天历二年(1329)五月,从文宗自大都(今北京)出发,北迎明宗。至顺二年(1331)三月,元廷赈济其部内蒙饥民千余口。(0001 卷 31、35)

伯颜也不干②(? ~1330)　元文宗至顺元年(1330)为翰林学士承旨。是年六月,以与知枢密院事阔彻伯、脱脱木儿等谋变有罪,同被处死、籍没家产。(0001 卷 34)

伯颜秃古思　元顺帝至正十七年(1357)正月,受封为大司徒。(0001 卷 45)

伯颜帖木儿①　元仁宗延祐元年(1314)任江南行台监察御史。(0632 卷 6)

伯颜帖木儿②　元诸王。泰定元年(1324)七月,奉旨出镇阔连东部。(0001 卷 29)

伯颜帖木儿③　元顺帝至正十九年(1359)为兵部尚书,九月,奉诏遣,以御酒、龙衣赐张士诚,征海运粮。(0001 卷 45、97)

伯颜帖木儿④(? ~1368)　元顺帝至正二十二年(1362)至二十三年任中书参政。二十七年至二十八年闰七月为中书平章政事、知抚军院事。二十八年闰七月,诏罢抚军院,被处死。(0001 卷 47、113、141、145)

伯颜帖木儿⑤　元畏兀儿人。历任光禄少卿。能诗,有诗作传世。(0504 丁,0011 卷 42)

伯颜帖睦尔　元泰定三年(1326)任监利(今属湖北)县尹,有政绩。(1041 卷 66,1042 卷 6)

伯颜铁木而　元成宗大德二年(1298)为成宗近侍,二月,与诸近侍共受赐钞三万锭。(0001 卷 19)

伯颜不花的斤(? ~1359)　字苍崖。元畏兀儿人。高昌王雪雪的斤之孙。江浙丞相、荆南王朵儿的斤驸马之子。初以父荫,授信州路同知,迁任建德路同知。顺帝至正中,与天完红巾军战,以功升建德路总管。至正十六年(1356),授衢州路达鲁花赤。十七年,升浙东都元帅,守御衢州。擢江东道廉访副使。十八年,陈友谅遣部将王奉国攻信州。次年二月,自衢州引兵往援,败奉国,入城守。六月,城破,自刎。谥桓敏。善草书,书艺逼其舅鲜于枢。工画龙。(0128 卷 27,0001 卷 195)

伯秃儿哈拙赤碣　元太祖时亦乞列思氏锁儿哈驸马所遣使者。太祖时,锁儿哈从木华黎攻破葭州,降其民;奉遣献捷于太祖。(0001 卷 118)

侎头(1286 ~?)　元蒙古许兀慎氏。月赤察儿之子。自幼侍奉海山(武宗)。成宗大德三年(1299),从海山出镇西北。武宗即位(1307),任徽政使、宣徽使。至大元年(1308),拜太师,兼前卫亲军都指挥使,宣徽等使。二年,兼知枢密院事。受赐名脱儿赤颜。仁宗皇庆元年(1312),嗣淇阳王。(0001 卷 22、23、24 等,0002 卷 121)

佟氏　元初勋臣李鲁古之妻。太宗八年(1236),受赐真定五户丝户一百户。(0001 卷 95)

佟复　元东平(今属山东)人。仁宗皇庆元年(1312)任天台(今属浙江)知县。(0896 卷 154)

佟士明　元画家。居于上都(今内蒙古正蓝旗东北)。以写真闻名。(0030 卷 5)

佟本仁　元顺帝至元五年(1339)任奉化(今属浙江)州判官。(0634 卷 2)

你刀　元泰定帝时云南行省威楚路大阿哀寨主之弟。泰定三年(1326)九月,奉方物至京师进贡。(7 –0001 卷 30)

你囊　又译泥囊。元泰定帝时云南行省镇康路(治今云南永德东北永康)傜族土官。泰定帝初年反元。泰定二年(1325)七月,接受元廷遣使招谕,出降。三年七月,至京师朝贡方物。九月,其弟陀金客奉方物来朝贡。(0001 卷 29、30)

你出公　元泰定帝时为同知乌撒宣慰司事。泰定四年(1327)闰九月,八百媳妇蛮内附,请官守,元廷为置蒙庆宣慰司都元帅府于其地;你出公与八百媳妇蛮土官招南通皆授蒙庆宣慰司都元帅。(0001 卷 30)

你咱马丁　又译昵匝马丁。元仁宗初年任尚书。延祐元年(1314)奉旨往江西经理田粮,对民众横加酷暴,撤民庐,夷墓扬骨,虚张顷亩,冒括田亩。次年,激起赣州蔡五九聚众起义反抗。英宗至治元年(1321),为河南行省参知政事。十月,坐残忍免官。(0001 卷 25、27、93)

位哈乃　元世祖至元十一年(1274)镇守云南之宗王脱忽鲁之亲臣。是年,奉王遣,以子礼拜见云南平章政事赛典赤赡思丁,被赛典赤亲授为行省断事官。(0001 卷 125)

伴伴　元畏兀儿人,忙兀的斤孙。(0011 卷 52)

伴撒　元蒙古召烈氏。召烈台抄兀儿之孙。世祖时也可扎鲁花赤(大断事官)那真之子。父死后,袭职为也可扎鲁花赤。(0001 卷 123)

佛住　元世祖至元间任江浙行省左丞。

(0101 卷 2)

佛保①　元至大四年(1311)任江南行台监察御史。(0632 卷 6)

佛保②　元钦察人,居彰德,江浙平章完者都之子。(0011 卷 76)

佛家奴①　元顺帝至正十四年(1354)任江浙行省参政。(0872 卷 9)

佛家奴②　元顺帝十九年(1359)为知枢密院事。是年四月,反元队伍攻破金、复等州;调兵讨平之。(0001 卷 45)

佛家奴③　元顺帝时为太尉,早年尝从儒学者武恪学。(0001 卷 199)

佛家奴④　元顺帝至正十九年(1359)为中书平章政事,七月,奉命与国王囊加歹、知枢密院事黑驴等统领探马赤军进征辽阳红巾军。二十二年十二月,由中书平章迁任御史大夫。时资正院使朴不花受奇皇后宠幸,被御史劾黜。皇后讽其为之辩明,不从,竟谋再劾朴不花。皇后知之,嗾御史劾之,遂被谪居潮河。二十四年,复任中书平章政事。(0001 卷 45、46、113、114)

佛家奴⑤(? ~1355)　元宗室。威顺王宽彻普化之子。顺帝至正十五年(1355),从父以大船四十余只进向沔阳攻徐寿辉部将倪文俊。至汉川县鸡鸣汊,水浅船阁不能行,文俊以火筏尽焚其船;死之。(0001 卷 117、144)

佛家闾①　元顺帝初年为中书参议,御史劾其罪,时宰庇之,事寝不行,御史中丞贺惟一辞疾卧家。(0001 卷 140)

佛家闾②　元顺帝至元四年(1344),授考功郎中,奉命考较天下郡县官属功过。(0001 卷 39)

佛家闾③　元顺帝至正十二年(1352)为江浙行省右丞。是年,从江浙平章三旦八引兵与湖广平章也先帖木儿军会合,击败江东反元队伍,州郡悉平。十四年,兼领镇江水军万户府。(0001 卷 43、142)

佛家闾④　元顺帝至正十四年(1354)为江浙参政,六月,奉诏与淮南行省平章达识帖睦迩会,进兵征讨张士诚。(0001 卷 43)

伽璘真　元顺帝时西蕃(元藏族地区)僧人。至正中,由集贤学士秃鲁帖木儿进荐于帝。善秘密法(房中术),谓帝曰:人生几何,当受此秘密大喜乐禅定。于是帝日从事其法,广取女妇,惟淫戏是乐。诏封为大元国师。(0001 卷 205)

彻台(1308 ~ ?)　字文德。元乃蛮人,居广平曲周(今属河北)顺帝元统元年(1333)进士。(0028 卷上)

彻里①(1260 ~1306)　又译阇里。元蒙古燕只斤氏。曾祖太赤从元太祖攻金有功,封徐、邳二州,遂定居徐州。世祖至元十八年(1281),帝召见,留侍左右。后擢利用监。二十八年,劾权相桑哥误国害民,桑哥遂罢相。升御史中丞。后出任福建行省平章,镇压汀、漳欧狗反元队伍。成宗时任江南行台御史大夫。改任江浙行省平章。治理吴淞江。召入为中书平章,未几病死。追封徐国公,谥忠肃。英宗时进封武宁王,改谥正宪。(0001 卷 149)

彻里②　元阿速人。别吉八之子。初事元世祖,充火儿赤(箭筒士)。后从西北叛王征海都,奋战有功。又从征杭海(今蒙古杭爱山),获敌方牛马畜群,悉以给军食。成宗时,博落脱儿(今新疆博湖)之地反元起事;奉命率军讨之;擒获三千余人,诛其首领。武宗至大二年(1309)立左阿速卫,授本卫佥事。仁宗皇庆二年(1313),从湘宁王迭里哥不花(甘麻剌第三子)北征有功。(0001 卷 135)

彻里③　元文宗天历元年(1328)任鄞县(治今浙江宁波)达鲁花赤。(0634 卷 2)

彻里④　又译车里。元雍古氏,按竺迩之子。宪宗时从攻蜀有功。世祖中统元年(1260)授奥鲁元帅,改征行元帅。至元二年(1265)致仕。(0001 卷 121、132,0011 卷 70)

彻彻　元蒙古捏古思氏。幼丧父,事母至孝。母丧,哀毁过人,居丧有礼。武宗至大三年(1310),诏加褒异。(0001 卷 197)

彻理　元汪古氏,按竺迩之子。从父攻蜀有功。世祖中统初,父告老,袭职为征行元帅,未几病废,由其弟国宝袭职。后病卒。(0001 卷 121)

彻里哈　元蒙古札剌儿氏,拜伯子。泰定帝泰定元年(1324),授左右卫阿速亲军都指挥使。(0001 卷 29)

彻里蛮　元世祖至元三十年(1293)八月,由江西行枢密院副使擢为湖广安南行省右丞,从征安南。(0001 卷 209)

彻彻秃①(? ~1339)　元宗室,宪宗子玉龙答失之孙。英宗至治二年(1322),奉命总兵北边。是年封武宁王。文宗至顺二年(1331),进封郯王。顺帝时,为权臣伯颜诬陷杀害。(0001 卷 28、107、108 等)

彻彻秃②　元宗室,宁王阔阔出子。英宗即位,封宁远王。后进封宁王。(0001 卷 107、108)

彻儿怯思　初以养虎为业。元武宗至大元年(1308),拜监察御史。(0001 卷 22)

彻彻不花①　元顺帝至正元年(1341)由归德府(治今河南商丘南)达鲁花赤入为秘书卿。次年,迁行宣政院副使。(0027 卷 9)

彻彻不花②　字通理。元进士。顺帝时,任兵部尚书。至正二十一年(1361),奉命至江浙张士诚处征海运粮。次年返京。(0001 卷 46、97)

彻里帖木儿①　元世祖时，任淮东宣慰使。至元十四年（1277），设江西行中书省，授行省参知政事。（0001 卷 9）

彻里帖木儿②　元文宗时，任湖广行省参知政事。至顺二年（1331），因与速速、班丹等出怨言，下狱。议杖一百七，会赦，流于广东，家产籍没。（0001 卷 35）

彻里帖木儿③　字通理，元阿鲁温氏。祖父为西域大族。初为宿卫，擢中书直省舍人。授监察御史。因忤丞相铁木迭儿意，出任山东转运副使。时山东水灾，盐课大损，至任未几，补其亏数皆足。转任刑部尚书，京师豪右惮之，不敢犯法。文宗天历二年（1329），任河南行省平章。岁大饥，大发仓廪赈之，自请专擅之罪，文宗悦而嘉奖之。至顺元年（1330），云南伯忽叛，任知行枢密院事总兵讨平之。迁江浙行省平章，以严厉为政，部内肃然。召拜御史中丞，朝廷惮之，风纪大振。顺帝至元元年（1335），拜中书平章政事，首议罢科举；从其议。后因忤伯颜意，诏贬之于南安。卒于贬所。（0001 卷 142）

彻里帖木儿④　元文宗天历元年（1328）八月，为万户，奉命率军屯河中府（治今山西永济西）。九月，反文宗之陕西行台御史大夫也先帖木儿引兵从大庆关渡河，擒河中府官杀之。彻里帖木儿军溃而遁；河南廉访副使万家闾劾其纪律不严，望风奔溃，宜加重罚；不报。（0001 卷 32）

彻里帖木儿⑤　元公主。至顺三年（1332）秋，参加宁宗继位之大朝会，受赐金银币钞。（0001 卷 37）

彻里帖木儿⑥　元宗王。昔里吉之子并王晃火帖木儿之子。顺帝至正二年（1342）十二月，封抚宁王。（0001 卷 40）

彻里帖木儿⑦　元钦察氏，完者都之子。历任高邮打捕屯田提举司达鲁花赤。（0011 卷 76）

彻里帖木儿⑧　元宗室。别里古台曾孙，翁吉剌歹之子。袭广宁王。（0001 卷 107、108）

彻里铁木儿　元景州（治今河北景县）人。武宗至大间任稷山县（今属山西）达鲁花赤，有治绩。（0700 卷 6）

彻彻帖木儿①　元唐兀人。顺帝至正二年（1342）任江南行台监察御史。（0632 卷 6）

彻彻帖木儿②　元顺帝时，任监察御史。至正十二年（1352），奏请迁宋瀛国公子孙亲属于沙州安置，获准。（0001 卷 42）

余中（？～1358）　元顺帝至正中为安庆路知事，从余阙守安庆。至正十八年（1358）正月，陈友谅军攻破安庆，城中火起，被焚死。（0001 卷 143）

余丙　元建德遂安（治今浙江淳安西南）人。幼丧母，泣血成疾。父亡，不忍葬，结庐古山下，殡其中，日闭户守视。有牧童遗火，延殡庐。与子慈亟撲不止，欲投身火中，与柩俱焚。俄暴雨，火竟灭。（0001 卷 197）

余贞　字复卿。元宁州（治今江西修水县）人。师夏景孙。泰定四年（1327）进士，授上海县丞。调任枣阳知县，考满归。后召为翰林修撰，参与修辽宋金三史，书成乞归。有诗作传世。（0075 文学典卷 90，0504 丙）

余观　元岳州路平江（今属湖南）州人。顺帝元统元年（1333）进士。历任太常礼仪院判官。有诗作传世。（1053 卷 5，0504 己上）

余闻　字叔容。元人。有诗作传世。（0504 戊下）

余昌　字正卿，号云涧。元人。有诗作传世。（0504 戊下）

余岳　号泗滨。元上饶（今属江西）人。世祖至元间为瑞州路儒学教授。（0075 官常典卷 661，1016 卷 14、18）

余妥　字子中。元金溪（今属江西）人。元末反元队伍起，郡檄地主武装按籍搜掠，诬逮其父。奔诉请代父死，主者索赂，不能具，并坐死。（0075 氏族典卷 61）

余恒　字时中。元上虞（今属浙江）人。有诗作传世。（0504 庚下）

余泽（1277～？）　字天泉。元僧人，吴江（今属江苏）陆氏子。成宗大德十一年（1307）住吴郡永定寺。迁北禅寺。未几，奉诏住杭州下天竺寺。后入京勘金书《藏经》。晚年住吴郡大弘教寺。有诗作传世。（0075 神异典卷 187，0042 卷 12，0504 壬上）

余宝①　元顺帝至正中为“义兵”千户。至正十七年（1357），杀知枢密院事宝童叛元，降于大宋红巾军将领毛贵，遂据棣州。（0001 卷 45）

余宝②　字钧玉。元宜阳（今属河南）人。顺帝至正二十六年（1366）为祁门知县。（0307 卷 5）

余诠　元顺帝时丰城（今属江西）人，工书。至正二十三年（1363）杨维桢所撰《元故殷处士墓碣》为其所书。（1143 卷 265）

余珏（1232～1298）　字玉甫，号东斋。元临川（今属江西）人。吴澄之岳父。世祖至元年间摄宜黄县儒学教谕，在任一月即辞归。（0212 卷 70、83）

余洪　字仲宽。元益都（治今山东青州）人。成宗元贞初为嵊县（今属浙江）知县。（0578 卷 7，0880 卷 28、37）

余泰　元下邽（治今陕西渭南北）人。历任常宁州同知，升知州。（0259 文集卷 3）

余载　字大车。元三山（今福建福州）人。曾任福州路儒学录。后以养亲辞

任,笃行授徒。著有《韶舞九成乐补》一卷。(0076 卷 40)

余渊①　字深道。元临川(今属江西)人。从吴澄学。(0212 卷 9)

余渊②　元下邳(治今江苏睢宁西北)人。有诗作传世。(0504 己下)

余寅　字景辰。元华亭(治今上海松江)人。有诗作传世。(0504 己下,0033 卷 23)

余植　字士立。元宁州(治今江西修水)人。国子学生。顺帝至正十年(1350)贡试副榜。(0560 人集卷 88)

余焯　字玄明,号午翁、越来子。元三山(今福州)长乐人,迁居苏州。泰定四年(1327)三甲进士,授台州仙居县丞。历任参军。(0927 卷 13,0165 卷 9)

余善　字复初。元昆山(治今江苏太仓)清真观道士。杨维桢弟子。有诗作传世。(1080 书录卷 11,0033 卷 33)

余谦　号峻山。元池阳(治今陕西泾阳北)人。文宗至顺二年(1331)任翰林供奉。顺帝至元元年(1335)任江浙儒学提举。善古隶。(0031 卷 7,0872 卷 61)

余阛　元唐兀人,家于合肥(今属安徽)。余阙之兄。(0011 卷 59)

余阙(1303～1358)　字廷心,又字天心。元唐兀人。祖籍河西武威。父为官庐州(治今安徽合肥),遂为庐州人。顺帝元统元年(1333)进士,授泗州同知,为政严明。至正初年,召入翰林,参与修辽金宋三史。后历任湖广行省左右司郎中、翰林待制、浙东廉访司佥事。十二年(1352),任淮西宣慰副使、佥都元帅府事,分兵守安庆,对抗天完红巾军。以功升都元帅,又升江淮行省参政,仍守安庆。十七年秋,升淮南行省左丞。十一月,陈友谅等军围攻安庆。十八年正月,城破,自杀。追封豳国公,谥忠宣。著有《青阳集》。为文有气魄。(0001 卷 143)

余樾　字宏父,号梅边。元莆田(今属福建)人。隐居不仕。有诗作传世。(0504 己下)

余震　元鄱阳(治今江西波阳)人。有诗作传世。(0504 己下)

余襄　元鄱阳(治今江西波阳)人。工篆书,大字尤佳。(0031 卷 7)

余□道　元人,善刻碑。顺帝至正十五年(1355)刻《蒲城义门王氏先茔碑》。(1143 卷 260)

余天民　元仁宗延祐年间授白鹭洲书院山长。(0034 卷 4)

余天锡　元顺帝元统年间任无锡州判官。(0558 卷 24)

余元善　元湖州(今属浙江)人。顺帝至正十年(1350)任长泰知县。(0876 卷 12)

余日强(1303～1354)　字伯庄,改字彦庄,号渊默。元昆山(治今江苏太仓)人。学通六经百氏,善属文。著有《尚书补注》,不传。有诗作传世。(0158 卷 26,0504 庚下,0567 续编)

余仁辅(？～1367)　元顺帝至正二十七年(1367)为卫辉守御官,八月,为貊高所杀。(0001 卷 47)

余以诚　字孟实,号太宇。元饶州安仁(治今江西余江东北)人。学道龙虎山,为张留孙高弟。世祖至元年间充御前法师。成宗元贞初,授镇江路道录。创乾元万寿宫。受赐号玄明弘道充应真人。(0631 卷 19)

余必荣　元徽州(治今安徽歙县)人。曾任新昌县(今属浙江)典史。(0880 卷 28)

余有庆　字元善,号竹所。元华亭(治今上海松江)人。捐粟补司征官,未几弃去。(0292 卷 3)

余存庚　字存耕。元宁州(治今江西修水)人。家居不仕,教授乡里以终。有诗作传世。(0504 戊下)

余尧臣　字唐卿,元明间永嘉人。早年以文学闻名。元末客居会稽,镇将多次荐举,无意仕进。迁居吴中,与高启、张羽、王行等称十才子。为张士诚延为幕客。士诚败,与杨基、徐贲同徙濠梁。明洪武二年(1369)放还,授新郑县丞。(1112 甲前集)

余仲敬　号静学。元德兴县(今属江西)人。世传朱子之学。元末避兵山中,讲学不辍。(0071 卷 89,0072 卷 89)

余志贤　号晦村。元上饶(今属江西)人。任婺源(今属江西)州儒学正。(0260 卷 9、11)

余克让　元衢州(今属浙江)人。任上虞(今属浙江)县儒学教谕。(0880 卷 29)

余希圣(1280～1339)　字岫云,号非非子。元崇仁(今属江西)人。年十五辞亲入道于宜黄县南华山昭福观。后弃去,出游四方。归居于崇仁县仙游山。(0147 卷 50)

余希声　元青田(今属浙江)人。以明经授处州路(治今浙江丽水)儒学教授。有诗作传世。(0075 氏族典卷 61,0504 丁)

余良辅　元金陵(治今南京)人。世祖至元十六年(1279)任和宁路(治今蒙古哈尔和林)儒学正。(0557 卷 10)

余茂舒　号小谷。元人。有诗作传世。(0504 戊下)

余述祖　字绍芳。元人。有诗作传世。(0504 庚上)

余国辅　元金溪(今属江西)人。著有《经传考异》,吴澄为作序。(0212 卷 21,0072 卷 92)

余季女　元台州临海(今属浙江)妇女。有容德,善为诗文。赘同郡水宗道,甫逾月,水耻学不若,辞归读书,久不返。余作诗九章招之,水不听。未几,病死。(0296 卷 5,0033 卷 36)

余思忠　元顺帝至正中为元将董抟霄部将。至正十二年(1352),从抟霄攻克于潜、安吉,红巾军率梅元来降,且言复有率十一人来降。奉遣至红巾军寨谕降,红巾军诸首领皆入暗室潜议。持火投入室内,拔剑语众曰:董元帅命我来活尔等,复何议!已而火起,焚其寨,叱其党散去,引其诸帅来降。(0001 卷 188)

余觉华　字荣甫。宋元之际建安(治今福建建瓯)人。元世祖至元中,辑道家服气炼神歌诀,编撰《修真捷径》九卷。(1103 卷 185)

余益之　元明之际慈溪(今属浙江)人。疮疡科医生,擅长治疽。其治疽不用灼艾,不用刀刃,只以先辈所传蜀僧秘方,挖其内毒,由水谷道导出,对脏腑无损。外肤腐烂处,敷药使之平复。其法简易,见效神捷。(0312 卷 13)

余继隆(? ~1366)　元顺帝至正末年为四川反元队伍首领。至正二十六年(1366)九月,李思齐军攻下盐井,擒杀之。(0001 卷 47)

余寄生　元宁国(今属安徽)人。英宗至治元年(1321)任镇江路录事。(0631 卷 16)

余善同　元人。有诗作传世。(0504 癸下)

余福童(? ~1358)　元唐兀人。余阙之女。顺帝至正十八年(1358)正月,陈友谅军攻破安庆,赴井死。(0001 卷 143)

余嘉宾　元岳州平江(今属湖南)人。顺帝至正七年(1347)中乡试。历任翰林院判、监察御史。有诗作传世。(0504 己上)

余德生(? ~1358)　元唐兀人。余阙之子。顺帝至正十八年(1358)正月,陈友谅军攻破安庆,赴井死。(0001 卷 143)

余德臣(1341 ~1358)　元合肥(今属安徽)人。余阙长子。顺帝至正十八年(1358)正月,后安庆城为陈友谅军攻破,自投池死,年十八。(0072 卷 92)

谷纳(? ~1280)　元世祖至元中为云南定昌路(治今四川德昌西南)总管。起兵反。至元十七年(1280)二月,为云南行省军擒杀。(0001 卷 11、133)

谷杲　字明之。元钧州密县(今属河南)人。精医术。成宗大德初以荐入侍成宗,累官为太医院同佥。武宗至大元年(1308)授广平路总管,考满迁任般阳路总管,有政声。英宗至治二年(1322)累迁为安丰路总管。(0240 卷 17,0977 卷 6)

谷岩　元英宗至治元年(1321)任秘书监校书郎,三年选充御史台掾。(0027 卷 10)

谷城　元泉州(今属福建)人。居丧庐墓。诏表其门闾。(0001 卷 197)

谷保　元云南威远州(治今云南景谷)少数民族首领。武宗至大二年(1309)反元起事,夺据木罗甸。诏遣云南行省右丞算只儿威往招谕。算只儿威受其赂金银各三锭,复进兵攻劫。谷保设伏,弓弩乱发,算只儿威败还。(0001 卷 23)

谷琬　字君玉。元汴梁(治今河南开封)人。顺帝至正二年(1342)任江南行台监察御史。(0632 卷 6,0278 卷 2)

谷子敬　元明之际金陵(今南京)人。元末任枢密院掾史。明《周易》,通医道。为杂剧作家,撰杂剧《城南柳》、《枕中记》、《闹阴司》、《借尸还魂》、《一门忠孝》。(0029 续编)

谷廷珪　元末任襄阳县尹。铁木哥兵入县境,官吏皆遁。廷珪与主簿张德独不走,被执不降,死之。(0622 卷 60,0002 卷 233)

谷仲义　元顺帝至正中任冀州(治今河北冀县)判官。(0645 卷 4)

谷若水　元顺帝至元六年(1340)任昌国(治今浙江舟山)知州。(0634 卷 2)

谷庭珪(? ~1328)　元文宗天历元年(1328)为襄阳县尹。是年十一月,陕西反文宗军入襄阳,襄阳路官皆逃走,庭珪独不逃走。西军执之使降,不屈而死。(0001 卷 32)

谷嵩辅　元河南府路(治今河南洛阳)人。任盱守时刊行《通典》。(0212 卷 20)

谷里夹打　元太祖时蒙古大将木华黎部将。太祖十四年(1219),木华黎以其为元帅达鲁花赤,率军攻拔石、隰州,击绛州,克之。(0001 卷 119)

妥桓　元蒙古怯烈氏,顺帝元统元年(1333)进士燕质杰祖。为爱马里钵可孙。(0028)

妥妥辉　元公主。世祖孙女。顺帝元统二年(1334),封英寿大长公主。(0001 卷 109、38)

妥妥穆尔　字允中。元顺帝至正五年(1345)任广西廉访副使。(0592 卷 14)

妥欢贴睦尔　即元顺帝。

希古　元世祖至元后叶云南普定府(治今贵州安顺东南杨武)土官。(0001 卷 61)

希陵(1247 ~1322)　字西白。宋元之际僧人,义乌(今属江苏)何氏子。住持袁州大仰山太平兴国寺。仁宗延祐三年

(1316)移住杭州径山。有诗作传世。(0147卷48,0504壬上,0037卷61)

希能 字存拙。元僧人。有诗作传世。(0504壬上)

希颜 字悦堂。元僧,四明(今浙江宁波)那氏子。幼悟禅旨,博闻强记,宽厚好士,王公贵人无不折节敬礼。住玉峰荐严寺,迁杭州径山。有诗作传世。(0517卷14,0504壬上,0162,0411卷8)

希台特勒氏 元畏兀儿人合剌普华之妻。(0001卷193,0153卷11,0152卷25)

采真 元公主。嫁蒙古弘吉剌氏赤窟孙爱不哥驸马。(0001卷109)

狄忠 元顺帝至正年间任嘉鱼县(今属湖北)主簿。(1047卷下)

狄琮(?~1302) 字子玉。元保德(今属山西)人。世祖时真金太子召为晋王甘麻剌宿卫士。王开藩云南,擢王府司马,王镇北边,转内史府司马,深得王亲信。成宗大德六年(1302)王死,琮恸哭呕血而死。后追封冀国公,谥贞毅。(0002卷233,0146卷36)

狄子英 元世祖中统年间任临朐(今属山东)知县,赈饥有方,活民甚众。(0721卷27,0726卷12)

狄文秀 元文宗至顺三年(1332)任庆元路(治今浙江宁波)同知。(0634卷1)

狄东山 元保德(今属山西)人。狄琮之子。初授中书舍人,迁任监察御史。历任大都路同知、礼部郎中。官至宣徽院同佥。(0075氏族典卷545)

狄处仁 元绍兴(今属浙江)人。历任新昌县(今属浙江)儒学教谕。(0880卷29)

狄君厚 元平阳(治今山西临汾)人。元中叶杂剧作家,撰杂剧《火烧介子推》。(0029卷上)

狄思圣 元成宗大德九年(1305)任秘书郎。(0027卷10)

狄婉儿 元人。有诗作传世。(0504壬下)

邸文 元行唐(今属河北)人,邸士忠子。袭父职为宣武将军、归德万户。(0001卷151)

邸亨 元保定行唐人。金末,结豪杰保乡里。后降蒙古,累从史天泽、伯颜有战功,赐金符,总七路万户府事。(0075氏族典卷419)

邸忠 元行唐(今属河北)人,邸祺子。袭父职为颍州万户。(0001卷151)

邸泽(1231~1291) 元行唐(今属河北)人,邸琮之子。年十一,袭领父职。元宪宗时,移戍颍州,击败宋将夏贵进攻。世祖至元初,从阿术攻襄樊。十一年(1274),从阿术渡江下鄂州。次年,从阿里海牙下荆南,授管军总管。又从攻潭州(今长沙),拔之。十三年,从攻静江(今广西桂林),炮伤首。又从讨衡、永反元武装,擒杀罗飞、张虎、周隆三首领,升管军万户。二十二年,迁庐州蒙古汉军万户。寻迁颍州万户。招降饶、信反元队伍,镇压宣、徽、绩溪反元武装,斩杀二万余人。留戍徽州。二十八年,移镇杭州,卒于任。(0001卷151,0002卷144)

邸贯 元行唐(今属河北)人,邸荣仁子。因父感染瘴疾,袭职为宣武将军、归德万户,镇广东惠州。(0001卷151)

邸顺(1183~1256) 金元之际行唐(今属河北)人。金末,聚众筑寨。元太祖九年(1214),率众降蒙古,授行唐令。后升为恒州安抚使。击败金将武仙,又升恒州等处都元帅。后从木华黎攻走武仙。以功受赐名察纳合儿,充山前都元帅。太宗三年(1231),从帝攻河南。招降民十余万。任中山知府。十一年,为行军万户,从蒙古军攻破归德府。宪宗三年(1253)从攻宋涟水。(0001卷151)

邸浃(1223~1299) 元行唐(今属河北)人。邸顺之子。袭父职为万户。宪宗九年(1259),从忽必烈攻鄂州。世祖中统三年(1262),从平李璮。至元十三年(1276),驻守庐州(治今安徽合肥)。次年,移驻龙兴(治今江西南昌)。十五年,率所部镇压赣州反元队伍。十七年,镇压吉、赣反元队伍。二十三年,镇守吉安。未几,统领江西各万户。集兵七千戍广东,凡二年。卒,谥襄敏。(0001卷151)

邸常 金元之际行唐(今属河北)人。邸顺弟。金末与兄聚众自保,降蒙古,赐名金那合儿。(7-001卷151)

邸琮(1205~1239) 元行唐(今属河北)人。邸顺族弟。元太祖九年(1214),随族兄邸顺等降蒙古。二十年,击败金将武仙于黄台。太宗时,从蒙古军攻灭金于蔡州,以军授管军总押,管领七路兵马,镇徐州。十年(1238),从察罕攻滁州。流矢中脐。次年创发而死。(0001卷151,0172卷5)

邸祺 元行唐(今属河北)人,邸元谦子。袭父职为颍州万户。(0001卷151)

邸士忠 元行唐(今属河北)人,邸贯子。袭父职为宣武将军、归德万户。(0001卷151)

邸元谦 元保定行唐(今属河北)人,邸泽之子。袭父职为颍州万户。仁宗延祐七年(1320)任广东宣慰使。(0590卷2)

邸荣仁 元行唐(今属河北)人,邸浃子。成宗大德间袭父职为宣武将军、归德万户,镇广东惠州。因感染瘴疾,不任事,由子贯袭职。(0001卷151)

邸荣祖 父邸闰为元亳州千户,陷于宋。元世祖至元元年(1264)二月,受诏命袭父职。(0001卷5)

邹飞 元汀州路(治今福建长汀)人。世祖至元后叶从元军镇压黄华起义有功,授句容县尉,改丹徒县尉。(0631卷16,0632卷6)

邹礼 字用和。元高安(今属江西)人。练达条章,辟掾史,执法平允。年三十四归隐,养亲教子。集贤院赐号隐逸处士。(0073卷62)

邹伟 字元伟。元南昌(今属江西)人。善真、草、篆、隶。(0031补遗)

邹奕 字弘道。元明之际吴江(今属江苏)人。早年从杨维桢学。元顺帝至正八年(1348)登进士第,授饶州路录事。明洪武初任赣州知府,坐事谪甘肃二十余年,永乐初召回。(0158卷8,0042卷7,0954卷21)

邹大观 字光伯。元汀州清流(今属福建)人。顺帝至正间进士,历任刑部官,谳狱多所平反。明兵入大都,被执不屈,洪武八年(1375)获释。(0075氏族典卷350)

邹天瑞 字文祥。元建安(治今福建建瓯)人。元末为建宁路儒学教授。(0902卷55、92,0076卷38)

邹文慧 字季和,元建宁人。顺帝时在乡讲程朱学。郡中理学以文慧居首。(0076卷38,0902卷92)

邹世闻(1299~1366) 字文达。元登州黄县(今属山东)人。袭职为杭州路翼上百户,平海盗有功。(0444卷3,(0075氏族典卷350、官常典卷735,0002卷232)

邹乐道 元泰定帝致和元年(1328)任庆元路(治今浙江宁波)知事。(0634卷1)

邹伯颜 字从吉。元高唐(今属山东)人。顺帝时为建宁崇安县尹,均赋役、兴水利,有治绩。后选调漳州路判官。(0001卷192)

邹季友 字晋昭。元鄱阳(治今江西波阳)人。著有《书集传音释》六卷。(1082经部)

邹复元 元末道士。邹复雷兄。善画竹。有诗作传世。(0504壬上,0077卷38)

邹复雷 号云东。元末道士。邹复元弟。工画梅。有诗作传世。(0504壬上,0033卷33,0077卷38)

邹敏中(1220~1287) 字时甫。宋元之际丰城(今属江西)人。元初为龙兴路儒学录。(0212卷72)

邹惟亨 元泰定帝时,任御史。致和元年(1328),上言请以省、台、枢密、宿卫重臣为时享太庙三献官。(0001卷30)

邹维新 元莒州(治今山东莒县)人。仁宗延祐(1314~1320)间登进士第。历任太常礼仪院同佥。(0726卷14,0075氏族典卷350)

邹斯永 元顺帝至正十五年(1355)为杭州路直学。(0573卷2)

邹普胜 元麻城(今属湖北)人,铁工出身,白莲教徒。顺帝至正十一年(1351)与徐寿辉等在蕲州(今湖北蕲春)组织红巾军起义,建立天完政权。后率兵攻陷九江、武昌等地。(0001卷42、117)

岛剌沙① 元西域阿鲁温氏。顺帝元统元年(1333)任江南行台监察御史。(0632卷6)

岛剌沙② 元顺帝至元四年(1338)由监察御史出为永州路(治今湖南零陵)同知。(1052卷10)

岛剌沙③ 元顺帝至正六年(1346)任江浙行省郎中。(0872卷9)

岛瓦赤萨理 元畏兀儿人,中书平章阿鲁浑萨理之弟。(0011卷47)

言脱因 元成宗大德元年(1297)任阳城(今属山西)知县。(0694卷5)

亨祐 元石屏(今属云南)人。文宗天历初,与朱宝翼共守和龙岛(在今云南石屏东南异龙湖中)。敌以战船三百来攻。众惧欲降。祐令:"言降者斩!"发砲击之,连碎数十舟。受围七旬,粮乏,会救兵至,得免。(0636卷479)

床八失 元中叶怯鲁连(今蒙古克鲁伦河)地区皇家牧马地哈剌赤(牧养皇家母马群,挤乳,搅制马奶酒进奉者)千户长。(0001卷100)

床兀儿①(1260~1322) 又译创兀儿、憧兀儿等。元钦察伯岳吾氏。土土哈第三子。初为世祖宿卫士。至元二十四年(1287),从玉昔帖木儿征叛王乃颜,有功,授左卫亲军都指挥使。成宗大德元年((1297),袭父职为钦察亲军都指挥使,率军越金山(今阿尔泰山),大败海都军。二年,击败笃哇军。三年,任佥枢密院事,佐海山(武宗)镇守金山、称海一带。五年,击败海都军,大败笃哇军。七年,升枢密副使。十年,升知枢密院事。成宗死,率钦察军护送海山回朝即位,拜平章政事,封容国公。至大二年(1309)进封句容郡王。仁宗延祐元年(1314)、二年,连年击败进犯之察合台后王也先不花军。四年,召还朝,仍知枢密院事、商议中书省事。卒,后追封扬王。(0001卷128,0003卷102)

床兀儿② 元大德十一年(1307)五月,武宗即位后,由同知徽政院事擢任中书平章政事,八月,加封太尉。至大元年(1308)四月,罢任中书平章。(0001卷22、112)

床兀儿③ 元成宗大德五年(1301)至八年为云南行省平章。五年,宋隆济攻贵州,奉梁王命率军御之。八年,以平宋隆济功受赐银钞金币。(0014卷26、27)

床兀儿④ 元仁宗时为太子詹事。延祐

七年(1320)六月,英宗即位后,被处死。(0001卷27)

应才　字之绍。元钱塘(治今浙江杭州)人。应本之子。顺帝至正四年(1344)中乡试,任嘉兴路儒学正。十二年,避战乱寓居海宁。(0874卷20)

应元　元人。有诗作传世。(0504癸下)

应本(1272～1349)　字中甫。元钱塘(治今浙江杭州)人。明于《礼经》、《春秋》。喜为歌诗,优游西湖上,与高人胜士交友。(0152卷34,0102,0072别附卷3)

应龙　元顺帝至正十一年(1351)任仙游县(今属福建)儒学教谕。(0905卷3)

应在　字止善。元句章(治今浙江余姚东南)人。工篆字。编著《篆隶偏旁点画辨》,行于当世,今佚。(0031卷7)

应伟　字士奇。元淮阳(今属河南)人。有诗作传世。(0504庚下)

应枋　元杭州人。有诗作传世。(0504庚下)

应恂　字子孚。元永康(今属浙江)人。博涉书史。治家勤俭自足,丝毫不苟取于人。(0881卷16,0062卷44,0072别附卷3)

应深　元僧,长溪(治今福建霞浦)人。武宗至大间敕住镇江金山寺。(0966卷1、2)

应裕　元台州(治今浙江临海)人。历任义乌县(今属浙江)儒学教谕。(0881卷12)

应公潮　元金华(今属浙江)人。文宗至顺元年(1330)进士。历任衢州路儒学教授。(0881卷18)

应允中　字德闻。元台州(治今浙江临海)人。元末,方国珍来攻,允中募壮勇万余人与战,堕水死。(0896卷165)

应本仁　字本立。元鄞县(治今浙江宁波)人。家居不仕,建义庄、义塾。(0877卷35,072卷3,0075氏族典卷324)

应必达　元顺帝至正中邵武建宁(今属福建)反元队伍首领。至正十二年(1352)四月,率众响应天完红巾军,与江西宜黄反元队伍首领涂佑等袭据建宁,克泰宁、邵武,以"摧富益贫"口号发动贫民,众至数万。元邵武路总管吴按摊不花以兵讨之,千户魏淳以计擒必达、佑。(0001卷42)

应肖翁　字师悦。元黄岩(今属浙江)人。任黄岩州儒学正。有诗作传世。(0504丁)

应居仁　元人。有诗作传世。(0504癸上)

应觉翁　元缙云(今属浙江)人。博览古今,好吟咏。有诗作传世。(0896卷182,0504戊上)

应梦虎　字彦文,元黄岩(今属浙江)人。尝游大都(今北京),赋梅魂诗,受虞集、杨载称赏,屡荐不就。有诗作传至今。(0879卷10,0033卷14,0504戊上)

应象翁　字景则,号圣泉。元黄岩(今属浙江)人。仁宗延祐(1314～1320)间任汀州路儒学教授。尝应聘主持江浙省乡试。后以昌国州(治今浙江舟山)判官致仕。有诗作传世。(0504丙)

应翔孙　字子翱。元昌国(治今浙江舟山)人。家居著书,不求仕进。撰有《经传蒙求》、《类书蒙求》等。(0167卷31,0142卷7,0072卷73)

庐山①　元顺帝至正十四年(1354)为刑部主事。是年,从太师脱脱南征高邮张士诚。(0001卷187)

庐山②　元扬子县(治今江苏仪征东北)达鲁花赤,廉明慈惠,受百姓敬爱。后官至海南廉访使。(0925卷30,0955卷5)

庐舍　宋元之际云南麽些蛮强宗部酋长。元宪宗时归附蒙古,其地立强宗部千户,世祖至元中改为阳宗县(治今云南澄江东北),隶云南澂江路。(0001卷61)

辛贡　元人。善画梅,清名画家金农曾见其粉梅长卷,称为元时高流妙笔。(1143卷466)

辛杲　字伯用。元东平(今属山东)人。仁宗延祐六年(1319)任镇江路知事。后任江浙行省掾。(0631卷15)

辛荣　元扶风县人。顺帝至正年间任扶风知县。(0801卷21)

辛昭　历任元龙游县(今属浙江)尉、嵊县(今属浙江)主簿。(0880卷28,0878卷3)

辛钧　元东平(今属山东)人。仁宗延祐年间任单州知州。文宗至顺初累官为广西廉访使。有诗作传世。(0721卷26,0504丙,0033卷14)

辛恭　元龙兴路(治今江西南昌)判官。有诗作传世。(0504丁)

辛彧　元镇江(今属江苏)人。辛仲实之子。仕至镇江路宣课提举。(0631卷19)

辛敬(?～1360)　字好礼。元汴梁(治今河南开封)人。元末任进贤县尉七年,擢县尹。顺帝至正十九年(1359)调任汀州。次年死。工诗。与襄阳杨士弘、江西万白、江南周贞、郑大同皆以诗雄,名声相埒。(0002卷238,0004卷36)

辛大用　元汉州(治今四川广汉)人。历任新昌县(今属浙江)典史。(0880卷28)

辛文房　字良史。元西域人，居豫章（今属江西南昌）。历任翰林国史院编修官。撰《唐才子传》十卷。能诗，有《披沙集》。（0504 乙，0006 卷 89，1104 卷 4）

辛邦彦　元汾西县（今属山西）人。顺帝至正年间由榆社县主簿调任夏县知县，有廉能声。（0691 卷 9，0700 卷 6、8）

辛有常　元汶上县（今属山东）人。官至河东山西道宣慰使。（0622 卷 23，0075 氏族典卷 132）

辛仲实　字仲和。元彰德路（治今河南安阳）人，居于镇江。从平宋有功。历任两淮盐运使，太平路、嘉兴路总管，江西榷茶使。死年七十七。（0631 卷 19）

辛克勤　元镇江（今属江苏）人。辛彧之子。以祖荫授溧阳州判官。文宗至顺年间任龙泉知县。（0631 卷 19，0632 卷 6）

辛思仁　元成宗大德年间任上海知县。泰定中任宜兴知州。（0622 卷 10，0925 卷 22）

辛思谦　历任元江山县（今属浙江）主簿、建阳（今属福建）知县。（0622 卷 76，0878 卷 3，0902 卷 56）

辛洪成　元世祖时高丽国来元朝使臣。为高丽国郎将。中统三年（1262）四月，奉高丽国王王禃遣，与其国左谏议大夫朴伦等奉表入朝。（0001 卷 208）

辛泰来　元南昌（今属江西）人。仁宗延祐三年（1316）任南丰（今属江西）州儒学正。（0204 卷 3）

辛朝列　元顺帝至元元年（1335）为山东盐运使。（0001 卷 97）

怀则　宋元之际上虞（今属浙江）人。僧人。元初住天台白莲寺，迁杭州南天竺寺。卒年八十余。（0062 卷 62，0880 卷 48）

怀信（1280 ~ 1357）　字孚中。元僧，奉化（今属浙江）姜氏子。顺帝至正二年（1342）住持杭州中天竺永祚寺，五年迁四明天童寺，九年迁金陵集庆寺。（0411 卷 6）

怀闾①　元仁宗皇庆初，任瑞州（治今辽宁绥中西南）达鲁花赤。（0682 卷 6）

怀闾②　元回回人。泰定三年（1326）至文宗天历二年（1329），任镇江路同知。（0631 卷 15）

怀都①　元蒙古克烈氏。速哥之父。事元太祖，尝从饮班朱尼河水。（0001 卷 124）

怀都②　元蒙古弘吉剌氏。赤窟驸马之孙。娶八忽公主，为驸马。元宪宗七年（1257），从兀良合台侵安南。（0001 卷 109、121）

怀都③（？ ~ 1279）　元蒙古斡罗纳儿氏。阿术鲁之孙。阿术鲁年老，怀都叔不花袭领其军。元世祖中统二年（1261）不花死，怀都袭领其军。三年，从宗王哈必赤讨平李璮。又领蒙古、汉军，攻海州，略淮南庐州。至元四年（1267）起，从围攻襄樊。十一年，率步兵击退宋将夏贵进攻正阳。攻略安庆。十二年，渡江驻镇江。败宋兵于无锡。攻常州，取苏州，徇秀州。次年，从诸军攻略温州、福建，所至州郡迎降。十四年，受浙东宣慰使，镇压台州、庆元起义。战温州。转战至漳、泉、兴化，平之。（0001 卷 131）

怀深　字无怀。元僧人。文宗时结庵杭州西湖北山。有诗作传世。（0504 壬上）

怀渭（1317 ~ 1375）　字清远，号竹庵。元明之际僧人，南昌魏姓子。释大䜣之甥。历主会稽宝相寺、杭州报国寺、湖州道场寺。入明，住持杭州淨慈寺。洪武二年（1369），应诏参加金陵蒋山佛会。（0411 卷 28，0036 卷 15，0075 神异典卷 188）

忻都①　元将。世祖至元七年（1270）十一月，授高丽凤州等处经略使，佩虎符，领元军屯田高丽事。八年三月，高丽国裴仲孙乞元军退屯，然后内附，忻都不从其请。四月，奏言裴仲孙稽留使命，负固不服，乞与忽林赤、王国昌分道讨之。帝从之。十年正月，受命与郑温、洪茶丘征耽罗（今韩国济州岛）。四月，率军攻拔耽罗城，擒金通精等，奉诏杀之。十一年三月，奉敕准备出征日本。十月，由忽敦等率军出征日本。十四年正月，高丽金方庆等起事，受命饬兵御备。十七年，为征东元帅，二月，日本国杀国使杜世忠等，请率兵往讨，廷议姑少缓之。八月，授征东行省右丞。十八年五月，与洪茶丘率蒙古、汉、高丽军四万由高丽合浦渡海征日本。六月，与范文虎所率征日本江南军十万会合于鹰岛。八月初，飓风大作，战船沉没，士兵溺死无数，弃军逃回。（0001 卷 7、8、9、11、208）

忻都②　元官员。字仲和。世祖至元十三年（1276）任秘书监奏差。大德十一年（1307）武宗即位，任秘书监丞。后历任礼部尚书、大都留守。（0027 卷 9、11）

忻都③　元世祖时权相阿合马第四子。至元十九年（1282）五月，追治其父罪，剖棺戮尸。九月，敕中书省穷治阿合马之党；与耿仁等皆被处死。（0001 卷 12）

忻都④　元畏兀儿人。世祖至元二十年（1283）任镇江路录事司达鲁花赤。（0631 卷 16）

忻都⑤（？ ~ 1292）　元世祖至元二十四年（1287）二月，由吏部尚书擢尚书省参政。二十五年十月，奉桑哥遣与户部尚书理算江淮行省钱谷，民不聊生，自杀者相属，逃山林者，则发兵捕之。二十六年五月，召还，升为尚书左丞。二十九年春，清算桑哥党之罪，世祖以忻都长于理财，欲释不杀，中书平章不忽木力争，一日凡七奏，卒正其罪。三月，以其征理逋负迫杀五百二十人，被处死。（0001 卷 14、15、17、130、172、、205 等）

忻都⑥　元将。世祖至元二十九年

(1292),从知枢密院事伯颜征讨叛王明理铁木儿。军中获牒者,忻都欲杀之;伯颜不许,厚赐之,遣此牒者持书谕明理铁木儿以祸福。(0001 卷 127)

忻都⑦　元回回人。成宗元贞元年(1295)任丹阳(今属江苏)县达鲁花赤。(0631 卷 16)

忻都⑧(? ~1296)　元人。元成宗元贞二年(1296)三月,言晋王甘麻剌有异图。诏枢密院鞫之,无验。遂以帝命被处死。(0001 卷 19)

忻都⑨　元成宗大德四年(1300)任江南行台监察御史。(0632 卷 6)

忻都⑩　元成宗大德四年(1300)任石埭县(治今安徽青阳东南)达鲁花赤,有政绩。(0986 卷 4,0994 卷 3)

忻都⑪　元宗王。铁木哥斡赤斤五世孙。也坚黄兀儿之子。成宗大德四年(1300)十二月,元廷赐其所部钞五万锭。(0001 卷 20)

忻都⑫　元畏兀儿人。成宗大德五年(1301)任丹阳(今属江苏)县达鲁花赤。(0631 卷 16)

忻都⑬　元回回人。成宗大德间任镇江路行通政院判官。(0631 卷 17)

忻都⑭　元仁宗延祐六年(1319)任瑞州路(治今江西高安)治中。(1016 卷 14)

忻都⑮　元中叶为岭北省臣,因以官钱犒军免官。延祐七年(1320)八月,英宗即位后,诏复其职。(0001 卷 27)

忻都⑯　元英宗至治二年(1322)任定海县(治今浙江宁波镇海)达鲁花赤。(0634 卷 2)

忻都⑰　元西域八瓦耳氏。阿剌瓦而思曾孙。赡思丁第三子。元中叶任监察御史。(0001 卷 123)

忻都⑱(1279 ~1335)　元哈剌鲁氏,宣徽使答失蛮之子。累迁宣徽副使。文宗天历间为云南行省左丞。天历三年(1331)正月,云南诸王秃坚及万户伯忽等反文宗起事,攻陷中庆路(今云南昆明),执忻都等,迫令署诸文牍。后迁任上都留守。(0001 卷 34,0152 卷 24)

忻都⑲(1272 ~1331)　元畏兀儿人,居永昌(今属甘肃)。斡栾父。死后以子贵追封西宁王。(0555 卷 5)

忻都⑳(? ~1335)　元顺帝元统二年(1334)任庆元(治今浙江宁波)市舶提举。(0634 卷 2)

忻都㉑　字仲实。元顺帝至正九年(1349)任泉州路判官。(0594 卷 12)

忻都㉒　元顺帝时怯薛(禁卫)官。至正十一年(1351)奉遣讨伐颍州反元队伍。(0001 卷 144)

忻都㉓　元顺帝至正十五年(1355)正月,由宣政院副使任太子詹事。(0001 卷 44)

忻都㉔　元官员。官至宣政院使兼资国院使。谥孝恭。(0154 卷 8)

忻都㉕　元回回人,顺帝元统元年(1333)进士穆古必立祖。(0028)

忻都沙　元成宗元贞二年(1296)任瑞州路(治今江西高安)达鲁花赤,有政绩。(1011 卷 31,1016 卷 18)

忻都察①　元回回人。世祖至元二十二年(1285)至二十六年,任镇江路达鲁花赤。(0631 卷 15)

忻都察②　元成宗大德二年(1298)任衢州(今属浙江)路达鲁花赤。(0878 卷 2)

忻都察③　元诸王。封陇王。(0001 卷 108)

忻都不花　元世祖至元二十四年(1287)任江南行台监察御史。(0632 卷 6)

闵本(? ~1328)　字宗先,元河内(今河南沁阳)人。初任礼部令史,辟为御史台掾,升枢密院都事,拜监察御史,累迁为吏部尚书,以能见称。后改集贤侍讲学士。明军至大都,与妻女自缢。(0001 卷 196)

闵甲　字仲鲁。元覃怀人。早年从陈苑学。后应金陵帅聘请主持学宫,从学者甚众。(0071 卷 93)

闵达　字义行。元浮梁(今属江西)人。历任归安县(治今浙江湖州)儒学教谕。(0559 卷 18)

闵济　元世祖至元中为嵊县(今属浙江)主簿。(0880 卷 28)

闵女女　元河内(治今河南沁阳)人,闵本次女。顺帝至正二十八年(1368),明军逼近大都(今北京),闵本自缢死。女见父死,呼天号泣,亦自缢于其旁。(0001 卷 196)

况逵　字肩吾。元庐江(今属安徽)人,居于高安(今属江西)。武宗至大二年(1309)为广西廉访司书吏。泰定末累迁为光泽县知县,治绩卓异。顺帝元统二年(1334)升为庆元路(治今浙江宁波)推官。有诗作传世。(0634 卷 1,0622 卷 14、78,0504 丙)

况普天(? ~1353)　元末天完红巾军将领。顺帝至正十二年(1352),率兵攻克瑞州(今江西高安),据守。次年,瑞州为元江西左丞火你赤攻破,被俘杀。(1161 卷 229)

冷复　元高邮(今属江苏)人。任新昌(今属浙江)典史。(0880 卷 28)

冷说　字起岩。元胶东(治今山东平度)人,居于大都(今北京)。工写真。顺帝至正年间任秘书郎,尝写御容,称旨。(0027 卷 10,0030 卷 5)

冷庸 一名完者帖木儿,字用和。元黄冈(今属湖北)人。顺帝至正年间由中书掾迁任秘书郎。后出任陕西行台监察御史。(0027 卷 10)

冷谦 字起敬,元明间嘉兴人(又作钱塘人、武陵人)。知音,善鼓瑟。隐世为道士。明洪武初,召为协律郎,定乐舞之制。据传谦寿逾百岁,卒于永乐初。尝编次琴谱曰《太古正音》,著有《修龄指要》一卷。(0411 卷 32,1151 卷 118)

冷瓒 元胶西(治今山东胶州)人。任嵊县(今属浙江)知县。(0880 卷 28)

冷齐贤 元高安(今属江西)人。顺帝至正年间出粟赈济,赖以活者甚众。(1011 卷 31,0075 氏族典卷 444)

冷起岩 元人,居大都(今北京)。工传神,至正问(1341~1368)乌顺帝御客称旨。(0030)

汪正 字大雅。元四明(今浙江宁波)人。工八分书。(0031 卷 7)

汪申 字坤翁。元绩溪(今属安徽)县人。乡贡士。仁宗延祐七年(1320)任庐州路(治今安徽合肥)儒学教授。(0992 卷 9)

汪同(1326~1362) 字仲玉。元婺源(今属江西)人。顺帝至正年间组织地主武装对抗反元队伍,署"义兵"千户。历任余干州同知、徽州路判官、婺源州同知、徽州路治中、淮南行省左丞。至正二十二年(1362)为张士诚所杀。(0310 卷 7、4,0972 卷 9)

汪庄 字尚志。元休宁(今属安徽)人。有诗作传世。(0972 卷 9,0504 戊上)

汪礽 元开化县(今属浙江)人。以荐被征召入太医院。(0878 卷 11)

汪进 元婺源(今属江西)人。顺帝至正中任休宁(今属安徽)县尉。(0973 卷 6,1004 卷 5)

汪希 字仲罕。元休宁(今属安徽)人。汪巽元之子。任丽水县主簿。顺帝至正二年(1342)迁任衢州(今属浙江)路知事。(0897 卷 3、7)

汪祀(1305~1352) 字元明。元金华(今属浙江)人。早年受经于许谦。后居乡教书。(0414 卷 19)

汪罕 元人,历任主簿。工书善画,所至醉墨淋漓,人争取之以为奇玩。(0283)

汪英 字华玉,元孝感(今属湖北)人。泰定四年(1327)二甲进士。历新昌州同知。文宗至顺年间任抚州路(治今江西临川)经历。后任建昌路推官。(1014 卷 8,0334 卷 47)

汪昂 元休宁(今属安徽)人。任婺源(今属江西)州儒学正。(0973 卷 7,1004 卷 5)

汪性 元绍兴(今属浙江)人。世祖至元中任余姚(今属浙江)县儒学训导。(0880 卷 29、30)

汪泽 字叔润。元天台(今属浙江)人。善吟咏,喜游览。元末寓居山阴县(治今浙江绍兴)。(0880 卷 39)

汪询 字子文,号秀岩。元绩溪(今属安徽)人。善医术。(0291 卷 1)

汪珍 字聘之,号南山。元宁国路太平县(今属安徽)人。隐居黄山下。博学工诗,有《南山先生集》。(0503 三集丙,0075 文学典卷 86)

汪相 字魏夫,元祁门人。与弟汪华皆从饶鲁学。两人质疑问难叩击,悉得其蕴奥。祁门理学之盛。皆二人之功。(0071 卷 83)

汪顺 字顺卿。元顺帝至正十年(1350)任泉州(今属福建)路照磨。(0594 卷 12)

汪俊 元徽州(治今安徽歙县)人。元中叶,俊上变,诬富人反。江浙省臣遣检校王克敬往验之,察其言不实,中道数为开陈祸福。俊悔,将对簿,仰药死。(0001 卷 184)

汪垕 字德载。元绩溪(今属安徽)人。历任象山书院山长。(0167 卷 26)

汪庭 元世祖至元中任嵊县(今属浙江)丞。(0880 卷 28)

汪炳 字子文。元温州(今属浙江)人。历任镇江路濂溪书院山长。(0631 卷 17)

汪洗 字彦晖。元休宁(今属安徽)人。从朱升、赵汸、汪仲鲁学。(0972 卷 9,0072 卷 92)

汪高 字可大。元歙县(今属安徽)人。成宗大德年间任上饶县儒学教谕。(0972 卷 6)

汪清 元息州(治今河南息县)人。世祖时被诬为奴,杀而夺其妻、子及田宅,狱久不决。至元后叶,王忱为河北河南道按察副使,正之。(0001 卷 151)

汪淮(1265~?) 字师鲁。元婺源(今属江西)人。成宗大德年间为直学。(0198 卷 3)

汪强 字彦中。元婺源(今属江西)人。专心研究《周易》学,著有《学易正言》。(0416 卷 5)

汪斌①(?~1312) 元婺源(今属江西)人。出身世医,祖镛为宋翰林太医。斌早年刻意举子业,宋亡废科举,乃继承家业行医。元军攻克江南,被行省征为医官。元世祖至元二十三年(1286)帝征召江南贤才,御史以汪斌应诏。帝召见,奏对称旨,切脉奇中,用药立效,当即任为太医院官。成宗大德三年(1299),为同提点太医院事,参与校订《圣济总录》。历事三朝,除医务外,常进陈治国之道及民间得失。累官至昭文馆大学士、太医院使。子从善,字国良,历任典瑞监丞、松江知府、邵武总管,著有《博爱堂家藏方论》。(1149 卷 142、143)

汪斌② 字以质。元婺源(今属江西)人。汪宗臣从孙。顺帝至正年间从汪同组织地主武装,对抗反元队伍。(0972 卷 9)

汪颐 字蒙元。元休宁(今属安徽)人。汪一龙长子。世祖至元年间任建阳县主簿。(0167 卷 30)

汪溶 元顺帝至正二十三年(1363)任余姚(今属浙江)知州。(0880 卷 28)

汪灏 字季夷。元奉化(今属浙江)人。工诗文。家居不仕。(0877 卷 38,0075 氏族典卷 282)

汪一龙(1230～1282) 字远翔,号定斋。元休宁(今属安徽)人。宋度宗咸淳四年(1268)进士。历任句容县尉、婺州教授。后入李庭芝幕,未几奉母南归。元世祖至元十五年(1278)起为徽州紫阳书院山长。(0532 卷 95,0972 卷 7)

汪一麟 元休宁(今属安徽)人。成宗元贞元年(1295)任休宁县儒学教谕。(0973 卷 7,1004 卷 5)

汪九成 字文善。元婺源(今属江西)人。早年从胡文炳学,后任宗文书院山长。(0972 卷 6,0059 卷 16)

汪士明 字公亮。元宣城(今属安徽)人。汪士深之弟。有诗作传世。(0504 戊上,0524 卷 4、8)

汪士逊 字宗礼。元休宁(今属安徽)人。世祖至元十八年(1281)授南轩书院山长。(0972 卷 9)

汪士深 字起潜。元宣城(今属安徽)人。有诗作传世。(0524 卷 1、6、8,0504 戊上,0033 卷 23)

汪大渊 字焕章。元南昌人。文宗至顺元年(1330)年甫二十,由泉州附商舶浮海。前后两下东西洋,历数十国。约于顺帝至元五年(1339)归国。纪所闻见,于至正九年(1349)撰成《岛夷志略》,为元代与亚非海道诸国交通之重要载籍。(0097 卷首)

汪与懋 元鄞县(治今浙江宁波)人。历任上虞县儒学教谕。(0880 卷 29)

汪千十 元歙徽州县(今属安徽)人。世祖至元后叶,因岁饥,与绩溪人柯三八等反元起事。江淮行省右丞教化以兵捕之,相拒七月。后徽州总管许楫奉行省命,往招降,千十、三八等皆愿降。楫白教化,请退军一舍,听其来降,教化不听。后以参政高兴代教化,楫复以前言告之,兴从其计,千十等遂降。(0001 卷 191、162)

汪广洋(？～1379) 字朝宗,元明间高邮人,流寓太平。少时事余阙,通经学,善篆隶,工诗。元末举进士。朱元璋召为元帅府令史,历江南行省都事、江西行省参政、中书参政。明洪武四年(1371),为右丞相。为人宽和自守。后以胡惟庸案,谪海南,赐死。有《凤池吟稿》。(0020 卷 127)

汪子才 字庭材。元人。有诗作传世。(0033 卷 14)

汪天骥 字乐全。元泾县(今属安徽)人。元妙观道士。有诗作传世。(0524 卷 11、12)

汪元龙(？～1286) 字云甫,号松坡。宋元之际婺源(今属江西)人。汪元圭之兄。由太学登宋度宗咸淳元年(1265)进士第。恭帝德祐元年(1275)摄婺源县事。元世祖时授徽州路治中。(0532 卷 85,0972 卷 8)

汪元圭(1233～1290) 字功甫。宋元之际婺源(今属江西)人。汪元龙之弟。宋武学舍选,李庭芝辟充幕属。恭帝德祐元年(1275)任徽州兵马钤辖。元世祖时任婺源州知州,有爱民声。至元二十七年(1290)授饶州路治中,未赴任而死。(0198 补遗,0972 卷 8)

汪元亨 号云林。元饶州路(治今江西波阳)人,迁居常熟(今属江苏)。历任江浙省掾。撰杂剧《斑竹记》、《仁宗认母》、《桃源洞》。皆不存(0029 续编,0505)

汪元量 字大有,号水云。宋元之际钱塘(治今浙江杭州)人。以善鼓琴受知于宋理宗。宋度宗咸淳间登进士第。元军下临安,随宋恭帝及后妃北上,留大都(今北京),供奉帝后。文天祥被俘监禁,元量常去探望,以诗唱和。文天祥被杀后,元量离大都至江南,结纳抗元志士,鼓励反元。晚年住杭州为道士。元仁宗延祐间尚在世。工诗,有《湖山类稿》、《水云集》。(0002 卷 24)

汪云龙① 宋元之际婺源(今属江西)人。汪元圭之弟。宋末进士。元世祖至元年间历任龙兴路同知。(0972 卷 8)

汪云龙②(？～1321) 字昂甫。元休宁(今属安徽)人。元初授休宁县知县,有廉能声,选为浙东西巡盐官,盗贼屏息,秩满不仕。(0972 卷 8,0973 卷 6)

汪友贤 元绩溪(今属安徽)人。成宗大德元年(1297)任黟县医学管勾。(0992 卷 9)

汪仁立 字叔达。元饶州路(治今江西波阳)人。有诗作传世。(0504 戊下)

汪从善(1279～1342) 字国良。元杭州路新城县(治今浙江富阳西南)人。成宗大德六年(1302)由近侍任典瑞监丞。后历任松江知府。官至邵武路总管,丁忧归,居于松江。工书法,正书合晋人纪律,兼能大字。(0184 卷 3,0031 卷 7)

汪长安 元仁宗延祐二年(1315)为云南行省参政。是年十二月,受赐虎符,奉旨参预军政。(0001 卷 25)

汪公济　元人。有诗作传世。(0504 癸上)

汪文龙　字济卿。元太平(今属安徽)人。弱冠举茂才。历任旌德县、铜陵县文学掾,当湖、铅山等县儒学教谕。(0072 别附卷 3)

汪文璟　字臣良(辰良)。元常山(今属浙江)人。泰定元年(1324)进士,授余姚州判官。历任太常太祝、翰林国史院编修官、余姚知州。官至岭南广西廉访副使。元末寓居余姚,以国难忧愤不食而死。有《居朝稿》、《明农稿》,皆佚。有诗作传世。(0880 卷 28、37,0504 已下,0075 氏族典卷 282、文学典卷 88)

汪斗建(1255～1326)　字昌辰。宋元之际淳安(今属浙江)人。宋末在京学,上书言襄樊需急援,不报,遂归家。入元为本县教官,又任教官于遂阳三年,即家居不复仕。有诗作传世。(0258 卷 12,0504 甲)

汪以兴　字伯可。元淳安(今属浙江)人。甫一岁,生母聂氏为嫡母所逐出。既长,偏访四方,寻得生母于宣城,迎归侍养。(0075 氏族典卷 282)

汪孔昭　字德甫,号容斋。元歙县(今属安徽)人。汪高之子。仁宗皇庆元年(1312)举贤良,任松江财赋提举,有清廉声。(0972 卷 6)

汪古儿　又译翁古儿、雍古儿。元太祖大伯父蒙格秃乞颜之子。十二世纪八十年代,率领其敞失兀惕部及所属巴牙兀惕(伯岳吾)人归附太祖。1189 年太祖首次称汗后,为太祖所建小侍卫队成员,任司膳。多年在太祖身边忠勤效劳。太祖元年(1206)蒙古建国后,受封为第十三位开国功臣千户长,管领其敞失兀惕部及从分散于各处收集来的巴牙兀惕人组成的一个千户。太祖十年,蒙古占领金中都后,与失吉忽秃忽等人奉旨至中都清点府库帑藏,因收受金中都留守官合答的赠礼,受太祖严厉斥责。(0009 卷 3、8、9、11,0008 卷 1,0007)

汪古台　元初勋臣。任必阇赤(掌书记之近侍)。太宗八年(1236),受赐汴梁等处五户丝户。(0001 卷 95)

汪可孙　元绩溪(今属安徽)人。力学工文,隐居不仕。(0972 卷 9)

汪世显(1195～1243)　字仲明。金元之际巩昌盐川镇(今甘肃漳县)汪古部贵族。仕金,屡立战功。金宣宗贞祐二年(1214),以功授千户。后历任同知平凉府事、陇州防御使、巩昌府治中。哀宗开兴元年(1232),任巩昌府便宜总帅。金亡,据城自守。元太宗七年(1235),皇子阔端率蒙古军至城下,始降蒙古,仍袭原职。随蒙古军南下攻宋。八年,大败宋将曹友闻。十年,攻略西川。十一年,随蒙古军攻略东川。十三年,围攻成都,杀宋将陈隆之。乃马真皇后称制二年(1243),受封便宜都总帅,领秦、巩等二十余州事。未几病死。追封陇西公,谥义武。后又加封陇右王。(0001 卷 155,0217 卷上)

汪只南　元顺帝至正十三年(1353)为征西都元帅。是年六月,奉诏发本处精锐勇敢军一千人从诸军征讨红巾军。(0001 卷 43)

汪用敬　字彦恭。元宣城(今属安徽)人。汪泽民长子。泽民被反元队伍所杀,痛愤不食,未几死。有诗作传世。(0524 卷 6)

汪汉英　元徽州休宁人。顺帝至正间,红巾军起,与兄耆英聚众保乡里。战败,挈家避地,耕读养亲。(0073 卷 46)

汪汉卿　字景良。宋元之际黟县(今属安徽)人。宋末任贵池县知县。入元授黟县丞。后历任翰林国史院编修官、翰林修撰。武宗至大三年(1310)以国子监丞致仕。死年八十一。(0075 氏族典卷 282、文学典卷 90,0972 卷 7)

汪幼凤　字子翼。元婺源(今属江西)人。顺帝至正元年(1341)乡试下第。后历任衢州路儒学正、采石书院山长、婺源州照磨。(0972 卷 8)

汪有勣　元巩昌路(治今甘肃陇西)人。历任全州(今属广西)路达鲁花赤。(0801 卷 29)

汪汝弼　元大德十一年(1307)任衢州(今属浙江)路同知。(0878 卷 2)

汪汝懋(1308～1369)　字以敬,号遯斋。元淳安(今属浙江)人。汪斗建之子。顺帝至正十年(1350)乡试下第,以荐授丹阳县儒学教谕。历任浙东帅府都事、定海县知县。后以翰林待制致仕。撰《山居四要》四卷。(0157 卷 23、17、21,0075 氏族典卷 282)

汪安甫　元休宁(今属安徽)人。汪士逊之子。任黟县儒学教谕。(0973 卷 7)

汪安昌　元巩昌路(治今甘肃陇西)人。汪忠臣之孙。历任奉元路(治今陕西西安)总管。(0801 卷 29)

汪寿昌　元巩昌盐川(今甘肃漳县)人。汪惟正次子。成宗时任巩昌等处便宜都总帅。泰定时任陕西行御史台御史中丞。文宗天历元年(1328)任江南行御史台御史中丞。后迁任四川平章。至顺元年(1330)讨云南伯忽等之叛,奉命调遣马匹、兵器、军粮。(0555 卷 5)

汪志坚　元祁门县(今属安徽)人。有诗作传世。(0504 戊上,0033 卷 17)

汪克宽(1304～1372)　字德辅、仲裕,元明间徽州祁门人。元泰定三年(1326)中乡举。次年会试下第,家居著书讲学,号环谷先生。明洪武二年(1369)应聘修《元史》。书成,以老病辞归。有《春秋胡传纂疏》、《经礼补逸》、《诗集传音义会通》、《环谷集》等。(0020 卷 282,0532 卷 72,0492 卷 62)

汪时中　字天麟。元祁门(今属安徽)人。汪克宽之弟。博学,不求仕进,隐居查山。(0972 卷 9,0075 氏族典卷 282)

汪佐臣 元巩昌盐川(今甘肃漳县)汪古人。汪世显第六子。任巩昌左翼都总领。死于王事。(0001 卷 155)

汪伯正 字以德。元乐平(今属江西)人。顺帝至正中任婺源州判官。天完红巾军将领项普略攻破饶州路、信州路,伯正引兵自五岭与平章三旦八兵联合,与项普略部战,兵败,三旦八仅以身免。红巾军乘胜长驱入婺源州,伯正力战死。(0002 卷 232)

汪佛奴 元歌伎,姿色秀丽。嘉兴富户濮乐间以中统钞千锭娶为妾。濮死,独居尼寺,深藏简出,洁身以终。(0101 卷 27)

汪应元 字元卿。宋元之际祁门(今属安徽)人。宋末为江东宣阃掾。元时授海漕万户府知事,升经历,死于官任。(0167 卷 29,0972 卷 6)

汪应星 元祁门(今属安徽)人。任徽州路(治今安徽歙县)儒学教授。(0973 卷 7)

汪良臣①(1231~1281) 元巩昌盐川(今甘肃漳县)汪古部贵族。汪世显第四子。年十六七即随兄德臣出征,每战充前锋,以功擢裨帅。宪宗三年(1253),任巩昌帅。八年,宪宗征蜀,经办军需。世祖中统元年(1260),率部大败阿里不哥军于甘州耀碑谷,擒杀其大将阿蓝答儿、浑都海,以功权便宜都总帅。二年,讨平火里叛乱,转同佥巩昌路便宜都总帅。后率部攻四川,屡败宋军。历任东川副统军、巩昌等二十四处便宜都总帅、西川行枢密院事。至元十五年(1278),四川悉平,任四川行省左丞。谥忠惠。后追封梁国公。(0001 卷 155)

汪良臣② 元婺源(今属江西)人。汪元龙之子,过继为元圭后。以荫授都昌县知县,迁任鄱阳、宁海二县知县,有政声。成宗大德三年(1299)授江南行御史台监察御史。忤权贵,改奉化州知州,弃官归。(0532 卷 79,0632 卷 6,0972 卷 8)

汪若楫 字作舟。宋末元初休宁(今属安徽)人。宋末为徽州紫阳书院山长。入元历任宣城知县。有诗作传世。(0972 卷 7)

汪直臣 元巩昌盐川(今甘肃漳县)汪古人。汪世显第三子。任巩昌中路都总领。死于王事。谥忠愍。(0001 卷 155,0801 卷 29)

汪松寿 字正心。元休宁(今属安徽)人。汪云龙之子。历任绍庆路儒学教授。(0972 卷 8)

汪忠臣(1219~1266) 字汉辅。元巩昌盐川镇(今甘肃漳县)汪古部贵族。汪世显长子。世显降蒙古,忠臣充质子入侍太宗。后随父攻四川,任管军总领。乃马真皇后称制二年(1243),父死,任巩昌元帅、知府事。而其弟德臣袭父职为巩昌等处便宜都总帅。宪宗三年(1253),代行都总帅事,造舟楫,修栈道,督运军粮供应利州(今四川广元)德臣驻军。八年,从宪宗攻四川。世祖中统元年(1260),任巩昌等处便宜副都总帅。佐侄惟正戍清居山(今四川南充南)。谥忠让。(0501 卷 62,0001 卷 155、5)

汪怜怜 元湖州(今属浙江)角妓。涅古伯经历爱之,遣媒妁,备财礼,娶为妾。三年后,涅古伯死,髡发尼寺。时公卿士大夫有往访之者,汪故毁其身形,以绝狂念。卒老于尼。(0101 卷 15,0032)

汪炎昶(1261~1338) 字懋远。元婺源(今属江西)人。受学于宋遗民孙嵩,不求仕进,衣冠言语礼度犹宋人,自称古逸民。有《古逸民先生集》二卷。(0310 卷 7,0411 卷 31,0006 卷 91 上)

汪泽民(1287~1356) 字叔志。元徽州婺源(今属江西)人。家贫力学,通诸经。仁宗延祐五年(1318)登进士第,授岳州路平江州同知。迁南安路推官,决狱清明。又迁平江路推官,平反冤狱。调兖州知州,建言升衍圣公品秩,廷议从之。顺帝至正三年(1343),召为国子司业,参与修辽宋金三史。书成,迁集贤直学士。不久,以礼部尚书致仕归。十五年,居宣州,江东廉访使道童日就之问计,以抵抗红巾军。次年,长枪军琐南班等反元,来攻城。参决战斗筹画,累败长枪军。城破,被杀。谥文节。有《巢深稿》、《燕山稿》、《宛陵稿》、《春秋纂疏》,皆佚。编有诗总集《宛陵群英集》。有诗作传世。(0001 卷 185,0411 卷 5,0503 三集庚)

汪宜老 元庆元(治今浙江宁波)人。历任嵊县(今属浙江)儒学教谕。(0880 卷 29)

汪复亨 元人。有诗作传世。(0504 癸上)

汪俊德 字自明。元歙县(今属安徽)人。从郑玉学。玉死,托孤于俊德,俊德抚之成立。(0972 卷 9)

汪勉之 元庆元(治今浙江宁波)人。由学官历浙东帅府令史。元曲家,所作散曲甚多,又鲍吉甫所撰《曹娥泣江》杂剧内有其所作两折。(0029 卷下)

汪奕庆 字处谦、谦父。元歙县(今属安徽)人。汪逢辰之子。初为长洲县儒学教谕。历任衢州路清献书院山长,嘉定州、太平路儒学教授。(0972 卷 8,0413 卷 14,0075 氏族典卷 282)

汪庭桂(1248~1321) 字秋芳,号存耕。宋元之际婺源(今属安徽)人。宋末,年十八中进士,授徽州紫阳书院山长。宋亡,家居养亲,见知于徽州路达鲁花赤马忽思,常以政事咨访之。(0532 卷 92 上,0075 氏族典卷 282)

汪洊雷 字叔震。元宣城(今属安徽)人。有诗作传世。(0524 卷 2、9,0504 戊上)

汪耆英 元休宁(今属安徽)人。顺帝至正年间反元队伍起,与弟汉英组织地主武装,奋战击退反元队伍。(0972 卷

9,0075 氏族典卷282)

汪致远 元黟县(今属安徽)人。元末以贤良任黟县主簿。(1004 卷5)

汪逢辰 字虞卿,号古学。元歙县(今属安徽)人。年四十始为本县教谕。历任饶州路鄱江书院山长、崇德州儒学教授、嘉兴主簿。后致仕归。死年七十七。(0972 卷8,0075 氏族典卷282)

汪逢时 元世祖至元二十六年(1289)任开化县(今属浙江)知县。(0878 卷2)

汪益谦 字受之。元歙县(今属安徽)人。汪贞保之子。顺帝至正初反元队伍起,杀其弟。率乡兵三入反元队伍根据地,夺弟尸出,身被数创而死。(0072 卷94)

汪家奴(? ~约1363) 元顺帝至元二年(1336)三月,授宣政院使。六年二月,由枢密同知为中书平章,十月,改任枢密知院。至正十四年(1354)十二月,由宣徽院使为御史大夫。是年,封为太傅。十五年二月,拜中书右丞相。三月,摄太尉,持节授皇太子爱猷识理达腊玉册,祗谒太庙。是年,封为太师。二十七年九月,追封兖王,谥忠靖。(0001 卷39、40、43、44、47、111、113 等)

汪家闾 元康里人,牙牙之子。历任资政院同佥。(0011 卷64)

汪梦斗 字以南,号杏山。宋元间绩溪人。宋理宗景定二年(1261),魁江东漕试,授江东司制干官。历任史馆编校。元世祖至元十六年(1279)以荐召赴大都(今北京),不受官归,遂拟徽州路教授,二十二年辞教职归。有《北游集》、《云间集》。(0075 氏族典卷282,0167 卷9,0291 卷3)

汪得一 号斗山。元歙县(今属安徽)人。工诗,有《识悔吟稿》。(0198 卷3)

汪惟仁 元巩昌盐川(今甘肃漳县)汪古部贵族。汪良臣第六子。历任人匠总管达鲁花赤。(0001 卷155)

汪惟正(1242 ~1285) 字公理。元巩昌盐川(今甘肃漳县)汪古部贵族。汪德臣长子。父死,袭职为巩昌等处便宜都总帅。世祖中统元年(1260),杀拥护阿里不哥之四川统将乞台不花。世祖嘉其功,诏东川军事悉听处分。率所部军攻四川,屡建战功。至元十四年(1277),讨平叛王秃鲁于六盘山。十七年,任中书左丞,行秦蜀中书省事,分省于四川。二十二年,改陕西行省左丞,未几病死。谥贞肃。(0001 卷155)

汪惟永 元巩昌盐川(今甘肃漳县)汪古部贵族。汪良臣第四子。曾为征西都元帅。(0001 卷155)

汪惟孝(1246 ~1297) 字公善,元巩昌盐川人。汪直臣子。世祖至元九年(1272),任巩昌路总管。历任兴元路总管,巩昌平凉等二十四处军前便宜都总帅,潼川路、四川东道宣慰使。二十三年后,历任四川南道、四川西道宣慰使兼巩昌平凉等处万户。二十七年,升四川行省右丞兼万户。三十年,复任巩昌平凉等二十四处军前便宜都总帅。(《汪惟孝墓志》,载《文物》1982 年2 期)

汪惟纯 元巩昌盐川(今甘肃漳县)汪古部贵族。汪德臣第六子。曾为权巩昌等处便宜都总帅。(0001 卷155)

汪惟贤(? ~约1306) 字安卿。元巩昌盐川镇(今甘肃漳县)人。汪德臣次子。弱冠袭职为巩昌等二十四处军前便宜都总帅。后历任吏部尚书,江淮等行省左丞、平章政事。谥忠定。(0801 卷29)

汪惟明 元巩昌盐川镇(今甘肃漳县)汪古部贵族。汪德臣第四子。初充质子,后为元帅。(0001 卷155)

汪惟和 元巩昌盐川镇(今甘肃漳县)人。汪德臣第三子。袭职为巩昌等处便宜都总帅。世祖至元二十六年(1289),率所部万人北征。二十九年,任巩昌等处宣慰使,兼便宜都总帅、巩昌府尹。三十年,发所部攻吐蕃,成瓜、沙等州。后历任太常礼仪院使、昭文馆大学士。谥文贞。(0801 卷29)

汪惟某 元巩昌盐川镇(今甘肃漳县)汪古部贵族。汪良臣第三子。历任同知屯田总管府事。(0001 卷155)

汪惟恭 元巩昌盐川镇(今甘肃漳县)汪古部贵族。汪良臣第五子。历任阶州同知。(0001 卷155)

汪惟能 元巩昌盐川镇(今甘肃漳县)汪古部贵族。汪德臣第五子。初任管军万户。世祖至元二十六年(1289)十二月,任征西都元帅,率所部军入漠西征。成宗大德十年(1306)为云南行省右丞,四月,率军征讨云南罗雄州军火主阿邦龙少及普定路诸蛮等反元队伍。(0001 卷15、21、155)

汪惟勤 元巩昌盐川镇(今甘肃漳县)人。汪良臣长子。尚阿德荼公主。成宗时,任陕西四川行省参政兼四川宣慰使。大德六年(1302),奉旨与平章也速带儿率川陕军镇压亦奚不薛起事。又与湖广平章刘国杰军会于播州(今贵州遵义),击退蛇节等军十万。后官至云南行省平章。谥忠宣。(0801 卷29,0075 氏族典卷282)

汪惟简 元巩昌盐川镇(今甘肃漳县)汪古部贵族。汪良臣第二子。历任保宁万户。(0001 卷155)

汪惟新 元巩昌盐川镇(今甘肃漳县)汪古部贵族。汪良臣第七子。任汉军千户。(0001 卷155)

汪清臣 元巩昌盐川镇(今甘肃漳县)汪古部贵族。汪世显第七子。由巩昌元帅迁任四川行枢密院副使。官至四川行省参政。(0001 卷155,0801 卷29)

汪维祺(1242 ~1326) 字寿甫。宋元之际歙县(今属安徽)人。宋末进士,授石峡书院山长。入元任杭州路儒学教授,

迁权青阳县知县。(0532 卷 85,0972 卷 8)

汪敬昌　元巩昌(治今甘肃陇西)人。汪世显曾孙。历任遂宁州达鲁花赤,有廉能声。(0841 卷 12)

汪集虚　元道士。至元三十一年(1294)筑贞白庵于青城山以居。顺帝至元二年(1336)赐号真人,为青城诸山正一宗主。(0258 卷 9)

汪巽元　字复心,号称隐。元休宁(今属安徽)人。汪一龙季子。元初授建德路儒学正。后历任漳州路儒学教授、饶州路儒学教授、安仁县主簿、钱塘县主簿。泰定中以建康路判官致仕。顺帝至正五年(1345)犹在世。(0972 卷 8)

汪楚狂　元人。有诗作传世。(0504 甲)

汪嗣昌　元巩昌盐川镇(今甘肃漳县)汪古部贵族。汪惟正长子。历任成都管军副万户。(0001 卷 155)

汪福安　元泰定中任陇州(治今陕西陇县)知州,有政绩。(0622 卷 34,0801 卷 21)

汪赛因　元歙县(今属安徽)人。顺帝至正中以军功授歙县黄山巡检。(0973 卷 6)

汪德玉　字孚尹。元休宁(今属安徽)人。以诗作闻名。(0972 卷 9)

汪德臣(1224～1259)　又名田哥,字舜辅。元巩昌盐川镇(今甘肃漳县)汪古部贵族。汪世显第二子。年十四充质子,侍奉皇子阔端。乃马真皇后称制二年(1243),袭父职为巩昌等二十四路便宜都总帅。率部从蒙古军征四川。宪宗三年(1253),修复利州城(今四川广元),屯田驻守。八年,随宪宗攻四川,攻克苦竹、长宁等寨。九年,任先锋,攻合州钓鱼城(今四川合川东),中飞石,重伤死。后追封陇西公,谥忠烈。(0001 卷 155)

汪德润　字泽民。元真定(治今河北正定)人。撰杂剧《糊涂包待制》。(0029 卷上)

汪德馨　字伯卫。元婺源(今属江西)人。隐居读书。曾与汪泽民纂修族谱。(0972 卷 9)

汪翰臣　元巩昌盐川镇(今甘肃漳县)汪古部贵族。汪世显第五子。任巩昌奥鲁兵马都元帅。后代兄良臣为巩昌等处便宜都总帅。谥襄毅。(0001 卷 155,0801 卷 29)

汪长生奴　元巩昌盐川镇(今甘肃漳县)汪古部贵族。顺帝至正十八年(1358)为巩昌总帅。是年三月,率所部兵与察罕帖木儿、李思齐、张良弼等各路元军同讨伐李喜喜部红巾军于巩昌,喜喜败入四川。(0001 卷 45)

沙加　元中叶吐蕃僧人。延祐七年(1320)七月,英宗即位后,受赐钞一万五千贯。(0001 卷 27)

沙兰　元成宗大德五年(1301)为辽阳行省平章。(0014 卷 31)

沙全　初名抄儿赤。宋元之际哈剌鲁人。沙的之子。五岁时为宋军所掳。十八岁时,留刘整幕下。元世祖中统二年(1261),随刘整降元,授管军百户。至元三年(1266),从整击败宋将夏贵。五年,从整出师围襄樊。以功升千户。十二年,从阿术战败宋军于焦山。从攻常州,克之,乘胜下沿海诸城。以功授华亭军民达鲁花赤,后改松江万户府达鲁花赤,专领军政。卒于官。(0001 卷 132)

沙智　元初云南建昌(治今四川西昌)乌蛮落兰部首领建蒂之女,嫁段氏后裔阿宗。世祖至元中修治道路、立驿站有功,授虎符,管领其父元收附民为万户。至元二十一年(1284),改任建昌路总管,仍佩虎符。(0001 卷 13、61)

沙必　元蒙古人。元成宗大德六年(1302)至十年,任镇江(今属浙江)路同知。(0631 卷 15)

沙邦　元仁宗延祐六年(1319)任奉化(今属浙江)州达鲁花赤。(0633 卷 3,0634 卷 2)

沙沙①　元至大四年(1311)正月,由徽政院使擢为御史大夫。(0001 卷 24)

沙沙②　元文宗天历元年(1328)为河南廉访司佥事。是年十月,奉河南平章阿礼海牙遣,与廉访使董守中驻守南阳,防御陕西反文宗军进攻。(0001 卷 137)

沙的①　元初哈剌鲁人。世居西域沙漠。沙全父。从太宗平金,戍河南柳泉(今河南宜阳西),遂家于柳泉。(0001 卷 132)

沙的②　元世祖至元后叶为尚书右丞相桑哥党与,受赃肆虐,使江淮之民愁怨载路。至元二十八年(1291)被捕入狱。(0001 卷 16)

沙的③　元成宗元贞二年(1296)任江南行台监察御史。(0632 卷 6)

沙的④　元成宗时为大都路总管。大德元年(1297),以盗支官钱及受赃当罢官,帝以其为故臣子,特减其罪,暂停其职后仍任原职。(0001 卷 19、173)

沙的⑤　元成宗大德五年(1301)任江南行台监察御史。(0632 卷 6)

沙的⑥　元成宗大德十年(1306)为宣政院使。是年十二月,帝有疾,奉帝遣祷于太庙。(0001 卷 21)

沙的⑦　元成宗大德间任清河县(今属河北)达鲁花赤。(0657 卷 2)

沙的⑧　元大德十一年(1307)七月,武宗即位后,由教坊司达鲁花赤为玉宸乐院使,遥授平章政事。(0001 卷 22)

沙的⑨　元武宗至大元年(1308)十二月,代阿怜帖木儿为扬州宣慰使。(0001卷98)

沙的⑩　元武宗至大二年(1309),为陕西行台御史大夫、大司徒。是年九月,授左丞相、行土蕃等处宣慰使都元帅。(0001卷23)

沙的⑪　字行之。元西域人。仁宗延祐二年(1315)任建康路(治今南京)同知。(0212卷7,0632卷6)

沙的⑫　元延祐七年(1320)任浙东宣慰副使。(0634卷1)

沙的⑬　元泰定二年(1325)由群牧监卿迁任秘书太监。(0027卷9)

沙的⑭　元文宗至顺间任裕州(治今河南方城)达鲁花赤。(0767卷7,0768卷4)

沙的⑮　元顺帝元统元年(1333)任江南行台治书侍御史。(0632卷6)

沙的⑯　元顺帝至元三年(1337)为江西行省左丞。是年正月,广州增城县民朱光卿等起兵反元,奉旨与指挥狗札里率军讨伐之。四月,惠州归善县民聂秀卿等反元起事,奉旨捕之。七月,擒获朱光卿。(0001卷39)

沙的⑰(？～1341)　元顺帝至元四年(1338)任鄞县(治今浙江宁波)主簿。(0634卷2)

沙的⑱　元湖广行省左丞相沙班之子。顺帝至正七年(1347)为中书省掾。(0001卷186)

沙的⑲　元回回人。赛典赤赡思丁长子纳速剌丁之子。历任云南行省左丞。(0001卷125)

沙的⑳　元色目人。事亲笃孝。诏表其门闾。(0001卷197)

沙的㉑　元回回人。顺帝元统元年(1333)进士穆古必立曾祖。(0011卷84)

沙班①　元燕人。成宗大德间任威州(治今河北威县)达鲁花赤。(0669卷5)

沙班②　元西域阿里温氏。英宗至治二年(1322)任江南行台监察御史。(0632卷6)

沙班③(？～1347)　元泰定元年(1324)为监察御史。是年五月,与诸御史以灾异奏言乞定平章乃蛮台、宣徽院使帖木儿不花等罪,以销天变;帝不允。(0001卷29)

沙班④　元顺帝至正初,任江南行台侍御史。(0632卷6)

沙班⑤(？～1347)　元顺帝至正七年(1347)为湖广行省右丞。是年五月,徭族反元队伍首领吴天保攻陷武冈路,奉旨统军讨伐之。九月,被吴天保杀死于军中。(0001卷41、143、186)

沙班⑥　字子中。元西域人,居杭州。泰定四年(1327)登进士第。历任建康路(治今南京)、建宁路(治今福建建瓯)经历。有诗作传世。(0504丁,0517卷3,1104卷2)

沙班⑦　字良辅。历任元湖南宣慰使。官至湖广行省右丞。(0011卷94)

沙哥　元诸王。文宗至顺二年(1331)二月,以妄言不道罪被流放于雷州。三年七月,丞相燕铁木儿奏请让其返归本部,帝从之。(0001卷35、36)

沙蓝①　元成宗大德五年(1301)为辽阳行省平章。(0001卷20)

沙蓝②　元蒙古斡亦剌氏。驸马。尚延安公主。(0001卷109)

沙不丁①　元回回人。世祖至元十年(1273)任秘书监令史。(0027卷11)

沙不丁②　元回回人。世祖至元二十五年(1288)为行泉府司长官,四月,从其奏请,置镇抚司、海船千户所、市舶提举司。二十六年正月,上交市舶司岁输珠四百斤、金三千四百两。是年,任江淮平章。二十七年六月,奏言参政王巨济钩考钱谷有能。七月,奏言仓库官盗欺钱粮,请依宋法黥而断其腕,帝不从。二十八年十一月,监察御史奏言沙不丁与纳速剌丁灭里等皆桑哥党与,受赃肆虐,使江淮之民愁怨载路,何以释之。帝曰:桑哥已诛,其党纳速剌丁灭里在狱,唯沙不丁朕姑释之耳。成宗元贞二年(1296),受命议海舶归运之法。武宗至大三年(1310)为江浙左丞,荐其弟合八失及马合谋但的、澉浦杨家等皆有舟,且深知漕事,乞以为海道运粮都漕万户府官,各以其力输运官粮。(0001卷15、16、23、94等)

沙不丁③　元回回人。世祖至元间任金坛(今属江苏)县达鲁花赤。(0631卷16)

沙不丁④　元世祖至元后叶为江西营田使。至元二十五年(1288),大司农燕公楠奏劾其贪横,罢其官。(0001卷173)

沙不丁⑤　元仁宗延祐元年(1314)任茌平县(今属山东)达鲁花赤。(0730卷6)

沙不丁⑥　元长安(治今陕西西安)人。文宗至顺三年(1332)任江南行御史管勾。(0632卷6)

沙不丁⑦　元西域阿鲁温氏。顺帝至元二年(1336)任江南行台监察御史。(0632卷6)

沙不丁⑧　元顺帝至正九年(1349)为兵马指挥。是年,冀宁平遥县曹七七反元起事,奉旨与刑部郎中八十率军讨平之。(0001卷42)

沙不丁⑨　元西域人。以荫补官,任内黄县(今属河南)达鲁花赤,后迁任益阳

(今属湖南)知州。(0643 卷 5,0770 卷 5)

沙可学　元永嘉县(治今浙江温州)人。顺帝至正年间进士。历任江浙行省掾。有诗作传世。(0158 卷 5,0633 卷 27)

沙刘二　又作沙刘。元末大宋红巾军将领。顺帝至正十七年(1357)六月,奉命与关先生、破头潘、王士诚等北伐,进攻晋、冀。十八年三月,与王士诚攻破冀宁(今山西太原),元冀宁分省平章政事臧卜逃走。六月,遇元将孛罗帖木儿自武安由彭城邀击,战败。(0001 卷 45、92、207)

沙秃而　又译沙都而。元诸王。成宗大德元年(1297)七月,与其所部受帝赐巨额钞。十年正月,其所部贫乏,元廷给粮两月。(0001 卷 19、21)

沙罗巴(1259～1314)　号雪岩。元西番人(今藏族)。藏传佛教僧人。俗姓积宁。读儒书,喜与儒士交往,住大都(今北京)庆寿寺。通多种文字,世祖命译显密诸经,辞旨明辨。成宗元贞元年(1295)选为江浙释教总统。武宗至大中,诏拜光禄大夫、大司徒,太子、诸王尝问法要。译有《彰所知论》二卷。(0035 卷 36,0037 卷 2,0075 神异典卷 186,等)

沙剌八　元唐兀人,余阙兄。(0011 卷 59)

沙剌班①　字惟中,又字敬臣,号山斋。元畏兀儿人。阿邻帖木儿长子。元顺帝之师。文宗天历二年(1329)为太府太监。顺帝即位(1333)后,礼遇优渥,常入侍禁中。至元六年(1340)伯颜罢相后,由其请立奇氏为第二皇后。累官翰林学士承旨。仕至中书平章政事、宣政院使。卒,追封北庭王,谥文定。(0001 卷 33、113、114、124、138 等,0002 卷 136,0102)

沙剌班②　元顺帝至正十五年(1355)为四川行省左丞。是年七月,奉命与知枢密院事答儿麻监藏等屯兵中兴(治今湖北江陵),招谕诸处反元队伍,有不降者,与亲王秃鲁及玉枢虎儿吐华讨伐之。(0001 卷 44)

沙碧虚　元人。有诗作传世。(0504 辛上)

沙加释里　元蒙古篾儿乞氏。顺帝大丞相伯颜之子。(0011 卷 29)

沙剌臧卜　元唐兀人。余阙之父。先世居于河西武威。任官于庐州(治今安徽合肥),遂家于庐州。(0001 卷 143)

沙哈不丁　元文宗至顺二年(1331)任鄞县(治今浙江宁波)达鲁花赤。(0634 卷 2)

沙蓝答里(?～1367)　又译沙蓝答儿。元顺帝至正二十五年(1365)拜中书平章政事,十月,升为头平章。二十六年正月,升中书左丞相。二十七年八月,皇太子用其及帖林沙、李国凤等计,立抚军院,总制天下兵马,专备扩廓帖木儿。九月,以中书左丞相、知枢密院事分省大同。十月,奉旨统领扩廓帖木儿原领之山西诸军。十一月,卒。(0001 卷 47、92、113、141)

沙嘉室理　元唐兀人。亦怜真班第六子。历任岭北行省参政。(0001 卷 145)

沙蓝朵儿只①　元蒙古亦乞列思氏。昌王八剌失里之子。尚昌国大长公主月鲁。文宗至顺二年(1331)八月,封懿德王。后进封昌王。(0001 卷 35、108、109)

沙蓝朵儿只②　元宗室。太宗第四子哈剌察儿子脱脱大王次子。(0001 卷 107)

沂川　元顺帝至元二年(1336)任沭阳(今属江苏)知县。招徕流民,教于树艺。兴学崇师,民俗以变。(0622 卷 13,0075 氏族典卷 103)

没赤　元诸王。元初尝率军攻四川。(0001 卷 132)

没儿合石　元宪宗时忽必烈所遣使者。宪宗六年(1256)春,奉遣诣宪宗行在所,奏请续签内郡汉军,帝从之。(0001 卷 3)

沈中　元东阳(今属浙江)人。有诗作传世。(0504 辛下)

沈升　元台州路(治今浙江临海)人。元初为归安县儒学教谕。(0559 卷 18)

沈氏　元湖州(今属浙江)邵某妻。顺帝至正二十四年(1364),邵为军士所杀。沈被掳,乘间投水。适张掾舟过,救起之,其下属讽其侍奉张,不从,夜以竹箸刺喉自杀。(0043 卷 2,0002 卷 244)

沈平　字均父,号自量。元太末县(治今浙江衢州东北)人。应试不利,弃科举业以医术自隐。顺帝至正中反元队伍起,组织地主武装镇压之。邻邑有贪官,告于廉访司徙之。(0158 卷 8)

沈右　字仲说,号讷斋。元长洲县(治今江苏苏州)人。隐居读书。工诗文,有《清辉楼集》。工书法。(0503 二集辛,0006 卷 93,0101 卷 5)

沈存　字肯堂。元云间(今上海松江)人。有诗作传世。(0504 已下)

沈贞①　字士怡。元昆山(治今江苏太仓)人。业医济世。(0042 卷 13)

沈贞②　字元吉,号茶山。元明之际长兴(今属浙江)人。元末隐居横玉山中,安贫乐道。入明不仕。有《茶山老人遗集》二卷。(0075 氏族典卷 449,0033 卷 22)

沈仲(1327～1364)　字长卿,号梅豀。元余姚(今属浙江)人。仕至青村场典史。(0561 卷 3、5)

沈芭　字茂夫。元广西人。元末任安仁县尉。(1041 卷 66)

沈良　号华溪。元云间(今上海松江)

人。有诗作传世。（0504 己下，0033 卷 21）

沈纯　元人。有诗作传世。（0504 辛下）

沈易　字易之，号蔬食野人。元松江（今属上海）人。元末为淮安分省幕史。省臣叛，走洛阳谒河南王，超擢理问所知事。未几弃官去，授徒淇上，间就权衡学。河南失守，衡流寓青、齐间，易随从之。后依海舶归，为童子师。编有《五伦诗集》五卷。（0296 卷 5，0072 卷 16）

沈和　字和甫。元钱塘县（治今浙江杭州）人。能辞翰，善谈谑。天性风流，兼明音律。以南北词调和腔，自其始。晚年居江州至死。撰杂剧《祈甘雨货郎朱蛇》、《徐驸马乐昌分镜记》、《郑玉娥燕山逢故人》、《闹法场郭兴何杨》、《欢喜冤家》。江西称为蛮子关汉卿。（0029 卷下）

沈侃　字和卿。元大名（今属河北）人。资端方，精律学，严而嫉恶。由宪台司法调任陵州同知，未几致仕。（0144 卷 59、80、88）

沈性　字自诚。元吴兴（治今湖州）人。工八分、小篆。有诗作传世。（0523，0033 卷 24）

沈拱　字拱之。元杭州人。天资颖悟，文质彬彬。惟不能俯仰，故不愿仕。所撰散曲甚多。后年老无后，病无所归，馆于杭州陈以仁（存甫）家，不旬日而亡。（0029 卷下）

沈贵　字仲华。元长洲（治今江苏苏州）人。父沈祐，初居长洲东蔡村时，人以汙莱之地归之，亲率子弟服劳，粪治有方，潴泄有法，由是致富。兄沈富，字仲荣，号万三秀，元末富甲天下。贵以诗讽之，不听，遂隐于终南山。吴僧温日观，泼墨画葡萄，甚奇特；贵传其法，亦佳。（0003 卷 22）

沈钦　字士敬，号沧浪先生。元人。有诗作传世。（0504 辛下）

沈复　字复之，元顺帝时嘉定（今属上海）人。旧为僧，名慧。善画，有《畹亩同芳图》，王逢为题句。（1143 卷 432）

沈烈　字秋田。元槜李（今嘉浙江兴南）人。明《尚书》，善琴。成宗大德年间由郡儒学录累迁为常州推官。仕至丹徒知县。（0296 卷 3、5）

沈铉①　字文举。元云间（今上海松江）人。有诗作传世。（0158 卷 16，0504 辛上）

沈铉②　字鼎臣。元明之际钱塘县（治今浙江杭州）人。元末寓居嘉兴，教授生徒。张士诚据平江（今江苏苏州），屡征召不就。明初召修礼书，授太常博士，未几以母老辞归。后复征召至京，病死。有诗作传世。（0504 辛上，0073 卷 89）

沈理　字原礼。元人。有诗作传世。（0504 辛下）

沈湛　元英宗至治二年（1322）任奉化（今属浙江）州判官。（0634 卷 2）

沈瑞　元华亭县（治今上海松江）人。得画法于黄公望，善画山水，有《君山吹笛图》，杨维祯为题跋。（0158 卷 28）

沈瑜　字怀瑾。元人。有诗作传世。（0504 辛下）

沈蒙　字伯亨。元西秦人。早年从陆文圭学。屡次应试不中。后浪游江淮间二十年。顺帝至正中为乱兵所杀。（0296 卷 3）

沈雍　元华亭县（治今上海松江）人。顺帝至正二十七年（1367）四月兵乱，与弟穆守家庙不去。悍卒入，欲杀之，穆跪诉曰：吾兄儒者，为乡社师，请代兄死，杀我可也。雍亦诉曰：吾弟力田养亲，宁可杀我。卒感动而两舍捨之。（0296 卷 5，0504 辛下）

沈璜　字伯玉。元人。工书法。元刊《赵文敏集》乃其所书，字极精工，世误以为文敏亲笔。（1143 卷 442）

沈穀　字仲实。元海盐（今属浙江）人。顺帝至元年间任余干州（治今江西余干）同知。（0115 卷首）

沈震　字伯修。元华亭县（治今上海松江）人。有诗作传世。（0504 庚下）

沈禧　字廷锡。元归安县（治今浙江湖州）人。散曲作家，存世散曲有套数八曲。工词，有《竹窗词》一卷。（0505）

沈懋　元山阴县（治今浙江绍兴）人。有诗作传世。（0504 庚下）

沈麟　字秋涧。元杭州人。画山水学郭熙，兼能写貌。（0030 卷 5）

沈士元　元东平（今属山东）人。善画山水，为信世昌之师。（0030）

沈万三　名富，字仲荣，行三，人呼万三秀，元明间湖州南浔镇人，父沈祐迁苏州长洲县。早年与父、兄、弟皆务农。后投吴中巨贾陆氏门下，尽得其财，富甲江南。明洪武间，奉诏出资建京城廊庑千余楹，筑洪武门至水西门段城墙。以请犒军触怒明太祖，流放云南，家产充公。（0125）

沈天佑　字吉甫。元杭州人。历任镇江路濂溪、茅山二书院山长。成宗大德中任嘉兴路儒学教授。仁宗延祐中任广德（今属安徽）路知事。（0631 卷 17，0874 卷 10，0983 卷 7）

沈元鼎　元信安（治今浙江常山）人。文宗至顺年间任永嘉县（治今浙江温州）儒学教谕。（0154 卷 14）

沈公亮　字虚中。元顺帝至正十年（1350）任泉州路推官。（0594 卷 12）

沈日新　元吴兴（治今浙江湖州）人。善制毛笔。（1072 卷 20）

沈月田　元人，工画林木树石。(0030)

沈月溪　元华亭县(治今上海松江)人。以稜作为业。善画山水、人物，学马远，往往乱真。(0030)

沈文献　字贤卿。元东平(今属山东)人。文宗至顺元年(1330)任镇江路濮州翼上千户所提领案牍。(0631 卷 17)

沈世隆　元世祖至元年间任衢州(今属浙江)路总管。(0878 卷 2)

沈光明　元明之际云间(今上海松江)人。世代业医，以治眼病闻名。光明继承家学，内外障七十二种症状均能治疗，享有盛誉。(0418《文集》卷 8)

沈廷珪　字德璋。元海盐(今属浙江)人。顺帝至正十三年(1353)中乡试，二十三年登进士第。有诗作传世。(0537 卷 5，0504 庚下，0033 卷 21)

沈仲华　元人，吴(今苏州)僧温日观(至元、至大间人)弟子。善画葡萄。(1143 卷 420)

沈多福　字介石。元道士。成宗大德三年(1299)为洞霄宫住持，号清修养素冲妙法师。(0038 卷 5)

沈好问　字裕生，别号启明，元钱塘(治今浙江杭州)人。世代为小儿医，先世以针灸术隶籍北宋太医院，南渡后定居杭州，被誉为“沈铁针”。好问继承家学，精通小儿医术，尤擅长治痘症。曾应邀赴闽、川、河东等地医治，治无不验。历任太医院判。著有《素问集解》、《痘疹启微》、《本草类证》等书。其子允振，字慎伯，传承家业，亦为良医。(0075 艺术典卷 529)

沈寿康(？～1368)　字原懋。元海盐(今属浙江)人。为州吏以养亲，亲死，庐墓终身。江南行御史台监察御史尝荐授以官，辞不就。有诗作传世。(0874 卷 15，0537 卷 4，0075 氏族典卷 449)

沈应元　字雷伯。元扬州人。泰定年间居双凤普福宫，精道法。(0947 卷 9)

沈茂寔(1270～1324)　字伯雋。元钱塘县(治今浙江杭州)人。以荐补绍兴路儒学录。历任杭州路儒学录、石门书院山长，太平路儒学正。(0182 卷 23)

沈明仁　元佛教支派白云宗总摄。仁宗延祐二年(1315)十月，授荣禄大夫、司空。四年六月，禁其所佩司空印移文有司。六年，被劾强夺民田二万顷，诳诱愚俗十万人，私贿近侍，妄受名爵。元廷追夺其名爵，汰其徒众，还所夺民田，并对其严鞫治罪。(0001 卷 25、26、27)

沈明琦　元佛教支派白云宗僧人。英宗至治初年以白云宗田给寿安山寺为永业，文宗至顺元年(1330)，明琦对此提出异议，有旨令中书省改正之。(0001 卷 34)

沈居敬　元成宗元贞二年(1296)任全椒县(今属安徽)知县。(1001 卷 12)

沈孟坚　元画家。画花鸟学钱选，往往逼真。(0030 卷 5，0004 卷 36)

沈思齐　元文宗至顺中为余姚(今属浙江)州吏目。(0880 卷 28)

沈洪辰　字国祥。元吴县(治今江苏苏州)人。世祖至元十四年(1277)任安吉县知县，有能声。累升为浙西宪使。(0622 卷 40，0876 卷 7，0871 卷 33)

沈兼善　字达卿。元崇德(治今浙江桐乡西南)人。顺帝至正八年(1348)任昌化县主簿。后迁任浙江省掾。(0296 卷 2，0896 卷 167)

沈梦麟　字元昭。元明之际归安县(治今湖州)人。顺帝至正十三年(1353)中乡试，授婺州路儒学正。后迁任武康县知县。明洪武年间五主文衡于闽浙。死年九十三。工诗，有《花溪集》三卷。(0043 卷 3，0622 卷 40)

沈雪坡　元嘉兴(今属浙江)魏塘人。好写梅竹，师法楼观。(0030)

沈野仙(？～1353)　字宗仁。元绍兴(今属浙江)路人。顺帝至正中任雩都(治今江西于都)知县，十三年(1353)四月与反元队伍战，死之。(0190 前集卷 7)

沈野先　字进之。元归安县(治今浙江湖州)人。尝捐田建义塾、义庄教养族人。历任江浙财赋都总管府照磨。(0152 卷 10，0896 卷 188)

沈崇胜　元佛教支派白云宗僧人。白云宗主沈明仁之徒。仁宗延祐六年(1319)，明仁被捕治罪，遣其潜赴京师行贿求援。七年正月，江浙行省丞相黑驴奏请将其逮赴江浙治罪，帝从之。(0001 卷 26)

沈惟良　元顺帝至正间任抚州路(治今江西临川)推官。(1014 卷 8)

沈敬明　字伯熙。元吴郡(治今江苏苏州)人。顺帝至正元年(1341)乡试不利，隐居而终。有诗作传世。(0042 卷 9，0504 庚上、辛上)

沈惠心　字亨道。元钱塘县(治今浙江杭州)人。有诗作传世。(0504 庚下)

沈德华　元松江(今属上海)人。泰定四年(1327)至文宗至顺元年(1330)任镇江路知事。(0631 卷 15)

沈德新　元成宗时杭州人。大德三年(1299)为绍兴路儒学录。工书法，尝书《艮山土神庙碑》。(0074 卷 37，1143 卷 440)

沈忙古歹　元泰定四年(1327)任庆元路(治今浙江宁波)市舶司提举。文宗至顺二年(1331)任衢州(今属浙江)路同知。(0634 卷 2，0878 卷 2)

沉白　又译闯拜、沈白，蒙古逊都思氏，赤老温之弟。1204年秋,兀洼思篾儿乞部首领带儿兀孙降后复叛,率所部至薛凉格河哈剌温隘。沉白与博尔忽奉旨与右军讨平之。(0007,0008卷1)

完者① 元太祖妃,住第四斡耳朵。(0001卷106)

完者②(?~1310) 元蒙古人。宁王阔阔出妻。武宗至大三年(1310)二月,阔阔出以谋为不轨罪下狱,完者被赐死。(0001卷23)

完者③ 元至大四年(1311)任江南行台监察御史。(0632卷6)

完者④ 元英宗至治二年(1322)任吴江(今属江苏)州达鲁花赤。(0928卷4,0954卷17)

完者⑤ 元文宗乳母。文宗天历元年(1328)九月,文宗即位后十余天,追封为云国夫人,其夫斡罗思赠太保,追封云国公,谥忠懿,子锁乃赠司徒,追封云国公,谥贞闵。(0001卷32)

完者⑥ 元文宗至顺二年(1331)任秘书监丞。(0027卷9)

完者⑦ 元顺帝元统二年(1334),为山东济南路副达鲁花赤。(0001卷97)

完者⑧ 元蒙古人。顺帝至正中为国子助教,被丞相脱脱遣至湖广军中加害专供军食之湖广平章朵尔直班(木华黎后裔)。完者至,反加敬礼,语人曰:"平章勋旧之家,国之祥瑞,吾苟伤之,则人将不食吾余矣。"(0001卷139)

完者⑨ 元顺帝至正三十年(1370),为太尉。是年四月,帝病死于应昌;完者与院使观音奴奉梓宫北葬。(0001卷47)

完者⑩ 元官员,平章政事薛彻干之子。历任枢密院佥事。(0011卷94)

完连 元蒙古忙兀氏,顺帝元统元年(1333)进士完连也先曾祖。(0028)

完泽① 元公主。世祖初年,嫁蒙古弘吉剌氏贵族斡罗陈万户。封鲁国长公主。(0001卷118、109)

完泽② 元蒙古人。世祖至元间任八番顺元路宣慰使都元帅。(0853卷5)

完泽③(1246~1303) 元蒙古土别燕克烈氏。世祖在位初年中书右丞相线真之子。早年侍奉太子真金,任詹事长,入参谋议,出掌东宫环卫队。真金死后,侍奉皇孙铁穆耳(成宗),两次随行北上抚军。至元二十八年(1291),桑哥罢相后,出任中书右丞相,革桑哥弊政,蠲免历年拖欠赋税。成宗即位,仍任中书右丞相,罢征安南,佐成宗守成。卒,追封兴元王,谥忠宪。(0001卷130)

完泽④ 又译完者。元宗王。宪宗第三子玉龙答失之子。成宗元贞二年(1296),赐印。大德九年(1305),封卫安王,赐金印。武宗至大三年(1310),进封卫王。(0001卷107、108、20)

完泽⑤ 元蒙古按赤歹氏。成宗时行省平章阔里吉思之子。历任湖广右丞,率军征广西反元武装,卒于军。(0001卷134)

完泽⑥ 又译完者。元畏兀儿人。叶仙鼐之子。至大四年(1311)正月,武宗死,仁宗掌朝政,由太子詹事擢为中书平章。三月,仁宗即位。七月,与平章李孟奏请擢用四方儒士成才者任国学、翰林、秘书、太常或儒学提举等职,帝从之。九月,改任宣徽院使。皇庆二年(1313)九月,迁任知枢密院事。延祐四年(1318),正月,出为云南行省平章。英宗至治三年(1323)八月,参与铁失弑英宗事件。十月,泰定帝即位后,被处死于行在所。(0001卷24、26、28、29、112等)

完泽⑦ 元仁宗延祐元年(1314)任江南行台侍御史。(0632卷6)

完泽⑧ 字谦之。元东平(今属山东)人。英宗至治元年(1321)任益都路(治今山东青州)总管。(0603卷4)

完泽⑨ 元文宗至顺元年(1330)为八番元帅。是年二月,秃坚、伯忽等攻陷仁德府,至马龙州;完泽奉调率八番答剌罕军千人、顺元土军五百人御之。(0001卷34)

完泽⑩ 元顺帝至正二年(1342)任庆元路(治今浙江宁波)治中。(0634卷1)

完泽⑪ 字兰石。元唐兀人。善读书,聪敏过人,尤工诗律。历任平江路(治今江苏苏州)万户。镇压汀州反元武装有功。有诗作传世。(0523,0033卷24,0504庚上)

完泽⑫ 元高昌(治今新疆吐鲁番东)人,居巩昌(治今甘肃陇西)。封安懿王。(0555卷5)

完间 元蒙古燕只吉台氏,纳璘居准之孙。袭彰德路(治今河南安阳)达鲁花赤,世祖至元二十九年(1292)让职于其叔也里不花,未几升为山东廉访使。(0144卷5,0210卷15,0011卷94)

完哲① 字清卿。元江阴(今属江苏)人。丑厮弟。顺帝至正间擢万户,累迁为福建行省参政。后寓居吴中。(0296卷5、6,0042卷10)

完哲② 元乃蛮人,别的因之子。历任淮东宣慰司奏差。(0011卷67)

完不花① 元顺帝至正二十三年(1363),任中书第二平章。(0001卷113)

完不花② 元顺帝至正二十三年(1363),任中书第六平章。(0001卷113)

完者歹 又译完者台。元武宗皇后。(0001卷106、95)

完者台① 元太祖妃,住第四斡耳朵。(0001卷106)

完者台②　元公主。嫁永宁王卯泽。至顺三年(1332)秋,参加宁宗继位之大朝会,受赐金银币钞。(0001 卷 109、37)

完者秃①　元泰定二年(1325)任鄞县(治今浙江宁波)达鲁花赤。(0634 卷2)

完者秃②(? ~1353)　元亲王。顺帝至正十三年(1353)六月,阵亡于泰州。(0001 卷 43)

完者图①　又译桓泽都。元回回人。伯帖木儿之子。顺帝至元六年(1340)由翰林直学士迁任秘书郎。(0027 卷 9,0011 卷 86)

完者图②　又译完者笃。隐居不仕。元顺帝至正七年(1347)七月,以左丞相太平荐举,被召为翰林待制。(0001 卷 41、140、190)

完者笃(? ~1361)　元顺帝至正二十一年(1361)春,奉诏为广东廉访使。时八撒剌不花任廉访使久居广东,专恣自用,诏乃以完者笃等为广东廉访司官,而改授八撒剌不花为江南行台侍御史。八撒剌不花不受命,怒完者笃等代己,是年二月,诬之以罪,尽杀之。(0001 卷 46)

完哲笃　字仲玉。元顺帝至正间任萧县(今属安徽)达鲁花赤。(0933 卷 21)

完者都①(1240 ~1298)　又作完者都拔都。元钦察人。宪宗六年(1256),从军。九年,从忽必烈攻鄂州(今湖北武汉武昌)。世祖中统三年(1262),从宗王合必赤征李璮。至元四年(1267),从万户木花里略地荆南。后从阿术围攻襄樊。十一年,授彰德南京新军千户,从伯颜南征。十二年,参加丁家洲、泰州、焦山诸役,从破常州。十三年,入临安,下扬州,皆有功。授管军总管、高邮达鲁花赤。十七年,任福建等处征蛮都元帅。招降黄华起义军。十九年,追擒陈吊眼,斩首于漳州示众。二十三年,任江浙行省左丞。打击浙西贩私盐,收盐徒五千,隶军籍。成宗即位,升江浙行省平章。卒,追封林国公,谥武宣。(0001 卷 131、133)

完者都②　元仁宗延祐三年(1316)任兴化路(治今福建莆田)判官。(0905 卷2)

完者都③　元顺帝至元二年(1336)任定海县(治今浙江宁波镇海)主簿。(0634 卷2)

完者都④　又译完者秃。元顺帝至元二年(1336)任集庆路(治今江苏南京)总管。(0632 卷 6,0233 卷 3)

完者都⑤(? ~1345)　元蒙古人。任庆元路(治今浙江宁波)万户府达鲁花赤。(0634 卷 2,0877 卷 25)

完者都⑥　元蒙古朵鲁班氏,居燕山(今北京)。延祐七年(1320)授蕲县翼上万户府达鲁花赤,镇海口。顺帝至元五年(1339)平浙闽海寇及漳州李志甫起事。至正四年(1344)拜浙东宣慰使。是年卒,年四十六。(0222 卷 6)

完者都⑦　元顺帝至正中,任四川行省右丞,明玉珍入蜀,战败,被擒杀。(0002 卷 233)

完者都⑧　元乞失里台氏。居曹州济阳县。顺帝元统元年(1333)进士朵列图父。忠显校尉。(0011 卷 34)

完泽都　元回回人。仁宗皇庆二年(1313)至泰定三年(1326),任镇江路怀庆翼上千户所达鲁花赤。(0631 卷 17)

完遮都　元乃蛮人,济南冠州新军万户府千户所达鲁花赤。末赤之孙。(0011 卷 69)

完颜氏　元女真人。蒙古克烈氏忽兰之妻,天德于思之母。(0001 卷 124)

完颜权(1275 ~1321)　字时中。元当涂县(今属安徽)女真人。成宗时以勋臣后裔入侍禁中。仁宗在东宫,选授司经。后出任江浙省照磨。历任赣州路、信州路判官。(0413 卷 19)

完颜沂　元高唐(今属山东)女真人。历任淮东廉访司佥事。(0075 氏族典卷575)

完颜迪　元女真人。世祖至元十二年(1275),中书平章阿合马奏立诸路转运司,以迪为各路转运使之一。(0001 卷 205)

完颜真　元女真人。世祖至元二十八年(1291)任江南行台监察御史。(0632 卷6)

完颜淡　元女真人。以金吾上将军遥授奉天主簿兼蓝田县尉。(0075 氏族典卷575)

完颜锐　元女真人。武宗至大年间任崇安县(今属福建)达鲁花赤。(0075 氏族典卷 575)

完颜谦　元女真人。仁宗延祐年间任广东廉访司经历。(0590 卷 2)

完颜椿　元女真人。世祖至元十六年(1279)为大乐署令。是年十月,率领乐工拜见帝于香阁,文郎魏英舞迎神黄钟宫曲,武郎安仁舞亚献无射宫曲。(0001 卷 68、10)

完颜嗣　元女真人。成宗大德三年(1299)任衢州(今属浙江)路推官。(0878 卷 2)

完颜璧　元河阳县(治今河南孟县)女真人。成宗大德年间任龙兴路(治今江西南昌)总管。(0075 氏族典卷 575)

完者不花①　元人。初为仁宗近侍。仁宗延祐四年(1317)二月,特授翰林侍读学士、知制诰、同修国史。后任司农卿。七年二月,出为湖南宣慰使。(0001 卷 26、27、81)

完者不花②　元泰定二年(1325)任江南

行台侍御史。(0632 卷 6)

完者不花③ 元泰定三年(1326)为浙西廉访使。是年十月,宣抚使马合某、李让劾其受赂,簿对不服,诏遣刑部郎中唆住鞫其侵辱使者,笞之。(0001 卷 30)

完者不花④(? ~1339) 元顺帝至元五年(1339)为河南廉访使。是年十月,为河南杞县人范孟伪传帝旨所杀。(0001 卷 40、186)

完者不花⑤ 元顺帝至正十三年(1353),为四川行省右丞。是年八月,奉命与四川平章玉枢虎儿吐华守镇中兴路(治今湖北江陵)。(0001 卷 43)

完者不花⑥ 元顺帝至正十五年(1355)为淮西宣慰使。是年六月,朱元璋自和州渡江,取太平路;完者不花奉命与湖广平章阿鲁灰、淮南平章蛮子海牙出兵攻和州等处。(0001 卷 44)

完者不花⑦ 字仲美。元唐兀人。顺帝至正二十一年(1361),任秘书监奏差。(0027 卷 11)

完者不花⑧ 又译完不花、完卜花。元人。顺帝至正十六年(1356),为中书参政。十七年,升中书平章,兼大司农。十八年至二十年,二十三年,皆任中书平章。(0001 卷 45、113)

完者不花⑨ 元蒙古札剌亦儿氏。带孙后裔,塔塔儿台孙,秃不申第四子。袭父、兄职为东平达鲁花赤。(0001 卷 119)

完者不花⑩ 元蒙古塔塔儿氏。布智儿第四子不兰奚之子。历任辽阳省理问。(0001 卷 123)

完者不花⑪ 元唐兀人。来阿八赤之孙。历任潮州路同知。(0001 卷 129)

完者不花⑫ 元顺帝至正五年(1345)任江西行省平章。(0014 卷 16)

完者不花⑬ 元蒙古兀良合氏,也速斛儿孙。(0011 卷 26)

完者不花⑭ 元康里氏,回回孙。(0011 卷 64)

完者不花⑮ 元官员,从儒士武恪学。历任枢密院佥事。(0001 卷 199)

完者忽都① 元太祖后妃之一,住第三斡耳朵。(0001 卷 106)

完者忽都② 姓奇氏。高丽人。元顺帝皇后。生太子爱猷识理达腊。家微。初由宣政院使秃满迭儿进为宫女,主供茗饮,事顺帝,日见宠幸。时钦察氏答纳失里皇后方娇妒,见其受宠,数箠辱之。答纳失里死,帝欲立之为皇后,丞相伯颜争不可。伯颜罢相,近臣沙剌班希旨请立为第二皇后。至正十九年(1359),与太子爱猷识理达腊合谋,欲迫顺帝内禅,未遂。二十五年,被孛罗帖木儿矫旨幽禁于诸色总管府,百日后还宫。孛罗帖木儿死,传旨扩廓帖木儿率军拥太子入城,欲胁顺帝禅位,未成。弘吉剌氏伯颜忽都皇后死,十二月,被册立为皇后。二十八年,明军逼近大都(今北京),随顺帝北奔。(0001 卷 114)

完迮也先 字进道。元蒙古忙兀台氏,居沔阳景陵(治今湖北天门)。顺帝元统元年(1333)进士,授邓州同知。(0028 卷上,0011 卷 11)

完迮不花 又译完迮溥化。字元道。元蒙古忙兀台氏,居景陵。完迮也先兄。泰定元年(1324)登进士第,授秘书监著作佐郎。历乌程县达鲁花赤、江浙行省理问所官。顺帝至正五年(1345)任平乐府达鲁花赤。(0027 卷 10,0011 卷 11)

完泽不花 元蒙古逊都思氏。顺帝至正五年(1345)进士笃列图弟。(0011 卷 22)

完泽溥化 汉名沙德润,元哈剌鲁人,居松江(今属上海)。镇守松江万户府达鲁花赤抄儿赤(即沙全)之孙。泰定元年(1324)进士,授归安县丞。顺帝至正三年(1343)任松江府达鲁花赤。能诗词,与朱晞颜、邵亨贞等唱和。其子弟登乡贡者甚多,如:侄拜普化(即沙彦博,至正元年),族弟伯颜普化(即沙景远,至正七年),子帖古蹡儿(即沙学海,至正七年),族子博颜帖木儿(即沙彦约,至正十三年)。(0931 卷 25、73,0559 卷 16)

完颜子周 元女真人,居吴兴(今浙江湖州)之霅溪。工篆书。(1143 卷 321)

完颜从忠 元女真人。世祖至元中历任新昌县(今属浙江)知县、余姚(今属浙江)州尹。(0880 卷 28,0075 氏族典卷 575)

完颜从政 金元间女真人。元太宗四年(1232),河南破,投附严实。历任东平路课税副使,未几升该路课税使。(0351 卷 28)

完颜从善 元女真人。武宗至大年间任邹平(今属山东)知县,断狱明允。(0721 卷 25,0075 氏族典卷 575)

完颜从愈 金元之际女真人。元世祖至元六年(1269)正月,刘秉忠等奉旨,命赵秉温等访前代知礼仪者肄习朝仪;从愈以亡金故老被征召。(0001 卷 67)

完颜石柱(? ~1283) 元女真人。完颜拿住之子。宪宗时袭父职为征行千户,总管拔都鲁军(敢死军)。从忽必烈征大理。九年(1259),从都元帅纽璘攻马湖江,夺浮桥。又大败宋兵于隆化县。世祖中统二年(1261),升为征行万户。三年,从都元帅帖哥攻嘉定,有功。四年,败宋兵于九顶山。五年,攻泸州水寨,渡马湖江,击败宋兵。从行省官也速带儿攻降建都,复泸州,取重庆。十六年,授四川东道宣慰使。次年,改任四川西道宣慰使,总管随路拔都鲁万户。二十年,拜四川行省参政,病死。(0001 卷 165)

完颜世英 元女真人。历任德庆路同

知、达鲁花赤。(0075 氏族典卷 575)

完颜奴婢 元女真人。成宗元贞二年(1296)任江南行台监察御史。(0632 卷 6)

完颜邦义 元女真人。成宗元贞二年(1296),以妄议朝政,受杖刑,徙二年,被籍没家财之半。(0001 卷 19)

完颜邦荣 元女真人。世祖至元二十五年(1288)任江南行台监察御史。(0632 卷 6)

完颜光祖 字显卿。元开元路(治今吉林农安)女真人。登进士第。累官为给事中,顺帝元统年间以忤旨谪为永宁县主簿,遂家于永宁。(0075 氏族典卷 575)

完颜廷秀 元女真人。成宗大德年间任开化县(今属浙江)尉。0878 卷 3,0075 氏族典卷 575)

完颜多礼 元女真人。任鄜州路都总管。(0075 氏族典卷 575)

完颜安远 元女真人。泰定中任监察御史。后历任蓟州、安州知州,皆有政绩。(0075 氏族典卷 575)

完颜那怀 元女真人。世祖至元中为江西行省参政。至元二十年(1283)三月,坐越例骤升及妄举一百九十八人入官,罢任。(0001 卷 12)

完颜君翼 元女真人。世祖至元十九年(1282)任秘书监著作郎。(0027 卷 10)

完颜纳丹 元女真人。英宗至治三年(1323)为枢密副使。(0001 卷 28)

完颜伯颜 元女真人。成宗乳母何氏之夫。至元三十一年(1294)六月,成宗即位后,受封冀国公。(0001 卷 18)

完颜定儿 元女真人。仁宗皇庆二年(1313)任庆元路(治今浙江宁波)总管。文宗天历二年(1329)累迁为浙东宣慰使。(0633 卷 2,0634 卷 1)

完颜荣甫 元女真人。武宗至大元年(1308)任西安县(治今浙江衢州)知县。(0897 卷 2、7)

完颜复昭 金元之际女真人。元世祖至元六年(1269)正月,刘秉忠等奉旨,命赵秉温等访前代知礼仪者肄习朝仪;复昭以亡金故老被征召。八年二月,立侍仪司,任引进副使。(0001 卷 67)

完颜真童 元女真人。完颜石柱之弟。世祖至元二十二年(1283)石柱死后,袭职为四川西道随路拔都鲁万户。(0001 卷 165)

完颜拿住 金元之际女真人。完颜德住之子。归降元太祖,从征西域、河西。后从太宗攻下凤翔、同州,以功赐号拔都鲁(勇士),授同州管民达鲁花赤,兼征行万户,总管拔都鲁军(敢死军)。宪宗时年老退职,由其子石柱袭职。(0001 卷 165)

完颜溥化 元南阳(今属河南)女真人。泰定年间为归安县(治今浙江湖州)丞。(0075 氏族典卷 575)

完颜德住 金女真人。完颜拿住之父。金后叶为管军千户。(0001 卷 165)

完者也不干 元宗王。定宗长子忽察之子。文宗至顺二年(1331)四月,其所部蒙古民告饥,元廷命河东宣慰司发官粟赈之。(0001 卷 107、35)

完者帖木儿① 元顺帝元统二年(1334)任秘书郎。后累迁为秘书少监。(0027 卷 9、10)

完者帖木儿② 元蒙古许兀慎氏。月赤察儿孙,马剌之子。幼为怯薛官。顺帝至元元年(1335)六月,与右丞相伯颜捕杀左丞相唐其势及其同党有功。袭祖父封爵为淇阳王。八月,拜御史大夫,加太傅。十月,监察御史奏言:完者帖木儿乃贼臣也先铁木儿骨肉之亲(后者为其叔父,与铁失同弑英宗),不宜长中台。诏夺爵流广海。(0001 卷 38,0003 卷 28)

完者帖木儿③ 元顺帝至正元年(1341)任衢州路同知。(0878 卷 2)

完者帖木儿④ 元顺帝至正六年(1346)至八年,为湖南宣慰使都元帅。六年十月,思、靖州徭人进攻武冈,奉诏与湖广省臣讨之,俘斩数百级,徭人败走。八年正月,奉命与湖广右丞秃赤讨莫磐洞诸蛮,斩首数百级,进讨其余二十余洞,缚其洞首杨鹿五赴京师。(0001 卷 41)

完者帖木儿⑤ 元顺帝至正十五年(1355),为永昌宣慰使。是年八月,奉命讨西番反元武装。(0001 卷 44)

完者帖木儿⑥ 元顺帝至正十七年(1357)为中书参政,七月,兼太府卿。(0001 卷 45)

完者帖木儿⑦ 元顺帝至正十七年(1357)七月,由御史中丞改任中书右丞。二十年,升中书平章。(0001 卷 45、113)

完者帖木儿⑧ 元顺帝至正十七年(1357)为中书参政,十一月,改任宣政院同知。(0001 卷 113)

完者帖木儿⑨ 元顺帝至正十八年(1358)为陕西行台御史大夫。十九年正月,任陕西行省左丞相。(0001 卷 92、45)

完者帖木儿⑩ 元顺帝至正十八年(1358)为大同路达鲁花赤。是年十月,红巾军攻破大同路;弃城遁。(0001 卷 45)

完者帖木儿⑪ 元顺帝至正十八年(1358)任杭州路达鲁花赤。(0872 卷 14)

完者帖木儿⑫ 元顺帝至正二十五年(1365)为江南行台御史大夫。是年闰十月,奏请于福建置分台,有旨从之。

(0001 卷 92)

完者帖木儿⑬ 元顺帝至正二十七年(1367)五月,由知枢密院事拜中书右丞相。八月,知大抚军院事,仍知枢密院事。(0001 卷 47、113)

完者帖木儿⑭ 元顺帝至正二十七年(1367)为中书平章,八月,知大抚军院事。(0001 卷 47)

完者帖木儿⑮ 元顺帝至正二十七年(1367)为中书参政,八月,任大抚军院副使。(0001 卷 47)

完者帖木儿⑯ 元宗王。西北叛王海都之孙,汝宁王察八儿之子,袭封汝宁王。(0001 卷 107)

完者帖木儿⑰ 元宗王。河平王昔里吉之孙,晃火帖木儿之子。(0001 卷 107)

完者帖木儿⑱ 元宗王。阿里不哥之孙,乃剌忽不花之子。(0001 卷 107)

完者帖木儿⑲ 元顺帝至正二十二年(1362),以太尉出任陕西行省左丞相。(0014 卷 23)

完者帖木儿⑳ 元顺帝至正中为淮南行院同知,至正二十年(1360)迁福建行省平章(0014 卷 36、37)

完者帖木儿㉑ 元康里人,中书左丞相铁木儿塔识孙。任海口屯储侍卫亲军都指挥使。(0011 卷 63)

完泽帖木儿 元康里伯牙乌氏。世祖时管军万户也速觧儿第六子,历任广德路万户达鲁花赤。(0001 卷 133)

完颜朵立赤 元女真人。成宗大德六年(1302)任徽州(治今甘肃徽县)知州,治民宽惠。(0801 卷 22)

完颜薛彻坚 元女真人。仁宗延祐二年(1315)任丹阳(今属江苏)知县。(0631 卷 16)

完颜也先不花 元女真人。仁宗延祐二年(1315)任江南行台监察御史。(0632 卷 6)

宋义 元彰德路(治今河南安阳)人。成宗大德九年(1305)任镇江路卫辉翼下百户。(0631 卷 17)

宋无(1260~?) 字子虚,号翠寒道人,本名名世,字晞颜,尝冒朱姓。元吴郡(治今江苏苏州)人。元初代父职,领征东万户案牍。从征日本归,家居侍亲不复仕。晚年出为馆师。年八十一时犹在世。工诗,有《翠寒集》、《啽呓集》、《鲸背吟集》各一卷。善画墨梅。(0567 卷 2,0075 文学典卷 86,0002 卷 237)

宋元 元太祖十八年(1223)为燕京等处安抚使刘敏佐吏,由敏奏为安抚副使。(0001 卷 153)

宋氏① 元怀孟路(治今河南沁阳)民。世祖至元中诬伏杀人,积岁狱不能决。至元十七年(1280),提刑使者命辉州知州尚文谳以论报。文推迹究情,得狱吏、狱卒罗织状,遂平反此冤案,释宋氏出狱。(0001 卷 170)

宋氏②(1301~1329) 元永平(治今河北卢龙)王宗仁妻。进士宋褧之女。文宗天历元年(1329),永平受兵,从夫避于山中。夫妇为军所虏,行至玉田县,有窥其色美欲害宗仁者,顾谓夫曰:我不幸至此,必不以身累君。言讫,携一女投井死。(0001 卷 201)

宋氏③ 元婺州金华(今属浙江)人。吴埙妻。文宗至顺三年(1332)二月,诏旌表其志节。(0001 卷 36)

宋节 元大都(今北京)人。成宗大德中任歙县(今安徽)知县。仁宗延祐元年(1314)迁任奉化州知州,五年任江南行台监察御史。英宗至治三年(1323)升为江南行台都事。(0633 卷 3,0632 卷 6,0972 卷 4)

宋本(1281~1334) 字诚夫。元大都(今北京)人。英宗至治元年(1321)左榜进士第一,授翰林修撰。泰定间历任监察御史、国子监丞、中书左司都事等职。文宗时任吏部、礼部侍郎,奎章阁供奉学士,擢礼部尚书。顺帝元统二年(1334)任集贤直学士兼国子祭酒,是冬死,谥正献。工诗文,有《至治集》(佚)。(0001 卷 182,0254 卷 15)

宋贞 元真定(治今河北正定)人。居丧庐墓。诏表其门闾。(0001 卷 197)

宋光 元成宗大德六年(1302)为湖广平章刘国杰部将。是年十一月,率兵大败彝族反元起义首领蛇节;元廷赐衣二袭,授以金符。(0001 卷 20)

宋讷 元明间滑州(治今河南滑县)人。元顺帝至正二十三年(1363)进士,任盐山县尹。明洪武十三年(1380),征至京师(今南京),授国子助教。历任翰林学士、文渊阁大学士、国子祭酒。有《西隐集》十卷。(0436 附录,1157 太祖实录卷 200)

宋克 字仲温,号南宫生。元明间长洲(治今江苏苏州)人。博涉书史。少时任侠,好击剑走马。及壮,学兵法,周游无所遇。杜门挥毫,日费千纸,以善书名天下。明洪武初,仕为凤翔府同知,卒。(1151 卷 115)

宋杞 字授之。元明间钱塘(治今浙江杭州)人。元末举进士。明末,仕为全州知州。善画,通《易》,尤精于史学。(0077 卷 18)

宋沂 字子与。元清江(今属江西)人。泰定元年(1324)入国子学。文宗时为艺文监令史。后出任赣州路照磨。顺帝至正五年(1345),授两淮屯田府知事。后累迁为常山(今属浙江)知县。有诗作传世。(0503 三集庚,0517 卷 8,0254 卷 12)

宋初 元顺帝至正四年(1344)任瑞州路(治今江西高安)直学。(1016 卷 14)

宋玢 元世祖至元八年(1271)为高丽国尚书右丞。是年五月,从高丽国世子王愖入侍元廷。(0001 卷 208)

宋规 字汉臣,号鉴山。元长安(治今陕西西安)人。善八分书,工画墨梅。历任耀州知州、四川廉访副使。(0034 卷 1,0075 文学典卷 86)

宋贤 元般阳路(治今山东淄博西南淄川镇)人。成宗大德年间历任柏乡县、郏县知县。(0762 卷 11)

宋泽 元至元三十一年(1294)任慈溪(今属浙江)知县。(0633 卷 3)

宋详 字约父。元东平(今属山东)人。顺帝至正年间任永丰县尹。(1011 卷 11)

宋钦(1242～1287) 字敬之。元叶县(今属河南)人。宋文瓒之父。初,试吏南阳府,主供给攻围襄樊,军用无乏,以能擢河南营田总管府提控案牍。后受知于阿里海牙,辟为湖广省掾。世祖至元二十四年(1287),受要束木迫害,忧愤病死。(0154 卷 10)

宋宣 元英宗至治元年(1321)任吴江(今属江苏)州判官。(0954 卷 17)

宋祐① 元太仓(今属江苏)人。宋尹文之父。历任海道千户。成宗大德中权万户府事。(0939 卷 9)

宋祐② 元樊城(今属湖北)人。性至孝。母病,告天刲股以进,母病遂愈。(0075 氏族典卷 455)

宋珍(1193～1269) 字子玉。金元之际河东人。耶律楚材荐为太宗近侍,未几辞去。后迁家燕京,以琴书自娱。(0144 卷 49)

宋显 元济南人。文宗至顺元年(1330)任镇江路卫辉翼下百户。(0631 卷 17)

宋洙 元东平(今属山东)人。世祖至元十二年(1275)任醴泉(治今陕西礼泉东)知县。(0817 卷 3)

宋彧 元莘县(今属山东)人。以吏入仕。累迁为江淮省掾。世祖至元二十六年(1289),任金坛(今属江苏)知县。后改任祁门(今属安徽)知县。仕至信州路推官。(0142 卷 17,0631 卷 16)

宋祯 元大都(今北京)人。宋本之父。元中叶为官于江陵。(0001 卷 182)

宋著 字彦明。元固安(今属河北)人。顺帝至正三年(1343)任定兴县尹,后迁任涞水县尹。有政声。(0649 卷 30)

宋敏 字好古,元魏郡(治今河北临漳)人。文宗天历(1328～1330)中,任艺文监照磨。工画竹石,有以其墨竹进于明宗,明宗曰"此真士大夫笔。"人遂名其所画竹为"敕赐士大夫竹"。(0030 卷 5,1143 卷 327)

宋渊(1307～?) 字景渊。元金华(今属浙江)人。宋濂之兄。为义乌县(今属浙江)医学教谕。(0432 卷 15,0420 卷 7)

宋瑛 字伯玉。元怀州(治今河南沁阳)人。成宗大德十年(1306)至武宗至大三年(1310)任镇江路同知。(0631 卷 15)

宋彭 字显之。元景州蓨县(治今河北景县)人。成宗时为邹县(今属山东)知县。(0721 卷 26)

宋超(1257～?) 元太原乐平(今山西昔阳)人,名医宋和之子。超继承家学,并拜名医忽公泰为师,精通医术。世祖至元中,由忽公泰荐任太原医学正,至元二十四年(1287),迁任大都路医学教授。二十八年,朝廷下旨起用为太医。曾奉诏治愈世祖爱将哈剌出拔都、鲁国长公主、鲁王。成宗即位后,奉诏治愈太子阔阔出。元贞元年(1295),奉诏治愈寿宁公主亦里海牙及其幼子,奉裕圣太后命兼任隆福宫太医。不达室怜公主下嫁高丽,俺木哥太子持节护送,超奉诏为侍医护行。大德元年(1297),治愈俺木哥太子。次年,治愈鲁国长公主。四年,治愈裕圣太后,任掌医署丞。十一年。升为掌医署令。武宗至大元年(1308),升为掌医太监。二年,任昭文馆大学士。仁宗延祐元年(1314),任翰林仕读学士。(0225 卷 8,0692 卷 18)

宋道 元上党(治今山西长治)人。世祖时名儒。至元十九年(1282)冬,以詹事院丞张九思荐举,任东宫官属。(0001 卷 169)

宋渤 字齐彦,号柳庵。元潞州长子(今属山西)人。宋子贞长子。历任湖南宪司佥事。官至集贤学士。有诗作传世。(0143 卷 5,0504 乙,0144 卷 8)

宋谦 字孟益。元滑州白马县(治今河南滑县东)人。宋崇禄长子。顺帝元统二年(1334)任秘书监著作佐郎。后历任上都万亿库提举。(0027 卷 10)

宋瑞 元成宗大德六年(1302)任尉氏县(今属河南)典史。(0776 卷 2)

宋鉴 元文宗至顺年间任岳州路(治今湖南岳阳)总管。(1053 卷 10)

宋雍 元成宗大德年间任齐东县(治今山东邹平西北)达鲁花赤。(0740 卷 11)

宋溥 元人。有诗作传世。(0504 癸上)

宋愿 字文斋,元蒲圻人。仁宗皇庆中,授濂溪书院山长,改沣州学正。(0636 卷 337)

宋演 元将张柔之裨将。太祖二十年(1225),奉柔遣,与乔惟忠攻略彰德,徇齐鲁。宪宗九年(1259),奉柔遣,从宗王塔察儿攻荆山。(0001 卷 147)

宋衜(?～1286) 字弘道。元潞州长子(今属山西)人。金兵部员外郎宋元吉之孙。元宪宗时，河南经略使赵璧聘为僚属。世祖中统三年(1262)，擢翰林修撰，从赵璧平李璮之乱。至元六年(1269)，从赵璧出兵高丽。十三年，任太常少卿。十六年，太子真金多次召问，侍讲经书。十八年，任秘书监。二十年，任太子宾客。病死。著有《秬山集》。(0001 卷 178)

宋褧 字显夫。元大都(今北京)人。泰定元年(1324)进士，授校书郎。后任监察御史，于朝廷政事多所建明。历国子司业。累官翰林直学士兼经筵官。其文学与兄宋本齐名，时称二宋。著有《燕石集》。编有元诗总集《妙妙上品集》、《名家集》、《赏音集》、《情境超诣集》、《才情集》，皆佚。谥文清。(0001 卷 182,0262 卷 13)

宋熹 元世祖至元中任兴化(治今福建莆田东北)知县。(0905 卷 3)

宋禧 名一作僖，初名玄禧，字无逸，号庸庵，元明间余姚人(今属浙江)。元顺帝至正十年(1350)中乡试，补繁昌县教谕，未几弃归。明洪武初，召修《元史》，外国传悉出其手。书成，不受职归。有《庸庵集》。(0020 卷 285,0033 卷 24,0157 卷 25)

宋婺 元金华(今属浙江)妇女。宋濂之妹，义乌贾明善之妻。顺帝至正十八年(1358)避兵山中，为游卒所执，惧受辱，投绝涧死。(0411 卷 49,0002 卷 245)

宋濂(1310～1381) 字景濂，号潜溪，元明间金华人，迁浦江。从闻人梦吉、吴莱学，又请益于柳贯、黄溍。元顺帝至正九年(1349)，荐授翰林编修，以亲老辞，隐居龙门山，号玄真子。二十年，应朱元璋召，任江南儒学提举。授太子经书。迁起居注。明洪武二年(1369)，以翰林学士主修《元史》。迁国子司业、礼部主事，官至翰林学士承旨，致仕归。十三年，长孙宋慎坐胡惟庸党死，举家谪蜀。次年庇。正德中，追谥文宪。有《宋文宪公全集》、《洪武圣政记》。(0411 卷首,0020 卷 128，朱兴悌等《宋文宪公年谱》1916 年刻本)

宋翼(1267～1332) 字云举，号松友。元泽州高平(今属山西)人。初授大都路儒学正。迁任中山、怀庆教授。改任永宁县主簿。仁宗延祐二年(1315)任翰林编修。升应奉翰林文字。英宗至治二年(1322)任翰林修撰。未几，任监察御史。三年，劾中丞雪雪，免其官。泰定元年(1324)，出任淮西廉访司佥事。二年，召为国子司业。文宗天历二年(1329)，任太常同佥。三年，升太常佥事。(0002 卷 196,0551 卷 39)

宋士贤 元世祖至元后叶从钟明亮反元起事。至元二十六年(1289)五月，随钟明亮降。六月，江西行院月的迷失奏请以明亮为循州知州，士贤为梅州判官，帝不允，令明亮、士贤赴京师。闰十月，从钟明亮复反元。(0001 卷 15)

宋之才 元人。有诗作传世。(0504 癸上)

宋也先① 元成宗大德三年(1299)任嵊县(今属浙江)知县。(0880 卷 28)

宋也先② 元沂州(治今山东临沂)人。文宗至顺年间任祁门县(今属安徽)主簿。(0972 卷 4)

宋子贞(1189～1268) 字周臣。金元之际潞州长子(今属山西)人。少时敏悟好学，工词赋。弱冠，领荐书试礼部，补太学生。金末，附宋将彭义斌。后投附东平严实，任详议官，兼提举学校。金亡前后，赈救饥民万余，荐用流亡儒士。元太宗七年(1235)，任东平行台右司郎中，遣官分三道纠察官吏，罢部曲归州县。十二年，任参议东平路事兼提举太常礼乐，作新庙学，延请金进士康晔、王磐为教官，大兴教育。宪宗九年(1259)，忽必烈征宋，被召至濮问方略，进言投降不杀，胁从不治。世祖中统元年(1260)，拜右三部尚书，典章制度，多所裁定。三年，李璮叛，奉诏参议军前行中书省事。至元二年(1265)，行山东，迁调地方官，还，授翰林学士，参议中书省事。俄拜中书平章。三年，辞归。(0001 卷 159)

宋子贤 元世祖至元二十九年(1292)为葛蛮军民安抚使。是年正月，从其奏请，诏谕未附平伐、大甕眼、紫江、皮陵、潭溪、九堡等处诸洞猫蛮。(0001 卷 17)

宋王保 元泰定间播州(治今贵州遵义)少数民族首领。泰定三年(1326)归降朝廷，任土官。次年九月，来朝贡方物。(0001 卷 30)

宋天祥 元顺帝至正中任余姚(今属浙江)州同知。(0880 卷 28)

宋元佐 元泰定二年(1325)任余姚(今属浙江)知州。(0880 卷 28)

宋元凯 元人。善画山水，有《溪山晚钓图》，郑洪有诗题之。(1143 卷 322)

宋仁祖 元世祖至元十六年(1279)任秘书少监。(0027 卷 9)

宋文迪 元顺帝至元六年(1340)任浙东宣慰司都事。(0634 卷 1)

宋文瓒 字子章。元叶县(今属河南)人。宋钦之子。英宗至治中累迁为浙西宪司经历。历江浙行省都事，中书右司、左司都事。泰定初，任江浙郎中。历大宗正府郎中、礼部侍郎。文宗天历二年(1329)，任杭州路总管，丁忧归。顺帝至元六年(1340)授绍兴路总管。至正二年(1342)迁任山东盐运使。后历任刑部尚书、大都路总管、两淮盐运使。年七十致仕居绍兴。(0412 卷 6,0559 卷 17,0871 卷 33 等)

宋文懿 字德渊。元真定(治今河北正定)人。世祖至元中任乌程县(治今浙江湖州)丞。(0896 卷 33)

宋尹文 字文璧。元太仓(今属江苏)人。以荐为翰林检阅官。善琴。成宗大德年间，鲁国长公主闻其名，召至，奏《胡笳十八拍》。后归老于报本寺。(0042

卷13,0939卷7)

宋允恒(1304～1348) 字子成。元温州平阳(今属浙江)人。顺帝至正初年为德庆路蒙古字学正。后调任福缘寨巡检。(0419卷13)

宋世元 元符离(治今安徽宿县)人。武宗至大中为永城(今属河南)知县。(0762卷4)

宋处仁 字智民。元华亭(治今上海松江)人。有诗作传世。(0504己下)

宋永谦 元顺帝至正六年(1346)任沁水县(今属山西)主簿。(0694卷5)

宋光祖 元世祖至元二十三年(1286)任秘书少监。(0027卷9)

宋廷秀① 元世祖至元二十年(1283)为淮东宣慰同知。是年七月,以私设军四十人,受杖刑罢官。(0001卷12)

宋廷秀② 元成宗元贞元年(1295)任建康路(治今江苏南京)总管。(0632卷6)

宋廷杰 元顺帝至正十二年(1352)为四川行省参政答失八都鲁僚属。是年,答失八都鲁讨伐襄阳反元队伍,所部官军仅三千,遂用廷杰计,招募襄阳官吏及土豪避兵者,得义丁二万,编排部伍,申其约束,统率之进攻襄阳。(0001卷142)

宋仲义 元世祖至元六年(1269)为管军万户。是年九月,奉敕出征高丽。(0001卷6)

宋仲仁 字春卿。元聊城县(今属山东)人。成宗大德中任江阴州知事。后历任浙东宣慰司经历、江浙行省郎中。(0633卷2,0953卷12上)

宋汝志 号碧云。宋元之际钱塘县(治今杭州)人。宋理宗景定年间为画院待诏。善画山水、人物、花竹、翎毛。入元为开元宫道士。(0030卷4、5)

宋安抚 元世祖至元二十八年(1291)为新添葛蛮土官。是年十一月,率洞官阿汾、青贵来朝贡方物。(0001卷16)

宋寿玉 字景福。元汴梁(治今河南开封)人。顺帝至元六年(1340)任肇庆(今属广东)路达鲁花赤。(0591卷4)

宋克笃 元长子(今属山西)人。泰定元年(1324)进士,授翼城(今属山西)知县。后迁任绛州(治今山西新绛)知州。有诗作传世。(0691卷8,0551卷39,0504己上)

宋秀元 元大德十一年(1307)任瑞州路(治今江西高安)儒学教授。(1016卷14)

宋怀忠 元济南人。居丧庐墓。诏表其门闾。(0001卷197)

宋阿重 元成宗时为顺元路(治今贵州贵阳)鲁竹长官。大德五年(1301),宋隆济反元起兵。阿重惧祸及,弃家,走京师,陈破宋隆济方略。成宗嘉之,授为顺元路宣抚同知,遣归。七年,阿重深入乌撒乌蒙,至蔺州之水东,诏谕当地少数民族,擒获隆济以献。擢靖江路总管。后升为云南行省平章。死后追封贵国公,谥忠宣。(0001卷110,0853卷9)

宋松礼 又作宋宗礼。元世祖至元十年(1273)为高丽国同知枢密院事。是年七月,奉高丽国王王禃遣,与其国顺安公王悰来元朝,贺世祖皇后、皇太子受册礼成。(0001卷8)

宋国瞻 元高丽人。历任监察御史。有诗作传世。(0504壬下)

宋明善 元内丘县(今属河北)人。顺帝至正年间任高邑(今属河北)知县,有政绩。(0645卷4、24)

宋知柔 金潞州长子(今属山西)人。宋子贞族兄。金末与子贞同补太学生,俱有名于时,人以大小宋称之。(0001卷159)

宋季子 元临川(今属江西)人。善古隶。(0031卷7,0004卷36)

宋季任 历任元甘肃行省提举。有诗作传世。(0504己上)

宋秉亮① 元顺帝至正三年(1343)为监察御史。(0001卷66)

宋秉亮② 元曹州(治今山东荷泽)人。顺帝至元六年(1340)任江南行御史台照磨。(0632卷6)

宋忽儿 元将。世祖中统四年(1263)正月,以起所部兵及灭里所部兵、沙只回回鹰坊等兵戍商州、蓝田诸隘。(0001卷5)

宋居敬 元上虞(今属浙江)人。历任新昌县(今属浙江)尉。(0880卷28)

宋绍昌 元泽州高平(今属山西)人。宋翼次子。顺帝至正二年(1342)进士,授崇福司照磨。因病家居十余年,起为翰林编修。(0694卷6)

宋绍明① 元文宗至顺元年(1330)任江南行台管勾。(0632卷6)

宋绍明② 元顺帝至元三年(1337)为监察御史。是年三月,与御史丑的进谏,帝嘉纳之,赐金、币。(0001卷39)

宋绍祖 元世祖中统二年(1261)为户部郎中。是年九月,元廷置和籴所于开平(治今内蒙古正蓝旗东北),以绍祖为提举和籴官。(0001卷4)

宋荣祖 元顺帝至正元年(1341)任浙东宣慰司经历。(0634卷1)

宋泉昌 元泽州高平(今属山西)人。宋翼长子。以荫授太史院校书郎。后历任陵州同知、东安知县。(0694卷6)

宋思义 元石州(治今山西离石县)人。

顺帝至元四年(1338)任江南行台监察御史。后死于官任。(0632 卷 6,0700 卷 9)

宋思齐　字希贤。元屯留县(今属山西)人。历任武备寺知事、潞州判官、阳武尹。有诗作传世。(0698 卷 7,0694 卷 5,0504 丁)

宋思约　元屯留县(今属山西)人。宋思齐之弟。博学而精深,建藕泽书院为讲学之所。(0034 卷 1)

宋眉年　元成宗大德年间任兴化路(治今福建莆田)儒学教授。(0905 卷 3)

宋彦琦　元太宗时高丽国所遣来蒙古国使臣。太宗十年(1238)十二月,为高丽国御史,与其国将军金宝鼎等奉表来蒙古宫廷。十二年十二月,为高丽国礼宾少卿,充其国行李使进贡于蒙古宫廷。(0001 卷 208)

宋都䚟(? ~1279)　又译宋都台、宋都带、逊都台。元蒙古许兀慎氏。塔察儿次子。世祖至元七年(1270),袭蒙古军万户。八年,率所部军参加攻襄阳,围樊城。后进战鄂、岳、汉阳、江陵、归、峡诸州,皆有功。十二年,受诏为隆兴(治今江西南昌)出征都元帅,与李恒等元将长驱直入。宋人莫当其锋,望风迎降。遂尽平江西十一城。又攻略岭南、广东。宋亡,还师,未及论功而死。(0001 卷 119)

宋梦鼎(1301 ~?)　字翔仲。元淳安(治今浙江淳安西北)人。顺帝元统元年(1333)进士,授婺源州同知。后迁任奉化知州。(0028 卷上,0896 卷 129)

宋崇禄(1263 ~1350)　字寿卿。元滑州白马县(治今河南滑县东)人。初由中书掾出任乐平州同知,以善决断称,凡他县难决之狱皆属之。累迁为燕南廉访副使,有能名。迁任潭州路总管,三月断决九百余事。仁宗延祐二年(1315)授江南行台治书侍御史。改任山南廉访使。入为户部尚书,丁忧归。服除,授陕西行台治书侍御史,升侍御史。未几致仕。(0250 卷 63,0002 卷 203)

宋惟让　元顺帝至正年间任安陆府(治今湖北安陆)推官。(1044 卷 17)

宋添富　元世祖至元中为亦奚不薛军民千户。曾反元起事。至元二十年(1283)七月,归降于朝廷。(0001 卷 12)

宋隆济(? ~1304)　又作宋龙济。元雍真葛蛮(在今贵州开阳)土官。成宗大德五年(1301)五月,因云南征缅行省右丞刘深率军征八百媳妇国(在今云南西双版纳以南至泰国北部),征发丁夫马匹,不胜骚扰,遂鼓动其众曰"官军征发汝等,将尽剪发黥面为兵,身死行阵,妻、子为虏",乃率苗、仡佬等族起义,烧雍真总管廨舍。六月,攻贵州(今贵州贵阳),杀知州。后得彝族起义首领蛇节支援。十一月,元廷遣湖广平章刘国杰及陕西、四川、云南各省军镇压。八年春,被其侄宋阿重执送元军,遇害。(0001 卷 20、21、63、165 等)

宋朝美　元新添(治今贵州贵定)人。累官为新添葛蛮安抚使。(0853 卷 9)

宋景祁　字文卿。元泽州高平(今属山西)人。宋翼之父。初为德州儒学教授。后擢为翰林编修。历任晋城、乡宁、南漳三县知县,所至称廉平,专务德化,不事鞭朴。死年七十五。(0002 卷 196,0321 卷 2)

宋景辉　元汀州连城(今属福建)人。元初镇压反元队伍有功,累官为临江路治中。(0902 卷 124)

宋嘉禾　元上党(治今山西长治)人,优伶。潜心书画,善画人物,学石恪减笔,骨格态度,俗工莫及。亦能画墨竹,所画小景绝佳。(0030 卷 5)

宋德方(1183 ~1247)　字广道。宋元之际莱州(今属山东)人。全真教道士。丘处机门徒。元太祖时尝从处机赴西域。太宗十一年(1239)赐号披云真人。(0554 卷 28)

宋德让　元益都路(治今山东青州)人。文宗至顺二年(1331),输米三百石赈胶州饥民,元廷依输粟补官例授予官职。(0001 卷 35)

宋德甫(1188 ~1264)　金元之际清州会川(治今河北青县)人。金末任都统,率众降附元太祖。后统黄河以北水军,灭金征宋皆有功。世祖中统元年(1260)致仕。(0176 卷 16)

宋德柔　元成宗元贞元年(1295)为燕南河北道廉访使。是年闰四月,元廷为皇太后建佛寺于五台山,以德柔为工部尚书,董其役。(0001 卷 18)

宋太不花　元大德十一年(1307)任威州知州。(0669 卷 5)

宋蒙古歹　宋阿重之孙。以镇压反元队伍有功,累官至元八番顺元等路宣慰使。(0003 卷 110)

宋五设讫陀　高昌回鹘国伊吾庐(今新疆哈密)畏兀儿人。塔本之父。其国主赐号讫陀,意谓国老。(0001 卷 124)

宋伯颜不花　元顺帝至正十四年(1354)为黄岩州达鲁花赤。是年九月,为方国珍所拘执。(0001 卷 43)

穷闾律　字绍祖、荣祖。元蒙古人,勋臣忻都之后,居钟离(治今安徽凤阳东北)。登进士第。官至安庆路达鲁花赤。(0977 卷 5)

诃额仑　见月伦。

识里木　元蒙古珊竹氏。答失八都鲁之弟。顺帝至正中,从其兄镇压红巾军。十二年(1352),以参与攻克襄阳功,授襄阳达鲁花赤。十六年,以参与战败刘福通、攻克太康功,授云南行省左丞。(0001 卷 142)

识笃儿　元成宗大德六年(1302)任江南

行台治书侍御史。(0632 卷 6)

祃祃　元世祖中统元年(1260),任燕京路宣慰使,不久任燕京行省平章政事,进中书右丞相。三年,出任中书省事于陕西、四川。(0001 卷 4、5、112)

补孛　元回回赛夷氏,哈只之子。历任太仆寺丞。(0001 卷 120)

补伯　元阿鲁浑氏。历任婺州宣课司达鲁花赤。(0011 卷 90)

补儿答思　元蒙古塔塔儿氏,布智儿第三子。历任云南宣慰使。(0001 卷 123)

补颜普化　元甘木里(今新疆哈密)人。初为东宫宿卫。后出任干州(治今陕西干县)达鲁花赤,有政绩。(0801 卷 20,0812 卷上、下)

初才　字用之。元福山(今属山东)人。世祖至元年间任江淮行省都事。后以母老辞归,不复仕。(0105 卷 2,0075 氏族典卷 63)

罕失　元顺帝时宦者,嬖妾,杀其妻,糜其肉饲犬。至正初,监察御史乌古孙良桢上疏乞正重刑。(0001 卷 187)

罕旺　元文宗时云南景东甸蛮官阿只弄之子。至顺二年(1331)二月,奉父遣来朝,献驯象,乞升甸为景东军民府,以阿只弄为知府事,罕旺为千户,常赋外岁增输金五千两、银七百两;文宗许之。(0001 卷 35)

罕秃忽　元宗王。太祖异母弟别里古台之子。性刚猛。知兵。从宪宗征伐,屡建战功。(0001 卷 117、107)

启庐　元回回人。任义乌(今属浙江)县丞。(0881 卷 12)

启德　元蒙古人。成宗元贞二年(1296)任吴江(今属江苏)州同知。(0954 卷 17)

启昔礼　又译乞失里黑、乞失力。元蒙古斡剌纳儿氏。成宗右丞相哈剌哈孙之曾祖。元太祖建国前,与弟把带同为克烈部王汗属下牧马人,得悉王汗偷袭太祖密谋。急告太祖,使免遭于难。太祖建国。与弟把带皆受封为千户功臣并受赐答剌罕封号,子孙世袭。后从征西夏、西域。(0001 卷 136)

良圭　字善住。元僧。能诗,有诗作传世。(0504 壬上)

良亮　号西山。元僧,庐江(今属安徽)人。顺帝至正十七年(1357),建实际禅居于衢州龙游之宝盖山。(0411 卷 21)

良琦　字元璞。元僧,吴郡(今苏州)人。通儒学,能诗。历住吴郡龙门寺、嘉兴兴圣寺等寺。(0517 卷 3、14,0042 卷 12,0075 神异典卷 187)

良震　字雷隐。元僧,三山(今福建福州)人。有诗名。有诗作传世。(0523,0504 壬上,0033 卷 34)

张干①　元世祖至元二十二年(1285)任定海县(治今浙江宁波镇海)主簿。成宗大德元年(1297),累迁为吴江(今属江苏)州判官。(0633 卷 3,0954 卷 17)

张干②　元顺帝至正五年(1345)任安平(今属河北)县尹。(0645 卷 4)

张万　宋元之际人。原为南宋将领,驻守夔府((今四川奉节)。元世祖至元十五年(1278)归降,授招讨使。二十一年,授征缅招讨使,佩三珠虎符。二十三年,以功进征缅副都元帅,奉旨与征缅都元帅秃满带率兵六千人征缅。(0001 卷 13、14、166、210)

张山①　元堂邑县(治今山东聊城西北)人。元初为管军百户,后由其子泰亨袭职。(0001 卷 166)

张山②　元济南(今属山东)人。元初从军伐宋,以功为百户。升总把,战死。(0001 卷 166)

张山③(1220～1276)　元范阳(治今河北涿州)人。善骑射,号万人敌。从伐宋,屡建战功。一日,单骑深入岩谷,若有所遇,亟归焚其弓矢,忏悔事佛,乡人称为慈悟居士。(0202 卷 13)

张飞(？～1292)　元世祖至元中漳州反元首领陈吊眼部属。至元十九年(1282)三月陈吊眼被擒杀后,继续反抗,与元军作战。四月,被元军擒杀。(0001 卷 12)

张开　元成宗大德年间任慈溪(今属浙江)县尉。(0633 卷 3)

张元①　元大名(今属河北)人,张立道子。官至云南行省左右司郎中。(0001 卷 167)

张元②　元文宗至顺元年(1330)任兴化路(治今福建莆田)总管。(0905 卷 2)

张木　元真定藁城(今属河北)人。元末陕西行台监察御史张桓之父。历任汝宁府(治今河南汝南)知府。(0001 卷 194)

张中①　元成宗大德七年(1303)任江南行台照磨。(0632 卷 6)

张中②　字子正(子政)。元顺帝时松江(今属上海)人。画山水学黄公望。善画花鸟,亦能作水墨画。有诗作传世。(0030 卷 5,0504 辛上、癸下,0004 卷 36)

张中③　字景华、景和,元明间临川人。元时应进士举不第,遂放情山水,佯狂玩世。遇异人授术数之学,谈祸福多奇中。朱元璋克江西,召侍左右,言事多验。平生好戴铁冠,人称铁冠子。(0020 卷 299)

张升①(1261～1341)　字伯高。元平州(治今河北卢龙)人。世祖至元二十九年(1292),以荐任翰林国史院编修。成宗时,参与修《世祖实录》,升应奉文字,又升修撰,迁太常博士。武宗时出任汝宁(治今河南汝南)知府,治绩为诸郡

最。后历任绍兴路总管、中书参议、廉访使。卒。谥文宪。(0001 卷 177)

张升② 字伯起。元顺昌县(今属福建)人。幼以神童闻。历任江西行省儒学提举。陈友谅攻占豫章(今江西南昌),升投官印于井中,绝食死。(0902 卷 96、103,0075 氏族典卷 247、官常典卷 734)

张仁① 元仁宗延祐元年(1314)任江山县(今属浙江)主簿。(0878 卷 3)

张仁② 元历城(治今山东济南)人。历任镇抚。(0600 卷 2)

张仁③ 元江阴(今属江苏)州判官,断讼狱明。(0930 卷 11,0925 卷 22)

张氏① 元庐州路(治今安徽合肥)妇女。高仁之妻。文宗至顺三年(1332)二月,诏旌表其志节。(0001 卷 36)

张氏② 元昆山(治今江苏太仓)人,赘周某。顺帝至正中,父为水军百户,谋刺军帅,事泄,一家皆死。张氏有姿色,军帅子欲独活之,张氏不肯失节,骂而死。(0002 卷 224,0042 卷 8,0939 卷 13)

张氏③ 元庐州路(治今安徽合肥)妇女。嫁高垕为妻。母病目失明,归省,抱母泣,以舌舐之,目忽能视。州县以状闻于朝,诏褒表之。(0001 卷 200)

张氏④ 元冀宁路(治今山西太原)妇女。王思忠妻。早寡不忍独生,以死从夫。事闻于朝,诏命褒表之。(0001 卷 200)

张氏⑤ 元大宁(治今内蒙古宁城西)妇女。陈恭妻。早寡不忍独生,以死从夫。事闻于朝,诏命褒表之。(0001 卷 200)

张氏⑥ 元妇女。有诗作传世。(0504 壬下)

张氏⑦ 号静华君,元妇女,乔德玉妻,元好问姨侄女。善画墨竹,郝经为作《静华君墨竹赋》。(0030 卷 5,1143 卷 814)

张引 字惟远(维远)。元历城(治今山东济南)人。张养浩次子。顺帝至元三年(1337)用父荫为秘书郎。至正十四年(1354),任陕西行台监察御史。次年迁任闽海廉访司佥事。(0027 卷 10,0600 卷 2,0313 卷 5)

张玉①(? ~1288) 元霸州保定(治今河北霸州南)人。张荣实次子。世祖至元十五年(1278),父死,袭父职为诸路水军万户。十六年,镇压吉安反元起事有功。镇黄州。二十一年,率军镇压广东反元队伍。二十四年,从参政乌马儿侵安南。次年,战死。(0001 卷 166)

张玉② 字德润。元固始(今属河南)人。顺帝至正中,为蒲城(今属陕西)县尹,修保伍,严警备,反元队伍不敢进攻。(0801 卷 20)

张玉③ 字国宝。元文安(今属河北)人。历任涿州判官。(0673 卷 5)

张玉④ 元人。有诗作传世。(0504 辛下)

张正 字正文。元满城(今属河北)人。成宗大德六年(1302)任衢州路推官。仁宗延祐元年(1314)累迁为江南行台监察御史。官至户部侍郎。卒年七十一。(0632 卷 6,0878 卷 2,0649 卷 34)

张本①(1298 ~?) 字在中。元将乐(今属福建)人。顺帝元统元年(1333)进士,授宁都州判官。有诗作传世。(0028 卷上,0901 卷 52、69,0504 己上)

张本② 元东昌茌平(今属山东)人。性笃孝,事伯父、叔父甚谨。州县以闻,诏旌其家。(0001 卷 197)

张田(1324 ~1374) 字芸已,号学斋。元明之际吴县(治今苏州)人。张雯之子。工诗,有诗作传世。(0453 卷 9,0928 卷 54,0504 辛上)

张仪 元顺帝至正年间任安定州(治今甘肃定西)儒学正,修建学舍。(0824 卷 2)

张仝(1196 ~1256) 元永清(今属河北)人,迁居真定(治今河北正定)。张思忠父。太宗四年(1232)为千户,从史天泽攻金。后镇抚邓州,有惠政。(0144 卷 48,0002 卷 144)

张立① 元泰安长清(今属山东)人。初隶严实麾下,攻江淮有功,升为百户。宪宗八年(1258),从宪宗征四川,率锐卒攻破大获山外堡,夺战船百余艘。世祖中统初,从征阿里不哥,以功升管军总把。后累升为左卫亲军副都指挥使。至元十四年(1277),率千人运粟往和林,击退夺粮叛军,升后卫亲军都指挥使,以老乞退。(0001 卷 165)

张立② 元将。顺帝至正十九年(1349)二月,反元队伍进攻顺宁(治今河北宣化县),奉枢密副使朵儿只命率精锐军由紫荆关出讨。(0001 卷 45)

张立③ 字彦礼。元镇江路行大司农司令史。(0631 卷 17)

张汉 元东安州(今河北安次西)人,张弘纲子。当袭父军职,让于其弟鼎。后为监察御史,官至集贤直学士。(0001 卷 165)

张宁 字贵安。元浦城(今属福建)人。成宗元贞元年(1295)任古田县尉。后历任政和、福清县尹。有政声。(0901 卷 66,0915 卷 6,0902 卷 51、100)

张让 元世祖至元二十九年(1292)任江山县(今属浙江)主簿,文宗天历二年(1329)累迁为衢州路(治今浙江衢州)推官。(0878 卷 2、3)

张礼① 元文宗至顺三年(1332)任吴江(今属江苏)州都目。(0954 卷 17)

张礼② 元洪洞(今属山西)人。顺帝

至正年间任平山（今属河北）县尹。（0645 卷 4）

张礼③ 元顺帝至正十八年（1358），被举授仙游县（今属福建）儒学教谕。后升为兴化路（治今福建莆田）推官。（0905 卷 6）

张礼④ 元人。有诗作传世。（0504 辛下）

张弘 元顺帝初年为灌州判官，协助四川廉访司佥事吉当普修筑蜀堰。（0001 卷 66）

张吉 元人。有诗作传世。（0504 辛下）

张在（1275～1330） 字文在。元藁城（今属河北）人。仁宗延祐元年（1314）中乡试。次年会试下第，授真定路儒学正。泰定中，调任濮州儒学教授。（0262 卷 14、24，0645 卷 5，0072 卷 41）

张成①（1226～1294） 元蕲州（治今湖北蕲春西南）人。世祖至元十六年（1279）备宿卫。十八年，任新附军百户，从征日本。暴风坏舟，元军溃；成领残卒还。二十三年，授管军上百户。久之，屯田于金州。（0556 卷 5）

张成② 元世祖至元二十三年（1286）为千户。是年十月，授征缅招讨使，与征缅都元帅秃满带、副都元帅张万率兵六千人征缅。（0001 卷 14、210）

张成③ 元成宗大德年间任齐东县（治今山东邹平西北）尉。（0740 卷 11）

张成④ 元泰定元年（1324）为工部主事。是年十一月，奉遣与兵部员外郎宋本，吏部员外郎郑立、阿鲁灰，太史院都事费著，分调闽海、两广、四川、云南选。（0001 卷 29）

张成⑤ 元明之际嘉兴西塘（一作斜塘）杨汇人。剔红（雕漆）最得名，但朱薄而不坚者多。又工戗金戗银法。明永乐中，日本、琉球购得其作品献于朝，成祖闻而召之，已殁。故宫博物院藏有其所作观瀑图圆盒，有其题款。（1143 卷 820）

张式 元世祖至元二十六年（1289）任衢州路（今属浙江）推官。（0878 卷 2）

张贞① 元成宗大德三年（1299）任象山（今属浙江）县尹。（0633 卷 3）

张贞② 元建康（今南京）人，女。夫周曹坐法下狱死，贞惧配军，投秦淮河死。（0002 卷 245，0004 卷 40）

张光 元顺帝至元元年（1335）为吴江（今属江苏）州提控案牍。（0954 卷 17）

张延（1229～1290） 字世昌，号节轩。元藁城（今属河北）人。以荐授真定路儒学教授。未几去职。（0262 卷 14，0645 卷 5、27，0651 卷 4、6）

张华 元播州（今贵州遵义）人。元世祖至元中叶，聚众容山反元，被元沅州安抚司同知郭昂率兵镇压，其反元部众遭受屠杀。（0001 卷 165）

张全（1196～1256） 金元间永清人。元太宗四年（1232）以千户从史天泽攻金，西山难民匿山窟中，诸将欲焚其窟，全请天泽禁之，难民称全为佛。（0003 卷 78）

张庆① 元镇江路医学教授。（0631 卷 17）

张庆② 元真定（今河北正定）人。善事继母，并迎养伯父甚厚。州县以孝义闻，诏旌其家。（0001 卷 197）

张齐① 字仲贤。元钱塘（治今杭州）顺帝至正二十四年（1364）任歙县（今属安徽）知县。（0972 卷 4）

张齐② 元郑州人。居丧庐墓。诏旌表其门闾。（0001 卷 197）

张冲① 元渭南（今属陕西）人。顺帝至正初，任御史台都事。（0819 卷 16，0801 卷 26）

张冲② 元顺帝至正九年（1349），拜太子文学。后任监察御史，官至中书左丞。（0001 卷 42、45、138）

张兴 元成宗元贞元年（1295）任慈溪（今属浙江）县尉。（0633 卷 3）

张宇 字彦升，号石泉。元人。工诗，有诗一卷，收入《河汾诸老诗集》。（0503 三集甲）

张讷 元蓝田（今属陕西）人。历任监察御史。（0001 卷 201）

张异 字存心。元龙兴路富州（治今江西丰城）人。泰定四年（1327）进士。任新昌州判官。（1012 卷 17）

张观①（1272～1328） 字观道。元常熟（今属江苏）人，迁居杭州。成宗大德九年（1305）游京师，以荐宿卫中宫。武宗至大元年（1308）任江浙财赋都总管府同知。未几，以病辞。仁宗延祐五年（1318）起为延福太监。三载复辞归。（0152 卷 35）

张观② 字可观。元松江（今属上海）人。善画山水，师法马远、夏珪。（0030 卷 5，0931 卷 30）

张羽 字飞卿。元秦中（今陕西中部平原地区）人。历任千户。世祖至元十一年（1274），从伯颜渡江，自请赴临安谕宋降。至平江（今苏州），遇害。（0580 卷 5，0003 卷 84，0002 卷 144）

张约 字子礼。元杭州人。历任镇江路儒学正。（0631 卷 17）

张纪 字仲宪。元济南人。成宗元贞二年（1296）任镇江路行通政院经历。（0631 卷 17）

张玓 元大都（今北京）人。历任义乌（今属浙江）县尹。成宗大德五年

(1301)迁任衢州路(今属浙江)推官。(0878 卷 2,0881 卷 12)

张玘 元世祖至元后叶为襄邑县(治今河南睢县)知县,有治绩。至元二十三年(1286)十月,诏升其官秩。(0001 卷 14)

张进①(? ~1234) 金元之际霸州保定(治今河北霸州南)人。张荣实之父。金宣宗时任金中都南路经略使,升元帅左监军。后封北平公。为金孤守信安水泊诸寨十余年。元太宗四年(1232),率部降蒙古,任征行万户。六年,领兵与金将国用安战于徐州,被杀。(0001 卷 166)

张进② 元世祖至元十三年(1276)任定海县(治今浙江宁波镇海)达鲁花赤。(0633 卷 3)

张进③ 元成宗时,任福州新军万户。大德元年(1297)奉命与福建行省都镇抚张浩征琉球(今台湾),擒生口一百三十余人。(0001 卷 210)

张远 字梅岩。元华亭(治今上海松江)人。善画山水人物。(0030 卷 5,0931 卷 30)

张贡 元怀庆(治今河南沁阳)人。成宗大德二年(1298)任镇江路录事。(0631 卷 16)

张均①(? ~1314) 元济南人。总把张山之子。宪宗时袭父职为百户,从亲王塔察儿攻鄂州(今武汉武昌)。世祖中统三年(1262),从征李璮有功,升千户,守淄州。后从攻宋屡立战功。至元二十二年(1285),升松江万户。二十四年,从镇南王脱欢侵交趾(今越南北部)。二十六年,从北征,擢前卫亲军副都指挥使。成宗时,奉命屯田和林(今蒙古哈尔和林),任和林等处副元帅,升都元帅。(0001 卷 166)

张均② 字伯祥。元沂州(治今山东临沂)人。成宗元贞二年(1296)任镇江路行通政院判官。(0631 卷 17)

张均③ 元人。有诗作传世。(0504 辛下)

张志 元世祖至元六年(1269)为水军千户。是年七月,生擒宋荆鄂都统唐永坚有功,受赏银、币。(0001 卷 6)

张甫 元襄垣(今属山西)人。家富。五世同居,世祖至元初旌表。(0691 卷 9,0698 卷 8,0075 氏族典卷 247)

张体 字孟肤。元江阴(今属江苏)人。善书法。有诗作传世。(0031 卷 7,0504 庚下)

张谷 元吴郡(今苏州)人。有诗作传世。(0504 辛上)

张采 字景亮。元嘉兴崇德(治今浙江桐乡西南)人。张伯淳之子。历任温州路儒学教授。成宗大德十年(1306)任吴江州判官。泰定四年(1327)任无锡知州。文宗至顺中升为河东宣慰副使。(0110 卷上,0940 卷 3 下,0954 卷 17,等)

张孚 字信甫。元东阿(今属山东)人。世祖至元年间任虹县(治今安徽泗县)知县。(0977 卷 6,0925 卷 10)

张奂 元海阳(治今广东潮安)人。家居读书。顺帝至正中,避战乱迁居潮阳(今属广东)海口。有诗作传世。(1032 卷 12,0504 癸下)

张亨① 元涿州范阳(今河北涿州)人。张子良次子。世祖至元十五年(1278),诏领子良属下所签侍卫军。后佩金虎符,为管军千户。(0001 卷 12、152)

张亨② 字仕可。元迁安(今属河北)人。文宗天历元年(1328)任秘书监典吏,至顺元年(1330)升为奏差。(0027 卷 11)

张忱 元成宗大德年间任象山(今属浙江)县尉。(0633 卷 3)

张闰 元延安延长(今属陕西)人,隶军籍。家人百余口,八世同炊,无间言。世祖至元二十八年(1291),旌表其门。(0001 卷 197)

张兑(1304 ~?) 字文说。元明间慈利(今属湖南)人。顺帝元统元年(1333)进士,授茶陵州同知。历当涂知县。累迁辰州路总管。明洪武初,起为翰林编修。(0028 卷上,0413 卷 1,1053 卷 5)

张完 元献州交河县(今属河北)人。事成宗于潜邸,授兴国路判官。历任户部司计、监察御史。后超擢为治书侍御史,丁忧归。仁宗时授工部尚书,未上任卒,谥端恪。(0002 卷 195)

张宏(1229 ~1287) 字大可。元历城(治今山东济南)人。宪宗时,袭父邦杰职为济南兵马都总管。九年(1259),从忽必烈攻鄂州。世祖即位,授济南行军万户、管民总管。中统三年(1262),济南被李璮攻占。宏奔京师,从宗王合必赤围攻李璮,以功升大都督。至元元年(1264),迁任真定路总管。次年,罢官。九年,起为新军万户。说吕文焕以襄阳降。次年,任襄阳等处统军使。宋亡,病归。(0002 卷 140)

张诖 元世祖至元二十九年(1292),任江南行台监察御史。(0632 卷 6)

张纬 字德机。元金坛(今属江苏)人。张经弟。居乡教授。有诗作传世。(0504 庚上,0303 卷 3、5)

张纲(1256 ~1309) 字文季。元大兴(今属北京)人。不求仕进,以清修博雅闻于时,喜收藏金石书画。(0262 卷 14)

张孜 元富平(今属陕西)人,泰定四年(1327)进士张敏之兄。历任江浙行省都事、户部主事、中书左司都事、参议枢密院事、户部侍郎、两淮都转运盐使。(0323 卷 6)

张玠 元仁宗延祐元年(1314)任江南行台侍御史。(0632 卷 6)

张坤 元人。有诗作传世。(0504 辛下)

张茂① 元世祖至元二十四年(1287)任庆元路(治今浙江宁波)知事。(0633 卷 2)

张茂② 元大名(今属河北)人。仁宗延祐五年(1318)任秘书监管勾。(0027 卷 9)

张英① 元世祖至元年间任藁城(今属河北)县丞。(0645 卷 4,0651 卷 4)

张英② 元仁宗延祐七年(1320)任奉化(今属浙江)州判官。(0634 卷 2)

张英③ 元河南行省人。幼时天资颖悟,超出常儿。英宗至治三年(1323),由河南行省荐举入国子学受教育。(0001 卷 81)

张英④ 字仁杰。元诸暨(今属浙江)人。善画花鸟。(0880 卷 49,0077 卷 24)

张范(1252～1328) 字议甫,号孟斋。元历城(治今山东济南)人。张起岩父。历任潍州儒学正、宁海左翊侍卫儒学教授、四川行省儒学副提举。(0153 卷 9,0001 卷 182,0002 卷 140)

张林 一作张琳,金元间益都(今属山东)人。初为士兵,参与恢复益都府有功,升治中。后率众反金,据益都。金宣宗兴定三年(1219)迎宋忠义军将领李全至益都,以青、莒、密、登、莱、滨、棣、宁海、济南等二府九州降宋,任京东安抚使兼总管。次年,合李全军数万袭金东平。后与李全冲突,元太祖十六年(1221)降蒙古,被木华黎任为山东东路益都、沧、景、滨、棣等府州都元帅。(1161 卷 265)

张枢①(1292～1348) 字子长,元金华(今属浙江)人。博学有文才,地方官屡荐不起。顺帝时修辽、金、宋三史及后妃功臣列传,遣使招之,皆不赴。著有《春秋三传归一义》、《续后汉书》等多种著作。(0001 卷 199)

张枢②(1316～?) 字梦辰,号林泉民。元明之际华亭(治今上海松江)人。家居讲授,不求仕进。卒年八十余。(0418 卷 2,0004 卷 36,0072 别附卷 3)

张雨(1283～1350) 旧名泽之,又名嗣真,字伯雨,号贞居子,又号句曲外史。元钱塘(治今杭州)人。茅山道士。住持西湖福真观。仁宗延祐七年(1320)居开元宫。历主茅山崇寿观、元符宫。顺帝至元二年(1336)归杭州,至正二年(1342)仍提点开元宫。工诗,一时文士多与之交游唱和。有《句曲外史集》七卷、《玄品录》五卷。(0075 氏族典卷 247、文学典卷 89,0503 初集壬,0002 卷 238)

张郁①(1265～1309) 字景文。元覃怀人。仕至鄄城(今属山东)县尹。(0196 卷 13)

张郁② 元泰定三年(1326)任江南行台监察御史,次年升为都事。(0632 卷 6)

张郁③ 元汝宁(治今河南汝南)人。居丧庐墓。诏旌表其门闾。(0001 卷 197)

张革 字君信。元福建人。工诗,戴表元尝为其诗作序。(0142 卷 8)

张择 字鸣善。元平阳(治今山西临汾)人,家于湖南,流寓扬州。历任宣慰司令史。擢江浙儒学提举。后谢病隐居吴江(今属江苏)。撰杂剧《包待制判断烟花鬼》、《党金莲夜月瑶琴怨》,今皆不存。善作散曲,今存其所作小令、套数。(0029 卷下、续编,1107 卷 81)

张肯 字继孟。元吴县(治今苏州)人。张田之子。从宋濂学。为诗文清丽有法。有诗作传世。卒年八十余。(0928 卷 54,0072 卷 82,0504 辛上)

张贤① 元世祖至元十五年(1278)任庆元路(治今浙江宁波)推官。(0633 卷 2)

张贤② 元顺帝元统二年(1334)任浙东宣慰司都事。(0634 卷 1)

张果 元宪宗时为张柔裨将。宪宗九年(1259),奉张柔分遣。从宪宗征四川。(0001 卷 147)

张迪 元济南(今属山东)人。祖居章丘(今山东章丘北),至迪,入山东张荣幕府,任元帅右监军、权济南府事,遂家济南。(0001 卷 182)

张昌① 元易州定兴(今属河北)人,张珪孙。袭职为保定万户,佩金虎符。(0001 卷 32)

张昌② 元明间临汾(今属山西)人。元进士。明洪武二年(1369),聘至礼局,授国子监助教,授皇太子经。有《存斋稿》,今佚。(0717 卷 19,1071 卷 17)

张昕 字子东。元鄱阳(治今江西波阳)人。仁宗延祐三年(1316)任韶州路推官。有诗作传世。(1031 卷 7,0504 丙,1072 卷 17)

张易(?～1282) 字仲一,又字启元。元太原交城(今属山西)人。早年与刘秉忠同学。后应召入忽必烈王府。元世祖中统元年(1260),任燕京行省参知政事。二年,任中书右丞。至元三年(1266),兼同知制国用使司事,佐阿合马理财。七年,立尚书省,改任同知平章尚书省事。九年,尚书省罢,任中书平章政事、枢密副使。后兼领秘书监、太史院、司天台事。十九年三月,王著、高和尚等谋杀阿合马,矫太子真金令,命其发兵;不察而从之(一说参与同谋)。事后,与王、高同被处死。(0001 卷 4～12、205)

张昉①(?～约 1274) 字显卿。金元之际东平汶上(今属山东)人。金治书侍御史张汝明之子。金末为吏部令史。

金亡(1234),还乡。严实辟为东平行台掾。后升权知东平府事,以病辞,家居养母。元世祖中统四年(1263),参议中书省事。出为四川行枢密院参议。至元元年(1264),任中书省左右司郎中。三年,迁制国用使司郎中。七年,转尚书省左右司郎中。九年,复为中书省左右司郎中。十一年,升兵、刑部尚书,致仕,卒。追封东平郡公,谥庄宪。(0001 卷 170)

张昉②　字显初。元保定(今属河北)人。顺帝至正十四年(1354)任秘书郎。(0027 卷 10)

张昉③　元南安路总管,有政绩。(0622 卷 58)

张忠①　元燕人。张立道族兄。世祖至元间为云南人匠提举。至元八年(1271),云南都元帅宝合丁毒杀云南王忽哥赤,王府文学张立道遣人至京师告发,宝合丁获知,囚立道,将杀之。忠结壮士夜劫狱,救出立道。(0001 卷 167)

张忠②　元顺帝至正元年(1341)任衢州(今属浙江)路判官。(0878 卷 2)

张和　字德义。元潞州(治今山西长治)人。累迁为益都路(治今山东益都)经历,升陕西行省郎中,有廉能声。(0698 卷 3)

张季　元满城(今属河北)人。历任宜阳县尹,有爱民声。(0761 卷 26,0649 卷 34)

张佶　又作刘佶。元临川(今属江西)人。顺帝至正二十八年(1368)为枢密院属官,随顺帝亡走上都(今内蒙古正蓝旗东北)。次年任监察御史。上都为明军攻占,又随顺帝至应昌(今内蒙古克什克腾旗达里诺尔西)。又次年正月,随翰林承旨观音奴出使扩廓帖木儿处,征其入卫。行前,叙顺帝至正二十八年闰七月以来元廷大事,成《北巡私记》一卷。(0093 卷末)

张征　元广平(今属河北)人。文宗天历二年(1329)任江南行台监察御史。(0632 卷 6)

张炎(1248～1320)　字叔夏,号玉田,又号乐笑翁。宋元间临安人。宋亡,潜迹不仕,纵游浙东西及江南,落拓以终。工词。有《山中白云词》、《词源》、《乐府指迷》。(1117 卷 199,0070 卷 80)

张受　元世祖至元二十九年(1292)为万户,从福建行省平章史弼、亦里迷失等征爪哇。三十年二月,至爪哇。三月,奉命与都元帅那海、万户宁居仁等率领水军镇驻爪哇八节涧海口。(0001 卷 210)

张周　元真定(治今河北正定)人。世祖至元年间为安平县尹。(0645 卷 4)

张恒①(？～1301)　元真定(治今河北正定)人。张国维之子。成宗元贞元年(1295)袭镇江路真定翼千户。大德五年(1301)从征八百媳妇,阵亡。(0631 卷 17)

张恒②　元电白(治今广东高州东北)人。泰定年间为雷州千户,抵御高凉徭族反元队伍进攻,战死。(0001 卷 30,0002 卷 232)

张性　字伯成。元金溪(今属江西)人。顺帝至正十年(1350)中乡试。历任太和州儒学正。有《杜律注》二卷,注杜甫七律诗一百四十九首。(1025 卷 42、59,1105 卷 24)

张泽　字泽之。元长洲(治今苏州)人。仁宗延祐二年(1315)进士。官至平江路海道万户总管。顺帝至正年间卒,年八十。有诗作传世。(0928 卷 54,0504 丙)

张定①　元世祖至元十二年(1275)任溧水县(今属江苏)尉。(0632 卷 6)

张定②　元成宗元贞元年(1295)任吴江(今属江苏)州判官。(0954 卷 17)

张定③　号松岩,元嘉禾(今浙江嘉兴)人。善画花卉翎毛。(1143 卷 830)

张宓　元人。有诗作传世。(0504 庚下)

张实　元会稽(治今浙江绍兴)人。有诗作传世。(0504 己下)

张宓　又名忙古歹,字渊仲。元历城(治今山东济南)人,张邦宪子。泰定年间累迁为彰德路总管。后历任保定、真定、平江诸路总管。顺帝元统二年(1334)入为吏部尚书。迁岭北参政,谢病归。至正三年(1343),起为山东宣慰使。卒年六十六。谥宣懿。(0600 卷 2,0928 卷 3,0002 卷 140)

张诚(1264～1328)　字彦谌,又字彦卿。元上饶(今属江西)人。元兵灭宋,被俘至关中,服勤巨室。成宗大德初得自便,买田起家。(0181 卷 9)

张祈　字永伯。元河南人。顺帝至正十二年(1352)任秘书郎。(0027 卷 10)

张肃　元世祖中统元年(1260)五月,授东平路宣抚副使。(0001 卷 66)

张绅　字士行。元山东人。善篆书。(0031 卷 7)

张经①　元世祖至元二十四年(1287),任江南行台监察御史。二十八年,升为都事。有诗作传世。(0632 卷 6,1041 卷 66,0504 乙)

张经②　字德常。元金坛(今属江苏)人,张监之子。顺帝至正中,张士诚据吴,署为吴县丞,至正十九年(1359)升为吴县尹,二十年,授嘉定州同知,二十二年,改松江府判官,所至皆有善政。能诗,有诗作传世。(0928 卷 41,0075 文学典卷 90,0504 庚上)

张玠　元温州平阳(今属浙江)人。有诗作传世。(0504 戊上)

张珍(？～1353)　字元谅。元堂邑(治今山东聊城西北)人。张震之子。用荫授颍州翼万户,镇杭州。顺帝至正十二年(1352),反元队伍攻占常州,珍引兵伏横林,邀败之,遂复常州。次年,江阴反元队伍起,率兵讨之,战败自刎死。(0002 卷 165,0296 卷 3)

张垚　字彦高。元成宗元贞二年(1296)任宜兴(今属江苏)州儒学教授。(0167 卷 21,0201 卷 9)

张政①　元彰德(治今河南安阳)人。历任镇江路真定翼副千户,武宗至大元年(1308)致仕。(0631 卷 17)

张政②　元顺德(治今河北邢台)人。英宗至治二年(1322),任镇江路彰德翼下百户。(0631 卷 17)

张政③　字德甫。元延平(治今福建南平)人。文宗至顺元年(1330)任镇江路知事。(0631 卷 15)

张政④　元临漳(今属河北)人。六世同居,诏旌其家。有诗作传世。(0761 卷 32,0504 戊上)

张政⑤　元人。有诗作传世。(0504 癸下)

张荣①(1158～1230)　金末元初清州(治今河北青县)人。后迁居鄚陵。元太祖九年(1214),降蒙古,授元帅左都监。次年,率兵攻略东平、益都诸郡。十三年,领军匠,从太祖西征。次年,大军遇西域大河,不能涉。荣督工匠,造船百艘,遂渡河。十八年,升为炮水手元帅。十九年,从征河西。次年,从征关西五路。攻凤翔,中炮受伤。后病死。(0001 卷 151)

张荣②(1181～1263)　字世辉。金末元初济南历城(治今山东济南)人。金末,率乡民占据济南黉堂岭,后又占据章丘、邹平、济阳及淄州等地。元太祖二十一年(1226),以军民五十余万降蒙古,授山东行尚书省兼兵马都元帅、知济南府事。太宗三年(1231),率部攻金河南。六年,从蒙古军攻破沛县、徐州。七年,从皇子阔出破枣阳等城。十三年,致仕。其子邦杰、孙宏相继袭职。世祖即位,封济南公。(0001 卷 150)

张荣③　元世祖至元二年(1265)任茌平(今属山东)县尹。(0730 卷 6)

张荣④　元世祖至元十七年(1280)任韶州路(治今广东韶关)总管。(1031 卷 7)

张荣⑤　元顺德(治今河北邢台)人。世祖至元二十三年(1286)任镇江路怀庆翼下百户。文宗至顺元年(1330)迁任怀庆翼上千户所弹压。(0631 卷 17)

张荣⑥　元世祖至元年间任丰县(今属江苏)知县。(0956 卷上)

张荣⑦　元世祖至元二十八年(1291)任安丘县(今属山东)主簿。(0743 卷 14)

张荣⑧　元成宗元贞二年(1296)任吴江(今属江苏)州都目。(0954 卷 17)

张荣⑨　元延祐七年(1320)任瑞州路(治今江西高安)同知。(1016 卷 14)

张荣⑩　元顺帝至正末,任秘书监丞。(0027 卷 9)

张荣⑪　元顺帝至正末,为泾州(治今甘肃泾川西北)知州。明军临城,不降而死。(0810 卷 5)

张柞　元绛阳人。张仲仪之子。顺帝至正十二年(1352)任余姚(今属浙江)知州。(0880 卷 28)

张杰①　元世祖至元十八年(1281)任瑞州路(治今江西高安)同知。(1016 卷 14)

张杰②　元成宗元贞二年(1296)任韶州路(治今广东韶关)总管。(1031 卷 7)

张杰③　元彰德(治今河南安阳)人,张政之子。武宗至大二年(1309)袭父职为镇江路真定翼副千户。四年,病死。(0631 卷 17)

张杰④　字汉臣。元滨州(今属山东)人。历任扬子县丞。顺帝至正十三年(1353)迁任于潜县尹,公正廉直。秩满,升为杭州路判官。(0158 卷 23,0872 卷 64)

张厚　元眉州(治今四川眉山)人。成宗大德年间为石门县儒学教谕。(1053 卷 13)

张威　宋元之际人。原为南宋将领,元宪宗时归降,从都元帅纽璘攻简州,为先锋。授成都路侍郎。世祖即位,受命安抚四川元、忠、绵、资等州。(0001 卷 3、4、129)

张拱　元东平汶上(今属山东)人,张克遹子。仕为常德路蒙古学教授。(0001 卷 170)

张显(？～1318)　元大都(今北京)人。仁宗皇庆元年(1312)任镇江路卫辉翼下百户。(0631 卷 17)

张昱　元沂州(治今山东临沂)人。英宗至治元年(1321)五月,以妖言惑众罪,受杖刑。(0001 卷 27)

张钦　元榆次(今属山西)人。历任冀宁路(治今山西太原)儒学教授。(0705 卷 7,0692 卷 18)

张矩　字仲方。元广平(今属河北)人。历任镇江路濂溪书院山长。(0631 卷 17)

张复　字伯阳。元建安(治今福建建瓯)人。泰定元年(1324)进士。历建宁路(治今福建建瓯)知事。官至翰林侍读学士。有《性理遗书》,今佚。(0901 卷 64、65,0904 卷 31)

张顺　元世祖至元二十六年(1289),从漳州陈机察反元起事。十一月,随陈机

察等八千人攻龙岩。福建行省遣军大破之。随陈机察等降。(0001 卷 15)

张俭　字清和。元仁宗延祐元年(1314)任榆次(今属山西)县尹,为政公正。(0705 卷 4、5、9)

张信①　元济南(今属山东)人。张炤之父。以商贾起家,赀雄于乡。太宗四年(1232),岁饥,出粟赈贷,乡人赖以全活。(0001 卷 170)

张信②　元易州定兴(今属河北)人,张柔部将。从柔伐金,攻蔡州,有功。宪宗时从伐宋,将汉军戍颍州。(0001 卷 3、147)

张信③(1248～1319)　字子诚。元东平(今属山东)人。历任弋阳县主簿、常州路录事、长兴州判官。后升为广济库提领,辞归。(0279 卷 12)

张信④　元泰定元年(1324)任昌国州(治今浙江舟山)判官。文宗至顺元年(1330)迁任浙东宣慰司都事。(0634 卷 1、2)

张信⑤　字子孚。元乐陵(今属山东)人。顺帝至正年间任满城知县。(0649 卷 30)

张俊(？～1367)　元顺帝至正十九年(1359)授洛阳宣慰使。后迁任山东行枢密院知院,守益都(治今山东青州)。二十七年,城为明军攻占,自投井死。(0001 卷 47、92,0726 卷 12,0002 卷 232)

张垕　字德修。元临沂(今属山东)人。历任上虞(今属浙江)知县,政绩显著。(0880 卷 37)

张衍　字朝佐,号颐斋。元金华(今属浙江)人。仁宗延祐年间任湖州路儒学正。仕至庆元路(治今浙江宁波)儒学教授致仕。(0890 卷 5,0050 卷 10)

张恬　字安道。元绩溪(今属安徽)人。元初授绩溪知县。后历任铅山、建德尹。(0972 卷 8,0992 卷 10)

张恪　元武宗至大三年(1310)任常山(今属浙江)知县。(0878 卷 2)

张闾　字伯高。元国子生。顺帝至正二十四年(1364)任户部员外郎。(0271 卷 1,0594 卷 12,0593 卷 13)

张炳①　字仲文、文虎。元歙县(今属安徽)人。成宗大德年间为宣城县儒学教谕。迁任徽州路紫阳书院山长。后以徽州路儒学教授致仕。卒年八十一。(0972 卷 6,0072 别附卷 2,0167 卷 33)

张炳②　元成宗大德三年(1299)任金坛县(今属江苏)主簿。(0631 卷 16)

张炤(1225～1288)　字彦明。元济南人。父信,以商贾起家,赀雄于乡。炤好学,初补吏济南,世祖至元十一年(1274),任淮西行省左右司郎中,为元军攻宋运粮饷、给战具,赞画有功。十三年,谕降扬州,传檄未下州郡,皆望风降。以功升扬州路达鲁花赤,商议行省事。十六年,病归,购书八万卷,以万卷送济南府学。二十一年,起为东昌路总管,以治最称。卒。谥敬惠。(0001 卷 170)

张洪　元沧州(今属河北)人。世祖中统间,以千户从讨李璮。至元间,从征宋,从讨叛王撒里蛮。至元十六年(1279),积功授左卫亲军副都指挥使。二十四年,扈驾征东北叛王乃颜。次年致仕。(0002 卷 166,0003 卷 99)

张洙　字宗鲁。元江阴(今属江苏)人。历任翰林编修。有诗作传世。(0146 卷 10,0504 庚下)

张洵　字子都。元栾城(今属河北)人。历任澄城(今属陕西)知县。(0806 卷 7)

张宪　字思廉,号玉笥生,元山阴(治今浙江绍兴)人。从杨维桢学诗。张士诚据吴,辟为枢密院都事。士诚败亡,变姓名寓杭州报国寺以终。有《玉笥集》。(0020 卷 285,0503 初集庚,0447 卷 4)

张祐　元覃怀人,寓居陵县(治今山东德州)。成宗大德三年(1299)由中书右司郎中出任彰德路总管。迁任浙西廉访使。入为户部尚书。八年,擢中书参政。(0001 卷 21,0762 卷 10,0745 卷 4)

张昶　元宛平(治今北京西南郊)人。元末为户部尚书,奉使于朱元璋,为元璋留用,累授参政。昶以失节,心常怏怏。后李文忠攻占杭州,执元平章长寿等至金陵,被元璋遣归元,昶乃阴托长寿等奉表于元。事发按问,昶书八字于牍曰:身在江南,心思塞北。遂被杀。(0125 卷 8,0003 卷 129,0002 卷 233)

张柔(1190～1268)　字德刚。金元之际易州定兴(今属河北)人。金宣宗贞祐间,聚众结寨,受金封官至中都留守兼本路经略使、行元帅事。元太祖十三年(1218),被蒙古军战败俘获,降于蒙古。率部为蒙古攻占河北数十城。二十年,授行军千户、保州等处都元帅。太宗四年(1232),随速不台围攻汴京(今河南开封)。五年,入汴京运走《金实录》及秘府图书。六年,从塔察儿攻破蔡州(今河南汝南),灭金。入觐太宗,以功受赐金虎符,升为万户,兼管军民。七年起,从蒙古军攻宋。参与攻枣阳、徐、邳、曹武、黄州、滁州等战。十一年,受命节制河南诸翼兵马征行事。宪宗九年(1259),从忽必烈攻鄂州(今湖北武汉武昌)。世祖至元二年(1265),献《金实录》于朝廷。三年,受任判行工部事,营建大都(今北京)。四年,封蔡国公。五年卒谥武康。仁宗延祐间,加封汝南王,改谥忠武。(0001 卷 147)

张逊①　字让甫。元渭南(今属陕西)人。历任同州(治今陕西大荔)知州。(0801 卷 26,0819 卷 16,0806 卷 7)

张逊②　字仲敏,号溪云。元吴郡(今苏州)人。善画竹,作勾勒法,绝妙当世。工诗,有《溪云集》。(0030 卷 5,0042 卷 13,0503 三集庚)

张逊③ 元归德(治今河南商丘南)人。居丧庐墓。诏旌表其门闾。(0001 卷197)

张耕 字耘夫。元真定灵寿(今属河北)人。宪宗三年(1253),忽必烈承制授邢州安抚使。时战乱之后,邢州户不满数百。耕安集流民,邢州大治。又兴铁冶,行钞币,公私两济。世祖中统二年(1261),任吏部尚书。未几,告老归。(0144 卷82,0622 卷4,0002 卷229)

张泰 元顺帝至元六年(1340)任庆元路(治今浙江宁波)判官。(0634 卷1)

张珪①(1264~1328) 字公端。自号淡庵。元易州定兴(今属河南)人。张弘范之子。元世祖至元十七年(1280),袭父职为管军万户,镇建康(今江苏南京)。十九年,率部镇压太平、宣、徽等地反元起事。二十九年,任江淮行枢密副使。成宗时历任江南行台侍御史、浙西廉访使、南台中丞。武宗时,任御史中丞。仁宗皇庆元年(1312),授枢密副使。二年,任中书平章政事,为权相铁木迭儿诬陷,受杖责,托病家居。英宗至治二年(1322),复任中书平章政事。泰定元年(1324),谒上都(今内蒙古正蓝旗东北)奏当世得失,未获采纳。封蔡国公。二年夏,病归。(0001 卷175)

张珪② 元泰安长清(今属山东)人。后卫亲军都指挥使张立之子。世祖至元中袭父职。(0001 卷165)

张珪③(?~1300) 元成宗时江西行省参政张颐孙之弟。与颐孙同谋杀颐孙养父胡制机。大德四年(1300)四月,伏诛。(0001 卷20)

张珪④ 元成宗大德八年(1304)任常山(今属浙江)县尹。(0878 卷2)

张珪⑤ 元大都(今北京)人。仁宗皇庆二年(1313)任镇江路广平翼下百户。(0631 卷17)

张珪⑥ 元仁宗延祐五年(1318)任象山(今属浙江)县尹。(0634 卷2)

张珪⑦ 元汴梁(治今河南开封)人。泰定四年(1327)任江南行台监察御史。(0632 卷6)

张珪⑧ 元文宗至顺二年(1331)任金坛(今属江苏)县尉。(0631 卷16)

张珪⑨ 元范阳(治今河北涿州)人,迁居归德(治今河南商丘县南)。张懋之孙。文宗至顺年间为高安(今属江西)县尹。擢江西行省检校。顺帝至元四年(1338)迁任江南行台监察御史。后历任淮西、江西廉访佥事。(0632 卷6,1011 卷31,1016 卷14、18,等)

张珪⑩(?~1341) 字均玉。元中牟(治今河南中牟东)人。历任岳州路(治今湖南岳阳)总管。(0791 卷3)

张珪⑪ 元河南人。顺帝至正二年(1342)任江南行台监察御史。(0632 卷6)

张珽 元堂邑县(治今山东聊城西北)人。张泰亨曾孙。颍州万户府副万户张震之子。文宗天历二年(1329),父死,袭职。(0001 卷166)

张珣 元世祖至元十六年(1279)任开化县(今属浙江)主簿。(0878 卷3)

张起 字起之。元四明(今浙江宁波)人。有诗名。(0101 卷28,0033 卷32,0081 卷13)

张恭① 元渭南(今属陕西)人。中乡试。顺帝至正中任华阴(今属陕西)县尉。(0819 卷16,0827 卷5)

张恭② 元河南偃师(今属河南)人。以兵部符署鹰房案牍,后辞职归家侍亲。事父母以孝闻,诏旌其闾。(0001 卷197)

张晋①(1294~1374) 字德昭。元滑州白马(治今河南滑县)人。历任吏、刑、工三部尚书,江浙参政、中书参政、左丞,司农大卿。顺帝至正二十二年(1362)致仕。晋明习律法,折狱平允,预朝廷大议,刚直不阿,丞相脱脱礼惮之。(0432 卷21,0643 卷6,0872 卷9)

张晋② 元顺帝至正十八年(1358)为中书参政,分省山东。尝劾丞相太不花之子寿童不进兵。太不花奉旨总军至山东,以晋馈运不前断遣之。二十五年,任中书左丞。(0001 卷113、141)

张莹(1302~?) 号梅间。元人。从刘诜学。工诗,善书法。(0294 卷4、6、7、10)

张真① 元世祖至元二十四年(1287)任慈溪县(今属浙江)主簿。(0633 卷3)

张真② 元仁宗皇庆中任柏乡(今属河北)县尹,有善政。(0645 卷4、24)

张真③ 元人。幼育于临海(今属浙江)陈氏。顺帝至正末,明兵入城,真抱主人幼子出,遇军卒,胁令弃之,不从,身被数刃而死。(0075 氏族典卷247)

张桓 字彦威,元真定藁城(今属河北)人。由国子生登进士第,授白马县丞,补中书掾。仕至陕西行台监察御史,以言事不合去。顺帝时避兵确山(今属河南),为红巾军所杀,年四十八。赠礼部尚书,谥忠洁。(0001 卷194,0103 卷4下,0506 卷6697)

张桢(?~1367) 字约中。元汴梁(治今河南开封)人。顺帝元统元年(1333)进士,授彰德路录事。辟河南行省掾。后任高邮县尹,门无私谒,打击豪强。至正八年(1348),授监察御史,弹劾太尉阿乞剌欺罔之罪及别儿怯不花阿附权奸;不听。及红巾军毛贵部攻占山东郡县,上疏陈十祸,言根本之祸有六:轻大臣、解权纲、事安逸、杜言路、离人心、滥刑狱,征讨之祸有四:不慎调度、不资群策、不明赏罚、不择将帅。奏疏,不省,权臣恶其讦直。二十一年,任山南道廉访司佥事,劾中书参政也先不花、枢密副使脱脱木儿等弄权误国,不报,乃辞官隐居。二十四年,扩廓帖木儿将辅皇太子入讨孛罗帖木儿,遣使访以时事,桢复书答之,深受采纳。后三年卒。(0001 卷 186)

张桐 字子华。元燕人。世祖中统元年(1260)为燕京行省左右司员外郎。(0144 卷 80)

张彧 元成宗初年为浙西某县知县,被诬以赃,狱成。大德二年(1298),浙西廉访使田滋重审此案,平反其冤。遂得释。(0001 卷 191)

张础(1232～1294) 字可用。元真定(治今河北正定)人。元初真定劝农官张范之子。初业儒。宪宗六年(1256),被廉希宪荐于忽必烈。九年,从忽必烈攻宋,起草征发军旅文檄。世祖即位(1260),权中书左右司事。后历任彰德路拘榷官、平阳路同知转运使、东平府同知等职。至元十四年(1277),任浙西安察副使。劾罢贪暴之宣慰使失里,招降遂安县反元队伍。后历任广西按察使、安丰路总管。卒于官。追封清河郡公,谥文敏。(0001 卷 167)

张辂 字行素,号庄溪。元仁和(治今杭州)人。隐居不仕,有诗作传世。(0504 辛上)

张振① 元世祖至元十二年(1275)任丹阳县(今属江苏)达鲁花赤。十四年,改任金坛县(今属江苏)达鲁花赤。十五年,迁任丹徒(治今江苏镇江)知县。(0631 卷 16)

张振② 元东平汶上(今属山东)人,张克通子。仕为秘书著作郎。(0001 卷 170)

张致(?～1216) 锦州(今属辽宁)人,张鲸弟。元太祖时随鲸归降,鲸被杀后,举兵据锦州反,称汉兴皇帝,改元兴龙,攻占兴中府(治今辽宁朝阳)。不久为元军所败,被擒杀。(0001 卷 1、120、147 等)

张监(1281～1370) 字天民,号鹤溪。元金坛(今属江苏)人。张经之父。顺帝至正年间,避战乱移居荆溪,工诗,有诗作传世。(0504 己下,0033 卷 21,1072 卷 21、53)

张晏 字彦清。元邢州沙河(今属河北)人。张文谦之子。历任刑、吏部郎中,大司农丞。成宗元贞元年(1295)授集贤侍读学士。升集贤学士兼枢密院判官。累迁为陕西行御史台中丞。英宗至治元年(1321)归老。卒,谥文靖。(0146 卷 37,0001 卷 157,0002 卷 157)

张勖 元保定(今属河北)人。居丧庐墓。诏旌表其门闾。(0001 卷 197)

张铖 元顺帝至正二十三年(1363)任杭州路推官。(0573 卷 2)

张铉 字用鼎。元浮光(今河南息县西南)人。历任奉元路学古书院山长。顺帝至正初,修成《至正金陵新志》十五卷。(0632 卷首)

张铎① 元(今属山东济南)人,张福子。仕为东昌录事判官。(0001 卷 182)

张铎② 字宣卿,一字仲宣,号黄台野客,元人,张起岩祖。历任东昌录事判官。工书法,得黄庭坚、米芾笔法。(1143 第 888 页)

张旂 号方山。元绩溪(今属安徽)人。世祖至元二十三年(1286),举授广德路(治今安徽广德)儒学教授。后致仕归。有诗作传世。(0972 卷 6,0992 卷 9、10,0504 己上)

张悌① 元世祖至元年间任奉化(今属浙江)县丞。(0633 卷 3)

张悌②(1280～1327) 字信甫,号无为子。元象山(今属浙江)人。早年从方士游,后弃家入五当山紫霄宫。(0154 卷 11,0892 卷 16,0062 卷 56)

张益① 字子寿,元西河(治今山西汾阳)人。泰定元年(1324)左榜进士第一,授翰林修撰。文宗时,任内台监察御史,弹劾四川平章钦察台。官至国子司业。((0001 卷 29、35、81,0622 卷 21,0075 文学典卷 90)

张益② 字子安。元大名(今属河北大名)人。文宗天历元年(1328)任江南行台监察御史。(0233 卷 7,0632 卷 6)

张淑 元武宗至大元年(1308)任秘书监典簿。(0027 卷 9)

张涛 元世祖至元十一年(1274)任高陵县(今属陕西)知县。(0816 卷 4)

张涉 元汝宁(治今河南汝南)人。仁宗延祐元年(1314)任秘书监知印。(0027 卷 11)

张浩 元成宗时,任福建行省都镇抚。大德元年(1297),奉命与福州新军万户张进征琉球(今台湾),擒生口一百三十余人。(0001 卷 210)

张浚 元人。有诗作传世。(0504 癸下)

张宽① 字子裕。元舞阳(今属河南)人。举进士,授国子伴读。顺帝至元初为武陟县尹。至正间迁任沔阳知府,有廉能声,值岁涝,民不聊生,即请于朝,给粟赈恤,一郡之民赖以生全。累官为都水屯田使,名冠当时。(0001 卷 39,0622 卷 30、66,1045 卷 16)

张宽② 元顺帝至正年间任夏津(今属山东)县尹。(0730 卷 6)

张祯① 字善夫。元世祖至元十七年(1280)任芜湖县尹。(0580 卷 5)

张祯② 元世祖至元三十年(1293)任江南行台监察御史。(0632 卷 6)

张祯③ 元保定(今属河北)人。泰定元年(1324)任祁门(今属安徽)县尹。

(0972 卷 4)

张祥 元顺帝至正二年(1342)进士。历任邵武县尹,为官清廉。(0923 卷 12)

张谅① 元世祖至元二十五年(1288)任江南行台监察御史。有以军船载苇者,谅诘之,知为行省官所使,诣省城扬州覆实。行省丞相忙古台盛怒,对江南行台大肆报复。后逮捕中丞刘宣及御史六人,迫死刘宣。(0001 卷 168)

张谅② 元至大四年(1311)任吴江(今属江苏)州同知。(0954 卷 17)

张谊① 元成宗大德二年(1298)任丹阳县(今属江苏)主簿。(0631 卷 16)

张谊② 字叔方。元钱塘(治今浙江杭州)人。张雨侄。顺帝至正年间,中乡试,便宜授松江府儒学正。后历任湘潭州税务大使。(0444 卷 2,0234 卷 2)

张恕(1271～1343) 字如心。元浦江(今属浙江)人。以荐为武陵县(治今湖南常德)儒学教谕。后迁任东阳县(今属浙江)、庆元县(今属浙江)儒学教谕。所至士风大变。后以母老辞归。(0411 卷 49,0072 卷 49)

张翀 字鹏举。元真定(治今河北正定)人。历任广东帅府都事。(0190 前集卷 5、8)

张碧 字景耜。元襄垣(今属山西)人。中乡试。历任汴州同知。(0691 卷 9,0698 卷 8)

张琏 元山东人。历任新昌县(今属浙江)主簿。(0880 卷 28)

张理① 字道元。元满城(今属河北)人。元初为宜阳县尹。(0649 卷 34)

张理② 字仲纯。元清江(今属江西)人。历任泰宁县儒学教谕、勉斋书院山长。仁宗延祐中任福建儒学副提举。著有《大易象数钩深图》三卷,《易象图说》六卷。(0002 卷 235,1024 卷 7,0275 卷 6)

张理③(?～1329) 元真定(治今河北正定)人。英宗至治二年(1322)任镇江路真定翼下百户。(0631 卷 17)

张理④ 字伯雅。元德兴人。顺帝至正十二年(1352)献其先世浸铜要略于朝,授兴利场官,使董其事。(0438 卷 4)

张理⑤(1304～1372) 字玉文。元安仁(治今江西余江东北)人。顺帝至正中聚集乡兵卫乡里。后降明,历任黟县、漳浦知县。(0411 卷 10,0072 卷 93)

张基 元世祖至元六年(1269)任昌国州(治今浙江舟山)同知。(0634 卷 2)

张著(1224～1292) 字仲明,号蒙溪。元襄陵(治今山西襄汾西北)人。沈潜理学,家居讲授。世祖中统元年(1260)举为潞城县主簿,次年辞归。至元二十二年(1285),以荐授平阳路儒学教授。有诗作传世。(0144 卷 60,0710 卷 9、17,0504 甲)

张萃 元世祖至元年间任潍州知州。(0727 卷 2)

张彬① 字文质。元益都(治今山东青州)人。世祖至元间任镇江路大司农司都事。(0631 卷 17)

张彬② 元仁宗皇庆元年(1312)为工部员外郎。(0001 卷 64)

张彬③ 元泰定二年(1325)任江南行台侍御史。(0632 卷 6)

张彬④ 元文宗至顺元年(1330)任奉化(今属浙江)州判官。(0634 卷 2)

张梓 元镇江路茅山书院山长。(0631 卷 17)

张雩 字志道。元沂州费县(今属山东)人。历任临川(今属江西)县尉。(0212 卷 35)

张辅① 元霸州保定县(治今河北霸县南)人。张荣实次子水军万户张玉之子。世祖至元二十五年(1288),父死,袭职为万户。(0001 卷 166)

张辅② 元顺帝至元三年(1337)任定海(治今浙江宁波镇海)县尹。(0634 卷 2)

张辅③(?～1357) 元铜鞮(治今山西沁县)人。顺帝至正间任陵川(今属山西)县尹。十七年(1357),反元队伍攻占城,逼其降,不屈,具公服坐厅堂,遂被杀。(0001 卷 45,0622 卷 21,0002 卷 232)

张堂 字仲豪。元漳德(治今河南安阳)人。世祖至元二十年(1283)至二十三年,任镇江路经历。成宗元贞元年(1295),累迁为江南行台监察御史。(0631 卷 15,0632 卷 6)

张野① 元仁宗延祐七年(1320)任江南行台治书侍御史。(0632 卷 6)

张野② 元英宗时,任礼部尚书。至治二年(1322),与议南郊祀事。(0001 卷 72)

张野③ 字野夫,号古山。元邯郸(今属河北)人。历任翰林修撰。工诗余,有《古山乐府》二卷。(0329 卷首,0504 乙)

张崇① 元成宗大德中为高陵(今属陕西)县尹,有善政。(0816 卷 4,0721 卷 20)

张崇② 元武宗至大二年(1309)任江南行台监察御史。(0632 卷 6)

张崇③ 字彦高。元东平(今属山东)人。有诗作传世。(0506 卷 7962,0504 戊上)

张赈 元武宗至大元年(1308)任秘书监

著作佐郎。(0027 卷 10)

张铨 元临城(今属河北)人。文宗天历元年(1328)任丹阳(今属江苏)县尹。(0631 卷 16,0645 卷 5)

张敏① 元益都(治今山东青州)人。元初为丹徒(治今江苏镇江)县尉。(0631 卷 16)

张敏② 字月山,元富平(今属陕西)人。明礼部尚书张纨之父。泰定四年(1327)进士,授解州判官。调任闻喜县尹,有惠政。历陕西行省郎中。顺帝至正四年(1344)任陕西行省儒学副提举。有《月山集》,今佚。(0691 卷 8,0801 卷 26,0823 卷 6、7,0262 卷 3)

张敏③ 字仲元。元镇江路行通政院提控令史。(0631 卷 17)

张康 字汝安,号明远。宋元之际湘潭(今属湖南)人。通术数。宋吕文德、江万里、留梦炎皆推重之,辟置幕下。宋亡,隐居衡山。元世祖至元十四年(1277),应召至大都。次年夏,至上都(今内蒙古正蓝旗东北)见帝。帝亲试其所学,大验,授著作佐郎。后帝欲复征日本,命康以术数推之;奏曰举兵不利。帝从之。二十五年,迁任秘书监丞。年五十六卒。(0001 卷 203)

张率 字孟循。元安仁(治今江西余江东北)人。师事李存。顺帝至正二十七年(1367)为嘉定知州。(0928 卷 4,0071 卷 93)

张焕① 元世祖时,任同知上都留守司事。至元十一年(1275),奉命赴高丽册王愖为高丽国王。(0001 卷 8)

张焕② 元济源(今属河南)县丞,廉介不苟,吏畏民服,尽革宿弊。(0622 卷 28,0765 卷 8,0761 卷 25)

张清 元人。有诗作传世。(0504 辛上)

张淑 元通州(今北京通县)人,张础子。仕为卫辉路推官。(0001 卷 167)

张渊① 元真定(治今河北正定)人。张文瑞之子。仁宗延祐年间任浚州知州。(0645 卷 5)

张渊②(1264～?) 字清夫,号用拙道人。元吴江(今属江苏)人。历任征东行省儒学提举。年七十七犹在世。工书法,学赵孟頫。有诗作传世。(0124 卷 3,0504 丙,0042 卷 7)

张淳 元清州(治今河北青县)人。早孤。善轧筝。仁宗时授玉宸院判官。迁任仪凤司少卿。(0501 卷 70)

张强 字惟健。元历城(治今山东济南)人。张养浩长子。好古文物。善草隶书。卒年二十二。0254 卷 1、6、10)

张维 元世祖至元二十九年(1292)任溧水(今属江苏)县尹。(0632 卷 6)

张琪 元世祖至元五年(1268)为千户,阆东夔州路安抚使军民元帅杨文安之部将。是冬,奉文安遣,与千户马才率军攻略达州(治今四川达县),擒宋将范伸、王德、解明等。(0001 卷 161)

张琳① 金元之际人。金末,归附宋,为宋京东安抚使。元太祖十六年(1221)降于蒙古,授沧景滨棣等州行都元帅。二十一年,李全攻占益都,执琳送宋楚州。(0001 卷 1、119,0014)

张琳②(?～1326) 元河间(今属河北)人。成宗元贞二年(1296)任镇江路真定翼下百户。(0631 卷 17)

张琦 母刘氏,故又作刘琦。元岳州临湘(今属湖南)人。生二岁而母刘氏遭乱陷于兵。稍长,思母不止。及冠,往求其母,遍历河之南北、淮之东西,数岁不得。后求得于池州贵池,迎以归养。其后十八年而母死,终丧犹蔬食。诏旌表其门曰"孝义"。(0001 卷 198)

张琰 元世祖至元二十三年(1286)任开化县尹。(0878 卷 2)

张琮 金元之际琅琊临沂(今属山东)人。元世祖时中书参政张雄飞之父。仕金,金末守盱眙。金人疑之,罢其兵柄。徙居许州。寻复命守河阴,仍留家人于许州。金亡,不知所终。(0001 卷 163)

张琛 元解州(治今山西运城西南)人。居丧有至行,庐居墓旁,负土为坟。有司请于朝,诏表异之。(0001 卷 197)

张博 字文伯。元人。有诗作传世。(0504 辛下)

张喜 元世祖至元十七年(1280)任江山(今属浙江)县尉。(0878 卷 3)

张楧(1260～1325) 字仲实,号菊存。元钱塘(治今浙江杭州)人。以荐授杭州路儒学录。后历任江阴州儒学正,宜兴州、平江路儒学教授,广德县主簿。仕至两淮盐运司知事。工诗,当世名士多与之交游唱和,戴表元、牟巘、方回为其诗稿作序、跋。有诗作传至今。(0182 卷 24,0504 甲、己下,0072 卷 80,等)

张栋① 元世祖至元中任嵊(今属浙江)县尉。(0880 卷 28)

张栋② 元顺帝至正二十六年(1366)汉南人左榜进士一甲第一名。(0001 卷 47、92)

张棣 字士仪。元顺帝至正七年(1347)任安肃州同知。(0649 卷 30)

张惠①(1224～1285) 字廷杰。元成都新繁(治今四川新都西北)人。宋尚书右仆射张商英后裔。元太宗八年(1236),蒙古军攻四川,被俘至漠北。居数年,通蒙古语及诸国语。后入侍忽必烈王府,受赐蒙古名兀鲁忽讷特。世祖即位(1260),授燕京宣慰副使。历任中书参政、制国用副使、尚书参政、中书左丞、右丞。至元十二年(1275)夏,奉旨主持伯颜攻宋军饷。十三年春,宋恭帝降,入临安(今杭州)城,按阅府库版籍,收景灵宫礼乐器物册宝等。选取江南工匠十余万。十九年,阿合马死,罢任。二十年,任江淮行省平章政事。(0001 卷167)

张惠② 元成宗大德六年(1302)任吴江(今属江苏)州判官。(0954 卷17)

张雄 元大都(今北京)人。世祖至元十三年(1276)以管军千户兼镇江路录事。(0631 卷16)

张雯(1293~1356) 字子昭。元吴县(治今苏州)人。家居著书,不求仕进。有诗作传世。(0279 卷12,0075 文学典卷86,0504 辛上)

张揖 字叔让。元顺帝至正末任秘书监典史。(0027 卷11)

张揆 元东平汶上(今属山东)人,张克遹子。仕为中书省左司都事。(0001 卷170)

张辉 元成宗大德九年(1305)任秘书监辨验书画直长。武宗至大元年(1308)迁任秘书监令史。(0027 卷10、11)

张鼎① 自辅之,号淡然。金元之际济阳(今属山东)人。金哀宗正大八年(1231)辞赋科进士。历任省掾、郡倅。金亡,未及大用而卒,年五十余。(0178 卷14)

张鼎② 字君宝。元高陵(今属陕西)人。世祖中统二年(1261)权高陵县丞。(0816 卷4、5,0801 卷26)

张鼎③ 元世祖时,从大将阿里海牙伐宋,仕郎中之职,入江陵城招降。授鄂州总管府达鲁花赤,升行省参知政事。至元十五年(1278),改湖北道宣慰使。(0001 卷8、9、10)

张程 元人。有诗作传世。(0504 辛下)

张傃 字行甫。元北燕(治今河北涿鹿西南)人。历任平阳路判官,坐事去职。卒年五十七。(0144 卷16、17)

张效 字士仪。元广平(今属河北)人。顺帝至正十八年(1358)任秘书监典吏。后升为令史。(0072 卷11)

张惩 元仁宗延祐二年(1315)任江南行台监察御史。(0632 卷6)

张斌① 元世祖至元二十年(1283)为管军总把,从征占城国(今越南中、南部)。(0001 卷210)

张斌② 元广平(今属河北)人。成宗大德十年(1306)任溧水(今属江苏)州判官。仁宗延祐七年(1320)任丹徒(治今江苏镇江)知县。(0631 卷16,0632 卷6)

张庸①(? ~1368) 元温州(今属浙江)人。精术数。顺帝时授福建行省员外郎,入为秘书少监,升将作院同佥、刑部尚书。元末守房山,被明军擒杀。(0001 卷196)

张庸② 字惟中。元慈溪(今属浙江)人。元末,方国珍据四明(今浙江宁波),署为上虞县书院山长,弃去。入明不复出,自号全归处士。有《全归集》七卷。(1075 卷5)

张翔 字雄飞。元河西(西夏故地)人。仁宗延祐二年(1315)进士。历任陕西行台监察御史。顺帝至元元年(1335)改任江南行台监察御史。二年,升为都事。三年,迁任浙东廉访司都事。后改任湖南廉访司佥事。能诗,许有壬为其诗集(今佚)作序。有诗作传世。(0251 卷5,0504 丙、丁,1104 卷4)

张温 元泰安长清(今属山东)人,张立之子。以世爵为千户,加授右卫亲军总管,佩虎符。(0002 卷166)

张渥 字叔厚,号贞期生。元淮南人,寓居杭州。博学明经,屡次应试不利。工诗。善画白描人物。(0517 卷3、6、7,0030 卷5,0503 三集庚,等)

张滋 元燕京宛平(治今北京西南郊)人。张九思之父。元初为蓟州节度使。(0001 卷169)

张谨① 元隐士。顺帝至正三年(1343),诏征召入朝。(0001 卷41)

张谨② 字君锡,号玉溪。元河南人。顺帝至正年间任云南廉访副使。(0851 卷9)

张谨③ 字庭美。元保定(今属河北)人。历任翰林待制。(0506 卷3528)

张裕①(1223~1291) 字仲容。元滏阳(治今河北磁县)人。历任滏阳、成安、沙河、邢台、武清诸县尹。世祖至元十六年(1279)改任清州同知。二十三年,升为西京路判官。二十八年,升宿州知州。是年卒。(0210 卷17)

张裕② 元文宗至顺三年(1332)任青阳(今属安徽)县尹。(0996 卷5,0986 卷4)

张裕③ 元顺帝至正二十八年(1368)任中书参知政事。(0001 卷113)

张裕④ 元汴梁(治今河南开封)人。居丧庐墓。诏旌表其门闾。(0001 卷197)

张谦① 字受益,号古斋。元济南人。收藏古文物甚富,以博古称。世祖至元年间历任江浙省掾、检校。成宗大德中累迁为秘书监丞。有诗作传世。(0240 卷3,0167 卷26,0504 甲)

张谦② 元世祖至元十二年(1275)为太常寺检讨。(0001 卷74)

张谦③ 元世祖至元二十九年(1292)任金坛(今属江苏)县尹。(0631 卷16)

张谦④ 元世祖至元二十九年(1292)任

衢州(今属浙江)路知事。(0878 卷 3)

张谦⑤　元武宗至大元年(1308)三月任秘书郎,八月改任著作佐郎。三年,升为秘书监丞。(0027 卷 9、10)

张谦⑥　字文益。元高唐(今属山东)人。顺帝至正六年(1346)任安丰路(治今安徽寿县)总管。(0977 卷 6,0976 卷 5)

张谦⑦　元筠阳人。有诗作传世。(0504 己上)

张弼①　字公辅。金元之际馆陶(治今山东冠县北)人。金末聚众自保。元太祖十五年(1220)降于严实。后积战功授右副元帅。(0553 卷 21,0721 卷 31)

张弼②　元开平(今内蒙古正蓝旗东北)人,家殷富。仁宗时因杀人系狱,贿赂丞相铁木迭儿缓其罪。朝臣以此攻击铁木迭儿,罢其相位。(0001 卷 179、205)

张登　元汜水(治今河南荥阳西北)人。元末为河南省掾。明军北伐,登退隐南山,不复出仕。(0762 卷 4,0781 卷 5)

张翚　元东昌(治今山东聊城)人。居丧庐墓。诏旌表其门闾。(0001 卷 197)

张缉(?~1355)　字士明。元益都胶州(今山东胶县)人。顺帝至正七年(1347)中乡试,由泽州儒学正转泰州幕职。后弃职养亲,居扬州。扬州兵乱,因保护母亲姬氏被杀。(0001 卷 198)

张瑞　历任元徽州路经历。泰定元年(1324)迁任庆元路(治今浙江宁波)推官。(0634 卷 1,0972 卷 4)

张瑜①　金元间狼川人。元太祖十四年(1219)任木华黎所建燕云行省右司郎中。太宗二年(1230)十一月,授东平征收课税使。(0001 卷 2,0021 卷 1)

张瑜②　字伯玉。元顺德(治今河北邢台)人。世祖至元十八年(1281)任镇江路提控案牍。(0631 卷 15)

张瑄①　元世祖至元中,任徽州路知事。(0972 卷 4)

张瑄②(?~1303)　宋元之际嘉定(今属上海)人。南宋末。与朱清结为兄弟,为盗海上。元世祖至元十二年(1275),受元军招降,授行军千户。后升管军总管。十七年正月,升沿海招讨使。十九年,与朱清等浮海运粮四万余石至大都(今北京)。二十三年,改授海运万户。二十八年,领海道都漕运万户府事。成宗元贞二年(1296),授江西行省参政。大德七年(1303),以行贿等罪被处死。(0001 卷 11、14、16~23、93 等,0003 卷 113)

张献　字时举。元定州(今属河北)人。历任江阴(今属江苏)知州,整顿学校,重农桑,令行政举。(0930 卷 11,0925 卷 22)

张椿①　元抚州崇仁县(今属江西)人。成宗大德二年(1298)二月,崇仁县辛陂村有星陨于地,为绿色陨石。椿以状闻。(0001 卷 50)

张椿②　元末北琐红巾军将领。顺帝至正中,从王权反元起事于邓州。至正十二年(1352)二月,与王权攻破沣州。(0001 卷 42)

张楫①　金元之际临潢全州(今内蒙古翁牛特旗)人。初仕金为商州南仓使,元太宗四年(1232),籍其民来降。授监榷北京等路赋课,改北京都转运使。(0001 卷 167)

张楫②　字汝济。元世祖至元中,任镇江路行大司农司令史。(0631 卷 17)

张楫③(1238~1304)　字仲济。元邠州三水(治今陕西旬邑北)人。历任安西路(治今陕西西安)千斯仓副使、转运司丰济库副使、兴元路(治今陕西汉中)行用库使。(0181 卷 6)

张楫④　元成宗大德八年(1304)任瑞州路(治今江西高安)推官。(1016 卷 14)

张楫⑤　元香河(今属河北)人。仁宗皇庆二年(1313)任柏乡(今属河北)县尹。(0645 卷 4、24)

张楫⑥　号容斋。元东平(今属山东)人。仁宗延祐初,任徽州路(治今安徽歙县)总管。(0236 卷 3、16,0972 卷 4)

张槸(1280~1330)　字君材。元永丰(今属江西)人。工诗,吴澄尝为其诗稿作序。(0212 卷 85、23,0075 文学典卷 90)

张颐①(1303~?)　字以养。元恩州(治今山东武城东北)人。居于大都(今北京)。顺帝元统元年(1333)进士,授太常礼仪院院祝。官至国子祭酒。(0028 卷上,0745 卷 4,0730 卷 7)

张颐②　元顺帝至正十一年(1351)任衢州(今属浙江)路照磨。(0878 卷 3)

张鉴　元成宗元贞元年(1295)任丹阳县(今属江苏)主簿。(0631 卷 16)

张策　字公略。元沧州乐陵(今属山东)人。官至河南廉访司佥事。(0644 卷 22,0075 氏族典卷 247)

张简　元世祖时,任宝泉提举。至元三十年(1293),与子乃蛮带、张知微告御史中丞崔彧受贿及不法诸事,案验不实,系狱庾死。其子皆受杖除名。(0001 卷 173)

张廓　元人。有诗作传世。(0504 丁)

张裔　字朝宗,元人。能真、草书。(0031)

张煜　字仲华。元镇江(今属江苏)人。历任镇江路医学正。(0631 卷 17)

张溥　元余姚(今属浙江)人。历任嘉

兴路经历。有诗作传世。(0504 庚上,0033 卷 28,0559 补遗)

张源 字孝夫。元风宪官。(0413 卷 5)

张福① 元济南人,张迪子。仕为济南路军民镇抚兵钤辖、权府事。(0001 卷 182)

张福② 元人。有诗作传世。(0504 己下)

张翥① 元世祖至元年间,任镇江路行大司农司宣使。(0631 卷 17)

张翥②(1287~1368) 字仲举。元晋宁(治今山西临汾)人。父为吏,从征宋,留居江南。翥少时从李存研习陆学,后又从仇远学诗。顺帝至正初,召为国子助教,分教上都(今内蒙古正蓝旗东北)生。未几,任翰林国史院编修官,参与修辽宋金三史。史成,历应奉、修撰、太常博士、礼仪院判官。累迁为翰林侍读学士兼国子祭酒。长于诗,近体、长短句尤工。有《蜕庵集》。(0001 卷 186)

张翥③ 元顺帝至正六年(1346)任兴平(今属陕西)县尹。(0554 卷 26)

张翥④ 字图南。元顺帝至正中,任同州(治今陕西大荔)知州。(0806 卷 7,0250 卷 5、13、26)

张翥⑤ 历任元吉州路(治今江西吉安)总管,镇压龙泉县(治今江西遂川)反元队伍有功,升为广东廉访使。(0622 卷 56)

张暠 元世祖至元十二年(1275),阿合马奏立诸路转运司,授转运使。(0001 卷 205)

张铼 字孟洪。元绩溪(今属安徽)人,张旂之子。授紫阳书院山长。后历任江阴州、建德路儒学教授。(0972 卷 8,0973 卷 7,0992 卷 10)

张儆 字克礼。元三原(今属陕西)人。历任御史台照磨。顺帝至元五年(1339)迁任南台御史。擢云南廉访司佥事,丁忧归。服阕,起为四川廉访佥事。顺帝至正十一年(1351)由湖南廉访副使调任江浙行省郎中。(0632 卷 6,0803 卷 5,0801 卷 26)

张翌(1236~1302) 字达善。宋元之际导江(治今四川灌县东)人。蜀亡,乔寓江东,于台州上蔡书院受业于王柏,研究程朱理学。元世祖至元中,受聘为江宁学官,远近从学者甚众。夹谷之奇等出其门下。著有《经说》及文集。(0001 卷 189)

张韶 元道州人,以明《易经》举于乡。仕至海北海南道宣慰司都元帅府佥事。(0622 卷 65)

张端① 元涿州(今属河北)人。父君锡,顺帝至正间任平阳(今属浙江)州判。方明善破平阳,执君锡,沉之于江。端抱父,俱沉死。(0075 氏族典卷 247)

张端②(?~1383) 字希尹,号沟南。元江阴(今属江苏)人。以荐授绍兴路和靖书院山长。历任海盐州判官、江浙行枢密院都事。工诗,有《沟南漫存稿》。(0162 卷 6、20,0503 初集已,0048 卷 5)

张演(1231~1301) 元南宫(今属河北)人。历任瑞昌、溧阳、义乌三县主簿。(0154 卷 12,0881 卷 12)

张震① 元高唐(今属山东)人。世祖中统初,为广宗(今属河北)县尹。(0665 卷 5)

张震②(?~1329) 元堂邑(今山东聊城西)人,张泰亨孙。世祖时,袭祖、父军职,授金符、昭信校尉、管军上千户。仁宗延祐五年(1318),升武节将军,颍州万户府副万户。(0001 卷 166)

张震③ 字威亨。元安肃(治今河北徐水)人。历任真州(治今江苏仪征)知州。(0649 卷 34,0955 卷 5)

张暹 字德昭。元浚州(治今河南浚县)人。顺帝至正年间官至刑部尚书,告老归。(0772 卷 1)

张颙 元世祖至元二十年(1283)为万户,从唆都征占城(今越南中、南部)。(0001 卷 210)

张镕 号云心。元常州(今属江苏)人。世祖至元二十年(1283)任丹徒县(治今江苏镇江)主簿。(0631 卷 16)

张稷 元人。有诗作传世。(0504 辛下)

张暤 元人。有诗作传世。(0504 辛下)

张德①(?~1328) 元文宗天历元年(1328)为襄阳县主簿。是年十一月,反文宗之陕西军攻入襄阳,襄阳路官皆遁,德不走。陕西军执之使降,不屈而死。(0001 卷 32)

张德② 元末为襄阳县主簿,铁木哥兵入城,与县尹谷廷珪同被执,皆不屈而死。(0002 卷 233,0075 官常典卷 733)

张德③ 元人。善刻碑。成宗大德二年(1298)刻王恽拜奠宣圣林墓碑。(1143 卷 872)

张衡 字士衡。元乐陵(今属山东)人。历任中书左司员外郎,后辞归。能画。善书法,草书学张旭。(0030 卷 5,0031 卷 7)

张衜 字应朝。元泰定年间任高唐(今属山东)知州。(0723 卷 5,0730 卷 6)

张颜 元霸州保定县(治今河北文安西北)人。张荣实长子。世祖中统元年(1260),奉旨代父为霸州七处管民万户。(0001 卷 166)

张毅 字彦弘。元洛阳人。成宗大德十年(1306)任绩溪县(今属安徽)知县,有

善政。泰定四年(1327),官至江浙行省参政。(0501 卷 31,0622 卷 16,0972 卷 4)

张潜　元英宗至治元年(1321)任瑞州路(治今江西高安)儒学教授。(1016 卷 14)

张澍　元世祖至元十三年(1276),由户部尚书拜北京行省参知政事。十五年,受命按治江淮省臣阿里伯、崔斌盗官粮之狱。(0001 卷 9、176)

张潩　元顺帝至元二年(1336)任绍兴路推官。(0880 卷 27)

张履　字维则。元芦台(今天津宁河)人。世祖中统二年(1261)至至元十四年(1277),任益都路提举学校官。(0607 三辑 28 册《光绪临朐县志》九卷下)

张遹　元顺帝至正二年(1342)任秘书监译史。(0027 卷 11)

张璞　元松江(今属上海)人。有诗作传世。(0504 戊上)

张融　元世祖至元十六年(1279)诉西京军户和买和雇,有司匿所给价钞。诏罪有关官吏。以融为侍卫军总把。(0001 卷 10)

张昙　元平州(治今河北卢龙)人。张升弟。受业于滕安上。安上卒,弃官奔丧,时论高之。(0002 卷 187,0003 卷 136,0072 卷 91)

张镄　元人。有诗作传世。(0504 癸下)

张翱　字云翔。元中原人。顺帝至正十七年(1357)进士。二十六年以吏部尚书经营岭南广西。二十七年(1367)至广西会议军务。二十八年,兵败,明军追至,投水自尽于梧州。有诗作传世。(0506 卷 2342,0075 官常典卷 735,0504 丁)

张鲸(? ~1215)　锦州(今属辽宁)人。元太祖九年(1214),杀金锦州节度使,自立为临海王,来降。奉命总北京十提控兵伐金,称病逗留复出逃,被监军石抹也先追杀。(0001 卷 1、150 等)

张禧(1217 ~1296)　元东安州(治今河北安次西)人。张仁义之子。年十六,从阿术鲁攻徐州、归德。后从察罕攻寿春、安丰、庐、滁、黄、泗等地,皆有功。宪宗九年(1259),从忽必烈攻鄂州。世祖即位(1260),授新军千户。中统三年(1262),从征李璮。宋将夏贵袭取蕲县、宿州等城,禧移兵攻之,贵走,尽复诸城。至元元年(1264),升管军总管。三年,击败吕文焕,收复均州。四年,改水军总管。五年,从攻襄樊。十年,献破樊、襄计,行省用其计乃破樊城,降襄阳。升水军万户。十二年,败宋军于丁家洲,从阿术与宋将姜才战。十三年,从下温、台、福建。十六年,升招讨使。十七年,授都元帅。次年,从范文虎等征日本,败归。(0001 卷 165)

张懋(1218 ~1280)　字子美。元涿州范阳(治今河北涿县)人。张子良之子。世祖至元元年(1264),宣授泗州军总把。七年,擢济南诸路新军千户。九年,从攻襄樊有功。十一年,从伯颜征宋。十三年,以功升泗州安抚司达鲁花赤。次年,授同知淮西道宣慰司事。十六年,改任吉州路总管。。追封清河郡侯,谥宣敏。(0001 卷 152)

张镛　元晋宁(治今山西临汾)人。顺帝至正间任首阳书院山长。(0696 卷 3,0700 卷 8 上)

张镃①　字文焕,号慵庵。元东平(今属山东)人。世祖至元十八年(1281)任太平路(治今安徽当涂)治中,秩满,即定居于当涂。(0982 卷 6,0925 卷 46,0580 卷 5)

张镃②　元下蔡(治今安徽凤台)人。居丧庐墓。诏旌表其门闾。(0001 卷 197)

张徽(? ~1230)　元镇江路丁角税使司大使。(0631 卷 17)

张翼①(? ~1230)　元太宗二年(1230)为监军,与征行万户移剌买奴奉命攻高丽花涼城,战死。(0001 卷 149)

张翼②　元世祖至元十四年(1277)任高陵(今属陕西)知县。(0816 卷 4)

张翼③　字翔南。元明之际建德(今属浙江)人,迁居嘉兴。顺帝至正二十五年(1365)中乡试,补甬东书院山长,不就。明处入礼局,事毕遣归。有诗作传世。(0891 卷 6,0895 卷 14,0033 卷 27)

张翼④　字飞卿。元栾城(今属河北)人。成宗大德年间,任深泽县(今属河北)主簿。(0649 卷 30)

张翼⑤　元邳州(治今江苏睢宁西北)人。仁宗延祐四年(1317)任丹徒县(治今江苏镇江)主簿。(0649 卷 30)

张翼⑥　字君辅。元镇江(今属江苏)人。张元珪之子。历任镇江路医学正、医学教授。(0631 卷 17、19)

张璪　字公弁。元易州(治今河北易县)人。登进士第。历任山西廉访副使。官至集贤大学士。善篆书。有诗作传世。(0031 卷 7,0649 卷 10,0504 丁)

张颢　金元之际冀州南宫(今属河北)人。金末为同知安武军节度使事、领枣强令。后随严实降元,授安武军节度使。从军西征,战死。(0001 卷 152)

张铎　元泰定四年(1327)任江南行台监察御史。文宗天历元年(1328)升为都事。(0632 卷 6)

张篁　字公文。元乐陵(今属山东)人,张策弟。官至太常礼仪院同佥。追谥孝穆。(0721 卷 29,0745 卷 4,0075 氏族典卷 247)

张璧　号云岐子,金元之际易州人。金医学名家张元素之子,继承家学,著名当时。撰有《云岐子七表八里九道脉诀论并治法》,论述七表八里九道脉主病及治法。所撰《云岐子保命集论类要》二卷,分述伤寒六经病症,伤寒主方、变方及其适应症等。所撰《云岐子论经络迎随补泻法》一卷,主要论述针法补泻及部分针疗经验。(1149 卷 31~32)

张彝 元献州交河县(今属河北)人,仁宗朝工部尚书张完之子。国子生出身。泰定元年(1324)进士。文宗天历三年(1330),任翰林应奉。顺帝至元二年(1336),任国子监丞。(0254 卷 8、9)

张藻 金元间人。元初为中书省选充汾州教授。(0551 卷 24)

张霸 字士杰。元顺帝至正中,任秘书郎。(0027 卷 10)

张夔① 字舜举。元东平(今属山东)人。世祖至元二十年(1283)任镇江路治中,次年迁任江东按察司佥事。(0631 卷 15)

张夔② 字尧臣。元文宗至顺元年(1330)任秘书监校书郎。(0027 卷 10)

张爚 元嵊县(今属浙江)人。自以为宋臣之后,绝意仕进。每日所行必记之以自考,至老不辍。(0880 卷 46,0062 卷 44)

张灏① 字君用。元济宁(治今山东巨野)人。顺帝至正八年(1348)任歙县(今属安徽)知县。(0283 卷 4)

张灏② 元当阳(今属湖北)人。顺帝至正中,以才德举。后历任江西廉访使。(1042 卷 8,1041 卷 36)

张一无 字善式。元龙虎山道士。性高洁,持斋苦行。有诗作传世。(0112,0504 癸上)

张一龙 元增城(今属广东)人,登进士第。官至兵部尚书。(0792 卷 6)

张九思①(1242~1302) 字子有。元燕京宛平(治今北京丰台)人。世祖至元二年(1265)入备宿卫。侍太子真金。后任工部尚书兼东宫都总管府事。十九年,王著等刺杀阿合马;时值宿宫中,指挥卫士捕王著等。是冬,立詹事院,授詹事丞。三十年,升中书左丞。成宗即位(1294)升右丞,领修世祖、裕宗实录。大德二年(1298)升中书平章政事。(0001 卷 169)

张九思② 字士敬(一作思敬)。元中山(治今河北定州)人。有诗作传世。(0504 戊上)

张九畴 元仁宗延祐元年(1314)任秘书监丞。(0027 卷 9)

张乜先 又名志学,字时敏。元镇江路蒙古字学正。(0631 卷 17)

张三八 宋元之际处州龙泉(今属浙江)人。元世祖至元十五年(1278),与章焱、季文龙等聚众二万反元起兵,杀庆元县(治今浙江龙泉南)达鲁花赤也速台儿,屠其家。未几,被元军所镇压。(0001 卷 10、151,0202 卷 12)

张士元(1266~1329) 字弘道。元山阴(治今浙江绍兴)人。仁宗延祐二年(1315)进士,授鄞县丞。后历任贵池县尹、太平路经历。(0152 卷 33,0633 卷 3,0072 别附卷 3)

张士弘 元文宗天历元年(1328)为监察御史。是年十一月,与诸御史奏言;朝廷政务,赏罚为先;功罪明,赏罚当,则朝廷肃清,纪纲振举,而天下治。帝嘉纳之。(0001 卷 32)

张士贞 元文宗至顺二年(1331)任秘书郎。(0027 卷 10)

张士观 字幼度。元人,元世祖至元年间由翰林应奉出为冠州同知。官至翰林承旨。谥文懿。(0730 卷 5,0144 卷 5)

张士坚① 元顺帝至正五年(1345)汉南人左榜进士一甲第一名。(0001 卷 41、92)

张士坚② 元四明(今浙江宁波)人。有诗作传世。(0504 己下)

张士孚 字文信。元益都(治今山东青州)人。历任沂州(治今山东临沂)知州。顺帝至正十八年(1358)迁任秘书监丞。(0027 卷 9)

张士良 元陕西人。中乡试。顺帝至正中,任海门(治今江苏南通东)知县。(0960 卷 4)

张士奇 元人。有诗作传世。(0504 癸下)

张士明 字德昭。元曲沃(今属山西)人。顺帝至正二十四年(1364)由国子助教迁任秘书郎。(0027 卷 10)

张士诚(1321~1367) 小名九四,元泰州白驹场(今属江苏大丰)人,操舟贩盐为业。顺帝至正十三年(1353),与弟士德、士信及李伯升、吕珍等率盐丁起事,攻克泰州、高邮。次年,在高邮称诚王,国号大周,建元天祐。十六年。攻克平江(今苏州),迁都之,连下湖州、松江、杭州、常州。十七年,朱元璋势大,攻占常熟;士诚降元,受封为太尉,此后六年每年海运粮送大都。二十三年春,遣吕珍攻安丰,逼走韩林儿、刘福通,九月,称吴王,停海运粮。在吴中招贤纳士,有贤声。与朱元璋战,屡败。二十七年,平江城破,被俘至应天(今南京),自缢死。(0020 卷 123,0101 卷 29,0088 卷 6)

张士信(?~1367) 元泰州白驹场(今属江苏大丰)人。张士德弟。顺帝至正十三年(1353)五月,随兄张士诚反元起事。士诚占据杭州后,任江浙行省平章。二十七年,明军围攻平江(今苏州),中炮死。(0004 卷 41,0014)

张士熙 元顺帝至正年间任湖口县(今属江西)知县。为政有方。有诗作传世。(0622 卷 52,0504 己上)

张士谦 字文益。元益都乐安(治今山东广饶)人。历任江南行台监察御史。顺帝至正后叶,任婺源(今属江西)知州。明兵至,围城五十余日,城破,被执不屈而死。(0622 卷 24,0075 氏族典卷 247、官常典卷 733,0002 卷 232)

张士德(1322~1357) 小字六九,元泰州白驹场(今属江苏大丰)人,张士诚弟。顺帝至正十三年(1353),随士诚反元起事。善战有谋,能得士心。十五年,率兵由通州(今江苏南通)渡江。十六年正月,攻占常熟,又攻下元浙西各地。三月,被士诚封为平章。七月,与徐达军战于常州城外,战败被擒。乘间寄书士诚,劝其降元。被囚应天(今南京)。十七年绝食死。(0163 卷 35,0004 卷 41)

张大九 元广济人。幼习《左传》。元末天下兵起,遂隐。陈有谅强起官之,不从,刖其双足。(0636 卷 341)

张大悦 宋元之际人。原为南宋将领,驻守四川运山。元宪宗八年(1258)归降,授元帅。后与宋作战有功,升安抚使。(0001 卷 3、5、7)

张万里 元人。有诗作传世。(0504 癸上)

张与玉 元人。有诗作传世。(0504 癸下)

张与材(?~1316) 字国梁,号薇山,又号广微子。元贵溪(今属江西)人,张与棣弟。成宗元贞元年(1295),嗣为正一道教第三十八代天师。武宗至大初年,封为留国公。善书法,作大字有法,草书亦佳。有诗作传世。(0001 卷 202,0031 卷 7,0504 壬上,等)

张与棣(?~1294) 字国华,号希微子。元贵溪(今属江西)人,张宗演之子。世祖至元二十九年(1292),嗣为正一道教第三十七代天师。入觐。三十一年卒于京师。(0225 卷 2,0411 卷 17,0001 卷 202)

张与绍 元武宗至大年间任庆元路(治今浙江宁波)治中。(0633 卷 2)

张山同 元初为泽州提举兴修学校官。(0607 三辑 31 册《元令旨五道石刻》)

张之纯 金元之际隆安(治今吉林农安)人。先世为辽乌若部人。张孔孙之父。元初为东平万户府参议。(0001 卷 174)

张之纲 元馆陶(治今山东冠县北)人。由馆陶县主簿升为知县。后历任东平路镇抚、博州防御使。(0721 卷 26,0730 卷 6、18)

张之翰(1243~1296) 字周卿,号西岩。元邯郸(今属河北)人。世祖至元十三年(1276)授真定路知事。历任监察御史、户部郎中、翰林侍讲。后出任松江府尹,政绩显著,有古循吏风。有《西岩集》二十卷。(0622 卷 9,0931 卷 23,0504 乙,等)

张也先 元武宗至大二年(1309)九月,奉旨与秃坚等出使海外不怜八孙国。(0001 卷 23)

张小坡 元人。有诗作传世。(0504 癸上)

张飞卿 元乐陵(今属山东)人。历任监察御史、太医院使。(0075 氏族典卷 247)

张子和 元舒城(今属安徽)人。登进士第。历任宿迁县主簿。有诗名。有诗作传世。(0971 卷 7、9,0504 丁)

张子良(1194~1271) 字汉臣。金元之际涿州范阳(治今河北涿县)人。金末战乱,聚众自保。金哀宗末年,汴梁受重围。入汴达国用安将率众入援意,金廷以徐、宿州授之。次年,进米五百石于汴,授总管陕西东路兵马,仍治宿州。后率众移驻泗州。太宗十年(1238),降蒙古,授东路都总帅,升京东路行尚书省兼都总帅。宪宗三年(1253),授归德府总管。世祖中统二年(1261),授归德、泗州总管。至元七年(1270),改任大名路总管。死后追封清河郡侯,谥翼敏。(0001 卷 152)

张子玮(1185~1248) 字器之。元威宁(治今内蒙古兴和西北)人。从蒙古军灭金,积功授元帅左监军。(0243 卷 3)

张子英① 元建宁(今属福建)人。幼孤,事母尽孝。元顺帝至正间,反元队伍至,负母逃避。(907 卷 45,0075 氏族典卷 247)

张子英② 元吴郡(今苏州)人。工诗,善鼓琴。历任昆山州(治今江苏太仓)同知。(0275 卷 7,0457 卷 3、10)

张子忠 元瑞州新昌(治今江西宜丰)人。顺帝至正十二年(1352)反元队伍攻破城,子忠率乡兵抗拒,被执,不屈而死。(0075 氏族典卷 247、官常典卷 733)

张子素 元人。有诗作传世。(0504 戊下)

张子夔 元安西(治今陕西西安)人。父丧,每夜半,以背负土,肘膝行地,匍匐至葬所,筛细土为坟。有司为请于朝,诏表异之。(0001 卷 197)

张开先 元镇江路茅山书院山长。(0631 卷 17)

张天永 字长年。元高邮(今属江苏)人。元末避战乱居嘉定(今属上海),授徒养母。张士诚据吴,以荐授江浙行省都事。有诗作传世。(0042 卷 10,0504 庚上)

张天英 字羲上,号石渠,又号南渠(楠渠)。元温州人。性刚方,不事趋谒。被征辟为国子助教,不就。工诗,有诗作传世。(0042 卷 10,0503 三集庚,0006 卷 91 下)

张天祐①(1237~1309) 字吉甫。元大

都（今北京）人。世祖至元二十三年（1286）任太原路总管。次年，参议尚书省事。二十六年，升为中书参政。官至江南行宣政院同知。（145 卷 20，0001 卷 15、112，0002 卷 186）

张天祐②　元成宗大德九年（1305）任东阳（今属浙江）县尉。（0881 卷 12）

张天祐③　元末濠州红巾军将领，郭子兴部属。顺帝至正十五年（1355）正月，率兵攻克和州。春，郭子兴死，与子兴子天叙及朱元璋等归属韩林儿红巾军，为右副元帅，同朱元璋等渡江。九月，与郭天叙率兵攻集庆（今南京），为元“义兵”元帅陈埜先俘杀。（1161 卷 271）

张天祥　元仁宗延祐元年（1314）任金坛（今属江苏）知县。（0631 卷 16）

张天常　字寿卿。元镇江路行大司农司令史。（0631 卷 17）

张天瑞　元广平（今属河北）人。文宗天历二年（1329）任江南行台监察御史。（0632 卷 6）

张天锡①　元远安（今属湖北）人。举进士。历任两淮盐运使。（1042 卷 8，1041 卷 36）

张天锡②　号梅月。元户部尚书。（0504 丁）

张天翼　元武宗至大元年（1308）任江南行台监察御史。（0632 卷 6）

张天麟　字仲祥。元嘉定（今属上海）人。张瑄孙，张文龙子。成宗大德九年（1305）伏阙诉父祖冤。仁宗延祐二年（1315）诏还所籍没家产。（0296 卷 4 下，0002 卷 182，0003 卷 113）

张元汉（1251～1311）　字义可。元饶州安仁（治今江西余江东北）人。道士。历任袁州道判、太平州道录。（0261 卷 24）

张元礼①（1282～1354）　字仲和，号竹居。元鄞县（治今浙江宁波）人。文宗至顺初陕西饥，以入粟授芦花场盐司管勾。累迁为江浙行省富藏库使。以福建盐运使司判官致仕。（0275 卷 10，0072 卷 76）

张元礼②　元将。历任指挥使，镇守宁海州（治今山东牟平）。有反元起事者占据文登，元礼一夕驰至，破城，擒其首领。（0622 卷 25，0721 卷 27）

张元永　字文远。元东安（治今河北安次西）人。顺帝至正十年（1350）任临海（今属浙江）县尹，有惠政。（0896 卷 154）

张元朴　元顺帝至正七年（1347），以中书左丞相铁木儿塔识奏举，以腆合等四人为议事平章，参与议大政。曾未半年，救偏补弊之政以次兴举，内外咸悦。（0001 卷 140）

张元亨　元成宗大德中，任原武（治今河南原阳西）知县。（0784 卷 1）

张元规　元成宗元贞年间任平原（今属山东）知县。（0742 卷下）

张元英（？～1298）　元恩州（治今山东武城东北）人。世祖至元二十五年（1288）任镇江路副万户。（0631 卷 17）

张元凯　元汶上（今属山东）人。顺帝至正十二年（1352）任平原县（今属山东）主簿。（0742 卷下）

张元杰　元泰定元年（1324）任藁城（今属河北）儒学教谕。（0645 卷 4）

张元度　元金坛（今属江苏）人。张经之子。工书法。有诗作传世。（0504 庚上）

张元俊　字允超。元番禺（治今广州）人。元末散财募兵，保障乡里。帅府欲授以官，不受。（0589 卷 40，0068 卷上）

张元恺　字仕开。元济南人。顺帝元统元年（1333）任公安（今属湖北）知县。后迁任胶州知州。（1042 卷 6，1048 卷上，1041 卷 66）

张元祚　元末任安福（今属江西）知州。顺帝至正十八年（1358）降于陈友谅。迁任南安路（治今江西大余）总管，薄敛赋，省冗费，重教育，郡人德之。（0294 卷 5，0622 卷 58）

张元珪　字廷玉，元滁阳（今安徽全椒）人，迁居京口（今江苏镇江）。世代精医术。泰定（1324～1328）年间，侍奉图帖睦尔（文宗）于金陵怀王府。天历元年（1328）图帖睦尔即位，授典瑞院都事。后历任太医院判、同知太医院事、太医院使。其子翼，字君辅，历任镇江路医学正、教授。（0631 卷 19，1149 卷 195）

张元辅　元顺帝至正中，任嵊县（今属浙江）知县。（0880 卷 28）

张元智　元世祖至元十一年（1274）为中书省郎中。是年，皇太子下教中书，俾如汉惠帝聘四皓者以聘杨恭懿。遂奉丞相遣，为书致命，聘请恭懿至京师。（0001 卷 164）

张元善　字性之。元吴郡（今苏州）人。钱良右婿。精医术。仕至江浙官医提举。（0042 卷 13，0927 卷 41）

张元嗣　元成宗大德中，任嵊县（今属浙江）尉。（0880 卷 28）

张元德　字子新。元安东（治今江苏涟水）人。成宗大德六年（1302）任吴江州提控案牍。七年至十年，任镇江路提控案牍。（0631 卷 15，0954 卷 17）

张云翼　元成宗元贞元年（1295）任江南行台监察御史。（0632 卷 6）

张云鹏　字鹏飞，号老山。元燕（今北京一带）人。历任两浙漕运同知、监察御史、浙西按察副使。（0144 卷 21、32、80，0167 卷 20、21、23、31，0382 卷 2）

张友一 元英宗至治二年(1322)任无锡州判官。(0558 卷 24)

张友直 元成宗大德十年(1306)任兰溪(今属浙江)州判官。(0881 卷 12)

张友明(? ~1349) 元化州吴川(今属广东)人。顺帝至正九年(1349),海盗犯合浦,逼琼山,化州路同知游弘道以友明为先锋与海盗战,力战而死。(0002 卷 232,0075 氏族典卷 247、官常典卷 732)

张友谅 字元朴。元章丘(今属山东)人。张斯立侄。泰定年间历任户部尚书、江浙参政。文宗天历元年(1328)任中书参政,至顺元年(1330)升为左丞。顺帝元统间迁任御史中丞,出为山东廉访使。至正十六年(1356),任中书平章。(0001 卷 32、34、40、112,0600 卷 3,0735 卷 23)

张巨川 元河南人。世祖至元年间任观城(治今河南范县西北)知县。(0730 卷 6)

张中立 字惟正。元官吏。由丞相掾改任奎章阁典签。后出任江西行省都事。(0150 卷 9)

张升甫 元江浙省人。幼时天资颖悟,超出常儿。成宗大德五年(1301),以江浙行省荐举,入国子学入教育。(0001 卷 81)

张仁义 元东安州(今河北安次西)人。金末仕兵马总管,守信安十余年,归降。率部从宗王合丑平定河南,授管军元帅。后攻归德,战死。(0001 卷 165)

张仁伟 字尚德。元渝(今重庆市)人。仁宗延祐七年(1320)中乡试。历任铜山巡检。(0259 诗集卷 7)

张从义 字立礼。元顺帝至正二十二年(1362)为济南路照磨。(0600 卷 2)

张从先 元顺帝至正八年(1348)任藁城(今属河北)县主簿。(0651 卷 4,0645 卷 4)

张从直 元文宗至顺元年(1330)任江南行台都事。(0632 卷 6)

张从俭 元大同(今属山西)人。仁宗延祐中,任榆次(今属山西)知县。(0691 卷 9)

张从信 元乐陵(今属山东)人。文宗至顺年间为唐山(治今河北隆尧西南)县尹。(0647 卷 8,0649 卷 30)

张从道 元沔阳景陵(治今湖北天门)人。泰定四年(1327)进士,授武昌路通城县尹。历任经历。(1045 卷 15,0165 卷 7)

张从善① 元武宗至大元年(1308)由管州判官迁任秘书监校书郎。(0027 卷 10)

张从善② 元顺帝至正六年(1346)任昌邑(今属山东)县尹。(0727 卷 2)

张从善③(1308 ~?) 元大都(今北京)人。历任社稷署太祝。年四十致仕。(0102)

张月湖 或作月壶,元人,工画道释、人物。其画流传至日本。(1143 卷 814)

张长吉 字彦忠,元河西(西夏故地)人,居江浙。顺帝至正间进士,授宣城(今属安徽)录事。因兵乱弃官,奉母教授华亭(治今上海松江)。(0296 卷 4、6)

张公直 元济南人。精晓天文地理之学。县举为阴阳训导。卒年四十。(0075 文学典卷 90)

张公爵 元赵州宁晋(今属河北)人。历任山南廉访司佥事、河南行省郎中、监察御使、都漕运使、顺德路总管。(0262 卷 16,0645 卷 5)

张凤仪 元人。顺帝至正年间为韶州路(治今广东韶关)经历,率乡兵追击反元队伍,被执,不屈而死。子万里,补父官,江西反元队伍围城,出战死。(0622 卷 79,1031 卷 7,0002 卷 233)

张凤翼 字仲举。元大名(今属河北)人。武宗至大二年(1309)任镇江路儒学教授。(0631 卷 17)

张文龙 元嘉定(今属上海)人。张瑄长子。成宗大德七年(1303),瑄诛,流放漠北。九年,其子天麟伏阙诉冤,乃被召还,董日本商舶。武宗至大初,迁任都水监,仍督海运。(0002 卷 182,0001 卷 23)

张文在 字子经。元婺源(今属江西)人。工诗。(0972 卷 9)

张文贞 字元之。元瑞安(今属浙江)人。至正年间为瑞安州判官,率乡兵守天门关。反元队伍从间道至,破关,文贞力战而死。(0871 卷 45)

张文枢 字石隐,元德清(今属浙江)人。幼尝为僧。能书,画山水学巨然,亦善墨竹。(0030 卷 5,0876 卷 25,1143 卷 813)

张文虎(? ~1303) 字山云。元嘉定(今属上海)人。张瑄次子。世祖至元十五年(1278),授管军总把。二十年,授管军千户,督海运粮输京师。二十四年正月,为海道运粮万户,奉命运粮十七万石供给征安南元军。二十五年二月,以其粮船不至,且天时已热,征安南元军恐粮尽师老,自安南撤还。是年,任庆元路总管(治今浙江宁波),仍兼海运万户。二十八年,行户部尚书海道都漕运府事。次年,迁任湖广行省参政。成宗大德三年(1299),改任江浙行省参政。五年,领江淮财赋都总管。七年,与父瑄同被处死。(0002 卷 182,0001 卷 12、14、15、209)

张文和 元成宗大德十一年(1307)由韶

州路(治今广东韶关)同知升总管,有惠政。(1031 卷 7)

张文显 元怀仁(今属山西)人。顺帝至正年间历任吏部尚书。(0622 卷 21)

张文贵 元顺帝至正中任宣城(今属安徽)百户。至正十七年(1357),明兵攻破城,自杀。(0974 卷 16,0002 卷 232)

张文通 元顺帝至元间任光州(治今河南潢川)判官,有德政。(0762 卷 5、16,0596 卷 8)

张文盛(1239～1323) 字彬之。自号巽溪翁。元容山人。善为诗,工草隶。(0202 卷 13,0031 补遗)

张文焕 元涿州范阳(治今河北涿州)人,张懋子。以父荫,任承务郎、江州路瑞昌县尹。(0001 卷 152)

张文惠 元世祖至元二十四年(1287),聚众反元起事于江西。元将脱落合察儿奉行枢密院檄讨之。(0001 卷 120)

张文谦(1217～1283) 字仲谦。元邢州沙河(今属河北)人。早年与刘秉忠同学。元定宗二年(1247),由秉忠荐入忽必烈王府,掌书记,日见信任。宪宗时从忽必烈征大理、攻鄂州(今湖北武汉武昌)。世祖即位(1260),任中书左丞。至元元年(1264),以左丞行省西夏中兴等路,修复唐来、汉延二渠,灌田近十万顷。七年,任大司农卿,奏立诸道劝农司,巡行劝农。与窦默请立国子学。十四年,领太史院事,主持制订《授时历》。十九年,任枢密副使。次年卒。追封魏国公,谥忠宣。(0001 卷 157)

张文瑞 元真定(治今河北正定)人。世祖至元初授堂邑县尹。后历任大都路经历、浚州同知。成宗元贞元年(1295)任江南行台监察御史。(0632 卷 6,0622 卷 3,0075 氏族典卷 247)

张文震 元文宗至顺元年(1330)任庆元路(治今浙江宁波)同知。(0634 卷 1)

张文德 元顺帝时,任重庆铜梁县尹。重庆府官以私怨诬其不即捕强盗,拟杖一百。奉使宣抚王守诚至,为直其事。(0001 卷 183)

张心禹 元吉水(今属江西)人。顺帝至正中率兵讨伐反元队伍,乘胜深入,中伏死。(0075 官常典卷 733)

张以仁 元湖州(今属浙江)人。善作散曲,甚华丽。(0029 卷下)

张以文 元松江(今属上海)人。善画山水。与曹知白、张中皆为元时松江名画家。有诗作传世。(0077 卷 24,0504 庚下,1143 卷 815)

张以宁 (?～1370)元明间古田(今属福建)人。泰定四年(1327)进士。累官元翰林侍读学士。明洪武二年(1369),以元故官自燕京遣送至金陵,授翰林侍读学士。次年,奉使安南卒。(1157 太祖实录卷 34、38,0471 卷 19)

张允中① 元顺帝至正七年(1347)任闽海廉访司知事。(0594 卷 12)

张允中② 字可行。元林州(治今河南林县)人。慷慨不羁,有诗名。(0761 卷 28,0504 戊上,0075 文学典卷 90)

张允中③ 元徐州(今属江苏)人。居丧庐墓。诏旌表其门闾。(0001 卷 197)

张允恭 元真定(治今河北正定)人。顺帝至正十八年(1358)任丹徒县(治今江苏镇江)主簿。(0631 卷 16)

张孔孙(1233～1307) 字梦符,号寓轩。元东平(今属山东)人。先世为辽乌若部人。初为东平万户府议事官。世祖至元间,历任奉礼郎,按察副使,侍御史,礼部侍郎、尚书等职。成宗时历任大名路总管,淮东廉访使,集贤大学士、商议中书省事。以文学著名,善琴,工画山水、竹石。(0001 卷 174)

张孔铸 元成宗元贞年间任胙城(治今河南延津北)知县。(0790 卷 5)

张玉莲 元歌妓,人称张四妈。旧曲不传者,皆能寻腔依词唱之。精丝竹,审音知律,时无其比。尝嫁林经历,后再占乐籍。(0032)

张玉娘 字若琼,号一贞居士。宋元之际松阳(治今浙江遂昌东南)人。明慧知书,少时许嫁于沈佺。后父母欲悔婚,玉娘折简贻佺,以死自誓。佺病死,玉娘亦忧郁而死。工诗词,有《兰雪集》一卷。(0103 卷 4,0503 三集壬,0006 卷 94)

张正言(?～1359) 号东华。元贵溪(今属江西)人。张嗣德之子。正一道教四十一代天师。(0411 卷 17)

张正常(1335～1377) 字仲纪。元明间贵溪人,张嗣成之子。顺帝至正十九年(1359)嗣为正一道教四十二代天师。(0411 卷 27,0020 卷 299)

张正道 元人。有诗作传世。(0504 癸下)

张正蒙(?～1359) 元绍兴(今属浙江)人。顺帝时,为湖州德清税务提领。绍兴兵变,与妻韩氏自缢死。(0001 卷 201)

张去非(1246～1328) 元东阳(今属浙江)人。成宗大德七年(1303),以荐授尚医奉御。后历任江西、江浙两行省官医提举。(0152 卷 38)

张去偏 字从正。元余干(今属江西)人。有学行。善真、草书。(0031 补遗)

张石女 元保定(今属河北)路妇女,张柔女。有巧思,其剪制香奁,绝巧夺目,得者珍之。(1143 卷 817)

张世英① 字仲杰。元世祖至元中,任镇江路行大司农司令史。(0631 卷 17)

张世英② 元仁宗延祐二年(1315)任秘书监管勾。(0027 卷 9)

张世英③ 元顺德沙河(今属河北)人。历任卢氏县知县,勤于抚治。(0622 卷 29,0761 卷 26)

张世昌①(1272～1337) 字正卿。元长洲(治今江苏苏州)人。成宗元贞初,入备宿卫,受赐名伯颜。大德五年(1301)授将作院判官。十年,出任泉州路治中。后历任邵武、庆元、池州三路知州。泰定三年(1326),迁任福宁知州。文宗至顺二年(1331)升为漳州路总管。顺帝至元二年(1336)以平江路(治今江苏苏州)总管致仕。次年卒。(0279 卷 12、9,0633 卷 2,0902 卷 66)

张世昌② 元顺帝至正年间任长寿(治今湖北钟祥)知县。(1044 卷 17)

张世昌③ 元博兴(今属山东)人。历任高密(今属山东)知县,有惠政。(0721 卷 27,0727 卷 2、5)

张世昌④ 字叔京。元诸暨(今属浙江)人。有诗作传世。(0523,0033 卷 24)

张世忠① 字继修。元堂邑(治今山东聊城西北)人。成宗大德年间任博平县主簿。(0721 卷 26,0730 卷 6、18)

张世忠② 元济南人,张均子。仁宗时,袭父职为前卫亲军副都指挥使。(0001 卷 166)

张世泽① 元昌平(今属北京)人,张拔都孙,忙古台子。从伯颜伐宋,平定两广,拜宣武将军、行军总管。升副万户,加明威将军。又参与两次伐安南之役。(0001 卷 151)

张世泽② 元世祖至元二十四年(1287)任秘书监提控案牍。(0027 卷 9)

张世荣 元成宗大德初,任昌国州(治今浙江舟山)同知。(0633 卷 3)

张世杰① 元泰定元年(1324)任藁城县(今属河北)儒学教谕。((0651 卷 4)

张世杰② 元泰定元年(1324)任江南行台监察御史。三年,升为都事。(0632 卷 6)

张世杰③ 元德州(治今山东陵县)人。泰定二年(1325)任镇江路濮州翼下百户。(0631 卷 17)

张世杰④(1265～1333) 字汉卿。元汤阴(今属河南)人。通蒙古文字。文宗天历元年(1328),历任察罕脑儿宣慰司(治今内蒙古乌审旗南)同知。谥庄惠。(0250 卷 57)

张可久 字小山。元庆元(治今浙江宁波)人。以路吏转首领官。顺帝至正初,年七十余,犹为昆山州(治今江苏太仓)幕僚。工散曲。今存其所作小令七百五十一首,套数七。有诗作传世。(0029 卷下,1107 卷 29,0504 己上)

张可宗 元文宗至顺三年(1332)任定海县(治今浙江镇海)尉。(0634 卷 2)

张可遵 元顺帝至正二十三年(1363)为陕西行台监察御史。(0001 卷 46)

张北牟 元人。有诗作传世。(0504 癸下)

张仔祖 字克忠。元广平(今属河北)人。英宗至治元年(1321)任镇江路顺德翼下百户。(0631 卷 17)

张用中 元济南人,张炤子。仕为沂州山场同提举。(0001 卷 170)

张用道 字梦卿,号箫斋。元真定(治今河北正定)人。张思忠之子。历任庐陵(治今江西吉安)管军总管。早退闲居,建万卷楼于长沙以藏书。(0173 卷 21)

张处恭 元世祖至元十七年(1280)任瑞州路(治今江西高安)治中。(1016 卷 14)

张主善 字师德,号木斋。元金华(今属浙江)人,张衎之子。顺帝至元年间以荐为衢州(今属浙江)路儒学教授。至正二十五年(1365),累迁为秘书监丞。(0027 卷 9,0881 卷 16、20,0072 卷 82)

张立仁 字伯远。元鄱阳(治今江西波阳)人。工诗,李存为其诗集作序。(0261 卷 20)

张立本 元彰德(治今河南安阳)人。历任丹徒(治今江苏镇江)县尉。(0631 卷 16)

张立道(？～1298) 字显卿。元大名(今属河北)人。年十七,充宿卫士。世祖即位(1260),从征阿里不哥。至元四年(1267),任云南王忽哥赤王府文学,署大理等处劝农官,兼领屯田事。八年,忽哥赤被云南都元帅宝合丁毒死。遣人至京师告变,宝合丁伏诛。十年,任大理等处巡行劝农使。治滇池,灌溉良田万余顷。十五年,任中庆路(治今云南昆明)总管。建孔庙,置学舍。后历任临安广西道宣抚使、陕西廉访使、陕西行台侍御史、云南行省参政。先后三次出使安南。著有《效古集》、《安南录》、《云南风土记》等。(0001 卷 167)

张汉英① 元世祖至元十二年(1275)为同知济南府事。是年二月,奉旨持诏往谕宋淮东制置使李庭芝。(0001 卷 8)

张汉英② 元文宗至顺二年(1331)任吴江州都目,后迁任镇江路吕城税司大使。(0631 卷 17,0954 卷 17)

张永年 元镇江(今属江苏)人。历任镇江路医学录。(0631 卷 17)

张永祥 元世祖至元二十一年(1284)任江山(今属浙江)县尹。(0878 卷 2)

张永涯 元人,工画花鸟,尤工画鹰。其画流传至日本。(1143 卷 816)

张弘正　元易州定兴(今属河北)人。张柔之子。张弘范之弟。世祖至元十五年(1278),从弘范南征闽、广,充先锋,所向克捷。闰十一月,谍报宋丞相文天祥见屯潮阳港。奉弘范遣与总管囊加带率轻骑五百,追及于五坡岭麓中,大败之,斩首七千余,擒获文天祥。(0001 卷 10、156)

张弘庆　元易州定兴(今属河北)人,张柔之子。世祖中统元年(1260),诏分张柔所部军三千五百人入卫京师,并以弘庆为质。(0001 卷 147)

张弘纲(1237~1301)　字宪臣。元东安州(治今河北安次西)人。张禧之子。宪宗四年(1254),年十八,父受主将诬入狱,劫狱与父逸去,投奔忽必烈。九年(1259),随父从忽必烈南征,攻鄂州(今湖北武汉武昌)。世祖时随父征李璮、攻宋,屡有功,累升千户、总管、招讨使。镇江阴。后率军镇压安吉反元队伍。又从参政高兴镇压建德溪寨反元队伍。升河南诸翼征行万户。成宗时从刘深征八百媳妇(今云南西双版纳以南、泰国北部),途经八番(今贵阳以南惠水、长顺等县境),与宋隆济反元起义军作战,力战而死。追封齐郡公,谥武定。(0001 卷 165)

张弘范(1238~1280)　字仲畴。元易州定兴(今属河北)人,张柔第九子。世祖中统初,授御用局总管。三年(1262),改任行军总管。从征李璮。至元元年(1264),入宿卫,授顺天路管民总管。二年,移守大名。六年,授益都等路行军万户,率部参加围攻襄樊。十一年,从伯颜大军攻宋,为前锋,大败宋军于丁家洲。十二年,击破宋将姜才于扬州,败宋将张世杰水军于焦山。十五年,任蒙古汉军都元帅,进兵闽广。俘文天祥于海丰五坡岭。十六年,大败宋军于崖山(今广东新会南),灭宋,磨崖山之阳,勒石纪功而还。次年病死。谥武烈。改谥忠武,追封齐国公。后又改谥献武,加封淮阳王。有《淮阳集》。(0001 卷 156,0501 卷 21)

张弘彦　元易州定兴(今属河北)人,张柔第四子。宪宗九年(1259)从父攻宋,破宋兵,以功授新军总管,攻鄂州(今湖北武汉武昌)。世祖中统元年(1260),扈从上都(今内蒙古正蓝旗东北),改授顺天路新军总管。三年,升为亳州万户,佩金虎符。至元二年(1265)改任鄂州万户。十六年。被皇太子召入,任侍卫亲军副都指挥使。卒年八十。(0002 卷 139,0003 卷 51)

张弘略(?~1296)　字仲杰。元易州定兴(今属河北)人,张柔第八子。通经史,善骑射。宪宗五年(1255),随父入朝,授权顺天万户。世祖中统二年(1261),袭父职为顺天路管民总管、行军万户。李璮之变后,解兵职,入宿卫。至元三年(1266),佐父筑大都城,为筑宫城总管。八年,授同行工部事,兼领宿卫亲军、仪鸾等局。十三年,大都城筑成,授淮东宣慰使。十六年,迁任江西宣慰使,镇压饶州反元起事。二十九年,任河南行省参政。卒,追封蔡国公,谥忠毅。(0001 卷 147)

张弘毅①　元济宁(治今山东巨野)人。英宗至治元年(1321)任秘书监校书郎。文宗至顺二年(1331)累迁为江南行台监察御史,顺帝元统二年(1334)升为都事。(0632 卷 6,0027 卷 10)

张弘毅②　元修武(今属河南)人。七世同居,一门孝友。元廷下诏旌表之。(0762 卷 8,0765 卷 9)

张奴婢(1192~1266)　元清州(今河北青县)人,张荣子。袭父职为炮水手元帅,领诸色军匠。太宗时伐金有功,授怀远大将军,守辅国大将军。后复参加伐宋。(0001 卷 151)

张邦允　元历城(治今山东济南)人。张荣第四子。任淄州知州。(0001 卷 150)

张邦孚　元历城(治今山东济南)人。张荣第五子。任大都督府郎中。(0001 卷 150)

张邦直(?~1265)　元历城(治今山东济南)人。张荣之子。世祖时,为邳州行军万户。因卷入李璮之乱,并坐违制贩马,被处死。(0001 卷 5、6、150)

张邦昌　元历城(治今山东济南)人。张荣第六子。任奥鲁总管。(0001 卷 150)

张邦杰　元历城(治今山东济南)人。张荣长子。少时为质子。乃马真皇后称制时,袭父职为济南兵马都总管兼知府。宪宗时奏请轻徭薄赋,免征盐课及免民代偿逃亡者逋赋。宪宗割河间路林邑等六县属之,以旌治绩。不久,病死,年四十四。(0002 卷 140,0003 卷 52)

张邦彦　元历城(治今山东济南)人。张荣第三子。任权济南行省。(0001 卷 150)

张邦宪　元历城(治今山东济南)人。张荣第七子。仕至淮安路总管。死后追封济南公,谥贞毅。(0001 卷 150,0002 卷 140)

张邦瑞　元世祖时,为侍卫亲军千户。至元三十年(1293)升万户,佩虎符,统六盘山军千人及皇子西平王等军共为万人,西征。(0001 卷 17)

张邦翰　元长泰(今属福建)人。以文学被荐举,任漳州路知事。(0908 卷 3)

张吉甫　元世祖至元二十六年(1289)至二十七年任中书参政。(0001 卷 112)

张存中　字德庸。元婺源(今属江西)人。从胡炳文学。著有《四书通证》六卷。(0224 卷 7,0059 卷 16)

张成德①　元世祖至元年间任奉化县(今属浙江)达鲁花赤。(0633 卷 3)

张成德②　字彦卿。元东平(今属山东)人。顺帝至正年间任常熟(今属江苏)知州,有善政。(0928 卷 41,0947 卷 5)

张执中 元泰定四年(1327)任江南行台管勾。(0632 卷 6)

张师贤 字希颜。元昆山(治今江苏太仓)人。好古文物图画,杂列左右,人欲得之,即便持去,无所顾惜。有诗作传世。(0932 卷 7,0033 卷 24,0504 庚下)

张师野 元潞州人,张雄飞之子。世祖至元中宿卫东宫。(0001 卷 163)

张师鲁 字叔舆。元宣城(今属安徽)人。张师愚弟。仁宗延祐、文宗天历年间两次中乡试。有诗作传世。(0524 卷 1、6、8,0072 卷 4、49、95)

张师道 元世祖至元二十九年(1292)为福建廉访司知事。是年十月,受诏命赴阙,乞汰内外官府之冗滥者。诏麦术丁、何荣祖、马绍、燕公楠与与其同区别之。数月后,授翰林直学士。(0001 卷 17)

张师愚 字仲渊。元宣城(今属安徽)人。仁宗延祐、文宗天历年间两次中乡试。顺帝至正元年(1341),与汪泽民合辑宋元宣城诗人之作,成《宛陵群英集》十二卷。(0524 卷 1、2、3 等,0974 卷 17,0075 文学典卷 88)

张光祖(? ~1346) 字载熙。元霍邑(治今山西霍县)人,寓居吴县(治今苏州)。历任上虞县主簿、松江府海运千户、海宁知州。顺帝至正六年(1346),擢湖州路同知,未上任而卒。(0152 卷 35,0880 卷 28)

张廷成 元顺帝至正十年(1350)任衢州(今属浙江)路推官。(0878 卷 2)

张廷琏(1246 ~1307) 字文玉。元辽阳(今属辽宁)人。初为御史台吏。世祖至元二十九年(1292)任真州判官。成宗大德二年(1298)改任光泽县尹。九年,调任福安县尹。(0173 卷 30,0632 卷 6)

张廷瑞 元世祖时,任高唐州尹。至元八年(1271),因劝农有效受褒奖。(0001 卷 7)

张廷翼 元世祖至元年间任清丰(今属河南)县尹。(0654 卷 4)

张仲仁① 元泰定帝时,任都水少监。泰定四年(1327),奉命至江浙行省发工匠二万人,治盐官州(今浙江海宁西南)海塘。文宗时,水势始平。(0001 卷 30、62)

张仲仁② 字子仁。元开封(今属河南)人。历任天门书院山长、杭州路儒学教授、江浙省儒学副提举、籍田署丞、詹事院经历、翰林国史院经历。(0225 卷 25)

张仲仁③ 元濠州(治今安徽凤阳东北)人,寓居泗州(治今江苏盱眙北)。顺帝至正年间,贾鲁召使谕安丰(治今安徽寿县)红巾军,被杀。其子顺礼继往谕之,亦被杀。(0977 卷 5,0002 卷 232)

张仲尹 元清河(今属河北)人。历任学士。有诗作传世。(0504 丁)

张仲仪① 元燕(今北京一带)人。仁宗延祐二年(1315)任兴化路(治今福建莆田)总管,廉以律己,诚以化人。(0905 卷 2、4,0902 卷 61)

张仲仪②(1265 ~1333) 字伯威。元绛阳人。历任宝钞库副使、杭州路判官、两浙盐运司判官、江西行省都事、抚州路总管。(0411 卷 42,0691 卷 9)

张仲孙 元真定(治今河北正定)人。张恒之子。武宗至大二年(1309)袭父职为镇江路真定翼千户。文宗天历二年(1329)去职。(0631 卷 17)

张仲寿① 元成宗大德初为徽州管军元帅,勇而有谋。(0801 卷 22,0811 卷 5)

张仲寿②(1252 ~?) 字希静,号畴斋。元钱塘(治今杭州)人。官至翰林学士承旨,卒年七十余。行书、草书宗王羲之、献之,甚有典则,亦工大字。编有墨、琴二谱。(0031 卷 7,0504 丙,等)

张仲容 元人。工诗,与宋褧唱和。有诗作传至今。(0504 己上,0033 卷 15)

张仲深 字子渊。元鄞县(治今浙江宁波)人。工诗,有《子渊诗集》六卷。(0185 卷首)

张仲鉴 元曹南人。顺帝元统中,任平原(今属山东)县尹,政教兼举。(0742 卷下)

张仲夔 元世祖至元二年(1265)任潞城(今属山西)知县。(0698 卷 9)

张住童 元全宁(治今内蒙古翁牛特旗)人,张应瑞之子。文宗皇后媵臣。文宗天历二年(1329)授集贤侍讲学士。升中政院使。顺帝元统初,迁任徽政院同知。(0001 卷 33,0556 卷 4)

张行一 元保定(今属河北)路人。居丧庐墓。诏旌表其门闾。(0001 卷 197)

张名德 字德懋。元淄川县(治今山东淄博西南)人。顺帝至正中,为般阳路(治今山东淄博西南)总管,守城抵御毛贵红巾军,力战而死。(0622 卷 22,0736 卷 31,0002 卷 232)

张庆之 字子善,号海峰野逸。宋元之际吴郡(今苏州)人。初,文天祥以工部尚书知平江府(治今苏州),庆之在诸生之列。宋亡,集杜甫诗句述天祥平生大节,人多义之。(0002 卷 241,0928 卷 54,0042 卷 9)

张兴祖(1221 ~1295) 元中山无极(今属河北)人。父张林为史天泽部将,以功授千户。兴祖袭父职,从察罕攻宋,以少击众,败宋兵于虎头关。从史权戍邓州,屡败宋兵。世祖中统元年(1260),从史枢援东川。还戍光化州,擒宋将唐都统。至元初,从围襄樊,败宋援将张顺,烧宋战舰,断宋襄樊之援。至元十年(1273),襄阳降,以功擢副万户。十一年,从伯颜攻宋。后从阿里海牙攻占沙市、潭州(今长沙)、静江(今桂林)。奉命镇压湖南反元武装。升招讨使、归州路达鲁花赤,迁任常德路达鲁花赤。十七年,奉命讨亦奚不薛,降之,偕其酋入觐。后任万户,领真定新军戍衡州等地。(0501 卷63,0002 卷 165)

张汝玉 字德甫。元平江(治今苏州)人。历任镇江路淮海书院山长。(0631 卷 17)

张汝圭 元仁宗延祐二年(1315)任开化县(今属浙江)儒学教谕。(0878 卷 3)

张汝成 元高唐(今属山东)人。英宗至治二年(1322)任镇江路高唐翼下百户。(0631 卷 17)

张汝明 金东平汶上(今属山东)人。张昉之父。金卫绍王大安元年(1209)经义进士。官至治书侍御史。(0001 卷170)

张汝卿 号淡斋。元恩州(治今山东武城东北)人。家富。有万卷堂收藏经史书甚多,堂右立文会斋以馆四方贤士借阅书者。诏旌其门。后其藏书皆毁于战乱,时人惜之。(0622 卷 24,0721 卷 31,0745 卷 4)

张汝智 字智卿。元东平(今属山东)人。尝两入安南。解官职后居于杭州。(0167 卷 25)

张汝弼① 字明之。元真定(治今河北正定)。成宗元贞中,任广东廉访司佥事。(0591 卷 4)

张汝弼② 字贤佐。元大都(今北京)人。顺帝至正二十年(1360)任秘书监典吏,后升为令史。(0027 卷 11)

张汝弼③ 元高平(今属山西)人。事亲孝,有诗名,隐居莒山。(0075 文学典卷 90)

张守大 号云谷。元洪洞(今属山西)人。元末隐居箕山,躬耕自给,吟咏自适。有诗作传世。(0700 卷 8 下,0075 文学典卷 90,0504 戊上)

张守中 字大本。元吴都人。有诗作传世。(0523,0033 卷 24)

张守仁 元文宗至顺元年(1330)任鄞县(治今浙江宁波)知县,四年致仕。(0634 卷 2)

张守正 元真定(治今河北正定)人。顺帝至正十一年(1351)进士,授诸暨州同知。后家居讲学十余年,复起为河南行省都事。(0560,0880 卷 28,0443 卷4)

张守礼 字志道。元顺帝至正二十二年(1362),任卫辉路总管、权中书左司员外郎。二十七年,累升为中书左丞。(0600 卷 2,0001 卷 113)

张守忠 元世祖至元二十五年(1288)任象山县(今属浙江)主簿。(0633 卷 3)

张守智 又名住哥。元人。世祖至元十三年(1276),由大都路总管迁任济宁宣慰使。十五年,以中书参政行大司农司事。二十六年。以中书参政奉使高丽。(0001 卷 9、10、15、112)

张安石 元仁宗延祐五年(1318),任秘书监丞;七年,升为秘书少监。(0027 卷9)

张安国 字世昌。元乌程县(治今浙江湖州)人。仁宗延祐五年(1318)进士。历任衢州路推官。(0043 卷 3,0876 卷12)

张那海 字伯坚。元彰德(治今河南安阳)人。顺帝至正十六年(1356)由湖广宣使迁任藤州同知。后改任广西元帅府经历,迁任郁林知州。(0506 卷 2342、2343)

张如砥 字周道。元济南人。历任湖广省掾、固安州判官、舞阳县尹。仁宗延祐五年(1318)迁任上海县尹。(0196 卷12,0944 卷 7,0931 卷 23)

张如遇 元东昌(治今山东聊城)人。七岁能书大字,有司荐于国学。(1143 卷 819)

张好义 元冀州南宫(今属河北)人。行军千户张好古之弟。世祖至元元年(1264)正月,以好古殁王事,诏命其与弟好礼皆袭职为千户。(0001 卷 5、152)

张好古①(?~1262) 字信甫。元冀州南宫人。张晋亨之子。初奉严忠济命领父军戍宿州。宪宗八年(1258),授行军千户,从攻樊城有功。又从攻鄂州(今武昌)。世祖中统元年(1260),还宿州,兼恩州刺史。未几,移军戍蕲县。三年,宋军攻蕲县,力战而死。(0001 卷 152、5)

张好古② 字信甫。元安阳人。历任湖州路儒学正。(0183 卷 4,0269 卷 5)

张好礼 元冀州南宫人。行军千户张好古之弟。世祖至元元年(1264)正月,以好古殁王事,诏命其袭职为千户。(0001 卷 5)

张观光 字用宾,又字直夫。号屏岩。宋元之际东阳人,迁居金华。张枢父。宋末为太学生。元初,以荐授婺州路(治今金华)儒学教授,在任十年。后改授绍兴路平准行用库大使,以母老不赴,家居垂四十年而终。工诗文,其文集久佚。(0072 卷 82,0033 卷 8,0252 卷 14,等)

张观僧 字子用。元新昌(今属浙江)人。顺帝至正中负父避战乱于山中,遇反元队伍,叩头请代父死,反元队伍感而释之。(0880 卷 45,0062 卷 5)

张寿卿 元东平(今属山东)人。历任江浙省掾。撰杂剧《诗酒红梨花》。(0029 卷上)

张进九 元青田人。务农。顺帝至正十五年(1355),反元队伍起,被执;使呼众人降,不从,被杀。(0062 卷 8,0075 官常典卷 734,0002 卷 232)

张进中(1241～1320)　字子正。元大都人。善制笔,人争购之。宫廷时有所需,非其所制者不用。(0501卷56)

张孝则　字景思。元沙河(今属河北)人。文宗天历初,任林州(治今河南林县)知州,有惠政。(0761卷25,0788卷4、7,0596卷4)

张孝先　元海州(治今江苏连云港西南)人。元初为丹徒(今镇江)县尉。(0631卷16)

张孝安　元东平(今属山东)人。世祖至元年间历任鄞县、兰溪、龙游知县。(0252卷12,0633卷3,0878卷2,0881卷14)

张孝忠　元将。张万家奴之子。少时从父作战。世祖至元中袭父职为船桥万户。十九年(1282),从都元帅也速答儿镇压亦奚不薛蛮、阿永蛮等部族。二十二年,从讨乌蒙蛮,击降大坝都掌蛮、蚁子蛮。二十七年,从西征至沙、瓜诸州。还军,任四川行枢密院佥事。后以本军万户镇成都。(0001卷165)

张孝思　元世祖至元三十年(1293)任福建廉访司佥事。成宗元贞元年(1295)改任浙西廉访佥事。大德四年(1300)任江南行台都事。(0632卷6,0001卷18,0902卷44)

张志和　元南阳逸士。善刻碑。宪宗六年(1256),刻《唐太宗赐孙真人颂》、《五台山孙真人福寿论》。(1143卷827)

张志纯　初名志伟,号天倪子。元泰安人。年十二为全真教道士。隐布山中。后提点泰安州教门事。受赐号崇真保德大师。卒年一百二十。(0040卷8,0722卷3,0721卷34)

张志素(1188～1268)　号谷神子。金元之际睢阳(治今河南商丘南)人。全真教道士。丘处机门徒。受赐号应缘扶教崇教尊师。(0040卷4)

张志敬(1220～1270)　字义卿。元燕京安次(今属河北)人。全真教道士,李志常弟子。嗣志常掌全真教事。(0040卷5)

张志道　元醴陵(今属湖南)人。历任遂宁县主簿。元末寓居静江(治今广西桂林),以《春秋》教授从学者。(1036卷26)

张芳汝　元人,工画山水、人物、牛。其作品流传至日本。(1143卷833)

张芳叔　号竹屋道人。工画山水、人物。其作品流传至日本。(1143卷833)

张克问　字九思。元余姚人。有诗作传世。(0504庚下)

张克果　元文宗至顺二年(1331)任庆元路(治今宁波)儒学教授。(0634卷2)

张克明①　元辉州(治今河南辉县)人。成宗大德八年(1304)任秘书监知事。(0027卷9)

张克明②　元黄岩人。顺帝至正十三年(1353),助讨当地反元队伍有功,不受官,隐居山中。卒年八十一。(0062卷43,0879卷13)

张克忠(1252～1326)　字彦直。元中山(治今河北定县)人。世祖至元中,由东宫宿卫出任蠡州判官。历任辽阳行省都事、宗正府员外郎、吉州知州、和州知州。以山东宣慰副使致仕。(0262卷15)

张克宽　字子裕。元河中(治今山西永济西南)人。历任江南行台监察御史、陕西行台都事、内台侍御史。(0696卷2、3,0700卷7)

张克遹　元东平汶上(今属山东)人,张昉之子。仕为平阴县令。(0001卷170)

张酉先　元余姚人。历任上虞县儒学教谕。(0880卷29)元酉登元平江(治今苏州)人。元初为义乌县主簿。(0881卷12)

张抟霄　元南雄(今属广东)路总管,为政清慎有为,兴修学校,教化大行。(0622卷80)

张时中①　元渭南(今属陕西)人。文宗天历中为安西路(治今陕西西安)万户。(0819卷16,0801卷26)

张时中②　元巨鹿(今属河北)县尹。县遭水旱,多方赈恤,期月而百姓丰裕。有杀人以诬人者,鞫知其情,诬者竟抵罪。(0622卷4)

张时起　字才美(或作才英)。元东平(今属山东)人。府学生员。撰杂剧《昭君出塞》、《别虞姬》、《花月秋千记》。(0029卷上)

张时髦　元壶关(今属山西)人。登进士第,授吉州判官。历任潞城县尹、河南省儒学提举、秘书监丞。(0698卷10)

张秀实　元孤峰人。工画道释、人物,为名画工朱好古门人,王椿弟子。顺帝至正十八年(1358),参与画河中府(治今山西永济)永乐宫混成殿壁画。(1143卷828)

张伯仁　字至道。元福建人。善篆、行、草书。(0031卷7)

张伯玉　元郯城(今属山东)县尹,廉洁公正,抑强扶弱,民甚德之。(0622卷23,0729卷6)

张伯达　元通州(今北京通县)人。元初从失吉忽秃忽伐金,授通州节度判官,升知通州。(0001卷167)

张伯供　元人,工画佛像。其作品流传至日本。(1143卷823)

张伯禹　元人。有诗作传世。(0504癸下)

张伯高 元英宗时为治书侍御史。(0001 卷 184)

张伯淳(1242～1302) 字师道。宋元之际杭州崇德(今属浙江)人。宋末进士,监临安府都税院,升观察推官,迁任太学录。元世祖至元二十三年(1286),授杭州路儒学教授。迁任浙东按察司知事。二十八年,任福建廉访司知事。成宗初年,任庆元路(治今浙江宁波)总管府治中,奉行省檄审问疑狱于衢、秀州,皆得其情。大德四年(1300),拜翰林侍讲学士。五年,入朝,扈从上都(今内蒙古正蓝旗东北)。有《养蒙集》。(0001 卷 178)

张住哥 元世祖至元二十五年(1288)至二十七年任中书参知政事。(0001 卷 112)

张希文(1264～1337) 字质夫。元瑞州新昌(治今江西宜丰)人。历任江西省吏。仁宗延祐初,游京师,以荐授百丈县(治今四川名山东北)尹,不赴。家中四壁皆书,晚年号称书巢先生。有诗作传世。(0259 文集卷 9,0504 庚上)

张希贤 元真定(治今河北正定)人。仁宗延祐元年(1314)任丹徒(治今江苏镇江)县尹。(0631 卷 16)

张希明 元保定(今属河北)路人。顺帝至正二年(1342)任江南行台监察御史。(0632 卷 6)

张希浚 元绩溪(今属安徽)人。世祖至元十六年(1279)任祁门县尹。(0972 卷 4,0992 卷 10,0991 卷 3)

张希颜 元顺帝至元二年(1336)任东阳(今属浙江)县尹。(0881 卷 12)

张谷宝 元潼川(治今四川三台)人。历任两台监察御史、平阳路总管,政声清肃。(0622 卷 71,0841 卷 12)

张宏道① 字毅夫,号千载心。宋元之际吉州(治今江西吉安)人。与文天祥善,随至燕京,天祥就义。宏道负其颅骨归葬庐陵(治今江西吉安)。(0101 卷 5,0002 卷 241,0058 卷 7)

张宏道② 元山阴(治今浙江绍兴)人。仁宗延祐二年(1315)进士。历任太平路经历。(0880 卷 33)

张宏纲 元贵溪(今属江西)人。早负才名。官至集贤大学士。谥安惠。(1011 卷 11)

张应瑞 元全宁(治今内蒙古翁牛特旗)人。张住童父。仕至鲁王府傅。卒年八十二。(0556 卷 4)

张应雷 号梅轩。元镇江(今属江苏)人。世祖至元中召人为太医。后请老归,授镇江路医学教授。(0631 卷 17、19)

张怀玉 元世祖至元十六年(1279)任瑞州路(治今江西高安)经历。(1016 卷 14)

张怀德 元成宗大德年间任贵州(治今贵州贵阳)知州,率民壮合官兵千余讨伐宋隆济,死战,不敌,被执不屈而死。(0853 卷 5、9,0002 卷 230)

张良材 元福建人。顺帝至正中为贵溪(今属江西)县尉,招集乡兵抗拒反元队伍,后中敌计,被杀。(1011 卷 11,0902 卷 125,0004 卷 40)

张良卿 字弘道。元婺源(今属江西)人。历任绍兴路医学教授。卒年七十二。(0972 卷 10)

张良弼① 元世祖至元年间任奉化(今属浙江)县尉,升县丞,再升为县达鲁花赤。(0633 卷 3)

张良弼②(?～1369) 字思道。元邓州(治今河南邓县)人。元末招集地主武装,镇压西路红巾军有功。顺帝至正十八年(1358)为陕西宣慰使,驻秦州。二十年,授湖广参政。二十一年,移军陕西,营于鹿台。后与李思齐、扩廓帖木儿互相攻杀。明洪武二年(1369)明军至,退保庆阳(治今甘肃庆阳)。未几,走宁夏,为扩廓帖木儿所执杀。弟良臣代守庆阳,明军攻破城,良臣投井,被明兵引出杀死。(0767 卷 17,0006 卷 83)

张启元 即张易。

张君佐(?～1284) 元鄢陵(今属河南)人。张荣之孙,张奴婢之子。世祖至元三年(1266),父死,袭父职为炮水手元帅,戍蔡州。后从攻宋襄樊,以炮攻破樊城。十一年,从伯颜征宋,以炮攻破阳逻堡。十二年,从大军败宋军于丁家洲,又从阿术攻扬州。是冬,从诸军破常州。十三年秋,屯军真、扬间,绝宋粮道。扬州平,授安庆府安抚司军民达鲁花赤。十四年,任黄州达鲁花赤。十九年,奉命率新附汉军万人修胶西闸坝以通漕运。二十一年,兼海道运粮事。(0001 卷 151)

张君锡 历任元徽州路(治今安徽歙县)提控案牍。武宗至大年间改任瑞州路(治今江西高安)提控案牍。(0972 卷 4,1016 卷 14)

张阿元 元宫嫔妃,性敏巧。制崑岺巾,上起三层,中有枢转,玉质金枝,纫彩为花,团缀于四面,又制为蜂蝶杂处其中。行则三层磨运,百花自摇,蜂蝶欲飞,皆作攒蕊之状。又制为飞琼流翠之袍,趋步之际,缥缈若仙子。帝见之,指谓众嫔曰"张嫔气宇清越"。(0092)

张妙净 字惠莲。元钱塘(治今杭州)人。才女,工诗,有诗作传世。晚年居吴中,号自然道人。(0523,0504 壬下,0033 卷 36)

张纯仁 元弋阳(今属江西)人。张卿弼之孙。英宗至治元年(1321)进士,授鄞县丞。后迁任繁昌县尹。官至江浙行省郎中。(0634 卷 2,0072 卷 84、85,0147 卷 8)

张奉政(?～1307) 元沧州(今属河

北)人。张洪之子。袭职为千户,任左卫亲军都指挥司佥事。成宗元贞元年(1295),提调左卫屯田。(0002卷166)

张奔儿 元歌妓、杂剧女演员。姿容丰格,妙于当时。善演花旦,时人目为温柔旦。(0032)

张东平(?~1216) 金末元初锦州(今属辽宁)人。张鲸之子。金末,鲸聚众十余万反金,称临海郡王。元太祖十年(1215)降蒙古,未几因不忠于蒙古,被蒙古执杀。鲸弟致愤兄被诛,据锦州反蒙古。木华黎率蒙古军讨之。次年,先遣吾也而攻溜石山。东平奉致遣,率骑兵八千、步卒三万,援溜石,与木华黎亲率之蒙古军遇于神水县东,大败,被杀。(0001卷119)

张拔都 金元之际昌平(今属北京)人。元太祖六年(1211),率众降蒙古,留备宿卫。后从主将汉都虎征西域、西夏。又从攻金,经陇、蜀入洛。金亡,汉都虎为炮手诸色军民人匠都元帅,守真定。汉都虎死,代为都元帅。及汉都虎兄子赡阇稍长,请于朝,归都元帅职于赡阇而终老。(0001卷151)

张拗驴(?~1282) 元安州(今河北安新西)人。世祖时,因诈敕及伪为丞相孛罗符印,被杀。(0001卷12)

张叔旸 元人。有诗作传世。(0504甲)

张叔良 字仲良。元顺德(治今河北邢台)人。世祖至元三十年(1293)至成宗元贞二年(1296)任镇江路知事。(0631卷15)

张叔温 元云中(今山西大同)人。顺帝至正八年(1348)任上虞(今属浙江)县尹。(0880卷28)

张旺舅 元安丰霍丘(今属安徽)人。幼丧父,事母至孝。诏旌表之。(0001卷197)

张国冈 元南陵(今属安徽)人。顺帝至正十六年(1356)率乡兵抵御反元队伍,被执不屈而死。(0075官常典卷734)

张国用 元金台人。历任宜阳县尹,教化大行。(0762卷7)

张国安 元平凉(今属甘肃)人。善刻碑。大德十一年(1307),刻《西镇祀香记》。(1143卷847)

张国纪 元成宗时,任湖南宣慰使。大德二年(1298),请于湖广征收门摊之外,复科夏税。因群臣反对,诏不准。(0001卷19、136、176)

张国英 字世杰。元仁宗延祐年间任华亭(治今上海松江)县尹,明敏于政。时郡将恃世守,陵轹有司,欺害细民,国英以法制裁之,民得以安。(0622卷9,0931卷23)

张国宝 元世祖至元中为南京路(治今河南开封)总管。时河北饥民数万人,集河上欲南徙。有诏令民复业,勿渡,众汹汹不肯还。总管府史卜天璋虑其生变,劝国宝听其渡,从之,遂以无事。(0001卷191)

张国宾 元大都(今北京)人。成宗时为教坊勾管。撰杂剧《严子陵垂钓七里滩》、《歌大风高祖还乡》、《薛仁贵衣锦还乡》、《汗衫记》。(0029卷上)

张国祥① 元镇江路织染局使。(0631卷17)

张国祥② 元泾阳(今属陕西)人。居丧庐墓。诏旌表其门闾。(0001卷197)

张国维 元真定(治今河北正定)人。世祖至元年间任镇江路真定翼千户。至元三十年(1293)致仕。(0631卷17)

张国衡 元人。有诗作传世。(0504癸下)

张昌符 元镇江路儒学录。(0631卷17)

张明安 元泰定年间任庆元路(治今浙江宁波)治中。(0634卷1)

张明卿(1279~1332) 字子晦,号务光。元临海(今属浙江)人。教授里中,不求仕进。(0411卷50,0414卷19,0071卷82)

张明裕 元世祖至元二十八年(1291)任清丰县(今属河南)主簿。(0654卷4)

张明德 元人,历任经历。善画松石,范德机尝题其《松石图》。(1143卷832)

张岩起 字傅霖,元汾州人。以荐为国子助教,任职一年免归。顺帝至正中,反元队伍攻陷城,与妻赴井死。(0001卷194)

张图南(?~1322) 字则复,号息堂。元长沙(今属湖南)人。世祖至元二十八年(1291)起为岳麓书院山长。后迁任濂溪、紫微书院山长。武宗至大元年(1308),授辰州路儒学教授。仁宗延祐间,科举恢复,校文湖广、江西。英宗至治二年(1322),以太常礼仪院奉礼郎致仕。是年卒,有诗作传世。(0231卷8,1041卷51,0504癸上)

张昂霄(1219~1288) 字云卿。元平州(治今河北卢龙)人。张升父。世祖至元七年(1270),任平滦路转运司知事。十年,任北京平准行用库提举。后迁任济民盐场管勾。(0244卷11)

张季充 元人。有诗作传世。(0504癸上)

张季贤 元武宗至大四年(1311)任江南行台管勾。(0632卷6)

张周卿 元英宗至治二年(1322)任江山县(今属浙江)主簿。(0878卷3)

张周翰(1306~?) 字国桢。元真定

(治今河北正定)人,寓居扬州。顺帝元统元年(1333)进士,授安州判官。至正年间累迁为安平县尹。(0028卷上,0645卷5,0660卷7)

张忽辛(?~1291)　元世祖近侍。至元二十八年(1291)五月,与塔剌海、脱脱奉帝遣,追究僧官江淮总摄杨琏真伽等盗用官物。十月,与塔剌海皆以理算钱谷受赃罪被处死。(0001卷16)

张庚发　元世祖至元十七年(1280)任金坛(今属江苏)县尉。(0631卷16)

张怡云　元大都(今北京)名妓。能诗词,善谐笑。名公巨卿每于其家小酌。(0032)

张炎发　元萧山(今属浙江)人。历任镇江路濂溪书院山长。(0631卷17)

张宗元(1292~?)　字仲亨。元开化(今属浙江)人。顺帝元统元年(1333)进士,授黄岩州判官。至正初,任徽州路知事。后累迁为秘书少监。(0028卷上,0622卷43,0075文学典卷90,等)

张宗演(?~1292)　字世传,号简齐。宋元之际信州贵溪(今属江西)人。龙虎山正一道第三十六代天师。元世祖至元十三年(1276),应召至大都(今北京)入觐,受命主领江南道教。十八年、二十五年,再入觐。二十九年,病死,其子与棣嗣为第三十七代天师。(0001卷202)

张宗颜　字子愚。历任元袁州路总管、九江茶盐使。(1013卷8)

张定边　号泼张,元末人,陈友谅部将。官至太尉。顺帝至正二十三年(1363)八月,友谅死,拥立友谅子陈理为帝。次年二月,随陈理降朱元璋。(1161卷275)

张宜子　字思诚。元四川人,寄居沣州(治今湖南澧县)。历任宾州同知、藤州知州。(0506卷2342)

张居中　元沂州(治今山东临沂)人。世祖至元二十九年(1292)任镇江路行通政院判官。(0631卷17)

张居怿　元成宗大德八年(1304)任江南行台管勾。(0632卷6)

张居祐(1218~1289)　字天锡。元汲郡(治今河南汲县)人。太一教道士。萧道辅弟子。宪宗七年(1257)知卫州太清观事,后升为提举。世祖至元十九年(1282),宣授凝寂大师、卫辉路道教都提点。(0144卷61)

张居敬①　元柏乡(今属河北)人。初,事武宗于潜邸。后历任徽政院都事、都漕运使、蕲州路总管。(0645卷5、27)

张居敬②　元高唐(今属山东)人。仁宗延祐元年(1314)任镇江路高唐翼中千户所弹压。(0631卷17)

张居敬③　元文宗时,授河南府总管,因避难不赴任,免职受笞。顺帝时,仕为辽阳行省参知政事,佥行枢密院事。(0001卷34、45)

张居敬④　元顺帝至正十年(1350)任庐江(今属安徽)县尹。(0580卷6)

张居敬⑤　元广平路(治今河北曲周西南)总管,浚河以防泛滥,立常平仓以恤孤贫,均赋役,兴学校,惠政甚多。(0622卷4)

张弥远　元世祖至元十五年(1278)为婺州路(治今浙江金华)推官,断狱平允。(0881卷11)

张孟隆(?~1330)　元泰定元年(1324)任兴化路(治今福建莆田)推官。(0905卷2)

张孟植　元人。有诗作传世。(0504戊下)

张绍先　元世祖至元二十三年(1286)任衢州(今属浙江)路知事。(0878卷3)

张绍祖①　元武宗至大二年(1309)任溧水(今属江苏)州同知。(0632卷6)

张绍祖②　字可久。元进士。文宗至顺中,任江阴(今属江苏)知州。(0953卷12上、16)

张绍祖③　字子让。元颍州(治今安徽阜阳)人。读书力学。以孝行闻于朝,特授河南路(治今河南洛阳)儒学教授。顺帝至正十五年(1355),奉父避兵山间。反元队伍至,执其父将杀之。泣请杀己以代父死。反元队伍感其孝而释之。(0001卷198)

张春儿(?~1348)　元叶县(今属河南)军士李青妻。顺帝至正八年(1348),年二十,夫病死,令匠人造大棺,既殓,自经死,遂同棺出葬。(0101卷20,0767卷18,0002卷245)

张荣兴　元顺德(治今河北邢台)人。成宗大德三年(1299)至仁宗延祐元年(1314),任镇江路卫辉翼下百户。(0631卷17)

张荣实(1218~1278)　元霸州保定(治今河北霸州南)人。金北平公张进之子。元太宗时由宿卫充征行水军千户,统领水军参与攻宋。世祖中统元年(1260),升水军万户。三年,从史天泽讨平李璮之乱,镇守胶西。至元五年(1268),从阿术攻襄樊。十一年,从大军南征宋。攻岳州,破沙洋、新城,降江陵,攻略江西。十三年,升为福建宣慰使,进兵广东。次年,改任江东宣慰使、行省参政。与右丞塔出抚定广东,十五年,授湖北宣慰使、诸路水军万户,未几卒。(0001卷166)

张荣祖①(1204~1250)　字孝先。元获鹿(今属河北)人。袭叔父张升职,为帅府监军兼行西宁州事。(0351卷30)

张荣祖②　元世祖至元二十七年(1290)任庆元路(治今浙江宁波)推官。(0633卷2)

张荣祖③　字继善。元保定(今属河北)人。英宗至治元年(1321)任镇江路真定翼下百户。文宗至顺元年(1330)累迁为江南行台监察御史。(0631 卷 17,0632 卷 6)

张荣祖④　元滑州(治今河南滑县)人。文宗天历年间任尉氏县尹。(0776 卷 2)

张荣祖⑤　元顺帝至元三年(1337)任庆元路(治今浙江宁波)总管。(0634 卷 1)

张持敬　元德州(治今山东陵县)人。英宗至治二年(1322)任开州同知。文宗天历二年(1329)累迁为裕州知州。(0646 卷 5,0768 卷 4,0767 卷 7)

张显祖①　元世祖至元十八年(1281)任慈溪(今属浙江)县尹。(0633 卷 3)

张显祖②(? ~约 1287)　元堂邑县(今属山东)人。管军总管张泰亨之子。袭父职。世祖至元二十四年(1287),从征交趾(今越南北部),战死。(0001 卷 166)

张显祖③　元泰定元年(1324)为吴江州判官。(0928 卷 41,0954 卷 17、18)

张显祖④　元人。有诗作传世。(0504 癸下)

张显祖⑤　元汴梁(治今河南开封)人。居丧庐墓。诏旌表其门闾。(0001 卷 197)

张贵和　元沣州慈利(今属湖南)人。顺帝至正中,与弟继和招集乡兵捍卫县境。倪文俊来攻,与战败绩,被杀。(1041 卷 51)

张思义　元扶沟(今属河南)人。顺帝元统元年(1333)任慈溪县主簿。至正年间任中书左司郎中。(0634 卷 2,0762 卷 4)

张思文　字文卿。元彰德(治今河南安阳)人。世祖至元二十三年(1286)至二十六年任镇江路提控案牍。仁宗延祐二年(1315)授衢州路照磨。(0631 卷 15,0878 卷 3)

张思立　字起宗。元鲁(今山东西南部)人。文宗至顺年间任永城(今属河南)知县,有文学,为政明决。(0622 卷 26,0766 卷 4,0596 卷 3)

张思成　元顺帝至元二年(1336)任江南行台管勾。(0632 卷 6)

张思讷　元濮州(治今山东鄄城北)人。泰定二年(1325)任奉化州判官。后迁任新昌(今属浙江)县尹。(0634 卷 2,0880 卷 28)

张思进　元桂阳州(治今广东连县)人。文宗时聚众二千余反抗官府。州县不能治,广东宣慰司请发兵捕之,江西行省平章岳柱主张抚绥,遣千户王英谕以祸福。遂接受诏谕,其众皆复业。(0001 卷 130)

张思孝①　字奉先。元云中(今山西大同)人。博学,善文辞。历任儒学教谕、学正、前卫教授、分省掾。擢都事,治狱平允,号曰秤都事。迁任武州尹。入明不仕。卒年六十四。有诗作传世。(0296 卷 6,0033 卷 27)

张思孝②　元华州(今陕西华县)人。事父母以孝闻。文宗至顺三年(1332),诏旌表其门。(0001 卷 197)

张思贤　元仁宗延祐初为庆元路(治今浙江宁波)经历。(0633 卷 2)

张思明(1260 ~ 1337)　字士瞻。元辉州(治今河南辉县)人。由吏入仕。仁宗皇庆元年(1312),任两浙盐运使。二年。召为户部尚书。延祐元年(1314),任参议中书省事。四年,升中书参政。依附左丞相哈散,升中书左丞。英宗任拜住为相时,受杖责罢职。文宗天历元年(1328),起为江浙左丞。二年,召入为中书左丞,被监察御史劾罢。卒。追封河清郡公,谥贞敏。平生不治产,不畜财,收书三万七千余卷,尤明于律。(0001 卷 177)

张思忠(1237 ~ 1275)　字正言。元真定(治今河北正定)人。张仝之子。嗣父职为镇抚。世祖至元五年(1268),从攻襄樊,建议筑堡清河口以遏宋人转输之路。从攻樊城,先登,中流矢,力战不辍,擢都镇抚。十一年,元军进至郢州,与宋军相持不下。思忠按视,江北有一港通湖,可三里许,由湖复入江,遂拖舟达湖中,无复阻碍。元军遂绕过郢州进兵。十二年春,从伯颜败贾似道于丁家洲。遂入建康。是年卒。(0144 卷 48,0002 卷 144)

张思诚①　元世祖至元三十年(1293)任江南行台监察御史。(0632 卷 6)

张思诚②　元晋宁(治今山西临汾)人。顺帝至正二年(1342)任江南行台监察御史。后累迁为杭州路判官。(0632 卷 6,0573 卷 2)

张思恭　元顺帝至元元年(1335)任合州知州,为政简要。(0841 卷 9)

张思敬　元襄陵(治今山西襄汾西北)人。张著之子。历任醴陵、无为、茶陵三州知州。后迁任江西省儒学提举。(0691 卷 9,0710 卷 9,1041 卷 66)

张思智　元乐昌(今属广东)人。以荐授南海县(治今广州)主簿。顺帝至正十三年(1353)升为知县。(1031 卷 8)

张哈答　元世祖至元二十六年(1289)任江南行台照磨。(0632 卷 6)

张复礼(1301 ~ 1361)　字礼庭。元番禺县(治今广州)人。精《周易》学,不求仕进。(0411 卷 20,0431 卷 43,0072 别附卷 2)

张复亨①　字刚父,号南谯。元乌程县(治今浙江湖州)人。有文名。仕至泰州同知。工诗,有诗作传世。(0622 卷 40,0075 氏族典卷 247,0504 乙)

张复亨②　元堂邑(治今山东聊城西北)人。事亲笃孝。诏旌表其门闾。(0001 卷 197)

张复初①(1267～1324)　字中修。元汴(今河南开封)人。历任浙东帅府史、江南行御史台掾、广西廉访司经历。(0182 卷 23)

张复初②　字逢原。元扬州人。有诗作传世。(0504 庚下)

张顺兴　元庐州(治今安徽合肥)人。顺帝至正五年(1345)六月,出米五百余石赈饥。诏旌其门。(0001 卷 41)

张保童　张万家奴之子。元世祖时从征缅,以功袭父职为副都元帅。后从征西北叛王,至甘州山丹,战死。(0001 卷 105)

张泉逸　元仁宗延祐中为漳州路总管,宽以恤民,严以驭吏,亲学校以为己任,事简民安。(0622 卷 78,0908 卷 4,0902 卷 63)

张勉之　字天民。元杭州人。历任镇江路儒学录。(0631 卷 17)

张狡群　元顺帝时走私盐犯。至正二年(1342)被捕获于紫荆关。(0001 卷 97)

张庭珍(1229～1284)　字国宝。元北京(治今内蒙古宁城西)人。张楫之子。初为元宪宗必阇赤(掌书记之近侍)。从攻宋四川,授阆州安抚使。世祖即位(1260),遣立沙井等驿,为北征阿里不哥军运粮。至元六年(1269),出使安南。十年,任襄阳行省郎中,招降吕文焕。授襄阳总管。改任郢、复二州达鲁花赤。十九年,任南京路(治今河南开封)总管。黄河决口,派船筏载粮救济灾民。水退,发民增筑堤防。卒于官。(0001 卷 167)

张庭瑞(1234～1290)　字天表。元北京(治今内蒙古宁城西)人。张庭珍之弟。初为元宪宗宿卫士,从攻四川充先锋。世祖初年,授元帅府参议,留戍青居山,击败宋夏贵军。后历任高唐知州、濮州尹、陕西四川道按察副使、成都总管。蜀平,升为诸蛮夷部宣慰使,安抚羌族,镇压都掌蛮。后改任叙州等处蛮夷部宣抚使。迁任潭州路总管,辞归关中。后迁居成都,病死。(0001 卷 167)

张庭瑜　元襄阳路总管,兴庙学,除弊政,治绩显著。(1041 卷 66)

张彦文　元保定(今属河北)路人。世祖至元十四年(1277)任当阳(今属湖北)知县。(1044 卷 17,1042 卷 6,1041 卷 66)

张彦正　元扬州人。元末为浦江(今属浙江)知县。(0881 卷 13)

张彦龙　元成宗大德七年(1303)任高平(今属山西)县尹。(0694 卷 5)

张彦安　元明之际人。元末守真州(今江苏仪征),明军至,以城降。(0955 卷 5)

张彦成　元仁宗延祐年间进士。历任四川道廉访使。(0823 卷 6、7)

张彦恭　元英宗至治中为余姚(今属浙江)州吏目。(0880 卷 28)

张彦辅　元蒙古人。太一教道士,从玄德真人学道。工绘画,善画山水,有《江南秋思图》、《雪山图》。(0147 卷 3,0030 卷 5,0517 卷 5)

张彦弼　元官吏。历任巨鹿县(今属河北)主簿。以浚州知州致仕。(0643 卷 5)

张养浩(1270～1329)　字希孟。元济南(今属山东)人。自幼勤学,博通经史。山东按察使焦遂荐为东平学正。世祖至元末年,不忽木荐为御史台掾。成宗时,任堂邑县尹,有治绩。武宗时,任监察御史,上疏时政万余言,言皆切直,得罪权臣。仁宗时,任礼部侍郎,知贡举,升尚书。英宗时任参议中书省事。文宗天历二年(1329),陕西大饥,特拜陕西行台中丞,出赈饥民,病卒于任。谥文忠。著有《归田类稿》等。其诗文反映元代社会现实,揭露元代政治腐败,同情人民疾苦。诗风质朴清新。其散曲题材广泛,反映多方面社会生活,多豪放之作,部分散曲兼有清逸雅趣。(0001 卷 175,0002 卷 202)

张洪范①　字九畴。元彰德(治今河南安阳)人,张杰之子。仁宗延祐二年(1315)袭父职为镇江路真定翼副千户。(0631 卷 17)

张洪范②　元北京(治今内蒙古宁城西)人。居丧庐墓。诏旌表其门闾。(0001 卷 197)

张济民　元世祖中统三年(1262)三月,从万户韩世安大破李璮叛军于高苑。以功受赐金符。(0001 卷 5)

张祖信　字士诚。元章丘(今属山东)人。顺帝至正中,任山东廉访司经历。红巾军将领毛贵攻入山东,被执不屈而死。(0721 卷 29,0075 官常典卷 732,0002 卷 232)

张秦山　元安西路(治今陕西西安)人。幼时天资颖悟,超出常儿。成宗大德五年(1301),由大都提举学校官荐举入国子学受教育。(0001 卷 81)

张泰来　元余姚(今属浙江)人。历任商州(今属陕西)儒学正。(0801 卷 20)

张泰亨(?～1277)　元堂邑县(今属山东)人。宪宗时袭父职为管军百户,从攻宋。世祖中统二年(1261),授侍卫军总把。三年,从围李璮有功。至元四年(1267),升为京东归德等处新军千户。从征西川有功。七年,从攻襄阳。十年,从攻樊城。十二年,升管军总管。从攻潭州(治今湖南长沙)。十三年,从征广西,破静江府。十四年,还军潭州,金疮发,病死。(0001 卷 166)

张起元　元盂县（今属山西）人。举进士。历任平原（今属山东）县尹。（0742 卷下）

张起岩（1285～1353）　字梦臣。元济南人。幼从父范学。弱冠为福山县儒学教谕，摄县事，听断明允。仁宗延祐二年（1315）为汉南人榜进士一甲第一名，授同知登州事，特旨改集贤修撰。累升翰林待制。泰定间为监察御史，抗章论丞相倒剌沙诬陷御史台臣。迁中书右司员外郎，升左司郎中。文宗时任礼部尚书，转参议中书省事。顺帝初年，任翰林侍讲学士，修三朝实录。历侍御史、燕南廉访使、御史中丞。任翰林学士承旨，充辽金宋三史总裁官，熟知金源典故，究心宋儒道学源委。史成，辞归。谥文穆。工文章，善篆、隶。著有《华峰类稿》、《金陵集》等，皆佚。（0001 卷 182）

张起源　号古村。元济南人。早年从孟梦恂学。后讲授于淮楚之间。仕至衡州路照磨。（0072 卷 82）

张莘夫　元临海（今属浙江）人。张明卿父。元初以荐授台州路（治今浙江临海）儒学正。（0071 卷 82）

张晋亨（？～1276）　字进卿。金元之际冀州南宫（今属河北）人。金末，随兄颢附于严实。元太祖十五年（1220），随兄从严实归附蒙古。娶严实女。二十二年，从孛鲁征益都。后从严实征淮楚、河南。太宗六年（1234），随严实入觐，授行军千户。率部攻宋，屡立功。严实死，严忠济嗣位，奏晋亨权知东平府事。宪宗即位，从忠济入觐，奏减包银；帝遂改每户六两为四两。改任恩州管民万户。世祖中统三年（1262），从严忠范讨李璮。至元十一年（1274），领兵攻宋，留戍镇江，兼管民政。（0001 卷 152）

张原楷　字公异。元沧州清池（治今河北沧州）人。顺帝至正十一年（1351）授象山县儒学教谕。后寓居鄞县。（0877 卷 25）

张烈良（？～1278）　元世祖时，任湖南制置使。至元十五年（1278）与提刑使刘应龙等率兵反，战败，携家奔恩州乌罗洞。为元兵所袭，战死。（0001 卷 10）

张换住　元顺德（治今河北邢台）人。成宗大德三年（1299）任镇江路彰德翼下百户。（0631 卷 17）

张致远　号江汉先生。元古坛人。有诗作传世。（0504 辛上）

张逢源　字渊甫。宋元之际海昌（治今广东高州东北）人，居于钱塘（治今杭州）。张雨祖父。宋末为漳州佥判。元初归钱塘筑泉月精舍，与高克恭、仇远等吟咏其中。有诗作传世。（0504 甲，0070 卷 80，1072 卷 47）

张卿弼　字希契，宋元间弋阳人。宋度宗咸淳四年（1268），由太学生登进士第。授福州司户，辟充教授。仕至兴化倅而宋亡，归隐不出，从受业之门人甚众。元世祖至元十八年（1281）创蓝山书院，为山长。（0147 卷 8，0222 卷 5，0072 卷 84）

张留孙（1248～1321）　字师汉。元信州贵溪（今属江西）人。少时入龙虎山，从正一道掌教天师张宗演学道。世祖至元十三年（1276），从宗演北上觐见世祖，遂留大都，受封为江南诸路道教都提点。十五年，受封玄教宗师。成宗大德中，加号玄教大宗师，任同知集贤院道教事。武宗即位，升大真人，知集贤院，位大学士上。仁宗即位，进开府仪同三司，加号辅成赞化保运玄教大宗师，刻玉为玄教大宗师印以赐。其所创玄教在元代中后期为道教中为最显赫宗派。（0001 卷 202）

张悦遂　字彦直。元大同人。顺帝至正元年（1341）任浦江（今属浙江）县尹，有惠政。后迁任清江（今属江西）县尹。（0252 卷 13，0881 卷 13、14，1024 卷 5）

张兼善　元人。工画。有《云树图》、《松下看云图》。（1143 卷 841）

张继祖①（？～约 1277）　元堂邑县（治今山东聊城西北）人。管军总管张泰亨之子。世祖至元十四年（1277），父死，袭父职。移镇鄂州（治今湖北武昌），舟过洞庭湖，溺死。（0001 卷 166）

张继祖②（1287～1339）　字继之。元金华（今属浙江）人。仁宗延祐年间任饶州双溪书院山长。后调任浏阳州儒学教授。（0154 卷 12，0411 卷 48）

张继祖③　元泰定中为临城县（今属河北）尉。（0645 卷 4）

张继祖④　字绍先。元永平路（治今河北卢龙）人。顺帝至正元年（1341）用祖荫为秘书监管勾。（0027 卷 9）

张继祖⑤　元鄞县（治今浙江宁波）知县。（0633 卷 3）

张教化　又名古，字尧卿。元大都（今北京）人。世祖至元二十九年（1292）任镇江路行通政院同佥。（0631 卷 17）

张梦应　元益州（治今四川成都）人。世祖至元二十二年（1285）为松江府儒学教授。（0504 甲）

张梅问　元人，出刘桂隐之门。工吟咏，尤善行、草书。（1143 卷 849）

张常明　字景昭。元吴郡（今苏州）人。有诗作传世。（0504 庚下，0279 卷 6）

张崇质　字彦文。元顺帝至正中，任秘书监奏差。（0027 卷 11）

张崇智（1297～？）　字惠贞。元郧县（今属湖北）人，居于武昌。初为国子伴读，登顺帝元统元年（1333）进士第，授盐城县丞。（0028 卷上）

张崇道　元大名（今属河北）人。世祖至元年间任密州知州。（0721 卷 27，0726 卷 12）

张特立(1179～1253) 初名永,字文举。金元之际东明(今属山东)人。金章宗泰和三年(1203)进士,授偃师主簿。改宜德州司候。州多金国戚,号难治。有将军率家奴劫民群羊。潜使人索其后庭,得羊数十,遂缚其奴系狱。豪贵由是遵法。哀宗正大初,任洛阳令。四年(1227),任监察御史,弹劾尚书右丞颜盏石鲁与细民争田、参政徒单兀典谄事近习,执政者忌之,遂辞归田里。金亡,不仕。通程氏《易》,晚年教授诸生。著有《易集说》、《历年系事记》。(0001 卷 199)

张敏夫 元燕(今北京一带)人。善画墨竹。(0030 卷 5)

张敏行 元明间长安县(治今陕西西安)人。顺帝至正二十三年(1363)进士。明初以荐擢为翰林典籍,迁甘肃卫经历。(0411 卷 12)

张敏修 元林虑县(治今河南林县)人。泰定元年(1324)进士。历任户部主事、郎中。(0762 卷 10)

张惟一① 元仁宗延祐七年(1320)任江南行台监察御史。(0632 卷 6)

张惟一② 元道士。历任昭瑞宫提点。元廷赐号全德靖明弘道真人。(0146 卷 37)

张惟大 元人。有诗作传世。(0504 癸下)

张惟本 元人。有诗作传世。(0504 癸下)

张惟良 字汉杰。元文宗天历二年(1329)任镇江路司狱。(0631 卷 17)

张惟贤①(1298～1326) 字仲容。元巩县(今属河南)人。张惟敏弟。有才子之称。泰定初为礼部令史。(0254 卷 15)

张惟贤② 字允德。元仙居(今属浙江)人。顺帝至正年间以荐授南漳监镇,与明兵战于兰溪,被执,刘基劝说其降,不从,谪戍杭州,绝食七日死。(0075 官常典卷 735)

张惟诚 字信之。元镇江路行通政院宣使。(0631 卷 17)

张惟敏 字孟功。元巩县(今属河南)人。历任兵部侍郎。顺帝至正二年(1342)迁任江南行台治书侍御史。追谥文定。有诗作传世。(0632 卷 6,0761 卷 29,0504 丙)

张惟敬 元顺帝至正中,任商州(治今陕西商县)儒学正。(0801 卷 20)

张惟庸 元人。有诗作传世。(0504 癸上)

张惟善 元忻州(治今山西忻县)人。藏书万卷,隐居授徒,其门人多为名人。(0075 文学典卷 90)

张清志(？～约 1326) 元干州奉天(治今陕西干县)人。真大道教九祖。早年事亲孝,尤耐辛苦,制行坚峻。临汾大地震,救活者甚众。朝廷重其名。武宗即位(1307),召至京师,命掌真大道教,授演教大宗师、凝神冲妙玄应真人。其教益盛。泰定中卒。(0001 卷 202)

张维良 元泰定二年(1325)任庆元路(治今浙江宁波)照磨。(0634 卷 1)

张维纲 元顺帝至正二十六年(1366)任西安县(治今浙江衢州)主簿。(0878 卷 3)

张琼桂 元世祖至元年间为徽州路治中,后迁任庆元路(治今浙江宁波)治中。(0633 卷 2,0972 卷 4)

张琚琳 元世祖至元十年(1273)任秘书监典书。(0027 卷 11)

张斯立 字可与,号绣江,元章丘人。世祖至元十六年(1279)任南台御史。历任江浙行省郎中、户部侍郎、中书参议、户部尚书、江浙行省佥事。成宗大德元年(1297)拜中书参政,七年以罪罢。官至中书左丞。(0240 卷 19,0322 卷 5,0001 卷 19、21、112、131、168)

张雄飞 字鹏举。元沂州临沂(今属山东)人。世祖至元二年(1265),廉希宪荐于世祖,召见,陈当世之务,帝悦,授同知平阳路转运司事。后帝复召见,建议立御史台。御史台立,任侍御史。议立尚书省,力争不可于帝前,忤旨,迁京兆总管府同知。入为兵部尚书,忤阿合马,出为澧州安抚使。十四年,迁荆湖北道宣慰使。先是,阿里海牙以降民三千八百户没入为家奴,自置吏治之,岁责其租赋。雄飞入朝奏其事,诏还籍其民。十六年,拜中书参政。二十一年,罢职。二十三年,起为燕南河北道宣慰使,黜奸贪,政化大行。后卒于官。(0001 卷 163)

张鼎新① 元世祖时,任湖南宣慰使。至元二十年(1283),因党附阿里海牙,免职。(0001 卷 12)

张鼎新② 元南昌(今属江西)人。历任新昌(今属浙江)县尉。(0880 卷 28)

张景义 元晋宁(治今山西临汾)人。仁宗延祐七年(1320)任衢州(今属浙江)路照磨。(0878 卷 3)

张景元 元易州定兴(今属河北)人,张珪之子,张景哲弟。仁宗时为宿卫士,掌符玺。延祐元年(1314)任秘书少监。泰定年间任河南廉访使。(0001 卷 175,0027 卷 9)

张景云 字天祥。元昆明人。由教官仕至孟爱路(治今缅甸掸邦景栋东北孟开)经历。有诗作传世。(0851 卷 11,0504 已上)

张景武(？～1328) 元易州定兴(今属河北)人,张珪长子。历任保定路管军万户。文宗天历元年(1328),家居;紫荆关败卒掠保定,景武率乡兵击死数百人,参

政也先捏执景武兄弟五人皆杀之。(0001 卷 32,0002 卷 139,0004 卷 15)

张景范 元人。有诗作传世。(0504 癸上)

张景岩 又名野先布花,字瞻甫。元河东人。顺帝至正元年(1341)任潞州知州。(0698 卷 3,0696 卷 3,0700 卷 8 上)

张景周 元歙县(今属安徽)丞,不刚不柔,善于裁决,美政流行。(0622 卷 16,0972 卷 4)

张景哲 元易州定兴(今属河北)人,张珪之子,张景鲁弟。英宗至治二年(1322)任江南行台监察御史。后迁任浙东廉访司佥事。(0632 卷 6)

张景鲁 元易州定兴(今属河北)人,张珪之子,张景武弟。历任广东廉访使。泰定三年(1326),被召入为礼部侍郎。(0231 卷 1、4)

张嵓起(? ~1358) 字傅霖。元汾州(今山西汾阳)人。累举不中,被推荐为国子助教,后免归。元末红巾军陷汾州,与妻赴井死。(0001 卷 194)

张铸山(1235 ~1283) 又名铎,字宣卿,又字仲宣。元历城(治今山东济南)人。张福之子。张起岩祖父。幼负奇节,读书通大义。历任博州录事判官、东昌路录事判官。(0153 卷 9,0001 卷 182,0002 卷 140)

张智荣 字德明。元安丘(今属山东)人。世祖至元初,为镇抚,随赵良弼出使日本。(0743 卷 21)

张舜咨 字师夔。元钱塘(治今杭州)人。历任江浙行省宣使、休宁县(今属安徽)主簿。善画山水。年八十犹在世。有诗作传世。(0030 卷 5,0504 己上)

张敦复 元顺帝至正年间任京山(今属湖北)知县。(1044 卷 17)

张普贵(1256 ~1342) 字无为。宋元之际福宁(治今福建霞浦)人,王积翁之妻,王都中母。元世祖至元二十一年(1284)积翁死后,祝发为尼。主持平江阳山妙净寺,后主持妙湛寺。赐号宏宗圆明佛日大师。(0233 卷 7)

张善渊①(1206 ~1275) 字儿道。元赵州平棘(治今河北赵县)人。太一教道士,萧道辅弟子。初知太清观事。定宗元年(1246)授真定路教门提点。宪宗二年(1252)提点卫辉路道教事。(0144 卷 59、61)

张善渊② 字渊父,号癸复道人。宋元之际吴郡(今苏州)人。宋末住平江(今苏州)光孝观。元世祖至元年间入觐称旨,授平江道录,住持天庆观。后改任镇江道录,住持绍庆宫。卒年九十二。(0927 卷 41,0042 卷 11)

张道中 号玄白子,元淮南人,医家。成宗大德五年(1301),撰成《玄白子西原正脉诀》一卷。又撰有《玄白子相类脉诀》、《玄白子诊脉八段锦》各一卷及《古今通变仁寿方》(1149 卷 179)

张道生 元金华(今属浙江)人。张继祖之子。以荐为武夷书院山长,未几卒。(0072 卷 82)

张道明 元世祖至元末,道明诏谕西番一甸蛮内附。至元三十年(1293)正月,一甸蛮酋长三人入觐,各授以蛮夷军民官,并以道明为达鲁花赤。(0001 卷 17)

张道重 元霸州保定县(治今河北霸县南)人。张荣实次子张玉之孙。万户张辅之子。父死,袭职。(0001 卷 166)

张道济 字仲美。元河南人。历任绍兴知事、黄冈县尹。后迁任宁州判官,以年逾七十,告致仕归。工诗,吴澄尝为其诗集《自适集》作序。(0212 卷 18)

张道谦(1295 ~1363) 字仲益。元仙居县(今属浙江)人。以荐为仙居县税务副使。(0444 卷 13)

张道源 字仲澄。元世祖至元二十三年(1286)任秘书监丞。成宗大德四年(1300)授江南行台都事;十年,升为南台治书侍御史。(0632 卷 6,0027 卷 9)

张道微 字允儿。元道士。历任恩州(治今山东武城东北)瑞云圣寿观主。能诗,王沂尝为其诗集《居安堂诗》作序。(0182 卷 15)

张遂良 元世祖至元十二年(1275)任溧水(今属江苏)县尹。(0632 卷 6)

张湖山 元人。有诗作传世。(0504 癸下)

张谦道 字克让。元信州(治今江西上饶)人。历任归安县(治今浙江湖州)儒学教谕。(0559 卷 18)

张蒲涧 元人。有诗作传世。(0504 癸上)

张蒙亨 元上虞(今属浙江)人。历任嵊县(今属浙江)儒学教谕。(0880 卷 29)

张颐孙(? ~1300) 元人,为新淦(今属江西)富人胡制机养子,制机自生子而死,颐孙利其家资,谋杀胡氏子,贿赂郡县官吏获免。后官至江西行省参政。元成宗时案发,被处死。(0001 卷 20)

张嗣成 元信州贵溪(今属江西)人,张与材子。仁宗延祐四年(1317),嗣为第三十九代天师,加授太玄辅化体仁应道大真人,主领三山符箓,掌江南道教事。(0001 卷 25、202)

张嗣良 元人。有诗作传世。(0504 癸上)

张嗣德 号太一。元贵溪(今属江西)人。张嗣成弟。顺帝至正十二年(1352)五月,诏封为龙虎山正一道教第四十代天师,给印章。(0001 卷 42,0411 卷 17)

张鹏翼① 元真定(今河北正定)人,张耕之子。世祖中统二年(1261),代父为邢州安抚使。(0001 卷 4)

张鹏翼② 字大举。元中牟(今属河南)人,张珪之子。世祖至元十八年(1281)任屯留(今属山西)县尹。(0698 卷 7,0791 卷 3)

张熙祖 元贵溪(今属江西)人,张广孙之子。仁宗延祐四年(1317)累迁为衢州路同知。后历任沣州路同知,宁国路、建昌路、袁州路总管。(0878 卷 2)

张端义 元人。有诗作传世。(0504 辛下)

张端信 元济南人。文宗至顺二年(1331)任镇江路彰德翼上百户。(0631 卷 17)

张端容 元曹南人。文宗至顺三年(1332)任江南行台都事。(0632 卷 6)

张德元 元顺帝至正年间为诸暨(今属浙江)州吏目,避战乱居山阴(治今浙江绍兴)。(0880 卷 49)

张德成 元归德(治今河南商丘南)人。居丧庐墓。诏旌表其门闾。(0001 卷 197)

张德兴(? ~1277) 宋元之际舒城(今属安徽)人。元世祖至元十四年(1277)春,起兵响应文天祥反元,袭破兴国(治今湖北阳新)、德安(治今湖北安陆),还据蕲州(治今湖北蕲春)司空山。九月,元廷命元将忻都、昂吉儿、史弼等率各路军围剿司空山寨,破之。德兴被杀。(0001 卷 9、132 等)

张德林 元文宗天历元年(1328)任庆元路(治今浙江宁波)录事。(0634 卷 2)

张德荣(1258 ~1335) 字显卿。元晋宁(治今山西临汾)人。历任宣城县尹、陕西行省员外郎、信州总管,以武昌路总管致仕。(0152 卷 38)

张德昭① 元滑州白马(治今河南滑县)人。顺帝元统中为监察御史。历任中书郎中、河间运使。至正八年(1348)调任海道都漕运万户。后入为吏部尚书。(0165 卷 5,0316)

张德昭② 字彦明。元邢台(今属河北)人。顺帝至正年间任华亭(治今上海松江)县尹,廉明勤俭。(0622 卷 9,0931 卷 23)

张德珪 元成宗大德元年(1297)任余姚知州。九年,改任昌国(治今浙江舟山)知州。(0633 卷 3,0880 卷 28)

张得润 元世祖时,任东川副都元帅,攻重庆、涪州,有战功。后升参知政事。(0001 卷 8、9、13)

张德清 元濮州(治今山东鄄城北)人。泰定二年(1325)任镇江路濮州翼下百户。(0631 卷 17)

张德隆 字元杰。元贵溪(今属江西)人,张留孙侄。正大教道士。玄教第四代大宗师,号冲真明远玄静真人。(0152 卷 7、15,0258 卷 8)

张德琪 字廷玉。元燕(今北京一带)人。工绘画书法。草书学张旭,行书亦佳。墨竹、墨梅,学王淡游,颇有佳趣。(0030 卷 5,0031 卷 7)

张德辉(1195 ~1274) 字耀卿。金元之际太原交城(今属山西)人。金末任御史台掾。金亡,史天泽聘为经历官。随天泽南征,助其筹画调发。元定宗二年(1247),应召入忽必烈王府,进讲儒术,荐举儒士。世祖中统元年(1260),授河东宣慰使。击豪强,均赋役,有治绩。二年,迁任东平路宣慰使。至元三年(1266),参议中书省事。(0001 卷 163)

张德新 元滨州渤海(治今山东滨州西北)人。成宗大德年间任安乐县尹,廉惠得民心,死于官任。(0622 卷 24,0721 卷 27,0726 卷 12)

张德聚 字敬甫。元晋宁(治今山西临汾)人,仁宗延祐四年(1317)为兴和路(治今河北张北)治中。(0196 卷 12)

张遵礼 元人,寓居绛阳。名画工朱好古门人,工画道释、人物,尤长壁画。顺帝至正十八年(1358)参与画河中府永乐宫混成殿壁画。(1143 卷 879)

张羲上 字师夔。元浙江人。善画山水。(0030 卷 5)

张万家奴(? ~1283) 元初河东南北路船桥随路兵马都总管万户张札古带之子。世祖中统二年(1261),袭父职为船桥万户。后率部从攻宋泸州、重庆等地,迁招讨使。宋亡后 率部镇压亦奚不薛(今贵州毕节地区)少数民族反抗,升副都元帅。又率四川、湖南兵征哈剌章(今云南大理等地)。至元二十年(1283),从征缅,战死。(0001 卷 165)

张札古带 元初汉人,姓张,札古带为其蒙古名。张家万奴之父。初,为拖雷近侍。从破金有功,授河东南北路船桥随路兵马都总管万户。后从西征,下兴元,围嘉定,死于军中。(0001 卷 165)

张忙古歹① 元世祖至元十六年(1279)任溧阳县(今属江苏)达鲁花赤。(0632 卷 6)

张忙古歹② 元仁宗延祐中,任嵊县(今属浙江)知县。(0880 卷 28)

张忙古台 元昌平(今属北京)人,张拔都子。从宪宗伐蜀,以勇力闻。元世祖中统元年(1260),赐银符、预议炮手府军事。后易金符,为行军千户,从征襄樊。(0001 卷 151)

张阿亦伯 即张文谦。

张金界奴 元宛平(治今北京西南郊)人,张九思子。仕为光禄大夫、河南行省右丞。(0001 卷 169)

张散札儿(？～1285)　元世祖权相阿合马家奴。至元十九年(1282),籍没阿合马家。散札儿罪当死,谬言阿合马家资隐寄者多,如尽得之,可资国用。遂钩考捕系,连及无辜,京师骚动。帝颇疑之,二十二年,命吏部尚书不忽木鞫之,具得其实,遂尽释被捕系者,散札儿伏诛。(0001 卷 130)

张塔剌赤　元世祖至元末年为万户,从福建行省平章史弼、亦黑迷失等征爪哇。(0001 卷 210)

张答不歹　元文宗至顺三年(1332)任镇江路丹阳税使司提领。(0631 卷 17)

张蒙完得　元济宁(治今山东巨野)人。文宗天历年间任祁门县达鲁花赤,清廉公正,讼简刑轻。(0972 卷 4,0991 卷 3)

张囊加歹　元广平(今属河北)人。仁宗延祐元年(1314)任镇江路怀庆翼下百户。(0631 卷 17)

张也先不花①　元顺帝元统二年(1334)任上高县(今属江西)达鲁花赤。(1016 卷 14)

张也先不花②　元顺帝至正六年(1346)任昌邑县(今属山东)主簿。(0727 卷 2)

张也萨帖木儿　元文宗天历元年(1328)任无锡州同知。(0558 卷 24)

张别吉帖木儿　元泰定元年(1324)任江南行台监察御史。(0632 卷 6)

张塔海帖木儿　元顺帝元统二年(1334)任庆元路(治今浙江宁波)总管。至正元年(1341)累迁为集庆路(治今南京)总管。(0634 卷 1,0632 卷 6)

改住　元蒙古人。居丧庐墓。诏旌表其门闾。(0001 卷 197)

灵保①　字佑之。元术真氏。顺帝至正中,为镇南王长史,统骑兵五百人征讨汝蔡反元队伍,以功升为司马。十六年(1356),王退驻淮安,灵保走京师告急,授济南路治中,议督诸军赴援,未至而城破王死。后由海道趋浙,为道士以终。(0296 卷 5)

灵保②　元保定(今属河北)人探忒之妻。文宗至顺三年(1332)五月,诏旌表其贤孝。(0001 卷 36)

君不花　元汪古人。汪古部主阿剌兀思剔吉忽里幼子孛要合长子。娶定宗长女叶里迷失公主。死后追封赵王,谥忠襄。(0001 卷 118、109)

迟惠　元石匠。善刻碑,成宗元贞元年(1295)同迟进刻《八神阳王庙记》。(1143 卷 1378)

陆广　字季弘,号天游生。元吴郡(今苏州)人。善画山水,仿王蒙,落笔苍古,用墨不凡,其写树枝,有鸾舞蛇惊之势。有诗作传世。(0077 卷 58,0504 辛上,1080 画录卷 9、19)

陆友　字友仁。号砚北生。元吴郡(今苏州)人。工隶、楷书。为诗有法度,尤长于五言律。精于鉴定古器物及书画。卒年四十八。著有《砚北杂志》、《墨史》等。(0503 三集庚,0075 文学典卷 89,0088)

陆仁　字良贵。元河南人,寓居昆山(治今江苏太仓)。明经好古,诗文不苟作。其诗清俊奇伟。与郭翼、吕诚相唱和。工书法,楷书、草书皆洒然可观。(0503 三集辛,0517 卷 13)

陆永　元淮南人。有诗作传世。(0504 庚下)

陆侗　字养正。元上海人。工诗,题咏景物尤佳。(0504 己下,0033 卷 23,0944 卷 8)

陆恒　元人。有诗作传世。(0504 癸下)

陆泳　字伯翔。元华亭(治今上海松江)人。尽心农事。尝采方言、习俗,撰《田家五行拾遗》一卷,以占卜丰歉,今不传。(0950 卷 15,0951 卷 5)

陆厚　字景周,号狂狷生。工写生花鸟。(1143 卷 972)

陆垕(1258～1307)　字仁重。宋元之际江阴(今属江苏)人。宋末,伯颜统大军沿江东下,垕谒见,论议有合,被伯颜奏授元徽州路同知。元初累迁为湖南廉访副使,升浙西廉访使。所至黜赃吏,洗冤狱。曾奏免儒役,推行助役法于浙西。后卒,谥庄简。(0001 卷 177)

陆叙　元吴郡(今苏州)人。有诗作传世。(0504 庚上)

陆炯　字晦叔,号雪篷漫郎。元吴郡(今苏州)人。有诗作传世。(0504 庚下)

陆洽　号东轩。元海运千户。(0949 卷 7)

陆宣　字复之,号天游。元吴江(今属江苏)人。陆行直之子。历任平江路(治今苏州)儒学正。有诗作传世。(0504 己上)

陆桂　元吴郡(今苏州)人。有诗作传世。(0504 戊上,0033 卷 10)

陆泰　字子临。元四明(今浙江宁波)人。有诗作传世。(0504 己下)

陆森　字茂林。元吴郡(今苏州)人。历任阴阳教谕。撰《玉灵聚义》五卷。(1071 卷 13)

陆蒙　字景周。元松江(今属上海)人。家富而好礼,收藏古器物书画甚多,一时名人无不与交。(1080 书录卷 9)

陆鉴　元武宗至大元年(1308)任武义县(今属浙江)知县。(0881 卷 13)

陆镛　字振之。元江阴(今属江苏)人。

陆垕之子。性谦和,当袭爵,让于其弟镫。(0202 卷 7、15)

陆徽(1342～1382)　字季嘉。元鄞县(治今浙江宁波)人。年二十余入大都(今北京),留扩廓帖木儿府中,所言多见采纳。后以中尚监经历还浙招揽豪杰,未复命而元亡,家居卖药以自给,绝口不谈世事。(0456 卷 10)

陆麒　字元祥。元江阴(今属江苏)人。有诗作传世。(0504 庚下)

陆元庆　元松江府(治今上海松江)人。顺帝至正七年(1347)贡士。(0313 卷 4)

陆元泰　字长卿。元昆山(治今江苏太仓)人。有诗作传世。(0504 庚下,0523,0033 卷 24)

陆元德　字抝谦。元杭州人。历任平阳(今属浙江)州儒学教授。(0183 卷 4)

陆友仁　字辅之。元吴郡(今苏州)人。撰有《吴中旧事》一卷、《词旨》一卷。(1071 卷 6)

陆文圭(1252～1336)　字子方,号墙东先生。宋元之际江阴(今属江苏)人。宋度宗咸淳初,以《春秋》中乡选。宋亡,隐居城东,元廷屡聘不起。为文融会经传。于地理考核甚详。著有《墙东类稿》。(0001 卷 190)

陆文英　元嘉兴(今属浙江)人。顺帝至正(1341～1368)年间任邵武县尹,升运司经历。有诗作传世。(0895 卷 13,0902 卷 63,0504 己上)

陆文宝　元明间湖州人。擅制笔。名其船曰"笔舫"。士大夫多为诗文遗之。(0876 卷 26)

陆以道　字士弘。元无锡(今属江苏)人。明《易经》,中乡举。顺帝元统(1333～1335)间任诸暨州儒学训导。至正(1341～1368)中,官至翰林待制。有诗作传世。(0941 卷 16,0073 卷 111,0504 己上)

陆仲涧　元人,工画佛像,其作品流传至日本。(1143 卷 970)

陆行直(1275～?)　字季道,号壶天居士。元吴江(今属江苏)人。历任翰林典籍,英宗至治元年(1321)辞归。顺帝至正九年(1349)犹在世。工书法,善画。有诗作传世。(1079 书品卷 1,1080 画录卷 8,0504 己上)

陆应祥(1262～1333)　字景云。元长洲(治今江苏苏州)人。笃信释道,慷慨施舍。建瑞云观于笠泽,受嗣天师命为玄门高士、瑞云观开山住持。(0152 卷 29)

陆定龙　元谷阳(治今河南鹿邑)人。工书法,明人编《元名公翰墨卷》有其手迹。(1143 卷 972)

陆居仁　字宅之,号巢松翁,云松野褐,冒湖居士。元华亭(治今上海松江)人。泰定五年(1326)中乡试,不求仕进,隐居教授。工诗。与杨维桢,钱推善交往。死后,同葬山麓,号三高士墓。有《云松野褐集》(0503 集庚下,0033 卷 15)

陆显之　元汴梁(治今河南开封)人。撰杂剧《宋上皇醉冬凌》。(0029 卷上)

陆思孝　元山阴(今浙江绍兴)人。采樵为生。母老病,欲割股肉疗之,忽梦神人授药,即以奉母,母病遂愈。(0001 卷 198)

陆秋水　元人。有诗作传世。(0504 己下)

陆信忠　元人。工画罗汉,日本有其《十六罗汉像》,极为精妙。(1143 卷 973)

陆晋之　元杭州人。泰定二年(1325)任庆元路(治今浙江宁波)儒学教授。(0633 卷 2,0634 卷 2)

陆修正　元人。有诗作传世。(0504 辛下)

陆继善　字继之,号甫里道人。元吴江(今属江苏)人。家居读书,乡称善人。有诗作传世。(0523,0504 庚下,0033 卷 24)

陆焕然　元山东人。有诗作传世。(0033 卷 13)

陆景龙　字德阳,号湖峰。元嘉兴(今属浙江)人。文宗天历二年(1329)中乡试。历任庆元路(治今浙江宁波)儒学正。(0537 卷 4)

陆景玄　字子善。元常熟人。元末为常熟州文学书院山长。(0947 卷 5、9)

陆登善　字仲良。元杭州人。撰杂剧《开仓粜米》、《张鼎勘头巾》。(0029 卷下)

陆鹏南　号象翁。元华亭(治今上海松江)人。文章劲健,与同县人陆霆龙齐名。有诗作传世。(0931 卷 30,0950 卷 15,0504 甲)

陆蕙奴　元钱塘(治今杭州)人,女。能诗,有诗作传世。(0504 壬下,0033 卷 36)

陆德方　字显叔。元华亭(治今上海松江)人。顺帝至正十年(1350)中乡试,授般阳路儒学正。后避战乱,归居海盐。明初以逋臣荐,不赴。有诗作传世。(0537 卷 4,0896 卷 194,0504 辛上)

陆德原(1282～1340)　字静远。元长洲(治今江苏苏州)人,陆应祥之子。捐田以创甫里书院,延名儒为师,就学者甚众,行省署为书院山长。秩满,调任徽州路(治今安徽歙县)儒学教授。有诗作传世。(0152 卷 37,0279 卷 9,0504 己上)

阿马①　元西南乖西带蛮酋长。武宗至大三年(1310)举兵内犯,后败降。仁宗即位,立乖西府(治今贵州开阳),以之

为知府，佩金符。（0001 卷 23、24）

阿马②（？～1324）　元诸王。英宗至治二年（1322）闰五月，以擅徙诸王脱列捏卫士，杖流海南。后二年卒。（0001 卷 28、29）

阿术①（1227～1280）　元蒙古兀良合氏。速不台孙，兀良合台之子。元宪宗时，从父攻大理、侵安南。世祖即位，留掌宿卫。中统三年（1262）从征李璮有功，授征南都元帅。至元四年（1267）起，连年攻宋襄樊。十年正月，破樊城，招降襄阳。十一年，与伯颜率大军征宋，攻克阳罗堡，鄂州降。十二年正月，受宋安庆守将范文虎降。二月，大败宋军于丁家洲。四月，击败宋将姜才于扬州。七月，大败宋张世杰等水军于镇江焦山。十三年二月，受夏贵以淮西诸城降。七月，俘宋将李庭芝、姜才于扬州，杀之。十四年，北征叛王撒里蛮等。后率军西进，病死于哈剌火州（今新疆吐鲁番东）。追封河南王。（0001 卷 128）

阿术②　元唐兀吾密氏，顺帝至正中江浙平章卜颜铁木儿叔。卜颜自幼由其养大，事之如亲父。（0001 卷 144）

阿出　元仁宗皇庆元年（1312）任江南行台监察御史。（0632 卷 6）

阿失①　元蒙古亦乞列思氏。孛秃四世孙，忽怜之子。初事元成宗。大德五年（1301），从甘麻剌、海山大军进讨叛王海都、笃哇。与笃哇军战于哈剌答山（在今新疆富蕴东北铁买克西北），射笃哇中其膝，擒杀甚多，笃哇号哭而遁。成宗以皇女益里海涯公主下嫁之，生二女，即英宗皇后速哥八剌与泰定帝皇后亦怜真八剌。后继娶宪宗孙女买的公主。武宗即位，袭万户，封昌王。仁宗时，受赐宁昌县税入。后卒，其子八剌失里袭封昌王。（0001 卷 118）

阿失②　元蒙古弘吉剌氏，买住罕孙，袭千户。（0001 卷 118）

阿禾①　元西南永昌蛮酋长，姓王氏。世祖至元八年（1271）袭职。后参与元军征缅之役，有战功。（0001 卷 61、210）

阿禾②（？～1331）　元蒙古军万户，戍云南。文宗至顺元年（1330），从云南诸王秃里起兵叛，攻陷中庆路（治今云南昆明）。次年，与元军交战时被擒杀。（0001 卷 34、35）

阿礼　元济南人。顺帝至正十年（1350）中乡试。（0600 卷 2）

阿永　元泸州蛮酋长，世祖至元十五年（1278），为金书西川行枢密院昝顺招诱归降，授西南番蛮安抚使。（0001 卷 9、10）

阿台①（？～1288）　元畏兀儿人，阿里乞失帖木儿子。袭父职，宪宗时授平滦路达鲁花赤。世祖至元十年（1273），进阶怀远大将军，后进昭武大将军。卒赠中书右丞，追封永平郡公，谥忠亮。（0001 卷 124）

阿台②　元仁宗延祐间任郃阳县（治今陕西合阳）达鲁花赤。（0806 卷 7，0818 卷下）

阿庆　元大理人，姓段氏，信苴日子。世祖时随父入觐，留宿卫东宫。父卒，袭爵。累授镇国上将军，大理金齿等处宣慰使都元帅，佩金虎符。（0001 卷 166）

阿来　元人。其妻忽突台为英宗乳母。英宗即位，追封阿来定襄王，谥忠愍。（0001 卷 28）

阿赤　元河西（西夏故地）人。文宗天历元年（1328）任金坛县（今属江苏）达鲁花赤。（0631 卷 16）

阿里①（？～1280）　元回回人，牙老瓦赤子。又译阿里伯、阿里别。世祖中统三年（1262），任领中书左右部兼诸路都转运使。至元元年（1264），任中书右丞，后出金河南行省事，改淮东左副都元帅，升淮东行省平章政事，因得罪权臣阿合马，被诬陷致死。（0001 卷 5、6、11、12 等）

阿里②　元世祖至元五年（1268）任河南行省参政，次年升右丞。（0014 卷 3 中，0003 卷 32）

阿里③　元回回人。世祖至元五年（1268），由御史中丞拜中书参知政事，后调任他职。至元十八年复拜参政，二十九年升中书右丞。成宗时，任江浙行省平章政事，复入中书为平章。（0001 卷 6、20、21、112 等）

阿里④　元世祖至元十一年（1274）为译史。十一月，奉伯颜遣，与万户帖木儿奏沙洋、新城之捷于世祖。（0001 卷 8）

阿里⑤　元世祖至元二十年（1283）为顺元路军民总管兼宣抚使。七月，复降于元。元廷立亦奚不薛（今贵州毕节地区）总管府，命其为总管。（0001 卷 12）

阿里⑥　元回回人。世祖至元二十二年（1285）六月，奉遣与马速忽携带钞千锭往马八儿国（在今印度东南海岸）求奇宝。（0001 卷 13）

阿里⑦　元回回人。世祖至元二十三年（1286）任秘书监令史。（0027 卷 11）

阿里⑧　元世祖至元三十一年（1294）任象山县（今属浙江）达鲁花赤。（0633 卷 3）

阿里⑨　元阿鲁浑氏。成宗大德三年（1299）任丹徒县（治今江苏镇江）达鲁花赤。（0631 卷 16）

阿里⑩　元成宗大德六年（1302）任江浙行省平章。八年，入为中书平章。（0014 卷 8 下）

阿里⑪（？～1299）　元成宗时，任汀州总管府同知，因挟怨诬告福建行省平章政事高兴，被杀。（0001 卷 162）

阿里⑫　又译阿里伯。元武宗即位初，任中书左丞，不久去职。（0001 卷 22、

112)

阿里⑬　元回回人。武宗至大二年(1309)九月,奉命与察罕、亦不剌金、杨忽答儿出使占八国(今越南中、南部)。(0001卷23)

阿里⑭　元皇庆元年(1312)任秘书郎。(0027卷10)

阿里⑮　元回回人。仁宗延祐二年(1315)任丹阳县(今属江苏)主簿。(0631卷16)

阿里⑯　元仁宗延祐三年(1316)任秘书郎。(0027卷10)

阿里⑰　元英宗至治元年(1321)任庆元路(治今浙江宁波)达鲁花赤。(0634卷1)

阿里⑱　元泰定元年(1324)任秘书监著作郎。(0027卷10)

阿里⑲　元回回人。泰定元年(1324)任秘书监令史。(0027卷11)

阿里⑳　元文宗至顺元年(1330)任昌国州(治今浙江舟山)同知。(0634卷2)

阿里㉑　元文宗至顺元年(1330)任无锡州同知。(0558卷24)

阿里㉒　元云南茫部路(治今云南镇雄北)九村夷人。文宗至顺元年(1330)闰七月,与同村夷人阿斡诣四川行省自陈:"本路旧隶四川,今土官撒加伯与云南连叛,愿备粮四百石、民丁千人,助大军进征。"事闻,诏嘉其去逆效顺,厚慰谕之。(0001卷34)

阿里㉓　元文宗至顺三年(1332)任秘书监著作佐郎。(0027卷10)

阿里㉔　元顺帝至元间任崇仁县(今属江西)达鲁花赤。(1014卷8)

阿里㉕　元西域人,世居燕南。顺帝至正四年(1344)为弋阳县(今属江西)达鲁花赤。(1104卷4)

阿里㉖　元畏兀儿人,八丹之子。历任鹰房千户。(0001卷134)

阿里㉗　元回回人,阿都剌祖。(0011)

阿里㉘　元哈剌鲁氏,答失蛮祖。(0011)

阿里㉙　元合鲁氏,铁迈赤之子,虎都铁木禄兄。(0001卷122)

阿里㉚　元嘉兴人,元统元年进士札剌里丁之父。((0011)

阿里㉛　元文宗天历二年(1329)为都水监丞。(0001卷64)

阿里㉜　元世祖至元二十二年(1285)为荆湖占城行省总把。(0001卷209)

阿里㉝　元世祖至元间为玉典赤(守门者),至元二十九年(1292)奉旨置司邕州以便调运军粮。(0001卷17)

阿里㉞　元官员,世祖至元十一年(1274),与迷儿、麻合马奏言匪力沙淘玉事。(0001卷94)

阿利　又译阿里。元罗氏鬼国(今四川泸州以南至贵州贵阳一带)酋长。元世祖至元十七年(1280)九月,降元;安西王相李德辉遣人偕之入觐。二十年七月,与其从者入觐。(0001卷11、12)

阿秃　元宗室。世祖至元二十五年(1288),从诸王合丹在东北叛乱。与元军交战多次,为元将伯帖木儿所败。叛乱平定后,被迁往云南王治所。(0001卷17、131)

阿沙①　元世祖中统二年(1261),奉命与焦端义抚治甘肃。后任肃州达鲁花赤。至元十八年(1281),请立唐兀卫统领河西驻军,诏准。(0001卷4、8、99)

阿沙②　元世祖至元三十年(1293)任江南行台监察御史。(0632卷6)

阿沙③　元仁宗延祐元年(1314)任江南行台监察御史。(0632卷6)

阿昔　元成宗大德十年(1306)任兰溪(今属浙江)州达鲁花赤。(0881卷12)

阿叔　元武宗至大元年(1308)任溧水(今属江苏)州达鲁花赤。(0632卷6)

阿忽(?~1281)　元世祖时,为云南蒙古军万户。乌蒙罗佐山、白水江蛮起兵叛,被杀。(0001卷122)

阿泥　元西南阿永蛮酋长。世祖至元二十一年(1284)入觐,请依邻境乌蒙(今云南昭通)等蛮例,以本部隶皇太子位下,诏从其请。(0001卷60)

阿荣①(?~1333)　字存初。元蒙古克烈氏。也先不花孙,按摊之子。幼充武宗宿卫。累迁为湖南宣慰副使,赈济饥民,有政绩。历湖广左右司郎中、吏部尚书、中书参议。文宗天历二年(1329),拜中书参政。升奎章阁大学士、太禧宗禋院使。好文学,博究前代治乱得失,深于术数。与虞集等文士交游。(0001卷143)

阿荣②　元唐兀氏,琏赤之子。历任德庆路(今属广东)总管。(0011)

阿剌　元蒙古八邻氏,迷律哥图长子。袭父职为八邻部左千户,兼断事官,平忽禅有功,受封其地为食邑。(0001卷127)

阿哈　元蒙古弘剌氏,唆儿火都之子。尚公主,袭千户。宪宗时率兵破徐州,以功受赏金银。(0001卷118)

阿重　元西南曾竹蛮酋长。成宗时,任顺元同知宣抚事。因其叔父宋隆济结诸蛮起兵反元,弃家朝京师,陈述平定方略,终生擒隆济。(0001卷63)

阿海①　元宗王。太祖叔父答里真四世孙。宁海王阔阔出之孙。袭封宁海王。(0001 卷 107、108)

阿海②　元世祖至元七年(1270),任高丽安抚使,统军一千五百驻王京(今朝鲜平壤),伺察其国中。八年,略地珍岛,失利。(0001 卷 7、208)

阿海③　元蒙古珊竹氏,吾也而之子。宪宗时,袭父北京等七路征行兵马都元帅职。世祖时,受命专于北京、东京、平滦、懿州、盖州路管领见管军人。(0001 卷 98、120)

阿容　元回回人,纳速剌丁子。官至太常礼仪院使。(0001 卷 125)

阿理　字士贤。元顺帝至正六年(1346)任秘书监知印。(0027 卷 11)

阿脱　元宪宗时,率军征四川。世祖中统四年(1263),受命与商挺行枢密院于成都,节制成都、顺庆、潼川都元帅府。(0001 卷 5、123)

阿散①(？～1251)　元回回人。宪宗元年(1251)秋,以诱诸王叛乱罪处死。(0001 卷 3)

阿散②(？～1261)　元回回人。世祖中统初,为世祖近侍、鹰坊执事。二年(1261)十一月,与其兄阿里沙以擅离扈从,被处死。(0001 卷 4)

阿散③(？～1282)　元回回人,阿合马第三子。世祖至元十九年(1282),阿合马败,被杀,并剥其皮以徇。(0001 卷 10、12)

阿散④　元世祖至元二十五年(1288),任参议尚书省事,又受命到外省理算钱谷。(0001 卷 205)

阿散⑤　元世祖时,任麓川路(治今缅甸北境姐兰)军民总管府达鲁花赤。(0001 卷 17)

阿散⑥　元世祖至元二十八年(1291)八月,奉旨与麻速忽乘传诣云南捕黑虎。(0001 卷 16)

阿散⑦　元回回人。至元三十一年(1294)任金坛县(今属江苏)达鲁花赤。(0631 卷 16)

阿散⑧　元大臣。成宗大德十年(1306)由河南行省平章人为中书平章,仁宗皇庆元年(1312)升左丞相,延祐七年(1320)英宗即位,罢为岭北平章,寻被诛。(0014)

阿散⑨　元英宗时,任佥书枢密院事,升枢密副使。至治三年(1323),参与南坡暗杀英宗行动。泰定帝即位,授御史中丞。(0001 卷 28、29)

阿散⑩　元畏兀儿人,八丹子。官至甘肃行省平章政事。(0001 卷 134)

阿散⑪　元蒙古捏古斛得氏,仁宗延祐五年(1318)状元忽都达儿之父,泰兴县达鲁花赤火者之子。以子贵,赠礼部尚书,追封云中郡侯。(0011)

阿散⑫　元西域阿里马里(今新疆霍城西)人,元统元年(1333)进士乌马儿曾祖。历任达鲁花赤。(0028)

阿鲁①　元云南金齿蛮土官。世祖至元二十九年(1292),受父忽鲁马派遣入觐,贡方物。成宗即位,授孟定路(治今云南耿马傣族佤族自治县西孟定)总管。(0001 卷 17、18)

阿鲁②　元成宗大德元年(1297)任昌国州(治今浙江舟山)达鲁花赤。(0633 卷 3)

阿鲁③　元英宗至治三年(1323)由侍仪司引进迁任秘书少监。(0027 卷 9)

阿鲁④　元宗室,魏王阿木哥子。文宗至顺元年(1330),封西靖王。次年,奉命出镇陕西。(0001 卷 34、35)

阿鲁⑤　元宗室。顺帝元统二年(1334),封云南王,出镇云南,给银字圆牌。(0001 卷 38)

阿鲁⑥　元顺帝至元五年(1339)任秘书少监。六年,任中书参议。(0027 卷 9)

阿鲁⑦　元顺帝时,为内侍怯薛官,协助顺帝发动政变,驱逐权臣伯颜,拜中书参知政事。至正元年(1341),升中书右丞。次年,因谋害宰臣,图为叛逆,被杀。(0001 卷 40、113、138)

阿鲁⑧　元顺帝至正二年(1342)由度支卿迁任秘书卿。(0027 卷 9)

阿鲁⑨　元顺帝时任刑部尚书。至正十二年(1352)奉命往山东与红巾军作战,给敕牒十一道以赏有功者。随后率兵转战海宁州(今江苏连云港)、泗州(今安徽盱眙)等地。(0001 卷 42、43)

阿鲁⑩　元宗王。元太祖叔父答里真五世孙。宁海王阔阔出曾孙,哈鲁罕之子。(0001 卷 107)

阿蒙(？～1286)　元西南乌蒙(今云南昭通)蛮酋长,任乌蒙蛮夷宣抚使。世祖至元二十二年(1285)起兵叛,次年为元将拜答儿擒杀。(0001 卷 13、14)

阿察　元西南罗施鬼国(今四川泸州以南至贵州贵阳一带)蛮酋长。世祖时,即降复叛。至元十七年(1280),为安西王相李德辉招降,改鬼国为顺元路(治今贵州贵阳),以其为宣抚使。(0001 卷 11、163)

阿䄵(？～1364)　元宗室梁王把匝剌瓦尔密之女,大理总管段功妻。顺帝至正二十三年(1363),因段功率大理军助梁王击败明玉珍大将万胜并使之退出云南,有大功,阿(䄵)奉父命下嫁段功。婚后两人感情甚好,致段功流连忘返,安居鄯阐(今昆明)梁王府。二十四年,段功获其大理原妻高氏书信,返大理。不久,因思念阿(䄵),复至鄯阐。功为梁王所忌,疑其有吞并全云南之心,遂命阿(䄵)以孔雀胆毒杀功。入夜,阿(䙜)将父密谋告功,愿与功同归大理避祸,劝之再三不信。次日中元节,功被梁王诱杀于通济桥。阿(䙜)闻变,痛不欲生,矢志以死殉情,作《血泪愁愤诗》明志,绝食而亡。郭沫若感其事,尝作名剧《孔雀胆》。(0002 卷 245,0504 壬下,1146 卷 274)

阿八赤① 元世祖时,任江东道按察使。至元十五年(1278),因求宋降将吕文焕财物不获,诬其私匿兵仗。朝廷遣官讯问,事白,免阿八赤官。(0001 卷 10)

阿八赤② 元蒙古人。中庶子伯必之子。世祖至元二十二年(1285),随父入见太子真金,真金谕令入学,伯必即令其入蒙古学。逾年又见太子,太子问读何书,以蒙古书对,太子命其改入国子学。(0001 卷 115)

阿八剌 元世祖近侍。至元二十二年(1285)十一月,奉帝遣督江淮行省军需,以征日本。(0001 卷 13)

阿八哈(1234~1282) 元宗室。伊利汗国第二代汗(1265~1282 在位)。旭烈兀长子。世祖至元二年(1265)嗣汗位,后由元世祖遣使正式册封为国君。三年。率大军抵御钦察汗别儿哥进攻。不久,别儿哥病死,始罢战。乃筑长城于库拉河北以捍卫北边。七年(1270),率大军击退察合台汗国八剌汗入侵,收复呼罗珊境失地。十年,遣军攻入中亚不花剌(今布哈拉)等地,大掠而还。十七年,遣军攻入埃及统治下之叙利亚境,被埃及军击败。在位时定都于大不里士。元世祖大举攻宋时,曾遣回回炮手亦思马因等至大都,回回炮遂传入中国。(0001 卷 203,0002 卷 108,0008 卷 3)

阿儿灰 元顺帝时,任湖广行省参知政事。至正十三年(1353),率军与天完红巾军战,克复武昌、汉阳。升行省右丞,又升平章政事。后统苗军援集庆(今南京),苗军叛,被杀。(0001 卷 44、117、144)

阿儿浑(?~1275) 元蒙古斡亦剌氏。通畏兀儿文书,太宗时任必阇赤。后辅佐阔儿古思(阔里吉思)治理波斯诸州。乃马真后元年(1242),继阔儿古思任波斯诸州行政长官,整理民政,废除非法赋税。宪宗元年(1251),授阿母河等处行尚书省事,调查户口,统一赋税制。宪宗遣旭烈兀西征并总督波斯军政,他受命管理财赋。伊利汗国建立后,仍主管财赋。辅旭烈兀长子阿八哈镇守呼罗珊(今伊朗北部霍腊散地区)、祃拶答而(今伊朗马赞德兰省)两州。后又辅阿八哈子阿鲁浑镇守两州。并与伊利汗联姻,位尊权重。(0008 卷 2、3,0015)

阿儿秃 元太宗三年(1231),从大将撒里塔征高丽,奉命与洪福源至王京(今朝鲜平壤)招降高丽国王王瞮。(0001 卷 154、208)

阿儿滩 元畏兀儿人,买奴子。(0011)

阿乞剌① 元唐兀人,世祖时佥枢密院事暗伯之子。历任知枢密院事。(0001 卷 133)

阿乞剌② 元顺帝时,任荆湖北道宣慰使。至正五年(1345),充云南省奉使宣抚。(0001 卷 41、92)

阿乞剌③ 元顺帝至正八年(1348)为太尉,被监察御史张桢劾其欺罔之罪。(0001 卷 41、186)

阿乞剌④ 元顺帝至正十二年(1352)为知行枢密院事,十月,拜太尉、淮南行省平章政事。(0001 卷 42)

阿马秃① 元乃蛮氏,别的因孙。历任彰德等路长官司达鲁花赤。(0011)

阿马秃② 元宪宗时大将兀良合台之部将,宪宗时从兀良合台征云南、安南。(0001 卷 121)

阿马剌 元畏兀儿人,居镇江(今属江苏)。岳烈之子。由宝儿赤(宫廷司膳)累官湖州路同知。(0631 卷 19)

阿木干 元宗王。世祖第六子爱牙赤之子。(0001 卷 107)

阿木哥(?~1324) 元宗室,顺宗庶长子,武宗、仁宗兄。武宗即位,封魏王。仁宗时,赐庆元路定海县六万五千户,并定制每岁赐钞万锭。延祐五年(1318),因罪贬于高丽。泰定帝即位,召还,寻卒。(0001 卷 24、26、29、115 等)

阿不花 元仁宗延祐七年(1320)任吴江(今属江苏)州同知。(0954 卷 17)

阿不察 元蒙古氏太术之妻,早寡,不忍独生,以死从夫。(0001 卷 200)

阿牙赤① 元诸王。成宗大德元年(1295)闰十二月,诏赐其所部钞。六年九月,奉旨会计称海(今蒙古国科布多之东),屯田岁入之数。(0001 卷 19、20)

阿牙赤② 元顺帝时,任上都留守。至正五年(1345)充甘肃永昌道奉使宣抚。(0001 卷 41)

阿术鲁① 元蒙古斡罗纳儿氏。早年扈从太祖四出征伐,领兵平辽东女真,征西夏,皆有功。太宗时,伐金,下二十余城。后告老,其子不花代领其军。(0001 卷 123、152)

阿术鲁② 元驸马,拔都驸马之子,尚捌思蛮公主。(0001 卷 109)

阿只吉 元宗室,察合台曾孙。宪宗卒,拥戴世祖即位有功。长期驻守西北,与叛王海都、笃哇等作战。后被笃哇战败,罢兵权。其分地在太原。(0001 卷 4、14、127 等)

阿只弄 元云南景东甸傣族首领。泰定二年(1325),举兵北进反元,元廷命云南行省遣兵捕之。次年,遣子与诸土官入朝献方物,受赐符印。后受封开南州(治今云南景东县东)土官。四年,复率兵入扰,云南行省招捕之。文宗至顺二年(1331)二月,遣子罕旺入朝献驯象,请升景东甸为景东军民府(治今云南景东彝

族自治县)；受封知府，罕旺为千户。此后，除常赋外，岁增输金五千两、银七百两。(0001 卷 30、35)

阿出哥　元时入华尼波罗(今尼泊尔)国人，阿尼哥之子。(0011)

阿失伦　元太祖后妃之一。住第三斡耳朵(宫帐)。(0001 卷 106)

阿必察　元蒙古别速氏，别帖子。世祖至元五年(1268)授武略将军、蒙古千户，从围襄樊。升蒙古军总管，管领左右手两万户军。十六年，管领蒙古侍卫军。后以疾卒。(0001 卷 123)

阿尼哥(1244～1306)　又译阿你哥。元时入华尼波罗(今尼泊尔)国人。少时诵习佛书。后擅长绘画、塑像、铸造、建筑。世祖中统元年(1260)，帝命八思巴建金塔于萨斯迦(今西藏萨迦)，征工匠八十人于尼波罗。阿尼哥应征领队前来，监督建塔工程。次年，塔成，被八思巴收为弟子，入觐世祖。奉旨修葺针灸铜人像，修毕，关鬲脉络皆备，众皆叹服。后专任建造寺庙、佛塔、佛像，织造图象及铸造天文仪器、器械。至元十年(1273)，始授人匠总管。十五年，还俗，授大司徒，领将作院事。卒。追封凉国公，谥敏慧。(0001 卷 203)

阿加加　元人。善画观音，庄严飘洒，衣纹流利，日本有其画。(1143 卷 565)

阿母罕　元蒙古军将领。乃马真皇后四年(1245)，奉贵由命，率军侵高丽，与洪福源同攻拔威州平虏城。(0001 卷 154)

阿吉剌①　元泰定帝时，任同知枢密院事。文宗即位，因尝拒命逆战，杖一百七，流远。顺帝时，拜中书平章政事，监修《至正条格》，后任知枢密院事，加太尉。元末先后出任岭北行省、辽阳行省左丞相。(0001 卷 32、39、43、44 等)

阿吉剌②　元顺帝至元五年(1339)由中书平章出为辽阳行省平章。至正十八年(1358)，累迁为甘肃行省左丞相。(0014 卷 25 下、32 下)

阿达台　元西域人，曲枢祖。以孙贵，追封祁连王。(0001 卷 137,0011)

阿合马①　元回回人。宪宗元年(1251)秋，授别失八里(今新疆吉木萨尔北)等处行尚书省佐官。(0001 卷 3)

阿合马②(？～1282)　元回回人。生于别纳客忒(今乌兹别克斯坦塔什干西南)。初为弘吉剌部首领按陈属民，后随按陈女察必皇后入宫。世祖中统三年(1262)，领中书左右部，兼诸路都转运使，专管财赋。次年，奏兴煽钧、徐等处铁冶，岁输铁百余万斤。至元元年(1264)，升中书平章。三年，兼制国用使。七年，改任尚书省平章事。九年，仍任中书平章。十九年，升中书左丞相。当时世祖内外用兵日益频繁，元廷费用浩繁，阿合马采取垄断铁盐等专利、括户口、理算、扑买、增加赋税、增加纸币发行量等措施，增加元廷财政收入，使庞大财政支出得以应付，故深得世祖倚重，授以权柄。阿合马大权在握，广泛培植私党，打击异己，贪赃不法，其党羽分布各省肆意搜刮民财，引起太子真金和众多蒙、汉大臣不满，及人民普遍憎愤。十九年三月，为益都千户王著诱杀。后近臣孛罗以蒙汉官员揭露之阿合马罪恶奏告世祖，世祖始知实情，乃命籍没其家产，惩处其子侄、党羽。(0001 卷 205、5、7 等，0008 卷 2)

阿合马③　元世祖时，任河东按察使。谄媚权贵，贷钱于官，约偿羊马，上任后抑取部民所产以输。事觉，朝廷遣刑部尚书不忽木按问，杀之。(0001 卷 30)

阿合马④　元回回人。成宗大德五年(1301)任秘书监令史。(0027 卷 11)

阿合马⑤　元成宗大德七年(1303)任昌国州(治今浙江舟山)达鲁花赤。(0633 卷 3)

阿合马⑥　元官员。曾任杭州路达鲁花赤，后致仕。元仁宗即位，以其谙知政务，素有声望，遣使召之赴京议政。(0001 卷 24)

阿合马⑦　元泰定元年(1324)任昌国州(治今浙江舟山)达鲁花赤。(0634 卷 2)

阿合马⑧　元回回人。文宗时为怀庆路同知。天历三年(1330)三月申报浚治本路沁水广济渠，引水溉田。后都水监回文本路，委官相视施行。(0001 卷 65)

阿合马⑨　元文宗至顺元年(1330)由江西廉访副使入为秘书太监。(0027 卷 9)

阿合马⑩　元西域人。顺帝至正十三年(1353)，任两浙都运盐使司判官，有惠政。(0312 卷 14)

阿合马⑪　元回回八瓦耳氏，阿剌瓦丁孙。仕至拱卫直司都指挥使。(0001 卷 123)

阿合马⑫　元回回人。居丧庐墓。诏旌表之。(0001 卷 197)

阿合麻　元于阗人，马合麻孙。(0011)

阿同葛　元太宗五年(1233)，充宣差勘事官，括中州户，得户七十二万有余。(0001 卷 2)

阿杂丁　元世祖至元十四年(1277)任定海县(治今浙江宁波镇海)尉。(0633 卷 3)

阿亦伯　元泰定帝时宦者。泰定元年(1324)，置长庆寺，以为寺卿。(0001 卷 29)

阿赤吉　元宗室。察合台孙。封威远王。(0001 卷 107)

阿里出①(？～1251)　元人。宪宗元年(1251)秋，以诱诸王为乱罪被处死。(0001 卷 3)

阿里出②　元太祖时速不台之裨将。太

祖十三年(1218),从速不台远征,追歼篾儿乞残部。(0001卷121)

阿里必 元世祖中统初,为万户,尝发李璮逆谋,为璮所杀。有旨以其子剌剌吉袭职。(0001卷8)

阿里灰 元武宗至大元年(1308)为礼部尚书。七月,奉遣出使安南,持诏谕告武宗即位。(0001卷22)

阿里伯① 又译阿里别,元回回人,牙老瓦赤子。世祖中统三年(1262),与阿合马并为领中书左右部兼诸路都转运使。至元元年(1264)任中书省右丞。四年,降为参政。五年,以参政佥河南行省事。六年,升右丞。十二年,任淮东左副都元帅,与都元帅博罗欢率军破淮安,围扬州。十三年,追击宋淮东制置使李庭芝、姜才于泰州。十月,任淮东行省平章。十七年冬,因与左丞崔斌得罪权臣阿合马,以擅易命官八百员等事被处死。(1161卷258)

阿里伯② 元回回人。大德十一年(1307)五月至十一月,任中书左丞。(0001卷22、112)

阿里沙①(? ~1283) 元世祖至元二十年(1283)七月,以虚言惑众罪处死。(0001卷12)

阿里沙② 元世祖至元二十二年(1285)至二十六年,任庆元路(治今浙江宁波)同知。(0633卷2)

阿里沙③ 元世祖至元年间任婺州路(治今浙江金华)总管。(0881卷11)

阿里沙④ 元成宗时,任山东转运使。大德三年(1299),因能增课钞受赐锦衣一袭。(0001卷20)

阿里沙⑤ 元仁宗延祐间任开州(治今河南濮阳)达鲁花赤。(0646卷5)

阿里沙⑥ 元泰定三年(1326)任奉化(今属浙江)州同知。(0634卷2)

阿里沙⑦(? ~1328) 元泰定帝时,任同知保定路事。文宗即位,两都交战,溃卒至保定骚扰,阿里沙率众击走之,为元将也先捏所杀。(0001卷32)

阿里沙⑧ 元顺帝至元六年(1340)任庆元路(治今浙江宁波)达鲁花赤。至正元年(1341)致仕。(0634卷1)

阿里沙⑨ 元顺帝至正十二年(1352)为侯官县(治今福建福州)主簿。(0594卷12)

阿里沙⑩ 元涿州(今属河北)同知。(0677卷11)

阿里沙⑪ 字君美。元阿鲁浑氏。任江西宪史。(0011卷90)

阿里罕① 元回回人,札八儿火者子。曾从宪宗伐蜀,任天下质子兵马都元帅。(0001卷120)

阿里罕②(1239 ~1297) 元西域人。世祖中统间袭大名路达鲁花赤。至元中历任湖南、广西、福建、河东宣慰使。二十九年,升江西行省左丞。追封魏国公,谥忠懿。(0323卷6,0143卷10)

阿里罕③ 元成宗时,任同知徽政院事。元贞元年(1295),充内史府内史。(0001卷115)

阿里麻 元蒙古逊都思氏,阿塔海子。任江淮行枢密院副使,累官至江南行台御史大夫。(0001卷129)

阿里察(? ~1264) 阿里不哥之谋臣。元世祖至元元年(1264)七月,随阿里不哥来降于世祖,被处死。(0001卷5)

阿昔儿 元泰定帝时,任武备寺卿。泰定四年(1327),拜御史大夫。顺帝元统元年(1333),拜中书平章政事。(0001卷30、113)

阿昔伦 元公主。嫁哈剌鲁部贵族阿脱驸马。(0001卷109,0003卷151)

阿述腊 元时尼波罗国(今尼泊尔)人,阿尼哥子。官至诸色人匠总管府达鲁花赤。(0001卷203)

阿虎歹(1306 ~?) 字士杰。元蒙古人,居滑州内黄(今属河南)。顺帝元统元年(1333)进士,授莒州同知。(0028卷上)

阿凯牙 元时入华尼波罗国(今尼泊尔)人,阿尼哥子。(0011)

阿忽台① 蒙古弘吉剌氏,按陈之亲族。元太祖时任侍卫长,管领一千名侍卫。(0009卷9)

阿忽台②(? ~1307) 元蒙古燕只斤氏。成宗大德五年(1301),任知枢密院事。七年升中书左丞相。成宗卒,谋立安西王阿难答为帝,拥卜鲁罕皇后临朝称制,为仁宗所杀。后因子别儿怯不花贵,追封和宁王,谥忠献。(0001卷20、21等)

阿忽台③ 元仁宗时,任云南行省右丞。皇庆元年(1312),奉命领蒙古军从云南王征八百媳妇(今西双版纳以南、泰国以北地区)蛮。(0001卷24、180)

阿忽察 元宪宗二年(1252),奉命掌祭祀、卜筮、医巫等事。(0001卷3)

阿忽解 元成宗大德间任晋城县(今属山西)达鲁花赤。(0694卷5)

阿波古 元唐兀乌密氏,察合台之札鲁火赤曲也怯祖之子,亦力撒合之父。居西域,事察合台后王阿鲁忽。(0001卷120)

阿珀哥 元时入华尼波罗(今尼泊尔)国人,阿尼哥之子。(0011)

阿剌吉 元顺帝至正十三年(1353)任岭北行省左丞相。(0014卷2下)

阿剌红　元世祖至元二十四年(1287)任庆元路(治今浙江宁波)达鲁花赤。(0633 卷 2)

阿剌罕①(？~1281)　又译阿里罕。元蒙古札剌亦儿氏。也柳干之子。宪宗八年(1258),袭父职为诸翼蒙古军马都元帅。九年,从忽必烈围攻鄂州。世祖中统初,从征阿里不哥。三年(1262),从征李璮。至元四年(1267),改上万户,从阿术攻宋襄樊。十一年,从伯颜攻宋,统率左翼军顺流东下,沿江州郡悉降。十二年,拜参知政事。率西路军破独松关,进逼临安。十三年,宋帝降,与董文炳攻浙东、福建。十四年,升右丞。十八年,升左丞相,统率蒙古军侵日本,行至庆元(今浙江宁波),死于军中。后追封曹南王。(0001 卷 129)

阿剌罕②　元蒙古逊都思氏。赤老温之子。(0011 卷 22,0002 卷 121,0003 卷 28)

阿剌罕③　元阿鲁浑氏,居大名(今属河北)。官至山东宣慰使、行省左丞。(0643 卷 6)

阿剌罕④　元永宁县(治今河南洛宁)达鲁花赤,有治绩。(0762 卷 7)

阿剌威　元河西(西夏故地)人。成宗大德初,授富州达鲁花赤。(1012 卷 15)

阿剌浑　元世祖时,任监察御史。至元二十年(1283),坐擅免赃钱、不究私酿等罪免职。(0001 卷 12)

阿剌都　元蒙古人。成宗大德四年(1300)任丹阳(今属江苏)县尉。(0631 卷 16)

阿剌温①　元成宗元贞二年(1296)任溧水(今属江苏)州同知。(0632 卷 6)

阿剌温②　元乃蛮人。察罕帖木儿父。封梁王,守洛阳。顺帝至正二十八年(1368)降明。(0011 卷 53,0014 卷 7 上)

阿曷马　元宗王。世祖中统元年(1260),奉旨与宗王哈丹、哈必赤率军西讨阿蓝答儿、浑都海,大败之,斩杀无数;阿蓝答儿、浑都海被擒。(0001 卷 121)

阿思兰①　元蒙古克烈氏。从大将阿术伐宋,仕至冀宁路达鲁花赤。子孙以兰为氏。(0001 卷 192)

阿思兰②　元泰定四年(1327)任无锡州达鲁花赤。(0558 卷 24)

阿思兰③　元西域赛夷氏,札八儿火者孙湖南宣慰使哈只次子。历任太府监丞。(0001 卷 120)

阿思兰④　又译阿思蓝。元顺帝至正十五年(1355)为湖南元帅。正月,奉威顺王宽彻普化命,率军进攻天完红巾军将倪文俊。秋,领广西杨完者苗军五万沿江下抵庐州,所至劫杀。淮西副都元帅余阙移文谓苗蛮不当使之窥中国,诏阿思兰还军。(0001 卷 44、143,0003 卷 131)

阿思兰⑤　元西域人。顺帝至正间任松溪县达鲁花赤。多次镇压反元队伍。(0902 卷 57,0904 卷 14)

阿思兰⑥　元顺帝至正末,为湖广行省平章。(0014)

阿思兰⑦　元蒙古凯烈氏。历任冀宁路达鲁花赤。(0011)

阿思兰⑧　元畏兀儿人,也迭列之子。历任开成路达鲁花赤。(0011)

阿思罕　见阿撒罕。

阿哈伯　元宗王。出伯后裔。封威武西宁王。顺帝元统二年(1334)五月,由其子亦里黑赤袭封。(0001 卷 38,0003 卷 150)

阿起腊　元时入华尼波罗(今尼泊尔)国人,阿尼哥子。(0011)

阿都众　元云南永昌(治今保山)南窝布朗族首领。仁宗延祐五年(1318),与阿良等起事,杀镇将,夺驿马。云南参政汪中奉右丞朵尔只命率兵镇压。自八月至次年五月,南窝等地寨栅被毁,百姓遭杀戮。阿良降,余众逃散。元军因天热回师。南窝所属枯柯甸、祜甸、庆甸等皆降,岁纳贡赋。(1146 卷 280)

阿都孙　元英宗至治三年(1323)任秘书郎。(0027 卷 10)

阿都赤①　元蒙古兀罗台氏,札忽带之子。世祖至元中,父战死,袭管军总管。(0001 卷 135)

阿都赤②　元成宗大德十一年(1307)正月至七月,任中书左丞。(0001 卷 112)

阿都赤③　元宗室,宁王阔阔出子。泰定帝泰定三年(1326),封绥宁王。后进封宁王。(0001 卷 30、107、108)

阿都赤④　元蒙古怯烈氏。顺帝至元元年(1335)任江南行台监察御史。(0632 卷 6)

阿都赤⑤　元河西(西夏故地)人。顺帝至元元年(1335)任丹徒县(治今江苏镇江)达鲁花赤。(0631 卷 16)

阿都赤⑥　字孝卿。元温州路总管。(0896 卷 116)

阿都剌①　元阿鲁温氏。仁宗皇庆二年(1313)任祁门县(今属安徽)达鲁花赤。(0972 卷 4)

阿都剌②　(1308~?),字子俞。元中兴路(治今湖北江陵)回回人。顺帝元统元年(1333)进士,授湖广行省照磨。(0028)

阿都蛮　元世祖至元十三年(1276),任慈溪县达鲁花赤。二十三年,任象山县达鲁花赤。(0633 卷 3)

阿哥昌　金元之际吐蕃人。世居临洮(今属甘肃),宋时赐姓赵氏。金末以军功任熙河节度使,后降蒙古,皇子阔端承制以为叠州安抚使。年八十,卒于官。(0001卷124)

阿速歹　元武宗尚书左丞忙哥帖木儿之父。历任崇福使。后以子贵追封秦国忠翊公。(0145卷2)

阿速带　元宗室,宪宗次子。世祖即位初,在漠北参加阿里不哥之乱。至元元年(1264),随阿里不哥归降。(0001卷5、107)

阿般图　字嗣昌。元蒙古弘吉剌氏。顺帝至正九年(1349)任庆元路(治今浙江宁波)总管。(0877卷2、25)

阿难答(?~1307)　元世祖孙,忙哥剌之子。至元十五年(1278),袭爵安西王。成宗死,皇后卜鲁罕与左丞相阿忽台等谋立之为帝。右丞相哈剌哈孙与仁宗定谋先期发难。遂被执,不久被处死。(0002卷114)

阿塔赤①　元世祖时,从伯颜、阿术伐宋,有战功,授池州路达鲁花赤。至元十六年(1279),升招讨使,兼本军万户。(0001卷9、10)

阿塔赤②(?~1274)　又译阿答赤。元阿速人。阿速国主杭忽思之子。元太宗时,蒙古军西征至其境,随父降,从蒙古军西征。后随蒙古军东来,充宪宗宿卫士。宪宗九年(1259)从宪宗攻钓鱼山(今四川合川东)。世祖中统元年(1260),从元军与阿蓝答儿、浑都海战。二年,扈驾亲征阿里不哥。三年,从征李璮。累功授千户。至元五年(1268)从攻宋。十一年,从元军下沿江诸郡。戍镇巢,民不堪命。宋降将洪福以计乘其醉杀之。(0001卷132、135)

阿塔赤③　捏古剌之子。元世祖时伐宋,征叛王乃颜,皆有功。仁宗时,积功至左阿速卫千户。(0001卷123)

阿塔赤④　元世祖至元间任镇江路行大司农司宣使。(0631卷17)

阿塔海(1234~1289)　元蒙古逊都思氏。太祖时千户塔海拔都儿之孙。袭职千户。宪宗时,从兀良合台征云南。世祖时,与阿术督诸军攻降襄阳。拜中书右丞、行枢密院事,与伯颜、阿术攻宋江浙。至元十三年(1276),会兵临安。宋降,复与阿术平淮南。十五年,升江淮行省左丞相。十八年,迁征东行省丞相,侵日本,遇飓风,丧师而归。二十四年,扈从征叛王乃颜。卒,追封顺昌郡王,谥武敏。(0001卷129、8~13、15)

阿散真　元阿速人,阿儿思兰之子。宪宗西征时随父迎降,遂侍宪宗左右,专领阿速人。遇阔儿哥叛军,战死。(0001卷123)

阿葩实　元西域赛夷氏。札八儿火者曾孙陕西平章养安之子。历任太仆寺卿。(0001卷120)

阿揽沙　元顺帝至正间任鄮城县尹,有政绩。(0762卷4)

阿答忽(?~1258)　又译阿答胡。元蒙古人。宪宗时为都元帅,率所部攻西川。八年(1258),卒于军中,由纽璘继为都元帅。(0001卷129、162)

阿鲁灰①　元宗室,太宗子阔出曾孙。世祖时从海都叛乱,成宗大德十年(1306)归降。后封襄宁王。(0001卷22、107、108)

阿鲁灰②　元英宗至治二年(1322)任江南行台监察御史。(0632卷6)

阿鲁灰③　元泰定元年(1324)为吏部员外郎。(0001卷129)

阿鲁灰④　元顺帝时,任江浙行枢密院判官。至正十七年(1357),引兵经衢州(今属浙江),所至剽掠,为达鲁花赤伯颜不花的斤所逐。(0001卷195)

阿鲁灰⑤　元顺帝至正十五年(1355)为湖广行省平章。次年,为苗军所杀。(0014)

阿鲁灰⑥　元蒙古札剌亦儿氏,秃卜申第三子。袭东平达鲁花赤。(0001卷119)

阿鲁秃①　元仁宗皇庆二年(1313)任秘书少监。(0027卷9)

阿鲁秃②　又译阿剌忽秃。元汪古部贵族。驸马,尚赵国公主吉剌实思。仁宗延祐元年(1314)三月,封赵王。(0001卷108、25)

阿鲁图(?~1351)　又译阿鲁秃。元蒙古阿儿剌氏。博尔术四世孙。袭世职为怯薛(禁卫军)长。拜翰林承旨,迁知枢密院事。顺帝至元三年(1337),袭封广平王,至正四年(1344),拜中书右丞相,主持修辽宋金三史。六年,罢相。十一年,起为太傅,出守和林(今蒙古哈尔和林),病死。(0001卷139)

阿鲁忽(?~约1265)　元宗室。察合台第六子拜答儿之子,察合台汗国第四代汗。元世祖中统元年(1260),在阿里不哥支持下即汗位于阿力麻里(今新疆霍城西北)。后叛阿里不哥,降世祖。在位时与别儿哥、海都多次争战。(0008卷2、3)

阿鲁威　字叔重,号东泉。元蒙古人。英宗至治间,任泉州路总管。泰定帝召为翰林侍讲学士,迁任侍读学士。曾译《世祖圣训》、《资治通鉴》等以备进讲。文宗即位,致仕居杭州。工散曲,今存其所作小令十九首。(0001卷30,1107卷8,1108卷262)

阿鲁浑①(1255~1291)　元宗室。伊利汗国第四代汗,阿八哈长子。1282年阿八哈死,弟帖古迭儿嗣位。1284年,阿鲁浑自呼罗珊封地起兵,攻杀帖古迭儿,夺得汗位。1286年,受元世祖册封。在位时,与欧洲各国多次互遣使者通好。崇信佛教,优待基督教徒。(0008卷3)

阿鲁浑②　元顺帝至正二十八年(1368)为太常礼仪院使。是年闰七月,明军逼近大都(今北京),左丞相失列门传旨,令其奉太庙列室神主与皇太子同北行。即至太庙,与署令王嗣宗、太祝哈剌不华袭护神主毕,仍留室内。(0001 卷 47)

阿鲁真　元顺帝至正五年(1345)蒙古状元普颜不花之妻。至正末,其夫为山东行省平章,守御益都(今山东青州)。明兵陷城,其夫死,乃抱子投井死。(0001 卷 196)

阿鲁辉①　元文宗至顺二年(1331)由度支卿迁任秘书卿。顺帝元统元年(1333)任礼部尚书。(0027 卷 9)

阿鲁辉②　元蒙古许兀慎氏。密里察儿之子。历任江西都元帅。(0551 卷 37,0011 卷 21)

阿鲁温　元畏兀儿人。世居颍州沈丘(今安徽临泉西北)。死后因其子察罕帖木儿贵,追封汝阳王,又进封梁王。(0001 卷 46、141)

阿僧哥　元时入华尼波罗(今尼泊尔)国人,阿尼哥子。封大司徒。(0001 卷 203)

阿察儿　元蒙古人,直脱儿之父,事太祖为博儿赤(司膳)。(0001 卷 123、133)

阿察赤①　元泰定二年(1325)任定海县(治今浙江镇海)达鲁花赤。(0634 卷 2)

阿察赤②　字仲深,元大名清河蒙古人。出身国子学,由欧阳玄授业。泰定四年(1327)登蒙古色目右榜进士一甲第一名(状元)。(0001 卷 30、81,0153 卷 3,0437 卷 2)

阿察赤③　元顺帝时,为宿卫官。至元元年(1335),授御史大夫。曾参与唐其势叛乱,欲杀丞相伯颜。后事泄,被杀。(0001 卷 37、38、138)

阿撒罕(？ ~1316)　又译阿思罕。元仁宗皇庆元年(1312),拜太师。延祐二年(1315)出为陕西行省左丞相。明宗西行过陕,阿撒罕与教化、秃忽鲁等拥之起兵,亲率军攻河中府,不久为属下所杀。(0001 卷 31、110、193)

阿儿思兰①　蒙元时阿速人。太宗时,蒙哥(宪宗)西征至阿速国,以兵围阿儿思兰镇守之城。阿儿思兰与其子阿散真出降。蒙哥命其专领阿速人,且留其军之半,余悉还之,俾镇其境内,以阿散真留侍左右。道遇阔儿哥叛军,阿散真力战死之。蒙哥遣使裹尸还葬之。宪宗即位,阿儿思兰遣其次子捏古来侍奉宪宗。帝命捏古来从兀良合台征大理有功。后从攻宋,中流矢死。(0001 卷 123)

阿儿思兰②　元畏兀儿人,偰善著之子。顺帝至正八年(1348)进士,授湖广行省理问所知事。(0011)

阿儿浑沙　元顺帝时,任江西行省平章政事,与陈友谅部红巾军作战。后败逃。(0001 卷 195、196)

阿儿塔隆　元太祖之女。定宗时以事赐死。(0010,0002 卷 104,0003 卷 3)

阿马剌台(？ ~1328)　元宗室。泰定帝病重,与燕铁木儿等共谋立文宗。从驾至上都,泰定帝卒,图谋发动政变响应燕铁木儿与文宗,事败被杀。文宗追封毅王。(0001 卷 32)

阿不海牙　元大臣。仁宗皇庆元年(1312)由中书参议升参政,次年升左丞。延祐三年(1316)升右丞,次年升平章,拜翰林学士承旨。文宗天历元年(1328)出任河南行省平章,改西台大夫。次年拜中书平章,改太禧院使。至顺元年(1330)复为中书平章。(0001 卷 24、25、26、32、33、34)

阿失不花　元顺帝至正末,任陕西行省检校。明兵克奉元(今陕西西安),自经死。(0075 官常典卷 735)

阿失秃鲁　元公主。嫁汪古部贵族爱不花之子鄃忠襄王术忽难。封赵国大长公主。(0001 卷 109)

阿失答儿(？ ~1312)　氏族不详。元仁宗时,在沧州起事为盗,被擒杀。(0001 卷 24)

阿兰果火　又译阿兰豁阿。传说中蒙古尼伦部的女祖先。豁里·秃马惕部那颜(贵族、领主)豁里剌儿台之女。元太祖十一世祖朵奔篾儿干之妻。生子不古讷台、别勒古讷台,后繁衍为不古讷惕氏、别勒古讷惕氏。朵奔篾儿干死后,又生子不忽合塔吉、不合秃撒勒只、孛端察儿,此三子后裔繁衍为合答斤、珊竹、孛儿只斤及其他诸部,统称尼伦诸部。(0001 卷 1、9,0009 卷 1,0008 卷 1)

阿礼吉失　又作阿里乞失。元蒙古札剌亦儿氏,木华黎孙,孛鲁子。乃蛮台祖。追封莒王,谥忠惠。(0001 卷 139)

阿礼海牙①　又作阿不海牙。元畏兀儿人。集贤大学士脱列之子。初为武宗、仁宗宿卫士。仁宗即位,任中书参议。累升为中书平章。英宗即位,出为湖广平章,迁江浙、河南、陕西诸省平章。归朝拜翰林承旨。后解职家居。文宗天历二年(1329)秋,奉旨镇守河南,抵御陕西军进攻。以功授陕西行台御史大夫。二年,拜中书平章。顺帝元统二年(1334),出任河南左丞相。后迁任江浙左丞相。(0001 卷 137、24 ~27、32 ~35、38、39、112、113、205)

阿礼海牙②　元顺帝至正十一年(1351)任瑞州路(治今江西高安)同知。(1016 卷 14)

阿必失合　元世祖时,领北庭都护。至元十九年(1282),授御史大夫,行御史台事。二十二年,拜中书平章政事,不久去职。(0001 卷 12、14、112)

阿必实哈　元畏兀儿人。塔塔统阿季子笃绵之子,官至陕西行省平章政事。

(0001 卷 124)

阿台不花 元畏兀儿人。历任甘肃行省参政、陕西行省右丞。(0555 卷 5)

阿台萨理 元畏兀儿人。太祖征西域时归降,从至燕京(今北京),不久复西还。精佛学。后子孙贵显,追赠司徒,追封赵国公,谥端愿。(0001 卷 130)

阿台脱因 元畏兀儿人,江西平章买住之父。历任河南行省平章。(0011,0279 卷 12)

阿台董阿 元世祖至元二十三年(1286)二月,授缅中行省参知政事。(0001 卷 14)

阿老瓦丁① 元伊利汗国回回人。善造回回炮(投石机)。元世祖至元八年(1271),与汗国炮匠亦思马因同应诏至大都(今北京)造回回炮。十一年,至阿里海牙军中。以回回炮助破潭州(今湖南长沙)、静江(今广西桂林)等城。十五年,授管军总管。二十二年,任回回炮手军匠上万户府副万户。成宗大德四年(1300)告老。其子孙世袭其职。(0001 卷 203)

阿老瓦丁② 元回回人。世祖至元十四年(1277)任丹徒县(治今江苏镇江)达鲁花赤。(0631 卷 16)

阿老瓦丁③ 元回回人。世祖至元二十八年(1291)九月,授礼部侍郎,奉旨与礼部尚书铁里等出使俱蓝(今印度西南海岸奎隆)。(0001 卷 16)

阿老瓦丁④ 元世祖时,任北京宣慰使,升辽阳行省参政。成宗元贞元年(1295),由江浙行省平章召拜中书参政,不久出为陕西平章。大德七年(1303),召拜中书平章,次年复任江浙平章。(0001 卷 12、14、17、21)

阿老瓦丁⑤ 元回回人。世祖至元间任金坛县(今属江苏)主簿。(0631 卷 16)

阿老瓦丁⑥ 元成宗元贞元年(1295)任江南行台御史大夫。(0632 卷 6)

阿老瓦丁⑦ 元成宗元贞元年(1295)由江浙行省平章入为中书参政。(0014 卷 8 中)

阿老瓦丁⑧ 元回回人。成宗大德二年(1298)任金坛县(今属江苏)达鲁花赤。(0631 卷 16)

阿老瓦丁⑨ 元成宗大德七年(1303)由陕西行省平章入为中书平章。(0014 卷 21 下、22 上)

阿老瓦丁⑩ 元成宗大德十年(1307)为江浙行省平章。(0014 卷 9 上)

阿老瓦丁⑪ 元蒙古札剌亦儿氏,相威子。仁宗延祐二年(1315)任江南行台御史大夫。(0001 卷 128,0632 卷 6)

阿合八失 元世祖时,任云南行省参知政事。至元二十年(1283),云南施州蛮子童叛乱,率兵讨平之。(0001 卷 12、133)

阿合脱因① 元世祖侍臣。至元元年(1264)七月,龙门禹庙成,奉帝命代祀。(0001 卷 5)

阿合脱因② 元世祖至元十四年(1277)任瑞州路(治今江西高安)达鲁花赤。(1016 卷 14)

阿里八觧 元汪古氏,爱不花之子,尚奴伦公主。(0011)

阿里不花 元诸王。武宗至大元年(1308)八月,受赐金银、钞。(0001 卷 22)

阿里不哥(约 1222 ~ 1264) 元太祖幼子拖雷第七子,元宪宗、世祖同母弟。宪宗死后,中统元年(1260)三月,世祖即位于开平(今内蒙古正蓝旗东北)。五月,阿里不哥在和林(今蒙古哈尔和林)西被漠北诸王推戴为大汗。冬,世祖亲征和林,败之。阿里不哥逃至谦谦州(今叶尼塞河上游)。二年,率军至和林,突袭世祖驻军,占据和林,越沙漠南下。世祖闻警,亲率蒙古、汉大军北上,与之大战于昔木土脑儿(今蒙古国札尔加兰图东)。双方伤亡相当,各自退去。后统治无方,部众离散。五年七月,至上都(即开平)降于世祖。一月后病死。(0001 卷 3、4、5 等,0003 卷 2)

阿里火者① 元世祖时,任河东山西道宣慰使。至元二十七年(1290),加尚书左丞。(0001 卷 16)

阿里火者② 元文宗至顺二年(1331)为行枢密院都事。二月,奉遣入朝,报云南之捷。(0001 卷 35)

阿里西瑛 作里西瑛,元回回人。善作曲,兼善筚篥(龟兹吹奏乐器)晚年居浙西。(1161 卷 261)

阿里海牙①(1227 ~ 1286) 又作阿里海涯。元畏兀儿人。初侍忽必烈于藩府。世祖至元元年(1264),任中书参议。五年,从阿术围攻襄樊。十一年,从伯颜大举攻宋。十二月,至鄂州,伯颜分兵四万归其统率以经略荆湖等地。十二至十七年,占领荆南、淮西、江西、海南、广西等地共五十八州。官至湖广行省左丞相。死后追封楚国公,谥武定。顺帝时追封江陵王。(0001 卷 128)

阿里海牙② 元畏兀儿人。世祖至元间任番罗甸宣慰使。(0853 卷 9)

阿里海牙③ 元畏兀儿人。顺帝至正十九年(1359)任柳州同知。(0506 卷 2343)

阿里海牙④ 元大臣。顺帝元统元年(1333)任中书平章,二年正月出任河南行省丞相。(0001 卷 113)

阿里温沙① 元顺帝时,任江浙行省参知政事。(0001 卷 43)

阿里温沙② 元顺帝至正十三年(1353)

任江浙行省右丞。(0872 卷 9)

阿里耀卿　又作里耀卿、李耀卿。元回回人。长年隐居松江(今属上海),曾入翰林院为学士。工散曲,今仅存反映思妇愁绪的小令《正宫・醉太平》一首。明朱权《太和正音谱》将其列入"词林英杰"一百五十人之中。(1146 卷 284)

阿沙不花(1263～1309)　元康里王族。牙牙之子。世祖至元十三年(1276),入充宿卫士。二十四年,奉命说随乃颜叛之别里古台后王纳牙归顺朝廷。三十年,从皇孙铁穆耳(成宗)抚军北边。成宗即位(1294),授大宗正府札鲁忽赤。成宗死(1307),助丞相哈剌哈孙等发动政变,迎立武宗。武宗时,任中书平章,兼广武康里卫亲军都指挥使。迁知枢密院事。卒,追封顺宁王,谥忠烈。(0001 卷 136)

阿沙敢不　西夏神宗、献宗二朝大臣。1219 年春,口出狂言,拒绝发兵随从蒙古军西征。1226 年,领兵与元太祖战于贺兰山,兵败被擒。(0009 卷 11)

阿昔迷失　元太祖后妃之一。住第三斡耳朵(行宫)。(0001 卷 106)

阿昔海牙　元文宗至顺间任抚州路(治今江西临川)治中。(1014 卷 8)

阿昔脱怜　元畏兀儿人。世祖至元中任获嘉县达鲁花赤,后迁任河南按察司佥事。(0762 卷 2,0786 卷 5)

阿林不花　元成宗时,任道州路(治今湖南道县)达鲁花赤。大德二年(1298)因虚报麦熟,不赈饥民遭御史台弹劾,降职一等。(0001 卷 19)

阿的迷失　元世祖至元十四年(1277)任衢州路达鲁花赤。(0878 卷 2)

阿的迷势　元仁宗皇庆二年(1313)任吴江(今属江苏)州同知。(0954 卷 17)

阿的迷实　元武宗至大元年(1308),任定海县(治今浙江镇海)达鲁花赤。三年,改任武义县(今属浙江)达鲁花赤。(0633 卷 3,0881 卷 13)

阿育八剌　元畏兀儿氏,洁实弥尔之子。(0011)

阿育失里　元畏兀儿氏,洁实弥尔之子。(0011)

阿剌乞巴　元宗室。顺帝时封岐王。至正九年(1349),奉命出镇西番。(0001 卷 42、46)

阿剌不花①　元宪宗二年(1252),受命副阿忽察,掌祭祀、医巫、卜筮等事。(0001 卷 3)

阿剌不花②　元仁宗延祐七年(1320)任江南行台监察御史。(0632 卷 6)

阿剌不花③　元顺帝时,任太常礼仪使,在职清白。至正七年(1347),授大司徒。(0001 卷 41、140)

阿剌不花④　元顺帝至正二十七年(1367)九月,授大同分省参知政事。(0001 卷 92)

阿剌不花⑤　元蒙古克烈氏。仕至江西行省参知政事。后因子达礼麻识理贵,追封赵国公,谥襄惠。(0001 卷 145)

阿剌不花⑥　元顺帝至正中江西平章朵里不花部将,随朵里不花战死。(0001 卷 195)

阿剌不花⑦　元蒙古克烈氏。答失蛮长子。初任武宗母答己太后宿卫。成宗时,袭父泉府大卿职。武宗即位,遥授右丞相,任宣政院使,兼徽政院使。至大三年(1310),加太师。(0145 卷 13,1161 卷 261)

阿剌瓦丁①(1191～1292)　元回回八瓦耳氏,阿剌瓦而思之子。从世祖北征有功。以长寿著称。(0001 卷 123)

阿剌瓦丁②(?～1281)　元世祖时,仕至两淮转运使。后坐盗官钞、盗取和买马、沮格朝廷宣命,以官员所佩鱼符擅与家奴往来贸易等事,被杀。(0001 卷 11)

阿剌吉八　即元天顺帝。

阿剌赤古①　元武宗至大元年(1308)任瑞州路(治今江西高安)判官。(1016 卷 14)

阿剌赤古②　元龙游县(治今浙江衢州东北)达鲁花赤。(0878 卷 2)

阿剌忒纳　元泰定元年(1324)任溧水(今属江苏)州达鲁花赤。(0632 卷 6)

阿思兰沙　元回回人,乌马儿之父。(0011)

阿都兀赤　元蒙古晃合丹氏,伯八之子。历任河南廉访使。(0011)

阿勒赤歹　蒙古札剌亦儿氏。窝阔台王傅亦鲁该之亲族。元太祖、太宗时,任侍卫长,管领一千名侍卫。(0009 卷 9、12)

阿密鲁丁　元武宗至大元年(1308)任昌国州(治今浙江舟山)达鲁花赤。(0633 卷 3)

阿塔火者　元蒙古许慎氏,(佤)头之子。(0011)

阿塔海牙　元畏兀儿氏,中书平章阿思兰海牙父,卒年七十一,以子贵,赠江浙平章,追封赵国公。(0250 卷 49)

阿塔温剌　元泰定帝致和元年(1328)任秘书少监。(0027 卷 9)

阿散不别　元畏兀儿人,阿剌瓦丁孙。骁勇善骑射,历事成宗、武宗、仁宗,屡被宠遇。积官至荣禄大夫,赐三珠虎符。(0001 卷 123)

阿散火者　元泰定帝泰定四年(1327),任知枢密院事。(0001 卷 30)

阿黑不花　元成宗时，为诸王傅，加丞相衔。（0001卷18）

阿鲁佛住　元顺帝时，任参议中书省事。至元六年（1340），兼经筵官。（0001卷40）

阿鲁忽秃　元伯牙吾氏。帖木儿不花之子。文宗天历元年（1328）任江南行台经历。后累迁为治书侍御史。（0632卷6，0011卷74）

阿鲁浑沙　元时人华大食人，马合马沙之子。（0011）

阿鲁浑察　元宗王。宪宗七年（1257），分拨广平三十户为其五户丝户，岁收丝十二斤。（0001卷95）

阿鲁温沙①　元顺帝时，任陕西行省参知政事。至正十五年（1355），奉诏守御商州（今陕西商县）。（0001卷44）

阿鲁温沙②　元顺帝时任江南行台御史中丞。至正十六年（1356），任福建行省平章政事。（0001卷92）

阿敦达实　元顺帝至元四年（1338）任兰溪（今属浙江）州同知。（0881卷12）

阿蓝答儿①　元蒙古札剌亦儿部人。太宗时万户脱端之子。袭职为千户，守蔡州（治今河南汝南）。（0001卷133）

阿蓝答儿②（？～1260）　元宪宗时，为怯薛必阇赤（文书官）之长，深受重用。又任陕西行省左丞相，与刘太平至陕西、河南钩考钱谷。宪宗卒，参与拥立阿里不哥，率兵驻甘州。世祖诏诸王合丹、总帅汪良臣率军进讨，击斩之。（0001卷3、4、159等）

阿鲜不花　元世祖即位初，从都元帅阿术戍于宿州、蕲县、邳州等地，后升任宿州万户。因淮西正阳失火，庐舍甲仗被焚，被责以杖刑。至元十二年（1275）从伐宋，因违背丞相伯颜节制，擅撤戍兵，被追夺符印，从军自效。（0001卷5、8）

阿撒都剌①　元顺帝至元元年（1335），任吴江（今属江苏）州达鲁花赤。（0928卷4，0954卷17）

阿撒都剌②（？～1353）　元蒙古人。顺帝至正十二年（1352）为福宁州达鲁花赤。冬，红巾军自邵武间道逼近福宁，乃与知州王伯颜募壮兵五万，分扼险阻。十二月，红巾军攻入城，被执杀。（0001卷195）

阿八也不干　元宗室，世祖子忽都鲁铁木儿之子。仁宗皇庆元年（1312）赐泉州路南安县民户一万三千六百零四，食其岁赋。（0001卷18、24、107）

阿失帖木儿①　元世祖中统元年（1260），为西京蒙古军万户。（0001卷134）

阿失帖木儿②（1249～1309）　元畏兀儿氏，孟速思之子。生母蒙古弘吉剌氏。历任翰林学士承旨。死后追封武都王，谥忠简。（0225卷7）

阿失帖木儿③　元畏兀儿人，居镇江（今属江苏）。历任江陵、饶州、怀孟等路达鲁花赤。（0631卷19）

阿兰纳实立　元畏兀儿人，买住之子。历任平江州达鲁花赤。（0011）

阿礼嘉世礼（1303～1333）　又译阿里嘉室利、阿儿加失里、阿剌哥识里等，元蒙古弘吉剌氏，鲁王雕阿不剌嫡子。武宗至大三年（1310），袭万户。次年袭鲁王。尚肃雍宁贤公主朵儿只班。（0001卷109、118）

阿奴版的哥　元西番酋长。世祖至元四年（1267），因鱼通、嶲州等处达鲁花赤李福内附，授曷吾等处总管，赐玺书及金银符。（0001卷6）

阿里木八剌　字西瑛。元西域人。学士阿里耀卿之子。居苏州城东北隅懒云窝。善吹筚篥。工散曲，有小令四首存世。尝作小令《殿前欢》以自述，一时名士贯云石、乔吉等皆有和曲。（0101卷11，1107卷9，1108卷138）

阿里牙答思　元泰定二年（1325）任庆元路（治今浙江宁波）达鲁花赤。（0634卷1）

阿里的迷失　元仁宗延祐二年（1315）任秘书太监。（0027卷9）

阿邻帖木儿　元畏兀儿人。哈剌亦哈赤北鲁五世孙，月儿思蛮之孙。精通蒙古文，学识渊博。历事武宗至文宗诸朝，由翰林待制累迁侍讲、学士、承旨。仁宗时，奉旨译《贞观政要》、《大学衍义》为蒙古文。英宗时，侍从讲经史，译诸经，记录故实，总治诸王驸马、番国朝会之事。泰定间，与许师敬译《帝训》为蒙古文，更名《皇图大训》。文宗天历间，奉命北迎明宗，封大司徒。三年（1330），封光禄大夫、知经筵事。（0001卷124、24、26、30、34）

阿纳失失里　又译阿纳失舍里。元仁宗皇后。蒙古弘吉剌氏。生子英宗硕德八剌。仁宗皇庆二年（1313），册为皇后。英宗即位（1320），上尊谥庄懿慈圣皇后。（0001卷114、106）

阿昔帖木儿　元世祖至元二十八年（1291）任建康路（治今南京）达鲁花赤。（0632卷6）

阿昔思海涯　元畏兀儿氏，阿里海牙之子。（0011）

阿怜帖木儿　元成宗时，任遥授平章、扬州宣慰使。武宗至大元年（1308），罢其提调军马之权。（0001卷98）

阿剌瓦而思　元畏兀儿人。初仕其国为千夫长，太祖西征时归降，随从继续西征，有战功。卒于军中。（0001卷123）

阿剌纳失里　元宗室，越王秃剌子。武宗时，宁王阔阔出谋不轨，阿剌纳失里许

助其力。至大三年(1310)事泄,与祖母、母、妻并被流放于伯帖木儿所。(0001 卷 23)

阿剌纳速哥　元文宗至顺二年(1331)由典宝令迁任秘书少监。(0027 卷 9)

阿剌帖木儿①(? ~1281)　又译阿剌怙木儿。元高丽人。王綧长子。元世祖至元七年(1270)袭父职,总管高丽人户。八年,率兵讨金通精,通精败走耽罗。十一年,从都元帅忽都征日本,有战功。十五年,授安抚使、高丽军民总管。未几,升东征左副都元帅。十八年,从征日本,遇飓风,卒于军。(0001 卷 166)

阿剌帖木儿②　元世祖至元二十四年(1287)任江南行台御史大夫。(0632 卷 6)

阿剌帖木儿③(? ~1328)　元英宗时,任枢密院判。泰定帝时,升枢密副使。文宗即位,率兵自上都南下拒战,兵败被杀。(0001 卷 99、138)

阿剌铁木儿　元诸王。武宗三年(1310)正月,因参加去年朝会,受赐金、银、钞。英宗即位后,延祐七年(1320)十月,被流放于云南。(0001 卷 23、27)

阿剌铁木而　元成宗元贞元年(1295),立蒙古军都元帅府于西川,隶枢密院,以为都元帅。(0001 卷 18)

阿剌海别吉　又译阿里黑。元太祖之女。嫁汪古部首领阿剌兀思剔吉忽里。后又嫁其长子不颜昔班、兄子镇国、幼子孛要合。曾掌管汪古部事,称监国公主。成宗大德九年(1305),追封齐国大长公主。后改封赵国大长公主。(0001 卷 2、109、118、119)

阿思兰也奴①　号淡斋。元畏兀儿人。仁宗皇庆二年(1313)任金坛县(今属江苏)达鲁花赤。后累迁为福建宣慰副使。(0631 卷 16、19)

阿思兰也奴②　元昌化县(治今浙江临安西)达鲁花赤。(0872 卷 17)

阿思兰不花①　元世祖至元二十六年(1289)任建康路(治今南京)总管。(0632 卷 6)

阿思兰不花②　元畏兀儿人。顺帝至正二年(1342)任江南行台监察御史。(0632 卷 6)

阿思兰海牙①　元畏兀儿人,阿塔海牙之子。成宗大德元年(1297)任江南行台监察御史,八年升为南台经历。泰定元年(1324)累迁为南台中丞。文宗天历元年(1328)升为南台御史大夫。(0632 卷 6,0003 卷 45)

阿思兰海牙②　元畏兀儿人,小云石海涯子。官至慈利州达鲁花赤。(0001 卷 143)

阿速哈兰台　元顺帝至正间授隆平县(今属河北)知县。(0645 卷 4)

阿难答失里　元畏兀儿人,答儿麻失里子。(0011)

阿麻剌失里　元畏兀儿人,洁实弥尔孙。(0011)

阿散忽都鲁　元世祖至元二十一年(1284)任常山县(今属浙江)达鲁花赤。(0878 卷 2)

阿腊铁木而　元蒙古珊竹氏,吾也而孙拔不忽之子。历任宜兴州同知。(0011)

阿答海迷失　元成宗大德五年(1301)任西安县(治今浙江衢州)达鲁花赤。(0878 卷 2)

阿鲁浑海牙　元畏兀儿人,布鲁海牙子。仕至广德路达鲁花赤。(0001 卷 145)

阿鲁浑萨理(1245 ~1307)　又译阿剌浑撒里、阿里浑撒里。汉姓全。元畏兀儿人。世祖时释教都总统乞台萨里第二子。幼聪慧,受业于国师八思巴,通诸国语。后又通习汉经史百家、阴阳、历数、方技之学。早年入侍太子真金为东宫宿卫士。至元二十一年(1284),任左侍仪奉御、集贤学士,兼太史院事。二十三年,升为集贤大学士。二十四年,尚书省立,任尚书右丞。升尚书平章。与右丞相桑哥颇多异议。二十八年,尚书省罢,仍为集贤大学士。成宗大德三年(1299)至七年,任中书平章。卒。谥文定。(0001 卷 130、112)

阿察雅实礼　字清臣。元哈密理(今新疆哈密)人,居凤翔(今属陕西)。顺帝至正二年(1342)任江南行御史台经历。后历任孟州达鲁花赤、中书省左司郎中。(0632 卷 6,0765 卷 8,0596 卷 5)

阿儿思兰海牙　元泰定帝时,任淮西道肃政廉访使。文宗即位,授江南行台御史大夫。天历二年(1329),拜中书平章政事。次年复出为江南行台大夫。(0001 卷 32、33、34 等)

阿儿孩・合撒儿　又译阿儿海・哈撒儿,蒙古札剌亦儿氏。1189 年元太祖首次称汗后,奉命与察兀儿罕同为使者往告札木合以太祖称汗之事。1203 年夏,奉命与速格该・者温同为使者往告王汗、札木合等人。1204 年春出征乃蛮前,受命为千名勇士侍卫长。太祖十年(1215),奉旨与失吉忽秃忽、汪古儿至中都清点府库帑藏,因收受金降臣、中都留守官合答赠金,受太祖严厉斥责。(0009 卷 3、4、6、7、11,0008 卷 1,0007)

阿儿斯兰不花　元英宗至治元年(1321)任秘书少监。(0027 卷 9)

阿的迷失海牙　元畏兀儿人,世居河南。剌真海牙之孙,脱列海牙长子,生母刘氏。历任阌乡、渑池、新安三县及茶陵州达鲁花赤。为今河南渑池县维吾尔族刘氏始祖。(《渑池刘氏墓志铭》;任崇岳等撰《河南省的维吾尔人》,《中州今古》1989 年 1 期)

阿的迷失蒙古　元英宗至治二年(1322)任江南行台监察御史。(0632 卷 6)

阿剌忒纳失里　元宗室，赵王秃剌子。泰定帝时，封西安王。致和元年(1328)，镇守京师，与燕铁木儿等拥戴文宗即位，加封豫王。后奉命至四川、云南讨平反抗势力。顺帝后期，镇守陕西，与红巾军作战。至正十八年(1358)，诏徙居白海，不久迁六盘。(0001 卷 32、34、44、45)

阿剌忒纳答剌(？～1332)　元宗室，文宗子。文宗至顺元年(1330)，封燕王，并为立宫相府，不久又立为皇太子。次年病卒。(0001 卷 34、35 等)

阿剌的纳八剌　又译阿剌忒纳八剌。元公主。晋王也孙铁木儿(即泰定帝)之女。嫁汪古部贵族赵王术安。武宗至大二年(1309)，封赵国公主。(0001 卷 23、118)

阿思兰都弥世　元顺帝至元二年(1336)任江南行台治书侍御史。(0632 卷 6)

阿鲁辉帖木儿①　元人。原为元明宗亲臣，后侍顺帝。顺帝即位初，劝帝委任宰相，深居宫中，不必躬自听断，帝信从之。(0001 卷 38)

阿鲁辉帖木儿②　元蒙古人。顺帝至正八年(1348)右榜进士第一名(状元)。(0001 卷 41、92)

阿鲁辉帖木儿③(？～1361)　元太宗第七子灭里六世孙。阳翟王帖木儿赤之子。袭封阳翟王，屯驻漠北。元顺帝至正二十年(1360)，知国事已不可为，乘机拥兵数万屯驻木儿古兀彻(蒙古科布多南布尔干)，胁宗王以叛，并遣使逼顺帝交出国玺。帝命知枢密院事秃坚帖木儿往讨，被击败。次年，帝又命知枢密院事老章率十万军击之。阿鲁辉帖木儿大败，被其部将脱欢擒送元廷处死。(0001 卷 206)

阿里乞失帖木儿(？～1256)　元畏兀儿人，塔本子。嗣父职，为兴平等处行省都元帅。从伐高丽有功。卒赠平章政事，追封莒国公，谥武襄。(0001 卷 124)

阿的迷失帖木儿①　元畏兀儿人，月儿思蛮之子。世祖时入宿卫为必阇赤(文书官)，后侍安西王忙哥剌、阿难答父子。成宗元贞初，授汝州达鲁花赤，累官至秘书太监。(0001 卷 124)

阿的迷失帖木儿②　元人。成宗元贞元年(1295)任瑞州路(治今江西高安)达鲁花赤。(1016 卷 14)

阿勒坛·斡惕赤斤　元太祖叔祖忽都剌汗幼子，太祖族叔。十二世纪八十年代，率领部属离开札木合投附太祖。1189 年，与乞颜氏贵族忽察儿、薛扯等宣誓拥戴太祖为汗。约 1191 年，十三翼之战中，率所部随太祖对札木合作战。1201 年，受命与忽察儿、答里台为先锋，迎战札木合为首之十二部联盟军。1202 年，随太祖出征塔塔儿诸部，作战时擅自掠夺战利品，被没收，遂投奔王汗。1203 年，叛离王汗，投奔乃蛮。1204 年，乃蛮部被征服时，被太祖军擒获处死。(0009 卷 1、3、4、5、6，0008 卷 1)

阿剌兀思剔吉忽里　金末元初汪古部首领。金末，为金朝驻守净州(治今内蒙古四子王旗西北)以北长城。乃蛮太阳汗遣使来约夹攻铁木真(元太祖)；未从，以其谋告铁木真，并助出兵灭乃蛮。铁木真以女阿剌海别吉嫁之。元太祖六年(1211)，导蒙古军南出长城攻金。后汪古部内乱，与其长子不颜昔班皆为部属所杀。后追封高唐王，谥忠武。(0001 卷 118)

陈山　金元之际卢龙(今北京)人，仕金为谋克监军。元太祖时归蒙古，任平阳等路军民都元帅。(0001 卷 177)

陈义①　元世祖至元十四年(1277)任溧水(今属江苏)州判官。(0632 卷 6)

陈义②　字仲和。元海运百户。(0949 卷 7)

陈义③　陈懿弟，原名五虎。起自海盗，随兄降元。世祖至元十六年(1279)，授管军总管。二十年，授万户。不久升为同知广东宣慰司事，授明珠虎符。(0001 卷 10、12、131)

陈升①　元中叶人。善画马，亦工画佛像。苏州碛砂延圣院所刊藏经(宋绍定四年至元至大二年完成，1231～1309)之部分插图为其所画。(1143 卷 1009)

陈升②　元顺帝时人。善画马，张静居有《陈升画马歌》。(1143 卷 1006)

陈仁(1269～1348)　字子寿。元钱塘(治今杭州)人。历任衢州(今属浙江)路录事典史。(0279 卷 12，0072 卷 82)

陈介　字彦硕。元明之际金溪(今属江西)人。顺帝至正二十三年(1263)进士，授漷州(治今北京通县东南)同知。大都(今北京)被明军攻占后，南归。明洪武初，征召之，变姓名以避。卒年四十六。(1014 卷 13，0075 氏族典卷 124)

陈氏①　元东阳县(今属浙江)人。同县傅贺妻。年二十四夫死，力作以养婆，又以夫兄子为嗣，教之成立。(0154 卷 13，0881 卷 22，0002 卷 245)

陈氏②　元嘉兴(今属浙江)人。邳州(治今江苏邳县西南)管军千户王忽都帖木儿妾。生一子而夫死，时年二十七，守节教子，誓不再嫁。(0896 卷 204，0874 卷 19，0891 卷 6)

陈氏③　元福宁(治今福建霞浦)人，林克威妻。元末，夫死于战乱，时年二十四，母欲其改嫁，不从，养婆抚子。卒年八十三。(0622 卷 74，0002 卷 245)

陈氏④　元华亭县(治今上海松江)人。儒家女。夫本县曹吏，因战乱隶军籍，久在外，作诗怀之。(0033 卷 36，0504 壬下)

陈氏⑤　元汉阳(治今武汉汉阳)人，武佥事妻。夫早死，恐父母夺其情，对镜以墨刺面为“痛夫念情”四字，誓不再嫁。(0622 卷 59，1041 卷 70)

陈方　字子贞。元镇江(今属江苏)人。赴乡试来吴,元帅王某招致宾席,遂寓居吴郡(今苏州)。龚璛以女妻之。与郑元祐、张雨、倪瓒交游。晚年主无锡华氏家塾。工诗,有《孤篷倦客集》一卷。(0503 三集庚,0042 卷 10,0033 卷 21)

陈玉　金元之际孟州(治今山西孟县)人。金元间聚众保乡。元初,降于蒙古,授龙虎卫上将军、防御使。(0692 卷 20,0075 氏族典卷 124)

陈龙(1249～1322)　字义仲。宋元之际祁门(今属安徽)人。宋度宗咸淳四年(1268)登进士第,授都昌县主簿。元世祖至元十八年(1281),讨平乡邑反元队伍有功,授定海县海内寨巡检。后历任长亭场盐司管勾、抚州路在城税课大使、清湘县主簿。(0307 卷 8)

陈立　元人,善画山水,尝画《龙眠山图》,虞集为之题。(0147)

陈宁①　元木版画刻工。苏州碛砂延圣院所刊藏经(1231～1309 完成)之插图一部分为其所刻。(1143 卷 1034)

陈宁②　元顺帝至正二十六年(1366)任绍兴路总管。(0880 卷 26)

陈让　元成宗大德六年(1302)任东阳县(今属浙江)主簿。(0881 卷 12)

陈礼　元顺帝至正十二年(1352)任衢州路提控案牍。(0897 卷 3、7)

陈训　字师敬。元吴县(治今苏州)人。陈谦兄。顺帝至正年间任江浙行省照磨,谒告归。张士诚攻占吴后,遇害。(0002 卷 232,0075 氏族典卷 124)

陈发　元江西人。成宗元贞元年(1295)任休宁县(今属安徽)知县,有政绩。(0972 卷 4,0925 卷 55)

陈邦　元世祖至元二十七年(1290)任常山县(今属浙江)主簿。(0897 卷 3)

陈亚　元世祖至元二十一年(1284)任陕西按察司知事。(0554 卷 27,0504 乙)

陈朴　字子章。元奉化(今属浙江)人。陈桎兄。元末为台州路(治今浙江临海)儒学教授。(0276 卷 3、5,0622 卷 8,0504 辛下)

陈达(1322～1375)　字元达。元永嘉(治今浙江温州)人,迁居兰溪,陈萍之子。年十五被征召入宿卫。顺帝至正十二年(1352),擢端本堂司经。转正字,迁文学。十七年,辞归永嘉。明初,被安置于濠州。遇赦归居兰溪。(0419 卷 13、9,0031 卷 7,0881 卷 16)

陈成　字养晦。元奉化(今属浙江)人。元初历任松阳县、象山县儒学教谕。(0142 卷 27、29,0072 卷 85)

陈贞　字履元,号孟公,元钱塘(治今杭州)人。善画山水,师法米芾。郑元祐尝题其所画《玉山草堂图》。顺帝至正十一年(1351)作《白云山房图》。(1143 卷 1011)

陈光　字寔卿。元休宁(今属安徽)人。陈栎侄。文学该博。(0059 卷 16)

陈刚　字公潜,号潜斋。元温州平阳(今属浙江)人。从胡长孺学。应试屡不第。讲授乡里以终。有诗作传世。(0062 卷 2,0504 戊上,0002 卷 236)

陈安①(1236～1317)　字良佐。元怀孟修武(今属河南)人。陈惟德父。历任河间盐司厚财场管勾,致仕归。(0196 卷 10)

陈安②　字克盟。元金溪(今属江西)人。有诗作传世。(0504 辛下)

陈观　字用宾。元莘县(今属山东)人。陈世荣孙。元末,用荫授临川县主簿。(1018 卷 6)

陈玖　元德清(今属浙江)人。有诗作传世。(0504 戊上)

陈远　元人。有诗作传世。(0504 辛下)

陈均　元仁宗延祐(1374～1320)中,任古田县(治今福建古田东北)知县,有政绩。(0915 卷 6,0902 卷 51)

陈志　元三原(今属陕西)人。历任奉元路(治今陕西西安)总管。(0803 卷 5,0801 卷 26)

陈杞　字楚材。元海康(今属广东)人。博通经史。领乡贡。家居讲授,受业于门者甚众。元末,反元队伍过其乡,相戒曰:勿犯陈教授家,其为人敬慕如此。(0622 卷 82,0072 别附卷 3)

陈求　号雪矶。元人。有诗作传世。(0504 辛下)

陈困　字仲源。元福州人。历任镇江路濂溪书院山长。(0631 卷 17)

陈孚(1240～1303)　字刚中。元台州临海(今属浙江)人。元世祖至元中,以布衣上《大一统赋》,署上蔡书院山长。二十九年(1292),奉旨摄礼部郎中,为吏部尚书梁曾之副,出使安南。使还,授翰林待制。未几,出任建德路治中,迁衢州路治中,所至有治绩。又迁台州路治中。成宗大德七年(1303),奉使宣抚循行诸道,以不法蠹民事十九条劾罢浙东元帅脱欢察儿,发仓赈饥。是年病死。善为诗文,大抵任意即成,不事雕琢。有《陈刚中诗集》。(0001 卷 190)

陈亨　元世祖至元年间任溧阳(今属江苏)县尉。(0632 卷 6)

陈宏①　元泰定二年(1325)任上高县(今属江西)主簿。(1016 卷 14)

陈宏②　字君宏,号碧壶。元莆田(今属福建)人,元初迁居于华亭(治今上海松江)。历任吴江州同知。著有《易象发挥》、《易孟通言》、《易童子问》。(0622

卷9,0950卷15,0002卷235)

陈良① 元文宗时,任监察御史。至顺二年(1331),劾罢浙东廉访使脱脱赤颜。不久,自己也被陕西行台御史劾罢。(0001卷35)

陈良② 字文谦。元豫章(今江西南昌)人。历任行枢密院都事、铅山知州。(0437卷4)

陈莘 元文宗天历二年(1329)任尉氏县(今属河南)主簿。(0776卷2)

陈英① 元世祖至元中,任萧山县(今属浙江)尉。(0880卷28)

陈英② 元成宗大德七年(1303),为江西福建道奉使宣抚。仁宗时,升河南行省左丞。(0001卷21、26)

陈英③(1247~?) 字彦卿。元析津(治今北京西南郊)人。成宗大德十年(1306)由浙西廉访使迁任甘肃行省参政。仁宗延祐三年(1316)任云南行省左丞。(0196卷5、12)

陈茂 元文宗天历年间任庆元路(治今浙江宁波)照磨。(0634卷1)

陈苑(1256~1330) 字立大,元上饶人。自幼业儒。有授以金丹术者,弗信,而学陆九渊书。元儒笃信陆学者,以苑及赵偕为最。学者称静明先生。(0071卷93,0261卷24)

陈枢 字仲机。元人。有诗作传世。(0504辛下,0033卷24)

陈旺 元文宗天历元年(1328)仕六合县(今属江苏)知县。(0962卷4)

陈昌 元永嘉(治今浙江温州)人。仁宗延祐七年(1320)任太平路司狱,摄当涂县事。有诗作传世。(0580卷5,0504辛下)

陈杲 字孔英。元黄岩(今属浙江)人。陈德永之子。顺帝至正间,反元队伍攻占城,父被执,杲请代死,遂被杀。(0879卷13,0062卷5,0075氏族典卷124、学行典卷191)

陈明 字显卿。元镇江(今属江苏)人。历任淮安路照磨。(0631卷19)

陈忠 字正之。元高唐(今属山东)人。历任徽州路知事。成宗大德六年(1302)至七年,任奉化知州。(0972卷4,0633卷3)

陈岩 宋末元初归德永城(今属河南)人。陈奕之子。宋末,知涟州。元世祖至元十二年(1275),以涟州降元,授淮东宣抚使。次年七月,宋将姜才率部骑来攻湾头堡,岩大破之,以功加授淮东行省参政。二十二年,升为征东行省左丞,同征日本。后罢征。二十四年五月,江淮行省平章沙不丁议裁南人官吏,帝曰:除陈岩、吕师夔、范文虎数人,余皆从卿议。其受帝信任如此。(0002卷177)

陈季 元仁宗皇庆二年(1313)任徽州路儒学正。(0811卷5)

陈岳① 字季衡。元庆元路(治今浙江宁波)儒学录。(0634卷2,0504辛下)

陈岳② 字甫申,又字大山,号玉狮老人,元人。隐居天台委羽山,善书画。(1143卷1005)

陈征(1297~1348) 字明善,号天倪。元庐山人,寓居吴县(治今苏州)。早年从吴澄学,不慕荣进。有诗作传世。(0279卷12,0622卷8,0504己下)

陈庚 号杏山。元盱江人。三世为医。历任江西官医提举司都目。(0225卷13)

陈泌 字汝泉。元奉化(今属浙江)人,陈深弟。顺帝至元二年(1336),年五十余,任西湖书院山长。后历任饶州路儒学教授。至正年间卒。(0573卷2,0072卷86,0258卷6)

陈泽 字德润。元吴江(今属江苏)人。顺帝至正十四年(1354)任秘书郎。(0027卷10)

陈诚 元柘城(今属河南)人。陈思济之子。用荫入官。泰定三年(1326)累迁为江南行台监察御史,未几升为广西廉访司佥事。以中山知府致仕。(0632卷6,0001卷168)

陈建 字叔达。元顺帝至正年间任太子文学。有诗作传世。(0579卷10,0504癸下)

陈肃① 字文端。宋元之际海阳(治今广东潮安)人。宋末避战乱于鮀江,教授莲花山下,文天祥檄为参谋,不就。元初以贤良应聘,累迁为枢密同知。(0072卷88)

陈肃② 字伯将。元无锡(今属江苏)人。举博学宏才,为兰溪州判官。后历任翰林学士、兵部尚书、河南行省参政、中书参政。顺帝至正(1341~1368)中,卒于军前。撰杂剧《晋刘阮误入桃源》。有诗作传世。(0029续编,0503三集庚,0075氏族典卷124)

陈絅 元人。有诗作传世。(0504癸下)

陈经 元黄梅(今属湖北)人。泰定四年(1327)进士。历任学士。(1040卷123)

陈弦 字元甫。元闽县(治今福建福州)人。顺帝至正中,以荐补勉斋书院山长。历任晋江县尹,升广东盐课提举,辞职居泉州。卒年七十。有诗作传世。(0622卷75,0920卷29,0504庚上)

陈春 元顺帝至正间任嘉兴路推官。有能声。时民贩私盐,事觉,牵连千余人,狱久不决。春往治之,即得其情,释被诬者数百人。(0622卷39,0874卷10,0002卷229)

陈政 元奉元(治今陕西西安)人。顺帝至正中,任庆阳府同知。(0622 卷 36,0801 卷 23)

陈荣 元世祖至元年间任奉化(今属浙江)县丞。(0633 卷 3)

陈柏(? ~1345) 字新甫,号云峤。元泗州(治今江苏盱眙北)人。历任礼部侍仪舍人、太常礼仪院太祝。顺帝至元五年(1345),任余姚州同知。是年卒,年六十余。工诗,有诗作传世。(0503 二集己,0062 卷 54,0075 文学典卷 89)

陈栎(1252 ~1334) 字寿翁,号定宇。元休宁(今属安徽)人。仁宗延祐初,乡试中选,不复赴京会试。家居讲授,不出门户数十年。著《四书发明》、《书集传纂疏》、《礼记集义》等,阐发朱熹学说。有《定宇集》。(0001 卷 189)

陈桱 字子经。元奉化(今属浙江)人。陈泌之子。元末寓长洲(治今苏州)。明初历任翰林学士、以非罪死。著有《通鉴续编》二十四卷。有诗作传世。(0622 卷 8,0877 卷 31,0504 庚上)

陈柽 字师圣,号纳斋。元临海(今属浙江)人。陈润之子。不求仕进。方国珍兵起,泰不华聘柽为幕僚,多所赞助。泰不华为方国珍兵所杀,柽愤懑而死。(0075 氏族典卷 124、学行典卷 240)

陈思 字履信。元顺帝时松江(今属上海)人。家居授徒。张士诚据地连十州,守将咸以为安。思上疏危之,不报,遁居海上。(0296 卷 5,0033 卷 27)

陈钧 字公秉,又字太和,号静佳。元温州乐清(今属浙江)人,迁居金坛(今属江苏)。历任晋陵知县、常州路治中、浙西劝农营田副使。世祖至元三十一年(1294)任衢州路治中。后历任浮梁知州、湖南榷茶提举。卒年五十七。有诗作传世。(0631 卷 19,0897 卷 7、0504 丁)

陈适 元四明(今浙江宁波)人。成宗大德(1297 ~1307)中,为萧山县(今属浙江)儒学训导。(0880 卷 29)

陈复 字子仁,号芝岩。元杭州人。善书法,能画。晚年任宿州学官。有诗作传世。(0504 丁)

陈俨 号北山,元鲁(今山东西南部)人。世祖至元间为曲阜教授。官至翰林学士。卒,谥文靖。能诗,有诗作传世。(0001 卷 14、17、172,0504 乙)

陈顺 元顺帝至正中,任临城县儒学教谕。(0645 卷 4)

陈俞 字舜卿,号草亭,元德清(今属浙江)人。进士,一作隐士,善画龙。(1143 卷 1008)

陈奕 宋末元初归德永城(今属河南)人。初谄事贾似道之玉工陈振民为兄,以求进。自小官累升为沿江置制使兼知黄州。元世祖至元十二年(1275)正月,以黄州城降,伯颜承制授沿江大都督。其子岩知涟州,奕遣人以书谕之,岩即出降。五月,卒。(0002 卷 177)

陈恢 字仲广。元黄岩(今属浙江)人。顺帝至正十年(1350)聚乡兵抵御方国珍,不敌,逃入山中,忧愤而死。(0062 卷 8,0879 卷 13)

陈恬 字晏如。元上虞(今属浙江)人。撰《上虞县五乡水利本末》二卷。(1082 史部)

陈济 元顺帝至正二年(1342)任吴江州都目。(0954 卷 17)

陈津 元世祖至元二十六年(1289)任秘书监典书。(0027 卷 11)

陈祐(1222 ~1277) 又名天祐,字庆甫。元赵州宁晋(今属河北)人。元宪宗时,为皇弟末哥王府尚书,后任王府分地河南府(治今洛阳)总管。世祖至元二年(1265),降为南京路(治今开封)治中。三年,授卫辉路总管。六年,迁任山东按察使。反对罢中书省。迁任中兴行省佥事。十四年,迁任浙东宣慰使,为反元队伍所杀。(0001 卷 168)

陈祓 元世祖至元十九年(1282)任秘书监提控案牍。(0027 卷 9)

陈勇 元成宗元贞二年(1296)任瑞州路(治今江西高安)治中。武宗至大元年(1308)任永州路(治今湖南零陵)总管。(1052 卷 10,1016 卷 14)

陈泰 字志同,号所安。元茶陵(今属湖南)人。仁宗延祐元年(1314)中湖广乡试,会试不第。后历任龙泉县主簿、龙南县尹。有《所安遗集》一卷。(1041 卷 51,0504 初集己,0002 卷 238)

陈珪① 元世祖至元二十四年(1287)任衢州(今属浙江)路治中。(0897 卷 2、7)

陈珪② 元成宗大德(1297 ~1307)中,任曲阳县(今属河北)知县。(0645 卷 4)

陈珪③ 元武宗至大元年(1308)任江南行台监察御史。(0632 卷 6)

陈珪④ 元至大四年(1311)任江南行台监察御史。(0632 卷 6)

陈恭① 元成宗大德(1297 ~1307)间任阳城县(今属山西)主簿。(0694 卷 5)

陈恭② 字德臣。元莘县(今属山东)人。陈世荣之子。历任南昌县尉。(1018 卷 6)

陈桢 字士周。元鄱阳(治今江西波阳)人。顺帝至正六年(1346),建书院于饶州安仁县。(0438 卷 2)

陈原 元人。有诗作传世。(0504 癸下)

陈钺 字宜之,宋元间当涂人。宋度宗咸淳七年(1271)进士,授镇巢军判官,辟

建康阃幕，迁家建康。元世祖至元中，摄建康路学教授，学者称为慈湖先生。年五十四卒。(0632 卷 14)

陈铎 字子振。元吴郡(今苏州)人。成宗元贞二年(1296)为池州路儒学正。工诗，赵孟頫为其诗集作序。(0167 卷 22,0143 卷 6,0042 卷 9)

陈皋 元赵州宁晋(今属河北)人，陈祐子。仕为昌国州知州。(0001 卷 168)

陈高(1315～1367) 字子上，号不系舟渔者。元温州平阳(今属浙江)人。顺帝至正十四年(1354)进士，授庆元路(治今浙江宁波)录事。未三年，弃职去。方国珍至，欲招致之，不可得。平阳失陷，弃妻、子，往来闽浙间。二十六年，浮海过山东。次年，谒扩廓帖木儿于怀庆，密论江南虚实，扩廓喜，欲官之，居数月病死。有《不系舟渔集》十五卷。(0277 附录,0503 初集庚,0006 卷 92 下)

陈旅(1288～1343) 字众仲。元兴化莆田(今属福建)人。游京师，由赵世延力荐为国子助教。顺帝元统二年(1334)，出为江浙行省儒学副提举。至元四年(1338)，入为翰林应奉。至正元年(1341)，迁国子监丞。为文典雅峻洁。与虞集为知己之交。著有《安雅堂集》。(0001 卷 190)

陈浩① 字君渼。元平阳(治今山西临汾)人。文宗至顺二年(1331)任镇江路提控案牍。(0631 卷 15)

陈浩② 字养吾。元河南人。登进士第。(0416 卷 1、4、7)

陈润① 字泽民，号勉斋，宋元间临海人。元世祖至元间以德行闻，集贤院锡号高明处士。(0063 卷 13)

陈润② 元仁宗延祐五年(1318)任婺州路(治今浙江金华)儒学教授。(0881 卷 11)

陈润③ 元福建人。有诗作传世。(0504 庚下)

陈祥 字君祥。元汴梁(治今河南开封)人。世祖至元十五年(1278)至十七年任镇江路治中。(0631 卷 15)

陈理 元末明初沔阳人。红巾军首领陈友谅之子。顺帝至正二十三年(1363)，友谅死，嗣立于武昌。次年，朱元璋来攻，归降，封归德侯。明洪武五年(1372)徙高丽。(0020 卷 123,0002 卷 226)

陈基(1314～1370) 字敬初，元临海人。从黄溍学，随溍至大都(今北京)，授经筵检讨。后归寓吴，仕于张士诚，累升学士。明洪武初，参与修《元史》，受赐金归。有《夷白斋稿》。0020 卷 285,0492 卷 62,0503 初集庚)

陈萍(1269～1325) 元永嘉(治今浙江温州)人，迁居于大都(今北京)。陈芹弟。善梵学，世祖赐名辇真加剌思。成宗时授宣政使。武宗时以宣政使兼延庆使、领土蕃宣慰使。(0152 卷 27,0414 卷 18)

陈彬 元顺帝至正中，任余姚(今属浙江)州吏目。(0880 卷 28)

陈虚 元人。有诗作传世。(0504 壬下)

陈堂(1295～1371) 字宅之。元诸暨(今属浙江)人。从韩性、黄溍学，应试屡不利，隐居山中以终。(0411 卷 23)

陈崖 字克高。元永康(今属浙江)人。历任两浙盐运使。(0885 卷 5)

陈铭 元人。有诗作传世。(0504 癸下)

陈庚(1194～1261) 字子京，号淡轩。金元之际猗氏(治今山西临猗)人。陈赓弟。金末战乱，转徙无常。元太宗时应平阳高鸣招请，任平阳路提举学校官，遂家于平阳。耶律楚材奏置经籍所于平阳，命庚领之。世祖中统二年(1261)，以荐授平阳路提举学校官。未几卒。有诗一卷，收入《河汾诸老诗集》。(0225 卷 21,0002 卷 234,0072 卷 90)

陈清 元世祖至元十六年(1279)任东阳(今属浙江)县尉。(0881 卷 12)

陈渊 元顺帝元统二年(1334)任鄞县(今属浙江)尉。后迁任永康县(今属浙江)主簿。(0634 卷 2,0881 卷 13)

陈深① 字汝资。元奉化(今属浙江)人。宋知台州陈著之子。元初为浦江(今属浙江)月泉书院山长。(0372 卷 33,0072 卷 86)

陈深②(1260～1344) 字子微，号清全。元吴县(治今苏州)人。笃志古学，闭门著书。文宗天历(1228～1330)年间，奎章阁臣以其善书法荐，不出。著有《读春秋编》、《读易编》、《读诗编》及《宁极斋稿》。(0031 补遗,0503 初集甲,0002 卷 235)

陈谔 字古直，号野水。元绍兴(今属浙江)人。历任绍兴路儒学正、镇江路茅山书院山长。(0631 卷 17)

陈瑛 字伯英。元上元(治今南京)人。陈坤文之子。历任广德路儒学教授。(0212 卷 21)

陈琳 字仲美。元钱塘(治今杭州)人。善画山水、人物、花鸟。(0030 卷 5,0214,0507 卷 13)

陈琰 元泰定二年(1325)任无锡州提控案牍。(0558 卷 24)

陈敬 号白云。元山阴(治今浙江绍兴)人。有诗作传世。(0504 庚下)

陈植①(1293～1362) 字叔方，号慎独叟。元吴县(治今苏州)人。陈深之子。工诗，善画树石。有《慎独叟遗稿》一卷。(0279 卷 12,0030 卷 5,0033 卷 14)

陈植②(1293～?)　字中吉。元永丰(今属江西)人。顺帝元统元年(1333)进士，授南康路录事。累迁为翰林待制。后谪为博罗县(今属广东)尹，归建中山书院。有《春秋玉钥匙》，今佚。(0028卷上，0504己上)

陈楧　字子儁。元临海(今属浙江)人。陈遘之子。家富藏书。历任左翼屯田万户府儒学教授。(0414卷5)

陈森　字茂卿。元金华(今属浙江)人。工诗，其诗清峭刻厉。卒年三十。(0252卷16，0504戊上)

陈鼎①　元世祖至元二十五年(1288)任秘书少监。(0027卷9)

陈鼎②　元至顺元年(1330)任集庆路(治今南京)经历。(0632卷6)

陈庸①　元顺帝至正三年(1343)任衢州(今属浙江)路经历。(0897卷3、7)

陈庸②　元临川(今属江西)人。陈天锡子。元末为柳州路儒学正。早死。(0072卷93)

陈赓(1190～1274)　字子飏，号默轩。金元之际猗氏(治今山西临猗)人。陈庾兄。金末，监蓝田子午酒，改陕盐场管勾。元初，历任河东两路宣慰司参议，后病归。有诗一卷，收入《河汾诸老诗集》。(0225卷21，0503三集甲，0072卷90)

陈善　字充之。元华亭(治今上海松江)人。历任嘉兴宣公书院山长。顺帝至正十六年(1356)，张士诚陷松江，善出私财募壮勇三千，即所居为营以拒之；战败，流寓钱塘(治今杭州)以终。有诗作传世。(0431卷25，0504己上)

陈普(1244～1315)　字尚德，号惧斋。宋元之际宁德(今属福建)人。治学以四书五经为本，而尤精通律吕、天文、地志、算数之说。宋亡，绝意仕进，隐居授徒，从学者甚众，称之曰石堂先生。著有《四书集解》、《书传补遗》、《易经解注》等及《石堂集》二十二卷。(0622卷74，0002卷235，0503三集甲)

陈遂①　元成宗元贞二年(1296)任西安县(治今浙江衢州)主簿。大德六年(1302)迁任开化县主簿。(0897卷3、7)

陈遂②　号岑楼，安南国太王陈光昺甥，封威文王。聪明好学，工汉文诗文，有文集传世。年三十四卒。(0504壬下)

陈曾　字守约。元福州人。历任金坛县(今属江苏)儒学教谕。(0631卷17)

陈富　元大都(今北京)人。仁宗皇庆二年(1313)任镇江路录事司判官。(0631卷16)

陈谟　字仲嘉。元会稽(治今浙江绍兴)人。有诗作传世。(0504庚下)

陈谦①(1290～1356)　字子平。元吴县(治今苏州)人。陈训弟。修身事亲，隐居不仕。后张士诚据吴，遇害。善属文，尤善古赋及古今体诗。著述甚富，有《周易解诂》、《河图说》、《占法》等。(0163卷33，0503三集庚，0002卷232)

陈谦②　字伯谦。元天台(今属浙江)人。善正书，师法虞永兴。(0031卷7)

陈瑞①　元仁宗延祐(1314～1320)年间，任醴泉县(治今陕西礼泉东北)主簿。(0817卷3)

陈瑞②　元原武(今属河南)人。历任四川行省左丞。(0784卷1)

陈瑜　字仲庸。元雷州(治今广东海康)人。元末被征辟为广西行省都事。明军攻破静江(治今广西桂林)，瑜自刎死。(1036卷24，0075官常典卷735)

陈遘(1296～1344)　字谨之。元台州临海(分属浙江)人。陈孚之子。以荫补台州路录事司判官。迁常州路知事，以母病弃官归。顺帝至元元年(1335)起为庆元路(治今浙江宁波)知事。擢江浙儒学副提举。以江浙省左右司员外郎致仕。(0152卷38，0634卷1，0001卷190)

陈椿　元天台(今属浙江)人。顺帝元统(1333～1335)中，任松江下砂盐场司令。撰《熬波图》一卷。(1103卷181)

陈楫　元世祖至元五年(1339)任昌国州(治今浙江舟山)判官。(0634卷2)

陈嵩(1273～1342)　字以高。元诸暨(今属浙江)人。元初，割田地六千余亩建义庄、义塾，收养族人不能自食者，教育未知学者及里中子弟。事闻于朝，表其居曰义门。(0152卷39)

陈鉴　元世祖至元二十七年(1290)任余姚(今属浙江)知县。(0880卷28)

陈锜　字叔和。元丽水(今属浙江)人。元末散财结士，讨伐反元队伍有功，授温州路录事司判官。(0896卷189)

陈锡①　元世祖至元十六年(1279)任江南行御史台管勾。二十六年，累升为南台监察御史。后迁任福建廉访司佥事。(0632卷6，0594卷11)

陈锡②　元泰定元年(1324)任秘书监管勾。(0027卷9)

陈新①　字以新。元太和州(治今江西泰和)人。顺帝至正(1341～1368)间，以新淦州判官归省亲，监州闻其贤，使分守太和东境。援少食尽，为反元队伍所执，自刎死。(0002卷232，0075氏族典卷124，官常典卷732)

陈新②　字德甫。元海运千户。(0949卷7)

陈雍①　字季和。元衡州安仁(今属湖南)人。历任州县学官。后借授宁都(今属江西)州巡检。(0250卷31)

陈雍②　字邦协。元人。有诗作传世。(0504 己下)

陈煜　元人。有诗作传世。(0504 癸下)

陈溍(1314～1350)　字仲晋。元龙游(治今浙江衢州东北)人。年十九入国子学。后历任宣政院掾、中书省掾。(0414 卷 19)

陈福　元山阴(治今浙江绍兴)人。十年侍母病,衣不解带,夜祈祷后庭,割股肉疗母。(0880 卷 45,0004 卷 40,0006 卷 93)

陈聚①　元顺帝至元三年(1337)任溧水(今属江苏)州判官。(0632 卷 6)

陈聚②　字敬德。元临海(今属浙江)人。陈基兄。顺帝至正十九年(1359)为常熟州儒学教授。后迁任上海县主簿。有诗作传世。(0947 卷 5,0504 庚上,0033 卷 24)

陈嘉　字志谟。元诸暨(今属浙江)人。佯狂不羁。应试屡被黜。后一意玄修,号龙坛居士。(0880 卷 48,0062 卷 56)

陈睿　字思可。元会稽(治今浙江绍兴)人。善书法,真、楷宗智永。有诗作传世。(0031 卷 7,0504 庚下)

陈毓　元顺帝元统元年(1333)进士,授新昌(今属浙江)州判官。(0028 卷上)

陈端　字正卿。元汴梁原武(今属河南)人。初为掾吏,累迁工部员外郎。成宗大德(1297～1307)间,任中书左司都事。改户部郎中,出为大名路治中,擢湖广行省郎中。仁宗延祐二年(1315)为同佥徽政院事。后历任吏部尚书、中书参政、湖广参政。泰定元年(1324),任宣政院同知,病归。(0002 卷 203)

陈奭　元赵州宁晋(今属河北)人,陈祐子。仕为侍仪司通事舍人。(0001 卷 168)

陈镐(1317～1374)　字德高,号玄逸子。元明间温州平阳人。顺帝至正十七年(1357)为道士,后提举温州路玄妙观。(0419 卷 14)

陈镒　字伯铢。元丽水(今属浙江)人。历任松阳县儒学教谕。有《午溪集》十卷。(0186 卷首)

陈憬(1283～1355)　字希贤。元东阳(今属浙江)人。年三十用荐为平江(治今苏州)学道书院山长。未几辞归。(0437 卷 4)

陈遴　元顺帝元统元年(1333)任庆元路(治今浙江宁波)知事。次年致仕。(0634 卷 1)

陈澔(1261～1341)　字可大,号云庄。元都昌(今属江西)人。英宗至治二年(1322)撰成《礼记集说》十卷,颇得吴澄称誉。(0415 卷 5,0622 卷 52,0002 卷 236)

陈璲　元天台(今属浙江)人。有诗作传世。(0504 庚下)

陈樵(1278～1365)　字君采,号鹿皮子。元婺州东阳(今属浙江)人。隐居著述,不求仕进。著有《易象数解新说》、《洪范传经解》、《四书本旨》、《孝经新说》及《鹿皮子集》四卷。好为古赋,组织绵丽,有魏晋人遗风。其诗于题咏为多,属对精巧。(0411 卷 5,0503 初集戊,0002 卷 236)

陈臻　元仁宗延祐(1314～1320)中,任宁晋县(今属河北)主簿。(0645 卷 4)

陈禧　元人。著有《周易略例补释》一卷,吴澄为作序。今不传。(0072 卷 92)

陈璪　字仲饰,号质庵。元永康(今属浙江)人。顺帝至正年间,任永康县学训导。(0881 卷 16,0885 卷 6,0075 文学典卷 89)

陈邃①　元世祖中统(1260～1264)年间任滨棣路劝农使。(0725 卷 10)

陈邃②　号畸亭。元人。有诗作传世。(0504 己上)

陈颢(1264～1339)　字仲明。元清州(治今河北青县)人。师事王磐、安藏。被安藏荐入宿卫,未几,为仁宗藩府讲儒经。成宗死(1307),仁宗入定内难,颢参与谋划。仁宗即位(1311),特拜集贤大学士,仍宿卫禁中,政事无不与闻。科举之行,颢赞助之力尤多。仁宗死(1320),家居九年。文宗即位(1328),起为集贤大学士,劝文宗大兴文治、增国子学子弟员。卒。谥文忠。(0001 卷 177)

陈璧①　字汝璋。元成宗元贞(1295～1297)间为镇江路行通政院提控令史。(0631 卷 17)

陈璧②　元仁宗延祐六年(1319)任吴江(今属江苏)知州。(0954 卷 17,0928 卷 4)

陈璧③　字文东,元明间华亭(治今上海松江)人。善篆隶真草。明洪武间以秀才举解州判官,调郴州,卒。(0031 卷 7)

陈夔　元赵州宁晋(今属河北)人,陈祐子。世祖至元十六年(1279),授管军总管。后升为芍陂屯田万户。(0001 卷 10、168)

陈曦　元宁波(今属浙江)人。善画山水,师法郭熙。(1143 卷 1050)

陈懿　宋元之际人。原为南宋都统。元世祖至元十四年(1277),率兄弟五人及畲兵七千人降,以战船百艘助攻宋军。十六年,以功授招讨使,兼潮州路军民总管。(0001 卷 10、132)

陈麟(1312～1368)　字文昭。元永嘉(治今浙江温州)人。顺帝至正十四年(1354)进士,授慈溪知县,治化大行。后为方国珍所拘。国珍降明后,出游闽中。有诗作传世。(0157 卷 23,0877 卷 2、

25,0504 辛上)

陈一德(1256～?)　号静轩。元歙县(今属安徽)人。世祖至元中,任奉化县尉。(0236 卷 12,0633 卷 3)

陈士元　字元仲。元东阳(今属浙江)人。不求仕进,家居授徒。工诗文。(0072 别附卷 3)

陈士贞(1302～1346)　字彦正。元浦江(今属浙江)人。陈远大之子。以荐授处州路石门书院山长。历任建德钓台书院、衢州柯山书院山长。顺帝至正六年(1346)迁任富州教授,未上任死。(0157 卷 7)

陈士奇　元三山(今福建福州)人。有诗作传世。(0504 戊下)

陈士奎　字起章。元暨阳(今浙江诸暨)人。有诗作传世。(0504 己下)

陈大中(?～1292)　字子正。元韩城(今属陕西)人。历任韩城县尹。(0605 卷 8)

陈大有　元龙游(治今浙江衢州东北)县丞。(0897 卷 3)

陈大伦①　字仲瑜。元鄞县(治今浙江宁波)人。历任江浙儒学副提举。(1071 卷 2)

陈大伦②(1298～1367)　字彦理。元诸暨(今属浙江)人。屡次应科举考试不利,遂弃去,从吴莱讲学,学大进,远近交聘为家塾师。(0411 卷 24,0880 卷 43,0002 卷 238)

陈大受　元河南人。历任含山县(今属安徽)儒学教谕。(0989 卷下)

陈大和　字予中。元崇明(今属上海)人。历任江都县(治今江苏扬州)主簿。(0949 卷 7)

陈大谟　字仲谋。元番禺(治今广州)人。历任户部、礼部官。仁宗延祐(1314～1320)中,出为福建宣抚使。累迁为枢密副使。(0075 氏族典卷 124)

陈大震　字希声,宋元间番禺(治今广州)人。宋理宗宝祐元年(1253)进士,累官知全州,自劾归。端宗入广,召为吏部侍郎,未就任。元初,辟司农卿、广东儒学提举,皆以病辞。卒年八十。成宗大德间撰《南海志》二十卷,今存卷六至十,卷七物产篇附列舶货与诸蕃国,收海外地名甚多。(0063 卷 10,0095 卷 71)

陈万里(1238～1313)　字德甫。宋元之际弋阳(今属江西)人。宋度宗咸淳九年(1273)领乡荐。元初为信州路儒学教授。(0146 卷 28,0072 卷 84)

陈万钧　字公茂,一字衡甫。元宣城(今属安徽)人。有诗作传世。(0524 卷 3,0504 戊上)

陈义泽　元人。有诗作传世。(0504 癸下)

陈义高(1255～1299)　字宜父,号秋岩。元福建人。玄教道士。世祖至元二十五年(1288),提点洪州玉隆宫,后入晋王邸。有《秋岩诗集》二卷。(0201 卷 4,0506 卷 8844、12043,0504 癸下)

陈小庭　元人。有诗作传世。(0504 癸上)

陈子恒　元唐兀人。世祖至(1264～1294)元年间任荥泽县尹,迁任招远县尹,皆有政绩。(0622 卷 25,0762 卷 4,0721 卷 27)

陈子翬　字象贤。元奉化(今属浙江)人。历任庆元路(治今浙江宁波)儒学教授,见国事日蹙,遂退隐乡里,四方来从学者甚众。工书法,师法李北海。(877 卷 38,0031 补遗,0062 卷 44)

陈子靖　号无尘,元崇仁(今属江西)上方观道士。勤学不倦,通三教之书,尤勤于学医,医术工巧。选集古今诸家验方,分类编成《医方大成》,该书"备而不繁,要而不略"。(0542 卷 486、495)

陈马骡　元山东人。顺帝元统三年(1335),与新李等反元起事于山东。山东廉访使答里麻以为官吏贪污所致,先劾去之而后上擒捕方略,为朝廷采纳。未几,为答里麻遣兵擒获。(0001 卷 144)

陈天民　元仁宗皇庆二年(1313)任望江县(今属安徽)知县。(0580 卷 1)

陈天珏　元文宗天历(1328～1330)中,为余姚州吏目。(0880 卷 28)

陈天祐　元世祖至元二十四年(1287)任江南行台监察御史。(0632 卷 6)

陈天益　元仁宗延祐二年(1315)任瑞州路(治今江西高安)儒学教授。(1016 卷 14)

陈天祥(1230～1316)　字吉甫。元赵州宁晋(今属河北)人。陈祐之弟。少时录入元军籍。世祖中统三年(1262),李璮反;天祥为千户,屯三汊口,防遏宋军。至元十一年(1274),从征宋。二十一年,授监察御史。次年,上疏极言卢世荣罪恶,世荣遂被逮论死。二十三年,升治书侍御史,劾湖广平章要束木,被诬下狱年余。二十五年,获释。成宗元贞元年(1295),任山东西道廉访使,上奏以严刑制止反元起事。大德六年(1302),升南台御史中丞,上书反对用兵西南。七年,拜集贤大学士,商议中书省事。次年,告病归。卒。谥文忠。(0001 卷 168)

陈天辅　元世祖至元二十一年(1284)任丹阳(今属江苏)知县。(0631 卷 6)

陈天祺　元仁宗延祐四年(1317)任温州路知事。(0579 卷 9)

陈天瑞①　元成宗大德四年(1300)任开化(今属浙江)知县。(0897 卷 2)

陈天瑞②　元文宗至顺三年(1332)任上

高县(今属江西)典史。(1016 卷 14)

陈天锡① 元世祖中统二年(1261)立劝农司,授河南劝农使。(0001 卷 4)

陈天锡② 字载之,号晋斋。元福宁州(治今福建霞浦)人。历任福宁州儒学正、泉州路儒学教授。文宗天历二年(1329)任定海县尹。至顺初改任建阳尹。升福清知州。年未六十致仕归。卒年八十。有诗作传世。(0634 卷 2,0909 卷 11,0504 三集己)

陈天锡③(1296~1352) 字国范。元临川(治今江西抚州)人。顺帝至正十二年(1352)组织地主武装讨伐反元队伍,战死。(0411 卷 20)

陈天霁 元人。有诗作传世。(0504 甲)

陈元龙 字仲章。元海阳(治今广东潮安)人。陈肃孙。历任福建廉访使。后以病归隐龟山。(0072 卷 88)

陈元凯(1235~1312) 字时举。元猗氏(治今山西临猗)人。通经术。世祖至元三年(1266),刘秉忠荐于太子真金,授宫籍监。出为复州路同知。二十年,授江西省郎中,举招讨使郭彦高讨捕反元队伍,悉平之。成宗元贞元年(1295),任龙兴路总管。时大水,民多饿莩,请于行省罢河泊税听民自取,全活无数。大德间历任湖南廉访使、建康路总管,十一年授浙东廉访使,告老归。(0143 卷 9,0002 卷 173)

陈元复 元顺帝元统元年(1333)任松滋(今属湖北)知县。(1042 卷 6)

陈元晖 号屏山。元永嘉(治今浙江温州)人。有诗作传世。(0504 戊上)

陈元善(1310~1367) 字长卿。元龙溪(治今福建漳州)人。顺帝至正二十七年(1367),逃兵起事,胁之,不从,全家被杀。有诗作传世。(0417 卷 20,0001 卷 232,0504 辛下)

陈元舆 元人。有诗作传世。(0504 癸下)

陈无妄(?~1329) 字彦实。元东平(今属山东)人。历任衢州路、婺州路吏。浙东、福建廉访司吏。所作散曲甚多,但不甚流传。(0029 卷下)

陈太希 元人。有诗作传世。(0504 癸下)

陈太初 字平仲,号素心。元人。有诗作传世。(0504 己下)

陈友仁 字君复,号前溪。元湖州(今属浙江)人。顺帝至正间,编成《周礼集说》十二卷。(0493 外编卷 27,0495 卷 16)

陈友文 元镇江(今属江苏)人。历任铅山(今属江西)知州。(0631 卷 19)

陈友定(?~1368) 一名有定,字安国。元福清人,迁汀州清流。世业农。尝为驿卒。顺帝至正十二年(1352),应募御反元队伍,署黄土寨巡检。以功擢清流县尹,升汀州路总管。十八年,破陈友谅部将邓克明等军,悉复福建郡县,进行省参政,署分省于延平,授平章。每年海运粮送大都。二十八年,明军破延平,被俘,送金陵,不屈,被杀。(0020 卷 124,0003 卷 130)

陈友谅(1320~1363) 元沔阳玉沙县人。家世业渔。少时读书,略通文义。曾为县小吏。顺帝至正间,从徐寿辉起兵,隶倪文俊为簿掾,积功升元帅。至正十七年(1357),袭杀文俊,自为平章。十九年,迎徐寿辉居江州,自称汉王。二十年,杀寿辉,自立为帝,国号汉,年号大义。诸将不服,纷纷离去。屡与朱元璋战,不利。二十一年,江州被朱元璋军攻破,退都武昌。二十三年,与朱元璋战于鄱阳湖,兵败中箭死。子陈理继立。(0020 卷 123,0088 卷 4)

陈友敬 元人。有诗作传世。(0504 癸下)

陈日卿 元分水县(治今浙江桐庐西北)人。元末任千户,明兵至分水县,力战而死。(0075 官常典卷 735)

陈日新(1278~1329) 字又新。元饶州安仁(治今江西余江东北)人。玄教真人。成宗大德(1297~1307)年间,提点大都崇真万寿宫。(0147 卷 50)

陈中立(1326~1378) 字诚中。元莆田(今属福建)人。从卢琦学。应科举考试下第,隐居不复求仕。(0411 卷 34,0902 卷 129,0076 卷 36)

陈仁子 字同俌,号古迂。宋元间茶陵人。宋度宗咸淳间漕试第一。入元不仕。有《牧莱脞语》、《文选补遗》。(0072 卷 81,1117 卷 174)

陈仁寿 字景礼,元上虞(今属浙江)人。工书法,尝应写金字经。(0106 卷 4)

陈从仁 元顺帝至正二十年(1360)任兴化路(治今福建莆田)同知。(0905 卷 2)

陈从龙 元攸州(治今湖南攸县)人。文宗至顺三年(1332)中乡试。历任江西行省参政。顺帝至正十二年(1352)镇守永新,后率军援太和(今江西泰和),为陈友谅所执,不屈死。(1041 卷 36、51)

陈公才 元顺帝时人。善画山水,师法米友仁。(1143 卷 992)

陈公礼 元汴梁(治今河南开封)人。顺帝至正十七年(1357)至二十一年任嘉定(今属上海)州儒学教授。(0558 卷 24)

陈公迪 元顺帝至元四年(1338)任定海(治今浙江宁波镇海)县尉。(0634 卷 2)

陈公凯 字君用,号竹腥,又号鹤皋。宋

元之际浦江(今属浙江)人。元初为月泉书院山长。有诗作传世。(0504 甲,0033 卷,0070 卷 81)

陈公享(1323～1371)　字以通。元鄞县(治今浙江宁波)人。以善医闻。敕署江浙行省医学提举,不就。(0431 卷 43)

陈公举　字正臣。元浦江(今属浙江)人。陈公凯弟。历任浦江县儒学教谕、江浙省儒学副提举、翰林应奉。有诗作传世。(0881 卷 16,0050 卷 10,0504 癸下)

陈公福　字伯寿。元莆田(今属福建)人。由吏入仕。历任德化(今属福建)知县。(0902 卷 125,0905 卷 6)

陈文杰　字汉卿,号默斋。元毗陵(今江苏常州)人。以荐授庆元路(治今浙江宁波)儒学正。后历任浙东帅府掾、两浙运司知事、江阴州知事。顺帝至正六年(1346)任东流县尹,病归。卒年六十九。有诗作传世。(0296 卷 1、3,0634 卷 2,0504 丙)

陈文信　元嘉兴(今属浙江)人。善刻碑,成宗大德十年(1306)刻《嘉兴路重修儒学记》。(1143 卷 993)

陈文积　字崇善。元福宁(治今福建霞浦)人。顺帝至正年间任长泰县(今属福建)主簿。(0908 卷 23,0909 卷 10)

陈文福　元世祖时,为龙兴行省佥省。至元二十二年(1285),受命与左丞伯颜、参政杨居宽专领课程事。(0001 卷 13)

陈文增　字袭庆。宋元之际苕水人。工诗。元世祖至元二十四年(1287),其诗作被月泉吟社选评为第五十四名。(0504 甲,0033 卷 6,0070 卷 81)

陈斗龙　字南仲。元杭州昌化(治今浙江临安西)人。元初,以荐授温州路宗晦书院山长,未上任。闻生母踪迹,求访六年,得之于永丰(今属江西),奉以归养。(0501 卷 69,0075 氏族典卷 124,0002 卷 239)

陈斗辉(1271～1319)　字奎甫。元溧阳(今属江苏)人。世祖至元二十四年(1287)任溧阳税副使。后江浙行省署为青田县税务大使,因病未赴任。(0205 卷下)

陈以仁①　字存甫。元杭州人。不求闻达,日与南北士大夫交游。撰杂剧《锦堂风月》、《十八骑误入长安》。(0029 卷下)

陈以仁②　号复斋。元福州人。有诗作传世。(0504 戊下)

陈以实　元顺帝至正十五年(1355)任婺州路(治今浙江金华)总管。(0881 卷 11)

陈允文①(1282～1365)　字昭祖。元柘城(今属河南)人。陈思济孙。历任礼部主事,西台、南台御史,西台都事,内台御史,浙东廉访副使。顺帝至元五年(1339)迁任江西廉访副使。升广东廉访使。致仕居吴。(0157 卷 14)

陈允文②　元瑞安(今属浙江)人。慕陶潜为人,尝为诗和之。卒年八十。有诗作传至今。(0062 卷 44,0504 戊上)

陈允和　元温州平阳(今属浙江)人。有诗作传世。(0504 戊上)

陈允道　字行之。元太平(今属安徽)人。历任丹徒县(治今江苏镇江)儒学教授。(0631 卷 17)

陈孔彦　字士美。历任元华亭(治今上海松江)县丞。有诗作传世。(0124 卷 4,0504 己上,0033 卷 23)

陈本道　元顺帝至正(1341～1368)年间任贵州(治今贵州贵阳)知州,峒人来攻州城,率兵出战,击退之。(0622 卷 85)

陈世成(1307～1373)　字希文,号清远处士。元明之际人。吴(今苏州)之良医。(0421 凫藻集卷 5)

陈世昌　字彦博。元明之际钱塘(治今浙江杭州)人。顺帝至正初,由布衣入朝为翰林编修。代祀海上,值道梗,遂留嘉兴,授徒养母。张士诚据吴,屡致不屈。明初,征修礼书,授太常博士。有诗作传世。(0622 卷 39,0062 卷 41,0504 庚下)

陈世荣　字显卿。元莘县(今属山东)人。文宗天历元年(1328)任进贤(今属江西)知县。有治绩。(1018 卷 5,1012 卷 15)

陈东甫　元人。有诗作传世。(0504 辛上)

陈可复(？～1307)　字复心,号雷谷。元定海(治今浙江宁波镇海)人。成宗大德(1297～1307)初为庆元路(治今浙江宁波)道录,住持提点玄妙观。(0211 卷 3,0633 卷 18,0887 卷 13)

陈处久　元天台(今属浙江)人。成宗大德(1297～1307)中任萧山县(今属浙江)儒学教谕。(0880 卷 29)

陈处亨　号方山,元黄岩(今属浙江)人,陈立善之子。善画墨梅,妙得家传。(1143 卷 1021)

陈立功(1275～1351)　字连仲,号乐斋。元惠安(今属福建)人。以荐为泉州路学直学,未几辞归,不复仕。(0267 卷下)

陈立善　元黄岩(今属浙江)人。顺帝至正中,为庆元路(治今浙江宁波)照磨。善画墨梅,与王冕齐名。(0077 卷 13,0078 卷 7)

陈宁甫　名不详,以字行,又字定甫。元大名(今属河北)人。撰杂剧《风月两无功》。(0029 卷上)

陈必敬　号乐所。元同安(今属福建)人。与丘葵讲明濂洛遗学。(0076 卷 33)

陈邦光 元人。有诗作传世。(0504 癸下)

陈吉甫 字德卿。元梓潼(今属四川)人。元初被征辟为兴元路(治今陕西汉中)文学掾。卒年六十一。(0248 卷14)

陈达观 元人。有诗作传世。(0504 甲)

陈达叟 元人。有诗作传世。(0504 癸下)

陈执中 元宿州(今属安徽)人。顺帝至正中,任清丰县(今属河北)知县。时战乱,民多困苦。执中平赋役、课农桑,修整学校以兴文风。时称其治教咸尽。(0622 卷4,0643 卷5,0654 卷4、5)

陈尧龙(1222~1301) 字继臣。号五山先生。宋元之际上饶(今属江西)人。元初为广信书院山长。(0142 卷17,0072 卷84)

陈尧道①(1262~?) 字景传。元义乌(今属浙江)人。陈希声之子。工诗。世祖至元二十四年(1287),其诗作被月泉吟社选评为第八名。(0075 文学典卷86,0504 戊上,0033 卷6)

陈尧道② 字宗远,号竹林。元嘉兴(今浙江)人。隐居不仕。工诗,与杨维桢等唱和,死于元末。(0895 卷14,0504 庚下)

陈师凯 字道勇。一字叔才。元都昌(今属江西)人。陈澔子。能世其家学,专究理学,于易象乐律多所著述。英宗至治元年(1321)撰《尚书蔡传旁通》六卷。(0002 卷236,0071 卷67)

陈光裕 字南宾,元明间茶陵(今属湖南)人。元顺帝至正间进士。明洪武二年(1369),应聘至京师(今南京),授无棣县尹。官至蜀府左长史。有《安老堂集》,已佚。(1071 卷17)

陈同寅 字惟寅,号颐浩先生。宋元之际安福(今属江西)人。宋度宗咸淳(1265~1274)中,弃家入清真观为道士。元初,号明素葆真大师,为郡道录,住持冲虚观、梅峰道院。(0150 卷12)

陈吊眼(?~1282) 宋元之际漳州人。宋末隶宋将张世杰麾下,后降元。元世祖至元十七年(1280)据漳州城举兵反,众达十万。后败于元将完者都,退走千壁岭,又为元将高兴诱杀。(0001 卷11、12、162)

陈则通 号铁山。元学者。撰有《春秋提纲》十卷。(1103 卷153)

陈则虚 字斯与。元人。有诗作传世。(0504 己下)

陈先得(1244~1327) 字辰翁。元太和(治今江西泰和)人。陈学礼父。历任兴国、赣县儒学教谕,瑞州西涧书院山长。以赣州路儒学教授致仕。(0212 卷87,1019 卷10上)

陈廷言 字君从。元台州宁海(今属浙江)人。英宗至治三年(1323)中乡试,授上蔡书院山长。顺帝至元元年(1335)迁任庆元路(治今浙江宁波)儒学教授。不久,丁忧归。顺帝至正中,任顺昌县尹,病归。工诗,贡师泰为其诗集作序。(0275 卷6,0634 卷2,0504 丁)

陈仲仁 元江西人。仕至阳城县主簿。善画山水、人物、花鸟。为湖州安定书院山长时,常与赵孟頫论画法,孟頫甚重之。(0030 卷5,0004 卷36)

陈仲文 字奎甫。元长乐(今属福建)人。建书堂于林壑中,倡程、朱理学。(0901 卷63,0076 卷35)

陈仲达 元世祖时,任琼州路安抚使,从攻安南、占城。至元二十八年(1291)升海北海南道宣慰使都元帅,将兵征黎蛮。(0001 卷16、209、210)

陈仲祥① 元世祖中统(1260~1264)间任临朐(今属山东)知县。(0721 卷27,0726 卷12)

陈仲祥② 元顺帝至元二年(1336)任庆元路(治今浙江宁波)录事。(0634 卷2)

陈自幼 元妇女,嫁南浔姚氏。能书,一意奉佛,有手书《观世音普门品》,赵孟頫为之题。(1143 卷100)

陈自诚 字物初。元福州长乐(今属福建)人。龙虎山道士。泰定三年(1326)为泉州报恩寺光孝观主。顺帝至元三年(1337),制授至正元嘉文泰法师教门高士,为龙虎山繁禧观主。(0258 卷9)

陈自新 字贡父,号敬斋。宋元之际宁德(今属福建)人。精于《易》数,从学者甚众。有诗作传世。(0622 卷74,0076 卷40,0504 戊下、癸上)

陈庆安 元广西普宁(今广西容县)人,出家为僧。元泰定帝致和元年(1328)起兵反元,称皇帝,改元。后下落不详。(0001 卷30)

陈汝言(?~1371) 字惟允。元明之际吴县(治今苏州)人。陈汝秩弟。张士诚据吴,辟为参谋。明初,任济南经历。洪武四年(1371)犯法处死。工诗,善画山水。(0004 卷36,1072 卷54,0303 卷7、9、10)

陈汝秩(1329~1385) 字惟寅。元明之际吴县(治今苏州)人。陈征子。家居授徒,安贫乐道。明初征至京,以母老辞归。工诗,有诗作传世。(1078 卷7,0504 辛上,0072 卷92)

陈汝筠 元顺帝至正五年(1345)任崇明(今属上海)知州。(0928 卷4)

陈汝霖 字伯雨。元无锡(今属江苏)人。陈显曾侄。年十八中乡试乙科,授岭方县(治今广西宾阳北)儒学教谕。不久,升婺州路(治今浙江金华)儒学教

授。入明不复仕。有诗作传世。(0048卷5,0941卷16,0504辛上)

陈守义 元世祖至元间任奉化(今属浙江)知县。(0633卷3)

陈守谦 元单父(治今山东单县南)人。习蒙古语。由国子学正升助教。历任寿张县尹、大都警巡院使。文宗天历元年(1328)保卫大都(今北京)南城有功,升顺宁知府。后以工部尚书致仕。(0075氏族典卷124)

陈阳至 字子善。元福宁(治今福建霞浦)人。陈天锡长子。举贤良,历任汀州路知事。有诗作传世。(0909卷12,0503三集己,0075文学典卷90)

陈阳极 字子建。元福宁(治今福建霞浦)人。陈阳盈弟。举文学,任侯官书院山长。工诗,有诗作传世。(0503三集己)

陈阳盈(?~1352) 字子谦。元福宁(治今福建霞浦)人。陈阳至弟。历任泉州税课副使,丁忧归。顺帝至正十二年(1352),率乡兵抵御反元队伍,被擒不屈而死。工诗,有诗作传世。(0503三集己,0902卷122,0002卷231)

陈远大(1248~1326) 字宏父。元浦江(今属浙江)人。历任清湘县丞、信丰县丞、平阳州判官。(0154卷11,0881卷16)

陈均义 元桂阳临武(今属湖南)人。顺帝至正中,组织地主武装镇压反元队伍。累迁为南雄路同知,改水军万户,升江西征行副元帅。后升为湖南宣慰使。明军入湖南,降于明。未几卒。(0002卷227)

陈孝伯 元清州(今河北青县)人,陈颢长子。仕为清州判官。(0001卷177)

陈志学(?~1360) 字俊卿。元昆山(治今江苏太仓)人。顺帝至正五年(1345)以入粟授于潜县税使。迁晋江县税使,升牛田司丞。至正中战乱归家。十八年,复运粟至京师以济国饷,得授温州路总管。(0561卷3)

陈克龙 元仁宗延祐(1314~1320)间任兴化路(治今福建莆田)儒学正。(0905卷3)

陈克生 元丰城(今属江西)人。有诗作传世。(0504戊下)

陈克和(1293~1359) 字惟中。元会稽(治今浙江绍兴)人。成宗元贞(1295~1297)初,补三江盐场吏。后历任嵊县、上虞、会稽诸县吏,绍兴、婺州二路掾,声绩昭彰。顺帝至正十五年(1355)任庆元路(治今浙江宁波)市舶提举司都目。(0411卷34)

陈克明① 元人。有诗作传世。(0183卷5,0504己上)

陈克明② 元顺帝至正二十三年(1363)任嵊县(今属浙江)知县。(0880卷28)

陈克履 字履常。元人。有诗作传世。(0504己下)

陈时可 字秀玉,道号清溪老人,晚号寂通老人。金元之际燕人。金末为翰林学士。为耶律楚材老友,曾引荐楚材向万松(行秀)学佛。元太祖十五年(1220)春,丘处机至燕京,以诗与之唱和。太宗二年(1230),任燕京路征收课税使。五年,兼提领燕京国子学事。(0001卷2,0109,0072卷100)

陈时敏 号复心。元温州瑞安(今属浙江)人。精天象历算,闽浙间尽用其历,称为温历。顺帝至正十二年(1352),朝廷遣使征召之,不赴。卒年七十四。(0062卷44,0075氏族典卷124,0006卷95)

陈秀民 字庶子。元明之际温州(今属浙江)人,寓居嘉兴。元顺帝至正(1341~1368)中为武冈城步巡检。后为张士诚参军。明洪武二十二年(1389)犹在世。编有《东坡文谈录》一卷、《东坡诗话》三卷。有诗作传世。(0517卷13,0503三集庚,0033卷28)

陈秀嵈(?~1287) 字粹山。元时入华安南人。安南武道王陈肃敬之子,封文义侯。元世祖至元间,说其父降元,奉父母北迁。武道王死于邕州。秀嵈从陈益稷入觐,封辅义公,居汉阳。(0250卷56)

陈伯奎 元天台(今属浙江)人。文宗至顺二年(1331)任镇江路录事。顺帝至元(1335~1340)初,迁任铜陵县尹。(0580卷4,0631卷16,0993卷5、7)

陈伯通 元云中(今山西大同)人。跛而眇。历任宣慰司官。工诗,有诗作传世。(0105卷3,0504乙,0033卷4)

陈伯福 元世祖至元十二年(1275)任潞州(治今山西长治)知州。(0698卷3)

陈伯颜 字大有。元睢州(治今河南睢县)人。顺帝元统元年(1333)任庆元路(治今浙江宁波)录事司判官。至正间,任嘉兴县尹。(0634卷2,0622卷39,0895卷11)

陈希文 元乐清(今属浙江)人。历任莆田(今属福建)知县。有诗作传世。(0504丁)

陈希声 宋元之际义乌(今属浙江)人。能诗。元世祖至元二十四年(1287),其诗作被月泉吟社选评为第五十名。(0504甲,0070卷81,0033卷6)

陈希良 元晋江(治今福建泉州)人。世袭泉州卫长,以镇压反元队伍有功,升为漳州新军万户,改文职守漳州。(0920卷46)

陈应江 元人。有诗作传世。(0504甲)

陈应润 字泽云。元天台(今属浙江)人。世祖至元间为缙云县尹。著有《周

易爻变义蕴》四卷。有诗作传世。(0002 卷 235,0504 乙)

陈应雷 元如皋(今属江苏)人。官至平江路(治今苏州)总管。(0504 丙)

陈应麟 字天祺。元鄞县(治今浙江宁波)人。精通经史。世祖至元间固辞征辟,赐号纯德先生。有诗作传世。(0877 卷 38,0075 学行典卷 239,0504 己下)

陈良玉 陈舜隆族子。元末从舜隆讨伐反元队伍有功,授英德路同知。后历任都镇抚。(0002 卷 227)

陈良臣 字元弼,号沧州。元人。有诗作传世。(0222 卷 4,0504 戊下)

陈良能(1289～1350) 字善之。元湖州长兴(今属浙江)人。求仕不利,隐居读书以终。(0158 卷 26)

陈良弼 字公辅。元宣城(今安徽)人。历任采石书院山长、嘉兴路儒学教授、上元县主簿、新宁县尹。以旌德县尹致仕。有诗作传世。(0524 卷 1、5、8,0974 卷 17,0504 丙等)

陈君用①(?～1366) 字玉谏。元漳浦(今属福建)人。顺帝至元六年(1340),以镇压李志甫起义有功,授漳州路同知。后以镇压反元队伍,累功升万户。卒,谥忠洁。(0622 卷 78,0908 卷 4,0902 卷 124)

陈君用② 字子材,元延平(治今福建南平)人。顺帝时为南平县尹,升同知建宁路事。红巾军围福州,率兵往援,战死。追赠浙东道宣慰司同知,封颍川郡侯,谥忠毅。(0001 卷 195)

陈君佐 元宿州(今属安徽)人,居于扬州。善画山水,师法宋马远、夏珪。(0030 卷 5)

陈君肇 元罗源(今属福建)人。成宗大德(1291～1307)间,任福清(今属福建)知州。(0916 卷 5)

陈英观 元顺帝至正间,任兴化路(治今福建莆田)儒学正。(0905 卷 3)

陈直方 元人。有诗作传世。(0504 癸上)

陈松年 元人。有诗作传世。(0504 癸下)

陈肯堂 元满城(今属河北)人。登进士第,授青城县尹。后升为兵部员外郎。(0649 卷 34)

陈贤佐 元世祖至元十四年(1277)任溧州同知。(0632 卷 6)

陈尚节 字介甫。元金坛(今属江苏)人。陈钧子。以父荫授湘阴州税务大使。(0631 卷 19)

陈国真 元龙岩(今属福建)人。历任永春、龙溪县尉。(0921 卷下,0908 卷 14)

陈季周 元人。有诗作传世。(0504 癸上)

陈秉直 元末,为军阀察罕帖木儿部将,历任枢密院判官、参知政事等职。顺帝至正二十七年(1367),授中书平章政事,率军守山东、抵御明军。(0001 卷 45、47、113)

陈秉彝 元文宗至顺三年(1332)任吴江(今属江苏)知州。(0928 卷 4,0954 卷 17)

陈性存 元泰定元年(1324)任广州路儒学教授。(0590 卷 2)

陈性定 字此一。元缙云县(今属浙江)道士。撰《仙都志》二卷。(1103 卷 171)

陈炎酉 元世祖至元中,任南康路(治今江西星子)总管,修白鹿书院,作兴学校,岁荒赈饥,给种子牛具使之耕,招集流亡四万余户。(0622 卷 52,0002 卷 229)

陈学礼 字季立。元太和(治今江西泰和)人。世祖至元中,以荐授瑞金县儒学教谕。后历任梅州儒学正、广州路儒学教授、赣州司狱、瑞金县尹。以赣州路推官致仕。卒年九十。(1019 卷 10 上,1022 卷 6,0075 官常典卷 663)

陈宝生 字彦廉。元海盐(今属浙江)人。作诗多怪体。善绘画,与黄公望友好。(0115,0075 学行典卷 191,0077 卷 13)

陈宝琳 字玉林。元道士,住持玄妙观。文宗居潜邸时,眷遇甚厚,及即位,赐号曰虚白先生,改玄妙观为万寿宫,仍命其主之。(0147 卷 30、31、37,0506 卷 2535)

陈宗义 字子方,号耕渔子。元汴梁(治今河南开封)人。陈祖仁弟。顺帝至元元年(1335)中乡试,以荐授江浙行省都事。后历任江浙行省理问、郎中,嘉兴路总管。有诗作传世。(0157 卷 13,0504 辛下)

陈宜孙 字行可,号弗斋。宋元之际休宁(今属安徽)人。宋理宗开庆元年(1259)进士。元世祖至元中,授休宁县尹,二十年(1283)迁任开化县尹。后调任通州判官。(0532 卷 85,0972 卷 8)

陈宜卿 字君谊。元崇德(治今浙江桐乡西南)人。历任镇江路儒学正。(0631 卷 17)

陈空崖(?～1297) 元温州平阳(今属浙江)人。成宗大德元年(1297)四月,坐禅说法,树立旗号,书罗平国正治元年,托称天兵下降,为州吏捕擒。十月,处死。(1162 卷 126、127)

陈居仁 元成宗元贞(1295～1297)间,任瑞州路(治今江西高安)知事。(1016 卷 14)

陈绍大　字成甫，元台州黄岩（今属浙江）人。不求仕进。以圣学自任，为文必本经义，学者称西山先生。有《四书辨疑》。（0071 卷 82，0072 卷 82）

陈绍叔　字克甫，号浮丘。元莆田（今属福建）人。博及群书。卒年七十一。有诗作传世。（0504 己下，0905 卷 47）

陈绍参　元奉化（今属浙江）人。历任上虞县儒学教谕。（0880 卷 29）

陈绎曾　字伯敷，元处州（治今浙江丽水）人。通晓经书注疏，为文有气势，为一时名士。官至国子助教。（0001 卷 190）

陈荣祖　元密县（今属河南）人。顺帝至正十六年（1356）任沁水（今属山西）县尹。（0694 卷 5、13）

陈是若　元人。有诗作传世。（0504 己下）

陈显曾　字景忠。元无锡（今属江苏）人。顺帝至正元年（1341），中乡试乙科。历任儒学提举。以翰林修撰致仕。有诗作传世。（0930 卷 22，0941 卷 16，0504 己上）

陈昭翁　元英宗至治二年（1322）任浙东宣慰司照磨。文宗天历元年（1328）迁任鄞县主簿。顺帝至正七年（1347），累升为瑞州路（治今江西高安）推官。（0634 卷 1、2，1016 卷 14）

陈思义　字叔宜。元濮州（治今山东鄄城北）人。文宗天历二年（1329）任镇江路高唐翼中千户所都目。至顺二年（1331）丁忧去职。（0631 卷 17）

陈思孝　元顺帝至正七年（1347）任衢州（今属浙江）路推官。（0897 卷 2）

陈思诚　元武宗时，为平伐（治今贵州贵定）等处蛮夷军民安抚司同知。至大三年（1310），升安抚使，佩金虎符。（0001 卷 23）

陈思济（1232～1301）　字济民。元柘城（今属河南）人。早年被忽必烈（世祖）召至藩府备顾问。世祖即位（1260），随廉希宪至陕西，多所赞画。后随之入中书省，任右司都事，从之行省山东。至元五年（1268），任高唐州同知。迁监察御史，劾阿合马不法。出为沁州知州，为政简要，不务苛察。迁绍兴路同知，决狱清明。二十三年，任浙东宣慰司同知，转输仓粮赈浙西灾民，迁两淮都转运使，尽革盐课奸弊。后历任池州路总管、河南行省佥事。病卒。谥文肃。（0001 卷 168）

陈思鲁　元赵州宁晋（今属河北）人，陈夔子。袭父职为芍陂屯田万户。（0001 卷 168）

陈思道　元新安（今属河南）人。元末以河南行省左丞移守三原（今属陕西）。（0803 卷 4，0801 卷 20）

陈思谦（约 1286～1353）　字景让。元赵州宁晋（今属河北）人，陈祐之孙。好学，尤深于邵子《皇极经世书》。文宗天历二年（1329），以高昌王荐，授典宝监经历。至顺元年（1330），任西台监察御史，建言正君道、结人心、正纲纪、纾民力、修军政等八事。次年，入为监察御史，建言节费用、修马政、审铨衡等四事。顺帝时，历任中书右司郎中、中书参议、湖南廉访使、淮东宣慰司都元帅。至正十一年（1351），改淮西廉访使，镇压庐州（治今安徽合肥）农民起义军。召入为集贤侍讲学士，修定国律。次年，任治书侍御史。十三年，升中丞，卒，谥通敏。（0001 卷 184）

陈贵兴　字德新。元大名（今属河北）人。仁宗延祐六年（1319）任镇江路盐军翼下百户。（0631 卷 17）

陈贵钦（1318～?）　字大石。元临海（今属浙江）人。元末，以贤良举黄岩州判官。明初，仕至福州通判。（0575 卷 13）

陈秋岩　元闽人。世祖时为侍从，成宗时为晋王僚属。工诗，与卢挚、姚燧、赵孟頫、程钜夫唱和。有《陈秋岩诗集》。（1117 卷 166）

陈信之　元明间福清（今属福建）人。元顺帝至正二十三年（1363）进士。明洪武三年（1370）中乡举。（0924 卷 46）

陈信惠　字孚中。元晋江（治今福建泉州）人。历任南安县主簿、南丰州判官，同安、惠安、顺昌县尹。后告老归。（0902 卷 82，0920 卷 54）

陈庭实　元人。有诗作传世。（0504 丁）

陈彦俭（1289～1342）　字鹏举。元鄱阳（治今江西波阳）人。正一教道士。泰定三年（1326）授玄和明素葆真法师，提点贵溪万寿德元观。（0152 卷 40）

陈彦高　名世隆，元钱塘人。顺帝至正中馆嘉兴陶氏。死于战乱。有《北轩笔记》、《补两宋名贤小集》。（1117 卷 122）

陈帝臣　元初月泉吟社中人。有诗作传世。（0504 甲，0033 卷 6）

陈举恺　元人。有诗作传世。（0504 癸下）

陈净安　元夏邑（今属河南）人。历任滨乐盐运司判官，后辞归。卒年六十一。（0762 卷 4）

陈济渊　一作张济渊。元人。有诗作传世。（0504 癸上）

陈祖仁（1314～1368）　字子山。元汴梁（治今河南开封）人。元顺帝至正二年（1342）左榜进士第一，授翰林修撰。累迁至中书参议。二十年，谏阻重修被红巾军焚毁之上都（今内蒙古正蓝旗东北）宫阙。二十三年，任治书侍御史，劾宦者朴不花、宣政使橐欢，出为甘肃行省参政。后入为枢密副使、中书参政，迁太常礼仪院使。二十七年，上书顺帝及太

子,建言用扩廓帖木儿以救危急,不报。次年,明军入大都,为乱军所杀。(0001卷186)

陈起龙 元盐城(今属江苏)人。历任崇明州(治今上海崇明东)同知,遂家于崇明。升海道副万户。迁福宁知州,未几卒。(0949卷9,0958卷7)

陈真孙① 元崇明(今属上海)人。陈起龙之子。以荫授宣城县(今属安徽)主簿。迁任句容县(今属江苏)主簿。(0632卷6,0949卷9)

陈真孙② 字善甫。元宣城(今属安徽)人。顺帝至正五年(1345)任黟县(今属安徽)知县。(0580卷2,1004卷5)

陈真孙③ 字汝成,元茶陵(今属湖南)人。延祐五年(1318)进士陈彦伦之弟。泰定间登进士第。历任瑞金县尹。(1029卷下)

陈桂龙 宋元之际漳州(今属福建)人,陈吊眼叔父。元世祖时与陈吊眼同举兵反,至元十九年(1282)投降,流放于憨答孙之地。(0001卷11、12)

陈桂发 字茂叔。元镇江(今属江苏)人。历任句容、德清两县主簿。后迁任鸣鹤盐场司丞。(0631卷19,0632卷6)

陈致虚 字观吾,号上阳子。元道士。年四十从赵友钦学道,讲神仙炼养之术。著有《周易参同契分章注》三卷、《金丹大要》十卷。(1071卷16)

陈晟伯(1239~1305) 字功父,一字止善。宋元之际奉化(今属浙江)人。宋末为殿前都统司干办公事,辞归。后日求异人玄客,讲驻形炼气之说。(0142卷16)

陈积万(?~1346) 元汀州连城(今属福建)人。顺帝至正六年(1346),与同县罗天麟起兵反,攻陷长汀县。不久为部下罗德用所杀,以首级送官。(0001卷41)

陈逢祥(1326~1363) 字伯康。元昆山(治今江苏太仓)人。陈志学之子。顺帝至正五年(1345),以输粟于边,授江阴州申港巡检。秩满归,不复仕。(0567续编)

陈益稷(1254~1329) 元时入华安南人。安南王陈日烜弟。世祖至元二十一年(1284),元军入安南。次年,益稷挈家归附元,封安南国王,居汉阳。后加授湖广行省平章。有诗作传世。(0041卷13、2、19,0225卷4、25,0503初集壬)

陈润祖① 元乌程(治今浙江湖州)人。仁宗延祐元年(1314)乡举第一。仕至昆山州同知。(0896卷129,0876卷12)

陈润祖② 字正德。元龙泉人。历任丹阳书院山长。(0205卷上)

陈祯祥 元泰定中为高邑县主簿。(0645卷4)

陈谊高 元顺帝至正六年(1346)任衢州(今属浙江)路知事。(0897卷3)

陈恕可(1258~1339) 字行之,一字如心。元山阴(治今浙江绍兴)人。宋末中铨试,授虹县主簿。入元闲居钱塘(治今杭州)。元世祖至元二十七年(1290),起为西湖书院山长。历崇德州、庐州路儒学教授。武宗至大四年(1311)迁江山县主簿。后历任宝庆路知事、上海县丞。泰定二年(1325),以吴县尹致仕。(0258卷12,0897卷3、8)

陈预九(?~1352) 元福安(今属福建)人。顺帝至正十二年(1352),反元队伍首领康二知预九有才勇,招其参加反元队伍,不从,自缢死。(0902卷132,0909卷11)

陈继先 元龙岩(今属福建)人。历任彰浦县(今属福建)主簿。(0921卷下,0908卷19)

陈继贤 元广安(今属四川)人。仁宗延祐(1314~1320)中,登进士第,任怀远府判官。(0622卷68,0841卷10)

陈继祖 字孝先。历任长清(今属山东)县尹。元英宗至治二年(1322)迁任武义(今属浙江)县尹。(0881卷13,0643卷5)

陈黄赏 宋元之际上元(治今南京)人。元世祖至元三十年(1293)任广州路儒学教授。成宗大德(1297~1307)末,任江西省儒学提举。(0590卷2)

陈敬伯 元清州(治今河北青县)人,陈颢次子。顺帝时,任侍御史,拜中书参知政事,升左丞、右丞。至正二十七年(1367),升中书平章政事。(0001卷45、113、177)

陈菊南 元人。有诗作传世。(0504癸上)

陈干富 元顺帝至正间任广东副都元帅。二十八年(1368),降于明。有诗作传世。(0504庚上,0033卷23)

陈埜先(?~1355) 又作陈也先。元末淮西地主武装首领,任"义兵"元帅。顺帝至正十五年(1355)六月,率众数万攻当涂(今属安徽)朱元璋红巾军,战败被俘,乃降。九月,阴与元南台御史大夫福寿连通,诱杀朱元璋部元帅郭天叙、张天祐,埜先也被乡兵误杀。(1161卷255)

陈梅湖 元江宁(治今南京)人。善皇极数,受知于元世祖,凡遇推卜,多以《易》数讽谏,朝臣咸敬之。后官至江西宣慰副使。(0075氏族典卷124)

陈梓卿 元瑞安(今属浙江)州儒学正。有诗作传世。(0504丁)

陈野山 元历城(治今山东济南)人。世祖至元间任邹平县尹,境内大治。丁忧去,民诣阙请留,诏允之。(0622卷22,0006卷82,0721卷25)

陈特立 元世祖至元十四年(1277)任江南行台监察御史。(0632 卷 6)

陈敏学 元末任兰溪(今属浙江)知州。(0881 卷 12)

陈鱼村 元人。有诗作传世。(0504 癸上)

陈康祖 字无逸。元处州龙泉(今属浙江)人,寓居湖州。陈绎曾父。武宗至大二年(1309)任沣州路儒学教授。(0219,0110 卷下,0876 卷 12)

陈望叔(? ~1345) 元奉元路(治今陕西西安)人。顺帝至正五年(1345),因伪称文宗子燕帖古思太子,被杀。(0001 卷 41)

陈惟义 元人。有诗作传世。(0504 辛下)

陈惟正 元莆田(今属福建)人。善草书。有诗作传世。(0504 己下)

陈惟德 字子新。元怀孟修武(今属河南)人。陈安之子。成宗大德七年(1303)任秘书监著作佐郎。文宗至顺间(1330 ~ 1333),累迁为奉元路(治今陕西西安)推官。(0027 卷 10,0554 卷 28)

陈焕章 号古春。元永新(今属江西)人。累举不第,隐居白云峰,吟诗自乐。有诗作传世。(0055,0504 庚下)

陈敬文 元慈溪(今属浙江)人。顺帝至元元年(1335)中乡试。(0634 卷 2)

陈敬翁 元人。有诗作传世。(0504 癸上)

陈景元 字公亮。元武宗至大四年(1311)任秘书监丞。(0027 卷 9)

陈舜咨 元人。有诗作传世。(0504 癸上)

陈舜隆 元末从陈均义讨伐反元队伍有功,授桂阳路同知,累升征行副元帅。卒年五十。(0002 卷 227)

陈舜道 字景宗。元义乌(今属浙江)人,陈尧道弟。工诗。世祖至元二十四年(1287),其诗被月泉吟社选评为第三十一名。(0504 戊上,0033 卷 6,0070 卷 81)

陈普文 元末天完红巾军将领。顺帝至正十二年(1352)三月,与欧普祥率军攻克袁州(今江西宜春)。闰三月十二日,攻入吉安;十九日,为吉安人罗明远率地主武装偷袭,被迫撤出。不久,再次攻克吉安。(1162 中编 141 卷)

陈道夫 元怀宁县(治今安徽安庆)人。顺帝至正间,余阙守安庆,道夫为怀宁县尹,城陷,与阙同死。(0622 卷 14,0002 卷 233,0075 氏族典卷 124、官常典卷 734)

陈楚舟 元临武(今属湖南)人。泰定(1324 ~ 1328)中,举明经,授高州路经历。(1041 卷 36)

陈楚春 字若雷。元临武(今属湖南)人。文宗至顺(1330 ~ 1333)间任天临路(治今湖南长沙)儒学教授。顺帝在潜邸,称赏其才学,及即位,擢湖南廉访使,不受,以病乞归。(1041 卷 51,0075 文学典卷 90,0033 卷 17)

陈楠老 字良材。元政和(今属福建)人。顺帝至元元年(1335)中乡试,授兴化路涵江书院山长。转建阳云庄书院山长。至正间(1341 ~ 1368)辞归。卒年七十余。有诗作传世。(0902 卷 100,0917 卷 6,0504 己下)

陈颖达 元人。官太常,善飞白书。(1143 卷 1045)

陈鉴如 元画家。居杭州。善写貌,称元季第一。子芝田,能传其业。(0030 卷 5)

陈嗣道 字仪可。元临武(今属湖南)人。文宗至顺(1330 ~ 1333)间任临武县儒学教谕。(1041 卷 51,0072 别附卷 3)

陈源长 字复之,号复斋。宋元之际休宁(今属安徽)人。陈栎父。通《春秋经》,从学者众。(0071 卷 70,0072 卷 70)

陈韶孙 元广州番禺(治今广东广州)人。年十岁时,其父陈浏因罪流放肇州(治今黑龙江肇州东),因号泣随从,至于戍所。父卒,乃还乡。仁宗皇庆元年(1312),诏加旌表。(0001 卷 24、197)

陈端孙 字伯都。元福宁(治今福建霞浦)人。登武举首选。顺帝至正(1341 ~ 1368)中,为福建宣慰使,镇守福清。陈友定来攻,与战被执,不屈而死。(0902 卷 124,0002 卷 232)

陈德永 字叔夏,号两峰。元黄岩(今属浙江)人。历任和靖书院山长、江浙省儒学提举。有诗作传世。(0072 卷 82,0503 三集己)

陈德昭 元人。有诗作传世。(0504 癸下)

陈德籽 元人。有诗作传世。(0504 癸上)

陈德载 元青田(今属浙江)人。有诗作传世。(0504 庚下,0033 卷 22)

陈膺武 元世祖中统二年(1261)立劝农司,以为东平劝农使。(0001 卷 4)

陈八里台 元仁宗延祐三年(1316)任会稽(治今浙江绍兴)县尹。(0880 卷 28)

陈八剌歹 元顺帝元统元年(1333)任定海县(治今浙江镇海)主簿。(0634 卷 2)

陈阿木哥 元顺帝时,任都水少监。至正十三年(1353),负责主持营造清宁殿前山子、月宫诸殿宇。(0001 卷 43)

陈爱穆哥　字穆卿。元人。顺帝至正十七年(1357)由监察御史迁任秘书卿。(0027 卷 9)

陈伯颜不花　元顺帝至正间任婺州路(治今浙江金华)总管。(0881 卷 11)

陈哈剌拔都儿　元彰德(治今河南安阳)人。仁宗延祐二年(1315)为镇江路济南翼下百户。(0631 卷 17)

妙文(1237～1319)　元僧人,蔚州(治今河北蔚县)孙氏子。住大都(今北京)宝集寺。(0035 卷 36,0075 神异典卷 187,0037 卷 4、42)

妙用　号若海。元僧人,丽水(今属浙江)人。武宗至大二年(1309)为丽水县景德院院主。(0576 续志卷 3)

妙在(？～1377)　号此山,元时来华日本僧,日本信州人。拜佛国禅师出家,参考多年。后来华,尝在石霜寺典藏经钥。旋归国,主持天龙寺。后住建仁、南禅、圆觉等寺,晚居鹿山正定庵。(1144 卷 328)

妙观　名定住,元僧。天资高朗,才思隽彻。至元间,住云南大理府,讲《华严经》,感金甲神现形之异,乃撰《楞严纂要注》十卷。又诵《金刚经》,复作《金刚方语集解》一卷。又著《华严心镜》、《华严玄谈辅翼》等,发明宗志。(1144 卷 335)

妙声(1308～？)　字九皋。元明之际吴县(治今苏州)人。景德寺僧。尝居常熟慧日寺,后住苏州北禅寺。明洪武三年(1370)征至京师。著有《东皋录》三卷。(0042 卷 12,0928 卷 58,0947 卷 9)

妙坦(1245～1315)　宋元之际浦江(今属浙江)人。佛教僧人。俗姓金。历任无锡保宁、慧山、华藏、承天诸寺主。元武宗至大元年(1308)迁天童寺主。(0152 卷 41)

妙果　自号无住翁,元僧,乐平(今山西昔阳)人。尝发愿云吾生平不作佛,当入无间地狱。游四明、天童寺、浮梁、凤游,归息于巢。有柳氏割山地建寺以栖。有《语录》。寂后宋濂撰塔铭。(1144 卷 329)

妙胤　号别传,元僧。参径山寺僧虚谷,承心印。顺帝至正五年(1345),驾舶东渡日本,大将军尊源奏请住建仁寺,又奏请移往镰仓金峰山,构大圆庵以居。(1144 卷 330)

妙净　见"朱淑信"条

妙圆　元僧人,画墨竹颇有法度。(0030 卷 5)

妙恩(1204～1293)　号断崖。宋元间全州(今属广西)僧,倪氏子。住泉州开元寺。(0037 卷 17,0075 神异典卷 187)

妙铄　元僧。成宗大德(1297～1307)中,于沅陵建普安寺,三年功毕。(1144 卷 335)

妙高(1219～1293)　字云峰。宋元间僧,长溪(治今福建霞浦)人。住杭州径山寺。(0035 卷 34、35,0062 卷 62,0037 卷 33)

妙道(1257～1345)　字竺元。元僧,台州宁海(今属浙江)陈氏子。历任宁海慈源寺、仙居广度寺、黄岩鸿福寺等寺寺主,迁昆山荐严寺寺主。(0152 卷 42)

妙湛　元尼。工书法。管道升(赵孟頫妻)为写《长明庵图》,妙湛小行书题其上。(0504 壬上)

妙谦(？～1369)　字无碍,元时来华日本僧人,日本武州人。尝与日本僧雪村、天岸等来华,谒僧明本。归日本国后,初住相州福寿寺,寻徙圆觉寺。吏部侍郎藤宪显建国清寺于豆州奈古谷,聘为开祖。寂后敕谥佛真禅师。(1144 卷 335)

妙源(1207～1281)　宋元之间僧,象山(今属浙江)陈氏子。住持绍兴定水院。(0146 卷 31)

妙乐奴　元顺帝至正中宫女。时顺帝怠于政事,荒于游宴。以妙乐奴等十六宫女按舞,为十六天魔舞。(0001 卷 43)

姒庸道　元陕州(治今河南三门峡西)人。顺帝至正年间任米脂(今属陕西)县尹,为政简明,甚得民心。(0829 卷 7,0801 卷 23)

邵万　字子敬。元顺帝至正九年(1349)任吴江(今属江苏)知州。(0954 卷 17)

邵元(1294～1364)　字古源。元代来华日本僧人。泰定四年(日本嘉历二年,1327)来华,先后参谒台州天台山、杭州天目山、镇江金山等处禅师。北上五台山。住嵩山少林寺。游大都,被选入宫中传经。在元留居二十年,曾为少林寺住持息庵禅师撰道行碑,又撰《显教圆通大禅师照公和尚塔铭》。顺帝至正七年(日本太平二年,1347)归国后,住持京都天龙寺等禅寺。(1161 卷 250)

邵永①　元淳安(今属浙江)人。邵亨贞叔父。有诗作传世。(0504 庚下)

邵永②　字伯康。元淮阳(今属河南)人。有诗作传世。(0504 庚下)

邵远　元文宗至顺中任抚州路(治今江西临川)知事。(1014 卷 8)

邵孜　字思善。元休宁(今属安徽)人。善画梅竹山水。(0077 卷 55,0078 卷 30)

邵南(1295～1352)　字道行。元广平(今属河北)人。由国子生入仕。初为淮安路安东州儒学正,考满授赣州路雩都县印山巡检。(0190 前集卷 2)

邵复　字有初,号南阳野逸。元邓州(今属河南)人。有诗作传世。(0504 庚上)

邵俨　元高邮(今属江苏)人。历任诸暨(今属浙江)州同知。(0880 卷 28)

邵信　元饶州（治今江西波阳）人。历任新昌县（今属浙江）典史。（0880 卷 2）

邵毅　元会稽（治今浙江绍兴）人。有诗作传世。（0504 庚下）

邵大椿（1253～？）　字春叟，号顾斋。元寿昌（治今浙江建德西南）人。治理学。历任龙游县儒学教谕、婺源州晦庵书院山长。（0071 卷 74，0072 卷 74，0062 卷 4）

邵之才　字德翁，号梅间。元淳安（今属浙江）人。工诗，何梦桂为其诗集作序。（0382 卷 5）

邵天骥　字千里。宋元之际华亭（治今上海松江）人。邵弥远之父。宋末以《易经》入选。入元不仕，辟义塾以教乡子弟。（0931 卷 30，0950 卷 15，0925 卷 18）

邵元长　字德善。元慈溪（今属浙江）人。有所作散曲传至今。（0505）

邵公高　元芝田县（治今河南巩县西南）主簿。有所作诗传世。（0504 己上）

邵文泽　元会稽（治今浙江绍兴）人。顺帝至正末，反元队伍起，率地主武装保卫乡土有功，授昆山州（治今江苏太仓）判官。（0880 卷 45）

邵光祖（1301～1375）　字弘道。元江东人。研究经传，朝夕讲习近三十年。张士诚据吴，授湖州路学正，不赴。著有《尚书集说》。（0453 卷 9，0002 卷 236）

邵亨贞（1309～1401）　字复孺，号贞溪。元明之际淳安（今属浙江）人，寓居华亭（治今上海松江）。邵桂子之孙。博学工文辞。明初任松江府学训导，以子诖误戍颍上，久乃赦还。撰有《野处集》四卷、《蚁术诗选》八卷、《蚁术词选》四卷。（0951 卷 5）

邵灵瑞　元道士。受赐号广诚灵妙演法真人，授江南诸路女冠诸宫观都提点。（0146 卷 37）

邵周佐　元成宗元贞二年（1296）任衢州（今属浙江）路判官。（0878 卷 2）

邵宗愚（？～1368）　元南海（今广东广州）人。顺帝至正十三年（1353）聚众自称元帅。贪暴嗜杀，邻境皆受其害。二十二年，以讨伐元广东都元帅府佥事八撒剌不花之名，攻占广州，受元廷封为江西福建行省参政。未几，何真率军入广州。宗愚围攻之，再取广州，杀掠尤甚。既而复为何真逐走。明洪武元年（1368），明军至，招其降，迁延不往，其山寨为明军攻破，被杀。（0056 卷 11，0002 卷 227）

邵弥远（1274～1359）　字子猷，号雪溪。元华亭（治今上海松江）人。宋儒邵雍十世孙。家居不仕，轻财急施，民依而聚庐者百十家。（0158 卷 26）

邵思文　字彦文。元河南（治今河南洛阳）人。元末为御史台掾，出使吴。有其所作诗传至今。（0504 辛上）

邵宪祖　字文度。元上饶（今属江西）人。仁宗延祐四年（1317）以《周易》中乡试。次年会试下第。御史台征辟为广东廉访司从事。（0212 卷 29）

邵祖义　元淳安（今属浙江）人。邵桂子之子。能诗，工篆隶。历任池州路儒学录。（0951 卷 5）

邵维贞　元休宁（今属安徽）人。世祖至元年间任清河（今属河北）县尹。（0657 卷 2）

邵敬祖　元宛丘（今河南淮阳）人。父丧，居庐守孝，母又卒，因河决未葬，殡于城西。敬祖露宿依其侧，前后守孝六年，两髀俱成湿疾。英宗至治三年（1323），诏旌其家。（0001 卷 197）

邵德明　元顺帝至正二十二年（1362）任灵石（今属山西）县丞。（0709 卷 2）

邵塔察儿　元顺帝至正年间任抚州路（治今江西临川）同知。（1014 卷 8）

矣资男　元世祖至元后叶为云南普定府（治今贵州安顺东南）土官。时元将斡罗思等人贿丞相桑哥及要束木等，请创罗甸宣慰司于普定府，隶于湖广省，并擅以兵胁降矣资男等，勒令同其入觐，邀功希赏。至元二十七年（1290），云南行省奏：罗甸即普里，归附后改普定府，印信俱存，隶云南省三十余年，今所创罗甸宣慰司隶湖广省，乞罢之，仍以其地隶云南。制可。（0001 卷 61）

驴儿①　元仁宗延祐元年（1314）任吴江（今属江苏）州达鲁花赤。（0928 卷 4，0954 卷 17）

驴儿②　元河南人。泰定三年（1326）任镇江路录事司判官。（0631 卷 16）

驴儿③　元顺帝至正二十七年（1367）为知枢密院事。十二月，奉旨与右丞相也速等，会诸军同守御山东。（0001 卷 47）

驴儿④　元末为云南行省右丞。明军入云南，梁王仰药死，驴儿与左丞达德亦皆自杀。（0851 卷 9，0075 官常典卷 735，0002 卷 232）

驴儿⑤　元唐兀人，居德州，顺帝元统元年（1333）进士埜先普化祖。（0011 卷 59）

驴驹　元文宗至顺间为荆湖北道宣慰副使。以修治沿江堤岸，纵家奴掊敛民财。三年（1332）二月，被山南道廉访使秃坚董阿弹劾，罢官。（0001 卷 36）

纯只海（？～约 1240）　又译纯直海。元蒙古珊竹氏。早年为太祖宿卫士，从征乃蛮、西域、西夏有功。太宗二年（1230），督军攻下金信安（今河北霸县信安镇）。三年，任万户府达鲁花赤，领兵参加围攻汴京。四年，任益都行省都达鲁花赤。六年，从征金帅国用安，破徐州。九年，移军镇怀孟。代察罕总军河南。十一年，遭同僚王荣谋害，被切断两足跟，旋为其妻率众救出。后病死。谥忠襄。(0001 卷 123,0240 卷 15)

纳臣 元泰定元年(1324)右榜进士。历陈州同知。文宗至顺三年(1332)任庆绍海运千户所达鲁花赤。(0254 卷 12,0253 卷 4)

纳合 元蒙古弘吉剌氏，按陈孙。尚太宗女唆儿哈罕公主。(0001 卷 118)

纳怀 元世祖至元十九年(1282)为行工部尚书；二月，奉旨与司徒阿你哥制饰铜轮仪表刻漏。(0001 卷 12)

纳陈 元蒙古弘吉剌氏。按陈次子。尚太祖孙女薛只干公主。宪宗七年(1257)，袭兄斡陈职为万户。奉旨征宋，攻钓鱼山(今四川合川东)。又从忽必烈南下攻宋，下大清口，获船百余艘。又领兵平山东济、兖、单等州。世祖中统二年(1261)，从世祖北征，与阿里不哥将八儿哈八儿思等战，大败之，斩首万级。死后，其子斡罗陈袭万户。(0001 卷 118、109)

纳忽 元蒙古燕只斤氏，马步军都元帅太赤之子，中书平章彻里祖。从宪宗攻宋有功。(0011 卷 26)

纳真 又译纳臣、剌真。元太祖六世祖海都汗之叔父。辽时，札剌亦儿部侵入蒙古牧地，纳真之六兄皆被杀，唯纳真于八剌忽部为赘婿，得免于难。后，纳真率八剌忽怯谷诸部，共立长兄之子海都为汗，海都以兵攻降札剌亦儿部。纳真有二子：兀鲁兀台、忙兀台，为蒙古兀鲁兀氏、忙兀氏之始祖。(0001 卷 1、107、120,0009 卷 1)

纳鲁 元成宗大德五年(1301)任江南行台监察御史。(0632 卷 6)

纳麟(1281～1359) 又译纳璘。元河西人。高智耀孙，高睿之子。成宗时任宿卫士。仁宗时历任监察御史、河南行省郎中。文宗时历任杭州路总管、江西廉访使、湖广参政。顺帝至元间历任中书参政、同知枢密院事。至正二年(1342)，任行宣政院使，奏请于行宣政院设崇教所，专理僧人狱讼。四年，升中书平章。七年，迁任御史大夫。十二年，出任南台御史大夫兼太尉，总制江浙、江西、湖广三省军，镇压红巾军。次年，引退。十六年，复为南台御史大夫。(0001 卷 142)

纳牙阿 元蒙古八邻氏。初为泰赤乌部贵族属民。泰赤乌部为铁木真(元太祖)击溃后，与父述律哥图、兄阿剌投奔铁木真。蒙古建国(1206)后，受封为中军万户长。(0002 卷 125)

纳失理 元畏兀儿人，居岳州(治今湖南岳阳)，元统元年(1333)进士普达识理之兄。登进士第。(0028)

纳兰时 字纯中。元陕西人。许衡外孙。从同恕学。(0182 卷 14)

纳昔儿 元回回人。仁宗延祐三年(1316)至六年，任镇江路判官。(0631 卷 15)

纳图儿 元蒙古逊都思氏，赤老温之子，任御位下必阇赤(书记)，从攻西夏，战死。(0011 卷 21,0003 卷 28)

纳哈出① 元泰定帝时，任吏部尚书。泰定二年(1325)，充山北辽东道奉使宣抚。后任度支卿。文宗至顺二年(1331)，因尝匿官马、矫增制命，受诸王贿赂，杖一百零七、除名，斥还乡里。(0001 卷 29、35)

纳哈出② 元顺帝至正二十八年(1368)由辽阳平章升为左丞相。

纳哈赤 元顺帝至正四年(1344)，拜中书平章政事。次年罢为翰林学士承旨。(0001 卷 113)

纳速剌 元西域人。仁宗延祐四年(1317)任秘书监令史。(0027 卷 11)

纳粟儿 元文宗至顺二年(1331)任叶县(今属河南)知县，有政绩。(0762 卷 6)

纳鲁丁 元回回人。居丧庐墓。诏旌表其门闾。(0001 卷 197)

纳嘉德 元唐兀人，汉阳知府哈剌哈孙之子。历任安化县达鲁花赤。(0011 卷 61)

纳邻合剌 元成宗大德二年(1298)，任和林宣慰使、都元帅，佩虎符。(0001 卷 19)

纳纳识礼 元哈密理(今新疆哈密)人。顺帝元统二年(1334)任江南行台管勾。至正元年(1341)任江南行台经历。(0632 卷 6)

纳速剌丁①(？～1292) 元回回人。赛典赤赡思丁长子。随父镇云南。累官为云南诸路宣慰使都元帅。世祖至元十六年(1279)，率军至金齿、蒲、骠、曲蜡、缅国，招降三百余寨，籍户十二万余，定租赋、置驿传。十七年，授云南行省左丞，寻升右丞，裁省都元帅府，定质子制：诸部酋长子弟入质京师，千、百户子弟留质云南王处。二十一年，升为平章政事，奏裁冗官，定屯田课程，设专官掌管。二十八年，迁任陕西行省平章。次年病死。追封延安王。谥贞简、宣靖。(0001 卷 125,0003 卷 80)

纳速剌丁② 元回回人。元世祖时，任两淮运使。至元二十九年(1292)，因受商贾贿，多给其盐，免职下狱鞫问。(0001 卷 17)

纳速剌丁③ 元顺帝元统二年(1334)任江南行台监察御史。(0632 卷 6)

纳速剌丁④(？～1353) 字士瞻。元大名(今属河北)回回人。浚州达鲁花赤马合木之子。出身乡贡进士，补淮东廉访司书吏。后任淮东宣慰司掾。顺帝至正十年(1350)，真州民人起事，率众往袭之。获四十二人。不久，泰州民人起事；奉镇南王府宣慰使召请参议军事，建议筑四城，立外寨，募兵对抗起事军。奉行省檄提战舰六十、海舟十四，上下巡捕，以固江面。起事军攻芜湖，率舟师击败之。十三年，张士诚杀参政赵琏，入据兴化，攻高邮。率舟师会诸军讨之；战败，与其三子宝童、海鲁丁、西山驴均被杀死。(0001 卷 194)

纳速剌丁⑤　元顺帝至正十一年(1351)任太平县(今属安徽)达鲁花赤。(0580 卷 3)

纳璘不花　字文璨，号絅斋。元北庭(今新疆吉木萨尔北)畏兀儿人。泰定四年(1327)进士，授湘阴州判官。顺帝至元四年(1338)累迁为盱眙县达鲁花赤。后历任江浙行省都事、江西行省员外郎、四川行省理问。能诗，有诗作传世。(0250 卷 40、71，0504 庚上，0262 卷 2、29)

纳忽阿尔阑　又称纳忽伯颜，蒙古阿儿剌氏，博尔术父。(0001 卷 119，0009 卷 2)

纳璘居准(1207～1269)　元蒙古燕只吉台氏。以功授彰德路(治今河南安阳)达鲁花赤，子孙袭爵。(0210 卷 15)

纳麟哈剌　元顺帝时，任浙东宣慰使。至正十三年(1353)十月，诏立水军都万户府于昆山州，以为正万户。后升江浙行省参知政事，仍统领水军万户等军。(0001 卷 44)

纳邻·脱斡邻勒　蒙古赤那思氏(即捏古思氏)，察罕·豁阿之子。其父在十三翼之战中被札木合擒杀，蒙古建国后追封为功臣千户长，由纳邻袭封。后受命与忽必来等同辅佐元太祖庶子阔列坚，为其四个千户长之一。(0009 卷 4、8、9，0008 卷 1)

纳速剌丁灭里(？～1292)　元世祖时，依附权臣桑哥，奉命至江淮理算钱粮，督责严苛，民不聊生。又盗取官民钞一十三万余锭。桑哥败，受牵连被杀。(0001 卷 16、17、173)

纽邻①　元武宗至大三年(1310)正月，授参议尚书省事。(0001 卷 23)

纽邻②　元武宗、仁宗时答己太后幸臣，怙宠为非，浊乱朝政。(0001 卷 106、116)

纽邻③　元秘书太监。疏请以四川文翁石室、扬雄墨池、杜甫草堂皆列学宫，又为杜甫请得谥曰文贞，以私财作三书院。后遍行东南，收书三十万卷及铸礼器而归。(0517 卷 5)

纽邻④　元康里人，牙牙孙四川平章玉枢虎儿吐华之子。(0011 卷 63)

纽怜　元泰定二年(1325)任江南行台经历。(0632 卷 6)

纽泽(？～1328)　元泰定帝即位，由通政院使进拜御史大夫。后加授知枢密院事、开府仪同三司。泰定帝崩，文宗自立于大都。纽泽与梁王王禅等自上都引兵逆战，战败被杀。(0001 卷 29、32 等)

纽璘(？～约 1263)　又译纽邻。元蒙古珊竹氏。都元帅太答儿之子。勇力绝人，且多谋略，尝从父军中。宪宗七年(1257)，奉旨率万人攻四川，攻陷成都，驻守之；大破宋军。又攻降彭、汉、怀、绵等州。以功升都元帅。世祖中统元年(1260)，入朝，奉诏领西川兵及陕西诸军，镇秦、巩、唐兀之地。四年，受刘整诬告，被逮送上都(今内蒙古正蓝旗东北)受审。验问无状，诏释之。死于归途中。追谥忠武。(0001 卷 129)

纽麟①　元蒙古克烈氏。顺帝至元元年(1335)任江南行台管勾。五年，升为南台监察御史。(0632 卷 6)

纽麟②　元吴江(今属江苏)人。任嘉兴路总管。能诗，有诗作传世。(0504 己上)

纽儿杰　元蒙古脱脱里台(塔塔儿)氏，布智儿父。有勇力，善骑射，能造弓箭。事太祖，赐号拔都。(0001 卷 123)

纽儿该　元蒙古兀良合氏，江浙平章也速解儿孙。历任都护院同知。(0011 卷 25)

纽克让　元介休人。历任岳州、武昌二郡推官，用法平恕。后升龙阳郡守，多善政。以宣慰副使致仕。(0075 氏族典卷 446)

纽的该(？～1360)　元蒙古阿儿剌氏。博尔术四世孙。早年任宿卫士。累迁同知枢密院事。后罢职家居。顺帝至元五年(1339)，奉使宣抚岭北，整理有司不公不法事三十余条，升知岭北行枢密院事。至正十五年(1355)，召拜中书平章，迁知枢密院事。十七年，出总山东诸军，镇守东昌路，击退田丰军。次年，田丰进逼东昌；弃城走，还朝任左丞相。未几罢相，迁知枢密院事。后病死。(0001 卷 139)

纽林的斤(？～1318)　元畏兀儿人亦都护(国王)。火赤哈儿的斤亦都护之子。父死，诣阙请兵北征笃哇等叛王，以复父仇。元世祖壮其志，嫁以太宗孙女不鲁罕公主。公主死，继娶其妹八卜叉公主。有旨率师出河西，俟北征诸军齐集始发兵；遂留永昌。会吐蕃脱思麻地有乱，奉旨领本部探马等军万人镇吐蕃宣慰司。武宗时召还，嗣为亦都护，受赐金印。仁宗时封为高昌王，另铸印赐之。其王印行诸内郡，亦都护印行诸畏兀儿地。八卜叉死，继娶安西王女兀剌真。领兵火州(今新疆吐鲁番东)，复立畏兀儿城池。(0001 卷 122、109、108)

八画

玥璐不花　又译月鲁不花。元文宗天历元年(1328)十月，由侍御史拜御史中丞，不久拜中书右丞，迁任太禧宗禋使。天历二年，参与谋杀明宗。十二月，拜御史大夫。至顺二年(1331)出任湖广行省平章政事，三年改任陕西行台御史大夫。(0001 卷 32、35、41 等)

青山①　元契丹人，姓萧氏，丑奴之子。世祖元年(1260)袭职为万户。后以平宋有功，授湖北提刑按察使。卒，追封顺国

公,谥武定。(0001 卷 179)

青山②　元顺帝至正三年(1343)任集庆路(治今江苏南京)治中。(0632 卷 6)

青社　元顺帝至元五年(1339)任庆元路(治今浙江宁波)治中。(0634 卷 1)

青阳奎　元丹徒(治今江苏镇江)人,青阳梦炎长子。历任常州路治中、临江路同知。(0631 卷 19,0075 氏族典卷 588)

青阳翼　字君辅。元丹徒(治今江苏镇江)人,青阳璧弟。文行俱粹。隐居不仕。有诗作传世。(0631 卷 19,0945 卷 3,0504 己下)

青阳璧　元丹徒(治今江苏镇江)人,青阳奎弟。以父荫授通州判官。卒于官。(0631 卷 19,0075 氏族典卷 588)

青阳梦炎　字梓卿。宋元之际成都(今属四川)人,迁居京口(今江苏镇江)。宋末以太学生登进士第。历任淮东湖北提刑,知沣州、峡州、常德府,权荆湖制置司。度宗咸淳中,忤时相意,去官不复仕。入元被征召至大都(今北京),历任礼部尚书、翰林学士。(0631 卷 9,0945 卷 3,0075 文学典卷 86)

奉　字无隐。元僧人。有诗作传世。(0504 壬上)

武正　元河南人。历任宜黄(今属江西)县尹。(1025 卷 35)

武秀①　元世祖中统三年(1362),任山东路统军副使。后升任汉军万户,从伯颜伐宋。(0001 卷 5、8)

武秀②　元济南人。仁宗延祐年间任蒙阴县尹。(0721 卷 27,0726 卷 12)

武贵　元世祖至元二十年(1283)任高陵(今属陕西)县尹。(0816 卷 4)

武恪　字伯威。元宣德府(治今河北宣化)人。初以神童游学江南,被吴澄荐入国子学肄业。仁宗时被和世㻋(明宗)选为说书秀才,后随和世㻋出镇云南。和世㻋欲起兵陕西,恪劝谏之。左右恶其言,乃被遣还大都。后居陋巷,教授子弟。文宗知其名,授秘书监典簿。秩满,丁内艰。再授中瑞司典簿,改授汾西县尹,皆不起。又数被荐为官,亦皆不就。好读《周易》。著有《水云集》,今佚。从其学者多有所成,如佛家奴为太尉,完者不花为佥枢密院事。(0001 卷 199)

武祐　元成宗大德中任金州(治今陕西安康)、洋州(治今陕西洋县)知州。(0809 卷 6)

武铎　元冀宁(治今山西太原)人。文宗至顺二年(1331)任江南行台御史。(0632 卷 6)

武秘　元河东人。顺帝元统年间任米脂(今属陕西)县尹。(0829 卷 7,0801 卷 23)

武展(? ~1293)　元汝州梁县(治今安徽肥东东北梁园)人,占河南蒙古军籍。世祖至元年间,从攻宋,以战功累升为四翼汉军千户。宋亡,调监邵武光泽县,平反元队伍有功,授河南淮北蒙古都万户府千户。(0262 卷 15)

武祺　字子春。元太谷(今属山西)人。由掾吏迁任桐城县尹,果断有能名。入为户部左司都事。顺帝至正十年(1350),与偰哲笃议改钞法,丞相脱脱从其议,遂立宝泉提举司,铸至正通宝铜钱,印造交钞,通行天下。未几,授中书参议。转户部尚书。出为甘肃行省参政,卒于官任。撰《宝钞通考》八卷。(0622 卷 19,0692 卷 20,0002 卷 213)

武震(1229 ~1285)　字威卿。元赵州平棘(治今河北赵县)人。世祖至元七年(1270)诏试儒生,震中高第。十一年,为赵州儒学教授,教育大兴。二十一年,调任临清县主簿。(0225 卷 22)

武元特　元顺帝至正二十二年(1362)任绍兴路同知。(0880 卷 27)

武文秀　元泰定二年(1325)任建康路(治今江苏南京)经历。(0632 卷 6)

武文昌(? ~1326)　字道器。元同州(治今陕西大荔)人。以通蒙古语备宿卫。后出任容州达鲁花赤,感化林蛮洞蜒之民。泰定三年(1326),卒于官。(0806 卷 15)

武立礼　元仁宗皇庆二年(1313)任秘书监辨验书画直长。(0027 卷 10)

武汉臣　元济南人。杂剧作家。撰杂剧《曹伯明错勘赃》、《赵太祖天子班》、《谢琼双千里关山怨》、《郑琼娥梅雪玉堂春》、《弃子全侄鲁义姑》、《穷韩信登坛拜将》、《女元帅挂甲朝天》、《四歌神助提头鬼》、《散家财天赐老生儿》、《虎牢关三战吕布》,凡十种,今存后二种。(0029 卷上)

武伯强　元泰定二年(1325)任绍兴路总管。(0880 卷 26)

武叔安　元赵州(治今河北赵县)人。元初任绛州知州。有诗作传世。(0504 乙)

武思信　字得之。元成州(治今甘肃成县)人。从汪世显攻宋,为先锋有功,军还,授成州长官元帅节度使。(0801 卷 22,0811 卷 5)

武致远　元高唐(今属山东)人。成宗元贞元年(1295)任镇江路高唐翼下百户。(0631 卷 17)

武管婴　元太原(今属山西)妇女。年十七未嫁。顺帝至正末,避兵山洞,其父被兵执,女请以身代,兵纵其父去。女乃绐兵曰:有金埋藏井边,兵驱至往掘。女投井死。(0622 卷 19,0002 卷 246)

武伯不花(? ~1279)　元世祖时,任麻阳县(今属湖南)达鲁花赤。军官唐兀带率军于湖南劫掠新附人口、财物,武伯不花为其向导。事闻,诏斩之。(0001

卷10）

块圠　号清谷，元僧，蒋氏子。顺帝至正初抵松江（今属上海），举动若狂，人呼为疯子。尝手诗示信士沈君云“万紫千红总是春，何须饶舌问东君？哑人得梦向谁说，竖起空拳指白云。”（1144 卷339）

坤都岱　元钦察人。速不台麾下百户库春之子。父死后，袭父职从速不台平河中、凤翔，又从围汴京。金亡，从察罕等攻宋，破襄阳、郢州（今湖北钟祥）、德安，援淮西诸州，冲锋陷阵常为诸将冠。后戍光州（治今河南潢川），宋兵进攻，率所部御之，中流矢卒，年五十一。（0002 卷152）

林元　元成宗时，任翰林直学士。大德八年（1304），奉命出使高丽。（0001 卷21）

林升　元英宗至治元年（1321）任瑞州路（治今江西高安）经历。（1016 卷14）

林氏　元宁海（今属浙江）人。嫁任仲文为妻，家贫，年二十八寡居。婆母患风疾，行动不便，林氏旦暮护理甚谨，又抚育三子皆有成。后寿至一百零三岁。（0001 卷201）

林方　元人。有诗作传世。（0504 癸下）

林用　元镇江茅山书院山长。（0631 卷17）

林拱　字邦立。元福宁（治今福建霞浦）人。世祖至元年间任宁德县典史。（0909 卷10，0914 卷4）

林传　字以道。元括苍（治今浙江丽水）人。有诗作传世。（0146 卷7、18，0504 戊上）

林宇　元顺帝至元三年（1337）任绍兴（今属浙江）路推官。（0880 卷27）

林坚（1263～1334）　字仲实。元钱塘县（治今浙江杭州）人。成宗大德初，授常湖茶园副提举；后升为同提举。武宗至大初，授中政院司议；后升为断事官。官至福寿院判官，致仕归。（0262 卷21）

林昉　字仲昉。元太平（今属安徽）人。善属文，尤深于经学，以荐辟国史院检阅。（0075 氏族典卷358）

林询　字复言，号白庵。元永嘉（治今浙江温州）人。（0504 戊上）

林珏　元泰定二年（1325）任孝义县尹。（0693 卷7）

林钟　元东吴人。有诗作传世。（0504 戊上）

林珙　字仲恭。元福宁州（治今福建霞浦）人。从韩信同学。举明经不受，强补本州训导，未及半年以病辞归。（0071 卷64，0072 卷64，0076 卷40）

林桧　元德州（治今山东陵县）人。仁宗延祐四年（1317）四月至七月，任镇江路高唐翼下百户。（0631 卷17）

林逸　字国安。元龙溪（治今福建漳州）人。乡人有不孝不弟者，诤之；不从，榜以耻之；不改，具酒劝之。人皆取则之。卒年四十七。（0901 卷68，0908 卷16）

林宽（1281～1319）　字彦栗。元温州乐清（今属浙江）人。少时力学不倦，后居吴中，授徒为业。有诗作传世。（0147 卷18，0504 戊上）

林娇　元人。有诗作传世。（0504 癸下）

林清　字以宁。元福州长乐（今属福建）人。经明行修。泰定年间七十余岁，屡征辟不就，赐号梅隐处士。（0902 卷126，0076 卷35）

林谏　字格非。元青田（今属浙江）人。历任兵部侍郎，署枢密院事。顺帝至正二十八年（1368），从顺帝北遁。有诗作传世。（0504 庚上，0033 卷26）

林植　宋元之际温州平阳（今属浙江）人。宋末任庐州司理，元初授循州同知。（0889 卷7）

林雄（？～1287）　宋元之际人。初隶宋将陈义麾下。元世祖至元二十一年（1284）随陈义降，授上百户。后又在温州起兵反元，被元将高兴擒杀。（0001 卷131、162）

林棐　元仁宗延祐四年（1317）任温州路儒学录。（0579 卷9）

林童　字本初。元浦城（今属福建）人。乡贫者有死伤无告者，即济以棺敛之，众皆高其义行。（0901 卷65，0902 卷128）

林温（1317～？）　字伯恭。元明之际永嘉（治今浙江温州）人。林邦福之子。顺帝至正十四年（1354）进士，授休宁县尹。补南台掾，改福建行省管勾，升郎中，迁江浙行枢密院都事。明初，任秦王府纪善，升长史。有《林伯恭诗集》，已佚。（0277 卷12，0411 卷13、16，0071 卷65）

林椿　元顺帝至正七年（1347）任宁德县（今属福建）典史。（0914 卷4）

林静　字子山，号愚斋。元德清（今属浙江）人。从宋濂学。元末，屡次征辟之，不就。有诗作传世。（0411 卷1、44，0072 卷82，0504 庚下）

林韶　元成宗大德年间任昌国州（治今浙江舟山）判官。（0633 卷3）

林镇　元人。有诗作传世。（0504 癸上）

林暾　字伯升，号竹雪。元临海（今属浙江）人。历任户部侍郎。有诗作传世。（0504 丁）

林镛 字叔大。元嘉兴(今属浙江)人。顺帝至正二十四年(1364)为江浙行枢密院经历,迁江浙行省员外郎。为人贪墨鄙吝,然颇交接名流、显贵以沽美誉。其于达官显宦,刲羔杀豕,品馔甚盛,而于士大夫君子,不过素汤饼而已。颇喜附庸风雅,学书法、绘画,延请名画家黄公望等作画并求题其画。正书学虞永兴而未熟。(0101 卷 24,0031 卷 7,0573 卷 2)

林一清 元永嘉(治今浙江温州)人。工界画。以医术侍文宗于潜邸。历监沧州税,改台州监仓副使。(0250 卷 8)

林士志(1301～1370) 字仲嘉。元闽人。仕至将乐县典史。(0285 卷 5)

林士能 字若拙。元画家。能画山水。(0030 卷 5)

林大敷(1238～1298) 号紫轩,自称木通生。宋元之际温州平阳(今属浙江)人。茅山道士,为许道杞弟子。(0039 卷 16)

林子山 元人。赵孟頫甥。善画,有《濯足图》。(1143 卷 523)

林子文 元钱塘(治今杭州)人。以星术、医药、绘画游食江湖。(1143 卷 523)

林广发 字明卿,号三溪。元龙溪(治今福建漳州)人。顺帝至正中,以荐授安溪县儒学教谕,招降反元队伍有功,授县主簿,后升为汀漳屯田万户府经历。(0901 卷 68,0908 卷 16,0076 卷 36)

林子全 元世祖时,为管军千户。至元二十年(1283),从唆都伐占城(今越南南部),为先锋。(0001 卷 210)

林子明(1242～1302) 字用晦,号东冈。宋元之际三山(今福建福州)人。宋度宗咸淳九年(1273)试浙漕第三,摄浙西安抚司干官。元世祖至元中摄桐庐县主簿。未几,任分水县儒学教谕。后客于无锡萧氏塾。有诗作传世。(0198 卷 4,0504 甲)

林天祥(1297～1364) 字时若。元同安(今属福建)人。尝司同安常平仓,后辞归。元末率里人筑堡以抵御反元队伍。(0417 卷 20,0920 卷 56)

林介成 元顺帝至正二十年(1360)任兴化路(治今福建莆田)知事。(0905 卷 2、6)

林凤阳 元黄州(治今湖北黄冈)人。事母孝。宅失火,负母出,家资悉弃不顾。(0075 氏族典卷 358)

林文友 字会之。元吴郡(今江苏苏州)人。行医心存利民济世,名其药室曰生意堂。(0042 卷 13)

林文兴 字德显。元福宁(治今福建霞浦)人。历任连江县儒学教谕。(0909 卷 10)

林文寿 元明间福清(今属福建)人。元顺帝至正二十三年(1363)进士。明洪武三年(1370),中乡举。(0924 卷 46)

林文耀 号䌹斋。元建德(治今浙江建德东北)人。工书法,笔法遒劲。中年失明,乃剪纸为字,势飞动若龙蛇,室人装潢成轴,易薪米以自给。(0896 卷 197)

林世济 元三水(治今陕西旬邑北)人。元末与杨维桢唱和。有诗作传世。(0504 辛上,0033 卷 27)

林以顺 字子木。元明间莆田(今属福建)人,林以辨弟。元英宗至治元年(1321)进士,授庆元县尹,改浦江尹。后升为台州路推官。历任江西儒学提举、福清州知州,以福州路同知致仕。明洪武四年(1371),任福建乡试考官。卒年八十一。(0154 卷 15,0506 卷 3528,0901 卷 54、71,0411 卷 13)

林以辨 字子泉,号玉井。元莆田(今属福建)人。究心程朱理学,不应科举。有诗作传世。(0902 卷 129,0076 卷 34、35,0033 卷 12)

林用作 元龙岩(今属福建)人。元末,反元队伍来攻,率众击灭之。有司授以官,不就。(0921 卷下,0902 卷 132)

林邦福(1293～1359) 字大彦。元永嘉(治今浙江温州)人。历任衢州常山(今属浙江)务。元末,红巾军起,行省署为常山县尉,招集众数千,教以战法,境内安然。(0411 卷 15)

林至坚 号仁斋。元广陵(今江苏扬州)人。道士,号玄门开真弘毅大真人。顺帝至正年间撰《道德经注》二卷。(1082 子部)

林廷玮 元人。有诗作传世。(0504 癸下)

林乔年 字松孙。元黄岩(今属浙江)人。建沙埭二匣,溉田万余顷。(0075 氏族典卷 358)

林仲节 字景和。元宁德(今属福建)人。泰定元年(1324)进士,授州判。历任句容县、华亭县知县。后迁升吴江知州。(0632 卷 6,0901 卷 55)

林仲华 元滨州(今属山东)人。历任冀宁路保德州知州。(0724 卷 3)

林兴祖 字宗起。元福州罗源(今属福建)人。英宗至治元年(1321)进士,授黄岩州同知。迁铅山知州,打击豪民吴友文等造伪钞、杀人、夺人妻女,政声大著。顺帝至正八年(1348),特旨迁道州路总管,轻徭薄敛,治绩为诸路最。(0001 卷 191)

林任真(?～1324) 字器之。宋元之际温州平阳(今属浙江)人。宋末为兴化司户参军。宋亡,为道士。元泰定元年(1324)死于崇真观。(0889 卷 8)

林时中 元杭州人。历任新昌县儒学教谕。(0880 卷 29)

林伯英 元嘉兴(今属浙江)魏塘人。工画花鸟。(0030 卷5)

林近思 元福州长乐(今属福建)人。成宗大德年间为常熟州学学宾。(0947 卷5)

林希元 号长林子。元天台(今属浙江)人。早年游京师,以荐署辽阳路儒学正。后历任内宰司照磨、国子助教、翰林应奉。顺帝至正十二年(1352)选为上虞县尹。卒于官。(0506 卷3528,0880 卷28、37,0062 卷32)

林希颜 元温州平阳(今属浙江)人。有诗作传世。(0504 戊上)

林君辅 元仁宗延祐年间任兴化路(治今福建莆田)儒学录。(0905 卷3)

林纯子 字仲卿。宋元之际人。宋末监华亭镇。元世祖至元十四年(1277),以功授永春县达鲁花赤。历两考不复仕。卒年七十四。有诗作传世。(0504 乙)

林茂浚(1305~1367) 字显之。元天台(今属浙江)人。嗜金丹之学,调息致修,取心一、物一、道一之说,自号三一子。集贤院闻其隐居不仕、操行清绝,因其所居巾山,以巾山处士称之。顺帝至正二十七年(1367),明军入城,自沉于河。(0411 卷24)

林鸣善 号梅南。元太平(今属安徽)人。工诗,不求仕进。(0075 卷358)

林岡孙 字于高,号慎斋。元莆田(今属福建)人。仁宗延祐五年(1318)进士。累迁为福清州判官。仕至瑞州知州。(0901 卷54)

林宗山 元人。有诗作传世。(0504 癸下)

林定老(1276~?) 字君则。元丽水(今属浙江)人。以荐为松阳县儒学教谕。英宗至治元年(1321)登进士第,授奉化州同知。迁兴化路推官,升判官。仕至新州知州。(0634 卷2,0902 卷61)

林宜庆 元龙岩(今属福建)人。以秀才授漳浦县儒学教谕。(0908 卷19、22)

林春沂 元人。有诗作传世。(0504 癸下)

林南涧 元人。有诗作传世。(0504 癸下)

林重器 元莆田(今属福建)人。寓居福州,为儒学教谕。(0076 卷35)

林修德 字立诚。元福州长乐(今属福建)人。林近思之子。顺帝至正间任常熟州儒学直学。(0947 卷5)

林泉生(1299~1361) 字清源。元永福(治今福建永泰)人。文宗至顺元年(1330)进士,授福清州同知,转泉州路经历,擢福清知州。迁任行省郎中。官至翰林直学士。谥文敏。有《觉是先生集》、《观澜集》、《春秋论断》、《诗义矜式》,今皆佚。(0285 卷5,1081 卷1、4,0002 卷229)

林庭秀 元渤海(治今山东滨州)人。成宗大德元年(1297),大饥,庭秀发粟赈民,全活甚众。后其子孙相继荣显。(0724 卷3,0075 氏族典卷358)

林庭挥 字汝玉。元长乐(今属福建)人。道士。住长乐东华宫佑圣观。(0437 卷4)

林彦广 元四川人。顺帝至元年间为奎章阁学士院照磨,奉命代祀岳镇海渎。(0254 卷4,0182 卷21、22)

林彦之 元人。有诗作传世。(0504 辛上)

林彦华 号城南。元黄岩(今属浙江)人。有诗作传世。(0504 戊上,0033 卷23)

林起龙(1236~1298) 字竹友。宋元之际海州(治今江苏连云港西南)人。宋末,年二十应武举,廷试第三,授下蔡县令,以亲老归养。元初,起为山阴县丞。后历任山阳、瑞安、浦江、临川诸县尹。(0258 卷11)

林起宗(1262~1337) 字伯始。晚年号鲁庵。元顺德内丘(今属河北)人。早年从刘因学,后教授于乡。撰有《志学指南图》、《心学渊源图》、《鲁庵家说》等。(0262 卷14,0034 卷2,0002 卷236)

林起祐 元成宗时,为常州僧录,以官田二百八十顷冒为己业施河西寺。(0001 卷21)

林桂方(?~1283) 元广州新会(今属广东)人。世祖时与赵良钤等聚众反元,称号罗平国,建元延康,被元军擒杀。(0001 卷12)

林桂发 字德馨。宋元之际人,居于镇江。宋太学生,度宗咸淳十年(1274)进士。元世祖至元十五年(1278)授镇江路儒学教授。仕至淮东道儒学副提举。(0631 卷17、19,0945 卷3)

林原佐 元龙溪(治今福建漳州)人。顺帝至正二十八年(1368),海寇犯境,乡人筑寨自保,官军以为寇党,围攻寨甚急。原佐往谒主帅,围乃解。(0901 卷68)

林彬祖 字彦文。元丽水(今属浙江)人。林定老之子。顺帝至正五年(1345)进士。十九年为永嘉县丞,迁江浙行省都事,改福建行省检校。(0896 卷129)

林梦正 字幼范,号古泉。元黄岩(今属浙江)人。客于吴楚间,授徒为业。顺帝至正初,以遗逸举为溧阳州儒学教授。天完红巾军攻溧阳,知州御敌死,梦正摄州事。红巾军攻破城,不屈,被杀。(0075 氏族典卷358、官常典卷732,0101 卷14,0106 卷1)

林景仁 元天台(今属浙江)人。历任上虞县儒学教谕。(0880 卷29)

林景英　字德芳，号隐山。元温州平阳(今属浙江)人。历任帅府照磨。有诗作传世。(0504 己上)

林景惠　元兴化路(治今福建莆田)人。顺帝至正十九年(1359)任兴化路经历。(0905 卷 2、6)

林景熙(1242～1310)　字德旸，号霁山，宋元间温州平阳(今属浙江)人。宋度宗咸淳七年(1271)太学释褐，授泉州教官。历礼部架阁。宋亡不复仕。杨琏真伽发宋诸陵，景熙贿番僧，得高、孝宗遗骨，葬于绍兴。有《霁山文集》。(0063 卷 11，0101 卷 4)

林遇春　元祁门(今属安徽)人。顺帝至正年间任始兴县主簿。(0991 卷 3)

林善同　字舜与。元莆田(今属福建)人。顺帝至正十九年(1359)，中乡试，署泉州书院山长。明初，例起赴京师，卒于途中。(0901 卷 54)

林锡翁　元顺帝至元六年(1340)任崇安(今属福建)县书吏。有诗作传世。(0594 卷 11，0504 癸下)

林德华　元龙岩(今属福建)人。林宜庆之子。以儒士授长沙县典史。(0921 卷下，0908 卷 22)

林德芳①　字清甫。元永嘉(治今浙江温州)人。从杜道坚学。有诗作传世。(0380 卷 14，0504 癸上)

林德芳②　元福建侯官人。泰定元年(1324)进士。历任江西儒学提举、集贤院直学士。有《集贤集》、《讲章集》、《奏议集》、《诗文集》，皆佚。(0900 卷 38)

林德载　字敬舆。元长乐(今属福建)人。成宗大德七年(1303)奉命建鄮山书院于鄞县。(0167 卷 30，0146 卷 18)

林德隆　元顺帝至正十九年(1359)任兴化路判官。二十一年，擢兴化路总管。(0905 卷 2)

林义元　元人。有诗作传世。(0504 癸上)

析望芳　元狄道人。以巨家擢守临洮，有伟绩。(0075 氏族典卷 545)

板的达(？～1381)　一作班的答，原名萨曷梭室里，意为具生吉祥，元明之际来华印度僧人，中印度迦毗罗卫国人，出家于迦湿弥罗苏啰萨寺。彻究三藏五明，入雪山习定十二年。元顺帝至正间至京师，居吉祥法云寺，得智光等而授以法。明洪武七年(1374)太祖召见，奏对称旨，赐善世禅师号，特颁银章，使总天下释教，命于钟山建庵以居，复谕礼部，有愿从受戒法者勿禁。车驾每幸山中，必过其室，慰问备至。后历游普陀、天目等山，并谒太祖于华盖殿。寂后塔于聚宝门外，为建西天寺。大学士杨荣、释蒲庵撰铭。有《法语》三卷及《七支戒本》。(1144 卷 346)

板筑儿　元顺帝至正二十七年(1367)，拜中书平章政事。不久去职。(0001 卷 113)

松山　元宗室，世祖曾孙、显宗甘麻剌长子。世祖至元三十年(1293)，封梁王，出镇云南。仁宗时，因患风疾归。(0001 卷 23、108)

松寿　元人。顺帝至正十一年(1351)，拜参知政事，分省于济宁。(0001 卷 92、113)

松坡　元僧。著有《江湖风月集》二卷，备载宋咸平(998～1003)至元延祐(1314～1320)间诸尊宿偈颂。(1144 卷 347)

松壑　以字行，元蒙古人。士大夫间多推其书法。(0031)

松庵上人　元僧人，居南岳山。善画水墨葡萄。傅与砺有赠诗。(0259)

杭仁(1256～？)　字仁甫。元上虞(今属浙江)人，徙昆山(治今江苏太仓)。好善乐施，常周济贫民。顺帝至元六年(1340)，集贤院赐号永真处士。(0635 卷 5，0939 卷 13)

杭礼　字和卿。元昆山(治今江苏太仓)人。元末，方国珍来攻掠昆山，礼散家财募死士抵御之，先胜后败，全家遇害。(0939 卷 13，0075 氏族典卷 307、官常典卷 733)

杭琪　元江东人。有诗作传世。(0504 庚上)

杭忽思　元时西域阿速国主。太宗时，蒙古军西征至其国，率众降，赐名拔都儿(英雄)，锡金符，受命领其土民。未几，奉命选阿速军千人，与其长子从征。后还国，途中遇敌，战死。(0001 卷 132)

杭州不花　元顺帝至正十一年(1351)为庐州路总管。是年，庐州反元队伍起，奉淮西廉访使陈思谦急命，领弓兵捕之，而反元队伍势盛，已不可扑灭。(0001 卷 184)

耶虎　元宗室，哈撒儿长子。即也古。

耶律仁　元契丹人。历任新昌县丞。(1016 卷 14)

耶律正　元契丹人。顺帝至正四年(1344)任高陵(今属陕西)县尹。(0816 卷 4)

耶律权　元东平须城(治今山东东平)契丹人，耶律楷之弟。泰定元年(1324)任江南行台监察御史。后累迁为湖北廉访司佥事。(0632 卷 6)

耶律钧(？～1304)　元东平须城(治今山东东平)契丹人，耶律有尚之父。世祖中统初，制授提领东平路工匠所长官。后赠谥庄慎。(0501 卷 11)

耶律渊　元临潢(治今内蒙古巴林左旗)契丹人。元初为奉圣州矾山县达鲁花赤，致仕后居矾山县。卒年七十六。

(0681 卷 38,0075 氏族典卷 582)

耶律敬(? ~1310) 字子恭。元契丹人。成宗大德十年(1306)任镇江路经历。(0631 卷 15)

耶律铸(1221 ~1285) 字成仲。元义州(治今辽宁义县)契丹人。耶律楚材之子。乃马真后三年(1244),楚材死,嗣领中书省事。宪宗八年(1258),从宪宗征四川。世祖中统元年(1260),世祖与阿里不哥争大汗之位,铸弃家投奔世祖。二年,任中书左丞相,从世祖征阿里不哥。至元元年(1264),奏定法令三十七章。二年,行省山东,迁调所部官属,未几还朝。十三年,监修国史。二十年,罢职,罚没家产之半,徙居山后。后二年卒。著有《双溪醉隐集》。(0001 卷 146)

耶律楷 字正己。元东平须城(治今山东东平)契丹人,耶律有尚长子。至大四年(1311),任秘书监著作郎。后累迁为邓州知州。(0027 卷 10)

耶断不(? ~1216) 金元间契丹人。初,为耶律留哥部属。元太祖八年(1213),留哥自立为王,受封为郡王。十一年,于澄州(今辽宁海城)自称为帝,国号辽,年号天威。逾月,为部下所杀。(0001 卷 149)

耶律之文 字天章。元契丹人。世祖至元二年(1265)监单州事。敦厚寡欲,礼贤下士。(0721 卷 26,0075 氏族典卷 582)

耶律万奴 元契丹人,耶律驴马末子。历任人匠副总管。(0001 卷 150)

耶律天祐① 金末元初契丹人。元太祖九年(1214)随父金都统忒末率众三万降蒙古,授招讨使,与父从史天倪略平棘、栾城、元氏等县,籍其民五千余。十六年,与父略邢、洺、磁、相、怀、孟,招降花马刘元帅。进兵泽潞,降其民六千余户。次年,忒末退职居真定,天祐袭父职为河北西路安抚使,从天倪攻取益都诸城,略沧、棣。十九年,攻占大名。二十年,武仙杀史天倪据真定,史天泽与蒙古军击走武仙,复真定,以天祐镇赵州。次年,武仙复陷真定,忒末夫妻及家孥皆陷。武仙诱天祐降,不从,仙怒,尽杀忒末等家人十八人。天祐率众与战于栾城、元氏等地,屡败仙兵。以功授洺州征行元帅,兼赵州安抚使,以伤惫致仕。后卒。(0001 卷 193)

耶律天祐② 元契丹人,耶律善哥子。世祖至元元年(1264),袭职为广宁千户,后改广宁县尹。(0001 卷 149)

耶律朱哥 元契丹人,耶律秃花之子。袭父爵,统刘黑马等七万户征四川,卒于军。(0001 卷 149,0003 卷 49)

耶律古乃(1234 ~1269) 元契丹人,耶律收国奴长子,袭广宁路总管。(0001 卷 149)

耶律文炳 一名虎都不苑,元契丹人,蒙古不花第,历任湖州路同知(0001 卷 150)

耶律文谦 元契丹人,耶律阿海四世孙,驴马第三子。任兴国路总管。(0001 卷 150)

耶律世柮 元契丹人。耶律天祐孙。仕为朝列大夫、江西榷茶都转运使。(0001 卷 193)

耶律老哥 元契丹人。耶律阿海曾孙,其次子绵思哥子买哥之子。历任提刑按察使、中书左丞。(0001 卷 150)

耶律有尚(1235 ~1320) 字伯强。元契丹人。辽东丹王十世孙。祖父官于东平,遂为东平人。受业于许衡。世祖至元八年(1271),为国子学斋长。十年,任助教。二十年,授秘书监丞,出知蓟州。未几,召为詹事院长史,迁国子司业。建言立国子监,建学馆。二十四年,遂立国子监。升国子祭酒。成宗时累官至昭文馆大学士,兼国子祭酒。其教法遵循许衡之法,身为师表数十年,海内宗之。(0001 卷 174)

耶律买住 见买住①

耶律买哥 见买哥①

耶律忒末(? ~1226) 元契丹人。初仕金为都统,太祖时率军三万降元,授帅府监军。后任洺州等路征行元帅、真定路安抚使,升河北西路安抚使,兼泽潞元帅府事。太祖十七年(1222),致仕居真定。二十一年,金将武仙降而据真定复反,杀忒末。(0001 卷 193)

耶律秃花 秃花又译秃怀、兔花。金末元初契丹人,世居桓州(治今内蒙古正蓝旗东北)。随兄阿海归附元太祖。蒙古攻金,为向导,袭金群牧所,获马甚多。后从木华黎攻山东、河北,有功,封太傅、濮国公。统石抹查剌、刘黑马、史天泽三万户攻金。卒于西河(今属甘肃)州。(0001 卷 149)

耶律伯坚 字寿之,元契丹人。由荐举入官,任工部主事。世祖至元九年(1272),任保定路清苑县尹,在任四年,政绩卓著,百姓立石颂德。升恩州同知。(0001 卷 192)

耶律希周 元契丹人,耶律铸之子。仕为和林宣慰使都元帅。(0001 卷 19、146)

耶律希亮(1247 ~1327) 又名秃思忽,字明甫。元契丹人。耶律楚材子铸之子。幼就学燕京,后随父从宪宗征蜀。世祖中统元年(1260),被阿里不哥军胁迫北行,后辗转西域各地。四年,世祖遣使召入朝,充宿卫。至元八年(1271),授符宝郎。十四年,任礼部尚书,迁吏部尚书。十七年,因病辞官,家居二十余年。武宗至大二年(1309),特授翰林学士承旨,兼修国史。编集世祖言行进呈。卒。谥忠嘉。著有《愫轩集》,今佚。(0001 卷 180)

耶律希逸 号柳溪。元义州(治今辽宁义县)契丹人,耶律铸之子。历任淮东宣尉使。成宗大德七年(1303),任河东陕西道奉使宣抚。有诗作传世。(0210 卷6,0001 卷 21、146,0033 卷 4)

耶律阿海　金元之际契丹人。金后叶,奉金朝之命出使克烈部王汗处,与铁木真(元太祖)结识。后与弟秃花同归附铁木真。元太祖六年(1211),从攻金。九年,以功受封为太师。十四年,从太祖西征花剌子模。次年,攻克蒲华(今乌兹别克斯坦布哈拉)、寻斯干(今撒马尔罕)等城。后留监寻斯干。未几卒,年七十三。世祖至元中,追封忠武公。(0001 卷 150)

耶律驴马　元契丹人。耶律阿海曾孙,耶律买哥之子。初侍世祖,备宿卫,为必阇赤(掌书记之近侍)。后仕至右卫亲军都指挥使。至元二十五年(1288),戍哈丹秃,有战功。未几,告老归。(0001 卷 150)

耶律泽民(1198～1247)　字济之。元大兴人。元太宗四年(1232)南伐,提点军前桥梁刍粟事。十一年,授大名路征收课税所长官。(0210 卷 17、18)

耶律宝童　元契丹人。耶律秃花之孙,耶律朱哥之子。宪宗时,任随路新军总管。(0001 卷 149)

耶律庭瑞　元契丹人。顺帝至元三年(1337)任萧县(治今安徽萧县西北)知县,捐资改建学宫,士风大振。(0933 卷11,0075 氏族典卷 582)

耶律留哥(1165～1220)　金末元初契丹人。仕金为北边千户。金卫绍王崇庆元年(1212),起兵于隆安(治今吉林农安)、韩州(治今吉林梨树东)等地反金,数月间众至十余万人。遣使归附蒙古,在按陈等所统蒙古军援助下大败金兵。元太祖八年(1213),称王,国号辽。九年,大败金宣抚蒲鲜万奴所统金军,据有辽东,建都咸平(今辽宁开原北)。十年,攻破金东京(今辽宁辽阳)。部下耶厮不等劝其称帝,不从,与子薛阇奉金帛入觐元太祖,受赐金虎符,仍封为辽王。耶厮不等叛蒙古自立。十一年,留哥引蒙古军与叛者攻战。十四年春,收复辽东。后二年,病死。妻姚里氏权领其众,后由其子薛阇袭爵。(0001 卷 149)

耶律梅轩　元义州(治今辽宁义县)契丹人,耶律铸之子。历任征东行省左丞。(0240 卷 4)

耶律野仙　元契丹人。顺帝至元五年(1339)任江南行台监察御史。(0632 卷6)

耶律惟一　字用中。元契丹人。顺帝至正年间任邵武县(今属福建)达鲁花赤,兴学奖士。(0902 卷 63,0075 氏族典卷582)

耶律惟重　元契丹人。许衡弟子。(0218 卷 9,0072 卷 90)

耶律惟真　元契丹人。世祖至元十九年(1282)任瑞州路(治今江西高安)判官。(1016 卷 14)

耶律善哥(1213～1264)　元契丹人。耶律留哥次子。赐名蒙古歹,从亲王口温不花伐金、伐宋,皆有功,由千户迁广宁尹。(0001 卷 149)

耶律楚材(1190～1244)　字晋卿,号湛然居士。金元之际契丹人。辽太祖长子东丹王突欲八世孙,金尚书右丞耶律履之子。世居中都(今北京)。自幼习汉文。博览群书,旁通天文、地理、律历、术数及释、老、医、卜之说。金章宗时任开州同知,宣宗时任左右司员外郎。元太祖十年(1215)蒙古军占领中都后,居家不仕。十三年,受太祖召至漠北。次年随太祖西征。此后多年任太祖近侍必阇赤,时为太祖占卜星象。拖雷监国时,颇受信任。说服察合台、拖雷拥戴太宗即位,并助定群臣礼仪。太宗二年(1230),奏立燕京(今北京)等十路征收课税所。三年,为中书省首长,汉称中书令或中书侍郎。奏行五户丝制,阻止蒙古诸王贵族"裂土分民";限制割据各地的汉族地主武装势力,推行军民分治。奏置编修所于燕京,经籍所于平阳(今山西临汾),编印儒学经籍。十年,于中原诸路考试选取儒士四千余人。乃马真皇后称制时因不受重用,抑郁而死。为官清廉,死后家中仅有遗文及书画数千卷。谥文正。赠太师、广宁王。著作有《湛然居士集》、《西游录》、《庚午元历》等。(0001 卷 146,0501 卷 57)

耶律楚端　元契丹人。泰定中,任武强(今属河北)县尉。(0645 卷 4)

耶律德思　元洛阳人,善刻碑。仁宗延祐元年(1314)刻《少林寺开山大禅师裕公碑》。(1143 卷 616)

耶律薛阇　见薛阇。

耶律五台奴　见五台奴。

耶律火你赤　见火你赤⑬。

耶律忙古台　见忙古台①。

耶律忙古带　见忙古带③。

耶律收国奴　见收国奴。

耶律百家奴　见百家奴①。

耶律拔都儿　元契丹人。耶律阿海四世孙。耶律驴马第二子。历任中书右丞。(0001 卷 150)

耶律忽林带　见忽林带。

耶律捏儿哥　见捏儿哥。

耶律绵思哥　见绵思哥。

耶律秃满答儿　见秃满答儿①。

耶律虎都不花　见虎都不花。

耶律忽都不花　元契丹人。世祖至元二十六年(1289)至二十九年,任镇江路同知。(0631 卷 15)

耶律蒙古不花　见蒙古不花②。

直脱儿　元蒙古人。元太祖博尔赤(司膳)阿察儿之子。太祖时,从窝阔台(太宗)西征钦察、康里、花剌子模有功。太宗四年(1232),收河南、关西诸路民户四万余以属拖雷妻唆鲁禾帖尼。八年,建织染七局于涿州。九年,任涿州路达鲁花赤。(0001 卷 123)

苦鲁马丁　西域人,赛典赤赡思丁之父。(0011 卷 80)

若舟　字别岸。元僧人,嘉兴(今属浙江)人。有诗作传世。(0504 壬上,0033 卷 34)

茂(1280～1364)　字实庵,号松隐。元奉化(今属浙江)人。佛教僧人。俗姓郑。顺帝至正二年(1342)住持明州瑞云山清凉寺,历十五年始退隐天童之景德寺。(0411 卷 6)

苫速丁①　元西域人。世祖至元十九年(1282)任丹徒县(治今江苏镇江)达鲁花赤。(0631 卷 16)

苫速丁②　元西域人,赛典赤赡思丁之子。(0011 卷 80)

苫思丁①　元西域人。世祖至元十八年(1281)奉命出使木剌由国(今马来半岛)。(0001 卷 11)

苫思丁②　元西域人。世祖至元十八年(1281)至二十年,任镇江路同知。(0631 卷 15)

苫思丁③　元西域人。世祖至元二十八年(1291)任秘书监令史。武宗即位(1307),任秘书少监,至大三年(1310)升秘书监。(0027 卷 9、11)

苫思丁④　元成宗大德三年(1299)任溧水(今属江苏)州达鲁花赤。(0632 卷 6)

苫思丁⑤　元西域人。成宗大德五年(1301)任祁门县(今属安徽)达鲁花赤。(0972 卷 4)

苫思丁⑥　元回回人。仁宗皇庆二年(1313)任镇江路录事司达鲁花赤。(0631 卷 16)

苫思丁⑦　元仁宗延祐二年(1315)任衢州(今属浙江)路治中。(0878 卷 2)

苫思丁⑧　字成之。元仁宗延祐二年(1315)授辽州(治今山西左权)达鲁花赤。累迁为吏部侍郎。文宗至顺二年(1331)授庆元路(治今宁波)总管。擢两淮转运使。顺帝至元六年(1340)升为浙东宣慰使。(0250 卷 20,0634 卷 1)

苫思丁⑨　元西域人,仁宗时,任秘书卿。延祐六年(1319),进大司徒。(0001 卷 26)

苫思丁⑩　元文宗天历二年(1329)任尉氏县(今属河南)主簿。(0776 卷 2)

苫思丁⑪　元顺帝至元元年(1335)任武义县(今属浙江)达鲁花赤。(0881 卷 13)

苫思丁⑫　字明远。元西域人。顺帝至正二十八年(1368)任藤州(治今广西藤县东北)同知。(0506 卷 2342)

苫思丁⑬　元西域人,世祖至元间任镇江路行大司农司必阇赤。(0631 卷 17)

苫思丁⑭　元西域人,顺帝元统元年(1333)进士别罗沙父,以兵部尚书致仕。(0028)

苫思丁⑮　元西域人,世祖权相阿合马侄。(0011 卷 81)

苫彻拔都儿　元钦察人。初事太宗,掌牧马。太宗时,从攻凤翔,战潼关,皆有功。后从速不台攻汴京,又从破蔡州(今河南汝南)。金亡,从皇子阔出攻宋枣阳,又从口温不花破光州,升百户。宪宗九年(1259),从忽必烈围攻鄂州。世祖中统三年(1262),授蔡州蒙古汉军万户。至元五年(1268),从阿术围襄阳,击夺宋将夏贵米舟。十年,略地淮东。十二年,奉命招降滁州,诛王安抚。改管军千户。十三年,复略地淮东,擒获宋两总管。迁滁州路达鲁花赤。十四年,从讨只里斡台叛乱。(0001 卷 123)

苫速丁兀灭里　元西域人,赛典赤赡思丁第四子。仕为建昌路总管。(0001 卷 129)

苗成　元彰德(治今河南安阳)人。仁宗皇庆二年(1313)任镇江路盐军翼下千户所弹压,延祐五年(1318)去职。(0631 卷 17)

苗泽　元覃怀人。元成宗大德六年(1302)任睢宁知县。(0934 卷 12,0925 卷 34)

苗益　历任元龙阳州(治今湖南汉寿)知州。战乱民饥,多方赈济,升常德(今属湖南)路总管。(1041 卷 66,0075 氏族典卷 196)

苗从舜　字怀德。元汴梁(治今河南开封)人。历任镇江路濂溪书院山长。(0631 卷 17)

苗廷瑞　元永康(今属浙江)县尹。(0881 卷 13)

苗好谦　元东平成武(今属山东)人。成宗大德中,由大宗正府都事累擢江北淮南道廉访司佥事,弹劾不法,甚有名声。武宗至大二年(1309),任淮西道廉访司佥事,献种桑法,武宗善之,颁其法于各路。仁宗延祐三年(1316),以好谦所至种桑,皆有成效,申命各路以其法著为令。召入为司农丞。五年,大司农买住等进好谦所撰《栽桑图说》。仁宗善之,命刊印千帙散发。后迁任江北淮南道廉访使,卒于任。(0002 卷 194)

苗道一　元道士。特进神仙大宗师。文宗至顺三年(1332)四月,奉旨修罗天大醮于长春宫。(0147 卷 21,0006 卷 95)

英　字实存，号白云。元僧人，钱塘（治今杭州）厉氏子。早年历走闽、海、江、淮、燕、汴。一日登径山，闻钟声，有省，遂弃官为僧，结茅天目山中。泰定元年（1324）住阳山福岩精舍，卒年八十七。工诗，有《白云集》三卷，其诗有超然出世间意趣。（0197卷首、卷末，0503集壬，1105卷23）

英辩（1247～1314）　字普觉。元佛教僧人。俗姓赵。住泰州景福寺。（0035卷36，0037卷4，0075神异典卷187）

苻庇成　元世祖时，任海南延栏总管。至元二十四年（1287），请以私船率黎兵助征安南（今越南北部），诏授沿海管军总管，佩金符。（0001卷14）

苟尔　又译苟儿，元顺帝至正七年（1347）任湖广行省平章政事。十四年，迁任淮南行省平章政事，率兵攻高邮。（0001卷41、43）

苟观　元仁宗延祐元年（1314）任郿县（治今陕西眉县）主簿。（0554卷28）

苟士忠（1200～1258）　字信之。金元之际清苑（治今河北保定）人，苟宗道父。金末为"义兵"都统。金亡不仕。（0195卷35）

苟日新　元开封（今属河南）人。顺帝至正四年（1344）任安岳县（今属四川）主簿。（0075氏族典卷446）

苟宗道　字正甫。元清苑（治今河北保定）人。世祖中统元年（1260），任都事，从郝经出使南宋，被留真州（今江苏仪征）十余年，郝经授以经学。至元十二年（1275）随郝经返归。至元中，任监察御史。二十六年，累迁为江南行台治书侍御史。官至国子祭酒。有诗作传世。（0075氏族典卷446、文学典卷86，0632卷6，0504乙）

茆珙　号意山。元杭州人。世祖至元二十一年（1284）任慈溪县主簿。（0211卷4，0633卷3）

苑华　元献陵人。仁宗时任沂水（今属山东）县尹，公廉勤慎，百废俱兴。（0721卷27，0726卷12，0075氏族典卷423）

苑真　元仁宗皇庆元年（1312）任江南行台监察御史。（0632卷6）

苑德　金元之际清苑（治今河北保定）人。金末领众十五万归张柔，授同知顺天军节度使。（0649卷34）

苑至果（1187～1276）　金元之际满城（今属河北）人。道士。元太祖时隐居葛洪山。（0649卷40）

苑汝舟　元清苑（治今河北保定）人。仁宗延祐年间进士。（0649卷10，0075氏族典卷423）

苑时可　字子正。历任元太常少卿。（0073卷81，0075氏族典卷423）

苑德林　元成宗大德七年（1303）任秘书监奏差。（0027卷11）

范氏　元奉化（今属浙江）人，名妙元。年二十一，嫁于江文铸为妻。及门而夫亡，遂守节不复嫁，抚养诸侄如己子。卒年九十五。（0001卷201）

范文　元顺帝时，仕为陕西行台监察御史，曾上章弹劾御史大夫也先帖木儿丧师辱国之罪。（0001卷42）

范方　元世祖时，任监察御史。曾上章弹劾权臣阿合马。（0001卷168）

范仪　字成父。历任元永康（今属浙江）县尹。（0266卷3，0881卷13）

范用　元世祖至元二十二年（1285）任象山（今属浙江）县尉。（0633卷3）

范立　字叔中，又字中立，号玉崖。元钱塘（治今浙江杭州）人。有诗作传世。（0504辛上）

范汇　字朝宗。元庐陵（治今江西吉安）人。游京师，客于公卿之门。顺帝至元六年（1340），帝欲逐权相伯颜；夜奉召草诏殿中。至正间任顺元路宣慰副使。（0203文集卷1，0001卷138，0853卷5、9）

范成　字性存。元缙云（今属浙江）人。范霖之子。被征辟为吴县（治今江苏苏州）儒学训导，遂寓居吴。有诗作传世。（0925卷14，0504乙）

范英　元世祖至元十八年（1281）任秘书监典书。（0027卷11）

范忠①（1256～1325）　字子诚。元真定（治今河北正定）人。历任湖州路推官，海道万户府千户，黄岩、婺源两州知州，福建盐运司同知。泰定元年（1324），擢浙西廉访司佥事。次年卒。（0146卷30，0972卷4）

范忠②　字则忠。元浮梁（今属江西）人。历任归安县儒学教谕。（0559卷18）

范忠③　元顺帝至正间为剑州万户。明玉珍攻占巴州，被擒不屈，投江而死。（0841卷11，0075官常典卷733）

范忠④　元河阳县尹，尝修整溃堤。（0622卷28，0765卷8，0761卷25）

范孟（？～1339）　元杞县（今属河南）人。顺帝时曾任河南行省掾史，贫不得志。至元五年（1339），托称使者，假传诏旨，杀河南行省平章政事月禄帖木儿、左丞劫烈、廉访使完者不花等官。自称都元帅，拘收衙门印信、署置官员、封闭黄河渡船。不久被捕杀。（0001卷40、139、186）

范政　元顺帝至元二年（1336）任溧水（今属江苏）州判官。（0632卷6）

范信　元成宗元贞元年（1295）任瑞州路（治今江西高安）同知。（1016卷14）

范泰 字仲和。元顺帝至正二十四年(1364),由富宁提举迁任秘书郎。(0027 卷 10)

范晋(1262~?) 字诚之。元钱塘(治今浙江杭州)人,范晞文之子。成宗大德中,任江陵教授。(0225 卷 14)

范栝 元范县(今属山东)人。顺帝至正五年(1345)任雄州知州。有诗作传世。(0504 己上)

范康 字子安(或作子英)。元杭州人。能词章,通音律。撰杂剧《曲江池杜甫游春》、《陈季卿悟道竹叶舟》。(0029 卷下)

范基 字君本。元吴(今江苏苏州一带)人。有诗作传世。(0504 庚上)

范椁(1272~1330) 字亨父,又字德机。元清江(治今江西清江西南)人。家贫,固穷养亲。年三十六,始客京师,有声诸公间,中丞董士选延之家塾。武宗至大间,朝臣荐为翰林编修官。后历任海南海北道、江西湖东道廉访司照磨,翰林应奉,福建廉访司知事。工诗文,为元诗四大家之一。有《范德机诗集》。(0001 卷 181)

范焕 字孟学。元吴人,范成之子。有诗作传世。(0504 乙)

范琦 字子善。元杭州人。妻瞿慧贞贤,尝出卖首饰奉师教子,后亡故,琦年四十,人劝其再娶,不肯。(0296 卷 4 上)

范畴 字复初。元金华(今属浙江)人。洞霄宫道士。设卜肆于吴。(0042 卷 13)

范庸 元洞阳人。历任夏县尹。有诗作传世。(0504 丁)

范瑄 元延安路(今属陕西)人。任衡州路推官,遂家于衡阳。(1041 卷 71)

范楚 元钱塘(治今浙江杭州)人,范晞文之子。历任嘉兴路儒学教授。大德十一年(1307),任瑞州路知事。(0144 卷 5,1016 卷 14)

范溥 元洪洞(今属山西)人。有诗作传世。(0504 戊上)

范震① 字雷卿。元丹徒(治今江苏镇江)人。世祖至元年间入觐,特授浙西儒学提举,改江浙儒学提举。后调任湖广儒学提举。擢云南廉访司佥事。卒年八十一。(0631 卷 19,0945 卷 3)

范震② 元泰定帝时为云南廉访司佥事。弹劾宰相欺上罔下,不报,饮恨而死。(0001 卷 176)

范霖(1258~1321) 字君泽,又字天碧。元缙云(今属浙江)人。元初入觐,授江浙儒学提举,转礼部侍郎。晚年迁家于吴。有诗作传世。(0296 卷 4 上,0042 卷 7,0504 乙)

范天助 字舜臣。元汴梁(治今河南开封)人。世为名医,亦精天文。文宗至顺年间任永福营缮司令。(0102)

范元泽 元东平(今属山东)路人。顺帝至元年间任益都路(治今山东青州)总管。(0721 卷 27,0726 卷 12)

范元镇(1258~1321) 字元亨。元安福(今属江西)人。成宗元贞初,参与书金经,事毕,补湖南掾。后历任瑞州税使、武冈录事、桂阳尹。(0501 卷 54)

范友信 宋降将范文虎侄。世祖至元十二年(1275)随文虎降元,任知安庆府事。(0001 卷 127)

范公亮 字寅仲。元人。有诗作传世。(0504 辛下)

范公懋 字从政。元顺帝至正九年(1349)任福建海口盐场管勾。(0594 卷 12)

范文英 字彦材,元吴人。被征辟为绍兴路儒学教授。未几,以平江路儒学教授致仕。(0880 卷 29,0042 卷 4)

范文虎(?~1301) 宋元之际人。宋荆湖制置使吕文德之婿。宋度宗咸淳五年(1269),任殿前副都指挥使。后率师援襄樊,屡败。改知安庆府。恭帝德祐元年(1275),以城降元,受封元两浙大都督,为元军向导,招降沿江下游州郡,进取临安(今浙江杭州)。世祖至元十三年(1276),任行省参政。十五年,升江浙行省左丞。十七年,任日本行省右丞。十八年,与阿塔海率战船九千艘自庆元(今浙江宁波)出海攻日本。八月,遇飓风,战船尽损,弃士卒十余万逃归。二十九年,奉命与段贞监浚通惠河。(0002 卷 177,0003 卷 112,0507 卷 21)

范文忠(1275~1345) 字焕章。元定海(治今浙江镇海)人。历任慈溪县巡检,歙县、庐陵县主簿,吴江州判官,沙县尹。(0152 卷 38,0877 卷 27,0062 卷 37)

范文秉 元任丘(今属河北)人。举于乡,授翰林国史院编修官。(0644 卷 22,0661 卷 6)

范文富 字润甫。元崇明(治今上海崇明东)人。世祖至元二十五年(1288)授运粮副千户,迁居昆山州(治今江苏太仓)。(0635 卷 5,0939 卷 9)

范心远 元人。有诗作传世。(0504 癸下)

范玉壶 宋元之际杭州人。散曲作家范居中之父。名儒。元初假卜术为业,居杭州三元楼前,每岁元夕,必以时事题于灯纸之上,杭人聚观,远近皆知父子之名。(0029 卷下)

范龙孙 字仲山。宋元之际金坛(今属江苏)人。宋末贡士。入元隐居不仕,自号硐谷居士。卒年八十余。(0631 卷 19)

范可仁 历任元宣慰使。撰有《释奠通载》、《通祀纂要》,皆不传。(1071 卷 3)

范仲杰 元安喜(治今河北定州)人。顺帝至正中任柏乡县尹。(0645 卷 4)

范仲谦① 元世祖至元年间任曲阳县尹。(0645 卷 4)

范仲谦② 元坚州(治今山西繁峙东)人。历任平阴县尹。(0721 卷 26)

范守中 元黄岩(今属浙江)人。博综群籍,才行高洁。书师法赵孟頫,州里碑碣,所书为多。(0031)

范观善 字思贤,号东皋隐者。元钱塘(治今浙江杭州)人。以医术济世,不求仕进。(0444 卷 1,0896 卷 196)

范寿昌 元朝城(治今山东莘县西南)人。顺帝至正年间任唐山县尹。(0647 卷 8)

范克昭 元人。有诗作传世。(0504 己上)

范谷英 元上蔡(今属河南)人。顺帝至正年间任河中知府。官至户部尚书、集贤学士。(0762 卷 5,0075 氏族典卷 452)

范应礼 元崇明(治今上海崇明东)人,范文富之子。任运粮百户,成宗大德八年(1304)解职。(0635 卷 5)

范完者 元仁宗延祐五年(1318)任秘书卿。(0027 卷 9)

范启之 元钱塘(治今浙江杭州)人,范晞文之子。历任无锡教授。(0276 卷 3)

范国宝 字谷保。元嘉兴(今属浙江)人。博学多才。赵孟頫荐于朝,历任提领、安抚使。(0896 卷 187)

范居中 字子正,号冰壶。元杭州人,范玉壶之子。散曲作家。学问该博。善操琴,能书法。(0029 卷下,0031 卷 7)

范思敬 元全椒(今属安徽)人。顺帝至正五年(1345),献治平十二策,未被采纳。遂隐居,自号棲谷子。有诗作传世。(0925 卷 60,1001 卷 12,0504 己下)

范秋蟾 元台州(治今浙江临海)戴氏妻。诗文琴棋书画无所不精,尤工音律。有诗作传世。(1143 卷 640,0033 卷 36)

范亭曲 字悦古。元人。进士不第,任江西廉访司掾。(0254 卷 7)

范庭玉 元保定(今属河北)人。善画墨竹。(0030 卷 5)

范祖干(? ~1385) 字景先,号柏轩。元明之际金华(今属浙江)人。许谦门徒。顺帝至正中任西湖书院山长,后辞归养亲。明初,郡上其孝行,立纯孝坊。(0419 卷 3,0890 卷 5,0075 学行典卷 172)

范致大 字德原。元崇德(治今浙江桐乡西南)人。寓居无锡。张士诚据吴,征召为儒学教授,不赴。有诗作传世。(0042 卷 10,0941 卷 16,0504 庚下)

范致恭 元汴梁(治今河南开封)人。文宗至顺三年(1332)任镇江路录事司判官。(0631 卷 16)

范致祥 元杭州人。历任镇江路儒学录。(0631 卷 17)

范圆曦(1178 ~1249) 号玄通子。金元之际宁海(治今山东文登)人。全真教道士。元太祖二十一年(1226),提点东平上清万寿宫。(0040 卷 4)

范祥卿 元庐陵(治今江西吉安)人。世祖至元年间任都昌县丞,深知民间疾苦,尽心抚治。(0622 卷 52,1011 卷 13)

范梦魁 元庐州(治今安徽合肥)人。成宗大德六年(1302),任丹徒县(治今江苏镇江)主簿。(0631 卷 16)

范鼎臣 历任元职方员外郎。有诗作传世。(0504 丁)

范晞文 字景文,号药庄。宋元之际钱塘(治今浙江杭州)人。宋末为太学生,以忤贾似道被流放琼州。元初历任江浙儒学提举、长兴县丞。致仕居无锡。著有《对床夜语》五卷。有诗作传世。(0504 乙,0201 卷 2,0167 卷 12,等)

范景文(1285 ~1343) 字焕卿。元真定(治今河北正定)人,范忠之子。文宗天历二年(1329),任松江府知事。顺帝至元四年(1338),除平江路推官,改任湖州路推官。后以杭州路治中致仕。(0152 卷 38)

范廉卿 元滦城人。顺帝至正十七年(1357),以荫补海盐芦沥巡检,精骑射,境内贩私盐者惮之。(0115)

范德郁 元潍州(治今山东潍坊)人。历任江浙行省理问、两浙转运使、刑部尚书。(0737 卷 5,0727 卷 9,0075 氏族典卷 452)

范忽都帖木儿 元成宗元贞元年(1295)任庆元路(治今浙江宁波)总管。(0633 卷 2)

茅义 字仲彝。元人。由蒙古译史任永丰县柘阳寨巡检。(0631 卷 19)

茅氏 元崇明(今属上海)人。成宗时,其夫朱虎坐罪籍没家产,茅氏被遣送京师,太医提点师甲欲妻之,誓死不从,因而获释。后托居永明尼寺。忧愤不食而卒。(0001 卷 200)

茅贞 元人。有诗作传世。(0504 辛下)

茅毅 字子刚。元广陵(今江苏扬州)人。有诗作传世。(0504 己下)

茅知微 元仙游(今属福建)人。撰有《至性书》,不传。(1081)

茅绍之　元文宗时刻碑名手，摹勒精妙。求赵孟頫书碑者，非茅刻，则不书。天历二年（1329）刻赵孟頫奉敕所书张留孙碑。（1143 卷 636）

昔剌①　元初以国信副使四次出使南宋，不辱使命。（0150 卷 14，0006 卷 65）

昔剌②　元泰定三年（1326）任衢州（今属浙江）路治中。（0897 卷 7）

昔班①　元畏兀儿人。阙里别斡赤之子。初为忽必烈藩府必阇赤（书记）长。世祖中统元年（1260），授真定路达鲁花赤，改户部尚书、宗正府札鲁花赤。至元间，海都叛，奉帝命出使海都处，使之罢兵。还，帝命为中书右丞，妻以宗王女不鲁真公主。次年，复出使招谕海都。还，年已七十，授翰林承旨。给全俸养老。卒年八十九。（0001 卷 134）

昔班②　元畏兀儿人。世祖至元二十二年（1285）十一月就任镇江路治中。（0631 卷 15）

昔班③（？～1295）　元成宗时，任佥江东廉访司事。饶州路达鲁花赤阿剌红、治中赵良不法，昔班与同僚季让受金纵之。事觉，自杀。（0001 卷 18）

昔班④　成吉思汗长子术赤第五子，白帐汗国创建者。元太宗元年（1229）秋，遵成吉思汗遗命，与诸王拥戴窝阔台即位。七年，随兄拔都西征。十三年，与拔都、速不台等进攻马札儿（今匈牙利），于漷宁河（今匈牙利东部索约河）大败马札儿国王军，攻掠马茶（今布达佩斯）等城。太宗后乃马真称制元年（1242），闻太宗死讯，随拔都回师。以随从拔都西征有功，领有拔都分与之咸海以北之地，为白帐汗国，奉拔都为钦察汗国之汗。宪宗元年（1251）秋，与拔都等诸王拥戴蒙哥为蒙古国大汗。（0008 卷 2）

昔力答　元宪宗时，位万户，率军略地碉门、黎、雅吐蕃等地。不久卒。（0001 卷 132）

昔不察　元乃蛮人，济南冠州新军万户府千户达鲁花赤末赤之父。（0011 卷 69）

昔列木　元蒙古人。蒙古军千户。世祖至元间，率部从征宋，屡立战功。（0001 卷 135）

昔李勃（1281～1343）　字天广，小字孛兰奚，元大名唐兀人。四世祖于元太祖攻西夏时，率先投降，奉命世守大名。勃幼年从乡先生学儒经，成人时膂力过人，善射。武宗至大初，被荐入宿卫。仁宗延祐初，任河南行省理问，四年（1317），任南台御史，次年，任江西行省理问。泰定二年（1325），隐退归家。晚年留意医药，编撰《秘方精选》惠赠他人，使用者多有效验。好读《通鉴》，评说古今事机，了如指掌。书法学颜真卿，遒劲得法。（0674 卷 10）

昔里吉　又译昔列吉、失烈吉、习列吉等。元宪宗第四子。世祖中统初，附阿里不哥。至元元年（1264），随阿里不哥归降元廷。四年，封河平王。八年，从北平王那木罕出镇阿力麻里（今新疆霍城西北）防御海都。十三年，与宗王脱脱木儿、撒里蛮等反，被奉为主，执那木罕及安童。次年，进攻和林（今蒙古哈尔和林），被元军击败。后叛王内讧，与撒里蛮等互相攻击。兵败，被执送元廷。十九年，流放南方海岛。后病死。（0002 卷 112，0008 卷 2）

昔宝赤①　元初为东武州节度使。（0645 卷 4，0075 氏族典卷 544）

昔宝赤②　元世祖时，为云南鹤庆知府。至元三十年（1293），奉命持玺书招谕农顺未附蛮寨。（0001 卷 17）

昔宝赤③　元仁宗延祐二年（1315）任奉化（今属浙江）州达鲁花赤。（0633 卷 3）

昔剌罕　元蒙古人。世祖至元十三年（1276）任镇江路达鲁花赤。（0631 卷 15）

昔都儿（？～1298）　元钦察人。父秃孙，隶蒙古军籍，以功授百户。世祖至元十年（1273），昔都儿代父为百户。十一年，攻宋，累功授管军总把。十四年，从讨叛王药木忽儿等。十七年，任侍卫军百户。二十四年，升为汉洞右江万户府达鲁花赤。率兵从镇南王脱欢侵安南，攻拔一字城。次年，击退安南军四万余阻击，遂得全师而归。二十六年，授炮手军匠万户府达鲁花赤。（0001 卷 133）

昔儿吉思　幼从元太祖西征，有战功。太宗时，从拖雷伐陕西。其妻为拖雷诸子乳母。（0001 卷 122）

昔里吉思①　元仁宗皇庆元年（1312）任西安县（治今浙江衢州）达鲁花赤。（0878 卷 2）

昔里吉思②　元蒙古克烈氏，勖实带祖，任炮手军千户，其子孙世领河南炮手军。（0011 卷 25）

昔里伯吉　元蒙古许兀慎氏。伯里阔不花之子。袭副都万户。（0551 卷 37）

昔里哈剌①　元世祖至元十六年（1279）任江南行台监察御史。（0632 卷 6）

昔里哈剌②（1249～1319）　元高昌畏兀儿人。世祖至元二年（1265）从安童丞相备宿卫。二十三年，出为建德路达鲁花赤。迁平滦路、杭州路达鲁花赤。三十年，任河南行省佥事。成宗元贞二年（1296）改江东宣慰使。大德九年（1305）拜甘肃行省左丞。仁宗延祐三年（1316），拜湖广行省平章。卒，追封秦国公，谥襄靖。（0334 卷 42）

昔里钤部（1181～1259）　西夏末元初人。唐兀昔里氏。元太祖时，率部降蒙古，从克沙、肃州。太宗时，随拔都西征，攻克斡罗思也里赞（今俄罗斯梁赞）城。后又攻克阿速篾怯思城。以功授千户，迁断事官。定宗元年（1246），升大名路达鲁花赤。宪宗九年（1259），从忽必烈

南征，供给军饷。病归，卒于家。（0001卷122）

昔剌不花　元顺帝元统元年（1333）任奉化（今属浙江）州达鲁花赤。（0634卷2）

昔剌斡脱　元世祖中统三年（1262），授隆兴府（治今河北张北）总管。至元七年（1270），因盗用官钱免职。（0001卷5、7）

昔里教化的　元河西（西夏故地）人，居镇江（今属江苏）。官至太尉、平章政事、魏国公。（0631卷19）

昔剌忙古带　元世祖即位初，为管军万户。奉命与万户郑鼎由平阳、京兆两路宣抚司签兵七千人，屯驻延安等处关隘。（0001卷4）

昔剌斡忽勒　元蒙古克烈氏。宪宗必阇赤（书记）长孛鲁合之父。太祖微时，其兄怯烈哥已深自结纳，后兄弟四人皆率部属归附太祖。太祖以旧交，遇之特异，命为必阇赤长，朝会燕飨，使居上列。（0001卷134）

昔班帖木儿　元顺帝时，为赵王位下同知怯怜口总管府事，其妻尝保育赵王。部落灭里叛，昔班帖木儿以其子观音奴服赵王衣冠居王宫，而亲自掩护赵王逃走，观音奴因而被杀。至正十八年（1358），诏授同知河东宣慰司事。（0001卷45）

昔剌僧迦里也　元泰定帝时爪哇国来元朝使臣。泰定二年（1325）闰正月，奉表及方物来朝贡。（0001卷29）

幸兴之　元云阳（今属四川）人。顺帝至正年间进士。（0075氏族典卷443）

杰烈　元蒙古人，广东宣慰使僧家讷曾祖。元初镇太原，谥襄毅。（0011卷32）

枣哈　元顺帝至元元年（1335）任浙东宣慰司同知。（0634卷1）

者台　又译哲台、哲歹。蒙古忙兀氏十二世纪八十年代，与其弟朵豁勒忽离札木合投附元太祖。太祖首次称汗后，兄弟俩均任小侍卫队箭筒士。多年为太祖忠勤效力。拖雷幼年被塔塔儿人合儿吉勒劫持，者台与者勒篾同杀合儿吉勒，救出拖雷。蒙古建国后，受封为第二十三位功臣千户长，并受命与巴剌同辅佐拖雷。（0009卷3、8、9、10）

者别　即哲别。

者卜客　又译哲不哥。蒙古札剌亦儿氏。木华黎之叔父。1196年元太祖征服主儿勤部后，随父兄归附太祖，成为哈撒儿之那可儿（亲兵、近侍）。1201年，太祖与札木合为首之十二部联盟军交战前，哈撒儿听从其献计，掠夺已归附太祖之弘吉剌部，以致该部投向札木合联盟，引起太祖对哈撒儿严厉责备。蒙古建国后，因其为哈撒儿亲信，多年辅佐哈撒儿，受封为第四十四位功臣千户长，仍受命辅佐哈撒儿。后太祖担心哈撒儿谋夺皇位，削夺其大部分领民。者卜客怕大祸临头，逃往巴儿忽真地区（在今贝加尔湖东南岸）。（0009卷4、8、10，0008卷1，0007）

者勒篾　即折里麦。

者燕不花　元人。教化子。初事仁宗为怯薛速古儿赤（掌服御者），英宗时为进酒宝儿赤（厨师）。文宗即位，为云都赤（带刀者），授兵部郎中，升兵部尚书、大司农丞。（0001卷123）

者该·晃答豁儿　又译也该·晃塔合儿、折该·晃脱合儿。蒙古雪干氏。其曾祖父斡黑答被元太祖四世祖敦必乃擒获为奴，从此以后斡黑答后裔世代为敦必乃后裔之奴婢。有二子，即太祖使者速客该·者温，背叛太祖投附王汗之脱斡邻勒。（0009卷3、6）

述律杰（？～1356）　又名铎尔直（朵儿只），字存道、从道，号鹤野。元契丹人。曾祖石抹氏居太原阳曲，从元太祖征战有功，授四川保宁万户，子孙世袭。杰袭职后，耻以石抹（义为奴婢）为姓，抗言于朝，得恢复述律（萧）之姓。泰定末，至京师上言屯耕便宜。文宗立，受命抚定晋冀关陕，又从平云南大理之乱。顺帝即位，授云南宣慰司都元帅。至正十五年（1355），以陕西参政守御潼关。次年九月，汝颍反元队伍攻破潼关，战死。（0147卷10，0001卷44、183，0852卷5，等）

述甲寿德　元女真人。世祖至元十三年（1276）任慈溪（今属浙江）县尹。（0633卷3）

述律哥图　又译失力哥、失儿古额秃等。蒙古八邻氏。伯颜之曾祖。原为泰赤乌部属民。泰赤乌部被铁木真（元太祖）击溃后，与其子阿剌、纳牙阿投附铁木真。蒙古建国（1206），受封为左翼千户长。太宗八年（1236），受封河间路临邑县五户丝户一千四百五十。（0001卷127、95，0008卷1）

郁遵　字子路。元嘉兴（今属浙江）人。元末任司农右丞。有诗作传世。（0504庚上，0537卷6）

郁继善　元医师。精于医术，为窦默再传弟子。（0073卷112，0072卷90）

奔子温（？～1354）　元安成（治今江西安福）人。顺帝至正七年（1347）中乡试乙榜，任教于建昌南城。十二年，掌南城启闭。（0294卷3）

奔清甫（1255～1326）　元安成（治今江西安福）人。隐居行医。（0150卷12）

奇三宝奴　字国善。元高丽人。顺帝至正二十五年（1365）由典宝太监迁任秘书卿。（0027卷9）

奇伯颜不花　元高丽人，一名辙。顺帝奇皇后兄。元末任辽阳行省左丞，进行省平章政事，加大司徒。其族人在高丽怙势骄横，为国人所疾。后归国探母，为高丽国王所杀、夷族。（0001卷44）

郑士凯　字友元。元台州(治今浙江临海)人。仁宗延祐二年(1315)任丽水县儒学教谕。四年,任两浙运司掾。顺帝至正十年(1350),累迁为泉州路知事。(0594 卷 12,0576 卷 10)

抹兀　元世祖至元间任茌平县(今属山东)达鲁花赤。(0730 卷 6)

抹汉　元世祖至元间任肥城县(今属山东)达鲁花赤,多惠政。(0721 卷 25)

抹札儿　元宗王。口温不花孙,灭里吉歹之子。(0001 卷 107)

抹速忽①(?~1382)　元回回人,阿合马第二子。其父当政时,任杭州达鲁花赤。阿合马败后,被杀于扬州。(0001 卷 10、12、205)

抹速忽②　元世祖至元二十八年(1291)任庆元路(治今浙江宁波)达鲁花赤。(0633 卷 2)

抹兀答儿　元蒙古克烈氏,肖乃台子。从世祖伐宋,征阿里不哥,皆有功。中统三年(1262),参与平定李璮叛乱,授提举本投下诸色匠户达鲁花赤。(0001 卷 120)

拓因　元乃蛮人,济南冠州新军万户府千户达鲁花赤末赤之孙。(0011 卷 69)

拓跋元善　元唐兀人。顺帝时历监象州(今属广西),升广西行省理问。至正二十四年(1364),选摄平乐府(治今广西平乐)达鲁花赤。(1102 卷 26)

拔辰　元蒙古珊竹氏,吾也而孙拔不忽之子。历任淮西廉访佥事。(0011)

拔实(1308~1350)　字彦卿。元蒙古克烈氏,居大都(今北京)。顺帝元统元年(1333)授燕南廉访佥事。历任翰林直学士、吏部尚书、浙东廉访使、大都路达鲁花赤、燕南廉访使,终河西廉访使。善行草书,师法晋人。有诗作传世。(0152 卷 25,0031 卷 7,0504 戊下)

拔都①(1208~1256)　又译巴秃、八都。元太祖长子术赤第二子。太宗七年(1235),召开大会,决定由各系宗王居长者率部西征钦察、斡罗思等国,由拔都统率全军,与太宗长子贵由(定宗)、拖雷长子蒙哥(宪宗)等同出征。八年,征服伏尔加河不里阿耳。九至十二年,征服钦察诸部、阿速及斡罗思诸公国。十三年,进攻波兰、匈牙利等国。次年,得太宗死讯,东归。后在伏尔加河下游建拔都萨莱城为都城,创建钦察汗国,其疆域东起额尔齐斯河,西至斡罗思。定宗死后,大力支持蒙哥夺得大汗之位。(0008 卷 2,0001 卷 2、3、121 等)

拔都②　元驸马。尚带鲁罕公主。(0001 卷 109)

拔不忽(1245~1308)　字仲清。元蒙古珊竹氏。吾也而孙。世祖中统三年(1262)授北京(治今内蒙古宁城西)转运司同知。后历任浙西按察使。至元十八年(1281)改淮东按察使。入为刑部尚书,未几,授江东宣慰使,以病目致仕,居真州、扬州间。(0558 卷 19,0003 卷 38,0002 卷 130)

拔都儿①(?~1297)　元阿速人。太宗时,蒙哥(宪宗)西征至阿速国,与兄兀作儿不罕、马塔儿沙率众降。后随从东来。世祖中统三年(1262),从征李璮,有战功。受命领阿速军千人,常居帝左右。后从攻宋,有功。至元二十三年(1286)授后卫亲军副都指挥使。次年,从征乃颜,擒其党金家奴而归。(0001 卷 132)

拔都儿②　元成宗时为客省使。(0001 卷 135)

拔都儿③　元蒙古人。英宗至治二年(1322)任丹阳县(今属江苏)达鲁花赤。(0631 卷 16)

拔都儿④　元宗室,太祖叔答里真后裔。封宁海王。仁宗延祐五年(1318),赐金印。(0001 卷 26、107)

拔都儿⑤　元康里氏,铁木儿塔识之子。袭领昔宝赤(养鹰人)。(0011)

拔都鲁　元蒙古人,元统元年(1333)进士护都不花曾祖。(0028)

拔思溥化　元偃师(今属河南)人。举进士。顺帝至正间任闻喜县(今属山西)达鲁花赤。有治声。(0691 卷 8,0700 卷 6)

拔突鲁海涯　元畏吾儿人,阿里海牙之子。(0011)

押不花　元文宗时,任翰林学士承旨。顺帝时,任知枢密院事。至正九年(1349),以司徒知端本堂事。(0001 卷 35、40、42)

押亦迷失　元世祖时,奉命至淮南招募无籍民户屯田,得一千四百三十六户,诏隶于东宫。(0001 卷 12、17)

拙赤哥(?~1262)　元蒙古人,按札儿子。入宿卫,从世祖伐宋。世祖即位后,从征李璮,战死。(0001 卷 122)

拙忽难　元汪古人,阔里吉思弟。尚赵国大长公主阿失秃鲁。成宗时,袭兄爵位,封高唐王。武宗至大元年(1308),改封鄃王。卒,谥忠襄。(0001 卷 22、108、118)

拙里不花　元汪古人。阿剌兀思剔吉忽里幼子孛要合第三子。(0001 卷 118)

拖雷(约 1190~1232)　元太祖第四子。太宗同母弟。宪宗、世祖之父。太祖八年(1213),随父攻金,攻掠河北、山东州县。十四年,随父西征花剌子模帝国,攻陷不花剌(今乌兹别克斯坦布哈拉)、撒麻耳干(今撒马尔罕),攻破马鲁(今土库曼斯坦马里)、你沙不儿(今伊朗内沙布尔),攻降也里(今阿富汗赫拉特)。二十二年,太祖死,继承蒙古本土牧地、军队,并监国二年。太宗三年(1231),率师攻金,出宝鸡,假道南宋境。沿汉水东下，至均州渡汉水北上。四年，大破金将完颜合达所率二十万金军于三峰山（今河南禹县南），金军精锐被歼殆尽。病死于北归途中。宪宗元年（1251），追谥英武皇帝，庙号睿宗。世祖至元三年（1266），改谥景襄皇帝。（0001 卷 115、1，0008 卷 1、2）

招三斤　又译招三听。元泰定帝时八百媳妇酋长招南通之子。泰定三年（1326）五月，奉南通遣，奉方物来朝。四年闰九月，八百媳妇招南通内附，授三斤为知木安府。（0001 卷 30）

招南通　元西南八百媳妇部落酋长。泰定帝时，遣子招三斤入贡方物，后屡献驯象等物品。泰定四年（1327），授蒙庆宣慰司都元帅。（0001 卷 30）

拨彻　元蒙古札剌儿氏。事太祖，为怯薛火而赤，又为博而赤（厨师），随军征伐，屡立战功。太宗时从征陇北、陕西，战死。（0001 卷 129）

拨绰　元宗室。拖雷庶子。骁勇善骑射。太宗时，率部从拔都西征，破钦察诸部有功，受赐"拔都儿（勇士）"之号。宪宗七年（1257），受封蠡州三千三百余户为食邑。（0001 卷 117）

软奴汪术　元世祖时，任乌思藏宣慰使。因尝赈管内兵站饥户，受到朝廷奖赏。（0001 卷 15）

欧兴　元初为永康县（今属浙江）达鲁花赤。（0881 卷 13）

欧狗（？～约 1293）　元世祖至元后叶福建漳州、汀州一带反元武装首领。二十八年（1291），被福建宣慰使高兴招降。未几，复反。三十年，福建平章彻里率兵讨之，有降者则慰遣之。未几，欧狗被其党缚致彻里军中，被斩首。（0001 卷 130、162）

欧复　字伯诚。元临川（今属江西）人。善古隶。元末避战乱，居于余干（今属江西）蒋山。（0031 卷 7，0295）

欧道　字性王，宋元之际宁乡（今属湖南）人。宋末举进士不第，隐居读书。元世祖至元书，阿里海牙改破潭州（今湖南长沙），欲屠城，道劝以勿杀。辟荆湖行枢宛院学书记，转中书省令火（0073 卷 63，0075 氏族典卷 591，0072 别附卷 3）

欧阳氏（？～1305）　宋元之际人。宋丞相文天祥之妻。（0203 诗集卷 3）

欧阳玄（1273～1358）　字原功，号圭斋。元浏阳（今属湖南）人。仁宗延祐二年（1315）进士。任芜湖县尹。县多疑狱，久不决，玄察其情，皆为平翻。后历任武冈县丞、国子监丞、翰林待制。文宗时任艺文少监，参与修《经世大典》。顺帝元统元年（1333），授翰林直学士，编修四朝实录。至正初，任翰林学士，修辽宋金三史，为总裁官，诸史官所撰稿，多由其改定，论、赞、奏、表，皆其属笔。升翰林承旨。玄六入翰林，朝廷册诰多出其手。著有《圭斋集》。（0001 卷 182）

欧阳永（1299～1381）　字存远。元吉水（今属江西）人。以荐为吉水州吏，选充榷茶运司奏差。元末战乱，不复仕。（0190 后集卷 10）

欧阳贞　字元春。元明之际分宜（今属江西）人。早年从揭傒斯、夏镇学，工古文。明初以《易经》魁江西乡试，授考城县主簿，改扶沟县主簿，后告老归。（0073 卷 131，0072 卷 83）

欧阳光　元顺帝时人。历任翰林学士。工书法，至正十四年（1354）尝书《武略将军大都路总管府判官宋侯墓碑》。（1143 卷 1343）

欧阳侁　字以大。元长乐（今属福建）人。隐居著述。（0902 卷 126，0076 卷 35）

欧阳南　元南康（今属江西）人。仁宗延祐五年（1318）进士，授兴国路录事。（0075 氏族典卷 591）

欧阳检　字伯恭。元庐陵（治今江西高安）人。有诗作传世。（0504 戊下）

欧阳道　字性之，宋元间潭州宁乡（今属湖南）人。宋恭帝德祐初（1275），举进士不第，隐居泉溪右岩。闻元将阿里海牙拔潭州（今长沙），将屠城，谒军门劝止杀。海牙深纳之，辟为荆湖行枢密院掌书记。迁中书省令史。卒于官。（0075 氏族典卷 591）

欧阳衡　字师尹。元吉水（今属江西）人。元末举进士，不仕，隐居山谷间。（0072 卷 82）

欧阳懋（1245～1307）　字勉翁。元新定（治今浙江建德东北）人。父祖世代业医，懋继承家学。世祖至元中，应征召至京，帝召见之，应对称旨，受赐宅院、食尚医禄。三十年（1293），奉旨从皇孙铁穆耳为侍医出镇和林。成宗铁穆耳即位后，历任集贤直学士、太医院副使、同佥太医院事。大德四年（1300），参与校定《圣济总录》。（0225 卷 17）

欧南喜　元世祖至元后叶广东反元武装首领。自封为王，并封其部属为丞相、招讨，众号十万。广东都转运盐使合剌普华与都元帅课儿伯海牙、宣慰都元帅白佐、万户王守信等分兵捡之。（0001 卷 193）

欧普祥　元黄冈（今属湖北）人。顺帝至正十一年（1351）从徐寿辉起兵反元，为元帅。十二年，进攻江西，攻占袁州，据之。二十年，以袁州城降于朱元璋。（0002 卷 227）

欧阳公瑾　字彦珍。元浏阳（今属湖南）人。欧阳玄从弟。工诗词。顺帝至正间历任浙东宣慰司都事，丁忧归，未几卒。有诗作传世。（0158 卷 24，0504 己下，0033 卷 24）

欧阳龙生（1252～1308）　字成叔。宋元之际浏阳（今属湖南）人。欧阳玄父。宋末为太学生。元世祖至元三十年（1293），以荐授文靖书院山长。后改浏

阳州儒学教授，迁任道州路儒学教授。(0153 附录，0071 卷 88)

欧阳达老(1319～1340)　元浏阳(今属湖南)人。欧阳玄之子。国子生。(0250 卷 68)

欧阳所贵　元人，欧阳玄之侄。善画梅，玄为题诗。(1143 卷 1343)

欧阳齐贤　元徽州路(治今安徽歙县)推官。(0972 卷 4)

欧阳应丙　字南阳。元新喻(治今江西新余)人。以荐授翰林检阅。后历任天临路(治今湖南长沙)经历。有诗作传世。(0225 卷 15，1015 卷 7，0504 已上)

欧阳佑持　字公辅。元浏阳(今属湖南)人。欧阳玄之孙。顺帝至正十二年(1352)授湖广宣慰司照磨。后入朝为侍仪司通事舍人。(0072 卷 82)

欧阳诚复　元衡山(今属湖南)人。居丧庐墓。诏旌表其门。(0001 卷 197)

欧阳起鸣　元进士。撰《论范》二卷，杂取经史诸子之语为题，各系以论，凡六十篇。(0072 别附卷 3)

欧阳朝初　元万载(今属江西)人。文宗至顺元年(1330)进士，授瑞州路(治今江西高安)录事。后历任通山、龙南二县知县。(0075 氏族典卷 591)

欧阳完泽都　元上元县(治今南京)知县。(0632 卷 6)

郅朗　元洺州肥乡(今属河北)人。仕至武安县尹。练达吏事，有政声。(0622 卷 28，0691 卷 8，0762 卷 10)

势都儿　又译失都儿。元宗室，移相哥孙，袭封地。世祖至元二十四年(1287)，与乃颜同反。遣其将铁哥率军取咸平府(治今辽宁开原北)，渡辽河，欲取豪、懿二州。宣慰使塔出与皇子爱牙赤合兵，出渖州进讨，宣慰使亦儿撒合分兵趋懿州。势都儿军大败。后悔罪降。世祖免其罪。子八不沙袭位。大德十一年(1307)封齐王。(0002 卷 105，0003 卷 22，0001 卷 14)

拉施特　(Rashid al～Din Fadi Allah，1247～1318)，又译拉失德丁。伊利汗国宰相，《史集》的主编者。生于哈马丹(在今伊朗境)。一说祖先为犹太人。1298～1316 年，任合赞汗、完者都汗两朝宰相。1317，不赛因汗即位，被黜去官。次年，被诬处死。主编《伊利汗的中国科学宝藏》，介绍中医、中药知识于波斯。另有《书信集》传世。(0008 卷 1)

叔平　名隆，元僧，住湖州道场。日本僧友梅求法而来，掌经藏于座下。仁宗时与友梅相继被日本人逮入雪川之狱，死于狱中。友梅后被释，痛叔平为己株连，画肖像祀之。(1144 卷 353)

叔丹　元别失八里畏兀儿人，孟速思之子。历任吉州路达鲁花赤。(0011 卷 40)

叔鲁嵬　元文宗天历二年(1329)任奉化(今属浙江)州同知。(0634 卷 2)

卓琰　元三山(今福建福州)人。至大四年(1311)任庆元路(治今浙江宁波)儒学教授。(0633 卷 2，0902 卷 72)

卓马儿　元回回人，居镇江(今属江苏)。成宗大德元年(1297)至四年任镇江路达鲁花赤。官至婺州路(治今浙江金华)达鲁花赤。(0631 卷 15、19)

卓元壁　元人。有诗作传世。《元诗选癸集》收有其诗。(0504 癸上)

卓成大　字器之。元嘉兴(今属浙江)人。其祖先闽人，故名其轩曰荔轩。顺帝至正中任嘉兴路儒学教授。(0444 卷 2，0537 卷 5)

卓思诚　元邹县(今属山东)人。顺帝至正二年(1342)任江南行台监察御史。后累官益都路总管。十六年，迁任福建行省参政。(0632 卷 6，0001 卷 97)

虎秉　元河内(治今河南沁阳)县尹，性刚果，决事明敏。(0765 卷 8，0761 卷 25，0075 氏族典卷 417)

虎都　元顺帝至正元年(1341)任浙东廉访司佥事。(0634 卷 1)

虎益(1237～1299)　元唐兀人。以其祖名虎为姓。世祖中统三年(1262)，从讨李璮有功。后从李恒攻宋，凡定江西州七、福建州三、广东州十四。押送文天祥至大都(今北京)。积功擢为龙兴路(治今江西南昌)达鲁花赤，历迁抚州、袁州、徽州三路达鲁花赤。(0145 卷 14，0002 卷 166)

虎里台　元时人华迦叶弥儿(今克什米尔)人，伽乃氏，铁哥子。仕为真定路总管府同知。(0001 卷 125)

虎秃思　元康里人。脱脱曾祖。后以曾孙显贵，追封为王。(0225 卷 3，0011 卷 62)

虎伯恭　元西域人，居杭州。散曲作家。与弟伯俭、伯让以孝义相友爱，日以考经研史为事，发明性理之学。诗学韦、柳，书法献、羲。与《录鬼簿续编》作者为忘年交，常买舟载酒，作湖山之游。(0029 续编)

虎林赤　元哈剌鲁氏，居河南。顺帝时，为察罕帖木儿部将，从定河南、山东，皆有功。察罕死，复隶属于其养子扩廓帖木儿，率兵与陕西军阀李思齐、张良弼作战。(0001 卷 45、47、141，0698 卷 3、9)

虎理翰(1306～?)　字仲桓。元蒙古弘吉剌氏，居渭南(今属陕西)。顺帝元统元年(1333)进士，授翰林应奉，转光禄寺主事。(0028 卷上，0801 卷 26，0819 卷 16)

虎笃达尔　字仲亨，元蒙古人，居济宁(治今山东巨野)。顺帝至正十一年(1351)状元朵列图之兄。至正十一年，

以国子学试贡第一名赐进士出身。十五年,任绛州同知。(0551 卷 39,1156)

虎都不花　元契丹人。姓耶律。一名文炳,耶律绵思哥曾孙。仕为湖州路同知。(0001 卷 150)

虎忽帖木耳　元顺帝至正间任东昌路(治今山东聊城)达鲁花赤。(0730 卷 6)

虎笃铁木耳　元蒙古人,居馆陶(治今山东冠县北)。顺帝至正中,任襄陵县(治今山西临汾西南)达鲁花赤,有治绩。(0700 卷 6)

虎都铁木禄　元哈剌鲁氏。铁迈赤之子。好读书、与学士、大夫游,字汉卿。母刘氏。故人称刘汉卿。世祖至元十一年(1274),从伯颜攻宋。宋帝降,奉遣视宋故宫室,护帑藏。谕下明、越等州。二十二年,授荆湖占城等处行省理问官。二十三年,从镇南王脱欢征安南。成宗时,任湖南宣慰副使,奉诏谕降峒酋岑雄。后历任河南行省郎中、同佥枢密院事、礼部尚书、兵部尚书。仁宗延祐三年(1316),浙东倭人商舶贸易致乱,奉命宣慰闽、浙,抚戢兵民。(0001 卷 122)

尚　(1290 ~ 1362)　字希古。元僧人,嘉兴(今属浙江)浦氏子。顺帝至正十年(1350)住持杭州高丽寺。(0418 卷 11)

尚文(1236 ~ 1327)　字周卿。元保定(治今河北文安西北)人。世祖至元六年(1269),以刘秉忠荐,与诸儒制订朝仪。次年,擢右直侍仪使。转司农都事。十七年,出守辉州,平反冤狱二起。后历任御史台都事、湖北廉访使、侍御史等职。成宗大德元年(1297),为河北河南廉访使,黄河决口,建言防河之策。七年,任中书左丞,赈济浙西、山东灾民,奏请遣十道使者巡行天下,问民疾苦,又奏斥罢江南白云宗。次年,告老归。武宗、仁宗时,屡延致,访以国事。延祐六年(1319),起为太子詹事。泰定三年(1326)致仕。(0001 卷 170)

尚质　元蒲城(今属陕西)人。登进士第,授兴元路(治今陕西汉中)录事。(0801 卷 26)

尚经　字彦昭。元东平(今属山东)人。顺帝至正十六年(1356)任秘书监管勾。(0027 卷 9)

尚杰　字英甫。元固安州判官。(0671 卷 4)

尚雨　字仲彬,元山阴(今绍兴)人。善画山水、杂画。画松石,师法郭熙。所画墨竹,潇洒可爱。(1143 卷 512)

尚野(1244 ~ 1319)　字文蔚。元保定满城(今属河北)人。世祖至元十八年(1218),征为国史院编修官。后出为汝州判官,廉介有为。迁南阳县尹。成宗时任国子助教,升国子博士,诲人先经学而后文艺。武宗时,任国子司业。仁宗时,授翰林直学士,升侍讲学士,后改集贤侍讲学士兼国子祭酒。卒,谥文懿。(0001 卷 164)

尚斌　元成宗大德七年(1303)任西安县(治今浙江衢州)典史。(0878 卷 3)

尚从善　字仲良。元大名(今属河北)人。历任太医院太医、御诊太医、上都惠民司提点、江浙医学提举。撰有《伤寒纪玄妙用集》十卷(1311 年成书)、《本草元命苞》九卷(1331 年成书)。取张仲景、朱肱学说绘成《十图》。(1149 卷 210 ~ 212,1101 卷首,0495 卷 17)

尚才英　字世杰。元世祖至元末由枢密院掾出任章丘县尹,廉正有惠爱。(0721 卷 25,0735 卷 10、21)

尚仲贤　元真定(治今河北正定)人。尝为江浙省务提举。元杂剧作家。撰有杂剧《柳毅传书》|《尉迟恭三夺槊》、《诸葛论功》、《陶渊明》、《秉烛旦》、《越娘背灯》、《王魁负桂英》、《张生煮海》、《崔护谒浆》、《濯足气英布》。(0029 卷上)

尚师易　元保定满城(今属河北)人。尚野之子。官至蓟州路总管府判官。(0001 卷 164)

尚师简　字虞仲。元满城(治今河北满城西)人,尚野之子。以荐为大都(今北京)路学正。累迁为监察御史。顺帝至正初为奎章阁侍书学士。谥文肃。(0649 卷 34)

尚克和　元保定(今属河北)人。英宗至治元年(1321)进士。文宗天历二年(1329)任南台御史。仕至宝源库提举。(0632 卷 6)

尚时中　字宗圣。元同州(治今陕西大荔)人。顺帝至正二年(1342)任河东廉访使。(0806 卷 11)

尚家奴(? ~ 1330)　早年为元明宗侍从,任中政使、周王常侍府常侍,从明宗出镇云南,参加关陕之变,逃奔西北。天历元年(1328),从明宗南下即位,复任中政使,加授开府仪同三司,典宿卫。文宗时,与知枢密院事阔彻伯等密谋政变,事泄被杀。(0001 卷 31、34)

呵剌卜花　元顺帝至正八年(1348)任奉元路(治今陕西西安)达鲁花赤。(0554 卷 26)

呵哩禅波哩揭　元扶州(治今甘肃文县)人,为当地羌人酋长。世祖初年,通过元将赵国宝归顺元廷,并随国宝至中央朝见。诏授万户之职,赐金虎符,所部羌人酋长皆授千户。(0001 卷 121)

呼延谌　元世祖至元三十一年(1294)任江南行台监察御史。(0632 卷 6)

呼延瑞　元仁宗延祐年间任金溪(今属江西)县尹。(1025 卷 35)

呼延自起　元榆社(今属山西)人。进士。历任学士。(0075 氏族典卷 567)

呼延彦玉　元赵州(治今河北赵县)人。世祖至元中以省掾为高邑(今属河北)

知县。(0645 卷 4、5，0075 氏族典卷 567)

帖马 元文宗天历元年(1328)任定海县(治今浙江宁波镇海)达鲁花赤。(0634 卷 2)

帖牛 元英宗至治元年(1321)任江南行台监察御史。(0632 卷 6)

帖术 元蒙古人。任温州路达鲁花赤。福建反元武装来攻，与县尉王楚山抗御至死。(0896 卷 156)

帖赤(? ~1264) 元蒙古塔塔儿氏。帖木儿不花之父。太宗七年(1235)，同都元帅塔海绀卜率军入蜀。次年，攻下兴元、利、剑、成都。世祖中统二年(1261)，任行枢密院事，率诸军略定西川未下郡邑。至元元年(1264)，迁益都等路统军使，死于军中。(0001 卷 132)

帖住① 元顺帝时，任吏部尚书。元统二年(1334)，奉命出使安南(今越南)，颁赐《授时历》。(0001 卷 38)

帖住② 元官员，历任平章政事，顺帝元统间卒。(0001 卷 197)

帖陈 元英宗时，任称海屯田万户府达鲁花赤。泰定元年(1324)，假授岭北行中书省参知政事，出使西域诸王不赛因部。(0001 卷 29)

帖驴 元世祖至元二十五年(1288)任江南行台监察御史。(0632 卷 6)

帖哥① 元太宗时，率兵从诸王撒礼塔伐高丽，为副将。宪宗、世祖时，任管军元帅，从征四川。(0001 卷 153、154、165)

帖哥② 元仁宗延祐二年(1315)任江南行台治书侍御史。(0632 卷 6)

帖哥③ 元仁宗延祐三年(1316)任江南行台监察御史。(0632 卷 6)

帖哥④ 元顺帝至正间任秘书监典簿。(0027 卷 9)

帖哥⑤ 元蒙古捏古斛氏，居永丰(今属江西)。文宗至顺元年(1330)状元笃列图族弟。顺帝至正五年(1345)进士。历任朔州同知。(0296 卷 3)

帖木儿① 元世祖近臣。中统元年(1260)四月，奉旨与李舜钦等考课各路诸色工匠。(0001 卷 4)

帖木儿② 元世祖至元十一年(1274)，为万户，从丞相伯颜伐宋，破宋兵于沙洋、新城。十三年，与撒里蛮、张弘范等讨平温州、福建等地。(0001 卷 8、127、131)

帖木儿③ 元世祖至元十二年(1275)正月，为右卫指挥副使，奉旨与右卫指挥副使郑温、唐古率卫军万人戍黄州(今属湖北)。(0001 卷 8)

帖木儿④ 元蒙古弘吉剌氏。按陈之子。尚世祖女囊家真公主。至元十八年(1281)，袭万户。二十四年，从帝亲征叛王乃颜，以功封济宁郡王。次年，与诸王及玉昔帖木儿等率兵讨叛王哈丹，由龟剌儿河(今归流河)与哈丹等遇，转战至恼木连河(今嫩江)，歼其众。帝赐名按答儿秃那颜，以旌其功。(0001 卷 118、109)

帖木儿⑤ 元世祖至元二十八年(1291)任清丰县(今属河南)达鲁花赤。(0654 卷 4)

帖木儿⑥ 元泰定间任高平县(今属山西)知县。(0694 卷 5)

帖木儿⑦ 元诸王。文宗天历二年(1329)五月，封保德郡王。(0001 卷 31)

帖木儿⑧ 元顺帝至正二十四年(1364)至二十五年，任中书左丞。(0001 卷 42、194)

帖木儿⑨ 元顺帝至正二十六年(1366)任榆次县(今属山西)知县。(0705 卷 4)

帖木儿⑩ 元顺帝至正间任武宁县(今属江西)达鲁花赤。至正十二年(1352)死于兵难。(1012 卷 15)

帖木儿⑪ 元顺帝时，任宣徽使，率兵驻南阳，与红巾军作战，败死。(0001 卷 42、194)

帖木儿⑫ 元顺帝至正间任福建行省参政。能诗，有诗作传世。(0504 己上)

帖木儿⑬ 元高昌(治今新疆吐鲁番东)人。平章买住侄。元末任昌国州(治今浙江舟山)达鲁花赤，海盗来攻，战死。(0296 卷 2)

帖木儿⑭(1336 ~1405) 元末明初蒙古八鲁剌思氏。曾任东察合台汗国河中总督之参赞。1364 年举兵反。1370 年灭西察合台汗国，建都撒马尔罕，开创帖木儿王朝。80 年代征服花剌子模、伊利汗国。90 年代北上攻掠金帐汗国，南下侵掠印度北部，焚掠德里。1402 年大败奥斯曼土耳其，俘其苏丹巴耶塞特一世。1405 年率大军二十万，拟东征明朝，途中病死罢兵。(0003 卷 141，0002 卷 228)

帖木儿⑮ 元蒙古塔塔儿氏，居莱州。顺帝元统元年(1333)进士察伋之父。(0028)

帖木儿⑯ 元宗王。别里古台曾孙，广宁王爪都之子。(0001 卷 107)

帖木儿⑰ 即赵国安。

帖木干 元蒙古亦乞列思氏，孛秃孙，驸马不花之父。(0011 卷 17)

帖木伦① 元公主。太祖之妹。嫁蒙古亦乞列思部首领昌忠武王孛秃驸马。先于孛秃死。后追封昌国大长公主。(0001 卷 109、118)

帖木伦② 元太祖后妃之一。住大斡耳朵。(0001 卷 106)

帖木伦③ 元蒙古弘吉剌氏。霸突鲁之妻,安童之母。世祖察必皇后之姊。(0001 卷 119、126)

帖木哥① 元武宗至大元年(1308)任江南行台监察御史。仁宗延祐三年(1316)任南台治书侍御史。(0632 卷 6)

帖木哥② 元泰定帝时,任山南廉访使。泰定二年(1325),上疏请削降前御史大夫铁失所用骤升官。(0001 卷 29)

帖木哥③ 元顺帝至正六年(1346)至七年,任中书平章政事。(0001 卷 113)

帖木哥④ 号中斋,元乃蛮人。顺帝时,任江南行台御史大夫。至正十二年(1352),改授甘肃行省平章政事。(0001 卷 42、140)

帖木真 即元太祖。

帖古伦 元蒙古弘吉剌氏。按陈孙脱怜之女。为世祖皇后,守大斡耳朵(行宫)。(0001 卷 106、118)

帖必烈 元宗王。太宗孙,阔端之子。(0001 卷 107)

帖坚干 (见贴里干)。

帖里干 又译帖坚干。元蒙古亦乞列思氏。孛秃之子。为驸马,尚昌国大长公主亦乞列思;继尚昌国大长公主茶伦。(0001 卷 109)

帖良台 又译帖里哥歹。元西北叛王海都部将。世祖至元末年,与元将玉哇失战于亦必儿失必儿(吉尔吉斯以北西伯利亚广大地区)之地,屡败。成宗大德元年(1297),与元将床兀儿战于八邻部牧地之南答鲁忽河(塔拉河),阻水而军;被床兀儿大败。(0001 卷 132、128)

帖林沙 元顺帝至正二十五年(1365),拜中书参知政事。二十六年,升左丞。二十七年,升平章政事。建议皇太子爱猷识理达腊立大抚军院,任知抚军院事。二十八年抚军院罢,被免职。(0001 卷 46、47、113)

帖哥术① 即帖哥术探花爱忽赤。

帖哥术② 元畏兀儿人,世祖至元二十六年(1289)正月至二十八年十二月任镇江路达鲁花赤。(0631 卷 15)

帖哥台 元康里人,明安之子。初为昭勇大将军、贵赤亲军都指挥使司达鲁花赤。后改充万户,升中卫亲军都指挥使,加银青荣禄大夫、平章政事。(0001 卷 135)

帖哥紬 元宪宗近臣。宪宗二年(1252)十二月,奉旨掌帑藏。(0001 卷 3)

帖木儿赤 元宗室,太宗子灭里后裔。文宗时,袭封阳翟王。(0001 卷 35、36、107)

帖木列思① 元蒙古人。文宗至顺三年(1332)任镇江路真定翼上千户所达鲁花赤。(0631 卷 17)

帖木列思② 字周贤,元康里氏,回回之子。顺帝至元六年(1340)荫授秘书监丞。至正九年(1349)由河南廉访佥事升温州路达鲁花赤。十三年,改任杭州路总管。迁江南行台治书侍御史。(0573 卷 2,0871 卷 33,0882 卷 9,0027 卷 9)

帖木补化(? ~1358) 又译帖漠补化。元蒙古人,居龙兴(今江西南昌)。顺帝至正二年(1342)进士,授龙兴路录事。历任瑞昌、桐城二县达鲁花赤。至正中,任淮西都元帅府都事,从余阙守安庆。至正十八年,天完红巾军陈友谅部攻安庆,城破被杀。(0001 卷 143,1012 卷 17,0925 卷 39)

帖木迭儿① 元宗王。铁木哥斡赤斤之孙,只不干之子。(0001 卷 107)

帖木迭儿② 元帝近臣,昔儿吉思曾孙,迭只(蒙语意为第一)斡耳朵千户、宣徽院使撒里蛮之子。袭迭只斡耳朵千户,累迁宣徽院使,遥授左丞相。(0001 卷 122,0011 卷 93)

帖木迭儿③ 元哈剌鲁王族,顺帝外祖父。追封威宁王。(0011 卷 87,0152 卷 7)

帖木海牙 元畏兀儿人。世祖至元二十五年(1288)二月就任丹徒县(治今江苏镇江)达鲁花赤。(0631 卷 16)

帖木脱斡 元蒙古塔塔儿氏。帖赤之子,帖木儿不花之兄。初以蒙古军千户从攻四川有功,升万户。世祖至元中,率四千户军从诸军攻重庆。重庆降,收其众,攻下游诸城,留镇夔门。迁嘉定守镇万户、本路达鲁花赤。未几,升诸蛮夷部宣慰使、都元帅。与岳剌海会合云南兵讨平亦奚不薛(今贵州毕节地区)反元起事。后改任征缅都元帅,死于军中。(0001 卷 132)

帖古迭儿① 元成宗大德九年(1305)为江浙行省左丞相。(0014 卷 8)

帖古迭儿② 元蒙古默而吉台氏,顺帝至正初翰林承旨脱脱之父。历任吴县达鲁花赤。(0011 卷 30)

帖古迭儿③ 字元卿,元蒙古珊竹氏,袭徽泰万户府达鲁花赤,镇压反元队伍有功,升福建宣慰使。(0283 卷 6)

帖里哥赤(? ~1365) 元顺帝末,任利用少监。权臣孛罗帖木儿发兵进京,继而攻打上都,先遣帖里哥赤至上都招谕,为上都分省右丞达理麻失理所杀。(0001 卷 145)

帖里海涯 元成宗大德间任新城(今属河北)知县。(0668 卷 5,0649 卷 30)

帖里脱欢 元世祖至元二十九年(1292)任江南行台监察御史。(0632 卷 6)

帖里越实　元人。能诗，有诗作传世。(0504 戊下)

帖里答来　元顺帝至正七年(1347)任瑞州路(治今江西高安)达鲁花赤。(1016 卷 14)

帖卜腾格理　蒙古晁合丹氏巫师阔阔出之尊称，意为天使。明里也赤哥之子。元太祖即位前，帖卜宣扬曰长生天命铁木真(元太祖)为普天下之汗。太祖即位，帖卜献上成吉思汗之尊号。后因与太祖家族争夺权势、百姓，被处死。(0008 卷 1，0009 卷 10)

帖木儿不花①　元蒙古塔塔儿氏。帖赤之子。世祖中统初，入备宿卫。至元七年(1270)，代张马哥为淄莱水军万户，率其众赴襄阳，大败宋将范文虎军。十一年，改任益都、淄莱新军万户，从伯颜攻宋，败宋将夏贵于阳罗堡。又从下鄂、黄、建康、常、苏、杭等郡。后从阿剌罕略定温、台、福建。十六年，追击宋将张世杰。世杰死，降其众数千。以功授江西左丞。二十五年，升四川平章。(0001 卷 132)

帖木儿不花②　元人。世祖至元二十四年(1287)任江南行台监察御史。(0632 卷 6)

帖木儿不花③　元世祖至元二十七年(1290)任江南行台监察御史。(0632 卷 6)

帖木儿不花④　元英宗至治二年(1322)任林州(治今河南林县)知州。(0788 卷 4)

帖木儿不花⑤　元英宗时，任宣徽院使。曾参与铁失等谋杀英宗事件。泰定帝即位，获赦免。(0001 卷 29)

帖木儿不花⑥　元宗室，梁王王禅子。泰定元年(1324)，因王禅改封梁王，袭父职，封云南王。(0001 卷 29、107、108)

帖木儿不花⑦(1286～1368)　又译铁木儿不花。元宗王。世祖孙，镇南王脱欢第四子。继其兄老章、脱不花之后，泰定三年(1326)嗣为镇南王。文宗天历二年(1329)，让镇南王位于其侄孛罗不花，改封宣让王，移镇庐州(治今安徽合肥)。顺帝初年，伯颜擅权，遭贬谪；及脱脱任相，复还镇。至正十二年(1352)，镇压庐州境内农民起义。十六年，调芍陂屯军对抗渡淮之农民军。庐州城破，奔大都(今北京)。二十七年，进封淮王。次年，顺帝北奔，留为监国，守大都。城破，被杀。(0001 卷 117)

帖木儿不花⑧　元泰定帝时，任翰林侍讲学士。泰定二年(1325)，充京畿道奉使宣抚。(0001 卷 29)

帖木儿不花⑨(？～1330)　元文宗时，任云南行省平章政事。至顺元年(1330)，云南万户伯忽等举兵叛，罗罗诸蛮响应，被杀。(0001 卷 34)

帖木儿不花⑩　元文宗时，任八番顺元(今贵州惠水、长顺、贵阳一带)宣慰使。至顺元年(1330)，授云南行省左丞，率兵从豫王阿剌忒纳失里进讨云南叛乱。(0001 卷 34、35、36)

帖木儿不花⑪　元顺帝元统元年(1333)任定海县(治今浙江宁波镇海)达鲁花赤。(0634 卷 2)

帖木儿不花⑫(？～1338)　字仲彬。顺帝初年为湖南廉访使。后官至御史大夫。(0254 卷 13)

帖木儿不花⑬　元顺帝时，任陕西行台监察御史。至元二年(1336)建言陕西盐法事宜。(0001 卷 97)

帖木儿不花⑭　元唐兀人。顺帝至元元年(1335)起，任江南行御史台管勾。(0632 卷 6)

帖木儿不花⑮　元蒙古珊竹氏。顺帝至元四年(1338)任江南行御史台经历。(0632 卷 6)

帖木儿不花⑯　元唐兀人。顺帝至元四年(1338)起，任江南行台监察御史。(0632 卷 6)

帖木儿不花⑰　元唐兀人。顺帝至元五年(1339)起，任江南行台监察御史。(0634 卷 6)

帖木儿不花⑱　元蒙古弘吉剌氏。顺帝至元六年(1340)任江南行台监察御史。(0632 卷 6)

帖木儿不花⑲元顺帝至元六年(1340)任鄞县(治今浙江宁波)达鲁花赤。(0634 卷 2)

帖木儿不花⑳　元顺帝至正末，为广西廉访司佥事。至正二十八年(1368)，明兵破静江(今桂林)，自杀死。(0075 官常典卷 735，0020 卷 124)

帖木儿不花㉑　元钦察伯岳吾氏，土土哈之子。历任建康、庐、饶等处哈剌赤户达鲁花赤。(0011 卷 74)

帖木儿不花㉒　元蒙古察哈札剌亦儿氏，忙哥撒儿之子。(0011 卷 6)

帖木儿不花㉓　元蒙古塔塔儿氏，江浙左丞相忙兀台之子。(0011 卷 27)

帖木儿不花㉔　元乞失里台氏，顺帝元统元年(1333)进士朵列图祖。(0011 卷 34)

帖木儿不花㉕　元畏兀儿人，孟速思之子，生母为畏兀儿氏八撒术。官至翰林学士承旨。(0011 卷 39，0225 卷 6)

帖木儿不花㉖　汉名刘正卿。元蒙古人，家贫至孝。顺帝至元间为侍正府都事，廉直寡交，与杨瑀交情甚深。至正初拜监察御史而卒。(0102)

帖木儿不花㉗　元宗王。别里古台子口温不花次子翁吉剌歹后裔。广宁王浑都帖木儿之弟或子。顺帝至正十四年

(1354)正月,袭封广宁王。(0001 卷 43,0003 卷 148)

帖木儿不花㉘　又译帖木儿补化。元畏兀儿王族,纽林的斤长子。成宗大德中,尚公主。武宗至大中,从父入觐,备宿卫。出为巩昌等处都总帅达鲁花赤。仁宗延祐五年(1318)父死,嗣为亦都护高昌王。泰定帝时,任湖广行省平章。文宗天历间,历任知枢密院事、中书左丞相、御史中丞。顺帝至元中,与剡王彻彻秃等被伯颜丞相杀害。(0001 卷 33、122,0147 卷 24,0412 卷 6,0101 卷 8)

帖木儿海牙　元高昌畏兀儿人。历南海县尉、廉访司译史。顺帝至正二十一年(1361)任梧州同知。卒于官。(0506 卷 2342)

帖木儿脱因　元顺帝元统二年(1334)任鄞县(治今浙江宁波)达鲁花赤。(0634 卷 2)

帖木秃古思　元钦察氏,江浙平章完者都之子。袭高邮万户府达鲁花赤。(0011 卷 75)

帖古思不花①　元宗室。泰定三年(1326),封武平王。(0001 卷 30、108)

帖古思不花②　以勇力知名。元顺帝至正二十五年(1365),参与刺杀权臣孛罗帖木儿行动,因功拜中书平章政事。(0001 卷 46、113)

帖里帖木儿　字文彬,元高昌畏兀儿人。顺帝至正十二年(1352),由中书参政出任江浙左丞。十五年,拜中书平章政事。十七年,改御史大夫。不久复任中书平章,又出为陕西行省左丞相。二十七年,拜太尉、中书添设左丞相、知大抚军院事。(0001 卷 44、45、47,0575)

帖哥火鲁赤　又名大答火鲁。元宪宗时,任都元帅,统兵征四川。(0001 卷 131、135)

帖理帖木儿　元顺帝至正十二年(1352)任中书参知政事,不久出为江浙行省添设左丞,总兵讨方国珍。十三年,招谕国珍使降。十四年,国珍复叛,因而受御史弹劾,免职。(0001 卷 42、43、113)

帖列格秃伯颜　蒙古札剌亦儿部札惕氏长老,木华黎祖父。初,依附于主儿勤部。1196 年元太祖征服主儿勤部后,其长子孔温窟哇(古温兀阿)将二子木华黎、不合送与太祖做门内奴婢,次子赤剌温·孩亦赤也将二子统格、合失送与太祖为奴。其第三子者卜客则投附哈撒儿。(0009 卷 4)

帖哥术探花爱忽赤　简称帖哥术,元畏兀儿人。八思忽都探花爱忽赤之子。脱力世官之父。宪宗时,受命为渴密里(今新疆哈密)、曲先(今新疆库车)诸宗藩之地长官。世祖即位,浑都海、阿蓝答儿叛,被执械系。破械脱走,入觐帝,奉命率所部兵征之,有功。又奉旨从皇子奥鲁赤讨平建都(今四川西昌一带),升罗罗斯副都元帅、同知宣慰司事。至西蕃境,酋长必剌充遮道;战却之,道遂通。后卒于官。(0001 卷 133)

旺出儿监藏(? ~1325)　元吐蕃人。历任元英宗、泰定帝两朝帝师。英宗至治二年(1322),以原帝师公哥罗古思监藏班藏卜返吐蕃受具足戒,并处理吐蕃事务,帝师位缺,九月,由吐蕃僧高主瓦迎旺出儿至大都,代摄帝师职。泰定元年(1324)二月,主持为元廷作佛事,六月,泰定帝受戒于旺出儿。次年卒。(0001 卷 29、202)

明本(1263 ~1323)　号中峰。元僧,杭州路新城县(治今浙江富阳西南)孙氏子。从释原妙学,继主天目山狮子院。后避名山师席之聘,出游四方,所至结庵,皆名幻住庵。元廷赐号佛慈圆照广慧禅师,欲召见,终不一至。工诗,尝和冯子振梅花百咏。有《中峰广录》三十卷。(0147 卷 48,0279 卷 11,0503 二集壬)

明亚(? ~1264)　元邛部(治今四川越西东北)蛮首领。世祖时,为邛部川六番安抚招讨使。后为邻部建都(今属四川)蛮所杀。(0001 卷 5)

明安①(? ~1303)　元康里人。世祖至元十三年(1276),诏民之荡析离居及僧道、漏籍诸色人不当差徭者万余人充贵赤(善跑者),命明安领之。二十年,授亲卫亲军都指挥使。次年,领贵赤军北征。二十二年,立贵赤亲军都指挥司,授该司达鲁花赤。奉旨领蒙古军八千北征。次年,与海都军战有功。二十六年冬,镇压别乞怜起事及平民阔阔台等率众起事。二十七年秋,击败布四麻、出春伯驸马等叛军,夺还所掠之民,并获其牛马畜群。二十九年,奉诏讨伐别失八里(今新疆吉木萨尔北)反元武装,击败之,再战于忽兰兀孙,大败之。成宗大德二年(1298),率军北征,与海都战。七年,死于军中。(0001 卷 135)

明安②　元顺帝至正元年(1341)任鱼台县(今属山东)儒学教谕。(0075 氏族典卷 315)

明里①　元世祖时,任益都淄莱淘金总管府总管。至元二十六年(1289)朝廷钩考财物,因罪免职。(0001 卷 10、205)

明里②　元畏兀儿人,中尚院使忙兀的斤子。任泸州达鲁花赤。(0011 卷 51)

明孜　字舜田。元僧人,台州黄岩(今属浙江)张氏子。年十七出家。历主仙居慈安、天台净惠、仙居广度、处州连山等寺。(0275 卷 9)

明昙　元僧人。有诗作传世。(0504 壬上)

明升(1357 ~?)　元明间随县(今属湖北)人,明玉珍子。十岁时父死,嗣为夏帝。次年改元开熙。明洪武二年(1369),太祖遣杨璟招降。不从。四年,明兵入蜀,乃降。送京师(今南京),授归义侯。五年,徙高丽。(0020 卷 123)

明格　元顺帝至元初,任阳翟县(治今河南禹县)达鲁花赤。(0596 卷 2)

明理　元顺帝至正初，任渭南县（今属陕西）达鲁花赤。（0819 卷 12）

明瑞　元僧人。有诗作传世。（0504 壬上）

明德（1294～1372）　字无言，号孤峰。元昌国州（治今浙江舟山）人。佛教僧人。俗姓朱。历任松江东禅寺、集庆（治今南京）保宁寺、湖州道场寺等寺主，终杭州净慈寺主。（0411 卷 20，0036 卷 14，0075 神异典卷 188）

明玉珍（1331～1366）　元顺帝时随县（今属湖北）人。至正十一年（1351），聚众千余自保。后附徐寿辉，任元帅。十七年，率兵入蜀，据重庆，受封陇蜀行省右丞。次年，克嘉定（今四川乐山）、成都，渐据川蜀全境。二十年，陈友谅杀徐寿辉，遂自称陇蜀王，不与相通。二十二年，称帝，国号大夏，年号天统，都重庆，建官立制，开科取士，定赋税为十分取一，蜀人安之。次年，遣兵攻入云南。遣使与朱元璋通好。在位五年卒，子明升继位。（0020 卷 123，1153）

明安达　元乃蛮人，济南冠州新军万户府千户达鲁花赤末赤孙，袭祖职。（0011 卷 69）

明里察　元回回人，札八儿火者次子。卒赠开府仪同三司，追封凉国公，谥康懿。（0001 卷 120）

明理察　元世祖至元二十年（1283），授平章军国重事、商议公事。（0001 卷 12）

明安太保　即石抹明安。

明安达儿　从吴澄学。历任元乐安县尉。（0072 卷 92）

明安达尔（？～1352）　元唐兀人，字士元。顺帝元统元年（1333）中进士。历宿州判官，迁潜江县达鲁花赤。与红巾军作战，战死。（0001 卷 195）

明安答儿①（？～1253）　元蒙古克烈氏，槊直腯鲁华子，撒古思卜华弟。太宗时代兄领军，任蒙古汉军万户。宪宗时从伐宋，死于钓州。后追赠太保，封卫国公，谥武毅。（0001 卷 122）

明安答儿②　元宪宗八年（1258），拜太傅，守京兆（今陕西西安）。（0001 卷 3）

明安答儿③　元世祖时，为西川行枢密院官。至元三十年（1293）二月，奉命率陕西、四川兵万人征西番。（0001 卷 17）

明安答儿④　元至元三十一年（1294）任定海（治今浙江宁波镇海）县尉。（0633 卷 3）

明安答儿⑤　元唐兀人。文宗天历初，任真州（治今江苏仪征）达鲁花赤。（0955 卷 5）

明极楚俊　即楚俊。

明里不花　元成宗时，任江浙行省平章政事。武宗即位，召拜中书平章政事。不久去职。（0001 卷 18、22、112）

明里董阿（？～1340）　元仁宗时为翰林学士，英宗时，任将作院使。泰定帝时，为河南行省参知政事。文宗即位，由大司农进拜中书平章政事，不久调任江浙行省平章政事。顺帝至元六年（1340），因谋害明宗罪被诛。（0001 卷 32、40、78、144、145）

明理不花①　字惟一。元高昌（治今新疆吐鲁番东）人。由休宁县主簿擢江浙行省掾，考满授分水县（治今浙江桐庐西北）达鲁花赤。（0414 卷 3）

明理不花②　元顺帝时，任工部主事。至正五年（1345），充山北辽东道奉使宣抚首领官。（0001 卷 92）

明理答失　元畏兀儿人。文宗天历元年（1328）至至顺二年（1331），任镇江路达鲁花赤。（0631 卷 15）

明礼帖木儿　元蒙古察哈札剌氏，忙哥撒儿次子脱儿赤之子。世祖时累官翰林学士承旨，从征叛王乃颜有功。（0001 卷 124）

明安帖木儿①　元唐兀人。顺帝至正五年（1345）任赞皇县（今属河北）达鲁花赤。（0645 卷 4、24）

明安帖木儿②　元顺帝至正二十五年（1365），拜中书参知政事，不久去职。（0001 卷 113）

明里也赤哥　又译蒙力克额赤格。蒙古晃合丹氏。与父察剌合皆为也速该家忠仆。也速该死后，尽心尽力照顾其妻月伦及诸子，被铁木真（元太祖）尊为父。克烈部王汗父子以许亲为名谋害铁木真，被其识破，铁木真得免于难。蒙古建国（1206），受封为千户功臣第一人。（0009 卷 1、2、5、8，0008 卷 1，0001 卷 193）

明里帖木儿　元康里人，斡罗思父。世祖时为怯薛必阇赤（文书官），出任太府少监。卒，追封益国公。（0001 卷 134、142）

明里忽都鲁　元宪宗后妃之一。（0001 卷 106）

明阿失帖木儿　元世祖至元年间任镇江路行大司农司蒙古必阇赤。（0631 卷 17）

畅讷　金元之际南阳（今属河南）人。畅师文之父。历任汴幕官。有诗名。著有《地理指掌图注》，已佚。（0001 卷 170）

畅笃　元南阳（今属河南）人。畅师文长子。仕至太中大夫、江东道肃政廉访使。（0001 卷 170）

畅师文（1247～1317）　字纯甫。元南阳人。世祖至元五年（1368），陈时政十六策，被丞相安童辟为右三部令史。十二年，随伯颜征宋。次年，编《平宋事迹》

进呈。后历任东川行枢密院都事、潼川路治中、保宁路同知等职。二十三年,任监察御史,纠劾不避权贵,上所纂《农桑辑要》。次年,迁陕西汉中道巡行劝农副使,置义仓,教民种艺。成宗大德七年(1303),任陕西行省理问官,决滞狱。十年,任翰林侍读学士、知制诰同修国史。武宗至大元年(1308),参与修《成宗实录》。当时制诰多出其手。后历任太平路总管、燕南廉访使等职。卒,谥文肃。(0001 卷 170)

迪元 名启,元僧,临海(今属浙江)人。偶于宝藏寺阅《首楞严经》有悟。礼径山寺僧寂然为师,服头陀行。出世台州护圣寺,移东堂寺七年。年四十三寂。撰有《大普幻海》、《法运通略》、《儒释精华》、《大梅山志》、《佛祖大统赋》。(1144 卷 377)

忠嘉 元仁宗时,任同知枢密院事。延祐五年(1318),升知枢密院事。(0001 卷 26)

昙埙 字天章。元僧人,天台(今属浙江)人。住嘉定南禅寺。有诗作传世。(0504 壬上)

昙辉 一作昙徽。元僧人。有诗作传世。(0504 壬上)

昙祺 元僧人。有诗作传世。(0504 壬上)

昙锽 字声外。元四明(今浙江宁波)人。潜心禅宗教典。工诗文。(0411 卷 22)

昙噩(1285~1373) 字无梦,号梦云、酉庵。元明之际慈溪(治今宁波西北慈城)人。佛教僧人。俗姓王。历主庆元保圣寺、慈溪开寿寺、天台国清寺。隐退象山瑞龙院。卒。有诗作传世。(0411 卷 20,0036 卷 14,0066 卷 2)

昌吉 元蒙古弘吉剌氏,赤窟曾孙,爱不哥驸马之子。尚郓国大长公主忙哥台。封宁濮郡王。(0001 卷 109)

昌童 元宗室。拖雷第九子末哥之子。世祖中统元年(1260),末哥死,昌童嗣其位。二年,受封为永宁王,改其父玉宝为金印。成宗大德四年(1300),坐诬告济南王,被谪至刘国杰军中自效。后立功召还。死后由其子伯帖木儿嗣位。(0002 卷 110)

昌士气 字养浩。宋元之际泾县(今属安徽)人。宋进士。世祖至元二十六年(1289)任镇江路儒学教授。(0387 卷 9,0631 卷 17)

昌中峰 元池州儒学教谕。(0075 氏族典卷 307)

易氏 元安(今属河南)阳人,焦三妻。夫死,哭之哀甚,令匠治大棺,谓欲悉纳夫遗衣。及殓,自缢死,遂合棺葬之。(0622 卷 28,0002 卷 244)

易伟(1267~1354) 字成大,号兼山。元昆山(治今江苏太仓)人。历任台州临门巡检,以吉水州判官致仕。(0561 卷 3)

易昭 元人。有诗作传世。(0504 癸下)

易原 字以清。元庐陵(治今江西吉安)人。累试不利,为抚州掾,后迁任袁州掾。(0212 卷 10、24)

易覆 字安道。元茶陵(今属湖南)人。善草书。能诗,有诗作传世。(0031 卷 7,0504 庚上)

易才英 字君养。元会同(今属湖南)人。顺帝至正二十年(1360)以荐授本县学训导。(1041 卷 39、51,0075 氏族典卷 541)

易本初 字致善。元巴陵(治今湖南岳阳)人。顺帝至正年间进士。(1041 卷 36,1053 卷 5)

易立中(1271~1323) 字中甫。元太和(今属江西)人。少时从刘辰翁学。后历任诸郡邑吏。(0212 卷 67,0072 卷 88)

易汉懋 元人。有诗作传世。(0504 丁)

易光祖 元巴陵(治今湖南岳阳)人。仁宗延祐二年(1315)进士。历任通城县尹。(1053 卷 5,1041 卷 36)

易性中 元人。有诗作传世。(0504 癸下)

易炎正 元攸州(治今湖南攸县)人。英宗至治元年(1321)进士,任宁乡县丞。有诗作传世。(1041 卷 36、51,0504 丙)

易彦昭 元南阳(今属河南)人。早年游京师,试太常礼仪院掾,迁长秋寺掾。后升为太平路知事。(0413 卷 2)

易炳文 元襄阳(今属湖北)人。元末随父徙沔阳,父丧,庐墓六年,人称为易孝子。(0622 卷 66,1041 卷 51、71)

易首座 名无象,元僧,夏氏子。少曾袭父爵,后弃官,于上虞奉国寺出家。师事国清寺僧西泽。诣天目山谒僧高峰,机语尤契,为首座。顺帝至正初,移明州海会寺。栈绝诸缘,影不出户,人咸敬之。顺帝至正中寂,年九十九。(1144 卷 376)

易景升 字方游。元袁州(治今江西宜春)人。以《书经》领乡荐,仕至沧水县主簿。有诗作传世。(0506 卷 14609,0504 戊下)

易道安 元人。有诗作传世。(0504 癸下)

易纳室理 元唐兀人,答里麻子。官至大宗正府也可札鲁忽赤(大断事官)。(0001 卷 145)

易释董阿 元仁宗皇庆二年(1313)任衢州路达鲁花赤。泰定帝时,任福建廉访使。文宗天历元年(1328)任江浙行省右丞。二年,迁江南行台御史中丞。后迁江浙平章。顺帝元统元年(1333)拜江南行台御史大夫。(0632 卷 6,0878 卷 2,0001 卷 32)

昂吉　字启文。元唐兀人,居太平。顺帝至正八年(1348)进士,授翰林编修,改绍兴路录事司达鲁花赤。工诗,有《启文集》。(0503 三集庚,0042 卷 10,0880 卷 37)

昂灰　元太宗二皇后。太宗在潜邸,养蒙哥(宪宗)为子,属其抚育之。(0001 卷 106、3)

昂吉儿(?～1295)　元张掖(今属甘肃)唐兀人。姓也蒲氏。祖先世代为西夏将官。也蒲甘卜之子。袭领父军,从蒙古军征战有功。世祖至元六年(1269),授本军千户。领军攻略宋淮南。又请旨领军建成信阳城以扼宋军。九年,任信阳军万户。十一年,奉命攻宋淮西。十三年,受宋将夏贵降,入庐州。升淮西宣慰使。奏请汰冗官、立屯田。后升河南行省参政、左丞、右丞,皆兼淮西宣慰使都元帅。因谏止东侵日本等事,被黜。(0001 卷 132、123 等)

昂阿秃①(?～1327)　元张掖唐兀人。昂吉儿之子。世祖至元二十一年(1284),随父入觐,帝命充速古儿赤(掌内府尚供衣服)。二十四年,随驾征叛王乃颜有功。二十六年,授庐州蒙古汉军万户府达鲁花赤。成宗大德六年(1302),领兵镇压宋隆济起义,以功受上赏。后还镇庐州。(0001 卷 123)

昂阿秃②　元蒙古珊竹氏,纯只海之子。(0011)

罗元　字君仁。元吴郡(今苏州)人。善书法,行、楷有晋人风致。有诗作传世。(0031 卷 7,0504 庚下)

罗旦(1294～1356)　字希明。元歙县(今属安徽)人。居乡多惠利之施。顺帝至正十一年(1351)天完红巾军起,令诸子募壮勇抵御之。十六年躲避山谷,红巾军猝至,被杀。(0411 卷 23)

罗吉　元济宁(治今山东巨野)人。顺帝至正八年(1348)由中书掾出为河南行省检校。(0250 卷 43)

罗合　元唐兀人,昔里钤部之子。任大名路行军千户。(0011 卷 56)

罗观　元庐陵(治今江西吉安)人。有诗作传世。(0504 戊下)

罗里　元回回人。仁宗延祐六年(1319)任金坛(今属江苏)县达鲁花赤。历溧水州同知、建康路判官、平江州(治今湖南平江)同知。顺帝至正二年(1342)任集庆路(治今南京)同知。(0631 卷 16、19,0632 卷 6)

罗良　字彦温。元长汀(今属福建)人。元末率乡兵镇压反元队伍有功,授长汀县尉。顺帝至正十一年(1351)署漳浦县主簿。屡败反元队伍,升万户。十八年,任漳州路总管。二十一年,升为福建行省参政,兼守漳州。次年升福建省右丞。平章陈友定欲据福建叛元,良不从,被友定攻杀。(0908 卷 3、4,0002 卷 232,0075 氏族典卷 218、官常典卷 735)

罗奇　元石城(治今广东廉江)人。罗震弟。荫授化州路(治今广东化州)判官,迁雷州路(治今广东海康)同知。率兵讨伐徭族反元队伍,被杀。(0075 氏族典卷 217,0002 卷 233,0004 卷 40)

罗罗①　字士安。元吏部尚书。(0254 卷 9)

罗罗②　元畏兀儿人,中书平章察乃之子。历任江东廉访使。(0011 卷 41,0152 卷 24)

罗罗③　元蒙古札剌亦儿氏,顺帝元统元年(1333)进士博颜歹父。(0011 卷 6)

罗朋(1297～1332)　字友道。元崇仁(今属江西)人。文宗至顺元年(1330)登进士第,授太和州(治今江西泰和)同知,以病未能上任。后二年卒。有诗作传世。(0212 卷 86,0504 丙,0147 卷 3)

罗垚(1286～1313)　字奕高。元豫章(今江西南昌)人。历任长秋寺架阁库管勾兼照磨。工诗,吴澄尝为其诗稿作序。(0225 卷 20,0212 卷 18)

罗荣　字华甫。元安丰(治今安徽寿县西南)人。世祖至元十二年(1275)任镇江路提控案牍,次年升知事。(0631 卷 15)

罗拱　字彦威,号常明子。元慈溪(今属浙江)人。从赵偕学。(0071 卷 93)

罗复　字中行。元庐陵(治今江西吉安)人。撰有《诗集传音释》二十卷。(1082 经部)

罗衍　元仁宗延祐五年(1318)任象山(今属浙江)县尉。(0634 卷 2)

罗烈　字以芳。元新建县(治今江西南昌)儒学训导。(0212 卷 31)

罗涓　元崇宁(治今四川郫县西北)人。历任合州(治今四川合川)同知,剑州(治今四川剑阁东北)、眉州(治今四川眉县)知州。后以母老归。元末守节死。(0842 卷 23,0075 官常典卷 735)

罗烨　宋元间庐陵(治今江西吉安)人。搜集当时传奇、杂俎,编成《醉翁谈录》十集二十卷,内有不少研究话本小说之珍贵史料。(《醉翁谈录》题记)

罗焕　元大德十一年(1307)任瑞州路(治今江西高安)知事。(1016 卷 14)

罗琛　字仲琛。元进贤(今属江西)人。历任立山县尹。(1018 卷 6)

罗敬(?～1391)　字与敬。元明之际太和州(治今江西泰和)人。元末,江西行省员外郎木八剌沙提出出临江,辟掌机

宜文字。逾年,授雩都典史,不就,隐居田园,自号畊云老人。(0468 卷 10)

罗曾(1283~1327)　字求师。元庐陵(治今江西吉安)人。仁宗延祐二年(1315)进士,授宁都州判官,调临江路录事。一日,闻亲有病,即弃官归,不复出仕。(0153 卷 10)

罗谦(1308~?)　字林亭。元邓州穰县(治今河南邓县)人。顺帝元统元年(1333)左榜进士第三名,授亳州同知。(0028 卷上)

罗蕃　元世祖至元间任伏羌县(治今甘肃甘谷)儒学教谕。(0801 卷 22)

罗震　元石城(治今广东廉江)人。罗郭佐之子。历任化州路(治今广东化州)百户,与父同死于海上。(0075 氏族典卷 217,0004 卷 40,0002 卷 233)

罗懋　字敬德。元茶陵(今属湖南)人。有盗数犯其家,一夕捕得,懋谕之曰此非可治生也。乃厚遗之,盗愧受而去。(0072 别附卷 3)

罗璧①(1244~1309)　字仲玉。宋元之际镇江(今属江苏)人。初为宋将。元世祖至元十二年(1275),降元于江陵,授管军千户。十五年,从张弘范定广南,升管军总管,镇金山。后移驻上海。十九年,奉命与朱清、张瑄由海道运粮。升管军万户,兼管海道运粮。二十四年,乃颜叛,元军往讨。璧由海道运粮至辽阳行省以供军需。后迁任淮西宣慰司同知。成宗大德间,任广东宣慰使。迁任都水监,浚阜通河而广之,岁增漕六十余万石。(0001 卷 166)

罗璧②　元世祖至元十六年(1279)至十七年任庆元路(治今浙江宁波)判官。(0633 卷 2)

罗璧③　字子苍,号默耕。元新安人。撰有《识遗》十卷。(0072 卷 49)

罗天益①(1220~1290)　字谦甫,号容斋。元藁城(今属河北)人。幼承父训,攻读诗书。金末战乱,潜心医学,以求谋生。元乃马真后三年(1244),名医李杲还乡,收天益为弟子。天益多年刻苦钻研,尽得李杲医学之精髓。元定宗元年(1246),藁城人多患疔疮,被天益治愈者无数。宪宗二年(1252),被征为太医。次年春,奉召赴六盘山,冬,与名医窦默、颜天翼、忽公泰等从忽必烈驻冬于爪忽都(在今内蒙古正蓝旗东北)地。天益从颜天翼学得疡科良方四种,从窦默学习针法。六年起,随元军南征,为将士治伤病,先后经历楚丘(今山东曹县东南)、开州(今河南濮阳)、邓州、汴梁、襄阳、扬州等地。所到之处,访求师友,虚心学习,曾从曲阳刘禅师学得疮疡疬瘰治方四种,从邓州儒医高仲宽学得白术安胃散等四方。元世祖即位后,天益在两都及真定路,奉诏应请为人治病。至元二十年(1283),撰成《卫生宝鉴》24卷。此外,撰有《药象图》、《经验方》、《医辨》等,今均佚。(0144 卷 41、72,1149 卷 68~71)

罗天益②　字谦甫。元江西人。工诗善琴。(0171 卷 4)

罗天禄　元成宗大德元年(1297)任衢州路推官。后迁任余姚知州。(0878 卷 2,0880 卷 28)

罗天麟(?~1346)　元汀州连城(今属福建)人。顺帝至正六年(1346)六月,与陈积万等举兵反,攻克长汀,势颇盛。九月,长汀为元兵收复。闰十月,被部下罗德用杀死。(0001 卷 41)

罗元珪　元石城(治今广东廉江)人。罗奇之子。奇为徭族反元队伍所杀时,元珪救之,亦死。(0002 卷 233,0004 卷 40,0075 氏族典卷 217)

罗太亨　元岳州平江(今属湖南)人。有诗作传世。(0033 卷 7,0095 卷 83)

罗太岊　元岳州平江(今属湖南)人。有诗作传世。(0033 卷 7,0095 卷 83)

罗太瘦　元人。有诗作传世。(0504 甲)

罗仁则　字荣可。元庐陵(治今江西吉安)人。成宗大德中,授分宁茶司提举。迁榷茶转运副使。终四川威茂等处军民安抚司同知。卒年八十二。(0231 卷 10)

罗长卿　元安乡(今属湖南)人。中乡试。顺帝至正二十七年(1367)历任襄阳路总管。(1053 卷 5,1041 卷 51,0075 氏族典卷 218)

罗文节(1287~1366)　字仲正。元庐陵(治今江西吉安)人。以荐授昆明州儒学正,升孟杰府儒学教授。后历任普定路知事、弥勒州同知。以泸州同知致仕。(0411 卷 11,0190 后集卷 10,0072 别附卷 3)

罗文焕(1275~1339)　字显卿。元巨野(今属山东)人。历任胶州判官、顺德路经历、江北廉访司经历。后目盲弃官。家于顺德十八年。目复明,起为吴桥(今属河北)县尹。以广平路同知致仕。(0250 卷 62,0002 卷 229)

罗世荣　字国器。元钱塘(治今杭州)人。顺帝至元二年(1336)任杭州行金玉府副总管。(0102,0101 卷 12)

罗仕显(1331~1349)　元石城(治今广东廉江)人。罗元珪之子。荫授廉州路同知。顺帝至正九年(1349)讨伐海盗,战死。(0004 卷 40,0002 卷 233,0075 氏族典卷 218、官常典卷 732)

罗光锡　字汉臣。元汉嘉(治今四川名山北)人。世祖至元间为尚书省都事,转兵部郎中,与时相不合,退居西山。(0167 卷 31,0250 卷 72)

罗廷玉　元英宗至治二年(1322)任江南行台御史,后改任他官。泰定三年(1326)复任江南行台御史。(0632 卷 6)

罗次炳　元庐陵(治今江西吉安)人。罗文节之子。元末为广东宣慰司奏差,讨伐连州反元队伍,被执,不屈而死。(0004卷40,0006卷92下)

罗如篪　字宗仲。元儒士。从刘诜学。登进士第。(0203诗集卷末)

罗志仁　字寿可、伯寿,号壶秋。宋元之际庐陵(治今江西吉安)人。宋末中乡试。元初,以荐授天长书院山长。著有《姑苏笔记》(见《说郛》卷57)。有诗作传世。(0002卷237,0033卷7,0167卷32)

罗伯英　元人。有诗作传世。(0504癸上)

罗启南　元吉水(今属江西)人。元末率乡兵抵御反元队伍,战死。(0002卷232,0075官常典卷732)

罗坤载　又名也速达儿。元丹徒(治今江苏镇江)人。罗璧之子。以父任授广东盐课提举。仁宗延祐七年(1320)迁任余姚知州。文宗至顺元年(1330)改任兰溪知州。(0631卷19,0880卷28,0881卷12)

罗明远(?～1352)　名文辉。元吉安(今属江西)人。元末农民起义爆发,散家财,蓄死士,为战守计。顺帝至正十二年(1352),天完红巾军攻破吉安城,明远率敢死士三百余人城东,杀红巾军将领,复吉安,而本人战死。(0002卷233)

罗罗歹　元宗室,世镇大理。文宗至顺元年(1330)战死。顺帝至元二年(1336)追封保宁王,谥昭义(一作昭勇)。(0150卷6,0001卷39)

罗知悌(?～1327)　字子敬,号太无,宋元之际钱塘(治今杭州)人。好读书,通晓天文、地理、艺术,学医于刘完素门人荆山浮屠。宋理宗宝祐间(1253～1258),入宫为宦官,以医术侍奉理宗。元兵入临安,知悌侍三宫入大都(今北京)。后因病得居宫外,闭门读书,研究医学。其后获准返回故乡。知悌学宗刘完素,兼通张从正、李杲学说,将金元北方医学思想传播于南方。知悌南归杭州后,泰定二年(1325)收朱震亨为弟子。震亨得知悌传授,医术大进。(1149卷103、104)

罗学升　元汝宁府信阳州浮光(今河南罗山附近)人。泰定四年(1327)进士。曾任官江淮,从游者甚众,或擢高科。后为藁城县尹。有《罗学升文稿》,今佚。(0503二集己,0262卷3)

罗宜城　元人。有诗作传世。(0504甲)

罗贯中　号湖海散人。元太原人。与人寡合。与《录鬼簿续编》作者为忘年交。卒于明初。所作散曲,极为清新。撰杂剧《风云会》、《连环谏》、《蜚虎子》,今存前一种。撰《三国志通俗演义》、《三遂平妖传》等。(0029续编)

罗荣祖　字仁甫。宋元之际歙县(今属安徽)人。元成宗大德间,与萧𣂏斗等同被征,不起。(0072卷95,0075学行典卷270,0063卷15)

罗复元　元人。有诗作传世。(0504癸下)

罗宣明　字传道。元明之际歙县(今属安徽)人。罗旦之子。元末募兵保乡。明洪武元年(1368)授山阳知县。(0972卷9,0925卷55)

罗祖宏　字弘道。宋元之际人。元初为沣阳县(治今湖南沣县)儒学教谕。(0198卷5)

罗振文(1286～1354)　字弘毅,晚年字罗浮。元安福(今属江西)人。应科举试不利,居乡教授以终。(0190前集卷2、12)

罗爱爱　元人。有诗作传世。(0504壬下)

罗郭佐　元石城(治今广东廉江)人。平海盗有功,授化州路(治今广东化州)总管,改任廉州路(治今广西合浦)总管。后于海上遇盗,被杀。(0622卷81,0073卷35,0002卷233)

罗益中　元庐陵(治今江西吉安)人。顺帝至正十一年(1351)为千宁军民安抚司儒学录。(0590卷9)

罗梅我　元人。有诗作传世。(0504癸上)

罗惟远　元永丰(今属江西)人。元末与友议聚乡兵抗拒反元队伍,被反元队伍执之去,不屈而死。(0075氏族典卷218、官常典卷735)

罗敬甫　元顺帝元统(1333～1335)中,任博罗县达鲁花赤,重修学宫,镇压反元队伍。(0622卷80)

罗惠孺　字士廸。宋元之际永丰(今属江西)人。宋度宗咸淳四年(1268)进士,历湖北制置司干办公事。入元隐居,后出为县尉,死于盗,年五十余。(0212卷54)

罗蒙正　字希吕。元新会(今属广东)人。弱冠从肇庆罗斗明学诗,尽得其法,有名于时。县尹沈寿创古冈书院,礼聘之,从学者甚众。未几,行省檄为高州路儒学正,秩满归。顺帝至正七年(1347)赴省试,遇开武铨,或劝其借注巡检,不屑就。后以荐授南恩州儒学教授、州判。吴元良阴谋割据,欲用为幕官,力辞不就。未几卒。诗作格调颇高,尤工五律,有《希吕集》。(0503三集辛,0056卷10,0075文学典卷90)

罗履泰　字以通,号通斋。元庐陵(治今江西吉安)人。罗文节父。署东湖书院山长。(0072别附卷3)

典礼弥实　元顺帝至正十年(1350)任渭南县(今属陕西)达鲁花赤。(0819卷12)

国元箎　字公硕。元泰定二年(1325)任秘书监校书郎。文宗天历二年(1329)任著作佐郎。(0027 卷 10)

国用安(? ~1234)　初名安用、咬儿。金元间淄州(治今山东淄博南)人。金末随李全参加红袄军,后降宋。金哀宗正大五年(1228)李全死,奉杨妙真为主,降蒙古,称都元帅,行山东路尚书省事。天兴元年(1232),杀蒙古帅阿术鲁部将张进及杨妙真部将田福,降金,任平章政事兼都元帅,京东山东等路行尚书省事,特封兖王,赐姓完颜,改名用安。因劫杀宿州帅刘安国,与徐州王德用相攻,退归涟水,降蒙古东平万户石抹查剌。后又叛降宋,任浙东总管、忠州团练使。三年正月,沛县为蒙古阿术鲁等军所围,领兵赴援,败退徐州,投水死。(1161 卷 310)

国安　见赵国安。

国宝　见赵国宝。

图绵　元仁宗延祐六年(1319)任江南行台侍御史。(0632 卷 6)

图帖睦尔　即元文宗。

图鲁华察　元蒙古珊竹氏,吾也而之父,以武勇称。(0001 卷 120)

凯霖(约 1255 ~?)　汉姓荀,字和叔。元西域阿鲁浑氏,居大名,大名路税课提领。幼读儒书。仁宗皇庆元年(1312)任宝庆路祁阳县达鲁花赤。顺帝至元二年(1336),任林州达鲁花赤。后升彰德路(治今河南安阳)达鲁花赤。多有惠政,为时人所称。(1146 卷 349)

牧谿　宋元之际僧,四川人。依杭州径山寺僧无准出家,法名法常。南宋时在杭州西湖长庆寺为杂役僧。性豪放,嗜饮酒。宋末以造语伤贾似道,匿越丘氏处。元世祖至元间卒。擅画佛像、人物、花鸟、山水、龙虎、猿鹤等。画风继承石恪、梁楷之减笔画及中唐以来逸格山水画,风格壮阔。其作品在国内甚少,然日本很早就有流传。其中《观音猿鹤图》等三幅,相传为日僧圣一于宋理宗淳祐初带往日本,被视为日本国宝。(1144 卷 382)

牧薛飞　元英宗至治二年(1322)任余姚(今属浙江)知州。(0880 卷 28)

和上　元钦察伯岳吾氏,土土哈子帖木儿不花之子。(0011 卷 74)

和良　元泰定四年(1327)任吴江(今属江苏)州判官。(0954 卷 17)

和尚①　元钦察伯牙吾氏。管军百户忽都思之子。父战死,袭父职。宪宗九年(1259),从忽必烈攻鄂州。世祖中统三年(1262),从征李璮,以功升万户府经历。至元五年(1268),从攻襄阳,军务繁剧,赞划有方。十一年,从伯颜渡江攻宋。十二年,从阿里海牙攻拔岳州,取沙市。谕降江陵,以功升行省郎中。从围潭州(今湖南长沙),宋将李芾坚守,三月不下。十三年,城破,诸将欲屠城,劝止之。由是湖南诸郡闻风皆下。从攻广西,破静江。广西平,授常德路达鲁花赤,治绩最,擢广西按察使。阿里海牙恃功骄恣,劾奏不少贷。迁浙西按察使,在职惟务镇静。卒于任,年四十九。谥庄肃。(0001 卷 134)

和尚②　元世祖至元二十八年(1291)任江南行台监察御史。(0632 卷 6)

和尚③　元乃蛮人。后卫亲军百户怯烈吉之子。父死,袭父职。武宗至大三年(1310),升后卫亲军副千户。仁宗延祐二年(1315),从元帅乞住等率军镇压江西宁都蔡五九起义。文宗天历元年(1328)九月,从燕帖木儿与上都军战于通州、红桥、白浮、昌平、石槽,十月,战于檀州,皆有功。十一月,受命领八卫把总金鼓都镇抚司事。(0001 卷 135)

和尚④　元畏兀儿人。泰定元年(1324)任江南行台监察御史。(0632 卷 6)

和尚⑤　元泰定三年(1326)任无锡州判官。(0558 卷 24)

和尚⑥　元文宗天历元年(1328)为万户。十月,冀宁路(治今山西太原)告急,奉敕率兵由故关援之。冀宁路官募民丁迎敌,和尚以兵为殿,杀获上都兵甚众。未几,上都兵大至,和尚退保故关,冀宁遂被上都兵攻破。(0001 卷 32)

和尚⑦　元文宗至顺元年(1330),拜中书参知政事,并受命总督建言之事。不久改任御史中丞,因接受他人所献妇女,被监察御史弹劾,免职,禁锢原籍终身。(0001 卷 34、35、176)

和尚⑧　元高昌(治今新疆吐鲁番东)人。顺帝至元元年(1335)任海漕万户府达鲁花赤。至正元年(1341)任大都路达鲁花赤。后历任四川、陕西行省参政。(0279 卷 11)

和尚⑨　元顺帝至正初为集贤大学士。(0001 卷 185)

和尚⑩　元顺帝时,任湖广行省平章政事。至正十二年(1352),天完红巾军将领邹普胜攻占湖广行省治所武昌,和尚弃城逃走,被朝廷论罪诛杀。(0001 卷 42、117)

和尚⑪　元顺帝时,任辰州路(治今湖南沅陵)达鲁花赤。组织乡兵守卫地方,多次击退红巾军进攻。至正十九年(1359),升任湖广行省参知政事。(0001 卷 42、44、45)

和尚⑫　元顺帝至正十八年(1358)任吴江(今属江苏)州达鲁花赤。(0928 卷 4,0954 卷 17)

和尚⑬　元畏兀儿人,阿里海牙之子。历任湖南宣慰使。(0011 卷 46)

和尚⑭　元畏兀儿人,湖南平章昔里哈剌之子。历任铁冶都提举。(0011 卷 51)

和尚⑮　元乃蛮人,济南冠州新军万户府千户达鲁花赤末赤之子,袭父职。

(0011 卷 69)

和尚⑯　元畏兀儿人，岳璘帖穆尔之子。(0011 卷 43)

和尚⑰　元畏兀儿人，中尚院使忙兀的斤孙。(0011 卷 52)

和尚⑱　元宗王。威顺王宽彻普化之子。顺帝至正间，封义王，侍从顺帝左右，多著劳效，帝出入，常与俱。至正二十四年(1364)，孛罗帖木儿率军入朝，为中书右丞相，总握国柄，恣为淫虐。和尚心忿其无君，数为帝言之。受密旨，与儒士徐士本谋，交结勇士上都马、金那海、伯颜达儿等，阴图刺之。二十五年七月，孛罗帖木儿入奏事，遂被伯颜达儿等勇士刺杀。二十八年，顺帝将北奔，奉诏佐淮王帖木儿不花监国，及大都(今北京)城将破，先遁，不知所之。(0001 卷 117、207)

和顺　元陵川(今属山西)人。顺帝至正中乡贡士。历任荥阳知县。(0694 卷 6)

和思　元陵川(今属山西)人。世祖至元年间为唐山(治今河北隆尧西南)知县。(0647 卷 8)

和洽(1245～1316)　字伯川。元阳谷(今属山东)人。世祖至元十年(1273)试中兴路劝农司掾。擢屯田丞。迁任济州判官。成宗大德初任益都高苑县尹。后历任沛县、单父县尹。仁宗延祐元年(1314)以河南行省员外郎致仕。(0262 卷 17)

和赏　元明间畏兀儿王族，亦都护、高昌王不答失里之子。父死，嗣为亦都护、高昌王。元亡，降明，授高昌卫同知指挥使司事。(0011 卷 37)

和童　元蒙古札剌儿氏，霸突鲁庶子，安童弟。世祖时，袭木华黎家族国王爵位。成宗初年，因隐占皇帝所赐本部贫民钞，受御史台臣按问。未获罪，仍袭爵。(0001 卷 18、22、119)

和道　元覃怀人。仁宗延祐年间任莱芜(今属山东)知县。(0721 卷 25)

和裕　字仲宽。元广平(今属河北)人。世祖至元三十年(1293)任寿阳县尉。成宗大德年间迁任彭泽县尉。(0167 卷 18，0506 卷 6701，0075 氏族典卷 216)

和斡　元唐兀人。宪宗时，为大断事官忙哥撒儿僚属。为忙哥撒儿陈说任官之道，在于持平。受宪宗嘉奖，因而知名。(0001 卷 124)

和元升　字仲德。元阳谷(今属山东)人。和洽之子。历任赵州、德州知州，真定路同知，河南、嘉兴、安庆三路总管。(0874 卷 10)

和元恕　元阳谷(今属山东)人。和元升之弟。历任福寿院照磨、西平县尹、河南稻田提举、裕州知州。官至大名路同知。(0622 卷 30、31，0073 卷 35，0075 氏族典卷 216)

和元鲁　元诸王。世祖至元二十四年(1287)，率军征叛王乃颜有功。(0001 卷 135)

和世琜　即元明宗。

和礼纳　元畏兀儿人，河南平章阿台脱因父。(0011 卷 50)

和则平　元顺帝至元四年(1338)任平江路(治今江苏苏州)总管。(0927 卷 20，0928 卷 3)

和守忠　元顺帝至元年间任宿州(今属安徽)判官。(0985 卷 11)

和里斛　元将。宪宗元年(1251)秋，奉诏统吐蕃等处蒙古、汉军征进。(0001 卷 3)

和者吉　元康里人，阿沙不花兄，辽阳平章燕不怜父。追封荣王，谥忠武。(0011 卷 62)

和尚奴　元畏吾儿人。文宗至顺三年(1332)授祁门县(今属安徽)达鲁花赤，到任数日弃官去。(0972 卷 4)

和郎撒　元宗室。太宗第六子合丹大王之后裔。武宗至大元年(1308)，封陇王，赐金印。(0001 卷 22、107)

和哲斯　元人。世祖时，任侍中之职。至元三年(1266)，因隐匿盐课被杀。(0001 卷 6)

和礼普化　历任元山西宪司佥事。能诗，有诗作传世。(0504 丁)

和礼霍孙　又译火鲁火孙、火礼霍孙等。元蒙古人。初为忽必烈藩府宿卫士。世祖至元五年(1268)，任翰林待制兼起居注。升翰林承旨。十年，审定《至元新格》。十九年，阿合马为王著等所杀，奉旨镇压，并召省、台、院同议阿合马所管财赋。拜中书右丞相。罢阿合马党七百十四人官职。革除阿合马弊政及滥设之官衙。二十一年，建议开科举，事下中书省议。未几，与卢世荣辩论朝政，失败，罢相。科举之议亦停。(0001 卷 6、8、12、13 等，0002 卷 197)

郏坚　元临川(今属江西)人。有诗作传世。(0504 庚下)

郏旼　字启文。元明之际陇右人，郏经之子。散曲作家。明初以文学授工部奏差，选充中书宣使。(0029 续编，0411 卷 17)

郏经　字仲谊(仲义)，号观梦道人。元明之际陇右人，寓居海陵(治今江苏泰州)。元末为乡贡士，授平江路(治今江苏苏州)儒学录。入明，居杭州。洪武四年(1371)为浙江考试官。十一年，至京师就养于子旼。工书法，善琴操，为散曲作家。有诗作传世。(0029 续编，0033 卷 27，0444 卷 8)

季文　元世祖至元二十七年(1290)任伏羌县(治今甘肃甘谷)儒学教谕。(0801

卷22)

季让　元成宗时为江东廉访司佥事。饶州路达鲁花赤阿剌红、治中赵良不法,让与同僚昔班受金纵之。元贞元年(1295),事觉,被杖、除名,籍没家产奴婢之半。(0001 卷 18)

季汶(1318～1377)　字彦父。元明之际龙泉(今属浙江)人。元顺帝至正中率地主武装从石抹宜孙讨伐反元队伍,以功授义兵万户,经略使李国凤承制改授龙泉县尹,不就。明军攻破处州,擢安南翼总管,升处州翼同知元帅。明太祖洪武元年(1368)致仕归。(0411 卷 34)

季珍　元青田(今属浙江)人。元末率众抵御反元队伍,以无援战死。(0075 官常典卷 735)

季渊　字宗淳。元常熟(今属江苏)人。博雅好古,以善鉴赏称。官至蕲州路总管。(0042 卷 4)

季琯　元龙泉(今属浙江)人。文宗至顺三年(1332)任永嘉(治今浙江温州)县尉。(0579 卷 10)

季仁寿(1302～1362)　字山甫。元处州龙泉(今属浙江)人。顺帝至元初,以荐为慈溪县(治今浙江宁波西北)儒学教谕。秩满迁任处州松阳教谕,升饶州双溪书院山长,以亲老辞,转婺州路儒学教授,亦不赴。后隐居不仕,放情山水,自号春谷处士。(0411 卷 15)

季公纪　元龙泉(今属浙江)人。有诗作传世。(0504 戊上)

季文龙(?～1278)　元处州青田(今属浙江)人。世祖至元十五年(1278),与同县章焱起兵反元,杀知府,自署两浙安抚使。为元将赵赉亨所败,溺死。(0001 卷 10、151)

季世衡　元河南人。顺帝至正中任海门(治今江苏南通东)县尹。(0960 卷 4)

季完泽　字坦之。元永嘉(治今浙江温州)人。幼习蒙古字,求为郡译史弗得,遂落魄江湖。元末,反元队伍攻昱岭关,行省召用之讨伐反元队伍,被执,不屈而死。(0062 卷 8)

季庭璋　元莒州(治今山东莒县)人。世祖至元间,从围襄阳,败宋援兵,授右卫亲军百户。至元十三年(1276),以从攻宋累有功,升侍卫亲军总把。十五年,从北征,擢汉军都元帅府都镇抚,戍和林。十八年,升管军千户。二十四年,从征乃颜。军还,迁任右卫亲军千户。(0002 卷 165,0003 卷 99)

季得忠　元棣州(治今山东惠民)人。隐居不仕。仁宗时上书言时政之不便者,帝欲官之,坚不受,乃赐名得忠以旌之。(0725 卷 13)

季德成　元罗江(治今四川德阳东北)人。历任慈利州判官。元末战乱,侨居澧州。(1041 卷 71)

迭该　蒙古别速氏。十二世纪八十年代,与其弟古出古儿离开札木合投附元太祖。1189 年太祖首次称汗后,任太祖小侍卫队中之火你赤(牧羊官)。多年侍从太祖,为其忠实亲信。太祖曾对其亲信迭该、忽难、阔可搠思、兀孙四人说"你们四人,凡有所见、所闻,从不隐匿地告诉朕,并且常把所知、所想及之事对朕说。"蒙古建国后,受封为第十一位功臣千户长。受命收集各处无户籍百姓组成一个千户归其管领。后奉旨与亦鲁该同辅佐窝阔台。(0009 卷 3、8、9、10)

迭麦赤(?～1361)　元顺帝时,任广东廉访司佥事。至正二十一年(1361),江南行台侍御史八撒剌不花于广州作乱,杀之。(0001 卷 46)

迭儿必失　元顺帝至正二十年(1360),授太尉,守大斡耳朵(宫帐)。(0001 卷 45)

迭木迭儿　元汪古人。察忽驸马孙,也先驸马之子。驸马,尚也里侃公主。(0001 卷 109,0003 卷 151)

迭里月失　元回回人。顺帝至元五年(1339)任秘书监令史。(0027 卷 11)

迭里弥实(?～1368)　字子初,元回回合鲁温氏。以宿卫年劳,授行宣政院崇教,升漳州路达鲁花赤。顺帝末,明军入福建,自杀。(0001 卷 196)

迭里威失　元畏兀儿人,阿台子。成宗时由宿卫入仕,历任河西廉访司佥事、监察御史、中书左司员外郎、枢密院判官等职。仁宗时由翰林侍讲学士出为河间路总管,有善政。升辽阳行省参知政事。(0001 卷 124)

迭里迷失①　元顺帝时,任大宗正府札鲁忽赤(断事官)。至正十五年(1355),任甘肃行省平章政事。(0001 卷 44)

迭里迷失②　元慈溪县(今属浙江)达鲁花赤。(0634 卷 2)

迭里帖木儿　元顺帝时,任同佥枢密院事。至正二十一年(1361),率军收复永平、滦州等处。(0001 卷 46)

迭哥儿不花　元宗室。至大四年(1311),封安南王。(0001 卷 108)

迭里哥儿不花　元宗室。世祖曾孙、显宗甘麻剌第三子。大德十一年(1307)武宗即位,封北宁王。至大四年(1311)仁宗即位,改封湘宁王,赐金印,食湘乡州、宁乡县六万五千户。(0001 卷 22、24、107)

迭秃儿也不干　元蒙古许慎氏,月赤察儿之子。任内供奉。(0011 卷 20)

迭里帖木儿不花　元蒙古人。武宗至大二年(1309)正月,进献鹰犬,帝命岁以币帛千匹、钞千锭与之。(0001 卷 23)

侍其轴　金元之际汴(治今河南开封)人。金亡,受董俊礼请教其子。后历任真定路(治今河北正定)儒学提举。

(0072 卷 90)

侍其毅 元余姚(今属浙江)州同知。(0880 卷 28)

侍其君佐 元世祖至元后叶任徽州路(治今安徽歙县)总管。(0144 卷 5,0972 卷 4)

使剌 又译矢剌,元顺帝至正二十六年(1366)至二十八年为云南行省平章。二十六年,奉梁王命,率军七攻大理不克,乃讲和。(0014 卷 28)

的娘 元平伐苗族酋长。泰定帝泰定二年(1325),率户十万、土官三百六十人来降。并率土官四十六人入京朝见。(0001 卷 29)

的斤海牙 元文宗至顺三年(1332)任吴江(今属江苏)州达鲁花赤。(0928 卷 4,0954 卷 17)

的迷的儿 元阿速人,口儿吉子。由怯薛玉典赤(守门者)出任百户,从征叛王乃颜。武宗至大四年(1311),袭父职,为明威将军、阿速亲军都指挥使。(0001 卷 135)

岳弘① 元南顿(治今河南项城西南)人。世祖至元十八年(1281)任垣曲县尹。(0695 卷 4,0700 卷 6)

岳弘② 元汤阴(今属河南)人。岳飞九世孙。元末任铅山州同知,避乱居于开化。(0075 氏族典卷 511)

岳存(1194～1262) 字产诚。元大名冠氏(治今山东冠县)人。初,投附于东平严实,任帅府都总领,保冠氏。击退金将郑倜。元太宗元年(1229),迁冠氏主簿。次年,率兵数百大败金将张开万余众于开州南。后从严实军攻河南、淮、汉,皆有功。十三年,升本县县丞。后移治楚丘。宪宗时告老归。(0001 卷 152)

岳至 字齐高。元东平(今属山东)人。英宗至治元年(1321)进士。文宗天历二年(1329)任南台御史。至顺三年(1332)任国子司业。官至南雄路总管。(0632 卷 6,0415 卷 7,0212 卷 7)

岳兴 元世祖至元年间任上高(今属江西)县尹。(1016 卷 14)

岳住 元蒙古弘吉剌氏。历任怀庆路(治今河南沁阳)达鲁花赤。文宗即位后,建大龙翔集庆寺于金陵,命其测圭考景,筑基而营,任留守。至顺二年(1331)召还朝。(0233 卷 1、2、7)

岳果 元大名冠氏(治今山东冠县)人。岳天祯之子。历任会昌州同知。(0001 卷 152)

岳珍 元汤阴(今属河南)人。岳飞后裔。太宗时授许州长官。(0762 卷 10)

岳柱①(1281～1334) 字止所,又字兼山。元畏兀儿人。阿鲁浑萨理长子。成宗大德二年(1298),年十八,入备宿卫。武宗至大元年(1308),授集贤学士,以荐贤举能为事。仁宗皇庆元年(1312),出任湖南宣慰使。日接见儒生,询求民瘼。后历任太史院使、礼部尚书、江西参政等职。文宗至顺二年(1331),任江西平章,招降桂阳州张思进等反元队伍。三年,迁任河南平章。嗜经史,天文、医药之书无不究极。(0001 卷 130)

岳柱② 元畏吾儿人。文宗至顺二年(1331)任江南行御史台经历。(0632 卷 6)

岳烈 元畏吾儿人,居镇江。历任陕西、江西行省左丞,浙东廉访使。(0631 卷 19)

岳铉(1249～1312) 字周臣。元燕人。家世为司天官。世祖至元十三年(1276)授司天台提点。二十四年,从平乃颜之乱有功,擢知秘书监。屡以天象示警,劝世祖杀桑哥。成宗大德七年(1303)监修《元大一统志》。谥文懿。(0279 卷 12,0027 卷 9)

岳浚 字仲远。元宜兴(今属江苏)人。岳飞六世孙。博学好古。成宗大德年间任石门县尉。武宗至大中任象山书院山长,乞归侍亲。积书万卷,延致名儒,校雠诸经,刊行九经三传,流传海内。后起为绩溪县主簿。泰定末迁任汉阳尹,坐掠死无辜降职,郁郁而死。(0112,0048 卷 5,0930 卷 22)

岳焕 元顺帝时,任镇抚万户,驻军建宁(今属福建),隶福建道宣慰司同知、副都元帅彭庭坚麾下。因纵卒为暴,庭坚欲绳以法,乃于至正十四年(1354)发动兵变,杀庭坚。后去向不明。(0001 卷 195)

岳榆 字季坚。元宜兴(今属江苏)人。岳浚之子。工诗,元末入计筹山学道。(0279 卷 8,0412 卷 16,0504 庚下)

岳嵩① 元世祖至元十五年(1278)任余姚(今属浙江)县尹。(0880 卷 28)

岳嵩② 元顺帝至正五年(1345)任吴江(今属江苏)州同知。(0954 卷 17)

岳璋 元大名(今属河北)人。世祖至元二十九年(1292)任灵川县尹。(1102 卷 26)

岳士迪 宋元之际江州(治今江西九江)人。岳飞六世孙。宋迪功郎。元初与宜兴唐门岳氏通谱,合力兴复杭州岳飞坟与庙寺。(0101 卷 3,0112)

岳天祯(1238～1309) 元大名冠氏(治今山东冠县)人。袭父岳存职为冠氏县军民弹压。元世祖至元间,从围襄樊。又从战焦山。后至浙东,镇压奉化反元队伍。以功升管军千户。宋亡,授福州路总管,镇压尤溪反元队伍。迁吉州路,镇压永新反元队伍。成宗大德七年(1303),迁任建康路(治今江苏南京),首定救荒之政。(0001 卷 152)

岳元镇 元古修人。初为百户。世祖至元五年(1268)以功升右卫亲军总把。宋亡,累功升右卫亲军千户。年六十八致

仕。(0212 卷 65)

岳石木　又译要束木。元人。历任兵部、刑部尚书。顺帝至元五年(1339)任江南行台治书侍御史。历淮西廉访使、湖广参政、上都留守、行宣政院使。至正三年(1343)起,任江浙行省右丞,提调海漕、监抽庆元市舶,有政绩。(0632 卷 6,0165 卷 1,0222 卷 5)

岳世安　元官员。以凤翔府判官行同州事。(0806 卷 7)

岳廷秀　元峄州(治今山东枣庄南)人。由乡举任滕县尹。(0075 氏族典卷 511)

岳自持　字德操。元宜兴(今属江苏)人。岳飞六世孙。岳浚弟。顺帝至元四年(1338)由县儒学教谕改授绍兴路和靖书院山长。至正十一年(1351)至十四年任无锡州儒学教授。(0279 卷 8,0558 卷 23)

岳自修　字德敏。元宜兴(今属江苏)人。岳飞五世孙。英宗至治二年(1322)任松阳县儒学教谕兼惠治乡巡检。仕至建昌州判官。(0152 卷 9,0234 卷 2)

岳合难　元成宗大德十年(1306)任象山县(今属浙江)达鲁花赤。(0633 卷 3)

岳时中　元成都人。元末任汉州(治今四川广汉)太守。红巾军将领李喜喜来攻,率兵抵御,以寡不敌众,战死。(0841 卷 6,0842 卷 11)

岳里吉　元太宗之子。札剌亦儿氏也柳干自幼为其卫士长。(0001 卷 129)

岳伯川　元济南人,或云镇江人。元杂剧作家,撰有杂剧《吕洞宾度铁拐李岳》、《罗光远梦断杨贵妃》。(0029 卷上)

岳忽难　元诸王。成宗大德三年(1299)十二月,受赐银印。(0001 卷 20、108)

岳定夫　字景游。元常州(今属江苏)人。元初任田州路经历,后迁任武龙州同知,以疾未赴任。(0930 卷 20)

岳祖义　元晋州(治今河北晋县)人。世祖至元末,任真定路治中。(0645 卷 5)

岳熙载　字寿之。金元之际燕人,岳铉祖父。金哀宗正大年间以精通玄象科登第,授司玄大夫。金亡还燕,入觐元太宗,推验无不应,授天文管勾。后以铉贵,追谥简惠。著有《天文精义赋》四卷。(1103 卷 182)

岳德文(1235～1299)　元涿州(今属河北)人。真大道教第八代师。世祖至元二十一年(1284)宣授崇玄广化真人,统辖诸路真大道教事。(0147 卷 50)

岳藏斋　元陕州(治今河南三门峡西)人。世祖至元间以史天泽荐,授枢密院经历。后迁任监察御史。官至国子祭酒。(0762 卷 7,0075 氏族典卷 511)

岳乐也奴　元成宗元贞二年(1296)七月,奉遣出使马八儿国(在今印度东南海岸)。(0001 卷 19)

岳里帖木儿　元钦察伯岳吾氏,土土哈之子。历任武卫亲军都指挥使司佥事。(0011 卷 74)

岳璘帖穆尔　元畏兀儿人。暾欲谷后裔。畏兀儿国相仳理伽普华之弟。初以质子入侍元太祖,从太祖征讨,多战功。后奉旨充任皇弟铁木哥斡赤斤诸子师傅,教导其诸子以孝弟敦睦、仁厚不杀为先。太宗时,从平河南,授河南等处军民都达鲁花赤。后选充大断事官,从斡赤斤出镇顺天等路,宽征徭,州郡清宁。寻复任河南等处军民都达鲁花赤。年六十七,卒于保定。谥庄简。(0001 卷 124)

欣都①　元西域人。从胡长孺学。仁宗延祐元年(1314)江浙行省乡试右榜第一。(0128 卷 12,1104 卷 2)

欣都②　元英宗至治元年(1321)任吴江(今属江苏)州同知。(0954 卷 17)

质理花台　元哈剌鲁氏,集贤大学士曲枢之父。(0011 卷 86)

郗伦　元屯留县(今属山西)人。与同县郗敏皆以纳粟赐官。(0075 氏族典卷 513)

郗岱　元成宗大德六年(1302)至九年,任奉化(今属浙江)州判官。(0633 卷 3)

郗显　元人。世祖时,任江淮行省宣使。诉行省平章忙兀台不法,诏勿问,付显等于忙兀台鞫之,系于狱。江南行台监察御史申屠致远虑囚,知其冤,乃出之,使从军自赎。(0001 卷 170)

郗仲义　元妫川(治今河北怀来东南)人。顺帝至正元年(1341)任昌平县尹,有德政。(0075 氏族典卷 513)

郗释鉴　元顺帝元统年间任徽州路达鲁花赤。(0972 卷 4)

舍利畏　元大理人。世祖至元元年(1264),结威楚、统失、善阐等三十七部诸爨以叛,率众十万谋攻大理。后为元将也先、信苴日所败。(0001 卷 166)

舍蓝蓝(1269～1332)　元尼,高昌(治今新疆吐鲁番东)人。八岁入京,入侍世祖皇后。成宗时,事太后于西宫,以侍从日久有功,诏礼帝师迦罗斯巴斡即儿为师,削发为尼。武宗继位,仍侍太后之侧,言听谏从,内外皆以师礼。仁宗时,以所受赐物创建妙善寺于京师,又建普明寺于五台山,各置藏经。以黄金缮写番字藏经《般若八千颂》、《五护陀罗尼》十余部及汉字《华严》、《楞严》等经。英宗、文宗均待以殊礼。(1144 卷 388,0035 卷 36)

舍里甫丁①　元回回人。世祖时,任同知大都路总管府事。至元十五年(1278),因殴部民至死,为御史所劾。诏杖之,免官,并籍没家资十分之二。

(0001 卷 10)

舍里甫丁②　元回回人。世祖至元十三年(1276),任镇江路同知。十五年,任建康路(今属南京)同知。(0631 卷 15)

舍剌甫丁(1250～1323)　元西域人,居大都(今北京)。历任句容县(今属江苏)达鲁花赤、杭州路税司提举、宜兴(今属江苏)州同知。仁宗延祐六年(1319)授广州路治中。后致仕居杭州。(0559 卷 16,0632 卷 6,1104 卷 6)

舍剌甫沙　元仁宗延祐六年(1319)任庆元路(治今浙江宁波)达鲁花赤。(0634 卷 1)

念常(1282～?)　号梅屋。元华亭(治今上海松江)人。佛教僧人。俗姓黄。仁宗延祐三年(1316),住持嘉兴祥符寺。顺帝元统元年(1333)撰成《佛祖通载》二十二卷(一本作三十六卷)。(0035 卷首)

金氏①　元宜兴(今属江苏)人。聪慧知书,嫁同邑姚临,事婆孝谨。顺帝至正十二年(1352),兵起,夫挈老幼入太湖,游兵追之,金氏知不免于难,与夫诀别,即抱幼女赴水死。(0930 卷 23,0925 卷 22)

金氏②(?～1368)　元人,详定使四明人程徐妻。顺帝至正二十八年(1368),明军入大都,携子女赴井死。(0001 卷 201)

金永(1307～1358)　字仲明。元金华(今属浙江)人,金祐之子。幼从许谦学。精于鉴识名画。(0411 卷 31,0072 卷 82)

金弘　元钱塘(治今浙江杭州)人。选辑元诗人三十余人作品,题曰"干坤清气",贝琼为作序;未流传。(0418 卷 1)

金吉　号一庵。元上都(治今内蒙古正蓝旗东北)人。文宗至顺年间授左副翼万户府上千户,镇守泉州。顺帝至正中,那兀纳据泉州,行省合兵讨之。吉开门纳官兵,遂擒那兀纳,泉州复宁。(0920 卷 29)

金关　元衢州(今属浙江)人。有诗作传世。(0504 庚下)

金玙　元顺帝至元初任漳州路总管,淳厚廉谨,吏不敢欺。(0902 卷 63,0622 卷 78)

金建　字长民,号林居子。元温州路瑞安州(治今浙江瑞安)人。不求仕进,教授乡里。顺帝至正年间,方国珍犯境,献策筑城备御,郡赖以安,行省授以官职,不赴。后国珍据郡,以礼延致,终不屈。有诗作传世。(0062 卷 44,0896 卷 193,0504 庚下)

金珉　元明之际吴郡(治今江苏苏州)人。元末为长洲县儒学训导。明洪武中,任国子助教。有诗作传世。(0073 卷 64,0504 辛上)

金复　元泰定帝致和元年(1328)任绍兴路推官。(0880 卷 27)

金信　字中孚,号漫吟先生。元金华(今属浙江)人。从杨维桢游。工古歌诗。有诗集,维桢为作序。(0158 卷 7,0050 卷 11,0504 辛下)

金恺　元延陵(今江苏镇江)人。有诗作传世。(0504 庚下)

金觉　字宣伯。元吴郡(治今江苏苏州)人。有诗作传世。(0504 庚上)

金祐　元金华(今属浙江)人。金永之父。历任白鹿书院山长。(0411 卷 31)

金莲　元太祖妃,住第四斡耳朵(宫帐)。(0001 卷 106)

金莘　元台州(治今浙江临海)人。历任新昌县(今属浙江)儒学教谕。(0880 卷 29)

金钰　字遂良。元人。有诗作传世。(0504 辛下)

金铖　元永嘉(治今浙江温州)人。历任上虞县儒学教谕。(0880 卷 29)

金铉　元卫辉(治今河南汲县)人。英宗至治三年(1323)任秘书监管勾。(0027 卷 9)

金涓　本姓刘,字德原,号青村。元义乌(今属浙江)人。受经于许谦,学文于黄溍。隐居不仕,屡辞荐辟。工诗,有《青村遗稿》一卷。(0289 卷首,0051 卷 9,0082 卷 12)

金渊　元杭州人。世祖至元中,欲冒籍为儒,儒学教授彭宏不从,渊诬宏作诗有异志,揭书于市,逻者上呈。杭州路推官申居致远察其情,执渊穷诘,罪之。(0001 卷 170)

金童　元公主。答剌麻八剌长子魏王阿木哥之女。封曹国长公主。嫁高丽国王王焘为继室。(0001 卷 109)

金震　字以声,号柱泉。元人。有诗作传世。(0504 辛下)

金德　元顺帝至正间平江路管军镇抚桂完泽妻弟,从完泽征讨反元队伍,兵败被擒,怒骂,被杀。(0001 卷 195)

金镇　元徽州(治今安徽歙县)人。历任新昌(今属浙江)县尹。(0880 卷 28)

金霖　元金溪(今属江西)人。有诗作传世。(0504 庚下)

金翼　字敬德。元天台(今属浙江)人。有诗作传世。(0504 辛下)

金璧　字润夫。元平江(今苏州)人。画山水、人物学马远。(1143 卷 563)

金灏　元嘉兴(今属浙江)人。有诗作传世。(0504 庚下,0033 卷 21)

金一桂　字文馨。元休宁(今属安徽)人。以荐为沅州太守,有政声。(0075 氏族典卷 361)

金仁本　元人。有诗作传世。(0504 戊下)

金仁杰(? ~1329)　字志甫。元杭州人。与钟嗣成结交二十年,甚欢洽。文宗天历元年(1328)冬,授建康崇宁务官。次年春病逝。为杂剧作家,撰有杂剧《蔡琰还朝》、《秦太师东窗事犯》、《周公旦抱子摄朝》、《长孙皇后鼎镬谏》、《苏东坡夜宴西湖梦》、《玉津园智斩韩太师》、《萧何月夜追韩信》。(0029 卷下)

金仁镜　元时入华之高丽庆州人。官至平章政事。谥贞肃。有诗作传世。(0504 壬下)

金文石　元康里人。金哈剌(金元素)之子。顺帝至正年间,与弟武石俱荫补国子生。入明,以哈剌北去,忧心成疾,卒于金陵。为元曲作家,幼年从名姬顺时秀歌唱,其音律调清巧,无毫厘之差,节奏抑扬或过之。及作散曲,名公大夫、伶伦等辈皆叹服。(0029 续编)

金文质　号听雪翁。元湖州长兴(今属浙江)人。隐居不仕。力学好吟咏,有诗作传世。为杂剧作家,撰杂剧《松阴记》、《三官斋》、《娇红记》。(0029 续编,0504 戊上,0876 卷 12)

金玉相(1257 ~1323)　字清甫,号沧洲。元休宁(今属安徽)人。以荐授广东淘金副使,后致仕归。(0236 卷 9)

金正韶(1244 ~1290)　字九成,号约山。宋元之际余杭(治今浙江杭州西北)人。宋度宗召为龙翔宫书记。元世祖至元年间授洞观冲素大师、名山讲师。(0038 卷 5,0062 卷 56)

金弘业　字可修。元吴江(今属江苏)人。顺帝至正八年(1348)发所积粟,集民兵以保乡。十二年,大破反元队伍,行省授以义兵指挥千户。(0075 氏族典卷 362)

金弘道(1297 ~1365)　字达可,号止轩。元吴县(治今江苏苏州)人。其家六世同居,元廷旌表之。(0157 卷 14、11,0928 卷 53)

金刚奴①　元顺帝至正年间任尤溪县(今属福建)主簿,有政绩,迁任吴江(今属江苏)州同知。(0954 卷 17、20,0902 卷 58,0922 卷 5)

金刚奴②　元蒙古人。任义乌(今属浙江)县达鲁花赤。(0881 卷 12)

金刚讷　元人。有诗作传世。(0504 丁)

金似孙　字叔肖,号兰庭。元兰溪(今属浙江)人。工诗,清新警拔,饶有思致,吴师道尝为其诗题跋。卒年五十一。(0252 卷 16,0075 氏族典卷 361、文学典卷 86,0504 戊上)

金产祯　号方泉。能诗,有诗作传世。(0504 辛下)

金汝安　元鄞县(治今浙江宁波)人,金良之女。以父母老,多疾,侍奉惟谨。终身茹素,夜则吁天祈亲寿。双亲俱八十相继卒,终丧,年已四十七,遂终身不嫁,卒于家。(0877 卷 40,0002 卷 244)

金汝霖　自号藤溪钓叟,元新安(今安徽歙县)人。善画龙,兼擅梅花。薄名利,而慕闲旷,从容山水间,游戏翰墨,咸有深趣。李祁有《藤溪钓叟歌》。(0301)

金讷怀　字汉臣。元世祖至元年间任婺源县尹。(0167 卷 15、16)

金那海　元顺帝时,以勇力闻。至正二十五年(1365),参与刺杀权臣孛罗帖木儿行动,以功授中书平章政事。(0001 卷 113、207)

金寿臣　元淮东人,住吴门(今江苏苏州)。历任左司郎中。工散曲,撰有《金人捧露盘》、《沉醉东风》等散曲,行于世。(0029 续编)

金志阳(1276 ~1336)　号野庵,俗号蓬头。元永嘉(治今浙江温州)人。全真教道士。仁宗延祐中结草庵于信州先天观旁,独居二十六年。晚年隐居于武夷山。其弟子有方从义等。(0464 卷 3,0438 卷 2,1072 卷 53)

金希说　元襄阳(治今湖北襄樊)人。历任御史台监察御史。有文名。(0622 卷 60,0075 氏族典卷 361、文学典卷 90)

金应桂　字一之,号荪壁,又号积庆山人,宋元之际钱塘(治今杭州)人。宋季为县令,入元,隐居风篁岭。工诗词,善书画。书学欧阳询,画佛像学李公麟。(1143 卷 562)

金启元　字维清,号梅窗。元休宁(今属安徽)人。居京师十五年,元老巨卿待遇有礼,但因其为南人,不获仕于朝。后以太史院荐,授太平路阴阳学教授。(0413 卷 11,0075 氏族典卷 361)

金若愚　字伯明。元休宁(今属安徽)人。陈栎弟子。乡试不利,遂隐居不出。(0972 卷 9,0059 卷 16)

金质夫　元平江(今苏州)人。金璧弟。工画人物,道释。(1143 卷 561)

金官卜　元金城(治今山西应县东)人。历任临洮府达鲁花赤。(0801 卷 30)

金居敬(1321 ~1369)　字元忠。元休宁(今属安徽)人。从朱升、赵汸学。历任休宁县儒学教谕。(0972 卷 9,0973 卷 7,0072 卷 92)

金承务　元郴州路同知。能诗,有诗作传世。(0504 丁)

金承宗　元顺帝至正中为万户,从余阙守安庆,城陷,死之。(0001 卷 143)

金哈剌　字元素。元汪古人。文宗至顺元年(1330)登进士第,授钟离县达鲁花赤。历任刑部主事、工部郎中、廉访佥事。后升为福建行省参政兼海道防御、江浙行省左丞。顺帝至正末,任枢密院知院,从顺帝北去。能诗。工散曲,有《咏雪·塞鸿秋》,为世绝唱。(029 续编,0977 卷 6,0504 丁、癸下,1104 卷 5)

金选之　元人。有诗作传世。(0504 癸上)

金宣一　元明之际池州建德(治今安徽东至东北)人。元末聚众保乡里。明初,罗友贤叛,责之,遇害。(0075 氏族典卷 362、官常典卷 735)

金晋祖　元休宁(今属安徽)人。历任徽州路税司大使。(0973 卷 5,1004 卷 4)

金莺儿　元山东名妓。美姿色,善谈笑,(挡)筝合唱,鲜有其比。山东佥宪贾固与之甚亲昵。固迁任西台御史,不能忘情,作《醉高歌》、《红绣鞋》曲寄之,为台臣所知,被劾去。(0032)

金原举　元盐城(今属江苏)人。博通经史,弱冠为儒学录。历任州郡守。元末,归卒于家。(0958 卷 7,0075 文学典卷 89)

金家奴　元宗王乃颜属下,为部将。世祖至元二十四年(1287)从乃颜叛,与元军作战,被擒。(0001 卷 118、162 等)

金随祖　元休宁(今属安徽)人。顺帝至正年间任休宁县主簿。(0973 卷 6,1004 卷 5)

金鼎实　元广德(今属安徽)人。历任松阳县(治今浙江遂昌东南)书院山长。有诗作传世。(0504 己上)

金善信(1273～1331)　字实之。元长洲县(治今江苏苏州)人。道士,师莫起炎。建仁寿观以居,元廷赐号体仁守正弘道法师,授广德路道录、提点仁寿观。(0152 卷 29,0411 卷 42,0042 卷 11)

金道源　字本仲,号水南。元黄岩(今属浙江)人。隐居不仕,四方从学者众。有诗作传世。(0504 戊上,0072 卷 82)

金震祖(1299～1362)　字宾旸。元休宁(今属安徽)人。从陈栎、胡炳文学。以荐入太史院。后从秦王深入朔漠有功,授平江十字路万户府镇抚。世乱归隐山中。(0532 卷 97,0059 卷 16)

金德久　元吴县(治今江苏苏州)人。乐善好施,惠多及人。尝自枫桥至浒墅,凿七井以利行施。(0075 氏族典卷 361)

金德启　元人。与萨都剌为友。有诗作传世。(0155 前集,0504 癸上)

金德润(1268～1333)　字君泽。元浦江(今属浙江)人。由吏入仕。历任台州路判官、浙东宣慰司令史、平江路知事、嘉兴路推官,以绍兴路治中致仕。(0411 卷 50,0062 卷 27)

金履祥(1232～1303)　字吉父,学者称仁山先生,宋元之际婺州兰溪(今属浙江)人。师事王柏、何基,传程朱之学。宋将亡,训迪后学,谆切无倦。著有《通鉴前编》、《大学章句疏义》、《论语孟子集注考证》等。(0001 卷 189)

金也速台　元初为婺州路(治今浙江金华)达鲁花赤。(0881 卷 11)

受纳八儿思　元畏兀儿人,文宗至顺二年(1331)任丹阳县达鲁花赤。(0631 卷 16)

狗儿①　元畏兀儿人。成宗大德七年(1303)至十年,任镇江路达鲁花赤。(0631 卷 15)

狗儿②　元仁宗时,任佥太常礼仪院事。延祐五年(1318),拜中书参知政事。(0001 卷 26)

狗儿③　元畏兀儿人,文宗至顺二年(1331)任镇江路达鲁花赤。(0631 卷 15)

狗儿④　元畏兀儿人,孟速思子中书左丞月古不花之子。历任檀州路达鲁花赤。(0011 卷 40)

狗札里　元顺帝时,任指挥使,率军驻守江西行省,镇压朱光卿起义。(0001 卷 39)

肥儿牙儿迷的里　元武宗即位初,奉命赴西域取佛钵、舍利,遥授宣政使。(0001 卷 23)

忽三　元成宗大德八年(1304)任江山县(今属浙江)达鲁花赤。(0878 卷 2)

忽兰　元蒙古克烈氏,速哥第四子。袭父职,治崞州(今山西原平北)。卒年四十二,赠太保、金紫光禄大夫、上柱国,追封云国公,谥康忠。(0001 卷 124)

忽先①　又译忽辛,元回回人,赛典赤赡思丁子纳速剌丁之子。历任云南行省平章政事,至治三年(1323)以赃罢。(0001 卷 28、125)

忽先②　元泰定三年(1326)任秘书郎。(0027 卷 10)

忽先③　元泰定四年(1327)任丹阳县(治今江苏丹阳)达鲁花赤。(0631 卷 16)

忽先④　元顺帝元统二年(1334)任浙东宣慰司同知。(0634 卷 1)

忽伦①(?～1287)　元宗王乃颜之驸马。世祖至元二十四年(1287),从乃颜叛,战败,被忙兀氏博罗欢斩杀。(0001 卷 121)

忽伦②　元拓跋氏(土别燕克烈氏),按札儿之子拙赤哥之子。(0011 卷 31)

忽秃①　元世祖至元二十六年(1289)任江南行台监察御史。(0632 卷 6)

忽秃②　元成宗大德五年(1301)任高平县(今属山西)知县。(0694 卷 5)

忽秃③　元畏兀儿人,孟速思子翰林承旨阿失帖木儿之子。历任真州达鲁花赤。(0011 卷 40)

忽邻　元成宗大德八年(1304)为制用院使。十一月,奉旨与翰林直学士林元抚慰高丽。(0001 卷 21)

忽辛①(? ~1310)　元西域人。赛典赤赡思丁第三子。世祖至元初以世臣子备宿卫。十四年,授兵部郎中。次年,出任河南宣慰使同知,招降反元武装。后历任云南、陕西转运使,燕南宣慰司同知,南京总管,两浙盐运使,西台中丞。成宗大德间,任云南右丞。以豪民规避徭役,往往投充王府宿卫,乃减宿卫三分之二。孔庙学田为寺院所占,夺归之。并于诸州县遍立庙学,文风大兴。后历任四川、江浙右丞,江西平章。谥忠简。(0001 卷 125)

忽辛②(? ~1282)　元西域人,阿合马长子。世祖至元十年(1273),任大都路总管兼大兴府尹。后历任潭州行省左丞、江淮行省右丞、平章政事等职,倚仗父势,贪纵不法。十九年,阿合马败,伏诛于扬州。(0001 卷 10、12、205 等)

忽辛③　元世祖时,任参知政事、行河南等路宣慰使。至元十六年(1279),升中书左丞、行中书省事。(0001 卷 10)

忽辛④　元西域人。世祖至元二十九年(1292)任丹阳县(今属江苏丹阳)达鲁花赤。(0631 卷 16)

忽辛⑤　元英宗时,任云南行省平章政事。至治三年(1323),因赃罪杖免。(0001 卷 28)

忽辛⑥　元回回人。顺帝至元元年(1335)任江南行台监察御史。(0632 卷 6)

忽纳　元蒙古逊都思氏,赤老温孙察剌之子。官至江东廉访使,追谥景桓。(0011 卷 21)

忽怜①　又译忽邻。元驸马。蒙古亦乞列思氏。孛秃曾孙。尚宪宗女伯牙鲁罕公主。世祖至元中,宗王脱脱木儿劫北平王那木罕,奉河平王昔里吉以叛,忽怜奉旨讨之,大战终日,脱脱木儿败走。帝嘉之,复令尚宪宗孙女不兰奚公主。宋平,分广州民户赐之。二十四年(1287),乃颜叛。世祖亲征。元军与乃颜党哈丹战于程火失温(今内蒙古扎赉特旗西北绰勒),哈丹部众甚众,与元军相持不下;忽怜率兵二百至,逆击败之。次年,率兵复讨之,至贵列儿河(今归流河)、塔兀儿河(今洮儿河)之间,大战,败哈丹军,追杀其逃众。又逾年,复讨之,又败哈丹军于兀剌河。卒,追封昌王,谥忠宣。(0001 卷 118)

忽怜②　元成宗大德元年(1297)任江南行台侍御史。(0632 卷 6)

忽带①　元世祖时,为管军总把。至元十六年(1279),与千户脱略擅引军入婺州永康县界,杀掠吏民。事觉,因扈从宪宗出征有功,免死杖遣,没入家资之半。(0001 卷 10)

忽带②　元世祖时,为西南夷中下烂土等处洞长。至元二十六年(1289),以洞三百、寨一百一十归附元廷,有户二千余。(0001 卷 15)

忽剌　元泰定帝三皇后。(0001 卷 106、143)

忽栈　元畏兀儿人,月朵失野讷子乞赤宋忽儿之子。(0011 卷 42)

忽都①(? ~1268)　元蒙古兀鲁兀氏。万户孛罕之子。宪宗时,奉旨率父旧部从都元帅大答攻巴州。又从都元帅纽麟渡马湖江,破宋叙州兵。世祖中统元年(1260),宋舟师进攻成都;忽都率兵击败之。至元元年(1264),授蒙古汉军总管。二年,从都元帅百家奴败宋夏贵军于怀安。(0001 卷 135)

忽都②　元畏兀儿人,拜降之父。早年由宿卫为南宿州镇将,分守蕲县。宪宗时从世祖南征,战功居多。徙居大名路清丰县(今属河南)。卒,赠广平路总管,封渔阳郡侯。(0001 卷 131)

忽都③　元蒙古人。世祖时,为大理蒙古千户。至元十四年(1277),缅国进攻内附金齿首领阿禾,忽都与大理路总管信苴日等率军援救,击退缅军。(0001 卷 166、210)

忽都④　元世祖至元十四年(1277)任庆元路(治今浙江宁波)达鲁花赤。(0633 卷 2)

忽都⑤　元世祖至元二十年(1283)任瑞州路(治今江西高安)达鲁花赤。(1016 卷 14)

忽都⑥　元世祖时,任右卫亲军都指挥使。(0001 卷 7)

忽都⑦　元武宗至大间任盐官州(治今浙江海宁西南)知州。(0872 卷 15)

忽都⑧　元顺帝至元四年(1338)任象山(今属浙江)县尉。(0634 卷 2)

忽难①　蒙古格泥格思氏人。十二世纪八十年代率格泥格思部人离开札木合投附元太祖。多年侍从太祖,为其忠实亲信。太祖曾对博尔术、木华黎及朵豁勒忽等扯儿必说:“朕迁移时,忽难从不住下,朕住下时,他从不走开。对于仇敌,他绝不给予好颜面。凡事,你们要与忽难、阔阔搠思两人商量了后,再去做。”又说:“忽难、阔阔搠思、迭该、兀孙,都是对朕不隐讳其所见、不藏匿其所闻的人。”蒙古建国后,受封为第七位功臣千户长。后又受命为术赤的王傅兼万户长。(0009 卷 8、9、10)

忽难②　元蒙古人。世祖至元二十三年(1286)十一月,奉旨与塔叉儿出使伊利汗国阿鲁浑汗(1284 ~ 1291 在位)处。(0001 卷 14)

忽脱 元畏兀儿人，中尚院使忙兀的斤孙。（0011 卷 52）

忽答 元世祖时任莱州（今属山东）达鲁花赤。（0727 卷 2）

忽敦 元世祖至元十一年（1274），拜征东都元帅，统舟师二万征日本，拔对马、一岐、宜蛮等岛，掳掠而还。后调任四川行枢密院副使，攻嘉定、重庆、泸州、叙州等地。（0001 卷 8、9、132 等）

忽察① 元宗室，定宗长子。早卒。子亦儿监藏、完者也不干。（0001 卷 107）

忽察②（？～1264） 阿里不哥谋臣。世祖至元元年（1264），阿里不哥叛乱失败，归降，忽察被杀。（0001 卷 5）

忽察③ 元宗室，太祖第六子阔列坚之子。世祖时，封河间王。（0001 卷 95、107）

忽察④ 元时入华迦叶弥儿（今克什米尔）人，伽乃氏。铁哥长子。历任淮东宣慰使。（0001 卷 125）

忽撒 元成宗大德八年（1304）任沁水县（今属山西）达鲁花赤。（0694 卷 5）

忽上海 元王妃。真金长子显宗甘麻剌之妃。（0001 卷 106）

忽公泰 字吉甫，元中山（治今河北定县）人。为著名儒医，擅长针灸。元宪宗三年（1253）前后，任太医院针灸科教授。世祖至元五年（1268），任诸路医学提举，曾以灸术及汤剂治愈中书左丞相史天泽所患风寒症。官至翰林集贤直学士。撰有《金兰循经取穴图解》，成宗大德七年（1303），由其子光济诠次后刊行。（1149 卷 71、72 卷 1081）

忽必来 又译虎必来。元蒙古八鲁剌思氏。早年归附铁木真（元太祖），任带刀卫士。随铁木真征战漠北诸部，勇猛善战，屡立战功。元太祖元年（1206），受封为右翼千户长。五年，奉命率军西征哈剌鲁部，其部主阿儿思兰汗举部降顺。（0008 卷 1，0001 卷 1，0002 卷 123）

忽必烈 即元世祖。

忽里台 元顺帝至元二年（1336）为礼部侍郎。是年六月，奏请恢复科举取士制，不听。（0001 卷 39）

忽里带 元诸王。世祖至元二十四年（1287）从东北叛王哈丹作乱。二十九年二月，诏流放于东海。（0001 卷 17）

忽秃台 元英宗乳母。至治三年（1323），追赠定襄郡夫人。（0001 卷 28）

忽林失① 元蒙古八鲁剌思氏。翁吉剌带之子。初为世祖宿卫士。至元二十四年（1287），任千户，从征叛王乃颜，冲锋陷阵，身被三十三创。以功受命领太府监。后以千户从皇子阔阔出出征。又从成宗与叛王海都、笃哇等战有功，成宗嘉之，特命为翰林承旨。后改任万户，与叛王斡罗思、察八儿等战，以功授司徒。（0001 卷 135）

忽林失② 元成宗时，任曲靖（今属云南）等路宣慰使，兼管军万户。（0001 卷 20）

忽林台 元顺帝时，任辽阳行省右丞。至正二十五年（1365），拜中书平章政事。二十七年，同右丞相也速等出兵守御山东。（0001 卷 47、113）

忽林池 元蒙古札剌亦儿氏，速浑察子。宪宗时，袭木华黎家族国王爵位。宪宗八年（1258），奉命行省襄阳，略地两淮。（0001 卷 119、120）

忽林赤① 元世祖时，率兵驻高丽。至元七年（1270），奉命至海上送国信使赵良弼赴日本。八年，与大将忻都等平高丽叛臣裴仲孙于珍岛。（0001 卷 7、208）

忽林赤② 元世祖至元二十二年（1285）任瑞州路（治今江西高安）同知。（1016 卷 14）

忽林伯 元世祖中统二年（1261）八月，敕命为金齿等处安抚使，奉敕与安抚使贺天爵招谕金齿等处，以安其民。（0001 卷 4）

忽林沙 元泰定四年（1327）任奉化（今属浙江）州达鲁花赤。（0634 卷 2）

忽林带 元契丹人。耶律秃花之孙，买住之子。宪宗时嗣父、祖官职为太傅、总领也可那颜，总领征四川汉军，立成都府，卒于军。（0001 卷 149）

忽舍忽 元世祖至元二十一年（1284）任开化（今属浙江）县尉。（0878 卷 3）

忽剌歹 元泰定帝时，任湖广行省丞相。妄作威福，僚属多畏避。（0001 卷 186）

忽剌术①（？～1303） 元成宗时，任兵马都指挥使。大德七年（1303），奉命籍没朱清、张瑄家资，以受赂诛。（0001 卷 136、199）

忽剌术② 元成宗大德十年（1306）至十一年为湖广行省平章。（0014 卷 18）

忽剌出① 元宗室。太祖弟哈赤温曾孙。宪宗时，参与伐高丽之役。世祖时，封陇王。（0001 卷 4、7、107）

忽剌出② 元蒙古人，世祖时为驸马。至元六年（1269），任枢密副使，与史天泽前往襄阳，主持对宋战事。不久改任河南行省平章政事。（0001 卷 6、155）

忽剌出③（？～1286） 元蒙古人。直脱儿之孙。袭伯父哈兰术职为益都路蒙古万户。世祖至元十一年（1274），领山东诸军攻宋，大败宋军于丁家洲。十二年，战焦山，下江南。十三年正月，进至杭州。五月，败扬州军。六月，败真州军。七月，追击宋将李庭芝，降扬州、高邮、真州等城，江南平。迁湖州路达鲁花赤。十四年，升淮东宣慰使，又奉旨屯守上都。十五年，授行御史台中丞。十九年，迁福建行省左丞，参与镇压黄华起义。二十年，迁江淮左丞。二十三年，升右丞，又升江浙平章，卒。(0001 卷 123、133)

忽剌出④ 元世祖至元二十八年(1291)任江南行台监察御史。(0632 卷 6)

忽剌出⑤ 元成宗大德二年(1298)，置和林宣慰司都元帅府，拜宣慰使都元帅，佩虎符。七年，遥授中书省左丞。(0001 卷 19、21)

忽剌出⑥ 元蒙古人。武宗时，任江浙行尚书省左丞相。至大三年(1310)，拜御史大夫。(0001 卷 23)

忽剌出⑦ 元宗室。英宗至治三年(1323)，受命以诸王身份出镇云南。文宗天历元年(1328)，因罪流放海南。至顺二年(1331)，还镇云南。(0001 卷 28、33、35)

忽剌台①(？～1328) 元宗室。太宗子合失之后。泰定元年(1324)，袭封汝宁王。天历之变中，为上都泰定帝系势力作战，战败被杀。(0001 卷 29、32、108)

忽剌台② 又译忽剌觧，兀良合氏，也速觧儿之子。元天历二年(1329)明宗即位时，拜江浙行省平章政事。(0001 卷 31，0011 卷 25，0014 卷 10)

忽思剌 元泰定四年(1327)由宗正府札鲁忽赤迁任秘书太监。(0027 卷 9)

忽思慧(1314～1320) 元代蒙古人，营养学家。元仁宗延祐年间至文宗时，任饮膳太医，掌管饮食卫生、药物补益等事。与赵国公普兰溪多年收集整理食疗资料，文宗天历三年(1330)撰成营养学专著《饮膳正要》三卷。此书分类罗列食疗方法，概述米谷、兽禽鱼、果菜及料物等 230 余种食物，概述养生避忌、妊娠、乳母食忌、饮酒避忌、服药食物忌、食物利害及相反、食物中毒等专题。书中吸收大量各族食疗方法，载有天竺、畏兀儿、蒙古、回回等食物。(1149 卷 177，0147 卷 22，1124 卷首)

忽笃华 即石抹忽笃华。

忽胜海 元太祖妃子，居大斡耳朵。(0001 卷 106)

忽都台① 元宪宗皇后。蒙古弘吉剌氏。特薛禅孙忙哥陈之女。生二子：班秃、玉龙答失。宪宗即位前早死，其妹也速儿继为妃。世祖至元三年(1266)，追谥贞节皇后。(0001 卷 114)

忽都台② 元世祖至元十四年(1277)，为万户，率军支援处州路达鲁花赤赵贲亨镇压处州季文龙、章焱反元队伍，击败之，文龙溺死。(0001 卷 151)

忽都华 元蒙古札剌亦儿氏，木华黎孙塔思之孙。(0011 卷 2)

忽都合 又译忽都花。蒙古斡亦剌部首领兼巫师，称“别乞”。曾参加以札木合为盟主的蒙古各部联盟，与王汗、铁木真作战。元太祖建国(1206)后，率部降附。太祖十三年(1218)，术赤奉命率军收服北方森林部落，忽都合充当向导，引导蒙古军北上，收降各森林部落。太祖命其统管斡亦剌部四千户，以女阔阔干嫁与其子脱栾赤。其女嫁贵由(定宗)，为斡兀立海迷失皇后。(0008 卷 1，0009 卷 10)

忽都纳 元蒙古人。世祖至元八年(1271)为高唐州达鲁花赤。十月，大司农臣言其劝课有效，宜加提升，帝从之。(0001 卷 7)

忽都虎①(约 1180～约 1262) 又作失吉忽秃忽、胡士虎那颜。元蒙古塔塔儿氏。自幼由元太祖家收养。太祖元年(1206)，封千户长、大断事官。后从太祖征金。十年，奉遣入中都(今北京)籍帑藏。十四年，从征花剌子模国。十七年，率军三万攻札兰丁，战败。太宗六年(1234)，任中州断事官，籍中原户口。病死于世祖中统间，年逾八十。(0001 卷 1、2、146 等，0002 卷 126)

忽都虎②(？～1293) 元蒙古篾儿乞氏。绍古儿之孙。宪宗九年(1259)，从忽必烈攻鄂州(今湖北武汉武昌)，还镇恩州。世祖中统三年(1262)，从征李璮有功。未几，奉命修立邳州城，领兵镇两淮。十一年，从伯颜渡江攻宋有功。又从董文炳沿海出征，还，镇嘉兴。十四年，授嘉兴路达鲁花赤。十六年，改授浙西宣慰使，奉诏侵占城，以其国降表、贡物入觐。二十四年，从侵安南。次年还师，授邳州万户府万户。(0001 卷 123)

忽都虎③ 元驸马。驸马阿脱之弟。尚擲只蛮公主。(0001 卷 109)

忽都剌 又译忽图剌。元太祖之叔祖。合不勒汗第四子。其族叔俺巴孩汗被塔塔儿部执送金朝处死后，于斡难河(今鄂嫩河)畔豁儿豁纳黑·主不儿(草原)被推选为蒙古诸部联盟首领，称汗。英勇善战，尝亲率蒙古诸部多次对塔塔儿诸部及金朝作战，为俺巴孩汗复仇。(0008 卷 1，0009 卷 1)

忽都思① 蒙古八鲁剌思氏，忽必来之弟。十二世纪八十年代，随忽必来离开札木合投附元太祖。多年为太祖忠勤效力。蒙古建国后，受封为功臣千户长。(0009 卷 3、8)

忽都思②(？～1255) 元钦察玉耳别里伯牙吾台氏，平章政事千奴祖父。从睿宗拖雷破金军于三峰山，以功赐号拔都鲁。后授管军百户，从攻南宋，屡立战功。卒。后以子孙贵，追封沇国公，谥武愍。(0001 卷 134)

忽都笃 元回回人，居河中解州(今山西运城西南)，祖先为西域板勒纥(今阿富汗巴尔赫)人。察罕第三子。历任高邮府判官。(0001 卷 137)

忽都鲁① 元世祖至元二十二年(1285)，拜中书平章政事。二十三年，免职。(0001 卷 13、14)

忽都鲁②　元世祖时，任亦集乃路（治今内蒙古额济纳旗东南哈拉和图）屯田总管。（0001 卷 14、60）

忽都鲁③　元哈剌鲁人，顺帝元统元年（1333）进士讬本曾祖。任管军百户。（0011 卷 88）

忽都察　元成宗大德五年（1301）任江南行台监察御史。武宗至大三年（1310）任南台经历。（0632 卷 6）

忽哥儿　元蒙古克烈氏，居镇江（今属江苏）。历任闽海廉访使、江浙行省参政。（0631 卷 19）

忽哥赤（？～约 1270）　元世祖第五子。至元四年（1267）八月，封云南王，受命出镇云南，统辖大理、善阐（今云南昆明）等地及察罕章、合剌章、赤秃哥儿、金齿各族。九月，立大理等处行六部。以阔阔带为尚书兼王傅。统兵南下。时大理等处宣慰都元帅宝合丁专制岁久，忌王来，遂勾结王傅阔阔带，设宴享王，毒死之。八年二月，宝合丁等伏诛。（0001 卷 6、7、167 等，0003 卷 76）

忽覩都　元宗室，拖雷次子，世祖兄。太宗时从定河南，有战功。早卒。（0001 卷 107、122）

忽答罕　元太祖后妃之一，住第四斡耳朵。（0001 卷 106）

忽鲁马　元世祖时云南木忽鲁甸金齿土官。（0001 卷 17）

忽鲁台　元顺帝元统二年（1334）任慈溪县（今属浙江）尉。（0634 卷 2）

忽鲁灰　元太祖妃，居第三斡耳朵。（0001 卷 106）

忽鲁浑①　元太祖后妃之一，居大斡耳朵。（0001 卷 106）

忽鲁浑②　蒙古兀良合氏，速不台兄，骁勇善骑射。与速不台俱事太祖，战于班朱尼河，以百夫长从征乃蛮，皆有功。（0001 卷 121、122）

忽赛因　初为元河间路达鲁花赤，因赃罢。成宗时，以献鹰犬复除大宁路达鲁花赤。因御史台臣弹劾，复罢。（0001 卷 21）

忽德辉　字英甫。元西域人，以父字为姓，本名别乘合剌思。世祖至元初，任工部郎中，至元九年（1272），出任平阳路治中。（0144 卷 16、46）

忽儿忽答　元文宗天历二年（1329）为中书断事官。三月，奉文宗遣，从丞相燕铁木儿奉皇帝宝于明宗行在所。（0001 卷 33）

忽儿都答　元阿速人，阿儿思兰子捏古来之子。世祖时，充管军百户，从不罗那颜使哈儿马某之地，以疾卒。（0001 卷 123）

忽不木思　元回回人。世祖至元二十九年（1292），售大珠于元宫，世祖以无用却之。（0001 卷 17）

忽失海牙　又译忽失海涯，元畏兀儿人，阿里海牙子。世祖时随父伐宋，任万户。后官至湖广行省左丞。（0001 卷 8、10、128，0501 卷 59）

忽列虎儿　元宗室，太祖弟哈赤温子按只吉歹之子。（0001 卷 107）

忽里哈赤①　元至大四年（1311）任秘书监丞。（0027 卷 9）

忽里哈赤②　元蒙古珊竹氏。顺帝至元二年（1336）任江南行台监察御史。（0632 卷 6）

忽秃不花　元成宗元贞元年（1295）为贵赤（善跑者）万户。四月，以其所部为敌所掠，诏赐钞。（0001 卷 18）

忽纳不花　元文宗至顺二年（1331）为同佥通政院事。十二月，奉旨与兵部尚书也速不花迎帝师。（0001 卷 35）

忽纳答儿　元初哈剌鲁部主阿尔思兰孙。也先不花驸马之子。娶八八公主，为驸马。（0001 卷 109）

忽押忽辛　元蒙古按赤歹氏，阔里吉思祖父。袭父职为宣抚使。世祖中统三年（1262），改任河中府达鲁花赤。（0001 卷 134）

忽剌忽儿①　元宗室。太祖弟哈赤温孙。中统元年（1260），与塔察儿、爪都等率东道诸王拥戴世祖即位。后多次受赏赐。（0001 卷 4、5、107）

忽剌忽儿②　元顺帝至元三年（1337）任浙东宣慰司同知。（0634 卷 1）

忽剌忽耳　元蒙古人。世祖至元二十四年（1287）为上都留守。是年，尚书省立，桑哥奏上都留守司钱谷多失实。与上都留守贺仁杰皆被召廷辨，二人皆引咎归己，帝置勿问。（0001 卷 169）

忽咱某丁　元回回人。泰定元年（1324）四月，奉旨为哈赞忽咱，主西域户籍。（0001 卷 29）

忽速忽尔　元蒙古札剌儿氏，木华黎曾孙，乃蛮台父。嗣木华黎家族国王爵位。卒，追封蓟王。（0001 卷 139）

忽速剌沙　元于阗（今新疆和田）人。成宗大德六年（1302）任江南行台监察御史。后累迁为霸州（今属河北）达鲁花赤。（0244 卷 13，0632 卷 6）

忽都于思　元世祖至元八年（1271），立侍仪司，拜左侍仪奉御，负责演习朝仪。后又调任太常卿，参与制乐工作。（0001 卷 67、68）

忽都不丁①　元回回人。成宗大德六年（1302），由江浙行省参知政事拜中书右丞。武宗时，任辽阳行省左丞，调任中书左丞，复拜中书右丞。仁宗时，拜中书平章政事。（0001 卷 20、23、112）

忽都不丁②　元仁宗延祐六年(1319)任江南行台监察御史。(0632 卷 6)

忽都不丁③　元文宗天历元年(1328)任江南行台监察御史。(0632 卷 6)

忽都不丁④　元文宗至顺元年(1330)任吴江(今属江苏)州判官。(0954 卷 17)

忽都不丁⑤　元文宗至顺二年(1331)八月,伊利汗国不赛因汗所遣来元朝使臣。(0001 卷 35)

忽都不丁⑥　元顺帝至正四年(1344)任上高县(今属江西)达鲁花赤。(1016 卷 14)

忽都不丁⑦　元顺帝时,任江浙行省左丞。至正五年(1345),充两浙江东道奉使宣抚。(0001 卷 41、92)

忽都不花①　元成宗大德七年(1303)任吴江(今属江苏)州达鲁花赤。(0928 卷 4,0954 卷 17)

忽都不花②(? ~1328)　元泰定帝时,任阿速卫指挥使。天历之变中,企图响应泰定帝一系势力,发动兵变,被燕铁木儿所杀。(0001 卷 138)

忽都不花③　字舜臣。元顺帝至正三年(1343)任秘书监奏差。(0027 卷 11)

忽都不花④　元顺帝至正六年(1346)为江浙行省右丞。六月,汀州连城县民罗天麟等反元起事,攻占长汀县。八月,奉命与江西右丞秃鲁统军合讨罗天麟。九月,收复长汀县。闰十月,罗天麟为其部下所杀,首级送官,余党悉平。(0001 卷 41)

忽都不花⑤　元顺帝至正七年(1347),拜中书右丞。八年,进中书平章政事。(0001 卷 113、127)

忽都不花⑥　元顺帝至正中,为淮东廉访佥事,尝与淮东廉访使褚不华击败围攻淮安之红巾军。(0001 卷 194)

忽都不花⑦　字伯英。元高昌(治今新疆吐鲁番东)人。顺帝至正二十年(1360)由宗正府掌判擢任江西行省右丞。(0275 卷 6)

忽都牙歹(? ~1300)　元速要歹氏。世祖至元二十八年(1291)任镇江路济南翼下千户所达鲁花赤。(0631 卷 17)

忽都火者　字明卿。元顺帝至正十九年(1359)任长泰县(今属福建)知县,有政绩。(0902 卷 65,0908 卷 23)

忽都达耳　字公琰。顺帝至正七年(1347)任完州(治今河北完县)达鲁花赤。(0649 卷 30)

忽都达而(1296 ~ 1349)　又译护都达儿、忽都达儿,字通叟。元蒙古捏古觧氏,泰兴县达鲁花赤火者之孙,居澧阳(治今湖南澧县)。仁宗延祐四年(1317),湖广省乡试第一。五年,蒙古色目右榜进士第一,授秘书监著作郎。奉诏祠五岳,事毕还朝,授湖广省左右司员外郎,从省官出兵讨平徭族起事。英宗至治三年(1323)擢江南行台监察御史,弹劾无所避。历任江浙行省左右司员外郎、都水庸田副使。改荆湖北道宣慰副使,未几丁忧归。三年服阕,授饶州路同知,在任三年以治最闻。后迁任衡州路同知。升济南路总管,未及三年以治最举,病归。顺帝至正九年(1349),诏授婺州路总管,未上任病死。(0152 卷 27,0632 卷 6)

忽都带儿①　元蒙古人。父合剌合孙为千户,世祖中统元年(1260)从讨浑都海,战死。至元十四年(1277)五月,敕命其袭父职为千户。(0001 卷 9)

忽都带儿②　元世祖平南宋后,为收籍阑遗官,至江南搜括流亡人口,所在取索鞍马刍粟,骚扰百姓。(0001 卷 11、173)

忽都哈思(? ~1281)　元乃蛮人,月里麻思子。因父功,为答剌罕,授上均州监战万户。至元十八年(1281)以招讨使率兵从征日本,战死。(0001 卷 123)

忽都海牙①　元文宗至顺元年(1330)任江南行台御史中丞。(0632 卷 6)

忽都海牙②　元文宗至顺二年(1331)任无锡州判官。(0558 卷 24)

忽都海牙③　元顺帝元统元年(1333),拜中书参知政事。后任翰林学士承旨,至正十二年(1352)复拜中书平章政事。(0001 卷 42、113)

忽都海涯　元畏兀儿人,阿里海牙孙,小云石海涯弟。其兄不乐仕宦,以爵让之,遂袭父兄职,为两淮万户府达鲁花赤。(0001 卷 143)

忽都答儿①　元蒙古人。初为世祖怯薛长。至元三年(1266),拜中书左丞相。四年,降平章政事。七年,复拜左丞相。仁宗延祐三年(1316),追封寿国公。(0001 卷 6、7、112)

忽都答儿②　元蒙古八剌忽觧氏,唵木海孙,忒木台儿之子。世祖时袭父职为炮手总管,后升炮手万户,改授达鲁花赤。(0001 卷 122)

忽都答儿③　元蒙古斡鲁纳台氏,阿术鲁子不花之子。初为千户,从平宋有功,授浙西招讨使,改邳州万户,后加荣禄大夫、平章政事。(0001 卷 131)

忽都答儿④　元世祖时,任兵部尚书。至元二十四年(1287),因不勤其职,被权相桑哥殴詈。(0001 卷 205)

忽都答儿⑤　元武宗至大间任常山县(今属浙江)达鲁花赤。(0878 卷 2)

忽都答儿⑥　元仁宗延祐三年(1316)任奉化(今属浙江)州达鲁花赤。(0633 卷 3)

忽都答儿⑦(? ~1330)　元宗王文宗至顺元年(1330)云南万户伯忽等起兵反文

宗,忽都答儿飞章上变,其后率众力战而死。顺帝至元二年(1336)追封为云安王,谥忠武。(0150 卷 6,0001 卷 27、39)

忽都答儿⑧ 元顺帝至元六年(1340)自东台万户入为秘书少监。(0027 卷 9)

忽都答儿⑨ 元唐兀人,居镇江(今属江苏)。以广德路判官致仕。(0631 卷 19)

忽都答儿⑩ 元蒙古塔塔儿氏,帖木儿脱之子。袭蒙古军万户。(0011 卷 28)

忽都答立 元蒙古兀鲁氏。世祖至元初蒙古汉军总管忽都之子。至元五年(1268),兄死,袭职为蒙古汉军总管。至元中,卒。(0001 卷 135)

忽都鲁别① 元成宗大德十年(1306)任吴江州(治今江苏吴江)达鲁花赤。(0928 卷 4,0954 卷 17)

忽都鲁别② 元回回人。文宗至顺三年(1332)任江南行台监察御史。(0632 卷 6)

忽都鲁伯 元世祖至元十年(1273)任秘书监奏差。(0027 卷 11)

忽都鲁沙① 元成宗大德七年(1303)任余杭县(治今浙江余杭西南)达鲁花赤。武宗至大元年(1308)改任浦江县(今属浙江)达鲁花赤,四年,擢为江南行台监察御史。(0872 卷 16,0881 卷 13,0632 卷 6)

忽都鲁沙② 元时入华大食人,也黑迭儿孙。历任户部尚书。(0011 卷 84)

忽笼海牙 元世祖至元五年(1268)九月,奉旨代讷剌丁为安南国达鲁花赤,张庭珍副之。(0001 卷 209)

忽鲁不花(1231~?) 元蒙古人,宪宗时万户长卜邻吉带次子。早年从阿里海牙学蒙古畏兀字。中统二年(1261),任中书左丞相。三年,兼中书省都断事官。至大四年(1311),追封归德王,谥忠献。(0001 卷 5、112、176)

忽鲁秃花 元世祖时,任兵部侍郎。至元三十年(1293),奉命出使阇蓝(今印度奎隆地区)、可儿纳答、信合纳帖昔(今斯里兰卡)三国。(0001 卷 17)

忽鲁忽儿 元蒙古人,速哥父。初隶木华黎麾下,后隶塔海、帖哥军。善驰马,有口辩,慎重不泄,因而负责往来奏白机务,未尝失期。太宗赐名动哥居。宪宗时,以疾卒。(0001 卷 131)

忽鲁忽都(1247~1306) 元蒙古札剌亦儿氏,带孙之孙。成宗元贞初累迁为八番都元帅,平服诸部族。迁任广西两江道都元帅。大德七年(1303),迁任浙东都元帅,丁忧归东阿。卒。追谥桓肃。(0250 卷 38)

忽鲁忽答 元至大四年(1311),仁宗即位,封太傅。(0001 卷 110)

忽鲁哈剌 元太祖后妃之一,居第三斡耳朵。(0001 卷 106)

忽鲁速蛮 钦察人,土土哈祖父。世为钦察国主。元太宗时,遣使归降。(0001 卷 128)

忽阑皇后 兀洼思·篾儿乞部首领带儿·兀孙之女。1204 年秋,篾儿乞诸部被元太祖击溃后,答亦儿率所部投降,将忽阑献给太祖为妃。忽阑年轻美貌,性情温和,善于关心、照顾太祖,深受宠爱,后遂成为太祖二皇后,主持第二斡耳朵(行宫)。太祖十四年(1219)春,太祖出发西征,众多后妃中只带忽阑一人陪伴出征。所生子阔列坚,被太祖视如嫡子,封赐四千户,并命老将忽必来辅佐之。(0009 卷 7,0008 卷 1)

忽撒马丁① 元回回人。世祖至元二十五年(1288),授管领甘肃陕西等处屯田等户达鲁花赤,督斡端(今新疆和田)、可失合儿(今新疆喀什)工匠千五十户屯田。(0001 卷 15)

忽撒马丁② 元成宗大德八年(1304)任衢州(今属浙江)路达鲁花赤。(0878 卷 2)

忽亦勒答儿 即畏答儿。

忽秃赤的斤 元武宗时诸王合儿八剌之妻。至大二年(1309),与吐蕃僧龚柯等十八人争道,被拉堕车,受殴。事闻,诏释吐蕃僧不问。(0001 卷 202)

忽思剌兀沙 元大都(今北京)人。文宗至顺三年(1332)任奉元路(治今陕西西安)同知。(0554 卷 28)

忽都儿不花 元蒙古克烈氏,太宗时山西大达鲁花赤速哥之子。(0011 卷 24)

忽都秃鲁干 元辽东诸王合丹部将。世祖至元二十五年(1288),合丹叛,元军来伐。忽都秃鲁干与元将阇里帖木儿等交战,战败投降。(0001 卷 131、154、166)

忽都帖木儿① 元世祖时,从伯颜伐宋,驻兵鄂州,任荆湖行省参政,升右丞。后调任江西行省平章政事。至元二十五年(1288)桑哥当政时,因不称职免官。(0001 卷 9、11、205 等)

忽都帖木儿②(?~1311) 元阿速人,阿儿思兰曾孙,忽儿都答之子。早年从武宗征海都,有功。武宗即位,授宣武将军、左卫阿速亲军副都指挥使。(0001 卷 123)

忽都帖木儿③ 元蒙古人。察合台汗国统将。仁宗延祐二年(1315),奉也先不花汗(1310~1320 在位)遣,与也先不干统兵进攻元朝,被元将床兀儿击败于赤麦干(在今新疆西北吉木乃)之地。(0001 卷 128)

忽都帖木儿④ 元致和元年(1328)九月,天顺帝即位后,为上都亲军指挥使。是月,与枢密副使阿剌帖木儿率兵与王禅会合,与燕铁木儿战于榆河(在今北京境),左臂受伤,败退红桥北(在今北京

昌平西南)。(0001 卷 32、138)

忽都帖木儿⑤　元宗室,阿鲁辉帖木儿弟。顺帝至正二十一年(1361),阿鲁辉帖木儿叛乱被诛,诏忽都帖木儿袭其兄爵,为阳翟王。(0001 卷 46、206)

忽都帖木儿⑥　字正卿。元顺帝至正十八年(1358)任上党县(治今山西长治)达鲁花赤,二十一年,升为泽州(治今山西晋城)达鲁花赤。(0551 卷 39、40,0694 卷 5)

忽都帖木儿⑦　元蒙古札剌亦儿氏,木华黎孙塔思曾孙。(0011 卷 2)

忽都帖智儿　元乃蛮人,顺帝元统元年(1333)进士彻台祖。(0028)

忽都铁木儿　元宗室,太祖第二子察合台后裔。英宗至治三年(1323),封威远王,赐金印。(0001 卷 28、107)

忽都铁穆儿　元蒙古人。元太祖时尝奉命与唐兀人昔里钤部同招谕沙州。(0001 卷 122)

忽都鲁不花　元武宗至大元年(1308)任瑞州路(治今江西高安)判官。(1016 卷 14)

忽都鲁养阿(? ~1329)　元文宗时,任四川道廉访使。四川行省平章政事囊加台起兵叛乱时,遇害。(0001 卷 34)

忽都鲁海牙　元世祖至元三年(1266)任泽州(治今山西晋城)达鲁花赤。(0694 卷 5)

忽都鲁脱因　元世祖至元二十九年(1292)任瑞州路(治今江西高安)达鲁花赤。(1016 卷 14)

忽哥儿不花　元文宗时,任河东道廉访副使。至顺二年(1331),因宪纲不振免官。(0001 卷 34)

忽塔忒迷失　又译忽答的迷失。元宗王。出伯后裔。文宗天历二年(1329),由西宁王进封豳王。(0001 卷 33,0003 卷 150)

忽答夫兀阑　元阿鲁浑氏,也速兀阑之子。历任东平都达鲁花赤。(0011 卷 90)

忽答迭迷失　又译忽答的迷失。元公主。裕宗真金之女。嫁汪古贵族爱不花之子赵忠献王阔里吉思。封赵国大长公主。(0001 卷 109、118)

忽阑八都儿　蒙古乞颜氏。元太祖叔祖。合不勒汗庶子。(0001 卷 107)

忽察儿·别乞　元太祖二伯父捏坤太师长子。父死后继位,统辖你儿·槐因部。以善射出名。十二世纪八十年代,率所部投附太祖。1189 年,与乞颜氏贵族阿勒坛、薛扯、泰出等宣誓拥戴太祖为汗。1201 年,受命与阿勒坛、答里台·斡惕赤斤为先锋,迎战札木合为首之十二部联盟军。1202 年春,随太祖出征塔塔儿诸部,与阿勒坛等不遵军令,任意掠夺战利品据为己有,太祖下令没收其擅取之战利品。为此,与阿勒坛等背叛太祖,投附王汗。1203 年,叛离王汗,投附乃蛮塔阳汗。1204 年,助塔阳汗对太祖作战。乃蛮部被征服时,被擒获处死。(0009 卷 3、4、5、6,0008 卷 1)

忽都思·合勒札　蒙古八邻部分支速合讷惕部人。1204 年出征乃蛮前,受命与斡歌连扯儿必同掌管七十名侍卫。蒙古建国后,任左翼千户长。后随太祖西征花剌子模国。太祖十六年(1221),奉命与其兄兀客儿·合勒札随失吉忽秃忽共率三万骑,与札兰丁战于八鲁弯(今阿富汗恰里卡尔东北),败绩。(0009 卷 7,0008 卷 1)

忽都脱台鲁因　元泰定二年(1325)任庆元路(治今浙江宁波)同知。(0634 卷 1)

忽都鲁笃弥实　元畏兀儿人。累官翰林承旨,文宗天历二年(1329)拜奎章阁大学士。卒谥文穆。(0001 卷 24、25、26、29、33、34、181、0212 卷 12,0147 卷 4)

忽都鲁铁木儿　元宗室,世祖第十子,早卒。仁宗时,分拨泉州路南安县为其子食邑。(0001 卷 24、95、107)

忽都鲁铁木而　元成宗大德十年(1306)为宣慰副使。是年,来安路(治今广西田阳)总管岑雄反。六月,奉湖广行省遣,招谕岑雄,雄令其子世坚来降,赐衣物遣之。(0001 卷 21)

忽都鲁都儿迷失　元畏兀儿人。武宗时,任集贤学士。仁宗时,任翰林学士承旨。文宗时,任奎章阁大学士。精通汉文和畏兀字蒙文,曾负责用蒙文翻译多种汉文典籍,并参与经筵进讲。(0001 卷 24、25、26 等)

忽都鲁揭里迷失　又译忽都鲁坚迷失。元公主。世祖之女。世祖至元十一年(1274),嫁高丽国世子王愖。三十一年五月,成宗即位后,封安平公主。后封齐国大长公主。(0001 卷 8、18、109)

忽勒秃罕·篾儿干　又作合勒。篾儿乞部首领脱脱幼子。善射,为箭无虚发之神箭手。1204 年,篾儿乞诸部被元太祖击溃后,随父及诸兄忽都、赤剌温等越过阿勒台山(今阿尔泰山)西逃。次年春,太祖率军追至也儿的石河支流不黑都儿麻河(今布克图尔玛河)源头,脱脱中箭身亡,忽勒秃罕随诸兄率篾儿乞残部西逃。太祖十二年(1217),速不台奉旨率军追剿忽都等西逃篾儿乞残部。次年春,速不台率军将篾儿乞残部包围在垂河(今中亚楚河)地区,全部歼灭。忽勒秃罕依仗其神射,突围逃出,西奔钦察人处去。不久,术赤遣军追捕,遂被擒。术赤久闻其神射,命其远射一靶。一发中的,又发一箭,正中前箭之羽缝。术赤惊服其神射,遣使太祖处乞留其活命。太祖不允,遂被处死。(0008 卷 1,0009 卷 8)

周才(1239 ~1295)　字仲美。宋元之际常熟(今属江苏)人。宋末为沿江制机检察水步兵。宋亡,受元征南帅府檄分部抚安郡属邑,事平不受官。(0570卷19,0042卷9)

周义　元顺帝至正间为京山县(今属湖北)儒学教谕。(1044卷17)

周广　元弘农(治今河南灵宝东北)人。成宗大德年间任罗田(今属湖北)县尹。(1049卷3,1041卷66)

周止　字定甫。元滨州(今属山东)人。初事世祖于潜邸。至元元年(1264),累官中书都事。后历任河南按察司佥事、辽东按察副使。十三年,改任江东宣慰副使。后历任湖南、湖北按察使。(0144卷080,0225卷25)

周仁①　字义卿。元吴陵(治今江苏泰州)人。顺帝至正中任平江路(治今江苏苏州)人。十九年,任江浙行省郎中。(0558卷24)

周仁②　元琼山(今属海南)人。顺帝至正间为石山寨巡检,与反元队伍战,战死。(0075氏族典卷346、官常典卷733,0004卷40)

周氏①　元昆山州(治今江苏太仓)人,赘张某。顺帝至正中,其父为百户,谋刺其帅,事泄,父母及夫皆死,被缚将受刑,帅之子爱其姿容,胁之从,不屈,遂被杀。(0925卷14,0928卷57)

周氏②　元泽州(今山西晋城)人,嫁为安西张兴祖妻。年二十四夫死,孀居三十年,奉养公婆。诏书旌表之。(0001卷200)

周龙　元世祖至元中期,与张虎、张唐等在湖南地区聚众起事,被元将奥鲁赤捕杀。(0001卷131、173)

周由　元画家。画水墨栗鼠,独擅其妙。(1143卷477)

周乐　元温州瑞安(今属浙江)人。元末方国珍部占据温州,周乐之父周日成被拘将刑,周乐请代父死,不从,一同被杀。(0001卷148)

周礼　元崇安县(今属福建)主簿,定六班役法,按籍品配高下,众皆服其公平。(0622卷76,0902卷56)

周机　元星子县(今属江西)人。顺帝至正年间红巾军攻城,机率地主武装抵御,被杀。(0075氏族典卷346)

周权　字衡之,号此山。元松阳(治今浙江遂昌东南)人。工诗,有《此山集》四卷。其诗简淡和平,语多奇隽。(0503初集己,0002卷238)

周成　元世祖至元二十六年(1289)任衢州(今属浙江)路总管。(0878卷2)

周贞①(1271~1341)　字干臣。元清苑(治今河北保定)人。由翰林院译掾出监广盈仓。后历任庆元海运千户、东胜知州、和宁兵马使、中兴路总管。官至佥宣徽院事。(0262卷17)

周贞②(1273~1355)　字子固。元真州(治今江苏仪征)人。以医术闻名。晚寓吴。(0157卷19)

周贞③　字子固。元溧阳(今属江苏)人。有诗名。《元诗选癸集》收有其诗。(0305卷1,0004卷36,0504戊上)

周仲(1264~1333)　字信父。元卫州汲县(治今河南卫辉)人。由吏入仕。官至海道都漕运万户。(0154卷11)

周全①(?~1305)　宋元之际汝宁光州(治今河南潢川)人。初为宋将。元世祖至元十二年(1275),率众降元军,授管军千户,从元将宋都解攻江西。次年,从攻福建、广东,克韶州,下广州。十四年,从攻广西,升管军总管。次年,率兵镇压赣州反元队伍。十七年,任管民副万户,镇守龙兴(治今江西南昌)。二十年,因病辞职。(0001卷165)

周全②(?~1358)　元顺帝至正十八年(1358)三月授湖广行省参政,五月升河南行省平章,节制河南诸军,七月以怀庆路叛附于刘福通。福通命其攻洛阳,守将责以大义,全愧而退兵,为福通所杀。(0001卷45)

周安(?~1365)　元江西永新人。顺帝至正十二年(1352)参加天完红巾军,从欧普祥攻克袁州。不久归据永新,屡与元兵战。十六年,发兵万余攻吉安,为元军所败。二十一年冬,与陈友谅部将饶鼎丞等攻兴国、东乡。二十四年,降附朱元璋,仍守永新。次年叛元璋,被元璋部将汤和击败。后永新破,被执送应天(今南京)处死。(1161卷315)

周纪　字士纲。元益都(治今山东青州)人。顺帝至正九年(1349)任秘书郎。(0027卷10)

周驰　字景远。元聊城(今属山东)人。世祖至元二十二年(1285)任秘书监校书郎。迁翰林应奉。武宗至大三年(1310)累升为南台御史。官至燕南廉访司佥事。卒于官。工诗,文章雅赡。工书法,行草师二王。(0027卷10,0503三集丙,0002卷237,0031)

周贡　元人。有诗作传世。《元诗选癸集》收有其诗。(0504癸下)

周芙　元江阴(今属江苏)人。孔胥妻。众告胥通贼于官府,胥度不免,密书令芙早为计,以免军配。芙乃具酒馔祭公婆,延亲戚剧饮。是夕,素服自缢死。(0002卷245)

周坚　(1307~1363),字砥道,号皜斋。元慈溪(今属浙江)人。从赵偕学,不求仕进。(0456卷10,0072卷93)

周亨　字子贞。元开封(今属河南)人。顺帝时,弃参军职,入林虑山躬耕。元末战乱,率众保蚁尖寨。明兵至,不降,投崖而死。(0788卷4,0075官常典卷735)

周灿 元英宗至治二年(1322)任庆元(治今浙江宁波)市舶副提举。(0634卷2)

周宏 元迁安(今属河北)人。历任无极、宁昌县尹,改昌黎县尹。程思忠反元起兵,宏率其民赴永平(治今河北卢龙)拒守,城破被执。七日不食死。(0075氏族典卷346、官常典卷733,0002卷230)

周良 元世祖至元二十五年(1288)任慈溪县尉。(0633卷3)

周贤 元世祖至元十七年(1280)任瑞州路(治今江西高安)知事。(1016卷14)

周征 元余姚(今属浙江)州同知。(0880卷28)

周恒 字道成。元清江(今属江西)人。通蒙古语文,被荐为东宫伴读,丁忧归。元末,以复郡城功,授义兵千户。元亡,教于乡。后被明廷征入京师,参与编纂礼书,书成,辞归。(1015卷8,1024卷7)

周怡 元人。善画。尝临韩干《明皇出游图》,虞集为之题诗。(0147)

周询 字子问。元永嘉(治今浙江温州)人。避世从释,号退庵。有诗作传世。(0504戊上)

周珂 元新城(今属河北)知县。(0668卷5,0649卷30)

周垚 字君荣。元庐陵(治今江西吉安)人。顺帝至正元年(1341)任集庆路(治今江苏南京)判官。(0233卷8,0632卷6)

周南(1301～1383) 字正道。元明之际常熟(今属江苏)人,文英子。元顺帝至正末以荐补信州永丰儒学教谕,累迁淮南行省照磨,改权江浙行省理问。明初征赴太常,议郊祀礼,礼成,发临濠居住,后放还。有《姑苏杂咏》一卷。(0534卷39,0042卷7,0033卷27)

周昺 字明卿。元海运百户。(0947卷7)

周显(1278～1325) 字光远。元华亭(治今上海松江)人。居乡不仕,多行义举。(0275卷10)

周昱 元顺帝至正二十八年(1368),任彰德(治今河南安阳)分省平章。明兵至广平路(治今河北曲周西南),昱弃城逃走。(0014)

周修 字望舒。元新会(今属广东)人。性刚直。辟为邑庠训导。元末为反元队伍所执,怒骂,遂被杀。(0056卷19,1034卷4)

周屋 字良载,宋元间鄱阳人,周伯琦祖。宋度宗咸淳十年(1274)进士。元世祖至元间,程钜夫荐之,不受官,隐居以终。(0063卷16,0002卷211)

周祐(1312～1354) 字于一,号宗濂。元龙溪(治今福建漳州)人。顺帝至正七年(1347)中乡试,恩授庐峰书院山长。十年,中乡试首名。次年会试落第,翰林诸学士荐之史馆,以亲老辞归。(0417卷19,0901卷52)

周祚 元世祖至元后期,任行御史台监察御史,劾奏权相桑哥党羽、行尚书省官员忙兀带等赃罪,被桑哥诬陷下狱,流放岭北,籍没妻子家产。桑哥败,得平反。(0001卷16、173)

周泰 元东平(今属山东)人。顺帝至正间任潞州(治今山西长治)同知。有诗作传世。(0698卷3,0504丁)

周桢 字子干。元下蔡(治今安徽凤台)人。仕至安丰路(治今安徽寿县)判官。卒于家,年七十五。(0977卷5)

周砥 字履道。元吴人,寓居无锡。工诗。元末避战乱于宜兴荆溪,与马治唱酬,成《荆南唱和诗集》一卷。后归吴中,与高启、杨基等游。又去至会稽(治今浙江绍兴),死于战乱中。(0421卷2、12、18,0042卷9,0503三集庚)

周润 字仲德,号遗安。元吉水(今属江西)人。少时师从刘岳申,通《易经》、《春秋》。元末战乱,以己田给贫民,隐居以终。(0466卷14)

周祥 元枣强(今属河北)人。顺帝元统初,任户部侍郎。(0645卷5)

周琎 元进士。历任天台(今属浙江)县尹。(0896卷154)

周梓 元松阳(治今浙江遂昌东南西屏镇)人。顺帝至正五年(1345)进士。(0896卷129)

周冕 字时中。元庐陵(治今江西吉安)龙湖人。历任连州县尹,以廉介称,招降贺州反元队伍。后官至广东宣慰使,致仕归。顺帝至正中,反元队伍至龙湖,受命领兵抵御,被杀。(0002卷233,0004卷40)

周敏 元汝阳(治今河南汝南)人。有诗作传世。《元诗选癸集》收有其诗。(0504辛上)

周婆 元女居士,鄞县(今属浙江)人。精修净土。遇岁首,常持不语戒,昼夜端坐,尽月而止。暑炎施舍茶汤,年年不废。一日微疾,合掌唱佛而逝。(1144第393卷)

周密(1232～1298) 字公谨,号草窗。宋末元初吴兴(治今浙江湖州)人。早年随父往来闽、浙。宋理宗景定间,为临安府幕属。后监和剂局、丰储仓,任义乌令。宋亡不仕,寓杭州,居癸辛街瞰碧园,与王沂孙、张炎、仇远等共结词社。后又与邓牧、谢翱等结交。其词格律谨严。撰有《草窗词》、《武林旧事》、《齐东野语》、《癸辛杂识》等。(0002卷237)

周壹 元成宗元贞元年(1295)任瑞州路(治今江西高安)治中。(1016卷14)

周惠　字德甫。元隰州(治今山西隰县)人。宪宗二年(1252),擢任江淮都转运使,置转运司于胙州(治今河南淇县)。惠治官廨仓库及境内廛市阡陌,井井有法。令贫无食者习陶甓,又修复西山铁官鞴灶,由是商贾四集。后卒于官任。(0002 卷 229,0144 卷 54、59、70)

周棐　字致尧、焕文。元四明(今浙江宁波)人,徙居崇德(治今浙江桐乡西南崇福镇)。游京师,选书《大藏经》成,授四明鄮山书院山长。后调任嘉兴宣公书院山长。明初以荐征召,不就而归。(0444 卷 2,0071 卷 83,0503 三集辛)

周鼎①　字仲恒。元庐陵(治今江西吉安)人。早年从湜溪郭正表学。后家居讲授,不求仕进。于《六经》皆有论著,唯《诗经辨正》为完书。(0411 卷 10,0002 卷 235,0004 卷 36)

周鼎②　字子新。元东平(今属山东)人。元末为浦江(今属浙江)兴贤巡检。(0506 卷 3528)

周景　号秋阳。元南阳(今属河南)人。有诗作传世。(0504 甲,0512 卷中)

周傅　元人。有诗作传世。《元诗选癸集》收有其诗。(0504 辛下)

周巽　字巽亨,号巽泉。元吉安(今属江西)人。从征道州、贺州瑶族反元队伍,以功授永明县主簿。能诗,有《性情集》六卷。(0504 戊下)

周戡　元文宗时任万户。至顺元年(1330)罗罗斯土官撒加伯等潜结西番反,四川行省调兵一千七百人,令戡统领,直抵罗罗斯界,以控扼西番及诸蛮部。(0001 卷 34)

周楫　字汝舟。元濠州(治今安徽凤阳东北)学正。(0977 卷 5)

周暕　字伯旸,号方山。元泰州(今属江苏)人。元初以诗文游于文人间,客居嘉兴、杭州、平江(今苏州)等地。(0167 卷 13,0390 卷上,0504 甲)

周愚　字蕴古。元龙虎山(在今江西贵溪)道士。善画龙。(0261 卷 21,0077 卷 36)

周溥　字公辅。晚号东圃老人。元湖州(今属浙江)人。领乡荐。有诗作传世。(0504 丁,0523)

周镐　元晋宁(治今山西临汾)人。历任射洪(今属四川)县尹,多善政。(0841 卷 12)

周德　元顺帝至正年间任京山县(今属湖北)儒学教谕。(1044 卷 17)

周衡　字士平。元梁溪(今江苏无锡)人。有诗作传世。(0504 庚下)

周毅　元文宗天历年间任尉氏(今属河南)县尹。(0776 卷 2)

周戭(？～1285)　元世祖时任左司郎中。中书左丞卢世荣用事,戭与之议事不合,被诬以废格诏旨,杖一百,论斩。(0001 卷 168、205)

周暾　字子振。元鄱阳(治今江西波阳)人。武宗至大末为国子生。顺帝至正五年(1345)登进士第,授翰林应奉。有诗作传世。(0506 卷 3528,0504 己下)

周镗　字以声,元浏阳(今属湖南)人。通《春秋》,登泰定四年(1327)进士第。历衡阳县丞、大冶县尹。参与修《功臣列传》,升翰林国史院编修官,出任四川行省儒学提举。元末家居,红巾军欲推其主,不从,被杀。(0001 卷 195)

周儒　元永嘉(治今浙江温州)人。顺帝至正中任黟县(今属安徽)知县。(0973 卷 8)

周禧　元单父(治今山东单县南)人。英宗至治元年(1321)任秘书监管勾。(0027 卷 9)

周璧　字子宣。元东平(今属山东)人。世祖至元十四年(1277)至十五年任镇江路提控案牍。(0631 卷 15)

周嶷　一作周仲嶷,元蕲黄人。博识古文,于篆、隶尤癖嗜,远近碑刻藉其手以为宝重。然有求书者,若非圣贤理道,虽百计恳求,率不与。儒者以此多之,故其所书传世者绝少。(0004 卷 36)

周翼　字子羽,号戆斋。元无锡(今属江苏)人。元末隐居不仕。有诗作传世。(0504 辛上)

周璿(1305～?)　字子衡。元真定(治今河北正定)人。顺帝元统元年(1333)进士,授太常礼仪院郊祀署太祝。(0028 卷上)

周彝　字悦道。元吴郡(治今江苏苏州)人。有诗作传世。(0504 庚上)

周骧　字从进。元大都(今北京)人。周之翰之子。由国子生出为奉圣州判官,擢中书省掾。后历任都护府都事、南台御史。顺帝至正九年(1349)任广东廉访司佥事。(0242 卷 3)

周夔　元陕西人。顺帝至元二年(1336)任南台御史,次年升都事。(0632 卷 6)

周一夔　字以韶。元庐陵(治今江西吉安)人。英宗至治三年(1323)任鄞县(治今浙江宁波)尉,辟浙东帅府掾。(0146 卷 18,0253 卷 2、3,0634 卷 2)

周干臣　元长清县(今属山东)人。世祖至元九年(1272)任平阳录事参军。累迁为山西按察司知事。二十九年,守潞州,有治声。(0144 卷 7、12、15,0698 卷 3)

周士允　字士中。元盐山(今属河北)人。仁宗延祐七年(1320)任秘书监典史。泰定二年(1325),升为奏差。(0027 卷 11)

周士显　字晦翁。宋元之际寿昌（治今浙江建德西南）人。宋漕贡进士。元世祖至元十三年（1276），元军至县境，士显具酒物慰劳之，元军统将唆都大悦，表为本县主簿。后从征闽海有功，升为千户。（0896 卷 174）

周与昂　字天常。元遂昌（今属浙江）人。不求仕进，隐居读书以终。（0062 卷 44，0075 学行典卷 270）

周之纲　元初翰林学士承旨王鹗外孙。鹗卒，无子，以之纲承其祀。官至翰林侍讲学士。（0001 卷 160）

周之德　元成宗大德三年（1299）任秘书监典书。（0027 卷 11）

周之翰①（1266～1330）　字子宣。元大都（今北京）人。世祖至元三十一年（1294）任秘书监管勾。后历任武备志经历、淮安路推官、冠州知州。（0262 卷 17、0027 卷 9）

周之翰②　字申甫，号易癡道人。元华亭（治今上海松江）人。博究群书，通象数之学，教授于乡。元末与杨维桢唱和。卒年七十六。（0622 卷 9，0950 卷 15，0504 辛上）

周子直　元吉水（今属江西）人。国子生。从欧阳玄、揭傒斯学。早死。（0072 卷 82）

周子旺（？～1338）　元袁州（今江西宜春）人。顺帝至元四年（1338），与其师彭莹玉在袁州通过白莲教组织反元起事，自称周王，改年号。不久为元兵捕杀。（0001 卷 39）

周子善　元湖口（今属江西）人。泰定元年（1324）进士。有诗作传世。（0269 卷 9，0504 丙）

周天凤（1264～1329）　字仪之。元武宁（今属江西）人。历任分宜县丞，光泽、建阳县尹。仕至泉州路推官。（0231 卷 11、12）

周天祐（1323～1371）　字思顺。元杭州人。早年受《易经》于宇文公谅。三应乡举不利，即弃所业文不复为。后以荐授嘉兴路崇德州同知，不赴，隐居以终。（0418 卷 30，0072 别附卷 3）

周天骥　号耐轩。宋元之际人。宋末以神童科显，历知吉州，恭帝德祐二年（1276），降元，授吉州路总管。（0373 卷 7、8、9、10，0001 卷 129、166）

周元定　元吉水（今属江西）人。由父荫补官。历任婺州路（治今浙江金华）同知。元末，抵御反元队伍，战死。（0075 氏族典卷 346、官常典卷 732）

周元善　字长卿。元东平（今属山东）人。英宗至治二年（1322）至泰定二年（1325），任镇江路照磨。（0631 卷 15）

周太初　元晋江（治今福建泉州）人。顺帝至正二十二年（1362）中乡试，授同安县（今属福建）儒学教谕。（0901 卷 50）

周友常　字景贤。元青州（今属山东）人。顺帝至正五年（1345）进士，授余姚州学正。后升为庆元路（治今浙江宁波）提举。未几，方国珍起兵，遂退隐定海（治今浙江宁波镇海）。（0887 卷 13）

周友德　号桃川。元人。有诗作传世。（0504 甲）

周仁荣　字本心，号月岩，元台州临海（今属浙江）人。幼承家学，通经术。被荐为处州美化书院山长，辟江浙行省掾史。泰定帝初年，召拜国子博士、历任翰林修撰，集贤待制。卒年六十一。（0001 卷 190
）

周公明　元世祖至元十五年（1278）任永州路（治今湖南零陵）总管。（1052 卷 10）

周文质（？～1334）　字仲彬。元杭州人，祖籍建德（今属浙江）。家世儒门，学问该博。元曲作家，资性工巧，文笔新奇，善丹青，能歌舞，明曲调，谐音律。体貌清癯，性尚豪侠，好事敬客。与钟嗣成结交，二十余年未尝跬步离。尝俯就路吏。中年病逝。撰有杂剧《孙武子教女兵》、《春风杜韦娘》、《持汉节苏武还乡》、《敬新磨戏谏唐庄宗》。（0029 卷下）

周文英　号紫华子。元常熟人。泰定元年（1324）任盐官州都目。仕至松江府监税。顺帝至正初年死。能诗，有诗作传世。（0042 卷 11，0928 卷 58，0504 癸上）

周文敬（1289～1362）　字敬之。元吴县（治今江苏苏州）人。仕至平阳州吏目。（0411 卷 34）

周方平（1280～1344）　元庐陵（治今江西吉安）人。以荐授广福监丞。监改司，改任提举。泰定元年（1324）辞归。（0152 卷 36）

周以道（1249～1326）　字复翁，号复斋。宋元之际安福（今属江西）人。周霆震之父。宋亡，教授于庐陵、永新间。（0294 卷 4、8、9，0004 卷 36）

周允成　字允叔。元吴人。病足不仕，教授吴中子弟以律学，传以古义。（0163 卷 34）

周允和（1220～1285）　字谦甫，号清溪。元杭州仁和（治今浙江杭州）人。年十八，入大滌山学道。宋末，为太一宫观主。元世祖至元十五年（1278），授崇道冲应清真大师、洞霄主席。十九年，兼领太一宫。（0038 卷 5）

周古象　宋元之际蕲水（治今湖北浠水）人。元初，被蒙古军掠至蓟州，赘蒙古氏。既生子，未尝喜笑。妻询其故，曰："有母在，欲归省。"妻许之，且嘱其当悉心奉养母，勿复还。及归奉母尽孝。母殁，庐墓三年。妻蒙古氏亦终身不嫁。淮西按察司为立孝里门。（0002 卷 239，0622 卷 61）

周石原　元人。有诗作传世。(0504 癸上)

周东扬　元富州(至今江西丰城)人。英宗至治元年(1321)登进士第,授零陵县丞。(0147 卷 6)

周东卿　元镇江茅山书院山长。(0631 卷 17)

周北山　元人。有诗作传世。《元诗选癸集》收有其诗。(0504 癸下)

周仔肩　字本道。元台州临海(今属浙江)人,周仁荣弟。登仁宗延祐五年(1318)进士第,授鄞县丞,历长兴州判官、婺州路录事,终惠州路判官。(0001 卷 190)

周立和　金元间人。元太宗二年(1230)十一月,授西京路(治今山西大同)征收课税使。(0001 卷 2)

周必达　元末隐居天台山。方国珍起兵,尝造天台山问计,答曰:"当今四方虽乱,君举义为天子除逆,斯名正言顺,富贵可致。"国珍不别而去。乃题句扉上:"海角愚夫不自斟,妄起关中逐鹿心。命运由来非力致,项羽英雄亦就擒。"遂携妻子入山中。次日,国珍复来,见题句,焚其庐而去。(0033 卷 22)

周兰雪　元信州(治今江西上饶)人。道士。能篆、隶。(0031)

周永言　字怀孝。元富州(治今江西丰城)人。周尚之子。有诗作传世。(0504 戊下)

周老山　元人。有诗作传世。(0504 癸上)

周共震　元顺帝至正间任清河县(今属河北)典史。(0657 卷 2)

周达观　字达可,号草庭逸民。元永嘉(治今浙江温州)人。成宗元贞元年(1295),奉遣随使赴真腊(今柬埔寨)。次年至真腊。大德元年(1297)返回。记该国风土国情,撰成《真腊风土记》。(0209 卷 2,0507 卷 39,0504 癸下)

周尧敏　字禹卿,号学山。元海盐(今属浙江)人。画竹学文同。(0030 卷 5)

周师式　元剡(今浙江嵊县)人。历任上虞县(今属浙江)儒学教谕。(0880 卷 29)

周竹坡　元人。有诗作传世。(0504 癸上)

周自立　字本中。元新喻(治今江西新余)人,周自强从弟。不乐仕进,家居讲授,从学者多以文行知名。顺帝至正年间死,年五十六。(0411 卷 24)

周自得　字性善。元新喻(治今江西新余)人。举《春秋》第一。撰《斐然稿》,揭傒斯为作序,不传。(1071 卷 29)

周自强　字刚善。元临江新喻(治今江西新余)人。好学能文,被推择为吏。泰定中,说降广西徭族反元首领,特旨超授广西两江道宣慰司都事。后任义乌知县,听讼决狱清明,均赋役,政声大著。迁抚州路金溪知县,政绩愈著。以江州路总管致仕。(0001 卷 192)

周汝弼　元成宗元贞年间任鄞县(治今浙江宁波)知县。(0633 卷 3)

周如宝　元杭州人。画山水,学高克恭。(0030)

周如斋　元杭州人。画山水,学高克恭。(0030 卷 5)

周均用　元安陆府人。泰定元年(1324)进士。历任河南行省参政。(1064 卷 11)

周志远　元吉水(今属江西)人。以危素荐,授太子说书。一日,母以书召之,即辞归。(0075 文学典卷 89,0504 己上)

周克明　元清苑(治今河北保定)人,周贞之子。顺帝至元三年(1337)任阳城县(今属山西)主簿,迁淮安路知事。(0649 卷 34,0694 卷 5、13)

周克敬①　元世祖至元十八年(1281)至二十一年,任建德(今属浙江)路总管。(0167 卷 5)

周克敬②　元人。成宗时,为道州路总管。大德二年(1298),因虚申麦熟、不赈饥民,被降职一等。(0001 卷 19)

周克善　元人。有诗作传世。(0504 癸上)

周抃新　元世祖至元二十六年(1289)任江山县(今属浙江)儒学教谕。(0897 卷 3、8)

周伯琦(1298～1369)　字伯温。元饶州鄱阳(治今江西波阳)人。武宗时翰林待制周应极之子。初为国子生。后以荫授南海县主簿,三转为翰林修撰。顺帝至正元年(1341),任宣文阁授经郎。以工书法,受帝眷遇甚隆。后出金广东廉访司事。八年,召入为翰林待制,参与修后妃功臣列传。累升直学士。十二年,擢监察御史。历崇文太监,江东、浙西廉访使。十七年,奉命招谕张士诚。后遂留于平江(今苏州)十余年。张士诚败亡,还乡。未几卒。博学工文章,擅长篆、隶、真、草。著有《六经正伪》、《说文字原》及《近光集》。(0001 卷 187)

周伯颜(?—1353)　元末红巾军将领。顺帝至正十二年(1352)六月攻陷道州(今湖南道县)。次年十月,为元将广西元帅甄崇福击杀。(0001 卷 42、43)

周希濂　字君儒。元永嘉(治今浙江温州)人。顺帝至正十三年(1353)任黟县(今属安徽)知县,有政绩。(0310 卷 3)

周应极　字南翁,元饶州鄱阳(治今江西波阳)人。武宗时献《皇元颂》,为皇太

子所荐,授翰林待制。仁宗时,改任集贤待制。终于池州路同知。(0001 卷 187)

周应奎　元温州平阳(今属浙江)人,周嗣德之父。历任建康路(治今江苏南京)录事司判官。以浙东宣慰司同知致仕。追谥康惠。(0632 卷 6)

周应星(1269～1342)　字辰翁。元饶州鄱阳(治今江西波阳)人,周应极兄。仁宗延祐间,以荐授汴梁稻田提举,辞不赴。家居务农,家益富。(0152 卷 35)

周君赉　字子赐。元永嘉(治今浙江温州)人。有诗作传世。(0504 庚下)

周到坡　元人。有诗作传世。(0504 癸上)

周叔善　元顺帝至正末,任临城(今属河北)县尉。(0645 卷 4)

周尚之(1268～1328)　字东扬。元丰城(今属江西)人。英宗至治元年(1321)进士,授零陵县丞。后调任上犹县尹。著有《礼记集义》、《过言》、《卮言》等,今皆佚。(0154 卷 10)

周尚文　元颍州(治今安徽阜阳)人。登进士第,由翰林编修权国子助教。顺帝至元间任梁县(治今河南临汝东)知县。(0622 卷 30,0761 卷 26)

周尚德　元温州平阳(今属浙江)人。顺帝至正元年(1341)中乡试,任信州路儒学正。(0896 卷 129)

周明信　元仁宗延祐二年(1315)任秘书监辨验书画直长。(0027 卷 10)

周依仁　元茶陵(今属湖南)人。成宗大德年间任河南廉访使。(1041 卷 36、51)

周所立　号盘古。元临江(治今江西清江)人。仕陈友谅,为其起草上梁文。晚年任临江儒学教授。有诗作传世。(0504 庚上)

周宗仁①　元顺帝至元三年(1337)至六年任无锡州同知。(0558 卷 24)

周宗仁②　字克复。元饶州鄱阳(治今江西波阳)人,周伯琦之子。由国子生授江州路录事。顺帝至正中,迁任建宁路(治今福建建瓯)判官。反元队伍围攻城,中炮几死。反元队伍退,即辞归。后官至山东行省郎中。(0004 卷 35,0006 卷 89)

周实祖　元铜陵县(今属安徽)人。历任吉安主簿。(0993 卷 6,0986 卷 5)

周诚德(1322～1363)　字守仁。元温州平阳(今属浙江)人,周嗣德弟。顺帝至正十四年(1354)反元队伍蔓延温州境。奉浙东元帅檄,任平阳州同知,募集地主武装剿捕反元队伍。以功升为江浙行枢密院判官。方国珍从子明善据温州,屡侵平阳,屡为诚德所败。累升浙东道副都元帅。二十三年,明善赂其麾下,以计诱执之,不屈而死。(0002 卷 232,0419 卷 13)

周居义　元成宗元贞年间任获鹿县(今属河北)儒学教谕。(0645 卷 4)

周居仁　元太原(今属山西)人。博通经史,力农自给,不求仕进。(0075 文学典卷 90)

周居性　元文宗至顺元年(1330)任鄞县(治今浙江宁波)尉。(0634 卷 2)

周弥高　元人。有诗作传世。(0504 癸上)

周荣之(1289～1353)　元歙县(今属安徽)人。历任歙县吏,黄山巡吏,休宁、黟县吏。存心平恕,不肯妄入人于罪。顺帝至正三年(1343)辞职归。(0283 卷 8)

周荣祖　字世荣。元镇江路司狱。(0631 卷 17)

周南瑞　字敬修。元安成(治今江西安福)人。乡试中举。编《天下同文集》四十四卷。(0173 卷 9,0212 卷 24,0320 卷 2)

周昴霄　字羽之。元崇仁(今属江西)人。世祖至元年间任濂溪书院山长。(0075 文学典卷 86)

周钧山　元人。有诗作传世。(0504 甲)

周信臣　字汉卿。元齐人。历任昌平县主簿、陆运提举。(0258 卷 11)

周信甫(1224～1304)　字以成。宋元之际崇仁(今属江西)人。隐居不仕,号竹隐居士,好行善,乡人德之。(0212 卷 79)

周胜孙(1259～1325)　字仁甫。宋元之际上元(治今江苏南京)人。宋末中乡试。元初征召为泉州同安县(今属福建)主簿。(0147 卷 43)

周彦祥　元文宗至顺年间任萧山县(今属浙江)主簿。(0880 卷 28)

周闻孙(1307～1360)　字以立。元吉水(今属江西)人。顺帝至正元年(1341)中乡试。次年,会试不利,以荐入史馆。时修辽宋金三史,闻孙谓宋为正统,不合众意,遂弃职归。历任鳌溪、贞文、白鹭洲诸书院山长。后避兵居新淦。著有《尚书一览》、《诗学舟楫》、《鳌溪文集》。(0002 卷 236,0004 卷 36,0072 卷 52)

周致中　元江陵(今属湖北)人。元末历任知院。著《异域志》。(1071 卷 8)

周润祖　字彦德,号紫岩。元临海(今属浙江)人。早年从周仁荣学。后隐居教授四十余年,省台交荐不起。顺帝至正中卒。(0622 卷 47,0034 卷 4,0063 卷 13)

周继周(1297～1371)　字仁之,号菊所。元吴人。历任平江路(治今江苏苏州)

医学正。(0453 卷 9)

周棲梧(1244～1304)　字朝阳。宋元之际乐安(今属江西)人。元初任崇仁县(今属江西)儒学教谕,迁任临江路(治今江西清江西南)高峰书院山长。(0212 卷 72)

周梅边　元人。有诗作传世。(0504 癸上)

周崇厚　元庐陵(治今江西吉安)人。有诗作传世。(0504 庚下)

周崇鲁　元顺帝至正年间任武强(今属河北)县尹。(0645 卷 4)

周惟德　元枣强(今属河北)人。仁宗延祐四年(1317)任高平(今属山西)县尹。(0694 卷 5)

周隆孙　字静清。宋元之际常熟(今属江苏)人。元世祖至元年间赐号清宁抱一凝妙真人,住持普福宫。后提点平江路(治今江苏苏州)道录。(0042 卷 11,0947 卷 9)

周喜同　元唐兀人。顺帝时为后宫卫士,选充承徽寺经历,调南阳县达鲁花赤。红巾军攻南阳,拒战被杀。(0001 卷 194)

周惠孙　又名云龙,字潜之。元绩溪(今属安徽)人。世祖至元二十七年(1290),本县反元队伍起,县令逃匿。惠孙率众御捕,事平,行省欲授以官,不赴。卒年八十余。(0992 卷 10)

周景升　元天台(今属浙江)人。有诗作传世。(0504 戊上)

周景复　元南阳(今属河南)人。世祖至元年间任石州(治今山西离石)知州,政简刑清,有政声。(0691 卷 8,0693 卷 11)

周景福　元南阳人。世祖至元年间任永宁知州。(0693 卷 7)

周舜臣　元顺帝至正十九年(1359)任会稽县(治今浙江绍兴)知县。(0880 卷 28、37)

周巽卿　元顺帝时嘉定(今属上海)人。善画道释、人物。(1143 卷 492)

周瑞卿　元顺帝至正二年(1342)任南和县(今属河北)知县。(0647 卷 10)

周献臣(1189～1262)　字梦卿。金元之际定襄(今属山西)人。金末率众降蒙古,授定襄令。从蒙古军南略辽、沁、晋、绛、解等州。累功升九原府左副元帅、权四州都元帅。元太宗时,从灭金,又从征蜀。太宗十二年(1240)授征行千户。宪宗四年(1254)告老归。(0551 卷 27,0002 卷 145,0003 卷 60)

周颐真　字养元,号山雷子。元永嘉(治今浙江温州)人。有道术,祈雨皆验。卒年八十五。(0062 卷 56)

周嗣德(1306～1371)　字宗道。元温州平阳(今属浙江)人。顺帝至正十五年(1355)摄行平阳州事。征讨反元队伍有功,累迁行枢密院同佥。二十二年,超拜江浙行省参知政事。方国珍攻破平阳,执之。明军取庆元(今浙江宁波),遣赴南京,后放还。(0419 卷 12)

周溪边　元人。有诗作传世。(0504 癸上)

周福孙　字伯顺。元瑞安(今属浙江)人。顺帝至正五年(1345)至七年,任丽水县(今属浙江)儒学教谕。(0577 卷 10)

周霆震(1292～1379)　字亨远,号石初。元安福(今属江西)人。屡应乡试不利,乃专意古文词,家居授徒。卒年八十八。著有《石初集》十卷,其诗文多为元末感时触事之作,可补《元史》之未备。(0294 卷首、附录,0002 卷 238)

周慕溪　元人。有诗作传世。(0504 癸上、下)

周德元　元世祖至元三十一年(1294)任江南行台监察御史。(0632 卷 6)

周德方　号广莫子。元杭州海昌人。幼遭兵乱,流落塞外。年五十余学道于吴兴计筹山老子祠。后住越州龙瑞宫。六年后谢事,读书计筹山中。卒年八十一。(0152 卷 40)

周德可　元兰溪(今属浙江)人。有诗作传世。(0504 戊上)

周德光　字自昭。元临川(今属江西)人。工诗文。撰有文集,徐明善为作序。(0228 卷 1)

周德清　号挺斋。元高安(今属江西)人。工乐府,善音律。病世之作乐府不合音律,泰定初乃著《中原音韵》二卷,以为词曲之定格,时称为天下之正音。(0029 续编,0301 卷 4)

周德霖　元顺帝至正年间任抚州路(治今江西临川)治中。(1014 卷 8)

周必温失　元顺帝至元四年(1338)任吴江(今属江苏)州判官。(0954 卷 17)

周哈剌歹(？～1359)　元顺帝时任京城北兵马司指挥,谋叛,事泄被杀。(0001 卷 45)

周囊加歹　字润甫。元河间(今属河北)人。文宗至顺三年(1332)任镇江路卫辉翼下百户。(0631 卷 17)

周秃满歹儿　又名本,字季文。元大都(今北京)人。世祖至元二十九年(1292)任镇江通政院都事。(0631 卷 17)

瓮吉带　元宗室,太祖弟别里古台之孙。世祖时,因事谪居婺州(治今浙江金华)。至元二十六年(1289),率兵讨平杨镇龙起义。(0001 卷 15、107)

瓮吉剌歹　又译甕吉刺台。元宗王。口温不花次子。广宁王彻里帖木儿之父。(0001 卷 107、117)

瓮吉剌带①　元蒙古八鲁剌思氏。许儿台之子,忽林失之父。初为军器监官。世祖中统初,从帝亲征阿里不哥,以功受上赏。后奉旨出使西域,籍地产,悉得其实。帝方欲大用之而卒。(0001 卷 135)

瓮吉剌带②　元蒙古人。世祖至元十八年(1281),拜中书右丞相。次年降为留守、同佥枢密院事。二十二年,拜中书左丞相。二十三年去职。(0001 卷 11、12、13)

於善　元顺帝至正中任萧山(今属江苏浙江)县尹,筑堤捍水。(0880 卷 28、37)

於务道　元晋陵(治今常州)人,工画荷花。(0073 卷 8,0078 卷 2,0077 卷 6)

庞义　元世祖至元十四年(1277)任溧水(今属江苏)县尉。(0632 卷 6)

庞咏　元人。有诗作传世。(0504 癸下)

庞顺　元世祖至元二十三年(1286)任余姚(今属浙江)县尹。(0880 卷 28)

庞洧　元世祖至元二十九年(1292)任丹阳县(今属江苏)(主簿。(0631 卷 16)

庞清　元广灵(今属山西)人。历任吏部侍郎。(0691 卷 9)

庞森　字茂卿。元北流(今属广西)人。文宗至顺间任临高县尹。(1036 卷 27)

庞滋　元鄞县(治今浙江宁波)丞。(0633 卷 3)

庞谦　字居仁。元广平(今属河北)人。武宗至大四年(1311)至仁宗延祐元年(1314)任镇江路推官。(0631 卷 15)

庞遵　元永平(治今河北卢龙)人。母病肿,三年不能起,忽思食鱼。遵求于市不得,归途叹恨,忽有鲤跃入其舟。作羹以献,母悦,病愈。文宗至顺元年(1330)七月,诏旌其门。(0001 卷 34、197)

庞元良　元成宗大德五年(1301)任溧水(今属江苏)州同知。(0632 卷 6)

庞仲奎　元成宗大德十年(1306)任西安(治今浙江衢州)知县。(0878 卷 2)

庞国富　元上元县(治今南京)人。历任镇江路阴阳学录。(0631 卷 17)

庞思忠　元顺帝至元二年(1336)任象山县(今属浙江)知县。(0634 卷 2)

庞思恭　元泰定二年(1325)任定海县(治今浙江宁波镇海)主簿。(0634 卷 2)

庞抄儿赤　元世祖中统元年(1260)为孟州军官。是年七月,诏以其与张信所领军一百九十人隶水军万户张荣实麾下。(0001 卷 98)

怯台①　又译可忒、迄忒。元蒙古兀鲁兀氏。术赤台之子。元太祖八年(1213),从战于怀来,大败金军,追至居庸关北口。契丹人讹鲁不儿等献北口,遂入关,与攻破南口之哲别军会合,乘胜进围中都(今北京)。太宗八年(1236),受赐德州五户丝户二万。(0001 卷 1、120)

怯台②　元仁宗皇庆二年(1313)任江南行台监察御史。(0632 卷 6)

怯列①　元文宗时,任陕西行省左丞。至顺元年(1330),因受人僮奴被弹劾,免官议罪。(0001 卷 34)

怯列②　元文宗至顺二年(1331)任霍丘县(今属安徽)达鲁花赤。(0580 卷 8,0976 卷 5,0999 卷 5)

怯来①　元蒙古人。世祖中统间为蒙古军万户。三年(1262),率部征讨李璮,有功。(0001 卷 5)

怯来②　元世祖时,任漕运司达鲁花赤。至元二十五年(1288),因未尝巡察治河诸仓,致盗诈腐败者多,被免职。(0001 卷 205)

怯来③　元仁宗延祐七年(1320)任庆元路(治今浙江宁波)同知。(0634 卷 1)

怯来④　元明宗即位初,授甘肃行省平章政事。(0001 卷 31)

怯来⑤(1286～1347)　元哈剌鲁人。答失蛮之子。官至宣徽院同知。(0152 卷 24)

怯伯①　元世祖时,任和林宣慰使。至元二十六年(1289),叛王海都犯边,降之。(0001 卷 15、58、169)

怯伯②(?～1327)　察合台汗国第十三代汗。第九代汗笃哇之子。元武宗至大二年(1309),与笃哇旧臣合谋,杀第十一代汗塔里忽,暂时摄国,并击败窝阔台系察八儿等诸王进犯。次年,召开忽里台(大会)拥立其人朝元廷归来之兄也先不花即汗位。仁宗延祐二年(1315),受命攻伊利汗国,侵扰呼罗珊,因粮尽,又因东线入扰元朝之军失利,始撤军,旋为元军败于扎亦儿。七年,也先不花死,嗣汗位,谋求与元朝和好。英宗至治二年(1322),遣使朝贡。后复叛元,数次入扰。三年六月,归降元朝。此后双方经常遣使往来。怯伯在位期间,进行政治改革,注意发展农业、商业,铸造钱币,以那黑沙不(今乌兹别克斯坦卡尔希)为首府,建造宫殿,使察合台汗国统治中心西移至河中地区。(1146 卷 373)

怯烈①(?～1300)　又译怯剌。元西域人,世居太原。世祖初年,为中书省译史。后从赛典赤赡思丁经略川、陕。至元十二年(1275),任云南行省幕官。十五年,缅人入侵;怯烈以战具资军士,击败之。授行省左右司员外郎。后宗王相吾答儿等侵缅,怯烈率兵船为向导,拔其江头城而还。复从云南王入缅,总兵三千屯镇骠国(今缅甸东枝东北孟栋及其附近区域)。擢缅中行省佥事。颁诏于缅。缅王遣世子信合八的入贡。后迁任云南行省参政,升右丞。(0001 卷 133)

怯烈②　元成宗大德五年(1301)任奉化(今属浙江)州达鲁花赤。(0633 卷 3)

怯烈③(？—1307)　元蒙古怯烈氏,也先不花之子。成宗时,任中政院使。大德十一年(1307),成宗卒,与左丞相阿忽台等密谋拥立安西王阿难答,被仁宗所杀。(0001 卷 22、134)

怯烈④　元时钦察汗国月即别汗所遣使臣。至治三年(1323)十一月,泰定帝即位后,奉遣来元朝,泰定帝赐以金、币。(0001 卷 29)

怯烈⑤　元文宗时,任蒙古都元帅,率兵征云南,破阿禾叛军于澂江路,杀五百余人。(0001 卷 35)

怯烈⑥　元顺帝至元五年(1339)任定海县(治今浙江宁波镇海)主簿。(0634 卷 2)

怯烈⑦　字仲宾。元顺帝至正四年(1344)任秘书监怯里马赤(口译员)。(0027 卷 11)

怯绵(？—1269)　元世祖至元四年(1267),拜招讨使,率兵征建都。六年,因征建都败绩,又擅追唆火儿玺书、金符,处死。(0001 卷 6)

怯朝　元文宗时为云南万户。至顺元年(1330)正月,从云南诸王秃坚、万户伯忽等起兵反,攻破中庆路(今昆明)。(0001 卷 34)

怯马丁　元西域回回人。伊利汗国不赛因汗所遣使臣。文宗至顺三年(1332)七月,奉遣以七宝水晶等物来贡。(0001 卷 36)

怯失里　元康里人,脱脱祖。(0011 卷 62)

怯必烈　元蒙古人。世祖至元十一年(1274)为蒙古汉军万户。是秋,与东川征南招讨使杨文安等攻宋夔东,拔高阳、夔、巫等寨。(0001 卷 161)

怯怯里　元蒙古斡耳那氏。太宗时任千户,从阔端伐宋,攻安丰、寿州。后相继隶诸王塔察儿、元帅怀都麾下,参与对宋战事。(0001 卷 123)

怯烈乃　元蒙古人。世祖至元十一年(1274)为四川青居山蒙古汉军万户。十一月,与东川元帅杨文安会兵达州,直趋云安军,至马湖江与宋兵遇,大破之。(0001 卷 11)

怯烈门　元世祖即位初,任左三部尚书,兼大都督,从平阿里不哥之乱。中统三年(1262),出行宣慰司于大名。(0001 卷 4、5)

怯烈歹　元南阳(今属河南)人。居丧庐墓,负土为坟。诏表异之。(0001 卷 197)

怯烈氏　元蒙古克烈部人。英宗丞相拜住之母。年二十二寡居守节。拜住二十二岁时任太常礼仪使,吏至其府第请署字。拜住适在后圃阅群戏,出稍后,母厉声呵斥曰:"官事不治,若尔所为岂大人事耶?"拜住之贤,母之教也。后封东平王夫人。(0001 卷 136)

怯烈出　元蒙古许慎氏,月赤察儿弟。(0011 卷 20)

怯烈失　字吉甫。顺帝至正间任兰溪(今属浙江州)达鲁花赤。至正二十四年(1364)累迁为杭州路达鲁花赤。(0881 卷 12、14,0872 卷 14)

怯烈台　元蒙古克烈氏。太祖时从木华黎伐金,为五部探马赤将领之一。太宗时,奉命率探马赤军镇守东平。(0001 卷 95、123、166)

怯烈吉　元乃蛮人。海速之子,和尚之父。世祖至元二十五年(1288),袭父职为后卫亲军千户。(0001 卷 135)

怯烈赤　元成宗大德五年(1301)任江南行台监察御史。(0632 卷 6)

怯烈哥　元蒙古克烈氏。字鲁合之伯父。元太祖微时,怯烈哥已深自结纳。后与其兄及弟二皆率部属归附太祖。受命为必阇赤(书记)长,朝会燕飨,位居上列。(0001 卷 134)

怯马鲁丁　又译哈马儿丁,元末明初蒙古朵豁剌惕部贵族。元顺帝至正八年(1348),与兄播鲁只拥立秃黑鲁帖木儿为东察合台汗国汗。二十二年,秃黑鲁死。次年,其子也里牙思火者继位。二十四年,怯马鲁丁杀也里牙思及其家族,自称汗,引起蒙古贵族反对。明洪武八年(1375)至十二年,一再受中亚跛者帖木儿攻袭。十二年,帖木儿来攻时,因患病不能骑马,匿入山中,不知所终。一说逃向额尔齐斯河地区,1389 年卒。(1146 卷 397)

怯古里秃　元蒙古人,失里伯祖父。从太祖征西夏,有功。后隶诸王术赤台,领宝儿赤(厨师)。与金军交战,阵亡。(0001 卷 133)

怯来木丁　元回回人。武宗即位初,诣阙献宝物,诏以盐万引与之,并许市引九万。(0001 卷 22)

怯里马赤　元世祖至元间为镇江路行大司农司知印。(0631 卷 17)

怯里木丁①　元回回人。成宗时,任大同屯储军民总管府达鲁花赤。大德十一年(1307),武宗即位,特授中书右丞。(0001 卷 22)

怯里木丁②　元文宗至顺三年(1332)任镇江路金坛税使司提领。(0631 卷 17)

怯怯里灭赤　元成宗大德四年(1300)任吴江(今属江苏)州达鲁花赤。(0928 卷 4,0954 卷 17)

性闲　字玉阜。元僧人。有诗作传世。(0504 壬上)

性定(1337～?)　字妙观,元僧。幼习儒,长出家精究佛典。撰有《华严心镜》、《玄谈辅翼》、《楞严纂要注》及《外集》。(1144 卷 444)

性澄(1265～1342)　字湛堂,号越溪。元会稽(治今浙江绍兴)人。佛教僧人。俗姓孙。历主东天竺兴元寺、南天竺演福寺。泰定元年(1324)迁上天竺观音教寺。(0152 卷 41,0075 神异典卷 186,0037 卷 4)

性天然　元僧。善绘云龙,曾为燕京护国寺绘壁,观者如山,道路为堵。(1144 卷 452)

怜真八　元别失八里畏兀儿人,孟速思子翰林承旨买奴之子。(0011 卷 39)

怜真加加瓦　元吐蕃僧人。世祖至元十四年(1277)二月,诏命与亢吉祥并为江南总摄,掌释教,免除僧租赋,禁扰寺宇者。(0001 卷 9)

法忆　字无念,号松峰。元宜春(今属江西)僧人,彭氏子。顺帝至正间住鸡足山安定寺。(0158 卷 20)

法印　号无文。元钟离县(治今安徽凤阳东北临淮关)僧人,郭氏子。元初住五台山文殊寺。(0144 卷 23)

法坚　元会稽(治今浙江绍兴)云门寺僧,寓居吴中(今太湖流域一带)。有诗作传世。(0504 壬上)

法助　元僧,泉州王氏子。年十二出家。研究内典。泉州城三面距江,旧时浮舟为梁,洪潦骤涨,民多溺死。法助奏准造桥,桥长一百七十丈,墩二十八,植木砻石腹而基之。人称平海头陀。工未竣而寂,其徒成之。(1144 卷 414)

法林(1284～1355)　字竹泉,号了幻。元台州宁海(今属浙江)人。佛教僧人。俗姓黄。住杭州灵隐寺。(0075 神异典卷 187,0037 卷 17)

法明　元莱州(今属山东)僧人。世祖至元间住镇江鹤林寺,受赐号黑漆光菩萨。(0075 神异典卷 187)

法忠(1212～?)　字佛智,号实庵。宋元之际僧,隆兴(治今江西南昌)徐氏子。自吴(今苏州一带)至歙县(今属安徽)说法四十余年。(0167 卷 1)

法空　元僧人,汉州(治今四川广汉)古氏子。居忻州万安禅院。成宗大德中卒。(0622 卷 19,0691 卷 10)

法珍　名弘道,宋元之际尼,蜀中崔进女。出家后专以阐化为务。鉴于宋元之际经籍散落,宋理宗绍定四年(1231)至平江碛砂延圣院断臂募刻藏经,苦心经营,不舍寒暑,历三十年告成,名《碛砂版大藏经》。(1144 卷 418)

法闻(1260～1317)　元僧,陕西严氏子。初住长安义善寺,后征至大都(今北京),诏居大普庆寺。(0035 卷 36)

法洪(1272～1344)　元僧人,巩昌成州(治今甘肃成县)刘氏子。仁宗时住持白马寺,赐号释源宗主。后召入京,主西山龙泉寺,改主大永福寺,迁主寿安山大昭孝寺。(0250 卷 47)

法真　号孤云。元僧人,安成(治今江西安福)郭氏子。(1078 卷 8)

法海　元僧,固陵(今属河南固始)于氏子。世为豪族,值兵乱离散,时法海弱冠,遁至馆陶,结茅寺院旧基,曰白佛堂,修念佛三昧,遇师印证披薙。檀施日集,顿成道场,名净土院。后历主四禅寺、开元寺,道声远振,四方下院三百余处,剃度弟子千余人,俗素豪士受持三归者无数。国师法云奏赐号明慧大师。后终于泰山竹林寺。(1144 卷 422)

法祯　字蒙隐,号雪涧,元僧,寿春(治今安徽寿县)蒋氏子。幼事僧无公落发。年十七开讲建业(今南京)。仁宗延祐三年(1316)奉旨住庆寿寺,同僧慧澄译《菩提行释论》。移易州兴国寺。英宗时,征选名僧校藏经,以法祯等三人为总督。顺帝至正八年(1348),诏重译《菩提行颂》。时俗儒毁佛数十条,省部将从其说,法祯作《驳邪论》辟之,其议遂寝。顺帝时奉敕主潭柘龙泉寺。文章精緻雅健,自出机杼,成一家之学。(1144 卷 432)

法喜(1261～1313)　元僧人,邠州新平(治今陕西彬县)王氏子。成宗赐号圆融洪辨大师,主当州洪福寺,改平江双塔寺讲主。后北还主邠州大开元寺。(0225 卷 20)

法智　元吴山僧。有诗作传世。(0504 壬上,0033 卷 34)

法照(1267～1333)　号菊庵,元僧,保定新城县(今属河北)赵氏子。年十三于本村云居寺礼僧义满披薙,十六受具。听习经论,洞彻《金刚》、《华严》等经。参僧足庵于燕京万寿寺,一语契机,心地开通,足庵付以衣法。世祖至元二十九年(1292),出世林州(今河南林县)觉仁寺。应请主持墨窟山玉泉禅院为衣钵之院,百废俱兴。仁宗延祐五年(1318)返云居寺,创建佛殿。英宗至治二年(1322),入主嵩山少林寺。寂后塔于寺之西南。(1144 卷 431)

法达忽剌　字彦德。元西域人。顺帝至正十年(1350)国子学贡试副榜。(0560)

法合鲁丁①　元回回人。宪宗即位(1251),授阿母河等处行尚书省官,辅佐行省长官阿儿浑。(0001 卷 3)

法合鲁丁②　元成宗大德七年(1303)任衢州(今属浙江)路判官。(0878 卷 2)

法合鲁丁③　元仁宗延祐六年(1319)任兰溪(今属浙江)州达鲁花赤。(0881 卷 12)

法花鲁丁　元回回人。武宗至大间任云南安抚使。时云南行省丞相铁木迭儿贪暴擅诛杀，罗织其罪，将置于极刑；为云南廉访使唐兀人朵儿赤劝止。竟获免，寻复其官。(0001 卷 134)

法忽鲁丁①　元成宗元贞二年(1296)任江南行台监察御史。(0632 卷 6)

法忽鲁丁②　元回回人。成宗大德六年(1302)为军储所宣慰使。十月，罢军储所，立屯储军民总管万户府，仍以其掌之。(0001 卷 20)

法忽鲁丁③　元回回人。成宗大德间为西京道宣慰使。输运和林军粮，岁数万石，肆意贪污。至大德七年(1303)，其负欠计二十五万余石，侵匿官钱十三万余锭。后朝廷遣使督征，前后受赂，反为之游说。死后，负欠钜万。仁宗延祐间，刑部侍郎曹伯启责令其子弟偿还。(0001 卷 21、176)

法忽鲁丁④　元回回人。武宗即位(1308)，七月，由河南平章入为中书平章。九月，诏立尚书省，分理财用；任尚书省官。十一月，尚书省罢，改任他职。(0001 卷 22)

法忽鲁丁⑤　元文宗天历二年(1329)任秘书监丞。(0027 卷 9)

法哈剌丁　元世祖至元二十五年(1288)至二十七年任庆元路(治今浙江宁波)判官。(0633 卷 2)

法都忽剌①　字彦昭。元西域人。顺帝至正八年(1348)任蓟州(治今天津蓟县)达鲁花赤，有政绩；擢陕西行台监察御史。(0642 卷 13)

法都忽剌②　字彦明。元顺帝时由中政院宣使迁任秘书监管勾。(0027 卷 9)

法都忽剌③　元顺帝末年，任中书参知政事。至正二十七年(1367)，分户部官，与右丞相也速统军往山东，负责军储供应。(0001 卷 47、113)

波迪哇儿祃(？～1364)　元顺帝时以狎佞得幸，号为倚纳。军阀孛罗帖木儿举兵入京，奏请诛之。(0001 卷 46、205)

泼皮①　元蒙古察哈札剌亦儿氏。仁宗延祐间中书右丞相伯答沙第二子。(0001 卷 124)

泼皮②　元泰定帝时，任岭北行省左丞。泰定元年(1324)，拜中书左丞。次年，进中书右丞。后出为岭北行省平章政事。(0001 卷 29、31、112)

泼皮③　元唐兀人。泰定四年(1327)任江南行台监察御史。(0632 卷 6)

泼皮④　元回回人。泰定帝丞相倒剌沙之子。文宗天历元年(1328)冬，其住宅、家产被籍没。(0001 卷 34)

泼皮⑤　元宗室，太祖弟哈赤温后裔。封吴王。文宗至顺元年(1330)，改封济阳王。(0001 卷 34、107、108)

泼皮⑥　元顺帝至元六年(1340)为知枢密院事。是年十月，帝亲祀太庙，任助奠官。(0001 卷 77)

泼皮罕　元钦察伯岳吾氏，床兀儿之子。(0011 卷 73)

郑义①(？～1332)　元河间(今属河北)人。太宗时，任山东路都元帅，兼景州军民人匠长官。从伐金，于归德战死。(0001 卷 166)

郑义②　元彰德(治今河南安阳)人。世祖至元二十五年(1288)任镇江路彰德翼千户。武宗至大二年(1309)致仕。(0631 卷 17)

郑元①　元世祖至元八年(1271)，授司禋大夫，奉命领祠祭岳渎之事。(0001 卷 7)

郑元②　字长卿。元吴郡(今苏州)人。历任江浙行省都事。有诗作传世。(0279 卷 5，0112，0504 辛上)

郑壬　字有林。元昆山(治今江苏太仓)人。世代产科名医。(0042 卷 13)

郑斗(1319～1378)　字德方，号硥硿子。元明之际仙居(今属浙江)人。顺帝至正十三年(1353)大旱，择腴田易米于富人以赈饥者，数百家得不死。又训练乡里子弟为队伍抵御反元武装，守将欲授以官，不受。(0411 卷 31)

郑玉①　元成宗大德二年(1298)任常山(今属浙江)县尹。(0897 卷 2)

郑玉②(1298～1358)　字子美。元徽州歙县(今属安徽)人。通六经，尤精于《春秋》，绝意仕进而勤于教，从其受业之学者、门人甚多。顺帝至正十四年(1354)，元廷授以翰林待制，固辞不受。十七年，朱元璋部将邓愈率军入徽州。次年，强征其就仕；以不事二姓固辞。被拘囚，自缢死。著有《师山集》。其理学宗陆学而兼取朱学，调和陆朱。(0001 卷 196，0002 卷 231)

郑东　字季明，号杲斋。元温州平阳(今属浙江)人，晚年寓居常熟(今属江苏)。应科举考试不利，即弃去，专力于古文词，所作旨趣高远。其诗文与弟郑采诗文合集为《郑氏联璧集》十四卷。(0503 三集庚，0411 卷 12，0042 卷 10)

郑禾　元仁宗延祐(1314—1320)任广德路儒学录。(0580 卷 10)

郑立　字可与，元潞州人。仁宗皇庆二年(1313)任秘书监著作佐郎，延祐二年(1315)改典簿。泰定元年(1324)任吏部员外郎。(0027 卷 9、10，0001 卷 29)

郑礼①　元成宗元贞元年(1295)任江南行台监察御史。(0632 卷 6)

郑礼②(1299～1370)　字朝美。元温州平阳(今属浙江)人。历任怀安、闽清县尹，漳州路经历。后擢为浙东宣慰司都

事,未赴任。(0419 卷 12)

郑至 号止庵。元闽县(治今福建福州)人。能诗,有诗作传世。(0594 卷 11)

郑伟 元泰定四年(1327)任建康路(治今南京)同知。(0632 卷 6)

郑伦(1306～1387) 字子夔。元安仁(今属湖南)人。顺帝至正间被荐授宝庆路儒学正,避兵未赴任。明太祖取饶州,授参赞江淮幕府,以病乞归。(0072 卷 93)

郑江(?～1271) 元河间(今属河北)人,郑泽弟。袭兄职为景州军民人匠长官。世祖即位,授侍卫亲军副都指挥使,判武卫军事。后升武卫亲军都指挥使,又改左卫。从征襄阳,战死。(0001 卷 166)

郑安 字子宁,元歙县(今属安徽)人,郑玉之祖父。元初弭乱有功,授歙县尹,有治绩。(0580 卷 2,0075 氏族典卷 496)

郑寿 字龟龄。元晋江(治今福建泉州)人。元末为万户。顺帝至正间万户赛甫丁阿迷里可叛据泉州,寿谋讨之,事泄遇害。(0901 卷 67,0902 卷 124)

郑玘 元云川县(治今内蒙古呼和浩特西南)人。世祖至元二十年(1283)任潞州(治今山西长治)知州。(0698 卷 3)

郑杓 一作构,字子经。元莆田人(一作福州罗源人)。泰定中被征辟为南安县儒学教谕。与陈旅为文字友。能书大字,兼工八分。撰《衍极》二卷,论古今篆籀以极书法之变。(0031 卷 7,0076 卷 35,0005 卷 47)

郑甫 元阳城(今属山西)人。郑鼎弟。历任邠州知州。(0003 卷 94,0002 卷 163)

郑钊 元人。有诗作传世。(0504 癸下)

郑采(1309～1365) 字季亮,号曲全。元温州平阳(今属浙江)人。郑东弟。工诗文。文名与兄相埒。(0411 卷 25、12,0042 卷 10,0503 三集庚)

郑闳 字以纯。元明之际嘉定(今属上海)人。学《周易》于鲍恂,历任昆山、长洲儒学训导。明洪武中任礼部郎中。(0072 卷 92)

郑录 一作禄,字克敬。元三山(今福州)人。善画枯木竹石。(1143 卷 1395,0077 卷 56,0078 卷 31)

郑英 元澄城(今属陕西)人。历任陕西行省参政。(0806 卷 14,0820 卷 2)

郑松(1235～1307) 字特立。宋元之际乐安(今属江西)人。宋末中乡试。入元家居不仕,常与吴澄论学。有诗作传世。(0212 卷 74、16,0072 卷 78,0504 辛下)

郑昕 字彦升。元华亭(治今上海松江)人。有诗作传世。(0504 己下)

郑昂(1289～1358) 字处抑、崇阳。元乐清(今属浙江)人。年四十九始出为郡学师。顺帝至正中战乱,隐居山中。(0277 卷 13,0062 卷 44,0075 文学典卷 90)

郑旼 字德华。元蒲城(今属福建)人。历任翰林检讨。顺帝至正中任福建行省左丞。有诗作传世。(0901 卷 64,0902 卷 100,0504 庚上)

郑忠 字原凯。元嘉兴(今属浙江)人。从卫富益讲《易经》。不求仕进。(0071 卷 82,0075 文学典卷 88)

郑钰 元真定灵寿(今属河北)人,郑温子。仕为榷茶都运使。(0001 卷 154)

郑郇 元河间(今属河北)人,郑江子。世祖中统三年(1262),授千户,从平李璮。至元八年(1271),袭父职为左卫亲军都指挥使。(0001 卷 166)

郑炎 字南仲。元福建人。历任湖州路儒学教授。成宗元贞元年(1295)授昌化县主簿。(0167 卷 20,0142 卷 14)

郑泳 字仲潜,号半轩。元明之际浦江(今属浙江)人。郑汉弟。元末为温州路经历。入明不复仕。著有《郑氏家仪》。(0072 卷 82,0050 卷 10,0530 卷 39,等)

郑泽 元河间(今属河北)人,郑德温子。太宗时,袭父职为景州军民人匠长官。从万户史天泽征伐,多立战功。后告老,由弟江袭职。(0001 卷 166)

郑参 字希鲁。元福州人。任镇江路淮海书院山长。(0631 卷 17)

郑贯 元儒士。贡师泰门人。(0072 卷 92)

郑绍(1288～1353) 字仲贤。元歙县(今属安徽)人。郑潜父。顺帝至正二年(1342),历任南安路提控案牍。七年,升雩都县尹。十三年,选为江西廉访司经历,未赴任卒。(0415 卷 5)

郑咺 元顺帝时,任大斡耳朵(帐殿)儒学教授。至正十五年(1355),建言对蒙古族绳以礼法,革其旧俗,不报。(0001 卷 44)

郑钦 元真定灵寿(今属河北)人,郑温子。仕为利用监丞。(0001 卷 154)

郑钧(1316～1368) 字汝一。元衢州开化(今属浙江)人。顺帝至正四年(1344)乡试贰榜,任衢州路儒学录。(0453 卷 3)

郑部 元枣强(今属河北)人。泰定元年(1324)任江南行台监察御史。(0632 卷 6)

郑复 元武宗至大(1308～1311)间为象

山(今属浙江)县尉。(0633 卷 3)

郑衎　字彦章。元官员。历任运使、广平路总管。有诗作传世。(0163 外集,0278 卷 3,0504 丁)

郑炳　字元炳。元余姚(今属浙江)人。工书法,书迹似晋人。(0031 卷 7)

郑洪　字君举,号素轩。元永嘉(治今浙江温州)人。工诗,有《素轩集》一卷。(0503 二集辛,0163 外集,0304 卷 2)

郑洧(1334～1386)　字仲宗。元明之际浦江(今属浙江)人。郑濂弟。受业于宋濂。明洪武十九年(1386)代兄就逮京师,自诬服死。(0530 卷 92、38,0072 卷 82,0881 卷 17)

郑祐　元成宗大德四年(1300),奉命与刘深等率军二万征八百媳妇,授行省参知政事。兵败,被笞。仁宗时,任浙东都元帅。(0001 卷 20、21、24)

郑贺　字庆父。元诸暨(今属浙江)人。精通史学。有诗作传世。(0504 己下,0033 卷 24,0523)

郑桓　字居贞。元明之际歙县(今属安徽)人。郑潜之子。早年从贡师泰学。明初,仕至河南布政司左参政。永乐初,坐方孝孺党死。(0275 卷 8,0073 卷 107,0071 卷 94)

郑桐　元余姚(今属浙江)人。历任上虞县儒学教谕。(0880 卷 29)

郑晟　元顺帝至元三年(1337)任漳州路同知。(0908 卷 3)

郑烨　字宗海。元明之际莆田(今属福建)人。郑杓之子。元末,任福清州龙江书院山长。明洪武中,任兴化县儒学训导。工八分书。(0594 卷 12,0031 卷 7)

郑涛①　元阳城(今属山西)人。郑昂霄之子。袭父职为万户,镇守武昌。(0694 卷 6,0002 卷 163)

郑涛②　字仲舒。元明之际浦江(今属浙江)人。早年从黄溍学。元顺帝至正间授经筵检讨,转翰林编修,升翰林应奉。明初为太常博士。著有《旌义编》二卷。(0050 卷 10,0051 卷 7,0004 卷 39)

郑涔　元余姚(今属浙江)州儒学正。(0880 卷 29)

郑涣　字仲释。元浦江(今属浙江)人。元末战乱,辟署浦江县主簿,未几解职。(0050 卷 7)

郑琏(1317～1360)　字希贡。元歙县(今属安徽)人。郑玉弟。顺帝至正十二年(1352)募乡兵讨伐反元队伍,以功授太白渡巡检,升行军都镇抚。(0972 卷 9,0071 卷 94,0006 卷 92 下)

郑基　字本初。元三山(今福建福州)人。能诗,有诗作传世。(0504 庚下,0422 卷 8)

郑铢(1300～1355)　字彦平。元浦江(今属浙江)人。元末任行宣政院照磨兼管勾承发架阁,有清廉声,转松江稻田提领所大使。(0411 卷 42)

郑铨　元真定灵寿(今属河北)人,郑温子。仕为右卫亲军千户。(0001 卷 154)

郑铭　字景彝。元浦江(今属浙江)人。郑渊叔父。从吴莱受《春秋三传》之学,莱钟爱之,相亲如父子。卒年六十二。(0411 卷 30)

郑商　元大德十一年(1307)任江山(今属浙江)县尉。(0897 卷 3、8)

郑渊(1326～1373)　字仲涵。元明之际浦江(今属浙江)人。从宋濂学。二次应科举试不利,即不复求仕。卒。私谥贞孝。(0411 卷 11,0432 卷 22、12,0072 卷 82)

郑深(1314～1361)　字仲几、浚常。元浦江(今属浙江)人。历任宣文阁授经郎、鉴书博士、吏部员外郎。顺帝至正十六年(1356)任浙西廉访司佥事,二十一年,转江东道廉访司佥事,未上任卒。(0411 卷 49,0004 卷 39)

郑琬　元孟州(治今河南孟县)人。历任屯留县尉、中尚监知事、宛平县主簿。(0692 卷 20)

郑楝　字士隆。元泰定四年(1327)任胙城(治今河南延津东北)县尹。(0790 卷 5)

郑棐　元儒士。历任大都路儒学正,应科举试,不第。(0248 卷 6)

郑鼎(1215～1277)　又名鼎臣。元泽州阳城(今属山西)人。善骑射,勇力过人。太宗时为泽、潞、辽、沁千户。六年(1234),从蒙古军攻四川,屡立战功。破宋兵,解兴元(今陕西汉中)之围。宪宗时从忽必烈征大理,奋战有功,受赐名也可拔都(大勇士)。又从攻宋、围鄂州。世祖中统元年(1260),以功升平阳、太原两路万户。从讨阿蓝答儿、浑都海之乱。至元三年(1266),任平阳路总管,导汾水溉民田千余顷,修学校,开路建桥。十一年,从攻宋。十四年,任湖北宣慰使,率兵镇压蕲、黄反元武装,战死。谥忠毅。后追封潞国公,改谥忠肃。(0001 卷 154)

郑喧　字宣伯。元广信(治今广西梧州)人。辟赤那思山大斡耳朵儒学教授。(0268 卷 2)

郑铿　字子声。元将乐(今属福建)人。嗜学工诗,尤长于画。(0902 卷 135,0077 卷 56,0078 卷 31)

郑锐　字景敏,元人,其先荥阳(今属河南)人,迁浦江(今属浙江)人。精通《春秋》,仁宗延祐元年(1314)以明经贡于乡。(0153)

郑赓　元初为奉化(今属浙江)县丞。(0633 卷 3)

郑温(1211～1291)　元真定灵寿(今属河北)人。初从粘合南合南攻宋,以功授千户。后从史天泽为新军万户镇抚。宪宗末年,从征四川,受帝赐名也可拔都(大勇士)。奉天泽命统四千人警逻钓鱼山(今四川合川东)。世祖中统元年(1260),授总管。三年,率军从围李璮于济南。七月,城破,奉命率军三千往定益都。以功授侍卫亲军总管。至元六年(1269),升右卫副都指挥使。九年,奉诏统蒙古、汉、女真、高丽诸部军讨金通精于耽罗(今韩国济州岛),次年平之。十二年,升右卫都指挥使,率三卫军万人,从攻岳州、江陵、潭州,皆有功。十四年,迁枢密院判官。十八年,出为江淮参政。二十三年,升江浙左丞,以新附、汉军万五千立屯田于淮安。(0001卷154)

郑谧①　字彦渊。元金华(今属浙江)人。著有《葬书新注》、《心学图说》,皆不传。(0411卷12,0420卷5,0062卷44)

郑谧②　字公安。元永嘉(治今浙江温州)人。有诗作传世。(0504戊上)

郑弼　元成宗大德(1297～1307)间任蒲台(治今山东滨州东南)县尹,有政绩。(0731卷8)

郑照　字明远,元建安(今属福建)人。善画墨菊竹石。(1143卷1391)

郑愈　字希贤。元成安(今属河北)人。世祖中统元年(1260)选充中书省掾。至元十七年(1280)累迁为磁州知州。(0210卷15)

郑溥　元人。有诗作传世。(0504甲)

郑瑶　字彦英。元书法家。与赵孟頫同时,所书与孟頫甚类似。(0031卷7)

郑僖　一作禧,字宗鲁,号天趣,元温州路平阳(今属浙江)人。仁宗延祐(1314～1320)间馆于洪氏,与城西吴氏女唱和。未几吴女卒,僖以往来诗词书翰编为《春梦录》一卷(见《说郛》卷42)。泰定元年(1324)第二甲进士,授黄岩州同知。另撰有《三湘集》(佚)。(0899卷13,0444卷12,0578卷8,0033卷14)

郑樗　又名玄辅,字无用,号空同生。元盱江人。全真教道士。与黄公望友好,公望画《富春山居图》赠之。(0031卷7,0463卷4,0161卷1,等)

郑潜(?～1379)　字彦昭,号樗庵。元明之际歙县(今属安徽)人。郑绍之子。元末历任监察御史、福建行省员外郎、闽海廉访佥事、海北廉访副使。以泉州路总管致仕,寓居怀安。明初,历任宝应县主簿、潞州同知。洪武十一年(1378)致仕,次年卒。有《樗庵类稿》二卷。(0427卷首,0901卷63,0075氏族典卷496,等)

郑璠　元顺帝至正间任江浙行省员外郎。(0872卷9)

郑璘　元武宗至大(1308～1311)间任鄞县(治今浙江宁波)县丞。(0633卷3)

郑霖　元初任镇江路医学正。(0631卷17)

郑禧　字熙之。元吴郡(今苏州)人。工书法。善画。画山水学董源笔法,用墨清润可爱,画墨竹禽鸟师法赵孟頫。(0030卷5,0031卷7,0042卷13)

郑镛　元真定灵寿(今属河北)人,郑温子。仕为袁州路判官。(0001卷154)

郑璧　元成宗大德九年(1305)任吴江州都目,后改任溧阳州都目。(0954卷17,0632卷6)

郑彝　字元秉。元余姚(今属浙江)人。善画兰蕙及草虫,人争宝之。私谥孝章。有诗作传世。(0880卷29、43、49,0033卷28,0075文学典卷90,等)

郑璿　字国英。元歙县(今属安徽)人。郑琏兄。性孝友,居乡常仗义济人。(0972卷9)

郑灏　元浦江(今属浙江)人。从宋濂学。(0072卷82)

郑又新　元顺帝至正初为无锡州提控案牍,至正十年(1350)离任。(0558卷24)

郑大中(1271～1325)　字义甫。元真定(治今河北正定)契丹人,本姓石抹,父显,少失怙恃,千户郑某养以为子,遂姓郑。大中由中书省掾升为吏部主事,历东平、嘉兴两路推官。仕至吏部员外郎。(0501卷55,0645卷5、27,0660卷7)

郑大同　元江南人。有诗名。(0002卷238,0004卷36)

郑大观　元余姚(今属浙江)人。历任嵊县(今属浙江)儒学教谕。(0880卷29)

郑大和　元浦江(今属浙江)人,郑文嗣从弟。继文嗣主家事,治家有法,礼仪森严,光大郑氏"义门"之称。有《家范》三卷传世。(0001卷197)

郑千龄(1265～1331)　字耆卿。元歙县(今属安徽)人。郑玉父。早年从鲍云龙学。后历任淳安、祁门县尉。以休宁县尹致仕。卒,私谥贞白。(0283卷8,0532卷86,0972卷4、8)

郑天锡　宋元之际福州福清(今属福建)人。元世祖至元间,元将忙古歹统兵至境,天锡执旗诣军前请禁侵掠,忙古歹为敛兵。卒年九十余。(0902卷131)

郑天麟(1217～1283)　字德甫,号菊存。宋元之际歙县(今属安徽)人。郑绍祖。元初以荐授徽州路学宾。(0532卷88,0973卷7)

郑元祐(1292～1364)　字明德,号尚左生。元遂昌(今属浙江)人,寓居钱塘(治今杭州),后迁居吴县(治今苏州)。博学能文,有盛名。顺帝至正十七年

(1357)辟平江路(治今苏州)儒学教授,未几以病去职。二十四年,授江浙省儒学提举,未几卒。撰《遂昌杂录》一卷、《侨吴集》十二卷。(0042 卷 10,0503 初集庚,0002 卷 238)

郑云表 元初人。有诗作传世。(0033 卷 4)

郑云翼 字鹏南。元永平(治今河北卢龙)人。成宗大德五年(1301)任江南行台监察御史。仁宗延祐二年(1315)任江南行台都事。(0632 卷 6,0501 卷 29,0221 卷 2)

郑升元 元人。有诗作传世。(0504 癸下)

郑介夫 字以居,号铁柯。元衢州开化(今属浙江)人。宿卫禁中,刚直敢言。成宗大德七年(1303)上《太平策》一纲二十目,多切中时弊。授雷州路儒学教授。迁任金溪县丞,卒于任。(0411 卷 45,0878 卷 9、11,0002 卷 193)

郑从吉 元长汀(今属福建)人。顺帝至正间反元武装进攻上杭(今属福建),率众御之,反元武装退走,受行省令摄上杭县事。(0901 卷 69,0902 卷 124,0906 卷 14)

郑公大(1249~1308) 字纯道。元建昌(治今江西永修西北)人。历任延平路录事司判官、鄱县主簿、景德镇税课提领、某县尹。武宗至大元年(1308)染瘴卒。(0225 卷 18)

郑文广 元定襄(今属山西)人。历任宜君县(今属陕西)主簿,卒于任。(0829 卷 6)

郑文宝 元黄岩(今属浙江)人。郑应先之子。历任江浙行省员外郎。(0872 卷 9)

郑文泰 字达卿。元浦江(今属浙江)人。郑文嗣弟。抚家一以慈,书"忍"字悬置各室,使相雍睦。(0896 卷 189)

郑文卿 元泰宁(今属福建)人。顺帝至正中任登封(今属河南)县尹,政平讼理。((0762 卷 7,0782 卷 5)

郑文瑞(1264~1326) 字子祥。元同州(治今陕西大荔)人。泰定二年(1325)累迁为浙东宣慰司照磨,次年卒。(0146 卷 30,0634 卷 1)

郑文嗣 元浦江(今属浙江)人。其家十世同居,凡二百四十余年,一钱尺帛不敢私。武宗至大时,旌表其门。(0001 卷 197)

郑文暹 元顺帝至正间任潜江(今属湖北)县尹。(1041 卷 66,1044 卷 17)

郑方大 元建昌(治今江西永修西北)人。仁宗延祐元年(1314)任秘书监校书郎。(0027 卷 10)

郑以进 字成德,号爱竹,元歙县(今属安徽)人。善画墨竹。(1143 卷 1383)

郑允端(1327~1356) 字正淑。元吴郡(今苏州)人。宋丞相郑清五世孙女。嫁同郡儒士施伯仁。顺帝至正十六年(1356),张士诚入吴郡,家为兵所破,郁郁致病而卒,年三十。工诗,有《肃雝集》一卷。(0042 卷 8,0503 初集壬,0033 卷 36,等)

郑允德 字良甫。元绛州太平县(治今山西新绛东北)人。英宗至治二年(1322)任秘书监典书,文宗天历二年(1329)改令史。顺帝至正十年(1350),累迁为济南路经历。(0027 卷 11,0600 卷 2)

郑仪孙 号翠屏。宋元之际建安(治今福建建瓯)人。宋末从丘富国学《易经》。入元,家居著书,被郡守聘为学官。(0902 卷 128,0076 卷 38,0002 卷 235)

郑兰玉 元浮梁(今属江西)人。长于乐府。以荐授书院山长。后历任南阳府知事、翰林应奉。(0075 文学典卷 87)

郑邦彦(1307~1380) 字国昌。元明之际宁海(今属浙江)人。元末应试科举不利,不复求仕,家居授徒。(0432 卷 22)

郑光祖 字德辉。元平阳襄陵(治今山西临汾西南)人。曾任杭州路吏。撰杂剧十八种,今存《倩女离魂》、《㑇梅香》、《王粲登楼》等五种。与关汉卿、马致远、白朴合称元曲四大家。(0029 卷下)

郑廷玉 元彰德(治今河南安阳)人。撰杂剧二十余种,今存《楚昭王疎者下船》、《布袋和尚忍字记》、《包待制智勘后庭花》、《宋上皇御断金凤钗》、《看钱奴冤家债主》五种。(0029 卷上)

郑廷珪 元彰德(治今河南安阳)人。郑义之子。成宗大德五年(1301)袭职为镇江路彰德翼千户。(0631 卷 17)

郑传翼 元顺帝至正间任徽州路(治今安徽歙县)总管。(0972 卷 4)

郑自兴 元世祖至元十五年(1278)任秘书郎。二十八年,累迁为秘书少监。(0027 卷 9、10)

郑合生 元仁宗延祐二年(1315)进士。历任婺州路(治今浙江金华)录事、汉阳府尹,皆有政绩。(1027 卷 4)

郑冲霄 元成宗大德(1297~1307)间任新郑(今属河南)县尹,有政绩。(0762 卷 4,0596 卷 2)

郑汝翼 字鹏举。金元之际河南人。金末中律科,任刑部检法。金亡,迁居顺德(治今河北邢台)。元世祖中统二年(1261)授大理寺丞。四年,撰《永徽法经》三十卷,阐明唐律,颇称精密。后以左三部郎中致仕。(0144 卷 82,1114 卷末)

郑守仁 号蒙泉。元黄岩(今属浙江)人。道士。尝游京师,寓居崇真宫,不事干谒,自号独冷先生。顺帝至正间先后

主持吴郡白鹤观、鄞县天坛道院。工诗，有《蒙泉集》。(0042 卷 11,0503 三集壬,0594 卷 12)

郑如珪　字伯玉。元温州平阳(今属浙江)人。郑朴翁孙。博学，工书法。(0889 卷 8)

郑寿翁　元文宗至顺三年(1332)任吴江(今属江苏)州提控案牍。(0954 卷 17)

郑进元(1267～1307)　元永嘉(治今浙江温州)人。道士。成宗大德八年(1304)奉诏设金箓大斋于天宝宫,受赐号演教大宗师、明真慧照观复真人。(0225 卷 17)

郑芳叔　字德仲,号蒙隐。元鄞县(治今浙江宁波)人。郑觉民父。两任郡学训导。后授郡学录,未上任卒,年六十九。有诗作传世。(0062 卷 46,0504 甲,0877 卷 31)

郑克顺　元灵寿(今属河北)人。郑铨之子。顺帝至元二年(1336)任临城(今属河北)县尉。(0645 卷 5,0002 卷 163)

郑克谌　元灵寿(今属河北)人。郑钦之子。成宗大德七年(1303),袭职为右卫亲军千户。(0645 卷 5)

郑时中　字以道。元荥泽(治今河南郑州西北)人。历任溧阳州判官、袁州路推官,以廉洁干练闻。(0153 卷 8,0632 卷 6,1013 卷 8)

郑伯敬　元文宗天历元年(1328)任鄞县(治今浙江宁波)县尉。(0634 卷 2)

郑应纶　元黄岩(今属浙江)人。武宗至大三年(1310)任奉化州判官。后迁任义乌(今属浙江)县丞。(0633 卷 3,0881 卷 12)

郑茂先　元人。有诗作传世。(0504 癸上)

郑茂芳　元泰定帝致和元年(1328)任吴江(今属江苏)州都目。(0954 卷 17)

郑国英　元彰德(治今河南安阳)人。郑廷珪之子。文宗至顺二年(1331)袭职为镇江路彰德翼千户。(0631 卷 17)

郑昂霄(1270～1329)　字显卿。元阳城(今属山西)人。郑甫之子。幼年宿卫世祖。至元十九年(1282),从征八番顺元。后从征安西徭族,以功擢广西都元帅,昂霄重世勋,袭伯父延瑞职为万户,弃都元帅职不受。成宗大德五年(1301),从讨宋隆济有功。泰定间,安西徭族起事,昂霄谕以祸福,降洞寨八十五。文宗天历元年(1328)任枢密副使,扼潼关以御陕西反文宗军。二年,任湖广参政,率军入蜀讨囊加歹,卒。(0231 卷 9,0250 卷 52,0002 卷 163)

郑绍祖　元歙县(今属安徽)人。顺帝至正二年(1342)授南安路照磨。后历任雩都县尹,江西、湖北廉访司经历。(0972 卷 6)

郑绍卿　元歙县(今属安徽)人。早年从陈栎学,后家居不仕。(0307 卷 8)

郑荣祖　元武宗至大四年(1311)任江南行台监察御史。(0632 卷 6)

郑南吉　元莆田(今属福建)人。仁宗延祐二年(1315)进士,授龙溪县(治今福建漳州)主簿。(0901 卷 54,0908 卷 14)

郑持正　元儒士。仿韩愈《毛颖传》例,于笔墨纸砚悉加封号而拟为制表之词,成《文章善戏》一卷。(1115 卷末)

郑昭祖　字孔明,号敬斋。元歙县(今属安徽)人。元初荐授广西儒学提举,不赴。后历任保定等路管民提举、江淮财赋副总管。卒年五十。(0532 卷 85,0972 卷 8,0167 卷 25)

郑思齐　元明之际封丘(今属河南)人。元末任户部主事。明初任兴化知府。(0762 卷 4)

郑思肖(1241～1318)　字忆翁,号所南。宋元之际福州连江(今属福建)人。宋末为太学生。宋亡,浪迹江南,改名思肖,寓意思赵。坐卧不北向,闻北语则掩耳疾走。匾其室为"本穴世界",寓意:"大宋世界"(以"本"之"十"置"穴"中即"大宋")。善画墨兰,宋亡后画兰根不著土,痛宋之亡也。所写诗文多怀念宋室。晚年寓居吴中僧寺。撰有《郑所南诗文集》。又撰有《心史》,或疑为后人伪托。(0362 附录,0002 卷 241,0006 卷 91 上)

郑思温(1256～1322)　字彦容。元京兆(治今陕西西安)人。受行省檄充京兆路解盐仓使,历总库副使、司行盐提领,皆以集办称。(0181 卷 9)

郑制宜(1260～1306)　元泽州阳城(今属山西)人。郑鼎之子。蒙古名那怀,通习蒙古语。世祖至元十四年(1277),袭父职为太原、平阳万户,戍鄂州。二十四年,扈驾征叛王乃颜,以战功授枢密院判官。二十八年,任侍御史。安西(治今陕西西安)旧有牧地,圉人恃势,冒夺民田十万余顷,讼于有司,积年不能理。制宜奉诏往,按图籍正之。三十年,任湖广行枢密院副使,镇压昭、贺二州及庐陵反元武装。成宗时,特授大都留守,兼武卫亲军都指挥使。卒,追封泽国公,谥忠宣。(0001 卷 154)

郑奕夫(1278～?)　字景尹,号习斋。元鄞县(治今浙江宁波)人。潜心性理。历任徽州紫阳书院山长、浮梁州儒学教授。(0222 卷 4,0073 卷 107,0004 卷 36)

郑觉民(1300～1364)　字以道,号求斋。元鄞县(治今浙江宁波)人。郑芳叔之子。博学能文。顺帝至正中以荐授龙游县儒学教谕,在任三月后辞归。后授处州路儒学教授,未赴任。有诗作传世。(0157 卷 21,0081 卷 5,0504 甲)

郑素履　字有恒。元枣强(今属河北)人。郑澧孙。顺帝至正间为秘书郎。

(0027 卷 10)

郑桂高　字子山。宋元之际丽水(今属浙江)人。郑谨之父。元世祖至元十七年(1280)任丽水县儒学教谕。仕至乐平州儒学教授。(0576 卷 10)

郑原善　字复初。元玉山(今属江西)人。仁宗延祐五年(1318)进士。由德兴县丞转处州路录事,有异政,为众所忌,遭诬构罢官,未几病死。(0188 卷 2,0411 卷 48,1011 卷 11)

郑资深　元人。有诗作传世。(0504 癸上)

郑陶孙　字景潜,元处州(今浙江丽水)人,郑滁孙弟。南宋进士。入元,被征至京,授翰林国史院编修官,升应奉翰林文字。后出为江西儒学提举。有文集传世。(0001 卷 190)

郑深劲　元人。有诗作传世。(0504 甲)

郑维一　元福建霞浦人。善草书,精兵法。仁宗皇庆间(1312 ~ 1313)以遗逸举。((1143 卷 1392)

郑朝宗　元世祖至元八年(1271)任安丘县(今属山东)儒学教谕。(0743 卷 14、27,0726 卷 14)

郑景贤　号龙冈居士,名与籍贯不详,景贤为其字。金元之际人。饱读诗书,精通医术。自窝阔台为太子时至即位后,多年为其侍医,深受赏识、信任,曾劝止窝阔台屠汴京。窝阔台赐银五万两,辞,赐以土地,使富比诸侯王,再辞,贵以上相位,又辞。与耶律楚材有多年深交,《湛然居士文集》中楚材与景贤唱和之作多至七十五首。(0141 卷 2、3、7、11、12、14,0145 卷 3)

郑滁孙　字景欧,元处州(今浙江丽水)人。原为南宋进士,仕为礼部郎官。世祖至元三十年(1293),被荐至阙,授集贤直学士。升侍讲学士、学士。后乞致仕,归乡。以学问博洽知名,著有《大易法相通赞》、《周易记玩》等书。(0001 卷 190)

郑谨之(1269 ~ 1342)　字有常,号似山。元丽水(今属浙江)人。以荐授龙泉县儒学教谕。后历任建康路(治今南京)儒学录、独峰书院山长。以处州路儒学教授致仕。(0576 续志卷 4)

郑源孙　元处州(今浙江丽水)人。成宗大德间(1297 ~ 1307)任丽水县儒学教谕。(0576 卷 10)

郑镇国　元将。世祖至元末,为都元帅,从史弼、高兴、亦黑迷失侵爪哇。(0001 卷 210)

郑德玉　元武宗至大三年(1310)任衢州路照磨。(0897 卷 3)

郑德邻(1261 ~ 1323)　字君瑞,号云南。元台州临海(今属浙江)人。早年为道士,后弃去,读书山中。(0258 卷 12)

郑德温(? ~ 1234)　元河间(今属河北)人,郑义弟。袭兄军职,为景州军民人匠长官。太宗六年(1234)从攻徐州,战死。(0001 卷 166)

郑德麟　元世祖至元间任高唐(今属山东)知州,推行教化,民安讼简。(0721 卷 26,0730 卷 6,0723 卷 5)

郑乞答台　元仁宗皇庆元年(1312)任秘书监丞,延祐元年(1314)升为秘书少监,次年升为秘书太监。(0027 卷 9)

郑阿儿思兰(? ~ 1310)　又名均。元阳城(今属山西)人。郑制宜之子。袭父职为武卫亲军都指挥使。武宗至大三年(1310)受诬被处死。仁宗即位(1311),雪其冤。谥敬愍。(0003 卷 94,0002 卷 163,0154 卷 8)

郑察罕不花　号碧泉。元丹徒(治今江苏镇江)人。历任湖广行省、中书省知印。(0631 卷 19)

单庆　字吉甫。元济宁(治今山东巨野)人。成宗大德间(1297 ~ 1307)为诸暨知州。(0880 卷 28、37)

单郁　字文英。元顺帝至正十四年(1354)为缙云县(今属浙江)主簿。(0577 卷 4)

单质　元怀庆(治今河南沁阳)人。世祖至元五年(1268)任泽州知州。(0694 卷 5)

单德祯　元泰定元年(1324)任藁城县(今属河北)知县。(0645 卷 4,0651 卷 4)

宝山　元畏兀儿人,忙欢之子。任宿卫。(0011 卷 42)

宝月　字伯明。元僧人,吴郡(今苏州)人。住玉峰报国寺。有诗作传世。(0504 壬上,0517 卷 10、14)

宝宁　元文宗第三子。天历元年(1328)十一月,改名太平讷。早死,无后裔。(0001 卷 107、32)

宝安　字惟善。元顺帝时历任庸田司经历。至正十九年(1359)由太府监丞迁任秘书少监。(0517 卷 1,0027 卷 9)

宝严(1272 ~ 1322)　字士威,号幻堂。元成纪(治今甘肃天水)人。佛教僧人。俗姓康。住玉山普安寺。(0035 卷 36,0037 卷 4,0075 神异典卷 187)

宝金(1308 ~ 1372)　号璧峰(一作碧峰)。元明之际僧人,乾州永寿(今属陕西)石氏子。顺帝至正间居五台山灵鹫庵,受赐号寂照圆明。明洪武三年(1370)召至金陵,居大天界寺。(0411 卷 11,0036 卷 14,0075 神异典卷 188)

宝宝①　元蒙古人。顺帝至正二十三年(1363)蒙古色目右榜进士第一甲第一名(状元)。(0001 卷 46、92)

宝宝②　字从善。顺帝至正间任秘书监知印。(0027 卷 11)

宝宝③　字子约。元唐兀人。任钟离县(治今安徽凤阳东北)达鲁花赤,廉洁有善政。(0977 卷 6)

宝哥①　元仁宗延祐七年(1320)任秘书监丞。顺帝至元元年(1335)任秘书卿。(0027 卷 9)

宝哥②(? ~1356)　字惟贤。元畏兀儿人。顺帝至正九年(1349)由闽海廉访副使迁任杭州路总管。十二年,摄江浙行省参政。十六年,杭州城陷,投水自杀。(0593 卷 13,0412 卷 6,0102)

宝哥③　元宗正府官员。(0146 卷 37)

宝哥④　元蒙古札剌亦儿氏,硕笃儿曾孙。(0011 卷 2)

宝哥⑤　元畏兀儿人,都水少监忙欢之子。任宿卫。(0011 卷 42)

宝哥⑥　元时入华西域拂林(今叙利亚)人,也里牙之子。(0011 卷 82)

宝峰　元僧人。文宗时为大承天护圣寺住持。至顺二年(1331)正月,封司徒。(0001 卷 35)

宝鲁　元河东高平(今属山西)人。泰定初授东平路儒学教授。顺帝至正初,修辽宋金三史,任宋史局官。书成,选授燕南山东道奉使宣抚幕官,考绩居最,迁任中书省检校。(0721 卷 26,0073 卷 84,0075 氏族典卷 434)

宝童①　元泰定三年(1326)任江南行台侍御史。(0632 卷 6)

宝童②(? ~1353)　元大名(今属河北)回回人。淮东宣慰司书吏纳速剌丁之子。顺帝至正十年(1350),随父镇压江上反元武装,擒其首领陈亚虎等。十三年,随父率舟师会诸军讨张士诚,战败,与父皆为张士诚军所杀。(0001 卷 194)

宝童③　元顺帝至正十二年(1352),为济宁兵马指挥使。是年正月,奉命统领右都威卫军,从知枢密院事月阔察儿讨徐州。(0001 卷 42)

宝童④　元宗王。只儿哈忽之子。顺帝至正十三年(1353)七月,只儿哈忽死于海宁军中,元廷命其继袭王爵。(0001 卷 43)

宝童⑤(? ~1357)　元顺帝至正十七年(1357)为知枢密院事。是年,为义兵千户余宝所杀;余宝叛元降毛贵,遂据棣州。(0001 卷 45)

宝童⑥　元庐陵县(治今江西吉安)达鲁花赤。郡城为反元队伍攻破,宝童坚守,集壮勇力战,杀敌甚众,庐陵复安。(0622 卷 56)

宝童⑦　元乃蛮氏,末赤孙。(0011 卷 69)

宝合丁①　元世祖至元二年(1265)二月,由同知东平路宣慰使擢任中书平章政事。(0001 卷 6、112、163)

宝合丁②(? ~1271)　元世祖初年为大理等处宣慰都元帅。至元四年(1267),世祖第五子忽哥赤受封为云南王,受命出镇云南,统兵南下。时宝合丁在大理等地专制多年,忌云南王来。后遂与王傅阔阔带等勾结,设宴享王,毒杀云南王。八年二月,伏诛。(0001 卷 7、121、167)

宝合丁③　元成宗大德十年(1306)任奉化(今属浙江)州达鲁花赤。(0633 卷 3)

宝合丁④　元西域回回人。武宗至大初,与桑兀等人自西域进献狮、豹等,过江浙杭州驿,停留二十七日,人畜食肉千三百余斤。至大二年(1309)四月,中书省臣奏言:"请自今远方以奇兽异宝来者,依驿递;其商人因有所献者,令自备资力。"帝从之。(0001 卷 23)

宝合丁⑤　元回回人。仁宗延祐六年(1319)任丹阳(今属江苏)县尉。(0631 卷 16)

宝复斋　元进士。历任司宪官。(0158 卷 27)

宗伟(1268 ~1355)　号大方。元邠州新平(治今陕西彬县)人。佛教僧人。俗姓陈。为新平县奉恩寺开山住持。(0276 卷 6)

宗杞　元大都(今北京)人。年十九时,父死,哀毁过度而卒。泰定三年(1326),诏旌其门。(0001 卷 197)

宗泐(1318 ~1391)　字季潭。元明之际僧人,临海(今属浙江)周氏子。工诗能书,受虞集、黄溍、张翥等推重。明初住持金陵天界寺。有《全室外集》九卷、续集一卷。(0031 卷 7,0036 卷 14,0622 卷 47)

宗明(? ~1295)　号了庵。元上饶(今属江西)人。佛教僧人。俗姓柳。住持随州大洪山崇宁万寿寺。(0587 卷 13)

宗诚　字仲实。元义乌(今属浙江)人。受业于许谦。后家居授徒。(0072 卷 82)

宗衍(1309 ~1351)　字道原。元僧,中吴(今苏州一带)人。顺帝至正初,住石湖楞伽寺,一时名士多与交游。后以僧省堂选,主嘉禾德藏寺。(0042 卷 12,0503 二集壬,0075 神异典卷 188)

宗莹　字仲默。元僧人。善画兰蕙竹石。有诗作传世。(0077 卷 64,0078 卷 56,0504 壬上)

宗椿　字寿卿。元山东人。仕至江南行御史台照磨。工书法,学王庭筠,尤工大字。(0031 卷 7)

宗照　号莲峰。元僧人,晋宁州(治今云

南晋宁东北）段氏子。顺帝至正间入晋宁东山，建盘龙寺以居。（0851 卷 13，0037 卷 36）

宗嘉　号大象，元时来华日本僧人。亲承彻翁要诀。来华遍谒诸山名僧。住纪州兴德时，尝为太守大贤居士游东山作序。东归日本后，住京兆龙宝山。（1144 卷 460）

宗本先（1308～1381）　字景明。元丹阳（今属江苏）人，居于吴。尝从郭畀学，谈论述作多似之。有诗作传世。（0453 卷 9，0504 己下，0517 卷 13）

宗明义　元婺州（治今浙江金华）人。任新昌县儒学教谕。（0880 卷 29）

宗道传　元人。有诗作传世。（0504 癸上）

定（1256～1323）　号妙观。元大理（今属云南）人。佛教僧人。俗姓赵。武宗至大四年（1311）住持大理路崇恩寺。仁宗延祐四年（1317），住持中庆路（治今云南昆明）觉照寺。（0560，0851 卷 13）

定世　元僧。住漳州开元寺。会乱众突至，会攻祝城。定世忧城将陷，万民堪虞，因祷民安，焚身以代。（1144 卷 465）

定住①　元世祖至元十七年（1280）任东阳（今属浙江）县尉。（0881 卷 12）

定住②　元英宗至治元年（1321）任衢州路判官。（0878 卷 2）

定住③（？～1337）　元文宗时以怯薛官任武备卿、授开府仪同三司。升宣徽使、知枢密院事。顺帝至元元年（1335），拜太保、中书平章政事，封宣德王。卒于位。（0001 卷 33、39、113）

定住④（？～1358）　元康里人。初为宿卫士。顺帝至正元年（1341），任中书参政。三年，罢。寻任翰林承旨。七年，任中书右丞。次年，升中书平章，兼领都水监。时有司擅以通惠河闸户配各驿，闸工日坏，金口河水势汛滥将冲决。定住以闻，诏复还闸户千余，河防始固。十四年，升左丞相。次年，升右丞相。十六年，受命总裁中书一切机务。与平章桑哥失里等劾哈麻兄弟罪恶，帝命杖杀之。次年，罢相。十八年，复代搠思监为右丞相，寻卒。（0002 卷 210）

定住⑤　元顺帝至正中期任同知枢密院事，率兵从豫王阿剌忒纳失里至陕西与红巾军作战。至正二十一年（1361）拜中书平章政事，不久改授陕西行省平章政事。（0001 卷 45、46、113）

定住⑥　元顺帝至正二十五年（1365），任中书参知政事。至正二十七年（1367），升中书右丞。（0001 卷 113）

定住⑦　字子静，元顺帝至正二年（1342）进士。十二年，以水兵千户参与守龙兴城（今江西南昌），率兵进攻占据进贤之天完红巾军，以功升元帅，据守临江。十八年，陈友谅军至，以临江降，为友谅守临江。后率部参与友谅对朱元璋的鄱阳湖大战，兵败而死。（1010 卷 15，0016 卷下，0309 卷 4）

定住⑧　元畏兀儿人，月鲁哥子侍书侍御史买闾之子。（0011 卷 50）

定位　字子静。元顺帝至正间为陈友谅守临江（治今江西清江西南）。后率兵对抗明军于鄱阳，兵败被杀。能诗，有诗作传世。（0504 庚上、癸上）

定定①（？～1356）　元顺帝初年为陕西行台御史中丞。至正五年（1345），为京畿道奉使宣抚，纠举不法官员，无所回避。至正十二年，任江浙行省平章政事。后战死于镇江。（0001 卷 41、44、195）

定定②　字君辅。元畏吾儿人。顺帝至正间任山阴县（治今浙江绍兴）达鲁花赤。（0880 卷 37）

定童①　元镇江（今属江苏）人。忙哥笃弟。仁宗延祐三年（1316），任金坛县（今属江苏）达鲁花赤，后迁任浦江县（今属浙江）达鲁花赤。（0631 卷 16、19）

定童②　元蒙古人。文宗至顺元年（1330）任江南行台监察御史。（0632 卷 6）

定童③　元文宗至顺三年（1332）任庆元（治今浙江宁波）市舶副提举。（0634 卷 2）

定童④　字子正。元顺帝至正二十二年（1362）任秘书卿。（0027 卷 9）

定童⑤　元答答叉氏，脱因纳子。袭父职，为阿儿鲁万户府襄阳万户府汉军达鲁花赤，佩金虎符、明威将军。（0001 卷 135）

定童⑥　元蒙古札剌亦儿氏，世祖丞相安童之弟。（0011 卷 2）

定僧　元顺帝至正五年（1345），为吏部尚书，十月，与宣政佥院魏景道奉使宣抚河南江北道。（0001 卷 41、92）

定演（1237～1309）　元三河县（今属河北）人。佛教僧人。俗姓王。世祖时住持大都（今北京）崇国寺，帝赐号佛性圆明大师，祝发之徒以万计。（0143 卷 9）

宜　字行可。元僧人。仁宗时住天台佛陇山修禅寺。有诗作传世。（0504 壬上，0037 卷 4）

宜朴　字太素。元僧人，慈溪（今属浙江）周氏子。（0157 卷 18）

宜桂可　号可山。元湘潭（今属湖南）人。博通经史，及门受业者甚众。与刘辰翁、赵文齐名。（1041 卷 51，1057 卷上）

官保　元顺帝至正十四年（1354）任兴化路（治今福建莆田）同知。（0905 卷 2）

官音奴　元仁宗延祐四年（1317）任江南行台监察御史。（0632 卷 6）

官卓斯结　元临洮(今属甘肃)人,赵阿哥潘孙,重喜子,世为当地吐蕃部族首领。袭父职为临洮府达鲁花赤,不久辞官。闲居二十余年。仁宗时征召,不起。(0001 卷 123)

实　字积中,号竹樵。元僧人。能诗,有诗作传世。(0504 壬上,0033 卷 34)

实住　元畏兀儿人。事母至孝。文宗天历二年(1329)任祁门县(今属安徽)达鲁花赤,有治绩。(0972 卷 4,0925 卷 55,0991 卷 3)

实哥　元畏兀儿人,顺帝至正九年(1349)任杭州路总管。(0871 卷 33)

实理门　元顺帝至正十五年(1355),拜中书参知政事。次年任知枢密事,出镇济宁,又授中书分省左丞。二十年,入为中书平章政事。二十六年,拜御史大夫,又改知枢密院事、岭北行省左丞相。二十八年,拜中书左丞相,随顺帝北奔。(0001 卷 44、47、113)

诚道元　号觉隐,元僧人。善书、画,讬称蜀畤圬翁笔,实其自笔。喜作狂草,所作《吴江长桥歌》雄宕可喜。画山水,学巨然,画翎毛竹石,俱有洒脱之韵。(1143 卷 1112、1235)

郎氏　元湖州安吉(今属浙江)人,宋进士朱甲之妻。入元,夫亡,护丧还乡里,势家柳氏欲强聘,誓死拒之。成宗大德十一年(1307),诏加旌表。(0001 卷 200)

郎简(? ~1289)　元掖县(治今山东莱州)人。世祖至元初,从伯颜伐宋。以功累升至都指挥使。(0553 卷 21)

郎子云　元人。善画人马,有《唐明皇看马图》。(1143 卷 659)

郎玄隐　元曲阜人。幼于三茅山为道士。善画兰,用笔得苏州承天寺雪窗和尚(普明)法。尝于顺帝至正元年(1341)过洮湖访孔克齐论画兰,并写兰谱授之。(1143 卷 659)

郎如山(1225 ~1297)　字鲁瞻,号一山。宋元之际余杭(治今浙江杭州西北)人。年十三为道士。元初累升为浙西道教副提举。成宗元贞元年(1295)提点住持洞霄宫。(0201 卷 4,0038 卷 5)

郎道一(? ~1285)　宋元之际人。元世祖至元十五年(1278)为洞霄宫住持,号葆真毓和大师。(0038 卷 5)

房祺　元临汾(今属山西)人。历任河中、大同儒学教授,以潞州判官致仕。成宗大德五年(1301)编成《河汾诸老诗集》八卷,收金遗民麻革、段成己等八人之诗。(0691 卷 9,0075 氏族典卷 299,文学典卷 88)

房弼　字仲明。元成宗大德年间任新昌州知州,崇尚教化。(1016 卷 14、18)

房辑　元临汾(今属山西)人。房祺之孙。尝中乡试。顺帝至正间,反元队伍攻破临汾城,继母被执,将杀之,辑以身护,遂被杀。(0708 卷 7,0075 氏族典卷 299)

房皞(1199 ~?)　字希白,号白云子。金元之际临汾(今属山西)人。工诗,《河汾诸老诗集》卷五收有其诗三十一首。(0503 三集甲,0069 卷 9,0075 氏族典卷 299,文学典卷 90)

房大年　元人,工画。文宗居金陵潜邸,命画大都万寿山。格法遒整,虽积学专工莫能及。(0075 艺术典卷 781)

房仲和　元兖州(今属山东)人。文宗时任观城县尹。(0721 卷 26,0730 卷 6)

房守仁　字德麟。元明之际博平(治今山东茌平西)人。顺帝至正年间为东平路吏。至正十七年(1357),任民兵万户。后历任山东廉访司吏,迁辽东廉访司吏,以病归。明初教授乡里,聘主县学,洪武十六年(1383)致仕。(0292 卷 6)

房志起　号冲虚子。元潍州昌邑(今属山东)人。由儒入道。宪宗二年(1252),创建紫极宫于卫州。(0144 卷 56)

房伯圭　元常熟(今属江苏)人。工于医。(0042 卷 13)

房思恭　元泰定四年(1327)任溧水(今属江苏)州判官。(0632 卷 6)

房唐卿　元人。梁王甘麻剌王府太医。刘敏中患眼疾两月余,唐卿以丸药医愈之,敏中两眼豁然清明。(1149 卷 130)

弥尔　元文宗至顺间任新化县(今属湖北)达鲁花赤。(1056 卷 7)

弥礼　元燕山(今北京)人。成宗大德间任开州(治今河南濮阳)知州。(0643 卷 5)

弥戒　元上天竺寺僧人。恣纵犯法。顺帝至正二年(1342),被行宣政院使纳麟坐以重罪。(0001 卷 142)

弥四郎　元世祖时日本来元朝使臣。至元八年(1271)九月,高丽国王王禃遣其通事徐偁导送元国信使至日本后,日本始遣弥四郎为使臣来元朝。后元世祖宴劳遣返之。(0001 卷 208)

弥迩合瓒　元人。文宗天历元年(1328)任江南行台治书侍御史。(0632 卷 6)

居理贞　元唐兀人。以父荫迁任平定州同知。顺帝至正年间监管州。(0691 卷 8,0073 卷 8)

屈殷　字子申。元人。以荐试优等,特授秘书丞,乞便养,改授信州知事。(0075 氏族典卷 516)

屈整　元成宗大德八年(1304)任荆门州判官。(1044 卷 22)

屈出律(? ~1218)　又译曲书律、古出鲁克、古失鲁克。金元之际乃蛮人。乃蛮部主太阳汗之子。金章宗泰和四年(1204),乃蛮部为元太祖攻灭后,逃奔其叔父盃禄汗处。盃禄汗败亡后,又逃奔西辽。西辽帝直鲁古以女妻之。元太祖六年(1211),篡直鲁古位。后发兵镇压可失哈耳(今新疆喀什),经三四年烧杀,征服之,分兵住宿民家,每户一兵,以防民起事反抗。又进掠忽炭(今新疆和田),强迫居民放弃伊斯兰教,改信景教、佛教,虐杀伊斯兰教士。十三年,哲别率蒙古军西征西辽;闻讯西逃,被擒杀。(0002 卷 118,0008 卷 1)

屈彦英　字英甫。元人。编《一百二十行》及《看钱奴》院本等。(0029 卷下)

屈恭之　字子敬。元人。屈彦英侄。与钟嗣成同窗。年六十,以学官除路教授而卒。元曲作家。撰有杂剧《李师师》、《相如题柱》、《田单复齐》。(0029 卷下)

屈继平　元翼城(今属山西)人。以理学教授其乡人,时称北城先生。(0034 卷 4,0700 卷 8 上)

肃安　元别失八里畏兀儿人,居池州路,顺帝元统元年(1333)进士道同父。历任江东书吏。(0028)

肃良合台　又译索隆噶台。元人。世祖时任宿卫,后有平淮及追讨叛戚之功。受封赠营国威翼公。(0145 卷 1)

建海　元人。顺帝至正元年(1341)任衢州路经历。(0878 卷 3)

建都不花　元蒙古塔塔儿氏,旦吉儿之子。袭父职为平阳等路万户府达鲁花赤。(0011 卷 27)

陕思丁　元回回人。顺帝至正二十七年(1367),任中书参知政事。(0001 卷 113)

迦罗斯巴　元僧。成宗帝师,甚得倚重。尝荐沙啰巴于世祖,沙后得世祖重用为释教都统等职。又尝荐白马寺僧文才为真觉国师兼祐国寺住持。(1144 卷 473)

迦鲁纳答思(? ~1311)　元畏兀儿人。通佛教及诸国语。元世祖时,召入朝,命从国师八思巴习其法及语言文字。后以畏兀儿字蒙古文译印度、吐蕃经论,既成,进呈,帝命锓版,赐诸王大臣。西南星哈剌的威(今斯里兰卡)等二十余小国来朝,迦鲁纳答思于帝前敷奏其表章,诸国惊服。朝议兴兵讨暹国、罗斛(今泰国华富里一带)、马八儿(今印度西南海岸马拉巴尔海岸一带)、俱蓝(今印度西南海岸奎隆)、苏木都剌(今印尼苏门答腊)等国,迦鲁纳答思奏请遣使招谕。帝纳其言,遣使招降二十余国。后擢翰林承旨,奉遣侍皇孙铁穆耳(成宗)。成宗即位(1294),封大司徒。(0001 卷 134)

参马亦思吉思卜长出亦思宅卜(? ~1327)　元吐蕃人。泰定二年(1325)嗣为帝师四年卒。(0001 卷 30、202)

线荣　字子华。元上都(今内蒙古正蓝旗东北)人。成宗大德间(1297 ~1307)任余杭县尹,后迁任浙东宣慰司都事。(0633 卷 2,0073 卷 102,0075 氏族典卷 482)

线真　元蒙古土别燕克烈氏。太宗时都元帅土薛之子。世祖至元末、成宗时右丞相完泽之父。初为忽必烈藩府宿卫士,掌膳食。世祖中统二年(1261),从帝征阿里不哥。四年,任中书右丞相,与诸儒臣论定朝制。至元二年(1265),与中书平章政事阿合马不合,罢相。四年,任宣徽院使。七年,改光禄司使。(0001 卷 130、112、5、6、7、205 等)

线曲律不花　元京兆(治今陕西西安)人。世祖至元六年(1269)任元氏县达鲁花赤。(0645 卷 4、24)

练鲁　字希曾,号倥侗子。元明之际松阳(治今浙江遂昌东南)人。元顺帝至正五年(1345)进士。入明不仕。有诗作传世。(0896 卷 129,0504 辛下)

练梅谷　元人。有诗作传世。(0504 癸上)

绊住马　元顺帝时,任同知枢密院事。至正二十年(1360),拜中书平章政事。(0001 卷 44、45)

绍大(1286 ~1359)　号桐江。元桐庐(今属浙江)人。佛教僧人。俗姓吴。文宗至顺三年(1332)住建德路乌龙山景德禅寺。顺帝至正元年(1341)迁主金华山之智者广福寺,十八年,移住义乌云黄山宝林禅寺。倡导持戒苦行。能诗,简远有唐人风。(0411 卷 31,0037 卷 17,0075 神异典卷 188)

绍志(1229 ~1303)　宋元之际佛教僧人。住持建昌州延福院。(0146 卷 20)

绍明(1245 ~1319)　字无昧。宋元之际金溪(今属江西)人。佛教僧人。俗姓彭。年十二学佛于临川资寿寺,从释继聪祝发,侍继聪六十年,老益敬畏。(0233 卷 12)

绍思(? ~1346)　元僧,嘉鱼(今属湖北)张氏子。依静宝寺为僧。借医行愿,出乘白马,一黑犬相随,终其身不捨,人称癞狗祖师。后入塔端坐而化。(1144 卷 690)

绍美　佚其姓,元人。善雕刻。杨维桢藏其所刻紫檀界方一对,雕镂花鸟极精工,并刻有铭文。(1143 卷 928)

绍郭　号太虚。元明之际僧人,乐平(今属江西)人。通内外典,住永宁寺,受士大夫尊礼。(0075 神异典卷 188)

绍古儿(? ~1251)　元蒙古篾儿乞氏。早年事太祖,扈从亲征,因功授洺磁等路都达鲁花赤。太宗时,领济南、大名、信安等处军马,从伐宋。(0001 卷 123)

给邦　元英宗时,为云南木邦路(治今缅甸腊戍东北新维)土官。尝遣子入贡,诏赐币若干。(0001 卷 27)

孟义 元济南(今属山东)人。孟德之子。世祖中统三年(1262),袭父职为万户,领兵守沂、郯。后屡败宋军。至元九年(1272),迁任宿州万户。十一年,击败宋将夏贵。十二年,攻略安庆等地。十三年三月,驻守杭州。九月,从下福建、温、台等地。十四年,授瑞州路达鲁花赤。二十二年,复为沂、郯万户。成宗元贞元年(1295),告老归。(0001 卷 166)

孟仁 元宿州符离(今属安徽)人。以儒为业,有节行。太宗四年(1232),北渡寓居济州鱼台(今山东鱼台西),为州帅石天禄辟为详议府事。(0001 卷 160)

孟甲 元世祖中统元年(1260)十二月,授礼部郎中、充南谕使,持诏出使安南,次年还。至元五年(1268),复以礼部郎中与北京路总管于世孙脱一同出使高丽。(0001 卷 4、208、209)

孟观 字用宾。以贡士授元浙东行省都事。元末隐居昆山。(0534 卷 25)

孟芾 元人。有诗作传世。(0504 癸上)

孟昉 字天暐。元唐兀人,居于大都(今北京)。好学,工古文。为国子生,会试下第,被征召为廉访司掾,累迁为南台御史。顺帝至正二十二年(1362)任翰林待制。工书法。有诗作传世。(0004 卷 36,0504 辛上,0031)

孟泌(1295~1339) 字道原。元陵州(治今山东德州)人。英宗至治元年(1321)进士,授冠州判官。入翰林院为编修,累升修撰。顺帝至元五年(1339)任监察御史。(0262 卷 13)

孟诜 元仁宗延祐年间任濮州(治今山东鄄城北)知州。(0730 卷 6)

孟珍 字玉涧,以字行。更字季生,号天泽,元乌程(治今浙江湖州)人。善画花鸟,尤长青绿山水,与吴庭晖同工。泰定三年(1326)作《花鸟图》,顺帝至正十二年(1352)作《四安图》,二图今均在国外。(1143 卷 508,0030 卷 5)

孟荣 元成宗大德九年(1305)任吴江(今属江苏)州提控案牍。(0954 卷 17)

孟栻 字叔敬。元无锡人。孟潼之子。顺帝至正初以儒试吏,迁任处州吏,专司学校。后调任温州吏,以荐授溧水州同知。升福州路判官。以浙东宣慰副使致仕。精篆书,得者宝之。(0048 卷 5,0941 卷 14)

孟祥 元世祖至元二十二年(1285)任江山(今属浙江)县尉。(0878 卷 3)

孟淳(1264~?) 字君复,号能静。元随州(治今湖北随县)人,寓居湖州(今属浙江),孟之缙之子。幼号奇童,以父荫入仕。成宗元贞年间任平江路(治今江苏苏州)总管。后历任太平、婺州、处州、信州、徽州诸路总管。谥康靖。(0972 卷 4,0881 卷 11,0876 卷 5)

孟琪 元世祖至元末,奉命以右丞之职出使爪哇,招谕其国王,被黥面放归。元廷遂以此为借口,进讨爪哇。(0001 卷 162、210)

孟智 元济南人,孟德孙,孟义子。成宗时袭父军职,授宣武将军,为万户。仁宗延祐二年(1315),进明威将军。后以病去职。(0001 卷 166)

孟集 元顺帝至正二十三年(1363)任崇明知州,设常平仓,民无饥患。有诗作传世。(0928 卷 41,0504 己上)

孟颍 字明允。元吴郡(今江苏苏州)人。有诗作传世。(0504 癸、庚上)

孟祺(1231~1281) 字德卿。元宿州符离(今属安徽)人。幼从父迁居东平,后被严实辟掌书记。世祖初年,被廉希宪等荐为国史馆编修官。迁应奉翰林文字,一时典册多出其手。至元七年(1270),持节使高丽,还,称旨,授山东劝农副使。伯颜征宋,诏授行省谘议,升郎中,参与裁决军政。出使临安(今浙江杭州),征宋降表。江南平,以功授嘉兴路总管。未几,病归东平。卒,谥文襄。(0001 卷 160)

孟暭 字天章。元济宁(治今山东巨野)人。英宗至治元年(1321)任镇江路濮州翼副千户。(0631 卷 17)

孟德 元济南(今属山东)人。元初由邹平县令、淄州节度使累官至同知济南路事。太宗八年(1236),为元帅,领济南军攻宋徐州、光州。乃马真后三年(1244),升万户,从宗王按赤带攻濠、蕲、黄等州。宪宗时,守睢州,移守海州,从忽必烈攻鄂州。世祖中统三年(1262),从征李璮。璮平,告老归。(0001 卷 166)

孟遵 字子周。元东平(今属山东)人,孟祺之子。成宗大德六年(1302),任南台御史。英宗至治二年(1322),任秘书卿。(0632 卷 6,0027 卷 9)

孟之达 元世祖至元十八年(1281)任余姚(今属浙江)县尹。(0880 卷 28)

孟之普 孟子五十三代孙。历任元范县令。有诗作传世。(0504 丁)

孟之缙 字仲圭,元随州(治今湖北随县)人,南宋将领孟珙子。宋末任太平州知州。世祖至元十二年(1275),元军来伐,以城降。后仕元至兵部尚书。卒,谥文敏。(0001 卷 8、127、166)

孟文昌 元世祖至元十四年(1277)任安西王府典书、京兆路(治今陕西西安)儒学教授。(0554 卷 27)

孟本周 元末为义兵万户,镇守济宁路(治今山东济宁),与红巾军作战。后被击溃,其部众多投元将孛罗帖木儿。(0001 卷 45、207)

孟处中 字居正。元浚县(今属河南)人。历任州县官,以忠勤清介闻。官至滑州(治今河南滑县)知州。(0674 卷 6,0772 卷 1,0780 卷 4)

孟庆元　元世祖至元十六年(1279)十二月,以总管之职奉命与兵部侍郎教化的、万户孙胜夫出使占城,招谕其国王。归,授广州宣慰使。后又奉命出使爪哇。(0001 卷 11、12、210)

孟汉卿　元亳州(今属安徽)人。撰有《张鼎智勘魔合罗》杂剧。(0029 卷上)

孟永贞　元世祖至元二十九年(1292)由鄞县主簿迁任象山县主簿。(0633 卷 3)

孟庆祥　元海州(治今江苏连云港西南)人。元世祖至元二十二年(1286)任镇江路推官。(0631 卷 15)

孟守和　元成宗大德年间任清河县(今属河北)医学教谕。(0657 卷 2)

孟守恭　字思恭。元山东人。顺帝至正十三年(1353)任秘书监奏差。(0027 卷 11)

孟安仁　元世祖至元十八年(1281)任常山(今属浙江)县尹。(0878 卷 2)

孟寿老　字子长。元镇江(今属江苏)人。历任丹阳县(今属江苏)儒学教谕。(0631 卷 17)

孟志源(1187～1261)　字德清,号重玄子。本姓徒单,金太师徒单克宁曾孙,大定末迁居莱州胶水,居于孟氏宅,因改姓孟。为丘处机弟子,住德兴龙阳宫。处机死后,知长春宫事。(0040 卷 6)

孟伴哥　元仁宗延祐五年(1318)任吴江(今属江苏)州同知。(0954 卷 17)

孟宗宝　字集虚。宋元之际余杭(治今浙江杭州西北)人。道士。居九锁山。与邓牧友善。有《洞霄诗集》十四卷。(0038 卷 6)

孟居仁　字思荣。元雄州新城(治今河北新城东南)人。初为司农司官,以才能擢任营州副提举。(0649 卷 34,0668 卷 6、9)

孟居敬　元东昌(治今山东聊城)人。英宗时任长山(治今山东邹平东长山)县尹,兴学校,均赋役,政平讼简。(0622 卷 22,0721 卷 25)

孟思庸　元顺帝至正年间任清河县(今属河北)儒学教谕。(0657 卷 2)

孟思聪　元泰定三年(1326)任吴江(今属江苏)州都目。(0954 卷 17)

孟速思(1206～1267)　元畏兀儿人。世居别失八里(今新疆吉木萨尔北)。年十五,被元太祖召见,授予拖雷,管理其妻唆鲁禾帖尼分地赋税。后侍忽必烈于藩府。宪宗死,赞助忽必烈即帝位有功。卒,谥敏惠。武宗时追封武都王,改谥智敏。(0001 卷 124)

孟海马　元末红巾军首领。顺帝至正十二年(1352)初,攻占襄阳、房、归、均、峡、荆门等州,所部称南琐红军。与布王三所率北琐红军合势,众至十万。十四年初,峡州(今湖北宜昌)被元将答失八都鲁攻破,力战死。(1161 卷 339)

孟梦恂(1283～1356)　字长文,元台州黄岩(今属浙江)人。讲学有声,被辟为台州学录。顺帝时授常州路宜兴州判官,未受命而卒。谥康靖先生。著有《性理本旨》、《四书辨疑》、《汉唐会要》等书。(0001 卷 190)

孟惟诚　元人。有诗作传世。(0504 癸下)

孟遵道　元济南(今属山东)人。泰定初任阳谷(今属山东)知县。(0721 卷 26)

孟攀麟(1204～1267)　字驾之。金末元初云内(治今内蒙古呼和浩特西南)人。金正大七年(1230)进士,累官至招讨使。金亡,北归居平阳。元世祖中统三年(1262),授翰林待制。至元初,条陈七十事,如劝世祖亲祀、制礼乐、建学校、行科举、择守令、储粮赡军、省赋役、百司庶府统于六部、纪纲制度悉由中书,等等;世祖嘉纳,咨问谆谆。又奉诏与太常议定亲祀礼仪,画郊祀、宗庙图进呈。卒,谥文定。(0001 卷 164)

孟也先不花　元末任监察御史。顺帝至正二十三年(1363),与同僚也先帖木儿、傅公让等劾奏权臣朴不花、脱欢奸邪,得罪皇后奇氏,被降职。(0001 卷 204)

孟特戈维诺(Giovanni di Monte Corvino,1247～1328)　意大利人。基督教方济各派教士。1280 年前后,在阿美尼亚、波斯等地传教。1289 年,奉教皇尼古拉四世命前往东方。先至伊利汗国都城帖必力思(今伊朗大不理士),1291 年由海路至印度,乘商船来华,1249 年抵大都,进呈教皇信件。此后留居大都,直至去世。在大都建教堂两所,接受洗礼者六千人。习蒙古语文,译出《新约》及祈祷诗。1305、1306 年两次写信给本国教友,报告其传教成绩和元朝情况。1307 年,被教皇克利门五世任命为大都及东方大主教。大都三万阿速人成为其信徒。后在泉州设立附属教区。(1161 卷 339)

贯云石(1286～1324)　原名小云石海涯,号酸斋。元畏兀儿人。元世祖时大将阿里海牙之孙。江西平章贯只哥之子。以父名为姓。年十二、三,膂力绝人,善骑射。稍长,折节读书,目五行下。吐辞为文,不袭故常,其旨出人意表。成宗时袭父职为两淮万户府达鲁花赤。镇永州,御军严猛,行伍肃然。稍暇,投壶雅歌,不拘形迹。后以官让弟,北从姚燧学。武宗时被选为硕德八剌(英宗)说书秀才。仁宗即位,上疏释边戍、教太子等六事,未报,授翰林侍读学士。会议科举事,多所建明。未几,称病辞职,归居钱塘。工诗文,其歌行古乐府慷慨激烈,晚年所作诗清逸冲澹。擅长草隶书,稍取古人所长,变化自成一家。所作散曲豪放清新。为南戏海盐腔首创者。有《贯酸斋诗集》。(0001 卷 143)

贯只哥　元畏兀儿人,阿里海牙子。仕

至江西行省平章政事。卒，追封楚国公，谥忠惠。(0001 卷 128、143)

贯南山　字仲瞻。元畏兀儿人。贯云石孙，阿思兰海涯之子。(0307 卷 4)

贯阿思兰海涯　字子素。元畏兀儿人。贯云石之子。文宗至顺二年(1331)任兰溪州达鲁花赤。后历任宁国路榷茶提举、慈利州达鲁花赤、岳州路达鲁花赤。(0001 卷 143,0881 卷 12,1053 卷 13)

承勋　字元凯。元常州(今属江苏)人。任镇江茅山书院山长。后迁任婺州路(治今浙江金华)录事。(0631 卷 17,0881 卷 11)

承童　元宗室。英宗至治二年(1322)，因擅自迁徙脱列捏王卫士，被杖流海南。(0001 卷 28)

九画

珂禅师　字雪屋，元僧。住杭州中天竺寺，灵隐寺僧薰之法嗣。高风凛凛，忠节自持，以宋亡，即谢寺事。时元兵下江南，金山寺僧默庵被胁置幕府，从至临安，言于元统帅伯颜，请师住灵隐寺，亲持请疏扣门来迎，师誓不从命。(1144 卷 477)

珊竹①(?～约 1311)　元宣慰使。武宗至大末年卒。(0212 卷 89)

珊竹②　字居仁。元顺帝至正间官至江南行台御史中丞。(0250 卷 69)

珊旦班　元顺帝至正二十年(1360)任秘书少监。(0027 卷 9)

珊竹歹　元蒙古珊竹氏，吾也而曾孙，江东宣慰使拔不忽之子。历任扬州真滁通泰等处屯田打捕提举司达鲁花赤。(0011 卷 8)

珊竹八哈赤　元成宗大德九年(1305)任江南行台监察御史。(0632 卷 6)

契闻(1301～1368)　字不闻，晚号万休叟，元时来华日本僧人，日本武州河越平氏子。初于圆觉寺依僧东明习《法华经》，十四剪发，受具睿山戒坛。泰定三年(1326)来华，参见僧无见于华项寺，僧东屿海于灵隐寺，僧灵石于净慈寺。在华九年后东归日本圆觉寺。(1144 卷 477)

项邦　字景亮。元嘉兴(今属浙江)人。历任孝感县丞、吴江知州。(0895 卷 13)

项昕　字彦章，又字彦昌，晚年自号抱一翁，元永嘉(今属浙江)人。自幼从外祖父杜晓村读书学医，后师事儒医韩明善、戴启宗、陈白云，并从太医院使张廷玉学习导引按摩。历任杭州府吏、肃政府书吏、鄞县帅府令史，福建行省掾、行御史台掾。在各地为吏时，常以其医名被达官贵人召去治病。昕医术精湛，精通内、外、妇、伤诸科。撰有《脾胃后论》，补李东垣《脾胃论》之不足。其子恕，继承医业。(0157 卷 10、11、13、29)

项昱　元温州(今属浙江)人。历任嵊县(今属浙江)儒学教谕。(0880 卷 29)

项炯(1278～1338)　字可立。元台州临海(今属浙江)人。项鼎之子。早年从陈孚、翁森、陈天瑞学。后为名儒。工诗，有诗作传世。(0152 卷 34,0503 三集戊,0072 别附卷 3)

项冠　字仪甫。元嘉兴(今属浙江)人。世祖至元二十年(1283)输粟赈饥，全活者甚多。(0895 卷 14,0075 氏族典卷 379)

项垒　字彦高。元处州龙泉(今属浙江)人。好学能文，尤长于诗，石抹宜孙、刘基皆推重之。(0896 卷 182)

项鼎(1254～1310)　字用文。元台州临海(今属浙江)人。项炯父。成宗大德(1297～1307)中，具便宜二十事为书数万言，将上于朝廷，既而叹曰:圣明在上，何必吾言而后治！遂自号退翁以终其身。(0147 卷 18,0072 卷 82)

项天觉(1229～1299)　字希圣。宋元之际婺源(今属江西)人。创立玉林精舍，延师招友，聚书讲学。(0142 卷 15,0072 卷 89)

项仲升　元永嘉人，泰定元年(1324)三甲进士，历任池州路贵池县尹。(0899 卷 13)

项如珪　字德润。元绍兴(今属浙江)人。历任丽水县(今属浙江)儒学教谕。(0576 卷 10)

项志道　元歙县(今属安徽)人。顺帝至正十二年(1352)募集地主武装千人，从官军收复徽州，授祁门县尹。(1004 卷 5,0973 卷 6)

项棣孙(1296～1366)　字子华。元丽水县(今属浙江)人。文宗至顺元年(1330)进士，授奉化州同知。历任福州路推官、莆田县尹、泉州市舶司提举。仕至延平路总管，致仕归。(0411 卷 14,0634 卷 2,0902 卷 50、57)

项鼎之　元永嘉(治今浙江温州)人。历任上虞县儒学教谕。(0880 卷 29)

项普略(?～1352)　又名项奴儿。元末天完红巾军将领。顺帝至正十二年(1352)，率军攻克饶州(今江西波阳)、信州(今江西上饶)、徽州、杭州、湖州等地，屡败元军。其所部纪律严明，不杀不淫，宣传弥勒佛出世，招民入伍。十一月，在广德为元军击败，退至休宁，被俘。被押送至杭州，遇害。(0001 卷 42,0101 卷 28,0310 卷 4、5)

枯林　元僧人，天台叶西涧丞相后裔。有才气，能诗，以画兰名世。颇勇侠，或不舟渡水，盖隐于浮屠者。(0203)

柯荣　字子华。元襄阳(治今湖北襄樊)人。文宗至顺三年(1332)任镇江路真定翼上千户所提领案牍。(0631 卷 17)

柯谦(1234～1302)　字自牧,号山斋。宋元之际仙居(今属浙江)人,柯九思之父。元成宗元贞初,以翰林国史院检阅官参与修纂《世祖实录》,书成,授江浙儒学副提举。迁任温台检校所大使。武宗至大元年(1308),擢诸暨州判官,平反冤狱。仁宗延祐初,迁余干州判官。仕至江浙儒学提举。(0196卷13,0002卷229)

柯九思(1290～1343)　字敬仲,号丹丘生。元仙居(今属浙江)人,柯谦之子。文宗知之于潜邸,及即位,擢为典瑞院都事。未几,特授奎章阁学士参书,迁鉴书博士,内府所藏法书、名画咸命鉴定,赐牙章,得通籍禁署,宠顾日隆。至顺二年(1331),御史希宰相旨,劾之,遂罢官,归寓平江(今苏州)。工画墨竹。善鉴识鼎彝古器。(0002卷229,0088,0030卷5)

柯天乐　元台州临海(今属浙江)人。正一教道士。泰定元年(1324)随从天师张嗣成至京师。(0575卷12)

柯公焕　字德章。元晋江(治今福建泉州)人。成宗元贞年间任古田县(今属福建)尉,邻邑反元队伍攻入,率众拒之,不敌而死。(0920卷57)

柘里察　元蒙古人。世祖至元中,任宁晋县(今属河北)达鲁花赤。(0645卷4)

相林　元日照县(今属山东)知县。(0075氏族典卷307)

相京　元镇江(今属江苏)人。相镇之子。历任上虞县主簿。仕至将乐县尹。(0631卷19,0880卷28)

相威(1241～1284)　元蒙古札剌亦儿氏。木华黎曾孙,速浑察之子。喜延士大夫、听读经史,论古今治乱。世祖至元十一年(1274),领弘吉剌等五部兵从攻宋。降江阴、华亭、上海等地。十三年春,宋帝降,移兵瓜洲,与阿术合兵攻扬州,败姜才军。秋,领汪总帅军防御海都。十四年,任南台御史大夫。十六年,奉旨审问阿合马不法事。十七年,奉旨检核阿里海牙等所俘三万余人,放为民。十八年,谏止复侵日本。二十年,进《资治通鉴》蒙古译文,帝即以赐东宫经筵讲读。拜江淮左丞相。次年赴任,卒于途中。(0001卷128)

相弼　元顺帝至元元年(1335)任浙东宣慰司都事。(0634卷1)

相镇　字仲安。宋元之际濠州(治今安徽凤阳东北)人,居于镇江。宋末任沿江制置司都统制。恭帝德祐元年(1275)降元。累授镇江府路治中。元世祖至元二十年(1283),迁任和州路同知。(0631卷15、19)

相兀孙　元蒙古人。历任贵州达鲁花赤。仁宗延祐二年(1315)八月,诏旌表其妻脱脱真死节,俾树碑其任所。((0001卷25)

相兀速　元蒙古斡罗纳儿氏。千户怯怯里之子。世祖至元初,袭父职,率本部兵从阿术攻襄樊。又从塔出筑正阳堡,击退宋水师进攻。十二年(1275),从博罗欢平涟、海。从诸军渡淮,率骑攻破淮安。受命权领蒙古、女真、汉军三万户。十三年,击退宋扬州都统姜才进攻。从阿术袭杀宋制置使李庭芝及姜才于泰州。次年,授管军总管。后历任蒙古侍卫亲军总管等职。(0001卷123)

相居仁　元亳州鹿邑(今属河南)人。历任孟州知州,有政绩。(0762卷4)

相家班(?～1314)　又译相儿加思巴、桑结贝,元吐蕃乌思藏萨斯迦(今西藏萨迦)人,乞剌斯八斡节儿之侄。成宗大德九年(1305),嗣为帝师。历任成宗、武宗、仁宗三朝帝师。(0001卷21、202)

相吾答儿　元宗室。世祖至元二十年(1283),奉命与右丞太卜、参知政事也罕的斤率兵征缅,定其地。(0001卷12、210)

相哥实立　元畏兀儿人,江西平章买住之子。历任广东廉访佥事。(0011卷50)

相嘉失礼　元蒙古八邻氏,伯颜孙。英宗时,为同佥枢密院事、集贤学士。后拜河南行省平章政事,升江南行台御史大夫。(0001卷127)

相嘉达思　元畏兀儿人。文宗至顺元年(1330)任江南行御史台照磨。顺帝元统二年(1334)擢为南台监察御史。(0632卷6)

柏寿　元蒙古人。顺帝至元五年(1339)任江南行台监察御史。(0632卷6)

柏颜　元顺帝时,任集贤大学士。至正九年(1349),拜中书平章政事。十一年去职。(0001卷42、113)

柏子庭　元嘉定人。善画枯木怪石菖蒲,题句甚多。性好浪游,乞食村落,不作长语。(0077卷22)

柏木儿　又译伯木儿。元宗王。移相哥之子。(0003卷148)

柏乌台　元顺帝至正十一年(1351)任临城县(今属河北)儒学教谕。(0645卷4,0075氏族典卷542)

柏良弼　元崇明(今属上海)人。元初任海运千户。(0002卷182,0003卷113,0949卷7)

柏延乌台(1291～?)　字仲纪。元登封(今属河南)人。顺帝元统元年(1333)进士,授宝应(今属江苏)县丞。(0028卷上)

柏帖穆尔(?～1357)　字君寿,元蒙古人。历官以廉能著称。顺帝时,任福建行省左右司郎中、佥院事。明军攻陷福州,与家人同自尽。(0001卷196)

柏都赛儿(?～1331)　元大宁和众县(今辽宁建平西)何千妻。夫亡,自杀殉

葬。文宗诏旌其门。(0001 卷 35)

柏吉帖穆尔　元顺帝至正十四年(1354)为济南莱芜等处铁冶都提举。(0603 卷 4)

柳氏①(? ~1331)　元蓟郡(今河北蓟县)人,户部主事赵野妻。未成婚而夫亡,誓不再嫁,寡居二十余年,患疾,不肯服药而卒。文宗诏旌其节。(0001 卷 35、201)

柳氏②(1341 ~ 1358)　元嘉兴(今属浙江)人,女。顺帝至正十八年(1358),反元队伍至,与父母同匿,被驱出,行经河岸,乃伪为结袜状,伺间投水而死,时年仅十八。(0622 卷 39,0874 卷 19,0002 卷 244)

柳卣(1289 ~ 1359)　字致明。元浦江(今属浙江)人,柳贯之子。潜心学问,不求仕进。尝以荐署绍庆路儒学正,不赴。(0411 卷 23,0072 卷 82)

柳泽　元世祖至元二十一年(1284)任庆元路(治今浙江宁波)同知。(0633 卷 2)

柳诚　元西河(治今山西汾阳)人。历任国子助教。(0622 卷 21,0075 文学典卷 90)

柳贯(1270 ~ 1342)　字道传。元浦江(今属浙江)人。尝从金履祥学理学。博学广识,六经、百家、兵刑、律历、数術、方技之书,无所不通。所作文为时人传诵。成宗时为江山县教谕,仁宗时任国子助教、博士,顺帝初年累升为翰林待制。与黄溍、虞集、揭傒斯齐名,被称为儒林四杰。著有《柳待制集》。(0001 卷 181)

柳惠　元成宗大德三年(1299)至九年,任奉化州同知。(0633 卷 3)

柳廧　元人。有诗作传世。(0504 辛下)

柳元珪　元绍兴(今属浙江)人。历任上虞县儒学教谕。(0880 卷 29)

柳不华　元武冈(今属湖南)路总管。元末战乱,南方少数民族不断起事;不华率民兵屯戍达二十年,防御边境。后死于官任。(0622 卷 63,1041 卷 66)

柳从龙　字云卿。元江州(治今江西九江)人。学于吴澄,隐居不仕,读书以终。(0212 卷 45,0072 卷 92)

柳含春　元顺帝时明州(今浙江宁波)人,女,工刺绣。(1143 卷 605)

胡元　号容斋。元邢台(今属河北)人。英宗至治元年(1321)任绍兴路总管。泰定年间,迁任徽州路总管。(0880 卷 26,0972 卷 4,0236 卷 17)

胡方(1243 ~ ?)　字直内,号植芸。元淳安(治今浙江淳安西北)人。成宗大德三年(1299)赴大都(今北京)求仕。工诗,有诗作传世。(0198 卷 2、3,0504 癸下)

胡布　字子申。元明之际河南人。元末尝参谋军事,又尝奉使海外。明初征召之,不屈从,下狱,后获释。善草书。工诗,有诗八卷收入《元音遗响》。(0421 卷 15,0031 卷 7,0033 卷 22)

胡东　元人。有诗作传世。(0504 癸上)

胡禾　元庆元路(治今浙江宁波)儒学正。(0634 卷 2)

胡立　元顺帝至正年间任象山县(今属浙江)知县。(0877 卷 2)

胡宁　元人。有诗作传世。(0504 辛下)

胡同　字仁卿。元绩溪(今属安徽)人。历任玉山县儒学教谕。(0992 卷 9)

胡进　元世祖时,为亳州水军千户。至元七年(1270),领骑兵渡淝水,与宋军战,杀获甚众。诏赐钞币。(0001 卷 6)

胡坊　字元礼。元婺源(今属江西)人。通经史,讲授于盘阿书院。(0972 卷 9)

胡助　字履信,又字古愚,自号纯白道人。元东阳(今属浙江)人。历任建康路儒学录、美化书院山长。入为翰林编修,文宗至顺初分院上都。久之,调右都威卫儒学教授。后再任翰林编修,迁任太常博士。顺帝至正五年(1345),致仕归。有《纯白斋类稿》二十卷。(0266 卷 18、19、20,0051 卷 7,0004 卷 36)

胡纯　字希一。元明之际平阳(治今山西临汾)人。元末任翰林应奉。明初征召入京,授以官,不就,谪居桂林(今属广西)。(0622 卷 83,1036 卷 26,0075 氏族典卷 85)

胡松(1274 ~ 1357)　字松岩。元晋陵(治今江苏常州)人。历任泾县、龙游县典史,婺州路录事司典史,皆有声望。后以兰溪州判官致仕。(0421 皂藻集卷 5)

胡忠①　字景庄。元余姚(今属浙江)人。成宗元贞年间岁饥,出钱谷周济乡里。(0880 卷 45,0075 学行典卷 191)

胡忠②　元会稽县(治今浙江绍兴)知县。(0880 卷 28)

胡秉　字仲彝。元婺源(今属江西)人。顺帝至正元年(1341)中乡试,任建德石峡书院山长。(0972 卷 6)

胡泳①　字子游。元绩溪(今属安徽)人。元初征辟为黟县儒学教谕,升徽州路儒学正。(0167 卷 8、16、32,0992 卷 10)

胡泳②　号存斋。元官员。历任泉府太卿、江西行省参知政事。(0101 卷 7,0072 别附卷 3)

胡南　字景山。宋元之际义乌(今属浙江)人。工诗,世祖至元二十四年

(1287),其诗作被月泉吟社选评为第二十四名。(0033 卷 6,0504 甲)

胡相　字相之。元绩溪(今属安徽)人。两次中乡试,会试不利,后遂隐居读书,后进多从之学。卒年八十六。(0972 卷 9,0992 卷 10)

胡奎　字虚白,号斗南老人。元明之际海宁(治今浙江海宁西南)人。从贡师泰学。明初以儒学征用,授宁王府儒学教授。有《斗南老人集》六卷。(0072 卷 92,0504 甲,0461 卷首)

胡持　元磁州武安(今属河南)人,胡祗遹子。仕为太常博士。(0001 卷 170)

胡宣　元武宗至大元年(1308)任秘书监辨验书画直长。(0027 卷 10)

胡泰①(1234～1277)　字通父。元安阳(今属河南)人。世祖至元十一年(1274)从军攻宋。次年,积功授黄州路知事。十四年,山中反元队伍来袭,力战而死。(0142 卷 15)

胡泰②　字志同。元豫章(治今江西南昌)人。善书法。顺帝至正年间任上高县(今属江西)儒学教谕。后退隐万载(今属江西),名其庐曰云松巢。(1016 卷 14,0313 卷 1、4)

胡泰③　元海盐(今属浙江)匠氏女。母沈氏患手足挛,多年不愈,家人侍病者皆厌倦。泰及夫婿宋氏留母家养之三十余年。(0277 卷 13,0002 卷 245)

胡都　字仲之。元肥乡(今属河北)人。成宗时任满城(治今河北满城西)县尹,政尚简静。(0649 卷 30)

胡晋　元宣城(今属安徽)人。有诗作传世。(0504 戊上,0033 卷 23)

胡悌　元人。有诗作传世。(0504 辛下)

胡益　字士恭。元鄱阳(治今江西波阳)人。官至参知政事。善书法,真、草书学赵孟頫,元时大都(今北京)碑刻多其所书。有诗作传世。(0031 卷 7,0504 己下)

胡涟　元人。有诗作传世。(0504 辛下)

胡浚(?～1367)　元乐安(治今山东广饶)人。元顺帝至正末为益都路总管,加参知政事。至正二十七年(1367)十一月,明军将破城,自缢死。(0721 卷 27,0726 卷 14,0001 卷 47、113)

胡宽　字则大。与贡奎友善。能诗。历任元宣州儒学正。(0238 卷 1、5)

胡祥①　元初任衢州路(治今浙江衢州)经历。(0878 卷 3)

胡祥②　元徽州(治今安徽歙县)人。有诗作传世。(0033 卷 17)

胡琏①　字国瑞。金元之际磁州武安(今属河南)人,胡祗遹父。金末以词赋登进士第。元初,行医于卫辉路(治今河南汲县),被其友王恽保举为卫辉路医学教官。(0144 卷 59、92)

胡琏②　元武宗至大元年(1308)任建康路(治今江苏南京)知事。(0632 卷 6)

胡琏③　字器之。元豫章(今江西南昌)人。工诗,吴澄尝为其诗作序。(0212 卷 15、55、95)

胡琏④　元余姚(今属浙江)人。历任慈溪县儒学训导。有诗作传世。(0880 卷 29、30,0504 己上)

胡棣　字伯友。元进贤(今属江西)人。从胡志仁学,以诗赋著名。历任江西行省儒学提举。(1018 卷 6,0071 卷 84)

胡彪　元乐平(治今山西昔阳)人。有孝行。双亲相继病死,遂不复求仕,曰:吾亲逝矣,仕将何为?(0691 卷 9,0692 卷 20,0075 氏族典卷 85)

胡深(1314～1365)　字仲渊,元处州龙泉人。颖异有智略,通经史百家之学。元顺帝至正中聚众自保,万户石抹宜孙辟为参军事,以功授元帅。十九年,降朱元璋,积功任吴王府参军,守处州。二十五年,从陈亮祖击陈友定,中伏死。(0020 卷 133)

胡谓　字文友。元余干(今属江西)人。工诗,与黎廷瑞、吴存齐名。成宗大德中举茂才异等。仕至袁州路(治今江西宜春)儒学教授。(0075 文学典卷 87)

胡善　字子纯。元婺源(今属江西)人。顺帝至正五年(1345)进士,授古田县丞。(0972 卷 6)

胡满　元绩溪(今属安徽)人。世祖至元十六年(1279)任绩溪县儒学教谕。(0992 卷 9)

胡祺　字寿卿。元宣城(今属安徽)人。历任繁昌县儒学教谕。有诗作传世。(0524 卷 9)

胡裕　字伯容。元山阴(治今浙江绍兴)人。有诗作传世。(0504 庚下)

胡谦　字彦恭。元云间(今上海松江)人。有诗作传世。(0504 己下)

胡瑜(1309～?)　字季城。元东阳(今属浙江)人,胡助之子。举江浙亚榜,授杭州路照磨,耻屈从藩侯,复以流寓贡于大都(今北京)。(0437 卷 3,0319 卷 1)

胡瑾　元世祖至元年间任莱州判官。(0727 卷 2)

胡楷　元人。有诗作传世。(0504 癸下)

胡愿(1262～1321)　字伯恭。元铜陵(今属安徽)人。历任南陵、淳安二县主簿,崇德、婺源二州判官,靖安、崇仁县尹。(0212 卷 77、42,0993 卷 6,0986 卷 5)

胡震① 元南康路儒学教授。成宗大德年间撰《周易衍义》十六卷。(0072 卷83,0006 卷88)

胡震② 元绩溪(今属安徽)人。历任昌化县尉。(0992 卷9)

胡熠 元成宗大德七年(1303)任吴江(今属江苏)州都目。(0954 卷17)

胡(烫/火) 字景云,号蔗庵。元东阳(今属浙江)人。从李直方学。学问深邃,文章典雅,家居授徒。工诗,有诗作传世。(0071 卷70,0072 卷70,0504 戊上,0082 卷11)

胡翰(1307～1381) 字仲子、仲申,元明间金华人。从吴师道、许谦学。元末避乱南华山中,著书自乐。朱元璋下金陵,被召,授衢州教授。洪武二年(1369)参与修《元史》。有《胡仲子集》。(0020 卷285)

胡默 字孟成。元婺源(今属江西)人。受学于族祖炳文,尽得其传。作石丘书院以居学者。元末战乱,不屈于反元队伍而死。(0283 遗文卷1,0972 卷9,0071 卷94)

胡穉(?～1331) 字尊生。元庐陵(治今江西吉安)人。从刘诜学。累应举试不利。有诗作传世。(0203 文集卷2,0504 癸上)

胡彝(1281～1338) 字安常,号雪野。元安阳(今属河南)人。历任河南省员外郎、陇右廉访司佥事、工部侍郎、西台治书侍御史、户部尚书、淮东廉访使。(0250 卷53、38,0762 卷10,0002 卷196)

胡黼 元晋陵(治今江苏常州)人。胡松之子。中乡试。顺帝至正十五年(1355)任杭州路儒学正。后迁任汀州路儒学教授。(0573 卷2)

胡瓒 字元礼。元京兆(治今陕西西安)人。官至衢州路同知。善画墨竹。(0030 卷5)

胡一中 字允文。元诸暨(今属浙江)人,胡渭从孙。泰定四年(1327)进士,授绍兴路录事。转任邵武路录事。撰《定正洪范》二卷。有诗作传世。(0880 卷33、43,0075 文学典卷90,0504 丙)

胡一桂(1247～?) 字庭芳,号双湖。宋元之际徽州婺源(今属江西)人。幼从父胡方平学朱熹之学。宋末领乡荐,会试不第,退而讲学。著有《周易启蒙翼传》、《朱子诗传附录纂疏》、《十七史纂》等。(0001 卷189)

胡儿赤 元文宗天历元年(1328)任六合县(今属江苏)达鲁花赤。(0962 卷4)

胡三省 (1230～1302),字身之。宋元之际天台今属浙江人。宋理宗宝祐四年(1256)进士。后以贾似道辟,佐淮东幕府。度宗咸淳十年(1274),掌沿江制置司机宜文字。宋亡,隐居不仕。元世祖至元二十二年(1285),著成《资治通鉴音注》及《释文辨误》百余卷。(0002 卷234)

胡士元 元般阳路(治今山东淄博西南)人。文宗至顺三年(1332)任江南行台监察御史。(0632 卷6)

胡大中 元饶州安仁(治今江西余江东北)人。成宗大德六年(1302)任休宁县主簿。(0972 卷4)

胡山立 元安福(今属江西)人。少时贫贱,佣书于四方。善诗,尤工五言。顺帝至正年间,累官为监察御史,见国事日非,上疏十事。后为兵部尚书。(0075 氏族典卷85、文学典卷90)

胡之纯 字穆仲,宋元之际婺州永康(今属浙江)人。宋末中进士。笃实践履,以文名世。与兄胡之纲、从弟胡长孺并称"三胡"。(0001 卷190)

胡之纲 字仍仲,宋元之际婺州永康(今属浙江)人。通声音字画之学。与弟胡之纯、从弟胡长孺并称"三胡"。(0001 卷190)

胡之谦 元成宗大德九年(1305)任衢州(今属浙江)路推官。(0878 卷2)

胡天与 字古学。元婺州路(治今浙江金华)人。历任镇江路淮海书院山长。(0631 卷17)

胡天明 元人。有诗作传世。(0504 癸下)

胡天游 名乘龙,以字行,号傲轩,又号松竹主人。元岳州平江(今属湖南)人。元末隐居不出。工诗,有《傲轩吟稿》一卷。(1041 卷51,0503 初集庚,0002 卷238)

胡元旭 元人。有诗作传世。(0504 辛上)

胡元庆 号鹤溪,元医家。深究痈疽病理,辑十二经络所滞之穴及其灸法,附以插图,于顺帝至正年间(1341～1368)撰成《痈疽神秘灸经》一卷。此书为以灸法治疗外科痈疽之专著。明人薛己校补后刊行。(1149 卷309)

胡元罙 元黟县(今属安徽)人。有诗作传世。(0504 戊上,0033 卷17)

胡元绍 元成宗大德年间任清河县(今属河北)儒学教谕。(0657 卷2)

胡友谅 元世祖至元年间任高平(今属山西)县尹。(0694 卷5)

胡巨源 元榆次(今属山西)人。登进士第。历任高丽军民总管府儒学教授。有诗作传世。(0705 卷7,0692 卷18、20,0504 丁)

胡少中 元世祖至元二十年(1283)任济宁路(治今山东巨野)总管。有诗作传世。(0504 乙)

胡从义 元镇江路吕城税使司副使。(0631 卷 17)

胡从仁 元成宗大德五年(1301),任江山(今属浙江)县尉,摄主簿。(0878 卷 3)

胡从隆 元贵池(今属安徽)人。由乡举任石埭县(治今安徽太平西北)儒学教谕。(0994 卷 3,0986 卷 4、5)

胡长孺(1249~1323) 字汲仲,宋元之际婺州永康(今属浙江)人。宋末,至四川、荆湖为吏。宋亡,退隐永康山中。元世祖至元二十五年(1288),应召为集贤修撰,与宰相议不合,改扬州路教授。成宗元贞初,移建昌路为教授,摄录事;武宗至大初,转台州路宁海县主簿;皆有治绩。仁宗延祐初,退隐杭州武林山以终。著有《瓦缶编》、《南昌集》、《颜乐斋稿》等,均已佚。(0001 卷 190)

胡公留 字彦良。元婺源(今属江西)人。胡秉侄。顺帝至正七年(1347)乡试备榜。历任旌德县儒学教谕。有诗作传世。(0972 卷 6,0504 戊下)

胡文寿 字仁夫。元明之际武昌县(治今湖北鄂城)人。顺帝至正年间中乡试,授龙川书院山长。明初,为武昌县司训。(1041 卷 36,0075 氏族典卷 85)

胡斗元①(1224~1295) 字声远。宋元之际婺源(今属江西)人。胡炳文父。精《周易》学,从学者众。门人私谥曰孝善先生。(0142 卷 16,0071 卷 89,0072 卷 89)

胡斗元② 字元浩,元靖安(今属江西)人。顺帝至正十年(1350),江西乡试第一。会试不第,署鳌溪书院山长。元末起义兵,协助县达鲁花赤潮海抵抗红巾军。被俘不降,逃入山中而死。(0001 卷 195)

胡正臣 元杭州人。与杂剧作家杭州人金仁杰、陈以仁等交游。善歌唱词曲。(0029 卷下)

胡龙臣 元山阴(治今浙江绍兴)人。有诗作传世。(0504 辛上)

胡龙孙 字省吾。元庆元(治今浙江宁波)人。文宗至顺年间任镇江路儒学正。(0631 卷 17)

胡世佐 字伯衡。元台州宁海(今属浙江)人,胡三省之孙。累举不第。庆元路(治今浙江宁波)聘为郡庠五经师,遂安家于鄞县(治今浙江宁波)。(0072 卷 86,0081 卷 5)

胡世英 元崇仁(今属江西)县尹。(1014 卷 8)

胡东皋 字道光。元人。有诗作传世。(0504 甲)

胡仕可 字可丹,元宜丰(今属江西)人。历任瑞州路(治今江西高安)医学教授。因历代增补之《本草》内容繁杂,不便初学使用,仕可选择常用之药,按韵分类编辑,于成宗元贞元年(1295)撰成《本草歌括》八卷刊行。(1071 卷 14,1149 卷 138)

胡汉卿 元仁宗延祐中,任嵊县(今属浙江)尉。(0880 卷 28)

胡有庆 元泾县(今属安徽)人。世祖至元年间任婺源(今属江西)县尹。(0972 卷 5,0973 卷 6)

胡存道 又名善,字师善。元诸暨(今属浙江)人。从胡一中学。泰定年间进士。顺帝至正十五年(1355),任松江府儒学经师。次年,参政杨完者调苗兵至,大掠,欲毁孔庙。存道坐经席骂之,被杀,庙得免于灾。(0101 卷 23,0075 氏族典卷 85,官常典卷 733、734,0002 卷 230)

胡达善 字伯仁。元天台(今属浙江)人。顺帝至正年间,授湖州路录事司判官。(0876 卷 6)

胡师寅 元人。有诗作传世。(0504 戊上)

胡廷晖 元吴兴(今浙江湖州)人。工画山水。赵孟頫家藏唐李昭道《摘瓜图》,历代宝之,尝请廷晖补全,晖私记其笔意,归写一幅呈孟頫,孟頫大惊赏其乱真。由此名实俱进。(1143 卷 621)

胡廷献 元世祖至元年间,以荐征召为余姚县(今属浙江)儒学教谕。(0880 卷 30)

胡行简 字居敬。元明之际新喻(治今江西新余)人。顺帝至正二年(1342)进士,授国子助教。历任翰林修撰、江西廉访司经历。元末战乱,归隐教授乡里。明洪武二年(1369)召至京师修礼书,欲官之,以老病辞归。有《樗隐集》六卷。(0414 卷 6,0313 卷 5)

胡汝为 号桂林。元人。有诗作传世。(0504 戊下)

胡汝楫 元顺帝至正年间任长寿县(治今湖北钟祥)主簿。(1044 卷 17)

胡志仁 元余干(今属江西)人。仁宗延祐五年(1318)进士。以乐平州判官致仕。教授生徒,世称弋溪先生。(0071 卷 84)

胡克让 元英宗至治元年(1321)任溧水(今属江苏)州判官。(0632 卷 6)

胡伴侣 元钧州密县(今属河南)人。其父患心疾,久治不愈,乃割胁下肉为父疗疾,父疾果愈。诏旌表其门。(0001 卷 198)

胡希仁 字时中。元吉水(今属江西)人。历任古田(今属福建)县尹。(0902 卷 51,0072 卷 92)

胡希古 元顺帝至元二年(1336)任奉化(今属浙江)州判官。(0634 卷 2)

胡应元 元瑞州(治今江西高安)人。仁宗延祐五年(1318)任祁门(今属安

徽)县尹。(0972 卷4)

胡应季 元崇仁(今属江西)人。历任新建县儒学教谕。(1014 卷10)

胡初翁 字敬存,号存庵。元婺源(今属江西)人。有诗作传世。(0504 癸下)

胡君实 元人。工于粧鑾,成道宫龙虎殿神像即为其所粧。(1143 卷620)

胡妙瑞(? ~1360) 元嵊县(今属浙江)人,女,嫁同县祝某。顺帝至正二十年(1360)春,为苗军掠至金华,欲妻之,义不受辱,乘间囓指血题诗壁上,赴水死。苗帅服其贞节,为立庙祀之,县人称为烈女庙。(0101 卷15,0504 壬下,0002 卷245)

胡国安 字仁卿。元云州(治今河北赤城北)人。泰定二年(1325)任建康路判官。后历任太府监丞、京畿漕运副使。顺帝至正初,升为太平路总管。(0413 卷20,0632 卷6)

胡季友 元婺源(今属江西)人。历任祁门县儒学教谕。(0973 卷7,0991 卷3)

胡季安 元明间南昌人,元顺帝至正间进士。入明,官至国子祭酒。(1012 卷17)

胡季和 元人。有诗作传世。(0504 癸下)

胡秉常 元儒士。以荐被征召为余姚(今属浙江)州儒学录。(0880 卷30)

胡秉彝① 元霸州(今属河北)人。顺帝至元中,由会福院掾累官为锦州知州。(0622 卷25,0861 卷4,0862 卷5)

胡秉彝② 元顺帝时,任司农丞,主持京师屯田。至正二十一年(1361),屯田成,收粮四十万石。诏赐尚尊、金币以旌其功。(0001 卷46)

胡宗道 元嵊县(今属浙江)人。被征辟为本县主簿。(0880 卷30、40)

胡宗礼 元岳州平江(今属湖南)人。历任翰林国史院检阅。(1053 卷5,1041 卷36)

胡直夫 元人。工画山水、人物。日本有其画。(1143 卷622)

胡绍远(? ~1359) 元武宁(今属江西)人。顺帝至正十二年(1352),红巾军起,绍远兄弟五人聚集地主武装抵御。十九年,与陈友谅战于建昌(治今江西永修西北)麻潭,战败,兄弟五人皆死。(1012 卷18,0075 氏族典卷85)

胡南华 元婺源(今属江西)人。文宗至顺三年(1332)中乡试。(0972 卷6)

胡柏寿 元漳州龙溪(治今福建漳州)人。中乡试。顺帝元统元年(1333)任南胜县尹。(0908 卷15)

胡哈喇 元高苑(治今山东高青东南)人。历任中书省宣使、知印。后累官为东昌路总管。(0075 氏族典卷85)

胡钦亮 元乌程(今浙江湖州)人。工画花卉。与同里孟玉涧同学,皆以善画著名。(1143 卷627)

胡炳文 字仲虎,号云峰。元徽州婺源(今属江西)人。尝被荐,署明经书院山长,再调兰溪州学正。以研究《易经》著名,作《易本义通释》。于朱熹所著《四书章句集注》用力甚深,作《四书通》,往往发其未尽之蕴。有《云峰集》。(0001 卷189)

胡炳南 元容城(今属河北北)人。元末登进士第,隐居自乐,屡征不就。(0072 卷91)

胡洵直 元岳州平江(今属湖南)人。领乡贡,任通城县儒学教谕。(1053 卷5,1041 卷36)

胡祖广 字汉卿。元巨野(今属山东)人。顺帝至元元年(1335),由江西参政迁任浙西廉访使。谥忠肃。(0721 卷30,0085 卷15,0075 氏族典卷84)

胡祗遹(1227 ~1295) 字绍闻,号紫山。元磁州武安(今属河南)人。世祖中统初,张文谦辟为员外郎。至元初,授翰林应奉,兼太常博士。迁左右司员外郎,因忤权臣阿合马,出为太原路治中。后历任荆湖北道宣慰副使、济宁路总管、山东按察使等职,所至皆有政绩。后卒,谥文靖。善诗文散曲。有《紫山集》。(0001 卷170)

胡貫斋 宋元间庐陵人。元初文天祥就义死,尝作诗二首挽之。(0105 卷3,0504 甲)

胡恭范 元咸宁县(治今陕西西安)人。世祖至元年间,以经明行修,授太子中允。(0801 卷26,0075 氏族典卷85)

胡烈妇 元渤海县人刘平之妻。世祖至元七年(1269),随平戍守枣阳,夜宿沙河旁。有虎至,衔平去,与子持刀追杀虎,救平归。诏旌异之。(0001 卷200)

胡振卿 字振祖。元鄱阳县(治今江西波阳)人。顺帝至正年间,聚集地主武装收复鄱阳城,授饶州路(治今江西波阳)判官。后随官军转战至浮梁(今属江西),战死。(1011 卷9,0075 官常典卷733,0004 卷40)

胡润祖 字敬先。元广平永年(今属河北)人。顺帝元统二年(1334)任庆元路(治今浙江宁波)推官。(0002 卷5,0634 卷1,0073 卷11)

胡彬甫 元绩溪(今属安徽)人。率领地主武装镇压反元队伍有功。官至建康路(治今江苏南京)总管。(0972 卷9,0992 卷10)

胡梦魁(1234 ~1307) 字景明,号涧泉。宋元之际建昌新城(治今江西黎川)人。宋末登进士第,累迁为浙西制置司参议

官。入元，摄建昌路判官，擢广西宪佥，致仕归。(0225 卷 22,0072 卷 77)

胡梅耕　元人。有诗作传世。(0504 癸上)

胡虚中　元人。有诗作传世。(0504 癸下)

胡野庐　元永嘉县(治今浙江温州)人。元末，方明善据温州。父为县吏，从县尹举兵袭明善，战败，被擒。野庐自请代父死。(0075 氏族典卷 85、学行典卷 191,0062 卷 5)

胡崖孙　元永康县(今属浙江)人。世祖至元中为永康县主簿，二十四年(1287)迁任东阳县丞。仕至瑞昌县尹。(0881 卷 12、13,0896 卷 129)

胡惟尧　元榆次(今属山西)人，胡巨源之子。中乡试，历任晋宁路(治今山西临汾)儒学正。(0705 卷 7)

胡景清　元漳州龙溪(治今福建漳州)人。元兵下漳州，景清方五岁，与父母逃难，仓卒失母。及长，辞父寻母。经多年寻找，寻得母于燕，母子不相见凡四十余年。(0622 卷 78,0075 氏族典卷 85、学行典卷 192,0002 卷 239)

胡就矩　字仲规。元镇江路医学正。(0631 卷 17)

胡遂孙(? ~约 1296)　字成甫，号竹洲。元绩溪县(今属安徽)人。世祖至元中，任本县儒学教谕。后历任太平州儒学正、浮梁州儒学教授。成宗元贞年间迁任庐州路儒学教授，未上任病死。(0992 卷 10,0972 卷 8,0291 卷 3)

胡椿龄　元仁宗延祐四年(1317)任婺州路(治今浙江金华)总管。(0881 卷 11)

胡静正　元妇女。嗣汉三十九代仙姑，赐号明惠慈顺仙姑。(0212 卷 90)

胡嘉祐(1310 ~ 1357)　字元祚。元永康(今属浙江)人。顺帝至正十五年(1355)，散家财募集地主武装，邻近反元队伍不敢进攻。十七年，反元队伍大至，战死。(0411 卷 10,0420 卷 3,0419 卷 3)

胡镇孙　字安国，宋元间祁门人。宋度宗咸淳元年(1265)进士，历星子知县，秩满家居。元初，郡委摄祁门县事，擒捕强徒，民赖以安。(0073 卷 11,0972 卷 8)

胡德芳　元泾县(今属安徽)人。胡有庆之子。顺帝至正年间，任旌德县主簿。(0974 卷 17)

胡德助　元诸暨(今属浙江)人。历任嵊县(今属浙江)儒学教谕。(0880 卷 29)

胡德辅　元绍兴(今属浙江)人。历任上虞县儒学教谕。(0880 卷 29)

胡薛彻秃　元京兆(治今陕西西安)人。胡忽都不花之子。仁宗皇庆二年(1313)袭父职为镇江路万户。(0631 卷 17)

胡朵儿别歹　元乐安(今属江西)县尹。(1014 卷 8)

胡忽都不花　元京兆(治今陕西西安)人。世祖至元二十七年(1290)任镇江路万户。(0631 卷 17)

封贵　元人。有诗作传世。(0504 癸下)

封从植　元保定容城(今属河北)人。世祖至元年间任嘉祥县尹，有惠政。(0649 卷 34,0721 卷 26)

封盛甫　元容州(治今广西容县)人。封履孙之子。文宗天历中任宥州清水司巡检。(0075 文学典卷 88)

封履孙　字道坦。元容州(治今广西容县)人。仁宗延祐初，为藤州儒学正。文宗至顺元年(1330)登进士第，授邕州知州。(1036 卷 13、27)

荆石　元僧人。有诗作传世。(0504 壬上)

荆茂　字仲昌。元覃怀人。顺帝至正三年(1343)任蓝田(今属陕西)知县。(0622 卷 33,0801 卷 20,0821 卷上)

荆益　元世祖至元二十八年(1291)任秘书监典书，成宗元贞元年(1295)升为令史。(0027 卷 11)

荆德　元成宗大德年间任象山(今属浙江)县尉。(0633 卷 3)

荆干臣　元兴中州(治今辽宁朝阳)人。由宿卫入仕。世祖至元初，任制国用使司官吏。至元八年(1271)任彰德路转运副使。十一年，从征日本。十七年，为征东都元帅府参议。善为诗，工散曲。(1107 卷 54)

荆元刚　元荆里人。世祖中统间为辽东廉访使。能持风纪，为世所称。(0073 卷 54)

荆玩恒　字文纪，号蔗斋。元赵州宁晋(今属河北)人。从李治学。世祖至元年间历任典瑞监太监、淮东按察使。成宗元贞初，改任辽东廉访使，致仕归。卒谥端敏。(0262 卷 5,0003 卷 136,0002 卷 188)

荆周翰　元赵州宁晋(今属河北)人。英宗至治三年(1323)任溧水(今属江苏)州判官。仕至衢州(今属浙江)路总管。(0632 卷 6,0645 卷 5)

荆思温　字润卿。元赵州宁晋(今属河北)人，荆玩恒孙。历任玉山县(今属江西)知县，有善政。(0645 卷 5,1011 卷 11,0075 氏族典卷 315)

荆思德　元赵州宁晋(今属河北)人，荆思温弟。历任晋陵县尹。(0645 卷 5)

剌伯　元太祖妃，住第三斡耳朵(宫帐)。(0001 卷 106)

剌剌①(？～1335)　元钦察贵族燕铁木儿心腹,从其发动政变,拥立文宗。顺帝时,又从其子唐其势策动政变,率兵为外应,事败被杀。(0001 卷 38、138)

剌剌②　元文宗至顺间任方城县(今属河南)达鲁花赤。(0767 卷 6,0768 卷 4)

剌剌③　元文宗至顺三年(1332)任秘书郎。(0027 卷 10)

剌剌④　元顺帝时,为行枢密院知院。至正三年(1343),召拜翰林学士承旨。(0001 卷 41)

剌真①　又译腊真,元畏兀儿人,八丹子。世祖时,任会同馆使、同知通政院事,升翰林学士承旨、通政院使、兼知尚乘寺事。至元二十九年(1292),拜中书平章政事。成宗大德三年(1299),去职。(0001 卷 17、112、134,0152 卷 24)

剌真②　元初驸马,宪宗时镇守斡罗思、阿速达鲁花赤乞鲟之父。(0001 卷 3、63)

剌真③　元蒙古人,浙东宣慰使哈答孙之父。初居关中,宪宗时扈从至和林,遂家于和林。(0011 卷 36)

剌真④　元江西廉访副使孛颜帖木儿祖,任万户。(0011 卷 95)

剌真⑤　元唐兀人,顺帝元统元年(1333)进士伯颜曾祖。(0028)

剌马丹①　元泰定四年(1327)任镇江路圌山巡检。(0631 卷 17)

剌马丹②(1302～?)　字德方。元回回人,居绍兴新昌(今属浙江)。顺帝元统元年(1333)进士,授温州路录事司达鲁花赤。(0028 卷上,0011 卷 84)

剌马丹③　元顺帝至正间任贵池县(今属安徽)达鲁花赤。(0986 卷 4)

剌马丹④　元回回人。任义乌(今属浙江)县尉。(0881 卷 12)

剌马当　字文郁。元西域人。历官颍州,有清廉声,迁任江南行台监察御史。顺帝至正间战乱,易道士服,号云林子。(0296 卷 4、5,1104 卷 3)

剌剌吉　元世祖中统间万户阿里必之子,至元十一年(1274)袭万户。(0001 卷 8)

剌温卜　元僧。善通焰曼德迦密教,为世所称。大都僧沙啰巴曾从之学,尽得其传。(1144 卷 486)

剌卜剌合　又译剌巴勒合,蒙古人。元太祖、太宗时,均为箭筒士长。(0009 卷 9、12)

剌八哈敦　元汪古部人。汪古部主赵王位下同知怯怜口总管府事昔班帖木儿之妻。尝保育赵王。顺帝至正十八年(1358),汪古部人灭里叛,欲杀赵王。昔班帖木儿夫妻合谋,以其子观音奴服赵王平日衣冠居王宫,夜半,夫妻卫赵王微服遁去。灭里等至,杀观音奴,赵王得免。事闻,诏旌其忠,封云中郡夫人,并授其夫河东宣慰司同知。(0001 卷 46)

剌马乞剌　元顺帝至正二十二年(1362),为冀宁中书分省左丞。(0001 卷 92、113)

剌马失干　元世祖至元间为镇江路行大司农司知印。(0631 卷 17)

剌马黑巴　元陕西行御史台监察御史。天历元年(1328),奉文宗命招谕陕西。(0001 卷 32)

剌甘失甘　元宗王。阿里不哥之子。(0001 卷 107)

剌真海牙　元畏兀儿人,居河南。元初历任永宁(治今河南洛宁)、灵宝、陕县、渑池、宜阳五县达鲁花赤。(《渑池刘氏墓志铭》)

剌哈咱识里　元唐兀人,江西平章星吉之子。历任利用监太卿。(0011 卷 57)

剌海涯里那　元哈剌鲁部主后裔。忽纳答儿驸马之子。尚公主为驸马。(0001 卷 109)

剌忒纳瓦儿撒　元顺帝时占城国(今越南中、南部)来元廷使臣。至元元年(1335)五月,奉其国主遣,来元廷献方物。(0001 卷 38)

剌思八朵儿只　元唐兀人。顺帝至正三年(1343)任江南行台监察御史。(0632 卷 6)

勃古思　元蒙古克烈氏,镇海子。早年从世祖征大理有功。世祖即位,授益都等路宣抚使,改东平路副达鲁花赤,又历任南京路、保定路达鲁花赤。卒年八十一。(0001 卷 120)

勃罗帖穆尔　字存中,号一斋。元唐兀人。顺帝至正元年(1341)任昆山州(治今江苏太仓)达鲁花赤。(0635 卷 2,0928 卷 41,0939 卷 12)

郝才　元仁宗延祐六年(1319)为常德路(治今湖南常德)总管府幕僚。(0075 氏族典卷 525)

郝文　字仲明。成宗元贞初为江西廉访司经历。大德六年(1302),迁任江南行台监察御史。武宗至大四年(1311),任江南行台都事。(0001 卷 171,0632 卷 6)

郝从(1248～1318)　字从之。元霸州信安(治今河北霸州东)人,郝彬之堂兄。世祖至元十三年(1276)任河间清盐副使。后升为正使。(0146 卷 29,0002 卷 186)

郝仲　元成宗大德二年(1298)任定海(治今浙江宁波镇海)县尉。(0633 卷 3)

郝全　元顺帝时石匠,善刻碑。至正二年(1342)同王安、王文质、郝德宝等刻《郑州莹阳县洞林大觉禅寺藏经记》。(1143 卷 763)

郝企　元河间(今属河北)人。历任异样局总管。(0644 卷 22)

郝佑　字君辅,小字朵鲁别台,元太原(今属山西)人,郝天挺子。由宿卫任官,仁宗时拜殿中侍御史,以廉直著名。后升陕西行省参知政事。改陕西行台侍御史。(0001 卷 174)

郝忠　元中叶郑州石匠,善刻碑。大德十一年(1307)刻《重修中岳殿题名》,仁宗延祐四年(1317)同郝敬刻《郑州荥阳县时村创建长春观碑》。(1143 卷 763)

郝经(1223～1275)　字伯常。元泽州陵川(今属山西)人。世业儒。祖父天挺,为元好问之师。金亡,迁居河北。家贫好学,被张柔、贾辅延为上宾,得读二家藏书各万卷。元宪宗二年(1252),被召至金莲川忽必烈藩府,条上数十事,甚受信任。九年,从忽必烈攻宋,围鄂州,得宪宗死讯,建议与宋议和,还师北上争夺大汗之位。世祖中统元年(1260),授翰林侍讲学士,充国信使出使南宋议和,被贾似道扣留真州(今江苏仪征)十五年。至元十二年(1275)返归元廷,未几病死。谥文忠。著有《续后汉书》、《陵川文集》、《春秋外传》、《周易外传》、《太极演》、《通鉴书法》等。(0001 卷 157)

郝信　字仁甫。元世祖至元年间任镇江路行大司农司令史。(0631 卷 17)

郝桢(?～1282)　元真定(今河北正定)人。世祖时,任中书左右司郎中。至元十三年(1276),拜中书参知政事。十七年,升中书左丞。依附权臣阿合马,为其党羽。十九年,与阿合马一同被王著刺死。(0001 卷 9、12、112 等)

郝晏　元仁宗延祐四年(1317)任秘书监典簿。(0027 卷 9)

郝彬(1259～1320)　字景文。元霸州信安(治今河北霸州东)人。世祖至元间,侍太子真金为宿卫士。二十年(1283),出任扬州路治中。二十二年,迁同知淮西宣慰司事,转江淮财赋总管府总管,奏请许按察司纠察该总管府事,以革吏弊,并罢撤所隶六提举司之四。成宗大德间,奉旨行户部尚书于两淮,整顿盐法。入为工部尚书,改户部尚书。武宗至大元年(1308),擢中书参政。次年,改任尚书参政。年余称病辞归。后卒,谥景文。(0001 卷 170)

郝敏　元顺帝至正六年(1346)三月,海盗梗阻海道,敏率众登舟歼之,杀其二魁首,生擒八人,余盗多投海死。其勇略闻于省府。(0949 卷 5)

郝偁　字子荣。元河间(今属河北)人,郝克敬之子。历任钧州同知。顺帝至正五年(1345)任天长县知县。(0644 卷 22,0925 卷 10)

郝景　元世祖至元二十二年(1285)任秘书监经历。(0027 卷 9)

郝庸　字季常。元泽州陵川(今属山西)人,郝经弟。郝经出使南宋被羁留,庸自请为使以责宋,宋人不接纳。后历任行枢密院都事、颍州知州。(0001 卷 157,0002 卷 168,0160 卷 19)

郝温　元翼城(今属山西)人。历任四川行省郎中、夔州路(治今四川奉节)总管。(0691 卷 9)

郝椢　元成宗元贞初,任荆门(今属湖北)知州,勤于为政。(1041 卷 66,1042 卷 6,1044 卷 17)

郝源　字渊甫。元益都(今山东青州)人。泰定二年(1325)任费县尹。顺帝至正元年(1341),累迁为江南行御史台都事。(0196 卷 4,0632 卷 6)

郝彝　字仲常,元泽州陵川(今属山西)人,郝经弟。隐居不仕,以寿终。(0001 卷 157)

郝天凤　字子仪。元高唐(今属山东)人。有诗作传世。(0504 庚上)

郝天泽　元太原(今属山西)人,郝和尚拔都子。仕为夔州路(治今四川奉节)总管。(0001 卷 150)

郝天挺(1247～1313)　字继先。元朵鲁别氏,居太原。郝和尚拔都之子。少时受业于元好问。世祖时以勋臣子充宿卫。出任参议云南行省事,升参政。后擢汉中道廉访使,入为吏部尚书。拥戴武宗即位有功,拜中书左丞。仁宗即位,参议大政,革尚书省之弊。出为江西、河南右丞,召拜御史中丞,上疏陈惜名爵、抑浮费、止括田、奖农、励学养士等七事。未几,出任河南平章。卒,追封冀国公,谥文定。尝修《云南实录》五卷,注唐人《鼓吹集》十卷。(0001 卷 174)

郝天举　元太原(今属山西)人,郝和尚拔都子。仕为大都路总管、兼府尹。(0001 卷 150)

郝天祐　元太原(今属山西)人,郝和尚拔都子。仕为陕西奥鲁万户。(0001 卷 150)

郝天益　元太原(今属山西)人,郝和尚拔都长子。仕为太原路军民万户都总管。(0001 卷 150)

郝天麟①　元太原(今属山西)人,郝和尚拔都之子。仕为京兆等路诸军奥鲁万户。(0001 卷 150)

郝天麟②　元宛丘(治今河南淮阳)人。历任平江十字路万户,镇守嘉定,有政绩。(0558 卷 23)

郝文昌　元成宗时阳丘(治今山东章丘)人,善刻碑。大德七年(1303)同王世周、郝文初等刻《张斯立先茔碑》。(1143 卷 763)

郝仲威　元太原(今属山西)人,郝和尚拔都次子。袭父职为宣德、西京、太原、

平阳、延安五路万户。(0001卷150)

郝守中　元人。有诗作传世。(0504癸上)

郝志松　字善甫。元葭州(治今陕西佳县)人。居太平兴国观,制赠能仁普济冲虚真人。(0691卷10、15)

郝志善　元霸州信安(治今河北霸州东)人,郝从之子。仁宗延祐三年(1316)任江南行御史台监察御史。(0632卷6,0002卷186)

郝克敏　元河间(今属河北)人,郝企之子。历任河南路(治今河南洛阳)总管。(0644卷22)

郝伯鲁(1272～1324)　字希曾。元真定(治今河北正定)人。初为栾城县儒学教谕,迁任固安州儒学正。后擢为户部吏,转太医院吏,升为万億绮源库知事。(0262卷19,0072卷95)

郝良弼　元世祖至元十六年(1279)任江南行台监察御史。(0632卷6)

郝忠恕　元太原(今属山西)人。郝天挺孙。历任翰林待制,参与修辽宋金三史,书成,病归。(0002卷148,0006卷72)

郝采麟　元泽州陵川(今属山西)人,郝经子。初任知林州,后仕至山南江北道肃政廉访使。(0001卷157)

郝思义　字宜之,号恒斋。元真定(治今河北正定)人,郝祯之子。成宗大德年间任徽州路总管。(0972卷4,0925卷55)

郝思仁　字德甫。元平阳(治今山西临汾)人。历任澄城(今属陕西)知县,有能声。(0806卷7,0820卷2)

郝思敬　元太谷(今属山西)人。成宗大德八年(1304)任孝义县尹。(0693卷7)

郝思温　号东山,元儒。僧雪庵之高弟。工大字,何中《郝思温大字歌》誉之为"五百年间无此奇"。(0237卷4)

郝信臣　元文宗至顺年间任太平县(治今山西襄汾西南)知县,捐俸济民,有惠政碑。(0691卷8,0700卷6)

郝鼎臣　字巨卿,号北山。金元间韩城(今属陕西)人。初,见知于耶律楚材。元太宗十年(1238)被陕西行省选充本省参议兼管京兆府儒学提举学校事。卒年八十六。有诗作传世。(0825卷5,0605卷8,0504乙)

郝黑的　元成宗大德十一年(1307)任秘书监怯里马赤(通事)。(0027卷11)

郝德兴　元成宗大德元年(1297)任东阳县(今属浙江)知县。六年,迁任昌国州(治今浙江舟山)知州。(0633卷3,0881卷12)

郝德昌(1240～1273)　元涞城人。父亮,从张柔取河南,以功升水军千户。世祖中统二年(1261),德昌嗣父职为水军千户。屡败宋军。后从攻襄樊。至元十年(1273),中流矢死。(0172卷5)

郝札剌不花　元太原(今属山西)人,郝和尚拔都之子。世祖时任管军万户,征四川有功。后任镇蛮都元帅、军民宣慰使。(0001卷10、150)

郝和尚拔都(?～1252)　金元之际朵鲁边氏。金末居太原。幼为蒙古军所掠。稍长,在郡王怯台麾下,随蒙古军征战。曾四次奉命出使南宋。拖雷监国元年(1228),任太原府主帅。元太宗时,从攻陕西,授行军千户。率兵从攻襄阳、兴元,破剑阁,取夔府(今四川奉节)。以功升宣德、太原等五路万户。定宗三年(1248),还镇太原。次年,擢河东北路行省事。卒,谥忠定。(0001卷150、174)

草地里　元畏兀儿人,中书平章察乃之子。历任真定路达鲁花赤。(0011卷41,0152卷24)

郦海　元新泰(今属山东)人。任新泰县酒务都监。(0075氏族典卷545)

郦愚　元英宗至治三年(1323)任江南行台监察御史。(0632卷6)

郦公让　元顺帝至正十年(1350)任济南路录事。(0600卷2)

郦希成(1182～1259)　金元之际怀来(今属河北)人。真大道教五祖。阐扬其教,信从者甚众。后居燕京天宝宫,见知元宪宗,授号太玄真人,领教事。始名其教为真大道。(0001卷202)

郦居敬　元世祖至元二十四年(1287)任江南行御史台都事。(0632卷6)

南必　元世祖皇后。蒙古弘吉剌氏。纳陈孙仙童之女。至元二十年(1283),纳为皇后,继察必皇后守正宫。世祖年高,相臣常不能见,辄因南必皇后奏事。生子铁篾赤。(0001卷114)

南英　元江宁县(治今江苏南京)知县。(0632卷6)

南文进　元仁宗延祐年间任醴泉县(今属陕西)典史。(0817卷3)

南尧民　字思尹。元明之际乐清(今属浙江)人。明洪武初,征召不起。有诗作传世。(0504辛下)

南岳云　元僧人,为慈报寺长老。善画,有《山云图》、《松图》等传世。(0296)

南忽里　又译喃忽里、南木忽里、那木忽里,旭烈兀后裔,出伯子。武宗至大元年(1308),袭封豳王。(0001卷22、107、108)

南居磐　字仲安。元真定(治今河北正定)人。元初为建德路(今属浙江)路榷货都提举。(0198卷1)

南春宴　元大都妓女、杂剧演员。姿容

伟丽,长于驾头杂剧。(0032)

南哥班 元泰定帝时,任宣政院佥院。致和元年(1328),奉命至江浙与行省官员会议修建海塘事宜。(0001 卷 65)

南震翼 元顺帝至元六年(1340),任吴江(今属江苏)州判官。(0954 卷 17)

南宫文信 字子中,号懒心斋。元画家。工画禽鸟、枯木、竹石。(0077 卷 40,0078 卷 22)

南宫常真 元人。有诗作传世。(0504 辛下)

茶伦 元公主。嫁蒙古亦乞列思部贵族孛秃之子帖里干驸马为继室。封昌国大长公主。(0001 卷 109)

茶忽 元宪宗九年(1259),从忽必烈(世祖)伐宋,为先锋。世祖至元十七年(1280),率军征日本。(0001 卷 4、11)

茶不花 元世祖中统三年(1262),授山东路统军使。屡与宋兵战,有功。后因田游无度,害稼病民,被杖一百。至元六年(1269),受命征高丽,以病不行。(0001 卷 5、133、208)

荀籍 元淮安(今属江苏)人。世祖至元二十三年(1286)任镇江路儒学教授。(0631 卷 17)

荒兀 元世祖时,为北安王府司马。至元二十九年(1292),改授晋王中尉。(0001 卷 17)

药僧 字子元。元唐兀人。顺帝至正十八年(1358)任稷山县(今属山西)达鲁花赤。(0695 卷 4,0700 卷 6,0075 氏族典卷 527)

药失谋 元蒙古按赤歹氏。阔里吉思之父,忽押忽辛之子。以枢密副使孛罗等荐,擢金刚台达鲁花赤,后改光州达鲁花赤。屡迁安东州、河中府、温州、潞州达鲁花赤。后以建康路达鲁花赤致仕。(0001 卷 134)

药刺海 又译要剌海、岳乐罕。元将。世祖至元十三年(1276),为招讨使,率兵攻四川。十七年三月,奉诏率西川军讨罗氏鬼国。五月,奉诏领四川军万人与阿里海牙等诸将同征缅国(今缅甸曼德勒西南蒲甘及其附近区域)。十九年六月,与诸军讨平亦奚不薛(今贵州毕节地区),总军留镇起地。二十年正月,奉敕领军征缅国。四月,奉敕戍守亦奚不薛。二十一年十月,奉命率探马赤军二千讨金齿未归附遗民。二十六年二月,授都元帅。成宗元贞元年(1295)六月,授西川蒙古军都元帅。大德元年(1297)十二月,奉命与也速带而率兵出征。(0001 卷 11~13、15、18、19、154 等)

药木忽儿 又译簒木忽儿、玉木忽儿、要不忽儿、岳木忽等。元宗王。阿里不哥长子。世祖至元八年(1271),从北平王那木罕出镇阿力麻里(今新疆霍城西北)。十三年,与宗王脱脱木儿、撒里蛮、昔里吉同叛。后叛王内讧,攻杀脱脱木儿。十八年,败于撒里蛮,被执送朝廷,经铁木哥斡赤斤后王境,被救出,遂投奔术赤后王火你赤。成宗元贞二年(1296),率部归降元廷。大德三年(1299),封定远王。九年,改封威定王。武宗至大元年(1308),进封定王。(0001 卷 12、20、107、108 等,0008 卷 2)

荣菁 元人。有诗作传世。(0504 癸下)

荣谦 元晋城县(今属山西)主簿。(0694 卷 5)

荣溥 元河间(今属河北)人。尝事哈撒丞相。哈撒被罪,众皆散,溥独收尸以葬,后又白其冤,得复封爵,溥亦官至四品。(0275 卷 4)

荣熙 元人。有诗作传世。(0504 丙)

荣僧 字子仁。元回回人。顺帝至正十一年(1351)进士。历任翰林国史院检阅官。仕至江浙行枢密院经历。善楷书,师法虞世南。(0031 卷 7,0560,1104 卷 5)

荣肇(1226~1307) 字子兴。宋元之际盐官(治今浙江海宁西南)人。宋末隐居不仕。元成宗征之,补国子助教,升祭酒,居官三载,以年老乞归。有《荣祭酒遗文》一卷。(0331 卷首,0002 卷 234)

荣守玉 元彰德(治今河南安阳)农家女。自幼喜闻道家言,学道于彰德修真观。世祖至元十二年(1275)嗣主观事,得授崇玄师号。成宗大德二年(1298),年六十八,预作寿堂。(0144 卷 40)

荣克让 元覃怀人。历任含山县(今属安徽)知县。(0980 卷 3,0989 卷下)

荣应瑞 元分宁(治今江西修水)人。历任崇仁县儒学教谕。(0212 卷 24,1012 卷 18)

带孙 元蒙古札剌亦儿氏。木华黎之弟。屡从木华黎征战。元太祖十八年(1223)春木华黎死后,一度代统攻金全军,后将统军权交归其侄孛鲁。二十年冬,率部攻克彰德。次年,攻克濮州、东平,九月,围李全于益都。二十二年夏,李全降。积功封东阿郡王。(0001 卷 1、119、148 等,0003 卷 27)

带塔儿 元世祖至元十二年(1275)为万户。正月,从伯颜进至蕲州,宋蕲州安抚使管景模出降。奉伯颜命留守蕲州。(0001 卷 127)

带答儿 元宪宗元年(1251),受命统领四川等处蒙古、汉军。(0001 卷 3)

查居广(1284~1329) 字广居。元临川(今属江西)人。少时入金溪望仙观为道士。工诗,与柳贯、危素、揭傒斯等友好。(0154 卷 12、13,0503 二集壬)

查敬友 元英宗至治元年(1321)任建德县主簿,以爱民闻。文宗天历二年(1329),升为建德县尹;死于官任。(0986 卷 4)

要敬 元华州(治今陕西华县)人。事亲笃孝。诏旌表其门闾。(0001 卷 197)

要束木①(? ~1291) 元世祖时,任湖广行省右丞。至元二十三年(1286),奉命钩考行省钱谷。后升行省平章政事。依附权臣桑哥,厉行敛财措施,人多怨之。桑哥败,被逮至京城论罪,不久被杀。(0001 卷 13、14、16)

要束木② 元蒙古克烈氏,镇海之子。历任札鲁花赤(断事官)。(0011 卷 23)

要束沐 元成宗大德元年(1297)任建康路(治今南京)达鲁花赤。(0632 卷 6)

要束谟 元镇江(今属江苏)人。忽哥儿之子。历任均州达鲁花赤。(0631 卷 19)

要忽难① 元世祖至元中为漳州路达鲁花赤。(0622 卷 78,0908 卷 4,0902 卷 63)

要忽难② 元文宗时法郎(今西欧)来元朝使臣。至顺三年(1332)四月,奉其王不别(基督教教皇)遣,来贡方物。(0001 卷 36)

要速木 元世祖时出使八鲁国(今贵州惠水及其附近区域)使臣。至元十一年(1274)三月,奉旨与咱兴憨失出使八鲁国,前往招谕之。(0001 卷 8)

要斜不 元世祖至元二十三年(1286)任金坛县(今属江苏)达鲁花赤。(0631 卷 16)

迺贤(1309 ~?) 字易之,汉姓马。元哈剌鲁氏。先世居金山(今阿尔泰山)之西,后随蒙古军入居中原,为南阳人。兄塔海为官于江浙,遂随居明州(今浙江宁波)。曾北游大都。归浙东,辟东湖书院山长。后任翰林编修。顺帝至正年间出参军事,卒于军。善诗歌,有《金台集》。其诗作多写民间苦况,如《新乡媪》、《颍州老翁歌》、《新堤谣》、《卖盐妇》等。又著有《河朔访古记》。(0002 卷 238,等)

迺穆泰 字景春。元蒙古人,居福州。元末为南安(今属福建)县达鲁花赤,时称良吏。(0073 卷 79,0902 卷 57,0075 氏族典卷 420)

赵友①(1207 ~1277) 字鹏举。金元之际名医。祖籍泽州(治今山西晋城),金大定二十年(1180),祖父顺迁居河南登封。友得家传医学,又自幼习儒,攻科举。哀宗天兴二年(1233)初,汴梁陷落,友被俘,蒙古军万户纪氏因其为通医术儒生,以礼善待,带至漠北,留为家客。元太宗十年(1238),蒙古国设科取士,友中赋、义、论三科优选。定宗三年(1246),友迁居京兆(治今陕西西安)行医,治瘉疑难病症甚多,名闻关中。世祖至元十三年(1276),秦王忙哥剌开府于京兆,擢友为京兆医学教授。次年病逝。其子果继承家业从医,被征为秦王府侍医。(0172 卷 5,0321 卷 4)

赵友② 字子正。元常州(今属江苏)人。历任镇江路儒学正。(0631 卷 17)

赵中(? ~1359) 元顺帝时,任中书参知政事。至正十九年(1359),左丞相太平罢相,皇太子以中为太平之党,使人诬以赃罪,杖杀之。(0001 卷 45、113、186)

赵升 元武宗至大四年(1311)任西安县(治今浙江衢州)知县。(0878 卷 2)

赵介(? ~1389) 字伯贞,元明间广东番禺人。博通诸经及释、道书。元末,与孙蕡等俱受何真礼遇,号广中五先生。明初,闭户读书,不求仕进,屡荐皆辞。坐累逮赴京师(今南京),卒于途。有《临清集》。编《广中五先生诗》。(0020 卷 285)

赵仁① 元成宗大德五年(1301)任秘书监令史。(0027 卷 11)

赵仁② 字伯寿。元顺帝至正十九年(1359)任吴江(今属江苏)知州。(0954 卷 17,0928 卷 17)

赵氏 元江南行台掾赵晋之女。生而多病,爱读列仙传,人请婚,辄辞之。早卒。能诗,有诗作传世。(0033 卷 36,0504 壬下)

赵凤 字允文。元湖州(今属浙江)人。赵雍长子。善画兰竹,与雍画逼似,雍每题作己画以酬索求者。(0030 卷 5,0031 卷 7,0004 卷 35)

赵文(1239 ~1315) 初名宋永,字仪可、惟恭,号青山。宋元之际庐陵(治今江西吉安)人。宋末,尝三贡于乡,由国子上舍仕南雄府教授。宋亡,隐居不出。后被元官府强起为东湖书院山长,未几授临江路儒学教授。所作诗文脱略涯岸,自抒其所欲言,有《青山集》八卷。(0503 二集甲,0225 卷 22,0173 卷 12、29)

赵玉① 元广平(今属河北)人。世祖至元十七年(1280)任镇江路广平翼千户。二十五年,屯田于洪泽。(0631 卷 17)

赵玉②(1250 ~1315) 元积石(治今青海循化)人。世祖至元二十八年(1291)任庆阳知府。武宗至大元年(1308)升为嘉定路总管。(0181 卷 6)

赵玉③ 元燕人。世祖至元间任奉符县(治今山东泰安)知县,有善政。(0722 卷 3)

赵本 元顺帝至正十三年(1353)为孔颜孟三氏教授。(0600 卷 2)

赵训 元女真人。赵良弼子。原姓术要甲。仕为陕西行省平章政事。(0001 卷 159)

赵礼 字敬仲。元广平(今属河北)人。历任行御史台宣使。(0212 卷 24)

赵必 字伯崖。元鄞县(治今浙江宁波)人。年六十余时自号最乐翁,有志斯文,割大厦腴田,创建鄮山书院。(0167 卷 22)

赵弘①　元惠州滦阳(今河北迁西西北)人。有勇略,元初为征行兵马都元帅,积阶奉国上将军。(0001 卷 163)

赵弘②　元云中怀仁(今属山西)人,赵璧孙。仕为左藏库提点。(0001 卷 159)

赵吉　元广平(今属河北)人。成宗大德二年(1298)任镇江路录事司判官。(0631 卷 16)

赵巩　字安国。宋元之际缙云人(今属浙江)人。宋末历任浙东提管,知汀、邵二州。入元为福建安抚使。后历任延平、建昌、邵武、福州、信州五路总管。仕至两浙盐运使。追谥懋康。(0872 卷 9,0902 卷 57,0559 卷 14)

赵成　字昌甫。元益都(治今山东青州)人。太宗十三年(1241)副月鲁花使宋,大臣阻蔽,不使廷见,拘留他处。月鲁花病死,成自杀未遂,被拘留三十六年,元兵下江南,始归。(0142 卷 18,0221 卷 4)

赵全　元真定人。从平宋,世祖至元十六年(1279)授湖州路达鲁花赤。二十年,转平江路总管,二十三年,改杭州路总管,卒于官。(0001 卷 172)

赵伟　元解州(治今山西运城西南)人,迁居陕州(治今河南三门峡西)。元初聚乡兵保乡,授虢陕二州长官。(0762 卷 7)

赵传　元文宗至顺三年(1332)任庆元路(治今浙江宁波)知事。(0634 卷 1)

赵仲　元吉州乡宁(今属山西)人。太宗五年(1233)授乡宁县长官,后擢为吉州佥判。(0551 卷 28)

赵许①　元仁宗延祐四年(1317)任温州路推官。(0579 卷 9)

赵许②　字岳甫。元天台(今属浙江)人。仕至庆元路(治今浙江宁波)治中。卒年七十二。(0182 卷 24)

赵玘　元世祖至元二十四年(1287)任江南行台监察御史。(0632 卷 6)

赵贡　元成宗元贞间任蒲台(治今山东滨州东南)县尹,百废振举。(0731 卷 8)

赵志　元南宫(今属河北)人。世祖至元间为长葛(今属河南)知县,为政宽和,抚治有方。(0622 卷 26,0645 卷 5,0002 卷 229)

赵芷　元世祖至元三十年(1293)任东阳(今属浙江)县尉。(0881 卷 12)

赵杞　元南宫(今属河北)人。顺帝至正间为禹城(今属山东)县尹。(0622 卷 22,0721 卷 25)

赵甫　元成宗大德八年(1304)任吴江州都目。后迁任溧阳州提控案牍。(0632 卷 6,0954 卷 17)

赵旸　元英宗至治二年(1322)任昌国州(治今浙江舟山)同知。泰定四年(1327)转任吴江(今属江苏)州同知。(0634 卷 2,0954 卷 17)

赵佐　元世祖至元间为永康(今属浙江)县尉。(0881 卷 13)

赵采　字德亮,号隆斋。元潼川(治今四川三台)人。著有《周易程朱传义折衷》三十三卷。(0004 卷 36,0006 卷 88,0002 卷 235)

赵汸(1319～1369)　字子常,号东山,元明间休宁人,赵象元孙。从学于黄泽,通诸经,尤邃于春秋。明初参与修元史。著有《春秋集传》十五卷、《春秋属辞》十五卷、《春秋左氏传补注》十卷、《东山存稿》等。(0020 卷 282)

赵诂　元成宗大德间任清河(今属河北)县丞。泰定二年(1325)任金坛县今属江苏知县。(0631 卷 16,0657 卷 2)

赵英　元世祖至元十四年(1277)任江南行御史台照磨。(0632 卷 6)

赵茂　元文宗天历二年(1329)任无锡州都目。(0558 卷 24)

赵范　元顺帝至正间任清河县(今属河北)知县。(0657 卷 3)

赵杰　元吴兴(今属浙江)人。孟頫之后,行、楷书宗家学。(1143 卷 1285)

赵贤　元泰定帝致和元年(1328)任庆元路(治今浙江宁波)市舶司提举。文宗至顺二年(1331)致仕。(0634 卷 2)

赵果　元临川(今属江西)人。有诗作传世。(0504 戊下)

赵迪①(1183～1252)　金元之际真定藁城(今属河北)人。金末为"义军"万户、真定尉,升藁城丞。蒙古军至藁城,率众迎降。元太祖十七年(1222),藁城改永安州,任同知节度使事。后曾从蒙古军西征。(0001 卷 151)

赵迪②　元顺帝至正间为平谷(今属河北)县尹,操守廉洁,政声日著,不数年擢为内台监察御史。(0073 卷 83)

赵昌(1238～1294)　字寿卿。元滨州渤海(治今山东滨州)人。历任四川廉访司经历。(0240 卷 16)

赵明　元成宗大德十一年(1307)任丹徒县(治今江苏镇江)知县。英宗至治间(1321～1323),任上犹县知县。(0631 卷 16,0622 卷 58)

赵昉　字德辉,金元间燕京士大夫。金末任大中正府官员。元太祖十五年(1220),丘处机至燕京,曾与之唱和。太宗二年(1230),授燕京征收课税副使。(0001 卷 2,1159 卷 474)

赵岩　字鲁瞻,号秋巘。元衡山县(今属湖南)人,居于溧阳(今属江苏)。赵淇

孙。历任同知。有诗作传世。(0106 卷 1,0320 卷 2,0504 戊下)

赵秉 元成宗元贞二年(1296)至大德二年(1298)任奉化州判官。大德六年,任衢州路经历。(0633 卷 3,0878 卷 3)

赵和 元姚州(治今云南姚安)人。母被元兵虏至辽东。和年十四,往寻母,得之,与俱还。(0851 卷 11,0852 卷 6,0075 学行典卷 192)

赵岳 元处州(治今浙江丽水)人。历任新昌县(今属浙江)典史。(0880 卷 28)

赵侃(1179~1259) 字和之。金元之际卢龙(今属河北)人。长于音律仪制,金末历任大乐署直长。金亡家居。元太宗十年(1238),以荐摄大乐丞。(0144 卷 48,0005 卷 46)

赵炌 字济可(际可),元成都人。世祖至元二十七年(1290)任秘书监著作佐郎。成宗大德二年(1298)升为著作郎。(0027 卷 10)

赵庚 金元间儒士,元初任泽州提举学校官。(0607 三辑 31 册《元令旨五道石刻》)

赵诚 元宛平(治今北京西南郊)人。历任萧山县(今属浙江)主簿,有善政。后罢官,家于萧山。(0880 卷 28、37)

赵肃 字彦恭。元湖州(今属浙江)人。赵孟頫从孙。有诗作传世。(0504 戊上)

赵绎 元武宗至大元年(1308)任瑞州路(治今江西高安)推官。(1016 卷 14)

赵珍 字国珍。元建德(今属浙江)人。历任分水县(治今浙江桐庐西北)知县。(0296 卷 5)

赵珎 元顺德路(治今河北邢台)石匠提领。善刻碑。仁宗延祐六年(1319)刻《虚照禅师明公塔铭》。(1143 卷 1298)

赵城 字元镇。元扬州人。从朱世杰学数学。(0079 卷 47)

赵荣① 字荣甫。元分宜(今属江西)人。仕至萍乡(今属江西)知州。(1013 卷 8)

赵荣② 元扶风(今属陕西)人。母强氏有病,荣割股肉啖之者三。后负母登太白山,祷神,得圣水饮之乃痊。母死,号痛不食,七日乃食粥。葬毕,负土成坟,庐其侧终丧。(0001 卷 197)

赵显①(?~1251) 元临邑县(今属山东)人。元初授临邑县丞,秩满不复仕。(0600 卷 4)

赵显② 元世祖至元三十年(1293)任象山(今属浙江)县尉。(0633 卷 3)

赵昱 元龙岩县(今属福建)知县。(0908 卷 21)

赵贵 金元之际人。武仙部将。初随武仙降蒙古。金哀宗正大二年(1225),武仙杀蒙古真定守将史天倪,被其弟史天泽引蒙古军逐走。贵等保仙真定故垒,数攻掠太行。元太宗时杨惟中荐焦德裕出使真定招降,贵不降,被擒。(0001 卷 153)

赵矩 字义臣。元大都(今北京)人。少时从许衡学。世祖至元中任南乐县尹,有古循吏之风。(0622 卷 4,0071 卷 90,0075 氏族典卷 432)

赵复① 字仁甫。学者称江汉先生。宋元之际德安(治今湖北安陆)人。元太宗七年(1235),被蒙古军俘获于德安。姚枢奉诏于军中求儒士,得获释,随枢至燕京,以程、朱所著诸经传注付枢。讲学于燕京太极书院,著《传道图》、《伊洛发挥》等,传播程朱理学。后姚枢据复所传,传其学。许衡、郝经、刘因等皆得其书而尊信之。北方知有程朱理学,传自复。(0001 卷 189)

赵复② 元鄞县(治今浙江宁波)人。历任嵊县(今属浙江)儒学教谕。(0880 卷 29)

赵俨 字子威。元安喜(治今河北定州)人。赵秉政之子。顺帝至正元年(1341)为江南行御史台照磨。后升为南台御史,改湖北廉访司佥事。擢泰州尹,平反冤狱。入为翰林待制,授监察御史。官至翰林学士。善古隶。(0632 卷 6,0414 卷 13,0031 卷 7)

赵信(1231~1316) 元济南历城(治今山东济南)人。从元军平宋有功,授千户,戍通州。(0240 卷 16)

赵衎① 元成宗元贞元年(1295)任溧水(今属江苏)县尹。县升为州,任州同知。(0632 卷 6)

赵衎② 元初北平(治今河北完县)人,耶律希亮幼年师事之。(0001 卷 180)

赵奕 字仲光,号西斋,元湖州人。赵孟頫第三子。博闻强记,诗文翰墨皆有家法。不求仕进。(0001 卷 172,0503 初集丙)

赵彦 元白水(今属陕西)人。善刻碑,仁宗延祐二年(1315)刻《重修玉泉观记》。(1143 卷 1284)

赵炳(1222~1280) 字彦明。元惠州滦阳(治今河北迁西西北)人。初,侍忽必烈于藩府。宪宗时,任抚州长官。世祖中统初,判北京(治今内蒙古宁城西)宣抚司事,领兵围攻李璮于济南。后历任刑部侍郎、济南路总管、辽东按察使,有政绩。至元九年(1272),任京兆路(治今陕西西安)总管,为安西王治宫室。十四年,任安西王相。十七年三月,被王府官员毒杀。六月,诏雪其冤。谥忠愍。(0001 卷 163)

赵恒 元襄邑人。元末为扩廓帖木儿画策。(0001 卷 141,0033 卷 13)

赵洪　元成宗大德二年(1298)任江南行御史台架阁库管勾。(0632 卷 6)

赵洙　元顺帝时任辽阳儒学提举,至正十九年(1359)城陷,怒骂被杀。(0001 卷 201)

赵宪　元泰定(1324 ~ 1328)间任临湘(今属湖南)知县,有惠政。(1053 卷 13)

赵祐　字天锡。元汴梁(治今河南开封)人。赵期颐父。世祖至元中辟平江路(治今苏州)掾。历江浙行省照磨。仕至江浙财赋府副总管。(0112)

赵柔(? ~1236)　金元之际涞水(今属河北)人。金末聚众据守西山。元太祖八年(1213)降于蒙古军,受封涿、易二州长官。二十一年,招降各地武装,以功升真定、涿等路兵马都元帅,兼银冶总管。太宗时,奉诏兼管诸处打捕总管。卒。文宗时追封天水郡公,谥庄靖。(0001 卷 152)

赵泰　元世祖至元十六年(1279)任浦江县尹。后历任上虞县尹、新昌州同知。(0881 卷 13,0880 卷 28,1016 卷 14)

赵素　字才卿,号心庵。元河中(治今山西永济西南)人,迁居中山(治今河北定州)。全真道士,赐号虚白。著有《阴符经集解》。(0645 卷 28,0195 卷 30)

赵珪①　金元之际蔚州(治今河北蔚县)人。金帅府评事赵昆之子,赵瑨之兄。金末,为万户,守飞狐城。卫绍王大安二年(1210),父死,挈其母至蠡州。元太祖十二年(1217),蒙古军攻破蠡州,降蒙古。后其弟赵瑨以战功授冀州行军都元帅,瑨让与珪,蒙古遂授珪为冀州行军都元帅。(0001 卷 150)

赵珪②(1206 ~1284)　字君璋。金元之际燕人。金亡,侨寓洺州。后为太仓监二十年。(0145 卷 25)

赵珪③(1219 ~ 1281)　字君宝。元燕人。仕至南京路(治今河南开封)总管府同知。(0240 卷 16)

赵珪④　元沧州(今属河北)人。成宗大德(1297 ~1307)间为渤海(治今山东滨州)县尹,有惠政。(0721 卷 25,0650 卷 4)

赵恭(? ~1368)　元真定晋州(今河北晋县)人,赵弘毅之子。顺帝末,仕为中书管勾。明军入大都,自缢而死。(0001 卷 196)

赵真　宋元之际人。原为宋峡州知州。世祖至元十二年(1275)降,授南平招抚使,仍兼知峡州事。(0001 卷 8、9)

赵桂　元缙云(今属浙江)人。仁宗延祐(1314 ~1320)间为乌程(治今浙江湖州)县尹。(0876 卷 7)

赵原　字善长,号丹林。元明之际吴郡(今苏州)人。善画山水,师法董源。明初召天下画士至京师,图历代功臣,原以应对不称旨,被处死。(0296 卷 5,0030 卷 5,0928 卷 56)

赵晟(1259 ~1332)　字子昌。元涞水县(今属河北)人。赵柔孙。历任秀容、新城、安喜三县知县,陕西行台监察御史,四川廉访司佥事。文宗天历元年(1328)入为内台监察御史。累迁为燕南廉访使。仕至翰林直学士。卒,谥惠肃。(0262 卷 11,0003 卷 60,0002 卷 143)

赵铉①　元宁晋(今属河北)人。赵执中之子。泰定四年(1327)任东阳县(今属浙江)知县。(0881 卷 12)

赵铉②　字仲器。元卢龙(今属河北)人。赵侃侄。精《周易》学,兼通音律占筮。隐居不仕。(0144 卷 48、66)

赵铎　元成宗大德三年(1299)任溧水(今属江苏)知州。(0632 卷 6)

赵衷　字原初。元吴江(今属江苏)人。业医。善白描人物,能篆、隶。(0077 卷 47,0078 卷 26)

赵唐　元晋城县(今属山西)人。太宗七年(1235)任泽州(治今山西晋城)同知。(0694 卷 5、6)

赵资　元顺帝至正中为四川左丞。明玉珍入四川,资战败被擒,不屈而死。(0841 卷 16,0002 卷 233,0004 卷 40)

赵涣　又名同麟,字季文。元常熟(今属江苏)人。历任湖州路录事司判官、湖州路知事、富州知州。工诗,有诗作传世。(0517 卷 8、13,0947 卷 3,0504 已上)

赵宽(? ~1338)　字子栗。元安喜(治今河北定州)人。赵瑨孙。父秉让,官至辉州知州。宽以荫授饶阳县尉。后历任真定县尉、灵寿县主簿、武备寺管勾、郓城知县。以真定路判官致仕。(0262 卷 18)

赵容　元徽州路(治今安徽歙县)推官。(0972 卷 4)

赵祯　元成宗大德二年(1298)任衢州路知事。(0878 卷 3)

赵谅(1216 ~1276)　字润之。元宁津(今属山东)人。世祖中统元年(1260)为益都路(治今山东青州)劝农官。二年,提领凌州诸军奥鲁事。至元二年(1265),授太皇寺提举河渡司。(0211 卷 3)

赵祥(1197 ~1257)　字天麟。金元之际蔡州平舆(今属河南)人。金亡,率义兵入宋,戍邓州。未几,降于蒙古,授邓州长官。(0501 卷 64,0003 卷 62,0002 卷 145)

赵琏①(? ~1353)　字伯器。元许州(治今河南许昌)人。赵宏伟之孙。英宗至治元年(1321)进士,授嵩州判官。累迁为杭州路总管,有治绩,召为吏部侍郎。历礼部、户部尚书,中书参议。出为辽东廉访使。顺帝至正十一年(1351),任淮南江北行省参政。十三年,张士诚

以泰州降元,琏移镇泰州。士诚复反,被杀。(0001卷194)

赵琏②　元莆田(今属福建)人。历任龙岩县(今属福建)知县。(0908卷21)

赵著　号虎岩,金元间燕京人。元太宗八年(1236)授燕京编修所副长官。(0001卷2、146)

赵彬　元榆次(今属山西)人。仁宗皇庆初,建源池书院为家塾,以教乡里子弟。(0705卷6)

赵趾　元霸州文安(今属河北)人。仕为秘书少监。卒,赠礼部尚书。(0001卷176)

赵野　字子开。元济南人。赵文昌之子。成宗大德初为沛县尹。仕至户部主事。(0622卷18,0933卷11)

赵崇①　元武宗至大元年(1308)任秘书郎。(0027卷10)

赵崇②　元云中怀仁(今属山西)人,赵璧孙。仕为郊祀署令。(0001卷159)

赵铠　元仁宗延祐六年(1319)任江山县(今属浙江)主簿。后迁任萧山县(今属浙江)知县。(0878卷3,0880卷28)

赵敏　字克修。元大名(今属河北)人。顺帝至正十五年(1355)任秘书监令史。(0027卷11)

赵鸾(1308~1341)　字善应。元雍古部人。赵世延女。许有壬继室。能琴书,善笔札。(0258卷11,1104卷5、0031补遗)

赵焕　元东平(今属山东)人。泰定四年(1327)任江南行台监察御史。(0632卷6)

赵淇(1239~1307)　字元德,号平远、太初。宋元之际衡山县(今属湖南)人,宋丞相赵葵之子。宋末历任广南东路发运使。元世祖至元十五年(1278)入觐,授湖南宣慰使。二十二年致仕。卒,追谥文惠。有诗作传世。(0501卷51,0147卷13,0504乙,等)

赵渊　元仁宗皇庆间任瑞州路(治今江西高安)推官。(1016卷14)

赵深　元冀州(治今河北冀县)人。文宗至顺三年(1332)任江南行御史台照磨。(0632卷6)

赵密(1261~1334)　字仲理。元涞水县(今属河北)人。赵柔孙。早年从刘因学。袭职为鹰坊都总管。(0262卷15,0072卷91)

赵瑗　号方斋。元藁城(今属河北)人。赵椿龄长子。世祖至元十七年(1280)至二十年任镇江路治中。后历任山南廉访司佥事。(0631卷15,0645卷5,0651卷6)

赵琬(?~1367)　元颍州(今安徽阜阳)人,赵琏弟。顺帝时,任台州路总管。后为方国珍部裹胁至黄岩,不食而死。(0001卷194)

赵毂　元太常礼仪院判官。有诗作传世。(0504丁)

赵棣　字茂元,号月楼。元眉山(今属四川)人。英宗至治二年(1322)任平江路(治今苏州)儒学正。有诗作传世。(0147卷6,0504庚上,0072卷12)

赵棣　元余姚(今属浙江)州儒学正。(0880卷29)

赵棠　字国炎。元人。有诗作传世。(0033卷6)

赵鼎　元兖州(今属山东)知州。有诗作传世。(0504丁)

赵铸　字元冶。元真定(治今河北正定)人。顺帝至正十年(1350)为山东廉访司书吏。(0600卷2)

赵锐　元文宗至顺元年(1330)任溧水(今属江苏)州判官。(0632卷6)

赵智　元世祖至元二十六年(1289)任平阴(今属山东)知县。(0600卷4)

赵偕　字子永。元慈溪(今属浙江)人。宋宗室。学宗杨简,隐居大宝山东麓,学者称为宝峰先生。县尹陈文昭时来求教,偕告以治县权宜。方国珍据浙东,欲授以官,不起。顺帝至正末卒。有《宝峰集》二卷。(0877卷38,0503初集己,0006卷91下)

赵庸(1243~1309)　元陈州(治今河南淮阳)人。宪宗五年(1255)年十三袭父职为颍州知州。后历任邳、莒、息、淇知州,鄂州路、益都路同知。成宗大德五年(1301)升为瑞州路总管。后改任饶州路总管。(0212卷73,1016卷14)

赵溉　元甘泉(治今陕西礼泉境)人。顺帝至正间历任吏部尚书。(0622卷36,0801卷30)

赵渥　字齐卿。元单州嘉祥(今属山东)人。文宗至顺间任蒙城县(今属安徽)知县。(0977卷6,0976卷5)

赵翔　元猗氏(治今山西临猗)人。文宗天历初,任陕西行台监察御史。后迁任内台监察御史。(0691卷9)

赵桀(1274~1344)　字卫道,号素轩。元余姚(今属浙江)人。宋宗室。成宗大德三年(1299)以荐授昌化县儒学教谕。后历任桐庐县教谕,饶州长芗书院、温州宗晦书院山长。顺帝元统二年(1334)任温州路儒学教授。后任常州路教授。(0158卷24)

赵裕　元仁宗皇庆二年(1313)任徽州(治今甘肃徽县)吏目。(0811卷5)

赵谦①(1205~1261)　字和之。元盖州(治今辽宁盖县)人。世祖中统元年(1260)补燕京行台左三房提控令史。二

年，命权中书左司都事，未上任卒。(0144 卷 49、82)

赵谦②　元赞皇县(今属河北)人。世祖至元七年(1270)为平山县主簿。(0645 卷 4、24)

赵谦③　元樊川(治今陕西西安)人。世祖至元十四年(1277)任徽州路总管，有德政。(0972 卷 4，0925 卷 55)

赵谦④　元成宗元贞初为广东廉访使，平反冤狱有声望。(0622 卷 79)

赵谦⑤　字叔亨。元顺帝至正八年(1348)任秘书监典簿。(0027 卷 9)

赵弼(1244～1301)　字元辅。元云阳(治今陕西泾阳北)人。年十二入侍世祖于潜邸。世祖至元十七年(1280)授符宝郎。升典瑞卿。累升为大都留守兼少府监事。二十八年，出为荆湖北道宣慰使。迁任河南右丞。成宗时历任四川平章、陕西平章。卒，谥忠简。有诗作传世。(0243 卷 2，0014 卷 21 下，0504 癸下)

赵瑞　元温州人。历任新昌县(今属浙江)典史。(0880 卷 28)

赵鉴　元世祖至元二十六年(1289)任丹阳(今属江苏)县尹。(0631 卷 16)

赵照　元世祖至元十三年(1276)任东阳县(今属浙江)主簿。(0880 卷 12)

赵锡　元衡州(治今湖南衡阳)人。世祖至元间为吉水县(今属江西)知县，简静慈祥，民称为赵佛子。(1041 卷 51)

赵简①　字敬甫。元元城人。武宗时，累官南台治书侍御史。仁宗时，任河东廉访使，入为御史中丞。泰定帝时，任江浙行省左丞。泰定元年(1324)，建言开经筵，获准。不久升行省右丞。三年，召拜集贤大学士，领经筵事。(0001 卷 24、26、29、30、172，0225 卷 5)

赵简②　元涞水(今属河北)人。赵柔孙。后任洺水县尹。死后以子赵世安贵，赠谥忠宪。(0003 卷 60，0002 卷 143)

赵靖　历任元句容(今属江苏)县尹。武宗至大二年(1309)迁任江南行台监察御史。(0632 卷 6，0926 卷 25)

赵廉(1290～1343)　字鲁直，元时高丽淳昌人。忠肃王时登本国科第。后登元进士第，元授辽阳路总管府知事。历任高丽国典理佐郎、正言、左司议大夫，官至密直副使。(0017 卷 74、109)

赵雍(1290～约 1362)　字仲穆。元湖州(今属浙江)人。赵孟頫第二子。泰定四年(1327)，荫授昌国州知州，改海宁知州。顺帝至正十四年(1354)，累迁集贤待制。十六年，以湖州路同知致仕。善绘山水、人物、花鸟、鞍马，兼工书法。(0503 初集丙，0030 卷 5，0876 卷 6、12、25)

赵福(？～1309)　元真定(治今河北正定)人。世祖至元二十九年(1292)任镇江路怀庆翼下百户。(0631 卷 17)

赵瑨(1202～1284)　金元之际云中蔚州(治今河北蔚县)人。金末万户赵珪弟。元太祖八年(1213)，率众降蒙古军。十二年，为百户，从攻蠡州、相州，以功授冀州行军都元帅。改冀州军民总管，迁易州达鲁花赤。太宗时，权中都省事，迁中山、真定路达鲁花赤。世祖至元间，历任淄莱路、太原路总管，燕南道、河南道按察使。卒，仁宗时追封定国公，谥襄穆。(0001 卷 150)

赵翥①　元世祖时，任鄂州达鲁花赤。至元二十年(1283)，奉荆湖行省派遣，持书出使安南。(0001 卷 13、209)

赵翥②　元顺帝至元六年(1340)为奉元路(治今陕西西安)儒学教授。(0554 卷 26)

赵楷　元人。有诗作传世。(0504 癸下)

赵霁　元成宗元贞间为邳州(治今江苏睢宁西北)知州。(0934 卷 12，0936 卷 4)

赵觐　字宗弁。元澄江(今江苏江阴)人。有诗作传世。(0504 己下，0033 卷 23)

赵㬎(1271～1323)　宋恭帝。宋度宗子。度宗死，即位，改元德祐。二年(1276)，元军至，出降，送至大都，封瀛国公。元世祖至元十九年(1282)迁居上都。二十五年，学佛法于吐蕃。后居甘州山寺。英宗至治三年(1323)赐死。(0101 卷 20，0530 卷 56，0491 卷 25，0493 外编卷 42)

赵毓　元唐州(今河南唐河)人。世祖时仕为福州司狱，又因母老还家。集诸弟盟誓，以礼法治家，大小百口，和睦无间言。成宗时，诏加旌表。(0001 卷 197)

赵端　元世祖至元三十年(1293)任开化县(今属浙江)主簿。(0878 卷 3)

赵熊　字子祥。元宣城(治今安徽宣州)人。明诗传训诂。年二十余为池州路吏，后为某县典史。(0189 卷 6)

赵慧　元云中蔚州(治今河北蔚县)人，赵秉温子。仕至昭文馆大学士。(0001 卷 152)

赵墀　元唐山县(治今河北隆尧西)人。泰定三年(1326)任浑源(今属山西)知州。(0713 卷 1)

赵镇　字元鼎，号寄轩。元上海人。能诗文。有诗作传世。(0944 卷 8，0504 庚下)

赵镕　字景范。元东平(今属山东)人。泰定元年(1324)任秘书监知印。(0027 卷 11)

赵毅(1303～?) 字近仁。元奉元(治今陕西西安)人。顺帝元统元年(1333)登进士第,授陕西行省管勾。(0028 卷上)

赵澄① 元英宗至治中任安平县(今属河北)知县。(0645 卷 4)

赵澄② 元共城(治今河南辉县)人。仕至卫辉路儒学教授。(0762 卷 9)

赵澄③ 字子玉。元柳城(今属广西)人。工画山水。历任中山(治今河北定州)三司使。(0144 卷 43)

赵遹 元历任龙游县(治今浙江衢州东北)达鲁花赤。(0878 卷 2)

赵霖 元泗州(治今江苏盱眙西北)人。历任丹徒(治今江苏镇江)县尉。(0631 卷 16)

赵穆 字克敬。历任元定武判官、孟州同知、集贤学士。(0144 卷 8、12、13,0225 卷 28)

赵翱 元灵宝(今属河南)人。博通五经,登进士第,值元末战乱,遂隐居弗仕。明初陕西聘为考官。(0775 卷上)

赵瑊① 元藁城(今属河北)人。赵椿龄次子。世祖至元三十一年(1294)任江州路(治今江西九江)总管。(0645 卷 5,0651 卷 6)

赵瑊② 号白云。元天台(今属浙江)人。有诗作传世。(0504 庚下)

赵翼 元顺帝至正五年(1345)任衢州路照磨。(0878 卷 3)

赵璧①(1220～1276) 字宝臣。元云中怀仁(今属山西)人。乃马真皇后元年(1242),应召入忽必烈藩府。奉命聘请王鹗等中原名士,并学习蒙古语,为忽必烈译讲《大学衍义》。宪宗二年(1252),任河南经略使。河南刘万户贪淫残暴,其党董主簿恃势为虐,强娶民女三十余;璧按其罪,立斩之。刘万户惊惧而死。九年,从忽必烈围攻鄂州(今湖北武汉武昌),奉命入城与贾似道议和。世祖中统元年(1260),任燕京宣慰使,奉旨调运军粮备战。改任中书平章。二年,从征阿里不哥。三年,从征李璮,征集军粮以供军需。至元三年(1266),持诏抚谕四川军民。六年,从阿术攻襄樊。高丽国王为权臣所逐,奉诏与头辇哥聚兵平壤,建议护送国王,帝从之。师还,迁中书右丞。十年,复拜中书平章。卒,谥忠亮。(0001 卷 159)

赵璧②(1250～1308) 字国宝。元东平阳谷(今属山东)人。世祖至元二十八年(1291)任监察御史。后历任御史台都事,山东、燕南廉访司佥事,户部员外郎,刑部、礼部郎中。武宗至大元年(1308)任平江(治今苏州)海运万户,月余卒。(0196 卷 13,0240 卷 4,0002 卷 196)

赵璧③ 元英宗至治初为渭南(今属陕西)县尉。(0819 卷 12)

赵璧④ 元泰定中为宁陵县丞。(0766 卷 4)

赵璧⑤ 元内黄(今属河南)人。顺帝至正中为元氏(今属河北)县尉。(0645 卷 4)

赵璧⑥ 元虞城(今属河南)人。以明经荐授昆山州(治今江苏太仓)儒学正,遂家于昆山。(0042 卷 10)

赵璧⑦ 字圣和,号蒙斋。元人。有诗作传世。(0504 甲)

赵麟① 字时昭。元徐沟县(治今山西清徐东南)人。顺帝至正初登进士第,授翰林编修。仕至监察御史。(0506 卷 5205)

赵麟② 字彦征。元湖州(今属浙江)人。赵雍次子。善画人马。以国子生登第。顺帝至正十九年(1359)为江浙行省检校。后历任莒州知州。(0030 卷 5,0876 卷 18、25,1080 画录卷 8)

赵一德 元龙兴新建(今属江西)人。世祖时,元军伐宋,被俘至燕,为大都留守郑温家奴,历事郑氏三世。武宗时,郑氏以冤获罪,一德独诣中书诉其枉状,得昭雪。主人谢以田宅,不受而去。仁宗时,诏旌表其门。(0001 卷 197)

赵九畴 元世祖至元二十七年(1290)任秘书监管勾。(0027 卷 9)

赵大玓 元镇江(今属江苏)人。世祖至元十二年(1275)任丹阳县(今属江苏)主簿。二十年,改任镇江路录事司判官。(0631 卷 16、19)

赵大讷(1278～1358) 本名良胜,字敬叔。元浦江(今属浙江)人。宋宗室。通蒙古字学,补泉州路录事。转兴化路录事,摄莆田县事。历龙溪、永嘉县尹,永新知州,皆有治绩。以婺州路同知致仕。顺帝至正十八年(1358),明兵入浦江,强使出仕,不从,受创伤而死。(0411 卷 42、46、53,0881 卷 16,0002 卷 190)

赵与仁 字元父,号学舟。宋元之际杭州人。宋宗室。宋末为临安府判官。成宗元贞二年(1296),起为常德路儒学教授。后改任辰州路儒学教授。仁宗皇庆间任嵊县主簿。(0880 卷 28,0167 卷 21,0225 卷 27)

赵与可 宋元间人,宋末累官宁国知府。德祐元年(1275),元兵至,弃城走,改安吉知州,元兵复至,以城降。(0001 卷 8、9、127)

赵与东(1222～?) 字宾旸,号鲁斋。宋元之际建德(今属浙江)人。宋理宗宝祐四年(1256)进士,历任兰溪知县。元初为建德路儒学教授。工诗,方回为其诗集作序。(0198 卷 1,0167 卷 11,0070 卷 85)

赵与权 字常父。元三山(今福州)人。历任上虞县儒学教谕、奉化州儒学正。(0880 卷 29,0211 卷 5)

赵与庆　字虚中。元台州黄岩(今属浙江)人。赵与票弟。遁世乐道。英宗至治元年(1321)筑野月观于委羽山西北。(0146 卷 19,0258 卷 8)

赵与票(1242～1303)　字晦叔。宋元之际台州黄岩(今属浙江)人。宋宗室。度宗咸淳进士,为鄂州教授。元兵南下,至伯颜军门上书,力陈不嗜杀可一统天下。元世祖至元十三年(1276)秋,应召觐见,言宋败亡之故,授翰林待制。朝廷立法多所谘访。升侍讲学士。疏陈江南科敛急督、移括大姓等事。二十八年正月,疏言权臣专政之咎。后累迁至翰林学士。卒,谥文简。(0001 卷 168)

赵与稌(?～1283)　号肯堂。宋元之际信安(治今浙江常山)人。宋宗室。宋末历任建德府通判。元初授徽州路总管,以诬罢官。(0167 卷 2,0972 卷 4)

赵子方　字子济。元东平(今属山东)人。泰定四年(1327)任秘书监著作佐郎。(0027 卷 10)

赵子玉①(?～1318)　元人。以相术为生。仁宗时,倡言魏王阿木哥名应图谶,潜谋备兵器、衣甲预谋起事,事泄,被捕杀。(0001 卷 26)

赵子玉②　元人。有诗作传世。(0504 癸上)

赵子贞　元集贤学士。有诗作传世。(0504 丁)

赵子祥　元成宗元贞年间前后散曲、杂剧作家。撰有杂剧《崔和担土》、《风月害夫人》、《太祖夜斩石守信》,今皆佚。(0029 卷上)

赵天民　元世祖至元二十七年(1290)任秘书郎。(0027 卷 10)

赵天纲(1275～1343)　字之维。元安阳(今属河南)人。赵思恭之子。历任浙东廉访司经历。文宗至顺二年(1331)授南台御史。入为内台御史。历淮东、山东廉访司佥事,升广西廉访副使。顺帝至正元年(1341)改任湖南廉访副使。(0334 卷 43,0632 卷 6)

赵天泽　字鉴渊。元新都(今属四川)人。善画梅竹。(0030 卷 5,0842 卷 25)

赵天祐　元泰定四年(1327)任建康路(治今南京)判官。(0632 卷 6)

赵天祥①　元仁宗延祐元年(1314)任秘书监丞,泰定二年(1325)任秘书卿。(0027 卷 9)

赵天祥②　元顺帝至正十一年(1351)任会稽(治今浙江绍兴)县尹。(0880 卷 28)

赵天瑞　字瑞卿。元真定(治今河北正定)人。世祖至元二十九年(1292)任秘书监提控案牍。武宗至大元年(1308)迁任镇江路提控案牍,次年辞归侍亲。(0631 卷 15,0027 卷 9)

赵天锡①(1189～1238)　字受之。金元之际冠氏(治今山东冠县)人。金卫绍王大安末,入粟佐军,补修武校尉。监洺水县酒。后为冠氏令。元太祖十六年(1221),投附东平严实,从征上党,以功授冠氏令,迁元帅左都监。十九年,率部从蒙古军破宋彭义斌军,授左副元帅。太宗时授行军千户,从攻宋,驻蕲、黄间。未几,病归,卒。(0001 卷 151)

赵天锡②　元汴梁(治今河南开封)人。历任镇江府判官。撰杂剧《试玉郎》、《金钗剪烛》。(0029 卷上)

赵天麟　元东平(今属山东)人。博学能文。世祖至元末,以布衣进《太平金镜策》数万言,议论政事多切合时宜。未受擢用。(0622 卷 23,0721 卷 30,0002 卷 193)

赵元达　元成宗大德二年(1298)任金坛(今属江苏)县尉。(0631 卷 16)

赵元行　元常熟(今属江苏)人。精于星命之学,断休咎多应验。(0947 卷 9)

赵元谅(1255～1319)　字良卿。元奉元路(治今陕西西安)人。历任奉元路司狱。(0181 卷 8)

赵元善　号拙斋。元文宗至顺元年(1330)任溧水(今属江苏)州判官。后迁任济源县(今属河南)知县。有诗作传世。(0632 卷 6,0765 卷 8,0504 己下)

赵元靖　元道士。浪游闽浙间。画墨竹有名。(0030 卷 5)

赵元龄　字子年。元宛丘(治今河南淮阳)人。历任上虞(治今浙江上虞东南)县尉,有清廉声。(0880 卷 28、37,0075 官常典卷 659)

赵云甫　元成宗元贞二年(1296)任黄岩(今属浙江)知州。(0896 卷 154,0893 卷 4)

赵云岩　元温州人,寓居华亭(治今上海松江)青龙镇。善画花鸟,设色有法。(0030 卷 5)

赵友光　字景谦。元金坛(今属江苏)人。历任镇江路濂溪书院山长、处州路儒学教授。(0631 卷 17、19)

赵友钦　字敬夫,号缘督。元饶州德兴(今属江西)人。宋宗室。为全真教道士。通天文术数,著有《革象新书》五卷。(0411 卷 43,0079 卷 28,0002 卷 241)

赵友桂(1324～1356)　字诜仲、国芳。元丽水(今属浙江)人。宋宗室。著有《夏小正集解》,不传。(0411 卷 42,0414 卷 2,0002 卷 236)

赵友焴　字景明。元金坛(今属江苏)人。赵友光弟。历任松阳县主簿。文宗至顺间任高安(今属江西)县丞。(0631 卷 19)

赵友蔺　字廉友,号澄南。元黄岩(今属浙江)人。顺帝至正间任翰林编修。仕至江浙省儒学提举。有诗作传世。(0504 丙,0072 卷 82,0578 卷 10)

赵中和 元成宗大德十年(1306)任阳城县(今属山西)主簿。(0694 卷 5)

赵仁表 字伯仪。元滦阳(治今河北迁西西北)人。赵炳次子。历任兴元路(治今陕西汉中)总管。顺帝元统元年(1333)迁任四川行省参政。(0248 卷 5、6、10、19)

赵仁政 元世祖至元二十九年(1292)任建昌路总管。(0225 卷 11,0622 卷 53)

赵仁荣① 元世祖至元十六年(1279)为陕西行省参知政事。(0554 卷 27)

赵仁荣② 字伯华,元滦阳(治今河北迁西西北)人。赵炳第三子。成宗时,任江南行台御史中丞。大德八年(1304),拜中书参知政事。武宗即位,拜太子詹事。后官至中书平章政事。(0001 卷 21、22、163,0006 卷 49)

赵仁荣③ 元云中怀仁(今属山西)人,赵璧子。仕为同知归德府事。(0001 卷 159)

赵仁举 字伯昂,元滦阳(治今河北迁西西北)人。赵炳第五子。成宗大德五年(1301)任晋州知州。历任抚州路总管。文宗至顺间改任南安路总管。(0212 卷 31,0645 卷 4、24,0101 卷 12)

赵仁恭 元云中怀仁(今属山西)人,赵璧子。仕为集贤直学士。(0001 卷 159)

赵仁原 元人。有诗作传世。(0504 癸下)

赵介如 字元道,宋元间浮梁人。江万里弟子。宋理宗宝祐间进士,通判饶州。入元,为双溪书院山长,从学者甚众。(1009 卷 88)

赵从正 元成宗元贞间为荆门州儒学正。(1044 卷 17)

赵从谅 元泰定间为曲阳县尹,后改任慈溪县尹。(0634 卷 2)

赵公谅 字允升。元临潼(今属陕西)人。泰定元年(1324)进士,授宁州判官,迁任三原县尹。官至工部尚书。(0801 卷 20、26,0803 卷 4)

赵公辅 元平阳(治今山西临汾)人。历任儒学提举。撰杂剧《晋谢安东山高卧》、《倩女离魂》。(0029 卷上)

赵月鲁 字去疾,元汪古人,居成都,赵世延之子,野峻台弟。历任江浙行省理问官。(0001 卷 180,0011 卷 70,0504 乙)

赵凤仪 字瑞卿,号怡斋。元汴梁(治今河南)人。历任台州、温州二路总管。英宗至治二年(1322)改任平江路(治今苏州)总管,次年离任。官至京畿都漕运使。练达吏治。善写扁牓大字。(0622 卷 47、48,0871 卷 33,0031 卷 7)

赵文郁 元成宗大德九年(1305)任秘书监校书郎。(0027 卷 10)

赵文昌 字明叔,号西皋。元济南人。初为御史台掾。累迁为长清县尹。世祖至元十四年(1277)授南台御史。后历任益都路同知、浙西按察副使、南台侍御史。有诗作传世。(0721 卷 25,0632 卷 6,0504 乙)

赵文荣(1272～1333) 字仁甫。元上虞(今属浙江)人。宋宗室。文宗至顺二年(1331)任江阴州司狱。(0202 卷 12)

赵文冕 字德璋。元燕人。顺帝至正七年(1347)由翰林国史院都事出为完州知州。(0649 卷 30)

赵文焕 字有章。元武邑(今属河北)人。顺帝至正中为兴化县(治今福建莆田东北)主簿。(0902 卷 62,0905 卷 3)

赵文谓 元晋宁(治今山西临汾)人。文宗至顺间为丹徒县(治今江苏镇江)知县。(0631 卷 16)

赵文辉 元世祖至元三十年(1293)任冠州知州。有诗作传世。(0730 卷 6,0504 乙)

赵心远 元人。有诗作传世。(0504 癸上)

赵允中 元余姚(今属浙江)州同知。(0880 卷 28)

赵允恭 字子敬。元晋宁(治今山西临汾)人。泰定元年(1324)至四年,任镇江路推官。(0631 卷 15)

赵孔孙 元顺帝至正间任瑞州路(治今江西高安)推官。(1016 卷 14)

赵正伦 元汤阴(今属河南)人。长于诗赋。泰定四年(1327)进士。官至吏部尚书。(0622 卷 28,0762 卷 10)

赵去私 元成宗元贞元年(1295)任章丘(今属山东)县尹。(0735 卷 10)

赵龙泽 字万里。元溧水(今属江苏)人。元末汝颖兵起,攻占建康(今南京),不屈而死。(0925 卷 6,0926 卷 30)

赵世延(1260～1336) 字子敬。元汪古人。按竺迩之孙。少时喜读书,究心儒者体用之学。弱冠,世祖召见,俾入枢密院、御史台习官政。至元二十一年(1284),授云南按察司判官。二十六年,擢监察御史,与同列五人劾丞相桑哥不法。二十九年,出为湖北廉访司佥事,敦儒学,立义仓,修堤防。成宗时任安西路总管,赈灾济民。武宗时任四川廉访使,修都江堰。仁宗时任御史中丞,劾罢权相铁木迭儿。仁宗死,铁木迭儿复相;被其诬陷入狱,后由英宗释放。文宗时任中书平章、奎章阁大学士,奉诏修《经世大典》。顺帝初年仍任中书平章。卒,谥文忠。(0001 卷 180)

赵世安　元涞水(今属河北)人,赵柔曾孙。文宗即位,任参议中书省事、太子詹事。天历二年(1329),拜中书参知政事。不久进中书左丞。至顺元年(1330),调任御史中丞。后复任中书左丞,出为江西行省左丞。(0001 卷 33、112、152 等)

赵世杰　元顺帝至正末,任静江路(治今广西桂林)判官,明兵陷城,自杀死。(0020 卷 124)

赵世荣　又名那怀,元汪古人,赵国宝子。世祖时,袭父、叔职为怀远大将军、蒙古汉军元帅、兼文州吐蕃万户府达鲁花赤。后进安远大将军、吐蕃宣慰使议事都元帅,拜陕西行省平章政事。仁宗延祐七年(1320),拜中书平章政事。(0001 卷 27、121、132)

赵世显　元世祖时将领赵匣剌之子。历任船桥副万户。(0001 卷 165)

赵由仁　字则荣,号虚白。元人。有诗作传世。(0504 甲)

赵由侪　字与侪,号中山。元南丰(今属江西)人。有诗作传世。(0504 戊下,0033 卷 12,0514 后集卷 5)

赵由炜　元人。有诗作传世。(0504 甲)

赵由宝　元文宗天历二年(1329)任秘书郎。(0027 卷 10)

赵由钟(1267～1337)　字子元。元山阴(治今浙江绍兴)人。宋宗室。家居不仕。后以子宜浩贵,推恩授象山(今属浙江)知县。(0258 卷 12)

赵由儁　字仲时。元湖州(今属浙江)人。赵孟頫侄。仁宗延祐间为广德路儒学教授。有诗作传世。(0504 己下,0580 卷 10)

赵半闲　元人。有诗作传世。(0504 癸上)

赵必华　字实夫。元崇明(今属上海)人。世祖至元中,从范文虎征日本有功,授海运千户。(0949 卷 7)

赵必范　号古一。宋元之际建德(治今浙江建德东北)人。宋度宗咸淳四年(1268)进士。工诗。元世祖至元二十四年(1287),其诗作被月泉吟社选评为第二十名。(0504 甲,0033 卷 6,0896 卷 129)

赵必昌　元初为庆元路(治今浙江宁波)儒学录,后升为儒学正。(0633 卷 2)

赵必拆　元杭州人。工诗。世祖至元二十四年(1287),其诗作被月泉吟社选评为第三十名。(0504 甲,0033 卷 6)

赵必覃　字景渊。宋元之际吉州(治今江西吉安)人。随孟之缙降元,授宣抚司参议。后授郁林州同知。未上任死。(0173 卷 16)

赵必禳　元仁宗延祐间为兴化路(治今福建莆田)儒学教授。(0905 卷 3)

赵永嘉　元泉州人。有诗作传世。(0504 壬上,0033 卷 32,0593 卷 14)

赵弘毅(?～1368)　字仁卿,元真定晋州(今河北晋县)人。少好学,受业于名儒吴澄。初辟翰林书写,顺帝时转国史院编修官,调大乐署令。明军入大都,自缢而死。(0001 卷 196)

赵芝室　元人。有诗作传世。(0504 癸上)

赵执中(1240～1309)　字景贤。元赵州宁晋(今属河北)人。世祖至元中从伯颜平宋,授寿昌知府,行真州路同知。后历任泉州路同知、南雄路总管、福建转运盐使、福州路总管。卒,追谥景惠。(0152 卷 31)

赵成庆(1284～?)　字伯宁,元鄄县人。英宗至治间为监察御史。历任山南廉访副使、云南廉访使,内台侍御史、中丞。顺帝至正二年(1342)任南台侍御史。未几升南台中丞。(0001 卷 29、74、190,0622 卷 70,0632 卷 6)

赵至道　号竹逸。元人。有诗作传世。(0504 己下)

赵师贞　元顺帝时为永康县(今属浙江)知县。(0881 卷 13)

赵师鲁(1285～1337)　字希颜。元霸州文安(今属河北)人。秘书少监赵趾之子。初为国子生。仁宗延祐初,为兴文署丞。迁将作院照磨。英宗即位,辟为御史台掾。补中书省掾,熟悉朝廷典章故实、律令文法,临事明敏果断。擢工部主事,迁中书省检校官,咸著能名。泰定中,为监察御史,谏止张灯山为乐,上疏反对宰相倒剌沙密专命令。文宗时,任枢密判官,持节治四川军马。后出为河间路转运盐使,除害兴利,岁课大增。卒,谥文清。(0001 卷 176)

赵仲礼　元泰定元年(1324)任衢州路总管。(0878 卷 2)

赵仲璋①　元世祖至元二十年(1283)任溧水(今属江苏)县丞。(0632 卷 6)

赵仲璋②　元顺帝至正中任徽州路总管,建紫阳书院。(0972 卷 4,0973 卷 5)

赵任重　元青州(今属山东)人。顺帝至正中任真定路(治今河北正定)总管。(0645 卷 4)

赵行吾　字思鲁。元人。有诗作传世。(0504 己下)

赵行简　字居敬。元顺帝至正中为秘书监管勾。(0027 卷 9)

赵庆祥　元永年(今属河北)人。博学不仕,讲授湘潭间,学者多宗之。(0072 别附卷 3)

赵次进　元人。有诗作传世。(0504 辛

下,0033 卷 21)

赵汝吉 元兰溪(今属浙江)知州。(0881 卷 12)

赵汝励 元泽州(治今山西晋城)人。历任长林、融水二县知县。累迁为梧州路判官。(0694 卷 6)

赵汝遂 元人。有诗作传世。(0504 癸下)

赵安世①(1235~1283) 字言佐。元真定(治今河北正定)人。历任冀州同知、郓城县尹、高邮同知。仕至温州路宣课都提举。(0205 卷下)

赵安世② 元泰定末为曹州(治今山东荷泽)知州,有惠政。(0721 卷 26)

赵守礼 元柏乡(今属河北)人。顺帝至正末为中书省左司郎中。(0645 卷 5)

赵守逊 元鸡泽(今属河北)人。任景州儒学教授。(0648 卷 4)

赵汝愚 字师颜。元铜鞮(治今山西沁县)人。顺帝至元四年(1338)由翰林应奉迁任秘书监著作佐郎。(0027 卷 10)

赵观光(1317~1351) 字观国。元鄞县(治今浙江宁波)人。试奉化州吏,迁昌国州(治今浙江舟山)吏。顺帝至正十年(1350)冬,黄岩海盗渐起,进言州守请募兵以备。次年正月,引兵出海,战死。(0414 卷 20,0062 卷 8,0002 卷 232)

赵均保 元临川(今属江西)人。顺帝至正间守城有功,授广东宣慰司同知。后城被陈友谅攻破,被擒杀。(1014 卷 13)

赵孝祖 元真定(治今河北正定)人。武宗至大四年(1311)任丹徒县(治今江苏镇江)知县。仁宗延祐六年(1319)改任定海(治今浙江宁波镇海)知县。(0631 卷 16,0634 卷 2)

赵克中 元夏邑(今属河南)人。英宗至治初,侍直宫内,直言无隐。后历任陕西屯田副总管。(0762 卷 4)

赵志渊(1167~1243) 号清平子。元单州(治今山东单县)人。全真教道士,丘处机弟子。主持洺州神霄万寿宫。(0040 卷 8)

赵克让 元泰定间为汶上县(今属山东)知县,有善政。(0721 卷 26)

赵克明 元相台人。成宗大德间任濮阳(今属河南)知县。(0646 卷 5)

赵克忠 元世祖至元十四年(1277)为庆元路(治今浙江宁波)提控案牍。(0633 卷 2)

赵克敏 字好古。元常山(今属浙江)人。文宗至顺间为奉元路(治今陕西西安)提控案牍。(0554 卷 28)

赵匣剌(?~1275) 元世祖中统间,袭父职为千户,守东川,屡败宋军。至元三年(1266),为东川路先锋使。四年,从攻开州,至万宝山,击败宋军。五年,击败宋杨立护粮军。六年起,多次参与围攻钓鱼山(今四川合川东)。十二年,进围重庆,大败宋军。未几,被泸州反元军擒杀。(0001 卷 165)

赵时远 字无逸,自号渐磐乡老。元吴江(今属江苏)人。宋宗室。能画,工诗,有诗作传世。(0504 甲)

赵时奂 元人。有诗作传世。(0504 辛上)

赵时勉(1274~1327) 字致堂。元安喜(治今河北定州)人。赵秉温孙。从滕安上学。以荐授侍仪通事舍人,后病归。久之,出任定陶县尹。(0262 卷 18,0072 卷 91)

赵时彦 元冠州(治今山东冠县)人。历任平阴县尹,有善政。(0721 卷 26)

赵时敏 字可学。元睢州(治今河南睢县)人。泰定元年(1324)进士,授钧州同知。文宗天历元年(1328)迁任偃师县尹。后历任安阳县尹、监察御史、崇文少监。官至大学士。(0254 卷 12,1160 卷 65)

赵伯元 元成宗大德元年(1297)任昌国州(治今浙江舟山)知州。(0633 卷 3)

赵伯成(1233~1309) 元真定(治今河北正定)人。世祖中统元年(1260)袭父职为黑军百户。从平宋,又多次镇压福建反元队伍,以功升管军千户、万户、总管。至元二十六年(1289),任漳州新军副万户。成宗大德三年(1299)致仕。(0262 卷 15,0003 卷 96,0002 卷 166)

赵伯忽 元汪古人,居成都,赵世延子,月鲁弟。累官夔州路总管。文宗天历间囊加台据蜀反,被杀。谥忠愍。(0001 卷 180)

赵伯敬 元密云(今属北京)人。文宗至顺间为蓟州知州。(0667 卷 3)

赵伯颜 元人。善画,尝为马祖常画《家山图》。(0244)

赵辰孙 字心甫。元四川人。历任嵊县(今属浙江)儒学教谕、镇江路淮海书院山长。(0631 卷 17,0880 卷 29)

赵希远 元顺帝时人。善画山水。尝临摹王蒙《香光居士图》。至正九年(1349)作《林峦福地图》,见《故宫周刊》。(1143 卷 1278)

赵希直 元晋江县(治今福建泉州)人。宋宗室。家富藏书,悉遍读之。以善诗闻名。(0902 卷 127)

赵希鹗 元人。有诗作传世。(0504 癸下)

赵应祥 元庐陵(治今江西吉安)人。父为行商,死葬滨州。应祥既长,往寻父坟,取骨而归。(0332,0002 卷 239,0004

卷40）

赵完普　元杭州（今属浙江）人，南宋末代皇帝赵显子。出家为僧。顺帝至正十二年（1352），因河南红巾军起事，被迁往西北沙州安置，禁勿与人交通。（0001卷42）

赵宏伟（1283～1326）　字子英。元甘陵人，后迁颍川。世祖至元十三年（1276），以书谒元帅宋都解；奇之，命其领兵攻宋。攻降吉州，以功署吉州参佐官。未几，升太和县尹，俘宋文天祥部将罗开礼，杀叶良臣。十七年，改衡州路治中，兴屯田，使民务农足食。成宗大德中，任浙西廉访司佥事。镇江旱，蠲免民租。润、常等州大水，发廪赈灾。后历任内台都事、浙东廉访副使、南台治书侍御史、福建廉访使。卒，谥贞献。（0001卷166）

赵良钤（？～1283）　元广州新会（今属广东）人。世祖时，与林桂方等聚众起事，定国号罗平国，称延康年号。不久被元军擒杀。（0001卷12）

赵良仁　字以德，号云居，元明之际浦江（今属浙江）人。朱震亨弟子名医赵良本之弟。幼年时习儒，不久，从朱震亨学医多年。深通医学，疗疾多收奇效，名动浙东西。后迁家长洲（治今江苏苏州）。张士诚据吴时，征召不赴。撰有《金匮方衍义》三卷，清初吴人周扬俊补注后刊行，更名《金匮玉函经二注》。又撰有《丹溪药要》、《医学宗旨》。其子友同，明初为御医。（0495卷17，0042卷13，1149卷275）

赵良本（1304～1373）　字立道，号太初子。元浦江（今属浙江）人。赵必俊之子。少时从吴莱学。后从朱震亨学，传其医术以济世。被荐为医学正，不就。（0411卷31，0157卷18、23、25，0072卷82）

赵良臣　元泰定间任宿州（今属安徽）知州。（0985卷11）

赵良庆　元建平（治今安徽郎溪）人。任仁和县（治今杭州）儒学教谕。有诗作传世。（0990卷6，0504丁）

赵良恭　字敬德，元兰溪人，宋宗室。受业于吴师道。建聚星楼，延接名士，所学日进。（0050卷10，0072卷82）

赵良辅（1247～1318）　字良卿。元安阳（今属河南）人。世祖至元二十二年（1285）任金坛县尹。后历任平江路推官，新喻州、醴陵州知州，建昌路同知。以潭州路同知致仕。（0250卷52，0631卷16，0002卷229）

赵良弼①（1217～1286）　字辅之。本姓术要甲。元女真人。太宗十年（1238），应试中选，教授赵州。宪宗时，任邢州安抚司幕长。世祖中统元年（1260），任陕西四川宣抚司参议，与汪惟正、刘黑马议决，捕杀附阿里不哥之蒙古将领乞台不花、迷立火者。至元七年十二月（1271，1）、九年，两次出使日本。十一年，任枢密院同佥。十九年，告老归。卒。追封韩国公，谥文正。（0001卷159）

赵良弼②　字君卿。元东平（今属山东）人。从邓文原、曹鉴学。工诗文书画散曲。补嘉兴路吏，迁调杭州路吏。文宗天历元年（1328）卒于家。撰杂剧《春夜梨花雨》，其词甚丽。（0029卷下，0895卷11）

赵良潭　元初为义乌县（今属浙江）儒学教谕。（0881卷12）

赵良翰　字彦桢。元浚仪县（治今河南开封）人。有诗作传世。（0504庚上）

赵君用（？～1359）　元萧县（治今安徽萧县西北）人。元末红巾军首领。顺帝至正十一年（1351），随李二等起事，攻陷徐州。十七年，据淮安，自称永义王。十九年初，淮安失守，至益都投奔毛贵。后内讧渐剧，杀毛贵，自己亦为毛贵部将续继祖所杀。（0001卷42、45）

赵君谟　元人。有诗作传世。（0504癸上）

赵君璋　元人。有诗作传世。（0504己下）

赵若秀　宋元间人。宋德祐二年（1276），恭帝既降，以若秀为奉表押玺官，赴元廷请命。后授元嘉兴路总管。（0001卷127，0896卷116）

赵若岩　元人。有诗作传世。（0504癸下）

赵若搠　元仁宗延祐七年（1320）任吴江（今属江苏）州提控案牍。（0954卷17）

赵松茂（约1270～1328）　字曼龄。元彰德（治今河南安阳）人。仁宗延祐五年（1318）任林州知州。仕至太子家丞。（0147卷19，0788卷4，0596卷4）

赵叔逊　元宣德（治今河北宣化）人。顺帝至正初为绍兴路推官。后迁任福建廉访司经历。（0559卷17，0880卷26、27、36）

赵尚敬　元世祖至元二十四年（1287）任江南行台监察御史。（0632卷6）

赵国安　又名帖木儿，元汪古人，赵国宝弟。世祖至元四年（1267），袭兄职为蒙古汉军元帅、兼文州吐蕃万户府达鲁花赤。后让职于侄世荣，进阶昭毅大将军、招讨使。（0001卷121、132）

赵国宝（？～1267）　又名黑梓、黑子。元汪古人。按竺迩之子。少时击剑读书，有谋略。父为元帅，军务悉以委之，故所至多捷。从攻重庆，降宋都统张实。世祖中统元年（1260），从攻阿蓝答儿有功。后，父告老，兄彻里病废；乃摄帅事。遣使持金帛说降吐蕃酋长勘陁孟迦从其入觐。帝授国宝为蒙古汉军元帅，兼文州吐蕃万户府达鲁花赤。时抚州诸羌未归附，国宝招降呵哩禅波哩揭及诸酋长，从其入觐。帝授呵哩禅波哩揭为万户，诸酋长为千户。治理文州有政绩，未几卒。仁宗时追封梁国公，谥忠定。（0001

卷121、132）

赵国器　元世祖至元二十三年（1286）任衢州路总管。（0878卷2）

赵明仲　元湖州（今属浙江）人。赵孟頫侄。历任番江书院山长。泰定初任常山县（今属浙江）主簿。（0252卷12，0241卷2、4）

赵明道　元大都（今北京）人。撰杂剧《范蠡归湖》、《韩湘子三赴牡丹亭》。（0029卷上）

赵忠恕　字信卿。元世祖至元间为镇江路行大司农司照磨。后累迁为徽州路推官。（0631卷17，0972卷4）

赵知彰　字伯常。元归德（治今河南商丘南）人。文宗天历二年（1329）任南台御史。累迁为淮西廉访副使。顺帝至元间任两浙都转运盐使司同知，升转运使。（0632卷6，0101卷15，0872卷9、61）

赵和尚（？～1285）　元世祖至元二十二年（1285），自称为南宋福王之子广王，图谋起事，被捕杀。（0001卷13）

赵秉政（1242～1308）　字公亮。元安喜（治今河北定州）人。赵瑨第六子。世祖至元十年（1273）授新军上千户。宋亡，以管军总管镇徽州，改江西宪佥，迁汉中宪佥，病归。二十八年，起为河南宪佥，迁山东宪副。成宗大德元年（1297）任江南行台治书侍御史。五年，任江西廉访使。七年，致仕。卒，追谥忠敏。（0262卷10，0632卷6，0003卷56）

赵秉温（1222～1293）　字行直。元蔚州（治今河北蔚县）人。赵瑨之子。初侍忽必烈于藩府，从刘秉忠学。从征大理。世祖中统初，行右三部事，佐刘秉忠规划建大都城（今北京）。至元七年（1270），参与拟定朝仪，授礼部侍郎。十年，改秘书少监，购求天下秘书。十九年，迁昭文馆大学士、知太史院侍仪司事。二十九年，编成《国朝集礼》。卒。仁宗时追封定国公，谥文昭。（0001卷150，0262卷22）

赵受益（1235～1293）　字谦甫。元济南人。有吏才。省部八举居会计之职，皆以课最闻。（0143卷8）

赵泽民　金元之际保定（今属河北）人。金末历任新息县令。元世祖中统初擢左三部司正。以景州判官致仕。（0160卷9）

赵宗元　元泽州（治今山西晋城）人。工文辞，尝中乡试。后隐居山中，一时学者多宗之。（0694卷14）

赵宗喆　元人。有诗作传世。（0504己上）

赵宗杰　元人。有诗作传世。（0504癸下）

赵宗道　字景贤，元太原人。泰定二年（1325）任淮安路总管。（叶景伯《淮安路儒学修造记》，载《淮阴金石仪存录》）

赵宜中　字心道。元婺源（今属江西）人。泰定元年（1324）进士，授如皋县丞。仕至番禺县（治今广州）知县。（0212卷33，0972卷6）

赵宜诚　元人。有诗作传世。（0504甲）

赵宜浩　元山阴（治今浙江绍兴）人。赵由钟之子。泰定四年（1327）进士，授昌国州判官。后调任庆元县尹。历江西行省管勾。顺帝至正三年（1343）迁任松江府推官。十四年，任黄岩州知州。（0634卷2，0001卷43，0578卷9）

赵居仁①　元清苑（治今河北保定）人。登进士第，授翰林应奉。（0649卷34）

赵居仁②　元顺帝至正十二年（1352）任怀安县尉。（0594卷12）

赵居信　元世祖至元二十九年（1292），被征召至京，授集贤侍讲学士。后还乡。英宗至治三年（1323），召拜翰林学士承旨。（0001卷17、28、172）

赵承禧　字宗吉。元晋宁（治今山西临汾）人。文宗至顺元年（1330）进士，授翰林编修。顺帝至元四年（1338）任江南行台监察御史。后历任河间路总管。有诗作传世。（0632卷6，0504己上，0275卷3）

赵孟乂　元浚仪（治今河南开封）人。有诗作传世。（0504庚上）

赵孟节　元成宗大德初，任庆元路（治今浙江宁波）儒学教授。（0633卷2）

赵孟传　字岩起。宋元之际鄞县（治今浙江宁波）人。宋末历任沿海制置使、知庆元府。宋亡，授元沿海宣抚使。元世祖至元十五年（1278）任浙东宣慰使。二十一年，入为集贤学士。未几卒。（0372卷89，0633卷1、2、5，0001卷205）

赵孟林　元仁宗延祐间为浙东宣慰副使。（0633卷2）

赵孟实　元黄岩人，赵与票长子。特授瑞安州同知，累迁广海盐课都提举。（0001卷168）

赵孟贯　字子唯。元黄岩（今属浙江）人。赵与票第三子。荫授余姚州同知，累升为海盐州知州。顺帝至正元年（1341）授袁州路同知。后以秘书卿致仕。（0880卷28，0115，0578卷9）

赵孟玠　宋元之际山阴（治今浙江绍兴）人。宋宗室，赵由钟父。元初捐二顷田与郡学，一顷田与县学，又以二顷田入义廪，五十亩充义役。有司旌其门。（0880卷45，0062卷9）

赵孟杰　元人。有诗作传世。（0504癸下）

赵孟僩　宋元之际黄岩（今属浙江）人。宋宗室。宋亡，隐为道士，名道渊。五年后为僧，名顺昌。遂自号三教遗逸。

(0622 卷 9,0063 卷 13,0006 卷 91 下)

赵孟赉(1273～1336)　字仲良。元黄岩(今属浙江)人。赵与票次子。以荐授温州路蒙古字学教授,数月辞归,不复仕。晚年寓居镇江。(0152 卷 36)

赵孟頫(1254～1322)　字子昂,号松雪。宋元之际湖州(今属浙江)人。宋孝宗兄伯圭四世孙。宋末,任真州司户参军。元世祖时,历任兵部郎中、集贤直学士。仁宗时,官至翰林承旨。卒,追封魏国公,谥文敏。其诗文清邃奇逸。精通音律。书法兼长篆、隶、真、行、草。绘画兼善山水、人物、鞍马、花鸟、竹石。著有《松雪斋集》。(0001 卷 172)

赵孟善　元世祖至元中,任萧山县(今属浙江)儒学教谕。(0880 卷 29)

赵孟溁(1242～1305)　字深道。宋元之际南丰(今属江西)人。宋宗室。宋度宗咸淳元年(1265)进士,历任抚州制司干官,后入文天祥督府。宋亡,授元杭州路总管,改桂阳路总管,罢归。(0204 卷 8、11)

赵孟慧　元世祖至元二十七年(1290)任东阳(今属浙江)县丞。(0881 卷 12)

赵孟熺　元宛陵(今安徽宣州)人。登进士第。有诗作传世。(0504 丁)

赵孟籲　字子俊。元湖州(今属浙江)人。赵孟頫弟。工画人物花鸟。成宗大德元年(1297)任延平路同知。(0030 卷 5,0002 卷 190,0033 卷 10)

赵绍祖　元人。成宗大德四年(1300)任东阳(今属浙江)县丞。(0881 卷 12)

赵春洲　元人。有诗作传世。(0504 癸上)

赵贲亨(1229～1285)　字文甫。元冠州(治今山东冠县)人。赵天锡之子。袭父职为行军千户。宪宗九年(1259),从忽必烈军渡江攻鄂州(今湖北武汉武昌),有功。世祖至元五年(1268),从攻襄樊。十年,攻破樊城,先登。十一年,败夏贵于淮。次年,从攻镇江,败张世杰于焦山。十四年,授处州路达鲁花赤,镇压青田季文龙起义。次年,镇压龙泉张三八起义、衢州陈千二起义。十七年,改处州路管军万户。(0001 卷 151)

赵荣祖①　元广平(今属河北)人。赵玉之子。武宗至大三年(1310)袭父职为镇江路广平翼千户。(0631 卷 17)

赵荣祖②　元名山县(今属四川)人。历任江源县尹。(0841 卷 17)

赵荣祖③　元世祖至元十五年(1278)为大乐正。(0001 卷 68)

赵牵奴　元初人。从宪宗征四川有功,授祯州达鲁花赤。(0806 卷 15,0825 卷 5)

赵显宏　号学村。元散曲作家。有所作散曲传世。(0505)

赵思义　元世祖至元间任冠州判官。(0730 卷 6)

赵思明　元镇原(今属甘肃)州判官,有惠政。(0622 卷 35,0801 卷 22,0810 卷 10)

赵思忠　元文宗至顺三年(1332)任集庆路(治今南京)推官。后历任宿州(今属安徽)知州。(0632 卷 6,0985 卷 11)

赵思诚　元文宗至顺间任嵊县(今属浙江)知县。(0880 卷 28)

赵思恭①(1239～1296)　字仲敬。元安阳(今属河南)人。世祖至元间历任宣徽院照磨、经历,擢燕南宪司判官。二十八年,入为监察御史。改大司农经历,出为燕南廉访司佥事。(0259 文集卷 10,0212 卷 66,0147 卷 42)

赵思恭②　字子敬。元襄城(今属河南)人,赵宏伟长子。武宗至大四年(1311)至仁宗延祐元年(1314)任镇江路经历。(0631 卷 15)

赵思益　元英宗至治二年(1322)任无锡知州。(0558 卷 24)

赵思敬　元襄城(今属河南)人,赵宏伟次子。成宗大德三年(1299)任西安县(治今浙江衢州)知县。(0878 卷 2,0072 卷 82)

赵钦止　元世祖至元十年(1273)任秘书监令史。二十四年,累迁为江南行台监察御史。(0027 卷 11,0632 卷 6)

赵重喜　元狄道人,赵阿哥潘子。中统四年(1263)袭父职为临洮府元帅,改临洮府达鲁花赤,升巩昌宣慰使,卒谥桓襄。(0001 卷 123)

赵信遵　元澄城(今属陕西)人。泰定四年(1327)授新平县尉。顺帝元统元年(1333)迁任夔州路知事。(0820 卷 2)

赵禹圭　字天锡。元汴梁人。世祖至元间为镇江行大司农司管勾。文宗至顺元年(1330)累迁镇江路判官,三年致仕。(0631 卷 15)

赵庭芝　字德瑞。元华亭(治今上海松江)人。英宗至治元年(1321)登进士第,授归安(治今浙江湖州)县丞。(0944 卷 8,0950 卷 14,0931 卷 25)

赵彦正　元吴兴人,赵雍侄。工画山水、人物。(0077 卷 18)

赵彦铎　字振之。元汴梁(治今河南开封)人。历任镇江路淮海书院山长。(0631 卷 17)

赵祖森(1310～1368)　字元隆,元兴安人,历任广西行省都事,至正二十八年(1368),明兵攻陷桂林,自刎死。(1102 卷 73,0020 卷 124)

赵振玉　金元之际大宁龙山(治今辽宁喀喇沁左翼南)人。元初,受史天倪赏识，署龙安府库使，改永安令，迁军中都提控。天倪被武仙杀害后，随史天泽收复真定一带，振玉攻下邢、赵二州，授庆源军节度使。元太宗九年(1237)，授真定路工匠都总管。(0351 卷 30,0002 卷 229)

赵致安 元中山(治今河北定州)人。弱冠登进士第。顺帝至正五年(1345)任云州知州，有善政。(0681 卷 34,0075 官常典卷 637)

赵唐速 元仁宗皇庆二年(1313)任溧水(今属江苏)知州。(0632 卷 6)

赵彪翼 元建康路(治今江苏南京)录事。(0632 卷 6)

赵崇荣 字仁则。元世祖至元中任建德路总管，二十一年(1284)任满西归。(0167 卷 5)

赵崇篡 元德安(今属江西)人。七任县尹。后升为留阳州知州。以松江府知府致仕。(0506 卷 6701)

赵敏中 元成宗大德元年(1297)任仙居(今属浙江)县尹，有古循吏风。(0896 卷 154)

赵偏惜 元歌妓、杂剧演员。旦末双全，江淮间多师之。(0032)

赵惟贤 字如鲁，号秋江。元崞县(治今山西原平北)人。由国子生授孔颜孟三氏学教授。后升为平遥县尹。仕至太常奉礼。(0692 卷 20,0703 卷 5,0075 文学典卷 90)

赵清润 元淮(今淮河流域一带)人，工画人物仙女。(0030 卷 5)

赵清涧 元淮(今淮河流域一带)人，工画人物仕女。(0030 卷 5)

赵绳祖 字嗣宗。元大都(今北京)人。顺帝至正十二年(1352)任阳城县(今属山西)知县。(0551 卷 38,0694 卷 5、13)

赵期颐 字子期，汴梁路宛丘(治今河南淮阳附近)人。元文宗时，任礼部郎中。至顺二年(1331)，奉命同吏部尚书撒里瓦出使安南。顺帝时，历任参议中书省事、国子祭酒、工部尚书、西台治书侍御史、河南参政。(0001 卷 35、186,1160 卷 76)

赵敬夫 元彰德(治今河南安阳)人。教坊色长。撰杂剧《武王伐纣》、《宦门子弟错立身》、《张果老度脱哑观音》。(0029 卷上)

赵景文 元长垣(治今河南长垣东北)人。有诗作传世。(0504 戊上)

赵景良 字兼善。元南丰(今属江西)人。编撰《忠义集》七卷。(1103 卷 197)

赵景献 元人。有诗作传世。(0504 癸下)

赵傅弼 元云南大理府儒学教授。为人严毅，教人勤敏。(0851 卷 10)

赵象元 字长卿，号可斋。元休宁(今属安徽)人。赵汸祖。元初授休宁县丞。改任婺源县丞。迁仁和县尹，未上任卒。(0972 卷 4、8,0973 卷 6)

赵然明 字勉耘，号云阿。元婺源(今属江西)人。早年从方回、吴澄学。后历任徽州路儒学录、信州路稼轩书院山长、吉安路儒学教授、江阴州知事、建德县尹。顺帝元统元年(1333)任汉川县尹。以松江府判官致仕。(0972 卷 8,0973 卷 7,0059 卷 16)

赵善庆 字文宝。元饶州乐平(今属江西)人。以卜术为业，历任阴阳学教授。撰杂剧《周幽王骊山七德舞》、《孙武教女兵》、《褚遂良掷笏谏》、《姜肱共被》、《负亲沉子》、《糜竺收资》。(0029 卷下)

赵普胜(？～1359) 元末天完红巾军将领。善用双刀，号双刀赵。顺帝至正十二年(1352)九月，在长江中游小孤山附近大败元军，俘元江西平章星吉，克江州。十五年春，与李普胜、俞通海等据巢湖结水寨，拥众万余。夏，与朱元璋联合渡江，中途火并，离去。多次率兵攻安庆，池州元军，并与朱元璋军交锋。十八年，与陈友谅同攻克安庆。次年九月，被友谅杀害。(1161 卷 360)

赵道可(？～1318) 号定庵。元辽阳(今属辽宁)人。以父荫授江阴许浦翼管军总管。后去为道士，浪迹湖海。成宗大德二年(1298)建中和道院于婺源。(0972 卷 10,0416 卷 7)

赵道泰 元金乡(今属山东)人。仁宗延祐六年(1319)任陕州(治今河南三门峡西)知州，见当地文风凋敝，捐己俸倡兴学校。(0762 卷 7)

赵教子 字希颜。元顺帝至正二十四年(1364)任礼部主事。有诗作传世。(0594 卷 12,0504 己下)

赵椿龄(1218～1290) 字寿卿。元藁城(今属河北)人。赵廼之子。袭职为藁城县丞，升县尹。后历任真定路判官，东京、西京、大都三路总管。世祖至元十七年(1280)任陕西按察使。二十四年，任荆湖北道宣慰使。(0145 卷 28,0003 卷 56,0002 卷 145)

赵雷泽 字师舜。元溧水(今属江苏)人。顺帝至正二年(1342)为抚州路经历。后迁任两浙盐运司判官。(0872 卷 9,0147 卷 34)

赵嗣鸿 字子渐。元金华(今属浙江)人。早年从许谦学。后为萧山县(今属浙江)儒学教谕。(0880 卷 29、37,0071 卷 82,0072 卷 82)

赵嗣祺(1277～1340) 号虚一。元处州龙泉(今属浙江)人。宋宗室。学道于武夷山天游道院。仁宗延祐元年(1314)住持仙都山玉虚宫。泰定间改主金陵玄妙观。(0152 卷 29,0147 卷 48、46)

赵嗣椿①(1277～1344)　又名宏道，字良夫。元临江(治今江西清江西南)人。宋宗室。仁宗延祐间补海北廉访司掌书。泰定二年(1325)调任淳州路知事，受诬失官。后起为四会县森峒寨巡检。顺帝至正三年(1343)调任新昌县罗苛寨巡检。次年，染瘴卒。(0415 卷 6)

赵嗣椿②(1296～1354)　字思齐。元临江(治今江西清江西南)人。宋宗室。以荐授湖广水溪镇巡检，秩满归，不复仕，避兵迁居南昌。(0309 卷 6)

赵嗣照　元温州人。历任新昌县(今属浙江)儒学教谕。(0880 卷 29)

赵贺翁　字继清。元闻喜(今属山西)人，寓居山阳(治今江苏淮安)。仁宗延祐二年(1315)进士，授泗州判官，调任湖广行省照磨。后历任国子博士、潮州路推官、安陆府尹、蕲州路总管。有《覆瓿集》，今佚。(0934 卷 8、13，0501 卷 31，0622 卷 61，等)

赵德寿　狄道人，赵重喜孙。元顺帝时，任兵部尚书。至正四年(1344)，拜中书参知政事。官至云南左丞。(0001 卷 113、123，0011 卷 79)

赵德亨　元文宗至顺三年(1332)任庆元路(治今浙江宁波)判官。(0634 卷 1)

赵澹山　元人。有诗作传世。(0504 己下)

赵藏器　元成宗大德九年(1305)任瑞州路(治今江西高安)判官。(1016 卷 14)

赵伯不花　元顺帝至正二十三年(1363)任吴江(今属江苏)知州。(0954 卷 17，0928 卷 4)

赵伯牙歹　元世祖至元二十七年(1290)任东阳县(今属浙江)主簿。(0881 卷 12)

赵阿哥昌　金元间临洮吐蕃人。金宣宗贞祐中以军功任熙河节度使。金亡，降蒙古，授垒州安抚使，卒年八十。(0001 卷 123)

赵阿哥潘　元吐蕃乌思藏掇氏。祖先附宋，赐姓赵。世居临洮今属甘肃。阿哥昌之子。从蒙古军攻四川，以功授临洮府同知。攻利州，擒获宋刘太尉，败宋师于潼川。进逼成都，略嘉定，平峨眉太平寨，擒宋陈侍郎、田太尉。宪宗二年(1252)，摄元帅。八年，宪宗攻四川，为先锋，攻克西安，授临洮府元帅。次年，从帝攻钓鱼山(今四川合川东)，击退王坚夜袭。世祖即位，奉诏还镇临洮。岁饥，发私廪赈济贫乏者。后以军事赴青居山，途中遇宋兵袭击，被杀。谥桓勇。(0001 卷 123)

赵伯颜不花　元顺帝时宦者。至正二十八年(1368)，明军进逼大都(今北京)。顺帝至清宁殿，集三宫后妃、皇太子、近臣同议离大都北奔。赵与知枢密院事黑的等谏帝，不听。赵恸哭曰："天下者，世祖之天下，陛下当以死守，奈何弃之；臣愿率军民及怯薛官出城拒战，愿陛下固守京城。"帝仍不听。后从帝北奔。(0001 卷 47)

赵伯颜达儿　字居礼。元束鹿(今属河北)人。顺帝至正二十年(1360)由景州判官入为秘书监辨验书画直长。(0027 卷 10)

赵忽都答儿　元彰德(治今河南安阳)人。仁宗皇庆元年(1312)至泰定元年(1324)任镇江路真定翼上百户。(0631 卷 17)

砚弥坚(1212～1289)　字伯固。元应城(今属湖北)人，迁居真定(治今河北正定)。通诸经，善讲授，从学者甚众，刘因从之受业。以荐授真定路儒学教授。世祖至元二十四年(1287)，超迁国子司业，岁余以病辞归。著有《郧城集》十卷。(0262 卷 7，0645 卷 25，0002 卷 234)

斫答　金元间契丹人。金宣宗贞祐二年(1214)三月，金、蒙达成和议。五月，宣宗南迁汴梁，留太子、丞相完颜福兴等守中都(今北京)。宣宗率军南下，以契丹为主之乣军随后而行，至良乡，宣宗疑之，欲夺取原给契丹乣军之铠马，契丹乣军众惊，杀其主帅详稳而叛，共推斫答、比涉儿、札刺儿为帅，欲返回中都。福兴闻变，遣金军阻卢沟桥，勿令得渡。斫答遣裨将塔塔儿率轻骑千人潜渡水，背击守桥金军，大破之，尽夺衣甲器械及牧马之近桥者，遣使者投降成吉思汗。成吉思汗遣三摸合、石抹明安率军与斫答等契丹乣军会合，并力围攻中都。次年，攻占中都。(0007)

歪头①　元世祖至元二十八年(1291)为礼部郎中，随礼部尚书张立道出使安南。二十九年闰六月，随立道归国，与安南使臣阮代之、何维岩至阙。(0001 卷 17、209)

歪头②　元畏吾儿人。顺帝元统二年(1334)任江南行台监察御史。(0632 卷 6)

歪闹　元云南徭族人。泰定元年(1324)十二月，与徭族人阿吾率众起兵反元，云南行省督兵捕之。(0001 卷 29)

歪哥　元顺帝时，任监察御史。至正十五年(1355)，上疏辨明前中书左丞吕思诚之枉。(0001 卷 44)

歪剌歹桑哥失里　元蒙古斡亦剌部人。顺帝至正十三年(1353)九月，来朝，献马一百匹。帝赐以金系腰一、币帛各九。(0001 卷 43)

盃禄可汗(？～1206)　又译卜欲鲁罕、不亦鲁黑罕等。乃蛮亦难赤罕之子。兄脱儿鲁黑继为太阳汗后，盃禄分管金山(今阿尔泰山)部众。善巫术。曾与王汗、铁木真(元太祖)联军战于黑辛八石(今新疆布伦托海)附近。后又与篾儿乞等部与王汗、铁木真战于阙奕坛(在今蒙古东南端哈拉哈河上源)大败。太阳汗败亡后，蒙古军进击兀鲁塔山下下莎合水(今索果克河)附近，被俘杀。(0008 卷 1，0001 卷 1)

厚孙　元顺帝末年，封郡王，任知枢密院事，率军捍御海口，守卫大都(今北京)。(0001 卷 47)

轻吉牙歹　蒙古斡勒忽讷惕氏。十二世纪八十年代投附元太祖。蒙古建国后，受封为功臣千户长。(0009 卷 3、8)

持定(1240～1303)　号铁牛。宋元之际太和(治今江西泰和)人。佛教僧人。俗姓王。住持鄗县灵云寺。(0147 卷 49)

拾得间　元仁宗时，任晋王内史。延祐五年(1318)，加荣禄大夫，封桓国公。泰定帝泰定元年(1324)，授太子詹事。(0001 卷 26、29)

拾得捏古　元镇江路行通政院宣使。(0631 卷 17)

指空(？～1363)　梵名提纳薄陀，华言禅贤，元时高丽僧。博学广识，往游西竺，途经元大都，为四众遮留，请出经论，乃于箧中检出《观自在菩萨施食法》等三经译之。(1144 卷 488)

按灰①　元宗室。仁宗时，代诸王脱脱镇云南。后召还，驻恩州(今山东武城东)。文宗至顺元年(1330)，因击伤巡检张恭，杖六十七，谪还广宁王所部充军役。(0001 卷 26、34)

按灰②　元顺帝至元二年(1336)授大宗正府也可札鲁忽赤，总掌天下奸盗诈伪。(0001 卷 39)

按陈(？～1237)　又译阿勒赤、按赤、按只、按嗔。元蒙古弘吉剌部首领。特薛禅之子。蒙古建国后，受封千户长。统辖弘吉剌四千户。从元太祖攻西夏、西征花剌子模国，皆有功。太宗四年(1232)，封河西王。成宗元贞初追封济宁王，谥忠武。后进封鲁王。(0001 卷 118，0008 卷 1)

按弹　元宗室。与太祖同族，作战时背盟约私分所获，受处分，因叛投克烈部王汗。后谋杀王汗未遂，逃奔乃蛮。乃蛮亡，仍归太祖，受命出使乞力吉思。(0001 卷 1)

按敦　元世祖初年，为四川蒙古军元帅、都元帅，戍守潼川。与宋军战于泸州、钓鱼山等地，皆有功。(0001 卷 5、154、166)

按摊　元蒙古克烈氏。也先不花第五子。初为元成宗宿卫。后往侍父于湖广，以孝行闻，授海北海南道宣慰使，抚定生黎。武宗至大二年(1309)，拜中书右丞，行浙东道宣慰司都元帅。未几，奔父丧于武昌，以哀毁致疾卒。谥贞孝。(0001 卷 134)

按札儿　又译按察儿。元蒙古土别燕克烈氏。尝扈从元太祖南征金。后以功受命领蒙古探马赤军为先锋，从木华黎攻金。太宗时，参与三峰山(今河南禹县南)之战及围攻汴京。金亡后，受赐平阳民六百余户为五户丝户。未几，病死。(0001 卷 122)

按出罕　元明宗皇后。(0001 卷 106、38)

按赤带　又译按只台、按只带、按只吉歹等。元太祖弟哈赤温之子。太宗二年(1230)，从攻金。四年，率万骑先渡黄河，与拖雷会师三峰山(今河南禹县南)，大败金军。次年，与贵由率军讨灭辽东蒲鲜万奴。八年，大举攻宋，皇子阔出卒于军，代统大军。乃马真皇后称制时，与察罕攻宋江淮。后拥戴宪宗即位。(0001 卷 2、3、107 等，0003 卷 22)

按竺迩(1194～1263)　又译按主奴、按住奴。元汪古人。幼由外祖术要甲抚养，术要甲讹言为赵家，遂姓赵。年十四，隶察合台。太祖时从征西域，以功为千户。太宗时，从攻金，参加三峰山(今河南禹县南)之战及围攻蔡州(今河南汝南)灭金之役。后从攻宋四川。世祖中统元年(1260)，从宗王合丹等大败阿里不哥大将阿蓝答儿、浑都海。卒，谥武宣。(0001 卷 121)

按浑察　元宗室，太祖弟别里古台后裔。文宗至顺元年(1330)，封广宁王，赐金印。(0001 卷 107、108)

按塔伦　元公主。太祖幼女。嫁蒙古斡勒忽讷惕氏斡剌儿之子塔出驸马。(0008 卷 1，0001 卷 109)

按摊出　元仁宗时，任晋王内史府内史。延祐四年(1317)，特授金紫光禄大夫，封鲁国公。泰定帝即位，拜太师、知枢密院事。(0001 卷 26、29、110)

按梯不花　元宗室。英宗时，参与南坡之变，谋杀英宗，并奉玺授迎泰定帝于漠北。泰定帝即位后，因其参与逆谋，诏流放于海南。(0001 卷 28、29、207)

按敦海牙　元顺帝至正中，任徽州路(治今安徽歙县)达鲁花赤。(0973 卷 5)

按摊不花①　又译按檀不花。元宗室。秦王忙哥剌次子。父卒，袭秦王印。世祖至元二十四年(1287)，诏因其兄阿难答已袭安西王爵，收秦王印，罢按摊不花所置王傅府。后又罢其所设断事官。(0001 卷 14、15、108)

按摊不花②　元成宗大德八年(1304)任江南行台治书侍御史。(0632 卷 6)

按摊不花③　元仁宗延祐间为平江(今属湖南)州判官。(1053 卷 13)

按摊不花④　元夷山人。顺帝至正间荐授岳阳县(治今湖南岳阳)达鲁花赤，有政绩。(0691 卷 8，0700 卷 6)

按摊不花⑤　元顺帝至正二十四年(1364)任杭州路达鲁花赤。(0872 卷 14)

按摊不花⑥　元蒙古克烈氏，镇海孙。任淮东廉访副使。(0011)

按马思不花　元蒙古许慎氏，(佩)头之

子。(0011)

按的忽都合　元世祖至元二十六年(1289),授蒙古军都万户,统兵会江淮、福建二省兵平江西盗。(0001 卷 15)

战俊　元鄞县(治今浙江宁波)县尉。(0633 卷 3)

临安奴　元杭州人。黄仲起之女。顺帝至正十六年(1356),张士诚占领杭州。张士诚士兵驱诸妇至临安奴家,曰:为我看守,日暮我当至。临安奴与其母朱氏惧受辱,俱缢死。(0001 卷 201)

哇哇①　元畏吾儿人。英宗至治三年(1323)任江南行台监察御史。文宗天历元年(1328)升为南台经历。(0632 卷 6)

哇哇②　元顺帝至正十八年(1358)任杭州路达鲁花赤。(0872 卷 14)

咱喜鲁丁　元回回人。世祖时,任参知政事。至元二十八年(1291),任中书平章政事。三十年,去职。(0001 卷 112、176)

哈乞①　元英宗至治元年(1321)任江南行台监察御史。(0632 卷 6)

哈乞②　元顺帝至正中,为江西平章朵里不花部将,从朵里讨广东反元队伍,战死。(0001 卷 195)

哈歹　又译合带,元宗室,太宗子阔出曾孙。世祖至元二十七年(1290)封靖远王。(0001 卷 16、107、108)

哈丹①　元宪宗三年(1253),授札鲁忽赤(断事官)。(0001 卷 3)

哈丹②　又译合丹。又称合丹秃鲁干。元宗王。太祖弟哈赤温子济南王按只歹之子。世祖中统元年(1260),随兄忽剌忽儿及东道诸王塔察儿等拥戴忽必烈即帝位。至元二十四年(1287),从乃颜叛。世祖亲征,乃颜被擒,兵败北逃。次年南犯,与元军战于托吾儿河(今洮儿河)、贵列儿河(今归流河)之间,大小数十战,后战败东逃。率众出没于女真、高丽、辽东之境。二十七年,进犯辽东,又北攻开元,被元军击败,遂窜入高丽。二十八年,元军进入高丽,与高丽军合讨,大败之;遂渡鸭绿江北逃。二十九年,涉海南袭高丽,被元军击败,斩其子老的于阵,又逃走,不知所终。(0001 卷 15~17、107 等,0002 卷 105,0003 卷 75)

哈丹③　元仁宗时,任知枢密院事。英宗即位,出为辽阳行省平章政事。(0001 卷 27)

哈丹④　元速要歹氏。拜要歹之子。英宗至治三年(1323),袭镇江路济南翼下千户所达鲁花赤。(0631 卷 17)

哈丹⑤　元驸马。驸马忒不歹曾孙驸马答赛之子。(0011 卷 92,0001 卷 109)

哈丹⑥　元蒙古兀良合氏,速不台兄忽鲁浑之子。历任大宗正府也可札鲁忽赤。(0011 卷 25)

哈石　元唐兀人,汉阳知府哈剌哈孙祖。太祖赐名霸都儿。(0011 卷 61)

哈只①　元成宗大德七年(1303)任江南行台监察御史。(0632 卷 6)

哈只②　元官员,仕为广东廉访副使。文宗时,任福建宣慰副使。至顺二年(1331),因在任贪污,被御史劾罢。(0001 卷 35)

哈只③　元回回赛夷氏,札八儿火者子阿里罕之子。官至湖南宣慰使,卒赠司徒,追封凉国公,谥安惠。(0001 卷 120)

哈只④　元哈剌鲁氏,宣徽使答失蛮父。任宝儿赤(内廷司膳)。(0011 卷 87)

哈伯　尚宗室女,元成宗大德十年(1306),封昭武郡王。(0001 卷 21、108)

哈直　元黄陂(今属湖北)人。顺帝至正七年(1347)中乡试,任潭州(治今湖南长沙)乔江书院山长。(1050 卷中)

哈珊①　元常德路(治今湖南常德)达鲁花赤,有政绩。(0622 卷 64,0075 氏族典卷 420)

哈珊②(1255~1304)　又译阿散,元畏兀儿人,居栾城,八丹之子。世祖时,侍真金于东宫。至元二十年(1283)授詹事判官。二十四年,授真定路达鲁花赤。成宗元贞元年(1295)擢甘肃行省平章。(0552 卷 18、20、21,0011 卷 41)

哈剌①　元仁宗延祐七年(1320)任金坛县(今属江苏)县尉。(0631 卷 16)

哈剌②　元唐兀人。顺帝至元元年(1335)任江南行台监察御史。(0632 卷 6)

哈剌③　元唐兀人。顺帝至正间任信州路(治今江西上饶)达鲁花赤。(1011 卷 11)

哈剌④　元回回赛夷氏,札八儿火者子明里察之子。历任陕西行省参知政事。(0001 卷 120)

哈剌⑤　元蒙古卜领勒多礼伯台氏子,贵裕之子,江浙平章月鲁帖木儿祖。袭父职为管领怯怜口怯薛官。后以孙贵,赠河南行省左丞,追封咸阳郡公。(0011 卷 32)

哈剌⑥　元唐兀人,黄头之子。历任兖州路同知。(0011 卷 61)

哈剌⑦　元蒙古人,居洛阳县,顺帝元统元年(1333)进士百嘉讷之父。(0028)

哈班①　元蒙古兀良合氏。速不台之父。元太祖在班朱尼河(内蒙古呼伦湖西南一处沼泽)时,哈班驱群羊进献,遇盗,被执,其二子忽鲁浑、速不台继至,刺盗杀之,余党溃去,遂得以羊进献太祖。由是父子以忠勇称。(0001 卷 121、122)

哈班②　元蒙古阿儿剌氏。玉昔帖木儿次子脱怜之子。文宗天历二年(1329)十一月,诏命其代伯父木剌忽(玉昔帖木儿长子)为广平王。(0001卷33、108,0003卷152)

哈都　元文宗至顺三年(1332)任兴化路(治今福建莆田)总管。(0905卷2)

哈真①　又译哈只吉、合臣、何称。元太祖时蒙古军元帅。太祖十三年十二月(1219年1月),与副元帅札剌领兵进攻占据高丽江东城(今朝鲜平安南道江东之西)之契丹兵。十四年正月,与高丽枢密院事赵冲联兵围江东城,击溃契丹兵。由此高丽向蒙古岁纳贡赋。(0001卷1、208)

哈真②　元蒙古弘吉剌部首领、国舅济宁王按陈之妻。成宗元贞元年(1295),追封济宁王妃。(0001卷118)

哈海①　元文宗至顺二年(1331)任慈溪县(今属浙江)尉。(0634卷2)

哈海②　元顺帝至正二十七年(1367),任中书参知政事。(0001卷113)

哈海③　元蒙古弘吉剌氏,按陈子纳陈之子。(0001卷118)

哈麻(?~1356)　字士廉。元康里人。母为元宁宗乳母,故其父秃鲁封冀国公,加太尉,阶金紫光禄大夫。哈麻早年充顺帝宿卫士。累迁殿中侍御史。因依附丞相脱脱,至正十二年(1352),升中书右丞。次年,被中书参议汝中柏谮之于脱脱,出为宣政院使,遂深衔恨脱脱。十四年,复入中书省为平章,谮脱脱于奇氏皇后及太子。后遂罢黜脱脱,毒杀之。十五年,升中书左丞相,其弟雪雪任御史大夫,国家大柄,尽归兄弟二人。次年,与其父谋立太子为帝,谋泄,与弟雪雪俱被罢黜、杖杀。(0001卷205)

哈散①　元世祖至元十九年(1282)苏木都剌国(今印度尼西亚棉兰及其附近区域)来华使臣。是年四月,苏木都剌国主土汉八的接受元使臣杨庭璧招谕,纳款称藩;哈散与速里蛮二使臣奉遣来元朝。(0001卷210)

哈散②　元世祖至元二十四年(1287)任江南行台监察御史。(0632卷6)

哈散③　元世祖至元二十七年(1290)任江南行台监察御史。(0632卷6)

哈散④　元成宗大德三年(1299)春,奉使高丽。五月,还朝,言高丽国王王昛不能服众,朝廷宜遣官共理之。(0001卷208)

哈散⑤　元武宗至大三年(1310)任慈溪县(今属浙江)达鲁花赤。(0633卷3)

哈散⑥　字敬之。元回回人。英宗至治三年(1323)至泰定帝泰定三年(1326)任镇江路同知。(0631卷15)

哈散⑦　元回回人。泰定帝丞相倒剌沙之子。英宗时,倒剌沙为晋王也孙铁木儿(即泰定帝)王府内史。哈散奉父遣,事丞相拜住,且入宿卫,以侦伺朝廷事机。久之,归告其父:御史大夫铁失与拜住意相忤,欲倾害之。至治三年(1323)七月,与铁失、淇阳王也先铁木儿、大司农失秃儿密议定谋:弑杀英宗,推立晋王为帝。(0001卷29)

哈散⑧　元回回人。泰定元年(1324)为镇江路同知。是年,参与开运河、疏浚练湖之役,与知事程郇专管启闭斗门。(0001卷65)

哈散⑨　元回回商人。泰定四年(1327)三月,中书省臣请酬其累朝售宝价钞,帝从之。(0001卷30)

哈散⑩(?~1329)　元伊利汗国入华回回人,布伯子。荫授昭信校尉、高邮府同知。泰定帝时,奉命率军匠造炮,后以疾卒。(0001卷203)

哈散⑪　元文宗至顺二年(1331)任象山县(今属浙江)达鲁花赤。(0634卷2)

哈散⑫　元文宗时,任河东宣慰使。托朝贺为名,敛属下钞一千锭据为己有。事觉,当论罪,遇赦获免。(0001卷33)

哈散⑬　元顺帝至元二年(1336)任昌国州(治今浙江舟山)同知。(0634卷2)

哈散⑭　元回回人,赛典赤赡思丁次子。仕为广东道宣慰使都元帅。(0001卷125)

哈散⑮　元于阗不花剌氏,马合麻之子,袭百户。(0011卷83)

哈答①　元太祖后妃之一。住第四斡耳朵(行宫)。(0001卷106)

哈答②　又名亦纳勒赤。元蒙古斡亦剌氏。斡亦剌部长忽都合别乞之子。尚术赤之女火鲁公主,为驸马。(0001卷109,0003卷151)

哈撒　元西域板勒纥(今阿富汗北部巴尔赫)人,居解州。中书平章察罕孙。(0011卷91)

哈鲜　元蒙古度礼班氏(朵儿边氏)。历任濮州达鲁花赤。(0011卷33)

哈八失①　元泰定二年(1325)由回回国子学助教迁任秘书监校书郎。(0027卷10)

哈八失②　元哈剌鲁人,宣徽使答失蛮子上都留守忻都之子。历任河东转运司同知。(0011卷87)

哈儿只　元蒙古弘吉剌氏,忙哥陈子,按陈从孙。其女速哥失里为武宗皇后。(0001卷114、118)

哈儿沙　元文宗至顺三年(1332)任秘书监丞。顺帝至正三年(1343)至六年,任无锡州达鲁花赤。(0027卷9,0558卷24)

哈儿蛮　元西域诸王。泰定四年(1327)

十月，文宗至顺元年（1330）三月、二年正月，遣使来贡葡萄酒，四月，遣使来朝贡，七月，遣使来贡葡萄酒，三年二月，遣使来贡葡萄酒、西马、金鸦鹘。（0001 卷30、34、35、36）

哈只别　元成宗大德元年（1297）任吴江（今属江苏）州达鲁花赤。（0928 卷 4，0954 卷 17）

哈只某　元顺帝元统元年（1333）任秘书卿。（0027 卷 9）

哈失歹　元宗王。铁木哥斡赤斤之子。（0001 卷 107）

哈兰术　元蒙古人。直脱儿之子。袭父职为涿州路达鲁花赤。世祖中统三年（1262），李璮反，奉旨领诸万户为监战达鲁花赤讨之。以功授解州万户翼监战领军。迁益都路蒙古万户，监战密州，战死。（0001 卷 123、133）

哈赤温（1166～?）　又译合赤温。元宗室。太祖同母弟。也速该第三子。小太祖四岁，早卒。为济南王按只台之父。（0001 卷 107，0003 卷 22）

哈里丁　元回回人，顺帝元统元年（1333）进士剌马丹之父。历任新昌县主簿。（0028）

哈里失　字思贤。元回回人。顺帝至正六年（1346）任秘书监令史。（0027 卷 11）

哈珊沙　字子山。元燕山（今北京）人。能诗，有诗作传世。（0504 戊下）

哈都赤　元大都固安州（治今河北固安）人。幼孤，事母至孝。尝割胁下肉疗母疾，为世所称。（0001 卷 198）

哈剌歹①　元仁宗延祐五年（1318）任江南行台监察御史。（0632 卷 6）

哈剌歹②　元英宗至治三年（1323）任江南行台监察御史。（0632 卷 6）

哈剌歹③　元文宗至顺元年（1330）任溧水（今属江苏）州达鲁花赤。（0632 卷 6）

哈剌台　字德卿，元哈儿柳温台氏，居池州路（治今安徽贵池），镇守池、饶、枣阳万户府管军中千户所达鲁花赤马马之孙。泰定四年（1327）右榜二甲第一名进士。历任徐州同知、方城县达鲁花赤、汉阳府判。有《禹柏诗》。（0262 卷 5、21）

哈剌真　元太祖妃。住第二斡耳朵（行宫）。（0001 卷 106）

哈剌章①　元蒙古篾儿乞氏，脱脱长子。顺帝至正十五年（1355），因父被贬受牵连，安置肃州（今甘肃酒泉）。后召还朝中。二十七年，授中书平章政事，封申国公，分省大同。（0001 卷 44、113、138）

哈剌章②　元顺帝至正十七年（1357），为监察御史。是年正月，奏言：淮东廉访使褚不华殉忠尽节，宜加褒赠，优恤其家；帝从之。（0001 卷 45）

哈剌章③　元顺帝时，任大司农。至正十七年（1357），始置山东行省，授平章政事。（0001 卷 92）

哈剌章④　元顺帝至正二十一年（1361），拜中书参知政事。不久调任他职。二十五年，拜中书左丞。（0001 卷 113）

哈剌章⑤　元顺帝至正二十五年（1365）十月，授知枢密院事。（0001 卷 46）

哈剌章⑥　元畏吾儿人。顺帝至正末，任秘书卿。（0027 卷 9）

哈剌章⑦　元蒙古阿儿剌氏，阿鲁图孙。任怯薛官。（0001 卷 145）

哈剌章⑧　元蒙古怯烈氏，哈散纳曾孙西域亲军副都指挥使弟秃满答之子。与其父相继袭职为西域亲军副都指挥使。（0001 卷 122）

哈剌章⑨　元康里伯牙乌氏，钦察亲军指挥使也速解儿之子。（0001 卷 133）

哈剌答（?～1354）　元顺帝时，任中书各省副使，从丞相脱脱征高邮。脱脱被军前免职，乃自刎而死。（0001 卷 138）

哈剌解（1237～1307）　元哈剌鲁人。世祖至元间，从军攻襄樊，授水军镇抚。十二年（1275），从伯颜渡江攻宋，改管军百户。秋，从阿术击败宋军于焦山。受命统水军五千，攻下江阴、上海、崇明等地，获海船三百余艘。十三年，充沿海招讨副使。追击宋将张世杰舟师。守定海港口，击退宋舟师进攻。率水军谕降温州。十四年，升沿海经略使，督造海船千艘。奉旨从攻广南，升沿海招讨使。谕降广州。十五年，擢沿海左副都元帅、庆元路达鲁花赤。十六年，谕降海盗贺文达等。十八年，升都元帅，从征日本，遇飓风，败归。后历任沿海上万户府达鲁花赤、浙东宣慰使。成宗时，擢云南右丞，与刘深征八百媳妇，途中因宋隆济等起义，丧师还，罢官。（0001 卷 132，0205 卷上，0415 卷 8）

哈临秃　元顺帝时，任四川行省参知政事。至正十三年（1353），率军会诸将败红巾军徐寿辉部于蕲水，后镇守中兴、沔阳等路。（0001 卷 43、44）

哈思别　元顺帝至正元年（1341）任鄞县（治今浙江宁波）主簿。（0634 卷 2）

哈迷丁①　元仁宗延祐五年（1318）任秘书郎。（0027 卷 10）

哈迷丁②　元顺帝元统二年（1334）任昌国州（治今浙江舟山）同知。（0634 卷 2）

哈海赤①（?～1328）　元泰定帝时，任太常礼仪院使。泰定帝病重，与燕铁木儿等谋立文宗。帝崩，在上都策划起事响应燕铁木儿，被左丞相倒剌沙所杀。（0001 卷 32）

哈海赤②(？～1358) 元顺帝时，为赣州路总管。红巾军陈友谅部围攻赣州，拒战四月，至正十八年(1358)，城破被杀。(0001 卷 45、195)

哈麻图 元顺帝至正末，为陕西行省平章。(0014 卷 24)

哈答孙(1247～1311) 元蒙古人，至大四年(1311)，累迁浙东宣慰使，感瘴疠卒。谥昭宣。(0225 卷 8)

哈答罕 元公主。皇子赛因主卜之女。嫁亦乞列思部贵族札忽儿臣长子月列台。(0001 卷 118)

哈散沙 元顺帝至正十二年(1352)任吴江(今属江苏)州达鲁花赤。(0928 卷 4,0954 卷 17)

哈散纳 元蒙古克烈氏。尝从铁木真(元太祖)与克烈部王汗战，随铁木真败退，同饮班朱尼河水。后管领阿儿浑军，从太祖西征花剌子模国，克撒麻耳干(今萨马尔罕)、不花剌(今乌兹别克布哈拉)等城。太宗时，领阿儿浑军及回回人匠三千户驻荨麻林(今河北万全县西洗马林)。未几，授平阳、太原两路达鲁花赤，兼管诸色人匠。(0001 卷 122)

哈鲁孙 元宗王。拖雷第十子岁哥都之子速不歹次子。(0001 卷 107)

哈鲁罕 元宗王。元太祖叔父答里真四世孙。宁海王阔阔出之孙。宣靖王买奴之父。(0001 卷 107)

哈撒儿(1164～？) 又称搠只哈撒儿。元太祖同母长弟。力大善射。曾助太祖攻灭克烈部王汗。太祖攻灭乃蛮部太阳汗时主持中军。太祖八年(1213)，蒙古分三路攻金，哈撒儿统率东路军，攻略平、滦、辽西等地。屡建战功。曾受封四千户，后减为一千四百户。其封地在也里古纳河(今额尔古纳河)、海剌儿河(今海拉尔河)、阔连海子(今呼伦湖)一带。(0008 卷 1,0003 卷 22)

哈赞赤(？～约 1329) 元钦察人。世祖时钦察卫千户乞台之子。袭父职，从床兀儿与叛王哈丹战于魁烈儿河(今归流河)，有功。成宗时，从战杭海(今蒙古杭爱山)。又从海山(武宗)出征。又尝从床兀儿与海都所遣八邻部人孛伯战。仁宗皇庆二年(1313)，授千户。延祐四年(1317)，从和世瑓(明宗)西出，居西域十三年。文宗天历二年(1329)，授同知大都督府事。未几，卒。(0001 卷 135)

哈八儿秃① 元蒙古薛亦氏。宪宗时，从征四川有功。世祖即位，从征阿里不哥，充千户所都镇抚。后从伐宋，战死。(0001 卷 123)

哈八儿秃② 早年追随元武宗。后又从明宗出镇，偕至西北。明宗即位，授中书平章政事。文宗时，任岭北行省平章政事，被御史劾罢。顺帝至元三年(1337)，授太尉，置僚属，不久复任中书平章。(0001 卷 31、33、113)

哈八儿都① 元宗王。铁木哥斡赤斤之子斡鲁台长子。(0001 卷 107)

哈八儿都② 元畏兀儿人，居镇江(今属江苏)。以汉阳府达鲁花赤致仕。(0631 卷 19)

哈儿八真 元太祖后妃之一。住第二斡耳朵(宫帐)。(0001 卷 106)

哈儿哈孙 元蒙古弘吉剌氏。按陈之弟册之子。太宗时以平金功，赐号拔都儿。(0001 卷 118)

哈只哈心(1152～1268) 元阿鲁浑氏，降附太祖，后隶旭烈兀部下。世祖至元五年(1268)奉命至大都议事，病卒。(0250 卷 53)

哈失不花 元镇江(今属江苏)人。塔失不花之子。文宗至顺间任陕西行台侍御史。(0631 卷 19)

哈失伯要 元康里人，中书右丞斡罗思曾祖。庄圣太后牧官。(0011 卷 65)

哈里哈孙 元蒙古察哈札剌亦儿氏，宪宗大断事官忙哥撒儿子帖木儿不花之子。(0011 卷 6)

哈剌不花① 元渭南(今属陕西)人。世祖至元中，任澄城县(今属陕西)达鲁花赤。(0801 卷 26,0806 卷 7,0819 卷 16)

哈剌不花② 元蒙古人。泰定二年(1325)任金坛县(今属江苏)达鲁花赤。(0631 卷 16)

哈剌不花③ 元文宗至顺间任阳城县(今属山西)达鲁花赤。(0694 卷 5)

哈剌不花④ 元蒙古杰烈宜(克烈)氏，从许谦学。顺帝至正四年(1344)任徽州路达鲁花赤，以政绩闻。八年，诏赐金帛旌表。(0001 卷 41,0283 卷 6)

哈剌不花⑤ 元哈剌鲁氏，哈剌觧之子。袭父职为沿海万户府达鲁花赤。(0001 卷 132)

哈剌不花⑥ 元蒙古人，居河中府河东县，顺帝元统元年(1333)进士野仙脱因父。(0028)

哈剌火者 元钦察人，江浙平章完者都父。从宪宗征战有功。(0001 卷 131)

哈剌合孙 元蒙古察哈札剌亦儿氏，宪宗大断事官忙哥撒儿子也先帖木儿之子。(0011 卷 6)

哈剌那怀 元泰定帝时，为东路蒙古万户。帝崩，文宗自立于大都，从辽东平章秃满迭儿率军攻之。战败，率麾下万余人降于大都。(0001 卷 138)

哈剌那海① 元泰定三年(1326)，为监察御史。是年十二月，奏请择正人傅太子，帝嘉纳之。(0001 卷 30)

哈剌那海② 元顺帝时，任枢密副使。

至正十七年(1357),拜中书参知政事。二十七年,任中书平章政事,分省大同。(0001 卷 45、92、113)

哈剌帖木 字时中。元蒙古人。顺帝至正六年(1346)任阆州(治今四川阆中)达鲁花赤。(0844 卷 8)

哈剌哈孙①(1257~1308) 元蒙古斡罗纳儿氏。启昔礼曾孙,博理察孙,囊加台之子。善骑射,雅重儒术。世祖至元九年(1272),任怯薛(禁卫军)百人长。二十二年,任大宗正,决狱平允。二十八年,出任湖广平章。成宗大德三年(1299),任中书左丞相。有大政事,必与儒臣讨论。促成成宗前期守成政局。七年,升右丞相。十一年,成宗死,皇后卜鲁罕、左丞相阿忽台谋立安西王阿难答为帝。乃南迎仁宗入京,与之定谋,擒阿难答,杀阿忽台,迎立武宗为帝。武宗即位后,被谮罢相,出为和林行省左丞相。于漠北分遣使者赈济西北降户。命诸部置传车,转米数万石赈济饥民。置仓积粟以接待西北降民。浚古渠,溉田数千顷。治称海(今蒙古科布多东南)屯田,教部落杂耕其间,岁得米二十余万斛。漠北大治。卒,追封顺德王,谥忠献。(0001 卷 136)

哈剌哈孙② 元唐兀人。速哥察儿之子。成宗大德四年(1300)授江西行省都事。仁宗延祐五年(1318)任江州路(治今江西九江)同知。泰定四年(1327)以汉阳知府致仕。(0772 卷 2,0011 卷 61)

哈剌哈孙③ 元成宗大德九年(1305)任吴江(今属江苏)州同知。(0928 卷 41,0954 卷 17、18)

哈剌哈孙④ 元蒙古人。泰定二年(1325)任镇江路录事司达鲁花赤。(0631 卷 16)

哈剌哈孙⑤ 即移剌元臣。

哈剌脱因① 元世祖时,任会同馆使。至元十五年(1278),奉命偕礼部尚书柴椿等出使安南。谕其国王入朝。(0001 卷 209)

哈剌脱因② 元仁宗延祐六年(1319)任吴江(今属江苏)州达鲁花赤。(0928 卷 4,0954 卷 17)

哈剌脱因③ 元顺帝至正九年(1349)任宜川县(今属陕西)达鲁花赤。(0554 卷 26)

哈剌察儿① 元钦察玉耳别里伯牙吾氏。忽都思之父,和尚之祖父。元太祖西征时,率所部归降。(0001 卷 134)

哈剌察儿② 元宗王。太宗第四子。(0001 卷 107)

哈剌察儿③ 元蒙古人。顺帝元统二年(1334)任江南行台监察御史。(0632 卷 6)

哈迷都丁① 元回回人。成宗元贞元年(1295)任秘书监令史。(0027 卷 11)

哈迷都丁② 元英宗至治元年(1321)任江山县(今属浙江)达鲁花赤。(0878 卷 2)

哈麻剌丁 元成宗大德三年(1299)任瑞州路(治今江西高安)治中。(1016 卷 14)

哈答不花① 元英宗至治二年(1322)任象山县(今属浙江)达鲁花赤。(0634 卷 2)

哈答不花② 元康里人,脱脱之子。(0011 卷 63)

哈达帖木儿 元康里人,脱脱弟。历任大都副留守。(0011 卷 64)

哈里兀答儿 元宦者。宁宗即位,授中政院使。(0001 卷 37)

哈剌八秃儿 元顺帝时,任知枢密院事。至正十七年(1357),因失陷所守郡县,被御史劾奏论罪。(0001 卷 45)

哈剌朵儿只 元泰定三年(1326)任浙东宣慰使。(0634 卷 1)

哈剌阿忽剌 元蒙古怯烈氏,宪宗必阇赤长孛鲁合叔父。(0001 卷 134)

哈剌帖木儿① 元契丹人,萧青山子,萧拜住父。少事裕宗真金于东宫,典宿卫,仕为檀州知州。卒封顺国公,谥康惠。(0001 卷 179)

哈剌帖木儿② 元文宗至顺元年(1330)任集庆路(治今南京)同知。(0632 卷 6)

哈剌拔都儿 元文宗天历二年(1329)为礼部尚书。顺帝至正初,累迁翰林学士承旨。(0011 卷 93,0152 卷 21)

哈剌铁木儿 元文宗时,任辽阳行省平章政事。至顺元年(1330)因旧曾坐赃受杖,被御史所弹劾,免职。(0001 卷 34)

哈賓铁木儿 又译合賓铁木儿。元宗王。太祖第六子阔列坚后裔。八八大王之子。仁宗延祐四年(1317),诏以世祖赐八八之王印,赐与之。(0001 卷 107、108)

哈蓝朵儿只 元唐兀人,亦怜真班子。顺帝时,任河南廉访使。至正十二年(1352),为荆湖北道宣慰使都元帅,守襄阳。后官至宣政院使。(0001 卷 42、145)

哈撒儿不花 元英宗时,任将作院使。至治三年(1323),坐罔上营利之罪,杖流东裔,籍没家产。后召还。文宗时,任中政使,又改储政使。(0001 卷 28、33、35)

哈剌亦哈赤北鲁 元畏兀儿唆里迷(今新疆焉耆)人。初为断事官。后被召至西辽为诸王子师。畏兀儿国王杀西辽少监,降蒙古。乃驰归元太祖,受命教诸皇子学。后从太祖西征,留居别失八里东独山城(今新疆奇台),招民垦种,数年后民物繁庶。死后,其子月朵失野讷受

封都督兼独山城达鲁花赤。(0001 卷 124)

哈剌阿思兰都大　元畏兀儿人,太祖宿卫士,中书平章、南台大夫阿思兰海牙祖。卒后以孙贵,追封范阳郡公。(0011 卷 42)

咬住①　元畏兀儿人,浙东宣慰使斡罗思密子。武宗至大三年(1310),授典用监卿。官至荣禄大夫、宗正府札鲁忽赤(断事官)。(0001 卷 134,0011 卷 48)

咬住②　元至大四年(1311)仁宗立,任江南行台侍御史。(0632 卷 6)

咬住③　元仁宗延祐三年(1316)任江南行台监察御史。(0632 卷 6)

咬住④　元仁宗延祐间任蓨县(治今河北景县)达鲁花赤。(0648 卷 4)

咬住⑤　元延祐七年(1320)英宗立,任秘书太监。(0027 卷 9)

咬住⑥　元英宗时,任中政院使。至治元年(1321),告脱欢察儿交通亲王,致使文宗出居海南。(0001 卷 32)

咬住⑦　元蒙古塔塔儿氏。泰定二年(1325)任江南行台监察御史。(0632 卷 6)

咬住⑧　元唐兀人。文宗天历元年(1328)任江南行台监察御史。(0632 卷 6)

咬住⑨　元文宗天历二年(1329)任建康路(治今南京)总管。(0632 卷 6)

咬住⑩　元顺帝至元三年(1337)任秘书监译史。(0027 卷 11)

咬住⑪　元顺帝时,任四川行省平章政事。至正十二年(1352),奉命率兵征讨山南、湖广等地红巾军。十三年,降职为淮西元帅。后复升淮南行省平章政事。(0001 卷 42、43、44)

咬住⑫　元顺帝至正十二年(1352),为沔阳府达鲁花赤。是年正月,率兵对抗天完红巾军,转战监利、潜江等地。(0001 卷 195)

咬住⑬　元顺帝时,任湖广行省平章政事。至正十五年(1355),充总兵官,领本省军马守御湖广。(0001 卷 44)

咬住⑭　元顺帝至正十六年(1356)任杭州路总管。(0872 卷 14)

咬住⑮　元顺帝至正二十年(1360),为御史中丞。(0001 卷 45)

咬住⑯　元顺帝至正二十三年(1363),任中书平章政事。(0001 卷 113)

咬住⑰　元顺帝至正二十六年(1366)至二十八年,任湖广行省平章。二十八年六月,明廖永忠进兵南宁,土千户宋真执平章咬住等降。(0014 卷 20)

咬住⑱　元顺帝时,为左司员外郎。至正二十七年(1367),充大抚军院经历。(0001 卷 47)

咬住⑲　元宗王。太宗第六子合丹孙,火你之子。(0001 卷 107)

咬住⑳　元蒙古察哈札剌亦儿氏。忙哥撒儿第二子脱儿赤之孙,世祖时翰林承旨明礼帖木儿之子。(0001 卷 124)

咬住㉑　元西域人。曲枢长子伯都之子。(0001 卷 137)

咬住㉒(1251～1308)　元蒙古珊竹氏,大达里之子。袭父爵,改怀孟万户府达鲁花赤,移守建德。世祖至元二十九年(1292)授征行元帅。大德二年(1298)致仕。七年,起为大宗正府也可札鲁花赤。卒,谥懿靖。(0240 卷 15,0003 卷 41)

咬住㉓　元畏兀儿人,湖广平章昔里哈剌之子。(0011 卷 6)

咬咬①　元世祖至元二十九年(1292)任江南行台监察御史。(0632 卷 6)

咬咬②　字正德。元蒙古人。英宗至治初由工部侍郎升尚书,出为闽海廉访使。泰定中迁任大都河间都转运盐使。拜河南行省参政。文宗至顺三年(1332)改任陕西行台侍御史。(0196 卷 9,0250 卷 40)

咬咬③　元蒙古阿儿剌氏,博尔术后裔。顺帝时,袭封广平王,任知枢密院事,从脱脱征徐州。至正十三年(1353)因征讨不力,削王爵,降为河南行省平章政事。后历任辽阳行省左丞相、太子詹事。十七年,任甘肃行省左丞相。(0001 卷 42、43、44 等)

咬闾　字正己。元北庭(治今新疆吉木萨尔北)畏兀儿人,顺帝至正十九年(1359)由资政院佥事迁任秘书卿。(0027 卷 9)

咬难　元入华西域拂林(今叙利亚)人,爱薛之子。(0011 卷 82)

咬童(1294～1332)　元阿鲁威氏。由中书舍人出任济南路治中,历西台、内台御史、江淮财赋府同知。文宗至顺二年(1331)改漕运副万户,次年卒。(0154 卷 9)

咬住哥　元蒙古篾儿乞氏。累官云需总管府达鲁花赤。(0001 卷 152)

咬剌也奴　元世祖近侍。至元二十八年(1291),尝传旨纵释桑哥党有罪者。次年,遭御史中丞崔彧奏劾。(0001 卷 173)

咬瓦失也奴　元畏兀儿人。武宗至大三年(1310)任镇江路录事司判官。(0631 卷 16)

昵匝马丁　元回回人。仁宗延祐元年(1314)十一月起,奉诏经理江西行省田粮,横暴施行。仅信丰一县,撤民庐千九百区,夷墓扬骨,虚张顷亩,流毒居民。二年七月,激起赣州蔡五九等起义。八月,以御史台臣奏言,诏罢经理田粮。(0001 卷 25)

昭练　元文宗时,为云南土官。至顺二年(1331),授八百等处宣慰使都元帅。(0001 卷 35)

显示(1303～1371)　号瞽庵。元台州宁海(今属浙江)人。佛教僧人。俗姓卢。顺帝至正五年(1345)住隆寿教寺。迁雷峰显严教寺。二十二年住持崇恩演福教寺。(0411 卷 28)

星己　元成宗元贞元年(1295)任庆元路(治今浙江宁波)判官。(0633 卷 2)

星吉(1296～1352)　字吉甫。元唐兀人。自曾祖以下,世事元太祖、宪宗、世祖为怯里马赤(口译员)。星吉少时侍仁宗藩府。英宗至治初,授中尚监,改右侍仪,兼修起居注。泰定初,任监察御史,有直声。顺帝时历任宣政院使、南台御史大夫、湖广行省平章。至正十二年(1352),任江西行省平章,募兵三千,与天完红巾军战,收复铜陵、池州、湖口、江州。未几,在鄱阳口兵败被俘,绝食死。(0001 卷 144)

星棨　元成宗元贞二年(1296)至大德三年(1299)任奉化(今属浙江)州同知。(0633 卷 3)

星吉班①　元宗王。太宗第六子合丹曾孙,小薛之子。泰定帝致和元年(1328)正月,其部饥,元廷赈钞万锭、米五千石。(0001 卷 107、30)

星吉班②　元文宗时,为怯薛(护卫军)近侍。天历二年(1329),奉命持诏往四川招谕囊加台。(0001 卷 33)

曷剌(约 1254～约 1316)　元兀速儿吉氏。世祖至元九年(1272),入备宿卫。二十四年,从征叛王乃颜有功。成宗时,奉使高丽、和林(今蒙古哈尔和林)、江西、福建,不失使指,授中书直省舍人。出任息州达鲁花赤。武宗时,授都水监卿,后兼水鞑靼女真万户府达鲁花赤。仁宗延祐元年(1314),特授辽阳行省左丞。三年,召还,特授大司农。卒,追封蓟国公,谥安穆。(0001 卷 135)

曷思麦里(?～1255)　西辽末、元初虎思斡儿朵(今吉尔吉斯斯坦托克马克)人。初为西辽末帝直鲁古近侍。后出任可散城(今乌兹别克斯坦纳曼干西北卡桑赛)八思哈(镇守者)。元太祖十三年(1218),哲别率军攻西辽,率众迎降,为先锋,导蒙古军追杀屈出律。次年,从西征。十五至十九年,从哲别攻谷儿只(今格鲁吉亚)、阿速、钦察、斡罗思、康里。二十一年,从太祖征西夏。太宗时,从攻金。四年(1232),授怀孟州达鲁花赤。十二年,升怀孟河南等二十八处都达鲁花赤。(0001 卷 120)

冒致中　元海陵(今江苏泰州)人。元末为两淮盐运丞,后致仕。张士诚征召之,不就,胁入吴门(今苏州一带),以病辞。(0075 氏族典卷 485)

贵由　即元定宗。

贵哥(?～约 1328)　元蒙古人。同知宣政院事罗五十三之妻。元文宗天历初,五十三得罪,贬海南,籍其家。诏以贵哥赐近侍卯罕。卯罕亲率车骑至其家迎之。度不能免,令婢仆以饮食延卯罕于厅,如厕自经死。(0001 卷 200)

贵裕　元蒙古卜领勤多礼伯台氏。事太祖,为管领怯怜口怯薛官。(0001 卷 144)

畏翼　元蒙古忙兀氏,畏答儿之兄。初与畏答儿俱事太祖,后率其属叛去。(0001 卷 121)

畏答儿(?～1203)　又译慍里答儿、忽亦勒答儿。蒙古忙兀部人。率忙兀部众归附铁木真(元太祖)。金章宗泰和三年(1203),铁木真与克烈部战于哈阑真沙陀(今内蒙古东乌珠穆沁旗北境);率忙兀部任前锋,冲锋陷阵,头中流矢。月余卒。蒙古建国,其子忙哥受封为左翼忙兀诸千户之长。元太宗时,忙哥受封泰安州五户丝户二万,封郡王,子孙世袭。(0001 卷 121)

畏吾儿萨理　元畏兀儿人,乞台萨理长子。官至资德大夫、中书右丞、行泉府大卿。(0001 卷 130)

畏兀儿朵罗歹　元顺帝至正十五年(1355)任陵川(今属山西)知县。(0694 卷 5)

思月　元世祖至元间华亭(治今上海松江)蟠龙寺僧,谋反元起事,被擒。其党纵火来劫,未遂。(0001 卷 159)

思泉　元僧,象元何氏子。年十六,拜僧顺为师。习经究宏旨。尝游方至燕。旁通医书,至上都,施诊舍药,居数十年。后厌京尘,至泰安灵岩广种桃杏遍满山谷,舍药施人,人多德之。(1144 卷 495)

思慧　字讷翁。元浦城(今属福建)人。佛教僧人。俗姓黄。年十九出家为僧于夹山,后迁盘山,又迁中山。后为大都(今北京)万寿寺主。(0154 卷 12)

骨都歹　元唐兀人,云南右丞爱鲁之子。(0011 卷 56)

钟合　元会稽(治今浙江绍兴)人。任新昌县儒学教谕。(0880 卷 29)

钟律　字伯纪。元汴梁(治今河南开封)人。尝中乡试。屡次征辟皆以病辞,肆力经学,著有《春秋案断补遗》。有诗作传世。(0002 卷 236,0157 卷 12,0504 辛上)

钟柔(1287～1341)　字元刚。元龙南(今属江西)人。宋末太学生钟克俊之子。宋亡,克俊痛哭,投江自杀。柔有学行,讲授乡里,从学者数百人,被尊称为一峰先生。(0411 卷 10,0072 卷 88)

钟恕　字以行。元龙南(今属江西)人。钟柔之子。顺帝至正十三年(1353)中乡

试,授濂溪书院山长,不赴。(0075 氏族典卷 34,0072 卷 88)

钟敬　元溧阳(今属江苏)州提控案牍。(0632 卷 6)

钟弼　元庐陵(治今江西吉安)人。有诗作传世。(0504 庚上)

钟虞　字安期。元吴江(今属江苏)人。有诗作传世。(0504 庚下,0033 卷 21)

钟儁　字隶奴。元铜陵(今属安徽)人。事亲至孝。官至秘书郎。(0993 卷 7)

钟震(1268～1336)　字东叟。元太原(今属山西)人。早年游江南,通阴阳学。晚年以荐为池州路阴阳学教授。(0182 卷 23)

钟大明　元广州增城(今属广东)人。顺帝至元三年(1337)正月,率众从朱光卿反元起事。七月,被元军指挥狗札里、江西左丞沙的所率军追击擒获。(0001 卷 39)

钟太獠　元世祖至元后叶江西南安(治今江西大余)反元武装首领。二十七年(1290)正月,湖广左丞刘国杰率兵乘雾突入其根据地,擒杀甚众。(0001 卷 162)

钟友谅　字明德。元明之际大名(治今河北大名西南)人。历任繁昌县尹。元顺帝至正二十三年(1363)迁任祁门县尹,有政绩。明洪武中累官为金华知府。(0307 卷 4、5,0622 卷 16、19,0972 卷 4)

钟世荣　元临安(今属浙江)人。历任镇江路阴阳学教授。(0631 卷 17)

钟明亮　元汀州(治今福建长汀)畲民。世祖至元二十四年(1287)冬,聚众反元起义,称大老。队伍迅速扩大至十万人,活跃于今福建、江西、广东三省交界地区。元廷调数省大军围攻,明亮流动作战,东击则西走,西击则东走,使元军疲于奔走,无法集中兵力围攻。后为摆脱被动处境,曾两次诈降。二十六年正月,明亮攻赣州、宁都,据秀岭。五月,诈降。十月,复反,攻梅州,漳、韶、雄等州民群起响应。二十七年二月,又诈降。未几,反元。但不久病死,起义队伍渐瓦解。(0001 卷 15、16、193)

钟耆德　子元长。元闽县(治今福建福州)人。家贫不娶,授徒养亲。(0076 卷 35)

钟嗣成　字继先,号丑斋。元汴梁(治今河南开封)人。早年从邓文原、曹鉴学。以明经屡试不利,杜门著《录鬼簿》二卷。善音律,所作小令、套数极多,脍炙人口。撰有杂剧《章台柳》、《钱神论》、《蟠桃会》、《郑庄公》、《斩陈余》、《诈游云梦》、《冯驩烧券》。(0029 卷首、续编)

钟黎献　元明间文登(今属山东)人。顺帝至正二十三年(1363)进士。明初任福建按察司佥事。有诗作传世。(0750 卷 6,0504 癸下)

钦察①　元世祖即位初,为征南蒙古军都元帅,戍守青居(今属四川),与宋军作战,屡有功。后改任金州招讨使,率襄阳生熟券军千人戍守鸭池。(0001 卷 5、8、161)

钦察②　元诸王。世祖至元元年(1264)五月,敕赐银万两,济其所部贫乏者。(0001 卷 5)

钦察③　元世祖至元二十八年(1291)任江南行台监察御史。(0632 卷 6)

钦察④　元成宗时蒙古千户。大德七年(1303)六月,敕赐给其所部贫乏者钞。(0001 卷 21)

钦察⑤　元武宗即位初,由遥授中书左丞进拜中书参知政事。不久又改授四川行省左丞。(0001 卷 22、112)

钦察⑥　元武宗至大元年(1308)由长兴(今属浙江)州同知迁任临安县(今属浙江)达鲁花赤。家中收藏古画甚多。(0110 卷上)

钦察⑦　元仁宗时,任参议中书省事。延祐六年(1319),拜中书参知政事。英宗即位,罢为集贤学士。(0001 卷 26、27、112)

钦察⑧　元延祐七年(1320),英宗即位后,由甘肃行省平章入为知枢密院事。(0001 卷 27,0014 卷 75)

钦察⑨　元英宗至治元年(1321)任象山县(今属浙江)达鲁花赤。(0634 卷 2)

钦察⑩　元英宗时,任江南行台御史大夫。至治二年(1322),拜中书平章政事。泰定帝泰定元年(1324),出为陕西行台御史大夫。(0001 卷 28、29、112)

钦察⑪(?～1328)　元泰定帝时,任太子詹事,扈从至上都。帝崩,燕铁木儿在大都拥立文宗。钦察率军与大都兵战,阵亡。文宗诏籍没其家。(0001 卷 32、33)

钦察⑫　元天历之变时,拥戴文宗,有战功。授西域亲军副都指挥使,赐金符。(0001 卷 35)

钦察⑬　元顺帝时,任辽阳镇抚。至正八年(1348),辽阳人董哈剌起事反元,讨平之。(0001 卷 41)

钦察⑭　元广东廉访使。劾军民达鲁花赤托欢察儿在广州多不法事。江南行台遣监察御史镏振往按之。振受贿,以钦察言非实。钦察忿死,未几振亦暴死。(0438 卷 1)

钦纳　字敬之。元翰林编修。有诗作传世。(0504 己上)

钦察台①　元驸马。任仁宗延祐初为吐蕃宣慰使。(0801 卷 23)

钦察台②　元英宗时,任知枢密院事。至治二年(1322),拜宣政院使。文宗即位,拜中书平章政事,并兼领度支监、右都威卫使。至顺二年(1331),因罪被御史弹劾,诏免职。与妻子禁锢于广东。顺帝时,复任知枢密院事、中书平章政事。(0001 卷 27、28、34 等)

钦察台③　元畏兀儿人,亦都护火赤哈儿的斤之子。(0011 卷 38)

钦察儿吉　元英宗至治三年(1323)任江南行御史台经历。(0632 卷 6)

钮安　字仲文。元人。有诗作传世。(0504 辛下)

钮克让　元汾州介休(今属山西)人。历任龙阳州知州。后以湖南宣慰副使致仕。(0693 卷 11,0691 卷 9,0075 氏族典卷 446)

拜出①　元诸王。世祖中统三年(1262),率部征讨李璮有功。(0001 卷 128)

拜出②　元进士,历任孟州同知。(0717 卷 16)

拜延①(?~约 1282)　元河西人。千户火夺都之子。世祖至元九年(1272),袭父职,制授征行千户。十年,宋军进攻成都,奉四川佥省严忠范遣,率兵大败宋军。又从行省也速带儿攻嘉定,从行院忽敦取泸、叙,攻重庆,屡建战功。十二年,升东西两川蒙古汉军万户。十三年,泸州复反元,奉命领兵攻克之。四川行院副使卜花进围重庆,奉遣率兵游击。重庆降,制授蒙古汉军总管。十九年,入觐,授管军万户。未几卒。(0001 卷 133)

拜延②　元蒙古秃立不带氏,探马赤之子。世祖时,袭为蒙古军万户,戍甘州(今甘肃张掖)。(0001 卷 132)

拜延③　元世祖至元三十年(1293)十二月,授安西王傅。(0001 卷 17)

拜延④(?~1330)　元文宗至顺元年(1330),从其兄云南万户伯忽反。十一月,战败,为元军所杀。(0001 卷 34、35)

拜延⑤　元蒙古珊竹氏,也速答儿次子。袭父职为蒙古军万户,拜四川行省左丞。(0001 卷 129,0011 卷 9)

拜住①　又译贝住。元蒙古别速惕氏。以千户从大将搠里蛮(绰儿马罕)攻灭札兰丁,留镇波斯。乃马真皇后称制元年(1242),搠里蛮死,继统镇戍军,征服鲁木(小亚细亚塞尔柱突厥王国)等国。宪宗遣旭烈兀出镇波斯,被任命为万户。宪宗八年(1258),奉命会攻巴格达。次年,率右翼军从旭烈兀攻叙利亚。后被旭烈兀处死。(0008 卷 3,0015,0002 卷 150)

拜住②　元蒙古人。世祖至元二十九年(1292),奉旨以行军招安使从征爪哇。成宗元贞二年(1296)奉旨出使伊利汗国合赞汗处。仁宗皇庆二年(1313)奉旨至伊利汗哈儿班答(完者都汗)处议事,途经察合台汗国,被拘留多年。曾先后劝说也先不花汗、怯别汗与元朝和好。英宗至治元年(1321)返回元朝。次年,授浙东宣慰使都元帅。(0146 卷 34)

拜住③(1298~1323)　元蒙古札剌亦儿氏。安童之孙。武宗至大二年(1309),袭职为怯薛(禁卫军)长。仁宗延祐二年(1315),任太常礼仪院使。常向儒士请教古今礼乐刑政、治乱得失。英宗即位,任中书平章政事。助英宗定谋,率卫士擒斩谋废英宗之徽政使失烈门及其党羽。升左丞相。助英宗与受太皇太后答己支持之右丞相铁木迭儿一党对抗。至治二年(1322),铁木迭儿、答己相继病死;奏劾铁木迭儿及其子八剌吉思等贪赃事,处死八剌吉思等。旋升右丞相,助英宗改革朝政,起用儒士,罢徽政院及冗官冗职,减轻徭役,颁行《大元通制》,继续追究铁木迭儿及其党羽罪恶。三年,随英宗自上都南返,夜宿南坡(今内蒙古正蓝旗东北),与英宗同被铁木迭儿余党铁失等杀死。泰定初,追封东平王,谥忠献。(0001 卷 136)

拜住④　元武宗至大三年(1310)任金坛县(今属江苏)达鲁花赤。(0631 卷 16)

拜住⑤　元英宗时为监察御史。至治三年(1323)三月,坐荐举八思吉思(丞相铁木迭儿之子)失当,被黜免。(0001 卷 28)

拜住⑥　字太古,元高昌(治今新疆吐鲁番东)畏吾儿人。泰定四年(1327)任秘书监丞。顺帝至元三年(1337)累迁为监察御史。六年升山南廉访副使。后历任河东转运使。(0254 卷 5、9、13,0163 外集,0027 卷 9)

拜住⑦(?~1330)　元文宗时,为右阿速卫指挥使。与知枢密院事阔彻伯等策划政变,事泄被杀。(0001 卷 34)

拜住⑧　元文宗时宦者。尝与文宗皇后卜答失里策划谋杀明宗皇后八不沙。至顺二年(1331),因侍皇太子疾不谨,致使病卒,杖一百七,斥出京城。(0001 卷 35、114)

拜住⑨　元蒙古塔塔儿氏。顺帝元统二年(1334)任江南行台监察御史。(0632 卷 6)

拜住⑩　字明善。元明间蒙古逊都思氏,居大都。初为国子生。顺帝至正二年(1342)右榜进士第一。历南台御史。十年,任山东廉访司佥事。官至枢密副使。明初寓居高丽,恭愍王赐姓名为韩复,历任高丽判司农寺事、进贤馆大提学。(0152 卷 19,0017 卷 112,0600 卷 2)

拜住⑪　元顺帝时,任中书右丞。至正十五年(1355),升中书平章政事。不久分省济宁,设四部。(0001 卷 44、113)

拜住⑫　元顺帝至正十九年(1359),由兵部郎中迁秘书太监。(0027 卷 9)

拜住⑬　元顺帝时,任河间盐运使。至正二十六年(1366),受命抚谕沿海盐户。(0001 卷 47)

拜住⑭(？～1368)　字闻善。元康里人。巎巎侄。元末任翰林院都事,为太子司经。明军入大都,投井自杀。(0001卷196)

拜住⑮　元蒙古札剌儿氏,奥鲁赤之子。仕为明威将军、蒙古侍卫亲军副都指挥使。(0001卷131)

拜住⑯　元蒙古人。居丧庐墓。诏旌表其门闾。(0001卷197)

拜住⑰　元阿速人,玉哇失子亦乞里歹之子。袭千户。(0011卷77)

拜住⑱　元蒙古人,浙东宣慰使哈答孙之子。(0011卷36)

拜忽　元公主。世祖中统四年(1263)正月,受赐符印,其所属设达鲁花赤。七月,受赐银五万两。(0001卷5)

拜降①(1251～1311)　元玉吕伯里氏,居大名清丰县。父忽都,母徐氏。幼从师学儒经于大名城。世祖至元初,从阿术攻宋襄阳、江陵。十一年(1274)从阿术渡江攻宋。宋平,以功授江浙行省理问官。省臣有所奏闻,数令驰驿往咨于朝。二十七年,迁江西行省都镇抚,从丞相忙兀台镇压徭族等少数民族。二十九年,迁庆元路(治今浙江宁波)治中,发粟赈饥。成宗元贞间,两浙盐运司同知范某侵夺细民珍物良田,诬陷百姓。拜降置范某于刑。大德元年(1295)迁浙东廉访副使,令行禁止,豪强慑伏。后历任工部侍郎、尚书。武宗至大二年(1309),改任资国院使。母卒,居丧尽礼,未复任。未几卒,谥贞惠。(0001卷131,0146卷26)

拜降②　元世祖时,任户部尚书。至元二十一年(1284),授参议中书省事。桑哥当政时,任福建行省平章政事。(0001卷13、205)

拜降③　元蒙古札剌儿氏,阿剌罕子。世祖时袭父军职为万户。历任江浙右丞、福建右丞、河南平章。仍领本军万户。(0001卷129,0501卷25)

拜降④　元武宗至大元年(1308)任江南行台监察御史。(0632卷6)

拜降⑤　元武宗至大四年(1311)任江南行台监察御史。(0632卷6)

拜降⑥　元文宗天历二年(1329)由浙东廉访使改任平江路(治今苏州)总管,至顺三年(1332)迁升江南行台侍御史。(0632卷6,0927卷20,0928卷3)

拜都①　元成宗大德四年(1300)任江南行台监察御史。(0632卷6)

拜都②　元畏兀儿人,居顺庆(治今四川南充北)。举进士。历任四川都转运使。(0622卷68,0841卷10,0075氏族典卷473)

拜都③　元蒙古篾儿乞氏,洺磁等路都达鲁花赤绍古儿之子。宪宗元年(1251)父死,袭职。

拜瑚　字文昭。元渭南(今属陕西)人。文宗至顺中举茂异,历任陕西行台监察御史、湖北廉访司佥事。(0801卷26,0073卷98,0819卷16)

拜颜　元康里人,也速觧儿第五子。领哈剌赤。(0001卷133)

拜不花(？～1330)　元文宗至顺元年(1330),从云南万户伯忽反。十一月,被元军擒获处死。(0001卷35)

拜住间　元顺帝至元三年(1337)任鄞县(治今浙江宁波)达鲁花赤。(0634卷2)

拜住哥　元顺帝时,任江南行台御史大夫。与方国珍通贿赂,擅杀江浙行枢密院判官迈里古思。不久迁行宣政院使。为御史所劾,削官爵,安置潮州。(0001卷188)

拜要歹(？～1314)　元速要歹氏。忽都牙歹弟。成宗大德九年(1305)袭镇江路济南翼下千户所达鲁花赤。(0631卷17)

拜拜海　元王妃。显宗甘麻剌之妃。(0001卷106)

拜都世　元人。历任泗水县(今属山东)达鲁花赤。(0744卷5)

拜答儿①　又译拜答力。元世祖至元后叶为云南行省右丞。十九年(1282),奉诏与云南参政信苴日迎云南侵缅军。二十三年,乌蒙蛮阿蒙杀宣抚使反,奉诏率兵讨之,生擒并处死阿蒙。后又任云南行枢密院判官。(0001卷14、122、166等)

拜答儿②　元将。蒙古塔塔儿氏。塔海帖木儿之父。札剌带之子。世祖时袭父职为将,率所部从四川行省官也速带儿征建都(今四川西昌一带),死于军中。(0001卷135)

拜答儿③　又译贝达尔,元宗室,察合台第六子。察合台汗国第四代汗阿鲁忽之父。太宗时,从拔都西征,阵亡。(0008卷2,0002卷107)

拜答沙　元公主,嫁蒙古弘吉剌部人按陈裔孙买住罕。(0001卷109、118)

拜答罕　元宗室。世祖至元七年(1270),赐诸王印,并赐海青、金符。后长期驻守西北。(0001卷15、16、108)

拜帖木儿①　元仁宗延祐三年(1316)任衢州路判官。(0878卷2)

拜帖木儿②　即崔彧。

拜帖木儿③(？～1358)　元顺帝至正十八年(1358),为宣慰同知。四月,率所部兵从察罕帖木儿、李思齐、张良弼等讨红巾军将领李喜喜于巩昌,喜喜败入蜀。是月,被李思齐、张良弼同袭杀,其所部兵被李、张分有。(0001卷45)

拜帖穆尔　元唐兀人。能诗,有诗作传世。(0504 戊下)

拜的迷失　元乃蛮氏,屈出律四世孙,教化的之子。(0011 卷 67)

拜姓忽儿　又译伯升豁儿。元太祖五世祖。海都长子。敦必乃之父,合不勒汗之祖。(0001 卷 1、107,0009 卷 1,0008 卷 1)

拜延八都鲁　元蒙古札剌亦儿氏。幼事太祖,受赐名八都鲁(勇士)。太宗七年(1235),奉旨领札剌亦儿军一千六百人,与塔海甘卜同征关西,有功。宪宗三年(1253),奉旨与汪德臣等创立利州城。七年,从都元帅纽邻城成都。领兵围云顶山,克之。留镇成都,降属县诸城。诸王哈丹、朵欢等征大理还。奉旨领兵迎之。道过新津寨,遇宋军,战败之。世祖中统二年(1261),以功授蒙古奥鲁官。(0001 卷 123)

部肃　字彦清。元山东人。顺帝至正年间任昆山州(治今江苏太仓)判官。(0939 卷 12,0278 卷 2、3)

部祥(1204～1283)　字德兴。金元之际益都(治今山东青州)人。金亡后,累官为行省郎中。元世祖至元初,守胶、密、沂,政绩修举。(0415 卷 6)

部从礼　元平定州乐平县(治今山西昔阳)人。部知章之子。仁宗延祐元年(1314)任陕西行省都事。(0554 卷 28)

部文忠(1263～1338)　字信卿。元彰德(治今河南安阳)人。历任大都路医学教授,后累升为诸路医学提举。(0250 卷 54)

部知章　元平定州乐平县(治今山西昔阳)人。世代为儒。有诗名。(0691 卷 9,0075 氏族典卷 485、文学典卷 87)

重喜①　元太宗时汉军万户。太宗元年(1229),始立汉军三万户,与刘黑马、史天泽皆为汉军万户。四年,增立为汉军七万户,与刘黑马、史天泽、严实等为万户。(0001 卷 149)

重喜②　元東吕紇氏。太宗时征行万户塔不已儿之孙。父脱察剌袭为征行万户。宪宗九年(1259),重喜随父渡江围攻鄂州(今湖北武汉武昌)。与宋军战于洋隘口,夺战舰一艘。父死,袭职为征行万户。世祖中统三年(1262),从征李璮有功。至元二年(1265),奉旨筑十字路城,以备守御。率兵南巡,为游击军。十年,修正阳城。次年,宋军围攻正阳,从元诸军战败之。十二年,从元诸军攻下涟、海诸城。十三年,击败宋将姜才。从元诸军袭击李庭芝等于泰州。次年,任婺州路达鲁花赤。未几卒。(0001 卷 123、133)

重喜③　元吐蕃人,赵阿哥潘子。初侍太宗子阔端。世祖中统元年(1260),授征行元帅。后任临洮府达鲁花赤,有善政。升巩昌二十四处宣慰使。卒谥桓襄。(0001 卷 123)

重喜④　元时入华迦叶弥儿(今克什米尔)人,伽乃氏,铁哥第六子。任隆禧院副使。(0001 卷 125)

重善　元顺帝至正五年(1345)任崇仁县(今属江西)达鲁花赤。(1014 卷 8)

重福　元唐兀人,任广西廉访使。(0011 卷 61)

适宜　元平阳(治今山西临汾)同知。有诗作传世。(0504 丁)

适姑　元云南普定府(治今贵州安顺东南杨武)知府容苴之妻。夫亡,袭其职。成宗大德七年(1303),改普定府为路,升任总管,佩虎符。(0001 卷 21、61)

笃祃　元顺帝至正间任江浙行省平章,受制于张士诚。明太祖灭张士诚,秩高年迈之元官悉遣北还,笃祃亦被遣北还。(0444 卷 5,0014 卷 13 中)

笃哇(约 1265～1306)　又译都哇、朵瓦、都瓦、都阿等。察合台汗国第九代汗(1275 至 1306 年在位),第六代汗、察合台曾孙八剌之子。由窝阔台后王海都扶持即位,由是德之,后常追随海都进攻元西北境。元世祖至元二十二年(1285),率军大败宗王阿只吉,围攻哈剌火州(今吐鲁番东),欲胁迫畏兀儿亦都护联盟反元。元援军至,撤围退去。二十三年,与海都进攻别失八里(今新疆吉木萨尔北),执万户綦公直等。二十五年,随海都东犯。成宗大德元年(1297)至四年,随海都屡与元军战。五年,随海都大举逾金山(今阿尔泰山)东犯,海山(武宗)率师迎击,两军激战,与海都皆受伤退去。海都死,扶立其子察八儿嗣位。七年,与察八儿遣使与元廷议和称藩。未几,与察八儿冲突,併有其大部领地。八年,死。(0001 卷 15、21、22 等,0008 卷 2、3,0002 卷 107)

笃绵　元畏兀儿人。塔塔统阿第四子。初事太宗第四子哈剌察儿。世祖即位(1260),受命统宿卫。后奉使辽东。卒,封雁门郡公。(0001 卷 124)

笃尔只　元蒙古忙兀氏。博罗欢孙,伯都之子。母蒙古弘吉剌氏。历任将作院判官。(0001 卷 121)

笃列图①　字彦诚,号敬斋。元蒙古逊都思氏,居绍兴。顺帝至正五年(1345)登进士第,授衡阳县丞,以母忧不赴,改绍兴录事司长官。后历任江南行御史台照磨。(0413 卷 12,0276 卷 4,0412 卷 8,0011 卷 21)

笃列图②(1312～1348)　字敬夫,元蒙古捏古思氏,居永丰(今属江西)。文宗至顺元年(1330)右榜进士第一,授集贤修撰。顺帝至元二年(1336)累迁南台御史。终内台御史。(0002 卷 214,0296 卷 3,0011 卷 32)

笃烈图　字克成。元泰定四年(1327)进士。顺帝元统元年(1333)任秘书监校书郎。(0027 卷 10)

笃烈捏　元文宗至顺二年(1331)二月,

由太禧宗禋院使出任岭北知行枢密院事,遥授平章政事。(0001 卷 35)

笃古八剌　元蒙古兀良合氏,江浙平章也速斛儿孙。(0011 卷 26)

笃刚不花　元顺帝至正间任武强(今属河北)县尉。(0645 卷 4)

笃思弥实　元顺帝至元二年(1336)任江南行台御史中丞。(0632 卷 6)

笃善弥实　元别失八里畏兀儿人,顺帝元统元年(1333)进士寿同海涯祖。(0028)

笃坚帖木而　元蒙古札剌亦儿氏。木华黎七世孙。朵尔直班次子。(0001 卷 139)

笃来帖木儿(? ~1331)　察合台汗国第十五代汗,笃哇之子,第十三代汗怯伯之弟。元文宗至顺元年(1330),怯伯之子第十四代汗燕只吉台死,笃来继汗位。是年,与钦察汗月即别、伊利汗不赛因各进本藩地图于元廷,元廷颁布《经世大典》,附图称察合台汗国为笃来帖木儿位下,与钦察汗国、伊利汗国并列。次年卒,弟答儿麻失里继汗位。(1140 卷 15)

笃怜帖木儿　元顺帝至正十三年(1353)为宣政院使,二月,奉旨知经筵事。(0001 卷 43)

笃麟铁穆尔　见因牙纳硕理。

香山①　元世祖至元二十九年(1292),为太常太卿。四月,奏请采石增制编磬。(0001 卷 68)

香山②　拥戴元武宗即位有功,封宾国公。至大元年(1308),加太子太傅。文宗天历元年(1328),进授司徒。(0001 卷 22、32)

香山③　元阿速人,的迷的儿子。事武宗、仁宗,直宿卫。文宗即位,与上都兵战有功,赐金带一,授左阿速卫都指挥使。(0001 卷 135)

秋儿　元顺帝至正末,任秘书少监。(0027 卷 9)

修德　字敬中。元东平(今属山东)人。顺帝至正二十一年(1361)为江南行御史台掾。(0275 卷 6,0265 卷 6)

保八①(? ~1311)　元武宗时,倡议立尚书省理财。至大二年(1309),授尚书右丞,不久遥授平章政事。仁宗即位,以变乱旧章、流毒百姓之罪下狱被杀。(0001 卷 23、24)

保八②　字公孟,号普庵。元色目人,居洛阳。历任黄州路总管。著有《易原奥义》一卷、《周易原旨》六卷。(0211 卷 4,0072 卷 16,0002 卷 235)

保安　元顺帝至正后叶为孛罗帖木儿部下骁将。以不附孛罗帖木儿,为所杀。(0001 卷 142、207)

保寿　字庆长。元畏兀儿人,居常州。历任溧阳(今属江苏)州同知。(0106 卷 1)

保保①　元成宗大德元年(1297)任江南行御史台经历。(0632 卷 6)

保保②　元泰定(1324 ~1328)间任澄城(今属陕西)县尉。(0806 卷 7)

保保③　元顺帝至正间为河南廉访司佥事,见天下将乱,弃官隐退。(0103 卷 3)

保保④　元顺帝时,为孛罗帖木儿部将。后任山东行省平章政事。至正二十七年(1367),明军来攻,降之。(0001 卷 45、47、196)

保保⑤　元蒙古怯烈氏,镇海四世孙脱火赤之子。袭中卫千户。(0011 卷 23)

保童①　元顺帝至正四年(1344),为浔州路(治今广西桂平)同知。是年,徭族反元起事,进攻浔州路,保童率民兵击走之。(0001 卷 41)

保童②　元唐兀人。黄头之子。任崇仁县(今属江西)达鲁花赤。(1014 卷 8,0011 卷 61)

保安奴　元山东人。顺帝至正十年(1350)中乡试。(0600 卷 2)

信桂　元新昌县(今属浙江)尉。(0880 卷 28)

信士达　元人。问学于王恽。历任行台御史。(0144 卷 10、18、19、42,0072 卷 78)

信文焕　元顺帝时任兰溪(今属浙江)知州。(0881 卷 12)

信世昌　字云甫,号中隐。元须城(治今山东东平)人。信亨祚之子。受学于元好问。宪宗时任须城县尹。官至翰林学士承旨。善画山水,画墨竹别成一家,为王庭筠之后又一变。有诗作传世。(0030 卷 5,0072 卷 88,0504 乙,等)

信亨祚(1192 ~1240)　字光祖。金元之际上谷(治今河北易县)人,迁居须城(治今山东东平)。金末率乡兵壁梁山。宣宗兴定五年(1221)降于严实,署五翼都总领。金济南兵来袭青崖,击败之,斩获甚众。后守曹州,三年不解甲。又从实破黄山,取恩州,皆先登陷阵。又从蒙古军破彭义斌将刘庆福。积战功迁任曹州同知。(0351 卷 30,0003 卷 52,0002 卷 137)

信苴日(? ~1284)　姓段氏,名日,又作段实。"信苴"为僰语"亲王"之意。元云南大理僰人(今白族)。大理国主段兴智之弟(一作其子)。兴智死后,世祖中统二年(1261),日入觐,受世祖赐虎符,奉诏领大理、善阐(今昆明)、威楚(今云南楚雄)、统矢(今云南姚安)、会川(今四川会理)、建昌(今四川西昌)、腾越(今云南腾冲)等城,节制万户以下土官。至元元年(1264),配合蒙古军镇压白族僧人舍利畏领导的起义。十一年，大理改为路，任总管。派人刺杀舍利畏，使起义队伍瓦解。十三年，与蒙古军抵御缅国军入侵，有功。十八年，升大理威楚金齿等处宣慰使都元帅、云南行省参政。治大理共二十三年。其子孙世袭大理总管。（0001 卷 166）

信直福　元大理人，姓段氏，大理国主段兴智季父。宪宗时随兴智归降，并入觐，诏领大理诸军，从大将兀良合台讨平未服州郡，并攻降安南（今越南北部）。（0001 卷 166，0003 卷 110）

信思敬　元顺帝元统二年（1334）任象山（今属浙江）知县。（0634 卷 2）

侻征　元蒙古人，顺帝至正十七年（1357）右榜进士一甲第一名（状元）。（0001 卷 92）

侯玉　字德润，号梅轩。元济阴（治今山东荷泽）人。顺帝至正十八年（1358）为蒲圻主簿。后迁任建昌路经历。（0075 官常典卷 656）

侯节　元世祖至元二十八年（1291）任清丰（今属河南）县尹。（0654 卷 4）

侯均　字伯元。元奉元（今陕西西安）人。父母早亡，与继母居，卖薪以供奉养。积学四十年，通群经诸子，兼及释老，名振关中，世服其博闻。被荐为太常博士，因上书忤宰相，归休田里。（0001 卷 189）

侯威　元顺帝至正年间任武强县（今属河北）主簿。（0645 卷 4）

侯显　元太宗二年（1230），授北京路征收课税副使。（0001 卷 2）

侯洪　字有容。元榆次（今属山西）人。举进士。初为石州判官。泰定四年（1327），升为离石县尹。（0705 卷 4、5）

侯珪①　元世祖至元二十一年（1284）任东阳县丞。成宗大德九年（1305），累迁升为建康路总管。（0881 卷 12，0632 卷 6）

侯珪②　元成宗时，任建康路总管。因贪纵下狱治罪。（0001 卷 175）

侯祯　元晋宁（治今山西临汾）人。世祖至元十五年（1278）至十八年任镇江路判官。（0631 卷 15）

侯祥　元顺帝至正十五年（1355）任阳城县（今属山西）主簿。（0694 卷 5）

侯章　元江阴（今属江苏）人。历任新昌县典史。（0880 卷 28）

侯敬　元汴梁（治今河南开封）人。历任义乌县（今属浙江）主簿。（0881 卷 12）

侯谦　元东平（今属山东）人。世祖至元二十三年（1286）任镇江路录事司判官。能诗，有诗作传世。（0631 卷 16，0504 乙）

侯彰　元静江路（治今广西桂林）人。成宗大德六年（1302）任秘书监秘书郎。九年，升为著作佐郎。（0027 卷 10）

侯德　元仁宗皇庆年间任瑞州路（治今江西高安）推官。（1016 卷 14）

侯爵　元安阳（今属河南）人。世祖中统初，由大名宣抚司令史补中书省掾。转右司都事。出知潞州。至元二十二年（1285）由集贤学士迁任秘书监。后改任大司农卿。出为燕南宣慰使，卒于官任。年六十三。（0762 卷 10，0027 卷 9，0178 卷 4）

侯克中　字正卿，号艮斋。元真定（治今河北正定）人。幼丧明，以耳代目，能成其学，尤喜读《易经》。卒年九十余。工散曲，撰杂剧《春风燕子楼》。有《艮斋诗集》十四卷。（0146 卷 21，0029 卷上，0072 卷 95）

侯伯正　号励斋，元渭南（今属陕西）人。泰定中，举进士，授太常博士。后世乱弃官归隐。（0819 卷 16）

侯君祥　元河朔人。顺帝至正十七年（1357）任黟县（今属安徽）知县，有政声。（0416 卷 2）

侯良弼　元武强（今属河北）人。泰定中，任武强县尉。（0645 卷 4）

侯宗礼　元人。有诗作传世。（0504 乙）

侯彦直　元雅州（治今四川雅安）人。任副千户。世祖至元年间，王虎攻掠雅州。彦直率兵数百人出战，力战二日，援绝被擒，不屈，自刎死。（0841 卷 17，0075 氏族典卷 352、官常典卷 732，0002 卷 230）

侯祐贤　元世祖至元八年（1271），立侍仪司，授右侍仪副使。（0001 卷 67）

侯祖望　元人。有诗作传世。（0504 癸上）

侯逢丙（1216～1290）　字唐卿。元庐陵（治今江西吉安）人。设肆制药，尚义好施。（0212 卷 71）

侯大中　号损斋。元公安（今属湖北）人。道士。泰定初，应召建醮，授师号而归。（1048 卷上，1041 卷 73）

侯元采　字文卿。元桂林（今属广西）人。顺帝至正十二年（1352）为贵州幕僚，出私资修城，又击退峒人，宪司称其能。（1102 卷 22，0622 卷 85）

侯天佑　元东平（今属山东）人。历任丹徒（治今江苏镇江）县尉。（0631 卷 16）

侯文炳　元东昌路（治今山东聊城）人。仁宗延祐二年（1315）任衢州（今属浙江）路经历。（0878 卷 3）

侯世杰　元泰定帝致和元年（1328）任昌国州（治今浙江舟山）同知。卒于官任。

(0634 卷 2)

侯永祚　元仁宗延祐年间任茌平(今属山东)县尹,更新文庙礼器。(0730 卷 6)

侯守忠　元世祖至元年间任保定路总管,在任凶暴不法,恣意乱行,结党营私,欺凌吏民,受王恽弹劾。(0144 卷 92)

侯景安　元蒙古人。世祖至元十三年(1276)任镇江路录事司达鲁花赤。(0631 卷 16)

侯宾于　字廷美。元宣城(今属安徽)人。历任广东宪使。能诗,有诗作传世。(0524 卷 4,0504 丁)

侯寿安　元成宗大德八年(1304)任江南行御史台监察御史。(0632 卷 6)

侯卜延答失　元顺帝时,为威顺王宽彻普化部将。至正二十五年(1365)奉威顺王由云南经四川转战至陕西,欲往大都,为李思齐所遏,屯田于成州(今陕西成县)。(0001 卷 46、47)

顺昌　元唐兀人。泰定二年(1325)任江南行台监察御史。顺帝至元四年(1338)累迁为浙东廉访副使。至正二年(1342)授江南行台治书侍御史。(0634 卷 1,0632 卷 6)

顺时秀　姓郭,字顺卿,人称郭二姐,艺名顺时秀。元代杂剧女演员。与珠帘秀齐名。善演闺怨杂剧。元曲家刘时中以"金簧玉管,凤吟鸾鸣"拟其声韻。(0032)

段义①(? ~1334?)　亦称信苴义,白族,元云南大理第八代总管。段俊族弟(一作子)。顺帝元统元年(1333)袭职。因助元军镇压中庆路(治今昆明)阿容禾,升云南行省参政。未几卒。(1146 卷 406)

段义②　元洪洞县(今属山西)人。顺帝至正年间,仕至泰安(今属山东)知州。(0551 卷 38)

段氏　元隆兴人霍荣妻。年二十六夫亡,以针刺面、誓死不改嫁。成宗大德二年(1298),诏旌表之。(0001 卷 200)

段玉　字桂芳,元顺帝至正中为万户府经历,从余阙守安庆,城陷,死之。(0001 卷 143)

段正(? ~1316)　亦称信苴正,白族,元云南大理第五代总管。段忠子,段庆弟。大德十一年(1307),袭任大理总管、云南参政。在任期间,元廷命云南驻军及士兵出征八百媳妇;元廷开科取士,每榜限云南取五人(蒙古、色目各二,汉人一)。(0003 卷 110,1146 卷 406)

段功(? ~1366)　元僰人(今白族)。云南大理国王后裔。段光弟。顺帝至正四年(1344),袭蒙化知州,六年,为大理总管。二十三年,明玉珍进攻云南,被其击退,有功,梁王把匝剌瓦尔密妻以女阿褴,奏授云南平章。后以其久不归,梁王疑其有异志;二十六年,被杀。(0851 卷 16,0852 卷 6,0003 卷 110)

段贞　元人。一名段那海。世祖时,任大都留守。成宗元贞二年(1296),拜中书平章政事。大德七年(1303)免职,后授大司徒。九年,复拜中书平章政事。(0001 卷 18、21、112)

段光(? ~1343)　元僰人(今白族)。云南大理国王后裔。段义之子。初为蒙光州(治今缅甸密支那西南孟珙)知州。顺帝元统元年(1333),为大理总管。(0851 卷 16,0006 卷 86,0003 卷 110)

段庆(? ~1306)　元僰人(今白族)。云南大理国王后裔。段实之子。世祖至元二十一年(1284)袭为大理总管。(0851 卷 16, 0001 卷 166)

段武　元顺帝至正间守镇江,朱元璋军来攻,战死。(0075 官常典卷 735)

段茂　元世祖至元二十六年(1289)任江南行台监察御史。(0632 卷 6)

段直(1190 ~1254)　字正卿,金元之际泽州晋城(今属山西)人。元太祖时由金来降,授泽州长官。多惠政,兴学重教,儒风大兴。诏命提举本州学校事,未拜而卒。(0001 卷 192)

段忠(? ~1283)　元僰人(今白族)。云南大理国王后裔。段实弟。世祖至元二十年(1283)嗣为大理总管,同年死。(0851 卷 16,0003 卷 110)

段所　字原中。元永新(今属江西)人。隐居山中,不仕。善为诗。(0075 文学典卷 89)

段宝(? ~1381)　元明之际僰人(今白族)。云南大理国王后裔。段功之长子。顺帝至正二十六年(1366),功为梁王杀死,宝嗣为大理总管,自称平章。梁王虑其为后患,七攻之,皆不克。大理土官杨宝极意和解,梁王从之,奏升宝为云南行省右丞。明洪武十三年(1380),明军入云南,梁王遣使奉金印玉书,诣大理乞援,且许尚公主。宝衔前仇,不应,遣使奉表降于明。(0003 卷 110,0033 卷 40)

段杰　元仁宗延祐元年(1314)任江南行台监察御史。(0632 卷 6)

段俊(? ~1332)　亦称信苴俊,白族,元云南大理第七代总管。段隆子。文宗天历元年(1328)继任大理总管,被封为云南平章。在职期间,蒙古在云南诸王及驻军互相征伐,各族民众驿输繁重,以致马撒部(在今贵州威宁)请转隶四川。(1146 卷 407)

段祯　元末从张庸守房山,寨破,被擒杀。(0001 卷 196)

段谅　元仁宗延祐六年(1319)任秘书监典书。(0027 卷 11)

段辅　字德辅,元河中人,段思温之子。历任翰林应奉、西台御史。仁宗延祐三年(1316)改南台御史,历内台御史、燕南佥宪、国子司业、太常院判。泰定间任吏部侍郎。顺帝至元中累迁河南廉访使。(0501 卷 56,0001 卷 27、30、138、185、186)

段隆　亦称信苴隆,白族,元云南大理第六代总管。段正子(一作段庆子)。仁宗延祐四年(1317),继任大理总管。六年,元廷诏准云南土官无子嗣者,按当地习俗,以妻代管。泰定帝致和元年(1328),以老退闲,子段俊继任大理总管。(1146 卷 407)

段绮　字百祥。元滨州(今属山东)人。世祖中统年间任昌乐县尹,抚治有方,民安居乐业。(0721 卷 27,0726 卷 12)

段循　元郃阳(治今陕西合阳)人。历任凤翔(今属陕西)府知事。(0818 卷下)

段瑞　字瑞之。元济南人。武宗至大元年(1308)至仁宗皇庆元年(1312),任镇江路知事。(0631 卷 15)

段澄　元顺帝至正二年(1342)任吴江(今属江苏)州判官。(0954 卷 17)

段禧　元齐河县(今属山东)人。成宗大德七年(1303),任秘书监令史。(0027 卷 11)

段徽(? ~1256)　元初任济南路参议。(0553 卷 21)

段彝　元郃阳(治今陕西合阳)人。中乡试。授延安路儒学正。(0818 卷下,0806 卷 14)

段天祐①　元世祖时,为行工部尚书,主持大都城修筑工作。后任大都留守,兼武卫亲军都指挥使。(0001 卷 6、177)

段天祐②　字吉甫。元汴梁兰阳(治今河南兰考东北)人。泰定元年(1324)进士,授静海县丞。后历任江浙行省照磨、常熟州判官。擢国子助教、迁翰林应奉。仕至江浙儒学提举。工书法。(0073 卷 101,0154 卷 17,0101 卷 7、15)

段天祥　元昆明人。顺帝至正十四年(1354)进士。历任云南行省都事。(0851 卷 8)

段从周　字郁文。元东平(今属山东)人。成宗大德年间任进贤县(今属江西)主簿,为政精察而不苛,民敬爱之。迁吉安路知事。(0502 卷 13,0506 卷 14609,1018 卷 5)

段文瑞　元河间(今属河北)人。侍母孝,授河间路儒学正。仕至临安路(治今云南通海)总管。(0851 卷 10、11,0852 卷 6,0075 氏族典卷 479)

段成己(1199 ~1279)　字诚之,号菊轩。金元之际稷山(今属山西)人。段克己弟。金哀宗正大年间登进士第,授宜阳县主簿。金亡,与克己隐居龙门山中。元宪宗四年(1254)克己死后,迁居平阳,闭门读书。世祖授以平阳路儒学提举,不赴。工诗。有《二妙集》八卷(与克己合集)。(1106 卷首,0503 二集甲,0006 卷 91 上)

段兴智(? ~1260)　大理国末代国王。僰人(今白族)。元宪宗元年(大理道隆十三年,1251)即位,国政实为高祥所篡。三年,蒙古军征大理,十二月,占据大理,擒杀高祥。四年,为兀良合台擒获于昆泽(今属云南),与其叔段福往觐宪宗。六年,至漠北觐见宪宗,献地图,请平定云南诸部,并条奏治民立赋之法。宪宗赐以金符,令管领僰、爨等部。后与段福率军二万为前锋,导兀良合台讨平云南诸部。世祖中统元年(1260),入朝,死于途中。(0001 卷 3、4、166)

段廷珍　元文宗至顺三年(1332),任吴江(今属江苏)州判官。(0954 卷 17)

段廷珪　字君璋。元济宁(治今山东巨野)人。仁宗皇庆二年(1313)至延祐三年(1316)任镇江路总管,有惠政。(0631 卷 15,0925 卷 26)

段好古　元余姚(今属浙江)州判官。(0880 卷 28)

段克己(1196 ~1254)　字复之,号遯庵。金元之际稷山(今属山西)人。与弟成己皆有才名。金末以进士贡。金将亡,与弟避居龙门山中。后二十余年卒。工诗。有《二妙集》八卷(与成己合集)。(1106 卷首,0033 卷 30,0072 卷 14)

段克忠(? ~1332)　字兼甫。元彰德(治今河南安阳)人。文宗至顺元年(1330)任镇江路镇抚所都目。(0631 卷 17)

段定僧　字至明。元顺帝至正年间,由监察御史迁任秘书卿。(0027 卷 9)

段承祚　元稷山(今属山西)人。历任国子监学正,以母老归养。(0695 卷 5,0700 卷 8)

段绍隆　金元间人,元初为泽州长官兼提举学校。(0607 三辑 31 册《元令旨五道石刻》)

段思义(1241 ~1306)　字季方,号西溪。元稷山(今属山西)人。段成己之子。家居授徒。(0691 卷 15,0075 文学典卷 87)

段思诚　字仲明,号芹溪。元稷山(今属山西)人。以荐授河中府路儒学教授。(0696 卷 3,0075 文学典卷 87)

段思温(1240 ~1288)　字叔恭。元稷山(今属山西)人。段克己之子。年十五丧父,从叔父成己学。年二十一,居河中家聚徒授业,造就人才甚众。(0181 卷 6,0212 卷 68,0075 文学典卷 87)

段僧奴　元明之际僰人(今白族),段功之女。痛父为梁王所杀,冤死,常怀复仇之心。将嫁于建昌阿黎氏,出绣旗示弟段宝,约他日出兵合击梁王。(0033 卷 40,0851 卷 11,0002 卷 245)

皇仁　元成宗大德末,任溧阳(今属江

苏)州判官。(0632 卷 6)

皇庆　元藁城(今属河北)人。皇毅之子。世祖至元末,袭父职为前卫亲军千户。卒,子景温袭职。(0552 卷 21,0645 卷 5)

皇洤　元世祖至元二十六年(1289)任江山县(今属浙江)主簿。三十年,迁任慈溪县(今属浙江)主簿。(0633 卷 3,0897 卷 3、8)

皇毅(1231～1297)　元藁城(今属河北)人。世祖至元中,从董文炳平宋,积战功授千户。北还戍黑城,改任前卫亲军千户。至元二十四年(1287)从平乃颜之乱,告老归。(0552 卷 21,0002 卷 165,0003 卷 54)

皇甫本　元安阳(今属河南)人。元末登进士第,授洪洞县尹,改中书检校。后出任贺州同知,有政声。(0762 卷 10)

皇甫仪　元泰定元年(1324)任庆元路(治今浙江宁波)知事。(0634 卷 1)

皇甫信　元江宁县(治今江苏南京)主簿。(0632 卷 6)

皇甫杰(?～1283)　元世祖时,为千户。至元十七年(1280),奉命从万户何子志出使暹国(今泰国),经占城(今越南南部),被执。后被占城国主所杀。(0001 卷 210)

皇甫琮　元成宗大德年间任庆元路(治今浙江宁波)知事。(0633 卷 2)

皇甫洤　元武宗至大中,任黟县(今属安徽)知县。(0973 卷 6)

皇甫祥　字廷瑞。元汴梁(治今河南开封)人。泰定二年(1325)任镇江路经历,次年,丁父忧去职。(0631 卷 15)

皇甫琰　字邦瑞。元东平(今属山东)人。世祖至元二十年(1283)任泽州知州。后迁任濮州知州。有诗作传世。(0721 卷 26,0075 氏族典卷 584,0504 乙)

皇甫德　金元之际崞州(治今山西代县西南)人。金末,降蒙古,木华黎与语大悦,授崞州观察判官,行元帅府事。(0692 卷 20,0703 卷 5,0075 氏族典卷 584)

皇甫璧　字君宝。元东平(今属山东)人。武宗至大三年(1310)任吴江(今属江苏)知州,以廉能称。(0928 卷 41,0954 卷 17、18,0075 氏族典卷 584)

皇甫彻只秃　元濮州(治今山东鄄城北)人。仁宗延祐七年(1320),任镇江路济南翼下千户所弹压。(0631 卷 17)

禹氏(?～1356)　元绍兴(今属浙江)人,名淑静,字素清,嫁为吴守正妻,徙家崇德州(今浙江余杭东北)石门。顺帝时,反元军陷崇德,抱幼女投河死。(0001 卷 201)

禹苏福　元顺帝至正中,为瑞州路(治今江西高安)总管。平定江西邓南二起义,并击败红巾军徐寿辉部。(0001 卷 42)

衍道原　元僧,石湖(今江苏吴县西南)人。住楞伽寺。善为诗,一时名士多与之游,危素等皆甚推许。有《碧山堂集》,危素为作序。(1144 卷 508)

律实　元蒙古弘吉剌氏。有谋,善骑射。太宗时授千户,又任齐王府司马。从拖雷伐金有功,诏还宿卫,以疾卒。(0001 卷 133)

後天麟　元顺帝至元年间任江宁县(治今江苏南京)主簿。(0632 卷 6)

须子寿　元明之际杭州人。明初为钱塘县(治今杭州)吏,以事卒于金陵。撰杂剧《四州大圣淬水母》、《双鸾棲凤碧梧堂》。(0029 续编)

俞元　字长卿。元钱塘(治今浙江杭州)人。顺帝至正十二年(1352)为仁和(治今浙江杭州)县尉,随从讨伐一度攻占杭州之天完红巾军有功,升为杭州路同知。(0158 卷 22)

俞氏　元嘉兴(今属浙江)人钱子顺妻。年二十五而寡,子仅三岁,誓不改嫁,侍奉其婆不违礼,守节五十五年而死。有司旌其门。(0891 卷 6,0895 卷 13)

俞东　字产春。元人。有诗作传世。(0504 辛下)

俞汉　字仲云。元诸暨(今属浙江)人。尝征辟为儒学官,不就。死后,士友私谥曰文惠。精于史学,撰《春秋传》三十卷。(0075 文学典卷 90,0072 别附卷 3,0002 卷 236)

俞永　元仁宗延祐六年(1319)任东阳县(今属浙江)主簿。(0881 卷 12)

俞扬　元新昌县(今属浙江)人。历任嵊县(今属浙江)儒学教谕。(0880 卷 29)

俞全　元杭州人,幼被掠卖为汴梁刘姓家奴。后获为良,归杭寻母及姊,得之。事母以孝闻。(0001 卷 197)

俞和(1307～1382)　字子中,号紫芝。元钱塘(治今浙江杭州)人。工书法,真、行、草书皆学赵孟頫。顺帝至正初,诏江浙行省缮写宋辽金三史以备镂版,有司聘之充校正官,事毕欲授以官,不受而归。(0444 卷 13,0031 卷 7,1072 卷 2、5)

俞金(1253～1324)　字叔器,号时斋。宋元之际金华(今属浙江)人。宋亡,独率其家仍行宋礼,不从时俗。(0414 卷 20,0432 卷 22,0062 卷 41)

俞受　元绍兴(今属浙江)人。历任新昌县(今属浙江)儒学教谕。(0880 卷 29)

俞宝　元顺帝时,为红巾军将领,守棣州(今山东惠民)。至正二十一年(1361),

降于元将察罕帖木儿。后隶扩廓帖木儿为部将。(0001 卷 46)

俞杰 字仁仲。元丽水(今属浙江)人。历任处州路(治今浙江丽水)儒学教授。(1081)

俞拱 元永康(今属浙江)人。顺帝至正八年(1348)进士,仕至翰林国史院修撰。(0881 卷 18)

俞俊 字子俊,号云东。元上海人。从顾琛学。历任镇江路蒙古字学正、丽水县巡检。张士诚据吴,俊以贿得署华亭县(治今上海松江)知县,多酷政,县民恨之。后升为平江路(治今江苏苏州)判官。(0631 卷 17,0516 卷 7,0101 卷 28)

俞恂 元金华(今属浙江)人。从宋濂学。(0072 卷 82)

俞皋 字心远。元婺源(今属江西)人。从宋进士赵良钧学。撰《春秋集传释义大成》十二卷。(0212 卷 20,0059 卷 16,0072 卷 16)

俞康 字大中。元丹徒(治今江苏镇江)人。俞希鲁弟。文宗至顺年间为昌国州(治今浙江舟山)儒学正。(0631 卷 19)

俞庸① 字时中。元丹徒(治今江苏镇江)人。俞德邻之子。初为明道书院山长。成宗大德中,试补户部令史。累迁为尚服院都事。卒年六十五。(0631 卷 19,0945 卷 3)

俞庸② 字子中,号凝清。元嘉兴(今属浙江)人,寓居上海。元末任华亭县(治今上海松江)知县,迁任平江路(治今江苏苏州)推官。张士诚据吴后,不复仕。卒年四十五。有诗作传世。(0516 卷 7,0874 卷 15,0504 庚上,等)

俞斌 元世祖至元十七年(1280)任慈溪(今属浙江)知县。(0633 卷 3)

俞焯 字元明,号午翁,又号越来子。元昆山(治今江苏太仓)人。俞君登之子。泰定四年(1327)进士,授仙居县丞。顺帝至正年间累迁为德兴尹。撰《诗词余话》一卷。有诗作传世。(0238 卷 2,0504 丙,0046 卷 9)

俞琰 字玉吾,号石涧,又号林屋山人。宋元之际吴县(治今江苏苏州)人。宋末以词赋称。入元隐居著书。精于《易》学。以荐授温州路儒学录,不赴。武宗至大四年(1311)犹存。卒年七十。著有《周易集说》四十卷、《读易举要》四卷、《林屋山人漫稿》一卷等。(0534 卷 45,0075 文学典卷 90,0492 卷 34)

俞溥 字士渊,号柳庵。元淳安(今属浙江)人。历任国子助教。有诗作传世。(0504 丁)

俞镇 字伯贞。元嘉兴路崇德州(治今浙江桐乡西南)人。仁宗延祐四年(1317),中乡试。仕至建德县尹。撰《学易居笔录》一卷。善书法,行、草书皆学李北海。工诗,有诗作传世。(0031 卷 7,0874 卷 15,0504 丙)

俞士英(1303～1356) 字服膺。元婺源(今属江西)人。顺帝至正十六年(1356),聚集地主武装抵御反元队伍,力战而死。(0301 卷 8)

俞子清 元吴兴(今浙江湖州)人。历任侍郎。善画山水,其所画山水图曾经赵孟頫品题,名声大著。(1143 卷 570)

俞天民(1258～1330) 元崇德(治今浙江桐乡西南)人,俞镇父。历任主一、永嘉两书院山长,以嘉兴路儒学教授致仕。(0231 卷 9)

俞元良 字赓廷。元临川(今属江西)人。顺帝至正十二年(1352),率地主武装守卫郡城,被反元队伍擒杀。(0075 官常典卷 733)

俞元膺 字元应。元婺源(今属江西)人。治《春秋》。顺帝至正年间高第,授翰林学士。(0972 卷 8,0075 氏族典卷 93)

俞元燮 字邦亮。元长洲(治今江苏苏州)人。家居著书,不屑赴科举试。通蔡氏《尚书传》,博采群书,撰《尚书集传》十卷。(0042 卷 6,0072 卷 67,0002 卷 236)

俞仁夫 元杭州人。散曲作家。(0029 卷下)

俞长孺(？～1335) 字观光。元新昌县(今属浙江)人。历任诸暨州儒学正、宁国路儒学教授。(0101 卷 6,0880 卷 29、37,0072 别附卷 3)

俞公炳 元绍兴(今属浙江)人。历任新昌县(今属浙江)儒学教谕。(0880 卷 29)

俞师鲁(1269～1333) 字唯道。元婺源(今属江西)人。成宗大德十年(1306),以荐为史馆编修。迁隆兴路儒学教授。丁忧家居十年。英宗至治中,授广德路儒学教授;秩满,授松江府知事。有诗作传世。(0532 卷 95 下,0075 氏族典卷 93,0504 丙)

俞光亨 元兰陵(治今江苏武进西北)人。泰定年间任绩溪县(今属安徽)儒学教谕。(0992 卷 9)

俞仲温 字子玉。元吴县(治今江苏苏州)人,俞琰之子。仕为平江路(治今江苏苏州)医学录。死于明初。(0279 卷 7)

俞仲猷 元成宗大德年间任徽州(治今甘肃徽县)儒学正。(0811 卷 5)

俞自得 号吟隐。宋元之际金华(今属浙江)人。工诗。元世祖至元二十四年(1287),其诗作被月泉吟社选评为第四十二名。(0504 甲,0033 卷 6)

俞齐贤 字忠夫。元海陵(今江苏泰州)人。张士诚开藩,以功授淮省郎中。

后士诚称吴王，累犯颜谏止，不听，遂杜门谢病以卒。（0296 卷 4 下）

俞安中　元京口（今江苏镇江）人。有诗作传世。（0504 戊上）

俞时中　字器之。元浦江（今属浙江）人。元初，以布衣被召入宫问对，被旨入翰林，参与修纂本草书，授太医院令史。后历任都水监令史、诸暨州判官。仕至庐江县尹。能诗，柳贯为其诗集作序。（0152 卷 3，0154 卷 17，0062 卷 9）

俞伯奇　元人。工诗。元初居钱塘（治今浙江杭州），与白珽唱酬。（0033 卷 7）

俞希孟　元人。有诗作传世。（0504 癸下）

俞希鲁（1279～1368）　字用中。元丹徒（治今江苏镇江）人，俞庸弟。历任处州独峰书院、饶州长芗书院山长，庆元路儒学教授。擢归安县丞，升江山县尹，改永康县尹，皆有治绩。顺帝至正十七年（1357）以松江府判官致仕。编撰《至顺镇江志》二十一卷。（0411 卷 31，0075 文学典卷 90）

俞良甫　元人。善刻木版画。元末尝至日本刻书。（1143 卷 571）

俞君玉　字仲囦，号竹所。元道士，为杭州冲天观知事。（0167 卷 12）

俞君正　元顺帝时，为红巾军徐寿辉部将领。至正十二年（1352），先后攻陷荆门州（今属湖北）与中兴（今湖北江陵）。（0001 卷 42）

俞述祖（？～1352）　字绍芳，元庆元象山（今属浙江）人。由翰林书写考满，调广东元帅府都事，入为国史院编修官，又出任沔阳府推官。顺帝至正十二年（1352），红巾军徐寿辉部破沔阳，被俘杀。（0001 卷 195）

俞明德　字在明。元钱塘（治今浙江杭州）人。有诗作传世。（0504 己下）

俞嘉宾　元岳州平江（今属湖南）人。由乡贡历监察御史。（1053 卷 5，1041 卷 36）

俞德邻（1232～1293）　字宗大，号太玉山人，宋元间永嘉人，迁居丹徒。宋末魁乡举，又魁浙漕。入元屡荐不起。有《佩韦斋集》十六卷。（0387 卷首，0631 卷 19）

独木干　元公主。拖雷女。嫁汪古部贵族鄃王聂古艄。（0001 卷 109、118）

独木罕　元公主。嫁察忽驸马。（0001 卷 109）

独吉氏（1284～？）　元女真人，独吉礼之女。嫁枢密院断事官宁居赟（宁玉第三子）。早寡守节。文宗至顺二年（1331）旌表之。（0154 卷 13，0954 卷 24，0002 卷 245）

独吉礼　元女真人。成宗元贞元年（1295）任庆元路（治今浙江宁波）同知，大德二年（1298）升为徽州路总管，四年，改任建康路（治今南京）总管，后转任扬州路总管，致仕居吴江。卒年逾八十。（0633 卷 2，0632 卷 6，0972 卷 4）

独胡剌　元世祖至元五年（1268）十月，授翰林待制兼起居注。（0001 卷 6）

独吉元振　元女真人。世祖至元三十年（1293）任江南行御史台经历。（0632 卷 6）

饶介　字介之。元临川（今属江西）人。嗜吟咏，善草书。元末由翰林应奉出为浙西廉访司佥事，累升为淮南行省参政。张士诚据吴，杜门不出，自号华盖山樵，又号醉樵。士诚慕其名，强起之，仍为参政。士诚败亡，介被俘至金陵，处死。（0031 卷 7，0928 卷 57，0075 文学典卷 90）

饶约　字敬仲。元临川（今属江西）人。饶宗鲁之子。从吴澄学。（0071 卷 92，0072 卷 92）

饶琳　历任元溧阳（今属江苏）州提控案牍。（0632 卷 6）

饶子进　元临川（今属江西）人。饶宗鲁孙。能诗，甘复尝为其诗集题跋。（0295）

饶必成（？～1290）　元世祖至元后叶徽州绩溪反元武装首领。至元二十七年（1290）五月，被元军杀死。（0001 卷 16）

饶自然　元人。善画，深得马远笔法。撰有《山水家法》，今存《绘宗十二忌》。（1143 卷 1551）

饶宗鲁　字心道，号六有。元临川（今属江西）人。通经史，能诗。隐居不仕。文宗天历二年（1329）发廪赈饥，所活甚众。（1014 卷 13，0075 氏族典卷 195、文学典卷 88，0072 卷 84）

饶泰来（1279～1343）　字大可。元临川（今属江西）人。仁宗延祐间，科举试一再不利，乃家居教授，不复求仕。（0415 卷 4）

胆八　元唐兀人。顺帝至元元年（1335）任江南行台监察御史。（0632 卷 6）

胆巴（1229～1303）　又名功嘉葛剌思（意为普喜），元吐蕃僧人。朵甘斯旦麻（今四川甘孜藏族自治州邓柯地区）人。幼失双亲，随叔生活。十二岁始学佛经，二十四岁讲经，四众悦服。后赴印度，师从古达麻室利学梵文经典，尽得其传。世祖中统间，以帝师八思巴荐，居五台山寿宁寺。至元九年（1272），住大都（今北京）。二十四年，其弟子桑哥居相位，胆巴不容于桑哥，力请返乡。二十六年，被召回大都，居圣安寺。不久，被谪于潮州，居开元寺。二十八年，桑哥伏诛后，被召回京。成宗元贞元年（1295），奉诏住大护国仁王寺。大德六年（1302）二月，为成宗治愈病，获厚赏，三月，从成宗

北巡。仁宗皇庆间，追号大觉普惠广照无上胆巴帝师。（0001 卷 202，1146 卷 413）

胜安　元武宗至大二年（1309）任江南行台监察御史。（0632 卷 6）

胜火儿　元世祖至元二十七年（1290）任青阳县（今属安徽）达鲁花赤。（0986 卷 4，0996 卷 5）

胜纳哈儿　元宗室，太祖弟哈赤温后裔。世祖时，封济南王。至元二十四年（1287），参与乃颜之乱。事泄，被召入朝，罢所署济南分地达鲁花赤等官。后没收其分民。（0001 卷 15、107、128）

昝万寿　宋元间官员。宋末为嘉定安抚使，恭帝德祐元年（1275）降元，元世祖赐名顺，授四川行枢密院佥事。至元二十三年（1286）累迁安南行省参政。（0001 卷 8、14）

昝子良　元仁宗延祐六年（1319）任建康路（治今江苏南京）总管。（0632 卷 6）

昝如愚　元学者。撰《古易便览》一卷，不传。（1071 卷 1）

昝定远　元文宗时，为成都、顺庆二翼万户。至顺元年（1330），奉命率兵五千会合万户周戬进讨罗罗斯叛蛮。（0001 卷 34）

勉古不花　元文宗至顺元年（1330）任象山（今属浙江）县尉。顺帝至元元年（1335）改任定海（治今浙江宁波镇海）县尉。（0634 卷 2）

施坦　字季平。元宣城人。工诗，有诗作传世。（0524 卷 2、6，0504 戊上，0033 卷 23）

施泽　元金华（今属浙江）人。历任上虞县儒学教谕。（0880 卷 29）

施杰　元仁宗延祐年间任莆田县（今属福建）典史。（0905 卷 3）

施钧　字则夫。元会稽（治今浙江绍兴）人。隐居不仕。工诗，其所作诗得唐人体。（0880 卷 43，0896 卷 180）

施栗　字德宽。历任元丽水县（今属浙江）儒学教谕。（0576 卷 10）

施琪　字永叔。元宣城（今属安徽）人。历任饶州路初庵书院山长。有诗作传世。（0524 卷 4、6、9、12）

施瑛　元顺帝至正初为无锡州提控案牍，至正八年（1348）离任。（0558 卷 24）

施惠　字君美。元杭州人，居吴山（在今杭州市区南郊）城隍庙前，经商为业。巨目美髯，好谈笑。钟嗣成等至其家，每承接款，多有高论。诗酒之暇，唯以填词、和曲为事。撰南曲《拜月亭》。（0029 卷下）

施登　元缙云（今属浙江）人。文宗至顺元年（1330）任开化县（今属浙江）儒学教谕。（0878 卷 3）

施大才　元镇江路医学正。（0631 卷 17）

施文胜　字文质。元崇明（治今上海崇明东）人，迁居昆山（治今江苏太仓）。顺帝至元五年（1339），授太保府长史。六年，擢集贤院都事。至正三年（1343），迁任利用监经历；丁父忧归。（0635 卷 5，0949 卷 7，0939 卷 13）

施文德　元人。有诗作传世。（0504 癸下）

施正大　元泾县（今属安徽）人。世祖至元中，伯颜下江南，征召为泾县尹。有诗作传世。（0524 卷 6，0925 卷 49，0974 卷 14）

施合德　元漳州长泰（今属福建）人。泰定二年（1325），父真祐出耘，为虎扼于田。与从弟发仔持斧前杀虎，父得生。诏旌其门。（0001 卷 197）

施应先　元青阳（今属安徽）人。文宗至顺元年（1330），授青阳县儒学教谕。后累迁为麻阳县主簿。（0986 卷 4、5，0996 卷 4、5）

施性初　元临川（今属江西）人。有诗作传世。（0504 戊下）

施昌祚　元人。有诗作传世。（0504 癸下）

施泽之　元学者。删并孔元措《祖庭广记》，成《孔氏实录》十二卷。（1105 卷 6）

施耐庵　元江浙人。生平事迹不详。研究者认为是元代讲说平话的艺人。明刊《水浒传》或题施耐庵撰。

施景舟　元人。有诗作传世。（0504 戊上）

施德仲　宋末元初乐工。元成宗大德十年（1306），江浙行省奉旨制造宣圣庙乐器，经德仲审较应律，运至京师，八月，用于庙祀宣圣。（0001 卷 68）

哀用　元云南行省大车里酋长昭哀之侄。泰定三年（1326），奉方物来献于朝。（0001 卷 30）

哀放　元文宗时，为云南行省威楚路（治今云南楚雄）开南土官，尝遣子入贡方物。（0001 卷 33）

哀招　元云南八百媳妇蛮酋长之子。泰定帝致和元年（1328）五月，奉遣来献驯象于朝。（0001 卷 30）

哀培　元云南土官。泰定帝时，为云南行省威楚路（治今云南楚雄）秃剌寨长，遣使以方物入贡。（0001 卷 30）

哀赞　元云南银沙罗甸土官。文宗天历元年（1328）十月，来贡方物于朝。（0001 卷 32）

哀卜利 元云南行省威楚路(治今云南楚雄)木罗寨长。泰定三年(1326)九月,奉方物来献于朝。(0001 卷 30)

亮 字虚白,元僧,昆山人。善画墨竹、枯梅,师法文同。(0077 卷 64,1143 卷 566)

彦文 元西域人,居抚州(治今江西临川)。泰定元年(1324)进士,授华亭县丞。(0212 卷 18)

彦智杰① 字惟周。元泰定四年(1327)蒙古色目榜进士。顺帝至元四年(1338)由永城县达鲁花赤迁任秘书监校书郎。(0027 卷 10)

彦智杰② 哈儿柳温台氏,镇守池、饶、枣阳万户府中千户所达鲁花赤马马长子,袭中千户所达鲁花赤。(0262 卷 21)

奕赫抵雅尔丁(1268～1314) 字太初。元回回人。亦速马因之子。自幼嗜学,尤工回回语文。初为中书掾。历江西省员外郎、吏部主事。擢刑部员外郎,四方所上狱,反复批阅成牍,多所平反。历中书右司员外郎、郎中。迁翰林侍讲学士,转集贤大学士。后出任江东建康道廉访使,在任一年,赃吏削迹。(0001 卷 137)

度宗显 元顺帝至正年间任沔州(治今陕西勉县)知州,兴废举坠,移风易俗。(0809 卷 6,0075 氏族典卷 464)

恰那多吉(1239～1267) 元吐蕃款氏,帝师八思巴弟。乃马真后称制三年(1244),与兄随伯父萨班·贡噶坚赞赴凉州(治今甘肃武威),会见蒙古皇子阔端。五年,抵凉州。次年,谒见阔端,深受其喜爱,受命学蒙古语。及长,被忽必烈封为白兰王、同知左右两部衙署,赐金印,尚公主墨可敦,习蒙古俗,着蒙古服。至元二年(1265),受忽必烈命,随八思巴返萨迦,参加筹建吐蕃地方行政机构,加强对吐蕃地方管理。不久,因蒙古公主不育,又与夏鲁万户之女堪卓本成婚。(1146 卷 417)

闻从 元覃怀(今属湖南)人。历任新安县尉,捕盗有名。(0762 卷 8)

闻宣 元成宗时平江(今属湖南)人。善制雕花金银盘盆等。(1143 卷 1263)

闻人枢 元嘉兴(今属浙江)人。文宗至顺元年(1330)进士,授易州同知,未上任死。(0075 氏族典卷 57,0896 卷 129、175)

闻人麟 字彦昭。元嘉兴(今属浙江)人。有诗作传世。(0537 卷 6,0504 辛上)

闻人梦吉(1293～1362) 字应之。元金华(今属浙江)人。泰定三年(1326)中乡试。顺帝至元初,以荐授处州路(治今浙江丽水)儒学录。后历任西安县儒学教谕、昌国州儒学正、泉州路儒学教授。至正二十二年(1362)升为庆元路(治今浙江宁波)知事,未上任死。学者私谥曰凝熙先生。(0411 卷 41,0414 卷 20,0002 卷 236)

间间① 元文宗近臣、天历间中书平章明里董阿之子。至顺元年(1330),为将作院官,文宗欲擢之为监察御史,治书侍御史自当谏曰:"间间为人诙谐,惟可任教坊司,若以居风纪,则台纲扫地矣。"文宗乃止。(0001 卷 140、143)

间间② 元顺帝至正十年(1350)任中书省断事官。(0559 卷 17,0573 卷 8)

间间③ 元高昌(治今新疆吐鲁番东)人。任南宫县(今属河北)达鲁花赤,有政绩。后累迁为陕西盐运使。(0645 卷 4,0653 卷 3,0691 卷 8)

间间④ 元畏吾儿人。历任会福院提举。(0102)

间间⑤ 元蒙古人,浙东宣慰司哈答孙之子。(0011 卷 36)

间间⑥ 元西域于阗不花剌氏,中政院使买述丁弟。历任集贤院经历。(0011 卷 83)

间卜花 元泾州(治今甘肃镇原东南)人。顺帝至正间进士。历任陕西行台监察御史。(0801 卷 28,0810 卷 5)

间丘璧 元世祖至元二十七年(1290)为益都路(治今山东青州)判官。(0603 卷 4)

炳同(1223～1302) 号野翁。宋元之际新昌(今属浙江)人。佛教僧人。俗姓张。元初为鄞县雪窦寺寺主。(0380 卷 24,0037 卷 61,0070 卷 93)

洁实弥尔(1253～1315) 元畏兀儿人。年十八,与兄兀玉笃实俱至京师。世祖召见,命其侍太子真金于东宫,其兄则给事帝左右。后授同知延庆司事。台、省有机事,奉真金命传旨。真金死,事真金妻伯蓝也怯赤。成宗即位,奉伯蓝太后命护甘麻剌就国。复命,成宗曰:汝善处吾兄弟之间。后擢同知宣政院使,进宣政院使,仍领延庆使。武宗、仁宗时,皆领延庆使。(0002 卷 192)

洪万(?～1310) 小字重喜。元高丽人。洪俊奇之子。元世祖至元十三年(1276),入宿卫。十八年,袭父职为高丽军民总管。二十四年,从征叛王乃颜,数败乃颜军。讨平叛党金家奴、塔不台等。是冬起,从讨叛王哈丹,屡败之。二十八年,追入高丽,大败之。以功授辽阳行省右丞。武宗至大二年(1309),谪漳州,中途遇赦。(0001 卷 154)

洪义 元建德(今属浙江)人。顺帝至正年间任德兴、分水二县儒学教谕,升黟县主簿。(0986 卷 5)

洪氏 元武宗妃,有宠。(0092,0005 卷 15,0003 卷 19)

洪可 元台州(治今浙江临海)人。历任新昌县(今属浙江)典史。(0880 卷 28)

洪迈　元高丽人，洪君祥子。仕为奉训大夫、同知开元总管府事。(0001 卷 154)

洪亨　号秋亭。元僧人，顺德(治今河北邢台)孔氏子。顺帝初，住持大都(今北京)大庆寿寺。(0152 卷 42)

洪畊　元临川(今属江西)人。历任江西儒学提举。(0212 卷 62)

洪钦　字元成。元温州(今属浙江)人。顺帝至正中任长洲县(治今江苏苏州)儒学教谕。张士诚据吴，欲用之，不屈。得间至杭州，授嘉兴路儒学教授。后迁任江浙儒学副提举。(0872 卷 61,0062 卷 2,0072 别附卷 3)

洪钧　元文宗天历中，任会稽县(治今浙江绍兴)尉。(0880 卷 28)

洪俊　字克明。元青田(今属浙江)人。顺帝至正年间任温州竹木场提举。方国珍来攻掠，俊欲往行省请兵，未行被执，骂不绝口，引刀自刎。(0075 官常典卷 733,0896 卷 166)

洪洞　元成宗元贞中任获鹿(今属河北)县尹。(0645 卷 4)

洪衷　元顺帝至正十一年(1351)进士。(0560)

洪益(1263～1340)　号损庵。元僧人，应山县(今属湖北)徐氏子。成宗大德三年(1299)住持石龙山宝林寺。(0587 卷 14)

洪浚　字养源。元淳安(今属浙江)人，居钱塘(治今浙江杭州)。历任翰林国史院编修。(0205 卷上)

洪恕　字主敬。元金华(今属浙江)人。元末避战乱，隐居讲授以终。书法学鲜于枢。(0931 卷 31,0031 卷 7,0004 卷 36)

洪渊(1234～1314)　号永斋，宋元间丰城人。宋末中乡试。入元，仕至儒学教授致仕。(0212 卷 22)

洪斌　字及夫。元歙县(今属安徽)人。洪雷轰孙。师郑玉、胡默。(0071 卷 94)

洪椿　字子寿。宋元之际歙县(今属安徽)人。洪焱祖之父。元世祖至元十三年(1276)，征召为歙县丞。改主簿。调任仙居县主簿。升玉山县尹。改东阳县尹。所至有爱民声。秩满归，死于途中，年七十五。(072 卷 8,0925 卷 55,0881 卷 12)

洪楫　元仁宗皇庆元年(1312)任吴江(今属江苏)州判官。(0954 卷 17)

洪儁　元饶州(治今江西波阳)人。历任江州路建昌尹、广州路清远尹。元末，挂冠不仕，隐居蕲州路黄梅县(今属湖北)。(0073 卷 1,1041 卷 71)

洪赜(1290～1353)　字君实，改字本一。元淳安(治今浙江淳安西北)人。不求仕进。往来杭州、绍兴间，多与名士游。撰《一家言》。有诗作传世。(0283 卷 7,0258 卷 6,0504 己下)

洪大宣　高丽人，洪福源父。以都领镇麟州。元太祖十三年(1218)，蒙古军人高丽，迎降。(0001 卷 154)

洪天祐　宋元之际义乌(今属浙江)人。宋贡士。元初任义乌县儒学教谕。(0881 卷 12)

洪丑驴　元顺帝时，任河南行省参知政事。至正十五年(1355)，奉命守御河南府路，击败红巾军。(0001 卷 44)

洪本益　字遂良。元淳安(今属浙江)人。有诗作传世。(0504 戊上)

洪世安　字用之。元临海(今属浙江)人。顺帝至正十三年(1353)，方国珍攻占台州(治今浙江临海)。率乡勇御之，力战被擒，骂不绝口而死。(0075 氏族典卷 26、官常典卷 733,0896 卷 165)

洪存心　元歙县(今属安徽)人。洪焱祖之子。顺帝至元五年(1339)，监句容县(今属江苏)常宁税。(0260 卷 9、11)

洪寿山　字守谦。元高丽人。顺帝至正十八年(1358)任秘书监辨验书画直长。(0027 卷 10)

洪希文　字汝质，号去华山人。元莆田(今属福建)人。郡庠聘为训导。工诗，其诗激宕沐漓，为闽人之冠，有《续轩渠集》。(0235 卷首,0002 卷 237,0033 卷 14)

洪君祥(？～1309)　小字双叔。元高丽人。洪福源第五子。元世祖至元三年(1266)，统高丽兵三百，从诸军筑万寿山，开通州运河。六年，高丽国权臣林衍作乱，从头辇哥讨之。八年，戍河南。九年，掠淮西。十年，从攻淮东。十一年，从伯颜攻宋。十三年，宋恭帝降，以功升中卫亲军千户。十五年，奉命签江南民兵，还，升中卫亲军副都指挥使。二十三年，任同佥枢密院事。二十四年，扈从征叛王乃颜，布兵车环卫元世祖，凯还，著《东征录》。二十八年，奉使高丽。升佥书枢密院事。成宗大德十年(1306)，任辽阳行省左丞，奏请设儒学提举官、都镇抚，以兴文化、修武备。武宗即位，召为同知枢密院事，改辽阳行省平章，又改商议辽阳行省事。(0001 卷 154)

洪知常　字明道，号故离子，元庐山太平兴国宫道士，著有《海琼传道集》一卷。(《海琼传道集》卷首)

洪岩虎(1239～1306)　字德章，号吾圃，宋元间莆田人。洪希文之父。宋末领乡荐，家居授徒。元初起为兴化县教谕，成宗大德十年(1306)去职，卒。有《轩渠集》一卷，附其子希文《续轩渠集》以行。(0384 卷 4)

洪宝宝　元人。以勇力著称。顺帝至正二十五年(1365)，参与刺杀权臣孛罗帖

木儿,因功授中书平章政事。(0001 卷46、207)

洪茶丘　即洪俊奇。

洪贵叔　宋元之际义乌(今属浙江)人。工诗,元世祖至元二十四年(1287),其诗作被月泉吟社选评为第三十五名。(0504 甲,0033 卷 6)

洪重喜　元武宗时,任辽阳行省右丞。至大二年(1309),奏诉高丽王王璋不法诸事。(0001 卷 23)

洪顺翁　元世祖至元年间任高安(今属江西)县尹。(1016 卷 14)

洪俊奇(1243～1291)　小字茶丘。元高丽人。洪福源第二子。幼从军。元世祖中统初,雪父冤,袭父职为管领归附高丽军民总管。至元六年(1269),从头辇哥讨平高丽权臣林衍。迁江华岛臣民复归王京(今韩国开城)。奉命立凤州等处屯田总管府。十一年,授东征右副都元帅,领舟师侵日本。十四年,率蒙古、高丽、女真、汉军,从伯颜北征叛臣弘吉剌部只里斡台。十七年,授征东行省右丞。次年,与忻都领舟师由高丽渡海侵日本,遇飓风,逃还。二十四年,率高丽等军从征叛王乃颜,设疑兵取胜。以功授辽阳行省右丞。(0001 卷 154)

洪梦龙　元临川(今属江西)人。历任浙江稻田提举。(1014 卷 10 下)

洪焱祖(1267～1329)　字潜夫,号杏庭。元歙县(今属安徽)人。世祖至元二十九年(1292)授平江路(治今江苏苏州)儒学录。后历任浮梁长芗书院山长、绍兴路儒学正、衢州路儒学教授、遂昌县主簿。文宗天历元年(1328)致仕。工诗,有《杏庭摘稿》一卷。(0257 卷首,0075 文学典卷 90,0972 卷 7)

洪雷轰(?～1302)　字声甫。元歙县(今属安徽)人。世祖至元二十七年(1290),讨平绩溪反元队伍有功,授当涂县慈湖镇巡检。(0283 卷 7)

洪福源(1206～1258)　元高丽人。元太祖十三年(1218),蒙古军追击蒲鲜万奴、契丹军余部至高丽;随父大宣迎降。太宗三年(1231),率部从蒙古军攻高丽未降诸城,进至王京(今韩国开城)。高丽王降。四年,驻西京(今朝鲜平壤),招集北部四十余城民众。五年,西京为高丽抗蒙军攻破,遂领所招高丽北部民众迁辽东。七年,任管领归附高丽军民长官。后率部多次随蒙古军攻略高丽各地。宪宗八年(1258),高丽王族子王綧入质,欲併统高丽降蒙古军民,谮福源于帝,遂被杀。后追封沈阳侯,谥忠宪。(0001 卷 154)

洪震老　字复翁,号石峰。元淳安(今属浙江)人。仁宗延祐中,中乡试,授州儒学正。后丁母忧,不复仕。有诗作传世。(0886 卷 12,0033 卷 14,0504 丙)

洒不丁　元回回昔马里人,顺帝元统元年(1333)进士阿都剌父。务大使。(0028)

洞真子(?～1315)　元道士,涿州丘氏子。壮年学道。世祖至元末,北游京师,赐号宝岩大师。后拜丹阳真人为师,道侣称为洞真子。西游砀山,建聚仙宫,授真静大师,兼本宫提点。(0075 神异典卷 259)

洛么　元仁宗时,为播州南宁长官。延祐五年(1318)起兵叛,思州守臣换住哥招谕之,乃降,遣使入觐。(0001 卷 26)

净日(1221～1308)　号东岩。宋元之际僧人,南康都昌(今属江西)廖氏子。年十五入道,参西岩了慧得法,为南岳二十一世。宋理宗景定中主圆通寺,度宗咸淳间兼领东林寺。元世祖至元二十九年(1292)主育王寺。后归隐雪窦寺。成宗大德四年(1300)住持天童寺。(0146 卷 31)

净圭　元末僧人。有诗作传世。(0504 壬上)

净权　字道衡。元杭州径山寺僧。有诗作传世。(0033 卷 34)

净伏　字虎岩。元僧人,淮安(今属江苏)人。住杭州径山寺。有诗作传世。(0075 神异典卷 187,0504 壬上)

净肃　字足庵。元僧人,永平(治今河北完县)孙氏子。历任河南府僧尼都提领,在任九年,多所兴革。后住泰安(今属山东)灵岩寺,凡八年。移住万善寺。晚年退居香山寿圣寺。卒。(0037 卷 50)

净昱　字大明。元增人。住余姚(今属浙江)灵源山寺。有诗作传世。(0504 壬上,0578 卷 10)

净真(1262～1333)　号如庵。元华亭(治今上海松江)人。佛教僧人。俗姓沈。住杭州上天竺寺。(0037 卷 4,0075 神异典卷 187)

净澄　号孤月。元僧人,西河(治今山西汾阳)张氏子。住五台山普济寺。卒于该寺。(0075 神异典卷 188)

浑都①　元世祖时,为通政院官。至元十八年(1281),奉命与郭汉杰整治水驿。(0001 卷 11)

浑都②　元云南木邦路土官。文宗至顺元年(1330)三月,来朝贡方物。(0001 卷 34)

浑都③　元蒙古忙兀氏,博罗欢子。仕为山东宣慰使、遥授中书平章政事。(0001 卷 121)

浑都速　元世祖时蒙古军百户。至元四年(1267)二月,以其驻营济南路属县三年,胁取民饮食糧料当粟五千石,敕杖决之,并令赔偿粟千石。(0001 卷 6)

浑都海(?～1260)　元宪宗时,为大将,率兵扈从征四川。宪宗卒,驻兵六盘山,不从世祖招谕,而归附阿里不哥。在甘州(今甘肃张掖)为世祖所遣军击败,被擒杀。(0001 卷 4、126、159 等)

浑都不花　元蒙古札剌亦儿氏，朵儿直班之子。(0011 卷 3)

浑邓马弄　元云南傀罗土官。顺帝元统元年(1333)十月，来朝贡方物，诏以其地升立散府。(0001 卷 38)

浑都海牙　元顺帝至正间，累官翰林学士承旨。至正十二年(1352)乞致仕，不允，授中书平章。(0001 卷 42)

浑鲁忽歹　元太祖妃，住第三斡耳朵。(0001 卷 106)

浑都帖木儿①　元蒙古弘吉剌氏，按陈孙。女为顺宗昭献元圣皇后，即答己。(0001 卷 116、118)

浑都帖木儿②(? ~1329)　元诸王。泰定四年(1327)闰六月，受赐钞五千锭。死后，其子唐兀台袭封。(0001 卷 30、33、35)

浑都帖木儿③(? ~1353)　元诸王。封广宁王。(0001 卷 43)

浑都帖木儿④　元诸王。封益王。顺帝至正二十五年(1365)十月，与枢密副使观音奴擒获孛罗帖木儿余党老的沙，诛之。(0001 卷 46)

浒都沓儿　元顺帝至正中，任徽州路(治今安徽歙县)达鲁花赤。(1004 卷 4，0973 卷 5)

差秃　元蒙古人。顺帝至元二年(1336)任江南行台监察御史。(0632 卷 6)

养安　元回回赛夷氏，札八儿火者孙湖南宣慰使哈只之子。官至陕西行省平章。(0001 卷 120，0011 卷 79)

养安处　元顺帝至正十四年(1354)任陕西行省丰备总库提举。(0554 卷 26)

觉达　字彦通，号桂庵。元僧人，尉氏(今属河南)李氏子。成宗大德初住持长清县(今属山东)灵岩寺。晚年居香山普闻寺，卒于该寺。博学能文，工书法。(1122，等)

觉庆　号寿堂。元僧人，鄞县(治今浙江宁波)毛氏子。顺帝至正中卒。(0062 卷 62，0075 神异典卷 188)

觉明(1266 ~ 1328)　元钱塘(治今杭州)人。佛教僧人。俗姓陈。成宗大德七年(1303)住持奉元路(治今陕西西安)寿光寺。(0152 卷 13)

觉岸(1286 ~ ?)　字宝洲。元僧人，乌程(治今浙江湖州)吴氏子。住持松江佘山昭庆寺。著有《释氏稽古略》四卷。(1121 卷首，0931 卷 31)

觉恩　字以仁，号断江。元僧人，鄞县(治今浙江宁波)人。有诗作传世。(0504 壬上，0033 卷 34，0142 卷 14)

觉圆(1245 ~ 1306)　号镜堂，宋元之际僧人，西蜀葛氏子，或云白氏子。得法于天童寺僧环溪。元世祖至元十六年(1279)，与佛光国师应聘东渡日本。历住相州长胜禅寺、禅兴寺、净智寺、圆觉寺、建长寺，广施法雨。后移住京师建仁寺，一坐七日，名达九重。(1144 卷 1128)

宣玄　字子初。元诸暨(今属浙江)人。敦厚廉洁。有友人远游，以银一缄寄存其家。后友人死，亲往吊问，以银还其子。(0880 卷 45，0062 卷 9)

宣岊(1313 ~ 1372)　字彦昭。元明之际浦江(今属浙江)人。元末，累仕为温州路判官，有清白声。入明隐居不仕。明洪武五年(1372)，受诬下狱，愤郁而死。(0411 卷 30)

宣昭　字伯炯，号艮斋。元汉东(治今湖北随州西北唐县镇)人。博通古今天文地理阴阳术数百氏之学。工书法，正书师欧阳询。有诗作传世。(0031 卷 7，0504 辛下)

宣哥　元时入华西域拂林(今叙利亚)人，爱薛之孙。(0011 卷 82)

宣僧　元畏兀儿人。塔海术之子。仁宗延祐六年(1319)袭镇江路濮州翼千户。(0631 卷 17)

宣德　元世祖时，入状中书，称能岁办钞七十五万锭。至元二十二年(1285)，中书左丞卢世荣奏以为浙西道宣慰使。不久世荣败，免职。(0001 卷 205)

宣思恭　元文宗至顺二年(1331)任临城(今属河北)县尹。(0645 卷 4)

宣庸甫　元普陵(今江苏常州)人。元末避战乱居于吴江(今属江苏)。后归晋陵，日与诗人墨客讨论经史，商榷古今，或赋诗饮酒，填词歌曲。为人诚信质朴，善与人交。为散曲作家。(0029 续编)

宫珂　元莱阳(今属山东)人。历任掖县(今属山东)知县。(0075 氏族典卷 30)

宫钦　字子敬。元东莱(治今山东莱州)人。武宗至大二年(1309)任东阿(今属山东)县尹。(0721 卷 26，0075 氏族典卷 30)

宫宣　元莱阳(今属山东)人。历任泰安州管勾。(0075 氏族典卷 30)

宫铎　元莱阳(今属山东)人。历任管军千户。(0075 氏族典卷 30)

宫璹　元莱阳(今属山东)人。历任葛城县主簿。(0075 氏族典卷 30)

宫璲　元莱阳(今属山东)人。历任黄梅县丞。(0075 氏族典卷 30)

宫天挺　字大用。元大名开州(治今河南濮阳)人。历任学官、钓鱼书院山长。为权豪所中伤，事获辨明，仍不见用。死于常州。撰有杂剧《范张鸡黍》、《严子陵钓鱼台》、《汲黯开仓》、《宋仁宗御览

托公书》、《越王尝胆》、《宋上皇御赏凤凰楼》。(0029 卷下)

宫文信 元莱阳(今属山东)人。尝任广东宣慰司都事,设策镇压反元队伍。(0075 氏族典卷 30)

突里弥实海涯 元畏兀儿人,阿里海牙之子。(0011 卷 46)

客帖 又作旭失台。蒙古许慎氏。多年为元太祖忠诚效力,蒙古建国后受封为功臣千户长,后与忽难、蒙古兀儿同受命辅佐术赤。(0009 卷 8,0008 卷 1)

美里吉台 字洪范。元唐兀人。文宗至顺元年(1330)进士。四年,任秘书监校书郎。(0027 卷 10)

姜庆 元世祖至元年间任奉化(今属浙江)县丞。(0633 卷 3)

姜忠 元濮州(治今山东鄄城北)人。泰定二年(1325)为镇江路濮州翼下百户。(0631 卷 17)

姜选 元世祖至元年间任冠州(治今山东冠县)判官。(0730 卷 6)

姜彧(1218~1293) 字文卿。元莱州莱阳(今属山东)人。初从济南张柔为吏,累升为参议官。世祖中统三年(1262),从张柔迎宗王合必赤讨李璮,以功授大都督府参议。改知滨州,言于中书省,禁止蒙古军占民田为牧地,督民种桑。迁东平府判官。至元五年(1268),召为治书侍御史。后历任按察使、行台御史中丞。(0001 卷 167)

姜兼 元严州淳安(今属浙江)人。七岁丧父,事母至孝。母卒,哀恸欲绝,筑庐于荒山墓侧,服丧寒暑不绝。(0001 卷 198)

姜硕 字公硕。元乐安(今属江西)人。由相府掾累官礼部员外郎。顺帝至正二十年(1360)奉诏由海道入闽,招安邵武反元队伍,不从,反欲其降,不屈而死。诏赠礼部侍郎,谥忠烈。(1014 卷 10、13,0075 氏族典卷 298、官常典卷 734,0004 卷 40)

姜焕 元世祖至元二十七年(1290)为益都路人匠打捕鹰房总管。(0603 卷 4)

姜渐 字羽仪。元明之际诸暨(今属浙江)人。顺帝至正中,战乱,侨居吴中,张士诚授以淮南行省都事,未几罢归。明太祖洪武二年(1369),征召为太常博士。(0042 卷 10,0075 氏族典卷 298)

姜焴 元兰溪(今属浙江)人。姜泽孙。以荐为婺州路(治今浙江金华)儒学录。未几,举进士,擢永平延安丞。(0072 卷 82)

姜椿 元济南(今属山东)人。顺帝至元元年(1335),任江南行台监察御史。(0632 卷 6)

姜毅 元世祖初年,任洺磁路总管。阿合马当政时,奏为转运使。(0001 卷 8、205)

姜霖 字仲泽。宋元之际金华(今属浙江)人。元初任兰溪县儒学教谕。工诗。世祖至元二十四年(1287),其诗作被月泉吟社选评为第二十六名。(0881 卷 12,0504 甲,0033 卷 6)

姜天祐① 元顺帝至正四年(1344)任上高县(今属江西)主簿。(1016 卷 14)

姜天祐② 字孝祥。元吉水(今属江西)人。顺帝至正中,随同邑进士解士元率领地主武装抵御反元队伍,战死。(0002 卷 232,0075 氏族典卷 298、官常典卷 732)

姜天麟(1288~1329) 字国祥。元长沙人。泰定元年(1324)登进士第,授翰林国史院检阅官,参与修《英宗实录》(0254 卷 14,1041 卷 51,1057 卷上)

姜元佐 元泰定二年(1325)任浙东道宣慰副使。(0634 卷 1)

姜文震 元会稽(治今浙江绍兴)人。有诗作传世。(0504 辛上)

姜世英 元世祖至元二十九年(1292)为江西行省平章政事。(0014)

姜世昌 元世祖至元二十六年(1289)任江南行台监察御史。(0632 卷 6)

姜师望 元成安(今属河北)人。历任胙城县尹,有能声。(0790 卷 5,0075 氏族典卷 298)

姜安仁 元冀宁(治今山西太原)人。仁宗皇庆二年(1313)任衢州(今属浙江)路推官。(0878 卷 2)

姜伯源 元顺帝至正年间任胶水(治今山东平度)县尹,岁饥,竭力赈济饥民,全活甚众。(0721 卷 27,0727 卷 2、5)

姜明安 元乐安(今属江西)人。以荐授临江路推官。(1014 卷 10)

姜周翰 元英宗至治初,任会稽(治今浙江绍兴)县丞。(0880 卷 28)

姜居正 元世祖至元年间任茌平(今属山东)县尹。(0730 卷 6,0075 氏族典卷 447)

姜复昌 号渔所。元嘉兴(今属浙江)人,宋末都统姜才之孙。泰定初,任昆山州判官,后迁任瑞安州判官,皆有政绩。(0635 卷 2,0042 卷 3,0895 卷 13)

姜泰亨 元世祖至元年间任广宗(今属河北)县尹。后历任徽州路推官。仁宗延祐元年(1314)迁任亳州知州。(0972 卷 4,0979 卷 3,0665 卷 5)

姜献臣 元顺帝至正十五年(1355)任绍兴路推官。(0880 卷 27)

姜善信(1197~1274) 字彦诚。元赵城县(治今山西洪洞北)人。道士。世祖在潜邸,召见问事,多验;及即位后,三次

被征召，奏对多有裨益。（0551 卷 27，0700 卷 8 下，0806 卷 18）

娄文辅（1243～1309）　字道舆。元临川（今属江西）人。成宗大德五年（1301）为桂阳石林书院山长。（0225 卷 18，0072 卷 84）

娄仲英　元人，善画山水。有《山居图》，成廷珪为题诗。（0278）

娄志淳　字太初。元临川（今属江西）人，娄文辅侄。世祖至元中，以荐任南岳书院山长。后历任宁州、南康路教官，石城县主簿，信丰知县。（0212 卷 30，0072 卷 84）

娄居礼　字敬之。元世祖至元十五年（1278）任庆元路（治今浙江宁波）治中，十七年弃去。十九年俯就行省掾。后升为益都路判官。（0633 卷 2，0101 卷 22）

进不剌　元蒙古弘吉剌氏，脱怜子。女为武宗宣慈惠圣皇后。（0001 卷 114、118）

迷沙　元文宗天历二年（1329）任建康路（治今南京）达鲁花赤。（0632 卷 6）

迷只儿　元顺帝至正元年（1341）任浙东宣慰使。（0634 卷 1）

迷里沙　元成宗大德元年（1297）任象山县（今属浙江）达鲁花赤。（0633 卷 3）

迷儿阿里　元于阗（今新疆和田）人。丁哈八石之祖父。任宣课提领。（0011 卷 83）

迷不韻子　元西番僧侣。武宗至大二年（1309），封宁国公，赐金印。（0001 卷 23）

迷而火者　元成宗大德三年（1299），拜中书参知政事。七年，因受贿免职。八年，复拜中书参知政事。九年，升左丞。（0001 卷 21、112）

迷而的斤　元成宗元贞元年（1295），立西域卫亲军都指挥使司，以为都指挥使。（0001 卷 18）

迷里忽辛　元世祖时，任河南河北道提刑按察使。至元十三年（1276），授淮东行省参知政事。十五年，并行大司农司事。（0001 卷 9、10）

迷儿马哈谟　元顺帝时，任工部尚书。至正七年（1347），河决，奉命巡视全堤。（0001 卷 41）

祐童　元康里人，回回之子。历任济宁路总管。（0011 卷 64）

祖进（1261～1337）　元僧，保定行唐（今属河北）殷氏子。住持行唐县封崇寺。（0552 卷 23）

祖柏　字子庭。元四明（今浙江宁波）人。佛教僧人。俗姓史。少时修儒业，好学强记。后诣九华山寺出家学禅。常浪迹云游，乞食村落。善画枯木、菖蒲、兰。工诗，有《不系舟集》。（0503 三集壬，0030 卷 5，0101 卷 9、27）

祖杰　元福建人。佛教僧人。历任僧录，挟资豪恣。后住持永嘉（治今浙江温州）江心寺，借势奸淫寺旁陈姓之妻，陈举家避之。访知所在，赂恶少杀其一家七口。事发，疾令其徒辇金都宝货赴京求内援。地方官知之，不俟旨至即毙之于狱。（0204 卷 4）

祖显　元世祖至元二十四年（1287）任秘书监奏差。（0027 卷 11）

祖钦（1215～1287）　字雪岩。宋元之际婺州（治今浙江金华）人。少时出家为僧。历住杭州径山、潭州龙兴寺、湘西道林寺。宋度宗咸淳五年（1269）主袁州仰山寺。入元，受元世祖优礼。有诗作传世。（0504 壬上，0070 卷 93）

祖祢（1309～1379）　字日章。元明之际僧人，常熟（今属江苏）张氏子。（0441 卷下）

祖訚（1234～1308）　号悦堂。宋元之际南康（治今江西星子）人。佛教僧人。俗姓周。年十三，依南康嘉瑞寺僧偃法师出家。宋末主西林寺。历主开先寺、东林寺。元成宗元贞元年（1295）入觐称旨，赐号通慧禅师。大德九年（1305）主灵隐寺。（0152 卷 41，0075 神异典卷 186）

祖能（1313～1377）　号大拙，元时来华日本僧人，镰仓藤氏子。年十四落发、进具。元顺帝至正四年（1344）泛海抵福州长乐，登鼓山。谒僧无言于温州江心寺，参僧辉于婺州双林寺。十八年五月回国，居永德寺。贞治三年（1364）住上州吉祥寺，骏州太守大江氏创真福寺，武州肥塚氏创欢喜寺，皆延为开山。寂谥广圆明鉴禅师。（1144 卷 530）

祖瑛（1291～1343）　号石室。元吴江（今属江苏）人。佛教僧人。俗姓陈。历住四明（今浙江宁波）育王、雪窦等寺，归老吴江普向院。工书法，学赵孟頫。能诗，有诗作传世。（0075 神异典卷 187，0504 壬上，0031 卷 7）

祖教　号灵隐。元僧人，嘉定（今属上海）姚氏子。有诗作传世。（0504 壬上）

祖铭（1280～1358）　字古鼎。元僧人，奉化（今属浙江）应氏子。年二十五为僧。通经论，善诗文，工书法。顺帝元统元年（1333）主昌国州隆教寺。迁普陀寺，复迁中天竺寺。至正七年（1347），敕主杭州径山寺。十七年，避兵居云居庵。有《四会语录》及《古鼎外集》。（0503 二集壬，0075 神异典卷 188，0411 卷 2）

祖镫（1292～1369）　字无尽。元僧人，四明（今浙江宁波）王氏子。住持台州上云峰寺，五十年不出山。（0411 卷 6）

祖立福　元世祖时，任左补阙。至元九年（1272），建言改急递铺名为通远铺。（0001 卷 101）

祖传中　字大本。元吴郡（今江苏苏

州)人。有诗作传世。(0504 庚上)

祖浩然　字养吾。元浦城(今属福建)人。世祖至元间,年六岁,乱军过邑掠其母全氏去。武宗至大三年(1310),将上任为三山书院山长,有告以母在河南,即弃职至河南访寻,得于唐州,奉之归。(0002 卷 239,0101 卷 30,0075 氏族典卷 415、学行典卷 192)

神保①　字安道,元北庭人。顺帝至正中,任林州达鲁花赤,刘福通攻陷林州城,投崖死。(0002 卷 232)

神保②　元畏兀儿人,普颜之子,历任监察御史、浙东廉访司佥事。(0250 卷 61)

祝义　字彦祥。元人。有诗作传世。(0504 戊下)

祝尧　字君泽。元上饶(今属江西)人。仁宗延祐五年(1318)进士。历任南城县丞、江山县尹、无锡州同知。编有《古赋辨体》八卷、外集二卷。(1011 卷 11,0878 卷 2,0075 氏族典卷 504、文学典卷 87)

祝松　元世祖至元年间任奉化(今属浙江)县尉。(0633 卷 3)

祝明　字文卿。元博陵安平(今属河北)人。著有《声律发蒙》二卷。(1103 卷 186)

祝眴　字秀岩。元松江(治今上海松江)人。学《易》于俞琰,所交多一时名士。成宗大德末由海漕万户府经历升平江路(治今江苏苏州)总管,卒于官。(0928 卷 3、40,0931 卷 30,0925 卷 18)

祝渊　字宗礼。元建安(治今福建建瓯)人。尝续宋祝穆、元富大用所编《事文类聚》,成遗集十五卷。(1103 卷 186)

祝蕃(1286～1346)　字蕃远,又字直清。元贵溪(今属江西)人。治象山之学。以《易经》中乡试,会试不利。历任饶州南溪书院山长、集庆路儒学正、饶州路儒学教授、湖广省掾、浔州路经历。有诗作传世。(0415 卷 7,0261 卷 25,0504 丙)

祝大明(1294～1375)　字公亮。元丽水(今属浙江)人,祝大昌兄。顺帝至正中,被征召为江浙省掾,屡赞诸将幕府,讨伐反元队伍有奇谋,擢处州路经历。入明避国号,改名大朋,不复仕。(0411 卷 27)

祝兀真　元蒙古人。成宗大德十年(1306)任丹阳县(今属江苏)达鲁花赤。(0631 卷 16)

祝子权　元人。有诗作传世。(0504 癸下)

祝元美　元上饶(今属江西)人。有诗作传世。(0504 戊下)

祝公荣　字大昌,元处州丽水(今属浙江)人。以孝著称。母卒,家中失火,力不能救,乃伏棺悲哭,其火自灭。(0001 卷 198)

祝玄衍　号丹阳。元贵溪(今属江西)人。道士。能大字。(0031 卷 7,0266 卷 17)

祝永昌　字君祥。元收藏家。喜收藏古器物。(1076 续录)

祝永忠　元仁宗皇庆元年(1312)任金坛县(今属江苏)尉。(0631 卷 16)

祝兴可　元南昌县(治今江西南昌)人。儒生。率众抗拒反元队伍,被执,骂不绝口而死。(1012 卷 18,0002 卷 230)

祝寿朋　字仁寿。元婺源(今属江西)人。尝出资延师以教乡子弟。(0972 卷 9)

祝君翼　字敬之。元江山县(今属浙江)人。乐善好施,常赈济乡族之贫者,有司旌表之。(0894 卷 7)

祝畊道　元英宗至治三年(1323)任瑞州路(治今江西高安)知事。(1016 卷 14)

祝宾于　元人。有诗作传世。(0504 己下)

祝静得(?～1306)　元儒士。官至江西行省儒学副提举。(0212 卷 89)

弭礼　元房山(今北京)人。成宗大德年间任开州(治今河南濮阳)尹。后历任佥徽政院使。仁宗延祐五年(1318)任江南行御史台监察御史。死后谥端靖。(0632 卷 6,0646 卷 5)

费成(?～1293)　元东平(今属山东)人。世祖至元三十年(1293)二月任镇江路盐军翼千户,四月卒。(0631 卷 17)

费守　元金坛(今属江苏)人。仁宗皇庆二年(1313)任丹阳县主簿。(0631 卷 16、19)

费述　元嵊县(今属浙江)人。泰定三年(1326)中乡试。历任庆元路(治今浙江宁波)鄮山书院山长。(0880 卷 32、33)

费诜(1296～1348)　字太初。元金陵(今南京)人。历任浙东、福建廉访司书吏,绍兴路照磨,南台掾,浙东、淮东廉访司知事。(0413 卷 19)

费著　字克昭。元成都人。泰定元年(1324)进士,授国子助教,改太史院都事。累迁为翰林直学士。历汉中廉访使,调任重庆路总管。明玉珍来攻,遁居犍为而卒。尝追述蜀中旧事,集为《岁华纪丽谱》一卷,附《笺纸谱》一卷、《蜀锦谱》一卷。(0506 卷 3528,0001 卷 29,0075 氏族典卷 458、文学典卷 90)

费寅(?～1271)　一名费正寅。宋元之际人。由宋归降元。元世祖即位初,为兴元判官。尝诬告大臣廉希宪、商挺等罪状,未遂。后任参议枢密院事,谋遣人入宋,泄露机密,被杀。(0001 卷 7、159、163)

费敬　元顺帝至正间任武强(今属河北)县尉。(0645 卷 4)

费雄　元上海人。费拱辰之子。赵孟頫婿。用荫授海盐海运千户,四迁至海漕副万户。年逾六十,升万户致仕。(0152 卷 30)

费榕　字子寿。元湖州长兴(今属浙江)人。元初,提举上海市舶司事,遂家于上海。历管军总管,改管领海船万户。轻财好施,见义勇为,人称费佛子。卒谥荣敏。(0152 卷 30,0101 卷 7,0622 卷 9)

费世大　元人。有诗作传世。(0504 辛上)

费守禄　元东平(今属山东)人。费成之子。仁宗延祐五年(1318)袭父职为镇江路盐军翼千户。泰定二年(1325)致仕。(0631 卷 17)

费良能　元新昌(今属浙江)县尉。(0880 卷 28)

费君祥　字圣父。元大都(今北京)人。费唐臣父。与关汉卿为友。撰杂剧《才子佳人菊花会》。(0029 卷上)

费复初　字克明。元明之际东平寿张(治今山东梁山西北)人。元顺帝至正二十年(1360)为昆山知州。明洪武十七年(1384)累官为福建按察副使。(0534 卷 5,0622 卷 8,0075 氏族典卷 458)

费拱辰　号北山。元上海人。费榕之子。世祖至元间从征安南有功,授平江路运粮万户。(0152 卷 30)

费唐臣　元大都(今北京)人。费君祥之子。撰杂剧《苏东坡贬黄州》、《斩邓通》、《韦贤籯金》,今存前一种。(0029 卷上)

胥益儿哈呼　元汪古人,赵世延从弟。英宗即位初,被权相铁木迭儿遣人所诱,诬告世延罪,致使下狱。后因所诉皆诬,亡去,世延始得出狱。(0001 卷 180)

姚云　初名云文,字圣瑞、若川,号江村,宋元间高安人。宋度宗咸淳四年(1268)进士,历任工、刑部架阁。元成宗大德间,授抚、建两路儒学提举,秩满家居。(0075 文学典卷 86、氏族典卷 193,0504 乙)

姚式　字子敬,号筠庵。元归安(治今浙江湖州)人。从敖继翁学。以荐为绍兴路儒学教授。善书画,能诗。(0876 卷 12,0504 乙,0072 卷 90)

姚良　字晋卿。元吴(今苏州一带)人。精医术。(0042 卷 13)

姚坚　元仁宗延祐三年(1316)任江山(今属浙江)县尉。(0878 卷 3)

姚玭　元人。善行书,顺帝至正二十五年(1365)作行书《别去帖》,现藏故宫博物院。(1143 卷 587)

姚英　字仲杰。元汝宁(治今河南汝南)人。初为句容县主簿。武宗至大元年(1308)至四年,任镇江路推官。(0632 卷 6,0631 卷 15)

姚枢①(1201～1278)　字公茂。金元之际洛阳(今属河南)人。金亡,至燕京,依附杨惟中。元太宗七年(1235),奉诏随蒙古军访求儒道释医卜人才,得深通理学之儒士赵复,始闻程朱理学。十三年,为燕京行台治中,未几弃官居辉州(治今河南辉县),与许衡、窦默研习理学。海迷失皇后称制二年(1250),被忽必烈召至漠北,上书论治道,详述救时弊之法,深受忽必烈器重,遇事常召问,且使授王子真金儒经。宪宗二年(1252),从征大理,向忽必烈陈说宋太祖遣曹彬取南唐不杀一人、市不易肆事,被采纳。世祖中统元年(1260),任东平宣抚使,置劝农、检察官。均赋役,罢铁官。二年,任大司农。奉诏赴中书议事,制订条格。四年,任中书左丞,奏罢汉地世侯,置地方官。至元十年(1273),任昭文馆大学士,详定礼仪事。十三年,任翰林承旨。谥文献。(0001 卷 158)

姚枢②　字斗瑺。宋元之际永嘉(治今浙江温州)人。宋末领乡荐。入元,隐居教授。仁宗延祐年间,郡守请分教郡庠,从学者甚众。(0072 别附卷 3)

姚侃　元绛州稷山(今属山西)人,姚天福子。仕为内藏库副使。(0001 卷 168)

姚炜　元洛阳(今属河南)人,姚枢子。泰定帝时,为河南行省左丞,改陕西行御史台中丞。文宗即位,授储庆使。天历二年(1329),改储政使。后官至平章政事。(0001 卷 29、33、158)

姚绂　元陕州(治今河南三门峡西)人。姚思恭之子。顺帝元统二年(1334)任江南行御史台监察御史,至元五年(1339)升为都事。(0632 卷 6)

姚显(1234～1275)　元济宁巨野(今属山东)人。姚居敬父。世祖至元年间,从攻宋,为百户。至元十二年(1275),战死于扬州。(0212 卷 73)

姚谅①　元怀庆(治今河南沁阳)人。武宗至大二年(1309)任镇江路顺德翼下百户。(0631 卷 17)

姚谅②　元顺帝至元初,任兰州(今属甘肃)知州。(0801 卷 23)

姚琏　又名廷用,字叔器。元歙县(今属安徽)人。从胡炳文学。授紫阳书院学官,累迁为太平路儒学教授,辞归。(0252 卷 15,0972 卷 6,0072 卷 89)

姚埴　字贡夫。元柳城(今辽宁朝阳)人,寓居大都(今北京)。姚燧之子。顺帝至正元年(1341),由息州同知迁任秘书监管勾。后升为崇文监丞。(0027 卷 9,0250 卷 67)

姚堉　字载夫。元大都(今北京)人,姚炜之子。顺帝至元四年(1338)由资成库提点迁任秘书监管勾。(0027 卷 9)

姚炯　元世祖至元十四年(1277)任江南行台管勾。(0632 卷 6)

姚庸①　元泰定帝时,任左司郎中、提调国子监。文宗至顺元年(1330),拜中书参知政事。顺帝即位,任枢密副使、集贤大学士。至正四年(1344),任中书左丞。不久调任翰林学士承旨。(0001 卷 30、40、112)

姚庸②　元顺帝至元四年(1338)任江南行台监察御史。(0632 卷 6)

姚庸③　元稷山(今属山西)人。博涉经史。中乡试,授怀州儒学正。仕至晋宁路(治今山西临汾)儒学教授。(0695 卷 5,0700 卷 8)

姚演　元世祖时,历任总管、宣慰使等职。至元十七年(1280),上言请开胶莱河,并募逃民屯田涟、海。获准,主其事。二十年,因侵用官钞、折阅粮米被治罪,河亦未成。(0001 卷 12、65、168)

姚慤　字仲诚,号一庵。元黄岩(今属浙江)人。从林兴祖学。顺帝至正七年(1347),中乡试。以论天下事,忤有司,被黜。后以荐授江东书院山长。(0879 卷 10,0072 卷 82)

姚镐　字周卿。元邯郸(今属河北)人。世祖至元年间任常熟主簿,多善政。(0928 卷 41,0947 卷 5)

姚燉　元柳城(今辽宁朝阳)人。姚枢侄。世祖至元年间任江西湖东道提刑按察司佥事。(0002 卷 157,0071 卷 90,0006 卷 88)

姚燧(1238～1313)　字端甫,号牧庵。元洛阳(今属河南)人。三岁而孤,育于伯父姚枢家。后就学于许衡。世祖至元十二年(1275)始为秦王府文学。历按察副使、翰林直学士、大司农丞。成宗元贞元年(1295)任翰林学士,主修《世祖实录》。大德间历任江东廉访使、江西参政。武宗时官至翰林承旨。卒,谥文,为当世名儒、文章大家。名臣世勋子孙多求其为祖先撰碑传文。有《牧庵集》。(0001 卷 174)

姚天福(1230～1302)　字君祥。元绛州稷山(今属山西)人。初为怀仁县丞。世祖至元十一年(1274)为监察御史,正直敢言,屡廷折权臣,帝赐名巴儿思(虎)。十二年,诏罢按察司,进谏言不可罢,诏复立之。出任河东按察副使,时河东苦徭役,奏罢其役。十六年,任淮西按察使,将吏有为民害者,悉铲除之。转湖北按察使,发省臣贪赃事数十上闻,帝流放省臣党与,州郡称治。二十年,迁山北按察使,教民树艺,民多致富。二十八年,任平阳路总管,穷治桑哥党余。成宗初年,任真定路总管,整治驿传制,使不扰民,诏颁其制为天下式。大德四年(1300),任中书参政、大都路总管,畿甸大治。(0001 卷 168)

姚元龙　宋元之际新昌(今属浙江)人。宋末,结寨保乡党。元军至,降元,导元军占领瑞州(治今江西高安),得授瑞州路总管。(1011 卷 31,1016 卷 14、18)

姚元靖　元当涂(今属安徽)人,女。姚和中妹,嫁同县李叙。自教二子习、翼,皆有文名。(0580 卷 5,0981 卷 20,0982 卷 8)

姚文龙　宋元之际人。初仕南宋为瑞州安抚。元世祖至元十四年(1277),率部将张文显等降元。宋亡后,任饶州总管。(0001 卷 9、12)

姚文奂　字子章,号娄东生。元昆山(治今江苏太仓)人。博通经史。被征辟为浙东宣慰司令史。后升为都事。喜吟咏,有诗作传世。(0303 卷 5、8,0046 卷 3,0503 二集庚)

姚允言　元人。有诗作传世。(0504 癸下)

姚玉用　元华亭(治今上海松江)人。英宗至治年间,割田立义庄周济宗族乡党,又建义塾以教乡子弟。(0931 卷 30,0950 卷 15,0925 卷 18)

姚正叔(？～1355)　元安福(今属江西)人。顺帝至正十五年(1355)率部与反元队伍,以无援被杀。(0075 氏族典卷 193)

姚正翰　元镇江路茅山书院山长。(0631 卷 17)

姚永静　元三原(今属陕西)人。年十五为僧,缮修慈见寺,几五十年始完成。成宗大德中奉旨赴上都(今内蒙古正蓝旗东北),赐号通寂大师。(0803 卷 6)

姚仲实(1239～1311)　字仲华。元河南(治今河南洛阳)人,迁居大都(今北京)。世祖至元十三年(1276),任京敖盐局使。二十四年,迁任真州三务使,居半年,弃官归。后经商致富。买田十余顷为义茔以葬贫民。不能婚嫁者,以资助之。又赎没为奴者数十家。岁饥,为食于道以食饥者。贫民负其债五千余缗,悉还其券。卒,元廷旌表其墓。(0225 卷 7,0002 卷 240)

姚守中　元洛阳人。姚燧侄。历任平江路(治今江苏苏州)吏。为杂剧作家,撰杂剧《汉太守郝连留钱》、《神武门逢萌挂冠》、《褚遂良扯诏立中宗》。(0029 卷上)

姚安仁　元人。善画山水。尝作山水图仅三尺许,渺然有千岩万壑气象,蒲道源为之跋。(1143 卷 585)

姚里氏　元契丹人,耶律留哥之妻。留哥于金末起事后,为王妃。留哥死,佩虎符,代领其众七年。太祖二十一年(1226),至河西朝觐,不久东归。(0001 卷 149)

姚利用　元开化(今属浙江)人。历任归安县儒学教谕。(0559 卷 18)

姚应凤　字时和。元慈溪(今属浙江)人。初,自雄其才,为文词锋横逸。袁桷告以法度不可废,从之,此后文字务为庄重简严。尝就试省部，时以龙虎台命题，有司得其所作赋，叹曰：此秦汉之文也。遂置高第。著有《讷轩稿》。（0002 卷237，0877 卷 37，0075 氏族典卷 193）

姚和中 号四清。宋元之际当涂（今属安徽）人。有学行。元初，征召不赴，隐居教授，从学者甚众。（0063 卷 15，0072 卷 95，0982 卷 6）

姚宜仲 宋元之际盱江（今江西南城）人。父祖均业医，宜仲继承家学，精究医理，善于诊脉。曾增补《断病提纲》一书。又著有《诊脉指要》。（1149 卷125）

姚居敬 元济宁巨野（今属山东）人。由工部主事出任江浙行省都事，升两淮转运副使。后历任江西行省理问、浙江宪佥。仁宗延祐五年（1318）任江南行御史台都事。（0632 卷 6）

姚草楼 元末道士。有诗作传世。（0504 壬上，0296 卷 4 上）

姚思泰 元人。有诗作传世。（0504 癸下）

姚思恭（1252～1317） 字敬甫。元陕州（治今河南三门峡西）人。姚绂父。世祖至元年间为广东宣慰司官吏，平反冤狱。后历任采石盐引所提领。迁任彭泽县尹，未上任卒。（0501 卷 52，0231 卷9）

姚彦卿 元人，善画。画山水师法郭熙，笔劲健。（0075 艺术典卷 782）

姚祖舜 元绛州稷山（今属山西）人，姚天福子。仕为秘书监著作郎。（0001 卷168）

姚泰亨（？～1325） 元泰定帝时，仕为浔州平南县（今属广西）部监。徭人起事，死之。（0001 卷 29）

姚桐寿 字乐年。元桐庐（今属浙江）人。顺帝至元五年（1339）为余干州儒学教授，辞归乡里，自号桐江钓叟。至正中流寓海盐，撰《乐郊私语》一卷。有诗作传世。（0115 卷首，0504 庚上，0537 卷6）

姚梦午 字正子，元慈溪（今属浙江）人。幼聪慧，七岁学《小戴礼》，能言其要领。叶汝明面试《中庸》首章义及《秋水出芙蓉赋》，皆援笔立就。既而至京师，遍交当世名士。年三十始发解，未五十卒。（0896 卷 180）

姚雪心 元黄岩（今属浙江）人。画墨竹师法文同，饶潇洒之姿，富清逸之秀。（0030）

姚崇德 元武宗至大年间任瑞州路（治今江西高安）提控案牍兼照磨承发架阁。（1016 卷 14）

姚淡如 元人。早岁知名。能书，法晋人。善画，王逢有题其《双松平远图》诗。（0296）

姚景元 元世祖至元二十年（1283）任秘书监著作郎。（0027 卷 10）

姚道昌 元吴郡（今江苏苏州）人。有诗作传世。（0504 戊上）

姚登孙 字廷礼。元慈溪（今属浙江）人。深究经史。仁宗延祐初，任国子助教。（0075 文学典卷 86，0006 卷 89）

姚楚山 元人。有诗作传世。（0504 癸下）

姚德新 元世祖至元二十四年（1287）任江南行台照磨。（0632 卷 6）

姚潼翔 宋元之际人。寓居桐庐（今属浙江）。工诗。元世祖至元二十四年（1287），其诗作被月泉吟社选评为第二十一名。（0033 卷 6，0504 甲）

姚伯颜不花（？～1365） 元末为军阀孛罗帖木儿部将，以骁勇著称。顺帝至正二十四年（1364），随孛罗帖木儿兴兵犯阙，入京，授同知枢密院事。次年奉命率军抵御元将也速于通州（今北京通县），轻敌不设备，被袭击擒杀。（0001 卷142、207）

贺亿 元山东人。以镇压反元队伍有功，封襄靖侯，镇守嘉兴，遂家于嘉兴。明兴，以印符投幽兰井，弃官归隐。（0895 卷 11）

贺方（？～1356） 字伯京，元晋宁（今山西临汾）人，以文学知名。顺帝至正七年（1347），奉命出使占城。后任江南行台治书侍御史。朱元璋军攻陷集庆（今江苏南京），被杀。（0001 卷 41、144）

贺贞 历任元庆元路（治今浙江宁波）推官。英宗至治二年（1322）累迁为庆元市舶提举。泰定元年（1324）授福建转运司同知。（0633 卷 2，0634 卷 2）

贺庆 元成宗元贞元年（1295）为溧水（今属江苏）州判官。（0632 卷 6）

贺进 元益都（今属山东）人。元初为军将，平涟水有功，仕元帅左监军，守淄州。后改任千户，守胶州。（0001 卷166）

贺均 字公秉，蒙古名也先忽都。元京兆鄠（今陕西户县）人。贺惟一之子。顺帝时，累迁殿中侍御史、治书侍御史、翰林侍读学士，皆兼袭虎贲亲军都指挥使。至正九年（1349），与父同被劾罢，随父还奉元（治今陕西西安）。十五年，召为兵部尚书、同知枢密院事。十七年，授知枢密院事，迁太子詹事。十九年，奉诏以知枢密院事率军镇压辽阳红巾军，红巾军逾辽河东奔。遭诬告，罢为上都留守。未几改宣政院使，又遭劾罢。后被搠思监诬陷下狱，流放吐蕃，寻杖死，年四十四。有诗集十卷，今佚。（0001 卷140）

贺祉（？～1288） 元益都（治今山东青州）人。贺进之子。初以质子入宿卫。世祖至元六年（1269），袭父职为千户，守胶州。七年，击退宋兵进攻。十年，领舟师五百艘为先锋,攻宋五河口城。攻高邮、宝应,战淮安,皆有功。攻泗州,获战船五百艘还。后攻降淮安、宝应,得战船六百艘。二十年,率所部镇压黄华起义。二十四年,元军侵安南,率部屯思明州,守辎重。次年,军还至建康(今南京)卒。(0001 卷 166)

贺贲　元京兆鄠(今陕西户县)人。有材略,从军有功,尝以白金献于世祖。世祖即位,赐金符,总管京兆诸军奥鲁。卒,追赠大司徒,封雍国公,谥贞献。(0001 卷 169)

贺胜(约 1271～1320)　小字伯颜,字贞卿,又字举安。元京兆鄠县(今陕西户县)人。贺仁杰之子。幼从许衡学。年十六入宿卫。世祖至元二十四年(1287),扈从征乃颜。授集贤学士。二十八年,拜中书参政。三十年,佥枢密院事,迁大都护。成宗大德九年(1305),继父职为上都留守。英宗即位,被丞相铁木迭儿诬陷,处死。泰定初,昭雪,追封秦国公,谥惠愍。顺帝至正初,追封泾阳王,改谥忠宣。(0001 卷 179)

贺庸　号野堂。元武威(今属甘肃)人。受经于余阙。官至弘文馆学士。入明,寓居兴化(治今福建莆田),授徒为生。有诗作传世。(0622 卷 12,0504 辛上)

贺士贵　字性翁。元永新(今属江西)人。贺景文父。累官至全茗州同知,辞归奉母。(0231 卷 11)

贺天民　元顺帝至正十年(1350)为江西榷茶提举。(0600 卷 2)

贺天爵　元世祖中统二年(1261)授金齿等国安抚使,招谕西南金齿等族。后改为建宁路安抚使。(0001 卷 4、210)

贺仁杰(1234～1307)　字宽甫。元京兆鄠县(今陕西户县)人。初为忽必烈藩府宿卫士,从征大理。世祖至元十七年(1280)授上都(今内蒙古正蓝旗东北)留守,兼本路总管、开平府尹。后又兼虎贲亲军都指挥使,加封中书右丞。成宗大德九年(1305),告老,由其子贺胜袭上都留守职。卒,追封雍国公,谥忠贞。仁宗延祐间追封奉元王。(0001 卷 169)

贺仲英　元永新(今属江西)人。世祖至元末聚族保乡,反元队伍至,出战,被杀。(0075 氏族典卷 486)

贺良佐　元顺帝至正中,任柏乡县(今属河北)主簿。(0645 卷 4)

贺种德　金元之际河东隰州(治今山西隰县)人。金末迁居关中,其后裔遂为京兆鄠(今陕西户县)人。子贺贲,孙贺仁杰。(0001 卷 169)

贺复孙　元人。有诗作传世。(0504 癸上)

贺据德(1299～1331)　字天爵。元太原清源(治今山西清徐)人。家寒,出身国子伴读,从李术鲁翀学。泰定四年(1327)三甲进士,授翰林编修。卒于官。(0182 卷 23)

贺惟一(1301～1363)　字允中。元顺帝时赐蒙古名太平。元京兆鄠(今陕西户县)人。贺胜之子。泰定初袭父职为虎贲亲军都指挥使。顺帝至正初参与修辽宋金三史,为总裁官。六年,拜御史大夫。次年,迁中书平章,升左丞相。十五年,任淮南行省左丞相,兼知行枢密院事,总制诸军。次年,迁辽阳行省左丞相。十七年,召为中书左丞相。次年,毛贵率红巾军进逼大都(今北京),廷议迁都避之。惟一力争以为不可,调军大败毛贵军。二十三年,因得罪太子,流放吐蕃,自杀。(0001 卷 140)

贺惟贤　元京兆鄠(今陕西户县)人,贺胜次子,贺惟一(太平)弟。仕为太中大夫、同知上都留守司事。(0001 卷 179)

贺景文(1310～1354)　字元忠。元永新(今属江西)人。顺帝元统元年(1333)由衍圣公荐为孔庙学正。迁任余姚庙山巡检。至正元年(1341)授江浙财赋府照磨,三年,丁忧归。(0301 卷 8、10,0203 文集卷 2)

贺德裕　元世祖至元三年(1266)任昌邑县(今属山东)主簿。(0727 卷 2)

绛曲坚赞(1302～1364)　又译绛求坚参,元吐蕃僧,帕木竹巴政权创建者。九岁出家为僧。十四岁前往萨迦学经,任萨迦寺掌印官。英宗至治元年(1321)致书元廷参劾帕竹万户长坚赞甲布沉湎酒色、不修政绩,并向返藏帝师面诉,致甲布被免职,遂出任帕竹万户长。文宗天历二年(1329),遭雅桑万户进攻,兵败,并败讼,被囚禁。后越狱逃回帕竹,击灭雅桑万户。顺帝至正八年(1348),消灭蔡巴万户,并遣使向元廷朝贡,元廷赐以万户银印、金册玉符。次年,击败止贡万户,攻占萨迦城,萨迦政权解体。十四年,受元廷封为大司徒,受赐金册诏书、印信,世代执掌吐蕃地方政权。帕竹政权建立后,整顿吏治,制定有关诉讼、刑罚等十五条法规,实行六一税,减轻百姓负担。种树、架桥、修路。修建寺院,严申教规戒律。于交通要冲,设置日喀则、贡噶等十五大宗,规定各宗长官三年一换,以加强统治。(1146 卷 429)

骆氏　元武宗妃。有诗作传世。(0002 卷 104,0003 卷 19,0033 卷 35)

骆铸　字希颜。元庐州(治今安徽合肥)人。世祖至元二十年(1283)至二十三年,任镇江路判官。(0631 卷 15)

骆天骧　字飞卿,号藏斋。元长安县(治今陕西西安)人。世祖至元初,为京兆路(治今陕西西安)儒学正。(0801 卷 26,0554 卷 27,0075 氏族典卷 526)

十画

珠明　元僧,杭州人。住余杭圣果寺。(0037 卷 17)

珠遴　元文宗时,任集贤侍读学士。至

顺元年(1330),奉命至真定筹办祭祀睿宗事务。(0001卷34)

珠帘秀　姓朱,行四,人称朱四姐。艺名珠帘秀。元世祖时著名女演员。演杂剧号称"当今独步",兼擅驾头、花旦、软末泥。世祖前期在大都(今北京)演剧。极受胡祗遹、关汉卿等推崇。胡、关、卢挚等皆有赠曲。宋亡后,南下江淮间。后嫁道士洪舟谷。死于杭州。(0032,0144卷21、77,0101卷20,《文史知识》1991年7期等)

班丹　元蒙古人,铁木迭儿子。英宗时,任同知枢密院事。至治二年(1322),进知枢密院事。三年,因赃罪杖免。文宗至顺二年(1331),因出怨言,鞫问得实,被籍没家产,流放广西。(0001卷28、35、205)

班廸　元畏兀儿人,脱禾之子。历任昭孝营缮司大使。(0011卷51)

班秃　元宗王。宪宗长子。无后裔。(0001卷107)

班术儿　元吐蕃参卜郎(今四川理塘以北地区)酋长。泰定二年(1325)元月,降元。诏命乞剌失思八班藏卜为吐蕃等路宣慰使都元帅,与其属往镇抚参卜郎。(0001卷29)

班祝儿　元顺帝时,任淮西廉访使。至正十二年(1352),因与红巾军作战有功,受赐金系腰、银、钞等物。(0001卷42)

班都察　元钦察人。钦察部主亦纳思之子忽鲁速蛮之子。土土哈之父。元太宗时,蒙哥(宪宗)西征钦察,班都察举族迎降,从征阿速国篾怯思城有功。宪宗时,率钦察百人从世祖征大理、攻宋,以强勇称。世祖中统元年(1260),从世祖北征阿里不哥,以功受上赏。卒。文宗天历二年(1329)十二月,以其曾孙燕铁木儿有大勋劳于皇室,追封为溧阳王。(0001卷128、33、138)

班惟志　字彦功,号恕斋。元汴梁(治今河南开封)人。工诗,善作散曲,又善篆字。以荐补浮梁州(治今江西浮梁)儒学教授,迁任溧阳州教授。历晋州判官、绍兴路推官。文宗至顺三年(1332)任秘书监典簿。顺帝至元年间升为常熟知州。至正初,授江浙儒学提举,改集贤待制。(0075氏族典卷171,0072卷82,0504丙)

班的失监　元诸王。顺帝至正十二年(1352)七月,以擒杀吐蕃反元起事首领有功,受赐金系腰一。(0001卷42)

敖仲实　号且斋。元万载县(今属江西)人。仁宗延祐年间任新昌州(治今江西宜丰)知州。(1011卷31,1016卷14、18)

敖继翁　字君善。宋元之际长乐(今属福建)人,寓居乌程(治今浙江湖州)。宋末举进士,对策忤时相,遂不仕。家居研究经学,从学者众。元成宗大德中以荐授信州路儒学教授,未上任去世。著有《仪礼集说》十七卷。(0075氏族典卷212,0495卷14,0002卷235)

素哥实理　字仲凯。元唐兀人。顺帝至正二十四年(1364)任秘书监丞。(0027卷9)

顽驴　元顺帝至元二年(1336)任象山县(今属浙江)主簿。(0634卷2)

秦玉(1292～1344)　字德卿。元昆山(治今江苏太仓)人。秦约之父。不求仕进,家居讲授。卒。门人私谥曰孝友先生。(0158卷25,0163卷33,0002卷235、240)

秦光　元宁波人。善画水墨山水,取法郭熙。(1143卷745)

秦仲(1243～1293)　字山甫。元洛阳人,秦长卿侄。从杨奂学。世祖至元年间任建康路(治今江苏南京)判官。长卿冤死,弃官归,屡荐不起。久之,起为昭州知州。(0501卷66,0001卷168,0003卷104)

秦约(1316～?)　字文仲,元明间太仓人,秦玉子。博学强记,好吟咏。元顺帝至正年间任崇德州学教授。明初以文学举,召试第一,授礼部侍郎,以母老辞,遂授溧阳教谕,在任八年,请老归。(0020卷136)

秦佐　元初为浙东宣慰司都事。(0633卷2)

秦良　元初任广德路(治今安徽广德)总管。(0983卷7)

秦英　元英宗至治二年(1322)任吴江(今属江苏)州提控案牍。(0954卷17)

秦荣　元武宗至大四年(1311)为奉化(今属浙江)州判官。(0633卷3)

秦昭　元江都(治今江苏扬州)人。友人为京师某官买得一妾,附昭舟入京。时天暑蚊多,夜同寝一帐中,昭终无逾轨之行,时人称之。(0101卷4,0935卷19,0957卷18)

秦钧　元广平洺水(治今河北威县)人,秦起宗子。仕为陕西行台监察御史。(0001卷176)

秦俨　元人。有诗作传世。(0504癸下)

秦铨　元广平洺水(治今河北威县)人,秦起宗子。仕为中书省省掾。(0001卷176)

秦植　字彦立。元武宗至大元年(1308)为江浙行省员外郎。(0110卷上)

秦衡　元淮海(今江苏扬州)人。有诗作传世。(0504庚下)

秦镛　元广平洺水(治今河北威县)人,秦起宗子。仕为延徽寺经历。(0001卷176)

秦颙　元世祖至元元年(1264)为灵石县

(今属山西)主簿。(0709 卷 2)

秦天祐　元舒城(今属安徽)人。初为舒城县丞,后升为六安(今属安徽)知州。元末战乱,能保境安民。(0975 卷中,0971 卷 6、8)

秦从龙(？~1365)　字元之。元洛阳人,秦仲之子。文宗天历二年(1329)累迁为江南行御史台都事。后历任太禧院佥事、南台侍御史。顺帝至正中,避兵寓居镇江。至正十六年(1356),被朱元璋聘至金陵(今江苏南京),事无大小悉与谋。卒年九十余。(0632 卷 6,0073 卷 19,0002 卷 183)

秦从德　元洛阳人,秦从龙弟。文宗天历元年(1328)任南台御史。顺帝至正四年(1344),由南台治书侍御史迁任江浙参政,提调海运。五年,充江南湖广道奉使宣抚。九年,任中书参政,出为燕南廉访使,十二年,改任淮南行省左丞。(0001 卷 41、42、92、113、168,0632 卷 6)

秦长卿　元洛阳人。世祖时以布衣征至京师,入宿卫,尚风节,好论事。至元间,尚书省立,阿合马专政;上书劾奏之。后出为兴和宣德同知铁冶事,被阿合马诬陷下狱杀害。(0001 卷 168)

秦文郁　元开封(今属河南)人。顺帝至正间任汉阳县尹,有政声。(0622 卷 59,1046 卷 5,1041 卷 66)

秦允文　元世祖至元二十八年(1291)任秘书监著作佐郎。成宗元贞元年(1295)升为著作郎。(0027 卷 10)

秦玉莲　元歌妓。与其妹秦小莲俱善唱诸宫调,艺绝一时。(0032)

秦世英　元泰定二年(1325)任无锡州同知。(0558 卷 24)

秦邦纪　号云岑子,元壶关(今属山西)人。善丹青。顺帝至元间以善画赐官待诏。尝画《五龙庙放鹤图》。(1143 卷 746)

秦达善　元麻城县(今属湖北)人。举明经,任本县儒学教谕。(1041 卷 36)

秦仲礼　元临桂(治今广西桂林)人。镇压反元少数民族有功,授义宁(治今广西桂林西北)县尉,改摄临桂县主簿,升临桂知县。(1036 卷 27)

秦竹山　元人。有诗作传世。(0504 丁)

秦良佐　元顺帝至元三年(1337)任衢州(今属浙江)路推官。(0897 卷 2、7)

秦国瑞　元成宗大德二年(1298)任秘书少监,十一年升为秘书监。(0027 卷 9)

秦居仁　元柏乡(今属河北)人。顺帝至正中任沙河(今属河北)县尹。(0645 卷 5)

秦宪文　元真定(治今河北正定)人。世祖至元三十一年(1294)任丹徒县(治今江苏镇江)主簿。(0631 卷 16)

秦起宗(1273~1337)　字元卿。元广平洺水(治今河北威县西)人。年十七入学蒙古学。学成,辟武卫译史。迁御史台御史。仁宗即位,转中书省译史。累迁太子家令司典簿官。上言:"东宫官署,辅导德义,财赋非所治也。"朝廷是之。文宗时,任监察御史,弹劾御史中丞和尚不法,不报。后一再弹劾,终使和尚伏法。著有《御史奏议》,已佚。(0001 卷 176)

秦辅之　元嘉定(今属上海)人。博览图书,多所见闻。撰有《练川志》,其子乞序于杨维桢而刻印之,今不传。(0042 卷 7,0075 文学典卷 86)

秦惟质　元顺帝至正十一年(1351)进士。(0560)

秦裕伯　字景容,号双谷,元明间大名人。元顺帝至正间由国子生登进士第,历高密县尹。至正二十一年(1361)任福建行省郎中,辞官客居扬州、上海。张士诚招之,不就。明洪武元年(1368),起为侍读学士。二年,改待制,旋为治书侍御史。三年,诏设科取士,与刘基为京畿主考官。后出知陇州,卒于官。(0020 卷 285)

秦简夫　元大都(今北京)人。杂剧作家,撰杂剧《赵礼让肥》、《晋陶母剪发待宾》、《东堂老劝破家子弟》、《玉溪馆》,今存前三种。(0029 卷下)

秦德用　元博陵人。历任广德(今属安徽)路判官。(0983 卷 7,0622 卷 17)

泰哇　元世祖至元十五年(1278)任庆元路(治今浙江宁波)达鲁花赤。(0633 卷 2)

泰不华(1304~1352)　字兼善。初名达普化,元文宗赐名泰不华。元蒙古伯岳吾氏。英宗至治元年(1321)蒙古色目右榜进士一甲第一名(状元),授集贤修撰。转秘书监著作郎。出为南台监察御史,劾罢贪暴不法之御史大夫脱欢。文宗建奎章阁学士院,擢为典籤。迁监察御史。顺帝初年,历任江浙省左右司郎中、礼部侍郎。至正初,任绍兴路总管,革吏弊、均赋役、兴教化。召入史馆,参与修辽宋金三史。书成,升礼部尚书。十一年(1351),出任浙东宣慰使都元帅,分兵温州,与江浙左丞孛罗帖木儿夹攻方国珍。迁任台州路达鲁花赤。十二年,率舟师攻方国珍,战死。(0001 卷 143)

泰不花①　元世祖至元中为平阳路(治今山西临汾)达鲁花赤,以贪暴不法为河东按察使亦力撒合逐走。(0001 卷 120)

泰不花②　元泰定元年(1324)任武义县(今属浙江)达鲁花赤。(0881 卷 13)

桂元　一作杜元,字师善。元慈溪(今属浙江)人。有诗作传世。(0504 戊上)

桂璩　字怀英,号古香老樵。元慈溪(今属浙江)人。有诗作传世。(0504 戊上,

0071 卷 74)

桂义方(？～1341)　字心渊。元信州贵溪(今属江西)人。从上清宫熊尊师学道,造诣甚深。(0158 卷 24,0415 卷 2)

桂如祖　元人。有诗作传世。(0504 己下)

桂克忠　元顺帝至元五年(1339)任庆元路(治今浙江宁波)儒学教授。(0634 卷 2)

桂完泽　元永嘉(今属浙江)人。初为平江路管军镇抚,为仇家所诉,免官归里。元末乱起,奉江浙行省命,假前职与红巾军作战,被擒杀。(0001 卷 195)

桂山海牙　元唐兀人,居曹州,顺帝元统元年(1333)进士明安达耳之子。(0011 卷 60)

桓泽都　元哈剌鲁人。曲枢孙,伯帖木儿长子。(0001 卷 137)

桓哲帖木儿　元顺帝至正十五年(1355)任吴江(今属江苏)州判官。(0954 卷 17)

柏德思孝　元世祖至元十四年(1277)任江南行台监察御史。(0632 卷 6)

栯堂　名益,元僧,温州人。大慧杲四世法嗣,得法于净慈隐公。住庆元奉化岳林寺。有《栯堂山居诗》。(0503 二集壬)

耿仁(？～1282)　元世祖时,任参议中书省事。至元十四年(1277),拜中书参知政事。十七年,升中书左丞。十九年,坐阿合马之党,被处死。(0001 卷 9、11、12)

耿允　小字伯答儿。元武宗至大四年(1311)任秘书监著作郎。(0027 卷 10)

耿枢　元长清(今属山东)人。历任曹州(治今山东荷泽)知州,除积弊,有政绩。(0721 卷 26)

耿迪　字吉甫。元彰德(治今河南安阳)人。世祖至元二十六年(1289)任镇江路提控案牍。(0631 卷 15)

耿诚　元深州(治今河北深县南)人。历任新昌县(今属浙江)主簿。(0880 卷 28)

耿昱　字叔昭。元吴郡(今江苏苏州)人。有诗作传世。(0504 庚上)

耿昭　元柏乡(今属河北)人。世祖至元末为广平路(治今河北永年东南)治中。(0645 卷 5)

耿焕　字文叔。元束鹿(今属河北)人,耿继元之子。文宗至顺间历任江西廉访使、江西参政、南台侍御史,入为户部尚书,改中书参政。顺帝至元元年(1335),升为左丞。二年,迁任侍御史,升为御史中丞。六年,致仕。(0001 卷 35、39、40、112、113,0632 卷 6,0231 卷 15,0002 卷 143)

耿庸　元顺帝至正十六年(1356)任阳城(今属山西)县尹。(0694 卷 5)

耿福(1167～1215)　字伯禧。金元之际束鹿县(今属河北)人。金末摄本县事,降于木华黎,授安定军节度使。(0003 卷 51,0002 卷 143)

耿熙　元世祖至元中为辽东按察司吏,奏言征北京宣慰司积年逋负,可得钞二十万锭。世祖遣使核实,熙惧事露,擅增制语,有"并打算大小一切诸衙门等事"凡十二字,追系官吏至数百人。辽东按察副使验问,知其诈,熙乃款伏。二十九年,熙告河间盐运司官吏盗官库钱,省台遣人杂问,凡负二万二千余锭,已征八千九百余锭,犹欠一万三千一百余锭。(0001 卷 151、173)

耿镛　元世祖至元年间任元氏(今属河北)知县。(0645 卷 4)

耿允谦　元医官。文宗天历三年(1330),任太医院使。忽思慧撰成《饮膳正要》后,允谦参与校正,并同上《进书表》。至顺二年(1331),奉敕撰成《承天仁惠局药方》刊行。该书取《和剂局方》、《御药院方》、《伤寒论》、《活人书》、《济生方》、《钱氏小儿方》等书中适用于药局制剂之药方编成,分 26 门,共 275 方。(0334 卷 16)

耿廷望(1264～1321)　字彦清。元京兆(治今陕西西安)人。成宗大德八年(1304)任延川县尹。后历任陕西、甘肃行省管勾,升肃州路判官。(0181 卷 8)

耿汝霖　字彦起。元大都(今北京)人。文宗至顺三年(1332)、顺帝至元二年(1336)两任南台御史。后历任淮东廉访司佥事。(0632 卷 6,0254 卷 13)

耿安泰　字伯威。元深州(治今河北深县南)人。顺帝至正四年(1344)任易州(治今河北易县)知州。(0649 卷 30)

耿孝祖　元束鹿县(今属河北)人,耿福之子。袭父职为束鹿军民长官。(0002 卷 143)

耿奉训　元文宗天历间任荆门知州,廉恕公正,剖决如流。岁饥,出俸资及募富商米煮粥,活饥民五万余。民为立德政碑。(0075 氏族典卷 443)

耿居简　元高唐(今属山东)人。初为广东帅府掾,考满授临江路知事。后迁任金溪县丞。(0212 卷 65)

耿承祖　元平定(今属山西)人。以父荫授寿阳县尉,治尚严肃,号霜面尉。历任平晋县主簿、崇文阁照磨。迁任婺州路知事,以母老归养。后举孝廉,授太常太祝。(0692 卷 20)

耿思齐　字贤卿。元真定(治今河北正定)人。泰定四年(1327),任镇江路彰德翼下千户所吏目。文宗至顺三年(1332),丁忧去职。(0631 卷 17)

耿继元　字舜臣。元束鹿（今属河北）人，耿孝祖之子。袭父职为束鹿县尹，改固安州判官，迁任锦州判官。仕至绛州同知。（0002 卷 143，0003 卷 51）

耿继祖　元深州（治今河北深县南）人。世祖至元五年（1268）任章丘县尹。（0735 卷 10、21）

耿朵罗歹　元顺帝至元四年（1338）任浙东宣慰司都事。（0634 卷 1）

耿撒里台　字彦庄。元乐陵（今属山东）人。英宗至治二年（1322）任秘书监怯里马赤（通事）。（0027 卷 11）

都丹　元阿速人，杭忽思孙伯答儿之孙。至大四年（1311）任右阿速卫都指挥使。（0001 卷 132）

都坚（？～1325）　元泰定帝时，任浔州平南县（今属广西）达鲁花赤。县中徭人起事，被杀。（0001 卷 29）

都实　元女真蒲察氏。世祖至元十七年（1280），授招讨使，佩金虎符，往求黄河之源。历时四月余，抵河源，还报，献河源图。后翰林学士潘昂霄据其说撰成《河源志》。（0001 卷 63）

都哇　即笃哇。

都士周　元世祖至元间任冠县（今属山东）儒学教谕。（0075 文学典卷 90）

都列捏　元文宗天历二年（1329）为元帅、梁国公。是年九月，任知行枢密院事。（0001 卷 33）

都罗儿　元蒙古弘吉剌氏，哈儿哈孙孙。世祖至元四年（1267），授光禄大夫，以银章封懿国公。（0001 卷 118）

都尔弥势　元畏兀儿人，岳璘帖穆尔之子。从平宋，授安丰路达鲁花赤，改处州路，辞归。后历任浙东宣慰司同知、江浙郎中、太平路达鲁花赤、广西廉访使。（0153 卷 11，0011 卷 43，0003 卷 45）

都坚不花　登进士第。历任元福州路推官。（0290 卷 1）

都思铁木　元仁宗延祐中，任庐州路（治今安徽合肥）总管。（0971 卷 6）

都思脱因　元文宗天历间任无锡州判官。（0558 卷 24）

都禄弥释海涯　字正齐。元文宗至顺二年（1331）任广西廉访使。（0592 卷 14）

都鲁弥势普华　元畏兀儿人，岳璘帖穆尔之子。（0011 卷 43）

真金①（1243～1286）　元世祖第二子。元成宗之父。少时从姚枢、窦默学儒学。世祖中统三年（1262），封燕王，守中书令。四年，兼判枢密院事。至元十年（1273），立为皇太子。十六年，参决朝政。主张推行汉法，重用儒臣。深恶阿合马结党擅权，尝面斥其奸恶。深非卢世荣以言利进。二十二年，江南御史请禅位于太子。御史台臣寝其奏，不敢遽闻，而小人以台臣隐匿，乘间揭发之，世祖怒甚。是年十二月，忧病而卒。成宗即位（1294），追谥文惠明孝皇帝，庙号裕宗。（0001 卷 115）

真金②　元宗室，顺帝子，伯颜忽都皇后所生。二岁时夭折。（0001 卷 114）

真净　字如庵，元僧，华亭姚氏子。九岁授《法华经》，十六岁得度。博究诸乘，以性学自许。泰定间主持杭州上天竺寺。卒年七十二。（0075 神异典卷 187）

真宝　字朝用，号彝斋。元蒙古人。顺帝至正初，由崇安县主簿迁任政和县达鲁花赤，改南平县达鲁花赤。六年（1346），任福建帅府经历，率军讨伐汀州连城县民罗天麟、陈积万等反元武装。后历任江浙行省检校、江南行台监察御史。（0902 卷 58，0904 卷 14，0141 卷 6）

真闾　元世祖至元间任密州（治今山东诸城）达鲁花赤，励学校，劝农桑，有治绩。（0721 卷 27，0726 卷 12）

真真　元浦城（今属福建）人，女。宋参政真德秀后裔。父为济宁管库吏，坐偿官债，卖之大都娼家。一日，翰林承旨姚燧设宴，诸姬奏技，真真南音，燧问而怜之，为脱籍，视如己女，以嫁翰林掾王棣。（0101 卷 22，0296 卷 5，0418 卷 1）

真哥（？～1327）　元武宗皇后。蒙古弘吉剌氏。按陈后裔，脱怜之子迸不剌之女。武宗至大三年（1310），册封为皇后。卒，上尊谥宣慈惠圣皇后。（0001 卷 114）

真童①　元宗室。成宗大德六年（1302），因诬告济南王，谪置刘国杰军中自效。次年因有军功，复召回京师。（0001 卷 20、21）

真童②　元顺帝至正中，为监察御史，奏劾行宣政院使、前南台御史大夫拜住哥杀害江浙行枢密院判官迈里古思。于是诏削拜住哥官职，安置潮州；迈里古思之冤始白。（0001 卷 188）

真如都　元畏兀儿人。文宗天历二年（1329）任江南行台监察御史。（0632 卷 6）

索进　元丹徒（治今江苏镇江）县尉。（0631 卷 16）

索都　元成宗大德元年（1297）任慈溪县（今属浙江）主簿。（0633 卷 3）

索元岱　字士岩。元大名（今属河北）人。泰定四年（1327）进士。历任翰林编修、御史台掾兼经筵检讨、燕南廉访司经历。顺帝至正二年（1342）任南台御史。次年升南台都事。后调任浙东廉访司佥事，升廉访使。（0632 卷 6，0247 卷 2，0155 前集）

索罗不花　元顺帝至元六年（1340）任浙东宣慰使。（0634 卷 1）

索罗帖木儿①　元蒙古人。泰定二年(1325)任丹阳(今属江苏)县达鲁花赤。(0631 卷 16)

索罗帖木儿②　元顺帝至正八年(1348)任高平县(今属山西)达鲁花赤。(0694 卷 5)

索罗帖睦尔　字元素。元顺帝至正初由将作院同知出为广东廉访使,过苏州因病就医,逾年改授行宣政院副使。(0165 卷 4)

袁介　字可潜。元华亭(治今上海松江)人。顺帝至正年间为松江府掾。能诗,有诗作传世。(0101 卷 23、28,0504 庚上)

袁氏　元瑞州(今江西高安)人,嫁为李马儿妻。顺帝至正二十二年(1362)其夫死,誓不再嫁。有王成者欲挟势逼娶之,乃自缢而死。(0001 卷 201)

袁正①　元顺帝至正十年(1350)任兴化路(治今福建莆田)知事。(0905 卷 2)

袁正②　元溧阳(今属江苏)人。历任户部主事。能诗,有诗作传世。(0504 丁)

袁宏　元顺帝至正二十三年(1363),立胶东行中书省,总制东方事,以为行省参知政事。(0001 卷 46)

袁纬　元镇阳人。成宗大德年间任衡水(今属河北)县尹。(0645 卷 4)

袁迪　元仁宗延祐年间任汜水县(治今河南荥阳西北)知县。(0781 卷 3)

袁易(1262～1306)　字通甫。元长洲(治今江苏苏州)人。不乐仕进。尝任石洞书院山长,未几复归就隐。有《静春堂诗集》四卷。(0152 卷 33,0002 卷 237,0071 卷 82)

袁岱　元渠州人。仁宗延祐年间进士。仕至大宁州(治今四川巫溪)判官。(0622 卷 68,0841 卷 10,0075 文学典卷 90)

袁度(1258～1327)　字士常。元历下(今山东济南)人。授河中(治今山西永济西蒲州)儒学教授,以侍母不赴,居乡讲学。(0196 卷 13)

袁泮　元人。有诗作传世。(0504 辛上)

袁荣　元甘泉(治今陕西礼泉境)人。历任云南行御史台中丞。(0801 卷 30,0622 卷 36)

袁矩(1263～?)　字子方。元镇江人,迁居建康(治今江苏南京)。历任当涂县主簿、江浙行省检校。仁宗延祐三年(1316),授秘书监著作佐郎。晚年寓居吴中,顺帝至正四年(1344)年逾八十犹在世。善弹琴。(0631 卷 19,0027 卷 10)

袁俊　字孟敏。元富州(治今江西丰城)人。早年入国子学学,举茂才。顺帝至正中任青阳(今属安徽)县尹。时红巾军攻江淮,郡邑多失守,俊独能全城。后协守池州(今安徽贵池),城陷,死。(0166 卷 6)

袁洪(1245～1298)　字季源。宋元之际鄞县(治今浙江宁波)人,袁桷父。宋度宗咸淳九年(1273)通判建康(治今江苏南京)。恭帝德祐元年(1275),建康失守,微服诣行在,授沿江制置司参议,不拜而归。入元,授邵武路同知,改温州路同知,皆以病辞。元成宗大德二年(1298)改授处州路同知,命下而卒。(0146 卷 33,0225 卷 20,0002 卷 189)

袁祐　元世祖至元二十九年(1292)任溧水(今属江苏)县丞。成宗大德八年(1304),升为溧水州判官。(0632 卷 6)

袁珪　元顺帝时人,善刻碑,至正六年(1346),同袁琰刻《郑州重修庙学记》。(1143 卷 758)

袁泰　字仲长,号寓斋。元长洲(治今江苏苏州)人。袁易之子。历任郡学教授。有诗作传世。(0503 初集甲,0072 卷 82,0002 卷 237)

袁涣　元丰县(今属江苏)人。早年从虞集学。举进士。历任国子祭酒、吏部尚书。顺帝至正二十一年(1361),授中书参政。二十三年,升左丞。二十五年,出任河南右丞。次年,复为中书左丞。(0001 卷 113,0956 卷上,0072 卷 92)

袁浚　元仁宗延祐四年(1317)任江南行御史台治书侍御史。(0632 卷 6)

袁祥(1280～1354)　字洪甫。元当涂(今属安徽)人。历任旌德、上元两县教谕。后迁任绍兴二戴书院山长。(0981 卷 20)

袁桷(1266～1327)　字伯长,号清容居士。元庆元鄞县(治今浙江宁波)人。宋同知枢密院事袁韶之曾孙。以茂才异等,举为丽泽书院山长。成宗大德初,由阎复、程钜夫等荐为翰林国史院检阅官。时初建南郊,进郊祀十议,礼官多采用之。升应奉翰林文字,兼国史院编修官,请购求辽金宋三史遗书。英宗至治初,累迁侍讲学士。泰定初,辞归。谥文清。其在词林,朝廷制册,勋臣碑铭,多出其手。著有《清容居士集》、《延祐四明志》。(0001 卷 172)

袁曮　元鄞县(治今浙江宁波)人。袁桷孙。承桷荫入仕。顺帝至正初诏修辽宋金三史,曮进献家藏书数千卷,擢秘书监著作郎。(0880 卷 28)

袁章　元淮南人。有诗作传世。(0504 庚下)

袁裒(1260～1320)　字德平。元鄞县(治今浙江宁波)人。成宗大德间任庆元路(治今浙江宁波)儒学录。历任安定书院山长。仁宗延祐七年(1320),授海盐州儒学教授,未上任死。善书法,工

诗,有诗作传世。(0146 卷 30,0503 初集丙,0031 卷 7)

袁湘(1195~1253) 字润夫。金元之际临州(治今山西临县)人。金末降蒙古,官至元延安路兵马都总管。(0551 卷 27,0145 卷 12,0002 卷 145)

袁裕(1226~1284) 字仲宽。元洛阳(今属河南)人。世祖中统初,由聊城县丞,辟中书右司掾。南京总管刘克兴掠良民为奴,后以矫制获罪,当籍孥、产之半;裕言于中书,止籍其家,奴得复为民者数百。至元六年(1269),迁开封府判官。洧川县达鲁花赤,盛夏役民捕蝗,禁不得饮水,民不胜忿,击之而毙,有司当以大逆置极刑者七人,连坐者五十余人。裕议诛首恶者一人,余各杖之有差,并陈其状于中书,刑曹竟从其议。八年,授西夏中兴等路新民安抚副使,与安抚使独吉立三屯,计丁给地,安置移民万余。后历任甘州等路宣府副使、南阳知府、顺德路总管等职。(0001 卷 170)

袁暠 字子明。元汝阳(治今河南汝南)人。有诗作传世。(0504 庚下)

袁璧 元世祖至元二十年(1283)任秘书监著作郎。后累迁为浙东宣慰副使。(0027 卷 10,0633 卷 2)

袁士元 又名宁老,字彦章。元鄞县(治今浙江宁波)人。以荐授鄞县儒学教授。历任西湖书院、鄮山书院山长。擢平江路(治今江苏苏州)儒学教授。元廷召为翰林检阅官,不赴。筑别墅城西,自号菊村学者。有《书林外集》七卷。(0877 卷 31,0075 氏族典卷 152、文学典卷 90,0072 卷 19)

袁万里(1271~1339) 字庆远。元新淦(治今江西新干)人。以荐授左卫儒学教授。累迁为南安路知事。顺帝元统初,升为潮州路经历。以临江路判官致仕。(0259 文集卷 10)

袁仁义 元河南人。历任四川行省参政,遂家于中江县(今属四川)。(0841 卷 12)

袁允义 元渭南县(今属陕西)人。顺帝至正初,任本县知县。(0819 卷 12)

袁天禄 字德文,号东山。元宁德(今属福建)人。由武功擢福宁州(治今福建霞浦)同知,屡建大功。元末,朱元璋军取婺州,开门降。(0902 卷 124)

袁斗楠(1227~1304) 字则成。宋元之际豫章丰城(今属江西)人。元世祖至元十七年(1280),被征辟为邑教谕,改抚州临汝书院山长。后累升为常州路儒学教谕。(0225 卷 22,0072 卷 74)

袁世安 宋元之际人。原为宋军将领,在四川同元军作战。元世祖至元十四年(1277),降元,授都元帅。二十一年,参与征缅之役。(0001 卷 9、13、161)

袁永澄 元真定(治今河北正定)人。文宗天历二年(1329)任江南行台监察御史。(0632 卷 6)

袁师愈 元洛阳(今属河南)人。袁裕之子。武宗至大元年(1308)任江南行台监察御史。后官至侍御史。(0001 卷 170,0632 卷 6)

袁则忠 元江阴(今属江苏)人。成宗大德八年(1304)任镇江路录事司判官。(0631 卷 16)

袁安道 元人。有诗作传世。(0504 甲)

袁君敬 元益都(治今山东青州)人。历任巡检权新昌县尉、上虞县尉。(0883 卷 13,0880 卷 28)

袁坤厚 字淳古(一作淳甫),元古益(今四川成都)人。精通医术,历任成都医学正。著有《难经本旨》。(1149 卷 261)

袁明东 元安福(今属江西)人。顺帝至正年间,反元队伍攻占袁州(今江西宜春)。明东聚集乡兵,与彭继凯协力克复袁州。(0004 卷 40,0006 卷 92 下)

袁明善 字诚夫,号楼山。元临川(今属江西)人,袁公寿之子。从吴澄学。晚年教授于虞集家。(1014 卷 12,0071 卷 92,0072 卷 92)

袁凯德 元世祖至元二十九年(1292)任秘书监著作佐郎。(0027 卷 10)

袁宗富 元顺帝至正二年(1342),任定海县(治今浙江镇海)主簿。(0634 卷 2)

袁俊翁 号敏斋。元袁州(治今江西宜春)人。著有《四书疑节》十二卷。(1071 卷 3,0072 卷 49)

袁彦通 元世祖至元十五年(1278)由近侍出任束鹿(今属河北)知县,有能声。(0649 卷 30)

袁梅瑞 字用和。元彭泽县(今属江西)儒学教谕。(0212 卷 31)

袁清吉 元广州人。当地反元队伍起事,执其兄将杀之。清吉请代兄死,遂被杀。(0004 卷 40,0006 卷 93)

袁舜一(?~1302) 元衡州(今湖南衡阳)人。成宗时,集合二千余人起事,攻打郴州(今属湖南),被元军击败,擒杀。(0001 卷 20)

袁德林 元郃阳(治今陕西合阳)人。中乡举。官至河南行省参政。(0818 卷下,0806 卷 14)

袁德麟 字彦祥。元益都(治今山东青州)人。历任常州路判官。(0622 卷 10,0925 卷 22)

袁遵道 字叔正。元丰县(今属江苏)人。袁涣之父。仁宗延祐六年(1319)任秘书监著作佐郎。官至翰林直学士致仕。后追谥文靖。(0027 卷 10,0933 卷

12,0956 卷下)

袁藏用　字显仁。元人。有诗作传世。(0504 庚下)

袁氏孤女(? ~1352)　元建康溧水(今属江苏)人。其母孀居瘫痪,侍疾至孝。顺帝至正十二年(1352),遇火灾,不肯独自逃生,与母共焚死。(0001 卷 201)

袁卅海牙　字伯源。元高昌(治今新疆吐鲁番东)人,寓居分宜(今属江西)。顺帝至正间登进士第,任进贤县(今属江西)达鲁花赤。为官廉能。(1013 卷 10,1012 卷 15,1018 卷 5)

袁赛因不花　元顺帝时,任监察御史。至正十四年(1354),受中书平章政事哈麻唆使,劾奏中书右丞相脱脱及其弟御史大夫也先帖木儿,致使脱脱罢相,贬逐而死。(0001 卷 43、205)

壶弢　字怡乐。元乌程(治今浙江湖州)人。隐居不仕,工诗词,章溢尝从之学。(0896 卷 192,0876 卷 12)

莫八　元庆远路(治今广西宜山)人。顺帝至正二年(1342)聚众起事,攻陷南丹、左右两江等处。后被元将脱脱赤颜讨平。(0001 卷 40)

莫孜　字勉中。元武陵(治今湖南常德)人。有诗作传世。(0504 庚下)

莫昌(1302 ~?)　初名维贤,字景行。元钱塘(治今杭州)人。从仇远学。不求仕进。明初,出任杭州府学训导,为小人所间,遂告病辞归。工隶书。有诗作传世。(0442 卷 4,0031 补遗,0504 戊上)

莫宝　元顺帝至正十九年(1359)任长泰县(今属福建)儒学教谕。(0908 卷 23)

莫瑀　字贵叔,号天目山人。元人。有诗作传世。(0504 戊上)

莫简(1266 ~1348)　字居敬。元长安县(治今陕西西安)人。成宗大德八年(1304)任镇江路知事。后被征召为江浙省掾。仕至平江路(治今苏州)总管。(0562 卷 43,0631 卷 15)

莫天祐(? ~1367)　元顺帝时人。有勇力,人称莫老虎。至正十二年(1352),聚众自保。后降张士诚,任同佥枢密院事,守无锡。张士诚败亡,据城不降,杀明招降使者。后听州人劝而降,为朱元璋所杀。(0088 卷 8)

莫世荣　元燕人。顺帝至正年间任范县(今属山东)知县。(0721 卷 26,0730 卷 6)

莫廷旸　一作廷玚。元武宗至顺帝间归安(治今浙江湖州)人。以善画闻名。(1143 卷 932)

莫伦赤　元哈剌鲁人。居鄞县(治今浙江宁波)。文宗至顺三年(1332)、顺帝至元元年(1335),两次中乡试。(0634 卷 2)

莫庆善　元人,工画鹰,笔力精到,郭钰有诗题之。(1143 卷 933)

莫国麟　元世祖时,为南丹(今属广西)州土官。至元二十八年(1291)入觐,授安抚使,赐三珠虎符。(0001 卷 16)

莫剌合　元蒙古人,怯古里秃子。嗣父职,领怯薛(宿卫军)宝儿赤(厨师)。世祖时,从征阿蓝答儿有功,赐白金五十两。(0001 卷 133)

莫起炎(1226 ~1294)　宋元之际湖州归安(治今浙江湖州)人。早年三次应试不利,遂究心玄学,改名洞乙,自号月鼎,放浪江湖间。宋理宗宝祐六年(1258)绍兴旱,郡守马光祖迎之祷雨,雨大降。元世祖至元二十五年(1288),世祖征至上都,祈雪验,命典其教,以老辞,归居吴中。(0296 卷 4 下,0411 卷 9,0002 卷 243)

获独步丁　字成之,元回回人,居龙阳(今湖南双寿)。文宗至顺元年(1330)进士,授镇江路录事司达鲁花赤。历任广东廉访佥事。闲居福州,明兵陷城,自投井死。(0001 卷 196,0002 卷 232)

恭古　元西域人。英敏明决,所至有声。泰定初由大都路南兵马司都指挥使出为山东东路都转运盐使司同知。(0196 卷 9)

盍志　元人。有诗作传世。(0504 戊下)

盍涣　元临漳(今属河北)人。守磁州,有惠政,以彰德路总管致仕。(0250 卷 39)

聂炳(1302 ~1352)　字韫夫。元江夏(治今武汉武昌)人。顺帝元统元年(1333)进士,授平昌州同知。后转宝庆路推官。至正十二年(1352)迁荆门(今属湖北)知州。天完红巾军克荆门,炳募兵七万收复之。又与四川平章咬住收复江陵。未几,天完红巾军攻荆门,城破被杀。(0001 卷 195、42)

聂济(1237 ~1300)　字明甫,号方峰。元吉水(今属江西)人。元初任教郡学。终永新州儒学正。(0173 卷 30)

聂珪(1197 ~1252)　字廷玉。金元之际寿阳(今属山西)人。金末率众降蒙古,积功授平定等州总管、都元帅,改军民长官。(0551 卷 28,0622 卷 19,0002 卷 145)

聂祯(1228 ~1289)　字正卿。元定兴(今属河北)人。袭父职为襄县屯田总管。从攻宋、从平李璮,世祖至元六年(1269)积战功授千户。后从攻宋屡有功,宋亡,升行军总管。十七年,授亳军副万户,镇守建康,未几移驻扬州。十九年,选充江淮都漕运使。二十五年,改任大都屯田万户。次年病死。(0144 卷 58)

聂谅　元广灵(今属山西)人。历任大宁路(治今内蒙古宁城西)总管。(0691 卷 9)

聂谊　字隆道。元国子生。(0212 卷 9)

聂淳　字古甫,号心远。元吉水(今属江西)人。聂济兄。儒士,与刘辰翁齐名。(0072 卷 88)

聂琚　字思敬。元人。有诗作传世。(0504 甲)

聂辉　元平定(今属山西)人。聂珪孙。仁宗延祐间任广东廉访司佥事。后历任将作院同知,大同路总管,云南廉访使,兵部、工部尚书,江西参政,河南廉访使。以陕西行省参政致仕。(0691 卷 9,0075 氏族典卷 550)

聂道　字明德。元仁宗延祐初为镇江路知事。(0631 卷 15)

聂镛　字茂先、茂宣,号太拙生。元蒙古人,居于蓟丘。从南士问学,通经术,善歌诗,有诗作传世。(0518 卷 3、4,0504 辛上,0033 卷 24)

聂大老　元世祖至元中反元武装首领。其队伍据守邵武(今属福建)及江西建昌、吉、抚等地岩洞山寨。十五年(1278),遭元军镇压,被擒。(0001 卷 10)

聂大亨　元汴梁(治今河南开封)人。顺帝元统二年(1334)任江南行台监察御史。(0632 卷 6)

聂从政　元晋宁(治今山西临汾)人。成宗大德三年(1299),任镇江路判官。六年,迁任南丰(今属江西)知州。(0622 卷 53,0631 卷 15,0075 氏族典卷 550)

聂斗月(1247～1317)　字文范。元清江(治今江西清江西南)人。成宗大德间荐授萍乡州儒学教授。以病未赴任。(0212 卷 71)

聂以道　名不详,以字行。元吉水(今属江西)人。聂济之子。泰定间任江华县尹,有惠政。文宗天历二年(1329)授武昌路推官。迁海南廉访司经历。擢广东宣慰副使,赴任途中卒,年六十一。(0231 卷 8,0002 卷 229,0101 卷 11)

聂古伯①　元蒙古人。世祖至元十年(1273),举兵反。十二月,被诸王孛兀儿出率所部兵与皇子北平王那木罕合军讨平。(0001 卷 8)

聂古伯②　元成宗元贞间任灵寿县(今属河北)达鲁花赤。(0645 卷 4)

聂古柏　元至大四年(1311)仁宗即位,任吏部侍郎,奉命与礼部尚书乃马歹等出使安南,宣布仁宗即位诏。能诗,有诗作传世。(0503 三集丙,1104 卷 4)

聂古带　元世祖至元二十一年(1284),为征东招讨司官。八月,奏言:“有旨进讨骨嵬,而阿里海牙、朵剌带、玉典三军皆后期。七月之后,海风方高,姑宜少缓。”帝从之。(0001 卷 13)

聂古觧　元汪古部人。汪古部首领北平王镇国之子。镇国死后,袭封北平王,后进封鄃王。尚拖雷女独木干公主。后略地江淮,死于军中。(0001 卷 118、108、109)

聂守真　号碧窗,宋元之际江西人。道士。元初为镇江路天庆观主。尝任道录。有诗作传世。(0387 卷 4、5,0075 文学典卷 86,0070 卷 90,等)

聂守节　元世祖至元元年(1264)任檀州(治今北京密云)知州。(0667 卷 2)

聂秀卿　元惠州归善县(治今广东惠阳)人。顺帝至元三年(1337),与同县人谭景山等造军器,拜戴甲为定光佛,反元起事于归善,并与广州增城县朱光卿反元队伍联合。元廷命江西行省左丞沙的剿捕。(0001 卷 39)

聂怯来　元蒙古人。世祖至元后叶,从东北叛王哈丹叛乱,被元军俘获。二十九年(1292)二月,诏命流放于湖广平章哈剌哈孙处。(0001 卷 17)

聂思恭　元武乡(治今山西武乡东)人。文宗至顺二年(1331)任高平(今属山西)知县。(0645 卷 4、24,0694 卷 5)

聂铁峰　元人。有诗作传世。(0504 癸下)

聂福坚　元太祖、太宗时张柔部将。太祖二十年(1225),奉张柔遣,分兵攻略青、魏、山东。太宗六年(1234)正月,从张柔攻蔡州(今河南汝南)灭金。(0001 卷 147)

聂帖木儿　元世祖至元二十八年(1291)任江南行御史台架阁库管勾。(0632 卷 6)

聂昆大司　见捏坤太师。

晋昭(?～1295)　元荆南(今湖北江陵)人,出家为僧。成宗即位初,因伪撰佛书,有不道语,被处死。(0001 卷 18)

晋汝贤　字才卿。元燕人。世祖中统元年(1260)为燕京行省左右司郎中。(0144 卷 80)

晋鹏举　字雄飞。元潞州(治今山西长治)人。顺帝至正年间进士。历任平遥(今属山西)知县。(0698 卷 3)

贾从　金元间人。元太宗二年(1230)授真定路征收课税副使。(0001 卷 2)

贾允　元燕人。历任中书省掾。成宗大德三年(1299)由宝源库提举出为滦州知州。(0240 卷 8)

贾仪　元德平(治今山东临邑北)人。仁宗延祐七年(1320)任秘书监典簿。英宗至治二年(1322)任监察御史。(0027 卷 9)

贾让　元濮州(治今山东鄄城北)人。仁宗延祐五年(1318)任镇江路录事司判官。(0631 卷 16)

贾达　字显道。元保定(今属河北)人。泰定二年(1325)任平阳(今属浙江)知州,有政绩。(0882 卷 9,0889 卷 5,0075 氏族典卷 440)

贾竹　字彦清,号乖公。元林州(治今河南林县)人。工诗,有诗作传世。卒年七十五。(0788 卷 4,0075 文学典卷 90,0504 甲)

贾全　元甄城(今属山东)人。世祖至元中为丰城县(今属江西)知县。(1012 卷 15)

贾庆　字惟贞,号凫山。元鱼台(今属山东)人。由教官征召入中书省。后历任监察御史、枢密院都事、行省郎中、两浙都转运使、太平路总管,致仕归。(0413 卷 11,0872 卷 9)

贾讷　元武宗至大四年(1311)任江南行台监察御史。(0632 卷 6)

贾驯　字致道。元济南邹平(今属山东)人。成宗大德初,为工部郎中。升工部侍郎,又升工部尚书。武宗至大二年(1309)迁任户部尚书。未几参议中书省事。(0501 卷 18)

贾进　元大同(今属山西)人。成宗大德九年(1305)地震,民居多坏,乏食,进给酒药炭米以赈济。复制棉裘数百衣寒者,买地为义阡,使无墓者葬之。诏加旌表。(0001 卷 197)

贾亨　元东平(今属山东)人。历任义乌(今属浙江)县尹。顺帝至元三年(1337)任浙东宣慰司经历。(0634 卷 1,0881 卷 12)

贾辛　元高平(今属山西)人。寓居宜阳(今属河南)。元末授宜阳军民都弹压。(0762 卷 7)

贾良　元宿松(今属安徽)人。余阙延以训其子弟,阙殉节,良为文纪其事。(0072 卷 92)

贾固　字伯坚。元沂州(治今山东临沂)人。历任山东佥宪、陕西行台监察御史。善作散曲。以作曲赠妓,被劾而去。后历任扬州路总管,拜中书参政。(0029 续编,0032)

贾钧(? ~1313)　字元播。元获鹿(今属河北)人。贾居贞次子。历任榷茶提举、监察御史、右司郎中、参议中书省事等职。武宗时,任中书参政。仁宗即位,参与议罢尚书省所立法。为政持大体,不孑孑钓名誉。(0001 卷 153)

贾垕　元安肃人。仁宗延祐中任赞皇知县。泰定三年(1326)任监察御史。(0001 卷 30,0645 卷 4、24)

贾铎　元获鹿(今属河北)人。贾居贞长子。武宗至大间任淮东宣慰使。(0002 卷 167)

贾辅(1192 ~1254)　字元德。金末元初祁州蒲阴(治今河北安国)人。金末任祁州刺史。元太祖时,率众降蒙古,隶张柔部。领兵攻克蠡州及庆都、安平、束鹿诸县。从攻山东,授左副元帅。柔将兵在外,辅常居守。累功升行军千户、领顺天河南等路军民万户。(0001 卷 165)

贾晦　元大都(今北京)人。武宗至大三年(1310)任秘书监校书郎。仁宗延祐四年(1317)任衢州路推官。(0027 卷 10,0878 卷 2)

贾铭(1268? ~1373?)　字文鼎,号华山老人,元海昌(今浙江海宁)人。元时曾任万户,撰有《饮食须知》八卷,该书收取饮食品 250 余种,简述其性味及反忌。明太祖召见询问养生之法,答曰:"要在慎饮食",遂进呈《饮食须知》以供御览。(1149 卷 126、127)

贾焕　字华甫。元开封人。泰定元年(1324)由郎中出为太平路总管,在任三年,迁海南廉访使。有诗作传世。(0982 卷 3,0504 丙,0072 别附卷 3)

贾渊　元郑州人。仁宗延祐间为偃师县(今属河南)知县。(0622 卷 29,0762 卷 4)

贾棣　元获鹿(今属河北)人。历任山阴县(治今浙江绍兴)知县、德州知州。(0880 卷 28,0728 卷 3)

贾鲁(1297 ~ 1353)　字友恒。元高平(今属山西)人。仁宗延祐、英宗至治年间,两次中乡试。泰定初,恩授东平路儒学教授。后历任潞城县尹、《宋史》局官、监察御史、工部郎中。顺帝至正八年(1348),诏特命行都水监,巡视黄河,进治河二策:其一,修筑北堤以制横溃,则用工省;其二,疏塞并举,使黄河东行归故道,其功数倍。九年,右丞相脱脱取其后策。十一年四月,任工部尚书、总治河防使,征发民工十五万、驻军二万治河。十一月竣工,河复由淮入海。十二年,任中书左丞,从脱脱围攻徐州红巾军。十三年,率军进攻濠州(今安徽凤阳东北),病卒于军。(0001 卷 187、42、66)

贾翔　元成宗元贞元年(1295)任秘书少监,大德五年(1301)升为秘书监。(0027 卷 9)

贾瑞　字仲章。元汴梁(治今河南开封)人。顺帝至正二十八年(1368)由监察御史迁任秘书少监。(0027 卷 9)

贾瑀　元成宗大德十一年(1307),任瑞州路知事。(1016 卷 14)

贾嵩　字伯嵩。元天台(今属浙江)人。顺帝至正间散家产、集壮勇以保乡里,从征浙东各地,历任帅府同知。(0277 卷 12)

贾策(1282 ~ 1339)　字治安。元钱塘(治今杭州)人。英宗至治元年(1321)为绍兴西兴场盐司令。文宗至顺二年(1331)授余姚州同知。顺帝至元四年(1338)改任仁和县尹。善画花竹、禽鸟,得其飞鸣翔集之状。有诗作传世。(0258 卷 12,0030 卷 5,0033 卷 24)

贾福　元医官。泰定年间(1324～1328)任和林医学正,文宗至顺元年(1330)春至次年夏,为和宁路医学教授,主持和林三皇庙扩建工程,同时参与此事者,有和林医学正李叔亮、宋郁、高侃、岭北行省医胡景勖、武舜谦、李贵,和林惠民局医师杨仲文等。(0557)

贾锷　元获鹿(今属河北)人。贾镛弟。成宗大德六年(1302)任溧水州同知。后迁任盐官州知州。(0632 卷 6,0002 卷 167)

贾璜　元世祖中统(1260～1264)间任徽州(治今甘肃徽县)儒学正。(0811 卷 5)

贾德(1192～1274)　字克仁。金元之际景州蓨县(治今河北景县)人。金末聚众保乡。后降于蒙古,木华黎命提控景州兵马事,积功授景州节度使。年五十二致仕。(0144 卷 47,0644 卷 17、22,0648 卷 4、6)

贾禧　字吉甫。元宛丘(治今河南淮阳)人。顺帝至元六年(1340)任海盐知州。累迁为常州路总管。(0930 卷 11,0115)

贾镛　元获鹿(今属河北)人。贾钧弟。武宗至大间任禹城县尹。(0002 卷 167)

贾彝　元房山(今属北京)人。刘因弟子贾埌之子。文宗至顺元年(1330)进士,授太常太祝。顺帝至元间历任翰林编修。(0072 卷 91)

贾麟　字彦仁。元盐官(治今浙江海宁西南)人。以《春秋》领顺帝至正十九年(1359)乡荐,任长洲县(治今苏州)儒学教谕。(0453 卷 5)

贾天祐　元顺帝至正十五年(1355)任杭州路教授。(0573 卷 2)

贾文质　字彦彬。元晋宁(治今山西临汾)人。顺帝至正间为都水监奏差,押兵部马赴安丰,归经全椒遇反元起事,躲避于草野数年,始得奔江浙省。(0296 卷 3)

贾文备(？～1304)　字仲武。元祁州蒲阴(治今河北安国)人。贾辅之子。宪宗时,袭父千户职,驻三汉口,击退宋军进攻。父死,复袭父左副元帅职。世祖中统二年(1261),升开元府路女真水达达等处宣抚使。三年,迁开元东京懿州等处宣慰使。四年,改授万户,领张柔所部军,屯亳州。至元八年(1271),任河南等路统军,围襄樊。十一年,从伯颜攻宋。次年,从阿里海牙攻降潭州(今湖南长沙)。十五年,任湖南宣慰使,攻广东沿海诸城,追宋帝昺。二十年,任江东宣慰使,镇压黄华起义。后官至湖广参政。死后追谥庄武。(0001 卷 165)

贾邦杰　元文宗天历元年(1328)任象山县(今属浙江)知县。(0634 卷 2)

贾执中　字希贤。元海宁(今属浙江)人。仗义好施,建义塾于家,聘名师教邑之子弟。顺帝至正十八年(1358)事闻,授山长。(0412 卷 5,0896 卷 187)

贾廷辅　元蒲姑(今山东博兴东南)人。世祖至元二十年(1283)任高平(今属山西)县尹。(0694 卷 5)

贾仲杰　元河间(今属河北)人。成宗大德三年(1299)任镇江路卫辉翼下百户。(0631 卷 17)

贾仲信　元顺帝至正中为赵州(治今河北赵县)知州。(0645 卷 4)

贾汝玉　元获鹿(今属河北)人,贾居贞孙。武宗至大四年(1311)任江南行台监察御史。(0632 卷 6)

贾汝立　元获鹿(今属河北)人,贾钧之子。武宗至大四年(1311)任秘书监丞。英宗至治三年(1323)累迁为吴江(今属江苏)知州。(0027 卷 9,0954 卷 17)

贾汝舟　元成宗时,为翰林待制。大德三年(1299),奉命与工部尚书也先铁木儿持诏出使高丽,册封王昛为高丽王。(0001 卷 20)

贾守正　元世祖至元二十三年(1286)任江山县(今属浙江)主簿兼县尉。(0878 卷 3)

贾余庆　字善夫。历任元河南省掾、天长县尹。(0977 卷 5)

贾坤辰　元世祖中统间任徽州(治今甘肃徽县)儒学正。(0811 卷 5)

贾昔剌(？～1268)　元大兴今北京人。厨师之子。元太祖时,侍拖雷于和林(今蒙古哈尔和林),掌膳食。后侍忽必烈于藩府。世祖即位,任提点尚食、尚药二局事,兼领进纳御膳生料。死后追封闻喜郡侯,谥敬懿。后又进封绛国公。(0001 卷 169)

贾叔绅　元义乌(今属浙江)人。历任义乌县儒学教谕。(0881 卷 12)

贾居贞(1218～1280)　字仲明。元获鹿(今属河北)人。太宗时为行台从事。后被忽必烈召用,监筑开平城(今内蒙古正蓝旗东北)。世祖中统元年(1260),授中书左右司郎中,从帝北征,为帝陈说《资治通鉴》。至元元年(1264),参议中书省事。十一年,从伯颜攻宋。次年,留鄂州,任行省佥事。镇压鄂州属县傅高反元队伍。十五年,任江西行省参政。镇压南安李梓发起事、都昌杜万一起事。(0001 卷 153)

贾思恭　元初为鄞县(治今浙江宁波)丞。(0633 卷 3)

贾庭瑞　元赵州柏乡人。武宗至大初,任兵部郎中。历宣徽院同佥、度支少监,弃官养亲。后历任扬州路总管。(0212 卷 66)

贾班卜　元大兴(今属北京)人,贾秃坚不花之子。仕至显官。(0001 卷 169)

贾泰亨　元京山(今属湖北)县尹,一新学校,有惠政于民。(0622 卷 66,1044 卷 17)

贾虚中　元闽人。工诗,善画。与柯九思为友。家藏古琴三具,曰琼瑶音、环珮音、蓬莱音,皆九思所鉴定。(1143 卷 1239)

贾野仙　元仁宗延祐二年(1315)任兰溪(今属浙江)知州。(0881 卷 12)

贾惟贞　元无极(今属河北)人。顺帝至正五年(1345)为都水监,八年出为永平路总管。历兵部尚书、陕西行台治书侍御史。累迁为中书参政。(0001 卷 41,0622 卷 3,0645 卷 5、27)

贾惟政　元世祖至元二十八年(1291)任江南行御史台都事。(0632 卷 6)

贾维新　元东平(今属山东)人。历任义乌(今属浙江)县尉。(0881 卷 12)

贾蓬莱　元闽人,贾虚中女,上官粹妻。幼与粹同读书学画。尝于白練帕上画绯桃掷粹,并题七绝一首。后粹为盗所杀,蓬莱即自刎。撰有《絮雪集诗》。(1143 卷 1239)

贾德玉　字仲器。元中山永平(治今河北完县)人。精于刻书,时推为第一。(0144 卷 23、44)

贾德成　字诚甫。元藁城(今属河北)人。顺帝至正初辟为百户,数年辞归。(0262 卷 21)

贾德润　元世祖至元间任武强(今属河北)县尹,重修县学。(0645 卷 4)

贾也速古　元大兴(今属北京)人,贾秃坚不花之子。仕至显官。(0001 卷 169)

贾六十八(? ~1289)　元冀州(治今河北冀县)人。贾塔剌浑之孙。世祖至元十年(1273),率炮手攻破樊城。后渡江以炮攻破常州。奉命总领新附炮手军。又从诸军追宋二王至海,攻下三十余城。十五年,领南军精锐者入卫大都(今北京)。十八年,任管领炮手军都元帅。二十年,改任炮手军匠万户。(0001 卷 151)

贾丑妮子(? ~1260)　元大兴(今属北京)人。贾昔剌之子。宪宗三年(1253),从世祖征大理。九年,从征鄂州。随军北还,卒。追封临汾郡公,谥显毅。泰定帝时进封绛国公。(0001 卷 169)

贾抄儿赤(? ~1258)　元冀州(今河北冀县)人,贾塔剌浑子。袭父军职,从宗王也孙哥、塔察儿伐宋,卒于军。(0001 卷 151)

贾秃忽赤　元大兴(今属北京)人,贾秃坚不花之子。仕至显官。(0001 卷 169)

贾虎林赤　元大兴(今属北京)人。贾昔剌之孙。世祖中统初,从帝征阿里不哥,出其家名马以助军。至元初,袭祖父职为提点尚食、尚药二局事。后升尚膳使,兼司农。未几,又升为佥宣徽院事,仍领尚膳使。卒。后追封临汾王。(0001 卷 169)

贾忽里台　元大兴(今属北京)人,贾秃坚不花之子。仕至显官。(0001 卷 169)

贾实烈门　字德举。元获鹿(今属河北)人,贾居贞孙。历任内史院都事。(0504 己上)

贾塔剌浑(? ~1244)　元冀州(治今河北冀县)人。元太祖授为四路总押,领炮手攻城。攻克益都,升行元帅左监军。十四年(1219),从太祖西征。攻克讹答剌城(在今哈萨克斯坦锡尔河右岸阿雷斯河口附近),升为元帅。太宗时,从拖雷攻金,略河南诸州。升总领都元帅。后又从蒙古军攻克徐、邳。(0001 卷 151)

贾秃坚不花(? ~1320)　元大兴(今属北京)人。贾虎林赤之子。世祖时,袭世职为尚食、尚药二局提点。至元二十四年(1287)从征乃颜有功,升同佥宣徽院事。后超拜宣徽使。武宗即位,出任金复州新附军万户府达鲁花赤。至大二年(1309),奉诏犒赏北边诸军。复任宣徽使。英宗即位,因铁失进谗,被杀。泰定帝时,昭雪,追封冀国公。后又进封冀安王。(0001 卷 169)

贾玛尔·卡尔希　元回回人,约 1230 年生于阿力麻里(今新疆霍城西北),伊斯兰教神学家之子。1263 年,迁居可失哈儿(今喀什)。后游历中亚各地,一度为窝阔台后王海都服务。通阿拉伯文、波斯文。1282 年,据朱哈里的阿拉伯文词典《语言之冠与阿拉伯文之美》,编译成波斯文《苏拉赫词典》。十四世纪初,编成《苏拉赫词典补编》,含有中亚各王朝的丰富史料与一些伊斯兰教长和学者的传记材料,受到东方学者普遍重视。(1146 卷 444)

速怯(? ~1322)　元驸马许讷之子。英宗至治二年(1322),上奏告发其父谋叛,其母私从人,因告讦父母被诛。(0001 卷 28)

速哥①　元蒙古克烈氏。太宗时,奉旨使金,以觇其虚实。至汴京,见金哀宗。哀宗拒绝纳贡求和。乃归,默识其地理阨塞、城郭人民之强弱。既复命,以金之虚实详告太宗,太宗始下令攻金,后遂灭金。金亡,太宗赐以金护驾卫士五人及崞州民户。七年(1235),授山西大达鲁花赤。卒,年六十二。追封宣宁王,谥忠襄。(0001 卷 124)

速哥②(? ~约 1298)　元蒙古人。忽鲁忽儿之子。宪宗时,从蒙古军入四川。从都元帅纽璘败宋将刘整,破云顶山城。世祖至元四年(1267),四川行省也速带儿署为管军总管,从征泸州,取泸川。七年,从也速带儿败宋军于马湖江。九年,从征建都。十一年,授管军万户,教习水战。次年,从诸军进围重庆。十三年,受涪州降。战败重庆守将张万。次年,重庆守将赵安开门出降,制置使张珏遁，速哥追破之，以功授成都水军万户，寻改重庆夔府等路宣抚、招讨两司军民达鲁花赤。十六年，任四川南道宣慰使，镇重庆、夔、万、泸等州。十九年，任顺元等路宣慰使。二十四年，降八番金竹等百余寨，悉以其地为郡县。三十一年，任四川行枢密院佥事。诏开吐蕃道，吐蕃起兵围茂州；率军击败之。（0001 卷 131）

速哥③　元世祖时，任真定宣慰使。至元二十四年（1287），因稽缓误事被免职。（0001 卷 205）

速哥④　元木速蛮（穆斯林），顺帝元统元年（1333）进士脱颖曾祖。（0011 卷 87）

速速　元畏兀儿人，宣政使洁实弥尔之子。英宗至治二年（1322）由中书参知政事升左丞。泰定帝即位，改任御史中丞，不久坐贪淫免官。文宗即位，复任中书左丞，进平章政事。因受赂免职，杖一百七，徙至湖广行省居住。至顺元年（1330），复因怨望流放雷州，二年再徙海南。（0001 卷 29、32、35 等，0011 卷 41）

速不歹　元宗王。拖雷第十子岁哥都之子。（0001 卷 107）

速不台（1176～1248）　又译速别额台、雪不台。元蒙古兀良合氏。早年随元太祖灭漠北克烈、乃蛮等部，勇猛善战，屡建战功。太祖元年（1206），受封千户长。七年，攻金桓州，先登，下其城。十二年，奉旨追灭篾儿乞残部于蟾河（今吉尔吉斯斯坦楚河）。十四年，从太祖西征花剌子模国。次年，与哲别率军追击花剌子模国王马合谋。后攻略波斯西部各地，越太和岭（今高加索山），击破阿速、钦察。十八年，大败斡罗思诸侯与钦察联军。太宗二年（1230），攻金潼关失利。三年，从拖雷攻金。四年春，大破金军于三峰山。后拖雷北还，留速不台率军进围汴京。五年，入汴京，俘金后妃及宝器献于太宗。六年，攻破蔡州（今河南汝南），灭金。七年，从拔都西征。八至十二年，破钦察、斡罗思。十三年，进攻马扎儿（今匈牙利），攻克马茶城（今匈牙利布达佩斯）。后东归。曾参加定宗继位大朝会。死后追封河南王，谥忠定。（0001 卷 121、122，0002 卷 122）

速文焕　字用章，元怀庆人。顺帝至正间知严州，以爱民节用为本。（0075 氏族典卷 507）

速来蛮①　元西域阿剌温氏。亦剌马丹之子。泰定四年（1327）袭镇江路广平翼下千户所达鲁花赤。（0631 卷 17）

速来蛮②　字道弘。元回回人。家世答失蛮（伊斯兰教教师）。文宗天历二年（1329）任秘书监怯里马赤（通事）。（0027 卷 11）

速来蛮③　元宗室，太祖弟铁木哥斡赤斤后裔。文宗至顺元年（1330），封西宁王。三年，为置王傅官四人。（0001 卷 34、36、107）

速来蛮④　元顺帝至正四年（1344）任衢州（今属浙江）路达鲁花赤。（0897 卷 7）

速来蛮⑤　元回回人。任义乌县（治今浙江义乌）主簿。（0881 卷 12）

速里蛮　元世祖时苏木都剌国（今印度尼西亚棉兰及其附近地区）使臣。世祖至元十九年（1282），奉其国主土汉八的遣来朝。（0001 卷 210）

速你带　元初蒙古大将。海迷失皇后称制元年（1249），参加阿剌脱忽剌兀（在今哈萨克斯坦塔尔迪塔尔干东北）之地推选继位大汗大会。（0001 卷 3）

速罗海　元畏兀儿人。塔塔统阿第三子。袭父职，司内府玉玺金帛。（0001 卷 124）

速剌蛮①　又译速鲁蛮。元人。世祖至元十七年（1280）十二月，为出使木剌由国使臣，授招讨使，佩金符。十九年，为招谕真腊国（今柬埔寨）使臣；十二月，请往招谕占城国（今越南中、南部），与占城行省都镇抚李天祐等偕行，得占城国主回书曰："已修木城，备甲兵，刻期请战。"（0001 卷 11、210）

速剌蛮②　元文宗至顺三年（1332）任庆元路（治今浙江宁波）达鲁花赤。（0634 卷 1）

速浑察　元蒙古札剌亦儿氏。木华黎孙，孛鲁次子。元太宗时随兄塔思攻金，战潼关。后随塔思攻宋枣阳，拔之，又从攻郢州（今湖北钟祥）。十一年（1239），塔思死，袭国王位。置营桓州（治今内蒙古正蓝旗北）西阿儿查秃，统领燕京行省蒙古、汉军。他处监镇事，必先告之，定其可否，然后上闻。性严厉，赏罚明信，人莫敢欺，所部军士纪纲整肃。宪宗时卒。仁宗时追封东平郡王，谥忠宣。（0001 卷 119）

速鲁蛮　元至大四年（1311）仁宗立，任昌国州（治今浙江舟山）达鲁花赤。（0633 卷 3）

速儿哈撒　元哈剌鲁人。文宗至顺三年（1332）任镇江路同知。（0631 卷 15）

速别额台　即速不台。

速哥八剌①（？～1327）　元英宗皇后。蒙古亦乞列思氏。昌国公主益里海涯之女。英宗至治元年（1321），册为皇后。泰定四年（1327）六月卒，谥庄静懿圣皇后。（0001 卷 114、106）

速哥八剌②　元公主。宪宗曾孙女。嫁汪古部人囊加台之子赵王买的。英宗至治二年（1322）五月，受封为赵国大长公主。（0001 卷 28、109）

速哥失里　元武宗皇后。蒙古弘吉剌氏。按陈从曾孙哈儿只之女。真哥皇后从妹。（0001 卷 114、118、106）

速哥答里　元泰定帝皇后之一，泰定三

年(1326)诏守世祖斡耳朵(帐殿)。(0001卷106、114)

速哥察儿(1233~1284)　元唐兀人。定宗时选值宿卫。宪宗六年(1256)以功授浚州(治今河南浚县)达鲁花赤。世祖至元初辞官居浚州。(0212卷66,0643卷5,0011卷61)

速客该·者温　蒙古雪干氏。者该·晃答豁儿之子。元太祖使者。1189年太祖首次称汗后,奉命与塔孩同为使者去王汗处告知太祖称汗之事。约1193年,奉命与塔孩同为使者迎接从西域穷困归来之王汗。1203年夏,奉命与阿儿孩·合撒儿同为使者往告王汗、札木合等人。(0009卷3、6,0008卷1)

速哥帖木儿①　元宗王。楚王牙忽都曾孙,楚王八都儿第二子。(0001卷107、117)

速哥帖木儿②　元顺帝时亲王。至正十四年(1354)二月,奉旨率兵讨伐宿州红巾军。(0001卷43)

速罗阿的迷释　元别失八里(今新疆吉木萨尔北)畏兀儿人。成宗大德二年(1298)任丹徒县(治今江苏镇江)达鲁花赤。(0631卷16)

载仲德　元绩溪(今属安徽)人。善画马,几夺造化。尝画骏马于驿旁古祠壁,马见之皆辟易。(1143卷1448)

殊隐　元僧。有《游山诗集》三卷。(1144卷565)

顾生　名不详。元上虞(今属浙江)人。顺帝至正间方国珍来攻掠,聚乡兵与之战,被杀。(0880卷44,0075官常典卷733,0004卷38)

顾仪　元成宗元贞间任瑞州路(治今江西高安)推官。(1016卷14)

顾权　字伯衡。元昆山(治今江苏太仓)人。专心治《易》,教授里中。卒,年不满五十。私谥靖夷先生。有诗作传世。(0561卷4,0504庚下,0072卷89、别附卷2)

顾华　元温州(今属浙江)人。有诗作传世。(0504戊上)

顾安　字定之。元淮东人。善画墨竹。顺帝至正五年(1345)历任常州路录事司判官。有诗作传世。(0030卷5,0042卷13,0504庚上)

顾观　字利宾。元丹徒(治今江苏镇江)人。顾岩寿之子。从赵孟頫学,工诗。元末为星子(今属江西)县尉。(1109卷15,0945卷3,0075文学典卷90)

顾园(1321~1382)　字仲园,号云屋。元明之际昆山(治今江苏太仓)人。袭父职为海运千户。元末卜居定海,专心文艺,以善画闻名于世。(1123卷466)

顾忠　元仁宗皇庆元年(1312)任溧水(今属江苏)州判官。(0632卷6)

顾信(1279~1353)　字善夫,晚年号乐善处士。元昆山(治今江苏太仓)人。历任杭州军器同提举,辞归奉母,不复仕。早年喜好书法,从赵孟頫学几二十年,得孟頫书翰甚多,持归刻石置墨妙亭下。(0568,0635卷5,0042卷13)

顾亮　字寅仲。元上虞(今属浙江)人。有诗作传世。(0504辛下)

顾逊　元人。有诗作传世。(0504癸下)

顾彧　字孔文。元明之际上海人。历任上海县儒学训导。入明,历任户部侍郎。(0944卷8)

顾逖　字思邈。元昭阳(治今湖南邵东东)人。顺帝至正间任松江府同知,迁任嘉兴路同知。有诗作传世。(0931卷23,0925卷18,0504庚上)

顾逢　字君际。宋元之际吴郡(治今苏州)人。工五言诗。举进士不第。元初辟吴县儒学教谕。卒年七十四。有诗作传世。(0042卷9,0504甲,0070卷79)

顾谅　字季友。元吴江(今属江苏)人。隐居吴山之麓四十年,自号癡叟。早年多从故老游,见闻甚广。(0042卷6,0954卷26,0453补遗)

顾逵　一名达,字周道。元中吴(今太湖流域一带)人。善画山水人物,并能写貌。有诗作传世。(0030卷5,0042卷13,0504庚下)

顾常　元无锡(今属江苏)人。有诗作传世。(0504庚下)

顾淙　字宗府。元镇江(今属江苏)人。仕至平江(治今苏州)海运上千户。(0631卷19)

顾辉　字德润,号守斋。元鄞县(治今浙江宁波)人。肆力于经传,闭门著书以终。有《守斋类稿》。(0411卷12,0002卷237,0005卷47)

顾敬　字思恭,号灌园翁。元吴郡(今苏州)人。有诗作传世。(0523,0518卷4,0504辛上)

顾裕　元文宗至顺三年(1332)任镇江路谏壁税使司大使。(0631卷17)

顾盟　字仲贽。元甬东(今浙江舟山岛)人。高才好学。工诗,有《仲贽集》。(0042卷10,0503三集庚,0517卷12)

顾愚　字原鲁。元明之际昆山(治今江苏太仓)人。隐居读书。明太祖下金陵,延访儒士,愚一至军前,复归隐以终。(0042卷6、9)

顾新(?~1336)　字纯甫。元昆山(治今江苏太仓)人。顾信兄。仕至龙兴路(治今江西南昌)录事。(0635卷5,0949卷7)

顾马儿　元顺帝至正十九年(1359)为信州万户。是年,陈友谅部将王奉国等攻信州。六月,守城元军士卒力疲,不能战。顾马儿以城降,城遂陷。(0001 卷 195)

顾天祐　元顺帝至正间任安陆府知事。(1044 卷 17)

顾元臣　初名衡,字国衡。元昆山(治今江苏太仓)人。顾德辉长子。顺帝至正十五年(1355)授宁海千户,十九年,升水军副万户,改湖广行省理问。元亡,徙居濠州。有诗作传世。(0523)

顾元礼　初名晋,字进道。元昆山(治今江苏太仓)人。顾德辉次子。顺帝至正中任千户。(0523)

顾文琛　字伯玉、渊伯,元嘉兴人。恃才傲物,晚始得官岳州路儒学教授,迁麻城县主簿。(0142 卷 11,0101 卷 27,0001 卷 186)

顾长卿　字子元。元莆田(今属福建)人。历任福州路儒学教授。顺帝至正初,谒选京师,会开局修辽宋金三史,即以自著史稿上之,得辟史局,以议不合,移疾去。(0905 卷 6,0076 卷 35,0075 氏族典卷 462、文学典卷 90)

顾圣之　字德邻,元吴县(治今苏州)人。父顾道人,工制砚,人称圣之为小道人。得家传,所制砚皆仿古式,朴雅可玩。亦好吟诗,有诗稿藏于家。(1143 卷 1545)

顾廷玉　元松江(今属上海)人。工散曲。(0029 卷下)

顾仲明　名不详,以字行。元温州平阳(今属浙江)人。由兰亭书院山长调任常熟州儒学教授。(0277 卷 10,0414 卷 3,0455 卷 2)

顾仲清　元东平(今属山东)人。元初为清泉场司令。撰有杂剧《火焚纪信》、《陵母伏剑》。(0029 卷上)

顾仲庸　元泰州(今属江苏)人。家富,倜傥好义,有古豪侠风,自奉甚薄,而礼贤养士无虚日。(0101 卷 24,0938 卷 6,0006 卷 93)

顾岩寿　字子静。元丹徒(治今江苏镇江)人。顾淙侄。辟茅山书院山长。成宗大德五年(1301)任镇江路儒学教授。历广德路、庆元路知事,升湖州路经历。泰定四年(1327)授建康路推官,病归。(0633 卷 2,0631 卷 17、19,0632 卷 6)

顾德玉　字润之。元嘉兴(今属浙江)人。从俞长孺学。长孺死,无子,德玉营其葬事,且衰绖以为礼。(0101 卷 6,0005 卷 50,0006 卷 93)

顾德润　字君泽,号九仙。元松江(治今上海松江)人。历任杭州、平江路(治今苏州)吏。工散曲。尝自刊《九仙乐府》售于市肆。(0029 卷下,1107 卷 79)

顾德辉(1310～1369)　又名瑛、阿瑛,字仲瑛,号金粟道人。元昆山人。家富,年三十始读书。筑园池亭馆曰玉山佳处,招宾客日饮酒赋诗。屡辞辟举。张士诚据吴,欲强以官,乃去隐嘉兴合溪。明初,随子徙濠州,卒。有《玉山璞稿》二卷、《玉山逸稿》四卷,编有《玉山名胜集》、《草堂雅集》。(0567 卷 2、3,0020 卷 285,0495 卷 14)

顾秃坚不花　元英宗至治二年(1322)任江南行御史台架阁库管勾。(0632 卷 6)

破头潘　原名潘诚。元顺帝时大宋红巾军刘福通部将。至正十七年(1357),奉命与关先生等率中路军北伐,由山西北上,攻陷上都,转战辽东。二十一年,进入高丽。次年,兵败,还辽阳,被俘。(0001 卷 45,等)

烈哲　字好问。元西域人。能诗,有诗作传世。(0504 戊下)

烈瞻①　字庭杰。元顺帝至正六年(1346)任秘书监奏差。(0027 卷 11)

烈瞻②　元顺帝时,任翰林修撰。至正十五年(1355),奉命招谕沔阳(今属湖北)红巾军。(0001 卷 44)

夏永　字明远,元顺帝时人。精界画,至正七年(1347)作《岳阳楼图》。又尝以发绣成《滕王阁图》、《黄鹤楼图》,细若蚊睫。侔于鬼工。(1143 卷 671)

夏杞　元华亭(治今上海松江)人。夏椿兄。世祖至元后叶署华亭县尹。至元三十年(1293)任余姚(今属浙江)县尹。(0880 卷 28)

夏迪①　字简伯。元温州路(治今浙江温州)人。善画山水竹石,尤善画松。(0030 卷 5)

夏迪②　字君启。元明之际吉安路(治今江西吉安)人。元末为行军经历。元亡,隐居于玉峰,号乐道先生。卒年八十余。(0046 卷 9)

夏贵(1197～1279)　字用和。宋元之际安丰(治今安徽寿县西南)人。以勇敢受吕文德赏识。从赵范入洛阳,擢为裨将。蒙古军围安丰;贵率兵援救,解围。宋理宗嘉熙三年(1239),率援兵解寿春围。宝祐五年(1257),擢吉州刺史,知怀远军。景定元年(1260),进兵收复寿昌,进至黄州,大捷,授知淮安州兼京东招抚使。击败李璮。次年,克复涟水军、东海军、海州。四年,任四川安抚制置使兼知重庆府。度宗咸淳元年(1265),击败刘整。三年,克复广安军。九年,任淮西安抚制置大使兼知黄州。恭帝德祐元年(1275),率战舰二千五百艘,于丁家洲附近与元军战,大败。元世祖至元十三年(1276)二月,以淮西三府六州三十六县降元。四月,觐世祖于上都,授行省参政。十五年,升左丞。(0002 卷 177)

夏章　字伯成。元人。有诗作传世。(0504 戊下)

夏琼　元世祖至元中,任建昌路总管,吏民皆畏服之。(0622 卷 53)

夏椿(1246～1320)　字寿之,元华亭(治今上海松江)人。成宗大德末,岁大饥,死者相枕。椿辟庐舍施粥,活饥民甚众。又创义学,教乡子弟。有司上其事,旌门,官其长子。(0205 卷上)

夏溥　字大之(大志),号虎怕道人。元淳安(治今浙江淳安西北)人,夏希贤仲子。英宗至治三年(1323)中乡试,授安定书院山长。后升为龙兴路(治今江西南昌)儒学教授。有诗作传世。(0886 卷 12,0075 文学典卷 88,0504 丙)

夏镇　字定远,元宜春人。英宗至治元年(1321)以《春秋》经登进士第,授茶陵州判官。(0001 卷 185,1013 卷 10)

夏稽(1248～1293)　字淑芙。宋元之际乐安(今属江西)人。元世祖至元中,授百户。后升为镇抚。(0212 卷 75)

夏璟(1248～1300)　字元臣。宋元之际泉州(今属福建)人。宋末为殿前司左翼军统领。元初,以战功授宣武将军、管军总管。(0384 卷 4)

夏璿　字希政。元湘阴(今属湖南)人。博学笃行,以气节自负。中乡试。历任湖广行省都事。顺帝至正十二年(1352),蕲黄兵变,屡为起事者所胁,愤而自经。(0002 卷 232,1041 卷 36、51,0075 官常典卷 733)

夏子云　元平江(治今江苏苏州)人。历任镇江淮海书院山长。(0631 卷 17)

夏子言　号听鹤,元华亭(治今上海松江)人。善画白描人物。(1143 卷 670)

夏天亨　字巨卿。元河间(今属河北)人。顺帝至正年间任谯县尹。(0977 卷 6,0644 卷 22,0979 卷 3)

夏友兰(1270～1312)　字幼安。元乐安(今属江西)人。夏稽之子。从吴澄学,游京师,荐授会昌州(治今江西会昌)同知。(0212 卷 74、89,0072 卷 92)

夏日孜　字仲善。元吉水(今属江西)人。文宗至顺元年(1330)进士,授建昌州判官,改兴国路录事。顺帝至正四年(1344),迁任会稽县(治今浙江绍兴)知县。(0880 卷 28,0002 卷 26,0245 卷 1)

夏文仲　字彦明。元金乡(今属山东)人。世祖至元年间任辉州判官,廉介有守。(0762 卷 9,0761 卷 25)

夏文泳(1277～1349)　字明适,号紫清。元信州贵溪(今属江西)人。正一教道士。玄教第三代大宗师。年十六学道于龙虎山。成宗大德四年(1300)至京师,与吴全节同侍玄教第一代大宗师张留孙。八年,提点崇真万寿宫。仁宗皇庆元年(1312),授江淮荆襄道教都提点。延祐五年(1318),筑元成宫于龙虎山。顺帝至正六年(1346),玄教第二代大宗师吴全节卒,嗣领教事。(0152 卷 27,0001 卷 202,0504 壬上)

夏文彦　字士良,号兰渚生。元华亭(治今上海松江)人。历任余姚(今属浙江)州同知。精画艺。顺帝至正二十五年(1365),撰《图绘宝鉴》五卷。(0030 卷首,0101 卷 18,0077 卷 55)

夏以忠(? ～1369)　字尚之,号怀鲁。元宜春(今属江西)人。历任涿州照磨。顺帝至正十六年(1356),中大都路乡试,次年登进士第,擢翰林修撰。调任国子助教,迁太史院都事。明洪武初,以老病乞归,未几卒。(0419 卷 11,0411 卷 18,1013 卷 10)

夏永庆(1292～1311)　字章甫。元定海(治今浙江镇海)人。武宗至大四年(1311),随父转粟京师,舟至海洋镇,父溺水。永庆跳入海中救父出,而已力不支,竟沉没海中死。(0276 卷 6,0157 卷 21,0002 卷 240)

夏考昌　号九山,元顺帝时人。善画山水。至正十年(1350)作《沧江钓叟图》传世,明人汪砢玉(《珊瑚網》编撰者)谓气韻大似倪瓒。(1143 卷 671)

夏汲清　元人,曹知白仆,工画。(0077)

夏志诚(1173～1255)　号清贫道人。金元之际济南章丘(治今山东章丘西北)人。全真教道士,丘处机弟子。处机死后,提点长春宫事。(0040 卷 5)

夏严中　元淳安(治今浙江淳安西北)人。历任淳安县儒学训导。有诗作传世。(0504 丁)

夏希贤　号可轩。宋元之际信州贵溪(今属江西)人。夏文泳父。宋末,举进士不第。入元闲居乡里。仁宗延祐元年(1314),以子文泳贵,恩授昭文馆大学士。未几,卒。(0248 卷 6)

夏应祥(1303～1374)　元明之际钱塘(治今浙江杭州)人。历任元杭州金玉总管府杂造局大使、金玉局大使、军器局提举司同提举。常研读医书。后借病辞官还乡,在杭州寿安坊开设药店寿安堂,聚积药材,按古方研制丸散,供病家之需。其配制之成药号称精绝,服用见效,杭州需用药者大多趋寿安堂,该堂遂享盛誉。其子仁寿继承其业。(0444 卷 9)

夏若水(1244～?)　号谨斋。宋元之际钱塘(治今浙江杭州)人。元世祖至元二十九年(1292)任温州路总管,雪冤狱,革宿弊,民咸德之。成宗大德年间,改任婺州路总管。英宗至治三年(1323),年八十犹在世。有诗作传世。(0882 卷 9,0881 卷 11,0504 乙)

夏果斋　元人。有诗作传世。(0504 癸上)

夏质孙　元安丰人,夏贵孙。文宗至顺元年(1330)任吴江知州。迁新昌知州。(0954 卷 17)

夏城中　元安仁(治今江西余江东北)

人。有诗作传世。(0504 戊下)

夏显卿　元临川(今属江西)人。元末避居建昌南城,参议城守事。顺帝至正十八年(1358),陈友谅军围建昌,郡守王溥欲降,显卿谏阻,溥杀之出降。(0075 官常典卷 734)

夏思忠　字仲言。元高邮(今属江苏)人。元末,仕于张士诚,得授江浙行省郎中,改杭州路总管。(0871 卷 33,0872 卷 63)

夏贻孙　元安丰人,夏贵孙。历任台州路总管、淮西宣慰使。(0001 卷 9,0896 卷 116)

夏庭芝　字伯和,号雪簑。元华亭(治今上海松江)人。散曲作家。顺帝至正中撰《青楼集》一卷,记元代歌妓七十余人事迹。(0032 卷首,0029 续编,1107 卷 88)

夏泰亨　字叔通,号矩轩。元会稽(治今浙江绍兴)人。从韩性学《毛诗》。文宗至顺三年(1332)、顺帝至元元年(1335)两次中乡试。历任绍兴路儒学正、湖北廉访司知事。至正中,授翰林应奉,道梗未赴任。有诗作传世。(0506 卷 7325、3528,0002 卷 235,0504 丙)

夏赐孙　元安丰人,夏贵孙。仁宗延祐中任余姚州同知,顺帝至元间任永丰尹。(0880 卷 28)

夏拜不花　元人。有诗作传世。(0504 戊下)

夏侯尚玄　字文卿,号石岩。元华亭(治今上海松江)人。仁宗时为东宫说书。英宗即位,授侍仪司典簿。英宗遇弑,弃官归。顺帝至元六年(1340),至京师上书言郯王彻彻秃冤死事,得昭雪其冤。(0415 卷 8,0075 氏族典卷 602、文学典卷 86,0002 卷 233)

夏不鲁罕丁(1228～1370)　元回回人,本大食国开才龙人(一说查者例绵人)。仁宗皇庆(1312～1313)间,随贡使至泉州,主持清净寺教务近六十年,任"摄思谦夏"(或称筛虎勒伊斯兰,意为伊斯兰长老)。顺帝至正九年(1349),主持修缮清净寺,使伊斯兰教之三掌教制皆备。其后裔世袭寺政至明万历三十五年(1607),为泉州夏姓回回之先祖。(1146 卷 447)

原妙(1238～1295)　号高峰。宋元间僧人,吴江(今属江苏)徐氏子。住持天目山狮子院。弟子数百人,以明本最著名。(0411 卷 29,0037 卷 17,0062 卷 62)

原捷　字献之。元潞州(治今山西长治)人。登进士第,任河间路献州判官。(0698 卷 3)

捏只　元泰定二年(1325)任江南行台监察御史。(0634 卷 6)

捏儿哥　元契丹人,耶律阿海第三子。随父归降太祖,佩虎符,为右丞,行省辽东。后蒲鲜万奴叛乱,遇害。(0001 卷 150)

捏古歹　元阿鲁浑氏,福州路同知马合谋之子。历任莆田县达鲁花赤。(0011 卷 90)

捏古来　元阿速人,阿儿思兰次子。奉父命侍宪宗左右,从兀良合台征云南,有功。后从伐宋,中流矢而死。(0001 卷 123)

捏古伯①　元蒙古克烈氏,哈散纳子。袭父职为平阳太原达鲁花赤、人匠总管,从宪宗攻四川,有功。后以疾卒。(0001 卷 122)

捏古伯②　元唐兀人。世祖时从征日本。后屯田于辽东复州(治今辽宁瓦房店西北)。(0861 卷 4,0862 卷 5,0075 氏族典卷 524)

捏古伯③　元回回人。成宗元贞二年(1296)任祁门县(今属安徽)达鲁花赤。(0972 卷 4,0991 卷 3)

捏古伯④　元成宗大德二年(1298)任武义县(今属浙江)达鲁花赤。(0881 卷 13)

捏古伯⑤　元成宗时,任晋州达鲁花赤。大德四年(1300),因假称母丧,归迎其妻,事发,诏以其有伤彝伦,罢职不叙。(0001 卷 20)

捏古伯⑥　元成宗大德六年(1302)任定海县(治今浙江宁波镇海)达鲁花赤。(0633 卷 3)

捏古伯⑦　元大德十一年(1307)任江山县(今属浙江)达鲁花赤。(0878 卷 2)

捏古伯⑧　元仁宗延祐五年(1318)任衢州路治中。(0878 卷 2)

捏古伯⑨　元哈剌鲁人,居庆元路(治今浙江宁波)。泰定元年(1324)进士。(0634 卷 2)

捏古伯⑩　元泰定二年(1325)任无锡州同知。(0558 卷 24)

捏古伯⑪　元西域阿鲁温氏。文宗天历二年(1329)任江南行台监察御史。(0632 卷 6)

捏古伯⑫　元文宗时,任陕西行台监察御史。至顺二年(1331),劾奏本台御史陈良,诏准,罢其职。(0001 卷 35)

捏古伯⑬　元回回人,顺帝元统元年(1333)进士穆古必立父。(0028)

捏古伯⑭　元文宗至顺二年(1331)任庆元路(治今浙江宁波)市舶提举。(0634 卷 2)

捏古剌　元宪宗时,与也里牙阿速等三十人来归。后从征四川,讨李璮,皆有功。(0001 卷 123)

捏古思　元蒙古捏古思氏,仁宗延祐五年(1318)状元忽都达儿长子。顺帝至正

元年(1341)山东乡试第二,历任吴江州同知。(0011 卷 32)

捏古柏　元顺帝至元初,任开化县主簿。(0188 卷 2)

捏古烈　元蒙古捏古思氏,仁宗延祐五年(1318)状元忽都达儿次子。(0011 卷 32)

捏古艄　元蒙古斡耳那氏,相兀速子。成宗元贞元年(1295),任蒙古侍卫亲军百户。大德六年(1302),袭父职为蒙古侍卫亲军副指挥使。仁宗延祐四年(1317),升左翊蒙古侍卫亲军都指挥使。(0001 卷 123)

捏只必　元西域谷则斡儿朵(今吉尔吉斯斯坦托克马克西南布拉纳古城)人,曷思麦里之子。袭怀孟达鲁花赤。(0001 卷 120)

捏列秃　元畏兀儿人,中书平章察乃之子。历任宫傅。(0011 卷 41)

捏烈秃　元顺帝至正二十五年(1365),拜中书平章政事。(0001 卷 46)

捏兀失该　元顺帝时,任知枢密院事。至正十五年(1355),提调内史府。(0001 卷 44)

捏只不丁　元顺帝至正间任潜江县(今属湖北)县尉。(1044 卷 17)

捏坤太师　又译聂昆大司、捏群大石。元太祖伯父。曾助也速该抢娶月伦(太祖之母)。也速该死后,投附泰赤乌部,住入森林,其后裔形成你儿·槐因部。(0009 卷 1,0008 卷 1)

捉住　元至大四年(1311)任江南行台监察御史。(0632 卷 6)

换住①　元仁宗时,任参议中书省事。延祐四年(1317),拜中书参知政事。五年,升中书左丞。七年,出为岭北行省右丞。(0001 卷 26、27)

换住②　元泰定间任江西行省平章,文宗天历元年(1328)迁任上都(今内蒙古正蓝旗东北)留守。(0231 卷 7)

换住③　元文宗至顺三年(1332)任浙东宣慰使。(0634 卷 1)

顿谦父　元清平(治今山东高唐西南)人。历任建平(治今安徽郎溪)县尉,有清廉声。(0222 卷 3)

哲别(? ~约 1224)　又译者别、遮别、柘柏、折不、只别、者必、阇别等。元蒙古别速氏。原为泰赤乌部属民,善射。曾射伤铁木真(元太祖),后战败被俘,坦然承认交战各为其主,因而射伤铁木真之事,为铁木真赞许收用。后从战漠北,勇猛善战,屡建战功。元太祖元年(1206),受封千户长。六年,从征金,任先锋。是冬,率骑袭取金东京(今辽宁辽阳)。十四年,从太祖西征花剌子模。十五年,奉旨与速不台率军追击花剌子模王。后攻掠波斯西北部各地,越太和岭(今高加索山),破阿速、钦察。十八年,大败斡罗思诸侯与钦察联军。攻掠至克里木半岛。后病死于东归途中。(0008 卷 1,0001 卷 1、120、121 等,0009 卷 4、5、6、8、9、10、11)

哲马鲁丁　字师鲁。元回回人。两次中江浙乡试。泰定三年(1326)任镇江路学教授。有诗作传世。(0631 卷 17,0504 丙)

哲里洼歹　元蒙古察罕塔塔儿氏,顺帝元统元年(1333)进士囊加歹曾祖。(0028)

哲理野台　字子正。元蒙古脱托历氏。文宗至顺元年(1330)登进士第。三年,任丹徒县(治今江苏镇江)达鲁花赤。能诗,有诗作传世。(0631 卷 16,0504 丙,0033 卷 17)

匿只马丁　元回回人。宪宗元年(1251)秋,授阿母河等处行尚书省佐官。(0001 卷 3)

匿昝马丁　元回回人。宪宗元年(1251),奉命佐牙剌瓦赤等行燕京等处行尚书省事。世祖时,为怨家所告,一度下狱,不久得释。(0001 卷 3、126)

盏盏　元泰定帝时,为临洮路元帅。泰定三年(1326),阶州土番为寇,奉镇西武靖王之命,谕降之。(0001 卷 30)

柴氏　元晋宁(今山西临汾)人,秦闰夫妻。养育闰夫前妻子,如己出。前妻子因事问罪,遣己子代之。顺帝至正二十四年(1364),诏旌表其门。(0001 卷 201)

柴贞　元南和(今属河北)人。历任晋宁州儒学正。善楷书、古篆。(0074 卷 38)

柴兴　元永康县(今属浙江)人。历任乐清县主簿。(0885 卷 5)

柴青　元山阴(治今浙江绍兴)县尹。(0880 卷 28)

柴肃　字舜元。元长安县(治今陕西西安)人。泰定帝致和元年(1328),任秘书监校书郎。顺帝至正年间任襄阳路总管,反元队伍攻破襄阳城,被执,不屈而死。(0027 卷 10,1041 卷 66)

柴桢①　字周卿。元易县(今属河北)人。世祖至元初,任云南王府卫行六部尚书。(0144 卷 86,0075 氏族典卷 104,0649 卷 34)

柴桢②　字君正,号适庵,一作适斋,元东平(今属山东)人。善画山水,才思天赋,不习而工。顺帝至正九年(1349)作有《秋景山水图》。(0030 卷 5)

柴祯　早年为元世祖近侍,从名儒王鹗学习。后任宣抚使。中统三年(1262),行宣慰司事于北京。至元四年(1267),授大理等处行六部尚书,兼云南王府府尉。(0001 卷 5、6、160)

柴浩　字养吾，元永嘉（治今浙江温州）人，尝寄迹于鄞（治今浙江宁波）。工画山水，师法米芾，写云山烟峦变灭，浑然天成。（0077 卷 11，0078 卷 6）

柴椿　字庄卿。历任元金齿安抚使。世祖至元十五年（1278），拜礼部尚书，奉旨出使安南，谕其世子陈日烜入觐。十八年，加授行安南宣慰都元帅，领兵送安南国王陈遗爱就国。（0001 卷 209，0041 卷 17，0210 卷 5，0504 乙）

柴本立　元胶州尹，有治绩。（0727 卷 2）

柴叔武　元睢阳县主簿，有治绩。（0766 卷 4）

柴和同　元江山（今属浙江）人。泰定元年（1324）进士。（0878 卷 10）

柴宗道　元燕山（今北京）人。历任即墨（今属山东）县尹。（0738 卷 6，0727 卷 2）

柴实翁　元鄱阳（治今江西波阳）人。历任南康白鹿洞书院山长。（0072 卷 83）

柴得仁　字希尧。元鄱阳（治今江西波阳）人。有才学而不遇于时。（0212 卷 30）

柴紫芝（？～1275）　元世祖时，任秘书监丞。至元十二年（1275），奉命从兵部尚书廉希贤等出使南宋，入宋境，为宋将所杀。（0001 卷 8、126）

柴潜道　元襄陵（治今山西临汾西南）人。隐居不仕，教授乡里。人称庄静处士。（0700 卷 8 上、下，0710 卷 9，0075 氏族典卷 104、文学典卷 90）

监藏班臧卜　元唐兀人。西夏僧总统冲卜之弟。文宗天历二年（1329）十一月，冲卜死，袭兄职为西夏僧总统，元廷以玺书、印章与之。（0001 卷 33）

监藏宛卜卜思哥　元吐蕃僧人。世祖至元二十四年（1287），奉旨与诸吐蕃僧作佛事坐静于大殿、寝殿，万寿山、五台山等寺，凡三十三会。（0001 卷 24）

党兀歹　元将。抚州万户阔阔出之子。袭父职为万户。（0011 卷 95）

党兀巴（？～1337）　元宗室，父封镇西王，名不详。顺帝时，西番部落起事，为其所杀。诏追封凉王，谥忠烈。（0001 卷 39、40）

党兀班　元宗室，世祖第七子奥鲁赤孙武靖王搠思班之子。顺帝至元元年（1335）讨叛番，擒其酋阿答里胡，阵亡。追封凉王，谥忠烈。（0002 卷 114）

党天祐　元宁海（今属浙江）人。世祖至元二十四年（1287）任嵊县（今属浙江）知县。（0880 卷 28）

党仲和　元世祖中统二年（1261），元廷始制太庙雅乐。仲和以知音律被选为乐工，为造伪钞者连坐，系狱。中书平章赵璧奏请释放出狱为乐工。（0001 卷 159）

唤住　字仁甫。元蒙古人。文宗至顺三年（1332）任镇江万户府知事。（0631 卷 17）

唆住　元泰定帝时，任刑部郎中。泰定三年（1326），奉命鞫宣抚使马合某、李让等罪。（0001 卷 30）

唆都（？～1285）　元蒙古札剌亦儿氏。初为世祖藩府宿卫士。世祖中统三年（1262），从哈必赤平李璮，还，奏籍私贩马于南宋少年为兵，任千户，守蔡州。至元间，从攻南宋。以破樊城等功，升郢、复等处招讨使。又从伯颜渡江攻宋，下临安，与参政董文炳留驻。后移镇严州，击退宋军。率军攻占婺州、衢州等地。十四年（1277），升福建宣慰使，攻降福州、漳州。次年，攻占潮州。升参知政事，行省福州。升左丞，行省泉州。遣使招谕南海诸国。十八年，升占城行省右丞。次年，率水师侵占城国（今越南中、南部）。二十一年，奉镇南王脱欢命率师至安南会合。次年，班师，遭安南军阻击，战死。（0001 卷 129）

唆海　元蒙古人。事迹不详。仁宗即位初，以其曾孙铁木迭儿贵，追赠开府仪同三司、上柱国、太尉，封归德王，谥武烈。（0001 卷 205）

唆都哥　元蒙古亦乞列思氏，孛秃孙。尚鲁鲁罕公主。后又以鲁伦公主为继室。世祖至元二十二年（1285），封宁昌郡王。（0001 卷 108、109）

唆南班①　元畏兀儿人，脱力世官子。由宿卫任职。历任罗罗斯副都元帅、宣慰司同知。（0001 卷 133，0011 卷 49）

唆南班②　元北庭（今新疆吉木萨尔北）畏兀儿人。文宗至顺初年，任惠州路达鲁花赤。（1039 卷 38）

唆儿火都　元蒙古弘吉剌氏，按陈子。太祖时，以从征之功，授千户。（0001 卷 118）

唆儿哈罕　元公主，太宗之女。嫁蒙古弘吉剌氏按陈之孙纳合。（0001 卷 109、118）

唆罗兀思　元世祖时，任扬州路达鲁花赤。至元二十八年（1291），坐桑哥党羽，免职。（0001 卷 16）

唆郎呵歹　元哈剌鲁人，顺帝元统元年（1333）进士讬本祖。任百户。（0028）

唆南藏卜　元吐蕃人，帝师公哥罗古罗思监藏班藏卜之兄。英宗至治元年（1321），封白兰王，赐金印。后出家为僧。泰定帝时还俗，复封王爵，尚公主，领西番三道宣慰司事。（0001 卷 27、30、202）

唆鲁禾帖尼（？～1252）　元蒙古克烈氏。克烈部主王汗弟札阿绀孛之女。拖雷之妻。生蒙哥（宪宗）、忽必烈（世祖）、旭烈兀（波斯伊利汗国创建者）、阿里不哥四子。为基督教聂思脱里派（景教）信徒。有才智。拖雷死后，统驭部众。拒绝改嫁贵由（定宗）。定宗死后，遣蒙哥至拔都处结好，遂得拔都大力支持，推选蒙哥即位。世祖至元三年（1266），追谥庄圣皇后。后加谥显懿庄圣皇后。（0001 卷 116，0008 卷 2）

晓古台　元蒙古八邻氏。述律哥图孙，阿剌之子。伯颜之父。世袭八邻部左千户。宪宗时，从旭烈兀西征波斯，遂留居波斯以终。（0001 卷 127）

睨放　元文宗时，为云南威楚路（治今云南楚雄）土官。天历二年（1329），遣使朝贡。（0001 卷 33）

晃孩　蒙古阿答儿斤氏。元太祖之箭筒士。曾与箭筒士晃塔合儿、搠儿马罕同劝谏元太祖勿过分斥责皇子术赤、察合台、窝阔台。（0009 卷 11）

晃兀儿　元宪宗元年（1251），奉旨留守和林（今蒙古哈尔和林）宫阙、帑藏。（0001 卷 3）

晃里答儿　元世祖至元初，为万户，率所部征吐蕃，有功。二年（1265）五月，以功受赏银。（0001 卷 6）

晃塔合儿　蒙古札剌亦儿部分支朵郎吉氏。元太祖之箭筒士。曾与箭筒士晃孩、搠儿马罕同劝谏元太祖勿过分斥责皇子术赤、察合台、窝阔台。（0009 卷 11）

晃豁儿台　元太宗时为宫内的札撒兀勒（纠察执法官），与怯薛歹同整治出入宫廷的人。（0009 卷 12）

晃火儿不花　元顺帝时，任翰林学士承旨。至正十二年（1352），任淮南行省平章政事、提调镇南王傅事。（0001 卷 42）

晃火铁木儿（？～1335）　又译晃兀帖木儿。元宗王。宪宗孙。河平王昔里吉之子。仁宗延祐五年（1318）二月，封嘉王。泰定二年（1325）六月，改封并王。文宗至顺三年（1332）三月，受赐安陆府为食邑。顺帝至元元年（1335），唐其势与其叔父答里谋废顺帝，改立晃火铁木儿为帝。郯王彻彻秃揭发其谋。唐其势被伯颜率军擒杀。答里战败，奔向晃火铁木儿处，被追获处死。晃火铁木儿自杀。（0001 卷 26、29、36、38、41、107、138）

晃忽儿不花　元文宗至顺二年（1331），为隆祥司使。是年十一月，奏言："海南所建大兴龙普明寺，工费浩穰，黎人不胜其扰，以故为乱。"诏湖广省臣及宣慰、宣抚二司领其役，并命廉访司涖之。（0001 卷 35）

晃忽而不花　元蒙古札剌亦儿氏。木华黎五世孙。乃蛮台次子。（0001 卷 139）

晁显　字显卿。元巢县（今属安徽）人。英宗至治二年（1322），由户部郎中出任棣州知州。泰定帝泰定三年（1326），升为平江路总管。官至两浙盐运使。卒，谥清献。（0196 卷 4，0927 卷 20，0075 氏族典卷 196）

晁邦直　元顺帝至正年间为平原县（今属山东）知县。（0742 卷下）

晁国章　金元之际高平（今属山西）人。邃于理学。金末元初家居授徒，从学者众。（0034 卷 1）

晏然　字所同。元清江（今属江西）人。从范梈学。历任播州儒学正。（0212 卷 33）

晏源　元顺帝至正二十二年（1362）任灵石（今属山西）知县。（0709 卷 2，0693 卷 7）

晏天觉　元顺帝至正年间任瑞州路（治今江西高安）儒学教授。（1016 卷 14）

晏天麟　元文宗至顺年间任荆门（今属湖北）州儒学正。（1044 卷 17）

晏只哥①　元武宗至大三年（1310）任江南行台治书侍御史。（0632 卷 6）

晏只哥②　元文宗天历二年（1329）任溧水（今属江苏）州达鲁花赤。（0632 卷 6）

晏只哥③　元蒙古人。顺帝至正间历任海道副万户。（0279 卷 11）

晏兼善　元儒士。著有《春秋透天关》四卷，专为塌屋而作。（1103 卷 153）

恩宁普　字德卿。元唐兀人。顺帝至正中，任浙东宣慰使。十二年（1352），奉命代江浙左丞左答纳失里守芜湖。十四年，升江浙行省参政。后历任福建行省右丞、福建行台御史大夫。（0872 卷 9，0265 卷 6，0001 卷 42、43）

恩知杰　元蒙古札只剌歹氏。亦速歹之父。（0011 卷 34）

恩莫绰　元顺帝时，任广东廉访司佥事。至元四年（1338），建言处决重囚事宜，得采纳。（0001 卷 39）

圆丘　号雪崖。元僧人。有诗作传世。（0504 壬上）

圆至（1256～1298）　字天隐，号牧潜、筠溪老衲。元僧人，高安（今属江西）姚氏子。年十九为僧。精禅法，元初住持建昌能仁寺。工诗文，以清婉胜，有《牧潜集》七卷、《唐诗说》二十一卷。（0142 卷 9，0503 初集壬，0042 卷 12）

圆护　号念庵。元僧，大理（今属云南）人。住云南苍山寺。善书法。有《磨镜集》。（0037 卷 61）

圆明（？～1321）　元僧人。英宗至治元年（1321），于盩厔县（治今陕西周至）起事，自称皇帝，为元将、枢密院判官章台督兵捕杀。（0001 卷 29）

圆琛（？～1297）　字仲实，号莲庵。金元之际僧人。河东（今山西）人。金末避乱居于内黄（今属河南）。工诗，善书

法。(0074 卷 39)

称海 元蒙古篾儿乞氏,顺帝大丞相伯颜祖。以百户从宪宗征蜀,卒于军。追谥庄顺,改谥忠襄。(0011 卷 28)

特薛禅 蒙古弘吉剌部孛思忽儿氏。名特,薛禅为其称号,意为贤明者。助元太祖破漠北诸部有功。其女孛儿帖,自幼嫁与太祖,即太祖正后光献翼圣皇后。(0001 卷 118)

特穆实 元蒙古札剌亦儿氏,湖广、江西平章奥鲁赤之子。任南宁军达鲁花赤。(0011 卷 5)

钱无 元人。有诗作传世。(0504 癸下)

钱云 号泰窝道人。元湖州(今属浙江)人。有诗作传世。(0504 辛上,0033 卷 21)

钱中 字文则。元吴郡(今苏州)人。善琴,性狷介,寄迹委巷,不改其乐。(0042 卷 13)

钱方 元人。有诗作传世。(0504 辛下)

钱枢 元人。有诗作传世。(0504 癸上)

钱岳 字孟安。元湖州(今属浙江)人。元末迁居松江(今属上海)。历任亳县丞。有诗作传世。(0504 辛上,0033 卷 23)

钱珍(? ~约 1327) 元泰定间为潮州路判官,挑推官梁楫妻刘氏,不从,诬楫下狱杀之。事觉,珍饮药而死。四年(1327)三月,诏戮尸传首。(0001 卷 30、185)

钱昱 号东涧。元吴郡(今苏州)人。有诗作传世。(0504 庚上)

钱选 字舜举,号玉潭。宋元之际湖州(今属浙江)人。宋理宗景定(1260 ~ 1264)间中乡试。入元,不愿出仕,以诗画自娱以终。工绘画,山水、人物、花鸟、鞍马,无不擅长。(0030 卷 5,0503 二集甲,0495 卷 14)

钱复 号北山。元彭城(今江苏徐州)人。有诗作传世。(0504 戊上)

钱逵(1313 ~ 1384) 字伯行。元明之际长洲县(治今苏州)人。钱良右之子。工书法。顺帝至正十六年(1356)授江浙行省官勾,历升本省检校、都事,迁淮南行省员外郎。明初,选赴太常议礼。发凤阳居住,未几放归。工诗,有诗作传世。(0567 卷 3,0042 卷 13,0503 三集己)

钱敏 字好学。元彭城(今江苏徐州)人。有诗作传世。(0504 庚下)

钱淳 元顺帝至正十五年(1355)任婺州路(治今浙江金华)知事。(0881 卷 11)

钱鼎 元湖州(今属浙江)人。有诗作传世。(0504 戊上)

钱颖 元人。有诗作传世。(0504 戊下)

钱熙 字敬之。元处州(治今浙江丽水)人。成宗大德二年(1298)任丽水县儒学教谕。(0576 卷 10)

钱遵 元常州(今属江苏)人。仁宗延祐四年(1317)任吴江州判官。文宗至顺二年(1331)累迁为丹阳县尹。(0954 卷 17,0631 卷 16)

钱璧 字伯全。元华亭县(治今上海松江)人。文宗至顺三年(1332)中乡试。陶宗仪尝从之学。工诗,有诗作传世。(0101 卷 8、30,0950 卷 15,0504 丙)

钱士龙 元人。有诗作传世。(0504 癸上)

钱大有 字明远。元嘉兴(今属浙江)人。工诗,有诗作传世。(0537 卷 4,0504 己下,0033 卷 24)

钱义方 字子宜。元湖州(今属浙江)人。登进士第。顺帝至正六年(1346)撰《周易图说》二卷。(0072 别附卷 3,0006 卷 88,0002 卷 235)

钱子正 元无锡(今属江苏)人。有诗作传世。(0504 辛上)

钱天祐 元仁宗延祐(1314 ~ 1320)间为东宫说书,撰《叙古颂》二卷进呈。又尝撰《孝经经传真解》,今佚。(0470 续集卷 16)

钱元方 字彦直。元华亭(治今上海松江)人。有诗作传世。(0504 己下)

钱元肃 元钱塘县(治今杭州)人。有诗作传世。(0504 己下)

钱元善 元雪川(即今浙江湖州别称)人。有诗作传世。(0504 庚下)

钱文煜(1272 ~ 1337) 字光远。元无锡(今属江苏)人。以荐授雅州(治今四川雅安),未赴任。(0152 卷 35)

钱以道 字子原。元吴县(治今苏州)人。钱重鼎侄。仁宗延祐四年(1317)中乡试。有诗作传世。(0504 甲)

钱用壬 初名治,字成夫。元桐川人。顺帝至正十四年(1354)进士,授翰林编修。出为江南行御史台掾,授江浙省都事。二十年,升员外郎,又升为郎中,被张士诚擢为太尉府参军。二十二年升江浙参政,分镇淮、徐、邳三州。后降明,授礼部尚书。洪武元年(1368)致仕,未几被处死。(0072 卷 92,0189 卷 3,0319 卷 4)

钱光弼 字明仲。元彭城(治今江苏徐州)人。泰定元年(1324)任福建转运使。文宗至顺元年(1330)任平江路(治今苏州)总管。(0928 卷 3,0594 卷 11,0933 卷 12)

钱全衮　元华亭(治今上海松江)人。顺帝至正中张士诚据吴,杜门著书,誓不为其用。有《韵府群玉掇遗》、《续松江府志》。(0622 卷 9,0925 卷 18,0075 氏族典卷 175)

钱好德　元吉水(今属江西)人。元末反元队伍起,忌其父保乡里,执好德去,逼问其父所在,终不肯言。反元队伍将杀之,或曰杀孝子不祥,遂获释。(0075 氏族典卷 175、学行典卷 192)

钱应庚　字南金。元松江(今属上海)人。与邵亨贞友善。工诗,徐一夔尝为其诗稿作序。有诗作传世。(0161 卷 2、4、6,0444 卷 3,0504 辛上)

钱良右(1278～1344)　字翼之。元长洲(治今苏州)人。工书法,篆、隶、真、行、小草无不精绝,豪家贵人往往传藏以为珍玩。武宗至大(1308～1311)间任吴县儒学教谕,得代即不复仕,自号江村民。工诗,有《江村先生集》。(0503 三集己,0152 卷 33,0031 卷 7)

钱君用　元武进(治今江苏常州)人。善画禽鸟。作败荷鵞鹭甚佳。(1143 卷 1426)

钱君瑞　元人。有诗作传世。(0504 癸下)

钱抱素　本名霖,字子云,号素庵。元松江(今属上海)人。博学,工文章。游名公卿间。晚年为道士。善作散曲,今存其所作小令一、套数一。(0029 卷下,0158 卷 1、22,1108 卷 356)

钱肯堂　元人。有诗作传世。(0504 癸下)

钱重鼎　字德钧。宋元之际吴县(治今苏州)人。宋末领乡荐。入元不仕,家居授徒。卒年九十余。工诗,有诗作传世。(0042 卷 9,0504 甲,0070 卷 80)

钱造翁　元镇江路(今属江苏)儒学录。(0631 卷 17)

钱资深　字原父。元吴县(治今苏州)人。钱重鼎之子。有诗作传世。(0504 甲,0033 卷 10)

钱雪界　赵孟頫甥。历任元万户。能诗,有诗作传世。(0437 卷 1,0504 丁)

钱惟贤　元顺帝至元六年(1340)任吴江(今属江苏)州提控案牍。(0954 卷 17)

钱惟善　字思复,号曲江居士、心白道人,元明间钱塘(治今杭州)人。元顺帝至正元年(1341)中乡试。历任江浙儒学副提举。张士诚据吴,退隐吴江,后迁居华亭。明洪武十二年(1379)犹在世。工诗,有《江月松风集》。(0020 卷 285,0503 初集辛)

钱朝英　元成宗大德元年(1297)任吴江(今属江苏)州都目。(0954 卷 17)

钱善道(1244～1309)　宋元之际钱塘(治今杭州)人,女。年十三入侍宋宫。宋亡,随宋恭帝至大都(今北京),元世祖皇后命度为女道士,居昭应宫。后赐号守素大师。(0248 卷 24)

钱源浚　元人。有诗作传世。(0504 癸下)

钱震孙　字公茂。元宣城(今属安徽)人。有诗作传世。(0524 卷 6)

钱鹤皋　元上海人。顺帝至正中率乡兵讨伐反元队伍,战死。(0002 卷 232)

铁山　名琼,世称琼禅师,元僧,湘潭人。历住南岳铁山寺、袁州慈化寺。高丽国王闻其道德,遣使礼请。遂至高丽国,玄风大行,得度者甚多。(1144 卷 1135)

铁灭　元世祖至元二十八年(1291)十二月,授兵部尚书,佩虎符,奉旨出使罗孛卜儿。(0001 卷 16)

铁失①(？～1323)　又译帖失、帖赤。元蒙古亦乞列思氏。英宗妃之兄,权相铁木迭儿义子。延祐七年(1320),英宗即位初,任翰林承旨、宣徽院使,兼太医院使。未几,领中都威卫指挥使。至治元年(1321),拜御史大夫。领左、右阿速卫。二年,铁木迭儿死,英宗追究铁木迭儿党羽之罪,铁失不自安。三年八月,英宗自上都南还,驻南坡。铁失率阿速卫军,与知枢密院事也先铁木儿等十余大臣、宗王勾结,弑英宗,遣使迎泰定帝于漠北。十月,被泰定帝处死。(0001 卷 207)

铁失②　又译帖实。元宗王。铁木哥斡赤斤孙,斡鲁台之子。(0001 卷 107、15)

铁赤　元世祖至元三十年(1293)十二月,受命为安西王傅。成宗元贞元年(1295)二月,奏请复立王相府。帝不许。二年正月,复奏请立王相府。帝曰:"赋税、军站,皆朝廷所司;今姑从汝等请,置王相府,惟行王傅事。"(0001 卷 17、18、19)

铁连(1218～1281)　元乃蛮人,居绛州。初为拔都宿卫士。太宗时任拔都分地平阳路隰州达鲁花赤。世祖中统初,改平阳驿站达鲁花赤。至元初,奉旨出使拔都后王忙哥帖木儿处,议共击叛王海都。后又三次出使钦察汗国,议合击海都事。前后往返,历十四年。后改授绛州达鲁花赤。(0001 卷 134)

铁里①　元世祖至元二十八年(1291)九月,授礼部尚书,奉旨出使俱蓝(今印度西南海岸奎隆)。(0001 卷 16)

铁里②(？～1310)　元畏兀儿僧人。武宗至大三年(1310)二月,以与宁王阔阔出同谋为不轨罪,处死。(0001 卷 23)

铁你　泰定帝后妃之一。(0001 卷 106)

铁柱　元泰定四年(1327)任衢州(今属浙江)路达鲁花赤。(0878 卷 2)

铁杰　元顺帝至正十二年(1352),为湖广行省参政。闰三月,率湖南军收复岳

州。四月，与万户陶梦桢收复武昌、汉阳。(0001 卷 42)

铁闾①　字充之。元哈剌鲁人，居鄞县(治今浙江宁波)。英宗至治元年(1321)进士，授余姚(今属浙江)州同知。有诗作传世。(0634 卷 2，0880 卷 28，0504 丙)

铁闾②　元泰定二年(1325)任象山县(今属浙江)达鲁花赤。(0634 卷 2)

铁闾③　字文辉。元国子生出身。历任浚州(治今河南浚县)达鲁花赤。(0643 卷 5)

铁哥①(1248～1313)　又译帖可。元时入华怯失迷儿(今克什米尔)人。姓伽乃氏。斡脱赤之子。母汉人。幼学畏兀儿蒙古字。世祖即位(1260)，入充宿卫。年十七，娶冉氏女。至元十七年(1280)，领尚膳监。十九年，升宣徽院同知。后改任司农寺达鲁花赤，升大司农。二十四年，扈从帝征叛王乃颜。二十九年，升中书平章。成宗时仍三度任中书平章。武宗即位(1307)，遥授中书右丞相。仁宗皇庆初，特授太傅。卒，追封秦国公，谥忠穆。后进封延安王，谥忠献。(0001 卷 125)

铁哥②　元仁宗延祐三年(1316)，为河中府(治今山西永济西南)同知。(0001 卷 193)

铁木儿①　元诸王。世祖至元后叶、成宗时，率所部与西北叛王战，有战功。(0001 卷 16、19)

铁木儿②　元成宗大德九年(1305)为平章政事，奉旨乘传护送帝师。(0001 卷 202)

铁木儿③　元中叶广西少数民族首领岑世兴之子。泰定二年(1325)十月，随父率众进攻上林(今属广西)等州县，帝命抚谕之。(0001 卷 29)

铁木儿④　元蒙古珊竹氏，吾也而孙江东宣慰拔不忽之孙。(0011 卷 8)

铁木真①　即元太祖。

铁木真②　金时塔塔儿部长。金世宗大定二年(1262)，被元太祖之父也速该擒获，适元太祖降生，遂以其名为元太祖名，以志武功。(0001 卷 1)

铁木哥①　元世祖至元二十四年(1287)为甘肃行尚书省参政。次年正月，尚书右丞相桑哥以其无心任事，又不与己协力，奏于帝以乞牙带代之。(0001 卷 205)

铁木哥②(？～1328)　元泰定帝时为侍御史。致和元年(1328)三月，泰定帝往上都，铁木哥留于大都。七月，泰定帝死于上都。八月，燕铁木儿发动兵变于大都，铁木哥被执下狱。九月，被处死。(0001 卷 32)

铁木哥③　元顺帝至元元年(1335)任浙东宣慰使，后改任浙西廉访使。(0634 卷 1)

铁公主　元公主。嫁哈剌鲁部主阿尔思兰曾孙剌海涯里那驸马。(0001 卷 109)

铁文中　元临颍(今属河南)人。顺帝至正间任监察御史。(0762 卷 4)

铁古思　初为宦者。元至顺三年(1332)十月，宁宗即位，擢为中政院使。(0001 卷 37)

铁甲韩　元末大宋红巾军将领。顺帝至正二十年(1360)三月，率军攻至冀宁(今山西太原)，元冀宁分省官皆遁，遂克冀宁。(0001 卷 92)

铁迈赤(？～1282)　元哈剌鲁人。初事忽兰皇后帐前。后从元太祖定西夏。太宗时，从皇子阔出、忽睹都定河南。宪宗九年(1259)，忽必烈(世祖)围鄂州，闻兀良合台由广西至长沙，遣铁迈赤率练卒千人、铁骑三千迎之于岳州；兀良合台得援，遂抵江夏，北涉黄州。世祖中统初，从征阿里不哥。至元七年(1270)，授蒙古诸万户府奥鲁总管。(0001 卷 122)

铁里哥　元蒙古塔塔儿氏，太宗时东平路达鲁花赤塔思之子。袭父职，授行军万户。(0011 卷 27)

铁别赤　元驸马。世祖至元二十七年(1290)二月，进献罗罗斯(今四川凉山彝族自治州与西昌地区)雨毡六十、刀五十、弓二十于朝。(0001 卷 16)

铁肐胆　元大德十一年(1307)七月，武宗即位后，遥授平章政事，奉旨与遥授宣政使肥儿牙儿迷的里诣西域取佛钵、舍利。(0001 卷 22)

铁里昔　初为宦者。元至大四年(1311)五月，仁宗即位后，擢为利用监卿。(0001 卷 24)

铁和尚(？～1352)　元顺帝至正十二年(1352)。为福建邵武路反元队伍首领之一。是年，建宁路同知彭庭坚与邵武路总管吴按摊不花各率兵夹攻邵武反元队伍，击败之。铁和尚等反元队伍首领皆被追及斩杀。(0001 卷 195)

铁柱云　元龙泉(今属浙江)人。大德十一年(1307)发廪赈饥，诏表其门曰好义。(0075 氏族典卷 524)

铁哥术(？～1299)　元高昌畏兀儿人，居大都。野里术长子。世祖至元中，擢为棣州达鲁花赤。迁德安府达鲁花赤，镇压反元起事。至元二十六年(1289)累官至婺州路达鲁花赤。所在皆有政绩。卒，追封云国公，谥简肃。(0001 卷 135)

铁蔑赤　元宗室。世祖之子。南必皇后所生。(0001 卷 114)

铁穆耳　即元成宗。

铁古迭而　元蒙古人。初为第三怯薛长。成宗大德八年(1304)十一月，由武备卿擢任御史大夫。九年六月，立皇太子，奉旨告太庙。十一月，祀南郊，奉旨与右、左丞相同为三献官。武宗即位(1307)，奉旨以即位告谢南郊。受封为郓国公。至大间，遥授丞相。三年(1310)十月，出为陕西行台御史大夫。(0001 卷 21、22、23、95 等)

铁里脱欢①　又译帖里脱欢。元成宗大德七年(1303)，奉使宣抚两浙、江东。武宗至大二年(1309)十月，由参议中书省事升为中书参政，四年九月罢任。(0001 卷 21、23、112)

铁里脱欢②　元仁宗延祐元年(1314)任江南行台御史中丞。(0632 卷 6)

铁木儿脱①　又译帖木儿脱。元仁宗延祐二年(1315)九月，由同知枢密院事升为知枢密院事。七年五月，英宗即位后，改任中书平章。至治元年(1321)八月，改任上都留守。后复任知枢密院事。文宗天历初，出为西台御史大夫。二年(1329)四月，复任上都留守。八月，任御史大夫。(0001 卷 25、27、31、32、33)

铁木儿脱②　元宗室。阿里不哥孙冀王孛罗之子。(0001 卷 107)

铁木迭儿(？～1322)　又译帖木迭儿、铁木迭而。元蒙古人。元太祖开国功臣唆海曾孙，宪宗大将不怜吉带之孙，木火儿赤之子。初事世祖。成宗大德间，任宣徽院同知，兼通政院使。武宗即位(1307)，升宣徽使。出为江西平章。至大元年(1308)，迁任云南左丞相。仁宗即位(1311)，太后答己召用为中书右丞相。延祐元年(1314)，倡预买盐引，括田江南以增税收。使者分行各省，苛急烦扰。次年激起赣州蔡五九起义。后御史四十余人弹劾其贪虐害民，罢相。未逾年，因太后庇护，复起为太子太师。仁宗死，复入相，报复前怨，杀平章萧拜住、御史中丞杨朵儿只等。结党营私，贪赃枉法，紊乱朝政。英宗任拜住为左丞相以限制之。未几卒。(0001 卷 205、22～28)

铁木儿不花①　元宗王。世祖第七子西平王奥鲁赤长子。至元二十三年(1286)，驻营亦奚不薛(今贵州鸭池河以西)，因其粮饷仰于西川，远且不便，徙驻重庆府。成宗元贞二年(1296)五月，吐蕃叛，杀掠阶州军民。奉旨率所部与脱脱、诸王只列等合兵讨之。大德元年(1297)三月，封镇西武靖王。(0001 卷 14、19、107、108)

铁木儿不花②　元诸王。世祖至元二十八年(1291)二月，封肃远王。(0001 卷 16、108)

铁木儿不花③　又译帖木儿不花。元成宗时，任通政院使兼武备卿。大德十一年(1307)，武宗即位，擢为知枢密院事。至大元年(1308)，遥授左丞相，加录军国重事。四年正月，武宗死，罢尚书省，奉仁宗命与中书右丞相塔思不花等审问尚书省宰执脱虎脱、三宝奴、乐实等。四月，封宣宁王。改任宗正扎鲁忽赤。仁宗延祐六年(1319)，任御史大夫。次年，英宗即位，复知枢密院事。至治元年(1321)，奉旨整治军政。顺帝至元元年(1335)，又任御史大夫。二年，改任中书平章。六年，任中书左丞相。(0001 卷 22～27、38～40、113)

铁木儿不花④　元大德十一年(1307)七月，武宗即位后，由仪风司大使升玉宸乐院使，遥授平章政事。(0001 卷 22)

铁木儿不花⑤　元蒙古人。仁宗怯薛(禁卫军)火儿赤(箭筒士)。延祐二年(1315)十月，封赵国公。(0001 卷 25)

铁木儿不花⑥　元宗室。察合台汗国第十三代汗怯别(1320～1327 在位)之宗亲。泰定元年(1324)六月，奉怯别遣，以驯豹、西马来朝贡。(0001 卷 29)

铁木儿不花⑦　元蒙古人。钦察氏妇女也先忽都之夫。顺帝时为大宁路达鲁花赤。至正中，因事免官，居大宁(今内蒙古宁城西)。(0001 卷 201)

铁木儿不花⑧(？～1358)　元顺帝至正中，以副都元帅镇戍婺源。至正十八年(1358)战死。(0972 卷 4，0925 卷 55)

铁木儿补化　又译帖睦尔普化、帖木儿补化等。元畏兀儿人。亦都护(国王)纽林的斤长子，八卜叉公主所生。成宗大德中，娶阔端孙女朵儿只思蛮公主。武宗至大中，从父入觐，备宿卫。又事答己太后，领大都护事，出为巩昌等处都帅府达鲁花赤。父死，嗣为亦都护高昌王。英宗至治中，领甘肃诸军。泰定中移镇襄阳，任湖广行省平章。文宗天历元年(1328)，被召至大都，佐平上都兵，拜知枢密院事。次年正月，拜中书左丞相，十月，拜御史大夫，让亦都护高昌王位于其弟钱吉。(0001 卷 122)

铁木儿塔识(1302～1347)　又译帖木儿达失、帖睦尔达世等。字九龄。元康里人。康里脱脱之子。初为国子生。后侍元明宗于藩府。文宗时，历任都护府同知、礼部尚书、西台侍御史、奎章阁侍书学士。顺帝至正元年(1341)，任中书平章。五年，拜御史大夫，兼辽宋金三史总裁官。七年，任中书左丞相，病死。追封冀宁王，谥文忠。(0001 卷 140)

铁穆而溥化　字宏道。元大都(今北京)人。顺帝至正二十三年(1363)以江浙行省宣使管嘉兴驿。(0895 卷 11)

铁木儿也不干　元蒙古许慎氏，月赤察儿之子马剌之子。历任左都卫使、通政使。(0011 卷 20)

铁木哥斡赤斤(1168～约 1247)　又译帖木格斡惕赤斤。元太祖同母幼弟。助太祖定议攻灭乃蛮。太祖即位(1206)，与母亲月伦共受封一万户，封地在今大兴安岭东西两侧，其东境后扩至嫩江、松花江。好兴建宫室园苑。太祖西征时，受命镇守漠北。太宗死后，率所部进军漠北，企图夺取大汗之位，后闻贵由(定宗)已率大军从西征返回，抵达叶密立河(今新疆额敏河)畔驻地，才率部退去。贵由即位后，被捕受审，论罪处死。(0008 卷 1、2，0002 卷 105)

铁古思帖木儿　元顺帝至正二十七年(1367)任中书参政,分省保定。(0001卷113)

铁固思帖木而　元蒙古札剌亦儿氏。木华黎七世孙。朵尔直班长子。(0001卷139)

铎护伦(1302~?)　字振远。元畏吾儿人,居临江(治今江西清江西南)。顺帝元统元年(1333)进士,授袁州路录事司达鲁花赤。(0028卷上)

倚南海涯　元色目人。进士。历任集贤学士、兴和路判官。有诗作传世。(0504戊下,0569卷6)

俺都　字成之。元燕山(今北京)人。顺帝至正五年(1345)任蓝田县(今属陕西)达鲁花赤。(0801卷20,0821卷上)

俺普①　元世祖至元二十四年(1287)任江南行台监察御史。(0632卷6)

俺普②　元顺帝时,任河南廉访副使,升廉访使。至正十七年(1357),拜中书参知政事,分省陵州(今山东德州)。二十七年,拜中书平章政事,不久改除大宗正府也可札鲁忽赤(大断事官)。二十八年,复拜平章,兼知院,封秦国公。(0001卷44、47、113等)

俺巴孩　又译咸补海。元太祖之族曾祖。蒙古泰赤乌部首领。其族兄合不勒汗死后,被推选为蒙古诸部联盟首领,称汗。后因送女出嫁,途中被塔塔儿部擒获,押送至金朝,被处死。(0008卷1,0009卷1)

俺都剌①　元世祖至元十八年(1281),奉命出使马八儿国(在今印度东南海岸)。(0001卷11)

俺都剌②　元宗王。太宗第七子灭里之孙,脱忽之子。(0001卷107、206)

俺都剌钦　元顺帝至元五年(1339)任庆元路(治今浙江宁波)录事司达鲁花赤。(0634卷2)

俺木哥失里　元蒙古札剌亦儿氏,木华黎后裔。朵儿只之子。顺帝时,袭爵为国王。(0001卷139)

俺都剌发达　元顺帝至正二年(1342)任庆元路(治今浙江宁波)录事司达鲁花赤。(0634卷2)

俺都剌哈蛮　元顺帝时,任龙镇卫指挥使。至正十二年(1352)前后,在湖广与红巾军作战,先后收复澧州、中兴等地。(0001卷42)

倒吾(?~1355)　元诸王。顺帝至正十五年(1355)六月,死于军中。(0001卷44)

倒剌沙①　元回回人。世祖至元十二年(1275)九月,平章阿合马奏立诸路转运司;授转运使。(0001卷205、8)

倒剌沙②　元仁宗延祐二年(1315)任江南行台监察御史。(0632卷6)

倒剌沙③(?~1328)　元回回人。初事晋王也孙铁木儿(泰定帝)为王府内史。至治三年(1323),元英宗被杀,也孙铁木儿即位,授中书平章。未几,升左丞相。泰定年间,当国数年,擅威福,压制言论,庇护其党羽受贿。致和元年(1328),泰定帝死于上都,受顾命拥皇太子阿剌吉八(天顺帝)即位于上都(今内蒙古正蓝旗东北)。时燕铁木儿立文宗于大都(今北京)。双方激战数月,大都军胜,进围上都。倒剌沙出降,被处死。(0002卷204)

倒剌沙④　元泰定元年(1324)任庆元(治今浙江宁波)市舶提举。(0634卷2)

倒剌沙⑤　元顺帝元统元年(1333)任庆元路(治今浙江宁波)录事司达鲁花赤。(0634卷2)

倒剌沙⑥　元西域阿鲁温氏。顺帝至正三年(1343)任江南行御史台经历。(0632卷6)

倒剌沙⑦　元于阗(今新疆和田)人。历任襄垣县(今属山西)达鲁花赤。(0691卷8,0698卷8)

倒剌的牙儿　元顺帝至正元年(1341)任象山县(今属浙江)达鲁花赤。(0634卷2)

倪中　字中恺。元信州路(治今江西上饶)人。官至翰林待制。工书法,正书端谨清润。(0031卷7,0504癸下)

倪从　元人。有诗作传世。(0504己下)

倪文　元建德(今属浙江)人。历任镇江路儒学录。(0631卷17)

倪坚　元世祖至元二十九年(1292)任秘书监著作佐郎。成宗元贞元年(1295)升为著作郎。(0027卷10)

倪闰(?~1284)　元世祖时,为管军万户。至元二十一年(1284),从镇南王脱欢征安南(今越南),战死。(0001卷13、209)

倪实　元文宗至顺元年(1330),任奉化(今属浙江)州判官。(0634卷2)

倪渊(1268~1345)　字仲深。元湖州路乌程县(治今浙江湖州)人。从敖继翁学。以荐署湖州路儒学录。后历任杭州路儒学正、教授,湖州路儒学教授,当涂县主簿。以富阳县尹致仕。学者私谥曰文静先生。(0152卷32,0158卷24,0002卷236)

倪溢(1268~1333)　字太亨。元鄞县(治今浙江宁波)人。历任市舶司吏目,两浙、福建转运司掾,皆有能声。后病归。(0456卷10)

倪显　元仁宗皇庆元年(1312)任溧水

(今属江苏)州同知。(0632 卷 6)

倪晦　字孟晰,元信州(治今江西上饶)人。顺帝时,事中书右丞相太不花为掾史,因涉书史、精文墨,深受委任。(0001 卷 141、188)

倪顗　元濠州(治今安徽凤阳东北)知州,果断有为。(0977 卷 6)

倪镗　字仲瑶。元安仁(治今江西余江东北)人。历任南康路儒学教授、翰林待制、晋宁知州。(1011 卷 9)

倪璐　元顺帝至正二十二年(1362),任户部侍郎。(0600 卷 2)

倪瓒(1301～1374)　字元镇,号云林,元明间无锡人。博学,好古,有洁癖。家富,四方名士日至其门。居清閟阁,藏书数千卷。顺帝至正初,散家财给亲故,泛舟五湖三泖间。工诗画。画山水意境幽深,与黄公望、王蒙、吴镇为元季四大家。诗文有《清閟阁全集》。(0020 卷 298,0303 卷 11)

倪骧(1293～1342)　字子举。元乌程(治今浙江湖州)人,倪渊之子。尝至京师(今北京),以所学干贵人,不合,遂绝意仕宦,隐居以终。登山吟水,忽有所得,则写之于琴,琴不足,又写之于画。识者谓其画与高克恭争拙,法于米芾。(0158 卷 26,0072 卷 52)

倪士毅(1303～1348)　字仲弘。元休宁(今属安徽)人。陈栎弟子。教授于黟县二十三年,学者称为道川先生。著有《重订四书辑释》二十卷、《作义要决》一卷。(0310 卷 7、3,0034 卷 4,0972 卷 7)

倪天奎　元人。有诗作传世。(0504 癸上)

倪天渊　字震亨。元鄞县(治今浙江宁波)人。元初籍占漕役,亲自下海,有舟十艘,每运数万石,服劳四十余年,元廷旌之。(0877 卷 35,0075 氏族典卷 102、学行典卷 240)

倪元瑛　元人。有诗作传世。(0504 辛下)

倪文珍　元世祖至元十四年(1277)至十五年,任庆元路(治今浙江宁波)同知。(0633 卷 2)

倪文俊(？～1357)　别号倪蛮子。元黄州黄陂(今属湖北)人。业渔。顺帝至正十一年(1351),从徐寿辉反元起兵。屡建战功,官至天完政权丞相。十五年,率部攻占沔阳,又攻取襄阳、中兴(治今湖北江陵)、武昌、饶州(治今江西波阳)等路。次年正月,治宫室于汉阳,迎徐寿辉入居。未几,图谋降元,以所俘元威顺王之子为质,求封为元湖广平章。十七年,谋害徐寿辉,事败,奔黄州(今湖北黄冈),被其部下陈友谅杀死。(0001 卷 44、45、117,0103 卷 3,0125 卷 8)

倪可与(1324～1376)　字仲权。元鄞县(治今浙江宁波)人。深于礼文。方国珍妻死将葬,命其考礼行事,事毕欲授以官,不受。(0456 卷 10,0290 卷 1、4)

倪印心　号古洲。宋元之际绩溪(今属安徽)人。与叶李为莫逆交。元世祖至元后叶,以叶李荐,授湖广儒学副提举。至元三十年(1293),任开化县尹。后迁任玉山县尹。(0992 卷 9,0075 氏族典卷 102)

倪克修　元鄞县(治今浙江宁波)人。读书好礼,尝建书舍,招纳贤士大夫絃歌其中。读书之暇,学王冕画梅,深得其趣。(1143 卷 652)

倪应渊(1227～?)　字耕道。宋元之际宣城(今属安徽)人。元世祖至元三十一年(1294),起为和州路儒学教授。有诗作传世。(0167 卷 33,0504 戊上)

倪若水　元人。有诗作传世。(0504 癸上)

倪尚絅　元休宁(今属安徽)人。倪士毅之子。历任黟县儒学教谕。(0973 卷 7)

倪念四　元绛州(治今山西新绛)人。世祖至元中任郓城县(今属山东)达鲁花赤,有治绩,死于官任。(0075 氏族典卷 46)

倪居敬(1309～1371)　字行简。元杭州人。父垕(号信甫)为名医。居敬承家学,顺帝至正中以荐补杭州路医学正,不久升为医学教授。后又升为江浙官医副提举。官至江浙官医提举。(0444 卷 9)

倪南杰(1249～1317)　字君立。宋元之际贵溪(今属江西)人。宋末乡贡士。元世祖至元十八年(1281),任徽州路儒学正、紫阳书院山长。未及任满而归。(0212 卷 84,0033 卷 7)

倪昭奎(1279～1328)　字文光。元无锡(今属江苏)人,倪瓒兄。成宗元贞初,以荐授学道书院山长,秩满去为道士。武宗至大元年(1308),住持提点玄元观。次年,授常州路道录,号玄中文节贞白真人。(0147 卷 50,0941 卷 23)

倪敏德　元成宗大德八年(1304)任衢州(今属浙江)路同知。(0878 卷 2)

倪维德(1303～1377)　字仲贤,元明之际吴县(今属江苏)人。祖秀文、父鼎亨皆业医。继承家学,精医术。明洪武三年(1370),撰成《原机启微》二卷,为眼科专著。此书上卷论述眼目致病原因及施治法则,下卷论述方剂配伍,附有四十余方及说明。(0411 卷 25,0042 卷 13,1149 卷 271)

倪景辉　元诸暨(今属浙江)人。泰定四年(1327)进士。(0880 卷 33)

倪道原　字太初。元安仁(治今江西余江东北)人。参加科举考试不利,遂不复求仕,漫游赋诗。(0503 三集己,0075 文学典卷 90)

倪德政①　元世祖时，任同佥枢密院事。至元十二年（1275）伐宋，奉命赴鄂州行省，治财赋。（0001 卷 8）

倪德政②　元吴郡（今江苏苏州）人。历任常德路总管，有惠爱于民。（0622 卷 64，1041 卷 66）

健都班　元蒙古逊都思氏，赤老温子阿剌罕曾孙。历任永昌路总管、达鲁花赤，王傅府尉。文宗时历任同佥太常礼仪院事、监察御史、侍御史。（0147 卷 16）

徒仲清　元溧阳（今属江苏）人。通蒙古语。历任太平路（治今安徽当涂）儒学录。（0413 卷 2）

徒单政　元卫辉（今属河南）女真人。顺帝至正年间由翰林出任谷城县（今属湖北）知县。其子郦，后亦为谷城知县。（0075 氏族典卷 566）

徒丹公履　字云甫，号颙轩。金元之际获嘉县（今属河南）女真人。博学善持论。金末登进士第。元世祖至元二年（1265）十二月，被元廷召自卫州。八年，为翰林侍讲学士。十年四月，世祖在上都，将相大臣以南伐宋为请，帝驿召姚枢、许衡、公履等问计，公履对曰："乘破竹之势，席卷三吴，此其时矣。"帝然之。十二年，请设科取士，诏与杨恭懿议之。（0001 卷 6、8、9、148、164，0144 卷 2、16、17、21、59，0075 氏族典卷 566）

徐元　元平江（治今江苏苏州）人。历任新昌县（今属浙江）主簿。（0880 卷 28）

徐云　元东沙人。道士。有诗作传世。（0504 壬上）

徐中　元山阴（治今浙江绍兴）人。元末为诸暨（今属浙江）州儒学录。（0880 卷 34）

徐仁　字君美。元济阴（治今山东荷泽）人。世祖至元年间从军，积功累升为管军千户。后镇守桂阳。（0075 氏族典卷 58，0085 卷 15）

徐氏①　元初畏兀儿武将忽都之妻，拜降之母。居大名路清丰县。忽都死时，拜降生甫数月。徐氏盛年守节，教子甚严，每曰："吾唯一子，不可使不知学。"顾县僻左，无良师友，遂遣拜降从师大名城中。及老，见拜降历官有声誉，喜曰："吾死可瞑目矣。"（0001 卷 131）

徐氏②（1343～1360）　元天台（今属浙江）人，嫁狄恒为妻，夫死守寡。元末避兵山中，为盗所获，投井而死，时年十八。（0001 卷 201）

徐氏③　元德兴（今属江西）人，徐明善孙女，张孟庸妻。顺帝至正中，盗杀孟庸而欲纳之，徐氏自沉水死。（1011 卷 9）

徐氏④　元文昌（今属海南）人，陈道安妻。顺帝至正年间，反元队伍起，道安抗拒被杀，徐氏埋葬之，哀哭啖土塞口而死。（0002 卷 244）

徐氏⑤　元常州妓。顺帝至正年间守将降反元队伍，召之佐饮，徐氏题诗座上以斥之，守将寸磔之。（0101 卷 7，0004 卷 40，0033 卷 39）

徐氏⑥　元定远（今属安徽）人，"义兵"百户史五妻。夫战死，徐氏载其尸归，治大棺毕，自经其侧。（0977 卷 5，0925 卷 10，0002 卷 245）

徐凤　元济州（治今山东济宁）人。徐之纲孙。由临朐县尹迁任庆元路经历。后历任集贤待制、河南路同知。官至江南行台侍御史。卒谥文庄。（0154 卷 8，0633 卷 2）

徐玉（1182～1269）　字庭玉。金元之际赵城（治今山西洪洞北）人，徐毅祖。元太祖十四年（1219）降蒙古，授元帅府都提控。后署崞县提领，改岢岚长官。宪宗六年（1256），为河东南路提举常平仓事。（0551 卷 27）

徐贞　元仁宗皇庆二年（1313）任江山（今属浙江）县尹。后迁任上虞（今属浙江）县尹。（0878 卷 2，0880 卷 28）

徐则（1270～?）　字子美，号芝石。元钱塘县（治今浙江杭州）人。从方回学。历任饶阳税使。（0198 卷 3，0232 卷 5、7）

徐伟　元人。有诗作传世。（0504 癸下）

徐仲①　字景吾。元江山（今属浙江）人。英宗至治年间，以镇压反元队伍有功，授江山县尹。（0878 卷 2、11，0894 卷 7）

徐仲②　字守文。元宣平（治今浙江武义西南）人。以经明行修被荐为国子学录。（0888 卷 3，0896 卷 129）

徐观　字国宝。元玉山（今属江西）人。顺帝至正五年（1345）任铜陵县儒学教谕。后历任绍兴路儒学录、漳州路知事。（0993 卷 5、7，0986 卷 4，0908 卷 3）

徐奂　元人。有诗作传世。（0504 辛下）

徐宏　元明间闽县（治今福州）人，元顺帝至正二十三年（1363）进士。明洪武中任福州府学教授。（0924 卷 46）

徐良　元真定（治今河北正定）人。成宗大德五年（1301）任镇江路录事。（0631 卷 16）

徐初　字本道。元华亭（治今上海松江）人。早丧母，事后母孝。顺帝至正中反元队伍起，率乡兵备御之。（0931 卷 30，0950 卷 15，0075 学行典卷 191）

徐和　元人。有诗作传世。（0504 癸下）

徐季　元顺帝至正二十年（1360）任绍兴路总管。（0880 卷 26）

徐恒　元钱塘(治今浙江杭州)人。有诗作传世。(0504 庚下)

徐怡(1198～1288)　又名进。元任城(治今山东济宁南)人。仕至鱼台县(今属山东)知县。(0602 卷 3)

徐泽　元云间(今上海松江)人,工画花鸟、山水,其画传至日本。(1143 卷 727)

徐诚①　字道宏。元英宗至治二年(1322),任秘书监知印。(0027 卷 11)

徐诚②(1277～1362)　字信之。元上海人。富而好施。又梓印佛经散之四方。(0418 卷 30,0931 卷 30,0075 学行典卷 191)

徐珊　元顺帝至正二十年(1360)为宁州(治今甘肃宁县)知州。(0801 卷 23)

徐荣　元世祖至元三十年(1293)任来安(今属安徽)县尹。(1001 卷 12)

徐杰①　字杰之。元浮梁(治今江西景德镇北)人。元初,被举充江西行省儒学提举。后以荐授詹事院宾客。(1011 卷 9)

徐杰②　字汉卿。元湘州(治今湖南长沙)人。成宗大德二年(1298)至五年任镇江路提控案牍。(0631 卷 15)

徐昺　字彦深,元安阳(今属河南)人。文宗至顺元年(1330)举进士,擢监察御史。历任礼部尚书、国子祭酒、翰林学士承旨。(0762 卷 10,0761 卷 28,0075 氏族典卷 58)

徐显　字克昭。元绍兴(今属浙江)人,居于平江(治今江苏苏州)。顺帝至正年间撰《稗史集传》一卷,记其所与游及所闻所见。(0088 自序)

徐贻　号醉墨生,元人。善画,师法米芾、董源,尝临摹阎立本《职贡图》。(0296)

徐钧　字秉国,号见心。宋元之际兰溪(今属浙江)人。宋末为定远县尉。元初,家居读书,金履祥延以教其诸子。精于史学。撰《史咏诗集》二卷,许谦、黄溍等为作序。(0881 卷 16,0075 文学典卷 86,0397 卷首、卷末)

徐矩　字士方。元人。有诗作传世。(0504 辛下)

徐恢　元明间常山(今属浙江)人。泰定元年(1324)进士。明洪武十四年(1381)任户部尚书,同年因罪下狱,以减死论。(0878 卷 10,0896 卷 129)

徐恺　字士元,幼从外氏姓莫,故称莫士元,元湖州南浔镇人。善画山水,师法李成。(0030 卷 5,0876 卷 25)

徐津　字仲盟。元江阴(今属江苏)人。有诗作传世。(0504 辛上)

徐宪　字元度。元无锡(今属江苏)人。历任监察御史、兵部侍郎。(0930 卷 20,0941 卷 14,0048 卷 5)

徐珪　字庭玉。元吴县(治今江苏苏州)人,徐达左族兄。有诗作传世。(0504 庚上)

徐素　字淡如。元余干(今属江西)人。精深于《周易》、《礼经》。工楷书。元末,避战乱迁居鄱阳(治今江西波阳)。(0075 文学典卷 90)

徐硕　字德甫。宋元之际嘉兴(今属浙江)人。宋度宗咸淳四年(1268)甲科进士。元世祖至元中为嘉兴路儒学教授,撰《至元嘉禾志》三十二卷。至元二十九年(1292),迁任镇江路儒学教授。(0631 卷 17,1005 卷 7)

徐原　字均善。元兰溪(今属浙江)人。从吴师道学。以诗文名世。(0071 卷 82)

徐哲　字延徽。元莱阳(今属山东)人。以茂才荐授长阳县儒学教谕,不就。有诗作传世。(0523,0504 庚下,0033 卷 24)

徐恩　元世祖至元十六年(1279)任益都(治今山东青州)县尉。(0603 卷 3)

徐圆　字子方。元衢州(今属浙江)人。文宗至顺三年(1332),任镇江路儒学教授。(0631 卷 17)

徐钰　元镇江(今属江苏)人。始冠,侍父镇,将之婺源,过丹阳小谿,父失足堕水中。钰投谿拥父出,父得挽行舟以升。钰力惫溺死。江浙行省言状,表异之。(0001 卷 197)

徐舫(1299～1366)　字方舟,自号沧江散人,元桐庐人。工诗,不求仕进。有诗作传世。(0411 卷 24,0020 卷 298,0503 二集庚)

徐闻　元武宗至大三年(1310)任吴江(今属江苏)州都目。(0954 卷 17)

徐容　元信州(治今江西上饶)人。国子生出身,泰定四年(1327)进士。历任新昌(今属浙江)县尹、余姚(今属浙江)州同知、高州路同知。(0880 卷 28)

徐恕①　元泰定帝致和元年(1328)任吴江(今属江苏)州同知。(0954 卷 17)

徐恕②　字如心。元吴郡(今江苏苏州)人。历任归安县(治今浙江湖州)儒学教谕。(0559 卷 18)

徐瑞　元英宗至治中,任嵊县(今属浙江)丞。(0880 卷 28)

徐基　字士崇。元清江(今属江西)人。顺帝元统年间以荐为书院山长,未几辞归。(0212 卷 9,1024 卷 7)

徐焕　字秉文。元三衢(今浙江常山北)人。顺帝至正末,任宁州(治今江西修水)知州。(1012 卷 15)

徐清(?～1276)　宋元之际新定(治今

浙江淳安西南)人,徐师颜女。元世祖至元十三年(1276)战乱,与妹徐淳皆不受辱而死。(0225 卷 25,0622 卷 41)

徐淮 字原泽。元永嘉(治今浙江温州)人。有诗作传世。(0504 辛下)

徐琰(? ~1301) 字子方,号容斋,又号养斋、汶叟。元东平(今属山东)人。世祖至元初,以荐为陕西行省郎中。后历任湖南按察使、江南行御史台中丞、江浙参政。成宗即位,迁任浙西廉访使。大德二年(1298),入为翰林学士承旨。卒,谥文贞(一作文献)。工诗,善作散曲。襟度宽洪,东南人士多与之游。(0001 卷 115、148、160、173、190,0101 卷 5、6、18,1108 卷 38)

徐琛 字国宝。元新泰(今属山东)人。历任广德路判官。世祖至元三十一年(1294),任亳州知州。成宗大德年间死。(0075 氏族典卷 58)

徐敬 元顺帝至元二年(1336)任昌国州(治今浙江舟山)知州。(0634 卷 2)

徐棪 字若虚。元丰城(今属江西)人。年十五举进士,谢归业医。(0150 卷 8)

徐畤 元剑江人。有诗作传世。(0504 辛上)

徐赐 字天锡。元顺昌(今属福建)人。世祖至元年间任宁德县(今属福建)主簿,见盐课之弊,言于部使者,为减常额,民德之。以延平路推官致仕。(0901 卷 69,0914 卷 4,0902 卷 125)

徐湛 元乳源(今属广东)人。以明经授枝江县尹。(1031 卷 8)

徐温 元成宗大德五年(1301)至八年,任奉化(今属浙江)州判官。后又任余姚(今属浙江)州判官。(0633 卷 3,0880 卷 28)

徐裕 元温州(今属浙江)人。历任义乌县(今属浙江)儒学教谕。(0881 卷 12)

徐属 元顺帝至正年间任建安(治今福建建瓯)县尹。(0904 卷 13,0902 卷 56)

徐缅 元诗人。有诗作传世。(0504 辛下)

徐瑞(1254 ~ 1324) 字山玉,号松巢。元鄱阳县(治今江西波阳)人。仁宗延祐中,任本县书院山长。有《松巢漫稿》三卷。(1109 卷 4、5)

徐楠 字茂叔。元镇江(今属江苏)人。元初授招讨司知事。后历任江淮行省广济库使、无为路司狱。卒年七十九。(0631 卷 19)

徐鹏① 字程远,元凉州(治今甘肃武威)人,迁居商丘(今属河南)。博学能文,兼工绘画,性好芍药,植数千本以为写生之资。1143 卷 728)

徐鹏② 元处州(治今浙江丽水)人。历任嵊县(今属浙江)儒学教谕。(0880 卷 29)

徐霆 元成宗元贞元年(1295)任江南行御史台架阁库管勾。(0632 卷 6)

徐璋① 元海宁(今属浙江)人。元初为义乌(今属浙江)县丞。(0881 卷 12)

徐璋② 元衢州西安(治今浙江衢州)人。历任衡州路(治今湖南衡阳)儒学教授。(0896 卷 129)

徐奭(1280 ~ 1344) 字周臣。元安阳(今属河南)人。由国子生为学录。文宗天历二年(1329),累迁为监察御史,劾台臣不称职者。出为浙西廉访佥事。后历任御史台都事、浙东廉访使、户部尚书。顺帝至元元年(1335)参议中书省事。历治书侍御史、礼部尚书、山西宣慰使。拜河南参政,改集贤侍讲学士。(0250 卷 58,0001 卷 33、38,0002 卷 212)

徐毅(1254 ~ 1314) 字伯弘。元赵城(治今山西洪洞北)人。从许衡受业于国子学。世祖至元中,擢监察御史。成宗大德间历任枢密院经历、治书侍御史、陕西廉访使。武宗时任枢密院佥事。仁宗即位,擢南台侍御史,召入参议中书。未几,拜西台中丞、力辞以疾致仕。卒,谥文靖。有奏议五卷、诗文集二十六卷。(0152 卷 27,0212 卷 22,0002 卷 195)

徐澄 元顺帝至正十九年(1359)任吴江(今属江苏)州判官。(0954 卷 17)

徐赞 元兰溪(今属浙江)人。元初为义乌县(今属浙江)主簿。(0881 卷 12)

徐彝 元诗人。有诗作传世。(0504 辛下)

徐骧 字伯骥。元婺源(今属江西)人。从胡炳文学《周易》,从程直方学邵子之学。(0972 卷 9,0059 卷 16,0072 卷 78)

徐一用 元诗人。有诗作传世。(0504 癸上)

徐一甫 号天乐。元诗人。有诗作传世。(0504 戊下)

徐一清 字永之。元兰溪(今属浙江)人。英宗至治元年(1321)进士。历任江浙行省儒学副提举、江浙行省郎中。(0506 卷 3528,0881 卷 18)

徐一夔(1318 ~ 约 1400) 字大章,元明间浙江天台人。博学工文。元顺帝时,危素荐为建宁路儒学教授。元末避地嘉兴。明初征修礼书。后起为杭州府学教授。召修《大明日历》,书成,授翰林院官,以疾辞归。有《始丰稿》、《艺圃蒐奇》等。(0020 卷 285,0492 卷 64)

徐九龄 字大年。元明之际淳安(今属浙江)人。元后叶举进士。明初,参与修《元史》。(0421 皀藻集卷 2,0896 卷 129,0006 卷 91 下)

徐士茂 元云间(今上海松江)人。有诗作传世。(0504 庚下)

徐士荣 字仁则,号五云。元临海(今属浙江)人。有诗作传世。(0504 己下)

徐士原 字仁初。元上虞(今属浙江)人。有诗作传世。(0504 庚下)

徐之纲(1189~1263) 字汉臣。元济州(治今山东济宁)人。太宗十年(1238)以明经选为益都府儒学教授,佐行省事。李璮有不臣心,之纲讽之,被黜为滕县尉。(0146 卷 29,0072 卷 16,0002 卷 234)

徐之祥 字麒父,号方塘。元德兴(今属江西)人。仁宗延祐六年(1319),由钦州儒学教授转任上林县主簿兼县尉。(0228 卷 2,0072 卷 37,0002 卷 235)

徐子秀 字实翁。元镇江(今属江苏)人。历任镇江路儒学录。(0631 卷 17)

徐子政 元人。有诗作传世。(0504 癸下)

徐子彬 元世祖中叶任莱州(今属山东)知州。(0727 卷 2)

徐子琪 元仁宗延祐三年(1316),由礼部铸印局大使出任广宗县(今属河北)知县。(0665 卷 5)

徐王荣 宋元之际人。宋末为都统权兵马司事,守建康(今江苏南京)。恭帝德祐元年(1275)降元,授元建康路总管。(0632 卷 6,0001 卷 8)

徐天逸 号天倪。元诗人。有诗作传世。(0504 癸上)

徐天赉 字子文。元诗人。有诗作传世。(0033 卷 14)

徐元凤 元东平须城(治今山东东平)人。成宗大德七年(1303)任秘书监典书,武宗至大三年(1310)升为令史。(0027 卷 11)

徐元贞 元大德十一年(1307)任常山县(今属浙江)知县。(0878 卷 2)

徐元素(? ~1320) 元仁宗时,任监察御史。曾劾奏权相铁木迭儿罪恶。仁宗死,铁木迭儿当权,受到报复,下狱死。(0001 卷 175、179)

徐元瑞 字君祥。元吴郡(今江苏苏州)人。成宗大德五年(1301)撰成《吏学指南》。(1110 卷首)

徐中立 字宗道。仁宗延祐中,为广东元帅府令史,著平徭六策,上之江西省。行省命其从军广西。未几客死,年三十一。(0438 卷 2)

徐仁则 字伯敬。元奉化(今属浙江)人。善镌刻。(0276 卷 2)

徐仁荣 字德刚。元吴江(今属江苏)人。仕至翰林编修。晚年寓居嘉兴(今属浙江)以终。(0142 卷 29,0954 卷 22,0072 卷 85)

徐公著 元钱塘(治今浙江杭州)人。历任上虞县(今属浙江)儒学教谕、庆元路(治今浙江宁波)儒学正。(0633 卷 2,0880 卷 29)

徐文中 字用和。元宣州(今属安徽)人。善针药方术,多所救活。历任吴郡吏、江浙理问所提控案牍、绍兴路知事。(0088)

徐文郁 元世祖至元年间任奉化县(今属浙江)知县。(0633 卷 3)

徐文矩 元延陵(今江苏镇江)人。有诗作传世。(0504 庚下)

徐文瑞 元顺帝至元年间至至正元年(1341),任无锡州提控案牍。(0558 卷 24)

徐斗明 宋元之际慈溪(今属浙江)人。宋度宗咸淳元年(1265)进士。元初任庆元路(治今浙江宁波)儒学录。(0633 卷 2、6,0896 卷 129)

徐以文 字用章。元上虞(今属浙江)人。有诗作传世。(0504 庚下)

徐允升① 元成宗元贞元年(1295)任吴江(今属江苏)州提控案牍。(0954 卷 17)

徐允升② 元人。有诗作传世。(0504 辛下)

徐允济 元人。有诗作传世。(0504 辛下)

徐双老 元余姚(今属浙江)州儒学正。(0880 卷 29)

徐本诚 字存敬。元余姚(今属浙江)人。有诗作传世。(0504 庚下)

徐本原 元鄞县(治今浙江宁波)人,隐居不仕。有诗作传世。(0504 戊上,0536 卷 3)

徐石麟(1309~1375) 字仁孚。元兰溪(今属浙江)人。弱冠辟福州路吏,调任海漕万户府令史。历江浙省掾、行院理所掾。升昆山州判官,断狱有名声。后致仕居于昆山。(0567 续编,0939 卷 12)

徐世荣 元建州(治今福建建瓯)人。历任新昌县(今属浙江)典史。(0880 卷 28)

徐世隆(1206~1285) 字威卿。金元之际陈州西华(今属河南)人。金哀宗正大四年(1227)进士。金将亡,为严实招至东平幕府,掌书记。劝实收养寒士,助实兴学,教授诸生。元世祖中统元年(1260),擢燕京宣抚使。至元元年(1264),任翰林侍讲学士,兼太常卿,朝廷大政咨访而后行,诏命典册多出其手。奉诏议立三省,定内外官制上之,并建议定百官朝会仪。七年,迁吏部尚书,撰

《选曹八议》。后历任东昌路总管，山东、淮东按察使等职。著有《瀛洲集》百卷，已佚。(0001 卷 160)

徐世雄　字伯豪。元高唐(今属山东)人。世祖至元初任淄莱路判官。六年(1269)，奉命从兵部侍郎黑的出使高丽，召其国王入朝。后历任刑部郎中、濮州尹。有诗作传世。(0001 卷 6、208，0504 乙，0553 卷 21)

徐用宠　元文宗天历二年(1329)任鄞县(治今浙江宁波)丞。(0634 卷 2)

徐卯孙　元世祖至元二十年(1283)任宁德县尹。(0914 卷 4)

徐必友(1292～1354)　字仁卿，晚号逸叟。元温州平阳(今属浙江)人。尝北游大都(今北京)，中书左丞许有壬甚器重之，命授以官，而主铨吏求赂，遂不就而归。(0419 卷 13)

徐永益　字友直。元平阳(今属浙江)人。顺帝至正年间任金华县尹，迁漕府镇抚。(0414 卷 2，0890 卷 3，0881 卷 14)

徐邦宪(1302～?)　元顺帝元统元年(1333)进士，授分宜县丞。(0028 卷上)

徐再思　字德可，号甜斋。元嘉兴(今属浙江)人。为嘉兴路吏。所作散曲行于世。(0029 卷下)

徐仲达　元余姚(今属浙江)人。被征召为学士院佥书。有诗作传世。(0880 卷 30，0896 卷 129，0504 癸下)

徐有立　元上虞(今属浙江)人。历任新昌县(今属浙江)儒学教谕。(0880 卷 29)

徐达左(1333～1395)　字良夫。元明之际吴县(治今江苏苏州)人。从邵光祖学。元末隐居山中，筑耕渔轩，往来名流多为题咏。明洪武二十二年(1389)聘为建宁府学训导。著有《孟子内外篇》二卷。(0567 卷 3，0042 卷 6，0453 卷 5)

徐师颜(1234～1307)　字子愚。宋元之际新定(治今浙江淳安西南)人。宋太学上舍。元初为信州路儒学教授，母思归，即解职去。后历任湖州路、太平路儒学教授。有《上饶集》。(0146 卷 34，0225 卷 17，0002 卷 239)

徐则文　字惟章。元上虞(今属浙江)人。有诗作传世。(0504 庚下)

徐廷玉　元人。有诗作传世。(0504 癸上)

徐仲儒　字直之。元淳安(今属浙江)人。不乐仕进。有诗作传世。(0504 戊上)

徐兴祖(?～1326)　号敬斋。元崇明(今属上海)人，迁居昆山(治今江苏太仓)。历任海漕副万户。卒，谥宣惠。(0635 卷 5，0949 卷 7，0002 卷 182)

徐汝嘉①　元世祖至元八年(1271)，立侍仪司，以为佥右侍仪事。(0001 卷 67)

徐汝嘉②　元世祖至元二十七年(1290)任秘书监著作郎。后出任冠州知州。(0027 卷 10，0730 卷 6)

徐宇泰　元人。有诗作传世。(0504 癸下)

徐寿辉(?～1360)　又名真一(真逸)。元罗田(今属湖北)人。布贩出身。顺帝至正十一年(1351)八月，与邹普胜等以白莲教组织起义于蕲州(治今湖北蕲春)。十月，攻克蕲水(今湖北浠水)，建国称帝，国号天完，年号治平，以蕲水为都。十二年，先后攻占今湖北、江西、安徽、浙江、湖南等地，因兵力分散，得地多不能收。十三年，兵败，蕲水失陷，逃入黄梅山中。十五年，势复振，但受丞相倪文俊挟持，虚有帝名。十六年，迁都汉阳。十七年，陈友谅杀文俊，复受友谅挟持。十九年，迁都江州(今江西九江)。二十年，被友谅杀害。(0103 卷 3，0002 卷 226)

徐孝祥　元吴江(今属江苏)人。隐居不仕。英宗至治二年(1322)，市粟赈饥，全活者甚众。卒年九十七。(0042 卷 9，0954 卷 24)

徐孝基　字立本。元临海(今属浙江)人。有诗作传世。(0504 庚下)

徐志根(1214～1304)　元汴梁扶沟(今属河南)人。全真教道士。为王志谨弟子。受赐号崇玄诚德洞阳真人。(0225 卷 18)

徐克昌　元顺帝至正年间任济州(治今山东济宁)知州，迁任太常礼仪院判官。(0956 卷下)

徐克敏　元成宗大德二年(1298)任金坛(今属江苏)县尹。(0631 卷 16)

徐苏孙　字坦翁。元温州(今属浙江)人。元初任镇江路濂溪书院山长。(0631 卷 17)

徐伯龙(?～1354)　元青田(今属浙江)人。顺帝至正十四年(1354)，反元队伍起，伯龙诣军门请以身先官军击反元队伍，明日大战，阵亡。(0075 官常典卷 733，0896 卷 166)

徐伯宇　元婺源(今属江西)人。顺帝至正年间从汪同聚集乡兵保乡里，汪同死，不复出。(0972 卷 9)

徐伯通　号雪崖。元人。有诗作传世。(0504 戊下)

徐伯颜　元武宗至大二年(1309)九月，奉旨与薛彻兀、李唐出使海外八昔国。(0001 卷 23)

徐希古　元开化县(今属浙江)儒学教谕。(0878 卷 11)

徐希武　元衢州常山(今属浙江)人。中乡举，授南康县儒学教谕。(0896 卷

129)

徐应虎　元金华(今属浙江)人。通诸经。工诗。善书法,受鲜于枢器重。多次参加科举考试不利,遂授徒以终,学者称为文蔚先生。(0411 卷 22,0072 别附卷 3)

徐沂之(1256～1329)　字圣与。元衢州(今属浙江)人。成宗大德六年(1302),被浙东廉访司征辟为书吏。仁宗延祐五年(1318),任仁和场盐司管勾。泰定元年(1324),迁任将乐县主簿。后以建德县尹致仕。(0152 卷 37)

徐宏道　号洞阳子。元钱塘(治今杭州)人。修真于瑞石山。年八十三沐浴更衣书颂而逝世。(0062 卷 56)

徐良起　元世祖至元年间以荐被征辟为余姚(今属浙江)县尹。(0880 卷 30)

徐良弼①　元文宗至顺初,任庆元路(治今浙江宁波)推官。(0634 卷 1)

徐良弼②　元顺帝至正年间任清河(今属河北)县丞。(0657 卷 2)

徐君庆　元成宗大德中,任滁州(今属安徽)知州,有惠政。(0622 卷 18,0925 卷 60,1001 卷 12)

徐君宝　元世祖至元中任建昌州(治今江西永修西北)判官,民饥,立券借官吏俸与谷赈之,又捐俸为义仓。(1011 卷 13,1023 卷 4)

徐君祐　元世祖至元二十九年(1292)任江山县(今属浙江)儒学教谕。(0897 卷 3、8)

徐武子　宋元之际温州平阳(今属浙江)人。宋末太学生。元世祖至元后叶,授温州路儒学教授。成宗大德五年(1301)累迁为常山县(今属浙江)知县。(0878 卷 2)

徐松龙　字寿翁。元镇江(今属江苏)人。历任汉阳府儒学教授。以巴陵县丞致仕。卒年八十八。(0631 卷 19)

徐奇伯(1249～1324)　字长公。元宜黄(今属江西)人。世祖至元三十一年(1294)为南城县儒学教谕。后升为抚州路临汝书院山长,调任江州路景星书院山长。武宗至大三年(1310),任新淦州儒学教授。仁宗延祐五年(1318),任金溪县主簿。引年归。后以贵池县尹致仕。(0212 卷 87)

徐明哲　元人。有诗作传世。(0504 癸上)

徐明善(1250～?)　字志友,号芳谷。元德兴(今属江西)人。世祖至元二十六年(1289),佐李思衍出使安南,撰《安南行记》一卷。归国后调任龙兴路(治今江西南昌)儒学教授。后入湖北宪幕,迁任江西省儒学提举,致仕归。有《芳谷集》三卷。(0075 文学典卷 86,0033 卷 9,0504 乙)

徐宗仁　元顺帝至元元年(1335)任浙西廉访司知事。(0573 卷 2)

徐宗保　元常山(今属浙江)人。中乡试。历任礼部员外郎。(0896 卷 129)

徐宗善　字仲元。元金坛(今属江苏)人。历任建德路照磨、繁昌县尹。(0631 卷 19)

徐宗儒　元临川(今属江西)人。元末任抚州路(治今江西临川)治中,陈友谅军攻破城,被执,不屈死。(0075 官常典卷 734)

徐居正　字时中。元顺帝至正十年(1350)为泉州路推官。(0594 卷 12)

徐参老　元末为开化县(今属浙江)儒学教谕。(0878 卷 3)

徐孟岳　元末人。有诗作传世。(0033 卷 32)

徐绍贤　元顺帝至正八年(1348)任沁水县(今属山西)主簿。(0694 卷 5)

徐持敬　字臞叟。元淳安(今属浙江)人。历任镇江路儒学录。(0631 卷 17)

徐拱辰　元成宗大德中为徽州路(治今安徽歙县)儒学教授。(0973 卷 8,0580 卷 2)

徐昭文　字秀章。元上虞(今属浙江)人。从韩性读《尚书》。被征辟为平江路(治今江苏苏州)儒学正。有诗作传世。(0880 卷 43,0072 卷 64,0504 庚上)

徐思永　元衢州常山(今属浙江)人。以经明行修,被征辟为衢州路儒学正。(0896 卷 129)

徐秋云　元人。有诗作传世。(0504 戊上)

徐禹圭　字天锡。元鄞县(治今浙江宁波)人。两中乡举。以母老不仕,居乡讲学。(0877 卷 38,0062 卷 44)

徐禹畴　字天彝。元鄞县(治今浙江宁波)人,徐禹圭弟。居乡讲授五十余年,弟子有三世从之者。卒年八十四。(0877 卷 38)

徐俊明　字子东。元杭州人。历任镇江淮海书院山长。(0631 卷 17)

徐勉之　元鄱阳(治今江西波阳)人。两次中乡试。历任慈湖书院山长、海宁州儒学教授。顺帝至正十九年(1359)明将胡大海攻绍兴,三月不下,退去;勉之撰《保越录》一卷记其事。(0277 卷 1,0072 卷 74,1105 卷 6)

徐彦威　元余姚(今属浙江)人。历任崇文监典簿。(0880 卷 30)

徐庭芝　元铜陵(今属安徽)人。历任长山书院山长。(0993 卷 6,0986 卷 5)

徐庭坚　元成宗元贞元年(1295)任秘书

监丞。(0027 卷 9)

徐庭秀①　字宇清。元常山(今属浙江)人。中乡试。历任明正书院山长。(0878 卷 10,0896 卷 129,193)

徐庭秀②　字和父。元江阴(今属江苏)人。尝为湖州归安县(治今浙江湖州)吏,撰《折狱比事》,今不传。(0202 卷 9)

徐彦纯(? ~1384)　字用诚,元明之际会稽(今浙江绍兴)人。学医于朱震亨,为朱氏门人中之佼佼者,为人诊治,多有奇效。元顺帝至正十八年(1358)冬,撰成《医经类证图》,此书编集各种病症,分类为门,萃聚《内经》、《本草》、汉唐以来诸名家及金元各家以迄朱震亨的微辞深义,详于论而略于方,删繁撮要,纲举目张。又撰有《医学折衷》,此书本《内经》之旨,采取刘完素、李杲、朱震亨诸家论说,折衷其要,分中风、痿、伤风、滞下、泄泻、疟、头痛、破伤风、损伤等十七类,有论有按,症方俱备。明洪武二十九年(1396),刘纯为该书增补三十三类,厘为五十卷,改名《玉机微义》。明洪武间,撰成《本草发挥》四卷,前三卷收药物 270 种,卷四为药物总论,摘取李杲、王好古、成无己、朱震亨等人对药物的阐析与经验,明太医薛铠校订此书,收入《薛氏医案二十四种》。(1149 卷 311、312,0453 卷 5)

徐彦裕　字仲宽,号去奢。元华亭(治今上海松江)人。壮年负气志,率舟师隶东藩,以功超迁江西福建佥枢,弃官归养。(0296 卷 6)

徐恢祖　号春轩,元常熟(今属江苏)人。顺帝至正末,集乡兵捍闾里,里人赖之。工草书。(1143 卷 708)

徐祖德(1308 ~?)　字景熙。元青田(今属浙江)人。顺帝元统元年(1333)进士,授江浙行省管勾。(0028 卷上)

徐柔嘉　元兰溪(今属浙江)人,女,嫁金华刘似之。有孕而夫死,及产得子,遂守节育子成人。(0154 卷 13,0890 卷 5,0002 卷 245)

徐泰亨(1269 ~1333)　字和甫。元余姚(今属浙江)人。以荐试吏平江(治今江苏苏州),署归安县典史。后历任海漕万户府提控案牍、建德路知事、青阳县尹。(0152 卷 34,0002 卷 229)

徐起贤　字思颜。元昆山(治今江苏太仓)人。徐兴祖之子。袭父职为松江嘉定所海运千户。(0635 卷 5)

徐桧龙　字耐翁。元镇江(今属江苏)人,徐松龙弟。历任镇江路儒学正、吉水州儒学教授、太平路儒学教授。(0631 卷 17、19)

徐梦吉　字德符,晚年号晓山中人。元杭州于潜(治今浙江临安西南)人。历任传贻书院山长、常熟州儒学教授。有诗作传世。(0182 卷 14,0504 己上,0033 卷 24)

徐梦孙　元高唐(今属山东)人。顺帝元统二年(1334)任江南行台监察御史。(0632 卷 6)

徐梦高　字明叟。元淳安(今属浙江)人。历任衡州路(治今湖南衡阳)儒学教授。撰《菊存稿》一卷,不传。(1071 卷 29)

徐敏夫　元聊城(今属山东)人。由江浙行省都事迁任徽州路推官。泰定元年(1324),被论连坐去官。(0972 卷 4,0925 卷 55)

徐彩鸾(? ~1355)　字淑和,元浦城(今属福建)人。通经史,嫁李景文为妻。元末随父避乱山谷中,为盗所获,投水自尽。(0001 卷 201)

徐惟贞　字德原。元镇江(今属江苏)人。有诗作传世。(0504 庚下)

徐添禄　字仲贵。元浦城(今属福建)人。家居不仕。尝掘渠得银一缶,即召前地主之子归之。(0901 卷 65,0902 卷 128)

徐景祥　元钱塘县(治今浙江杭州)人。善作散曲,与王彦中齐名。工隐语,有诗谜集《包罗天地》一卷传于元明时。(0029 续编)

徐景熙　元衢州西安(治今浙江衢州)人。历任上虞县儒学教谕。(0880 卷 29,0896 卷 129)

徐猱头(? ~1368)　元大兴(今属北京)人。顺帝至正二十八年(1368),明军至大都(今北京),与妻岳氏俱自焚死,其母王氏及二子一女亦同死。(0002 卷 233,0004 卷 38)

徐道宁　字安道,号东山。元淳安(今属浙江)人。有诗作传世。(0504 戊上)

徐登孙　字升伯。元衢州(今属浙江)人。儒医。(0144 卷 20)

徐嘉祐　元文宗至顺年间任开化县(今属浙江)儒学教谕。(0878 卷 3)

徐嘉善　字尚友。元德兴(今属江西)人,徐明善弟。长于《春秋》。元初任饶州路儒学教授。未几辞归。(0075 文学典卷 90)

徐端甫　宋元之际义乌(今属浙江)人。工诗,元世祖至元二十四年(1287),其诗作被月泉吟社选评为第三十七名。(0504 甲,0033 卷 6)

徐德贤　字孟明,号静庵。元常熟(今属江苏)人。隐居不仕。元末,张士诚聘之,不应。(0947 卷 8)

徐德举(1226 ~1303)　字进之。元赵城(治今山西洪洞北)人,徐毅父。世祖中统三年(1262),由尚书掾调任平阳路转运司经历,丁忧归。后起为太原盐使司提举。(0501 卷 64,0691 卷 9、15,0002 卷 195)

徐德恩　元怀州(治今河南沁阳)人。历任济源县(今属河南)主簿,受县民爱戴。(0622 卷 28,0762 卷 8,0765 卷 8)

徐德廉(? ~1276)　字清夫。元永康(今属浙江)人。世祖至元十三年(1276)任永康县尹,讨伐山中反元队伍,被擒杀。(0885 卷 5,0881 卷 13,0896 卷 155)

徐履方　字则闻。元人。有诗作传世。(0504 戊下)

徐懋昭(1240 ~1321)　字德明。宋元之际余干(今属江西)人。弱冠学道龙虎山,师张留孙。元成宗大德六年(1302),制授提点常州通真观事。仁宗皇庆元年(1312),赐号保和通妙崇正真人。(0320 杂著,0146 卷 31,0152 卷 14)

徐君宝妻　宋元之际岳州(治今湖南岳阳)人。有姿色。元初被掳至杭,主者欲强犯之。乃题词一阕于壁上,自投池死。(0101 卷 3,0002 卷 244)

徐忽都不花　元东昌(治今山东聊城)人。文宗至顺年间任祁门县(今属安徽)达鲁花赤,提调金课、催租董赋、给军粮饷,皆不扰民而事集,受县民爱戴。(0972 卷 4,0991 卷 3)

殷弘　字献臣。元世祖至元三年(1266)为礼部侍郎,奉旨充国信副使,与国信使黑的持国书出使日本,不至而还。五年,复奉旨与黑的持国书出使日本,至对马岛,日本人拒而不纳,执其国塔二郎、弥二郎二人而还。(0001 卷 6、208,0210 卷 8,0144 卷 15)

殷俛　字士昂。元顺帝至正二十年(1360)任秘书监典簿。(0027 卷 9)

殷真　元仁宗延祐六年(1319)任奉化(今属浙江)州同知。(0634 卷 2)

殷弼　元明之际华亭(治今上海松江)人。殷德铬之子。元末为枢密分院参谋官。明初参与修《元史》。有诗作传世。(0504 辛下)

殷毅　字仁卿。元东平(今属山东)人。世祖至元二十八年(1291)至三十一年,任镇江路经历。(0631 卷 15)

殷澄(1229 ~1305)　字公原,宋元间华亭(治今上海松江)人。元兵下江南,偏师入华亭,澄至军门止其帅杀戮,全活甚众。后野服隐居胥浦上,常领客放浪九峰三泖间,自号泖南浪翁。(0158 卷 24)

殷从先　元人。有诗作传世。(0537 卷 6,0504 辛上)

殷仲容　元文宗时,任同佥中政院事。至顺二年(1331),因冒哀居官为御史台臣所劾,免职。(0001 卷 35)

殷仲温　元繁峙(今属山西)人。仁宗延祐中为奉宸库副使。顺帝元统元年(1333),累迁为中政院同佥。(0692 卷 20)

殷兴祖　元顺帝末为军阀孛罗帖木儿部将。至正二十三年(1363)奉命攻冀宁(今山西太原),与扩廓帖木儿战于石岭关,兵败被擒。(0001 卷 45、46)

殷伯宗　元雄州归信(治今河北雄县)人。年十九从军。历任武卫亲军百户。(0675 卷下)

殷尚敬　元世祖至元二十四年(1287)任江南行台监察御史。(0632 卷 6)

殷明略　元世祖至元三十年(1293)为海漕千户,开辟海运新道。(0001 卷 93,0949 卷 7,0003 卷 113)

殷继翁　元台州(治今浙江临海)人。元末任义乌县(今属浙江)儒学教谕。(0881 卷 12)

殷惟肖　字起岩。元汝南(今属河南)人。尝从杨维桢学。工诗,与李孝光、张雨、殷天祐为忘年诗友。(0158 卷 7)

殷震亨(1248 ~1332)　字元震,号在山。元崇明(今属上海)人。成宗大德年间为宝庆观道士。(0949 卷 10,0635 卷 5,0042 卷 11)

殷德铬(1293 ~1353)　字乘之。元华亭(治今上海松江)人。善治狱。为吏四十年,所至有声。(0157 卷 14)

般若空利　元僧。历任高昌释门总统。自谓学兼华梵,出入经论,世无其敌。会与僧弘济,共译《小止观》,见其文采焕发,始赧服。(0037 卷 2)

般若帖木儿　元顺帝时,任福建廉访司佥事。至正十八年(1358),劾罢江浙行省平章政事三旦八。(0001 卷 45)

翁仁　字德元。元章安(治今浙江临海东南)人。举进士。顺帝至正二十一年(1361)任江浙行枢密院都事。有诗作传世。(0504 丁)

翁葵　字景阳。元乐清(今属浙江)人。历任台州路(治今浙江临海)掾。有诗作传世。(0504 戊上,0269 卷 5)

翁森　字秀卿,宋元间仙居(今属浙江)人。隐居教授,取朱子白鹿洞学规以为训,从学者先后至八百余。(0871 卷 45)

翁植　元人。有诗作传世。(0504 癸下)

翁元臣　元福州人。世祖至元二十四年(1287)任庆元路(治今浙江宁波)判官。成宗元贞元年(1295)离任。大德五年(1301)任瑞州路(治今江西高安)。后历任慈利(今属湖南)知州。(0633 卷 2,1053 卷 13,1016 卷 14)

翁合老　字仲嘉。宋元之际建德(治今安徽东至东北)人。工诗。元世祖至元二十四年(1287),其诗作被月泉吟社选评为第十五名。(0504 甲,0033 卷 6)

翁传心　元慈溪(今属浙江)人。仁宗

延祐七年(1320)、泰定三年(1326)两次中乡试。(0222 卷 4,0634 卷 2)

翁复吉　元仙居(今属浙江)人。顺帝至正十一年(1351)进士。历任黄岩(今属浙江)州判官。有诗作传世。(0560,0896 卷 129,0504 癸下)

翁逢龙　元人。有诗作传世。(0504 癸下)

翁德修　字本敬。元黄岩(今属浙江)人。家居讲授,从学者甚众。(0879 卷 10,0072 别附卷 3)

爱伯　元康里伯牙乌氏。太祖时,率众来归。后以五十户从军南征,力战而死。(0001 卷 133,0225 卷 17)

爱林　元回回人。成宗元贞二年(1296)任镇江路行通政院判官。累迁浙东宣慰副使。(0633 卷 2,0631 卷 17)

爱的(?～1358)　元顺帝至正十八年(1358)春,为济南守将。二月,大宋红巾军将领毛贵攻破济南,爱的战死。(0001 卷 45)

爱耽　元仁宗时暹国使臣。延祐元年(1314)三月,奉其国王遣,来元朝进贡。(0001 卷 25)

爱鲁(1226～1288)　元唐兀人。昔里钤部之子。世祖中统元年(1260),袭父职为大名路达鲁花赤。至元五年(1268),从云南王忽哥赤出镇云南。任金齿等处安抚使。败诸部兵万人于骠甸(今云南陇川),斩首千余级,诸部震服。六年,定当地租赋,平定大不麻等二十四寨。七年,改任中庆路(治今云南昆明)达鲁花赤。十三年,奉诏开云南四川通道,征服沿途诸部,水陆皆置驿传。后历任云南诸路宣慰使,云南行省参政、左丞、右丞。征服乌蒙、亦奚不薛等部。二十四年,从镇南王侵安南。次年,还师途中感瘴疠卒。谥毅敏。后追封魏国公,改谥忠节。(0001 卷 122)

爱薛(1227～1308)　又译也薛、海薛。元代入华拂林(今叙利亚)人。出身景教(基督教聂思脱里教派)徒世家。通晓西域诸国语和天文、医药学。元定宗时被拖雷妻唆鲁禾帖尼召至蒙古为近侍。后侍奉宪宗、世祖。世祖中统四年(1263),掌管西域星历、医药二司。至元十年(1273),掌管广惠司,修制宫廷用回回药物及合剂,医疗宿卫士及京师病者。二十年,奉诏随孛罗丞相出使波斯伊利汗国。次年冬,拜见伊利汗阿鲁浑。二十四年,返回元廷,任秘书监卿。二十六年,兼崇福使司,掌管全国基督教堂和基督教徒。成宗即位,加翰林学士承旨,兼修国史。武宗即位,封秦国公。未几卒。追封拂林王,谥忠献。(0001 卷 134、8,0225 卷 4、5)

爱木干　元世祖至元二十三年(1286)任江南行台监察御史。(0632 卷 6)

爱不花①　元汪古人,字要合次子。尚世祖季女月烈公主。从征阿里不哥,平李璮,皆有战功。卒,追封赵王,谥武襄。(0001 卷 109、118)

爱不花②　元顺帝至正二十二年(1362),拜中书平章政事。二十三年,分省于冀宁(今山西太原)。(0001 卷 46、113)

爱不哥　元蒙古弘吉剌氏。驸马。按陈之子赤窟驸马之孙,怀都驸马之弟。尚采真公主。(0001 卷 109)

爱牙赤①　元宗室,世祖第六子。至元二十二年(1285),赐银印。从征叛王乃颜,有功。二十六年,立其投下人匠提举司于益都。仁宗时,赐邵武路光泽县(今属福建)为其子食邑。(0001 卷 15、24、107 等)

爱牙赤②　元英宗至治三年(1323)任瑞州路(治今江西高安)同知。(1016 卷 14)

爱牙赤③　元顺帝时,任大司农。至元六年(1340)顺帝亲祀太庙,为七祀献官。(0001 卷 77)

爱牙赤④　元宗王。太宗第七子灭里曾孙。俺都剌之子。(0001 卷 107)

爱牙图　元顺帝至元元年(1335)由枢密院同佥迁任秘书卿。(0027 卷 9)

爱因班　又译阿因班。元宗王。顺帝至正十二年(1352)闰三月,奉旨与诸王亦怜真班、陕西平章月鲁帖木儿等讨伐南阳、襄阳红巾军。十六年四月,奉旨与陕西行省官同讨均、房、南阳红巾军。(0001 卷 42、44)

爱思丁　元仁宗时马八儿国(在今印度西南海岸)使臣。仁宗延祐元年(1314)闰三月,奉其国主昔剌木丁遣,来元朝进贡方物。(0001 卷 25)

爱祖丁①　元成宗大德初为昌化县达鲁花赤。迁任浦江县达鲁花赤。泰定四年(1327),累迁为庆元路(治今浙江宁波)市舶提举。(0634 卷 2,0872 卷 64,0881 卷 13)

爱祖丁②　元大都(今北京)回回人。文宗至顺元年(1330)七月,以输米赈贫,诏旌其门。(0001 卷 34)

爱速丁　元回回人。世祖至元十九年(1282)任金坛县(今属江苏)达鲁花赤。(0631 卷 16)

爱理沙　字允中。元回回人,居武昌。丁鹤年次兄。顺帝至正间进士。历任翰林应奉。能诗,有诗作传世。(0290 卷 2,0503 初集辛,1104 卷 4)

爱牙失里　元公主,成宗女。嫁为高唐王阔里吉思继室。大德九年(1305),封齐国公主,后加封赵国公主。(0001 卷 109、118)

爱牙哈赤　元宗王。铁木哥斡赤斤之子斡端之子。世祖至元二十四年(1287)冬,奉旨率部与都万户阇里铁木儿等征叛王哈丹。(0001 卷 107)

爱颜不花　元畏兀儿人，历任义乌县达鲁花赤。（0870 卷 9）

爱不哥察儿（1242～1313）　蒙古达德履台氏。官至韶州路（治今广东韶关）达鲁花赤。（0231 卷 8）

爱纳八儿思　元畏吾儿人。文宗至顺二年（1331）任丹阳县（今属江苏）达鲁花赤。（0631 卷 16）

爱哥阿不干　元宗王。太祖弟搠只·哈撒儿之孙，淄川王也苦之子。（0001 卷 107）

爱猷识理达腊（？～1378）　元顺帝长子，二皇后奇氏所出。至正十三年（1353），立为皇太子。十九年，与奇氏合谋，迫顺帝禅位，未遂。二十七年，总领天下军马。二十八年，随顺帝自大都（今北京）北奔，元亡。明洪武三年（1370），顺帝死，称帝于和林（今蒙古哈尔和林），仍用大元国号。次年，改元宣光。庙号昭宗。蒙古语称必里克图汗。（0001 卷 41～47 等，0002 卷 26）

爱育黎拔力八达　即元仁宗。

奚加解　元蒙古珊竹氏，纯只海孙。历任镇守徽州路泰州万户府达鲁花赤。（0011 卷 9）

馀泽　一作徐泽，字天泉，元僧，苏州陆氏子。学天台教观，词锋辩博，音吐如钟。大德十一年（1307）住苏州永定寺。迁北禅寺。应召住杭州下天竺寺。朝命勘金书《藏经》。居京师与翰林集贤诸老唱和。晚年住苏州大弘教寺。有《长春雨花别集》。（1144 卷 1013）

脑忽　元宗王。定宗次子，斡兀立海迷失皇后所生。宪宗元年（1251），与太宗孙失烈门等率军反宪宗。被宪宗大将忙哥撒儿率军包围，扣留审讯。后被谪汉地军中从征自效。（0001 卷 107、3，0008 卷 2）

留乞　元太宗内侍。太宗时，奉旨与万户抄思、内侍胡都虎签起西京等处军人征行及镇守随州。（0001 卷 121）

留睿　字养愚。元括苍（今浙江丽水）人。治经术。工古诗文。（0158 卷 6，0504 辛下，0033 卷 24）

留住马　元蒙古札剌亦儿氏。带孙后裔。塔塔儿台孙，秃不申第五子。嗣兄完者不花职为东平路达鲁花赤。（0001 卷 119）

留若冲　字如渊。元人。有诗作传世。（0504 己下）

留思诚　元顺帝时，任太史院都事。至正五年（1345），充京畿道奉使宣抚首领官。（0001 卷 92）

留梦炎（1219～？）　字汉辅，号中斋（忠斋）。宋元之际衢州（治今浙江衢县）人。宋理宗淳祐四年（1244）进士第一。恭帝德祐元年（1275），累官为右丞相，进左丞相。未几弃官归。入元，起为礼部尚书，迁翰林承旨。成宗元贞元年（1295）致仕。（0001 卷 11、17、18 等，0006 卷 55，0896 卷 110）

逢　字其原。元僧人。有诗作传世。（0504 壬上）

站马赤　元仁宗时，任河南行省平章政事。延祐七年（1320），率本省官员修筑荥泽、开封河道。（0001 卷 65）

站木赤①　元成宗大德八年（1304）任江南行台监察御史。（0632 卷 6）

站木赤②　元仁宗延祐元年（1314）为河南廉访副使。（0001 卷 65）

郭干　元成宗大德（1297～1307）年间任庆元路（治今浙江宁波）总管，卒于官任。（0633 卷 2）

郭大　元吉安（今属江西）人。顺帝时任松江（今属上海）巡检，至正（1341～1368）年间讨伐反元队伍，战死。（0075 官常典卷 732）

郭义（1184～1236）　字信之。金元之际下邳（治今江苏邳县西南）人。郭筠之父。元太宗时，以荐擢中书省左曹掾，出为怀州同知。（0201 卷 4）

郭云（？～1374）　元明之际人。元末以河南平章守裕州（治今河南方城）。明洪武元年（1368），明兵围城，出战，被执，不屈，送京师（今南京）。明太祖奇其状貌，释之，授溧水（今属江苏）知县。（0014 卷 20 中、下）

郭友　元德庆（今属广东）人。历任德庆路总管，有惠政。（0075 氏族典卷 531）

郭升　元成宗大德（1297～1307）年间任兴化路（治今福建莆田）儒学教授。（0905 卷 3）

郭仁　字寿卿。元广平（今属河北）人。世祖至元二十七年（1290）至三十年，任镇江路知事。（0631 卷 15）

郭氏①　元世祖女侍，至元（1264～1294）中，被赐予答剌麻八剌（顺宗），生魏王阿木哥。（0001 卷 115、116，0003 卷 19）

郭氏②　元大都（今北京）名妓，名顺时秀，字顺卿，姿态闲雅。（0032，0101 卷 19）

郭氏③　元天台（今属浙江）人，女，夫为军卒，其长官李某慕郭氏姿色，调戏之，郭氏不为动，告于夫。夫谋杀李某未成，下狱待决；郭氏遂投水自尽。（0101 卷 12，0871 卷 48，0006 卷 94）

郭仪①　元仁宗延祐（1314～1320）年间任慈溪（今属浙江）县尉。（0634 卷 2）

郭仪②（？～1329）　元真定（治今河北正定）人，郭世英之子。成宗大德八年（1304）袭父职为镇江路顺德翼千户。

(0631 卷 17)

郭让　元泰定元年(1324)任来安(今属安徽)县尹。(1001 卷 12)

郭回　元邵武(今属福建)人。家贫,年六十无妻,养母甚艰。母年九十八卒,佣身得钱葬之。每日诣坟哭祭,十四年不辍。诏旌表之。(0001 卷 197)

郭全　元辽阳(今属辽宁)人。居父丧尽礼。事继母唐古氏笃孝,抚养诸弟成人,尽使分财异居,独奉养唐古氏,终其丧。州县以闻,诏加旌表。(0001 卷 197)

郭充　元文宗至顺(1330～1333)年间任博兴(今属山东)知州,有善政。(0721 卷 27,0726 卷 12)

郭讷　元鄣县(治今甘肃漳县西南)人。历任廉访使,有政声。(0801 卷 29,0075 氏族典卷 531)

郭进　元成宗大德六年(1302)任武义县(今属浙江)知县。(0881 卷 13)

郭均　字叔平,元奉元朝邑人。顺帝至正间任鄜县尹,课农桑,兴学校,教养子弟,时称良吏。(0075 氏族典卷 531)

郭甫　字唐臣。元益都(今属山东)人。世祖至元十八年(1281)任镇江路判官,二十年去职。(0631 卷 15)

郭扶　元泰定帝时,为湖广行省太平路(治今广西崇左北)总管。泰定三年(1326),遣使入献方物。(0001 卷 30)

郭秀(1251～?)　字秀实。元通州潞县(治今北京通县)人。世祖至元(1264～1294)末,历任宣政院佥事。(0144 卷 55)

郭佑(?～1287)　元世祖时,任侍御史,升御史中丞。至元二十二年(1285),拜中书参知政事,领钱谷。后桑哥当政,以"多所逋负,尸位不言"罪名被诬杀。桑哥败后,得平反,给还家资。(0001 卷 13、14、205)

郭亨①　元镇江路蒙古字学教授。(0631 卷 17)

郭亨②　元成宗元贞二年(1296)任西安县(治今浙江衢州)知县。(0878 卷 2)

郭完　字维贞,号沧洲。元莆田(今属福建)人。顺帝至正年间隐居教授,卒年五十八。有诗作传世。(0902 卷 129,0504 己下)

郭良　元泰定帝时,任户部尚书。泰定三年(1326),因赃罪免职。(0001 卷 30)

郭英①　元成宗大德五年(1301)任西安县(治今浙江衢州)主簿。(0878 卷 3)

郭英②　字杰甫。元广平(今属河北)人。成宗大德四年(1300)至七年,任镇江路经历。(0631 卷 15)

郭郁　字文卿,号复斋。元汴梁封丘(今属河南)人,迁居大名(治今河北大名西南)。博通经史。由吏入仕。成宗时历任中书省掾、宣徽院都事。武宗时任江浙省都事。仁宗皇庆元年(1312)授浮梁知州。历高邮知府、两浙都转运盐使司同知。泰定元年(1324)擢江西廉访佥事。二年,改庆元路总管。四年,迁福建都转运盐使。未几卒。廉洁自持,所至有政声。(0002 卷 194,0075 氏族典卷 531)

郭昂(约 1229～约 1289)　字彦高。元彰德林州(治今河南林县)人。世祖至元二年(1265),上书言事,授山东统军司知事。后累迁为沅州安抚司同知,招降溪洞八十余栅,镇压播州(治今贵州遵义)张华、沅州张虎反元队伍。二十六年,率军镇压江西反元队伍,升万户。未几,奉省檄赴广东监造战船,授广东宣慰使。寻卒。(0001 卷 165)

郭畀(1280～1335)　字天锡,号云山。元丹徒(治今江苏镇江)人,郭景星之子。历任镇江路儒学录、饶州鄱江书院山长、青田腊源巡检、江浙省掾。工诗,善画。著有《郭天锡文集》(后人误题为《快雪斋集》)一卷、《云山日记》二卷。(0030 卷 5,0503 二集丙,0075 文学典卷 90)

郭忠　字恕甫,元兴化(今属江苏)人,医师。仁宗皇后失明,忠以针术治愈,得厚赏,获赐号"金针先生"。撰有《伤寒直格》。(1149 卷 197)

郭岩　元濮州范县(治今河南濮阳东北)人。世祖至元初,任叶县尹,明敏有断。(0622 卷 30,0762 卷 6、16,0767 卷 15)

郭和　金元间通州(今属北京)人。元太宗五年(1233)粘合重山任用为燕京路课税所经历。(0144 卷 55)

郭侃(?～约 1277)　字仲和。元华州郑县(治今陕西华县)人。郭德海之子。幼为史天泽留养。太宗四年(1232)为百户,从攻金,破金兵四万于新卫州。渡河追袭金帝至归德。从速不台攻汴京。以功授总把。复以下德安功升为千户。宪宗二年(1252),领炮手军从旭烈兀西征波斯。六年,攻木剌夷国。八年,围报达(今伊拉克巴格达),攻破其东、西城,哈里发降。九年,东还报捷。驻邓州屯田。世祖中统二年(1261),擢江汉大都督府理问官。三年,率军驰至徐州,斩叛元之总管李杲哥,并击退宋将夏贵。授徐、邳二州总管。至元七年(1270),擢为万户,从攻襄阳。江南平,任宁海知州,在任一年卒。(0001 卷 149)

郭周　元岢岚(今属山西)人。元初为都元帅,立关外六州元帅府,便宜行事。时岁屡不登,四隅扰攘;周赡济士,庶境内无虞。(0622 卷 19,0692 卷 20)

郭诚①　元世祖中统二年(1261)任胙城(治今河南延津北)县丞。(0790 卷 5)

郭诚②　元成宗元贞年间为溧阳(今属

江苏)州都目。(0632 卷 6)

郭贯(1250～1331)　字安道。元保定清苑(治今河北保定)人。幼从郝经学。世祖时,初为枢密院、中书省掾,历南康路经历、广西按察司判官、济南路经历。至元二十七年(1290),任监察御史,劾淮西宣慰使昂吉儿父子专权害民。成宗大德初,任湖北廉访司佥事,上书劝谏征八百媳妇(今泰国北部、缅甸东北部一带)。八年,任翰林直学士,奉旨与辽阳平章彻里帖木儿往镇高丽。十一年,召为河东廉访副使。仁宗皇庆二年(1313),任淮西廉访使。延祐二年(1315),召入为中书参政。次年,升左丞。五年,授太子詹事。卒,谥文宪。精于篆籀,册宝碑额,多出其手。(0001 卷 174)

郭荣　号鸳水翁,金元间邢台人,郭守敬祖。通五经,精数学、水利,与刘秉忠友善。(0001 卷 164,0144 卷 28)

郭荐　元昌国州(治今浙江舟山)人。成宗大德(1297～1307)初,任鄞县(治今浙江宁波)儒学教谕,参与修《大德昌国州图志》七卷。(1075 卷 3)

郭思　元陕西茶课提举。有诗作传世。(0504 丁)

郭钦　字敬臣。元奉圣州(治今河北涿鹿)人。世祖时以荐授中书省掾。累迁为上都(今内蒙古正蓝旗东北)留守司经历。官至陕西按察使。(0622 卷 5,0681 卷 36,0075 氏族典卷 531)

郭钧　字平叔。元朝邑(治今陕西大荔东南)人。顺帝至正十一年(1351)至十四年,任郿县(治今陕西眉县)知县。(0554 卷 26,0814 卷 5,0801 卷 21)

郭禹　字仲贤。历任元曲阜县、远平县知县。(0101 卷 24)

郭炯　字子昭。元蔡州(治今河南汝南)人。早年从金履祥学。泰定元年(1324)任江南行台监察御史。晚年寓居吴中。(0632 卷 6,0042 卷 10,0072 卷 82)

郭驷　号梅庄。元人。善属文,有文名。(1016 卷 21,0075 氏族典卷 531)

郭逊　元成宗元贞二年(1296)任秘书监奏差。(0027 卷 11)

郭泰①　字安之。元管州(治今山西静乐)人。元初,授楼烦县(治今山西静乐西南)主簿兼充军马都提控。从征金有功,升权宪州事,告老归。(0551 卷 26)

郭泰②　元世祖至元十七年(1280)任高陵(今属陕西)县尹。(0816 卷 4)

郭泰③(1282～1338)　字通甫。元襄邑(治今河南睢县)人。武宗至大间,以荐参与修《通制》。书出,补户部掾,迁河南省掾。仕至郑县尹。(0182 卷 23)

郭珪　字君璋。元高唐(今属山东)人。泰定三年(1326)任镇江路总管。文宗至顺元年(1330)以病致仕。(0631 卷 15)

郭瑛　元成宗大德十年(1306)任东阳县(今属浙江)知县。(0881 卷 12)

郭素　字太初。元成宗大德(1297～1307)年间为镇江路行通政院提控令史。(0631 卷 17)

郭真①　元真定(治今河北正定)人。世祖至元中,任三原县(今属陕西)知县。(0803 卷 4,0801 卷 20)

郭真②　元卢氏(今属河南)人。受封为镇国大将军,领襄樊行省事。(0762 卷 7,0075 氏族典卷 531)

郭哲　元顺帝至正九年(1349)任堂邑(治今山东聊城西北)县尹。(0730 卷 6)

郭钰(1316～?)　字彦章,号静思。元吉水(今属江西)人。为诗清丽有法,其于离乱穷愁之作尤凄婉动人。明初以茂才征,不就。年逾六十,竟以贫死。有《静思集》十卷。(0299 卷首,0002 卷 238,0503 初集辛)

郭恕①(1246～1314)　字仲宽。元汝宁(治今河南汝南)人。由吏入仕。历任广东帅府经历、浙东制用院都司、融州知州、江西省都事、广东宣慰副使。(0231 卷 10,0762 卷 5,0596 卷 8)

郭恕②　元顺帝元统元年(1333)任昌国州(治今浙江舟山)判官。(0634 卷 2)

郭浩　元成宗大德七年(1303)任兰溪(今属浙江)州同知。(0881 卷 12)

郭宾　元顺帝至正年间任丘县(治今河北丘县南)知县。(0730 卷 6)

郭祥　元高阳(今属河北)人。母病,割股为羹以进,母食之而瘉。(0649 卷 36,0075 氏族典卷 531)

郭敏　字伯达。元杞县(今属河南)人。仕至州同知。工画人物、山水。(0030 卷 5)

郭章　元成宗大德十年(1306)任监察御史。(0551 卷 30)

郭渊①　字彦卿。元世祖至元(1264～1294)年间为镇江路行大司农司令史。(0631 卷 17)

郭渊②　字济川。元六安(今属安徽)人。成宗大德(1297～1307)末,淮西大饥,作粥使饥民食,全活甚多。(0075 氏族典卷 531)

郭渊③　元宁晋(今属河北)人。仁宗延祐(1314～1320)中,任兵部尚书。(0645 卷 5)

郭琪　元繁峙(治今山西繁峙东南)人。历任洪洞县尹、龙兴路推官。仁宗延祐初,升为汾州知州。(0691 卷 9,0693 卷 7、11,0700 卷 6)

郭琮(? ~1280)　元世祖时,任同知陕西转运使司事。因被安西王相赵炳弹劾盗用官钱,矫王旨擅杀赵炳。事发,被诛。(0001 卷 10、163)

郭敬　元成宗大德六年(1302)任溧水(今属江苏)知州。(0632 卷 6)

郭惠　元彰德林州(治今河南林县)人,郭昂之子。仕为江西廉访司佥事。(0001 卷 165)

郭铸　元世祖至元(1264 ~1294)年间任镇江路行大司农司宣使。(0631 卷 17)

郭庸①(? ~1368)　字允中,元蒙古人。由国子生出身,累迁至陕西行台监察御史。顺帝时弹劾知枢密院事也先帖木儿丧师,被降为中兴总管府判官。后召拜监察御史,升至中书参知政事。明军入大都,被执,不屈而死。(0001 卷 196)

郭庸②　字彦中。元东平(今属山东)人。有诗作传世。(0504 庚下,0523,0033 卷 24)

郭谥　元成宗大德元年(1297)任东阳(今属浙江)县丞。(0881 卷 12)

郭登　元榆次(今属山西)人。善卷帛写大字,飞动有神。(0075 氏族典卷 531)

郭瑄　字廷玉。元顺帝至正五年(1345)任丰县(今属江苏)知县,有治绩。(0622 卷 18,0933 卷 11,0956 卷上)

郭嵩　字中立。元万安(今属江西)人。尝作《禹贡图》以分水道,与汉儒笺注殊异,不传。(0075 氏族典卷 531)

郭筠(1226 ~1309)　字伯川。元下邳(治今江苏邳县西南)人。郭义之子。世祖至元二十三年(1286)历任浙东按察使。改江东按察使。二十八年,任江浙行省佥事。三十年,致仕居钱塘(治今杭州)。成宗大德七年(1303),起为昭文馆大学士、商议中书省事。九年,以大司农致仕。(0240 卷 16,0201 卷 7,0001 卷 21)

郭隚(1245 ~1306)　字德基,号梅西。宋元之际长乐(今属福建)人。宋末太学生。元初,居乡讲学。后被征辟为泉山书院山长。迁兴化路儒学教授。改吴江州儒学教授。卒,门人私谥曰纯德先生。有诗作传世。(0902 卷 77,0504 甲,0075 文学典卷 86)

郭璞(1326 ~1375)　字景和。元温州平阳(今属浙江)人。元末散财募兵,屡败反元队伍。元廷欲授以官,不受。(0419 卷 14)

郭嘉(? ~1358)　元濮阳(今属河南)人。由国子生登泰定四年(1327)进士第,授彰德路林州判官。后历任翰林编修、京畿漕运司副使、监察御史、礼部员外郎等职,官至广宁路总管。与红巾军作战,战死。追封太原郡公,谥忠烈。(0001 卷 194)

郭震　元彰德林州(治今河南林县)人,郭昂子。仕为杭州路镇守万户。(0001 卷 165)

郭镐(1194 ~1268)　字周卿。金元之际华州蒲城(今属陕西)人。金末元初,教授乡里。元世祖中统初,被征辟为陕蜀行省员外郎。未几病归。(0321 卷 6、8)

郭衡　元泽州(治今山西晋城)人。成宗大德六年(1302)任沁州(治今山西沁县)同知。(0694 卷 6)

郭履　字元坦,号聚斋。元长乐(今属福建)人。郭隚之子。由太子太傅府长史出任靖州知州。泰定元年(1324),迁任全州路同知。(0225 卷 15、23,0150 卷 10)

郭豫　元彰德林州(治今河南林县)人,郭昂子。仕为宁都州知州。(0001 卷 165)

郭翼①　元成宗大德(1297 ~1307)间任溧阳(今属江苏)州判官。(0632 卷 6)

郭翼②(1305 ~1364)　字羲仲,号东郭生,又号野翁。元昆山(治今江苏太仓)人。早年从卫培学。不乐仕进,深究《易经》,家居授徒。后以训导老于学官。有《雪履斋笔记》一卷、《林外野言》二卷。(0561 卷 4,0503 二集庚,0002 卷 238)

郭九思　元世祖至元(1264 ~1294)年间任瑞州路(治今江西高安)知事。(1016 卷 14)

郭士元(1299 ~1368)　字元之。元嘉兴(今属浙江)人。力学通《尚书》。尝应进士举,忤有司意,遂隐居不出,自号溪南处士。(0418 文集卷 8、诗集卷 7)

郭士文(1262 ~1335)　字从周。元真定(治今河北正定)人。历任大都路儒学教授、远安县主簿,以翰林应奉致仕。(0182 卷 23,0645 卷 5,0075 氏族典卷 531)

郭大巨　元开州(治今河南濮阳)人。少时遇异人,授以脉诀。后以医驰名北方。(0075 氏族典卷 531)

郭与立(1259 ~1332)　字贵权。元温州平阳(今属浙江)人。历任句容县典史、信州路平准行用库副使、广德路平准行用库副使,致仕归。(0419 卷 12)

郭子兴(? ~1355)　元末濠州定远人。家富,元末加入白莲教,散家财结豪杰,响应刘福通起事。攻占濠州,自称元帅。朱元璋隶其部下为九夫长,子兴以义女马氏嫁之。后得元璋助攻占滁州、和州。骁勇善战,而性狭窄,与红巾军其他将帅孙德崖不和,愤恨卒于和州。明洪武初追封滁阳王。(0020 卷 122)

郭子奇　元人。有诗作传世。(0504 辛上)

郭子昭　元汝南人。受业于金履祥。讲肄有条理,夜则执经问难。仕为御史掾。(0071 卷 82)

郭子翀　元人。有诗作传世。(0504 辛下)

郭子祺　元泰定二年(1325)任吴江(今属江苏)知州。(0928 卷 4,0954 卷 17)

郭天锡　字祐之,号北山。元大同(今属山西)人。世祖至元二十三年(1286)至二十九年任镇江路判官。(0144 卷 18,0631 卷 15,0114 卷上)

郭元亨(1282～1344)　字会可。元太和人。精医术。(0190 前集卷 2)

郭元履　元人。有诗作传世。(0504 癸下)

郭友直①　元仁宗皇庆二年(1313)任江南行台监察御史。(0632 卷 6)

郭友直②　元黄梅(今属湖北)人。元末为天临路(治今湖南长沙)经历,有政声。(0075 氏族典卷 531)

郭仁义　元武州(治今山西五寨北)人。历任迁安县尹,有惠及民。(0622 卷 5,0075 氏族典卷 531)

郭仁秀　元世祖至元年间任镇江路行大司农司司农卿。(0631 卷 17)

郭从善　元顺帝至正(1341～1368)年间任上党县尹。(0698 卷 3)

郭公葵　字秉心。元黄岩(今属浙江)人。工诗文。元末任翰林编修。(0896 卷 181,0072 别附卷 3)

郭文广　元定襄(今属山西)人。历任宜君县(今属陕西)主簿。清勤慈恕,卒于官。(0801 卷 23)

郭文进　元仁宗延祐四年(1317)任丹阳县(今属江苏)主簿。泰定元年(1324)迁任溧水(今属江苏)州判官。(0631 卷 16,0632 卷 6)

郭文祚　字引卿。元邯郸(今属河北)人。历任潞州(治今山西长治)知州。(0075 氏族典卷 531)

郭文焕(1301～?)　字质方。元成都人。顺帝元统元年(1333)进士,授重庆路录事。(0028 卷上)

郭文煜　字彦达。元汴梁(治今河南开封)人。顺帝至正三年(1343)任瑞州路(治今江西高安)推官。九年迁任余姚(今属浙江)知州。(0312 卷 14,1016 卷 14,0880 卷 28)

郭文德　字士明。元广平永年(今属河北)人。工诗。其为诗不尚险涩,不求奇巧,惟心所适,因言成章。刘基尝为其诗集作序。(0412 卷 5,0075 氏族典卷 532)

郭世英(?～1300)　元真定(治今河北正定)人。世祖至元二十八年(1291)任镇江路顺德翼千户。(0631 卷 17)

郭世显　历任元鄞县(治今浙江宁波)尉。武宗至大三年(1310)迁任定海县(治今浙江宁波镇海)尉。(0633 卷 3)

郭世杰　元成宗大德年间,任镇江路行通政院经历。(0631 卷 17)

郭永锡　字九畴。元永嘉(治今浙江温州)人。国子生。顺帝至正十年(1350)贡试中选。(0560)

郭民则(1287～1361)　元庐陵(治今江西吉安)人。历任兴国路(治今湖北阳新)经历、行省理问。后以德庆路(治今广东德庆)推官致仕。(0190 前集卷 3)

郭弘敬(?～1254)　字仲礼。元易州定兴(今属河北)人。定宗二年(1247)授束鹿(治今河北束鹿东北)长官。后迁任易州(治今河北易县)太守。(0160 卷 17,0649 卷 34,0075 氏族典卷 531)

郭邦彦　元成宗元贞元年(1295)任秘书监典书。(0027 卷 11)

郭仲亨　元成宗大德三年(1299)任秘书监提控案牍。(0027 卷 9)

郭仲彬　元良乡(治今北京西南郊)人。历任恩州(治今山东武城东北)达鲁花赤,有惠政。卒于官。(0721 卷 26,0730 卷 18,0745 卷 6)

郭朵儿　元仁宗皇庆元年(1312)任兴化路(治今福建莆田)总管。(0905 卷 2,0902 卷 44)

郭庆传　元临川(今属江西)人。顺帝时撰《经邦轨辙》一书,监察御史荐之,得授学官。(0438 卷 3)

郭兴宗(?～1328)　元高唐(今属山东)人。武宗至大元年(1308)任镇江路高唐翼下百户。(0631 卷 17)

郭兴祖　元顺帝至正十二年(1352)为福建廉访司佥事。(0594 卷 12)

郭汝砺　元文宗至顺二年(1331)任灵石县(今属山西)主簿。(0709 卷 2)

郭汝能　元大宁(治今内蒙古宁城西)人。顺帝至正三年(1343)任江南行御史台管勾。(0632 卷 6)

郭汝梅(?～1268)　名又作汝海,字和卿。元大都潞阴(治今北京通县东南)人。太宗二年(1230),耶律楚材奏充燕京都税司,以理剧知名。世祖中统初,以久管征收,非本志,使其子翰承袭。中统三年(1262),复起为课税所官。创建驿站舍百余,每岁供给行宫所需不缺,增户口万余。至元初,迁中都路总管兼大兴尹。(0002 卷 173,0075 氏族典卷 531)

郭汝辅　元仁宗延祐七年(1320)任江南行御史台都事。(0632 卷 6)

郭守敬(1231～1316)　字若思。元顺德邢台(治今河北邢台)人。祖父郭荣精通算数、水利,守敬幼承家学,后从刘秉忠学。世祖中统三年(1262),以左丞张文谦荐,世祖召见,守敬面陈水利六事。授提举诸路河渠。四年,授副河渠使。至元元年(1264),从张文谦行省西夏,修复唐来、汉延古渠,灌田九万余顷。二年,授都水少监。十三年起,参与制订《授时历》,创制简仪、高表、仰仪等十余件天文仪器。十六年,任同知太史院事,在全国设二十七处测验所,主持北纬15度至65度之各地纬度测量,并推算1回归年为365.2425日。二十三年,升太史令。二十八年,兼领都水监事。主持修筑开辟大都(今北京)水源之白浮堰,修成通惠河。著有天文历算著作十余种,今佚。(0001卷164)

郭好德(1269～1321)　字秉彝。元咸宁(治今湖北咸宁)人。仁宗延祐七年(1320)为鲁斋书院训导。(0181卷8)

郭进诚　历任元云南行省经历。有诗作传世。(0504己上)

郭孝基　元曹州(治今山东荷泽)人。登进士第。英宗至治三年(1323)任归德府推官。文宗至顺元年(1330)任江南行台监察御史。(0632卷6)

郭克明　字德昭。元高阳(治今河北高阳东)人。起自刀笔吏,历事公勤,奉命谳狱,多活人命。(0649卷34,0075氏族典卷531)

郭克敬　元新昌(今属浙江)人。元末聚集乡兵克复州治,授黄冈巡检。累迁为上高县(今属江西)主簿。(0075氏族典卷531)

郭时中(1195～1255)　字器之。元蒲城(今属陕西)人。官至三白渠副使。(0321卷6、2)

郭伯禄　元汴梁(治今河南开封)人。泰定元年(1324)任祁门县(今属安徽)主簿。(0972卷4)

郭亨加　字仲林,号白云山人。元人。有诗作传世。(0504己下)

郭良弼　元武宗至大元年(1308)任高陵(今属陕西)县尹。累迁为嘉定(今属上海)知州。(0928卷4,0816卷4)

郭君彦　字以道。元真定(治今河北正定)人。有诗作传世。(0504戊上,0176卷5)

郭松年　元商州(今属陕西)人。历任监察御史。尝巡历云南大理等地。有诗作传世。(0801卷26,0075氏族典卷531、文学典卷90,0504己上)

郭择善(?～1359)　元顺帝时,任行省郎中,与察罕帖木儿、张良弼合兵讨红巾军李喜喜部,以功授同佥枢密院事。不久为军阀李思齐所杀。(0001卷45)

郭叔云(?～1280)　元世祖时,任安西王相府郎中令。因被安西王相赵炳弹劾盗用官钱,与陕西转运司同知郭琮矫王旨擅杀赵炳。事发,被诛。(0001卷10、163)

郭明德(1258～1309)　字德新。元中山无极(今属河北)人。由吏入仕。世祖时历任总管府掾、断事官知事。成宗时任工部员外郎,出为和林宣慰副使,病归。后授枢密院判,升同佥。卒,谥敬简。(0262卷11,0002卷203)

郭狗狗　元平阳翼城(今属山西)人。世祖时,其父郭宁戍边,为宋将所攻,全家被俘。狗狗年五岁,请代父死,宋将义释之。后得还,御史言其事,诏加旌表。(0001卷197)

郭性存　元诸暨(今属浙江)人。文宗至顺元年(1330)进士,授嵊县(今属浙江)丞。(0880卷28、33)

郭宝玉　字玉臣。金元之际华州郑县(治今陕西华县)人。郭子仪后裔。金末,封汾阳郡公,兼猛安,领军屯定州。元太祖六年(1211),率部降蒙古军。后从木华黎攻辽西、河东等地。十三年起,从征西辽、花剌子模国。以功累迁为断事官。卒于贺兰山。(0001卷149)

郭宗纯　元玉笥山道士。顺帝至元四年(1338)敕封为太一教第八代祭通真人,嗣居宛平西山、开平南屏山之祠宇。至正九年(1349)辞归。(0438卷3)

郭宗茂　元鄞县(治今浙江宁波)人,善画水墨花鸟。(1143卷950)

郭宗孟　元仁宗延祐六年(1319)任江南行台监察御史。(0632卷6)

郭居敬　元世祖至元二十一年(1284)任东阳(今属浙江)县尉。后迁任新昌(今属浙江)县尉。(0880卷28,0881卷12)

郭弥正　元英宗至治元年(1321)任吴江(今属江苏)州都目。(0954卷17)

郭孟昭　历任元云南行省照磨。有诗作传世。(0504己上)

郭荣祖　字荣叔。元燕(今北京一带)人。初为大兴府参谋。世祖中统元年(1260)任燕京行省左右司郎中。(0144卷80)

郭思贞　字干卿。元蒲州(治今山西永济西南)人。以儒进,拜监察御史。英宗至治二年(1322),累迁为江南行台治书侍御史。升陕西行台侍御史。文宗至顺三年(1332)改江南行台侍御史。次年,入为奎章阁大学士。卒,谥文宪。(0632卷6,0696卷2、3,0700卷7、8)

郭思诚　元顺帝至元元年(1335)为广西廉访司经历。有诗作传世。(0504己上)

郭思恭(1274～1345)　字子敬。元安阳(今属河南)人。历任猗氏县尹。入为国子助教,升博士。后为监察御史。官至集贤直学士兼国子祭酒,告老归。(0250卷59,0762卷10,0002卷229)

郭彦昶　元濮州(治今山东鄄城北)人。泰定二年(1325)任镇江路濮州翼下百

户。(0631 卷 17)

郭彦卿 元汾州(治今山西汾阳)人。世祖至元二年(1265)任泽州(治今山西晋城)长官。(0694 卷 5)

郭祖卿 元成宗大德年间任瑞州路(治今江西高安)知事。(1016 卷 14)

郭逢贵 元世祖时,于潮州、惠州一带起事,有众四十五寨。至元二十二年(1285),为广东宣慰使月的迷失所败,投降。(0001 卷 13)

郭菩萨(? ~1325) 元息州(今河南息县)人。泰定帝时,与同州人赵丑厮倡言弥勒佛当有天下,策划起事。事泄,被捕杀。(0001 卷 29)

郭梦起 元燕(今北京一带)人。顺帝元统二年(1334)任范县(治今河南濮阳东北)知县。有诗作传世。(0730 卷 6,0504 己上)

郭焕章 字文若。元吉水(今属江西)人。历任隆兴路(治今江西南昌)训导。顺帝至正年间,因世乱绝望,投水自尽。门人私谥曰文贞。(0075 氏族典卷 531、官常典卷 732)

郭景星 字元德,号义山。元丹徒(治今江苏镇江)人。郭畀父。以荐授淮海书院山长。调任长兴州儒学教授。仁宗皇庆元年(1312)迁任镇江路儒学教授。后以黄岩州判官致仕。卒年七十九。(0631 卷 17、19,0945 卷 3,0075 氏族典卷 531)

郭普颜 元胶西(治今山东胶州)人。顺帝至正(1341 ~ 1368)中,任归安县(治今浙江湖州)主簿,有善政。(0896 卷 151)

郭道卿 元兴化莆田(今属福建)人。世祖时福建盗起,与弟佐卿为盗所获。兄弟争相请死,盗感其义,两释之。寿至八十余岁。(0001 卷 197)

郭登龙(1252 ~ 1327) 字云仲。元江阴(今属江苏)人。元初,任镇江路濂溪书院山长。英宗至治二年(1322),授无锡州儒学教授。(0202 卷 13,0631 卷 17)

郭雷焕 字有章。元宣城(今属安徽)人。顺帝至正元年(1341)任乐平州儒学教授。(0974 卷 17,0580 卷 3,0524 卷 9)

郭鹏翼 字鸿渐。元绛县(今属山西)人。仁宗延祐四年(1317),累迁为兵部员外郎。六年,授监察御史,擢太子家丞,改兵部郎中。英宗至治元年(1321),出任河南廉访司佥事。历湖广行省郎中、工部侍郎。泰定元年(1324),任平江路(治今苏州)总管。(0927 卷 20,0928 卷 3)

郭福著 元丰县(今属江苏)人。顺帝至正年间任嘉祥县尹,有政声。(0956 卷下)

郭德山 元华州(治今陕西华县)人,郭宝玉子。任管军万户,破陕州,攻潼关,皆有功。(0001 卷 149)

郭德诚 元仁宗延祐六年(1319)任鄞县(治今浙江宁波)知县。顺帝至元二年(1336)任浙东宣慰副使。(0634 卷 1、2)

郭德润 元顺帝至正十一年(1351)进士。(0560)

郭德海(? ~1234) 字大洋。金末元初华州郑县(治今陕西华县)人。郭宝玉之子。金末为谋克,击败宋将彭义斌于山东。元太祖时,降蒙古,从哲别西征。太宗时,从攻金,参加三峰山(今河南禹县南)之战,以功升右监军。四年(1232),破金军于黄龙冈。五年,取申、唐二州。六年,炮伤足,病归,卒。(0001 卷 149)

郭薛飞 元世祖至元二十三年(1286)任金坛县(今属江苏)主簿。(0631 卷 16)

郭豫亨 自号梅岩野人。元初人。撰有《梅花字字香》二卷,皆集句咏梅之作。(0503 二集己,0033 卷 22)

郭麟孙 字祥卿。元杭州人,寓居吴郡(今苏州)。历任镇江路淮海书院山长、录事司判官。工诗,有诗作传世。(0631 卷 17,0503 三集甲,0004 卷 36)

郭麟然 元人。有诗作传世。(0504 癸下)

郭火你赤 元益都(治今山东青州)人,为盐徒谋生。顺帝至正四年(1344)起事,率兵西至太行,入壶关,至广平,杀兵马指挥,复还益都。后被讨平。(0001 卷 41)

郭那木罕 字景芳。元和内(治今河南沁阳)人。顺帝元统元年(1333)任奉元路(治今陕西西安)判官。(0544 卷 28)

郭秃满歹 元顺帝至正七年(1347)任荆门(今属湖北)知州。(1044 卷 17)

郭也先不花 字彦祯。元顺德内丘(今属河北)人。历任琼山县尹、将乐县尹、湖广行省员外郎、华亭县尹,升郴州路判官,迁任袁州路判官,致仕归。(0931 卷 23,0002 卷 229,0296 卷 5)

郭也先忽都 元英宗时,任监察御史。泰定帝即位,坐御史大夫铁失之党免官。(0001 卷 29、182)

郭朵儿伯台 元文宗至顺元年(1330)任集庆路(治今南京)总管。(0632 卷 6)

郭忽都答儿 元顺帝至正元年(1341)任奉化(今属浙江)知州。(0634 卷 2)

高元(? ~1301) 元彰德(治今河南安阳)人。世祖至元二十五年(1288)任镇江路济南翼千户。(0631 卷 17)

高升① 元丘县(治今河北丘县南)人。元末登进士第。知元衰,隐居不仕,终于家。(0747 卷上,0730 卷 7)

高升②　字德进。元河南人。由御史台掾出为淮南宪司照磨。后调任浙东宣慰司都事。有诗作传世。(0444 卷 2,0504 庚上)

高仁①　元成宗大德五年(1301)任建康路(治今江苏南京)推官。(0632 卷 6)

高仁②　字寿之。元无棣(今属山东)人。历任江浙行省员外郎、江西行省理问。仁宗延祐初迁任吴江州知州。后改任嘉兴路治中。致仕后居于吴中。(0152 卷 28,0954 卷 17、18,0075 官常典卷 637)

高斗　元成宗大德初,任绩溪县(今属安徽)儒学教谕。(0992 卷 9)

高本　字孟端。元太原(今属山西)人。中乡试。历任平遥县(今属山西)知县。(0154 卷 16,0693 卷 7、11,0072 卷 82)

高达　宋元之际人。仕宋为湖北制置副使。元世祖至元十二年(1275)降元,世祖亲赐诏书,并授参知政事。(0001 卷 8、128)

高仪　元世祖至元二十一年(1284)任瑞州路(治今江西高安)总管。(1016 卷 14)

高庆(? ~1301)　元成宗时,为云南行省参知政事。大德四年(1300),从大将薛超兀儿征缅,围其城,城中力困,将出降。庆受其重赂,以炎暑瘴疫为辞,擅引兵还。次年事发,被处死。(0001 卷 210)

高让　元余干(今属江西)人,高骧弟。文宗至顺二年(1331)任庆元路(治今浙江宁波)录事。(0634 卷 2)

高礼　元顺帝至正二十四年(1364)任杭州路总管。(0872 卷 14)

高弘　元成宗大德年间任洧川县(治今河南长葛东北洧川)知县,有惠政。(0596 卷 1)

高芝　元济南人。成宗大德中,任新州(治今广东新兴)知州。(0622 卷 81,0072 别附卷 3)

高传　字起岩。元磁州(治今河北磁县)人,高谦曾孙。元顺帝至正年间为林州团练万户,赴调途中,反元队伍大至,力战而死。(0788 卷 4,0075 氏族典卷 205,0002 卷 232)

高仲　元顺帝至元六年(1340)任庆元路(治今浙江宁波)推官,至正二年(1342)致仕。(0634 卷 1)

高冲　元怀孟(治今河南沁阳)人。历任义乌、龙游县丞。(0878 卷 3,0881 卷 12)

高兴(1245 ~1313)　字功起。元蔡州(治今河南汝南)人。世业农。善骑射,力挽二弓石,尝射死猛虎。宋咸淳十年(1274),诣黄州,投宋制置使陈奕麾下。元世祖至元十二年(1275),伯颜大军至黄州,兴从奕出降,授千户。率军破溧阳,斩首七千级,升管军总管。十三年,转战浙、闽,屡立战功,升管军万户。十四年,从都元帅忙古台平福、建、漳三州。十五年,讨降黄华、高日新等反元武装。十六年,迁任浙东宣慰使,讨平处州、福建及温、台海洋反元武装。十七年,与都元帅完者都等讨平漳州反元武装。十八年,镇压陈吊眼反元武装。十九年,改任浙西宣慰使。黄华复反元,率军镇压之。二十三年,任江淮行省参政,镇压婺州反元武装。二十六年,率军镇压处州詹老鹞、温州林雄反元武装。又讨平徽州汪千十等。二十八年,谕降漳州反元首领欧狗。升为江西行省右丞。二十九年,升为福建行省右丞。未几,诏封为平章,与史弼、亦黑迷失率军出征爪洼。次年,兵败,退归。成宗时历任福建平章、江浙平章、枢密副使、枢密院同知、河南平章。死后追封梁国公,谥武宣。(0001 卷 62)

高约　字之守。元世祖至元年间任镇江路行大司农司令史。(0631 卷 17)

高寿　元天历间云南姚安路总管高明之子。仕至云南行省左丞。(0073 卷 32)

高旸　字孟宾。元温州瑞安(今属浙江)人,高明弟。历任龙江书院山长。(0419 卷 5,0163 外集)

高岑　字长卿。元松江(今属上海)人。历任集庆路(治今南京)、池州路(治今安徽贵池)掾。顺帝至正十五年(1355),授池州路照磨。池州不守,遂隐居九华山,后迁居建德以终。(0296 卷 5)

高亨　字嘉甫。元西域人,居于涿州房山(今属北京),高克恭之父。治《易经》、《尚书》、《诗经》、《春秋》有时名。世祖时,台、省交章论荐,召对便殿,称旨。世祖欲授以官,固辞,归老房山。卒。(0002 卷 188)

高坦　字履道。元大名开州(治今河南濮阳)人。历任陕西行台监察御史、河南行省员外郎。(0643 卷 6,0646 卷 6)

高枢　元仁宗皇庆二年(1313)任秘书监著作郎。顺帝至元二年(1336)累官为绍兴路总管。(0027 卷 10,0880 卷 26)

高昌①　元顺帝至正年间任莱州同知。(0727 卷 2)

高昌②　元人。有诗作传世。(0504 乙)

高明①(? ~1359)　字则诚,以字行。元温州瑞安(今属浙江)人。顺帝至正五年(1345)进士,授处州路录事,改江浙省掾。从讨方国珍,入浙东帅幕。方国珍降元,辞归。后起为江南行台掾,调任福建行省都事,途经庆元(今浙江宁波),国珍欲留之幕下,不从,解官寓居鄞县,撰南戏《琵琶记》。朱元璋征召之,以疾辞。有诗文集《柔克斋集》。(0503 三集庚,0101 卷 13、28,0075 氏族典卷 205)

高明②　元文宗天历元年(1328),任云南姚州知州。遣使入贡方物。后升任姚安路总管。(0001 卷 32、38)

高昂(1226～1284)　字冲宵。元大名元城(治今河北大名西南)人,高昉父。仕至朝城县尉。(0262 卷 11,0002 卷 201)

高昉(1264～1328)　字显卿。元大名元城(治今河北大名西南)人。成宗大德年间任潭州路总管,入为中政院同知,擢中书参政。武宗至大二年(1309)出任江浙参政。升江浙左丞。仁宗延祐元年(13140,拜集贤学士,丁忧归。召为中书参政,升左丞、右丞,忤铁木迭儿,罢归。泰定元年(1324),超拜湖广平章,改江浙平章。文宗天历元年(1328),入朝,死于途中。追谥文贞。(0262 卷 11,0002 卷 201,0001 卷 25、26、27、29、30、112 等)

高鸣(1209～1274)　字雄飞。元真定(治今河北正定)人。少年时以文学知名。宪宗时宗王旭烈兀将征西域,再三遣使召之;乃为王陈西征二十余策,王称善,即荐为彰德路总管。世祖即位后,召为翰林学士,兼太常少卿。至元五年(1268),立御史台,授侍御史,风纪条章,多其裁定。未几,立四道按察司,选任名士,鸣所荐居多,时论称其知人。七年,议立三省;上封事曰:"政贵得人,不贵多官,不如一省便。"世祖深以为然,议遂罢。九年,迁任吏礼部尚书。有《河东文集》五十卷,已佚。(0001 卷 160)

高冏(1196～1264)　字陟夫。金元之际石州宁乡(治今山西中阳)人。金章宗泰和八年(1208)入粟补官,监宁乡酒税事。后率众降附蒙古,木华黎承制授宁乡县尉,县升为州,就升军判。世祖中统元年(1260)改授同知石州事。(0210 卷 16,0691 卷 9,0693 卷 11)

高和　元甘陵(治今山东临清东北)人。顺帝至正十四年(1354),任清丰县主簿。(0654 卷 4)

高岳　字仲山。元镇江(今属江苏)人。世祖至元年间任溧水(今属江苏)县尉,仕至湖州路儒学教授。(0631 卷 19,0632 卷 6,0213 卷 1)

高垕　元彰德(治今河南安阳)人,高克敬之子。英宗至治元年(1321),袭父职为镇江路济南翼千户。(0631 卷 17)

高泽(1224～1284)　字云卿。元磁州滏阳(治今河北磁县)人。初为磁州孔目,有政声。后迁监武安卫辉单曹酒税。(0145 卷 25)

高宝　元顺帝至正十七年(1357),授四川行省参知政事,将兵取中兴(今湖北江陵),不克。(0001 卷 45)

高定　元浑源(今属山西)人。历任云中招讨使都元帅、永安军节度使。(0691 卷 9,0713 卷 1,0504 癸上)

高诚　字则明。元温州瑞安(今属浙江)人,杂剧《琵琶记》作者高明之弟。有文名。(0073 卷 32,0071 卷 70)

高询　元泰定元年(1324)任衢州(今属浙江)路推官。(0878 卷 2)

高诩　金元间益津(治今河北霸县)人。金亡后寓居东平。元世祖中统初,任职于山东二路都转运司。至元初,任济南提举学校官。(0542 卷 357,0553 卷 20、21)

高絢　字元履。元江南行御史台掾。有诗作传世。(0233 卷 14,0504 已上)

高栋　字国梁。元镇江(今属江苏)人。仕至临海(今属浙江)县丞。(0631 卷 19)

高杰　元世祖时,任漳州路总管。至元二十六年(1289),讨平畲民丘大老等起事。(0001 卷 15)

高奎　元仁宗皇庆二年(1313)任江南行台都事。文宗天历二年(1329),累迁为江南行台御史中丞。(0632 卷 6)

高闾　元蒙古人。武宗至大二年(1309)任嵊县(今属浙江)达鲁花赤,以循良称。(0880 卷 37)

高洙(1260～1313)　字师鲁。元吉水(今属江西)人。勇而有谋。世祖至元中屡破反元队伍,有司上其功劳,不报。(0231 卷 8)

高宣　元辽阳人。太宗元年(1229)。诏授元帅,赐金符,统兵从拖雷攻大名,进言勿嗜杀。拖雷召元帅术乃传谕军中如宣言。及城破,兵不血刃。四年正月,从拖雷破金军于三峰山(今河南禹县南),收降二千余户,籍以献;诏立打捕鹰坊都总管府以统之,以宣为都总管,并令其子孙世袭其职。死后追封营国公,谥简僖。(0001 卷 153)

高祐(1218～1282)　字仲和。元云中(今山西大同)人,寓居汲县(今属河南)。经商致富而乐善好施。(0144 卷 61)

高昶　元顺帝至正年间任莱州判官。(0721 卷 2)

高泰　元文宗至顺元年(1330)任丹阳县(今属江苏)尉。(0631 卷 16)

高珪　元世祖至元十八年(1281)任定海(治今浙江宁波镇海)知县,二十三年迁任江山(今属浙江)知县,二十七年改任伏羌(治今甘肃甘谷)知县,二十九年任象山(今属浙江)知县。(0633 卷 3,0878 卷 2,0801 卷 22)

高琐　元河西(西夏故地)人,高安安弟。历任枢密院经历。(0011 卷 58)

高晋　元聊城(今属山东)人。有诗作传世。(0504 庚下)

高桂　元高邮(今属江苏)人。英宗至治二年(1322)任丹阳县(今属江苏)主簿。(0631 卷 16)

高栻 元燕山(今北京)人。工散曲,今存其所作小令一首、套数一曲。(1108卷355)

高健 字文刚。元获鹿(今属河北)人。曾任国子伴读。后建太行书院。(0645卷5,0438卷4)

高祯 元世祖至元二十四年(1287)任武义县(今属浙江)主簿。(0881卷13)

高祥 元初任徽州路(治今安徽歙县)总管。(0972卷4,0260卷11)

高谅 元辽阳(今属辽宁)人,高天锡子。世祖初年,为燕王真金符宝郎,不久袭父职为鹰房都总管。后升兵部尚书。仁宗时,追封营国公,谥宣靖。(0001卷153)

高通 元高苑县尹,尝筑堤捍河。(0721卷27)

高著 元金乡(今属山东)人。世祖至元年间任观城(治今山东范县西北)县尹。(0730卷6)

高彬 字文质。元明之际南海(治今广东广州)人。为何真部将,任万户。入明,走江湖经商,征授武职,固辞。(0056卷11,0068卷上)

高渊 字巨川。元大都(今北京)人。成宗大德九年(1305)任固安州知州,十一年改任溧水州知州。(0671卷42,0632卷6)

高隅 元人。有诗作传世。(0504辛下)

高瑛 字彦明。元成宗大德年间为镇江路行通政院都事。(0631卷17)

高琛 元燕山(今北京)人。文宗至顺初为福安(今属福建)县尹。(0909卷8,0902卷66)

高植 字元德。元怀孟(治今河南沁阳)人。武宗至大三年(1310)任秘书监著作郎。(0027卷10)

高惠 元顺帝时,为大理腾冲(今属云南)知府。至正十五年(1355),右丞相脱脱贬黜大理,惠发铁甲军围之,迫其自杀。(0001卷138)

高铸 字仲器。元世祖至元年间为行省掾。(1076卷下,0120卷上)

高翔 元天台(今属浙江)人。精于赏鉴。有诗作传世。(0504甲)

高普 元仁宗延祐六年(1319)任庆元路(治今浙江宁波)照磨。(0634卷1)

高谦① 元真定(治今河北正定)人。武宗至大二年(1309)任丹徒县(治今江苏镇江)主簿。(0631卷16)

高谦② 字舜臣。元磁州(治今河北磁县)人。历任河间盐运使,常州路、湖州路总管。(0622卷28,0762卷10,0871卷33)

高翱 元世祖时人,工篆书,尝书《道德经碑》。(1143卷790)

高简 元太原人,善刻碑。世祖中统四年(1263)刻《程震碑》。(1143卷790)

高煜 元人。有诗作传世。(0504辛下)

高源 字仲渊。元晋州(治今河北省晋县)人。初为县吏。世祖中统初,擢卫辉路知事。累升为齐河县尹。至元十六年(1279),任浙西按察司佥事,劾常州路达鲁花赤马恕夺民田等不法事,被诬下狱。获释后,任河间等路都转运副使,抚治有方,盐户逃亡者皆复业,税收大增。二十四年,任江东道劝农营田使。二十八年,迁任都水监,开通惠河。授湖南宣慰司同知。卒,年七十七。(0001卷170)

高福 元太谷(今属山西)人。授龙虎卫上将军、南北二路征讨元帅。(0691卷9)

高翥 元世祖时,任尚书省参知政事。至元二十八年(1291),改中书参知政事。成宗时,出为江浙行省左丞。(0001卷16、21)

高槐 元人。有诗作传世。(0504癸下)

高睿(1249~1314) 元河西人。高智耀之子。世祖至元元年(1264),任符宝郎。后授唐兀卫指挥副使。历任翰林待制、礼部侍郎。后出任嘉兴路总管,擒获大盗。擢江东道按察使,讨平反元队伍。后历任浙西廉访使、江南行台御史中丞。迁任淮东廉访使。真州库钞三万缗被盗,有司大索,追逮平民数百人,睿亲自详谳得其情,悉释放之。为官主持大体,有儒者之风。死后追封宁国公,谥贞简。(0001卷125)

高镕 字声玉,号悦云。宋元之际三山(今福州)人。宋末为婺州(治今浙江金华)教授。工诗。元世祖至元二十四年(1287),其诗作被月泉吟社选评为第二十二名。(0504甲,0070卷81)

高暹 元蜀人。善画马,工草书。(1143卷788)

高毅 元仁宗延祐七年(1320)任慈溪县(今属浙江)主簿。(0634卷2)

高履 字德基。元大名元城(治今河北大名西南)人,高昉之子。补国子员。历任户部司计、工部司程、监察御史。出为江浙省郎中。历浙东廉访副使。顺帝至正十年(1350)迁任平江路(治今苏州)。卒于官任。(0165卷1,0927卷20,0928卷3)

高翰 元相州(治今河南安阳)人。历任新昌县(今属浙江)主簿。(0880卷28)

高凝 字道凝。元河内(治今河南沁阳)人。世祖至元十六年(1279)任南台御史。二十五年,累迁为南台治书侍御史。成宗大德五年(1301)任南台侍御史。官至翰林侍读学士。(0632 卷 6,0006 卷 88,0071 卷 90)

高禧① 元获鹿(今属河北)人。顺帝时任河东廉访使。(0645 卷 5)

高禧② 元临邑(今属山东)人。历任齐东、霑化、商河诸县尹,政尚宽简。(0721 卷 25,0739 卷 6,0741 卷 5)

高嶷 字士美。金元之际遂州(治今河北徐水西北遂城)人。金末为枢密院都事,转监察御史。金亡,入燕(今北京一带),丧子感疾而卒。(0195 卷 13,0072 卷 90)

高篪 元顺帝至正四年(1344)任瑞州路(治今江西高安)儒学教授。(1016 卷 14)

高翼 字茂之。元南阳(今属河南)人。仕至嘉兴路推官。善书小楷,精悍整饬。正行草书皆从晋宋规矩中来,但以不知六书偏旁,时作谬字,为识者所鄙。(0031 卷 7,0124 三笔卷 3)

高璧 元建平(治今安徽郎溪)县尹,有治绩。(0622 卷 17)

高彝 字伯元。元人。有诗作传世。(0504 己下)

高骧 字驯良。元余干(今属江西)人。仁宗延祐年间任瑞昌县儒学教谕。(0075 文学典卷 87)

高觿(1238～1290) 字彦解。元上党(治今山西长治)人。其祖先渤海人。太宗时千户高守忠之子。少侍忽必烈为宿卫。世祖至元初,选为太子真金属官,掌艺文,兼领中醞、宫卫监门事。监造太子宫,规制有法。十八年(1281),授工部侍郎、行同知王府都总管府事。次年春,益都千户王著刺杀权相阿合马,觿指挥卫士擒著。二十二年,迁任同知大都留守司事。后迁任河南等路宣慰使。(0001 卷 169)

高又玄 元世祖时岳阳人。善刻碑,至元二十二年(1285)刻《岳阳重修朝元观碑》。(1143 卷 776)

高士良 元仁宗延祐元年(1314)任吴江(今属江苏)州同知。(0954 卷 17)

高士贵 元文宗至顺三年(1332)任吴江州判官。(0945 卷 17)

高久住 元蔡州(今河南汝南)人,高兴子。仕为泉州路总管。(0001 卷 162)

高天祐 元成宗大德三年(1299)任衢州(今属浙江)路经历。(0878 卷 3)

高天锡 元辽阳人。高宣之子。初事忽必烈为藩府必阇赤(书记)。世祖中统二年(1261),袭父职为鹰坊都总管。四年,改任燕京诸路奥鲁总管,迁任按察副使。尝语大臣孛罗等曰:农桑为衣食之本,古之王政莫先于此。孛罗以闻,帝命立司农司,遂以天锡为中都山北道巡行劝农使,兼司农丞。后历任司农少卿、户部侍郎、兵部尚书。(0001 卷 153)

高元子 元仁宗延祐年间任漳州路儒学教授。(0908 卷 3)

高元长(?～1285) 元女真人。高闹儿之子。宪宗九年(1259),袭父职为匠军总管,从忽必烈攻鄂州(今湖北武汉武昌),还镇随州。世祖至元二年(1265),移镇季阳。五年,从阿术围攻襄樊。七年,任季阳军马总管。十年,从破樊城。十一年,从渡江攻宋。十三年,宋恭帝降,护送宋太后至大都(今北京),以功升万户。二十一年,从皇子脱欢侵安南。次年,战死。(0001 卷 151)

高元侃 字公义。元女真人。世祖至元二十三年(1286)由吏部侍郎迁任秘书卿。(0027 卷 9)

高元复 元东吴(今苏州一带)人。有诗作传世。(0504 庚上)

高云翼 字鹏举。元世祖至元年间任镇江路行大司农司令史。(0631 卷 17)

高日新 元邵武(今属福建)人。世祖至元十八年(1281)据龙楼寨起事,被擒。不久再度起事,被元将高兴迫降。遣至大都(今北京),诏授山北路民职。(0001 卷 11、162)

高从正 元成宗元贞年间任平原县(今属山东)儒学教谕。(0742 卷下)

高长寿① 元河西(西夏故地)人。高智耀之子。历任行枢密院佥事。(0011 卷 58,0002 卷 29)

高长寿② 元蔡州(今河南汝南)人,高兴子。仕为建宁路总管府同知。(0001 卷 162)

高公玉 元福宁州(治今福建霞浦)人。世祖至元十三年(1276),反元队伍破城,公玉设计擒之,以功授福宁州同知。(0902 卷 122)

高文秀① 元世祖至元十七年(1280)任溧水县(今属江苏)达鲁花赤。(0632 卷 6)

高文秀② 元东平(今属山东)人。东平府学生员,早卒。善作杂剧,大都(今北京)人称之为小汉卿。撰杂剧三十余种,今存《黑旋风双献头》、《刘先主会襄阳》、《好酒赵元遇上皇》、《须贾谇范雎》四种。(0029 卷上)

高文秀③ 元河阴(治今河南荥阳东北)人。历任庐江县尹。(0762 卷 4)

高文秀④ 元山阴(治今浙江绍兴)县尹。(0880 卷 28)

高文度 字惟正。元临邛(治今四川邛崃)人。有诗作传世。(0504 庚下,0143

卷6)

高文鼎　元吉水(今属江西)人。累官为广东元帅。顺帝至正中,三山(今福州)反元队伍攻广州。文鼎激励将士,力拒近一年,援兵不至,城被攻破,遂自刎。(0002卷232,0004卷40,0075氏族典卷205、官常典卷732)

高玉林　字岳文。元明之际河西(西夏故地)人。高纳麟孙。元末历任行台监察御史、广东廉访司佥事。入明,为永平府通判。(0011卷58)

高本祖(1286~1352)　号本斋。元饶州安仁(治今江西余江东北)人。历任漳州路知事、经历,擢汀州路清流县尹。官至福建宣慰司都元帅府经历。(0275卷10)

高龙卜　元宦者。顺帝时,官至徽政院使。后为监察御史李稷所劾,免职,流放至高丽。(0001卷140、185)

高世英　元镇江路蒙古字学教授。(0631卷17)

高世贤　元文宗至顺元年(1330)任昌国州(治今浙江舟山)判官。(0634卷2)

高世显　字伯英。元世祖至元年间任镇江路行大司农司令史。(0631卷17)

高可庸　字用之,号敬斋。元云中(治今山西大同)人。世祖至元二十二年(1285)任宁国路(治今安徽宣城)总管。(0506卷22181)

高仙道　元广西人,白莲教徒。成宗大德四年(1300),在柳州利用白莲教组织民众反元,从者数千。事败,被处死。(1162上编卷128、129)

高处仁　元开州(治今河南濮阳)人。历任余姚、吴江、长兴三州知州。(0646卷6)

高主瓦　元吐蕃僧人。英宗至治二年(1322)奉遣迎接帝师。(0001卷28)

高必达　元建昌(今江西永修北)人。幼时其父出家为道士,既长,出游四方寻找其父,至黄州得见,哀恳其父还家,孝养笃至,为时所称。(0001卷198)

高吉甫　元燕人,善画竹石。(0030卷5)

高存诚　字明初。元四川人。历任四会县尹、瑞州路推官。顺帝至正十年(1350)任完州知州。后累迁为衢州(今属浙江)路总管。(0878卷2,0649卷30)

高光德　元英宗至治三年(1323)任瑞州路(治今江西高安)知事。(1016卷14)

高曳失　元世祖时,任鱼通路(治今四川雅安西)知府。至元七年(1270),因获宋谍者受赏。(0001卷7)

高则诚　见高明①。

高廷英　金元间人,元太宗二年(1230),授平阳路征收课税副使。(0001卷2)

高仲文　元世祖至元十年(1273)任襄邑县(治今河南睢县)知县。(0764卷6)

高仲荣　元顺帝至正元年(1341)任集庆路(治今江苏南京)推官。(0632卷6)

高庆仁　元成宗元贞二年(1296),任余姚(今属浙江)知州。大德六年(1302),迁任吴江(今属江苏)知州。(0954卷17,0880卷28)

高庆民　金元间燕京人。元太宗时,以耶律楚材荐,任征收课税所副职。(0141卷14,0001卷2)

高守礼　字德之。元仁宗延祐七年(1320)任秘书监奏差。(0027卷11)

高守忠　元上党(今属山西)人。太祖时,为千户。太宗时,从亲王口温不花攻黄州,战死。(0001卷169)

高守祖　元和州(治今安徽和县)知州。(0980卷3)

高安安　元河西(西夏故地)人。高纳麟之子。顺帝至正中,任行枢密院判官。(0011卷58)

高阳祖　字明叟。元绩溪(今属安徽)人,高若驷父。世祖至元年间举明经,任南安路(治今江西大余)儒学教授。(0992卷9)

高志翔　元人。有诗作传世。(0504癸上)

高志道　字元朴。元嘉祥(今属山东)人。历任安州儒学正。有诗作传世。(0504庚上,0033卷23)

高克礼　字敬臣,号秋泉。元河间(今属河北)人。以荫官至庆元路(治今浙江宁波)理官,不为苛刻。作散曲工巧。(0029卷下,0505,0504己上)

高克恭(1248~1310)　字彦敬。元西域人,居涿州房山(今属北京)。由吏入仕。世祖至元二十五年(1288)累迁为监察御史。后历任中书省都事、兵部郎中、江淮省郎中、山南廉访副使。成宗大德元年(1297)授南台治书侍御史。历工部、吏部、刑部侍郎,升刑部尚书。卒,谥文简。善画墨竹。擅长画山水,用李成、董源、巨然之法,造诣精绝。(0205卷下,0030卷5,0002卷188)

高克敬　元彰德(治今河南安阳)人,高元之子。成宗大德八年(1304)袭父职为镇江路济南翼千户。仁宗延祐七年(1320)致仕。(0631卷17)

高伯允　元世祖至元十六年(1279)任江南行台监察御史。(0632卷6)

高伯荣　元清丰(今属河南)人。仁宗皇庆元年(1312)任秘书监典吏,延祐元年(1314)升为奏差。(0027卷11)

高伯温　字仲良。元上都(今内蒙古正蓝旗东北)人。世祖至元十三年(1276)任长清(今属山东)县尹。(0721 卷 25,0075 氏族典卷 205)

高伯椿　元世祖至元二十四年(1287)任秘书监典书;二十七年,升为令史。(0027 卷 11)

高伯颜　元蔡州(今河南汝南)人,高兴子。仕为宁国路总管府同知。(0001 卷 162)

高况梅　元人。有诗作传世。(0504 癸上)

高良弼(1222~1287)　字辅之。元真定平山(今属河北)人。忽必烈(世祖)潜邸宿卫士。世祖至元二年(1265)擢汴梁转运司同知,六年调任河南路课税拘榷使,授转运使。十年,任凤翔府知府。十三年,改任陕西四川转运司同知。二十二年,升淮安路总管。(0243 卷 3,0145 卷 23,0002 卷 174)

高纯心　元世祖至元年间任奉化(今属浙江)县丞。(0633 卷 3)

高纳麟　见纳麟。

高若凤　字在翁,号灞雪。元吉水(今属江西)人。英宗至治元年(1321)进士,授建昌州判。泰定三年(1326)迁任江西儒学副提举。顺帝元统二年(1334)任大庾县尹。后历任平江路推官、福建帅府经历、广州路推官、封州知州。官至知府。有诗作传世。(0075 氏族典卷 205,0504 丙)

高若弼　号忠斋。元绩溪(今属安徽)人。历任桐庐县(今属浙江)儒学教谕。顺帝至正十四年(1354)领绩溪县事。(0992 卷 9)

高茂卿　元涿州(今属河北)人。撰杂剧《翠红乡儿女两团圆》。(0029 续编)

高丽氏　元高丽人。宣慰副使孛罗帖木儿之妻。顺帝至正二十七年(1367)十二月,其夫死于战争,自焚殉夫。(0001 卷 201)

高尚志　字士颙。元扬州(今属江苏)人。有诗作传世。(0504 庚下)

高忠义(1209~1275)　金元之际女真人。金世袭千户。金亡,居大名为民。元世祖伐宋,运粮接饷有功。(0142 卷 20)

高和尚(?~1282)　元僧侣。世祖时,自称有秘术,由枢密副使张易荐至军中。至元十九年(1282),与益都千户王著合谋击杀权相阿合马。随后逃走,被捕杀。(0001 卷 11、12、205)

高秉文　元荆门(今属湖北)知州。有诗作传世。(1042 卷 6,1044 卷 17,0504 丁)

高恒吉　元人。有诗作传世。(0504 辛下)

高闹儿　元女真人。太祖时,从征西域。太宗时,从皇子阔出、大将察罕出征南征,累有功,授管领山前十路匠军总管。宪宗九年(1259),年老退休,由其子元长袭职。(0001 卷 151)

高宝哥　元蔡州(今河南汝南)人,高兴子。仕为治书侍御史。(0001 卷 162)

高居益　元真定(治今河北正定)人。世祖至元十四年(1277)任镇江路知事,十六年以病去职。(0631 卷 15)

高孤云　元人。有诗作传世。(0504 癸上)

高思恭　元人。有诗作传世。(0504 癸上)

高复礼①　元武宗时,为兵部侍郎。至大元年(1308),奉命出使安南。(0001 卷 22)

高复礼②　字仁卿。元河南人。以兵部侍郎出使日本。历任富州知州,清俭自守,病终于官任。(1012 卷 15)

高保四　元世祖时,仕为雅州碉门安抚使。至元二年(1265),请修碉门故城,诏准。(0001 卷 60)

高闻礼　字子仪。元湖州(今属浙江)人。有诗作传世。(0504 庚下)

高泰祥(?~1354)　宋末元初时云南大理国段氏相。掌大理国政。元宪宗三年(1253)十二月,忽必烈率蒙古军至大理城下。夜,泰祥率众遁去,走姚州。募兵与蒙古军战,大败,被执不屈,世祖欲授以官,嫚骂不受,遂被杀。(0851 卷 11,0852 卷 6,0001 卷 4)

高耻传　元临邛人。编有《群书钩玄》,杂采古事古语,以字数为标目次第。(1117 卷 137)

高浩孙　字商叟,号方山。元丹徒(治今江苏镇江)人。元初,任镇江路儒学录。(0631 卷 17、19,0945 卷 3,0075 文学典卷 90)

高家奴　元顺帝至正中聚乡众结寨于老鸦山。至正二十三年(1363)以其众袭破红巾军,擒获破头潘送京师有功,授辽阳行省平章。二十八年,顺帝北走,高家奴集兵老鸦山。后又聚兵平顶山。(0014 卷 33)

高逸民①　元世祖时,任礼部郎中。中统二年(1261),与宿卫将军李里察出使高丽。三年,任山东行省左右司郎中。(0001 卷 4、5)

高逸民②　元世祖至元年间任溧阳路总管。(0632 卷 6)

高维崧　字山甫。元卫辉(治今河南汲县)人。世祖至元十九年(1282)至二十一年,任镇江路知事。(0631 卷 15)

高散哈　元晋宁(治今山西临汾)人。世祖至元二十年(1283)任镇江路同知。未几,改任嘉兴路同知。(0631 卷 15)

高惠直　元鹤庆路(治今云南鹤庆)人。历任本路总管,有德行,众所爱戴。(0851 卷 10)

高鼎玉　元人。有诗作传世。(0504 癸上)

高锁安　元河间(今属河北)人。世祖至元二十六年(1289)任镇江路卫辉翼千户。(0631 卷 17)

高智耀　(约 1206～约 1271)　字显达。西夏末、元初中兴府(今宁夏银川)人。西夏右丞相高良惠之子。登进士第,任签判。西夏亡后,隐居贺兰山。元太宗时,谒见皇子阔端于西京府(治今甘肃武威),请免儒者徭役,阔端从其言。宪宗即位,进言宪宗免儒者徭役,诏免河西、汉地各地儒户徭役。世祖即位,召见,力言儒术有补治道。受命掌印,发给儒户免徭役公文。奉命循行各州县,释放淮、蜀儒士沦为驱口者数千人。建议立御史台,至元五年(1268)从其议立台。未几,出任西夏中兴等路按察使。七年,奉诏禁僧徒冒召民田。因事佛敬僧,处置违法僧徒不力,被弹劾。后出使西北诸藩王处,途经上都(今内蒙古正蓝旗东北)病死。追封宁国公,谥文忠。(0001 卷 125、134)

高然晖　元人,工画山水,师法米芾,雄浑淋漓,近高克恭。其画传至日本。(1143 卷 785)

高善长　金元之际辽阳(今属辽宁)人。自幼习儒,治《诗》、《书》、《春秋三传》、《周易》。金末屡试不中,遂弃儒学医,悉究《难经》、《素问》,精通针灸,医名振扬。金哀宗天兴二年(1233),汴京陷落,元太宗下诏求名医,善长被征为太医。善长与耶律楚材、郑景贤为挚友,常有诗歌唱和。(0141 卷 12、13)

高道宽(1195～1277)　字裕之。元应州怀仁(今属山西)人。全真教道士。宪宗二年(1252),授京兆道录。世祖中统二年(1261),迁任提点陕西兴元道教兼领重阳万寿宫事。(0040 卷 8)

高混朴　元顺帝至正二年(1342)为荆湖北道宣慰使。(1042 卷 6)

高谦亨　元深州(治今河北深县南)人。世祖至元年间任利津(今属山东)知县,奉公守法,杜绝私谒。(0721 卷 25)

高瑞甫　初为儒士,以荐入仕。官至元福建行省参政。(0910 卷 6)

高新甫　元人。有诗作传世。(0504 戊下)

高瑢孙　元丹阳县(今属江苏)儒学教谕。(0631 卷 17)

高德明　字子昭。元濮州(治今山东鄄城)人。仁宗延祐二年(1315)任镇江路濮州翼下百户。(0631 卷 17)

高德诚　元世祖至元二十九年(1292),授管领海船万户,佩双珠虎符。三十年,从征爪洼。(0001 卷 17、210)

高德基①　元顺帝元统二年(1334)任集庆路(治今南京)推官。(0632 卷 6)

高德基②　元建德(今属浙江)路总管。顺帝至正年间撰《平江纪事》一卷。(1071 卷 5)

高履亨　元文宗时,任户部尚书。至顺二年(1331),授参议中书省事。顺帝元统元年(1333),拜中书参知政事。(0001 卷 35、113)

高不要歹　元武宗至大二年(1309)任金坛县(今属江苏)主簿。(0631 卷 16)

高灭里干　见灭里干。

高忙古台　元蔡州(今河南汝南)人,高兴之子。袭父职为管军万户。(0001 卷 162)

高完者图　元女真人。顺帝至元二年(1336)由太师府长史迁任秘书监管勾。(0027 卷 9)

高完者都　元蔡州(今河南汝南)人,高兴之子。仕为辰州路总管。(0001 卷 162)

高阔阔出　字产平。元大名(今属河北)人。顺帝至元六年(1340)至至正三年(1343)任无锡知州。至正五年,转任高邮知府。(0558 卷 24,0277 卷 11)

高也先不花　元仁宗皇庆元年(1312)任吴江(今属江苏)州判官。(0954 卷 17)

高伯颜察儿　元顺帝至元四年(1338)任奉化(今属浙江)知州。(0634 卷 2)

高塔失不花　见塔失不花①。

高帖木儿不花　元世祖至元末,任镇江路行通政院宣使。(0631 卷 17)

栾凤　元高邮(今属江苏)人。顺帝至正年间任诸暨(今属浙江)知州,方国珍来攻,被执不屈而死。(0935 卷 19,0937 卷 9,0075 氏族典卷 166)

栾之昂　字子英。元阳平(治今山东莘县)人。世祖至元二十一年(1284)任长沙县丞,丁忧归。起为司农司掾,迁定陶县尹。后超授东平路推官,忤朝廷使者,罗织其罪,忧愤而死,年五十六。(0225 卷 25,0144 卷 13)

栾汝翼　元成宗大德间任博兴(今属山东)知州。(0721 卷 27,0726 卷 12,0075 氏族典卷 166)

席闰　元顺帝至正十九年(1359)为枢密院判官,与镇南王之子大圣奴等屯兵信州城(今江西上饶西北)。是年六月,城为陈友谅部将王奉国攻破,出降。(0001 卷 195)

席郁(1259～1318)　字士文。元大名元城(治今河北大名西南)人。从胡祗遹学。成宗大德十一年(1307)任秘书监校书郎,武宗至大四年(1311)升为秘书郎。仁宗延祐三年(1316)任监察御史。(0154卷10,0027卷10,0002卷196)

席贵　元成宗大德五年(1301)任丹阳县(今属江苏)主簿。(0631卷16)

席巨川　元顺帝至正年间任南阳府同知。官军讨伐反元队伍,主帅欲尽杀降者,巨川劝止之。(0622卷30,0767卷7、14,0075氏族典卷541)

席应珍(1301～1381)　字心斋,号子阳子。元明之际常熟(今属江苏)人。道士。历任常熟致道、吴县白鹤、相城灵应诸宫观提点。有诗作传世。(1078卷6,0042卷11,0504壬上)

唐七　元广西贺州徭族人。顺帝元统二年(1334),发动贺州广大徭民武装反元,"据其山险,连引数百里",攻袭广西恭城、富川、阳朔及湖南江华、永明等州县,广西徭、壮族百姓纷纷起义响应,给地方政府以沉重打击。后被元廷召集数省兵镇压。(1146卷467)

唐兀①　元成宗元贞二年(1296),立中御府,以为中御卿。(0001卷19)

唐兀②　元仁宗时为中卫亲军都指挥使。延祐三年(1316)授周王常侍府中尉。(0001卷31)

唐兀③　元泰定帝时,任翰林学士承旨。明宗即位,加太尉。(0001卷31)

唐元①(1269～1349)　字长孺,号筠轩。元歙县(今属安徽)人。泰定四年(1327),以文学授平江路(治今江苏苏州)儒学录。后迁任分水县儒学教谕。升集庆路南轩书院山长,不久以徽州路儒学教授致仕。有《筠轩集》十三卷。(0532卷95下,0260卷首、卷10,0972卷7)

唐元②　字本初。元吴郡(今江苏苏州)人。读书博雅,有船号一苇杭,图书古玩杂列左右,浮游江湖,日吟诗其中,自号苇杭子。(0042卷9,0004卷36,0504辛上)

唐升　字伯旮。元洮阳人。喜吟咏,然不肯贬事王侯。有诗作传世。(0158卷11,0504戊下)

唐古　元太宗三年(1231),任元帅,与蒲桃、迪巨等率师征高丽,迫使其国王迎降。七年,复与洪福源领兵征之,拔十余城。(0001卷2、208)

唐术　字景行。元永丰(今属江西)人。从吴澄学。顺帝至正十年(1350)乡试乙榜,授宜春县(今属江西)儒学教谕。反元队伍起,术率地主武装抵御,被执,反元队伍欲推其为盟主,不从,遂被杀。(0075官常典卷735,0072卷92)

唐庆(?～1232)　事元太祖,为管军万户。尝从太祖攻金,为权元帅左监军。太祖二十二年(1227),奉旨使金。太宗四年(1232),复为国信使,取金质子,督岁币。使还,与金曹王见太宗于官山。七月,复使金,令金主黜帝号称臣;金主不听,庆以语侵之。金君臣遂谋害庆。夜半,金兵入馆舍,杀庆及弟山禄、兴禄,并从行者十七人。(0001卷152)

唐佑　字寿谦。元雷州(治今广东海康)人。顺帝至正二十五年(1365),由湖广掾升为藤州同知,改石康副提举。(0506卷2342)

唐林　元平江(今江苏苏州)人。历任新昌县主簿。(0880卷28)

唐泾　字清父。宋元之际道州(治今湖南道县)龙山人。有诗作传世。(0504甲,0070卷81)

唐定　元金华(今属浙江)人。历任上虞县儒学教谕。(0880卷29)

唐肃(1331～1374)　字处敬,号丹崖。元明之际山阴(治今浙江绍兴)人。顺帝至正二十二年(1362),中乡试,授杭州黄岗书院山长。转嘉兴路儒学正。入明为翰林应奉。后谪居濠州(治今安徽凤阳东北)。有《丹崖集》八卷。(0419卷12,0492卷63)

唐珏(1247～?)　字玉潜。宋元之际山阴(治今浙江绍兴)人。居乡授徒。元世祖至元十五年(1278),杨琏真伽发宋帝陵寝,珏出家资,招里中少年潜收遗骸,埋兰亭山后,闻者义之。武宗至大四年(1311)犹在世。(0101卷4,0033卷31,0002卷241)

唐奎　字文昌。元晋阳(治今山西太原西南)人。有诗作传世。(0504庚下,0033卷23)

唐昱(1264～1353)　字仲明。元上海人。文宗至顺元年(1330)捐粟赈饥,授浙西袁部场司丞。改江西芦潭批验所提领。顺帝至元元年(1335)以徽杭榷茶副提举致仕。(0184卷3,0075氏族典卷3)

唐复　字以初,号冰壶道人。元京口(今江苏镇江)人,寓居金陵(今江苏南京)。晓音律。撰杂剧《陈子春四女争夫》。(0029续编)

唐珪(1239～1308)　字德玉。元汤阴(今属河南)人。成宗元贞初,任海盐州知州。大德六年(1302),任福州路治中。武宗至大元年(1308),升汀州路同知,以年七十未至任,同年死。(0173卷29)

唐颂　字德雅。元番禺(治今广东广州)人。养亲以孝闻,有司举之,任布山县(治今广西桂平西南)知县。(0073卷48,0075氏族典卷291)

唐恕　元畏兀儿人,唐仁祖子。初仕为奉训大夫、寿武库提点。武宗时,升翰林待制,后又升侍仪使。(0001卷134)

唐彗　元泰定中,为任丘(今属河北)县尹。(0661卷5)

唐铨 元武宗时，任思州军民宣抚司招谕官。仁宗即位，招谕洞蛮杨正思等五人来朝。(0001卷24)

唐铭 元零陵(今属湖南)人。以荐授永州路(治今湖南零陵)同知。(1041卷51)

唐琮(1241～1289) 元内乡(今属河南)人。袭父职，任管军总管。世祖至元二十年(1283)，迁任唐州万户。二十五年，移镇泉道，从镇南王侵安南。次年，战于三江口，阵亡。(0144卷55，0002卷180)

唐朝 字用大。元兴安(今属广西)人。顺帝至正七年(1347)，中乡举，授辰溪县儒学教谕。后家居授徒。有诗作传世。(1036卷27，0504己上，0072卷12)

唐棣 字子华，晚号遁斋。元湖州归安(治今浙江湖州)人。文章清丽，善画山水，师法郭熙，尝承诏绘嘉禧殿御屏，称旨。历任嘉兴路照磨。顺帝至正五年(1345)任休宁县(今属安徽)知县，在任五年，政通人和，民为立生祠。以吴江州知州致仕。卒年六十九。(0030卷5，0075氏族典卷291，0504己上)

唐琜 元海宁(今属浙江)人。元初为义乌(今属浙江)县尉。(0881卷12)

唐毂 字叔直。元鄞县(治今浙江宁波)人，唐辕弟。与辕皆从戴良学。父唐复礼以事被陷，将逮赴京师，辕诣吏乞代。既行，毂遇诸途，又请代辕行。至京，近臣奏非其罪，遂获免。(0157卷19，0062卷5，0002卷240)

唐儁 元余姚(今属浙江)州判官。(0880卷28)

唐镐 元晋昌人。有诗作传世。(0504辛上)

唐鎔 字子治。元益都费县(今属山东)人。由资政院掾出任无极县尹，在任七年，治无烦苛，民有遗爱。(0262卷18)

唐骥 元畏兀儿人，唐古直子。性豪爽，好射猎。世祖时，事太子真金为必阇赤(文书官)。后升达鲁花赤。(0001卷134)

唐大年 元顺帝至正八年(1348)，以行省知事摄龙溪县(治今福建漳州)知县。(0908卷14，0902卷64，0075氏族典卷291)

唐兀歹① 元太宗时蒙古军统将。太宗时兴州赵祁反蒙古起事，被宗王按只台讨平。祁党攻掠于景、蓟间，被唐兀歹率蒙古、汉军讨平。(0001卷149)

唐兀歹② 元蒙古人。世祖至元十三年(1276)任祁门县(今属安徽)达鲁花赤。(0972卷4)

唐兀歹③ 元世祖至元二十八年(1291)任江南行台监察御史。(0632卷6)

唐兀歹④ 元世祖至元二十九年(1292)任瑞州路(治今江西高安)同知。(1016卷14)

唐兀歹⑤ 元顺帝至正三年(1343)任郿县(治今陕西眉县)达鲁花赤。(0554卷26)

唐兀歹⑥ 元唐兀人。居丧庐墓，诏旌表其门闾。(0001卷197)

唐兀歹⑦ 元蒙古亦乞列思氏，顺帝元统元年(1333)进士敏安达尔之父。任人匠达鲁花赤。(0028)

唐兀歹⑧ 元唐兀人。顺帝元统元年(1333)进士买住祖。(0028)

唐兀氏 元武宗之妃，生文宗。天历二年(1329)，追谥文献昭圣皇后。(0001卷114)

唐兀台① 元宗王。武宗庶长兄魏王阿木哥之子。(0001卷107)

唐兀台② 元蒙古斡罗台氏，顺帝元统元年(1333)进士买闾之父。(0028)

唐兀带① 元世祖时，从伯颜伐宋，任镇抚之职，并负责护送宋主北上。后任黄州路宣慰使。至元十五年(1278)，授荆湖行省参知政事。二十二年，升行省左丞。后从镇南王脱欢征安南，并至江西平盗。(0001卷10、127、209等)

唐兀带② 又作唐兀。元将。世祖至元十六年(1279)，引军千余人，于辰溪、沅州等处劫掠新附人千余口及牛马、金银、币帛等，麻阳县达鲁花赤武伯不花为之向导。枢密院臣奏言于帝。九月，敕斩唐兀带、武伯不花，余减死论，以所掠者还其民。(0001卷10、121)

唐兀带③ 元畏兀儿人，孟速思之子。历任四川宣慰使。(0011卷40)

唐元寿 字彦常，号种山樵者。元人。有诗作传世。(0504辛下)

唐元嘉 字显德。元兰溪(今属浙江)人。顺帝至正十四年(1354)进士，授仁和县丞，升江浙行省掾。后从左丞答剌罕节制金陵(今南京)，兵败被执，不屈而死。(0051卷4，0881卷16、18，0075氏族典卷291)

唐仁义(？～1315) 元汴梁(治今河南开封)人。仁宗皇庆元年(1312)任镇江路济南翼下百户。(0631卷17)

唐仁祖(1249～1301) 字寿卿。元畏兀儿人。唐骥之子。自幼读书，通诸族语言。世祖中统初，入充质子，帝命习蒙古字。至元六年(1269)，中书省选充蒙古掾。十六年，录囚平阳，平反冤滞免死者十七人。十八年，授翰林直学士。历工部侍郎、中书右司郎中。任参议尚书省事，屡忤丞相桑哥，人皆危之，仁祖泰然自若，后桑哥竟败。二十八年，授翰林学士承旨。迁将作院使。卒，追封洹国公，谥文贞。(0001卷134)

唐文质①　元人,历任平泺路盐运副使。成宗大德四年(1300)奉诏绘远方职贡图、名臣画像。(1143卷661)

唐文质②　元成宗大德四年(1300)任秘书监辨验书画直长。(0027卷10)

唐丑儿　元琼山(今属海南琼山)人,唐伯寿女。顺帝至正中,反元队伍至,被掳,给之释缚,自赴水死,年十八。(0622卷82,0002卷244)

唐古直　元畏兀儿人。年十七时,随其国主归降,事太祖、睿宗。睿宗庄圣皇后唆鲁禾帖尼用为札鲁忽赤(断事官)。(0001卷134)

唐古斛　元蒙古逊都思氏,永昌路达鲁花赤健都班之父。领王府怯薛官。(0011卷22)

唐光祖　元顺帝至元元年(1335)任鄞县(治今浙江宁波)主簿。(0634卷2)

唐光善　元世祖至元年间,被征辟为安溪(今属福建)知县,以廉洁著称。(0920卷29)

唐志大①　字伯刚。元如皋(今属江苏)人。仕于张士诚,顺帝至正二十四年(1364)为士诚守湖州。善书法,行草落笔峻激,略无滞思。有诗作传世。(0876卷5,0031卷7,0504丁)

唐志大②　元天长(今属安徽)人。顺帝至正末,任曲阳县(今属河北)主簿。(0645卷4)

唐志雄　元文宗至顺二年(1331)任镇江路薛步市巡检。(0631卷17)

唐时措　元上海人。元初任上海县儒学教谕。(0944卷8,0931卷30,0075氏族典卷291)

唐怀德(1307～1357)　字思诚,号存斋。元金华(今属浙江)人。从许谦学。顺帝至正十七年(1357),以荐授衢州路儒学录,未上任去世。精字学,得虞世南法,著有《书学指南》。(0411卷49,0051卷7,0082卷11)

唐完者　元日照(今属山东)人。泰定四年(1327),任秘书监译史。(0027卷11)

唐其势(?～1335)　元钦察人。燕铁木儿之子。元顺帝皇后伯岳吾氏之兄。顺帝即位,任御史大夫。元统二年(1334),兼任高丽女真汉军万户府达鲁花赤。至元元年(1335),任中书左丞相。与叔父答里等合谋废顺帝,改立宗王晃火帖木儿为帝。六月,伏兵东郊,亲率勇士攻入宫内,被右丞相伯颜率军擒杀。(0001卷138)

唐南翁　元人。有诗作传世。(0504癸上)

唐侯举(1254～?)　字师善。元临安(今属浙江)人。工诗,元初与方回唱和,有《月心诗集》,方回为作序。(0167卷6、19、32,0142卷19)

唐俊卿　元松江(今属上海)人。著名民间手艺人,精于银工,与朱碧山齐名。(1143卷664)

唐桂芳(1299～1371)　又名仲,字仲实,号白云,又号三峰。元明之际歙县(今属安徽)人。唐元之子。少时从洪焱祖学。顺帝至正中以荐授崇安县(今属福建)儒学教谕,迁任南雄路儒学正,丁忧归。入明,起摄紫阳书院山长。有《白云集》七卷。(0532卷89,0416卷首,0972卷7)

唐徐卿(1290～1356)　字敏仲,号见梅居士。元歙县(今属安徽)人,唐桂芳兄。尝为郡庠训导,泰定三年(1326)乡试不利,遂不复言仕。(0416卷7)

唐兀安僧　元顺帝至正十一年(1351)任翰林修撰。(0590卷2)

悟光　(1292～1357),字公实,号雪窗。元成都新都(今属四川)人。佛教僧人。俗姓杨。自幼为僧。年十五东行至杭州学禅。历主平江(治今苏州)白马、开元、育王等寺。(0037卷4,0411卷2)

悟良哈台　元顺帝时,任枢密副使。至正十二年(1352),拜中书添设参知政事。十三年,升中书右丞,兼大司农卿,主持京师屯田。十五年,出任河南行省平章,不久复拜中书平章。十八年,任知行枢密院事,代太不花总兵山东。(0001卷42、45、113等)

悟理间八　元僧,西域人。元廷特授智胜妙行宿慧通应圜悟佑福国师。(0147卷22)

悦可(?～1354)　字中庭。元僧人,嘉定(今属上海)人。居西隐寺。(0042卷12,0037卷42,0075神异典卷188)

烟合牙　元公主。嫁蒙古亦乞列思部贵族昌王八剌失里。封昌国大长公主。(0001卷109)

郯韶　字九成,号云台散史。元湖州(今属浙江)人。顺帝至正(1341～1368)中,被征辟为试漕府掾,不事奔竞,淡然以诗酒自乐。善画。工诗,有诗作传世。(0006卷91下,0503二集辛,0077卷40)

差秃　元蒙古人。顺帝至元二年(1336)任江南行台监察御史。(0632卷6)

凌纬　字景文,号菊山。宋元之际昌化(治今浙江临安西)人。元成宗大德中,以荐为雪江书院山长,不久辞归。卒年九十三。(0075氏族典卷323、文学典卷87)

凌焕　字子章。元人。有诗作传世。(0316,0504辛下)

凌渠　元成宗元贞二年(1296),任开化县(今属浙江)主簿。(0897卷3)

凌嵒　字山英,号石泉。宋元之际华亭

(治今上海松江)人。宋亡不仕,隐居以终。工诗,有诗作传世。(0950 卷 15,0075 文学典卷 86,0504 甲)

凌鹄 元人。有诗作传世。(0504 癸下)

凌德 字信翁。宋元之际杭州人。元世祖至元年间任处州路(治今浙江丽水)总管。遇旱灾,常露顶赤足行烈日中以祈雨,受民众爱戴。(0062 卷 27)

凌攀 字彦冲。元钱塘(治今浙江杭州)人。历任常熟州儒学教授。(0073 卷 56,0075 氏族典卷 323)

凌师德 元钱塘(治今杭州)人。顺帝至正年间任嘉兴路总管,以文章政事自居,然其行实贪汙。(0101 卷 28,0075 氏族典卷 323)

凌时中 字德庸,号石岩。宋元之际湖州安吉(今属浙江)人。元初为建昌路司狱。受知程钜夫,奏署淮东宪司知事。后累迁为都水监丞。(0106 卷 4,0898 卷 7,0075 氏族典卷 323)

凌希惠 字季和,号水西道人。元泾县(今属安徽)人。尝寓居宣城,与诸名士结吟社。工诗,有诗作传世。(0524 卷 3、6、8,0075 文学典卷 90,0504 戊上)

凌虚谷 元人。有诗作传世。(0504 癸上)

凌懋翁 字师德。元湖州安吉(今属浙江)人,凌时中之子。由国子生释褐,授安乡县尹。历知连州,招谕诸洞,蛮酋心悦诚服。顺帝至正年间,历任翰林学士、嘉兴路总管。(0898 卷 7,0075 氏族典卷 323,0146 卷 49)

涑阿术 历任元徽州路、衢州路、钦州路达鲁花赤,有政绩。(0622 卷 82,0972 卷 4,0897 卷 2、7)

浦机 元仁宗延祐五年(1318)进士。历任芮城县尹。(0718 卷 20)

浦椿(1255 ~ 1315) 元长洲(治今江苏苏州)人,浦源父。武宗至大初,任漕运府知事。后升为经历。(0146 卷 29)

浦源 字如渊(一作以渊)。元长洲(治今江苏苏州)人,浦椿之子。成宗大德年间为翰林编修。历太常寺丞、江浙行省照磨。泰定三年(1326)迁任芜湖尹。顺帝至正年间累官为广平路(治今河北永年东南)总管。善属文,工书法。其文宏博怪特,其书字划遒劲。(0146 卷 10,0580 卷 5,0928 卷 54)

浦伯昂 元世祖至元年间为瑞州路(治今江西高安)总管。(1016 卷 14)

涉猎发丁 元回回人。太宗时与富人刘忽笃马、刘廷玉等以银一百四十万两撲买天下课税。耶律楚材奏罢之。(0001 卷 146)

涅只 元成宗时,任工部尚书。元贞元年(1295),任将作院使,领工部事,为皇太后建佛寺于五台山。(0001 卷 18)

涅古柏 元顺帝至元初,任开化县(今属浙江)主簿。(0878 卷 4,0188 卷 2)

海 字一舟。元僧,长芦(治今河北沧州)人。善画人物。(0077 卷 64,0078 卷 36)

海山 即元武宗。

海云①(1202 ~ 1257) 名印简,金元间禅僧,岚谷宁远(治今山西五寨北)宋氏子。八岁出家。金宣宗时赐号通玄广惠大师。元太祖九年(1214),见太祖于宁远。十四年,史天泽荐于木华黎,赐号寂照英悟大师,延居兴安香泉院。次年,奉木华黎命至燕京庆寿寺,掌书记。太宗七年(1235),奉旨主考僧徒。十一年,主持庆寿寺。乃马真后元年(1242),应召赴忽必烈帐下。定宗二年(1247),奉皇太子命往和林,住太平兴国禅寺。宪宗二年(1252),奉旨领天下僧事。传临济宗禅法,度弟子千余人。(0225 卷 6,0035 卷 32)

海云② 元僧人,善画墨竹,师法金书画名家完颜琦。(0030)

海印 元僧,泰安(今属山东)人。居邹县大明禅院。(0037 卷 17,0721 卷 34)

海寿 元畏兀儿人,义坚亚礼子。世祖时由宿卫入仕,官至杭州路达鲁花赤,招复流民,有惠政。卒,赠翰林直学士,封范阳郡侯,谥惠敏。(0001 卷 135)

海速 元乃蛮人,后卫亲军副千户和尚祖。历任昔列木千户所蒙古军百户。(0011 卷 68)

海都① 元太祖六世祖。其祖母莫拏伦生七子而寡居,札剌亦儿部侵入其牧地,尽驱其马群而去。莫拏伦诸子往追,战败,六子皆死。札剌亦儿部乘胜杀莫拏伦,灭其家。唯长孙海都尚幼,乳母匿藏之,得免。第七子纳真于八剌忽部民家为赘婿,故不及难。不久,海都被叔纳真带至八剌忽部抚育,稍长,被纳真率八剌忽怯谷诸民共立为汗。后海都率众攻败札剌亦儿部,臣属之,形势寖大,列营帐于八剌合黑河上,跨河为梁,以便往来,四傍部族归之者渐众。(0001 卷 1,0008 卷 1,0009 卷 1)

海都②(? ~ 1259) 元康里人。哈伯失要之子,斡罗思之祖父。宪宗九年(1259),从帝攻宋钓鱼山(今四川合川东),阵亡。(0001 卷 134)

海都③(约 1235 ~ 1301) 元太宗第五子合失之子。宪宗即位后,太宗后裔诸王失势,海都被迁封于海押立(今哈萨克塔尔迪库尔干东)。宪宗死后,支持阿里不哥与世祖争夺大汗位。阿里不哥失败后,海都图谋自立为大汗,遂结好于术赤后王,并扩占领地与部众。世祖至元五年(1268),始东犯元西北边境。六年,与察合台、术赤后王结盟于答剌速河(今塔拉斯河)畔。十一年,扶助笃哇嗣察合台汗国汗位。从此,常与笃哇进攻元西北境。二十四年,与叛王乃颜互为犄角,世祖命伯颜率大军驻和林以扼之。二十六年,击败皇孙甘麻剌于杭海山(今杭爱山),世祖亲征以扼之。成宗大德五年(1301),与笃哇越金山(今阿尔泰山)东犯,与甘麻剌、海山激战,受重伤,死于途中。(0001 卷 15、22、128 等,0008 卷 2、3)

海薛　元世祖至元二十四年(1287)任秘书监。(0027 卷 9)

海僧　元畏兀儿人,中尚院使忙兀的斤曾孙。(0011 卷 52)

海亦儿　元康里人,阿沙不花之子。历任顺宁府达鲁花赤。(0011 卷 62)

海剌孙　元世祖时,从伯颜伐宋,有军功。武宗至大二年(1309),授平章政事,商议枢密院事。(0001 卷 23)

海迷失　元大都路同知忙兀秃鲁迷失之妻。文宗至顺二年(1331)三月,诏旌其贞节。(0001 卷 35)

海答儿　元镇江(今属江苏)人。卓麻儿之子。文宗至顺间任绍兴路治中。(0631 卷 19)

海鲁丁①　元顺帝至正十七年(1357)任寿昌县(治今浙江建德西南)主簿,三年后升为达鲁花赤,用法平恕,士民安之。(0896 卷 156)

海鲁丁②(? ~1359)　元回回人,获独不丁兄。登进士第。顺帝时任职信州(今江西上饶)为参谋。至正十九年(1359),城为陈友谅部红巾军所破,被杀。(0001 卷 195、196)

海蓝伯　康里部大人。不忽木祖父。金末,事克烈部主王汗。王汗灭,即弃家从数千骑望西北驰去,元太祖遣使招之,答曰:"王汗既亡,不忍改所事",遂去,不知所之。(0001 卷 130)

海牙也只里　元顺帝至正三年(1343)任长泰县(今属福建)达鲁花赤。(0908 卷 23)

涂几　字守约。元宜黄(今属江西)人。从李存学,为文不涉浮词。元末避战乱于临川(今属江西)。明初卒。(1014 卷 13,0071 卷 93,0033 卷 23)

涂晋生　字自昭。元宜黄(今属江西)人。元末中乡试,授赣州濂溪书院山长。著有《周易经疑》三卷。(1014 卷 10,0072 卷 49,0073 卷 13)

涂维申　元成宗大德八年(1304)任瑞州路(治今江西高安)儒学教授。(1016 卷 14)

朔鲁罕　元蒙古札剌亦儿氏。有胆力,侍太祖左右。与金人战于野狐岭(今河北万全西北),中流矢而卒。(0001 卷 131)

益①(1243 ~1315)　号栖岩。元僧,郑州刘氏子。戒律精严,讲《唯识》四十余年,河洛之人皆信向之。成宗大德中,诏住持许州大洪济寺,赐号佛性圆明普照大师。(0225 卷 21,0762 卷 4)

益②　字桷堂。元僧,温州(今属浙江)人。住奉化岳林寺。工诗,有《山居诗》传世。(0503 二集壬,0066 卷 2)

益智　元普山土酋。有智谋,善安辑。历任曲靖宣慰使、掌普安路总管府事,有治绩。(0075 氏族典卷 543)

益老答儿　元顺帝至正二十四年(1364),为罕哈哈剌海行枢密知院。(0001 卷 145)

益里海涯　又译亦里哈牙。元公主。成宗女。嫁蒙古亦乞列思部贵族忽邻之子昌王阿失。封昌国大长公主。(0001 卷 109、118)

益道理世　元蒙古人,广东宣慰使僧家讷之父。历任冀宁路达鲁花赤。(0011 卷 32)

益弥势普华　元畏兀儿人,岳璘帖穆尔之子。(0011 卷 43)

益笃护弥实　元世祖至元间任霍州(今属山西)达鲁花赤,有政绩。(0691 卷 8,0700 卷 6)

益智礼不花　即王璋④。

益特思海牙　元畏兀儿人。布鲁海牙之弟。(0001 卷 125)

益福的哈鲁丁　又译亦福的哈鲁丁。元回回人,昭文馆学士木沙剌福丁孙,平章政事札剌鲁丁子。通亦思替非文字(即波斯语)。世祖至元二十六年(1289),授翰林学士,负责教习亦思替非文字。官至翰林承旨。追封吉国公,谥忠简。(0001 卷 81,0225 卷 2,1146 卷 471)

宽彻①　元世祖至元二十二年(1285),为荆湖占城行省右丞,从镇南王脱欢侵安南。(0001 卷 209)

宽彻②(? ~1328)　元泰定帝时,任四川行省平章政事。文宗即位,四川行省平章囊加台起兵反,宽彻被杀。至顺元年(1330),诏赠官赐谥。(0001 卷 32、34)

宽者　元畏兀儿人,翰林承旨阿失帖木儿之子。历任太常少卿。(0011 卷 40)

宽阇①　元宗室,太祖长子术赤后裔。文宗天历二年(1329),封肃王。至顺元年(1330),为置傅、尉、司马各一员。(0001 卷 33、34、107)

宽阇②　元宗室,察合台汗国第九代汗笃哇之子。成宗大德十年(1306),笃哇死,继立为第十代汗。在位时对元朝保持友好政策。武宗至大元年(1308),元廷遣使至撒麻耳干(今乌兹别克撒马尔罕),其地万户向元廷进呈太祖时所造户口青册。是年卒。(1140 卷 15)

宽彻班　元顺帝时亲王。至正十五年(1355)八月,奉旨守兴元(今陕西汉中)。(0001 卷 44)

宽彻哥　元宗室，卫王完泽子。文宗至顺间，袭封卫王。顺帝至元二年(1336)，受赐卫辉路(治今河南汲县)为食邑。至正十一年(1351)，率军征讨河南红巾军。(0001卷39、42,0003卷37)

宽彻普化　元宗王。世祖孙，镇南王脱欢之子。泰定三年(1326)，封威顺王，镇武昌。顺帝至元五年(1339)，丞相伯颜擅权，遭贬谪；及脱脱为相，始还镇。至正十一年(1351)冬，率军镇压天完红巾军，战败。十二年，红巾军攻武昌；弃城出走，诏夺其王印。十三年，元军收复武昌，复受王印，还镇。十六年，为天完丞相倪文俊击败，逃往陕西。二十五年，屯田于成州(今甘肃成县)。未几病死。(0001卷117)

家晋孙　字自昭，号自庵。元眉山(今属四川)人。仁宗延祐四年(1317)任镇江路儒学教授。(0167卷24、31,0631卷17)

家铉翁　元畏兀儿人。中江浙乡试，会试不利，遂杜门养志。福建廉访司闻其才征辟为掾。后调任江南行御史台掾。(0202卷6,0222卷4,1104卷2)

宴只哥①　元成宗大德五年(1301)任江南行台监察御史。(0632卷6)

宴只哥②　元成宗大德七年(1303)任象山县(今属浙江)主簿。(0633卷3)

宴罕出　元成宗元贞二年(1296)任江南行台监察御史。(0632卷6)

宰献　元番禺(治今广东广州)人。举进士。(0073卷79,0075氏族典卷420)

宰牙　塔出长子。元世祖时，袭父爵为中奉大夫，任江西宣慰使。(0001卷135)

宰沂　字鲁伯。元洛阳人。尝与中书杨维说降西山主帅，时人壮之。世祖中统初，王文统当国，被文统荐为真定路劝农使，不得已而受命，阳为不事事者，至亡其告身及金符于酒家，因自劾去官。文统败，竟获免。(0144卷59,0002卷234)

宰奴丁　元回回人，世祖时权臣阿合马侄。(0011卷81)

宰纳丁　元顺帝至元六年(1340)由枢密院断事官迁任秘书太监。(0027卷9)

娄南把　元仁宗延祐六年(1319)任溧水(今属江苏)州同知。(0632卷6)

诸絅　元顺帝至正二十年(1360)任萧山县(今属浙江)儒学教谕。有诗作传世。(0504庚上,0033卷28,0559补遗)

诸士芳　元宜兴(今属江苏)人。历任镇江路茅山书院山长。(0631卷17)

诸葛嵩　元吴郡(今苏州)人。有诗作传世。(0504庚上)

诸葛泰　字亨浦。元晋江(治今福建泉州)人。父元中，辟松江府同知。泰以父荫授汀州路明溪巡检，未几辞归。(0902卷82、127,0075氏族典卷564,0920卷54)

诸葛晋　字仲昭。元明之际晋江(治今福建泉州)人。诸葛泰弟。元末授福建行省检校，战乱，摄尤溪县事，以廉能称。入明，谪徙颍上。卒年七十六。(0902卷82,0075氏族典卷564,0076卷36)

诸葛彝　元人。有诗作传世。(0504癸上)

诸葛伯衡　元兰溪(今属浙江)人。从吴师道学。(0071卷82)

诺怀　又译那海。字德卿。元蒙古术温台氏，居广平(今属河北)。袭福州亲军千户。英宗至治元年(1321)迁任镇江路镇抚。文宗至顺三年(1332)升为江浙行省都镇抚。官至镇江路镇守万户。善写大字，郡之扁牓多为其所书。(0631卷17,0031卷7)

冢率　又译种索、种赛、种筛，蒙古那牙勤氏。十二世纪八十年代，离开札木合投附元太祖。多年为太祖忠勤效力。蒙古建国后，受封为功臣千户长，并受命辅佐月伦太后、铁木哥斡赤斤。(0009卷3、10)

谈章　元元谋(今属云南)县尉，刚直无私，护理县事不避豪强。(0075氏族典卷368)

谈文礼　元德清(今属浙江)人。博学能诗，隐居不仕。(0876卷12,0075氏族典卷368)

谈道亨　元清江(今属江西)人。谈采堂弟。历任濂溪书院山长、赣州路儒学教授。(1024卷7)

祥迈　号如意。元僧，太原呼延氏子。世祖至元十年(1273)住兴平府道者山云峰寺。十八年，撰《辨伪录》五卷，攻击全真道教徒。(0035卷33、34,0037卷33)

祥哥剌吉　元鲁国公主，顺宗答剌麻八剌女，适纳陈子帖木儿之子琱阿不剌。(0001卷109)

剧伯颜　元高唐(今属山东)人。历任义乌县(今属浙江)知县。(0881卷12)

剧良佐　元庆元路(治今浙江宁波)录事司判官。(0633卷2)

展熙　元上虞(今属浙江)县尹。(0880卷28)

展世英　元高唐(今属山东)人。文宗至顺三年(1332)任镇江路高唐翼下百户。(0631卷17)

陶仲　元华容(今属湖南)人。历任翰林学士。(1053卷5,1041卷36)

陶泽　元诸暨(今属浙江)人。中乡试。

历任稽山书院山长。有诗作传世。(0880 卷 33,0504 辛下)

陶钦　元世祖中统二年(1261)任胙城(治今河南延津北)县丞。(0790 卷 5)

陶俊　元世祖至元(1264～1294)年间,任新昌县(今属浙江)典史。(1016 卷 14)

陶珽　字廷玉。元毗陵(今江苏常州)人。有诗作传世。(0504 庚下)

陶铉　号菊村。元金陵(今南京)人。善画山水,师法李成。(0030 卷 5)

陶资　元顺帝至正十一年(1351)进士。(0560)

陶琛　字彦行。元吴郡(今苏州)人。有诗作传世。(0504 辛上)

陶铸①　元成宗大德八年(1304)任丹阳县(今属江苏)主簿。(0631 卷 16)

陶铸②　字希声。元沔阳(今属湖北)人。举进士。由国子助教迁任湖南廉访司经历。(1041 卷 36,1045 卷 8)

陶煜(1286～1358)　字明元,号道奥山人,又号白云漫士。元台州黄岩(今属浙江)人。陶宗仪父。早年从周仁荣学。后历任归安、上虞二县典史。(0279 卷 12,0158 卷 24,0101 卷 6)

陶元干　元襄阳(治今湖北襄樊)人。淹贯经史,尝注《易经》,世称为陶《易》。(0622 卷 60,0002 卷 235,0072 卷 92)

陶师渊　元卫辉获嘉(今属河南)人。世祖至元(1264～1294)间,任卫辉路(治今河南汲县)儒学教授。(0786 卷 7,0596 卷 4)

陶宗仪(1316～约 1404)　字九成,号南村,元明间黄岩人。元末应试不中,寓居华亭,著书授徒,累辞辟举。明初,曾任学官。永乐初卒。辑有《说郛》、《书史会要》等,撰《辍耕录》、《南村诗集》。(0020 卷 285,0002 卷 238)

陶宗傅(?～1385)　字梦臣。元黄岩(今属浙江)人。陶宗仪弟。元末为江浙省掾,转任临海县尹。明初,任代县(今属山西)知县。(0411 卷 9)

陶宗媛　元台州(今浙江临海)人,嫁为儒士杜思絅妻。夫亡,矢志守节。元末台州被兵,为游军所执,不屈被杀。(0001 卷 201)

陶宗暹　字文昭,又字晋生。元黄岩(今属浙江)人。陶复初侄。历任江浙儒学副提举。工书法,楷书学欧阳询,善绘画,书、画皆擅名一时。(0031 卷 7,0077 卷 21,0004 卷 36)

陶宗儒　字汉生。元明间黄岩人,陶宗傅弟。元顺帝至元二十三年(1363)为江浙行枢密院管勾。迁江浙行省检校,升行院都事。明初授秘书丞,仕至吏部员外郎。(0411 卷 1、9)

陶定理　字元康。元延陵(治今江苏镇江)人。有诗作传世。(0504 庚下)

陶复亨　字仁叔。宋元之际新昌(今属浙江)人。宋度宗咸淳元年(1265)试补国子学。元初,任兴国路(治今湖北阳新)儒学教授。(0075 文学典卷 86)

陶复初　字明本,号介轩。元台州黄岩(今属浙江)人,陶煜弟。历任台州路儒学教授。工书法,小篆师法徐张,古隶师法钟梁。善绘画,墨竹师法李蓟丘父子,着色竹甚佳,亦能画山水。(0030 卷 5,0031 卷 7,0004 卷 36)

陶起祖　元池州铜陵(今属安徽)人。顺帝至正(1341～1368)间,募集地主武装,任池州路(治今安徽贵池)同知。后为反元队伍所执,不屈而死。(0622 卷 16,0002 卷 232,0986 卷 4、6)

陶唐邑　元人。有诗作传世。(0504 癸上)

陶野仙　字云卿,号云山。元浮光(山名,在今河南罗山东北)人。晋陶潜二十四世孙。顺帝至正十六年(1356)任秘书监丞。(0027 卷 9)

姬振　元仁宗延祐七年(1320)任瑞州路(治今江西高安)推事。(1016 卷 14)

姬镐　字周卿。元磁州邯郸(今属河北)人。世祖至元年间任常熟(今属江苏)县主簿。(0947 卷 5)

姬文炳　元成宗元贞二年(1296)任金坛(今属江苏)县尉。(0631 卷 16)

姬志真(1193～1268)　本名翼,字辅之。其祖先雍姓,违金世宗讳改姓姬。金元之际泽州高平(今属山西)人。金亡,从王志谨为全真教道士,号知常子。元宪宗二年(1252),讲道于燕京长春宫。世祖中统四年(1263),嗣志谨主持汴梁朝元宫事。有《云山集》八卷。(0040 卷 8,0327 卷首)

姬思诚　字仲实。元真定灵寿(今属河北)人。业儒,兼及阴阳气数之学。(0144 卷 19、46)

通彻(1300～1385)　字清溪,号天游,元时来华日本僧人,日本相州人。自幼为僧,壮岁来华,历寻诸刹三十余年,掌藏轮于双径寺。及东归,风暴船碎,乘片板以免。归日本,依天龙寺梦窗国师得法。历住净居寺、天龙寺、南禅寺。大相国义满源赠紫衣,光严上皇尝召询《碧岩录》义。后居丹之常照寺。有《语录》。(1144 卷 616)

能伯林　元文宗天历二年(1329)任秘书监丞。(0027 卷 9)

能鼎贤　元文宗至顺元年(1330)任集庆路(治今江苏南京)推官。(0632 卷 6)

桑吉　元诸王。元宪宗四年(1254),奉旨受蒙古大将札剌台节制,从札剌台侵高丽。(0001 卷 133)

桑茂 元世祖至元二十二年(1285)任西安县(治今浙江衢州)知县。(0897 卷 2、7)

桑哥①(? ~1291) 又译桑葛。元吐蕃人。国师胆巴弟子。通诸族语,曾为译史。世祖至元中,擢为总制院使。二十一年(1284),荐卢世荣理财。二十四年闰二月,复置尚书省,任尚书平章。三月,更定钞法,颁行至元钞。检核中书省亏欠库财。十一月,升为尚书右丞相。钩考仓库诸司。二十五年,置征理,治谷财之当追者。十月,分遣诸官理算江淮、江西、福建、四川、甘肃、安西六省财赋,清算中统初以来近三十年历年漏征、拖欠赋税。搜刮极广。二十六年,增盐茶酒醋课税。只输半赋之协济户增收全赋。通过多方搜刮解救元廷财政困难,权势日隆。大权在握,受贿卖官,经营私产,而百姓受害,起义蜂起。二十八年春,蒙、汉、色目朝臣纷纷奏劾其罪,遂被逮下狱。七月,被处死。(0001 卷 205、14、15、16 等)

桑哥② 元文宗时,任宣徽副使。至顺二年(1331),因奉旨给宿卫士钱粮,稽缓九日,玩法欺公,被免职。(0001 卷 35)

桑哥③ 元顺帝至元四年(1338)由延福司提举迁任秘书监丞。(0027 卷 9)

桑哥④ 元畏兀儿人,亦都护高昌王月鲁帖木儿子。顺帝时,任宣政院同知。至正十二年(1352),奉命率军守御襄阳。十三年,袭亦都护高昌王爵。十五年,任湖广行省平章政事。(0001 卷 42、43、44)

桑毅 元英宗至治三年(1323)任奉化州(治今浙江奉化)判官。(0634 卷 2)

桑兀孙① 元英宗至治二年(1322)由太常礼仪院同佥迁任秘书太监。(0027 卷 9)

桑兀孙② 元诸王。文宗至顺元年(1330)四月,被帝遣还云南。(0001 卷 34)

桑兀孙③ 元康里人,中卫亲军都指挥使孛兰溪子。袭中卫亲军都指挥使。(0001 卷 135)

桑时爚 元滑州内黄(今属河南)人。顺帝至正年间中乡试。历任曲周县儒学教谕。(0070 卷 6、7)

桑彦和 元顺帝至正年间任清河(今属河北)县儒学教谕。(0657 卷 2)

桑哥班 元宗室。文宗至顺元年(1330),奉命出使西北诸王燕只吉台、不赛因、月即别等所。(0001 卷 34)

桑加失里 元武宗近臣。至大二年(1309)九月,与合鲁纳答思等奏请遣人出使海外诸国。帝从之。(0001 卷 23)

桑吉剌失 元世祖近臣。至元二十七年(1290)四月,奉帝遣,诣马八儿国(在今印度东南海岸)访求方伎士。(0001 卷 16)

桑忽答儿 元蒙古彻兀台氏。千户麦里之弟。世祖即位(1260),宗王霍忽叛,掠河西诸城。与兄麦里率所部击之,一月八战,夺还所掠札剌亦儿、塔塔儿诸部民。未几,为霍忽所杀。(0001 卷 132)

桑哥八剌① 元蒙古弘吉剌氏,帖木儿次子。幼年养于斡可珍公主所,后袭统本部民四百户。成宗时,尚普纳公主。文宗时,进封郓安王,赐金印,职千户。顺帝元统元年(1333),授万户。二年,加封鲁王。以疾卒。年六十一。(0001 卷 118)

桑哥八剌② 元唐兀人,亦怜真班第三子。任同知称海宣慰司事。(0001 卷 145)

桑哥八撒 元武宗至大二年(1309)任吴江(今属江苏)州达鲁花赤。(0928 卷 4,0954 卷 17)

桑哥不剌 元郓国公主,适赤窟孙爱不哥之子岐王脱脱木儿。(0001 卷 109)

桑哥失里① 元哈密理(今新疆哈密)人。文宗至顺三年(1332)任江南行台监察御史。(0632 卷 6)

桑哥失里② 元顺帝至元六年(1340)任江南行台治书侍御史。(0632 卷 6)

桑哥失里③ 一作桑哥实里。元顺帝至正中知枢密院事、御史大夫汪家奴之子。至正间为太子詹事,十四年(1354)与哈麻、雪雪共陷丞相脱脱于死,授宣政院使,未几暴卒。(0011 卷 94,0101 卷 15,0001 卷 205)

桑哥失里④ 字世荣,号静庵。元畏吾儿人。由奎章阁学士出为湖南廉访使,未几迁任湖北廉访使。(0250 卷 39、67)

桑哥失里⑤ 元顺帝时,任四川行省参知政事,升左丞,有战功。后入为中政院使。至正十四年(1354)授中书添设右丞。不久改授太子詹事。十五年,任中书平章政事。(0001 卷 42、43、44)

桑哥失里⑥ 元末以陕西行台监察御史守官家洞,明兵来攻,兵败不屈,与妻投崖死。(0075 官常典卷 735)

桑哥失理 元顺帝时,任监察御史。至正十九年(1359),奉皇太子旨意,劾中书左丞成遵、参政赵中赃罪,使二人下狱被杀。(0001 卷 45、140)

桑哥答思① 元顺帝元统元年(1333)至至元二年(1336)任无锡州同知。(0558 卷 24)

桑哥答思② 元唐兀人,亦怜真班第五子。任岭北行省平章政事。(0001 卷 145)

桑儿伽思监 元官员。历任崇明州达鲁花赤。顺帝至元二年(1336)任庆元路(治今浙江宁波)治中。(0928 卷 4,0634 卷 1)

桑哥哈剌赤　元成宗大德四年(1300)任定海县(治今浙江宁波镇海)达鲁花赤。武宗至大间迁任象山县(今属浙江)达鲁花赤。(0633 卷 3)

继洪　宋元之际汝州(治今河南临汝)人,医僧。早年南游至岭南,编辑瘴疟诸方为《岭南卫生方》刊行。元世祖至元二十年(1283)撰成《澹寮集验秘方》十五卷。(1149 卷 124)

继聪(1241～1317)　字愚极。宋元之际僧人,临川(今属江西)王氏子。住临川资寿寺。(0233 卷 12)

十一画

琏赤　元唐兀人,平江路达鲁花赤黄头祖。历任山东宣慰司副都元帅。(0011 卷 61)

琏瞻　元杭州人,泰定四年(1327)进士。(0872 卷 56)

琐非　字复初,号拙斋。元西域人。精音律。(1104 卷 4)

琐住　元顺帝时,为军阀察罕帖木儿部将,后隶其子扩廓帖木儿,官枢密院院判。至正十八年(1358),任中书参知政事。二十四年,拜中书平章政事。(0001 卷 45、46、113)

琐南班　元顺帝时长枪军首领。至正十六年(1356),叛元起事,攻破宁国、宣州等城。(0001 卷 185、187、195)

琐南管卜　元宗室。泰定帝泰定四年(1327),封岐王。分地在甘肃行省。(0001 卷 30、108)

琐南藏卜　元驸马,封白兰王。(0001 卷 202)

琐鲁火都　元蒙古忙兀氏。博罗欢父。追封泰安王,谥忠定。(0225 卷 3,0011 卷 10,0006 卷 31)

理熙　字仲雍。元于阗(今新疆和田)人。好古博雅。至大四年(1311)任秘书监典簿。仁宗延祐(1314～1320)中,迁任平江路(治今苏州)判官,建言助役法,民便之。(0027 卷 9,0001 卷 172)

理伯容　元人。五次赴京会试不第。历任江西廉访司掾。有诗作传世。(0514 前集卷 5,后集卷 5,0504 己上)

堵闰(？～1331)　字济川。元金坛(今属江苏)人。历任昌化县尉、信州路知事、江浙省掾、建康路录事、饶州路推官、镇江稻田提举。(0631 卷 19,0632 卷 6)

堵简　字无傲。元金坛(今属江苏)人。历任中书宣使、金坛县尹。顺帝至正(1341～1368)间为江浙行省检校官,平章庆童辟为参议。张士诚陷松江,从庆童往击之,被执,不屈而死。善绘画,工诗,有诗作传世。(0075 氏族典卷 416、文学典卷 89,0504 庚上,0077 卷 45)

堵信卿　元毘陵(今江苏常州)人。善画草虫。(1143 卷 1062)

梅仙　元契丹人石抹明里之妻。武宗即位(1307),以保育武宗功,封顺国夫人。(0001 卷 22、169)

梅英　元顺帝至正二十四年(1364)为杭州路同知。(0573 卷 2)

梅实　字仲实。元宣城(今属安徽)人。顺帝至正(1341～1368)间,为集庆路(治今南京)照磨。朱元璋攻克金陵,不屈而死。有诗作传世。(0974 卷 16,0504 己下,0002 卷 233)

梅珪　字秉玉。元永嘉(治今浙江温州)人。有诗作传世。(0504 庚下)

梅昱　字景熙。元处州路(治今浙江丽水)人。顺帝至正二年(1342)任丽水县(今属浙江)儒学教谕。(0576 卷 10)

梅忠　元泰定三年(1326)任无锡州都目。(0558 卷 24)

梅鼎①　元初为江宁县(治今南京)主簿。(0632 卷 6)

梅鼎②　元淮阴(今属江苏)人。善画山水,尝作《蜀山图》,朱德润为之题诗。(0316)

梅颐　字昌年,号甦庵。元永嘉(治今浙江温州)人。以明经荐为都昌县主簿。后迁任夔州判官。有诗作传世。(0504 己上)

梅汝说　元杭州人。武宗至大元年(1308)任祁门县(今属安徽)主簿。(0972 卷 4)

梅致和(1300～1356)　字彦达。元宣城(今属安徽)人。应试屡不利,乃家居著书,来问学者甚众。有诗作传世。(0411 卷 20,0504 戊上,0524 卷 2、4、6、9)

梅继祖　元镇江路大云乡巡检。(0631 卷 17)

梅遇春　元成宗大德(1297～1307)间任昌国州(治今浙江舟山)同知。后迁任鄞县(治今浙江宁波)知县。(0633 卷 3)

梅德明　元宣城(今属安徽)人。梅致和父。积学工诗,知名于当世。有诗作传世。(0075 文学典卷 88,0504 戊上)

梓材　元武宗至大三年(1310),授永顺等处军民安抚副使,招抚西南容米洞叛蛮田墨等。(0001 卷 23)

教化①　元世祖时,任宣慰使、行省右丞等职。至元十六年(1279),授兵部侍郎,奉命与总管孟庆元等出使占城,谕其王入朝。(0001 卷 11、191、210)

教化②　元成宗大德间,任江南行台监察御史。大德十年(1306),劾奏江浙行省宣使李元不法。(0001 卷 21)

教化③　元唐兀人,爱鲁之子。成宗时,任江浙行省平章政事。武宗即位,授中书平章政事。至大元年(1308),加授太子太保、太傅、平章军国重事,封魏国公。次年,受御史弹劾,夺爵、罢职。(0001卷22、23、122等)

教化④　元仁宗延祐元年(1314)任江南行台监察御史。(0632卷6)

教化⑤(?~1316)　元仁宗时任翰林侍讲学士。延祐三年(1316)授常侍府常府,护送周王和世𤩽出镇云南。至陕西,起兵拥立周王,发动关陕之变。不久被同僚袭杀。(0001卷31)

教化⑥　元南阳(今属河南)人。仁宗延祐七年(1320)任丹徒县(治今江苏镇江)主簿。(0631卷16)

教化⑦　元英宗时,任吏部尚书。至治元年(1321),奉命与礼部郎中文矩出使安南,颁登极诏。(0001卷27)

教化⑧　元英宗至治二年(1322)任浙东宣慰使。(0634卷1)

教化⑨　元英宗至治间为监察御史。至治三年(1323)三月,坐举八思吉思(前右丞相铁木迭儿之子,因受冒献田地,二年十二月伏诛)失当,被黜免。(0001卷28)

教化⑩　元蒙古孙都歹氏。泰定元年(1324)任镇江路彰德翼下千户所达鲁花赤。(0631卷17)

教化⑪　元人,阿塔赤之子。初为怯薛速古儿赤(掌服御者),后袭父职为千户。拥立文宗即位有功,授拱卫直都指挥使。后迁章佩卿。(0001卷123)

教化⑫　元文宗天历间为太仆卿。天历二年(1329)正月,奉文宗遣,献海东鹘于明宗行在所。(0001卷33)

教化⑬　元文宗时,为近侍怯薛(宿卫)官。至顺元年(1330),立行枢密院征云南,授行枢密院副使。(0001卷34)

教化⑭　元顺帝至正六年(1346),授中书平章政事。九年,去职。(0001卷113)

教化⑮　元顺帝至正中为江浙行省平章。至正十一年(1351),奉旨率军征讨安丰红巾军,击败红巾军,收复安丰。十二年,杭州被天完红巾军攻破,教化问计于董抟霄。抟霄建议急攻,夺回杭州。教化初犹豫未决,后决意从抟霄计。遂大败天完红巾军,收复杭州。(0001卷188)

教化⑯　元顺帝至正十六年(1356)任阳城县(今属山西)达鲁花赤。(0694卷5)

教化⑰　元顺帝至正十七年(1357)任兴化路(治今福建莆田)同知。(0905卷2)

教化⑱　元乃蛮人,囊加歹子。仕为山东河北蒙古军副都万户。(0001卷131)

教化⑲　元唐兀人,居浚州,汉阳知府哈剌哈孙之子。泰定四年(1327)进士,授江州路瑞昌县达鲁花赤。(0674卷10)

教化⑳　元蒙古察罕塔塔儿氏,顺帝元统元年(1333)进士囊加歹父。(0028)

教化㉑　元畏兀儿人,孟速思子四川宣慰使唐兀带之子。(0011卷40)

教化迪①　元仁宗延祐元年(1314)任太和州(治今江西泰和)达鲁花赤。(1019卷4)

教化迪②　元泰定二年(1325)任上高县(今属江西)达鲁花赤。(1016卷14)

教化的①　元世祖至元后叶为尚书省官,桑哥党羽。受赃肆虐,使江淮之民愁怨载路。曾被行台御史周祚弹劾。至元二十八年(1291)被逮捕问罪。(0001卷16、173)

教化的②　元成宗大德六年(1302)任慈溪县(今属浙江)达鲁花赤。(0633卷3)

教化的③　元仁宗延祐年间任潜江县(今属湖北)达鲁花赤。(1044卷17)

教化的④　元泰定四年(1327)任慈溪县(今属浙江)主簿。(0634卷2)

教化的⑤　元文宗天历间为典瑞院使。天历二年(1329)三月,从丞相燕铁木儿奉皇帝宝赴明宗行在所。(0001卷33)

教化的⑥(?~1330)　元文宗时,任翰林学士承旨。至顺元年(1330),与知枢密院事阔彻伯等谋诛权臣燕铁木儿,事泄被杀。(0001卷34)

教化的⑦(?~1330)　元文宗时,任燕王宫相。至顺元年(1330),与知枢密院事阔彻伯等谋诛权臣燕铁木儿,事泄被杀。(0001卷34)

教化的⑧(?~1331)　元文宗至顺初年为云南东川路(治今云南会泽)总管府判官。至顺二年(1331),东川路总管普折兄那具反文宗起兵,会合禄余兵;教化的与乌撒(治今贵州威宁)宣慰使月鲁等二十余人均被杀。(0001卷35)

教化的⑨　元文宗至顺二年(1331)任吴江(今属江苏)州同知。(0954卷17)

教化的⑩　元康里人。文宗至顺二年(1331)三月任秘书监丞,十月升秘书少监。(0027卷9)

教化的⑪　元顺帝至正元年(1341)任集庆路(治今南京)治中。(0632卷6)

教化的⑫　元唐兀野蒲氏。昂吉儿之孙。世袭千户。(0001卷132)

教化的⑬　元蒙古篾儿乞氏,顺帝大丞相伯颜之兄。历任尚服使。(0011卷29)

教化的⑭　元康里伯岳吾氏,钦察亲军

指挥使也速解儿之子。(0011 卷 65,0001 卷 133)

教化的⑮　元乃蛮人,抄思之子。(0011 卷 67)

教化的⑯　元木速鲁蛮(伊斯兰教徒),顺帝元统元年(1333)进士脱颖父。(0011 卷 87)

教化德　元仁宗延祐元年(1314)任江南行御史台经历。(0632 卷 6)

勘马剌丁(1239～1297)　元于阗(今新疆和田)人。丁哈八石之父。世祖至元间授祁阳县达鲁花赤。后调任广海盐课提举。(0250 卷 51,1041 卷 66,1052 卷 10)

菊者　元蒙古札剌亦儿氏,万户脱端之父。(0011 卷 6)

菩提　元尼,大理段氏相国高泰祥女。元兵入大理,泰祥殉国,菩提痛国破家亡,兄弟离散,乃于活佛寺削发为尼。手植菩提树,以占兄弟聚散,九植皆茁,后弟长寿等九人悉皆无恙,终得团聚。寂后寺众铸像奉之。(1144 卷 627)

菩萨奴　元蒙古人。元末荫授秘书监管勾。(0027 卷 9)

割法儿　即剳法儿。

萧义　字仁甫。元契丹人。顺帝至正八年(1348)由徽政院断事官出任平江路(治今苏州)总管,自奉清薄,疾恶如仇,吏胥皆慑伏。(0928 卷 3、40,0075 氏族典卷 191)

萧长　字元善。元莆田县(今属福建)典史。(0905 卷 3、6)

萧氏　元安阳(今属河南)人,杜原妻。元末随夫至真定任官,途中遇反元武装,惧受辱,投河死。(0622 卷 28,0762 卷 10,0002 卷 244)

萧玉　元许州(治今河南许昌)人。成宗大德(1297～1307)间任昌国州(治今浙江舟山)判官。后迁任义乌(今属浙江)县尹。(0633 卷 3,0881 卷 12)

萧生　字彝翁。元吉水(今属江西)人。以荐授建宁路(治今福建建瓯)儒学正。元末反元武装起,被江西参政全普庵撒里征召为行军参谋。顺帝至正十八年(1358)陈友谅攻破吉安,赴井死。(0294 卷 10,0075 氏族典卷 191、官常典卷 732,0006 卷 92 下)

萧让　字仲谦。元武陟(今属河南)人。世祖至元间仕至山南按察使。卒,谥忠肃。(0761 卷 28,0789 卷 6,0073 卷 29)

萧达　元契丹人。任辉州达鲁花赤,政平讼理,卒于任。(0762 卷 9,0761 卷 25)

萧宇　元人。有诗作传世。(0504 癸上)

萧泂(1283～1325)　字汉西。元临江新喻(治今江西新余)人。仁宗延祐五年(1318)进士,任唐州同知。卒。丧归数月而南康路推官之任命下达。(0212 卷 84)

萧玠　元武陟(今属河南)人。萧让第二子。仕至常州路治中。(0789 卷 6)

萧珍　元武宗至大元年(1308)为同知留守,八月,因参与修筑中都(今河北张北北)行宫有功,受赏金、银。后封为司徒。四年正月,武宗死,仁宗掌权。二月,以其修筑中都徼功毒民,追夺其符印,禁锢之。(0001 卷 22、24)

萧政　元余姚(今属浙江)州判官。(0880 卷 28)

萧泉　元乐安(今属江西)人。吴澄弟子。(0072 卷 92)

萧珝　字公璲。元武陟(今属河南)人。萧让第六子。世祖至元间被荐补无为路儒学教授,以亲老辞不就。未几双亲相继亡,庐墓哀恸二年而卒。(0789 卷 7、6,0761 卷 32,0075 学行典卷 192)

萧烈　号高峰。元涂川人。有词作传世。(0512 卷中)

萧资(1282～1333)　字深之。元兰溪(今属浙江)人。顺帝元统元年(1333)授武义县尉,未上任卒。(0152 卷 37)

萧谅　元徽州路(治今安徽歙县)经历。(0972 卷 4)

萧寅(1327～1398)　字克钦。元明之际吉水(今属江西)人。元末入福建从陈友定,授邵武路同知。明洪武元年(1368)随友定至京师。友定死后,以亲老辞归。(0530 卷 85,0902 卷 62,0003 卷 130)

萧谌　字一诚。元太和(治今江西泰和)人。历任万安县儒学教谕、龙溪书院山长、南康路照磨。顺帝至正间累迁为福建儒学提举。(1019 卷 10 上)

萧琬　元武陟(今属河南)人。萧让长子。世祖至元八年(1271)佥左右侍仪事。累升平江路总管。(0001 卷 67,0928 卷 3)

萧景　字思贤。元太和(治今江西泰和)人。元末安定乡里有功,授万安县尉,不受。(1019 卷 10 上)

萧善　元句容县(今属江苏)主簿。(0632 卷 6)

萧瑞①(？～1331)　字禹鼎。元庐陵(治今江西吉安)人。历任封州儒学正、梧州儒学教授。仕至韶州路知事。(0231 卷 11)

萧瑞②　元冠州(治今山东冠县)人。举进士。顺帝至元(1335～1340)中,任翰林编修。后迁任灵寿县尹。(0734 卷 4,0730 卷 7)

萧瑾　元武陟(今属河南)人。萧让第

三子。世祖至元二十五年(1288)任江南行台监察御史。(0632 卷 6,0789 卷 6)

萧端　元仁宗延祐三年(1316)任秘书少监。(0027 卷 9)

萧镃　字南金。元临江(治今江西清江西南)人。仁宗延祐元年(1314)贡于乡,以漏字黜。著有《四书待问》二十二卷。(1071 卷 3)

萧璘①(1217～1248)　字文玉。元清平(治今山东高唐西南)人。元初历任卫辉提领长官。(0210 卷 16)

萧璘②　元武陟(今属河南)人。萧让第五子。成宗大德二年(1298)任秘书郎,后迁任萧山县(今属浙江)知县。(0027 卷 10,0789 卷 6,0596 卷 4)

萧璚　字德章。元清江(今属江西)人。顺帝至正间,从梁寅学。(0313 卷 1、3)

萧𣂏(1241～1318)　字惟斗,号勤斋。元奉元(治今陕西西安)人。早年曾出为府史,上官语不合,即引退。隐居读书南山三十年。博及群书,天文、地理、律历、算数,无不研究。从学者甚众。成宗时,累授陕西儒学提举、集贤直学士、国子司业等职,皆不赴。武宗即位(1307),召为太子右谕德。次年,授集贤学士、国子祭酒。未几,辞归。谥贞敏。著有《勤斋集》。(0001 卷 189)

萧一龙　字云升。元新喻(治今江西新余)人。仁宗延祐(1314～1320)中为龙泉县儒学教谕。后历任临江路儒学教授。(1015 卷 7)

萧士宁　元广平(今属河北)人。泰定三年(1326)任丹徒县(治今江苏镇江)主簿。(0631 卷 16)

萧士资(1251～1317)　字深可。元宁都(今属江西)人。萧立之季子。元初授广昌县尹。后历任卢溪、叙浦县尹。仕至南安路行用库大使。(0212 卷 76)

萧士赟　字粹可,号粹斋。元宁都(今属江西)人。萧立之次子。笃学工诗。与吴澄友好。尝注《李太白集》,今存。(0212 卷 15,0622 卷 58,0075 文学典卷 90)

萧天瑞　字德祥,号复斋。元杭州人。以医为业。善作南曲,街市盛行。又善撰南戏文。(0029 卷下,1107)

萧元益　字楚材。元安仁(今属湖南)人。顺帝至正间中乡试。撰有《四书演义》,今不传。(1041 卷 36)

萧元宾　元泰定三年(1326)任余姚(今属浙江)知州。(0880 卷 28)

萧太獠　元世祖至元后叶江西反元武装首领。至元二十五年(1288)十一月,被湖广左丞刘国杰击破于陈古水,被斩数百人。次年春,被刘国杰擒获。(0001 卷 162)

萧升孙(?～1337)　字孚有。元太和(治今江西泰和)人。萧泰登第三子。从刘诜学。(0203 诗集卷 4,0250 卷 4)

萧化龙　元兰溪(今属浙江)人。萧资祖。元初为新昌县(今属浙江)主簿,转两浙运司龙头场盐司丞。(0880 卷 28)

萧月潭　元淮人,道士。善白描道释、人物。日本君台观藏有其画。(1143 卷 1411)

萧文孙(1291～?)　字焕有、从周。元太和(治今江西泰和)人。萧泰登长子。弱冠荐授桃源州儒学教授。后历任临江路、兴国路照磨,广东帅府照磨,池州路经历,新宁县(治今湖南新宁东)知县。顺帝至正初卒,赠翰林修撰。(0415 卷 8,0986 卷 4,1059 卷 6、8)

萧文质　元末任浦江(今属浙江)县尹。(0881 卷 13)

萧丑奴　见丑奴。

萧世昌(1245～1270)　字荣甫。元安阳(今属河南)人。袭父职为征南千户。(0210 卷 17,0250 卷 52)

萧甲叟(1270～1329)　字存远。元吉水(今属江西)人。萧宗大侄。历任白鹭洲书院山长、湖州路儒学教授。后任归安县(治今浙江湖州)主簿,受诬降职为袁州路平准行用库副使,病归。(0231 卷 10)

萧申禄(1236～1296)　字自翁,号笠山。元宜春(今属江西)人。所作诗怪涩。(0169 卷 6)

萧处默　元广平(今属河北)人。仁宗延祐元年(1314)任秘书监著作郎,延祐六年至英宗至治三年(1323)任镇江路同知。(0027 卷 10,0631 卷 15)

萧立夫(1284～1315)　字兴吾。元吉水(今属江西)人。萧如愚之子。仁宗延祐二年(1315)登进士第,授南丰州判官。(0212 卷 76)

萧汉中　字景元。元太和(治今江西泰和)人。泰定(1324～1328)中,撰《读易考原》一卷。(0034 卷 3,0072 卷 78,0006 卷 88)

萧汉杰　宋元之际镇江(今属江苏)人。宋理宗宝祐四年(1256)进士。元初,授溧阳路同知,迁建康路(治今南京)同知。(0631 卷 19)

萧老瓦　金元间契丹人,萧丑奴弟。金末降蒙古,充质子,多立战功。袭檀州节度使。汤河川人叛去,追之,战死。(0001 卷 179)

萧同善　元万安(今属江西)人。顺帝至正间以安庆路经历摄万安县事,万安城被反元武装攻破,被执,不屈而死。(0075 氏族典卷 191、官常典卷 733,0002 卷 232,0004 卷 40)

萧志仁　字无恶。元庐陵(治今江西吉

安)人。博学文雅,著书甚多,今皆不传。(0075 文学典卷 90)

萧伯严 元河间(今属河北)人。文宗至顺三年(1332)任江南行台监察御史。(0632 卷 6)

萧伯颜① 元仁宗延祐(1314~1320)间任开州同知。(0646 卷 5)

萧伯颜② 元文宗至顺元年(1330)任威州同知。(0669 卷 5)

萧应元 元人。有诗作传世。(0504 癸上)

萧青山 元契丹人,萧拜住祖。世祖中统元年(1260)袭万户。从平宋,授湖北按察使。追谥武定。(0001 卷 179)

萧国用 元婺州路(治今浙江金华)推官。(0881 卷 11)

萧国宝 字君玉,号辉山。元山阴(治今浙江绍兴)人。以乡举官于吴江(今属江苏),遂家于吴江。工诗,有《辉山存稿》一卷。(0503 初集甲)

萧鸣和 元人。工画人物。(0077 卷 19)

萧岩孙(1253~1317) 字希说,号泰湖。元庐陵(治今江西吉安)人。元初任兴国县儒学教谕,秩满不复仕。(0173 卷 32)

萧周远 元庐陵(治今江西吉安)人。萧瑞兄。仕至曲江县主簿。有诗作传世。(0504 辛上)

萧炎亨(1253~1317) 字可则,号带溪。元庐陵(治今江西吉安)人。元初任永丰县、安福县儒学教谕,迁任连州儒学正。后擢龙溪书院山长。丁父忧,不复仕。(0173 卷 32)

萧宗大(1240~1297) 初名南翔,字如翰,号方山。元吉水(今属江西)人。世祖至元二十八年(1291)任邵武县尹,成宗大德元年(1297)升宁都州同知,未上任而死。(0173 卷 28)

萧南轩 元人。有诗作传世。(0504 癸上)

萧显闻 元太和(治今江西泰和)人。顺帝至正间出私帑以给军用,乡民得安,行省檄为安福州同知。后见江西参政全普庵撒里征求苛刻,遂赴江东降于明。(1019 卷 10 上)

萧拜住(?~1320) 元契丹人,石抹氏。石抹哈剌帖木儿之子。尝从元成宗北征,特授檀州知州。历任礼部郎中、大都路同知、中山知府,有政声。武宗时任户部尚书、御史中丞。仁宗皇庆元年(1312),迁陕西右丞。延祐三年(1316),升中书平章政事。后历任典瑞院使、崇祥院使。仁宗死,铁木迭儿复为右丞相,怨拜住前在中书省揭发其奸赃、专制等事,杀害之。泰定帝时昭雪,追封蓟国公,谥忠愍。(0001 卷 179)

萧复清 字独清。元万安(今属江西)人。道士。工诗,吴澄为其诗稿作序。(0212 卷 19)

萧修己 元世祖至元中任余姚(今属浙江)州同知。(0880 卷 28)

萧宪孙 字克有。元太和(治今江西泰和)人。萧泰登次子。历任永平县主簿、兴国税务官。仕至推官。(0203 诗集卷 4,0191 卷 6)

萧癸发(1243~1304) 字明叔。元吉安龙泉(治今江西遂川)人。居乡讲授。(0212 卷 68)

萧泰登(1266~1303) 字则平,号方匡。元太和(治今江西泰和)人。历任永丰县丞、湖南儒学副提举、广东廉访司佥事。世祖至元三十一年(1294)以兵部郎中副李衎出使安南。后历任江西省儒学提举、广西廉访司佥事。成宗大德七年(1303)任江南行台监察御史,是年卒。(0501 卷 51,0146 卷 34,0002 卷 195)

萧致远 元人。有诗作传世。(0504 癸下)

萧逢原 元世祖至元间任瑞州路(治今江西高安)儒学教授。(1016 卷 14)

萧家奴 元顺帝至正十七年(1357)为陕西行省左丞。是年四月,汉中道廉访司劾其遇红巾军逃窜,失陷所守郡邑,诏正其罪。(0001 卷 45)

萧梦得(1278~1354) 字宗元,号元斋。元太和(治今江西泰和)人。潜心诸经,尤精《周易》学,以母老不仕,远近来从学者甚多。(0411 卷 10,0072 卷 92)

萧道辅(?~1252) 字公弼,号东瀛子。金元之际卫州(治今河南汲县)人。太一道四祖。太一道始祖萧抱珍再从孙。金宣宗贞祐二年(1214),奉金廷命主持亳州太清宫。元定宗时,赐号中和仁靖真人。应忽必烈召至和林(今蒙古哈尔和林),留居王帐。后以老辞,请授弟子李居寿掌教。(0001 卷 202,0002 卷 243)

萧景凤 元邓州(今属河南)人。辞官养母,时人高其行。(0622 卷 30,0761 卷 30)

萧景茂(?~1338) 元漳州龙溪(治今福建漳州)人。家贫力农。顺帝至元四年(1338),南胜县(治今漳州西南)民李智甫反元起事,攻掠龙溪。景茂与兄佑集乡丁拒之,战败,被执。起事军胁使降从;不从,被杀。(0001 卷 193)

萧善斋 号宗渊子,元顺帝时道士。工隶书,有所书《道德经》传于世。(1143 卷 1413)

萧道寿 元京兆兴平(今属陕西)人。家贫。母年八十余,道寿事养尽礼。母有病,医累岁不能疗,道寿割股肉啖之而愈。世祖至元八年(1271),旌表其门。(0001 卷 197)

萧雷龙(1258～1327)　字作霖,号芳洲。元吉水(今属江西)人。武宗至大(1308～1311)初,游京师,授秘书监著作郎,不就任而归。(0411卷15,0072卷95)

萧鹏抟　字图南。元契丹人。博学多能,工诗书画,长于画山水,亦善画墨梅竹。(0030卷5,0031卷7)

萧鹏举　元仁宗延祐(1314～1320)间任醴泉县尉。(0817卷3)

萧韶甫　元人。有诗作传世。(0504癸下)

萧不兰奚(?～1331)　元文宗至顺二年(1331)十一月,因与李彦通谋反,被处死。(0001卷35)

萧忙古解　元泰定帝时为通政院使。致和元年(1328)八月燕铁木儿兵变后,仍为大都政权通政院使。(0001卷138)

萧特末儿　元太祖时木华黎部将。太祖十四年(1219),奉木华黎遣,率兵出云、朔,攻降岢岚火山军。(0001卷119)

萧完者不花　元顺帝至正十年(1350)为济南路同知。(0600卷2)

萧哈剌帖木儿　见哈剌帖木儿①。

萨班　即萨斯迦班弥怛。

萨仲礼(?～1377)　元明之际回回人,居于闽县(治今福建福州)。大诗人萨都剌侄。元末为福建行省检校。(0479卷上)

萨仲明　元回回人,居于闽县(治今福建福州)。大诗人萨都剌侄,萨仲礼弟。为丞相府掾,后买宅于延陵(今江苏镇江)。(0303卷4、5)

萨都剌①(约1282～约1348)　字天锡,号直斋。元回回人。祖先随蒙古军东来。祖、父居雁门(今山西代县),遂为雁门人。泰定四年(1327)进士,授镇江录事司达鲁花赤。后历任江南行御史台掾,燕南廉访司照磨、经历。著有《雁门集》。善为诗词。其诗作颇多描写人民苦难,揭露统治阶级奢侈淫逸。其词艺术成就甚高,多豪迈清新之作。(0002卷238)

萨都剌②　元回回人。顺帝至正四年(1344)为江南行御史台库子。(0632序文)

萨都剌③　元回回人。顺帝至正二十一年(1361)为江南行御史台宣使。(0578卷10)

萨的弥识　元仁宗延祐四年(1317)任温州路判官。(0579卷9)

萨的弥实　元顺帝至元四年(1338)任象山县(今属浙江)达鲁花赤。(0634卷2)

萨德弥实　号谦斋。元燕山(今北京)蒙古人。初任石首县达鲁花赤,至大四年(1311)任南台御史,后入京为御史,英宗至治元年(1321)迁南台经历,擢江浙省郎中。泰定元年(1324)出任建昌路总管。晚年任翰林学士,高寿而终。多年留意收集药方,泰定三年(1326)编成《瑞竹堂经验方》十五卷。此书乾隆年间修《四库全书》时已无全本,遂从《永乐大典》中辑集,重新编为五卷,分为二十四门,其中"调补"一门,处方最纯正,不轻易用金石药,女科八珍散用途尤广。(1149卷180)

萨斯迦班弥怛(1182～1251)　名公哥监藏。又译萨班·贡噶坚赞,简称萨班。乌思藏萨斯迦(今西藏萨迦)人。出身款氏贵族。萨斯迦派第四祖师。自幼从伯父扎巴坚赞学法。二十三岁起,师事在藏区传法的印度那兰陀寺末任座主释迦师利(1127～1225,克什米尔人)。通五明,获"班弥怛"(意为大学者)称号。三十五岁起,主持萨斯迦寺。元乃马真后三年(1244),应皇子阔端召北上,于定宗元年(1246)抵凉州(今甘肃武威)。次年,谒阔端,发布致藏区僧俗首领书,号召藏区僧俗官民归顺蒙古,使蒙元不通过武力实现对藏区统治。后萨班留居凉州一带讲经传法,蒙古、畏兀儿、西夏故地、汉地来听经者甚众。圆寂于凉州幻化寺。著有《三律议论》、《正理藏论》、《萨迦格言》等。(1146卷492)

黄云(?～1352)　元抚州(治今江西临川)人。寓居靖安(今属江西)。顺帝至正十二年(1352),天完红巾军由武宁来,进攻靖安。靖安县达鲁花赤潮海以云为先锋,与红巾军战。云素以勇捷称,每接战,独以身当敌。尝为数十人所围,即奋身跃出。自二月至八月,战屡捷。而红巾军来攻者益盛,云力战,身中数十枪而死。(0001卷195)

黄中①　元成宗大德八年(1304)任金坛县(今属江苏)知县。(0631卷16,0622卷11)

黄中②　元顺帝时,为江浙行枢密院判官迈里古思部将。迈里古思为南台御史大夫拜住哥所害,中率兵复仇,尽杀拜住哥家人及台府官员掾史。(0001卷188)

黄中③　元黄岩(今属浙江)人。宋乡贡进士。黄超然之子。历任初庵书院山长。(0072卷82)

黄氏　元崇明(治今上海崇明东)人,季富妻。海盗入境,掠妇女登舟,黄氏义不受辱,赴海死,时年二十七。(0622卷8,0949卷8,0002卷244)

黄头①　元蒙古按摊脱脱里氏,阔阔不花子。世祖时,代父职为探马赤军元帅,从伯颜伐宋,战死。(0001卷123)

黄头②　又名世雄。元唐兀人,居鄄城。山东宣慰司都元帅琏赤之孙。德庆路总管阿荣长子。以世袭职让其弟山住。初辟浙西元帅府掾,累迁兴国路大冶县达鲁花赤,调安丰路怀运县,兼领蒙城县。后擢为嘉兴等处运粮千户,在任八年,改温台等处运粮千户。仁宗延祐元年(1314),擢为海道都漕运万户府副万户,运粮二百七十万石至大都。升为海道都漕运万户。前后九次渡海，海运利弊，无不周知。其所行之法，后人遵用，以为定例。后改任郴州路达鲁花赤。（0002 卷182，0147 卷41）

黄头③ 元大德十一年（1307）任慈溪县（今属浙江）达鲁花赤。（0633 卷3）

黄头④ 元顺帝元统二年（1334）任浙东宣慰副使。（0634 卷1）

黄礼 元武宗至大三年（1310）任秘书监典吏，次年改任典书。（0027 卷11）

黄圭 字唐佐。宋元之际庐陵（治今江西吉安）人。工五言诗。宋末领乡荐。元初授莆田县（今属福建）丞。（0075 文学典卷86，0002 卷237）

黄权 元休宁（今属安徽）人。历任黟县（今属安徽）儒学教谕。（1004 卷5，0973 卷7）

黄成（？～1311） 字君美。元崇明（治今上海崇明东）人，迁居昆山（治今江苏太仓）。朱清甥。世祖至元十八年（1281）从范文虎征日本。二十五年授海运副千户，后升为千户。成宗大德七年（1303）丁忧，不复仕。（0635 卷5，0949 卷7，0003 卷113）

黄华（？～1284） 元建宁政和（今属福建）人。世祖至元十五年（1278），聚集盐夫，联络建宁（今福建建瓯）、括苍山（在今浙江南部）等地人民起兵反元，众至四万。不久，降元，参加镇压陈吊眼起义，受元封官至建宁路管军总管。二十年，再次起兵反元，用宋祥兴年号，剪发文面，号头陀军，众至十余万，占据政和县，攻打崇安、浦城等县，围攻建宁府。次年正月，被元将刘国杰击败，自焚死。（0001 卷10、12 等）

黄冲 字季中。元南昌人。授"义兵"副千户。顺帝至正中，陈友谅攻破南昌城，冲为叛将所杀。（1012 卷18，0004 卷38）

黄兴 元邳州（治今江苏邳县西南）人。世祖至元十九年（1282）任丹徒县（治今镇江）知县。（0631 卷16）

黄许（1283～1362） 字与可，号南岫，元处州路丽水人。不求仕进，尝举为丽水儒学教谕，不就。著有《四书会要》。（0411 卷31）

黄异 字民同。元都昌（今属江西）人。顺帝至元（1335～1340）间授惠州路儒学录。至正中，任南安道源书院山长，避战乱隐居，自号节庵。（0622 卷52，0075 氏族典卷285、文学典卷90）

黄极 字建可，元抚州乐安人。师事吴澄。顺帝元统中，以操理义之学，廉介不阿，为江南行御史台所征，不起。有《西斋集》。（0075 文学典卷90）

黄孚 字文中。元学者。治《春秋经》。历任瑞州西涧书院山长。尝北上游大都。（0212 卷28、31）

黄宏 字子约，号已斋。元黄岩（今属浙江）人。宋末乡贡进士黄超然侄。长于词赋，落魄江湖。有以其史才荐，不就。有诗作传世。（0074 氏族典卷285、文学典卷90，0622 卷47，0504 甲）

黄玠 字伯成。元慈溪（今属浙江）人。乐湖州山水，卜居弁山。工诗，有《弁山小隐吟录》二卷。卒年八十。（0075 文学典卷90，0033 卷8，0002 卷238）

黄侃 元黄岩（今属浙江）人。黄中弟。辟家塾为柔川书院。（0072 卷82）

黄周 字仲文。元邵武（今属福建）人，寓居建阳（今属福建）。博学能文，于书无所不览，善画墨竹。元末擢建阳县尹，未几迁任邵武路判官。（0902 卷116、0077 卷31）

黄庚 字星甫。宋元之际天台（今属浙江）人。工诗。尝于越中诗社试《枕易》诗，推第一，名盛于诗坛。有《月屋漫稿》一卷。（0503 初集甲，0002 卷238，0033 卷8）

黄泽（1260～1346） 字楚望。元江州（治今江西九江）人。以明经学道为志，研习程朱理学。成宗大德中，江西省相臣授为江州景星书院山长。后迁任洪州（今江西南昌）东湖书院山长，受学者甚众。秩满归，闭门授徒以养亲。著有《易春秋二经解》、《二礼祭祀述略》、《易学滥觞》、《春秋指要》、《六经补注》等。（0001 卷189）

黄宝 字仲瑶，号隆溪。元明之际乐安（今属江西）人。黄极之子。吴澄弟子。淹贯经史。明永乐间征之，不起。有诗作传世。（0071 卷92，0504 辛下，0033 卷21）

黄定 宋元之际扬州六合（今属江苏）人。宋末为兵马副都监。元兵攻扬州，定战败，携家迁往处州龙泉。元将唆都来攻，随州兵出战，被擒不屈。唆都释之，授建宁路下千户，命其攻沙县。托病固辞，寓居瓯宁。后五年，擢泗州五河县尹，未及代即弃官归。（0411 卷12）

黄绍 字仲先，元临川（今属江西）人。顺帝至正八年（1348）中进士，任靖安（今属江西）县尹。红巾军围靖安，出城赴行省求援。后奉命招谕红巾军，至建昌（今江西永修北），被俘杀。（0001 卷195）

黄珏（1300～1370） 字玉合，号菊东。元余姚（今属浙江）人。早年从黄叔英受蔡氏《尚书》。后教授郡邑四十余年，不求仕进。（0424 壬、癸，0622 卷45，0071 卷86）

黄珍 元中政院使。能诗，有诗作传世。（0504 己上）

黄荣 字惟达。元龙溪（治今福建漳州）人。顺帝至元（1335～1340）间，镇压李志甫起事有功，授神山怀安大使，秩满致仕归。（0908 卷16，0902 卷125）

黄昭 字观澜。元抚州乐安（今属江西)人,黄常侄。文宗至顺元年(1330)登进士第。历任新会县尹,国子助教。顺帝至正十五年(1355)为兵部尚书,与江西行省参政火你赤、江西廉访使吴当奉旨镇压江西反元队伍。收复建昌、抚州等地。未几,因遭诬陷,免职。十八年,事白,诏拜湖广行省参政,未上。(0001 卷 187,0075 氏族典卷 258、官常典卷 733,0278 卷 3)

黄盅 字子中。元万载县(今属江西)人。吴澄孙女婿。顺帝至正间中乡试,授龙泉县儒学教谕。(1013 卷 10,0071 卷 92,0072 卷 92)

黄恒 元武宗至大元年(1308)任安丘县(今属山东)知县。(0743 卷 14)

黄举 字子高。元江阴(今属江苏)人。仁宗延祐(1314–1320)初,中乡试,授常熟州儒学教授。(0202 卷 10、16、18)

黄济 元祥符(治今河南开封)人。顺帝至正间任密州(治今山东诸城)知州。(0721 卷 27,0726 卷 12)

黄载 元世祖至元十六年(1279)至二十一年,任庆元路(治今浙江宁波)判官。(0633 卷 2)

黄真 元初为海运万户。(0002 卷 182,0003 卷 113)

黄彧 元人。有诗作传世。(0504 辛下)

黄冔(1308~1368) 字殷士,元抚州金溪(今属江西)人。博学明经,工诗文。顺帝至正十七年(1357),授淮南行省照磨,未行,除国子助教。累迁为翰林待制兼国史院编修官。明军入大都,赴井死。(0001 卷 196)

黄钰 字子相,号遯庵。元嘉定(今属上海)人。泰定四年(1327)任宜兴州儒学教授。后累迁为常州路总管。有诗作传世。(0504 丙)

黄涛 元顺帝时人。工画,至正七年(1347)作《梅花书屋图》,笔法近王蒙。(1143 卷 1167)

黄宋 元顺帝至正六年(1346)任兴化路(治今福建莆田)经历。(0905 卷 2)

黄通 元安邑县(治今山西运城东北)知县。能诗,有诗作传世。(0504 丁)

黄焘 字乔年。元莆田(今属福建)人。黄梓之子。以荐授闽县(治今福建福州)儒学教谕。英宗至治三年(1323)授延平路儒学录。累迁为兴化路儒学教授。(0905 卷 3、6)

黄梓① 字子材。元莆田(今属福建)人。宋国子监簿黄仲元子。初以荐授兴化县儒学教谕。后升为泉州路儒学教授。英宗至治三年(1323)任汀州路知事。仕至罗源县尹。(0384 卷 4,0905 卷 6)

黄梓② 字仲恭。元义乌(今属浙江)人。黄溍之子。国子生,荫补余姚州同知。(0411 卷 44)

黄常① 字仲纲,元乐平(今属江西)人。文宗至顺元年(1330)进士,授江州路录事。历梧州路判官。顺帝至正十八年(1358)以礼部侍郎出使安南。二十二年,从讨八撒剌不花有功,升为江西行省参政。有诗作传世。(0504 丙,1027 卷 2,1009 卷 106)

黄常② 字养源,元抚州乐安人。仁宗延祐五年(1318)进士。有《黄养源集》,今佚。(0542 卷 483,0334 卷 21)

黄顿 字孟安。元庐陵(治今江西吉安)人。仁宗延祐(1314~1320)末为临川临汝书院山长。(0212 卷 33)

黄敏 字子侑。元人。有诗作传世。(0033 卷 14)

黄翊 字孟翔。元奉新(今属江西)人。顺帝至正十二年(1352)为吉安路掾。反元队伍攻入城,官吏皆遁。翊独止于孔子庙堂,反元队伍强使行官书,大骂而死。(0075 官常典卷 733,0002 卷 232)

黄琢 字玉润。元吉水(今属江西)人。以《春秋》教授乡里。(0072 卷 82)

黄葵 字景阳。元丰城(今属江西)人。历任南湖书院山长。(0250 卷 36)

黄植(1293~1344) 字国辅。元台州临海(今属浙江)人。自幼勤学。年十一补上蔡书院直学。后郡守欲征辟为掾,力辞之。调任青田县儒学教谕,亦不就。(0411 卷 31,0072 别附卷 3)

黄栋 元台州(治今浙江临海)人。历任新昌县(今属浙江)儒学教谕。(0880 卷 29)

黄棠 元成宗元贞二年(1296)任香山县尹。能诗,有诗作传世。(0504 乙)

黄铸 元仁宗皇庆二年(1313)任瑞州路(治今江西高安)儒学教授。(1016 卷 14)

黄富 元成宗元贞(1295~1297)间为全椒县(今属安徽)主簿。(1001 卷 12)

黄谟 字仲言。元人。历任兴化路(治今福建莆田)儒学录。(0314)

黄谦 元锦州(今属辽宁)人。黄肯播之子。初为国子生。文宗天历二年(1329)任秘书监管勾。(0027 卷 9)

黄虞 字民尚。元星子(今属江西)人。顺帝至正间,红巾军攻城;率地主武装抵御,被杀。(0075 氏族典卷 285)

黄鉴 字明善,号惟一。元仪真(治今江苏仪征)人,居鄂(今湖北)。以医为业。(0250 卷 66)

黄廉 元人。有诗作传世。(0504 丁)

黄溍(1277~1357) 字晋卿。元婺州义乌(今属浙江)人。仁宗延祐二年(1315)进士,授台州宁海县丞。后迁任诸暨州判官。入为翰林应奉,兼国史院编修官,转国子博士。出为江浙儒学提举。累升翰林侍讲学士。卒,谥文献。其为学,博极群书而约之于至精,剖析经史疑难,及古今因革制度名物之属,旁引曲证,多先儒所未发。文辞布置谨严,援据精切。著有《日损斋稿》、《义乌志》、《黄金华集》等。(0001 卷 181)

黄溥　字彦博。元蒲圻(今属湖北)人。顺帝至正元年(1341)中乡试,授庆元路(治今浙江宁波)鄮山书院山长。(1041 卷 36、51,0034 卷 4,0075 氏族典卷 285)

黄熙　字昌年。元莆田(今属福建)人。黄溍弟。以荐授莆田县儒学教谕。后迁任兴化路(治今福建莆田)儒学正。(0905 卷 3、6)

黄裳①　字景社,号彦山。元眉州(治今四川眉山)人。世祖至元二十三年(1286)任庆元路(治今浙江宁波)儒学教授。(0633 卷 2,0071 卷 64)

黄裳②　元英宗至治(1321～1323)中为杭州西湖书院权山长。(0559 卷 15)

黄裳③　元顺帝元统(1333～1335)间奉使安南。能诗,有诗作传世。(0033 卷 15)

黄璋　字仲珍,号以斋。元华亭(治今上海松江)人。文宗天历二年(1329)、顺帝至正四年(1344)两次中乡试,会试皆不利。有诗作传世。(0516 卷 7,0504 辛上)

黄鲤　字云龙。元人。有诗作传世。(0504 甲)

黄赟　字止敬,元临江(今江西清江西)人。仁宗时,其父求官京师,娶后妻,居于北方。赟既长,北行寻父,其父已卒。竭力访得父墓,启骨以归。(0001 卷 198)

黄璧①　元世祖至元二十八年(1291)任江南行台监察御史。(0632 卷 6)

黄璧②　元顺帝至正二十七年(1367)为绍兴路总管。(0880 卷 26)

黄璧③　字元瑜。元宜春(今属江西)人。善收藏法书名画。历任榷茶都转运司属官。(0212 卷 8、44)

黄夔　字舜臣。元吴郡(今苏州)人。有诗作传世。(0504 庚上)

黄一龙　元温州平阳(今属浙江)人。成宗元贞元年(1295)任镇江路儒学教授。后迁任庆元路(治今浙江宁波)儒学教授。(0633 卷 2,0631 卷 17,0889 卷 7)

黄九万　元宛陵(今属安徽宣城)人。历任主簿。有诗作传世。(0504 己上)

黄九高　元温州平阳(今属浙江)人。有诗作传世。(0504 戊上)

黄士龙　字天伟。元余干(今属江西)人。顺帝至正间倾家募壮勇攻击反元队伍,后中伏战死。(0075 官常典卷 733)

黄大老　元世祖至元后叶江西反元武装首领。至元二十七年(1290)二月,与华大老等攻掠乐昌诸郡;江西行枢密院讨平之。(0001 卷 16)

黄大明(1254～1336)　字东之,元临川(今属江西)人。曾祖为游氏赘婿,改姓游,大明晚年始复姓黄。二十余岁时,遇方外士,获医治小儿良方。后拜临川名医许文叔为师,得其传授,医术大进。晚年传授医术于同郡危素。著述颇多,有《保婴玉鉴》四卷、《伤寒总要》三卷、《脉法》三卷、《集验良方》六卷。(0334 卷 48,0147 卷 43)

黄兀儿　元宗王。搠只哈撒儿后裔。移相哥孙势都儿之子。(0001 卷 107,0003 卷 148)

黄广德　元汀州长汀(今属福建)人。世祖至元十四年(1277)四月,举兵反元,自称天下都大元帅,又自立为天从广德皇帝,设铜将军、铁将军等官。未几,被镇压。(0501 卷 41)

黄天泽　字德润。元杭州仁和县(治今杭州)人。沈和甫同母弟。历任漕司、省府书吏,郁郁不得志。善作散曲。(0029 卷下)

黄元吉①(1270～1324)　字希文,号中黄。元豫章丰城(今属江西)人。年十五为道士,师事刘玉真,传其说,以本心净明为要而制行必以忠孝为贵。英宗至治三年(1323)游京师,公卿士大夫多礼问之。(0147 卷 50)

黄元吉②　字子文。元杭州人。善制笔。能诗。(0165 卷 7、8,0004 卷 36)

黄元实(?～1353)　字廷美。元泰宁县(今属福建)人。文宗天历二年(1329)中乡试乙榜,授郡文学,未任而归。顺帝至正十三年(1353)泰宁县反元队伍起,被杀。工诗,有诗作传世。(0902 卷 116,0503 三集庚,0076 卷 39)

黄元承　字子厚。元婺源(今属江西)人。用荫授于潜县主簿,迁任丹阳县尹,以廉洁称。后为反元队伍所执,不屈而死。(0972 卷 9,0925 卷 55,0075 氏族典卷 285)

黄元渊　字君翊。元龙溪(治今福建漳州)人。顺帝至正中,以荐署漳州路儒学录。后升为泉州路儒学正。(0908 卷 3、15、16,0076 卷 36)

黄云瑞　元初为衢州(今属浙江)路同知。(0878 卷 2)

黄少游　元顺帝至元二年(1336)任瑞州路(治今江西高安)儒学正。(1016 卷 14)

黄中玉　元嘉兴(今属浙江)人。以父荫授江山县尉。顺帝至正十七年(1357)

江南行御史台擢为参谋,城陷被杀。能诗,有诗作传世。(0418 卷 8,0075 官常典卷 734,0504 癸上)

黄介翁　元建安(治今福建建瓯)人。有诗作传世。(0504 戊下)

黄从吉　元鲁(今山东西南部)人。善刻碑,顺帝至正二十一年(1361)同胡文信刻《中书平章中丞祀宣庙记》。(1143 卷 1152)

黄公望(1269～1354)　字子久,号大痴,又号一峰。元常熟(今属江苏)人。信奉全真道。早年充任廉访司、察院书吏。因事牵连入狱,获释后遨游四方,寄情山水。画山水宗董源、巨然,自成一家。代表作有《富春山居图》、《九峰雪霁图》等。与吴镇、倪瓒、王蒙合称元末四大画家。撰《写山水诀》,总结五代董源、巨然以来画山水经验。(0002 卷 238)

黄文德　号尚文子。元汴(治今河南开封)人,侨居福建昭武(今邵武)。有诗作传世。(0504 庚下,0033 卷 27,0517 卷 12)

黄方子　字潜刚。元莆田(今属福建)人。以荐授武平县儒学教谕。(0905 卷 6,0902 卷 108)

黄以忱　字伯钦。元人。有诗作传世。(0504 辛下)

黄以谦　元世祖至元间教授于泉州路。尝辑先圣及从祀诸贤谥号、历代祭祀行幸诸仪,成《通祀辑略》三卷,不传。(1071 卷 3)

黄玉规　一作至规,字淡轩,女,元福建龙溪人,宋状元黄朴之女,尚书李珏子妇。早寡。女红之余,尝为兰写真,世祖至元间,尝为郎中孙荣甫作《九畹图》。又善抚琴。(1143 卷 1139,0144 卷 11,0078 卷 34)

黄石翁　字可玉,号狷叟,又号松瀑。元南康(治今江西星子)人。少时多病,父母强使为道士。好学博闻,士大夫多与之游。卒年近六十。工诗文,有《松瀑稿》。(0503 二集壬,0033 卷 33)

黄比玉　元人。有诗作传世。(0504 癸上)

黄汉卿　元武宗至大(1308～1311)间为岳州路平江州判官。有诗作传世。(0504 丙)

黄朴斋　元人。有诗作传世。(0504 己上)

黄师表　元人。有诗作传世。(0504 丁)

黄师宪　字仲贤。元归德(治今河南商丘县南)人。文宗天历元年(1328)至至顺二年(1331)任镇江路提控案牍。顺帝元统二年(1334)迁任庆元路(治今浙江宁波)照磨。(0631 卷 15,0634 卷 1)

黄师郯　元兴宁(治今湖南资兴)人。黄雷孙之子。幼称神童。顺帝至正元年(1341)领乡荐第一,后又冠礼部试。年三十一未仕卒。(1041 卷 36、51)

黄廷佐　元东昌(治今山东聊城)人。世祖至元间任郑州知州,为官廉洁,有治绩。(0762 卷 4)

黄廷诏　元三山(今福建福州)人。历任上虞县(今属浙江)儒学教谕。(0880 卷 29)

黄廷翼　元成宗大德元年(1297)任江南行台监察御史。(0632 卷 6)

黄仲绍　元人。有诗作传世。(0504 辛上)

黄仲琪　元华亭(治今上海松江)人。有诗作传世。(0504 戊上)

黄仲庸　字允中。元仁宗延祐二年(1315)任秘书监典书,七年迁任令史。(0027 卷 11)

黄仲弼　元宛陵(今安徽宣城)人。历任县丞。有诗作传世。(0504 己上)

黄自诚　字可久。元宛陵(今安徽宣城)人。历任翰林国史院编修。有诗作传世。(0504 丁)

黄次思　元临川(今属江西)人。顺帝至元六年(1340)为太平路儒学教授。(0580 卷 5)

黄安寿　元顺帝至正六年(1346)为安丘县(今属山东)主簿。(0743 卷 14)

黄买住　元人。以特恩授句容县(今属江苏)主簿。(0632 卷 6)

黄如征　元江西人。顺帝至正六年(1346)至京师上书,言国家利害。顺帝览而喜之,特授江西省儒学提举;受命而不领职。(0101 卷 19,0004 卷 25)

黄如海　元人。有诗作传世。(0504 辛下)

黄进德　字晋之。元剑城人。仁宗延祐(1314～1320)间,任常熟州儒学训导。(0947 卷 5)

黄孝则(1235～1295)　字诚夫。元歙县(今属安徽)人。世祖至元二十七年(1290),从平徽州反元队伍,授巡检,不就。(0532 卷 89,0972 卷 9)

黄志熟　黄胜许子。元泰定元年(1324),袭父职为上思(今属广西)知州。(0001 卷 29)

黄时中　字可翁。元进贤(今属江西)人。历任松江府儒学教授。(1018 卷 6)

黄佐才　元顺帝时,任漳州龙岩(今属福建)县尉。时州人李志甫等起事反元,佐才与之战,家人四十余口皆遇害。至元六年(1340),授龙岩县尹。(0001 卷 40)

黄伯良 元兰溪(今属浙江)人。顺帝至元间出家资募壮勇卫乡里,得授兰溪州税务大使。(0896 卷 189)

黄伯旸 元人。有诗作传世。(0504 癸上)

黄伯颜 元上元县(治今南京)知县。(0632 卷 6)

黄应瑞 元镇江高资巡检。(0631 卷 17)

黄良孙 字世弼。元临江(治今江西清江西南)人。历任南城县(今属江西)儒学教谕。(0212 卷 27)

黄叔安 元英宗至治间新安(治今安徽歙县)木版画刻工。与吴俊甫同刻新刊《全相平话武王伐纣书》、《乐毅图齐七国春秋后集》、《全相秦并六国平话》、《全相平话前汉书续集》、《全相平话三国志》。(1143 卷 1144)

黄叔英(1273～1327) 字彦实。元慈溪(今属浙江)人。宋宗正少卿黄震之子。历任晋陵、宣城、芜湖三县儒学教谕,和靖、采石二书院山长。有诗作传世。(0152 卷 33,0075 文学典卷 86,0504 丙)

黄肯播(1269～1326) 字允蕻。元锦州(今属辽宁)人。仁宗延祐四年(1317)为监察御史,劾罢权相铁木迭儿。未几,出知云州。英宗立(1320),铁木迭儿复相,免官归。泰定元年(1324),起为辽阳行省郎中。(0262 卷 15,0002 卷 195)

黄国用 元英宗至治二年(1322)任江南行台监察御史。(0632 卷 6)

黄昌元 字子仁。元松溪(治今福建松政)人。顺帝至正间募集地主武装,屡败反元队伍,特授松溪县主簿。(0902 卷 124,0075 氏族典卷 285)

黄明德 字止善。元常熟(今属江苏)州人。顺帝至正间为州学学宾。(0947 卷 5)

黄季伦 号淳斋。元鄱阳(治今江西波阳)人。元顺帝至正初游京师,充辽宋金三史书写,事毕,授长洲县(治今苏州)儒学教谕。能诗,有诗作传世。(0523,0504 己上,0033 卷 24)

黄季赢 元人。有诗作传世。(0504 癸上)

黄秉彝 字君美。元谯郡(治今安徽亳州)人。历任济宁吏,淮西、山南廉访司掾。顺帝至元六年(1340)被选为中书省掾。(0254 卷 12)

黄所志(1246～1304) 字志尹。宋元之际丰城(今属江西)人。元世祖至元十五年(1278),被元兵俘走,卖与长安郑子诚家,子诚命诸子师事之,遂家于长安。(0225 卷 18,0072 卷 95)

黄宗献 元镇江路平准行用库副使。(0631 卷 17)

黄诚存 元医家,撰有《诊脉枢机》。(0224 卷 3)

黄诚性 元人。有诗作传世。(0504 癸上)

黄居中 元人。有诗作传世。(0504 己上)

黄居庆(1279～?) 字庆远,号石庭散人。元饶州安仁(治今江西余江东北)人。女道士。顺帝元统二年(1334)授端静冲粹通妙真人、江南诸路女冠都提点,住持大都玄元万寿宫、抚州路东庭观、常德路乾明观事。(0415 卷 3)

黄南卿 元人。有诗作传世。(0504 癸上)

黄威卿 元河中府(治今山西永济西南)同知。有诗作传世。(0504 丁)

黄思恭 元仁宗皇庆(1312～1313)间,由国子监丞出任漳州路判官。(0908 卷 3)

黄复圭 字君瑞。元山东人,迁居饶州安仁(治今江西余江东北)。顺帝至正中,为反元队伍所执,作诗大骂,被杀。工诗,生前与张仲举、危太朴以诗鸣于江西,有《君瑞集》。(0503 三集庚,0075 文学典卷 90、官常典卷 732,0002 卷 232)

黄复祖 字仲篪。元庐陵(治今江西吉安)人。顺帝至正间撰《春秋经疑问对》二卷。(1103 卷 153)

黄顺翁 (1244～1315),字济川。宋元之际建昌南城(今属江西)人。元世祖至元中署盱江书院山长,摄建昌路(治今江西南城)儒学教授。二十一年(1284)授新宁县尹。成宗大德四年(1300)任龙兴路(治今南昌)税课提领。历金溪县丞、德化县尹。仁宗延祐元年(1314)以瑞州路判官致仕。(0415 卷 7,0152 卷 32,0002 卷 229)

黄俊可 元进贤(今属江西)人。自少年时即负才略。顺帝至正十二年(1352)战乱,安抚县民,不受官职。(1012 卷 18)

黄俊甫 元莆田(今属福建)人。以荐授邵武路照磨。(0905 卷 6)

黄胜许 一作黄圣许。元世祖时,为上思(今属广西)州同知。至元二十九年(1292),聚众二万反,借兵交趾(今越南北部),据忠州(治今广西崇左东)。不久兵败,逃入交趾。此后二十余年间,叛服不常。泰定帝时归降,授怀远大将军,遥授沿边溪洞军民安抚使,佩虎符,致仕。(0001 卷 17、19、29 等)

黄觉经 元建昌(治今江西永修西北艾城)人。五岁,因乱失母,稍长,誓天诵佛书,愿求母所在。乃渡江涉淮,行乞而往。备历艰苦,至汝州梁县,得其母以归。(0001 卷 197)

黄泰亨(1246～1313) 字亨叔。元临川(今属江西)人。有诗作传世。(0212 卷

74,0033 卷7)

黄真仲　字诚父。号牧石。元金华(今属浙江)人。有诗作传世。(0504 戊上)

黄原质　元湖州(今属浙江)人。历任嵊县(今属浙江)儒学训导。有诗作传世。(0504 丁)

黄原隆　字云卿。元昆山(治今江苏太仓)人。有诗作传世。(0504 庚)

黄理仙　元顺帝至正十四年(1354)为兴安州儒学正。(0554 卷26)

黄野舟　元成宗大德(1297～1307)间任婺源(今属江西)知州。(1004 卷5,0973 卷6)

黄惟中　元成宗大德三年(1299)任秘书监丞。后历任婺源(今属江西)知州。(0027 卷9,0972 卷4)

黄清老(1290～1348)　字子肃,号樵水。元邵武(今属福建)人。少时治《春秋》,泰定三年(1326)为江浙乡试第一。次年登进士第,授翰林典籍。未几,升检阅,迁应奉翰林文字,参与修《经世大典》、《明宗实录》。顺帝至正元年(1341)出为湖广行省儒学提举。为文驯雅,诗飘逸有盛唐风,平生多所著述。著有《樵水集》、《春秋经旨》、《四书一贯》。(0262 卷13,0503 二集己,0002 卷236)

黄栋孙　元泰定二年(1325)任昌国州(治今浙江舟山)同知。(0634 卷2)

黄景昌(1261～1336)　字清远、明远,晚年号田居子。元浦江(今属浙江)人。精于《尚书》、《春秋》之学,善持论,出入经史,绰有理致。有诗作传世。(0411 卷46、53,0504 戊上,0033 卷6)

黄鲁德　元嘉禾(今浙江嘉兴)人。有诗作传世。(0504 庚下)

黄道贤　元泉州(今属福建)人。竭力养嫡母唐氏、生母苏氏,得二母欢心。父病笃,昼夜奉汤药,夜祷于天,愿减己寿以益父寿,其父遂愈。顺帝元统二年(1334),父死;居丧尽礼,负土筑坟,庐于墓侧,疏食终制。至元二年(1336),诏旌其门。(0001 卷198)

黄道俊　字彦俊。元遂昌(今属浙江)人。顺帝至正间聚集地主武装讨伐反元队伍,以功授遂昌县主簿,转江山县尹,改建宁路判官。(0896 卷174)

黄道渊　号孤山。元钱塘(治今杭州)人。精医术。后为道士,从潘祖清学。仁宗皇庆(1312～1313)初为吴郡(今苏州)清真观主。(0042 卷11)

黄道婆　宋元之际松江乌泥泾镇(今上海华泾镇)人。幼为童养媳,因不堪虐待,逃至崖州(治今海南三亚)。居三十年,学会黎人纺织棉布技术。至元、大德间返回松江。改进黎人纺织工具,制成捍、弹、纺、织机具,传授错纱、配色、综线、挈花等技术,织成各种花纹棉织品,转售各地。促进植棉业及棉纺织手工业在我国各地迅速发展。死后乡民为立祠,岁时祭祀。(0101 卷24)

黄谦光　元世祖至元十九年(1282)任龙游县(治今浙江衢州东北)主簿。二十八年,任江山县(今属浙江)知县。(0878 卷2、3)

黄雷孙　元兴宁(治今湖南资兴)人。英宗至治元年(1321)进士,官至同知。(1041 卷36)

黄镇成　字元镇,号存斋。元昭武(今福建邵武)人。笃志力学,隐居著书,不应荐举。文宗至顺(1330～1333)间,尝历览楚汉名山,周游燕赵齐鲁,浮海而返。卒年七十五。著有《尚书通考》十卷。工诗,有《秋声集》,识者谓其诗如太音希声,天籁自鸣。(0503 初集庚,0075 氏族典卷285、文学典卷87,0076 卷39)

黄德广　元鄞县(治今浙江宁波)人。顺帝至正初入大都(今北京)求仕,无引荐者,乃以教书为生,后附舟归乡。有诗作传世。(0081 卷13,0033 卷18)

黄德允　元太平(今属安徽)人。历任嵊县(今属浙江)儒学教谕。(0880 卷29)

黄德生　元顺帝至正间任兴化路(治今福建莆田)儒学录。(0905 卷3)

黄德诚　元文宗至顺三年(1332)任阳城县(今属山西)知县。(0694 卷5)

黄德渊　元杭州元妙观道士。成宗大德五年(1301)随天师张与材至大都(今北京),岁余辞归。卒年一百六十四。(0065 卷3)

黄秃伦歹　元顺帝至正中为安庆路推官,城陷,死之。(0001 卷143)

黄临安奴　元杭州黄仲起女,顺帝至正中张士诚陷城,与母皆自缢死。(0001 卷201)

黄哈剌八秃　元顺帝时勇士。至正二十五年(1365),与上都马、金那海等勇士同刺杀李罗帖木儿。(0001 卷117)

黄燕只哥歹　元溧阳(今属江苏)州判官。(0632 卷6)

曹氏(?～1360)　元茶陵(今属湖南)人,嫁为于同祖妻。元末兵乱,茶陵陷,恐为乱军所辱,自刭而死。(0001 卷201)

曹本　字子学。元大名(今属河北)人。由都昌县丞调任京官。后出佐信州幕府。有志事功而沉抑下僚以终。工书法。顺帝至正年间撰《续复古编》四卷。(1111 卷首、卷末,0495 卷16)

曹用　字子成。元泰定四年(1327)为青田(今属浙江)县尹。(0576 卷10)

曹立　元大同怀仁(今属山西)人。侍武宗于潜邸。武宗即位,授江浙行省左丞,升右丞。仁宗延祐七年(1320)迁任南台中丞。文宗天历元年(1328),改任中书右丞,升江浙平章。二年,授太子詹事。至顺年间罢职。(0001 卷 29、32、33、35,0014,0632 卷 6)

曹让 元文宗至顺中,任临城县(今属河北)儒学教谕。(0645 卷 4)

曹永(1303～1348) 字世长。元华亭(治今上海松江)人,曹知白之子。初为瑞安州儒学正,升柳州路马平县都博镇巡检,未上,江浙行省征辟为宣使。未几疾作,卒。工书法,正书学钟繇,行、草学二王。(0184 卷 3,0031 卷 7,0931 卷 30)

曹玑 字子衡。元潞州(治今山西长治)人。历任潞州知州、济南路盐运司同知、东平路总管。(0698 卷 3)

曹贞 元成宗元贞元年(1295)任柏乡县(今属河北)知县,建桥利民。(0645 卷 4)

曹伟 元人。有诗作传世。(0504 癸下)

曹兴 元鱼台(今属山东)人。曹政之子。积战功授东平路行军都镇抚。从大军平宋,升千户,改前卫亲军总管。世祖至元二十一年(1284)告归。(0075 氏族典卷 209)

曹观 元大同怀仁(今属山西)人,曹立之子。初为中书直舍,元末累迁为浮梁(治今景德镇北)知州。徽州反元队伍攻入浮梁,观率壮勇巷战死,诏赠河中府知府。(0296 卷 5)

曹志 字伯康,自号拱和居士。元明之际金华人。元末隐居。明洪武中,以遗逸荐,不起。有《拱和诗集》一卷。(1103 卷 195)

曹克 元成宗元贞年间任兴化路(治今福建莆田)儒学教授。(0905 卷 3)

曹时 元仁宗延祐七年(1320)任庆元路(治今浙江宁波)经历。(0634 卷 1)

曹英 字彦卿。历任元镇江路行大司农司令史、镇江路行通政院提控令史。(0631 卷 17)

曹忠 字惟良。元燕人。顺帝至正中,任富阳县(今属浙江)知县。(0158 卷 23)

曹泽 元世祖时为燕京路监榷官。中统三年(1262)立诸路转运司,授转运使。(0001 卷 5)

曹政 元鱼台(今属山东)人。世祖至元四年(1267),积战功授鱼台县军民长官。(0075 氏族典卷 209)

曹杰 元成宗大德十一年(1307)任慈溪县主簿。(0633 卷 3)

曹俞 字舜咨。元金坛人。历任建德路(治今浙江建德东北)儒学教授。(0631 卷 19,0075 文学典卷 90)

曹洪 元文宗至顺三年(1332)为永嘉(治今浙江温州)县丞。(0579 卷 10)

曹宪 元顺帝至元元年(1335)任奉化州同知。(0634 卷 2)

曹祚 元成宗大德元年(1297)任开化县(今属浙江)知县。(0878 卷 2)

曹昶 元人。有诗作传世。(0504 癸下)

曹珪(1309～1359) 字德璋。元海虞(今常熟)人。以祖荫授海道香糯所千户,在任二十年。顺帝至正十五年(1355)以漕运事至京师,后遇反元队伍于通州,不屈而死。(0561 卷 3)

曹晋① 元世祖至元十八年(1281)任秘书少监。(0027 卷 9)

曹晋② 元仁宗延祐六年(1319)任平江路(治今苏州)总管。七年,改任常州路总管,修葺儒学,礼仪之俗日以兴盛。(0297 卷 20,0930 卷 11,0622 卷 10)

曹铎 元巩县(今属河南)人。历任滕州知州、上都留守司推官、沔阳知府,以山东宣慰副使致仕。(0762 卷 7)

曹祯 元陕西徽州(治今甘肃徽县)人。曹友庆孙。为巩昌炮水手万户。顺帝至正年间讨伐河南反元队伍有功。(0801 卷 26,0811 卷 7)

曹萧 元世祖至元二十四年(1287)任庆元路(治今浙江宁波)经历。(0633 卷 2)

曹彬(？～1330) 元濮州(治今山东鄄城北)人。成宗元贞元年(1295)任镇江路濮州翼下百户。(0631 卷 17)

曹野 字子学。元东平(今属山东)人。善古隶。(0031 卷 7)

曹谦① 元泰定初,为丰县(今属江苏)儒学教谕。(0956 卷上)

曹谦② 元沂州(治今山东临沂)人。历任丹徒(治今江苏镇江)县尉。(0631 卷 16)

曹瑞 字天锡。元文宗天历二年(1329)任滁州知州,为政专务教化。(0622 卷 18,1001 卷 12)

曹鉴(1271～1335) 字克明。元宛平人。成宗大德五年(1301),以荐为镇江淮海书院山长。十一年,辟为掾史。后奉命伴送安南使臣,沿途应对如流,使臣叹服,以为中国有人。英宗至治二年(1322),授江浙左右司员外郎。次年,奉旨括白云宗田,稽验有方。文宗天历元年(1328),任江浙财赋府副总管。淮、浙水灾,鉴减税赋十之六七,势家因而诡免者,皆核实,谕令首输。顺帝元统二年(1334),升同佥太常礼仪院。时集议明宗祔庙事,鉴援礼据经,辨析详明。次年,升礼部尚书,病死。谥文穆。(0001 卷 186)

曹愚　元泰定二年(1325)任浙东宣慰司都事。(0634 卷 1)

曹简　字士廉。元沂州(治今山东临沂)人。世祖至元为丰县(今属江苏)主簿,政清讼简。(0933 卷 11,0956 卷上)

曹溍　元人。有诗作传世。(0504 癸下)

曹睿　字新民。元永嘉(治今温州)人,迁居华亭(治今上海松江)。元末为郡学训导。明初为松江儒学教授。有诗作传世。(0033 卷 24,0537 卷 6,0523)

曹璋　元仁宗延祐年间任庆元路(治今宁波)经历。(0633 卷 2)

曹德　字明善。元衢州路人。初为衢州路吏。顺帝至元间为山东廉访司吏,至京师,见伯颜擅权,作曲讽之,揭于五门之上。伯颜怒,欲捕之,乃避居吴中僧舍。伯颜遭罢黜,始再入京。(0101 卷 8,0029 卷下)

曹衡　字士望。元华亭(治今上海松江)人。才器隽秀,作真、草书早得时誉。(0031 补遗)

曹毅(1259～1310)　字士弘。元庐陵(治今江西吉安)人。历任兰溪纯孝、慈溪丈亭、广德陈扬村、杭村巡检。(0146 卷 28)

曹一介　字子和,号筠轩。元东林人。泰不华荐举为长山县儒学教谕,辞不赴。工诗,有诗作传世。(0504 己下,0968 卷 10)

曹七七　元冀宁平遥(今属山西)人。顺帝至正九年(1349)聚众起事,被元将八十、沙不丁等讨平。(0001 卷 42)

曹之谦　字益甫,号兑斋。金元之际应州(治今山西应县)人,寓居临汾。金宣宗兴定年间进士,讲明道学,远近从学者甚多。工诗,有诗一卷收入《河汾诸老诗集》。(0708 卷 7,0700 卷 6,0503 三集甲)

曹天刚　元顺帝至正三年(1343)任集庆路(治今南京)提控案牍。(0632 卷 6)

曹天锡　字君瑞。元世祖至元年间任高唐(今属山东)知州。(0723 卷 5,0730 卷 6)

曹元用(1268～1330)　字子贞。元汶上(今属山东)人。初为镇江路儒学正。被阎复荐为翰林编修。历御史台掾史、翰林应奉、礼部主事。武宗时任尚书省右司都事、员外郎。仁宗延祐末,任太常礼仪院经历,亲祀仪注、卤簿舆服之制,皆所裁定。英宗时,授翰林待制,升直学士。泰定间,任礼部尚书、大朝会纠仪官。改翰林侍讲学士。参与修仁宗、英宗实录,又奉旨纂集《通制》,译《贞观政要》为蒙古文。凡大制诰,皆出其手。文宗天历二年(1329),代祀曲阜孔庙。卒,谥文献。有《超然集》,已佚。(0001 卷 172)

曹元博　元松江(今属上海)人。撰有《左氏叙事本末》,不传。(0158 卷 6,0002 卷 235,0004 卷 36)

曹友庆　元陕西徽州(治今甘肃徽县)人。曹安德之子。成宗大德二年(1298),袭父职为河东陕西副万户。大德中,从平贵州蛇节反元起事。仁宗延祐初卒,年六十一。(0811 卷 7)

曹从革　字鼎新,元仁宗延祐二年(1315),拜中书参知政事。次年辞职。(0001 卷 112、176、205)

曹平礼　元顺帝至正四年(1344)任衢州路经历。(0878 卷 3)

曹世贵(1242～1302)　字仲明。元东平须城(治今山东东平)人。世祖至元年间授城武(治今山东城武)县尹,累升为福建按察副使,迁任兴化路(治今福建莆田)总管。成宗大德六年(1302)授福建都转运盐使,未上任而死。(0145 卷 24,0002 卷 174)

曹仕廉　元渭南(今属陕西)人。顺帝至元中,任奉元路(治今陕西西安)同知。(0819 卷 16,0801 卷 26)

曹至坚(?～1289)　元世祖至元二十二年(1285)为洞霄宫住持,号澄虚明教守正大师。(0038 卷 5)

曹仲春　元顺帝元统二年(13340 任宁德县(今属福建)典史。(0914 卷 4)

曹庆孙(1286～1361)　一名绍,字继善,号瀼东漫士。元华亭(治今上海松江)人。历任吴县、淳安县儒学教谕,皆得士论。年四十不复仕,家居读书,人称安雅先生。撰《安雅堂酒令》一卷(收于《说郛》)。善画山水。(0184 卷 3,0075 文学典卷 86,0077 卷 21)

曹安德　元陕西徽州(治今甘肃徽县)人。世祖至元十二年(1275)袭父职为炮水手都元帅。二十四年,积功授河东陕西副万户,镇营州。(0555 卷 5)

曹克敏　元镇江路平准行用库大使。(0631 卷 17)

曹时泰　元人。有诗作传世。(0504 己上)

曹告春　字问农,号近山。宋元之际温州平阳人。宋度宗咸淳年间进士。入元,以诗文著名。(0385 卷 3)

曹伯启(1255～1333)　字士开。元济宁砀山(今属安徽)人。世祖至元中,为兰溪主簿。累迁为常州路推官。断狱严明。后擢为西台御史,改都事。四川廉访佥事阔阔术,以苛刻闻;纠黜之。仁宗延祐初,迁刑部侍郎。五年(1318),任司农丞,奉旨至江浙议盐法,置六仓于浙东西,设运盐官,输运有期,出纳有次,著为令。英宗时召拜山北廉访使,迁集贤学士、侍御史,奉诏同刊定《大元通制》。著有《汉泉漫稿》。(0001 卷 176)

曹伯坚　字仲益。元潞州（治今山西长治）人。官至刑部郎中。（0698卷3）

曹良史　字之才，号梅南。宋元之际钱塘（治今杭州）人。工诗，元初与方回等唱和。（0387卷10，0070卷77，0033卷31）

曹妙清　字比玉，号雪斋。元钱塘（治今杭州）人，女。年三十不嫁。善鼓琴。工诗，有诗作传世。（0158卷7，0504壬下，0033卷36）

曹松年（1201～1275）　字寿之。元隰州隰川（治今山西隰县）人。仕至行省左右司郎中。（0144卷12）

曹国纲　元仁宗皇庆元年（1312）任吴江（今属江苏）州同知。（0954卷17）

曹知白（1272～1355）　字又玄，号云西。元华亭（治今上海松江）人。成宗大德中，以荐授昆山儒学教谕，未几弃去。北游京师，不受举荐，归隐长谷中，日与宾客故人以诗酒相娱，学者尊之曰贞素先生。善画山水。工诗，有诗作传世。（0275卷10，0030卷5，0504己下）

曹性之　元任庆元路（治今宁波）儒学录。（0634卷2）

曹宗辅　元文宗至顺中，任德清县（今属浙江）知县，有仁惠之政，爱民如子。（0622卷40，0876卷7，0871卷33）

曹定国　字安卿。元东平须城（治今山东东平）人，曹世贵之子。武宗至大年间任江阴（今属江苏）知州。（0202卷7，0002卷174）

曹居一　字通甫，号听翁，又号南湖散人。金元之际太原人。金末登进士第。元初为行台员外郎。（0144卷59，0109）

曹弥昌　字季文。元永嘉（治今温州）人。文宗至顺二年（1331）为旌德县（今属安徽）典史。（0258卷7）

曹思顺（？～1355）　字彦信，号柏窗。元江阴人。以荐授铜陵县儒学教谕。（0296卷3）

曹复亨　元济宁（治今山东巨野）人。顺帝至元四年（1338）任南台管勾，至正元年（1341）迁任南台监察御史。（0632卷6）

曹彦可　元亳州人。元末红巾军起事，破亳州，劫之使写旗。不从，被杀，年七十。后中书给资以葬，赐谥节愍。（0001卷194）

曹娥秀　元大都名妓，色艺俱绝。（0032，0102）

曹能之　元顺帝至正七年（1347）为江南行御史台书吏。能诗，有诗作传世。（0594卷12，0504癸下）

曹继祖　字汉臣。元淮安人。成宗元贞元年（1295）至大德三年（1299）任镇江路知事。（0631卷15）

曹理孙　字悦道。元瑞安人。博涉经史。仁宗延祐初，主讲于郡学。（0896卷182，0072别附卷3）

曹梦炎　元松江（今属上海）人。家殷富，以多田著称。世祖至元二十五年（1288），上言愿以米万石输官。丞相桑哥为请，遥授浙东道宣慰副使。（0001卷15）

曹敏中（1265～1334）　字子讷。元龙游（治今浙江衢县东北）人。仁宗延祐二年（1315）进士，授奉化州同知。英宗至治二年（1322）调定海（治今宁波镇海）县尹，丁忧。服除，起为宁国路推官。迁石首县尹，未上任。（0152卷33，0633卷3，0634卷2）

曹焕章　号采芝生。元松江（今属上海）人。善书法，工写生。（0077卷21，0078卷11）

曹道振　字伯大。元沙县（今属福建）人。顺帝至正八年（1348）登进士第。历任福清州判官。（0902捐6、102，0076卷36）

曹锦秀　元大都歌妓。才色靓丽，风韵闲雅。（0144卷43）

曹靖国　元东平须城（治今山东东平）人，曹定国弟。成宗大德年间任彭泽（今属江西）县尹，为政简而廉。后升为武昌榷茶同提举。（0622卷52，0002卷174）

曹溪臣　元人。工塑，成道宫龙虎殿像为其所塑。（1143卷899）

曹稹孙　字德坚。宋元之际瑞安人。宋亡，寓平阳，迁居安阳，南北从学者数百人。卒年八十七。（0896卷182，0073卷32）

曹德敏　元洞县人。工画道释、人物，尤长壁画，为名画工朱好古门人张遵礼弟子。顺帝至正十八年（1358），参与画河中府永乐宫混成殿壁画。（1143卷900）

曹德新　元顺帝至元二年（1336）任新昌（今属浙江）县尹。（0880卷28）

曹德颙　元宁晋（今属河北）人。世祖至元间任保定路治中。（0645卷5）

曹澄孙　元世祖至元二十二年（1285）任婺州路（治今浙江金华）同知，尝建丽泽书院。（0881卷11）

曹履亨　元顺帝时，任户部尚书。至正十九年（1359），受命至江浙抚谕张士诚，征海运粮。（0001卷45、97）

曹忙古台　元汴梁（治今开封）人。元初为义乌县达鲁花赤。（0881卷12）

曹按丹不花　元大都人。仁宗延祐三年（1316）任衢州路总管。（0878卷2）

埜仙①　元顺帝至正二年（1342）至五年，任无锡州同知。（0558卷24）

埜仙②　字若思。元唐兀人。顺帝至正

间任柘城县(今属河南)主簿。(0762 卷 4,0766 卷 4,0779 卷 5、9)

埜立　元文宗天历二年(1329)任江南行御史台照磨。(0632 卷 6)

埜喇　元蒙古人。官至右丞相。后游云南,隐居澂江华藏寺以终。能诗,有诗作传世。(0851 卷 10,0075 文学典卷 90,0504 丁)

埜实捏　元畏兀儿人。顺帝至正二年(1342)任江南行台监察御史。(0632 卷 6)

埜仙普化　字有恒。元唐兀人,居德州(治今山东陵县)。顺帝元统元年(1333)进士,授滑州判官。(0028 卷上)

梵仙(1292～1348)　字竺仙,自号来来禅子,元僧,象山(今属浙江)徐氏子。自幼出家,秉戒游方。文宗天历间,僧明极赴日本,挽与偕行。至日本,应平氏元帅高时请,住净妙寺,后迁住净智寺、无量寿寺、南禅寺。住南禅寺日,太上皇帝临,对答称旨。晚年主持建长寺。有《语录》。(1144 卷 628)

梵琦(1296～1370)　字楚石,号昙曜。元明之际僧人,象山(今属浙江)朱氏子。元末历主杭州报国寺、嘉兴本觉寺,退隐海盐永祚寺西斋。明洪武初,征高僧大会金陵蒋山,应诏赴会,于会中说法。有《西斋净土诗》三卷。(0335 附录,0036 卷 14,0075 神异典卷 189)

硕德　又译世德、拾得。元蒙古札剌亦儿氏。木华黎四世孙。速浑察次子乃燕长子。通敏有才干。世祖中统初,入宿卫,典朝仪。后任同知通政院事。奏言辽东斡拙、吉烈灭二族屡为边患,宜遣近臣谕之。帝方难其人,执政请即使硕德往。奉旨至其地,集诸万户陈兵冲要,诘其渠魁数人诛之,胁从者皆降。又遣人至海岛,招谕骨嵬降之。至元二十四年(1287),从征叛王乃颜。后奉旨出使西北诸王,宣布太祖圣训及朝廷德意。还朝复命,帝赐珠、只孙服旌之。卒,谥忠敏,追封鲁郡公。(0001 卷 119,0003 卷 27)

硕笃儿　元蒙古札剌亦儿氏,塔思子。父卒时年幼,由叔父速浑察袭爵。既长,别赐民三千户为食邑,得建国王旗帜,以五品印一、七品印二付其家臣,置官属如列侯。(0001 卷 119)

硕德八剌　即元英宗。

龚开(1222～1307)　字圣与,号翠岩。宋元之际淮阴(治今淮安)人。宋理宗景定间任两淮置制司监当官。入元,寓居吴中不仕,以诗文绘画自娱以终。诗文清劲古雅。画人物、山水、花鸟,尤善画马。有《瘦马图》、《中山出游图》等传世。(0030 卷 5,0002 卷 241,0101 卷 9)

龚伟　字季大。元人。有诗作传世。(0504 辛上)

龚观　元豫章(今南昌)人。能篆书。(0031 卷 7)

龚宜　元高邮人。有诗作传世。(0504 庚下)

龚浩　元顺帝至元二年(1336)任庆元路(治今浙江宁波)儒学教授。(0634 卷 2)

龚理　字子中。元镇江人。龚璛弟。操尚雅洁,隐居读书。卒年四十七。(0631 卷 19,0945 卷 3)

龚翊　字舜咨。元临江新淦(治今江西新干)人。家居不仕。(0212 卷 45、94)

龚焕　字幼文,号泉峰。元进贤(今属江西)人。专心理学,以明礼反躬为务。(1012 卷 18,1018 卷 6,0071 卷 83)

龚璛(1266～1331)　字子敬。元镇江人,寓居吴中。诗文豪放有法。历任和静、学道二书院山长,调任宁国路儒学教授。迁宜春县丞。以江浙省儒学副提举致仕。有《存悔斋稿》二卷。(0152 卷 33,0503 二集甲,0002 卷 237)

龚雍　字行简。元邵武(今属福建)人。由翰林编修累迁为国子祭酒,以上疏谏止佛事,出为江西行省参议致仕。(0075 氏族典卷 35)

龚瑾　字敬臣。元海宁人。历任经历、知州。元末死节。能作散曲。有诗作传世。(0029 续编,0896 卷 163,0504 辛下)

龚辙　字行可。元越(今绍兴一带)人。有诗作传世。(0504 庚下,0296 卷 4 下)

龚璪　字仲冕。元高邮人。元初为镇江路淮海书院山长。(0631 卷 17)

龚天瑞(1262～1328)　字国祥。元丰城(今属江西)人。由吏入仕。仕至天临路(治今长沙)茶提举司都目。(0212 卷 86)

龚友福　字伯达。元光山县(今属河南)人。顺帝至正十七年(1357)进士。历任翰林学士,拜中书参政。明军进逼大都,随顺帝北去。有诗作传世。(0622 卷 31,0762 卷 5,0504 己上)

龚名安　字俊卿。元晋江(治今福建泉州)人。顺帝至正间任泉州盐场司令。那兀纳叛据泉州,名安募兵,与官军合力平之。元亡,遁迹海上。(0901 卷 67,0902 卷 125,0075 氏族典卷 35)

龚伯璲　元光州(治今河南潢川)人。文宗时,以才俊为御史中丞马祖常所喜,常亟称之,欲虞集为荐引,集不可,以为伯璲虽小有才,然非远器,恐不得令终。顺帝至正十年(1350),被丞相脱脱用为僚属,委以腹心之寄,大小之事悉与之谋,事行而群臣不知。十四年,为中书参议,从脱脱讨高邮张士诚。有诏罪脱脱劳师费财,削其官爵。十二月,诏至军中,伯璲劝脱脱一意进讨张士诚,勿开诏书。脱脱不从,遂被罢官流放以死。(0001 卷 138、181、185)

龚茂宗(1280～1340)　字国英。元清江

(今属江西)人。以养母不仕。(0259 文集卷 11)

龚叔芥　元汝阴(治今安徽阜阳)人。有诗作传世。(0504 辛上)

龚显忠　元人。有诗作传世。(0504 辛下)

龚善翁　元建昌路新城县(治今江西黎川)人。泰定四年(1327)进士,授瑞州路录事。(1008 卷 15)

龚道源　字士原,号碧梧。元新建(治今江西南昌)人。教授乡里,从学者甚众,多以经学登科。(1012 卷 18)

龚霆松　号艮所。宋元之际贵溪(今属江西)人。潜心理学。入元不仕,聚徒讲学以终。著有《四书朱陆会同》。(0146 卷 21,0072 卷 58,0006 卷 91 上)

龚端礼　字仁夫。元嘉兴人。撰有《五服图解》一卷。(1081)

龚履简　元平阴(今属山东)人。顺帝至元元年(1335)任鸣沙州(治今宁夏中宁东北)知州。(0075 氏族典卷 35)

袭剌谋　元宗王。铁木哥斡赤斤曾孙。宗王帖木迭儿之子。(0001 卷 107)

盛氏　元吴兴人,家嵊县。名画家盛懋女,传其父学而工绘画。及卒,黄原质悼之以诗。(0504)

盛际　字舜咨。元余杭(治今杭州西)人,居于镇江。世祖至元十四年(1277)任镇江路儒学教授。仕至浙西儒学副提举。(0631 卷 17、19,0945 卷 3)

盛昭　字克明。元归德(治今商丘)人,迁居扬州。顺帝至正九年(1349)为常州路儒学教授,累迁淮南行省照磨。奉使高邮,招谕张士诚。士诚拘之,令率兵出拒元军,昭叱之,被杀。善画竹石,师法文同。(0001 卷 194,0030 卷 5)

盛钦　字敬之。元余杭(治今杭州西)人。成宗大德间任江淮财赋府总管。(0073 卷 108)

盛洪　名一作洪甫,字文裕,元临安(今杭州)人,迁居嘉兴。名画家盛懋之父。工画人物、翎毛、山水。(1143 卷 919)

盛彪　字元仁,号虎林。元临安人。精于礼仪。元初,馆于鲜于枢家,教其二子,枢甚敬之。成宗大德四年(1300)被征辟为吉水州儒学教授。后调任镇江路儒学正。工诗,有诗作传世。(0142 卷 13,0631 卷 17,0504 甲)

盛舆　字敬之。元吴江(今属江苏)人。顺帝至正间参谋江浙省军政,擢崇德州判官。(0954 卷 25)

盛懋　字子昭。元嘉兴人。父洪甫,善画,懋传其家学而胜过之。善画山水、人物、花鸟。(0030 卷 5,0874 卷 20)

盛麟　字德远。元吴江(今属江苏)人。盛舆之子。元末为钱塘(治今杭州)县尉。(0954 卷 22)

盛从善　元成宗大德四年(1300)任秘书监丞。武宗至大三年(1310)升秘书少监。仁宗延祐元年(1314)升秘书卿,三年拜昭文馆大学士,四年加太史院使。(0027 卷 9)

盛贞一　元妇女。马彦奇妻。早寡家贫。有三男一女。以指取渍麻水作点划教其子。顺帝至正间避战乱居华岩。能诗,有诗作传世。(0504 壬下,0033 卷 36)

盛如梓　号庶斋。元扬州人。成宗大德间任嘉定(今属上海)州儒学教授。迁任衢州路儒学教授。后以崇明州判官致仕。著有《庶斋老学丛谈》四卷。工诗,有诗作传世。(0378 卷 8,0504 甲,0072 别附卷 3)

盛伯琪　元余杭(治今杭州西)人。盛钦侄。历任临安县儒学教谕。(0073 卷 108)

盛伯浚　字仲深。元余杭(治今杭州西)人。盛钦之子。历任定安县尉。(0073 卷 108)

盛景年　字修龄。元新昌(今属浙江)人。顺帝至正十一年(1351)进士。历任奉化州判官、江浙省掾,福建省管勾、检校。后授儒学提举,不赴,隐居龙泉山中。工诗,有诗作传世。(0414 卷 4,0504 己上,0560)

盛象翁　字景则、则贤,号则轩。元台州黄岩人。世祖至元间为庆元路(治今宁波)儒学正。后历任平阳州、汀州儒学教授,徽州路税务提领。以昌国州判官致仕。(0879 卷 10,0633 卷 2,0072 卷 82)

盛熙明　元曲先(今新疆库车)畏兀儿人,居豫章(今南昌)。笃学多才。工书法,通六国书。文宗时为奎章阁书史,参与修《经世大典》。晚年居浙东。卒于顺帝至正末。撰有《法书考》八卷、《图画考》七卷。(0031 卷 7,0504 壬下,1104 卷 5)

盛德昭　元成宗大德二年(1298)任定海县(治今宁波镇海)主簿。(0633 卷 3)

戚光　元金陵(今南京)人。文宗至顺年间修成《集庆续志》。后张铉修《至正金陵新志》,元代故实多本之。(0501 卷 33)

戚侃　元英宗至治元年(1321)任象山县(今属浙江)尉。(0634 卷 2)

戚敬　字秉肃,号砺斋。元嘉兴人。早年从程端礼学。事母至孝。顺帝至正年间任归安县(治今湖州)儒学教谕。(0444 卷 1、7,0895 卷 14,0559 卷 18)

戚滋　元成宗大德九年(1305)任衢州路经历。(0897 卷 3、7)

戚庆洪　字善甫。元镇江人。历任镇江路医学录。(0631 卷 17)

戚庆祖　字遵道。元镇江人。历任镇江路医学录,后升为医学正。(0631 卷 17)

戚辅之;　字友仁。元人。撰《佩楚轩客谈》一卷(收于《说郛》)。(0507 卷 7)

戚崇僧　字仲咸,元婺州永康人。工诗文。从许谦学,潜心性理之学。有《春秋纂例原旨》、《四书仪对》、《复古编》。(0075 氏族典卷 545)

戚象祖　字性传。元金华人。成宗大德中,以荐授东阳县儒学教谕,迁任绍兴和靖书院山长。后改任信州道一书院山长,不赴,寓居永康(今属浙江)以终。(0880 卷 37,0071 卷 73)

雪山　元顺帝幼子,皇后弘吉剌氏所生。皇后死,其母家迎归直北海都田地。(0103 卷 3)

雪谷　元僧,滇郡(云南)人。善书画,所画《寻牛图》,画笔端楷,书有古意。画兰一幅,值数缣。(1144 卷 633)

雪涧　元人。工画人物、佛像,尤喜画文殊,有草衣文殊、雅儿文殊。其作品流传至日本。(1143 卷 1053)

雪雪(? ~1356)　元康里人,哈麻弟。早备宿卫,历任同知枢密院事、集贤大学士、知枢密院事。至正十五年(1355),擢御史大夫。后御史奏劾其兄弟罪恶,诏免其职,流放肇州。临行,杖死。(0001 卷 42、44、205)

雪你台　元蒙古篾儿乞氏,顺帝大丞相伯颜兄。(0011 卷 29)

雪别台　元宗王。拖雷第十一子。(0001 卷 107、35)

雪亦客秃　又译速亦客秃,蒙古晃合丹氏,蒙力克(明里也赤哥)之子,脱栾之弟。十二世纪八十年代,离开札木合投附元太祖。太祖首次称汗后,为小侍卫队中之司膳。1204 年春太祖出征乃蛮塔阳汗前,受任为六名扯儿必(近侍官)之一。蒙古建国后,受封为功臣千户长。(0009 卷 3、7、8,0008 卷 1)

雪雪的斤①　元畏兀儿人。世祖时,奉命率畏兀儿户屯戍云南。至元二十三年(1286),率军征缅,授缅中行省左丞相。二十八年,改行省平章政事。后追封高昌王。(0001 卷 14、16、195)

雪雪的斤②　元公主。成宗即位(1294),受赐钞千锭。(0001 卷 109、18)

雪里坚那颜　元蒙古彻兀台氏。早年追随太祖,与王罕作战,以功授千户。领彻兀台部征讨诸国,卒于河西。(0001 卷 132)

雪尼台铁木察　元蒙古雪你氏。武宗至大元年(1308)九月,奉旨出使薛迷思干(今乌兹别克斯坦撒马尔罕)。(0001 卷 22)

掩笃剌哈　元顺帝时,任吏部侍郎。至正二十五年(1365),与礼部侍郎满尚宾出使军阀李思齐部,谕其开通川蜀道路。思齐不奉诏,留之一年,始还。(0001 卷 47)

接待奴(? ~1365)　元宗室,威顺王宽彻普化子。顺帝时,从威顺王攻红巾军徐寿辉部,战于汉川县鸡鸣汊,兵败死。(0001 卷 117)

探马赤①(? ~1282)　元蒙古朵鲁班氏。初,从宗王没赤征四川。宪宗八年(1258),从纽璘攻涪州等地,屡建战功。奉命率千人,从万户昔力答攻略碉门、黎、雅、吐蕃。昔力答死,升万户,领其军。世祖中统四年(1263),授蒙古汉军万户。至元九年(1272),从征建都(今四川西昌一带),数败建都兵。建都势蹙,请降。后又从攻嘉定、重庆、泸州等地,以功兼崇庆府达鲁花赤。(0001 卷 132)

探马赤②　元武宗至大间任齐东县(治今山东邹平西北)达鲁花赤。(0740 卷 11)

探马赤③　元文宗天历年间,任陕西行省平章政事。文宗至顺二年(1331),调任行省平章政事。改任湖广平章。顺帝至元四年(1338),授中书平章政事。不久改授知枢密院事。六年,加太保。(0001 卷 32、35、113 等,0014 卷 19、22、27、28)

探马赤罕　元顺帝至元二年(1336)为江浙行省平章。(0014 卷 11)

探马哈儿　元蒙古篾儿乞氏。顺帝丞相伯颜之曾祖父。宿卫士。死后追谥敬简,改谥忠靖。(0001 卷 138)

掇端斡赤斤　元太祖之叔祖。合不勒汗幼子。(0001 卷 107)

辅良(1317 ~1371)　字用贞,号介庵。元吴县(治今苏州)人。佛教僧人。俗姓范。初住嘉兴资圣寺。历主绍兴天章寺、杭州灵隐寺。(0411 卷 11、26)

辅弼　字正臣。元世祖至元间仕至福建按察使。(0144 卷 21,0142 卷 30)

辅惟良　字伯贤。元官员。由翰林修撰出为滑州同知。成宗大德初,转任溧阳(今属江苏)州同知。(0229 卷 3,0632 卷 6)

常中(1218 ~1321)　字惟一。元奉元(治今陕西西安)人。常谦之子。家世为良医。常中以眼科名世,入为御医,扈从往来,劳绩为多。(0181 卷 8)

常允　字克明。元顺帝至正六年(1340)任沁水(今属山西)知县。(0694 卷 5)

常冲　字仲微。元蓝田人。有诗作传世。(0504 戊上)

常济　元大德十一年(1307)任余杭(治今杭州西北)县尹。时岁饥,民多流亡。济请于江浙行省,以本县编粮赈之。活民万数。(0872 卷 64,0075 氏族典卷 305)

常泰 字道夫。元奉元(治今陕西西安)人。顺帝至元三年(1337)任江南行台监察御史。后升为云南廉访副使,辞归。至正三年(1343)宣政院奏为断事官。未几,移病来金陵,复出游武夷山。(0632 卷 6,0156 卷 3,0233 卷 8)

常真 元儒士。历任宣公书院山长。死于明初。有诗作传世。(0504 辛上,0537 卷 5)

常宽 元端氏县(治今山西沁水东)人。世祖至元二年(1265),以功授端氏县尹。(0694 卷 5)

常恕 元英宗至治二年(1322)任吴江(今属江苏)州同知。(0954 卷 17)

常颢 元泰定二年(1325)任建康路(治今江苏南京)推官。(0632 卷 6)

常谦(1257~1329) 字敬甫。元奉元咸宁(治今陕西西安)人。袭父职为安西王府医药提举。成宗大德元年(1297),擢开成路判官。仁宗延祐四年(1317),授陕西兴元路长官,辞归。(0181 卷 9)

常德① 字仁卿。元宪宗九年(1259)奉使旭烈兀军中。从行者浑源人刘郁撰《西使记》一卷,记其往返途中见闻。(0144 卷 12、94)

常德② 元世祖时任获嘉(今属河南)县尹,至元十一年(1274)考课最诸县,诏优赏之。(0001 卷 8、121)

常八斤 元太祖时西夏降人。以善造弓,见知于太祖。每自矜曰:"国家方用武,耶律楚材儒者何用!"楚材曰:"造弓尚须用弓匠,为天下者岂可不用治天下匠。"(0001 卷 146)

常允恭 元人。有诗作传世。(0504 癸下)

常视远 元顺帝至正十四年(1354)任澄城(今属陕西)知县。(0554 卷 26)

常居中 字子正。元镇江人。历任金坛县税务大使。(0631 卷 19)

常野先 元顺帝至正十三年(1353)任余杭(治今杭州西北)知县。(0872 卷 64)

常脱欢 元顺帝至元六年(1340)任集庆路(治今南京)判官。(0632 卷 6)

常景鲁 元顺帝时邹县(今属山东)人,善刻碑,至正十四年(1354)刻《加封启圣王碑》。(1143 卷 802)

常畯住(1244~1304) 元大都人,常普兰奚父。世祖至元六年(1269)宿卫东宫。三十一年,授典膳署令,改家令司丞。成宗元贞二年(1296),转内宰司丞。大德二年(1298),升为宣徽院同知。卒,追谥忠懿。(0225 卷 7、4,0002 卷 151)

常藏主 元僧。居明州雪窦寺,专习禅定,不谙文字,所作偈颂,事理圆融,音律调畅。(1144 卷 643)

常不兰奚 元仁宗时,任同知徽政院事。皇庆元年(1312),封赵国公。后任右都威卫都指挥使。文宗至顺三年(1332),升徽政使。(0001 卷 24、37)

常雅普化 元大都人,常普兰奚子。仁宗延祐年间累迁为集贤学士,领典瑞卿。(0002 卷 151)

常普兰奚(1277~?) 元大都人,常畯住之子。成宗大德末,任宣徽院同知。武宗至大中,改任徽政院同知。仁宗延祐二年(1315),升为徽政使。(0001 卷 24、37,0002 卷 151)

勗实带(1257~1311) 晚名士希,字及之,号西斋,元蒙古克烈氏,砲手军千户昔里吉思孙,袭砲手军千户,升河南砲手军总管。宋亡,归屯嵩县,建伊川书院。成宗大德二年(1298)致仕。(0225 卷 22)

唵木海 元蒙古八剌忽氏。随父孛合出从太祖征战,有功。后从木华黎攻金,任随路炮手达鲁花赤,选五百余人教习用炮技术。征战各地,用炮攻城。太宗即位,留为近侍。四年(1332),从攻河南,有功。宪宗二年(1252),升都元帅。三年,从旭烈兀征波斯。后卒。其子忒木台儿、孙忽都答儿相继袭职为炮手总管。(0001 卷 122)

啸林 元僧人。能诗,有诗作传世。(0504 壬上)

眭桂 元世祖至元十六年(1279)任瑞州路(治今江西高安)推官。(1016 卷 14)

鄂多里克(Odorico de Pordenone,1274~1331) 意大利人,基督教方济各派教士。1316 年来东方传教,至伊利汗国都城帖必力思(今伊朗答大不里士)、孙丹尼牙(今伊朗阿塞拜疆苏丹尼耶)。后因伊利汗与察合台后王交战,陆路遇阻,转至报达(今伊拉克巴格达)等地。1322 年,由忽里模子乘船至印度。经苏门答腊、爪哇、占城,抵广州。经泉州、福州、杭州、扬州,由运河北上,1325 年至大都。在大都三年,曾为元帝祈祷祝福。1328 年由陆路西归。1330 年抵威尼斯后,叙述旅行见闻,由教友威廉用拉丁文记录成书。书中记述中国各地情况,尤详于大都及元宫廷情况。(1161 卷 438)

蛇节(?~1303) 元彝族人,亦奚不薛土官阿那之妻。世祖时,摄夫之职,为亦奚不薛(今贵州鸭池河以西毕节地区)总管府总管。成宗时,元军征八百媳妇,沿途骚扰,遂与水东雍真葛蛮土官宋隆济起兵反元,围攻贵州,屡败元兵。后为元援军所败,被擒杀。(0001 卷 20、21、162 等)

野仙 元唐兀人。世祖至元二十九年(1292)至三十一年,任莫州(治今河北任丘北)达鲁花赤。(0644 卷 17,0661 卷 5、8)

野先(1273~1319) 元畏吾儿人。历任国子助教、博士,迁国子监丞,升司业。(0262 卷 15)

野讷(1278～1317)　元畏兀儿人。阿里海牙之兄。初事仁宗于藩府。成宗大德九年(1305),从仁宗奉答己太后出居怀州。十一年正月,成宗死,与仁宗密议定谋。仁宗即告答己,于二月至京师,诛阿忽台等,遣使迎武宗。武宗即位,授秘书监。仁宗居东宫,野讷兼太子右庶子。迁任侍御史、崇祥院使,兼将作院。未几,又兼太医院使。仁宗即位,授枢密副使。后升同知枢密院事。卒。追封赵国公,谥忠靖。(0001 卷 137)

野苏　元明宗和世㻋后妃之一。(0001 卷 108)

野庐　元顺帝至正间任堂邑县(治今山东聊城西北)达鲁花赤,有民誉。(0730 卷 6,0075 氏族典卷 440)

野不干　元蒙古札剌亦儿氏。木华黎孙,孛鲁之子。(0001 卷 119)

野里术　元畏兀儿人。达释之子。骁勇善战。太祖闻知,诏给驿马五百,迎其与所部俱来。太祖十四年(1219),从征花剌子模国。从亲王按只台与敌战有功。太宗四年(12320,从蒙古军攻金,战功最多。六年,副忽都虎籍中原户口,筹其赋税,分给诸功臣以地,人皆服其敏。(0001 卷 135)

野峻台(?～约 1352)　元汪古人。赵世延之子。历任四川左右司郎中、西台御史、河西廉访使,转黄州路总管。顺帝至正中,天完红巾军攻占湖广。擢四川参政,奉命与平章咬住率军往讨红巾军。咬住军五千,分与锐卒八百,使为前驱,攻拔巴东县。由击败红巾军于江上,复归、峡二州。进占枝江、松滋两县,乘胜趋江陵。红巾军出阵清水门,鏖战至夕,红巾军退入城。乃据其门,待咬住军至。黎明,红巾军初战。咬住军至,止百步外不救。遂战死。追封凉国公,谥忠壮。(0001 卷 195)

野薛涅　元畏兀儿人,宣政使洁实弥尔父。以子贵,追封齐国公,谥恭惠。(0011 卷 40)

野篾干　元蒙古札剌亦儿氏。木华黎孙,孛鲁之子。(0001 卷 119)

野先不花　字仲实。元儒士。登进士第。授侍仪通事舍人。(0256 卷 5)

野仙脱因(1303～?)　字友贤。元蒙古人,居河东县(治今山西永济西南)。顺帝元统元年(1333),授太常礼仪院太祝。(0028 卷上)

野礼审班　又译也里审班。元康里人。不忽木之弟。世祖至元间为世祖近侍。至元二十八年(1291)春,与近侍也先帖木儿、彻里等劾奏丞相桑哥专权黩货;世祖始决意诛桑哥。(0001 卷 205、130)

野仙帖木儿　元顺帝时,任知枢密院事。至正十五年(1355),奉命提调世祖影堂祭祀。(0001 卷 44)

野先帖木儿　元顺帝时任监察御史。至正二十三年(1363),与同僚劾奏宦者朴不花罪恶。(0001 卷 204)

野儿知吉带　又译按赤台、宴只吉带、额勒只吉歹、额勒只带等。元太宗怯薛长。太宗二年(1230),从攻金。定宗二年(1247),奉命率捌思蛮(绰儿马罕)部兵征西。宪宗二年(1252),因党于太宗家族,被拔都处死。(0001 卷 2、3、124,0008 卷 2,0009 卷 12)

崔氏　元周术忽妻。年二十九丧夫,誓不更嫁。四十余年未尝妄言笑,预吉会,人比之古烈妇。(0001 卷 200)

崔让　字谦甫。元顺帝至正年间任深泽县(今属河北)知县,专尚德化,民风大变。(0649 卷 30)

崔永　元世祖时,任管军总管。至元十五年(1278),奉广南西道宣慰司命,与千户刘潭、王德用招降雷、化、高三州,即镇守其地。(0001 卷 10)

崔咏　元临清(今属山东)人。文宗天历中被荐入仕。累官为国子祭酒。(0730 卷 7、19,0075 氏族典卷 113)

崔松　元世祖时,任管军千户,从征襄阳。至元九年(1272),击败宋援兵,斩宋将张顺,因功受赏。(0001 卷 7)

崔栋(1264～1334)　字架之。元绛州翼城县(今属山西)人。英宗至治元年(1321)累迁为瑞州路(治今江西高安)经历。后改任益阳州同知。以湘阴州知州致仕。(0231 卷 9,1016 卷 14)

崔复　元钱塘(治今杭州)人。赵雍婿。有学行。善绘画。(0876 卷 13,0077 卷 12,0078 卷 6)

崔杰①　字彦材。历任元廉访司佥事。(0173 卷 6)

崔杰②　元登封人。历任长葛县尹。(0762 卷 7)

崔括　元顺帝至正中,任南阳府判官,有善政。(0767 卷 7、14,0622 卷 30)

崔显　字耀卿。元真定(治今河北正定)人。历任建平、崇仁知县,常熟知州。(0262 卷 23,0645 卷 5、29,0660 卷 7)

崔亮　字宗明,号寅斋,元明间藁城人。元末为江浙省掾,降朱元璋,授礼曹主事。明洪武元年(1368)升礼部尚书,三年卒。(0020 卷 136)

崔祐　元世祖至元间任鄞县(治今宁波)知县。(0633 卷 3)

崔彧(?～1298)　字文卿,蒙古名拜帖木儿。元弘州(治今河北阳原)人。刚直敢言,世祖甚器重之。至元二十年(1283),任刑部尚书,上书言革除时弊,清除阿合马党羽、罢征日本等事。二十一年,因劾卢世荣,罢职。二十三年,起为集贤大学士、同佥枢密院事。出任甘肃行省右丞。二十八年,桑哥罢职,召入为中书右丞,与平章政事麦术丁上奏清除桑哥党羽,革除桑哥弊政等事。迁任御史中丞，屡上奏言革除弊政，清除奸党贪官等事。任中丞多年，守正不阿，颇遭人忌。成宗大德元年(1297)，以病请辞退，成宗慰谕挽留。二年，加荣禄大夫、平章政事。未几病死。谥忠肃。(0001 卷 173,0003 卷 104)

崔晟 字彦晖。元钱塘(治今杭州)人。崔复子。工诗词书画。隐居于湖州弁山，自号云林小隐。(0444 卷 5,0872 卷 75,0876 卷 13,0075 文学典卷 90、氏族典卷 113)

崔润 元胶水(治今山东平度)人。崔世荣之子。世祖中统年间以功授管军千户。(0075 氏族典卷 113)

崔彬 元顺帝至正十六年(1356)任嵊县知县。(0880 卷 28)

崔敏 元开封人。崔良承之子。国子生出身。历任河南行省理问所知事。(0072 卷 82)

崔琦 元人。有诗作传世。(0504 壬下)

崔敬① 元英宗至治二年(1322)任浙东宣慰副使。(0634 卷 1)

崔敬②(1292～1358) 字伯恭。元大宁惠州(治今河北平泉南)人。通刑名法律之学。初为淮东、山南廉访司书吏。文宗天历初，辟御史台察院书吏，累升中书掾。顺帝至元六年(1340)，任监察御史，上书谏帝以历代珍宝分赐近侍等事。至正初，迁河南廉访司佥事，又迁江东，所至抑豪强，洗冤滞，兴学劝农。十一年(1351)，迁大都路同知，浚治直沽河。十五年，任兵部尚书，兼济宁军民屯田使，招军民立营屯种，岁收百万斛以给边防。十七年，任中书参政，分省陵州，招降田丰等，收复山东州县。次年，迁江浙行省左丞，卒。谥忠敏。(0001 卷 184)

崔敬③ 字行简。元镇阳人。顺帝至正年间任满城(治今河北满城西)县尹。(0649 卷 30)

崔勤 元顺帝至元二年(1336)任集庆路(治今南京)经历。(0632 卷 6)

崔斌(1223～1278) 字仲文，蒙古名燕帖木儿。元马邑(治今山西朔县东北)人。早年为都元帅卜怜吉带部下，率游骑戍淮南。父死，袭职为弘州人匠长官。世祖即位后，历任西京参议宣慰司事、左右司郎中、东平路总管。至元十一年(1274)，任河南宣慰使，供应军需。十二年，任行省参政，与阿里海牙攻取潭州(今长沙)等地。十三年，升为行省左丞，奉旨招谕广西。未几还镇湖南。十五年，入觐，劾权相阿合马及其子侄。迁任江淮行省左丞。旋为阿合马诬陷杀害。后追谥忠毅。(0001 卷 173,0003 卷 104)

崔瑄 元初任浙东宣慰使。(0633 卷 2)

崔德 元顺帝时，参加红巾军起义，奉刘福通命，与李武率军西进。至正十六年(1356)，破潼关，进入陕西，攻占商州等地，后被元军击败，进入四川。二十一年，降于军阀李思齐。(0001 卷 44、46)

崔瀣 字彦明、寿翁，号拙翁，高丽鸡林人。登本国科第，历任成均学谕、艺文馆春秋注簿、长兴库使。元英宗至治元年(1321)登元进士第，元授辽阳路盖州判官。官至艺文馆提学、同知春秋馆事。著有《拙稿千百》二卷，编有《东人之文》二十五卷。(0017 卷 109)

崔天德 字君谊，号竹友。元吴江(今属江苏)人。元末为金玉局副使。(0954 卷 22,0075 氏族典卷 113)

崔元白 元道士。有诗作传世。(0504 壬上)

崔元贞 字干臣。元镇江路行大司农司令史。(0631 卷 17)

崔云翼 元燕山人。泰定年间任兰溪知州。(0881 卷 12)

崔巨济 元世祖中统元年(1260)，诏立十路宣抚司，充西京路宣抚副使。(0001 卷 4)

崔从政 元仁宗皇庆元年(1312)任西安县(治今浙江衢州)典史。(0878 卷 3)

崔世荣①(？～1327) 字显卿。元蓟州平谷(今属北京)人。历任山东廉访司佥事、监察御史、刑部员外郎。(0506 卷 2744)

崔世荣② 元青州人，迁居元胶水(治今山东平度)。历任登、莱二州汉军都元帅、左都监军。(0075 氏族典卷 113)

崔世杰 元仁宗延祐二年(1315)任吴江(今属江苏)州判官。(0954 卷 22)

崔立述 元人。有诗作传世。(0504 癸下)

崔永复 字元初。元博陵(今河北定州)人。顺帝至正中为淮南行省宣使。(0444 卷 3)

崔弘基 元文宗天历二年(1329)任尉氏县(今属河南)典史。(0776 卷 2)

崔执中 元世祖至元年间任莱州知州。(0727 卷 2)

崔克弘 元英宗至治元年(1321)任浙东宣慰司都事。顺帝元统二年(1334)，累迁为衢州路推官。后改任徽州路(治今安徽歙县)推官。(0634 卷 1,0972 卷 4,0878 卷 2)

崔秀玉 元世祖至元年间为溧阳县(今属江苏)主簿。(0632 卷 6)

崔良知 元马邑(治今山西朔县东北)人。崔斌子。成宗时，任湖广行省参知政事。大德元年(1297)，诏以其廉贫，特赐盐课钞千锭。(0001 卷 19、173)

崔良承(1261～1321) 字仲钦。元开封人。历任监察御史。官至湖南廉访司佥

事。(0154 卷 11)

崔君举(1241～1317)　字弘甫，号复心。宋元之际安成(今江西安福)人。宋度宗咸淳十年(1274)进士。元初，任凤山书院山长。(0173 卷 30)

崔尚志　字士元。元东郡(治今河南滑县东)人。历任安丰务提领。(0506 卷 2741)

崔明道　元世祖中统二年(1261)，受命与李全义充详问官，至宋淮东置制司访问国信使郝经下落，并以稽留信使、侵扰疆场诘之。(0001 卷 4)

崔耐卿　字逊斋。元高丽人。武宗时任内史府官。仁宗时典京城商征，迁任兵部员外郎。高丽王羁留京师，耐卿匡赞之而得复位，遂送其王归国，并过家省亲。(0146 卷 23，0212 卷 25、53，0266 卷 7)

崔显祖　字文质。元齐(今山东)人。历任新淦州(治今江西新干)知州。(0212 卷 29)

崔思诚　元顺帝至正六年(1346)任衢州路同知。(0878 卷 2)

崔彦辅　一作彦辉，字遵晖，号云林生，元钱塘(治今杭州)人。与王蒙俱赵孟頫外孙。隐居卖药以谋生。善篆、隶、词赋，画笔亦超逸。顺帝至正二年(1342)作《溪山春霭图》。(1143 卷 797)

崔洪范　元潼川中江(今属四川)人。初为国子生。后由涿州同知历迁监察御史。后历任云南、汉中、四川廉访副使。刚正严明，声播朝野。(0506 卷 2741，0841 卷 12，0622 卷 70)

崔惟祖　元文宗天历二年(1329)任镇江路吕城巡检。(0631 卷 17)

崔景嵩　字巨镇。元潞州(治今山西长治)人。登进士第。历任临州判官。(0698 卷 3)

崔宣肇　元世祖至元二十年(1283)任潞州(治今山西长治)判官，教民务本抑末。(0698 卷 3)

崔嘉讷　元居延(治今内蒙古额济纳旗东南)人。顺帝至正元年(1341)任萧山(今属浙江)知县。(0880 卷 28)

崔德彰(1232～1280)　字光甫。元大宁富庶(治今辽宁建平东)人。宪宗五年(1255)，摄行军千户。从征宋有功，授管军总管。后升为两浙江淮行都漕运使，数年后弃官归养母。卒。文宗时追谥为桓靖。(0212 卷 70)

崔履谦　元世祖至元十四年(1277)任温州路同知。元将率兵来镇压温州一带反元起事，欲屠城，履谦力争，获免。(0871 卷 33，0882 卷 9，0075 氏族典卷 113)

崔帖木儿　元顺帝时历任将作院同知、枢密院同知。初，皇后奇氏宗族在高丽，恃宠骄横，高丽王伯颜帖木儿怒，尽杀之。至正二十二年(1362)，皇后立留大都之高丽王族塔思帖木儿为高丽王，以奇族子三宝奴为元子，遣崔帖木儿为丞相，以兵万人送往高丽，至鸭绿江，为高丽兵所败，仅余十七骑逃归大都。(0001 卷 46、114)

崔秃满迭儿　元顺帝元统元年(1333)任溧水(今属江苏)州判官。(0632 卷 6)

崔卜颜帖木儿　元顺帝至正二十四年(1364)为监察御史。三月，与御史朵列秃等劝谏皇太子勿亲征孛罗帖木儿。(0001 卷 46)

崔完者帖木儿　元顺帝至正后叶右丞相搠思监之妾弟。与朵列印造伪钞，事将败，令朵列自杀以灭口。十八年(1358)冬，监察御史以此事弹劾搠思监，搠思监乃自请辞职。(0001 卷 205)

崔帖木儿普花　元高丽人。文宗天历二年(1329)任江南行台监察御史。(0632 卷 6)

崇志　号立庵。元僧人。仁宗延祐初，掇拾三藏英华，编成《宝积三昧集》四卷，今不传。(0411 卷 8)

崇琛(1275～1335)　号密岩。元真定无极(今属河北)人。僧人。俗姓傅。仁宗延祐三年(1316)住持真定龙兴寺。(0552 卷 22)

崇超　号物外。元僧人。居杭州东山寿圣寺。(0412 卷 5)

崇裕(1304～1378)　字约之。元明之际毗陵(今常州)人。僧人。俗姓陈，少时习儒业，明敏过人。年十六出家为僧。后从释大訢学。元文宗至顺二年(1331)主太平光孝寺。顺帝时住持庐山圆通寺。明洪武九年(1376)迁主四明(今宁波)阿育王广利禅寺。(0411 卷 22、23、25)

铣节　元唐兀人，余阙祖。(0028)

移相哥　又译亦孙哥、也先哥、也松格等。元宗王。哈撒儿之子。太宗元年(1229)，与兄也古等宗王拥戴太宗即位。宪宗元年(1251)，与兄也古等拥立宪宗。三年，代兄也古袭哈撒儿后王之位。六年，首议攻宋。七年，率所部从宗王塔察儿围攻樊城，不克而返。世祖中统元年(1260)，与塔察儿等宗王拥戴世祖即位。从世祖北征阿里不哥，任前锋，有战功。留守和林。二年，阿里不哥来袭，和林失陷，退归。三年，受赐金印。(0001 卷 3～6、107、124 等，0002 卷 105)

移剌氏　元契丹人，嫁为湖州路同知耶律忽都不花妻。夫亡，割耳自誓。既葬，庐墓侧，悲号不食死。(0001 卷 200)

移剌迪　元契丹人，移剌元臣子。仕为中奉大夫、湖广宣慰使都元帅。(0001 卷 149)

移剌格　元契丹人。世祖至元年间任新昌县(今属浙江)主簿。(1016 卷 14)

移剌琼　元契丹人。历任潭州（治今长沙）万户。（0001 卷 197）

移剌答　元契丹人。世祖至元十四年（1277）从福建宣慰使唆都攻宋，遇宋兵于崇安，大败之，斩首千余级。（0001 卷 129）

移剌霖　元契丹人。有诗作传世。（0504 戊下）

移剌万奴　元契丹人。历任临漳县（今属河北）典史。（0075 氏族典卷 563）

移剌元臣（？～1293）　又名哈剌哈孙，元契丹人，移剌买奴之子。年十六，充世祖宿卫士。后袭职千户，统率其父军，从征宋。攻淮西，取瓜洲，下通、泰二州，屡建战功。至元十三年（1276），升中卫亲军总管。十四年，弘吉剌部只里斡台叛，围应昌府（今内蒙古克什克腾旗达里诺尔湖西），时皇女鲁国公主囊家真在围中。元军以所部军驰至，击败叛军，追至鱼儿泺（今达里诺尔湖），擒获只里斡台。公主奏请留镇应昌。留居一岁，召至京师，升后卫亲军副都指挥使，还镇应昌。又三岁，召还。二十三年，任同佥江淮行枢密院事。二十四年，从帝征叛王乃颜。二十八年，任湖广行枢密院佥事，谕降施、容等州溪洞反元部族。三十年，卒于官。谥忠靖。（0001 卷 149）

移剌四十　元契丹人。世祖至元二十七年（1290）正月，因与伸思、八儿术答儿、石抹蛮忒谋不轨，皆被处死。（0001 卷 16）

移剌四奴　元契丹人。武宗时，任管军万户，率兵讨湖广叛蛮。文宗时，官至湖广行省左丞，分行省印，征海南黎蛮。（0001 卷 23、35）

移剌买奴（1196～1235）　元契丹人。移剌捏儿之子。太宗元年（1229）袭职为高州等处达鲁花赤，兼征行万户。二年，奉命侵高丽，攻破花京城，克开州，下龙、宣、云等十四城。五年，从征蒲鲜万奴。未几召还，从平兴州赵祚等反蒙武装。七年，从侵高丽，入王京（今韩国开城），取西京（今朝鲜平壤）而还，擢征东大元帅。未几卒。谥显懿。（0001 卷 149）

移剌伯颜　元息州契丹人。居丧有至行，庐墓次，负土为坟。有司请于朝，表异之。（0001 卷 197）

移剌捏儿（？～1228）　金元之际契丹人。生于霸州（治今河北霸县）。金以为参议、留守等官，皆辞不受。元太祖攻金，率百人降。太祖十年（1215），任兵马都元帅，从木华黎取北京（今内蒙古宁城西），下高、兴、义、锦等二十六城，破五十四寨。与大将吾也而讨平锦州张致、兴州监州重儿之叛。后从木华黎攻陕西，取延安等十余城，迁任军民都达鲁花赤。十八年，从孛鲁攻西夏。又从孛鲁攻降益都李全。卒。谥武毅。（0001 卷 149）

移剌李家奴　元契丹人。潭州完户移剌琼之子。九岁时母病，医言不可治；乃刲股肉煮糜以进，母病遂愈。（0001 卷 197）

移剌帖木儿①　元契丹人。世祖至元年间任般阳路（治今山东淄博西南）总管。（0075 氏族典卷 563）

移剌帖木儿②　元契丹人。世袭祖、父职为管领鹰房打捕人匠等户达鲁花赤。（0001 卷 101）

敏安达尔（1308～？）　字达夫。元蒙古亦乞列思氏，居真定灵寿（今属河北）。顺帝元统元年（1333）进士，授莫州同知。（0028 卷上）

宜元德　元浮梁（今属江西）人。历任儒学教谕。（0504 丁）

符伦　元顺帝至元元年（1335）为杭州路真定万户府镇抚。（0573 卷 2）

符珍　元邳州（治今江苏邳县西南）人。成宗大德三年（1299）任西安县（治今浙江衢州）尉。武宗至大四年（1311），累迁为丹徒县（治今镇江）主簿。（0631 卷 16）

符友直　元金华县尹。（0881 卷 12，0890 卷 3）

符思铨　元顺帝至正九年（1349）为武功县（今属陕西）儒学教谕。（0554 卷 26）

第五昌言　字圣俞。元富平（今属陕西）人。曾任奉元路（治今西安）儒学正。（0801 卷 26，0823 卷 6，0075 氏族典卷 608）

第五居仁　字士安，元奉元（治今西安）人。早岁师从名儒萧𣂏、同恕，博通经史，率弟子躬耕陇亩，以德行著称。卒，门人私谥为静安先生。（0001 卷 189）

偰赉　元高昌畏兀儿人。偰哲笃第六子。国子生。（0011 卷 43）

偰斯　又作偰傒斯、偰吉思，元明间高昌畏兀儿人，居溧阳。偰哲笃第五子。元顺帝至正间历任昆山知州、嘉定知州。降朱元璋后，授尚宝司符宝郎。尝使高丽，升尚宝司寺丞。出知河间府。累官礼部尚书，致仕归。（1151 卷 33）

偰弼　元高昌畏兀儿人。偰哲笃第七子。国子生。（0011 卷 43）

偰长寿（1341～1399）　字天明，元明间高昌畏兀儿人，偰伯僚逊第三子。顺帝至正十八年（1358）随其父入居高丽。后参加高丽科举试，登第。高丽王辛（禑）在位时（1375－1388）为宰执之一。辛（禑）十四年（1388），大将李成桂逼辛（禑）逊位与其子辛昌，不久，废辛昌而立王瑶（恭让王），长寿以宰执参与其事，为"中兴九功臣"之一。恭让王二年（1390），迁门下赞成事（宰相）；四年，拜判三司事（宰相）。不久，被劾罢官。李成桂取代王氏建立李氏朝鲜后，复拜判三司事，仕至门下侍中。长寿奉高丽王、李氏朝鲜王之命曾于洪武三年（1370）至建文元年（1399）间，八次出使明廷。撰有《直解小学》。（0017 卷 112、136、137、45、46）

偰文质　字仲彬。元高昌畏兀儿人。合剌普华长子。仁宗延祐元年(1314)任广德路(治今安徽广德)总管。历任潭州、赣州两路总管。任广西宣慰司同知,镇压徭族起事。迁任吉安路达鲁花赤,引年致仕。顺帝至元年间卒,谥忠襄。(0153卷11,0205卷上,0075氏族典卷519、学行典卷191)

偰玉立　字世玉,号止庵道人。元高昌畏兀儿人,居溧阳(今属江苏)。偰文质长子。仁宗延祐五年(1318)进士,授秘书监著作佐郎。历翰林待制、河东廉访司佥事。顺帝至正九年(1349)任泉州路达鲁花赤。有诗作传世。(0027卷10,0503三集庚,0594卷12)

偰正宗　元高昌畏兀儿人,偰善著子。顺帝至正五年(1345)进士。历任江浙行省照磨。(0152卷25)

偰吉思　即偰斯。

偰列图　元高昌畏兀儿人。偰玉立之子。用祖荫为上虞县达鲁花赤。(0011卷43)

偰列篪(？~1358)　字世德。元高昌畏兀儿人。偰文质第五子。文宗至顺元年(1330)进士。顺帝至正中历任潮阳县(今属广东)达鲁花赤、河南路(治今洛阳)经历。后辞职居龙兴(今南昌),陈友谅部攻破城,投井死。(0153卷11,0002卷136,0075氏族典卷732)

偰直坚　元高昌畏兀儿人。偰文质次子。泰定元年(1324)进士。历任清河县、宿松县达鲁花赤。(0153卷11,0075氏族典卷519,0011卷43)

偰帖该　元高昌畏兀儿人。偰哲笃第三子。乡贡士。顺帝至正中,任翰林国史院译史。(0011卷43)

偰哲笃　字世南。元高昌畏兀儿人,居溧阳(今属江苏)。偰文质第三子。仁宗延祐二年(1315)进士,历任高邮知县、泗州同知、西台监察御史。文宗时任广东廉访司佥事,忤大臣意,弃官归。后起为吏部尚书,转工部尚书。顺帝至正九年(1349)任江浙行省参政。十年,复为吏部尚书,建议改钞法,脱脱从之。官至江西行省右丞。有诗作传世。(0153卷11,0503三集庚,0001卷42、138、193)

偰理台　元高昌畏兀儿人。偰哲笃次子。顺帝至正中,任丰足仓使。(0011卷43)

偰朝吾　字士则,元高昌畏兀儿人。偰文质第四子。英宗至治元年(1321)进士。历任循州、济州同知。(0153卷11,0003卷45,0011卷44)

偰傒斯　元昆山县尹。为政平恕,境内忠贞孝义之事,多所表彰。时人赋《昆山五咏》美之。(0075氏族典卷519)

偰善著　字世文。元高昌畏兀儿人。合剌普华次子偰越伦质之子。泰定四年(1327)进士。历任翰林编修、巩昌帅府经历、湘潭州同知。(0075氏族典卷519,0011卷44,0155后集)

偰德其　元高昌畏兀儿人。偰哲笃第四子。顺帝潜邸速古儿赤。(0011卷43)

偰伯僚孙　又名焘,字公远。元高昌畏兀儿人。偰哲笃长子。顺帝至正五年(1345)进士,授翰林应奉。迁宣政院断事官经历。选为端本堂正字。出守单州。后避战乱寓居高丽。(0075氏族典卷519、620,0011卷43,0948卷4)

偰阿儿思兰　见阿儿思兰②。

粤鲁不花　元怀庆路武陟县人,居温州永嘉。泰定元年(1324)进士。历许州判官。文宗至顺元年(1330)迁怀远县达鲁花赤。(0899卷13)

得兰纽　元世祖时,为西南都掌蛮首领。至元十五年(1278),被佥书西川行枢密院昝顺招降,授都掌蛮安抚使,赐虎符。后复叛,被行省右丞也速带儿生擒。(0001卷10、12、60)

盘谷　号丽水。元海盐人。僧人。博览经史,尤工吟诗,好游。至元中,历峨眉、五台、少室、伏牛诸名胜,每止其地,时发高吟,人尝谓其足迹半天下、诗名满世间。驸马高丽沖王闻其德望,具书聘讲《华严经》大意于杭州慧因寺,七众颂伏。后至松江构精舍勤修净业。卒年七十余。有《游山诗集》三卷。(0037卷4,0075神异典卷187)

盘吉祥　元泰定帝时徭人酋长。泰定二年(1325)七月,举兵反元,进攻阳春县,敕命江西行省督兵剿捕。(0001卷29)

斜彻　元定宗时,任平阳道断事官。恣横不法,为宣慰使杨惟中所诛。(0001卷146)

欲速公弄　元世祖时吐蕃统将。至元九年(1272)正月,敕奉率吐蕃军,从皇子西平王奥鲁赤、南平王秃鲁等出征建都(今四川西昌一带)。(0001卷7)

脱出　元文宗天历间为播州元帅。天历二年(1329)正月,率所部破乌江北岸反文宗军,复夺关口。(0001卷33)

脱禾　元畏兀儿人,中尚院使忙兀的斤子明里之子。历任湖南宣慰使。(0011卷51)

脱西　元世祖至元二十八年(1291)九月,授礼部侍郎,佩金符,奉旨出使于马都。(0001卷16)

脱列①　元畏兀儿人,阿礼海牙父。仁宗时,任集贤大学士。延祐五年(1318),特授大司徒。(0001卷26、137)

脱列②　元回回人。仁宗左丞相合散之子。延祐七年(1320)五月,合散以与中书平章黑驴、徽政使失列门等谋废立罪,被处死,籍没家产。泰定元年(1324)九月,诏以籍入合散家产发还脱列。(0001卷29、27)

脱列③　元英宗时为荆湖宣慰使。至治三年(1323)五月,其受赂事被揭露,被召至京师;御史台臣请遣之受审,帝不允。(0001 卷 28)

脱列④　元顺帝至正九年(1349),拜中书参知政事。十二年去职。(0001 卷 113)

脱列⑤　元蒙古珊竹氏。奚加斛之子。袭徽泰万户府达鲁花赤。(0972 卷 4,0011 卷 9)

脱因①　元宪宗近臣。宪宗七年(1257)十一月,奉帝遣与阿蓝答儿等皆陕西等地理算钱谷。(0001 卷 3)

脱因②　元世祖至元二十五年(1288),以丞相桑哥奏请,改总制院为宣政院,脱因与桑哥同为首任宣政院使。(0001 卷 205)

脱因③　元世祖至元二十七年(1290),为云南曲靖路宣慰同知。(0001 卷 61)

脱因④　元成宗大德十年(1306)任衢州路达鲁花赤。(0897 卷 2、7)

脱因⑤　号林庵。元蒙古兀罗斛氏。荫授岳州路(治今湖南岳阳)判官。文宗至顺元年(1330)累迁为镇江路总管。三年,丁忧归。(0631 卷 15)

脱因⑥　元文宗时,任佥中政院事,升宣政使。至顺二年(1331),封蓟国公。(0001 卷 33、35)

脱因⑦　元顺帝至正三年(1343),以遗逸被征召入朝。(0001 卷 41)

脱因⑧　字明善。元蒙古人。历任福建廉访使、浙东宣慰副使。顺帝至正十二年(1352),授海漕万户府达鲁花赤,有政绩。十五年,擢为江浙行省参政。(0561 卷 1,0163 卷 12、补遗,0304 璞稿卷 2)

脱因⑨　元茶陵今属湖南)州达鲁花赤,有政绩。(0301 卷 4,1041 卷 66)

脱因⑩　元畏兀儿人,孟速思之子。历任宣政院使、太府卿。(0011 卷 39)

脱因⑪　元乃蛮人,别的因孙猪狗之子。历任襄阳县主簿。(0011 卷 67)

脱伦　元蒙古人。蒙古军千户。世祖时率所部攻宋。(0001 卷 123)

脱欢①　元太宗侍臣。太宗八年(1236),奏选拔天下室女,帝从之。诏下,为耶律楚材谏罢。(0001 卷 146)

脱欢②　元蒙古许兀慎氏,博尔忽子。从宪宗四次出征,有拓地功。(0001 卷 119)

脱欢③　元蒙古弘吉剌氏。纳陈之子。世祖中统二年(1261),随父北征阿里不哥。(0001 卷 118)

脱欢④　元蒙古札剌亦儿氏。万户脱端之幼子。父兄相继死后,袭职为千户。世祖至元中,从阿术攻阳逻堡,有功。渡江攻鄂汉诸州,下之。从破宋军于丁家洲,从下建康、太平,败姜才于扬州,败宋军于高邮。十四年(1277),授太平路达鲁花赤。奉命北上从讨只儿瓦台叛乱。十五年,任福州路达鲁花赤,镇压福建反元队伍。迁武昌路。卒。(0001 卷 133)

脱欢⑤　元蒙古兀鲁兀氏。术赤台曾孙。怯台次子哈答长子。世祖至元中,尝从诸王彻彻都讨只儿瓦台,获之。又尝破昔里吉、药木忽儿于野孙漠连。袭爵为郡王。(0001 卷 120)

脱欢⑥　元钦察人,苫彻拔都儿子。世祖至元十七年(1280),授宣武将军、管军总管。后参加征日本、爪哇,官至昭毅大将军、镇守无为滁州万户府达鲁花赤。(0001 卷 123)

脱欢⑦(?～1301)　元世祖第九子。伯岳吾真皇后所出。至元二十一年(1284),封镇南王,镇鄂州(治今武汉武昌),率师侵占城(今越南中、南部)、安南(今越南北部)。次年,败归。二十四年,率师再侵安南。次年,又败归。世祖怒其丧师辱国,终身不许人觐。二十八年,移镇扬州。死后,其子老章袭封。(0002 卷 114)

脱欢⑧　元世祖至元后叶为江西按察使,大为奸利,被广东都转运盐使奏劾罢官。(0001 卷 193)

脱欢⑨　元蒙古人。世祖至元二十四年(1287),从乃颜叛,为乃颜之八剌哈赤(城防官),率兵与元将兀爱相拒,战于黑龙江,大败。(0001 卷 166)

脱欢⑩　元世祖至元二十四年(1287)任江南行台监察御史。(0632 卷 6)

脱欢⑪　元成宗时,任陕西行台侍御史。大德二年(1298),因受赂不法被免职。(0001 卷 19)

脱欢⑫　元成宗大德七年(1303)三月,以诬告诸王脱脱,谪置湖广省军前自效。(0001 卷 21)

脱欢⑬　元成宗时,任陕西行省右丞。大德八年(1304),拜中书参知政事。(0001 卷 21)

脱欢⑭(1292～1328)　元蒙古斡罗纳儿氏。哈剌哈孙之子。初为国子生。武宗即位(1307),入宿卫。未几,任太子宾客。仁宗即位(1311),拜御史中丞。升御史大夫。英宗即位(1320),出为江南行台御史大夫。至治初,拜江浙行省平章。泰定间,升江浙左丞相,疏浚吴松江。未几,卒。喜读书。为政不尚苛暴。(0001 卷 136)

脱欢⑮　元宗室,太祖幼子阔列坚之后裔。仁宗皇庆二年(1313),封安定王,赐金印,(0001 卷 24、107、108)

脱欢⑯　元仁宗皇庆二年(1313)任江浙行省丞相。(0101 卷 20,0116)

脱欢⑰　元仁宗时,为昔宝赤八剌合孙

达鲁花赤。延祐三年(1316)正月,特授金紫光禄大夫、太尉。(0001卷25)

脱欢⑱　元仁宗延祐三年(1316)为陕西行台御史中丞。十一月,和世㻋(明宗)被遣出镇云南,行至延安,陕西行省丞相阿思罕拥护和世王東,举兵起事,悉发关中兵,分道自潼关、河中府人。脱欢与陕西平章塔察儿袭杀阿思罕于河中府。和世㻋遂西奔察合台汗国。(0001卷31)

脱欢⑲　元蒙古札剌亦儿氏,阿老瓦丁之子。仁宗时,任御史大夫。英宗即位,罢为集贤大学士。(0001卷27、128)

脱欢⑳　元泰定帝时,任治书侍御史。帝崩,燕铁木儿发动政变拥立文宗,逮其下狱。不久流放远州,籍其家。至顺三年(1332),始被召回录用。(0001卷32、36)

脱欢㉑　元文宗至顺元年(1330)任集庆路(治今南京)达鲁花赤。(0632卷6)

脱欢㉒　元女真人,刘国杰子。尚宪宗孙女。文宗时,任湖广行省平章政事。(0001卷34、162)

脱欢㉓　元顺帝至正元年(1341),任中书平章政事。(0001卷113)

脱欢㉔　元蒙古别速氏。顺帝至正三年(1343)任江南行台监察御史。(0632卷6)

脱欢㉕　元顺帝至正七年(1347),拜中书左丞。次年去职。(0001卷113)

脱欢㉖　字企颜。元乃蛮人。顺帝至正十年(1350)国子学贡试正榜。(0560卷87)

脱欢㉗　元顺帝时,任佥枢密院事,镇守山东。至正十七年(1357),毛贵红巾军攻陷胶州,被杀。(0001卷45)

脱欢㉘　元回回人。家世答失蛮(伊斯兰教师)。元末任安福州(治今江西安福)同知,贪污营私,征讨反元队伍丧师,竟以赂免罪。(0294卷2)

脱欢㉙　元蒙古札剌亦儿氏,忙哥撒儿长子。仕为万户。(0001卷124)

脱欢㉚　元唐兀人,朵罗台子。由宿卫入仕,历御史台译史,拜监察御史。出为四川行省左右司员外郎,四川廉访司佥事。升枢密院都事,又升断事官。(0001卷34)

脱欢㉛　元蒙古札剌亦儿氏,阿剌罕之子。仁宗延祐二年(1315)任南台侍御史。迁西台中丞。历江西、湖广、江浙三省平章。文宗至顺三年(1332)拜南台大夫,以贪暴为泰不华劾罢。改授河南平章,以母老辞。顺帝至正元年(1341)复任南台大夫。未几卒。(0003卷91)

脱欢㉜　字元鼎,出身世胄,元进士。顺帝至正十二年(1352)左右,任江西行省参政。(0163卷22)

脱坚　元乃蛮人,囊加歹孙。仕为山东河北蒙古军大都督。(0001卷131)

脱帖　元宗王。铁木哥斡赤斤曾孙。斡鲁台孙,帖实之子。(0001卷107)

脱迭　元泰定帝时,任贵赤卫指挥使。文宗即位,自上都来归,诏命守古北口。(0001卷32)

脱忽①　又译脱虎。元宗王。搠只哈撒儿之子。宪宗元年(1251)六月,参加阔帖兀阿阑(蒙古温都尔汗西南克鲁伦河与臣赫尔河会流处西)大会,拥戴蒙哥(宪宗)即蒙古大汗位。(0001卷3、107)

脱忽②　元宗王。太宗第七子灭里之子。(0001卷107)

脱怜①　元蒙古弘吉剌氏,按陈曾孙。世祖时,授本藩千户,以兵镇怯鲁连(今克鲁伦河)。后从征叛王乃颜有功,赐号拔都儿。其孙女为武宗皇后。(0001卷114、108)

脱怜②　元蒙古阿鲁剌氏。玉昔帖木儿第二子。(0001卷119)

脱烈①　元回回古速鲁氏,世祖时,任都功德使。至元十九年(1282),因修设佛事妄费官物,被免职。(0001卷12,0011卷85)

脱烈②　元人。也奴父。武宗至大三年(1310)任秘书监。(0027卷9,0011卷96)

脱烈③　元公主。嫁哈剌鲁部主阿尔思兰之子也先不花驸马。(0001卷109)

脱烈④　元蒙古怯烈氏,镇海子阔里吉思孙。历任靖州路达鲁花赤。(0011卷23)

脱烈⑤　元康里人,武宗丞相脱脱之子。历任太府太监。(0011卷63)

脱栾　又译脱伦、脱忽阑。元蒙古晁合丹氏。明里也赤哥之子。太祖初建怯薛(禁卫军),任阇里必(近侍官),从征乃蛮太阳汗。太祖元年(1206),受封为右翼千户长。八年,从哈撒儿等所率东路军,攻掠金蓟、平、滦等州及辽西地。十年,奉命领蒙古、契丹、汉军南攻,克金真定、大名。十四年,从帝征花剌子模,屡立战功。二十一年,从帝征西夏。次年,奉帝遗旨,杀西夏末帝,屠西夏京城军民。(0001卷1、150、193等,0008卷1,0009)

脱略　元世祖时,任管军千户。至元十六年(1279),引兵擅入婺州永康县(今属浙江)界,杀掠吏民。事发,自陈扈从宪宗出征有功,乞免死。诏没入家资之半,杖遣之。(0001卷10)

脱脱①(?～1208)　又译脱黑脱阿。兀都夷篾儿乞部首领。善巫术,称"别乞"。与铁木真(元太祖)家族为世仇,曾率三姓篾儿乞人掳去铁木真妻。后为铁木真、王汗、札木合联军所袭,逃走。后参加以札木合为首的联盟,多次与铁木真等作战。札木合、王汗败亡后，随乃蛮等部联军与铁木真战于杭海（今杭爱山）。乃蛮军溃，与太阳汗之子屈出律逃奔盃禄可汗处。后又逃至也儿的石河（今额尔齐斯河）支流不黑都儿麻河（布赫塔尔马河）附近。蒙古军袭至，中乱箭死。（0008 卷 1，0009 卷 2、3、4、7、8，0007）

脱脱②　元宗王。太宗第四子哈剌察儿之子。宪宗二年（1252），奉旨迁居叶密立（今新疆额敏南）。（0001 卷 3、107、124）

脱脱③　元世祖中统初为濮州（治今山东鄄城北）知州。（0730 卷 6）

脱脱④　元蒙古人。世祖至元七年（1270）为千户。二月，与万户张弘范击败襄阳出击之宋军。（0001 卷 7）

脱脱⑤（1264～1307）　元蒙古札剌亦儿氏。木华黎四世孙。孛鲁次子速浑察幼子撒蛮之子。少时充世祖宿卫士。喜与儒士语，闻善言善行，若获拱璧，终身识之不忘。至元二十四年（1287），从征叛王乃颜，奋战有功。次年，从皇孙铁穆耳（成宗）讨叛王哈丹，引众率先出击，大败哈丹军。成宗即位（1294），拜上都留守、通政院使、虎贲卫亲军都指挥使。大德初，出任江浙行省平章。（0001 卷 119）

脱脱⑥　元蒙古弘吉剌氏，居镇江。初授彰德路（治今河南安阳）达鲁花赤。世祖至元二十六年（1289）任江南行台监察御史。累迁为闽海廉访副使。官至淮东宣慰副使。（0631 卷 19，0632 卷 6）

脱脱⑦（？～1313）　元宗室，太祖长子术赤后裔。钦察汗国第八代汗（1291～1313 在位）。第五代汗忙哥帖木儿第五子。世祖至元二十八年（1291），杀第七代汗、其堂兄秃剌不花，登汗位。三十年，遣军出击斡罗思，攻破十四城。成宗大德二年（1298）至四年，击溃多年操纵汗国大权之宗王那海军，恢复汗权。六年，出兵助元朝攻打察合台后王笃哇、窝阔台后王察八儿。武宗至大元年（1308），受武宗册封为宁肃王。在位时与伊利汗国和好，互遣使者并通商。汗国内经济逐渐繁荣。（0001 卷 23、25、108，1141）

脱脱⑧　元成宗大德七年（1303），由云南行省平章政事，改任四川行省平章政事。（0001 卷 21）

脱脱⑨　字德新。元蒙古弘吉剌氏。成宗大德六年（1302）任江南行御史台经历。（0212 卷 10，0632 卷 6）

脱脱⑩　元武宗至大二年（1309），拜中书左丞。次年去职。（0001 卷 112）

脱脱⑪　元武宗至大三年（1310），任江南行台监察御史。（0632 卷 6）

脱脱⑫（？～1328）　元宗室，太祖弟铁木哥斡赤斤后裔。仁宗延祐三年（1316），封辽王，镇辽东。泰定帝时，因擅杀宗亲受御史弹劾，但未受处分。天历之变中，拥立泰定帝太子，镇守上都。城陷，被齐王月鲁帖木儿所杀。（0001 卷 32、107、108 等）

脱脱⑬　元英宗至治元年（1321）任江南行台御史大夫。次年罢任，谪于云南。（0001 卷 207，0632 卷 6）

脱脱⑭　元泰定帝时，任参议中书省事。天历之变中，被捕下狱。（0001 卷 32）

脱脱⑮　泰定帝时，任四川行省左丞。天历之变后，从四川行省平章囊加台起兵抗拒文宗，进平章政事。（0001 卷 32）

脱脱⑯　元唐兀人。文宗天历元年（1328）任江南行台监察御史。顺帝元统元年（1333）升为南台经历。（0632 卷 6）

脱脱⑰　元大温歹氏。文宗天历二年（1329）任江南行台监察御史。（0632 卷 6）

脱脱⑱　元文宗时，任监察御史。至顺二年（1331），因所荐举廉访使卜咱儿坐赃罪除名，受牵连免职。（0001 卷 35）

脱脱⑲　元蒙古篾儿乞氏，居范阳（治今河北涿县）。历任潭州路达鲁花赤、邵武路总管、吏部尚书、御史中丞、陕西行台御史大夫，召拜翰林承旨，顺帝至正元年（1341）致仕。后复拜中书平章。九年以病辞。（0152 卷 28，0011 卷 30）

脱脱⑳（1314～1356）　字大用。元蒙古篾儿乞氏。马札儿台之子。幼时由伯父伯颜抚养，从儒者吴直方学。年十五，为皇太子怯怜口怯薛官。文宗至顺二年（1331），授忠翊侍卫亲军都指挥使。顺帝初年，历任同知枢密院事、御史大夫。至元六年（1340），与顺帝近臣定谋逐走伯颜。至正元年（1341），任中书右丞相。废伯颜旧政，免旧欠赋税，减盐额，复科举。三年，主修辽宋金三史。十年冬，为弥补财政不足，变更钞法，致物价飞涨。十一年春，用贾鲁治河，调动大量民力，加之时紧工迫，官吏舞弊，民不堪重负，遂爆发农民大起义。十二年，率军镇压徐州芝麻李红巾军。十四年，统大军围攻高邮张士诚，朝臣劾其劳师费财，罢官。次年，流放云南，十二月，被毒死。（0001 卷 138）

脱脱㉑　元顺帝至正元年（1341）任庆元（治今浙江宁波）市舶提举。（0634 卷 2）

脱脱㉒　字清卿。元唐兀人。顺帝至正间为都水太监，尝奉命塞白茅决河。后迁任浙西廉访使。（0271 卷 1、2）

脱脱㉓　元亲王。顺帝至正十五年（1355）四月，卒。（0001 卷 44）

脱脱㉔　元顺帝时任翰林学士承旨。至正十六年（1356），授同知詹事院事。（0001 卷 44）

脱脱㉕　元顺帝至正十七年（1357）二月，为知枢密院事，收复邳州。未几，任淮南知行枢密院事。是年，奉诏领兵讨

淮南。(0001 卷 45)

脱脱㉖　元顺帝至正二十五年(1365),拜中书平章政事。次年去职。(0001 卷 113)

脱脱㉗　元顺帝至正二十八年(1368),为李思齐部将。(0001 卷 147)

脱脱㉘　字子安。元敦煌人。任黄岩人。州判官。累迁为余姚州达鲁花赤,廉明有惠政。(0880 卷 37)

脱脱㉙　元女真人,谒只黑子。仕为淮东宣慰使。(0001 卷 154)

脱脱㉚　元顺帝至正间任萍乡州同知,反元队伍至,悉力拒战,城陷,死之。(0002 卷 232)

脱脱㉛　元畏兀儿人,中尚院使忙兀的斤孙。历任宿州同知。(0011 卷 67)

脱脱㉜　元乃蛮人,别的因孙。历任兴济县达鲁花赤。(0011 卷 67)

脱脱㉝　元合鲁氏,哈剌解 之子。(0011 卷 89)

脱脱㉞　元拓跋氏,按札儿孙阔阔术之子。(0011 卷 31)

脱寅　又译脱因。字正己,号蒙谷子。元蒙古人,家居随州(治今湖北随县)。性豪迈,衣冠仍蒙古俗而所守方介,读书论道,恬然自乐。顺帝至正三年(1343)征召为集贤待制,至京师,以大臣礼貌未尽,不受官而归。(0313 卷 4,0001 卷 41)

脱颖①(1308~?)　字用宾。元回回人,居南康(治今江西星子)。顺帝元统元年(1333)进士,授临川县丞。(0028 卷上)

脱颖②(1308~?)　字尚宾。元蒙古札剌亦儿氏,居晋宁高平(今属山西)。顺帝元统元年(1333)进士,授通州(治今北京通县)判官。(0028 卷上)

脱颖③　元顺帝至正元年(1341)任奉化(今属浙江)州判官。(0634 卷 2)

脱端　元蒙古札剌亦儿氏。太宗时,为万户,从皇子阔出伐宋。宪宗三年(1253),镇蔡州(今河南汝南)。(0001 卷 133)

脱察　元世祖至元中为都元帅。二十一年(1284),奉旨率军出澧州,与四川参政曲里吉思、佥省巴八、左丞汪惟正、四川南道宣慰使李忽兰吉,分兵进取五溪洞蛮。尽杀亡命迎敌者。遣谕诸蛮酋长率众来降。(0001 卷 162)

脱驩　元顺帝时,任同知太常礼仪院事,随阳翟王阿鲁辉帖木儿镇漠北。阳翟王反,脱驩执之以献,以功授知辽阳行枢密院事。后卷入也先忽都(贺均)谋反之狱,被杀。(0001 卷 46、140、206)

脱儿赤①　元蒙古察哈札剌亦儿氏。忙哥撒儿次子。世祖时翰林承旨明礼帖木儿之父。(0001 卷 124)

脱儿赤②　元世祖至元十六年(1279)五月,奉诏管甘州路宣课。(0001 卷 10)

脱儿赤③　元蒙古人。世祖至元后叶为蒙古军万户。至元二十八年(1291)九月,以其所部蒙古军复隶蒙古都万户府。(0001 卷 16)

脱儿赤④　元世祖至元后叶为宁夏府屯田官。至元二十九年(1292)七月,以屯田成功,升官。(0001 卷 17)

脱儿赤⑤　元成宗元贞元年(1295)任慈溪县(今属浙江)达鲁花赤。(0633 卷 3)

脱力白　元顺帝至正中,任华阴县(今属陕西)达鲁花赤。(0827 卷 5)

脱兀脱　元宪宗时,为世祖王府怯薛官。宪宗元年(1251),受世祖命,为邢州(今河北邢台)安抚使,与张耕、刘肃治理邢州,获大治。(0001 卷 4、157)

脱木儿　元顺帝至正二十二年(1362),拜中书参知政事,分省太原。(0001 卷 113)

脱木赤　元诸王。天历元年(1328)九月,拥护上都政权,与诸王灭里铁木儿率兵进攻大都,遭隆镇卫指挥使斡都蛮率军袭击于陀罗台(今河北丰宁东北凤山南),被擒送大都。(0001 卷 32)

脱不花①　元蒙古克烈氏。元宪宗必阇赤长孛鲁合父昔剌斡忽勒之长兄。与诸弟皆率部属归附元太祖。(0001 卷 134)

脱不花②　元宗王。武宗庶长兄魏王阿木哥长子。延祐七年(1320)九月,英宗即位后,遣使来贺登极。(0001 卷 27、107)

脱不花③(?~1325)　元宗室。世祖孙,镇南王脱欢子。袭父兄爵为镇南王,病卒。(0001 卷 29、107、117)

脱不花④　元畏兀儿人,中尚院使忙兀的斤之子。(0011 卷 52)

脱火赤①　元武宗时,任钦察亲军都指挥使。仁宗即位,授知枢密院事。延祐二年(1315),封咸宁郡王,赐金印。(0001 卷 24、25)

脱火赤②　元仁宗时叛王。延祐四年(1317),举兵叛乱于蒙古地区,掠安远王丑汉、赵王阿鲁秃等诸王部。次年,叛乱平定。(0001 卷 26)

脱火赤③　元英宗时,任典瑞院使。至治三年(1323),参与谋杀英宗事件。泰定帝即位,以逆党被诛。(0001 卷 28、29)

脱火赤④　元宗王。太宗之子阔端四世孙。荆王也速也不干长子。顺帝至元元年(1335)袭封荆王。(0001 卷 39、108,0003 卷 148、152)

脱火赤⑤　元顺帝时，任资政院使。至元十三年(1353)，率军与红巾军作战，收复江州路。十九年，拜中书参知政事，分省太原。后官至太尉、知枢密院事，封蓟国公。(0001 卷 43、47、113)

脱火赤⑥　元蒙古怯烈氏，镇海子札鲁花赤要束木曾孙。袭贵赤千户。(0011 卷 23)

脱火思(？～1264)　元宪宗时大臣。宪宗卒，与孛鲁合等拥立阿里不哥，与世祖对抗。后随阿里不哥归降，被处死。(0001 卷 4、5、126)

脱灭干　又译秃灭干。元公主。速不台之妻。(0001 卷 121、3)

脱必儿　元驸马。天历二年(1329)六月，受明宗赐钞千锭，往镇云南。(0001 卷 31)

脱必察　元宪宗时金帐汗国使臣。宪宗三年(1253)六月，奉金帐汗拔都遣，谒宪宗行在，乞买珠银万锭。宪宗以千锭授之，诏谕之曰：此银就充今后岁赐之数。(0001 卷 3)

脱而速(？～1297)　元成宗时，任札鲁忽赤(断事官)。受贿，为奴所告，毒杀其奴。事发，被处死。(0001 卷 19)

脱列伯①　元世祖时，为近侍怯薛(宿卫)官。至元二十二年(1285)，应枢密院臣之请，诏授佥枢密院事。(0001 卷 13)

脱列伯②　元成宗大德元年(1297)为陕西行省平章政事。西蕃寇阶州，率兵讨平。(0001 卷 19)

脱列伯③　元顺帝时，为军阀孛罗帖木儿部将。至正二十一年(1361)，受命据延安。后孛罗帖木儿败，仍据陕西，与李思齐、张良弼合盟，同拒扩廓帖木儿。(0001 卷 46、47、207)

脱列伯④　元蒙古人。元末为行省平章。后降明，授杭州前卫指挥佥事，征云南卒。(0872 卷 65)

脱列捏　又译朵列捏。元诸王。英宗至治二年(1322)五月，其卫士为诸王阿马、承童擅徙，二王皆被杖流海南。文宗时，镇守云南品甸，自以赀力给元军，协力镇压反文宗队伍。至顺二年(1331)四月，诏以袭衣赐之。(0001 卷 28、35)

脱因纳①　元蒙古答答叉氏。世祖时从征乃颜，以功受上赏。成宗大德间，授钦察卫亲军千户所达鲁花赤，改太仆少卿。迁哈剌鲁万户府达鲁花赤。武宗时，任甘肃行省参政。仁宗时，历任太仆卿、哈剌鲁万户府襄阳汉军达鲁花赤、甘肃行省右丞。英宗、泰定帝时任通政院使。致和元年(1328)八月，为丞相倒剌沙所杀。文宗即位，特赠宣力守义功臣，追封冀国公，谥忠景。(0001 卷 135)

脱因纳②　元成宗大德三年(1299)任平章政事、大都护、提点太医院事，主持参与校订《圣济总录》。五年七月，任太医院使。(0001 卷 20，1149 卷 141)

脱因纳③　元泰定四年(1327)任江南行台侍御史。(0632 卷 6)

脱因纳④　元蒙古兀良合氏，江浙行省平章忽剌解之子。历任江南行台御史大夫。(0011 卷 25)

脱因都　元蒙古人。仁宗延祐中，为河东县达鲁花赤。(0001 卷 193)

脱朵儿　元世祖时，任明威将军、都统领。至元五年(1268)，奉命出使高丽。六年，再次出使。不久授高丽国达鲁花赤，护送高丽国王王禃归国。(0001 卷 6、7、208)

脱亦纳　元文宗时，任陕西行台御史中丞。至顺元年(1330)，拜中书参知政事。二年，出为湖广行省平章政事。(0001 卷 34、36、112)

脱欢察　元成宗时，任浙东宣慰司同知，升都元帅。大德七年(1303)，因赈灾不力，蠹民不法，被奉使宣抚罢免治罪。(0001 卷 190)

脱孙坚　元乃蛮人，囊加歹之子。历任山东河北军大都督。(0011 卷 68)

脱孛台(？～1328)　元泰定帝时，任河南行省参政。泰定帝卒，燕铁木儿拥立文宗，河南行省平章政事伯颜率兵响应。脱孛台不从，为伯颜所杀。(0001 卷 32、138)

脱孛花　元武宗时，任内史府内史。至大元年(1308)，授知枢密院事。(0001 卷 22)

脱里出　元宗室，太祖弟铁木哥斡赤斤后裔。文宗时，封寿王。(0001 卷 35、107)

脱里赤　元蒙古人。宪宗九年(1259)七月宪宗死后，与阿蓝答儿、浑都海、脱大思等拥戴阿里不哥，被阿里不哥任命为断事官、行燕京尚书省事。十一月，至燕京，括民兵于燕京及漠南汉地诸州。(0001 卷 4、157)

脱里伯　元仁宗延祐中，为陕西行台御史大夫。延祐三年(1316)十一月，和世㻋(明宗)被遣出镇云南，行至延安。脱里伯从陕西行省丞相阿思罕拥护和世㻋，悉发关中兵起事。(0001 卷 31)

脱里思　又译脱里忽思。元蒙古伯岳吾氏。驸马。勋臣普化之子。成宗皇后卜鲁罕之父。(0001 卷 106、114)

脱里察　元世祖至元十九年(1282)为湖南行省长官。是年，亦奚不薛(今贵州鸭池河以西)复反，奉诏与云南左丞爱鲁、西川都元帅也速答儿会师进讨，擒其酋长送京师。(0001 卷 122)

脱别台①　元蒙古亦乞列思氏。孛秃四世孙。札忽儿臣长子月列台之子。世祖至元二十四年(1287)，从征叛王乃颜，有

战功。(0001 卷 118)

脱别台② 元蒙古人。泰定四年(1327)总管黄河之北、河南省东北五万户蒙古军。(0001 卷 99)

脱别台③ 元文宗时,任知枢密院事。至顺元年(1330),出为陕西行台御史大夫。后复任知枢密院事,改御史大夫。顺帝元统二年(1334),拜中书平章政事。(0001 卷 34、35、38)

脱别台④ 元也里可温(基督教徒)。顺帝至正十年(1350)任大名兵马指挥副使。(0643 卷 5、10,0646 卷 5)

脱虎脱① 元蒙古人。世祖至元间为镇江路行大司农。(0631 卷 17)

脱虎脱② 元世祖至元中为世祖近侍、怯里马赤(通事)。十五年(1278),奉帝遣护送吐蕃僧往作佛事,还,过真定,箠驿吏几死。驿吏诉之按察使,不敢问,按察副使不忽木受其状,以僧下狱。脱虎脱直欲出僧,辞气倔强;不忽木令去其冠庭下,责以不职。逃归,诉于帝。帝曰:"不忽木素刚正,必尔辈犯法故也。"(0001 卷 130)

脱虎脱③(? ~1311) 元大德十一年(1307)五月,武宗即位,任中书平章。九月,诏立尚书省,分理财用,奉旨与教化、法忽鲁丁任尚书省事,受命自举官属。十一月,复任中书平章,领宣政院事。至大二年(1309)八月,立尚书省,任尚书左丞相,颁行至大银钞。升尚书右丞相,领右卫率府事。三年六月,奉诏总治百司庶务,皆从尚书省奏行。十一月,加太师,封义国公。四年正月武宗死后,仁宗罢尚书省,与原尚书省臣三宝奴、乐实等皆被论罪处死。(0001 卷 22 ~ 24,0002 卷 199)

脱罗禾 元蒙古弘吉剌氏,特薛禅孙。尚不鲁罕公主,继尚仁宗女阔阔伦公主。(0001 卷 109、118)

脱迭出① 元蒙古人。世祖至元后叶从诸王阿秃作乱。至元二十九年(1292)二月,诏以其付阿里,使从军自效。(0001 卷 17)

脱迭出② 元康里人。明安之弟。帖哥台叔父。帖哥台初袭父职为贵赤亲军都指挥使司达鲁花赤,及改充万户,即以脱迭出代之。(0001 卷 135)

脱忽台 元顺帝至正七年(1347)任瑞州路(治今江西高安)治中。(1016 卷 14)

脱忽伯 元成宗元贞二年(1296)初立中都府,授中御卿。(0001 卷 19)

脱忽思① 元太祖后妃之一,住大斡耳朵(行宫)。(0001 卷 106)

脱忽思② 又译秃忽思。元世祖至元中为太常卿。至元十三年(1276)八月,奉帝遣,以铜爵一、豆二,献于太庙。十七年十二月,迁太庙;与承旨和礼霍孙等,以祏室内栗主八位并日月山版位、圣安寺木主俱迁于新太庙。(0001 卷 9、74)

脱忽思③ 元世祖至近臣。至元二十九年(1292)二月,奉帝遣,与依独赤昔烈门至合敦奴孙界,与驸马阔里吉思议行屯田。(0001 卷 17)

脱忽思④ 元明宗皇后。明宗既卒,主其宫帐。文宗至顺二年(1331),诏赐湘潭路民户四万,奉其汤沐。(0001 卷 35、106)

脱忽鲁 元宗王。世祖至元中,镇云南。至元十一年(1274),帝委任赛典赤赡思丁为平章,行省云南。王(脱忽鲁)惑于左右之言,以赡思丁至,必夺其权,具甲兵以为备。赡思丁遣其子至王所,告以奉帝命行省云南加以抚治之旨,并请王遣人来共议。次日,王遣亲臣撒满、位哈乃至,与赡思丁相见甚欢。王大悦,由是政令一听赡思丁所为。(0001 卷 125)

脱剌合 元仁宗时缅国(今缅甸曼德勒西南蒲甘及其附近区域)王子。延祐二年(1315)六月,奉王遣来元朝,进贡方物,(0001 卷 25)

脱栾赤 又译脱劣勒赤。元蒙古斡亦剌氏。斡亦剌部主忽都合别乞之子。娶元太祖之女阔阔干。(0001 卷 109)

脱脱出 元蒙古度礼班氏。历任濮州达鲁花赤、上都留守。(0011 卷 33)

脱脱尼 元蒙古弘吉剌氏。女。有姿色,善女红。年二十六,夫哈剌不花死。前妻有二子皆壮,无妻,欲以蒙古族俗收继之,脱脱尼以死自誓。二子复百计求遂,脱脱尼怒骂曰:汝等禽兽行,欲妻母耶,死后何面目见汝等父于地下?二子惭惧谢罪,乃析家产而居。三十年以贞操闻。(0001 卷 200)

脱脱灰 元公主。世祖孙女。嫁蒙古斡亦剌部贵族秃满答儿驸马。文宗至顺二年(1331)来朝。(0001 卷 109、35)

脱脱怀 元末蒙古人,枢密副使燕帖木妻。明兵入云南,燕帖木战败驰归,脱脱怀不与见,鸩其二子一女后,自饮鸩死。(0622 卷 86,0002 卷 245)

脱脱哈(? ~1320) 元蒙古阿儿剌氏,玉昔帖木儿之子。仁宗时任御史中丞。延祐六年(1319)升御史大夫。英宗即位,因与合散、黑驴等密谋废立,被处死。(0001 卷 26、27、119)

脱脱真 元蒙古人。相兀孙之妻。早寡不忍独生,以死从夫。诏褒表之。(0001 卷 200)

脱登哥 元世祖至元十九年(1282)任溧水县(今属江苏)达鲁花赤。(0632 卷 6)

脱溥化 元顺帝至元初,任慈溪县(今属浙江)主簿。(0634 卷 2)

脱察剌 元束吕乣氏,塔不已儿之子。袭父职为万户。宪宗九年(1259),从世祖渡江伐宋,有功。(0001 卷 123)

脱儿赤颜 元蒙古人。世祖至元十四年(1277)从宗王脱脱木儿、昔里吉叛于漠北。与元将土土哈战于纳兰不剌,大败,其所劫蒙古诸部被土土哈夺还。(0001卷128)

脱力世官 元畏兀儿人。帖哥术探花爱忽赤之子。元世祖时,袭职为罗罗斯(今四川西昌地区及凉山彝族自治州)副都元帅、同知宣慰司事。定昌路总管谷纳叛,与其千户阿夷谋率众渡不思鲁河(今四川德昌西南安宁河支流茨达河)。率兵擒杀阿夷。亦奚不薛(今贵州鸭池河以西)未附,民多立寨,依险自保。率兵从云南左丞爱鲁讨平亦奚不薛。后入觐,升罗罗斯宣慰使,兼管军万户。既还治,括户口,立赋税,以给屯戍。昌州(治今四川德昌南)苏你、巴翠等起事,奉云南王命讨降之,迁其众于昌州平川。镇守千户任世禄以所部二千人遁去。率兵先据要路扼之,世禄降。(0001卷133)

脱列哥那 元太宗皇后。乃蛮部人。原为兀洼思篾儿乞部首领答亦儿兀孙之妻。元太祖灭篾儿乞部,赐与太宗为妻。生五子:定宗贵由、阔端、阔出、哈剌察儿、合失。太宗死后,称制摄政,罢去旧臣耶律楚材、镇海,以奥都剌合蛮主管汉地。称制五年间,诸王、各部贵族贪求无厌,至汉地、西域搜刮,驿骑不断。第五年(1246)秋,主持大会,立长子贵由为大汗。是年冬病死。世祖至元三年(1266),追谥昭慈皇后。(0001卷2、114,0008卷2)

脱因不花① 元世祖至元间为行军万户,从阿术围攻襄樊。(0001卷150)

脱因不花② 元西夏人。世祖至元十五年(1278)任高平县(今属山西)知县。(0694卷5)

脱因不花③ 元泰定三年(1326)任江南行台监察御史。(0632卷6)

脱因不花④ 元顺帝至正中,为察罕帖木儿部将。十九年(1359)八月,与察罕帖木儿诸将阎思孝、李克彝、虎林赤等攻破大宋红巾军都城汴梁。(0001卷45、141)

脱欢普化 元顺帝至正二十八年(1368)为云南行省平章。(0014卷28)

脱欢察儿①(? ~1282) 元世祖时,任中书右司郎中。王著刺杀阿合马时,一同被杀。(0001卷205)

脱欢察儿② 元世祖至元二十五年(1288)任江南行台监察御史。(0632卷6)

脱欢察儿③ 元武宗至大元年(1308)为浙东宣慰司同知。(0001卷190)

脱欢察儿④ 元英宗至治元年(1321),被中政使咬住诬告其交通亲王图帖睦尔(文宗),将构异图,辞连图帖睦尔,诏命图帖睦尔出居于海南。(0001卷32、35)

脱欢察儿⑤ 字彦明。元回回赛典赤氏。顺帝至正二年(1342)由户部郎中出为两浙盐运司同知。(0872卷61,0075官常典卷607)

脱欢察而 元成宗时,任广东英德州达鲁花赤,招降群盗二千余户。大德四年(1300),诏升州为路,以为路达鲁花赤,兼万户。后升为广东宣慰副使。(0001卷20、62)

脱里不花 元蒙古人。武宗至大元年(1308)七月,奉旨率十九人出使波斯伊利汗国合儿班答(第八代伊利汗,即完者都汗,1304~1316年在位)处。(0001卷22)

脱里察安 元蒙古人。世祖至元二十二年(1285)十月,受赐三品官印,奉旨与答即古阿散等考核中书省。(0001卷13)

脱帖木儿① 元仁宗延祐四年(1317)任温州路达鲁花赤。(0579卷9)

脱帖木儿② 元英宗时,任左阿速卫指挥使。泰定帝即位,因与南坡之变有牵连,被御史弹劾,免职。(0001卷29)

脱帖木儿③ 元顺帝至元三年(1337)任浙东宣慰副使。(0634卷1)

脱帖木儿④ 元康里人。荫授房山(今属北京)县达鲁花赤。(0677卷11)

脱帖木儿⑤ 元宗王。铁木哥斡赤斤曾孙。气都哥之子。(0001卷107)

脱帖穆耳(1261~1344) 字与可,元蒙古逊都思氏,居郏县,月鲁不花之父。授蕲县万户府东平上千户所达鲁花赤,历镇庆元、绍兴等路。(0152卷35,0001卷145)

脱罗脱孩 元世祖至元十四年(1277),为大理路总把千户,三月,奉命与大理路总管信苴日、蒙古千户忽都讨伐永昌之西腾越、蒲骠、阿昌、金齿未降部族。时缅军进攻元金齿千额总管阿禾之地,阿禾告急。随从忽都、信苴日率军七百人昼夜急行军,与缅军四五万人相遇,大败之,俘获缅军甚众。(0001卷210)

脱忽茶儿 元太祖后妃之一,住第二斡耳朵(宫帐)。(0001卷106)

脱忽察儿(? ~1221) 蒙古弘吉剌氏。元太祖六年(1211),太祖征金,奉旨率骑二千留守蒙古本土,保护辎重、行宫,以防被征服的克烈等部人叛变,并巡哨西边,以防篾儿乞、乃蛮等残部反攻。十二年,奉旨与速不台西征篾儿乞残部。次年,尽灭其众而归。十四年,随从西征。次年,奉旨与哲别、速不台各率万骑,追击花剌子模王马合谋,因违犯太祖军令被削职。十六年,从拖雷攻打呼罗珊地区,战死于你沙不儿(今伊朗东北部尼沙普尔)城下。(0009卷11,0008卷1)

脱怗木儿 元世祖至元二十二年(1285)为云南行省臣。五月,奏言蠲逋赋、征侵隐、戍叛民、罢转运、赋豪户、除重税、取质子、定俸禄、教农桑、优学者等十余事。帝命中书省议其可者行之。(0001卷13)

脱怜浑秃　又译笃怜浑秃。元宗王。顺帝至元五年(1339),其各部牧民饥,元廷以钞赈之。(0001 卷 40、34)

脱桓不花　元蒙古札剌亦儿氏,奥鲁赤之子。历任湖广行省左丞、河南蒙古军都万户。(0001 卷 131,0011 卷 5)

脱烈不花①　元畏兀儿人,孟速思子翰林承旨帖木儿不花之子。(0011 卷 39)

脱烈不花②　元畏兀儿人,中尚院使忙兀的斤之子。(0011 卷 52)

脱烈海牙(1257～1323)　元畏兀儿人。祖八剌术徙居真定。父阇里赤知读书。脱烈海牙自幼嗜学,喜从文士游。由中书宣使,出为宁晋主簿。改隆平县达鲁花赤,均赋兴学,劝农平讼,有治绩。擢监察御史。时江西胡参政杀其弟,讼久不决,脱烈海牙一讯竟伏其辜。出佥燕南廉访司事,在任六年,黜污吏一百四十余人。召为户部郎中,转右司员外郎,升右司郎中,赞画之力居多。任吏部尚书,量能叙爵,以平允称。后历任礼部尚书、荆湖北道宣慰使、淮东宣慰使。(0001 卷 137)

脱烈普华　元畏兀儿人,岳璘帖穆尔之子。(0011 卷 44)

脱铁木儿　元宗王。别里古台四世孙。广宁王爪都孙,纳牙之子。(0001 卷 107,0003 卷 148)

脱铁木而　元安西王阿难答王傅。成宗元贞二年(1296)正月,与王傅铁赤等复请立王相府。帝曰:赋税、军、站,皆朝廷所司,今姑从汝等请,置王相府,惟行王傅事。(0001 卷 19)

脱脱木儿①　元蒙古贵族子弟。世祖至元八年(1271)九月被选入国子学肄业。(0001 卷 7)

脱脱木儿②　又译脱铁木儿、脱黑帖木儿等。元宗王。拖雷庶子岁哥都之子,封荆王。世祖至元八年(1271),从北平王那木罕出镇阿力麻里(今新疆霍城西北)。十三年,与宗王昔里吉、撒里蛮等叛,执那木罕、丞相安童等。次年,进掠和林(今蒙古哈尔和林),为元军所败。后攻占吉利吉思、谦谦州等地。与昔里吉不和,改奉撒里蛮为主,攻打宗王药木忽儿,兵败被杀。(0001 卷 162、193 等,0008 卷 2)

脱脱木儿③　元世祖至元十七年(1280)十二月,置镇北庭都护府于畏兀儿境;受命领都护府事。(0001 卷 11)

脱脱木儿④　元世祖至元二十五年(1288)任江南行台监察御史。(0632 卷 6)

脱脱木儿⑤　元蒙古人。世祖至元二十八年(1291)至成宗大德七年(1303)任镇江路济南翼上百户。(0631 卷 17)

脱脱木儿⑥　元世祖至元三十年(1293)十二月,授安西王傅。(0001 卷 17)

脱脱木儿⑦　元成宗大德二年(1298)任闽海廉访使。(0593 卷 13)

脱脱木儿⑧　元蒙古弘吉剌氏,赤窟曾孙。尚公主桑哥不剌。成宗大德十年(1306),封濮阳王。仁宗延祐四年(1317),进封岐王。(0001 卷 108、109)

脱脱木儿⑨　元武宗时,任甘肃行省右丞。至大元年(1308),拜中书平章政事,加大司徒。(0001 卷 22、112)

脱脱木儿⑩　元蒙古人。塔海之子。仁宗延祐六年(1319)任秘书少监。(0027 卷 9,0011 卷 36)

脱脱木儿⑪(?～1330)　元泰定帝时,任阿速卫指挥使。文宗即位,由上都来归,任同知枢密院事,与上都诸王作战有功,升知枢密院事。后与阔彻伯等谋诛权相燕铁木儿,事泄被杀。(0001 卷 32、34)

脱脱木儿⑫　元宗室。世祖弟岁哥都后裔。顺帝至元元年(1335),袭封荆王,赐金印。四年,加元德上辅广忠宣义正节振武佐运功臣之号。(0001 卷 38、39、107)

脱脱木儿⑬　元顺帝至正元年(1341)为云南行省平章政事,讨平云南车里诸部叛乱。(0001 卷 40)

脱脱木儿⑭　字时敏。元顺帝至正四年(1344)任秘书监典簿。(0027 卷 9)

脱脱木儿⑮　号松轩。元高昌(治今吐鲁番东)畏兀儿人。登进士第。顺帝至正十七年(1357)由户部侍郎出为奉元路(治今西安)达鲁花赤。(0554 卷 26)

脱脱木儿⑯　元顺帝至正二十四年(1364),拜中书右丞。二十六年,任知枢密院事。(0001 卷 113、47)

脱脱木儿⑰　元康里人,塔里赤子。仕为邵武汀州新军万户府达鲁花赤。(0001 卷 135)

脱脱木儿⑱　元康里人,回回之子。(0011 卷 64)

脱脱木儿⑲　元唐兀人,黄头之子。历任东平等处民户总管。(0011 卷 61)

脱脱赤颜　元文宗时,任浙东廉访使。至顺二年(1331)御史劾其阿附泰定朝权臣倒剌沙,欺诳朝廷,诏免其职。(0001 卷 35)

脱脱穆而　元顺帝至正十七年(1357)为监察御史。六月,奏言:当遴选能将,就太不花、答失八都鲁、阿鲁三处军马内,择其精锐,以守河北。从之。(0001 卷 45)

脱温不花　元世祖至元中为万户。奉阿里海牙遣,率兵进攻宾、融、柳、钦、横、邕、庆远,皆下之。(0001 卷 128)

脱颖溥化　元蒙古弘吉剌氏,孛兰奚[illegible]仕为监察御史,后历任河南廉访副[illegible]州路达鲁花赤。(0001 卷 133)

脱斡邻勒①　蒙古雪干氏。者该·晃答豁儿之子，速客该·者温之兄弟。其高祖斡黑答被元太祖高祖敦比乃掳获为奴，此后其家族为敦必乃后裔世袭奴婢。1206年，随阿勒坛、忽察儿等投附王汗。次年春，献计于王汗之子桑昆说："要设法夺取铁木真的百姓，其百姓被夺走，即无能为力矣。"元太祖获悉其所献毒计，深恶痛绝，其年夏遣使至王汗处时，命使者揭露其世袭奴婢身份，对其提出严厉警告。（0009卷5、6）

脱斡邻勒②　见王汗。

脱列铁木儿　元宗室，睿宗（拖雷）子拔绰后裔，牙忽都子。与父征讨海都有功。武宗即位，封镇远王。至大四年（1311），袭封楚王。仁宗时，受周王西逃事件牵连，夺爵，没入家资之半，徙西番。明宗即位，复楚王爵。（0001卷107、108、117）

脱因帖木儿　元畏兀儿人，察罕帖木儿子，扩廓帖木儿弟。顺帝至正二十六年（1366），奉扩廓之命，驻兵济南，以控制山东。二十八年，为陕西行省平章。（0001卷47、141，0014卷24）

脱欢脱木尔　元宗王。顺帝至元五年（1339）八月，其各部牧民饥，元廷以钞赈之。（0001卷40）

脱奔咩哩犍　又译朵奔篾儿干。元太祖十世祖孛端叉儿母阿兰果火之夫。（0001卷1、107）

脱罗华察儿　金契丹石抹氏。库烈儿之……元将石抹也先之父。其父誓不食金……罗华察儿亦不仕金。（0001卷

……元回回人。文宗至顺三年……路万户府达鲁花赤。

……仁宗延……簿。

（0634卷2）

脱忽帖木儿　元诸王。世祖至元二十三年（1286）三月，受帝赐羊二万。（0001卷14）

脱怜忽秃鲁　元诸王。文宗至顺二年（1331）八月，封靖恭王。（0001卷35）

脱哈帖木儿　又译秃花帖木儿。元宗王。术赤第十三子。其后裔为喀山汗国（1445～1552）、克里木汗国（1443～1783）诸汗。元宪宗元年（1251），与兄别儿哥参加阔帖兀阿阑（今蒙古温都尔汗西南克鲁伦河与臣赫尔河会流处西）之地大会，推戴蒙哥（宪宗）即蒙古大汗位。（0001卷3，0008卷2）

脱脱欢察儿　元顺帝时，任户部尚书。至正二十二年（1362），奉命往江浙监海运粮。（0001卷97）

脱脱帖木儿　元顺帝至正十八年（1358），拜中书平章政事。次年去职。（0001卷45、113）

脱落合察儿　元蒙古土别燕克烈氏。肖乃台孙，兀鲁台之子。世祖至元间，袭父职为千户，从参政阿剌罕攻独松关有功。未几，受命管领侍卫军。至元二十年（1283），奉江西行省命，镇压武宁董琦反元队伍，以功授江州万户府达鲁花赤。二十四年，移镇潮州。奉命率军镇压江西反元队伍，斩其首领罗大老等。后卒于军。（0001卷120）

脱因都鲁迷失　元顺帝至正七年（1347）任兴化路（治今福建莆田）同知。（0905卷2）

脱忽思帖木尔　元顺帝至正间任清河县（今属河北）达鲁花赤。（0657卷3）

脱忽思海迷失　元诸王。仁宗皇庆元年（1312）五月，以农时出猎扰民，敕禁止之。（0001卷24）

脱博忽鲁秃花　元世祖至元十二年（1275）伐宋，授参知政事，行中书省于江陵（今属湖北）。十四年元军下湖南，移镇潭州（今长沙）。不久升任行省右丞。（0001卷8、9）

脱脱帖木耳不花　元北庭（今新疆吉木萨尔北）畏吾儿人。英宗至治初，任林州（治今河南林县）达鲁花赤，有政绩。（0762卷10，0788卷4，0596卷4）

商挺（1209～1289）　字孟卿。金末元初曹州济阴（治今山东荷泽）人。蒙古军攻占汴京后，走依冠氏（治今山东冠县）赵天锡。后被东平严实聘为诸子师。实死，任经历，助其子忠济兴学养士。元宪宗时，任郎中，佐杨惟中宣抚关中，升宣抚副使。世祖中统元年（1260），与廉希宪宣抚陕蜀，定议发兵击杀阿里不哥大将阿蓝答儿、浑都海。四年，行四川行枢密院事。至元元年（1264），入任中书参政。六年，迁枢密院同佥。八年，升枢密副使，定军官品级，给军吏俸。九年，出任安西王相。十五年，因事牵连被拘。次年，获释，罢职。有诗千余篇，尤善隶书。仁宗延祐初，赠封鲁国公，谥文定。（0001卷159）

商璹　字台元，号逊斋。元济阴（治今山东荷泽）人。商挺侄。不求仕进。喜画山水。（0030卷5）

商晦　字继显。元东昌（治今山东聊城）人。世祖至元末，任下邑县（治今河南夏邑）知县。（0622卷26，0766卷4，0777卷5、8）

商衮　元泗州（治今江苏盱眙北）人。历任镇江淮海书院山长。（0631卷17）

商琦（？～约1324）　字德符。元曹州济阴（治今山东荷泽）人。商挺第五子。成宗大德八年（1304），召备宿卫。武宗时，授集贤直学士。仁宗皇庆元年（1312），授集贤侍讲学士。延祐四年（1317），升侍读官。英宗至治三年（1323），任秘书卿。未几病归，卒。善画山水，当时称为绝艺。（0001卷159）

商琥　字台符。元曹州济阴(治今山东荷泽)人。商挺长子。世祖至元十四年(1277),以姚枢、许衡荐,授江南行台监察御史。都昌杜万一反元,械系胁从者盈狱,行台檄琥按问,悉以诖误释放。二十七年,召入为中台监察御史。时地震,上书进言:当躬行德化,择用贤才。因举天下名士十余人,帝从之,皆召用。三十年,迁任国子司业。卒。著有《彝斋文集》,已佚。(0001 卷 159)

商璹　字礼符。元曹州济阴(治今山东荷泽)人。商挺子。仕为右卫屯田千户。年三十二,谢病侍亲。后还乡,隐居而卒。(0001 卷 159)

商暠　元明之际河南人。元末为甘肃行省平章。明洪武二年(1369)四月,徐达兵至巩昌(治今甘肃陇西),降于明。历任明御史中丞、吏部尚书。(0073 卷 52,0014)

商衟(1194~?)　字正叔。元曹州济阴(治今山东荷泽)人。商挺叔父。与元好问交游。官至学士。年六十犹在世。工散曲,今存其所作小令四首、套数八曲。(0351 卷 39,1108 卷 9)

商企翁　字继伯。元济阴(治今山东荷泽)人。商挺孙。国子监贡士。顺帝至正元年(1341)由翰林国史院典籍迁任秘书监著作佐郎。与王士点合撰《秘书监志》十一卷。(0027 卷 10,0072 卷 91)

商显祖　元燕山人。世祖至元年间任阳城(今属山西)知县。(0691 卷 8)

商梦弼　元世祖至元中,任原武(治今河南原阳西)知县,莅政勤敏。(0622 卷 26,0761 卷 25,0784 卷 1)

章文　元江阴人。章齐父。元末避反元队伍,死于乱兵中。(0075 氏族典卷 296)

章台(?~1323)　元英宗时,任枢密院判官,率兵平定圆明、刘志先等人起事,升佥书枢密院事。后参与南坡之变谋杀英宗,泰定帝即位,被处死。(0001 卷 27、28)

章吉　元文宗时,任宣徽副使。天历元年(1328),授行枢密院副使,率兵西击潼关军。次年复任宣徽副使,至漠北奉迎明宗。(0001 卷 32、33)

章齐(1320~1356)　字叔敬。元江阴人。章文之子。善为诗,王逢为其诗稿题诗。(0296 卷 4 下,0075 氏族典卷 296)

章甫　元世祖至元年间任奉化县尉。(0633 卷 3)

章谷　元泰定元年(1324)进士,历任富州判官。(0254 卷 12)

章沅　一名元佐,字舜臣。元昌化县(治今浙江临安西)人。顺帝至正十七年(1357)任昌化县尹,守御有功,授浙东宣慰司经历。(0872 卷 64)

章迪　字允德。元临川人。初为江西行省掾。顺帝至正十六年(1356)辟行省检校,讨平抚州胡志学反元队伍。左丞火你赤忌其功名,杀之。(1014 卷 13,0075 氏族典卷 296)

章凯　元人。有诗作传世。(0504 癸下)

章闾　一作张闾、张驴。元成宗时,任江南行台御史中丞、行宣政院使。大德十年(1306),拜中书左丞。武宗时,任太子少保。仁宗即位,授江浙行省平章政事,不久,入为中书平章政事。建议经理江南田粮,亲往江浙主其事。但因期限紧迫、贪刻用事,激成民变,被免职。(0001 卷 24、25、93 等)

章埙　元仁宗延祐四年(1317)任温州路儒学正。(0579 卷 9)

章桂　元人。有诗作传世。(0504 辛下)

章彬　元吴郡(今苏州)人。有诗作传世。(0504 甲,0033 卷 6)

章善　字立贤。元吉安龙泉(治今江西遂川)人。博通经史,不求仕进。顺帝至正间,城为反元队伍攻占,善投江自尽。有诗作传世。(0294 卷 9,0504 己下,0002 卷 231)

章弼　字拱辰。元华亭(治今上海松江)人。笃志经史,识度清远。善书法,真、行、草、篆皆学赵孟頫。(0031 卷 7,0931 卷 30)

章璇　元人。有诗作传世。(0504 辛下)

章嘉　字德元,号春谷。元温州平阳人。初为永嘉县(治今温州)儒学教谕。成宗大德初,以荐授翰林编修,仁宗延祐六年(1319)归。有诗作传世。(0225 卷 15,0504 乙,0075 氏族典卷 296)

章士熙　元人。有诗作传世。(0504 癸上)

章元泽(1285~1369)　字吉父。元上海人。章梦贤之子。顺帝至正间,历任彰德路同知,后致仕归。(0296 卷 3、4 上,0951 卷 5)

章文麟　字瑞卿。元绩溪人。顺帝至正年间,被荐举为绩溪县主簿,镇压反元队伍有功,擢宁国路同知。(0992 卷 9、10)

章以清　元建德(今属浙江)人。顺帝至正中,任休宁县(今属安徽)典史。(0973 卷 6)

章功懋　元温州平阳人。历任兴山县丞。有诗作传世。(0504 己上)

章仕尧　字时雍,又字清所。元温州平阳人。深究《四书》之奥。仁宗延祐四年(1317)、七年,两次中乡试。(0871 卷 45,0034 卷 3,0071 卷 65)

章仲英　元庐州（治今合肥）金银细工匠。顺帝元统元年（1333）所制精美金银器102件，1955年在合肥市基建时发现。（1143卷922）

章庆云　字际可。元处州（治今浙江丽水）人。世祖至元十五年（1278）任丽水县儒学教谕。（0576卷10）

章克让　元颍上（今属安徽）人。举进士。历任繁昌县尹，明敏果断。（0984卷下）

章伯亮　元云南人。有诗作传世。（0504戊下）

章伯颜　元济宁（治今山东巨野）人。初以处州万户镇抚州。顺帝初年，任广西宣慰使都元帅，讨平徭乱有功。至正七年（1347），升湖广行省左丞。后致仕，居抚州（今属江西）。元末乱起，助江西行省平章政事道童捍御南昌。以疾卒。（0001卷38、41、144）

章叔和　元东阳人。不求仕进，隐居讲授，从学者甚众。（0072卷82）

章居实（1254～1304）　元黄岩人。道士。成宗大德元年（1297），提点玄妙观。三年，任西太乙宫提点知官，未几授杭州路道录。（0142卷16）

章绍复　元至大四年（1311）任吴江（今属江苏）州提控案牍。（0954卷17）

章养吾　元人。有诗作传世。（0504癸上）

章得一　字德茂。元归安（治今湖州）人。不乐仕进。程钜夫荐之，不起。隐居讲授，从学者远近皆至，号悠然先生。善书法，专学赵孟頫草书，常为其代笔，以塞求者之责。（0043卷2，0062卷44，0031卷7）

章惟初　元温州平阳）人。有诗作传世。（0504戊上）

章德刚　元吴江（今属江苏）人。顺帝至正中，以荐任昆山州（治今江苏太仓）儒学正。有诗名。（0954卷22，0042卷4）

章阳沙加监藏（1340～1373）　藏文作释迦坚赞，元末明初藏传佛教帕竹派僧人，藏族。帕竹政权首脑绛曲坚赞侄。历任帕竹泽塘寺第一任住持。元末受封灌顶国师。明洪武五年（1372），明廷仍封其为灌顶国师，遣使赐玉印、綵币。次年，支持举行雅隆法会，给予大量布施，与会僧众数万，被誉为文殊释迦佛。同年，遣酋长琐南藏卜贡佛像、佛书、舍利于明廷。（0020卷331，1146卷514）

章妥因卜鲁哈歹　元顺帝至正十二年（1352）为江西省万户，领兵击退围攻南昌城之天完红巾军。（0001卷144）

庾恭　元人。有诗作传世。（0504乙）

庾天锡　字吉甫。元大都人。历任中书省掾、员外郎、中山府判官。撰杂剧《杨太真华清宫》、《杨太真霓裳怨》、《裴航遇云英》、《周处三害》、《鸡鸣度关》、《丽春园》、《琵琶怨》、《凌波梦》、《锦帆舟》等十五种。（0029卷上）

康宁　元祁门（今属安徽）人。世祖至元十五年（1278）任祁门县知县。（0972卷8，0991卷3）

康济　字彦通。元和林（今蒙古哈尔和林）人，居于镇江。袭父职为平江路（治今苏州）录事。历任常州路平准库提领，晋陵、华亭两县尹。迁铅山知州，改会昌知州。（0631卷19）

康晔　字显之，号澹轩。金元之际高唐（今属山东）人。金末词赋科进士。元初，东平严忠济兴学养士，聘晔为教授，四方来学者云集。后仕至国子博士。（0001卷159、160、174，0501卷48，0721卷31）

康晖　元成宗大德年间任婺州路（治今金华）总管。（0881卷11）

康庸①　字时中。元延安人。历任般阳路（治今山东淄博西南）总管。（0721卷25，0736卷26、27）

康庸②　元榆次（今属山西）人。仕至平晋县尹。（0551卷37，0705卷6）

康瑞　字瑞玉。元庐陵（治今江西吉安）人。博学工诗文，为虞集畏友。元末，任广东廉访司掾，善建白。后调任于潜县税官，弃职弗就。有诗作传世。（0504己上，0033卷24，0523）

康震　字宗武。元泰和（今属江西）人。早年从吴澄、刘岳申学。以荐授益阳州庆洲书院山长，秩满归。反元队伍攻入县境，震匿于重崖三日不食死。（1019卷10上，0075氏族典卷306、官常典735，0072卷92）

康璧　字叔瑗，号达庄。元高唐（今属山东）人。康晔孙。历任高唐州儒学教授。仕至礼部侍郎。（0723卷5，0075氏族典卷306）

康天锡　字庆之。元汴梁（治今开封）人。世祖至元二十年（1283）任徽州路（治今安徽歙县）总管。（0199卷下，0972卷4）

康月天　元人，历任录事，善画墨竹。（1143卷803）

康廷谨　元顺帝至元元年（1335）任溧水（今属江苏）州同知。（0632卷6）

康廷瑞　字子安。元武功（今属陕西）人。家居教授。后被征辟为兴化县（治今福建莆田）儒学训导。（0813卷3，0801卷26）

康进之　元棣州（治今山东惠民）人。撰有杂剧《黑旋风老收心》、《黑旋风负荆》，今存后一种。（0029卷上）

康孝祖　元官吏。历任新昌（今属浙江）县尉。仁宗延祐七年（1320），迁任东阳县（今属浙江）主簿。（0880卷28，

0881 卷 12)

康若泰 字鲁瞻。元益都路人,泰定四年(1327)进士,授浚州判官。累迁为庸田副使。顺帝至正七年(1347)入为国子司业。(0517 卷 13,0643 卷 5,0772 卷 1)

康国器 字庭玉。元平棘(治今河北赵县)人。历任和顺、南宫二县主簿。后升为乐平知县。(0182 卷 23)

康泰真 号云峰子。金元之际利州(治今辽宁喀喇沁左翼)人。全真教道士。元太宗十年(1238)赐号含真体道至德真人。宪宗时死,年九十二。(0556 外编,0002 卷 243)

康家闾 元顺帝至正间任秘书监丞。(0027 卷 9)

康敬德(1225 ~?) 号秋山。元人。工诗,吴澄尝为其诗集作序。(0212 卷 15,0504 癸上)

康里不花 又译康里百花。字普修。元西域人。为也里可温(基督教徒)。笃志攻读,诸子百家、数术之书无不研览。善书法,宗二王。官至海北廉访使。有诗作传世。(0031 卷 7,0504 戊下,1104 卷 5)

康里脱脱(1272 ~ 1327) 元康里人。阿沙不花之弟。世祖时入宿卫。成宗大德三年(1299),扈从海山(武宗)出镇北边。五年,从海山抗击叛王海都进攻,大破海都军。成宗死后,协调太后答己、仁宗、武宗关系,拥戴武宗为帝。武宗即位,任枢密院同知,进中书平章,转御史大夫。至大元年(1308),任中书左丞相。三年,升尚书右丞相。三宝奴等劝武宗改立皇子为皇太子,脱脱劝止之。仁宗即位,出任江浙左丞相。未几,迁江西左丞相。英宗时任江南行台御史大夫。卒。顺帝至正初,追封和宁王,谥忠献。(0001 卷 138)

康塔不歹 元成宗大德二年(1298)任溧水(今属江苏)州判官。(0632 卷 6)

康也先不花 元益都(治今山东青州)人。历任丹徒(治今镇江)县尉。(0631 卷 16)

鹿忽都不花 元镇江路蒙古字学教授。(0631 卷 17)

麻兀 元钦察人,苫彻拔都儿之孙。世祖至元十七年(1280),授滁州路总管府达鲁花赤。(0001 卷 123)

麻革 字信之,号贻溪。金元之际临晋(治今山西临猗西南)人。隐居教授以终。工诗文。有诗一卷,收入《河汾诸老诗集》。(0503 三集甲,0006 卷 89)

麻察 元乃蛮人。同知枢密院事、河南平章囊加歹之父。太宗时,与察剌同总管蒙古、汉军。后从世祖伐宋、征阿里不哥、平李璮,皆有功。卒,追赠太傅、封梁国公,谥桓武。(0001 卷 131,0011 卷 68)

麻合马 元回回人。成宗元贞元年(1295)任镇江路录事司达鲁花赤。(0631 卷 16)

麻合谋 元成宗元贞元年(1295)任庆元路(治今宁波)治中。(0633 卷 2)

麻里扎 元太宗皇后乃马真氏近臣。乃马真皇后称制三年(1244),耶律楚材死,有谮楚材者,言其在相位年久,天下贡赋,半入其家。麻里扎奉皇后命覆视之,唯琴阮十余及古今书画、金石、遗文数千卷。(0001 卷 146)

麻泽民 元真定(治今河北正定)人。著名疡医。世祖中统二年(1261),被召为太医,常入侍内宫。(0144 卷 49、82)

麻速忽①(? ~1289) 又译马思忽惕。花剌子模人。元太祖西征时,随父牙老瓦赤觐见。太宗后期,父调任汉地断事官,继父职主管自畏兀儿地西至阿母河之西域行政、财赋。乃马真皇后摄政,杀戮旧臣;惧祸托庇于拔都。贵由即位,奉命仍守旧职。蒙哥即位,授别失八里等处行尚书省长官。世祖时,主管金山(今阿尔泰山)以西至阿母河城邑行政、财赋。在任数十年,致力于恢复经济、文化。病死,葬不花剌(今布哈拉)。(0008 卷 2、3,0001 卷 3,0003 卷 46)

麻速忽② 元回回人。世祖至元二十八年(1291)八月,奉旨与阿散乘驿传谒云南捕黑虎。(0001 卷 16)

率翁 元人,工画任务及布袋和尚。其作品流传至日本。(1143 卷 915)

惟一(1253 ~ 1292) 字了翁。元僧,鄱阳(治今江西波阳)人。(0216 卷 4)

惟尧 元僧人。善画墨梅。赵孟頫有诗题之。(1143 卷 890)

惟则① 字天如。元永新(今属江西)人。僧人。俗姓谭。得法于释明本,居松江九峰寺。顺帝至正二年(1342),其门徒买地筑室于苏州城以居之,名曰师子林。著有《楞严经会解》十卷及诗文集《师子林别录》。(0075 神异典卷 188,0503 初集壬,0928 卷 58,等)

惟则②(1303 ~ 1373) 字天真。元僧人,湖州费氏子。住海盐海门寺。有诗作传世。(0075 神异典卷 189,0537 卷 7、31)

惟信 元娄江(今江苏太仓)人。僧人。有诗作传世。(0504 壬上)

惟清 字昼卿,号渭滨。宋元之际僧人。元初主杭州灵鹫寺。工诗,方回尝为其诗集作序。(0167 卷 33)

阇里 元至大四年(1311)任秘书卿。(0027 卷 9)

阇里赤 元畏兀儿人。先世居于别失八里(今新疆吉木萨尔北)。父八剌术始徙真定(治今河北正定)。阇里赤性纯正,知读书。其子脱烈海牙幼嗜学,后喜

从文士游,官至宣慰使。(0001 卷 137)

阇阇干 又译扯扯亦坚。元公主。太祖之女。嫁斡亦剌部主忽都合别乞之子脱栾赤。(0001 卷 109,0008 卷 1)

阇阇秃 元世祖至元二十九年(1292)任江南行台御史中丞。(0632 卷 6)

阇里不花 元裕州(治今河南方城)达鲁花赤。(0768 卷 4)

阇里帖木儿① 又译彻里铁木儿等。元蒙古别速氏。世祖至元二十年(1283)为右丞,正月,奉旨与万户三十五人、蒙古军习舟师者二千人、探马赤万人、习水战者五百人征日本。后未行。二十四年十月,授辽阳行尚书省平章。二十七年九月,率军与叛王合丹战于瓦法(今吉林辉发),大破之。(0001 卷 12、14、16、208 等)

阇里帖木儿② 元顺帝元统二年(1334),为济南路同知。(0001 卷 97)

阇里铁木儿 又译彻里帖木儿。元宗王。口温不花孙,瓮吉剌歹之子。封广宁王。世祖至元二十四年(1287)二月,奉敕节制诸军。是月,乃颜遣使征东道兵,世祖谕阇里铁木儿不得发兵与之。文宗至顺元年(1330),其子按浑察袭封广宁王。(0001 卷 14、107、108)

阎从 元新安(今属河南)县尉,善破案。(0622 卷 29,0073 卷 67,0002 卷 229)

阎玉 元行唐(今属河北)人。世祖中统三年(1262)任曲阳(今属河北)县尹,后历任高阳、藁城县尹,皆有治绩。(0622 卷 3,0645 卷 24,0075 氏族典卷 370)

阎完 元陕西人。仁宗延祐二年(1315)进士,授礬山县主簿。次年升龙门县尹,有政绩。(0681 卷 34)

阎宏(1255~1306) 字子济。元洧川(治今河南长葛东北)人。阎鼎吉之子。成宗元贞元年(1295),以荐授翰林编修。后升为翰林应奉,出为江西行省检校。卒后次年升为广州路治中之命始下。有诗作传世。(0145 卷 29,0072 卷 90,0504 癸上)

阎良 元文宗至顺二年(1331)任庆元路(治今宁波)经历。顺帝元统中改任曲阳(今属河北)县尹。(0634 卷 1,0645 卷 4)

阎泽(1303~1356) 字润民。元会稽(治今绍兴)人。历任广盈仓副使。后转宁国县典史,未上任卒。(0411 卷 10)

阎询 元澄城(今属陕西)县尹。有诗作传世。(0806 卷 7,0504 丁)

阎珍(1185~1241) 字载之。金元之际上党县(治今山西长治)人。金宣宗元光元年(1222)主持潞州(治今山西长治)事,以城降蒙古,授潞州招抚使。(0351 卷 29,0003 卷 52,0002 卷 137)

阎复(1236~1312) 字子静。元高唐(今属山东)人。弱冠入东平学,师事名儒康晔。宪宗九年(1259),始掌书记于东平行台。世祖至元八年(1271),由王磐荐为翰林应奉。十六年,累升翰林直学士,以州郡校官多不职,建议定铨选法。二十三年,累升翰林学士。二十八年,出任浙西廉访使,因尝撰桑哥辅政碑,免职。成宗即位(1294),召为集贤学士。大德四年(1300),拜翰林承旨。武宗即位(1307),奏陈惜名器、明赏罚、择人才三事。未几,致仕。卒。谥文康。有《静轩集》。(0001 卷 160)

阎珪 字用之。元晋宁(治今山西临汾)人。历任修武(今属河南)县尹,有政绩。(0765 卷 11)

阎梅 元顺帝至正元年(1341)任介休(今属山西)县尹。(0693 卷 7)

阎琛(1220~1299) 字伯玉。元真定(治今河北正定)人。世祖至元十九年(1282)任宁晋(今属河北)县尹。后历任藁城县、杞县尹。成宗元贞初致仕。(0262 卷 18)

阎敬 元世祖至元间任齐东县尹。(0740 卷 11)

阎瑀(1205~1286) 字润夫。元陈州西华(今属河南)人,迁居洧川(治今河南长葛东北)。业医,乐于资助儒士。(0145 卷 27)

阎微 元世祖至元间任奉化县主簿。(0633 卷 3)

阎默 字彦深。元曹州(治今山东荷泽)人。元初为镇江路阴阳学教授。(0631 卷 17)

阎璧 元世祖至元间任镇江路行大司农司宣使。(0631 卷 17)

阎骧 字仲彬。元余姚人。善画山水,师法宋郭熙。(0077 卷 40,0078 卷 22)

阎士谦 元武乡(今属山西)人。世祖至元初授凤州知州,升兴元路(治今陕西汉中)总管。(0691 卷 9)

阎世杰 元晋宁(治今山西临汾)人。世祖至元间任阳城(今属山西)县尹,有政绩。(0700 卷 8)

阎仲荣 元顺帝至正十年(1350)任历城(治今山东济南)县尹。(0600 卷 2)

阎汝贤 元成宗大德十年(1306)任沁水(今属山西)县尹。(0694 卷 5)

阎宝奎 (1293~1361),字瑞卿。元奉化人。顺帝至正十五年(1355)浙东帅府署为处州路儒学录,不就任。(0431 卷 43)

阎荣祖 字孝先。元怀庆(治今河南沁阳)人。文宗至顺三年(1332)任镇江路顺德翼下百户。(0631 卷 17)

阎相如 元人。有诗作传世。(0504 庚

上）

阎思孝　元顺帝至正中为察罕帖木儿部将。十九年（1359）八月，与察罕帖木儿诸将李克彝、虎林赤等攻破大宋红巾军都城汴梁。二十一年八月，与察罕帖木儿诸将扩廓帖木儿、关保、虎林赤等进攻山东东平等地。（0001卷45、46、141）

阎思齐　元世祖至元间任新河（今属河北）县尹，兴学有功。（0656卷5）

阎得中　元顺帝至正年间任曲沃（今属山西）县尹，兴学育才，民颂其政。（0700卷6，0702卷5、16）

阎禄积　元世祖至元三年（1266）任沁水（今属山西）县尹。（0694卷5）

阎鼎吉　（1226～1293），字和卿。元洧川（治今河南长葛东北）人。阎瑀之子。元世祖至元二十一年（1284）至二十六年历任浏阳（今属湖南）县尉。（0501卷52）

阎德中　元世祖至元间任沁水县（今属山西）主簿。（0694卷5）

焕著　元顺帝至正十四年（1354）任奉御。（0559卷18）

清芭　元僧人。有诗作传世。（0504壬上）

清茂（1262～1329）　字古林，别号休居叟，元僧，乐清（今属浙江）林氏子。自幼为僧。历住平江天平寺、开元寺。仁宗皇庆间，两度奉旨开堂，赐号佛性禅师。说法于金陵宝宁寺。有《续宗门统要》。（1144卷662）

清昙（？～1390）　号独芳，元顺帝时来华日本僧人。来华后，历叩诸刹，行洁才秀，有昙菩萨之号。永德中归日本后，相国义满源聘住天龙寺。至德二年（1385），移住万寿藤玉庵。后创大智寺。圆寂于洛州兴圣寺。（1144卷667）

清珙（1272～1352）　号石屋。元常熟人。僧人。俗姓温。少时攻儒业，以敏慧闻。年近弱冠，出家为僧。后入湖州霞务山结茅，名所居曰天湖，衲徒四至，竟成禅林。顺帝元统间，住嘉兴当湖福源寺。后辞归天湖。卒。有《石屋山居诗》一卷、《偈颂》一卷。（0037卷17，0075神异典卷188，0503初集壬）

清浚（1328～1392）　号天渊。元明之际黄岩人。僧人。俗姓李。元末说法于四明（今宁波）万寿寺。入明，召为天界寺左觉义。洪武二十三年（1390）诏住灵谷寺。有诗作传世。（0411卷2，0075神异典卷189，0033卷34）

清欲（1295～1367）　字了庵，号南堂。元僧，临海朱氏子。历主溧水开福寺、嘉兴本觉寺、平江（治今苏州）灵岩寺。有语录行世。（0411卷2、3，0042卷12，0504壬上）

清纳海　元成宗大德八年（1304）任丹阳县尉。（0631卷16）

添孙（？～1336）　元宗室。顺帝时，任大宗正府也可札鲁忽赤。卒，赐钞一百锭以葬。（0001卷139）

添受　元唐兀人。至大四年（1311）仁宗立，任丹徒（治今镇江）达鲁花赤。（0631卷16）

添荣祖（1271～1336）　字仲华。元当涂人。历任武昌路诸色人匠提举。（0981卷19）

添寿不花　元蒙古弘吉剌氏。按陈曾孙，唆儿火都之孙。弘吉剌部领地蒙古军站千户。（0001卷118）

混盆　元云南土官。招南通侄。泰定帝泰定四年（1327），随招南通内附，授知孟杰府（治今泰国清莱府东北），赐钞币若干。（0001卷30）

粘合真　元女真人。世祖至元二十六年（1289）任江南行台监察御史。（0632卷6）

粘合畐　字洪明。元女真人。世祖至元间任镇江路行大司农司令史。（0631卷17）

粘合大本　字彦中。元河南女真人。曾任容县尹。文宗至顺二年（1331）迁任宁都（今属江西）州同知。（1021卷4）

粘合万奴　元女真人。仁宗皇庆中，任高邑（今属河北）县尹。（0645卷4、24）

粘合从中　元女真人。世祖中统二年（1261）初立劝农司，授河间劝农使。（0001卷4）

粘合正卿　金元间女真人，元初任京兆路（治今陕西西安）宣课。（0321卷2）

粘合庆哥　元女真人。武宗至大间任庆元路（治今浙江宁波）总管。（0633卷2）

粘合安童　元女真人。成宗大德二年（1298）任溧水（今属江苏）州同知。（0632卷6）

粘合孝纯　元女真人。世祖至元二十二年（1285）任江南行御史台照磨。（0632卷6）

粘合南合（？～1267）　又名珪。元女真人。粘合重山之子。太宗时为江淮安抚使。太宗十年（1238），袭父职行军前中书省事。劝止大将察罕屠寿春城。世祖中统元年（1260），授西京宣抚使。二年，授中书右丞，行省中兴等路。三年，迁秦蜀行省事。至元元年（1264），升中书平章。四年，病死。追封魏国公，谥宣昭。（0001卷146、4、5等）

粘合重山（？～1238）　金元之际女真贵族。金末入质于蒙古，见金将亡，遂降蒙古，任元太祖之必阇赤（书记）。从太祖攻西夏等国，有功。太宗即位（1229），任太宗之必阇赤。后任中书省副长官，佐耶律楚材在汉地建官立法、定课税、通漕运。太宗七年（1235），从皇子阔出攻宋，

奉诏军前行中书省事，收降江淮民三十余万。后复入中书省任职。追封魏国公，谥忠武。（0001 卷 146、2、153 等）

粘合禓裀　元女真人。世祖至元二十年（1283）任瑞州路（治今江西高安）判官。（1016 卷 14）

粘合天使奴　元女真人。成宗大德年间任溧阳（今属江苏）州判官。（0632 卷 6）

着古与　元太祖十五年（1220），奉命与堪古若出使高丽，此后又多次出使。十九年，出使途中遇盗被杀。（0001 卷 208）

盖苗　字耘夫。元大名元城（治今河北大名南）人。仁宗延祐五年（1318）进士，授济宁路单州判官。赈济饥民，有政声。文宗时为南台、中台监察御史，两次谏修佛寺。后任太禧宗禋院都事，建言治理黄河。顺帝至正初，历任山东廉访副使、刑部尚书等职。累升中书参政，直言敢谏，得罪权相，出为甘肃行省左丞。迁陕西行台御史中丞，未几致仕。次年卒，年五十八。谥文献。（0001 卷 185）

盖洋　元成宗大德六年（1302）任秘书监译史。（0027 卷 11）

盖渊　元世祖至元间为镇江行通政院宣使，后历任龙游县（治今浙江衢州东北）主簿。（0631 卷 17，0878 卷 3）

盖大亨　元仁宗延祐间为庆元路（治今浙江宁波）知事。（0633 卷 2）

盖文炳　元浙东宣慰司都事。（0633 卷 2）

盖良臣　元汴梁人。自祖父至良臣，三代为医，皆为蒙古大汗侍医。良臣随忽必烈南征，鄂渚（今湖北武昌）一战，蒙古军伤病甚多，大多被良臣在战地治愈。后良臣居京兆（治今西安），以疡医扬名三十余年，晚年有归隐之志。（0321 卷 4）

盖继元　元英宗时，任监察御史。至治三年（1323），与同僚宋翼奏言已故丞相铁木迭儿罪状，请毁所立碑，诏准。（0001 卷 28、205）

盖继祖　元怀庆（治今河南沁阳）人。顺帝至正三年（1343）任江南行御史台架阁库管勾。（0632 卷 6）

盖庸德　元顺帝至元二年（1336）任衢州路知事。（0878 卷 3）

寇卞　元泾阳（今属陕西）人。历任耀州判官，高陵、醴泉两县知县，皆有政声。卒年七十六。（0801 卷 20、26，0815 卷 3、10，0804 卷 5，等）

寇靖①（1195～1274）　字唐臣。金元之际中山安喜（治今河北定州）人。元太宗十年（1238），设科选士。靖中选而不仕，隐居教授，自号松溪翁。（0160 卷 17，0072 别附卷 3）

寇靖②　元进士。任鄠县（今陕西户县）尹，有惠政，百姓戴之如父母，去官三年后，民追思不忘，为立去思碑。（《康熙鄠县志》卷 12）

寇士谦　字子益。元长安（治今陕西西安）人。儒医。家居不仕。中朝诸老皆与之友，岁时书问不断。（0262 卷 29）

寇志静　字隐之，号圆明子。元栎阳（治今陕西临潼东北）人。道士。世祖至元十七年（1280）犹在世。（0560）

宿敦　元蒙古珊竹氏，都元帅太答儿之子，四川都元帅纽璘兄。（0011 卷 9）

寄僧　元唐兀人，来阿八赤子。仕为水达达屯田总管府达鲁花赤，调万安军达鲁花赤。平黎蛮有功，迁雷州路总管。（0001 卷 129）

密兰　元仁宗延祐二年（1315）任江南行御史台经历。顺帝至元元年（1335）累迁为江南行台侍御史。（0632 卷 6）

密谒　字道初。元僧人，天台人。工书法，学虞世南。（0031 补遗）

密儿沙①　元成宗大德七年（1303）任开化县（今属浙江）达鲁花赤。（0878 卷 2）

密儿沙②　元大食人，领茶迭儿局诸色工匠总管府达鲁花赤马合马沙之子。（0011 卷 84）

密兰沙　元文宗至顺二年（1331）任福建廉访使。（0103 卷 4）

密里吉（？～1262）　元西域人，曷思麦里次子。太祖时，袭父职为必阇赤（书记官），后任怀孟达鲁花赤。世祖初年，从攻淮西，战死。（0001 卷 120）

密纳昔　元泰定二年（1325）任庆元路（治今浙江宁波）录事司达鲁花赤。（0634 卷 2）

密迺迩　西域尼波罗（今尼泊尔）人，阿尼哥祖。（0011 卷 90）

密理沙　元顺帝至元间任宿州同知。（0985 卷 11）

密儿可马　元文宗至顺元年（1330）任龙游县（今属浙江）达鲁花赤。后累迁为嘉定（今属上海）知州。（0928 卷 4，0878 卷 2）

密立火者　元哈剌鲁人，匣答儿密立之子。从太宗灭金，又从宪宗伐蜀，为万户府达鲁花赤，卒于军。（0001 卷 133）

密里火者（？～1260）　元宪宗时，为元帅，从伐宋。宪宗卒，统军镇守成都。世祖即位，虑其为变，遣刘黑马诛之。（0001 卷 4、126、149）

密里察儿　元蒙古许慎氏，行省兵马都元帅塔察儿之孙。世祖至元四年（1267）袭蒙古军万户，从阿术略地襄阳，卒于军。（0551 卷 37，0003 卷 44）

密尔谟穌么　元回回人。顺帝元统元年（1333）任秘书太监。（0027 卷 9）

梁千 金元之际大名元城(治今河北大名西南)人。梁祯父。金末,聚众自保。元太祖时,率所部降于蒙古,授大名兵马都总管。宋将彭义斌渡河,各处响应,千搜城内欲倡导起事响应者诛之。太宗三年(1231),大名守将苏椿叛,大将阿术鲁怒,欲屠城。千输金帛于阿术鲁请命,卒获免。(0002 卷 165)

梁巨 元溧阳(今属江苏)人。历任武昌县(治今湖北鄂城)儒学教谕。后升为武昌路儒学教授。(0948 卷 4)

梁氏 宋元之际临川人。王某妻。元初,蒙古军至,为一千户所掠,詈之,被杀。(0002 卷 244)

梁玉 元文宗至顺三年(1332)为永嘉县(治今浙江温州)主簿。(0579 卷 10)

梁节(1249~1338) 字景行,号高峰。宋元之际庐陵(治今江西吉安)人。宋末,应试不利。元初,教授乡学。(0231 卷 10)

梁有 字九思。元文宗天历中奉敕录金石刻三万余通上进,录其副为《文海英澜》二百卷,今不传。(1018)

梁成① 元襄陵(治今山西襄汾西北)人。元初,国王孛鲁选善骑射者,成中选,为偏将,从孛鲁攻拔益都。后又从攻河南,以功授都元帅,赐金符。卒。(0551 卷 29,0002 卷 145)

梁成② 元世祖时从军伐宋。至元三年(1266),生擒宋总辖官有功,授同知开州事,佩金符。(0001 卷 6)

梁贞(1229~1307) 字干臣。元安阳人。由吏入仕。历济源县尹,廷议为郡县治绩最。世祖至元初,召拜监察御史,遇事敢言。十一年(1274),出任代州知州。十四年,擢淮东按察副使。十八年,迁任湖北按察副使,辞归养母。(0250 卷 56,0622 卷 28,0002 卷 195)

梁迁(1280~1346) 字彦升。元安阳人,梁贞孙。以祖荫为望江县主簿。后历任萍乡州税课提领、巴陵县尹、黄岩知州。(0250 卷 60)

梁仲 元太宗初年,行大名省事,从征金,未几死。(0014 卷 39 中、下)

梁全 字伯谦。元德庆(今属广东)人。仁宗延祐年间中乡试。历任德庆路同知。(0589 卷 40,0075 氏族典卷 302)

梁宇 元晋宁辽州人。历任越城、汾西、太原主簿。擢徐沟县尹。击强治奸,廉能有声,治行为诸县最。升云南行台御史,转四川廉访司事,所至有惠政。(0714 卷 126)

梁观 元世祖至元间为奉化县尹。(0633 卷 3)

梁材 元世祖至元间任婺州路(治今浙江金华)达鲁花赤。(0881 卷 11)

梁枢① 字子极。元宣德(治今河北宣化)人。元初,赵复讲学于太极书院,往之从学,岁余归,居乡授徒以终。(0681 卷 39,0072 卷 90)

梁枢② 元泰定元年(1324),任江南行御史台监察御史。(0632 卷 6)

梁国 元人。有诗作传世。(0504 癸上)

梁泽 元东平(今属山东)人。武宗至大二年(1309)任丹徒县(治今江苏镇江)知县。(0631 卷 16、19)

梁宜 字彦中,号颐斋。元茌平人。初为国子伴读。仁宗延祐二年(1315)登进士第,授邳州同知。历任国子助教、大名路判官、峄州知州、顺州知州、河南府路总管。顺帝至正十年(1350)任礼部尚书。有诗作传世。(0212 卷 60,0075 氏族典卷 302,0504 丙)

梁相 字必大。元杭州人。成宗大德二年(1298)任镇江路儒学教授。大德末,迁任绍兴路教授。有诗作传世。(0631 卷 17,0504 甲,0033 卷 12)

梁柱 字中砥。宋元之际镇江人。梁栋弟。宋亡,为道士于茅山,号尘外道人。工诗,有诗作传世。(0178 卷 14、18,0504 壬上,0033 卷 33)

梁恂 元京兆(治今西安)人。有诗作传世。(0504 庚下)

梁举 元平遥人。顺帝至正十一年(1351)进士,授云州判官。(0560,0693 卷 9)

梁陟 号斗南。金元之际燕京良乡人。梁德珪高祖。金章宗明昌年间进士。历任南京转运司同知。金亡,不仕,终老于家。成宗元贞年间赠号通宪先生。(0622 卷 1,0075 文学典卷 86,0641 卷 5)

梁泰 元太宗十二年(1240),受命充宣差规措三白渠使,置司于云阳县(治今陕西宜君北),负责修复关中三白渠。(0001 卷 65)

梁载 字逊耕。元丽水(今属浙江)人。有诗作传世。(0896 卷 182,0504 戊上)

梁铎 元文宗天历二年(1329)任建康路(治今江苏南京)推官。(0632 卷 6)

梁益 字支直,元江阴人。博洽经史,工于文辞,以授生徒为业。著有《诗传旁通》,发挥朱熹学说,又著有《三山稿》、《诗续余》、《史传姓氏纂》等书。年五十六卒。(0001 卷 190)

梁祯①(1227~1297) 字用之。元大名元城(治今河北大名西南)人。世祖中统初,摄新军千户,击宋夏贵所部,斩获甚众,以功授新军千户。从征李璮,攻襄樊,皆有功。至元十二年(1275),从攻常州,先登。宋平,移镇嘉兴。三十年,致仕。(0146 卷 26,0002 卷 165)

梁祯② 元成宗大德七年(1303)任金坛

县尉。(0631 卷 16)

梁寅(1303～1389) 字孟敬,元明间新喻人。弱冠授徒豫章。屡应乡试不利。顺帝至元间,以荐授集庆路儒学训导,至正十年(1350)辞归。明洪武十年(1377)讲学于石门书院,学者称石门先生。有《石门集》、《周易参义》、《诗演义》。(0020 卷 282,0313 卷首)

梁瑛(1191～1256) 金元之际汾州平遥人。元太祖十三年(1218),率众降于木华黎,授元帅左监军,奉命攻城堡之未下者,招降甚多。次年,从按陈攻克平阳、晋安、沁、潞等数十州县,又逾太行攻略怀、孟等州。十五年,从木华黎入陕西,攻拔祯州,擢征行都元帅。二十二年,金兵攻陷平阳、太原,从按扎儿击走金兵。太宗元年(1229),入觐,授御前千户。二年,扈驾南征至凤翔,率所部西略,克宋兴元等十余城。四年,从诸将败金兵于三峰山。十一年,从塔海绀卜攻蜀,略重庆、万州等地,擢征行万户。十三年,从攻成都,克之。次年,宋兵攻陷成都,复从塔海绀卜克之。定宗二年(1247),任西京、平阳、太原、京兆、延安五路万户,治太原,招集流民三万余户。(0172 卷 5,0002 卷 148)

梁琮(? ～1300) 字文玉。元安阳人。世祖至元中从平宋,授长兴(今属浙江)县尹。后历任福建劝农营田副使、福建都转运副使、龙阳知州。(0145 卷 25,0622 卷 28,0761 卷 32)

梁栋 元世祖至元年间为瑞州路(治今江西高安)治中。成宗大德中,任兰溪知州。(0881 卷 12,1016 卷 14)

梁曾(1242～1322) 字贡父。元燕人。少时好学。世祖中统四年(1263),由王鹗荐为中书左三部令史。至元十年(1273),授云南行省都事。十五年,任广西宣抚司同知。次年,任南阳知府。十七年,召为兵部尚书,与礼部尚书柴椿出使安南。次年,安南国王陈日烜遣其叔遗爱奉表从曾入献方物。二十九年,召为吏部尚书,与礼部郎中陈孚持诏谕安南国王陈日燇来朝。次年,日燇遣其国相陶子奇从之来朝,献上万寿颂、金册表章、方物。成宗时,历任杭州路总管、两浙都转运盐使、中书参议。武宗时,历任河南、湖广参政。仁宗皇庆初,授集贤侍讲学士;延祐初,以病辞官。(0001 卷 178)

梁遗 元汝州(治今河南临汝)人。顺帝至元四年(1338)为广西廉访使。有诗作传世。(0504 己上)

梁裕 元汴梁(治今河南开封)人。历任新昌县(今属浙江)主簿。(0880 卷 28)

梁瑞 元怀远县(今属安徽)知县,温雅廉慎,尝鼎新学舍。(0622 卷 7,0977 卷 6,0997 卷 2)

梁源 元淮安人。世祖至元十四年(1277)任镇江路录事司判官。(0631 卷 16)

梁聚 元成宗大德元年(1297)任常山(今属浙江)县尉。(0878 卷 3)

梁璧 元仁宗皇庆二年(1313)任丹阳县尹。(0631 卷 16)

梁大用(1247～1318) 字益之。元长安(治今陕西西安)人。世祖至元间檄充安西王掌膳局提举。悉心任职二十年,致仕归。(0181 卷 7)

梁才茂 元仁宗延祐五年(1318)任高陵(今属陕西)县尹。(0816 卷 4)

梁子中 元末为甘肃行省平章。明洪武二年(1369),徐达军至巩昌,降于明。(0014 卷 26 下)

梁天祐 字祐之。元华亭(治今上海松江)人。有诗作传世。(0504 庚下)

梁天翔(1239～1293) 字飞卿。元汾州平遥人。梁瑛第三子。读书能知大义,通蒙古语。年十八,授平遥知县,召父老十余人,询以民事,众曰可而后行。世祖至元九年(1272),任介休知县,承制签兵以戍南边。十三年,任郢州同知,镇压反元武装。后迁任海北广东道按察副使。宣慰使白甲贪虐,土豪因众怒谋为乱;劾罢之,民心遂安。二十六年,任云南行台侍御史,下车访军民利病,上疏言汰冗员、薄税敛、迁土官、恤兵政等二十余事,世祖嘉纳之。入为吏部侍郎,高丽饥,奉诏往赈。归授成都路总管,改四川廉访使。卒。(0551 卷 31,0002 卷 148)

梁车叟 元人。有诗作传世。(0504 癸下)

梁日新 元汾州平遥人。登进士第。历任工部侍郎。(0693 卷 9)

梁正祖 元襄陵(治今山西襄汾西北)人,梁成之子。以战功授千户。太宗七年(1235),从讨花马国,取也里城(今阿富汗赫拉特)。死于边事。(0551 卷 29,0002 卷 145)

梁世英 元世祖至元二十七年(1290)任安丘知县。(0743 卷 14)

梁师义 元顺帝至正十二年(1352)任藁城(今属河北)县尹。(0651 卷 4,0645 卷 4)

梁师安 元容城(今属河北)人。与兄师恭皆刘因门人,创义学以教乡人。(0649 卷 34,0072 卷 91,0002 卷 170)

梁廷凤 元兴国路(治今湖北阳新)人。历任思恩县主簿。(1046 卷 6,1041 卷 36)

梁行笃 元文宗天历三年(1330)任棣州(治今山东惠民)判官。(0725 卷 10)

梁守中 元顺帝至正十六年(1356)任商河(今属山东)县尹。(0741 卷 5)

梁安寿 字寿之。元镇江路行大司农司令史。(0631 卷 17)

梁进之 元大都人。杜仁杰妹婿。与关汉卿为世交友好。历任警巡院判、县尹、大兴府判、和州知州。行文高古尊韩、柳,诗宗李、杜,填词似苏、柳、秦、周。撰有杂剧《赵光普进梅谏》、《东海郡于公高门》。(0029 卷上,1107 卷 64)

梁克中 元汴梁(治今开封)人。文宗至顺元年(1330)任江南行台监察御史。顺帝至正中,任吉安路总管。反元队伍起,移兵出镇郡东大洲上,募丁壮,置舟师,节制属县乡兵,抗拒反元队伍。(0632 卷 6,0622 卷 56)

梁时中 元汾州平遥人,梁天翔之子。仁宗延祐初,为信州路治中。累迁为广州路总管。(0693 卷 9,0002 卷 148)

梁园秀 一作梁国秀。姓刘,行第四。元代女艺人。善歌舞,技艺精妙,当代称首。喜亲文墨,作楷书妩媚。时吟小诗亦佳。能作散曲,世所共唱。嫁艺人从小乔(一作随小乔)。(0032,0031 补遗)

梁国标 元汝宁(治今河南汝南)人。登进士第。文宗至顺三年(1332)任江南行台监察御史。官至广东廉访使。(0632 卷 6,0147 卷 42,0559 卷 18)

梁居善 元真定(治今河北正定)人。泰定四年(1327)任南台照磨。文宗天历二年(1329)任南台监察御史。(0632 卷 6)

梁阿里 元世祖至元二十七年(1290)至成宗元贞元年(1295)任庆元路(治今宁波)推官。(0633 卷 2)

梁承夫 元人。有诗作传世。(0504 癸下)

梁绍辉 元人。有诗作传世。(0504 癸上)

梁思温 元曲阳(今属河北)人。历任睢阳、鹿邑、灵璧知县,皆有政声。(0622 卷 7,0766 卷 4,0977 卷 6)

梁济民 字时中。元邹平(今属山东)人。世祖至元九年(1272)任商河(今属山东)知县。(0741 卷 5)

梁惟吉 元保定人。成宗大德二年(1298)任祁门县(今属安徽)知县。(0972 卷 4)

梁雄飞 元淮西人。历任广东宣慰使。(0591 卷 4)

梁普华 元武宗至大二年(1309)任建康路(治今南京)治中。(0632 卷 6)

梁曾甫 元南海县(治今广州)人。顺帝至正间为番禺沙湾巡检。反元队伍遣使说降,曾甫斩之。反元队伍悉众来攻,遂被杀。(1035,0056 卷 17,0075 氏族典卷 302、官常典卷 733)

梁德珪(1259~1304) 又名暗都剌,字伯温。元大兴良乡人。内藏库提点梁国桢之子。幼侍察必皇后,习蒙古语,通奏对。年十一,见世祖,命从丞相安童学法令礼仪。至元十四年(1277),袭父职。十六年,任中书左司员外郎。升郎中,六迁至参议尚书省事。二十九年,升中书参政。在中书省年久,凡钱谷出纳之制,铨选进退之宜,诸藩赐予之节,命有骤至,不暇阅简牍,同列莫知措辞,德珪数语即定。间遇疑事,则曰某事当如某律,某年尝有此旨,验之皆然。成宗即位(1294),升中书左丞。大德二年(1298)正月,升右丞,四月,升平章政事。七年,因牵连朱清、张瑄贿赂案,被罢官,安置湖广。八年,复职,九月卒。(0001 卷 170)

梁八剌思 元镇江路生帛局副使。(0631 卷 17)

梁不鲁罕(? ~1329) 元河间人。仁宗延祐二年(1315)任镇江路济南翼下百户。(0631 卷 17)

梁完者秃 元仁宗延祐七年(1320)任秘书少监。英宗至治三年(1323)升秘书太监。泰定帝致和元年(1328)升秘书卿。(0027 卷 9)

梁帖木儿 元唐兀人。历任义乌县丞。(0881 卷 12)

谌季岩 元人。工诗,师法陈与义。吴澄尝为其诗稿作序。(0212 卷 15)

谌济川 元南丰(今属江西)人。工诗,刘壎为其诗稿作序。(0204 卷 7)

谒只里(1241~1282) 元女真人。金末进士昔宝味也不干之孙。初事忽必烈,充藩府宿卫士。世祖中统初,奉命参议陕西行枢密院事,以商挺佐之。未几,改行省断事官,寻复入宿卫。李璮平,以宿卫士佩虎符监汉军于毗阳。至元七年(1270),奉旨为监战,以所领诸军围襄阳。十年,攻樊城,率军先登,破之。十一年,从伯颜大军东下,率军败宋将夏贵,获战船百余。十二年,攻常州,克之。奉省檄攻下安吉诸州。十三年,宋帝降,奉伯颜命监守宋宫。未几,授浙东宣慰使,镇守绍兴。(0001 卷 154)

谕法师 元僧人,工画弥陀佛像。其作品流传至日本。(1143 卷 1420)

谙笃乐 元泰定元年(1324)进士。历任大司农照磨、翰林典籍。(0254 卷 12、13)

谙都剌(1277~1346) 字瑞芝。元蒙古克烈氏。阿思兰之孙。通经史,兼习诸族语。成宗时,为翰林院札尔里赤(书写制诰者)。未几,授翰林应奉,凡蒙古传记,多所校正。升待制。出任辽州达鲁花赤,治绩以最闻。文宗至顺元年(1330),迁襄阳路达鲁花赤。山西大饥,河南行省恐流民入境为变,檄守武关,谙都剌验其良民,听之度关,又煮粥食之,所活数万人。顺帝元统二年(1334),迁益都路总管。兴学校,擒强盗,裁抑亲王买奴府属扰民。(0001 卷 192)

扈栋 元世祖至元中为江宁县(治今南京)主簿,二十三年(1286)迁任祁门县(今属安徽)主簿。(0632 卷 6,0972 卷 4)

扈铎 元汴梁兰阳(治今河南兰考北)人。早孤,养于伯父。既长,事伯父如所

生。伯父卒，抚育伯父遗腹子成人。母丧，哀毁逾礼。时以孝义称之。（0001 卷 197）

扈海　字巨源。元卫辉（治今河南汲县）人。世祖至元中为南靖（治今福建南靖东北）县尹。畲人反元起事队伍攻入城，海责以大义，皆骇散。（0622 卷 78，0908 卷 25，0919 卷 3）

扈廷玉　元镇江路行通政院宣使。（0631 卷 17）

扈仲义　元仁宗延祐年间任广宗县（今属河北）典史。（0665 卷 5）

扈宗明　元顺帝时人，绘塑匠。至元十二年（1352）同扈宗义、董暹塑绘藁城宣圣庙曾子、子思塑像及七十子、十儒画像。（0552）

扈彦鸿　元顺帝至正末任临城县（今属河北）儒学教谕。（0645 卷 4）

强以德　字振之。元无锡人，强可仕父。被荐举为采石书院山长。后升为湖广行省儒学提举。弃职归养母。（0941 卷 18，0048 卷 5，0152 卷 15）

强可仕　字行之。元无锡人，强以德之子。历任嘉兴路、常州路儒学教授。后累迁为浙东宣慰司都事。（0303 卷 1，0258 卷 8，0517 卷 5）

尉晒　元世祖至元十四年（1277）任江南行御史台都事。（0632 卷 6）

尉迟雨　元绛州（今山西绛县）人，尉迟天泽子。仕为潞州知州。（0001 卷 176）

尉迟天泽　金元之际绛州（今山西绛县）人。仕金为库官，郡王带孙攻拔绛州，被俘。佩金符，授云州御衣局人匠总管。（0001 卷 176）

尉迟德诚（1263～1315）　字信甫。元绛州（治今山西新绛）人。尉迟雨之子。武宗时，历任太子率更丞、詹事院都事、家令司丞，事仁宗谨恪。仁宗即位，选为河东宣慰司同知，击奸吏，宽税敛。历西台治书侍御史、京畿都漕运使。延祐二年（1315），任辽东廉访使，上疏言劳诸王以怀其心、抑奢侈以厚风俗、拯钞法、裁冗官等事。寻卒。（0001 卷 176）

屠约　字存博，号月汀。元杭州人。初为溧水（今属江苏）州儒学训导，迁任婺州路（治今金华）儒学正。后升为徽州路儒学教授，卒于官任。有诗作传世。（0142 卷 13，0232 卷 7、8，0504 甲）

屠性　字彦德，元绍兴余姚人。明《春秋》学。工诗文，顺帝至正间以乡荐为嘉定路儒学经师。有《彦德集》。（0503 三集庚）

屠曾　字体宁。元海盐（今属浙江）人。杨梓婿。早年从吴澄学。仁宗延祐中，行省荐为儒学教谕。英宗至治三年（1323）乡试第一，授建康路儒学正，不就。（0537 卷 4）

屠彝　字彦德。元人。有诗作传世。（0504 戊下）

屠文正（1238～1290）　更名觉缘。宋元间山阳（今淮安）人。元世祖至元元年（1264）被元兵驱至开平（今内蒙古正蓝旗东北）。十二年至大都。二十一年，建无量寿庵。（0438 卷 2）

逯永贞　元覃怀（今属湖南）人。登进士第。顺帝至正初为光山县尹。后迁任平江路（治今苏州）经历。（0262 卷 2，0558 卷 23）

逯西皋　元修武（今属河南）人，逯鲁曾孙。占籍钱塘（治今杭州）。元末历任江浙行省都事。入明，弃官居西湖。卒年八十五。（0872 卷 9，0094 卷 12）

逯师颜　元仁和（治今杭州）人。历任江浙行省员外郎。（0872 卷 9）

逯居敬　字公谨。元卫辉（治今河南汲县）人。顺帝至元三年（1337）任秘书监校书郎。（0027 卷 10）

逯鲁曾（？～约 1352）　字善止。元修武（今属河南）人。文宗天历三年（1330）进士，授翰林编修，辟御史台掾。顺帝至元六年（1340），为监察御史，时伯颜罢相，乃劾阿吉剌太尉、巩卜班右丞、月鲁不花院使等伯颜之党，皆罢黜，朝廷肃然。任刑部员外郎，辨正横罹伯颜所诬者。至正十二年（1352），超迁淮南宣慰使，从丞相脱脱镇压徐州红巾军，奉遣募盐丁五千人从征。徐州平，继领所部军征淮东，死于军中。（0001 卷 187）

隋在　元徽州路（治今安徽歙县）判官。（0972 卷 4）

隋安　金元之际莱阳人。隋宝弟。金末为行村寨巡检，从宝降于蒙古。（0075 氏族典卷 41）

隋宝　元莱阳人。金末以军功任怀远大将军、管军都总领。太宗时归降，授莱阳令。后历任莱州节度判官、高密县令。（0001 卷 166）

隋荣　元莱阳人。隋宝之子。历任扬州管军千户。（0075 氏族典卷 41）

隋世昌　元莱阳人。隋宝子。宪宗时从蒙古军攻宋，克东海、涟水城，以功升马军千户。世祖时，从攻襄樊，破樊城。从战丁家洲，从围扬州，皆有功，升管军总管。至元十四年（1277）戍扬州。进安抚使，镇澉浦。十七年升管军万户。二十三年，改沂郯上副万户。（0001 卷 166）

隋守中　元顺帝至正三年（1343）任武义县（今属浙江）知县。（0881 卷 13）

隋直弼　元莱阳人。历任管军千户，镇守淮安。（0075 氏族典卷 41）

隋明德　元道士。历任大都云岩观提点。（0312 卷 13）

隋荣祖　字从仁。元顺帝至正二十二年（1362）为历城县（治今济南）知县。

(0600 卷 2)

隗鉴　元易州涞水县(今属河北)人。泰定间任新河县(今属河北)知县。(0656 卷 5)

隗辨　字仲通。金元之际易州涞水县(今属河北)人。金章宗泰和三年(1203)进士。蒙古军南下,从事张柔幕下,赞画有方。(0649 卷 34)

隐也那失理　字处元。元畏兀儿人。能楷书。(0031 卷 7,1104 卷 5)

隆钦然降巴(1308～1364)　本名智美斡色,元藏传佛教宁玛派僧人,藏族。十二岁出家为僧。师从诸多僧学习宁玛派和其他教派教法及密宗、显宗经典。后又在深山密林中苦修十三年,成为精通显密教法的名僧,遂宁玛派密法修订,所撰《七宝藏论》,为宁玛派僧人必读经论。曾多次举行法会讲经传法。一度与帕竹政权首脑绛曲坚赞不协,活动受到限制,后经调解,始恢复其正常宗教活动,绛曲等亦奉其为上师。曾赴不丹传法,并建塔尔巴林寺。后又去尼泊尔弘扬宁玛派教法。(1146 卷 520)

续元晖　元仁宗时宦者。延祐二年(1315)为中尚卿;五月,加授昭文馆大学士。(0001 卷 25)

续执中　元襄陵(治今山西临汾西南)人。成宗大德初任绛州儒学教授,入为国子助教。(0691 卷 9,0700 卷 7、8 上,0710 卷 9)

续希贤　元成宗大德七年(1303)任江南行台监察御史。(0632 卷 6)

续继祖　元顺帝时大宋红巾军将领。至正中,率部攻入辽阳。十九年(1359)四月,大宋红巾军大将毛贵为赵君用杀于益都。七月,续继祖率部自辽阳入益都,杀赵君用,遂与赵君用所部红巾军自相仇敌。(0001 卷 45)

续景明　号竹轩。元安阳人。由礼部员外郎升为怀庆路总管。文宗至顺三年(1332)以礼部尚书致仕。(0250 卷 40)

绰儿马罕(?～1241)　又译搠儿马罕、搠里蛮、绰儿马浑。蒙古雪你惕氏。元太祖时,任箭筒士。太宗二年(1230),奉旨率三万蒙古军西征。次年,攻灭花剌子模王札兰丁。其后,留镇波斯西北部,不断攻掠阿塞拜疆、伊拉克北部、格鲁吉亚、阿美尼亚等地。十三年,卒,由其部将别速氏拜住继统其军。(0009 卷 11、12,0008 卷 2、3,0015 卷 4)

维山　元康里人,巎巎子。由宿卫入仕,任崇文监丞,升给事中,又任同佥太常礼仪院事,调崇文太监。(0001 卷 143)

维翰　字古清。元江西人。僧人。俗姓王。通禅法。能诗。善画龙。(0030 补遗)

绵思哥　元契丹人,耶律阿海次子。袭父职为太师,监寻斯干城(今撒马尔罕)。后还内郡,守中都路也可达鲁花赤,佩虎符。(0001 卷 150)

十二画

琱阿不剌(?～1310)　元蒙古弘吉剌氏,帖木儿长子。成宗大德十一年(1307),袭职为万户,尚顺宗女祥哥剌吉公主。不久加封鲁王、赐金印。女为文宗皇后。(0001 卷 108、118)

琬　元僧人。有诗作传世。(0504 壬上)

琚可道　字元学。元江山县(今属浙江)人。元末以荐授江山县尉。晚年建崇徽观于西山之阳以隐居。(0897 卷 3,0894 卷 7)

辇真监藏(1257～1305)　元乌思藏萨斯迦人,世祖朝帝师亦摄思连真弟。奉世祖诏为萨斯迦法门上师十余年,使萨斯迦派势益盛。成宗大德八年(1304)嗣位为帝师。(0001 卷 21、202,1161 卷 460)

辇真吃剌失思　元乌思藏萨斯迦人,世祖时,任陇西四川释教总摄。至元二十八年(1291),授诸路释教都总统。次年,授吐蕃等处宣慰使都元帅。文宗天历二年(1329),拜为帝师。(0001 卷 16、17、33)

博罗①　元蒙古忙兀氏,博罗欢子。仕为陕西行省平章政事。(0001 卷 121)

博罗②　元西域板勒纥氏,居解州,察罕弟。(0011 卷 91)

博除　元西域板勒纥氏,居解州,察罕弟。历任太仓令。(0011 卷 91)

博都　元世祖至元十四年(1277)授平江路(治今苏州)达鲁花赤。(0927 卷 20,0928 卷 3)

博秩　元蒙古人,杰烈之子。(0011 卷 32)

博尔术　又译孛斡儿出。元蒙古阿鲁剌氏。少年时与元太祖结为义兄弟。后随太祖征战漠北,攻灭诸部,屡建战功,与木华黎、博尔忽、赤老温合称太祖之“四杰”。太祖时建怯薛(禁卫军),任四怯薛长之一,其子孙世袭怯薛长。太祖即位(1206),受封为右翼万户长,掌蒙古西部诸千户军队。后追封广平王,谥武忠。(0001 卷 119,0008 卷 1,0009 卷 2、6、8、9)

博尔忽(?～1217)　又译博罗浑、孛罗忽勒等。元蒙古许兀慎氏。为元太祖击溃主儿乞部时从营地捡得之幼儿,由太祖母月伦太后收养为义子。稍长,为太祖司膳。后随太祖征战漠北,攻灭诸部,屡有战功。为太祖之“四杰”之一。太祖建怯薛(禁卫军),任四怯薛长之一。太祖元年(1206),授第一千户长。十二年,奉旨率军镇压秃麻部起义,中埋伏被杀。其子孙世袭第一千户长及怯薛长。(0001 卷 119,0008 卷 1,0009 卷 4、6、8、9、10)

博兰台　元西域板勒纥氏,居解州,察罕弟。历任湖广行省宣使。(0011 卷 91)

博兰秀　元世祖至元十六年(1279)任江南行台监察御史。(0632 卷 6)

博罗欢(1238～1300)　又译孛鲁欢、孛鲁罕等。元蒙古忙兀氏。畏答儿曾孙。年十六为忙兀部断事官。世祖中统初,从帝征阿里不哥。三年(1262),率忙兀军参与平李璮。至元八年(1271),奉旨至云南,审理云南王忽哥赤被害案。还朝,授右卫亲军都指挥使。十一年,授中书右丞,兼淮东都元帅,统率东路大军进攻南宋。拔淮安南堡,战白马湖及宝应,下扬州,遂平淮东。十四年,讨平弘吉剌部只里斡台叛乱。二十四年,参加讨平乃颜叛乱。后历任河南、湖广、江浙行省平章。死后追封泰安王,谥武穆。(0001 卷 121)

博理察　元蒙古斡剌纳儿氏,启昔礼子。太宗时从皇弟拖雷攻河南,灭金有功。赐顺德(今河北邢台)以为分邑。(0001 卷 136)

博蛮歹　元武宗至大元年(1308)任溧水(今属江苏)州达鲁花赤。(0632 卷 6)

博颜歹(1297～?)　字士贞。元蒙古札剌亦儿氏,居济宁金乡(今属山东)。顺帝元统元年(1333)进士,授莒州(治今山东莒县)判官。(0028 卷上)

博颜达(1308～?)　字孝友。元蒙古札剌亦儿氏,居大名,迁居江州(今九江)。顺帝元统元年(1333)进士,授婺源(今属江西)州判官。(0028 卷上)

博罗不花　元成宗大德七年(1303)任瑞州路(治今江西高安)治中。(1016 卷 14)

博罗普化　元康里人,斡罗思子。初直宿卫,为速古儿赤(掌服御者)。武宗至大元年(1308),任翰林侍讲学士。英宗时,复任宿卫速古儿赤之长。至治二年(1322),授河南府同知。(0001 卷 134)

博罗察儿　元西域板勒纥氏,居解州,察罕弟。曾任百户。(0011 卷 91)

博温察儿　元女真人,粘合南合子。仕为河中府(治今山西永济西)知府。(0001 卷 146)

博罗帖木儿①　元顺帝至正二十三年(1363),为户部侍郎。九月,奉旨征海运粮于张士诚,士诚托辞拒命,由是东南粮给京师者,止于此岁。(0001 卷 46、97)

博罗帖木儿②　元康里氏,同金资政院事汪家闾之子。(0011 卷 64)

博罗贴睦尔　元凯烈氏,拔实之子。(0011 卷 33)

博寒葛答黑　又译不忽合塔吉。元太祖十世祖孛端叉儿之兄。蒙古哈答斤氏始祖。(0001 卷 1、107,0009 卷 1)

博合覩撒里直　又译不合秃撒勒只。元太祖十世祖孛端叉儿之兄。蒙古散只兀氏始祖。(0001 卷 1,0009 卷 1)

塔八　元蒙古斡勒忽讷惕氏。术真伯孙,别合剌之子。驸马。(0001 卷 109)

塔乞　元西域商人。成宗大德九年(1305)八月,以宝货来献,元廷以钞六万锭给其值。(0001 卷 21)

塔本(?～1243)　元畏兀儿人。初从太祖征讨诸部。后从围燕京,征辽西,下平滦及白霫诸城。奉旨镇抚白霫诸部,号行省都元帅,管内得承制任命县吏,死囚得专决。后徙治兴平。薄赋敛,役有时,归者四集。居民初仅七百户,不一二年,增至万户。太宗六年(1234),镇压李仙、赵小哥起事。卒,谥忠武。(0001 卷 124)

塔出①　元蒙古斡勒忽讷惕氏。月伦太后弟斡剌儿之子。驸马,尚太祖幼女按塔伦。太宗时,受封真定等处五户丝户。(0001 卷 109、95,0008 卷 1)

塔出②(1244～1280)　又译塔术。元人。布兀剌之子。幼孤,长善骑射。世祖至元元年(1264),入侍帝。七年,授山东统军使,镇莒、密、胶、沂、邳、宿等城,设方略,谨斥侯,宋人不敢北向。九年,改行枢密院佥事,数率军攻下濒淮堡栅,略地涟、海。十年,城正阳以扼宋淮海诸州兵。十一年,任淮西行省参政,率军攻安丰、庐、寿等州。宋夏贵十万舟师围正阳,与右丞阿塔海分率锐师,大败宋军。十二年,从伯颜以舟师与宋军战于丁家洲,宋军大溃。分兵四出,克池州,取太平,顺流东下,攻降建康、丹徒、江阴、常州。十三年,迁江西都元帅,攻广东,平之。次年,升江西行省右丞。十七年,入觐,病死于京师。(0001 卷 135)

塔出③　元蒙古札剌亦儿氏。札剌台之子。世祖至元十七年(1280),以勋臣子,授东京路达鲁花赤。次年,升辽东宣慰使。二十四年,奉旨领军一万,与皇子爱也赤抵御叛王乃颜。数与乃颜党战,击退进攻。后又追击乃颜余党,有战功。二十八年,充蒙古军万户,领军讨叛王合丹。以功升辽阳行省平章。卒于位。(0001 卷 133)

塔出④　元成宗大德七年(1303),奉命与郝天挺奉使宣抚江南、江北,给二品银印。(0001 卷 21)

塔出⑤　元宗王。别里古台曾孙。罕秃忽之子霍历极之子。武宗至大三年(1310),嗣父位。性温厚,谦恭好学,通经史,能抚恤其民。(0001 卷 117、107)

塔出⑥　元文宗时,任四川行省平章政事。至顺元年(1330),受命进讨云南,以功受赐银币等物。(0001 卷 34、35)

塔出⑦　元文宗至顺三年(1332)任秘书卿。(0027 卷 9)

塔出⑧　元顺帝至正间任安吉县(治今浙江安吉东北)达鲁花赤。至正十二年(1352)反元武装来攻,被执不屈而死。(0896 卷 151)

塔出⑨　昔儿吉思子。历任元怯薛宝儿

赤(掌厨膳者)、迭只斡耳朵千户。(0001 卷 122)

塔纳 元畏兀儿人,中政院使忙兀的斤之子。历任监察御史。(0011 卷 52)

塔思(1212~1239) 又名查剌温。元蒙古札剌亦儿氏。木华黎孙,孛鲁长子。太宗元年(1229),袭父国王位。次年,领兵收复潞州。三年,从帝攻拔河中府。四年,率军渡河,参加三峰山(今河南禹县南)之战,大破金军。追斩完颜合达,拔钧州(今河南禹县)。攻降河南州。五年,从贵由东征蒲鲜万奴。六年,与皇子阔出攻宋。七年,拔枣阳,攻郢州(今湖北钟祥)。八年,攻蕲、黄二州。九年,与口温不花攻降光州(今河南潢川)。十年,进至安庆府,攻降北峡关。(0001 卷 119)

塔哈 元文宗至顺三年(1332)任浙东宣慰使。(0634 卷 1)

塔孩 又译塔乞、答孩、塔海,蒙古逊都思氏。十二世纪八十年代,离开札木合投附元太祖。1189 年太祖首次称汗后,为其小侍卫队成员,专任使者,奉命与速客该同为使者去王汗处告知太祖称汗之事。约 1193 年,奉命与速客该同为使者迎接从西域穷困归来之王汗。1203 年春,太祖军被王汗击溃,曾追随至巴勒渚纳(班朱尼河),同饮浑水。同年夏征服克烈部后,以功受赐只儿斤部人一百。蒙古建国后,受封为功臣千户长。(0009 卷 1、5、7、8,0001 卷 129)

塔海① 元世祖时,伐宋有功,任湖北宣慰使,由三峡取夔州(今四川奉节),改荆湖北道宣慰使。后从征叛王乃颜,授武平路达鲁花赤。至元三十年(1293),进辽东道宣慰使。(0001 卷 10、11、17 等)

塔海② 元哈剌鲁人。铁迈赤之孙,虎都铁木禄兄子。元世祖时,从土土哈充哈剌赤(牧养皇家母马群,搅制马奶酒进奉者)。至元二十四年(1287),扈驾征叛王乃颜。二十六年,帝命充宝儿赤(宫廷司膳),扈驾至和林(今蒙古哈尔和林)。成宗时历任中书直省舍人、中书客省副使。仁宗时任汴梁路总管。延祐间经理田地,民多逃亡。塔海以其弊言于朝,由是省减民间虚征粮二十二万石,民赖以安。文宗天历元年(1328)冬,任佥书枢密院事,守潼关及河中府。未几陕西军进攻南阳,督诸卫兵往,击退之。以功升大都督。(0001 卷 122)

塔海③ 元畏兀儿人。成宗元贞二年(1296)任镇江路行通政院使。(0631 卷 17)

塔海④ 元西域阿剌温氏。成宗大德九年(1305)任丹徒县(治今镇江)达鲁花赤。(0631 卷 16)

塔海⑤ 元成宗时,任和林宣慰司同知。武宗即位,授中书右丞,不久又加授太尉。次年,改任枢密副使。(0001 卷 22、23、112)

塔海⑥ 字仲良。元鄞县(治今浙江宁波)哈剌鲁人。迺贤兄。仁宗延祐五年(1318)进士。历任四川嘉定府路同知、宣慰使。(0634 卷 2,0011 卷 89,0075 氏族典卷 519)

塔海⑦ 元泰定二年(1325)任奉化州判官。(0634 卷 2)

塔海⑧ 元顺帝至元二年(1336)由司农丞迁任秘书太监。(0027 卷 9)

塔海⑨ 元顺帝时,任太禧宗禋院断事官。至元五年(1339),奉命往镇八鲁剌思千户所灾民。(0001 卷 40)

塔海⑩ 元蒙古人。登进士第。任嘉定路(治今四川乐山)同知,有政绩,升为罗罗斯(今四川西昌地区及凉山彝族自治州)宣慰同知。(0841 卷 16,0853 卷 10)

塔海⑪ 元西域人。也里可温(基督教徒)。居镇江。官至广东宣慰司同知。(0631 卷 19)

塔海⑫ 元蒙古人,浙东宣慰使哈答孙之子。武宗时累官宣徽院同知。仁宗时历任集贤大学士、宣徽使、翰林学士承旨。(0011 卷 36)

塔海⑬ 元蒙古亦乞列思氏,阿失之子。(0011 卷 17)

塔赛 元蒙古阿鲁剌氏。忒不歹驸马曾孙。公主。(0001 卷 109,003 卷 151)

塔儿赤 元世祖时,任耽罗国军民安抚使司(治今韩国济州岛)达鲁花赤。顺帝即位,始专职。(0001 卷 11、13、38)

塔叉儿 元蒙古人。世祖至元二十三年(1286)十一月,奉旨与忽难出使伊利汗国阿鲁浑汗(1284~1291 在位)处。(0001 卷 14)

塔不歹 元衡州人,顺帝元统元年(1333)右榜进士护都不花之父。(0028)

塔不台① 元仁宗皇庆元年(1312)任秘书卿。(0027 卷 9)

塔不台② 字彦晖,元唐兀人。顺帝元统元年(1333)中进士,仕为襄阳录事司达鲁花赤。从魏王与红巾军战于河南,兵败被擒,不屈被杀。(0001 卷 194,0028)

塔不台③ 元蒙古伯岳吾氏,泰不华父。由宿卫入仕,仕为台州(今浙江临海)录事判官。(0001 卷 143)

塔不台④ 元泰定元年(1324)右榜进士。历任翰林应奉。(0254 卷 13)

塔不带① 元宗室,分封于东北。世祖至元二十四年(1287),从乃颜发动叛乱。与元将玉昔帖木儿、李庭等战,兵败被擒。(0001 卷 14、121、162 等)

塔不带② 元世祖至元二十九年(1292),授茆薙、十围、安化等处洞蛮管

军民司达鲁花赤。(0001 卷 17)

塔不带③　元成宗时,充江西福建道奉使宣抚。大德十年(1306)因赃下狱,遇赦免罪,终身不叙。(0001 卷 21)

塔不　字彦翚。元河南人。举进士。英宗至治间任安乡县(今属湖南)知县,有政绩。仕至陕西行台监察御史。能诗,有诗作传世。(1053 卷 13,0504 丁)

塔术丁①　元世祖至元二十八年(1291)任江南行台监察御史。(0632 卷 6)

塔术丁②　元永昌(今属甘肃)人。成宗大德二年(1298)任秘书监。(0027 卷 9)

塔失台　元荆门(今属湖北)知州。(1044 卷 17)

塔里赤①　元康里人。也里里白之子。少时好读书,善骑射。后袭父职,参佐戎幕,调度军马合宜。世祖初年,行省奏充断事官。时南北民户主客良贱杂糅,蒙古军牧马草地互相占据,奉命理之,军民各得其所。至元间,从围襄樊。又从伯颜渡江攻宋,驻临安。后率军至福建,所向迎降,以功授福建招讨使。时陈吊眼反元队伍攻占漳州,受任闽广大都督、征南都元帅,总四省军,收复漳州,擒杀陈吊眼。又从征安南,败黄圣许等。累功授广西两江道宣慰使都元帅,镇压贺州反元武装。后改任福建宣慰使,又改浙东宣慰使。金疮发,卒。追封临安郡公。(0001 卷 135)

塔里赤②　元泰定三年(1326)任吴江(今属江苏)州达鲁花赤。(0928 卷 4,0954 卷 17)

塔利赤　元武宗时,任通政使。至大元年(1308),因修建中都行宫有功,受赐金银等物。(0001 卷 22)

塔即吉　元泰定帝时,由宿卫入仕。因谄事丞相倒剌沙,授岭北行省右丞,升平章政事。明宗即位,受御史弹劾,因昏耄被罢免。(0001 卷 31)

塔剌赤　元蒙古人,失里伯子。历任曲靖等路宣慰使。(0001 卷 133)

塔剌浑　元世祖时,为怯薛必阇赤(文书官)。中统三年(1262)授河南路统军使。(0001 卷 4、5)

塔剌海①　元宪宗元年(1251)为别失八里(今新疆吉木萨尔北)等处行尚书省事。(0001 卷 3)

塔剌海②　元世祖中统四年(1263)为陕西行省长官。(0001 卷 5)

塔剌海③　元世祖时,从军伐宋,任十夫长,至元十六年(1279),因俘获南宋宰相文天祥有功,升授管军千户,佩金符。(0001 卷 10)

塔剌海④　元世祖至元间官员。至元二十八年(1291)五月,与脱脱、忽辛奉元廷遣,追究江淮总摄杨琏真伽等盗用官物。十月,因理算钱谷受赃论诛。(0001 卷 16)

塔剌海⑤　元蒙古人。元初为镇江路万户府达鲁花赤。(0631 卷 17)

塔剌海⑥　元世祖后妃之一,住第三斡耳朵。(0001 卷 106)

塔剌海⑦(? ~1308)　又译答剌海。元蒙古许兀慎氏。月赤察儿长子。自幼侍奉皇太子真金及阔阔真妃,充宿卫士。世祖至元三十年(1293),任左都威卫使。成宗大德元年(1297),兼徽政使。四年,兼枢密副使。后又兼宣徽使,升知枢密院事。十一年武宗即位,任中书左丞相,加太保。七月,升右丞相。至大元年(1308)春,加领中政使。四月,随武宗赴上都,至怀来病死。追封淇阳王。(0002 卷 121)

塔剌海⑧(? ~1335)　元钦察伯岳吾氏,燕铁木儿之子。文宗至顺二年(1331),诏收为养子。顺帝时,与兄唐其势谋作乱,事败被捕杀。(0001 卷 35、38、138)

塔哈赤　元蒙古怯烈氏,镇海孙。袭宏州达鲁花赤。(0011 卷 24)

塔海术(? ~1299)　元别失八里(今新疆吉木萨尔北)畏吾儿人。成宗大德二年(1298)任镇江路濮州翼上千户所达鲁花赤。次年病死。(0631 卷 17)

塔察儿①(? ~1238)　又名倴盏。元蒙古许兀慎氏。博尔忽之子。自幼侍元太祖为护卫士。拖雷监国时(1228),任燕南断事官。太宗二年(1230),从帝攻金,克河东(今山西)诸州县。三年,从帝攻克河中府(治今山西永济西南蒲州镇)。四年,与速不台等围攻金汴京。五年,率师与宋军合围蔡州(今河南汝南)。六年正月,攻破蔡州,灭金。八年,率师攻宋,破光、息州。十年,围攻寿州(今安徽凤台),卒于军。(0001 卷 119,0003 卷 44)

塔察儿②　元宗王。铁木哥斡赤斤之孙,只不干之子。袭其祖封地。与东道诸王也苦、移相哥等拥戴蒙哥(宪宗)即位。宪宗六年(1256),受命攻宋。七年,率军围攻樊城,不克。八年,复率军攻宋荆山,略地至江北而还。宪宗死,率东道诸王拥戴忽必烈即位,领兵从世祖征讨阿里不哥。(0002 卷 105)

塔察儿③　元蒙古人。世祖中统元年(1260),拜中书平章政事,奉命率武卫军万人征阿里不哥。四年,升左丞相。至元元年(1264),立御史台,首拜御史大夫,奠定元代监察制度。七年,改任同知枢密院事。(0001 卷 4、5、6 等)

塔察儿④　元世祖至元二十五年(1288)为兵部侍郎。漕运司达鲁花赤怯来失职,丞相桑哥议以塔察儿代之。(0001 卷 205)

塔察儿⑤　元蒙古人。武宗至大元年(1308)七月,奉旨出使察合台汗国宽阇汗(1307 ~1308 在位)处。(0001 卷 22)

塔察儿⑥　元武宗时为御史中丞。(0001卷176)

塔察儿⑦　元仁宗延祐二年(1315)任衢州路达鲁花赤。(0897卷2、7)

塔察儿⑧　元仁宗延祐三年(1316)为陕西行省平章。是年,武宗长子和世㻋封周王,出镇云南,十一月,至延安。周王常侍教化驰告陕西行省丞相阿思罕。阿思罕悉发关中兵,分道自潼关、河中府入。塔察儿与西台中丞脱欢袭杀阿思罕、教化于河中府。和世㻋遂西奔金山(今阿尔泰山)以西。(0001卷31)

塔察儿⑨　元英宗至治二年(1322)正月,封兰国公。(0001卷28)

塔察而　元成宗时,任山东宣慰使。大德四年(1300),奉命出使高丽。还,授刑部尚书。七年,再次出使高丽,责问其国相专权之罪。(0001卷21、208)

塔儿忽台　元唐兀人,小丑之子。袭父职为怯怜口行营弓匠百户。从世祖征阿里不哥,战于失亩里秃(今蒙古西乌尔特东南达里甘嘎西北)之地,战死。(0001卷134)

塔不己儿(?～1254)　元东吕糺氏。太宗时,任招讨使,率兵伐宋,以功授金虎符、征行万户。宪宗时,病卒。(0001卷123)

塔失不花①　元辽阳人。高天锡之子。成宗大德元年(1297),授章佩监丞。武宗时,仁宗为皇太子,召入东宫为宿卫。仁宗皇庆初,任崇祥院使。延祐四年(1317),迁任大司农。英宗居东宫,塔失不花撰集前代善行嘉言,名曰《承华事略》,并画《豳风图》以进。仁宗命置图、书于东宫,俾太子时时观省。(0001卷153)

塔失不花②　元顺帝至正间任竹山县(今属湖北)达鲁花赤。(1043卷24)

塔失不花③　元蒙古人,居镇江。官至吏部尚书。(0631卷19)

塔失海牙　元成宗时,任江浙行省平章政事。武宗即位,拜中书平章政事。不久出为河南行省平章政事,又任御史大夫。英宗即位,再拜中书平章政事,因受贿杖免。文宗即位,三拜中书平章政事,不久罢为大司农。顺帝时,第四次任中书平章政事,至元六年(1340),拜太傅。(0001卷27、112、113)

塔必迷失(1233～1271)　元蒙古人。宪宗时为宿卫士。世祖至元三年(1266)任卫辉路达鲁花赤,有治绩。(0144卷51)

塔里牙赤　元文宗天历元年(1328)任浙东宣慰司同知。(0634卷1)

塔实脱因　元蒙古札剌亦儿氏。带孙后裔。秃不申次子。嗣为东平路达鲁花赤。(0001卷119)

塔思不花①　元成宗时,任御史中丞、太仆卿。大德八年(1304),任中书右丞。武宗即位,拜御史大夫、遥授左丞相,不久实任中书左丞相。至大元年(1308),升中书右丞相。仁宗即位,复任御史大夫。(0001卷21、22、24等)

塔思不花②　元宗室。仁宗即位,进封恩平王。延祐元年(1314),为置王傅二人。(0001卷24、25)

塔海不花　元世祖至元二十八年(1291)任清丰县(今属河南)尉。(0654卷4)

塔塔统阿　元畏兀儿人。精通畏兀儿文字,被乃蛮太阳汗尊为师傅,掌管出纳钱谷、委任人才之金印。乃蛮亡,降蒙古,侍奉元太祖左右,掌其印,并奉命教皇子、诸王以畏兀儿字书写蒙古语。太宗时,仍掌管内府玉玺及金帛收支。帝命其妻吾和利氏为皇子哈剌察儿乳母,时加赐予,后病死。武宗时追封雁门郡公。(0001卷124)

塔鲁忽带　元成宗时,任枢密副使。大德二年(1298),因赃罪送御史台鞫问。后复原职,升同知枢密院事。武宗即位,进知枢密院事。至大元年(1308),遥授左丞相。(0001卷19、21、22)

塔海忽都　元蒙古札剌亦儿氏,兀浑察弟。袭兄职为蒙古军万户,升镇国上将军都元帅,改授四川蒙古军副都万户。英宗至治二年(1322),以疾致仕。(0001卷123)

塔塔儿台　元蒙古札剌亦儿氏。带孙后裔。从宪宗伐宋,宪宗崩,护送灵柩回漠北,为阿里不哥扣留。世祖至元元年(1264),来归,授怀远大将军,世袭东平路达鲁花赤,居官有善政。卒年四十二。(0001卷119)

塔世帖木儿　元顺帝大臣,至正二十五年(1365)立上都分省,授平章政事。(0014卷34)

塔失帖木儿①　元武宗时,任河南行省参知政事。仁宗即位,因赃罪被河南行省弹劾罢免。(0001卷24)

塔失帖木儿②　元泰定帝时,任岭北行省平章政事。致和元年(1328),拜中书平章政事。(0001卷30)

塔失帖木儿③　元顺帝至元元年(1335)十月,授太禧院使,议军国重事。(0001卷38)

塔失帖木儿④　字原理,元蒙古燕只吉台氏,别儿怯不花之子。顺帝至正十八年(1358),拜中书右丞。二十年,升平章政事。二十四年,出为上都留守,又任上都分省平章政事,便宜行事。(0001卷112、140、145)

塔失帖木儿⑤　元蒙古兀鲁兀氏。怯台之子哈答长子脱欢之长子。袭封郡王。(0001卷120)

塔失帖木儿⑥　元驸马。泰定二年(1325)任中书右丞相。文宗天历元年(1328)知枢密院,出为江浙丞相。顺帝元统二年(1334)迁江西丞相,未几复为江浙丞相。至元元年(1335)任南台御史大夫,迁辽阳丞相。至正元年(1341)为乌古孙良桢劾罢。(0014 卷 11、32,0006 卷 73,0147 卷 37,0101 卷 13)

塔失铁木儿　元仁宗时,授知枢密院事。英宗即位,加封蓟国公。泰定帝泰定二年(1325),拜中书右丞相。文宗即位,与左丞相倒剌沙据上都抵抗,兵败投降,仍授知枢密院事。不久受御史弹劾,去职。(0001 卷 24、30、33 等)

塔失铁木而　又译帖失帖木儿、塔赤铁木而。成宗大德二年(1298)封王爵。四年正月,赐金印。六年正月,增岁赐银二百五十两、杂币百匹。七年五月,以昌童王五户丝户分给之。(0001 卷 20、21、108)

塔思火儿赤　元蒙古塔塔儿氏。太宗时,从定中原有功,授东平路(治今山东东平)达鲁花赤。(0001 卷 131)

塔海拔都儿　元蒙古逊都思氏,阿塔海祖。从太祖起兵,骁勇善战,以功为千户。(0001 卷 129)

塔海帖木儿①　元蒙古塔塔儿氏。拜答儿之子。袭父职,从行院忽敦攻降嘉定。进围重庆,与宋将张珏战,有功。世祖至元十五年(1278),率敢死军二百人破宋军于白水江。累功升管军总管。从也速答儿征亦奚不薛(今贵州鸭池河以西毕节地区),又从征都掌蛮(元时分布于马湖路戎州,即治今四川文兴东之仡佬族),皆任前锋。后从也速答儿等率兵万人会云南兵讨乌蒙(今云南昭通)蛮,以四百人追擒其酋长阿蒙。二十六年,从也速答儿西征,不知所终。(0001 卷 135)

塔海帖木儿②(？～1328)　元泰定帝时,任阿速卫指挥使。帝崩,燕铁木儿拥立文宗。塔海帖木儿从燕铁木儿出兵征上都,谋发动兵变,事泄,被处死。(0001 卷 138)

塔海帖木儿③　元阿剌兀义氏。历任汾州(治今山西汾阳)达鲁花赤。顺帝至正六年(1346)擢冀宁路(治今太原)达鲁花赤。(0551 卷 37,0691 卷 8)

塔必迷失海牙　元延祐七年(1320)英宗立,任江南行台监察御史。(0632 卷 6)

塔儿忽台·乞邻勒秃黑　蒙古泰赤乌部首领。也速该死后,率所部撇弃月伦(元太祖之母)母子,并带走也速该部众。太祖少年时,曾被其率众擒获囚禁。后多次联合诸部与太祖作战。1201 年,其所部被太祖击溃,独自逃走,不知所终。(0009 卷 2、4、5,0008 卷 1)

棒胡　元陈州(今河南淮阳)人。姓胡,名闰儿,因善使棒,人称棒胡。顺帝至元三年(1337)在信阳聚众起兵,破归德府等地,建年号,称李老君太子。次年,被元军俘杀。(0001 卷 39、182)

散散①　元文宗天历元年(1328)任江南行台御史中丞。(0632 卷 6)

散散②　元畏兀儿人,宣政使洁实弥尔之子。历任翰林侍读学士。顺帝时,任云南行省右丞。至正五年(1345),充江西福建道奉使宣抚。(0001 卷 41、92,0334 卷 21,0011 卷 40)

散扎儿　元世祖至元十六年(1279),置大护国仁王寺总管府,以为达鲁花赤。(0001 卷 10)

散丹八　元武宗至大三年(1310)任慈溪县主簿。(0633 卷 3)

散竹兀歹　元仁宗延祐三年(1316)任江南行台监察御史。(0632 卷 6)

款阇　元泰定二年(1325)任江南行台治书侍御史。(0632 卷 6)

韩义　字义甫。元徐州人。成宗元贞元年(1295)至二年,任镇江路提控案牍。(0631 卷 15)

韩中①(1253～1331)　字大中。元汲县(今属河南)人。韩冲弟。历任山东、淮东、河东廉访副使,升汉中廉访使,迁陕西行台治书侍御史,告老归。谥贞孝。(0262 卷 12,0002 卷 194)

韩中②　字子中。元曹州定陶(今属山东)人。顺帝至正初为大都路知事。(0102)

韩升　金元之际隰州(治今山西隰县)人。金末降附蒙古,授隰州刺史。以策干木华黎,授千户,经略有功。(0691 卷 9,0700 卷 6、8)

韩仁(1199～1282)　字义和,金元之际汲县(今属河南)人。金哀宗正大年间,以孝廉被举为州孔目,改任帅府令史。天兴元年(1232),蒙古军攻入河南,隐居乡间。元太宗十二年(1240),被荐任燕京行尚书省都事。乃马真后二年(1243)春,以国计赴漠北觐见,奏对详明扼要,并请准按月救济贫民之措施。秋,丁母梁氏忧,寻夺哀,起授左右司员外郎。次年冬,归葬母,弃官,偕妻子入全真道,自号道遥子。后游历太华、终南诸山三年有余。其后,应请主持神宝、修真二道观三十余年。仁精通医学,晚年专门收集药方救治病人,曾编成《烟霞集》、《医林集》等医方书刊行,居燕京时救治危重病人无数。(0542 卷 193)

韩氏①　元吴仁叔妻。能诗,有诗作传世。(0504 壬下,0033 卷 36)

韩氏②　元阆中(今属四川)人,女。元末,年十七遭遇明玉珍兵,虑为所掠,乃改服男子衣服,混处民间。既而被虏,在军中七年,人莫知为女子。后从玉珍兵掠云南还,遇叔父,赎归成都,嫁尹某。(0622 卷 68,0841 卷 11,0002 卷 245)

韩仪　元成宗元贞元年(1295)任吴江(今属江苏)州都目。(0954 卷 17)

韩让①　元初为镇江路医学正。(0631 卷 17)

韩让②　元泰定二年(1325)为宣徽院

判。四年,参议中书省事。(0001 卷 29、30)

韩永(1285～1336)　字贞甫。元时高丽清州人。元成宗大德七年(1303)入备宿卫。武宗至大元年(1308)授资武库提点。历寿武、利器二库使。仁宗延祐七年(1320)出任锦州知州。转高州知州。文宗天历二年(1329)擢陇右廉访司佥事。历陕西行省员外郎,终河南府路总管。(0262 卷 17)

韩老　元人。黄公望(1269～1354)仆。善画鹰,设色有法。(1143 卷 1480)

韩权　字公衡。元莘县(今属山东)人。父适远出不归,权涉险遍寻,寻得于云南。云南行省嘉其孝行,授临安(治今云南通海北)儒学教授。(0730 卷 7、19,0721 卷 31,0075 氏族典卷 162)

韩因　字可宗。元汴梁(治今开封)人。顺帝至正中,红巾军据汝宁,元军讨之,久不下。元廷募人持诏招降。因应募,乃借因以唐州判官,持诏招降。红巾军首领恐其党心摇,导因止于外,接诏不读,纵因归报。因乘马周历红巾军屯营,大声呼曰:"汝辈好百姓,何不出降归田里,而甘从逆贼驱使耶?"红巾军首领责其所言,因极口肆詈,遂被杀。(0001 卷 194)

韩冲(1250～1332)　字进道。元汲县(今属河南)人。历任陕西行省员外郎。成宗大德元年(1297),被选为安西王相府郎中令。十年,改任沔阳知府。后历任汴梁稻田总管,黄州路总管,奉元路(治今西安)总管,仁宗延祐六年(1319)致仕归。卒,谥康靖。(0262 卷 12,0002 卷 194)

韩约　字彦礼。元真定(治今河北正定)人。历任开州(治今河南濮阳)同知,汝州同知,长兴(今属浙江)同知,皆有治绩。(0622 卷 30,0762 卷 11,0158 卷 23)

韩玙(1298～?)　字廷玉。元大都人。顺帝元统元年(1333)登进士第,授秘书监典簿。(0028 卷上,0027 卷 9)

韩进(?～1299)　元安阳人。以材勇显进。宪宗时,以百户从攻四川合州及邓州、襄阳,俱有功。世祖中统间,从破李璮,赐号拔都。至元间历任中卫百户、管军总把,从征日本,充行军都镇抚。(0002 卷 165,0003 卷 63)

韩志　元顺帝至元三年(1337)任衢州路经历。(0878 卷 3)

韩抟　元益都(治今山东青州)人,韩拱弟。仁宗延祐中,任江阴州同知,有政绩。泰定元年(1324)累迁为昌国州(治今浙江舟山)知州。(0634 卷 2,0953 卷 12 上)

韩軏　元安阳人。顺帝至正十六年(1356)任林州(治今河南林县)知州。后改任莱州知州。(0727 卷 2,0788 卷 4)

韩佑　元世祖至元初为无棣(今属山东)县尹。(0553 卷 21,0644 卷 17)

韩忼　字义行。宋元之际会稽(治今浙江绍兴)人。韩谔祖。宋亡,与堂弟性自相师友。(0071 卷 59)

韩王方　元仁宗延祐元年(1314)任金坛县主簿。(0631 卷 16)

韩松　元霑化(治今山东沾化西)人。世祖至元间,以百户从平宋,积功授镇抚,守福州。(0739 卷 9,0075 氏族典卷 162)

韩郁　字子文。元东平(今属山东)人。英宗至治元年(1321)任镇江路经历。后迁任寿昌县尹。(0631 卷 15)

韩择　字从善。元奉元(治今陕西西安)人。其教授从学者,虽中岁以后,必使自《小学》等书始,尝曰:"童蒙所当知,皓首不知,可乎?"尤深于礼学,有质问者,口讲指画无倦容。宪宗时,世忽必烈于京兆(治今西安)藩府。世祖即位后,召之赴京,以病不果行。后病死。(0001 卷 189)

韩昌　元顺帝至元三年(1337)任武义(今属浙江)知县。(0881 卷 13)

韩性(1266～1341)　字明善。元绍兴人。自幼就学。博览群书,通经史及诸子百家。精究性理之学,自成一家言。四方从学者甚众。宪司尝举为教官,不赴。死后,元廷赐谥庄节先生。著有《礼记说》、《诗释音》、《书辨疑》等及文集。(0001 卷 190)

韩宗　元世祖至元间任阳城(今属山西)县尹。(0694 卷 5)

韩肃　元成宗大德十一年(1307)任秘书监令史。(0027 卷 11)

韩政(1224～1289)　字君用。元益都(治今山东青州)人。幼孤,习医术以自给。后从诸王塔察儿镇辽东。塔察儿白其计画于世祖,帝奇之。世祖至元十三年(1276)授汉军元帅监军,从征西都元帅相威讨西番。军还,授前卫亲军副都指挥使。十九年,充枢密院判官。后迁任治书侍御史,劾中书右丞卢世荣牟利,卒正其罪。二十三年,出为淮东按察使,善决疑狱。卒,谥威敏。(0146 卷 34,0002 卷 174)

韩荣　元阳信(今属山东)人。元初率乡兵从史天泽征战,授滨棣路元帅。(0075 氏族典卷 162)

韩奎　元文宗天历元年(1328)任无锡州提控案牍。(0558 卷 24)

韩拱　元益都(治今山东青州)人,韩政之子。武宗至大二年(1309)任金坛县尹。后迁任增城(今属广东)县尹。(0631 卷 16)

韩钦　字敬伯。元顺帝至正二十四年(1364)由监察御史迁任秘书少监。(0027 卷 9)

韩复　元汴梁(治今开封)人。顺帝至元元年(1335)任江南行台监察御史。(0632 卷6)

韩奕①(1269～1318)　字仲山。元萧山(今属浙江)人,迁居钱塘(治今杭州)。武宗至大元年(1308)授杭州人匠副提举,次年升为江浙财赋总管,仁宗延祐四年(1317)升总管。(0258 卷10)

韩奕②　元交城(今属山西)人。历任四川行省参政。(0691 卷9)

韩庭　元东昌(治今山东聊城)人。历任义乌县丞。(0881 卷12)

韩珪①　元英宗至治三年(1323)任吴江(今属江苏)州都目。顺帝至元四年(1338)累迁为上高(今属江西)县尹。(0954 卷17,1016 卷14)

韩珪②　字文器。元汶上县(今属山东)人。历任国子助教、宁阳县尹。(0746 卷6)

韩恭　元晋宁(治今山西临汾)人。顺帝至元五年(1339)任江南行台监察御史。(0632 卷6)

韩桐　字景华。元四川人。顺帝至正中为归安县(治今湖州)儒学教谕。(0559 卷18)

韩哲　元顺帝至正三年(1343)任兴化路(治今福建莆田)知事。(0905 卷2)

韩准(1299～1371)　字公衡。元沛县人。仁宗延祐五年(1318)登进士第,授孟州同知。历太常博士、监察御史。顺帝至正间出为南康路总管,升江西廉访使。至正十二年(1352),红巾军入江西,准与右丞章伯颜固守,相持五十四日,红巾军败退。十八年,陈友谅攻破龙兴(今南昌),准避入福建,拜江西行省参政,改南台侍御史。后以江西行省左丞致仕。有《小学书阙疑》、《水利通编》(皆佚)。有诗作传世。(0285 卷5,0002 卷217,0504 庚上)

韩浩　元蔚州(治今河北蔚县)人。任便宜都元帅兼应州彰国军节度使。抚治军民有方。(0622 卷21,0691 卷9,0712 卷3、4)

韩涣　字叔亨。元淮安人。仁宗延祐二年(1315)进士。泰定三年(1326)任江南行台监察御史。历刑部尚书。顺帝至正四年(1344)累迁为江浙行省参政,六年升左丞。后改任四川行省左丞。(0632 卷6,0934 卷8,0872 卷9)

韩琇　元凤翔人。顺帝至元四年(1338)任江南行台监察御史。(0632 卷6)

韩敏　元文宗至顺二年(1331)任衢州路判官。(0878 卷2)

韩谏　字自行,元天台人。顺帝至正中,以"义兵"屡立战功,授临海县丞。十八年(1358),迁上虞县尹。官至行枢密院经历。(0001 卷190,0062 卷27)

韩谔(1322～1380)　字致用。号五云生。元明之际会稽(治今绍兴)人。元末,以荐为温州路儒学教授,居五年,调建宁路录事,以病不赴。明初家居著书。(0444 卷9)

韩琬　字伯玉。元真定(治今河北正定)人。世祖至元十四年(1277)至十七年,任镇江路经历。(0631 卷15)

韩善　元安州葛城(治今河北安新西南)人。顺帝至正九年(1349)任河间县尹,有治绩,政教毕举。(0644 卷17)

韩谦　元河南人。顺帝至正间任平遥县知县,有治绩。(0693 卷7、11)

韩瑞　元滋阳(治今兖州)人。世祖至元中任夏邑县尹,善断狱。(0762 卷4)

韩稷　字致静。元人。有诗作传世。(0504 己下)

韩澍(1223～1270)　字巨川。元安阳人。世祖至元二年(1265)累迁为汲县尹。五年,转高唐县主簿,病归。(0144 卷60,0762 卷9)

韩豫　元卫辉(治今河南汲县)人。早年从虞集学。后历任国子典籍。(0072 卷92)

韩镛　字伯高。元济南人。仁宗延祐五年(1318)进士,授翰林编修。文宗天历元年(1328),任浙西廉访司佥事,击奸暴,黜贪官。顺帝至正二年(1342),任侍御史,以刚直遭诬劾,罢官。五年,台臣辨其诬,起任中书参议。七年,以参政魏中立荐,帝特授饶州路总管。毁淫祠,劝励学习,后饶州以科第进者遂多于他郡。十年,拜中书参政。次年,出为甘肃行省参政。后迁任陕西行台御史中丞,卒于任。(0001 卷185)

韩翼　元世祖至元末,任堂邑县(治今山东聊城西北)知县。(0730 卷6)

韩璧　字元璧。元饶州乐平(今属江西)人。韩思恭之子。有诗作传世。(0504 己下、辛下,0033 卷23)

韩麟(1253～1319)　一作公麟,字国瑞,号雪谷。元真定(治今河北正定)人。父以医为业。麟继承家学,以医术游京师,享誉公卿间。世祖至元二十六年(1289),以许国桢荐,世祖召见便殿,示以西域药,麟奏对称旨,授尚医。应诏与罗天益等二十人增补《本草》。帝春秋高,常有疾,麟典领方药,屡受赏赐。二十八年,敕授医正郎,擢御药局副使。次年,奉旨从皇孙铁穆耳(成宗)抚军北边,劝止铁穆耳行猎为乐,铁穆耳深感其忠直。成宗即位,迁太医院副使。升院使。太医院升二品,改佥书太医院事。大德三年(1299),参与校定《圣济总录》。成宗常召麟读《资治通鉴》、《大学衍义》等书;麟开陈义理,为帝讲解正心修身之要、用人出治之方、君臣善恶之迹、兴坏治忽之由,帝听之忘倦。御史中丞崔彧言事忤旨,麟成间劝说帝广开言路,应使其尽其所言,彧得无罪。尝荐集贤学士焦养直于帝进讲《资治通鉴》,遂召养直入侍左右。成宗死后,尚书省臣专权用事,麟称病家居。仁宗皇庆二年(1313)正月,授秘书监卿。次年,拜昭文馆大学士、太医院事。善画竹,笔意简当,殊有生意。(0002 卷 151,0262 卷 22)

韩士瑜 元仁宗延祐间,任茌平(今属山东)知县。(0730 卷 6)

韩与玉 名文玙,元会稽(治今绍兴)人。工书法,同迺贤友善。与迺贤之歌诗、王子充之古文,合称"江南三绝"。有诗作传世。(0504 辛下,0271 卷 1、2,1143 卷 1485)

韩山童 元栾城(今属河北)人。祖父以白莲教聚众,被谪徙永年(今属河北)。山童仍以白莲教聚言,宣传天下将大乱,弥勒佛降生,明王出世。顺帝至正十一年(1351),与刘福通等图谋反元起事,事泄,被捕杀。(0020 卷 122)

韩天麟(1227~1285) 字伯昌。元汲县(今属河南)人。韩冲父。历任兵部郎中。(0144 卷 56)

韩元亨 元成宗大德间,任固安(今属河北)州儒学正。(0671 卷 4)

韩元善 字大雅。元汴梁太康(今属河南)人。武宗时监察御史韩克昌之子。国子生出身,授新州判官。累升吏部尚书、佥枢密院事。顺帝至正三年(1343),拜中书参政。五年,迁大司农卿。未几,出为南台中丞、燕南廉访使。九年,召入为中书左丞。十一年,分省彰德(治今河南安阳)。次年,从御史大夫也先帖木儿总兵讨伐汝宁红巾军,途中病死。(0001 卷 184)

韩友直 字伯清。元钱塘(治今杭州)人。韩奕之子。顺帝至元间,任平江(治今苏州)财赋副提举。有诗作传世。(1072 卷 53,0504 己下,0033 卷 22)

韩介玉 名不详,以字行。元末人。有诗作传世。(0033 卷 22)

韩从益 字云卿,元安阳人,韩澍子。历任江浙行省参政、翰林侍讲。英宗至治三年(1323),拜昭文馆大学士、商议中书省事。卒谥文萧。(0075 氏族典卷 162)

韩公方 元宁晋(今属河北)人。仁宗延祐五年(1318)任衢州路推官。(0878 卷 2)

韩文善 号风子。元钱塘(治今杭州)人。善补砚,补后若完好无损者,亦能修古铜器。得钱即付酒家,一举而尽。(0114 卷下)

韩心渊 元武安(治今徐州东南)人。元末以文学征入国子监。顺帝至正间任衡水县尹,调真定县尹,红巾军扫地王部来攻城,与子拒守数月,后城陷,父子俱巷战死。(0762 卷 10,0002 卷 230,0075 氏族典卷 162)

韩允直 元洛阳人。文宗至顺元年(1330)任江南行台监察御史。(0632 卷 6)

韩世安 元世祖中统三年(1262)为滨棣路安抚使。至元八年(1271)以罪诛。(0001 卷 5、7)

韩世英 元初为鄞县(治今浙江宁波)尉。(0633 卷 3)

韩世辅 元河南人。顺帝初年为蒲圻(今属湖北)县尹。(1041 卷 66)

韩礼仲 元天台人。从许谦学,不应荐辟。(0896 卷 188,0072 卷 82)

韩廷芳 元大都人。文宗至顺元年(1330)任江南行台监察御史。(0632 卷 6)

韩廷杰 元仁宗祐元年(1314)任阳城(今属山西)县尹。(0694 卷 5)

韩廷弼 元武宗至大四年(1311)任东阳县丞。(0881 卷 12)

韩迁善 元彰德(治今河南安阳)人。顺帝元统二年(1334)任江南行台监察御史。(0632 卷 6)

韩仲文 元陕西人。任威州(治今河北威县)知州,有惠政及民。(0622 卷 4,0669 卷 5)

韩仲晖 元世祖至元二十六年(1289)为寿张县尹,奏开会通河以便公私漕贩。(0001 卷 64)

韩仲彬 元坚州(治今山西繁峙东南)人。世祖至元间为金城县尹。后历任坚州同知、代州知州。(0691 卷 9,0692 卷 18、20,0075 氏族典卷 162)

韩兴业 元大名(今属河北)人。泰定二年(1325)任江南行台监察御史。(0632 卷 6)

韩汝楫 元泰定中为嵊县主簿。(0880 卷 28)

韩汝弼 元保定人。文宗至顺中任阳城(今属山西)县尹,兴废举坠,汰冗食,罢不急之务,变士风,善民俗,连岁丰收。(0622 卷 21,0691 卷 8,0694 卷 5、13)

韩守中 元奉圣州(治今河北涿鹿)人。顺帝至正中为洧川县尹,兴学教民,有治绩。(0622 卷 26,0762 卷 4,0761 卷 25)

韩如秀 字起岩。元顺帝至正末,任秘书少监。(0027 卷 9)

韩好礼 字彦敬。元人。有诗作传世。(0504 辛下,0033 卷 24)

韩克昌(1272~1314) 字励夫,元汴梁太康人,韩元善父。历任刑部主事、监察御史。(0501 卷 55)

韩志学 元顺帝至正间任清河(今属河北)县尹。(0657 卷 3)

韩亨甫 元绛州(治今山西新绛)人。

由中书省掾授监察御史。顺帝至正中，累迁为东平路总管，东平城被红巾军毛贵攻破，被杀。(0695 卷 5,0700 卷 8 上，0075 氏族典卷 162)

韩若愚(1263～1330) 字希贤。元保定满城人。初以武卫府史授通惠河道所都事，开河有功。后历任蓟州知州、刑部侍郎、中书左司郎中。仁宗延祐间，任参议中书省事，得罪权相铁木迭儿，遭诬陷。帝知其枉，仍任用之。仁宗死，铁木迭儿复入相，复诬陷之，罢官归。泰定初，起为刑部尚书。后出为河南左丞，为文宗夺取皇位之战画策有功。天历三年(1330)，迁淮西廉访使，未几病死。追封南阳郡公，谥贞肃。(0001 卷 176)

韩林儿(？～1366) 元栾城人。韩山童子。顺帝至正十一年(1351)，父死，避武安(今徐州)山中。十五年，被刘福通迎至亳州立为帝，称小明王，国号大宋，年号龙凤。冬，退驻安丰(今安徽寿县)。十八年，迁都汴梁。不久，败退安丰。二十三年，安丰受张士诚部将吕珍围攻，被朱元璋救至滁州。后被朱元璋部将廖永忠溺死于瓜洲江中。(0020 卷 122)

韩国宝(1254～1320) 字君玉。元信阳(今属河南)人。从平宋，世祖至元二十四年(1287)积战功授丽水县尹，政平讼理。成宗大德二年(1298)升黄岩知州，以治最闻。升漳州路总管，转延平路总管。(0559 卷 14,0152 卷 35,0893 卷 4)

韩秉彝 元世祖至元十五年(1278)任象山县(今属浙江)知县。(0633 卷 3)

韩法师 元合州大足县(今属四川)民。顺帝至元三年(1337)四月，聚众反元起事于大足县，自称南朝赵王。五月，元廷命四川行省参政举理等剿捕之。(0001 卷 39)

韩居仁① 字君美。元汴梁(治今开封)人。世祖至元二十九年(1292)至成宗元贞元年(1295)任庆元路(治今宁波)经历。大德五年(1301)任建康路(治今南京)推官。武宗至大二年(1309)任常熟知州。仕至礼部郎中。(0633 卷 2,0632 卷 6,0928 卷 4)

韩居仁②(1257～1320) 字从义。元长山(治今山东邹平东)人。历任刑部主事、监察御史、枢密院都事。仕至河南廉访司佥事。(0250 卷 50)

韩绍晔 字子华。元燕人。官至御衣局使。善画山水、墨竹。(0030 卷 5)

韩持厚 元仁宗皇庆元年(1312)任嵊县知县。(0880 卷 28)

韩咬儿(？～1352) 元末红巾军将领。顺帝至正十一年(1351)五月，参加刘福通等领导的起义，不久攻克上蔡(今属河南)。十二月，上蔡被元御史大夫也先帖木儿攻破，被俘杀。(0001 卷 42、138)

韩思永 元大名人，许衡弟子。世祖至元间召为国子学斋长。(0001 卷 158,0071 卷 90)

韩思聪 元成宗大德间任丹徒(治今江苏镇江)县尹。(0631 卷 16)

韩复生 元长沙人。登进士第。顺帝至正间任吉州同知。(0691 卷 8,0700 卷 6)

韩信同(1252～1332) 字伯循，号中村。宋元之际宁德(今属福建)人。早年从陈普学。后深究理学，四方来求教者甚众，称之为古遗先生。著有《三礼图说》二卷。有诗作传世。(0622 卷 74,0076 卷 40,0033 卷 14)

韩彦文 元世祖至元二十三年(1286)任江南行台侍御史。(0632 卷 6)

韩海山 元世祖至元二十四年(1287)任庆元路(治今浙江宁波)总管。(0633 卷 2)

韩家纳 元顺帝至正九年(1349)任江浙行省平章。(0872 卷 9)

韩继温 元文宗至顺二年(1331)任定海(治今浙江宁波镇海)县尹。(0634 卷 2)

韩鶁儿 元人。有诗作传世。(0504 壬下)

韩梦臣(1291～1352) 字希说。元盱江人。历任永新、安成、庐陵三县吏，皆有声望。(0301 卷 8)

韩敏道(1313～1372) 字仲逵。元吴县(治今苏州)人。历任无锡、吴江二州提控案牍。(0421 卷凫藻集卷 5)

韩景晦 元顺帝至正中任南靖(今属福建)知县，迁县治于双溪，政平讼简。(0908 卷 25,0902 卷 65,0919 卷 3)

韩循仁 字进之。元金华人。隐居授徒。元末避战乱，寓居永康(今属浙江)。(0881 卷 16,0062 卷 44,0072 卷 82)

韩嘉讷(？～约 1349) 又作韩加讷、韩嘉纳。元唐兀人。立智理威次子。顺帝至正七年(1347)为中书平章；十一月，迁陕西行台御史大夫。八年，复为中书平章。九年，改任御史大夫，与左丞相贺惟一(太平)谋黜顺帝宠臣哈麻，七月，乃讽监察御史列其罪恶劾奏之。哈麻知御史有所言，先已于帝前析其非罪。及韩嘉讷以御史所言奏，帝大怒，斥弗纳。章三上，帝不得已，乃夺哈麻官职，而贺惟一罢相为翰林承旨，韩嘉讷罢职改任宣政使。闰七月，脱脱复任中书右丞相，谪贺惟一居陕西，出韩嘉讷为江浙平章，未几加之以赃罪，杖流奴儿干以死。(0001 卷 42、205、120、113)

韩德茂 元保定人。仁宗延祐六年(1319)任镇江路录事。(0631 卷 16)

韩德麟 元人。有诗作传世。(0504 癸下)

韩履祥 元湖州人。有诗作传世。(0504 辛上)

韩帖木儿不花　元贵州同知,顺帝至正二十三年(1363)死于火灾。(0001 卷51)

覩尔赤　元宗王。太宗第六子合丹长子。(0001 卷107)

覩答儿　元宪宗元年(1251),奉命与牙剌瓦赤等充燕京等处行尚书省事。(0001 卷3)

斯文　元僧人。有诗作传世。(0504 壬上)

斯蕴　字昭叟。元僧人。有诗作传世。(0504 壬上)

彭卓　字文博。元人。有诗作传世。(0504 甲)

彭昌　元世祖至元十六年(1279)任江南行台监察御史。(0632 卷6)

彭质　元顺帝至正十年(1350)任吴江(今属江苏)州同知。(0954 卷17)

彭罙　字仲愈。元广陵(今扬州)人。通五经,授举子业于吴中,从学者甚众。工诗,有诗作传世。(0517 卷12,0042 卷10,0503 三集庚)

彭炳　字元亮。元崇安(今属福建)人。彭九万孙。顺帝至正十一年(1351)征为瑞本堂说书,不就。工诗,有诗作传世。(0181 卷2、5,0503 三集己,0001 卷42)

彭淑　字仲仪。元济南历城(治今山东济南)人。历任宁都州判官。仁宗延祐二年(1315)镇压反元队伍有功。(0212 卷35、61)

彭龄　元世祖至元十九年(1282)任秘书少监。(0027 卷9)

彭聚　元世祖至元二十四年(1287)任西安县(治今浙江衢州)典史。(0878 卷3)

彭衡　字公权。元庐陵(治今江西吉安)人。顺帝至正初,参与修订辽宋金三史,为校勘。书成,授黄州儒学教授。(0438 卷3)

彭镛　字声之,号匏庵。元清江(今属江西)人。有诗作传世。(0504 庚下)

彭九万　字子远,号好古,宋元间福建崇安人,彭炳祖。宋太学生,上书论贾似道奸状,不报。宋亡不仕。元世祖至元间,黄华反元,胁其降从,斥之,遂遇害。(0181 卷5,1155 卷32)

彭士奇(1266～1331)　字琦初,号冲所。元庐陵(治今江西吉安)人。泰定元年(1324)登进士第,授南昌县丞,调建昌路经历,受诬罢官。后被荐任广东盐官。(0203 文集卷2、3)

彭大远　元龙泉(治今江西遂川)人。顺帝至正十一年(1351)徐寿辉攻吉安,领兵与战,兵败,与兄文远及全家被执,皆被杀。(0075 氏族典卷314、官常典卷733)

彭万潜(?～1369)　元湖广永顺土官,土家族。永顺安抚使彭胜祖子。顺帝至正九年(1349),袭安抚使职。十一年,自改永顺安抚司为永顺等处军民安抚司,旋自升为宣抚司,置南渭州知州,改保靖州为保靖安抚司,隶永顺宣抚司,以彭世雄为保靖安抚使。(1146 卷531)

彭之才　元世祖至元二十三年(1286)任衢州路总管。(0878 卷2)

彭子翔　元人。有诗作传世。(0504 癸上)

彭天锡　字仁仲。元湖州人。撰《政刑类要》一卷。(1103 卷169)

彭天翼(1269～1331)　字万里。元抚州金溪(今属江西)人。尝为乐安县吏。(0261 卷24)

彭元逊　字巽吾。元禾川人。有所作诗词传世。(0512 卷上,0504 甲)

彭日隆　号隐空。元崇安(今属福建)人。武夷山道士。卒年七十五。有诗作传世。(0504 壬上,0033 卷33)

彭仁本　字孝先。元顺帝至正年间任秘书监典簿。(0027 卷9)

彭长庚(1250～1324)　字齐叔。元安福(今属江西)人。乐贫嗜学,读诸经皆有辨疑之作。(0231 卷9)

彭仲宝　元临川人。文宗至顺间佐修《经世大典》,恩授衢州龙游县水北寨巡检。(0150 卷9)

彭仲宣　元顺帝至正中,任会稽(治今绍兴)县丞。(0880 卷28、37)

彭好古①　字德明。元扬州人。泰定二年(1325)任崇安(今属福建)县尹。(0902 卷56,0904 卷14)

彭好古②　元山西人。历任濠州(治今安徽凤阳东北)知州,廉能干济,赋役均平。(0925 卷10)

彭寿之　元散曲作家。(1107 卷91)

彭均宝　一作老君宝,元民间戗金匠。尝于霍州烧窑,其器细白缜腻,体薄尚素,仿古定窑器式样,土脉细白者与定窑器相似,青口欠滋润,极松脆。所创折腰式甚奇,当时呼为彭窑,又呼为新定窑,亦呼为霍器。(1143 卷1066)

彭克明　一名孛兰奚,字仲德。元东明(今属山东)人。仁宗延祐中,为典瑞院译史。历任延丰仓使、嵩州知州、瑞州路治中。顺帝至正九年(1349)迁任绛州知州。(0551 卷38)

彭伯成　一作彭伯威。元保定人。撰杂剧《四不知月夜京娘怨》。(0029 卷上)

彭若舟　字汝涉。元桂东县(今属湖

南)人。顺帝至正间,反元队伍逼县城,县尹等官吏皆逃去。受帅府委摄县事,乃徙县治于南石崖上以利守御。(1041 卷51)

彭宗复　元浏阳(今属湖南)人。泰定元年(1324)进士。历任望州知县。(1063 卷2)

彭承初(1281～1344)　字谦山。元贵溪(今属江西)人。文宗天历间游京师,受知于札剌尔国王,王还镇辽西,欲与之偕,以母老辞。未几,用为管领随路蒙古汉人军民都总管府判官,拜命即还,优游乡里。(0415 卷5)

彭孟老　元人。有诗作传世。(0504 戊下)

彭南起(1284～1335)　号九万。元庐陵(治今江西吉安)人。年十二为道士。稍长游湖湘。既归有文名,尤工诗,甚受吴澄知遇。(0147 卷50)

彭南溟　元龙虎山道士。善画人像。(0077 卷34)

彭秋宇　元人。有诗作传世。(0504 甲)

彭庭坚(1312～1354)　字允诚。元温州瑞安人。顺帝至正五年(1345)进士,授沂州同知。以平反冤狱忤上官意,弃官归。十年,任崇安县尹。次年,升建宁路同知。率地主武装击败天完红巾军,收复建阳、浦城。十二年,攻克邵武、升福建宣慰司同知。次年,收复建宁县。十四年,为麾下镇抚万户岳焕所杀。(0001 卷195)

彭莹玉　元袁州(治今江西宜春)人。自幼出家,为慈化寺僧人。白莲教徒。与群从嬉,时预言祸福,皆验。年十五时,民皆患疾疫,莹玉以泉水施之,疾者皆愈,以故袁州民翕然事之如神。顺帝至元四年(1338)六月,与徒周子旺聚众反元,子旺称周王,改年号,反者背心皆书"佛"字,以为有"佛"字刀枪不能伤,众至五千余人。郡兵讨平之,子旺被擒杀。莹玉逃淮西,淮民争庇之,卒不为有司捕获。十余年后,天完红巾军起义,仍称其名以为号召。(0016 卷上,0001 卷39)

彭致中　元仙游山道士。顺帝至正七年(1347)辑唐至元代道士所作词曲,成《鸣鹤余音》九卷(见《道藏》太玄部)。(《鸣鹤余音》卷首)

彭容庵　元人。有诗作传世。(0504 癸上)

彭继凯　元分宜(今属江西)人。顺帝至正间,欧普祥攻占袁州。继凯募集乡兵,与安福(今属江西)人袁明东合力克复袁州,迎旧守宝童归。宝童嫉其功,命刺客杀之。(0622 卷57,0075 氏族典卷314,0002 卷232)

彭敬叔　字叔仪。元章丘(今属山东)人。顺帝至元六年(1340)任江南行台监察御史。次年任南台都事。后迁任湖北廉访司佥事,致仕归,道遇乱兵,执之使拜,不屈,被剖腹死。(0632 卷6,0075 官常典卷732,0002 卷232)

彭嗣祖　元成宗大德十一年(1307)任秘书监知印。(0027 卷11)

彭敷恂　元安城人。有诗作传世。(0504 庚下)

彭震卿　元末任兰溪州同知。(0881 卷12)

葛义　元深州(治今河北深县南)人。世祖中统间为坚州知州。(0645 卷5)

葛氏　元金溪(今属江西)人。元末,官员强求银冶以充贡,榜掠其父。葛氏投冶中死,官府遂奏止其贡。(0005 卷52,0002 卷234)

葛允　元郓城人。顺帝至正间任赵州(治今河北赵县)同知。(0645 卷4)

葛让　元武宗至大初为高苑(治今山东高青东南)县尹。(0726 卷12)

葛良　字仲温。元彭城(今徐州)人。元末为潮州路总管。有诗作传世。(0504 癸下)

葛昂　字铭德。元安庆人。元末募集乡兵抵御反元队伍,累立战功,授千户。后反元队伍破城,被杀。(0075 官常典卷735)

葛荣　元淇州(治今河南淇县)人。世祖中统三年(1262)任辉州判官。历兰阳县尹、磁州判官,转平陆县尹。官至广西按察司佥事,未几卒,年五十五。(0250 卷53,0002 卷229)

葛将　字子熙。元临川(今属江西)人。善书写。顺帝至成初修辽宋金三史,与善书写者二十人同被选缮写宋史以进,书成南还。后历任武昌路儒学录。(0438 卷3,0283 卷3)

葛涵　字敏问。元滁州人。顺帝至正间任清流县(治今安徽滁县)儒学训导,以师道自任,从学者尊之。(1001 卷12,0075 氏族典卷518,0072 别附卷3)

葛瑛　字藏之。元嘉兴人。顺帝至正间为常熟州儒学教官。(0947 卷5)

葛禋①　字从礼。元平定(今属山西)人。历任工部尚书、河间路总管。卒谥僖敏。(0692 卷20)

葛禋②　字克敬。元霸州文安(今属河北)人。顺帝至正二十年(1360)任稷山县尹。(0695 卷4,0700 卷6)

葛演　元仁宗延祐间为庆元路(治今宁波)录事。(0633 卷2)

葛万庆　元庐山人,居越中。善草书。(0031 卷7)

葛义方　元顺帝至正间任清河知县。(0657 卷2)

葛天秀　元武宗至大元年(1308)任开化(今属浙江)知县。(0878 卷 2)

葛元哲　字廷哲。元金溪(今属江西)人。顺帝至正八年(1348)登进士第,辟江浙省掾。十四年,以荐授金溪县尹。未几北上,卒于大都。门人私谥曰文贞。(0310 卷 2、3,0506 卷 3528,0075 氏族典卷 518、文学典卷 90)

葛元喆　元顺帝至正八年(1348)进士。历任抚州令。私谥文贞先生。工书法,与赵孟頫并称。有《文贞先生文集》十卷,今佚。(1143 卷 1211,1028 卷 10、19)

葛元龄　字椿甫。元绩溪人。顺帝元统元年(1333)以荐授祁门县主簿。卒于官任。(0992 卷 9)

葛不律　又译合不勒。蒙古孛儿只斤部首领,成吉思汗曾祖,恢复使用乞颜为氏名,其后裔皆为蒙古乞颜氏。统一蒙古尼伦诸部及部分蒙古迭儿列勤诸部,称汗,被尊为全体蒙古人(合木黑忙豁勒)的首领。曾至金朝觐见金帝。(0008 卷 1,0009 卷 1,0001 卷 1、107)

葛从亮　元世祖至元六年(1269),被召参与制定朝仪。八年立侍仪司,授侍仪署令。(0001 卷 67)

葛正蒙(1302～1374)　字仲正,元明之际平江(治今江苏苏州)人。名医葛应泽之子。继承家学,精通医术,治病善于推五运六气之盛衰,以审病症而定治法。其子复、泰,婿郁潜、金权,孙旭、继,相继传承医业。(0421 皃藻集卷 5,0075 艺术典卷 529)

葛玄素　字天民。元湖州(今属浙江)人。道士。有诗作传世。(0296 卷 3,0504 己下)

葛延龄　元顺帝至正中为千户,从余阙守安庆。城被陈友谅部攻破,死之。(0001 卷 143)

葛守德　字仲谦。元清苑(治今河北保定)人。事母至孝。以荐为清苑县儒学教谕。后历任中山府、保定路儒学教授。(0411 卷 32,0444 卷 8,0005 卷 50)

葛应泽　元长洲县(治今苏州)人。葛应雷弟。历任平江路(治今苏州)官医提领。(0042 卷 13)

葛应雷(1264～1323)　字震父,元平江(治今江苏苏州)人。少年时从叔父习儒,宋亡废科举,仕进无途,遂悉心钻研医书,医术渐进。元成宗大德十年(1306),被荐补平江路医学教授。在任时修治三皇庙,开辟学田,所教弟子后多为良医。后经行省、行台推举,升为江浙医学副提举。仁宗延祐五年(1318),升为提举。著有《医学会同》二十卷。其弟应泽、侄正蒙、子可久皆为名医。(1149 第 126 卷)

葛君贵　元晋州(治今河北晋县)人。世祖至元末,任深州(治今河北深县南)同知。(0645 卷 5)

葛明诚　元文宗时,任监察御史。至顺元年(1330),先后劾奏中书平章政事赵世延、辽阳行省平章政事哈剌铁木儿,皆黜罢之。(0001 卷 34)

葛宗极　字拱辰。元泾县(今属安徽)人。成宗大德七年(1303)任歙县丞。官至常山(今属浙江)县尹。(0972 卷 4,0075 氏族典卷 518)

葛宜春　元成宗元贞元年(1295)任常山县(今属浙江)知县。(0878 卷 2)

葛润玉　字贵纯。元豫章(今江西南昌)人。教授于临川六年。后为南丰州判官。(0212 卷 33、42)

葛乾孙(1305～1353)　字可久,元平江(治今江苏苏州)人。父应雷、叔应泽、堂兄正蒙,皆为名医。自幼受家学熏陶而知医药。后遇高人,拜为师,获所授奇方一册,医术大进,治病多收奇验。高官达贵凡患疑难病症、久治不愈者,求治者甚多。撰有《十药神书》,此书成于顺帝至正五年(1345),收载治疗虚劳吐血的有实效药方十种,此十方临床使用时可变化多端,被明以来医家经常采用,治痨病很有效。又撰有《医学启蒙》、《经络十二论》。(1149 第 283 卷)

董氏　元余干(今属江西)人。潭友妻。顺帝至正间,反元队伍起,友与父母兄弟被杀,反元队伍头目欲污之,董氏给以先祭夫与公婆,乃纵火焚柩,火炽,入烈焰死。能诗,有诗作传世。(1011 卷 9,0504 壬下,0033 卷 36)

董玉　元成宗大德二年(1298),任江山县(今属浙江)尉。(0878 卷 3)

董本　字中父。元江夏(治今湖北武汉武昌)人。有诗作传世。(0504 庚下)

董立　元顺帝时隐士。至正七年(1347)七月,应召为翰林修撰。(0001 卷 41、140、190)

董朴(1232～1316)　字太初。元邢台(今属河北)人。自幼就学。世祖至元十六年(1279),由按察使荐为陕西知法官,未几以亲老归养。家居讲学,学者称龙冈先生。后召为太史院主事,不赴。皇庆初,年逾八十,诏赐翰林修撰致仕。(0001 卷 190)

董在　元四川人。有诗作传世。(0504 辛上)

董存　字彦成,号野斋。元四川人。有诗作传世。(0504 辛上)

董成　字性存、自明。元嘉兴(今属浙江),迁居上海。富有资产,好施与,人称长者。明初卒,年八十余。能诗,有诗作传世。(0537 卷 5,0504 庚下)

董贞　元官吏。历任嵊县(今属浙江)主簿、浦江县(今属浙江)知县。(0881 卷 13,0880 卷 28)

董旭　字太初。元新昌(今属浙江)人。隐居山中。方国珍欲罗致幕下,不从,被杀。有诗作传世。(0880 卷 44,0504 庚上,0002 卷 219)

董讷(? ~1327)　字仁甫。元柏乡(今属河北)人。历任上都副留守、河东廉访司佥事、江西廉访副使。英宗至治二年(1322)入为吏部侍郎。历左司郎中、吏部尚书。出为江西廉访使。(0262 卷 23,0196 卷 12,0002 卷 196)

董进(1200 ~1273)　金元之际即墨(今属山东)人。金末入益都帅李全军中。全降蒙古,以进为先锋将,每战有功。全死,改署高密县尹。后升为胶州知州。(0603 卷 4,0553 卷 22)

董远　字仁仲。元天台(今属浙江)人。顺帝至正中,两次应试,皆不中,遂留于钱塘(治今杭州),潜心古学。后寓居吴,张士诚征之,不起。明初,召至京师,以不称旨谪濠梁。后以荐授莆田县(今属福建)知县,以循良称。(0042 卷 10)

董钊　元藁城(今属河北)人。董守义次子。袭职为洪泽屯田万户。(0651 卷 5)

董完　元顺帝至正十三年(1353)任余姚(今属浙江)知州。(0880 卷 28)

董甫　字伯大。元人。有诗作传世。(0504 辛上)

董阿　元顺帝至正元年(1341)为鱼台县达鲁花赤。(0602 卷 8)

董坦　元柏乡县(今属河北)人。顺帝时任柏乡县尉。(0645 卷 5)

董实　元世祖至元二十四年(1287)任象山县(今属浙江)尉。(0633 卷 3)

董诚　字友道。元潞州(治今山西长治)人。历任户部尚书。出为山东行省参政,升为右丞致仕。(0698 卷 3,0075 文学典卷 90)

董珏　元官吏。历任句容县(今属江苏)主簿、溧阳(今属江苏)州判官。(0632 卷 6)

董荣　元文安县(今属河北)人。世祖至元八年(1271)任文安县儒学教谕。(0673 卷 3、5)

董钥　字仲开,元藁城人,董守中第三子。历任监察御史、太常院判。顺帝至正十二年(1352)任枢密院同佥,二十年出任广东廉访使。(0001 卷 46、194)

董钧　元藁城(今属河北)人。董守义长子。历任典瑞院经历、奎章阁学士院参书、宣忠扈卫亲军副都指挥使。(0651 卷 5)

董复　字君复。元沂州(治今山东临沂)人,居于镇江。善书法,师法鲜于枢。(0031 卷 7)

董信　元官吏。历任句容(今属江苏)县尉。世祖至元二十四年(1287)任东阳县(今属浙江)主簿。(0632 卷 6,0881 卷 12)

董俊(1186 ~1233)　字用章。金元之际真定藁城(今属河北)人。少时务农,后涉猎书史。精骑射。金宣宗贞祐元年(1213),应募入伍。二年,蒙古军南下,率所部降。元太祖十四年(1219),任知中山府(治今河北定县)事,击败金将武仙,攻占真定等城。次年,又败武仙,迫使其降。二十年,武仙杀史天倪,据真定归附金朝,附近诸城皆响应武仙。率孤军力战,终于击败武仙,与史天泽等收复真定等城。太宗四年(1232),参与围攻汴梁。次年,追围金帝于归德(今河南商丘南),遇金兵夜出击,力战死。谥忠烈。(0001 卷 148)

董恢　元江陵(今属湖北)人,迁居太原。世祖至元间任丁角酒税副使。能诗,有诗作传世。(0107,0033 卷 5)

董济　元世祖至元十七年(1280)任秘书监管勾,二十五年改任辨验书画直长。(0027 卷 9、10)

董昶　字惟明。元吴郡(今苏州)人。有诗作传世。(0504 庚上)

董珪　字君章。元祁州(治今河北安国)人。英宗至治元年(1321)进士,授定州(今属河北)同知。历任颍州(治今安徽阜阳)知州、息州知州。(0622 卷 2,0649 卷 10、34)

董钺　元藁城(今属河北)人。董守简长子。仕至内供奉。(0552 卷 22)

董铉　元藁城(今属河北)人。董守中第二子。历任章佩监异珍库使、秘书少监。(0645 卷 5,0651 卷 6)

董铨①　元世祖时,任开平路(治今内蒙古正蓝旗东北)总管。中统四年(1263),升开平路为上都,改上都路总管兼开平府尹。(0001 卷 5)

董铨②　元顺帝时,任刑部尚书。至正十五年(1355),奉命至江西讨红巾军,便宜从事。(0001 卷 44)

董章①　字文卿,号小庵。元灵寿(今属河北)人。精通《春秋》,善书大字。历任太平路、平江路总管。后迁任临江路总管,病归。(0645 卷 5,0073 卷 68,0167 卷 26)

董章②　字士明。元四明(今浙江宁波)人。有诗作传世。(0504 庚下)

董焕　元世祖至元六年(1269)任灵石县(今属山西)知县。(0709 卷 2,0693 卷 7)

董清　元徐州(今属江苏)人。成宗元贞元年(1295)任镇江路录事。(0631 卷 16)

董谦①　字受益。元河间(今属河北)人。任万户。(0387 卷 9)

董谦②　元仁宗延祐二年(1315)任东阳县(今属浙江)知县。(0881 卷 12)

董瑞　元顺德(治今河北邢台)人。世祖至元十六年(1279)任章丘(今属山东)县尹。(0735 卷 10)

董溥　元世祖至元十四年(1277)任京兆路(治今陕西西安)儒学正。(0554 卷 27)

董端　元世祖时,任工部员外郎。至元十五年(1278),奉命从礼部尚书柴椿等出使安南,召其国王入朝。(0001 卷 209)

董暹　元顺帝时绘塑匠。至正十二年(1352)塑绘藁城(今属河北)宣圣庙曾子、子思及七十子、十儒等像。(0552)

董镇　字仲贞。元海盐(今属浙江)人。早年从许谦学。博通经术,从学者众。明初卒。(0062 卷 44,0075 氏族典卷 376,0072 卷 82)

董镐　元藁城(今属河北)人。董士珍孙。历任宣徽院判官。顺帝至正十三年(1353)迁任浙西廉访副使。(0872 卷 9)

董镛　元藁城(今属河北)人。董守中长子。历任群玉内司佥事。顺帝至正初任甘肃行省参政。卒,谥肃献。(0651 卷 6)

董镃　元藁城(今属河北)人。董守中第四子。顺帝至正间历任宣徽院判官。(0645 卷 5,0651 卷 6)

董彝　字宗文。元明间乐平(今属江西)人。顺帝至正四年(1344)中乡试,八年登进士第,授瑞州录事。明初任国子监学录。撰有《四书经疑问对》八卷。有诗作传世。(1027 卷 2,1071 卷 17,0504 己下)

董瀛(1208～1294)　字巨源。元藁城(今属河北)人。世祖至元四年(1267),任西京路判官。九年,迁任林州知州。后擢为辽东按察副使。十六年,升为淮东按察使,致仕归。(0262 卷 10,0144 卷 59,0651 卷 6)

董瓒　字君庸。元藁城(今属河北)人。泰定三年(1326)任秘书郎。(0027 卷 10)

董士元(1235～1276)　蒙古名不花,字长卿。元真定藁城(今属河北)人。董文炳长子。自幼从名儒受学。及长,善骑射。宪宗八年(1258),从叔父文蔚率邓州兵入蜀攻宋。至钓鱼山(今四川合川东),率所部锐卒先登,力战良久,以他军不继而退还。世祖中统初,以世家子入备宿卫,扈从帝北征阿里不哥。文蔚死,无子,袭其职为千户。至元间,领禁兵戍淮上。后攻拔淮安堡。十三年(1276),从攻扬州,宋守将姜才率万余人来战;力战死。后追谥节愍,又改谥忠愍。(0001 卷 156)

董士秀　元真定藁城(今属河北)人。董文炳第三子。世祖时,代兄士选为前卫亲军指挥使。(0001 卷 156)

董士亨　元真定藁城(今属河北)人。董文用次子。从平宋有功。历任侍卫亲军副都指挥使。(0001 卷 115、148)

董士良①　元世祖至元二十九年(1292)为安丘县(今属山东)知县。(0743 卷 14)

董士良②(1265～1327)　字善卿。元藁城(今属河北)人。董文忠第二子。成宗大德(1297～1307)初,授曲阳县尹。后历任开州同知、博兴知州、滕州知州。(0262 卷 12,0651 卷 6,0002 卷 141)

董士表(1245～1297)　字晋卿。元真定藁城(今属河北)人。董文直之子。从伯父文炳平李璮。又从文炳攻宋,以功授邓州新军千户。后从忙兀台镇压南剑州沙县起义,升福州路达鲁花赤。改岳州路总管。又改邓州新军副万户。二十二年,任福建行省都镇抚。次年,迁洪泽屯田万户。后卒于任,谥武献。(0552 卷 23)

董士珍(1256～1314)　字周卿。元藁城(今属河北)人。董文忠长子。幼从许衡学,淹贯经史。通蒙古语,善骑射。世祖命侍太子真金。至元十九年(1282)参议枢密院事,谳军户康甲冤,老吏咸服其明。历上都留守司同知、山东廉访使。成宗时历任兵部、吏部尚书,江浙参政。大德七年(1303),召拜中书参政,与右丞相哈剌哈孙、右丞尚文等同心辅政,有政绩。仁宗即位,出为河南左丞,奉诏治理淮东盐法积弊。后召还,拜御史中丞。谏止遣使巡行诸郡及征讨八百媳妇国。卒,谥清献。(0552 卷 20、23,0651 卷 6,0002 卷 141)

董士选(1253～1321)　字舜卿。元真定藁城(今属河北)人。董文炳次子。少时随父在军中,昼治武事,夜读书不辍。世祖至元十二年(1275),随父与宋水师战于焦山,大败之。后招降海盗张瑄等有功,授管军总管。十三年,宋恭帝降,随父入宋宫,取宋帝降表,收取文书图籍。二十四年,与李庭率汉军从征叛王乃颜。二十八年,任江淮行省左丞,逮捕贪淫不法之江南释教总摄杨琏真加。成宗时,任江西行省左丞,镇压赣州刘六十起义。入任御史中丞,谏罢刘深征八百媳妇师。后历任江浙右丞,河南、陕西二行省平章。(0001 卷 156)

董士恒①　元藁城(今属河北)人。董文用第六子。成宗大德元年(1297)授真定路判官。历廉访司佥事、副使。文宗至顺三年(1332)任南康路总管。(0001 卷 148,0002 卷 141)

董士恒②　元成宗大德五年(1301)为御史中丞,荐赵宏伟任浙西廉访司佥事。(0001 卷 166)

董士恭(1278～1330)　字肃清。元真定藁城(今属河北)人。董文忠第五子。初入充宿卫士。从成宗至三不剌。奉命代祀岳渎,复命,奏对称旨。大德九年(1305),授典瑞少监。武宗时,升为典瑞院同知。至大四年(1311),仁宗即位,出为江南行台侍御史。在任不务苛细,人服其知大体。皇庆二年(1313),召入为典瑞卿。帝问民疾苦,以省刑薄敛对。延祐二年(1315),出任陕西行台御史中丞。未几,病归。(0152 卷 26,0552 卷 20,0002 卷 141)

董士廉 字简卿,元藁城(今属河北)人。董文用第七子。历任国子助教、翰林编修。(0001 卷 148,0002 卷 141)

董士楷 元藁城(今属河北)人。董文用第三子。娶陈孚女长妫。(0001 卷 148、190)

董天衢 字方达。元庐陵(治今江西吉安)人。英宗至治三年(1323)中乡试。次年,会试不利,任龙兴路(治今江西南昌)宗濂书院山长,居三年,赴吏部选。(0212 卷 24)

董元德 元世祖至元三十年(1293)任开化(今属浙江)县尉。(0878 卷 3)

董文用(1224～1297) 字彦才。元真定藁城(今属河北)人。董俊第三子。太宗十年(1238),应试中选。海迷失皇后二年(1250),以质子入侍忽必烈,掌文书,讲说帐中,为其征召儒士。宪宗三年(1253),从征大理。九年,从攻鄂州。世祖中统元年(1260),奉旨选诸军充侍卫亲军。被中书左丞张文谦荐为左右司郎中。三年,从征李璮。至元元年(1264),任西夏中兴等路行省郎中,开唐来、汉延等渠,开辟水田,农民四、五万户归来。八年,任山东巡行劝农使,四巡劝励兴农,五年间政绩为诸道劝农使之最。后历任卫辉路总管、兵部尚书,翰林、集贤学士。反对卢世荣理财。二十二年,出任江淮参政。反对用兵日本。二十五年,任御史中丞,举胡祇遹、王恽等为按察使,魏初等为行台中丞,当时以为极选。反对桑哥理财。迁大司农。又迁翰林承旨,教皇孙(成宗)读经。成宗即位,奉诏修《世祖实录》。卒,谥忠穆。(0001 卷 148)

董文直(1225～1276) 字彦正。元真定藁城(今属河北)人。董俊第四子。任藁城县令五年,有治声。后弃官归,病卒。(0001 卷 148,0501 卷 65)

董文忠(1231～1281) 字彦诚。元真定藁城(今属河北)人。董俊第八子。宪宗二年(1252),以质子入侍忽必烈藩府。三年,从征大理。九年,从攻宋,与兄文炳等败宋军于阳罗堡,进围鄂州。世祖即位,任符宝郎。充宿卫,多年居禁中,在帝左右随事建陈。至元十八年(1281),升典瑞卿,兼佥书枢密院事。车驾行幸上都,留居大都,领环卫、禁兵及太府、少府、军器、尚乘诸监。是冬十月,病死。谥忠贞。(0001 卷 148)

董文炳(1217～1278) 字彦明。元真定藁城(今属河北)人。董俊长子。太宗七年(1235),为藁城县令。宪宗三年(1253),从忽必烈征大理。九年,从攻宋。世祖中统元年(1260),奉旨宣慰燕南诸道。二年,擢山东东路宣抚使、侍卫亲军都指挥使。三年,会诸军灭李璮。任山东东路经略使。七年,改山东统军副使。九年,迁淮西行枢密院判官。十一年,从伯颜攻宋。十二年,率左路军由江、海趋临安。招降海盗张瑄数千众。十三年,奉命入临安,收礼乐器及图籍,得宋史及诸注记五千余册,归之国史院。升中书左丞。卒,谥忠献。(0001 卷 156)

董文彦 元通海县(今属云南)人。元中叶任威楚路(治今云南楚雄)知事。文宗天历(1328～1330)间,中庆路(治今云南昆明)镇将叛,引兵攻威楚,官吏皆逃走,文彦独不去。叛将欲降之,骂不绝口,遂被杀。次年事闻,赐谥庄愍。(0851 卷 10、11,0622 卷 86,0002 卷 230)

董文静 元饶阳(今属河北)人。顺帝至正中为宁晋(今属河北)县尉。(0645 卷 5)

董文蔚(?～1268) 字彦华。元真定藁城(今属河北)人。董俊次子。自幼读书忘倦。及长,善骑射。太宗十三年(1241),率民兵十七人随蒙古军渡淮攻宋。宪宗四年(1254),授藁城等处行军千户,镇邓州。修沿边光化、毗阳、枣阳等城。七年,攻襄樊,夺樊城外城。九年,率邓州兵,从宪宗攻四川,进攻钓鱼山(今四川合川东)。世祖中统二年(1261),领邓州兵入为武卫军千户,留屯上都(今内蒙古正蓝旗东北)。三年,从诸军攻灭李璮。(0001 卷 148)

董文毅 元真定藁城(今属河北)人。董俊第五子。初为邓州行军千户。后任泽州路同知。官至荆湖北道宣慰副使。(0552 卷 21,0645 卷 5,0002 卷 141)

董丑汉(?～1368) 元末为靖江万户。洪武元年(1368)明兵破城,自杀。(0075 官常典卷 735)

董世杰 元延祐七年(1320)任浙东宣慰司经历。泰定元年(1324)迁任无锡知州。(0634 卷 1,0940 卷 3,0558 卷 24)

董民誉 字端卿。金元之际阳夏(今河南太康)人。登金词赋第。元初,参预江汉都督府事。(0144 卷 6、59)

董弘道 元顺帝至正三年(1343)任吴江(今属江苏)州提控案牍。(0954 卷 17)

董幼安 字景宁,元真定人。历任河间路总管。顺帝至正二十六年(1366)任中书参政,次年升左丞。(0001 卷 113,0292 卷 4)

董邦用 字威卿。元晋宁(治今山西临汾)人,居于镇江。授广西宪司经历,历湖南、浙西宪司知事,迁广东宪司经历,致仕,卒年八十一。(0631 卷 19)

董成夫 元咸宁(治今陕西西安)人。董立弟。任察罕脑儿宣慰使,殁于王事。谥忠烈。(0801 卷 26,0075 氏族典卷 376,0004 卷 40)

董师谦 号南江。宋元之际三山(今福建福州)人。宋度宗咸淳七年(1271)进

士，任平江府教官。元武宗至大（1308～1311）间累迁为浙西廉访司佥事。有诗作传世。（0872卷9，0070卷76）

董仲玉　元灵寿（今属河北）人。董汝霖之子。历任湘阴州判官。（0645卷5）

董仲礼　元顺帝至元元年（1335）任衢州路推官。（0878卷2）

董仲威　元世祖时任扬州路同知。至元十六年（1279），因赃罪被鞫，又反诬行台官，诏免其职，没收家产十分之二。（0001卷10）

董自明　号鉴翁。元人。有诗作传世。（0504戊下）

董庆隆　元邢台（今属河北）人。董朴之子。历任广宗县儒学教谕、林州儒学正。（0665卷5）

董兴之　元婺源（今属江西）人。乡称长者。世祖至元十九年（1282）出资修路筑桥。（0972卷9）

董汝霖　元灵寿（今属河北）人。董章之子。世祖至元间为临湘县主簿，迁嘉定州判官。（0645卷5）

董守义（1270～1320）　字子宜。元真定藁城（今属河北）人。董士表之子。成宗大德二年（1298）袭职为洪泽屯田万户。卒，追谥昭懿。（0552卷23，0651卷5，0003卷55）

董守中①（1273～1333）　字子平。元真定藁城（今属河北）人。董士珍长子。初为国子生，世祖召问时政，条对详敏，如素习吏事者。成宗即位，以勋臣后裔供奉内廷。历尚服院，出为怀庆路判官，迁河南行省理问。后任河南参政。河北饥，部使者下令逐流民南渡；止而赈之。文宗天历（1328～1330）间，授河南廉访使，奉命率兵守武关抵御西军。事平，迁湖北廉访使。岁大饥，豪民控米商，闭籴城中，斗米至万钱。杖其党羽七十余人，米大贱。拨贡士庄钱入学养士。又刻朱子书兴学。卒，谥靖献。（0150卷12，0552卷23，0002卷141）

董守中②　字君庸。元华县（治今山东黄县东北）人。历任即墨县（今属山东）知县，廉平不苟。（0721卷27，0738卷6，0727卷2、5）

董守仁　元真定藁城（今属河北）人。董士元之子。泰定三年（1326）任江南行台侍御史。后官至中书参政。卒，谥肃诚。（0632卷6，0651卷6，0002卷141）

董守让　元真定藁城（今属河北）人。董士恭长子。顺帝至元六年（1340）任江南行台监察御史，次年任南台都事。后任东昌路总管。（0632卷6，0651卷6，0002卷141）

董守礼　元真定藁城（今属河北）人。仕至吉州知州。（0552卷23，0645卷5，0651卷6）

董守训　元真定藁城（今属河北）人。董士恭次子。顺帝至正十年（1350），任工部司程。累迁为岭北行省参议。二十七年，升中书参政。（0002卷141，0001卷113）

董守成　元真定藁城（今属河北）人。董士良之子。历任武邑、梁县主簿，衡水县尹。官至河南行省参政。（0645卷4、5，0651卷6，0002卷141）

董守约　元真定藁城（今属河北）人。董文用孙。历任亳州知州、归德知府。（0645卷5，0651卷6）

董守纮　元藁城（今属河北）人。历任真定路（治今河北正定）治中。（0645卷5，0651卷6）

董守忠　元藁城（今属河北）人。董士选第五子。历任云南行省参政。（0001卷156，0072卷92）

董守思　字仲良，元藁城（今属河北）人。董士选第六子。历溧阳州判、丹徒县尹、威州知州。顺帝元统二年（1334）任无锡知州。迁汉中廉访佥事。（0001卷156，0622卷10，0631卷16，0940卷3）

董守逊　元真定藁城（今属河北）人。董士珍第四子。顺帝元统元年（1333）任衢州路推官。后迁任颍州知州。（0651卷6，0645卷5，0878卷2）

董守庸　号肃斋。元真定藁城（今属河北）人。董士珍次子。成宗时任利用监资用库提点。英宗时，累升为御史中丞。泰定帝即位，以党附铁失罢官。文宗至顺元年（1330），任南台中丞。后入为御史中丞。顺帝至正初，累迁为江浙行省左丞。（0001卷29，0552卷21、22，0632卷6）

董守谦　元真定藁城（今属河北）人。董守约弟。任深州同知。（0645卷5，0651卷6）

董守缉　元真定藁城（今属河北）人。董文用第三子士楷子。仕为太常礼仪院太祝。（0001卷190）

董守简（1252～1346）　字子敬。元真定藁城（今属河北）人。董士珍第五子。甫冠入直宿卫。仁宗时，授典瑞院佥事。英宗即位，奉旨代祀秦蜀山川。陕西饥，移行省开仓赈灾。迁任淮安路总管。岁旱，上奏荒政便宜诸事，未及报，先以禄廪倡官民输钱粟为粥供流民食。邗沟涸，发官帑浚之，使饥民得食其力。未几，迁汴梁路总管，决狱严明。擢海北海南廉访使，镇压广西瑶族反抗。顺帝至正初，历任浙西廉访使、湖广左丞、南台中丞、内台中丞。四年（1344），任中书左丞，总裁辽宋金三史。卒，谥忠肃。（0152卷26，0262卷12，0552卷23、22）

董守缨　元真定藁城（今属河北）人。董守纮弟。历任晋州知州。（0645卷5，0651卷6）

董守慤　元藁城（今属河北）人。董士选第四子。泰定帝致和元年（1328）任太

常院判。累迁浙西廉访使。顺帝至正十年(1350)改浙东廉访使。(0001卷42、156,0552卷24)

董孝良　元宝坻(今属天津)人。世祖至元十四年(1277)为芦越盐使司提举。十七年,授顺德路(治今河北邢台)同知。(0144卷55)

董抟霄(?~1358)　字孟起。元磁州(治今河北磁县)人。由国子生辟陕西行台掾。后历任泾阳县尹、监察御史、辽东廉访司佥事、浙东宣慰副使等职。历官所至,往往理冤狱、革弊政,才誉著称于时。顺帝至正十一年(1351),任济宁路总管,从江浙平章教化讨伐红巾军,收复安丰。次年,奉旨移军江南,收复杭州、安吉、广德、徽州等地。十四年,升枢密院判官。从丞相脱脱攻高邮。后转战两淮。十七年,援济南,大败红巾军。十八年,以功升河南右丞,驻军南皮县陈家庄,被毛贵军杀死。追封魏国公,谥忠定。(0001卷188)

董君瑞　元冀州(治今河北冀县)人。善作散曲,其所作散曲多传于江南。(0029卷下)

董茂春　字良卿。元通海(今属云南)人。董文彦之子。任通海县儒学教谕。事母至孝。(0851卷11,0852卷6)

董贤举　元世祖至元二十五年(1288),率同党七人起事于广东,称大老,攻掠江西州县。次年,被江西行枢密院副使月的迷失击败,擒送京师。(0001卷15)

董昂霄(?－1358)　元磁州(治今河北磁县)人。董抟霄之弟。顺帝至正中,随兄镇压红巾军,转战南北。十七年(1357),以功授淮南行枢密院判官。次年,在南皮县陈家庄与兄同被毛贵军杀死。(0001卷188)

董思贤　字深道。元台州路(治今浙江临海)人。尝为台州路总管府吏,余阙持节按台州路,察其贤,台州路事悉俾经理,一无冤滞。(0072卷92)

董复圭　字均瑞。元江西人。顺帝至正中被反元队伍所执,作诗骂之,被剖腹杀死。(1011卷9)

董彦光　元新昌县(今属浙江)人。顺帝至正间反元队伍攻占新昌,与弟舜传讨平之,授元帅府佥事。(0880卷45,0883卷15,0062卷31)

董贯道　元人。有诗作传世。(0504癸下)

董真卿　字季真。元鄱阳(治今江西波阳)人。董鼎之子。早年从胡一桂学。著有《周易会通》十四卷。(0071卷89,0072卷89,0002卷235)

董笔潭　元奉化(今属浙江)人。少时牧牛。后善画,画鹰隼及惊涛、果木皆绝伦。(0075氏族典卷376)

董养性　字迈公。元乐陵(今属山东)人。顺帝至正中任昭化县尹,摄剑州事。入明不仕,终老于家。著有《周易订疑》、《易学启蒙订疑》、《周易本义原本》、《高闲云集》。(0072卷89)

董继升　元顺德(治今河北邢台)人。成宗大德四年(1300)由平阴县尹改任元氏县尹。后历任翰林学士、参知政事。(0645卷4,0647卷2)

董辅卿　元河中(治今山西永济西南)人。顺帝至正间为猗氏县(治今山西临猗)知县。(0700卷6,0696卷2)

董得裕　字添祐。元屯留(今属山西)人。潞州(治今山西长治)神霄宫道士,好以儒书教后进。卒年九十。(0698卷3)

董渊臣　元藁城(今属河北)人。董士珍曾孙。历任保定路治中。(0645卷5,0651卷6)

董雄飞　元麟游县(今属陕西)知县。有诗作传世。(0504丁)

董翔凤　元海昌(治今广东高州东北)人。有诗作传世。(0504庚下)

董嗣杲　字明德,号静传。宋元之际杭州人。宋末历任武康知县。入元隐于黄冠,改名思学,字无益。著有《庐山集》五卷、《英溪集》一卷、《西湖百咏》二卷。(0062卷44,0070卷90,0006卷91下)

董鹏南　元泰定帝时,任监察御史。泰定元年(1324),率同僚上疏,请严惩南坡之变逆徒党羽,诏不允。(0001卷29)

董德义　元藁城(今属河北)人。顺帝至元元年(1335)为高邮府司狱。(0552卷21)

董德时　号震斋。元初杭州开元宫道士。(1076卷下)

董德善　元藁城(今属河北)人。顺帝至元元年(1335)为仙居县(今属浙江)主簿。(0552卷21)

董德谦　元仁宗皇庆(1312~1313)间任漳州路推官。(0908卷3)

董秃坚帖木儿　元顺德(治今河北邢台)人。顺帝至正三年(1343)任长泰县尹。后迁任莆田县尹。(0905卷3,0908卷23,0902卷61)

蒋广　元人。顺帝至正十八年(1358)从江东廉访副使伯颜不花的斤守信州。城被陈友谅部攻破,被擒杀。(0001卷195)

蒋元　字子晦、晦若。元婺州东阳人。从许谦学。未仕而卒,学者私谥贞节先生。有《四书笺惑》、《学则》、《中庸注》。(0071卷83)

蒋氏①　元汴梁(治今河南开封)人,完颜用之妻。夫死守节,善画墨竹。(0030卷5)

蒋氏②(?~1358)　余阙妻。元顺帝至

正十八年(1358)初,天完红巾军攻破安庆城,余阙自杀,蒋氏率其女赴井死。(0002卷218,0006卷82)

蒋庆　元世祖至元十九年(1282)任江山县(今属浙江)县尉。(0878卷3)

蒋芸　宋元之际开化(今属浙江)人。宋度宗咸淳(1265~1274)间领乡荐,上疏论贾似道奸邪,不报,遂不就会试而归。入元累征不起,人称芹涧先生。(0073卷86)

蒋沐　字泽甫。宋元之际东阳(今属浙江)人。宋末割己田建塾,延名儒为师,来学者甚众。元世祖至元中以荐授建昌县主簿,后病归。(0881卷16,0051卷10,0072卷82)

蒋汴　元淮安(今属江苏)人。历任义乌(今属浙江)县尹。(0881卷12)

蒋易　字师文。元建阳(今属福建)人。早年从杜本学。元末入阮德柔幕。著有《鹤田文集》二卷,编有《国朝风雅》十卷。(0147卷32,0075文学典卷90,0072卷92)

蒋忠　宋元之际崇德州(治今浙江桐乡西南)人。宋末从石祖忠降元。元世祖至元十三年(1276)授丹徒(治今江苏镇江)县尹。(0631卷16)

蒋钧　字公秉。元丹阳(今属江苏)人,本洪氏子。由齐山书院山长迁任宁国路儒学教授。(0258卷9,0631卷19)

蒋信　元世祖至元十六年(1279)任东阳(今属浙江)县尹。(0881卷12)

蒋宫　字伯雝。元明之际真州(治今江苏仪征)人。元顺帝至正间进士。历任崇明州判官、行枢密院管勾。至正二十六年(1366),以荐被朱元璋授为翰林修撰。明洪武初,任兰阳县丞。(0955卷9、10,0073卷86,0075氏族典卷441)

蒋起　元代枢府窑之建造者。枢府窑瓷细白而式薄,有印花、五色花,多小足。又有大足器,高盌、薄唇、弄弦等碟、马蹄盘等名目。器内写"枢府"二字为志。(1143第1362卷)

蒋捷　字胜欲,号竹山。宋元之际宜兴(今属江苏)人。宋度宗咸淳十年(1274)进士。入元隐居。屡辞荐辟。有《竹山词》一卷。有诗作传世。(0622卷10,0073卷86,0504甲)

蒋堂　字子中。元吴郡(今苏州)人。泰定三年(1326)中乡试,家居讲学。顺帝至正二十一年(1361)以荐授嘉定州(治今上海嘉定)儒学教授。有诗作传世。(0042卷4,0504丙,0558卷24)

蒋冕　字启端。元吴郡(今苏州)人。从周伯琦学。工小篆。(0042卷13)

蒋琰　字叔圭。元青田(今属浙江)人。诗文师法韩、杜,家贫,授徒自给。(0062卷43,0075文学典卷90)

蒋葵(1262~1338)　字昌南。元息州(治今河南息县)人。文宗天历元年(1328)任安吉县务税课大使。后致仕居钱塘(治今杭州)。(0152卷37)

蒋惠　字季和,号紫芝山人。元鄱阳(治今江西波阳)人。工草书。(0031卷7)

蒋景(1255~1330)　号养斋。元杭州人。善制药。(0152卷38)

蒋谨①　元镇江(今属江苏)人。历任新昌(今属浙江)县尹。(0880卷28)

蒋谨②　元镇江(今属江苏)人。历任义乌(今属浙江)县尹、黄岩州知州。(0631卷19,0881卷12)

蒋镛(1298~1369)　字可大。元明之际浦江(今属浙江)人。元末兵兴,率七子与乡人保聚嵩山,反元武装不敢进攻。明太祖下兰溪,召见劳问,命为浦江翼右副元帅。(0411卷49,0050卷12)

蒋士权　字伯衡。元息州(治今河南息县)人。蒋葵孙。任兴化路(治今福建莆田)儒学正。(0152卷7)

蒋大德　元台州临海(今属浙江)人。元末岁旱民缺食,出余米与乡人共之。方国珍据台州,征之,不出。(0075学行典卷240,0696卷193,0006卷91下)

蒋子正　字平仲,号全愚。元溧阳(今属江苏)学官。撰有《山房随笔》一卷。(1103卷179)

蒋子荣　元宜兴(今属江苏)人。任镇江路儒学正。(0631卷17)

蒋元祚　元世祖至元三十一年(1294)任江南行御史台都事。武宗至大二年(1309)任江西廉访副使。(0632卷6,0584)

蒋友直　元浦江(今属浙江)县尹。(0881卷13)

蒋文质　字彬夫,号苍岩。元永嘉(治今浙江温州)人。有诗作传世。(0504戊上)

蒋文焕　字彦章。元蒙城(今属安徽)人。顺帝至正二十年(1360)任于潜(治今浙江临安西)县尹。(0872卷64)

蒋允升(1329~1357)　字季高。元东阳(今属浙江)人。蒋玄之子。工古文辞。以荐授庆元路(治今浙江宁波)儒学正。(0414卷20、19,0071卷70,0072卷70)

蒋允文　元明间永嘉(治今浙江温州)人。元顺帝至正二十三年(1363)进士,辞官不仕。明初,温州府学延为经师。洪武二十二年(1379)授温州府学训导。(0899卷10)

蒋世杰(1233~1301)　字俊民。宋元之际象山县(今属浙江)人。宋理宗开庆元年(1259)进士。任福州提辖榷货物。入元家居,一度出任绍兴儒学教授。(0225卷17)

蒋必胜　字质甫。元湖州长兴（今属浙江）人。元初以明经为高邮府、池州路儒学教授，后升为庆元县主簿。（0073 卷86，0876 卷12，0075 氏族典卷441）

蒋吉相（1274～1321）　字廸卿。元东阳（今属浙江）人。蒋沐之子。成宗时备宿卫。仁宗即位，以东宫旧臣授谷城县尉，任满归。（0152 卷37，0881 卷16，0072 卷82）

蒋达之　元初为镇江路茅山书院山长。（0631 卷17）

蒋廷秀　号竹逸。元吴郡（今苏州）人。有诗作传世。（0504 庚上）

蒋华子　元金坛（金属江苏）人。任沔阳府儒学教授。（0631 卷19）

蒋会龙（1235～1305）　元濠州（治今安徽凤阳东北）人。元初任淮东道儒学副提举。后迁任临淮县尹，在任数月弃官去。（0225 卷17）

蒋汝砺　元象山县（今属浙江）人。蒋世杰之子。武宗至大三年（1310）任太常博士，次年迁任秘书监著作郎。（0001 卷72，0027 卷10）

蒋迅雷　字声甫。元东阳（金属浙江）人。善词赋。以荐授衢州柯山书院山长。后丁忧归，不复仕。（0072 卷82）

蒋克勤　字德敏。元湖州长兴（金属浙江）人。好古喜文，字画亦秀润。有诗作传世。（0523，0504 已下，0033 卷24）

蒋来孙　元仁宗延祐六年（1319）任广德路儒学录。（0580 卷10）

蒋时中　元溧阳（今属江苏）人。有诗作传世。（0504 戊上）

蒋松魁（1235～1286）　字仲方。宋元之际寿昌（治今浙江建德西南）人。宋末为太学生。元初任建昌路儒学教授。（0225 卷16）

蒋国光（1297～1357）　又名太嘉，字仲宾，元江阴（金属江苏）人。父清之，深通医术。国光继承家学，行医于吴县（今属江苏）一带，多医治贫民而收费不多，故治愈病人虽多，家境始终不富裕。著有《伤寒疑目》、《活人书正讹》、《伤寒铃括》、《亲验方》等。（0453 卷9）

蒋宗元　字善卿。元歙县（金属安徽）人。任羊市监，革除奸利。后迁任泰州务使，以喘病未赴任。（0972 卷6，0532 卷88）

蒋宗瑛　字大玉，号玉海。宋元之际毗陵（今江苏常州）人。正一教茅山宗第三十八代宗师，宋理宗景定（1260～1264）初谢事，浪游山水。元世祖至元十八年（1281）应诏入觐，六月卒于大都（今北京）。（0039 卷4、12，0001 卷11）

蒋宗简（1311～1341）　字敬之。元鄞县（治今浙江宁波）人。早年从程端礼学。后家居讲授。有诗作传世。（0152 卷40，0877 卷37，0504 已下）

蒋居仁　字安道。元泰兴县（今属江苏）人。顺帝至正六年（1346）任来安县尹。（0622 卷18，0925 卷60，0935 卷19）

蒋荣亲（？～1338）　字茂仁。元当涂（今属安徽）人。以善奏琴闻名，乡学聘之为师。（0413 卷19）

蒋禹玉　字叔宝。宋元之际宜兴（今属江苏）人。宋末中漕举，授安吉县主簿，率义兵救常州不克，弃家入吴客杭。元初授杭州路儒学录。卒年九十。（0930 卷22，0073 卷86，0075 氏族典卷441）

蒋悌生　字叔仁。元明之际福宁州（治今福建霞浦）人。元末避战乱于蓝田谷中，撰《五经蠡测》六卷。明洪武初以明经任儒学训导。（1103 卷157）

蒋笺与　元道士。有诗作传世。（0504 壬上）

蒋维桢　字之翰。元祁门（今属安徽）人。顺帝至正二十四年（1364）为祁门县儒学训导。（0307 卷5、6）

蒋景玉　元道士。有诗作传世。（0504 壬上）

蒋嗣古　元台州（治今浙江临海）人。任义乌县（今属浙江）儒学教谕。（0881 卷12）

蒋德英　元大都（今北京）人。英宗至治三年（1323）任镇江路录事司判官。（0631 卷16）

蒋德明　名辉，以字行。元泰州（今属江苏）人。元末仕于张士诚，为其江浙行省左丞。（0126 卷4）

蒋德新　元歙县（今属安徽）人，罗宣明妻。顺帝至正十六年（1356）避兵香山寨。反元武装攻破寨，被执不屈，被砍伤坠崖死。（0411 卷49，0972 卷10，0006 卷94）

蒋拜要兀歹　元文宗至顺二年（1331）任庆元（治今浙江宁波）市舶同提举。（0634 卷2）

敬价　元仁宗延祐元年（1314）任江南行台监察御史。（0632 卷6）

敬俨　字威卿。元易州（治今河北易县）人。太常博士敬元长之子。嗜学，善属文。被荐为殿中知班。受知于玉昔帖木儿，连辟太傅、太师两府掾，选充中书省掾。成宗大德二年（1298），授吏部主事。七年，拜监察御史。劾罢中书省臣之贪污挠法者。历御史台都事、右司郎中等职。武宗至大元年（1308），以议立尚书省，忤宰臣意，左迁为两淮盐转运使。时两淮盐法久滞。至任，首劾盐场官之贪污者，法既大行，盐课增羡至二十五万引。仁宗皇庆二年（1313），任江西行省参政。诏开科举，荐吴澄等为考试官，得人才甚多。延祐四年（1317），召为侍御史。湖广省臣以赃败,俨一日五奏,卒正其罪。五年,任中书参政。泰定四年(1327),任中书平章。顺帝时卒,谥文忠。(0001 卷 175)

敬铉　金元之际易州(治今河北易县)人。敬俨之叔祖。金末,与元好问同登进士第。元世祖中统二年(1261)宣授燕京路学校副提学。著有《春秋备忘》。(0001 卷 134、175)

敬鉴　金元之际人。先世河东人,后徙易水(在今河北)。敬俨之祖父。金末进士,任嵩州同知。(0001 卷 175)

敬瓒　元顺帝至正初为曲阳县(今属河北)知县。(0645 卷 4)

敬元长　元易州(治今河北易县)人。敬俨之父。有学行。世祖时官至太常博士。(0001 卷 175)

敬自强　元易州(治今河北易县)人。敬俨之子。泰定帝时,任安庆总管府判官。后仕至朝散大夫、礼部员外郎。(0001 卷 175)

喜山　字近仁。元畏兀儿人。官至集贤院都事。工书法。(0031 卷 7,1104 卷 5)

喜生　元哈剌鲁人,顺帝元统元年(1333)进士丑闾父。(0028)

喜僧　元钦察人,江浙平章完者都孙。袭父帖木秃古思职为高邮上万户府达鲁花赤。(0011 卷 75)

喜速不瓜　元蒙古人。太祖十六年(1221)十月,奉使高丽。(0001 卷 208,0017 卷 22)

覃荣　元顺帝时任韶州路(治今广东韶关)判官,有政绩。(0622 卷 79,1031 卷 7)

覃澄　见潭澄。

惠山(1243～1308)　元僧,嵩下(今河南登封)张氏子。七岁出家,拜少林僧福裕(雪庭)为师。随师至大都万寿寺,为都僧省。后于僧足庵席下为监寺,于中林长老处为都提点。赴江南求大藏经。于本寺创转轮阁。护持嵩山少林寺、熊耳山空相寺、龙门山宝应寺等。世祖至元三十一年(1294)、武宗至大元年(1308),两次诣阙陈情,大小寺院,无不被荫。远近赞叹。(1144 第 720 卷)

惠用(?～1342)　元僧人,泽州(治今山西晋城)薛氏子。住阳城灵泉寺。(0551 卷 37)

惠汶(1260～1332)　元归德偃武人。僧人。俗姓张。说法数十年,升坛授戒四十余会,大臣接以师敬之礼。(0035 卷 36)

惠珏(1186～1247)　元僧,岚州楼烦(治今山西静乐西南)石氏子。住临州慈云寺。(0551 卷 27)

惠祯　元人。有诗作传世。(0504 辛下)

惠恕　字守拙。元僧,四明(今宁波)人。有诗作传世。(0504 壬上)

惠满(1219～1299)　元僧人,真定栾城(今属河北)牛氏子。世祖至元元年(1264)住持栾城善众寺。(0552 卷 18)

惠思忠　字信夫。元太原人。顺帝至元(1335～1340)初,由汾州吏荐补山南廉访司从事。(0254 卷 7)

辜中　字德中,号易窗。元顺帝至正八年(1348)进士,授永丰(今属江西)县尹,有政绩。有诗作传世。(1011 卷 11,0075 氏族典卷 99,0504 己上)

越烈　元成宗大德中为澧县(今属湖南)达鲁花赤,尽心民事。(1041 卷 66,1053 卷 13)

越伦质　元高昌(治今新疆吐鲁番东)畏兀儿人。偰文质弟。未仕而卒,赠山东东西道宣慰司都事。(0153 卷 11)

趁海　元世祖至元八年(1271),立西夏中兴等路行尚书省,以为参知行省事。(0001 卷 7)

超过　元僧人。世祖时,于凤翔府龙泉寺出家。至元元年(1264),谋乱被捕,遇赦,没其财,羁管京兆僧司。(0001 卷 5)

超珍　元僧人。有诗作传世。(0504 壬上)

超智　字以中。元僧,苏州人。历住隆教寺、普慈寺、净慈寺,住持杭州径山寺。元帝赐号明辨正宗广慧禅师。(1144 第 702 卷)

雄觉　元僧人,临川(今属江西)人。居澧山。有诗作传世。(0504 壬上)

雄黑　元云南孟定布朗族头人,阿蒙之子。世祖至元二十四年(1287),与金齿、孟定林场布朗族头人阿礼、阿怜等同受云南行省招抚,岁承差发布三百匹,阿礼岁承差发铁锄六百把。(1146 第 536 卷)

雄辩(1229～1301)　号洪镜。元善阐(治今云南昆明)人。僧人。俗姓李。少年出家,师事子云国师。世祖破大理(1253),乃得北上中原,历师名贤。返回云南,译圆觉等经论为僰文。由是大乘之教,行于云南。住云南玉案山寺,晚年徒众万数。(0037 卷 2)

雄顿·多吉坚赞　元藏族翻译家,十三世纪人。首次将印度檀丁之修辞学名著《诗镜》全译为藏文。其后,其弟洛卓丹巴以此书讲学,西藏遂开学习《诗镜》之风。后藏族学者纷纷注释此书,并结合藏语特点,形成藏语文修辞学著作。另译有《菩萨本生如意藤》、《龙喜记》等佛经文学上品。(1146 第 536 卷)

揭汯(1304～1373)　字伯防。元丰城(今属江西)人。揭傒斯之子。顺帝至正十年(1350)荫补秘书郎。历任翰林编修、太常博士、翰林修撰、礼部员外郎。十八年,出为江西廉访司佥事,守建宁,击退反元队伍有功。入为秘书少监。元亡,称病不仕,寓居慈溪。(0411 卷 30,0075 氏族典卷 517,0002 卷 206)

揭士弘　元丰城(今属江西)人。揭傒斯侄。文宗至顺中任绩溪县(今属安徽)主簿。(0532 卷 20)

揭来成　宋元之际丰城(今属江西)人。揭傒斯之父。宋末为乡贡士,入元,家居授徒。卒,谥贞文。(0225 卷 9,0153 卷 5,0002 卷 206)

揭时益　元丰城(今属江西)人。揭傒斯族子。历任临江路蒙古字学教授、南康县主簿。(0150 卷 8)

揭祐民　字希韦。元广昌(今属江西)人。泰定(1324 ~ 1328)中,任邵武路经历。三至京师,公卿多乐与游。后寓居盱水上,自号盱里子。工诗,有诗作传世。(0503 二集丙,0902 卷 62)

揭傒斯(1274 ~ 1344)　字曼硕。元龙兴富州(治今江西丰城)人。幼贫,读书刻苦,早有文名。仁宗延祐初,由程钜夫等荐为翰林编修,撰功臣列传。文宗时,任奎章阁授经郎,教勋戚大臣子孙读,与赵世延、虞集等修纂《经世大典》。顺帝初年,累升为翰林侍讲学士。至正三年(1343),参与修辽宋金三史,任总裁官。四年,《辽史》成,积劳得寒疾死。谥文安。善诗文。其为文,叙事严整,语简而当。其诗清婉丽密,为元诗四大家之一。有《揭文安公集》。(0001 卷 181)

插都　元钦察人,江浙平章完者都之子。任无锡州达鲁花赤。(0011 卷 75)

雅古　元汪古人,马月合乃孙。(0011 卷 72)

雅安①　元仁宗延祐五年(1318),任江南行台监察御史。(0632 卷 6)

雅安②　字处善。元扬州人。能诗,有诗作传世。(0504 庚下)

雅班普　元末由岭北行省宣使入为秘书监辨验书画直长。(0027 卷 10)

雅失帖木儿(? ~1328)　元人。泰定帝时,任中书平章政事。帝崩,燕铁木儿在大都拥立文宗。雅失帖木儿自上都率军与战,兵败被擒杀。(0001 卷 32、135)

掌吉①　又译苟吉、畅吉。蒙古建国后,受封为功臣千户长。元太宗时为大臣。宪宗即位初,因卷入太宗后裔、察合台后裔诸王反对宪宗的斗争,被宪宗处死。(0009 卷 8、12,0001 卷 3,0008 卷 2)

掌吉②　又译章吉。元人。世祖至元二十五年(1288)正月,举兵叛,诸王拜答罕遣将追之,至八立浑,不及而还。二十七年正月,攻掠甘木里(今新疆哈密),诸王出伯、拜答罕、亦怜真击走之。(0001 卷 15、16)

掌吉③　元蒙古弘吉剌氏。按陈曾孙。唆儿火都之孙。世袭本藩蒙古军站千户。(0001 卷 118)

喃迦巴藏卜　又译郎杰桑波,藏族。元顺帝至正二十二年(1362),封帝师。明洪武初,明廷遣使吐蕃,令当地首领举元故官赴京受官袭职。喃迦巴遣使朝贡,并于洪武六年(1373)入朝,向明廷推荐元故官六十人,帝皆授以官职,并封其为炽盛佛宝国师,赐玉印,又命人持敕护送其返藏,以招抚未归附之吐蕃诸部首领。(1146 第 537 卷)

喇钦索南罗追(1332 ~ 1362)　元吐蕃萨迦人,款氏。八思巴侄曾孙,公哥列思巴冲纳思监藏班藏卜之子。顺帝至正十八年(1358)至二十二年,任帝师。(1146 第 538 卷)

喇嘛久甸日巴日垂　元藏传佛教名僧、学者,藏族。西藏纳塘寺上师格西强卡巴拔施之弟子。仁宗皇庆元年(1312),奉师命将汉地大批墨、纸、笔等带回西藏,率领译师索南约斯等人,集中前藏、阿里所存甘珠尔、丹珠尔经原本,加以校正,编成《甘珠尔、丹珠尔广本目录》,又缩编为《甘珠尔目录日光》,后又编《甘珠尔、丹珠尔目录集》。其师格西按照其所编目录,编成第一部甘珠尔、丹珠尔大藏经。后蔡巴编订的大藏经亦据其所编目录,明永乐、万历两部刻版大藏经又以蔡巴本为据。(1146 第 538 卷)

喻仁　字道宗。元顺帝至正二十二年(1362)任济南路达鲁花赤。(0600 卷 2)

喻立　字仁本。元清江(今属江西)人。好古,工诗赋。尝从吴澄学。(0501 卷 33,0072 卷 92)

喻举　元成宗大德(1297 ~ 1307)中,任会稽县(治今浙江绍兴)儒学训导,升上虞县儒学教谕。(0880 卷 29)

景寿　元顺帝元统二年(1334)任沁水(今属山西)知县。(0694 卷 5)

景芳　字仲联。元僧,吴郡(治今苏州)人。有诗作传世。(0504 壬上)

景闲(1298 ~ 1374)　字白云,元顺帝时来华高丽国僧人,高丽全罗道古阜人。幼年出家,力学求道。顺帝至正间赴大都参指空和尚,十一年,谒僧清珙,蒙印可。次年由淮安渡海返高丽,住海州安国寺、神光寺等。后寂于骊州鹫岩。有《语录》二卷。(1144 第 734 卷)

景范　元镇江路茅山书院山长。(0631 卷 17)

景星　字德辉,号讷庵。元明之际余姚(今属浙江)人。长于经学,著《大学中庸集说启蒙》二卷。明初授杭州儒学训导。有诗作传世。(0073 卷 87,0504 庚下,0006 卷 88)

景洙(? ~1326)　元僧人,鄱阳(治今江西鄱阳)江氏子。能文。有《翠屏文集》,危素为作序。(0438 卷 2)

景福　字仲祯。元唐兀人。丑闾之子。

任福建行省参政。后削发为僧,名福大全。(0296 卷 4 下)

景元启　元散曲作家。(0505)

景素阳　元襄陵(治今山西襄汾西北)人。道士。师事梁古宾,居阜山道院。元末,乱兵至,求财不得,欲杀古宾。素阳请以身代,兵以刀斫之,刀断为三,兵惊去。(0622 卷 20,0710 卷 10,0075 氏族典卷 443)

黑马　元武宗时,任工部尚书,负责修建中都行宫。至大元年(1308)行宫成,以功升官二等。(0001 卷 22)

黑汉①(?～1328)　元泰定帝时,任隆镇卫指挥使。文宗即位,潜谋投附上都,事发,被处死。(0001 卷 32)

黑汉②　元回回人。任义乌(今属浙江)县达鲁花赤。顺帝元统二年(1334)迁任昌国州(治今浙江舟山)达鲁花赤。(0634 卷 2,0881 卷 12)

黑驴①　元仁宗延祐三年(1316)任江南行台监察御史。(0632 卷 6)

黑驴②(?～1320)　元仁宗时,任江浙行省左丞相。英宗即位,召拜中书平章政事。不久因与合散、脱脱哈等密谋废立,被处死。(0001 卷 26、27)

黑驴③　元顺帝至正十九年(1359),为知枢密院事。是年七月,奉旨与国王囊加歹、中书平章佛家奴、也先不花等,统领探马赤军讨伐辽阳行省之红巾军。(0001 卷 45)

黑驴④　元哈剌鲁人,宣徽使答失蛮子同知宣徽院事怯来之子。(0011 卷 87)

黑的①　元世祖时,任兵部侍郎。至元二年(1265)、五年,两次充国信使,佩虎符,出使日本,均未到达。十一年,任高丽达鲁花赤。(0001 卷 6、208)

黑的②　元世祖至元十四年(1277),为荆湖北道宣慰使。(0001 卷 9)

黑的③　元康里伯牙乌氏,也速斛儿子。任牧马同知。(0001 卷 133)

黑思　字仲义。元顺帝至正二十四年(1364)由山北廉访司佥事入为宗正府郎中。(0292 卷 2)

黑间①　元武宗至大三年(1310)任永州路(治今湖南零陵)达鲁花赤。(1052 卷 10)

黑间②　元延祐七年(1320),英宗即位后,由江浙行省左丞相入为中书平章。(0014 卷 9、10)

黑间③　元顺帝时宗王。其女卜颜的斤于至正二十八年(1368)明军逼近大都时自缢死。(0001 卷 201)

黑哥　元畏兀儿人,孟速思子翰林承旨帖木儿不花之子。(0011 卷 39)

黑梓　即赵国宝。

黑黑①　元文宗至顺元年(1330)任昌国州(治今浙江舟山)达鲁花赤。(0634 卷 2)

黑黑②　字国宝。元顺帝至正十三年(1353)任江浙行省左丞。是年,自常州移镇徽州。后任集贤院承旨。(0296 卷 1、5)

黑黑③　元官员,江浙平章亦不剌金之子。任章佩监丞。(0011 卷 94)

黑厮①　元顺帝时,任同知枢密院事,参与修治黄河之役,升任宣徽使。至正十五年(1355),拜中书平章政事。后任知枢密院事。(0001 卷 42、44、47)

黑厮②　元时入华西域拂林(今叙利亚)人,爱薛第四子。仕为光禄卿。(0001 卷 134)

黑厮③　元康里伯牙乌氏,也速斛儿之子。袭父职为钦察亲军指挥使,以疾卒。(0001 卷 133)

黑的儿①　元世祖至元二十一年(1284),元军攻破缅国江头城;奉遣与杨林等谕缅国使降,不报。(0001 卷 133)

黑的儿②　元回回人。武宗至大二年(1309)任丹阳(今属江苏)县达鲁花赤。(0631 卷 16)

黑的儿③　元仁宗延祐间任泽州(治今山西晋城)达鲁花赤。(0694 卷 5)

黑的儿④　元文宗至顺二年(1331)任浙东宣慰司同知。(0634 卷 1)

黑的儿⑤　元顺帝至正十二年(1352),为福建元帅。是年八月,方国珍率其众攻台州城,与浙东元帅也忒迷失击退之。(0001 卷 42)

黑里儿　元西域阿鲁温氏。文宗至顺三年(1332)任江南行台监察御史。(0632 卷 6)

黑廸儿　元顺帝至正二年(1342)任吴江(今属江苏)州同知。(0954 卷 17)

黑邸儿　元阿鲁氏。泰定二年(1325)任江南行台监察御史。(0632 卷 6)

黑歹不花　元仁宗皇庆元年(1312)任定海县(治今浙江宁波镇海)主簿。(0633 卷 3)

锁儿　元顺帝至元六年(1340)任奉化(今属浙江)州同知。(0634 卷 2)

锁乃　元文宗乳母完者之子。天历元年(1328)九月,文宗即位,追封司徒、云国公,谥贞闵。(0001 卷 32)

锁飞　字鹏举。元顺帝至正二十年(1360)任江南行台监察御史。(0594 卷 12)

锁秃　元泰定帝时为宣政院使。(0001 卷 29)

锁住①(？～1330)　元蒙古人。权相铁木迭儿之子。天历初,被明宗敕流于南方。天历二年(1329)九月,明宗死后,丞相燕铁木儿言:锁住天历初有劳于国,可遣还田里,文宗从之。未几,授将作院使。至顺元年(1330)七月,与其姊夫太医使野理牙,以怨望,造符箓、祭北斗、咒咀,事觉,诏中书省鞫之,处死,籍没家产给大承天护圣寺为永业。(0001 卷 33、34)

锁住②　元文宗至顺元年(1330)任固安(今属河北)州同知。(0671 卷 4)

锁住③　元文宗时安庆万户。坐令家人杀人系狱,久未款伏。至顺二年(1331)二月,丞相燕铁木儿言于文宗:锁住久未款伏,宜若无罪,乞释之;文宗从之。(0001 卷 35)

锁住④　元文宗至顺二年(1331)为西域指挥使。九月,奉遣发陕西都万户府兵往罗罗斯,讨伐云南反文宗军。(0001 卷 35)

锁住⑤　元顺帝至正六年(1346)任长林县(治今湖北荆门)达鲁花赤。(1044 卷 17)

锁住⑥　元顺帝至正八年(1348)为浙东宣慰副使。(0304 逸稿卷 4)

锁住⑦　元顺帝元统二年(1334)任浙东宣慰司照磨。(0634 卷 1)

锁住⑧　元钦察人,滁州路达鲁花赤苫彻拔都儿孙,袭滁州万户府达鲁花赤。(0001 卷 123,0011 卷 76)

锁南①(？～1324)　元蒙古人。权相铁木迭儿之子。英宗时任治书侍御史。至治二年(1322),罢为翰林侍讲学士。三年八月,参与弑英宗。十二月,泰定帝即位后,御史脱脱等奏劾其罪;遂被处死。(0001 卷 28、29、207)

锁南②(？～1323)　元蒙古亦乞列思氏。铁失之弟。英宗时任宣徽使。至治三年(1323)八月,参与其兄铁失弑英宗逆行。十月,泰定帝即位后,被处死于漠北行在所。(0001 卷 28、29、207)

锁南③　元诸王。文宗至顺间率所部参加讨伐云南反叛。(0001 卷 35)

锁南④　元顺帝至元二年(1336)七月,擢为参议中书省事。(0001 卷 39)

锁铸　元顺帝至正十四年(1354)进士。历任枢密院佥事、中书平章。(0277 卷 15、16)

锁儿哈①　元蒙古亦乞列思氏。孛秃之子。娶太宗子阔出女安秃公主,生女为宪宗皇后。后又娶宗王女不海罕公主。事太宗,擢万户,统军入蜀,破宋嘉州,遣使者献捷,帝赐以金锦、金带、七宝鞍。师还,卒于道。后追谥武定。(0001 卷 118、109,0011 卷 16,0003 卷 23)

锁儿哈②　元顺帝至正三年(1343)为朵思麻同知宣慰事。八月,奉命讨伐四川上蓬琐吃反元武装。(0001 卷 43)

锁兀都　元蒙古逊都思氏,赤老温子阿剌罕之子,从阔端太子镇河西。(0011 卷 22,0003 卷 28)

锁火奴　元辽东人。顺帝至正八年(1348)三月,诈称大金子孙,反元起事;水达达路脱脱禾孙(驿站检验官)唐兀人火鲁火孙率兵讨擒之。(0001 卷 41)

锁住间　元顺帝至正间任龙岩县(今属福建)达鲁花赤。(0908 卷 21)

锁郎哈①　元太祖妃,住第四斡耳朵(行宫)。(0001 卷 106)

锁郎哈②　元蒙古亦乞列思氏。孛秃曾孙。札忽儿臣第三子,忽怜之弟。娶安西王忙哥剌女奴兀伦公主,生女为武宗仁献章圣皇后、明宗生母。(0001 卷 109、118)

锁南八　又译锁南班。元文宗天历元年(1328)八月,与撒里不花奉燕铁木儿遣往中兴(今湖北江陵)催请文宗来大都(今北京)。十一月,任监察御史,与御史撒里不花、于钦等奏言:朝廷政务,赏罚为先,功罪明则天下定;文宗嘉纳之。(0001 卷 32、138)

锁南班①　元顺帝至元元年(1335)任浙东宣慰使。(0634 卷 1)

锁南班②　元蒙古人,顺帝至正元年(1341)任江南行台治书侍御史。(0632 卷 6)

锁南班③　元顺帝至正元年(1341)任江南行台侍御史。(0632 卷 6)

锁南班④　元顺帝至正六年(1346),任中书参政,三月,奉诏至东平镇遏山东反元武装。七年二月,升中书右丞。十二年,为甘肃平章政事,七月,镇压吐蕃反元武装有功。十三年四月,由甘肃平章改任永昌宣慰使,统永昌军马往讨永昌愚鲁罢等反元武装。十四年十二月,由永昌宣慰使召入为中书平章。(0001 卷 41～43、113)

锁思的(？～1325)　元诸王。泰定元年(1324)十二月卒。(0001 卷 29)

锁儿罕失剌　元蒙古逊都思氏,赤老温之父。泰赤乌部贵族脱朵格之属民。其全家曾掩护少年铁木真(元太祖)逃脱泰赤乌部人追捕。蒙古建国后,受封为功臣千户长、世袭答剌罕,并受封薛凉格河(今色楞格河)地区为驻牧营地。(0009 卷 2、4、9)

锁力哈迷失　元文宗时南方部族首领,至顺二年(1331)反元起事,七月,知行枢密院事彻里帖木儿以兵讨伐,歼灭其党七百余人。(0001 卷 35)

锁咬儿哈的迷失(？～1321)　元畏兀儿人。塔本四世孙。年十二,充英宗潜邸宿卫士。英宗即位,任监察御史。至治元年(1321)春,与御史观音保、成珪、李谦亨等上章谏止兴建大寺于京西寿安山。时铁木迭儿之子锁南为治书侍御史,进谗言于帝。遂与观音保皆被处死,珪、谦亨流放边远。泰定初昭雪,追封永平郡公,谥贞愍。(0001 卷 124)

嵇鉴 元文宗至顺元年(1330),任镇江路谏壁税使司大使。(0631 卷 17)

程卫 元顺帝至正十二年(1352)任开化县(今属浙江)儒学教谕。(0878 卷 3)

程文①(1289～1359) 字以文,号黟南生。元婺源(今属江西)人。文宗时游京师,参与修《经世大典》。顺帝元统二年(1334)借注休宁县黄竹岭巡检。历任怀孟路儒学教授、监察御史。以礼部员外郎致仕,寓居绍兴、杭州。(0532 卷 66,0001 卷 190,0002 卷 237)

程文② 字以文,元徽州(治今安徽歙县)人。仕至礼部员外部。作文明洁精深,受时人称道。(0001 卷 190)

程龙(1242～1322) 初名渊,字舜俞,号苟轩,又号不不翁。宋元之际婺源(今属江西)人。宋度宗咸淳元年(1265)进士,累迁为建德府推官。入元,授永嘉县尹,历松江府判、兴化路判,转湘阴知州,致仕归。(0532 卷 95 上,0972 卷 6,0004 卷 36)

程可 元人。有诗作传世。(0504 辛下)

程存 元徽州休宁人。师陈定宇。有《太极图说》。(0071 卷 70)

程达(？～1242) 金元之际祁县(今属山西)人,程介福父。金宣宗兴定二年(1218),率众降于蒙古。累迁为管民总管,屯田凤翔。(0002 卷 166)

程迁 字廷秀。元休宁(今属安徽)人,迁居歙县(今属安徽)。有勇善射。初为县尉。世祖至元二十三年(1286)从征安南,以功授千户。(0972 卷 9)

程冲 元全椒(今属安徽)人。顺帝至正中,任嵊县(今属浙江)主簿。(0880 卷 28)

程时 元人。有诗作传世。(0504 癸下)

程岘 元成宗大德十一年(1307)任定海县(治今浙江宁波镇海)主簿。(0633 卷 3)

程英 元广平(今属河北)人。成宗大德十一年(1307)任镇江路卫辉翼下百户。文宗至顺二年(1331)致仕。(0631 卷 17)

程枢 字伯机,号云楼。元婺源(今属江西)人。以文词名,隐居终老。(0972 卷 9)

程述 元藁城(今属河北)人。顺帝至正十四年(1354)任束鹿(今属河北)县尹。(0649 卷 30)

程择(1296～1352) 字义夫。元婺源(今属江西)人。历任武昌路儒学正。领兵平道州瑶族起事,升儒学教授。顺帝至正十二年(1352),天完红巾军至,召集地主武装固守抗拒,城陷,死之。(0972 卷 9,0075 民族典卷 312,0002 卷 232)

程旺 元浙东宣慰司照磨。(0633 卷 2)

程咏 元泰定元年(1324)进士。顺帝至元二年(1336)任翰林应奉。(0254 卷 13)

程郇(1269～1346) 字晋辅。元乌程县(治今浙江湖州)人。任台州路儒学教授。英宗至治元年(1321)任镇江路知事。泰定(1324～1328)间任江山县尹。后历任绥宁、慈溪县尹。以婺源知州致仕。(0152 卷 32,0001 卷 65)

程恒 元东胜州(今内蒙古托克托)人,元初佩金符,为沿边监榷规措使、解州盐使。(0001 卷 163)

程宗 元淝川人。初为国子生。顺帝至正六年(1346)任望江县尹。(0925 卷 42,0580 卷 1)

程相(1255～1331) 字仲和。元绩溪(今属安徽)人。元初,以荐授信州路录事司判官。后历任兰溪州判官、宁海县丞、清江县尹、常宁知州。以浙东宣慰副使致仕。(0532 卷 86,0972 卷 8,0992 卷 10)

程祐 元世祖至元十八年(1281)任灵石(今属山西)县尹。(0709 卷 2,0693 卷 7)

程珪 元成宗大德十一年(1307)任象山(今属浙江)县尹。(0633 卷 3)

程泰 元太祖时为平州监军。太宗二年(1230)授平州路征收课税副使。(0001 卷 2,0506 卷 13993)

程恭 蒙古名也先不花。元济南章丘(今属山东)人。程益父。初为浙西廉访司译掾,历任建德路儒学教授、江浙省掾。仁宗延祐二年(1315)擢溧水州判官,转吉水州判。泰定三年(1326)授句容县尹。后迁任南陵县尹,弃官归养。(0634 卷 6,0929 卷 25)

程徐 元庆元(今浙江宁波)人,程端学子。顺帝时,任秘书少监,官至四方献言详定司使。(0001 卷 46、190、201)

程益(1303～?) 字光道。元济南章丘(治今山东章丘西北)人。程恭之子。顺帝元统元年(1333)进士,授翰林检阅。至元六年(1340)由翰林编修迁秘书郎。授国子博士。参与修辽宋金三史。改监察御史,以论事切直,出为河西廉访司佥事,未几卒。有诗作传世。(0028 卷上,0075 民族典卷 312,0504 丙)

程祥 元东平(今属山东)人,居于镇江(今属江苏)。曾任淮安路知事。(0631 卷 19)

程谅 元庆元路(治今浙江宁波)推官。

(0633 卷 2)

程琦 元徽州(治今安徽歙县)人。以朱熹撰有《易学启蒙》,遂取熹与门人平日之语有及于此者汇而附之,编成《易启蒙类编》,今不传。(0147 卷 5)

程野 字彦鲁。元偃师(今属河南)人。博通经史。历任河南路(治今洛阳)总管、集贤直学士。(0622 卷 29,0761 卷 29,0075 氏族典卷 312)

程翊 元顺帝至正二十二年(1362)任济南路同知。(0600 卷 2)

程焕 元顺帝至正元年(1341)任开化县(今属浙江)儒学教谕。(0878 卷 3)

程淳 元休宁(今属安徽)人。顺帝至元(1335~1340)中,任婺源(今属江西)州判官。(1004 卷 5,0973 卷 6)

程隆 字君熙。元休宁(今属安徽)人。元初被征辟为休宁县尉。(0532 卷 85,0972 卷 8)

程琪 元顺帝至元三年(1337)任婺州路(治今浙江金华)照磨。(0881 卷 11)

程植 元武宗至大四年(1311)任常山县(今属浙江)主簿。(0878 卷 3)

程桌 元仁宗延祐七年(1320)为宣城(今属安徽)县丞。(0580 卷 3)

程棠 元世祖至元十九年(1282)任东阳(今属浙江)知县。(0881 卷 12)

程鼎 元成宗大德三年(1299)任吴江(今属江苏)州都目。(0954 卷 17)

程嵘 历任元嵊县(今属浙江)主簿、衢州(今属浙江)路判官。(0871 卷 59,0880 卷 28)

程谦① 元世祖至元间任庆元路(治今浙江宁波)知事。(0633 卷 2)

程谦② 字受益。元初为镇江路蒙古字学教授。仕至两淮盐运副使。(0631 卷 17)

程谦③ 元泰定元年(1324)进士。文宗天历三年(1330)任翰林编修。(0254 卷 12)

程瑁(1240~1319) 字君用。元泾阳县(今属陕西)人。曾任三原县(今属陕西)学古书院山长。有诗作传世。(0801 卷 26,0815 卷 3,0504 甲)

程瑞 元蓝田(今属陕西)人。程达之子。世祖至元初备宿卫,授中军掌钥。成宗时任陕西鹰房总管。(0801 卷 26,0821 卷上)

程祺 字子相。元新城(今属河北)人。工书法。(0074 卷 38)

程煜① 字叔明。元绩溪(今属安徽)人。程文彬之子。举授淳安县主簿。(0992 卷 9)

程煜② 字彦明。元扬州人。历任宝坻县丞。有诗作传世。(0516 卷 7,0504 辛上,0033 卷 23)

程福 元世祖至元二十四年(1287)任灵石县(今属山西)知县。(0709 卷 2,0693 卷 7)

程德 元武宗至大(1308~1311)间任枝江县(治今湖北江陵西北)知县。(1042 卷 6)

程澍 字彦霖。元兰溪(今属浙江)人。顺帝至正中,以荐授饶州锦沿书院山长。后从军有功。官至工部侍郎。(0881 卷 20)

程燧 字德明。元婺源(今属江西)人。程龙孙。仁宗延祐五年(1318),以荫授新城县主簿。泰定三年(1326)改丹阳县主簿。历任清江镇征官、侯官县尹、建宁路推官。顺帝至正七年(1347),调任太平路推官。(0631 卷 16,0413 卷 14)

程一宁 元顺帝妃。能诗,有诗作传世。(0092,0504 壬下,0033 卷 35)

程士元 元洛阳人。历任鄞县尉,遂家于鄞县。(0841 卷 12)

程大本(1289~?) 字叔达。元南城(今属江西)人。程钜夫第三子。仁宗延祐三年(1316)特授郊祀署令。文宗天历二年(1329),累迁为秘书监著作郎。(0027 卷 10,0596 卷 4)

程大年(1277~?) 字叔永。元南城(今属江西)人。程钜夫长子。武宗至大元年(1308),荫授南丰州同知。仁宗延祐(1314~1320)间为江西行省检校。后仕至金溪县尹。(0150 卷 8)

程大观(1297~?) 字叔宾。元南城(今属江西)人。程钜夫第五子。仁宗延祐(1314~1320)间为国子生。顺帝至正中,任建昌路南源务税课司提领。(0245 卷 2)

程大度 元南昌(今属江西)知县,政平讼简。(1012 卷 15)

程与权 元鄱阳(治今江西波阳)人。程杰之子。顺帝至正初,任大都路儒学录。(0072 卷 92)

程子真 元人。有诗作传世。(0504 癸下)

程天祐 元休宁(今属安徽)人。曾任徽州路儒学教授。(0973 卷 7,1004 卷 4)

程天骥 字千里。元世祖至元间为镇江路行大司农司令史。(0631 卷 17)

程元直 元亳州(今属安徽)人。世祖至元间任交城县(今属山西)知县,政平讼简,升绛州知州。(0691 卷 8,0700 卷 6)

程云翼 元世祖至元十七年(1280)任溧水(今属江苏)县丞。(0632 卷 6)

程仁寿　字寿卿。元歙县(今属安徽)人。初为儒士,后补徽州路吏。(0972卷6)

程介福(1223～1289)　字伯祥。元祁县(今属山西)人。程达之子。袭父职为凤翔屯田总管。世祖至元四年(1267)迁任弘州知州。(145卷24,0003卷94,0002卷166)

程从龙　字登云,号汉章。元明之际嘉鱼(今属湖北)人。元末隐居教授,入明亦不仕。有《程梅轩集》四卷。(0504庚下,0033卷22)

程文彬　元绩溪(今属安徽)人。世祖至元十三年(1276)授太平路司狱。武宗至大四年(1311),累迁为武义县(今属浙江)知县。后转任松江府判官。(0972卷8,0881卷13,0992卷10)

程文辉　元顺帝至元元年(1335)为浙西廉访司经历。(0573卷2)

程世昌　元南城(今属江西)人。程钜夫孙。顺帝至正八年(1348)任崇明(今属上海)知州。(0928卷4)

程世文　元世祖至元二十八年(1291)为潞州(治今山西长治)儒学正。(0698卷3)

程世京　字伯崇。元南城(今属江西)人。程大本之子。顺帝至正中为翰林应奉,迁任福建省儒学提举,二十六年入为集贤修撰。(0212卷10,0593卷13)

程邦彦　元汾州(治今山西汾阳)同知。(0622卷21,0693卷7、11)

程成德　元婺源(今属江西)人。泰定(1324～1328)间任婺源州判官。(1004卷5,0973卷6)

程仲玉　元泰定二年(1325)任长林县尹。(1044卷17)

程仲叔　元徽州休宁人。幼颖悟。再领乡荐不第,即弃去。以荐授紫阳书院山长,升海盐州教授,卒。有《中庸讲义》。(0073卷53)

程仲贤　元黎阳(治今河南浚县东北)人。成宗大德初,任泌阳县尹。(0622卷30,0761卷26,0767卷7、14)

程守善　元狄道(治今甘肃临洮)人。道士。居万寿观,含真养素,祷雨立应。顺帝至中无病而逝。(0622卷36)

程好礼　元成宗大德四年(1300)任江南行御史台照磨。(0632卷6)

程克式　字景伊。元人。有诗作传世。(0504己下)

程克直　元壶关(今属山西)人。有诗作传世。(0504戊上)

程克明　字君佐。元禹城(今属山东)人。世祖至元初为榆次(今属山西)县尹。(0691卷8,0705卷4、5)

程克绍　字成甫。元休宁(今属安徽)人。世祖至元十六年(1279),以荐为遂安县主簿,未几辞去。(0167卷26,0059卷16)

程克柔　元祁门(今属安徽)人。世祖至元十三年(1276)任祁门县主簿。(1004卷5,0973卷6)

程克霖　元顺帝至正间,任兴化路(治今福建莆田)儒学教授。(0905卷3)

程时中　元黄州(治今湖北黄冈)人。顺帝至元四年(1338)任秘书监奏差。(0027卷11)

程时敏　字子方。元东平(今属山东)人。武宗至大元年(1308)至四年,任奉化(今属浙江)州判官。(0633卷3,0877卷2、25)

程希贤　元泾阳(今属陕西)人。程瑁之子。历任四川行省掾、新平县主簿。有诗作传世。(0504甲)

程应诚　号诚斋。元道士。历任徽州路道录,提点乾明观事。(0260卷10)

程良佑　元广平(今属河北)人。程翔之子。成宗大德九年(1305)任镇江路推官。后历任常州路推官、浙东宣慰司都事、兴州知州。(0633卷2,0631卷15)

程良真　元温州(今属浙江)人。历任新昌县儒学教谕。(0880卷29)

程君宝　元泺源(今济南)人。工草书,有颠素之体。(0031卷7)

程直方(1251～1325)　字道大,号前村。元婺源(今属江西)人。通诸经,尤精深于《易经》。家居不仕,著书甚多。为当时东南大儒。(0532卷70,0072卷78,0002卷234)

程国辅　元高邮(今属江苏)人。历任镇江路淮海书院山长。(0631卷17)

程国儒　字邦民。元徽州(治今安徽歙县)人,寓居鄱阳(治今江西波阳)。顺帝至正十一年(1351)进士。历余姚州判官。十九年,任衢州路都事,明兵至,被执至金陵,授内省都事。后授洪都太守,坐事被系入狱,自杀。有诗作传世。(0506卷3528,0560,0504庚上)

程居仁　元燕(今北京一带)人。历任德安府判官,有能声。时光州有宿弊,久未能除,省府令其往治之,悉除其害,州民为诗歌颂之。英宗至治元年(1321)特恩授南昌县尹。(0212卷60)

程荣秀(1263～1333)　字孟敷。宋元之际休宁(今属安徽)人。幼从方回学。入元,又从许月卿受《易经》。仁宗延祐(1314～1320)中,以荐授建康路明道书院山长。后历任平江路儒学录、嘉兴路儒学教授。以江浙省儒学提举致仕。(0532卷71,0072卷89,0075氏族典卷312)

程思彬(？～1268)　元世祖时,投匿名书信,指斥皇帝。事发,被捕杀。(0001卷6)

程思廉(1235～1296)　字介甫。元东胜州(治今内蒙古托克托)人。世祖初年,以刘秉忠荐,侍太子真金。至元七年(1270),选署为河南行省都事。时元军攻襄樊,任转饷,筑城置仓以受粟。累迁为监察御史,因劾权臣阿合马被诬陷下狱。后出狱,累迁河北河南道按察副使,时岁饥而征租益急,即移文罢征。二十六年,擢云南行台御史中丞,振兴云南礼教。成宗即位,迁任河东廉访使。平阳民苦岁输租税于北方,思廉为请,得输河东近仓。卒。谥敬肃。(0001卷163,0501卷67)

程钜夫(1249～1318)　名文海,避武宗海山讳,以字钜夫行。宋元之际建昌南城(今属江西)人。宋末,叔父飞卿通判建昌,以城降元。钜夫入为质子,授管军千户。元世祖至元十六年(1279),授翰林应奉。升修撰。迁集贤直学士兼秘书少监。二十四年,任侍御史。奉诏求贤于江南,荐赵孟頫等二十余人。二十六年,入朝,上疏弹劾桑哥,险遭杀害。后历任闽海、湖北廉访使。成宗大德八年(1304),召拜翰林学士,商议中书省事。武宗至大元年(1308),修《成宗实录》。仁宗即位,拜翰林承旨。皇庆元年(1312),修《武宗实录》。二年,奉诏与平章李孟、参政许师敬议行科举,建言:经学当主程、朱传注。卒,谥文宪。著有《雪楼集》。(0001卷172,0225附录)

程复心(1257～1340)　字子见,号林隐。元婺源(今属江西)人。自幼潜心理学。仁宗皇庆二年(1313)上所撰《四书图说》,元廷欲官之,以父老辞,遂以徽州路儒学教授致仕。(0532卷71,0002卷236)

程禹圭　字天锡。元大都(今北京)人。世祖至元二十四年(1287)为兵部员外郎。后升为兵部郎中。二十九年致仕。(0143卷7)

程盈万　元休宁(今属安徽)人。顺帝至正中为休宁县典史。(1004卷5,0973卷6)

程逢午(1237～1303)　字信叔。元休宁(今属安徽)人。程愿学父。成宗元贞二年(1296),以荐授徽州路紫阳书院山长。大德七年(1303)授海盐州儒学教授,未赴任卒。(0532卷71,0072卷83,0075氏族典卷312)

程养全(1297～1354)　字子正。元德兴(今属江西)人。顺帝至正二年(1342)登进士第。十四年,任铅山州判官,与红巾军战,阵亡。有诗作传世。(0532卷66,0504戊下)

程兼善　字士达。元休宁(今属安徽)人。顺帝至正间反元队伍攻占徽州城,兼善率乡兵击之,力战而死,年二十六。(0532卷97,0972卷9)

程敏慧　元仁宗皇庆(1312～1313)间任瑞州路(治今江西高安)推官。(1016卷14)

程脱因　元顺帝至正中,任会稽(治今浙江绍兴)县丞。(0880卷28)

程渠南　元松阳(治今浙江遂昌东南)人。善为诗,有诗作传至今。(0033卷22,0103卷4)

程深甫　元休宁(今属安徽)人,业儒而通医。历任江浙太医提举。元帝征召治疾,迅即治愈,声誉传南北,人称“好人程太医”。(1149第266卷)

程维岩　元徽州(治今安徽歙县)人。有诗作传世。(0033卷17)

程敬直　元人。有诗作传世。(0504辛下)

程植翁　元人。有诗作传世。(0504癸下)

程鹏飞　宋元之际人。宋末为荆湖诸军都统。元世祖至元十一年(1274)降元,授荆湖宣抚使。十四年,授江西行省参政。次年,改荆湖北道宣慰使。入为中书参政。二十四年,升为右丞。累迁为湖广行省平章。成宗大德七年(1303),迁任四川行省平章。后致仕。仁宗即位,被召至京师商议国政。(0006卷51,0014卷17下、18上、29中下,0001卷9、14、15、24等)

程鹏举　宋元之际人。宋末为蒙古军所掠,为奴于兴元(治今陕西汉中)张万户家,后逃归宋,时年十七八,以荫补为官。元成宗大德(1297～1307)间累官为陕西行省参政。(0101卷4,0004卷40,0006卷94)

程鹏霄(1236～1292)　字飞卿。元浮山(今属山西)人。世祖至元十四年(1277),以荐为兴元路提控案牍。后授武陵县尉。未几病归。(0243卷3、5、6)

程鹏翼①　字九万。元婺源(今属江西)人。程文弟。顺帝至正间为袁州路知事。袁州城被反元队伍攻占,被执,不屈而死。(0972卷9)

程鹏翼②　元鄞县(治今浙江宁波)主簿。(0633卷3)

程愿学(1276～1335)　字希圣,又字节卿。元休宁(今属安徽)人。程逢午之子。仕至循州长乐县尹。(0310卷7,0631卷17,0075氏族典卷312)

程端礼(1271～1345)　字敬叔,号畏斋。元庆元鄞县(治今浙江宁波)人。程端学之兄。幼颖悟,十五岁能记诵六经。晓析大义。从史蒙卿学,传朱熹明体达用之指,学者及门甚众。以荐授建平县学教谕,累迁为建康江东书院山长,除铅山州学教授。以台州路儒学教授致仕。著有《畏斋集》、《读书工程》,后者被国子监颁示州县学官,为学者式。(0001卷190,0152卷33)

程端学(1278～1334)　字时叔,号积斋。

元庆元鄞县(治今浙江宁波)人。程端礼弟。通《春秋》。泰定元年(1324)进士,授国子助教。动有师法,刚严方正,学者咸严惮之。迁翰林编修官。出为瑞州路经历。迁太常博士,命未下而卒。后以子贵,赠礼部尚书。著有《春秋本义》、《春秋或问》、《春秋三传辨疑》、《积斋集》。(0001 卷 190,0532 卷 71)

程霖龙　元江宁县(治今江苏南京)主簿。(0632 卷 6)

答己(? ~1322)　元蒙古弘吉剌氏。元成宗次兄答剌麻八剌之元妃,元武宗、仁宗之生母。成宗大德九年(1305),与仁宗谪居怀州(治今河南沁阳)。武宗即位后,居于兴圣宫,称兴圣太后。仁宗时,颇干预朝政,宠信权相铁木迭儿等人。英宗即位后,渐与英宗失和,病死。至治二年十二月(1323 年 1 月),尊谥昭献元圣皇后。(0001 卷 116)

答术　元蒙古塔塔儿氏,忒木勒哥之子,塔海帖木儿从祖。尝奉西川行枢密院檄,领兵三千人救碉门,大败宋军。(0001 卷 135)

答兰①　元仁宗延祐五年(1318)任江南行台侍御史。(0632 卷 6)

答兰②　元顺帝时,任秘书卿,出为河南行省平章政事。至正十七年(1357),入为中书平章政事。二十一年,分省于太原。(0001 卷 44、45、92)

答机　元世祖中统四年(1263),叛于西蕃。帝命好里燕纳、汪惟正率军追之松州,元将李忽兰吉率千骑先往;被擒获。(0001 卷 162)

答里　元钦察伯岳吾氏,燕铁木儿弟。任太禧宗禋院使,顺帝至元元年(1335)与唐其势谋反,被诛。(0001 卷 138)

答忽　察罕帖木儿部将。元顺帝至正十九年(1359)八月,与诸将同攻破大宋红巾军都城汴梁。(0001 卷 45、141)

答思　元蒙古克烈氏,也先不花第三子。仕至湖南宣慰使。(0001 卷 134)

答雷　元成宗元贞元年(1295)任开化县(今属浙江)达鲁花赤。(0897 卷 2)

答赛　元驸马。驸马忒不歹曾孙,驸马哈丹之父。(0011 卷 92)

答澜　字天章。元畏兀儿人。英宗至治三年(1323)中乡试。任镇江路儒学正。(0631 卷 17)

答儿罕　元蒙古弘吉剌氏,特薛禅裔孙。世祖时,以从军有功,赐拔都儿(勇士)之号,并赐黄金。(0001 卷 118)

答儿麻①　元顺帝至正六年(1346),拜中书参知政事。次年去职。(0001 卷 41、113)

答儿麻②　元宗室,西安王阿剌忒纳失里弟。顺帝至正十三年(1353),讨南阳反元队伍有功,又因兄进封豫王,袭授西安王印,镇宠吉儿之地。(0001 卷 43)

答不丁　元回回昔马里人,顺帝元统元年(1333)进士阿都剌曾祖。(0028)

答不花　元蒙古人。文宗至顺三年(1332)任抚州路(治今江西临川)达鲁花赤。(0212 卷 35)

答术丁　元武宗至大二年(1309)任江山县(今属浙江)达鲁花赤。(0897 卷 2、8)

答失秃　元顺帝时,任陕西行台侍御史。至正十二年(1352),授淮南行省参知政事。(0001 卷 42)

答失蛮①(1248 ~1304)　元蒙古克烈氏。孛鲁合第三子。幼事忽必烈于藩府,任必阇赤(书记)。世祖即位,任第一怯薛必阇赤,掌奏记,兼掌斡脱总管府,持元廷假贷权,岁出入数十万锭。又兼户部尚书、内八府宰相。至元十八年(1281),升所掌斡脱总管府为泉府司。后罢。二十四年,从其奏请,复立泉府司。扈从亲征乃颜。又奉诏从皇孙铁穆耳征哈丹。迁任宣政院使。二十六年,海都进攻和林,扈从亲征至杭海,置西北驿传而还。成宗元贞元年(1295),奉诏率军抵御海都进攻。大德三年(1299),兼翰林承旨,仍领泉府司事。卒。武宗至大中追封高昌王,谥忠惠。(0002 卷 133)

答失蛮②(1258 ~1317)　元哈剌鲁人。父哈只入质于太祖,后事太宗为宝儿赤(司膳),从忽必烈征大理、攻宋,皆有功。答失蛮袭父职为世祖宝儿赤。侍帝左右,极论阿合马之奸。后阿合马败,帝思其直,厚赐之。至元二十四年(1287),从征乃颜有功。二十七年,桑哥专政;上疏切谏。后桑哥败,其言悉验。成宗时,擢司农丞,升司农卿。武宗时,拜中书参政。仁宗即位,授宣徽院佥事,累迁知宣徽院事。(0002 卷 178)

答失蛮③　元世祖时,以勋旧之子任南京宣慰使。至元二十四年(1287),因稽缓误事被免职。(0001 卷 205)

答失蛮④　元世祖至元后叶为广东招讨使。时陈良臣鼓动东莞、香山、惠州贩盐之徒万人反元起事。奉旨与广东都转运盐使合剌普华讨捕之,斩其渠魁,招诱余党复业。(0001 卷 193)

答失蛮⑤　元成宗元贞元年(1295)任溧水县(今属江苏)主簿。(0632 卷 6)

答失蛮⑥　元成宗大德三年(1299)任昌国州(治今浙江舟山)达鲁花赤。(0633 卷 3)

答失蛮⑦　元成宗大德五年(1301)任象山县(今属浙江)达鲁花赤。(0633 卷 3)

答失蛮⑧　元武宗时,任工部侍郎。至大元年(1308),因修中都行宫有功,受赐金银等物。(0001 卷 22)

答失蛮⑨　元至大四年(1311)任青阳县

(今属安徽)达鲁花赤。(0986 卷 4,0996 卷 5)

答失蛮⑩　元武宗时,任江浙行省左丞相。仁宗即位,入为知枢密院事,改授翰林学士承旨。延祐元年(1314),复任知枢密院事。(0001 卷 23、24、25)

答失蛮⑪　元文宗至顺二年(1331)为集贤直学士,十二月,奉旨谒真定玉华宫,祀睿宗(拖雷)及显懿庄圣皇后(拖雷妻唆鲁禾帖尼)神御殿。(0001 卷 35)

答失蛮⑫　字彦修,号云松隐者。元阿儿温氏。顺帝至正三年(1343)任江南行台监察御史。后调任陕西行台监察御史。十年,入为秘书少监。(0632 卷 6,0286 卷 3,0247 卷 8)

答失蛮⑬　元顺帝时宦官。至正十五年(1355),诏浚大内河道,奉旨董其役。(0001 卷 44)

答加沙　元唐兀人。昔里钤部父。追谥康懿。(0225 卷 2,0011 卷 56)

答合纳　元康里人。泰定二年(1325)任镇江路达鲁花赤,文宗天历元年(1328)离任。(0631 卷 15)

答亦儿　又译塔亦儿。元太祖十四年(1219)冬,太祖率师往攻不花剌(今布哈拉)时为前锋。(0008 卷 1,0015 卷 1)

答里麻①(1279～?)　元畏兀儿人。撒吉思之孙。弱冠入宿卫。武宗即位(1307),授御药院达鲁花赤。累迁监察御史,劾丞相铁木迭儿专权贪肆。擢河东廉访副使。英宗至治元年(1321),因铁木迭儿复相,辞官。次年,改燕南廉访副使,平反冤狱多起。泰定元年(1324),升福建廉访使,弹劾贪官。顺帝时历任辽阳参政、山东廉访使、大都留守、河南右丞、翰林承旨、西台中丞等职。(0001 卷 144)

答里麻②　元畏吾儿人。文宗至顺元年(1330)任江南行台监察御史。(0632 卷 6)

答里麻③　元唐兀人,亦怜真班长子。顺帝时,因其父得罪权臣伯颜而被杀。(0001 卷 145)

答里麻④　元畏兀儿人,岳柱之子。(0011 卷 47)

答罕伯　元初为镇江路行通政院知印。(0631 卷 17)

答剌带　元乃蛮人,铁连子。历任大同路总管府同知。(0001 卷 134)

答剌真　元大兴(今属北京)人。历任南安县、龙溪县达鲁花赤。后升为海口总管,死于官任,葬于南安县(治今福建南安东)。(0920 卷 29)

答哈兀　元唐兀乌密氏。曾任陕西行台御史。(0011 卷 55)

答察儿　元河西人,拜延子。仕为明威将军,兴元金州万户府达鲁花赤。(0001 卷 133)

答失不花　元云南诸王。文宗天历二年(1329)三月,与云南诸王秃坚不花、平章马思忽等,集众五万,数云南丞相也儿吉尼专擅十罪,将杀之。也儿吉尼逋走八番,答失不花等伪署参知政事等官。(0001 卷 33)

答而忽带　元成宗元贞元年(1295),立梭厘招讨使司,以为招讨使,佩金符。(0001 卷 18)

答里不罕　元世祖近臣。至元十六年(1279),云南定昌路总管谷纳叛。次年二月,答里不罕至云南,以云南行省军攻定昌路,擒谷纳杀之。事毕,奉诏还朝。(0001 卷 11)

答邻答里(?～1335)　元钦察人,床兀儿之子,燕铁木儿弟。文宗天历二年(1329)。袭父封为句容郡王,后任知行枢密院事、太禧宗禋使等职。顺帝即位,任知枢密院事,加金紫光禄大夫。后与唐其势等谋反,事败,被捕杀。(0001 卷 33、38、138)

答纳失里①(?～1335)　元顺帝皇后。钦察伯岳吾氏。燕铁木儿之女。至顺四年(1333)八月,顺帝即位后,立为皇后。元统三年(1335)六月,以兄唐其势谋反,迁出宫。七月,被右丞相伯颜鸩杀于开平(治今内蒙古正蓝旗东北)民舍。(0001 卷 114)

答纳失里②　元畏兀儿人,孟速思子脱因之子。(0011 卷 39)

答帖木儿(?～1357)　又译歹帖木儿。元宗室。威顺王宽彻普化之子。顺帝至正十一年(1351),随父率军至金刚台,与徐寿辉部将倪文俊战,败退。十六年十二月,倪文俊攻破岳州路;被杀。(0001 卷 117、44)

答禄与权　元明间乃蛮答禄氏,居永宁(治今河南洛宁),别的因曾孙。元顺帝至正二年(1342)进士,官至河南廉访佥事。明洪武六年(1373)以荐入京,授秦府纪善。历任监察御史、翰林修撰、翰林应奉。十一年任致仕。(0152 卷 28)

答禄文圭　字章瑞,号横溪。元乃蛮答禄氏。尝与方回交往。(0167 卷 27)

答禄守礼　元乃蛮答禄氏,居陈州(治今河南淮阳),台州路达鲁花赤别的因孙。泰定四年(1327)进士。历任武州达鲁花赤。(0152 卷 28)

答禄守恭　元乃蛮答禄氏,答禄守礼兄。文宗至顺元年(1330)进士。曾任曹州判官。(0152 卷 28)

答答呵儿　元蒙古脱脱忒氏,孛儿速子。世祖时由宿卫入仕,任武德将军、揭只揭烈温千户所达鲁花赤。从征叛王乃颜有功。武宗时,升任怀远大将军、元帅。(0001 卷 135)

答儿麻八剌　元唐兀人,星吉之子。历

任辽阳行枢密院佥事。(0011 卷 57)

答儿麻失里①　元仁宗皇庆元年(1312)任秘书卿。(0027 卷 9)

答儿麻失里②　元英宗至治三年(1323)任秘书监丞。(0027 卷 9)

答儿麻失里③　元蒙古札剌亦儿氏,拜住子。泰定帝泰定元年(1324),授宗仁卫亲军都指挥使。(0001 卷 29)

答儿麻失里④(? ~1357)　元顺帝时,任通政院使。至正十二年(1352),至徐州讨红巾军。后升任知枢密院事,与红巾军作战,战死。(0001 卷 42、45)

答儿麻失里⑤　元畏兀儿人,洁实弥尔之子。曾任宣政院使。(0011 卷 40)

答儿麻失里⑥(? ~1334)　察合台汗国第十六代汗,第十五代汗笃来帖木儿(1330~1331 年在位)弟,1331~1334 年在位,留居呼罗珊边境,摒弃佛教,皈依伊斯兰教,曾大举入侵印度。1334 年,笃来帖木儿之子不赞起兵争位。战败,被擒杀。(1140 卷 15)

答儿麻监藏　元顺帝至正十四年(1354),遥授陕西行省平章政事,实授行宣政院使,镇吐蕃(今西藏)。后调任知枢密院事,率部至中兴(今湖北武昌)讨红巾军。(0001 卷 43、44)

答儿蛮失里　元宗王。武宗庶长兄魏王阿木哥之子。(0001 卷 107)

答失八都鲁(? ~1358)　元蒙古珊竹氏。纽璘曾孙。也速答儿之孙,囊加台之子。以世袭万户镇守罗罗斯宣慰司。平定云南宗王叛乱有功,升大理宣慰司都元帅。顺帝至正十一年(1351),特授四川行省参政,率兵从平章咬住镇压荆、襄红巾军。次年,招募襄阳官吏、土豪,得二万兵,攻破襄阳,俘北琐红巾军将领王权。十四年,收复峡州,升四川行省平章。次年,任河南行省平章,代太不花统诸王藩将兵马镇压大宋红巾军,攻占亳州。十六年,攻破太康,升河南左丞相。次年,作战失利,遭朝廷猜疑,十二月,忧愤死。(0001 卷 142)

答失帖木儿①　元世祖至元三十年(1293)任江南行台监察御史。(0632 卷 6)

答失帖木儿②　元顺帝至正八年(1348)任瑞州路(治今江西高安)同知。(1016 卷 14)

答失铁木儿　元英宗时,任陕西行台御史大夫,改云南行省平章政事。至治二年(1322),因受赃杖免。(0001 卷 27、28)

答尔麻失里　元顺帝时,任大都留守。至正五年(1345),充四川省奉使宣抚。(0001 卷 41、92)

答兰帖木儿①　元顺帝至正后叶为江浙行省右丞,谄事张士诚,多受其金帛。(0001 卷 140)

答兰帖木儿②　元蒙古札剌儿氏,塔出子。仕为中奉大夫、辽阳行省参知政事。(0001 卷 133)

答兰铁睦尔　元顺帝至正间任秘书卿。至正十五年(1355)奉旨代祀西镇。(0554 卷 26)

答里麻世礼(? ~1321)　元畏兀儿人,宣慰使忽伦察之子。少侍成宗。武宗至大元年(1308)佥河北廉访司事。后升刑部尚书。英宗至治元年(1321)出为浙东宣慰司都元帅,行至扬州卒。(《潜研堂金石文跋尾》卷 19)

答里麻失里　元仁宗皇后。英宗至治元年(1321),置承徽寺,秩正三品,掌其位下钱粮营缮等事。(0001 卷 106、90)

答里麻识理　字天章。元高昌(治今新疆吐鲁番东)畏吾儿人。元末为绩溪县(今属安徽)知县。(0291 卷 2、4,1104 卷 6)

答沙亦的思　元宗王。河平王昔里吉孙,并王晃火帖木儿之子。(0001 卷 107)

答即古阿散(? ~1295)　元世祖时,依附权臣阿合马进用。阿合马败后,复请检校中书省钱谷。至元二十二年(1285),受赐三品印,考核中书省。不久免职。成宗时,因赃罪被杀。(0001 卷 13、18、163)

答剌麻八剌(1264~1292)　元世祖孙,真金第二子。至元二十八年(1291),诏出镇怀州(治今河南沁阳),未至,因病召还。次年病死。子三:长子阿木哥,封魏王,女侍郭氏所生;其次武宗海山、仁宗爱育黎拔力八达,妃答己所生。武宗即位,追谥昭圣衍孝皇帝,庙号顺宗。(0001 卷 115)

答剌麻硕理　元蒙古札剌亦儿氏,英宗丞相拜住之子。历任宗仁蒙古卫亲军都指挥使。(0011 卷 2)

答思朵朵别　元仁宗时江浙左丞相别不花曾祖。追谥安敬。(0225 卷 4,0011 卷 92)

答麻剌答思(? ~1291)　元畏兀儿人,桑哥弟。世祖时桑哥当政,任巩昌宣慰使。桑哥败,惧诛自杀。(0001 卷 16)

答礼麻亦怜珍　元世祖至元六年(1340)任江南行台监察御史。(0632 卷 6)

答里也忒迷失(? ~1368)　元宁宗皇后。蒙古弘吉剌氏。至顺三年(1332)十月,宁宗即位,立为皇后。卒,升祔宁宗庙。(0001 卷 114)

答剌罕秃怯里　元仁宗时江浙行省左丞相别不花祖。追谥庄敏。(0225 卷 4,0011 卷 92)

答里台·斡惕赤斤　又译答里真,元太祖祖父八里丹之幼子,太祖叔父。约 1191 年,十三翼之战中,随太祖对札木合作战。1201 年,受命与阿勒坛、忽察儿为先锋,迎战札木合为首之十二部联盟军。1202 年,随太祖出征塔塔儿诸部,与阿勒坛等不遵军令,任意掠夺战利品据为己有,太祖下令没收其擅取之战利品。为此,与阿勒坛等背叛太祖,投附王汗。1203 年,脱离王汗,回到太祖处。后太祖因其曾降附王汗,欲将其流放远处,被木华黎、博尔术等劝止。(0009 卷 1、4、5、10,0008 卷 1)

答儿麻八剌剌吉塔(1268～1287)　又作达尼钦波,元吐蕃萨迦人,款氏。八思巴弟恰那多吉之子。幼年随八思巴听法,十一岁即能讲佛经《二观察续》。世祖至元十七年(1280),八思巴死后,任萨迦座主,主持八思巴超度大会。后增建萨迦殿宇、佛像、壁画等,又建霞鲁寺新殿。次年,赴大都谒见帝,多次为帝讲经,深受宠信,娶阔端孙女贝丹为妻。十九年,嗣任帝师之职,掌玉印,统领诸国释教。在内地居五年,后去凉州梅多热哇(即幻化寺),为八思巴舍利玉塔建大寺。二十四年,奉命管理吐蕃事务,返藏,途中死于青海支曼陀罗。(0001 卷 12、202,1146 第 137 卷)

智及(1311～1378)　字以中,号西麓、愚庵。元明之际僧人,吴县(治今苏州)顾氏子。顺帝至正二年(1342)住昌国州(治今浙江舟山)隆教寺,五年转普慈寺。十八年,主杭州净慈寺,二十一年迁径山寺。明洪武初,膺高僧之选,参与蒋山法会,礼遇殊隆,事毕归。(0411 卷 28、13,0036 卷 14,0075 神异典卷 189)

智迂　字仲可。元洛阳人。精通易学。世祖在潜邸闻其名,遣使召之,分行京兆经籍所。中统(1260～1264)初,廉希宪、商挺宣抚陕西,辟为参议,赞划甚多。后告老退居于秦,琴书自娱以终。(0262 卷 30)

智延(1257～1335)　号北溪。元彰德(治今河南安阳)人。佛教僧人。俗姓高。住持大都(今北京)庆寿寺,领临济宗事。(0152 卷 41)

智京　字仲敬。元初为曹州儒学教授。(0240 卷 3、4、13,0600 卷 2)

智度(1304～1370)　字白云。元明之际处州丽水(今属浙江)人。佛教僧人。俗姓吴。筑福林院于处州白云山以居。顺帝至正二十四年(1364)住持龙泉普慈寺。明洪武初以高僧应召参与金陵蒋山法会。(0411 卷 11)

智顺(?～1373)　字逆川,号澄垢。元明之际温州瑞安(今属浙江)人。佛教僧人。俗姓陈。历主温州雅山寺、福州东禅雪峰寺。明洪武初,住持杭州净慈寺。以高僧应召参与金陵蒋山法会。未几又征入备顾问。后卒于金陵。(0411 卷 11、8,0036 卷 26,0075 神异典卷 188)

智恭(1216～1293)　字季礼,号友山。宋元之际僧人,慈溪(今属浙江)陆氏子。(0380 卷 24)

智圆　元僧人。有诗作传世。(0504 壬上)

智悟　字了庵,元尼,福州王氏女。年十一出家,诵《维摩》悟禅,住绍兴大庆庵,说法三十年而寂。(1144 第 754 卷)

智浩　号梅轩,元僧人。善画墨竹,脱洒简略,得自然趣。(0030 卷 5)

智海　元僧人,居燕中(今河北北部)。善画墨竹,学海云禅师。(0030 卷 5)

智宽　字裕之,号云海。元明之际僧人,吴郡(今苏州)人。顺帝至元五年(1339)由吴江圣寿寺移主嘉兴三塔景德寺。明初被召至京师。有诗作传世。(0537 卷 30,0504 壬上)

智就　号道翁。元僧人,新昌(今属浙江)石氏子。顺帝至正十年(1350)住持杭州仙林寺。(0414 卷 8)

智楫　元僧人,曲沃(今属山西)张氏子。世祖至元初住绛州寂照院。卒年八十一。(0691 卷 10、15,0695 卷 5,0702 卷 25)

智受益(1254～1323)　字仲谦。元南阳(今属河南)人。成宗元贞(1295～1297)初,累迁为江西行省理问。后历任湖广省郎中、湖南宣慰副使、江西省郎中,潭州路、岳州路总管海道运粮万户两浙盐运使。(0147 卷 13,0622 卷 30,0075 氏族典卷 456)

智绍元　元博野(治今河北蠡县)人。顺帝至元二年(1336)任上虞县尹。(0880 卷 28)

智熙善　元顺帝时,任礼部郎中。元统二年(1334),奉命与吏部尚书帖住出使交趾(今越南北部),颁赐《授时历》。(0001 卷 38)

傅习　字说卿。元清江(今属江西)人。游四方,得时人诗甚多,庐陵孙存吾据以编成《皇元风雅》前集六卷。(0514 前集卷首)

傅立(1223～?)　字权甫,号初庵。宋元之际德兴(今属江西)人。精通皇极数学,以占筮著名。元初,历任乐平知州。官至集贤大学士。卒,谥文懿。(0101 卷 2,0075 氏族典卷 463、文学典卷 90,0002 卷 242)

傅成　元齐东人。由儒生任儒学训导。反元队伍起,召为谋主,不从,被杀。(0075 氏族典卷 463、官常典卷 732,0721 卷 29)

傅兴　元初任永康县(今属浙江)达鲁花赤。(0881 卷 13)

傅安　元世祖至元十六年(1279)任益都县(治今山东青州)知县。(0603 卷 3)

傅进(1252～1312)　字仲与。元开平(治今内蒙古正蓝旗东北)人,迁居大都(今北京)。世祖至元二十五年(1288)授金银器盒提举。武宗即位(1307),迁任金玉人匠府副总管。仁宗即位(1311),升为同知。(0152 卷 38)

傅佐(? ~1342)　元顺帝时,任都水监。与中书参议孛罗帖木儿建言开金口河,工程失败,被下狱处死。(0001 卷 66)

傅亨　字子通。元大都(今北京)人。傅进孙。顺帝至元元年(1335)中乡试,以荐为山北廉访司掾。至正二年(1342)登进士第。二十年,任太常博士。(0259 文集卷 4,0001 卷 45)

傅杰(1257 ~ 1328)　字虞卿。元汾西(今属山西)人。傅岩起父。历任河中府、绛州提控案牍,政平讼理。(0551 卷 36)

傅昱(1254 ~ 1321)　字彦晦。元华原(治今陕西耀县)人。傅岩起之子。武宗至大元年(1308)任陕西行台都事,四年改南台御史。仁宗皇庆二年(1313)升为南台都事。延祐二年(1315)授汉中廉访司佥事,病归。(0181 卷 8,0632 卷 6)

傅顺　元武宗至大(1308 ~1311)间任象山(今属浙江)县尉。(0633 卷 3)

傅洪　字希远。元建平(治今安徽郎溪)人。曾任太湖县(今属安徽)知县。(0990 卷 6)

傅珪　元世祖至元二十九年(1292)任定海县(治今浙江宁波镇海)主簿。后迁任龙游(治今浙江衢州东北)县丞。(0633 卷 3,0878 卷 3)

傅海　元世祖至元十三年(1276)任庆元路(治今浙江宁波)弹压。(0633 卷 2)

傅琏　元大同(今属山西)人。曾任两淮盐运司判官。(0250 卷 60)

傅常(? ~1351)　字仲常。元铅山(今属江西)人。顺帝至正八年(1348)进士,任余姚州判官。顺帝至止十一年(1351),海上有警,奉帅府檄侦海盗于定海,与海盗遇,被杀。(0880 卷 28、37,0075 氏族典卷 463,0578 卷 10)

傅阁　字士开。历任元江东廉访司佥事、饶州路总管。(1011 卷 8)

傅雯　元初为江宁县(治今江苏南京)知县。(0632 卷 6)

傅偕　元文宗至顺(1330 ~ 1333)中,任嵊县(今属浙江)主簿。(0880 卷 28)

傅箕　字拱辰。元明之际进贤(今属江西)人。元顺帝至正八年(1348)登进士第,授延平路录事,转进贤县尹。元末战乱,归隐田野。明洪武三年(1370)主考江西乡试。(1012 卷 15,1018 卷 5、9,0072 卷 92)

傅颜　元平定(今属山西)人。世祖至元(1264 ~1294)间任安丘县尹。泰定三年(1326),累迁为瑞州路(治今江西高安)总管。(0692 卷 20,1016 卷 14)

傅元诚　元汴梁(治今河南开封)人。成宗大德元年(1297)任镇江路怀庆翼下百户。文宗至顺元年(1330)致仕。(0631 卷 17)

傅仁定　元高唐(今属山东)人。世祖至元二十六年(1289)任镇江路高唐翼下百户。(0631 卷 17)

傅公让①　元顺帝时,任监察御史。至正二十三年(1363),上章弹劾宦者朴不花,忤皇太子意,被贬为吐蕃宣慰司经历。(0001 卷 186)

傅公让②　元明间益都人。元顺帝至正十四年(1354)进士,仕元官至中书左司都事。明洪武二年(1369),授中书左司郎中。迁浙西按察副使。后被杀。(0751 卷 14,0417 卷 5,1157 卷 45)

傅文刚　元世祖至元十六年(1279)任金坛县(今属江苏)知县。(0631 卷 16)

傅东郊　元人。有诗作传世。(0504 癸上)

傅师孟　字民善。元临川(今属江西)人。仁宗延祐五年(1318)任衡州路儒学正。考满,授桃源州儒学教授。(0212 卷 28、29)

傅光龙　字子才,号梅溪。宋元之际义乌(今属浙江)人。宋末为太学生。入元,馆于叶李家。后历任嘉兴路儒学教授,龙游县、嵊县、侯官县主簿。(0878 卷 3,0880 卷 28,0050 卷 7)

傅仲礼　元成宗元贞(1295 ~ 1297)间任襄垣(今属山西)县尹。(0698 卷 8)

傅自得　字幼安,号西园。宋元之际盱江人。精通春秋学,工古赋。元初卒,年八十四。(0104 卷 4、6)

傅汝励　元萧县(今属安徽)人。历任陕西行台御史、浙西廉访司佥事。(0925 卷 62,0933 卷 12)

傅汝霖　元成宗大德二年(1298)为绍兴路推官。(0880 卷 27,0578 卷 7)

傅好礼　字之纲。元顺帝至正二十四年(1364)为礼部员外郎。(0594 卷 12)

傅伯颜①　元英宗至治元年(1321)任吴江(今属江苏)州判官。(0954 卷 17)

傅伯颜②　元镇江路丁角税使司副使。(0631 卷 17)

傅定保(1250 ~ 1335)　字季谟,号古直。元南安(今属福建北)人。成宗大德(1297 ~ 1307)初,以荐授漳州路儒学正,转福州三山书院山长。未几辞归,不复仕。有诗作传世。(0075 氏族典卷 463,0076 卷 36,0504 甲)

傅若金(1303 ~ 1342)　字与砺,一字汝砺。元新喻县(治今江西新余)人,工诗文。文宗至顺三年(1332)游京师,公卿交口称誉。顺帝即位(1333),奉遣随使安南。归国授广州路儒学教授。有《傅与砺诗文集》二十卷。(0262 卷 13,0503 二集戊,0002 卷 238)

傅岩起①(1234～1302)　初名良弼,字正之。元华原(治今陕西耀县)人。历任京兆路判官、四川廉访司佥事、刑部郎中、川西宣慰副使,荆湖宣慰副使。世祖至元三十年(1293)授南台侍御史。后迁任江东廉访使。(0243 卷 2,0632 卷 6)

傅岩起②　字梦臣。元汾西(今属山西)人。傅杰之子。泰定元年(1324)为监察御史。后授中书参议。四年,擢吏部尚书,改太禧院同知,丁忧归。文宗即位(1328),起为枢密院同佥。后任两淮盐运使,湖北、燕南、山东廉访使,西台治书侍御史。后入为内台治书侍御史,升侍御史,病归。顺帝至元五年(1339)起为中书参政,次年升为左丞。卒,谥正献。有诗作传世。(0002 卷 207,0504 己上,0075 氏族典卷 207)

傅岩卿　元世祖至元二十五年(1288)任秘书监著作郎,三十一年升秘书少监。(0027 卷 9、10)

傅济川　元进贤(今属江西)人。傅箕父。任进贤县医学教谕。(1018 卷 6)

傅诸则　元人。有诗作传世。(0504 丁)

傅梦臣①　元兴和(治今河北张北)人。顺帝至元二年(1336)任江南行御史台照磨,五年任南台监察御史。(0632 卷 6)

傅梦臣②　元金州(治今陕西安康)判官,有治绩。(0622 卷 36,0801 卷 23)

傅梦臣③　元嘉定路(治今四川乐山)总管。明敏善抚,吏民感惠。后致仕归。(0622 卷 72,0841 卷 16)

傅朝用　元般阳(治今山东淄博西南)人。文宗至顺元年(1330)任镇江路真定翼下百户。(0631 卷 17)

傅嵩卿　元世祖至元三十一年(1294)任西安(治今浙江衢州)县尹。(0878 卷 2)

储进　字升之。元新泰(今属山东)人。储企范父。元初为滋阳(治今山东兖州)县尉。(0075 氏族典卷 62)

储嵧　元石埭(治今安徽石台东北)人。英宗至治元年(1321)进士。历任赣州路判官。有《东樵吟稿》,今佚。(0994 卷 4,0986 卷 5)

储企范　字天章。元新泰(今属山东)人。储进之子。历任泰安州同知、沂州知州。仕至两浙都转运司同知。有诗作传世。(0721 卷 26,0729 卷 6,0504 丙)

储思诚　元人。有诗作传世。(0504 辛下)

储伯牙歹　元建康路(治今南京)录事司判官。(0632 卷 6)

焦白　字任道。元镇江(今属江苏)人,居于吴(今苏州)。焦文炯子。张士诚辟湖州儒学教授,不就。士诚败,变名德乙郎,寄食僧舍。卒年五十。善画,工诗,有诗作传世。(0075 氏族典卷 194,0504 丙,0077 卷 19)

焦用　元雄州(今河北雄县)人。初仕金为千户,战败,降于太祖,复旧官,徇地山东。年六十二卒。后以子德裕贵,追赠中书左丞,封恒山郡公,谥正毅。(0001 卷 153)

焦礼　字和之。元高邮(今属江苏)人,迁居镇江。元初游京师,言海运,授瑞安县(今属浙江)海船百户。后历任广东盐课市舶提举、广东盐司副提举。卒年五十八。(0631 卷 19,0945 卷 3,0937 卷 8)

焦永(1213～1280)　元长安县(治今陕西西安)人,迁居岐阳(治今陕西岐山东北)。历任司天管勾。(0146 卷 29)

焦达　元世祖至元二十三年(1286)任秘书少监。(0027 卷 9)

焦位　字致中。元明之际进贤(今属江西)人。早年从吴澄受《书经》。明初辟池州儒学教授,卒于官。(1012 卷 18,0072 卷 92)

焦茂　元成宗大德(1297～1307)间为庆元路(治今浙江宁波)经历。(0633 卷 2)

焦泽　元英宗至治元年(1321)任象山(今属浙江)县尹。(0634 卷 2)

焦荣①　元高唐(今属山东)人。武宗至大三年(1310)任镇江路怀庆翼下百户。(0631 卷 17)

焦荣②(1248～1317)　字润之,号觉斋。元咸宁(今属湖北)人。仕至安西路(治今陕西西安)阴阳教授。(0181 卷 7、11)

焦荣③　字荣卿。元青城县(治今山东高青县青城)人。历任武康、如皋县尹,迁太和(治今江西泰和)知州,皆有政绩。以松江知府致仕。(0748 卷 1,0075 氏族典卷 194)

焦恺　元单父(治今山东单县南)人。焦鼐之子。有诗作传世。(0504 辛下)

焦洁　元雄州(治今河北雄县)人。焦德裕子。仕为信州治中。(0001 卷 153)

焦悦(1266～1337)　字子和,号兑斋。元真定(治今河北正定)人。讲究理学,以荐授真定路学官。(0262 卷 14,0072 卷 19,0002 卷 235)

焦敏　字好古。元广平(今属河北)人。世祖至元二十五年(1288)至二十九年任镇江路提控案牍。(0631 卷 15)

焦琡　元汴梁(治今河南开封)人。英宗至治二年(1322)任衢州(今属浙江)路照磨。(0878 卷 3、7)

焦鼎　字德元。元单父(治今山东单县南)人,焦敏中之子。仁宗延祐二年(1315)进士。历工部员外郎,迁常州路治中。顺帝至正十年(1350)任台州路总

管。(0941 卷 19,0569 卷 6)

焦粲　元顺帝时人。工画山水,有《山居图》,陈基为之题诗。(1143 第 1091 卷)

焦简　元雄州(治今河北雄县)人。焦德裕之子。成宗大德二年(1298)任丹阳(今属江苏)县尹。后累迁为余姚(金属浙江)知州。(0631 卷 16,0001 卷 153,0880 卷 28)

焦瑾　元青城县(治今山东高青县青城)人,焦荣祖。世祖中统三年(1262),李璮反元,分兵来攻青城。给李璮兵以金帛牛酒,请缓攻。次日元军至,李璮兵退走,城获全。(0748 卷 2,0075 氏族典卷 194)

焦鼐　元单父(治今山东单县南)人,焦鼎弟。英宗至治三年(1323)任奉化(今属浙江)州同知。(0634 卷 2,0504 癸下)

焦天翼　元世祖中统二年(1261),奉命与阿的迷失出使高丽,谕以开榷场事。至元七年(1270),任高丽达鲁花赤,护送高丽国王王禃归国。十年,还朝。(0001 卷 7、208)

焦友直①　字仲益。元世祖至元十年(1273)任秘书监。十三年正月,宋恭帝降;二月,授两浙宣慰使,奉旨括宋秘书省禁书图籍,十月,为两浙宣抚使,以宋临安经籍、图书、阴阳秘书献上于朝廷。次年,改任江南行台御史中丞。(0001 卷 9、170,0632 卷 6,0027 卷 9)

焦友直②　元成宗大德(1297～1307)中,任临城县(今属河北)主簿。(0645 卷 4)

焦文炯　字仲明。元镇江(今属江苏)人,焦礼之子。文宗潜邸时说书。后仕至奉礼郎。有诗作传世。(0296 卷 2,0504 丙,0033 卷 17)

焦世昌　元仁宗皇庆二年(1313)任武义(今属浙江)县尹。(0881 卷 13)

焦世荣　元武宗至大(1308～1311)间任沁水县(今属山西)知县。(0694 卷 5)

焦后善　元文宗天历二年(1329)任尉氏县(今属河南)典史。(0776 卷 2)

焦荣祖　元长山(治今山东邹平东)人。由中书掾历任陕西行台监察御史。官至河南行省参政。(0075 氏族典卷 194)

焦养直(1238～1310)　字无咎。元东昌堂邑(今属山东)人。世祖至元十八年(1281)由真定路儒学教授擢为典瑞少监。二十四年,从征东北叛王乃颜。二十八年,入侍讲说古帝王政治。成宗时历任集贤侍讲学士、集贤学士、太子谕德。曾为成宗讲说《资治通鉴》,陈规谏之言。武宗至大元年(1308),任集贤大学士,参与谋议大政。卒,谥文靖。(0001 卷 164)

焦敏中　字达卿。元单父(治今山东单县南)人。曾任杭州路总管,卒年六十八。(1076 卷上,0085 卷 15)

焦善甫　元燕(今北京一带)人。工画花竹人物,尤长于写貌。(0030 卷 5)

焦溥照　号空庵,赐号正智通辨禅师。元成宗大德(1297～1307)中,提点江南头陀教事。(0211 卷 2、9)

焦德方　元东昌堂邑(今属山东)人,焦养直之子。以荫仕为兴国路总管府判官。(0001 卷 164)

焦德用　元成宗大德六年(1302)任肃宁(今属河北)县尹。(0644 卷 17)

焦德明　字显卿。元汴梁(治今河南开封)人。世祖至元二十九年(1292)任镇江路行通政院经历。(0631 卷 17)

焦德裕(1220～1288)　字宽父。元雄州(治今河北雄县)人。北宋名将焦赞后裔。焦用之子。元太宗时,奉旨平金将武仙余部有功,诏赐井陉北障城田。世祖中统四年(1263),任阆蓬等处都元帅府参议。率兵援救宣抚使张庭端,败宋夏贵军,以功升京畿漕运使。至元六年(1269),任陕西按察司佥事。八年,任西夏中兴按察副使。十一年,从伯颜攻宋,授佥行省事。从下安庆、镇江等地。后历任淮东宣慰使、福建行省参政。卒,谥忠肃。(0001 卷 153)

奥来　字伯升。元金宁人。世祖至元三年(1266)任泗水县(今属山东)达鲁花赤。(0744 卷 4、8)

奥林　元西域人。顺帝至正十三年(1353)任奉化(今属浙江)知州,有政绩。(0877 卷 2、25,0075 文学典卷 90)

奥屯贞(1240～1306)　字正卿。元蒲城(今属陕西)女真人,奥屯世英长子。宪宗时袭父职为万户,从攻重庆、嘉定诸路,俱有功。世祖至元间历任南阳府尹、广南西道宣慰使、蓬州路总管。后转任顺庆、嘉定两路总管。(0506 卷 3587,0002 卷 151)

奥屯茂　元大名(今属河北)女真人。成宗大德(1297～1307)间任河东陕西都转运盐使司运使,有惠政。(0691 卷 8,0700 卷 6,0075 氏族典卷 485)

奥屯芾　元女真人。大德十一年(1307)任衢州(今属浙江)路知事。(0897 卷 3、7)

奥屯履　元女真人。武宗至大元年(1308)任江南行台监察御史。(0632 卷 6)

奥速海　元宗王。铁木哥斡赤斤孙塔察儿之子。(0001 卷 107)

奥鲁赤①(1232～1297)　元蒙古札剌亦儿氏。忒木台之子。初为元宪宗宿卫士,扈从征蜀,攻钓鱼山(今四川合川东)。世祖至元五年(1268),从攻襄阳,授蒙古军万户。次年,袭父职,统领蒙古军四万户。十一年,从伯颜攻宋,围鄂州,宋将降。分兵出独松关,大败宋军。

十三年,宋恭帝降,率军攻降南方各地,任行省参政、湖北宣慰使。后升左丞。十八年,镇压湖南反元武装,升行省右丞,改荆湖行枢密院副使。二十三年,升湖广行省平章,从镇南王脱欢侵安南。后历任同知湖广行枢密院事、江西行省平章。卒,追封郑国公,谥忠宣。(0001 卷131)

奥鲁赤②　元宗王。世祖第七子。至元七年(1269),封西平王。九年,率军征建都(今四川西昌一带)。次年,攻降建都。十二年,率军征吐蕃。二十二年,与宗王阿只吉抵御西北叛王笃哇,战失利。三十年,诏以其所部九千人付万户张邦杰西讨笃哇。成宗时,受赐南恩州一万三千六百余户为食邑。(0003 卷76)

奥鲁赤③　字文卿。元顺帝至正十年(1350)任福建廉访佥事。能诗,有诗作传世。(0594 卷11,0033 卷18)

奥屯世英(1191～1252)　字伯豪,小字大哥。金元之际蒲城(今属陕西)女真人。远祖黑风佐金太祖征战有功,封王。父闰生,新平县令。世英以荫补官,累迁为郃水酒税监,充征行都统领军。金末率所部降于元太祖,赐虎符。从蒙古军攻陕西,招降蒲城。又从攻凤翔,自陇州克凤州,取武休关,至兴元,又攻巩州,再入宋境。从拖雷由兴元历金、祥诸州,大败金兵于三峰山。金亡,奉命镇河中,招降天和、人和二堡。太宗十三年(1241),授军民万户。(0321 卷7,0002 卷151)

奥屯高山(1204～1256)　元东昌(治今山东聊城)女真人。历任高唐(今属山东)知州,有惠政。(0250 卷51)

奥里万盈　元初任庆元路(治今浙江宁波)录事。(0633 卷2)

奥里仲安　字子宁。元巨野(今属山东)人。世祖至元中任新昌(治今江西宜丰)知州,刚正有守,不避权势。(1011 卷31,1016 卷14、18)

奥敦世英　金元之际淄州(治今山东淄川)女真人。其先世仕金为淄州刺史。元太祖八年(1213),蒙古军下山东,与弟保和率众迎降于淄州,皆授万户。后迁任德兴府尹。金经略使苗道润率兵来攻;与战,败之。将尽杀所俘,其母责之曰:汝华族也,畏死而降,此等士卒受驱而战,何忍杀之! 遂止。后卒于军。(0001 卷151)

奥敦希元　元女真人,奥敦保和子。仕为彰德漕运使。(0001 卷151)

奥敦希尹　元女真人,奥敦保和子。世祖时,从丞相史天泽平李璮,充真定路行军千户,有战功。至元十一年(1274),任右卫经历。后六迁至广东道宣慰司同知,卒官。(0001 卷151)

奥敦希恺　元女真人,奥敦保和子。袭父职为真定路劝农事,又兼知冀州。世祖至元二年(1265),授顺天治中。后升任知河中府,改武德将军、知景州,卒于任。(0001 卷151)

奥敦希鲁　元女真人,奥敦保和第三子。历任澧州路总管。(0001 卷151)

奥敦周卿　元女真人。世祖至元初,为怀孟路(治今河南沁阳)总管府判官。其后入京为侍御史。至元中,出任佥河北河南道提刑按察司事。能作词曲,钟嗣成《录鬼簿》列为"前辈名公乐章传于世者"。(1107 第3～4卷)

奥敦保和　金元之际淄州(治今山东淄川)女真人。奥敦世英之弟。元太祖时,与兄降蒙古,授万户。后升德兴府元帅,改雄州总管。不久,以元帅领真定、保定、顺德诸道农事,辟田二十余万亩。后改真定路劝农使,兼领诸署。年五十六致仕。(0001 卷151)

奥屯忽都鲁　元东昌(治今山东聊城)女真人。奥屯高山之子。初为衡阳县达鲁花赤,转兴安县尹,迁任陕西行台御史。成宗大德四年(1300),改任江南行台御史。累迁为广西廉访使,弃职归。(0632 卷6)

奥都剌合蛮　元回回人。太宗时,由译史安天合推荐进用,仕提领诸路课税所官,行扑买法。乃马真后称制时,以贿赂近侍得信用,排挤耶律楚材,受命主管汉地财赋。定宗即位初,奉诏与刘敏同主燕京行省,不久因罪被处死。(0001 卷2、146、153)

释兰都　元武宗至大二年(1309)任衢州(今属浙江)路达鲁花赤。(0878 卷2)

释嘉讷(？～1357)　元人。元顺帝至正十七年(1357)为山东宣慰副使,守莱州。三月,大宋红巾军将领毛贵攻破莱州;死之。(0001 卷45)

释迦桑波　元吐蕃人。乃马真后三年(1244),萨班·贡噶坚赞赴凉州后,代摄萨迦寺法主,执掌萨迦政教事务。世祖至元三年(1266),以八思巴荐,任萨迦本钦。五年,奉元廷命,协助八思巴划分卫藏十三万户建置,报请元廷任命诸万户长,并清查户口,确定各万户应纳各种贡物数量,被元廷封为乌思藏三路军民万户。六年,以八思巴赞赏杰热寺建筑风格,征调十三万户人力、物力,仿杰热寺修筑萨迦寺大殿。(1146 第547 卷)

舒元　元鄱阳(治今江西波阳)人。文宗至顺(1330～1333)间为国子伴读,授宗仁卫儒学教授。(0072 卷82)

舒庄　字子临。元奉化(今属浙江)人。顺帝至正间被征辟为浙东宣慰司都事,后改任奉化州知州。(0877 卷36)

舒卓　字可立。元宁海(今属浙江)人。善属文。顺帝至正间中乡试,任象山县包山书院山长。方国珍据浙东后,隐居授徒。(0896 卷181,0072 别附卷3)

舒衍　字仲昌。元安仁(治今江西余江东北)人。早年从陈苑学。后与祝蕃、李存、吴谦齐名,时号江东四先生。(0071 卷93)

舒泰(？～1352)　字尚翁。元奉新(今属江西）人。顺帝至正五年（1345）进士。十年，任分宜县丞。十二年，讨伐反元队伍被擒，大骂不屈，被杀。（0313 卷5，0075 官常典卷 735，0002 卷 232）

舒彬　字文质。元永丰（今属江西）人。尝搜集散逸文字，编成《广信文献录》一书，今不传。（0438 卷 4）

舒常　元人。有诗作传世。（0504 癸下）

舒頔（1304～1377）　字道原，号贞素。元绩溪（今属安徽）人。顺帝至元三年（1337）辟贵池县儒学教谕。调任丹阳教谕。至正十年（1350）转台州路儒学正。未几世乱，归隐山中。工诗，其诗盘郁苍古，不染纤巧织纴之习。书法朴拙，识者以为得汉隶法。有《贞素斋集》。（0291 卷首、附录卷 1，0503 二集辛，0002 卷 238）

舒棫（1239～1320）　字师文。元奉化（今属浙江）人。成宗元贞（1295～1297）初，被荐为象山县儒学教谕，秩满家居。仁宗延祐六年（1319），起为州学师。（0415 卷 4）

舒天民　字執风。元鄞县（治今浙江宁波）人。撰《六艺纲目》二卷，其子恭（字自谦，号说斋）为之注。（0072 别附卷 3）

舒天秀　字瑞卿。元进贤（今属江西）人。曾任武昌路判官。（1018 卷 6）

舒元一（？～1307）　号桂林。元道士。世祖至元二十六年（1289）提举浙西道教。成宗大德二年（1298）住持洞霄宫，号清修明素冲道法师。八年，以老乞闲。（0038 卷 5、6）

舒公平（1251～1317）　字廉夫。元靖安（今属江西）人。居家教授，学者称平山先生。（0212 卷 77）

舒庆远　字伯元，元靖安（今属江西）人。顺帝至正元年（1341）中乡试，任东湖书院山长。（0001 卷 195，1026 卷 5）

舒叔献　元宁海（今属浙江）人。任新昌县儒学教谕。（0880 卷 29）

舒岳祥（1217～1301）　字景薛、舜侯，宋元间台州宁海人。宋理宗宝祐四年（1256）进士。入元寓居奉化，戴表元从之学。有《阆风集》。（1155 卷 29，0146 卷 33）

舒嗣隆　元靖安（今属江西）人。舒公平之子。被征辟为广东宣慰司掾。顺帝至正三年（1343）迁任衢州路判官。仕至吉安路治中。（1026 卷 5，0897 卷 2、7）

腊可纳　尼波罗（今尼泊尔）人，领将作院事阿尼哥之父。（0011 卷 90）

腆合　元时入华西域拂林（今叙利亚）人，爱薛次子。文宗时，任翰林学士承旨。至顺二年（1332），因其兄也里牙有罪被杀，受牵连罢官。顺帝时复职，参与删修《大元通制》，后任议事平章。（0001 卷 36、40、134 等）

鲁用　字若用。元益都（治今山东青州）人。文宗至顺二年（1331）任镇江万户府提控案牍。（0631 卷 17）

鲁贞　字起元。元开化（今属浙江）人。顺帝元统三年（1335）中乡试，隐居不出。工诗文，有《桐山老农集》四卷。（0878 卷 9、10，0075 氏族典卷 414，0504 已上、癸下）

鲁伦　元公主。蒙古亦乞列思氏贵族宁昌郡王唆都哥继室。（0001 卷 109）

鲁合①　元时入华西域拂林（今叙利亚）人，爱薛子。仕为广惠司提举。（0001 卷 134）

鲁合②　元西域人。也里可温（基督教徒）阔里吉思之子。任潭州路（治今湖南长沙）达鲁花赤。（0631 卷 19）

鲁坤　元回回人，赡思祖。其先居大食国（阿拉伯帝国），后东迁至丰州（治今内蒙古呼和浩特东）。太宗时，任真定、济南等路盐榷课税使。（0001 卷 190）

鲁威　元仁宗延祐七年（1320）任兴化路（治今福建莆田）总管。（0905 卷 2）

鲁思　元成宗大德（1297～1307）初为镇江路行通政院宣使。（0631 卷 17）

鲁修　字志敏。元乐平（今属江西）人。学诗于李存。元末，被征召为慈湖书院山长，不赴。（0411 卷 40，1109 卷 12、15，0075 文学典卷 91）

鲁宾　元诸王。泰定三年（1326）二月，敕命为大宗正。（0001 卷 30）

鲁渊　字道源。元明之际淳安（今属浙江）人。顺帝至正十一年（1351）登进士第，授华亭县丞。为反元队伍所执，守节不屈。后反元队伍败，授江浙儒学副提举。张士诚称王，擢为博士。明初应征入礼局，授江西按察司佥事，以病辞归。有《青溪鲁渊诗》传世。（0886 卷 12，0006 卷 92 下，0033 卷 27）

鲁璠　字玙公。好学，工文辞。曾任元中牟县尹，有贤声。（0075 文学典卷 90）

鲁懋　元湖州（今属浙江）人。曾任凤翔府提举。有诗作传世。（0504 丁）

鲁万丑　元世祖至元后叶至成宗初年湖广辰州路（治今湖南沅陵）一带溪洞部族反元首领。至元二十八年（1291），受湖广行枢密院佥事移剌元臣招降。三十一年，成宗即位，复叛，湖广行枢密院副使刘国杰率兵讨之，破其巢，焚之。元贞二年（1296）三月，被湖广行省擒获，献于京师。（0001 卷 19、149、162）

鲁至道　元顺帝时历任礼部侍郎、天临路（治今湖南长沙）总管。有诗作传世。（0293 卷 11，0033 卷 18）

鲁师道　元四川人。世祖至元二十五年（1288）为金陵（今南京）学官，三十一年调任静江路（治今广西桂林）儒学教授。

(1102 卷 26)

鲁希文(? ~1277)　宋元之际人。原为南宋常德府新城总制。至元十二年(1275)降元,授常德府总管。十四年,复谋起事,事泄被杀。(0001 卷 8、9)

鲁尚宾　元江西人。元末为"义兵"千户,守静江(治今广西桂林)。明兵破城,力战不敌,自焚而死。(1036 卷 24)

鲁明善　名铁柱。元畏兀儿人。父迦鲁纳答思,以父名中"鲁"字为姓。曾任靖州路(治今湖南靖县)达鲁花赤。仁宗延祐元年(1314)任安丰路(治今安徽寿县)达鲁花赤,撰《农桑衣食撮要》二卷。次年迁任太平路总管。文宗至顺(1330 ~1333)初,任廉访使。(1116 卷首,0976 卷 5,0982 卷 3)

鲁宗胜　元初任庆元路(治今浙江宁波)录事司判官。(0633 卷 2)

鲁重喜　元畏兀儿人。鲁明善之子。曾任崇仁县达鲁花赤。(0002 卷 29,0011 卷 47)

鲁崇仁　元顺帝至正间任顺昌县尹。(0622 卷 77)

鲁琪琳　元乌程(治今浙江湖州)人。诗文雄壮,不求仕进。有诗作传世。(0043 卷 3,0876 卷 12,0033 卷 22)

鲁鲁罕　元公主。嫁蒙古亦乞列思氏贵族宁昌郡王唆都哥。(0001 卷 109)

鲁曲吕丁　元成宗大德间任邳州(治今江苏邳县)达鲁花赤,有清廉声。(0934 卷 12,0936 卷 4)

敦必乃　又译屯必乃薛禅。元太祖四世祖。海都长子拜姓忽儿之子。合不勒汗之父。(0001 卷 107、1、121,0008 卷 1,0009 卷 1)

童氏(? ~1353)　元严州(治今浙江建德东)人,嫁为咸平俞士渊妻。元末红巾军占咸平,元军复之,入城大肆剽掠,童氏不屈被杀。(0001 卷 201)

童文　字潜夫。元台州(治今浙江临海)人。仁宗皇庆元年(1312)任丽水县儒学教谕。(0576 卷 10)

童金　字子丹,元慈溪人。元初督海运,秩满归,筑义塾,延名师,以淑来学。(0062 卷 9,0877 卷 35)

童桂　元泰定(1324 ~1328)中任会稽县(治今浙江绍兴)儒学教谕。(0880 卷 29)

童梓　字良仲。元兰溪(今属浙江)人。顺帝至正二十年(1360)进士。历任通州同知、河间路治中。后以母老乞归终养。(0881 卷 18,0050 卷 10)

童铸　宋元之际乌程(治今浙江湖州)人。宋亡后,未尝北向坐,南宋故境内有仕元者,皆深恶绝之。(0622 卷 40)

童童①　元泰定帝时,任河南行省平章政事。文宗时,任江浙行省平章政事。至顺二年(1331),因荒逸游宴受御史弹劾,被免职。不久复任太禧宗禋使。(0001 卷 30、35)

童童②　元乃蛮人。顺帝至元二年(1336)任江南行御史台管勾,五年擢南台监察御史。(0632 卷 6)

童童③　元人。有诗作传世。(0504 丁)

童应椿　元成宗大德(1297 ~1307)间任庆元路(治今浙江宁波)儒学教授。(0633 卷 2)

童帖木儿　号一斋。元仁宗延祐(1314 ~1320)初,任新宁县(今属湖南)达鲁花赤。(1059 卷 6)

蛮子①　元仁宗时任御史中丞。(0001 卷 144)

蛮子②　元宗王。忽必烈第九子镇南王脱欢之子。顺帝元统二年(1334)四月,封文济王,五月,奉诏镇大名。(0001 卷 107、38)

蛮子③　元顺帝元统二年(1334)任象山县(今属浙江)达鲁花赤。(0634 卷 2)

蛮子④　元顺帝至正五年(1345)为资政院使,十月,与兵部尚书李献奉使宣抚燕南山东道。(0001 卷 41、92)

蛮子⑤　元顺帝至正十二年(1352)闰三月,由淮东元帅升为淮南行省右丞,八月,奉命供给丞相脱脱行军一应所需。(0001 卷 42)

蛮子⑥　元顺帝至正十二年(1352)为中书平章政事。是年春,丞相脱脱弟也先帖木儿率领讨伐河南红巾军之大军驻于沙河,军中夜惊,军溃,退屯朱仙镇。闰三月,蛮子奉诏代总其兵。(0001 卷 42)

蛮子⑦　元顺帝至正十三年(1353)至十四年,为中书参政。十五年,升中书右丞,是年九月,改任中政院使。(0001 卷 113)

蛮子⑧　元顺帝至正十五年(1355)为宣政院使。是年九月,奉命提调裕宗、英宗影堂祭祀。(0001 卷 44)

蛮子⑨　元顺帝至正十八年(1358)四月,由翰林学士承旨改任岭北行省平章政事。(0001 卷 45)

蛮子⑩　元顺帝至正二十六年(1366)至二十七年为中书平章政事。二十七年八月,兼知枢密院事,分省保定。(0001 卷 113、92)

蛮子⑪　字允中。元顺帝至正末为秘书监辨验书画直长。(0027 卷 10)

蛮子⑫　元蒙古弘吉剌部贵族,按陈之子、唆儿火都之孙。世袭本藩蒙古军站千户。(0001 卷 118)

蛮子⑬　元宗王。真金次子答剌麻八剌长子魏王阿木哥之子。(0001 卷 107)

蛮子⑭　元西域人,曲枢子翰林承旨伯帖木儿之子。(0011 卷 86)

蛮蛮　元诸王。靖安王阔不花之侄。顺帝至正十五年(1355)六月,阔不花死,无后,诏命蛮蛮袭封靖安王。次年二月,赐金印,置王傅等官。(0001 卷 44,0003 卷 150)

蛮雷　元顺帝至正八年(1348),为湖广行省反元武装首领。四月,湖广行省官章伯颜引兵剿捕,而广西峒人反元武装乘隙攻入,伯颜退走。(0001 卷 41)

蛮子台　元蒙古弘吉剌氏。按陈之子纳陈之子。世祖至元二十七年(1290),袭万户,尚世祖女鲁国公主囊加真。成宗元贞元年(1295)正月,封济宁王。是年,与公主请于帝,以应昌路东七百里驻冬之地修建城邑,帝从之。大德元年(1297),名其城为全宁府。大德中,奉旨领本部兵讨叛王海都、笃哇,单骑突入敌阵,敌兵大扰,一战大捷。遂奉旨总领蒙古军民官,辅海山守莽来,以遏北方。囊加真公主死,继尚真金女喃哥不剌公主。进封鲁王。卒,年五十二。(0001 卷 118、109、18、21 等)

蛮子沙　元顺帝至正九年(1349)任衢州路判官。(0897 卷 2、7)

蛮子海牙①　元畏吾儿人。文宗至顺三年(1332)任江南行台监察御史。(0632 卷 6)

蛮子海牙②　元顺帝至正十二年(1352)为南台御史中丞,奉命与江西平章星吉、浙江平章卜颜铁木儿等同讨伐江东、西天完红巾军。不久,战败,军溃而东。十三年十二月,与卜颜铁木儿及四川参政哈临秃、左丞桑哥失里、西宁王牙罕沙,合军讨徐寿辉于蕲水,拔蕲水城,获其将相等官四百余人,徐寿辉遁走。十四年二月,奉命讨伐沿江红巾军。十五年,以军结水寨,屯采石,为明军所败,投附张士诚。十七年八月,奉张士诚遣,为张士诚作书请降于江浙左丞相达识帖睦迩,诏以士诚为太尉,弟士信为同知行枢密院事。(0001 卷 42、43、45、140、144)

蛮子海牙③　元顺帝至正四年(1344)至五年为江西行省平章。(0014 卷 16)

蛮子海牙④　元顺帝至正十五年(1355)为江淮行省平章。(0014 卷 36)

阔出(?～1236)　又译曲出、斡赤。元太宗第三子。太宗七年(1235),率蒙古军攻宋,围攻枣阳(今属湖北),下之,又攻略襄、邓,深入郢州(治今湖北钟祥),大掠而还。次年冬,死于军中。(0001 卷 2、107、119、124 等,0003 卷 37)

阔别(?～1321)　元诸王。英宗至治元年(1321)七月死。(0001 卷 27)

阔阔(1223～1262)　字子清。元蒙古篾儿乞氏。初为忽必烈藩府近侍,师事王鹗。宪宗二年(1252),奉旨签诸路军籍,以丁壮产多者充之。及还,领燕京匠局。世祖中统二年(1261),特授中书左丞。次年,行宣慰司于大名等路,病卒。(0001 卷 134)

阔端(1206～1251)　又译扩端。元太宗第二子。太宗时,受封西夏故地,驻营于西凉府(今甘肃武威)西。太宗七年(1235),率军攻秦州、巩昌,收降金巩昌守将汪世显。八年,大举攻宋四川。率汪世显等出大散关,大破宋将曹友闻,招降利州、潼川等路,遂入成都。受封东平府五户丝户四万七千余。十一年,遣军进入乌思藏(今西藏中部),又遣使往请萨斯迦(今西藏萨迦)寺主班智达。定宗二年(1247),班智达至西凉。阔端劝谕班智达致书乌思藏等地全体僧俗官民降附蒙古,乌思藏等地从此成为元朝领土。(0001 卷 2、3、107、123 等,0003 卷 37)

阔儿鲁　元英宗至治三年(1323)为都功德使。四月,奉敕至京师。(0001 卷 28)

阔不花①(?～1355)　元诸王。泰定四年(1327)正月,封靖安王,奉命出镇陕西。文宗天历元年(1328)九月,率陕西军反文宗,破潼关,攻占陕州等县。二年十一月,入朝,帝命收其印,遣还陕西。卒,无后,帝命其侄袭封靖安王。(0001 卷 30、32、33、44、108 等)

阔不花②　阿里不哥部将。元世祖中统初,被汪古部首领爱不花率军击败于按檀火尔欢之地。(0001 卷 118)

阔失歹　元仁宗延祐五年(1318)任武义县(今属浙江)达鲁花赤。(0881 卷 13)

阔列坚　又译果鲁干。元太祖之庶子。母忽兰皇后受宠。故被太祖视同嫡子,受封四千户于漠北。太宗七年(1235),随拔都等西征。九年,入侵斡罗思,战死于奥卡河畔科洛姆纳城下。八年,受封河间路五户丝户四万五千余。其后裔世袭河间王。(0001 卷 2、95、107,0002 卷 110)

阔彻伯(?～1330)　元人。延祐七年(1320)十二月,英宗即位后,由典瑞院使任知枢密院事。至治元年(1321)正月,英宗亲享太庙,以其为终献官。三年十二月,泰定帝即位后,为知枢密院事、大司徒,授开府仪同三司。泰定元年(1324)三月,奉旨摄祭太庙,以册皇后、皇太子告。文宗天历二年(1329)十一月,由翰林承旨复任知枢密院事,位居众知院之上。至顺元年(1330)六月,与知枢密院事脱脱木儿等十人恶燕铁木儿权势之重,图谋害之,谋泄,被燕铁木儿率钦察军掩捕按问,与脱脱木儿等皆被处死,家产被籍没。(0001 卷 27、29、34、138 等)

阔悭坚　元诸王。仁宗延祐六年(1319)七月,所部贫乏,元廷给粮赈之。(0001 卷 26)

阔阔歹　元成宗元贞二年(1296)任江南行台监察御史。(0632 卷 6)

阔阔术①　元宪宗二年(1252)十二月,奉旨与帖哥紬等掌帑藏。(0001 卷 3)

阔阔术② 元拓跋氏(蒙古土别燕克烈氏)。按扎儿次子拙赤哥之子。世祖至元间为御史台都事。成宗即位(1294),授汉中廉访司佥事。官至湖南廉访使。(0001 卷 122)

阔阔出①(? ~1313) 元宗王。世祖第八子。世祖至元八年(1271),从北平王那木罕出镇阿力麻里。十三年,同为昔里吉所劫。后同释归。二十六年,封宁远王。三十年,从铁穆耳(成宗)抚军金山(今阿尔泰山)。成宗即位后,总兵北边。大德二年(1298),海都、笃哇来袭,疏于防御,兵败受责。三年,诏命海山(武宗)即军中代其总兵北边。武宗即位(1307),以翊戴功进封宁王。至大三年(1310),丞相三宝奴希旨告其谋为不轨,被逮下狱,流放高丽,其妻完者赐死。仁宗皇庆元年(1312),赦归本部。次年,卒。子薛彻秃,降袭宁远王。(0001 卷 15、22、23、107 等,0008 卷 2,0003 卷 76)

阔阔出② 元宗王。太祖叔父答里真之孙。封宁海王。世祖至元九年(1272)八月,请以其分地宁海、登、莱三州自为一路,与他王比,岁赋惟入宁海,不输益都;诏从之。(0001 卷 7、107)

阔阔出③ 元唐兀人。太祖时怯怜口行营弓匠百户小丑之孙。世业弓,尝献所制弓于世祖,世祖称善,命为近侍。后擢为大同路广胜库(贮兵器库名)达鲁花赤。成宗大德元年(1297),升大同路武州达鲁花赤。后历任建州、利州达鲁花赤,四川廉访司佥事,监察御史。累官至大宁路总管,卒于任。(0001 卷 134)

阔阔出④ 元河间东光(今属河北)人。成宗大德间任垣曲县(今属山西)达鲁花赤,廉洁耿直,明习吏事。(0695 卷 4)

阔阔出⑤ 元女真蒲察氏。都实之弟。仁宗延祐二年(1315),翰林学士潘昂霄据其口述,将都实于世祖至元十七年(1280)探求黄河之源经过,撰成《河源志》。(0001 卷 63)

阔阔出⑥ 元仁宗延祐间为上都留守。延祐四年(1317)五月,封大司徒。(0001 卷 26)

阔阔出⑦ 元英宗至治二年(1322)任江南行台监察御史。(0632 卷 6)

阔阔出⑧ 元泰定元年(1324)六月,奉使高丽,取女子三十人。(0001 卷 29)

阔阔出⑨(? ~1328) 元泰定帝时为宗王札鲁忽赤。致和元年(1328)春,与燕铁木儿及诸王满秃、阿马剌台等密谋于泰定帝死后立武宗之子为帝。三月,扈从泰定帝至上都(今内蒙古正蓝旗东北)。七月,泰定帝死于上都。八月,燕铁木儿发动兵变于大都(今北京),阔阔出与满秃等同谋援大都,事觉,为丞相倒剌沙所杀。(0001 卷 32、34)

阔阔出⑩ 元至顺三年(1332)十月宁宗即位,由宦者擢为中政院使。(0001 卷 37)

阔阔出⑪ 元宗王。口温不花孙,灭里吉歹之子。定王薛彻干之父。(0001 卷 107)

阔阔出⑫ 元抚州(治今江西临川)万户。(0011 卷 95)

阔阔出⑬ 蒙古别速氏。为约 1182 年元太祖离开札木合后,在泰赤乌部部属别速部营地上拾得的男孩。自幼由月伦太后抚养长大,多年为太祖及其家属忠勤效力,充当太祖耳目。蒙古建国后,受封为第十八位功臣千户长,并受命辅佐月伦太后、铁木哥·斡赤斤。(0009 卷 3、4、10)

阔阔台① 元乃蛮人。察罕帖木儿曾祖。太宗时,从蒙古军攻占河南。(0001 卷 141)

阔阔台② 元蒙古人。世祖至元二十六年(1289)十二月,率众起事于杭海(今蒙古杭爱山),夺三站地,劫脱脱禾孙(驿站查验官),被贵赤亲军都指挥使司达鲁花赤明安率军击退。(0001 卷 135)

阔阔台③ 元成宗元贞元年(1295)任秘书少监。(0027 卷 9)

阔阔台④ 元文宗天历元年(1328)九月,由大都留守擢为中书平章,至次年九月罢任。至顺元年(1330)十一月,拜知枢密院事,十二月,兼大都留守。(0001 卷 32、34、112)

阔阔台⑤ 元蒙古篾儿乞氏,济南路达鲁花赤曲列尔之子。监十路总管。(0011 卷 30)

阔阔伦① 元世祖后妃之一,住第四斡耳朵(帐殿)。(0001 卷 106)

阔阔伦② 元公主。仁宗之女。下嫁蒙古弘吉剌部贵族脱罗禾(特薛禅之孙)为继室。(0001 卷 109、118)

阔阔带①(? ~1262) 又译阔阔歹。元蒙古兀良合氏。速不台次子。元世祖中统初,袭兄兀良合台职为都元帅。三年(1262),率军从宗王合必赤讨平李璮。是年九月,卒于军,其兄子阿术代之为都元帅,统率南边蒙古、汉军。(0001 卷 5、131、148,0003 卷 29)

阔阔带②(? ~1271) 元人。世祖至元四年(1267)九月,授大理等处行六部尚书,兼云南王忽哥赤王傅。八年二月,以与大理等处宣慰都元帅宝合丁协谋毒杀云南王,被处死。(0001 卷 6、7)

阔阔带③ 元世祖至元十三年(1276)为汉军都元帅,八月,奉敕与李庭率侍卫军二千人西征。(0001 卷 9)

阔阔带④ 元世祖至元间为收括阑遗官。至元十五年(1278)正月,以私易官马、阑遗人畜,罢职,免罪,由诸路州县管民官兼领其事。(0001 卷 10)

阔阔带⑤ 元诸王察合之子。世祖至元二十五年(1288)五月,举兵叛乱,被元将床兀儿擒获。(0001 卷 15)

阔儿古思(？～1243)　又译阔里吉思、库尔古司。元畏兀儿人,通畏兀儿文书。初事术赤为必阇赤(书记)。后奉命随成帖木儿治理花剌子模,又从其平定呼罗珊,初为其必阇赤,后升掌印官。太宗四年(1232),奉命入朝奏事。七月,成帖木儿死,太宗命其继任呼罗珊长官,主管户口、赋税等。遂以徒思为治所,整顿财政、调查户口、规定税制、整饬吏治,整治任意戕害民命、敛取财物者,使经济发展、赋税增收。脱列哥那称制时,因得罪察合台侍臣及王妃,被处死。(0008 卷 2,0015 卷 4)

阔儿吉思　元宗王。顺帝至正十三年(1353)八月,献马于朝。(0001 卷 43)

阔里吉思①　元世祖至元十三年(1276),领东川行枢密院事,攻钓鱼山(今四川合川东)。(0001 卷 169)

阔里吉思②　元蒙古按赤歹氏。温州、潞州、建康等路达鲁花赤药失谋之子。世祖至元间,备宿卫,为宝儿赤(司膳)。二十五年(1288),擢司农少卿。升司农卿。行湖广平章,率军讨平海南生黎。成宗时,历任福建宣慰使、征东行省平章、湖广平章。官至云南左丞相。卒年六十六。(0001 卷 134)

阔里吉思③　元汪古部首领。阿剌兀思剔吉忽里曾孙,爱不花之子。习武。筑万卷堂,日与诸儒讨论经史。娶太子真金女忽答迭迷失,继娶元成宗女爱牙失里。世祖时,率骑击溃叛王也不干军。成宗即位(1294),封高唐王。大德元年(1297),率军大败海都军。二年冬,笃哇军来袭,被俘。后被杀。谥忠献。后追封赵王。(0001 卷 118)

阔里吉思④　元西域人。也里可温(基督教徒)。武宗至大元年(1308)至仁宗皇庆元年(1312)任镇江路达鲁花赤,任满后居于镇江。(0631 卷 15、19)

阔里吉思⑤　元至大四年(1311)二月,仁宗摄政,中书省奏用其为甘肃平章,监察御史奏劾其昔受重赃,遂罢用。(0001 卷 24)

阔里吉思⑥(？～约 1339)　又译阔儿吉思。元至顺三年(1332)十月,宁宗即位后,由宣政使任中书右丞。十一月,宁宗死,奉命迎妥懽贴睦尔(顺帝)于静江(治今广西桂林)。顺帝至元元年(1335)七月,迁知枢密院事,九月,封宣国公。十二月,兼左翊蒙古侍卫亲军都指挥使。六年正月,追封宣诚戡难翊运致美功臣、晋宁王,谥忠襄。(0001 卷 37、38、40、113 等)

阔里吉思⑦　元时人华弗林(今叙利亚)人,爱薛第四子。历任同知泉府院事。(0001 卷 134)

阔里吉思⑧　元蒙古怯烈氏,镇海之子。(0011 卷 23)

阔里桀担　元太祖后妃之一,住大斡耳朵(宫账)。(0001 卷 106)

阔帖木儿　元泰定二年(1325)任建康路(治今南京)同知。(0632 卷 6)

阔阔八都　元世祖时蒙古军人。至元十六年(1279)六月,以北征力战有功,受赏银。(0001 卷 10)

阔阔不花①　元蒙古按摊塔塔儿氏。有膂力,善射。元太祖十二年(1217),从木华黎攻金,为探马赤军五部前锋都元帅。不嗜杀,以威信怀附,所至无残破。略定滨、棣等州,攻降益都。太宗四年(1232),从太宗渡河。攻汴梁、归德。分兵渡淮,攻降寿州。八年,奉旨镇益都、济南。受赐五户丝户六百。卒于官。(0001 卷 123)

阔阔不花②　元西域板勒纥(今阿富汗巴尔赫)人,居解州。中书平章察罕之孙。(0011 卷 90)

阔阔你敦　元世祖至元二十年(1283)至二十二年,为江淮行省长官。二十三年二月,拜东京行省左丞相。(0001 卷 12、13、14)

阔阔搠思　蒙古八邻氏。十二世纪八十年代,随豁儿赤、兀孙等人离开札木合投附元太祖。多年来为太祖之忠诚亲信,常把所见、所闻、所知、所想及之事告诉太祖。太祖曾对博尔术、木华黎及朵豁勒忽等扯儿必(近侍官)说:"凡事,你们要与忽难、阔阔搠思两人商量了后,再去做。"蒙古建国后,受封为功臣千户长。后受命为察合台王傅,太祖降旨:"察合台为人暴烈,让性行仔细的阔阔搠思早晚在他身边,把你想到的事说给他听。"(0009 卷 3、9、10)

阔儿伯牙里　元武宗近臣。大德十一年(1307)五月,武宗即位。十一月,奏言改用银钞、铜钱。帝命中书省、枢密院、御史台及集贤、翰林诸老臣集议以闻。中书省臣与阔儿伯牙里面论,以为改用银钞、铜钱非便。有旨勿行。(0001 卷 22)

阔华八撒术　元畏兀儿人,世居别失八里(今新疆吉木萨尔北)。脱烈海牙曾祖。太祖西征,导其主亦都护迎接,太祖嘉其有识,欲官之,辞以不敏。其子八剌术徙居真定(治今河北正定)。(0001 卷 137)

阔阔帖木儿①　元高丽人。王綧次子。入侍海山(武宗)藩府,积劳授管民总管。(0001 卷 166)

阔阔帖木儿②　元仁宗皇庆二年(1313)任溧水(今属江苏)州达鲁花赤。(0632 卷 6)

曾元　元顺帝至正四年(1344)任上高县(今属江西)典史。(1016 卷 14)

曾圭　元衡山(今属湖南)人。曾任零陵县尉。(1041 卷 51,0072 别附卷 3)

曾朴　字彦鲁。元燕山(今北京)人。有诗作传世。(0163 卷 18,0504 辛上,0033 卷 27)

曾华　字华叟。元武冈(今属湖南)人。

顺帝至正(1341～1368)中,以广东宣慰副使兼江浙行省都镇抚,守杭州。(0411 卷43,0002 卷221,0003 卷130)

曾仰　元明间金溪(今属江西)人。元顺帝至正二十年(1360)进士。曾任蓟州同知。明洪武三年(1370),任安庆府学教授。(0411 卷7)

曾坚　字子白。元明之际金溪(今属江西)人。曾严卿之子。顺帝至正十四年(1354)进士。历任国子助教、翰林修撰。十八年,出任江西省员外郎。未几,入为国子监丞,升司业。进详定副使,改翰林直学士。明洪武二年(1369),授礼部员外郎,以病辞,次年感符玺事,作《义象歌》,被杀。工诗文,有《曾学士文集》,已佚,有诗作传世。(0277 卷11,0411 卷7,0504 己上)

曾昺　字仲明,元茶陵人。泰定元年(1324)进士。历任沣州路录事。(1029 卷10)

曾贯　字传道。元太和(治今江西泰和)人。顺帝至正元年(1341)举于乡,任绍兴路照磨。至正中战乱,弃官家居。后率乡兵抵御龙泉反元队伍进攻,战败被执,不屈而死。著有《易学变通》六卷。(0075 氏族典卷321,0072 别附卷3,0002 卷236)

曾顺(1273～1347)　字至顺。元新淦(治今江西新干)人。举茂才,署饶州路儒学录,改袁州路儒学录,升南雄州儒学正。以韶州路儒学教授致仕。(0411 卷6)

曾衎　字仲衎。元临川(今属江西)人。元末为平阳(今属浙江)州同知。(0275 卷6,0265 卷6)

曾勉　号楂居,又号偃月斋,元楂溪人,善画水仙、山礬、墨梅。(1143 第1079 卷)

曾遇　字心传。元华亭(治今上海松江)人。世祖至元二十七年(1290)选入京金书《藏经》。官至安吉县丞致仕。有诗作传世。(0031 补遗,0925 卷18,0504 甲)

曾瑞　字瑞卿,号褐夫。元大兴(今属北京)人,家于钱塘(治今杭州)。能作散曲,编有散曲总集《诗酒余音》。工画山水,学范宽。(0029 卷下,0030 卷5,1107 卷31)

曾策　元茶陵(今属湖南)人。成宗元贞(1295～1297)中,任婺源(今属江西)州同知。(1004 卷5,0973 卷6)

曾震　号樵南。元庐陵(治今江西吉安)人。尝撰《春秋五传》,已佚。(0004 卷36,0002 卷235)

曾德　元渔阳(治今天津蓟县)人。宗圣公曾参五十七代孙。母早亡,父仲祥再娶左氏,迁于襄阳。襄阳战乱,遂失左氏。德遍往南土寻求,五年乃得于广海间,奉迎以归,孝养甚至。诏旌复其家。(0001 卷198)

曾翰　原名仲巽,字自省。元永丰(今属江西)人。泰定元年(1324)进士,授太和州(治今江西泰和)同知。(1019 卷9)

曾子良(1224～约1293)　字仲材,号平山,宋元间金溪人。笃志性理之学。宋度宗咸淳四年(1268)进士。历任兴安尉、淳安令,奉母归养。元世祖至元中,程钜夫以遗逸荐,授宪佥,不赴。(1155 卷35)

曾元烈　字模远。元南丰(今属江西)人。有诗作传世。(0504 己上)

曾太獠　元世祖至元后叶江西反元武装首领。二十六年(1289)四月,湖广左丞刘国杰率元军攻之于金林;败退,深入山间据险抵抗。国杰凿山而入,将其部众五千人掩杀略尽。(0001 卷162)

曾止善　元永丰(今属江西)人。元末儒士,被推举为石城(今属江西)县尹,率兵抗拒反元队伍,被执,不屈而死。(0075 官常典卷732)

曾文龙(1236～1304)　字云叔,号月崖。宋元之际南丰(今属江西)人。世祖至元二十四年(1287)授南丰县儒学教授,在任五年,考满不复仕。(0204 卷8)

曾文博(?～1344)　元大都(今北京)人。泰定二年(1325)任江南行御史台监察御史。累官至四川廉访使,顺帝至正四年(1344)受诬死。(0632 卷6,0001 卷183)

曾允元　字怀可,号鸥江。元太和(治今江西泰和)人。曾任袁州路儒学教授。其所作诗词传世。(0512 卷下,0504 丁)

曾世荣(1253～1335?)　字德显,号育溪,别号省翁,元衡阳(今属湖南)人。青年时从儿科名医刘思道学医。思道祖先师承宋徽宗时御医、"活幼宗师"戴尧道。世荣得此一脉真传,又精读医经,详审药性,悬壶乡梓六十年,治愈幼儿无数。著有《活幼心书》三卷、《活幼口议》二十卷。(1149 第111、112 卷)

曾仕鲁　元顺帝至正(1341～1368)间,任瑞金县(今属江西)达鲁花赤。(1022 卷6)

曾先之　字从野。元庐陵(治今江西吉安)人。中乡试。著有《十八史略》十卷。(1071 卷5)

曾冲子(1228～1305)　字圣和,宋元间金溪人,曾渊子弟。宋末累迁知南安军,罢归。元世祖至元二十四年(1287)起为福建按察司佥事,二十八年代归。(0225 卷17,0001 卷172)

曾应孙　元乐清(今属浙江)人。与李孝光友善。元末,泰不华讨伐方国珍,延之计议,深受器重。(0072 卷82)

曾尚宾(?～1368)　元江西人。元末为义兵千户。明洪武元年(1368),明兵破静江(今广西桂林),自焚其家而死。

(1036 卷 24,0075 官常典卷 735,0006 卷 92 下)

曾彦明　元儒士。以荐授福建行省都事。(0905 卷 6)

曾留远　元人。有诗作传世。(0504 癸下)

曾晞颜　字达圣,号车轩,宋元间永丰人,曾巽申父。宋理宗景定三年(1262)进士,恭帝德祐初(1275)累官御史,论不合即去。入元,荐授湖南儒学提举。(0001 卷 172,0173 卷 10)

曾渊子　字广微,宋元间金溪人,曾冲子兄。宋理宗淳祐十年(1250)进士。由侍从出知隆兴兼安抚,召拜临安府尹。恭帝德祐元年(1275)贬雷州。广、益二王至广州,授广西宣慰使兼知雷州。景炎三年(1278)拜侍读。厓山之败,赴水不死,奔安南,安南王礼遇之。元世祖至元二十一年,元军入安南,率众归服。(0269 卷 16,0070 卷 66、77,0041)

曾巽申(1282～1330)　字巽初。元永丰(今属江西)人。武宗至大(1308～1311)间授大乐署丞。仁宗延祐元年(1314)授翰林编修。升翰林应奉。泰定(1324～1328)初辞归。文宗天历二年(1329)召为集贤院照磨。(0147 卷 19,0212 卷 33、54,0006 卷 88)

曾福仲　元太和(治今江西泰和)人,迁居邵阳。顺帝元统(1333～1335)间馆逯鲁曾家。以荐授太常博士,论事忤丞相,左迁天临路录事,弃官归。(0002 卷 211)

曾敷言　元人。有诗作传世。(0504 癸上)

曾德厚　元人。有诗作传世。(0504 癸上)

曾德裕(1273～?)　字益初。元永丰(今属江西)人。曾巽申兄。曾任翰林直学士。武宗至大四年(1311)归。卒年四十余。(0231 卷 12,0147 卷 34)

曾按丹不花　元大都(今北京)人。仁宗延祐三年(1316)任衢州(今属浙江)路总管。(0897 卷 7)

普山　元泰定帝时云南元江(今属云南)路土官。泰定二年(1325),举兵反元。十二月,元廷命驻军剿捕之。(0001 卷 29)

普仁①(1312～1375)　字德隐。元明之际兰溪(今属浙江)人。僧人。俗姓赵。顺帝至正十五年(1355)住金华西峰净土禅寺。十八年,明太祖下婺州,次年口敕仁主婺州智者禅寺。洪武七年(1374),迁主杭州净慈寺。有语录及山居诗百篇。(0411 卷 25,0075 神异典卷 188)

普仁②　字仲山,号雪堂。元僧人,许昌(今属河南)张氏子。世祖至元间住大都(今北京)天庆寺。(0144 卷 57、66)

普化①　元世祖至元间任宿州(今属安徽)达鲁花赤。(0985 卷 11)

普化②　元武宗至大元年(1308)任江南行台侍御史。仁宗延祐三年(1316)任江南行台御史中丞。(0632 卷 6)

普化③　元蒙古人。顺帝至元元年(1335),为治书侍御史。(0001 卷 142)

普化④　元顺帝至正十年(1350)至十四年为中书平章政事。十六年四月,由资正院使为御史大夫,任至二十三年。二十三年,复为中书平章政事,任止于此年。(0001 卷 44、113、140 等)

普化⑤　元蒙古伯岳吾氏。成宗皇后卜鲁罕之祖父。(0001 卷 106)

普化⑥　元成都人。任临安(治今云南通海北)宣慰司同知,莅政严明。(0851 卷 10,0852 卷 5)

普化⑦　元慈溪县(今属浙江)达鲁花赤。(0634 卷 2)

普双　元云南土官。泰定帝时,任元江路(治今云南元江哈尼族彝族傣族自治县)总管。泰定三年(1326)坐赃免职,因结蛮兵作乱。次年,诏复其旧职,乃降。(0001 卷 30)

普达①　元畏吾儿人,泰定四年(1327)任江南行台监察御史。(0632 卷 6)

普达②　元畏兀儿人。阿鲁浑萨理孙,岳柱长子。曾任行宣政院同佥。(0001 卷 130)

普灯(1294～?)　字别传。元后期僧人。(0254 卷 9)

普寿①　元泰定元年(1324)任奉化(今属浙江)州达鲁花赤。(0634 卷 2)

普寿②　元回回古速鲁氏,达理麻吉而的之子。历任盱眙县丞。(0011 卷 85)

普折　元文宗时为云南东川路总管。至顺二年(1331)十月,由其子安乐袭其总管职。(0001 卷 35)

普纳　又译不纳。元公主。成宗时,奉旨嫁弘吉剌氏贵族桑哥不剌。文宗至顺三年(1332),封郓安大长公主。顺帝元统二年(1334),加号皇姑鲁国大长公主。(0001 卷 36、118、109)

普明　号雪窗。元僧人,松江(今属上海)曹氏子。住持吴县承天寺。善画兰。(0042 卷 12,0928 卷 58,0030 卷 5)

普度(?～1330)　宋元间丹阳蒋氏子。宋末出家,创庵修白莲教。后至庐山东林寺,主持白莲宗善法堂,号优昙。元成宗大德九年(1305),著成《庐山莲宗宝鉴》十卷,阐述白莲宗教义。武宗至大元年(1308),元廷禁白莲教,赴大都进献《宝鉴》。赐四字师号。三年,上书武宗,恳求驰禁。次年,仁宗即位,恢复白莲教,受封为白莲宗主。卒年七十余。(1161 卷 484,0952 卷 9)

普剌 字允中。元阿鲁浑氏。顺帝至正中,任浚州(治今河南浚县东)达鲁花赤。(0599卷下,0643卷5)

普贵(?~1322) 字无为,元尼。夫忠愍使日本,死于王事,即断发为尼。躬参原妙于天目山得旨。(1144第794卷)

普恩 元云南镇南州土官,世有其地。授武德将军。(0854卷57)

普悦 号笑岩。元僧,江阴(今属江苏)人。元初居常州荐福寺。(0202卷8)

普容(1251~1320) 字太虚。元僧人,余姚(今属浙江)茅氏子。建四明(今浙江宁波)乾符寺,有司上闻,赐寺额曰慈济,命其主之。(0152卷42,0634卷10)

普喜 号吉祥。元山东人。僧人。形貌似梵僧,精通慈恩宗义,常讲唯识、师地、因明诸论。世祖至元中,住持镇江普照寺。(037卷4,0075神异典卷187)

普惠 号洞云。元平定(今属山西)人。住寿圣寺。卒年九十八。能诗,有诗作传世。(0033卷34)

普就(?~1314) 号古岩。元僧人,真定(治今河北正定)刘氏子。住持泰安灵岩寺。仁宗皇庆初,迁少林祖庭。(0037卷17,0075神异典卷187)

普善(1260~1335) 元僧人,龙阳(治今湖南汉寿)刘氏子。住持应山宝林寺、信阳观音寺。(0587卷14)

普颜①(1263~1337) 字君卿。元畏吾儿人。自幼效力那木罕北平王府,积劳授石城县达鲁花赤。后宿卫仁宗潜邸,充东宫必阇赤。仁宗即位(1311),拜监察御史,纠劾无所回惮。擢河北河南道廉访佥事,黜污吏四百人。移浙西道,白云宗僧害民,以事上闻,朝廷为夺其教主司徒印罢之。后历任燕南廉访佥事,河南廉访副使,奉元路、吉安路总管。官至淮西廉访使,致仕归。卒,谥正肃。(0250卷61,0003卷118,0002卷192)

普颜② 元奉圣州(治今河北涿鹿)人。文宗至顺二年(1331)任裕州(治今河南方城)达鲁花赤。(0762卷6,0768卷4,0767卷15)

普颜③ 字子寿。元广西经历。(0271卷1)

普颜④ 元畏兀儿人,寿同海涯父。(0011卷53)

普兰奚① 元信都(治今河北冀县)人。常皎住长子。八岁被太子真金养于宫中。成宗时,任同知徽政院事。武宗即位,入侍太后答己于兴圣宫,任同知宣徽院事。仁宗皇庆初,擢光禄大夫,封赵国公。延祐二年(1315),加金紫光禄大夫、徽政院使。寻卒。(0002卷151)

普兰奚② 元蒙古克烈氏。明安答儿之子。武宗至大间曾任江浙行省平章。官至徽政使。(0225卷15,0011卷24,0014卷9中)

普兰奚③ 元蒙古卜领勤多礼伯台氏,月鲁帖木儿父。由宿卫入仕,任中书右司员外郎,参与迎立武宗有功。后仕至山北辽东道肃政廉访使。(0001卷144)

普而耶 元蒙古人。月里不花之子。成宗大德七年(1303),月里不花率甕吉里军赴云南,死于途中。八月,元廷命普而耶代父率军赴云南。(0001卷21)

普阿里 元武宗至大三年(1310)任衢州路判官。(0897卷2)

普贤奴 元顺帝至正中,为万户。至正十二年(1352),奉江浙平章卜颜铁木儿遣,率所部屯阳陵,防遏天完红巾军进攻。十六年,驻杭州。七月,张士诚进逼杭州,江浙左丞相达识帖睦迩即弃城遁,普贤奴力拒张士诚军,与苗军帅杨完者击败张士诚,收复杭州,达识帖睦迩乃还。(0001卷44、140、144)

普鲁台 元蒙古人。顺帝至元六年(1340),为监察御史。(0001卷40)

普阑溪 元蒙古克烈氏,撒吉思卜华次子。仕为光禄大夫、徽政院使。(0001卷122)

普颜笃(?~1323) 元英宗时,任中政院使。南坡之变中,为铁失所杀。(0001卷29)

普达世理(1308~?) 字原理。元畏吾儿人,居公安(今属湖北)。顺帝元统元年(1333)进士,授龙阳州判官。历任南台御史、江浙省都事。累迁为湖北廉访佥事。至正中,升行省参政,征兵湖南讨伐反元队伍,败死。(0028卷上,0313卷5,0002卷232)

普达失里① 元唐兀人,亦怜真班之子。曾任翰林学士承旨。(0011卷55)

普达失里② 元蒙古八邻氏,相嘉硕利之子。(0011卷7)

普达失理① 元蒙古八邻氏。淮安王伯颜曾孙。(0001卷127)

普达失理② 元唐兀人,答里麻次子。仕为翰林学士承旨、知制诰兼修国史。(0001卷145)

普达实立(1304~1347) 字仲温。元畏吾儿人。文宗至顺元年(1330)授陕西行台御史。顺帝元统元年(1333)转江南行台御史。累迁为浙东廉访副使,改湖北廉访副使。至正四年(1344)任江西行省郎中。(0279卷12,0632卷6)

普答剌吉 元蒙古札剌亦儿氏,脱桓不花之子。曾任枢密副使。卒谥荣襄。(0011卷5,0003卷41)

普颜不花①(?~1368) 字希古。元蒙古人。顺帝至正五年(1345),由国子生登蒙古色目右榜进士一甲第一名(状元),授翰林修撰,调河南行省员外郎。十一年,迁江西左右司郎中。抵御天完红巾军进攻,战守之功为多。十六年,授江西廉访副使。历山东廉访使、中书参政。十六年,奉诏经略江南。至建宁,抵御陈友谅军进攻二月余,大败之。次年,召还,授山东宣慰使。后升知枢密院事、平章山东行省,守御益都。二十七年十二月,明军至益都,捍城力战。城破,不降,被杀。(0001 卷 196、41、45、47 等)

普颜不花②　元济南人。顺帝至正间任平陆县(今属山西)达鲁花赤。(0691 卷 8,0700 卷 6)

普颜不花③　元高昌(治今新疆吐鲁番东)畏兀儿人,居溧阳(今属江苏)。任江西行省左丞。(0948 卷 4)

普颜失里　元顺帝至正元年(1341)任江南行台治书侍御史。(0634 卷 6)

普颜实立　元蒙古人。泰定二年(1325),云南威楚诸蛮举兵反元,云南行省奏请出兵镇压,朝廷不允。七月,奉朝廷遣,出使威楚招谕之。(0001 卷 29)

普颜忽里(? ~1323)　元康里人,帖哥台子。英宗时,仕为怀远大将军、贵赤亲军都指挥使司达鲁花赤。南坡之变中,被铁失所杀。(0001 卷 29、135)

普化帖木儿(? ~1364)　字兼善。元答禄乃蛮氏。泰定、致和间陕西行台御史大夫帖木哥之子。曾任江浙平章。顺帝至正十八年(1358),任福建行省平章,时境内为反元队伍所据,不能有所作为。二十一年,迁任江南行台御史大夫。时张士诚军据杭州等地,自立为吴王,其弟张士信被元廷授为江浙左丞相。二十四年,士诚讽江南行台为请于元廷实授其为吴王,普化不从。士诚乃使人至绍兴索江南行台印章,又不从。普化封其印置诸库,仰药而死。(0001 卷 140)

普颜八达耳　元滕州(治今山东滕县)人。顺帝至正十年(1350)中乡试。(0600 卷 2)

普颜八撒儿　元世祖至元二十四年(1287)任江南行台监察御史。(0632 卷 6)

普颜帖木儿①　元顺帝至正十五年(1355)为章佩监丞。六月,奉诏与翰林修撰烈瞻招降沔阳等处红巾军,朝廷命四川平章玉枢虎儿吐华等助之。(0001 卷 44)

普颜帖木儿②　元合鲁温氏,漳州路达鲁花赤迭里弥实之子。曾任江西行省通事。(0011 卷 90)

普颜铁穆儿　元顺帝至正十二年(1352)任福建廉访司佥事。(0594 卷 12)

普颜脱忽怜　元畏吾儿人。淮西廉访使普颜(字君卿)之祖父。从太祖征西域,战死。追谥忠靖。(0003 卷 118,0002 卷 192)

普颜可里美思　元公主。嫁蒙古亦乞列思部贵族唆都哥之子宁昌郡王不邻吉歹。(0001 卷 109)

普颜怯里迷失①　元公主。成宗元贞元年(1295)七月,以其部贫乏来告,赐钞给之。(0001 卷 18)

普颜怯里迷失②　元蒙古弘吉剌氏。甘麻剌元妃。泰定帝生母。泰定元年(1324),追谥为宣懿淑圣皇后。(0001 卷 116)

普颜都鲁弥实　元仁宗延祐五年(1318),任江南行御史台管勾,英宗至治三年(1323),擢南台监察御史。(0632 卷 6)

普兰诺·卡尔平尼(Giovanni de Plano Carpini,约 1182 ~1252)　又译普兰·迦儿宾。意大利人。天主教方济各会教士。1245 年,教皇在法国里昂召集宗教会议,决定遣使劝说蒙古停止攻掠基督教国家,并探听蒙古政治、经济、军事、宗教等情况。普兰诺奉命携教皇致蒙古大汗信由里昂出发。次年四月,至伏尔加河畔见拔都。七月,到达和林附近大汗行宫昔剌斡耳朵。八月,于此参加蒙古诸王大将推选贵由(元定宗)即位盛典。十一月,携贵由答教皇书由原路西归。1247 年秋回到里昂复命。由拉丁文写成出使报告,名《蒙古人史》,记述旅程及蒙古经济、习俗、宗教、政治、人物、习惯法、军队、征伐诸国等情况,为研究早期蒙古史重要原始资料。(1740 卷 76)

善入　号秋虚。元僧人,定海(治今浙江镇海)傅氏子。历主名刹,秉行清正,勤于奖掖,僧众敬爱之。武宗至大中,住持四明延庆寺。仁宗延祐间卒,年七十八。(0146 卷 31)

善平(? ~1351)　字大道。元僧人,渔浦(今江西弋阳西)人。兴复杭州天龙寺。(0411 卷 32)

善代　字虎林。元僧人。有诗作传世。(0504 壬上)

善达　字本源。元僧人,仙居(今属浙江)柴氏子。出家于袁州仰山寺,后住杭州径山寺。(0075 神异典卷 187)

善行　元僧人。有诗作传世。(0504 壬上)

善庆①　元世祖至元中,任嘉兴(今属浙江)县丞。(0075 氏族典卷 426)

善庆②(1260 ~1338)　字千濑。元僧,严陵(今浙江桐庐西南富春山)彭氏子。仁宗时主杭州净慈寺,撰《扶宗显正论》进呈,赐八字师号。(0037 卷 4)

善庆③　字无所。元僧人。有诗作传世。(0504 壬上)

善庆④　字即之,元色目人,居杭州,泰定四年(1327)进士沙班子,善材弟。顺帝至正十一年(1351)进士。(0872 卷 55,0437 卷 4)

善材　字元之。元色目人,居杭州,善庆兄。顺帝至正十一年(1351)进士。(0872 卷 55,0437 卷 4)

善住①　元仁宗延祐间任醴泉县(治今

陕西礼泉东)达鲁花赤。(0817 卷 3)

善住②　元康里人,帖哥台子。由宿卫入仕,历任中书直省舍人、诸色人匠达鲁花赤。升奉议大夫、佥中卫亲军都指挥使司事。天历元年(1328),拥立文宗,作战有功。(0001 卷 135)

善住③　字无住,号云屋。僧人,元吴(今苏州)人。居吴郡报恩寺。工诗,造语新秀,常与仇远、虞集等酬唱,有《谷响集》三卷。能文,撰有《净业往生安养传》十二卷。(0042 卷 12,0503 初集壬,0033 卷 34)

善良(1219～1297)　字子直,号月溪。宋元之际定海(治今浙江镇海)人。僧人。俗姓朱。宋末主杭州上天竺寺。元世祖至元中主四明(今浙江宁波)延庆寺。撰有《教观撮要》。(0146 卷 31)

善学(1307～1370)　号古庭。元吴郡(今苏州)人。僧人。俗姓马。元末,开法昆山荐福寺,二年后还东林隐居。后主阳山大慈寺。入明,主浒溪光福寺。撰有《法华问答》、《法华随品赞》、《辩正教门关键录》等及诗文。(0411 卷 28,0075 神异典卷 188,0441 卷中)

善宝　字庆之。元畏兀儿人。初为内廷速古儿赤。后历任柳州路判官、容州知州。顺帝至正十四年(1354)任藤州知州。卒于官。(0506 卷 2342)

善柔(1198～1269)　元僧人,德兴永兴(治今河北涿鹿)董氏子。尝设讲席于燕京,四众拱受。历主奉圣州水西、法云二寺。(0225 卷 21)

善能　字仲良。元嘉兴(今属浙江)人。僧人。通儒书,能诗。(0157 卷 12)

善继(1286～1357)　字绝宗。元僧人,诸暨(今属浙江)娄氏子。习天台法。居天台荐福寺,迁能仁寺。有诗作传世。(0411 卷 11,0037 卷 4,0504 壬上)

善著　元畏兀儿人。合剌普华次子越伦质之子。登进士第。(0001 卷 193)

善善　元畏兀儿人,孟速思子云南都元帅火你赤之子。(0011 卷 40)

善愈　号笑岩。元昌国州(治今浙江舟山)人。僧人。顺帝至正二年(1342)住持句容(今属江苏)奉圣禅寺。(0411 卷 9)

善僧　元英宗时,任内史府内史。泰定帝即位,授中书左丞,不久升右丞。泰定二年(1325),拜中书平章政事。次年十月,去职。(0001 卷 29、30、112)

温泽　元云内(治今内蒙古土默特左旗东南)人。成宗大德三年(1299)任秘书郎。七年,任秘书监著作郎。(0027 卷 10)

温恭　元顺帝至正十年(1350)任衢州路知事。(0897 卷 3、7)

温瑛　字仲玉。元大同人。仁宗延祐四年(1317)任江南行御史台管勾。任濠州知州。顺帝至元三年(1337)授秘书少监。六年,出为闻州知州。(0632 卷 6,0027 卷 9)

温敬　元镇江路金坛税使司副使。(0631 卷 17)

温德　字子新。元济南人。顺帝至正二十三年(1363)任秘书监典吏。(0027 卷 11)

温士谦　元中山(治今河北定州)人。历任桐城县(今属安徽)知县。(0987 卷 2)

温仲谦　元成宗大德(1297～1307)间任馆陶县(今属河北)知县,有政绩。(0730 卷 6,0075 氏族典卷 154)

温迪罕①　元仁宗延祐二年(1315)为江南湖广道奉使宣抚。是年七月,奏言:"廉访司公田多取民租,宜复旧制。"元廷从之。(0001 卷 25、143)

温迪罕②　元文宗天历初,为平章政事,奉旨与太常礼仪院佥事孛术鲁翀等十人,商论大事,日夕备顾问,宿直东庑下。(0001 卷 183)

温珪辅　元文宗天历二年(1329)任潞州(治今山西长治)知州,劝课农桑,多惠政。(0698 卷 3)

温善庆　元大都(今北京)人。世祖至元二十九年(1292)任镇江路录事司判官。(0631 卷 16)

温德中　元宁都(今属江西)人。署赣州同知。卒于官任。(1021 卷 5、6)

温德荣　元仁宗皇庆元年(1312)任秘书卿。(0027 卷 9)

温迪罕完　元盖州(治今辽宁盖县)女真人。世祖至元元年(1264)任赵州(治今河北赵县)知州。(0645 卷 4、24)

温迪罕秃鲁花　元世祖至元二十年(1283),为中书参议。十二月,元廷以其廉贫,不阿附权势,赐钞百锭。二十一年,升中书参政;十一月,罢任。二十二年,复为中书参政。次年,奉遣钩考荆湖行省钱谷。(0001 卷 12～14、112、205)

滑寿　字伯仁,晚号撄宁生。元明之际仪真(治今江苏仪征)人。自幼习儒,后弃儒学医,师从名医王居中。又曾向东平高洞阳学针法。元顺帝至正元年(1341)撰成《十四经发挥》。此书通考647穴,详释典籍中有关十四经之论述,且有发挥,对经络学说甚有贡献。寿医术全面,精于诊断,明于处方,享有盛誉。又撰有《诊家枢要》一卷、《麻疹全书》四卷、《滑氏脉诀》一卷、《撄宁生补泻心法》一卷,等等。(1149 第 290～293 卷)

游显(1210～1283)　字子明。元许州临颍(今属河南)人。世祖中统(1260～1264)初,授大名宣抚使。历益都、南京、大都三路总管。至元六年(1269),授河南按察使,改总管襄阳水军万户,迁陕西按察使。从伯颜攻宋,授平江路(治今苏州)宣抚使。宋亡,改任浙西宣慰使。十九年,任江淮行省平章。(0145 卷 22,0534 卷 3,0002 卷 167)

游钦　字敬仲。元崇安(今属福建)人。游应祥之子。以省札为邵武县主簿。后升为建阳县尹。(0902 卷 98,0075 氏族典卷 326)

游珪　元濮州(治今山东鄄城北)人。泰定二年(1325)任镇江路怀庆翼副千户,四年致仕。(0631 卷 17)

游僎　字嘉宾。元临颍(今属河南)人。游显孙。历任宣政院经历。(0244 卷 9)

游懋　元顺德(治今河北邢台)人。英宗至治元年(1321)任镇江路顺德翼下百户。(0631 卷 17)

游义荣　宋元之际人。元世祖至元十三年(1276),由南宋弃家来降,遥授建宁路同知,充管军千户。(0001 卷 9)

游也先　元顺德(治今河北邢台)人。泰定四年(1327)任镇江路怀庆翼下百户。(0631 卷 17)

游介窦　宋元之际人。宋末降元。元世祖至元十二年(1275)奉诏书副本使于宋。十五年至十八年,任庆元路(治今浙江宁波)总管。(0633 卷 2,0001 卷 8、127)

游从善(1295～1367)　字性初。元永新(今属江西)人。家世为医。(0190 前集卷 2)

游文和　元保定新城(今属河北)人。文宗天历二年(1329)任秘书监典簿。(0027 卷 9)

游弘道　元江西人。历任化州(今属广东)路同知。顺帝至正九年(1349),海盗进攻合浦(今属广西);率乡兵与战,战死。(0002 卷 233,0075 官常典卷 732,0622 卷 81)

游应祥　字子善。元崇安(今属福建)人。元初耕隐不仕。后出任武夷直学,迁任儒学正。(0902 卷 96,0075 氏族典卷 326,0076 卷 38)

游居敬　字行简。元顺帝元统(1333～1335)间任虞城县尹。(0762 卷 4,0766 卷 4)

游唐兀　元濮州(治今山东鄄城北)人。游珪之子。仁宗延祐三年(1316)袭父职为镇江路怀庆翼副千户。(0631 卷 17)

游惠宣　元湖州(今属浙江)人。泰定三年(1326)任丹徒(治今江苏镇江)县尹。(0631 卷 16)

游德宏　元溧阳(今属江苏)州同知。(0632 卷 6)

游德敬　元婺源(今属江西)人。元末,与汪同组织地主武装,抵御反元队伍。以功授管军万户。(0972 卷 9)

寒食①　元泰定帝时,任湖南宣慰使。泰定二年(1325),充甘肃省奉使宣抚。文宗时,任通政院使。(0001 卷 29、32)

寒食②　初为元顺帝昔宝赤(养鹰人)。至元元年(1341),封顺国公。(0001 卷 40)

寒赛　元云南车里部首领。泰定帝时,被招抚,任车里军民总管府总管,佩金虎符。顺帝时,复反,被讨平。(0001 卷 29、40)

富恕　字子微,号紫微,又号林屋道人。元吴江(今属江苏)人。由儒入道,居昭灵观,历访天下仙山,寄情于诗。(0279 卷 9,0042 卷 11,0504 壬上)

富大用　字时可。元南江(治今江西奉新西)人。续编宋祝穆《事文类聚》,成新集三十六卷、外集十五卷。(1003 卷 186)

富谋只　元回回人,阿老瓦丁子。成宗大德四年(1300),袭父职为回回炮手军匠上万户府副万户。(0001 卷 203)

富德庸　元济南人。世祖至元二十五年(1288)任慈溪县(今属浙江)尹。后迁任鄞县(治今浙江宁波)尹。(0633 卷 3,0075 氏族典卷 498)

窝阔台　即元太宗。

道壬　字虎溪,元时来华日本僧人。参大灯国师发明宗旨。有文才,所作偈颂,格律高妙,名著丛林。后来华,谒名僧。至元间,大灯国师讣至,作偈痛悼。后彻翁和尚遣僧招之归日本,住京兆大德寺。(1144 第 800 卷)

道光　号碧虚。元僧人。有诗作传世。(0504 壬上)

道同(1305～?)　字文卿。元畏吾儿人,居池州(治今安徽贵池)。顺帝元统元年(1333)进士,授江州路(治今江西九江)录事司达鲁花赤。(0028 卷上)

道兴(?～1307)　元成宗时,任中政院使。成宗崩,与左丞相阿难答等潜谋拥戴皇后称制,被仁宗诛杀。(0001 卷 22)

道吾　字善初。元西域阿鲁温氏。从平宋,授大都(今北京)都镇抚。论事忤丞相,出为衢州路判官。后迁任杭州路治中。致仕,居钱塘(治今杭州)。(0411 卷 9)

道明　元僧人。善画佛像,武宗至大二年(1309)作《罗汉图》,此图现在日本。(1143 第 1242 卷)

道恢(1241～?)　字大山。宋元之际诸暨(今属浙江)人,僧人,俗姓方。住杭州上竺兴福寺,迁松江延庆寺。(0211 卷 1)

道原　字竺隐。元天台(今属浙江)人。僧人。能诗文,善行、草书。(0031 补遗)

道晖(约 1226～约 1309)　字用晦。宋元之际福州怀安(治今福州西)人。僧人。俗姓池。住持福州西禅寺。(0225 卷 20、15)

道高(？～1342)　字独峰。元僧人。顺帝至正二年(1342)住持海盐(今属浙江)天宁寺。(0233 卷 14、15)

道望　号岳云。元台州临海(今属浙江)人。僧人。俗姓项。顺帝元统元年(1333)住持昆山永怀报德寺。(0561 卷 2)

道隐　字仲孺,号月涧。元海盐(今属浙江)人。僧人。俗姓李。善画兰石墨竹。能诗,有《月涧集》。(0030 卷 5,0537 卷 30)

道童①(？～1358)　号石岩。元畏兀儿人。以世胄入官,历信州路、平江路总管。顺帝至正元年(1341),任大都路达鲁花赤。后出为江浙参政。七年,入为中书参政。寻出为江浙右丞,升平章。十一年,迁江西平章。次年,天完红巾军围攻龙兴(今江西南昌),守城两月,击退之。十八年,龙兴被陈友谅攻破,退至抚州,被杀。谥忠烈。(0001 卷 144)

道童②　元顺帝至正十五年(1355),为江东廉访使,守宣州,抵御天完红巾军进攻,城得无虞。(0001 卷 185)

道童③　字德章。元唐兀人。顺帝至正中由工部尚书出为江东廉访使。(0974 卷 14,0127 卷 9)

道童④　元蒙古札剌亦儿氏。木华黎后裔。塔思之子硕笃儿四世孙,宝哥之子。世袭硕笃儿食邑,得建国王旗帜,置官属如列侯。(0001 卷 119)

道勤(1250～1316)　元婺州浦江(今属浙江)人。僧人。俗姓何。住持婺州路智者寺。(0152 卷 41)

道儿哈　元顺帝元统元年(1333)任鱼台县(今属山东)达鲁花赤。(0602 卷 8)

谢元　元仁宗延祐(1314～1320)间任莆田(今属福建)县尉。(0905 卷 3)

谢中　字无疑、用和。元将乐(今属福建)人。成宗大德(1297～1307)初,任福州路儒学正,后改任南剑路顺昌县双峰书院山长。(0167 卷 26,0173 卷 15,0212 卷 29)

谢氏　元上犹(今属江西)人徐仁妻。夫死,其家阴卖之为富室妾。谢氏诉于县,不为理,乃自尽。(0002 卷 244)

谢节　元顺帝至正十八年(1358)任杭州路总管。(0872 卷 14)

谢兰　元丰州(治今内蒙古呼和浩特东)人。谢仲温之子。历任江州达鲁花赤。(0001 卷 169)

谢让(1252～1317)　字仲和。元颍昌(治今河南许昌)人。世祖时被推择为吏。至元中,调河间等路都转运盐司经历,均灶户赋役。擢江南行台御史,劾江浙省臣不法,台纲振作。成宗大德间,任陕西行御史台都事,历中书省右司都事、户部员外郎等职,出为湖广、河南省左右司郎中。武宗时历任户部侍郎、尚书。仁宗时任刑部尚书。有旨:六部事疑不决者,皆与让共议。户部更定钞法,礼部议正礼文,让皆参与。精律学,中书省纂集典章,为校正官。后出任陕西行省参政、陕西行台侍御史。卒,谥宪穆。(0001 卷 176)

谢巩　元顺帝至元三年(1337),任吴江(今属江苏)州提控案牍。(0954 卷 17)

谢庆　元冀宁(治今山西太原)人。仁宗皇庆元年(1312)任衢州路推官。(0878 卷 2)

谢杞　元初吴(今江苏苏州一带)人。善刻印章。(0042 卷 13)

谢岩　元世祖至元十八年(1281)至二十一年,任庆元路(治今浙江宁波)同知。(0633 卷 2)

谢定　元祁门(今属安徽)人。顺帝至正间任漳州路儒学教授。(0991 卷 3)

谢显　字耀卿,号隐麓。元大名(今属河北)人。善画墨竹。(0030 卷 5)

谢钧　字君举。元上饶(今属江西)人。从杨维桢学十年,通《春秋三传》。(0158 卷 8)

谢彦　元人。有诗作传世。(0504 癸下)

谢祐　元初为上元县(治今南京)知县。(0632 卷 6)

谢珪　号西蟾。元建昌(治今江西南城)人。顺帝至正间任建宁路(治今福建建瓯)榷茶提举。(1011 卷 13,1023 卷 6,0902 卷 55)

谢莘　元吴江(今属江苏)人。顺帝至正间任绍兴路儒学录。(0954 卷 22)

谢晖　字彦实。元鄞县(治今浙江宁波)人。赵孟頫授以书法。后以字学闻名。(0431 卷 35,0073 卷 105,0002 卷 237)

谢润　元句容(今属江苏)县尹。(0632 卷 6)

谢理　字玉成。元天台(今属浙江)人。初授临海(今属浙江)县丞。顺帝至正中累迁为行枢密院都事,后改任江浙行省都事。工诗,有诗作传世。(0312 卷 14,0276 卷 5,0033 卷 28)

谢焕(1309～1349)　字君章。元宁都(今属江西)人。顺帝至正间游京师,闻名于公卿间。至正年(1349),未及仕而卒。(0414 卷 18)

谢寅　字叔畏。元上饶(今属江西)人。谢枋得诸孙。试有司不利,遂就会府征辟,为掌籍吏。工诗,有诗作传世。

(0523,0504 己上,0033 卷 24)

谢琪(1281～1319) 字君璋。元澧阳(治今湖南澧县)人。谢安富之子。以侍亲不仕。成宗大德五年(1301)出米赈饥,授江州路平准库副,仁宗延祐(1314～1320)初授吉水州监税,皆不赴任。(0254 卷 14)

谢瑞(1283～1339) 字信翁。元杭州于潜(治今浙江临安西)人。历任许村场盐司管勾。(0152 卷 37)

谢椿 元世祖至元十五年(1278)任秘书监校书郎。(0027 卷 10)

谢嘉 字惟则。元钱塘(治今杭州)人。有诗作传世。(0504 庚下)

谢端(1279～1340) 字敬德。元江陵人。先世遂宁(今属四川)人,宋末避兵居江陵。幼颖异,五六岁能吟诗。稍长,与宋本以文学齐名,时号谢宋。仁宗延祐五年(1318)进士,授湘阴州同知。善为政,猾吏束手,不敢舞弊,豪民无赖者远避。旁郡滞讼,皆诿其谳。岁满,入为国子博士,迁太常博士,坐事罢职。未几,授翰林修撰,升待制,选为国子司业,升翰林直学士。文章严谨有法,文宗至顺以来制册多出其手。参与修文宗、明宗、宁宗实录及累朝功臣列传,时称史才。著《正统论》,辨金、宋正统甚悉。(0001 卷 182)

谢震 字起东。元丹徒(治今江苏镇江)人。工古文。(0945 卷 3)

谢磐(？～1332) 元真定(治今河北正定)人。历任义乌县(今属浙江)知县。文宗至顺二年(1331)任昌国州(治今浙江舟山)知州。(0634 卷 2,0881 卷 12)

谢翱(1249～1295) 字皋羽,号晞发子,宋元间长溪(今福建霞浦)人,迁居浦城(今属福建)。宋恭帝降后,毁家率乡人投文天祥,任咨议参军。文天祥被杀于大都后,在严州(今浙江建德)子陵台设奠哭祭,以竹如意击石作楚歌,为之招魂。晚年与邓牧友善。所作诗风格沉郁,多寄寓宋亡之痛。有《晞发集》。(1155 卷 35,1161 卷 482)

谢蠲 元松江(今属上海)徐某妻。元末苗兵抢掠,驱之行,不从,被杀害。(0002 卷 245,0004 卷 40,0006 卷 94)

谢一鲁 字至道。元浏阳(今属湖南)人。顺帝至元元年(1335)中乡举。尝为石林书院山长。至正中,反元队伍攻占潭州(治今湖南长沙),一鲁奉亲匿岩谷中。元军收复郡邑,逃亡者稍归;乃还理故业。反元队伍复至;一鲁被缚,怒骂甚厉,全家被杀。(0001 卷 195)

谢大桐 元初任鄞县(治今浙江宁波)主簿。成宗大德七年(1303)任定海县(治今浙江镇海)主簿。(0633 卷 3)

谢子龙 字云从。元惠安(今属福建)人。顺帝至正中被征召为泉州路儒学正,该路各地碑铭多出其手。(0902 卷 89,0913 卷 13)

谢子厚 元国子助教。有诗作传世。(0504 庚上)

谢子通 字必达,号迂轩。元永嘉(治今浙江温州)人。有诗作传世。(0504 戊上)

谢天与 元人。有诗作传世。(0504 辛上)

谢天吉(1193～1251) 字钟祥。金元之际临晋(治今山西临猗西南)人。元初降附蒙古。累官为镇边元帅行河中府事,竭力减轻人民赋税徭役负担,流民多来归。(0551 卷 29,0002 卷 229)

谢天赐(1232～1301) 字纯父。宋元之际昆山(治今江苏太仓)人。元初为嘉兴县主簿,有治绩,考满不复仕。(0143 卷 8,0895 卷 11)

谢元凤 谢堵林台之子。元世祖至元二十六年(1289)任秘书监怯里马赤(通事)。(0027 卷 11)

谢元俊 字英伯。元吴江(今属江苏)人。英宗至治三年(1323)任镇江路儒学教授。后仕至崇德州判官。(0631 卷 17,0954 卷 22)

谢元琮 元世祖至元中为嵊县(今属浙江)尉。(0880 卷 28)

谢升孙 字子顺,号南窗。元建昌南城(今属江西)人。谢炎之子。泰定四年(1327)进士。历任县尹、翰林修撰。有诗作传世。(0504 己上,0072 别附卷 2)

谢文昌 元成宗大德三年(1299)任东阳县(今属浙江)主簿。(0881 卷 12)

谢文蔚 字真卿。元安阳(今属河南)人。累迁为江南行台监察御史,劾杭州沙万户不法,沙厚赂权臣得免,反诬文蔚他事,被械系北上,死狱中。(0761 卷 28,0794 卷 6)

谢斗元(1259～1303) 字光国。元昆山(治今江苏太仓)人。谢天锡之子。元初任海道运粮千户。(0143 卷 8)

谢本真 字叔畊。元祁门(今属安徽)人。成宗大德(1297～1307)间为道士,以己宅建道院。(0283 卷 5)

谢东碧(1264～1324) 名不详,以字行。元新建(治今江西南昌)人。道士。提点玉隆宫事三十年。(0320 卷 1)

谢处信 元济南人。曾任安东州(治今江苏涟水)知州,兴学课农,存恤鳏寡,尝作训词俾民诵习。(0622 卷 13,0925 卷 34)

谢礼方 字文器。元顺帝至正初为秘书监令史。(0027 卷 11)

谢必昌 元武宗至大四年(1311)任秘书郎。(0027 卷 10)

谢师程 字敬学。元道士,乐安(今属江

西)招仙观提点曾法师弟子。嗜医书。(0212 卷 24)

谢师善　元江东人。有诗作传世。(0504 庚下)

谢朱胜　字复庐。宋元之际吴人。元初撰《南宋补遗》,记宋南渡后将帅轶事。(1103 卷 163)

谢仲进(1221～1275)　名不详,以字行。元平阳(治今山西临汾)人。仕至河中府船桥总管。(0144 卷 60)

谢仲直　元上饶(今属江西)人。撰有《易三图》十卷,今不传。(0334 卷 49,0002 卷 235,0004 卷 36)

谢仲禄　元泰定三年(1326)任婺州路(治今浙江金华)总管。(0881 卷 11)

谢仲温(1223～1302)　字君玉。元丰州(治今内蒙古呼和浩特东)人。谢睦欢之子。早年略涉书史。宪宗二年(1252),充忽必烈宿卫。六年,任工部提领,督建开平城(今内蒙古正蓝旗东北)。九年,从忽必烈攻鄂州(今湖北武汉武昌)。世祖中统元年(1260),擢平阳、太原两路宣抚使。二年,改西京宣抚使。至元九年(1272),迁顺德路总管。二十二年,任淮东宣慰使,导白水塘溉民田。(0001 卷 169)

谢仲潜　名不详,以字行。元金陵(今南京)人。成宗元贞(1295～1297)间任吴江(今属江苏)州儒学教授。(0142 卷 14,0072 卷 85)

谢庆德　字积之。元集庆(治今南京)人。曾任金坛县(今属江苏)儒学教谕。(0631 卷 17)

谢守仁　字安卿。元鄄城(今属山东)人。文宗至顺元年(1330)任秘书监知印。(0027 卷 11)

谢好古　元颍昌(治今河南许昌)人。谢让之子。曾任核实司提举。(0001 卷 176)

谢孛完　元丰州(治今内蒙古呼和浩特东)人。谢兰之子。历任冀宁等路管民提举司达鲁花赤。(0001 卷 169)

谢伯诚　元昆山(治今江苏太仓)人。工画,尝作《瀑布图》,杨维桢品题之。(0042 卷 13,0077 卷 55,0078 卷 31)

谢伯亮　元歙县(今属安徽)人。顺帝至正中任黟县(今属安徽)知县。(1004 卷 5,0973 卷 6)

谢应芳(1296～1392)　字子兰,号龟巢,元明间常州武进人。自幼潜心理学。授徒讲学,议论必关世教,导人为善。元末避地吴中,明兴始归,隐居芳茂山。有《辨惑编》、《龟巢稿》等。(1112 甲集,0020 卷 282)

谢应辰　字济明。元定海(治今浙江镇海)人。以荐为太子说书。后授无为州儒学录,顺帝至正初辞归。(0072 别附卷 3)

谢枋得(1226～1289)　字君直,号叠山,宋元间信州弋阳人。宋理宗宝祐四年(1256)进士,授抚州司户参军。次年任建康考官,出题暗讥时事,忤贾似道,谪居兴国军。恭帝德祐初(1275),知信州。元兵陷信州,变姓名逃入建宁。宋亡,居闽中。元世祖至元二十三年,程文海荐,辞不起。福建参政魏天祐强之北上,不食而死。有《叠山集》。(0366 卷 16)

谢君和　元平江人,与兄君余皆善铸金银器,与唐俊卿、朱碧山齐名。(1143 第 1466 卷)

谢君绩　元人,曾任参军。善画,有《秋江送别图》,郭钰为之题。(0299)

谢英辅　元归化(今福建泰宁)人。元末任行枢密院副使,与陈友定同守闽。明军攻破延平(今福建南平),自到死。(0075 官常典卷 735,0002 卷 219,0004 卷 40)

谢国光　字观夫。宋元之际嘉兴(今属浙江)人。宋末为太学生。元初家居,程钜夫奉旨访贤江南,欲荐之,称病不出。(0896 卷 192,0063 卷 14)

谢昌元　字叔敬,宋元间资州人。类试四川第一,调绍庆府教授。宋理宗开庆元年(1259)授太学博士。历任太常博士、知封州、秘书少监。入元为礼部尚书,预议中书省事。元廷朝议,皆得与闻。后告老归。(0633 卷 5)

谢宗可　元金陵(今南京)人。有《咏物诗》一卷,凡七律百余篇传世。汪泽民题其卷,以为绮靡而不伤于华,平淡而不流于俗。其诗咏物以纤巧见长,颇多婉秀有思致之佳句。(0503 初集戊,0033 卷 22,0002 卷 238)

谢宜翁(1257～1353)　字惟义。元温州平阳(今属浙江)人。元初授怀孟万户府知事,未几辞归。(0419 卷 13)

谢草池　元人。有诗作传世。(0504 戊下)

谢思齐　元仁宗皇庆元年(1312)任金坛县(今属江苏)主簿。文宗至顺三年(1332)累迁为上高(今属江西)县尹。顺帝至元四年(1338)改任鄞县(治今浙江宁波)尹。(0631 卷 16,0634 卷 2,1016 卷 14)

谢俊民　字章甫,号适斋。元祁门(今属安徽)人。元末隐居不仕,与汪克宽研讨理学。(0972 卷 9,0991 卷 3,0072 卷 83)

谢庭芝　字和仲,号雪村。元昆山(治今江苏太仓)人。谢斗元之子。善画墨竹。(0030 卷 5,0947 卷 9)

谢晟孙(1257～1342)　字唐卿。宋元之际钱塘(治今杭州)人。宋末曾任军器少监。元初,荐授信州路判官,不赴任。(0152 卷 31)

谢恕堂　元人。有诗作传世。(0504 癸上)

谢景章　号樵隐。元祁门(今属安徽)人。博学之士。尝提领浙右营田,厌俗而归。(0972 卷9,0991 卷3,0075 氏族典卷488)

谢隽伯　字长父,号偕山。元永嘉(治今浙江温州)人。有诗作传世。(0504 戊上)

谢睦欢　金末元初丰州(治今内蒙古呼和浩特东)人。金末以赀雄乡曲间。元太祖攻西夏,过丰州城,睦欢与其帅迎降。后从攻西京(今山西大同),力战先登。官至太原路金银铁冶达鲁花赤。(0001 卷169)

谢堵林台　元世祖至元十八年(1281)任秘书郎,二十八年升为秘书监丞。(0027 卷9、10)

谢文智海牙　元世祖至元二十四年(1287)任江南行台监察御史。成宗大德中累迁为浙东廉访司佥事。(0632 卷6,0033 卷11)

禄余　元云南乌撒(今云南威宁)人,世为当地土官,升宣慰使。文宗至顺元年(1330),因进讨秃坚、伯忽叛乱有功,遥授云南行省参知政事。不久受伯忽引诱,亦举兵反。次年,为元军所败,逃走。诏赦其罪。(0001 卷34、35、36)

十三画

椿　字大年。元吴郡(今苏州)人。僧人。俗姓沈。工诗。早卒。有诗作传世。(0042 卷12,0504 壬上,0033 卷34)

楼礼　字三如。有诗作传世。(0504 辛下)

楼士宝(1314～1369)　字彦珍。元义乌(今属浙江)人。楼士祥弟。少时与宋濂从闻人梦吉、吴莱学。后入大都(今北京),以荐授玉龙千户所管民司长官。未几辞归。饮酒自乐。(0411 卷49)

楼巨卿　元东阳(今属浙江)从许谦学。(0071 卷82)

楼有成(1253～1330)　字玉汝。宋元之际义乌(今属浙江)人。家世业儒。善词赋。宋亡,家居教授。有诗作传世。(0151 卷8,0504 癸上)

楼光亨(1296～1374)　字景元。元义乌(今属浙江)人。楼有成之子。居乡教授,造就学者甚多。(0411 卷23)

楼性之　元初为奉化(今属浙江)县尹。(0633 卷3)

赖良　字善卿。元天台(今属浙江)人。顺帝至正中选编时人之诗,成《大雅集》八卷。(0516 卷首)

赖菴　元人。工画鱼藻,所画有装饰化倾向,亦善画龟。其作品流传至日本。(1143 第1422 卷)

赖天赋　元闽县(治今福州)人。顺帝至正中为兴宁县主簿,讨伐反元队伍被执,不屈而死。(0902 卷72)

赖汝楫(1234～1317)　字济之,号爱山。宋元之际瑞金县(今属江西)人。弱冠以《春秋》两上礼部,再魁次榜。入元,任瑞金县儒学教谕。(0173 卷31)

赖益岿　元安南人。陈秀峻表弟。世祖至元间内附,遥授南栅江路安抚使。有诗作传世。(0504 壬下)

赖德翰　元长泰县(今属福建)主簿。(0908 卷23)

靳义　字处宜,元洛阳人,靳仁弟。顺帝至正十二年(1352)任太平路总管。十五年,城陷,赴水死。(0020 卷124)

靳用(1238～1313)　字佑之。元曲沃(今属山西)人。靳和之子。世祖至元二十二年(1285)任监察御史。历陕西、湖南宪佥。成宗大德元年(1297)授解州知州。八年,擢岳州路治中。以晋宁路同知致仕。(0225 卷6,0002 卷145)

靳民　元顺帝至正中为武强县(今属河北)主簿。(0645 卷4)

靳忠　元深州静安(治今河北深县南)人。世祖至元间,从大将阿术攻宋,以功授管军百户。宋平,升为千户。(0154 卷11,0003 卷91,0002 卷165)

靳和(1199～1265)　字达道。金元之际绛州曲沃(今属山西)人。金末率乡兵降于木华黎,授征南元帅,留守曲沃。后以功授绛阳军节度使。元宪宗元年(1251)告老。(0551 卷26、28,0003 卷60,0002 卷145)

靳荣　字时昌。元曲沃(今属山西)人。靳用孙。登进士第,任崇文太监。后任监察御史。以奎章阁承制学士致仕。有诗作传世。(0702 卷6、19,0504 丙)

靳柱　字天石。元襄陵(治今山西襄汾西北)人。顺帝至正二十六年(1366)进士,授正平县尹,迁监察御史。(0710 卷9,0695 卷4,0700 卷7)

靳昺　字克昌,元绛州曲沃(今属山西)人。奉母丧由京还家,遇大雨,流水骤至,伏棺不忍舍去,溺死。诏赐孝子碑。(0001 卷198)

靳泰　元大名(今属河北)人。靳德进之子。英宗至治元年(1321)任秘书监著作郎。累迁为工部侍郎。(0027 卷10)

靳仁　元洛阳人。靳孟亨之子。由中书省通事出为道州路经历。历任江西省检校,诸暨、江阴知州,摄江浙行省理问,转常州路同知,以信州路总管致仕。(0296 卷3、4下,0880 卷28)

靳祥　金元之际大名(今属河北)人,善星历,以孝著称。元太宗时,为燕京行省长官刘敏辟置幕下,佩金符。后以子德进贵,赠集贤大学士,谥安靖。(0001 卷202)

靳恕　元义乌县(今属浙江)主簿。(0881 卷 12)

靳鲁　元顺帝元统二年(1334)任秘书太监。(0027 卷 9)

靳士元　元成宗元贞(1295～1296)间为兰溪(今属浙江)知州。(0881 卷 12)

靳文用　字显道。元潞州(治今山西长治)人。靳克忠之子。历任陕西行台监察御史、闽海廉访司佥事。元末以军功升为闽海廉访使,授福建行省参政。(0698 卷 3)

靳汝弼　字舜卿。元真定(治今河北正定)人。出佐江东宪幕,称赞画之长,擢浙西剧县尹,著循良之誉。工诗,苏天爵为其诗稿作序。(0262 卷 6)

靳守良　元成宗大德(1297～1307)中,任衡水县(今属河北)知县。(0645 卷 4)

靳克忠(? ～1328)　字唐臣。元潞州(治今山西长治)人。仁宗皇庆二年(1313)任江南行台监察御史。累迁为河中知府。文宗天历元年(1328)陕西行台御史大夫也先帖木儿起兵反文宗,攻破河中府城;克忠被执,不屈而死。(0632 卷 6,0622 卷 21,0700 卷 6、9 下)

靳良弼　字瘳臣。元陈台人。顺帝至元五年(1339)任宁阳县主簿。(0553 卷 4)

靳孟亨(1272～1328)　字嘉夫。元洛阳人。武宗至大三年(1310)任赣县丞。仁宗延祐三年(1316)升为雩都县尹。泰定元年(1324)调任星子县尹。后升为福州路判官。(0262 卷 7)

靳思诚　元泰定三年(1326)任江南行台监察御史。(0632 卷 6)

靳继昌　元金华(今属浙江)县尹。(0881 卷 12,0890 卷 3)

靳敏道　元上党县(治今山西长治)人。世祖至元初为苍溪县(今属四川)主簿,修学劝农,政绩显著。(0844 卷 8,0841 卷 11)

靳道泰　元大名(今属河北)人。靳德进之子。曾任工部侍郎。(0001 卷 203,0143 卷 9)

靳德进(1253～1311)　字仲和。元大名(治今河北大名西南)人。自幼读书,精星历学。世祖至元间,被选授天文、星历、卜筮三科管勾。时因天象进规谏。累迁秘书监,掌司天事。二十四年(1287),从征叛王乃颜。后又从皇孙铁穆耳抚军北边。成宗即位,授昭文馆大学士,知太史院,领司天台事。奉敕参预中书省集议政事,所建言多见于施行。武宗时授中书右丞、议通政院事。后病死。谥文穆。(0001 卷 203)

甄世良(1268～1335)　字贤卿。元真定(治今河北正定)人。历任广西帅府都事。时顺帝出居静江(今广西桂林)。世良左右承事,克尽恪恭。顺帝即位(1333),征召入朝,擢监察御史。未几,出为浙东廉访司佥事。(0262 卷 15)

甄良友　元人。有诗作传世。(0504 癸下)

甄显忠　元顺帝至元元年(1335)任鄞县(治今浙江宁波)知县。(0634 卷 2)

甄崇福(? ～1356)　元顺帝时,为广西元帅。至正十三年(1353),与红巾军战于道州,克其城。十六年,与红巾军倪文俊部战于衡州(今湖南衡阳),败死。(0001 卷 43、44)

甄囊加歹　元真定(治今河北正定)人。顺帝至元三年(1337)任江南行台监察御史。(0632 卷 6)

鄢养正　元顺帝至元三年(1337)任瑞州路(治今江西高安)儒学录。(1016 卷 14)

蓝仁　字静之,元明间福建崇安人。元末与弟蓝智俱师杜本,受四明任士林诗法,遂弃科举,专意为诗。后辟武夷书院山长。入明,例徙凤阳。居琅邪数月,放归。其诗和平澹雅,有《蓝山集》。(1112 甲集)

蓝光　字仲晦。元明之际临川(今属江西)人。早年从吴澄学。元末历任南安路知事,避战乱入福建。累迁为行省都事,弃官去。元亡不复出仕,家居教授。卒年九十九。(0902 卷 44,0075 氏族典卷 369,0076 卷 35)

蓝智　字明之,元明间福建崇安人,蓝仁弟。元末与兄俱师杜本,弃科举,专意为诗。明洪武十年(1377),以荐授广西按察司佥事,清廉仁惠。其诗清新婉约,有《蓝涧集》。(1112 甲集)

蓝天熙　元舒城(今属安徽)人。举进士。(0075 氏族典卷 369)

蓝秃也敦不花　元武宗至大元年(1308)任瑞州路(治今江西高安)判官。(1016 卷 14)

蒲机　元南郑(治今陕西汉中)人。蒲道源之子。仁宗延祐五年(1318)进士。文宗至顺间曾任芮城县尹。后改任文水县尹,辟为陕西行台掾。(0700 卷 6)

蒲庸　元甘泉(今属陕西)人。顺帝至正间进士。曾任城固(今属陕西)县尹。累迁为察罕脑儿元帅。(0622 卷 34,0801 卷 30,0809 卷 6)

蒲天祥　元成宗元贞(1295～1297)间为溧阳(今属江苏)州同知。(0632 卷 6)

蒲元圭　宋元之际人。原为南宋将领,守四川大良山。宪宗八年(1258),归降。世祖时,任大梁府渠州路军民总帅。中统三年(1262),进东夔路经略使。(0001 卷 3、5)

蒲世能　蒲元圭子。元大德十一年

(1307)曾任瑞州路总管。(0001 卷 12,1016 卷 14)

蒲仲昭　元泉州(今属福建)人。蒲寿宬孙。工诗,与陈旅等交往。(0902 卷 127,0076 卷 36,0437 卷 3)

蒲安人　元南郑(治今陕西汉中)人。顺帝至正元年(1341)任漳县(今属甘肃)知县,有善政。(0801 卷 22)

蒲寿庚　宋元之际泉州人。祖先为阿拉伯人,世代经营海上贸易,来华居广州,后徙居泉州。宋度宗咸淳末,寿庚御海盗有功,授闽广招抚使。元世祖至元十三年(1276)十一月,元军入福建,寿庚以泉州降元。宋主昰过泉州,众欲应之,寿庚闭门不纳。次年七月,张世杰与陈吊眼、许夫人等部讨寿庚,围攻泉州。宋宗室在城内者谋应世杰,为寿庚杀尽。九月,元将唆都来援,世杰解围南撤。以功升兵马招讨使。迁江西参政。十五年,升福建左丞,受命招海外诸国互市。二十一年,与左丞忽剌出、参政管如德分省泉州。其子孙皆显仕。(0002 卷 177,0001 卷 9、10、11、13、129、156)

蒲寿晟　号心泉,宋元间泉州人。蒲寿庚兄。宋咸淳七年(1271)知梅州,改知吉州,不赴。入元家居以终。有《心泉学诗稿》六卷。(1004 卷 1)

蒲里翰　元西域人,居广东。泰定四年(1327)进士。累迁为郑州同知。顺帝至正四年(1344)由漕运副使授溧阳知州,在任三年,迁云南廉访佥事。有诗作传世。(0762 卷 4、16,0948 卷 4,0504 癸上)

蒲尚德　元城固县(今属陕西)人。曾任彭州判官。(0248 卷 14)

蒲道源(1260～1336)　字得之,号顺斋。元兴元南郑(治今陕西汉中)人。居乡教授。仁宗皇庆二年(1313)征为翰林编修。后升为翰林应奉,迁任国子博士,延祐七年(1320)辞归。工诗文,有《闲居丛稿》二十六卷。(0248 附录、卷首,0503 初集丙,0002 卷 238)

蒲察氏　元女真妇女,蒙古燕只斤氏彻里(世祖近侍,成宗时任南台大夫、江浙平章)之母。早寡,教彻里读书,终为名臣。(0001 卷 130)

蒲察攸　元女真人。历任山阴县(治今浙江绍兴)达鲁花赤。(0880 卷 28,0075 氏族典卷 567)

蒲察崧　字叔成。元金州(治今甘肃榆中)女真人。曾任巩昌(治今甘肃陇西)等处都总管。卒,谥武敏。(0075 氏族典卷 567)

蒲鲜万奴(?～1233)　金末元初女真人。初仕金为尚厩局使。金章宗泰和六年(1206),以右翼都统从攻宋,晋爵一级。宣宗贞祐元年(1213),累擢为咸平招讨使。二年,率军攻耶律留哥,战败,畏罪不自安,又闻宣宗南迁汴梁,无暇北顾,三年正月,遂据东京(今辽宁辽阳)叛金,自称天王,国号大真(史称东真),建元天泰。以兵北取咸平,逐走耶律留哥。沈、澄诸州及东京诸猛安谋克多从之。三月,东侵婆速路。四月,掠上古城。后屡败于金军。九月,东京为耶律留哥袭破,率众十万遁海岛。次年十月,降蒙古,以子帖哥入质。元太祖十二年(1217)四月,率众登陆,击败金军。建都于开元,后迁驻南京(今吉林延吉城子山古城)。十四年,与高丽结盟。十八年,杀蒙古监军耶律捏儿哥,叛蒙古。次年,侵高丽。太宗五年(1233),南京为蒙古军所破,被擒杀。(0002 卷 134)

蒲察一里　元女真人。泰定二年(1325)任灵石县(今属山西)主簿。(0709 卷 2)

蒲察仁亨　元金州(治今甘肃榆中)女真人。蒲察崧之子。任开城路同知。(0075 氏族典卷 567)

蒲察文政　字景仪。元女真人。元末为行军镇抚,守山东昌乐。(0157 卷 13)

蒲察世禄　元金州(治今甘肃榆中)女真人。曾任巩昌路(治今甘肃陇西)都元帅。(0075 氏族典卷 567)

蒲察必达　元金州(治今甘肃榆中)女真人。曾任翰林学士。(0075 氏族典卷 567)

蒲察守正　元女真人。历任宁海州(治今山东牟平)同知。(0075 氏族典卷 567)

蒲察景道　元女真人。能诗,有诗作传世。(0504 已上)

蒙客　又译木格、忙哥,蒙古弘吉剌氏。多年任元太祖侍卫,忠勤效力。蒙古建国后,受封为功臣千户长,并受命辅佐察合台。(0009 卷 8、10,0001 卷 133)

蒙哥①　即元宪宗。

蒙哥②(?～1262)　元蒙古人。世祖中统间为陵州达鲁花赤。中统三年(1262),从诸军围攻李璮于济南,战死。次年正月,诏以其子忙兀带袭职。(0001 卷 5)

蒙润(1275～1342)　号玉冈。元海盐(今属浙江)人。僧人。俗姓顾。历主当湖、下天竺、净慈等寺。著有《天台四教仪集注》等。(0152 卷 41,0037 卷 4、42,0075 神异典卷 186)

蒙弼　元泰定帝时任荆湖宣慰使。泰定二年(1325),充江南湖广道奉使宣抚。(0001 卷 29)

蒙力克　即明里也赤哥。

蒙大举　字子高。元大都(今北京)人。国子生出身。顺帝至正二十五年(1365),由中政院掾迁任秘书监典簿。(0027 卷 9,0560)

蒙天祐　字祐之。元同州(治今陕西大荔)人。曾任船桥兵马万户府奥鲁千户。从攻宋,丁忧归,卒于家。(0605 卷 8,

0806 卷 15）

蒙古带　元蒙世祖至元十六年（1279）为真定路达鲁花赤。（0001 卷 10）

蒙哥都①　元宗王。太宗第二子阔端之子。宪宗二年（1252）夏，奉旨与太宗皇后乞里吉忽帖尼迁居阔端所居地之西。（0001 卷 3、107）

蒙哥都②（1254～1310）　元蒙古术里歹氏，居广平（今属河北）。从平宋，累迁为福州亲军千户达鲁花赤。（0250 卷 56）

蒙格秃　又译篾格秃。蒙古建国后，受封为功臣千户长。元太宗即位后，奉旨与斡豁秃儿同领军增援以前出征巴格达的搠儿马罕。（0009 卷 8、12）

蒙古八剌（1204～1274）　元蒙古人。太宗八年（1236）授彰德路（治今河南安阳）达鲁花赤。世祖中统四年（1263），改任中山府（治今河北定州）达鲁花赤。至元七年（1270）迁任河中府（治今山西永济西南）达鲁花赤。十一年迁任怀孟路（治今河南沁阳）达鲁花赤。（0210 卷 15）

蒙古兀儿　又译蒙客兀儿，蒙古珊竹氏。蒙古建国后，受封为功臣千户长，并受命辅佐术赤。拔都汗时，掌管钦察汗国左翼军。（0009 卷 8，0008 卷 1）

蒙古不花①　元太祖时，从国王木华黎经略中原，官至蒙古军都元帅。（0001 卷 119）

蒙古不花②　元契丹人，耶律驴马之子。仕为荆湖北道宣慰使。（0001 卷 150）

蒙古脱斛　元成宗元贞元年（1295）任建康路（治今南京）达鲁花赤。（0632 卷 6）

蒙古塔失（？～1328）　元泰定帝末，任平章政事。泰定帝崩，燕铁木儿拥立文宗于大都。蒙古塔失与驸马孛罗帖木儿等自上都率军与战，兵败被擒杀。（0001 卷 32、138）

蒙古寒札　又译蒙可哈勒札、木哥汉札、忙哥。元蒙古忙兀氏。畏答儿之子。蒙古建国（1206），为千户功臣。后从木华黎攻金。太宗八年（1236），受封泰安州五户丝户二万，称郡王，子孙世袭。（0001 卷 121、95 等）

蒙呵不花　元乃蛮人，居汴梁路开封县，顺帝元统元年（1333）进士寿同父。（0028）

蒙哥不花　元康里人。文宗至顺三年（1332）任江南行台监察御史。（0632 卷 6）

蒙速海牙　字养正。元高昌畏兀儿人，曾任句容县达鲁花赤。（0574 卷 16）

蒙古鲁海牙　元顺帝时，任陕西行台监察御史。至正十二年（1352），与同僚共十二人弹劾御史大夫也先帖木儿丧师辱国之罪，忤旨，皆被贬为各路添设佐贰官。（0001 卷 42、139）

蒙哥睹黑颜　元太祖之伯父。合不勒汗孙，八里丹长子。（0001 卷 107）

蒙力克额赤格　即明里也赤哥。

楚玠　元安丰蒙城（今属安徽）人。初仕金为镇国上将军、寿春府防御使。金亡，降宋，奉命守宿州（今属安徽）。太宗十一年（1239）以州降元，仍守宿州。后城为宋军所破，战死。（0001 卷 166）

楚俊（1262～1336）　字明极，元僧，昌国（治今浙江舟山）黄氏子。历住金陵奉圣寺、瑞岩普应寺、径山寺、灵隐寺、天童寺、净慈寺，俱请首座。年五十四受请东渡日本，人禁庭对答称旨，天皇大悦，命住巨福山建长寺。未几，迁住南禅寺、建仁寺，贤衲望风而至。暮年开山广福寺。卒于日本。有《七会录》、《明极和尚语录》。（1144 第 855 卷，1161 卷 307）

楚彧　元顺帝至正间为崇信县（今属甘肃）知县。（0810 卷 12）

楚鼎　金元之际安丰蒙城（今属安徽）人。金寿春府防御使楚玠之子。金亡，随父归附宋，居宿州。元太宗十一年（1239），随父以宿州降蒙古。宋兵来攻宿州，城破，父死，鼎为宋人囚于镇江府十四年，始赦免。元世祖至元十二年（1275），元军渡江，鼎从宋知太平州孟之缙降。奉遣谕降宁国府，授管军总管，领兵镇宁国。镇压建平、南湖、广德反元武装。谕降徽州。十三年，徽州复反元，进兵平定之。十八年，率军从范文虎征日本，遇飓风，逃归。（0001 卷 166）

楚思义　字义和。元东平（今属山东）人。元初历任歙县、黟县（今均属安徽）知县，以廉洁正直称。（0167 卷 19，0972 卷 4）

楚惟善　元朝城（治今山东莘县西南）人。曾任翰林学士。（0622 卷 24，0085 卷 15）

雷元　元江华县（今属湖南）知县。（1041 卷 66）

雷机（1294～1351）　字子枢。元建安（治今福建建瓯）人。仁宗延祐五年（1318）进士，授吉田县丞。历任延平路知事、邵武路经历、兴化县尹、湖广儒学副提举、惠安县尹、汀州路推官，皆有治声。以翰林待制致仕。有诗作传世。（0411 卷 5，0504 丙，0006 卷 90）

雷灿　字景星。元建安（治今福建建瓯）人，雷机次子。顺帝至正十年（1350）中乡试，任泉州路涂岭巡检。反元队伍起，率乡兵与战，被杀。（0902 卷 92，0004 卷 40，0002 卷 232）

雷杭（1302～？）　字彦舟。元建安（治今福建建瓯）人。雷栱弟。顺帝元统元年（1333）进士，授漳州路录事。累迁为武平县尹，调任潮阳县尹，死国事。（0028 卷上，0902 卷 92，0075 氏族典卷 108）

雷枛　元人。有诗作传世。(0504 己上)

雷栱　字君实。元建安(治今福建建瓯)人。雷机弟。顺帝至正初中乡试,任兴化县尉,以廉介称。十二年(1352)守海口,卒于官任。(0901 卷 64,0076 卷 38)

雷祯(1266～1316)　字彦祯。元高陵(今属陕西)人。雷裕弟。武宗至大四年(1311)仕至临潼县尉。(0181 卷 7)

雷裕(1259～1328)　字顺理。元高陵(今属陕西)人。雷禧弟。仁宗皇庆二年(1313)任成州判官。后历任安定县尹、西和州同知。(0181 卷 9)

雷震　字亨夫。元进贤(今属江西)人。曾任麻阳县知县。(1018 卷 6)

雷燧　字景阳。元明之际建安(治今福建建瓯)人。雷机长子。元顺帝至正二十三年(1363)进士。曾任香河县尹。明洪武中授翰林编修。(0902 卷 93)

雷禧(1254～1330)　字致福。元高陵(今属陕西)人。武宗至大元年(1308)任蓝田县尹。后历任三原县尹、金州同知。致仕归。(0181 卷 9)

雷豫　元浑源(今属山西)人,雷膺孙。仕为南阳府穰县(今河南邓县)尹。(0001 卷 170)

雷肇　元浑源(今属山西)人,雷膺子。仕为顺德路(治今河北邢台)总管府判官。(0001 卷 170)

雷膺(1225～1297)　字彦正。元浑源(今属山西)人。金监察御史雷渊之子。自幼勤学。太宗十年(1238),中戊戌选试。以文学名于时。史天泽辟为万户府掌书记。世祖中统元年(1260),授大名路宣抚司员外郎。二年,被王鹗等荐为翰林修撰兼国史馆编修官。至元四年(1267),任监察御史,斥聚敛之臣不宜为相。二十年,任南台侍御史,分司湖广、江西,奏劾按察使二人及行省官吏之不法者。二十三年,任浙西按察使,请于朝,发廪米二十万石赈灾。成宗即位,被召至上都咨询国政,膺多所建白。卒,谥文穆。(0001 卷 170)

雷仲益　元人。有诗作传世。(0504 癸下)

雷思齐　字齐贤,号空山。元临川(今属江西)人。自幼弃家为道士,居乌石观。晚年讲授广信山中。卒年七十二。著有《易图通变》五卷、《易筮通变》三卷。(0146 卷 31,0004 卷 36,0072 卷 84)

雷德润　又名逢辰,字志泽。元建安(治今福建建瓯)人。雷机父。元初为福州路儒学教授。后改任长乐县主簿,未上任卒。(0902 卷 50、92,0076 卷 38,0072 别附卷 3)

搠只　元武宗至大二年(1309),为中政使。(0001 卷 23)

搠阿　元蒙古察哈札剌儿氏,忙哥撒儿祖。追随太祖,精骑射,号默尔杰(善射者)。从征乃蛮、篾儿乞等部,皆有功。(0001 卷 124)

搠不罕(?～1231)　元蒙古人。太宗三年(1231),奉拖雷遣,出使南宋假道,且约合兵攻金,为宋人所杀。(0001 卷 2、115)

搠只蛮　元公主。嫁哈剌鲁部贵族阿脱驸马之弟忽都虎驸马。(0001 卷 109,0003 卷 151)

搠思吉　元唐兀人。星吉之父。事世祖为怯里马赤(通事)。(0001 卷 144)

搠思监①(?～1364)　元蒙古克烈氏。也先不花孙,亦怜真之子。泰定初,为宿卫官。文宗至顺二年(1331),任内八府宰相。顺帝元统初,出任福建宣慰使都元帅。至元三年(1337),任江浙参政,督海运,使三百余万石米悉达京师。六年,升江浙右丞,奉诏整治福建盐法。至正间,历任中政使、中书右丞、平章、御史大夫,官至中书右丞相。曾率军镇压徐州、淮南红巾军。居相位久,公受贿赂,贪声著闻。后与资政院使朴不花勾结,党附扩廓帖木儿。为孛罗帖木儿所杀。(0001 卷 205)

搠思监②　又作搠思吉亦儿甘卜、搠失江。元文宗、顺帝时诸王。顺帝初年,封吴王。(0001 卷 34、39、43 等)

搠思班　元宗室,西平王奥鲁赤孙。成宗时,进封镇西武靖王,镇守甘肃、吐蕃之地。文宗时,参与征讨四川、云南战役,为统帅之一。(0001 卷 21、35、107 等)

搠思蛮　元公主。嫁拔都驸马之子阿术鲁驸马。(0001 卷 109)

搠思吉朵而只　元唐兀人。星吉之祖父。事宪宗为怯里马赤(通事)。(0001 卷 144)

搠思吉斡节儿　又译搠思哥月即儿(意为法光),为法名,原名达表多吉(意为无我金刚),元学者,蒙古族,一说畏兀儿人。曾拜八思巴为师。精通蒙古语、畏兀儿语、吐蕃语,对巴宁、陀密桑巴塔、萨迦·贡噶坚赞等梵藏学者的语言理论颇有研究。仁宗时(1311～1320),被封为国师。所著《蒙文启蒙》(又译《心耳》、《心脂》),补充蒙文字母,修订正字法,为回鹘体蒙文的规范化奠定基础。原书已佚,其内容转述于 18 世纪成书的《蒙文启蒙诠释》中。为著名佛经译师,曾率领译师将大量藏文经(修多罗)、咒(陀罗尼)译为蒙文。另译有《入菩提行论》、《五守护经》、《十二因缘经》、《妙法莲华经》。撰有《入菩提行论疏》。(1146 第 565 卷)

裘廷举　元会稽(治今浙江绍兴)人,居云门山(今绍兴市南)。顺帝至正末战乱,与侄近忠聚乡兵守寨,反元队伍夹攻之,寨破被执,不屈死。(0073 卷 63,0075 氏族典卷 354)

訾汝道　元德州齐河（今属山东）人。居父丧以孝闻，事母尽礼。以美田庐让二弟，抚弟之孤如己子。割田施乡里贫者。县令为请旌表其家。（0001 卷 197）

訾德明　元德州齐河（今属山东）人。历任江南行御史台管勾、刑部主事。（0413 卷 13）

虞本　号白鹤山人。元人。有诗作传世。（0504 辛下）

虞汲　宋元之际崇仁（今属江西）人。虞集之父。宋末为黄冈尉。宋亡侨居临川。与吴澄为友，澄称其文清而醇。尝至京师，赎族人被俘者十余人以归。其所教授诸生中，得孛术鲁翀、欧阳玄而称许之。后以翰林院编修致仕。（0001 卷 181）

虞弦　字舜臣。元仁寿（今属四川）人。虞应龙之子。荫授光化县主簿。历管城、丹阳、德安县尹，调湖广榷茶提举，升梧州路同知，卒于官任。（1078 卷 2）

虞堪　字克用，胜伯。元明之际长洲（治今苏州）人。隐居不仕。明洪武中起为云南府学教授，卒于官任。有《希澹园诗》三卷。（0042 卷 7，0928 卷 54，0073 卷 9）

虞景　元泰定四年（1327）任衢州路总管。（0897 卷 2、7）

虞集（1272～1348）　字伯生。元崇仁（今属江西）人。虞允文五世孙。幼时由母杨氏口授《论语》、《孟子》、《左传》。稍长，从吴澄学。成宗大德初，任大都路儒学教授、国子助教。仁宗时，任太常博士、翰林待制。泰定初，授国子司业、迁秘书少监。从帝去上都，讲解经书。升翰林直学士，兼国子祭酒。文宗时，任奎章阁侍书学士，受命与中书平章赵世延等修纂《经世大典》。善诗文。其诗作典雅清丽，与杨载、范梈、揭傒斯合称元诗四大家。为文万篇，稿存者仅十之二三。其诗文集有《道园学古录》、《道园类稿》等。（0001 卷 181）

虞槃　字仲常。元崇仁（今属江西）人。虞集之弟。仁宗延祐五年（1318）进士，授吉安永丰丞。丁父忧。后授湘乡州判官，有政绩。秩满，除嘉鱼县尹，未就任而卒。著有《非非国语》，于《诗》、《书》、《春秋》皆有论著。（0001 卷 181）

虞弘老　元邵武（今属福建）人。任义乌县（今属浙江）知县。（0881 卷 12）

虞执中　字伯权。元望江（今属安徽）人。登进士第，授中兴路（治今湖北江陵）录事。后迁榆社县（今属山西）知县。南归，病殁于途中。（0075 氏族典卷 65）

虞师道　元庆元路（治今浙江宁波）儒学正。（0634 卷 2）

虞光祖　字善继。元崇安（今属福建）人。早年从熊禾学。仁宗延祐四年（1317）中乡试。曾任邵武路儒学教授。（0902 卷 98，0076 卷 37）

虞廷硕　字君辅。元建安（治今福建建瓯）人。尝编集历代诏令、制诰等，今不传。（0075 文学典卷 86）

虞安民　元崇仁（今属江西）人。虞集之子。历任吉州路安福州知州。（0001 卷 181）

虞志道　字彦高。元晋陵（治今江苏常州）人。虞荐发之子。曾任湖州路儒学教授。（0940 卷 3 上，0048 卷 5）

虞应文　朱清婿。曾任元海运副万户。（0003 卷 113，0002 卷 182）

虞应龙　宋元之际仁寿（今属四川）人。宋末曾任雷州知州。元世祖至元二十四年（1287）征入秘书监，参与修《大一统志》，二十七年，授秘书少监。（0027 卷 4、9，0001 卷 14，0369 卷 9）

虞舜臣（1252～?）　字舜民。宋元之际弋阳（今属江西）人。早年从谢枋得学。元仁宗皇庆二年（1313）建叠山书院。著有《礼乐韻语》。（0205 卷上，0212 卷 17，0072 卷 84）

虞德观　元抚州崇仁（今属江西）人。虞集堂兄。隐居不仕。有诗作传世。（0033 卷 8）

鉴　字明仲，号湛然，元吴（今苏州）人，僧人，住惠山寺。善画。（1143 第 1552 卷）

鉴赞八　元僧人。舍奉己之二万户，独隐居十余年，元廷特授宏智正悟大辩总持胜济慧福国师。（0147 卷 22）

暗伯　又译俺伯、阿伯。元唐兀人。秃儿赤之子。弱冠入宿卫。世祖至元二十四年（1287），从帝亲征叛王乃颜，以功授万户。诸王哈鲁、驸马秃绵答儿等叛，率所部兵与战，刺杀秃绵答儿，生擒哈鲁以献。世祖嘉其功，命长唐兀卫，兼佥枢密院事。凡分立诸色五卫军职、袭替屯戍之法，多所更定。后历同佥、副枢、同知，升至知枢密院事。病死于位。追封宁夏郡公，谥忠遂。（0001 卷 133）

暗普①　元唐兀人，杨琏真加子。世祖时，任宣政院使。至元三十年（1293），授江浙行省左丞，不久免职。后复任宣政院使、会福院使。仁宗即位，加封秦国公。（0001 卷 17、24）

暗普②　元唐兀人，昂吉儿之子。初为怯薛速古儿赤（掌服御者），充唐兀秃鲁花（质子军）千户。后仕至海北海南道肃政廉访使。（0001 卷 123）

暗都剌①　元宪宗八年（1258），为都元帅纽璘麾下千户。冬，率舟师从纽璘进攻重庆。（0001 卷 129）

暗都剌②　元世祖至元间为镇江路行大司农司宣使。（0631 卷 17）

暗都剌③　元成宗大德十一年（1307）任秘书监。（0027 卷 9）

暗都剌④　元武宗至大元年(1308)任吴江(今属江苏)州达鲁花赤。(0928 卷 4,0954 卷 17)

暗都剌⑤　元武宗至大三年(1310)任溧水(今属江苏)州判官。(0632 卷 6)

暗都剌⑥　元西域人。仁宗延祐三年(1316)任祁门县(今属安徽)达鲁花赤。(0972 卷 4)

暗都剌⑦　元仁宗延祐六年(1319)任江南行台监察御史。(0632 卷 6)

暗都剌⑧　元泰定帝致和元年(1328)由燕南廉访佥事入为秘书监丞。(0027 卷 9)

暗都剌⑨　元西域人。文宗至顺二年(1331)任建宁路(治今福建建瓯)总管,廉勤爱民。(0904 卷 13,0902 卷 55)

暗都剌⑩　元顺帝至元三年(1337),为平伐、都云定云二处安抚司达鲁花赤。(0001 卷 39)

暗都剌忻　元世祖至元六年(1269)任集庆路(治今江苏南京)治中。(0632 卷 6)

暗都剌蛮　元阿儿鲁氏。顺帝元统二年(1334)任江南行台监察御史。(0632 卷 6)

暗都剌兀尊　元宪宗元年(1251),授别失八里等处行尚书省佐官。(0001 卷 3)

暗都剌瓦薛　元西域人。穆斯林。仁宗皇庆二年(1313)至延祐三年(1316)任镇江路同知。(0631 卷 15)

暗都剌合蛮　元成宗大德七年(1303)任瑞州路(治今江西高安)治中。(1016 卷 14)

暗都剌即思　元世祖时,任西夏中兴金行中书省事。至元十三年(1276),授济宁路宣慰使。(0001 卷 9)

暗都剌怯麻　元世祖至元二十七年(1290)任江南行台监察御史。(0632 卷 6)

暗都剌哈蛮　字彦翚。元进士。顺帝至正二十四年(1364)由大都路总管出为陕西行台侍御史。(0292 卷 4)

暗都剌斡合　元世祖至元二十四年(1287)由秘书监奏差改任怯里马赤(通事)。(0027 卷 11)

暗都剌阿昔思①　元文宗天历元年(1328)任象山县达鲁花赤。(0634 卷 2)

暗都剌阿昔思②　元真定(治今河北正定)人。任高平县(今属山西)知县。(0694 卷 5)

睦大用　元仁宗延祐(1314～1320)中,任汾州同知,廉洁公正有威信,吏民畏服。(0693 卷 7、11,0622 卷 21,0075 氏族典卷 505)

睦义和　元大名(今属河北)人。武宗至大二年(1309)任镇江路濮州翼下百户。(0631 卷 17)

睦忽彬　元英宗至治二年(1322)任庆元(治今浙江宁波)市舶提举。泰定元年(1324)授江浙行省郎中。(0634 卷 2)

睦八剌沙　元西域人。武宗至大三年(1310)任秘书监令史。(0027 卷 11)

睢舜臣　字嘉贤、景贤。元扬州(今属江苏)人。嗜音律,作散曲工巧。扬州诸散曲作家俱作《高祖还家》套数,舜臣所作新奇,诸人皆出其下。撰杂剧《莺莺牡丹记》、《屈原投江》、《千里投人》。(0029 卷下)

路义　元代州(治今山西代县)人。元末为郾城县(今属河南)主簿,劳心为民,凡蠹政挠法者必治之。(0622 卷 26,0761 卷 25,0075 氏族典卷 464)

路达　元乐安(治今山东广饶)人。曾任日照县(今属山东)知县。(0721 卷 27,0726 卷 12)

路享　元初为婺州路(治今浙江金华)录事司达鲁花赤。(0881 卷 11)

路通　元临清(今属山东)人。元初为兵马大元帅,数从征伐,累立战功。年老乞归,受赐甚厚。(0721 卷 31)

路琪　字永叔。元宛陵(今安徽宣城)人。曾任饶州路初庵书院山长。有诗作传世。(0504 丁)

路蔚　元柏乡(今属河北)人。顺帝至正间任工部主事。(0645 卷 5)

路大有　元真定(治今河北正定)人。泰定二年(1325)任镇江路济南翼下百户。(0631 卷 17)

路友让　元广平(今属河北)人。英宗至治(1321～1323)初为阳城县(今属山西)知县,在任七年,有政声。(0691 卷 8,0694 卷 5、13)

路朵儿别台　元成宗元贞元年(1295)任秘书监译史。(0027 卷 11)

嗣暹　号东晓。元僧人。俗姓王。尝重建抚州金溪(今属江西)龙兴奥源寺。(0411 卷 7)

照　字觉元。元四明(今浙江宁波)人。僧人。工诗,有诗作传世。(0504 壬上,0066 卷 2,0033 卷 34)

照鉴　字仲明,号湛然静者。元杭州人。僧人。俗姓徐。元末出家为僧,住惠山寺。善绘画。能诗,有诗作传世。(0504 壬上,0077 卷 64,0078 卷 36)

锡礼门　元蒙古朵儿边氏,历任濮州达鲁花赤。(0011 卷 33)

锦州不花　元顺帝至正中为山南宣慰

使。十二年(1352)正月,天完红巾军进攻中兴路城(今湖北江陵),元军战败溃散;与山南廉访使卜礼月敦等驻中兴路官员皆遁走。城被攻占。(0001 卷 42)

简生　元蜀人。善画山水。(0030 卷 5)

简天碧　元道士。善画,有《西山南浦图》。虞集有诗赠之。(1143 第 1490 卷)

简正理　号西碧。元新喻(治今江西新余)人。以荐授御史台知班。顺帝元统(1333～1335)间改太常奉礼。历任石城县尉、永兴县尹。至正六年(1346)任新野县尹。任至桃源知州。(0762 卷 6,1015 卷 7,0767 卷 15)

简祖英　字世英。元明之际东莞(今属广东)人。元末从何真起兵,保乡有功。明初征赴阙,特授以官,以母老辞归。(0056 卷 11,0068 卷上)

魁纳　元蒙古人。任澂江路(治今云南澄江)总管。首事建学教人,使知礼义。(0851)

貊高(? ～1368)　元顺帝时,为军阀察罕帖木儿部将,与红巾军作战,屡有功,后从其子扩廓帖木儿。至正二十七年(1367),奉元廷命讨扩廓,赐号忠义功臣,拜中书平章政事。次年,与扩廓交战失败,被擒杀。(0001 卷 46、47、141 等)

腯虎　元蒙古克烈氏,撒吉思卜华长子。从世祖北征阿里不哥,以功赐号拔都(勇士),并赐白金。后从征李璮,亦有战功。(0001 卷 122)

解观(? ～1361)　初名子尚,字观我、伯中。元吉水(今属江西)人。文宗天历二年(1329)、至顺三年(1332)两次中乡试。顺帝至正三年(1343)参与修宋辽金三史,上书请予宋正统,不予辽金,忤公论,乃归。居家讲授,从学者甚众。二十一年卒于江州。(0466 卷 11,0072 卷 92,0075 氏族典卷 420、文学典卷 90)

解诚(? ～1293)　元易州定兴(今属河北)人。善水战。从蒙古军攻宋,设方略,夺敌船千计,以功授水军万户,兼都水监使。焦湖之战,获宋战舰三百艘,大败宋援军。又从攻安丰、泗、寿、亳诸州,有功。宪宗三年(1253),从忽必烈攻大理。九年,从攻鄂州(今武汉武昌),夺宋战舰千余艘。卒,谥武定。(0001 卷 165)

解显　元成宗大德二年(1298)任庆元路(治今浙江宁波)经历。(0633 卷 2)

解复　历任元溧阳州都目。顺帝至正十五年(1355)为杭州路照磨。(0632 卷 6,0573 卷 2)

解晏　字彦明。元广宗(今属河北)人。何荣祖岳父。元初辟总管府掾,擢总管府从事兼提领匠局,后以父母年老辞归。卒年八十余。(0210 卷 18)

解蒙　字求我、仲正。元吉水(今属江西)人。解观弟。精通《周易》学。文宗天历二年(1329)中乡试。著有《周易精蕴大义》十二卷。(0075 氏族典卷 420,0072 卷 92,0006 卷 88)

解霖　元威州(治今河北威县)人。曾任信州路推官。(0669 卷 6)

解之昂　元人。有诗作传世。(0504 癸下)

解子元　字真我。元吉水(今属江西)人。顺帝至正五年(1345)进士。任太史院校书郎。顺帝至正间募壮勇保乡,为反元队伍所困,力战死。(0075 氏族典卷 420、官常典卷 732,0002 卷 232)

解节亨　字安卿,号东庵。元渤海(治今山东滨县)人。世祖至元二十二年(1285)由近侍出为济南路录事。转德州判官。历光禄寺主事、集贤院都事。武宗至大元年(1308)迁秘书监著作郎。升秘书监丞、秘书少监。官至翰林侍讲学士。致仕归。(0240 卷 8,0225 卷 13,0027 卷 9、10)

解世英　元易州定兴(今属河北)人,解帖哥子。仕为监察御史,升山南江北道廉访司佥事。(0001 卷 165)

解世贵　元溧阳州(今属江苏)同知。(0632 卷 6)

解汝楫　元易州定兴(今属河北)人。解诚之子。世祖中统间,袭父职为水军万户。三年(1262),从讨李璮。至元六年(1269),率水军大败宋夏贵军于鹿门山(今湖北襄阳东南)。八年,从阿术围襄阳,率水军邀击宋范文虎援军,败之。后从阿里海牙攻宋,收高世杰于洞庭湖。卒,谥忠毅。(0001 卷 165,0002 卷 166)

解应辰　字辰翁。元吉水(今属江西)人。解梦斗之子。曾任抚州路儒学正。顺帝至元二年(1336)迁任瑞州路儒学教授。(1016 卷 14,0212 卷 30)

解时大　元成宗大德五年(1301)任定海县(治今浙江宁波镇海)尉。十年,迁任江山县(今属浙江)主簿。(0633 卷 3,0878 卷 3)

解帖哥　元易州定兴(今属河北)人。解汝楫之子。世祖至元中,袭父职为水军万户。从征广西,下静江府(治今广西桂林),改授水军招讨使。后复为水军万户,从侵安南,以功升广东宣慰使。卒,谥武宣。(0001 卷 165)

解荣祖　字聿修。元顺帝至正初为韩城(今属陕西)县尹。(0806 卷 7)

鲍叶　字君茂。元歙县(今属安徽)人。鲍观父。与郑玉讲学。(0071 卷 94)

鲍观　字以仁。元歙县(今属安徽)人。与弟偕同从郑玉学,孝友称于乡里。(0071 卷 94)

鲍恂　字仲孚,元明间崇德人,迁居嘉兴。受《易》于吴澄。顺帝至元元年(1335)乡试第一,任郑山书院山长。至正中荐授温州路学正。明洪武十五年

(1382)征至京,授文华殿大学士,以老辞归,隐西溪。后以事累,卒于外。(0020卷137)

鲍深　字伯原。元歙县(今属安徽)人。鲍同仁之子。与弟浚、淮从郑玉学。元末,任师山书院山长。(0972卷9,0071卷94,0075氏族典卷433、学行典卷240)

鲍敬　字原礼。元山阴(治今浙江绍兴)人。善画人物、花木、禽鱼、牛。尝为人画牡丹,恣态天然。画牛得李廸法。(0880卷49,0062卷48,0077卷48)

鲍天祐　字吉甫。元杭州人。初业儒,长事吏。才高命薄,仕止于昆山州吏。撰杂剧《班超投笔》、《比干剖腹》、《曹娥泣江》等八种。(0029卷下)

鲍元康(1309～1352)　字仲安。元歙县(今属安徽)人。鲍鲁卿之子。从郑玉学,为玉筑师山书院以聚学者。顺帝至正十二年(1352)反元武装攻占城,欲害玉,元康倾家赂之,乃免。是年病死。(0283卷8、遗文卷3,0972卷9,0075氏族典卷433、学行典卷240)

鲍元蒙　元黟县(今属安徽)人。武宗至大三年(1310)任徽州路医学教授。(0973卷5,0580卷2)

鲍文德　元舒城(今属安徽)人。曾任万户。顺帝至正间守庐州(治今安徽合肥),为砲石所伤而卒。(0971卷10)

鲍成宗　元永嘉(治今浙江温州)人。顺帝至正八年(1348)任武义县(今属浙江)儒学教谕。(0881卷13)

鲍同仁　字国良,元歙县人。鲍周之子。泰定元年(1324),试蒙古翰林院,授全州学录,历会昌州同知致仕。精通针砭术,治无不愈。顺帝至正八年(1348)任邵武路泰宁县令时,重建县三皇庙。卒年八十。撰有《通玄指要二赋注》二卷及《经验针法》。(0283卷14,0972卷8,0071卷94)

鲍寿孙(1250～?)　字子寿。宋元间歙县人。宋度宗咸淳三年(1267)魁江东漕试。入元,任徽州路学教授,成宗大德六年(1302)迁宝庆路学教授。

鲍伯华　元青阳(今属安徽)人。元末红巾军起义反元,伯华率众保乡里,授骠骑将军。(0996卷4,0986卷5)

鲍完泽(?～1353)　字信卿。元钱塘(治今杭州)人。隐居讲授。有荐之出仕者,以侍养老母辞。(0414卷17,0896卷192,0072别附卷3)

鲍庭桂　字仲华。元滁阳人。曾任京学提举。工诗,王沂、袁桷尝为其诗稿作序跋。(0146卷49,0182卷16,0504癸上)

詹玉　字可大,号天游,元江西人。世祖至元间,为桑哥党羽,历任翰林应奉、集贤学士。桑哥败,为崔彧劾罢。(0001卷173、199)

詹参　字曾贤。元天台(今属浙江)人。有诗作传世。(0504辛下)

詹润　元华亭(治今上海松江)人。曾任诸暨(今属浙江)州儒学正。(0931卷30,0950卷15)

詹献①　元顺帝时新安(治今安徽歙县)人。善刻碑,后至元五年(1339)刻《敕修曲阜宣圣庙碑》。(1143第1237卷)

詹献②　字廷用。元新安(今属河南)人。顺帝至正十九年(1359)由内史府照磨迁任秘书郎。(0027卷10)

詹福　元初为金坛县(今属江苏)主簿。(0631卷16)

詹士龙(1256～1313)　字云卿。元光州固始(今属河南)人。董文炳养子。以荐授兴化县尹,转两淮运司判官,改淮安路推官。成宗大德四年(1300)授南台御史。迁广西廉访司佥事。病归。(0002卷174,0411卷23,0075氏族典卷372)

詹子微　元上杭(今属福建)人。顺帝至正初进士。任连城县(今属福建)主簿。(0901卷51)

詹天麟　字景仁。元崇安(今属福建)人。仁宗延祐(1314～1320)间为浙东廉访司知事,历松滋县尹、广东廉访司佥事。仕至抚州路总管。有诗作传世。(0073卷67,0902卷98,0504丙)

詹文质　字子仪。元濠梁人。顺帝至正二十年(1360)任吴江州同知。(0954卷17)

詹老鹞(?～1290)　元处州(治今浙江丽水)人。世祖至元二十五年(1288)春,举兵反,攻瑞安、平阳州。次年,入永嘉县境。二十七年,与温州人林雄合,称王,立枢密都督府,改年号刻印,众至数万。江浙参政高兴统军讨之。被擒斩。(1162上编98、99卷)

詹师文　元人。有诗作传世。(0504癸下)

詹光祖　字良嗣,号月厓。元崇安(今属福建)人,詹天麟父。元初讲学于武夷书院。(0594卷11)

詹省愚　元缙云(今属浙江)人。泰定元年(1324)任开化县(今属浙江)儒学教谕。(0878卷3)

詹复成　元婺源(今属江西)人。历任婺源州儒学正。(1004卷5,0973卷7)

詹祖道　字仲生。元明之际休宁(今属安徽)人。元末反元队伍起,祖道率众保盖钟山,反元队伍不敢进攻。明初任千户。(0075学行典卷240)

詹载道　号厚斋。元人。有诗作传世。(0504甲)

詹致祥　元人。有诗作传世。(0504癸上)

詹崇朴　字叔厚。元乐安（今属江西）人。成宗大德（1297～1307）中，由吴澄荐，主持夏友兰所建鹜溪书院教事，入学者多所成就。（1014 卷 13，0075 氏族典卷 372、文学典卷 87，0072 卷 92）

詹道传　元临川（今属江西）人。著有《四书纂笺》二十八卷。（0072 卷 82，0002 卷 236）

詹道愈　字齐之。元武夷人。顺帝至正间为江山县（今属浙江）知县。（0878 卷 2，0188 卷 1）

靖义　元义乌县（今属浙江）主簿。（0881 卷 12）

靖恭　元仁宗延祐（1314～1320）间，任郃阳县（治今陕西合阳）主簿。（0818 卷下，0806 卷 7）

靖惠　元西川人。仁宗延祐元年（1314）任丹徒县（治今江苏镇江）主簿。（0631 卷 16）

新李　元山东人。顺帝元统三年（1335），反元起事于山东。山东廉访使答里麻以为官吏贪污所致，先劾去之，而后上剿捕方略，朝廷从之。新李遂被答里麻遣军擒获。（0001 卷 144）

熏雅实立　元畏吾儿人。买住之子。顺帝至正元年（1341）任吴江（今属江苏）州达鲁花赤。（0928 卷 4，0954 卷 17，0011 卷 50）

雍圭　元顺帝至正三年（1343）为郿县（治今陕西眉县）吏。（0554 卷 26）

雍勋　元成宗大德（1297～1307）间任临洮府儒学教授，学行著闻于时。（0801 卷 30）

雍熙　元文宗天历（1328～1330）初，任彭山县尹，修通济堰以备旱年。（0622 卷 71，0841 卷 17）

雍居敬　元广东宣慰使。（0073 卷 2，0075 氏族典卷 30）

雍德纯　雍勋之子。元武宗至大（1308～1311）间为狄道县儒学教谕，征入史馆，参与修成宗实录。（0801 卷 30）

雍乞剌台　元蒙古塔塔儿氏，行军万户铁里哥之子。（0011 卷 27）

雍吉脱忽璘　元回回古速鲁氏，太祖时使者（雅剌瓦赤）邪尔脱忽璘之子。（0011 卷 63）

廉充　元畏兀儿人。初为国子生。仁宗皇庆元年（1312）授浙西廉访司照磨。（0212 卷 34，0072 卷 92）

廉孚　元畏兀儿人。廉希宪长子。曾任金辽阳行省事。（0001 卷 126）

廉忱　元畏兀儿人。廉希宪第四子。英宗至治（1321～1323）间任沔阳府同知。仕至邵武路总管。（0001 卷 126，0004 卷 11，0011 卷 45）

廉恒　元畏兀儿人。廉希宪第五子。成宗时，任江南行台御史中丞。后入为御史中丞。（0001 卷 126、186）

廉恂　又名米只儿海牙。元畏兀儿人。廉希宪第三子。世祖至元二十四年（1287）任江西按察使。成宗大德（1297～1307）间任河南行省右丞。武宗至大元年（1308）任江浙行省右丞。历任集贤学士、御史中丞。英宗即位（1320），拜中书平章，至治二年（1322）罢为集贤大学士。泰定初致仕。泰定四年（1327）召为商议中书省事。（0001 卷 28、30、126，0181 卷 13，0004 卷 11）

廉恪　元畏兀儿人。廉希宪第二子。曾任台州路（治今浙江临海）总管。（0001 卷 126）

廉惇　字公迈。元畏兀儿人。廉希宪第六子。英宗至治元年（1321）任秘书卿。后历任四川廉访使、江西行省参政、陕西行省左丞。泰定二年（1325），奉诏为四川奉使宣抚。卒，谥文靖。有《廉文靖公集》。（0001 卷 29、126，0027 卷 9，0004 卷 11）

廉铸　元新昌县（今属浙江）主簿。（0880 卷 28）

廉公允　元人。有诗作传世。（0504 癸下）

廉公直　元人。有诗作传世。（0504 辛上）

廉丑斯　元顺帝至正十年（1350）为福建廉访司译史。（0594 卷 11）

廉希尹（？～1290）　字达父。元畏兀儿人。廉希宪弟。仕至两浙都转运使。卒，年五十余。（0011 卷 45）

廉希仲　元畏兀儿人。曾任温州路总管。（0899 卷 8）

廉希贡　字端甫，号芗林。元畏兀儿人。廉希宪弟。成宗大德三年（1299）任江南行台治书侍御史。官至昭文馆大学士、集贤大学士。工书法，善写扁牓大字。（0632 卷 6，0031 卷 7，0011 卷 45）

廉希闵　元畏兀儿人。廉希宪兄。曾任蕲黄等路宣慰使。（0011 卷 44）

廉希贤（1247～1275）　字达甫，又名中都海牙。元畏兀儿人。布鲁海牙之侄。世祖至元初，入侍世祖，出入禁中。北部王拘杀使者，奉旨往谕之，王悔谢罪。授兵部尚书。至元十二年（1275）春，授礼部尚书。与工部侍郎严忠范等持国书使宋。三月，至独松关，守关者不知为使臣，被袭杀。（0001 卷 126）

廉希宪（1231～1280）　字善甫。元畏兀儿人。布鲁海牙之子。年十九，入侍忽必烈于王府。宪宗四年（1254），任忽必烈封地京兆（治今陕西西安）宣抚使。九年，随从忽必烈渡江攻鄂州（今湖北武汉武昌）。世祖中统元年（1260），任京兆、四川道宣抚使。杀阿里不哥党羽刘太平、霍鲁海及四川蒙古军中拥护阿里不哥将领。二年,受宋泸州守将刘整降。三年,任中书平章政事。至元元年(1264),议行迁转法。七年,面忤世祖,罢职。十一年,出任北京行省平章。次年,行省荆南(治今湖北江陵)。十四年春,因病召还。成宗时追封魏国公,谥文正。(0001 卷 126)

廉希恕　元畏兀儿人。布鲁海牙之子。世祖时,任湖广行省参知政事。至元二十八年(1291),升行省右丞,行海北海南道宣慰使都元帅。(0001 卷 16、125)

廉希哲　元畏兀儿人。成宗元贞二年(1296)任建康路(治今南京)总管。武宗至大(1308～1311)间任浙东宣慰使。(0632 卷 6,0633 卷 2)

廉希愿　元畏兀儿人。廉希宪弟。世祖至元十二年(1275)以宣抚使兼建康路(治今南京)达鲁花赤。十五年升江淮行省右丞。(0632 卷 6,0011 卷 45)

廉松寿　元怀远县(今属安徽)达鲁花赤,廉谨有政声。(0997 卷 2,0977 卷 6)

廉宝之　元山阴县(治今浙江绍兴)知县。(0880 卷 28)

廉定住　历任元浦江县(今属浙江)达鲁花赤、溧阳(今属江苏)州同知。(0632 卷 6,0881 卷 13)

廉秋堂　元人。有诗作传世。(0504 癸下)

廉普逵　元人。有诗作传世。(0504 丁)

廉道安　元成宗大德十一年(1307)任江南行台御史中丞。(0632 卷 6)

廉大悲奴　元文宗天历元年(1328)任兴化路(治今福建莆田)同知。(0905 卷 2)

廉答失蛮　元中山(治今河北定县)人。久客江淮,得南儒性理之学。顺帝至正初,任武乡县尹,有政绩。(0075 氏族典卷 373)

廉可安凯牙　元泰定元年(1324)任无锡州达鲁花赤。(0558 卷 24)

廉达石海牙　元畏兀儿人。成宗大德二年(1298)至五年,任镇江路总管。(0631 卷 15)

廉朵儿八只　元仁宗延祐六年(1319)任秘书太监。(0027 卷 9)

廉寿山海牙　历任元婺源州、兰溪州达鲁花赤。泰定三年(1326)迁任江南行台监察御史。仕至温州路总管。(0632 卷 6,0896 卷 116,0972 卷 4)

廉吾鲁海牙　元顺帝至正元年(1341),任青阳县(今属安徽)达鲁花赤。(0996 卷 5,0986 卷 4)

廉秃坚海牙　元英宗至治二年(1322)任江南行台监察御史。(0632 卷 6)

廉阿年八哈　又名溥,字景渊。元畏兀儿人。廉希恕孙。少时入宿卫。顺帝至正四年(1344)任武义县(今属浙江)达鲁花赤。十年,迁任浦江县(今属浙江)达鲁花赤。(0266 卷 18,0011 卷 44)

廉明答述丁　元成宗大德(1297～1307)末为庆元路(治今浙江宁波)同知。(0633 卷 2)

廉惠山海牙　字公亮。元畏兀儿人。廉希宪弟,广德路达鲁花赤阿鲁浑海牙之子。初为国子生。英宗至治元年(1321),登进士第,授顺州同知。泰定元年(1324),以荐人史馆,参与修英宗、显宗实录。未几,授监察御史,劾相臣贪污。迁都水监,疏会通河,堤滦、漆二水,又修京东闸。后授都转运使,整治山东盐法。顺帝至正四年(1344),参与修辽宋金三史。历河南、湖广、江西右丞。后授江浙行枢密院佥事,改任福建行省右丞,镇压延平、邵武反元武装,督赋税由海道供给京师。卒年七十一。(0001 卷 145)

廉玉居石海牙　元英宗至治元年(1321)任溧水州达鲁花赤。泰定元年(1324)迁任衢州路治中。文宗至顺二年(1331)任浙东宣慰副使。(0632 卷 6,0634 卷 1,0878 卷 2)

廉米只儿海牙　即廉恂。

廉阿息力海牙　元文宗至顺元年(1330)任溧水(今属江苏)州同知。(0632 卷 6)

廉不鲁迷失海牙　元畏兀儿人。世祖至元二十一年(1284),拜中书参知政事。二十四年,去职。(0001 卷 13、113)

廉都鲁迷失海牙　元畏兀儿人。成宗大德十年(1306)任镇江路达鲁花赤。(0631 卷 15)

阙间　元畏兀儿人,翰林学士安藏子徽州路同知斡儿妥廸钦之子。曾任德安知府。(0011 卷 48)

阙里别斡赤　元畏兀儿人。昔班之父。元太祖时,闻太祖西征,领兵来归,从征花剌子模国,数有功。后自请为畏兀儿地坤闾城(今新疆库尔勒)达鲁花赤;帝从之,赐种田户二百。(0001 卷 134)

满秃(?～1328)　元诸王。泰定帝致和元年(1328)春,与燕铁木儿等密谋于泰定帝病死后起事拥立武宗后裔。三月,扈从泰定帝至上都(今内蒙古正蓝旗东北)。八月,燕铁木儿发难于大都(今北京),满秃与诸王阿马剌台、宗正札鲁忽赤阔阔出等十八人,同谋援大都,事觉,为丞相倒剌沙所杀。文宗天历元年(1328)十二月,追封为果王,并命有司刻其功于碑。(0001 卷 32)

满子谦　号东野。元衡山县尉,摄县事,有善政。(0259 文集卷 6)

满古台　字德谨。元蒙古或色目人。顺帝至正间任秘书监辨验书画直长。(0027 卷 10)

满尚宾　元顺帝时,任礼部侍郎。至正二十五年(1365),与吏部侍郎掩笃剌哈持诏谕陕西军阀李思齐开通川蜀道路,被拘于凤翔(今属陕西)一年,次年始还。(0001 卷 47)

满速儿　元合鲁温氏,漳州路达鲁花赤迭里弥实祖,历任大都路治中。(0011 卷 90)

溥光　字玄晖,号雪庵,元僧,大同李氏子。特封昭文馆大学士,赐号玄悟大师。工行、草书,善画山水,为诗冲淡粹美。(0030 卷 5,0031 卷 7)

溥华　元唐兀人。重福之子。中江西省乡试。(0011 卷 61)

溥园　字大方,号如庵,元僧,河西李氏子,溥光法弟。师法黄筌画山水墨竹,书法学溥光。(0030 卷 5)

溥照　字元明。元僧人。有诗作传世。(0504 壬上,0162 卷 3)

溥溥　字仲渊。元明之际西域阿鲁温氏。道吾之孙。占籍嘉兴魏塘。因名"溥"定姓为同音之"浦"。明初参与修撰起居注。(0411 卷 9)

溥颜　元顺帝至正十一年(1351)进士。(0560)

溥仲渊　元蒙古人,登进士第。曾任职于南方某道廉访司。工词,有《笙鹤清音》(今佚),虞集称其词"清而善怨,丽而不矜",时人将其与萨都剌并称。(0334 卷 19)

慈鼎　元永康县(今属浙江)主簿。(0881 卷 13)

慈感　字感芝。元苕城人。僧人。能诗,有诗作传世。(0504 壬上)

塗贞　字叔良。元楚人。有诗作传世。(0504 辛下,0271 卷 2)

塗谦　字伯益。元高安(今属江西)人。世祖至元间以功授瑞州路(治今江西高安)判官。后累迁为广东宣慰使同知。(1016 卷 20,0075 氏族典卷 99)

塗应瘦　字德明。元豫章(今江西南昌)人。顺帝至正五年(1345)任秘书监典书。(0027 卷 11)

塗济亨　字吉甫。元高安(今属江西)人。塗谦之子。历任宁州判官、永新州知州。(1016 卷 20,0075 氏族典卷 99)

塞完　元云南金齿酋长。世祖至元二十六年(1289)三月,以其民二十万一千余户归附元朝,进贡象三头。(0001 卷 12)

塞咥旃　初为元宪宗侍臣,尝以宫内财物阴资忽必烈财用。后为世祖侍臣,世祖常称誉其能。(0001 卷 130)

窦本　字可立。元奉先(今陕西蒲城)人。历任澄城县(今属陕西)知县。(0806 卷 7)

窦均　元世祖至元间任永福县(治今福建永泰)知县。(0918 卷 2)

窦履　元广平肥乡(今属河北)人。窦默之子。累官集贤大学士。(0001 卷 158、178)

窦暻　元大名(今属河北)人。顺帝至正十年(1350)任济南路儒学教授。(0600 卷 2)

窦默(1196～1280)　初名杰,字汉卿,又字子声。金元之际广平肥乡(今属河北)人。金末,避蒙古军南迁。从蔡州名医李浩学针灸,又从孝感县令谢宪子学程朱理学。元太宗七年(1235),北归,与姚枢、许衡研讨理学。后还肥乡,教授经学。后忽必烈召其入王府,询问治道,并命王子真金从其学。世祖即位(1260),任翰林侍讲学士。尝面斥王文统学术不正,不宜久居相位。至元间,与王磐等建议设立蒙古翰林院,专掌蒙古文字,帝从之。又奏言建学立师,博选贵族子弟教之,帝嘉纳之。卒。谥文正。著有《铖经指南》等。(0001 卷 158,0002 卷 157)

窦万奴　元东阿(今属山东)人。历任昌化、休宁二县尉。(0972 卷 4,0925 卷 55)

窦文礼　宋元之际镇江(今属江苏)人。元世祖至元十二年(1275),随石祖忠降元,授江阴镇江安抚司经历。十三年,改任通州同知。后任永康县(今属浙江)知县。(0631 卷 15、19,0881 卷 13)

窦世英　元济南人。文宗天历元年(1328),任镇江路真定翼下百户。(0631 卷 17)

窦邦杰　元澄城(今属陕西)人。世祖至元间任广安州知州。(0806 卷 14,0820 卷 2)

窦行冲(1233～1309)　字和卿,元真定(治今河北正定)人。父祖世代以医为业,行冲少年时习儒,有继承家学而学医。曾在罗天益住处阅读李杲著作,获益非浅。约至元十二年(1275)前,经许国祯举荐,行冲被征至朝廷任用为尚医。二十七年(1290),梁王甘麻剌开国于云南,行冲奉诏为梁王侍医,从梁王至云南。次年,请求还乡奉养双亲,梁王厚赠而放归。返乡后,学医者多师从其学说,遇疑难病症,必请其诊治。晚年买地建筑园林,怡养天年。有子四人,皆以医为业,次子窦荣最知名,历任御药院掌药、广平路官医提举。(0262 卷 19)

窦伯辉　元中山(治今河北定州)人。早年从李术鲁翀学。曾任路儒学教授。(0071 卷 95)

窦思永　元世祖至元二十六年(1289)任麟游县知县。(0554 卷 27)

窦复初　元三原县(今属陕西)人。顺

帝至正中,曾任中书参议。(0803 卷 5)

窦桂芳　号静斋,元建安(治今福建建瓯)人。父汉卿为南宋末名医,以药物、艾灸治病救人。元世祖至元十三年(1276),桂芳以父传医术游历江淮,遇高人传针灸,并获赠《子午流注针经》、窦默《针经指南》等书。武宗至大四年(1311),桂芳将《针经指南》、《子午流注针经》、《黄帝明堂灸经》、《灸膏肓穴法》四书校正后合刊,末尾附有自撰《针灸杂说》,其书总称《针灸四书》。(1149 第 141 卷)

窦继祖(1203～1278)　字周臣。金元之际京兆(治今陕西西安)人。金亡,隐居平阳(今山西临汾)教授多年。耶律楚材与语悦之,请其教诸子。(0181 卷 5)

谨只儿①　元蒙古篾儿乞氏。顺帝大丞相伯颜之父。武宗、仁宗时总领隆福太后宫宿卫。追谥忠懿。(0001 卷 138)

谨只儿②　元蒙古人。文宗时驸马。至顺元年(1330)闰七月,封郓国公,授银印,知行枢密院事。(0001 卷 32、34)

谨只儿③　元蒙古人。文宗至顺二年(1331)为太禧宗禋院使。(0001 卷 35)

谨笃班　元顺帝至元二年(1336)任江南行台御史中丞。(0632 卷 6)

福山　元藁城(今属河北)人。僧人。泰定间为杭州总统所经历。晚年归藁城净土寺。(0645 卷 33,0651 卷 6)

福奴　元世祖至元二十一年(1284)任江南行台监察御史,二十八年升为南台经历。(0632 卷 6)

福寿①(?～1356)　元唐兀人。初为宿卫士。历任侍仪使、饶州路达鲁花赤、户部尚书、同知枢密院事等职。顺帝至正十二年(1352)改任也可札鲁忽赤。未几,出为淮南行省平章,督诸军战,抵御红巾军进攻。十五年,迁江南行台御史大夫,守集庆(今江苏南京)。次年,集庆为朱元璋攻破,被杀。谥忠肃。(0001 卷 144)

福寿②　元唐兀人,余阙弟。(0011 卷 59)

福寿③　元康里人,回回之孙。(0011 卷 64)

福寿④　元平章政事帖住之子。(0011 卷 95)

福报　字复原。元明之际临海(今属浙江)人。僧人。俗姓方。历主慈溪庐山寺、越州东山寺、四明智门寺。明洪武初,召对称旨,留中三年赐返智门寺。未几,诏迁杭州径山寺。卒年八十四。能诗,有诗作传世。(0036 卷 14,0075 神异典卷 189,0033 卷 34)

福初　字本元。元吴淞(今属上海)人。僧人。有诗作传世。(0504 壬上,0279 卷 8)

福定　元阿速人,伯答儿次子。袭父军职,官怀远大将军、右阿速卫达鲁花赤,兼管后卫军。后任同佥枢密院事、佥枢密院事、后卫亲军都指挥使、提调右卫阿速达鲁花赤。文宗天历二年(1329),任同知枢密院事。顺帝至元间,升知枢密院事。(0001 卷 132)

福胜(1316～1352)　号妙峰。元唐兀人。僧人。俗姓史,名省吉巴。(0552 卷 24)

福珪　元顺帝时僧人。善属文,工书法。后至元三年(1337)撰并书《天开寺碑》。(1143 第 1258 卷)

福海(1242～1309)　字普耀。元翼城(今属山西)人。僧人。俗姓杨。住泰山安灵寺。(0037 卷 61)

福童①　元仁宗皇庆间任平陆(今属山西)知县。(0075 氏族典卷 509)

福童②　元镇江(今属江苏)蒙古人。忽刺出幼子。定童弟。任财赋提举。(0631 卷 19)

福裕(1203～1275)　字雪庭,号好问。元禅僧,太原文水(今属山西)张氏子。师事万松。元初,以释海云荐,见世祖于潜邸,敕主少林寺。定宗时,应诏至和林。宪宗时,频召问道,礼遇优隆。宪宗八年(1258),奏劾道教妄诞,引发佛道辩论。世祖即位,敕总领释教,并于太原为起建报恩寺。至元八年(1271),诏天下僧人大集京师,其弟子居三分之一。前后说法凡三十年。(0596 卷 7,1120 卷 7)

福源　字古渊,元僧,太原李氏子。幼礼妙觉院僧朗披薙,依习《大乘》。金兴定中,元兵南下,潜隐山谷,后走真定西牛,参僧廓乐见旨。一生三主大刹,在潭柘寺最久。元世祖赐号佛性普明大师。至元间坐化。(0036 卷 13)

福僧①　元顺帝至正间任夏津县(今属山东)达鲁花赤。(0730 卷 6)

福僧②　元畏兀儿人,中尚院使忙兀的斤曾孙。(0011 卷 52)

福演(1240～1300)　元河间(今属河北)人。僧人。俗姓康。年十八出家为僧。世祖时住持彰德路天宁寺,号凤林禅师。后卒于上都(今内蒙古正蓝旗东北)至元寺。(0211 卷 1)

福得来赐　元阿速人。口儿吉之父。宪宗时,为宿卫士。(0001 卷 135)

褚奂　字士文。元钱塘(治今杭州)人。篆隶学吴睿。顺帝至正二十一年(1361)任海宁州判官。(0031 卷 7)

褚不华(?～1356)　字君实。元隰州石楼(今属山西)人。泰定初,补中瑞司译史,授海道副千户。历南台、西台监察御史。累官淮东廉访副使。顺帝至正中,守淮安,抵御红巾军进攻,以功升廉访使。十六年(1356),红巾军联合叛元之青军、黄军围攻淮安。城破被杀。谥忠

肃。(0001 卷 194)

褚伴哥(? ~1356)　元石楼人,褚不华之子。顺帝至正十六年(1356)随父守淮安。城陷同死。(0001 卷 194)

褚志通(1200 ~?)　字伯达。元全真教道士,隐居华山。后赐号佑德真人,提点岳祠灏灵宫。世祖至元十六年(1279)诏征其入京,以老辞。(0145 卷 30,0006 卷 95)

褚伯秀　又名师秀,号雪巘、环中子。宋元之际杭州人。天庆观道士,不轻易与时俗交接。卒年八十余。著有《南华真经义海纂微》一百六卷。有诗作传世。(0070 卷 90,0006 卷 91 下,1105 卷 19)

叠卜泰　字允恭。元蒲城(今属陕西)蒙古人。泰定元年(1324)进士。历任耀州判官、乌江县(治今安徽和县东北)达鲁花赤。(0925 卷 64,0980 卷 3、5)

缑长弓　元太湖中人,冶师。通文史,善铸铁冠、如意,尝为杨维桢铸铁笛,维桢有诗赠之。(1143 第 1356 卷)

十四画

瑶　字荆山。元僧人。有诗作传世。(0504 壬上)

静慧　字古明。元松江(治今上海松江)人。工正书,学虞世南。有诗作传世。(0031 卷 7,0504 壬上)

赫思　元怯烈氏,镇海曾孙脱烈之孙。曾任河北河南道廉访佥事。(0011 卷 23)

赫闾①　元畏兀儿人。成宗大德六年(1302)由陈州达鲁花赤转任宿州达鲁花赤。(0985 卷 11)

赫闾②　元文宗至顺元年(1330)任浙东宣慰使。(0634 卷 1)

赫闾③　元唐兀人,居成都路温江县,顺帝元统元年(1333)进士伯颜之父。(0028)

赫斯　元泰定元年(1324)任衢州(今属浙江)路达鲁花赤。(0897 卷 2、7)

赫赫　元畏兀儿人,国子司业野先之子。历任翰林修撰、西台南台御史,海北、广东廉访副使,湖广行省郎中。(0011 卷 51,0262 卷 15)

赫德尔　字本初。元文宗至顺元年(1330)登进士第。二年(1331),任奉化州同知。顺帝至正六年(1346),累迁江浙行省员外郎。又迁福建廉访司佥事。官至江浙行省参政。能诗,有诗作传世。(0634 卷 2,0872 卷 9,0594 卷 11)

赫德溥化　元蒙古人。顺帝至正二十六年(1366)右榜进士第一(状元)。

斡赤①　元武宗时,任太子詹事。至大三年(1310),拜中书左丞、集贤使、领典医监使。仁宗时,任江西行省右丞相,入为集贤大学士、领典瑞院事、大司徒。英宗时,任翰林学士承旨。(0001 卷 23、25、26 等)

斡赤②　元文宗至顺三年(1332)任上高县(今属江西)达鲁花赤。(1016 卷 14)

斡即　元宗室。泰定帝卒,拥戴文宗即位有功。天历二年(1329),赐以诸王浑都帖木儿之印及其王傅印。至顺二年(1331),进封保宁王。(0001 卷 33、35、108)

斡陈　元蒙古弘吉剌氏,按陈子。太宗十年(1238),授万户,尚睿宗女也速不花公主。(0001 卷 109、118)

斡直　元初入华大食国(阿拉伯帝国)人后裔,居真定(治今河北正定)。元太宗时真定等路监榷课税使鲁坤之子。赡思之父。从儒学者问学,轻财重义,不干仕进。(0001 卷 190)

斡罗　元顺帝时,任征西元帅。至正十二年(1352),授章佩添设少监,讨徐州。(0001 卷 42)

斡栾　元畏兀儿人,居永昌。忻都之子。历任大都路达鲁花赤、治书侍御史、同知枢密院事。顺帝至正十五年(1355),授中书右丞。十七年,升中书平章政事。(0001 卷 44、45、113,0555 卷 6)

斡鲁　元世祖近侍,至元十二年(1275)与塔不带同奉旨召鄂汉降臣张晏然等赴阙。(0001 卷 8)

斡儿答　又译斡耳朵。元太祖孙,术赤长子,拔都之兄。白帐汗国建立者。1225 年,父死,推举拔都嗣父位。1229 年,与诸王同拥戴太宗即位。1235 年,从拔都西征,参加对莫尔多维亚、梁赞的攻掠,从右翼军攻至波兰。领有拔都分与的钦察汗国东部地区(今西西伯利亚一带),为白帐汗国,由其后裔世袭。(0008 卷 2,1141)

斡札箦(? ~1260)　元唐兀人。原仕西夏,掌国史,又出守西凉。后归降太祖,副撒都忽为中兴路管民官。有善政,号为满朝清。(0001 卷 134)

斡可真　又译斡可珍。元公主。嫁弘吉剌部贵族火忽(按陈之弟)之孙不只儿驸马。(0001 卷 109、118)

斡耳朵①　元武宗时,因其妻为皇子乳母,授大司徒。仁宗时,拘收司徒之印。文宗时,任翰林学士承旨,至漠北迎还文宗。天历二年(1329),给还司徒印。(0001 卷 22、31、33)

斡耳朵②　元契丹人。仁宗皇庆二年(1313)任镇江路彰德翼上百户。(0631 卷 17)

斡耳朵③　即斡儿答。

斡秃蛮　元康里人,脱脱兄。(0011 卷 62)

斡罗私　元仁宗皇庆元年(1312)任吴江(今属江苏)州达鲁花赤。(0928 卷 4,0954 卷 17)

斡罗陈(？~1277)　元蒙古弘吉剌氏，纳陈子。世祖即位初，袭父职为万户，尚完泽公主。后继尚囊加真公主。至元七年(1270)，请于朝，与分地内建城，名应昌府(今内蒙古克什克腾旗西南)。其女为成宗皇后。(0001卷114、118)

斡罗思①(1258~1313)　元康里人。世祖时太府少监明里帖木儿之子。至元十九年(1282)为内府必阇赤(书记)。二十一年，任监察御史。迁云南行省理问，领云南王府事。二十六年，任八番罗甸宣慰使，平定诸部族，设置安抚等司。二十九年，任八番顺元等处宣慰使、都元帅。成宗大德六年(1302)，授罗罗思宣慰使。武宗即位，召入为中书左丞，领武卫亲军都指挥使。未几，升中书右丞。迁四川行省平章。卒，追封益国公。(0001卷134)

斡罗思②　又译斡鲁思。元宗王。西北叛王海都之子。海都正妻迭连臣所生。海都死后，受其姊忽秃仑支持，与察八儿争夺汗位，发生内战。元成宗大德间，曾多次率兵进攻元北边。大德十年(1306)，被海山(武宗)率大军击败，追过按台山(今阿尔泰山)，获其妻孥辎重。仁宗延祐七年(1320)三月，降附元廷。(0001卷22、27、128等，0008卷2)

斡罗思③　元大德十一年(1307)任吴江(今属江苏)州达鲁花赤。(0928卷4，0954卷17)

斡罗思④　元成宗元贞二年(1296)任江南行台监察御史。(0632卷6)

斡罗思⑤　元仁宗延祐六年(1319)任桃园县(治今江苏泗阳南)知县，为政公正。(0934卷12)

斡罗思⑥　元文宗乳母完者之夫。天历元年(1328)九月，文宗即位后十余天，被追封为太保、云国公，谥忠懿。(0001卷32)

斡罗思⑦　元阿速人，伯答儿之子。由宿卫入仕，仕佥隆镇卫都指挥使司事。文宗天历元年(1328)，谕降上都军有功，升隆镇卫都指挥使。(0001卷135)

斡罗思⑧　元西域人。也里可温(基督教徒)。文宗天历二年(1329)任丹徒县(治今江苏镇江)达鲁花赤。(0631卷16)

斡罗思⑨(？~1330)　元文宗时，任燕王宫相。至顺元年(1330)，与知枢密院事阔彻伯等谋诛权臣燕铁木儿，事泄被杀。(0001卷34)

斡都蛮①　元回回八瓦耳氏，阿散不别之子。袭父军职。泰定帝卒，由上都(今内蒙古正蓝旗东)逃归文宗，与上都军作战有功，以隆镇卫都指挥使充行枢密院同佥。天历二年(1329)，进枢密院佥院。后又兼领拱卫司。(0001卷32、123)

斡都蛮②　元顺帝元统元年(1333)任吴江(今属江苏)州达鲁花赤。(0928卷4，0954卷17)

斡脱赤　元初入华怯失迷儿(今克什米尔)人。与弟那摩皆学佛法。元太宗时，来归附。宪宗时，授怯失迷儿万户，奉旨与近侍同去招降其国，被其国主杀死。帝为之发兵杀其国主。成宗元贞元年(1295)，追封代国公，谥忠遂。(0001卷125)

斡鲁不　元宪宗元年(1251)，与牙剌瓦赤、不只儿等任燕京等处行尚书省事。(0001卷3)

斡歌连　又译斡歌来、斡格列、斡阔烈，蒙古阿儿剌氏，博尔术族弟。1189年元太祖首次称汗后，任其小侍卫队箭筒士。1204年起任扯儿必(近侍官)。后又任左翼千户长。(0009卷3、7，0008卷1)

斡玉伦徒　字克庄，号海樵，元宁州唐兀人，仁通子。登进士第。历奎章阁典籤、淮西廉访佥事。顺帝至元六年(1340)迁南台经历，次年擢福建廉访副使。入为工部侍郎，参与修《宋史》累迁山南廉访使、侍御史。(0002卷29，0504丁、戊下，1100)

斡耳朵罕　元宗室。泰定帝泰定二年(1325)，奉命监军讨广西徭乱。次年，班师。(0001卷29、30)

斡朵忽都　元朔方人。世祖至元间任高唐(今属山东)州达鲁花赤，有政绩。(0721卷26，0723卷5，0730卷6、20)

斡者忽思　元太祖后妃之一，住第四斡耳朵。(0001卷106)

斡罗思罕　元宗王。铁木哥斡赤斤四世孙。别里帖帖木儿之子。(0001卷107)

斡罗思密　元畏兀儿人，昔班子。世祖至元二十三年(1286)，授浙东宣慰使，平盗有功。后移镇广西，招降叛乱峒蛮。年六十九卒。(0001卷134)

斡罗温孙　元宗室。仁宗延祐二年(1315)，赐诸王印，为置王傅官四员。五年，为所部立打捕鹰房诸色人匠怯怜口总管府。英宗时，复赐银印。(0001卷25、26、108等)

斡留察儿　元蒙古弘吉剌氏，泰定帝皇后八不罕之父。(0011卷14)

斡勒天祐　元辽阳(今属辽宁)女真人。世祖至元八年(1271)任章丘县(今属山东)达鲁花赤。(0735卷10)

斡勒好古　元女真人。世祖至元间任处州路(治今浙江丽水)总管，后改任婺州路(治今浙江金华)总管。(0881卷11，0896卷116、157)

斡勒海寿　字允常。元沔池女真人，迁居山阴(治今浙江绍兴)。顺帝至元五年(1339)任秘书监典簿。累迁为监察御史。至正九年(1349)劾哈麻、雪雪，忤旨，出为陕西廉访副使。未几罢官归。后起为浙东廉访使。(0027卷9，0001卷42、205，0062卷54)

斡栾海牙　字德弘。元高昌(治今新疆吐鲁番东)人。初为广西廉访司怯烈麻赤(通事)。顺帝至正二十三年(1363)授藤州判官。后升为广西帅府经历。(0506 卷 2342)

斡儿妥迪钦　元畏兀儿人,翰林学士安藏之子。曾任徽州路同知。(0011 卷 48)

斡豁秃尔　蒙古人。元太宗时,奉旨与蒙格秃率二万蒙古军西征。曾围攻客失米尔(今克什米尔)王国首都,迫使国王逃走。其后,攻掠客失米尔诸州,任命各州长官后离去。(0009 卷 12,0008 卷 2)

斡出八的斤　元英宗至治元年(1321)任溧水(今属江苏)州同知。(0632 卷 6)

斡朵思不花　元世祖至元六年(1269),奉命出使高丽,勘问废立国王事。后偕高丽枢密副使金方庆还。(0001 卷 6、208)

斡剌儿驸马　蒙古斡勒忽讷惕氏。元太祖母月伦之父。蒙古建国,受封为本部千户长。(0009 卷 8,0008 卷 1 第 1 分册)

斡勒答合儿　又译兀勒都忽儿、兀勒都儿。蒙古札剌亦儿氏。元太祖时为箭筒士、御前千户之百夫长,掌管四大斡耳朵(行宫)。元太宗出征金国时,奉命留守诸大行宫。(0009 卷 12,0008 卷 1、2)

斡脱思不花　元成宗大德三年(1299)任溧水(今属江苏)州达鲁花赤。(0632 卷 6)

斡鲁欢牙里　元畏吾儿人。成宗元贞元年(1295)至大德元年(1297)任镇江路达鲁花赤。大德三年任瑞州路(治今江西高安)达鲁花赤。卒于官任。(0631 卷 15、19)

斡兀立海迷失(? ~1252)　元定宗皇后。蒙古斡亦剌部首领忽都合别乞之女。定宗死后称制监国三年余(1248 ~ 1251),谋立太宗孙失烈门为帝,未遂。拔都与拖雷诸子、东方诸王等召开大会立蒙哥(宪宗)为帝;海迷失与太宗子孙、察合台后裔拒不参加,密谋兵变。宪宗二年(1252)夏,被赐死。世祖至元三年(1266),追谥钦淑皇后。(0001 卷 114、3,0008 卷 2)

斡勤·巴儿合黑　又译窠斤·八剌哈哈,元太祖伯祖,葛不律汗长子。葛不律汗从部众中挑选勇猛者归其统辖,形成主儿勤部。十二世纪中叶,遭塔塔儿部伏击,被擒送至金朝处死。其子忽秃黑秃·禹儿乞有薛扯·别乞、泰出二子。(0009 卷 1、4,0008 卷 1)

嘉兆　元潞州(治今山西长治)人。嘉彬父。元初平金有功,授平阳太原等处都达鲁花赤。(0075 氏族典卷 223)

嘉彬　字仲文。元潞州(治今山西长治)人。嘉兆之子。世祖至元间,曾任监察御史,劾阿合马受贿,帝旌其直言,升治书侍御史。后迁任刑部尚书,出任湖广省佥事。(0698 卷 3,0075 氏族典卷 223)

橐驩　元顺帝时,任宣政院使。与宦者朴不花、丞相搠思监结党,奸邪用事。至正二十三年(1363),为御史所劾。顺帝右之,御史皆获罪。后不详。(0007 卷 186、204)

慕完(1269 ~1345)　字完夫。元新乡(今属河南)人。历任山东廉访司经历、燕南廉访司佥事、淮西廉访副使。官至侍御史。(0250 卷 59,0596 卷 4)

慕卨(1308 ~?)　字仲伦。元于阗(今新疆和田)人,居宛平(治今北京西南郊)。迁居杭州。丁哈八石之子。顺帝元统元年(1333)进士,授湘阴州同知。(0028 卷上)

慕嗣宗　元溧阳(今属江苏)州判官。(0632 卷 6)

慕容搏霄　元世祖至元间任瑞州路(治今江西高安)知事。成宗大德元年(1297)迁任江山(今属浙江)县尹。(0878 卷 2,1016 卷 14)

慕颜铁木　元蒙古克烈氏,河南砲手军总管勖实带之子,袭砲手军千户。(0011 卷 25)

蔡山　元人。工画罗汉,其作品流传至日本。(1143 第 1367 卷)

蔡玄(1298 ~1344)　字子晦、若晦。元东阳(今属浙江)人。蔡吉相之子。早年从许谦学,后家居读书。卒,学者私谥曰贞节。(0411 卷 34,0071 卷 82,0072 卷 82)

蔡成　字元美。元仁宗延祐(1314 ~ 1320)间任仙游(今属福建)县尉。(0905 卷 3、6)

蔡兴　元彰德安阳(今属河南)人。幼隶军籍,从宗王口温不花伐宋,权授管军百户。后告老,以子珍袭职。(0001 卷 166)

蔡杞　字荣卿。元丹徒(治今江苏镇江)人。仕至行宣政院都事。(0631 卷 19)

蔡玠(1215 ~1282)　字庭玉。元安阳(今属河南)人。世祖中统元年(1260)辟中书省掾。后历任彰德路运司经历、浚州判官。仕至阜平县尹。(0210 卷 18,0144 卷 80)

蔡明　元人。有诗作传世。(0504 癸上)

蔡诚(? ~1359)　元顺帝至正十九年(1359)为伯颜不花的斤部将,从守信州。六月,信州被陈友谅部将王奉国攻破,奋力巷战死。(0001 卷 195)

蔡珍　元彰德安阳(今属河南)人。蔡兴之子。宪宗时,袭父职为权管军万户。九年(1259),从攻宋钓鱼山(今四川合川东)。世祖中统间,从征阿里不哥,又从征李璮。至元间，从攻宋。江南平，入备宿卫。十四年(1277)，授管军总把，寻命权千户。十五年，充本卫都镇抚。十七年，任中卫亲军总把，未几改属后卫。受命督建察罕脑儿行营。累升后卫亲军千户。成宗元贞元年(1295)告老归。(0001卷166)

蔡荣　字荣之。元顺德(治今河北邢台)人。世祖至元十五年(1278)至十八年任镇江路提控案牍。(0631卷15)

蔡拱　元文宗天历元年(1328)任定海县(治今浙江宁波镇海)主簿。(0634卷2)

蔡衍　元单父(治今山东单县南)人。英宗至治二年(1322)任庆元路(治今浙江宁波)总管。(0634卷1)

蔡勉　元初为句容县(今属江苏)主簿。(0632卷6)

蔡珣　元成宗元贞二年(1296)任溧阳(今属江苏)州判官。(0632卷6)

蔡真　元仁宗延祐(1314～1320)间任兴化(治今福建莆田东北)县尹。(0902卷62，0905卷3、4)

蔡淳　元长泰(今属福建)人。顺帝至正十四年(1354)任长泰县尹。(0902卷124，0908卷23)

蔡深　字渊仲。元明之际乐平(今属江西)人。元末为书院山长，被征辟为廉访司掾。明洪武三年(1370)，被聘请主持江西乡试。(0313卷4，1109卷15)

蔡瑛　字子华。元丹徒(治今江苏镇江)人。蔡杞之子。由镇江路儒学录被征辟为淮东宣慰司令史。后历任河南省掾、湖广儒学副提举、湖广省掾。顺帝至正初，迁任星子(今属江西)县尹。(0631卷17、19，1011卷13，0250卷32)

蔡蒙　字蒙正。元永平(治今河北卢龙)人，居于镇江。历任浮梁州、松江府儒学教授，安仁县主簿。以青阳县尹致仕。(0631卷19)

蔡裔　元巨野(今属山东)人。文宗天历元年(1328)为抚州路(治今江西临川)推官。(0212卷67)

蔡槐　号月湖。宋元之际饶州德兴(今属江西)人，寓居建康(治今南京)。善相人之术。元世祖至元二十三年(1286)应召至大都(今北京)。时桑哥当国，欲问以休咎，拒不往见。未几辞归，隐居不复出。(0632卷13下，0622卷6，0073卷97)

蔡微　字希元。元琼山(今属海南)人。通经史，善文词，元末隐居不仕。(0622卷82，0073卷97，0075氏族典卷472、文学典卷90)

蔡演　元顺帝至正间任宁乡(治今山西中阳)县尹，持身廉洁谨慎，多善政。(0693卷7、11)

蔡潭　字熙山。元杭州人。能诗。世祖至元二十四年(1287)，其诗作被月泉吟社选评为第四十一名。(0504甲，0033卷6)

蔡瓛　字思敬。元豫章(今江西南昌)人。工诗，吴澄尝为其诗稿作序。(0212卷15)

蔡翼　元成宗大德(1297～1307)间任象山县(今属浙江)县尉。(0633卷3)

蔡九思　元上饶(今属江西)人。有诗作传世。(0504戊下)

蔡子英　元永宁人。入扩廓帖木儿幕。兵败，单骑走关中，被明官府捕得，送京师。明太祖欲官之，不受。夜大哭思旧主。太祖知其志不可夺，送之出塞。(0020卷124)

蔡天端　元顺帝元统二年(1334)任高平(今属山西)县尹。(0694卷5)

蔡元镇　元英宗至治二年(1322)任慈溪县主簿，泰定二年(1325)迁任武义县尹。(0634卷2，0881卷13)

蔡五九(？～1315)　元赣州(今属江西)人。仁宗延祐二年(1315)，趁江西经理田土、百姓骚动之机，聚众起事，攻陷汀州宁化县，称王。不久为元军击败，被擒杀。(0001卷25、205)

蔡文渊　元仁宗、英宗时，任监察御史、翰林学士。文宗至顺元年(1330)，拜中书参知政事。(0001卷32、72、112)

蔡文聪　字明仲。元崇明(今属上海)人。曾任海道运粮千户。(0949卷7)

蔡正孙　字粹然，号蒙斋野逸。宋元之际人。宋末从谢枋得学。元世祖至元中撰《诗林广记》二十卷。(0071卷84，0072卷84，0070卷78)

蔡正甫　元人。有诗作传世。(0504癸上)

蔡正青　元世祖时任莱州(今属山东)同知。(0727卷2)

蔡圣谟　元人。有诗作传世。(0504癸上)

蔡邦光　元世祖时，隶四川将杨文安麾下，与宋军作战，屡有功，擢授元帅之职。后征散毛诸洞蛮，战死。(0001卷161)

蔡仲仁　元大都(今北京)人。曾任丹徒(治今江苏镇江)县尉。(0631卷16)

蔡仲英(？～1285)　元世祖时，因其婿权臣阿合马当政，官拜尚书。阿合马败，被捕下狱，征偿所欠官钞二十万锭。后被杀。(0001卷12、13)

蔡廷秀　字君美。元松江(今属上海)人。曾任江浙省理问所知事，迁袁州路推官，反元队伍攻破袁州城，不屈被杀。能诗，有诗作传世。(0296卷1、5，0504庚上)

蔡汝霖　元仁宗延祐四年(1317)任温州路推官。(0579 卷 9)

蔡尽忠　元人。有诗作传世。(0504 癸下)

蔡张奴　元彰德(治今河南安阳)人。武宗至大四年(1311)任镇江路济南翼下百户。(0631 卷 17)

蔡南老　元人。有诗作传世。(0504 癸下)

蔡复初(1317～1368)　字明善。元龙溪(治今福建漳州)人。通诸经,教授于州学。顺帝至正四年(1344)福建饥,率乡人转粟广东,活人无数。(0417 卷 20)

蔡养晦　字益善。元明之际新会(今属广东)人。元末为新会县儒学训导。入明不复仕。(0068 卷下,1034 卷 5)

蔡道泰(？～1322)　元中叶道士。英宗时因奸淫杀人,狱已成,丞相铁木迭儿受其賄,令有司变其狱。铁木迭儿死后,丞相拜住奏此事,重审此案。至治二年(1322)十一月,被处死。(0001 卷 28、136、175)

蔡德荣　字景华。元扬州人。顺帝至正十五年(1355)从淮南省臣出征,积功劳授湖口县主簿。次年三月扬州失守,被执,不屈。被拘于吴而卒。(0296 卷 3)

蔡乃马歹　元新昌州(治今江西宜丰)判官。(1016 卷 14)

蔡火你赤　元顺帝至元二年(1336)任吴江(今属江苏)州判官。(0954 卷 17)

蔡明安答儿　元大都(今北京)人。顺帝至元六年(1340)任江南行台监察御史。(0632 卷 6)

蔺氏　元江西妇女。顺帝至正间反元队伍至,歼其家,逼其为首领妇。佯许之,伺间杀己四岁子女,啮指血题诗于壁,自刎死。(0101 卷 27)

蔺守真　元世祖至元二十六年(1289)任江南行台监察御史。(0632 卷 6)

蔺宝臣　名不详,以字行。元居延(治今内蒙古额济纳旗东南)人。世祖至元二十七年(1290)任监察御史。(0144 卷 20)

蔼叶尺　元乃蛮人,末赤孙。(0011)

蔚祚　字天禄。元世祖中统元年(1260)任燕京行省理问官。(0144 卷 80)

蔚恕　元泰定四年(1327)任潞州(治今山西长治)知州,有政声。(0698 卷 3)

蔚德　元陕州(治今河南三门峡西)人。顺帝至正七年(1347)任重庆路治中。(0762 卷 7)

蔚彦明　元人。有诗作传世。(0504 癸下)

綦泰　元益都乐安(今山东广饶)人,綦公直长子。世祖时,任乐安县尹。后终于知宁海州。(0001 卷 165)

綦晋　一名忙古台,字叔达,元益都乐安(今山东广饶)人,綦公直第三子。世祖至元中,从父攻宋,攻梅关,破淮德山寨,入广东,至南海,皆下之。十八年(1281),袭管军万户,随父出镇别失八里。二十三年,叛王海都攻别失八里;随父率军出战,追击浸远,援兵不至,与父皆被俘。次年逃归,授中侍卫亲军副指挥使,改湖州砲手军匠万户。率军讨衢山反元武装,有功(0001 卷 165)

綦瑗(？～1286)　名应作涣,元益都乐安(治今山东广饶)人,綦公直第五子。世祖至元二十三年(1286)叛王海都攻别失八里,瑗随父率军出战,追击浸远,援兵不至,力战而死。(0001 卷 165,0553 卷 21)

綦公直　元益都乐安(今山东广饶)人,世祖至元五年(1268),为益都劝农官。九年,任千户。十年,奉命造征日本战船于高丽。又至襄阳督造战舰、运舟。后领军从诸军南征,攻宋江西、广东。以功升管军万户,领侍卫亲军。奉命讨平伯延伯答罕、秃忽鲁叛乱于西夏故地。十八年,升都元帅、宣慰使,出镇别失八里。二十三年,海都攻别失八里。率军出战,被俘。(0001 卷 165,0553 卷 21)

綦志远(1190～1255)　字子玄。元莱州掖县(治今山东莱州)人。丘处机门徒,住持莱州昊天观。宪宗即位(1251),诏掌关中道教事。(0040 卷 5)

臧卜　元顺帝时,任将作院使。至正十四年(1354),拜中书参知政事。十五年,升中书右丞,出分省于彰德(今河南安阳)。十七年,入拜中书平章政事,不久又出分省于太原。(0001 卷 44、45、113)

臧芾　元武宗至大三年(1310)任瑞州路(治今江西高安)儒学教授。(1016 卷 14)

臧良　字祥卿。元钱塘(治今杭州)人。善画花竹禽鸟,师法王渊。(0030 卷 5)

臧著　元成宗大德十一年(1307)任安丘县(今属山东)主簿。(0743 卷 14)

臧天泽　元平江(治今苏州)人。历任义乌(今属浙江)县丞。(0881 卷 12)

臧元寿　字仁甫。元镇江(今属江苏)人。历任铅山州行用库副使、衢州路提控案牍。(0631 卷 19,0878 卷 3)

臧仲璧　元保定(今属河北)人。世祖至元间任义宁县尹。(1102 卷 26)

臧梦解(？～1335)　宋元之际庆元(治今浙江宁波)人。宋末进士。元世祖至元十三年(1276),降元,授婺州路军民人匠提举。后升为海宁知州,政平讼简,为诸州最。三十年,擢广西廉访副使,惩治贪官污吏八十余人,平反冤狱两起。成宗时历任江西、浙东廉访副使,广东廉访

使。博学多识,为当时名儒。著有《周官考》、《春秋微》。(0001 卷 177)

揩剌　元杭州人。泰定四年(1327)右榜进士。(0872 卷 56)

撇举　字彦举,号函谷道人。元陕西人。少时为里啬夫,不解文字。一日忽能作诗,吐奇怪语,皆古人所未经道。尝客居燕京,世祖中统元年(1260)与王恽会于燕市酒楼。后死于清苑县。工诗,有《函谷道人集》三集,刊行于元时,今佚。(1107,0504 甲,0033 卷 4)

皷住　元蒙古人。世祖至元三十年(1293)十二月,授安西王傅。(0001 卷 17)

裴纶　元顺帝至正元年(1341)任灵石县(今属山西)儒学训导。(0709 卷 2)

裴珪　元仁宗延祐(1314～1320)间为茌平县(今属山东)知县。(0730 卷 6)

裴从善　元长子(今属山西)人。文宗至顺元年(1330)任晋城县(今属山西)知县。(0694 卷 5)

裴世英　元闻喜(今属山西)人。世祖至元十八年(1281)任垣曲(今属山西)知县。(0695 卷 4,0700 卷 6)

裴处权　元人。有诗作传世。(0504 癸下)

裴约文　元河中(治今山西永济西南)人。裴居敬之子。英宗至治三年(1323)任江南行台监察御史。(0632 卷 6,0696 卷 3)

裴居安　元河中(治今山西永济西南)人。裴居敬弟。世祖至元二十四年(1287)任江南行御史台都事,二十八年升为南台治书侍御史。(0632 卷 6,0696 卷 3)

裴居敬　字太简。元河中(治今山西永济西南)人。历任陇北廉访使、云南行省参政。卒谥宪懿。(0182 卷 19,0696 卷 2、3,0075 氏族典卷 107)

裴思聪　元顺帝时为萧山县(今属浙江)知县。张士诚据浙,弃官居嘉兴,忧愤而死。(0880 卷 28、37)

裴继炎　元武宗至大二年(1309)至四年任奉化知州。(0633 卷 3)

裴梦霆　字应祥。元清江(今属江西)人。顺帝至正十一年(1351)登进士第,授江浙省儒学副提举,未赴任。次年,反元队伍起,议集乡兵备御。未几卒。(1024 卷 7,0560,0075 文学典卷 90)

裴颐真　元临城(今属河北)人。顺帝至正间中乡试,授襄阳县主簿。(0645 卷 5)

裴德和　元顺帝时人。善刻碑,后至元二年(1336)刻五台山《祀大元妙应真人记》。(1143 第 1268 卷)

劄法儿　元回回人,纳速剌丁子。仕为荆湖宣慰使。(0001 卷 135)

算只儿威①　元唐兀人,乞台普济父。世祖中统间任蒙古唐兀军民达鲁花赤,卒年七十八。追谥忠宣。(0003 卷 121)

算只儿威②　元武宗时,任云南行省右丞。至大二年(1309),奉诏诏谕八百媳妇、大小彻里诸蛮。受土官赂,擅进兵攻劫,被同僚弹劾,诏鞫其罪。后仍复原职。(0001 卷 23、24)

管铎　元世祖至元二十四年(1287)任金坛(今属江苏)县尉。(0631 卷 16)

管卜八　元畏兀儿人。成宗大德八年(1304)任江南行台监察御史。仁宗皇庆元年(1312)任南台经历。泰定三年(1326)累升为广西廉访使。文宗至顺三年(1332)升为广西宣慰使都元帅。(0632 卷 6,0256 卷 5)

管子瑜　元松江(今属上海)人。任儒学教谕。有诗作传世。(0504 丁)

管主八　元僧。历任松江府僧录。生平流通正教,发心印施汉文《大藏经》五十余藏,四大部经三十余部,《华严经》一千余部,经律论疏钞五百余部,《华严忏》、《焰口施食仪》等多部,又用金银书写《华严》、《法华》等经,庄严佛像金身,刊施佛像图本,斋供十万余僧,开建传法讲席。后奉旨于杭州大万寿寺雕刊西夏文《大藏经》版三千六百二十余卷,及《华严》诸经忏版,至成宗大德六年(1302)毕。复自印三十余藏及《华严经》、《梁皇忏》、《华严忏》、《施食仪》等赠与宁夏、永昌等路寺院。又装印西蕃字《乾陀般若白伞盖》三十余件,经咒各千余部,与吐蕃等处流通。复见平江路碛砂延圣寺《大藏经》版未竟,于大德十年续雕千余卷。又因闽浙藏经版缺少秘密经论数百卷,命工刊雕完备,装印补足。(1144 第 918 卷)

管如圭　字季璋。元宁都(今属江西)人。工诗,吴澄尝为其诗稿作序。(0212 卷 22)

管如林　元世祖至元二十二年(1285)任庆元路总管。后改任抚州路总管。母疾,割股肉进啖。诏旌其家。(0001 卷 197)

管如德(1247～1290)　宋元之际黄州黄陂(今属湖北)人。初为宋江州都统制。元世祖至元十二年(1275),以城降元。授湖北招讨使,总管本部军马,从阿术攻宋,为前锋,败宋军于扬州、焦山。招降镇江、绍兴等地。历浙西宣慰使。二十四年,迁江西参政。破豪猾,去奸吏。镇压赣、汀二州反元武装。二十六年,升江西左丞,统四省兵镇压钟明亮起义。次年,卒于军。谥武襄。(0001 卷 165)

管寿昌　字伯龄。元昆山(治今江苏太仓)人。任学道书院训导。早年居家教授。明洪武中卒,年七十六。(0162 卷 19)

管怀德　元益都(治今山东青州)人。

顺帝至元四年(1338)任江南行台监察御史。(0632 卷 6)

管诠祖　元浦江县(今属浙江)知县。(0881 卷 13)

管淳祖　元黄州黄陂(今属湖北)人,管如德子。仕至中顺大夫、龙兴路富州尹。(0001 卷 165)

管景中　元台州(治今浙江临海)人。历任新昌县(今属浙江)儒学教谕。(0880 卷 29)

管景模　宋元之际黄州黄陂(今属湖北)人。初仕南宋,为蕲州安抚使。世祖至元十二年(1275)伯颜伐宋,迎降,授淮西宣抚使。(0001 卷 127、165)

管道升(1262～1319)　字仲姬。元乌程(治今浙江湖州)人。赵孟頫妻,封魏国夫人。有才略,聪明过人。善书法。又善画墨竹,笔意清绝。有诗作传世。(143 外集,031 卷 7,0504 壬下)

管道杲　元乌程(治今浙江湖州)人。管道升姊,嫁南浔姚某。善书画。有诗作传世。(0033 卷 36)

管祝思监　元武宗即位,拜礼部侍郎,奉命出使缅国。(0001 卷 22)

僧奴①　元畏吾儿人。大乘都之子。曾任乌程县(治今浙江湖州)达鲁花赤。(0876 卷 7,0002 卷 192)

僧奴②　元畏吾儿人。顺帝至正三年(1343)任江南行台监察御史。(0632 卷 6)

僧住(？～1358)　元顺帝时,任婺州路(治今浙江金华)达鲁花赤。至正十八年(1358),红巾军朱元璋部来攻,被杀。(0001 卷 45)

僧家　元成宗大德四年(1300)正月,为翰林承旨,受帝赐钞五百锭以养其母。(0001 卷 20)

僧吉观　元顺帝至元四年(1338)任定海县(治今浙江宁波镇海)达鲁花赤。(0634 卷 2)

僧吉陀　元唐兀人。太祖攻西夏,迎降。任秃鲁哈必阇赤(质子军文书官)、兼怯里马赤(通事)。(0001 卷 133)

僧伽剌　元文宗时爪哇国来华使臣。至顺三年(1332)三月,奉遣携金书表及方物至大都(今北京)朝贡。(0001 卷 36)

僧家奴①　元武宗至大三年(1310)任江南行台监察御史。(0632 卷 6)

僧家奴②　元仁宗延祐六年(1319)任江南行台监察御史。(0632 卷 6)

僧家奴③　元文宗时,任河南河北道廉访副使。至顺二年(1331),上奏请定官员给假省亲之制。(0001 卷 35)

僧家奴④　元顺帝至元三年(1337)为卫辉路郡守。七月,卫辉路大水,民皆栖于树木,僧家奴以舟载饭食之,移老弱居城头,日给粮饷,月余水方退。(0001 卷 51)

僧家奴⑤　字元卿。元蒙古人。顺帝至正九年(1349)任福建廉访使。能诗,有诗作传世。(0593 卷 13,0011 卷 32,0033 卷 18)

僧家奴⑥　元末任参政、河东宣慰使。(0412 卷 12、15)

僧家奴⑦　元畏兀儿人。孟速思子宣政院使脱因之子。任行大司农少卿。(0011 卷 39)

僧伽巴叔撒邦巴　元时缅国王子。成宗元贞二年(1296)十一月,奉王遣,至大都(今北京)贡方物。(0001 卷 19)

雒政　元伏羌(治今甘肃甘谷)人。任河东宪司佥事。(0801 卷 29)

雒惟中　元顺帝至元六年(1340)为陕西行省儒学提举司吏目。(0554 卷 26)

鲜于氏　元渔阳郡(今北京一带)人。鲜于枢之女。嫁江浙行省丞相朵儿的斤,生子伯颜不花的斤。元末反元队伍起,教子移孝为忠,后伯颜不花的斤守信州而死。(0001 卷 195,0002 卷 116,0004 卷 38)

鲜于枢(1246～1302)　字伯机,号困学民、西溪子、直寄老人。元渔阳郡(今北京一带)人。世祖至元二十四年(1287)任两浙转运司经历。后历任江浙行省都事。成宗大德初,任浙东宣慰司都事。大德六年(1302)北归,以太常典簿致仕。工书法,与赵孟頫齐名,尤擅长草书。亦善绘画。工诗能文,有《困学斋诗集》二卷、《困学斋杂录》一卷。(0503 二集丙,0031 卷 7,0002 卷 237)

鲜于端　字文肃。元渔阳郡(今北京一带)人。鲜于枢之孙。善书法,不失家学。(0031 卷 7)

鲜卑诚　元滦州(治今河北滦县)人。鲜卑仲吉孙,鲜卑淮之子。世祖至元间,袭父职,授高邮上万户府副万户,改授金武卫亲军都指挥使司事。至元后叶,领兵从征爪哇。后从征八百媳妇国。出使广东。病死,子忽笃土袭职。(0001 卷 165)

鲜卑淮　元滦州(治今河北滦县)人。鲜卑仲吉之子。宪宗时,充管军千户,从札剌台火儿赤东侵高丽。世祖中统元年(1260)。扈驾征阿里不哥,以功受上赏。三年,从征李璮。至元十年(1273),授侍卫亲军千户、大都屯田万户。(0001 卷 165)

鲜于去矜　字必仁,号苦斋。元渔阳郡(今北京一带)人。鲜于枢之子。书法得家传,又善作散曲。(0031 卷 7,1108 卷 154,0115)

鲜卑仲吉(1188～1244)　字庆仲。金元之际滦州(治今河北滦县)人。金末权领永安军事。元太祖十年(1215),降蒙古,任滦州节度使。后任右副元帅,从阿术鲁攻金,取信安等城,以功升河北等路汉军兵马都元帅。太宗六年(1234),从破蔡州(今河北汝南)有功,受封兴平路都元帅、右监军、永安军节度使,兼滦州管内观察使,开国侯。(0001 卷 165,0003 卷 60,0002 卷 144)

鲜卑仲权　元乐亭(今属河北)人。太宗十年(1238)诸路考试选士,仲权中选。(0075 氏族典卷 576)

端复初(1321 ~ 1373)　本姓端木,省为端,字以善,元明间溧水人。元顺帝至正初,试吏南台。迁浙东宪司书吏。至正中战乱,弃职去金华。入明,历任刑部尚书、湖广参政。(0411 卷 19,0020 卷 138)

端真拔都儿　元蒙古兀鲁兀氏。怯台长子。怯台死后,袭父爵为德清郡王。(0001 卷 120、2)

彰德闾　元泰定四年(1327)任建康路(治今南京)达鲁花赤。(0632 卷 6)

廖珙　字信中。元新喻(治今江西新余)人。仁宗延祐(1314 ~ 1320)初为播州(治今贵州遵义)儒学正。(0212 卷 30)

廖毅(? ~1329)　字弘道。元建康(治今江苏南京)人。工散曲。文宗天历二年(1329)春病死。善为诗文,有诗作传世。(0029 卷下,0033 卷 15)

廖子通　元镇江(今属江苏)人。世祖至元十二年(1275)任丹徒县(治今江苏镇江)主簿。(0631 卷 16、19)

廖正华　元人。有诗作传世。(0504 癸下)

廖均用　元蒲圻(今属湖北)人。元末避战乱于南山,散财飨士。历大旱,有司劝赈,尽发所储以济。(1041 卷 51,0075 学行典卷 240)

廖志贤　元顺元路(治今贵州贵阳)儒学教授。善教,启迪多方。(0853 卷 5、9)

廖应龙　字云祥。元渌江人。元初为宜山县(今属广西)簿尉,后弃职归。其家园亭之胜冠一州。(0250 卷 38)

廖思文　元耒阳(今属湖南)人。与弟思政、思宥率乡名保乡里,反元武装不敢进攻。(1041 卷 51)

廖敬先　元庐陵(治今江西吉安)人。有诗作传世。(0504 辛下)

阚文兴(? ~1280)　元世祖至元间,从军漳州,为漳州万户府知事。十七年(1280),陈吊眼起义军攻漳州,文兴率兵与战,死之。谥英烈。(0001 卷 200)

潢察　元宗王。口温不花孙,灭里吉歹之子。(0001 卷 107)

漆希范　字文翁,号平溪。元高安(今属江西)人。初为高安县儒学教谕,累迁为静江路儒学教授。后历任湖广省掾、临江路知事。(1011 卷 31,1016 卷 20,0075 氏族典卷 513、文学典卷 86)

漆荣祖(1271 ~ 1336)　字仲华。元黄池(今安徽当涂南)人。历任黄池、建康、杭州三织染局副使,迁武昌路造作副提举,升武昌路诸色人匠提举。致仕归。(0152 卷 38)

赛阳　又译赛羊。初为太子真金近侍。元世祖至元十九年(1282)十月,初立詹事院,任太子左詹事。二十九年,任晋王甘麻剌内史府内史。(0001 卷 12、115、169)

赛丘罗(? ~1327)　元徭人首领,谋粘路(治今云南耿马)土官。泰定初反元。二年(1325)七月,元廷遣使奉诏招谕,乃出降。次年九月,奉方物朝贡。四年七月,前往招谕八百媳妇蛮招三斤来降,被银沙罗土官散怯遮杀。(0001 卷 29、30)

赛因赤　元顺帝至正中,为察罕帖木儿部将。十七年三月,奉察罕遣,收复一度为红巾军所占据之晋宁路(治今山西临汾),十九年八月,从察罕与诸将同攻破大宋红巾军都城汴梁城。(0001 卷 45、141)

赛甫丁①　元世祖至元二十七年(1290)任开化县(今属浙江)达鲁花赤。(0878 卷 2)

赛甫丁②(? ~1292)　元人。世祖至元二十九年(1292)为广南西路安抚副使。是年六月,诽谤朝政,以风闻三十余事妄告省官;帝以有伤政体,降旨逮捕。八月,被处死,籍没家产,其党羽杖而徙之。(0001 卷 17)

赛甫丁③　元文宗至顺三年(1332)为辽阳行省参政。是年六月,御史台臣劾其庸鄙不胜任,被罢官。(0001 卷 36)

赛甫丁④　元顺帝至正十七年(1357)为"义军"万户,三月叛元,占据泉州。二十二年五月,占据福州,被福建行省平章燕只不花击败,其余众航海还据泉州。(0001 卷 45、46)

赛帘秀　元艺妓、杂剧女演员,著名杂剧女演员珠帘秀之弟子。时誉为"声遏行云,古今绝唱"。中年双目失明。嫁艺人攵要俏。(0032)

赛景初　元明之际回回人。赛典赤赡思丁曾孙,以赛为姓。幼年从巙巙学书法,极为工妙。后授常熟州判官。入明,老于钱塘西湖之滨。善作散曲。(0029 续编,1107 卷 41)

赛福丁　元成宗大德五年(1301)任江山县(今属浙江)达鲁花赤。(0878 卷 2)

赛因不花　元泰定元年(1324)任溧水州同知。(0632 卷 6)

赛因海牙　元畏兀儿人,中书平章阿思兰海牙弟,任宣徽院同佥。(0011 卷 42)

赛帖木儿　元明宗近臣。天历二年四月，明宗于和宁（今蒙古哈尔和林）之北即位后，立行枢密院，授同知行枢密院事。（0001 卷 31）

赛罕八都鲁　元仁宗延祐初为兵部尚书。延祐三年（1315）被选充为周王和世㻋（明宗）常侍府中尉，随和世㻋出镇云南。（0001 卷 31）

赛因怯列木丁　元回回人。英宗时献宝货于太皇太后答己，议给价绽十二万锭，丞相拜住奏酬七万锭，未给。泰定间以盐引万六百六十道折钞给之，文宗时有司奉诏书夺之还官。至顺二年（1331）二月，丞相燕铁木儿奏言：宝货太皇太后既已用之，以盐引还之为宜；文宗从之。（0001 卷 35）

赛典赤赡思丁（1211～1279）　又名乌马儿。元回回人。原籍不花剌（今乌兹别克斯坦布哈拉）。元太祖西征时降附，充任护卫士。后随从东来。太宗时任燕京断事官。宪宗即位后，任燕京路总管。世祖即位后，历任燕京路宣抚使、中书平章政事。至元元年（1264），出任陕西四川行省平章。十一年，迁任云南行省平章。在滇六年，政绩斐然，政令一由行省。安抚各族首领顺服，路以下官员选任各族首领和土官。均赋税，省徭役，传播内地农业技术，修水利。开驿道，倡商业，通往来。修孔庙，设学校，兴文教。卒。成宗时追封咸阳王，谥忠惠。（0001 卷 125）

察儿　元太祖后妃之一，居第三斡耳朵。（0001 卷 106）

察乃①　蒙古兀鲁氏，术赤台之亲族。元太祖时，任侍卫长，管领一千名侍卫。太宗初年，向太宗建议，在各处设置驿站，让使臣沿驿站线来往，以免烦扰百姓。后与委兀儿台同任管营地长官，奉旨在各处旷野挖掘水井。（0009 卷 9、12）

察乃②　元畏兀儿人，中书平章剌真之子。成宗时任西台御史大夫。武宗即位，由同知通政院事迁任吏部尚书，进平章政事，领工部事。仁宗即位，罢任中书平章，后任通政院使。泰定帝泰定三年（1326），复拜中书平章政事。（0001 卷 22、112、134，0152 卷 24）

察伋（1305～？）　字士安。元蒙古塔塔儿氏，居莱州掖县（治今山东莱州）。顺帝元统元年（1333）进士，授翰林编修。历江南行台监察御史、经历。至正二十年（1360）任江西廉访佥事。后历任福建廉访使、侍御史。能诗。有诗作传世。（0028 卷上，0296 卷 3、4 下，0033 卷 23 等）

察必（？～1281）　元世祖皇后。蒙古弘吉剌氏。按陈之女。生四子：朵儿只、太子真金、安西王忙哥剌、北安王那木罕。中统元年（1260），立为皇后。成宗即位（1294），追谥昭睿顺圣皇后。（0001 卷 114）

察合　西夏公主，夏襄宗女。元太祖四年（1209），太祖率大军攻打西夏，破克夷门，围攻中兴府。夏襄宗献察合于太祖为妃，向蒙古纳贡称臣，达成和议。（0009 卷 11）

察罕①（？～1255）　元唐兀乌密氏。西夏臣曲也怯律之子，妾所出。幼时为元太祖收养。从攻金，以功为御帐前首千户。后从征花剌子模帝国，从灭西夏，皆有功。太宗初年，从攻金。七年，从皇子阔出攻宋。又从宗王口温不花取宋枣阳、光化军。十年，任马步军都元帅，攻占宋滁、寿、泗诸州。宪宗即位（1251），受命统两淮等处蒙古、汉军攻宋。卒，后追封河南王，谥武宣。（0001 卷 120、3）

察罕②（？～1301）　元蒙古薛亦氏，哈八儿秃之子。世祖时，从亲王塔察儿、大将阿剌罕伐宋有功，任万户府副镇抚。至元十三年（1276），任瑞安县达鲁花赤。后任蒙古卫军屯田千户、左翼屯田副万户等职。（0001 卷 123）

察罕③　元时入华西域板勒纥（今阿富汗巴尔赫）人。伯德那之子。通诸国字书。世祖至元中，湖广参政奥鲁赤辟为蒙古都万户府知事，后改理问，政事悉委裁决。从奥鲁赤出入湖广、江西两省，凡二十一年。成宗时，历任武昌路治中、河南省郎中。武宗时，任太子府正，加昭文馆大学士。仁宗时，任中书参政，进平章政事、商议中书省事。晚年居德安白云别墅，自号白云。尝译《贞观政要》、《帝范》为蒙古文，译蒙古文《脱必赤颜》为《圣武开天记》。著有《太宗平金始末》、《历代帝王纪年纂要》。（0001 卷 137）

察罕④　元蒙古人。成宗元贞二年（1296）至大德五年（1301），任奉化（今属浙江）州达鲁花赤。（0633 卷 3）

察罕⑤　元武宗至大二年（1309）九月，奉命与亦不剌金、杨忽答儿、阿里出使占八。（0001 卷 23）

察忽　元汪古人。北平王镇国之子，聂古台之弟。驸马。尚拖雷女独木罕公主。（0001 卷 109，0003 卷 151）

察剌　元蒙古逊都思氏。纳图儿之子。从太祖征西域，以功授业里城达鲁花赤。后事太宗于潜邸，从太宗经略中原，授随州军民达鲁花赤。（0002 卷 121，0005 卷 21，0011 卷 21）

察真　元太祖妃，居第二斡耳朵（帐殿）。（0001 卷 106）

察八儿　元宗王。窝阔台汗国第二代汗。海都长子。元成宗大德五年（1301）海都死后，在笃哇支持下继汗位。弟斡罗思不服，兄弟交战，汗国削弱。七年，与笃哇等遣使入元朝，请求罢兵通好，成宗许之。次年，笃哇起兵与之争战。战败，塔剌思等城皆为笃哇占据。十年，为海山（武宗）统率元军所攻，逃依笃哇，其领地多被并入察合台汗国。武宗至大三年（1310），图谋复国，被笃哇子怯伯击败，投奔元朝。仁宗延祐二年（1315），封汝宁王，置王傅等官。（0001 卷 21、23、25 等，0008 卷 2）

察儿台 元宗室,太祖弟别里古台后裔。泰定帝泰定四年(1327),封定王。(0001 卷 107、108)

察力威 元成宗时平阳(治今山西临汾)僧人,屡犯法,有司惮其豪强,不敢诘问。大德七年(1303),闻河东、陕西道奉使宣抚耶律希逸、刘赓至,潜逃京师。希逸、赓奏告朝廷。中书省臣言:宜捕送其所,令省、台、宣政院遣官杂治。帝从之。(0001 卷 21)

察牙孙 元畏兀儿人,孟速思之孙,脱因之子。历任四川行省左丞。(0011 卷 39,0225 卷 6)

察只剌 元宗王。铁木哥斡赤斤之子。(0001 卷 107)

察吉儿 元公主,楚王牙忽都女。嫁床兀儿为妻。文宗天历二年(1329),进封扬王夫人。(0001 卷 128、138)

察合台(约 1182～1242) 又译察阿歹、茶合䚟等。元太祖第二子。太宗同母兄。太祖以其性刚烈,命阔阔搠思辅之,后分封于西域。又使受教于博尔术。太祖六年(1211),随父攻金,与术赤、窝阔台攻掠云内、东胜、武、朔等州。八年,与术赤等率右军攻掠太行山东西两侧州郡。十四年,随父西征花剌子模国,与窝阔台围攻讹答剌数月,下之。十六年,与术赤、窝阔台同攻克花剌子模旧京玉龙杰赤。后受封畏兀儿地以西至阿母河以东地,始创察合台汗国。太宗元年(1229),遵父遗命拥立窝阔台(太宗)为大汗。因熟悉札撒(蒙古法令),太宗在位时大事多与之商定。(0001 卷 1、107 等,0008 卷 1、2)

察伯秩 元文宗时八番乖西䚟民苗人首领。至顺元年(1330),与苗人首领阿马等率万人扰边。五月,诏枢密臣分兵讨之。(0001 卷 34)

察忽剌 元宗王。哈赤温孙,济南王按只带之子。(0001 卷 107)

察剌海 元宗王。铁木哥斡赤斤曾孙,塔察儿之子。(0001 卷 107)

察儿可马 元文宗至顺元年(1330)任龙游县(今属浙江)达鲁花赤,有政绩。(0897 卷 2、8,0896 卷 155)

察乃马歹 元成宗元贞元年(1295)任定海县(治今浙江宁波镇海)主簿。(0633 卷 3)

察兀儿赤 元慈溪县(今属浙江)达鲁花赤。(0634 卷 2)

察兀儿罕 又译察兀儿孩、察忽儿罕。蒙古兀良合氏,者勒篾之弟。十二世纪八十年代,随兄投附元太祖。太祖首次称汗后,为其小侍卫队成员,并充任使者。后成为哈撒儿的那可儿(伴从者、亲兵)。1203 年夏,奉太祖命出使王汗处,侦知王汗毫无防备,正搭起金帐宴饮,遂将此情况报告太祖。太祖率军连夜奔袭,歼灭克烈部。蒙古建国后,受封为功臣千户长,并受命辅佐皇弟哈赤温之子阿勒赤歹。(0009 卷 3、6、8、10,0008 卷 1)

察罕不花①(? ～1302) 元成宗时,任云南宣抚使。从大将薛超兀儿征缅,与云南参知政事高庆受敌重赂,擅引军还,事发被杀。(0001 卷 207)

察罕不花② 元仁宗延祐二年(1315)任建康路(治今江苏南京)治中。(0632 卷 6)

察罕不花③ 元致和元年(1328)八月,为倒剌沙起军之使。被宗正府札鲁忽赤召烈氏火鲁忽台所执,并以其金字圆牌献于大都政权。(0001 卷 123)

察罕不花④ 元康里人,博罗普化子。袭父职掌宿卫。文宗时,任怯薛云都赤(带刀者),拜监察御史、升御史台经历、中书右司郎中。后任隆禧总管府副达鲁花赤。(0001 卷 134)

察罕不花⑤ 元康里人。顺帝元统二年(1334)任江南行台监察御史。(0632 卷 6)

察罕不花⑥ 字君白。元蒙古人。三中乡试,会试皆不利,恩授江阴州儒学教授。历浙西廉访司掾、佐平江幕府。顺帝至正二年(1342)由湖广行省管勾选为广西帅府经历。能诗,有诗作传世。(0202 卷 16、17,0262 卷 5,0504 丁)

察罕不花⑦ 元顺帝至正二十四年(1364),为四川行省丞相。(0001 卷 207)

察罕普华 元顺帝至元元年(1335)任江南行台治书侍御史,六年升侍御史。(0632 卷 6)

察罕·豁阿 又译察合安·兀注、察合安·豁阿。蒙古赤那思部(又称捏古思部)首领。初为札木合部属。十二世纪八十年代,率所部脱离札木合投附元太祖。约 1191 年十三翼之战中,率所部随太祖对札木合英勇作战,被擒。札木合恨其叛己,砍其头,系于马尾上拖走,又将所俘赤那思部众煮死于七十大锅中。蒙古建国后,被太祖追封为第二十五位功臣千户长,由其子纳邻·脱斡邻勒袭封,管领赤那思部人。(0009 卷 3、4、8、9,0008 卷 1)

察八儿忽都 元顺帝元统二年(1334)任秘书监丞。(0027 卷 9)

察罕帖木儿(1327～1362) 字廷瑞。元颍州沈丘(治今安徽临泉西北)乃蛮人。幼笃学。顺帝至正十一年(1351)春,应试不第。未几,红巾军起义反元。次年,组织地主武装。在河南、河北屡败红巾军。十六年,累升兵部尚书、佥河北行枢密院事。十七年,领军入潼关,击败李武、崔德红巾军,收复关陕,以功升陕西行省左丞。十八年,击败关先生、破头潘于河东,累升陕西行省平章、同知行枢密院事。十九年,攻破大宋红巾军都城汴梁。以功拜河南行省平章,兼河南行枢密院事。二十一年,进攻山东红巾军,攻占东平、济南,围益都。升为中书平章政事，知河南、山东行枢密院事。二十二年，被降将王士诚、田丰等刺杀。诏追封忠襄王，谥献武；及葬，改封颍川王，改谥忠襄。（0001 卷 141）

察罕铁穆尔　元蒙古札剌亦儿氏，脱桓不花之子。历任河南江北蒙古军都万户。（0011 卷 5）

察剌哈宁昆　元太祖五世祖拜姓忽儿之弟。蒙古泰赤乌氏始祖。（0001 卷 107，0008 卷 1）

察浑灭儿乞氏　元蒙古人。拖雷庶子拔绰之妻，薛必烈杰儿之母。（0001 卷 117）

槊直腯鲁华　元蒙古克烈氏。初，率其部人二百，从元太祖征乃蛮、西夏有功。后奉命率万人，从木华黎为前锋征金。下金桓州，得监马近百万匹，分属诸军，军势大振。又从破辽西、东诸州。后攻略河北，攻大名城，中流矢卒。武宗时追封卫国公，谥武敏。（0001 卷 122）

谭观　元临川（今属江西）人。吴澄弟子。（0072 卷 92）

谭适（1281～1331）　字立之。元宜黄（今属江西）人。文宗天历元年（1328）为集贤院掾。出为南雄路经历。（0212 卷 87、7）

谭复（1272～1316）　字见心，号吾樗。元茶陵（今属湖南）人。有诗作传世。（0173 卷 32，0504 戊上）

谭彧　字讷夫。元吴郡（今苏州）人。有诗作传世。（0504 庚上）

谭澄（1218～1275）　谭一作覃。字彦清。元德兴府怀来（今属河北）人。谭资荣之子。太宗八年（1236），袭父职为交城令。压抑豪强，减免人民负担，招集流亡，有政绩。宪宗四年（1254），进见忽必烈，留藩府。九年，受命治理忽必烈分地怀孟州（治今河南沁阳），凿唐温渠，引沁水溉田。世祖即位，升为怀孟路总管，教民种植桑、麦、稻等。至元二年（1265），迁任彰德路同知，改任平滦路总管。后历任司农少卿、京兆路总管、陕西四川道按察使。十一年，迁任罗罗斯副都元帅，未几病死。（0001 卷 191、167）

谭士元　字友文。元嘉定（今属上海）人。术精阴阳，判太史局。（0042 卷 13）

谭文德　元成宗大德二年（1298）任宜都（今属湖北）县尹。（1042 卷 6）

谭立礼　号敬斋。元松江（今属上海）人。有诗作传世。（0504 庚下）

谭汝楫　字济川。元人。镇压徭、黎人起事有功，补边郡录事司判官。（0152 卷 22，0259 文集卷 7，0182 卷 21）

谭荣安（1267～1340）　字荣甫。元湘潭（今属湖南）人。轻财好施，岁饥，倾廪以赈饥者。（0419 卷 13，0420 卷 9）

谭克修　谭一作覃。元德兴府怀来（今属河北）人。谭澄之子。世祖时事太子真金于东宫。后历任湖北、河南、陕西三道提刑按察使。（0001 卷 167、191）

谭应发　字生甫。元宁乡（今属湖南）人。尝任税官，后辞归。卒年五十。（0250 卷 55）

谭金孙　字叔金，号存理。元古云人。尝选辑宋人议论之文，成《诸儒奥论策学统宗》前集五卷、后集八卷、续集七卷、别集五卷，以备程试之用。（1103 卷 197）

谭庚桂　元仁宗皇庆（1312～1313）间任徽州（治今甘肃徽县）儒学正。（0811 卷 5）

谭振宗　号月江。元至大四年（1311）授武备卿。次年，改秘书卿。（0001 卷 24，0027 卷 9）

谭资用　金元之际德兴怀来（今属河北）人。谭资荣之弟。元太祖十四年（1219），随兄降蒙古。资荣从蒙古军征战有功，由元帅左都监升为行元帅府事，遂以资用代充元帅左都监。太宗时，资荣病退，举资用代己为行元帅府事。（0001 卷 167、191）

谭资荣（约 1193～?）　谭一作覃，字茂卿。金末元初德兴府怀来（今属河北）人。金末为交城县令。元太祖十四年（1219），降蒙古，授金符，为元帅左都监，仍任交城令。后从征有功，受赐金虎符，升行元帅府事。太宗四年（1232），从蒙古军攻汴梁有功。未几，举弟资用自代，退而耕田读书，时年四十。（0001 卷 167、191）

谭清叔　名不详，以字行。元济南人。由奎章阁吏授儒学教授，累迁为平江路（治今苏州）知事。顺帝至正七年（1347）被征召为河南省掾。（0158 卷 3，0165 卷 4）

谭楚翁　字谦益。元人。有诗作传世。（0504 甲）

谭德生　字晋明。元宜黄（今属江西）人。工诗，吴澄尝为其诗稿作序。（0212 卷 17，0183 卷 4）

谭卜颜图　元顺帝至元六年（1340）任秘书郎。未几，罢任。（0027 卷 10）

谯坚　字德操。元儒士。从蒲道源学。（0248 卷 21）

翟玉（1237～1310）　字润之。元长安（治今陕西西安）人。世祖至元三十一年（1294）任永兴库监纳。（0181 卷 6）

翟复　字景初。元曹南人。顺帝至正四年（1344）为都昌县丞，有善政。（1011 卷 13，0075 氏族典卷 540）

翟亮　元江宁县（治今江苏南京）主簿。（0632 卷 6）

翟恬　元泰定四年（1327）任丹阳（今属江苏）县尉。（0631 卷 16）

翟炳　字钦夫。元林州(治今河南林县)人。善楷书。诗效白居易,有诗作传世。(0788 卷 4,0075 文学典卷 90,0504 甲)

翟琼　字仲直。初为元上虞县尉,累升为池州路总管。(0880 卷 28,0296 卷 4 下)

翟谊　元英宗至治(1321～1323)中,任华阴县(今属陕西)知县。(0827 卷 5)

翟彬　字文中。元相台人。有诗作传世。(0268 卷 4、5,0504 庚下)

翟谦　元婺州路(治今浙江金华)录事。(0881 卷 11)

翟友直　字益之。元庆元(治今浙江宁波)人。仁宗延祐(1314～1320)间任丹徒县(治今江苏镇江)儒学教谕。(0631 卷 17)

翟文彬　元满城人。从张柔征战有功。世祖中统二年(1261)授顺天路行军千户。至元间升钧州万户。(0001 卷 8,0649 卷 34)

翟可珍　元青社人。元初为顺德路(治今河北邢台)儒学教授。(0603 卷 4)

翟廷玉　元世祖至元十六年(1279)任余姚(今属浙江)知县。(0880 卷 28)

翟汝弼　元历任婺源(今属江西)知州,其文章政事为州人传诵。(0972 卷 4)

翟完者　元仁宗延祐六年(1319)任秘书监译史。(0027 卷 11)

翟居仁　元汴梁(治今河南开封)人。顺帝至正间为太湖县(今属安徽)知县,廉洁勤政。(0622 卷 14,0925 卷 42)

翟居敬　元成宗大德八年(1304)任祁门(今属安徽)知县。(0972 卷 4)

翟居德　字安常。元金台人。历任上虞县尉。累迁为兴国路录事司达鲁花赤,有政绩。(0880 卷 28,1046 卷 5,0075 氏族典卷 540)

翟思忠　字志道。元下邳(治今江苏睢宁西北)人。解易玄成书,进呈于朝,授学官。泰定元年(1324)任镇江路知事。迁任常州路知事。顺帝至正四年(1344)累迁为太平路推官。年五十九以青阳县尹致仕。著有《魏郑公谏续录》二卷。有诗作传世。(0631 卷 15,0244 卷 9,0504 己上)

翟思温　元文宗至顺元年(1330)任绍兴路经历。(0578 卷 8)

翟润己　元邯郸(今属河北)人。顺帝至正十四年(1354)任清丰县儒学教谕。(0654)

翟嗣祖　元世祖至元十三年(1276)任秘书监典书,十七年,改任令史。(0027 卷 11)

翠荷秀　元歌妓,善演杂剧,姓李。后嫁石万户。万户卒,誓不改嫁,焚香诵经以终。(0032)

熊升　元丰城(今属江西)人。世祖至元间为星子县(今属江西)知县。(1011 卷 13)

熊本(1288～1353)　字万卿、万初。元临川(今属江西)人。早年从吴澄学。后家居授徒。(0411 卷 6,0071 卷 92,0072 卷 92)

熊钊　字伯几。明之际元进贤(今属江西)人。早年从虞集学。顺帝至正四年(1344)中乡试副榜。十二年,反元队伍至,守城有功,围解,授临江路知事。迁江西省儒学副提举。后避兵临川,陈友谅欲罗致之,匿山泽中。明初,应召校书于会同馆。(1012 卷 18,1018 卷 6)

熊忠　字子中。元昭武(今福建邵武)人。著有《古今韵会举要》三十卷。(1103 卷 160)

熊凯　字舜夫,号遥溪。元南昌人。精义理之学,家居讲授四十余年。(1012 卷 18,0034 卷 2,0075 氏族典卷 27)

熊炎　宋元之际丰城(今属江西)人。熊升兄。宋度宗咸淳十年(1274)入太学。元世祖至元二十四年(1287)任瑞州路(治今江西高安)儒学教授。(1016 卷 14)

熊复　字庶可。元丰城(今属江西)人。以五经教授乡里,四方来学者常数百人,时称西雨先生。(0212 卷 16,0072 卷 92,0002 卷 235)

熊昶(1262～1342)　字昶之。元豫章(今江西南昌)人。为崇仁(今属江西)县尉六年,有清廉声,迁升常宁州判官。(0334 卷 47,0212 卷 26,1014 卷 9)

熊载　元人。有诗作传世。(0504 丁)

熊鼎(1322～1376)　字伯颖。元明之际临川(今属江西)人,熊本之子。顺帝至正七年(1347)中乡试。十一年,署吉安路龙溪书院山长,后丁忧归。入明,历任岐宁卫经历。洪武九年(1376)为乱兵杀害。(0411 卷 31,0073 卷 1)

熊戴　元晋宁路(治今山西临汾)总管。有诗作传世。(0504 己上)

熊燿(1303～?)　字成举。元富州(治今江西丰城)人。顺帝元统元年(1333)进士,授会昌州判官。(0028 卷上)

熊大年　字元诚。元进贤(今属江西)人。熊钊父。应举试不利,历游四方,搜求遗书,归刊行。(1018 卷 6)

熊义山(? ～1355)　元安乡(今属湖南)人。曾任万户。顺帝至正十三年(1353)倪文俊兵至,力战拒之,一县获安。越二年文俊袭执之,逼使降,骂不绝口,被剖腹杀死。(0622 卷 62,0075 氏族典卷 27,0002 卷 233)

熊天瑞　元荆州乐工,从徐寿辉起事。顺帝至正中,攻克临江、吉安、赣州,奉陈友谅命以参知政事守赣州。二十五年,降朱元璋。次年,从攻浙西,叛降张士诚。士诚灭,伏诛。(0020 卷 123)

熊无忌　元顺帝至正间为上高县(今属江西)儒学教谕。(1016 卷 14)

熊不易　元宛陵(今安徽宣城)人。有诗作传世。(0504 戊上,0033 卷 23)

熊太古　字邻初,元明间丰城人,熊朋来子。文宗至顺三年(1332)中乡试,辟广东宪司书吏,转湖广省掾。历任翰林编修、国子助教、江西行省员外郎。顺帝至正间战乱,隐储山。明初征校雅乐。终老于家。有《熊太古诗集》、《冀越集记》二卷。(0001 卷 190,0147 卷 5,0417 卷 13)

熊师贤(1255～1307)　字君佐。元丰城(今属江西)人。工诗。(0501 卷 52,0075 文学典卷 86)

熊仲贵　元南昌人。曾任吉安路万安县尹。(0212 卷 68)

熊进德　字元修。元上饶人(今属江西)。工诗,有诗作传世。(0162 卷 5、6、7、12、18,0033 卷 24,0523 等)

熊良辅　字任重,号梅边。元南昌人。早年从熊凯学。仁宗延祐四年(1317)中乡试,次年会试不利。后居乡授徒。著有《周易本义集成》十二卷。(0071 卷 83,0075 氏族典卷 27,0002 卷 235)

熊朋来(1246～1323)　字与可,学者称天慵先生。宋元之际豫章(治今江西南昌)人。宋度宗咸淳十年(1274)进士。通诸经,尤深于《三礼》。宋亡,隐处州里间,讲论经义,从学者常百数十人。元世祖时,王构去江西选士,荐任福建、庐陵教授。后以福清州判官致仕。有文集三十卷。(0001 卷 190)

熊梦祥　字自得,号云松道人。元南昌进贤(今属江西)人。聪敏旷达,作诗为文,思若涌泉。旁晓音律,能作数家书,画山水清古脱俗。以茂才异等被荐为白鹿书院山长。后授大都路儒学提举、崇文监丞。以老病归,游淮浙间,放意诗酒。后居娄江上。卒于明初。年九十余。有《释乐书》、《松云道人集》。(0503 三集庚,0077 卷 2,0517 卷 6、10、11、12)

熊硐谷　元人。有诗作传世。(0504 癸上)

熊景元　字仲光。元崇仁(今属江西)人。世业儒。精于医。撰有《伤寒生意》,今不传。(1071 卷 14)

缪贞　字仲素,号乌目山樵。元常熟(今属江苏)人。好古博识,工书法。顺帝至正十六年(1356)任江浙省掾。十九年,丁忧归。有作诗传世。(0523,0031 卷 7,0042 卷 13)

缪伦(?～1356)　字叔彝。元东平(今属山东)人。侍父宦游于杭州。顺帝至正十六年(1356)淮兵执其父将杀之,请以身代,遂被杀。(0296 卷 3,0101 卷 24,0002 卷 239)

缪忏　元昆山(治今江苏太仓)僧。元末,方国珍来攻,杭和卿募死士御之,忏首应,杀方国珍部众数百。后战死。(0075 官常典卷 733)

缪佚　字叔明。元常熟(今属江苏)人。缪侃弟。能诗,善画。尝作《林塘图》,倪云林、杨廉夫即为题咏。(0077 卷 57,0078 卷 31)

缪侃　字叔正。元常熟(今属江苏)人。缪贞之子。顺帝至正中从事浙东帅府。善书法、绘画。工诗,有诗作传世。(0504 辛上,0033 卷 24,0523)

缪鉴　字君宝,号苔石。元江阴(今属江苏)人。见政事日益紊乱,不求仕进,以诗酒自娱。工诗,有《效颦集》行世。(0202 卷 9,0073 卷 110,0503 三集丙)

缪元果　元天台(今属浙江)人。尝任上虞县儒学教谕。(0880 卷 29)

缪主一　字天隐。宋元之际永嘉(治今浙江温州)人。宋末为太学生。宋亡,隐居讲授。晚年双目失明,官府舆致之,以为学舍经师。成宗大德(1297～1307)间初制大成乐器,遣使询之。卒年八十余。(0622 卷 48,0062 卷 2,0072 卷 65)

缪仲林　元温州平阳(治今浙江平阳)人。有诗作传世。(0504 戊上)

缪进德　字仁甫。元福州(今属福建)人。曾任镇江路濂溪书院山长。(0631 卷 17)

缪思恭　字德谦,号菊坡。元吴县(治今江苏苏州)人。顺帝至正间任嘉兴路同知,张士诚遣弟士德、士信来攻,败之于杉青关。在任三年有政绩,擢淮安路总管,未几卒。尝于至正二十(1360)、二十一年间,与友人唱和,成《庚辛唱和诗》一卷。(0115,0033 卷 23,0002 卷 229)

十五画

璜　字石壁。元僧人。上海广福寺讲主。有诗作传世。(0504 壬上)

慧日①　号东谷。元僧,盐官(治今浙江海宁西南)人,俗姓金。住海宁圆觉寺。(0062 卷 62)

慧日②(1272～1340)　号东明,元僧,定海(治今浙江舟山)沈氏子。九岁投奉化大同寺为童子,十三落发,十七受具。参僧真翁于四明天宁寺,命为侍者。久而辞游诸方,曾至天童寺、灵隐寺、蒋山寺。后至苏州,掌藏钥于承天寺。泰定二年(1325),赴日本弘法,历主禅兴寺、圆觉寺、建长寺。(1144 第 959 卷)

慧日③(1291～1379)　号东溟。元明之际僧人,临海(今属浙江)贾氏子。历主杭州上下天竺寺。元顺帝赐六字师号。明洪武二年(1369),应诏赴金陵蒋山佛会,对奏称旨。(0411 卷 28、35,0036 卷

5,0096 卷 3)

慧月　元时高丽僧人。顺帝至正元年(1341)夏,因去五台山礼拜文殊菩萨,道经房山县石经山,憩华严堂,知为隋僧静琬刻石经处。堂有《华严经》等十二部,皆石刻之。目睹堂朽,经亦剥蚀,遂留此募财修补。工竣,范阳贾志道为撰《重修华严堂经本记》勒石。(1144 第 959 卷)

慧印　元僧,关西张氏子。尝隐太行山修定七年。英宗至治二年(1322),敕太子诸人从其受菩萨戒,赐司徒一品。(0036 卷 4)

慧昙(1304～1371)　字觉原。元明之际天台(今属浙江)人。佛教僧人。俗姓杨。顺帝至正十五年(1355)住集庆(治今南京)保宁寺。明太祖下金陵,命其主大天界寺。洪武四年(1371)奉使西域,死于途中。(0411 卷 15,0036 卷 14,0075 神异典卷 188)

慧明①(1199～1270)　元僧人,蔚州灵丘(今属山西)李氏子。住持大同华严寺。(0551 卷 25)

慧明②(1318～1386)　字性原,号幻隐。元明之际黄岩(今属浙江)人。僧人。俗姓项。七岁出家。后住宁波五峰寺。明洪武十九年(1386)主杭州灵隐寺,入寺数日,寺僧犯科,官司逮之,明慨然自承,遂被拘,将应审,坐庑下说偈而逝。(0036 卷 14,0075 神异典卷 189)

慧定(1278～1360)　字常照。元僧人。俗姓周。住持净居寺三十九年。(0277 卷 13)

慧珍　字藏山。元江西人。僧人,住当阳玉泉山寺。(0037 卷 50)

慧梵　字竺卿,元僧人,石门(治今浙江崇德)顾氏子,受具澄寂院。性至孝,缚茆奉母,榜曰蓬居。居侧遍植梅、水仙,间写二花,极其妙姿,得梵隆、茂宗笔法。(1143 第 1339 卷)

慧敏　字仲睿。元僧,天台(今属浙江)人。工书法。(0031 补遗)

慧朗　字元白。元僧人,江阴(今属江苏)人。住持杭州天华寺。顺帝至正二十五年(1365)冬,张士信重征僧度牒钱,僧众苦之。乃断一臂,说四句偈以献,于是赖免征者众。(0296 卷 4 下)

慧鉴　字仲明,号湛然静者,元僧,钱塘(治今杭州)徐氏子。顺帝至元六年(1340),浙西兵起,削发为僧。任无锡惠山寺。善画,多散落。有《江山雪霁图》。(1144 第 991 卷)

慧照(1289～1373)　字大千。元明之际永嘉(治今浙江温州)人。僧人。俗姓麻。文宗天历元年住乐清明庆寺。顺帝至正十五年(1355)迁四明宝陀寺,又迁阿育王山广利禅寺,居九年,退居妙喜泉上,筑室曰梦庵,自号梦世叟。(0411 卷 15,0075 神异典卷 188)

聪秀(?～1371)　字实翁,元时来华日本僧人。久侍福山僧苇航。后来华,遍游禅寺,工笔翰。东归日本后,历位长福寺。晚年休居福山大智庵。(1144 第 1070 卷)

蕙　元僧人。有诗作传世。(0504 壬上)

霄云世月思　元文宗时,任太子詹事丞。天历二年(1329),改授储政使。(0001 卷 33)

霅礼　元蒙古珊竹氏,吾也而之子。太宗时,任北京等路达鲁花赤。世祖至元七年(1270),授昭勇大将军、河间路总管。(0001 卷 120)

撒必　蒙古国时西域撒麻耳干(今乌兹别克斯坦撒马尔罕)人,也里可温教主教。元太祖十五年(1220),太祖攻占撒麻耳干,幼子拖雷病,撒必进献自制之舍儿别(果子露),并率徒众祈祷。拖雷病愈,撒必被留任太医,并任御位下舍儿别赤(专门调制御用舍儿别的近侍),受封为答剌罕。(0631 卷 9)

撒里①　又译撒立。元蒙古塔塔儿氏。宪宗二年(1252)七月,奉旨与诸王土鲁花征印度。三年六月,奉旨与土鲁花等征欣都思、怯失迷儿等国。(0001 卷 3)

撒里②　元文宗时,任内侍中瑞卿。至顺元年(1330),加授大司徒。(0001 卷 34)

撒罕　元初为衢州(今属浙江)路治中。(0878 卷 2)

撒迪　早年侍元文宗于藩邸。文宗即位,拜治书侍御史,奉命至漠北奉迎明宗。天历二年(1329),拜中书右丞。宁宗即位,进中书平章政事。顺帝至元元年(1335),拜御史大夫。(0001 卷 32、33、38 等)

撒蛮　元蒙古札剌儿氏,速浑察子。幼颖异,世祖抚养若己子。稍长,命掌掖庭礼仪。以疾卒,年仅十七。(0001 卷 119)

撒敦(?～1335)　元钦察人。床兀儿第四子。燕铁木儿之弟。泰定帝死,从上都(今内蒙古正蓝旗东北)投奔燕铁木儿,与上都军战,有功。文宗时历任宣徽使、知枢密院事、御史大夫。顺帝即位,拜中书左丞相、太傅,封荣王,食邑庐州。未几,病死。至元元年(1335)六月,以曾参与侄唐其势谋逆罪,被籍没家产。(0001 卷 138、38 等)

撒寒　元蒙古土别燕克烈氏。肖乃台之弟。孛鲁(木华黎之子)部将。太祖二十年(1225),武仙叛蒙古,仙弟质于孛鲁军中,挈家逃去,撒寒奉孛鲁遣追及于紫荆关,斩仙弟,俘其妻、子而还。(0001 卷 119、120)

撒八儿①　元顺帝至正十五年(1355)为兵部尚书。十月,奉旨与工部尚书王安童,以金银牌一百六十五面,给淮东宣慰司等处"义兵"官员。(0001 卷 44)

撒八儿②　元镇江路打捕鹰房总管府达鲁花赤。(0631 卷 17)

撒马笃　元畏兀儿人,中书平章察乃之子。顺帝至正九年(1349),拜中书参知政事。不久改任侍御史。(0001 卷 113、134、140)

撒不忽　元世祖妃。(0001 卷 106)

撒礼塔(? ~1232)　元太宗二年(1230),率军征辽东蒲鲜万奴,定其地。三年,统军征高丽,定四十余城。四年,再征高丽,五年,中流矢卒。(0001 卷 2、149、208)

撒加伯　元泰定帝时,为罗罗斯土官宣慰使。文宗至顺元年(1330),随从土官禄余发动叛乱。后情况不详。(0001 卷 30、34、35)

撒吉思　又译撒吉斯。元畏兀儿人。初为元太祖弟铁木哥斡赤斤必阇赤(书记)兼王傅。铁木哥死,嫡孙塔察儿幼,其庶兄脱迭欲废嫡自立。撒吉思驰告海迷失皇后,乃授塔察儿以皇太弟宝,袭爵为王。后从宪宗攻钓鱼山。宪宗死,驰见塔察儿,劝其拥戴世祖,塔察儿从之。世祖即位,授北京(治今内蒙古宁城西)宣抚。锄奸抑强,辽东以宁。中统三年(1262),率军从宗王哈必赤讨李璮,劝止哈必赤屠城。授山东行省都督,迁经略、统军二使,兼益都路达鲁花赤,有治绩。卒,年六十六。谥襄惠。(0001 卷 134)

撒里瓦　元文宗时,任吏部尚书。至顺二年(1331),奉命佩虎符,持即位诏出使安南国。(0001 卷 35)

撒里答(? ~1256)　钦察汗国第二代汗,拔都长子。元定宗死后,奉父命率军拥蒙哥(宪宗)即位。后镇守钦察汗国西境,兼镇斡罗思诸国。宪宗五年(1255),赴和林朝觐。拔都死,宪宗命其归国嗣位,死于途中。(0008 卷 2,1141)

撒里蛮①　元官员,迭只斡耳朵千户塔出之子。年十六时,从世祖征阿里不哥,以战功赐号拔都儿(勇士),授光禄少卿,仍袭父职为迭只斡耳朵千户。历任宣徽院同佥、佥院、同知。成宗时,拜宣徽使,加大司徒。(0001 卷 122)

撒里蛮②　元世祖时,任翰林学士承旨。至元十八年(1281),兼领会同馆、集贤院事。后加授大司徒,主持太祖、太宗、睿宗、定宗、宪宗五朝实录修纂工作。(0001 卷 11、16、21 等)

撒里蛮③　元世祖至元二十一年(1284),为湖南宣慰使。是年二月,率军镇压邕州、宾州民黄大成等反元起事及梧州、韶州、衡州民反元起事。(0001 卷 13)

撒里蛮④　元世祖至元间为御史中丞。(0001 卷 13、160)

撒里蛮⑤　元成宗时,任江浙行省右丞。元贞元年(1295),授北庭都元帅府副都元帅。(0001 卷 18)

撒里蛮⑥　元人。仁宗皇庆元年(1312)任衢州(今属浙江)路同知。(0878 卷 2)

撒里蛮⑦　元仁宗延祐元年(1314)任江南行台监察御史。(0632 卷 6)

撒里蛮⑧　元宗王。口温不花孙,灭里吉歹之子。(0001 卷 107)

撒里蛮⑨　元宗王。宪宗第三子玉龙答失之子。世祖至元十三年(1276),与宗王昔里吉、脱脱木儿等同叛。次年,攻掠和林,为元军所败。后叛王内讧,被脱脱木儿立为主,与昔里吉相攻,兵败,被执送术赤后裔火你赤处囚禁,途中被旧部救走。十八年,率部攻昔里吉,执叛王药木忽儿送往元廷,途中遭斡赤斤后王袭击,部众尽失。入朝世祖,受赐封地。未几死。(0008 卷 2,0001 卷 12、162)

撒的赤　元泰定三年(1326)任泽州(治今山西晋城)达鲁花赤。(0694 卷 5)

撒剌儿①　元世祖至元二十五年(1288)任江南行台监察御史。(0632 卷 6)

撒剌儿②　元成宗大德八年(1304)任武义县(今属浙江)达鲁花赤。(0881 卷 13)

撒剌儿③　元武宗时,任教坊司达鲁花赤,遥授参知政事,阶中奉大夫。文宗即位,诏落遥授之职,仍其旧阶。(0001 卷 32、33)

撒都丁①　元武宗时,任监察御史,进刑部尚书。至大三年(1310),奉命往上都赈灾。(0001 卷 22、23)

撒都丁②　元延祐七年(1320)英宗立,任昌国州(治今浙江舟山)达鲁花赤。(0634 卷 2)

撒都丁③　元回回人。泰定间任祁门县(今属安徽)达鲁花赤。(0972 卷 4,0991 卷 3)

撒海秃　元和林(治今蒙古哈尔和林)蒙古人,浙东宣慰使哈答孙祖。(0011 卷 36)

撒答吉　元宗王。铁木哥斡赤斤之子。(0001 卷 107)

撒八儿秃　元乃蛮人。顺帝至正二年(1342)任江南行台监察御史。(0632 卷 6)

撒儿讨温(? ~1328)　元人。泰定帝时,任将作院使。致和元年(1328),扈从至上都,帝崩,燕铁木儿于大都拥立文宗。随驸马孛罗帖木儿等还攻大都,兵败,被擒杀。(0001 卷 32、138)

撒儿托温　元康里人。顺帝至正二年(1342)任江南行台监察御史。(0632 卷 6)

撒儿答温　元顺帝时,任客省使。至正十七年(1357),随知枢密院事脱脱攻邳州红巾军,分兵黄河南岸,大破之。(0001 卷 45)

撒合里都　元蒙古克烈氏。速哥第三子。从宗王兀鲁赤出征，以战功显。(0001 卷 124)

撒忒迷失①　元泰定帝时，任知枢密院事。泰定三年(1326)，拜岭北行省平章政事。(0001 卷 30)

撒忒迷失②　元文宗天历初为察罕脑儿宣慰使。天历二年(1329)二月，奉命率本部蒙古军，与镇西武靖王搠思班等会合，讨伐四川囊加台。(0001 卷 33)

撒里不花　元文宗天历元年(1328)为监察御史。(0001 卷 32)

撒里忽丁　元大德十一年(1307)武宗即位，任衢州(今属浙江)路判官。(0897 卷 2)

撒廸弥实　字正德。元顺帝至正七年(1347)由海北廉访司佥事迁任广东宣慰司同知，有政绩。(0242 卷 3)

撒的迷失①　元世祖至元二十一年(1284)，由卢世荣推荐，拜中书参知政事。二十三年，去职。(0001 卷 13、112、205)

撒的迷失②　元畏兀儿人。世祖至元二十八年(1291)至成宗元贞元年(1295)任镇江路达鲁花赤。(0631 卷 15)

撒的迷失③　元成宗元贞间任象山县(今属浙江)尉。(0633 卷 3)

撒的迷失④　元武宗至大三年(1310)三月，授同知枢密院事。(0001 卷 23)

撒的迷失⑤　元仁宗延祐二年(1315)任象山县(今属浙江)达鲁花赤。(0634 卷 2)

撒的迷失⑥(？～1328)　元泰定帝即位，拜知枢密院事。致和元年(1328)帝崩，燕铁木儿拥立文宗。撒的迷失与丞相倒刺沙等在上都与之相抗，兵败被杀。(0001 卷 29、32)

撒的迷失⑦　元顺帝至正三年(1343)任衢州(今属浙江)路治中。(0878 卷 2)

撒的迷失⑧　元蒙古克烈氏。哈散纳之孙，捏古伯之子。(0001 卷 122)

撒的迷失⑨　元西域人，任武冈路判官，收捕草寇时阵亡。(0011 卷 93)

撒的迷失⑩　元西域不花剌人，居于阗，中政院使买述丁祖。(0011 卷 83)

撒都失里　元顺帝至正二十六年(1366)为监察御史。是年，与监察御史圣奴、也先等奏言"奸邪构害大臣(指丞相脱脱)，以致临敌易将，我国家兵机不振从此始……设使脱脱不死，安得天下有今日之乱哉。乞封脱脱一字王爵，定谥及加功臣之号。"朝廷皆是其言，然未及施行而元亡。(0001 卷 138)

撒答八剌　元泰定帝姊寿宁公主之女。泰定三年(1326)，被纳为皇后。(0001 卷 30、106)

撒儿吉思鉴　元蒙古弘吉剌氏，鲁国公主媵臣竹温台之子，任宫相都总管府副总管。(0011 卷 16)

撒吉思卜华(？～1233)　元蒙古克烈氏。槊直腯鲁华之子。父死后，嗣领父所部军。太宗二年(1230)，奉命监真定史天泽军。率军围攻金将武仙于卫州，数攻不克。四年，自河阴渡河，取郑州。五年，追击金哀宗，大败金将白撒，俘斩万计，余众尽溃。追至归德，遭金将蒲察官奴夜袭，被杀。谥忠武。(0001 卷 122)

撒的谜底里　元世祖时，任翰林学士承旨。至元十二年(1275)，分立蒙古翰林院掌蒙古文字，命主其事。(0001 卷 8、158)

撅只海　元拓跋(土别燕克烈)氏，按札儿之子拙赤哥之子。任统军千户。(0011 卷 31)

蕭　元僧，吴(今苏州)人。为邓尉山书记。有诗作传世。(0504 壬上)

噶玛拔希(1204～1283)　藏传佛教噶玛噶举派二世祖师，康区止垅丹巴却秋人，赞波邬氏。自幼读佛经，过目成诵。初师事都松钦巴再传弟子绷沙巴。后师事喀脱巴，随从学法十年。返回康区收徒传法，门徒五百余人。后居粗朴寺，名声大振。元宪宗三年(1253)，会见忽必烈，谢绝其挽留。其后去内蒙古、宁夏、甘肃传法。六年，宪宗召赴和林，受封国师，受赐金丝黑帽、金印。世祖中统元年(1260)，被捕入狱。至元元年(1264)，获释返藏，沿途传教。历八年返回粗朴寺。噶玛派从他开始，影响大增，确立噶玛派活佛转世相承制度。(1146 卷 594)

幢兀儿　元成宗时，任云南行省平章政事。大德五年(1301)，奉梁王命，抵御宋隆济反元队伍有功，受赏银、钞等物。(0001 卷 20、21)

镇国　元汪古人。汪古部主阿剌兀思剔吉忽里之侄。阿剌兀思死后，嗣为部主，受封为北平王。(0001 卷 118)

镇海(1169～1252)　元畏兀儿裔蒙古克烈部人。从元太祖征克烈等部，受封百户长。后从征金、西夏有功，奉旨领俘虏万人屯田漠北，建镇海城(今蒙古科布多东)。太宗三年(1231)，任大必阇赤(书记长)，主管畏兀儿字文书，汉人称其为中书右丞相。乃马真皇后称制时罢职。定宗即位，复任大必阇赤。宪宗二年(1252)，被视为太宗后裔诸王党羽，论罪处死。(0001 卷 120，0003 卷 48)

稽晋臣　元成宗大德八年(1304)任定海(治今浙江宁波镇海)县尉。(0633 卷 3)

黎明　元昆山(治今江苏太仓)人。元初为丹徒(治今江苏镇江)县尉。(0631 卷 16)

黎崱　字景高，号东山。元安南人。九岁试童科。历任安南国侍郎，后佐安南国静海军节度使陈键幕。世祖至元二十一年(1284)，元军入安南，次年键率崱等出降。后键为安南人袭杀，崱入居汉阳以终。撰有《安南志略》二十卷。有诗作传世。(0041 卷 20，0225 卷 15、25，0503 三集壬)

黎载　字仲基。元明之际临川(今属江西)人。尝从吴澄学。顺帝至正间曾任太平路儒学教授，避战乱归。入明不复仕。(1014 卷 12，0071 卷 92，0006 卷 88)

黎敏　元临川(今属江西)人。早年从郑玉学。后为歙县(今属安徽)儒学教谕。(0072 卷 4)

黎献(1232～1292)　字子文，号拙翁。宋元之际东莞(今属广东)人。居乡讲授。(0073 卷 14，0067 卷下)

黎德(？～1284)　元世祖至元后叶广东海盗。至元二十一年(1284)十一月，被江西行省参政也的迷失擒获，就地处死。余党一百三十三人被招降，其弟黎浩及部将吴兴等槛送京师。次年二月，残部悉平。(0001 卷 13)

黎平爱　元泰定帝时播州(治今贵州遵义)部族首领。泰定二年(1325)七月，集诸部族起兵反元，湖广行省请兵讨之，元廷不许，诏播州宣抚使杨也里不花招谕之。三年正月，受杨也里不花招谕，降元。六月，复反元，杨也里不花招谕之，复降。(0001 卷 29、30)

黎公真　元甘泉县尹。(0622 卷 36，0073 卷 14，0075 氏族典卷 102)

黎廷瑞(1250～1308)　字祥仲，号芳洲。宋元之际鄱阳县(治今江西波阳)人。宋度宗咸淳七年(1271)进士，授肇庆府司法参军，未上任。元世祖至元二十三年(1286)至二十七年，摄饶州路(治今江西波阳)儒学教授。有《芳洲集》三卷(收于《鄱阳五家集》。(0374 卷 24，1109 卷 4、8，0095 卷 76)

黎仲瑾　号碧山，元人。工画，入神品。(0153)

黎安道(？～1364)　元顺帝时，为军阀孛罗帖木儿部将。至正二十四年(1364)，拜中书参知政事。不久孛罗帖木儿败，被杀。(0001 卷 46、113)

黎应物　字伯让。元临江(治今江西清江西南)人。顺帝至正五年(1345)进士，授南康路录事，辟江浙省掾，迁漳浦县尹。闻父丧，即日驰归，途经建昌南城，适遇红巾军起义反元，卒于南城。(1015 卷 7，0908 卷 19)

黎颜叔　元醴陵(今属湖南)人。仁宗延祐(1314～1320)间进士。曾任大冶县尹。有诗作传世。(1041 卷 36、51，0504 癸下)

德丰　宋元之际僧人，三山(今福州)人。为元初宋遗民之隐于禅者。有诗作传世。(0033 卷 34，0070 卷 93，0063 卷 15)

德仁　字仲山，号乳峰老人，元僧，上党(治今山西长治)张氏子。少年为僧。后依报恩寺僧万松门下业就。历住南宫洪济寺、庆和寺，东原灵泉寺。成宗元贞二年(1296)，开法镇阳鬲城。晚年住嵩山少林寺，时殿宇崩毁，数年间还复旧观。居南宫时，诏领燕京万寿寺，赐正宗兴教大禅师号，以年迈固辞，不许。寂后弟子觉明等建塔于燕京。(1144 第 998 卷)

德奴　元畏兀儿人，中尚院使忙兀的斤之子。曾任光州达鲁花赤。(0011 卷 51)

德异　元僧，上高(今属江西)人。出身儒门，弱冠出家为僧。历住嘉兴普光寺。至元中，两诏不起，王公贵人多师事之，施财百万为起佛寺。高丽国王闻其名，请往其国，不从。历十余年坐化。(1144 第 1004 卷)

德寿①(？～1306)　元成宗之子。母失怜答里皇后。大德九年(1305)六月，立为皇太子，十二月死。无嗣。(0001 卷 21、107、114、170)

德寿②　元吐蕃人，官卓斯结子。曾任云南行省左丞。(0001 卷 123)

德住①　元康里人。泰定四年(1327)任江南行台监察御史。(0632 卷 6)

德住②　元泰定帝时，任监察御史。后致仕。顺帝至正十二年(1352)，红巾军起事，诏起为河南行省右丞，守东明(今河南东明北)。(0001 卷 30、42)

德玩　字璞原。元僧，会稽(治今浙江绍兴)人。(0411 卷 8)

德林(？～1344)　元东瓯(今浙江温州一带)人。僧人。顺帝至正十三年(1343)独来上海，住柘泽寺，寺因兵火岁久荒废。禅坐其中，一笠一瓢，晏然自足。次年，积薪自焚。(0037 卷 39，0931 卷 31)

德昂　号伏庵。元僧，嘉兴(今属浙江)人。住义乌广爱寺。与宋濂友善。(0075 神异典卷 188)

德宝　元僧人。住吴郡(今苏州)北禅寺。有诗作传世。(0504 壬上)

德净　字如镜。元钱塘(治今杭州)人。僧人。能诗，泰定、天历间与仇远、白珽等游。有《山林清气集》二卷。(1103 卷 195)

德济　号铁舟，元时来华日本僧人，下野州人。尝来华遍谒诸师，顺帝崇其道，赐号圆通大师。归日本后，历住阿州宝陀寺、京兆万寿寺。退休西山龙光院。(1144 第 1010 卷)

德哥　元延祐七年(1320)任浙东宣慰司同知。(0634 卷 1)

德流　见关德流。

德祥(1330～1392)　字麟洲，号止庵。元明之际仁和(治今杭州)人。僧人。俗姓钟。工诗，善书法。明初住持杭州径山寺。(0031 卷 7，0036 卷 25，0872 卷 90)

德眼　元畏兀儿人，八丹子。仕为汝宁府达鲁花赤。(0001 卷 134)

德清(1200～1279)　金元之际安阳(今属河南)人。僧人。俗姓王。自幼为僧。元世祖至元八年(1271)赐号妙严宣明雄辨大师，登席讲法，帝悦，赐以银，即用以印《佛经疏》四十余部。(0210 卷 18)

德琼　字林叟，元时来华日本僧人，千叶氏子。早依佛大觉得悟。来华谒诸高僧。东归日本后，历住禅兴寺、寿福寺。寂后敕谥觉照禅师。(1144 第 1010 卷)

德辉　字东阳，元僧。嗣法僧晦机。文宗天历间掌理百丈寺，至顺初重建法堂。顺帝至元元年(1335)奉敕重修《百丈清规》八卷，为丛林所重。日本僧圆月、祖能求法来华，先后谒见呈偈。(1144 第 1009 卷)

德谦(1267～1317)　号福元。元僧人，宁州定平(治今甘肃正宁西南)杨氏子。住大都(今北京)崇恩寺。(0035 卷 36，0037 卷 4，0075 神异典卷 187)

德僧　元畏兀儿人，中尚院使忙兀的斤孙。(0011 卷 52)

德馨(1303～1372)　字兰室。元僧人，义乌(今属浙江)方氏子。年二十四祝发于伏龙山圣寿寺，侍师十五年，得其心传。顺帝至正十二年(1352)至金华，建清隐寺。二十一年，主圣寿寺。次年，复归清隐寺。(0419 卷 11)

德流于实　元顺帝至正间为海运千户。八年，方国珍反，入海为乱，劫掠漕运粮；德流于实为其所执。(0001 卷 143)

镏山立　元人，善画梅，有《梅图》，欧阳玄为之题诗。(1143 第 1493 卷)

镏垚辅　元人，善画山水，有《观瀑图》。(0247)

樊万　字万里。元缙云(今属浙江)人。元初为滁州(今属安徽)儒学教授。后历任翰林应奉、江浙省儒学提举。(0896 卷 116、177，0071 卷 82)

樊玉　元顺帝至正二十四年(1364)任杭州路治中。(0573 卷 2)

樊闰　元世祖至元二十六年(1289)任江南行台监察御史。(0632 卷 6)

樊枢　元大都(今北京)人。文宗天历二年(1329)任丹徒(治今江苏镇江)县尹。(0631 卷 16)

樊复　字明仲。元进贤(今属江西)人。顺帝至正间率乡兵对抗反元队伍，战死。(0002 卷 230，1018 卷 6，1012 卷 18)

樊炳　字明甫。元冠州(治今山东冠县)人。历任永州(今属湖南)路总管。(1052 卷 10，0622 卷 65)

樊圃　字孟学。元句容(今属江苏)人。(0504 辛上)

樊益　字友谅。元汴梁(治今河南开封)人。任慈利(治今湖南慈利西北)知州，为政廉明。(1041 卷 66，1053 卷 13)

樊渊　元建康句容(今属江苏)人。幼失父，事母至孝。世祖至元三十年(1293)，江东廉访使辟为吏。母亡，辞职奔丧，十年不起。事闻，诏加褒异。(0001 卷 197)

樊楫(1240～1288)　元冠州(治今山东冠县)人。初为军吏。世祖至元中，从阿里海牙下鄂州(今湖北武汉武昌)、江陵，以功授都事。从定广西，升郎中。从攻厓山，升行省参议、湖南宣慰司同知。二十四年(1287)，升行省参政，率舟师与镇南王脱欢、右丞程鹏飞分兵三路侵安南。次年，率舟师班师，在白藤江遭安南舟师阻击，力战而死。文宗时，追封上党郡公，谥忠定。(0001 卷 166)

樊大临　字顺之。元定襄(今属山西)人。樊天用之子。世祖至元初，曾任平凉府监运副使。(0351 卷 10)

樊天用(1195～1266)　金元之际定襄(今属山西)人。樊天胜弟。金末降于蒙古，授九原帅府观察使。(0604 卷 2，0691 卷 9，0692 卷 20)

樊天泽　元成宗大德七年(1303)任开化县(今属浙江)知县。仁宗延祐三年(1316)改任武义县(今属浙江)知县。(0878 卷 2，0881 卷 13)

樊天胜　金元之际定襄(今属山西)人。樊天用兄。金末降于蒙古，积战功为九原帅府元帅。(0351 卷 34，0691 卷 9，0692 卷 20)

樊世显　元仁宗延祐(1314～1320)间为永康县(今属浙江)主簿。(0881 卷 13)

樊执敬(？～1352)　字时中。元济宁郓城(今属山东)人。由国子生擢授经郎。历官至侍御史。顺帝至正七年(1347)，擢山南道廉访使，移湖北道。十年，任江浙行省参政。十二年，守杭州，城为天完红巾军攻破，战死。追封鲁国公，谥忠烈。(0001 卷 195)

樊会庆　元成宗大德四年(1300)任江南行台监察御史。(0632 卷 6)

樊好礼　字士和。元东平(今属山东)人。曾任商河县尹，有政绩。(0721 卷 25，0741 卷 5)

樊志应(1221～1295)　字顺甫，号重玄子。元汾西(今属山西)人。全真教道士。世祖至元二十二年(1285)建真常观于大都(今北京)南城。(0144 卷 40)

樊昌祖　元顺帝至元四年(1338)任衢州

路判官。(0878 卷 2)

樊事真　元大都名妓。参议周仲宏嬖之,后欲归江南,事真饯之,誓曰:"妾若负君,当刳一目以谢君。"后仲宏来京师,事真曰"别后非不欲保持,卒为豪势所逼,昔日之誓,乞徒设哉?"乃抽金篦刺左目,血流遍地。遂欢好如初。好事者编为杂剧《樊事真金篦刺目》。(0032)

樊香歌　元金陵名妓。妙歌舞,善谈谑,颇涉猎书史,朝士爱赏之。年二十三卒。好事者春游,必携酒奠其墓。(0032)

樊嗣祖　元顺帝至正初为句容县(今属江苏)主簿。(0632 卷 6)

樊野仙溥化　元顺帝至正十四年(1354)为益都(治今山东青州)县尹。(0603 卷 4)

獠忽真兀儿迭葛　又译抄真斡儿帖该。元太祖五世祖拜姓忽儿之弟。蒙古昔只兀剌氏始祖,生六子,名为斡罗纳儿、晃豁坛、阿鲁剌惕、雪你惕、合卜秃儿合思、格泥格思;后各成一氏族。(0001 卷 107,0009 卷 1)

滕羽　字子羽。元婺源(今属江西)人。元初为婺源县主簿。(0972 卷 4、8)

滕远　元吴郡(今苏州)人。有诗作传世。(0504 庚上)

滕杰　元掖县(治今山东莱州)人。文宗至顺(1330 ~ 1333)间历任礼部郎中。(0727 卷 6)

滕斌　字玉霄。元黄冈(今属湖北)人。风流笃厚,其谈笑笔墨为人传诵。武宗至大(1308 ~ 1311)间任翰林学士,出为江西省儒学提举。后弃家人天台山为道士。工诗,有《玉霄集》。(0503 三集丙,0033 卷 12,1051 卷 6)

滕义卿　元祥符(治今河南开封)人。滕克恭兄。历任泗水县儒学教谕、安庆路司狱。(0762 卷 4)

滕文禄　元婺源(今属江西)人。顺帝至元元年(1335)中乡试,任书院山长。(0972 卷 6)

滕世安　元温州平阳(今属浙江)人。元初授仙居县(今属浙江)主簿,迁任黄岩县丞。(0889 卷 7)

滕安上(1242 ~ 1295)　字仲礼,号退斋。元中山安喜(治今河北定州)人。以荐授中山府教授,迁禹城主簿,入为国子博士,升监丞,改太常礼仪院丞。成宗元贞元年(1295)授监察御史,辞归。未几起为国子司业,未上任卒。追谥文穆。有《东庵集》四卷。(0501 卷 55、28,0075 氏族典卷 322,0002 卷 195)

滕克恭　字安卿,元明之际祥符(治今河南开封)人。元顺帝至正二年(1342)登进士第。历任集贤直学士。明初,两次任河南乡试考官。卒时年百余岁。(0622 卷 27,0762 卷 4)

滕松年　元英宗至治三年(1323)任江南行台监察御史。(0632 卷 6)

滕叔孟　元祥符(治今河南开封)人。滕义卿之子。顺帝至正四年(1344)乡试第一。仕至枢密院都事。(0762 卷 4)

滕叔颜　元祥符(治今河南开封)人。滕义卿之子。顺帝至正八年(1348)进士。仕至员外郎。(0762 卷 4)

滕鲁瞻　元世祖至元十九年(1282)为南台监察御史。是年,阿里海牙自陈其功比伯颜,当赐养老户;鲁瞻劾之。阿里海牙自辨。有旨遣使赴南台逮鲁瞻赴京审问。南台御史大夫相威驰奏鲁瞻无罪,使者竟归。(0001 卷 128)

颜奎(1235 ~ 1308)　字子俞。宋元之际永新(今属江西)人。居乡兴学,不求仕进。门前有万竹,日啸咏其间,学者称吟竹先生。有诗作传世。(0250 卷 57,0504 甲)

颜浩　元临淄(治今山东青州西北)人。顺帝至正间任武强(今属河北)县尹。(0645 卷 4)

颜辉　号秋月。元江山(今属浙江)人。善画道释人物,尤善画鬼。(0030 卷 5,1080 名画题跋卷 9,1072 卷 52)

颜瑜(? ~ 1358)　字德润。元兖州曲阜(今属山东)人。颜回五十七代孙。以行谊被荐举为邹、阳曲两县教谕。顺帝至正十八年(1358),田丰起兵山东反元,瑜携家走郓城,途中遇反元队伍,被执,怒骂被杀。(0001 卷 194)

颜旒　字景义。元乌程(治今浙江湖州)人。泰定四年(1327)进士。历任江西行省员外郎,后辞归。有《归闲集》,今佚。(0876 卷 12)

颜毅　元堂邑(治今山东聊城西北)人。顺帝至正间任丰县(今属江苏)知县。(0956 卷上)

颜潾　元曲阜(今属山东)人。颜子五十七世孙。历任宁阳县儒学教谕。(0075 官常典卷 127)

颜之美　字宗德。元曲阜(今属山东)人。颜回五十六世孙。历任庐州路儒学教授、山阳县主簿、东明县尹。(0075 氏族典卷 170、官常典卷 127)

颜之恪　字宗敬。元曲阜(今属山东)人。颜回五十六世孙。文宗至顺二年(1331)任秘书郎。(0027 卷 10)

颜子益　元清苑(治今河北保定)人。曾任河东宣慰使。(0691 卷 8)

颜天民　元成宗大德初,任兰溪(今属浙江)州同知。(0881 卷 12)

颜天祥　元末人。有诗作传世。(0033 卷 10)

颜天翼(1191 ~ 1254)　字飞卿,金元之际名医。祖籍舞阳(今属河南)。祖父再思幼年遇兵乱,被偃城(今属河南)冯氏收养,改姓冯,其子孙均改姓冯,至天翼临终之年始复姓颜。冯氏以医为业,再思及其三子均传承医业。天翼为再思次子安德之子,少年时已精通医术。金哀宗正大八年(1231),被蒙古将贵曲乃俘获,留为侍医。天兴二年(1233)汴京陷落,奉贵曲乃之命入城征集医师,得数十名。次年,携全家至漠北,被蒙哥奏留为其王府侍医。元宪宗元年(1251),授太医使。为蒙哥侍医十余年,蒙哥询及天下利病,知无不言,询及政事,则谢称不能。曾治愈庄圣太后之病,受太后赐金。三年,为太医大使,与罗天益等从忽必烈驻冬于瓜忽都,传授生肌青龙膏等良方于罗天益,后被收入罗氏《卫生宝鉴》。次年春,告老,诏赐汤沐邑于邢台,以太医院提点致仕。(1149 第 45、46 卷)

颜世荣　元句容县(今属江苏)知县。(0632 卷 6)

颜成子　字成身。元吉水(今属江西)人。事母以孝闻。文宗天历二年(1329)中乡试。(0075 学行典卷 192)

颜伯录　字畴叔,号梅野。元永春(今属福建)人。元初,被蒲寿庚荐为南海县(治今广州)知县,辞不赴任。(0075 氏族典卷 170)

颜近仁　名不详,以字行。元人。举进士。能画竹。(0480 卷 3)

颜应欢　元昌国州(治今浙江舟山)人。历任新昌县(今属浙江)儒学教谕。(0880 卷 29)

颜应祐　字孝先。元同安(今属福建)人。以战乱迁徙失母,访求二十六年于云南得之,迎以归。(0902 卷 131,0901 卷 67,0002 卷 239)

颜完璧　元河阳(治今河南孟县)人。成宗大德间任进贤(今属江西)县尹,有惠政。(1018 卷 5)

颜耕道　元安乡(今属湖南)人。隐居不仕。有诗作传世。(0504 戊下)

颜智杰　元顺帝至元四年(1338)任吴江(今属江苏)州同知。(0954 卷 17)

潮海(? ~1352)　元蒙古札剌亦儿氏。由国子生入官,为靖安县(今属江西)达鲁花赤。顺帝至正十一年(1351),徐寿辉等起义于蕲、黄间,是为天完红巾军。次年,潮海与县尹黄绍招集地主武装,抵御天完红巾军。未几,红巾军数万来攻靖安。绍赴行省求援,潮海独率众与战于象湖,大破之。乃起进士胡斗元、甘棠等谋划,以勇士黄云为前锋,半年间战屡捷,擒红巾军将领洪元帅。后黄云战死。潮海被围,寻被擒,杀于富州。(0001 卷 195)

潘见　元广西徭人首领潘宝之弟。泰定二年(1325),潘宝率徭人反元起事,攻略柳城、镡津、来宾等县。十一月,潘宝被广西宣慰使擒获下狱,潘见率徭人进攻柳州,元廷命湖广左丞乞住剿捕。(0001 卷 29)

潘仁　字彦宾。元蕲春(治今湖北蕲春西南)人。著有《唐丞相陆宣公奏议纂注》十三卷,江南行台御史上其书,行省署为宝庆路儒学正。(0250 卷 31、39)

潘氏①(? ~1353)　元顺帝至正间福宁知州王伯颜子王相之妻。至正十二年(1352)十二月,反元武装攻破福宁州,王伯颜父子被擒杀。潘氏与其二女被擒获,怒骂,母女皆被杀。(0001 卷 195)

潘氏②(? ~1359)　名妙圆。元山阴(治今浙江绍兴)人。徐允让之妻。顺帝至正十九年(1359),与夫从舅避兵山谷间。舅被执,夫泣以救舅脱,夫被兵所杀,欲强辱潘氏,潘氏绐之曰:若能焚吾夫尸,从汝。兵信之,聚薪焚其夫尸。火既炽,且泣且语,投入火中死。(0001 卷 201)

潘氏③　元徽州婺源(今属江西)人。汪琰之妻。年二十八而琰死,乃养其夫堂兄之子元圭为子,视如己出,誓不改嫁。卒年六十二。(0001 卷 201)

潘廸　字履道。元元城(治今河北大名东北)人。通五经。历任翰林编修、国子助教,升国子司业,迁任集贤学士。(0034 卷 3,0075 氏族典卷 164,0002 卷 234)

潘谷　号老痴。元合肥(今属安徽)人。潘纯之子。有诗作传世。(0504 辛下)

潘怀　字景进。元鄱阳(治今江西波阳)人。元末战乱,与弟侍父北走。遇盗露刃索金,与弟争请代父死,盗感其孝,皆捨之。(0075 氏族典卷 164、学行典卷 192)

潘纯(1292 ~?)　字子素。元合肥(今属安徽)人。有文才,流寓吴中,日与诸贵人吟咏为乐。顺帝至正十二年(1352)兵起,迁家于绍兴,江南行台御史大夫以为上客,未几为其子诬陷,械送吴郡(今苏州),途中遇害。工诗,有诗作传世。(0101 卷 10、23、24,0042 卷 10,0503 三集庚)

潘迪　元大名元城人,博学通诸经。历任国子司业、集贤学士。著有《易春秋学庸述解》、《格物类编》、《六经发明》等。(0073 卷 25)

潘牧　元淮南人。顺帝至正间举茂才异等。有诗作传世。(0504 辛下)

潘炎　字光大。元扶沟(今属河南)人。举进士,历任襄城县尹,罢官归。顺帝至正中,刘福通攻占汴梁,遣人征辟为学士,炎怒骂,以首触庭柱而死。(0761 卷 27,0002 卷 232,0004 卷 40)

潘泽(1238 ~1292)　字泽民。元顺宁府宣德县(治今河北宣化)人。从许衡受学。由太府监掾史累迁为知弘州,平反冤狱。转兴中知州,入为监察御史。后历任辽东按察司佥事、御史台都事、江北按察副使、浙西宪副。(0501 卷 64,0002 卷 194,0072 卷 90)

潘宝 元广西徭人首领。泰定二年(1325)二月,反元起事,攻占柳城县。七月,攻镡津、义宁、来宾诸县,元廷命广西守将剿捕。十一月,被广西宣慰使擒获下狱。(0001卷29)

潘诩 元济南人。潘昂霄之子。文宗至顺(1330～1333)间任嘉定(今属上海)州同知。(0101卷22)

潘荣 字伯诚,号节斋。元婺源(今属江西)人。通经史,隐居不仕。(0532卷95下,0972卷7,0075氏族典卷164、文学典卷90)

潘杰 元世祖时,依附权臣阿合马,为其党羽。至元二十二年(1285),卢世荣当政,用为湖广行省参政,专领课程事。(0001卷13、205)

潘昧 元武宗至大四年(1311)任江山(今属浙江)县尉。后迁任建康路(治今江苏南京)录事。(0632卷6,0878卷3)

潘禹 元文宗至顺二年(1331)任庆元路(治今浙江宁波)照磨。(0634卷1)

潘奕 字景大。元黄岩(今属浙江)人。元初为福州路儒学教授。有诗作传世。(0504甲)

潘音(1270～1355) 字声甫。元新昌(今属浙江)人。早年从吴澄学。后归隐山中,闭门读书。工诗文,有《待清轩遗稿》二卷。(0503初集庚,0075学行典卷270,0006卷91上)

潘津 字润卿。元世祖至元间为镇江路行大司农司令史。后累迁为鄞县(治今浙江宁波)丞。(0633卷3,0631卷17)

潘起 元绍兴人。曾任新昌县(今属浙江)儒学教谕。(0880卷29)

潘桂 元金陵(今南京)人。善画肖像。(0030卷5)

潘铉 字仲金。元宣城(治今安徽宣州)人。历任德兴县教谕、浏阳州儒学教授。有诗作传世。(0524卷6,0275卷1)

潘涛 元上高(今属江西)人。世代业医,涛继承家学,医术尤精,救活病人甚多。著有《医学绳墨》,分切脉、问证、断病名、辨逆顺、明标本、立治、审轻重、处方、用药、调理十篇。(0075艺术典卷529)

潘逵 元世祖时为内乡(今属河南)县尹。(0767卷7)

潘著(1308～1358) 字泽民。元嘉兴(今属浙江)人。中乡试备榜,补平江路(治今江苏苏州)甫里书院直学。北游归,以常选任广德儒学录,改铜陵教谕。仕至湖州路儒学正。工诗,有诗作传世。(0275卷10,0537卷6,0504庚上)

潘琚(1228～1292) 字君玉。元济南人。潘昂霄父。仕至两淮都转运副使,任满归不复仕。卒,谥文懿。(0240卷16)

潘铸 元丹徒县(治今江苏镇江)儒学教谕。(0631卷17)

潘温(1227～1301) 字仲良。元同州白水县(今属陕西)人。世祖至元二十年(1283)授同州(治今陕西大荔)儒学正,在任十年而归。(0145卷27)

潘弼 字良辅。元丽水(今属浙江)人。成宗大德(1297～1307)初游京师,授赣州路儒学教授,改广东廉访司管勾。十年,复为赣州路教授。仁宗皇庆二年(1313)授龙兴路(治今江西南昌)司狱。(0146卷29)

潘瑞 元世祖至元十八年(1281)至二十三年,任庆元路(治今浙江宁波)治中。(0633卷2)

潘腾 元福清(今属福建)人。顺帝至正二十三年(1363)进士。(0593卷12,0594卷12)

潘煌 元人。有诗作传世。(0504己上)

潘缜 元人。有诗作传世。(0504戊下)

潘韶 字子善。元处州(治今浙江丽水)人。仁宗皇庆二年(1313)任丽水县儒学教谕。(0576卷10)

潘镕 元汴梁(治今河南开封)人。曾任镇江路濮州翼千户。(0631卷17)

潘璿 元建平(治今安徽郎溪)人。历任乌程县(治今浙江湖州)主簿。(0990卷6)

潘嚞 号沃州樵叟。元诸暨(今属浙江)人。博学能诗文。任黟县(今属安徽)儒学教谕。有诗作传世。(0106卷3,0504丁,0578卷9)

潘一雷 元绍兴人。任新昌县(今属浙江)儒学教谕。(0880卷29)

潘又新 元杭州人。善制笔。(0110卷上)

潘士骥 字用德,号愚谷。元黄岩(今属浙江)人。能诗,有诗作传世。(0504戊上)

潘门尚 元人。有诗作传世。(0504己上)

潘子华(1277～?) 元钱塘县(治今杭州)人。工画花鸟。(0438卷3,0286卷3、6)

潘子侑 元初为丽水县(今属浙江)儒学教谕。(0576卷10)

潘元绍 字仲绍。本姓赵,宋宗室后裔。元荥阳(今属河南)人。元末娶张士诚女,任江浙行省左丞。顺帝至正二十七年(1367)降明,被诛。(0559卷18,0163

补遗,0126 卷 9)

潘云谷 元临江(治今江西清江西南)人。善制墨。文宗至顺(1330~1333)间携所制墨至大都(今北京),虞集见而奇之,欲奏以代朱万初,辞以亲老而归。(0501 卷 18,0233 卷 14,0517 卷 3)

潘从大 元人。有诗作传世。(0504 戊上)

潘从善 字择可。元台州黄岩(今属浙江)人。顺帝至正十一年(1351)进士,授翰林编修。后历任歙县尹、福建儒学提举。(0879 卷 10,0073 卷 25,0560)

潘世英(1322~1354) 字积中。元华亭(治今上海松江)人。顺帝至正间任福建帅府奏差。至正十四年(1354)被反元队伍所杀。(0275 卷 10,0075 官常典卷 735)

潘必卿 字国相,号南江。元武宁(今属江西)人。吴澄弟子。顺帝至正间任衢州路儒学教授,遂居于衢州西安县(治今浙江衢州)。(0896 卷 195)

潘仲文 元海门(治今江苏南通东)人。泰定三年(1326)以荐授扬州路儒学教授。(0960 卷 4,0935 卷 19)

潘汝劼 元白水县(今属陕西)人。潘温之子。武宗至大二年(1309)任江南行台监察御史。(0632 卷 6)

潘如瑷 元人。有诗作传世。(0504 戊上)

潘时雍 元钱塘(治今杭州)人。居杭州城东,有障地十余亩,古井一区,简淡力学,诗句脱尘。元末教授海盐之黄湾。顺帝至正中避战乱归隐,自号灌园生。(0033 卷 22,0064 卷上,0444 卷 3)

潘伯修 字省中。元黄岩(今属浙江)人。三次中乡试,会试皆不利,遂家居讲授。顺帝至正中,被方国珍劫至庆元(今浙江宁波),欲授以官,力辞归,被国珍遣人杀害于途中。工诗,有诗作传世。(0002 卷 232,0503 二集己,0062 卷 2、43)

潘希贤 字悦道。元泾阳(今属陕西)人。任永寿县尉,有政绩。(0801 卷 26,0815 卷 3)

潘应元 字善卿。元镇江(今属江苏)人。任镇江路阴阳学录。(0631 卷 17)

潘应旂 元祁门(今属安徽)人。任祁门县儒学教谕。(0973 卷 7,1004 卷 5,0991 卷 3)

潘国宾 元永嘉(治今浙江温州)人。曾任上虞县儒学教谕。(0880 卷 29)

潘昂霄 字景梁,号苍崖,元济南人。任昆山县尹。世祖至元二十六年(1289)授南台御史。迁闽海宪佥。成宗大德六年(1302)迁南台都事。官至翰林侍讲学士。卒谥文僖。有《河源志》一卷、《金石例》十卷。(0001 卷 63、176,0721 卷 29,0101 卷 21)

潘明之 与许谦友好。元武宗至大(1308~1311)间任嘉兴(今属浙江)县尉。(0221 卷 2、4,0895 卷 11,0075 氏族典卷 164)

潘和道 名顺藏,号竹坡隐者。元天台(今属浙江)人。知军事,刘基荐之,以病辞。工诗,有诗作传世。(0075 学行典卷 270,0504 己下)

潘宗佑(1271~1312) 字仲德。元章丘(治今山东章丘西北)人。历任翰林检阅、编修,迁任国子博士。(0196 卷 13)

潘居正 元成宗大德六年(1302)任吴江(今属江苏)州都目。(0954 卷 17)

潘居政 元濮州(治今山东鄄城北)人。仁宗延祐二年(1315)任镇江路濮州翼下百户。(0631 卷 17)

潘居敬 元莱芜(今属山东)人。顺帝元统(1333~1335)中,任平原县(今属山东)尉。(0742 卷下)

潘贵勤 元建平(治今安徽郎溪)人。任富阳县(今属浙江)儒学教谕。(0990 卷 6)

潘衍翁 字可大。元天台(今属浙江)人,居乡教授。尝搜集北宋旧闻,撰成《汴略》三十卷,今不传。(0142 卷 7、8)

潘庭坚 字叔闻。元当涂(今属安徽)人。任富阳县(今属浙江)儒学教谕。(0981 卷 20)

潘祖清(1225~1322) 字雷鉴。宋元之际金华(今属浙江)道士。元初居崇安之灵宝观,后制授明道致德弘教法师,主持龙虎山南山观。(0044 卷上)

潘泰之 元人。有诗作传世。(0504 戊上)

潘原明(?~1382) 元明之际泰州(今属江苏)人。顺帝至正中,受张士诚命为江浙行省平章,守杭州。至正二十六年(1366)降明,仍任江浙平章。明洪武三年(1370)命食禄不署事。云南平,授布政使。(0622 卷 12,0073 卷 25,0126 卷 4、9)

潘梦桂 元庆元路(治今浙江宁波)人。世祖至元十五年(1278)任庆元路儒学教授。(0633 卷 2)

潘敏中 元济南人。顺帝至正间任饶州路推官,平反冤狱,有声望。(1011 卷 8)

潘惟梓 字元用。元郓城(今属山东)人。顺帝至正元年(1341)任江南行台监察御史。后历任荥阳尹、翰林学士。(0572 卷下,0632 卷 6,0075 氏族典卷 164)

潘敬老 字君达。元仙居(今属浙江)人。顺帝至正七年(1347)任丽水县(今属浙江)儒学教谕。(0576 卷 10)

潘雅言　元茅山道士。(0269 卷 10)

潘景之　元镇江路茅山书院山长。(0631 卷 17)

潘景良　元人。有诗作传世。(0504 癸上)

潘景德　元泰定元年(1324)任藁城县(今属河北)典史。(0645 卷 4,0651 卷 4)

潘颐养　字正卿。元永嘉(治今浙江温州)人。隐居求志,淡漠名利,远近皆敬慕之。(0072 别附卷 3)

潘德冲(1191～1256)　字仲和,号冲和。金元之际齐东人。丘处机弟子。元初任河东道教都提点。(0040 卷 5、10)

潘塔不歹　元汴梁(治今河南开封)人。潘镕之子。仁宗皇庆元年(1312)袭职为镇江路濮州翼千户。(0631 卷 17)

憨散　元将。世祖至元二十八年(1291)七月,奉遣总兵讨伐江南反元队伍。(0001 卷 16)

憨剌合儿　元蒙古人。武宗近臣。大德十一年(1307)六月,武宗即位后,由平章政事、行和林等处宣慰使都元帅任知枢密院事。至大元年(1308)五月,遥授左丞相。迁通政院使。二年五月,复任知枢密院事,董建兴圣宫(供太后答己居住)。仁宗时,任上都留守。延祐三年(1316)四月,复任知枢密院事。(0001 卷 22、23、25)

十六画

耨奢　元文宗天历二年(1329)任秘书少监。(0027 卷 9)

薛仪　金元之际韩城(今属陕西)人。金末为祯州知州,降于元太宗。后积功授千户。(0806 卷 15,0825 卷 5,0075 氏族典卷 523)

薛玄(?～1271)　字微之,号庸斋。元下邽(治今陕西渭南北)人。明理学。太宗时见知于耶律楚材,被征召为应州儒学教授。历任检察使、军储转运使。后退居洛西讲学。卒,谥文靖。有《易解》、《中庸注》、《皇极经世图说》、《道德经解》、《阴符经论说》等及诗集《适意集》。(0225 卷 9、22,0109,0075 氏族典卷 523)

薛汉(?～1324)　字宗海。元永嘉(治今浙江温州)人。幼力学有令誉。历任青田县儒学教谕、诸暨州儒学正。朝廷制宫悬于杭州,众推汉董其事,乐成,至京,大臣以太祝荐。仁宗延祐五年(1318),辟功德使。泰定元年(1324),选为国子助教。善识辨古遗器书画。工诗,有《宗海集》。工楷书,师法欧阳询。(0503 二集己,0031 卷 7,0876 卷 25)

薛迈　元武宗至大(1308～1311)间任沁水(今属山西)县尹。(0694 卷 5)

薛观(1265～1340)　字处敬、景询。元鄞县(治今浙江宁波)人。英宗至治三年(1323)中乡试。次年,会试不利,恩授常熟州儒学教授。后历任杭州路儒学教授、沅江县主簿。以丹阳县尹致仕。工诗,有诗作传世。(0152 卷 37,0146 卷 23,0504 丙)

薛均　元成宗元贞二年(1296)任衢州路经历。(0878 卷 3)

薛武　字子威,号云壑。元广陵(今江苏扬州)人。曾任怀安县尹。(0285 卷 1、4)

薛荣　字君英。元渭南(今属陕西)人。仁宗延祐二年(1315)任兴元路(治今陕西汉中)判官。后历任西和州知州、云南廉访司佥事、陇北廉访副使。以工部尚书致仕。(0801 卷 26,0819 卷 16,0075 氏族典卷 523)

薛显　字显卿。元清丰(今属河南)人。顺帝至元四年(1338)任秘书监典书。(0027 卷 11)

薛钧　元常州(今属江苏)人。镇江路茅山书院山长。(0631 卷 17)

薛勉(1259～1326)　字方叔。元贵溪(今属江西)人。薛玄曦父。居乡讲授,不求仕进。卒,私谥文清。(0212 卷 81,0146 卷 30,0072 别附卷 3)

薛炳　元英宗至治二年(1322)任定海县(治今浙江宁波镇海)主簿。(0634 卷 2)

薛泰　元顺帝至元六年(1340)任集庆路(治今江苏南京)知事。(0632 卷 6)

薛真　字伯英。元韩城(今属陕西)人。侍父以孝闻。任渭南县(今属陕西)主簿。(0806 卷 13,0825 卷 5,0075 氏族典卷 523、学行典卷 192)

薛益　字子谦。元松阳(治今浙江遂昌东南)人。薛溶之子。顺帝至正十九年(1359)为松阳明善书院山长。(0414 卷 7)

薛基　字德载。元河东(治今山西永济西南)人。仁宗延祐三年(1316)任庆元路(治今浙江宁波)儒学教授。(0633 卷 2,0877 卷 25,0559 卷 15)

薛鸾　字君立。元莆田(今属福建)人。曾任钞库使。后以母老辞归。(0902 卷 125,0075 氏族典卷 522)

薛阇(1193～1238)　又译斜阇。元契丹人。耶律留哥长子。太祖十年(1215),随父奉金币九十车入觐太祖。遂留侍太祖。十四年,随太祖西征。率兵千人救出受回回人包围之太子于合迷城,身中槊。又于不花剌、寻思干城与回回人格战,中流矢。积功为拔都鲁。二十一年,母姚里氏觐见太祖恳请,太祖遂遣其东归袭父爵。次年,被召与别里古台同辖军马,为第三千户。太宗元年(1229),从太宗南征,有功。二年,奉旨与撒儿台东征,收其父遗民,移镇广宁府,行广宁路都元帅府事。自二年至九年,连年侵高丽、征东夏,复户六千余。(0001 卷 149)

薛禄 字良能。元宁海(今属浙江)人。元末反元队伍起,禄父集乡兵抗拒,被杀。禄散家产养死士,欲复父仇。未几,反元队伍复至,迎战不利,左右劝禄走,不从,遂被杀。(0879 卷 13,0075 氏族典卷 523)

薛敬 字原礼。元鄞县(治今浙江宁波)人。顺帝至正中任象山县(今属浙江)儒学教谕。(0536 卷 4)

薛植 字子立。元永嘉(治今浙江温州)人。薛汉之子。工楷书。(0031 卷 7)

薛瑞 元顺帝至元六年(1340)任集庆路(治今江苏南京)经历。后迁任夏邑(今属河南)县尹。(0632 卷 6,0572 卷下,0777 卷 5)

薛澍 字时卿。元修武(今属河南)人。登进士第。历任江西榷茶都转运使。官至吏部尚书。(0762 卷 8,0765 卷 9,0075 氏族典卷 523)

薛穆 字公远,号北涧生。元吴郡(今苏州)人。有诗作传世。(0504 庚下)

薛士兼 元顺帝至正四年(1344)任瑞州路(治今江西高安)推官。(1016 卷 14)

薛大猷 字嘉甫。元汤阴(今属河南)人。隐居教授,不求仕进。(0596 卷 4,0622 卷 28,0075 氏族典卷 523)

薛天祐 字安道。元庐州(治今安徽合肥)人。泰定元年(1324)任丹阳县(今属江苏)尉。(0631 卷 16,0208 卷 1)

薛元祯 元世祖至元间任广东宣慰副使。(0590 卷 2)

薛元德 曾任元庆元路(治今浙江宁波)儒学正。文宗至顺元年(1330)任太常奉礼郎。(0634 卷 2,0001 卷 76)

薛友谅 元下邽(治今陕西渭南北)人。薛玄之子。仁宗延祐(1314～1320)间曾任翰林直学士。(0146 卷 18,0075 氏族典卷 523,0072 卷 90)

薛文虎 元初任横州知州。(0075 氏族典卷 522)

薛文曜 元丹阳(今属江苏)人。世祖至元二十七年(1290)任澄城(今属陕西)县尹。(0806 卷 7,0605 卷 8,0820 卷 2)

薛方彦(1309～1345) 元贵溪(今属江西)人。薛玄曦侄。入龙虎山为道士。(0261 卷 24、26)

薛以礼 元监利(今属湖北)人。仁宗延祐(1314～1320)间任常德路总管。(0075 氏族典卷 522)

薛世坚 字仲节。元昆山(治今江苏太仓)人。薛良辅之子。袭职为松江嘉定海运千户。(0635 卷 5)

薛世亨 元泰定(1324～1328)中,任华阴县(今属陕西)主簿。(0827 卷 5)

薛世昌 曾任元国子监典簿。泰定三年(1326)出任固安州知州,有政绩。后征为任太史院经历。(0671 卷 4)

薛只干 元公主。太祖孙女。嫁按陈之子纳陈。封鲁国公主。(0001 卷 109)

薛处敬 元延祐七年(1320)十二月,由浙西廉访使擢任中书参政。英宗至治二年(1322)二月,出为河南行省左丞。(0001 卷 27、28、112)

薛玄曦(1289～1345) 字玄卿,号上清外史。元贵溪(今属江西)人。年十二入道龙虎山,师事张留孙、吴全节。仁宗延祐四年(1317)任大都(今北京)崇真万寿宫提举。后升为上都(今内蒙古正蓝旗东北)崇真万寿宫提点。泰定三年(1326)辞归龙虎山。顺帝至正三年(1343)任佑圣观住持兼领杭州诸宫观。善行书。工诗,有《上清集》。(0152 卷 29,0503 二集壬,0031 卷 7)

薛兰英 元吴郡(今苏州)妇女。与妹蕙英皆聪明秀丽,能赋诗,建一楼以处,额曰"兰蕙联芳"。二女日夜吟咏不辍,成诗数百首,曰《联芳集》。(0503 二集壬,0033 卷 36)

薛同孙 元鄞县(治今宁波)人。有诗作传世。(0504 己上,0536 卷 3)

薛廷凤(1277～?) 字朝阳。学道龙虎山,师事吴全节。仁宗皇庆二年(1313)领马蹟山紫府观事。顺帝至元三年(1337)受赐号洞玄冲靖崇教广道真人。领杭州四圣延祥观,次年兼领镇江道教事。全节卒,固辞大宗师之传,进称大真人,领杭州道教及开元宫。晚年居昆山报恩宫,明洪武二年(1369)年九十三犹在世。能诗,有诗作传世。(0414 卷 13,0042 卷 11,0504 己下)

薛延年(1252～1313) 字寿之。元临汾(今属山西)人。文学有造诣。侍亲居长安,屡辞荐举。(0243 卷 3,0075 氏族典卷 523,0072 卷 49)

薛守智 字平甫。元海州(治今江苏连云港西南)人。成宗大德元年(1297)至二年任镇江路提控案牍。(0631 卷 15)

薛军胜(?～1268) 元燕京(今北京)人。薛塔剌海次子。袭兄夺失剌职,为炮水手军民诸色人匠都元帅。宪宗时从攻钓鱼山、青居山、重庆等地。世祖中统三年(1262),从攻李璮,以炮破济南城。至元五年(1268),从围襄阳,卒。(0001 卷 151)

薛赤干 元世祖至元末为海北元帅,贪赃不法。事觉,湖广行省檄广西宣慰副使乌古孙泽验治。泽驰至雷州,尽发其奸赃,纵所掠男女四百八十二口,海北之民欢欣相庆。(0001 卷 163)

薛彻干① 元世祖至元后叶为宗正府札鲁忽赤。(0001 卷 134、170)

薛彻干②　又译薛彻罕。元宗王。口温不花曾孙。灭里吉歹孙。阔阔出之子。至治三年(1323)受封为定王。(0001 卷 29、107、108)

薛彻干③　元唐兀人,李恒之孙。曾任兵部侍郎。(0001 卷 129)

薛彻秃　元唐兀人,李恒之孙。曾任益都般阳万户。(0001 卷 129)

薛良辅(1271～1310)　号南山。元崇明(今属上海)人,迁居昆山。世祖至元二十八年(1291)授海运百户,大德四年(1300)升为千户。(0635 卷 5)

薛明道　元鄞县(治今浙江宁波)人。官至提举。有诗作传世。(0504 丁,0536 卷 3)

薛居仁　元永康(今属浙江)人。任永康县儒学教谕。(0881 卷 13)

薛居信　元河东(治今山西永济西南)人。仁宗皇庆元年(1312)任祁门县(今属安徽)县尹,有政绩。(0972 卷 4,0991 卷 3,0075 氏族典卷 523)

薛居辅　元世祖至元二十四年(1287)任瑞州路(治今江西高安)治中。(1016 卷 14)

薛居敬　元人。武宗时为太子家令。仁宗皇庆二年(1313)八月,由侍御史改任中书参知政事。(0001 卷 24、112、178)

薛弥充　字文羡。元莆田(今属福建)人。顺帝至正十九年(1359)中乡试。历任兴州判官、翰林编修。(0901 卷 54,0902 卷 108)

薛保住　元中山(治今河北定县)人。世祖至元十九年(1282)十二月,上匿名书告变;帝遂降旨杀宋丞相文天祥。(0001 卷 12)

薛起宗①　元世祖至元中,任会稽(治今浙江绍兴)县丞。(0880 卷 28)

薛起宗②　元顺德(治今河北邢台)人。仁宗延祐七年(1320)任镇江路怀庆翼百户。(0631 卷 17)

薛阇干①　元世祖至元二十三年(1286)六月,擢中书平章政事。次年十月,出为辽阳行尚书省平章。三十年二月,仍为辽阳行省长官。(0001 卷 14、16、17、112 等)

薛阇干②　元河西人。世祖至元后叶领兵为宣慰使。后其吏诣廉访司告其三十六事,檄佥事簿问。薛阇干率军人擒问者辱之,夺告者去。至元二十九年(1292),御史台臣议从行台选御史往按问之,并先夺其职;帝从之。(0001 卷 173)

薛朝晤　字子颙。元辽东蒙古人。顺帝至正十四年(1354)蒙古色目右榜进士第一名。二十五年前后,任职于福建。(0594 卷 11,0593 卷 13,0001 卷 43)

薛毅夫　字茂弘,号鹤斋。元贵溪(今属江西)人。学道于朱思本。工诗,有诗作传世。(1078 卷 7,0414 卷 6,0504 壬上)

薛四家奴(1253～?)　元燕京(今北京)人。薛军胜之子。世祖至元八年(1271),袭父职为炮水手军民诸色人匠都元帅。九年冬,从攻襄樊,立炮攻城。次年正月,襄阳降。十一年,从伯颜攻宋。十月,至郢州,先登。进至建康(今江苏南京)。十二年六月,败宋将夏贵军,夺其船二百余艘。十一月,屠常州。十二月,取苏州。十三年,攻镇巢。围扬州,克之。率军平浙东诸郡。从征福建,破宋军,获战舰千余艘。十六年,镇扬州。二十二年,改为万户。(0001 卷 151)

薛尔吉思　元顺帝至正二十四年(1364)任杭州路达鲁花赤。(0872 卷 14)

薛夺失剌(?～1250)　元燕京(今北京)人。薛塔剌海长子。太宗五年(1233),袭父职为炮水手军民诸色人匠都元帅。南攻江淮,有功。(0001 卷 151)

薛扯・别乞　又译薛彻、撒察。元太祖伯祖斡勤・巴儿合黑之孙,主儿勤部首领。十二世纪八十年代,与弟泰出率主儿勤部投附太祖。1189 年,与乞颜氏贵族阿勒坛、忽察儿等宣誓拥戴太祖为汗。约 1191 年,十三翼之战中,率主儿勤部随太祖对札木合作战。其后,太祖与薛彻、泰和在斡难河林木中宴会时失和。1196 年,太祖欲发兵助金剿杀塔塔儿部人,遣使者邀主儿勤部同出征,主儿勤部人未来。乘太祖出征塔塔儿部时,主儿勤部袭击太祖老营,杀死十人。太祖征塔塔儿部回,闻知此事,大怒,遂出征主儿勤部,征服该部,擒杀薛彻、泰出。(0009 卷 1、3、4,0008 卷 1)

薛彻兀里　元顺帝元统元年(1333)任奉化(今属浙江)州判官。(0634 卷 2)

薛彻只笃　字平叔。元镇江路蒙古字学教授。(0631 卷 17)

薛塔不歹　元仁宗延祐六年(1319)任祁门县(今属安徽)主簿。(0972 卷 4)

薛塔剌海(?～1233)　元燕京(今北京)人。太祖九年(1214),率部三百余人降蒙古,授炮水手元帅。从蒙古军作战屡有功,升为炮水手军民诸色人匠都元帅,便宜行事。后从征花剌子模、钦察、康里、西夏等国,俱以炮立功。太宗四年(1232),参与三峰山(今河南禹县南)之战。次年,从攻金汴京、唐、邓、钧、许、鄢陵、扶沟,卒。(0001 卷 151)

薛超兀儿①　元世祖至元十六年(1279)任瑞州路(治今江西高安)判官。(1016 卷 14)

薛超兀儿②　元世祖至元二十四年(1287)任江南行台监察御史。(0632 卷 6)

薛超兀而　元成宗大德三年至五年为云南行省平章。四年(1300)五月,奉命率军一万二千人侵缅国，由诸王阔阔节制其军。八月，罢战，还师。次年八月，奉遣率军征金齿、八百媳妇。(0001卷20、21,0014卷26)

薛潮兀儿　又译失乞兀儿、薛赤兀儿、失丘儿。蒙古豁罗剌思氏。十二世纪八十年代，离开札木合投附元太祖。太祖首次称汗后，约1193年，与主儿勤氏贵族薛扯等宴会于斡难河畔森林中，他担任主膳者，被薛扯的母亲责打，由此引起主儿勤部与太祖的分裂。乃太祖忠诚亲信，多年为太祖及其家属忠勤效劳。蒙古建国后，受封为功臣千户长。(0009卷4、5、8)

薛必烈杰儿　元宗王。拔绰之子。母察浑篾儿乞氏。娶蒙古弘吉剌氏，生子牙忽都。(0001卷117)

燕大　元宗王。阿里不哥曾孙，定王药木忽儿之孙。(0001卷29、107、107)

燕赤　元泰定三年(1326)为翰林直学士，七月，奉诏与翰林侍讲学士阿鲁威译《世祖圣训》，以备经筵进讲。四年六月，与阿鲁威等进讲，并受命译《资治通鉴》以进。致和元年(1328)三月，受命兼经筵官。文宗天历元年(1328)九月，为大司农卿，封司徒。后出为湖广行省平章。卒。顺帝至元四年(1338)，追封永平王，谥忠襄。(0001卷30、33、39)

燕里　元太祖后妃之一。住第四斡耳朵。(0001卷106)

燕京　元至元三十一年(1294)任秘书监奏差。(0027卷11)

燕真①(？～约1260)　元康里人。康里部首领海蓝伯之幼子。不忽木之父。幼为元太祖所虏，被赐给拖雷妻唆鲁和帖尼。后侍忽必烈于藩府。长从征战，有功。宪宗死时，燕真统忽必烈留漠北部众，觉阿里不哥有异志，乃奉忽必烈妻南下，与忽必烈会于上都(今内蒙古正蓝旗东北)，世祖即位，燕真未及大用而卒，官止于卫率。追谥忠献。(0001卷130)

燕真②　元世祖至元二十五年(1288)为尚书省断事官。十月，奉命理算行省钱谷。(0001卷205)

燕琳　元南康建昌(治今江西永修西北)人。燕公楠次子。仕至松江府知府。(1023卷5)

燕琦　元南康建昌(治今江西永修西北)人。燕公楠第三子。历任萍乡知州。仁宗延祐元年(1314)迁任抚州路判官。后仕至武冈路总管。(1023卷5)

燕敬　字叔谊。元金陵(今南京)人。有诗作传世。(0504庚下)

燕锡　元宗王。铁木哥斡赤斤四世孙。气都哥孙，脱帖木儿之子。(0001卷107)

燕璋　元南康建昌(治今江西永修西北)人。燕公楠长子。仕至镇江路总管。(1023卷5)

燕不花　字孟初。元张掖(今属甘肃)人。出身贵族而贫，贫而不妄请谒于人。能诗，有诗作传世。(0101卷28,0504己下,0155后集)

燕不伦　元蒙古八鲁剌思氏。忽林失之子。武宗时，奉答己太后旨，充千户。后改任万户，代其父职。未几罢职，为宿卫士。致和元年(1328)秋八月，在上都(今内蒙古正蓝旗东北)，思武宗旧恩，与同志者合谋奉迎文宗。会同谋者被捕，乃率其属奔大都(今北京)，任通政院使。九月，从燕铁木儿败王禅等上都军于红桥。又战于白浮、昌平东、石槽，皆有功。拜知枢密院事，受文宗赐以世祖御金带。(0001卷135)

燕不邻　元文宗天历元年(1328)九月，由岭北行省左丞任知枢密院事。二年九月，封兴国公。至顺元年(1330)二月，加封开府仪同三司。(0001卷32、33、34)

燕不怜　元康里人，牙牙子和者吉长子。官至辽阳行省平章。追封兴宁王，谥忠襄。(0011卷62)

燕不领　元顺帝元统二年(1334)二月，封太保，置僚属。(0001卷38、111)

燕公楠(1241～1302)　字国材。宋元之际南康建昌(治今江西永修西北)人。宋礼部侍郎燕肃七世孙。宋末为赣州通判。元世祖至元十三年(1276)，降元，授赣州同知。十四年，以平广南功，迁吉州路同知。二十二年夏，应召至上都(今内蒙古正蓝旗东北)，奏对称旨。帝赐名赛因囊家带(好南人)，授佥江浙行省事。二十四年，任江淮行尚书佥事，请置两淮屯田，劝导有方，田日以垦。次年，任大司农，领八道劝农营田司事。劾江西营田使沙不丁贪横，罢之。二十七年，任江淮行省参政。成宗时，进河南右丞，厘正盐法。后迁江浙、湖广右丞。(0001卷173)

燕允贤　字子初。元太原人。曾任嘉兴路推官。(0296卷5)

燕古儿　元顺帝至正十九年(1359)六月，由宣徽使任御史大夫。(0001卷19)

燕古思　元顺帝至正十八年(1358)为中书平章政事。(0001卷113)

燕只哥①　元世祖至元二十九年(1292)九月，授定远府判官。(0001卷17)

燕只哥②　又译燕只干。元仁宗延祐五年(1318)九月，由吏部尚书升中书参政，任至次年九月。(0001卷26、112)

燕只哥③　元畏兀儿人，顺帝元统元年(1333)进士铎护伦父。曾任宣使。(0028)

燕只哥④　元蒙古札剌亦儿氏，顺帝元统元年(1333)进士博颜歹祖。(0028)

燕希瑀　元襄陵县(治今山西临汾西南)儒学教谕。(0710卷8)

燕国英　元世祖至元间任藁城县(今属河北)主簿。(0645 卷 4,0651 卷 4)

燕质杰(1302～?)　字道亨。元蒙古克烈氏,居陵州(治今山东德州)。顺帝元统元年(1333)进士,授密州(治今山东诸城)判官。(0028 卷上)

燕京奴　元武宗至大元年(1308)任吴江(今属江苏)州同知。(0954 卷 17)

燕宗龙　字叔亨。元南康建昌(治今江西永修西北)人。顺帝至元六年(1340)任肇庆路总管。(0591 卷 4)

燕家奴　元仁宗乳母李氏之夫。大德十一年(1307)五月,武宗即位,封寿国公,妻李氏封寿国夫人。(0001 卷 22)

燕遗民　字逸德,号空谷。元明之际蒲圻(今属湖北)人。明初以贤良征,不起。有诗作传世。(0504 辛下)

燕八思提　元康里人,牙牙子和者吉之子。曾任大司农。(0011 卷 62)

燕只不花①(1243～1314)　字延真。元畏兀儿人,世居高昌。曾祖、祖、父相继为锡勒沁城酋长。父阿布纳托克从亦都护降蒙古,入觐元太祖,授锡勒沁城达鲁花赤,领其部众。寻内迁,留直宿卫。燕只不花与其兄曲出皆得出入禁中。世祖即位后,燕只不花奉命副也速不花监督营建大都城。至元十六年(1279),建太庙、司天台及皇城内外桥梁,中书省复荐其董之。十八年,出任福建广东道按察司佥事。次年,檄陈、李二万户邀击黄华反元队伍,败之。二十七年,任岭北湖南道按察副使,招降徭族。成宗大德间,任沅州路达鲁花赤。元军讨乌蒙诸蛮,奉命开道供给军饷。后累迁海北广东道廉访使、广东道宣慰使。(0002 卷 192)

燕只不花②　元文宗天历元年(1328)任江南行御史台管勾。(0632 卷 6)

燕只不花③　元畏吾儿人。文宗天历二年(1329)任江南行台监察御史。顺帝至元元年(1335)迁江南行台经历。(0632 卷 6)

燕只不花④　元顺帝至正十二年(1352)为安陆府同知,率兵对抗天完红巾军。(0001 卷 195)

燕只不花⑤　元顺帝至正十八年(1358)为中书参政,遭监察御史七十、燕赤不花等弹劾。二十二年,为福建行省平章。五月,泉州赛甫丁据福州路,被其率兵击败;赛甫丁余部遂航海退还泉州。(0001 卷 45、46、113)

燕只吉歹①　元仁宗延祐三年(1316)任江南行台监察御史。(0632 卷 6)

燕只吉歹②　元仁宗延祐五年(1318)任江南行台监察御史。(0632 卷 6)

燕只吉歹③　元蒙古人。塔剌海之子。泰定二年(1325)袭镇江万户府达鲁花赤。(0631 卷 17)

燕只吉台①　元仁宗皇庆元年(1312)任衢州路治中。(0897 卷 2、7)

燕只吉台②(?～1330)　察合台汗国第十四代汗,第十三代汗怯伯之子。1327～1330 年在位。元天历元年(1328)冬,遣军护送元明宗归国即位。二年,元廷遣木华黎后裔乃蛮台送来太宗皇帝旧铸皇兄之宝。(0001 卷 30、31、33、34、139)

燕赤不华　字子实,号雪庭。元蒙古珊竹氏,居滦阳(治今河北迁西西北)。顺帝至正二十二年(1362)任福建行省平章。(0594 卷 12,0014 卷 36 下)

燕赤不花①　元仁宗延祐五年(1318)任昌国州(治今浙江舟山)知州。(0634 卷 2)

燕赤不花②　元顺帝至正十八年(1358)为监察御史。是年五月,劾中书参政燕只不花。九月,奏劾右丞相搠思监任用私人朵列及妾弟崔完者帖木儿印造伪钞,事将败,令朵列自杀以灭口。搠思监乃请谢事,解机务,诏收其印绶。(0001 卷 45、205)

燕赤不花③　字弘毅。元顺帝至正二十三年(1363)由崇福司同知迁任秘书卿。(0027 卷 9)

燕赤不花④　元顺帝至正二十八年(1368)为中书平章政事。(0001 卷 113)

燕赤不花⑤　元钦察伯岳吾氏,床兀儿之子。历任大司农卿。(0011 卷 73)

燕秃哈儿　元钦察伯岳吾氏,床兀儿之子。曾任阑遗少监。(0011 卷 73)

燕帖木儿①　元世祖时诸王。至元十四年(1277)十二月,受赐羊马价钞。(0001 卷 9)

燕帖木儿②　元拓跋氏。文宗天历元年(1328)任江南行台监察御史。(0632 卷 6,0011 卷 31)

燕帖木儿③　元蒙古篾儿乞氏,谨只儿之子,顺帝大丞相伯颜兄。曾任中政使。(0011 卷 29)

燕帖木儿④　元蒙古亦乞列思氏,顺帝元统元年(1333)进士敏安达尔祖。曾任省宣使。(0028)

燕帖木儿⑤　元畏兀儿人,中尚院使忙兀的斤孙。(0011 卷 52)

燕帖木儿⑥　元文宗至顺二年(1331)为中书参政。顺帝至元四年(1338)为江西行省右丞,奉诏镇压漳州李志甫、潮州刘虎仔起义。至正元年(1341),为行省平章政事,奉命提调屯田。(0001 卷 40、112、188)

燕帖木儿⑦　元宗王。拔绰五世孙。楚王八都儿长子。年十二嗣楚王。其妃弘吉剌氏,哈只儿驸马孙女,武宗皇后速哥失里从妹。顺帝至元三年(1337),受任大宗正府札鲁忽赤。(0001 卷 39、107、

117)

燕帖古思 本名古纳答剌,元文宗次子。顺帝至元六年(1340)诏流放高丽,途中被杀。(0001 卷 35、36、37、38、40、107、114、138)

燕真不花 元乃蛮人,别的因之子。(0011 卷 67)

燕铁木儿(约 1285 ~ 1333) 元钦察人。土土哈之孙,床兀儿之子。初为海山(武宗)护卫士。武宗即位,任同知宣徽院事。泰定帝致和元年(1328),任佥书枢密院事,掌管怯薛(禁卫军),留大都(今北京)。七月,泰定帝死于上都(今内蒙古正蓝旗东北)。八月,发动兵变于大都,迎立武宗次子图帖睦尔为帝(文宗)。十月,上都被攻占,泰定帝幼子天顺帝不知所踪。以拥立功,受封中书右丞相、知枢密院事、太平王。次年,奉文宗命护宝玺北迎文宗兄明宗,于途中毒死明宗,拥文宗复即帝位,独专相权。至顺三年(1332),文宗死,明宗次子宁宗继立五十三天又死。力阻文宗皇后立明宗长子妥欢帖睦尔(顺帝)为帝。次年夏,以荒淫过度而死,顺帝始得即位。(0001 卷 138)

燕立帖木儿 元畏兀儿人。至治三年(1323)由平凉府判官转西乡县达鲁花赤。泰定初,摄兴元路(治今陕西汉中)事。(0248 卷 16)

燕真忽都鲁 元世祖至元二十七年(1290)十一月至二十八年春,任尚书省参政。(0001 卷 112、16)

樵枯子 元僧。善画罗汉,仿佛贯休。(1144 第 1032 卷)

霍元 字仲达。元广平(今属河北)人。世祖至元间任镇江路行大司农司令史。仁宗延祐元年(1314)至五年任镇江路经历。后任慈溪县尹。(0631 卷 15、17,0634 卷 2)

霍肃 字清甫。元广平(今属河北)人。世祖至元十五年(1278)任镇江路治中。后历任杭州路治中、两浙市舶司同知。二十年授山东廉访司佥事。二十四年,迁任江南行台治书侍御史。后迁浙西廉访副使。(0210 卷 8、15,0631 卷 15,0632 卷 6)

霍恒 元仁宗延祐六年(1319)任兰溪(今属浙江)州判官。(0881 卷 12)

霍哲 元哈剌鲁人,顺帝元统元年(1333)进士丑闾曾祖。(0011 卷 88)

霍霖 元世祖至元间任安丘县(今属山东)主簿。(0743 卷 14)

霍元镇 元人。善画,规模董源、米芾,写山水云物,殊有标致。(0030,0147)

霍木海 元蒙古人。世祖中统二年(1261)十月,奉诏自得胜口至中都预备粮草以供征讨阿里不哥之需。四年八月,奉诏总管诸路驿,佩金符。(0001 卷 4、5)

霍历极(? ~1310) 又译霍里极。元宗王。别里古台之子罕秃忽之子。以疾废,不能带兵作战。宪宗七年(1257),受封广平等处五户丝户一百五十户。(0001 卷 117、107、95)

霍文辅 元泰定四年(1327)任会稽(治今浙江绍兴)县尹。(0880 卷 28)

霍正卿 元永康(今属浙江)县尹。(0881 卷 13)

霍廷珪 元文宗至顺元年(1330)任淮东廉访司佥事。(0578 卷 8)

霍安道 元平山(今属河北)人。顺帝至正十四年(1354)任鸡泽(今属河北)县尹,有政绩。(0075 氏族典卷 535)

霍志真 字明道,号寂然子。元安阳(今属河南)人。全真教道士,居于天庆宫,提点彰德路(治今河南安阳)道教事。卒年八十一。(0144 卷 61)

霍希贤① 元澧州(治今湖南澧县)人。仁宗延祐五年(1318)左榜进士第一。历郑州同知。泰定间任威州知州。有诗作传世。(0504 丙,1053 卷 5)

霍希贤② 元东平(今属山东)人。文宗至顺(1330 ~ 1333)间由翰林修撰出为郑州知州,有政绩。(0762 卷 4)

霍时雨 字季安。元柘城(今属河南)人。登进士第。顺帝至正九年(1349)任温州路录事,有惠政。后迁任霍丘县尹。(0762 卷 4,0871 卷 33,0882 卷 9)

霍惟肃 元英宗至治(1321 ~ 1323)间为定远县尹,为政廉平。(0977 卷 6)

霍惟崧 元文宗至顺三年(1332)任镇江路包港巡检。(0631 卷 17)

霍鲁海(? ~1260) 又译霍鲁怀。元蒙古人。宪宗九年(1259)七月宪宗死后,拥护阿里不哥,与刘太平行尚书省事于秦蜀,办集粮饷,勾结秦、蜀蒙古诸将,图谋据有秦、蜀。世祖中统元年(1260),闻世祖命廉希宪为京兆等路宣抚使,将至京兆(今陕西西安)。急自关右乘驿入京兆,密谋为变。数日后,廉希宪至京兆,宣布诏旨,遣万户刘黑马、京兆治中高鹏霄等掩捕刘太平、霍鲁海及其党,获之,尽得其奸谋,悉置于狱。未几,与刘太平等被绞杀于狱。(0001 卷 126、159)

霍思火儿 元世祖至元二十六年(1289)任江南行台监察御史。成宗元贞元年(1295)升为南台经历。(0632 卷 6)

撼赤 元成宗大德九年(1305)任江南行台监察御史。(0632 卷 6)

操琰 字公琬。元明之际乐平(今属江西)人。元末任儒学录。明初召入京师,参与修《元史》,后病归。(0310 卷 2,1109 卷 12、15,0072 卷 89)

操贵持(1257 ~ 1330) 字子敬。宋元之际浮梁(今属江西)人。宋末为太学生。

元世祖至元三十年(1293)授安吉县儒学教谕。后历任余干州、溧阳州儒学正,信州蓝山书院山长。英宗至治元年(1321)升为抚州路儒学教授。泰定四年(1327)以婺源州判官致仕。(0212 卷 85)

冀凤　元曾任婺州路武义县(今属浙江)典史。(0881 卷 13)

冀膺　元人。有诗作传世。(0504 癸下)

冀邦直　元齐河(今属山东)人。文宗时任茌平(今属山东)县尹,为政廉简,县民安之。(0721 卷 26,0730 卷 6,0075 氏族典卷 456)

冀德方　元朝城(治今山东莘县西南)人。世祖至元间任济宁州达鲁花赤,有政绩。后历任监察御史、治书侍御史。(0721 卷 26,0578 卷 7,0075 氏族典卷 456)

默而吉台　元蒙古篾儿乞氏,西台御史大夫脱脱曾祖。(0011 卷 30)

默理契沙　元别失八里畏兀儿人,信仰伊斯兰教,居龙兴路(今江西南昌),兵部尚书苫思丁之子。顺帝元统元年(1333)进士别罗沙兄。泰定元年(1324)进士。(0011 卷 86)

默里马合麻　元合鲁温氏,漳州路达鲁花赤迭里弥实父。曾任安庆路治中。(0011 卷 90)

穆茂　元束鹿(今属河北)人。顺帝至正间任东胜州儒学教授。(0659 卷 36)

穆直　元宗王。太宗八年(1236),从皇子阔端征四川。阔端出大散关,分兵令其出阴平郡,期会于成都。穆直军以按竺迩领炮手兵为先锋,破宕昌,残阶州,攻克文州,略定龙州,遂与阔端大军会合,进克成都。(0001 卷 121)

穆宁士　元成宗大德五年(1301)任慈溪(今属浙江)县尉。(0633 卷 3)

穆惟敬　元顺帝至元四年(1338)任庆元路(治今浙江宁波)经历。(0634 卷 1)

穆鲁丁　元回回人,居龙阳州(治今湖南汉寿)。进士获独步丁兄。登进士第。任官于建康,元末殉国。(0001 卷 196)

穆𡎺祖(1214～?)　字公有,宋元间彭州人。宋理宗宝祐四年(1256)进士,授衡阳县尉。元将兀良合台来攻,力拒退之,超授衡阳知县。入元,仕至湖北佥宪。(0501 卷 31)

穆德敬　元明之际东平(今属山东)人。元末以《易经》中乡试。迁居湖州。明初,任金溪(今属江西)知县。(0313 卷 1、5)

穆薛飞　元泰定四年(1327)任秘书卿。(0027 卷 9)

穆八剌沙　元西域阿鲁温氏。文宗天历二年(1329)任江南行台监察御史。(0632 卷 6)

穆古必立(1296～?)　字永叔。元回回人,居大都(今北京)。顺帝元统元年(1333)进士。至元元年(1335)任秘书监校书郎。(0028 卷上,0027 卷 10)

穆卜颜帖木儿　元顺帝至元六年(1340)任象山县(今属浙江)知县。(0634 卷 2)

钱吉(?～1332)　又译藏吉。元畏兀儿人。亦都护高昌王帖木儿补化之弟。文宗天历二年(1329),帖木儿补化让位,钱吉遂嗣为亦都护高昌王。卒后,其弟太平奴嗣位。(0001 卷 36、108、122)

赞寿　元钦察人。仁宗延祐四年(1317)任丹阳(今属江苏县)达鲁花赤。(0631 卷 16)

衡权　字从道。元顺帝至正二十二年(1362)任历城县(治今山东济南)主簿。(0600 卷 2)

衡佐　字君用。元广平(今属河北)人。成宗大德(1297－1307)中任许州(治今河南许昌)知州,有治绩。(0146 卷 25,0762 卷 4)

衡应卯　元成宗大德六年(1302)任淮安路儒学录。(1118)

镜塘　元僧,庐江(今属安徽)人。善写真,工山水。(1144 第 1105 卷)

辨才　元僧,吴郡(今苏州)人。有诗作传世。(0504 壬上,0033 卷 34)

壅吉剌歹　元武宗至大元年(1308)任江南行台监察御史。(0632 卷 6)

十七画

檀邦复　元溧阳州(治今江苏溧阳)都目。(0632 卷 6)

檀芝瑞　元人。工画墨竹,千竿万株,森然成林,亦擅画梅兰。日本君台观藏有其画。(1143 第 1456 卷)

鞠志元(1294～?)　字希仁。元巴陵县(治今湖南岳阳)人。顺帝元统元年(1333)登进士第,授邵阳县丞。后迁任宣都县里。有诗作传世。(0028 卷上,1041 卷 36、51,0504 己上)

鞠克明　元上元县(治今江苏南京)知县。(0632 卷 6)

鞠思诚　元宁海州(治今山东牟平)人。顺帝至正十年(1350)中乡试。(0600 卷 2)

藏古　元泰定帝时牙即国使臣。致和元年(1328)二月,来元朝进贡方物。(0001 卷 30)

藏吉沙　元武宗至大元年(1308)九月,由直省舍人特授为行泉府院使。(0001 卷 22)

藏不班八　元吐蕃僧人。至大四年(1311)闰七月,仁宗即位后,封国师,赐

玉印。(0001 卷 24)

戴元①　字贞甫。元晋康(治今广东德庆)人。顺帝至正间以乡贡授封州判官。有诗作传世。(0504 己上)

戴元②　元人。有诗作传世。(0504 癸下)

戴正　元鄱阳(治今江西波阳)人。顺帝至正中任山阴(治今浙江绍兴)县丞,政尚宽平。(0880 卷 28、37,0896 卷 153)

戴羽　元德安(今属江西)人。隐居积学,不就征辟。著有《武侯通传》三卷、《史评》一卷。(0622 卷 52,0073 卷 99,0075 氏族典卷 474、文学典卷 86)

戴寿(?~1371)　元顺帝至正中,为明玉珍部万户。至正二十二年(1362),与刘桢等拥戴明玉珍称帝,任冢宰。后改任中书左丞相。明洪武四年(1371)六月,明兵入蜀,寿率军守瞿塘,旋引兵援汉州(今四川广汉),与明将傅友德战,大败,走成都。七月,闻明昇在重庆降明,乃以成都降。未几,自杀。(0088 卷 5)

戴坚　元绩溪(今属安徽)人。泰定(1324~1328)间以孝悌力田荐任上高(今属江西)县丞。(0992 卷 9)

戴良(1317~1383)　字叔能,号云林、九灵山人。元明间浦江人,学文于黄溍、柳贯。顺帝至正十八年(1358),被朱元璋召见,次年授学正,未几弃官北逃。二十一年,荐授元淮南儒学提举。未几避地吴中,投张士诚。二十六年,见张士诚将败,挈家泛海至登莱,欲间行归扩廓帖木儿军,道梗,寓居昌乐。明洪武六年(1373)南归,变姓名隐四明山中。十五年征至京师,不受官,忤旨。次年自杀。有《九灵山房集》。(0020 卷 285)

戴现　元台州(治今浙江临海)人。任新昌县(今属浙江)儒学教谕。(0880 卷 29)

戴侗　元仁宗延祐(1314~1320)间辑成《六书故》三十三卷,附《通释》一卷,今不传。(0501 卷 32)

戴京　元镇江(今属江苏)人。世祖至元十二年(1275)任金坛县尹。(0631 卷 16、19)

戴胄(1291~1363)　字养和。元台州黄岩(今属浙江)人。壮年北游大都(今北京),谒左丞帖木儿,留教其子,时有献替,帖木儿每称善,将荐于朝,以母老辞归。(0411 卷 34)

戴顺　字德昌。元临川(今属江西)人。吴澄弟子。(0072 卷 92)

戴璩　字仲才。元明之际浮梁(今属江西)人。早年从吴迂学。元末讲学深山中。明初,累荐不就。(0071 卷 83)

戴淳　字厚甫。元钱塘(治今杭州)人。邓文原婿。精遁甲法。善画山水。(0101 卷 25,0030 卷 5)

戴琥　字常文。元休宁(今属安徽)人。顺帝至正十年(1350)乡试备榜,授句容县(今属江苏)儒学教谕。(0972 卷 6)

戴森　元世祖至元二十八年(1291)任瑞州路(治今江西高安)总管。(1016 卷 14)

戴喻　元衢州路西安县(治今浙江衢州)人。曾任上虞县儒学教谕。(0880 卷 39)

戴熇　字晋翁,号瑶山。元婺源(今属江西)人。与弟熠(字召翁)、炯(字恕翁)皆以孝闻。家藏书万卷,无不究观。(0972 卷 9,0075 氏族典卷 474)

戴翔　元余姚(今属浙江)州同知。(0880 卷 28)

戴镃　元积溪(今属安徽)人。泰定(1324~1328)间以明经荐授台州路儒学正。(0992 卷 9)

戴潜　字起之。元萧山(今属浙江)人。从朱震亨学,精医术。(0431 卷 9、27)

戴璧　历任元新昌州(治今江西宜丰)判官。仁宗延祐七年(1320)任东阳(今属浙江)县丞。(0881 卷 12,1016 卷 14)

戴士垚(1307~1349)　字仲积。元浦江(今属浙江)人。戴良兄。以母死于庸医手,发愤攻读古医书,并质疑于朱震亨,竟成名医。(0411 卷 50,0072 卷 82)

戴大宾　元庐陵(治今江西吉安)人。顺帝至正十二年(1352)反元队伍至,大宾率众扼守龙泉要冲,抗拒连年,以众寡不敌阵亡。谥忠靖。(0294 卷 8)

戴子静　元萧山(今属浙江)人。顺帝至正七年(1347)中乡试,授萧山县儒学教谕。(0880 卷 29、32)

戴天锡(1264~1308)　字祖禹。元会稽(治今浙江绍兴)人,寓居钱塘(治今杭州)。善绘画。有诗作传世。(0205 卷上,0033 卷 10,1072 卷 47)

戴文璧　字君章。元沂州琅琊(治今山东临沂)人。历任两浙转运判官,尝分职巡盐场,革除积弊。(0871 卷 33,0872 卷 61,0073 卷 99)

戴东老　元人。世祖至元二十四年(1287),其诗作被月泉吟社选评为第五十二名。(0504 甲,0033 卷 6,0070 卷 81)

戴光远　字君实。元嘉兴(今属浙江)人。辟地三十亩为学舍,聚生徒一百五十人,聘请名儒黄玠主持教学。(0871 卷 45,0874 卷 15,0075 氏族典卷 474、学行典卷 240)

戴仲本　元绩溪(今属安徽)人。文宗至顺(1330~1333)间举授余干(今属江西)州判官。(0992 卷 9)

戴仲庸　元绩溪(今属安徽)人。博学能诗,顺帝至正间举茂才,任清忠书院山长。(0992 卷 9)

戴克敏　元明之际奉化人。戴表元孙。历任廉访司、海道府官员。(0418 卷 30)

戴时才　字文仲。元鄱阳(治今江西波阳)人。顺帝至正间任两淮帅府知事,后弃官寓居萧山县(今属浙江),自号南坡老人。(0880 卷 39,0062 卷 54)

戴时芳　号雪溪亭长。元人。有诗作传世。(0504 戊下)

戴希文　名昌,以字行。元海阳(治今广东潮安)人。博通经文。顺帝至正间应郡守王翰聘请主持教学。(0072 卷 88)

戴启宗　字同父,元明之际建业(今江苏南京)人,儒医。历任龙兴路(治今江西南昌)儒学教授。撰有《活人书辩》、《脉诀刊误集解》、《五运六气机要》等医著。(0212 卷 19,1149 第 276、277 卷)

戴表元(1244～1310)　字帅初,又字曾伯。宋元之际庆元奉化(今属浙江)人。宋太学生。咸淳进士,授建康府教授,后弃职归。元成宗大德八年(1304),以荐授信州路儒学教授,未几以疾辞。其学博而肆,其文清深雅洁。尝从王应麟等受业。慨然以改变宋季萎苶文风、振起斯文为己任。至元、大德间以东南文章大家名重于世。其门人甚多。撰有《剡源集》。(0001 卷 190)

戴昌宗　字寿卿。元江都(治今江苏扬州)人。曾任镇江路濂溪书院山长。(0631 卷 17)

戴宗濂　字冽夫。元明之际永新(今属江西)人。元末任庐陵县(治今江西吉安)主簿,辞归养母。明初,征至金陵,不肯受官,谪修都城而死。(0075 官常典卷 735)

戴起东　元泰定元年(1324)任瑞州路(治今江西高安)儒学教授。(1016 卷 14)

戴原礼　名思忠,以字行。元浦江(今属浙江)人。早年从朱震亨学。后精医术,以名医被征召。官至太医院使。(0050 卷 10,0072 卷 82)

戴景祥　字瑞卿。元歙县(今属安徽)人。历任绍兴路照磨、浦东盐场司丞,卒于官任。(0972 卷 6)

戴善甫　元真定(治今河北正定)人。曾任江浙省务官。撰有杂剧《柳耆卿诗酒翫江楼》、《陶学士醉写风光好》、《伯瑜泣杖》、《三捉红衣怪》。(0029)

戴道安(？～1321)　字和甫。元桃源(今属湖南)人。道士。制授龙瑞宫提点。(0146 卷 31)

戴道显　字均用。元仙居(今属浙江)人。深沉有卓识。元末,方国珍欲聘为谋主,不就,将劫之,亡匿山中。(0896 卷 193,0006 卷 91 下)

戴德仁　元句容县(今属江苏)主簿。(0632 卷 6)

戴德文　元顺帝至正间任化州(今属广东)路推官,兴学化民,绰有政誉,民称颂之。(0622 卷 81)

赡思(1278～1351)　字得之。元真定(治今河北正定)回回人。早年从翰林承旨王思廉学。文宗时,任翰林应奉,进呈所著《帝王心法》。参与修《经世大典》,以论议不合,辞归。顺帝时,历任西台御史、浙西廉访司佥事,平反冤狱甚多。卒。谥文孝。博通诸经、天文、地理、算数、水利,旁及外国之书。著有《西国图经》、《西域异人传》、《金哀宗记》、《正大诸臣列传》等十余种著作,大多已佚,今仅存所著《重订河防通议》。(0001 卷 190)

赡思丁①　元世祖至元二十六年(1289)任秘书监丞,次年升秘书少监。成宗大德元年(1297)升为秘书监。(0027 卷 9)

赡思丁②　元成宗大德十年(1306)任溧水州(治今江苏溧水)同知。(0632 卷 6)

赡思丁③　字明初。元顺帝元统元年(1333)任秘书监管勾。(0027 卷 9)

赡思丁④　元顺帝至元五年(1339)任浙东廉访司佥事。(0634 卷 1)

赡思丁⑤　元回回八瓦耳氏,阿剌瓦而思孙。(0011 卷 85)

魏氏　元人,以砌结窨著名。自元明清至解放前,魏氏后裔均在景德镇世其业,有师法薪传,不同一般泥水匠,俗称(擒)窑。现魏氏已绝,由其外甥余姓传其技法。(1143 第 1498 卷)

魏弜　字仲刚。元上虞(今属浙江)人。魏寿延弟。有诗作传世。(0504 庚下)

魏进　元初为丹阳(今属江苏)县尉。(0631 卷 16)

魏初(1232～1292)　字大初。元弘州顺圣(治今河北阳原东)人。金末名士魏璠从孙。世祖中统元年(1260),辟为中书省掾,兼掌书记。未几,以祖母老,辞归,隐居教授。至元间任监察御史,颇多建言。后历任陕西河东按察副使、南台侍御史、江西按察使、侍御使、南台中丞。有《青崖集》。(0001 卷 164)

魏茂　字彦明。元宣城(今属安徽)人。精通《春秋》,居乡讲学。(0252 卷 12)

魏英　元成宗元贞二年(1296)任衢州(今属浙江)路总管。(0878 卷 2)

魏忠　元仁宗延祐(1314～1320)间任茌平县(今属山东)知县。(0730 卷 6)

魏奎　元临邛(治今四川邛崃)人。有诗作传世。(0504 辛下)

魏信①(1216～1265)　字诚之。元济南章丘(治今山东章丘西北)人。仕至山东路廉访府详议官。(0240 卷 20)

魏信②　元开元(治今吉林农安)人。顺帝至正十年(1350)任归安(治今浙江湖州)县尹,涖事严而有法,人莫敢干以私,奸民黠吏不敢欺隐,民皆悦服。(0622 卷 40,0871 卷 33,0574 卷 15)

魏洵　字子美。元吴兴(今浙江湖州)人。初为松江府吏,以廉直见忌,调铅山,授仁和场幕,辞归。(0296 卷 5)

魏济　元新城(今属河北)人。历任镇江路儒学正。(0631 卷 17)

魏祚　元冠州(治今山东冠县)人。曾任义乌县(今属浙江)知县。(0881 卷 12)

魏泰　元人。有诗作传世。(0504 癸下)

魏起　字启潜。元人。有诗作传世。(0504 癸下)

魏恭　元仁宗延祐(1314～1320)中为嵊县(今属浙江)主簿。(0880 卷 28)

魏铎　元济宁(治今山东巨野)人。有孝行。居丧庐墓。文宗至顺二年(1331)八月,诏旌表其孝行。(0001 卷 35、197)

魏谅　元泰定元年(1324)任无锡州判官。(0558 卷 24)

魏谊　字义甫。元章丘(今属山东)人。历任福建盐运使。(0735 卷 23)

魏斌　元世祖至元间任夏津县(今属山东)知县。(0730 卷 6)

魏简　元泰定二年(1325)任衢州路推官。(0878 卷 2)

魏聪　元顺帝至正元年(1341)任定海(治今浙江镇海)县尉。(0634 卷 2)

魏璠　字邦产,号玉峰,金元间弘州顺圣人。魏初从祖。金宣宗贞祐三年(1215)进士。任翰林修撰。金亡家居。元世祖在潜邸,征至和林,询以当世之务。卒谥靖肃。(0001 卷 164,0002 卷 191,0018 卷 118,0144 卷 82)

魏士贤　元高邮(今属江苏)人。元末避兵渡江居平江(治今江苏苏州),充淮南省宣使。明洪武初占籍句容县(今属江苏)。工散曲。(0029 续编)

魏之禔　元初为镇江路医学教授。(0631 卷 17)

魏天祐　宋元之际福建人。元世祖至元十三年(1276),弃家降元,授管军总管兼知邵武军事。至元后叶,为福建行省参政,献计发民一万凿山炼银,岁可得银五千两;元廷从之。后天祐赋民钞市银输官,而私其一百七十锭。至元二十九年(1292)八月,御史台臣请追其赃而罢炼银事,帝从之。(0001 卷 9、15、17)

魏元礼　字廷训,元明间肃宁(今属河北)人。顺帝至正二十年(1360)左榜进士第一。明初征为翰林修撰。升礼部侍郎。(0001 卷 45、92)

魏中立(?～1352)　字伯时。元济南人。初为国子伴读。顺帝至正间,累官至陕西行台御史中丞,迁守饶州(今江西波阳)。十二年(1352),为天完红巾军所败,被执送蕲水(今湖北浠水),不屈,被杀。(0001 卷 195)

魏从恕　元顺帝至正间任应山县(今属湖北)知县。(0622 卷 61,1041 卷 66)

魏文彝　字秉中。元人。有诗作传世。(0504 辛下,0462)

魏可大　元仁宗延祐五年(1318)任江南行台监察御史。(0632 卷 6)

魏处恭　字嘉甫。元高唐(今属山东)人。仁宗延祐(1314～1320)间任广宗县(今属河北)主簿,有政绩。(0665 卷 5)

魏必复　元弘州顺圣人,魏初子。仁宗延祐三年(1316)为集贤侍讲学士。(0001 卷 164,0504 庚下)

魏有翼　字鹏举。元海州(治今江苏连云港西南)人。世祖至元二十九年(1292)至成宗元贞二年(1296)任镇江路判官。(0631 卷 15)

魏廷瑞　字祥卿。元真定(治今河北正定)人。由中书省掾出为彰德路(治今河南安阳)经历,迁闻喜(今属山西)县尹,成宗大德间任遂州(治今河北徐水西北)知州。(0649 卷 30)

魏仲仁　元人。有诗作传世。(0504 庚下)

魏寿延　字仲远。元上虞(今属浙江)人。工诗,有和平冲澹之趣。有诗作传世。(0411 卷 7、12,0504 庚下)

魏志远　元时中乡试。顺帝至正二十五年(1365)曾任河南行枢密院佥事。(0554 卷 26)

魏亨翼　元世祖时任莱州(今属山东)判官。(0727 卷 2)

魏忠杰　元南宫(今属河北)人。仁宗皇庆元年(1312)任泗水县(今属山东)知县,有政绩。(0744 卷 4、8)

魏秉中　元英宗至治(1320～1323)中任华阴(今属陕西)县尹。(0827 卷 5)

魏秉彝　元交河(今属河北)人。世祖至元中为鲁山(今属河南)县尹,有惠政。(0762 卷 11,0644 卷 22,0663 卷 5)

魏诚甫　元濮阳(今属河南)人。由中书省掾历任行泉府司少卿,处事有方。(0643 卷 6,0646 卷 6)

魏居仁　元江宁(治今南京)县尉。(0632 卷 6)

魏绍开　元高陵(今属陕西)人。历任泾阳县儒学教谕、商州儒学正、延安路儒学教授。(0801 卷 26,0816 卷 5、7)

魏思敬　元世祖至元三十年(1293)任祁门县(今属安徽)主簿。(0972 卷 4)

魏柔克　元成宗大德十年(1306)任江南行台监察御史。(0632 卷 6)

魏景仁　字元德。元大名(今属河北)人,居于上饶玉山县(今属江西)。善制墨。(0254 卷 12,0517 卷 7,0271 卷 1)

魏新之(1242～1293)　字德夫。宋元之际桐庐(今属浙江)人。宋度宗咸淳七年(1271)进士,授庆元府学教授。入元家居,建垂云书院以启迪后学,时称石川先生。有诗作传世。(0411 卷 5、13,0002 卷 235,0033 卷 31)

魏德刚　元巨鹿(今属河北)人。早年从应之邵、杨维桢受《春秋》学,后被征召为临安(今属浙江)学官。(0158 卷 6,0072 卷 52)

魏德厚　元幽州(今北京一带)人。元末以万户镇西州,遂迁家于安定县(治今陕西子长县西北)。(0801 卷 29,0824 卷 2)

魏麟一　元人。有诗作传世。(0504 癸下)

魏秃普申　元顺帝至正二年(1342)至五年,任无锡州判官。(0558 卷 24)

魏留家奴　元长汀(今属福建)人。魏淳之子。元末守邵武,城陷,奔建宁,康泰来攻,力战却之,城赖以安。(0902 卷 124,0904 卷 14)

魏赛因不花　元人。顺帝至正十九年(1359)为察罕帖木儿部将,八月,与察罕诸将同攻破大宋红巾军都城汴梁。二十五年,为知枢密院事,十月,奉旨与岭北左丞相山僧追击孛罗帖木儿党秃坚帖木儿。二十八年,为中书平章。正月,奉皇太子命与关保、李思齐、张良弼夹攻扩廓帖木儿于泽州。二月,奉诏与知枢密院事脱火赤进攻扩廓帖木儿于晋宁。(0001 卷 46、47、141)

篾古真薛兀勒图　又译篾兀真笑里徒。塔塔儿部首领。因不顺服金朝,金章宗承安元年(1196),章宗遣丞相完颜襄率军讨之。元太祖闻之,与王汗同发兵击之。篾古真在斡里札河(今乌尔戴河)畔筑寨防守,被太祖、王汗攻破,遂被擒杀。完颜襄承制封王汗为王,封太祖为札兀惕忽里(纠军统领)。(0009 卷 4,0001 卷 1)

燮彻坚(？～1362)　元蒙古克烈氏。谙都剌之子。以孝称。任新喻州(治今江西新余)同知。(0011 卷 33,0005 卷 48)

燮理古　元湘乡(今属湖南)知州,有治绩。(1041 卷 66)

燮理翰　字文轨,汉名冯文举。元蒙古人,居汉州什邡(今属四川)。登进士第。历任云南行省儒学提举。顺帝至正二十二年(1362)明玉珍攻占中庆(昆明),自缢死。(0851 卷 10,0004 卷 40)

燮理普化　字元溥。元蒙古斡罗纳儿氏,启昔礼五世孙。揭傒斯弟子,揭氏文集由其所编。泰定四年(1327)进士。历任舒城县、乐安县达鲁花赤。顺帝至元四年(1338)任江南行台监察御史。转西台。官至行省左丞。(0147 卷 8、35、40,0150 卷 9,0632 卷 6)

濮鉴(1262～1312)　字明之。元嘉兴崇德(治今浙江桐乡西南)人。成宗大德十一年(1307)捐米赈饥,授富阳税务官。后迁任淮安路屯田打捕同提举。(0143 卷 9,0073 卷 112,0075 氏族典卷 506)

濮允中　字乐闲。元崇德(治今浙江桐乡西南)人。濮鉴之子。有诗作传世。(0537 卷 5)

濮彦仁　字仲温,号松月道人。元嘉兴(今属浙江)人。有诗作传世。(0033 卷 18)

豁儿赤　蒙古八邻氏,萨满教徒、巫师。十二世纪八十年代,离开札木合投附元太祖,并对太祖预告上天让太祖当国主之神告,太祖答允他,今后若当国主,即封其为万户长,并由其自选三十美女为妻。蒙古建国后,受封为第四位功臣、千户长,并领旨可从归附百姓中选取三十美女为妻。后又受封为也儿的石河(今额尔齐斯河)以东森林狩猎部落地区万户长。太祖十一年(1217),因至豁里·秃马惕部选取美女,激起该部反抗。太祖遣大军镇压起义后,他从秃马惕部取得三十美女。(0009 卷 3、9、10,0008 卷 1)

豁火察　元蒙古札剌亦儿氏。朔鲁罕之父,奥鲁赤之曾祖。骁勇善骑射。太祖出征时,常率精兵为前驱。(0001 卷 131)

豁儿忽答黑　又译火儿忽答黑,蒙古人。元太祖、太宗时,均为箭筒士长。(0009 卷 9、12)

懋诇　元明之际僧人,连江(今属福建)林氏子。明洪武二年(1369)住福州鼓山涌泉寺。有诗作传世。(0504 壬上)

十八画

鞬日　元唐兀人,乞台普济子。初事晋王甘麻剌。成宗大德四年(1300)转事海山(武宗)。武宗即位,任翰林承旨,兼典牧卿。至大元年(1308),遥授中书右丞相,兼尚服、将作院使。至大三年(1310)八月,拜御史大夫。四年,仁宗即位,罢职。延祐三年(1316),参与武宗子和世㻋举兵起事于陕西,事败,不知所终。(0001 卷 23、31)

瞻　字无及。元僧人。有诗作传世。(0504 壬上,0033 卷 34)

瞿氏　佚其名,元巧匠。尝为尚食局造麦面磨,其磨在楼上,于楼下设机轴以旋之。驴畜之蹂践,人役之往来,皆不能及,无尘土臭秽之侵。(0101)

瞿仪　元英宗至治三年(1323)任绍兴路推官。(0880 卷 27)

瞿仲　元单州(治今山东单县南)人。仁宗延祐六年(1319)至泰定二年(1325)任镇江路判官。(0631 卷 15)

瞿祐①　元武宗至大四年(1311)任象山县(今属浙江)主簿。(0633 卷 3)

瞿祐②　字宗吉,元钱塘(治今浙江杭州)人。编有《四时宜忌》,今存。此书按月序摘(取)前人书中时令宜忌之论,并抄录本草方书中有关药物采收、服用的宜忌事项。(1149 第 261 卷)

瞿绪　元人。有诗作传世。(0504 辛下)

瞿智　一名荣智,字睿夫、慧夫。元昆山(治今江苏太仓)人。嗜学明《易》,博雅能诗,以书法勾勒兰花,笔致妙绝。顺帝至正初,试辟青龙镇儒学教谕,迁任镇江路儒学录,后摄绍兴路录事司判官,不久弃官去。有诗集《睿夫集》。(0503 三集辛,0077 卷 11)

瞿士衡　元钱塘(治今杭州)人。工诗,与杨维桢唱和。有诗作传世。(0504 己下,0033 卷 27)

瞿大荣　元顺帝至元五年(1339)任集庆路(治今南京)知事。(0632 卷 6)

瞿元福　元嘉定(今属上海)人。历任镇江路阴阳学教授。(0631 卷 17)

瞿文昌　字必大,元澧州(治今湖南澧县)人。泰定元年(1324)进士。曾任忠州知州。(1041 卷 36,1053 卷 5)

瞿霆发　字声父,号云岩。元上海人。家富。武宗至大(1308～1311)间任两浙都转运盐使司副使,仁宗时升正使,有能声。晚年好参禅,尝为天目山建大觉师子院。(0112,0102,0931 卷 28)

十九画

蘧国宝　元人。曾任彰德路(治今河南安阳)录事三年,有能声。(0210 卷 8)

二十画

籍君玉　名不详,以字行,号东轩。元武安县主簿。(0210 卷 10)

二十一画

霸都　元康里氏,脱脱之子。曾任仁虞都总管府达鲁花赤。(0011 卷 63)

霸突鲁(?～1261)　又译霸都鲁、拔突儿、拔都儿。元蒙古札剌亦儿氏。木华黎曾孙,塔思次子。随忽必烈征大理,为先锋元帅,累立战功。曾劝忽必烈以燕京为都城经营天下。宪宗九年(1259),率诸军由蔡州(治今河南汝南)攻宋,遂与忽必烈军合而南,五战皆捷,渡江围攻鄂州(今武汉武昌)。宪宗死,忽必烈北还,率部留总军务。未几率部北还。卒于军。(0001 卷 119、4,0003 卷 27)

霸都虎台　元蒙古札剌亦儿氏。木华黎四世孙。霸突鲁第三子。(0001 卷 119)

攘迥多吉(1284～1339)　全名却杰仁波且攘迥多吉。元后藏贡塘人。藏传佛教噶玛噶举黑帽系第三世,为噶玛拔希转世。七岁随贡丹喜饶出家。后从尼多贡噶敦珠等学法相、密法。至顺三年(1332)应召赴大都,为宁宗灌顶。顺帝封为领悟一切法性空噶玛巴,又尊为国师,赐金印。至元四年(1338)再次进京,为顺帝作法事,并在大都及临洮建噶尔寺。寂于大都。有《空性赞疏》、《历算论典集要》。(1144 第 1122 卷)

躍里帖木儿　又译月鲁帖木儿。元蒙古人。文宗天历元年(1328)十月,为中书参政。十二月,升左丞。二年正月,奉文宗遣至漠北迎接明宗。四月,奉命率军讨伐四川囊加台。至顺元年(1330)为云南行省右丞。六月,率军与进攻建昌之反文宗罗罗斯土官撒加伯军战。十一月,战败之。十二月,与镇西武靖王搠思班统率之大军会合,大败反文宗之阿禾蒙古军,收复中庆(今云南昆明)。(0001 卷 31～35,112)

躍里铁木儿　元泰定三年(1326)任秘书太监。文宗天历元年(1328)任辽阳行省左丞。(0027 卷 9)

二十二画

巎巎(1295～1345)　字子山。元康里人。世祖中书平章不忽木之子。出身国子生。长袭宿卫士。文宗、顺帝前期,历任礼部尚书、奎章阁大学士、翰林承旨、江浙平章等职。曾建言恢复科举及修辽宋金三史,被顺帝采纳。擅长真、行、草书,得晋人笔意。尤善草书,日书三万字。(0001 卷 143)

懿璘质班　即元宁宗。

囊家　元宗王。铁木哥斡赤斤四世孙。爱牙哈赤孙,别里怗帖木儿之子。(0001 卷 107)

囊加歹①　元乃蛮人。蒙古将领麻察之子。少时从麻察习战阵,有谋略。世祖至元间,任都元帅府经历,从阿术攻降襄阳,以功授汉军千户。从伯颜东下攻宋,屡奉命使宋谈判。元军逼临安,奉遣入城取宋降表、玉玺,驰献世祖。又与阿剌罕等取台、温、福州,擢江东宣慰使。十八年(1281),召为都元帅,东征日本,未至而还。充万户,守建康。拜云南行省参政,讨金齿,侵缅国。成宗时,从海山(武宗)北征海都。成宗死,助仁宗为武宗夺取帝位,授同知枢密院事。仁宗即位,特授河南行省平章,封浚都王。(0001 卷 131)

囊加歹②　元蒙古八邻氏。世祖丞相、淮安王伯颜之子。任枢密副使。(0001 卷 127)

囊加歹③(1308～?)　字逢原。元蒙古人,居济阳(今属山东)。顺帝元统元年(1333)进士,授陵州(治今山东德州)判官。(0028)

囊加歹④　元人,木速鲁蛮(穆斯林),

顺帝元统元年(1333)进士脱颖祖。曾任治中。(0028)

囊加台①　元人。宪宗七年(1257)十一月,奉帝遣与阿蓝答儿、脱因等诣陕西等处理算忽必烈分地钱谷。(0001 卷 3)

囊加台②(? ~约 1259)　元蒙古斡罗纳儿氏。启昔礼之子博理察之子。哈剌哈孙之父。宪宗末年,从帝攻宋四川,死于军中。(0001 卷 136)

囊加台③　元仁宗延祐元年(1314)任秘书卿。(0027 卷 9)

囊加台④(? ~1323)　元英宗至治间为同佥宣政院事。三年(1323)二月,以与司徒刘夔妄献地土冒取官钱,被论罪处死。(0001 卷 28)

囊加台⑤(? ~1329)　元蒙古珊竹氏。纽璘之孙,也速答儿之子。泰定初,以四川平章兼宣政院使奉命征吐蕃参卜郎有功。文宗立于大都,改元天历;拒不受命,本省平章宽彻有异议,杀之,自称镇西王,以左丞脱脱为平章,前云南廉访使杨静为左丞,烧绝栈道,起兵反文宗。天历二年(1329)正月,近侍星吉班奉诏至四川招谕,不从。自率川军出兴元,据鸡武关;分兵东至金州,据白土关,进逼襄阳。文宗命陕西、湖广两行省督军分讨之,又调河南、江浙、江西、山东兵及左右翼蒙古侍卫军,立行枢密院进讨。四月,湖广参政孛罗奉诏赦囊加台等罪,囊加台听命,蜀地始平,诸省兵皆罢。囊加台入朝。九月,坐指斥乘舆大不道弃市,家产没官;并籍杨静等家。(0002 卷 164)

囊加台⑥　字元道。元西域人。为也里可温(基督教徒)。顺帝至元三年(1337)任秘书监奏差。(0027 卷 11)

囊加台⑦　字秉彝。元蒙古人,居澧州(治今湖南澧县)。从瞿炳学。中湖广省乡试第一,登进士第,授蓟州录事。官至河南行省参政。(0622 卷 62,0073 卷 52、86,0075 氏族典卷 310)

囊加台⑧　元唐兀人,顺帝元统元年(1333)进士明安达尔父。(0028)

囊加带　元蒙古人。仁宗延祐六年(1319)为蒙古宗正府札鲁忽赤。七月,晋王也孙铁木儿所部民,经剽掠灾伤,为盗者众。奉敕前往,与晋王内史审录罪囚,重者就启晋王诛之,当流配者加等杖之。(0001 卷 26)

囊加真①　元官员。大德十一年(1307),成宗死,安西王阿难答谋夺帝位,被杀。囊加真连坐被逮。武宗人上都(今内蒙古正蓝旗东北),命中书平章阿沙不花、丞相塔思不花至大都(今北京)审理阿难答党羽,囊加真等连坐三十余人无罪释放。(0001 卷 23)

囊加真②　元唐兀于弥氏。李恒之子。历任益都淄莱万户。(0001 卷 129)

囊家歹①　元世祖至元十六年(1279)任章丘县(治今山东章丘西北)达鲁花赤。(0735 卷 10)

囊加歹②　元唐兀人。世祖至元中,任永城县(今属河南)达鲁花赤。(0762 卷 4)

囊加歹③　元成宗元贞元年(1295)任江南行台御史大夫。(0632 卷 6)

囊家台①　元汪古部贵族。君不花之子。封赵忠烈王。驸马。尚赵国大长公主亦怜真。(0001 卷 109)

囊家台②　元顺帝至正间任四川行省平章。十七年(1357),明玉珍入蜀,战败被擒杀。(0004 卷 40,0020 卷 123)

囊家带　元世祖至元十二年(1275),为侍卫亲军指挥使。正月十五日,奉敕与同官札的失率蒙古军二千赴蔡州。是月十八日,奉命戍黄州。(0001 卷 8)

囊嘉歹　字彦祥。元蒙古克烈氏。顺帝至正二十年(1360)由刑部郎中迁任秘书太监。二十二年,升为秘书卿。(0027 卷 9)

囊家真　元公主。世祖女。初嫁弘吉剌氏贵族纳陈之子斡罗陈为继室。至元七年(1270),与斡罗陈请于朝,于上都东北建应昌城。十四年,斡罗陈死后,再嫁其弟帖木儿。二十七年,帖木儿死后,三嫁其弟蛮子台。成宗元贞元年(1295),受封为鲁国大长公主。与蛮子台请于帝,以应昌路东七百里驻冬之地创建城,帝从之,大德元年(1297)名其城为全宁府。(0001 卷 118、109、18)

囊加庆善八　元顺帝至正二年(1342),与孛罗帖木儿献议,开西山金口导浑河,逾京城,达通州,以通漕运。丞相脱脱采纳其说,主之甚力。左丞许有壬曰:"浑河之水湍悍易决,足以为害,淤浅易塞,不可行舟,此举徒劳民费财耳。"脱脱不听,后卒如有壬言。(0001 卷 182)

蘸木曷　元蒙古忙兀氏,畏答儿幼子。博罗欢祖。追封泰安王,谥武毅。(0011 卷 10)

一、正史、别史、史补、史表类

0001　元史二百一十卷，(明)宋濂等编，中华书局点校本，1976年

0002　新元史二百五十七卷，(民国)柯劭忞撰，天津徐氏退耕堂刊庚午(1930)重订本

0003　蒙兀儿史记一百六十卷(民国)屠寄撰，1934年刻本

0004　元史类编四十二卷，(清)邵远平撰，嘉庆二年(1797)扫叶山房刊本

0005　元史新编九十五卷，(清)魏源撰，光绪三十一年(1905)邵阳魏氏慎微堂刊本

0006　元书一百二卷，(清)曾廉撰，宣统三年(1911)层漪堂刊本

0007　圣武亲征录一卷，元世祖时史臣编撰，海宁王静安先生遗书本

0008　史集三卷，(波斯)拉施特主编，余大钧等译，商务印书馆汉译世界学术名著丛书本，北京，1986年

0009　元朝秘史十二卷，四部丛刊三编本

0010　元史译文证补三十卷，(清)洪钧撰，光绪二十二年(1897)刻本

0011　元史氏族表三卷，(清)钱大昕撰，二十五史补编本

0012　元分藩诸王世表一卷，(清)黄大华撰，二十五史补编本

0013　元西域三藩年表一卷，(清)黄大华撰，二十五史补编本

0014　元行省丞相平章政事年表一卷，(民国)吴廷燮撰，二十五史补编本

0015　多桑蒙古史，(民国)冯承钧译，商务印书馆万有文库本，1935年

0016　庚申外史二卷，(元末明初)权衡撰，宝颜堂秘笈本

0017　高丽史，(朝鲜李氏王朝)郑麟趾编，1957～1958年朝鲜铅印本

0018　金史一百三十五卷，(元)脱脱等编，中华书局点校本

0019　宋史四百九十六卷，(元)脱脱等编，中华书局点校本

0020　明史三百三十二卷，(清)张廷玉等编，中华书局点校本

二、传记、杂志类

0021　元朝名臣事略十五卷，(元)苏天爵撰，中华书局1962年影印元顺帝元统间建安余氏勤有堂刊本

0022　黑鞑事略一卷，(南宋)彭大雅、徐霆撰，海宁王静安先生遗书本

0023　蒙鞑备录一卷，(南宋)赵珙撰，海宁王静安先生遗书本

0024　长春真人西游记二卷，(元)李志常撰，海宁王静安先生遗书本

0025　马可波罗行记，(民国)冯承钧译，商务印书馆，1936年

0026　出使蒙古记，吕浦译，中国社会科学院出版社，1983年

0027　秘书监志十一卷，(元)王士点、商企翁编，浙江古籍出版社元代史料丛刊本，1992年

0028　元统元年进士录三卷，民国十二年(1923)刊宋元科举三录本，浙江古籍出版社元代史料丛刊本，1992年

0029　录鬼簿二卷、续编一卷，(元)钟嗣成撰、(明)贾仲明续撰，上海，古典文学出版社，1957年

0030　图书宝鉴五卷，(元)夏文彦撰，上海古籍出版社四库艺术丛书本，1991年

0031　书史会要九卷，补遗一卷，(明)陶宗仪撰，上海书店影印明洪武九年(1376)初刻本，1984年

0032　青楼集一卷，(元)夏庭芝撰，孙崇涛等笺注，中国戏剧出版社，1990年

0033　元诗纪事四十五卷，(清)陈衍撰，李梦生校点，上海古籍出版社1987年

0034　元儒考略四卷，(明)冯从吾撰，知服斋丛书本

0035　佛祖历代通载三十六卷，(元)释念常撰，江苏广陵古籍刻印社影印大藏经本，1993年

0036　补续高僧传二十六卷，(明)释明河撰，上海古籍出版社《高僧传合集》本，1991年

0037　新续高僧传四集六十五卷，(民国)喻谦编，上海古籍出版社《高僧传合集》本，1991年

0038　洞霄图志六卷，(元)邓牧等编，笔记小说大观续编本

0039　茅山志三十三卷，(元)刘大彬撰，道藏本

0040　甘水仙源录十卷，(元)李道谦编，道藏本

0041　安南志略十九卷，(安南国)黎崱撰，四库全书珍本七集本

0042　吴中人物志十三卷，(明)张昶撰，明隆庆刊本

0043　西吴里语四卷，(明)宋雷撰，适园丛书本

0044　续吴郡志二卷，(明)李诩撰，适园

丛书本

0045　吴乘窃笔一卷,(明)许元溥撰,乙亥丛编本

0046　昆山人物志十卷,(明)方鹏撰,明嘉靖刊本

0047　晋陵先贤传四卷,(明)欧阳东凤撰,崇雅堂丛书初编本

0048　毗陵人品记十卷,(明)叶夔撰,明万历刊本

0049　润州先贤录六卷,(明)姚堂撰,民国二十二年(1933)影印明天顺刊本

0050　金华贤达传十二卷,(明)郑柏撰,续金华丛书本

0051　金华先民传十卷,(明)应廷育撰,续金华丛书本

0052　婺书八卷,(明)吴之器撰,清光绪二十六年(1900)刊本

0053　义乌人物记二卷,(明)金江撰,续金华丛书本

0054　中州人物志十二卷,(明)朱睦㮮撰,隆庆刊本

0055　永新人物录一卷,(明)刘定之撰,《呆斋存稿》内收

0056　广州人物传二十四卷,(明)黄佐撰,清光绪十七年(1891)刊本

0057　蜀中广记一百八卷,(明)曹学佺撰,四库珍本初集本

0058　宋遗民录十五卷,(明)程敏政编,笔记小说大观续编本

0059　新安学系录十六卷,(明)程曈编,安徽丛书本

0060　陈张事略一卷,(明)吴国伦撰,学海类编本

0061　济美录四卷,(明)郑烛编,嘉靖十四年(1535)歙县郑氏家塾刻本

0062　两浙名贤录六十二卷,(明)徐象梅撰,光绪二十六年(1900)刊本

0063　宋季忠义录十六卷,(清)万斯同撰,四明丛书本

0064　东城杂记二卷,(清)厉鹗撰,笔记小说大观本

0065　武林元妙观志四卷,(清)仰蘅撰,武林掌故丛编本

0066　四明宋元僧诗二卷,(清)董廉辑,四明丛书本

0067　宋东莞遗民录二卷,(清)陈伯陶辑,民国五年(1916)刊本

0068　元广东遗民录二卷、附录一卷,(清)豁渔隐辑,民国十一年(1922)刊本

0069　金诗纪事十六卷,(清)陈衍撰

0070　宋诗纪事一百卷,(清)厉鹗撰,上海古籍出版社1983年

0071　宋元学案一百卷,(清)黄宗羲撰、全祖望补,道光刊本

0072　宋元学案补遗一百卷、别附三卷,(清)王梓材、冯云濠辑,四明丛书本

0073　万姓统谱一百四十卷,(明)凌迪知辑,明万历刊本

0074　佩文斋书画谱一百卷,清圣祖敕撰,北京市中国书店影印康熙刊本,1984年

0075　古今图书集成一万卷,(清)陈梦雷纂,清乾隆间铜活字本

0076　闽中理学渊源考九十二卷,(清)李清馥撰,四库珍本二集本

0077　历代画史彙传七十二卷,(清)彭蕴璨撰

0078　宋元以来画人姓氏录三十六卷,(清)鲁骏编,清道光刊本

0079　畴人传初二编五十二卷、三编七卷、四编十一卷,世界书局排印本

0080　金陵通传四十五卷、补遗四卷,(清)陈作霖编,清光绪三十年刊本

0081　甬上先贤传二十卷,(清)蒋学镛撰,四明丛书本

0082　金华征献略二十卷,(清)王崇炳辑,清刊本

0083　浙江忠义录十卷、续篇二卷,(清)左宗棠编,清光绪刊本

0084　南阳人物志十卷,(清)马海峰辑,清同治九年(1870)刊本

0085　曹南文献录八十二卷、附录六卷,(清)徐悔斋辑,民国六年(1917)刊本

0086　甘肃人物志二十四卷,(民国)刘尔炘辑,民国十五年(1926)排印本

0087　固安文献志二十卷,(民国)贾廷琳辑,民国十六年(1927)排印本

0088　国初群雄事略,(明末清初)钱谦益撰,适园丛书本

0089　至元辩伪录,民国十五年(1926)先照刊本

0090　佛祖统记,(宋)释志磐撰,江苏广陵古籍刻印社影印大藏经本

0091　庐山莲宗宝鉴,普度撰,影续藏本

0092　元代掖庭记,(元)陶宗仪撰,续百川学海乙集

0093　北巡私记，(元末明初)刘佶撰，云窗丛刻本

0094　西湖游览志余，(明)田汝成辑撰，上海古籍出版社 1980 年

0095　宋诗纪事补遗一百卷，(清)陆心源辑撰，清光绪十九年(1893)家刻本

0096　明高僧传八卷，(明)如惺撰，上海古籍出版社《高僧传和集》本，1991 年

0097　岛夷志略，(元)汪大渊撰，苏继庼校释，中华书局 1981 年

0098　宋诗纪事续补三十卷，孔凡礼辑撰，北京大学出版社 1987 年

0099　稗史集传一卷，(元)徐显撰，说库本

三、笔记类

0101　辍耕录三十卷，(明)陶宗仪撰，中华书局元明史料笔记丛刊本，1959 年

0102　山居新话一卷，(元)杨瑀撰，笔记小说大观本

0103　草木子四卷，(明)叶子奇撰，中华书局元明史料笔记丛刊本，1959 年

0104　隐居通议三十一卷，(元)刘壎撰，清康熙刊本

0105　庶斋老学丛谈四卷，(元)盛如梓撰，笔记小说大观本

0106　至正直记四卷，(元)孔克齐撰，续粤雅堂丛书本

0107　山房随笔一卷，(元)蒋子正撰，历代诗话本

0108　三朝野史一卷，(元)佚名撰，说库本

0109　困学斋杂录一卷，(元)鲜于枢撰，知不足斋丛书本

0110　云山日记二卷，(元)郭畀撰，横山草堂刊本

0111　湛渊静语二卷，(元)白珽撰，知不足斋丛书本

0112　遂昌杂录，(元)郑元祐撰，笔记小说大观本

0113　日损斋笔记一卷、附录一卷，(元)黄溍撰，金华丛书本

0114　砚北杂志二卷，(元)陆友撰，笔记小说大观本

0115　乐郊私语一卷，(元)姚桐寿撰，学海类编本

0116　日闻录一卷，(元)李翀撰，丛书集成初编本

0117　解酲语一卷，(元)李材撰，广百川学海本

0118　东园友闻一卷，(元)孙道易撰，古今说海本

0119　癸辛杂识六卷，(宋)周密撰，中华书局唐宋史料笔记丛刊本，1988 年

0120　志雅堂杂钞二卷，(宋)周密撰，笔记小说大观本

0121　霏雪录一卷，(明)刘绩撰，古今说海本

0122　两山墨谈十八卷，(明)陈霆撰，惜阴轩丛书本

0123　蟫精隽十六卷，(明)徐伯龄撰，四库珍本二集本

0124　六研斋笔记四卷、二笔四卷、三笔四卷，(明)李日华，李竹嬾先生说部全书本

0125　七修类稿，(明)郎瑛撰，中华书局明清笔记丛刊本，1959 年

0126　退庵笔记十六卷，(清)夏荃撰，海陵丛刻本

0127　十驾斋养新录，(清)钱大昕撰，商务印书馆 1957 年

0128　水东日记，(明)叶盛撰，中华书局元明史料笔记丛刊本，1980 年

0129　续夷坚志，(金)元好问撰，中华书局古小说丛刊本，1986 年

0130　释氏疑年录十二卷，陈垣著，励耘书屋丛刻本，北京师范大学出版社影印，1982 年

0131　齐东野语二十卷，(宋)周密撰，中华书局点校本，1983 年

0132　归潜志十四卷，(金末元初)刘祁撰，中华书局点校本，1983 年

四、元人诗文集类

0141　湛然居士文集十四卷，(元)耶律楚材撰，四部丛刊本

0142　剡源文集三十卷，(元)戴表元撰，四部丛刊本

0143　松雪斋文集十卷、外集一卷，(元)赵孟頫撰，四部丛刊本

0144　秋涧大全集一百卷、附录一卷，(元)王恽撰，四部丛刊本

0145　牧庵集三十六卷，(元)姚燧撰，四部丛刊本

0146　清容居士集五十卷，(元)袁桷撰，四部丛刊本

0147　道园学古录五十卷，(元)虞集撰，四部丛刊本

0148　杨仲弘诗集八卷，(元)杨载撰，四

部丛刊本

0149　范德机诗集七卷,(元)范梈撰,四部丛刊本

0150　揭文安公全集十四卷、补遗一卷,(元)揭傒斯撰,四部丛刊本

0151　渊颖集十卷、附录一卷,(元)吴莱撰,四部丛刊本

0152　金华黄先生文集四十三卷,(元)黄溍撰,四部丛刊本

0153　圭斋文集十六卷,(元)欧阳玄撰,四部丛刊本

0154　柳待制文集二十卷、附录一卷,(元)柳贯撰,四部丛刊本

0155　萨天锡诗集二卷,(元)萨都剌撰,四部丛刊本

0156　句曲外史诗集五卷,(元)张雨撰,四部丛刊本

0157　九灵山房集三十卷,(元)戴良撰,四部丛刊本

0158　东维子文集三十一卷,(元)杨维桢撰,四部丛刊本

0159　铁崖古乐府十卷、复古诗集六卷,(元)杨维桢撰,四部丛刊本

0160　静修文集二十二卷,(元)刘因撰,四部丛刊本

0161　蚁术诗选八卷、词选四卷,(元)邵亨贞撰,四部丛刊三编本

0162　龟巢稿二十卷,(元)谢应芳撰,四部丛刊三编本

0163　夷白斋稿三十五卷、外集一卷、补遗一卷,(元)陈基撰,四部丛刊三编本

0164　张光弼诗集七卷,(元)张昱撰,四部丛刊续编本

0165　存复斋文集十卷、附录一卷,(元)朱德润撰,四部丛刊续编本

0166　青阳文集九卷,(元)余阙撰,四部丛刊续编本

0167　桐江续集三十七卷,(元)方回撰,四库珍本初集本

0168　剩语二卷,(元)艾性夫撰,四库珍本初集本

0169　青山集八卷,(元)赵文撰,四库珍本初集本

0170　小亨集六卷,(元)杨弘道撰,四库珍本初集本

0171　稼村类稿三十卷,(元)王义山撰,四库珍本初集本

0172　青崖集五卷,(元)魏初撰,四库珍本初集本

0173　养吾斋集三十二卷,(元)刘将孙撰,四库珍本初集本

0174　东庵集四卷,(元)滕安上撰,四库珍本初集本

0175　秋岩诗集二卷,(元)陈义高撰,四库珍本初集本

0176　兰轩集十六卷,(元)王旭撰,四库珍本初集本

0177　玉井樵唱三卷,(元)尹廷高撰,四库珍本初集本

0178　西岩集二十卷,(元)张之翰撰,四库珍本初集本

0179　艮斋诗集十四卷,(元)侯克中撰,四库珍本初集本

0180　文忠集六卷,(元)王结撰,四库珍本初集本

0181　榘庵集十五卷,(元)同恕撰,四库珍本初集本

0182　伊滨集二十四卷,(元)王沂撰,四库珍本初集本

0183　瓢泉吟稿五卷,(元)朱晞颜撰,四库珍本初集本

0184　野处集四卷,(元)邵亨贞撰,四库珍本初集本

0185　子渊诗集六卷,(元)张仲深撰,四库珍本初集本

0186　午溪集十卷,(元)陈镒撰,四库珍本初集本

0187　傲轩吟稿一卷,(元)胡天游撰,四库珍本初集本

0188　桐山老农集四卷,(元)鲁贞撰,四库珍本初集本

0189　佩玉斋类稿十卷,(元)杨翮撰,四库珍本初集本

0190　麟原文集二十四卷,(元)王礼撰,四库珍本初集本

0191　性情集六卷,(元)周巽撰,四库珍本初集本

0192　玉笥集九卷,(元)邓雅撰,四库珍本初集本

0193　藏春集六卷,(元)刘秉忠撰,清抄本

0194　张淮阳集二卷,(元)张弘范撰,清光绪二十二年(1896)鹿传霖刻本

0195　郝文忠公陵川文集三十九卷、卷首一卷、附录一卷,(元)郝经撰,清道光八年(1828)增补年谱重刊本

0196 归田类稿二十四卷,(元)张养浩撰,四库珍本三集本

0197 白云集三卷、附录一卷,(元)释英撰,武林往哲遗书本

0198 桐江集四卷,(元)方回撰,清抄本

0199 野趣有声画二卷,(元)杨公远撰,清抄本

0200 月屋漫稿一卷,(元)黄庚撰,清抄本

0201 养蒙先生文集十卷,(元)张伯淳撰,清抄本

0202 墙东类稿二十卷、补遗一卷,(元)陆文圭撰,常州先哲遗书本

0203 桂隐文集四卷、诗集四卷,(元)刘诜撰,清抄本

0204 水云村稿十五卷,(元)刘壎撰,清抄本

0205 巴西集二卷,(元)邓文原撰,清光绪二十五年(1899)刊本

0206 屏岩小稿一卷,(元)张观光撰,续金华丛书本

0207 玉斗山人集三卷,(元)王奕撰,枕碧楼丛书本

0208 谷响集三卷,(元)释善住撰,清抄本

0209 竹素山房集三卷、补遗一卷、附录一卷,(元)吾丘衍撰,武林往哲遗著本

0210 紫山大全集二十六卷,(元)胡祇通撰,三怡堂丛书本

0211 松乡先生文集十卷,(元)任士林撰,清光绪十六年(1890)刻本

0212 吴文正集一百卷,(元)吴澄撰,明刻本、四库珍本二集本

0213 金渊集六卷,(元)仇远撰,丛书集成初编本

0214 山村遗集一卷、附录一卷,(元)仇远撰,武林往哲遗著本

0215 湛渊遗稿三卷、补一卷,(元)白珽撰,丛书集成初编本

0216 牧潜集七卷,(元)释圆至撰,武林往哲遗著本

0217 还山遗稿二卷、补遗一卷、附录一卷,(元)杨奂撰,适园丛书本

0218 鲁斋遗书八卷、附录二卷,(元)许衡撰,四库珍本四集本

0219 存悔斋稿一卷、补遗一卷,(元)龚璛撰,四库珍本三集本

0220 双溪醉隐集八卷,(元)耶律铸撰,四库珍本二集本

0221 许白云先生文集四卷,(元)许谦撰,四库丛刊续编本

0222 畏斋集六卷,(元)程端礼撰,四明丛书本

0223 安默庵先生文集五卷,(元)安熙撰,丛书集成初编本

0224 云峰胡先生文集十卷,(元)胡炳文撰,清道光十一年(1831)胡氏刻本

0225 雪楼集三十卷,(元)程钜夫撰,清宣统二年(1910)陶氏涉园影洪武刊本

0226 曹文贞公诗集十卷、后录一卷,(元)曹伯启撰,四库珍本四集本

0227 汉泉漫稿五卷,(元)曹伯启撰,涵芬楼秘笈本

0228 芳谷集三卷,(元)徐明善撰,豫章丛书本

0229 观光稿一卷、交州稿一卷、玉堂稿一卷、附录一卷,(元)陈孚撰,四库珍本八集本

0230 周此山先生诗集四卷,(元)周权撰,括苍丛书本

0231 申斋集十五卷,(元)刘岳申撰,清抄本

0232 霞外诗集十卷,(元)马臻撰,明末毛氏汲古阁刻元人十种诗本

0233 蒲室集十五卷,(元)释大䜣撰,四库珍本二集本

0234 弁山小隐吟录二卷,(元)黄玠撰,四明丛书本

0235 续轩渠诗集十卷、补遗一卷、附录一卷,(元)洪希文撰,清光绪六年(1880)杉直槐清馆刻洪氏晦木斋丛书本

0236 定宇集十六卷、别集一卷、附录一卷,(元)陈栎撰,清康熙三十五年(1696)陈嘉基辑刊本

0237 知非堂稿六卷,(元)何中撰,清抄本

0238 贡文靖公云林诗集六卷、附录一卷,(元)贡奎撰,明弘治三年(1490)天台范吉刊本

0239 梅花字字香二卷,(元)郭豫亨撰,丛书集成初编本

0240 中庵集二十卷,(元)刘敏中撰,四库珍本三集本

0241 静春堂诗集四卷、附录三卷,(元)袁易撰,知不足斋丛书本

0242 惟实集四卷、外集一卷,(元)刘鹗撰,四库珍本四集本

0243 勤斋集八卷,(元)萧𣂏撰,清抄本

0244 石田文集十五卷,(元)马祖常撰,民国十一年(1922)上海古书流通处据元刻影印元四家集本

0245 道园遗稿六卷,(元)虞集撰,四库珍本五集本

0246 翠寒集一卷(元)宋无撰,明末毛氏汲古阁刻元人十种诗本

0247 桧亭稿九卷,(元)丁复撰,清抄本

0248 闲居丛稿二十六卷,(元)蒲道源撰,清抄本

0249 所安遗集一卷,(元)陈泰撰,涵芬楼秘笈本

0250 至正集八十一卷,(元)许有壬撰,清宣统三年(1911)聊城邹氏石印乾隆抄本

0251 圭塘小稿十三卷、别集二卷、续集一卷、附录一卷,(元)许有壬撰,三怡堂丛书本

0252 吴礼部文集二十卷、附录一卷,(元)吴师道撰,续金华丛书本

0253 积斋集五卷,(元)程端学撰,四明丛书本

0254 燕石集十五卷,(元)宋褧撰,清抄本

0255 秋声集四卷,(元)黄镇成撰,四库珍本六集本

0256 雁门集八卷,(元)萨都剌撰,明成化二十年(1484)张习刻本

0257 杏庭摘稿一卷,(元)洪焱祖撰,清抄本

0258 安雅堂集十三卷,(元)陈旅撰,北京图书馆藏明祁氏谈生堂抄本

0259 傅与砺诗文集二十卷,(元)傅若金撰,四库珍本三集本

0260 筠轩集十三卷,(元)唐元撰,四库珍本三集本

0261 俟庵集三十卷,(元)李存撰,四库珍本二集本

0262 滋溪文稿三十卷,(元)苏天爵撰,适园丛书本

0263 鲸背吟集一卷,(元)宋无撰,说郛本

0264 周翰林近光集三卷、扈从诗一卷,(元)周伯琦撰,清抄本

0265 经济文集六卷,(元)李士瞻撰,湖北先正遗书本

0266 纯白斋类稿二十卷、附录二卷,(元)胡助撰,金华丛书本

0267 圭峰集二卷,(元)卢琦撰,四库珍本三集本

0268 蜕庵集五卷,(元)张翥撰,四库珍本五集本

0269 五峰集六卷,(元)李孝光撰,四库珍本七集本

0270 梦观集五卷,(元)释大圭撰,四库珍本五集本

0271 金台集二卷,(元)迺贤撰,诵芬室丛刊初编民国十一年(1922)武进董氏景元刊本

0272 药房樵唱三卷、附录一卷,(元)吴景奎撰,清抄本

0273 栲栳山人诗集三卷,(元)岑安卿撰,清乾隆五十四年(1787)岑振祖刻本

0274 梅花道人遗墨一卷、附录一卷,(元)吴镇撰,北京图书馆藏清抄本

0275 玩斋集十卷、拾遗一卷,(元)贡师泰撰,北京图书馆藏嘉靖十四年(1535)徐可璧重修本

0276 羽庭集六卷,(元)刘仁本撰,北京图书馆藏清抄本

0277 不系舟渔集十六卷、补遗一卷,(元)陈高撰,敬乡楼丛书本

0278 居竹轩诗集四卷,(元)成廷珪撰,北京图书馆藏明嘉靖刻本

0279 侨吴集十二卷、附录一卷,(元)郑元祐撰,北京图书馆藏明弘治刊本

0280 咏物诗二卷,(元)谢宗可撰,北京图书馆藏乾隆五十六年(1791)冰丝馆刊本

0281 鹿皮子集四卷,(元)陈樵撰,金华丛书本

0282 林外野言二卷、补遗一卷,(元)郭翼撰,又满楼丛书本

0283 师山先生文集八卷、遗文五卷、附录一卷,(元)郑玉撰,北京图书馆藏明刻本

0284 友石山人遗稿一卷,(元)王翰撰,嘉业堂丛书本

0285 闻过斋集四卷,(元)吴海撰,丛书集成初编本

0286 学言诗稿六卷,(元)吴当撰,清乾隆四年(1739)刊本

0287 北郭集六卷、补遗一卷、续补遗一卷,(元)许恕撰,粟香室丛书本

0288 玉笥集十卷,(元)张宪撰,粤雅堂丛书本

0289　青村遗稿一卷、附录一卷，(元)金涓撰，丛书集成初编本

0290　丁鹤年集四卷、附录一卷，(元)丁鹤年撰，丛书集成初编本

0291　贞素斋集八卷、附录一卷、北庄遗稿一卷，(元)舒頔撰，四库珍本二集本

0292　一山文集九卷，(元)李继本撰，湖北先正遗书本

0293　江月松风集十二卷、补遗一卷、文录一卷、附录一卷，(元)钱惟善撰，武林往哲遗著本

0294　石初集十卷、附录一卷，(元)周霆震撰，豫章丛书本

0295　山窗余稿一卷，(元)甘复撰，豫章丛书本

0296　梧溪集七卷、补遗一卷，(元)王逢撰，丛书集成初编本

0297　吾吾类稿三卷，(元)吴皋撰，豫章丛书本

0298　樵云独唱诗集六卷，(元)叶颙撰，续金华丛书本

0299　静思先生诗集十卷，(元)郭钰撰，北京图书馆藏道光元年(1821)经鉏堂抄本

0300　滦京杂咏二卷，(元)杨允孚撰，知不足斋丛书本

0301　云阳李先生文集十卷、附录一卷，(元)李祁撰，北京图书馆藏清抄本

0302　南湖集七卷，(元)贡性之撰，四库珍本七集本

0303　清閟阁全集十二卷，(元)倪瓒撰，常州先哲遗书本

0304　玉山璞稿二卷、逸稿四卷，(元)顾瑛撰，丛书集成初编本

0305　来鹤亭诗集八卷、补遗一卷，(元)吕诚撰，北京图书馆藏清抄本(四库底本)

0306　云松巢集三卷，(元)朱希晦撰，四库珍本四集本

0307　环谷集八卷，(元)汪克宽撰，清康熙十八年(1679)刊汪氏三先生集本

0308　花溪集三卷，(元)沈梦麟撰，枕碧楼丛书本

0309　樗隐集六卷，(元)胡行简撰，豫章丛书本

0310　东山存稿七卷、附录一卷，(元)赵汸撰，清康熙二十年(1681)赵吉士刻本

0311　丽则遗音四卷，(元)杨维桢撰，四库珍本四集本

0312　庸庵集十四卷，(元)宋禧撰，四库珍本二集本

0313　石门集十卷，(元)梁寅撰，清光绪十五年(1889)重刻本

0314　清江碧嶂集一卷，(元)杜本撰，明末毛氏汲古阁刊本

0315　金囦集一卷，(元)元淮撰，涵芬楼秘笈本

0316　存复斋续集一卷，(元)朱德润撰，涵芬楼秘笈本

0317　书林外集七卷，(元)袁士元撰，涵芬楼秘笈本

0318　王征士集八卷，(元)王沂撰，续聚珍版丛书本

0319　东皋诗集四卷，(元)马玉麟撰，续聚珍版丛书本

0320　贞一斋杂著一卷、诗稿一卷，(元)朱思本撰，适园丛书本

0321　寓庵集八卷，(元)李庭撰，藕香拾零本

0322　静轩集五卷、附录一卷，(元)阎复撰，藕香拾零本

0323　清河集七卷、附录一卷，(元)元明善撰，藕香拾零本

0324　菊潭集四卷，(元)李术鲁翀撰，藕香拾零本

0325　快雪斋集一卷、补一卷，(元)郭畀撰，横山草堂丛书本

0326　竹斋集三卷、续集一卷、附录一卷，(元末明初)王冕撰，四库明人文集丛刊本，上海古籍出版社1991年

0327　云山集八卷，(元)姬志真撰，道藏本

0328　方叔渊遗稿一卷，(元)方澜撰，晨风阁丛书本

0329　古山乐府二卷，(元)张埜撰，彊村丛书本

0330　竹溪稿二卷，(元)吕溥撰，续金华丛书本

0331　荣祭酒遗文一卷，(元)荣肇撰，丛书集成初编本

0332　丹丘生集五卷、补遗一卷、附录一卷，仙居丛书本

0333　益斋集十卷、拾遗一卷，丛书集成初编本

0334　道园类稿五十卷，(元)虞集撰，北京图书馆藏元顺帝至正五年(1345)临川郡学刊本(卷十七至二十配抄本)

0335　西斋净土诗三卷，(元末明初)释

梵琦撰,丛书集成初编本

0336　木讷斋文集八卷、附录一卷,(元)王毅撰,括苍丛书二集本

0337　磻溪集六卷,(金末元初)丘处机撰,道藏本

0338　葆光集三卷,(元)尹志平撰,道藏本

0339　兰雪集二卷,(元)张玉娘撰,清光绪八年(1882)刊本

0340　大痴道人集一卷,(元)黄公望撰,清道光刊虞山黄氏五集本

0341　顾北集一卷,(元)泰不华撰,台州丛书己集本

0342　一愚集一卷,(元)释子贤撰,台州丛书己集本

0343　杨仲礼集一卷、补一卷,(元)杨敬德撰,台州丛书己集本

0344　蒙泉集一卷,(元)郑守仁撰,台州丛书己集本

五、宋、金人诗文集类

1. 金人诗文集

0351　遗山文集四十卷、附录一卷,(金)元好问撰,四部丛刊本

0352　庄靖集十卷,(金)李俊民撰,九金人集本

0353　天籁集二卷、摭遗一卷,(金末元初)白朴撰,九金人集本

2. 宋人诗文集

0361　心泉学诗稿六卷,(宋)蒲寿宬撰,四库珍本初集本

0362　郑所南诗集一卷、文集一卷、附录一卷,(宋)郑思肖撰,四部丛刊续编本

0363　心史(不分卷),(宋)郑思肖撰,民国三十年(1941)郑贞文校刊本

0364　仁山集五卷,(宋)金履祥撰,丛书集成初编本

0365　伯牙琴一卷、补遗一卷,(宋)邓牧撰,丛书集成初编本

0366　叠山集十六卷,(宋)谢枋得撰,四部丛刊续编本

0367　则堂集六卷,(宋)家铉翁撰,四库珍本初集本

0368　晞髮集十卷、遗集二卷、补一卷、附天地间集一卷,(宋)谢翱撰,民国三十年(1941)郑贞文校刊本

0369　文山全集二十卷,(宋)文天祥撰,四部丛刊本

0370　耻堂存稿八卷,(宋)高斯得撰,聚珍版丛书本

0371　潜山集十二卷,(宋)释文珦撰,四库珍本初集本

0372　本堂集九十四卷,(宋)陈著撰,四库珍本二集本

0373　须溪集十卷,(宋)刘辰翁撰,四库珍本四集本

0374　碧梧玩芳集二十四卷,(宋)马廷鸾撰,豫章丛书本

0375　覆瓿集六卷,(宋)赵必瑑撰,四库珍本八集本

0376　阆风集十二卷,(宋)舒岳祥撰,四库珍本三集本

0377　北游集一卷,(宋)汪梦斗撰,四库珍本七集本

0378　蛟峰文集八卷、外集四卷,(宋)方逢辰撰,四库珍本四集本

0379　秋声集六卷,(宋)卫宗武撰,四库珍本初集本

0380　陵阳先生集二十四卷,(宋)牟巘撰,吴兴丛书本

0381　湖山类稿五卷、水云集一卷、附录三卷,(宋)汪元量撰,武林往哲遗著本

0382　潜斋集十一卷,(宋)何梦桂撰,四库珍本五集本

0383　梅岩文集十卷,(宋)胡次焱撰,四库珍本初集本

0384　黄四如集四卷,(宋)黄仲元撰,四部丛刊三编本

0385　霁山文集五卷,(宋)林景熙撰,四库珍本五集本

0386　勿轩集六卷,(宋)熊禾撰,正谊堂全书本

0387　佩韦斋集十六卷,(宋)俞德邻撰,四库珍本三集本

0388　庐山集五卷、英溪集一卷,(宋)董嗣杲撰,四库珍本初集本

0389　富山遗稿十卷,(宋)方夔撰,四库珍本初集本

0390　百正集三卷,(宋)连文凤撰,知不足斋丛书本

0391　存雅堂遗稿五卷,(宋)方凤撰,续金华丛书本

0392　吾汶稿十卷,(宋)王炎午撰,四部丛刊三编本

0393　紫岩诗选三卷,(宋)于石撰,续金华丛书本

0394　宁极斋稿一卷、附慎独叟遗稿一

卷,(宋)陈深撰,四库珍本三集本

0395 古逸民先生集二卷、附录二卷,(宋)汪炎昶撰,续聚珍版丛书本

0396 萧冰崖诗集拾遗三卷,(宋)萧立之撰,四部丛刊续编本

0397 史咏诗集二卷,(宋)徐钧撰,续金华丛书本

0398 钓矶诗集五卷、附录一卷,(宋)丘葵撰,旧抄本

0399 后村先生大全集一百九十六卷,(宋)刘克庄撰,四部丛刊本

0400 芳洲集三卷,(宋)黎廷瑞撰,豫章丛书本

0401 字溪集十一卷、附录一卷,(宋)阳枋撰,四库珍本初集本

0402 勿斋先生文集二卷,(宋)杨至质撰,道藏本

六、明清人诗文集类

1. 明人诗文集

0411 宋文宪公全集五十三卷,(明)宋濂撰,四部备要本

0412 诚意伯文集二十卷,(明)刘基撰,四部丛刊本

0413 陶学士集二十卷,(明)陶安撰,四库明人文集丛刊本,上海古籍出版社1991年

0414 王忠文集二十卷,(明)王祎撰,金华丛书本

0415 危太仆文集十卷、续集十卷,(明)危素撰,嘉业堂刊本

0416 白云集七卷,(明)唐桂芳撰,四库明人文集丛刊本,上海古籍出版社 1991年

0417 林登州集二十三卷,(明)林弼撰,四库明人文集丛刊本,上海古籍出版社1991年

0418 清江贝先生文集三十卷、诗集十卷、诗余一卷,(明)贝琼撰,四部丛刊本

0419 苏平仲文集十六卷,(明)苏伯衡撰,四部丛刊本

0420 胡仲子集十卷,(明)胡翰撰,金华丛书本

0421 高太史大全集十八卷、凫藻集五卷,(明)高启撰,四部丛刊本

0422 眉庵集十二卷、补遗一卷,(明)杨基撰,四部丛刊三编本

0423 静居集六卷,(明)张羽撰,四部丛刊三编本

0424 密庵稿十卷,(明)谢肃撰,四部丛刊三编本

0425 北郭集十卷,(明)徐贲撰,四部丛刊三编本

0426 蚓窍集十卷,(明)管时敏撰,四部丛刊三编本

0427 樗庵类稿二卷,(明)郑潜撰,四库明人文集丛刊本

0428 可传集一卷,(明)袁华撰,四库明人文集丛刊本

0429 覆瓿集七卷、附录一卷,(明)朱同撰,四库明人文集丛刊本

0430 尚䌹斋集五卷,(明)童冀撰,四库明人文集丛刊本

0431 荥阳外史集七十卷,(明)郑真撰,四库明人文集丛刊本

0432 逊志斋集二十四卷、附录一卷,(明)方孝儒撰,四部丛刊本

0433 匏翁家藏集七十七卷、补遗一卷,(明)吴宽撰,四部丛刊本

0434 明太祖文集二十卷,明太祖撰,四库明人文集丛刊本

0435 凤池吟稿十卷,(明)汪广洋撰,四库明人文集丛刊本

0436 西隐集十卷,(明)宋讷撰,四库明人文集丛刊本

0437 翠屏集四卷,(明)张以宁撰,四库明人文集丛刊本

0438 说学斋稿四卷,(明)危素撰,四库明人文集丛刊本

0439 云林集二卷,(明)危素撰,四库明人文集丛刊本

0440 槎翁诗集八卷,(明)刘嵩撰,四库明人文集丛刊本

0441 东皋录三卷,(明)释妙声撰,四库明人文集丛刊本

0442 柘轩集四卷、附录二卷,(明)凌云翰撰,四库明人文集丛刊本

0443 白云稿五卷,(明)朱右撰,四库明人文集丛刊本

0444 始丰稿十四卷、补遗一卷、附录一卷,(明)徐一夔撰,武林往哲遗著本

0445 王常宗集四卷、补遗一卷、续补遗一卷,(明)王彝撰,四库明人文集丛刊本

0446 白云山房逸稿二卷、补录一卷,(明)张孟兼撰,续金华丛书本

0447 沧螺集六卷、补遗一卷,(明)孙作撰,常州先哲遗书本

0448 临安集六卷,(明)钱宰撰,四库明人文集丛刊本

0449 刘彦昺集九卷,(明)刘炳撰,四库明人文集丛刊本

0450 蓝山集六卷,(明)蓝仁撰,四库明人文集丛刊本

0451 蓝涧集六卷,(明)蓝智撰,四库明人文集丛刊本

0452 鸣盛集四卷,(明)林鸿撰,四库明人文集丛刊本

0453 半轩集十四卷,(明)王行撰,四库明人文集丛刊本

0454 望云集五卷,(明)郭奎撰,四库明人文集丛刊本

0455 草阁集六卷、拾遗一卷、文集一卷,(明)李昱撰,武林往哲遗著本

0456 春草斋集十二卷,(明)乌斯道撰,四明丛书本

0457 耕学斋诗集十二卷,(明)袁华撰,四库明人文集丛刊本

0458 强斋集十卷,(明)殷奎撰,四库明人文集丛刊本

0459 海桑集十卷,(明)陈谟撰,四库明人文集丛刊本

0460 海叟集四卷、集外诗一卷,(明)袁凯撰,四库明人文集丛刊本

0461 斗南老人集六卷,(明)胡奎撰

0462 鼓枻稿(不分卷),(明)虞堪撰,涵芬楼秘笈本

0463 全室外集九卷、续集一卷,(明)释宗泐撰,四库明人文集丛刊本

0464 岘泉集四卷,(明)张宇初撰,四库明人文集丛刊本

0465 续志斋集二卷,(明)王绅撰,续金华丛书本

0466 文毅集十六卷,(明)解缙撰,四库明人文集丛刊本

0467 王舍人诗集五卷,(明)王绂撰,四库明人文集丛刊本

0468 泊庵集十六卷,(明)梁潜撰,四库明人文集丛刊本

0469 颐庵文选二卷,(明)胡俨撰,四库明人文集丛刊本

0470 东里全集九十七卷、别集四卷,(明)杨士奇撰,四库明人文集丛刊本

0471 文敏集二十五卷,(明)杨荣撰,四库明人文集丛刊本

0472 梧岡集八卷,(明)唐文凤撰,四库明人文集丛刊本

0473 楼居杂著一卷,(明)朱存理撰,四库明人文集丛刊本

0474 篁墩文集九十三卷,(明)程敏政撰,四库明人文集丛刊本

0475 枫林集十卷,(明)朱升撰,明万历四十四年(1616)刻本

0476 坦斋文集十五卷、补遗一卷,(明)刘三吾撰,清道光七年(1827)刊本

0477 土苴集二卷、附录一卷,(明)周鼎撰,涵芬楼秘笈本

0478 松雨轩集八卷、补遗一卷、附录一卷,(明)平显撰,武林往哲遗著本

0479 鹤田文集二卷,旧抄本

0480 南村诗集四卷,(明)陶宗仪撰,四库明人文集丛刊本

0481 荻溪集二卷,(明)王偕撰,旧抄本

2. 清人诗文集

0491 牧斋初学集一百十卷、有学集五十卷,(清)钱谦益撰,四部丛刊本

0492 曝书亭集八十卷,(清)朱彝尊撰,国学基本丛书本

0493 鲒埼亭集三十八卷、外编五十卷,(清)全祖望撰,国学基本丛书本

0494 抱经堂文集三十四卷,(清)卢文弨撰,四部丛刊本

0495 仪顾堂集二十卷,(清)陆心源撰,清光绪二十四年(1898)刊本

0496 潜研堂文集五十卷,(清)钱大昕撰,清嘉庆十一年(1806)刊本

七、总集类

0501 元文类七十卷,(元)苏天爵编,四部丛刊本

0502 天下同文集四十四卷,(元)周南瑞编,四库珍本五集本

0503 元诗选初、二、三集,(清)顾嗣立编,中华书局标点本,1987年

0504 元诗选癸集,(清)席世臣编,扫叶山房刊本

0505 全元散曲二册,隋树森编,中华书局1964年

0506 永乐大典十册,(明)姚广孝等编,中华书局影印本,1986年

0507 说郛一百卷,(明)陶宗仪编,张宗祥重校,民国十六年(1927)商务印书馆排印本

0508 两宋名贤小集三百八十卷,(宋)陈思编,四库珍本六集本

0509　全宋词五册,唐圭璋编,中华书局1965年

0510　洞霄诗集十四卷,(元)孟宗宝编,知不足斋丛书本

0511　河汾诸老诗集八卷,(元)房祺编,元人选元诗本(元刊本)

0512　名儒草堂诗余三卷,(元)庐陵凤林书院辑,丛书集成初编本

0513　谷音二卷,(元)杜本编,粤雅堂丛书本

0514　皇元风雅前集六卷、后集六卷,(元)傅习、孙存吾编,四部丛刊本

0515　国朝风雅十卷、杂编三卷,(元)蒋易编,元人选元诗本(元刊本)

0516　大雅集八卷,(元)赖良编,元人选元诗本(影洪武本)

0517　草堂雅集十三卷,(元)顾瑛编,四库珍本四集本

0518　玉山名胜集十二卷,(元)顾瑛编,四库珍本三集本

0519　玉山纪游一卷,(明)袁华编,四库珍本初集本

0520　圭塘欸乃集一卷,(元)许有壬等撰,艺海珠尘本

0521　敦交集一卷,(元)魏寿延编,元人选元诗本

0522　伟观集一卷,元末人编,元人选元诗本

0523　西湖竹枝集一卷,(元)杨维桢编,武林掌故丛编本

0524　宛陵群英集十二卷,(元)汪泽民、张师愚编,四库珍本二集本

0525　荆南唱和诗集一卷,(元)周砥、马治撰,四库珍本五集本

0526　乾坤清气集十四卷,(明)偶桓编,四库珍本三集本

0527　元音遗响十卷,(元)胡布、张达、刘绍撰,四库珍本三集本

0528　元诗体要十四卷,(明)宋公传编,四库珍本三集本

0529　沧海遗珠四卷,(明)沐昂编,四库珍本三集本

0530　明文衡一百卷,(明)程敏政编,四部丛刊本

0531　赤城别集五卷,(明)杨晨编,台州丛书本

0532　新安文献志一百卷,(明)程敏政编,明弘治十年(1497)原刊本

0533　全蜀艺文志六十四卷,(明)周复俊编,明刊本

0534　吴都文粹续集五十六卷、补遗一卷,(明)钱谷编,四库珍本初集本

0535　明诗综一百卷,(清)朱彝尊编,清康熙四十四年(1705)原刻本

0536　甬上耆旧诗三十卷,(清)胡文学辑,四库珍本六集本

0537　槜李诗系四十二卷,(清)沈季文辑,四库珍本七集本

0538　宋金元人词七十三卷,(民国)赵万里校辑,中央研究院史语所印行

0539　金文最,(清)张金吾编,中华书局1990年

0540　元曲选,(明)臧晋叔编,中华书局1958年

0541　元曲选外编,隋树森编,中华书局1959年

0542　全元文,李修生主编,江苏古籍出版社

0543　中州集,(金)元好问编撰,中华书局1959年

八、石刻史料类

0551　山右石刻丛编四十卷,(清)胡聘之辑,清光绪二十七年(1901)刊本

0552　常山贞石志二十四卷,(清)沈涛辑,清道光二十二年(1842)刊本

0553　山左金石志二十四卷,(清)毕沅辑,清嘉庆二年(1797)刻本

0554　陕西金石志三十卷、补遗二卷,(清)武树善辑,清光绪五年(1879)刊本

0555　陇右金石录十卷、校补一卷,张维辑,民国二十一年(1932)甘肃刻本

0556　满洲金石志六卷、别录二卷、补遗一卷、外编一卷,(民国)罗福颐辑,罗雪堂先生全集第二辑本

0557　和林金石录一卷,(清)李文田编,灵鹣阁丛书本

0558　江苏金石志二十四卷,江苏通志馆辑,民国十六年(1927)石刻本

0559　两浙金石志十八卷,(清)阮元辑,清光绪十六年(1890)浙江书局刻本

0560　金石萃编未刻稿三卷,(民国)罗振玉辑,清宣统三年(1911)刊本

0561　名蹟录六卷、附录一卷,(明)朱珪编,四库艺术丛书本,上海古籍出版社1991年

0562　陶斋藏石记四十四卷,(清)端方辑,清宣统元年(1909)湮阳端氏石印本

0563 古志石华三十卷,(清)黄本骥编,三长物斋丛书本

0564 宜禄堂收藏金石记,存五十九卷,(清)朱士端辑,清稿本(缺卷三)

0565 宜禄堂金石记六卷,(清)朱士端辑,清同治二年(1863)刊本

0566 江宁金石记八卷,(清)严观编,清嘉庆九年(1804)刊本

0567 吴下冢墓遗文三卷、续编一卷,(明)都穆编、叶恭焕续编,清康熙抄本

0568 吴中冢墓遗文一卷、补遗一卷,罗振玉辑,民国四年(1915)上虞罗氏刊本

0569 句容金石记十卷、附录一卷,(清)杨世沅编,清光绪三十四年(1908)排印本

0570 常熟金石志,(清)丁祖荫编,民国三十五年(1946)铅印本

0571 楚州金石录一卷,罗振玉辑,民国石印本

0572 两浙金石别录二卷,(清)顾燮光辑,民国十七年(1928)排印本

0573 武林金石记十卷,(清)丁敬编,遯庵金石丛书本

0574 吴兴金石录十六卷,(清)陆心源编,清光绪间刊本

0575 台州金石录十三卷,(清)黄瑞编,民国五年(1916)刘氏嘉业堂刻本

0576 括苍金石志十二卷、续志四卷,(清)李遇孙辑,清同治间刊本

0577 括苍金石志补遗四卷,(清)邹柏林辑,聚学轩丛书本

0578 越中金石记十卷、卷首二卷,(清)杜春生辑,清道光间刊本

0579 东瓯金石志十卷、补遗一卷、附录一卷,(清)戴咸弼辑,清光绪间刊本

0580 安徽金石略十卷,(清)赵绍祖辑,聚学轩丛书第二集本

0581 赣县金石志十四卷,(民国)叶为铭辑,民国二十年(1931)紫城叶氏排印本

0582 安徽通志金石古物考稿十六卷,(民国)徐乃昌辑,鼎文书局影印本

0583 赣石录三卷,(民国)邵启贤辑,民国九年(1920)石印本

0584 袁州石刻记一卷,(清)顾燮光辑,民国十二年(1923)佳石好楼石印本

0585 湖南金石志三十卷,(清)郭嵩焘纂,湖南通志内

0586 湖南考古略十二卷,(清)卢峻辑,清光绪五年(1879)刊本

0587 湖北金石志十四卷,(清)张仲炘辑,清宣统间朱印本

0588 襄阳冢墓遗文一卷、补遗一卷,(民国)罗振玉辑,民国四年(1915)刊本

0589 广东考古辑要四十六卷,(清)周广辑,清光绪十九年(1893)刊本

0590 粤东金石略十卷,(清)翁方纲辑,清光绪十九年(1893)广州石印本

0591 高要金石略四卷,(清)彭泰来辑,清刊本

0592 粤西金石略十五卷,(清)谢启昆辑,清嘉庆六年(1801)刊本

0593 闽中金石志十四卷,(清)冯登府辑,嘉业堂丛书本

0594 闽中金石略十五卷,(清)陈棨仁辑,菽庄丛书第二种

0595 畿辅金石志十六卷,(清)缪荃孙纂,畿辅通志内

0596 中州金石考八卷,(清)黄叔璥辑,顾氏金石舆地丛书本

0597 安阳金石录十二卷,(清)武亿辑,清刊本

0598 偃师金石记四卷,(清)武亿辑,清乾隆间刊本

0599 濬县金石录二卷,(清)熊象阶纂,清嘉庆七年(1802)刊本

0600 济南金石志四卷,(清)冯云鹓辑,清道光二十年(1840)刊本

0601 山左冢墓遗文一卷,(民国)罗振玉辑,民国初上虞罗氏刊本

0602 济宁州金石志八卷,(清)徐宗幹辑,清道光二十五年(1845)刊本

0603 益都金石记四卷,(清)段松苓辑,清光绪九年(1883)刊本

0604 定襄金石考四卷,(清)牛诚修辑,民国二十年(1931)排印本

0605 关中金石记八卷,(清)毕沅辑,清光绪二十四年(1898)刊本

0606 西陲石刻录一卷,(民国)罗振玉辑,民国三年(1914)刊本

0607 石刻史料新编,台北新文丰出版公司

九、地方志类

1. 总志、元代方志

0621 元一统志(全二册),(元)李兰盻等撰,赵万里校辑,中华书局1966年

0622 大明一统志九十卷,(明)李贤等

奉敕撰,明天顺五年(1461)原刊影印本,三秦出版社1990年

0623 大明一统名胜志二百八卷,(明)曹学佺纂,明崇祯刊本

0624 寰宇通志一百十九卷,(明)陈循等纂,玄览堂丛书续集本

0631 至顺镇江志二十二卷,(元)俞希鲁修,清道光二十二年(1842)刊本

0632 至正金陵新志十五卷,(元)张铉修,元顺帝至正四年(1344)刊本

0633 延祐四明志二十卷,(元)袁桷纂,宋元四明六志本

0634 至正四明续志十二卷,(元)王元恭纂,宋元四明六志本

0635 至正崑山郡志六卷,(元)杨谌修,观自得斋丛书本

0636 大清一统志五百六十卷,(清)嘉庆二十五年(1820)敕撰,四部丛刊续编本

2. 河北方志

0641 万历顺天府志六卷,(明)张元芳修,明万历二十一年(1593)刊本

0642 嘉靖蓟州志十八卷(今存卷一至十四),(明)熊相修,明嘉靖三年(1524)刊本

0643 正统大名府志十卷,(明)赵木修,明正统十年(1445)刻本

0644 嘉靖河间府志二十八卷,(明)樊深纂,明嘉靖十九年(1540)刻本

0645 嘉靖真定府志三十三卷,(明)雷福修,明嘉靖二十六年(1547)刻本

0646 嘉靖开州志十卷,(明)王崇庆修,明嘉靖十三年(1534)刻本

0647 成化顺德府志,存六卷,(明)史直臣修,明嘉靖刊本

0648 隆庆景州志六卷,(明)罗许修,隆庆六年(1572)刻本

0649 万历保定府志四十卷,(明)冯惟敏等修,王政熙等续修,明隆庆五年(1571)修、万历三十五年(1607)续修刻本

0650 万历沧州志八卷,(明)李梦熊修,万历三十一年(1603)刻本

0651 嘉靖藁城县志十卷,(明)李正儒纂,明嘉靖刻本

0652 嘉靖长垣县志九卷,(明)刘芳修,明嘉靖三十四年(1555)增补本

0653 嘉靖南宫县志五卷,(明)叶恒嵩纂,明嘉靖三十八年(1559)刻本

0654 嘉靖清丰县志十六卷,(明)晁瑮纂,明嘉靖三十七年(1558)刻本

0655 乾隆永清县志二十五篇,(清)章学诚纂,章氏遗书本

0656 嘉靖新河县志六卷,(明)蔡懋昭纂,明嘉靖四十三年(1564)刻本

0657 嘉靖清河县志四卷,(明)吴宗吉纂,明嘉靖四十四年(1565)刻本

0658 隆庆任县志八卷,(明)卫钧纂,明隆庆二年(1568)刻本

0659 隆庆丰润县志十三卷,(明)王讷言修,明隆庆四年(1570)刻本

0660 万历真定县志八卷,(明)杨芳纂,明万历四年(1576)刻本

0661 万历任丘县志八卷,(明)顾问修,明万历六年(1578)刻本

0662 万历广平县志五卷,(明)陈鏊修,明万历刻本

0663 万历交河县志七卷,(明)马中良纂,明万历十六年(1588)刻本

0664 万历宁津县志八卷,(明)王良贵纂,明万历十六年(1588)刻本

0665 万历广宗县志八卷,(明)马协纂,明万历二十年(1592)刻本

0666 万历故城县志五卷,(明)周世选修,明万历二十二年(1594)刻本

0667 万历怀柔县志四卷,(明)周仲士修,明万历三十二年(1604)刻本

0668 万历新城县志十二卷,(明)张栋纂,明万历四十五年(1617)刻本

0669 万历威县志八卷,(明)姜允清纂,明万历四十八年(1620)刻本

0670 崇祯隆平县志九卷,(明)陈所学修,明崇祯二年(1629)刻本

0671 崇祯固安县志九卷,(明)秦士奇纂,明崇祯五年(1632)刻本

0672 崇祯内丘县志八卷,(明)乔中和修,明崇祯十五年(1642)刻本

0673 崇祯文安县志八卷,(明)纪大纲纂,明崇祯四年(1631)刻本

0674 正德大名府志十卷,(明)石禄纂,明正德元年(1506)刻本

0675 嘉靖雄乘二卷,(明)王齐纂,明嘉靖十六年(1537)刻本

0676 同治畿辅通志三百卷,(清)黄彭年等纂,1934年商务印书馆影印本

0677 嘉靖涿州志十二卷,(明)史直臣纂修,嘉靖刻本

0681　宣府镇志四十二卷,(明)孙世芳撰,明嘉靖四十五年(1566)刻本

0682　山海关志八卷,(明)詹荣修,旧抄本

0683　万历朔方新志五卷,(明)杨寿修,明万历四十五年(1617)刻本

0684　甘镇志(不分卷),(明)佚名撰,明嘉靖间修,旧抄本

0685　西征石城记一卷,(明)马文升修,历代小史本

0686　边政考十二卷,(明)张两纂,明嘉靖二十六年(1547)刻本

0687　历代山陵考二卷,(明)王在晋编,借月山房彙钞本

3. 山西方志

0691　成化山西通志十七卷,(明)李侃修、胡谧纂,明成化十一年(1475)刻本

0692　万历太原府志二十六卷,(明)关廷访等修,明万历四十年(1612)刻本

0693　万历汾州府志十六卷,(明)王道一修,明万历三十七年(1609)刻本

0694　万历泽州志十八卷,(明)傅淑训重修,明万历三十七年(1609)刻本

0695　正德绛州志七卷,(明)王珂修,明正德十五年(1520)刻本

0696　嘉靖蒲州志三卷,(明)边象纂,明嘉靖三十八年(1559)刻本

0697　万历代州志二卷,(明)周弘禴纂,明万历十三年(1585)刻本

0698　弘治潞州志十二卷,(明)马暾纂,明弘治八年(1495)刻本

0699　万历应州志六卷,(明)田蕙纂,明万历二十七年(1599)刻本

0700　万历平阳府志十卷,(明)曹树声等修,明万历四十三年(1615)刻本

0701　万历忻州志四卷(今存一、三、四卷),(明)杨惟嶽纂,明万历三十六年(1608)刻本

0702　沃史二十六卷,(明)赵彦复纂,明万历四十年(1612)刻本

0703　嘉靖崞县志八卷,(明)刘楫济修,明嘉靖四十五年(1566)刻本

0704　万历怀仁县志二卷,(明)杨守介等纂,明万历三十七年(1609)刻本

0705　万历榆次县志十卷,(明)张鹤腾纂,明万历三十七年(1609)刻本

0706　万历兴县志二卷,(明)缑纯纂,明万历五年(1577)刻本

0707　万历马邑县志二卷,(明)宋子质修,明万历三十六年(1608)刻本

0708　万历临汾县志九卷,(明)邢云路纂,明万历十九年(1591)刻本

0709　万历灵石县志四卷,(明)路一麟纂,明万历十九年(1591)刻本

0710　隆庆襄陵县志十二卷,(明)赵景禄纂,明隆庆二年(1568)刻本

0711　崇祯山阴县志六卷,(明)刘以守纂,明崇祯刻本

0712　崇祯蔚州志四卷,(明)来临纂,明崇祯八年(1635)刻本

0713　万历浑源州志二卷,(明)赵之韩修,明万历三十九年(1611)刻本

0714　光绪山西通志一百八十四卷,(清)曾国荃总裁、王轩总纂,光绪十八年(1892)刻本

0715　康熙夏县志四卷,(清)蒋起龙修,康熙四十七年(1708)刻本

0716　嘉靖翼城县志六卷,(明)鄢桂枝修,嘉靖二十七年(1548)刻本

0717　万历山西通志三十卷,(明)李维祯修,崇祯二年(1629)刻本

0718　康熙平阳府志,刘棨修,稀见中国地方志汇刊本

4. 山东方志

0721　嘉靖山东通志四十卷,(明)陆釴等修,明嘉靖十二年(1533)刻本

0722　弘治泰安州志十卷(今存卷一至七),(明)李锦纂,明弘治元年(1488)刻本

0723　嘉靖高唐州志七卷,(明)金江纂,明嘉靖三十一年(1552)刻本

0724　万历滨州志四卷,(明)毛似徐等纂,明万历十一年(1583)刻本

0725　万历武定州志十五卷,(明)邢侗纂,明万历十六年(1588)刻本

0726　万历青州府志二十卷,(明)钟羽正纂,明万历四十三年(1615)刻本

0727　万历莱州府志八卷,(明)龙文明修,明万历三十二年(1604)刻本

0728　万历德州志十二卷(今存卷一至五),(明)唐文华等修,明万历四年(1576)刻本

0729　万历沂州志十卷(今存卷一至八、十),(明)徐汝冀纂,明万历三十六年(1608)刻本

0730　万历东昌府志二十二卷,(明)王汝训纂,明万历二十八年(1600)刻本

0731　嘉靖蒲台志十二卷,(明)任庆云纂,明嘉靖三十一年(1552)刻本

0732　嘉靖朝城县志八卷,(明)谢柱修,明嘉靖十九年(1540)刻本

0733　嘉靖新修邹县地理志四卷,(明)谢东秀纂,明嘉靖刻本

0734　嘉靖冠县志五卷,(明)姚本等修,明嘉靖二十四年(1545)刻本

0735　万历章丘县志三十四卷,(明)董复亨纂,明万历四十二年(1614)刻本

0736　万历淄川县志三十七卷,(明)朱万春修,明万历三十年(1602)刻本

0737　万历潍县志十卷,(明)刘廷锡纂,明万历二年(1574)刻本

0738　万历即墨县志十卷,(明)杜为栋纂,明万历七年(1579)刻本

0739　万历新修霑化县志七卷,(明)丁懋逊纂,明万历四十七年(1619)刻本

0740　万历齐东县志二十九卷(今存卷一至十七),(明)刘希夔纂,明万历四十五年(1617)刻本

0741　万历商河县志十卷,(明)曾一侗修,明崇祯十年(1637)刻本

0742　万历平原县志二卷,(明)高知止修,明万历十八年(1590)刻本

0743　万历安丘县志二十八卷,(明)熊元等修,明万历十七年(1589)刻本

0744　万历泗水县志十二卷,(明)尤应鲁等修,明万历二十五年(1597)刻本

0745　万历恩县志六卷,(明)张居相修,明万历二十七年(1599)刻本

0746　万历汶上县志八卷,(明)王命新纂,明万历刻本

0747　万历丘县志二卷,(明)侯国安等修,明万历四年(1576)刻本

0748　万历青城县志二卷,(明)王仪等修,明万历四十年(1612)刻本

0749　宣统山东通志二百卷,(清)杨士骧等修,1915年铅印本

0750　嘉靖宁海州志,(明)李光宣修,天一阁藏明代地方志选刊续编本

0751　嘉靖青州府志,(明)冯惟讷修,天一阁藏明代地方志选刊本

5. 河南方志

0761　嘉靖河南通志四十五卷,(明)李濂修,明嘉靖三十四年(1555)刻本

0762　成化河南总志十九卷,(明)胡谧纂,明成化二十二年(1486)刻本

0763　永乐颍川郡志十七卷(今存卷九至十七),(明)陈琏纂,明永乐十一年(1413)刻本

0764　弘治睢州志九卷,(明)李一经纂,明抄弘治十八年(1505)本

0765　正德怀庆府志十二卷,(明)郑芝同等修,明正德十三年(1518)刻本

0766　嘉靖归德志八卷(今存卷三至八),(明)李嵩等修,明嘉靖末年刻本

0767　万历南阳府志十八卷(今存卷一至六、十一至十八),(明)李廷龙纂,明万历五年(1577)刻本

0768　嘉靖裕州志六卷,(明)牛孟耕修,明嘉靖刻本

0769　成化内乡县志六卷,(明)胡匡纂,明成化二十一年(1485)刻本

0770　嘉靖内黄志九卷,(明)董弦等纂,明嘉靖五年(1526)刻本

0771　嘉靖临颍志八卷,(明)杜柟纂,明嘉靖八年(1529)刻本

0772　嘉靖濬县志二卷,(明)王璜修,明嘉靖八年(1529)刻蓝印本

0773　嘉靖淇县志十卷,(明)刘钜修,明嘉靖二十四年(1545)增补本

0774　嘉靖叶县志四卷,(明)邵苾纂,明嘉靖二十一年(1542)刻本

0775　嘉靖灵宝县志二卷,(明)荀汝安修,明嘉靖十五年(1536)刻本

0776　嘉靖尉氏县志五卷,(明)汪心纂,明嘉靖二十七年(1548)刻本

0777　嘉靖夏邑县志八卷,(明)黄虎臣纂,明嘉靖二十七年(1548)刻本

0778　嘉靖荥阳县志二卷,(明)佚名修,明抄本

0779　嘉靖柘城县志十卷,(明)寿濂纂,明抄本

0780　嘉靖滑县志六卷,(明)张佳胤纂,明嘉靖三十六年(1557)增补本

0781　嘉靖汜水县志六卷,(明)萧珮修,明抄本

0782　隆庆登封县志十卷,(明)李明通纂,明隆庆三年(1569)刻本

0783　万历阳武县志八卷(今存卷六至八),(明)王时泰修,明万历十九年(1591)刻本

0784　万历原武县志二卷,(明)张祥纂,明万历二十二年(1594)刻本

0785　万历项城县志十卷,(明)王钦诰纂,明万历二十八年(1600)刻本

0786　万历荻嘉县志十卷(今存卷三至十),(明)陈禹谟纂,明万历三十年(1602)刻本

0787　万历新蔡县志八卷(今存卷一至五),(明)刘大恩纂,明万历七年(1579)刻本

0788　万历林县志八卷(今存卷三至八),(明)郝持纂,明万历二十四年(1596)刻本

0789　万历武陟志七卷,(明)秦之英修,明万历四十六年(1618)刻本

0790　万历胙城县志八卷(今存卷一至五),(明)杨嘉言纂,明万历九年(1581)刻本

0791　天启中牟县志五卷,(明)张民表纂,明天启六年(1626)刻本

0792　嘉靖襄城县志八卷,(明)林鸾修,明嘉靖三十年(1551)刻本

0793　万历汝州志四卷,(明)方应选修,明万历二十四年(1596)刻本

0794　嘉靖彰德府志八卷,(明)崔铣纂,明嘉靖元年(1522)刻本,《天一阁藏明代方志选刊》(1964年)本

6. 陕西甘肃宁夏方志

0801　嘉靖陕西通志四十卷,(明)赵廷瑞修,明嘉靖二十一年(1542)刻本

0802　雍大记三十六卷,(明)何景明纂,明嘉靖元年(1522)刻本

0803　弘治重修三原志十六卷,(明)朱昱修,明弘治十七年(1504)刻本

0804　嘉靖耀州志十一卷,(明)乔世宁辑,明嘉靖三十六年(1557)刻本

0805　隆庆华州志二十四卷,(明)张光孝纂,明隆庆六年(1572)刻本

0806　天启同州志十八卷,(明)张一飞修,明天启五年(1625)刻本

0807　天启巩昌府志二十八卷,(明)杨恩修,清康熙刻本

0808　成化庆阳府志二十卷,(明)傅学礼修,明嘉靖刻本

0809　嘉靖汉中府志十卷,(明)张良知修,明嘉靖二十三年(1544)刻本

0810　嘉靖平凉府志十三卷,(明)赵时春修,明嘉靖三十九年(1560)刻本

0811　嘉靖徽郡志八卷,(明)郭从道纂,明嘉靖四十二年(1563)刻本

0812　崇祯乾州志二卷,(明)杨熙元纂,明崇祯六年(1633)刻本

0813　正德武功县前志三卷,(明)康海纂,明正德十四年(1519)刻本

0814　正德凤翔县志八卷,(明)王麒纂,明正德十五年(1520)蓝印本

0815　嘉靖泾阳县志十二卷,(明)李锦修,明嘉靖二十六年(1547)刻本

0816　嘉靖高陵县志七卷,(明)吕柟纂,明嘉靖二十年(1541)刻本

0817　嘉靖醴泉县志四卷,(明)夹璋纂,明嘉靖十二年(1533)刻本

0818　嘉靖郃阳县志二卷,(明)蔺世贤修,明嘉靖二十年(1541)刻本

0819　嘉靖渭南县志十八卷,(明)南大吉修,明嘉靖二十年(1541)刻本

0820　嘉靖澄城县志二卷,(明)徐效贤修,清咸丰六年(1856)重刻本

0821　隆庆蓝田县志二卷,(明)李东纂,明隆庆五年(1571)刻本

0822　万历续修朝邑县志八卷,(明)郭实修,明万历十二年(1584)刻本

0823　万历富平县志十卷,(明)孙丕扬纂,明万历十二年(1584)刻本

0824　万历安定县志七卷(今存卷一、二),(明)恽应翼纂,明万历二十五年(1597)刻本

0825　万历韩城县志八卷,(明)苏进修,明万历三十五年(1607)刻本

0826　万历同官县志十卷,(明)寇慎纂,明万历四十六年(1618)刻本

0827　万历华阴县志八卷、补一卷,(明)王九畴纂,明万历四十二年(1614)刻本

0828　弘治宁夏新志六卷,(明)胡汝砺纂,天一阁藏明代方志选刊本,上海古籍书店1961年

0829　弘治延安府志八卷,(明)李宗仁修,明弘治十七年(1504)刻本,1962年陕西图书馆、西安古旧书店影印本

0830　隆庆淳化志八卷,(明)罗廷绅纂,明隆庆四年(1570)童恩善刻本

0831　雍正陕西通志一百卷,(清)刘于义修。清雍正十三年(1711)刻本

7. 四川方志

0841　万历四川总志二十七卷,(明)杜应芳纂,明万历四十七年(1619)刻本

0842　天启成都府志五十八卷,(明)冯任修,明天启元年(1621)刻本(胶卷)

0843　万历潼川府志五十四卷,(明)陈时宜修,明万历四十七年(1619)刻本

0844　嘉靖保宁府志十四卷,(明)杨思震纂,明嘉靖二十二年(1543)刻本

0845 崇祯华阳志四卷,(明)邓列纂,明崇祯四年(1631)刻本

0846 光绪叙州府志四十三卷,王麟祥修,清光绪二十二年(1896)刻本

8. 云贵方志

0851 隆庆云南通志十七卷,(明)李元阳纂,明万历四年(1576)刻本,民国二十三年(1934)昭通龙氏灵源别墅铅印本

0852 滇略十卷,(明)谢肇淛撰,四库珍本三集本

0853 嘉靖贵州通志十二卷,(明)张道纂,明嘉靖三十四年(1555)刻本

0854 民国新纂云南通志二百六十六卷,周钟岳纂,龙云、卢汉修,1949 年铅印本

9. 东北方志

0861 全辽志六卷,(明)毕恭纂,明嘉靖四十五年(1566)刻本

0862 辽东志九卷,(明)任洛修,辽海丛书第二集本

10. 浙江方志

0870 万历义乌县志,(明)周士英修,明万历二十四年(1596)刻本

0871 嘉靖浙江通志七十二卷,(明)胡宗宪修,明嘉靖四十年(1561)刻本

0872 万历杭州府志一百卷,(明)陈善修,明万历七年(1579)刻本

0873 万历嘉兴府志三十二卷,(明)刘应珂修,明万历二十八年(1600)刻本

0874 嘉靖嘉兴府图记二十卷,(明)赵文华修,明嘉靖二十八年(1549)刻本

0875 吴兴掌故集十七卷,(明)徐献忠修,明嘉靖三十九年(1560)湖州刻本

0876 吴兴备志三十二卷,(明)董斯张修,民国三年(1914)嘉业堂刻本

0877 嘉靖宁波府志四十二卷,(明)周希哲修,明嘉靖三十九年(1560)刻本

0878 嘉靖衢州府志十六卷,(明)杨准等修,明嘉靖四十三年(1564)刻本

0879 弘治赤城新志二十三卷,(明)谢铎修,明弘治十年(1497)刻本

0880 万历绍兴府志五十卷,(明)萧良幹修,明万历十四年(1586)刻本

0881 万历金华府志三十卷,(明)陆凤仪纂,明万历六年(1578)刻本

0882 万历温州府志十八卷(缺卷十七),(明)汤日昭修,明万历三十三年(1605)刻本

0883 成化新昌县志十六卷,(明)莫旦修,明刻本

0884 正德富春志七卷,(明)杨琬纂,明正德十四年(1519)刻本

0885 嘉靖永康县志八卷,(明)胡楷纂,抄本

0886 嘉靖淳安县志十七卷,(明)姚鸣鸾纂,明嘉靖三年(1524)刻本

0887 嘉靖定海县志十三卷,(明)张时彻纂,明嘉靖刻本

0888 嘉靖宣平县志四卷,(明)舒祥原纂,明嘉靖二十五年(1546)刻本

0889 隆庆平阳县志八卷,(明)朱东光修,明隆庆五年(1571)刻本

0890 万历金华县志十卷,(明)胡颂修,明万历二十六年(1598)刻本

0891 万历秀水县志十卷,(明)李培等纂,民国十一年(1922)刊本

0892 万历象山县志十六卷(今存卷一至三、十四至十六),(明)陆应扬纂,明万历三十六年(1608)刻本

0893 万历黄岩县志七卷,(明)袁应祺修,明万历七年(1579)刻本,1963 年天一阁藏明代方志选刊本

0894 天启江山县志十卷(今存卷一至八),(明)徐日葵纂,明天启三年(1623)刻本

0895 崇祯嘉兴县志二十四卷,(明)罗炌纂,明崇祯十年(1637)刻本

0896 雍正浙江通志二百八十卷,(清)李卫等修,清乾隆元年(1736)刻本

0897 天启衢州府志十六卷,(明)林应翔修,明天启三年(1623)刻本

0898 嘉靖安吉州志八卷,(明)江一麟修,明嘉靖三十六年(1557)刻本

0899 弘治温州府志二十二卷,(明)邓准修,天一阁藏明代地方志选刊续编本

11. 福建方志

0900 乾隆福州府志七十六卷,(清)徐景熹修,乾隆十九年(1754)刻本

0901 八闽通志八十七卷,(明)黄仲昭修,明弘治四年(1491)刻本

0902 闽书一百五十四卷,(明)何乔远修,明崇祯二年(1629)刻本

0903 闽都记三十三卷,(明)王应山纂,清道光十一年(1831)求放心斋刻本

0904 弘治建宁府志六十卷(今存卷一至二十三、卷二十八至三十二),(明)贾遇纂,明弘治六年(1493)刻本

0905 弘治兴化府志五十四卷,(明)陈效修,清同治十年(1871)林庆贻刻本

0906 弘治汀州府志十七卷(今存卷九至十七),(明)吴文度修,明弘治十年(1497)刻本

0907 万历邵武府志六十四卷,(明)侯衮修,明万历四十七年(1619)刻本

0908 万历漳州府志三十三卷,(明)罗青霄、谢彬纂修,明万历元年(1573)刻本

0909 万历福宁州志十六卷,(明)张大光纂,明万历末刻本

0910 弘治长乐县志八卷,(明)刘则和等修,明弘治十六年(1503)刻本

0911 正德归化县志十卷,(明)杨缙纂,明正德刻本

0912 嘉靖德化县志十卷,(明)蒋孔炀修,明嘉靖九年(1530)刻本

0913 嘉靖惠安县志十三卷,(明)张岳纂,明嘉靖九年(1530)刻本

0914 万历宁德县志八卷,(明)舒应元修,明万历十九年(1591)刻本

0915 万历古田县志十四卷,(明)王继祀修,明万历三十四年(1606)刻本

0916 万历罗源县志八卷(今存卷五至八),(明)陈良谏纂,明万历四十二年(1614)刻本

0917 万历政和县志八卷,(明)车鸣时纂,明万历三十七年(1609)刻本

0918 万历永福县志六卷,(明)唐仁学纂,明万历四十年(1612)刻本

0919 万历南靖县志十卷(今存卷一至六),(明)陈宗愈、王人聘等修纂,明万历二十七年(1599)刻本

0920 乾隆泉州府志七十六卷,(清)怀荫布、黄任等修纂,清乾隆二十八年(1763)刻本,民国十六年(1927)补刻本

0921 嘉靖龙岩县志二卷,(明)汤相、莫亢纂修,明嘉靖三十七年(1558)刻本

0922 嘉靖尤溪县志七卷,(明)李文兖、田项修纂,明嘉靖九年(1530)刻本,1962年《天一阁藏明代方志选刊》本

0923 嘉靖邵武府志,(明)邢址修,《天一阁藏明代方志选刊》本

0924 万历福州府志,(明)喻政修,明万历四十一年(1613)刻本

12. 江苏方志

0925 南畿志六十四卷,(明)闻人诠修陈沂纂,明嘉靖十三年(1534)刻本

0926 万历应天府志三十二卷,(明)王一化纂,明万历五年(1577)刻本

0927 洪武苏州府志五十卷,(明)卢熊纂修,明洪武十二年(1379)刻本

0928 正德姑苏志六十卷,(明)王鏊等纂,明正德元年(1506)刻本

0930 重修毘陵志四十卷,(明)朱昱修,明成化二十年(1484)刻本

0931 正德松江府志三十二卷,(明)顾清修,明正德七年(1512)刻本

0932 弘治太仓州志十卷,(明)桑悦修,清宣统元年(1909)汇刻本

0933 嘉靖徐州志十二卷,(明)梅守德修,明嘉靖原刻本

0934 正德淮安府志十六卷,(明)陈良山等修,明正德十三年(1518)刻本

0935 嘉靖维扬志三十八卷(今存卷一至三、七至十二、十八至二十二、三十二、三十三、三十七、三十八),(明)朱怀幹、盛仪修纂,明嘉靖二十一年(1542)刻本,1963年《天一阁藏明代方志选刊》本

0936 嘉靖重修邳州志十卷,(明)秦文渊修,明嘉靖十六年(1537)刻本

0937 隆庆高邮州志十二卷,(明)王应元纂,明隆庆刻本

0938 崇祯泰州志十二卷,(明)刘万春修,明崇祯六年(1633)刻本

0939 崇祯太仓州志十五卷,(明)张采修,明崇祯十五年(1642)刻本

0940 洪武无锡县志四卷,(明)王仁辅纂,民国十一年(1922)铅印本

0941 万历无锡县志二十四卷,(明)秦梁纂,明万历二年(1574)刻本

0942 万历上元县志十二卷,(明)李登修,明万历二十二年(1594)刻本

0943 崇祯江浦县志十二卷,(明)李维樾编,明崇祯十四年(1641)刻本

0944 弘治上海志八卷,(明)张锦纂,民国二十九年(1940)影印明刻本

0945 正德丹徒县志四卷,(明)杨琬纂,明正德十四年(1519)刻本

0946 万历溧水县志八卷,(明)吴仕诠等纂,明万历七年(1579)刻本

0947 嘉靖常熟县志十三卷,(明)邓韨修,明嘉靖刻本

0948 弘治溧阳县志五卷,(明)江进修,明弘治十一年(1498)刻本

0949 正德崇明县重修志十卷,(明)陈文修,明正德刻本

0950 正德华亭县志十六卷,(明)沈锡修,明正德十六年(1521)刻本

0951 万历青浦县志八卷(今存卷一至

四),(明)王圻纂,明万历刻本

0952　隆庆丹阳县志十二卷,(明)丁一道纂,明隆庆三年(1569)刻本

0953　嘉靖江阴县志二十一卷,(明)张兖纂,明嘉靖二十六年(1547)刻本

0954　嘉靖吴江县志二十八卷,(明)曹一麟修,明嘉靖四十年(1561)刻本

0955　隆庆仪真县志十四卷,(明)李文纂,明隆庆元年(1567)刻本,1963年《天一阁藏明代方志选刊》本

0956　隆庆丰县志二卷,(明)尹梓等纂,明隆庆三年(1569)刻本、万历间增补本

0957　万历江都县志二十二卷,(明)张宁等修,明万历二十五年丁酉(1597)刻本

0958　万历盐城县志十卷,(明)杨瑞云修,明万历十一年(1583)刻本

0959　万历泰兴县志四卷,(明)陈继畴修,明刻清印本

0960　嘉靖海门县志集六卷,(明)吴宗元修,明嘉靖十五年(1536)刻本,1964年《天一阁藏明代方志选刊》本

0961　天启云间志略十四卷,(明)何三畏修,明天启四年(1624)刻本

0962　嘉靖六合县志八卷,(明)董邦政修,明嘉靖三十二年(1553)刻本

0963　嘉庆溧阳县志十六卷,(清)李景峄等修,清嘉庆十八年(1813)刻本

0966　京口三山全志十二卷,(明)许国城撰,明万历刻本

0967　虎丘山志四卷,(明)文肇祉辑,明万历刻本

0968　天台山方外志

0969　慧山记三卷,(明)邵宝撰,明刻本

0970　阳山志三卷,(明)岳岱撰,抄本

13.安徽方志

0971　万历庐州府志十三卷,(明)吴道明修,明万历三年(1575)刻本

0972　弘治徽州府志十二卷,(明)汪舜民等修,明弘治十五年(1502)刻本

0973　新安志补八卷,(明)方信纂,明嘉靖四十一年(1562)刻本

0974　万历宁国府志二十卷,(明)陈俊修,明万历五年(1577)刻本

0975　嘉靖六安州志三卷,(明)邵德元修,明嘉靖三十四年(1555)刻本

0976　嘉靖寿州志八卷,(明)栗永禄修,明嘉靖二十九年(1550)刻本

0977　成化中都志十卷,(明)柳瑛纂

0978　凤书八卷,(明)柯仲炯编,明天启元年(1621)刻本

0979　嘉靖亳州志四卷(今存卷一、三、四),(明)李先芳等纂修,明嘉靖四十三年(1564)刻本

0980　正统和州志五卷,(明)陈钧修,明正统六年(1441)刻本

0981　弘治太平府志二十卷(今存卷十九、二十),(明)钟城修,明弘治十年(1497)刻本

0982　嘉靖重修太平府志十二卷,(明)林钺等修,明嘉靖刻本

0983　嘉靖广德州志十卷,(明)朱麟修,明嘉靖十五年(1536)刻本

0984　嘉靖颍州志二卷,(明)李宜春修,明嘉靖二十六年(1547)刻本

0985　万历宿州志二十六卷,(明)崔维狱修,明万历二十四年(1596)刻本

0985A　弘治直隶凤阳府宿州志二卷,(明)曾显纂修,明弘治十二年(1499)刻本

0986　万历池州府志十卷,(明)李思恭修,明万历四十年(1612)刻本

0987　弘治桐城县志二卷,(明)陈勉纂,明弘治三年(1490)刻本

0988　万历合肥县志二卷,(明)魏豫之纂,明万历元年(1573)刻本

0989　嘉靖含山邑乘三卷,(明)蒋椿纂,明嘉靖三十四年(1555)刻本

0990　嘉靖建平县志九卷,(明)姚文烨修,明嘉靖十年(1531)刻本

0991　万历祁门县志四卷,(明)谢存仁纂,明刻清印本

0992　万历绩溪县志十二卷,(明)汪季成修,明万历九年(1581)刻本

0993　万历铜陵县志十卷,(明)何自谦修,明万历十五年(1587)刻本

0994　嘉靖石埭县志八卷,(明)冯光浙修,明嘉靖二十六年(1547)刻本

0995　万历东流县志十二卷,(明)汪文修,明万历三年(1575)刻本

0996　万历青阳县志六卷,(明)蔡立身修,明万历二十二年(1594)刻本

0997　嘉靖怀远县志二卷,(明)孙维礼修,明嘉靖十八年(1539)刻本

0998　万历太和县志七卷,(明)陈琯修,明万历二年(1574)刻本

0999　万历霍丘县志十卷,(明)潘日新修,明万历二十四年(1596)刻本

1000　正德无为州志十卷(今存卷一至九),(明)吴臻修,明嘉靖七年(1528)补刻本

1001　万历滁阳志十四卷,(明)戴瑞卿修,明万历四十二年(1614)刻本

1002　万历舒城县志十卷(今存卷一至三、八至十),(明)陈奎士等修,明万历八年(1580)刻本

1003　天启新修来安县志十卷,(明)周之冕修,明天启元年(1621)刻本

1004　嘉靖徽州府志二十二卷,(明)何东序修,明嘉靖四十五年(1566)刻本

1005　嘉靖宁国府志十卷,(明)黎晨修,明嘉靖十五年(1536)刻本

14. 江西方志

1006　嘉靖南安府志三十五卷,(明)刘节修,明嘉靖十五年(1536)刻本

1007　嘉靖广信府志二十卷,(明)张士镐修,天一阁藏明代地方志选刊续编本

1008　正德建昌府志,(明)夏良胜修,天一阁藏明代地方志选刊本

1009　光绪江西通志一百八十卷,(清)刘坤一等修,清光绪七年(1881)刻本

1010　同治临江府志三十二卷,(清)德馨等修,同治十年(1871)刻本

1011　嘉靖江西通志三十七卷(今存卷八至十三、三十、三十一),(明)林庭棉修,明嘉靖四年(1525)刻本

1012　万历南昌府志三十卷,(明)范涞修,明万历十六年(1588)刻本

1013　嘉靖袁州府志二十卷,(明)严嵩修,明嘉靖二十五年(1546)刻本

1014　嘉靖抚州府志十六卷,(明)徐良傅修,明嘉靖三十二年(1553)刻本

1015　嘉靖临江府志九卷,(明)徐颢纂,明嘉靖十五年(1536)刻本

1016　崇祯瑞州府志二十四卷,(明)陶履中纂,明崇祯元年(1628)刻本

1017　嘉靖上高县志二卷,(明)郑廷俊纂,明嘉靖三十三年(1554)刻本

1018　嘉靖进贤县志八卷,(明)汪集纂,明嘉靖四十年(1561)刻本

1019　万历泰和志十卷(今存卷六至十),(明)唐伯元修,明万历七年(1579)刻本

1020　万历彭泽县志九卷(今存卷一至四、七至九),(明)戴振亨纂,明万历十年(1582)刻本

1021　万历宁都县志八卷,(明)莫应奎纂,明万历二十年(1592)刻本

1022　万历瑞金县志十一卷(今存卷一至九),(明)堵奎临纂,明万历三十一年(1603)刻本

1023　万历建昌县志十卷(今存卷一、四至六、八至十),(明)蒲秉权修,明万历四十六年(1618)刻本

1024　崇祯清江县志八卷,(明)秦镛纂,明崇祯十五年(1642)刻本

1025　光绪抚州府志八十六卷、卷首一卷,(清)许应鑅等纂,清光绪二年(1876)刻本

1026　嘉靖靖安县志六卷,(明)赵公辅修,明嘉靖四十四年(1565)刻本

1027　正德饶州府志四卷,(明)陈策修,明正德六年(1511)刻本

1028　弘治抚州府志二十八卷,(明)柏渊修,明弘治十六年(1503)刻本

1029　嘉靖茶陵州志上下卷,(明)张治修,《天一阁藏明代方志选刊续编》本

1030　正德南康府志十卷,(明)陈霖修,《天一阁藏明代地方志选刊》本

15. 两广方志

1031　万历韶州府志十卷,(明)符锡纂,明万历二十一年(1593)刻本

1032　隆庆潮阳县志十五卷,(明)黄一龙纂,1963年《天一阁藏明代方志选刊》本

1033　万历西宁县志十卷,(明)朱润纂,明万历二十年(1592)刻本

1034　万历新会县志七卷,(明)黄淳纂,明万历三十七年(1609)刻本

1035　万历南海县志十三卷(今存卷一至四、十至十三),(明)刘廷元纂,明万历三十七年(1609)刻本

1036　万历广西通志四十二卷,(明)苏濬修,明万历二十七年(1599)刻本

1037　道光广东通志三百三十四卷、卷首一卷,(清)阮元修,清道光二年(1822)刻本,民国二十三年(1934)上海商务印书馆影印本

1038　正德琼台志四十四卷,(明)唐胄纂,天一阁藏明代方志选刊本

1039　嘉靖广东通志七十卷,(明)黄佐纂修,明嘉靖四十年(1561)刻本

16. 湖广方志

1040　民国湖北通志一百七十二卷,吕调元等修,1934年商务印书馆影印本

1041　万历湖广总志九十八卷,(明)徐

学谟纂,明万历十九年(1591)刻本

1042 嘉靖荆州府志十二卷,(明)孙存纂,明嘉靖十一年(1532)刻本

1043 万历郧阳府志三十一卷,(明)周绍稷修,明万历刻本

1044 嘉靖兴都志二十四卷,(明)吴惺修,明嘉靖二十一年(1542)刻本传抄本

1045 嘉靖沔阳府志十八卷,(明)童承叙纂,民国十五年(1926)慎始斋重刊本

1046 嘉靖兴国州志七卷,(明)林爱民纂,明嘉靖三十三年(1554)刻本

1047 正统嘉鱼县志三卷,(明)莫震纂,明正统十四年(1449)刻本

1048 嘉靖公安县志二卷,(明)梁善纂,明嘉靖二十二年(1543)刻本

1049 嘉靖罗田县志八卷、附录一卷,(明)祝珝修,民国十五年(1926)据明嘉靖二十二年(1543)刻本排印本

1050 嘉靖黄陂县志三卷,(明)俞贡纂,明嘉靖三十三年(1554)刻本

1051 万历黄冈县志十卷,(明)毛瑞征纂,明万历三十六年(1608)刻本

1052 洪武永州府志十二卷,(明)胡琏纂,明洪武十六年(1383)刻本

1053 隆庆岳州府志十八卷,(明)钟崇文纂,明隆庆刻本,《天一阁藏明代方志选刊》本(1963)

1054 弘治衡山县志六卷,(明)刘熙纂,明弘治元年(1488)刻本

1055 嘉靖安化县志六卷,(明)方清纂,明嘉靖二十四年(1545)刻本

1056 嘉靖新化县志十一卷,(明)刘轩纂,明嘉靖二十八年(1549)刻本

1057 嘉靖湘潭县志二卷,(明)陈应信纂,明嘉靖三十二年(1553)刻本

1058 嘉靖浏阳县志二卷,(明)刘以身纂,明嘉靖四十年(1561)刻本

1059 万历新宁县志八卷,(明)沈文系纂,明万历三十四年(1606)刻本

1060 洪武靖州志(不分卷),(明)唐宗元纂,明抄洪武初年本

1061 嘉靖湖广通志(湖广图经志书)二十卷,(明)薛纲等修,明嘉靖元年(1522)刻本

1062 嘉靖汉阳府志十卷,(明)刘汝松等修,明嘉靖二十五年(1546)刻本

1063 嘉靖长沙府志六卷,(明)徐一鸣修,明嘉靖十二年(1533)刻本

1064 光绪德安府志二十卷,(清)赓音布修,清光绪十四年(1888)刻本

1065 隆庆宝庆府志五卷,(明)陆柬修,明隆庆元年(1567)刻本

十、目录、题跋类

1071 千顷堂书目三十二卷,(清)黄虞稷撰,上海古籍出版社1990年

1072 式古堂书画汇考六十卷,(清)卞永誉撰,四库艺术丛书本,上海古籍出版社1991年

1073 墨缘汇观录四卷,(清)安岐撰,商务印书馆人人文库本

1074 过云楼书画记十卷,(清)顾文彬撰,清光绪刊本

1075 开有益斋读书志六卷、续志一卷,(清)朱绪曾撰,清光绪刊本

1076 云烟过眼录二卷、续集一卷,(宋)周密撰、(元)汤允谟续,丛书集成初编本

1077 夜山图题咏一卷、附刻一卷,(元)吴福生辑,武林掌故从编本

1078 珊瑚木难八卷,(明)朱存理编,四库艺术丛书本

1079 铁网珊瑚十六卷,(明)朱存理编,四库艺术丛书本

1080 珊瑚网四十八卷,(明)汪砢玉撰,四库艺术丛书本

1081 补元史艺文志,(清)钱大昕撰,二十五史补编本

1082 续修四库全书提要

1083 郑堂读书记,(清)周中孚撰,商务印书馆1959年

1084 虚舟题跋十卷,(清)王澍撰,懺花盦丛书本

1085 石渠宝笈四十四卷,(清)乾隆十九年奉敕撰,四库艺术丛书本

十一、补遗

1101 伤寒纪玄妙用集十卷,(元)尚从善编,1962年抄本

1102 粤西文载,(清)汪森编,台湾商务印书馆1986年影印文渊阁四库全书本

1103 续文献通考二百五十四卷,(明)王圻撰,明万历三十一年(1603)松江府刻印本

1104 元西域人华化考,陈垣著,上海古籍出版社2002年

1105 四库提要辨正,余嘉锡著,中华书局1980年

1106 二妙集八卷、补一卷,(金)段克己撰,清康熙四十一年(1702)长沙顾氏秀野草堂本

1107 元曲家考略，孙楷第撰，上海古籍出版社 1981 年

1108 全元散曲简编，隋树森选编，上海古籍出版社 1984 年

1109 鄱阳五家集十五卷、校勘记一卷、校勘续记一卷，（清）史简辑、魏元旷校、胡思敬续校，豫章丛书本

1110 吏学指南，杨讷点校，元代史料丛刊本，浙江古籍出版社 1988 年

1111 续复古编，曹本撰

1112 列朝诗集小传，（清）钱谦益撰，上海古籍出版社 1983 年

1113 南台备要二卷，刘孟琛撰，齐鲁书社 1997 年

1114 永徽法经三十卷，（元）郑汝翼撰，永乐大典本

1115 文章善戏一卷，（元）郑持正撰，两淮马裕家藏本

1116 农桑衣食撮要二卷，（元）鲁明善撰，商务印书馆 1936 年

1117 四库全书总目提要二百卷，（清）永瑢等编，商务印书馆据万有文库本排印

1118 淮阴金石仅存录一卷

1119 增修诗学集成押韵渊海二十卷，（元）严毅撰，四库全书本

1120 庚子销夏记八卷，（清）孙承泽撰，上海古籍出版社，四库艺术丛书本

1121 释氏稽古略四卷，（元）释觉岸撰，明嘉靖三十二年(1553)刻本

1122 全金元词，唐圭璋编，中华书局 1979 年

1123 明文海四百八十二卷，（清）黄宗羲辑，台湾商务印书馆 1986 年影印文渊阁四库全书本

1124 饮膳正要三卷，（元）忽思慧撰，北京，中国书店 1985 年

1125 中国画家人名大辞典，孙黯编，神州国光社 1934 年

1126 中医人名辞典，李云主编，国际文化出版公司，北京，1988 年

1127 治河图略一卷，（元）王喜撰，墨海金壶本

1128 唐律疏义，元刊本

1129 医垒元戎十二卷，（元）王好古撰，陈修园医书四十八种之一本

1130 忍经，（元）吴亮撰，武林往哲遗著本，江苏广陵古籍刻印社 1985 年

1131 太常沿革二卷，（元）任栻撰，永乐大典本

1132 世医得效方十九卷，（元）危亦林撰

1133 蒙古字韻二卷，（元）朱宗文撰，续修四库全书本，上海古籍出版社 2002 年

1134 如宜方二卷，（元）艾元英撰，明初刻本

1135 中州启劄四卷，（元）吴弘道撰，清抄本

1136 书经五卷，（元）吕宗杰撰，涵芬楼秘笈本

1137 竹谱详录七卷，（元）李衎撰，知不足斋丛书本

1138 子平三命渊源注，（元）李钦夫撰，浙江天一阁藏书本

1139 三元参赞延寿书，（元）李鹏飞撰、（明）胡文焕校，明末刻本，寿养丛书本

1140 中国大百科全书·中国历史·元史，中国大百科全书出版社 1985 年

1141 金帐汗国兴衰史，（苏联）雅库博夫斯基等著，余大钧译，商务印书馆 1985 年

1142 元朝史（上下册），韩儒林主编，人民出版社 1986 年

1143 中国美术家人名辞典，俞剑华编，上海人名美术出版社 1981 年

1144 中国佛教人名大辞典，震华法师遗稿，上海辞书出版社 1999 年

1145 中国历代医家传录（上中下册），何时希著，人民卫生出版社 1991 年

1146 中国民族史人物辞典，高文德主编，中国社会科学出版社 1990 年

1147 中国历代人名大辞典（上下册），张㧑之等主编，上海古籍出版社 1999 年

1148 中国佛学人名辞典，比丘明复编，台湾方舟出版社 1974 年

1149 金元医学人物，高鹏著，兰州大学出版社，1994 年

1150 元典章，清光绪三十四年(1908)刻本

1151 国朝献征录一百二十卷，（明）焦竑编，明万历刊本，上海书店 1987 年

1152 国朝列卿记，（明）雷礼编，台北，明文书局 1991 年

1153 明氏实录，（明）杨学可撰，《学海类编》本

1154 高丽墓志铭集成，金龙善编，韩国翰林大学出版部 1991 年版

1155　宋史翼，(清)陆心源辑撰，清光绪三十二年(1906)初刊本

1156　元至正十一年进士题名记校补，萧启庆撰，台湾《食货月刊》复刊十六卷7、8期合刊，1987年

1157　明太祖实录，台湾史语所校印本

1158　志费尼《世界征服者史》(上下册)，何高济译，内蒙古人民出版社1980年

1159　元遗山诗集笺注，(清)施国祁注，人民出版社1958年

1160　萧启庆《元泰定元年与四年进士辑录》，《蒙古史研究》第六辑，内蒙古大学出版社2000年

1161　中国历史大辞典辽夏金元史卷，蔡美彪主编，上海辞书出版社1986年

1162　元代农民战争史料汇编(上中下编)，杨讷、陈高华等编，中华书局1985年

音序检索表

音序目录

D

J

L

M

N

W

Z

元代纪年表

太祖(孛儿只斤·铁木真)(成吉思汗)	— (22)	丙寅	1206	英宗(~硕[shuò]德八剌)	至治 (3)	辛酉	1321
拖雷(监国)	— (1)	戊子	1228	泰定帝(~也孙铁木儿)	泰定 (5)	甲子	1324
太宗(~窝阔台)	— (13)	己丑	1229		致和 (1)	戊辰$_{二}$	1328
乃马真后(称制)	— (5)	壬寅	1242	天顺帝(~阿速吉八)	天顺 (1)	戊辰$_{九}$	1328
定宗(~贵由)	— (3)	丙午$_{七}$	1246	文宗(~图帖睦尔)	天历 (3)	戊辰$_{九}$	1328
海迷失后(称制)	— (3)	己酉$_{三}$	1249				
				明宗		己巳	
	— (9)	辛亥$_{六}$	1251	(~和世束[là]*			1329
宪宗(~蒙哥)	中统 (5)	庚申$_{五}$	1260		至顺 (4)	庚午$_{五}$	1330
世祖(~忽必烈)	至元 (31)	甲子$_{八}$	1264	宁宗(~懿yì)璘[lín]质班)	至顺	壬申$_{十}$	1332
成宗(~铁穆耳)	元贞 (3)	乙未	1295	顺帝(~妥懽帖睦尔)	至顺	癸酉$_{六}$	1333
	大德 (11)	丁酉$_{二}$	1297		元统 (3)	癸酉$_{十}$	1333
武宗(~海山)	至大 (4)	戊申	1308		(后)至元 (6)	乙亥$_{十一}$	1335
仁宗(~爱育	皇庆 (2)	壬子	1312				
黎拔力八达)	延祐 (7)	甲寅	1314		至正 (28)	辛巳	1341

*明宗于己巳(1329)正月即位,以文宗为皇太子。八月明宗暴死,文宗复位。

后　记

本辞典是先师余大钧先生的遗著，是余先生历时九年(1994～2003)征引一千多种文献编撰而成。张帆学兄受余师之嘱撰写了一千二百多词条，全书最后由余先生修改定稿。

余大钧(1936～2006)，浙江宁波人，1954年毕业于北京大学化学系。历任内蒙古大学蒙古史研究所副教授、北京大学历史系教授，从事蒙元史、北方民族史的科研和教学工作近半个世纪，是我国著名的蒙元史学家。主要著作有《一代天骄成吉思汗——传记与研究》；论文有《元史太祖纪所记蒙金战事笺证稿》《阻卜考》《蒙古秘史成书年代考》《论耶律楚材对恢复、发展中原文化的贡献》《耶律大石创建西辽帝国过程及纪年新探》等数十篇。主要译著有[波斯]拉施特《史集》(合译)《蒙古秘史译注》《金帐汗国兴衰史》《北方民族史与蒙古史译文集》《普兰·迦儿宾行记》《鲁布鲁克东方行记》(合译)等。已发表、出版的论文、著作、译著共五百余万字。

当我们将这部凝聚了余先生晚年大量心血的书稿交给内蒙古人民出版社时，吉日木图社长欣然惠允立项出版；本辞典的责任编辑王世喜先生及同仁们用了两年多的时间精心编辑、校对并创造性地编制了“音序目录”及“音序检索表”，为读者检索提供了极大便利。在本辞典即将付梓之际，谨向上述诸位所给予的鼎力支持和所付出的严谨而辛勤的劳动致以崇高的敬意和诚挚的谢忱。

余先生侄女余静女士在初稿电脑录入及校对方面作了大量工作，付出了艰辛的劳动。

本辞典的凡例由赵一兵草拟。

需要特别强调的是，由于该辞典卷帙浩繁，专业性强，校对中的存疑之处不能向作者请教，只能遵从原稿，我们期待辞典出版之后，能够得到中外专家学者的惠正，以便再版时加以修订。

赵一兵

2014年11月15日于呼和浩特